MICHEL®

Seit über 100 Jahren

MICHEL®

Europa 2025/2026

Band 13: Britische Inseln

SCHWANEBERGER VERLAG GMBH

Bewertungshinweise

Für ungebrauchte Marken bis zum Ausgabejahr 1919 gelten die Bewertungen, sofern nichts anderes vermerkt, für Marken mit Falz ✶. Postfrische Qualität ✶✶ rechtfertigt zum Teil erhebliche Preisaufschläge. Vorsicht vor nachgummierten oder entfalzten Marken. Auch auf Reparaturen achten.

Ab dem Ausgabejahr 1920 gelten für ungebrauchte Marken Postfrisch-Notierungen ✶✶, Marken mit Falz ✶ bedingen Preisermäßigungen.

Alle Preisnotierungen sind Richtwerte auf Euro-Basis (€) und beinhalten die deutschen Steuern und Abgaben. Sie gelten, sofern bei einzelnen Sammelgebieten oder Ausgaben nicht ausdrücklich anders angegeben, für Marken in einwandfreier Qualität. Sie geben auch das ungefähre Wertverhältnis der Briefmarken untereinander wieder. Einzelheiten und Ausnahmen sind am Beginn der jeweiligen Kapitel bzw. bei einzelnen Ausgaben dargestellt. Einzelne Marken aus Sätzen können teurer sein als ihre Notierung. Gravierende Preisänderungen nach Redaktionsschluss werden in der MICHEL®-Rundschau angezeigt.

Als Grundlage für die Ermittlung der Preisnotierungen dienten Verkaufspreislisten des Briefmarkenhandels und Arbeitsvorlagen von Sammlern sowie (Bundes-)Arbeitsgemeinschaften im In- und Ausland.

BPP MICHEL – vom Bund Philatelistischer Prüfer e.V. empfohlen

ISBN 978-3-95402-513-8

Automatischer Satz durch metiTEC-Software · DocAlign GmbH, Lindenthaler Allee 6, 14163 Berlin

Druck: Druckerei C.H.Beck, Bergerstr. 3, 86720 Nördlingen

Vorwort

Der MICHEL Britische Inseln 2025/2026 ist der dreizehnte unserer sechzehnbändigen Europa-Reihe. Er umfasst die beliebten Länder Großbritannien und Irland sowie die Nebengebiete England, Nordirland, Schottland und Wales.

Informations- sowie Markenbeschaffung erweisen sich, trotz Internet, als zunehmend schwierig. So kommen immer wieder neue Fragen auf, die einer langen und intensiven Recherche bedürfen. Wir in der MICHEL-Redaktion haben uns über viele Jahrzehnte ein großes Netzwerk an Korrespondenten und Postverwaltungen aufgebaut, die uns in diesen Belangen unterstützen. Philatelisten können sich daher darauf verlassen, in unseren Katalogen die aktuellsten und zuverlässigsten Informationen zu finden.

Die redaktionellen Verbesserungen verteilen sich über das gesamte Werk. Großbritannien beglückt Neuheitensammler mit über 250 neuen MICHEL-Nummern. Die Themenvielfalt reicht von Fabelwesen bis hin zu Rockbands und Fernsehserien. Weiterhin konnten wir neun neue Abarten aufnehmen. Im Kapitel „Britische Post auf Madagaskar" zieren nun Farbbilder die Seiten zur besseren Identifizierung Ihrer Schätze.

Der Schwerpunkt der Bearbeitung lag diesmal in der Überprüfung und Aktualisierung der Preisnotierungen. Sowohl in Irland als auch in Großbritannien passten wir die Bewertungen der tarifkodierten Marken an. Der rasante Portoanstieg führte insbesondere bei vielen britischen Ausgaben zu deutlichen Erhöhungen, ebenso bei den zugehörigen Markenheftchen. Auf der anderen Seite gaben Abarten nach – hohe vierstellige Bewertungen mussten Federn lassen. Entsprechend den Sammlergewohnheiten stellten wir bei ungezähnten Stücken von Einzel- auf Paarbewertung um. Außerdem hoben wir die Gleichsetzung postfrischer und gestempelter Abarten auf. Gestempelte Stücke bewerten wir ab sofort nur noch bei Nachweis dieser Erhaltung.

Im vorliegenden Band sind alle bis einschließlich Heft 9/2025 der MICHEL-Rundschau erfassten Neuheiten enthalten. Um keine der nachfolgenden Ausgaben zu verpassen und aktuell zu bleiben, empfehlen wir ein Abonnement ab Heft 10/2025 oder den MICHEL-Online.

Der Redaktion standen zahlreiche Helfer aus Sammlerschaft, Prüferbund und Handel zur Seite, denen wir für ihre wertvolle Mitarbeit danken.

Wir wünschen unseren Lesern viel Freude bei der Beschäftigung mit der Philatelie und dem neuen MICHEL Britische Inseln 2025/2026.

Schwaneberger Verlag
Redaktion

Hinweise für den Sammler

Prüfungen und Begutachtungen von Briefmarken oder Feststellungen, ob es sich eventuell um Abarten handelt, sowie Recherche von MICHEL-Nummern auf Sammlerwunsch etc. sind der Redaktion aus Zuständigkeits- bzw. Zeitgründen nicht möglich.

Zur **Bestimmung von unbekannten Briefmarken** können Sie als Hilfestellung über unsere Homepage www.michel.de oder telefonisch (+49 89 32393 02) die **MICHEL-Recherchebroschüre** anfordern. Diese wurde eigens für Sie entwickelt und gibt Ihnen wertvolle Tipps zur philatelistischen Recherche. Dort finden Sie auch wichtige Hinweise zur Aufnahme von Abarten, Plattenfehlern usw. im MICHEL. Aufwändige Recherchen im Kundenauftrag können nur gegen Entgelt durchgeführt werden.

Alle Zuschriften im Zusammenhang mit der MICHEL-Recherchebroschüre werden aufmerksam gelesen, aber nicht immer beantwortet. Nur Anfragen, die mittels **ausgefüllter** MICHEL-Recherchebroschüre im Verlag eingehen, werden bearbeitet. Denken Sie bitte in Ihrem eigenen Interesse daran, in der MICHEL-Recherchebroschüre deutlich Ihren Namen und Ihre genaue Anschrift, nach Möglichkeit auch Ihre telefonische Erreichbarkeit anzugeben.

Vor Einsendung von (geprüften) Markenvorlagen oder Belegen nehmen Sie bitte postalisch oder per E-Mail unter recherche@michel.de Kontakt mit der Redaktion auf. Telefonische Auskünfte dazu sind leider nicht möglich. Für **unverlangt eingesandte Briefsendungen und Markenvorlagen** wird keinerlei Haftung übernommen.

Sollten Sie **Irrtümer, Satz- oder Druckfehler** entdecken, bitten wir Sie, uns diese unter Verwendung des MICHEL-Korrekturvorschlags entweder auf dem Postweg an die Verlagsadresse oder per E-Mail an recherche@michel.de mitzuteilen. Der Vordruck MICHEL-Korrekturvorschlag findet sich im Anhang, in der MICHEL-Recherchebroschüre und kann auch telefonisch (+49 89 32393 02) angefordert werden.

Sie tragen so dazu bei, dass wir diese Fehler für die nächste Auflage korrigieren können. Für Ihre Mithilfe bedanken wir uns bereits an dieser Stelle.

Einführung in den MICHEL-Europa

Allgemeine Hinweise zur Benutzung

Aufbau und Inhalt

Die europäischen Länder (ohne Deutschland) sind nach geographischen und historischen Gesichtspunkten in den Europa-Bänden 1 bis 16 aufgeführt.

Erfasst werden auch die nur zum Teil in Europa liegenden Staaten Russland, Türkei und die im Ostteil des Ägäischen Meeres gelegenen, geographisch zu Asien, staatlich jedoch zu Griechenland oder zeitweise zu Italien gehörenden Inseln, dazu Zypern, ebenso die Kanarischen Inseln, welche zeitweise vom Mutterland unabhängig eigene Flugpostmarken verausgabten, sonst aber die allgemeinen spanischen Marken benützen.

Die Marken der von einem Staat im Gebiet eines andern errichteten Auslands- und Militär-(Feld-)Postämter sind hinter den Marken des ausgebenden Staates aufgeführt.

Begrifflich zusammenhängende Postgebiete sind in Gruppen zusammengefasst. Marken, die nur für einzelne Landesteile oder Orte eines Postgebietes ausgegeben worden sind, stehen bei größerer Zahl, welche die Übersichtlichkeit stören würde, zusammengefasst am Schluss aller Marken dieses Postgebietes als „Bezirks- und Lokalausgaben“.

Am Anfang der einzelnen Sammelgebiete stehen allgemeingültige Bemerkungen zu nachfolgenden Katalogisierungen. Auch die Wasserzeichenaufstellungen sind dort zu finden. Es empfiehlt sich daher grundsätzlich, auch den Einleitungstexten Aufmerksamkeit zu schenken.

Block- und Markenheftchenaufstellung sind meistens im direkten Anschluss an die Hauptkatalogisierung und vor den Katalogisierungen von Dienstmarken usw. eingefügt.

Das am Schluss des Kataloges befindliche Stichwortverzeichnis bietet eine große Hilfe bei der Auffindung von einzelnen Gebieten oder Marken.

Gliederung der Markengattungen

Innerhalb eines Landes sind ohne besondere Überschriften die Marken in chronologischer Reihenfolge numeriert, die der Vorauszahlung der Postgebühren durch den Absender dienen; dazu gehören auch Eilmarken, Flugpostmarken (gekennzeichnet durch ✈), Einschreibmarken, Zeitungsmarken usw.

Anschließend folgen jeweils mit eigener Überschrift und Numerierung die Gattungen besonderer Postwertzeichen, z.B. Automatenmarken, Dienstmarken, Paketmarken, Portomarken, Zwangszuschlagsmarken usw.

MICHEL-Numerierung

Die Marken sind innerhalb ihrer Gattungen chronologisch numeriert, einzelne Nachzügler mit Angabe ihres Ausgabejahres eingefügt. Wo nötig, sind Übersichtstabellen oder Hinweise in kursiv eingefügt. Nachträglich eingefügte Hauptarten erhalten in Ausnahmefällen die Nummern der vorangegangenen Marken mit den Buchstaben A, B, C usw. vor der Nummer.

Innerhalb eines Sammelgebietes erhalten bestimmte Markengattungen zur Unterscheidung zu den Normalausgaben eigene chronologische Numerierungen mit vorangestellten Buchstaben(-kombinationen).

Die wichtigsten sind:

H-Bl. = Markenheftchenblatt
Hz = Herzstück
K = Kehrdruck (aus Markenheftchen[-bogen])
KZ = Kehrdruck mit Zwischensteg (aus Markenheftchen[-bogen])
MH = Markenheftchen
MHB = Markenheftchenbogen
S = senkrechter Zusammendruck (aus Markenheftchen[-bogen])
SZ = senkrechter Zusammendruck mit Zwischensteg (aus Markenheftchen[-bogen])
SZd = senkrechter Zusammendruck (aus Schalterbogen)
W = waagerechter Zusammendruck (aus Markenheftchen[-bogen])
WZ = waagerechter Zusammendruck mit Zwischensteg (aus Markenheftchen[-bogen])
WZd = waagerechter Zusammendruck (aus Schalterbogen)

Nachgestellte Buchstaben(-kombinationen) bei Unterarten

A, B, C, D, E ... (die ersten Großbuchstaben des Alphabetes) hinter der Nummer bezeichnen Trennungsarten der Marken.

In neuerer Zeit stehen dabei die Buchstaben B stets für ungezähnt, D für dreiseitig, E für zweiseitig gezähnt. Dl steht für links ungezähnt, Eru für rechts unten ungezähnt usw.

a, b, c, d, e ... (die ersten Kleinbuchstaben des Alphabetes) hinter der Nummer bezeichnen wichtige Farbtönungsunterschiede.

... V, W, X, Y, Z (die letzten Großbuchstaben des Alphabetes) hinter der Nummer bezeichnen Wasserzeichenarten.

... v, w, x, y, z (die letzten Kleinbuchstaben des Alphabetes) hinter der Nummer bezeichnen Papier- und Gummierungsunterschiede.

I, II, III, IV, V ... (römische hinter arabischen Ziffern) bezeichnen Druckarten und Typenunterschiede.

L	= Leerfeld in Markengröße
R	= Rollenmarke
Zf	= Zierfeld in Markengröße
ZS	= senkrechtes Zwischenstegpaar
ZW	= waagrechtes Zwischenstegpaar

Nachgestellte Buchstaben(-kombinationen) bei Abarten

DD	= Doppel(-bild)-druck oder doppelter Aufdruck
DK	= doppelter Aufdruck, einer kopfstehend
F	= Fehldruck oder Fehlfarbe
G	= Druck auf der Gummiseite
K	= Kehrdruckpaar oder kopfstehender Aufdruck
Pa	= auf geklebter Papierbahn
U	= ungezähnt (Uo usw. siehe Abkürzungsverzeichnis)

I, II, III, IV, V ... (römische Ziffern am Ende der MICHEL-Nr.) numerieren die Plattenfehler.

Aus irgendwelchen Gründen nicht zur Ausgabe gelangte Marken erhalten römische Ziffern ohne weitere Zusätze.

Reihenfolge der Unternummern

Die Reihenfolge der Unternummern kann von Ausgabe zu Ausgabe verschieden sein, da die Aufteilungen bei den Katalogisierungen so gewählt werden, wie sie sich am übersichtlichsten darstellen lassen. Abartenbezeichnungen werden grundsätzlich zuletzt genannt.

Wertangaben

Die Wertbezeichnungen (Nominalen) der Marken werden in der Regel in Ziffern angegeben. Währungsbezeichnungen sind innerhalb der Sammelgebiete einheitlich abgekürzt, ohne Berücksichtigung der Schreibweise auf den betreffenden Postwertzeichen. Stehen Währungsbezeichnungen in Klammern, ist auf der Marke selbst keine Bezeichnung angegeben. Wertaufdrucke sind durch fette Schrift gekennzeichnet.

Abbildungen

Briefmarken sind, soweit nichts anderes vermerkt, in ½ Größe wiedergegeben, Blocks in unterschiedlichen Verkleinerungen abgebildet. Die Größenangaben der Blocks sind Durchschnittsmaße, da die Größen der Blocks nicht einheitlich sind. Die Maßangaben erfolgen immer in Breite × Höhe. Bei Abarten und Besonderheiten ist der Vergrößerungsmaßstab so gewählt, dass eine möglichst große Aussagekraft erreicht werden kann.

Die Abbildungen entstehen in einem aufwendigen und vielstufigen Prozess, in dem die Marken und Blocks gescannt und für die verschiedenen Verwendungsarten aufbereitet werden. Das sind unter anderem Analyse des Farbspektrums, Farbabgleich, Wahl des Bildausschnittes sowie Speicherung und Archivierung in unterschiedlichen Ausgabeformaten.

Die Abbildungen können nicht als Vergleichsmaterial zu Prüfungen herangezogen werden.

Klischeezeichen

Fortlaufende Buchstabenangaben (= Klischeezeichen) vor den Bildlegenden sowie vor den Preisspalten in den Katalogisierungszeilen ermöglichen eine problemlose Zuordnung der Markenabbildungen zu den MICHEL-Nummern.

Bildbeschreibungen

Die Bildbeschreibungen sind so informativ wie möglich gehalten, können und wollen jedoch kein Lexikon ersetzen.
In der Philatelie bezieht sich die Bildbeschreibung „rechts" oder „links" immer auf die Vorderseite der vor dem Betrachter liegenden Marke. Dies geschieht auch, wenn es dem eigentlichen Sachverhalt widerspricht; so ist z.B. das auf einer Marke abgebildete linke Auge eines Menschen körperlich dessen rechtes Auge.

Preisspalten

Die Notierungen gelten in den linken Spalten für ungebrauchte (✶, (✶), ✶✶), in den rechten für gebrauchte (⊙, ⁓, ✉) Stücke. Bei Marken mit Vorausentwertung gilt die rechte Spalte für ungestempelte oder mit „Zurück"-Stempel entwertete Marken ohne Gummi.

In besonderen Fällen sind noch weitere Preisspalten, z. B. für Einheiten eingefügt. Sie sind durch die im Abkürzungsverzeichnis näher erläuterten Zeichen gekennzeichnet. Im übrigen sind im Vortext jedes Landes die Bewertungsgrundlagen für ungebrauchte Marken angegeben.

Preisnotierungen

Alle Preisnotierungen sind Richtwerte auf Euro-Basis (€) und beinhalten die deutschen Steuern und Abgaben. Sie gelten für Marken in einwandfreier Qualität. Mängel bewirken in der Regel Abschläge. Einzelheiten und Ausnahmen sind am Beginn der jeweiligen Kapitel bzw. bei einzelnen Ausgaben dargestellt. Satzpreise sind, wenn nicht anders angegeben, nach den niedrigsten Preisen der Einzelmarken errechnet. Einzelne Marken aus Sätzen können teurer sein als ihre Notierung. Satzpreise können niedriger sein als die Summe der Einzelpreise. Preisbewegungen nach oben und unten sind auf Grund von Angebot und Nachfrage die Regel. Da immer nur die Marktlage zum Zeitpunkt der Bearbeitung berücksichtigt werden kann, werden gravierende Preisänderungen nach Redaktionsschluss in der monatlich erscheinenden MICHEL-Rundschau angezeigt.

Eine Notierung in Schrägschrift bedeutet, dass die Bewertungsunterlagen für eine eindeutige Preisfestsetzung nicht ausreichen.

Die Bezeichnung „—,—“ innerhalb der Preisspalten besagt: Diese Marke gibt es, eine Notierung ist jedoch nicht möglich, weil Bewertungsunterlagen fehlen. Dies muss nicht zwangsläufig bedeuten, dass die Marke sehr teuer ist.

Ist weder „—,—“ noch ein Preis eingesetzt, gibt es diese Marke nicht bzw. wurde sie noch nicht vorgelegt.

Grundlage für die Ermittlung der Preisnotierungen sind Unterlagen des Briefmarken-Groß- und Einzelhandels, Arbeitsvorlagen von Sammlern sowie Arbeitsgemeinschaften im In- und Ausland.

FDCs

Die FDC-Bewertungen gelten für Belege mit Abstempelung vom 1. Gültigkeitstag, ohne Rücksicht auf die Portogerechtheit der Frankatur.

Portogerechte, echt gelaufene Belege vom 1. Gültigkeitstag verdienen oft zum Teil erhebliche Aufschläge.

Erhaltung der Marken

Bei der Beurteilung der Qualität wird der einsichtsvolle Philatelist immer von dem Zustand der Marke bei der Ausgabe ausgehen und die Eigenarten ihrer Grundstoffe (Papier, Farben, Gummi), der Herstellung, ihre Widerstandsmöglichkeiten gegen äußere Einflüsse und die übliche Behandlung im Postverkehr (Zähnung, Abstempelung usw.) berücksichtigen; der Qualitätsanspruch ist diesen Voraussetzungen unterzuordnen. Man kann z. B. von geschnittenen Marken, die nahezu ohne Ränder oder mit sehr kleinen Zwischenräumen hergestellt wurden, keine vollrandigen Stücke, bei reißschlechten Papiersorten keine vollständigen Durchstiche oder Zähnungen verlangen.

Wenn bei einzelnen Ausgaben nicht anders vermerkt, muss bei gezähnten Marken die Zähnung allseits vollständig sein, bei geschnittenen Marken darf der Schnitt das Markenbild nicht berühren, postfrische Qualität setzt vollkommen unberührte Gummierung voraus, Marken mit Falz dürfen nur einen sauberen Erstfalz haben und gestempelte Marken sollten eine saubere und möglichst lesbare Abstempelung aufweisen; allerdings ist zu berücksichtigen, dass es zeit- und ortsbedingt Qualitätsunterschiede der Stempel sowie der Stempelfarbe gibt. So sind zu bestimmten Zeiten und/oder in einigen Gebieten verschwommene, leicht verschmierte Abstempelungen durchaus als vollwertig zu betrachten. Alle Marken, denen vorgenannte Qualitätsmerkmale fehlen, erfordern je nach Erhaltungsgrad mehr oder weniger Preisabschläge. Überdurchschnittliche, selten anzutreffende Erhaltung bedingt höhere Preise.

Ausbesserungen (Reparaturen) haben den Zweck, den weiteren Verfall einer beschädigten, noch sammelwürdigen Marke aufzuhalten. Reparierte Marken sind darum den philatelistischen Begriffsbestimmungen entsprechend eine bestimmte, durchaus sammelwürdige Art der Erhaltung, wenn der Zweck der Reparatur nicht eine betrügerische Veränderung der Katalognummer ist (z. B. falsch eingesetzte Mittelstücke). Da die Werteinbuße nach dem Grad der Verschönerung bzw. Ausbesserung schwankt, sollten in Zweifelsfällen anerkannte Prüfer zu Rate gezogen werden.

Markentechnische und wichtige philatelistische Begriffe von A bis Z

Abarten

Abweichungen vom gewollten Erscheinungsbild der Marken in Form von Druckfehlern, Fehldrucken, Plattenfehlern, Zähnungsausfällen usw. treten zuweilen auf. Sie werden als Abarten bezeichnet. Genaue Beschreibungen und Abbildungen siehe MICHEL-Abartenführer.

Aufdruckfehler

Gerade bei Aufdrucken kann es herstellungsbedingt eine Unzahl von Abarten geben: Aufdruck auf einem anderen als dem bestimmten Wert oder in falscher Farbe. Ausgefallene Aufdrucke (Paar mit und ohne Aufdruck). Setz- oder Plattenfehler in Aufdrucken. Kopfstehende und seitliche, mehrfache und rückseitige Aufdrucke und vieles mehr.

Ausgefallener Druckgang

Marken, bei deren Fertigung ein Druckgang ausgefallen ist, zeigen eine Farbe zu wenig, es fehlt also ein Teil der Zeichnung. Dies kann auch bei einfarbigen Marken auftreten, wenn sie in mindestens zwei Druckgängen gedruckt wurden.

Doppeldrucke

Doppeldrucke entstehen, wenn ein Druckbogen zweimal die Druckmaschine durchläuft. Das Markenbild oder ein Aufdruck ist dadurch doppelt zu sehen, da es unmöglich ist, die Bogen genau deckungsgleich einzulegen.

Farbfehldruck

Wird eine Marke oder Teile davon in der falschen Farbe oder auf falschfarbigem Papier gedruckt, spricht man von Farbfehldruck.

Geklebte Papierbahn

Diese Abart entsteht durch das Zusammenkleben des Endes einer Papierbahn mit dem Beginn der nächsten oder durch das Kleben einer gerissenen Papierbahn während des Druckvorganges.

Kopfstehende Bildteile

Dieser Fehler entsteht, wenn ein Markenbild aus mehreren Klischees zusammengesetzt ist und eines davon kopfstehend einmontiert wurde.

Druck auf der Gummiseite

Er entsteht, wenn der schon gummierte Bogen oder die Papierbahn falsch in die Druckmaschine eingelegt wird.

Plattenfehler

Dies sind Schäden, die entweder schon bei der Vervielfältigung des Urklischees oder durch Abnutzung während des Drucks in der Druckform auftreten. Sie ziehen sich über ganze Auflagen oder größere Teilauflagen unverändert hin. Katalogisiert werden Plattenfehler nur, wenn eine amtliche Bestätigung vorliegt, dass es sich wirklich um einen Plattenfehler und nicht nur um einen Druckzufall handelt. Außerdem muss die Abweichung für einen normalsichtigen Menschen ohne Lupe oder sonstige Hilfsmittel gut erkennbar sein.

Wasserzeichenabart

Wenn der Druck einer Marke auf einem Wasserzeichenpapier erfolgte, das für diese Marke nicht vorgesehen war, so handelt es sich um eine Wasserzeichenabart. Als Abarten werden auch versehentlich falsche Stellungen des Wasserzeichens anerkannt.

Zähnungsabarten

Versagen die Zähnungsmaschinen ganz oder teilweise, so entstehen ganz oder teilweise ungezähnte Bogenreihen. Wegen Fälschungsgefahr sollten solche Stücke nur als Randstücke oder in Paaren gesammelt werden.

Aufdruck

Marken werden aus den unterschiedlichsten Gründen mit Aufdrucken versehen:

Änderung der Markengattung (z.B. Freimarke wird Dienst- oder Portomarke), Änderung der Wertstufe oder der Währungsbezeichnung, Änderung des Ausgabeanlasses oder Zuweisung eines neuen Verwendungsbezirkes.

Klammerzahlen vor den Preisspalten weisen bei Aufdruckmarken auf die Katalognummern der betreffenden Urmarken hin, Kleinbuchstaben auf die entsprechenden Abbildungen. Die danach eingesetzten Großbuchstaben sind die Farbabkürzungen der Aufdruckfarben. Sind keine angegeben, so ist die Aufdruckfarbe immer schwarz.

Aufheller

Dem Papierbrei werden chemische Mittel beigefügt, die das Papier weißer erscheinen lassen und damit die Farben leuchtender machen. Unter der UV-Lampe leuchten diese Marken bläulich auf. Eine katalogmäßige Erfassung muss unterbleiben.

Bogenplatz einer Marke (Feld)

Im Normalfall besteht beim Bogendruck ein Druckbogen aus mehreren (meist vier) Schalterbogen.

Die Basis für die philatelistische Zählweise ist, unabhängig von Bogenrandbeschriftungen, das normalstehende Markenbild. Der Philatelist zählt in waagerechter Richtung von links nach rechts, abweichend von der postalischen Zählweise (von oben nach unten).

Drucker(ei)zeichen

Am Bogenrand befinden sich Buchstaben, Zahlen oder Zeichen, die Hinweise auf den verantwortlichen Drucker oder die Druckerei geben.

Druckprobe

Zur Überprüfung der Druckmaschine auf ordnungsgemäße Funktion werden während der Herstellung Druckproben vorgenommen.

Druckverfahren

Grundsätzlich unterscheidet man: Hochdruck (Buchdruck, Flexodruck, Prägedruck), indirekter Hochdruck (Letterset), Flachdruck (Steindruck, Offsetdruck, Lichtdruck), Tiefdruck (Stichtiefdruck, Rastertiefdruck) und Siebdruck.

Relativ häufig findet man Kombinationen aus zwei verschiedenen Druckverfahren.

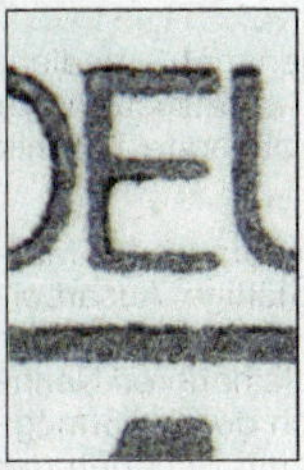

Buchdruck

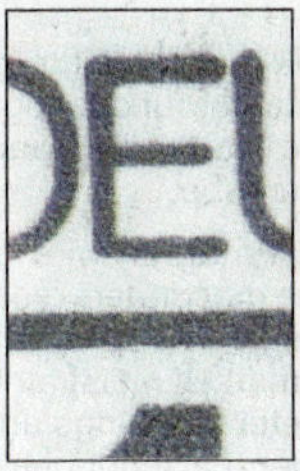

Letterset

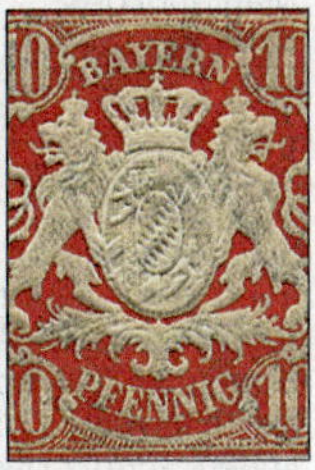

Prägedruck

Hochdruck

Buchdruck (Bdr.)

Die Hochdruckform hat erhabene (das sind die druckenden) und tieferliegende (nichtdruckende) Teile. Die erhabenen Druckelemente werden gleichmäßig eingefärbt, anschließend mit verhältnismäßig großem Druck gegen das Papier gepresst. Daraus ergeben sich folgende Erkennungsmerkmale:

– Quetschränder an Schrift und Linien
– Farbflächen erscheinen unter der Lupe unruhig
– rückseitig meist leichte Prägung sichtbar

Prägedruck (Pdr.)

Für das herzustellende Markenbild werden zwei übereinstimmende Druckformen angefertigt, bei der einen ist das Prägebild erhaben, bei der anderen vertieft. Beim Druckvorgang liegt das Papier zwischen den beiden Formen, die mit hohem Druck gegeneinander gepresst werden und dadurch die Prägung auf das Papier übertragen.

Der Prägedruck tritt fast immer in Kombination mit anderen Druckverfahren auf. Erkennungsmerkmal: vorderseitig positives, rückseitig negatives Relief.

Heißfoliendruck (Hfdr.)

Eine mehrschichtige Folie wird unter Hitze und Druck aufgeprägt. Der Heißfoliendruck wird in der Regel angewendet, um hochglänzende, metallische Oberflächen zu erzeugen, da er nicht mit flüssigen Druckfarben arbeitet. Auch Hologramme werden so appliziert. Aufgrund des besonderen Interesses für Hologramme sind diese besonders erwähnt.

Indirekter Hochdruck

Letterset

Der indirekte Hochdruck wird auch Letterset oder Trockenoffset genannt. Der Unterschied zum konventionellen Hochdruck besteht darin, dass hier nicht direkt von der Druckform auf das Papier gedruckt wird. Die Hochdruck-Platte druckt auf einen mit einem Gummituch bespannten Zylinder. Von dort wird das Druckmotiv auf das Papier übertragen. Das Schriftbild der Druckplatte muss seitenrichtig sein. Dieser Übertragungsvorgang ist auch im Offsetverfahren üblich. Erkennungsmerkmale:
– wie bei Offsetdruck.

Flachdruck

Beim Flachdruck befinden sich druckende und nichtdruckende Flächen nahezu auf einer Ebene. Die druckenden Stellen sind so präpariert, dass sie Wasser abstoßen und dadurch die fettige Druckfarbe annehmen, während die nichtdruckenden Stellen wasserfreundlich sind und Farbe abstoßen. Auf diesem Gegensatz zwischen Fett und Wasser beruht das Wesen des Flachdruckverfahrens. Je mehr es dabei möglich ist, diesen Gegensatz zu steigern, desto leichter und besser gestaltet sich der spätere Druckvorgang.

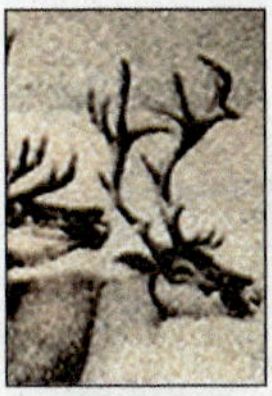
Lichtdruck

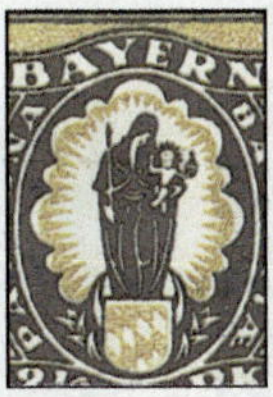

Steindruck

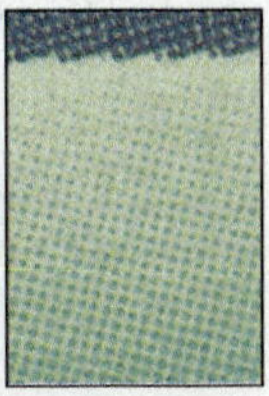
Offsetdruck

Lichtdruck (Lichtdr.)

Die Druckform besteht beim Lichtdruck (auch Phototypie) aus einer mit einer Gelatine-Chromschicht beschichteten Glasplatte, die mit einem (seitenrichtigen) Halbtonnegativ belichtet wird. Die Gelatine wird entsprechend den Tonwerten unterschiedlich stark gehärtet und anschließend gefeuchtet, es bildet sich ein Relief auf der Platte. Die unbelichteten Stellen stoßen die Druckfarbe ab, belichtete nehmen sie an.

Charakteristisch für den Lichtdruck ist das unter der Lupe erkennbare sogen. Runzelkorn, das den Raster ersetzt, in der Vergrößerung ergibt sich ein unscharfes Bild.

Steindruck (Stdr.)

Der Steindruck oder die Lithografie ist das älteste Flachdruckverfahren, das heute für den Druck von Briefmarken nicht mehr gebräuchlich ist. Als Druckträger dienen Kalkstein- oder Schieferplatten, auf die die Zeichnungen manuell oder fotolithografisch, in beiden Fällen seitenverkehrt, übertragen werden. Der Druck erfolgt direkt vom Stein auf das Papier, es handelt sich also im Gegensatz zum Offsetdruck um ein direktes Druckverfahren. Für den Steindruck ergeben sich folgende Erkennungsmerkmale:

– unscharfe, in der Linienführung oft unterbrochene Bilder
– matte, weiche Farben (dünner Farbauftrag)
– Konturen undeutlich

Offsetdruck (Odr.)

Als Druckträger werden biegsame Metallplatten verwendet, welche um die Druckzylinder gespannt werden. Der Druck erfolgt über Gummituchzylinder auf das Papier. Der Offsetdruck ist also ein indirektes Druckverfahren, die Zeichnung auf der Platte muss seitenrichtig sein.

Halbtöne müssen gerastert werden. Der Raster täuscht durch verschieden große Punkte verschiedene Tonwerte vor. Helle Bildstellen (helle Tonwerte) werden von kleinen Punkten gebildet, dunkle von großen.

Da das Offsetverfahren keine großen Anforderungen an die Papierqualität stellt und eine sehr schnelle Arbeitsweise gestattet, verdrängte es bei Massenauflagen, besonders auch im Mehrfarbendruck, den Buchdruck. Erkennungsmerkmale des Offsetdrucks:

- Farbflächen gleichmäßig eingefärbt
- saubere, nicht ausgefranste, nicht gequetschte Ränder
- rückseitig keine Prägung sichtbar
- Tonwertabstufung durch Aufrasterung
- Rasterpunkte unterschiedlich groß aber mit gleicher Farbintensität

In jüngster Zeit trat neben die regelmäßige Rasterung des Bildes (Anordnung der Bildpunkte in Linien) der sogenannte stochastische Raster mit zufälliger Streuung der Bildpunkte.

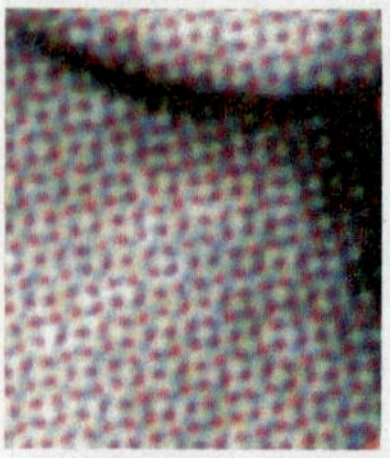

Regelmäßiger Raster

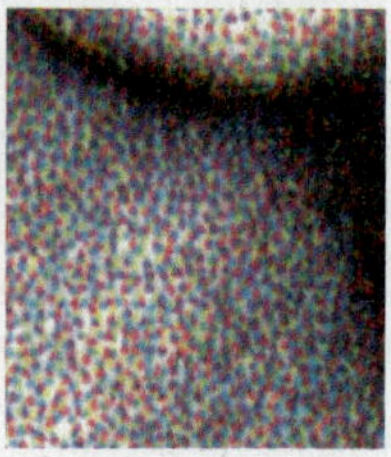

Stochastischer Raster

Laserdruck

Der Laserdruck arbeitet im Unterschied zum Offsetdruck mit pulverförmigen Farbpartikeln (ähnlich wie Kopiergeräte). Auf glatten Oberflächen erzeugt er eine erhabene Farbschicht, wie unter kleinem Blickwinkel erkennbar ist.

Bilder erscheinen mehr oder weniger grob gerastert.

Siebdruck

Beim Siebdruck wird die Farbe durch ein feinmaschiges Gewebe hindurchgedrückt. An Stellen, die keine Farbe erhalten sollen, wurde das Gewebe zuvor versiegelt. Für den Briefmarkendruck wird der Siebdruck selten verwendet.

Tiefdruck

Beim Tiefdruck wird die Druckfarbe über Einfärbewalzen in die tiefliegenden Bildteile übertragen, wobei die auf der Oberfläche des Zylinders haftende Farbe durch eine Wischeinrichtung (Rakel) entfernt wird. Die Papierbahn übernimmt die Farbe aus den Vertiefungen des Druckzylinders.

Stichtiefdruck (StTdr.)

Beim Kupferstich – der ältesten Technik des Tiefdrucks – wird die Zeichnung mit Stichel in eine Kupferplatte eingraviert, beim Stahlstich in eine Stahlplatte.

Nach dem Härten der Platte wird das vertieft liegende Markenbild auf ein Stück Rundstahl (Molette) übertragen. Dabei wird das Markenbild reliefartig geprägt. Von der gehärteten Molette erfolgt die Übertragung auf den mit einer Kupferschicht (weich) überzogenen Druckzylinder, der durch Verchromung gehärtet wird. Das Bild erscheint auf dem Druckzylinder vertieft und seitenverkehrt.

Beim Druckvorgang wird die zähflüssige Farbe von dem angepressten feuchten saugfähigen Papier aufgenommen und trocknet leicht erhaben auf. Durch das Zusammenziehen des trocknenden Papieres ergeben sich häufig messbare Größenunterschiede des Markenbildes.

Die Schabetechnik – Mezzotinto genannt – bedient sich des Gravierstahles und bringt zusätzlich kleine Vertiefungen in die Platte; dies war die erste Technik mit Halbton-Wiedergabe.

Das Stichtiefdruckverfahren wird bevorzugt für Markenbilder, die eine besonders sorgfältige Ausarbeitung jeder Bildeinzelheit erfordern; wegen seiner Kostspieligkeit kommt es meist für die höheren Nennwerte in Frage, bietet allerdings auch den größtmöglichen Schutz gegen Fälschungen zum Schaden der Post.

Die Erkennungsmerkmale sind:

- Farbauftrag als Relief spürbar
- Zeichnung besteht aus feinen Linien und Punkten
- Farbflächen werden durch eng nebeneinanderliegende und/oder kreuzende Linien erzielt
- klares, detailreiches Markenbild

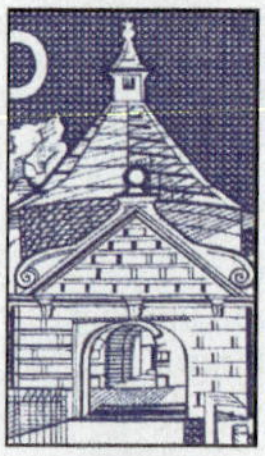

Stichtiefdruck

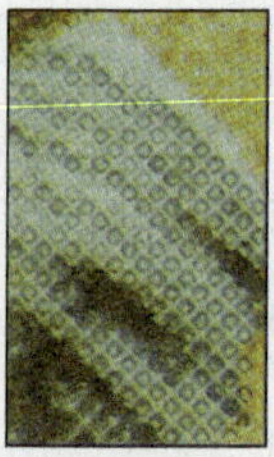

Rastertiefdruck

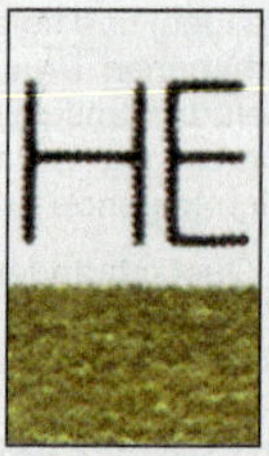

Rastertiefdruck

Rastertiefdruck (RaTdr.)

Der Rastertiefdruck wird auch Ätztiefdruck oder Rakeltiefdruck genannt. Im Gegensatz zum StTdr. wird die Zeichnung auf fotografischem Wege auf eine Kupferplatte übertragen. Die älteste Form des Ätztiefdrucks ist die Heliogravüre oder Fotogravüre.

Vor dem Aufbringen der Negativ-Zeichnung mittels Pigmentpapier wird der Kupferplatte eine Asphalt- oder Harzstaubschicht als Kornraster aufgeschmolzen. Durch das Pigmentpapier hindurch wird die Platte in mehreren Schritten geätzt, dadurch bilden sich Vertiefungen.

Der heute gebräuchliche Rastertiefdruck ist eine Weiterentwicklung der Heliogravüre. Hier wird in zwei Arbeitsgängen der Raster und die Zeichnung durch Belichtung auf das Pigmentpapier übertragen. Dieses wird auf dem Druckzylinder entwickelt. Beim nachfolgenden Ätzen entstehen die Vertiefungen.

Der eigentliche Druckvorgang ist bei Heliogravüre und Rastertiefdruck identisch: die Vertiefungen werden mit dünnflüssiger Farbe aufgefüllt, überflüssige Farbe wird mittels Rakel abgestreift. Die Farbe wird von dem angepressten Papier aufgenommen und trocknet im Gegensatz zum StTdr. eben auf.

Da das Papier nicht so feucht ist wie beim StTdr., sind Größenunterschiede des Markenbildes kaum feststellbar.

Erkennungsmerkmale des Rastertiefdrucks:

- Sägezahneffekt bei Linien, Schriften und Bildrändern
- Rasterpunkte in etwa gleich groß mit häufiger Farbabschwächung zur Rasterpunktmitte („Näpfchen")
- Markenbild wirkt in der Vergrößerung unscharf
- hohe Farbintensität möglich, großer Tonwertumfang
- perliger Ausdruck an vielen Stellen (Farben-Fließstruktur)

Entwertung

Die Entwertung erfolgt durch Stempel, Feder- oder Farbstiftzug, seltener durch Aufdruck, Lochung, Scherenschnitt, Dienstsiegel oder ähnliche Maßnahmen. Postalisch gebraucht bedeutet mit Poststempel entwertet (im Gegensatz zur fiskalischen, steuerlichen Verwendung).

Seltene Entwertungen. Seltene, in Form und Farbe abweichende oder aus sonstigen Gründen wenig vorkommende Entwertungen bedingen je nach Seltenheit, besonders bei älteren Ausgaben, oft sehr hohe Preiszuschläge.

Entwertungen zu philatelistischen Zwecken erfolgen von Postbehörden mit unveränderten oder auch besonderen, eigens dafür vorgesehenen Stempeln. Zum Teil wurden auch während oder nach der Kurszeit aufgedruckte, spezielle Stempel verwendet. Beide Arten werden mit ⊘ bezeichnet.

Falschstempel sind solche Abstempelungen, welche mit betrügerischer Absicht mittels von unbefugter Seite hergestellter, also falscher Stempel vorgenommen wurden, um dadurch den Wert der ungebraucht billigeren Marken zu erhöhen. Auf das Vorkommen von Falschstempeln wird mit dem Zeichen ⓕ hingewiesen.

Unter **verfälschten Stempeln** versteht man Abstempelungen, die nach der Kurszeit von privater, bzw. unbefugter Seite mit echten, aber rückdatierten, veränderten Stempeln vorgenommen wurden.

Die Formulierung „ohne Obligo" bedeutet, dass der Stempel nicht prüfbar, verfälscht oder falsch ist.

Ersttagsbrief (FDC) (First Day Cover)

Umschläge oder Karten, die am ersten Gültigkeitstag der aufgeklebten Marke(n) abgestempelt werden. Einige Postverwaltungen geben besondere (Schmuck-) Umschläge, oft mit ausgabeanlassbezogenen Sonderstempeln, heraus. Zwischen amtlichen oder privaten (Schmuck-)Belegen wird nur in Ausnahmefällen unterschieden (vgl. Landeseinleitung).

Essay

Um für eine Markenausgabe die geeignetste Gestaltung hinsichtlich Entwurf, Druck, Farbe etc. zu finden, werden von der Post Vorlagen angefordert. Solche nicht angenommenen Proben gelangen in den Handel. Sie werden Essays genannt.

Faksimile

Von privater Seite hergestellte Nachahmung seltener Marken, die in Farbe, Papier und/oder Druckverfahren vom Original abweicht.

Fälschungen

Es gibt verschiedene Arten von Fälschungen:

1. Fälschungen zum Schaden der Sammler und Händler [FALSCH]

Es kann sich um Ganz- oder Teilfälschungen handeln, z.B. falscher Durchstich, falsche, verfälschte oder entfernte Zähnung, falsche Abstempelung, falscher Aufdruck, chemische Veränderung von Papier und Druckfarbe, im Wege der Reparatur verkehrt eingesetzte Mittelstücke etc. Ferner chemisch oder mechanisch entfernte Aufdrucke, Stempel und dgl.

2. Fälschungen zum Schaden der Post [PFä]

Hierunter fallen nur solche Fälschungen, die während der Kurszeit der Marken zum Schaden der Post hergestellt wurden.

3. Fälschungen als Kriegsmaßnahmen [PFä] sind Fälschungen, die von kriegführenden Staaten zur Schädigung des Gegners hergestellt wurden. Man unterscheidet Kriegs-Postfälschungen, die den Originalen täuschend nachgebildet sind und Propagandafälschungen, deren ursprüngliches Bild originalähnlich umgezeichnet wurde.

Feldbestimmung

Die Feldbestimmung kann wichtig sein für das Auffinden von katalogisierten Typen oder Plattenfehlern im Bogen. Feld 27 bedeutet also im Beispiel eines 50er-Bogens der Anordnung 10×5 (10 Marken waagerecht und 5 Marken senkrecht), dass die gesuchte Marke die 7. von links in der 3. Reihe von oben ist.

Fluoreszenz, Phosphoreszenz

Zur Erleichterung der Postautomation werden den Markenpapieren chemische Verbindungen beigemischt oder aufgedruckt. Fluoreszierende Stoffe leuchten unter der Prüflampe gelblich bis grünlich auf, phosphoreszierende leuchten nach dem Ausschalten der Lampe kurz nach. Unterschiede der Fluoreszenz- oder Phosphoreszenzstoffe werden nur in eng umgrenzten Ausnahmefällen erfasst.

Ganzsache

Ganzsachen sind mit vorauszubezahlenden Wertzeichen oder Wertstempeln bedruckte, für einen postalischen Verwendungszweck bestimmte Umschläge, Kartenbriefe, Postkarten o.ä. Alle Ganzsachen sind Postwertzeichen wie Briefmarken. Sofern es offizielle

Ganzsachen mit (eingedrucktem) bildgleichem Wertstempel gibt, ist nach der Farbangabe der entsprechenden Marke das Zeichen GA eingefügt.

Gummierung

In aller Regel wurden und werden die Papierbogen und -Bahnen für den Briefmarkendruck aus technischen Gründen vor dem Druck maschinell mit einer Gummierung versehen, früher manchmal auch per Hand mit Pinsel. Bei einigen klassischen geschnittenen Marken wurde die Gummierung erst nach dem Druck aufgetragen, vereinzelt wurden Marken auch ungummiert ausgegeben.

Hauptbestandteile waren früher tierische Leime, dann pflanzliche Stoffe (z.B. Dextrin und Gummi arabicum), seit geraumer Zeit werden hauptsächlich Kunststoffe (z.B. PVA) verwendet. Struktur und Erscheinungsbild können sehr unterschiedlich sein: glatt, brüchig, körnig, gestreift, borkig, matt oder glänzend, weiß, gelblich, bräunlich, rötlich, bläulich oder fast unsichtbar (sogen. Trockengummi). Beim auch vorkommenden sogenannten Spargummi wurden, um Rohstoff zu sparen, kreisförmige Stellen nicht gummiert.

körniger Gummi

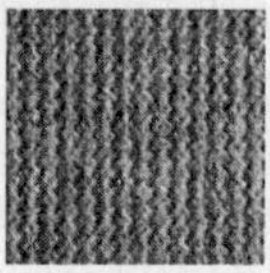

senkr. geriffelt

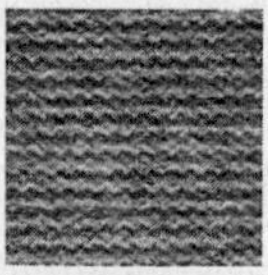

waager. geriffelt

Borkengummi

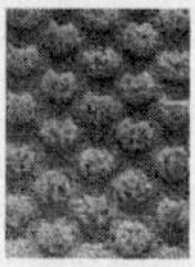

Spargummi

Es gibt auch Marken mit schwefelsäurehaltiger Gummierung, die die Marken rasch zu beschädigen droht. Es empfiehlt sich, bei solchen Marken den Gummi sofort zu entfernen. Auch bei älteren Marken kann die Beschaffenheit des Gummis (gefährliche chemische Zusammensetzung oder Bruchgefahr) zur Ablösung zwingen.

Unter **Gummiriffelung** wird das Brechen des Gummis nach dem Trocknen durch Walzen verstanden. Das Brechen erfolgt in verschiedene Richtungen (waagerechte oder senkrechte Riffelung) und soll dem Rollen des Papiers entgegenwirken.

Auf die Bedeutung, die der Originalgummi heute bei der Bewertung spielt, wird an anderer Stelle („Ungebraucht") noch eingegangen.

Kehrdruck (tête-bêche)

Unter Kehrdrucken versteht der Philatelist waagerechte oder senkrechte Paare, die vom Markenbild aus gesehen kopfstehend unmittelbar oder durch Zwischenstege getrennt zusammenhängen. Das Kurzzeichen lautet ⊔⊓. Die meisten Kehrdrucke stammen aus Markenheftchenbogen.

Literatur

Die Möglichkeit, die geradezu unerschöpflichen, sich ständig ergänzenden Informationsquellen des philatelistischen Schrifttums Sammlern und Händlern in gedruckter Form zugänglich zu machen, beschränkt sich heute auf nur wenige zentrale Fachbüchereien. Die Münchner Stadtbibliothek, Philatelistische Bibliothek (www.muenchner-stadtbibliothek.de/philatelistische-bibliothek.de) und die Philatelistische Bibliothek Hamburg (www.philatelistische-bibliothek.de) bieten Zugang zu ihren umfangreichen Buch- und Zeitschriftenbeständen, deren Titel in den jeweiligen Online-Katalogen veröffentlicht sind und in ihren Lesesälen, aber auch für die Fernleihe, zur Verfügung stehen. Aus der Münchner Stadtbibliothek können BdPh-Mitglieder direkt ausleihen. Alle übrigen Personen erhalten im Rahmen des nationalen und internationalen Leihverkehrs durch Vermittlung einer öffentlichen Bibliothek Fachbücher und Fotokopien unter Beachtung der Nutzungsbedingungen der jeweiligen Bibliothek.

Lochungen

Amtliche Lochungen verändern meist den Charakter der Marke oder beschränken ihren Verwendungsbereich. Durch E-Lochung wurden z.B. Marken von Bayern 1911 in Dienstmarken umgewandelt.

Nur diese amtlichen Lochungen werden katalogisiert.

Nichtamtliche Einlochungen von Buchstaben oder Firmenzeichen wurden zum Schutz vor Diebstählen und unberechtigter Verwendung durch Dritte meist von privaten Stellen, die einen größeren Markenbestand vorrätig halten, angewandt. Amtliche Stellen kennzeichnen vereinzelt die Marken auf aufbewahrten Postformularen ebenfalls durch eine Einlochung als Schutz gegen Diebstähle.

Marken mit Firmenlochung gelten echt gebraucht auf Ganzstücken als vollwertig.

Makulatur

Unter Makulatur versteht man die durch unsauberen Druck, durch Material- oder Zähnungsfehler oder aus anderen Gründen unbrauchbar gewordenen, vor der Ausgabe an den Postschaltern ausgeschiedenen Druckbogen, die zur Vernichtung bestimmt sind. Solche Stücke kommen vereinzelt illegal in den Handel, sind aber philatelistisch wertlos.

Markenanordnung im Bogen

In der Regel werden die Klischees in gleicher Lage und in regelmäßigen Zwischenräumen zusammengestellt. Die Abstände lassen im allgemeinen auch genügend Raum für die Anbringung einer Trennungsart (Durchstich oder Zähnung), doch gibt es auch oft eine zu enge Bogenzusammenstellung; in solchen Fällen reicht der Durchstich oder die Zähnung in das Markenbild hinein, und man spricht von schlechter Zentrierung. Bei geschnittenen, im Bogen zu eng zusammenstehenden Marken stellen im Schnitt leicht berührte Ränder die einwandfreie Durchschnittsqualität dar.

Marken auf Brief

Alle mit Briefmarken frankierte Poststücke, welche auf dem üblichen Wege durch die Post befördert wurden, erhalten das Symbol ✉, wenn es sich um, nach den jeweils gültigen Portosätzen frankierte Bedarfspost handelt, im Gegensatz zu Sammlerbriefen, die zu Sammelzwecken der Post zur Beförderung übergeben wurden. Besonders Briefe mit älteren Ausgaben und viele mit Flugpost richtig beförderte Briefe werten oft das Vielfache der gleichen losen Marken. Die Bewertung für Briefstücke (✉) bewegt sich zwischen dem Preis für die gestempelte Marke und dem Briefpreis, je nach Größe und Aussagekraft des Briefstücks. Briefstücke, die außer dem kompletten Stempel keine weiteren Informationen enthalten, werden kaum teurer als die gestempelte Marke gehandelt, wohingegen beispielsweise eine komplett erhaltene Briefvorderseite dem Briefpreis schon ziemlich nahekommen kann. Eine Bewertung von Briefstücken muss also stets individuell vorgenommen werden.

Ersttagsstempel (First day), oft auf zu diesem Zweck eigens von der Postverwaltung oder von privater Seite hergestellten Sonderumschlägen oder Karten, benutzen manche Postverwaltungen am ersten Verwendungstag neuer Postwertzeichen-Ausgaben.

Die Bewertung „Ersttag" bzw. „FDC" bezieht sich auf alle Belege, die mit dem Datum des ersten Tages der Gültigkeit der aufgeklebten Marke(n) abgestempelt wurden, nicht aber auf lose gestempelte Marken. Dabei ist es gleichgültig, ob die Belege einen Sonderstempel oder den Tagesstempel irgendeines Postamtes aufweisen, ob es sich um gefälligkeitsgestempelte Belege oder um echt gelaufene Sendungen handelt (Ausnahmen siehe Landeseinleitung).

Sonderstempel, die in einer Beziehung zu dem Postwertzeichen stehen, auf dem sie angebracht sind, sind nur dann gesondert bewertet, wenn der Sonderstempel einen vom gewöhnlichen Poststempel erheblich abweichenden Mehrwert hat.

Markenfarben

Die verschiedenen Tönungen sind eine technisch bedingte Begleiterscheinung des Markendrucks. Besonders häufig sind sie zu beobachten, wenn der Druck in mehreren Auflagen erfolgt. Solche Farbunterschiede werden nur dann berücksichtigt, wenn sie verschiedenen Auflagen zugeordnet werden können bzw. mit ihnen Preisdifferenzen verbunden sind.

Farbbenennungen. Die Farbbenennungen richten sich im wesentlichen nach der Ostwaldschen Farbenlehre. Phantasienamen, wie sämisch, rahmfarben oder Zusammensetzungen mit anderen Wörtern wie ziegelrot, kornblumenblau, lichtblau, wasserblau, maigrün, seegrün usw., dienten in früherer Zeit der Erweiterung der Farbnamen-Palette. Um falsche Assoziationen zu vermeiden, wird seit geraumer Zeit auf derartige unpräzise Angaben verzichtet.

Unverzichtbar als Anhaltspunkt zum Bestimmen der Markenfarben ist der **MICHEL-Farbenführer,** nach dem seit Anfang der 1980er-Jahre alle Farbbenennungen von Neuaufnahmen durchgeführt werden. Die Farben älterer Ausgaben werden in den nächsten Jahren Schritt für Schritt ausschließlich nach der ab 1991 erweiterten Ausgabe des MICHEL-Farbenführers benannt.

Ausdrücklich sei darauf hingewiesen, dass der MICHEL-Farbenführer gerade bei teuren Farbvarianten eine Prüfung durch anerkannte Verbandsprüfer nicht ersetzen kann!

Zu beachten ist, dass für den Druck von Briefmarken viel mehr Farben bzw. Farbtönungen verwendet werden als abgebildet und durch Namen oder Bezeichnungen sinnvoll ausgedrückt werden können. Zu wählen ist also die Farbbezeichnung im Farbenführer, die der Markenfarbe am nächsten kommt.

Bei mehrfarbigen Marken beginnt die Farbenbezeichnung in der Regel bei der Umrahmung und setzt sich danach bis zur Markenmitte fort; weist eine Marke mehr als zwei Farben auf, wird sie als „mehrfarbig" geführt.

Maximumkarte

Voraussetzung für eine Maximumkarte ist, dass das Markenmotiv und das Bild der Karte weitgehend übereinstimmen. Die Marke wird auf die Bildseite der Karte geklebt und mit Sonderstempel oder Ortsdatumstempel entwertet. Maximumkarten werden im MICHEL-Europa nicht katalogisiert.

Nachdrucke

sind in staatlichem Auftrag hergestellte Drucke, zu deren Herstellung ein mehr oder weniger abgeänderter bzw. erneuerter Originaldruckstock verwendet wurde, und zwar nachdem die Frankaturgültigkeit gleichwertiger Postwertzeichen beendet war. Nachdrucke, die nicht in staatlichem Auftrag hergestellt wurden, werden Fälschungen gleichgestellt.

Neuauflage

Frankaturgültige neue Ausgaben eines Postwertzeichens, die sich von den ursprünglichen Erstauflagen durch irgendwelche Merkmale unterscheiden, nennt man Neuauflagen. Sie werden entsprechend dieser Unterschiede als Unterarten katalogisiert und numeriert.

Neudruck

Begriff für alle „neuen Drucke" eines Postwertzeichens, welche von einer staatlichen Postverwaltung mit unveränderten (Original-) Druckstöcken oder Druckplatten hergestellt wurden, nachdem die Frankaturgültigkeit solcher Marken beendet war. Neudrucke sind mit dem Zeichen **ND** gekennzeichnet. Da sie vielfach von den Originalen nur schwer zu unterscheiden sind, wird absichtlich von der leicht irreführenden Angabe der Unterscheidungsmerkmale meist abgesehen. Neudrucke werden häufig zu Studienzwecken gesammelt, den Spezialisten sind sie unentbehrlich. Wenn es sich um Neudrucke handelt, die nicht von (beziehungsweise im Auftrag) der betreffenden staatlichen Postverwaltung hergestellt wurden, so muss die Bezeichnung „privater Neudruck" lauten.

Die Bezeichnung „Neudruck" ist für Fälschungen, Phantasiedrucke, Nachdrucke oder dergleichen nicht zu verwenden.

Postwertzeichenpapier

In der Regel werden für den Markendruck Papiersorten gewählt, die den besonderen drucktechnischen Anforderungen qualitativ entsprechen und oft noch mit besonderen Sicherungen gegen Fälschungen (Seidenfaden, Wasserzeichen) versehen werden. In Zeiten wirtschaftlicher Not kommen natürlich auch Papiere minderer Qualität zur Verwendung.

Häufig verwendete Papiersorten sind Glanz- und Kunstdruckpapiere, maschinenglatte, satinierte (geglättete), gestrichene (Kreide-)Papiere mit und ohne Fasern. Weitere Unterscheidungsmerkmale sind dünnes, dickes, kartonartiges, durchscheinendes, rauhes, gestreiftes oder geripptes Papier.

Bei farbigem Papier enthält die Papiermasse selbst den Farbstoff, bei gefärbtem Papier ist er nur auf der Oberfläche aufgetragen.

Heute wird für Postwertzeichen auch ein Papier benutzt, welchem bei der Herstellung ein Fluoreszenz- oder Phosphoreszenzkörper beigemischt oder aufgetragen ist, der bei Bestrahlung mit ultraviolettem Licht hell aufleuchtet (Fluoreszenz) oder kurz nachleuchtet (Phosphoreszenz). Eine UV-Lampe ist hier eine unentbehrliche Hilfe. Mit ihr sind auch der Papiermasse beigegebene optische Aufheller zu erkennen, die unter der Lampe bläulich-weiß aufleuchten; diese können jedoch nicht gesondert katalogisiert werden.

Der Hinweis auf Papiersorten in der Katalogisierung erfolgt meist nur dann, wenn eine Ausgabe in verschiedenen Sorten existiert.

Probedruck

Der Probedruck ist der letzte Versuchsdruck vor Annahme der Zeichnung und Ausführung zur Überprüfung von Druckform, Druckfarbe und Druckverfahren.

Prüfungen und Prüfordnung

Der beste Schutz gegen den Erwerb falscher oder minderwertiger Marken ist der Einkauf im gutberufenen Fachgeschäft. In Zweifelsfällen ist die Hinzuziehung eines Experten angebracht.

Prüfordnung: Die von den Spitzenverbänden der Sammler und Händler anerkannten Experten für Marken, Abstempelungen und Erhaltung prüfen nach einheitlichen Richtlinien, die jeder Philatelist kennen sollte.
Prüfordnung und Prüferliste finden Sie entweder im Anhang oder im Internet unter http://www.bpp.de.

Ergänzend wird darauf hingewiesen, dass die MICHEL-Redaktion keine Markenprüfungen vornimmt.

Retusche

Nachgravierungen oder Ausbesserungen einer ganzen Druckplatte oder einzelner Klischees werden oft vorgenommen, wenn der Stecher durch Überarbeitung eine bessere Bildwirkung erzielen oder ursprüngliche Gravurfehler sowie Abnutzungserscheinungen und Druckschäden beseitigen will.

Schriftarten

Der Umfang der Schriftarten und -formen auf Briefmarken ist derart groß, dass an dieser Stelle nur auf die wichtigsten Hauptgruppen eingegangen wird. Am meisten verwendet wird die aus der römischen Kapitalschrift hervorgegangene Antiqua mit ihren verschiedenen Unterarten, z.B. Mediaeval (Linearantiqua), Egyptienne (serifenbetonte Antiqua) und Grotesk oder Blockschrift (ohne Serifen, also ohne Abschlussstriche an Kopf und/oder Fuß der Buchstaben = Schrift dieser Einführung). Eine Nebenform ist die Kursivschrift (Schrägschrift), die als Druckschrift die altrömische, handgeschriebene Kursiv nachbildet. Weitere häufig vorkommende Schriftarten sind Schreibschriften (z.B. Englische Schreibschrift) und besonders bei älteren Marken Frakturschriften wie z.B. Gotisch und Schwabacher. Außerdem findet man vereinzelt auch nichtlateinische Schriften wie z.B. Kyrillisch. Alle diese Schriften kommen natürlich in den verschiedensten Größen (Graden) und Erscheinungsformen (mager bis fett, schmal bis breit usw.) vor.

Specimen

Der Aufdruck oder Stempel „SPECIMEN" oder „MUSTER" auf Originalmarken besagt, dass diese Stücke als amtliche Orientierungsmuster, meist bei Neuausgabe der betreffenden Serie, gedient haben; der Aufdruck soll die Verwendung dieser Marken zu Frankaturzwecken verhindern. Nicht immer sind Specimen-Marken billiger als die gleichen Marken ohne Aufdruck, weil Spezialsammler ihnen besondere Beachtung schenken und die Auflagen meist gering sind.

Trennungsarten

Die vier bei Postwertzeichen vorkommenden Trennungsarten sind mit geschnitten, gestanzt, durchstochen und gezähnt bezeichnet. Die verwendeten Abkürzungen lauten für geschnitten □, für gestanzt gest., für durchstochen ⬚ und für gezähnt gez.

Geschnitten

Anfangs wurden die Markenbogen häufig ohne Trennungshilfen hergestellt, so dass die Marken mit der Schere herausgeschnitten werden mussten, später geschah dies meist nur noch in Notzeiten oder für Sammlerzwecke.

In der Philatelie werden als geschnitten nur solche Marken bezeichnet, die amtlich und regulär ohne Durchstich bzw. ohne Zähnung ausgegeben wurden.

Versehentlich nicht gezähnte Marken werden als ungezähnt (U) bezeichnet und als Abarten katalogisiert.

Gestanzt

Üblicherweise werden selbstklebende Marken schon bei der Herstellung vereinzelt und können nur mittels der gemeinsamen Trägerfolie größere Einheiten bilden.

Durchstochen

Schon bald bemühte man sich, Hilfen für das Heraustrennen der Marken aus den Bogen zu finden: mittels feiner Messer wurde das Papier zwischen den Markenreihen teilweise eingeschnitten, so dass Papierbrücken zwischen den einzelnen Schnitten stehenblieben. Die häufigsten Durchsticharten sind Linien-, Punkt-, Zickzack-, Sägezahn- und Bogendurchstiche, vereinzelt farbig unterlegt.

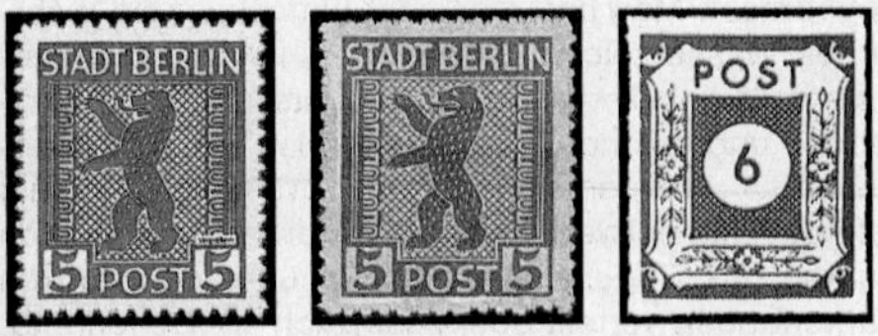

Zickzack-Durchstich | Sägezahnartiger Durchstich | Linien-Durchstich

Bedingt durch die Herstellungsart bringt der Reißvorgang mit sich, dass an die Randbeschaffenheit bei durchstochenen Marken nicht die gleichen Ansprüche wie an gezähnte gestellt werden können. Die Trennung wird immer unsauber und ungenau sein.

In Notzeiten, vor allem nach dem Zweiten Weltkrieg, wurden in größerer Zahl private Durchstiche hergestellt, die im Gegensatz zu den auf Veranlassung unterer Dienststellen entstandenen Postmeistertrennungen nicht katalogisiert werden.

Versehentlich nicht durchstochene Marken werden als undurchstochen (U) bezeichnet und als Abarten katalogisiert.

Gezähnt

Die heute gebräuchlichste Trennungsart ist die Zähnung. Die Philatelie bezeichnet je nach Herstellungsmethode die Zähnung als Linien-, Kamm- oder Kastenzähnung.

Bei der Linienzähnung erfolgt erst die Zähnung der einen, dann die der anderen Richtung, wodurch die Eckzähne der einzelnen Marken meistens unregelmäßig ausfallen. Verschiedene Markengrößen bei Linienzähnungsmarken entstehen dadurch, dass die Lochleisten nicht immer im gleichen Abstand eingestellt sind.

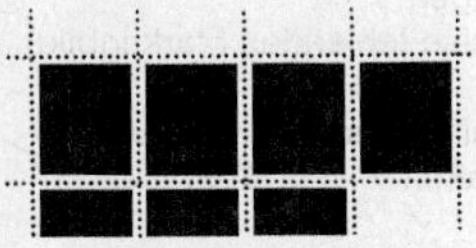

Linienzähnung

Bei Kammzähnung werden Breiten- und Höhenzähnung einer Bogenreihe, bei Kastenzähnung die des ganzen Bogens in einem Arbeitsgang der Zähnungsmaschine ausgeführt; bei diesen Zähnungsvarianten sind die Eckzähne der einzelnen Marken daher gleichmäßig.

Bei der einfachen Kammzähnung werden alle Marken einer waagerechten Reihe auf drei Seiten (oben oder unten und links und rechts) gezähnt. Bei der Kreuzkammzähnung ist der Kamm H-förmig, so dass in einem Arbeitsgang eine waagerechte Reihe und je zur Hälfte der Markenhöhe die linken und rechten senkrechten Reihen gezähnt werden.

Kammzähnung | Doppelkammzähnung

Bei Doppelkamm- und Doppelkreuzkammzähnung werden je 2 waagerechte Reihen gleichzeitig gezähnt.

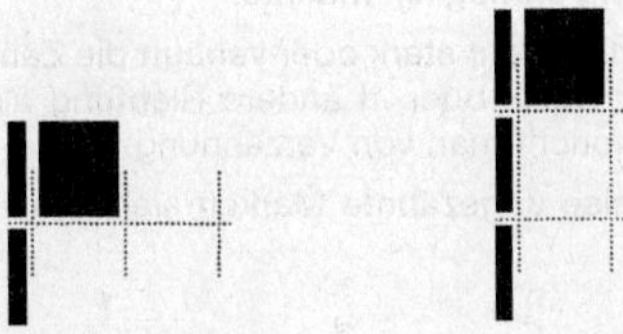

Kreuzkammzähnung | Doppelkreuzkammzähnung

Besondere Zähnungen. Erstmals 1992 in Großbritannien wurden Briefmarken mit einer **Sicherheitszähnung** versehen, bei der die durchgehende Zahnreihe an zwei gegenüberliegenden Seiten durch ovale Ausbuchtungen unterbrochen wurde.

Sicherheitszähnung

Gelegentlich werden besondere Zähnungsformen auch als gestalterisches Element eingesetzt, z. B. sternförmige Zähnungslöcher an den Markenecken bei USA MiNr. 2745.

Zähnungszahl. Die Zähnungslöcher werden international auf 2 cm berechnet, z. B. gez. 12 heißt: auf 2 cm gehen 12 Zähnungslöcher. Bei Zähnungsverschiedenheiten einer Marke (gemischte Zähnung) ist die erste Zahl die (waagerechte) **Breiten-,** die zweite aber die (senkrechte) **Höhenzähnung.** So kommen z. B. bei gez. 14½ :15 in der Breite auf 2 cm 14½ , in der Höhe 15 Zähnungslöcher.

Bei Mischzähnungen (unterschiedliche Zähnungen auf mindestens drei Seiten) wird die Zähnung – von der Markenvorderseite aus betrachtet – zuerst oben, dann rechts, dann unten und zuletzt links gemessen. Steht zwischen den Zähnungsangaben ein Bindestrich (z. B. 9–11), so zeigt das an, dass die Marken in verschiedenen Zähnungen von 9 bis 11 vorkommen.

Ein genaues Bestimmen der Zähnung ist nur mit Hilfe eines zuverlässigen Zähnungsschlüssels möglich, der zu den notwendigsten Bedarfsartikeln eines Sammlers gehört. Die Zähnungsspitzen müssen mit den senkrechten Einteilungsstrichen von links bis rechts übereinstimmen.

Ganz neu auf dem Markt ist das MICHELperfoscope. Diese auch vom Bund der Philatelistischen Prüfer (BPP) empfohlene Computer-Software ermöglicht eine exakte Zähnungsmessung auch von Bogenteilen, Blocks oder Marken auf Brief. Zu beachten ist, dass auch die beste Zähnungsmessung gerade bei teuren Zähnungsvarianten eine Prüfung durch Verbandsprüfer nicht ersetzen kann.

Zähnungsgüte. Wenn die Zähnung gleichmäßige Abstände vom Markenbild hat, bezeichnet man die Marke als gut zentriert; schlechte Zentrierung entsteht bei ungenauem Einlegen des Bogens oder bei nicht ausreichendem Zähnungszwischenraum im Bogen.

Von unvollkommener Zähnung spricht man, wenn die Beschaffenheit des Papiers (zu weich, wollig, dick) eine reine Zähnung unmöglich machte.

Ist die Dezentrierung sehr stark oder verläuft die Zähnung an anderer Stelle oder in andere Richtung als vorgesehen, so spricht man von Verzähnung.

Ganz oder teilweise ungezähnte Marken siehe unter Abarten.

Ungebraucht

Bezeichnung für alle nicht entwerteten Marken. Man unterscheidet:

Postfrisch = ✶✶: Alle gummiert verausgabten Postwertzeichen, die in dem Zustand sind, in dem sie am Postschalter erhältlich waren.

Bei einigen – insbesondere älteren – Markenausgaben musste die Gummierung entfernt werden, da sie auf Grund ihrer Zusammensetzung die Marken zerstörte. **Vorsicht vor Teil- bzw. Ganzfälschungen der Gummierung (Nachgummierungen).**

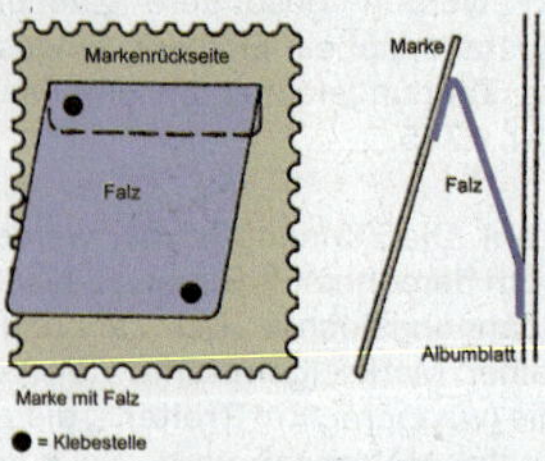

Ungebraucht mit Falz = ✶: Ungestempelte Postwertzeichen, die mit Falz(resten) behaftet sind. Diese sind in jedem Falle „postfrisch gemachten" Marken vorzuziehen. Vorsicht: Formulierungen wie „ungebraucht ohne Falz mit Gummierung" sind oft Umschreibungen für nachgummierte Marken.

Ungebraucht ohne Gummi = (✶): Damit sind alle Marken bezeichnet, die entweder so verausgabt wurden oder deren Originalgummi aus bestimmten Gründen entfernt wurde.

Wasserzeichen

Sie werden bei der Herstellung der Postwertzeichen in die noch nicht trockene Papiermasse mit Formen eingepresst. Man unterscheidet einfaches und mehrfaches Wasserzeichen, stehendes, liegendes (gegebenenfalls linksliegendes und rechtsliegendes), steigendes und fallendes, kopfstehendes und seitenvertauschtes Wasserzeichen. Das Wasserzeichenbild befindet sich entweder auf jeder Marke, auf mehreren Marken, als Bogenwasserzeichen über den ganzen Markenbogen verteilt oder zusätzlich am Bogenrand.

Die Wasserzeichen, abgekürzt Wz., sind von der Rückseite der Marke aus gesehen wiedergegeben. Fehlen Wz.-Angaben, so sind die Marken auf Papier ohne Wasserzeichen gedruckt.

Das Wasserzeichen ist meist zu erkennen, wenn man die Marke rückseitig gegen das Licht hält. Versagt diese Methode, gibt es zwei Möglichkeiten: Einmal in der herkömmlichen Art mit Benzin und dem in jedem Fachgeschäft erhältlichen Wasserzeichensucher. Hier wird die zu untersuchende Marke mit der Bildseite auf die schwarze Platte gelegt und einige Tropfen chemisch reines (sehr wichtig!) Benzin auf die Marke geträufelt. Bei Marken auf gestrichenem Papier kann es u. U. erforderlich sein, die Marken mehrere Minuten im Benzinbad zu belassen, bis das Wasserzeichen erkennbar wird. Benzinempfindliche Marken dürfen jedoch so nicht untersucht werden. Dem Gummi schadet im allgemeinen ein Benzinbad nicht. Eine andere, sehr gute Möglichkeit bieten Geräte, die auf optisch-elektrischer Basis unter Druck und ohne jegliche chemische Hilfsmittel arbeiten. Bei Marken auf Briefen lässt sich das Wasserzeichen manchmal bei schräg auf die Marke auffallendem Licht und seitlicher Betrachtungsweise erkennen.

Zufälligkeiten

Mit katalogwürdigen Abarten sollten folgende Zufälligkeiten nicht verwechselt werden:

- Abklatsch (seitenverkehrtes Bild auf der Rückseite)
- abspringende Farbe (bei StTdr.)
- Aufdruckverstümmelungen
- Bogenumschlag (teilweise fehlendes Markenbild)
- Doppelbilddruck
- Farbbläschen, Farbstreifen und Verklecksungen
- Papierfalten, Quetschfalten
- Passerverschiebungen
- Butzenauflage und andere Druckmängel
- Schmitzdrucke
- verschnittene und verzähnte Marken

Abkürzungen und Zeichenerklärungen

Abkürzungen der Druckverfahren:

Bdr.	= Buchdruck
Hfdr.	= Heißfoliendruck
Odr.	= Offsetdruck
Pdr.	= Prägedruck
RaTdr.	= Rastertiefdruck
Rdr.	= Reliefdruck
Stdr.	= Steindruck
StTdr.	= Stichtiefdruck

Abkürzungen der Farbenbezeichnungen:

dkl'	= dunkel-
lebh'	= lebhaft-
mfg.	= mehrfarbig
schwärzl'	= schwärzlich
Bl	= blauer Aufdruck
Br	= brauner Aufdruck
Bz	= bronzener Aufdruck
G	= goldener Aufdruck
Gb	= gelber Aufdruck
Gr	= grüner Aufdruck
Gra	= grauer Aufdruck
K	= karminer Aufdruck
Ku	= kupferner Aufdruck
L	= lila Aufdruck
Or	= oranger Aufdruck
R	= roter Aufdruck
S	= schwarzer Aufdruck*)
Si	= silberner Aufdruck
V	= violetter Aufdruck

*) Wenn nicht anders angegeben, ist die Aufdruckfarbe immer schwarz.

Andere Abkürzungen und Abkürzungszeichen:

Platten, Typen und Trennungsarten:

Pl	= Platte
T	= Type
gez.	= gezähnt
gest.	= gestanzt
K	= Kammzähnung
Ks	= Kastenzähnung
L	= Linienzähnung
Shz.	= Sicherheitszähnung
~	= Zähnung richtungsvertauscht
⬚	= durchstochen
□	= geschnitten
U	= ungezähnt
Ul	= links ungezähnt (⬚)
Ur	= rechts ungezähnt (⬚)
Uo	= oben ungezähnt (⬚)
Uu	= unten ungezähnt (⬚)
Us	= senkrecht ungezähnt (⬚)
Uw	= waagerecht ungezähnt (⬚)
Udr	= dreiseitig ungezähnt (⬚, ⬚, ⬚, ⬚)
Uzw	= zweiseitig ungezähnt (⬚, ⬚, ⬚, ⬚)
UMs	= waagerechtes Paar, Mitte ungezähnt (⬚⬚)
UMw	= senkrechtes Paar, Mitte ungezähnt

Wasserzeichen:

oWz.	= ohne Wasserzeichen (Bezeichnung nur in Sonderfällen)
Wz.	= Wasserzeichen

Gummierung:

(✶)	= ungebraucht ohne Gummi oder mit Teilgummi
✶	= ungebraucht mit Originalgummi (Falz)
✶✶	= ungebraucht mit Originalgummi (postfrisch)
o. G.	= ohne Gummi

Entwertungen:

⊙	= mit Poststempel entwertet
〰	= Federzugentwertung
⊗	= fiskalische Entwertung
◍	= Abstempelung zu philatelistischen Zwecken
○	= Lochentwertung
Ⓢ	= (ausgabebezogener) Sonderstempel
Ⓣ	= Tagesstempel

Fälschungen:

FALSCH	= Fälschungen (Teilfälschungen) vorkommend (zum Schaden der Sammler)
◉	= Falschstempel vorkommend, Stempelprüfung erforderlich
FFa	= Fälschungen zum Schaden der Post

Aufdrucke:

⩓	= Aufdruck normalstehend
⩓⩓ (DD)	= doppelter Aufdruck bzw. auch Doppeldruck
⩓⩔ (DK)	= doppelter Aufdruck, davon einer kopfstehend
⩔ (K)	= kopfstehender Aufdruck
↖	= schräger Aufdruck nach links oben
↙	= schräger Aufdruck nach links unten
↗	= schräger Aufdruck nach rechts oben
↘	= schräger Aufdruck nach rechts unten

Briefe und Briefstücke:

✉	= Marke auf Bedarfsbrief, -Postkarte, Paketkarte oder Drucksache, bei Flugpostmarken auf Flugpostbrief oder -karte
◸	= Marke auf Briefstück
◩	= schräg halbiert vorkommend
◧	= senkrecht halbiert vorkommend
⬓	= waagerecht halbiert vorkommend
FDC	= Ersttagsbrief

Verschiedenes:

Ak	= Ankündigungskarton
AkB	= Ankündigungsblatt mit Druckvermerk
Bl.	= Block
Br l/u	= Bogenrand links/unten
DD	= doppelter (Auf-)Druck bzw. Doppelprägung
DDD	= Dreifachaufdruck bzw. Dreifachdruck
DZ	= Drucker(ei)zeichen
EB	= Erinnerungsblatt
ETB	= Ersttagsblatt
F	= Fehldruck, Fehlfarbe oder Fehlverwendung
G	= Druck auf der Gummiseite
HAN	= Hausauftragsnummer
H-Bl.	= Heftchenblatt
Hz	= Herzstück
K (⊔⊓)	= Kehrdruckpaar
KZ	= Kehrdruckpaar mit Zwischensteg
L	= Leerfeld bzw. anhängendes gez. Feld mit Bogenrandbedruckung
MH	= Markenheftchen
MHB	= Markenheftchenbogen
MK	= Maximumkarte
NA	= Neuauflage
ND	= amtlicher Neudruck
Nachdr. (N)	= Nachdruck
Neudr. (N)	= privater Neudruck
P	= Plattendruck oder Probedruck
Pa	= auf geklebter Papierbahn
Papier fl.	= fluoreszierendes Papier
Papier ph.	= phosphoreszierendes Papier
PF	= Plattenfehler
PH	= Phasendruck
Pl.-Nr.	= Plattennummer
POL	= POL-Lochung
R	= Rollendruck oder Rollenmarke
RWZ	= Reihenwertzahl
S	= Seite, Sonderdruck oder Schwarzdruck
s.	= siehe
SD	= Schwarzdruck
SZ	= senkrechter Zusammendruck mit Zwischensteg
VE	= Vorausentwertung
W	= Walzendruck oder waager. Zusammendruck
WSt.	= Wertstempel
WZ	= waagerechter Zusammendruck mit Zwischensteg
Zd	= Zusammendruck
Zf	= Zierfeld
ZS	= Zwischenstegpaar (senkrecht)
ZW	= Zwischenstegpaar (waagerecht)
Ⓔ	= Entwurf
GA	= es gibt Ganzsache mit bildgleichem Wertstempel
S	= Stich
UV	= Marke erscheint unter der UV-Lampe …
□□	= Doppelstück (2 Marken zusammenhängend)
□□□	= Dreierstreifen (3 Marken zusammenhängend)
□□/□□, ⊞	= Viererblock
—,—	= kein Preisansatz möglich
✈	= Flugpostmarke
~	= Bogenkonfiguration richtungsvertauscht

EUROPA

Die Länder in Band 13 (Britische Inseln)

Historische Länder und Teilgebiete siehe MICHEL-Weltatlas zur Philatelie

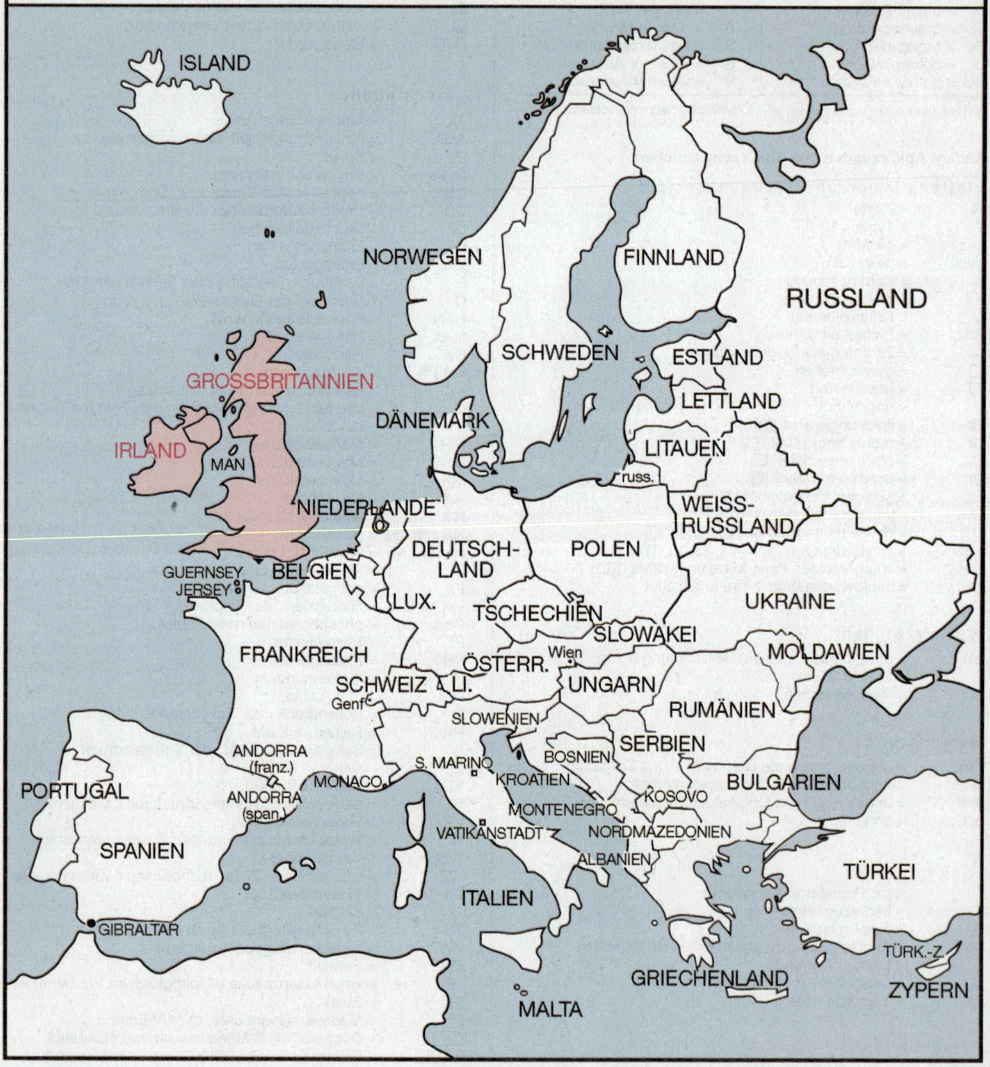

Neueinteilung der Europa-Bände seit 2020

Band 1: Alpenländer

	Früher in Band:
Liechtenstein	1
Österreich	1
Schweiz	1
Vereinte Nationen – Genf	1
Vereinte Nationen – Wien	1

Band 2: Mitteleuropa

Slowakei	1
Tschechische Republik	1
Tschechoslowakei	1
Ungarn	1
Westungarn	1

Band 3: Westeuropa

Andorra (franz.)	2
Frankreich	2
Monaco	2

Band 4: Iberische Halbinsel

Andorra (span.)	2
Portugal	2
Spanien	2

Band 5: Apenninen-Halbinsel

Fiume	3
Italien	3
San Marino	3
Triest – Zone A	3
Vatikanstadt	3

Band 6: Westlicher Balkan

Bosnien und Herzegowina	3
Jugoslawien	3
Kosovo	3
Kroatien	3
Montenegro	3
Nordmazedonien	3
Serbien	3
Slowenien	3
Triest – Zone B	3

Band 7: Südlicher Balkan

Ägäische Inseln	4
Albanien	3
Bulgarien	4
Epirus	4
Griechenland	4
Ikarien	4
Ionische Inseln	4
Kreta	4
Ostrumelien	4
Samos	4
Thrakien	4

Band 8: Südosteuropa

	Früher in Band:
Moldawien	7
Rumänien	4

Band 9: Mittelmeerländer

Gibraltar	2
Malta	3
Türkei	4
Türkisch-Zypern	4
Zypern	4

Band 10: Skandinavien

Dänemark	5
Island	5
Norwegen	5
Schweden	5

Band 11: Baltikum und Finnland

Estland	5
Finnland	5
Karelien	5
Lettland	5
Litauen	5
Mittellitauen	5
Nordingermanland	5

Band 12: Benelux

Belgien	6
Luxemburg	6
Niederlande	6

Band 13: Britische Inseln

Großbritannien	6
Irland	6

Band 14: Kanalinseln und Man

Guernsey	6
Isle of Man	6
Jersey	6

Band 15: Osteuropa

Karpaten-Ukraine	7
Polen	7
Ukraine	7
Weißrussland	7
Westukraine	7

Band 16: Russland und Sowjetunion

Russland	7
Sowjetunion	7

Großbritannien

Vereinigtes Königreich von Großbritannien und Nordirland (parlamentarisch-demokratische Monarchie)

Währung: 1 Pfund Sterling (£) = 20 Shillings (Sh); 1 Shilling (Sh) = 12 Pence (P); ab 15.2.1971: 1 Pfund Sterling (£) = 100 Pence (P)

Eintritt in den Weltpostverein: 1. Juli 1875

Die Marken Großbritanniens tragen nicht den Landesnamen, bis 1968 meist aber die Inschrift „Postage" (Postgebühr) oder „Postage and Revenue" (Post- und Steuergebühr).
Auf den Marken MiNr. 5–7, 16, 17, 22–54, 59–64 finden sich Plattennummern, die teils versteckt eingezeichnet sind (zum Beispiel auf der linken und rechten Seitenleiste bei MiNr. 16, 17, 36 und 37), teils deutlich sichtbar auf den Marken zu erkennen sind.
Die vier Eckbuchstaben (ab MiNr. 16) der Marken bis 1891 sind Bogenplatzzeichen in den meist 240 Marken (Normalformat) enthaltenden Bogen.
Ausschnitte aus Ganzsachen (Umschlägen, Karten, Kartenbriefen, Streifbändern) amtlichen und privaten Ursprungs waren als Freimarken zugelassen.
Ab MiNr. 452 sind alle Ausgaben – wenn nicht ausdrücklich anders angegeben – auf phosphoreszierendem Papier gedruckt.
Ab MiNr. 561 sind alle Ausgaben unbeschränkt frankaturgültig, mit Ausnahme der meisten Machin-Freimarken ohne Matrixcode. Genaueres bei den einzelnen Ausgaben. Ebenfalls sind die £-Marken MiNr. 281, 338 und 480 weiterhin gültig.
Eine ausführliche Katalogisierung der Marken mit Specimen-Aufdruck, Plattennummern, Wasserzeichenabarten und anderer Besonderheiten siehe MICHEL-Großbritannien-Spezial.

Preise ungebraucht bis MiNr. 144 ✶, ab MiNr. 153 ✶✶ (MiNr. 153–230 mit Falz ✶ ca. 20–40% der ✶✶-Preise, sofern nichts anderes angegeben).
Die Preise für ⊙, besonders auch bei vielen Dienstmarken werden von der Qualität des Stempels stark beeinflußt. Die Katalogpreise gelten bis ca. 1920 für saubere Durchschnittsabstempelung; starke Abstempelung ist billiger; sehr saubere Stempel rechtfertigen besonders bei den älteren Ausgaben Aufschläge bis zu 100%.
Die Preise für MiNr. 1–4 gelten für vollrandige Stücke, bei denen das Markenbild nicht berührt ist. Marken mit allseitig breiten Rändern sind höher zu bewerten.

MiNr. I–II siehe nach MiNr. 22, MiNr. III siehe nach MiNr. 37, MiNr. IV siehe nach MiNr. 46, MiNr. V siehe nach MiNr. 64, MiNr. VI–VII siehe nach MiNr. 120, MiNr. VIII siehe nach MiNr. 1753, MiNr. IX und Block I siehe nach MiNr. 2215.

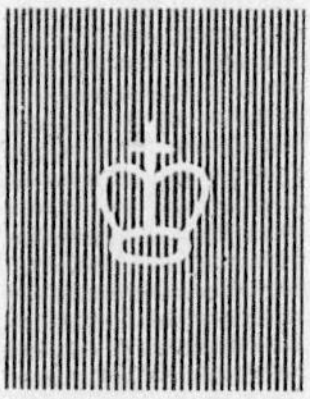
Wz. 1 Kleine Krone

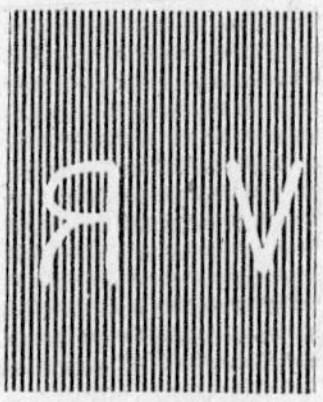
Wz. 2 VR

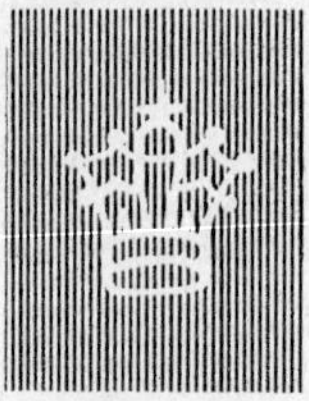
Wz. 3 Große Krone

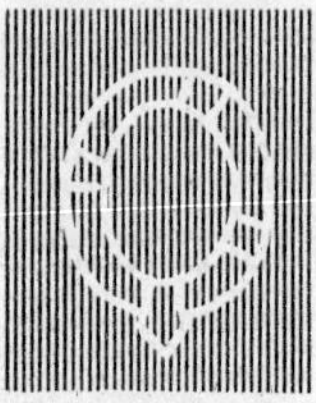
Wz. 4 X Kleines Hosenband

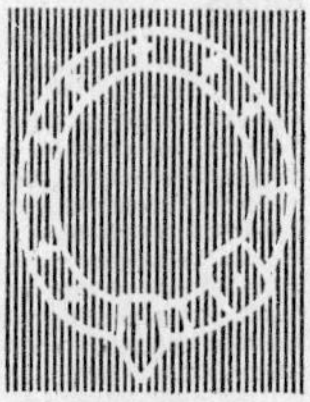
Wz. 4 Y Mittleres Hosenband

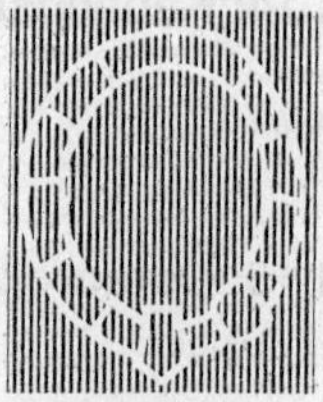
Wz. 4 Z Großes Hosenband

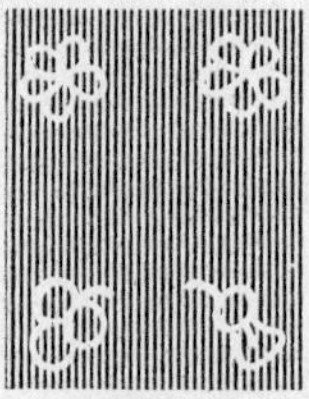
Wz. 5 Heraldische Blumen

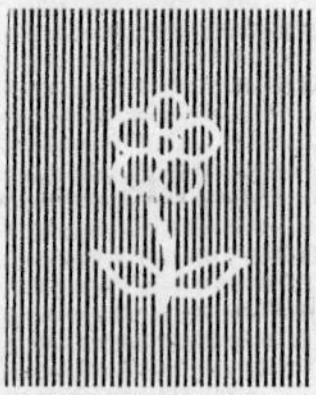
Wz. 6 Rosenzweig

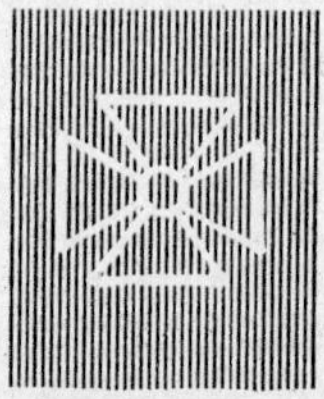
Wz. 7 Malteserkreuz

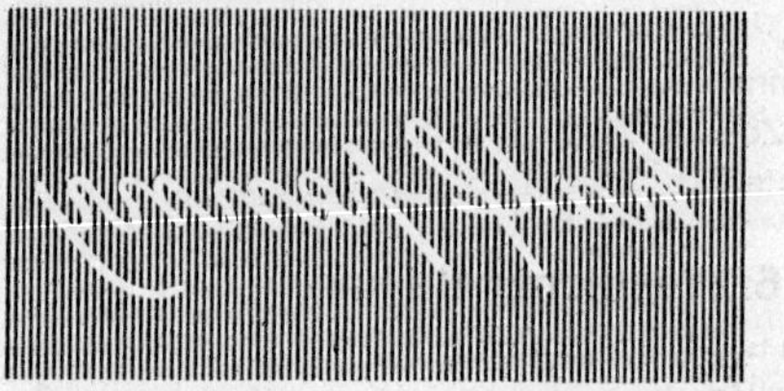
Wz. 8 half penny in Schreibschrift

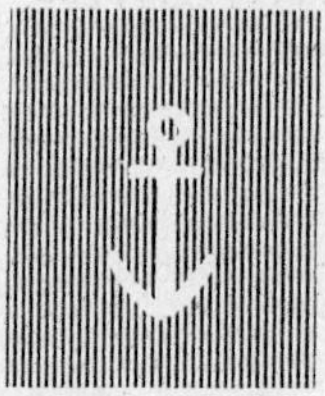
Wz. 9 Kleiner Anker

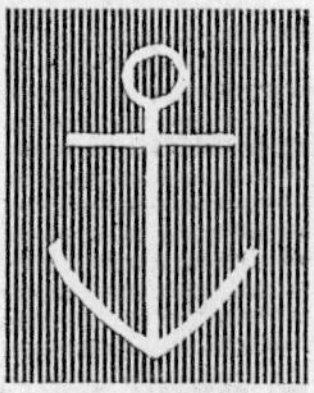
Wz. A 9 Großer Anker

Wz. 10 Reichsapfel

Wz. 11 Kaiserkrone

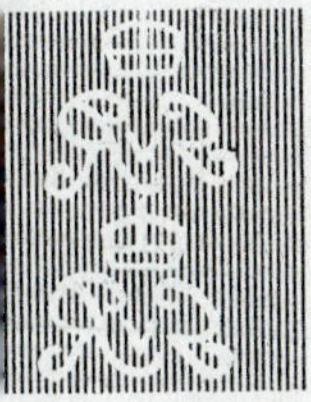
Wz. 12 Krone GvR mehrfach

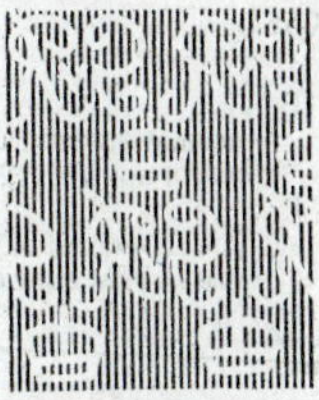
Wz. 13 Krone GvR vielfach

Wz. 14 Krone GvR einfach

Wz. 15 Krone GvR Blockschrift mehrfach

Wz. 16 Krone GvR groß

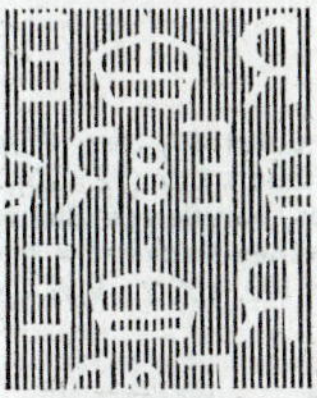
Wz. 17 Krone E8R mehrfach

Wz. 18 Krone GVIR mehrfach

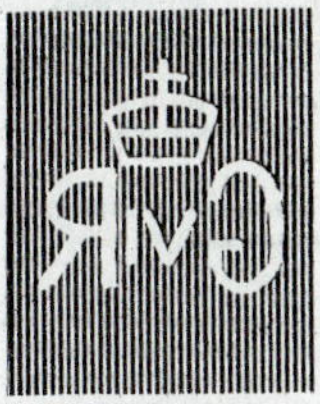
Wz. 19 Krone GVIR einfach

Wz. 20 Tudor-Krone E2R mehrfach

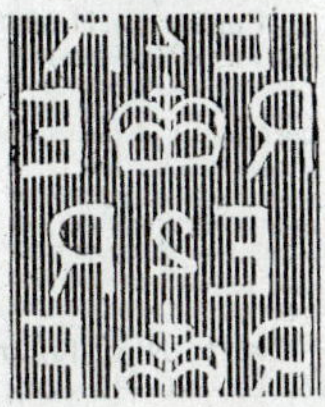
Wz. 21 St.-Edwards-Krone E2R mehrfach

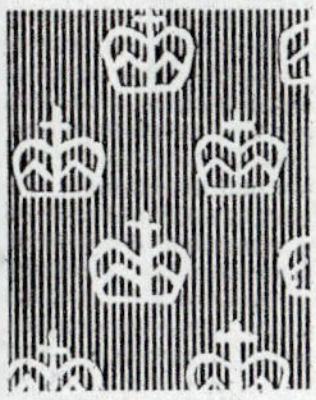
Wz. 22 St.-Edwards-Krone mehrfach

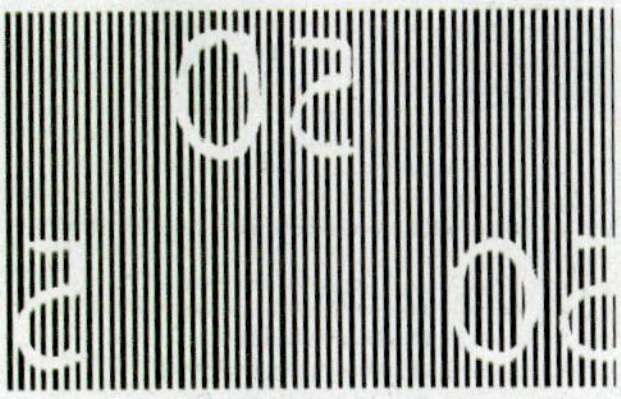
Wz. 23 Zahl „50"

1840, 6. Mai. Freimarken: Königin Victoria; Sternenkreuz in den oberen Ecken, Buchstaben in den unteren Ecken. StTdr. (12×20); Wz. 1; □.

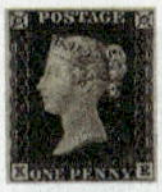

a) Königin Victoria (1819–1901, reg. ab 1837)

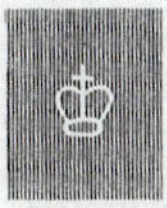
Wz. 1 Kleine Krone

				✶	⊙
1		1 P	a		
	a	tiefschwarz		5500,—	300,—
	b	schwarz		4500,—	250,—
	c	grauschwarz (abgenutzte Platte)		5000,—	300,—
2		2 P	a		
	a	dunkelblau		9000,—	550,—
	b	blau		8000,—	500,—
	c	matt- (ultramarin-) blau		9000,—	500,—

MiNr. 1 wurde von elf, MiNr. 2 von zwei verschiedenen Platten gedruckt. Abstempelungen mit roten, schwarzen oder blauen Malteser-Stempeln werten je nach Druckplatte unterschiedlich. Einzelaufstellung siehe MICHEL-Großbritannien-Spezial.

MiNr. 1 mit Buchstaben V und R in den oberen Ecken: Dienstmarke MiNr. I

Gültig bis 31.5.1901

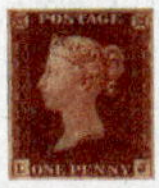

1841, 10. Febr. Freimarke: Königin Victoria; Sternenkreuz in den oberen Ecken, Buchstaben in den unteren Ecken. StTdr. (12×20), mehr oder weniger bläulich getöntes Papier; Wz. 1; □.

a) Königin Victoria (1819–1901, reg. ab 1837)

3	1 P	rotbraun (Töne)	a	200,—	8,—

Marken auf weißlichem Papier sind durch chemische Einflüsse entstanden.

Vor Einführung der amtlichen Zähnung (siehe MiNr. 8) wurden Durchstichs- und Zähnungsversuche durch H. Archer und die Staatsdruckerei durchgeführt, die postalisch verwendet wurden und auf Grund der Buchstabenform und der Gebrauchsdaten erkennbar sind (siehe MICHEL-Großbritannien-Spezial).

Sonderdrucke für das Königshaus (Sept. 1865) siehe MICHEL-Großbritannien-Spezial.

Die seit 1841 vorkommende bläuliche Papiertönung beruht auf Wechselwirkung zwischen Bestandteilen der Druckfarbe und Papiermasse und läßt in manchen Fällen den Kopf der Königin weiß auf bläulichem Grund hervortreten (sog. Elfenbeinkopf). Solche Stücke werden, je nach Schönheit, gern gesammelt.

Gültig bis 31.5.1901

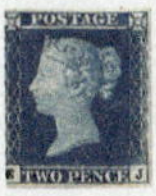

1841, 13. März/1851. Freimarke: Königin Victoria; Sternenkreuz in den oberen Ecken, Buchstaben in den unteren Ecken. StTdr. (12×20); Wz. 1; □.

b) Königin Victoria (1819–1901, reg. ab 1837)

4		2 P	b		
	a	blau		1600,—	50,—
	b	dunkelblau		2000,—	70,—
	c	mattblau		2200,—	60,—
	yb	blau, dickeres lavendelblaues Papier (1851)		14000,—	900,—

Gültig bis 31.5.1901

Die Zeichnungen a und b weisen verschiedene Kopftypen bzw. Alphabettypen auf. Ausführliche Katalogisierung siehe MICHEL-Großbritannien-Spezial. Die Numerierung von Unterarten und Abarten im MICHEL-Europa richtet sich nach der Numerierung im MICHEL-Großbritannien-Spezial.

1847, 11. Sept./1854, 1. März. Freimarken: Königin Victoria. Komb. Bdr. und Pdr.; MiNr. 5 mit Wz. 2; MiNr. 6–7 mit zwei senkrechten Seidenfäden; □.

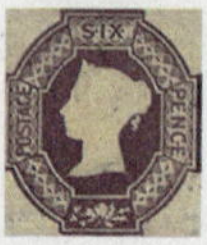
c

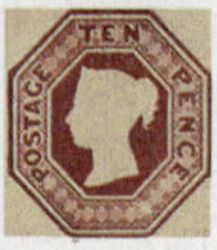
d

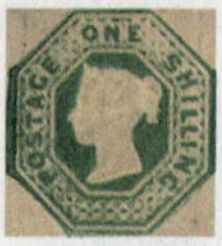
e

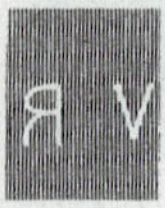
Wz. 2 VR

c–e) Königin Victoria (1819–1901, reg. ab 1837)

5		6 P	(1.3.1854)	c		
	a		violett		7000,—	1800,—
	b		purpur		5000,—	550,—
	c		mattlila		5000,—	500,—
	d		rötlichlila		5000,—	750,—
6		10 P	rotbraun (6.11.1848)	d	4000,—	800,—
7		1 Sh	mattgelbgrün (11.9.1847)	e	6000,—	550,—

MiNr. 5 in vier verschiedenen Wz.-Stellungen, Einzelpreise siehe MICHEL-Großbritannien-Spezial.

Achteckig geschnittene Stücke werten ⊙ ca. 5%, auf ✉ ca. 25% der aufgeführten Preise.

Gültig bis 31.5.1901

1854, 24. Jan./1855, 22. Febr. Freimarke: Königin Victoria; Sternenkreuz in den oberen Ecken, Buchstaben in den unteren Ecken. Papier mehr oder weniger stark bläulich getönt. StTdr. (12×20); Wz. 1; A = gez. K 16, B = gez. K 14.

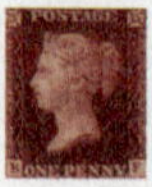
a) Königin Victoria (1819–1901, reg. ab 1837)

A = gez. K 16

8 A		1 P		a		
	a		rotbraun			
	II		Type I (28.1.1854)		220,—	8,—
	III		Type II (22.2.1855)		280,—	30,—
	b		gelbbraun, Type I		300,—	35,—
9 A		2 P	dunkelblau (1.3.1854)	b	2000,—	50,—

B = gez. K 14

8 B		1 P		a		
	a		rotbraun			
	II		Type I (Jan. 1855)		400,—	40,—
	III		Type II (27.2.1855)		400,—	35,—
	d		orangebraun, Type II		1200,—	120,—
9 B		2 P	dunkelblau (22.2.1855)	b	5500,—	180,—

8 II Udr	dreiseitig ungezähnt		2000,—
8 II AF	gez. 16:16:16:7 (~)	—,—	400,—
8 III U	ungezähnt		—,—
9 U	ungezähnt	—,—	—,—
9 Uu/U/Uo	senkrechter Dreierstreifen		—,—

MiNr. 8 wurde versuchsweise bereits 1850 gezähnt und in geringer Anzahl in Umlauf gebracht; Unterscheidung siehe MICHEL-Großbritannien-Spezial.

MiNr. 8, Kopftype I: Schwach ausgedrucktes Diadem, lichte Augenhöhlung, schwache Grundierung des Kopfes.

MiNr. 8, Kopftype II: Gut ausgeführtes Diadem, dunkle Augenhöhlung, daher Auge und Nasenflügel stärker hervortretend, starke Schattenlinien der Wange, des ganzen Halses und des Nackens. MiNr. 8 II und 9 A fast immer stark verzähnt, gut zentrierte Stücke 100% Aufschlag.

Gültig bis 31.5.1901

Wz. 3 Große Krone

1855, 15. Mai/1858, 1. Febr. Freimarken: Königin Victoria; Sternenkreuz in den oberen Ecken, Buchstaben in den unteren Ecken. StTdr. (12×20); Wz. 3; A = gez. K 16, B = gez. K 14.

A = gez. K 16

10 A		1 P		a		
	x		rotbraun auf bläulich (15.5.1855)		1000,—	60,—
	z		rosarot auf weiß (26.12.1857)		1600,—	50,—
11 A		2 P		b		
	I		Type I, blau auf bläulich (20.7.1855)		7000,—	250,—
	II		Type II, blau auf weiß (1.2.1858)		7500,—	250,—

B = gez. K 14

10 B		1 P		a		
	x		rotbraun auf bläulich (10.1.1856)		180,—	4,—
	z		rosarot auf weiß (März 1857)		60,—	4,—
11 B		2 P		b		
	I		Type I, blau auf bläulich (20.7.1855)		1600,—	50,—
	II		Type II, blau auf weiß (2.7.1857)		2000,—	50,—

10 U	ungezähnt	3000,—	2500,—
11 U	ungezähnt		6000,—
11 A I UMw	senkrechtes Paar, Mitte ungezähnt		—,—
11 B II UMw	senkrechtes Paar, Mitte ungezähnt		12000,—

Type I von MiNr. 11: dicke weiße Querlinien unter „POSTAGE“ bzw. über „TWO PENCE“

Type II von MiNr. 11: dünne weiße Querlinien

Gültig bis 31.5.190

1855, 31. Juli/1857, Jan. Freimarken: Königin Victoria; ohne Eckbuchstaben. Bdr. (12×20); x = dickes, stark geblautes hoch glänzendes barytiertes Sicherheitspapier; y = gewöhnliches dünnes weißes Papier; z = gewöhnliches mittelstarkes weißes Papier; X = Wz. 4 X, Y = Wz. 4 Y, Z = Wz. 4 Z; gez. K 14.

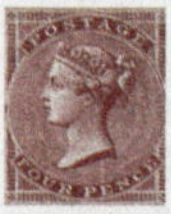
f) Königin Victoria (1819–1901, reg. ab 1837)

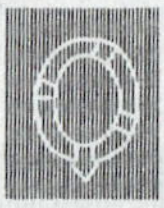
Wz. 4 X Kleines Hosenband

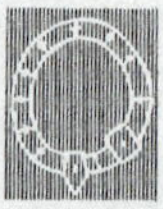
Wz. 4 Y Mittleres Hosenband

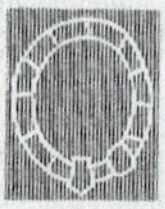
Wz. 4 Z Großes Hosenband

Das kleine Hosenband hat 10×12, das mittlere 13½×15½, das große 14½×17 mm Innendurchmesser.

12 X	x	4 P	rotkarmin (Töne) (31.7.1855)	f	4000,—	250,—
13		4 P	karminrot (Töne)	f		
Y			Wz. 4 Y			
	x		Papier x (25.2.1856)		6500,—	300,—
	y		Papier y (Sept. 1856)		5000,—	250,—
	z		Papier z (1.11.1856)		4000,—	300,—
Z	z		Wz. 4 Z, Papier z (Jan. 1857)		1000,—	80,—

12 X x U	ungezähnt	10000,—	—,—

Gültig bis 31.5.1901

1856, 21. Okt./1. Nov. Freimarken: Königin Victoria; ohne Eckbuchstaben. Bdr. (12×20); Wz. 5; gez. K 14.

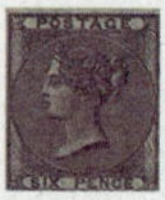
g

h

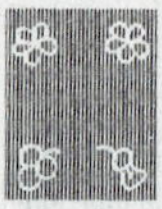
Wz. 5 Heraldische Blumen

g–h) Königin Victoria (1819–1901, reg. ab 1837)

14		6 P	(21. Okt.)	g		
	a		purpurviolett		900,—	70,—
	b		dunkelpurpurviolett		1200,—	90,—
	w		auf bläulichem Papier		5000,—	600,—
15		1 Sh	(1. Nov.)	h		
	a		schwarzgelbgrün		3500,—	350,—
	b		dunkelgelbgrün		1500,—	200,—
	w		auf bläulichem Papier		—,—	1200,—

FALSCH

Gültig bis 31.5.1901

1858, Juli/1869, 7. Juli. Freimarken: Königin Victoria; mit vier farbigen Eckbuchstaben. StTdr. (12×20); Wz. 3; gez. K 14.

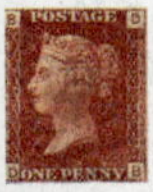
i

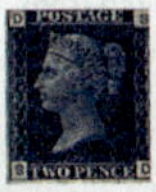
k

i–k) Königin Victoria (1819–1901, reg. ab 1837)

16	1 P	blass- bis dunkelrosa (1.4.1864)	i	16,—	1,20
17	2 P	blau	k		
I		stärkere weiße Striche (Juli 1858)		200,—	8,—
II		dünne weiße Striche (7.7.1869)		250,—	12,—

16 U	ungezähnt	5000,—	2000,—
17 U	ungezähnt	6000,—	6000,—

Gültig bis 31.5.1901

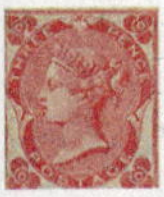
l

1862, 15. Jan./1864, 20. April. Freimarken: Königin Victoria; geänderte Rahmenzeichnung, jetzt mit vier kleinen weißen Eckbuchstaben in farbigem Grund. Bdr. (12×20); MiNr. 19 Wz. 4 Z, übrige Werte Wz. 5; gez. K 14.

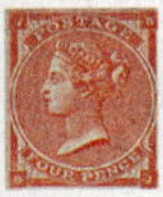
m

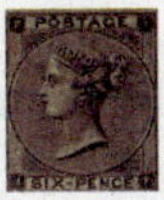
n

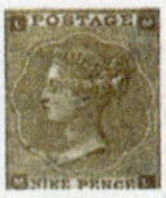
o

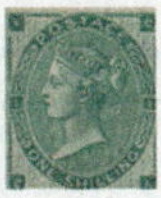
p

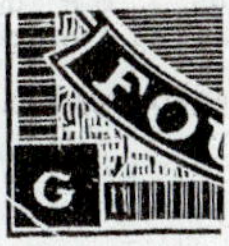
MiNr. 19 II

l–p) Königin Victoria (1819–1901, reg. ab 1837)

18	3 P	karmin	l		
I		ohne Punkte (1.5.1862)		1200,—	150,—
II		mit Punkten im Rahmen (Aug. 1862)		20000,—	6000,—
19	4 P	bräunlichrot	m		
I		ohne Ecklinien (15.1.1862)		1000,—	50,—
II		mit weißen Ecklinien (16.10.1863)		1200,—	50,—
20	6 P	purpurviolett	n		
I		ohne Ecklinien (1.12.1862)		1200,—	50,—
II		mit weißen Ecklinien (20.4.1864)		1600,—	130,—
21	9 P	olivbraun	o		
I		ohne Ecklinien (15.1.1862)		2200,—	200,—
II		mit weißen Ecklinien (Mai 1862)		18000,—	7000,—
22	1 Sh	(Platten-Nr. 1) (1.12.1862)	p		
a		dunkelgelbgrün		1600,—	120,—
b		schwarzgelbgrün		2400,—	250,—

		✶
18 II C	gez. L14 (Versuchszähnung)	9000,—
18 II U	ungezähnt	3500,—
19 II U	ungezähnt	2500,—
20 II Z U	ungezähnt (Wz. kopfstehend)	3000,—

Gültig bis 31.5.1901

Weitere Marken in diesen Zeichnungen siehe Übersicht nach Jahrgangswerttabelle.

Nicht ausgegeben:

1861/1862. Freimarken: Königin Victoria; geänderte Rahmenzeichnung, jetzt mit vier kleinen weißen Eckbuchstaben in farbigem Grund. Bdr. (12×20); Wz. 5; gez. K 14.

				✶	⊙
I	3 P	dunkelrosa mit genetztem Untergrund (1861)	l	*12000,—*	*15000,—*
II	1 Sh	grün (Pl.-Nr. 2) (1862)	p		
A		gez.		*25000,—*	
B		□ (Wz kopfstehend)		4000,—	

1865, 19. Jan./30. Okt. Freimarken: Königin Victoria; gleiche Zeichnungen wie MiNr. 18–22, jedoch mit vier großen weißen Eckbuchstaben in farbigem Grund. Bdr. (12×20); MiNr. 24 Wz. 4 Z, übrige Werte Wz. 5; gez. K 14.

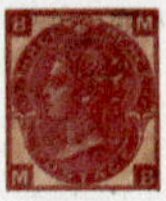
l

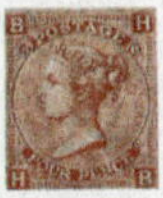
m

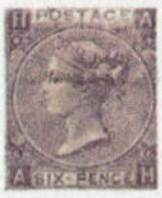
n

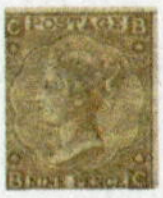
o

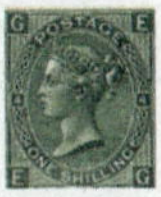
p

l–p) Königin Victoria (1819–1901, reg. ab 1837)

23	3 P	rosalila (Pl.-Nr. 4) (1. März)	l	1200,—	90,—
24	4 P	orangerot (4. Juli)	m	350,—	35,—
25	6 P	purpurviolett (7. März)	n	750,—	70,—
26	9 P	gelbbraun (30. Okt.)	o	2500,—	300,—
27	1 Sh	dunkelgelbgrün (Pl.-Nr. 4) (19. Jan.)	p	1400,—	120,—
		Satzpreis (5 W.)		6200,—	600,—

24 Z U	ungezähnt, Wz. kopfstehend	4500,—	
27 Z U	ungezähnt, Wz. kopfstehend	—,—	—,—
27 UMw	senkrechtes Paar, Mitte ungezähnt	—,—	9000,—

Plattennummern-Katalogisierung sowie kopfstehende Wz. MiNr. 23 Z–27 Z: Preise siehe MICHEL-Großbritannien-Spezial.

Gültig bis 31.5.1901

Weitere Marken in diesen Zeichnungen siehe Übersicht nach Jahrgangswerttabelle.

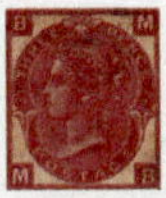
l

1867, 21. Juni/1869, 13. März. Freimarken: Königin Victoria. Marken ähnlich MiNr. 23-27, jedoch mit neuem Wz. und Ergänzungswerte. Bdr. (12×20); Wz. 6; gez. K 14.

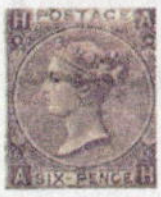
n

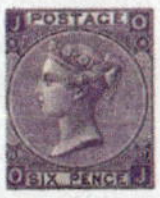
n I

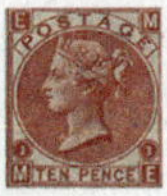
r

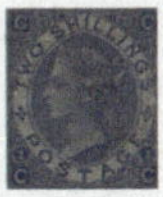
s

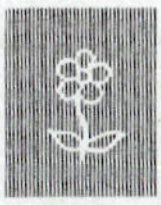
Wz. 6
Rosenzweig

l–s) Königin Victoria (1819–1901, reg. ab 1837)

28	3 P	rosalila (12.7.1867)	l	300,—	30,—
29	6 P	(purpur)violett (21.6.1867)	n	1200,—	50,—
30	6 P	violett (13.3.1869)	n I	400,—	60,—
31	9 P	gelbbraun (3.10.1867)	o	1200,—	160,—
32	10 P	rotbraun (1.7.1867)	r	1800,—	200,—
33	1 Sh	gelbgrün (13.7.1867)	p	500,—	20,—
34	2 Sh	blau (1.7.1867)	s	2000,—	100,—

28 U	ungezähnt	6000,—	—,—
30 U	ungezähnt	6000,—	3000,—
31 U	ungezähnt	10000,—	
32 U	ungezähnt	8000,—	
32 Y	Wz. 5 statt Wz. 6 (11.11.1867)	—,—	*30000,—*
33 U	ungezähnt	6000,—	4000,—
34 U	ungezähnt	12000,—	—,—

Bei MiNr. 29 lautet die Wertangabe „SIX-PENCE", bei MiNr. 30 „SIX PENCE".

Von MiNr. 32 Y sind 14 Stück bekannt.

[Fälschung] MiNr. 33 (Pl.-Nr. 5 und 6) wurde 1872/73 zum Schaden der Post gefälscht (oWz.).

MiNr. 28–33 gültig bis 31.5.1901, MiNr. 34 gültig bis 30.6.1915

Weitere Marken in diesen Zeichnungen siehe Übersicht nach Jahrgangswerttabelle.

1867, 1. Juli. Freimarke: Königin Victoria im Großformat. Bdr. (5×4); Wz. 7; gez. K 15½:15.

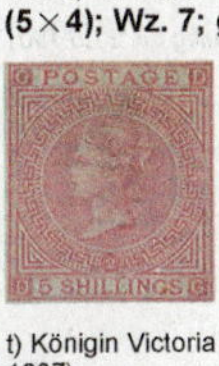
t) Königin Victoria (1819–1901, reg. ab 1837)

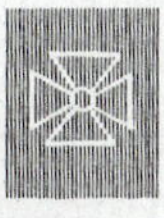
Wz. 7
Malteserkreuz

35 5 Sh rosalila . . . . t 4000,— 400,—

✶

35 U ungezähnt . . . . 12000,—

Gültig bis 31.5.1901

In gleicher Zeichnung: MiNr. 67

1870, 1. Okt. Freimarke: Königin Victoria im Kleinformat. StTdr. (24×20); Wz. 8; gez. K 14.

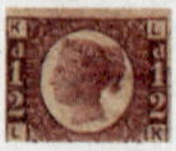

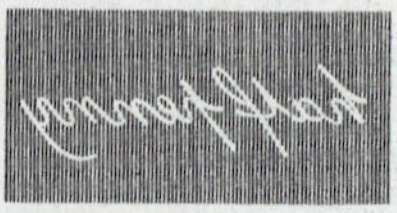

u) Königin Victoria (1819–1901, reg. ab 1837)

Wz. 8 half penny in Schreibschrift

			✶	⊙
36 ½ P karminrot	. . . . . .	u	60,—	10,—
36 U ungezähnt	. . . . . .		2000,—	1200,—

Gültig bis 31.5.1901

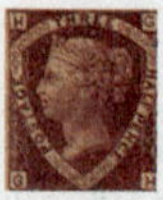

1870, 1. Okt. Freimarke: Königin Victoria. StTdr. (12×20); Wz. 3; gez. K 14.

v) Königin Victoria (1819–1901, reg. ab 1837)

37 3/2 P karminrot . . . . v 300,— 30,—

✶

37 U ungezähnt . . . . 6000,—

Gültig bis 31.5.1901

Nicht ausgegeben:

1860. Freimarke: Königin Victoria. StTdr. (12×20); Wz. 3; gez. K 14.

III 3/2 P lilarosa, bläuliches Papier . . . . v 4500,—

1872, 12. April. Freimarke: Königin Victoria; weiße Eckbuchstaben auf farbigem Grund. Bdr. (12×20); Wz. 6; gez. K 14.

w) Königin Victoria (1819–1901, reg. ab 1837)

			✶	⊙
38 6 P	. . . . . .	w		
a	schwarzorangebraun		900,—	60,—
b	orangebraun		460,—	30,—
c	hellocker		600,—	60,—

Gültig bis 31.5.1901

1873, 24. April. Freimarke: Königin Victoria; MiNr. 38 in Farbänderung. Bdr. (12×20); Wz. 6; gez. K 14.

39 6 P grau (Pl.-Nr. 12) . . . . w 1000,— 160,—

✶

39 U ungezähnt . . . . 6000,—

Gültig bis 31.5.1901

1873, 15. März/1876, 11. Sept. Freimarken: Königin Victoria; farbige Eckbuchstaben auf weißem Grund. Bdr.; MiNr. 40 (12×16), MiNr. 41–46 (12×20); verschiedene Wz.; gez. K 14.

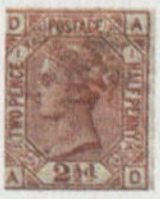

x

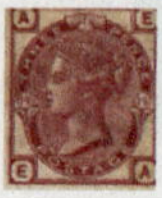

y

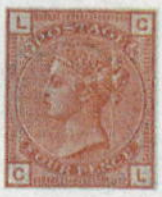

z

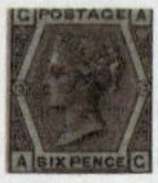

aa

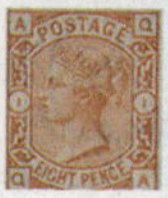

ab

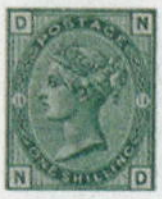

ac

Wz. 9 Kleiner Anker

x–ac) Königin Victoria (1819–1901, reg. ab 1837)

				✶	⊙
40	2½ P	lilarosa, Wz. 9 (1.7.1875)	x		
x		weißes Papier		400,—	50,—
y		schwach bläuliches Papier		600,—	90,—
41	3 P	rosa, Wz. 6 (5.7.1873)	y	280,—	25,—
42	4 P	orangerot, Wz. 4 Z (1.3.1876)	z	1500,—	250,—
43	6 P	hellocker, Wz. 6 (15.3.1873)	aa		*15000,—*
44	6 P	grau (schwarz), Wz. 6 (20.3.1874)	aa	350,—	30,—
45	8 P	dkl'orange, Wz. 4 Z (11.9.1876)	ab	1200,—	200,—
46	1 Sh	grün, Wz. 6 (1.9.1873)	ac	450,—	50,—
40 y U		ungezähnt, (schwach bläuliches Papier)		—,—	—,—

MiNr. 40–44 und 46 gültig bis 31.5.1901, MiNr. 45 gültig bis 30.6.1915

Nicht ausgegeben:

1876, Juli. Freimarken: Königin Victoria; farbige Eckbuchstaben auf weißem Grund. Bdr.; Wz 4 Z; gez. K 14.

✶

IV 8 P rotbraun . . . . ab 6000,—

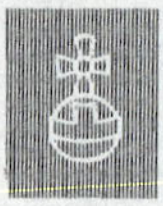

Wz. 10 Reichsapfel

1876. 1. Mai. Freimarke: Königin Victoria; MiNr. 40 mit neuem Wasserzeichen. Bdr. (12×16); Wz. 10; gez. K 14.

		✶	⊙
47 2½ P lilarosa	x	300,—	30,—

Gültig bis 31.5.1901

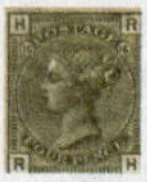

1877, 12. März. Freimarke: Königin Victoria; MiNr. 42 in Farbänderung. Bdr. (12×20); Wz. 4 Z; gez. K 14.

z) Königin Victoria (1819–1901, reg. ab 1837)

48 4 P lebhaftoliv . . . . z 600,— 140,—

✶

48 U ungezähnt . . . . —,—

Gültig bis 31.5.1901

Weitere Marken in diesen Zeichnungen siehe Übersicht nach Jahrgangswerttabelle.

1878, 26. Sept. Freimarken: Königin Victoria im Großformat; weiße Eckbuchstaben. Bdr. (5×4); Wz. 7; gez. K 15½:15.

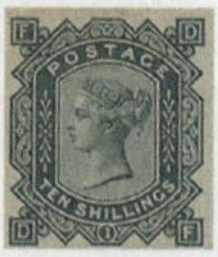

ad

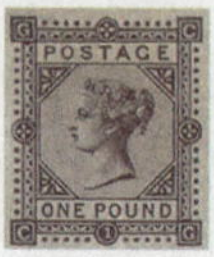

ae

ad–ae) Königin Victoria (1819–1901, reg. ab 1837)

					✶	⊙
49	10 Sh	dunkelgrüngrau (Pl.-Nr. 1)	ad		35000,—	2000,—
50	1 £	braunviolett (Pl.-Nr. 1)	ae		55000,—	2800,—

Gültig bis 31.5.1901

In gleichen Zeichnungen: MiNr. 68–69

1880, 5. Febr./14. Okt. Freimarken: Königin Victoria; MiNr. 34 und 46–48 in Farbänderungen. Bdr.; MiNr. 51 (12×16), MiNr. 52–54 (12×20); verschiedene Wz.; gez. K 14.

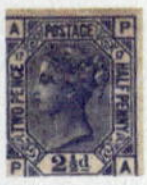
x
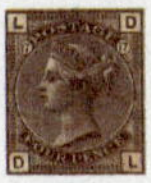
z
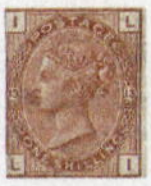
ac
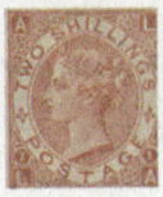
s

s, x, z, ac) Königin Victoria (1819–1901, reg. ab 1837)

				✶	⊙
51	2½ P	dunkelkobalt, Wz. 10 (5. Febr.)	x	320,—	25,—
52	4 P	graubraun, Wz. 4 Z (15. Aug.)	z	1400,—	250,—
53	1 Sh	braunorange, Wz. 6 (Pl.-Nr. 13) (14. Okt.)	ac	3000,—	350,—
54	2 Sh	siena, Wz. 6 (Pl.-Nr. 1) (27. Febr.)	s	16000,—	2000,—

		✶
52 U	ungezähnt	15000,—
54 U	ungezähnt	18000,—

FALSCH Teilfälschungen: Die Bogen der Werte zu 3, 6, 9 und 10 Pence, 1 und 2 Shilling der Ausgaben bis 1880 haben zwischen der 4. und 5. sowie der 8. und 9. senkrechten Markenreihe einen breiten Zwischenraum, in dessen Mitte die Zähnung läuft. Deshalb haben sämtliche Marken des Bogens mit den rechten unteren Eckbuchstaben D oder H rechts vom Markenbild einen 4 mm breiten Papierrand, während bei den Marken mit den rechten unteren Eckbuchstaben E oder I der Breitrand links vom Markenrand ist. Bei den Werten zu 4 und 8 Pence haben die Bogen nur einen Zwischenraum zwischen der 6. und 7. senkrechten Markenreihe; daher haben die Stücke mit rechtem Breitrand den rechten unteren Eckbuchstaben F, die Stücke mit linkem Breitrand den rechten unteren Eckbuchstaben G. Vorsicht vor Stücken, bei denen der Breitrand abgeschnitten und die beschnittene Seite nachgezähnt ist.

MiNr. 51–53 gültig bis 31.5.1901, MiNr. 54 gültig bis 30.6.1915

1880, 1. Jan./1881, 24. Mai. Freimarken: Königin Victoria in verschiedenen Einfassungen. Bdr. (12×20); Wz. 11; gez. K 14.

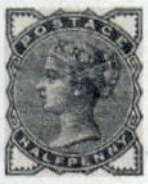
af
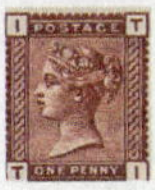
ag
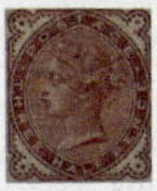
ah
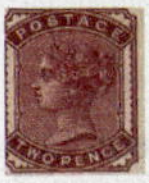
ai
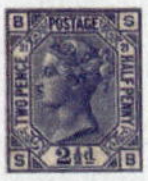
x

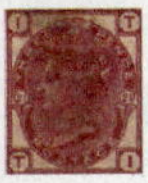
y
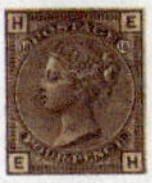
z
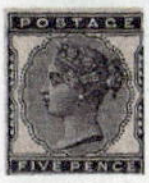
ak
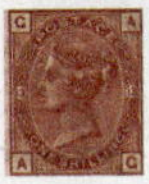
ac

Wz. 11
Kaiserkrone

x–aa, ac, af–ak) Königin Victoria (1819–1901, reg. ab 1837)

				✶	⊙
55	½ P	gelbgrün (14.10.1880)	af	30,—	6,—
56	1 P	hellrotbraun (1.1.1880)	ag	10,—	6,—
57	1½ P	hellrotbraun (14.10.1880)	ah	140,—	25,—
58	2 P	lilarosa (8.12.1880)	ai	170,—	60,—
59	2½ P	dunkelkobalt (23.3.1881)	x	250,—	18,—
60	3 P	rosalila (Febr. 1881)	y	300,—	55,—
61	4 P	graubraun (8.12.1880)	z	250,—	35,—
62	5 P	schwarzblau (15.3.1881)	ak	480,—	70,—
63	6 P	grau (1.1.1881)	aa	250,—	40,—
64	1 Sh	braunorange (24.5.1881)	ac	360,—	90,—
		Satzpreis (10 W.)		2200,—	400,—

55 U	ungezähnt	2500,—	
56 U	ungezähnt	4000,—	—,—
56 W	Wz. 10 statt Wz. 11 (bläuliches Papier)		—,—
62 U	ungezähnt	3500,—	3000,—

Gültig bis 31.5.1901

MiNr. 55 und 63–64 mit Aufdruck: Dienstmarken MiNr. 25, 39, 41
Weiterer Wert in Zeichnung af: MiNr. 72

Nicht ausgegeben:

1880/1881. Freimarken: Königin Victoria in verschiedenen Einfassungen. Bdr. (12×20); Wz. 11; gez. K 14.

				✶
V	1 Sh	lila (Pl.-Nr. 13/14)	ac	*10000,—*
V U		ungezähnt		—,—

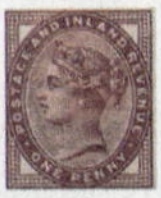

1881, 12. Juli/13. Dez. Freimarke: Königin Victoria; Inschrift „POSTAGE AND INLAND REVENUE". Bdr. (12×20); Wz. 11; gez. K 14.

al) Königin Victoria (1819–1901, reg. ab 1837)

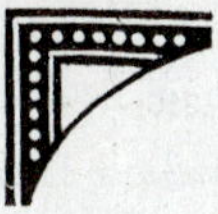
Type I: 14 Perlen
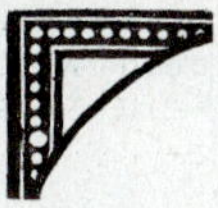
Type II: 16 Perlen

				✶	⊙
65	1 P		al		
I		Type I (12. Juli)			
a		purpurviolett		120,—	18,—
b		mattpurpurviolett		120,—	18,—
II		Type II (13. Dez.)			
x		weißes Papier			
a		blaulila		250,—	80,—
b		matt- bis dunkelpurpurviolett		1,50	0,50
c		dunkelviolett		1,50	0,50
d		rötlichlila		1,50	0,50
y		bläuliches Papier, blaulila		3000,—	—,—

65 II x U	ungezähnt	3500,—	—,—
65 II x Udr	dreiseitig ungezähnt (Paar)	4500,—	
65 II Y	oWz	5000,—	

Gültig bis 30.6.1915

Mit Aufdruck: Dienstmarken MiNr. 8, 32, 40, 65

1882, 21. März. Freimarke: Königin Victoria. Bdr. (4×7); Wz. A 9; gez. K 14.

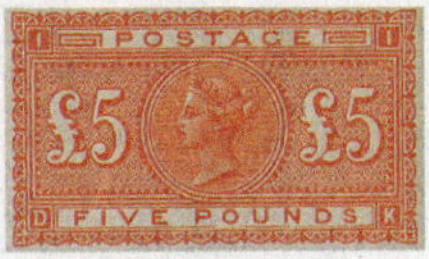

am) Königin Victoria (1819–1901, reg. ab 1837)

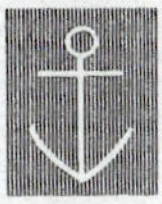
Wz. A 9
Großer Anker

				✶	⊙
66	5 £	orange	am		
x		weißes Papier		10000,—	3000,—
y		bläuliches Papier		40000,—	8000,—

Gültig bis 30.6.1915

1882, 25. Nov./1883. Freimarken: Königin Victoria im Großformat. Bdr. (5×4); Wz. A 9; gez. K 14.

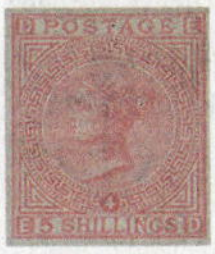
t
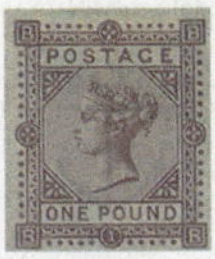
ae

t, ad–ae) Königin Victoria (1819–1901, reg. ab 1837)

				✶	⊙
67	5 Sh	rosalila (Pl.-Nr. 4) (25.11.1882)	t		
x		weißes Papier		14000,—	1600,—
y		bläuliches Papier		16000,—	1800,—
68	10 Sh	schwarzgraugrün (Pl.-Nr. 1) (Febr. 1883)	ad		
x		weißes Papier		70000,—	2500,—
y		bläuliches Papier		60000,—	3000,—

69	1 £	bräunlichlila (Pl.-Nr. 1) (Dez. 1882) . . . . ae		
x		weißes Papier	80000,—	4500,—
y		bläuliches Papier	70000,—	5500,—

Gültig bis 31.5.1901

In gleichen Zeichnungen: MiNr. 35, 49–50

1883, 1. Jan. Freimarken: Königin Victoria. MiNr. 60 und 63 in Farbänderung mit rotem Wertaufdruck.

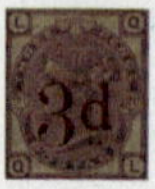
70

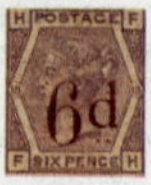
71

70 3 P auf 3 P violett (Pl.-Nr. 21)	(y)	350,—	90,—
71 6 P auf 6 P violett (Pl.-Nr. 18)	(aa)	350,—	90,—

Gültig bis 31.5.1901

1883, 1. Aug./1884, 1. April. Freimarken: Königin Victoria; MiNr. 72 Farbänderung von MiNr. 55; sonstige Werte Inschrift „POSTAGE & REVENUE“. Bdr. (12×20, Querformate ∼); Wz. 11 (bei Querformaten rechtsliegend); gez. K 14.

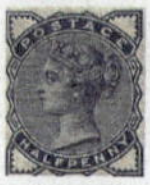
af

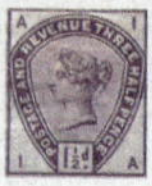
an

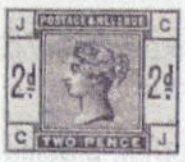
ao

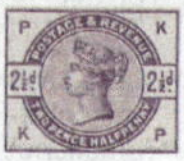
ap

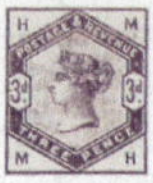
ar

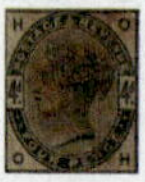
as

af, an–as) Königin Victoria (1819–1901, reg. ab 1837)

72	½ P	dunkelgraublau (1.4.1884) . . . . . . af	18,—	4,—
73	1½ P	mattpurpurviolett (1.4.1884) . . . . . an	90,—	28,—
74	2 P	mattpurpurviolett (1.4.1884) . . . . . ao	130,—	55,—
75	2½ P	mattpurpurviolett (1.4.1884) . . . . . ap	65,—	12,—
76	3 P	mattpurpurviolett (1.4.1884) . . . . . ar	180,—	75,—
77	4 P	dunkelgraugrün (1.4.1884) . . . . . . as	450,—	160,—
78	5 P	dunkelgraugrün (1.4.1884) . . . . . . an	480,—	160,—
79	6 P	dunkelgraugrün (1.4.1884) . . . . . . ao	500,—	180,—
80	9 P	dunkelgraugrün (1.8.1883) . . . . . . ap	900,—	350,—
81	1 Sh	dunkelgraugrün (1.4.1884) . . . . . . ar	1000,—	200,—
		Satzpreis (10 W.)	3800,—	1200,—

	✶
72 U ungezähnt	2000,—
73 U ungezähnt	2000,—
74 U ungezähnt	2400,—
75 U ungezähnt	2400,—
76 U ungezähnt	2400,—
77 U ungezähnt	2800,—
78 U ungezähnt	3000,—
79 U ungezähnt	—,—
81 U ungezähnt	4000,—

MiNr. 77–81 sind sehr licht- und wasserempfindlich. Ausgebleichte Stücke sind fast wertlos.

MiNr. 78 hat im Gegensatz zu MiNr. A V keine Linie unter dem „d“ der Wertangabe.

Gültig bis 31.5.1901

MiNr. 72, 75 und 79–81 mit Aufdruck: Dienstmarken MiNr. 22–24, 42–44

Nicht ausgegeben:

1883/1884. Freimarken: Königin Victoria; Inschrift „POSTAGE & REVENUE“. Bdr. (12×20); Wz. 11; gez. K 14.

A V 5 P dunkelgelbgrün . . . . an I *20000,—*

MiNr. A V hat im Gegensatz zu MiNr. 78 eine Linie unter dem „d“ der Wertangabe.

1883, 2. Juli/1890. Freimarken: Königin Viktoria im Großformat; Inschrift MiNr. 82 „POSTAGE & REVENUE“, MiNr. 83–84 „POSTAGE“; farbige Eckbuchstaben auf weißem Grund. Bdr. (8×7); Wz. A 9; gez. K 14.

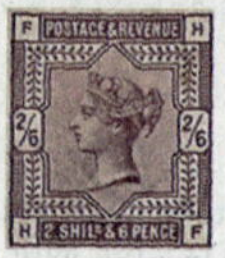

at

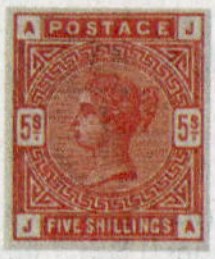

au

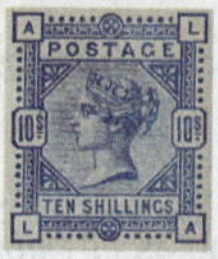

av

at–av) Königin Victoria (1819–1901, reg. ab 1837)

				✶	⊙
82		2'6 Sh'P	purpurviolett (2.7.1883) . . at		
	x		weißes Papier	400,—	90,—
	y		bläuliches Papier	4000,—	800,—
83		5 Sh	. . . . au		
	a		rosalila (1.4.1884)		
	x		weißes Papier	650,—	120,—
	y		bläuliches Papier	8000,—	2000,—
	b x		purpur, weißes Papier (ca. 1890)	600,—	120,—
84		10 Sh	. . . . av		
	a		ultramarin (1.4.1884)		
	x		weißes Papier	1500,—	300,—
	y		bläuliches Papier	*25000,—*	*5000,—*
	b		hellkobalt (Mai 1884)		
	x		weißes Papier	*24000,—*	*5000,—*
	y		bläuliches Papier	*35000,—*	*8000,—*

Gültig bis 30.6.1915

MiNr. 83–84 mit Aufdruck: Dienstmarken MiNr. 45–46

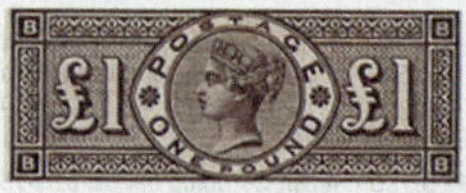

1884, 1. April. Freimarke: Königin Victoria; Inschrift „POSTAGE“; weiße Eckbuchstaben in farbigem Grund. Bdr. (4×10); Wz. 11 (dreimal); gez. K 14.

aw) Königin Victoria (1819–1901, reg. ab 1837)

85 1 £ bräunlichlila . . . . aw 20000,— 1500,—

Gültig bis 31.5.1901

Mit Aufdruck: Dienstmarke MiNr. 47

1887, 1. Jan./1892, 15. Sept. Freimarken: 50. Regierungsjubiläum von Königin Victoria. Bdr.; Wz. 11; gez. K 14.

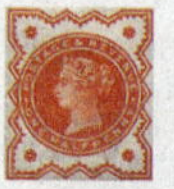
ax

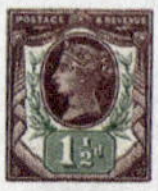
ay

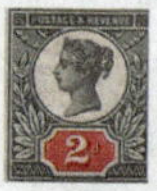
az

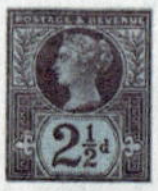
ba

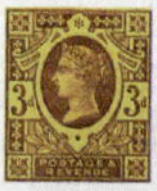
bb

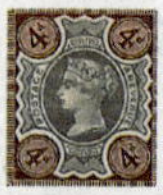
bc

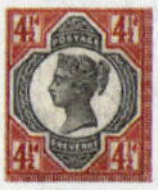
bd

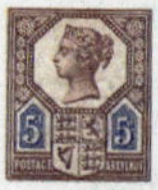
be

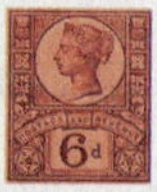
bf

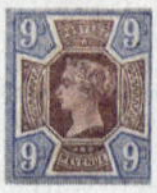
bg

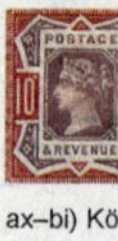
bh

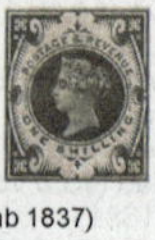
bi

ax–bi) Königin Victoria (1819–1901, reg. ab 1837)

86		½ P	orangerot (1.1.1887) . . . . ax	1,20	0,50
87		1½ P	violett/gelbgrün (1.1.1887) . . . . . . ay	15,—	5,—
88		2 P	gelbgrün/orangerot (1.1.1887) . . . az	25,—	10,—
89		2½ P	violett auf blau (1.1.1887) . . . . . . ba	20,—	2,—
90		3 P	. . . . bb		
	a		violett auf orangegelb (1.1.1887)	20,—	2,50
	b		violett auf dunkelorange (1890)	750,—	250,—
91		4 P	braun/gelbgrün (1.1.1887) . . . . . . bc	30,—	12,—
92		4½ P	karmin/gelbgrün (15.9.1892) . . . . . bd	8,—	35,—
93		5 P	violett/blau (1.1.1887) . . . . be	35,—	9,—

94	6 P	violett auf mittelkarminrot (1.1.1887)	bf	30,—	8,—
95	9 P	blau/violett (1.1.1887)	bg	60,—	35,—
96	10 P	karmin/mattviolett (24.2.1890)	bh	45,—	30,—
97	1 Sh	grün (1.1.1887)	bi	220,—	55,—
		Satzpreis (12 W.)		500,—	200,—

86 U	ungezähnt	2200,—	—,—
86 Uo	oben ungezähnt	2500,—	
89 U	ungezähnt	8000,—	
89 Uo	oben ungezähnt (Oberrandstück)	2500,—	
89 Udr	dreiseitig ungezähnt	5000,—	
90 U	ungezähnt	—,—	
90 U Z	ungezähnt, Wz. kopfstehend	7000,—	
91 U	ungezähnt	8000,—	
96 U	ungezähnt	12000,—	

MiNr. 87–92, 94 und 97 sind sehr licht- und wasserempfindlich. Ausgebleichte Stücke sind fast wertlos.

Gültig bis 30.6.1915

MiNr. 86–89 und 92–97 mit Aufdruck: Dienstmarken MiNr. 7, 9, 11, 15, 26–31, 48–50, 54, 64, 67–68

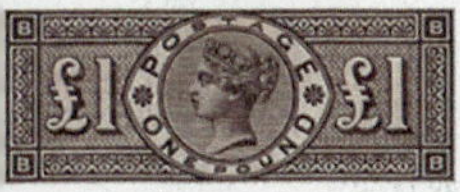

1888, 1. Febr. Freimarke: Königin Victoria. MiNr. 85 mit neuem Wasserzeichen; Bdr. (4×10); Wz. 10; gez. K 14.

aw) Königin Victoria (1819–1901, reg. ab 1837)

98	1 £	bräunlichlila	aw	50000,—	2500,—

FALSCH

Gültig bis 31.5.1901

Mit Aufdruck: Dienstmarke MiNr. 51

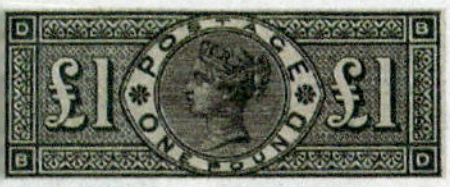

1891, 28. Jan. Freimarke: Königin Victoria. MiNr. 98 in Farbänderung; Bdr. (4×10); Wz. 11; gez. K 14.

aw) Königin Victoria (1819–1901, reg. ab 1837)

99	1 £	dunkelgelbgrün	aw	3500,—	650,—

Gültig bis 30.6.1915

Mit Aufdruck: Dienstmarke MiNr. 52

1900. Freimarken: Königin Victoria. MiNr. 86 und 97 in Farbänderung; Bdr. (12×20); Wz. 11; gez. K 14.

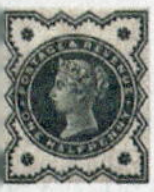
ax
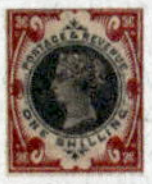
bi

ax, bi) Königin Victoria (1819–1901, reg. ab 1837)

100	½ P	blaugrün (17. April)	ax	1,20	1,—
101	1 Sh	karminrot/gelbgrün (11. Juli)	bi	55,—	100,—

100 U	ungezähnt (Randstück)	5000,—	
101 Z	Wz. kopfstehend	1500,—	800,—

MiNr. 100–101 sind sehr licht- und wasserempfindlich. Ausgebleichte Stücke sind fast wertlos.

Gültig bis 30.6.1915

Mit Aufdruck: Dienstmarken MiNr. 10, 16, 33, 53, 55, 66

1902, 1. Jan./1913. Freimarken: König Edward VII. Bdr., Bogen (B) und Markenheftchen (MH); MiNr. 102–114 und MiNr. 118–120 Wz. 11, MiNr. 115–117 Wz. 9; A = gez. K 14, B = gez. K 15:14.

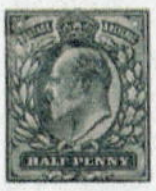
bk
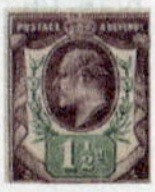
bl
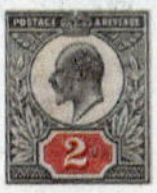
bm
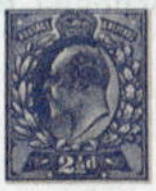
bn
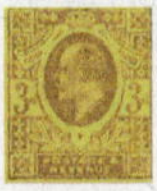
bo
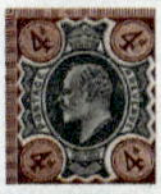
bp
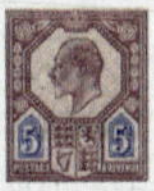
br
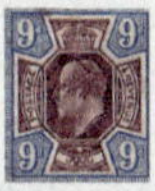
bs
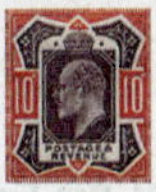
bt
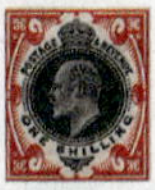
bu
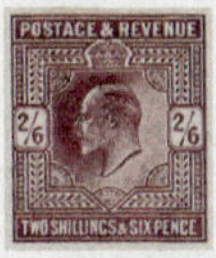
bv
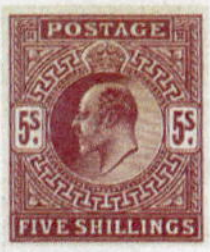
bw
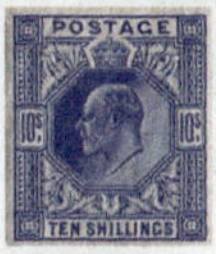
bx
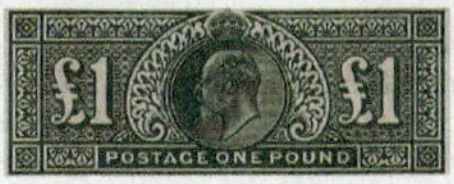
by
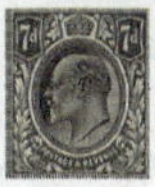
bz

bx–bz) König Edward VII. (1841–1910, reg. ab 1901)

A = gez. K 14 (billigste Sorte)

102 A	½ P	blaugrün (B) (1.1.1902)	bk	1,20	0,60
103 A	½ P	gelblichgrün (B) (MH) (26.11.1904)	bk	1,20	0,30
104 A	1 P	rot (B) (MH) (1.1.1902)	bk	1,—	0,30
105 A	1½ P	purpur/grün (B) (21.3.1902)	bl	25,—	6,—
106 A	2 P	grün/rot (B) (25.3.1902)	bm	25,—	6,—
107 A	2½ P	blau (B) (1.1.1902)	bn	12,—	3,—
108 A	3 P	violett/gelb (B) (20.3.1902)	bo	30,—	4,—
109 A	4 P	braun/grün (B) (27.3.1902)	bp	30,—	12,—
110 A	5 P	violett/blau (B) (14.5.1902)	br	25,—	8,—
111 A	6 P	purpur (B) (1.1.1902)	bk	25,—	8,—
112 A	9 P	blau/purpur (B) (7.4.1902)	bs	60,—	40,—
113 A	10 P	rot/purpur (B) (3.7.1902)	bt	70,—	40,—
114 A	1 Sh	rot/grün (B) (24.3.1902)	bu	60,—	18,—
115 A	2'6 Sh'P	purpur (B) (5.4.1902)	bv	220,—	90,—
116 A	5 Sh	karmin (B) (5.4.1902)	bw	300,—	120,—
117 A	10 Sh	blau (B) (5.4.1902)	bx	700,—	280,—
118 A	1 £	grün (B) (16.7.1902)	by	1400,—	450,—
119 A	4 P	orange (B) (1.11.1909)	bp	15,—	8,—
120 A	7 P	grau (B) (4.5.1910)	bz	8,—	9,—
		Satzpreis A (19 W.)		3000,—	1100,—

B = gez. K 15:14 (billigste Sorte)

103 B	½ P	hellgrün (B) (30.10.1911)	bk	35,—	35,—
104 B	1 P	rot (B) (4.10.1911)	bk	12,—	12,—
107 B	2½ P	blau (B) (14.10.1911)	bn	20,—	10,—
108 B	3 P	violett/gelb (B) (22.9.1911)	bo	30,—	10,—
119 B	4 P	orange (B) (11.11.1911)	bp	25,—	10,—
		Satzpreis B (5 W.)		120,—	75,—

103 A W	oWz	*20000,—*	—,—
103 U	ungezähnt	*15000,—*	—,—
104 A W	oWz	60,—	80,—
104 U	ungezähnt	*12000,—*	—,—
104 Ur	rechts ungezähnt	*2500,—*	*2500,—*
104 Uu	unten ungezähnt	*3500,—*	*3500,—*
107 B Ul	links ungezähnt	*4500,—*	—,—
108 A F	Farbfehldruck grau/gelb	*4000,—*	
108 B F	Farbfehldruck grau/gelb	*4000,—*	
114 W	oWz	*2500,—*	*2500,—*
118 U	ungezähnt	—,—	—,—

MiNr. 103 A stammt auch aus MH A 1 und B 1, MiNr. 104 A aus MH A 1, B 1 und 0-1.

MiNr. 105–106, 109 und 114 sind sehr licht- und wasserempfindlich.

MiNr. 102–120 wurden in den Jahren 1902–1913 von drei verschiedenen Druckereien (De La Rue, Harrison und Somerset House) gedruckt. Spezialisten unterscheiden außerdem verschiedene Papiersorten und eine große Anzahl von Farbnuancen bei den einzelnen Werten. Eine detaillierte Katalogisierung dieser Ausgaben finden Sie im MICHEL-Großbritannien-Spezial.

Gültig bis 31.3.1930

MiNr. 102, 104–108, 110–114 und 116–118 mit Aufdruck: Dienstmarken MiNr. 1–6, 12–14, 17–21, 34–38, 56–63, 69–73, 74–75

Nicht ausgegeben:

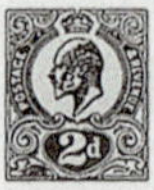

1910, Mai. Freimarke: König Edward VII. in neuer Zeichnung. Bdr.; Wz. 11; gez. K 14:14(¼).

VI

		✶
VI	2 P rotlila	*120000,—*

Nicht ausgegeben:

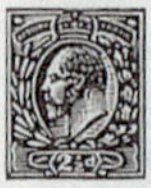

1901. Dez. Freimarke: König Edward VII. in Zeichnung bn. Bdr.; Wz. 11; gez. K 14:14(¼).

bn

VII	2½ P violett auf dunkelkobalt	bn *60000,—*

1911, 22. Juni/1912, 1. Jan. Freimarken: König George V. Bdr., Bogen (B) (12×10 + 12×10), Markenheftchen (MH) und Rollen (R); Type I = verschwommene Zeichnung, Type II = klare Zeichnung; Wz. 11; gez. K 15:14.

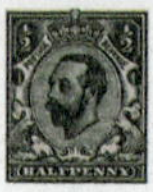
ca

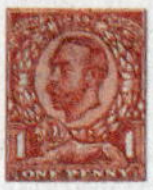
cb

ca–cb) König George V. (1865–1936, reg. ab 1910)

				✶	⊙
121		½ P grün	ca		
	I	Type I (B) (MH) (22.6.1911)			
	X	Wz. 11 stehend		4,—	2,—
	Z	Wz. 11 kopfstehend		15,—	5,—
	II X	Type II, Wz. stehend (B) (R) (1.1.1912)		6,—	2,50
122		1 P rot	cb		
	I	Type I (B) (MH) (22.6.1911)			
	X	Wz. 11 stehend		4,—	1,50
	Z	Wz. 11 kopfstehend		15,—	6,—
	II X	Type II, Wz. stehend (B) (R) (1.1.1912)		4,—	1,50
		Satzpreis (2 W.)		8,—	3,—

121 I C	gez. K 14 (Aug.1911, Aushilfszähnung)	*15000,—*	800,—
121 I Y	Wz. liegend	5500,—	
122 I W	oWz	2500,—	—,—

Bei MiNr. 121 I zeigt das Zierstück zwischen den Köpfen der beiden Delphine zwei Schattierungslinien, bei MiNr. 121 II nur eine, kräftige; die Stirnen der Delphine sind bei MiNr. 121 I fast weiß, bei MiNr. 121 II schattiert. MiNr. 122 I hat einen wenig, MiNr. 122 II einen stark schattierten Löwen.

MiNr. 121 I–122 I stammen auch aus MH 0-2.

Gültig bis 29.2.1972

1912, Aug. Freimarken: König George V mit geändertem Wasserzeichen. Bdr., Bogen (B) (12×20), Markenheftchen (MH) und Rollen (R); Typen wie bei MiNr. 121–122; Wz. 12; gez. K 15:14.

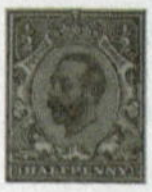
ca

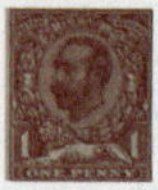
cb

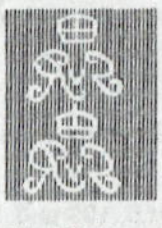
Wz. 12 Krone GvR mehrfach

ca–cb) König George V. (1865–1936, reg. ab 1910)

123		½ P grün	ca		
	I	Type I (MH)			
	X	Wz. 12 stehend		45,—	45,—
	Z	Wz. 12 kopfstehend		45,—	45,—
	II X	Type II, Wz. stehend (B) (R)		6,—	2,—
124		1 P rot	cb		
	I	Type I (MH)			
	X	Wz. 12 stehend		30,—	20,—
	Z	Wz. 12 kopfstehend		30,—	20,—
	II X	Type II, Wz. stehend (B) (R)		6,—	1,50
		Satzpreis (2 W.)		12,—	3,50

123 I W	oWz	—,—	—,—
123 II W	oWz	600,—	—,—
124 I W	oWz	*2000,—*	—,—
124 II W	oWz	800,—	—,—

MiNr. 123 I–124 I stammen aus MH 0-3.

Gültig bis 29.2.1972

1912, Okt. Freimarken: König George V mit abermals geändertem Wasserzeichen. Ausführung wie MiNr. 121 II–122 II; Bdr., Bogen (12×20) und Rollen; Wz. 13; gez. 15:14.

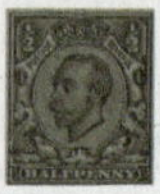
ca

cb

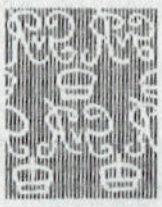
Wz. 13 Krone GvR vielfach

ca–cb) König George V. (1865–1936, reg. ab 1910)

125	½ P grün	ca	10,—	6,—
126	1 P rot	cb	10,—	6,—

		✶
125 U	ungezähnt	160,—
126 U	ungezähnt	120,—

Gültig bis 29.2.1972

1912, 8. Okt./1921, Sept. Freimarken: König George V. nach links in schraffiertem Oval; Bdr., Bogen (B) (12×10 + 12×10), Markenheftchen (MH) und Rollen (R); Wz. 12; gez. K 15:14.

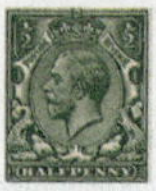
cc

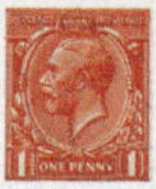
cd

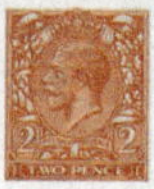
ce

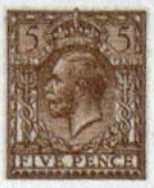
cf

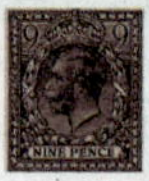
cg

cc–cg) König George V. (1865–1936, reg. ab 1910)

						✶	⊙
127			½ P	gelbgrün (16.1.1913)	cc		
	X			Wz. 12 stehend (B) (MH) (R)		0,50	0,30
	Z			Wz. 12 kopfstehend (MH)		2,—	0,80
128			1 P	rot (8.10.1912)	cd		
	X			Wz. 12 stehend (B) (MH) (R)		0,50	0,30
	Z			Wz. 12 kopfstehend (MH)		2,—	0,80
129			1½ P	rotbraun (15.10.1912)	cc		
	X			Wz. 12 stehend (B) (MH) (R)		1,50	0,40
	Z			Wz. 12 kopfstehend (MH)		4,50	3,50
130			2 P		ce		
	I			Type I: 4 Schattierungslinien über Kopf (20.8.1912)			
	X			Wz. 12			
		a		dunkelorange		3,—	1,—
		b		gelborange		6,—	2,—
	Z			Wz. 12 kopfstehend (MH)			
		a		dunkelorange		12,—	8,—
		b		gelborange		25,—	15,—
	II			Type II: 3 Schattierungslinien über Kopf (Sept. 1921)			
	X			Wz. 12 stehend (B) (MH) (R)			
		a		orange		3,—	1,80
		b		mittelorange		3,50	2,—
	Z	a		Wz. 12, kopfstehend, orange (MH)		30,—	25,—
131	X		2½ P	lebhaftviolettultramarin (B) (18.10.1912)	cd	8,—	2,—
132	X		3 P	(B) (9.10.1912)	ce		
		a		(lebhaft)blauviolett		4,—	1,50
		b		stumpfpurpurviolett		12,—	1,80
133	X		4 P	schwarzgrün (B) (15.1.1913)	ce	10,—	1,50
134	X		5 P	siena (B) (30.6.1913)	cf	10,—	4,—
135	X		6 P	rötlichlila (B) (1.8.1913)	cf	10,—	2,50

136 X	7 P	dunkeloliv (B) (1.8.1913)	cf	14,—	6,—
137 X	8 P	schwarz auf gelb (B) (1.8.1913)	cf	25,—	10,—
138 X	9 P	violettbraun (B) (30.6.1913)	cg	12,—	4,—
139 X	10 P	grünblau (B) (1.8.1913)	cg	15,—	18,—
140 X	1 Sh	ockerbraun (B) (1.8.1913)	cg	15,—	2,50
		Satzpreis (14 W.)		120,—	50,—

128 I	„QNE" statt „ONE"	200,—	150,—
129 I	„PENCF" statt „PENCE"	180,—	140,—
135 C	gez. K 14 (Okt. 1920, Aushilfszähnung)	80,—	120,—

127 W	oWz	100,—	80,—
128 W	oWz	100,—	90,—
129 W	oWz	280,—	240,—
130 W	oWz	200,—	150,—
131 W	oWz	1800,—	
132 W	oWz	250,—	120,—
133 W	oWz	250,—	180,—
134 W	oWz	1000,—	700,—
135 W	oWz	800,—	500,—
136 W	oWz	400,—	200,—
137 W	oWz	1600,—	
138 W	oWz	600,—	
140 W	oWz	1200,—	

Die Farbe der MiNr. 135 ist empfindlich und zersetzt sich leicht.

MiNr. 127 stammt auch aus MH 2, 0-4, 0-5, 0-6, 0-8, 0-10 I, 0-12.
MiNr. 128 stammt auch aus MH 2, 0-4, 0-5, 0-6, 0-7,0-8, 0-10 I, 0-12.
MiNr. 129 stammt auch aus MH 2, 0-5, 0-6, 0-8, 0-10 I, 0-12, 0-13.
MiNr. 130 stammt auch aus MH 0-7, 0-8, 0-9, 0-10 I, 0-11.

Gültig bis 29.2.1972

MiNr. 138 in geänderter Farbe: MiNr. 153
MiNr. 127–140 mit geändertem Wasserzeichen: MiNr. 154–165
In geändertem Druckverfahren (RaTdr.): MiNr. 175–185

1913, 1. Aug. Freimarken: König George V. nach links in schraffiertem Oval. MiNr. 127–128 mit neuem Wasserzeichen; Bdr., Rollen (500); X = Wz. 13 stehend; gez. K 15:14.

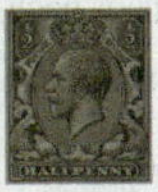
cc

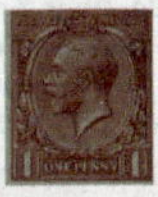
cd

cc–cd) König George V. (1865–1936, reg. ab 1910)

A 127 X	½ P	grün	cc	180,—	180,—
A 128 X	1 P	rot	cd	250,—	250,—

MiNr. A 127 und A 128 sind in Rollen, gefertigt aus normalen Bogen, für Markenautomaten ausgegeben worden. Versehentlich gelangten auch unzertrennte Bogenteile zur Ausgabe. Preise für waagerechte Paare siehe MICHEL-Großbritannien-Spezial.

Gültig bis 29.2.1972

1913, 30. Juni/1. Aug. Freimarken: König George V. und Britannia. Hintergrund des Kopfbildes nur waagerecht liniiert; Markenbild 22 mm hoch; sog. Friedensfarben; StTdr. von Waterlow Bros. & Layton (4×10); Wz. 14; gez. K 11:12, große Zähnungslöcher.

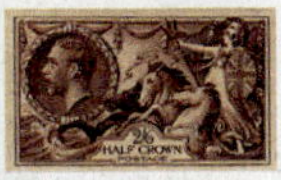
ch) „Britannia regiert über das Meer" (Britannia und Seepferde), George V.

Wz. 14
Krone GvR einfach

141 I	2'6 Sh'P	schwarzbraun (30. Juni)	ch	200,—	100,—
142 I	5 Sh	rotlila (30. Juni)	ch	300,—	180,—
143 I	10 Sh	indigo (1. Aug.)	ch	700,—	350,—
144	1 £	gelbgrün (1. Aug.)	ch	2200,—	1200,—
		Satzpreis (4 W.)		3400,—	1800,—

Gültig bis 29.2.1972

1915, Dez. Freimarken: König George V. und Britannia. Hintergrund des Kopfbildes nur waagerecht liniiert; Markenbild 22 mm hoch; sog. Kriegsfarben; StTdr. von De La Rue (4×10); Wz. 14; gez. K 11:12, kleine Zähnungslöcher.

141 II	2'6 Sh'P	braun	ch	250,—	120,—
142 II	5 Sh	karmin	ch	400,—	240,—
143 II	10 Sh	dunkelkobalt	ch	1800,—	550,—
		Satzpreis (3 W.)		2400,—	900,—

		✶
141 II W	oWz	*5000,—*
142 II W	oWz	*12000,—*

Gültig bis 29.2.1972

1918, Dez./1919, Jan. König George V. und Britannia. Hintergrund des Kopfbildes nur waagerecht liniiert; Markenbild 22½–23 mm hoch; sog. Kriegsfarben; StTdr. von Bradbury (4×10); Wz. 14; gez. K 11:12, größere Zähnungslöcher.

				★	⊙
141 III	2'6 Sh'P	braun (Dez. 1918)	ch	90,—	25,—
142 III	5 Sh	karmin (Jan. 1919)	ch	160,—	60,—
143 III	10 Sh	blau (Jan. 1919)	ch	280,—	120,—
		Satzpreis (3 W.)		500,—	200,—

Gültig bis 29.2.1972

In ähnlicher Zeichnung wie MiNr. 141–143 (Hintergrund des Kopfbildes waagerecht und schräg liniert): MiNr. 186–188

MiNr. 145–152 entfallen.

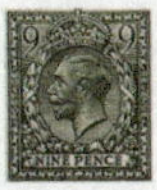

1922, Sept. Freimarke: König George V. nach links in schraffiertem Oval. MiNr. 138 in Farbänderung; Bdr. (12×10 + 12×10); Wz. 12; gez. K 15:14.

cg) König George V. (1865–1936, reg. ab 1910)

				★★	⊙
153	9 P	oliv	cg	240,—	20,—

Gültig bis 29.2.1972

Mit Wz. 15: MiNr. 163

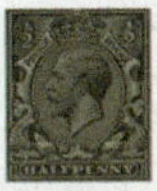
cc

1924, Febr./1928. Freimarken: König George V. nach links in schraffiertem Oval; mit geändertem Wasserzeichen. Bdr., Bogen (B) (12×20), Markenheftchen (MH) und Rollen (R); X = Wz. 15 stehend, Y = Wz. 15 liegend, Z = Wz. 15 kopfstehend; gez. K 15:14.

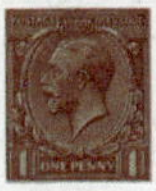
cd

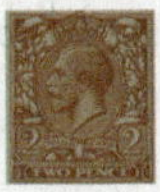
ce

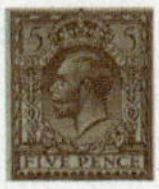
cf

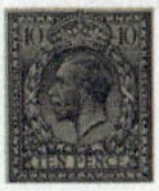
cg

Wz. 15 Krone GvR Blockschrift mehrfach

cc–cg) König George V. (1865–1936, reg. ab 1910)

154	½ P	gelbgrün	cc		
X		Wz. 15 stehend (B) (MH) (R) (Febr. 1924)		0,50	0,30
Y		Wz. 15 liegend (R) (Mai 1924)		16,—	4,—
Z		Wz. 15 kopfstehend (MH) (Febr. 1924)		5,—	0,80
155	1 P	rot	cd		
X		Wz. 15 stehend (B) (MH) (R) (Febr. 1924)		0,50	0,30
Y		Wz. 15 liegend (R) (1928)		35,—	20,—
Z		Wz. 15 kopfstehend (MH) (Febr. 1924)		5,—	1,20

156		1½ P	rotbraun	cc		
	X		Wz. 15 stehend (B) (MH) (R) (Febr. 1924)		0,50	0,30
	Y		Wz. 15 liegend (R) (Aug. 1924)		20,—	4,—
	Z		Wz. 15 kopfstehend (MH) (Febr. 1924)		2,50	0,80
157		2 P	orange	ce		
	X		Wz. 15 stehend (B) (R) (Juli 1924)		3,—	1,—
	Y		Wz. 15 liegend (R) (Juli 1926)		200,—	100,—
158	X	2½ P	blau (B) (R) (10.10.1924)	cd	8,—	1,50
159	X	3 P	violett (B) (R) (10.10.1924)	ce	18,—	1,50
160	X	4 P	graugrün (B) (23.10.1924)	ce	25,—	1,50
161	X	5 P	siena (B) (17.10.1924)	cf	40,—	2,—
162	X	6 P	violett (B) (Juni 1926)	cf	6,—	0,80
163	X	9 P	grünoliv (B) (11.11.1924)	cg	35,—	2,50
164	X	10 P	grünblau (B) (28.11.1924)	cg	70,—	30,—
165	X	1 Sh	ockerbraun (B) (Okt. 1924)	cg	45,—	1,50
			Satzpreis (12 W.)		250,—	40,—

154 Ur	rechts ungezähnt	*8000,—*	
156 Ul	links ungezähnt	—	
156 Ur	rechts ungezähnt	—	
157 W	oWz.	1800,—	1200,—
158 W	oWz.	3400,—	2400,—
162 Ul	links ungezähnt	*2500,—*	

MiNr. 154–156 stammen auch aus MH 3, 4 und 0-14.

Gültig bis 29.2.1972

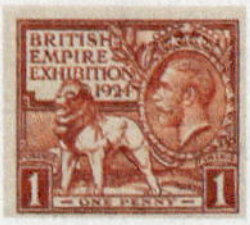

1924, 23. April. Britische Empire-Ausstellung in Wembley; Jahreszahl 1924. StTdr., Bogen (6×10) und Rollen; Wz. 15; A = gez. L 14, C = K 14.

ci) Löwe, aufgehende Sonne

166		1 P	rot	ci		
	A		gez. L 14		12,—	8,—
	C		gez. K 14		15,—	8,—
167		1½ P	rotbraun	ci		
	A		gez. L 14		28,—	12,—
	C		gez. K 14		30,—	12,—
			Satzpreis (2 W.)		40,—	20,—
			FDC A			450,—

		★★
166 A Ul	links ungezähnt	3000,—
166 A Uu	unten ungezähnt	3500,—
167 A Ul	links ungezähnt	3500,—

Gültig bis 29.2.1972

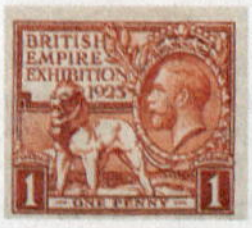

1925, 9. Mai. Wiedereröffnung der Britischen Empire-Ausstellung in Wembley; Jahreszahl 1925. StTdr., Bogen (6×10) und Rollen; Wz. 15; gez. K 14.

ci I) Löwe, aufgehende Sonne

Nr.	Wert	Beschreibung	Type	★★	⊙
168	1 P	rot	ci I	25,—	20,—
169	1½ P	braun	ci I	75,—	60,—
		Satzpreis (2 W.)		100,—	80,—
		FDC			1800,—

Gültig bis 29.2.1972

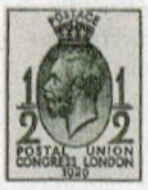

1929, 10. Mai. 9. Weltpostkongress, London. MiNr. 170–173 Bdr., Bogen (B) (12×20), Markenheftchen (MH) und Rollen (R), X = Wz. 15 stehend, Y = Wz. 15 liegend, Z = Wz. 15 kopfstehend, gez. K 15:14; MiNr. 174 StTdr. (4×5); Wz. 16; gez. L 12.

ck) George V. und Inschrift

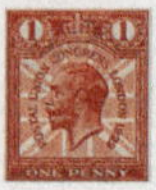

cl) George V. vor Union Jack (Nationalflagge)

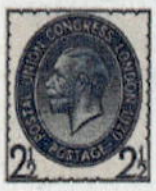

cm) George V.

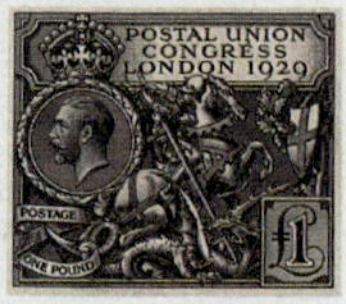

cn) George V. und Darstellung des hl. Georg als Drachentöter

Wz. 16 Krone GvR groß

170		½ P	gelbgrün	ck		
	X		Wz. 15 stehend (B) (MH) (R)		3,50	1,70
	Y		Wz. 15 liegend (R)		80,—	45,—
	Z		Wz. 15 kopfstehend (MH)		32,—	12,—
171		1 P	rot	cl		
	X		Wz. 15 stehend (B) (MH) (R)		3,50	1,80
	Y		Wz. 15 liegend (R)		140,—	90,—
	Z		Wz. 15 kopfstehend (MH)		32,—	12,—
172		1½ P	dunkelbraunlila	cl		
	X		Wz. 15 stehend (B) (MH) (R)		3,50	1,50
	Y		Wz. 15 liegend (R)		80,—	50,—
	Z		Wz. 15 kopfstehend (MH)		12,—	6,—
173	X	2½ P	dunkelkobalt (B)	cm	24,—	12,—
174		1 £	schwarz	cn	1100,—	700,—
			FDC (MiNr. 170–173)			600,—
			FDC (MiNr. 170–174)			*12000,—*

MiNr. 170–172 stammen auch aus MH 5 und 0-15.

Auflagen: MiNr. 170 = 677.500.000, MiNr. 171 = 341.000.000, MiNr. 172 = 751.250.000, MiNr. 173 = 26.750.000, MiNr. 174 = 61.000 Stück

Gültig bis 29.2.1972

1934, 20. Aug./1936, 24. Febr. Freimarken: König George V. nach links im vollfarbigen Oval. RaTdr., Bogen (B) (12×10 + 12×10), Markenheftchen (MH) und Rollen (R); X = Wz. 15 stehend, Y = Wz. 15 liegend, Z = Wz. 15 kopfstehend; gez. K 15:14.

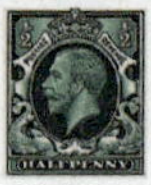

co

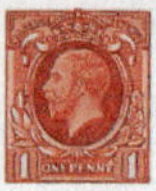

cp

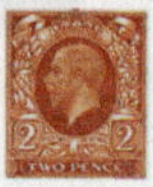

cr

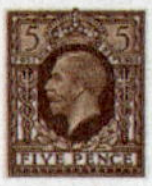

cs

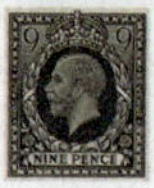

ct

co–ct) König George V. (1865–1936, reg. ab 1910)

175		½ P	grün (17.11.1934)	co		
	X		Wz. 15 stehend (B) (MH) (R)		0,40	0,30
	Y		Wz. 15 liegend (R)		20,—	4,—
	Z		Wz. 15 kopfstehend (MH)		20,—	3,—
176		1 P	rot (24.9.1934)	cp		
	X		Wz. 15 stehend (B) (MH) (R)		0,50	0,30
	Y		Wz. 15 liegend (R)		40,—	10,—
	Z		Wz. 15 kopfstehend (MH)		25,—	4,—
177		1½ P	rotbraun (20.8.1934)	co		
	X		Wz. 15 stehend (B) (MH) (R)		0,50	0,30
	Y		Wz. 15 liegend (R)		15,—	5,—
	Z		Wz. 15 kopfstehend (MH)		5,—	1,—
178		2 P	orange (19.1.1935)	cr		
	X		Wz. 15 stehend (B) (R)		1,20	0,30
	Y		Wz. 15 liegend (R)		250,—	90,—
179	X	2½ P	ultramarin (B) (18.3.1935)	cp	2,50	0,80
180	X	3 P	violett (B) (18.3.1935)	cr	2,50	0,80
181	X	4 P	graugrün (B) (2.12.1935)	cr	4,—	0,80
182	X	5 P	gelbbraun (B) (17.2.1936)	cs	12,—	3,—
183	X	9 P	dkl'grünoliv (B) (2.12.1935)	ct	25,—	3,—
184	X	10 P	dkl'grünblau (B) (24.2.1936)	ct	36,—	10,—
185	X	1 Sh	dkl'ockerbraun (B) (24.2.1936)	ct	40,—	1,—
			Satzpreis (11 W.)		120,—	20,—

		★★
175 Udr	rechts bzw. links gezähnt	2500,—
176 U	ungezähnt	2000,—
176 Udr	rechts bzw. links gezähnt	2200,—
176 UMs	waagerechtes Paar, Mitte ungezähnt	*5000,—*
177 U	ungezähnt	600,—
177 Udr	oben gezähnt	1200,—
178 U	ungezähnt	2500,—

MiNr. 175–177 stammen auch aus MH 6, 7 und 0-16.

Gültig bis 29.2.1972

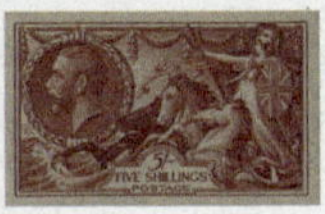

1934, Okt. Freimarken: König George V. und Britannia. Hintergrund des Kopfbildes waagerecht und schräg liniiert; StTdr. (4×10); Wz. 14; gez. K 11:12.

ch) „Britannia regiert über das Meer“ (Britannia und Seepferde), George V.

					★★	⊙
186	2'6 Sh'P	purpurbraun		ch	140,—	25,—
187	5 Sh	lebhaftkarminrot		ch	350,—	60,—
188	10 Sh	schwarzblau		ch	550,—	65,—
			Satzpreis (3 W.)		1000,—	150,—

Gültig bis 29.2.1972

In ähnlichen Zeichnungen: MiNr. 141–144

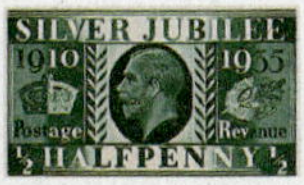

1935, 7. Mai. 25. Regierungsjubiläum von König George V. RaTdr., Bogen (B) (6×20) und Markenheftchen (MH); X = Wz. 15 stehend, Z = Wz. 15 kopfstehend; gez. K 15:14.

cu

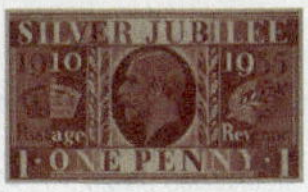

cu I

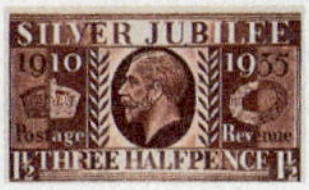

cu II

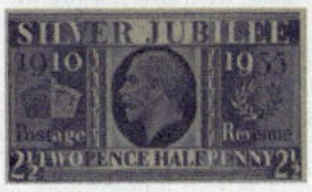

cu III

Die Rahmenzeichnung von MiNr. 189–192 ist rechts vom Kopfbild bei jedem Wert anders.

189		½ P	grün	cu		
	X		Wz. 15 stehend (B) (MH)		0,70	0,30
	Z		Wz. 15 kopfstehend (MH)		20,—	6,—
190		1 P	karminrot	cu I		
	X		Wz. 15 stehend (B) (MH)		2,20	1,—
	Z		Wz. 15 kopfstehend (MH)		20,—	8,—
191		1½ P	dunkelbraun	cu II		
	X		Wz. 15 stehend (B) (MH)		2,20	0,30
	Z		Wz. 15 kopfstehend (MH)		6,—	3,—
192	**X**	2½ P	ultramarin (B)	cu III	6,—	6,—
			Satzpreis (4 W.)		11,—	7,50
			FDC			750,—

192 F preußischblau .... *10000,— 9000,—*

MiNr. 189–191 stammen auch aus MH 0-17 und 0-18.

FALSCH Deutsche Kriegspropagandafälschung der MiNr. 189 mit Bild Stalins siehe MICHEL-Deutschland-Spezial.

Gültig bis 29.2.1972

1936, 1./14. Sept. Freimarken: König Edward VIII. RaTdr., Bogen (B) (12×20) und Markenheftchen (MH); X = Wz. 17 stehend, Z = Wz. 17 kopfstehend; gez. K 15:14.

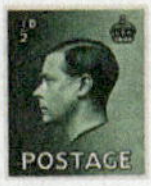

cv) König Edward VIII. (1894–1972, reg. 20.1.–11.12.1936)

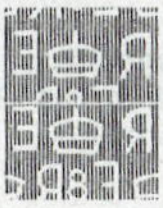

Wz. 17 Krone E8R mehrfach

193		½ P	dunkelgelbgrün (1. Sept.)	cv		
	X		Wz. 17 stehend (B) (MH)		0,30	0,30
	Z		Wz. 17 kopfstehend (MH)		12,—	5,—
194		1 P	rot (14. Sept.)	cv		
	X		Wz. 17 stehend (B) (MH)		0,40	0,30
	Z		Wz. 17 kopfstehend (MH)		12,—	5,—
195		1½ P	rotbraun (1. Sept.)	cv		
	X		Wz. 17 stehend (B) (MH)		0,30	0,30
	Z		Wz. 17 kopfstehend (MH)		1,50	1,50
196	**X**	2½ P	lebhaftviolettultramarin (B) (1. Sept.)	cv	0,40	0,80
			Satzpreis (4 W.)		1,20	1,40
			FDC (MiNr. 193, 195–196)			150,—
			FDC (MiNr. 194)			170,—

★★

195 U ungezähnt (Paar) .... *20000,—*

MiNr. 193–195 stammen auch aus MH 8, 9 und 0-19, MiNr. 195 auch aus MH 0-20.

Gültig bis 29.2.1972

1937, 13. Mai. Krönung von König George VI. RaTdr. (6×20); Wz. 18; gez. K 15:14.

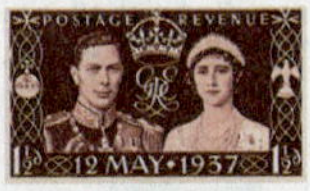

cw) König George VI. (1895–1952) und Königin Elizabeth (1900–2002)

Wz. 18 Krone GVIR mehrfach

				★★	⊙
197	1½ P	dunkelbraunlila	cw	0,50	0,30
			FDC		32,—

Auflage: 388.731.480 Stück

Gültig bis 29.2.1972

FALSCH Deutsche Kriegspropagandafälschung mit Bild Stalins bekannt (siehe MICHEL-Deutschland-Spezial)

Gültig bis 29.2.1972

1937, 10. Mai/1939, 1. Mai. Freimarken: König George VI. RaTdr., Bogen (B) (12×20), Markenheftchen (MH) und Rollen (R); Wz. 18; gez. K 15:14.

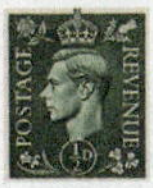

cx

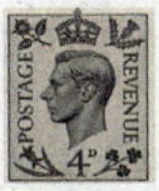

cy

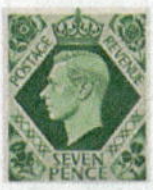

cz

cx–cz) König George VI. (1895–1952, reg. ab 1936); Eckzeichnungen: Rose (England), Distel (Schottland), Narzisse (Wales) und Klee (Irland)

198		½ P	dunkelgelbgrün (10.5.1937)	cx		
	X		Wz. 18 stehend (B) (MH) (R)		0,30	0,30
	Y		Wz. 18 liegend (MH) (R)		0,60	0,50
	Z		Wz. 18 kopfstehend (MH)		12,—	0,80
199		1 P	rot (10.5.1937)	cx		
	X		Wz. 18 stehend (B) (MH) (R)		0,30	0,30
	Y		Wz. 18 liegend (MH) (R)		24,—	9,—
	Z		Wz. 18 kopfstehend (MH)		45,—	5,—
200		1½ P	rotbraun (30.7.1937)	cx		
	X		Wz. 18 stehend (B) (MH) (R)		0,30	0,30
	Y		Wz. 18 liegend (R)		1,40	1,20
	Z		Wz. 18 kopfstehend (MH)		16,—	1,—
201		2 P	dunkelorange (31.1.1938)	cx		
	X		Wz. 18 stehend (B) (MH) (R)		1,50	0,50
	Y		Wz. 18 liegend (R)		80,—	40,—
	Z		Wz. 18 kopfstehend (MH)		65,—	20,—
202		2½ P	lilaultramarin (10.5.1937)	cx		
	X		Wz. 18 stehend (B) (MH) (R)		0,40	0,30
	Y		Wz. 18 liegend (R)		85,—	35,—
	Z		Wz. 18 kopfstehend (MH)		50,—	20,—
203	**X**	3 P	lebhaftblauviolett (B) (R) (31.1.1938)	cx	6,—	0,90
204	**X**	4 P	schwarzgraugrün (B) (21.11.1938)	cy	0,50	0,50
205	**X**	5 P	siena (B) (21.11.1938)	cy	3,50	0,50
206	**X**	6 P	violett (B) (R) (30.1.1939)	cy	2,—	0,40
207	**X**	7 P	hellgelbgrün (B) (27.2.1939)	cz	5,50	0,50
208	**X**	8 P	rotkarmin (B) (27.2.1939)	cz	7,—	0,60
209	**X**	9 P	dunkelgrünoliv (B) (1.5.1939)	cz	8,—	0,60
210	**X**	10 P	dunkelgrünblau (B) (1.5.1939)	cz	8,—	0,70
211	**X**	1 Sh	dunkelockerbraun (B) (1.5.1939)	cz	9,—	0,40
			Satzpreis (14 W.)		50,—	6,—

		★★
200 Udr	rechts bzw. links gezähnt	1500,—
203 Uo	oben ungezähnt	—,—
204 U	ungezähnt	2500,—
204 Udr	rechts bzw. links gezähnt	2800,—
205 U	ungezähnt	3000,—
205 Udr	rechts bzw. links ungezähnt	2500,—
207 Udr	rechts bzw. links ungezähnt	2500,—
210 U	ungezähnt	3000,—

MiNr. 198 stammt auch aus MH 10, 11, 0-21, 0-23, 0-24, 0-25, 0-26.

MiNr. 199 stammt auch aus MH 10, 11, 0-21, 0-23, 0-25.
MiNr. 200 stammt auch aus MH 10, 11, 0-21, 0-22, 0-23.
MiNr. 201–202 stammen auch aus MH 0-24 und 0-26.

FALSCH Deutsche Kriegspropagandafälschungen von MiNr. 198–203 bekannt (siehe MICHEL-Deutschland-Spezial).

Gültig bis 29.2.1972

Weitere Werte in Zeichnung cx: MiNr. 221–226, 246–250, in Zeichnung cy: MiNr. 245, in Zeichnung cz: MiNr. 227

1939, 21. Aug./30. Okt. Freimarken: König George VI. im Großformat. StTdr. (8×5); Wz. 19; MiNr. 212–213 gez. K 14¼:14, MiNr. 214 gez. K 14½.

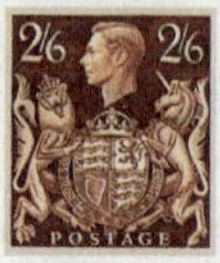

da) Wappen von Großbritannien

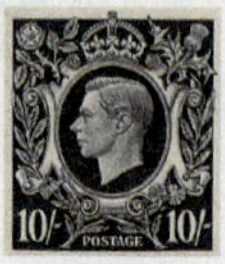

db) Heraldische Blumen

Wz. 19 Krone GVIR einfach

da–db) König George VI. (1895–1952, reg. ab 1936)

					★★	⊙
212	2'6	Sh'P	siena (4.9.1939)	da	120,—	8,—
213	5	Sh	bräunlichrot (21.8.1939)	da	30,—	2,—
214	10	Sh	schwarzkobalt (30.10.1939)	db	300,—	25,—
			Satzpreis (3 W.)		450,—	35,—

Auflagen: MiNr. 212 = 8.600.000, MiNr. 213 = 27.380.000, MiNr. 214 = 1.960.000 Stück

Gültig bis 29.2.1972

In gleichen Zeichnungen: MiNr. 228–230

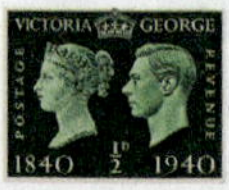

1940, 6. Mai. 100 Jahre Briefmarken. RaTdr. (8×20); Wz. 18; gez. K 14½:14.

dc) Königin Victoria und König George VI.

215	½	P	dunkelgelbgrün	dc	0,40	0,30
216	1	P	rot	dc	1,—	0,60
217	1½	P	rotbraun	dc	0,40	0,30
218	2	P	dunkelorange	dc	0,70	0,60
219	2½	P	lilaultramarin	dc	2,50	1,20
220	3	P	lebhaftblauviolett	dc	4,—	4,50
			Satzpreis (6 W.)		9,—	7,50
			FDC			60,—

Auflagen: MiNr. 215 = 82.896.960, MiNr. 216 = 232.903.680, MiNr. 217 = 40.412.800, MiNr. 218 = 121.065.120, MiNr. 219 = 312.957.440, MiNr. 220 = 22.128.000 Stück

Gültig bis 29.2.1972

1941, 21. Juli/1948, 1. Okt. Freimarken: König George VI. Neue Platten, Farbänderungen und neue Wertstufen. MiNr. 221–227 RaTdr., Bogen (B) (12×20), Markenheftchen (MH) und Rollen (R), X = Wz. 18 stehend, Y = Wz. 18 liegend, Z = Wz. 18 kopfstehend, gez. K 15:14; MiNr. 228–230 StTdr. (8×5), Wz. 19, gez. K 14¼:14.

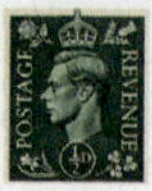

cx

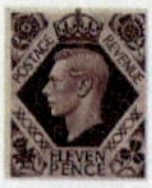

cz

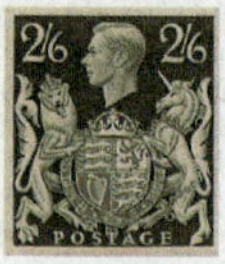

da

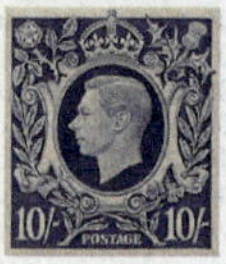

db

cx, cz–db) König George VI. (1895–1952, reg. ab 1936)

221		½ P	mattgrün (1.9.1941)	cx		
	X		Wz. 18 stehend (B) (MH) (R)		0,30	0,30
	Z		Wz. 18 kopfstehend (MH)		4,50	0,60
222		1 P	mattrot (11.8.1941)	cx		
	X		Wz. 18 stehend (B) (MH) (R)		0,30	0,30
	Y		Wz. 18 liegend (R)		6,—	6,—
223	X	1½ P	mattrotbraun (28.9.1942) (B) (MH) (R)	cx	1,—	0,60
224		2 P	mattorange (6.10.1941)	cx		
	X		Wz. 18 stehend (B) (MH) (R)		0,70	0,40
	Y		Wz. 18 liegend (R)		30,—	22,—
	Z		Wz. 18 kopfstehend (MH)		4,—	1,—
225		2½ P	lebhaftultramarin (21.7.1941)	cx		
	X		Wz. 18 stehend (B) (MH) (R)		0,30	0,30
	Y		Wz. 18 liegend (R)		18,—	14,—
	Z		Wz. 18 kopfstehend (MH)		2,—	1,—
226	X	3 P	mattpurpurviolett (B) (R) (3.11.1941)	cx	2,—	0,80
227	X	11 P	dkl'violett (B) (R) (29.12.1947)	cz	3,—	2,50
228		2'6 Sh'P	grünoliv (9.3.1942)	da	14,—	1,50
229		10 Sh	violettblau (30.11.1942)	db	50,—	5,—
230		1 £	siena (1.10.1948)	db	30,—	25,—
			Satzpreis (10 W.)		100,—	36,—

		★★
221 U	ungezähnt	2500,—
222 U	ungezähnt	3000,—
222 Udr	rechts bzw. links gezähnt	2800,—
222 UMw	senkrechtes Paar, Mitte ungezähnt	—,—
224 U	ungezähnt	2500,—
225 U	ungezähnt	2000,—
226 Uo	oben ungezähnt (Oberrandstück)	—,—

MiNr. 221 stammt (auch) aus MH 0-27, 0-28, 0-29, 0-30.
MiNr. 222–223 stammen aus MH 0-29, 0-30.
MiNr. 224–225 stammen aus MH 0-27, 0-28.

Auflagen: MiNr. 228 = 56.000.000, MiNr. 229 = 7.350.000, MiNr. 230 = 920.000 Stück

Gültig bis 29.2.1972

Weitere Werte in Zeichnung cx: MiNr. 198–203, 246–250; in Zeichnung cz: MiNr. 207–211; in Zeichnung da: MiNr. 212–213; in Zeichnung db: MiNr. 214

1946, 11. Juni. 1. Jahrestag des Sieges der Alliierten. RaTdr. (6×20); Wz. 18; gez. K 15:14.

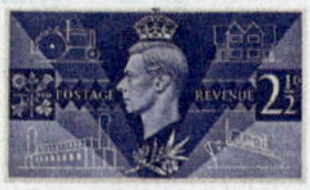

dd) König George VI., Krone, heraldische Blumen, Friedenszweig und Sinnbilder des Wiederaufbaues

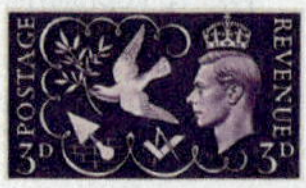

de) König George VI., Krone, Taube mit Friedenszweig, Sinnbilder des Handwerks

					★★	⊙
231	2½	P	violettblau	dd	0,30	0,30
232	3	P	dunkelviolett	de	0,30	0,30
			Satzpreis (2 W.)		0,50	0,40
			FDC			70,—

Auflagen: MiNr. 231 = 307.832.520, MiNr. 232 = 43.185.720 Stück

Gültig bis 29.2.1972

1948, 26. April. Silberhochzeit von König George VI. und Königin Elizabeth. RaTdr.; MiNr. 233 (6×20), MiNr. 234 (5×4); Wz. 18; gez. K 15:14, Hochformat ~.

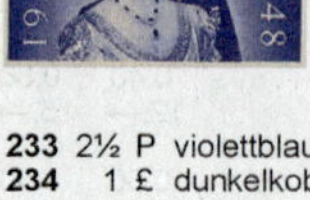

df

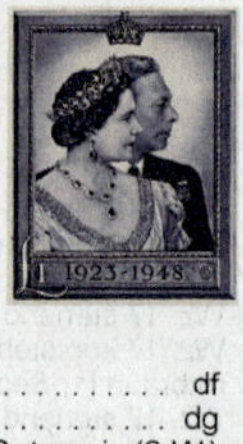

dg

233	2½	P	violettblau	df	0,40	0,40
234	1	£	dunkelkobalt	dg	45,—	45,—
			Satzpreis (2 W.)		45,—	45,—
			FDC			600,—

Auflagen: MiNr. 233 = 147.500.000, MiNr. 234 = 419.628 Stück

Gültig bis 29.2.1972

1948, 10. Mai. 3. Jahrestag der Befreiung der Kanalinseln. RaTdr. (6×20); Wz. 18; gez. K 15:14.

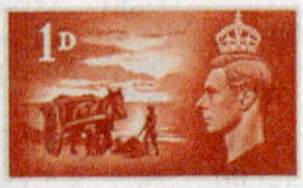
dh

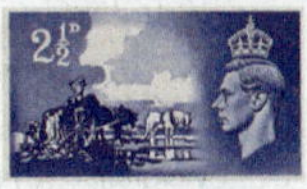
di

dh–di) Seegrasgewinnung

235	1 P	rot	dh	0,30	0,30
236	2½ P	violettblau	di	0,30	0,30
		Satzpreis (2 W.)		0,60	0,50
		FDC			40,—

Auflagen: MiNr. 235 = 5.934.000, MiNr. 236 = 5.398.000 Stück

Gültig bis 29.2.1972

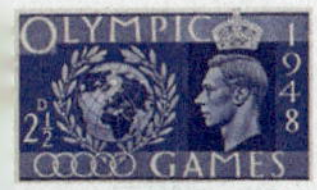

1948, 29. Juli. Olympische Sommerspiele, London. RaTdr. (6×20); Wz. 18; gez. K 15:14.

dk) Weltkugel und Lorbeerkranz

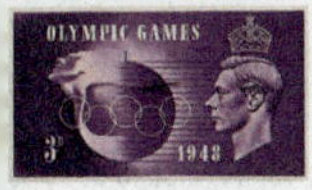
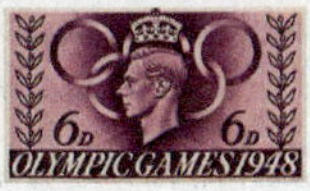
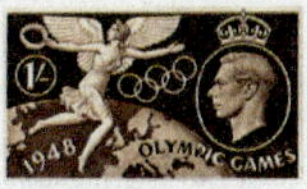

dl) Weltkugel, olympische Ringe und Symbol der Geschwindigkeit
dm) Olympische Ringe
dn) Geflügelte Siegesgöttin auf Welthalbkugel

237	2½ P	violettblau	dk	1,—	0,50
238	3 P	bläulichviolett	dl	2,50	0,70
239	6 P	dunkellila	dm	3,50	0,80
240	1 Sh	siena	dn	5,—	2,—
		Satzpreis (4 W.)		12,—	4,—
		FDC			50,—

Auflagen: MiNr. 237 = 155.350.000, MiNr. 238 = 32.554.000, MiNr. 239 = 24.397.000, MiNr. 240 = 32.187.000 Stück

Gültig bis 29.2.1972

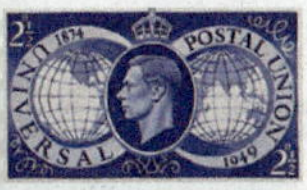

1949, 10. Okt. 75 Jahre Weltpostverein (UPU). RaTdr. (6×20); Wz. 18; gez. K 15:14.

do) UPU verbindet die Welthalbkugeln

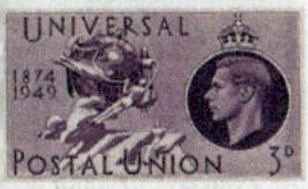
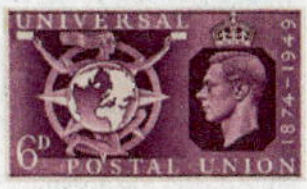
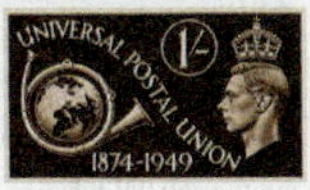

dp) UPU-Denkmal, Bern
dq) Göttin Concordia (Eintracht), Weltkugel mit Windrose
dr) Posthorn und Weltkugel

241	2½ P	violettblau	do	0,30	0,30
242	3 P	bläulichviolett	dp	0,40	0,50
243	6 P	dunkellila	dq	0,80	0,70
244	1 Sh	sepia	dr	1,—	1,50
		Satzpreis (4 W.)		2,50	3,—
		FDC			80,—

		★★
241 Uo	oben ungezähnt	2500,—

Auflagen: MiNr. 241 = 135.150.000, MiNr. 242 = 16.450.000, MiNr. 243 = 11.450.000, MiNr. 244 = 11.400.000 Stück

Gültig bis 29.2.1972

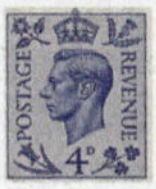

1950, 2. Okt. Freimarke: König George VI. RaTdr., Bogen (12×20) und Rollen; Wz. 18; gez. K 15:14.

cy) König George VI. (1895–1952, reg. ab 1936)

				★★	⊙
245	4 P	lebhaftviolettblau	cy	2,—	1,50
		FDC			120,—

Gültig bis 29.2.1972

In gleicher Zeichnung: MiNr. 204–206

Ein 1950 erschienener ungummierter Block mit Wiedergabe ältester Marken von Großbritannien und einzelner Kolonien ist eine private Ausgabe zur Briefmarkenausstellung 1950 in London.

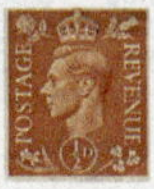

1951, 3. Mai/1952, Sept. Freimarken: König George VI. Farbänderungen der Ausgabe 1941/1948. RaTdr., Bogen (B) (12×20), Markenheftchen (MH) und Rollen (R); X = Wz. 18 stehend, Y = Wz. 18 liegend, Z = Wz. 18 kopfstehend; gez. K 15:14.

cx) König George VI. (1895–1952, reg. ab 1936)

246	½ P	hellorangerot	cx		
X		Wz. 18 stehend (B) (MH) (R)		0,30	0,30
Z		Wz. 18 kopfstehend (MH)		0,30	0,40
247	1 P	lebhaftviolettblau	cx		
X		Wz. 18 stehend (B) (MH) (R)		0,30	0,30
Y		Wz. 18 liegend (R)		0,80	0,80
Z		Wz. 18 kopfstehend (MH) (Sept. 1952)		4,—	2,—
248	1½ P	mattgelbgrün	cx		
X		Wz. 18 stehend (B) (MH) (R)		0,50	0,50
Y		Wz. 18 liegend (R) (14.9.1951)		3,—	5,—
Z		Wz. 18 kopfstehend (MH)		5,—	2,50
249	2 P	(matt) rotbraun	cx		
X		Wz. 18 stehend (B) (MH) (R)		0,50	0,40
Y		Wz. 18 liegend (R)		1,50	1,60
Z		Wz. 18 kopfstehend (MH)		5,—	5,50
250	2½ P	mattrot	cx		
X		Wz. 18 stehend (B) (MH) (R)		0,40	0,30
Y		Wz. 18 liegend (R)		1,50	1,50
Z		Wz. 18 kopfstehend (MH)		1,50	1,—
		Satzpreis X (5 W.)		1,50	1,70
		FDC			60,—

		★★
246 U	ungezähnt	3000,—
247 U	ungezähnt	2000,—
247 Udr	rechts bzw. links gezähnt	2500,—
249 Udr	rechts bzw. links gezähnt	3500,—

MiNr. 246 stammt auch aus MH 12, 13, 14, 15, 0-31, 0-32, 0-33, 0-34, 0-35, 0-36.
MiNr. 247 stammt auch aus MH 12, 13, 14, 15, A 15, 0-31, 0-32, 0-35, 0-36, 0-37.
MiNr. 248 stammt auch aus MH 12, 13, 0-31, 0-32, 0-35.
MiNr. 249 stammt auch aus MH 12, 0-33, 0-34, 0-35, 0-36, 0-37, 0-38.
MiNr. 250 stammt auch aus MH 13, 0-33, 0-34, 0-35.

Gültig bis 29.2.1972

In gleicher Zeichnung: MiNr. 198–203, 221–226

1951, 3. Mai. Freimarken: König George VI. und verschiedene Darstellungen. StTdr. (4×10); Wz. 19; gez. K 11:12.

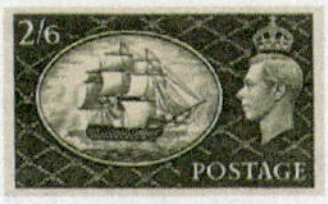
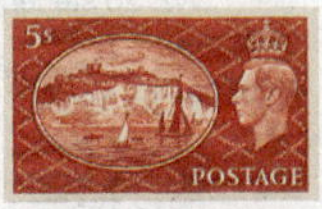

ds) HMS „Victory“, Flaggschiff Nelsons
dt) Kreidefelsen von Dover

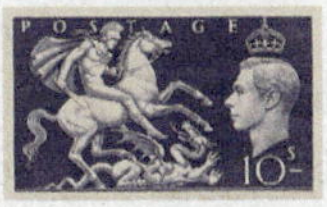
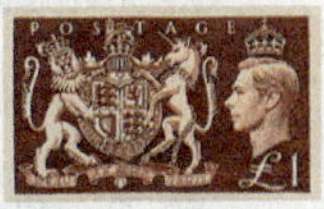

du) St. Georg tötet den Drachen
dv) Königswappen

					**	⊙
251	2'6 Sh'P	dunkelolivgrün		ds	10,—	0,80
252	5 Sh	braunrot		dt	35,—	1,70
253	10 Sh	violettblau		du	25,—	10,—
254	1 £	siena		dv	50,—	20,—
			Satzpreis (4 W.)		120,—	32,—
			FDC			1000,—

Gültig bis 29.2.1972

1951, 3. Mai. Ausstellung zum 100. Jahrestag der ersten Weltausstellung in London. RaTdr. (6×20); Wz. 18; gez. K 15:14.

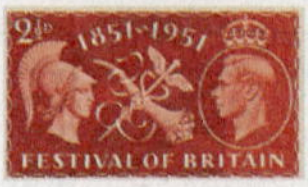

dw) Füllhorn und Merkurstab; Britannia und George VI.

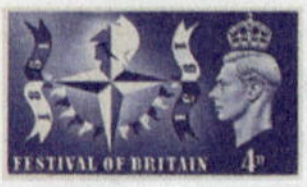

dx) Ausstellungsemblem, König George VI.

255	2½ P	rot	dw	0,30	0,30
256	4 P	violettblau	dx	0,40	0,30
		Satzpreis (2 W.)		0,70	0,60
		FDC			40,—

Auflagen: MiNr. 255 = 260.142.000, MiNr. 256 = 22.197.000 Stück

Gültig bis 29.2.1972

Britische Briefmarken mit Aufdruck fremder Währungen:

ANNA(S), RUPEE(S), NP siehe Oman MiNr. 16–94;
CENTIME(S), FRANC(S) siehe Britische Post in Marokko;
CENTIMOS, PESETA(S) siehe Britische Post in Marokko;
PARAS, PIASTRE(S) siehe Britische Post in der Türkei.

1952, 5. Dez./1954, 15. Nov. Freimarken: Königin Elizabeth II., Typ Wilding. RaTdr., Bogen (B) (12×20), Markenheftchen (MH) und Rollen (R); X = Wz. 20 stehend, Y = Wz. 20 liegend, Z = Wz. 20 kopfstehend; gez. K 14¾:14¼.

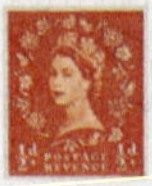
dy

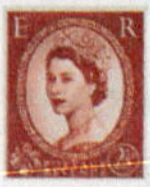
dz

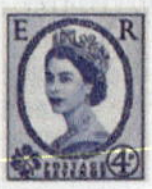
ea

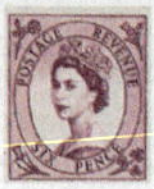
eb

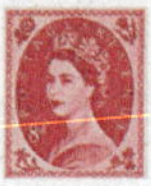
ec

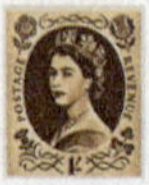
ed

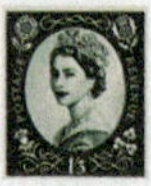
ee

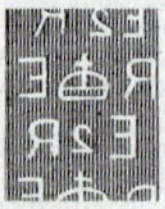
Wz. 20 Tudor-Krone E2R mehrfach

dy–ee) Königin Elizabeth II. (1926–2022, reg. ab 1952)

257		½ P	rotorange	dy		
	X		Wz. 20 stehend (B) (MH) (R) (31.8.1953)		0,30	0,30
	Z		Wz. 20 kopfstehend (MH) (März 1954)		0,80	0,60
258		1 P	lebhaftviolettultramarin	dy		
	X		Wz. 20 stehend (B) (MH) (R) (31.8.1953)		0,30	0,30
	Z		Wz. 20 kopfstehend (MH) (März 1954)		6,—	3,—
259		1½ P	dkl'gelbgrün	dy		
	X		Wz. 20 stehend (B) (MH) (R) (5.12.1952)		0,30	0,30
	Y		Wz. 20 liegend (R) (15.10.1954)		0,50	0,70
	Z		Wz. 20 kopfstehend (MH) (Mai 1953)		0,60	0,60
260		2 P	rotbraun	dy		
	X		Wz. 20 stehend (B) (MH) (R) (31.8.1953)		0,30	0,30
	Y		Wz. 20 liegend (R) (8.10.1954)		1,20	1,60
	Z		Wz. 20 kopfstehend (MH) (März 1954)		28,—	20,—
261		2½ P	karminrot	dz		
	X		Wz. 20 stehend (B) (MH) (R) (5.12.1952)		0,30	0,30
	Y		Wz. 20 liegend (R) (15.11.1954)		10,—	10,—
	Z		Wz. 20 kopfstehend (MH) (Mai 1953)		0,50	0,80
262	X	3 P	violett (B) (18.1.1954)	dz	1,20	0,50
263	X	4 P	violettblau (B) (2.11.1953)	ea	4,—	1,20
264	X	5 P	siena (B) (6.7.1953)	eb	1,—	3,—
265	X	6 P	dkl'rötlichlila (B) (18.1.1954)	eb	4,—	1,—
266	X	7 P	gelblichgrün (B) (18.1.1954)	eb	11,—	6,—
267	X	8 P	magentarot (B) (6.7.1953)	ec	1,—	1,—
268	X	9 P	schwarzoliv (B) (8.2.1954)	ec	30,—	4,50
269	X	10 P	dkl'grünlichblau (B) (8.2.1954)	ec	25,—	4,50
270	X	11 P	karminbraun (B) (8.2.1954)	ec	40,—	24,—
271	X	1 Sh	olivbraun (B) (6.7.1953)	ed	1,20	0,50
272	X	1'3 Sh'P	dkl'grün (B) (2.11.1953)	ee	6,—	3,50
273	X	1'6 Sh'P	schwarzblau (B) (2.11.1953)	ed	15,—	4,—
			Satzpreis (17 W.)		140,—	50,—

259 U	ungezähnt (MH)	—,—	
259 Uo	oben ungezähnt (B) (Bogenrand)	300,—	
262 Uo	oben ungezähnt (B) (Bogenrand)	900,—	—,—
262 Uu	unten ungezähnt (B) (Bogenrand)	500,—	
265 Udr	unten gezähnt (B)	1200,—	
265 Uu	unten ungezähnt (B) (Bogenrand)	300,—	
268 Uo	oben ungezähnt (B) (Bogenrand)	*3000,—*	

MiNr. 257 stammt auch aus MH A 15, 16, 17, 18, 19, 0-37, 0-38, 0-39, 0-41, 0-42.
MiNr. 258 stammt auch aus MH 15, 16, 17, 18, 0-36, 0-38, 0-39, 0-41, 0-42, 0-43.
MiNr. 259 stammt auch aus MH 14, 15, A 15, 16, 17, 18, 0-36, 0-37, 0-38, 0-39, 0-41, 0-42.
MiNr. 260 stammt auch aus MH 0-41, 0-43.
MiNr. 261 stammt auch aus MH 14, 15, A 15, 16, 17, 18, 19, 0-36, 0-37, 0-38, 0-40, 0-41, 0-43.

Rollen- und Heftchenmarken dieser Ausgabe haben herstellungsbedingt häufig angeschnittene Zähnung. Solche Marken werden im Handel bis zu 60% billiger verkauft.

Gültig bis 29.2.1972

In gleichen Zeichnungen in £-Sh-P-Währung mit Wz. 21: MiNr. 282–298, mit Wz. 22: MiNr.318–334; in Dezimalwährung ohne Wz.: MiNr. 1739–1741, mit Wz. 23: MiNr. 1986–1987, 2063–2069, 2112–2120

1953, 3. Juni. Krönung der Königin Elizabeth II. RaTdr. (6×20); Wz. 20; gez. K 14¾:14¼.

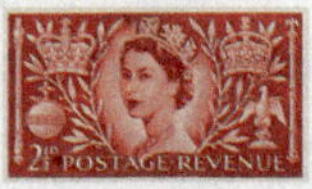

ef) Königin Elizabeth II. im lorbeergeschmückten Oval; links St. Edwards-Krone, Reichsapfel und Zepter, rechts Kaiserkrone, Adler und Amtsstab, Olivenzweige

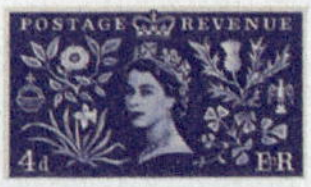

eg) Königin Elizabeth II., links Rose, Narzisse, Reichsapfel, rechts Distel, Klee, Reichsadler, kgl. Monogramm

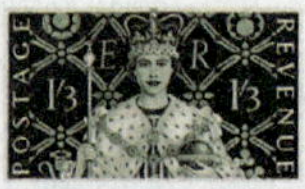

eh) Königin Elizabeth II. im Krönungsornat; Hintergrund kgl. Monogramm, Rose, Narzisse, Distel und Klee

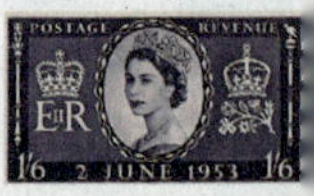

ei) Königin Elizabeth II.; links St. Edwards-Krone und kgl. Monogramm; rechts Kaiserkrone, 4 Landesblumen

274	2½ P	scharlachrot	ef	0,30	0,30
275	4 P	ultramarin	eg	1,20	0,40
276	1'3 Sh'P	dunkeloliv	eh	5,50	4,50
277	1'6 Sh'P	indigo	ei	9,—	5,—
		Satzpreis (4 W.)		16,—	10,—
		FDC			90,—

Auflagen: MiNr. 274 = 415.034.000, MiNr. 275 = 19.816.000, MiNr. 276 = 8.012.000, MiNr. 277 = 5.987.200 Stück

Gültig bis 29.2.1972

In gleicher Zeichnung wie MiNr. 276, jedoch in Dezimalwährung ohne Wz.: MiNr. 1871, mit Wz. 23: MiNr. 2131

1955, 1. Sept./1958, 17. Juli. Freimarken: Burgen. StTdr. (4×10); I = Druckerei Waterlow; II = Druckerei De La Rue; Wz. 21; gez. K 11:11¾.

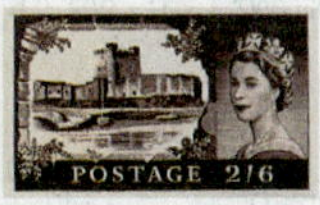

ek) Carrickfergus (Nordirland)

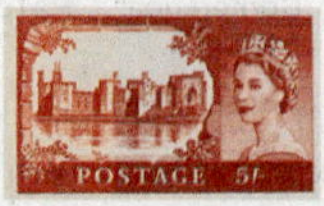

el) Caernarfon (Wales)

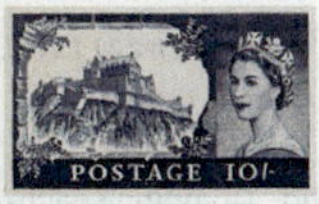

em) Edinburgh (Schottland)

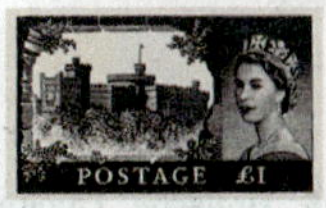

en) Windsor (England)

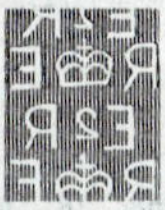

Wz. 21 St.-Edwards-Krone E2R mehrfach

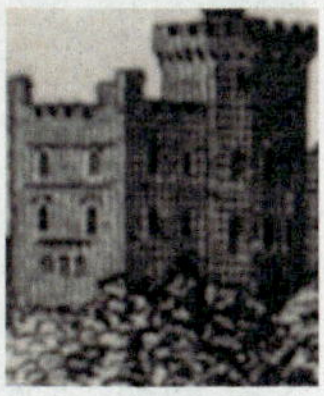

Type I von MiNr. 281

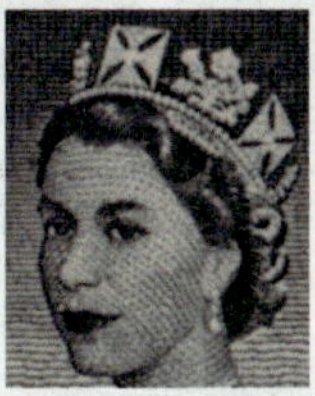

Type I von MiNr. 281

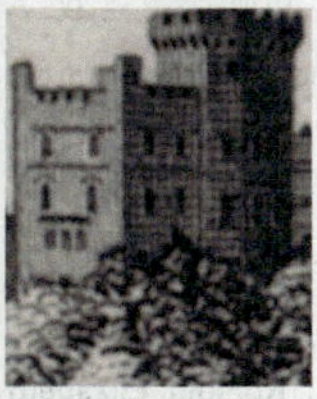

Type II von MiNr. 281

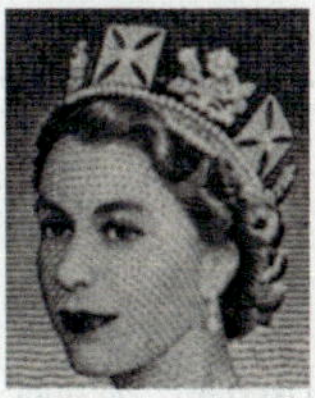

Type II von MiNr. 281

Unterscheidungsmerkmale der Typen I und II:

Type I (Waterlow): kräftige, intensivere Farbwirkung aufgrund tieferen Stichs, etwas undeutlicher, groberer Gesamteindruck

Type II (De La Rue): hellere, leichtere Farbwirkung aufgrund feineren Stichs, klarer, feinerer Gesamteindruck

278		2'6 Sh'P		ek		
	I		schwarzbraun (23.9.1955)		12,—	2,50
	II		braun (17.7.1958)		36,—	4,—
279		5 Sh		el		
	I		dunkelkarminrot (23.9.1955)		36,—	5,—
	II		rot (30.4.1958)		75,—	8,—
280		10 Sh		em		
	I		violettultramarin (1.9.1955)		100,—	15,—
	II		blau (25.4.1958)		260,—	20,—
281		1 £		en		
	I		tiefschwarz (1.9.1955)		160,—	40,—
	II		schwarz (28.4.1958)		400,—	70,—
			Satzpreis I (4 W.)		300,—	60,—
			Satzpreis II (4 W.)		750,—	100,—
			FDC (MiNr. 278 I–279 I)			600,—
			FDC (MiNr. 280 I–281 I)			900,—

MiNr. 278 I–281 I Papier cremefarbig, ab Februar 1957 weiß wie MiNr. 278 II–281 II.

MiNr. 278–280 gültig bis 29.2.1972

In gleichen Zeichnungen mit Wz. 22: MiNr. 335–338; oWz.: MiNr. 477–480; in Dezimalwährung: MiNr. 2291–2294/Bl. 23, 3141

Die 1-£-Marken MiNr. 281, 338 und 480 sind weiterhin frankaturgültig.

1955, Aug./1957, 22. Nov. Freimarken: Königin Elizabeth II., Typ Wilding, mit geändertem Wasserzeichen. RaTdr., Bogen (B) (12×20), Markenheftchen (MH) und Rollen (R); X = Wz. 21 stehend, Y = Wz. 21 liegend; Z = Wz. 21 kopfstehend; normales Papier; gez. K 14¾:14¼.

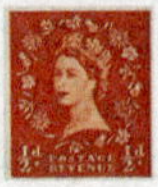

dy

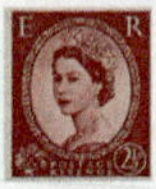

dz

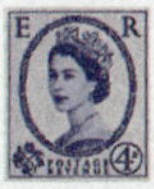

ea

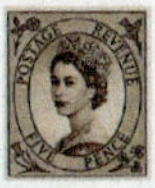

eb

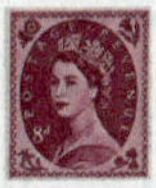

ec

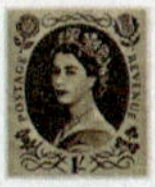

ed

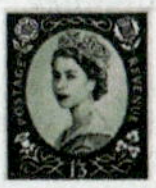

ee

dy–ee) Königin Elizabeth II. (1926–2022, reg. ab 1952)

x = ohne vorderseitigem Phosphorstreifenaufdruck

282	x		½ P	rotorange	dy		
		X		Wz. 21 stehend (B) (MH) (R) (Sept. 1955)		0,30	0,30
		Z		Wz. 21 kopfstehend (MH) (Sept. 1955)		0,30	0,30
283	x		1 P	lebhaftviolettultramarin	dy		
		X		Wz. 21 stehend (B) (MH) (R) (19.9.1955)		0,30	0,30
		Z		Wz. 21 kopfstehend (MH) (Sept. 1955)		0,70	0,70
284	x		1½ P	dkl'gelbgrün	dy		
		X		Wz. 21 stehend (B) (MH) (R) (Aug. 1955)		0,30	0,30
		Y		Wz. 21 liegend (R) (7.3.1956)		0,30	0,80
		Z		Wz. 21 kopfstehend (MH) (Aug. 1955)		0,70	0,70
285	x		2 P		dy		
	a			rotbraun			
		X		Wz. 21 stehend (B) (MH) (R) (6.9.1955)		0,30	0,30
		Y		Wz. 21 liegend (R) (31.7.1956)		0,50	0,70
		Z		Wz. 21 kopfstehend (MH) (Sept. 1955)		15,—	9,—
	b			hellbraun			
		X		Wz. 21 stehend (B) (MH) (R) (17.10.1956)		0,30	0,30
		Y		Wz. 21 liegend (R) (5.3.1957)		10,—	7,50
		Z		Wz. 21 kopfstehend (MH) (Jan. 1957)		10,—	7,50
286	x		2½ P	karminrot	dz		
		X		Wz. 21 stehend (B) (MH) (R) (28.9.1955)		0,30	0,30
		Y		Wz. 21 liegend (R) (23.3.1956)		1,50	1,50
		Z		Wz. 21 kopfstehend (MH) (Sept. 1955)		0,30	0,60
287	x		3 P	bläulichviolett	dz		
		X		Wz. 21 stehend (B) (MH) (R) (17.7.1956)		0,30	0,30
		Y		Wz. 21 liegend (R) (22.11.1957)		20,—	16,—
		Z		Wz. 21 kopfstehend (MH) (1.10.1957)		1,50	1,20
288	x	X	4 P	lebhaftviolettultramarin (B) (R) (14.11.1955)	ea	1,50	0,60
289	x	X	5 P	siena (B) (21.9.1955)	eb	6,—	5,—
290	x	X	6 P	dkl'rötlichlila (B) (20.12.1955)	eb	5,—	1,50
291	x	X	7 P	gelblichgrün (B) (23.4.1956)	eb	60,—	10,—
292	x	X	8 P	magentarot (B) (21.12.1955)	ec	7,50	1,50
293	x	X	9 P	schwarzoliv (B) (15.12.1955)	ec	28,—	2,50
294	x	X	10 P	dkl'grünlichblau (B) (22.9.1955)	ec	22,—	2,50
295	x	X	11 P	karminbraun (B) (28.10.1955)	ec	0,50	1,50
296	x	X	1 Sh	olivbraun (B) (3.11.1955)	ed	22,—	0,50
297	x	X	1'3 Sh'P	dkl'grün (B) (27.3.1956)	ee	32,—	1,80
298	x	X	1'6 Sh'P	schwarzblau (B) (27.3.1956)	ed	25,—	1,50
				Satzpreis x (17 W.)		200,—	28,—

Gültig bis 29.2.1972

Die Marken MiNr. 282 X–287 X wurden ab 19. Nov. 1957 versuchsweise rückseitig mit einem 0,8 mm dicken Aufdruck von 2 senkrechten Leisten versehen (MiNr. 285 z b nur eine Leiste). Dieser sogenannte „Naphthadag-Aufdruck" sollte der elektronischen Steuerung bei der Postsortierung dienen.

z = mit Naphthadag-Aufdruck (19.11.1957):

282 z	½ P	rotorange	dy	0,30	0,30
283 z	1 P	lebhaftviolettultramarin	dy	0,30	0,40
284 z	1½ P	dunkelgelbgrün	dy	0,80	1,60
285 z b	2 P	hellbraun	dy	3,—	2,—
286 z	2½ P	karminrot	dz	8,—	8,—
287 z	3 P	bläulichviolett	dz	0,60	0,80
		Satzpreis z (6 W.)		12,—	13,—

yz = mit Naphthadag-Aufdruck und vorderseitigem Phosphorstreifenaufdruck (18.11.1959):

282 yz	½ P	rotorange	dy	7,50	10,—
283 yz	1 P	lebhaftviolettultramarin	dy	12,—	10,—
284 yz	1½ P	dunkelgelbgrün	dy	6,—	8,—
285 yz b	2 P	hellbraun	dy	220,—	220,—
		Satzpreis (4 W.)		240,—	240,—

		★★
282 Udr	dreiseitig ungezähnt (MH)	800,—
285 a UMs	waagerechtes Paar, Mitte ungezähnt (R)	*4000,—*
285 a UMw	senkrechtes Paar, Mitte gezähnt (R)	*4000,—*
285 b U	ungezähnt (MH)	600,—
285 b Udr	unten gezähnt (MH)	600,—
285 b Uo	oben ungezähnt (B) (Bogenrand)	250,—
286 U	ungezähnt (MH)	600,—
286 Udr	unten ungezähnt (MH)	600,—
286 Uo	oben ungezähnt (B) (Bogenrand)	400,—
287 Udr	oben gezähnt (B)	1200,—
287 Uu	unten ungezähnt (B) (Bogenrand)	400,—
290 Udr	oben gezähnt	*2000,—*

Der Phosporstreifenaufdruck bei MiNr. 282 y z–285 b y z ist kaum wahrnehmbar.

MiNr. 282 stammt auch aus MH 18, 19, 0-41, 0-43, 0-45, 0-46, 0-47, 0-49, 0-50, 0-51, 0-52, 0-54.
MiNr. 283 stammt auch aus MH 19, 0-41, 0-43, 0-45, 0-46, 0-49, 0-50, 0-51, 0-54, 0-55.
MiNr. 284 stammt auch aus MH 18, 19, 0-41, 0-43, 0-45, 0-46, 0-49, 0-50, 0-52, 0-54.
MiNr. 285 stammt auch aus MH 0-41, 0-43, 0-46, 0-47, 0-55.
MiNr. 286 stammt auch aus MH 18, 19, 0-40, 0-41, 0-43, 0-44, 0-46, 0-47, 0-51, 0-55.
MiNr. 287 stammt auch aus MH 0-48, 0-50, 0-51, 0-52, 0-54.

Auflagen: MiNr. 282 z = 22.508.400, MiNr. 282 yz = 707.040, MiNr. 283 z = 29.620.080, MiNr. 283 yz = 709.680, MiNr. 284 z = 10.508.720, MiNr. 284 yz = 704.160, MiNr. 285 bz = 37.686.480, MiNr. 286 z = 20.587.800, MiNr. 287 z = 91.486.400 Stück

Gültig bis 29.2.1972

In gleichen Zeichnungen siehe Fußnote nach MiNr. 273

1957, 1. Aug. 50 Jahre Pfadfinderbewegung. RaTdr. (6×20); Wz. 21; gez. K 14¾:14¼.

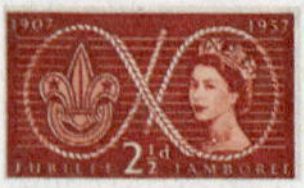

eo) Pfadfinderabzeichen, Königin Elizabeth II. und verschlungenes Seil

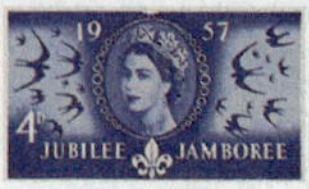

ep) Königin Elizabeth II. im Medaillon und Schwalben

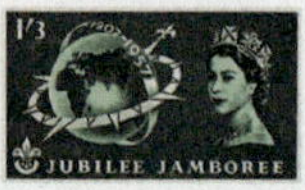

er) Weltkugel mit Windrose, Jahreszahlen und Pfadfinderlilie, Königin Elizabeth II.

				★★	⊙
299	2½ P	karminrot	eo	0,30	0,30
300	4 P	lebhaftviolettultramarin	ep	0,40	0,40
301	1'3 Sh'P	dunkelgrün	er	5,50	5,50
		Satzpreis (3 W.)		6,—	6,—
		FDC			30,—

Auflagen: MiNr. 299 = 137.235.286, MiNr. 300 = 9.318.477, MiNr. 301 = 3.820.478 Stück

Gültig bis 29.2.1972

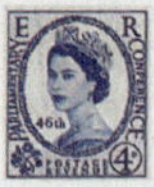

1957, 12. Sept. 46. Konferenz der Interparlamentarischen Union, London. Marke in Zeichnung der MiNr. 288 mit zusätzlicher Inschrift „46th Parliamentary Conference". RaTdr. (12×20); Wz. 21; gez. K 14¾:14¼.

es

302	4 P	lebhaftviolettultramarin	es	1,50	1,30
		FDC			140,—

Auflage: 10.472.160 Stück

Gültig bis 29.2.1972

1958, 18. Juli. 6. Britische Empire- und Commonwealth-Festspiele, Cardiff. RaTdr. (6×20); Wz. 21; gez. K 14¾:14¼.

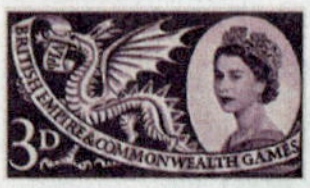

et) Drache von Wales mit Schriftband, Königin Elizabeth II.

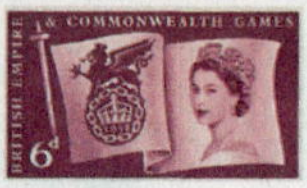

eu) Flagge mit Festspielemblem Drachen von Wales und Königin Elizabeth II.

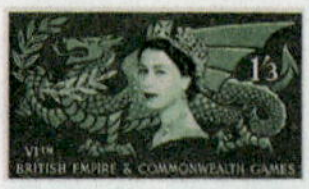

ev) Drachen von Wales mit Lorbeerzweig,Königin Elizabeth II.

303	3 P	bläulichviolett	et	0,30	0,30
304	6 P	dunkelrötlichlila	eu	0,50	0,50
305	1'3 Sh'P	dunkelgrün	ev	2,20	2,20
		Satzpreis (3 W.)		3,—	3,—
		FDC			90,—

Auflagen: MiNr. 303 = 320.400.000, MiNr. 304 = 28.595.880, MiNr. 305 = 9.870.000 Stück

Gültig bis 29.2.1972

MiNr. 306–317 entfallen.

1958, 24. Okt./1967, 28. Juni. Freimarken: Königin Elizabeth II., Typ Wilding, mit erneut geändertem Wasserzeichen. RaTdr., Bogen (B) (12×20), Markenheftchen (MH) und Rollen (R); cremefarbenes bis weißes, normales Papier; X = Wz. 22 stehend, Y = Wz. 22 liegend, Z = Wz. 22 kopfstehend; gez. K 15:14.

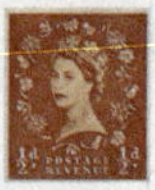

dy

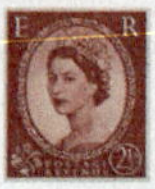

dz

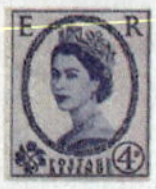

ea

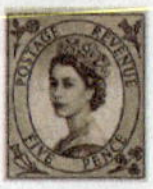

eb

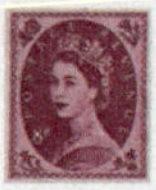

ec

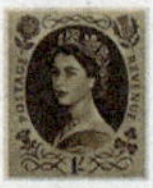

ed

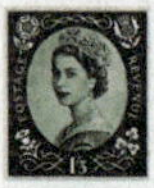

ee

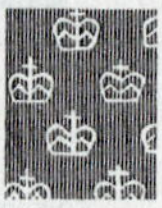

Wz. 22 St.-Edwards-Krone mehrfach

dy–ee) Königin Elizabeth II. (1926–2022, reg. ab 1952)

x = ohne vorderseitigem Phosphorstreifenaufdruck

318 x		½ P	rotorange	dy		
	X		Wz. 22 stehend (B) (MH) (R) (25.11.1958)		0,30	0,30
	Y		Wz. 22 liegend (MH) (26.5.1961)		0,30	0,30
	Z		Wz. 22 kopfstehend (MH) (Nov. 1958)		0,50	0,40
319 x		1 P	lebhaftviolettultramarin	dy		
	X		Wz. 22 stehend (B) (MH) (R) (Nov. 1958)		0,30	0,30
	Y		Wz. 22 liegend (MH) (26.5.1961)		1,50	1,—
	Z		Wz. 22 kopfstehend (MH) (Nov. 1958)		0,30	0,30
320 x		1½ P	dunkelgelbgrün	dy		
	X		Wz. 22 stehend (B) (MH) (R) (Dez. 1958)		0,30	0,30
	Y		Wz. 22 liegend (MH) (26.5.1961)		9,—	6,—
	Z		Wz. 22 kopfstehend (MH)) (Dez. 1958)		1,50	0,80

321 x 2 P hellbraun . . . . . dy
X Wz. 22 stehend (B) (MH) (R) (Nov. 1958) 0,30 0,30
Y Wz. 22 liegend (R) (3.4.1959) . . 0,50 1,20
Z Wz. 22 kopfstehend (MH) (10.4.1961) . . . . . 140,— 70,—

322 x 2½ P karminrot . . . . . dz
X Wz. 22 stehend (B) (MH) (R) (Nov. 1958) 0,30 0,30
Y Wz. 22 liegend (MH) (R) (10.11.1960) 0,30 0,40
Z Wz. 22 kopfstehend (MH) (Nov. 1958) . . . . . 5,— 3,—

323 x 3 P bläulichviolett . . . . . dz
X Wz. 22 stehend (B) (MH) (R) (Nov. 1958) 0,30 0,30
Y Wz. 22 liegend (MH) (R) (24.10.1958) 0,30 0,30
Z Wz. 22 kopfstehend (MH) (Nov. 1958) 0,30 0,30

324 x 4 P ultramarin (Töne) . . . . . ea
X Wz. 22 stehend (B) (MH) (R) (29.10.1958) 0,30 0,30
Y Wz. 22 liegend (MH) (R) (31.5.1965) 0,70 0,60
Z Wz. 22 kopfstehend (MH) (21.6.1965) 0,50 0,50

325 x X 4½ P orangebraun (B) (9.2.1959) . ea 0,30 0,30
326 x X 5 P siena (B) (10.11.1958) . . . . . eb 0,30 0,30
327 x X 6 P dunkelrötlichlila (B) (23.12.1958) . . . . . eb 0,30 0,30
328 x X 7 P gelblichgrün (B) (26.11.1958) eb 0,50 0,40
329 x X 8 P magentarot (B) (24.2.1960) . ec 0,50 0,40
330 x X 9 P schwarzoliv (B) (24.3.1959) . ec 0,50 0,40
331 x X 10 P dunkelgrünlichblau (B) (18.11.1958) . . . . . ec 1,— 0,60
332 x X 1 Sh olivbraun (B) (30.10.1958) . . ed 0,50 0,30
333 x X 1'3 Sh'P dunkelgrün (B) (17.6.1959) . ee 0,50 0,40
334 x X 1'6 Sh'P schwarzblau (B) (16.12.1958) . . . . . ed 5,50 0,60
Satzpreis x (17 W.) 10,— 4,—

z = rückseitiger Naphthadag-Aufdruck

318 z ½ P rotorange . . . . . dy
X Wz. 22 stehend (MH) (R) (15.6.1959) . . . . . 9,— 9,—
Z Wz. 22 kopfstehend (MH) (4.8.1959) 3,— 4,—

319 z 1 P lebhaftviolettultramarin . . . . . dy
X Wz. 22 stehend (MH) (R) (18.12.1958) . . . . . 2,— 1,50
Z Wz. 22 kopfstehend (MH) (4.8.1959) 1,60 2,—

320 z 1½ P dunkelgelbgrün . . . . . dy
X Wz. 22 stehend (MH) (4.8.1959) . . 100,— 90,—
Z Wz. 22 kopfstehend (MH) (4.8.1959) 60,— 50,—

321 z X 2 P hellbraun (B) (R) (24.11.1958) . dy 10,— 4,50

322 z 2½ P karminrot . . . . . dz
X Wz. 22 stehend (B) (MH) (9.6.1959) 13,— 13,—
Z Wz. 22 kopfstehend (MH) (21.8.1959) . . . . . 70,— 65,—

323 z 3 P bläulichviolett . . . . . dz
X Wz. 22 stehend (B) (MH) (R) (24.11.1958) 0,50 0,50
Z Wz. 22 kopfstehend (MH) (4.8.1959) 0,50 0,70

324 z X 4 P ultramarin (B) (29.4.1959) . . . . . ea 6,— 5,—
325 z X 4½ P orangebraun (B) (3.6.1959) . . . ea 7,— 6,—
Satzpreis z (8 W.) 100,— 80,—

yz = rückseitiger Naphthadag- und vorderseitiger Phosphorstreifenaufdruck

321 yz 2 P hellbraun (B) (18.11.1959) . . . . . dy 6,— 5,—
322 yz 2½ P karminrot (B) (18.11.1959) . . . . . dz 25,— 18,—
323 yz 3 P bläulichviolett (B) (18.11.1959) . . dz 12,— 10,—
324 yz 4 P ultramarin (B) (18.11.1959) . . . . . ea 18,— 30,—
325 yz 4½ P orangebraun (B) (18.11.1959) . . . ea 40,— 20,—
Satzpreis y z (5 W.) 100,— 80,—

y = vorderseitiger Phosphorstreifenaufdruck (billigste Sorte)

318 y ½ P rotorange . . . . . dy
X Wz. 22 stehend (B) (MH) (R) (22.6.1960) 0,30 0,30
Y Wz. 22 liegend (MH) (14.7.1961) 12,— 12,—
Z Wz. 22 kopfstehend (MH) (14.8.1960) . . . . . 1,— 1,—

319 y 1 P lebhaftviolettultramarin . . . . . dy
X Wz. 22 stehend (B) (MH) (R) (22.6.1960) 0,30 0,30
Y Wz. 22 liegend (MH) (14.7.1961) 0,80 0,80
Z Wz. 22 kopfstehend (MH) (14.8.1960) 0,30 0,40

320 y 1½ P dunkelgelbgrün . . . . . dy
X Wz. 22 stehend (B) (MH) (22.6.1960) 0,30 0,30
Y Wz. 22 liegend (MH) (14.7.1961) 12,— 12,—
Z Wz. 22 kopfstehend (MH) (14.8.1960) . . . . . 12,— 10,—

321 y 2 P hellbraun . . . . . dy
X Wz. 22 stehend (B) (R) (22.6.1960) 0,30 0,30
Y Wz. 22 liegend (R) (6.4.1967) . . 0,30 0,60

322 y 2½ P karminrot . . . . . dz
X Wz. 22 stehend (B) (MH) (22.6.1960) 0,40 0,40
Z Wz. 22 kopfstehend (MH) (14.8.1960) . . . . . 60,— 40,—

323 y 3 P bläulichviolett . . . . . dz
X Wz. 22 stehend (B) (MH) (R) (22.6.1960) 0,40 0,50
Y Wz. 22 liegend (MH) (R) (14.7.1961) . . . . . 0,70 1,—
Z Wz. 22 kopfstehend (MH) (14.8.1960) 0,60 0,80

324 y 4 P ultramarin (Töne) . . . . . ea
X Wz. 22 stehend (B) (MH) (22.6.1960) 0,30 0,30
Y Wz. 22 liegend (MH) (R) (16.8.1965) 0,30 0,40
Z Wz. 22 kopfstehend (MH) (21.6.1965) 0,30 0,40

325 y X 4½ P orangebraun (B) (13.9.1961) ea 0,30 0,30
326 y X 5 P siena (B) (9.6.1967) . . . . . eb 0,30 0,30
327 y X 6 P dunkelrötlichlila (B) (R) (27.6.1960) . . . . . eb 0,50 0,30
328 y X 7 P gelblichgrün (B) (15.2.1967) . eb 0,70 0,40
329 y X 8 P magentarot (B) (28.6.1967) . ec 0,40 0,40
330 y X 9 P schwarzoliv (B) (29.12.1966) ec 0,70 0,40
331 y X 10 P dunkelgrünlichblau (B) (30.12.1966) . . . . . ec 0,90 0,50
332 y X 1 Sh olivbraun (B) (28.6.1967) . . . ed 0,50 0,30
333 y X 1'3 Sh'P dunkelgrün (B) (22.6.1960) . ee 2,50 2,50
334 y X 1'6 Sh'P schwarzblau (B) (12.12.1966) . . . . . ed 2,50 2,—
Satzpreis y (17 W.) 10,— 8,—

w = gestrichenes Papier (aus Markenheftchen MH 20)

318 w ½ P rotorange (MH) (15.7.1963) . . . dy
X Wz. 22 stehend . . . . . 2,50 3,—
Z Wz. 22 kopfstehend . . . . . 2,50 3,—

322 w 2½ P karminrot (MH) (15.7.1963) . . . dz
X Wz. 22 stehend 0,40 0,80
Z Wz. 22 kopfstehend 0,80 1,20

318 Udr	unten gezähnt (MH)	600,—	
319 U	ungezähnt (R) (MH)	800,—	
319 Udr	unten gezähnt (MH)	800,—	
320 Udr	unten gezähnt	*2000,—*	
321 Udr	unten gezähnt (B) (Bogenrand)	*4000,—*	
321 Uo	oben ungezähnt (B) (Bogenrand)	300,—	
322 U	ungezähnt	—,—	
322 Uo	oben ungezähnt (B) (Bogenrand)	—,—	
322 Uu	unten ungezähnt (B) (Bogenrand)	—,—	
323 U	ungezähnt (MH)	600,—	
323 Udr	unten gezähnt (MH)	600,—	
323 Uo	oben ungezähnt (B) (Bogenrand)	300,—	—,—
324 U	ungezähnt (MH)	800,—	
324 Udr	unten gezähnt (MH)	600,—	
324 Uo	oben ungezähnt (B) (Bogenrand)	350,—	
327 U	ungezähnt (B)	*1800,—*	
327 Udr	unten gezähnt	*1500,—*	
328 Uo	oben ungezähnt (B) (Bogenrand)	*2500,—*	
330 Uo	oben ungezähnt (B) (Bogenrand)	600,—	

Zu Naphthadag-Aufdrucken siehe Erläuterung nach MiNr. 298.

MiNr. 321 z und 321 y z tragen einen Aufdruck mit einer Leiste, die übrigen Werte mit deren zweien.

Detaillierte Katalogisierung nach Papiertönungen und Phosphorstreifenvarianten sowie sonstigen Unterarten siehe MICHEL-Großbritannien-Spezial.

MiNr. 318 stammt auch aus MH 20, 21, 0-50, 0-51, 0-54, 0-55, 0-56, 0-57, 0-58.
MiNr. 319 stammt auch aus MH 22, 23, 0-50, 0-51, 0-54, 0-55, 0-56, 0-57, 0-58, 0-59, 0-61, 0-62.
MiNr. 320 stammt auch aus MH 0-50, 0-54, 0-56, 0-57, 0-58, 0-59.
MiNr. 321 stammt auch aus MH 0-58.
MiNr. 322 stammt auch aus MH 20, 21, 0-51, 0-55, 0-59.
MiNr. 323 stammt auch aus MH 22, 23, 0-50, 0-51, 0-53, 0-54, 0-55, 0-57, 0-58, 0-59, 0-62, 0-63.

MiNr. 324 stammt auch aus MH 22, 23, 0-60, 0-61, 0-62.

Auflagen: MiNr. 318 z = 4.161.840, MiNr. 319 z = 12.428.880, MiNr. 320 z = 1.862.400, MiNr. 321 z = 48.419.520, MiNr. 321 yz = 4.509.120 (mit MiNr. 284 yz), MiNr. 322 z = 10.012.800, MiNr. 322 yz = 689.280, MiNr. 323 z = 57.222.960, MiNr. 323 yz = 4.625.040, MiNr. 324 z = 6.891.600, MiNr. 324 yz = 490.560, MiNr. 325 z = 5.388.480, MiNr. 325 yz = 696.000 Stück

Gültig bis 29.2.1972

In gleichen Zeichnungen siehe Fußnote nach MiNr. 273

1959, 15. Juni/1968, 30. Mai. Freimarken: Burgen. StTdr. (4×10), I = Druckerei De La Rue, II = Druckerei Bradbury; v = normales Papier, w = gestrichenes Papier; Wz. 22; gez. K 11:11¾.

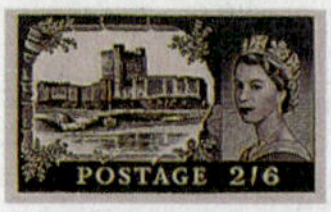

ek) Carrickfergus (Nordirland)

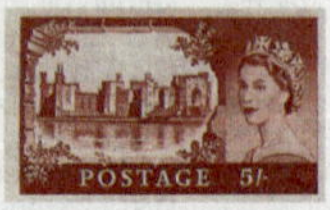

el) Caernarfon (Wales)

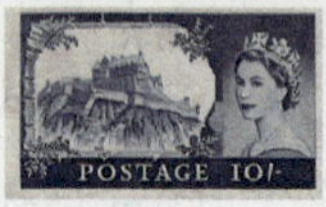

em) Edinburgh (Schottland)

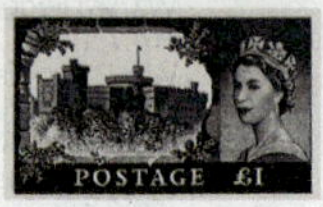

en) Windsor (England)

335		2'6 Sh'P	....	ek		
	I		schwarzbraun (22.7.1959)		10,—	1,10
	II		schwarzbraun			
		v	normales Papier (1.7.1963)		0,50	0,50
		w	gestrichenes Papier (30.5.1968)		0,50	1,50
336		5 Sh	....	el		
	I		rosarot (15.6.1959)		50,—	3,—
	II		rot, dkl'rot (3.9.1963)		1,50	0,70
337		10 Sh	....	em		
	I		dkl'blau (21.7.1959)		50,—	8,—
	II		dkl'ultramarin (16.10.1963)		4,—	4,50
338		1 £	....	en		
	I		schwarz, dkl'grauschwarz (23.6.1959)		130,—	18,—
	II		tiefschwarz (14.11.1963)		45,—	8,50
			Satzpreis I (4 W.)		240,—	30,—
			Satzpreis II (4 W.)		50,—	14,—

Die Bradbury-Drucke (II) sind tiefer gestochen; sie zeigen beispielsweise ein detaillierteres Diadem und stärkere Gesichtslinien. Weiteres Unterscheidungsmerkmal: Postfrische Marken von De La Rue wölben sich von oben nach unten, solche von Bradbury von links nach rechts.

MiNr. 335–337 gültig bis 29.2.1972

In gleichen Zeichnungen siehe Fußnote nach MiNr. 281.

1960, 7. Juli. 300. Jahrestag der Gründung des „Allgemeinen Briefamtes“, RaTdr. (6×20, Hochformat ~); Wz. 22, bei MiNr. 340 liegend; gez. K 14¾:14¼, Hochformat ~.

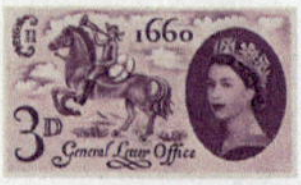

fi) Postreiter von 1660, Signum König Charles II., Königin Elizabeth II.

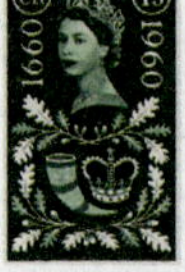

fk) Königin Elizabeth II., Symbol und Monogramm König Charles II.

339	3 P	bläulichviolett	fi	0,30	0,30
340	1'3 Sh'P	dunkelgrün	fk	4,20	4,20
		Satzpreis (2 W.)		4,50	4,50
		FDC			60,—

Auflagen: MiNr. 339 = 143.390.520, MiNr. 340 = 6.090.840 Stück

Gültig bis 29.2.1972

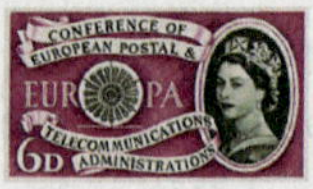

1960, 19. Sept. Europa. RaTdr. (6×20); Wz. 22; gez. K 14¾:14¼.

fl) „O“ in „EUROPA“ als Wagenrad mit 19 Speichen, Inschriftbänder, Königin Elizabeth II.

341	6 P	lila/dunkelolivgrün	fl	2,—	1,—
342	1'6 Sh'P	dunkelutramarin/karminbraun	fl	10,—	7,—
		Satzpreis (2 W.)		12,—	8,—
		FDC			60,—

Auflagen: MiNr. 341 = 16.990.320, MiNr. 342 = 7.682.520 Stück

Gültig bis 29.2.1972

1961, 28. Aug. 100 Jahre Postsparkasse. RaTdr. (20×6, Querformate ~); Wz. 22, bei MiNr. 343 liegend; gez. K 14¼:14¾, Querformate ~.

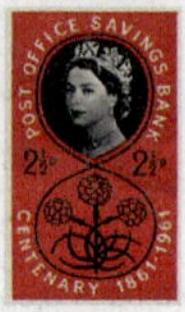

fm) Grasnelken

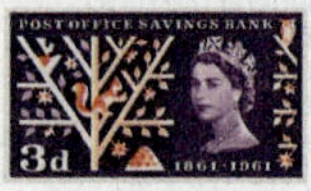

fn) Eichhörnchen und Vogel in Nussbaum, rechts Eule

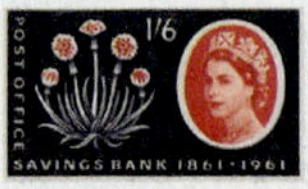

fo) Grasnelke (Armeria maritima)

343	2½ P	rot/schwarz	fm	0,30	0,30
344	3 P	blauviolett/lachs	fn	0,30	0,30
345	1'6 Sh'P	schwarzblau/rot	fo	2,40	2,40
		Satzpreis (3 W.)		3,—	3,—
		FDC			75,—

		★★
343 F	Farbe Schwarz fehlend	*15000,—*
344 F	Farbe Rotorange fehlend	500,—

Auflagen: MiNr. 343 = 24.720.000, MiNr. 344 = 114.360.000, MiNr. 345 = 7.560.000 Stück

Gültig bis 29.2.1972

1961, 18. Sept. Europa. RaTdr. (6×20); Wz. 22; gez. K 14¾:14¼.

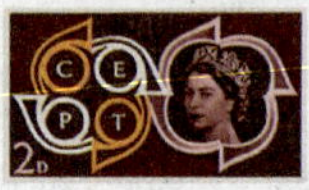

fp) CEPT-Emblem, Königin Elizabeth II.

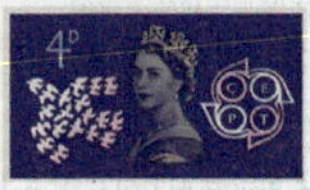

fr) Stilisierte Taube aus 19 Einzeltauben, Königin Elizabeth II. und CEPT-Emblem

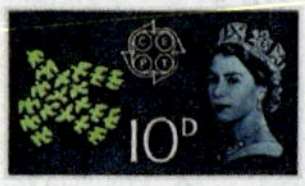

fs) Stilisierte Taube aus 19 Einzeltauben, CEPT-Emblem und Königin Elizabeth II.

				★★	⊙
346	2 P	mehrfarbig	fp	0,30	0,30
347	4 P	mehrfarbig	fr	0,30	0,30
348	10 P	mehrfarbig	fs	0,30	0,60
		Satzpreis (3 W.)		0,80	1,—
		FDC			5,—

		★★
346 F	Farbe Orange fehlend	*10000,—*
348 F I	Farbe Gelbgrün fehlend	*15000,—*
348 F II	Farbe Grünlichblau fehlend	*5000,—*

Auflagen: MiNr. 346 = 47.530.920, MiNr. 347 = 7.614.480, MiNr. 348 = 5.427.780 Stück

Gültig bis 29.2.1972

1961, 25. Sept. 7. Commonwealth-Parlaments-Konferenz. RaTdr. (6×20, Hochformat ~); Wz. 22, bei MiNr. 350 liegend; gez. K 14¾:14¼, Hochformat ~.

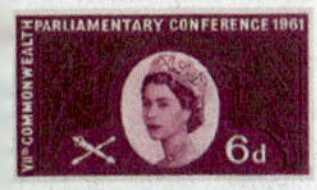

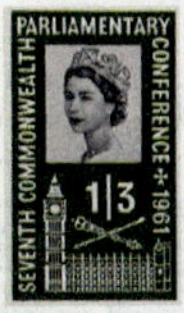

ft) Stichbalkendach von Westminster Hall, Königin Elizabeth II.

fu) Parlamentsgebäude zu Westminster, Königin Elizabeth II.

ft–fu) Zepter und Stab

					★★	⊙
349	6 P	lila/gold		ft	0,30	0,30
350	1'3 Sh'P	dunkelgrün/dunkelblaugrau		fu	2,70	2,70
			Satzpreis (2 W.)		3,—	3,—
			FDC			30,—

	★★
349 F Farbe Gold fehlend	2000,—
350 F Farbe Dunkelblaugrau fehlend	20000,—

Auflagen: MiNr. 349 = 16.680.000, MiNr. 350 = 5.760.000 Stück

Gültig bis 29.2.1972

1962, 14. Nov. Jahr der Nationalen Produktivität. RaTdr.; Wz. 22, MiNr. 351–352 nur kopfstehend; gez. K 14¾:14¼.

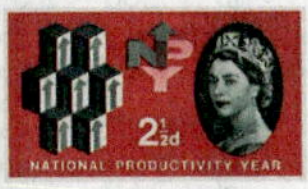

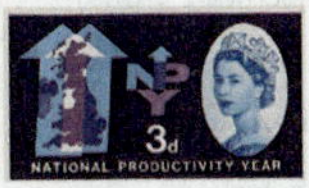

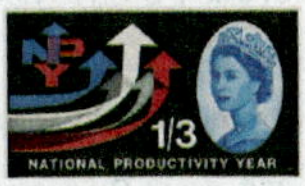

fv) Pfeile auf Blockmuster

fw) Pfeile über Landkarte von Großbritannien

fx) Pfeile

x = ohne Phosphorstreifen-Aufdruck

					★★	⊙
351 x	2½ P	karmin/schwarzblaugrün		fv	0,30	0,30
352 x	3 P	dunkelbläulichviolett/kobalt		fw	0,30	0,30
353 x	1'3 Sh'P	mehrfarbig		fx	2,—	2,—
			Satzpreis x (3 W.)		2,50	2,40
			FDC x			60,—

y = mit Phosphorstreifen-Aufdruck

351 y	2½ P	karmin/olivschwarz		fv	0,80	0,40
352 y	3 P	dunkelbläulichviolett/kobalt		fw	1,50	0,80
353 y	1'3 Sh'P	mehrfarbig		fx	30,—	24,—
			Satzpreis y (3 W.)		32,—	25,—
			FDC y			150,—

	★★
352 x F Farbe Kobalt fehlend	4000,—
353 x F Farbe Hellblau fehlend	10000,—

Auflagen: MiNr. 351 x = 99.240.000, MiNr. 352 x = 182.580.000, MiNr. 353 x = 8.832.000, MiNr. 351 y = 7.320.090, MiNr. 352 y = 13.320.000, MiNr. 353 y = 1.320.000 Stück

Gültig bis 29.2.1972

1963, 21. März. Kampf gegen den Hunger. RaTdr. (6×20); Wz. 22 kopfstehend; gez. K 14¾:14¼.

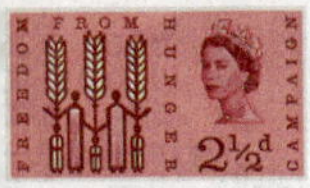

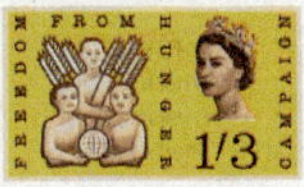

fy) Fünf Personen mit drei Weizenähren, Königin Elizabeth II.

fz) Kinder mit Weizenähren und Globus, Königin Elizabeth II.

x = ohne Phosphorstreifen-Aufdruck

					★★	⊙
354 x	2½ P	lilarosa/lilarot		fy	0,30	0,30
355 x	1'3 Sh'P	hellgelb/dunkelbraun		fz	2,30	2,30
			Satzpreis x (2 W.)		2,60	2,60
			FDC x			40,—

y = mit Phosphorstreifen-Aufdruck

354 y	2½ P	lilarosa/lilarot		fy	2,—	1,50
355 y	1'3 Sh'P	hellgelb/dunkelbraun		fz	30,—	25,—
			Satzpreis y (2 W.)		32,—	26,—
			FDC y			50,—

Auflagen: MiNr. 354 x = 97.050.000, MiNr. 355 x = 9.009.000, MiNr. 354 y = 2.784.920, MiNr. 355 y = 624.960 Stück

Gültig bis 29.2.1972

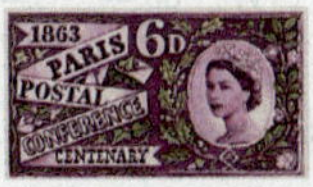

1963, 7. Mai. 100. Jahrestag der 1. Internationalen Postkonferenz in Paris. RaTdr. (6×20); Wz. 22 kopfstehend; gez. K 14¾:14¼.

ga) Inschrift und Königin Elizabeth II., umrahmt von Heckenrosenzweig (links) und Eichenzweig (rechts)

x = ohne Phosphorstreifen-Aufdruck

356 x	6 P	bläulichviolett/gelbgrün		ga	0,50	0,50
			FDC x			15,—

y = mit Phosphorstreifen-Aufdruck

356 y	6 P	bläulichviolett/gelbgrün		ga	6,—	6,—
			FDC y			40,—

	★★
356 x F Farbe Gelbgrün fehlend	3000,—

Auflagen: MiNr. 356 x = 18.536.400, MiNr. 356 y = 1.430.800 Stück

Gültig bis 29.2.1972

1963, 16. Mai. Nationale Naturwoche. RaTdr. (6×20); Wz. 22; gez. K 14¾:14¼.

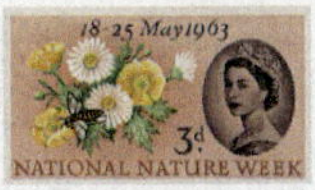

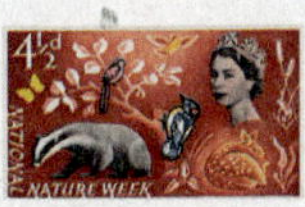

gb) Biene auf Hahnenfuß und Gänseblümchen; Königin Elizabeth II.

gc) Verschiedene Waldtiere, Königin Elizabeth II.

x = ohne Phosphorstreifen-Aufdruck

					★★	⊙
357 x	3 P	mehrfarbig		gb	0,30	0,30
358 x	4½ P	mehrfarbig		gc	0,30	0,30
			Satzpreis x (2 W.)		0,50	0,50
			FDC x			25,—

y = mit Phosphorstreifen-Aufdruck

357 y	3 P	mehrfarbig		gb	0,50	0,50
358 y	4½ P	mehrfarbig		gc	3,—	3,—
			Satzpreis y (2 W.)		3,50	3,50
			FDC y			45,—

Auflagen: MiNr. 357 x = 148.560.000, MiNr. 358 x = 12.480.000, MiNr. 357 y = 8.640.000, MiNr. 358 y = 1.140.000 Stück

Gültig bis 29.2.1972

1963, 31. Mai. 9. Internationale Rettungsboot-Konferenz. RaTdr. (6×20); Wz. 22; gez. K 14¾:14¼.

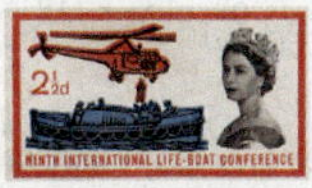

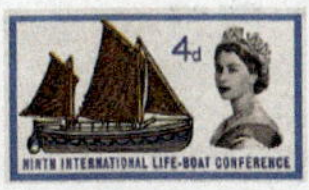

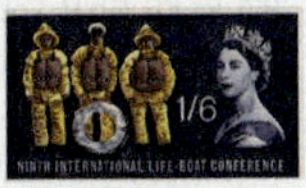

gd) Hubschrauber Westland Widgeon, Rettungsboot „Oakley"

ge) Segel-Rettungsboot „City of Winchester" (19. Jh.)

gf) Rettungsdienstmänner, Rettungsring

x = ohne Phosphorstreifen-Aufdruck

359 x	2½ P	mehrfarbig	gd	0,30	0,30
360 x	4 P	mehrfarbig	ge	0,30	0,30
361 x	1'6 Sh'P	mehrfarbig	gf	3,—	3,—
			Satzpreis x (3 W.)	3,60	3,60
			FDC x		35,—

y = mit Phosphorstreifen-Aufdruck

359 y	2½ P	mehrfarbig	gd	0,50	0,60
360 y	4 P	mehrfarbig	ge	0,30	0,40
361 y	1'6 Sh'P	mehrfarbig	gf	50,—	34,—
			Satzpreis y (3 W.)	50,—	35,—
			FDC y		60,—

Auflagen: MiNr. 359 x = 81.405.500, MiNr. 360 x = 7.475.040, MiNr. 361 x = 7.484.780, MiNr. 359 y = 4.239.000, MiNr. 360 y = 840.000, MiNr. 361 y = 886.000 Stück

Gültig bis 29.2.1972

1963, 15. Aug. 100 Jahre Internationales Rotes Kreuz. RaTdr. (6×20); Wz. 22; gez. K 14¾:14¼.

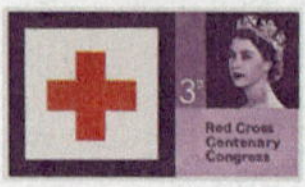
gg

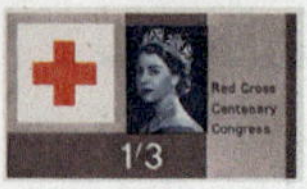
gh

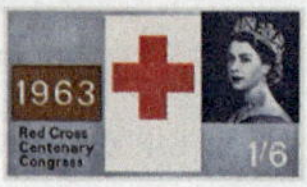
gi

gg–gi) Rotes Kreuz, Königin Elizabeth II., Inschrift

x = ohne Phosphorstreifen-Aufdruck

362 x	3 P	bläulichviolett/hellrot	gg	0,30	0,30
363 x	1'3 Sh'P	mehrfarbig	gh	3,—	3,—
364 x	1'6 Sh'P	mehrfarbig	gi	3,—	3,—
			Satzpreis x (3 W.)	6,—	6,—
			FDC x		40,—

y = mit Phosphorstreifen-Aufdruck

362 y	3 P	bläulichviolett/hellrot	gg	0,70	0,70
363 y	1'3 Sh'P	mehrfarbig	gh	40,—	35,—
364 y	1'6 Sh'P	mehrfarbig	gi	35,—	30,—
			Satzpreis y (3 W.)	75,—	65,—
			FDC y		90,—

	******
362 x F Farbe Hellrot fehlend	*10000,—*
362 y F Farbe Hellrot fehlend	*25000,—*

Auflagen: MiNr. 362 x = 157.277.800, MiNr. 363 x = 7.278.120, MiNr. 364 x = 6.995.160, MiNr. 362 y = 10.349.280, MiNr. 363 y = 929.040, MiNr. 364 y = 1.038.840 Stück

Gültig bis 29.2.1972

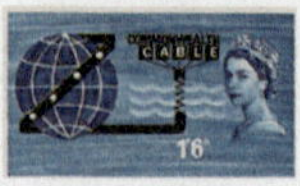

1963, 3. Dez. Inbetriebnahme des Commonwealth-Pazifik-Kabels. RaTdr. (6×20); Wz. 22; gez. K 14¾:14¼.

gk) Weltkugel mit Kabel, Inschritt; Königin Elizabeth II.

x = ohne Phosphorstreifen-Aufdruck

				**	⊙
365 x	1'6 Sh'P	kobalt/schwarz	gk	3,—	2,50
			FDC x		30,—

y = mit Phosphorstreifen-Aufdruck

365 y	1'6 Sh'P	kobalt/schwarz	gk	18,—	18,—
			FDC y		45,—

	******
365 x F Farbe Schwarz fehlend	*5000,—*

Auflagen: MiNr. 365 x = 8.015.880, MiNr. 365 y = 824.280 Stück

Gültig bis 29.2.1972

Parallelausgabe mit Australien MiNr. 338, Fidschi MiNr. 177, Neuseeland MiNr. 430

1964, 23. April. 400. Geburtstag von William Shakespeare. MiNr. 366–369 RaTdr. (6×20), Wz. 22, gez. K 14¾:14¼; MiNr. 370 StTdr. (4×10), Wz. 22, gez. K 11:11¾.

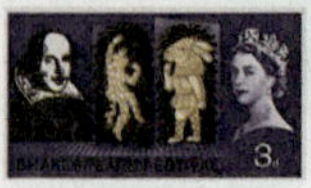
gl) Puck und Zettel (Sommernachtstraum)

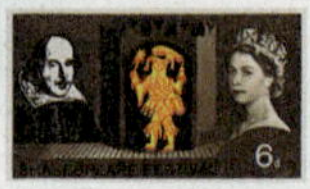
gm) Der Narr Feste (Was ihr wollt)

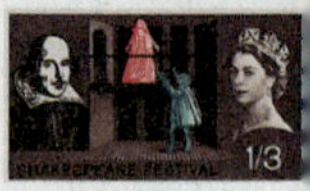
gn) Romeo und Julia

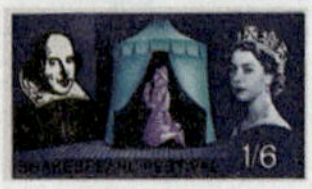
go) Henry V. beim Gebet

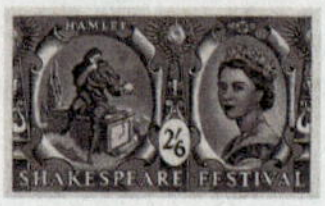
gp) Hamlet mit dem Schädel Yoricks, Königin Elizabeth II.

gl–gp) William Shakespeare (1564–1616), Dramatiker, und Königin Elizabeth II.

x = ohne Phosphorstreifen-Aufdruck

				**	⊙
366 x	3 P	mehrfarbig	gl	0,30	0,30
367 x	6 P	mehrfarbig	gm	0,30	0,30
368 x	1'3 Sh'P	mehrfarbig	gn	1,10	1,40
369 x	1'6 Sh'P	mehrfarbig	go	1,10	1,—
370 x	2'6 Sh'P	violettschwarz (Töne)	gp	2,50	2,50
			Satzpreis x (5 W.)	5,—	5,—
			FDC x		10,—

y = mit Phosphorstreifen-Aufdruck

366 y	3 P	mehrfarbig	gl	0,50	0,30
367 y	6 P	mehrfarbig	gm	1,—	0,70
368 y	1'3 Sh'P	mehrfarbig	gn	9,—	7,—
369 y	1'6 Sh'P	mehrfarbig	go	13,50	8,—
			Satzpreis y (4 W.)	24,—	16,—
			FDC y		20,—

Auflagen: MiNr. 366 x = 133.670.000, MiNr. 367 x = 19.238.200, MiNr. 368 x = 7.067.200, MiNr. 369 x = 6.910.120, MiNr. 370 x = 3.664.920, MiNr. 366 y = 10.427.880, MiNr. 367 y = 1.318.560, MiNr. 368 y = 727.800, MiNr. 369 y = 657.120 Stück

Gültig bis 29.2.1972

MiNr. 371–373 entfallen.

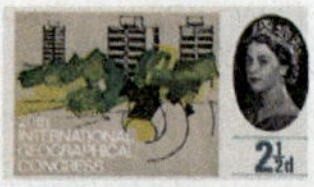

1964, 1. Juli. 20. Internationaler Geographischer Kongress, London. RaTdr. (6×20); Wz. 22; gez. K 14¾:14¼.

gu) Wohnblocks bei Richmond Park

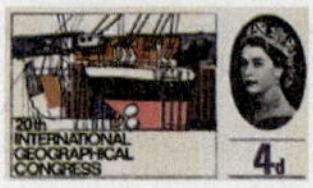
gv) Schiffswerft in Belfast

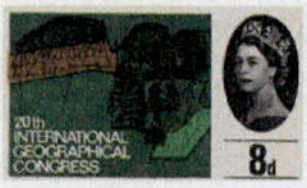
gw) Aufforstung bei Beddgelert (Wales)

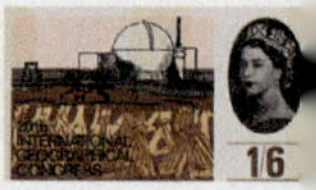
gx) Kernreaktor bei Dounreay (Schottland) und Kornfeld

x = ohne Phosphorstreifen-Aufdruck

374 x	2½ P	mehrfarbig	gu	0,30	0,30
375 x	4 P	mehrfarbig	gv	0,30	0,30
376 x	8 P	mehrfarbig	gw	0,60	0,60
377 x	1'6 Sh'P	mehrfarbig	gx	4,—	4,—
			Satzpreis x (4 W.)	5,—	5,—
			FDC x		20,—

y = mit Phosphorstreifen-Aufdruck

374 y	2½ P	mehrfarbig	gu	0,60	0,50
375 y	4 P	mehrfarbig	gv	1,50	1,—
376 y	8 P	mehrfarbig	gw	3,—	1,80
377 y	1'6 Sh'P	mehrfarbig	gx	27,—	22,—
			Satzpreis y (4 W.)	32,—	25,—
			FDC y		40,—

375 x F I	Farbe Blauviolett fehlend	250,—	
375 x F II	Farbe Rotbraun fehlend	—,—	
375 x F III	Farben Blauviolett und Rotbraun fehlend	500,—	
376 x F	Farbe Gelbgrün (Rasen) fehlend	*15000,—*	

Auflagen: MiNr. 374 x = 109.768.120, MiNr. 375 x = 15.241.680, MiNr. 376 x = 8.226.800, MiNr. 377 x = 10.154.040, MiNr. 374 y = 3.377.520, MiNr. 375 y = 577.800, MiNr. 376 y = 465.720, MiNr. 377 y = 519.000 Stück

Gültig bis 29.2.1972

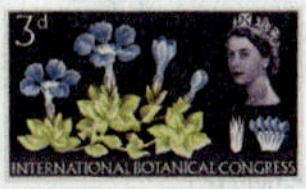

1964, 5. Aug. 10. Internationaler Botanischer Kongress, Edinburgh. RaTdr. (6×20); Wz. 22; gez. K 14¾:14¼.

gy) Frühlings-Enzian (Gentiana verna)

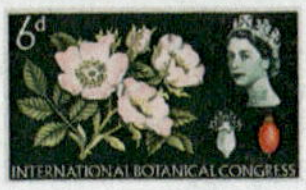

gz) Hundsrose (Rosa canina)

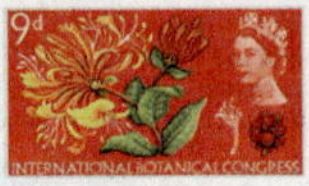

ha) Waldgeißblatt (Lonicera periclymenum)

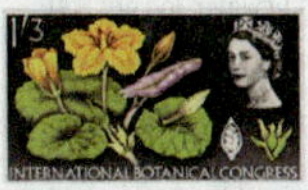

hb) Seekanne (Nymphoides aquatica)

x = ohne Phosphorstreifen-Aufdruck

378 x	3 P	mehrfarbig	gy	0,30	0,30
379 x	6 P	mehrfarbig	gz	0,30	0,30
380 x	9 P	mehrfarbig	ha	2,—	2,—
381 x	1'3 Sh'P	mehrfarbig	hb	2,40	2,40
		Satzpreis x (4 W.)		5,—	5,—
		FDC x			20,—

y = mit Phosphorstreifen-Aufdruck

378 y	3 P	mehrfarbig	gy	0,30	0,30
379 y	6 P	mehrfarbig	gz	3,70	3,70
380 y	9 P	mehrfarbig	ha	5,—	5,—
381 y	1'3 Sh'P	mehrfarbig	hb	24,—	17,—
		Satzpreis y (4 W.)		32,—	25,—
		FDC y			35,—

		★★
378 x F I	Farbe Blau fehlend	*12000,—*
378 x F II	Farbe Grün fehlend	*14000,—*
380 x F	Farbe Grün fehlend	*16000,—*
381 x F	Farbe Gelb fehlend	*30000,—*

Auflagen: MiNr. 378 x = 166.491.720, MiNr. 379 x = 23.361.120, MiNr. 380 x = 11.896.060, MiNr. 381 x = 15.664.600, MiNr. 378 y = 6.764.880, MiNr. 379 y = 996.720, MiNr. 380 y = 498.460, MiNr. 381 y = 650.920 Stück

Gültig bis 29.2.1972

1964, 4. Sept. Eröffnung der Brücke über den Firth of Forth. RaTdr. (6×20); Wz. 22; gez. K 15:14.

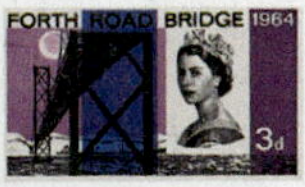

hc) Tanker unter der Brücke, Königin Elizabeth II.

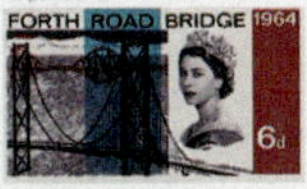

hd) Neue Brücke, dahinter Eisenbahnbrücke, Königin Elizabeth II.

x = ohne Phosphorstreifen-Aufdruck

				★★	⊙
382 x	3 P	mehrfarbig	hc	0,30	0,30
383 x	6 P	mehrfarbig	hd	0,30	0,30
		Satzpreis x (2 W.)		0,50	0,50
		FDC x			8,—

y = mit Phosphorstreifen-Aufdruck

382 y	3 P	mehrfarbig	hc	0,50	0,50
383 y	6 P	mehrfarbig	hd	5,50	5,50
		Satzpreis y (2 W.)		6,—	6,—
		FDC y			16,—

382 x Uo	oben ungezähnt (Bogenrand)	700,—	
383 x F	Farbe Hellblau fehlend	*4000,—*	*4000,—*

Auflagen: MiNr. 382 x = 108.098.480, MiNr. 383 x = 12.055.960, MiNr. 382 y = 8.020.920, MiNr. 383 y = 1.240.800 Stück

Gültig bis 29.2.1972

1965, 8. Juli. Tod von Winston Churchill. RaTdr. (6×20); Wz. 22; gez. K 14¾:14¼.

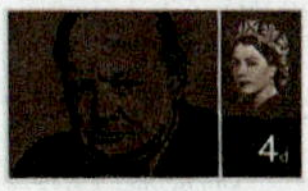

he

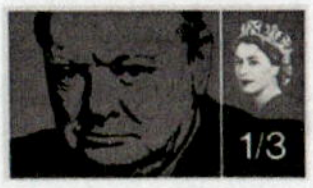

hf

he–hf) Winston Churchill (1874–1965), Premierminister, Literaturnobelpreis 1953

x = ohne Phosphorstreifen-Aufdruck

384 x	4 P	olivbraun/schwarz	he	0,30	0,30
385 x	1'3 Sh'P	dunkelgrau/schwarz	hf	0,50	0,50
		Satzpreis x (2 W.)		0,80	0,80
		FDC x			7,—

y = mit Phosphorstreifen-Aufdruck

384 y	4 P	olivbraun/schwarz	he	0,40	0,40
385 y	1'3 Sh'P	dunkelgrau/schwarz	hf	3,60	3,60
		Satzpreis y (2 W.)		4,—	4,—
		FDC y			10,—

Auflagen: MiNr. 384 x = 135.257.520, MiNr. 385 x = 7.893.480, MiNr. 384 y = 10.322.760, MiNr. 385 y = 864.960 Stück

Gültig bis 29.2.1972

1965, 19. Juli. 700. Jahrestag von Simon de Montforts Parlament. RaTdr. (6×20); Wz. 22; gez. K 14¾:14¼.

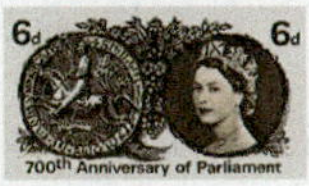

hg) Siegel von Simon de Montfort, Earl of Leicester (um 1200–1265)

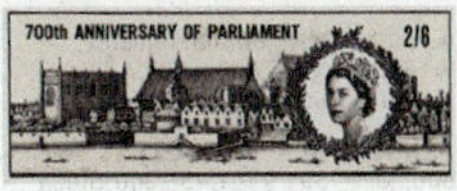

hh) Ansicht von London 1647, (Detail); Kupferstich von Wenceslaus Hollar (1607–1677), böhmischer Maler

x = ohne Phosphorstreifen-Aufdruck

386 x	6 P	braunoliv	hg	0,30	0,30
387 x	2'6 Sh'P	grau/mattgrau	hh	1,—	1,—
		Satzpreis x (2 W.)		1,30	1,30
		FDC x			15,—

y = mit Phosphorstreifen-Aufdruck

386 y	6 P	braunoliv	hg	1,—	1,—
		FDC y			25,—

		★★
386 x Uo	oben ungezähnt (Bogenrand)	1200,—

Auflagen: MiNr. 386 x = 12.973.800, MiNr. 387 x = 4.055.120, MiNr. 386 y = 1.537.920 Stück

Gültig bis 29.2.1972

1965, 9. Aug. 100 Jahre Heilsarmee. RaTdr. (6×20); Wz. 22; gez. K 14¾:14¼.

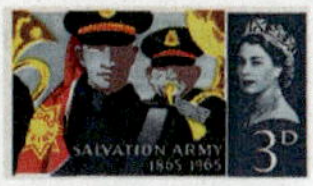

hi) Musikgruppe der Heilsarmee

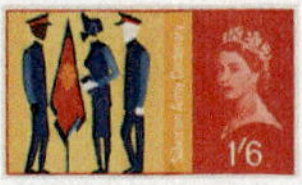

hk) Drei Angehörige und Fahne der Heilsarmee

x = ohne Phosphorstreifen-Aufdruck

				★★	⊙
388 x	3 P	mehrfarbig	hi	0,30	0,30
389 x	1'6 Sh'P	mehrfarbig	hk	0,90	1,20
		Satzpreis x (2 W.)		1,20	1,50
		FDC x			20,—

y = mit Phosphorstreifen-Aufdruck

388 y	3 P	mehrfarbig	hi	0,60	0,60
389 y	1'6 Sh'P	mehrfarbig	hk	2,40	2,40
		Satzpreis y (2 W.)		3,—	3,—
		FDC y			30,—

Auflagen: MiNr. 388 x = 54.312.000, MiNr. 389 x = 5.244.120, MiNr. 388 y = 4.261.200, MiNr. 389 y = 652.320 Stück

Gültig bis 29.2.1972

1965, 1. Sept. 100. Jahrestag der Entdeckung der antiseptischen Wundbehandlung durch Joseph Lister. RaTdr. (6×20); Wz. 22; gez. K 14¾:14¼.

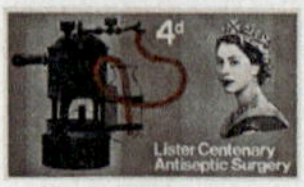

hl) Karbolzerstäuber

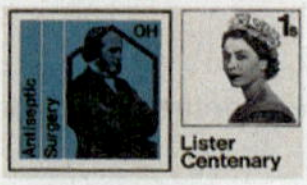

hm) Joseph Lister (1827–1912), Chirurg

x = ohne Phosphorstreifen-Aufdruck

390 x	4 P	mehrfarbig	hl	0,30	0,30
391 x	1 Sh	mehrfarbig	hm	0,90	1,20
		Satzpreis x (2 W.)		1,20	1,50
		FDC x			12,—

y = mit Phosphorstreifen-Aufdruck

390 y	4 P	mehrfarbig	hl	0,30	0,30
391 y	1 Sh	mehrfarbig	hm	2,20	2,20
		Satzpreis y (2 W.)		2,50	2,50
		FDC y			16,—

390 x F I	Farbe Orangebraun fehlend	500,—	250,—
390 x F II	Farbe Indigo fehlend	*5000,—*	
390 y F I	Farbe Orangebraun fehlend	*3000,—*	

Auflagen: MiNr. 390 x = 92.167.440, MiNr. 391 x = 8.368.800, MiNr. 390 y = 10.732.800, MiNr. 391 y = 1.452.360 Stück

Gültig bis 29.2.1972

1965, 1. Sept. Commonwealth-Kunstfestival. RaTdr. (6×20); Wz. 22; gez. K 14¾:14¼.

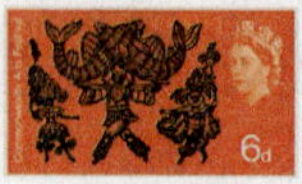

hn) Drei Tänzer aus dem „Trinidad Shrove Monday Carnival"

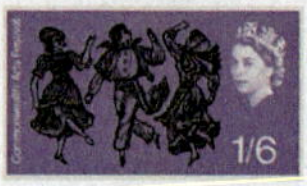

ho) Drei Mitglieder der kanadischen Tanzgruppe „Les Feux Follets"

x = ohne Phosphorstreifen-Aufdruck

392 x	6 P	rotorange/schwarz	hn	0,30	0,30
393 x	1'6 Sh'P	hellblauviolett/schwarz	ho	1,—	1,40
		Satzpreis x (2 W.)		1,30	1,70
		FDC x			15,—

y = mit Phosphorstreifen-Aufdruck

392 y	6 P	rotorange/schwarz	hn	0,30	0,30
393 y	1'6 Sh'P	hellblauviolett/schwarz	ho	3,20	3,20
		Satzpreis y (2 W.)		3,50	3,50
		FDC y			20,—

Auflagen: MiNr. 392 x = 12.264.840, MiNr. 393 x = 5.003.000, MiNr. 392 y = 1.621.080, MiNr. 393 y = 788.880 Stück

Gültig bis 29.2.1972

1965, 13. Sept. 25. Jahrestag der Luftschlacht um England. RaTdr.; MiNr. 394–399 (2×10 Zd), MiNr. 400–401 (6×20); Wz. 22; gez. K 14¾:14¼.

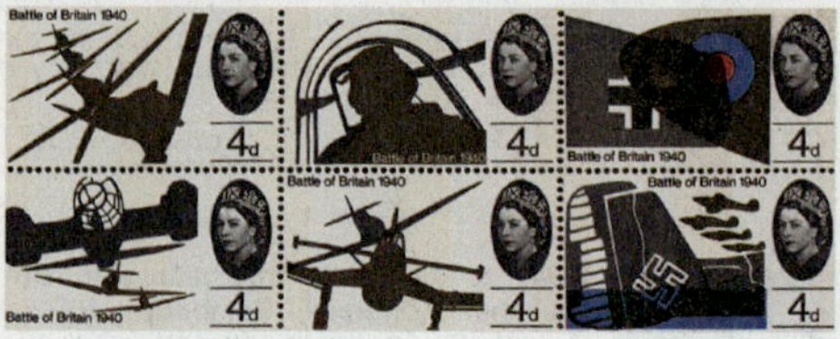

hp) Vier Supermarine Spitfire-Jagdflugzeuge im Angriff
hr) Pilot in der Kanzel einer Hawker Hurricane
hs) Tragflächen einer Me 109 E und einer Spitfire mit Insignien der Luftwaffe und der RAF

ht) Zwei Spitfire-Jäger im Angriff auf He-111-Bomber
hu) Spitfire-Jäger im Angriff auf einen Ju-87 B-Sturzbomber
hv) Leitwerk eines Do-17z2-Bombers, britische Hurricane-Jäger

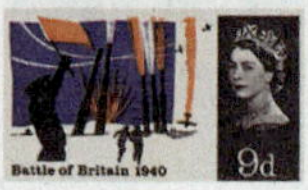

hw) Flakbatterie während eines Fliegerangriffes

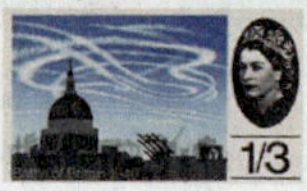

hx) St. Pauls-Kathedrale London, ausgebrannte Gebäude, Kondensstreifen

x = ohne Phosphorstreifen-Aufdruck

394 x	4 P	braunoliv/grauschwarz	hp	0,70	0,40
395 x	4 P	mehrfarbig	hr	0,70	0,40
396 x	4 P	mehrfarbig	hs	0,70	0,40
397 x	4 P	mehrfarbig	ht	0,70	0,40
398 x	4 P	mehrfarbig	hu	0,70	0,40
399 x	4 P	mehrfarbig	hv	0,70	0,40
400 x	9 P	mehrfarbig	hw	2,—	2,—
401 x	1'3 Sh'P	mehrfarbig	hx	2,20	2,20
		Satzpreis x (8 W.)		8,—	6,50
		Sechserblock + 2 Marken x		12,—	12,—
		FDC x			25,—

y = mit Phosphorstreifen-Aufdruck

394 y	4 P	braunoliv/grauschwarz	hp	0,80	0,80
395 y	4 P	mehrfarbig	hr	0,80	0,80
396 y	4 P	mehrfarbig	hs	0,80	0,80
397 y	4 P	mehrfarbig	ht	0,80	0,80
398 y	4 P	mehrfarbig	hu	0,80	0,80
399 y	4 P	mehrfarbig	hv	0,80	0,80
400 y	9 P	mehrfarbig	hw	1,80	1,80
401 y	1'3 Sh'P	mehrfarbig	hx	2,—	2,—
		Satzpreis y (8 W.)		8,50	8,50
		Sechserblock + 2 Marken y		16,—	16,—
		FDC y			30,—

399 x F	Farbe Lebhaftblau fehlend	—,—	*3500,—*

Auflagen: MiNr. 394 x–399 x je 17.236.240, MiNr. 400 x = 6.195.960, MiNr. 401 x = 6.469.440, MiNr. 394 y–399 y je 1.926.740, MiNr. 400 y = 1.143.120, MiNr. 401 y = 1.239.840 Stück

Gültig bis 29.2.1972

1965, 8. Okt. Eröffnung des Postfernmeldeturms in London. RaTdr. (20×6, Querformat ~); Wz. 22, MiNr. 402 liegend; gez. K 14¼:14¾, Querformat ~.

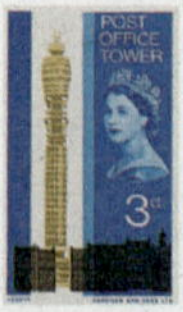

hy) Postfernmeldeturm, Gebäude, von Charlotte Street gesehen

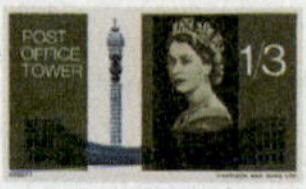

hz) Postfernmeldeturm von Nash-Terrasse im Regents-Park gesehen

x = ohne Phosphorstreifen-Aufdruck

402 x	3 P	mehrfarbig	hy	0,30	0,30
403 x	1'3 Sh'P	mehrfarbig	hz	0,30	0,50
		Satzpreis x (2 W.)		0,60	0,80
		FDC x			6,—

y = mit Phosphorstreifen-Aufdruck

402 y	3 P	mehrfarbig	hy	0,30	0,30
403 y	1'3 Sh'P	mehrfarbig	hz	0,30	0,40
		Satzpreis y (2 W.)		0,60	0,70
		FDC y			8,—

402 x F Farbe Gelboliv (Turm) fehlend ... *4000,— 2000,—*

Auflagen: MiNr. 402 x = 51.291.120, MiNr. 403 x = 5.722.320, MiNr. 402 y = 4.274.880, MiNr. 403 y = 1.107.480 Stück

Gültig bis 29.2.1972

1965, 25. Okt. 20 Jahre Vereinte Nationen (UNO). RaTdr. (6×20); Wz. 22; gez. K 14¾:14¼.

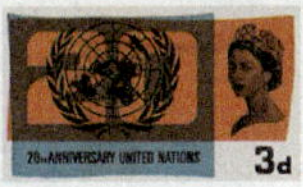

ia) Emblem der Vereinten Nationen vor Zahl 20

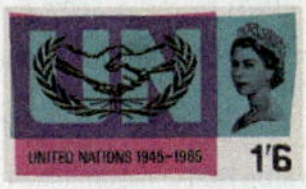

ib) Symbolische Darstellung der Zusammenarbeit vor Buchstaben UN

x = ohne Phosphorstreifen-Aufdruck

404 x	3 P	mehrfarbig	ia	0,30	0,30
405 x	1'6 Sh'P	mehrfarbig	ib	0,70	0,80
		Satzpreis x (2 W.)		1,—	1,10
		FDC x			10,—

y = mit Phosphorstreifen-Aufdruck

404 y	3 P	mehrfarbig	ia	0,30	0,30
405 y	1'6 Sh'P	mehrfarbig	ib	3,70	3,70
		Satzpreis y (2 W.)		4,—	4,—
		FDC y			16,—

Auflagen: MiNr. 404 x = 50.598.720, MiNr. 405 x = 5.476.800, MiNr. 404 y = 4.488.240, MiNr. 405 y = 1.018.560 Stück

Gültig bis 29.2.1972

> Bitte beachten Sie, dass alle Bewertungen für gebrauchte Marken ab 1920 nur für sauber gestempeltes Material Gültigkeit haben.

1965, 15. Nov. 100 Jahre Internationale Fernmeldeunion (ITU). RaTdr. (6×20); Wz. 22; gez. K 14¾:14¼.

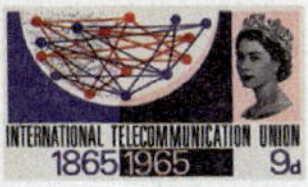

ic) Symbolische Darstellung der Welttelegraphenverbindungen

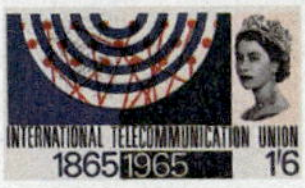

id) Elektrische Schalt- und Wellensymbole

x = ohne Phosphorstreifen-Aufdruck

406 x	9 P	mehrfarbig	ic	0,30	0,30
407 x	1'6 Sh'P	mehrfarbig	id	1,20	1,50
		Satzpreis x (2 W.)		1,50	1,80
		FDC x			16,—

y = mit Phosphorstreifen-Aufdruck

406 y	9 P	mehrfarbig	ic	0,60	0,60
407 y	1'6 Sh'P	mehrfarbig	id	5,50	5,50
		Satzpreis y (2 W.)		6,—	6,—
		FDC y			22,—

407 x F Farbe Rosa fehlend ... *2500,— 2000,—*

Auflagen: MiNr. 406 x = 5.321.880, MiNr. 407 x = 5.287.920, MiNr. 406 y = 556.080, MiNr. 407 y = 589.800 Stück

Gültig bis 29.2.1972

1966, 25. Jan. Robert Burns. RaTdr. (6×20); Wz. 22; gez. K 14¾:14¼.

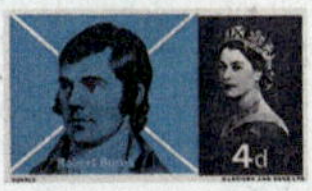

ie) Robert Burns (1759–1796), schottischer Dichter, vor schottischer Fahne

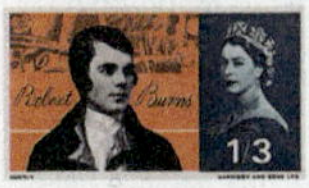

if) Robert Burns vor symbolischen Darstellungen aus seinem Lebenswerk

x = ohne Phosphorstreifen-Aufdruck

408 x	4 P	mehrfarbig	ie	0,30	0,30
409 x	1'3 Sh'P	mehrfarbig	if	0,30	0,40
		Satzpreis x (2 W.)		0,60	0,70
		FDC x			4,—

y = mit Phosphorstreifen-Aufdruck

408 y	4 P	mehrfarbig	ie	0,30	0,30
409 y	1'3 Sh'P	mehrfarbig	if	2,20	2,20
		Satzpreis y (2 W.)		2,50	2,50
		FDC y			6,—

Auflagen: MiNr. 408 x = 77.905.176, MiNr. 409 x = 5.685.906, MiNr. 408 y = 8.738.520, MiNr. 409 y = 1.226.160 Stück

Gültig bis 29.2.1972

MiNr. 410–415 entfallen.

1966, 28. Febr. 900 Jahre Westminster-Abtei. MiNr. 416 RaTdr. (6×20), Wz. 22, gez. K 14¾:14¼; MiNr. 417 StTdr. (4×10), Wz. 22, gez. K 11:11¾.

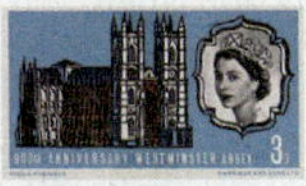

ig) Blick auf die Abtei

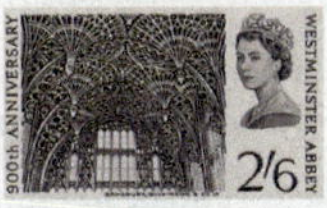

ih) Fächergewölbe in der Kapelle Heinrichs VII.

x = ohne Phosphorstreifen-Aufdruck

416 x	3 P	mehrfarbig	ig	0,30	0,30
417 x	2'6 Sh'P	schwarz	ih	0,60	0,70
		Satzpreis x (2 W.)		0,90	1,—
		FDC x			6,—

y = mit Phosphorstreifen-Aufdruck

416 y	3 P	mehrfarbig	ig	0,30	0,30
		FDC y			14,—

Auflagen: MiNr. 416 x = 48.703.426, MiNr. 417 x = 2.819.056, MiNr. 416 y = 5.247.720 Stück

Gültig bis 29.2.1972

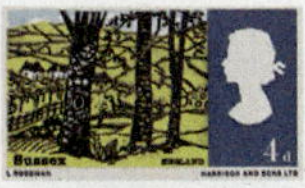

1966, 2. Mai. Landschaften. RaTdr. (6×20); Wz. 22; gez. K 14¾:14¼.

ii) Sussex (England)

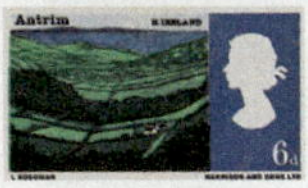

ik) Antrim (Nordirland)

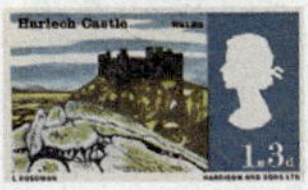

il) Harlech Castle (Wales)

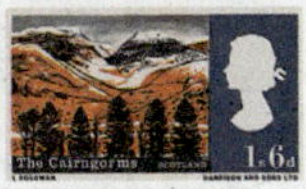

im) Cairngorm-Berge (Schottland)

x = ohne Phosphorstreifen-Aufdruck

418 x	4 P	mehrfarbig	ii	0,30	0,30
419 x	6 P	mehrfarbig	ik	0,30	0,30
420 x	1'3 Sh'P	mehrfarbig	il	0,30	0,30
421 x	1'6 Sh'P	mehrfarbig	im	0,30	0,30
		Satzpreis x (4 W.)		1,—	1,20
		FDC x			8,—

y = mit Phosphorstreifen-Aufdruck

418 y	4 P	mehrfarbig	ii	0,30	0,30
419 y	6 P	mehrfarbig	ik	0,30	0,30
420 y	1'3 Sh'P	mehrfarbig	il	0,30	0,30
421 y	1'6 Sh'P	mehrfarbig	im	0,30	0,40
		Satzpreis y (4 W.)		1,—	1,30
		FDC y			9,—

Auflagen: MiNr. 418 x = 80.326.440, MiNr. 419 x = 11.531.760, MiNr. 420 x = 5.286.000, MiNr. 421 x = 5.462.640, MiNr. 418 y = 11.283.720, MiNr. 419 y = 2.459.280, MiNr. 420 y= 1.242.720, MiNr. 421 y = 1.204.200 Stück

Gültig bis 29.2.1972

1966, 1. Juni. Fußball-Weltmeisterschaft, England. RaTdr. (20×6, Querformate ~); Wz. 22, MiNr. 422 liegend; gez. K 14¼:14¾, Querformate ~.

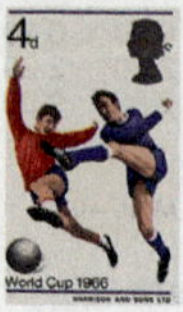
in

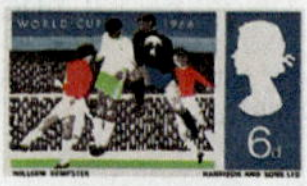
io

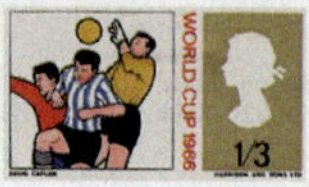
ip

in–ip) Fußballspieler

x = ohne Phosphorstreifen-Aufdruck

422 x	4 P	mehrfarbig	in	0,30	0,30
423 x	6 P	mehrfarbig	io	0,30	0,30
424 x	1'3 Sh'P	mehrfarbig	ip	0,30	0,30
		Satzpreis x (3 W.)		0,70	0,90
		FDC x			18,—

y = mit Phosphorstreifen-Aufdruck

422 y	4 P	mehrfarbig	in	0,30	0,30
423 y	6 P	mehrfarbig	io	0,30	0,30
424 y	1'3 Sh'P	mehrfarbig	ip	0,30	0,30
		Satzpreis y (3 W.)		0,70	0,90
		FDC y			20,—

423 x F I	Farbe Schwarz fehlend	200,—	
423 x F II	Farbe Gelbgrün fehlend	*5000,—*	*4000,—*
423 x F III	Farbe Rot fehlend	*7500,—*	
424 x F	Farbe Blau fehlend	350,—	
423 y F	Farbe Schwarz fehlend	*2000,—*	

Auflagen: MiNr. 422 x = 129.764.160, MiNr. 423 x = 17.086.680, MiNr. 424 x = 7.026.240, MiNr. 422 y = 16.397.880, MiNr. 423 y = 3.357.480, MiNr. 424 y = 1.761.240 Stück

Gültig bis 29.2.1972

1966, 8. Aug. Einheimische Vögel. RaTdr. (3×10 Zd); Wz. 22; gez. K 14¾:14¼.

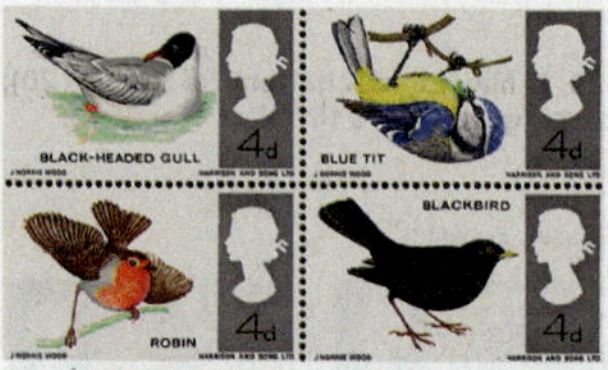

ir) Lachmöwe (Larus ridibundus)
is) Blaumeise (Parus caeruleus)
it) Rotkehlchen (Erithacus rubecula)
iu) Amsel (Turdus merula)

x = ohne Phosphorstreifen-Aufdruck

425 x	4 P	mehrfarbig	ir	0,30	0,30
426 x	4 P	mehrfarbig	is	0,30	0,30
427 x	4 P	mehrfarbig	it	0,30	0,30
428 x	4 P	mehrfarbig	iu	0,30	0,30
		Satzpreis x (4 W.)		0,80	0,80
		Viererblock x		1,20	2,—
		FDC x			8,—

y = mit Phosphorstreifen-Aufdruck

425 y	4 P	mehrfarbig	ir	0,30	0,30
426 y	4 P	mehrfarbig	is	0,30	0,30
427 y	4 P	mehrfarbig	it	0,30	0,30
428 y	4 P	mehrfarbig	iu	0,30	0,30
		Satzpreis y (4 W.)		0,80	0,80
		Viererblock y		1,20	2,—
		FDC y			10,—

		✶✶
425 x F I	Farben Schwarz, Blau und Olivbraun fehlend	*3000,—*
425 x F II	Farbe Schwarz fehlend	—,—
425 x F III	Farbe Grünlichgelb fehlend	600,—
425 x F IV	Farbe Rot fehlend	600,—
425 x F V	Farbe Smaragdgrün fehlend	150,—
425 x F VI	Farbe Blau fehlend	500,—
425 x F VII	Farbe Olivbraun fehlend	150,—
426 x F I	Farben Schwarz, Blau und Olivbraun fehlend	*3000,—*
426 x F II	Farbe Schwarz fehlend	—,—
426 x F III	Farbe Grünlichgelb fehlend	600,—
426 x F V	Farbe Smaragdgrün fehlend	150,—
426 x F VI	Farbe Blau fehlend	500,—
426 x F VII	Farbe Olivbraun fehlend	150,—
427 x F I	Farben Schwarz, Olivbraun und Rötlichbraun fehlend	*3000,—*
427 x F II	Farbe Schwarz fehlend	—,—
427 x F III	Farbe Grünlichgelb fehlend	600,—
427 x F IV	Farbe Rot fehlend	500,—
427 x F V	Farbe Smaragdgrün fehlend	150,—
427 x F VII	Farbe Olivbraun fehlend	150,—
427 x F VIII	Farbe Rötlichbraun fehlend	120,—
428 x F I	Farben Schwarz und Rötlichbraun fehlend	*3000,—*
428 x F II	Farbe Schwarz fehlend	—,—
428 x F III	Farbe Grünlichgelb fehlend	600,—
428 x F VII	Farbe Olivbraun fehlend	150,—
428 x F VIII	Farbe Rötlichbraun fehlend	120,—
425 y F III	Farbe Grünlichgelb fehlend	1200,—
425 y F V	Farbe Smaragdgrün fehlend	150,—
425 y F VI	Farbe Blau fehlend	*3000,—*
425 y F VII	Farbe Olivbraun fehlend	1200,—
426 y F III	Farbe Grünlichgelb fehlend	1200,—
426 y F V	Farbe Smaragdgrün fehlend	150,—
426 y F VI	Farbe Blau fehlend	*3000,—*
426 y F VII	Farbe Olivbraun fehlend	1200,—
427 y F III	Farbe Grünlichgelb fehlend	1200,—
427 y F V	Farbe Smaragdgrün fehlend	150,—
427 y F VII	Farbe Olivbraun fehlend	1200,—
428 y F III	Farbe Grünlichgelb fehlend	1200,—
428 y F VII	Farbe Olivbraun fehlend	1200,—
428 y F VIII	Farbe Rötlichbraun fehlend	150,—

Viererblocks mit fehlenden Farben:

425 x F I–428 x F I	Farben Schwarz, Blau und Olivbraun und Rötlichbraun fehlend	*12000,—*
425 x F II–428 x F II	Farbe Schwarz fehlend	—,—
425 x F III–428 x F III	Farbe Grünlichgelb fehlend	*2500,—*
425 x F IV–428 x F IV	Farbe Rot fehlend	*1500,—*
425 x F V–428 x F V	Farbe Smaragdgrün fehlend	650,—
425 x F VI–428 x F VI	Farbe Blau fehlend	1200,—
425 x F VII–428 x F VII	Farbe Olivbraun fehlend	600,—
425 x F VIII–428 x F VIII	Farbe Rötlichbraun fehlend	300,—
425 y F III–428 y F III	Farbe Grünlichgelb fehlend	*5000,—*
425 y F V–428 y F V	Farbe Smaragdgrün fehlend	500,—
425 y F VI–428 y F VI	Farbe Blau fehlend	*6000,—*
425 y F VII–428 y F VII	Farbe Olivbraun fehlend	*5000,—*
425 y F VIII–428 y F VIII	Farbe Rötlichbraun fehlend	300,—

Auflagen: MiNr. 425 x–428 x = 22.011.935, MiNr. 425 y–428 y = 3.653.280 Sätze

Gültig bis 29.2.1972

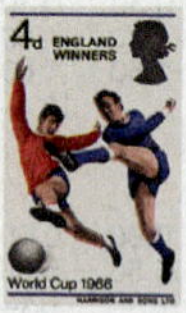

1966, 18. Aug. Gewinn der Fußball-Weltmeisterschaft durch die englische Nationalmannschaft. Wie MiNr. 422, aber mit zusätzlicher Inschrift „ENGLAND WINNERS“. RaTdr. (20×6); Wz. 22 liegend; gez. K 14¼:14¾.

iv) Fußballspieler

				✶✶	⊙
429	4 P	mehrfarbig	iv	0,40	0,40
		FDC			12,—

Auflagen: 12.452.640 Stück

Gültig bis 29.2.1972

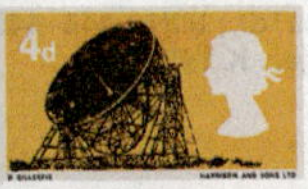

1966, 19. Sept. Britische Technologie. RaTdr. (6×20); Wz. 22; gez. K 14¾:14¼.

iw) Radioteleskop von Jodrell Bank bei Manchester

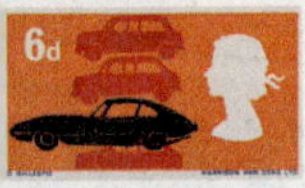

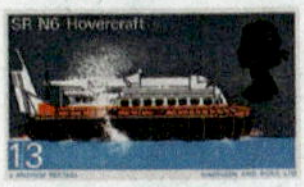

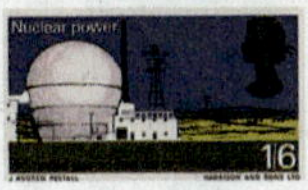

ix) Autoindustrie: Sportwagen Jaguar Typ E vor Kleinwagen Austin Mini und Morris Minor

iy) Luftkissenfahrzeug Typ SR N6 Hovercraft

iz) Kernenergie: Gasgekühlter Reaktor in Windscale

x = ohne Phosphorstreifen-Aufdruck

430 x	4 P	dunkelgelb/schwarz	iw	0,30	0,30
431 x	6 P	mehrfarbig	ix	0,30	0,30
432 x	1'3 Sh'P	mehrfarbig	iy	0,30	0,30
433 x	1'6 Sh'P	mehrfarbig	iz	0,30	0,30
		Satzpreis x (4 W.)		1,—	1,20
		FDC x			5,—

y = mit Phosphorstreifen-Aufdruck

430 y	4 P	dunkelgelb/schwarz	iw	0,30	0,30
431 y	6 P	mehrfarbig	ix	0,30	0,30
432 y	1'3 Sh'P	mehrfarbig	iy	0,30	0,40
433 y	1'6 Sh'P	mehrfarbig	iz	0,30	0,50
		Satzpreis y (4 W.)		1,20	1,50
		FDC y			6,—

		★★
431 x F I	Farbe Zinnober fehlend	*12000,—*
431 x F II	Farbe Dunkelviolettblau fehlend	*10000,—*

Auflagen: MiNr. 430 x = 79.112.278, MiNr. 431 x = 11.087.516, MiNr. 432 x = 5.199.900, MiNr. 433 x = 5.284.069, MiNr. 430 y = 12.737.520, MiNr. 431 y = 2.388.720, MiNr. 432 y = 1.431.000, MiNr. 433 y = 1.414.320 Stück

Gültig bis 29.2.1972

1966, 14. Okt. 900. Jahrestag der Schlacht von Hastings. MiNr. 434–439 RaTdr. (1×20 Zd), MiNr. 440–441 komb. RaTdr. und Pdr. (6×10); Wz. 22, MiNr. 441 Wz. 22 liegend; gez. K 14¾:14¼.

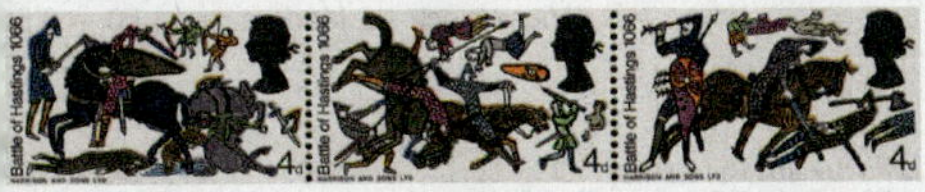

ka, kb, kc

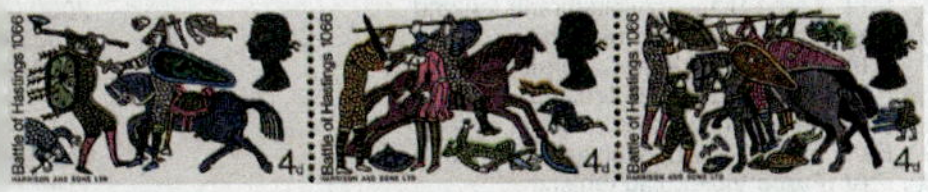

kd, ke, kf

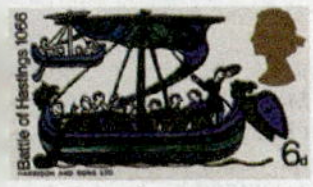

kg

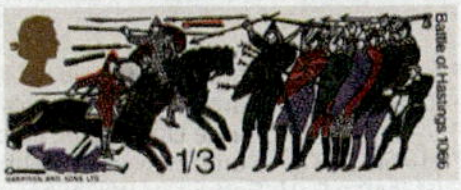

kh

ka–kh) Schiffe Herzog Wilhelms und Kampfszenen, Schlacht von Hastings 1066; Wollstickereien aus dem „Wandteppich von Bayeux"

x = ohne Phosphorstreifen-Aufdruck

				★★	⊙
434 x	4 P	mehrfarbig	ka	0,30	0,30
435 x	4 P	mehrfarbig	kb	0,30	0,30
436 x	4 P	mehrfarbig	kc	0,30	0,30
437 x	4 P	mehrfarbig	kd	0,30	0,30
438 x	4 P	mehrfarbig	ke	0,30	0,30
439 x	4 P	mehrfarbig	kf	0,30	0,30
440 x	6 P	mehrfarbig	kg	0,30	0,30
441 x	1'3 Sh'P	mehrfarbig	kh	0,30	0,30
		Satzpreis x (8 W.)		2,—	2,20
		Sechserstreifen + 2 Marken x		2,50	7,—
		FDC x			8,—

y = mit Phosphorstreifen-Aufdruck

434 y	4 P	mehrfarbig	ka	0,30	0,30
435 y	4 P	mehrfarbig	kb	0,30	0,30
436 y	4 P	mehrfarbig	kc	0,30	0,30
437 y	4 P	mehrfarbig	kd	0,30	0,30
438 y	4 P	mehrfarbig	ke	0,30	0,30
439 y	4 P	mehrfarbig	kf	0,30	0,30
440 y	6 P	mehrfarbig	kg	0,30	0,30
441 y	1'3 Sh'P	mehrfarbig	kh	0,30	0,30
		Satzpreis y (8 W.)		2,—	2,20
		Sechserstreifen + 2 Marken y		2,50	7,—
		FDC y			10,—

Fehlende Farben bzw. ungezähnt bei MiNr. 434–439 (jeweils alle Werte, wenn nicht anders angegeben):

		★★
x I	Dunkelgrünoliv je	50,—
x II	Olivbraun je	50,—
x III	Dunkelindigo je	60,—
x IV	Orange (ohne MiNr. 437) je	50,—
x V	Magentarot je	55,—
x VI	Dunkelgelbgrün je	50,—
x VII	Dunkelkobalt je	50,—
x VIII	Grau je	50,—
y I	Dunkelgrünoliv je	50,—
y II	Olivbraun je	55,—
y III	Dunkelindigo je	60,—
y IV	Orange (ohne MiNr. 437 y) je	50,—
y V	Magentarot je	55,—
y VI	Dunkelgelbgrün je	50,—
y VII	Dunkelkobalt je	60,—
y VIII	Grau je	50,—
y IX	Magentarot und Dunkelgelbgrün je	150,—
U	ungezähnt je	300,—

Sechserstreifen MiNr. 434–439 mit fehlenden Farben bzw. ungezähnt (jeweils alle Werte, wenn nicht anders angegeben):

434 x I-439 x I	Dunkelgrünoliv	400,—
434 x II-439 x II	Olivbraun	400,—
434 x III-439 x III	Dunkelindigo	450,—
434 x IV-439 x IV	Orange (ohne MiNr. 437)	300,—
434 x V-439 x V	Magentarot	400,—
434 x VI-439 x VI	Dunkelgelbgrün	400,—
434 x VII-439 x VII	Dunkelkobalt	400,—
434 x VIII-439 x VIII	Grau	400,—
434 y I-439 y I	Dunkelgrünoliv	400,—
434 y II-439 y II	Olivbraun	400,—
434 y III-439 y III	Dunkelindigo	450,—
434 y IV-439 y IV	Orange (ohne MiNr. 437 y)	300,—
434 y V-439 y V	Magentarot	400,—
434 y VI-439 y VI	Dunkelgelbgrün	400,—
434 y VII-439 y VII	Dunkelkobalt	400,—
434 y VIII-439 y VIII	Grau	400,—
434 y IX-439 y IX	Magentarot und Dunkelgelbgrün	900,—
434 x U-439 x U	ungezähnt	*2000,—*

		★★	⊙
440 x F	Farbe Gelbgold statt Rotgold	1,50	2,—
441 x F	Farbe Lila fehlend	*3000,—*	
440 y F	Farbe Gelbgold statt Rotgold	1,50	2,—
441 y F	Farbe Lila fehlend	1000,—	

Auflagen: MiNr. 434 x–439 x je 14.866.204, MiNr. 440 x = 12.012.328, MiNr. 441 x = 5.721.426, MiNr. 434 y–439 y je 2.643.660, MiNr. 440 y = 2.820.360, MiNr. 441 y = 1.646.280 Stück

Gültig bis 29.2.1972

1966, 1. Dez. Weihnachten: Kinderzeichnungen. Komb. RaTdr. und Pdr. (8×10); MiNr. 442 Wz. 22 liegend, MiNr. 443 Wz. 22 stehend; gez. K 14¼:14¾.

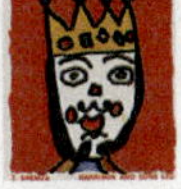

ki) Hl. König aus dem Morgenland

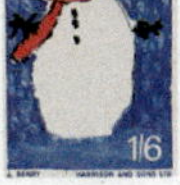

kk) Schneemann

x = ohne Phosphorstreifen-Aufdruck

442 x	3 P	mehrfarbig	ki	0,30	0,30
443 x	1'6 Sh'P	mehrfarbig	kk	0,30	0,30
		Satzpreis x (2 W.)		0,40	0,50
		FDC x			3,—

y = mit Phosphorstreifen-Aufdruck

442 y	3 P	mehrfarbig	ki	0,30	0,30
443 y	1'6 Sh'P	mehrfarbig	kk	0,30	0,30
		Satzpreis y (2 W.)		0,40	0,50
		FDC y			3,—

442 x F	Farbe Blaugrün fehlend	—,—	*3000,—*
443 x F	Farbe Rosa fehlend	*2000,—*	

Auflagen: MiNr. 442 x = 153.318.160, MiNr. 443 x = 8.756.960, MiNr. 442 y = 20.774.000, MiNr. 443 y = 2.109.280 Stück

Gültig bis 29.2.1972

1967, 20. Febr. Aufhebung der Zollschranken zwischen den EFTA-Ländern. RaTdr. (6×20); Wz. 22; gez. K 14¾:14¼.

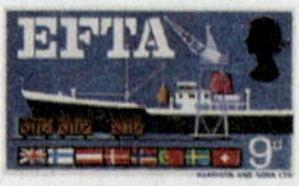

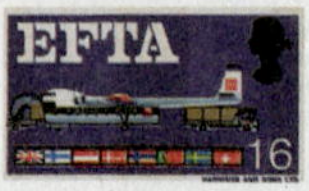

kl) Verladen von Frachtgut, Eisenbahn-Schiff am Hafenkai

km) Verladen von Schnellgut, Lkw-Flugzeug auf dem Flugplatz

kl–km) Flaggen der Mitgliedsstaaten der EFTA

x = ohne Phosphorstreifen-Aufdruck

444 x	9 P	mehrfarbig	kl	0,30	0,30
445 x	1'6 Sh'P	mehrfarbig	km	0,30	0,40
		Satzpreis x (2 W.)		0,40	0,50
		FDC x			6,—

y = mit Phosphorstreifen-Aufdruck

444 y	9 P	mehrfarbig	kl	0,30	0,30
445 y	1'6 Sh'P	mehrfarbig	km	0,30	0,40
		Satzpreis y (2 W.)		0,40	0,50
		FDC y			6,—

444 F I	Farben Schwarz, Dunkelgelbbraun, Lebhaftblau und Gelb fehlend	1000,—	1000,—
444 x F II	Farbe Hellviolettblau fehlend	120,—	120,—
444 x F III	Farbe Gelblichgrün fehlend	120,—	120,—
444 x F IV	Farbe Dunkelgelbbraun fehlend	90,—	90,—
444 x F V	Farbe Lebhaftblau fehlend	120,—	120,—
444 x F VI	Farbe Gelb fehlend	120,—	120,—
444 y F II	Farbe Hellviolettblau fehlend	200,—	200,—
444 y F III	Farbe Gelblichgrün fehlend	120,—	120,—
444 y F IV	Farbe Dunkelgelbbraun fehlend	90,—	90,—
444 y F V	Farbe Lebhaftblau fehlend	120,—	120,—
444 y F VI	Farbe Gelb fehlend	150,—	150,—
445 x F I	Farbe Lebhaftrot fehlend	—,—	*4000,—*
445 x F II	Farbe Dunkelblau fehlend	500,—	500,—
445 x F III	Farbe Gelbbraun fehlend	120,—	120,—
445 x F IV	Farbe Graublau fehlend	120,—	120,—
445 x F V	Farbe Lebhaftblau fehlend	120,—	120,—
445 x F VI	Farbe Gelb fehlend	120,—	120,—
445 x F VII	Farbe Grün fehlend	*2500,—*	*2500,—*
445 y F I	Farbe Lebhaftrot fehlend	—,—	—,—
445 y F II	Farbe Dunkelblau fehlend	150,—	150,—
445 y F III	Farbe Gelbbraun fehlend	100,—	100,—
445 y F IV	Farbe Graublau fehlend	150,—	150,—
445 y F V	Farbe Lebhaftblau fehlend	150,—	150,—

Auflagen: MiNr. 444 x = 6.553.738, MiNr. 445 x = 6.363.483, MiNr. 444 y = 5.557.104, MiNr. 445 y = 4.237.944 Stück

Gültig bis 29.2.1972

1967, 24. April. Wildwachsende Blumen. RaTdr.; MiNr. 446–449 (3×10 Zd), MiNr. 450–451 (6×20); Wz. 22; gez. K 14¾:14¼.

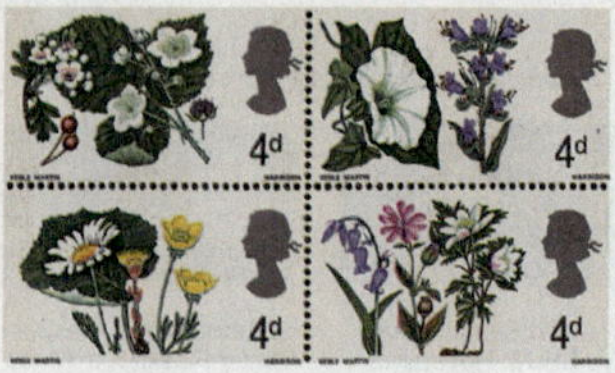

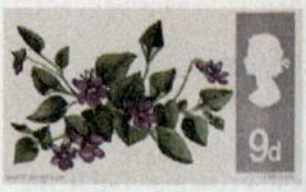

kn) Weißdorn (Crataegus monogyna), Brombeere (Rubus sp.)
ko) Zaunwinde (Calystegia sepium), Natternkopf (Echium vulgare)
kp) Wiesen-Margerite (Chrysanthemum leucanthemum), Huflattich (Tussilago farfara), Hahnenfuß (Ranunculus sp.)
kr) Hasenglöckchen (Scilla nonscripta), Rote Lichtnelke (Silene dioica), Buschwindröschen (Anemone nemorosa)

ks) Hundsveilchen (Viola canina)

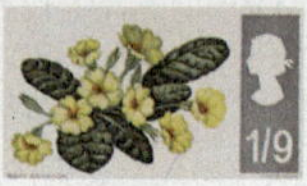

kt) Kissenprimel (Primula vulgaris)

x = ohne Phosphorstreifen-Aufdruck

446 x	4 P	mehrfarbig	kn	0,30	0,30
447 x	4 P	mehrfarbig	ko	0,30	0,30
448 x	4 P	mehrfarbig	kp	0,30	0,30
449 x	4 P	mehrfarbig	kr	0,30	0,30
450 x	9 P	mehrfarbig	ks	0,30	0,30
451 x	1'9 Sh'P	mehrfarbig	kt	0,30	0,30
		Satzpreis x (6 W.)		1,80	1,80
		Viererblock + 2 Marken x		2,—	3,50
		FDC x			5,—

y = mit Phosphorstreifen-Aufdruck

446 y	4 P	mehrfarbig	kn	0,30	0,30
447 y	4 P	mehrfarbig	ko	0,30	0,30
448 y	4 P	mehrfarbig	kp	0,30	0,30
449 y	4 P	mehrfarbig	kr	0,30	0,30
450 y	9 P	mehrfarbig	ks	0,30	0,30
451 y	1'9 Sh'P	mehrfarbig	kt	0,30	0,40
		Satzpreis y (6 W.)		0,80	1,80
		Viererblock + 2 Marken y		1,50	3,50
		FDC y			8,—

		★★
446 x F I	Farbe Rot fehlend	*3000,—*
446 x F V	Farbe Dunkelgrauviolett fehlend	*3000,—*
449 x F II	Farbe Dunkelrötlichlila fehlend	*1500,—*
446 y F III	Farbe Schwarzviolettbraun fehlend	*2000,—*
446 y F V	Farbe Dunkelgrauviolett fehlend	400,—
447 y F III	Farbe Schwarzviolettbraun fehlend	*2000,—*
447 y F IV	Farbe Violettblau fehlend	—,—
448 y F III	Farbe Schwarzviolettbraun fehlend	*2000,—*
449 y F III	Farbe Schwarzviolettbraun fehlend	*2000,—*
449 y F IV	Farbe Violettblau fehlend	—,—

Viererblocks mit fehlenden Farben:

446 x F I–449 x F I	Farbe Rot bei einer Marke fehlend	*3500,—*
446 x F II–449 x F II	Farbe Dunkelrötlichlila bei einer Marke fehlend	*2000,—*
446 x F V–449 x F V	Farbe Dunkelgrauviolett bei einer Marke fehlend	*3500,—*
446 y F III–449 y F III	Farbe Schwarzviolettbraun fehlend	*10000,—*
446 y F IV–449 y F IV	Farbe Violettblau bei zwei Marken fehlend	—,—
446 y F V–449 y F V	Farbe Dunkelgrauviolett bei einer Marke fehlend	500,—

Auflagen: MiNr. 446 x–449 x je 19.582.944, MiNr. 450 x = 5.873.042, MiNr. 451 x = 3.259.521, MiNr. 446 y–449 y je 9.283.488, MiNr. 450 y = 5.701.608, MiNr. 451 y = 4.929.648 Stück

Gültig bis 29.2.1972

Ab MiNr. 452 sind alle Ausgaben – wenn nicht ausdrücklich anders angegeben – mit Phosphoraufdruck (Streifen oder ganzflächig) versehen oder auf phosphorbeschichtetem Papier gedruckt. Daher entfällt im Kopftext dieser Hinweis. Trotzdem gibt es von den meisten Werten der Kontrolle entgangene Stücke ohne Phosphoraufdruck, die von Spezialsammlern beachtet werden. Katalogisierung siehe MICHEL-Großbritannien-Spezial.

1967, 5. Juni/1968, 1. Juli. Freimarken: Königin Elizabeth II., Typ Machin. Wertangaben in alten Pence (D). RaTdr., Bogen (B) (12×20), Markenheftchen (MH) und Rollen (R); gez. K 14¾:14¼.

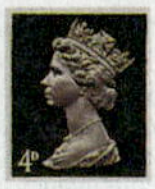

ku) Wertangabe links

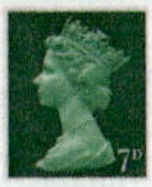

ku l) Wertangabe rechts

ku–ku l) Königin Elizabeth II. (1926–2022, reg. ab 1952)

				★★	⊙
452	½ P	dkl'rötlichorange (B) (5.2.1968)	ku	0,30	0,30
453	1 P	dkl'braunoliv (B) (MH) (R) (5.2.1968)	ku	0,30	0,30
454	2 P	braunkarmin (B) (R) (5.2.1968)	ku	0,30	0,30
455	3 P	schwärzlichviolett (B) (MH) (R) (8.8.1967)	ku	0,30	0,30
456	4 P	schwarzgraubraun bis braunschwarz (B) (MH) (R) (5.6.1967)	ku	0,30	0,30
457	5 P	schwärzlichultramarin (B) (MH) (R) (1.7.1968)	ku	0,30	0,30
458	6 P	dkl'rosalila (B) (R) (5.2.1968)	ku	0,30	0,30
459	7 P	dkl'smaragdgrün (B) (1.7.1968)	ku l	0,30	0,30
460	8 P	lebhaftrot (B) (1.7.1968)	ku l	0,30	0,30
461	9 P	schwarzgrün (B) (8.8.1967)	ku l	0,30	0,30
462	10 P	dkl'braungrau (B) (1.7.1968)	ku	0,30	0,30
463	1 Sh	mittelblauviolett (B) (5.6.1967)	ku	0,30	0,30
464	1'6 Sh'P	schwarzblau/hellgrünlichblau (B) (8.8.1967)	ku	0,30	0,30
465	1'9 Sh'P	schwarz/mittelorange (B) (5.6.1967)	ku	0,30	0,30
		Satzpreis (14 W.)		4,—	4,—
		FDC (MiNr. 452–454, 458)			3,50
		FDC (MiNr. 455, 461, 464)			3,—
		FDC (MiNr. 456, 463, 465)			3,—
		FDC (MiNr. 457, 459–60, 462)			5,—

		★★
453 U	ungezähnt (MH) (R)	800,—
453 Udr	oben bzw. unten gezähnt (R) je	400,—
455 U	ungezähnt (B) (senkr. Paar)	900,—
456 Udr	unten gezähnt (MH)	400,—
457 U	ungezähnt (MH)	150,—
457 Udr	unten gezähnt (MH)	400,—
464 F I	Farbe Hellgrünlichblau fehlend (B)	150,—
464 Uo	oben ungezähnt (B) (Bogenrand)	100,—

MiNr. 453–456 und 464 weisen unterschiedliche Anordnungen der Phosphorstreifenaufdrucke auf. Ausführliche Katalogisierung siehe MICHEL-Großbritannien-Spezial.

MiNr. 453 stammt auch aus MH 24, 25, 26, 28, 30, 0-65, 0-66, 0-68
MiNr. 455 stammt auch aus MH 24, 25, 0-65.
MiNr. 456 stammt auch aus MH 24, 25, 26, 27, 0-64, 0-65, 0-66.
MiNr. 457 stammt auch aus MH 26, 28, 30, 0-67.

Gültig bis 29.2.1972

In gleicher Zeichnung siehe Übersicht nach Jahrgangswerttabelle.

1967, 10. Juli. Gemälde britischer Meister (I). RaTdr. (12×5, Querformate ∼); gez. K 14¾:14¼

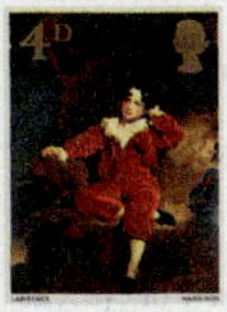

kv) Master Lambton; von Thomas Lawrence (1769–1830)

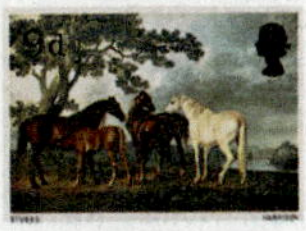

kw) Stuten und Fohlen in einer Landschaft; von George Stubbs (1724–1806)

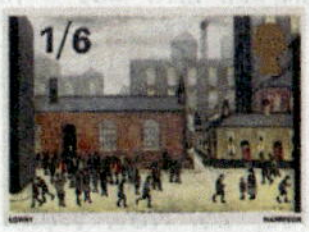

kx) Kinder kommen aus der Schule; von Laurence Stephen Lowry (1887–1976)

				★★	⊙
466	4 P	mehrfarbig	kv	0,30	0,30
467	9 P	mehrfarbig	kw	0,30	0,30
468	1'6 Sh'P	mehrfarbig	kx	0,30	0,30
		Satzpreis (3 W.)		0,50	0,50
		FDC			3,—

		★★
466 F I	Farbe Gold fehlend	250,—
466 F II	Farbe Dunkelkobalt fehlend	*10000,—*
467 F I	Farbe Schwarz fehlend	900,—
467 F II	Farbe Gelb fehlend	1400,—
468 F I	Farbe Gold fehlend	*12000,—*
468 F II	Farbe Lebhaftblau fehlend	250,—
468 F III	Farbe Grau fehlend	120,—

Auflagen: MiNr. 466 = 102.443.229, MiNr. 467 = 9.568.991, MiNr. 468 = 9.660.509 Stück

Gültig bis 29.2.1972

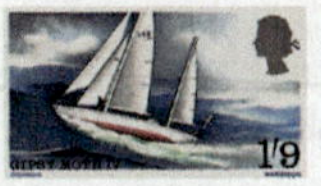

1967, 24. Juli. Weltumseglung von Francis Chichester. RaTdr. (6×20); gez. K 14¾:14¼.

ky) Segeljacht „Gipsy Moth IV."

				★★	⊙
469	1'9 Sh'P	mehrfarbig	ky	0,30	0,30
		FDC			2,—

Auflage: 10.060.867 Stück

Gültig bis 29.2.1972

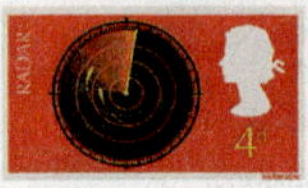

1967, 19. Sept. Britische Erfindungen und Entdeckungen. RaTdr. (6×20, Hochformat ∼); Wz. 22 bei MiNr. 473 liegend; gez. K 14¾:14¼, Hochformat ∼.

kz) Radarschirm; Erfindung von Robert Watson-Watt (1892–1973)

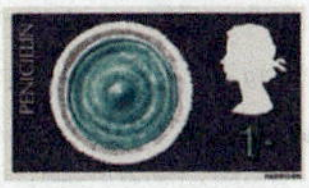

la) Penicillinschimmel; Entdeckung von Alexander Fleming (1881–1955)

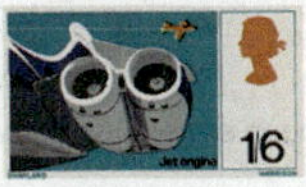

lb) Strahltriebwerk der Vickers VC 10; Erfindung von Frank Whittle (1907–1996)

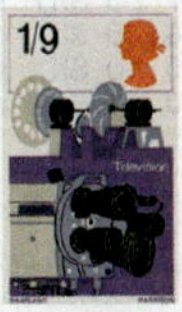

lc) Fernsehkamera; Erfindung von John Logie Baird (1888–1946)

470	4 P	mehrfarbig	kz	0,30	0,30
471	1 Sh	mehrfarbig	la	0,30	0,30
472	1'6 Sh'P	mehrfarbig	lb	0,30	0,30
473	1'9 Sh'P	mehrfarbig	lc	0,30	0,30
		Satzpreis (4 W.)		0,60	0,80
		FDC			3,—

473 F I	Farbe Graublau fehlend	—,—	*4000,—*
473 F II	Farbe Gold fehlend	*20000,—*	

Auflagen: MiNr. 470 = 104.165.625, MiNr. 471 = 10.718.389, MiNr. 472 = 10.380.413, MiNr. 473 = 7.469.585 Stück

Gültig bis 29.2.1972

1967, 18. Okt./27. Nov. Weihnachten. RaTdr.; MiNr. 474–475 (12×10), MiNr. 476 (10×6); gez. K 14¼:14¾, Querformat ∼.

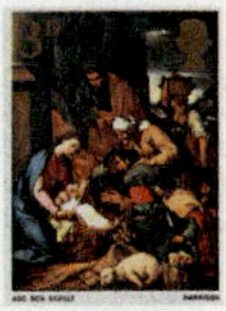
ld) Anbetung der Hirten; unbekannter spanischer Meister (16.–17. Jh.)

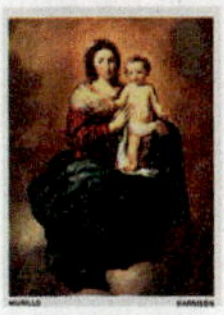
le) Madonna mit stehendem Kind in den Wolken; von Bartolomé Esteban Murillo (1617–1682), spanischer Maler

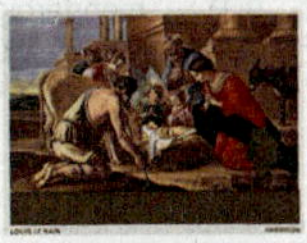
lf) Anbetung der Hirten; von Louis Le Nain (um 1593–1648), französischer Maler

474	3 P	mehrfarbig (27. Nov.)	ld	0,30	0,30
475	4 P	mehrfarbig (18. Okt.)	le	0,30	0,30
476	1'6 Sh'P	mehrfarbig (27. Nov.)	lf	0,30	0,30
		Satzpreis (3 W.)		0,50	0,60
		FDC (MiNr. 474 und 476)			2,—
		FDC (MiNr. 475)			1,50

474 F I	Farbe Gold fehlend	100,—	
474 F II	Farbe Rosalila fehlend	*3000,—*	
474 F III	Farbe Gelboliv fehlend	*4000,—*	—,—

475 F I	Farbe Gold fehlend	80,—
475 F II	Farbe Gelb fehlend	*4000,—*
476 F I	Farbe Gold fehlend	*10000,—*
476 F II	Farbe Ultramarin fehlend	600,—
476 F III	Farbe Hellgelb fehlend	*12000,—*

Auflagen: MiNr. 474 = 270.349.845, MiNr. 475 = 287.827.440, MiNr. 476 = 17.913.209 Stück

Gültig bis 29.2.1972

1967, 4. Dez./1968, 1. Juli. Freimarken: Burgen. StTdr. (4×10); normales Papier; oWz.; gez. K 11:11¾.

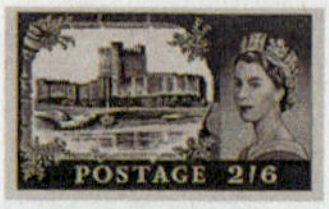

ek) Carrickfergus (Nordirland)

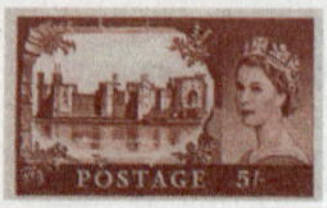

el) Caernarfon (Wales)

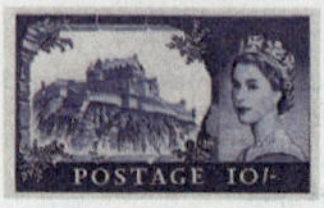

em) Edinburgh (Schottland)

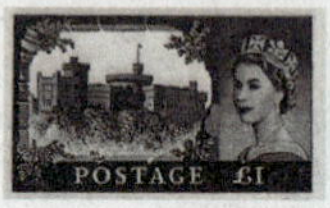

en) Windsor (England)

477	2'6 Sh'P	schwarzbraun (1.7.1968)	ek	0,40	0,80
478	5 Sh	dunkelrot (10.4.1968)	el	1,—	1,20
479	10 Sh	violettultramarin (10.4.1968)	em	6,—	7,—
480	1 £	schwarz (4.12.1967)	en	8,—	6,—
		Satzpreis (4 W.)		15,—	15,—

MiNr. 477–479 gültig bis 29.2.1972

In gleichen Zeichnungen siehe Fußnote nach MiNr. 281.

Die 1-£-Marken MiNr. 281, 338 und 480 sind weiterhin frankaturgültig.

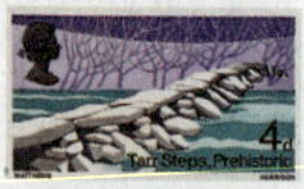

1968, 29. April. Brücken. RaTdr. (6×20); gez. K 14¾:14¼.

lg) Tarr Steps, mittelalterliche Brücke bei Dulverton in Somersetshire

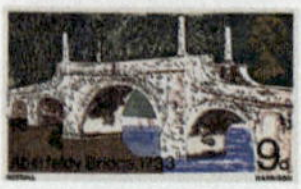

lh) Aberfeldy Brücke in Perthshire

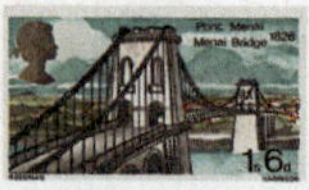

li) Menai-Brücke, zwischen Insel Anglesey und Wales

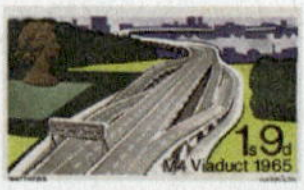

lk) M 4-Viadukt

481	4 P	mehrfarbig	lg	0,30	0,30
482	9 P	mehrfarbig	lh	0,30	0,30
483	1'6 Sh'P	mehrfarbig	li	0,30	0,30
484	1'9 Sh'P	mehrfarbig	lk	0,30	0,30
		Satzpreis (4 W.)		0,60	0,80
		FDC			2,50

482 F I	Farbe Gold fehlend	250,—	
482 F II	Farbe Ultramarin fehlend	—,—	*4000,—*
483 F I	Farbe Gold fehlend	350,—	
483 F II	Farbe Rotorange fehlend	400,—	
484 F II	Farbe Gold fehlend	300,—	

Auflagen: MiNr. 481 = 97.458.120, MiNr. 482 = 8.773.080, MiNr. 483 = 9.451.400, MiNr. 484 = 5.924.800 Stück

Gültig bis 29.2.1972

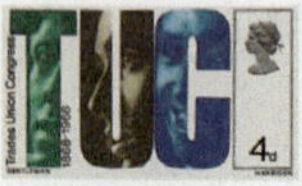

1968, 29. Mai. Jahrestage. RaTdr. (6×20); gez. K 14¾:14¼.

lm) 100 Jahre Gewerkschaftskongress TUC (= Trades Union Congress, gebildet aus Porträtphotos)

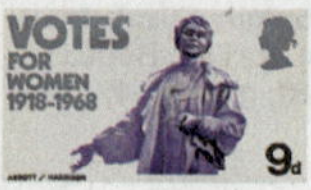

ln) 50 Jahre Frauenwahlrecht: Emmeline Pankhurst (1858–1928), Frauenrechtlerin

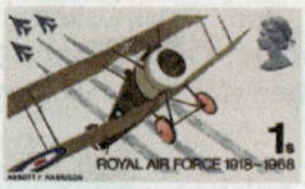

lo) 50 Jahre Royal Air Force (RAF): Doppeldecker Sopwith Camel (1914–1918), drei English Electric Lightning

lp) 200. Jahrestag der ersten Entdeckungsfahrt von James Cook: Cooks Segelschiff „Endeavour" und Namenszug

485	4 P	mehrfarbig	lm	0,30	0,30
486	9 P	mehrfarbig	ln	0,30	0,30
487	1 Sh	mehrfarbig	lo	0,30	0,30
488	1'9 Sh'P	braunschwarz/ocker	lp	0,30	0,30
		Satzpreis (4 W.)		0,60	1,—
		FDC			5,—

Auflagen: MiNr. 485 = 97.757.920, MiNr. 486 = 9.135.240, MiNr. 487 = 9.872.160, MiNr. 488 = 6.217.440 Stück

Gültig bis 29.2.1972

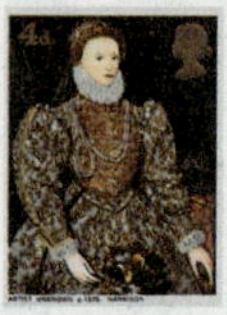

1968, 12. Aug. Gemälde britischer Meister (II). Komb. RaTdr. und Pdr. (10×6, Querformat ∼); gez. K 14¼:14¾, Querformat ∼.

lr) Königin Elizabeth I.; von unbekanntem Meister (um 1575)

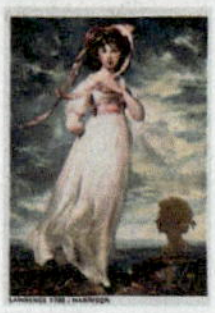

ls) Pinkie (Miss Sarah Moulton-Barrett); von Thomas Lawrence (1769–1830)

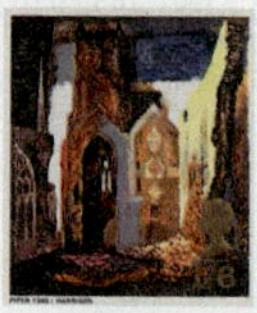

lt) St. Mary le Port, Kirche in Bristol; von John Piper (1903–1992)

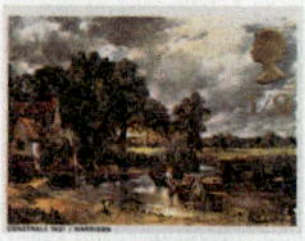

lu) The Hay Wain (Der Heuwagen); von John Constable (1776–1837)

489	4 P	mehrfarbig	lr	0,30	0,30
490	1 Sh	mehrfarbig	ls	0,30	0,30
491	1'6 Sh'P	mehrfarbig	lt	0,30	0,30
492	1'9 Sh'P	mehrfarbig	lu	0,30	0,30
		Satzpreis (4 W.)		0,60	1,—
		FDC			3,—

		★★
489 F I	Farbe Gold fehlend	300,—
489 F III	Farbe Dunkelorangerot fehlend	600,—
489 F V	Prägedruck fehlend	90,—
490 F I	Farbe Gold fehlend	*6000,—*
490 F II	Farbe Gold und Prägedruck (und Ph.-Streifen) fehlend	600,—
490 F III	Prägedruck fehlend	—,—
491 F I	Farbe Gold fehlend	300,—
492 F I	Farbe Gold und Prägedruck (und Ph.-Streifen) fehlend	800,—
492 F II	Farbe Rot fehlend	*6000,—*
492 F IV	Prägedruck fehlend	150,—

Auflagen: MiNr. 489 = 185.034.000, MiNr. 490 = 17.953.440, MiNr. 491 = 8.878.440, MiNr. 492 = 5.739.000 Stück

Gültig bis 29.2.1972

1968, 25. Nov. Weihnachten. Komb. RaTdr. und Pdr. (6×20, Hochformate ∼); gez. K 14¾:14¼, Hochformate ∼.

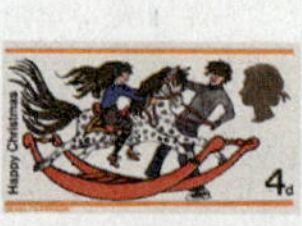

lv) Junge und Mädchen mit Schaukelpferd

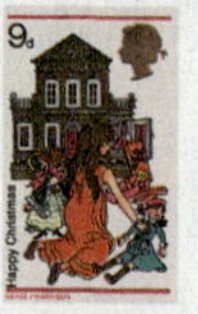

lw) Mädchen mit Puppen und Puppenhaus

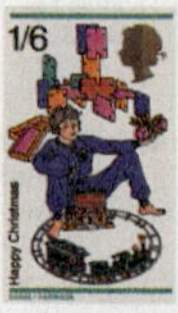

lx) Junge mit Eisenbahn und Baukasten

				★★	⊙
493	4 P	mehrfarbig	lv	0,30	0,30
494	9 P	mehrfarbig	lw	0,30	0,30

495	1'6 Sh'P	mehrfarbig	lx	0,30	0,30
			Satzpreis (3 W.)	0,70	0,70
			FDC		2,—

		★★
493 F I	Farbe Gold fehlend	*4000,—*
493 F II	Farbe Dunkelorangerot fehlend	500,—
493 F III	Farbe Ultramarin (und Ph.-Streifen) fehlend	500,—
493 F IV	Prägedruck fehlend	7,50
494 F I	Farbe Gelb fehlend	150,—
494 F III	Prägedruck fehlend	8,—
494 F V	Farbe Blaugrün fehlend	—,—
495 F I	Prägedruck fehlend	—,—

Auflagen: MiNr. 493 = 326.078.360, MiNr. 494 = 17.102.520, MiNr. 495 = 21.344.760 Stück

Gültig bis 29.2.1972

1969, 6. Jan. Freimarken: Königin Elizabeth II., Typ Machin. Wertangaben in alten Pence (D). RaTdr., Bogen (B) (12×20), Markenheftchen (MH) und Rolle (R); gez. K 14¾:14¼.

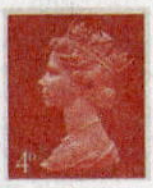

ku) Wertangabe unten links

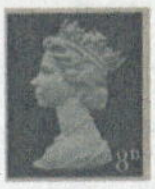

ku I) Wertangabe unten rechts

ku, ku I) Königin Elizabeth II. (1926–2022, reg. ab 1952)

				★★	⊙
496	4 P	lebhaftrot (B) (MH) (R)	ku	0,30	0,30
497	8 P	mittelgrünblau (B)	ku I	0,50	0,50
			Satzpreis (2 W.)	0,80	0,80
			FDC		3,20

MiNr. 496 weist unterschiedliche Anordnungen der Phosphorstreifenaufdrucke auf. Ausführliche Katalogisierung siehe MICHEL-Großbritannien-Spezial.

MiNr. 496 stammt auch aus MH 28, 29, 30, 0-68, 0-69.

Gültig bis 29.2.1972

In gleicher Zeichnung siehe Übersicht nach Jahrgangswerttabelle.

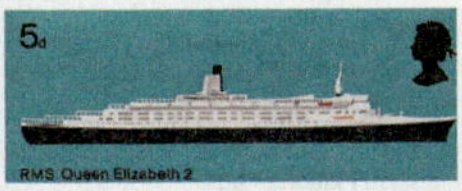

1969, 15. Jan. Britische Schiffe. RaTdr.; MiNr. 498 (8×9), MiNr. 499–501 (2×20 Zd), MiNr. 502 bis 503 (4×10 Zd); gez. K 14¾:14¼.

ly) Passagierschiff „Queen Elizabeth 2“ (1969)

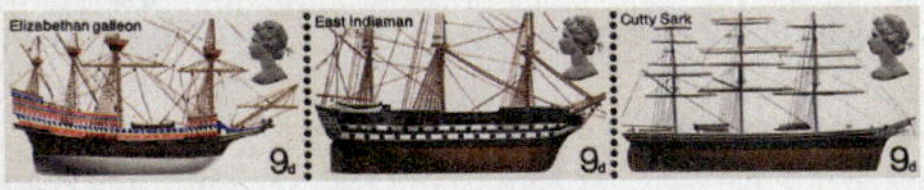

lz) Segel-Galeone „Earl of Balcarres“ (16. Jh.)
ma) Bewaffneter Ostindien-Segler (18. und 19. Jh.)
mb) Klipper „Cutty Sark“ (1869)

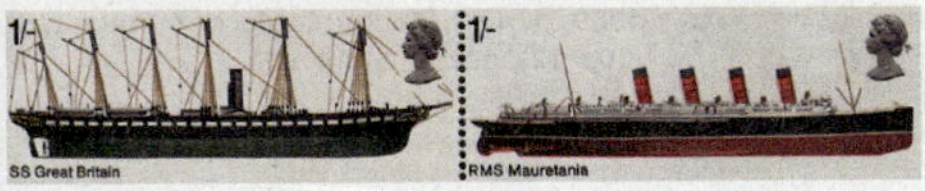

mc) Dampfsegelschiff „Great Britain“ (1843)
md) Passagierschiff „Mauretania“ (1907)

498	5 P	mehrfarbig	ly	0,30	0,30
499	9 P	mehrfarbig	lz	0,30	0,30
500	9 P	mehrfarbig	ma	0,30	0,30
501	9 P	mehrfarbig	mb	0,30	0,30
502	1 Sh	mehrfarbig	mc	0,30	0,30
503	1 Sh	mehrfarbig	md	0,30	0,30
			Satzpreis (6 W.)	1,50	1,50
			Marke + Dreierstreifen + Paar	3,50	5,—
			FDC		7,—

		★★
498 F I	Farbe Schwarz fehlend	*2500,—*
498 F II	Farbe Grau fehlend	200,—
498 F III	Farbe Rot fehlend	250,—
499 F I	Farben Rot und Blau (und Ph.-Streifen) fehlend	*2500,—*
499 F II	Farbe Blau fehlend	*2500,—*
502 F I	Farbe Grünlichgelb fehlend	*3000,—*
503 F I	Farbe Karmin fehlend	*20000,—*
503 F II	Farbe Rot fehlend	*14000,—*
503 F III	Farben Karmin und Rot fehlend	*14000,—*

Dreierstreifen MiNr. 499–501 bzw. Paare MiNr. 502–503 mit fehlenden Druckgängen: je 10% Aufschlag auf Summe der Abartenpreise für die Einzelmarken.

Auflagen: MiNr. 498 = 67.584.528, MiNr. 499–501 je 14.351.160, MiNr. 502–503 je 10.784.480 Stück

Gültig bis 29.2.1972

1969, 3. März. Erstflug der „Concorde“ (2.3.1969). RaTdr. (6×20); gez. K 14¾:14¼.

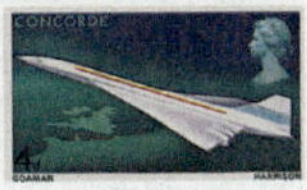

me) Concorde, Überschall-Passagierflugzeug

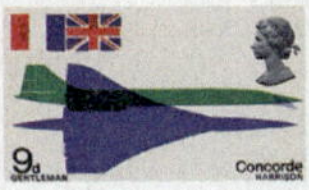

mf) Ansichten der Concorde, Flaggen von Großbritannien und Frankreich

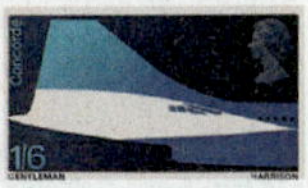

mg) Heckteil und Bugansicht der Concorde

				★★	⊙
504	4 P	mehrfarbig	me	0,30	0,30
505	9 P	mehrfarbig	mf	0,50	0,50
506	1'6 Sh'P	mehrfarbig	mg	1,20	1,20
			Satzpreis (3 W.)	2,—	2,—
			FDC		4,—

504 F I	Farbe Violett fehlend	600,—	
504 F III	Farbe Gelborange fehlend	600,—	
505 F I	Farbe Graublau fehlend	—,—	—,—
506 F I	Farbe Silbergrau fehlend, Kopf der Königin hellblau	600,—	

Auflagen: MiNr. 504 = 91.551.720, MiNr. 505 = 9.488.520, MiNr. 506 = 9.874.560 Stück

Gültig bis 29.2.1972

Parallelausgabe mit Frankreich MiNr. 1655

1969, 5. März. Freimarken: Königin Elizabeth II., Typ Machin, Großformat. StTdr. (8×5, MiNr. 510 auch 10×10) auf gestrichenem Papier ohne Phosphoraufdruck; gez. K 12¼.

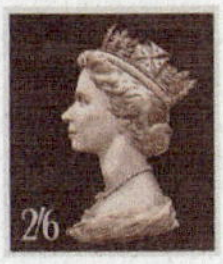

mh) Königin Elizabeth II. (1926–2022, reg. ab 1952)

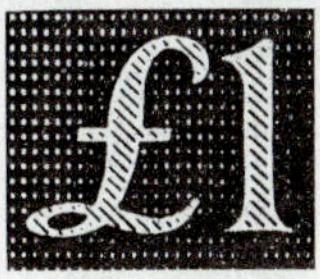

Zeichnung „£ 1“ bei MiNr. 510

507	2'6 Sh'P	dunkelbraun	mh	0,60	0,30
508	5 Sh	dunkelkarminbraun	mh	2,60	0,70
509	10 Sh	lilaultramarin	mh	8,—	7,50
510	1 £	schwarz	mh	4,—	2,—
			Satzpreis (4 W.)	15,—	10,—
			FDC		15,—

MiNr. 507–509 gültig bis 29.2.1972;
MiNr. 510 gültig bis 31.1.2023, geduldet bis 31.7.2023

In gleicher Zeichnung siehe Übersicht nach Jahrgangswerttabelle.
1 £ in etwas geänderter Zeichnung der Wertangabe: MiNr. 611

1969, 2. April. Jahrestage. RaTdr. (6×20); gez. K 14¾:14¼.

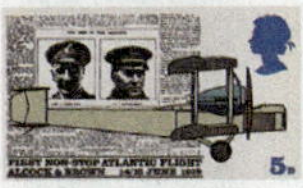

mi) 50. Jahrestag des 1. Non-Stop-Fluges über den Nordatlantik durch Alcock und Brown; Zeitungsausschnitt und Flugzeug

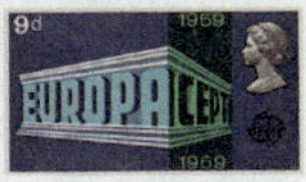

mk) 10. Jahrestag der Konferenz der Europäischen Post- und Telegrafenunion (CEPT); „EUROPA“ und „CEPT“ in Tempelform

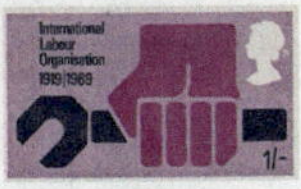

ml) 50 Jahre Internationale Arbeitsorganisation (ILO); Faust mit Schraubenschlüssel

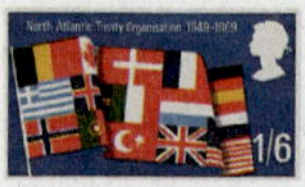

mm) 20 Jahre Nordatlantikpakt (NATO); Flaggen der NATO-Länder

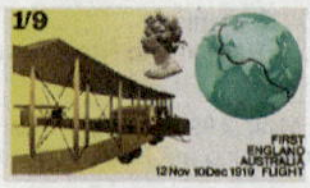

mn) 50. Jahrestag des Erstfluges von Großbritannien nach Australien durch Ross und Keith Smith; Erdkugel mit Flugstrecke, Flugzeug Vickers FB-27 Vimy

511	5 P	mehrfarbig	mi	0,30	0,30
512	9 P	mehrfarbig	mk	0,30	0,30
513	1 Sh	mehrfarbig	ml	0,30	0,30
514	1'6 Sh'P	mehrfarbig	mm	0,30	0,30
515	1'9 Sh'P	mehrfarbig	mn	0,30	0,30
			Satzpreis (5 W.)	1,30	1,40
			FDC		3,—

514 F I	Farbe Schwarz fehlend	120,—
514 F II	Farbe Gelbgrün fehlend	80,—
514 F V	Farbe Hellgelb fehlend	*3500,—*

Auflagen: MiNr. 511 = 82.285.680, MiNr. 512 = 9.823.200, MiNr. 513 = 10.302.360, MiNr. 514 = 10.512.480, MiNr. 515 = 6.155.760 Stück

Gültig bis 29.2.1972

1969, 28. Mai. Britische Kathedralen. RaTdr.; MiNr. 516–519 (3×6 Zd), MiNr. 520–521 (6×20); gez. K 14¾:14¼.

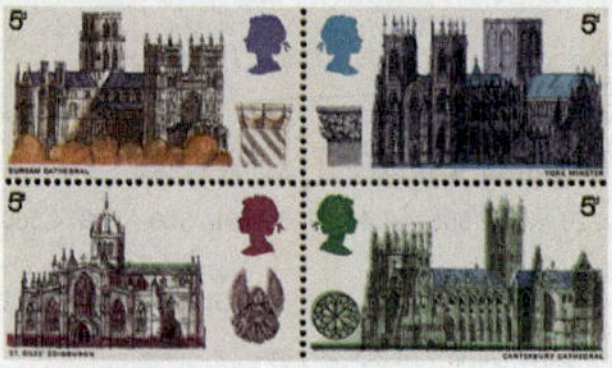

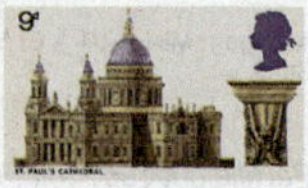

mo) Kathedrale in Durham
mp) Kathedrale in York
mr) Kathedrale St. Giles in Edinburgh
ms) Kathedrale in Canterbury

mt) St. Pauls Kathedrale in London

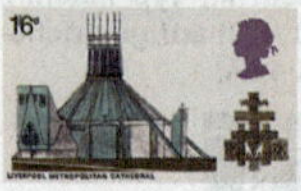

mu) Metropolitan Kathedrale in Liverpool

516	5 P	mehrfarbig	mo	0,30	0,30
517	5 P	mehrfarbig	mp	0,30	0,30
518	5 P	mehrfarbig	mr	0,30	0,30
519	5 P	mehrfarbig	ms	0,30	0,30
520	9 P	mehrfarbig	mt	0,30	0,30
521	1'6 Sh'P	mehrfarbig	mu	0,30	0,30
			Satzpreis (6 W.)	1,—	1,10
			Viererblock + 2 Marken	1,80	3,50
			FDC		4,50

		★★
516 F	Farbe Mattblauviolett fehlend	*6000,—*
517 F	Farbe Mattblauviolett fehlend	*6000,—*
520 F I	Farbe Schwarz fehlend	200,—
521 F I	Farbe Schwarz fehlend	*1500,—*

Auflagen: MiNr. 516–519 je 16.336.044, MiNr. 520 = 11.065.920, MiNr. 521 = 11.414.280 Stück

Gültig bis 29.2.1972

1969, 1. Juli. Investitur des Fürsten von Wales. RaTdr.; MiNr. 522–524 (4×6 Zd), MiNr. 525–526 (10×6); gez. K 14¼:14¾.

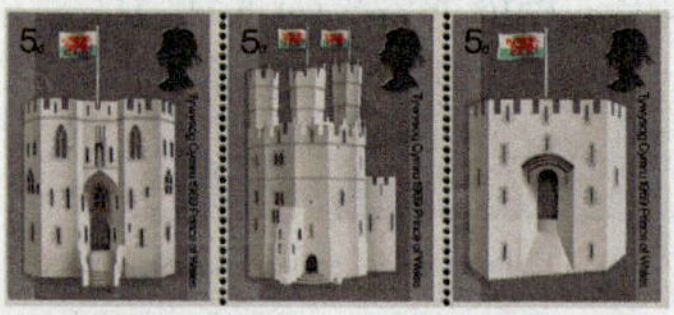

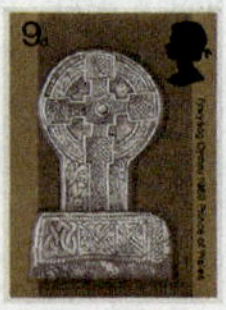

mv) Königstor
mw) Adlerturm
mx) Königin-Eleanor-Tor

my) Keltisches Kreuz; Walisische Kunst

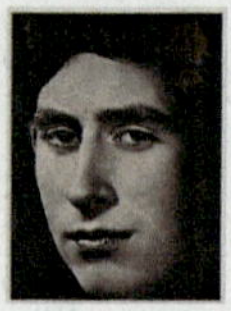

mz) Charles (*1948), Prince of Wales

mv–mx) Teilabbildungen von Burg Caernarfon

				★★	⊙
522	5 P	mehrfarbig	mv	0,30	0,30
523	5 P	mehrfarbig	mw	0,30	0,30
524	5 P	mehrfarbig	mx	0,30	0,30
525	9 P	mehrfarbig	my	0,30	0,30
526	1 Sh	olivschwarz/gold	mz	0,30	0,30
			Satzpreis (5 W.)	0,70	0,90
			Dreierstreifen + 2 Marken	1,—	2,—
			FDC		2,50

		★★
522 F I	Farbe Schwarz fehlend	600,—
522 F II	Farbe Rot fehlend	1000,—
522 F III	Farbe Dunkelgrau fehlend	400,—
522 F IV	Farbe Hellbläulichgrün fehlend	900,—
522 F V	Farbe Hellgrau fehlend	*5000,—*
523 F I	Farbe Schwarz fehlend	600,—
523 F II	Farbe Rot fehlend	1000,—
523 F III	Farbe Dunkelgrau fehlend	400,—
523 F IV	Farbe Hellbläulichgrün fehlend	900,—
523 F V	Farbe Hellgrau fehlend	*5000,—*
524 F I	Farbe Schwarz fehlend	600,—
524 F II	Farbe Rot fehlend	1000,—
524 F III	Farbe Dunkelgrau fehlend	400,—
524 F IV	Farbe Hellbläulichgrün fehlend	900,—
524 F V	Farbe Hellgrau fehlend	*5000,—*

Dreierstreifen MiNr. 522–524 mit fehlenden Druckgängen: je 10% Aufschlag auf Summe der Abartenpreise für die Einzelmarken.

Auflagen: MiNr. 522–524 je 33.155.832, MiNr. 525 = 13.384.380, MiNr. 526 = 12.972.720 Stück

Gültig bis 29.2.1972

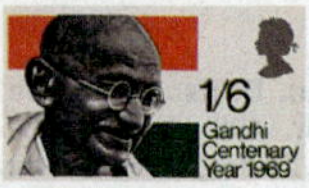

1969, 13. Aug. Internationales Gedenkjahr zum 100. Geburtstag von Gandhi. RaTdr. (6×20); gez. K 14¾:14¼.

na) Mohandas Karamchand Gandhi, Ehrenname Mahatma (1869–1948), Führer der indischen Unabhängigkeitsbewegung; indische Nationalflagge

				★★	⊙
527	1'6 Sh'P	mehrfarbig	na	0,30	0,40
			FDC		1,50

Auflage: 10.804.920 Stück

Gültig bis 29.2.1972

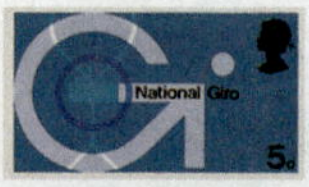

1969, 1. Okt. Technologie der Post. Odr. (10×12); gez. K 14:14¼.

nb) National-Giro-Symbol, Computer-Transistor mit angeschlossenem Stromkreis

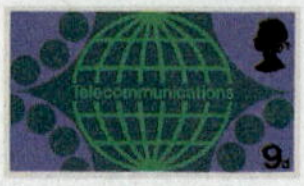

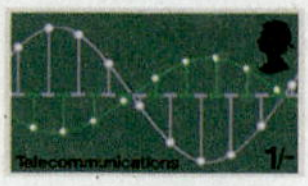

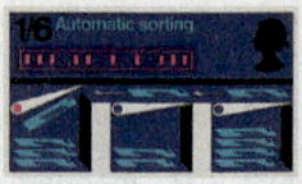

nc) Internationales Fernmeldesystem

nd) Diagramm eines Pulscodemodulations-Systems

ne) Automatische Briefsortiermaschine

528	5 P	mehrfarbig	nb	0,30	0,30
529	9 P	mehrfarbig	nc	0,30	0,30
530	1 Sh	mehrfarbig	nd	0,30	0,30
531	1'6 Sh'P	mehrfarbig	ne	0,30	0,30
			Satzpreis (4 W.)	0,70	1,—
			FDC		2,50

Auflagen: MiNr. 528 = 72.405.720, MiNr. 529 = 8.472.000, MiNr. 530 = 10.296.120, MiNr. 531 = 10.757.040 Stück

Gültig bis 29.2.1972

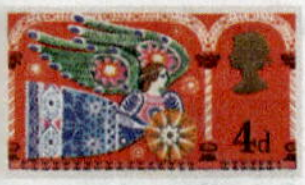

1969, 26. Nov. Weihnachten. Komb. RaTdr. und Pdr.; MiNr. 532 (6×12), MiNr. 533–534 (6×20); gez. K 14¾:14¼.

nf) Weihnachtsengel

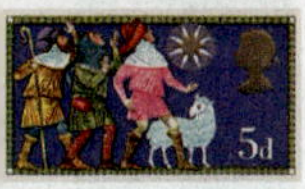

ng) Drei Schafhirten

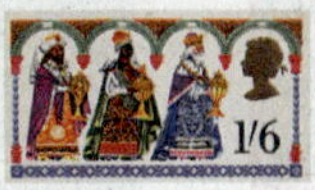

nh) Die Heiligen Drei Könige

532	4 P	mehrfarbig	nf	0,30	0,30
533	5 P	mehrfarbig	ng	0,30	0,30
534	1'6 Sh'P	mehrfarbig	nh	0,30	0,30
			Satzpreis (3 W.)	0,50	0,60
			FDC		2,—

		★★
532 F	Farbe Gold fehlend	*6000,—*
533 F I	Farbe Lebhaftgrünlichblau fehlend	100,—
533 F II	Farbe Rot fehlend	*2000,—*
533 F III	Farbe Gold fehlend	900,—
533 F IV	Farbe Dunkelgrünblau fehlend	350,—
533 F V	Prägedruck fehlend	30,—
534 F I	Farbe Gold fehlend	150,—
534 F II	Farbe Schwarzgrau fehlend	450,—
534 F III	Farbe Grünlichgelb fehlend	400,—
534 F V	Farbe Lebhaftblau fehlend	120,—
534 F VI	Prägedruck fehlend	12,—

MiNr. 534 F IV wurde gestrichen, da der Farbausfall Blauviolet nur jeweils in Teilen auftrat.

Auflagen: MiNr. 532 = 271.244.808, MiNr. 533 = 139.845.600, MiNr. 534 = 19.136.520 Stück

Gültig bis 29.2.1972

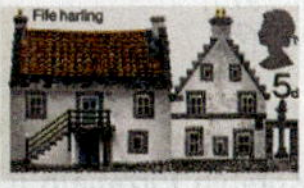

1970, 11. Febr. Ländliche Architektur. RaTdr. (6×20, Großformate 6×10); gez. K 14¾:14¼.

ni) „Harling"-Landhaus in Fife, Schottland

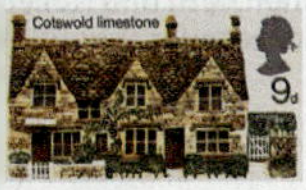

nk) Kalksteinhaus in Cotswold

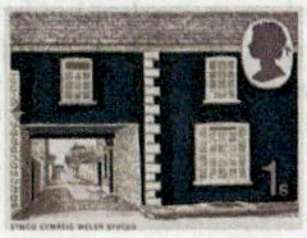

nl) Walisisches Landhaus

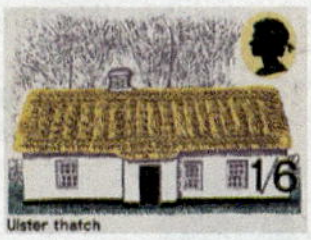

nm) Landhaus in Ulster

				★★	⊙
535	5 P	mehrfarbig	ni	0,30	0,30
536	9 P	mehrfarbig	nk	0,30	0,30
537	1 Sh	mehrfarbig	nl	0,30	0,30
538	1'6 Sh'P	mehrfarbig	nm	0,30	0,30
			Satzpreis (4 W.)	0,80	0,90
			FDC		2,50

535 F I	Farbe Gelb fehlend	150,—	
535 F V	Farbe Schwärzlichgrau fehlend	—,—	
535 F VI	Farbe Grau fehlend	*10000,—*	
535 F VII	Farbe Grünlichblau fehlend	—,—	3000,—
537 F I	Farbe Lebhaftblau fehlend	120,—	
538 F I	Farbe Grünblau fehlend	—,—	

Auflagen: MiNr. 535 = 81.581.880, MiNr. 536 = 11.723.160, MiNr. 537 = 10.258.320, MiNr. 538 = 8.969.280 Stück

Gültig bis 29.2.1972

1970, 1. April. Jahrestage. Komb. RaTdr. und Pdr. (6×20); gez. K 14¾:14¼.

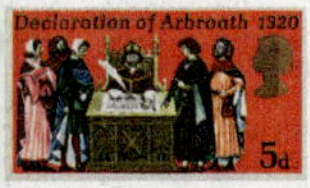

nn) Unterzeichnung der Deklaration von Arbroath (1320)

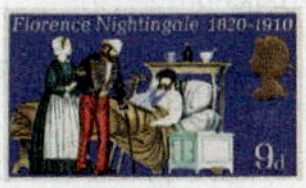

no) Florence Nightingale (1820–1910) im Skutari-Hospital

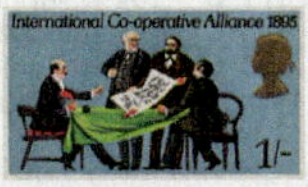

np) Unterzeichnung des Abkommens über Intern. Zusammenarbeit (1895) zwischen Großbritannien, Deutschland, Frankreich, Russland

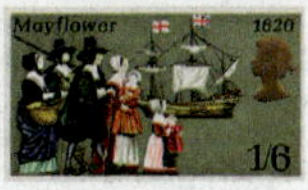

nr) „Mayflower" verlässt Plymouth (1620),

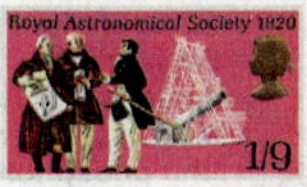

ns) Gründung der Königl. Astronomie-Gesellschaft (1820)

539	5 P	mehrfarbig	nn	0,30	0,30
540	9 P	mehrfarbig	no	0,30	0,30
541	1 Sh	mehrfarbig	np	0,30	0,30
542	1'6 Sh'P	mehrfarbig	nr	0,30	0,30
543	1'9 Sh'P	mehrfarbig	ns	0,30	0,30
			Satzpreis (5 W.)	1,—	1,10
			FDC		2,50

539 F I	Farbe Gold fehlend	*2000,—*	
539 F II	Farbe Smaragdgrün fehlend	450,—	
540 F I	Farbe Mattbraun fehlend	450,—	
540 F II	Prägedruck fehlend	18,—	
541 F I	Farbe Gold fehlend	80,—	
541 F II	Farbe Gelblichgrün fehlend	120,—	
541 F III	Farbe Gelblichgrün und Prägedruck fehlend	120,—	
541 F IV	Farbe Siena fehlend	250,—	
541 F VI	Prägedruck fehlend	15,—	
542 F I	Farbe Gold fehlend	250,—	
542 F II	Farbe Smaragdgrün fehlend	150,—	
542 F III	Prägedruck fehlend	7,—	
543 F I	Farbe Gelb fehlend	*6000,—*	*3500,—*
543 F IV	Prägedruck fehlend	80,—	

Auflagen: MiNr. 539 = 71.259.000, MiNr. 540 = 10.590.120, MiNr. 541 = 10.287.840, MiNr. 542 = 11.388.960, MiNr. 543 = 6.120.600 Stück

Gültig bis 29.2.1972

1970, 3. Juni. 100. Todestag von Charles Dickens, 200. Geburtstag von William Wordsworth. Komb. RaTdr. und Pdr.; MiNr. 544–547 (10×3 Zd), MiNr. 548 (20×6); gez. K 14¼:14¾.

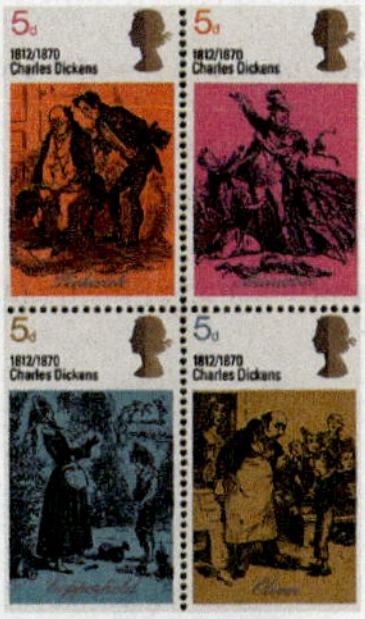

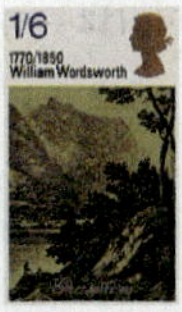

nt) Mr. Pickwick und Sam
nu) Mr. und Mrs. Micawber
nv) David Copperfield und Betsy Trotwood
nw) Oliver Twist

nx) Landschaft am Grasmere-See, Heimat des Dichters W. Wordsworth (1770–1850)

nt–nw) Figuren aus den Erzählungen von Charles Dickens (1812–1870)

544	5 P	mehrfarbig	nt	0,30	0,30
545	5 P	mehrfarbig	nu	0,30	0,30
546	5 P	mehrfarbig	nv	0,30	0,30
547	5 P	mehrfarbig	nw	0,30	0,30
548	1'6 Sh'P	mehrfarbig	nx	0,30	0,30
			Satzpreis (5 W.)	1,—	1,20
			Viererblock + Marke	1,20	2,50
			FDC		3,—

		★★
544 U-547 U	ungezähnt, Viererblock	1600,—
544 F	Farbe Silber fehlend	*8000,—*
545 F	Farbe Silber fehlend	*8000,—*
546 F I	Farbe Dunkelgelb fehlend	*5000,—*
546 F II	Farben Hellgrünlichblau und Silber fehlend	*8000,—*
547 F I	Farbe Dunkelgelb fehlend	*12000,—*
547 F II	Farbe Hellgrünlichblau fehlend	700,—
547 F III	Farben Hellgrünlichblau und Silber fehlend	*8000,—*
548 F I	Farbe Gold fehlend	*6000,—*
548 F II	Farbe Silber fehlend	250,—
548 F IV	Prägedruck fehlend	7,50
548 F VI	Farbe Lebhaftblau fehlend	*10000,—*
548 F VII	Farbe Lebhaftblau und Silber fehlend	*12000,—*

Auflagen: MiNr. 544–547 je 20.863.110, MiNr. 548 = 10.913.360 Stück

Gültig bis 29.2.1972

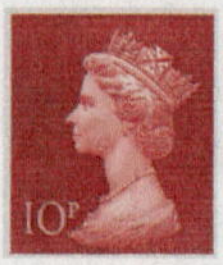

1970, 17. Juni/1973, 1. Febr. Freimarken: Königin Elizabeth II., Typ Machin, Großformat, Dezimalwährung. StTdr. (10×10), MiNr. 549 Papier ph., MiNr. 550 normales Papier, MiNr. 551 normales und phosphoreszierendes Papier; gez. K 12.

mh) Königin Elizabeth II. (1926–2022, reg. ab 1952)

				★★	⊙
549	10 P	lilarot	mh	1,20	1,—
550	20 P	dunkelgrauoliv	mh	1,—	0,30
551	50 P	lilaultramarin	mh		
v		normales Papier		2,—	0,40
y		Papier ph. (1.2.1973)		4,—	0,90
		Satzpreis (3 W.)		4,20	1,70
		FDC			4,—

Gültig bis 31.1.2023, geduldet bis 31.7.2023

Weitere Werte siehe Übersicht nach Jahrgangswerttabelle.

1970, 15. Juli. 9. Commonwealth-Spiele, Edinburgh. RaTdr. (10×12); gez. K 14:14¼.

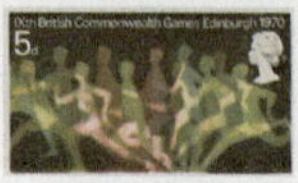

ny) Laufen

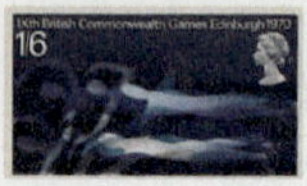

nz) Schwimmen

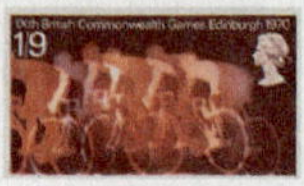

oa) Radrennen

552	5 P	mehrfarbig	ny	0,30	0,30
553	1'6 Sh'P	mehrfarbig	nz	0,30	0,50
554	1'9 Sh'P	mehrfarbig	oa	0,60	0,70
		Satzpreis (3 W.)		1,20	1,50
		FDC			2,—

		★★
552 F I	Farbe Grünlichgelb fehlend	9000,—

Auflagen: MiNr. 552 = 75.255.440, MiNr. 553 = 10.909.760, MiNr. 554 = 6.303.800 Stück

Gültig bis 29.2.1972

1970, 18. Sept. Internationale Briefmarkenausstellung Philympia, London. RaTdr. (12×10); gez. K 14¼:14¾.

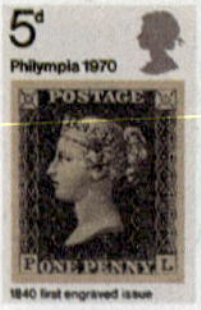

ob) Marke MiNr. 1 (1840)

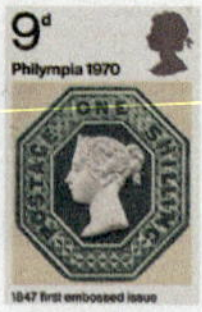

oc) Marke MiNr. 7 (1847)

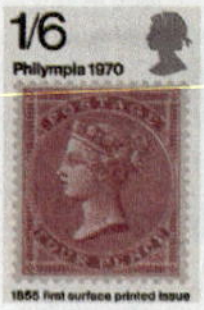

od) Marke MiNr. 12 (1855)

				★★	⊙
555	5 P	mehrfarbig	ob	0,30	0,30
556	9 P	mehrfarbig	oc	0,30	0,30
557	1'6 Sh'P	mehrfarbig	od	0,50	0,60
		Satzpreis (3 W.)		1,10	1,20
		FDC			2,50

		★★
555 F I	Farbe Schwärzlichgrau fehlend	15000,—

Auflagen: MiNr. 555 = 72.211.000, MiNr. 556 = 16.330.000, MiNr. 557 = 15.203.836 Stück

Gültig bis 29.2.1972

1970, 25. Nov. Weihnachten. Komb. RaTdr. und Pdr. (12×10) gez. K 14¼:14¾.

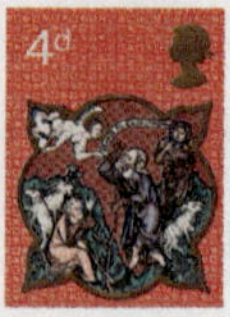

oe) Verkündigung der Hirten

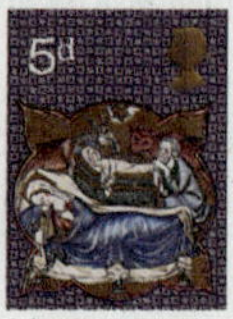

of) Die Heilige Familie

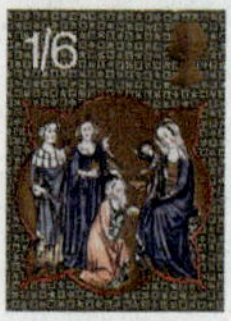

og) Die Heiligen Drei Könige

oe–og) Szenen aus dem de Lisle-Psalmenbuch

				★★	⊙
558	4 P	mehrfarbig	oe	0,30	0,30
559	5 P	mehrfarbig	of	0,30	0,30
560	1'6 Sh'P	mehrfarbig	og	0,30	0,30
		Satzpreis (3 W.)		0,60	0,70
		FDC			2,—

558 F I	Prägedruck fehlend	60,—	
558 Ul	links ungezähnt	250,—	
559 U	ungezähnt	200,—	
559 F I	Farbe Gold fehlend	—,—	3000,—
559 F II	Farbe Smaragdgrün fehlend	120,—	
559 F III	Prägedruck fehlend	20,—	
560 F I	Farbe Hellorangerot fehlend	200,—	
560 F II	Farbe Mattbraun fehlend	150,—	
560 F III	Farbe Gold fehlend		—,—
560 F IV	Prägedruck fehlend	40,—	

Auflagen: MiNr. 558 = 360.016.216, MiNr. 559 = 181.161.720, MiNr. 560 = 22.598.520 Stück

Gültig bis 29.2.1972

Dezimalwährung ab 15. Februar 1971:
1 Pfund Sterling (£) = 100 Pence (P)

1971, 15. Febr./2017, 5. Juni. Freimarken: Königin Elizabeth II., Typ Machin, Wertangaben in Dezimalwährung (P statt D). RaTdr., Bogen (B) (10×20), Block (Bl.), Markenheftchen (MH) und Rollen (R); C = vierseitig gez. K 14¾:14¼, CS = Sicherheitszähnung K 14¾:14¼, D = dreiseitig gez. K 14¾:14¼.

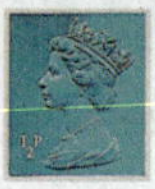

ku) Königin Elizabeth II. (1926–2022, reg. ab 1952)

561 C	½ P	lebhafttürkisblau (B) (MH) (R)	ku	0,30	0,30
562	1 P	dunkelbräunlichlila (Töne)	ku		
C		vierseitig gez. (B) (MH) (R) (15.2.1971)		0,30	0,30
CS		Sicherheitszähnung (B) (MH) (8.6.1993)		0,30	0,30
Dl		links geschnitten (MH) (29.9.1987)		1,50	1,50
563 C	1½ P	grauschwarz (B) (MH) (R)	ku	0,30	0,30
564	2 P	dunkelgrün (Töne)	ku		
C		vierseitig gez. (B) (MH) (R) (15.2.1971)		0,30	0,30
CS		Sicherheitszähnung (B) (MH) (11.4.1995)		0,30	0,30
Dl		links geschnitten (MH) (10.9.1991)		1,—	1,—
Dr		rechts geschnitten (MH) (10.9.1991)		1,—	1,—
565 C	2½ P	lebhaftrötlichlila (B) (MH) (R)	ku	0,30	0,30
566 C	3 P	lebhaftlilaultramarin (B) (MH) (R)	ku	0,30	0,30
567 C	3½ P	dunkelgrüngrau (B) (MH) (R)	ku	0,30	0,30
568 C	4 P	olivbraun (B)	ku	0,30	0,30
569 C	5 P	mittelblauviolett (B) (Bl.)	ku	0,30	0,30
570 C	6 P	mittelsmaragdgrün (B) (MH) (R)	ku	0,30	0,30
571 C	7½ P	lebhaftrötlichbraun (B)	ku	0,30	0,30
572 C	9 P	schwarz/mittelorange (B)	ku	0,30	0,30
573 C	10 P	dunkelbraunorange/mittelbraunorange (B) (11.8.1971)	ku	0,30	0,30
		Satzpreis C (13 W.)		3,20	1,80
		FDC (MiNr. 561 C–572 C)			4,50
		FDC (MiNr. 573 C)			2,—
		Paar 564 Dl/Dr		2,—	2,—

		★★
561 U	ungezähnt (B) (Paar)	150,—
561 Uo	oben ungezähnt (B) (Bogenrand)	300,—

562 U	ungezähnt (B) (Paar)	500,—
563 U	ungezähnt (B) (Paar)	400,—
563 Udr	dreiseitig ungezähnt (B)	700,—
564 U	ungezähnt (B) (Paar)	1800,—
564 Uo	oben ungezähnt (B) (Bogenrand)	1000,—
565 U	ungezähnt (B) (Paar)	200,—
566 U	ungezähnt (B) (Paar)	300,—
566 UMs	waagerechtes Paar, Mitte ungezähnt (B)	300,—
566 UMw	senkrechtes Paar, Mitte ungezähnt (B)	500,—
567 U	ungezähnt (B) (Paar)	400,—
568 U	ungezähnt (B) (Paar)	1500,—
573 F	Farbe Hellorangebraun fehlend (B)	200,—
573 U	ungezähnt (B) (Paar)	*3000,—*
573 Uo	oben ungezähnt (B) (Bogenrand)	600,—

MiNr. 561 stammt auch aus MH 31, 32, 34, 35, 36, 37, 38, 39, 42, 52, 53, 58, 59.
MiNr. 562 stammt auch aus MH 31, 35, 37, 38, 39, 40, 41, 42, 46, 48, 49, 52, 53, 63, 67, 76, 77, 78, 80, 97, 122, 125, 129, 154, 187.
MiNr. 563 stammt auch aus MH 31, 35.
MiNr. 564 stammt auch aus MH 31, 35, 44, 45, 50, 61, 98, 125, 153, 169, 187.
MiNr. 565 stammt auch aus MH 32, 34, 36.
MiNr. 566 stammt auch aus MH 33, 34, 36, 0-70, 0-72, 0-74.
MiNr. 567 stammt auch aus MH 0-70, 0-71.
MiNr. 569 stammt auch aus Bl. 109.
MiNr. 570 stammt auch aus MH 37.

Gültig bis 31.1.2023, geduldet bis 31.7.2023

In gleicher Zeichnung siehe Übersicht nach Jahrgangswerttabelle.

MiNr. 561, 562, 565–567 und viele der nachfolgenden Ergänzungswerte weisen unterschiedliche Anordnung der Phosphorstreifen-Aufdrucke auf. Ausführliche Katalogisierung siehe MICHEL-Großbritannien-Spezial.

Ungezähnte Abarten

Abarten als ungezähnte Einzelmarken werten etwa ein Drittel der Notierung eines Paares.

1971, 16. Juni. Festival „Ulster 71“: Gemälde. RaTdr. (10×10); gez. K 14¾:14¼.

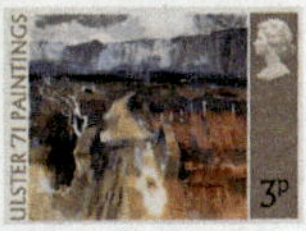

oh) Gebirgsstraße; von Terence Philip Flanagan (1929–2011)

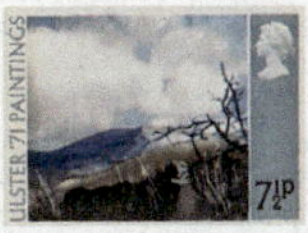

oi) Hochwaldwiese; von Tom Carr (1909–1999)

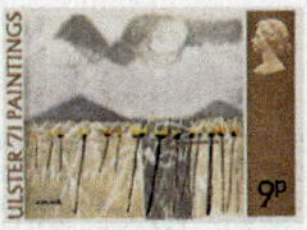

ok) Slieve na brock (Tollymore Forest Park); von Colin Middleton (1910–1983)

				★★	⊙
574	3 P	mehrfarbig	oh	0,30	0,30
575	7½ P	mehrfarbig	oi	0,50	0,50
576	9 P	mehrfarbig	ok	0,50	0,50
			Satzpreis (3 W.)	1,30	1,30
			FDC		2,—

		★★
574 F II	Farbe Hellrotbraun fehlend	—,—
575 F II	Farbe Hellolivgrau fehlend	400,—
576 F III	Farbe Orange fehlend	*2500,—*

Auflagen: MiNr. 574 = 63.214.628, MiNr. 575 = 7.868.543, MiNr. 576 = 5.878.989 Stück

1971, 28. Juli. Jahrestage berühmter Dichter. RaTdr. und Prägedr. (10×10); gez. K 14¾:14¼.

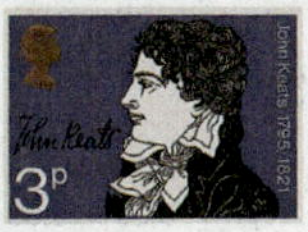

ol) John Keats (1795–1821), Dichter – 150. Todestag

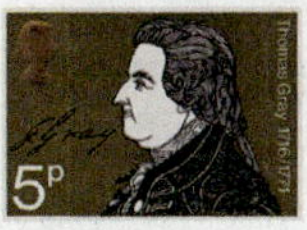

om) Thomas Gray (1716–1771), Dichter – 200. Todestag

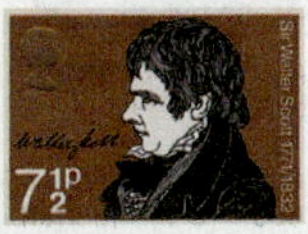

on) Walter Scott (1771–1832), Dichter und Novellist – 200. Geburtstag

				★★	⊙
577	3 P	mehrfarbig	ol	0,30	0,30
578	5 P	mehrfarbig	om	0,50	0,50
579	7½ P	mehrfarbig	on	0,60	0,60
			Satzpreis (3 W.)	1,40	1,40
			FDC		2,—

577 F II	Farbe Gold fehlend	200,—	
578 F II	Farbe Gold fehlend	1200,—	
579 F II	Prägedruck fehlend	50,—	50,—

Auflagen: MiNr. 577 = 61.635.564, MiNr. 578 = 9.767.700, MiNr. 579 = 7.678.266 Stück

1971, 25. Aug. Jahrestage 1971. RaTdr. (10×10); gez. K 14¾:14¼.

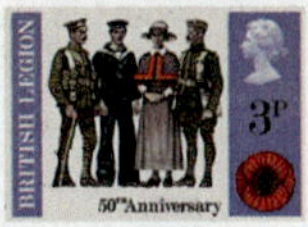

oo) 50 Jahre Britische Legion – Uniformierte der Waffengattungen, Mohnblume

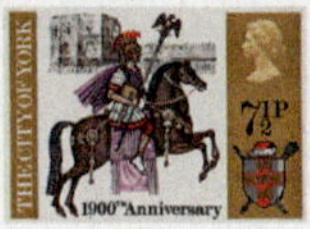

op) 1900 Jahre Stadt York – römischer Reiter vor Festungsgemäuer, Stadtwappen

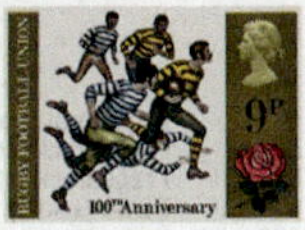

or) 100 Jahre Rugby-Fußball-Verband – zeitgenössische Spielszene, Rose

580	3 P	mehrfarbig	oo	0,30	0,30
581	7½ P	mehrfarbig	op	0,50	0,50
582	9 P	mehrfarbig	or	0,60	0,60
			Satzpreis (3 W.)	1,40	1,40
			FDC		3,—

580 F III	Farbe Dunkelblau fehlend	1000,—	
580 F IV	Farbe Rotorange fehlend	650,—	
580 F V	Farbe Olivbraun fehlend	500,—	
580 F VI	Farbe Schwarz fehlend	—,—	
580 F VII	Farbe Grau fehlend		
580 F VIII	Farbe Olivgrün fehlend		
581 F III	Farbe Grau fehlend	250,—	
582 F III	Farbe Olivbraun fehlend	250,—	
582 F IV	Farbe Lebhaftblau fehlend	*5000,—*	
582 F V	Farbe Schwarzblaugrün fehlend	—,—	*4000,—*
582 F VII	Farbe Gelb fehlend	*6000,—*	*4000,—*

Auflagen: MiNr. 580 = 55.211.706, MiNr. 581 = 7.026.973, MiNr. 582 = 5.705.637 Stück

1971, 22. Sept. Universitäten. RaTdr. (10×10); gez. K 14¾:14¼.

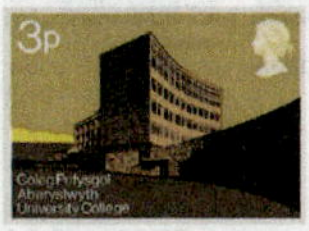

os) Universität Aberystwyth (Naturwissenschaften)

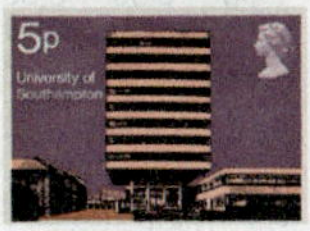

ot) Universität Southampton (Ingenieurfakultät)

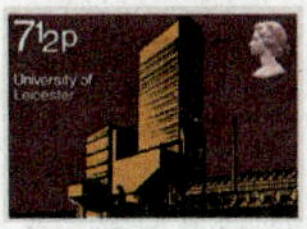

ou) Universität Leicester (Ingenieurschule)

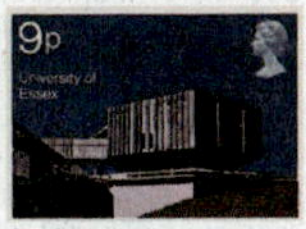

ov) „Hexagon“, Mensa der Universität Essex in Colchester

583	3 P	mehrfarbig	os	0,30	0,30
584	5 P	mehrfarbig	ot	0,30	0,30
585	7½ P	mehrfarbig	ou	0,40	0,40
586	9 P	mehrfarbig	ov	1,—	1,—
			Satzpreis (4 W.)	2,—	2,—
			FDC		2,50

583 F II	Farbe Gelb fehlend	—,—
583 F III	Farbe Schwarz fehlend	*8000,—*
586 F II	Farbe Hellviolett fehlend	—,—

Auflagen: MiNr. 583 = 57.975.114, MiNr. 584 = 9.843.757, MiNr. 585 = 7.640.465, MiNr. 586 = 5.628.511 Stück

1971, 13. Okt. Weihnachten. Komb. RaTdr. und Pdr. (10×10); gez. K 14¾:14¼.

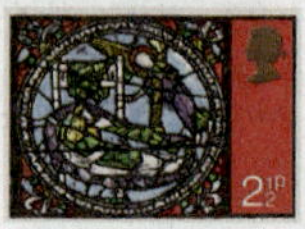
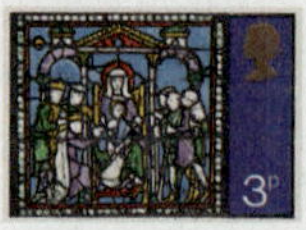
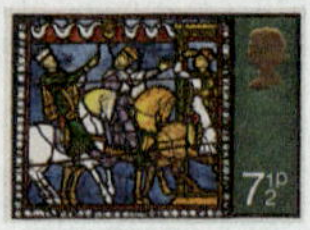

ow) Der Traum der Heiligen Drei Könige — ox) Anbetung der Heiligen Drei Könige — oy) Die Heiligen Drei Könige folgen dem Stern

ow–oy) Glasmalereien aus der Kathedrale von Canterbury

587	2½ P mehrfarbig	ow	0,30	0,30
588	3 P mehrfarbig	ox	0,30	0,30
589	7½ P mehrfarbig	oy	0,50	0,50
	Satzpreis (3 W.)		1,10	1,10
	FDC			2,—

587 U	ungezähnt (Paar)	500,—	
587 F	Prägedruck fehlend	—,—	
588 F II	Prägedruck fehlend	20,—	20,—
588 F III	Farbe Gold fehlend	*1500,—*	
588 F IV	Farbe Karminrosa fehlend	*5000,—*	
588 F V	Farbe Gelb fehlend	300,—	
588 F VI	Farbe Violett und Prägedruck fehlend		*4000,—*
588 F VII	Farben Gelb und Karminrosa fehlend		*4500,—*
588 F VIII	Farbe Lebhaftblau fehlend		*3500,—*
588 F X	Farbe Violett fehlend (mit Prägedruck)	*5000,—*	
589 F IV	Farbe Gold fehlend	250,—	
589 F V	Farbe Mattpurpurviolett fehlend	900,—	
589 F VI	Farbe Smaragdgrün fehlend	600,—	
589 F VII	Prägedruck fehlend	50,—	50,—
589 F IX	Farbe Gelb fehlend		*3500,—*

Auflagen: MiNr. 587 = 339.218.365, MiNr. 588 = 217.033.884, MiNr. 589 = 18.777.401 Stück

1972, 16. Febr. Britische Polarforscher. Komb. RaTdr. und Pdr. (10×10); gez. K 14¼:14¾.

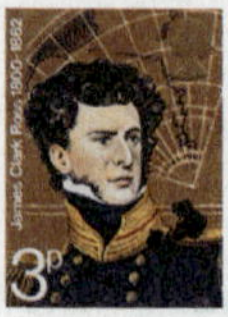
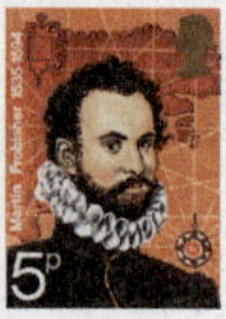
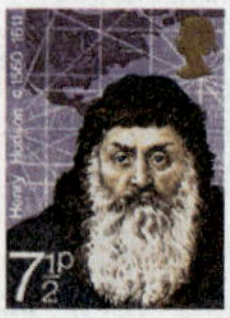
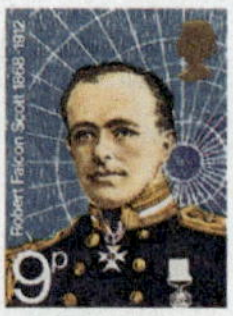

oz) James Clark Ross (1800–1862) — pa) Martin Frobisher (1535–1594) — pb) Henry Hudson (1560–1611) — pc) Robert Falcon Scott (1868–1912)

oz–pc) Landkartenausschnitte mit Expeditionsroute

590	3 P mehrfarbig	oz	0,30	0,30
591	5 P mehrfarbig	pa	0,30	0,30
592	7½ P mehrfarbig	pb	0,40	0,40
593	9 P mehrfarbig	pc	1,—	1,—
	Satzpreis (4 W.)		2,—	2,—
	FDC			3,—

590 F II	Prägedruck fehlend	50,—	50,—
590 F IV	Farbe Gold und Prägedruck fehlend	250,—	
590 F V	Farbe Gold fehlend	180,—	
590 F VI	Farbe Blauschwarz fehlend	*6000,—*	
590 F VII	Farbe Gelb fehlend	*8000,—*	
590 F VIII	Farbe Weißorangerot fehlend	—,—	
591 F II	Prägedruck fehlend	25,—	25,—
591 F IV	Farbe Gold fehlend	300,—	
592 F II	Farbe Gold fehlend	350,—	

Auflagen: MiNr. 590 = 53.630.000, MiNr. 591 = 8.843.000, MiNr. 592 = 7.191.000, MiNr. 593 = 5.488.300 Stück

1972, 26. April. Jahrestage. Komb. RaTdr. und Pdr. (10×10); gez. K 14¾:14¼.

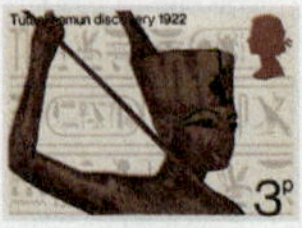
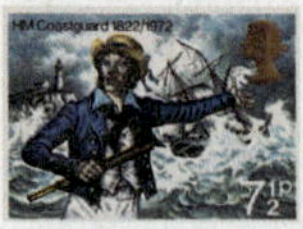
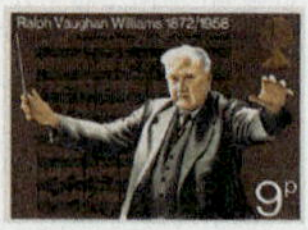

pd) 50. Jahrestag der Entdeckung des Grabes von Tutanchamun – Kopf einer Statuette — pe) 150 Jahre Küstenwache – Küstenwachmann (Beginn 19. Jh.) — pf) 100. Geburtstag Vaughan Williams (1872–1958), Komponist – Porträt und Takte einer Partitur

594	3 P mehrfarbig	pd	0,30	0,30
595	7½ P mehrfarbig	pe	0,50	0,50
596	9 P mehrfarbig	pf	0,50	0,50
	Satzpreis (3 W.)		1,30	1,30
	FDC			3,—

594 F I	Farbe Schwarz fehlend	—,—	
595 F II	Prägedruck fehlend	250,—	250,—
596 F II	Farbe Gold fehlend	*2500,—*	
596 F III	Farbe Braun fehlend	*3000,—*	
596 F IV	Farbe Grau fehlend	—,—	
596 F V	Prägedruck fehlend	—,—	

Auflagen: MiNr. 594 = 60.602.200, MiNr. 595 = 7.182.300, MiNr. 596 = 5.468.900 Stück

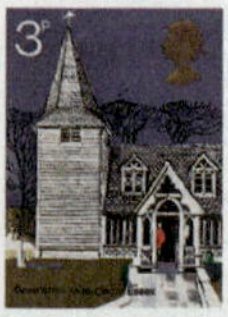

1972, 21. Juni. Alte Dorfkirchen. Komb. RaTdr. und Pdr. (10×10); gez. K 14¼:14¾.

pg) St. Andrews-Kirche, in Greensted-Juxta-Ongar, Essex

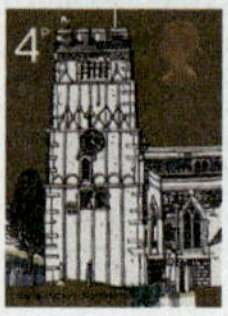
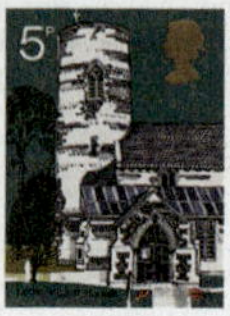
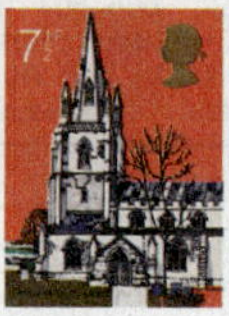
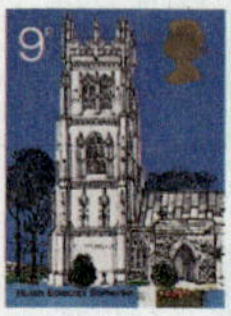

ph) All Saints, Earls Barton, Northamptonshire — pi) St. Andrews, Letheringsett, Norfolk — pk) St. Andrews, Helpringham, Lincolnshire — pl) St. Mary the Virgin, Huish Episcopi, Somerset

597	3 P mehrfarbig	pg	0,30	0,30
598	4 P mehrfarbig	ph	0,30	0,30
599	5 P mehrfarbig	pi	0,30	0,30
600	7½ P mehrfarbig	pk	0,60	0,60
601	9 P mehrfarbig	pl	1,—	1,—
	Satzpreis (5 W.)		2,50	2,50
	FDC			3,50

597 F II	Farbe Gold fehlend	200,—	
597 F IV	Prägedruck fehlend	50,—	50,—
597 F VI	Farbe Zinnoberrot fehlend		*3000,—*
598 F II	Prägedruck fehlend	16,—	16,—
598 F III	Farbe Lebhaftviolettblau fehlend	250,—	
598 F IV	Farbe Gold fehlend	*4000,—*	
599 F II	Prägedruck fehlend	60,—	60,—
599 F III	Farbe Gold fehlend	300,—	
599 F IV	Farbe Rot fehlend		—,—
601 F II	Prägedruck fehlend	25,—	25,—

Auflagen: MiNr. 597 = 53.929.600, MiNr. 598 = 7.757.400, MiNr. 599 = 7.834.400, MiNr. 600 = 7.065.600, MiNr. 601 = 5.463.700 Stück

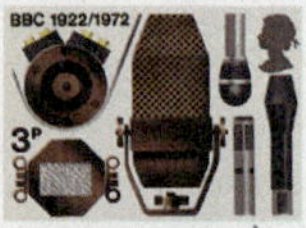

1972, 13. Sept. Geschichte des britischen Rundfunks. RaTdr. (10×10); gez. K 14¾:14¼.

pm) 6 verschiedene Mikrophone, verwendet ab 1922

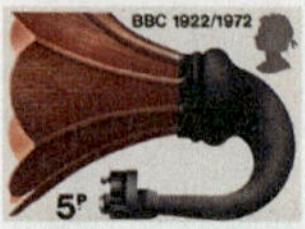
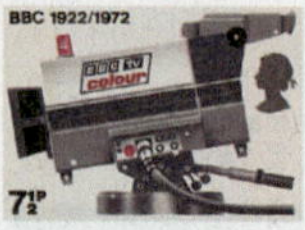
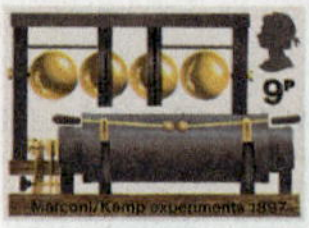

pn) Hölzerner Zimmerlautsprecher, um 1920 — po) Farbfernsehkamera von 1972 — pp) Marconi-Funksender von 1897

602	3 P mehrfarbig	pm	0,30	0,30
603	5 P mehrfarbig	pn	0,30	0,30
604	7½ P mehrfarbig	po	0,60	0,60
605	9 P mehrfarbig	pp	1,—	1,—
	Satzpreis (4 W.)		2,20	2,20
	FDC			3,—

602 F I	Farbe Grünlichgelb fehlend	*4000,—*	
604 F III	Farbe Braungrau fehlend		*3000,—*
605 F III	Farbe Dunkellilagrau fehlend	*5000,—*	

Auflagen: MiNr. 602 = 51.704.000, MiNr. 603 = 8.201.800, MiNr. 604 = 6.632.000, MiNr. 605 = 5.364.800 Stück

1972, 18. Okt. Weihnachten. Komb. RaTdr. und Pdr. (10×10); gez. K 14¼:14¾.

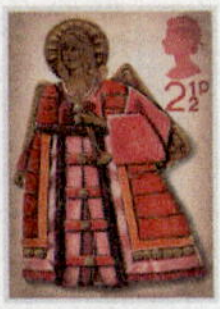

pr

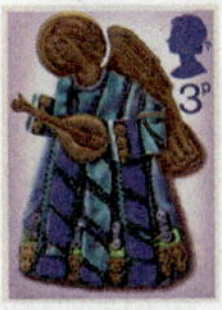

ps

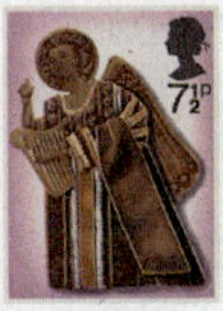

pt

pr–pt) Weihnachtsengel, verschiedene Instrumente spielend

606	2½ P	mehrfarbig	pr	0,30	0,30
607	3 P	mehrfarbig	ps	0,30	0,30
608	7½ P	mehrfarbig	pt	0,60	0,60
			Satzpreis (3 W.)	1,20	1,20
			FDC		2,—

606 F II	Prägedruck fehlend	20,—	20,—
606 F III	Farbe Gold fehlend	1000,—	
606 F IV	Farbe Dunkelgrau fehlend	*3000,—*	
606 UI	links ungezähnt (Randstück)	350,—	
607 F II	Prägedruck fehlend	12,—	12,—
607 F IV	Farbe Rotbraun fehlend	1000,—	
607 F V	Farbe Gelbgrün fehlend	250,—	
607 F VI	Farbe Blauviolett fehlend	250,—	
607 F VII	Farbe Gold fehlend	1200,—	
607 UI	links ungezähnt (Randstück)	350,—	
608 F II	Prägedruck fehlend	25,—	25,—
608 F IV	Farbe Mattbraun fehlend	250,—	
608 F V	Farbe Dunkelgrauviolett fehlend	—,—	

Auflagen: MiNr. 606 = 323.277.200, MiNr. 607 = 130.877.400, MiNr. 608 = 17.086.600 Stück

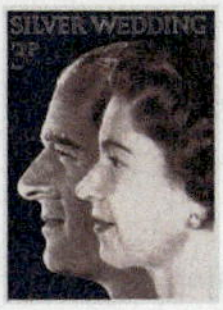

1972, 20. Nov. Silberhochzeit von Königin Elizabeth II. und Prinz Philip. RaTdr. (10×10, MiNr. 609 auch 5×10 + 5×10); MiNr. 609 mit, MiNr. 610 ohne Phosphoraufdruck; gez. K 14¼:14¾.

pu) Prinz Philip und Königin Elizabeth II.

609	3 P	mehrfarbig	pu	0,30	0,30
610	20 P	mehrfarbig	pu	1,20	1,20
			Satzpreis (2 W.)	1,50	1,50
			FDC		2,—

		★★
609 F III	Farbe Silber fehlend	600,—

Auflagen: MiNr. 609 = 59.147.800, MiNr. 610 = 7.241.300 Stück

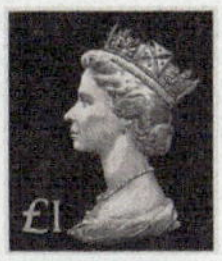

1972, 6. Dez. Freimarke: Königin Elizabeth II., Typ Machin, Großformat. MiNr. 510 in etwas geänderter Zeichnung der Wertangabe. StTdr. (10×10); ohne Phosphoraufdruck; gez. K 12.

mh I) Königin Elizabeth II. (1926–2022, reg. ab 1952)

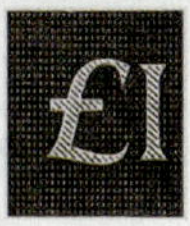

Zeichnung „£ 1" bei MiNr. 611

				★★	⊙
611	1 £	schwarz	mh I	6,—	1,20
			FDC		8,—

Gültig bis 31.1.2023, geduldet bis 31.7.2023

Weitere Werte siehe Übersicht nach Jahrgangswerttabelle.
In etwas geänderter Zeichnung der Wertangabe: MiNr. 510

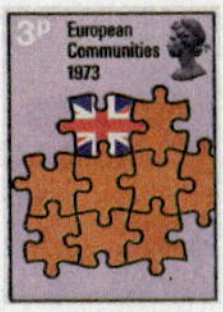

1973, 3. Jan. Beitritt Großbritanniens zur Europäischen Gemeinschaft. RaTdr.; MiNr. 612 (10×10), MiNr. 613–614 (5×10 Zd); gez. K 14¼:14¾.

pv) Puzzle-Teile versinnbildlichen die 9 EG-Länder

612	3 P	mehrfarbig/orange	pv	0,30	0,30
613	5 P	mehrfarbig/hellblau	pv	0,40	0,40
614	5 P	mehrfarbig/gelblichgrün	pv	0,40	0,40
			Satzpreis (3 W.)	1,—	1,—
			Marke + Paar	1,80	1,80
			FDC		2,50

MiNr. 613–614 wurden waagerecht zusammenhängend gedruckt.

Die zusätzliche Farbangabe bezieht sich auf die Farbe der Puzzle-Teile für die übrigen acht EG-Länder.

Auflagen: MiNr. 612 = 54.812.900, MiNr. 613–614 je 5.934.250 Stück

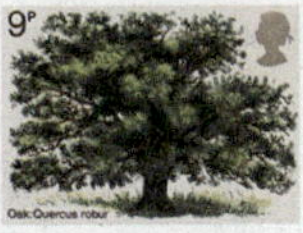

1973, 28. Febr. Jahr der Baumanpflanzung: Britische Bäume (I). RaTdr. (10×10); gez. K 14¾:14¼.

pw) Eiche (Quercus robur)

615	9 P	mehrfarbig	pw	0,60	0,60
			FDC		2,50

		★★
615 F III	Farbe Schwarzbraun fehlend	600,—
615 F IV	Farbe Braungrau (und Ph.-Streifen) fehlend	600,—

Auflage: 5.875.100 Stück

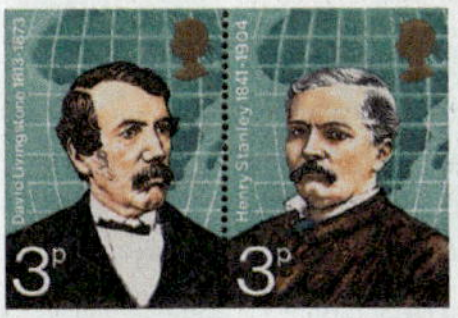

1973, 18. April. Britische Forscher. Komb. RaTdr. und Pdr.; MiNr. 616–617 (5×10 Zd), MiNr. 618–620 (10×10); gez. K 14:14¾.

px) David Livingstone (1813–1873)
py) Henry Morton Stanley (1841–1904)

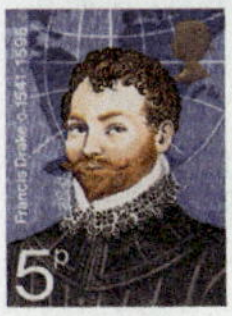

pz) Francis Drake (1541–1596)

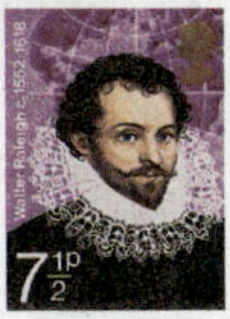

ra) Walter Raleigh (1552–1618)

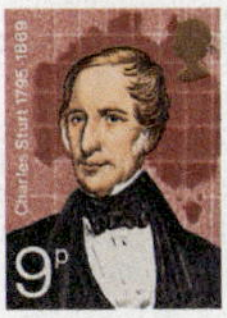

rb) Charles Sturt (1795–1869)

				★★	⊙
616	3 P	mehrfarbig	px	0,40	0,40
617	3 P	mehrfarbig	py	0,40	0,40
618	5 P	mehrfarbig	pz	0,40	0,40
619	7½ P	mehrfarbig	ra	0,50	0,50
620	9 P	mehrfarbig	rb	0,60	0,60
			Satzpreis (5 W.)	2,20	2,20
			Paar + 3 Marken	2,50	3,—
			FDC		3,50

616 F II	Prägedruck fehlend	40,—	40,—
616 F IV	Farbe Gold fehlend	120,—	
616 F VI	Farbe Dunkelgrünblau fehlend	1000,—	
616 F VII	Farbe Hellorangebraun fehlend	800,—	
617 F II	Prägedruck fehlend	40,—	40,—
617 F IV	Farbe Gold fehlend	120,—	
617 F VI	Farbe Dunkelgrünblau fehlend	1000,—	
617 F VII	Farbe Hellorangebraun fehlend	800,—	

618 F II	Prägedruck fehlend	12,—	12,—
618 F IV	Farbe Gold fehlend	250,—	
618 F V	Farbe Grauschwarz fehlend	1800,—	
618 F VI	Farbe Schwarzbraun fehlend	*4000,—*	
619 F II	Farbe Gold fehlend	*6000,—*	
619 F III	Farbe Violettblau fehlend	—,—	—,—
620 F II	Prägedruck fehlend	50,—	50,—
620 F III	Farbe Gold fehlend	250,—	
620 F IV	Farbe Grauschwarz fehlend	*4000,—*	
620 F V	Farbe Braunrot fehlend	1000,—	

MiNr. 616–617 wurden waagerecht zusammenhängend gedruckt.

Auflagen: MiNr. 616–617 je 28.131.400, MiNr. 618 = 8.502.300, MiNr. 619 = 6.572.700, MiNr. 620 = 5.229.900 Stück

1973, 16. Mai. 100 Jahre County-Kricket-Meisterschaften. Komb. RaTdr. und Pdr. (10×10); gez. K 14¾:14¼.

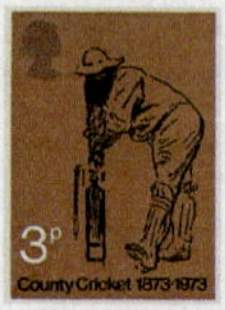
rc
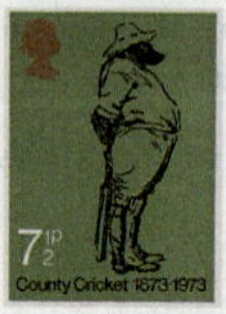
rd
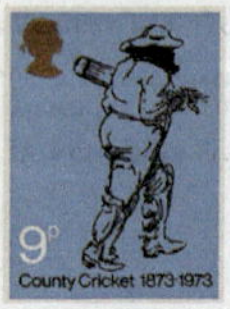
re

rc–re) William Gilbert Grace (1848–1915), britischer Kricketspieler; Skizzen von Harry Furniss (1854–1925)

621	3 P	mehrfarbig	rc	0,30	0,30
622	7½ P	mehrfarbig	rd	0,80	0,80
623	9 P	mehrfarbig	re	0,90	0,90
		Satzpreis (3 W.)		2,—	2,—
		FDC			3,—

621 F I	Prägedruck fehlend	25,—	25,—
621 F II	Farbe Gold fehlend	*4000,—*	
622 F II	Prägedruck fehlend	40,—	40,—
623 F	Prägedruck fehlend	100,—	100,—

Auflagen: MiNr. 621 = 45.861.200, MiNr. 622 = 6.657.900, MiNr. 623 = 5.289.600 Stück

1973, 4. Juli. Gemälde britischer Meister (III). Komb. RaTdr. und Pdr. (10×10); gez. K 14¼:14¾.

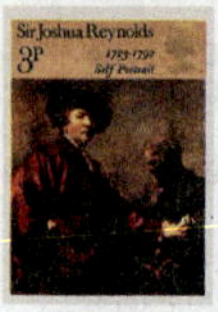
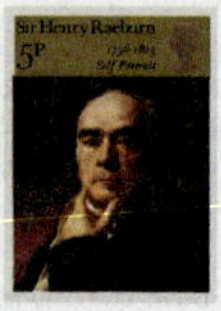
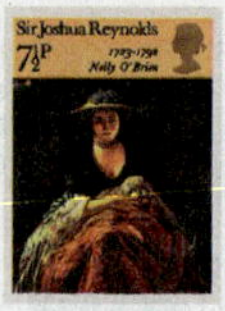
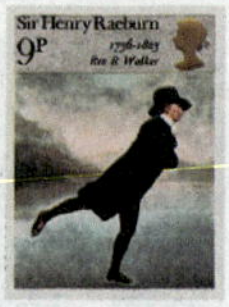

rf) Selbstporträt von Joshua Reynolds (1723–1792)
rg) Selbstporträt von Henry Raeburn (1756–1823)
rh) Nelly O'Brian; von Joshua Reynolds (1723–1792)
ri) Reverend R. Walker läuft Schlittschuh; von Henry Raeburn (1756–1823)

624	3 P	mehrfarbig	rf	0,30	0,30
625	5 P	mehrfarbig	rg	0,30	0,30
626	7½ P	mehrfarbig	rh	0,40	0,40
627	9 P	mehrfarbig	ri	0,60	0,60
		Satzpreis (4 W.)		1,60	1,60
		FDC			2,50

624 F I	Farbe Gold fehlend	120,—	
624 F II	Farbe Gold und Prägedruck fehlend	140,—	
625 F II	Farbe Gold fehlend	140,—	
625 F III	Farbe Grünlichgelb fehlend	700,—	
625 F IV	Prägedruck fehlend	30,—	30,—
626 F II	Prägedruck fehlend	30,—	30,—
626 F III	Farbe Gold fehlend	200,—	
626 F IV	Farbe Lebhaftgelbbraun fehlend	*10000,—*	
627 F II	Prägedruck (und Ph.-Aufdruck) fehlend	150,—	150,—
627 F III	Farbe Rosa fehlend	200,—	

Auflagen: MiNr. 624 = 52.330.100, MiNr. 625 = 8.372.500, MiNr. 626 = 6.674.200, MiNr. 627 = 5.300.500 Stück

1973, 15. Aug. 400. Geburtstag von Inigo Jones (1573–1652), Architekt und Bühnenbildner. Komb. Odr. und Pdr. (5×10 Zd); gez. K 15:14.

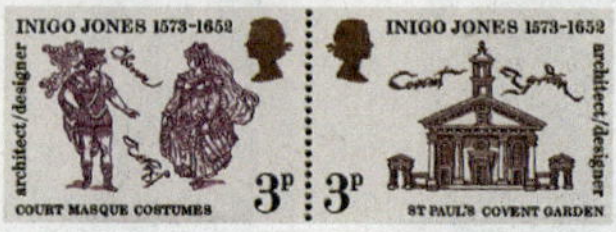

rk) Kostüme für Hofmaskeraden
rl) Erster Entwurf der St. Paulskirche, Covent Garden

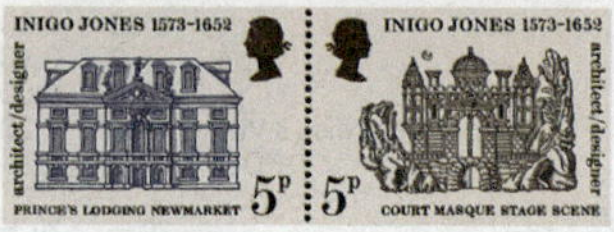

rm) Fassade des Prinzgemachs in Newmarket
rn) Bühnenkulisse

628	3 P	mehrfarbig	rk	0,30	0,30
629	3 P	mehrfarbig	rl	0,30	0,30
630	5 P	mehrfarbig	rm	0,50	0,50
631	5 P	mehrfarbig	rn	0,50	0,50
		Satzpreis (4 W.)		1,50	1,50
		2 Paare		2,—	2,—
		FDC			2,50

		★★
628 F III	Farbe Schwarz fehlend	*4000,—*
629 F II	Farbe Schwarz fehlend	*4000,—*

Nominalgleiche Marken wurden waagerecht zusammenhängend gedruckt.

Auflagen: MiNr. 628–629 je 21.296.500, MiNr. 630–631 je 5.337.300 Stück

1973, 12. Sept. Commonwealth-Parlaments-Konferenz. Komb. StTdr. und Bdr. (10×10); gez. K 14¾:14¼.

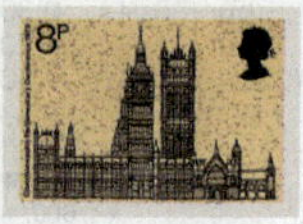
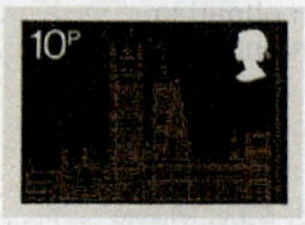

ro) Parlamentsgebäude in Westminster, von Norden
rp) Parlamentsgebäude in Westminster, von Süden

				★★	⊙
632	8 P	mehrfarbig	ro	0,60	0,60
633	10 P	schwarz/gold	rp	0,70	0,70
		Satzpreis (2 W.)		1,30	1,30
		FDC			2,—

Auflagen: MiNr. 632 = 7.461.100, MiNr. 633 = 6.481.500 Stück

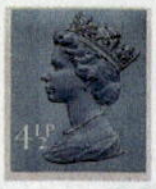

1973, 24. Okt. Freimarken: Königin Elizabeth II., Typ Machin. RaTdr., Bogen (B) (10×20), Markenheftchen (MH) und Rollen (R); gez. K 14¾:14¼.

ku) Königin Elizabeth II. (1926–2022, reg. ab 1952)

634	4½ P	dunkelblau (B) (MH) (R)	ku	0,30	0,30
635	5½ P	schwärzlichviolett (B)	ku	0,30	0,30
636	8 P	dunkelrosarot (B) (MH) (R)	ku	0,40	0,30
		Satzpreis (3 W.)		1,—	0,70
		FDC			1,50

			★★
634 U	ungezähnt (B) (Paar)		400,—
634 UMw	senkrechtes Paar, Mitte ungezähnt (B)		400,—
636 U	ungezähnt (B) (Paar)		—,—

MiNr. 634 stammt auch aus MH 0-73, 0-74.
MiNr. 636 stammt auch aus MH 44, 45, 46, 47, 0-79.

Gültig bis 31.1.2023, geduldet bis 31.7.2023

In gleicher Zeichnung siehe Übersicht nach Jahrgangswerttabelle.

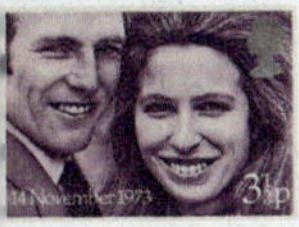

1973, 14. Nov. Hochzeit von Prinzessin Anne und Mark Phillips. Komb. RaTdr. und Pdr. (10×5 + 10×5); gez. K 14¾:14.

rr) Prinzessin Anne (*1950) und Mark Phillips (*1948)

				★★	⊙
637	3½ P	purpurviolett/silber	rr	0,30	0,30
638	20 P	dunkelbraun/silber	rr	0,90	0,90
		Satzpreis (2 W.)		1,20	1,20
		FDC			2,—

		★★
637 U	ungezähnt (Paar)	*4500,—*
637 Uu	unten ungezähnt	800,—
638 F	Farbe Silber fehlend	*5000,—*

Auflagen: MiNr. 637 = 54.034.900, MiNr. 638 = 7.723.600 Stück

1973, 28. Nov. Weihnachten. RaTdr.; MiNr. 639–643 (2×10 Zd), MiNr. 644 (10×10); gez. K 14¾:14.

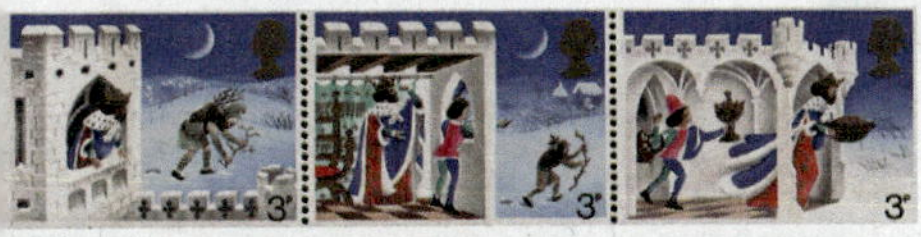

rs) Hl. Wenzel beobachtet alten Mann beim Holzsammeln
rt) Hl. Wenzel, Page, Holzsammler
ru) Hl. Wenzel und Page tragen Speisen und Getränke

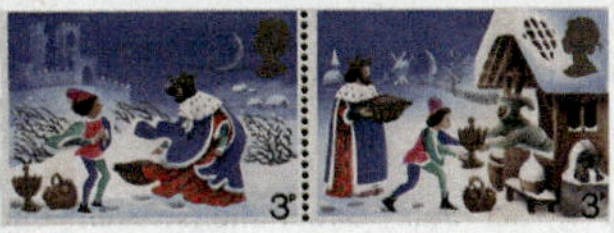

rv) Hl. Wenzel und Page machen Rast
rw) Hl. Wenzel und Page überreichen dem armen alten Mann die mitgebrachten Speisen und Getränke

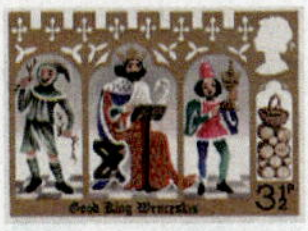

rx) Die 3 Figuren des Weihnachtsliedes „Der gute König Wenzel"

				★★	⊙
639	3 P	mehrfarbig	rs	0,30	0,30
640	3 P	mehrfarbig	rt	0,30	0,30
641	3 P	mehrfarbig	ru	0,30	0,30
642	3 P	mehrfarbig	rv	0,30	0,30
643	3 P	mehrfarbig	rw	0,30	0,30
644	3½ P	mehrfarbig	rx	0,30	0,30
		Satzpreis (6 W.)		1,30	1,30
		Fünferstreifen + Marke		4,—	4,—
		FDC			4,50

		★★
639 U	ungezähnt	*800,—*
640 U	ungezähnt	*800,—*
641 U	ungezähnt	*800,—*
642 U	ungezähnt	*800,—*
643 U	ungezähnt	*800,—*
639 U-643 U	Fünferstreifen ungezähnt	*4500,—*
640 F	Farbe Rosalila fehlend	*1200,—*
641 F I	Farbe Rosalila fehlend	*1200,—*
642 F	Farbe Rosalila fehlend	*1200,—*
643 F	Farbe Rosalila fehlend	*1200,—*
639, 640 F-643 F	Fünferstreifen (mit F oder F I)	*6000,—*

		★★	⊙
644 U	ungezähnt (Paar)	400,—	
644 F II	Farbe Grauschwarz fehlend	130,—	
644 F III	Farbe Hellkarminrot fehlend	120,—	
644 F IV	Farben Dunkelkobalt und Rosalila fehlend	500,—	
644 F V	Farbe Karminlila fehlend	120,—	
644 F VI	Farbe Rosa fehlend	150,—	
644 F VII	Farbe Dunkelkobalt fehlend	250,—	
644 F VIII	Farbe Lebhaftblaugrün fehlend	*3500,—*	
644 F IX	Farbe Rotbraun fehlend		—,—
644 F X	Farbe Gold fehlend		—,—
644 F XI	Farbe Violettgrau fehlend		—,—

MiNr. 639–643 wurden waagerecht zusammenhängend gedruckt.

Auflagen: MiNr. 639–643 je 46.088.200, MiNr. 644 = 110.558.200 Stück

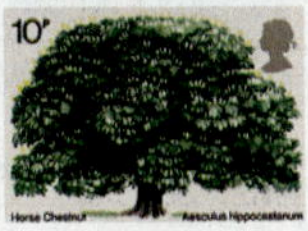

1974, 27. Febr. Britische Bäume (II): Rosskastanienbaum. RaTdr. (10×5 + 10×5); gez. K 14¾:14¼.

ry) Gemeine Rosskastanie (Aesculus hippocastanum)

645	10 P	mehrfarbig	ry	0,60	0,60
		FDC			2,—

Auflage: 7.245.200 Stück

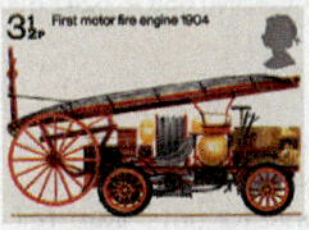

1974, 24. April. 200 Jahre britisches Feuerschutzgesetz. RaTdr. (10×5 + 10×5); gez. K 14¾:14.

rz) 1. Motorfeuerspritze (1904)

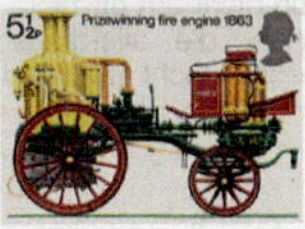

sa) Preisgekrönte Feuerspritze (1863)

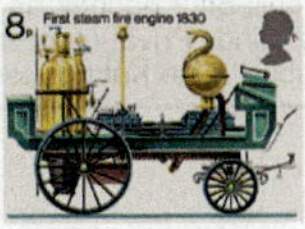

sb) 1. Dampffeuerspritze (1830)

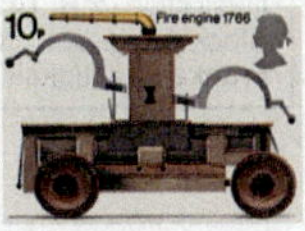

sc) 1. Handfeuerspritze (1766)

646	3½ P	mehrfarbig	rz	0,30	0,30
647	5½ P	mehrfarbig	sa	0,30	0,30
648	8 P	mehrfarbig	sb	0,30	0,30
649	10 P	mehrfarbig	sc	0,60	0,60
		Satzpreis (4 W.)		1,50	1,50
		FDC			2,50

		★★
646 U	ungezähnt (Paar)	500,—

Auflagen: MiNr. 646 = 47.526.900, MiNr. 647 = 7.393.600, MiNr. 648 = 6.737.600, MiNr. 649 = 6.631.300 Stück

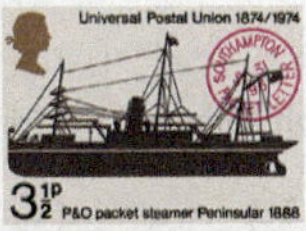

1974, 12. Juni. 100 Jahre Weltpostverein (UPU), RaTdr. (10×5 + 10×5); gez. K 15:14.

sd) P & O-Paketdampfer „Peninsular" (1888); Paket-Seepost-Stempel Southampton (1896)

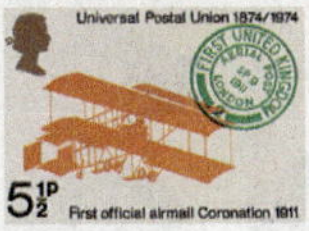

se) 1. offizielle Flugpost mit Doppeldecker Farman H.F.III (1911); Flugpost-Sonderstempel

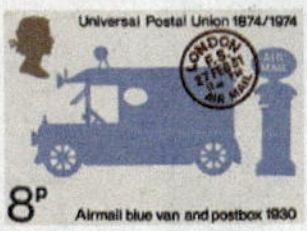

sf) Flugpostwagen, Briefkasten (1930); Flugpoststempel (1931)

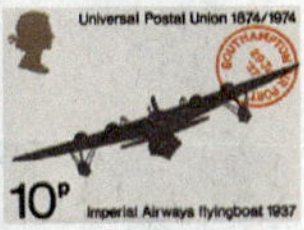

sg) Flugboot Short S. 21 Maia (1937); Stempel des Flughafens von Southampton

				★★	⊙
650	3½ P	mehrfarbig	sd	0,30	0,30
651	5½ P	mehrfarbig	se	0,30	0,30
652	8 P	mehrfarbig	sf	0,30	0,30
653	10 P	mehrfarbig	sg	0,60	0,60
		Satzpreis (4 W.)		1,50	1,50
		FDC			3,50

Auflagen: MiNr. 650 = 38.880.800, MiNr. 651 = 7.414.300, MiNr. 652 = 6.450.000, MiNr. 653 = 6.593.800 Stück

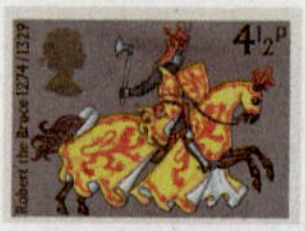

1974, 10. Juli. Königliche Ritter des Mittelalters. RaTdr. (10×5 + 10×5); gez. K 14¾:14¼.

sh) König Robert I. Bruce (1274–1329)

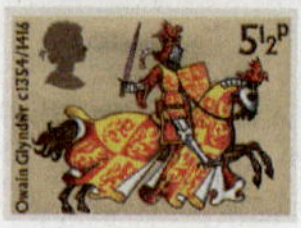

si) Fürst von Wales Owain Glyndwr (1354–1416)

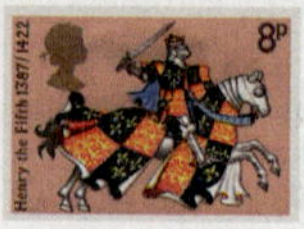

sk) König Henry V. (1387–1422)

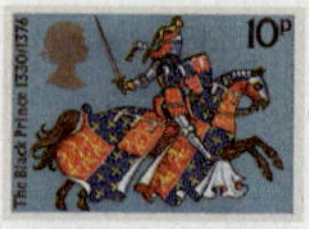

sl) Edward, der Schwarze Prinz (1330–1376)

654	4½ P mehrfarbig	sh	0,30	0,30
655	5½ P mehrfarbig	si	0,30	0,30
656	8 P mehrfarbig	sk	0,40	0,40
657	10 P mehrfarbig	sl	0,60	0,60
	Satzpreis (4 W.)		1,60	1,60
	FDC			3,50

Auflagen: MiNr. 654 = 41.949.300, MiNr. 655 = 9.207.800, MiNr. 656 = 7.243.600, MiNr. 657 = 7.467.500 Stück

> Bei den angeblichen Großbritannien-Blocks mit Abbildung der Büste Königin Elizabeth II. im Achteck als Frankatur (im linken Teil Illustration, z.B. Churchill-Bild) handelt es sich nicht um offizielle Block-Ausgaben. Es sind Privat-Ganzsachen, die allerdings Frankaturgültigkeit haben. Eine Katalogisierung ist nicht möglich.

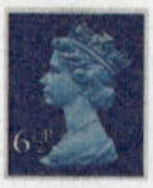

1974, 4. Sept. Freimarke: Königin Elizabeth II, Typ Machin. RaTdr., Bogen (B) (10×20), Markenheftchen und Rollen; gez. K 14¾:14¼.

ku) Königin Elizabeth II. (1926–2022, reg. ab 1952)

658	6½ P dunkeltürkisblau	ku	0,30	0,30
	FDC			2,—

		★★
658 U	ungezähnt (B) (senkr. Paar)	250,—

MiNr. 658 stammt auch aus MH 38, 39, 0-75.

Gültig bis 31.1.2023, geduldet bis 31.7.2023

In gleicher Zeichnung siehe Übersicht nach Jahrgangswerttabelle.

1974, 9. Okt. 100. Geburtstag von Winston Churchill. RaTdr. (5×10 + 5×10); gez. K 14¼:14¾.

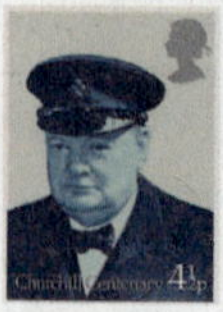

sm

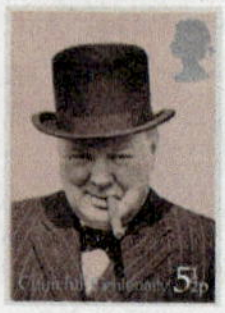

sn

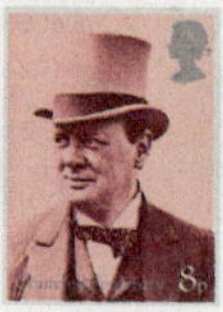

so

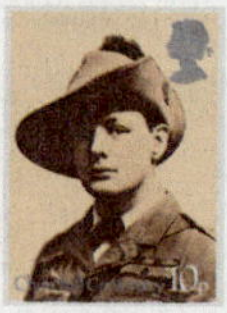

sp

sm–sp) Winston Churchill (1874–1965), Premierminister, Literaturnobelpreis 1953

			★★	⊙
659	4½ P mehrfarbig	sm	0,30	0,30
660	5½ P mehrfarbig	sn	0,30	0,30
661	8 P mehrfarbig	so	0,60	0,60
662	10 P mehrfarbig	sp	0,60	0,60
	Satzpreis (4 W.)		1,80	1,80
	FDC			2,50

Auflagen: MiNr. 659 = 54.000.000, MiNr. 660 = 9.110.900, MiNr. 661 = 7.925.000, MiNr. 662 = 7.752.800 Stück

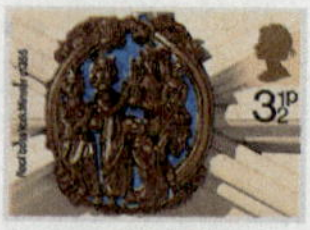

1974, 27. Nov. Weihnachten. RaTdr. (10× + 10×5); gez. K 14¾:14¼.

sr) Anbetung der Hl. Drei Könige, Münster in York (um 1355)

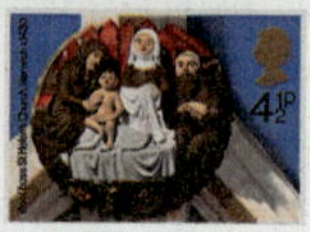

ss) Die Heilige Familie, St.-Helen-Kirche in Norwich (um 1480)

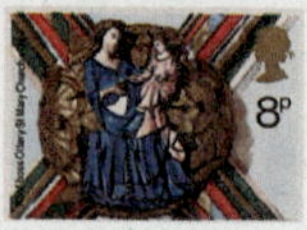

st) Maria mit dem Kind, Kirche in Ottery, St. Mary (um 1350)

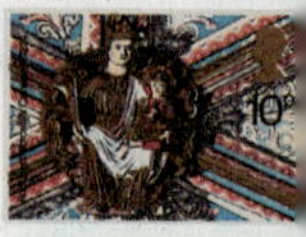

su) Maria mit dem Kind, Kathedrale in Worcester (um 1224)

sr–su) Schlusssteine an gotischen Gewölben englischer Kirchen und Kathedralen

663	3½ P mehrfarbig	sr	0,30	0,3
664	4½ P mehrfarbig	ss	0,30	0,3
665	8 P mehrfarbig	st	0,30	0,3
666	10 P mehrfarbig	su	0,50	0,5
	Satzpreis (4 W.)		1,40	1,4
	FDC			2,5

663 F II	Farbe Hellbraun fehlend		—,—
663 F III	Farbe Grau fehlend	—,—	

Auflagen: MiNr. 663 = 234.783.700, MiNr. 664 = 129.022.000, MiNr. 665 = 11.648.400, MiNr. 666 = 12.046.000 Stück

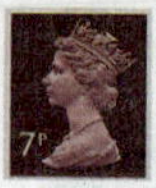

1975, 15. Jan. Freimarken: Königin Elizabeth II., Typ Machin. RaTdr., Bogen (B) (10×20), Markenheftchen und Rollen; gez. K 14¾:14¼.

ku) Königin Elizabeth II. (1926–2022, reg. ab 1952)

667	7 P dunkellilabraun	ku	0,40	0,30
	FDC			2,—

		★★
667 U	ungezähnt (B) (Paar)	100,—
667 Uo	oben ungezähnt (B) (Bogenrand)	150,—

MiNr. 667 stammt auch aus MH 40, 41, 42, 43, 0-77.

Gültig bis 31.1.2023, geduldet bis 31.7.2023

In gleicher Zeichnung siehe Übersicht nach Jahrgangswerttabelle.

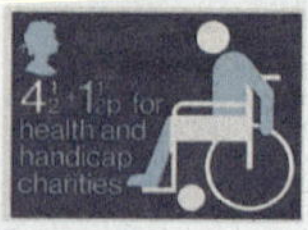

1975, 22. Jan. Gesundheitswesen und Behindertenhilfe. RaTdr. (10×5 + 10×5); gez. K 14¾:14¼.

sv) Behinderter im Rollstuhl

			★★	⊙
668	4½ (P) + 1½ P dunkelblau/hellblau	sv	0,40	0,40
	FDC			1,50

Auflage: 7.000.000 Stück

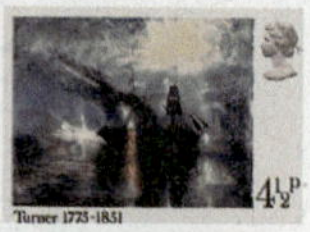

1975, 19. Febr. 200. Geburtstag von William Turner. RaTdr. (10×5 + 10×5); gez. K 14¾:14¼.

sw) Frieden – Bestattung auf See

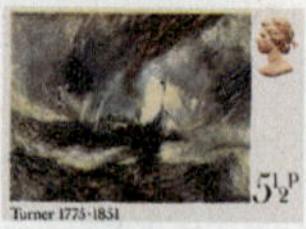

sx) Schnesturm – ein Dampfer vor der Hafeneinfahrt

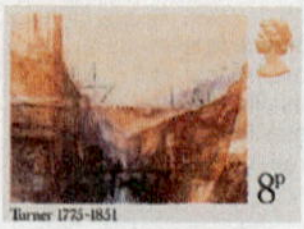

sy) Das Arsenal Rio San Danieli von Venedig

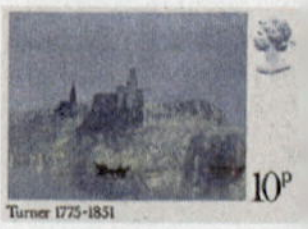

sz) St. Laurent

sw–sz) Gemälde und Zeichnungen von William Turner (1775–1851)

669	4½ P mehrfarbig	sw	0,30	0,30
670	5½ P mehrfarbig	sx	0,30	0,30

671	8 P mehrfarbig	sy	0,30	0,30
672	10 P mehrfarbig	sz	0,50	0,50
	Satzpreis (4 W.)		1,40	1,40
	FDC			2,—

Auflagen: MiNr. 669 = 47.920.000, MiNr. 670 = 8.690.000, MiNr. 671 = 7.200.000, MiNr. 672 = 7.100.000 Stück

1975, 23. April. Europäisches Denkmalschutzjahr 1975. RaTdr.; MiNr. 673–674 (5×5 Zd + 5×5 Zd), MiNr. 675–677 (10×5 + 10×5); gez. K 14¾:14¼.

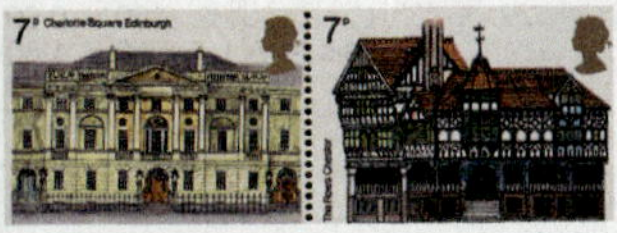

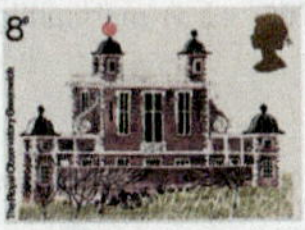

ta) Charlotte Square, Edinburgh
tb) Altstadthäuser, Chester

tc) Königliches Observatorium, Greenwich

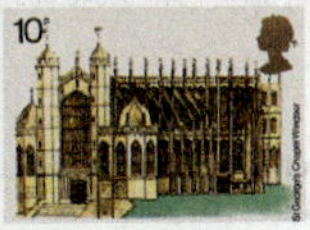

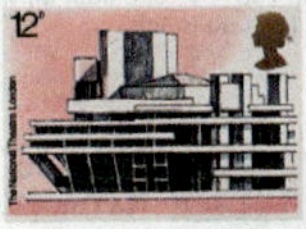

td) St. Georgs-Kapelle, Windsor

te) Nationaltheater, London

673	7 P mehrfarbig	ta	0,30	0,30
674	7 P mehrfarbig	tb	0,30	0,30
675	8 P mehrfarbig	tc	0,40	0,40
676	10 P mehrfarbig	td	0,40	0,40
677	12 P mehrfarbig	te	0,50	0,50
	Satzpreis (5 W.)		1,90	1,90
	Paar + 3 Marken		2,—	2,—
	FDC			4,—

MiNr. 673–674 wurden waagerecht zusammenhängend gedruckt.

Auflagen: MiNr. 673–674 zusammen 40.950.000, MiNr. 675 = 6.640.000, MiNr. 676 = 5.560.000, MiNr. 677 = 5.450.000 Stück

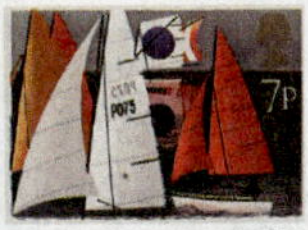

1975, 11. Juni. Segeln. Komb. StTdr. und RaTdr. (10×5 + 10×5); gez. K 14¾:14¼.

tf) Finn-Dingi

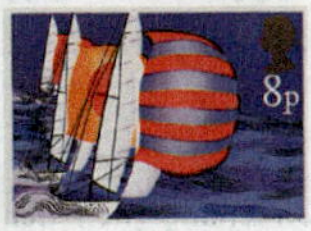

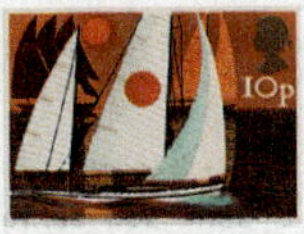

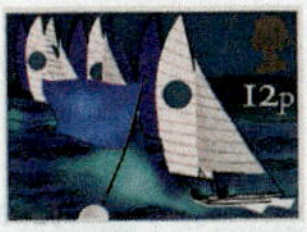

tg) Kielboote

th) Segeljachten

ti) Katamarane an der Wendeboje

678	7 P mehrfarbig	tf	0,30	0,30
679	8 P mehrfarbig	tg	0,30	0,30
680	10 P mehrfarbig	th	0,30	0,30
681	12 P mehrfarbig	ti	0,50	0,50
	Satzpreis (4 W.)		1,40	1,40
	FDC			2,50

		★★
679 F	Farbe Schwarz (StTdr.) fehlend	80,—
681 F	Farbe Rosa fehlend	—,—

Auflagen: MiNr. 678 = 17.000.000, MiNr. 679 = 4.320.000, MiNr. 680 = 3.620.000, MiNr. 681 = 2.470.000 Stück

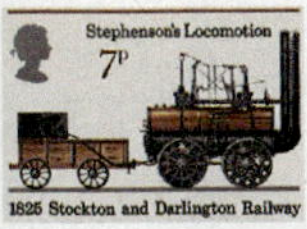

1975, 13. Aug. 150 Jahre Eisenbahn. RaTdr. (10×5 + 10×5); gez. K 14¾:14¼.

tk) „Locomotion 1", erbaut von George Stephenson (1781–1848); 1. öffentlicher Eisenbahnzug der Welt (1825)

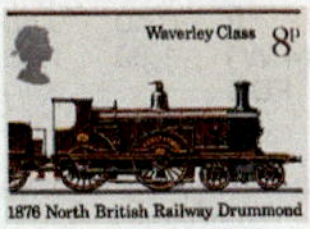

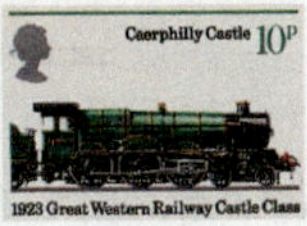

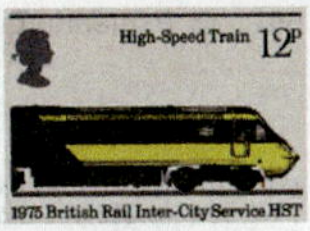

tl) „Abbotsford" von Dugald Drummond (1876)

tm) „Caerphilly Castle" von C. B. Collett (1923)

tn) Triebwagenkopf des Hochgeschwindigkeitszuges HST (1975)

			★★	⊙
682	7 P mehrfarbig	tk	0,40	0,40
683	8 P mehrfarbig	tl	0,60	0,60
684	10 P mehrfarbig	tm	0,70	0,70
685	12 P mehrfarbig	tn	0,80	0,80
	Satzpreis (4 W.)		2,50	2,50
	FDC			3,50

Auflagen: MiNr. 682 = 47.160.000, MiNr. 683 = 9.900.000, MiNr. 684 = 10.530.000, MiNr. 685 = 8.690.000 Stück

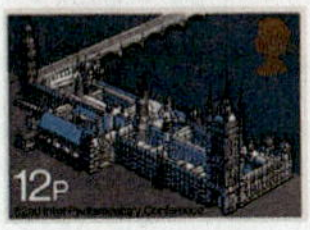

1975, 3. Sept. 62. Interparlamentarische Konferenz. RaTdr. (10×5 + 10×5); gez. K 15:14¼.

to) Parlamentsgebäude in Westminster mit Big Ben und Westminsterbrücke

686	12 P mehrfarbig	to	0,60	0,60
	FDC			1,50

Auflage: 5.770.000 Stück

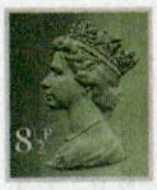

1975, 24. Sept. Freimarke: Königin Elizabeth II., Typ Machin. RaTdr., Bogen (B) (10×20), Markenheftchen und Rollen; gez. K 14¾:14¼.

ku) Königin Elizabeth II. (1926–2022, reg. ab 1952)

687	8½ P dunkelolivgrün	ku	0,40	0,30
	FDC			1,50

		★★
687 U	ungezähnt (B) (Paar)	1500,—

MiNr. 687 stammt auch aus MH 38, 39, 0-76.

Gültig bis 31.1.2023, geduldet bis 31.7.2023

In gleicher Zeichnung siehe Übersicht nach Jahrgangswerttabelle.

1975, 22. Okt. 200. Geburtstag von Jane Austen. RaTdr. (5×10 + 5×10); gez. K 14¼:14¾.

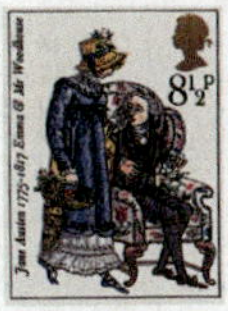

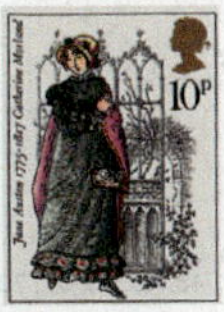

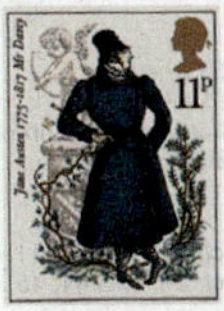

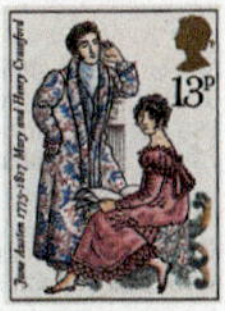

tp) Emma Woodhouse und ihr Vater, aus „Emma"

tr) Catherine Morland, aus „Abtei Northanger"

ts) Mr. Darcy aus „Stolz und Vorurteil"

tt) Geschwister Crawford, aus „Mansfield Park"

tp–tt) Personen aus Romanen der Schriftstellerin Jane Austen (1775–1817)

			★★	⊙
688	8½ P mehrfarbig	tp	0,40	0,40
689	10 P mehrfarbig	tr	0,40	0,40
690	11 P mehrfarbig	ts	0,50	0,50

691	13 P	mehrfarbig	tt	0,50	0,50
		Satzpreis (4 W.)		1,80	1,80
		FDC			3,—

Auflagen: MiNr. 688 = 44.040.000, MiNr. 689 = 8.280.000, MiNr. 690 = 7.600.000, MiNr. 691 = 6.920.000 Stück

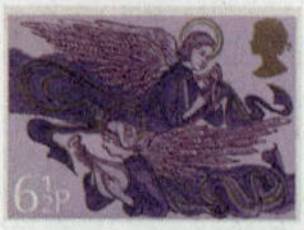

1975, 26. Nov. Weihnachten. RaTdr. (10×5 + 10×5); gez. K 14¾:14¼.

tu

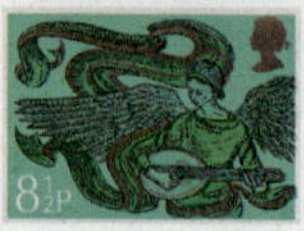

tv

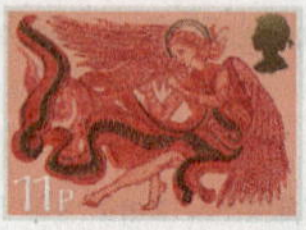

tw

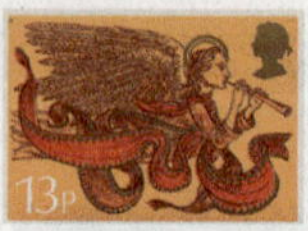

tx

tu–tx) Musizierende Engel

692	6½ P	mehrfarbig	tu	0,30	0,30
693	8½ P	mehrfarbig	tv	0,30	0,30
694	11 P	mehrfarbig	tw	0,40	0,40
695	13 P	mehrfarbig	tx	0,50	0,50
		Satzpreis (4 W.)		1,50	1,50
		FDC			2,50

Auflagen: MiNr. 692 = 215.530.000, MiNr. 693 = 108.340.000, MiNr. 694 = 13.850.000, MiNr. 695 = 12.610.000 Stück

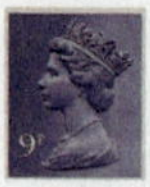

1976, 25. Febr. Freimarken: Königin Elizabeth II., Typ Machin. RaTdr., Bogen (B) (10×20), Markenheftchen (MH) und Rollen (R); gez. K 14¾:14¼.

ku) Königin Elizabeth II. (1926–2022, reg. ab 1952)

696	9 P	dunkelviolettblau (B) (MH) (R)	ku	0,40	0,40
697	9½ P	dunkelpurpur (B)	ku	0,50	0,40
698	10 P	braunorange (B) (MH) (R)	ku	0,40	0,30
699	10½ P	mittelorangegelb (B)	ku	0,60	0,60
700	11 P	bräunlichrot (B)	ku	0,60	0,40
701	20 P	schwarzviolett (B)	ku	1,20	0,60
		Satzpreis (6 W.)		3,60	2,60
		FDC			3,50

		★★
696 U	ungezähnt (B) (Paar)	180,—
698 U	ungezähnt (B) (Paar)	350,—
698 Uo	oben ungezähnt (B) (Bogenrand)	500,—
700 U	ungezähnt (B) (Paar)	*2000,—*

MiNr. 696 stammt auch aus MH 40, 41, 43, 0-78.
MiNr. 698 stammt auch aus MH 44, 45, 47, 48, 49, 50, 51, 70, 0-80.

Gültig bis 31.1.2023, geduldet bis 31.7.2023

In gleicher Zeichnung siehe Übersicht nach Jahrgangswerttabelle.

> Die Farbangaben bei den Freimarkenausgaben in Zeichnung ku beziehen sich immer auf den gesättigten Farbton. Starke Aufrasterung des Hintergrunds kann einen erheblich helleren Farbton vortäuschen.

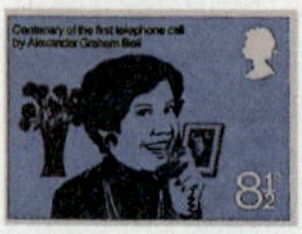

1976, 10. März. 100 Jahre Telephon. RaTdr. (10×5 + 10×5); gez. K 14¾:14¼.

ty) Telephonierende Frau

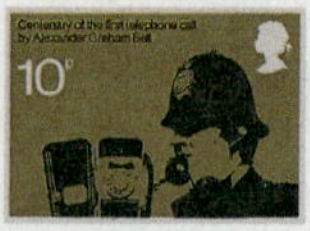

tz) Telephonierender Polizist

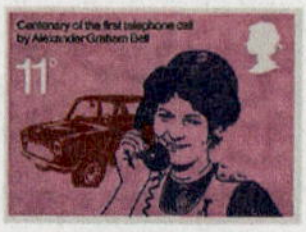

ua) Telephonierende Krankenschwester

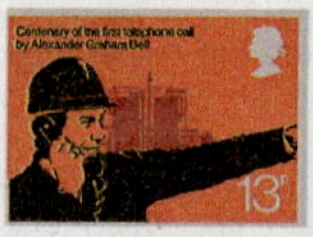

ub) Telephonierender Industriearbeiter

				★★	⊙
702	8½ P	mehrfarbig	ty	0,30	0,30
703	10 P	mehrfarbig	tz	0,40	0,40
704	11 P	mehrfarbig	ua	0,50	0,50
705	13 P	mehrfarbig	ub	0,60	0,60
		Satzpreis (4 W.)		1,80	1,80
		FDC			2,50

		★★
702 F	Farbe Rosa fehlend	*5000,—*
702 U	ungezähnt (Paar)	1500,—
702 Uu	unten ungezähnt (Randstück)	600,—
704 Uu	unten ungezähnt (Randstück)	—,—

Auflagen: MiNr. 702 = 41.350.000, MiNr. 703 = 8.660.000, MiNr. 704 = 7.540.000, MiNr. 705 = 7.130.000 Stück

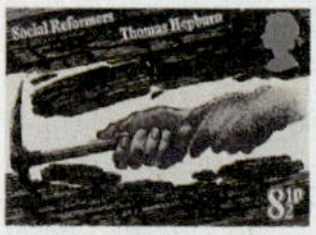

1976, 28. April. Britische Sozialreformer. RaTdr. (10×5 + 10×5); gez. K 14¾:14¼.

uc) Thomas Hepburn (um 1795–1864), Begründer der 1. Bergarbeitergewerkschaft in Northumberland und Durham (1831) – Kohleabbau

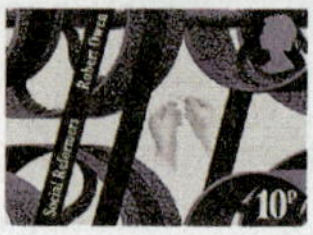

ud) Robert Owen (1771–1858), Begründer des Genossenschaftswesens – Textilindustrie

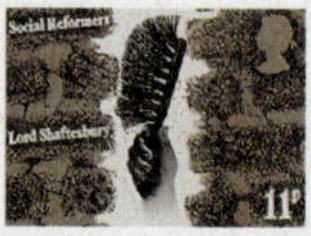

ue) Lord Shaftesbury (1801–1885), Vorkämpfer gegen Kinderarbeit – Kinderhand reinigt Schornstein

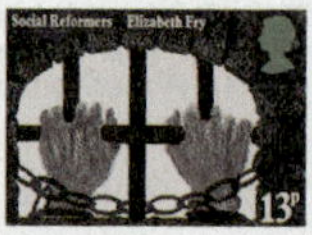

uf) Elizabeth Fry (1780–1845), Begründerin des Vereins zur Besserung weiblicher Gefangener (1817) – gefesselte Hände hinter Gefängnisgitter

				★★	⊙
706	8½ P	mehrfarbig	uc	0,30	0,30
707	10 P	mehrfarbig	ud	0,40	0,40
708	11 P	mehrfarbig	ue	0,50	0,50
709	13 P	mehrfarbig	uf	0,60	0,60
		Satzpreis (4 W.)		1,80	1,80
		FDC			2,50

Auflagen: MiNr. 706 = 41.260.000, MiNr. 707 = 8.630.000, MiNr. 708 = 7.510.000, MiNr. 709 = 7.090.000 Stück

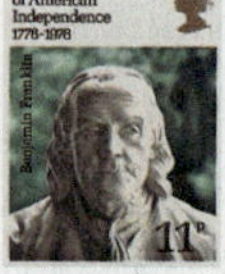

1976, 2. Juni. 200 Jahre Unabhängigkeit der Vereinigten Staaten von Amerika. RaTdr. (5×10 + 5×10); gez. K 14¼:14¾.

ug) Benjamin Franklin (1706–1790), amerikanischer Politiker und Schriftsteller

710	11 P	mehrfarbig	ug	0,60	0,60
		FDC			2,—

Auflage: 9.970.000 Stück

1976, 30. Juni. 100 Jahre Königliche Nationale Rosengesellschaft: Zuchtrosen. RaTdr. (5×10 + 5×10); gez. K 14¼:14¾.

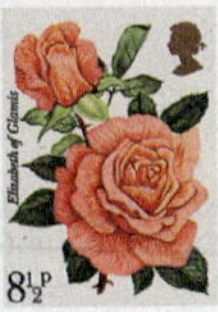

uh) „Elizabeth of Glamis“

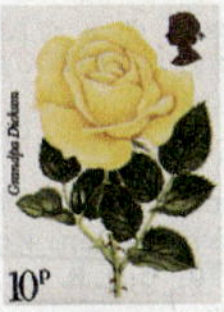

ui) „Grandpa Dickson“

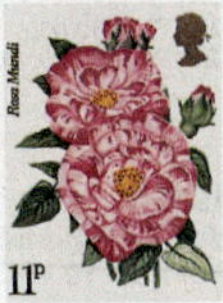

uk) „Rosa Mundi“

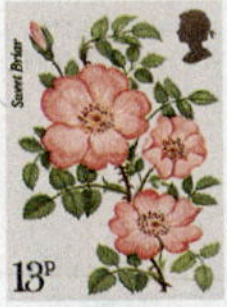

ul) „Sweet Briar“

711	8½ P	mehrfarbig	uh	0,30	0,30
712	10 P	mehrfarbig	ui	0,40	0,40
713	11 P	mehrfarbig	uk	0,50	0,50
714	13 P	mehrfarbig	ul	0,60	0,60
			Satzpreis (4 W.)	1,80	1,80
			FDC		2,50

714 F Wertangabe fehlend ..... —,— —,—

Auflagen: MiNr. 711 = 39.760.000, MiNr. 712 = 8.940.000, MiNr. 713 = 7.990.000, MiNr. 714 = 7.410.000 Stück

1976, 4. Aug. Britische Kulturtradition. RaTdr. (5×10 + 5×10); gez. K 14¼:14¾.

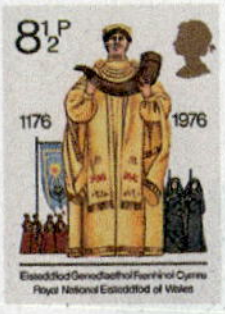

um) Eisteddfod (walisischer Dichter- und Musikerwettbewerb) – Erzdruide

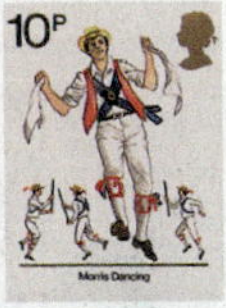

un) Moriskentanz, Volkstänzer

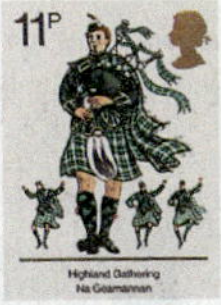

uo) Schottentanz – schottischer Dudelsackpfeifer

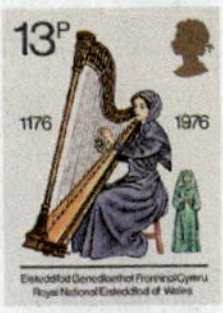

up) Eisteddfod – Harfenspielerin

715	8½ P	mehrfarbig	um	0,30	0,30
716	10 P	mehrfarbig	un	0,40	0,40
717	11 P	mehrfarbig	uo	0,50	0,50
718	13 P	mehrfarbig	up	0,60	0,60
			Satzpreis (4 W.)	1,80	1,80
			FDC		2,50

Auflagen: MiNr. 715 = 38.250.000, MiNr. 716 = 8.360.000, MiNr. 717 = 7.410.000, MiNr. 718 = 6.920.000 Stück

1976, 29. Sept. 500 Jahre Buchdruck in England. Komb. RaTdr. und Pdr. (5×10 + 5×10); gez. K 14¼:14¾.

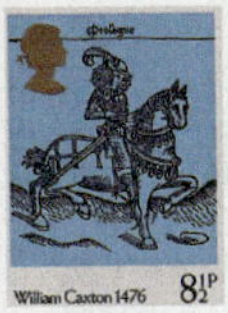

ur) Reiter, Holzschnitt aus den „Canterbury Tales“

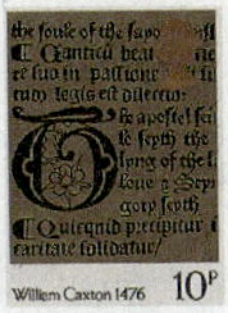

us) W.-Caxton-Schrifttypen (1493)

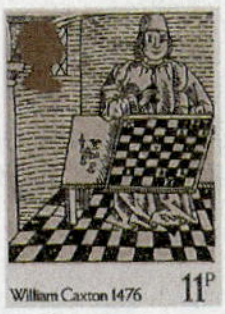

ut) Schachspieler, Holzschnitt (1483)

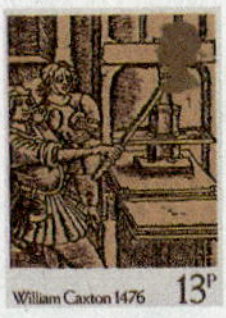

uu) Alte Druckpresse (1514)

719	8½ P	mehrfarbig	ur	0,30	0,30
720	10 P	mehrfarbig	us	0,40	0,40
721	11 P	mehrfarbig	ut	0,50	0,50
722	13 P	mehrfarbig	uu	0,60	0,60
			Satzpreis (4 W.)	1,80	1,80
			FDC		2,50

		★★
721 Uu	unten ungezähnt (Randstück)	500,—

Auflagen: MiNr. 719 = 37.550.000, MiNr. 720 = 8.260.000, MiNr. 721 = 7.320.000, MiNr. 722 = 6.780.000 Stück

1976, 24. Nov. Weihnachten. RaTdr. (10×5 + 10×5); gez. K 14¾:14¼.

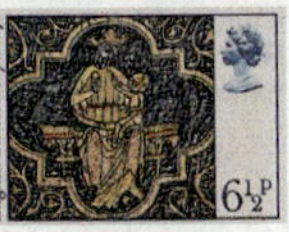

uv) Maria mit Kind

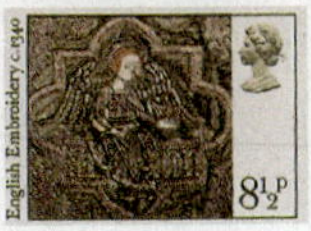

uw) Engel mit Krone

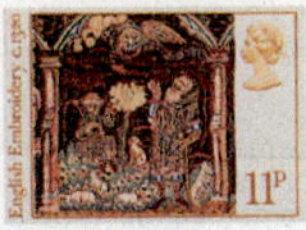

ux) Engel erscheinen den Hirten

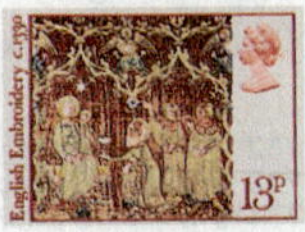

uy) Hl. Drei Könige überreichen ihre Geschenke

uv–uy) Stickereien auf Kirchengewändern (13.–14. Jh.)

				★★	⊙
723	6½ P	mehrfarbig	uv	0,30	0,30
724	8½ P	mehrfarbig	uw	0,30	0,30
725	11 P	mehrfarbig	ux	0,50	0,50
726	13 P	mehrfarbig	uy	0,50	0,50
			Satzpreis (4 W.)	1,60	1,60
			FDC		2,50

		★★
723 U	ungezähnt (Paar)	450,—
723 Uu	unten ungezähnt (Randstück)	300,—
724 Uu	unten ungezähnt /Randstück)	300,—

Auflagen: MiNr. 723 = 217.910.000, MiNr. 724 = 94.070.000, MiNr. 725 = 12.790.000, MiNr. 726 = 11.080.000 Stück

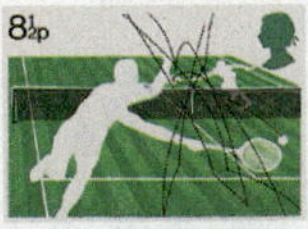

1977, 12. Jan. 100 Jahre Tennismeisterschaften zu Wimbledon: Tennis und verwandte Sportarten. RaTdr. (10×5 + 10×5); gez. K 14¾:14¼.

uz) Tennis

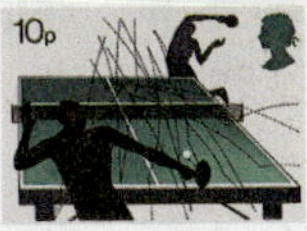

va) Tischtennis

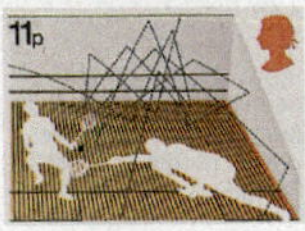

vb) Squash

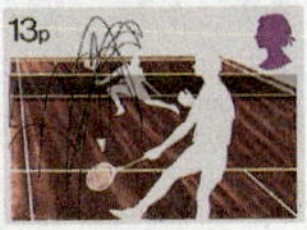

vc) Badminton

				★★	⊙
727	8½ P	mehrfarbig	uz	0,30	0,30
728	10 P	mehrfarbig	va	0,40	0,40
729	11 P	mehrfarbig	vb	0,50	0,50
730	13 P	mehrfarbig	vc	0,60	0,60
			Satzpreis (4 W.)	1,80	1,80
			FDC		2,50

		★★
727 U	ungezähnt (Paar)	1200,—
727 Uu	unten ungezähnt (Randstück)	200,—
729 U	ungezähnt (Paar)	*4000,—*
729 Uu	unten ungezähnt (Randstück)	600,—

Auflagen: MiNr. 727 = 37.120.000, MiNr. 728 = 8.240.000, MiNr. 729 = 7.420.000, MiNr. 730 = 6.790.000 Stück

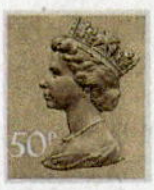

1977, 2. Febr./1980. 21. Mai. Freimarke: Königin Elizabeth II., Typ Machin. RaTdr. (10×20); gez. K 14¾:14¼.

ku) Königin Elizabeth II. (1926–2022, reg. ab 1952)

				★★	⊙
731	50 P	olivbraun	ku		
v		normales Papier (21.5.1980)		2,—	0,90
y		mit Ph.-Streifen (2.2.1977)		2,50	0,80
			FDC y		1,50

		★★
731 v U	ungezähnt (B) (Paar)	800,—
731 y U	ungezähnt (B) (senkr. Paar)	600,—

Gültig bis 31.1.2023, geduldet bis 31.7.2023

In gleicher Zeichnung siehe Übersicht nach Jahrgangswerttabelle.

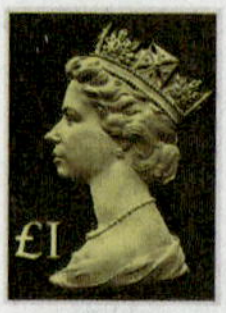

1977, 2. Febr. Freimarken: Königin Elizabeth II., Typ Machin, Großformat (Bild 27,2×38 mm). RaTdr. (5×10 + 5×10); normales Papier; gez. K 14:14¾.

vd) Königin Elizabeth II. (1926–2022, reg. ab 1952)

			★★	⊙
732	1 £ schwärzlicholiv/mattoliv	vd	3,—	0,50
733	2 £ dunkelbraunrot/mattbläulichgrün	vd	10,—	1,—
734	5 £ schwarzlilaultramarin/mattrotorange	vd	22,—	5,—
	Satzpreis (3 W.)		35,—	6,50
	FDC			15,—

732 U	ungezähnt (Paar)	1200,—
732 Ul	links ungezähnt (Randstück)	—,—
733 U	ungezähnt (Paar)	*2500,—*
733 Uo	oben ungezähnt (Randstück)	400,—
734 U	ungezähnt (Paar)	*8000,—*
734 Ul	links ungezähnt (Randstück)	—,—

Gültig bis 31.1.2023, geduldet bis 31.7.2023

In gleicher Zeichnung: MiNr. 961, 1007, 1043, 1084, 1121
In ähnlicher Zeichnung: MiNr. 3995
Weitere Werte siehe Übersicht nach Jahrgangswerttabelle.

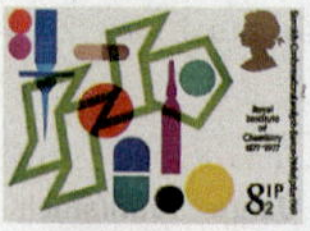

1977, 2. März. 100 Jahre Königliches Institut für Chemie: mit Nobelpreis ausgezeichnete Entwicklungen. RaTdr. (10×5 + 10×5); gez. K 14¾:14¼.

ve) Chemische Struktur (Stereoide strukturelle Analysen, Derek Barton, 1969)

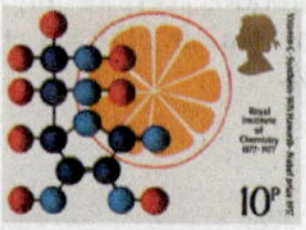

vf) Chemische Struktur (Vitamin-C-Synthese, Norman Haworth, 1937)

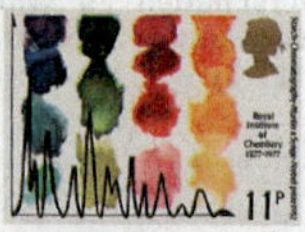

vg) Chromatographisches Verfahren (Verteilungschromatographie, Archer Martin und Richard Synge, 1952)

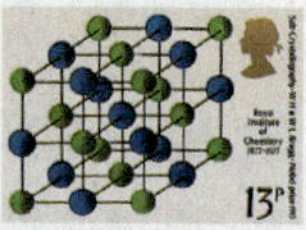

vh) Chemische Struktur (Kristallographie, William und Lawrence Bragg, 1915)

735	8½ P mehrfarbig	ve	0,30	0,30
736	10 P mehrfarbig	vf	0,40	0,40
737	11 P mehrfarbig	vg	0,50	0,50
738	13 P mehrfarbig	vh	0,60	0,60
	Satzpreis (4 W.)		1,80	1,80
	FDC			2,50

		★★
735 U	ungezähnt (Paar)	*3000,—*
735 Uu	unten ungezähnt (Randstück)	500,—
737 Uu	unten ungezähnt (Randstück)	—,—

Auflagen: MiNr. 735 = 37.060.000, MiNr. 736 = 9.360.000, MiNr. 737 = 8.460.000, MiNr. 738 = 7.860.000 Stück

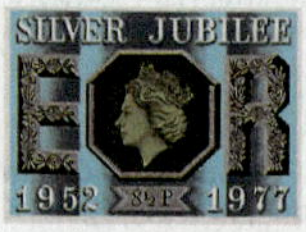

1977, 11. Mai/15. Juni. 25 Jahre Regentschaft von Königin Elizabeth II. RaTdr. (10×5 + 10×5); gez. K 14¾:14¼.

vi) Königin Elizabeth II., Initialen „ER"

			★★	⊙
739	8½ P mehrfarbig	vi	0,30	0,30
740	9 P mehrfarbig (15. Juni)	vi	0,30	0,30
741	10 P mehrfarbig	vi	0,30	0,30
742	11 P mehrfarbig	vi	0,60	0,60
743	13 P mehrfarbig	vi	0,70	0,70
	Satzpreis (5 W.)		2,20	2,20
	FDC (MiNr. 739, 741–743)			2,50
	FDC (MiNr. 740)			1,50

		★★
739 U	ungezähnt (Paar)	600,—
739 Uu	unten ungezähnt (Randstück)	350,—
740 Uu	unten ungezähnt (Randstück)	—,—
741 U	ungezähnt (Paar)	*2000,—*
741 Uu	unten ungezähnt (Randstück)	500,—
742 U	ungezähnt (Paar)	*2000,—*
742 Uu	unten ungezähnt (Randstück)	—,—
743 U	ungezähnt (Paar)	*1500,—*

Auflagen: MiNr. 739 = 73.960.000, MiNr. 740 = 42.620.000, MiNr. 741 = 21.580.000, MiNr. 742 = 19.380.000, MiNr. 743 = 17.720.000 Stück

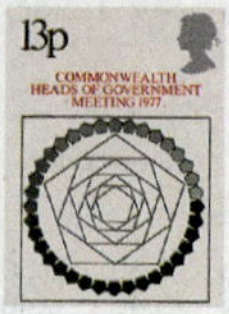

1977, 8. Juni. Konferenz der Regierungschefs der Commonwealthstaaten. Komb. RaTdr. und Pdr. (5×10 + 5×10); gez. K 14¼:14¾.

vn) Fünfecke als Symbol der fünf Kontinente

			★★	⊙
744	13 P mehrfarbig	vn	0,60	0,60
	FDC			2,—

Auflage: 8.560.000 Stück

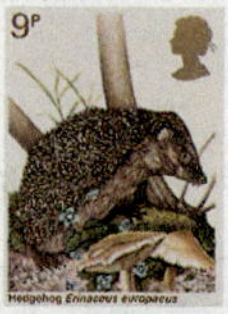

1977, 5. Okt. Einheimische Wildtiere. RaTdr. (1×10 Zd + 1×10 Zd); gez. K 14¼:14¾.

vo) Braunbrustigel (Erinaceus europaeus)

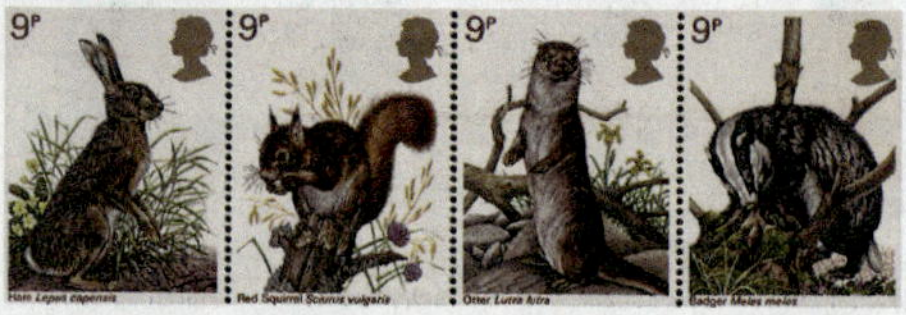

vp) Kap- oder Wüstenhase (Lepus capensis)
vr) Eichhörnchen (Sciurus vulgaris)
vs) Fischotter (Lutra lutra)
vt) Europäischer Dachs (Meles meles)

745	9 P mehrfarbig	vo	0,40	0,30
746	9 P mehrfarbig	vp	0,40	0,30
747	9 P mehrfarbig	vr	0,40	0,30
748	9 P mehrfarbig	vs	0,40	0,30
749	9 P mehrfarbig	vt	0,40	0,30
	Satzpreis (5 W.)		2,—	1,50
	Fünferstreifen		2,50	2,50
	FDC			3,50

745 U	ungezähnt (senkr. Paar)	*2000,—*
745 U–746 U	ungezähnt (waager. Paar)	*2000,—*
747 Ul	links ungezähnt	—,—

MiNr. 745–749 wurden waagerecht zusammenhängend gedruckt.

Auflage: 12.284.000 Sätze

1977, 23. Nov. Weihnachten: Die zwölf Weihnachtstage. RaTdr.; MiNr. 750–754 (2×5 Zd + 2×5 Zd), MiNr. 755 (10×5 + 10×5); gez. K 14¾:14¼.

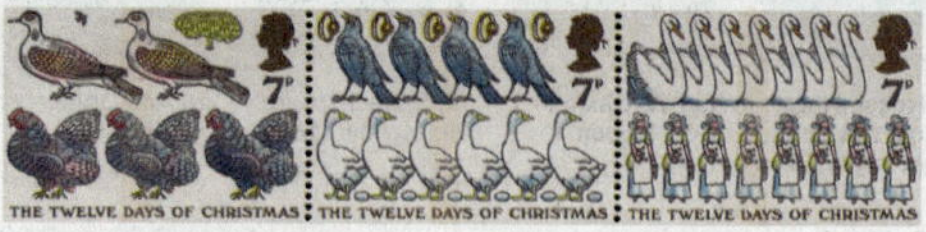

vu) Rebhuhn, Birnbaum, Tauben, Hennen
vv) Amseln, Goldringe, Gänse
vw) Schwäne, Melkmägde

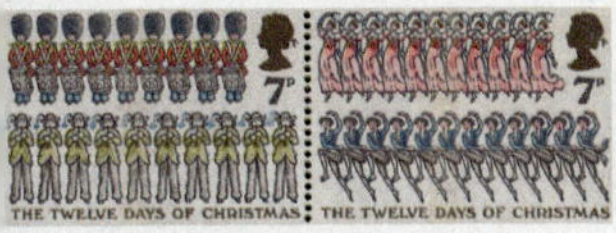
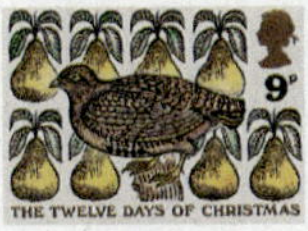

vx) Trommler, Pfeifer
vy) Tanzende Damen und Herren

vz) Rebhuhn im Birnbaum

vu–vz) Illustrationen zum britischen Weihnachtslied „The Twelve Days of Christmas"

750	7 P	mehrfarbig	vu	0,30	0,30
751	7 P	mehrfarbig	vv	0,30	0,30
752	7 P	mehrfarbig	vw	0,30	0,30
753	7 P	mehrfarbig	vx	0,30	0,30
754	7 P	mehrfarbig	vy	0,30	0,30
755	9 P	mehrfarbig	vz	0,30	0,30
		Satzpreis (6 W.)		1,30	1,30
		Fünferstreifen + Marke		2,50	2,50
		FDC			3,50

		★★
750 U–754 U	Fünferstreifen ungezähnt	*3500,—*
755 U	ungezähnt (Paar)	*1000,—*

MiNr. 750–754 wurden waagerecht zusammenhängend gedruckt.

Auflagen: MiNr. 750–754 je 53.118.000, MiNr. 755 = 111.230.000 Stück

Ungezähnte Abarten

Abarten als ungezähnte Einzelmarken werten etwa ein Drittel der Notierung eines Paares.

1978, 25. Jan. Energiequellen. RaTdr. (5×10 + 5×10); gez. K 14¼:14¾.

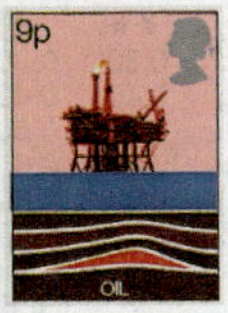

wa) Erdölbohrinsel in der Nordsee

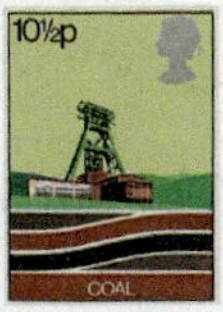

wb) Kohlefördertum

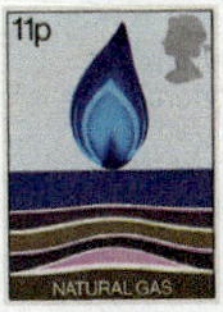

wc) Erdgasflamme

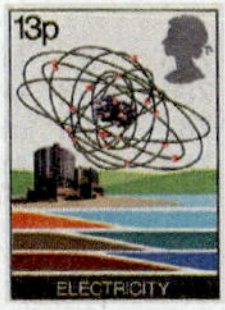

wd) Atomkraftwerk, Uranatom-Modell

				★★	⊙
756	9 P	mehrfarbig	wa	0,30	0,30
757	10½ P	mehrfarbig	wb	0,40	0,40
758	11 P	mehrfarbig	wc	0,50	0,50
759	13 P	mehrfarbig	wd	0,60	0,60
		Satzpreis (4 W.)		1,80	1,80
		FDC			2,—

Auflagen: MiNr. 756 = 42.270.000, MiNr. 757 = 10.630.000, MiNr. 758 = 9.950.000, MiNr. 759 = 9.340.000 Stück

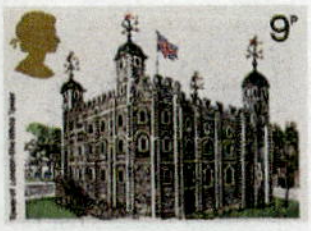

1978, 1. März. Historische Bauten. RaTdr. (10×5 + 10×5); gez. K 14¾:14¼.

we) Tower, London

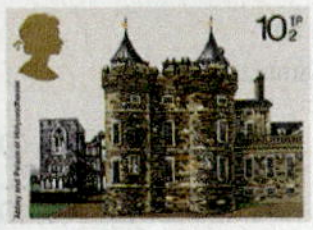

wf) Holyrood-House, Edinburgh

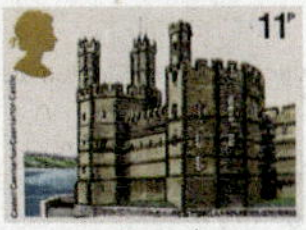

wg) Caernarfon Castle (Wales)

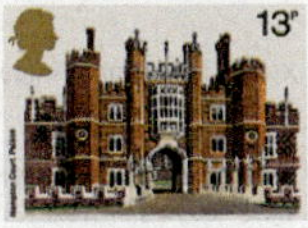

wh) Hampton Court bei London

760	9 P	mehrfarbig	we	0,30	0,30
761	10½ P	mehrfarbig	wf	0,40	0,40
762	11 P	mehrfarbig	wg	0,50	0,50
763	13 P	mehrfarbig	wh	0,60	0,60
		Satzpreis (4 W.)		1,80	1,80
		FDC			2,20

Blockausgabe mit MiNr. 760–763

Block 1	(122×89 mm)	wi	2,—	2,—
	FDC			2,20

		★★
760 F I	Farbe Gelboliv fehlend (Block)	*2500,—*
760 F II	Farbe Hellkarminrot fehlend (Block)	*4000,—*
760 F III	Farbe Dunkelblau fehlend (Block)	*—,—*
760 Uu	unten ungezähnt (Bogenrandstück)	150,—
761 F I	Farbe Gelboliv fehlend (Block)	*2500,—*
761 F IV	Farbe Orangegelb fehlend (Block)	*3000,—*
762 F I	Farbe Gelboliv fehlend (Block)	*2500,—*
763 F I	Farbe Gelboliv fehlend (Block)	*2500,—*
763 F IV	Farbe Orangegelb fehlend (Block)	*3000,—*
Block 1 U	ungezähnt	*10000,—*
Block 1 F I	Farbe Gelboliv fehlend	*12000,—*
Block 1 F II	Farbe Hellkarminrot fehlend	*5000,—*
Block 1 F III	Farbe Dunkelblau fehlend	*—,—*
Block 1 F IV	Farbe Orangegelb fehlend	*7000,—*

Postpreis von Bl. 1: 53½ P, davon 10 P für die Internationale Briefmarkenausstellung „LONDON 1980".

MiNr. 760–763 und Bl. 1 sind benzinempfindlich.

Auflagen: MiNr. 760 = 43.770.000, MiNr. 761 = 11.230.000, MiNr. 762 = 10.850.000, MiNr. 763 = 9.880.000 Stück, Bl. 1 = 2.520.000 Blocks

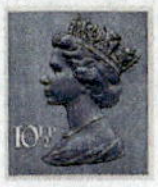

1978, 26. April. Freimarken: Königin Elizabeth II., Typ Machin. RaTdr. (10×20); gez. K 14¾:14¼.

ku) Königin Elizabeth II. (1926–2022, reg. ab 1952)

				★★	⊙
764	10½ P	schwarzgraublau (Töne)	ku	0,60	0,50
		FDC			1,50

Gültig bis 31.1.2023, geduldet bis 31.7.2023

In gleicher Zeichnung siehe Übersicht nach Jahrgangswerttabelle.

1978, 31. Mai. 25. Jahrestag der Krönung von Königin Elizabeth II. RaTdr. (5×10 + 5×10); gez. K 14¼:14¾.

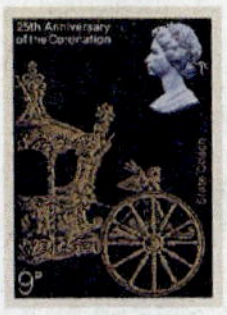

wk) Staatskutsche (1762)

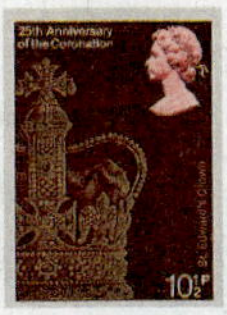

wl) St.-Edwards-Krone (1661)

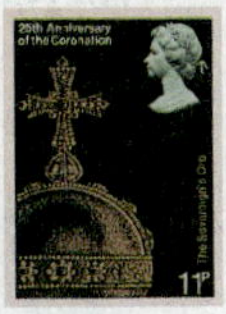

wm) Reichsapfel

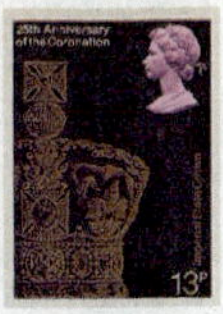

wn) Kaiserliche Staatskrone

765	9 P	mehrfarbig	wk	0,30	0,30
766	10½ P	mehrfarbig	wl	0,40	0,40
767	11 P	mehrfarbig	wm	0,50	0,50
768	13 P	mehrfarbig	wn	0,60	0,60
		Satzpreis (4 W.)		1,80	1,80
		FDC			2,20

Auflagen: MiNr. 765 = 66.700.000, MiNr. 766 = 16.430.000, MiNr. 767 = 15.200.000, MiNr. 768 = 14.080.000 Stück

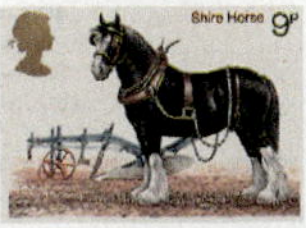

1978, 5. Juli. 100 Jahre Shire Horse Society. RaTdr. (10×5 + 10×5); gez. K 14¾:14¼.

wo) Shire-Horse

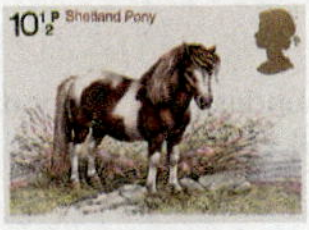

wp) Shetland-Pony

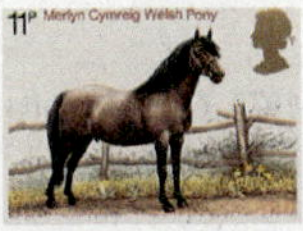

wr) Merlyn-Cymreig-Welsh-Pony

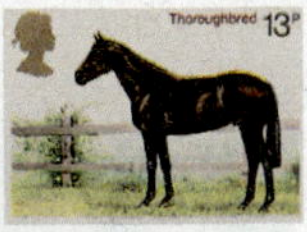

ws) Vollblutpferd

769	9 P	mehrfarbig	wo	0,30	0,30
770	10½ P	mehrfarbig	wp	0,40	0,40
771	11 P	mehrfarbig	wr	0,50	0,50
772	13 P	mehrfarbig	ws	0,60	0,60
		Satzpreis (4 W.)		1,80	1,80
		FDC			2,20

Auflagen: MiNr. 769 = 48.470.000, MiNr. 770 = 12.490.000, MiNr. 771 = 11.910.000, MiNr. 772 = 10.940.000 Stück

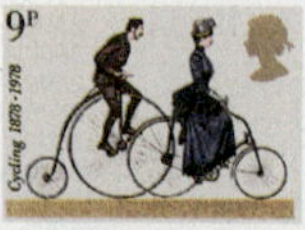

1978, 2. Aug. 100 Jahre britischer Radfahrer-Touring-Club und -Verband. RaTdr. (10×5 + 10×5); gez. K 14¾:14¼.

wt) Fahrräder (19. Jh.)

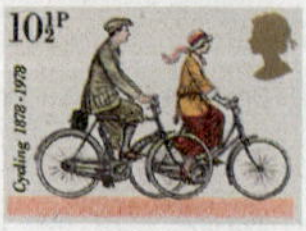
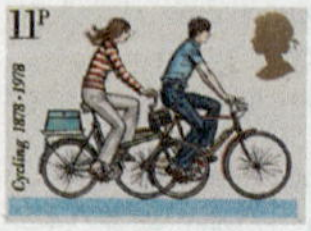
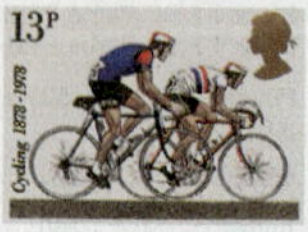

wu) Fahrräder (um 1925) wv) Kleinräder (1962) ww) Rennräder (1978)

773	9 P	mehrfarbig	wt	0,30	0,30
774	10½ P	mehrfarbig	wu	0,40	0,40
775	11 P	mehrfarbig	wv	0,50	0,50
776	13 P	mehrfarbig	ww	0,60	0,60
		Satzpreis (4 W.)		1,80	1,80
		FDC			2,20

		★★
773 U	ungezähnt (Paar)	350,–
774 Uu	unten ungezähnt (Randstück)	400,–
776 U	ungezähnt (Paar)	1000,–

Auflagen: MiNr. 773 = 44.990.000, MiNr. 774 = 12.760.000, MiNr. 775 = 11.980.000, MiNr. 776 = 10.980.000 Stück

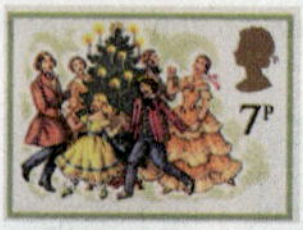

1978, 22. Nov. Weihnachten: Weihnachtssingen. RaTdr. (10×5 + 10×5); gez. K 14¾:14¼.

wx) Singende Familie um Weihnachtsbaum (19. Jh.)

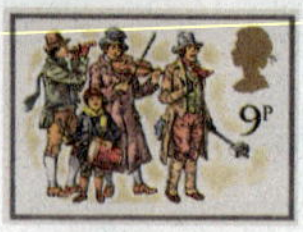
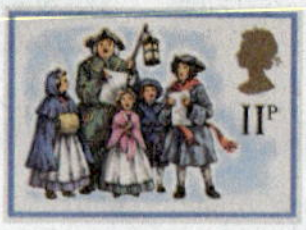
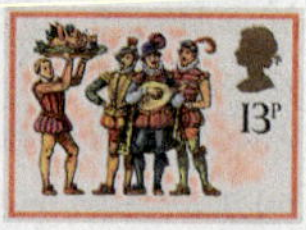

wy) Stadtmusikanten (19. Jh.) wz) Weihnachtssänger (18. Jh.) xa) Weihnachtssänger (16. Jh.)

				★★	⊙
777	7 P	mehrfarbig	wx	0,30	0,30
778	9 P	mehrfarbig	wy	0,40	0,40
779	11 P	mehrfarbig	wz	0,50	0,50
780	13 P	mehrfarbig	xa	0,60	0,60
		Satzpreis (4 W.)		1,80	1,80
		FDC			2,20

		★★
777 U	ungezähnt (Paar)	400,–
777 Uu	unten ungezähnt (Randstück)	–,–
778 U	ungezähnt (Paar)	900,–
779 U	ungezähnt (Paar)	1000,–

Auflagen: MiNr. 777 = 258.370.000, MiNr. 778 = 119.400.000, MiNr. 779 = 19.480.000, MiNr. 780 = 17.980.000 Stück

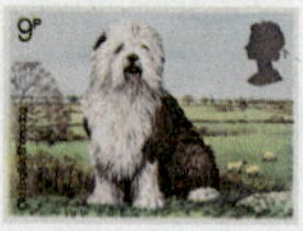

1979, 7. Febr. Crufts-Hundeschau, London. RaTdr. (10×5 + 10×5); gez. K 14¾:14¼.

xb) Bobtail

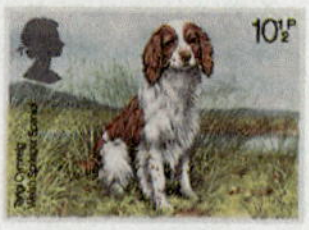
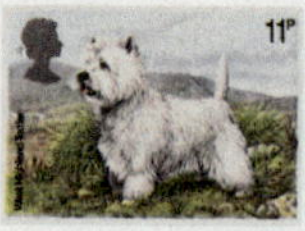
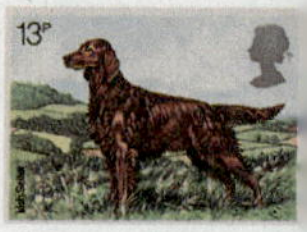

xc) Walisischer Springer-Spaniel xd) Westhighland White Terrier xe) Irischer Setter

				★★	⊙
781	9 P	mehrfarbig	xb	0,30	0,30
782	10½ P	mehrfarbig	xc	0,40	0,40
783	11 P	mehrfarbig	xd	0,50	0,50
784	13 P	mehrfarbig	xe	0,60	0,60
		Satzpreis (4 W.)		1,80	1,80
		FDC			2,20

		★★
783 U	ungezähnt (Paar)	*2500,–*
783 Uu	unten ungezähnt (Randstück)	–,–

Auflagen: MiNr. 781 = 49.790.000, MiNr. 782 = 15.010.000, MiNr. 783 = 14.280.000, MiNr. 784 = 13.930.000 Stück

1979, 21. März. Frühlingsblumen. RaTdr. (5×10 + 5×10); gez. K 14¼:14¾.

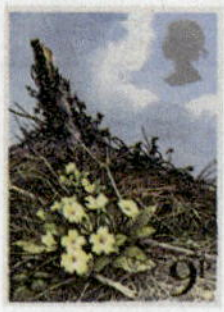
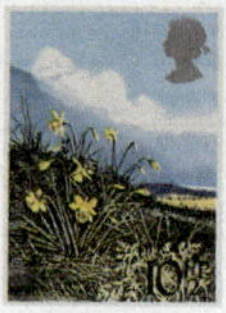
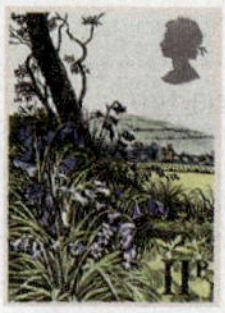
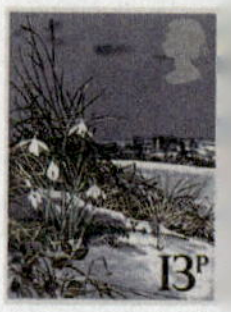

xf) Stengellose Schlüsselblume (Primula vulgaris) xg) Osterglocken (Narcissus pseudonarcissus) xh) Hasenglöckchen (Scilla non-scripta) xi) Schneeglöckchen (Galanthus nivalis)

				★★	⊙
785	9 P	mehrfarbig	xf	0,30	0,30
786	10½ P	mehrfarbig	xg	0,40	0,40
787	11 P	mehrfarbig	xh	0,50	0,50
788	13 P	mehrfarbig	xi	0,60	0,60
		Satzpreis (4 W.)		1,80	1,80
		FDC			2,20

		★★
785 U	ungezähnt (Paar)	500,–
786 U	ungezähnt (Paar)	*1500,–*
786 Ul	links ungezähnt (Randstück)	–,–
787 U	ungezähnt (Paar)	*1500,–*
788 U	ungezähnt (Paar)	*1200,–*

Auflagen: MiNr. 785 = 50.010.000, MiNr. 786 = 15.080.000, MiNr. 787 = 14.490.000, MiNr. 788 = 13.980.000 Stück

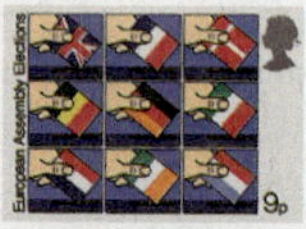

1979, 9. Mai. Erste Direktwahlen zum Europäischen Parlament. RaTdr. (10×5 + 10×5); gez. K 14¾:14¼.

xk

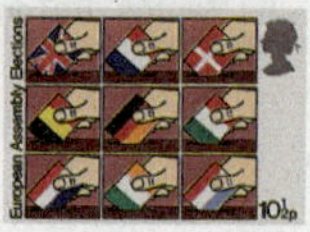
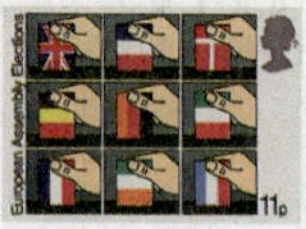
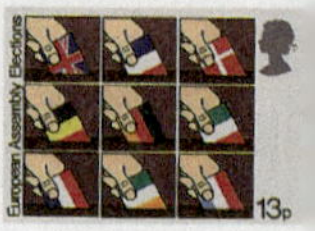

xl xm xn

xk–xn) Hände mit Flaggen der beteiligten Staaten als Stimmzettel

				★★	⊙
789	9 P	mehrfarbig	xk	0,30	0,30
790	10½ P	mehrfarbig	xl	0,40	0,40
791	11 P	mehrfarbig	xm	0,50	0,50
792	13 P	mehrfarbig	xn	0,60	0,60
		Satzpreis (4 W.)		1,80	1,80
		FDC			2,20

Auflagen: MiNr. 789 = 47.510.000, MiNr. 790 = 15.870.000, MiNr. 791 = 15.400.000, MiNr. 792 = 14.820.000 Stück

1979, 6. Juni. 200. Derby, Epsom: Gemälde von Pferderennen. RaTdr. (10×5 + 10×5); gez. K 14¾:14¼.

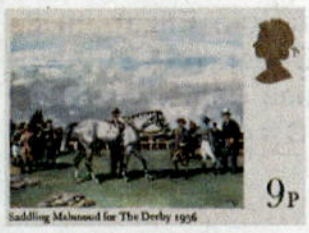

xo) Satteln des Pferdes Mahmoud für das Rennen 1936; Gemälde von Alfred Munnings (1878–1959)

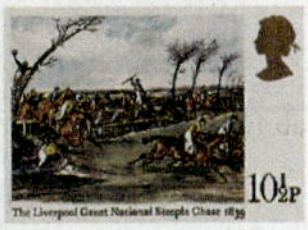

xp) Great National Steeple Chase in Liverpool 1839; Gemälde von Francis Calcraft Turner (1782–1846)

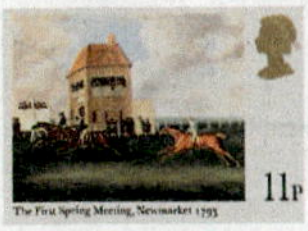

xr) Erstes Frühjahrsrennen in Newmarket 1793; Gemälde von John Nott Sartorius (1759–1828)

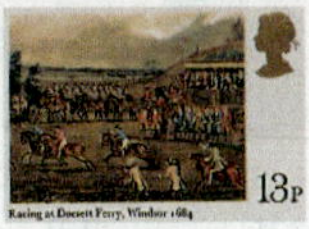

xs) Rennen bei Dorsett Ferry 1684; Gemälde von Francis Barlow (um 1626–1702)

793	9 P	mehrfarbig	xo	0,30	0,30
794	10½ P	mehrfarbig	xp	0,40	0,40
795	11 P	mehrfarbig	xr	0,50	0,50
796	13 P	mehrfarbig	xs	0,60	0,60
		Satzpreis (4 W.)		1,80	1,80
		FDC			2,20

		★★
793 Uu	unten ungezähnt (Randstück)	150,—
796 Uu	unten ungezähnt (Randstück)	250,—

Auflagen: MiNr. 793 = 56.350.000, MiNr. 794 = 20.440.000, MiNr. 795 = 19.880.000, MiNr. 796 = 19.280.000 Stück

1979, 11. Juli. Internationales Jahr des Kindes: Illustrationen aus Kinderbüchern. RaTdr. (5×10 + 5×10); gez. K 14¼:14¾.

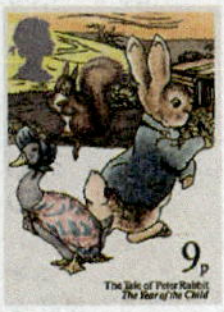

xt) Die Geschichte von Peter Rabbit; von Beatrix Potter (1866–1943)

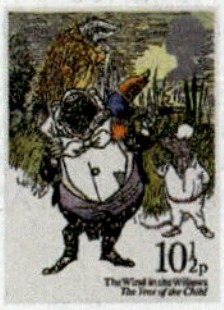

xu) Der Wind in den Weiden; von Kenneth Grahame (1859–1932)

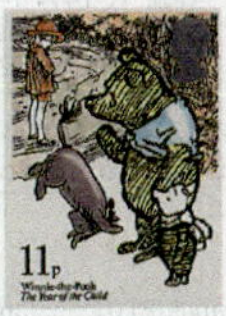

xv) Pu der Bär; von Alan Alexander Milne (1882–1956)

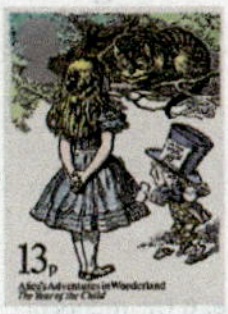

xw) Alice im Wunderland; von Lewis Carroll (1832–1898)

				★★	⊙
797	9 P	mehrfarbig	xt	0,30	0,30
798	10½ P	mehrfarbig	xu	0,50	0,50
799	11 P	mehrfarbig	xv	0,60	0,60
800	13 P	mehrfarbig	xw	0,60	0,60
		Satzpreis (4 W.)		2,—	2,—
		FDC			2,40

		★★
799 Ul	links ungezähnt (Randstück)	150,—

Auflagen: MiNr. 797 = 54.990.000, MiNr. 798 = 18.950.000, MiNr. 799 = 18.400.000, MiNr. 800 = 17.690.000 Stück

1979, 15. Aug. Freimarken: Königin Elizabeth II., Typ Machin. RaTdr. (10×20); gez. K 14¾:14¼.

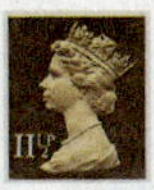

ku) Königin Elizabeth II. (1926–2022, reg. ab 1952)

				★★	⊙
801	11½ P	olivbraun (Töne)	ku	0,60	0,40
802	13 P	dunkelgrüngrau	ku	0,60	0,60
803	15 P	mittellilaultramarin (Töne)	ku	0,60	0,60
		Satzpreis (3 W.)		1,80	1,60
		FDC			2,—

Gültig bis 31.1.2023, geduldet bis 31.7.2023

In gleicher Zeichnung siehe Übersicht nach Jahrgangswerttabelle.

1979, 22. Aug. 100. Todestag von Rowland Hill. RaTdr. (5×10 + 5×10); gez. K 14¼:14¾.

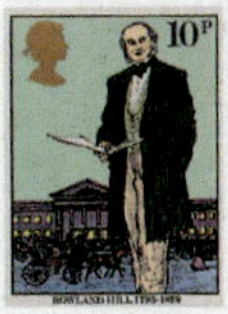

xx) Rowland Hill (1795–1879), Generalpostmeister

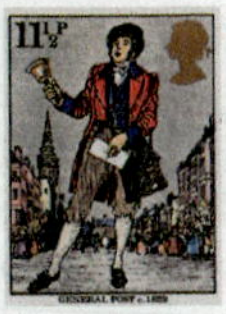

xy) „Bellman“ Postbote mit Glocke (1839)

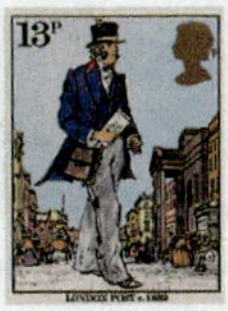

xz) Briefträger in London (1839)

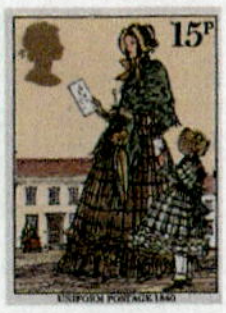

ya) Dame und Kind mit Briefen (1840)

804	10 P	mehrfarbig	xx	0,30	0,30
805	11½ P	mehrfarbig	xy	0,50	0,50
806	13 P	mehrfarbig	xz	0,60	0,60
807	15 P	mehrfarbig	ya	0,60	0,60
		Satzpreis (4 W.)		2,—	2,—
		FDC			2,40

Blockausgabe mit MiNr. 804–807 (24. Okt.)

Block 2 (89×121 mm)	yb	2,—	2,—
FDC			2,40

		★★
804 U	ungezähnt (Paar)	*3000,—*
Block 2 U	ungezähnt	*3500,—*
Block 2 F II	Farbe Gold fehlend	600,—
Block 2 F III	Farbe Hellchromgelb fehlend	*1500,—*
Block 2 F IV	Farbe Hellgraublau fehlend	*10000,—*
Block 2 F V	Farbe Mittelgraugrün fehlend	800,—
Block 2 F VI	Farbe Rot fehlend	*1500,—*
Block 2 F VII	Farbe Orangebraun fehlend	*4000,—*
Block 2 F VIII	Farbe Mittelgraugrün (und Ph.-Aufdruck) fehlend	–,—
Block 2 F IX	Farbe Rot (und Ph.-Aufdruck) fehlend	*2000,—*
Block 2 F X	Farbe Gold (und Ph.-Aufdruck) fehlend	*1200,—*
Block 2 F XI	Farbe Dunkelgrün fehlend	*5000,—*
Block 2 F XII	Farben Hellchromgelb, Dunkelgrün und Gold fehlend	*12000,—*
Block 2 F XIII	Farben Schwarzgrau und Mittelgraugrün fehlend	–,—

Postpreis von Bl. 2: 59½ P, davon 10 P für die Internationale Briefmarkenausstellung „LONDON 1980“.

Das angegebene Format ist ein Mindestformat. Formatschwankungen bis zu 3 mm in Breite und/oder Höhe sind üblich.

Auflagen: MiNr. 804 = 74.720.000, MiNr. 805 = 18.210.000, MiNr. 806 = 17.200.000, MiNr. 807 = 18.470.000 Stück, Bl. 2 = 5.230.000 Blocks

1979, 26. Sept. 150. Jahrestag der Gründung der Polizei in London durch Robert Peel. RaTdr. (10×5 + 10×5); gez. K 14¾:14¼.

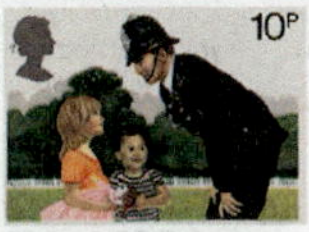

yc) Schutzmann (Bobby)

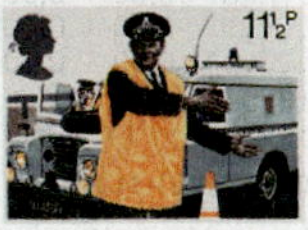

yd) Verkehrspolizist

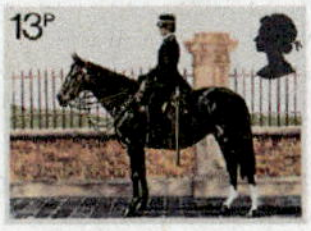

ye) Polizistin zu Pferd

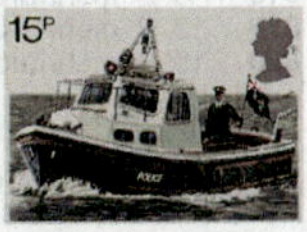

yf) Polizeiboot auf der Themse

				★★	⊙
808	10 P	mehrfarbig	yc	0,30	0,30
809	11½ P	mehrfarbig	yd	0,50	0,50
810	13 P	mehrfarbig	ye	0,60	0,60
811	15 P	mehrfarbig	yf	0,60	0,60
		Satzpreis (4 W.)		2,—	2,—
		FDC			2,40

Auflagen: MiNr. 808 = 50.870.000, MiNr. 809 = 17.190.000, MiNr. 810 = 16.670.000, MiNr. 811 = 16.170.000 Stück

1979, 21. Nov. Weihnachten. RaTdr. (10×5 + 10×5); gez. K 14¾:14¼.

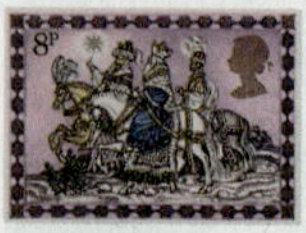

yg) Hl. Drei Könige folgen dem Stern

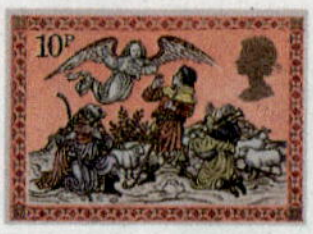

yh) Engel erscheint den Hirten

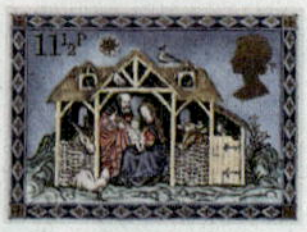

yi) Die Heilige Familie

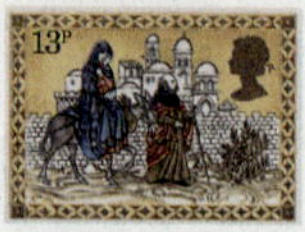

yk) Maria und Josef auf dem Weg nach Bethlehem

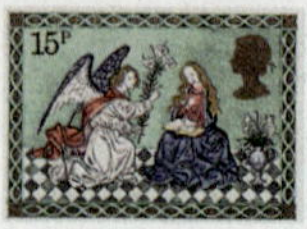

yl) Mariä Verkündigung

812	8 P	mehrfarbig	yg	0,30	0,30
813	10 P	mehrfarbig	yh	0,30	0,30
814	11½ P	mehrfarbig	yi	0,30	0,30
815	13 P	mehrfarbig	yk	0,50	0,50
816	15 P	mehrfarbig	yl	0,60	0,60
		Satzpreis (5 W.)		2,—	2,—
		FDC			2,40

		★★
812 U	ungezähnt (Paar)	500,—
812 Uu	unten ungezähnt (Randstück)	250,—
813 U	ungezähnt (Paar)	500,—
813 UMw	senkrechtes Paar, Mitte ungezähnt	*1000,—*
813 Uu	unten ungezähnt (Randstück)	300,—

Auflagen: MiNr. 812 = 304.780.000, MiNr. 813 = 146.200.000, MiNr. 814 = 26.300.000, MiNr. 815 = 25.450.000, MiNr. 816 = 23.980.000 Stück

1980, 16. Jan. 100 Jahre Schutzgesetz für Wildvögel. RaTdr. (5×10 + 5×10); gez. K 14¼:14¾.

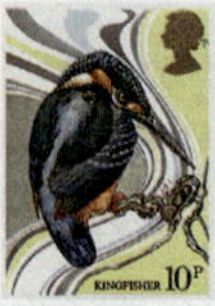

ym) Eisvogel (Alcedo atthis)

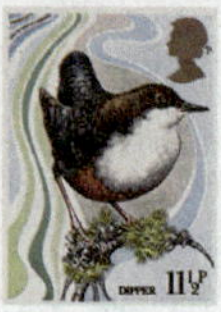

yn) Wasseramsel (Cinclus cinclus)

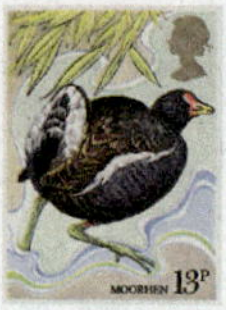

yo) Teichhuhn (Gallinula chloropus)

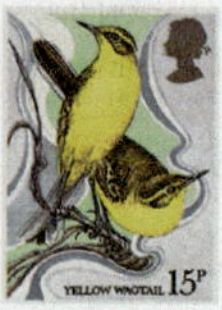

yp) Schafstelze (Motacilla flava)

				★★	⊙
817	10 P	mehrfarbig	ym	0,30	0,30
818	11½ P	mehrfarbig	yn	0,50	0,50
819	13 P	mehrfarbig	yo	0,60	0,60
820	15 P	mehrfarbig	yp	0,60	0,60
		Satzpreis (4 W.)		2,—	2,—
		FDC			2,40

Auflagen: MiNr. 817 = 47.177.000, MiNr. 818 = 11.811.000, MiNr. 819 = 11.318.000, MiNr. 820 = 10.339.000 Stück

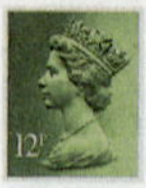

1980, 30. Jan. Freimarken: Königin Elizabeth II., Typ Machin. RaTdr., Bogen (B) (10×20), Markenheftchen (MH) und Rolle (R); gez. K 14¾:14¼.

ku) Königin Elizabeth II. (1926–2022, reg. ab 1952)

821	12 P	lebhaftgrünoliv (B) (MH) (R)	ku	0,60	0,40
822	13½ P	violettbraun (B)	ku	0,80	0,70
823	17 P	grün (Töne) (B)	ku	0,90	0,60
824	17½ P	rotbraun (B)	ku	0,90	0,80
		Satzpreis (4 W.)		3,20	2,50

		★★
821 U	ungezähnt (B) (Paar)	400,—

FDC siehe nach MiNr. 829.

MiNr. 821 stammt auch aus MH 48, 49, 50, 51, 0-81,

Gültig bis 31.1.2023, geduldet bis 31.7.2023

In gleicher Zeichnung siehe Übersicht nach Jahrgangswerttabelle.

1980, 30. Jan./2010, 8. Mai. Freimarken: Königin Elizabeth II., Typ Machin. Odr., Bogen (B) (10×20), Zd-Bogen (Zd-B) (4×3) und Markenheftchen (MH); MiNr. 829 normales Papier; A = gez. K 13¾:14¼, AD = dreiseitig gez. K 13¾:14¼, C = gez. K 14¾:14¼, CS = Sicherheitszähnung K 14¾:14¼.

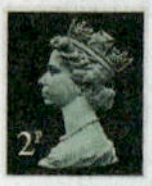

ku) Königin Elizabeth II. (1926–2022, reg. ab 1952)

				★★	⊙
825		2 P	ku		
	a	dunkelopalgrün			
	A	gez. K 13¾:14¼ (B) (21.5.1980)		0,30	0,30
	C	gez. K 14¾:14¼ (B) (10.7.1984)		0,30	0,30
	b	schwarzgrün/mattgrün			
	ADl	links geschnitten (MH) (9.2.1993)		1,20	1,20
	ADr	rechts geschnitten (MH) (9.2.1993)		1,20	1,20
	C	gez. K 14¾:14¼ (B) (23.2.1988)		0,80	0,70
	CS	Sicherheitszähnung K 14¾:14¼ (Zd-B) (8.5.2010)		0,50	0,50
826		4 P	ku		
	a A	türkisblau/helltürkisblau, gez. K 13¾:14¼ (B) (30.1.1980)		0,30	0,30
	b C	türkisblau, gez. K 14¾:14¼ (B) (13.5.1986)		0,60	0,60
827	A	5 P bläulichviolett (B) (21.5.1980)	ku	0,40	0,40
828		20 P (B)	ku		
	a A	rotgrau/schwarzrotgrau, gez. K 13¾:14¼ (21.5.1980)		1,—	1,—
	b	karmingrau/schwarzkarmingrau			
	A	gez. K 13¾:14¼ (Dez. 1985)		1,60	1,60
	C	gez. K 14¾:14¼ (13.5.1986)		1,50	1,50
829		75 P (B)	ku		
	a	braunschwarz (breite Wertziffern)			
	A	gez. K 13¾:14¼ (30.1.1980)		4,—	4,—
	C	gez. K 14¾:14¼ (21.2.1984)		4,50	4,50
	b C	schwarz/grauschwarz (schmale Wertziffern) (23.2.1988)		14,—	10,—
		Satzpreis A (5 W.)		6,—	6,—
		FDC (MiNr. 821–824, 826 a A, 829)			5,50
		FDC (MiNr. 825 a A, 827 A, 828 a A)			3,60
		Paar 825 b ADl/ADr		2,50	2,50

		★★
826 Ur	rechts ungezähnt (B) (Bogenrand)	800,—
827 Ur	rechts ungezähnt (B) (Bogenrand)	500,—
829 Ur	rechts ungezähnt (B) (Bogenrand)	400,—

MiNr. 825 b A stammt aus MH 102, MiNr. 825 b CS stammt aus Zd-Bogen zur Internationalen Briefmarkenausstellung LONDON 2010 FESTIVAL OF STAMPS; siehe nach MiNr. 2949.

Gültig bis 31.1.2023, geduldet bis 31.7.2023

In gleicher Zeichnung siehe Übersicht nach Jahrgangswerttabelle.

Für die Unterscheidung von Freimarken der Machin-Serie in Offsetdruck von denen in Rastertiefdruck gibt es keine eindeutigen Kriterien, die für alle in Frage kommenden Wertstufen und Teilauflagen gelten. Ausführliche Katalogisierung siehe MICHEL-Großbritannien-Spezial.

1980, 12. März. 150 Jahre Eisenbahnlinie Liverpool–Manchester. RaTdr. (2×5 Zd + 2×5 Zd); gez. K 14¾:14¼.

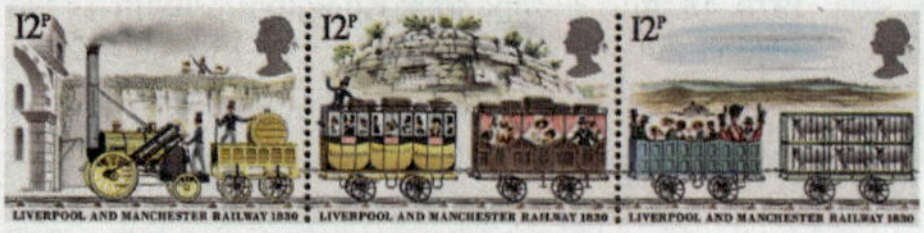

yr, ys, yt

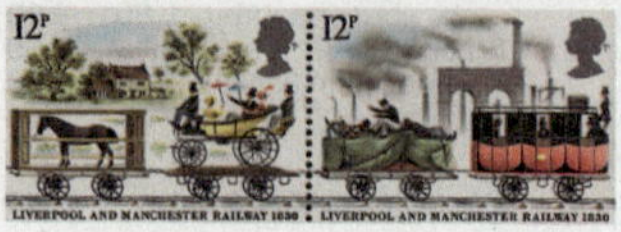

yu, yv

yr–ys) Eisenbahn Liverpool-Manchester (1830)

				★★	⊙
830	12 P	mehrfarbig	yr	0,40	0,40
831	12 P	mehrfarbig	ys	0,40	0,40
832	12 P	mehrfarbig	yt	0,40	0,40
833	12 P	mehrfarbig	yu	0,40	0,40
834	12 P	mehrfarbig	yv	0,40	0,40
		Satzpreis (5 W.)		2,—	2,—
		Fünferstreifen		2,40	2,40
		FDC			2,50

		★★
830 F-834 F	Farbe Hellgelb fehlend, Fünferstreifen	*15000,—*
830 U-834 U	ungezähnt, Fünferstreifen	*4000,—*

MiNr. 830–834 wurden waagerecht zusammenhängend gedruckt.

Auflage: 23.425.600 Sätze

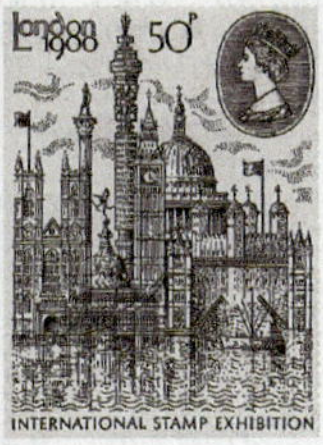

1980, 9. April. Internationale Briefmarkenausstellung LONDON 1980. StTdr. (5×5 + 5×5); gez. K 14½.

yw) Berühmte Bauwerke Londons

				★★	⊙
835	50 P	dunkelviolettbraun	yw	2,—	2,—
		FDC			2,40

Blockausgabe, Blockrand RaTdr. (7. Mai)

Block 3	(90×123 mm)	yx	2,—	2,—
	FDC			2,50

Block 3 U	ungezähnt	*2500,—*	*1500,—*

Postpreis von Bl. 3: 75 P, davon 25 P für die Internationale Briefmarkenausstellung „LONDON 1980".

MiNr. 835 in Grün statt Dunkelviolettbraun ist Verfärbung durch Hitzeeinwirkung beim Herstellungsprozeß.

Auflagen: MiNr. 835 = 24.997.000 Stück, Bl. 3 = 3.557.000 Blocks

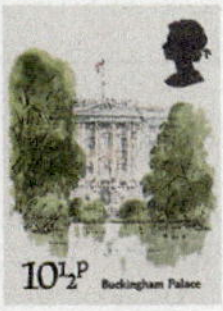

1980, 7. Mai. Londoner Ansichten. RaTdr. (5×10 + 5×10); gez. K 14¼:14¾.

yy) Buckingham-Palast

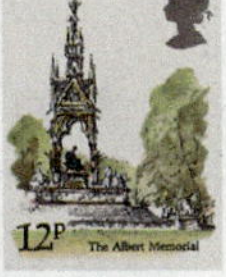

yz) Albert Memorial

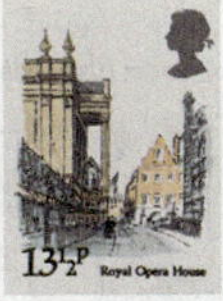

za) Königliches Opernhaus

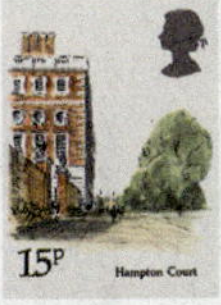

zb) Hampton Court

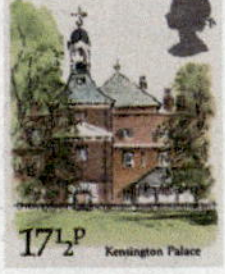

zc) Kensington-Palast

836	10½ P	mehrfarbig	yy	0,40	0,40
837	12 P	mehrfarbig	yz	0,40	0,40
838	13½ P	mehrfarbig	za	0,50	0,50
839	15 P	mehrfarbig	zb	0,50	0,50
840	17½ P	mehrfarbig	zc	0,70	0,70
		Satzpreis (5 W.)		2,50	2,50
		FDC			3,—

		★★
837 U	ungezähnt (Paar)	*3000,—*
838 U	ungezähnt (Paar)	*3000,—*
840 F	Farbe Silber fehlend	500,—

Auflagen: MiNr. 836 = 20.228.000, MiNr. 837 = 48.242.000, MiNr. 838 = 12.557.000, MiNr. 839 = 12.104.000, MiNr. 840 = 11.750.000 Stück

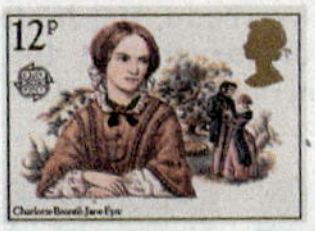

1980, 9. Juli. Europa: Bedeutende Persönlichkeiten; Frauendekade der Vereinten Nationen. RaTdr. (10×5 + 10×5); gez. K 14¾:14¼.

zd) Charlotte Brontë (1816–1855), Schriftstellerin; Szene aus „Jane Eyre"

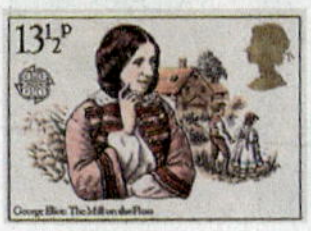

ze) George Eliot, eigentlich Mary Ann Evans (1819–1880), Schriftstellerin; Szene aus „Die Mühle am Fluss"

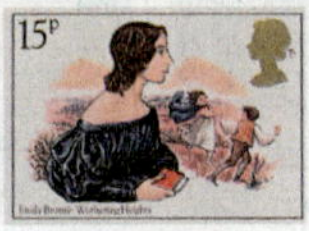

zf) Emily Brontë (1818–1848), Schriftstellerin; Szene aus „Die Sturmhöhe"

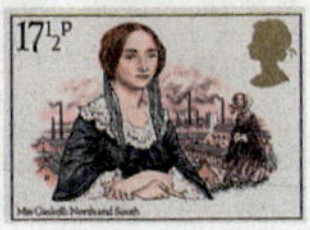

zg) Elizabeth Cleghorn Gaskell (1810–1865), Erzählerin; Szene aus „Nord und Süd"

				★★	⊙
841	12 P	mehrfarbig	zd	0,80	0,40
842	13½ P	mehrfarbig	ze	1,—	0,50
843	15 P	mehrfarbig	zf	0,50	0,50
844	17½ P	mehrfarbig	zg	0,70	0,60
		Satzpreis (4 W.)		3,—	2,—
		FDC			3,—

		★★
842 F	Farbe Hellblau fehlend	*1500,—*
844 U F	ungezähnt und Farbe Graublau fehlend	800,—

MiNr. 841–842 tragen das CEPT-Emblem.

Auflagen: MiNr. 841 = 46.296.000, MiNr. 842 = 11.274.000, MiNr. 843 = 10.998.000, MiNr. 844 = 10.649.000 Stück

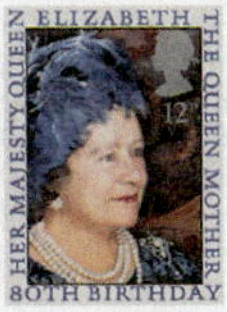

1980, 4. Aug. 80. Geburtstag von Königinmutter Elizabeth. RaTdr. (5×10 + 5×10); gez. K 14¼:14¾.

zh) Königinmutter Elizabeth (1900–2002)

				★★	⊙
845	12 P	mehrfarbig	zh	0,60	0,60
		FDC			2,—

		★★
845 U	ungezähnt (Paar)	*1200,—*

Auflage: 70.836.000 Stück

1980, 10. Sept. Musik im 20. Jahrhundert: Dirigenten. RaTdr. (5×10 + 5×10); gez. K 14¼:14¾.

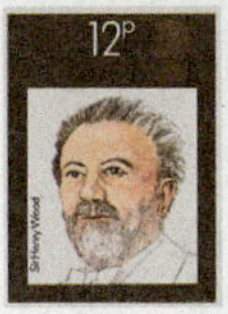

zi) Henry Wood (1869–1944)

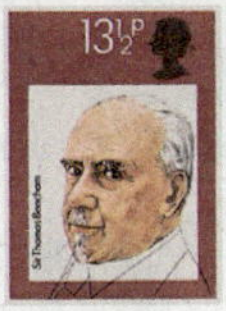

zk) Thomas Beecham (1879–1961)

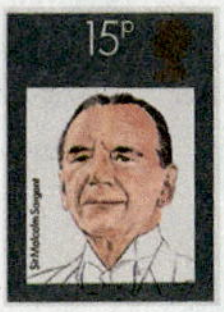

zl) Malcolm Sargent (1895–1967)

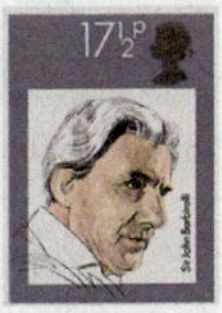

zm) John Barbirolli (1899–1970)

				★★	⊙
846	12 P	mehrfarbig	zi	0,40	0,40
847	13½ P	mehrfarbig	zk	0,50	0,50
848	15 P	mehrfarbig	zl	0,60	0,60
849	17½ P	mehrfarbig	zm	0,70	0,70
		Satzpreis (4 W.)		2,20	2,20
		FDC			2,50

Auflagen: MiNr. 846 = 45.144.000, MiNr. 847 = 10.477.000, MiNr. 848 = 10.063.000, MiNr. 849 = 9.695.000 Stück

1980, 10. Okt. Sport: 100 Jahre Leichtathletikverband, 100 Jahre Walisische Rugby-Union, 100 Jahre Amateur-Boxverband, 100. Jahrestag des ersten Kricket-Länderspiels in England. Odr. (5×10 + 5×10); gez. K 14:14½.

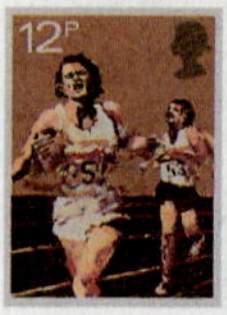

zn) Laufen

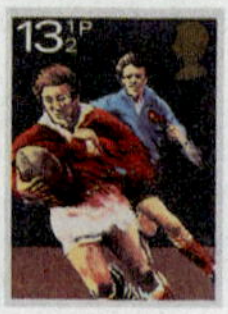

zo) Rugby

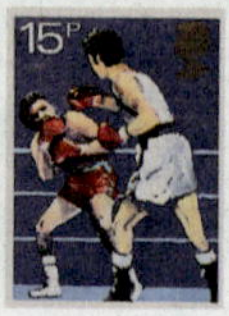

zp) Boxen

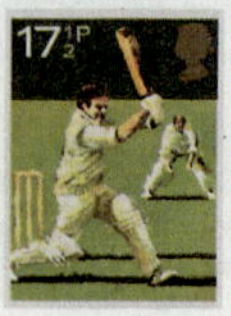

zr) Kricket

850	12 P	mehrfarbig	zn	0,40	0,40
851	13½ P	mehrfarbig	zo	0,50	0,50
852	15 P	mehrfarbig	zp	0,60	0,60
853	17½ P	mehrfarbig	zr	0,70	0,70
		Satzpreis (4 W.)		2,20	2,20
		FDC			2,50

		★★
850 F	Farbe Gold fehlend	–,–
852 F	Farbe Gold fehlend	–,–
852 Uu	unten ungezähnt	200,–

Auflagen: MiNr. 850 = 45.787.000, MiNr. 851 = 11.008.000, MiNr. 852 = 10.229.000, MiNr. 853 = 9.910.000 Stück

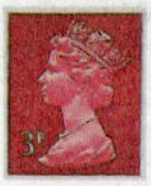

1980, 22. Okt. Freimarken: Königin Elizabeth II, Typ Machin. RaTdr., Bogen (B) (10×20), Markenheftchen (MH) und Rolle (R); gez. K 14¾:14¼.

ku) Königin Elizabeth II. (1926–2022, reg. ab 1952)

				★★	⊙
854	3 P	rötlichlila (B) (MH) (R)	ku	0,30	0,30
855	22 P	dunkelblau (B)	ku	0,90	0,90
		Satzpreis (2 W.)		1,20	1,20
		FDC			1,80

		★★
854 U	ungezähnt (B) (Paar)	1400,–
855 U	ungezähnt (B) (Paar)	300,–

MiNr. 854 stammt auch aus MH 58, 59, 61, 66,

Gültig bis 31.1.2023, geduldet bis 31.7.2023

In gleicher Zeichnung siehe Übersicht nach Jahrgangswerttabelle.

1980, 19. Nov. Weihnachten. RaTdr. (10×5 + 10×5); gez. K 14¾:14¼.

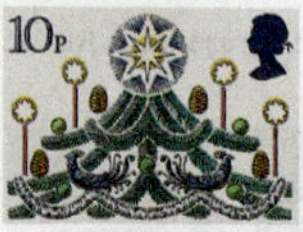

zs) Weihnachtsbaum

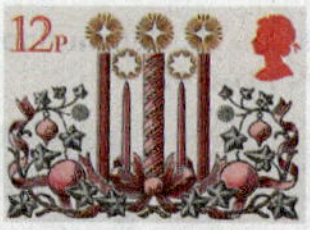

zt) Kerzengesteck

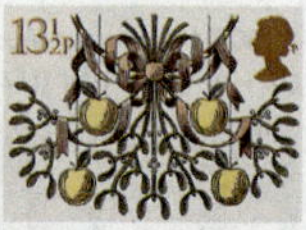

zu) Mistelgebinde mit Äpfeln

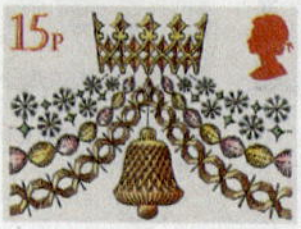

zv) Girlanden mit Krone und Glocke

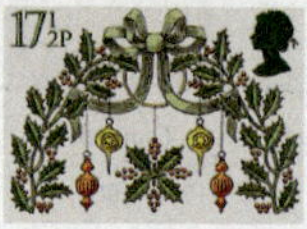

zw) Geschmückte Stechpalmenzweige

				★★	⊙
856	10 P	mehrfarbig	zs	0,30	0,30
857	12 P	mehrfarbig	zt	0,40	0,40
858	13½ P	mehrfarbig	zu	0,50	0,50
859	15 P	mehrfarbig	zv	0,60	0,60
860	17½ P	mehrfarbig	zw	0,70	0,70
		Satzpreis (5 W.)		2,50	2,50
		FDC			2,80

		★★
856 U	ungezähnt (Paar)	*1500,–*
858 U	ungezähnt (Paar)	*1800,–*

Auflagen: MiNr. 856 = 277.875.000, MiNr. 857 = 142.673.000, MiNr. 858 = 18.188.000, MiNr. 859 = 17.525.000, MiNr. 860 = 16.225.000 Stück

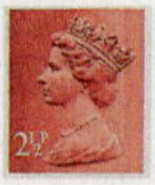

1981, 14. Jan./1982, 10. Nov. Freimarken: Königin Elizabeth II., Typ Machin. RaTdr., Bogen (B) (10×20), Markenheftchen (MH) und Rollen (R); gez. K 14¾:14¼.

ku) Königin Elizabeth II. (1926–2022, reg. ab 1952)

				★★	⊙
861	2½ P	rot (B) (MH) (R)	ku	0,30	0,30
862	11½ P	dunkelbraungrau (B) (MH) (R)	ku	0,40	0,30
863	14 P	dunkelgraublau (B) (MH) (R)	ku	0,50	0,40
864	15½ P	bläulichviolett	ku		
	I	ohne rückseitigen blauen Stern (B) (MH) (R)		0,60	0,50
	II	mit rückseitigem blauem Stern (MH) (10.11.1982)		0,80	0,80
865	18 P	schwärzlichviolettblau (B)	ku	0,80	0,80
866	25 P	purpur (B)	ku	1,–	1,–
		Satzpreis (6 W.)		3,60	3,20
		FDC			3,50

		★★
862 U	ungezähnt (B) (Paar)	350,–
863 U	ungezähnt (B) (Paar)	400,–
864 U	ungezähnt (B) (Paar)	250,–

MiNr. 863 unterscheidet sich von MiNr. 1162 vor allem durch den stark aufgerasterten Hintergrund, während dieser bei MiNr. 1162 vollflächig ist. MiNr. 864 II stammt nur aus Markenheftchen.

MiNr. 861 stammt auch aus MH 55, 56.
MiNr. 862 stammt auch aus MH 52, 53, 54, 55, 56, 57, 0-82.
MiNr. 863 stammt auch aus MH 52, 53, 54, 57, 0-83.
MiNr. 864 stammt auch aus MH 60, 61, 62, 0-85.

Gültig bis 31.1.2023, geduldet bis 31.7.2023

In gleicher Zeichnung siehe Übersicht nach Jahrgangswerttabelle.

Rückseitige Bedruckung

Vorsicht beim Ablösen gestempelter Marken: Der rückseitige blaue Stern befindet sich auf der Gummierung.

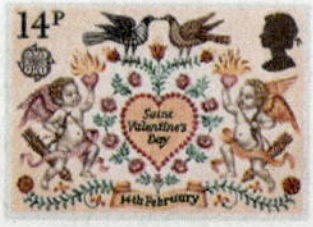

1981, 6. Febr. Europa: Folklore; Volksfeste. RaTdr. (10×5 + 10×5); gez. K 14¾:14¼.

zx) Herz, Vögel, Engel (Valentinstag)

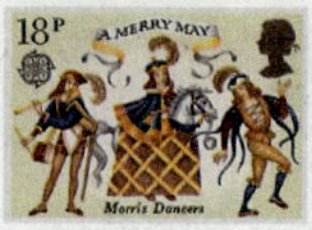

zy) Moriskentänzer (Glasgemälde, 16. Jh.)

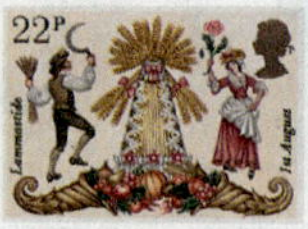

zz) Getreidegarbe, Bauernpaar, Füllhörner (Erntedankfest)

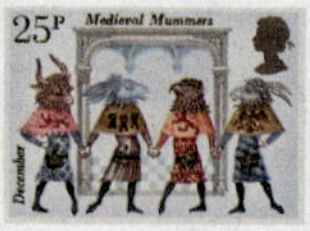

aaa) Mittelalterliche Masken

				★★	⊙
867	14 P	mehrfarbig	zx	0,50	0,50
868	18 P	mehrfarbig	zy	1,–	0,50
869	22 P	mehrfarbig	zz	0,70	0,70
870	25 P	mehrfarbig	aaa	0,80	0,80
		Satzpreis (4 W.)		3,–	2,50
		FDC			3,–

MiNr. 867–868 tragen das CEPT-Emblem.

Auflagen: MiNr. 867 = 47.496.000, MiNr. 868 = 11.548.000, MiNr. 869 = 11.252.000, MiNr. 870 = 10.861.000 Stück

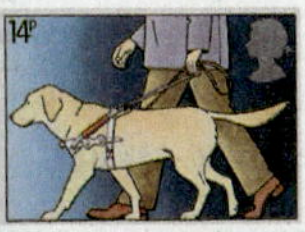

1981, 25. März. Internationales Jahr der Behinderten. RaTdr. (10×5 + 10×5); gez. K 14¾:14¼.

aab) Mann mit Blindenhund

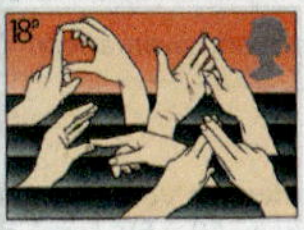

aac) Fingersprache der Taubstummen

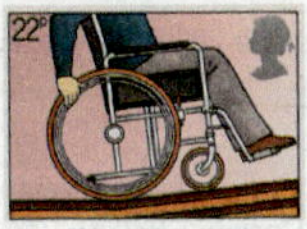

aad) Querschnittsgelähmter im Rollstuhl

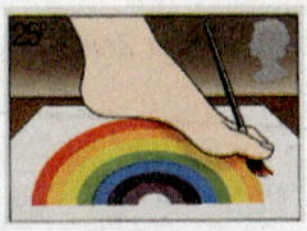

aae) Fußmaler

871	14 P mehrfarbig	aab	0,60	0,60
872	18 P mehrfarbig	aac	0,70	0,70
873	22 P mehrfarbig	aad	0,80	0,80
874	25 P mehrfarbig	aae	0,90	0,90
	Satzpreis (4 W.)		3,—	3,—
	FDC			3,20

★★

871 U ungezähnt (Paar) . . . . . 500,—

Auflagen: MiNr. 871 = 43.061.000, MiNr. 872 = 10.466.000, MiNr. 873 = 10.037.000, MiNr. 874 = 9.688.000 Stück

1981, 13. Mai. Schmetterlinge. RaTdr. (5×10 + 5×10); gez. K 14¼:14¾.

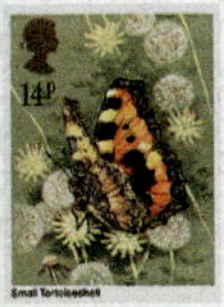

aaf) Kleiner Fuchs (Aglais urticae)

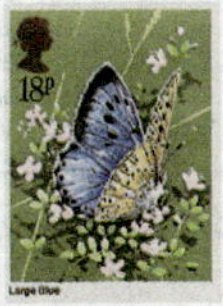

aag) Quendel-Ameisenbläuling (Maculinea arion)

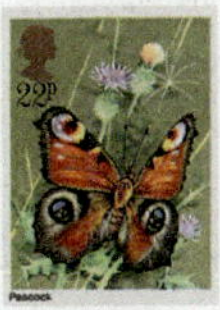

aah) Tagpfauenauge (Aglais io)

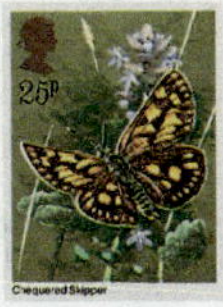

aai) Dickkopffalter (Carterocephalus palaemon)

			★★	⊙
875	14 P mehrfarbig	aaf	0,60	0,60
876	18 P mehrfarbig	aag	0,70	0,70
877	22 P mehrfarbig	aah	0,80	0,80
878	25 P mehrfarbig	aai	0,90	0,90
	Satzpreis (4 W.)		3,—	3,—
	FDC			3,20

★★

875 U ungezähnt (Paar) . . . . . *4000,—*

Auflagen: MiNr. 875 = 45.936.000, MiNr. 876 = 11.161.000, MiNr. 877 = 10.656.000, MiNr. 878 = 10.262.000 Stück

1981, 24. Juni. 50 Jahre Schottische Nationalverwaltung: Britische Landschaften. RaTdr. (10×5 + 10×5); gez. K 14¾:14¼.

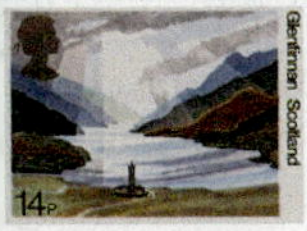

aak) Glenfinnan, Schottland

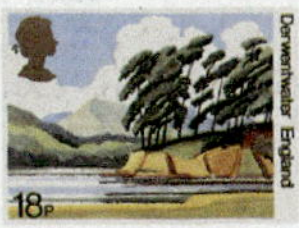

aal) Derwentwater, England

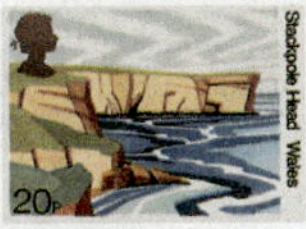

aam) Stackpole Head, Wales

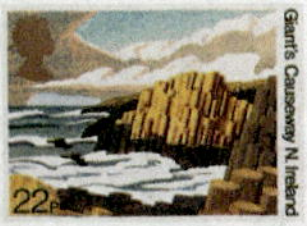

aan) Giant's Causeway, Nordirland

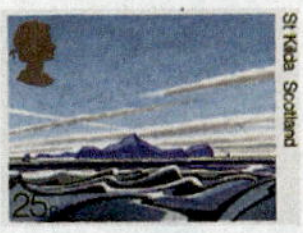

aao) St. Kilda, Schottland

			★★	⊙
879	14 P mehrfarbig	aak	0,60	0,60
880	18 P mehrfarbig	aal	0,70	0,70
881	20 P mehrfarbig	aam	0,80	0,80
882	22 P mehrfarbig	aan	0,80	0,80
883	25 P mehrfarbig	aao	0,90	0,90
	Satzpreis (5 W.)		3,80	3,80
	FDC			4,—

Auflagen: MiNr. 879 = 43.308.000, MiNr. 880 = 10.498.000, MiNr. 881 = 12.427.000, MiNr. 882 = 9.920.000, MiNr. 883 = 9.561.000 Stück

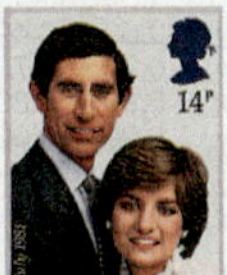

1981, 22. Juli. Hochzeit von Prinz Charles und Lady Diana Spencer. RaTdr. (5×10 + 5×10); gez. K 14¼:14¾.

aap) Prinz Charles (*1948) und Lady Diana Spencer (1961–1997)

884	14 P mehrfarbig	aap	1,—	1,—
885	25 P mehrfarbig	aap	2,—	2,—
	Satzpreis (2 W.)		3,—	3,—
	FDC			4,—

Auflagen: MiNr. 884 = 87.040.000, MiNr. 885 = 24.875.000 Stück

1981, 12. Aug. 25 Jahre Jugendförderpreis des Herzogs von Edinburgh. Odr. (10×5 + 10×5); gez. K 14¼:14.

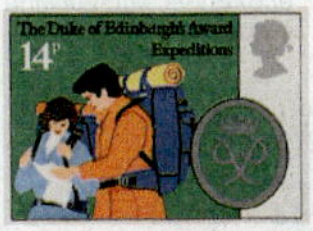

aar) Mädchen und Junge beim Wandern

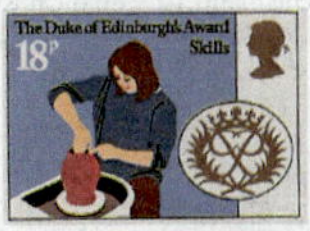

aas) Mädchen an der Töpferscheibe

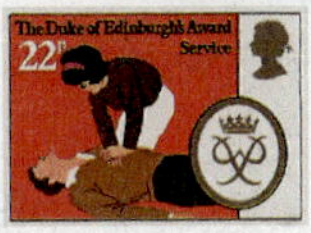

aat) Mädchen leistet Erste Hilfe

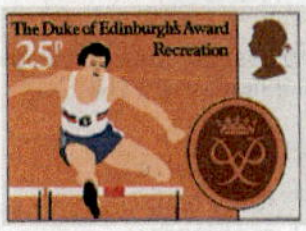

aau) Junge beim Hürdenlauf

886	14 P mehrfarbig	aar	0,60	0,60
887	18 P mehrfarbig	aas	0,70	0,70
888	22 P mehrfarbig	aat	0,80	0,80
889	25 P mehrfarbig	aau	0,90	0,90
	Satzpreis (4 W.)		3,—	3,—
	FDC			3,20

Auflagen: MiNr. 886 = 43.174.000, MiNr. 887 = 10.292.000, MiNr. 888 = 9.989.000, MiNr. 889 = 9.519.000 Stück

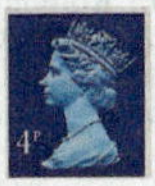

1981, 26. Aug. Freimarken: Königin Elizabeth II., Typ Machin. RaTdr., Markenheftchen und Rollen; gez. K 14¾:14¼.

ku) Königin Elizabeth II. (1926–2022, reg. ab 1952)

890	4 P türkisblau (Töne)	ku	0,30	0,30
	FDC			1,50

MiNr. 890 stammt nur aus MH 55, 56, 67, 71 und von Rollen.

Gültig bis 31.1.2023, geduldet bis 31.7.2023

In gleicher Zeichnung siehe Übersicht nach Jahrgangswerttabelle

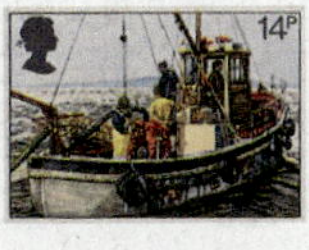

1981, 23. Sept. Jahr der Fischer, 100 Jahre Königliche Nationale Mission für Tiefseefischer. RaTdr. (10×5 + 10×5); gez. K 14¾:14¼.

aav) Muschelfischer

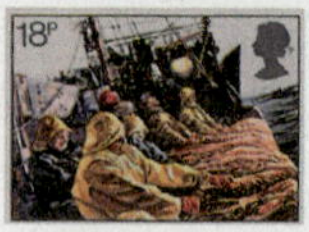
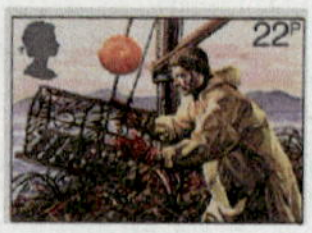
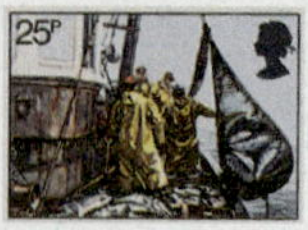

aaw) Fischer holen Schleppnetz ein
aax) Fischer mit Hummerreuse
aay) Fischer holen Schlagnetz ein

891	14 P	mehrfarbig	aav	0,60	0,60
892	18 P	mehrfarbig	aaw	0,70	0,70
893	22 P	mehrfarbig	aax	0,80	0,80
894	25 P	mehrfarbig	aay	0,90	0,90
			Satzpreis (4 W.)	3,—	3,—
			FDC		3,20

Auflagen: MiNr. 891 = 42.311.000, MiNr. 892 = 9.790.000, MiNr. 893 = 9.492.000, MiNr. 894 = 9.143.000 Stück

1981, 18. Nov. Weihnachten. RaTdr. (10×5 + 10×5); gez. K 14¾:14¼.

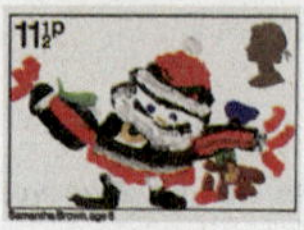
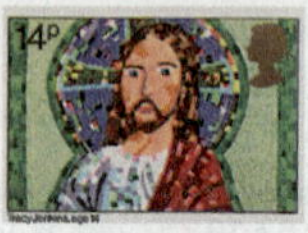
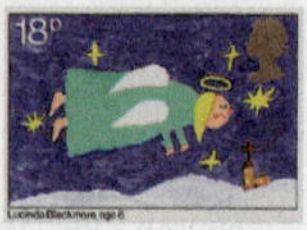

aaz) Weihnachtsmann mit Geschenken; von Samantha Brown (5 J.)
aba) Christus; von Tracy Jenkins (14 J.)
abb) Engel; von Lucinda Blackmore (6 J.)

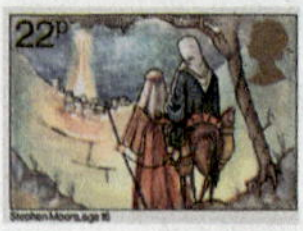
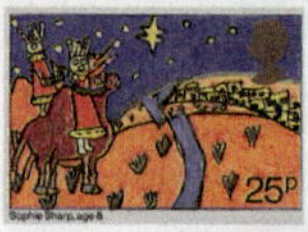

abc) Maria und Joseph erreichen Bethlehem; von Stephen Moore (16 J.)
abd) Die Hl. Drei Könige; von Sophie Sharp (8 J.)

895	11½ P	mehrfarbig	aaz	0,50	0,50
896	14 P	mehrfarbig	aba	0,60	0,60
897	18 P	mehrfarbig	abb	0,70	0,70
898	22 P	mehrfarbig	abc	0,80	0,80
899	25 P	mehrfarbig	abd	0,90	0,90
			Satzpreis (5 W.)	3,50	3,50
			FDC		3,80

		★★
895 Uu	unten ungezähnt (Randstück)	400,—
899 F	Farbe Rot fehlend	—,—

Auflagen: MiNr. 895 = 276.077.000, MiNr. 896 = 144.621.000, MiNr. 897 = 17.630.000, MiNr. 898 = 16.867.000, MiNr. 899 = 15.026.000 Stück

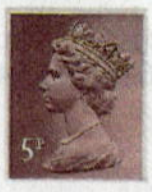

1982, 27. Jan./1984, 21. Febr. Freimarken: Königin Elizabeth II., Typ Machin. MiNr. 900 Odr., A = gez. K 13¾:14¼, C = gez. K 14¾:14¼; MiNr. 901–905 RaTdr., gez. K 14¾:14¼; Bogen (B) (10×20), Markenheftchen (MH) und Rolle (R).

ku) Königin Elizabeth II. (1926–2022, reg. ab 1952)

					★★	⊙
900		5 P	braunpurpur (B)	ku		
	A		gez. K 13¾:14¼		0,60	0,40
	C		gez. K 14¾:14¼ (21.2.1984)		0,60	0,40
901		12½ P	lebhaftsmaragdgrün	ku		
	I		ohne rückseitigen blauen Stern (B) (MH) (R)		0,50	0,30
	II		mit rückseitigem zehnzackigem blauem Stern (MH) (10.11.1982)		0,80	0,80
	III		mit rückseitigem fünfzackigem blauem Stern (MH) (9.11.1983)		0,70	0,70
902		16½ P	mittelrötlichbraun (B)	ku	1,—	0,90
903		19½ P	schwärzlichgrüngrau (B)	ku	2,20	2,—
904		26 P	lebhaftrotkarmin (B) (MH)	ku	1,20	0,50
905		29 P	dunkelolivbraun (B)	ku	2,50	1,50
			Satzpreis (6 W.)		7,50	5,50
			FDC			6,—

		★★
901 U	ungezähnt (B) (Paar)	90,—
904 U	ungezähnt (B) (Paar)	700,—

MiNr. 901 stammt auch aus MH 58, 59, 60, 61, 62, 63, 64, 65, 66, 0-84, 0-87.
MiNr. 904 stammt auch aus MH 80, 0-98.

Gültig bis 31.1.2023, geduldet bis 31.7.202

In gleicher Zeichnung siehe Übersicht nach Jahrgangswerttabelle.

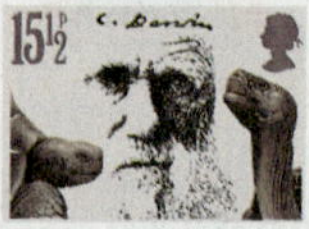

1982, 10. Febr. 100. Todestag von Charles Darwin. RaTdr. (10×5 + 10×5); gez. K 14¾:14¼.

abe) Galapagos-Riesenschildkröte (Chelonoidis nigra)

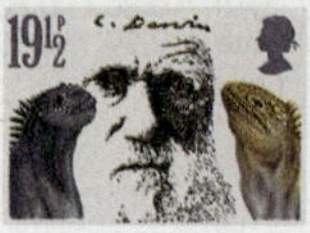
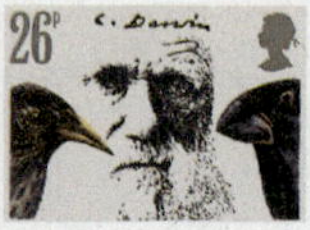
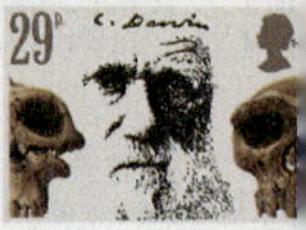

abf) Meerechse (Amblyrhynchus cristatus)
abg) Kaktusgrundfink (Geospiza scandens), Großgrundfink (Geospiza magnirostris)
abh) Hominidenschädel

abe–abh) Charles Darwin (1809–1882), britischer Biologe

				★★	⊙
906	15½ P	mehrfarbig	abe	0,50	0,50
907	19½ P	mehrfarbig	abf	0,80	0,80
908	26 P	mehrfarbig	abg	0,90	0,90
909	29 P	mehrfarbig	abh	1,—	1,—
			Satzpreis (4 W.)	3,20	3,20
			FDC		3,50

Auflagen: MiNr. 906 = 40.637.400, MiNr. 907 = 9.361.400, MiNr. 908 = 8.975.600, MiNr. 909 = 8.674.800 Stück

1982, 24. März. Britische Jugendorganisationen. RaTdr. (5×10 + 5×10); gez. K 14¼:14¾.

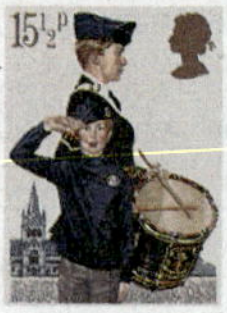
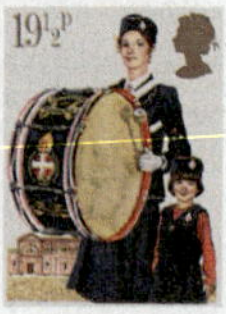
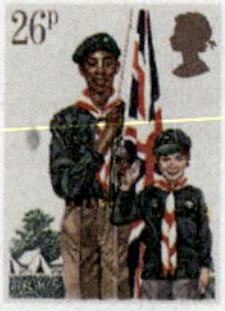
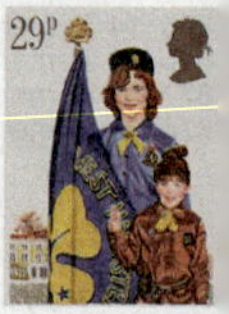

abi) Boys' Brigade (seit 1883)
abk) Girls' Brigade (seit 1965)
abl) Pfadfinder (seit 1907)
abm) Girl Guides (seit 1907)

910	15½ P	mehrfarbig	abi	0,50	0,50
911	19½ P	mehrfarbig	abk	0,80	0,80
912	26 P	mehrfarbig	abl	1,—	1,—
913	29 P	mehrfarbig	abm	1,20	1,20
			Satzpreis (4 W.)	3,50	3,50
			FDC		3,80

Auflagen: MiNr. 910 = 40.169.000, MiNr. 911 = 9.234.500, MiNr. 912 = 8.669.000, MiNr. 913 = 8.361.900 Stück

1982, 28. April. Europa: Historische Ereignisse. RaTdr. (5×10 + 5×10).; gez. K 14¼:15.

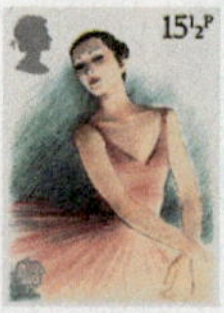
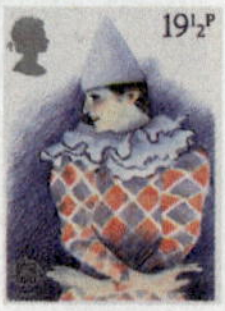
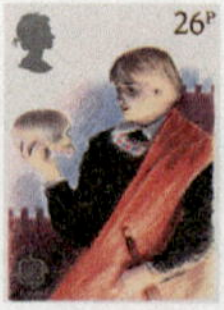
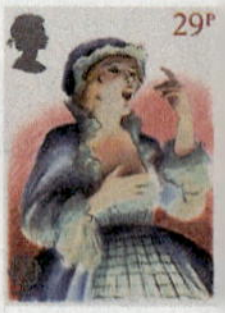

abn) Ballerina (250 Jahre Royal Opera House, London)
abo) Harlekin (231. Jahrestag der Eröffnung des Lincoln's Inn Field Theatre, London)
abp) Hamlet-Darsteller (22 Jahre Royal Shakespeare Company)
abr) Opernsängerin (250. Todestag von John Gay)

914	15½ P	mehrfarbig	abn	1,—	0,50
915	19½ P	mehrfarbig	abo	1,20	0,80
916	26 P	mehrfarbig	abp	1,30	1,—
917	29 P	mehrfarbig	abr	1,50	1,20
			Satzpreis (4 W.)	5,—	3,50
			FDC		4,—

Auflagen: MiNr. 914 = 41.492.200, MiNr. 915 = 9.222.900, MiNr. 916 = 8.740.000, MiNr. 917 = 7.811.800 Stück

1982, 16. Juni. Britische Seefahrttradition. Komb. StTdr. und RaTdr. (10×5 + 10×5); gez. K 15:14¼.

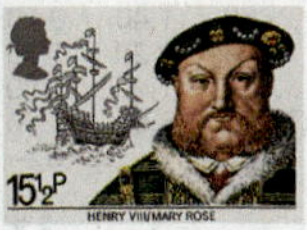

abs) König Heinrich VIII. (1491–1547, reg. ab 1509); „Mary Rose"

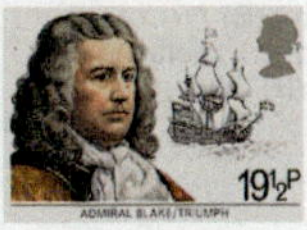

abt) Admiral Robert Blake (1599–1657); „Triumph"

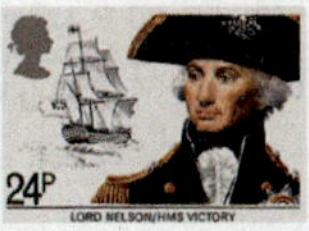

abu) Lord Horatio Nelson (1758–1805); HMS „Victory"

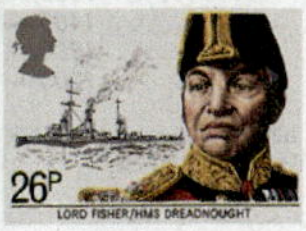

abv) Lord John Arbuthnot Fisher (1841–1920); HMS „Dreadnought"

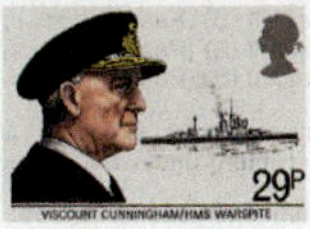

abw) Admiral Viscount Cunningham (1883–1963); HMS „Warspite"

918	15½ P	mehrfarbig	abs	0,50	0,50
919	19½ P	mehrfarbig	abt	0,80	0,80
920	24 P	mehrfarbig	abu	1,—	1,—
921	26 P	mehrfarbig	abv	1,—	1,—
922	29 P	mehrfarbig	abw	1,20	1,20
			Satzpreis (5 W.)	4,50	4,50
			FDC		4,80

918 F Farbe Schwarz fehlend .... 1200,—
918 U ungezähnt (Paar) .... 1600,—
921 U ungezähnt (Paar) .... 3500,—

Auflagen: MiNr. 918 = 43.768.700, MiNr. 919 = 10.559.500, MiNr. 920 = 11.839.000, MiNr. 921 = 9.694.100, MiNr. 922 = 8.823.900 Stück

1982, 23. Juli. Britische Textilmuster. RaTdr. (5×10 + 5×10); gez. K 14¼:15.

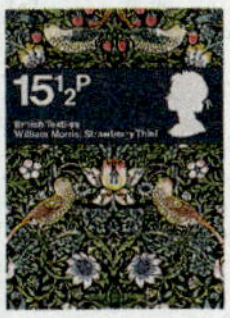

abx) William Morris: „Erdbeerdieb"

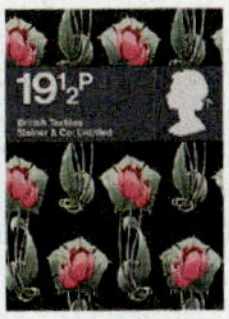

aby) Steiner & Co.: „Tulpenmuster"

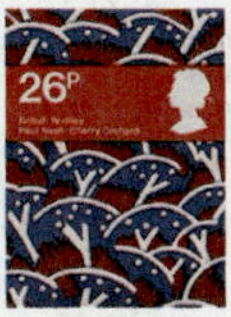

abz) Paul Nash: „Kirschgarten"

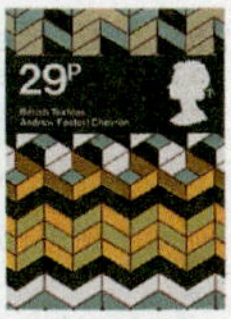

aca) Andrew Foster: „Zickzack"

923	15½ P	mehrfarbig	abx	0,50	0,50
924	19½ P	mehrfarbig	aby	0,80	0,80
925	26 P	mehrfarbig	abz	0,90	0,90
926	29 P	mehrfarbig	aca	1,—	1,—
			Satzpreis (4 W.)	3,20	3,20
			FDC		3,50

★★
923 U ungezähnt (Paar) .... 1600,—
924 U ungezähnt (Paar) .... 2500,—

Auflagen: MiNr. 923 = 40.144.500, MiNr. 924 = 9.236.100, MiNr. 925 = 8.732.600, MiNr. 926 = 8.441.800 Stück

1982, 8. Sept. Entwicklung der Datenverarbeitung. RaTdr. (3×10 + 3×10); gez. K 14¼:15.

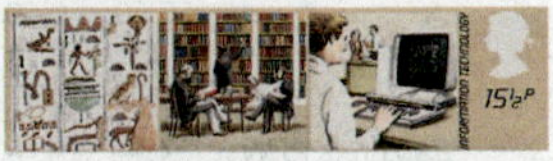

acb) Ägyptische Hieroglyphen, Leseraum der Britischen Bibliothek (19. Jh.), Bürocomputer

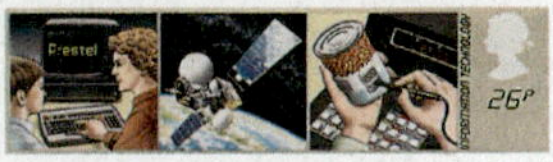

acc) Bildschirmtextgerät, Nachrichtensatellit, Ablesen codierter Verkaufsartikel

				★★	⊙
927	15½ P	mehrfarbig	acb	0,60	0,60
928	26 P	mehrfarbig	acc	1,—	1,—
			Satzpreis (2 W.)	1,60	1,60
			FDC		2,—

★★
927 U ungezähnt (Paar) .... 300,—
927 Ur rechts ungezähnt (Randstück) .... 400,—
928 U ungezähnt (Paar) .... *1800,—*

Auflagen: MiNr. 927 = 33.174.960, MiNr. 928 = 7.985.520 Stück

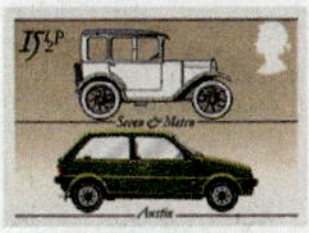

1982, 13. Okt. Britische Automobile. Odr. (10×5 + 10×5); gez. K 14¾:14¼.

acd) Austin „Seven" (1922), Austin „Metro" (1982)

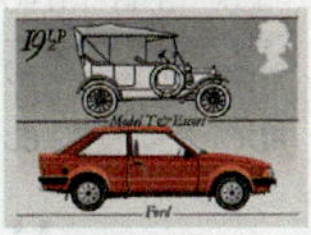

ace) Ford „Model T" (1913), Ford „Escort" (1982)

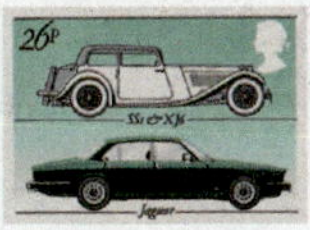

acf) Jaguar „SS 1" (1931), Jaguar „XJ 6" (1982)

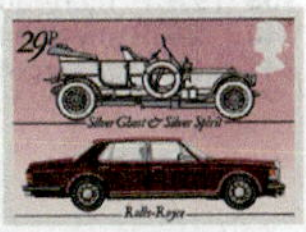

acg) Rolls Royce „Silver Ghost" (1907), Rolls Royce „Silver Spirit" (1980)

				★★	⊙
929	15½ P	mehrfarbig	acd	0,60	0,60
930	19½ P	mehrfarbig	ace	1,—	1,—
931	26 P	mehrfarbig	acf	1,—	1,—
932	29 P	mehrfarbig	acg	1,20	1,20
			Satzpreis (4 W.)	3,80	3,80
			FDC		4,20

★★
930 Ur rechts ungezähnt (Randstück) .... 500,—

Auflagen: MiNr. 929 = 40.225.000, MiNr. 930 = 9.162.600, MiNr. 931 = 8.762.500, MiNr. 932 = 8.449.000 Stück

1982, 17. Nov. Weihnachten: Britische Weihnachtslieder. RaTdr. (10×5 + 10×5); gez. K 14¾:14¼.

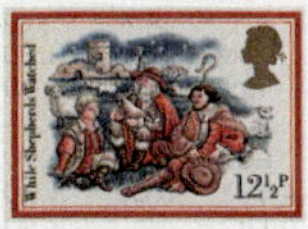

ach) „While Shepherds Watched"

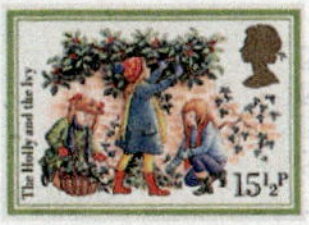

aci) „The Holly and the Ivy"

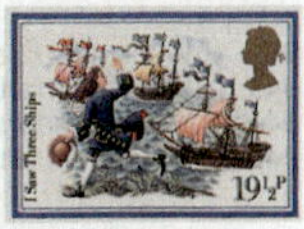

ack) „I Saw Three Ships"

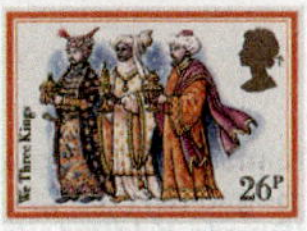

acl) „We Three Kings"

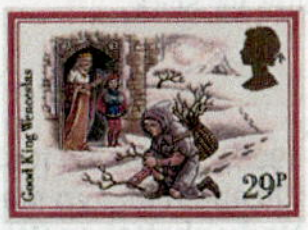

acm) „Good King Wenceslas"

ach–acm) Illustrationen zu britischen Weihnachtsliedern

				✶✶	⊙
933	12½ P	mehrfarbig	ach	0,30	0,30
934	15½ P	mehrfarbig	aci	0,50	0,50
935	19½ P	mehrfarbig	ack	1,—	1,—
936	26 P	mehrfarbig	acl	1,—	1,—
937	29 P	mehrfarbig	acm	1,20	1,20
			Satzpreis (5 W.)	4,—	4,—
			FDC		4,50

		✶✶
934 U	ungezähnt (Paar)	*2000,—*
934 Uu	unten ungezähnt (Randstück)	—,—
935 U	ungezähnt (Paar)	*2500,—*

Auflagen: MiNr. 933 = 285.300.600, MiNr. 934 = 148.757.500, MiNr. 935 = 17.445.500, MiNr. 936 = 16.241.600, MiNr. 937 = 14.867.800 Stück

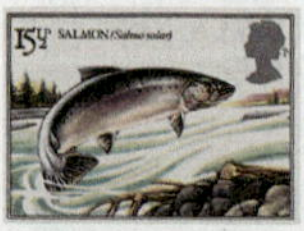

1983, 26. Jan. Süßwasserfische. RaTdr. (10×5 + 10×5); gez. K 14¾:14¼.

acn) Lachs (Salmo salar)

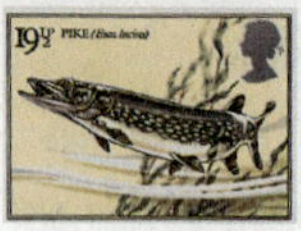
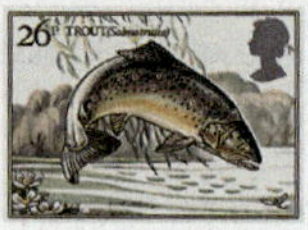
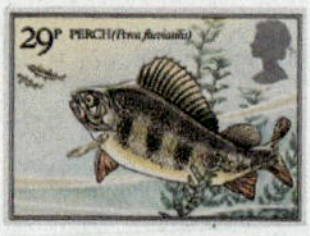

aco) Hecht (Esox lucius) acp) Forelle (Salmo trutta) acr) Barsch (Perca fluviatilis)

				✶✶	⊙
938	15½ P	mehrfarbig	acn	0,50	0,50
939	19½ P	mehrfarbig	aco	0,90	0,90
940	26 P	mehrfarbig	acp	1,—	1,—
941	29 P	mehrfarbig	acr	1,10	1,10
			Satzpreis (4 W.)	3,50	3,50
			FDC		3,80

		✶✶
938 U	ungezähnt (Paar)	*1200,—*
940 U	ungezähnt (Paar)	*1800,—*

Auflagen: MiNr. 938 = 38.353.600, MiNr. 939 = 7.957.400, MiNr. 940 = 7.427.300, MiNr. 941 = 7.093.400 Stück

1983, 9. März. Commonwealth-Tag. RaTdr. (5×10 + 5×10); gez. K 14¼:14¾.

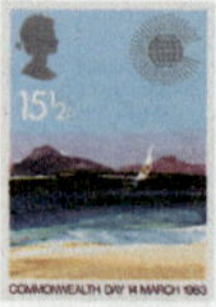
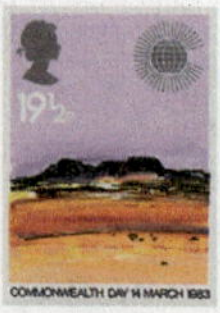
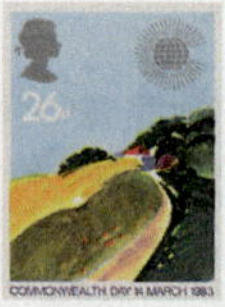
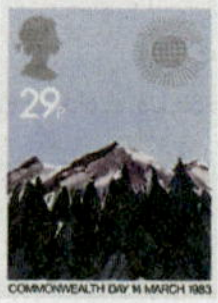

acs) Tropische Insel act) Wüste acu) Hügel, Felder acv) Wald, Berge

				✶✶	⊙
942	15½ P	mehrfarbig	acs	0,50	0,50
943	19½ P	mehrfarbig	act	0,90	0,90
944	26 P	mehrfarbig	acu	1,—	1,—
945	29 P	mehrfarbig	acv	1,10	1,10
			Satzpreis (4 W.)	3,50	3,50
			FDC		3,80

Auflagen: MiNr. 942 = 37.646.000, MiNr. 943 = 7.919.300, MiNr. 944 = 7.385.900, MiNr. 945 = 7.046.400 Stück

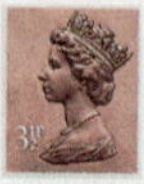

1983, 30. März/1985, 4. Nov. Freimarken: Königin Elizabeth II., Typ Machin. RaTdr., Bogen (B) (10×20), Markenheftchen (MH) und Rollen (R); gez. K 14¾:14¼.

ku) Königin Elizabeth II. (1926–2022, reg. ab 1952)

946	3½ P	violettbraun (B) (MH)	ku	0,50	0,50
947	16 P	dunkelbraungrau	ku		
I		ohne rückseitiges blaues „D" (B) (MH) (R)		0,60	0,40
II		mit rückseitigem blauem „D" (MH) (10.8.1983)		1,—	1,—
948	17 P	dunkelgraublau	ku		
I		ohne rückseitigen Aufdruck (B) (MH) (R)		0,70	0,60
II		mit rückseitigem blauem „D" (MH) (5.3.1985)		1,10	1,10
III		mit rückseitigen blauen Sternen (MH) (4.11.1985)		1,—	1,—
949	20½ P	lilaultramarin (B)	ku	1,20	1,10
950	23 P	karminrot (B)	ku	1,40	0,80
951	28 P	schwärzlichviolettblau (B)	ku	1,20	1,20
952	31 P	purpur (B) (MH)	ku	1,40	1,40
			Satzpreis (7 W.)	6,50	5,50
			FDC		6,—

		✶✶
947 U	ungezähnt (B) (Paar)	140,—
947 Uu	unten ungezähnt (B) (Bogenrand)	100,—
948 U	ungezähnt (B) (Paar)	250,—
949 U	ungezähnt (B) (Paar)	*1500,—*
950 U	ungezähnt (B) (Paar)	*1400,—*
951 U	ungezähnt (B) (Paar)	*1800,—*
952 U	ungezähnt (B) (Paar)	*1200,—*

MiNr. 948 unterscheidet sich von MiNr. 1284 vor allem durch den stark aufgerasterten Hintergrund, während dieser bei MiNr. 1284 vollflächig ist.

MiNr. 946 stammt auch aus MH 63, 66.
MiNr. 947 stammt auch aus MH 64, 65, 66, 0-86.
MiNr. 948 stammt auch aus MH 68, 69, 70, 71, 72, 73, 74, 75, 0-89, 0-94.
MiNr. 952 stammt auch aus MH 75.

Gültig bis 31.1.2023, geduldet bis 31.7.2023

In gleicher Zeichnung siehe Übersicht nach Jahrgangswerttabelle.

1983, 25. Mai. Europa: Große Werke des menschlichen Geistes. RaTdr. (10×5 + 10×5); gez. K 14¾:14¼.

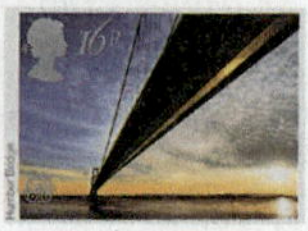
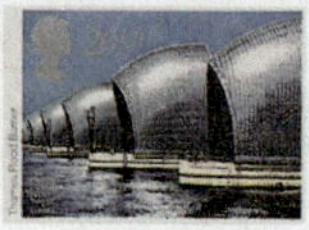
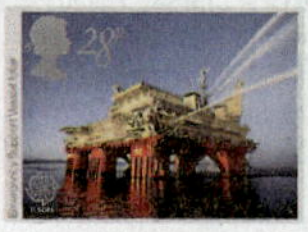

acw) Brücke über den Humber acx) Themse-Flutbarriere, Woolwich acy) Löschinsel „Iolair", Nordsee

				✶✶	⊙
953	16 P	mehrfarbig	acw	0,50	0,50
954	20½ P	mehrfarbig	acx	2,—	1,50
955	28 P	mehrfarbig	acy	2,50	1,50
			Satzpreis (3 W.)	5,—	3,50
			FDC		4,—

Auflagen: MiNr. 953 = 39.498.300, MiNr. 954 = 8.365.000, MiNr. 955 = 7.988.900 Stück

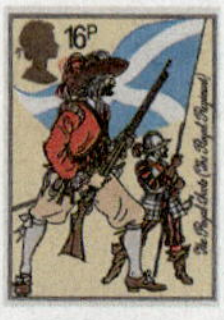

1983, 6. Juli. Britische Armee. RaTdr. (5×10 + 5×10); gez. K 14¼:14¾.

acz) Royal Scots (1633)

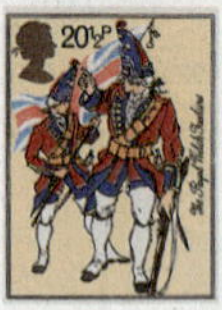
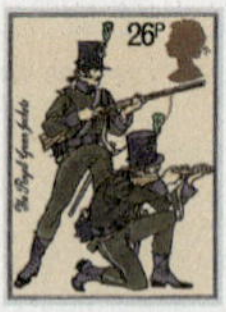
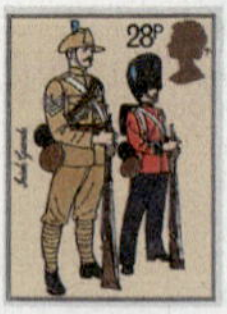
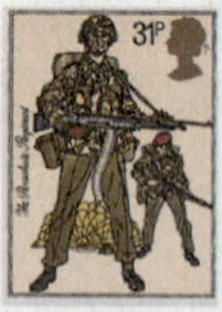

ada) Royal Welch Fusiliers (um 1750) adb) Royal Green Jackets (1805) adc) Irish Guards (1900) add) Fallschirmjäger (1983)

956	16 P	mehrfarbig	acz	0,50	0,50
957	20½ P	mehrfarbig	ada	0,90	0,90

958	26 P	mehrfarbig	adb	1,—	1,—
959	28 P	mehrfarbig	adc	1,20	1,20
960	31 P	mehrfarbig	add	1,40	1,40
			Satzpreis (5 W.)	5,—	5,—
			FDC		5,50

★★

958 U ungezähnt (Paar) .... *2500,—*
959 U ungezähnt (Paar) .... *2000,—*

Auflagen: MiNr. 956 = 41.007.000, MiNr. 957 = 8.251.200, MiNr. 958 = 10.235.400, MiNr. 959 = 7.615.300, MiNr. 960 = 7.323.700 Stück

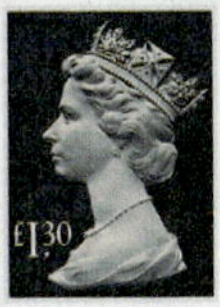

1983, 3. Aug. Freimarke: Königin Elizabeth II., Typ Machin, Großformat (Bild 27,2×38 mm). RaTdr. (5×10 + 5×10); normales Papier; gez. K 14:15.

vd) Königin Elizabeth II. (1926–2022, reg. ab 1952)

				★★	⊙
961	1.30 £	schwarzpreußischblau/ mattbraungrau	vd	8,—	8,—
			FDC		9,—

Gültig bis 31.1.2023, geduldet bis 31.7.2023

In gleicher Zeichnung: MiNr. 732–734, 1007, 1043, 1084, 1121
In ähnlicher Zeichnung: MiNr. 3995
Weitere Werte siehe Übersicht nach Jahrgangswerttabelle.

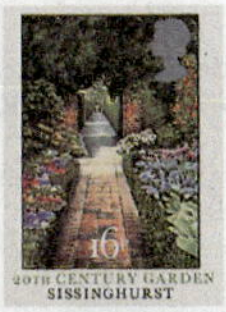

1983, 24. Aug. Britische Gärten. Odr. (5×10 + 5×10); gez. K 14:14¼.

ade) Garten in Sissinghurst, Kent (20. Jh.)

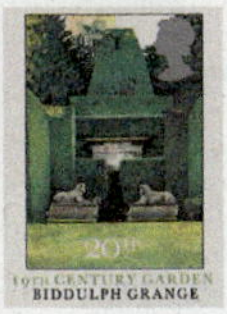

adf) Garten in Biddulph Grange, Staffordshire (19. Jh.)

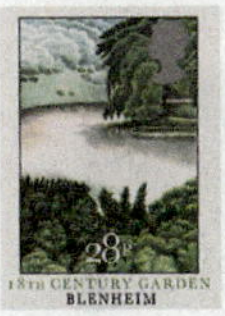

adg) Garten von Blenheim Palace, Oxfordshire (18. Jh.)

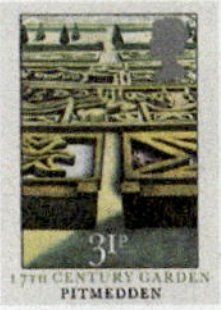

adh) Garten in Pitmedden, Schottland (17. Jh.)

962	16 P	mehrfarbig	ade	0,50	0,50
963	20½ P	mehrfarbig	adf	0,90	0,90
964	28 P	mehrfarbig	adg	1,20	1,20
965	31 P	mehrfarbig	adh	1,40	1,40
			Satzpreis (4 W.)	4,—	4,—
			FDC		4,50

Auflagen: MiNr. 962 = 40.620.700, MiNr. 963 = 7.571.100, MiNr. 964 = 7.062.100, MiNr. 965 = 6.765.000 Stück

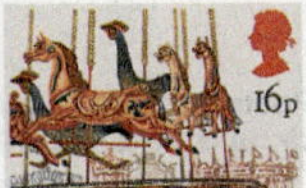

1983, 5. Okt. 850 Jahre Jahrmarkt von Smithfield, London. RaTdr. (10×5 + 10×5); gez. K 14¾:14¼.

adi) Karussell

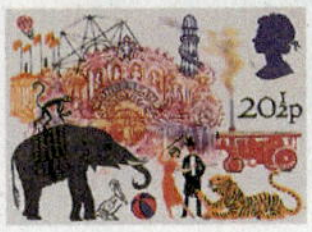

adk) Zirkus, Riesenrad

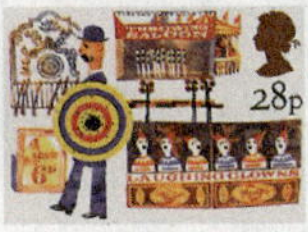

adl) Schießbude

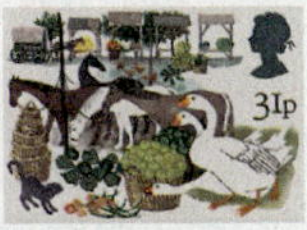

adm) Landwirtschaftsmarkt

966	16 P	mehrfarbig	adi	0,50	0,50
967	20½ P	mehrfarbig	adk	0,90	0,90
968	28 P	mehrfarbig	adl	1,20	1,20
969	31 P	mehrfarbig	adm	1,40	1,40
			Satzpreis (4 W.)	4,—	4,—
			FDC		4,50

Auflagen: MiNr. 966 = 38.000.300, MiNr. 967 = 7.938.600, MiNr. 968 = 7.442.000, MiNr. 969 = 7.113.400 Stück

1983, 16. Nov. Weihnachten. RaTdr. (10×5 + 10×5); gez. K 14¾:14¼.

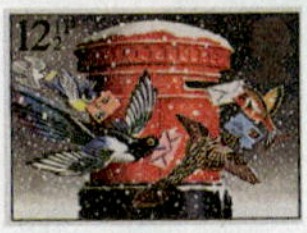

adn) Weihnachtspost

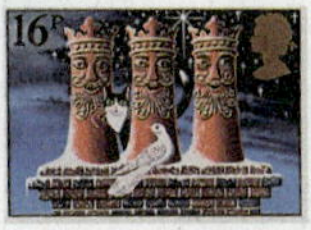

ado) Die Heiligen Drei Könige

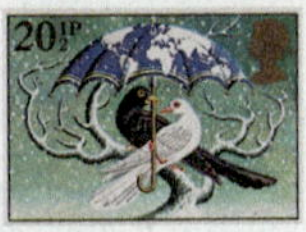

adp) Frieden in der Welt

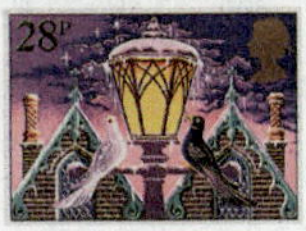

adr) Weihnachtslicht

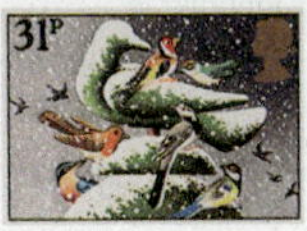

ads) Weihnachtstaube

970	12½ P	mehrfarbig	adn	0,40	0,40
971	16 P	mehrfarbig	ado	0,50	0,50
972	20½ P	mehrfarbig	adp	0,90	0,90
973	28 P	mehrfarbig	adr	1,20	1,20
974	31 P	mehrfarbig	ads	1,40	1,40
			Satzpreis (5 W.)	4,40	4,40
			FDC		5,—

★★

970 U ungezähnt (Paar) .... *1400,—*
971 U ungezähnt (Paar) .... *1200,—*
971 Uu unten ungezähnt (Randstück) .... 500,—

Auflagen: MiNr. 970 = 289.209.100, MiNr. 971 = 150.863.200, MiNr. 972 = 16.798.600, MiNr. 973 = 15.709.200, MiNr. 974 = 13.985.900 Stück

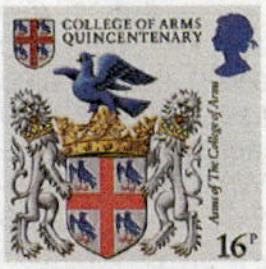

1984, 17. Jan. Heraldik: 500 Jahre Wappenamt, London. RaTdr. (5×10 + 5×10); gez. K 14½.

adt) Wappen des Wappenamtes

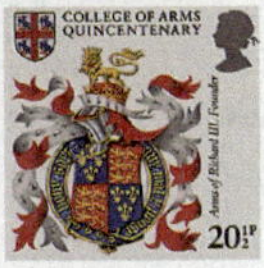

adu) Wappen von König Richard III.

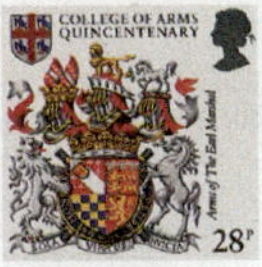

adv) Wappen des Großzeremonienmeisters

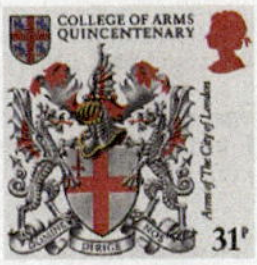

adw) Stadtwappen von London

				★★	⊙
975	16 P	mehrfarbig	adt	0,50	0,50
976	20½ P	mehrfarbig	adu	0,90	0,90
977	28 P	mehrfarbig	adv	1,20	1,20
978	31 P	mehrfarbig	adw	1,40	1,40
			Satzpreis (4 W.)	4,—	4,—
			FDC		4,50

★★

978 U ungezähnt (Paar) .... *6000,—*

Auflagen: MiNr. 975 = 37.716.800, MiNr. 976 = 7.550.300, MiNr. 977 = 6.895.500, MiNr. 978 = 6.615.300 Stück

1984, 6. März. Britische Rinderrassen. RaTdr. (10×5 + 10×5); gez. K 14¾:14¼.

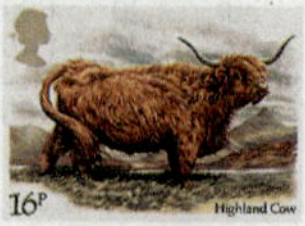

adx) Highland Cow

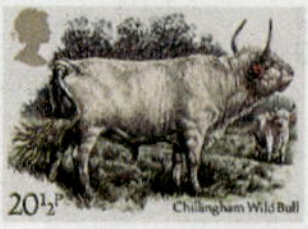

ady) Chillingham Wild Bull

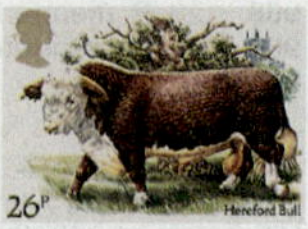

adz) Hereford Bull

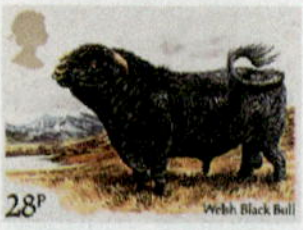

aea) Welsh Black Bull

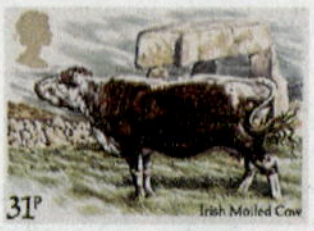

aeb) Irish Moiled Cow

					✶✶	⊙
979	16 P	mehrfarbig		adx	0,50	0,50
980	20½ P	mehrfarbig		ady	0,90	0,90
981	26 P	mehrfarbig		adz	1,—	1,—
982	28 P	mehrfarbig		aea	1,20	1,20
983	31 P	mehrfarbig		aeb	1,40	1,40
			Satzpreis (5 W.)		5,—	5,—
			FDC			5,50

	✶✶
979 U ungezähnt (Paar)	*6000,—*
983 U ungezähnt (Paar)	—,—

Auflagen: MiNr. 979 = 36.572.900, MiNr. 980 = 7.211.300, MiNr. 981 = 6.729.400, MiNr. 982 = 6.626.300, MiNr. 983 = 6.356.800 Stück

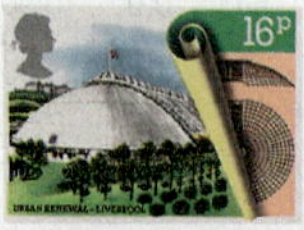

1984, 10. April. Städtesanierung. RaTdr. (10×5 + 10×5); gez. K 14¾:14¼.

aec) Halle der Internationalen Gartenbauausstellung Liverpool

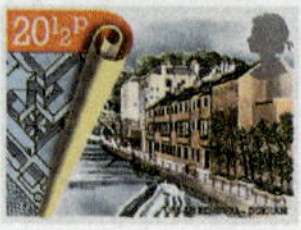

aed) Wohngebiet in Durham

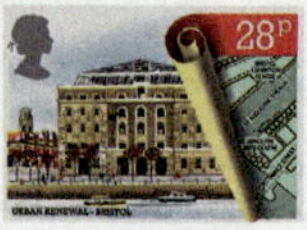

aee) Ausstellungshalle, Bristol

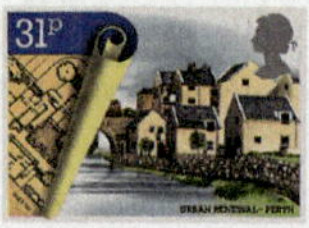

aef) Wohngebiet in Perth

					✶✶	⊙
984	16 P	mehrfarbig		aec	0,50	0,50
985	20½ P	mehrfarbig		aed	0,90	0,90
986	28 P	mehrfarbig		aee	1,20	1,20
987	31 P	mehrfarbig		aef	1,40	1,40
			Satzpreis (4 W.)		4,—	4,—
			FDC			4,50

	✶✶
985 U ungezähnt (Paar)	*4000,—*
987 U ungezähnt (Paar)	*3000,—*

Auflagen: MiNr. 984 = 37.237.000, MiNr. 985 = 6.998.600, MiNr. 986 = 6.507.500, MiNr. 987 = 6.177.600 Stück

1984, 15. Mai. Europa: 25 Jahre Europäische Konferenz der Verwaltungen für das Post- und Fernmeldewesen (CEPT); zweite Direktwahlen zum Europäischen Parlament. RaTdr. (5×5 Zd + 5×5 Zd); gez. K 14¾:14¼.

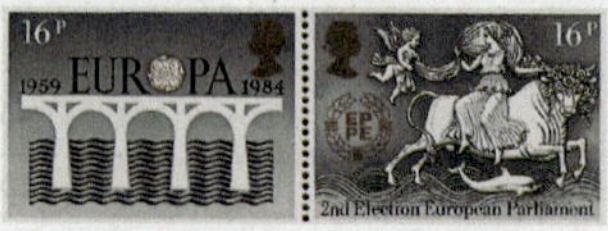

aeg) Brücke
aeh) Entführung der Europa durch Zeus

					✶✶	⊙
988	16 P	mehrfarbig		aeg	1,50	1,50
989	16 P	mehrfarbig		aeh	1,20	1,20
990	20½ P	mehrfarbig		aeg	2,—	2,—
991	20½ P	mehrfarbig		aeh	1,80	1,80
			Satzpreis (4 W.)		6,50	6,50
			2 Paare		7,—	7,—
			FDC			7,50

	✶✶
988 U-989 U ungezähntes Paar	*3000,—*
990 U-991 U ungezähntes Paar	*3500,—*

Nominalgleiche Marken wurden zusammenhängend gedruckt.

MiNr. 988 und 990 tragen das CEPT-Emblem.

Auflagen: MiNr. 988–989 je 22.618.150, MiNr. 990–991 je 5.339.600 Stück

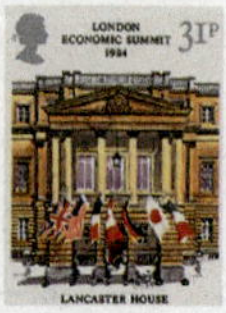

1984, 5. Juni. Weltwirtschaftsgipfel, London. RaTdr. (5×10 + 5×10); gez. K 14:15.

aei) Lancaster House, London

					✶✶	⊙
992	31 P	mehrfarbig		aei	1,40	1,40
			FDC			2,50

Auflage: 8.145.600 Stück

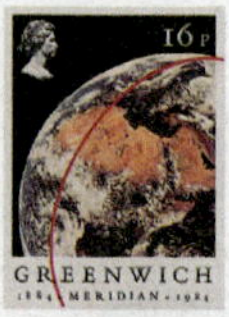

1984, 26. Juni. 100. Jahrestag der Festlegung des Null-Meridians. Odr. (5×10 + 5×10); gez. K 14:14¾.

aek) Erdkugel

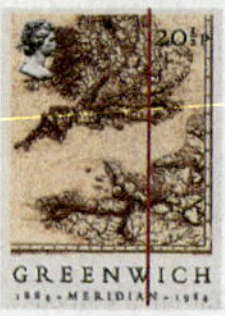

ael) Landkarte

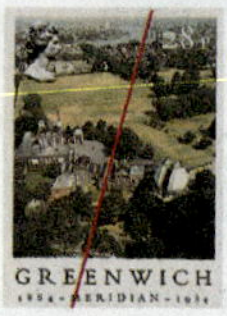

aem) Observatorium, Greenwich

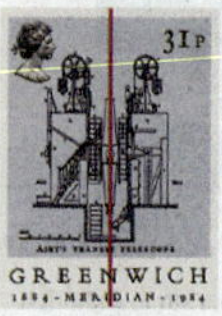

aen) Teleskop von Sir George Airy

					✶✶	⊙
993	16 P	mehrfarbig		aek	0,50	0,50
994	20½ P	mehrfarbig		ael	0,90	0,90
995	28 P	mehrfarbig		aem	1,20	1,20
996	31 P	mehrfarbig		aen	1,40	1,40
			Satzpreis (4 W.)		4,—	4,—
			FDC			4,50

Auflagen: MiNr. 993 = 36.238.700, MiNr. 994 = 7.066.100, MiNr. 995 = 6.485.600, MiNr. 996 = 6.189.200 Stück

1984, 31. Juli. 200. Jahrestag der ersten Postverbindung von Bath und Bristol nach London. Komb. StTdr. und RaTdr. (2×5 Zd + 2×5 Zd); gez. K 14¾:14¼.

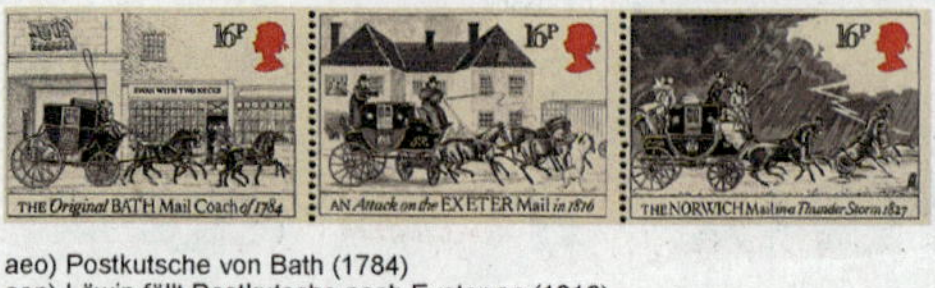

aeo) Postkutsche von Bath (1784)
aep) Löwin fällt Postkutsche nach Exeter an (1816)
aer) Postkutsche nach Norwich im Gewitter (1827)

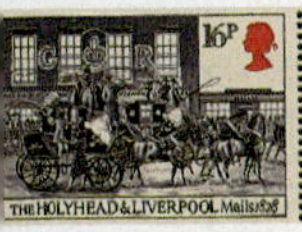

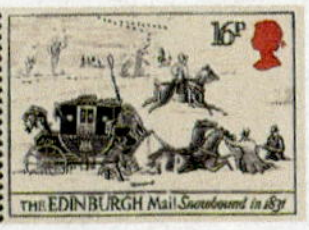

aes) Postkutsche nach Holyhead und Liverpool (1828)
aet) Postkutsche nach Edinburgh bleibt im Schnee stecken (1831)

997	16 P	mehrfarbig	aeo	0,70	0,70
998	16 P	mehrfarbig	aep	0,70	0,70
999	16 P	mehrfarbig	aer	0,70	0,70
1000	16 P	mehrfarbig	aes	0,70	0,70
1001	16 P	mehrfarbig	aet	0,70	0,70
		Satzpreis (5 W.)		3,50	3,50
		Fünferstreifen		4,—	4,—
		FDC			4,50

MiNr. 997–1001 wurden waagerecht zusammenhängend gedruckt.

Auflage: 12.130.540 Sätze

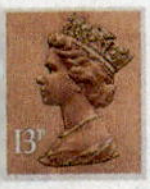

1984, 28. Aug./1987, 29. Sept. Freimarken: Königin Elizabeth II., Typ Machin. RaTdr., Bogen (B) (10×20), Markenheftchen (MH) und Rollen (R); C = vierseitig gez. K 14¾:14¼, D = dreiseitig gez. K 14¾:14¼.

ku) Königin Elizabeth II. (1926–2022, reg. ab 1952)

1002	13 P	orangebraun	ku		
C		vierseitig gez.			
I		ohne rückseitigen blauen Stern (B) (MH) (R) (28.8.1984)		0,50	0,40
II		mit rückseitigem blauem Stern (MH) (2.12.1986)		1,—	1,—
Dl		links geschnitten (MH) (29.9.1987)		1,40	1,40
Dr		rechts geschnitten (MH) (29.9.1987)		1,—	1,—
1003	18 P	schwarzoliv	ku		
C		vierseitig gez. (B) (MH) (R) (28.8.1984)		0,80	0,80
Dl		links geschnitten (MH) (29.9.1987)		1,80	1,80
Dr		rechts geschnitten (MH) (29.9.1987)		1,80	1,80
1004 C	22 P	dunkelolivgrün (B)	ku	0,90	0,80
1005 C	24 P	dunkelbläulichviolett (B)	ku	1,80	1,50
1006 C	34 P	olivbraun (B) (MH)	ku	2,—	1,60
		Satzpreis C (5 W.)		6,—	5,—
		FDC			5,50
		Paar 1003 Dl/Dr		3,60	3,60

		★★
1002 U	ungezähnt (B) (Paar)	500,—
1003 U	ungezähnt (B) (Paar)	150,—
1004 U	ungezähnt (B) (Paar)	*1800,—*

MiNr. 1002 stammt auch aus MH 67, 68, 69, 70, 71, 77, 78, 79, 80, 0-88, 0-96, 0-99.
MiNr. 1003 stammt auch aus MH 78, 79, 80, 0-95, 0-97, 0-100.
MiNr. 1006 stammt auch aus MH 71.

Gültig bis 31.1.2023, geduldet bis 31.7.2023

In gleicher Zeichnung siehe Übersicht nach Jahrgangswerttabelle.

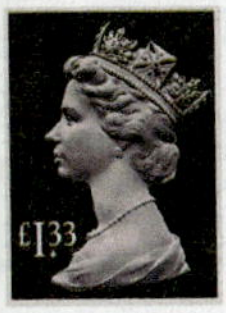

1984, 28. Aug. Freimarke: Königin Elizabeth II., Typ Machin, Großformat (Bild 27,2× 38 mm). RaTdr. (5×5 + 5×5); normales Papier; gez. K 14:15.

vd) Königin Elizabeth II. (1926–2022, reg. ab 1952)

				★★	⊙
1007	1.33 £	grauschwarz/purpurweiß	vd	9,—	9,—
		FDC			12,—

Gültig bis 31.1.2023, geduldet bis 31.7.2023

In gleicher Zeichnung: MiNr. 732–734, 961, 1043, 1084, 1121
In ähnlicher Zeichnung: MiNr. 3995
Weitere Werte siehe Übersicht nach Jahrgangswerttabelle.

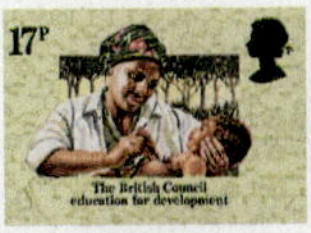

1984, 25. Sept. 50 Jahre British Council. RaTdr. (10×5 + 10×5); gez. K 15:14.

aeu) Ärztin mit Kind in Nigeria

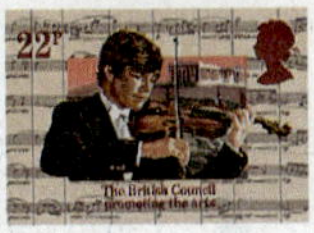

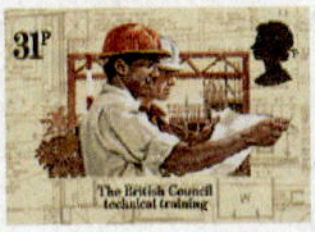

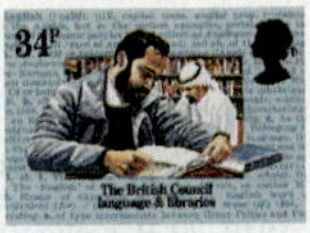

aev) Britischer Violonist in Athen
aew) Britischer Ingenieur leitet Bauprojekt in Sri Lanka
aex) Bibliotheksbenutzer in Kuwait

1008	17 P	mehrfarbig	aeu	0,50	0,50
1009	22 P	mehrfarbig	aev	0,90	0,90
1010	31 P	mehrfarbig	aew	1,20	1,20
1011	34 P	mehrfarbig	aex	1,40	1,40
		Satzpreis (4 W.)		4,—	4,—
		FDC			4,50

Auflagen: MiNr. 1008 = 36.543.700, MiNr. 1009 = 7.882.400, MiNr. 1010 = 7.339.800, MiNr. 1011 = 7.036.500 Stück

1984, 20. Nov. Weihnachten. RaTdr., Bogen (B) (10×5 + 10×5) und Markenheftchen (MH); gez. K 14¾:14¼.

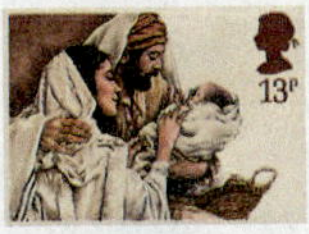

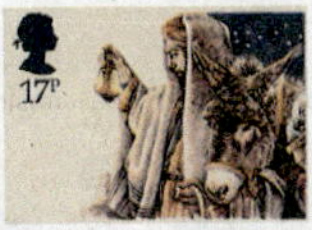

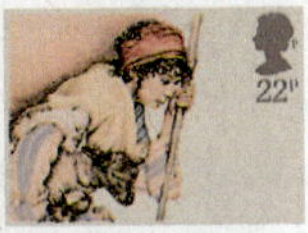

aey) Die Heilige Familie
aez) Ankunft in Bethlehem
afa) Hirte mit Lamm

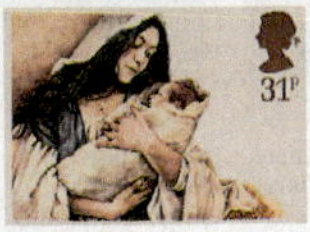

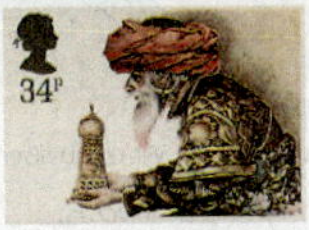

afb) Maria mit Kind
afc) Einer der Heiligen Drei Könige überbringt Weihrauch

1012	13 P	mehrfarbig	aey		
I		ohne rückseitige blaue Sterne (B)		0,40	0,40
II		mit rückseitigen blauen Sternen (MH)		0,80	0,80
1013	17 P	mehrfarbig (B)	aez	0,50	0,50
1014	22 P	mehrfarbig (B)	afa	0,80	0,80
1015	31 P	mehrfarbig (B)	afb	1,10	1,10
1016	34 P	mehrfarbig (B)	afc	1,20	1,20
		Satzpreis (5 W.)		4,—	4,—
		FDC			4,50

		★★
1012 Uu	unten ungezähnt (Randstück)	—,—
1013 U	ungezähnt (Paar)	*3000,—*

MiNr. 1012 II stammt aus MH 0-90.

Auflagen: MiNr. 1012 I = 251.570.800, MiNr. 1012 II = 61.958.250, MiNr. 1013 = 148.837.700, MiNr. 1014 = 16.367.400, MiNr. 1015 = 14.675.600, MiNr. 1016 = 12.686.000 Stück

1985, 22. Jan. 150 Jahre Great Western Railway Company: Reisezüge in Großbritannien. RaTdr. (10×5 + 10×5); gez. K 14¾:14¼.

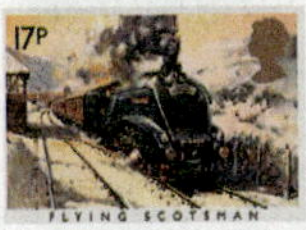

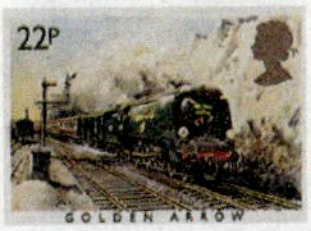

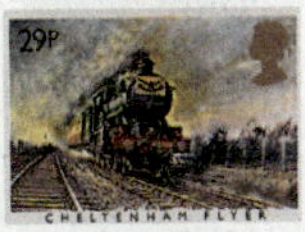

afd) „Flying Scotsman“, London and North Eastern Railway
afe) „Golden Arrow“, Southern Railway
aff) „Cheltenham Flyer“, Great Western Railway

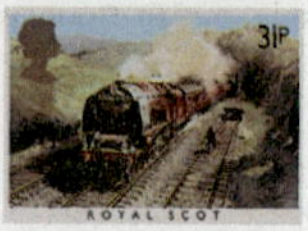

afg) „Royal Scot“, London Midland and Scottish Railway

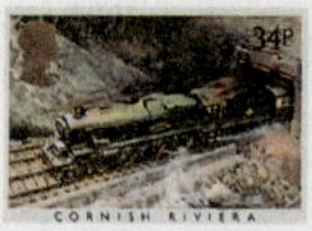

afh) „Cornish Riviera“, Great Western Railway

					★★	⊙
1017	17 P	mehrfarbig		afd	0,60	0,60
1018	22 P	mehrfarbig		afe	1,10	1,10
1019	29 P	mehrfarbig		aff	1,30	1,30
1020	31 P	mehrfarbig		afg	1,50	1,50
1021	34 P	mehrfarbig		afh	2,—	2,—
			Satzpreis (5 W.)		6,50	6,50
			FDC			7,—

★★

1017 U ungezähnt (Paar) . . . . . . 2500,—

Auflagen: MiNr. 1017 = 37.698.600, MiNr. 1018 = 7.916.200, MiNr. 1019 = 7.472.200, MiNr. 1020 = 7.314.900, MiNr. 1021 = 7.050.500 Stück

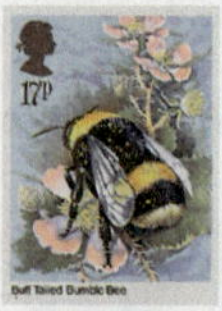

1985, 12. März. Insekten. RaTdr. (5×10 + 5×10); gez. K 14¼:14¾.

afi) Erdhummel (Bombus terrestris)

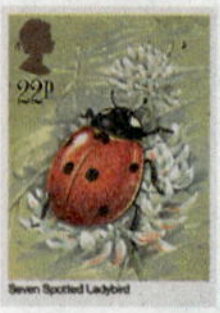

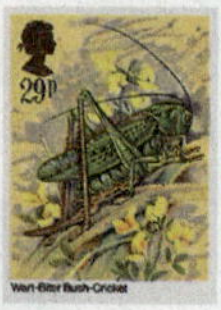

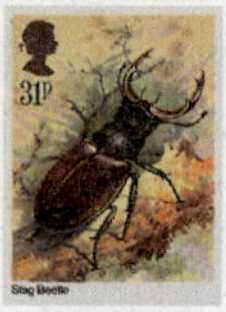

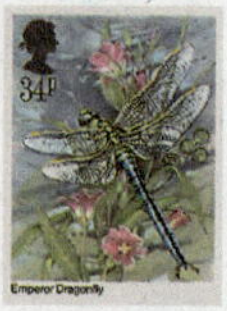

afk) Siebenpunkt-Marienkäfer (Coccinella septempunctata)

afl) Warzenbeißer (Decticus verrucivorus)

afm) Hirschkäfer (Lucanus cervus)

afn) Große Königslibelle (Anax imperator)

					★★	⊙
1022	17 P	mehrfarbig		afi	0,60	0,60
1023	22 P	mehrfarbig		afk	0,90	0,90
1024	29 P	mehrfarbig		afl	1,—	1,—
1025	31 P	mehrfarbig		afm	1,20	1,20
1026	34 P	mehrfarbig		afn	1,30	1,30
			Satzpreis (5 W.)		5,—	5,—
			FDC			5,50

★★

1026 U ungezähnt (senkr. Paar) . . . . . . 8000,—

Auflagen: MiNr. 1022 = 39.534.200, MiNr. 1023 = 7.812.500, MiNr. 1024 = 9.495.200, MiNr. 1025 = 7.223.900, MiNr. 1026 = 6.932.600 Stück

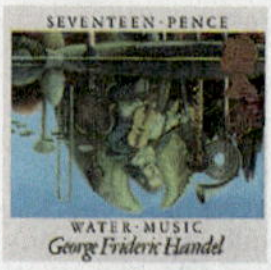

1985, 14. Mai. Europa: Europäisches Jahr der Musik. RaTdr. (5×10 + 5×10); gez. K 14¼.

afo) Wassermusik; Orchesterkonzert von Georg Friedrich Händel (1685–1759)

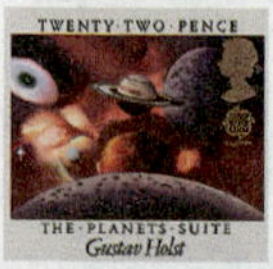

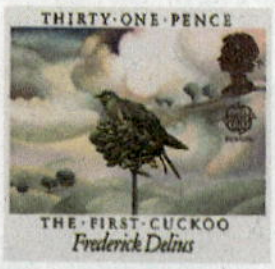

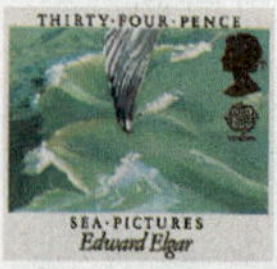

afp) Die Planeten; Suite von Gustav Holst (1874–1934)

afr) Der erste Kuckuck; Orchesterstück von Frederick Delius (1863–1934)

afs) Seebilder; Liederzyklus von Edward Elgar (1857–1934)

					★★	⊙
1027	17 P	mehrfarbig		afo	0,60	0,6
1028	22 P	mehrfarbig		afp	1,20	1,2
1029	31 P	mehrfarbig		afr	2,—	2,–
1030	34 P	mehrfarbig		afs	2,20	2,2
			Satzpreis (4 W.)		6,—	6,–
			FDC			6,5

★★

1027 U ungezähnt (Paar) 3000,–
1028 U ungezähnt (Paar) 3000,–

Auflagen: MiNr. 1027 = 36.849.700, MiNr. 1028 = 7.805.800, MiNr. 1029 = 7.148.700, MiNr. 1030 = 6.806.100 Stück

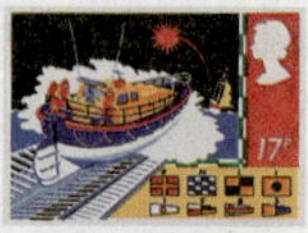

1985, 18. Juni. Sicherheit auf See. Odr (10×5 + 10×5); gez. K 14.

aft) Rettungsboot, Segelboot; „RNLI 1985“ dargestellt mit Signalflaggen

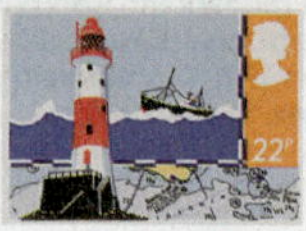

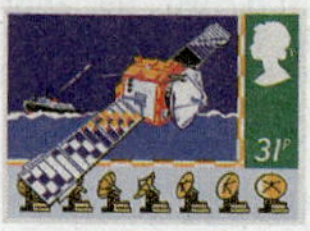

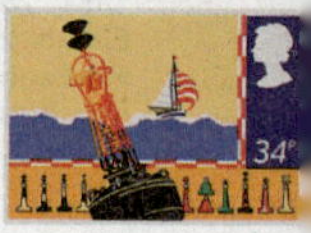

afu) Leuchtturm von Beachy Head, Fischereischiff; Seekarte

afv) Europäischer Satellit „Marecs A“, Passagierschiff; Bodenstationen

afw) Warnboje, Segelschiff; Signalbojen

					★★	⊙
1031	17 P	mehrfarbig		aft	0,50	0,50
1032	22 P	mehrfarbig		afu	0,90	0,90
1033	31 P	mehrfarbig		afv	1,20	1,20
1034	34 P	mehrfarbig		afw	1,40	1,40
			Satzpreis (4 W.)		4,—	4,–
			FDC			4,50

★★

1031 Uu unten ungezähnt (Randstück) 600,–

Auflagen: MiNr. 1031 = 36.372.000, MiNr. 1032 = 9.078.400, MiNr. 1033 = 7.057.400, MiNr. 1034 = 6.757.600 Stück

1985, 30. Juli. 350 Jahre Britische Post. RaTdr., Bogen (B) (10×5 + 10×5) und Markenheftchen (MH); gez. K 14¼:14¾.

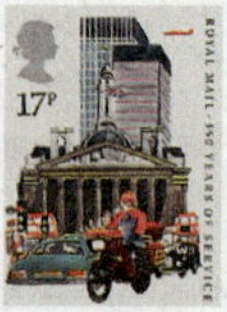

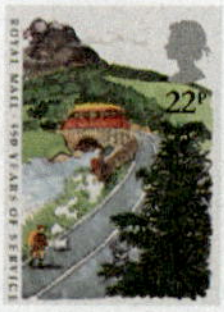

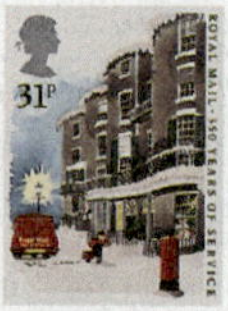

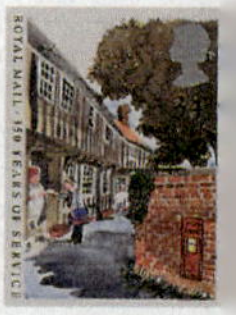

afx) Eilbote auf Motorrad

afy) Postbus

afz) Paketpostdienst

aga) Briefträger

					★★	⊙
1035	17 P	mehrfarbig		afx		
	I	ohne rückseitiges blaues „D“ (B)			0,50	0,50
	II	mit rückseitigem blauem „D“ (MH)			0,80	0,80
1036	22 P	mehrfarbig (B)		afy	0,90	0,90
1037	31 P	mehrfarbig (B)		afz	1,20	1,20
1038	34 P	mehrfarbig (B)		aga	1,40	1,40
			Satzpreis (4 W.)		4,—	4,–
			FDC			4,50

★★

1035 Udr unten gezähnt 1200,–
1036 U ungezähnt (senkr. Paar) 8000,–
1037 U ungezähnt (Paar) 1600,–
1038 U ungezähnt (senkr. Paar) . . . . . . —,–
1038 UMw senkrechtes Paar, Mitte ungezähnt 1000,–

MiNr. 1035 II stammt aus MH 0-91.

Auflagen: MiNr. 1035 I = 36.318.300, MiNr. 1035 II = 50.576.500, MiNr. 1036 = 7.682.100, MiNr. 1037 = 7.087.500, MiNr. 1038 = 6.772.700 Stück

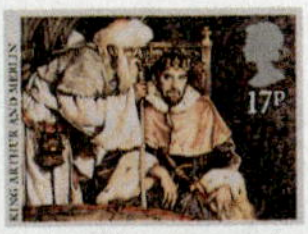

1985, 3. Sept. Britische Sagen: Die Artussage. RaTdr. (10×5 + 10×5); gez. K 14¾:14¼.

agb) König Artus berät sich mit dem Zauberer Merlin

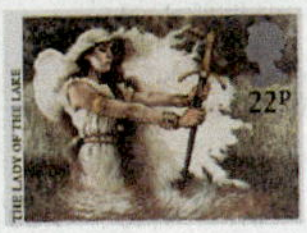

agc) Die Herrin des Sees mit dem Schwert Excalibur

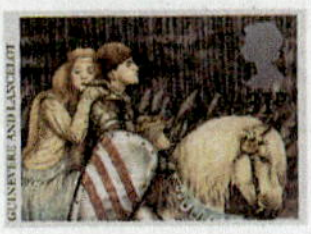

agd) Artus' Gattin Guinevere und Ritter Lancelot flüchten von Camelot

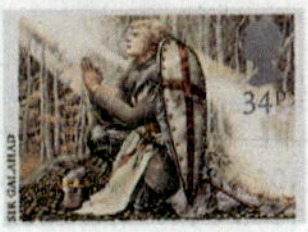

age) Sir Galahad im Gebet bei der Suche nach dem Heiligen Gral

				★★	⊙
1039	17 P	mehrfarbig	agb	0,50	0,50
1040	22 P	mehrfarbig	agc	0,90	0,90
1041	31 P	mehrfarbig	agd	1,20	1,20
1042	34 P	mehrfarbig	age	1,40	1,40
		Satzpreis (4 W.)		4,—	4,—
		FDC			4,50

	★★
1039 U ungezähnt (Paar)	3000,—

Auflagen: MiNr. 1039 = 37.582.500, MiNr. 1040 = 7.783.500, MiNr. 1041 = 7.272.100, MiNr. 1042 = 6.984.300 Stück

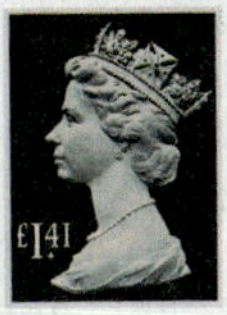

1985, 17. Sept. Freimarke: Königin Elizabeth II., Typ Machin, Großformat (Bild 27,2×38 mm). RaTdr. (5×10 + 5×10); normales Papier; gez. K 14:15.

vd) Königin Elizabeth II. (1926–2022, reg. ab 1952)

				★★	⊙
1043	1.41 £	dunkelgraublau/hellgrau	vd	10,—	10,—
		FDC			11,—

Gültig bis 31.1.2023, geduldet bis 31.7.2023

In gleicher Zeichnung: MiNr. 732–734, 961, 1007, 1084, 1121
In ähnlicher Zeichnung: MiNr. 3995
Weitere Werte siehe Übersicht nach Jahrgangswerttabelle.

1985, 8. Okt. Jahr des Britischen Films. RaTdr. (5×10 + 5×10); gez. K 14¼.

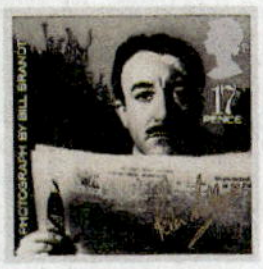

agf) Peter Sellers (1925–1980), Filmschauspieler

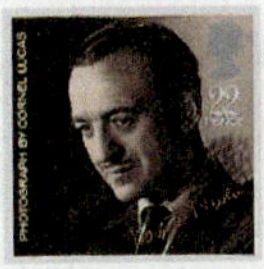

agg) David Niven (1910–1983), Filmschauspieler

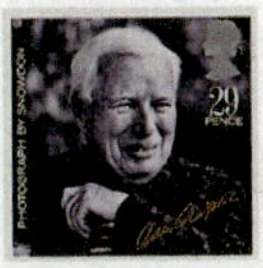

agh) Charlie Chaplin (1889–1977), Filmschauspieler und -regisseur

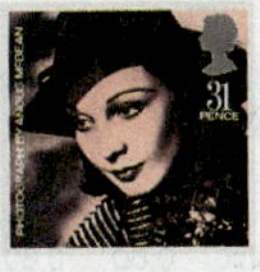

agi) Vivien Leigh (1913–1967), Film- und Bühnenschauspielerin

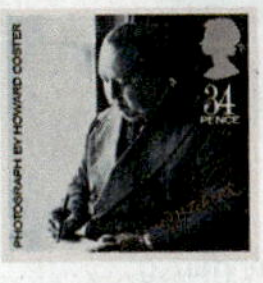

agk) Alfred Hitchcock (1899–1980), Filmregisseur und -autor

1044	17 P	mehrfarbig	agf	0,70	0,70
1045	22 P	mehrfarbig	agg	1,20	1,20
1046	29 P	mehrfarbig	agh	1,40	1,40
1047	31 P	mehrfarbig	agi	1,50	1,50
1048	34 P	mehrfarbig	agk	1,70	1,70
		Satzpreis (5 W.)		6,50	6,50
		FDC			7,—

Auflagen: MiNr. 1044 = 36.204.900, MiNr. 1045 = 7.740.300, MiNr. 1046 = 7.264.600, MiNr. 1047 = 7.122.300, MiNr. 1048 = 6.792.200 Stück

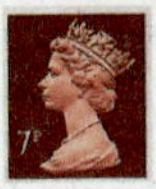

1985, 29. Okt. Freimarken: Königin Elizabeth II., Typ Machin. RaTdr., Bogen (B) (10×20), Markenheftchen (MH) und Rolle (R); gez. K 14¾:14¼.

ku) Königin Elizabeth II. (1926–2022, reg. ab 1952)

1049	7 P	lebhaftbraunrot (B)	ku	3,—	1,50
1050	12 P	smaragdgrün	ku		
I		ohne rückseitige blaue Sterne (B) (MH) (R)		0,50	0,50
II		mit rückseitigen blauen Sternen (B)		0,70	0,70
		Satzpreis (2 W.)		3,50	2,—
		FDC			3,—

	★★
1050 I U ungezähnt (B) (Paar)	2000,—

MiNr. 1050 I stammt auch aus MH 73, 74, 75, 76, 0-93.

Gültig bis 31.1.2023, geduldet bis 31.7.2023

In gleicher Zeichnung siehe Übersicht nach Jahrgangswerttabelle.

1985, 19. Nov. Weihnachten. RaTdr., Bogen (B) (10×5 + 10×5) und Markenheftchen (MH); gez. K 14¾:14¼.

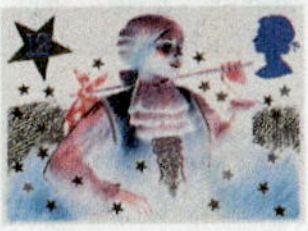

agl) Hauptdarsteller

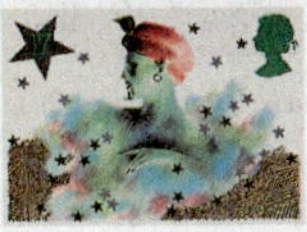

agm) Geist

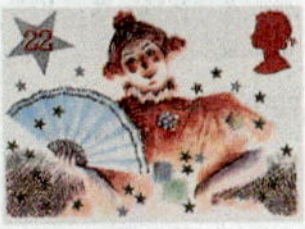

agn) Dame

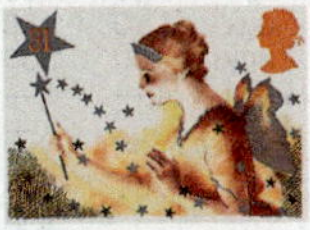

ago) Gute Fee

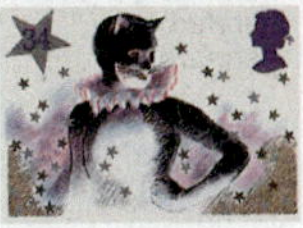

agp) Katze

agl–agp) Figuren einer typischen Weihnachtspantomime für Kinder

				★★	⊙
1051	12 (P)	mehrfarbig	agl		
I		ohne rückseitige blaue Sterne (B)		0,40	0,40
II		mit rückseitigen blauen Sternen (MH)		0,80	0,80
1052	17 (P)	mehrfarbig (B)	agm	0,70	0,70
1053	22 (P)	mehrfarbig (B)	agn	1,10	1,10
1054	31 (P)	mehrfarbig (B)	ago	1,30	1,30
1055	34 (P)	mehrfarbig (B)	agp	1,50	1,50
		Satzpreis (5 W.)		5,—	5,—
		FDC			5,50

	★★
1051 I U ungezähnt (Paar)	1000,—
1052 U ungezähnt (Paar)	3000,—
1052 Uu unten ungezähnt (Randstück)	400,—

MiNr. 1051 II stammt aus MH 0-92.

Auflagen: MiNr. 1051 I = 284.590.600, MiNr. 1051 II = 62.119.000, MiNr. 1052 = 150.799.500, MiNr. 1053 = 17.357.500, MiNr. 1054 = 14.786.000, MiNr. 1055 = 13.101.200 Stück

1986, 14. Jan. Jahr der Industrie. Odr. (10×5 + 10×5); gez. K 14¾:14.

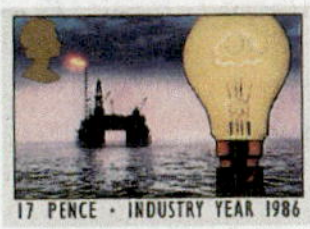

agr) Erdöl-Bohrinsel, Glühbirne

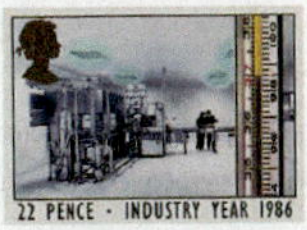

ags) Pharmazeutisches Labor, Thermometer

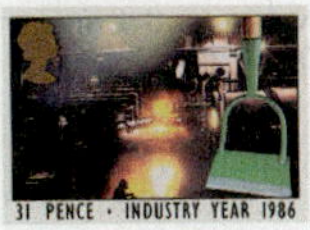

agt) Stahlwerk, Gartenhacke

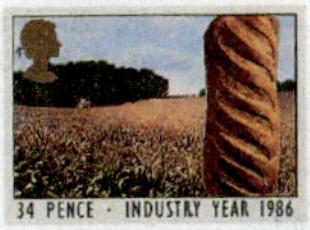

agu) Getreidefeld, Brotlaib

			★★	⊙
1056	17 P mehrfarbig	agr	0,60	0,60
1057	22 P mehrfarbig	ags	0,90	0,90
1058	31 P mehrfarbig	agt	1,20	1,20
1059	34 P mehrfarbig	agu	1,30	1,30
	Satzpreis (4 W.)		4,—	4,—
	FDC			5,—

Auflagen: MiNr. 1056 = 35.414.400, MiNr. 1057 = 7.262.300, MiNr. 1058 = 6.275.800, MiNr. 1059 = 6.180.600 Stück

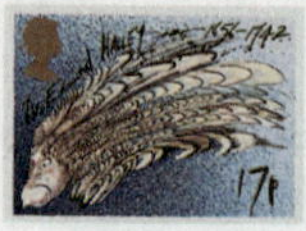

1986, 18. Febr. Halleyscher Komet: Gemälde von Ralph Steadman. RaTdr. (10×5 + 10×5); gez. K 14¾:14.

agv) Edmond Halley (1656–1742), Astronom, als Komet (Karikatur)

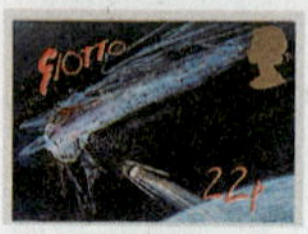

agw) Raumsonde „Giotto", Halleyscher Komet

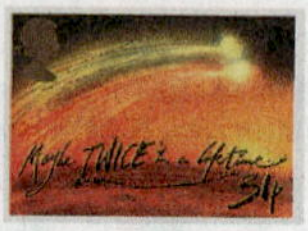

agx) Halleyscher Komet („Vielleicht zweimal zu Lebzeiten")

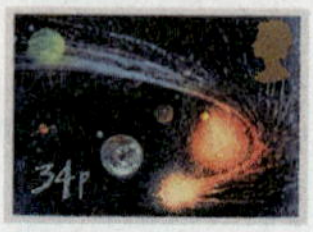

agy) Umlaufbahn des Kometen um Sonne und Planeten

1060	17 P mehrfarbig	agv	0,60	0,60
1061	22 P mehrfarbig	agw	0,90	0,90
1062	31 P mehrfarbig	agx	1,20	1,20
1063	34 P mehrfarbig	agy	1,30	1,30
	Satzpreis (4 W.)		4,—	4,—
	FDC			5,—

		★★
1060 U	ungezähnt (Paar)	—,—
1060 Uu	unten ungezähnt (Randstück)	500,—
1062 U	ungezähnt (Paar)	*6000,—*

Auflagen: MiNr. 1060 = 35.571.800, MiNr. 1061 = 7.097.500, MiNr. 1062 = 6.430.100, MiNr. 1063 = 6.120.500 Stück

1986, 21. April. 60. Geburtstag von Königin Elizabeth II. RaTdr. (5×5 Zd + 5×5 Zd); gez. K 14¾:14.

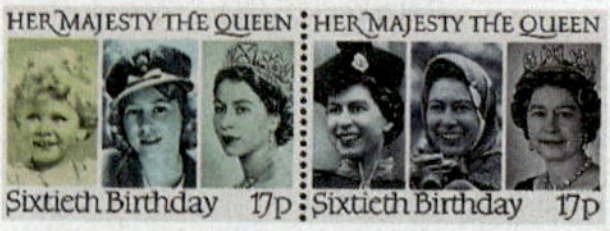

agz, aha

agz–aha) Königin Elizabeth II; Aufnahmen von 1928, 1942, 1952, 1958, 1973 und 1982

			★★	⊙
1064	17 P mehrfarbig	agz	0,80	0,80
1065	17 P mehrfarbig	aha	0,80	0,80
1066	34 P mehrfarbig	agz	1,50	1,50
1067	34 P mehrfarbig	aha	1,50	1,50
	Satzpreis (4 W.)		4,50	4,50
	2 Paare		6,—	6,—
	FDC			6,50

Nominalgleiche Marken wurden zusammenhängend gedruckt.

Auflagen: MiNr. 1064–1065 je 38.501.600, MiNr. 1066–1067 je 8.229.550 Stück

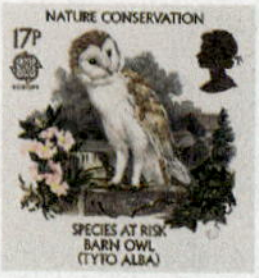

1986, 20. Mai. Europa: Natur- und Umweltschutz. RaTdr. (10×5 + 10×5); gez. K 14¼.

ahb) Schleiereule (Tyto alba)

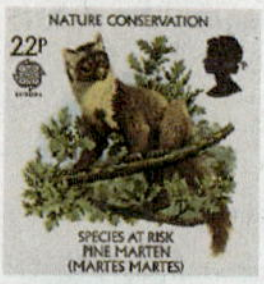

ahc) Baummarder (Martes martes)

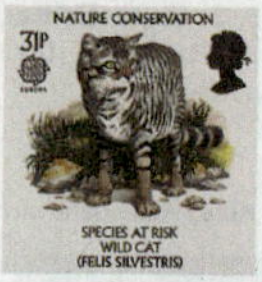

ahd) Wildkatze (Felis silvestris)

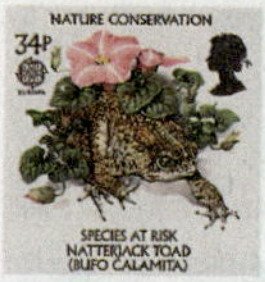

ahe) Kreuzkröte (Bufo calamita)

1068	17 P mehrfarbig	ahb	0,80	0,80
1069	22 P mehrfarbig	ahc	1,20	1,20
1070	31 P mehrfarbig	ahd	2,—	2,—
1071	34 P mehrfarbig	ahe	2,50	2,50
	Satzpreis (4 W.)		6,50	6,50
	FDC			7,—

Auflagen: MiNr. 1068 = 36.000.000, MiNr. 1069 = 7.135.800, MiNr. 1070 = 6.384.200, MiNr. 1071 = 6.022.000 Stück

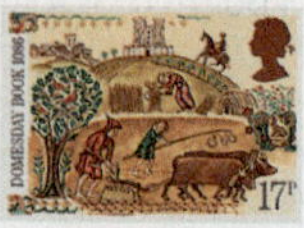

1986, 17. Juli. 900. Jahrestag der Erstellung des Domesday Book (Reichsgrundbuch) durch Wilhelm den Eroberer. RaTdr. (10×5 + 10×5); gez. K 14¾:14.

ahf) Bauern bei der Landarbeit

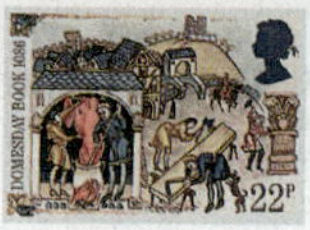

ahg) Freie Bürger der Städte

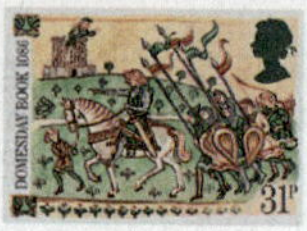

ahh) Ritter mit Gefolge

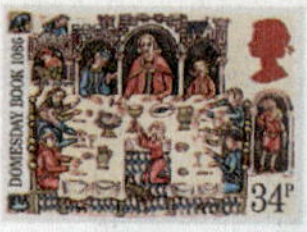

ahi) Lord an seiner Tafel

1072	17 P mehrfarbig	ahf	0,60	0,60
1073	22 P mehrfarbig	ahg	1,—	1,—
1074	31 P mehrfarbig	ahh	1,40	1,40
1075	34 P mehrfarbig	ahi	1,50	1,50
	Satzpreis (4 W.)		4,50	4,50
	FDC			5,50

Auflagen: MiNr. 1072 = 35.062.700, MiNr. 1073 = 7.018.700, MiNr. 1074 = 6.249.100, MiNr. 1075 = 5.917.000 Stück

1986, 15. Juli. Sport: 13. Commonwealth-Spiele, Edinburgh; Hockey-Weltmeisterschaft der Männer, London. RaTdr. (10×5 + 10×5); gez. K 14¾:14.

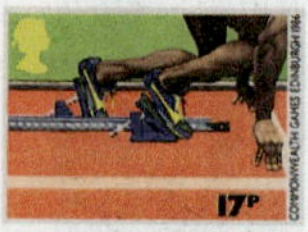

ahk) Leichtathletik

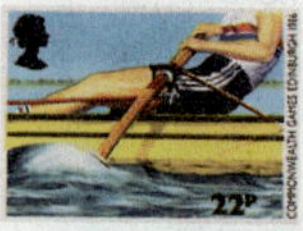

ahl) Rudern

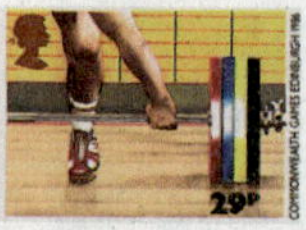

ahm) Gewichtheben

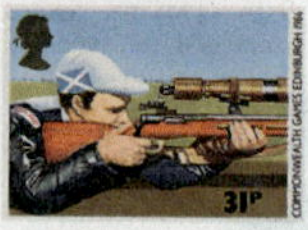

ahn) Schießen

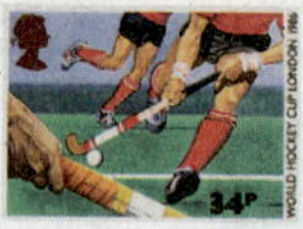

aho) Feldhockey

1076	17 P mehrfarbig	ahk	0,60	0,60
1077	22 P mehrfarbig	ahl	0,90	0,90
1078	29 P mehrfarbig	ahm	1,20	1,20
1079	31 P mehrfarbig	ahn	1,50	1,50
1080	34 P mehrfarbig	aho	1,80	1,80
	Satzpreis (5 W.)		6,—	6,—
	FDC			6,50

		★★
1080 U	ungezähnt (Paar)	*3000,—*

Auflagen: MiNr. 1076 = 35.087.400, MiNr. 1077 = 7.157.700, MiNr. 1078 = 6.372.200, MiNr. 1079 = 6.443.100, MiNr. 1080 = 6.087.000 Stück

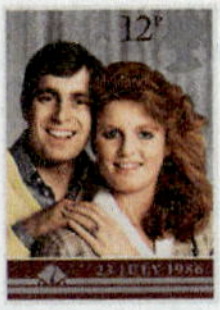

1986, 22. Juli. Hochzeit von Prinz Andrew und Sarah Ferguson. RaTdr. (5×10 + 5×10); gez. K 14:14¾.

ahp) Prinz Andrew (*1960) und Sarah Ferguson (*1959)

				★★	⊙
1081	12 P	mehrfarbig	ahp	0,70	0,70
1082	17 P	mehrfarbig	ahp	1,30	1,30
		Satzpreis (2 W.)		2,—	2,—
		FDC			3,—

		★★
1082 U	ungezähnt (Paar)	700,—

Auflagen: MiNr. 1081 = 61.642.500, MiNr. 1082 = 59.684.400 Stück

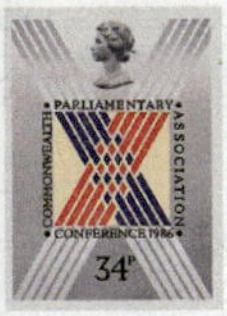

1986, 19. Aug. Konferenz der parlamentarischen Vereinigung der Commenwealth-Staaten, London. Odr. (5×10 + 5×10); gez. K 14:14¾.

ahr) Symbolische Darstellung

				★★	⊙
1083	34 P	mehrfarbig	ahr	1,50	1,50
		FDC			2,50

		★★
1083 UMw	senkrechtes Paar, Mitte ungezähnt	*3000,—*

Auflage: 7.089.400 Stück

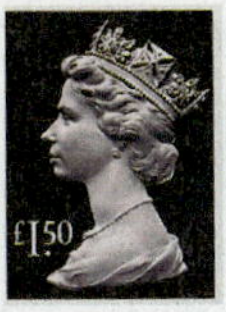

1986, 2. Sept. Freimarke: Königin Elizabeth II., Typ Machin, Großformat (Bild 27,2×38 mm). RaTdr. (5×10 + 5×10); normales Papier; gez. K 14:15.

vd) Königin Elizabeth II. (1926–2022, reg. ab 1952)

				★★	⊙
1084	1.50 £	grauschwarz/purpurweiß	vd	8,—	6,—
		FDC			6,50

Gültig bis 31.1.2023, geduldet bis 31.7.2023

In gleicher Zeichnung: MiNr. 732–734, 961, 1007, 1043, 1121
In ähnlicher Zeichnung: MiNr. 3995
Weitere Werte siehe Übersicht nach Jahrgangswerttabelle.

1986, 16. Sept. 50 Jahre Royal Air Force: Oberbefehlshaber der RAF. RaTdr. (5×10 + 5×10); gez. K 14¼.

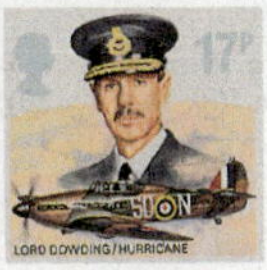

ahs) Lord Dowding (1882–1970); Flugzeug Hawker Hurricane Mk I

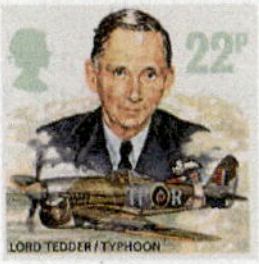

aht) Lord Tedder (1890–1967); Flugzeug Hawker Typhoon 1 B

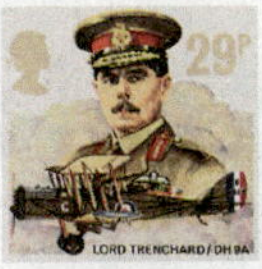

ahu) Lord Trenchard (1873–1956); Flugzeug De Havilland DH.9A

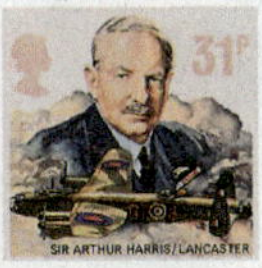

ahv) Arthur Harris (1892–1984); Flugzeug Avro Type 683 Lancaster

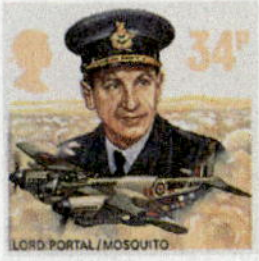

ahw) Lord Viscount Portal (1893–1971); Flugzeug De Havilland DH.98 Mosquito

				★★	⊙
1085	17 P	mehrfarbig	ahs	0,60	0,60
1086	22 P	mehrfarbig	aht	1,—	1,—
1087	29 P	mehrfarbig	ahu	1,40	1,40
1088	31 P	mehrfarbig	ahv	1,80	1,80
1089	34 P	mehrfarbig	ahw	2,20	2,20
		Satzpreis (5 W.)		7,—	7,—
		FDC			8,—

		★★
1085 U	ungezähnt (Paar)	*2000,—*
1085 Uu	unten ungezähnt (Randstück)	600,—
1086 F I	Wertziffer fehlend	600,—
1086 F II	Kopf der Königin fehlend	600,—

Auflagen: MiNr. 1085 = 35.497.000, MiNr. 1086 = 7.124.200, MiNr. 1087 = 6.343.200, MiNr. 1088 = 6.407.700, MiNr. 1089 = 6.056.000 Stück

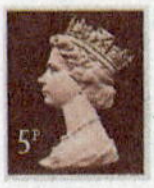

1986, 20. Okt./1993, 8. Juni. Freimarken: Königin Elizabeth II., Typ Machin. RaTdr., Bogen (B) (10×20), Markenheftchen (MH) und Rolle (R); C = gez. K 14¾:14¼, CS = Sicherheitszähnung K 14¾:14¼, D = dreiseitig gez. K 14¾:14¼.

ku) Königin Elizabeth II. (1926–2022, reg. ab 1952)

				★★	⊙
1090		5 P	ku		
	a	graurotbraun			
	C	vierseitig gez. (MH) (20.10.1986)		2,—	2,—
	DI	links geschnitten (MH) (29.9.1987)		0,80	0,80
	b	mittelgraulilabraun			
	C	vierseitig gez. (B) (R) (26.7.1988)		0,30	0,30
	CS	Sicherheitszähnung (B) (MH) (8.6.1993)		0,30	0,30

		★★
1090 b U	ungezähnt (B) (Paar)	*3000,—*

MiNr. 1090 a stammt aus MH 77 C bzw. MH 77 D und hat einen stark aufgerasterten Hintergrund, während er bei MiNr. 1090 b vollflächig ist.

MiNr. 1090 b CS stammt auch aus MH 152 und 187, außerdem ist sie auch in einem Kleinbogen vom 22.5.2000 enthalten; siehe nach MiNr. 1804.

Gültig bis 31.1.2023, geduldet bis 31.7.2023

In gleicher Zeichnung siehe Übersicht nach Jahrgangswerttabelle.

1986, 18. Nov. Weihnachten: Weihnachtsbräuche und -legenden (I). RaTdr. (10×5 + 10×5); gez. K 14¾:14.

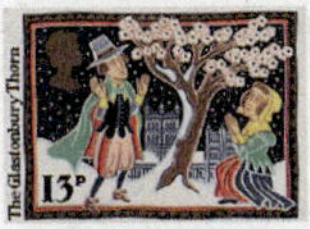

ahx) Der Dornenbusch von Glastonbury

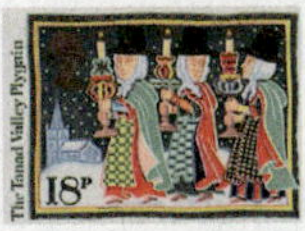

ahy) Der Plygain von Wales

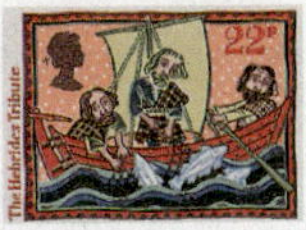

ahz) Der Tribut der Hebriden

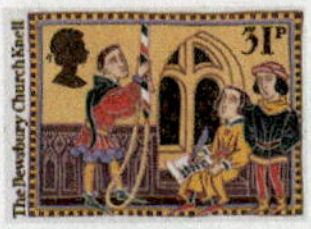

aia) Das Glockenläuten von Dewsbury

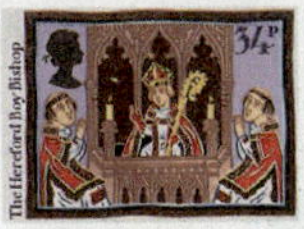

aib) Der Kinderbischof von Hereford

					★★	⊙
1091		13 P	mehrfarbig	ahx		
	I		ohne rückseitige blaue Sterne		0,40	0,40
	II		mit rückseitigen blauen Sternen		0,80	0,80
1092		18 P	mehrfarbig	ahy	0,60	0,60
1093		22 P	mehrfarbig	ahz	0,80	0,80
1094		31 P	mehrfarbig	aia	1,20	1,20
1095		34 P	mehrfarbig	aib	1,50	1,50
			Satzpreis (5 W.)		4,50	4,50
			FDC			5,—

MiNr. 1091 II stammt aus einer Rabatt-Verkaufspackung.

Auflagen: MiNr. 1091 I = 164.743.600, MiNr. 1091 II = 144.000.000, MiNr. 1092 = 148.542.100, MiNr. 1093 = 16.635.800, MiNr. 1094 = 14.188.300, MiNr. 1095 = 12.359.100 Stück

In gleicher Zeichnung wie MiNr. 1091: MiNr. 1096

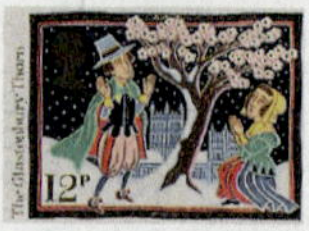

1986, 2. Dez. Weihnachten: Weihnachtsbräuche und -legenden (II). RaTdr. (10×5 + 10×5); gez. K 14¾:14.

ahx) Der Dornenbusch von Glastonbury

1096	12 P mehrfarbig	ahx	0,70	0,60
		FDC		1,50

		★★
1096 U	ungezähnt (Paar)	*1600,—*

MiNr. 1096 konnte vom 2.–24.12.1986 anstelle von Marken zu 13 P für Postsendungen zweiter Klasse verwendet werden.

Auflage: 100.613.200 Stück

In gleicher Zeichnung: MiNr. 1091

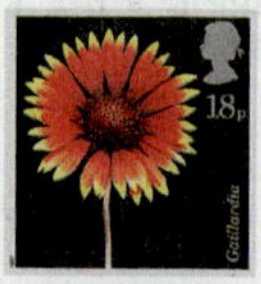

1987, 20. Jan. Blumen. RaTdr. (10×5 + 10×5); gez. K 14¾:14¼.

aic) Kokardenblume (Gaillardia aristata)

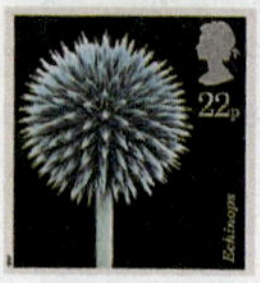

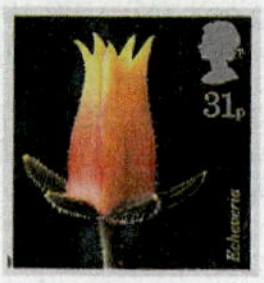

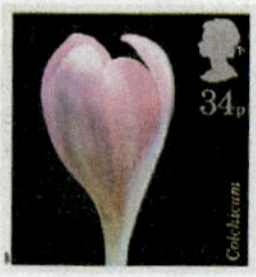

aid) Kugeldistel (Echinops ritro)

aie) Nabelkraut (Echeveria)

aif) Herbstzeitlose (Colchicum autumnale)

			★★	⊙
1097	18 P mehrfarbig	aic	0,60	0,60
1098	22 P mehrfarbig	aid	0,90	0,90
1099	31 P mehrfarbig	aie	1,20	1,20
1100	34 P mehrfarbig	aif	1,30	1,30
		Satzpreis (4 W.)	4,—	4,—
		FDC		5,—

		★★
1099 U	ungezähnt (Paar)	*3500,—*
1099 Ul	links ungezähnt (Randstück)	500,—

Auflagen: MiNr. 1097 = 34.465.100, MiNr. 1098 = 6.647.700, MiNr. 1099 = 5.966.400, MiNr. 1100 = 5.691.500 Stück

1987, 24. März. 300. Jahrestag der Ausgabe des Werkes „Philosophiae Naturalis Principia Mathematica" von Isaac Newton. RaTdr. (5×10 + 5×10); gez. K 14¼:13¾.

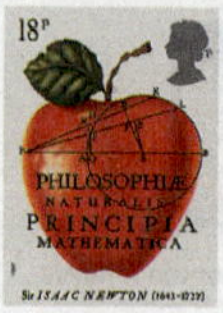

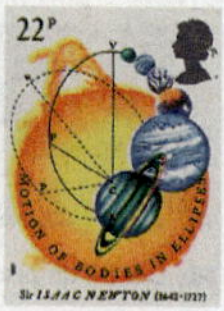

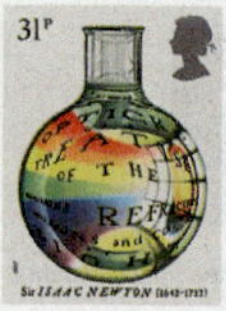

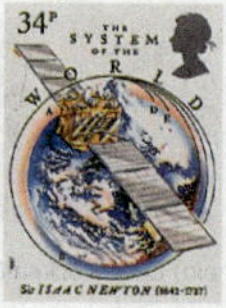

aig) Apfel

aih) Sonne, Planeten

aii) Lichtbrechung in einem Glaskolben

aik) Erde, Satellit

			★★	⊙
1101	18 P mehrfarbig	aig	0,60	0,60
1102	22 P mehrfarbig	aih	0,90	0,90
1103	31 P mehrfarbig	aii	1,40	1,40
1104	34 P mehrfarbig	aik	1,60	1,60
		Satzpreis (4 W.)	4,50	4,50
		FDC		5,50

		★★
1101 U	ungezähnt (Paar)	*3500,—*

Auflagen: MiNr. 1101 = 34.918.400, MiNr. 1102 = 6.434.700, MiNr. 1103 = 5.829.200, MiNr. 1104 = 5.493.300 Stück

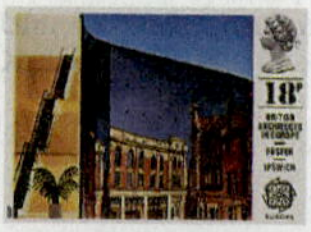

1987, 12. Mai. Europa: Moderne Architektur. RaTdr. (10×5 + 10×5); gez. K 14¾:14¼.

ail) Bürohaus in Ipswich; von Norman Foster (*1935)

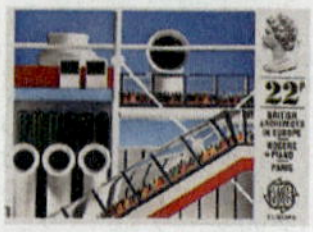

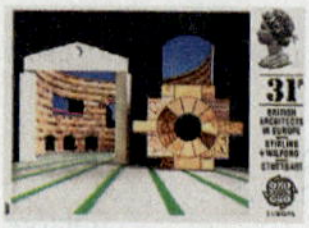

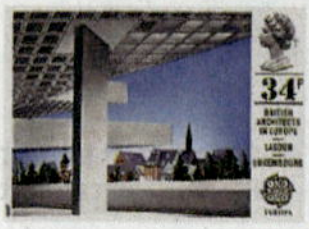

aim) Centre Pompidou in Paris; von Richard Rogers (1933–2021) und Renzo Piano (*1937)

ain) Staatsgalerie in Stuttgart; von James Stirling (1926–1992) und Michael Wilford (1938–2023)

aio) Europäische Investitionsbank in Luxemburg; von Denis Lasdun (1914–2001)

			★★	⊙
1105	18 P mehrfarbig	ail	0,80	0,70
1106	22 P mehrfarbig	aim	1,20	1,—
1107	31 P mehrfarbig	ain	2,—	1,50
1108	34 P mehrfarbig	aio	2,50	1,80
		Satzpreis (4 W.)	6,50	5,—
		FDC		5,50

		★★
1107 U	ungezähnt (Paar)	*3500,—*

Auflagen: MiNr. 1105 = 33.759.600, MiNr. 1106 = 6.383.000, MiNr. 1107 = 5.857.500, MiNr. 1108 = 5.586.900 Stück

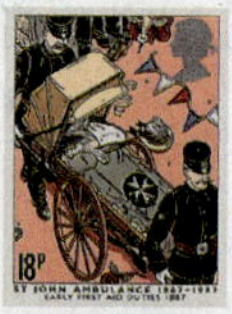

1987, 16. Juni. 100 Jahre Johanniter-Rettungsdienst. Odr. (5×10 + 5×10); gez. K 14:14¾.

aip) Erste Hilfe (1887)

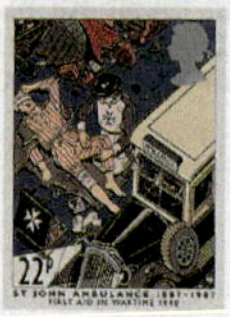

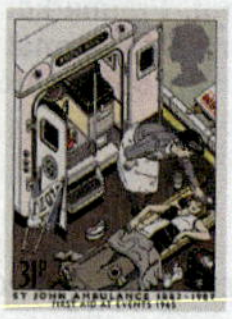

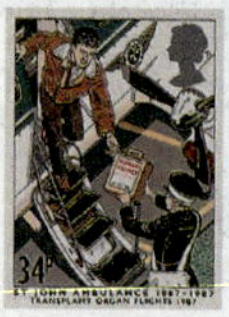

air) Erste Hilfe (1940)

ais) Erste Hilfe (1965)

ait) Organtransport mit dem Flugzeug (1987)

			★★	⊙
1109	18 P mehrfarbig	aip	0,60	0,60
1110	22 P mehrfarbig	air	0,90	0,90
1111	31 P mehrfarbig	ais	1,40	1,40
1112	34 P mehrfarbig	ait	1,60	1,60
		Satzpreis (4 W.)	4,50	4,50
		FDC		5,50

Auflagen: MiNr. 1109 = 34.824.200, MiNr. 1110 = 6.422.100, MiNr. 1111 = 5.856.300, MiNr. 1112 = 5.558.400 Stück

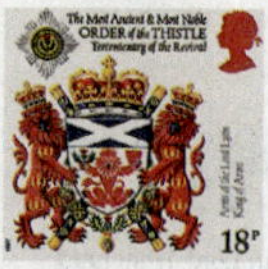

1987, 21. Juli. 300 Jahre Distelorden – Schottische Heraldik. RaTdr. (5×10 + 5×10); gez. K 14½.

aiu) Wappen des Lord Lyon King of Arms

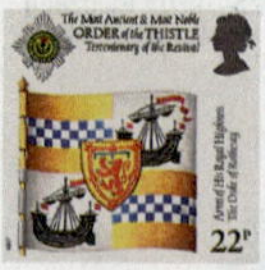

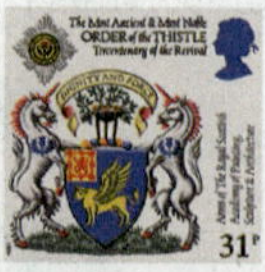

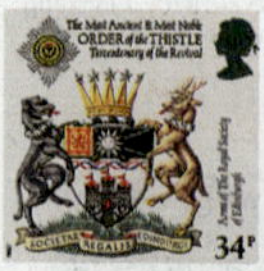

aiv) Flagge des Prince of Wales bei Schottlandbesuchen

aiw) Wappen der Königlichen Schottischen Akademie für Malerei, Bildhauerei und Architektur

aix) Wappen der Königlichen Gesellschaft, Edinburgh

1113	18 P	mehrfarbig	aiu	0,60	0,60
1114	22 P	mehrfarbig	aiv	0,90	0,90
1115	31 P	mehrfarbig	aiw	1,40	1,40
1116	34 P	mehrfarbig	aix	1,60	1,60
			Satzpreis (4 W.)	4,50	4,50
			FDC		5,50

		**
1113 Uu	unten ungezähnt (Randstück)	400,—
1113 Uzw	unten und rechts ungezähnt	500,—

Auflagen: MiNr. 1113 = 33.501.100, MiNr. 1114 = 5.885.100, MiNr. 1115 = 5.415.300, MiNr. 1116 = 5.150.500 Stück

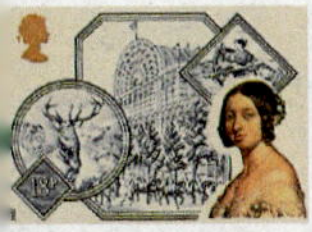

1987, 8. Sept. 150. Jahrestag der Thronbesteigung von Königin Victoria: Das Viktorianische Zeitalter. Komb. StTdr. und RaTdr. (10×5 + 10×5); gez. K 14¾:14¼.

aiy) Hirsch, Crystal Palace, Grace Darling rettet Schiffbrüchige

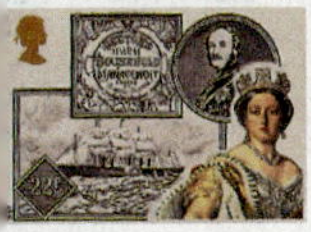

aiz) Kabelleger „Great Eastern", Haushaltsführungsbuch, Prinz Albert

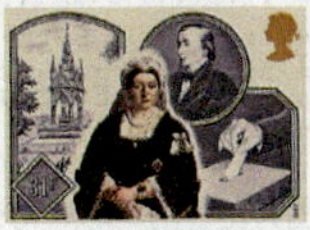

aka) Albert Memorial, Disraeli, allgemeines Wahlrecht

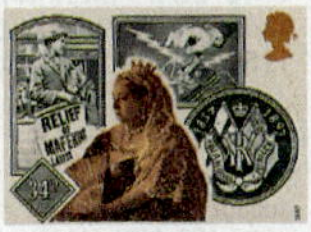

akb) Entsatz von Mafeking, Funktelegraph, Regierungsjubiläum

aiy–akb) Königin Victoria (1819–1901, reg. ab 1837)

				**	⊙
1117	18 P	mehrfarbig	aiy	0,60	0,60
1118	22 P	mehrfarbig	aiz	0,90	0,90
1119	31 P	mehrfarbig	aka	1,70	1,70
1120	34 P	mehrfarbig	akb	1,80	1,80
			Satzpreis (4 W.)	5,—	5,—
			FDC		5,50

Auflagen: MiNr. 1117 = 33.924.700, MiNr. 1118 = 6.231.200, MiNr. 1119 = 5.686.500, MiNr. 1120 = 5.405.700 Stück

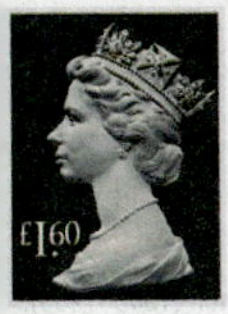

1987, 15. Sept. Freimarke: Königin Elizabeth II., Typ Machin, Großformat (Bild 27,2×38 mm). RaTdr. (5×10 + 5×10); normales Papier; gez. K 14¼:15.

vd) Königin Elizabeth II. (1926–2022, reg. ab 1952)

1121	1.60 £	schwarzpreußischblau/mattbraungrau	vd	8,—	8,—
			FDC		9,—

Gültig bis 31.1.2023, geduldet bis 31.7.2023

In gleicher Zeichnung: MiNr. 732–734, 961, 1007, 1043, 1084
In ähnlicher Zeichnung: MiNr. 3995
Weitere Werte siehe Übersicht nach Jahrgangswerttabelle.

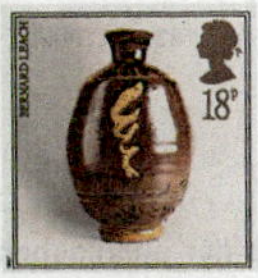

1987, 13. Okt. Moderne Töpferkunst. RaTdr. (10×5 + 10×5); gez. K 14¾:14¼.

akc) Vase von Bernard Leach (1887–1979)

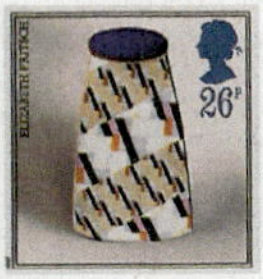

akd) Vase von Elizabeth Fritsch (*1940)

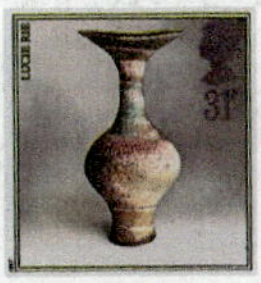

ake) Vase von Lucie Rie (1902–1995)

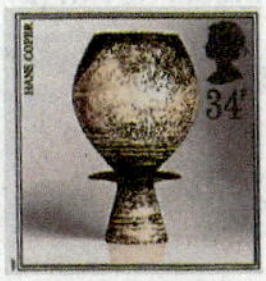

akf) Vase von Hans Coper (1920–1981)

1122	18 P	mehrfarbig	akc	0,60	0,60
1123	26 P	mehrfarbig	akd	1,—	1,—
1124	31 P	mehrfarbig	ake	1,30	1,30
1125	34 P	mehrfarbig	akf	1,60	1,60
			Satzpreis (4 W.)	4,50	4,50
			FDC		5,—

		**
1125 U	ungezähnt (senkr. Paar)	*3000,—*

Auflagen: MiNr. 1122 = 33.795.600, MiNr. 1123 = 6.164.900, MiNr. 1124 = 5.611.900, MiNr. 1125 = 5.368.100 Stück

1987, 17. Nov. Weihnachten: Weihnachtserlebnisse eines Kindes. RaTdr. (10×5 + 10×5); gez. K 14¾:14¼.

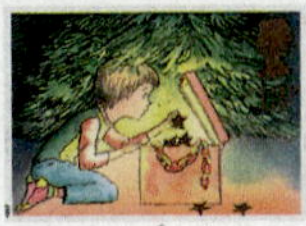

akg) Kind, Kiste mit Christbaumschmuck

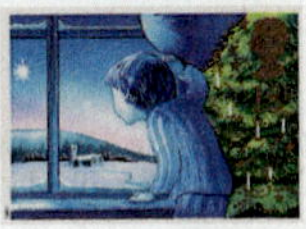

akh) Kind schaut in der Heiligen Nacht aus dem Fenster

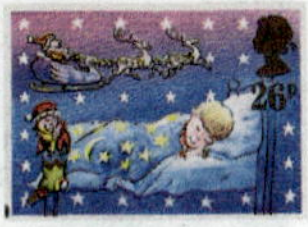

aki) Kind träumt vom Weihnachtsmann

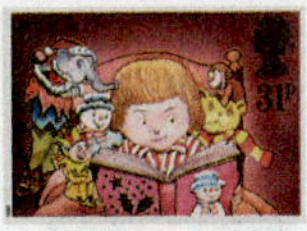

akk) Kind inmitten seiner Weihnachtsgeschenke

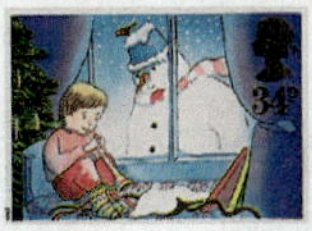

akl) Kind mit Trompete, Schneemann

				**	⊙
1126	13 P	mehrfarbig	akg		
I		ohne rückseitige blaue Sterne		0,50	0,50
II		mit rückseitigen blauen Sternen		0,80	0,80
1127	18 P	mehrfarbig	akh	0,70	0,70
1128	26 P	mehrfarbig	aki	0,90	0,90
1129	31 P	mehrfarbig	akk	1,10	1,10
1130	34 P	mehrfarbig	akl	1,30	1,30
			Satzpreis (5 W.)	4,50	4,50
			FDC		5,50

		**
1126 II Ul	links ungezähnt (Randstück)	—,—

MiNr. 1126 II stammt aus Rabatt-Verkaufspackung.

Auflagen: MiNr. 1126 I = 272.014.500, MiNr. 1127 = 149.067.400, MiNr. 1128 = 14.677.000, MiNr. 1129 = 13.397.300, MiNr. 1130 = 11.782.900 Stück

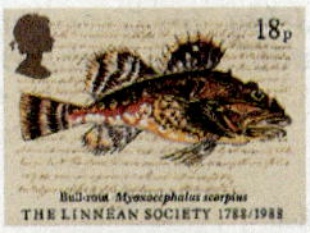

1988, 19. Jan. 200 Jahre Linné-Gesellschaft. RaTdr. (10×5 + 10×5); gez. K 14¾:14¼.

akm) Seeskorpion (Myoxocephalus scorpius)

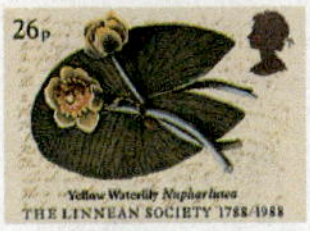

akn) Gelbe Teichrose (Nuphar lutea)

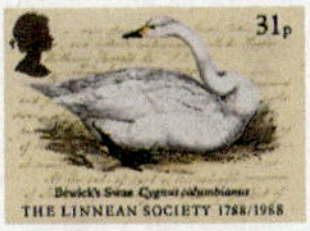

ako) Pfeifschwan (Cygnus columbianus)

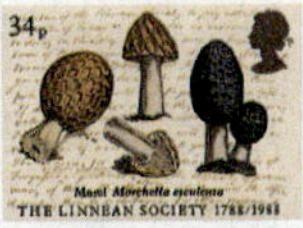

akp) Speisemorchel (Morchella esculenta)

				**	⊙
1131	18 P	mehrfarbig	akm	0,60	0,60
1132	26 P	mehrfarbig	akn	0,90	0,90
1133	31 P	mehrfarbig	ako	1,40	1,40
1134	34 P	mehrfarbig	akp	1,60	1,60
			Satzpreis (4 W.)	4,50	4,50
			FDC		5,50

		**
1133 U	ungezähnt (Paar)	*2500,—*

Auflagen: MiNr. 1131 = 32.646.800, MiNr. 1132 = 5.859.000, MiNr. 1133 = 5.489.500, MiNr. 1134 = 5.116.700 Stück

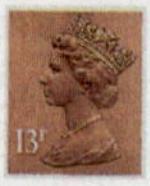

1988, 9. Febr. Freimarken: Königin Elizabeth II., Typ Machin. Odr., Markenheftchen; gez. K 14¾:14¼.

ku) Königin Elizabeth II. (1926–2022, reg. ab 1952)

				★★	⊙
1135	13 P	orangebraun	ku	1,—	1,—
1136	18 P	schwärzlicholiv	ku	1,—	1,—
1137	22 P	dunkelolivgrün	ku	11,—	11,—
1138	34 P	schwärzlichockerbraun	ku	11,—	11,—
		Satzpreis (4 W.)		24,—	24,—

MiNr. 1135–1138 stammen aus MH 81.

Gültig bis 31.1.2023, geduldet bis 31.7.2023

In gleicher Zeichnung siehe Übersichtstabelle nach Jahrgangswerttabelle

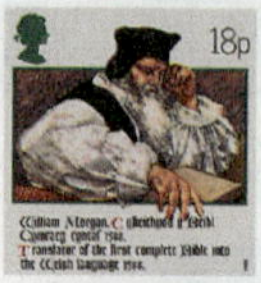

1988, 1. März. 400 Jahre walisische Bibel. RaTdr. (10×5 + 10×5); gez. K 14¼.

akr) William Morgan (1545–1604), Bischof

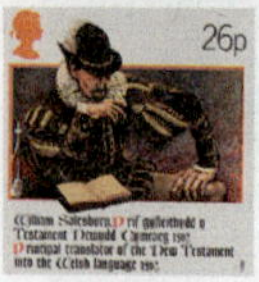

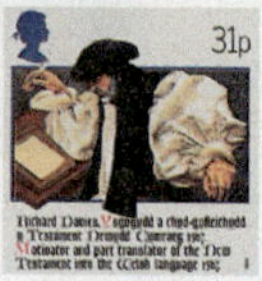

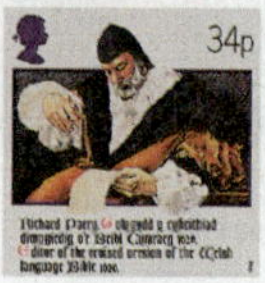

aks) William Salesbury (um 1520–um 1584)
akt) Richard Davies (um 1505–1581), Bischof
aku) Richard Parry (1560–1623), Bischof
akr–aku) Übersetzer der Bibel in die walisische Sprache

1139	18 P	mehrfarbig	akr	0,60	0,60
1140	26 P	mehrfarbig	aks	0,90	0,90
1141	31 P	mehrfarbig	akt	1,40	1,40
1142	34 P	mehrfarbig	aku	1,60	1,60
		Satzpreis (4 W.)		4,50	4,50
		FDC			5,50

	★★
1139 U ungezähnt (senkr. Paar)	*2500,—*

Auflagen: MiNr. 1139 = 32.996.000, MiNr. 1140 = 5.847.800, MiNr. 1141 = 5.441.800, MiNr. 1142 = 5.169.100 Stück

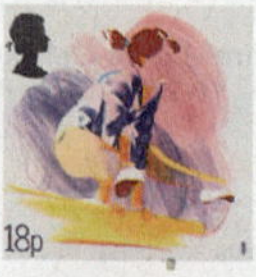

1988, 22. März. Sport: 100 Jahre Britischer Kunstturnverband, 85 Jahre Ski-Club von Großbritannien, 100 Jahre Tennisverband, 100 Jahre Fußball-Liga. RaTdr. (5×10 + 5×10); gez. K 14¼.

akv) Kunstturnen - Schwebebalken

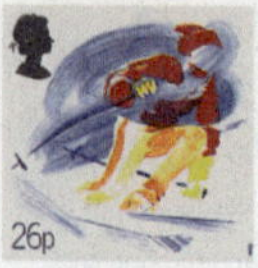

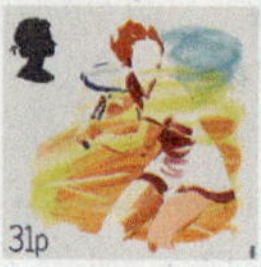

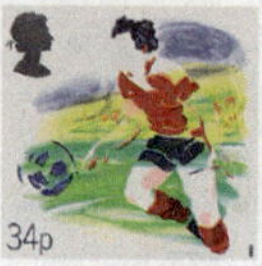

akw) Slalom
akx) Tennis
aky) Fußball

				★★	⊙
1143	18 P	mehrfarbig	akv	0,60	0,60
1144	26 P	mehrfarbig	akw	0,90	0,90
1145	31 P	mehrfarbig	akx	1,40	1,40
1146	34 P	mehrfarbig	aky	1,60	1,60
		Satzpreis (4 W.)		4,50	4,50
		FDC			5,50

	★★
1143 U ungezähnt (Paar)	*2000,—*

Auflagen: MiNr. 1143 = 33.928.200, MiNr. 1144 = 5.787.500, MiNr. 1145 = 5.343.800, MiNr. 1146 = 5.106.400 Stück

1988, 10. Mai. Europa: Transport und Kommunikationsmittel. RaTdr. (10×5 + 10×5); gez. K 14¾:14¼.

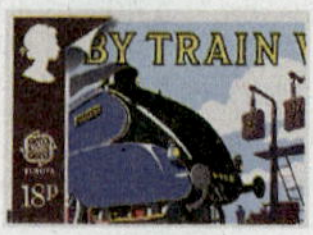

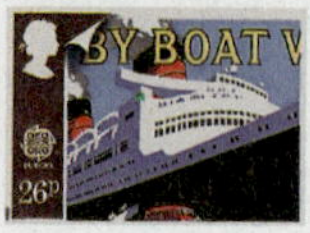

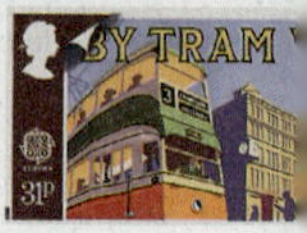

akz) „Mallard"-Lokomotive
ala) Passagierschiff „Queen Elizabeth"
alb) Straßenbahn, Glasgow

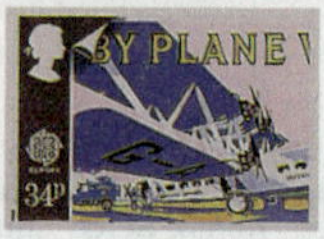

alc) Doppeldecker Handley Page H.P. 45

				★★	⊙
1147	18 P	mehrfarbig	akz	0,80	0,6
1148	26 P	mehrfarbig	ala	1,20	1,2
1149	31 P	mehrfarbig	alb	2,—	1,8
1150	34 P	mehrfarbig	alc	2,50	2,–
		Satzpreis (4 W.)		6,50	5,5
		FDC			6,–

Auflagen: MiNr. 1147 = 32.346.500, MiNr. 1148 = 5.902.200, MiNr. 1149 = 5.607.400, MiNr. 1150 = 5.075.600 Stück

1988, 21. Juni. 200 Jahre Kolonisation von Australien. Odr. (5×5 Zd + 5×5 Zd); gez. K 14¼.

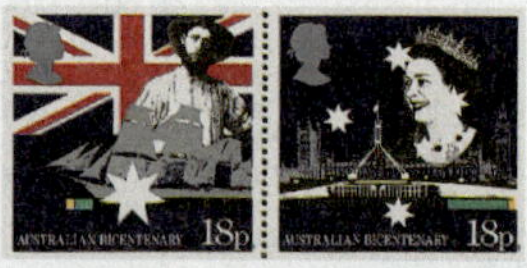

ald) Einwandererschiff, Siedler
ale) Königin Elizabeth II., Parlamentsgebäude in London und Canberra

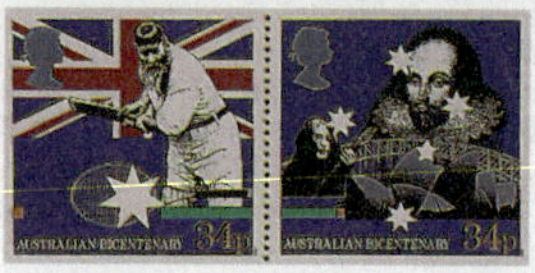

alf) W. G. Grace (1848–1915), Kricketspieler; Tennisschläger
alg) William Shakespeare (1564–1616), Dramatiker; John Lennon (1940–1980), Pop-Musiker; Hafenbrücke und Opernhaus in Sydney
ald–alg) Flagge von Australien

1151	18 P	mehrfarbig	ald	0,80	0,8
1152	18 P	mehrfarbig	ale	0,80	0,8
1153	34 P	mehrfarbig	alf	1,50	1,5
1154	34 P	mehrfarbig	alg	1,50	1,5
		Satzpreis (4 W.)		4,50	4,5
		2 Paare		5,50	5,5
		FDC			6,–

Nominalgleiche Marken wurden waagerecht zusammenhängend gedruckt.

Auflagen: MiNr. 1151–1152 je 21.501.850, MiNr. 1153–1154 je 5.183.100 Stück

Parallelausgabe mit Australien MiNr. 1114–1117

1988, 19. Juli. 400. Jahrestag des Untergangs der spanischen Armada. RaTdr. (2×5 Zd + 2×5 Zd); gez. K 14¾:14¼.

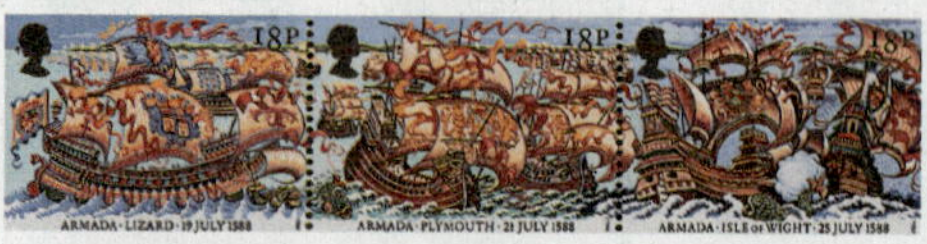

alh) 19.7.1588: Die spanische Armada vor Kap Lizard
ali) 21.7.1588: Die englische Flotte vor Plymouth
alk) 25.7.1588: Seeschlacht vor der Insel Wight

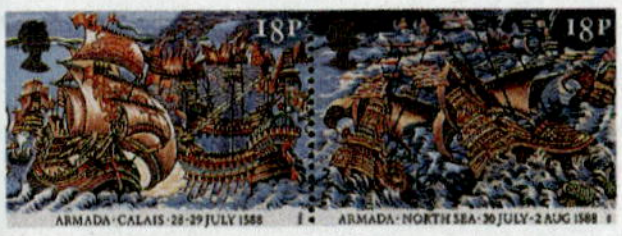

all) 28.–29.7.1588: Seeschlacht vor Calais
alm) 30.7.–2.8.1588: Die restlichen Schiffe der spanischen Armada im Sturm auf der Nordsee

1155	18 P	mehrfarbig	alh	0,90	0,90
1156	18 P	mehrfarbig	ali	0,90	0,90
1157	18 P	mehrfarbig	alk	0,90	0,90
1158	18 P	mehrfarbig	all	0,90	0,90
1159	18 P	mehrfarbig	alm	0,90	0,90
			Satzpreis (5 W.)	4,50	4,50
			Fünferstreifen	5,50	5,50
			FDC		6,—

MiNr. 1155–1159 wurden waagerecht zusammenhängend gedruckt.

Auflage: 13.031.360 Sätze

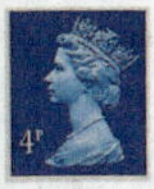

1988, 26. Juli/1993, 14. Dez. Freimarken: Königin Elizabeth II., Typ Machin. RaTdr., Bogen (B) (10×20) und Rolle (R); MiNr. 1161 normales Papier; C = gez. K 14¾:14¼, CS = Sicherheitszähnung K 14¾:14¼.

ku) Königin Elizabeth II. (1926–2022, reg. ab 1952)

1160	4 P	kobaltblau	ku		
C		gez. K 14¾:14¼ (B) (R) (26.7.1988)		0,30	0,30
CS		Sicherheitszähnung (B) (14.12.1993)		0,30	0,30
1161 C	75 P	grauschwarz (B) (26.7.1988)	ku	4,80	3,20
		Satzpreis C (2 W.)		5,—	3,50
		FDC			5,—

	★★
1160 U ungezähnt (B) (Paar)	900,—

MiNr. 1160 CS wurde am 22.5.2000 auch im Kleinbogen ausgegeben; siehe nach MiNr. 1804 CS.

Gültig bis 31.1.2023, geduldet bis 31.7.2023

In gleicher Zeichnung siehe Übersicht nach Jahrgangswerttabelle.

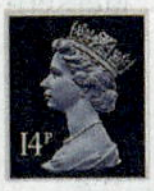

1988, 23. Aug./1993, 14. Dez. Freimarken: Königin Elizabeth II., Typ Machin. RaTdr., Bogen (B) (10×20), Markenheftchen (MH) und Rollen (R); C = vierseitig gez. 14¾:14¼, CS = Sicherheitszähnung, D = dreiseitig, E = zweiseitig gez. 14¾:14¼.

ku) Königin Elizabeth II. (1926–2022, reg. ab 1952)

				★★	⊙
1162	14 P	schwärzlichblau	ku		
C		vierseitig gez. (B) (MH) (R) (23.8.1988)		0,70	0,60
Dl		links geschnitten (MH) (5.9.1988)		2,—	2,—
Do		oben geschnitten (MH) (11.10.1988)		2,—	2,—
Du		unten geschnitten (MH) (11.10.1988)		2,—	2,—
Eor		oben und rechts geschnitten (MH) (24.1.1989)		12,—	12,—
Eru		rechts und unten geschnitten (MH) (24.1.1989)		12,—	12,—
1163	19 P	gelblichrot	ku		
C		vierseitig gez. (B) (MH) (R) (23.8.1988)		0,80	0,80
Dl		links geschnitten (MH) (5.9.1988)		2,60	2,60
Dr		rechts geschnitten (MH) (5.9.1988)		1,—	1,—
Do		oben geschnitten (MH) (11.10.1988)		1,70	1,70
Du		unten geschnitten (MH) (11.10.1988)		1,70	1,70
Eor		oben und rechts geschnitten (MH) (24.1.1989)		12,—	12,—
Eru		rechts und unten geschnitten (MH) (24.1.1989)		12,—	12,—
1164	20 P	lebhaftblaugrün	ku		
C		vierseitig gez. K 14¾:14¼ (B) (23.8.1988)		0,60	0,60
CS		Sicherheitszähnung (B) (14.12.1993)		0,80	0,60
1165 C	23 P	gelblichgrün (B)	ku	1,—	0,60
1166	27 P	mittelsiena	ku		
C		vierseitig gez. (B) (MH) (23.8.1988)		1,50	1,10
Do		oben geschnitten (MH) (11.10.1988)		7,50	7,50
Du		unten geschnitten (MH) (11.10.1988)		7,50	7,50
1167 C	28 P	lebhaftockerbraun (B) (23.8.1988)	ku	1,50	1,30
1168 C	32 P	schwärzlichtürkisblau (B) (23.8.1988)	ku	1,80	1,40
1169 C	35 P	schwärzlichbraun (B) (23.8.1988)	ku	2,—	1,60
		Satzpreis C (8 W.)		9,50	8,—
		FDC			8,50
		Paar 1162 Do/Du		4,—	4,—
		Paar 1162 Do/Eor		14,—	14,—
		Paar 1162 Du/Eru		14,—	14,—
		Paar 1162 Eor/Eru		24,—	24,—
		Paar 1163 Dl/Dr		3,60	3,60
		Paar 1163 Do/Du		3,50	3,50
		Paar 1163 Do/Eor		14,—	14,—
		Paar 1163 Du/Eru		14,—	14,—
		Paar 1163 Eor/Eru		24,—	24,—
		Paar 1166 Do/Du		15,—	15,—

	★★
1162 U ungezähnt (B) (Paar)	350,—
1163 U ungezähnt (B) (Paar)	350,—
1168 U ungezähnt (B) (Paar)	*2000,—*
1169 U ungezähnt (B) (Paar)	*2000,—*

MiNr. 1162 unterscheidet sich von MiNr. 863 vor allem durch den vollflächig gedruckten Hintergrund, während dieser bei MiNr. 863 stark aufgerastert ist.

MiNr. 1162 stammt auch aus MH 82, 83, 0-101, 0-103, 0-106 I, 0-108, 0-111.
MiNr. 1163 stammt auch aus MH 82, 83, 0-102, 0-104, 0-107 I, 0-109, 0-112.
MiNr. 1166 stammt auch aus MH 0-105, 0-110.

Gültig bis 31.1.2023, geduldet bis 31.7.2023

In gleicher Zeichnung siehe Übersicht nach Jahrgangswerttabelle.

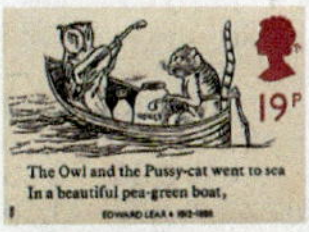

1988, 6. Sept. 100. Todestag von Edward Lear. Komb. Odr. und RaTdr. (10×5 + 10×5); gez. K 14¾:14¼.

aln) Illustration aus dem Kinderbuch „Die Eule und die Katze“

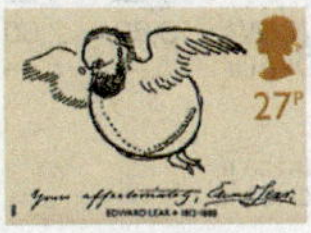

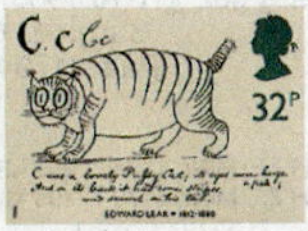

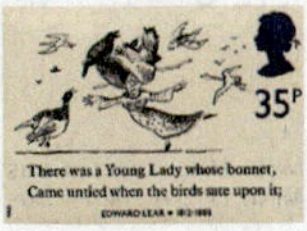

alo) Edward Lear (1812–1888), Dichter und Maler; Selbstporträt als Vogel

alp) Katze, Illustration zum Buchstaben C aus einem „Unsinn-Alphabet“

alr) Illustration zu einem Klapphornvers

				★★	⊙
1170	19 P	mehrfarbig	aln	0,70	0,70
1171	27 P	mehrfarbig	alo	1,—	1,—
1172	32 P	mehrfarbig	alp	1,50	1,50
1173	35 P	mehrfarbig	alr	1,80	1,80
			Satzpreis (4 W.)	5,—	5,—
			FDC		5,50

Blockausgabe (27. Sept.)

Block 4 (123×90 mm)	als	10,—	10,—
	FDC		11,—

Postpreis von Bl. 4: 1.35 £, davon 22 P für die Internationale Briefmarkenausstellung „STAMP WORLD '90“

Auflagen: MiNr. 1170 = 32.711.000, MiNr. 1171 = 5.505.400, MiNr. 1172 = 5.226.700, MiNr. 1173 = 4.956.400 Stück, Bl. 4 = 2.770.352 Blocks

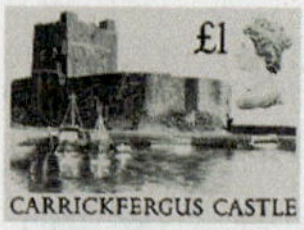

1988, 18. Okt. Freimarken: Britische Burgen. StTdr. (5×5 + 5×5 + 5×5 + 5×5); normales Papier; gez. K 14¾:14¼.

alt) Carrickfergus (Nordirland)

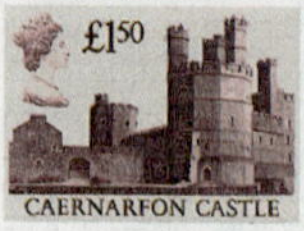

alu) Caernarfon (Wales)

alv) Edinburgh (Schottland)

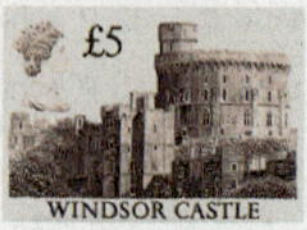

alw) Windsor (England)

1174	1 £	schwarzgrün	alt	5,—	1,—
1175	1.50 £	schwarzlilakarmin	alu	6,—	2,—
1176	2 £	schwarzblau	alv	10,—	3,—
1177	5 £	schwarzbraun	alw	30,—	8,—
		Satzpreis (4 W.)		50,—	14,—
		FDC			60,—

In ähnlicher Zeichnung mit geändertem Kopfbild: MiNr. 1396–1399, 1586

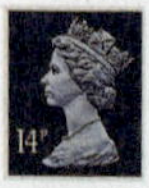

1988, 11. Okt./1989, 25. April. Freimarken: Königin Elizabeth II., Typ Machin. Odr., Markenheftchen; AD = dreiseitig gez. K 13¾:14¼, C = vierseitig gez. K 14¾:14¼.

ku) Königin Elizabeth II. (1926–2022, reg. ab 1952)

1178		14 P	schwärzlichblau	ku		
	ADl		links geschnitten (25.4.1989)		3,—	3,—
	C		vierseitig gez. (11.10.1988)		1,60	0,60
1179		19 P	gelblichrot	ku		
	ADl		links geschnitten (25.4.1989)		3,50	3,50
	ADr		rechts geschnitten (25.4.1989)		1,50	1,50
	C		vierseitig gez. (11.10.1988)		2,—	2,—
			Satzpreis C (2 W.)		3,60	2,60
			Paar 1179 ADl/ADr		5,—	5,—

MiNr. 1178 A stammt aus MH 85, MiNr. 1178 C aus MH 0-106 II.
MiNr. 1179 A stammt aus MH 85, MiNr. 1179 C aus MH 0-107 II.

Gültig bis 31.1.2023, geduldet bis 31.7.2023

In gleicher Zeichnung siehe Übersicht nach Jahrgangswerttabelle.

Bitte beachten: Die Farben der Odr.-Ausgaben der Freimarkenserie Königin Elizabeth II., Typ Machin, werden aus zwei oder drei verschiedenen Farben oder Helligkeits- oder Sättigungsstufen einer Farbe gebildet. Da dies nur bei extremer Vergrößerung oder an Randstücken mit Zylindernummern erkennbar ist, wird ab MiNr. 1178 nur noch die vorherrschende Farbe angegeben.

1988, 15. Nov. Weihnachten: Weihnachtskarten. RaTdr. (10×5 + 10×5); gez. K 14¾:14¼.

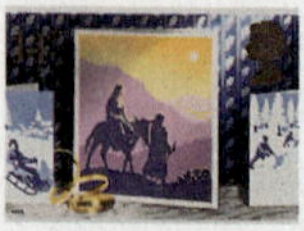

alx) Maria und Josef auf dem Weg nach Bethlehem

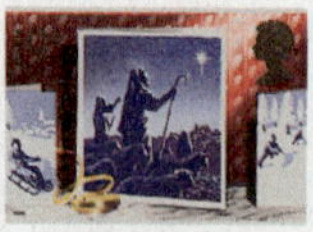

aly) Hirten, Stern von Bethlehem

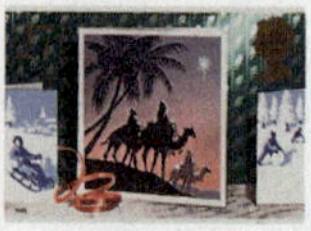

alz) Die Heiligen Drei Könige

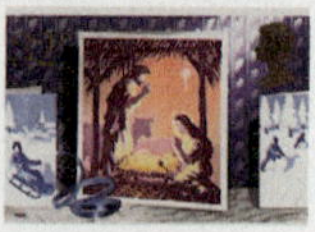

ama) Heilige Familie

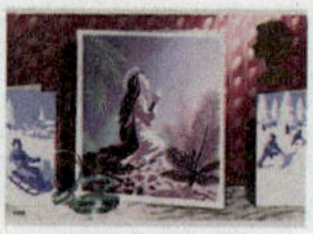

amb) Verkündigung

1180	14 P	mehrfarbig	alx	0,50	0,50
1181	19 P	mehrfarbig	aly	0,70	0,70
1182	27 P	mehrfarbig	alz	1,10	1,10
1183	32 P	mehrfarbig	ama	1,20	1,20
1184	35 P	mehrfarbig	amb	1,50	1,50
		Satzpreis (5 W.)		5,—	5,—
		FDC			5,50

1180 I	Wertziffer 13 P (aus Jahreszusammenstellung)	*7500,—*	*7500,—*
1180 U	ungezähnt (Paar)	*1800,—*	
1181 U	ungezähnt (Paar)	900,—	
1181 Uu	unten ungezähnt (Randstück)	150,—	

Auflagen: MiNr. 1180 = 313.986.100, MiNr. 1181 = 160.348.100, MiNr. 1182 = 12.548.900, MiNr. 1183 = 12.535.800, MiNr. 1184 = 10.945.700 Stück

1989, 17. Jan. 100 Jahre Königliche Vogelschutz-Gesellschaft (RSPB). RaTdr. (5×10 + 5×10); gez. K 14¼:14¾.

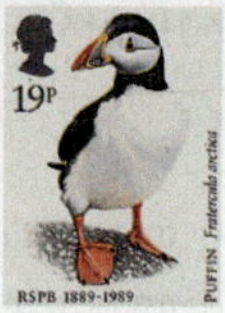

amc) Papageitaucher (Fratercula arctica)

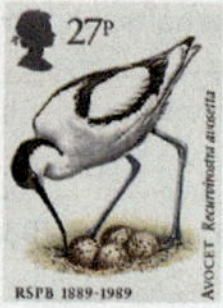

amd) Säbelschnäbler (Recurvirostra avosetta)

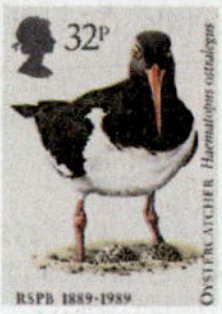

ame) Austernfischer (Haematopus ostralegus)

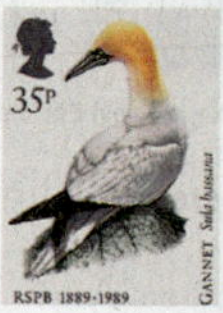

amf) Basstölpel (Morus bassanus)

1185	19 P	mehrfarbig	amc	0,80	0,80
1186	27 P	mehrfarbig	amd	1,20	1,20
1187	32 P	mehrfarbig	ame	1,40	1,40
1188	35 P	mehrfarbig	amf	1,60	1,60
		Satzpreis (4 W.)		5,—	5,—
		FDC			5,50

Auflagen: MiNr. 1185 = 31.399.600, MiNr. 1186 = 5.264.300, MiNr. 1187 = 5.091.300, MiNr. 1188 = 4.799.000 Stück

1989, 31. Jan. Gruß- und Glückwunschmarken. RaTdr., Markenheftchen (1×2 Zd); gez. K 14¾:14½.

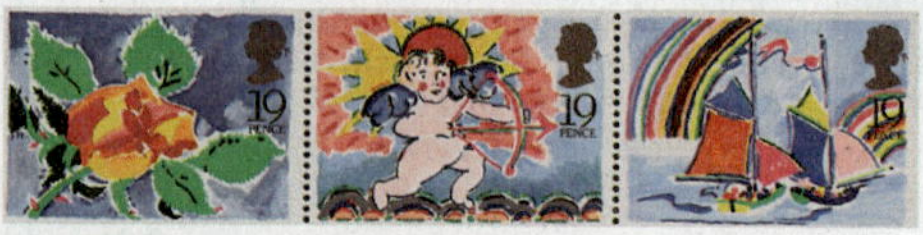

amg) Rose
amh) Cupido
ami) Regenbogen, Segelboote

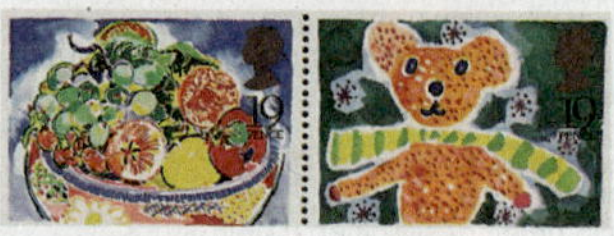

amk) Fruchtschale
aml) Teddybär

1189	19 P	mehrfarbig	amg	6,50	6,50
1190	19 P	mehrfarbig	amh	6,50	6,50
1191	19 P	mehrfarbig	ami	6,50	6,50
1192	19 P	mehrfarbig	amk	6,50	6,50
1193	19 P	mehrfarbig	aml	6,50	6,50
		Satzpreis (5 W.)		32,—	32,—
		Fünferstreifen		32,—	32,—
		FDC			34,—

MiNr. 1189–1193 stammen aus MH 84.

Auflage: 5.410.450 Sätze

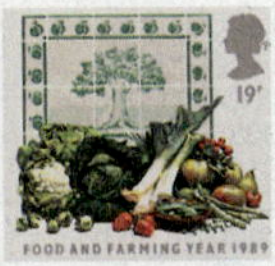

1989, 7. März. 150 Jahre Königliche Landwirtschaftliche Gesellschaft, 150 Jahre königliche Landwirtschaftsausstellung, 100 Jahre Ministerium für Landwirtschaft, Fischerei und Nahrungsmittel. RaTdr. (5×10 + 5×10); gez. K 14¼.

amm) Gemüse und Obst

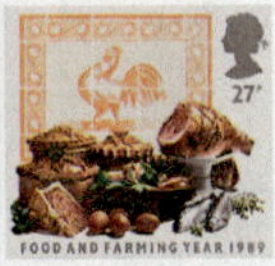

amn) Fleischprodukte, Fisch, Eier

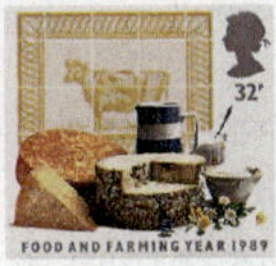

amo) Milchprodukte

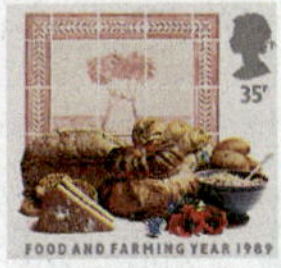

amp) Getreideprodukte

amm–amp) Kacheldekorationen älterer Lebensmittelgeschäfte

1194	19 P	mehrfarbig	amm	0,70	0,70
1195	27 P	mehrfarbig	amn	1,—	1,—
1196	32 P	mehrfarbig	amo	1,30	1,30
1197	35 P	mehrfarbig	amp	1,50	1,50
			Satzpreis (4 W.)	4,50	4,50
			FDC		5,50

Auflagen: MiNr. 1194 = 29.474.800, MiNr. 1195 = 4.484.700, MiNr. 1196 = 4.344.600, MiNr. 1197 = 4.108.300 Stück

1989, 11. April. Jahrestage und Ereignisse: 150 Jahre öffentliches Unterrichtswesen, dritte Direktwahlen zum Europäischen Parlament, Weltkongress über den internationalen postalischen Fernschreib- und Fernsprechverkehr, Jubiläums-Kongress der Interparlamentarischen Union (IPU). Odr. (5×5 Zd + 5×5 Zd); gez. K 14:14½.

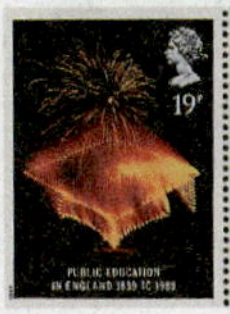
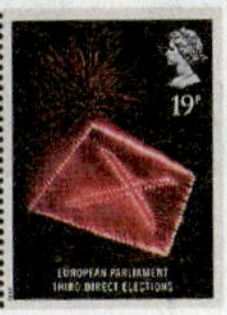

amr) Doktorhut
ams) Wahlzettel mit Kreuz

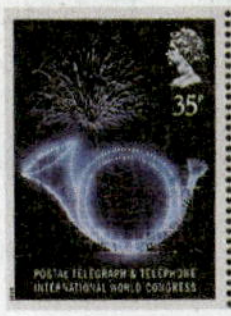
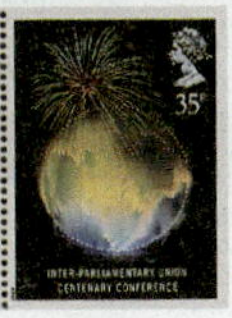

amt) Posthorn
amu) Globus

1198	19 P	mehrfarbig	amr	1,30	1,30
1199	19 P	mehrfarbig	ams	1,30	1,30
1200	35 P	mehrfarbig	amt	2,—	2,—
1201	35 P	mehrfarbig	amu	2,—	2,—
			Satzpreis (4 W.)	6,50	6,50
			2 Paare	7,50	7,50
			FDC		8,—

Nominalgleiche Marken wurden waagerecht zusammenhängend gedruckt.

Auflagen: MiNr. 1198–1199 je 14.512.700, MiNr. 1200–1201 je 4.437.950 Stück

1989, 16. Mai. Europa: Kinderspiele. RaTdr. (5×10 + 5×10); gez. K 14¼:14¾.

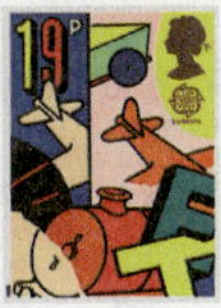

amv) Flugzeug, Lokomotive

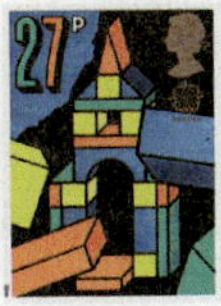

amw) Holzbauklötze

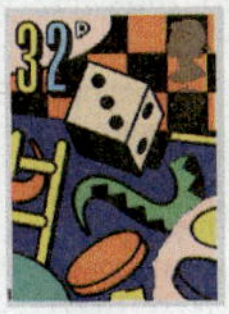

amx) Würfel und Brettspiele

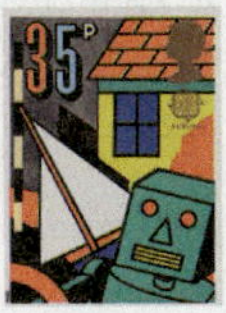

amy) Puppenhaus, Segelboot, Roboter

1202	19 P	mehrfarbig	amv	1,—	0,70
1203	27 P	mehrfarbig	amw	1,50	1,20
1204	32 P	mehrfarbig	amx	2,—	1,60
1205	35 P	mehrfarbig	amy	2,50	2,—
			Satzpreis (4 W.)	7,—	5,50
			FDC		6,—

Auflagen: MiNr. 1202 = 33.106.900, MiNr. 1203 = 5.298.300, MiNr. 1204 = 4.791.300, MiNr. 1205 = 4.939.500 Stück

1989, 4. Juli. Baudenkmäler der industriellen Revolution. RaTdr. (5×10 + 5×10); gez. K 14¼:14¾.

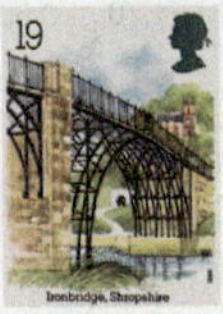

amz) Eisenbrücke (1779) in Coalbrookdale, Shropshire

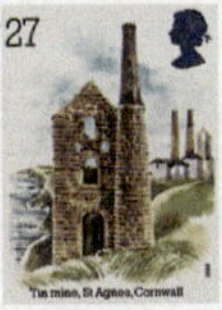

ana) Zinnmine St. Agnes, Cornwall

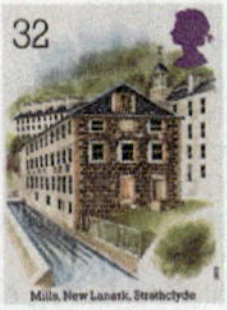

anb) Baumwollspinnerei (1786) in New Lanark, Strathclyde

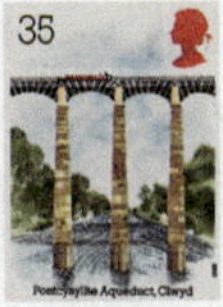

anc) Pontcysyllte-Aquädukt bei Llangollen, Clwyd

1206	19 (P)	mehrfarbig	amz	0,70	0,70
1207	27 (P)	mehrfarbig	ana	1,10	1,10
1208	32 (P)	mehrfarbig	anb	1,20	1,20
1209	35 (P)	mehrfarbig	anc	1,50	1,50
			Satzpreis (4 W.)	4,50	4,50
			FDC		5,—

Blockausgabe, gez. Ks 14½:14 (25. Juli)

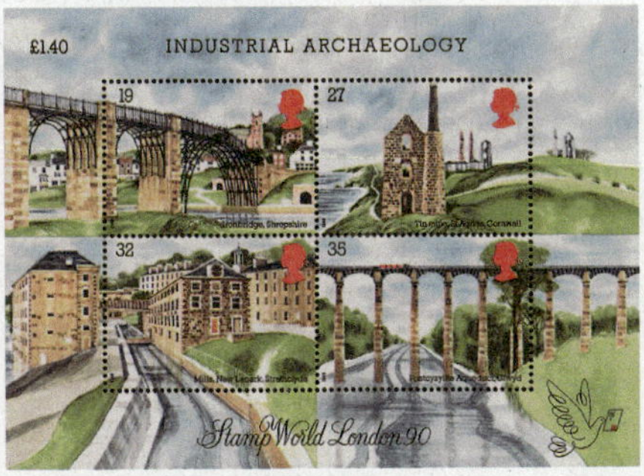

anh

and) Eisenbrücke (1779) in Coalbrookdale, Shropshire
ane) Zinnmine St. Agnes, Cornwall
anf) Baumwollspinnerei (1786) in New Lanark, Strathclyde
ang) Pontcysyllte-Aquädukt bei Llangollen, Clwyd

1210	19 (P)	mehrfarbig	and	1,20	1,20
1211	27 (P)	mehrfarbig	ane	1,80	1,80
1212	32 (P)	mehrfarbig	anf	2,40	2,40
1213	35 (P)	mehrfarbig	ang	2,60	2,60
Block 5		(122×89 mm)	anh	8,—	8,—
			FDC		9,—

Postpreis von Bl. 5: 1.40 £, davon 27 P für die internationale Briefmarkenausstellung „STAMP WORLD LONDON '90"

Auflagen: MiNr. 1206 = 31.820.100, MiNr. 1207 = 5.189.600, MiNr. 1208 = 5.076.300, MiNr. 1209 = 4.857.800 Stück, Bl. 5 = 1.141.300 Blocks

1989, 22. Aug./2017, 5. Juni. Freimarken ohne Wertangabe: Königin Elizabeth II., Typ Machin. MiNr. 1214–1215 Odr., MiNr. 1216–1217 RaTdr.; Bogen (B) (10×20), Markenheftchen (MH) und Rolle (R); AD = dreiseitig, AE = zweiseitig gez. K 13¾:14¼, AS = Sicherheitszähnung K 13¾:14¼, C = vierseitig, CD = dreiseitig, CE = zweiseitig gez. K 14¾:14¼, CS = Sicherheitszähnung K 14¾:14¼.

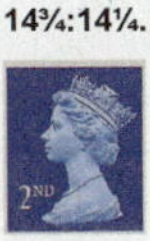

ku) Königin Elizabeth II. (1926–2022, reg. ab 1952)

Odr.

1214		2ND lebhaftkobalt . . . . ku		
	ADo	oben geschnitten (MH) (22.8.1989)	1,70	0,90
	ADu	unten geschnitten (MH) (22.8.1989)	1,70	0,90
	AEor	oben und rechts geschnitten (MH) (22.8.1989)	2,50	2,50
	AEru	rechts und unten geschnitten (MH) (22.8.1989)	2,50	2,50
	C	vierseitig gez. K 14¾:14¼ (MH) (19.9.1989)	1,70	0,90
	CS	Sicherheitszähnung (B) (MH) (6.4.1993)	1,70	0,60
1215		1ST schwarz (MH) . . . . ku		
	ADo	oben geschnitten (22.8.1989)	2,50	2,50
	ADu	unten geschnitten (22.8.1989)	2,50	2,50
	AEor	oben und rechts geschnitten (22.8.1989)	2,50	2,50
	AEru	rechts und unten geschnitten (22.8.1989)	2,50	2,50
	C	vierseitig gez. K 14¾:14¼ (19.9.1989)	2,—	1,80

RaTdr.

1216		2ND lebhaftkobalt . . . . ku		
	AS	Sicherheitszähnung (MH) (13.10.1998)	1,70	1,—
	C	vierseitig gez. K 14¾:14¼ (MH) (20.3.1990)	2,50	2,50
	CDo	oben geschnitten (MH) (22.8.1989)	1,70	1,—
	CDu	unten geschnitten (MH) (22.8.1989)	1,70	1,—
	CEor	oben und rechts geschnitten (MH) (28.11.1989)	15,—	12,—
	CEru	rechts und unten geschnitten (MH) (28.11.1989)	15,—	12,—
	CS	Sicherheitszähnung (B) (MH) (R) (7.9.1993)	1,70	0,60
1217		1ST schwarz (MH) . . . . ku		
	C	vierseitig gez. (20.3.1990)	3,—	3,—
	CDo	oben geschnitten (22.8.1989)	2,—	1,50
	CDu	unten geschnitten (22.8.1989)	2,—	1,50
	CEor	oben und rechts geschnitten (5.12.1989)	15,—	15,—
	CEru	rechts und unten geschnitten (5.12.1989)	15,—	15,—
	CS	Sicherheitszähnung (MH) (5.6.2017)	2,—	2,—
		Satzpreis (4 W.)	7,40	4,50
		FDC		6,—
		Paar 1214 ADo/Du	3,50	3,50
		Paar 1214 ADo/Eor	4,20	4,20
		Paar 1214 ADu/Eru	4,20	4,20
		Paar 1214 AEor/Eru	5,—	5,—
		Paar 1215 ADo/Du	5,—	5,—
		Paar 1215 ADo/Eor	5,—	5,—
		Paar 1215 ADu/Eru	5,—	5,—
		Paar 1215 AEor/Eru	5,—	5,—
		Paar 1216 CDo/Du	3,50	3,50
		Paar 1216 CDo/Eor	20,—	20,—
		Paar 1216 CDu/Eru	20,—	20,—
		Paar 1216 CEor/Eru	30,—	30,—
		Paar 1217 CDo/Du	4,—	4,—
		Paar 1217 CDo/Eor	20,—	20,—
		Paar 1217 CDu/Eru	20,—	20,—
		Paar 1217 CEor/Eru	30,—	30,—

Nominalen zur Zeit der Erstausgabe: MiNr. 1214 und 1216 je 14 P, MiNr. 1215 und 1217 je 19 P

MiNr. 1214 stammt auch aus MH 100, 103, 156, 0-113, 0-115, 0-128, 0-130, 0-135, 0-137, 0-140, 0-142, 0-145, 0-149, 0-164, 0-167, 0-182, 0-184, 0-195, 0-202, 0-206, 0-219, Wales MH 1.
MiNr. 1215 stammt auch aus MH 0-114.
MiNr. 1216 stammt auch aus MH 91, 0-113, 0-115, 120, 134, 135, 140, 142, 0-142, 145, 0-146, 148, 0-165, 0-168, 0-185, 187, 0-196, 0-203, 0-207, 0-217, 0-220.
MiNr. 1217 stammt aus MH 91, 0-114, 0-116, 187.

[Fälschung] MiNr. 1214 sehr dünnes Papier, aus gefälschtem MH 0-149.

Gültig bis 31.1.2023, geduldet bis 31.7.2023

In gleicher Zeichnung siehe Übersicht nach Jahrgangswerttabelle.

Britische Nominalkodierungen:

2ND = 2. Klasse, Inlandspost, Standardformat

ab 5.9.1988: 14 P; ab 2.10.1989: 15 P; ab 17.9.1990: 17 P; ab 16.9.1991: 18 P; ab 1.11.1993: 19 P; ab 8.7.1996: 20 P; ab 26.4.1999: 19 P; ab 8.5.2003: 20 P; ab 1.4.2004: 21 P; ab 3.4.2006: 23 P; ab 2.4.2007: 24 P; ab 7.4.2008: 27 P; ab 6.4.2009: 30 P; ab 6.4.2010: 32 P; ab 4.4.2011: 36 P; ab 30.4.2012: 50 P; ab 31.3.2014: 53 P; ab 30.3.2015: 54 P; ab 29.3.2016: 55 P; ab 27.3.2017: 56 P; ab 26.3.2018: 58 P; ab 25.3.2019: 61 P; ab 23.3.2020: 65 P; ab 1.1.2021: 66 P; ab 4.4.2022: 68 P; ab 3.4.2023: 75 P; ab 2.4.2024: 85 P; ab 7.4.2025: 87 P

1ST = 1. Klasse, Inlandspost, Standardformat

ab 5.9.1988: 19 P; ab 2.10.1989: 20 P; ab 17.9.1990: 22 P; ab 16.9.1991: 24 P; ab 1.11.1993: 25 P; ab 8.7.1996: 26 P; ab 27.4.2000: 27 P; ab 8.5.2003: 28 P; ab 7.4.2005: 30 P; ab 3.4.2006: 32 P; ab 2.4.2007: 34 P; ab 7.4.2008: 36 P; ab 6.4.2009: 39 P; ab 6.4.2010: 41 P; ab 4.4.2011: 46 P; ab 30.4.2012: 60 P; ab 31.3.2014: 62 P; ab 30.3.2015: 63 P; ab 29.3.2016: 64 P; ab 27.3.2017: 65 P; ab 26.3.2018: 67 P; ab 25.3.2019: 70 P; ab 23.3.2020: 76 P; ab 1.1. 2021: 85 P; ab 4.4.2022: 95 P; ab 3.4.2023: 1.10 £; ab 2.10.2023: 1.25 £; ab 2.4.2024: 1.35 £; ab 7.10.2024: 1.65 £; ab 7.4.2025: 1.70 £

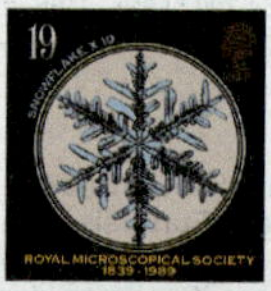

1989, 5. Sept. 150 Jahre Königliche Mikroskopie-Gesellschaft. Odr. (10×5 + 10×5); gez. K 14¼:14.

ani) Schneekristall, 10fach vergrößert

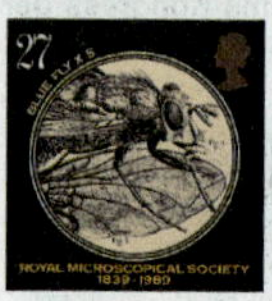

ank) Fliege, 5fach vergrößert

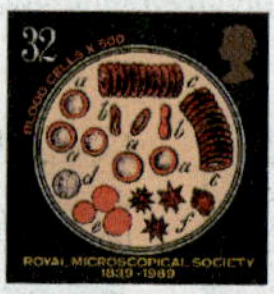

anl) Blutkörperchen, 500fach vergrößert

anm) Microchip, 600fach vergrößert

1218	19 (P)	mehrfarbig	ani	0,60	0,60
1219	27 (P)	mehrfarbig	ank	1,20	1,20
1220	32 (P)	mehrfarbig	anl	1,50	1,50
1221	35 (P)	mehrfarbig	anm	1,70	1,70
		Satzpreis (4 W.)		5,—	5,—
		FDC			6,—

Auflagen: MiNr. 1218 = 30.863.600, MiNr. 1219 = 5.242.600, MiNr. 1220 = 4.994.700, MiNr. 1221 = 3.989.900 Stück

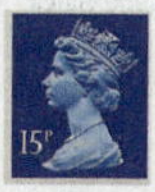

1989, 26. Sept./1993, 27. Juli. Freimarken: Königin Elizabeth II., Typ Machin. RaTdr., Bogen (B) (10×20), Markenheftchen (MH) und Rollen (R); C = vierseitig, CD = dreiseitig gez. K 14¾:14¼, CS = Sicherheitszähnung K 14¾:14¼.

ku) Königin Elizabeth II. (1926–2022, reg. ab 1952)

1222 C	15 P lebhaftkobalt (B) (MH) (R) . . . . ku		0,50	0,50
1223	20 P schwarz . . . . ku			
C	vierseitig gez. (B) (MH) (R) (26.9.1989)		0,80	0,70
CDl	links geschnitten (MH) (2.10.1989)		1,80	1,80
CDr	rechts geschnitten (MH) (2.10.1989)		1,60	1,60
1224 C	24 P schwärzlichrotorange (B) . . . . . ku		1,80	0,80
1225 C	29 P dunkelviolettpurpur (B) . . . . ku		2,40	1,—
1226	30 P schwarzoliv . . . . ku			
C	vierseitig gez. (B) (26.9.1989)		1,50	0,80
CS	Sicherheitszähnung (B) (MH) (27.7.1993)		1,20	0,80
1227 C	34 P grautürkis (B) . . . . ku		2,20	1,20

1228 C 37 P dunkelrosarot (B) . . . . ku 2,40 1,10
Satzpreis C (7 W.) 11,— 6,—
FDC 7,—
Paar 1223 Dl/Dr 3,50 3,50

★★
1222 U ungezähnt (B) (Paar) . . . . 400,—
1223 U ungezähnt (B) (Paar) . . . . 750,—
1224 U ungezähnt (B) (Paar) . . . . *2500,—*

MiNr. 1222 stammt auch aus MH 86, 91.
MiNr. 1223 stammt auch aus MH 86, 87, 91.
MiNr. 1226 stammt auch aus MH 0-223, 0-228.

Gültig bis 31.1.2023, geduldet bis 31.7.2023

In gleicher Zeichnung siehe Übersicht nach Jahrgangswerttabelle.

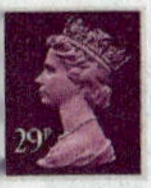

1989, 2. Okt. Freimarke: Königin Elizabeth II., Typ Machin. Odr., Markenheftchen; D = dreiseitig, E = zweiseitig gez. K 13¾:14¼.

ku) Königin Elizabeth II. (1926–2022, reg. ab 1952)

			★★	⊙
1229	29 P dunkelviolettpurpur	ku		
Do	oben geschnitten		6,—	6,—
Du	unten geschnitten		6,—	6,—
Eor	oben und rechts geschnitten . . .		6,—	6,—
Eru	rechts und unten geschnitten . . .		6,—	6,—
	FDC			7,—
	Paar 1229 Do/Du		12,—	12,—
	Paar 1229 Du/Eru		12,—	12,—
	Paar 1229 Do/Eor		12,—	12,—
	Paar 1229 Eor/Eru		12,—	12,—

MiNr. 1229 stammt aus MH 0-117.

Gültig bis 31.1.2023, geduldet bis 31.7.2023

In gleicher Zeichnung siehe Übersichtstabelle nach Jahrgangswerttabelle

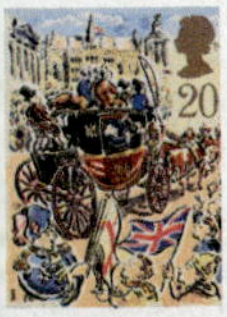

1989, 17. Okt./2009, 18. Aug. 800 Jahre Amt des Oberbürgermeisters von London. I = RaTdr., Bogen (B) (2×5 Zd + 2×5 Zd), II = Odr., Markenheftchen (MH); A = gez. K 14¼:14¾, C = gez. K 14¼.

ann) An der Guildhall

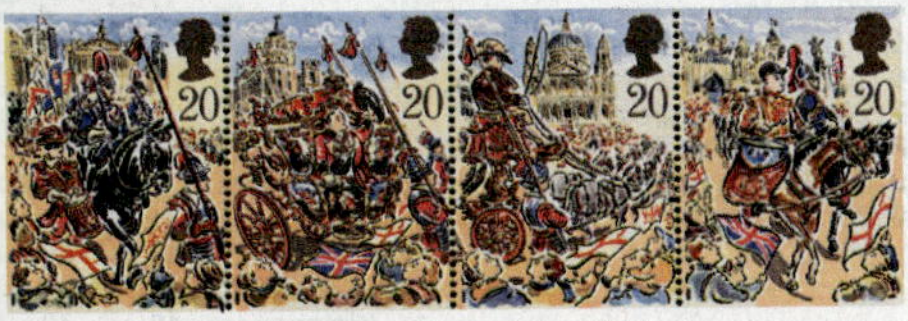

ano) An der Bank von England
anp) An der Königlichen Börse
anr) An der St. Pauls-Kathedrale
ans) An den Gerichtsgebäuden

ann–ans) Stationen des jährlichen Umzuges des neugewählten Oberbürgermeisters (Lord Mayor) von London

1230	20 (P) mehrfarbig	ann		
I A	RaTdr. (B) (17.10.1989)		0,90	0,90
II C	Odr. (MH) (18.8.2009)		2,—	2,—
1231 I A	20 (P) mehrfarbig (B) (17.10.1989).	ano	0,90	0,90
1232 I A	20 (P) mehrfarbig (B) (17.10.1989).	anp	0,90	0,90
1233 I A	20 (P) mehrfarbig (B) (17.10.1989).	anr	0,90	0,90
1234 I A	20 (P) mehrfarbig (B) (17.10.1989).	ans	0,90	0,90
	Satzpreis (5 W.)		4,50	4,50
	Fünferstreifen		5,50	5,50
	FDC			6,—

★★
1230 I U-1234 I U ungezähnt, Fünferstreifen . . . . *8000,—*

MiNr. 1230 I A–1234 I A wurden waagerecht zusammenhängend gedruckt.

MiNr. 1230 II C stammt aus MH 160.

Auflage: MiNr. 1230 I A–1234 I A = 9.805.700 Sätze

1989, 14. Nov. Weihnachten: Kathedrale von Ely. RaTdr. (10×5 + 10×5); gez. K 14¾:14¼.

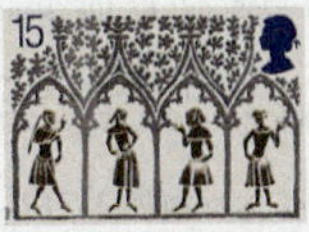

ant) Gotische Bögen, Blattornamente

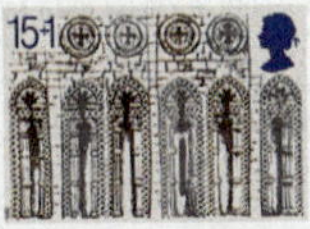

anu) Spätromanische Bögen des Südwestturms

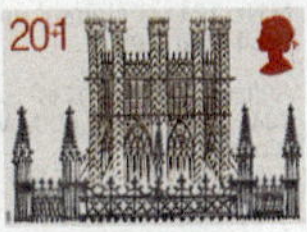

anv) Vierungsturm

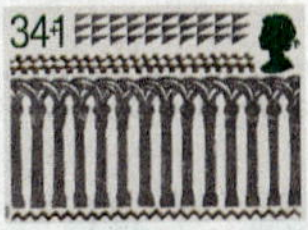

anw) Romanische Bogenarkaden am westlichen Querschiff

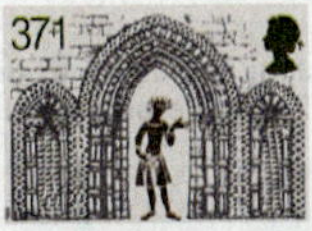

anx) Romanisch-gotischer Dreifachbogen in der Westfassade

			★★	⊙
1235	15 (P) mehrfarbig	ant	0,70	0,70
1236	15 (P) + 1 (P) mehrfarbig	anu	0,80	0,80
1237	20 (P) + 1 (P) mehrfarbig	anv	1,—	1,—
1238	34 (P) + 1 (P) mehrfarbig	anw	1,50	1,50
1239	37 (P) + 1 (P) mehrfarbig	anx	2,—	2,—
	Satzpreis (5 W.)		6,—	6,—
	FDC			6,50

★★
1236 U ungezähnt (Paar) . . . . *1600,—*
1237 U ungezähnt (Paar) . . . . *1600,—*

Auflagen: MiNr. 1235 = 200.430.900, MiNr. 1236 = 277.164.300, MiNr. 1237 = 205.278.200, MiNr. 1238 = 14.496.700, MiNr. 1239 = 13.356.400 Stück

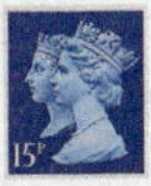

1990, 10. Jan./2017, 5. Juni. Freimarken: 150 Jahre Briefmarken. RaTdr., Bogen (B) (10×20), Block (Bl.) und Markenheftchen (MH); C = vierseitig, CD = dreiseitig, CE = zweiseitig gez. K 14¾:14¼, CS = Sicherheitszähnung 14¾:14¼.

any) Königin Victoria und Königin Elizabeth II.

			★★	⊙
1240	15 P lebhaftkobalt	any		
C	vierseitig gez. (B) (MH) (10.1.1990)		0,60	0,60
CDo	oben geschnitten (MH) (30.1.1990)		1,—	1,—
CDu	unten geschnitten (MH) (30. Jan.)		1,—	1,—
1241	20 P schwarz/hellgraubraun	any		
C	vierseitig gez. (B) (Bl.) (MH) (10.1.1990)		0,90	0,90
CDo	oben geschnitten (MH) (30.1.1990)		1,20	1,20
CDr	rechts geschnitten (MH) (30.1.1990)		1,80	1,80
CDu	unten geschnitten (MH) (30.1.1990)		1,20	1,20
CDl	links geschnitten (MH) (30.1.1990)		2,—	2,—
CEor	oben und rechts geschnitten (MH) (17.4.1990)		3,20	3,20
CEru	rechts und unten geschnitten (MH) (17.4.1990)		3,20	3,20
CS	Sicherheitszähnung (MH) (5.6.2017)		2,—	2,—
1242 C	29 P dkl'violettpurpur (B) (MH) (10.1.1990)	any	2,—	1,50
1243 C	34 P grautürkis (B) (10.1.1990) . .	any	2,50	2,—
1244 C	37 P dkl'rosarot (B) (10.1.1990) . .	any	2,50	2,—
	Satzpreis C (5 W.)		8,50	7,—
	FDC			7,50
	Paar 1240 CDo/Du		2,—	2,—
	Paar 1241 CDl/Dr		3,80	3,80
	Paar 1241 CDu/Eru		4,50	4,50
	Paar 1241 CDo/Du		2,40	2,40
	Paar 1241 CDo/Eor		4,50	4,50
	Paar 1241 CEor/Eru		6,50	6,50

★★
1240 U ungezähnt (B) (Paar) . . . . *1200,—*
1241 U ungezähnt (B) (Paar) . . . . *1000,—*

MiNr. 1240 stammt auch aus MH 88, 91. 0-120.

MiNr. 1241 stammt auch aus MH 88, 89, 91, 0-119, 0-121, 187.
MiNr. 1242 stammt auch aus MH 91.

MiNr. 1241 C stammt auch aus Bl. 6 (siehe nach MiNr. 1269) und Bl. 109 (siehe nach MiNr. 4056).

Auflagen: MiNr. 1240 C = 357.131.600, MiNr. 1241 C = 521.688.400, MiNr. 1242 C = 14.638.800, MiNr. 1243 C = 15.557.600, MiNr. 1244 C = 22.338.200 Stück

Gültig bis 31.1.2023, geduldet bis 31.7.2023

In gleicher Zeichnung: MiNr. 1249–1250, 1852, 2786

1990, 23. Jan. 150 Jahre Königliche Gesellschaft zur Bekämpfung von Tierquälerei: Jungtiere. Odr. (5×10 + 5×10); gez. K 14:14¾.

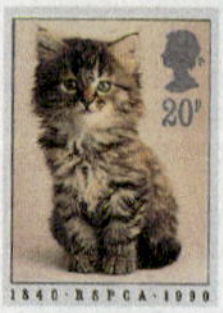

anz) Kätzchen

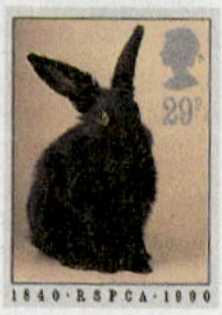

aoa) Kaninchen

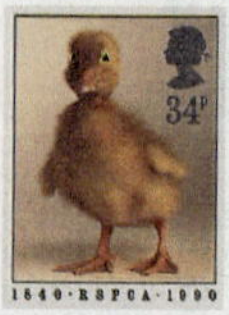

aob) Entenküken

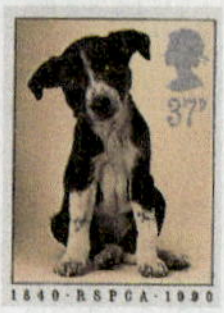

aoc) Welpe

					★★	⊙
1245	20 P	mehrfarbig	anz		0,90	0,90
1246	29 P	mehrfarbig	aoa		1,60	1,60
1247	34 P	mehrfarbig	aob		1,80	1,80
1248	37 P	mehrfarbig	aoc		2,20	2,20
				Satzpreis (4 W.)	6,50	6,50
				FDC		7,—

		★★
1245 F	Farbe Silber fehlend	750,—
1246 U	ungezähnt (Paar)	*2500,—*
1246 Us	senkrecht ungezähnt	*1200,—*
1247 F	Farbe Silber fehlend	*1000,—*

Auflagen: MiNr. 1245 = 33.735.600, MiNr. 1246 = 6.098.100, MiNr. 1247 = 5.990.700, MiNr. 1248 = 5.784.200 Stück

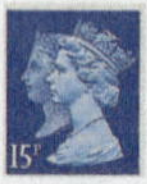

1990, 30. Jan./2009, 18. Aug. Freimarken: 150 Jahre Briefmarken. Odr., Markenheftchen; AD = dreiseitig, AE = zweiseitig gez. K 13¾:14¼, C = vierseitig gez. K 14¾:14¼, CS = Sicherheitszähnung K 14¾:14¼.

any) Königin Victoria und Königin Elizabeth II.

					★★	⊙
1249		15 P	lebhaftkobalt/mattkobalt	any		
	ADo		oben geschnitten (30.1.1990)		1,—	1,—
	ADu		unten geschnitten (30.1.1990)		1,—	1,—
	AEor		oben und rechts geschn. (30.1.1990)		2,50	2,50
	AEru		rechts und unten geschn. (30.1.1990)		2,50	2,50
	C		vierseitig gez. K 14¾:14¼ (17.4.1990)		1,40	1,40
1250		20 P	schwarz/hellgraubraun	any		
	ADo		oben geschnitten (30.1.1990)		1,20	1,20
	ADr		rechts geschnitten (30.1.1990)		1,80	1,80
	ADu		unten geschnitten (30.1.1990)		1,20	1,20
	ADl		links geschnitten (30.1.1990)		2,40	2,40
	AEor		oben und rechts geschn. (30.1.1990)		3,—	3,—
	AEru		rechts und unten geschn. (30.1.1990)		3,—	3,—
	C		vierseitig gez. K 14¾:14¼ (17.4.1990)		1,60	1,60
	CS		Sicherheitszähnung K 14¾:14¼ (18.8.2009)		1,80	1,40
			Satzpreis A (2 W.)		2,20	2,20
			Paar 1249 ADo/Du		2,—	2,—
			Paar 1249 ADo/Eor		3,50	3,50
			Paar 1249 ADu/Eru		3,50	3,50
			Paar 1249 AEor/Eru		5,—	5,—
			Paar 1250 ADo/Du		2,50	2,50
			Paar 1250 ADo/Eor		4,20	4,20
			Paar 1250 ADu/Eru		4,20	4,20
			Paar 1250 AEor/Eru		6,—	6,—
			Paar 1250 ADl/Dr		4,50	4,50

MiNr. 1249 stammt aus MH 0-118, 0-120.

MiNr. 1250 stammt aus MH 90, 0-119, 0-121, 160.

MiNr. 1250 unten und links bzw. rechts geschnitten ist durch Verschnitt de[s] H-Blattes 154 aus MH 90 entstanden.

Gültig bis 31.1.2023, geduldet bis 31.7.202[3]

In gleicher Zeichnung: MiNr. 1240–1244, 1852, 2786

1990, 6. Febr. Grußmarken: Lächelnde Gesichter. RaTdr. Kleinbogen (2×5) und Markenheftchen (5×2); gez. K 14¾:14¼.

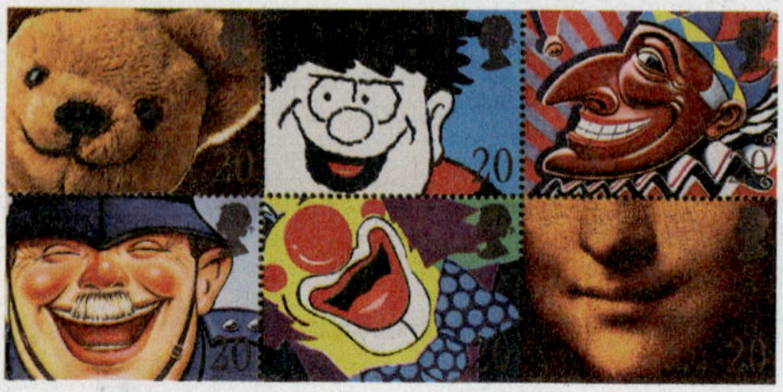

aod) Teddybär
aoe) Dennis the Menace
aof) Punch

aoi) Bobby
aok) Clown
aol) Mona Lisa

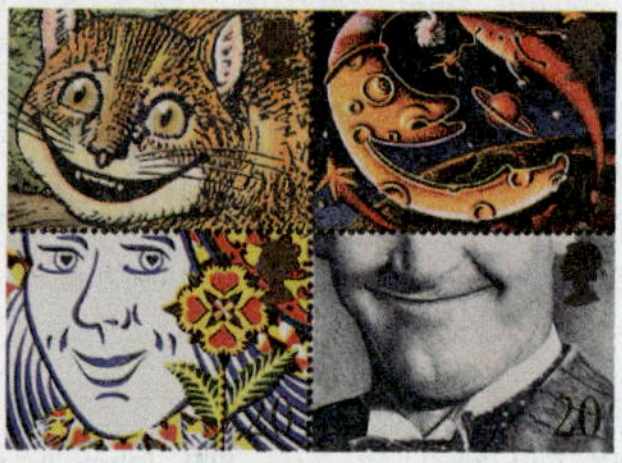

aog) Grinsekatze
aoh) Mann im Mond

aom) Herz Dame
aon) Stan Laurel

1251	20 (P)	mehrfarbig	aod		4,50	4,—
1252	20 (P)	mehrfarbig	aoe		4,50	4,—
1253	20 (P)	mehrfarbig	aof		4,50	4,—
1254	20 (P)	mehrfarbig	aog		4,50	4,—
1255	20 (P)	mehrfarbig	aoh		4,50	4,—
1256	20 (P)	mehrfarbig	aoi		4,50	4,—
1257	20 (P)	mehrfarbig	aok		4,50	4,—
1258	20 (P)	mehrfarbig	aol		4,50	4,—
1259	20 (P)	mehrfarbig	aom		4,50	4,—
1260	20 (P)	graublau/gold	aon		4,50	4,—
				Satzpreis (10 W.)	45,—	40,—
				FDC		42,—
				Kleinbogen	45,—	40,—

MiNr. 1251–1260 wurden zusammenhängend im Kleinbogen gedruckt und zusammen mit 12 Grußaufklebern in einer Verkaufspackung abgegeben.

In gleichen Zeichnungen: MiNr. 1327–1336
In ähnlicher Zeichnung wie MiNr. 1251: MiNr. 2342 (kleineres Format und selbstklebend)

1990, 6. März. Europa: Postalische Einrichtungen. RaTdr. (5×10 + 5×10); gez. K 14¼:14¾.

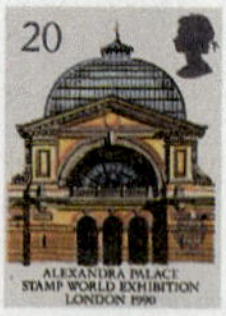

aoo) Alexandra Palace (1875), Veranstaltungsort der STAMP WORLD EXHIBITION LONDON 1990

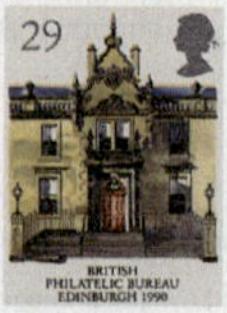

aop) Philatelistisches Büro der britischen Post, Edinburgh

1261	20 (P)	mehrfarbig	aoo	2,—	1,—
1262	29 (P)	mehrfarbig	aop	3,—	3,—
			Satzpreis (2 W.)	5,—	4,—
			FDC		4,50

MiNr. 1261 stammt auch aus MH 91.

Auflagen: MiNr. 1261 = 20.427.400, MiNr. 1262 = 5.835.200 Stück

1990, 6. März. Glasgow – Kulturhauptstadt Europas 1990. RaTdr. (5×10 + 5×10); gez. K 14¼:14¾.

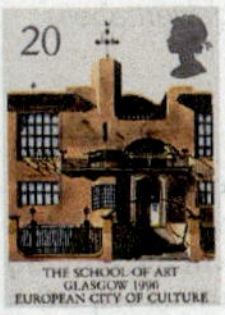

aor) Kunstschule (ab 1897) von Charles Rennie Mackintosh (1868–1928)

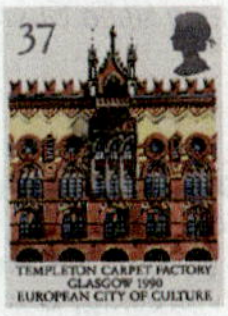

aos) Templeton-Teppichfabrik (1892) von William Leiper (1839–1916)

1263	20 (P)	mehrfarbig	aor	0,80	0,80
1264	37 (P)	mehrfarbig	aos	1,80	1,80
			Satzpreis (2 W.)	2,60	2,60
			FDC		3,—

Auflagen: MiNr. 1263 = 21.010.000, MiNr. 1264 = 5.610.200 Stück

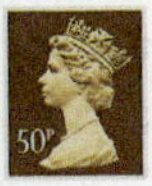

1990, 13. März/1993, 14. Dez. Freimarken: Königin Elizabeth II., Typ Machin. RaTdr., Bogen (B) (10×20) und Markenheftchen (MH); C = gez. K 14¾:14¼, CS = Sicherheitszähnung K 14¾:14¼.

ku) Königin Elizabeth II. (1926–2022, reg. ab 1952)

1265	50 P lebhaftockerbraun	ku		
C	gez. K 14¾:14¼ (13.3.1990)		2,50	2,—
CS	Sicherheitszähnung (14.12.1993)		1,50	1,50
	FDC			3,—

**

1265 U ungezähnt (B) (senkr. Paar) .... 1500,—

MiNr. 1265 C stammt auch aus MH 91, MiNr. 1265 CS auch aus MH 149 und 151.

Gültig bis 31.1.2023, geduldet bis 31.7.2023

In gleicher Zeichnung siehe Übersicht nach Jahrgangswerttabelle.

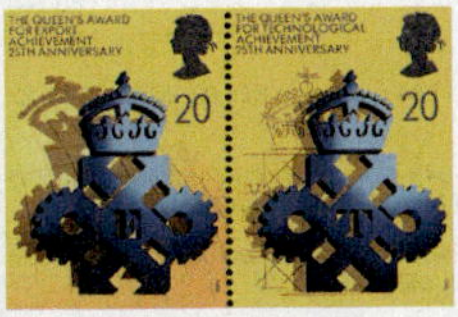

1990, 10. April. 25 Jahre Auszeichnungen durch die Königin. Odr. (5×5 Zd + 5×5 Zd); gez. K 14:14½.

aot–aou) Auszeichnungssymbole für Export (E) und Technik (T)

				**	⊙
1266	20 (P)	mehrfarbig	aot	0,80	0,80
1267	20 (P)	mehrfarbig	aou	0,80	0,80
1268	37 (P)	mehrfarbig	aot	1,50	1,50
1269	37 (P)	mehrfarbig	aou	1,50	1,50
			Satzpreis (4 W.)	4,50	4,50
			2 Paare	5,—	5,—
			FDC		6,—

Nominalgleiche Marken wurden waagerecht zusammenhängend gedruckt.

Auflagen: MiNr. 1266–1267 je 44.503.800, MiNr. 1268–1269 je 9.566.400 Stück

1990, 3. Mai. Blockausgabe: 150 Jahre Briefmarken. RaTdr., Blockrand StTdr.; gez. Ks 14¾:14¼.

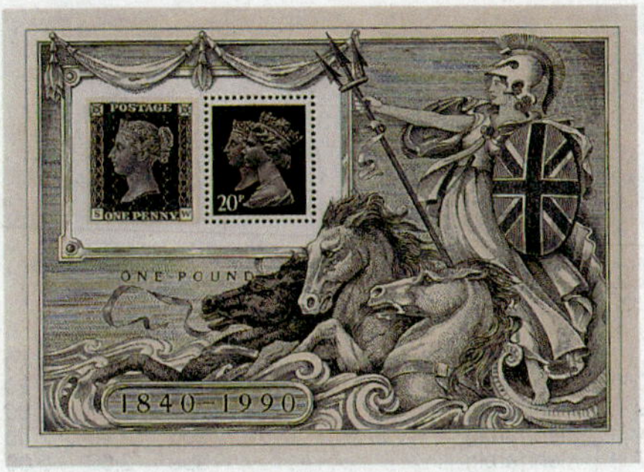

aov

any) Königin Victoria und Königin Elizabeth II.

Block 6 mit MiNr. 1241 C (122×90 mm)	aov	7,—	7,—
	FDC		8,—

**

Block 6 U ungezähnt .... 10000,—
Block 6 F Farbe Schwarz (StTdr.) fehlend .... —,—
Block 6 I Farbe Schwarz (StTdr.) kopfstehend .... —,—

Postpreis: 1 £, davon 80 P für die internationale Briefmarkenausstellung „Stamp World London 90".

Gültig bis 31.1.2023, geduldet bis 31.7.2023

1990, 5. Juni. 150 Jahre Kew Gardens, Richmond upon Thames. RaTdr. (5×10 + 5×10); gez. K 14¼:14¾.

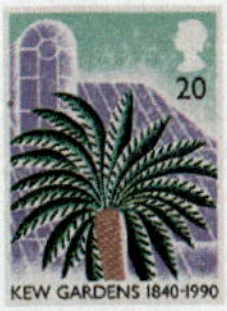

aow) Palmfarn (Cycas revoluta); Sir-Joseph-Banks-Gewächshaus

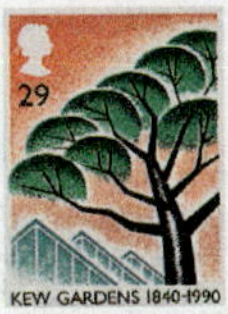

aox) Pinie (Pinus pinea); Gewächshaus der Prinzessin von Wales

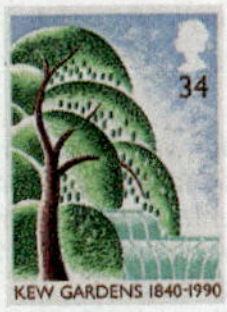

aoy) Trauerweide (Salix babylonica); Palmenhaus

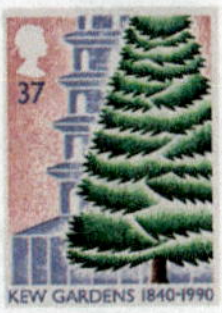

aoz) Libanon-Zeder (Cedrus libani); Pagode

				**	⊙
1270	20 (P)	mehrfarbig	aow	0,80	0,80
1271	29 (P)	mehrfarbig	aox	1,20	1,20
1272	34 (P)	mehrfarbig	aoy	1,40	1,40
1273	37 (P)	mehrfarbig	aoz	1,60	1,60
			Satzpreis (4 W.)	5,—	5,—
			FDC		6,—

Auflagen: MiNr. 1270 = 31.606.100, MiNr. 1271 = 5.699.500, MiNr. 1272 = 5.663.400, MiNr. 1273 = 5.469.900 Stück

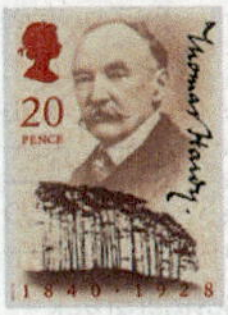

1990, 10. Juli. 150. Geburtstag von Thomas Hardy. RaTdr. (5×10 + 5×10); gez. K 14¼:14¾.

apa) Thomas Hardy (1840–1928), Dichter und Schriftsteller; Kiefernwald

1274	20 P	mehrfarbig	apa	1,—	1,—
			FDC		2,20

**

1274 U ungezähnt (Paar) .... 3000,—

Auflage: 31.661.000 Stück

1990, 2. Aug. 90. Geburtstag der Königinmutter Elizabeth. RaTdr. (5×10 + 5×10); gez. K 14¼:14¾.

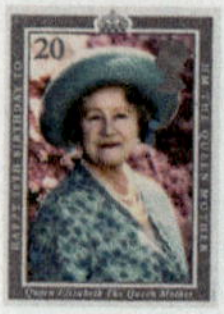

apb) Königinmutter Elizabeth (1900–2002)

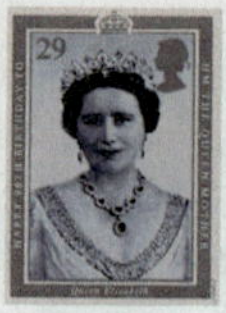

apc) Königin Elizabeth

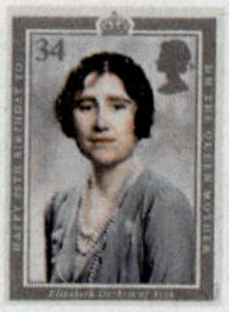

apd) Elizabeth, Herzogin von York

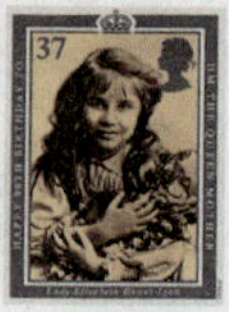

ape) Lady Elizabeth Bowes-Lyon

				✶✶	⊙
1275	20 (P)	mehrfarbig	apb	1,20	1,20
1276	29 (P)	mehrfarbig	apc	1,80	1,80
1277	34 (P)	mehrfarbig	apd	2,40	2,40
1278	37 (P)	mehrfarbig	ape	2,60	2,60
		Satzpreis (4 W.)		8,—	8,—
		FDC			9,—

Auflagen: MiNr. 1275 = 60.826.900, MiNr. 1276 = 8.694.800, MiNr. 1277 = 8.683.500, MiNr. 1278 = 8.504.800 Stück

In ähnlichen Zeichnungen: MiNr. 2008–2011

1990, 7. Aug./1998, 1. Dez. Freimarke ohne Wertangabe: Königin Elizabeth II., Typ Machin. MiNr. 1279–1280 Odr., MiNr. 1281–1282 RaTdr.; Bogen (B) (10×20), Markenheftchen (MH) und Rolle (R); AD = dreiseitig gez. K 13¾:14¼, AS = Sicherheitszähnung K 13¾:14¼, C = vierseitig, CD = dreiseitig gez. K 14¾:14¼, CS = Sicherheitszähnung K 14¾:14¼, FD = dreiseitig gez. K 12¾:13¼.

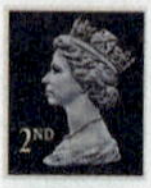

ku) Königin Elizabeth II. (1926–2022, reg. ab 1952)

Odr.

1279		2ND	schwarzblau (MH)	ku		
	ADo		oben geschnitten (7.8.1990)	1,70	0,70
	ADu		unten geschnitten (7.8.1990)	1,70	0,70
	C		vierseitig gez. K 14¾:14¼ (7.8.1990)	1,70	1,50
1280		1ST	gelblichrot ku		
	ADo		oben geschnitten (MH) (7.8.1990)	2,—	0,80
	ADu		unten geschnitten (MH) (7.8.1990)	2,—	0,80
	C		vierseitig gez. K 14¾:14¼ (MH) (7.8.1990)	2,—	0,80
	CS		Sicherheitszähnung (B) (MH) (6.4.1993)	2,—	0,80
	FDo		oben geschnitten (MH) (Okt. 1990)	4,—	4,—
	FDu		unten geschnitten (MH) (Okt. 1990)	4,—	4,—

RaTdr.

1281		2ND	schwarzblau (MH) ku		
	CDo		oben geschnitten (7.8.1990)	1,70	0,70
	CDu		unten geschnitten (7.8.1990)	1,70	0,70
1282		1ST	gelblichrot ku		
	AS		Sicherheitszähnung K 13¾:14¼ (MH) (1.12.1998)	2,—	0,80
	CDo		oben geschnitten (MH) (7.8.1990)	2,—	0,80
	CDu		unten geschnitten (MH) (7.8.1990)	2,—	0,80
	CS		Sicherheitszähnung K 14¾:14¼ (B) (MH) (R) (6.4.1993)	2,—	0,80
			Satzpreis (4 W.)	7,—	3,—
			FDC		5,—
			Paar 1279 A Do/Du	3,50	3,50
			Paar 1280 A Do/Du	4,—	4,—
			Paar 1280 F Do/Du	8,—	8,—
			Paar 1281 C Do/Du	3,50	3,50
			Paar 1282 C Do/Du	4,—	4,—

MiNr. 1280 CS wurde auch als frankaturgültiger Sonderdruck mit blockartiger Umrandung (Format 85×43 mm) für die Firma Boots ausgegeben; spätere Auflagen auch ohne Firmenzudruck:

SD 1	Blockrand mit Inschrift „Boots“ (16.8.1994)	2,50	2,50
SD 2	Blockrand ohne Inschrift (11.9.1995)	3,—	3,—

Nominalen zur Zeit der Erstausgabe: MiNr. 1279 und 1281 je 15 P, MiNr. 1280 und 1282 je 20 P

MiNr. 1279 stammt aus MH 0-122, 0-124.

MiNr. 1280 stammt auch aus MH 100, 103, 106, 109, 111, 116, 118, 121, 124, 0-123, 0-125, 0-129, 0-131, 0-136, 0-138, 0-141, 0-143, 0-147, 0-151, 0-161, 0-166, 0-170, 0-171, 0-172, 0-183, 0-186, 0-198, 0-199, 0-204, 0-209, 0-222, Wales MH 1.
MiNr. 1281 stammt aus MH 0-124.
MiNr. 1282 stammt auch aus MH 124, 0-125, 127, 128, 130, 0-131, 134, 135, 140, 187, 0-138, 0-143, 0-148, 0-150, 0-169, 0-176, 0-187, 0-188, 0-192, 0-197, 0-205, 0-208, 0-216, 0-218, 0-221, 0-226, 0-227, 0-230, 0-236.

MiNr. 1280 FDo/Du: Wegen Ausfalls der normalen Zähnungsmaschine wurde für kurze Zeit eine Ersatzmaschine verwendet, die die für englische Marken unübliche Zähnung 12¾:13¼ herstellte. MiNr. 1280 CS stammt auch aus Bogen, MiNr. 1282 CS auch aus Bogen und Rollen.

Gültig bis 31.1.2023, geduldet bis 31.7.2023

In gleicher Zeichnung siehe Übersicht nach Jahrgangswerttabelle.

1990, 4. Sept./1998, 13. Okt. Freimarken: Königin Elizabeth II., Typ Machin. RaTdr., Bogen (B) (10×20), Kleinbogen (4×3) (Klb.), Markenheftchen (MH) und Rollen (R); AS = Sicherheitszähnung K 13¾:14¼, C = vierseitig, D = dreiseitig gez. K 14¾:14¼, CS = Sicherheitszähnung K 14¾:14¼.

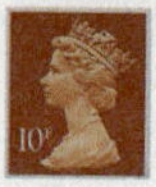

ku) Königin Elizabeth II. (1926–2022, reg. ab 1952)

1283		10 P	dunkelorange ku		
	AS		Sicherheitszähnung K 13¾:14¼ (MH) (13.10.1998)	1,50	1,50
	C		vierseitig gez. K 14¾:14¼ (B) (4.9.1990)	0,30	0,30
	CS		Sicherheitszähnung (B) (Klb.) (MH) (8.6.1993)	0,30	0,30
1284		17 P	schwarzblau bis indigo (B) (MH) (R) ku		
	C		vierseitig gez. K 14¾:14¼	0,60	0,60
	Dl		links geschnitten (MH)	1,10	1,10
1285		22 P	gelblichrot ku		
	C		vierseitig gez. K 14¾:14¼ (B) (R)	1,—	0,80
	Dr		rechts geschnitten (MH)	1,10	1,10
1286	C	26 P	grauolivbraun (B) ku	1,50	0,90
1287	C	27 P	lebhaftblauviolett (B) ku	1,80	1,—
1288	C	31 P	lebhaftviolettultramarin (B) ku	2,—	1,20
1289	C	33 P	smaragdgrün (B) (R) ku	2,40	1,50
			Satzpreis C (7 W.)	9,—	6,—
			FDC		7,—

		✶✶
1283 U	ungezähnt (B) (Paar)	500,—
1284 U	ungezähnt (B) (Paar)	*1500,—*
1285 U	ungezähnt (B) (Paar)	800,—

MiNr. 1283 AS stammt aus MH 120, MiNr. 1284 auch aus MH 92, MiNr. 1284 Dl und 1285 Dr aus MH 93.

MiNr. 1284 unterscheidet sich von MiNr. 948 vor allem durch den vollflächig gedruckten Hintergrund, während dieser bei MiNr. 948 stark aufgerastert ist.

MiNr. 1283 CS stammt auch aus MH 169 sowie 187 und wurde am 22.5.2000 auch im Kleinbogen ausgegeben; siehe nach MiNr. 1804 CS.

Gültig bis 31.1.2023, geduldet bis 31.7.2023

In gleicher Zeichnung siehe Übersicht nach Jahrgangswerttabelle.

1990, 11. Sept./2006, 21. Sept. Tapferkeitsorden. I = RaTdr. Bogen (B), MiNr. 1290 I A–1291 I A (5×10 + 5×10), MiNr. 1292 I A–1294 I A (10×5 + 10×5), II = Odr. Markenheftchen (MH) und Kleinbogen (Klb.); A = gez. K 14¼:14¾, Querformate ∼, C = gez. K 14¼.

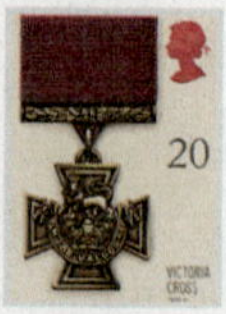

apf) Viktoriakreuz

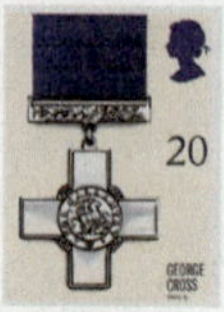

apg) Georgskreuz

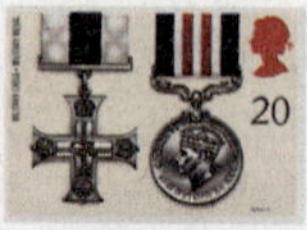

aph) Militärkreuz und Militärmedaille

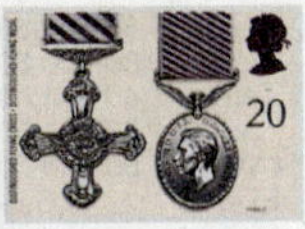

api) Fliegerverdienstkreuz und Fliegerverdienstmedaille

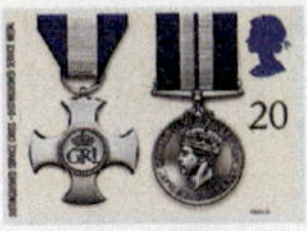

apk) Kriegsverdienstkreuz und Kriegsverdienstmedaille

						**	⊙
1290		20 (P)	mehrfarbig		apf		
	I A		RaTdr. (B) (11.9.1990)			0,90	0,90
	II C		Odr. (MH) (Klb.) (21.9.2006)			3,50	3,50
1291	**I A**	20 (P)	mehrfarbig (B) (11.9.1990)		apg	0,90	0,90
1292	**I A**	20 (P)	mehrfarbig (B) (11.9.1990)		aph	0,90	0,90
1293	**I A**	20 (P)	mehrfarbig (B) (11.9.1990)		api	0,90	0,90
1294	**I A**	20 (P)	mehrfarbig (B) (11.9.1990)		apk	0,90	0,90
				Satzpreis (5 W.)		4,50	4,50
				FDC			5,—

**

1294 I U ungezähnt (Paar) . . . . . *1200,—*

MiNr. 1290 II C stammt aus MH 151 und wurde außerdem zusammen mit MiNr. 2440-2445 im Kleinbogen gedruckt. Bewertung siehe dort.

Auflagen: MiNr. 1290 I A = 13.740.900, MiNr. 1291 I A = 13.742.400, MiNr. 1292 I A = 13.688.400, MiNr. 1293 I A = 13.738.500, MiNr. 1294 I A = 13.738.400 Stück

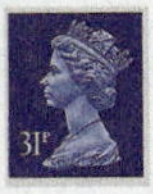

1990, 17. Sept. Freimarke: Königin Elizabeth II., Typ Machin. Odr., Markenheftchen (2×2); D = dreiseitig gez. K 13¾:14¼.

ku) Königin Elizabeth II. (1926–2022, reg. ab 1952)

					**	⊙
1295	31 P	lebhaftviolettultramarin		ku		
Do		oben geschnitten			2,—	2,—
Du		unten geschnitten			2,—	2,—
			Paar 1295 Do/Du		4,—	4,—

MiNr. 1295 stammt aus MH 0-126.

Gültig bis 31.1.2023, geduldet bis 31.7.2023

In gleicher Zeichnung siehe Übersicht nach Jahrgangswerttabelle.

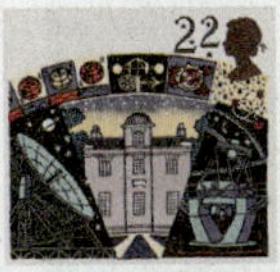

1990, 16. Okt. 200 Jahre Observatorium in Armagh, 100 Jahre Britische Astronomische Vereinigung. Odr. (5×10 + 5×10); gez. K 14:14¼.

apl) Radioteleskop Jodrell Bank, Observatorium in Armagh, Teleskop auf La Palma

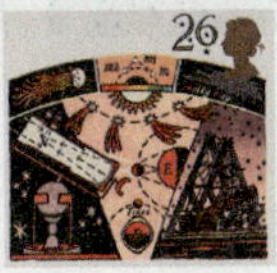

apm) Frühe Teleskope, schematische Darstellung der Gravitationskräfte im Weltall

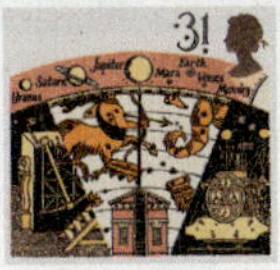

apn) Alte astronomische Geräte, altes Observatorium in Greenwich

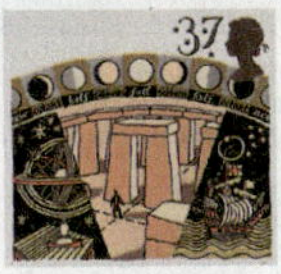

apo) Azimutsystem, Stonehenge, Navigation auf See

1296	22 (P)	mehrfarbig		apl	0,80	0,80
1297	26 (P)	mehrfarbig		apm	1,—	1,—
1298	31 (P)	mehrfarbig		apn	1,40	1,40
1299	37 (P)	mehrfarbig		apo	1,80	1,80
			Satzpreis (4 W.)		5,—	5,—
			FDC			5,50

**

1296 F Farbe Gold fehlend . . . . . 750,—

Auflagen: MiNr. 1296 = 31.555.000, MiNr. 1297 = 5.971.900, MiNr. 1298 = 5.915.100, MiNr. 1299 = 5.747.900 Stück

Ungezähnte Abarten

Abarten als ungezähnte Einzelmarken werten etwa ein Drittel der Notierung eines Paares.

1990, 13. Nov. Weihnachten: Dörfliche Weihnachtsszenen. RaTdr.; MiNr. 1300 A–1304 A Bogen (B) (10×5 + 10×5), MiNr. 1300 D Markenheftchen (MH) (10×2); A = vierseitig, D = dreiseitig gez. K 14¾:14.

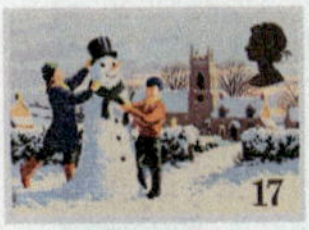

app) Schneemann

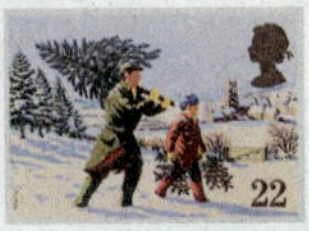

apr) Weihnachtsbaum

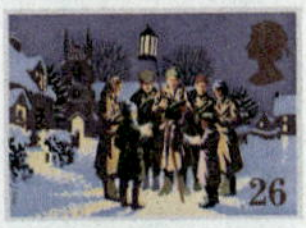

aps) Adventssingen

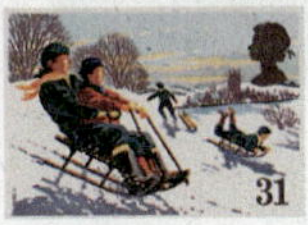

apt) Schlittenfahren

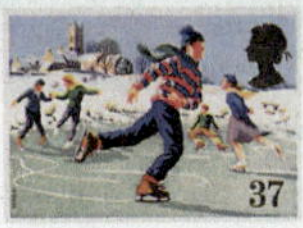

apu) Schlittschuhlaufen

						**	⊙
1300		17 (P)	mehrfarbig		app		
	A		vierseitig gez. (B)			0,60	0,60
	Do		oben geschnitten (MH)			0,70	0,70
	Du		unten geschnitten (MH)			0,70	0,70
1301	**A**	22 (P)	mehrfarbig (B)		apr	0,80	0,80
1302	**A**	26 (P)	mehrfarbig (B)		aps	1,—	1,—
1303	**A**	31 (P)	mehrfarbig (B)		apt	1,40	1,40
1304	**A**	37 (P)	mehrfarbig (B)		apu	1,80	1,80
				Satzpreis A (5 W.)		5,50	5,50
				FDC			6,—
				Paar 1300 Do/Du		1,40	1,40

**

1300 U ungezähnt (B) (Paar) . . . . . *1400,—*
1301 U ungezähnt (B) (Paar) . . . . . *1400,—*

MiNr. 1300 D stammt aus MH 0-127.

Auflagen: MiNr. 1300 A = 288.828.200, MiNr. 1301 A = 169.897.800, MiNr. 1302 A = 14.336.900, MiNr. 1303 A = 14.069.100, MiNr. 1304 A = 15.492.700 Stück

1991, 8. Jan. 200 Jahre Königliche Veterinärfakultät, London, 100 Jahre Cruft-Hundeausstellung und 100 Jahre Verteidigungsliga für Hunde. RaTdr. (5×10 + 5×10); gez. K 14¼.

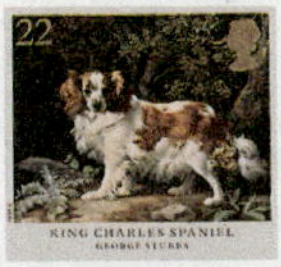

apv) King-Charles-Spaniel

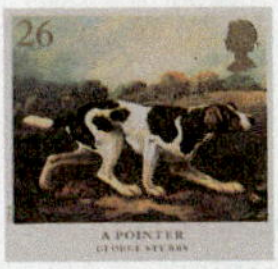

apw) Pointer

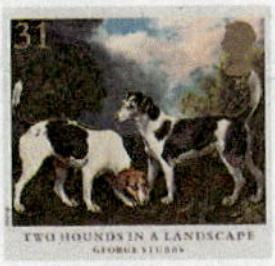

apx) Zwei Jagdhunde

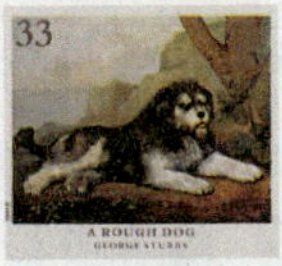

apy) Struppiger Hund

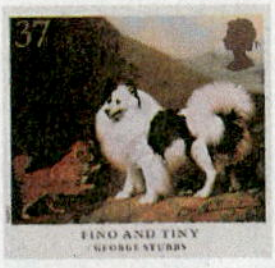

apz) Fino und Tiny

apv–apz) Gemälde von George Stubbs (1724–1806)

					**	⊙
1305	22 (P)	mehrfarbig		apv	1,—	1,—
1306	26 (P)	mehrfarbig		apw	1,20	1,20
1307	31 (P)	mehrfarbig		apx	1,40	1,40
1308	33 (P)	mehrfarbig		apy	1,60	1,60
1309	37 (P)	mehrfarbig		apz	1,80	1,80
			Satzpreis (5 W.)		7,—	7,—
			FDC			7,50

				★★
1305 U	ungezähnt (Paar)			1000,—
1307 U	ungezähnt (Paar)			1800,—

Auflagen: MiNr. 1305 = 31.011.800, MiNr. 1306 = 4.980.000, MiNr. 1307 = 5.032.100, MiNr. 1308 = 5.160.800, MiNr. 1309 = 5.104.000 Stück

1991, 5. Febr. Grußmarken: Glücksbringer. RaTdr., Markenheftchen (5×2); gez. K 14¾:14¼.

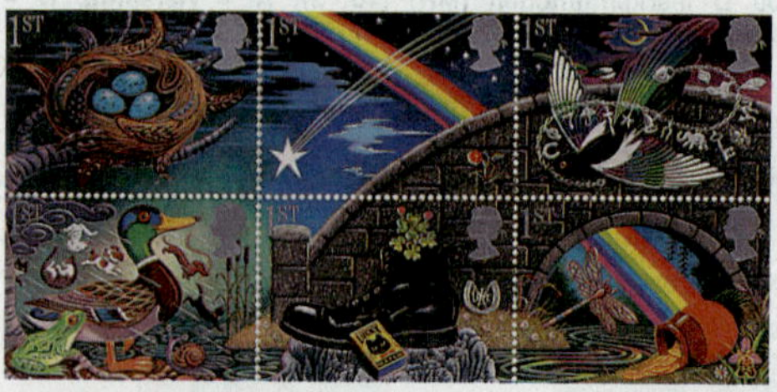

ara) Singdrosselgelege
arb) Sternschnuppe, Regenbogen
arc) Elster mit Kette mit Glückssymbolen

arf) Stockente, Frosch
arg) Stiefel, Kleeblatt, Hufeisen
arh) Libelle, Krug mit Münzen

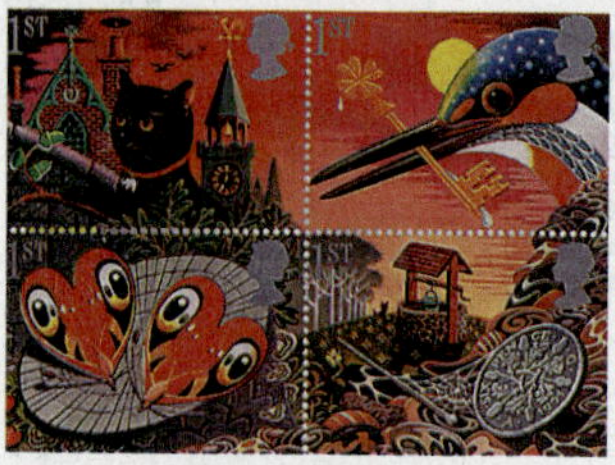

ard) Schwarzer Kater, Kirche
are) Eisvogel mit Schlüssel

ari) Schmetterlinge
ark) Brunnen, Münze

				★★	⊙
1310	1ST	mehrfarbig	ara	3,—	2,—
1311	1ST	mehrfarbig	arb	3,—	2,—
1312	1ST	mehrfarbig	arc	3,—	2,—
1313	1ST	mehrfarbig	ard	3,—	2,—
1314	1ST	mehrfarbig	are	3,—	2,—
1315	1ST	mehrfarbig	arf	3,—	2,—
1316	1ST	mehrfarbig	arg	3,—	2,—
1317	1ST	mehrfarbig	arh	3,—	2,—
1318	1ST	mehrfarbig	ari	3,—	2,—
1319	1ST	mehrfarbig	ark	3,—	2,—
			Satzpreis (10 W.)	30,—	20,—
			FDC (1 H-Blatt)		22,—

Nominale zur Zeit der Ausgabe: je 22 P

MiNr. 1310–1319 stammen aus MH 94.

1991, 5. März. Wissenschaftliche Erfolge. RaTdr. (5×10 + 5×10); gez. K 14¼:14¾.

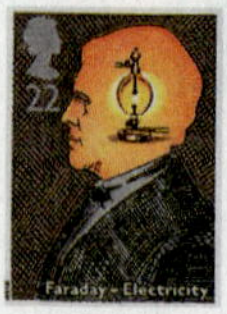

arl) Michael Faraday (1791–1867); Forschungen auf dem Gebiet der Elektrizität

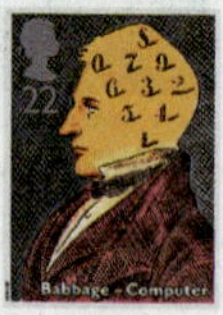

arm) Charles Babbage (1792–1871); Grundlagenforschungen für Rechenautomaten

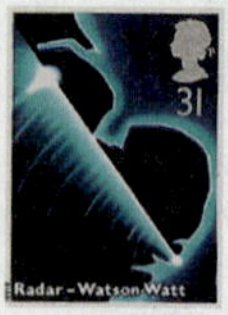

arn) Robert Watson-Watt (1892–1973); Erfinder des Radars; Radarbild der mittelenglischen Nordseeküste

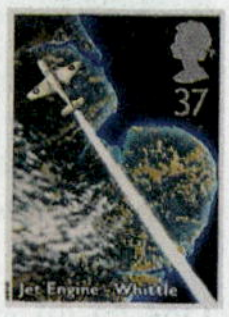

aro) Frank Whittle (1907–1996); Erfinder des Strahltriebwerks; Düsenjäger über der mittelenglischen Nordseeküste

1320	22	(P)	mehrfarbig	arl	0,80	0,80
1321	22	(P)	mehrfarbig	arm	0,80	0,80
1322	31	(P)	mehrfarbig	arn	1,40	1,40
1323	37	(P)	mehrfarbig	aro	1,50	1,50
				Satzpreis (4 W.)	4,50	4,50
				FDC		5,—

		★★
1320 U	ungezähnt (Paar)	350,—

Auflagen: MiNr. 1320 = 20.988.700, MiNr. 1321 = 21.087.700, MiNr. 1322 = 4.851.600, MiNr. 1323 = 4.918.700 Stück

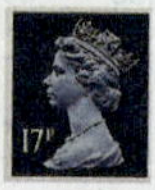

1991, 19. März/16. Sept. Freimarken: Königin Elizabeth II., Typ Machin. Odr., Markenheftchen; C = gez. K 14¾:14¼, D = dreiseitig gez. K 14.

ku) Königin Elizabeth II. (1926–2022, reg. ab 1952)

					★★	⊙
1324	C	17 P	schwarzblau	ku	0,90	0,90
1325	C	22 P	lebhaftgelblichrot	ku	1,20	1,20
1326		33 P	smaragdgrün	ku		
	C		vierseitig gezähnt		3,—	3,—
	Do		oben geschnitten (16. Sept.)		1,80	1,50
	Du		unten geschnitten (16. Sept.)		1,80	1,50
			Satzpreis C (3 W.)		5,—	5,—
			Paar 1326 Do/Du		3,60	3,60

MiNr. 1324 C–1326 C stammen aus MH 95, MiNr. 1326 C auch aus MH 103, Wales MH 1, MiNr. 1326 D stammt aus MH 0-132.

Gültig bis 31.1.2023, geduldet bis 31.7.2023

In gleicher Zeichnung siehe Übersicht nach Jahrgangswerttabelle.

1991, 26. März/2001, 3. Juli. Grußmarken: Lächelnde Gesichter. I = RaTdr., Markenheftchen (5×2) und Kleinbogen; II = Odr., Kleinbogen; A = gez. K 14¾:14¼, C = gez. K 14¼.

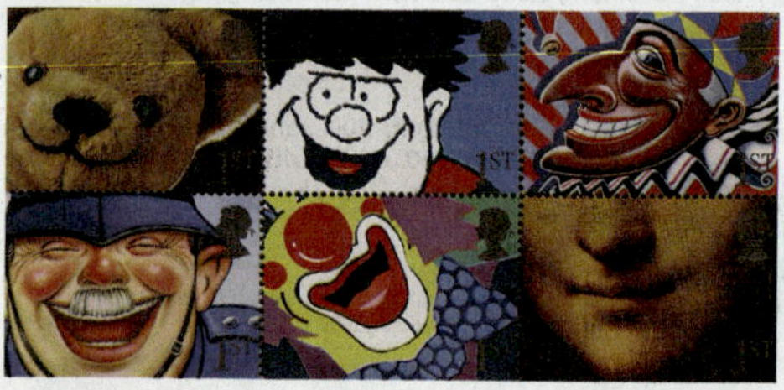

aod) Teddybär
aoe) Dennis the Menace
aof) Punch

aoi) Bobby
aok) Clown
aol) Mona Lisa

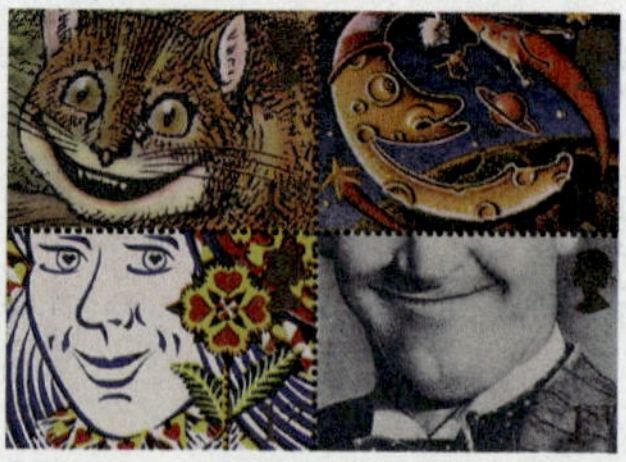

aog) Grinsekatze
aoh) Mann im Mond

aom) Herz Dame
aon) Stan Laurel

A = RaTdr., gez. K 14¾:14¼ (26.3.1991)

1327 I A 1ST mehrfarbig	aod	3,—	1,50
1328 I A 1ST mehrfarbig	aoe	3,—	1,50
1329 I A 1ST mehrfarbig	aof	3,—	1,50
1330 I A 1ST mehrfarbig	aog	3,—	1,50
1331 I A 1ST mehrfarbig	aoh	3,—	1,50
1332 I A 1ST mehrfarbig	aoi	3,—	1,50
1333 I A 1ST mehrfarbig	aok	3,—	1,50
1334 I A 1ST mehrfarbig	aol	3,—	1,50
1335 I A 1ST mehrfarbig	aom	3,—	1,50
1336 I A 1ST mehrfarbig	aon	3,—	1,50
Satzpreis I A (10 W.)		30,—	15,—
FDC I A (1 H-Bl.)			16,—
Kleinbogen I A		*70,—*	*70,—*

II C = Odr., gez. K 14¼ (3.7.2001)

1327 II C 1ST mehrfarbig	aod	3,50	3,—
1328 II C 1ST mehrfarbig	aoe	3,50	3,—
1329 II C 1ST mehrfarbig	aof	3,50	3,—
1330 II C 1ST mehrfarbig	aog	3,50	3,—
1331 II C 1ST mehrfarbig	aoh	3,50	3,—
1332 II C 1ST mehrfarbig	aoi	3,50	3,—
1333 II C 1ST mehrfarbig	aok	3,50	3,—
1334 II C 1ST mehrfarbig	aol	3,50	3,—
1335 II C 1ST mehrfarbig	aom	3,50	3,—
1336 II C 1ST mehrfarbig	aon	3,50	3,—
Satzpreis II C (10 W.)		35,—	30,—
Kleinbogen II C		*250,—*	*250,—*

Nominalen zur Zeit der Ausgabe: MiNr. 1327 I A–1336 I A = je 22 P, MiNr. 1327 II C–1336 II C = je 27 P

MiNr. 1327 I A–1336 I A stammen aus MH 96 und wurden zusätzlich zur Internationalen Briefmarkenausstellung THE STAMP SHOW 2000, London, mit 10 Zierfeldern zusammenhängend im Kleinbogen I A gedruckt und am 22.5.2000 ausgegeben (Postpreis: 2.95 £). MiNr. 1327 II C–1336 II C wurden mit 10 Zierfeldern zusammenhängend im Kleinbogen II C gedruckt.

MiNr. 1327 I A–1336 I A wurden außerdem im Kleinbogen zu 10 Marken mit 10 individuell gestalteten Zierfeldern ausgegeben (Postpreis: 5.95 £). Die Marken der Kleinbogen unterscheiden sich in Breite und Lage der Phosphorstreifen von den Marken aus Heftchen und sind in kräftigeren Farben gedruckt.

MiNr. 1327 II C–1336 II C gibt es außerdem im Kleinbogen mit 10 individuell gestalteten Zierfeldern (Abgabe in jeweils 2 Klb., Postpreis: 12.95 £).

MiNr. 1327 II C–1328 II C und MiNr. 1331 II C–1334 II C wurden auch jeweils in Kleinbogen zu je 10 Marken mit 10 individuell gestalteten Zierfeldern (Abgabe mindestens zwei Klb. einer MiNr.) ausgegeben (Postpreis: 12.95 £).

Zusätzlich wurden ab 1.10.2002 MiNr. 1327 II C–1328 II C in Bogen zu jeweils 10 Marken und 20 Zierfeldern ausgegeben (Postpreis: 5.95 £), dabei sind MiNr. 1327 II C–1328 II C in helleren Farben gedruckt.

In gleichen Zeichnungen: MiNr. 1251–1260
In ähnlicher Zeichnung wie MiNr. 1327: MiNr. 2342 (kleineres Format und selbstklebend)

Smilers Sheets / Commemorative Sheets / Collectors Sheets

Seit der Briefmarkenausstellung „The Stamp Show 2000" (22.5.2000) werden von der britischen Post Sonderbogen als sogenannte Smilers-Bogen, ab 2005 auch Commemorative bzw. Collectors Sheets genannt, herausgegeben, die anfangs unter Verwendung von bereits früher erschienenen Sondermarken (vornehmlich Grußmarken ab MiNr. 1327), aber auch als Ergänzung zu Sonderausgaben nun vorwiegend im selbstklebenden Folienbogen hergestellt werden. Die Neuauflagen dieser Marken unterscheiden sich zum Teil in Druckverfahren, Zähnung, Phosphorstreifenaufdruck, Farbe und Gummierung.

Sie werden in Kleinbogen zu 10 oder Bogen zu 20 Marken mit anhängenden (von der Post gestalteten) Zierfeldern hergestellt, die zu einem Postpreis bis zu inzwischen 20 Prozent über dem Nominalwert nur als komplette Einheiten verkauft werden.

Zusätzlich wird die Möglichkeit angeboten, auf Privatbestellung Bogen mit individuell gestalteten Zierfeldern und auch eigener Bogenrandgestaltung zu einem höheren Preis zu erwerben, die in dieser Form und Zusammenstellung postseitig nicht vertrieben werden.

Bislang wurde diese Sonderform der Smilers-Bogen mit eigener Bogenrandgestaltung vornehmlich von Sportvereinen und Briefmarkenunternehmen geordert. Seit 2008 werden von der britischen Post in ähnlicher Aufmachung sogenannte Commemorative Sheets zu thematischen Anlässen herausgegeben unter Verwendung bereits früher erschienener Marken, die zu einem Mehrfachen der Nominale verkauft werden.

Katalogisiert und bewertet werden nur Marken aus von der Post direkt vertriebenen Smilers-Bogen. Ausgaben auf Privatbestellung und aus zusätzlicher postalischer Fertigung werden nur dann mit einer Unternummer aufgenommen, wenn die darin enthaltenen Marken sich in einem Hauptkriterium (Druckverfahren, Gummierung oder Zähnung) unterscheiden von den postseitig vertriebenen Ausgaben; ansonsten werden sie in einer Fußnote erwähnt. Erwähnung finden Commemorative Sheets nur dann, wenn hierin Zusammendrucke enthalten sind.

1991, 23. April. Europa: Europäische Weltraumfahrt. RaTdr. (5×5 Zd + 5×5 Zd); gez. K 14¼:14¾.

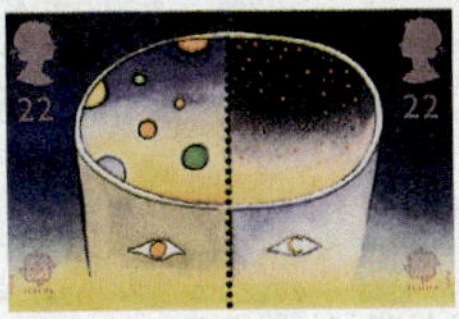

arp, arr

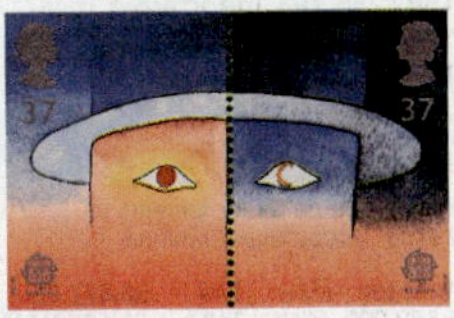

ars, art

arp–art) Symbolische Darstellungen von Erde und Weltall

1337 22 (P) mehrfarbig	arp	1,—	1,—
1338 22 (P) mehrfarbig	arr	1,—	1,—
1339 37 (P) mehrfarbig	ars	2,—	2,—
1340 37 (P) mehrfarbig	art	2,—	2,—
Satzpreis (4 W.)		6,—	6,—
2 Paare		6,—	6,—
FDC			8,—

Nominalgleiche Marken wurden waagerecht zusammenhängend gedruckt.

Auflagen: MiNr. 1337–1338 je 36.470.800, MiNr. 1339–1340 je 7.593.000 Stück

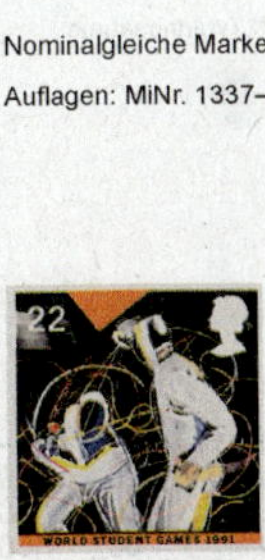

1991, 11. Juni. Universiade, Sheffield; Rugby-Weltmeisterschaft. RaTdr. (10×5 + 10×5); gez. K 14¼.

aru) Fechten

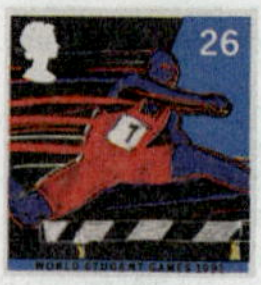

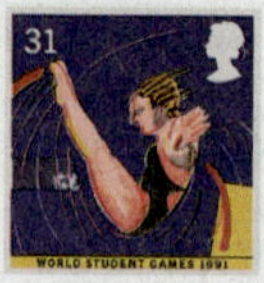

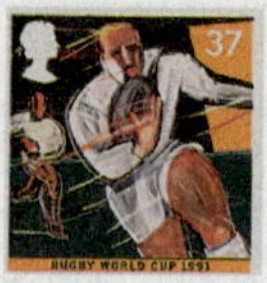

arv) Hürdenlauf arw) Wasserspringen arx) Rugby

1341	22	(P)	mehrfarbig	aru	0,80	0,80
1342	26	(P)	mehrfarbig	arv	1,—	1,—
1343	31	(P)	mehrfarbig	arw	1,40	1,40
1344	37	(P)	mehrfarbig	arx	1,80	1,80
				Satzpreis (4 W.)	5,—	5,—
				FDC		5,50

Auflagen: MiNr. 1341 = 28.894.100, MiNr. 1342 = 4.834.000, MiNr. 1343 = 4.872.600, MiNr. 1344 = 4.973.000 Stück

1991, 16. Juli. Weltkongress für Rosenzucht, Belfast. Odr. (10×5 + 10×5); gez. K 14¼:14.

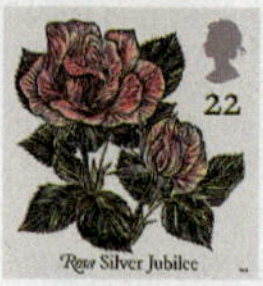

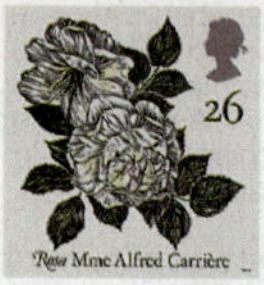

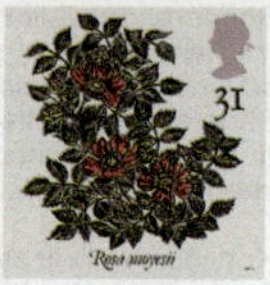

ary) Rose „Silver Jubilee“ arz) Rose „Mme Alfred Carrière“ asa) Rosa moyesii

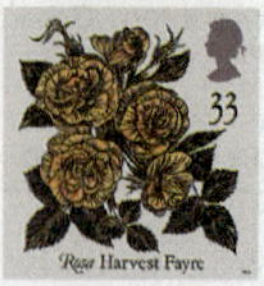

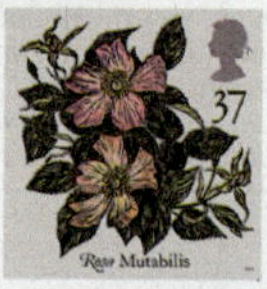

asb) Rose „Harvest Fayre“ asc) Rose „Mutabilis“

1345	22	(P)	mehrfarbig	ary	0,80	0,80
1346	26	(P)	mehrfarbig	arz	1,—	1,—
1347	31	(P)	mehrfarbig	asa	1,40	1,40
1348	33	(P)	mehrfarbig	asb	1,50	1,50
1349	37	(P)	mehrfarbig	asc	1,80	1,80
				Satzpreis (5 W.)	6,50	6,50
				FDC		7,—

1345 F	Farbe Silber fehlend	*2000,—*
1347 F	Farbe Silber fehlend	*4000,—*

Auflagen: MiNr. 1345 = 28.877.900, MiNr. 1346 = 4.722.000, MiNr. 1347 = 4.889.000, MiNr. 1348 = 4.633.600, MiNr. 1349 = 4.867.200 Stück

1991, 20. Aug. 150. Jahrestag des ersten Kongresses über Dinosaurier: Saurierskelette. RaTdr. (10×5 + 10×5); gez. K 14¼.

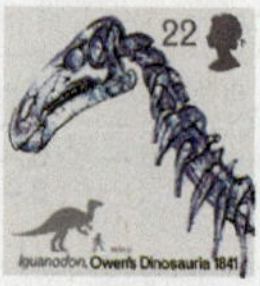

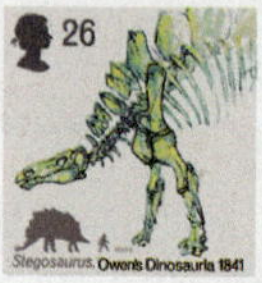

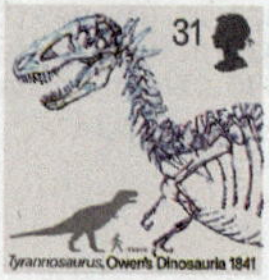

asd) Iguanodon ase) Stegosaurus asf) Tyrannosaurus

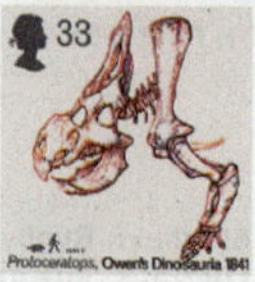

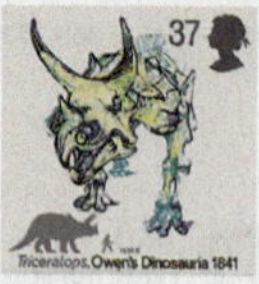

asg) Protoceratops ash) Triceratops

1350	22	(P)	mehrfarbig	asd	1,—	1,—
1351	26	(P)	mehrfarbig	ase	1,20	1,20
1352	31	(P)	mehrfarbig	asf	1,50	1,50
1353	33	(P)	mehrfarbig	asg	1,80	1,80
1354	37	(P)	mehrfarbig	ash	2,—	2,–
				Satzpreis (5 W.)	7,50	7,5
				FDC		8,–

		★★
1350 U	ungezähnt (Paar)	*1400,–*
1350 Ul	links ungezähnt (Randstück)	—,–

Auflagen: MiNr. 1350 = 28.461.800, MiNr. 1351 = 4.635.400, MiNr. 1352 = 4.617.300, MiNr. 1353 = 4.579.700, MiNr. 1354 = 4.780.200 Stück

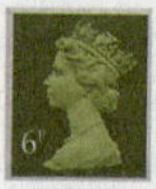

1991, 10. Sept./1993, 17. Aug. Freimarken: Königin Elizabeth II., Typ Machin. RaTdr., Bogen (B) (10×20), Markenheftchen (MH) und Rollen (R); C = gez. K 14¾:14¼, CS = Sicherheitszähnung K 14¾:14¼, D = dreiseitig gezähnt 14¾:14¼.

ku) Königin Elizabeth II. (1926–2022, reg. ab 1952)

					★★	⊙
1355		6 P	gelboliv	ku		
	C		vierseitig gez. (B) (10.9.1991)		0,30	0,3
	CS		Sicherheitszähnung (B) (27.4.1993)		0,30	0,3
1356	**C**	18 P	dunkelgelbgrün (B) (R)	ku	0,60	0,6
1357		24 P	mittelsiena	ku		
	C		vierseitig gez. (B) (MH) (R)		0,80	0,8
	Dl		links geschnitten (MH)		1,—	1,–
	Dr		rechts geschnitten (MH)		1,—	1,–
1358	**C**	28 P	grautürkis (B)	ku	1,20	1,–
1359	**C**	34 P	dunkelviolettpurpur (B)	ku	1,60	1,3
1360		35 P	gelbocker	ku		
	C		vierseitig gez. (10.9.1991) (B)		1,80	1,5
	CS		Sicherheitszähnung (B) (R) (17.8.1993)		1,50	1,2
1361	**C**	39 P	purpur (B) (R)	ku	2,20	1,8
				Satzpreis C (7 W.)	8,50	7,–
				FDC		8,–
				Paar 1357 Dl/Dr	2,—	2,–

		★★
1356 U	ungezähnt (B) (Paar)	500,–
1357 U	ungezähnt (B) (Paar)	250,–
1358 U	ungezähnt (B) (Paar)	*2000,–*

MiNr. 1357 C stammt auch aus MH 97, MiNr. 1357 D nur aus MH 98.

MiNr. 1355 CS wurde am 22.5.2000 auch im Kleinbogen ausgegeben; siehe nach MiNr. 1804 CS.

[Fälschung] MiNr. 1357 Odr. auf normalem Papier; gez. L 11.

[FALSCH] Von obiger Fälschung gibt es Fälschungen zum Schaden der Sammler.

Gültig bis 31.1.2023, geduldet bis 31.7.2023

In gleicher Zeichnung siehe nach Übersicht nach Jahrgangswerttabelle.

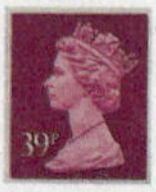

1991, 16. Sept./1992, 27. Okt. Freimarke: Königin Elizabeth II., Typ Machin. Odr., Markenheftchen; C = vierseitig gez. K 14¾:14¼, D = dreiseitig gez. K 14.

ku) Königin Elizabeth II. (1926–2022, reg. ab 1952)

					★★	⊙
1362		39 P	lilapurpur	ku		
	C		vierseitig gez. (27.10.1992)		2,50	2,50
	Do		oben geschnitten (16.9.1991)		2,—	2,—
	Du		unten geschnitten (16.9.1991)		2,—	2,—
				Paar 1362 Do/Du	4,—	4,—

MiNr. 1362 C stammt aus MH 100, 103, 0-139, MiNr. 1362 D nur aus MH 0-133.

Gültig bis 31.1.2023, geduldet bis 31.7.2023

In gleicher Zeichnung siehe Übersicht nach Jahrgangswerttabelle.

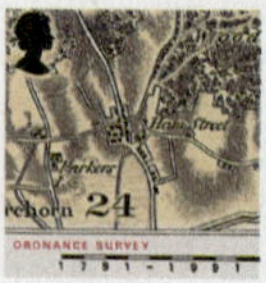

1991, 17. Sept. 200 Jahre amtliche Landvermessung: Landkarten. MiNr. 1363 komb. StTdr. und Odr., MiNr. 1364–1366 Odr.; (5×10 + 5×10); gez. K 14¼.

asi) Karte von 1816

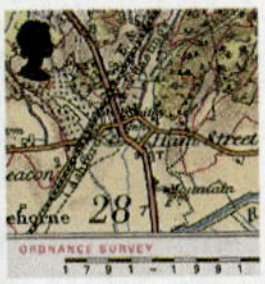
ask) Karte von 1906

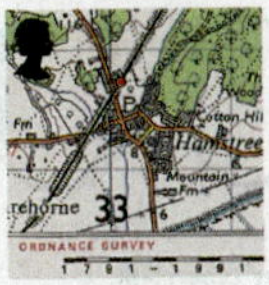
asl) Karte von 1959

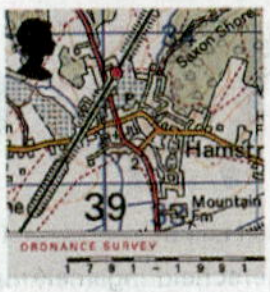
asm) Karte von 1991

asi–asm) Verschiedene Karten von Hamstreet (Kent)

1363	24 (P) mehrfarbig	asi	0,80	0,80
1364	28 (P) mehrfarbig	ask	1,—	1,—
1365	33 (P) mehrfarbig	asl	1,50	1,50
1366	39 (P) mehrfarbig	asm	1,80	1,80
		Satzpreis (4 W.)	5,—	5,—
		FDC		5,50

Auflagen: MiNr. 1363 = 28.123.100, MiNr. 1364 = 4.553.900, MiNr. 1365 = 4.519.800, MiNr. 1366 = 4.677.300 Stück

1991, 12. Nov. Weihnachten: Buchmalerei. RaTdr., Bogen (B) (10×5 + 10×5) und Markenheftchen (MH) (10×2); gez. K 14¾:14.

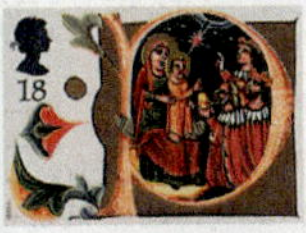
asn) Initiale P; Anbetung der Heiligen Drei Könige

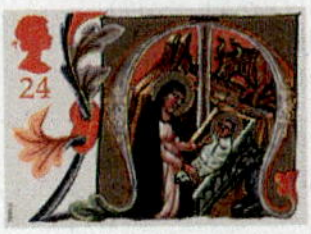
aso) Initiale M; Maria mit dem Kind

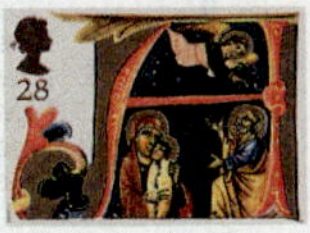
asp) Initiale A; Heilige Familie

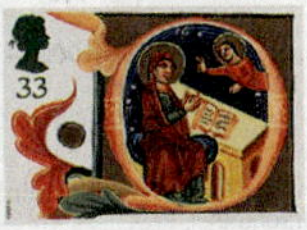
asr) Initiale Q; Mariä Verkündigung

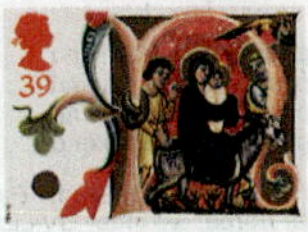
ass) Initiale N; Flucht nach Ägypten

asn–ass) Illuminierte Initialen aus einer venezianischen Handschrift (14. Jh.)

1367	18 (P) mehrfarbig (B) (MH)	asn	0,60	0,60
1368	24 (P) mehrfarbig (B)	aso	0,80	0,80
1369	28 (P) mehrfarbig (B)	asp	1,—	1,—
1370	33 (P) mehrfarbig (B)	asr	1,40	1,40
1371	39 (P) mehrfarbig (B)	ass	1,80	1,80
		Satzpreis (5 W.)	5,50	5,50
		FDC		6,—

		★★
1367 U	ungezähnt (Paar)	—,—
1370 U	ungezähnt (Paar)	—,—

MiNr. 1367 stammt auch aus MH 0-134.

Auflagen: MiNr. 1367 = 329.830.900 im Bogen und 51.227.000 im Markenheftchen, MiNr. 1368 = 181.091.200, MiNr. 1369 = 12.630.600, MiNr. 1370 = 12.503.500, MiNr. 1371 = 14.748.700 Stück

1992, 14. Jan. Die vier Jahreszeiten (I): Winter. RaTdr., Bogen (B) (10×5 + 10×5) und Markenheftchen (MH); gez. K 14¾:14.

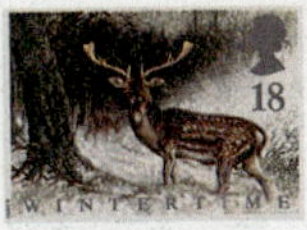
ast) Damhirsch

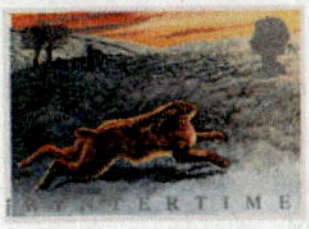
asu) Hase

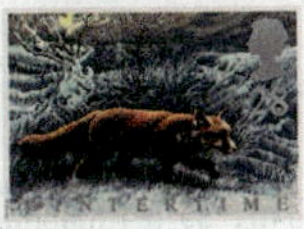
asv) Fuchs

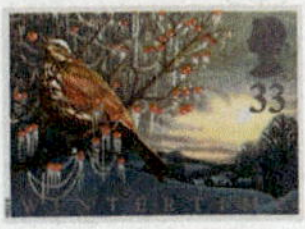
asw) Rotdrossel (Turdus iliacus)

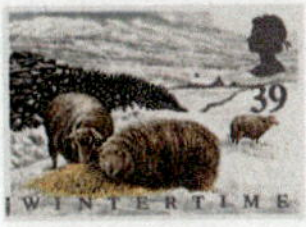
asx) Walisische Bergschafe

			★★	⊙
1372	18 (P) mehrfarbig (B)	ast	0,60	0,60
1373	24 (P) mehrfarbig (B)	asu	0,90	0,90
1374	28 (P) mehrfarbig (B)	asv	1,—	1,—
1375	33 (P) mehrfarbig (B)	asw	1,40	1,40
1376	39 (P) mehrfarbig (B) (MH)	asx	1,60	1,60
		Satzpreis (5 W.)	5,50	5,50
		FDC		6,—

		★★
1373 U	ungezähnt (Paar)	300,—

MiNr. 1376 wurde auch im Markenheftchen (Wales MH 1) ausgegeben.

Auflagen: MiNr. 1372 = 27.079.200, MiNr. 1373 = 28.349.900, MiNr. 1374 = 5.294.100, MiNr. 1375 = 5.296.100, MiNr. 1376 = 6.638.400 Stück, davon 1.163.000 im Markenheftchen

1992, 28. Jan. Grußmarken: Andenken. RaTdr., Markenheftchen (5×2); gez. K 14¾:14.

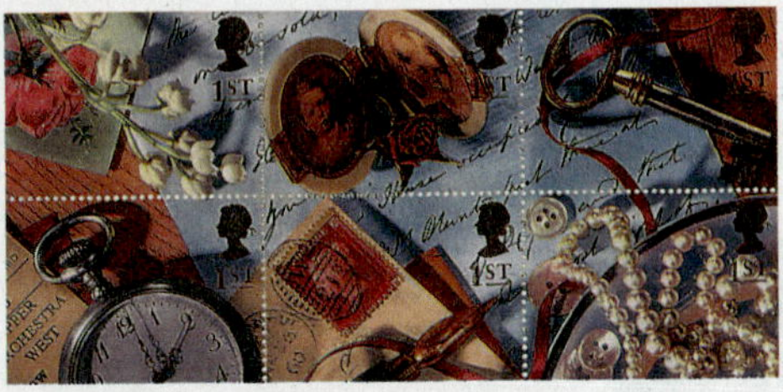
asy, asz, ata
atd, ate, atf

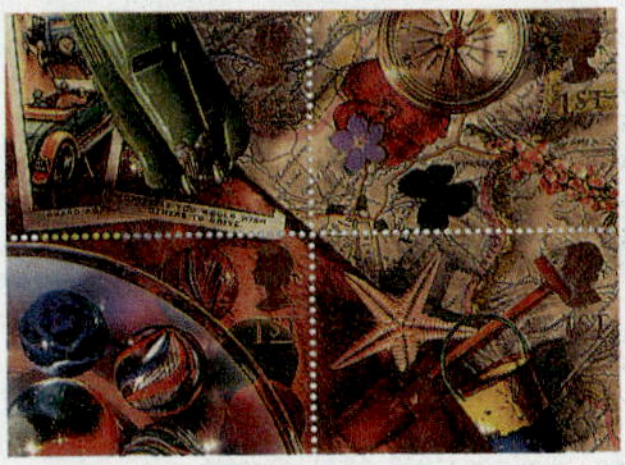
atb, atc
atg, ath

asy–ath) Verschiedene Andenken

			★★	⊙
1377	1ST mehrfarbig	asy	3,—	1,50
1378	1ST mehrfarbig	asz	3,—	1,50
1379	1ST mehrfarbig	ata	3,—	1,50
1380	1ST mehrfarbig	atb	3,—	1,50
1381	1ST mehrfarbig	atc	3,—	1,50
1382	1ST mehrfarbig	atd	3,—	1,50
1383	1ST mehrfarbig	ate	3,—	1,50
1384	1ST mehrfarbig	atf	3,—	1,50
1385	1ST mehrfarbig	atg	3,—	1,50
1386	1ST mehrfarbig	ath	3,—	1,50
		Satzpreis (10 W.)	30,—	15,—
		FDC (1 H-Blatt)		16,—

Nominale zur Zeit der Ausgabe: je 24 P

MiNr. 1377–1386 stammen aus MH 99.

1992, 6. Febr. 40. Jahrestag der Thronbesteigung von Königin Elizabeth II. Odr. (2×5 Zd + 2×5 Zd); gez. K 14¾:14.

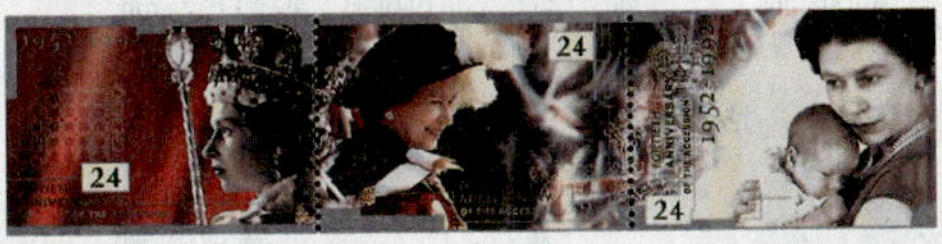
ati) bei Krönung
atk) als Oberhaupt der Kirche von England
atl) als Mutter

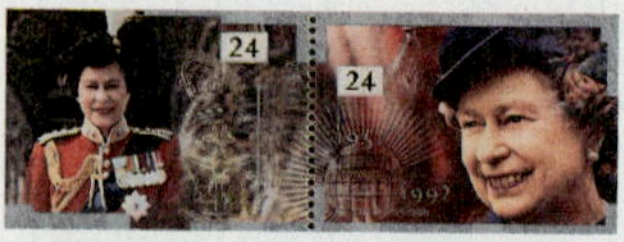

atm) als Oberkommandierende der Streitkräfte
atn) Porträt

ati–atn) Königin Elizabeth II. (1926–2022, reg. ab 1952)

1387	24 (P) mehrfarbig	ati	1,40	1,40
1388	24 (P) mehrfarbig	atk	1,40	1,40
1389	24 (P) mehrfarbig	atl	1,40	1,40
1390	24 (P) mehrfarbig	atm	1,40	1,40
1391	24 (P) mehrfarbig	atn	1,40	1,40
	Satzpreis (5 W.)		7,—	7,—
	Fünferstreifen		8,—	8,—
	FDC			8,50

MiNr. 1387–1391 wurden waagerecht zusammenhängend gedruckt.

Auflage: 11.597.540 Sätze

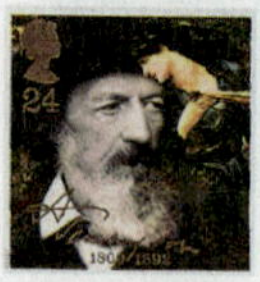

1992, 10. März. 100. Todestag von Alfred Lord Tennyson. RaTdr. (10×5 + 10×5); gez. K 14¾:14¼.

ato) Die Verführung des Merlin; Gemälde von Edward Burne-Jones (1833–1898)

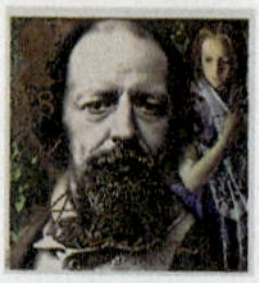

atp) Aprilliebe; Gemälde von Arthur Hughes (1832–1915)

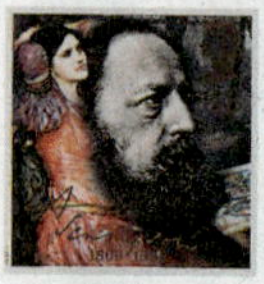

atr) Die Dame von Shalott; Gemälde von John William Waterhouse (1849–1917)

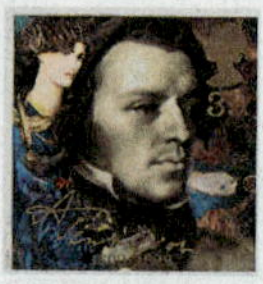

ats) Mariana; Gemälde von Dante Gabriel Rossetti (1828–1882)

ato–ats) Portraits von Alfred Lord Tennyson (1809–1892), Dichter; Illustrationen zu seinen Werken

1392	24 (P) mehrfarbig	ato	0,80	0,80
1393	28 (P) mehrfarbig	atp	1,—	1,—
1394	33 (P) mehrfarbig	atr	1,40	1,40
1395	39 (P) mehrfarbig	ats	1,80	1,80
	Satzpreis (4 W.)		5,—	5,—
	FDC			5,50

Auflagen: MiNr. 1392 = 29.471.700, MiNr. 1393 = 5.629.100, MiNr. 1394 = 5.484.800, MiNr. 1395 = 5.633.000 Stück

1992, 24. März/1997, 29. Juli. Freimarken: Britische Burgen; geändertes Kopfbild. StTdr. (5×5 + 5×5 + 5×5 + 5×5); normales Papier; Sicherheitszähnung K 14¾:14¼.

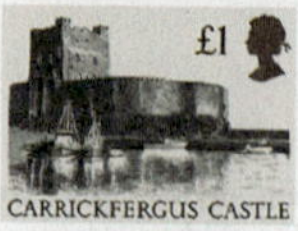

alt I) Carrickfergus (Nordirland)

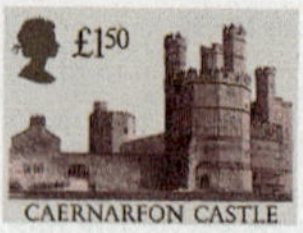

alu I) Caernarfon (Wales)

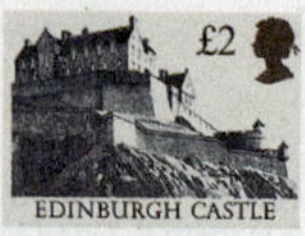

alv I) Edinburgh (Schottland)

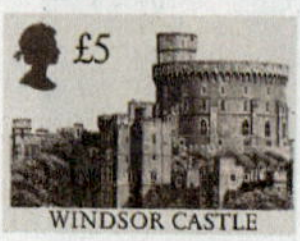

alw I) Windsor (England)

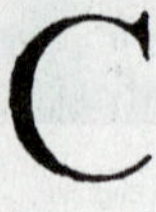

Type I und II

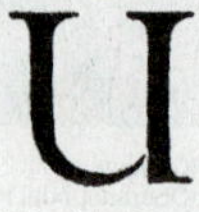

Type I und II

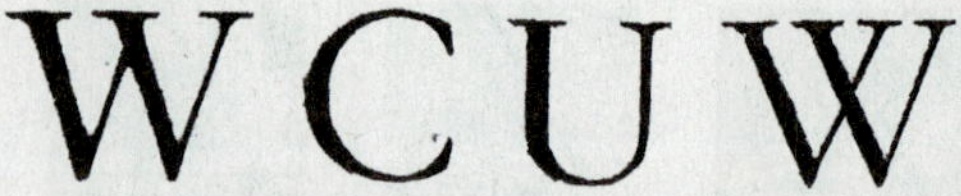

Type I und II Type III Type III Type III

Unterscheidungsmerkmale der Typen I–III:

Die Marken der Type II sind tiefer gestochen, wodurch die Farben der Markenbilder insgesamt dunkler wirken. Die Konturen sind deutlicher und kräftiger. Marken der Type III sind wiederum feiner gestochen, das Markenbild wirkt plastischer und detailreicher.

Die Rasterung des Kopfes der Königin besteht bei Type I aus waagerechten und diagonalen Linien, bei Type II aus rechts und links diagonalen Linien, während das Kopfbild bei Type III ohne erkennbare Rasterung gedruckt ist. Weitere Unterscheidungsmerkmale sind die veränderten Schrifttypen bei Type III, besonders auffällig bei den Buchstaben „C", „U" und „W".

1396		1 £ schwarzgrün/gold	alt I		
	I	Type I (24.3.1992)		7,—	1,50
	II	Type II (6.12.1994)		9,—	2,—
1397		1.50 £ schwarzrosalila/gold	alu I		
	I	Type I (24.3.1992)		7,—	2,—
	II	Type II (1.11.1994)		8,—	2,50
	III	Type III (29.7.1997)		12,—	6,—
1398		2 £ schwarzgraublau/gold	alv I		
	I	Type I (24.3.1992)		9,—	2,50
	II	Type II (25.11.1994)		12,—	3,50
	III	Type III (29.7.1997)		20,—	4,—
1399		5 £ schwarzbraun/gold	alw I		
	I	Type I (24.3.1992)		22,—	8,—
	II	Type II (Juli 1994)		22,—	8,—
	III	Type III (29.7.1997)		38,—	12,—
		Satzpreis I (4 W.)		45,—	14,—
		Satzpreis II (4 W.)		50,—	16,—
		Satzpreis III (3 W.)		70,—	22,—
		FDC I (4 W.)			40,—

1397 III F	Kopf der Königin fehlend	*2000,—*	*1000,—*
1398 III F	Kopf der Königin fehlend	600,—	
1399 I F	Kopf der Königin fehlend	500,—	
1399 III F	Kopf der Königin fehlend	*5000,—*	

Die Marken sind auf normalem Papier gedruckt unter Verwendung von fluoreszierender Farbe, die unter UV-Licht grünlichgelb erscheint.

Davon ausgenommen ist die Farbe des Kopfbildes, die sich je nach Lichteinfall von Rot über Gold nach Grün ändert.

Weitere Werte: MiNr. 1174–1177, 1586

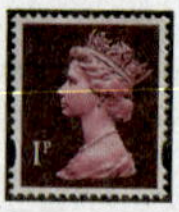

Sicherheitszähnung

Ab 1992 weisen Freimarkenausgaben ovale Ausbuchtungen in den Zahnreihen auf, die eine Fälschung der Marken erschweren sollen. Ausführliche Katalogisierung siehe MICHEL-Großbritannien-Spezial.

1992, 7. April. Europa: 500. Jahrestag der Entdeckung von Amerika. Komb. StTdr. und Odr. (10×5 + 10×5); gez. K 14¾:14¼.

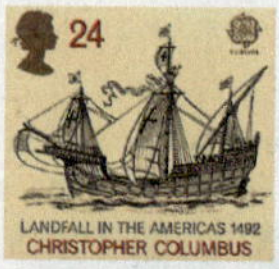

att) „Santa Maria", Flaggschiff von Christoph Kolumbus

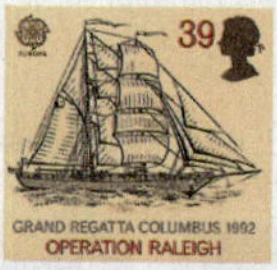

atu) „Kaisei", Segelschulschiff und Teilnehmer der Kolumbus-Regatta

1400	24 (P) mehrfarbig	att	2,—	1,50
1401	39 (P) mehrfarbig	atu	4,—	2,50
	Satzpreis (2 W.)		6,—	4,—
	FDC			5,50

Auflagen: MiNr. 1400 = 22.089.700, MiNr. 1401 = 5.138.100 Stück

1992, 7. April. Olympische Sommerspiele, Barcelona; Olympische Sommerspiele der Behinderten, Barcelona; Weltausstellung EXPO '92, Sevilla. Odr.; MiNr. 1402–1403 (5×5 Zd + 5×5 Zd), MiNr. 1404 (10×5 + 10×5); gez. K 14¾:14¼.

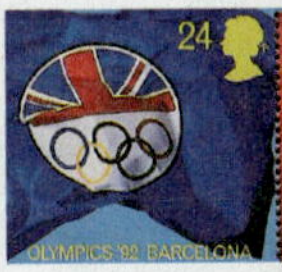

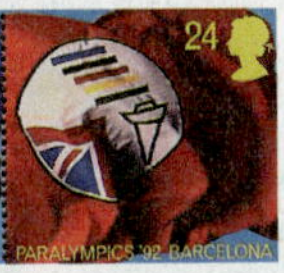

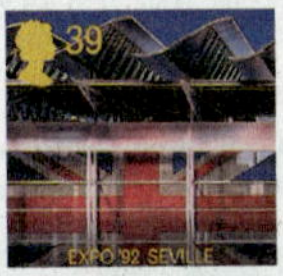

atv) Flagge der britischen Olympiamannschaft
atw) Flagge der britischen Olympiamannschaft der Behinderten
atx) Britischer Ausstellungs-Pavillon

1402	24 (P)	mehrfarbig	atv	0,80	0,80
1403	24 (P)	mehrfarbig	atw	0,80	0,80
1404	39 (P)	mehrfarbig	atx	1,60	1,60
			Satzpreis (3 W.)	3,20	3,20
			Paar + Marke	3,50	3,50
			FDC		4,—

MiNr. 1402–1403 wurden waagerecht zusammenhängend gedruckt.

Auflagen: MiNr. 1402–1403 je 14.141.800, MiNr. 1404 = 5.134.400 Stück

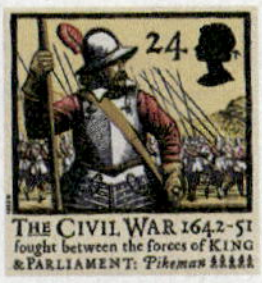

1992, 16. Juni. 350. Jahrestag des Beginns des englischen Bürgerkrieges (1642–1651). RaTdr. (10×5 + 10×5); gez. K 14¾:14.

aty) Pikenier

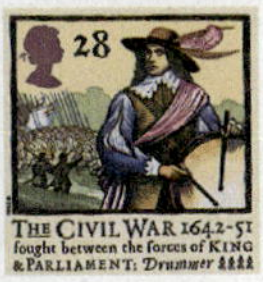

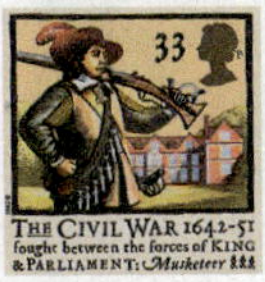

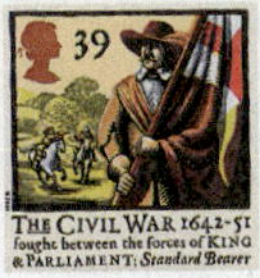

atz) Trommler
aua) Musketier
aub) Standartenträger

1405	24 (P)	mehrfarbig	aty	0,80	0,80
1406	28 (P)	mehrfarbig	atz	1,—	1,—
1407	33 (P)	mehrfarbig	aua	1,40	1,40
1408	39 (P)	mehrfarbig	aub	1,80	1,80
			Satzpreis (4 W.)	5,—	5,—
			FDC		5,50

	★★
1405 U ungezähnt (Paar)	400,—

Auflagen: MiNr. 1405 = 27.988.700, MiNr. 1406 = 5.380.600, MiNr. 1407 = 5.395.600, MiNr. 1408 = 5.550.800 Stück

1992, 21. Juli. 150. Geburtstag von Arthur Sullivan (1842–1900), Komponist: Opernszenen. RaTdr. (10×5 + 10×5); gez. K 14¾:14¼.

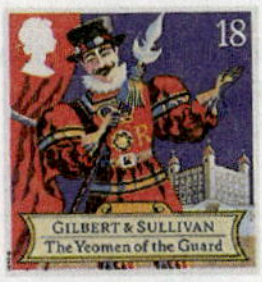

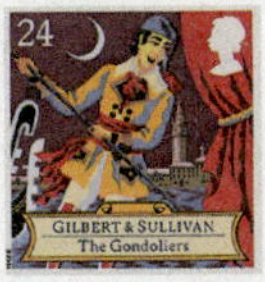

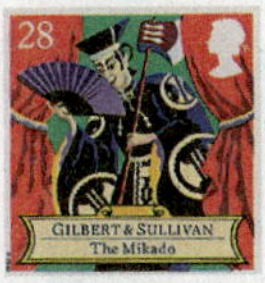

auc) „Die Königlichen Leibgardisten“
aud) „Die Gondoliere“
aue) „Der Mikado“

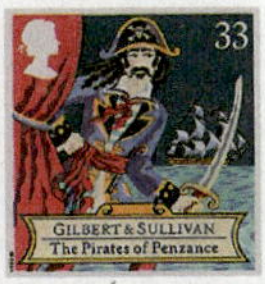

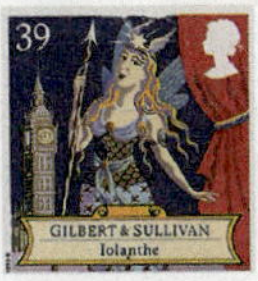

auf) „Die Piraten von Penzance“
aug) „Jolanthe“

				★★	⊙
1409	18 (P)	mehrfarbig	auc	0,70	0,70
1410	24 (P)	mehrfarbig	aud	0,90	0,90
1411	28 (P)	mehrfarbig	aue	1,20	1,20
1412	33 (P)	mehrfarbig	auf	1,40	1,40
1413	39 (P)	mehrfarbig	aug	1,80	1,80
			Satzpreis (5 W.)	6,—	6,—
			FDC		6,50

	★★
1410 U ungezähnt (Paar)	350,—

Auflagen: MiNr. 1409 = 25.437.000, MiNr. 1410 = 28.172.800, MiNr. 1411 = 5.267.200, MiNr. 1412 = 5.676.900, MiNr. 1413 = 5.553.000 Stück

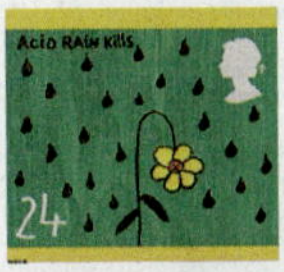

1992, 15. Sept. Umweltschutz. Kinderzeichnungen. RaTdr. (5×10 + 5×10); gez. K 14¼.

auh) Saurer Regen tötet; von Christopher Hall (9 J.)

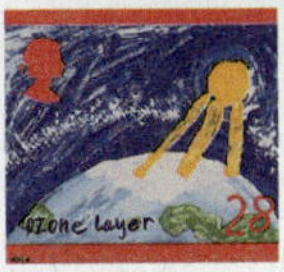

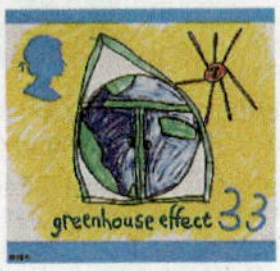

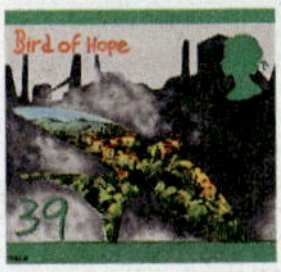

aui) Ozonloch; von Lewis Fowler (6 J.)
auk) Treibhauseffekt; von Sarah Jo Warren (7 J.)
aul) Vogel der Hoffnung; von Alice Newton-Mold (12 J.)

				★★	⊙
1414	24 (P)	mehrfarbig	auh	0,90	0,90
1415	28 (P)	mehrfarbig	aui	1,20	1,20
1416	33 (P)	mehrfarbig	auk	1,40	1,40
1417	39 (P)	mehrfarbig	aul	1,50	1,50
			Satzpreis (4 W.)	5,—	5,—
			FDC		5,50

Auflagen: MiNr. 1414 = 23.400.600, MiNr. 1415 = 4.959.400, MiNr. 1416 = 4.957.700, MiNr. 1417 = 4.957.900 Stück

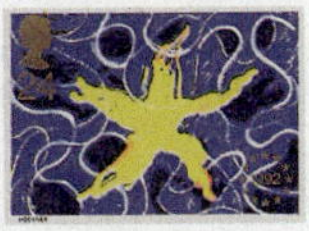

1992, 13. Okt. Europäischer Binnenmarkt. RaTdr. (10×5 + 10×5); gez. K 14¾:14¼.

aum) Seestern

1418	24 (P)	mehrfarbig	aum	1,20	1,20
			FDC		2,—

Auflage: 27.869.200 Stück

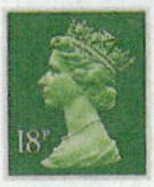

1992, 27. Okt./1993, 9. Febr. Freimarken: Königin Elizabeth II., Typ Machin. Odr., Markenheftchen; AD = dreiseitig gez. K 13¾:14¼, C = gez. K 14¾:14¼.

ku) Königin Elizabeth II. (1926–2022, reg. ab 1952)

1419 C	18 P	dunkelgelbgrün (27.10.1992)	ku	0,80	0,80
1420	24 P	mittelsiena	ku		
ADl		dreiseitig gez. (⌑) (9.2.1993)		1,40	1,40
ADr		dreiseitig gez. (⌑) (9.2.1993)		1,40	1,40
C		gez. K 14¾:14¼ (27.10.1992)		1,40	1,40
		Satzpreis C (2 W.)		2,20	2,20
		Paar 1420 ADl/Dr		3,—	3,—

MiNr. 1419 C stammt aus MH 100, 103, MiNr. 1420 C aus MH 100, MiNr. 1420 AD aus MH 102.

Gültig bis 31.1.2023, geduldet bis 31.7.2023

In gleicher Zeichnung siehe Übersicht nach Jahrgangswerttabelle.

1992, 10. Nov. Weihnachten: Kirchenfenster. RaTdr., Bogen (B) (10×5 + 10×5) und Markenheftchen (MH) (10×2); gez. K 14¾:14¼.

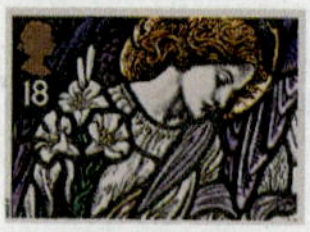

aun) Erzengel Gabriel; St.-Jakobs-Kirche, Pangbourne

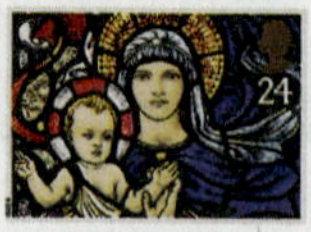

auo) Maria mit Kind; St.-Marien-Kirche, Bibury

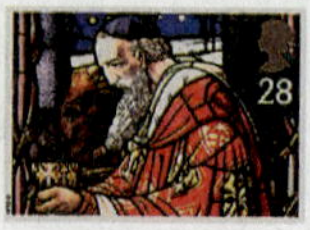

aup) Einer der Hl. Drei Könige; St.-Marien- und St.-Peters-Kirche, Leatherhead

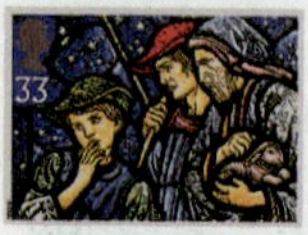

aur) Drei Hirten; Allerheiligenkirche, Porthcawl

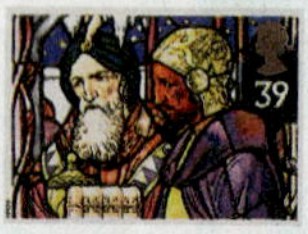

aus) Zwei der Hl. Drei Könige; St.-Marien- und St.-Peters-Kirche, Leatherhead

aun–auo, aur) Glasmalereien von Karl Parsons (1884–1934)
aup, aus) Glasmalereien von Paul Woodroffe (1875–1954)

1421	18 (P) mehrfarbig (B) (MH)	aun	0,60	0,60
1422	24 (P) mehrfarbig (B)	auo	0,90	0,90
1423	28 (P) mehrfarbig (B)	aup	1,10	1,10
1424	33 (P) mehrfarbig (B)	aur	1,40	1,40
1425	39 (P) mehrfarbig (B)	aus	1,50	1,50
	Satzpreis (5 W.)		5,50	5,50
	FDC			6,—

		★★
1421 U	ungezähnt (MH) (Paar)	200,—

MiNr. 1421 stammt auch aus MH 0-144.

Auflagen: MiNr. 1421 = 338.655.500 im Bogen und 67.774.500 im Markenheftchen, MiNr. 1422 = 179.784.100, MiNr. 1423 = 13.591.500, MiNr. 1424 = 13.687.800, MiNr. 1425 = 16.289.800 Stück

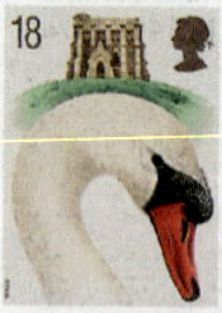

1993, 19. Jan. 600 Jahre Schwanenzucht in Abbotsbury, Dorset. RaTdr. (5×10 + 5×10); gez. K 14¼:14¾.

aut) Kapelle St. Catherine, Kopf eines Höckerschwans (Cygnus olor)

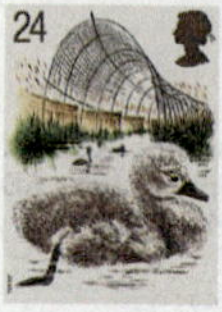

auu) Entenfalle, Schwanenküken

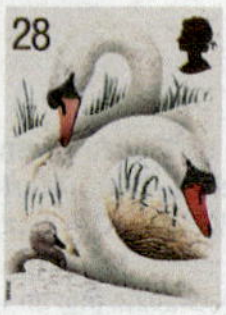

auv) Höckerschwäne

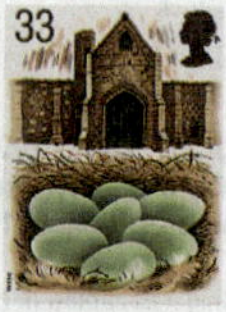

auw) Zehntscheune, Gelege

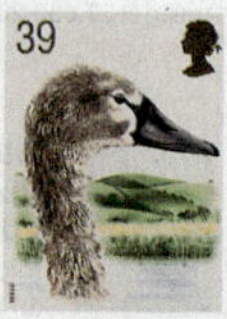

aux) Jungschwan

			★★	⊙
1426	18 (P) mehrfarbig	aut	1,—	1,—
1427	24 (P) mehrfarbig	auu	1,20	1,20
1428	28 (P) mehrfarbig	auv	1,60	1,60
1429	33 (P) mehrfarbig	auw	2,20	2,20
1430	39 (P) mehrfarbig	aux	2,50	2,50
	Satzpreis (5 W.)		8,50	8,50
	FDC			9,—

Auflagen: MiNr. 1426 = 25.239.900, MiNr. 1427 = 27.256.700, MiNr. 1428 = 5.186.200, MiNr. 1429 = 5.299.600, MiNr. 1430 = 5.292.200 Stück

1993, 2. Febr. Grußmarken: Kinderbuchfiguren. RaTdr., Markenheftchen (5×2); Sicherheitszähnung K 14¾:14¼.

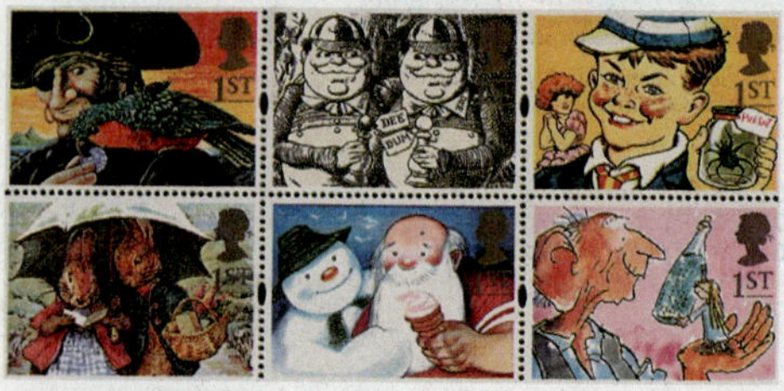

auy) Long John Silver
auz) Tweedledum and Tweedledee
ava) William

avd) Peter Rabbit und Mrs. Rabbit
ave) Snowman and Father Christmas
avf) The Big Friendly Giant and Sophie

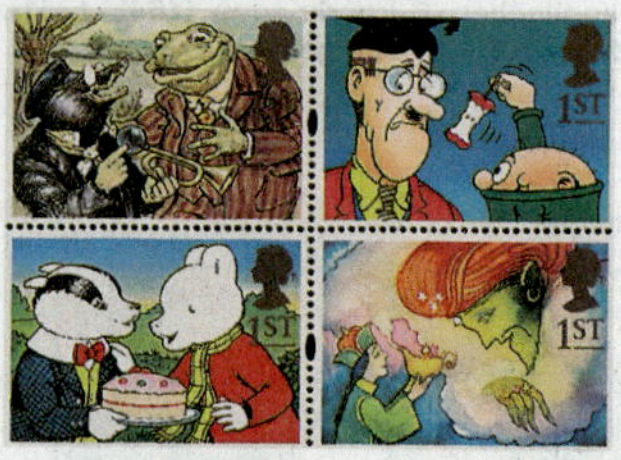

avb) Mole and Toad
avc) Teacher William and Wilfred

avg) Bill Badger and Rupert Bear
avh) Aladdin and the Genie

auy–avh) Beliebte Figuren aus Kinderbüchern

1431	1ST mehrfarbig	auy	3,—	1,40
1432	1ST mehrfarbig	auz	3,—	1,40
1433	1ST mehrfarbig	ava	3,—	1,40
1434	1ST mehrfarbig	avb	3,—	1,40
1435	1ST mehrfarbig	avc	3,—	1,40
1436	1ST mehrfarbig	avd	3,—	1,40
1437	1ST mehrfarbig	ave	3,—	1,40
1438	1ST mehrfarbig	avf	3,—	1,40
1439	1ST mehrfarbig	avg	3,—	1,40
1440	1ST mehrfarbig	avh	3,—	1,40
	Satzpreis (10 W.)		30,—	14,—
	FDC (1 H-Blatt)			15,—

Nominale zur Zeit der Ausgabe: je 24 P

MiNr. 1431–1440 stammen aus MH 101, MiNr. 1436 auch aus MH 103.

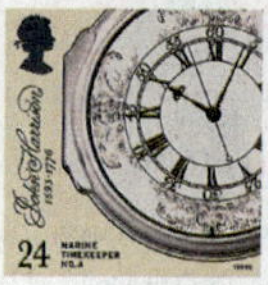

1993, 16. Febr. 300. Geburtstag von John Harrison. Odr. (5×10 + 5×10); gez. K 14¼.

avi

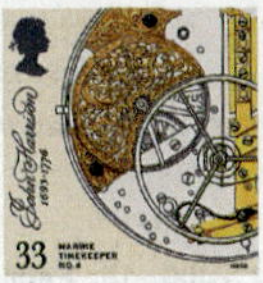
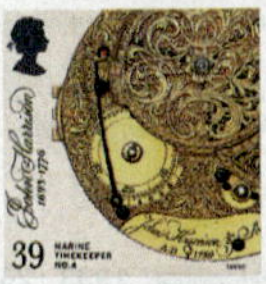

avk avl avm

avi–avm) Details des Schiffschronometers Nr. 4 von John Harrison (1693–1776), Uhrenbauer

1441	24 (P)	mehrfarbig	avi	0,80	0,80
1442	28 (P)	mehrfarbig	avk	1,20	1,20
1443	33 (P)	mehrfarbig	avl	1,40	1,40
1444	39 (P)	mehrfarbig	avm	1,60	1,60
			Satzpreis (4 W.)	5,—	5,—
			FDC		5,50

Auflagen: MiNr. 1441 = 27.792.100, MiNr. 1442 = 5.197.300, MiNr. 1443 = 5.245.800, MiNr. 1444 = 5.324.900 Stück

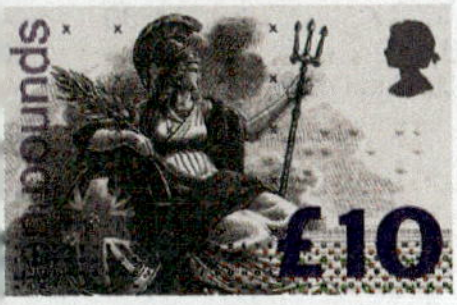

1993, 2. März. Freimarke. Komb. Odr. und Pdr. (5×5); Papier und Farben teilweise fl.; Sicherheitszähnung K 14:14¼.

avn) Britannia

1445	10 £	mehrfarbig	avn	40,—	16,—
			FDC		30,—

1445 F Farbe Silber fehlend . . . . . 3000,— —,—

MiNr. 1445 wurde mit dem Text „TEN“ in Blindenschrift versehen. Der Papiermasse wurden fluoreszierende Fasern beigemischt.

1993, 16. März. Welt-Orchideen-Konferenz, Glasgow: Orchideen. RaTdr. (10×5 + 10×5); gez. K 14¾:14¼.

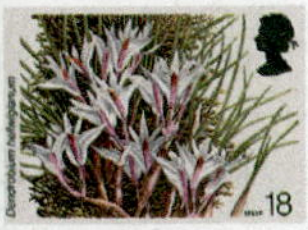
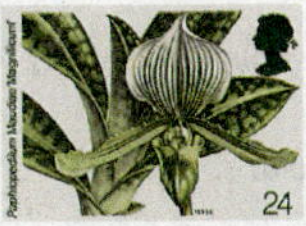
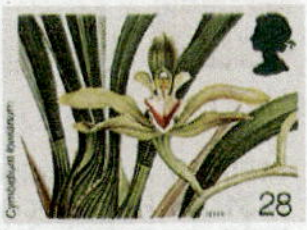

avo) Dendrobium hellwigianum
avp) Paphiopedilum maudiae „Magnificum“
avr) Cymbidium lowianum

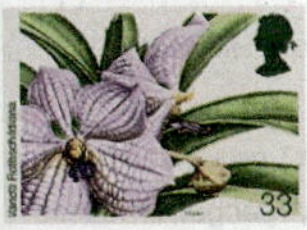
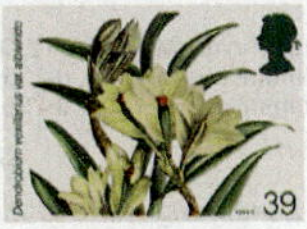

avs) Vanda rothschildiana
avt) Dendrobium vexillarius var. albiviride

1446	18 (P)	mehrfarbig	avo	0,60	0,60
1447	24 (P)	mehrfarbig	avp	0,80	0,80
1448	28 (P)	mehrfarbig	avr	1,10	1,10
1449	33 (P)	mehrfarbig	avs	1,40	1,40
1450	39 (P)	mehrfarbig	avt	1,60	1,60
			Satzpreis (5 W.)	5,50	5,50
			FDC		6,50

1446 U ungezähnt (Paar) . . . . . 3000,—
1449 F „1993 ©“ am Unterrand fehlend (Feld 96) . . . . . 25,— 25,—

Auflagen: MiNr. 1446 = 23.266.300, MiNr. 1447 = 30.377.100, MiNr. 1448 = 5.496.500, MiNr. 1449 = 5.777.900, MiNr. 1450 = 5.634.300 Stück

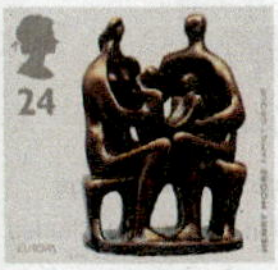

1993, 11. Mai. Europa: Zeitgenössische Kunst. RaTdr. (5×10 + 5×10); gez. K 14¼:14½.

avu) Familie; Bronzeskulptur von Henry Moore (1898–1986)

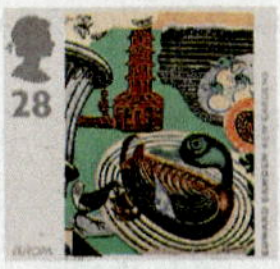
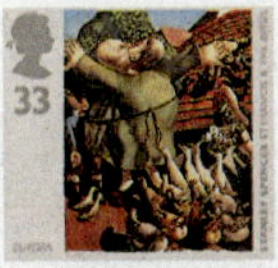
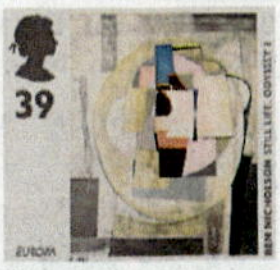

avv) Kew Gardens; Linolschnitt von Edward Bawden (1903–1989)
avw) Der hl. Franziskus und die Vögel; Gemälde von Stanley Spencer (1891–1959)
avx) Stilleben, Odyssee 1; Gemälde von Ben Nicholson (1894–1982)

1451	24 (P)	mehrfarbig	avu	0,80	0,80
1452	28 (P)	mehrfarbig	avv	1,20	1,20
1453	33 (P)	mehrfarbig	avw	1,40	1,40
1454	39 (P)	mehrfarbig	avx	1,60	1,60
			Satzpreis (4 W.)	5,—	5,—
			FDC		6,—

Auflagen: MiNr. 1451 = 28.432.100, MiNr. 1452 = 5.553.500, MiNr. 1453 = 5.529.800, MiNr. 1454 = 5.702.400 Stück

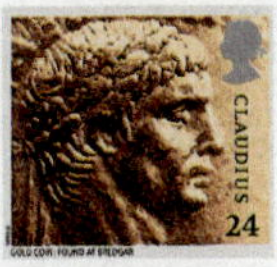

1993, 15. Juni. Römisches Britannien. RaTdr. (5×10 + 5×10); gez. K 14¼:14½.

avy) Kaiser Claudius (Goldmünze)

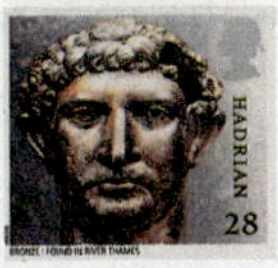
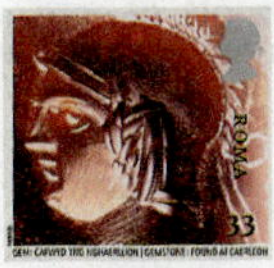
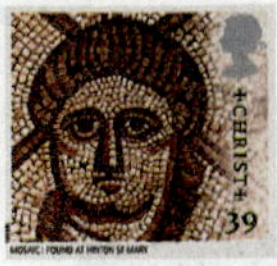

avz) Kaiser Hadrian (Bronzeskulptur)
awa) Göttin Roma (Edelsteinschnitzerei)
awb) Christus (Mosaik)

1455	24 (P)	mehrfarbig	avy	0,80	0,80
1456	28 (P)	mehrfarbig	avz	1,20	1,20
1457	33 (P)	mehrfarbig	awa	1,40	1,40
1458	39 (P)	mehrfarbig	awb	1,60	1,60
			Satzpreis (4 W.)	5,—	5,—
			FDC		5,50

Auflagen: MiNr. 1455 = 26.885.900, MiNr. 1456 = 5.172.700, MiNr. 1457 = 5.160.800, MiNr. 1458 = 6.420.900 Stück

1993, 20. Juli. 200. Jahrestag der Verabschiedung des Kanalgesetzes und der Eröffnung des Grand-Union-Kanals: Wasserstraßen. Odr. (10×5 + 10×5); gez. K 14¾:14.

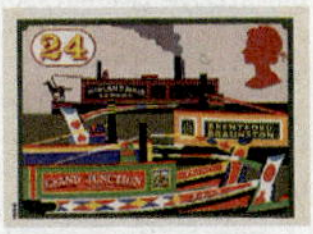
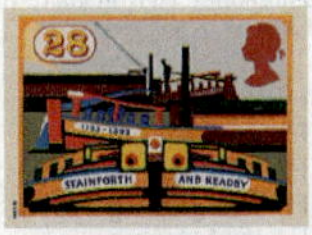

awc) Grand-Junction-Kanal
awd) Stainforth-and-Keadby-Kanal

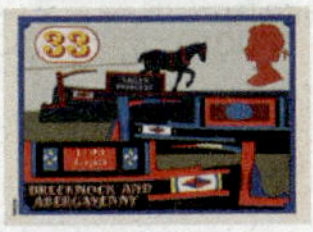
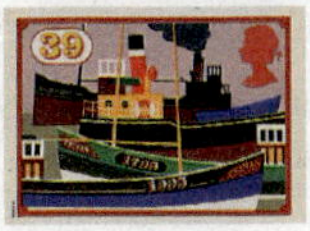

awe) Brecknock-and-Abergavenny-Kanal
awf) Crinian-Kanal

1459	24 (P)	mehrfarbig	awc	0,80	0,80
1460	28 (P)	mehrfarbig	awd	1,—	1,—
1461	33 (P)	mehrfarbig	awe	1,20	1,20
1462	39 (P)	mehrfarbig	awf	1,50	1,50
			Satzpreis (4 W.)	4,50	4,50
			FDC		5,50

Auflagen: MiNr. 1459 = 26.692.400, MiNr. 1460 = 5.073.500, MiNr. 1461 = 5.090.300, MiNr. 1462 = 6.137.800 Stück

1993, 14. Sept. Die vier Jahreszeiten (II): Herbst. RaTdr. (10×5 + 10×5); gez. K 14¾:14¼.

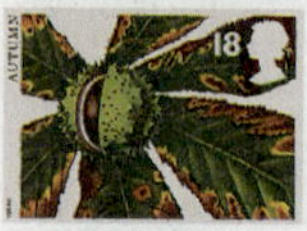

awg) Rosskastanie

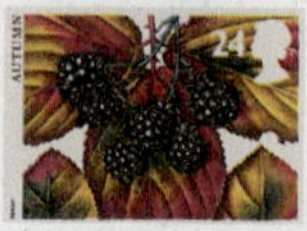

awh) Brombeere

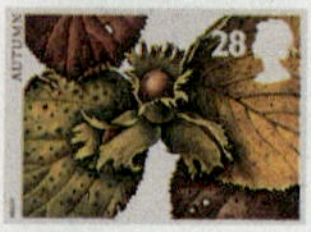

awi) Haselnuss

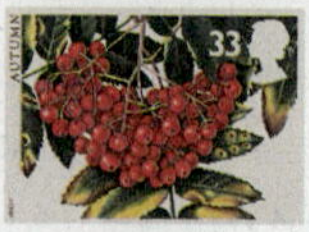

awk) Vogelbeere

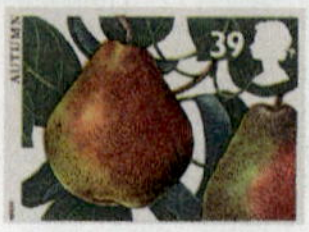

awl) Birne

1463	18	(P)	mehrfarbig	awg	0,60	0,60
1464	24	(P)	mehrfarbig	awh	0,90	0,90
1465	28	(P)	mehrfarbig	awi	1,10	1,10
1466	33	(P)	mehrfarbig	awk	1,30	1,30
1467	39	(P)	mehrfarbig	awl	1,60	1,60
				Satzpreis (5 W.)	5,50	5,50
				FDC		6,—

Auflagen: MiNr. 1463 = 25.731.700, MiNr. 1464 = 27.124.300, MiNr. 1465 = 5.038.200, MiNr. 1466 = 5.041.700, MiNr. 1467 = 5.775.700 Stück

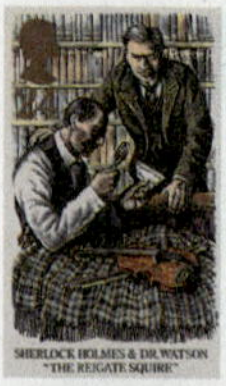

1993, 12. Okt. Sherlock Holmes. Odr. (1×10 Zd + 1×10 Zd); gez. K 14:14½.

awm) Der Edelmann von Reigate

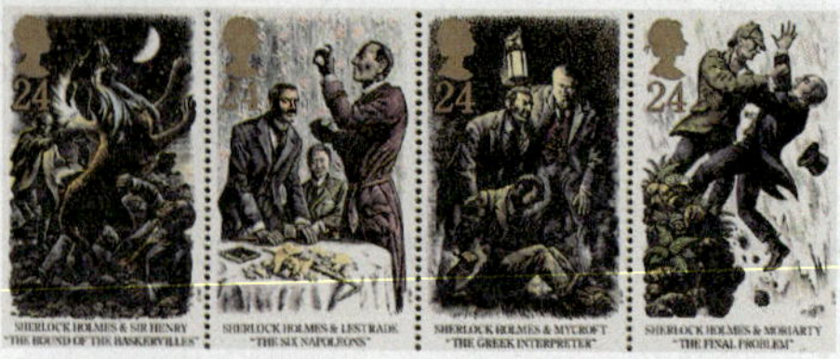

awn) Der Hund von Baskerville
awo) Die sechs Napoleons
awp) Der griechische Dolmetscher
awr) Sherlock Holmes Untergang

awm–awr) Illustrationen zu Kriminalromanen von Arthur Conan Doyle (1859–1930), Erzähler und Arzt

1468	24	(P)	mehrfarbig	awm	1,—	1,—
1469	24	(P)	mehrfarbig	awn	1,—	1,—
1470	24	(P)	mehrfarbig	awo	1,—	1,—
1471	24	(P)	mehrfarbig	awp	1,—	1,—
1472	24	(P)	mehrfarbig	awr	1,—	1,—
				Satzpreis (5 W.)	5,—	5,—
				Fünferstreifen	6,—	6,—
				FDC		6,50

MiNr. 1468–1472 wurden waagerecht zusammenhängend gedruckt.

Auflage: 8.736.240 Sätze

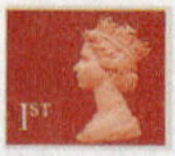

1993, 19. Okt. Freimarke: Königin Elizabeth II., Typ Machin, Querformat. Odr., Markenheftchen; selbstklebend; gestanzt ähnlich Sicherheitszähnung K 14¼:14¾.

aws) Königin Elizabeth II. (1926–2022, reg. ab 1952)

1473	1ST	zinnober	aws	2,—	1,40
			FDC		5,—

Nominale zur Zeit der Ausgabe: 24 P

MiNr. 1473 stammt aus MH 0-152.

Gültig bis 31.1.2023, geduldet bis 31.7.202

Weitere Werte siehe Übersicht nach Jahrgangswerttabelle.

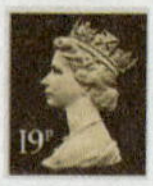

1993, 26. Okt./2000, 15. Febr. Freimarken: Königi Elizabeth II., Typ Machin. RaTdr., Bogen (B) (10×20) Markenheftchen (MH) und Rollen (R); AS = Sicherheitszähnung K 13¾:14¼, C = gez. K 14¾:14¼, CS = Sicherheitszähnung K 14¾:14¼.

ku) Königin Elizabeth II. (1926–2022, reg. ab 1952)

1474		19 P	braunoliv	ku		
	AS		Sicherheitszähnung K 13¾:14¼ (MH) (15.2.2000)		1,50	1,5(
	CS		Sicherheitsz. K 14¾:14¼ (B) (R)		0,70	0,7(
1475		25 P	lebhaftrosa	ku		
	C		gez. K 14¾:14¼ (R) (6.2.1996)		12,—	8,—
	CS		Sicherheitszähnung (B) (MH)		0,90	0,6(
1476	**CS**	29 P	grau (B)	ku	1,20	0,7(
1477	**CS**	36 P	lebhaftlilaultramarin (B)	ku	1,60	0,8(
1478	**CS**	38 P	dunkelrosarot (B)	ku	1,80	1,—
1479	**CS**	41 P	lebhaftgraubraun (B) (R)	ku	2,—	1,2(
			Satzpreis CS (6 W.)		8,—	5,—
			FDC			6,—

		✶✶
1474 U	ungezähnt (B) (Paar)	500,—
1475 U	ungezähnt (B) (Paar)	800,—
1478 U	ungezähnt (B) (Paar)	400,—

MiNr. 1474 AS stammt aus MH 131.
MiNr. 1474 CS stammt auch aus MH 125, 126, 129.
MiNr. 1475 CS stammt auch aus MH 104, 0-154, 0-159.

Gültig bis 31.1.2023, geduldet bis 31.7.2023

In gleicher Zeichnung siehe Übersicht nach Jahrgangswerttabelle.

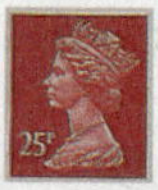

1993, 1. Nov. Freimarken: Königin Elizabeth II., Typ Machin. Odr., Markenheftchen; Sicherheitszähnung K 14¾:14¼.

ku) Königin Elizabeth II. (1926–2022, reg. ab 1952)

					✶✶	⊙
1480	25 P	dunkelgraurot		ku	1,—	0,60
1481	35 P	gelbocker		ku	1,50	1,—
1482	41 P	lebhaftolivbraun (Töne)		ku	2,—	1,40
			Satzpreis (3 W.)		4,50	3,—
			FDC			3,50

MiNr. 1480 stammt aus MH 108, 112, 0-153, 0-180, 0-181, Nordirland MH 1.
MiNr. 1481 stammt aus MH 108, 0-155, 0-173, 0-189.
MiNr. 1482 stammt aus MH 108, 0-156, 0-174, 0-190.

Gültig bis 31.1.2023, geduldet bis 31.7.2023

In gleicher Zeichnung siehe Übersicht nach Jahrgangswerttabelle.

1993, 9. Nov. Weihnachten. RaTdr., Bogen (B) (10×5 + 10×5) und Markenheftchen (MH) MiNr. 1483 (10×2), MiNr. 1484 (5×2); gez. K 14¾:14.

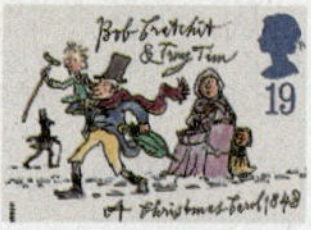

awt) Bob Cratchit und Tiny Tim

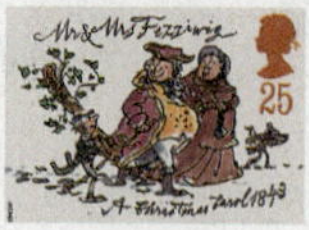

awu) Herr und Frau Fezziwig

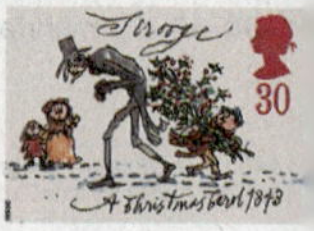

awv) Ebenezer Scrooge

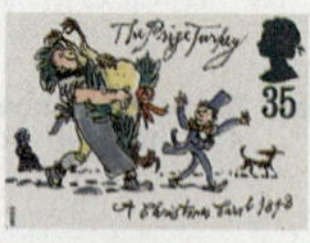

aww) Der prämierte Truthahn

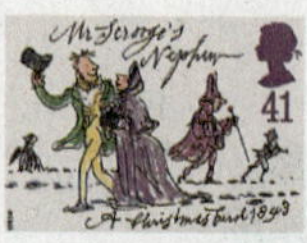

awx) Der Neffe des Herrn Scrooge

awt–awx) Figuren aus der Geschichte „Ein Weihnachtslied in Prosa" von Charles Dickens (1812–1870), Schriftsteller

1483	19 (P)	mehrfarbig (B) (MH)	awt	0,70	0,70
1484	25 (P)	mehrfarbig (B) (MH)	awu	1,—	1,—
1485	30 (P)	mehrfarbig (B)	awv	1,20	1,20
1486	35 (P)	mehrfarbig (B)	aww	1,50	1,50
1487	41 (P)	mehrfarbig (B)	awx	1,60	1,60
		Satzpreis (5 W.)		6,—	6,—
		FDC			6,50

	★★
1483 U ungezähnt (Paar)	3000,—

MiNr. 1483 stammt auch aus MH 0-158.
MiNr. 1484 stammt auch aus MH 0-157.

Auflagen: MiNr. 1483 = 411.509.800, davon 99.586.500 im Markenheftchen, MiNr. 1484 = 182.767.850, davon 9.869.250 im Markenheftchen, MiNr. 1485 = 14.614.100, MiNr. 1486 = 13.616.300, MiNr. 1487 = 16.872.800 Stück

1994, 18. Jan. Dampflokomotiven. RaTdr. (5×10 + 5×10); gez. K 14½.

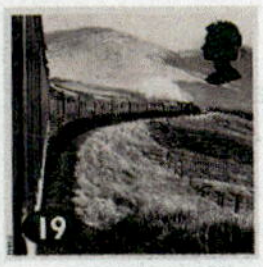

awy) Personenzug auf der West-Highland-Linie

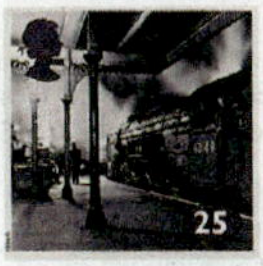

awz) Amadis-Lokomotive 60149 im Bahnhof Kings Cross, London

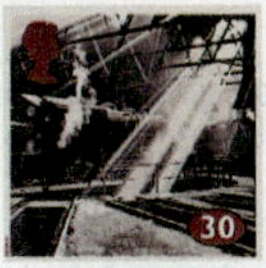

axa) Lokomotive 43000 auf der Drehscheibe in Blyth North

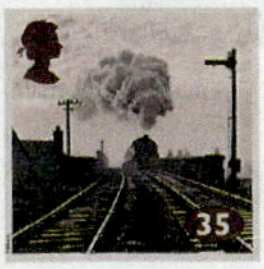

axb) Lokomotive 42455 bei der Einfahrt in Wigan Central

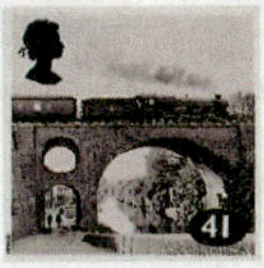

axc) Lokomotive der Castle-Klasse auf der Brücke über dem Worcester-Birmingham-Kanal

				★★	⊙
1488	19 (P)	schwärzlichgrau/schwärzlicholivgrün	awy	0,70	0,70
1489	25 (P)	violettschwarz/grauviolett	awz	1,10	1,10
1490	30 (P)	rotschwarz/schwärzlichbräunlichrot	axa	1,40	1,40
1491	35 (P)	grauschwarz/dunkelkarmin	axb	1,80	1,80
1492	41 (P)	braunschwarz/schwärzlichviolettultramarin	axc	2,—	2,—
		Satzpreis (5 W.)		7,—	7,—
		FDC			7,50

Auflagen: MiNr. 1488 = 27.501.000, MiNr. 1489 = 28.100.200, MiNr. 1490 = 5.700.000, MiNr. 1491 = 5.600.000, MiNr. 1492 = 6.000.000 Stück

1994, 1. Febr. Grußmarken: Kinderbuchfiguren. RaTdr., Markenheftchen (5×2).; Sicherheitszähnung K 14¾:14¼.

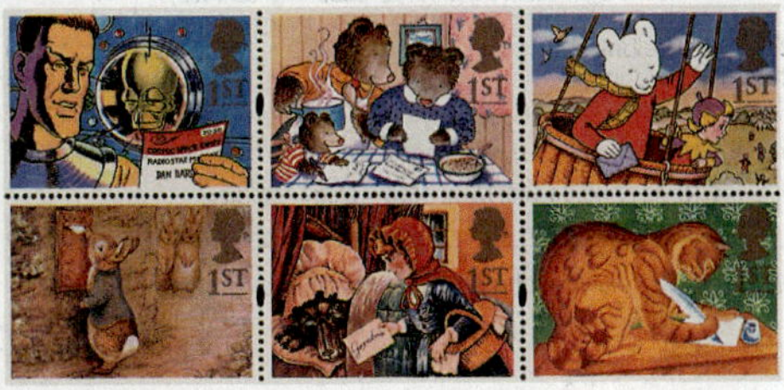

axd) Dan Dare
axe) Die drei Bären
axf) Rupert der Bär

axi) Peter Rabbit
axk) Rotkäppchen
axl) Orlando

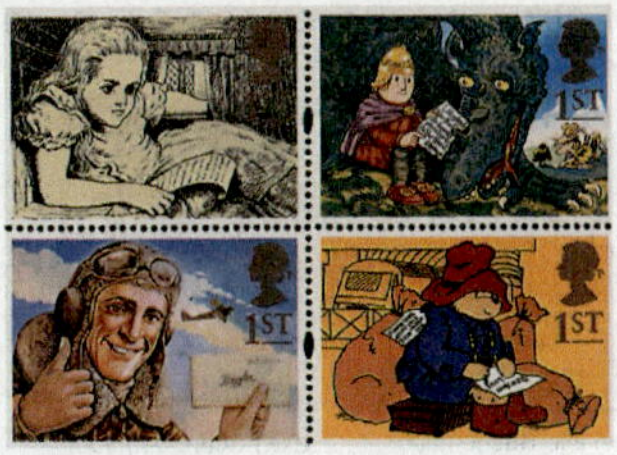

axg) Alice im Wunderland
axh) Noggin the Nog

axm) Biggles
axn) Paddington

1493	1ST	mehrfarbig	axd	3,—	1,50
1494	1ST	mehrfarbig	axe	3,—	1,50
1495	1ST	mehrfarbig	axf	3,—	1,50
1496	1ST	mehrfarbig	axg	3,—	1,50
1497	1ST	mehrfarbig	axh	3,—	1,50
1498	1ST	mehrfarbig	axi	3,—	1,50
1499	1ST	mehrfarbig	axk	3,—	1,50
1500	1ST	mehrfarbig	axl	3,—	1,50
1501	1ST	mehrfarbig	axm	3,—	1,50
1502	1ST	mehrfarbig	axn	3,—	1,50
		Satzpreis (10 W.)		30,—	15,—
		FDC (1 H-Blatt)			16,—

Nominale zur Zeit der Ausgabe: je 25 P

MiNr. 1493–1502 stammen aus MH 105.

1994, 1. März. 25. Jahrestag der Investitur des Fürsten von Wales. RaTdr., Bogen (B) (10×5 + 10×5) und Markenheftchen (MH); gez. K 14¾:14¼.

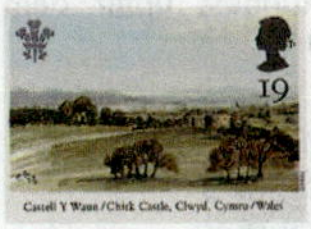

axo) Schloss Chirk, Wales

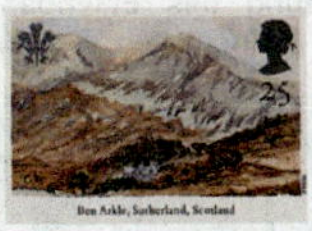

axp) Ben Arkle, Schottland

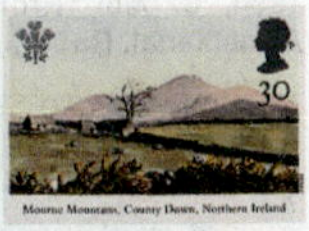

axr) Mourne-Berge, Nordirland

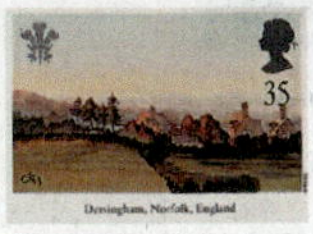

axs) Dersingham, England

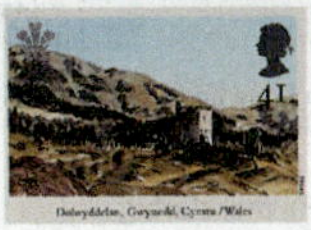

axt) Dolwyddelan, Wales

axo–axt) Aquarelle von Prinz Charles

1503	19 (P)	mehrfarbig (B)	axo	0,70	0,70
1504	25 (P)	mehrfarbig (B)	axp	1,—	1,—
1505	30 (P)	mehrfarbig (B) (MH)	axr	1,20	1,20
1506	35 (P)	mehrfarbig (B)	axs	1,50	1,50
1507	41 (P)	mehrfarbig (B)	axt	1,60	1,60
		Satzpreis (5 W.)		6,—	6,—
		FDC			6,50

MiNr. 1505 stammt auch aus Nordirland MH 1.

Auflagen: MiNr. 1503 = 28.501.300, MiNr. 1504 = 29.901.900, MiNr. 1505 = 7.652.400, davon 1.152.400 im Markenheftchen, MiNr. 1506 = 6.500.000, MiNr. 1507 = 6.900.000 Stück

1994, 12. April. 100 Jahre Bildpostkarten in England. Odr. (5×10 + 5×10); gez. K 14:14¾.

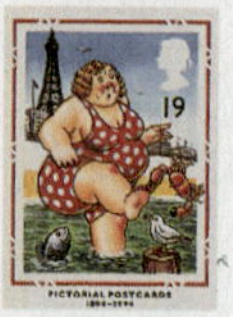

axu) Frau mit Krabbe am Strand von Blackpool

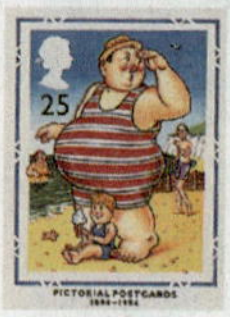

axv) Die Suche nach dem Sohn

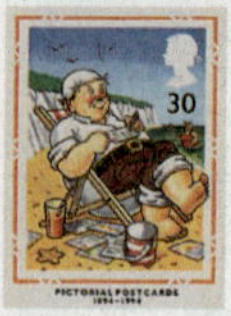

axw) Schreiben von Urlaubsgrüßen

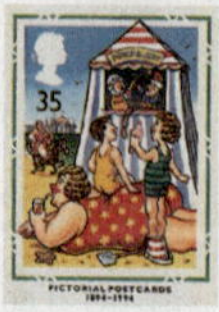

axx) Kasperletheater

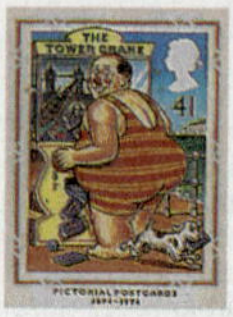

axy) Schokoladenautomat

1508	19 (P)	mehrfarbig	axu	0,70	0,70
1509	25 (P)	mehrfarbig	axv	1,—	1,—
1510	30 (P)	mehrfarbig	axw	1,20	1,20
1511	35 (P)	mehrfarbig	axx	1,50	1,50
1512	41 (P)	mehrfarbig	axy	1,60	1,60
			Satzpreis (5 W.)	6,—	6,—
			FDC		6,50

Auflagen: MiNr. 1508 = 28.900.800, MiNr. 1509 = 30.101.200, MiNr. 1510 = 6.000.000, MiNr. 1511 = 5.900.300, MiNr. 1512 = 6.100.000 Stück

1994, 3. Mai. Eröffnung des Eisenbahntunnels unter dem Ärmelkanal. RaTdr. (3×10 Zd); gez. K 14¼:14¾.

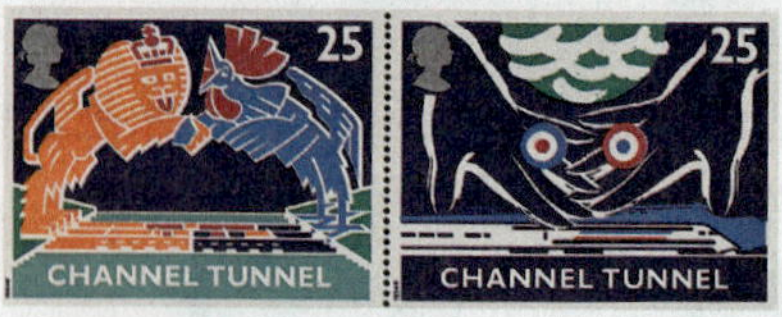

axz) Britischer Löwe und gallischer Hahn über Kanaltunnel
aya) Hände, Wasser, Tunnelzug

1513	25 (P)	mehrfarbig	axz	1,—	1,—
1514	25 (P)	mehrfarbig	aya	1,—	1,—
1515	41 (P)	mehrfarbig	axz	1,50	1,50
1516	41 (P)	mehrfarbig	aya	1,50	1,50
			Satzpreis (4 W.)	5,—	5,—
			2 Paare	5,50	5,50
			FDC		6,—

		★★
1515 U-1516 U	ungezähntes Paar	*2000,—*

Nominalgleiche Marken wurden waagerecht zusammenhängend gedruckt.

Auflagen: MiNr. 1513–1514 je 28.050.000, MiNr. 1515–1516 je 7.750.000 Stück

Parallelausgabe mit Frankreich MiNr. 3023–3026

1994, 6. Juni. 50. Jahrestag der Landung der Alliierten in der Normandie. Odr. (2×5 Zd + 2×5 Zd); gez. K 14¼:14.

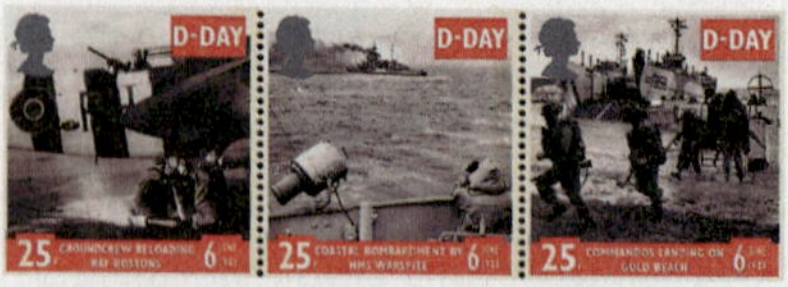

ayb) Beladung mit Bomben einer Douglas A-20 Boston
ayc) HMS „Warspite" beschießt Küstenstellungen
ayd) Britische Landungstruppen am „Gold Beach"

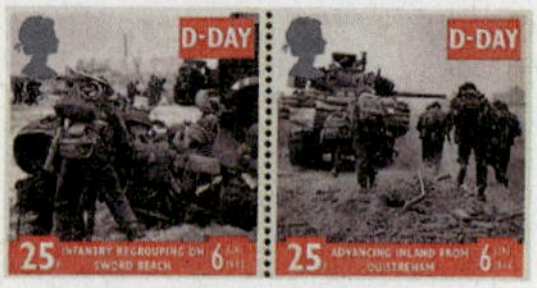

aye) Britische Infanterie am „Sword Beach"
ayf) Vorstoß von Ouistreham mit Sherman-Panzer

				★★	⊙
1517	25 P	mehrfarbig	ayb	1,20	1,20
1518	25 P	mehrfarbig	ayc	1,20	1,20
1519	25 P	mehrfarbig	ayd	1,20	1,20
1520	25 P	mehrfarbig	aye	1,20	1,20
1521	25 P	mehrfarbig	ayf	1,20	1,20
			Satzpreis (5 W.)	6,—	6,—
			Fünferstreifen	6,50	6,50
			FDC		7,—

MiNr. 1517–1521 wurden waagerecht zusammenhängend gedruckt.

Auflage: 9.161.260 Sätze

1994, 5. Juli. 250 Jahre Golfklub „The Honourable Company of Edinburgh Golfers". RaTdr. (10×5 + 10×5); gez. K 14½:14¼.

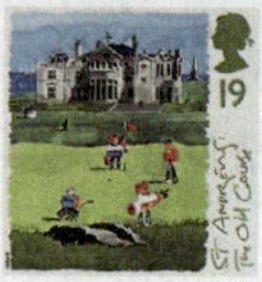

ayg) Alter Golfplatz, St. Andrews

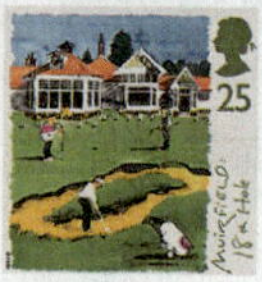

ayh) Golfplatz, Muirfield (18. Loch)

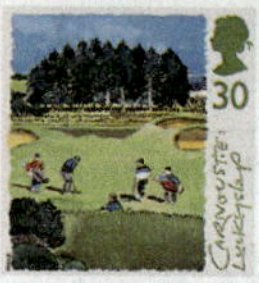

ayi) Golfplatz, Carnoustie (15. Loch)

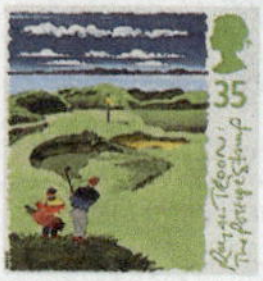

ayk) Golfplatz, Royal Troon (8. Loch „The Postage Stamp")

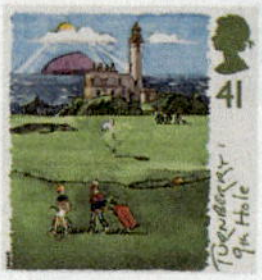

ayl) Golfplatz Ailsa, Turnberry (9. Loch)

1522	19 (P)	mehrfarbig	ayg	0,70	0,70
1523	25 (P)	mehrfarbig	ayh	1,—	1,—
1524	30 (P)	mehrfarbig	ayi	1,20	1,20
1525	35 (P)	mehrfarbig	ayk	1,50	1,50
1526	41 (P)	mehrfarbig	ayl	1,60	1,60
			Satzpreis (5 W.)	6,—	6,—
			FDC		6,50

Auflagen: MiNr. 1522 = 27.301.300, MiNr. 1523 = 28.403.100, MiNr. 1524 = 5.900.000, MiNr. 1525 = 5.800.000, MiNr. 1526 = 6.200.000 Stück

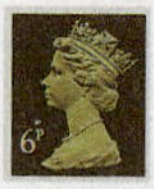

1994, 26. Juli. Freimarken: Königin Elizabeth II., Typ Machin. Odr., Markenheftchen; Sicherheitszähnung K 14¾:14¼.

ku) Königin Elizabeth II. (1926–2022, reg. ab 1952)

1527	6 P	gelboliv	ku	13,50	13,50
1528	19 P	braunoliv	ku	1,50	1,50
			Satzpreis (2 W.)	15,—	15,—

MiNr. 1527–1528 stammen aus Nordirland MH 1, MiNr. 1528 auch aus MH 108.

Auflagen: MiNr. 1527 = 288.100, MiNr. 1528 = 2.607.100 Stück

Gültig bis 31.1.2023, geduldet bis 31.7.2023

In gleicher Zeichnung siehe Übersicht nach Jahrgangswerttabelle.

1994, 2. Aug. Die Vier Jahreszeiten (III): Jährliche Veranstaltungen im Sommer. RaTdr. (10×5 + 10×5); gez. K 14¾:14¼.

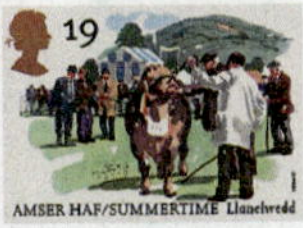

aym) Königliche Landwirtschaftsausstellung, Llanelwedd

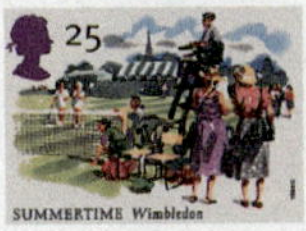

ayn) Tennismeisterschaften, Wimbledon

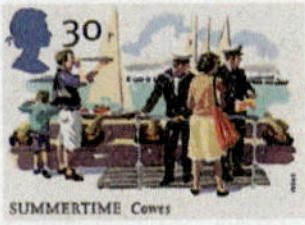

ayo) Segelregatta, Cowes

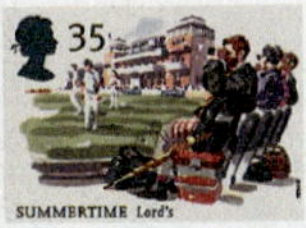

ayp) Kricketspiel im Lordsstadion, London

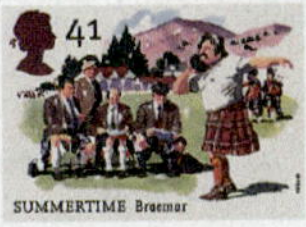

ayr) Schottische Hochlandspiele, Braemar

1529	19 (P) mehrfarbig	aym	0,70	0,70
1530	25 (P) mehrfarbig	ayn	1,—	1,—
1531	30 (P) mehrfarbig	ayo	1,20	1,20
1532	35 (P) mehrfarbig	ayp	1,50	1,50
1533	41 (P) mehrfarbig	ayr	1,60	1,60
		Satzpreis (5 W.)	6,—	6,—
		FDC		6,50

Auflagen: MiNr. 1529 = 26.904.500, MiNr. 1530 = 28.101.500, MiNr. 1531 = 6.300.700, MiNr. 1532 = 6.200.400, MiNr. 1533 = 6.400.000 Stück

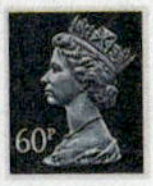

1994, 9. Aug. Freimarke: Königin Elizabeth II., Typ Machin. Odr., Markenheftchen (2×2); Sicherheitszähnung K 14¾:14¼.

ku) Königin Elizabeth II. (1926–2022, reg. ab 1952)

1534	60 P dunkelgrautürkis	ku	2,50	1,50
		FDC		4,—

MiNr. 1534 stammt aus MH 0-160, 0-175, 0-191.

Gültig bis 31.1.2023, geduldet bis 31.7.2023

In gleicher Zeichnung siehe Übersicht nach Jahrgangswerttabelle.

1994, 27. Sept. Europa: Entdeckungen und Erfindungen. RaTdr. (5×10 + 5×10); gez. K 14:14½.

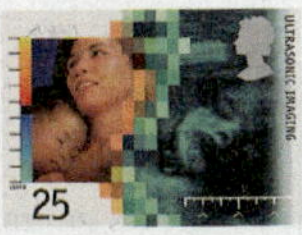

ays) Ultraschalluntersuchung; von Ian Donald (1910–1987)

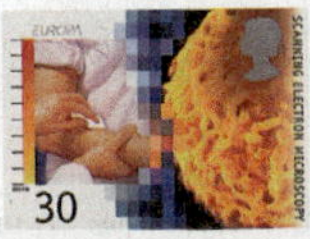

ayt) Elektronenmikroskopie (Cambridge, 1965)

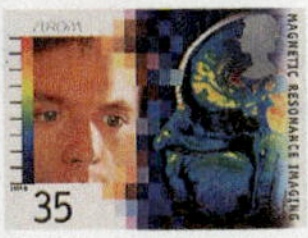

ayu) Kernspintomographie; von Edward Mills Purcell (1912–1997)

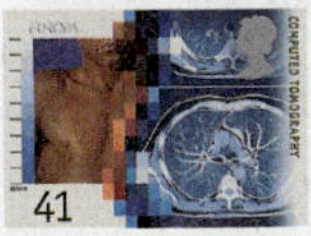

ayv) Computertomographie; von Godfrey Hounsfield (1919–2004)

1535	25 (P) mehrfarbig	ays	1,—	1,—
1536	30 (P) mehrfarbig	ayt	1,40	1,40
1537	35 (P) mehrfarbig	ayu	1,60	1,60
1538	41 (P) mehrfarbig	ayv	2,—	2,—
		Satzpreis (4 W.)	6,—	6,—
		FDC		6,50

		★★
1535 U	ungezähnt (Paar)	*3000,—*

Auflagen: MiNr. 1535 = 26.692.900, MiNr. 1536 = 5.561.300, MiNr. 1537 = 5.482.300, MiNr. 1538 = 5.733.900 Stück

1994, 1. Nov. Weihnachten: Krippenspielszenen. RaTdr., Bogen (B) (10×5 + 10×5) und Markenheftchen (MH) MiNr. 1539 (10×2), MiNr. 1540 (5×2); gez. K 14¾:14¼.

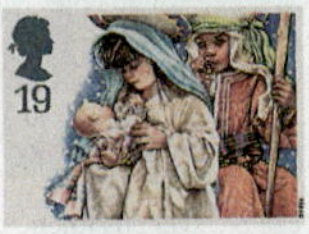

ayw) Heilige Familie

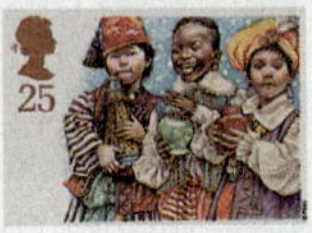

ayx) Hl. Drei Könige

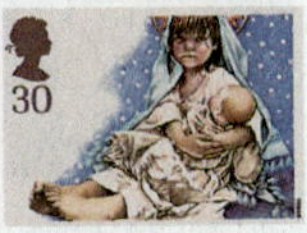

ayy) Maria mit Kind

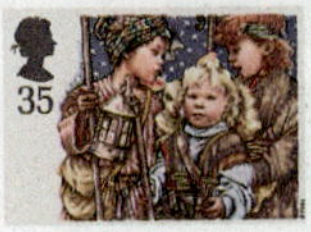

ayz) Hirten

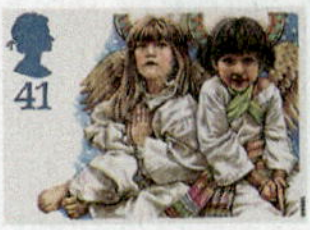

aza) Engel

			★★	⊙
1539	19 (P) mehrfarbig (B) (MH)	ayw	0,70	0,70
1540	25 (P) mehrfarbig (B) (MH)	ayx	1,—	1,—
1541	30 (P) mehrfarbig (B)	ayy	1,20	1,20
1542	35 (P) mehrfarbig (B)	ayz	1,50	1,50
1543	41 (P) mehrfarbig (B)	aza	1,60	1,60
		Satzpreis (5 W.)	6,—	6,—
		FDC		6,50

		★★
1539 U	ungezähnt (Paar)	120,—
1541 U	ungezähnt (Paar)	—,—

MiNr. 1539 stammt auch aus MH 0-163, MiNr. 1540 auch aus MH 0-162.

Auflagen: MiNr. 1539 = 411.119.100 (davon 103.653.000 im Heftchen), MiNr. 1540 = 209.491.250 (davon 38.969.250 im Heftchen), MiNr. 1541 = 17.000.000, MiNr. 1542 = 13.557.500, MiNr. 1543 = 18.000.000 Stück

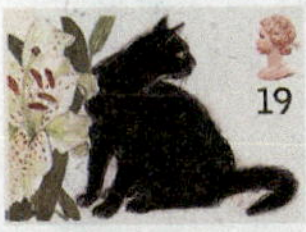

1995, 17. Jan. Katzen. Odr. (10×5 + 10×5); gez. K 14¾:14¼.

azb) Lilie, schwarze Katze

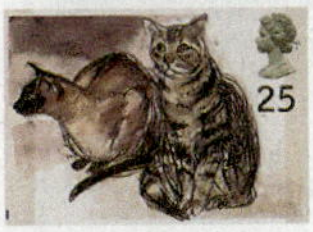

azc) Siamkatze, getigerter Kater

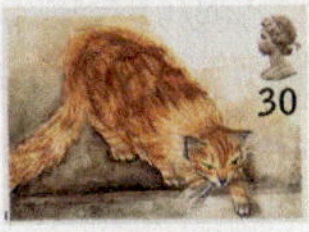

azd) Gelbbraune Katze

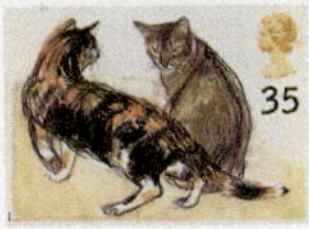

aze) Dreifarbige Katze, Abessinierkatze

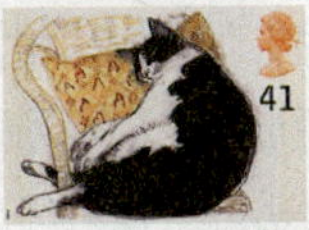

azf) Schwarzweißer Kater

			★★	⊙
1544	19 (P) mehrfarbig	azb	0,70	0,70
1545	25 (P) mehrfarbig	azc	1,—	1,—
1546	30 (P) mehrfarbig	azd	1,20	1,20
1547	35 (P) mehrfarbig	aze	1,50	1,50
1548	41 (P) mehrfarbig	azf	1,60	1,60
		Satzpreis (5 W.)	6,—	6,—
		FDC		6,50

Auflagen: MiNr. 1544 = 26.040.000, MiNr. 1545 = 27.842.500, MiNr. 1546 = 5.395.000, MiNr. 1547 = 5.135.000, MiNr. 1548 = 5.810.000 Stück

1995, 14. März. Die vier Jahreszeiten (IV): Frühling. RaTdr. (10×5 + 10×5); gez. K 14¾:14¼.

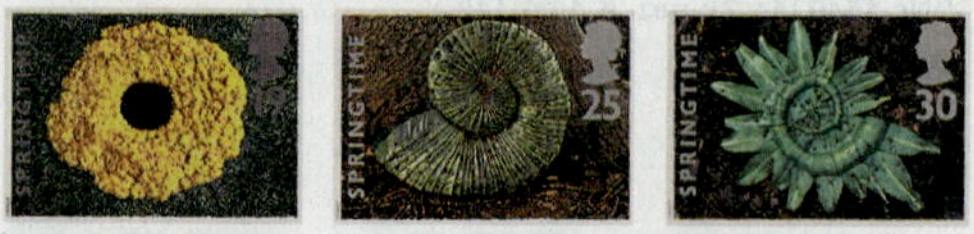

azg) Kranz aus Löwenzahnblüten azh) Schneckenhaus aus Edelkastanienblättern azi) Skulptur aus Knoblauchblättern

azk) Ornament aus Haselnussblättern azl) Blüte aus Grashalmen

1549	19 (P)	mehrfarbig	azg	0,70	0,70
1550	25 (P)	mehrfarbig	azh	1,—	1,—
1551	30 (P)	mehrfarbig	azi	1,20	1,20
1552	35 (P)	mehrfarbig	azk	1,50	1,50
1553	41 (P)	mehrfarbig	azl	1,60	1,60
		Satzpreis (5 W.)		6,—	6,—
		FDC			6,50

Auflagen: MiNr. 1549 = 25.327.000, MiNr. 1550 = 26.636.100, MiNr. 1551 = 5.846.700, MiNr. 1552 = 5.763.200, MiNr. 1553 = 5.923.400 Stück

1995, 21. März. Grußmarken: Kunstwerke. Odr., Markenheftchen (5×2); Sicherheitszähnung K 14¼.

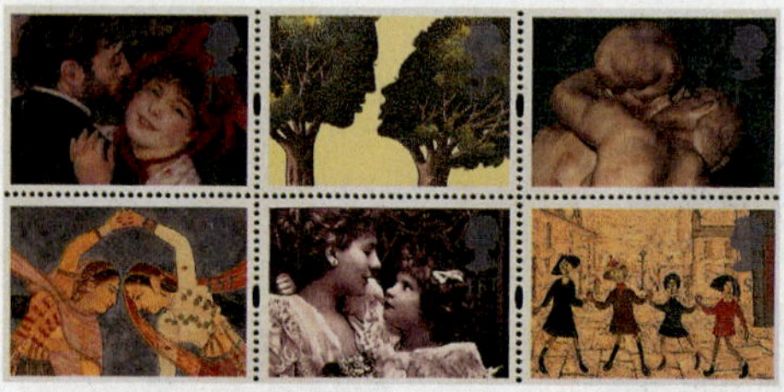

azm) Ländlicher Tanz; Gemälde von Pierre-Auguste Renoir (1841–1919)
azn) Illustration von Peter Brookes (*1943) zu Erzählung von Geoffrey Chaucer
azo) Der Kuss; Skulptur von Auguste Rodin (1840–1917)

azs) Mädchen beim Kathak-Tanz; Gemälde von Großmogul Aurangzeb (1618–1707)
azt) Alice Keppel mit Tochter; Fotographie von Alice Hughes (1857–1939)
azu) Spielende Kinder; Gemälde von Lawrence Stephen Lowry (1887–1976)

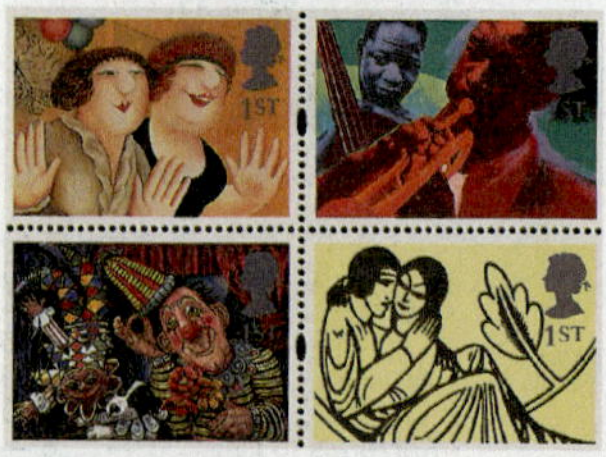

azp) Mädchen in der Stadt; Gemälde von Beryl Cook (1926–2008)
azr) Jazz; Collage von Andrew Mockett

azv) Zirkusclowns; Pappmachéfiguren von Emily Firmin (*1965) und Justin Mitchell
azw) Alle Liebesgedichte Shakespeares; Zeichnung von Eric Gill (1882–1940)

1554	1ST mehrfarbig	azm	3,—	1,50
1555	1ST mehrfarbig	azn	3,—	1,50
1556	1ST mehrfarbig	azo	3,—	1,50
1557	1ST mehrfarbig	azp	3,—	1,50
1558	1ST mehrfarbig	azr	3,—	1,50
1559	1ST mehrfarbig	azs	3,—	1,50
1560	1ST mehrfarbig	azt	3,—	1,50
1561	1ST mehrfarbig	azu	3,—	1,50
1562	1ST mehrfarbig	azv	3,—	1,50
1563	1ST mehrfarbig	azw	3,—	1,50
	Satzpreis (10 W.)		30,—	15,—
	FDC (1 H-Blatt)			16,—

		★★
1554 F-1563 F	Farbe Silber (und Ph.-Streifen) fehlend	6000,—

Nominale zur Zeit der Ausgabe: je 25 P

MiNr. 1554–1563 stammen aus MH 107.

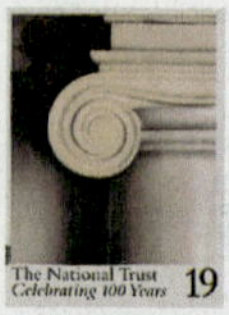

1995, 11. April. 100 Jahre National Trust. RaTdr., Bogen (B) (5×10 + 5×10) und Markenheftchen (MH); gez. K 14¼:14¾.

azx) Teil eines offenen Kamins in Haus Attingham Park, Shropshire

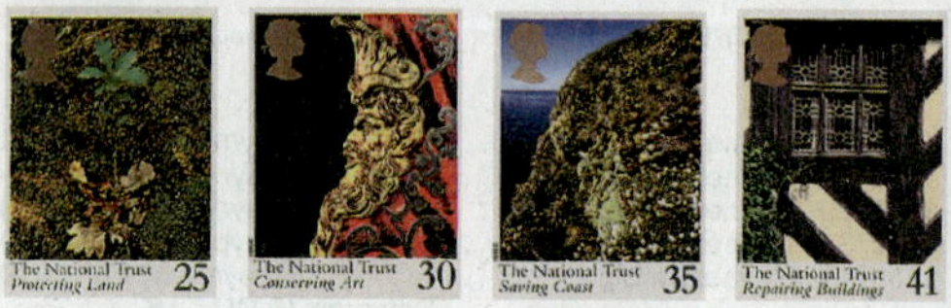

azy) Setzling einer Eiche azz) Teil eines Tischbeins in Haus Attingham baa) Klippe bei St. David's Head, Pembrokeshire bab) Little Moreton Hall, Cheshire

				★★	⊙
1564	19 (P)	mehrfarbig (B)	azx	0,70	0,70
1565	25 (P)	mehrfarbig (B) (MH)	azy	1,—	1,—
1566	30 (P)	mehrfarbig (B)	azz	1,20	1,20
1567	35 (P)	mehrfarbig (B)	baa	1,50	1,50
1568	41 (P)	mehrfarbig (B)	bab	1,60	1,60
		Satzpreis (5 W.)		6,—	6,—
		FDC			6,50

MiNr. 1565 stammt auch aus MH 108.

Auflagen: MiNr. 1564 = 26.325.000, MiNr. 1565 = 29.348.150, MiNr. 1566 = 5.710.800, MiNr. 1567 = 5.446.800, MiNr. 1568 = 5.760.100 Stück

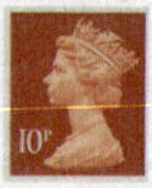

1995, 25. April. Freimarken: Königin Elizabeth II., Typ Machin. Odr., Markenheftchen; Sicherheitszähnung K 14¾:14¼.

ku) Königin Elizabeth II. (1926–2022, reg. ab 1952)

1569	10 P	dunkelorange	ku	0,50	0,50
1570	30 P	schwarzoliv	ku	5,—	5,—
		Satzpreis (2 W.)		5,50	5,50
		FDC			10,—

MiNr. 1569–1570 stammen aus MH 108, MiNr. 1569 stammt auch aus MH 159, 162, 165 und 166 sowie aus Zd-Bogen zur Internationalen Briefmarkenausstellung LONDON 2010 FESTIVAL OF STAMPS; siehe nach MiNr. 2949.

Auflage: 289.875 Sätze

Gültig bis 31.1.2023, geduldet bis 31.7.2023

In gleicher Zeichnung siehe Übersicht nach Jahrgangswerttabelle.

1995, 2. Mai. 125 Jahre Britisches Rotes Kreuz; 50. Jahrestag der Beendigung des Zweiten Weltkrieges; 50 Jahre Vereinte Nationen; Europa: Frieden und Freiheit. RaTdr. (10×5 + 10×5); gez. K 14½:14¼.

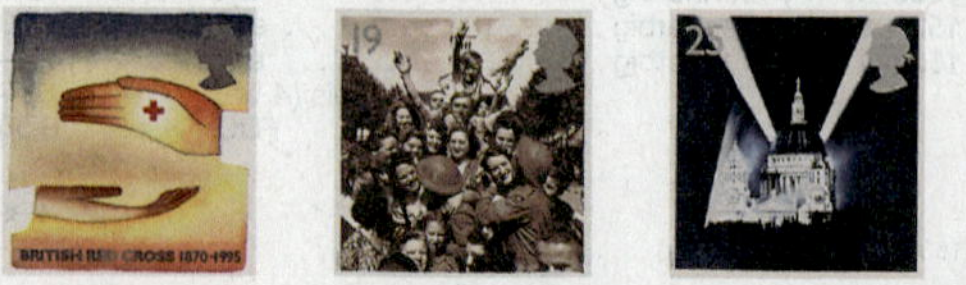

bac) Hände, Rotes Kreuz bad) Britische Soldaten in Paris (1945) bae) St.-Pauls-Kathedrale, London; Scheinwerfer

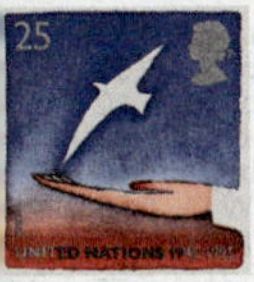

baf) Friedenstaube, Hand

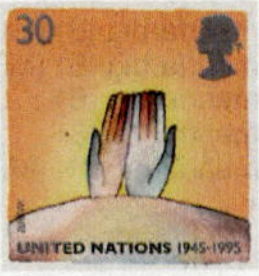

bag) Hände, Weltkugel

1571	19 (P) mehrfarbig	bac	0,80	0,70
1572	19 (P) mehrfarbig	bad	0,80	0,70
1573	25 (P) mehrfarbig	bae	1,—	1,—
1574	25 (P) mehrfarbig	baf	1,50	1,30
1575	30 (P) mehrfarbig	bag	2,50	1,90
		Satzpreis (5 W.)	6,50	5,50
		FDC		6,—

		★★
1574 U	ungezähnt (senkr. Paar)	*8000,—*

MiNr. 1574–1575 tragen die Inschrift „EUROPA".

Auflagen: MiNr. 1571 = 17.425.700, MiNr. 1572 = 17.511.100, MiNr. 1573 = 18.479.400, MiNr. 1574 = 18.235.500, MiNr. 1575 = 6.221.600 Stück

In gleicher Zeichnung wie MiNr. 1573: MiNr. 2314

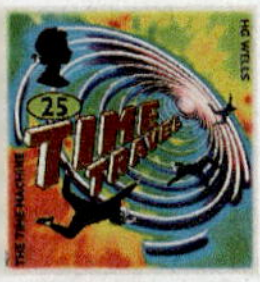

1995, 6. Juni. Science-fiction: 100. Jahrestag der Herausgabe des Romans „Die Zeitmaschine" von H. G. Wells. Odr. (5×10 + 5×10); gez. K 14½:14¼.

bah) „Die Zeitmaschine"

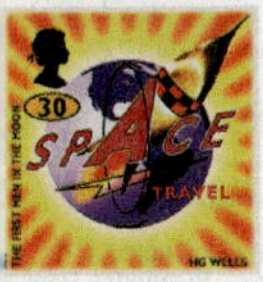

bai) „Die ersten Menschen im Mond"

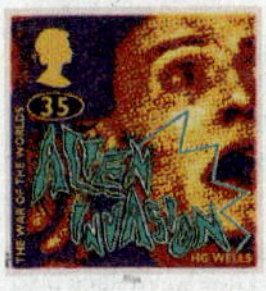

bak) „Der Krieg der Welten"

bal) „The Shape of Things to Come"

bah–bal) Szenen aus Romanen von H. G. Wells (1866–1946), Schriftsteller

			★★	⊙
1576	25 (P) mehrfarbig	bah	0,90	0,90
1577	30 (P) mehrfarbig	bai	1,20	1,20
1578	35 (P) mehrfarbig	bak	1,40	1,40
1579	41 (P) mehrfarbig	bal	1,50	1,50
		Satzpreis (4 W.)	5,—	5,—
		FDC		5,50

		★★
1576 Uo	oben ungezähnt (Randstück)	200,—

Auflagen: MiNr. 1576 = 28.000.000, MiNr. 1577 = 5.700.000, MiNr. 1578 = 5.524.900, MiNr. 1579 = 5.759.600 Stück

1995, 8. Aug. Wiederaufbau des Globe-Theaters. Odr. (1×10 Zd + 1×10 Zd); gez. K 14½:14¼.

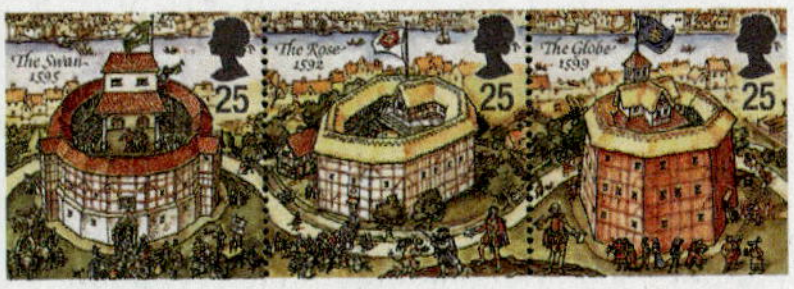

bam) Swan-Theater (1595)
ban) Rose-Theater (1592)
bao) Globe-Theater (1599)

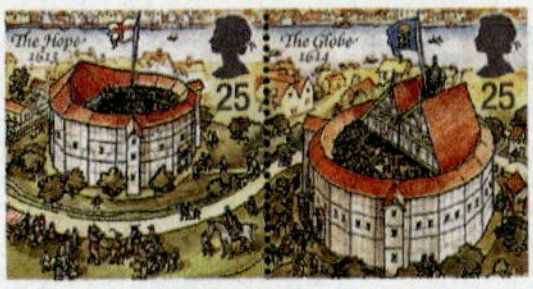

bap) Hope-Theater (1613)
bar) Globe-Theater (1614)

bam–bar) Londoner Theater der Shakespeare-Zeit

			★★	⊙
1580	25 (P) mehrfarbig	bam	0,90	0,90
1581	25 (P) mehrfarbig	ban	0,90	0,90
1582	25 (P) mehrfarbig	bao	0,90	0,90
1583	25 (P) mehrfarbig	bap	0,90	0,90
1584	25 (P) mehrfarbig	bar	0,90	0,90
		Satzpreis (5 W.)	4,50	4,50
		Fünferstreifen	6,—	6,—
		FDC		7,—

MiNr. 1580–1584 wurden waagerecht zusammenhängend gedruckt.

Auflage: 8.527.000 Sätze

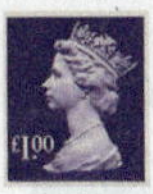

1995, 22. Aug. Freimarke: Königin Elizabeth II., Typ Machin. RaTdr. (10×20); Sicherheitszähnung K 14¾:14¼.

ku) Königin Elizabeth II. (1926–2022, reg. ab 1952)

1585	1.00 £ dunkelblauviolett	ku	3,50	2,—
		FDC		3,50

		★★
1585 U	ungezähnt (B) (Paar)	*1000,—*

MiNr. 1585 wurde am 22.5.2000 auch im Kleinbogen ausgegeben; siehe nach MiNr. 1804.

MiNr. 1585 ist auch in Bl. 37 enthalten; siehe nach MiNr. 2528.

Gültig bis 31.1.2023, geduldet bis 31.7.2023

In gleicher Zeichnung siehe Übersicht nach Jahrgangswerttabelle.

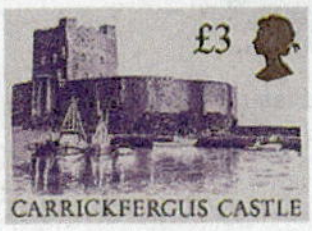

1995, 22. Aug./1997, 29. Juli. Freimarke: Britische Burgen. StTdr. (5×5 + 5×5 + 5×5 + 5×5); normales Papier; Sicherheitszähnung K 14¾:14¼.

alt I) Carrickfergus (Nordirland)

			★★	⊙
1586	3 £ dunkelbläulichviolett/gold	alt I		
II	Type II (22.8.1995)		25,—	6,—
III	Type III (29.7.1997)		35,—	6,—
		FDC I		9,—

1586 III F	Kopf der Königin fehlend	*3000,—*	—,—

Typenunterschiede siehe Hinweise nach MiNr. 1399; Type I wurde nicht verwendet.

Weitere Werte: MiNr. 1174–1177, 1396–1399

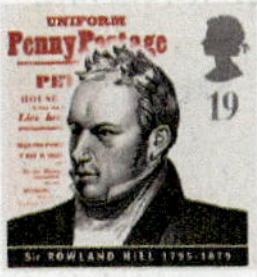

1995, 5. Sept. 200. Geburtstag von Rowland Hill; 100. Jahrestag der Erfindung der drahtlosen Telegraphie durch Guglielmo Marconi. Komb. StTdr. und Odr. (5×10 + 5×10); gez. K 14½:14¼.

bat) Rowland Hill (1795–1879), Postfachmann; Plakat der Postreform

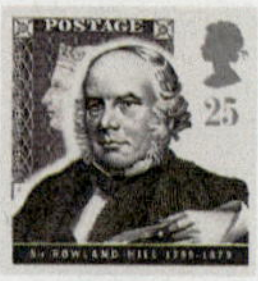

bau) Rowland Hill; Marke Großbritannien MiNr. 1

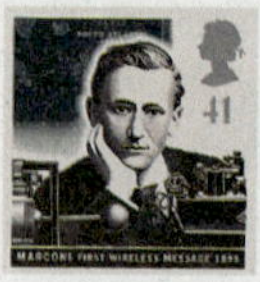

bav) Guglielmo Marconi (1874–1937), italienischer Ingenieur und Physiker, Nobelpreis 1909; Telegraph

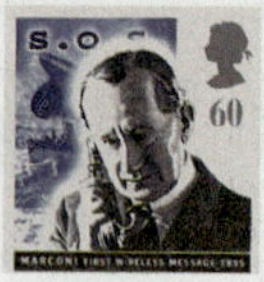

baw) Guglielmo Marconi; Funkverkehr auf See, Untergang der „Titanic"

1587	19 (P) mehrfarbig	bat	0,70	0,70
1588	25 (P) mehrfarbig	bau	0,90	0,90
1589	41 (P) mehrfarbig	bav	1,60	1,60
1590	60 (P) mehrfarbig	baw	2,40	2,40
		Satzpreis (4 W.)	5,50	5,50
		FDC		6,—

		★★
1588 F	Farbe Silber fehlend	600,—

Auflagen: MiNr. 1587 = 24.031.300, MiNr. 1588 = 25.314.600, MiNr. 1589 = 5.241.500, MiNr. 1590 = 5.303.400 Stück

1995, 3. Okt. 100 Jahre Rugby League: Rugbyspieler. RaTdr. (5×10 + 5×10); gez. K 14¼:14½.

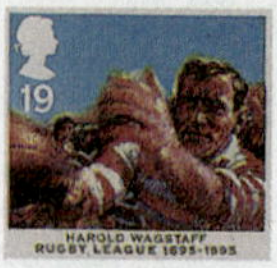

bax) Harold Wagstaff (1891–1939)

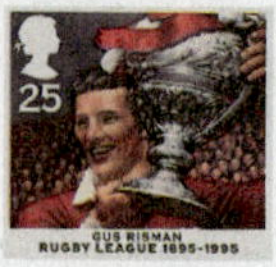

bay) Gus Risman (1911–1994)

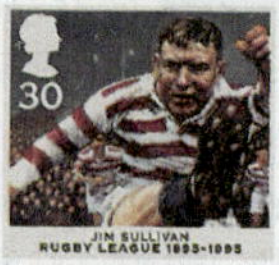

baz) Jim Sullivan (1903–1977)

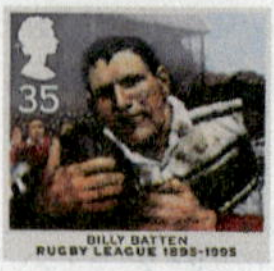

bba) Billy Batten (1889–1959)

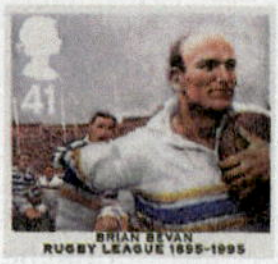

bbb) Brian Bevan (1924–1991)

			★★	⊙
1591	19 (P) mehrfarbig	bax	0,70	0,70
1592	25 (P) mehrfarbig	bay	0,90	0,90
1593	30 (P) mehrfarbig	baz	1,—	1,—
1594	35 (P) mehrfarbig	bba	1,30	1,30
1595	41 (P) mehrfarbig	bbb	1,60	1,60
		Satzpreis (5 W.)	5,50	5,50
		FDC		6,—

Auflagen: MiNr. 1591 = 22.452.300, MiNr. 1592 = 24.060.100, MiNr. 1593 = 5.122.800, MiNr. 1594 = 4.917.600, MiNr. 1595 = 5.253.400 Stück

1995, 30. Okt. Weihnachten. RaTdr., Bogen (B) (10×5 + 10×5), Markenheftchen (MH) und Zd-Bogen (Zd-B); gez. K 14¾:14¼.

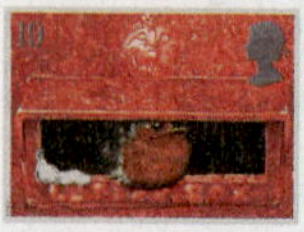

bbc) in Briefkastenschlitz

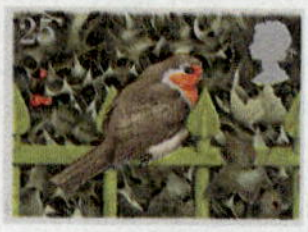

bbd) auf Zaun vor Stechpalmenzweigen

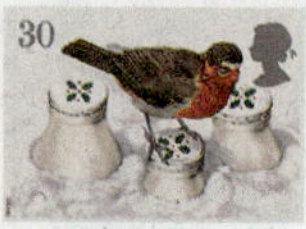

bbe) auf eingeschneiter Milchflasche

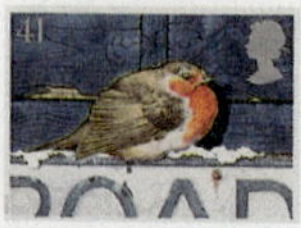

bbf) auf Straßenschild

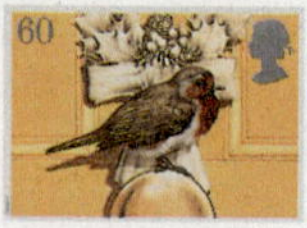

bbg) auf Türknauf

bbc–bbg) Rotkehlchen (Erithacus rubecula) ...

1596	19 (P) mehrfarbig (B) (MH) (Zd-B)	bbc	0,70	0,7
1597	25 (P) mehrfarbig (B) (MH)	bbd	0,90	0,9
1598	30 (P) mehrfarbig (B)	bbe	1,10	1,1
1599	41 (P) mehrfarbig (B)	bbf	1,60	1,6
1600	60 (P) mehrfarbig (B) (MH)	bbg	2,20	2,2
		Satzpreis (5 W.)	6,50	6,5
		FDC		7,–
		1596 Zf	5,—	5,–

MiNr. 1596 stammt auch aus MH 0-179, MiNr. 1597 auch aus MH 0-178, MiN 1600 auch aus MH 0-177.

Zusätzlich wurde MiNr. 1596 am 3.10.2000 bzw. in einer weiteren Auflage a 9.10.2001 im Bogen zu 20 Marken und 20 Zf (Postpreis: 3.99 £) bzw. mit individue gestalteten Zierfeldern gedruckt (Postpreis: 7.99 £ bzw. 8.75 £). Die Marken de Nachauflagen sind in helleren Farben gedruckt.

Auflagen: MiNr. 1596 = 397.026.700, davon 110.300.500 im Markenheftchen MiNr. 1597 = 187.765.400, davon 40.868.500 im Markenheftchen, MiNr. 1598 = 16.210.900, MiNr. 1599 = 17.254.700, MiNr. 1600 = 17.524.600 Stück, davor 1.524.600 im Markenheftchen

In ähnlicher Zeichnung wie MiNr. 1596: MiNr. 2343 (kleineres Forma und selbstklebend)

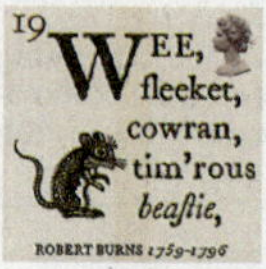

1996, 25. Jan. 200. Todestag von Rober Burns. Odr. (10×5 + 10×5); gez. K 14½.

bbh) Gedicht „An eine Maus"

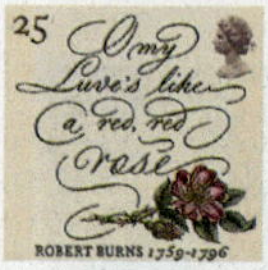

bbi) Lied „A Red, Red Rose"; Hundsrose

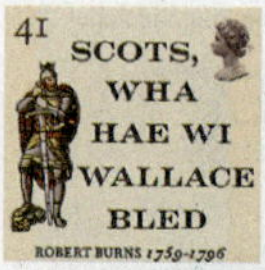

bbk) Gedicht „Scots, wha hae wi Wallace bled"; schottischer Krieger

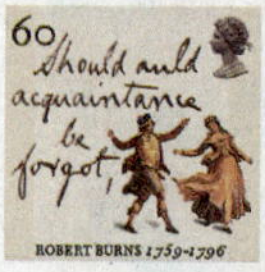

bbl) Lied „Auld Lang Syne"; tanzendes Paar

bbh–bbl) Textanfänge berühmter Gedichte und Lieder von Robert Burns (1759–1796), schottischer Dichter

1601	19 (P) mehrfarbig	bbh	0,70	0,70
1602	25 (P) mehrfarbig	bbi	1,—	1,—
1603	41 (P) mehrfarbig	bbk	1,60	1,60
1604	60 (P) mehrfarbig	bbl	2,20	2,20
		Satzpreis (4 W.)	5,50	5,50
		FDC		6,—

Auflagen: MiNr. 1601 = 22.285.100, MiNr. 1602 = 24.034.200, MiNr. 1603 = 5.431.500, MiNr. 1604 = 5.357.000 Stück

1996, 26. Febr./2001, 18. Dez. Grußmarken: Cartoons. Odr., Kleinbogen (Klb.) (2×5 Zd) und Markenheftchen (MH) (5×2); C = gez. K 14¼, CS = Sicherheitszähnung K 14¼.

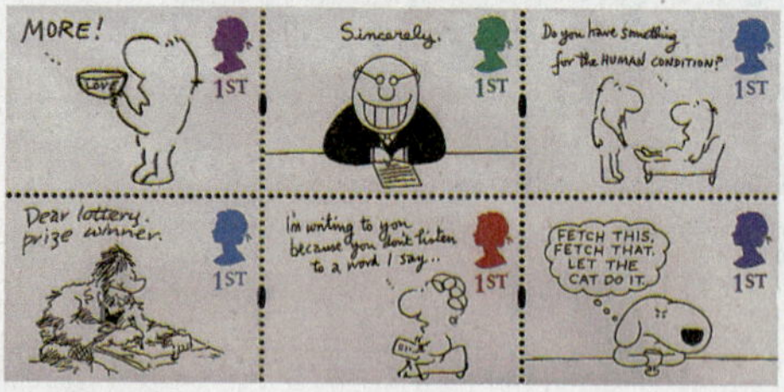

bbm) „Mehr!"
bbn) „Herzlichst Ihr..."
bbo) „Haben Sie was für Menschlichkeit?"

bbs) „Lieber Hauptgewinner!"
bbt) „Ich schreib Dir, weil Du mir nie zuhörst..."
bbu) „Hol dies, hol das - lass das doch mal die Katze machen!"

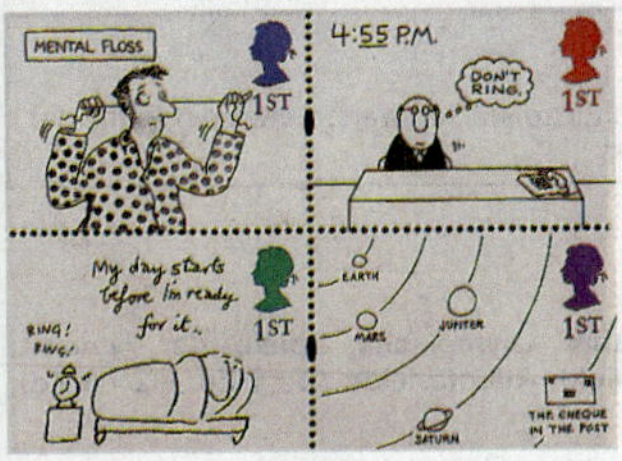

bbp) Zahnseide fürs Hirn
bbr) „Bleib still!"

bbv) „Der Tag beginnt schon, bevor ich für ihn bereit bin!"
bbw) Der Brief mit dem Scheck auf dem Postweg

C = gez. K 14¼ (Klb.) (18.12.2001)

1605 C	1ST schwarz/dunkellilapurpur	bbm	3,—	2,—
1606 C	1ST schwarz/gelbsmaragdgrün	bbn	3,—	2,—
1607 C	1ST schwarz/lebhaftcyanblau	bbo	3,—	2,—
1608 C	1ST schwarz/dunkelbläulichviolett	bbp	3,—	2,—
1609 C	1ST schwarz/lebhaftrot	bbr	3,—	2,—
1610 C	1ST schwarz/lebhaftcyanblau	bbs	3,—	2,—
1611 C	1ST schwarz/lebhaftrot	bbt	3,—	2,—
1612 C	1ST schwarz/dunkelbläulichviolett	bbu	3,—	2,—
1613 C	1ST schwarz/gelbsmaragdgrün	bbv	3,—	2,—
1614 C	1ST schwarz/dunkellilapurpur	bbw	3,—	2,—
	Satzpreis C (10 W.)		30,—	20,—
	1605 C Zf–1614 C Zf		35,—	30,—
	Kleinbogen C		70,—	70,—

CS = Sicherheitszähnung K 14¼ (MH) (26.2.1996)

1605 CS	1ST schwarz/dunkellilapurpur	bbm	3,—	1,20
1606 CS	1ST schwarz/gelbsmaragdgrün	bbn	3,—	1,20
1607 CS	1ST schwarz/lebhaftcyanblau	bbo	3,—	1,20
1608 CS	1ST schwarz/dunkelbläulichviolett	bbp	3,—	1,20
1609 CS	1ST schwarz/lebhaftrot	bbr	3,—	1,20
1610 CS	1ST schwarz/lebhaftcyanblau	bbs	3,—	1,20
1611 CS	1ST schwarz/lebhaftrot	bbt	3,—	1,20
1612 CS	1ST schwarz/dunkelbläulichviolett	bbu	3,—	1,20
1613 CS	1ST schwarz/gelbsmaragdgrün	bbv	3,—	1,20
1614 CS	1ST schwarz/dunkellilapurpur	bbw	3,—	1,20
	Satzpreis CS (10 W.)		30,—	12,—
	FDC CS (1 H-Blatt)			14,—

Nominalen zur Zeit der Ausgabe: MiNr. 1605 C–1614 C je 27 P, MiNr. 1605 CS bis 1614 CS je 25 P.

MiNr. 1605 C–1614 C wurden mit 10 Zierfeldern zusammenhängend im Kleinbogen C gedruckt (Postpreis: 2.95 £).

Außerdem gibt es einen Kleinbogen mit individuell gestalteten Zierfeldern (Abgabe jeweils zwei Klb., Postpreis: 12.95 £). In einer weiteren Auflage wurden ab 29.7.2003 MiNr. 1605 C–1614 C mit jeweils anhängenden Zierfeldern mit Kreuzworträtsel senkrecht zusammenhängend im Bogen zu 4 Fünferstreifen ausgegeben (Postpreis: 6.15 £) bzw. mit individell gestalteten Zierfeldern (Postpreis: 14.95 £).

MiNr. 1605 C und 1614 C sowie MiNr. 1608 C und 1612 C in jeweils vertauschten Farben Dunkelbläulichviolett und Dunkellilapurpur stammen aus einem auf Privatbestellung gefertigten „Business Customised Sheet" (Eagle Coaches) aus 2001.

MiNr. 1605 CS–1614 CS stammen aus MH 110.

1996, 12. März. 50 Jahre Gesellschaft zum Schutz der Wasservögel und ihrer Biotope. RaTdr. (5×10 + 5×10); gez. K 14¼:14½.

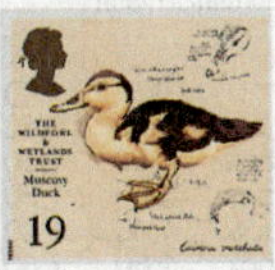

bbx) Moschusente (Cairina moschata)

bby) Kiebitz (Vanellus vanellus)

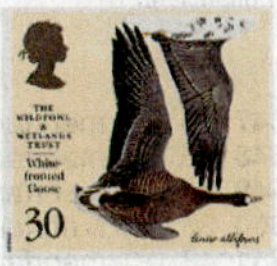

bbz) Blässgans (Anser albifrons)

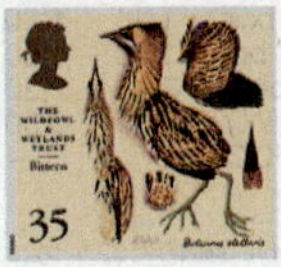

bca) Rohrdommel (Botaurus stellaris)

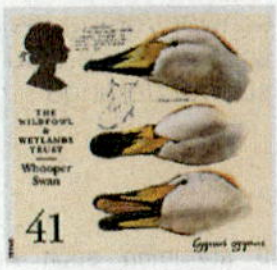

bcb) Singschwan (Cygnus cygnus)

bbx–bcb) Zeichnungen von Charles Tunnicliffe (1901–1979)

1615	19 (P) mehrfarbig	bbx	0,60	0,60
1616	25 (P) mehrfarbig	bby	0,90	0,90
1617	30 (P) mehrfarbig	bbz	1,10	1,10
1618	35 (P) mehrfarbig	bca	1,30	1,30
1619	41 (P) mehrfarbig	bcb	1,60	1,60
	Satzpreis (5 W.)		5,50	5,50
	FDC			6,—

Auflagen: MiNr. 1615 = 21.709.300, MiNr. 1616 = 23.294.500, MiNr. 1617 = 5.039.200, MiNr. 1618 = 4.869.900, MiNr. 1619 = 5.189.000 Stück

1996, 16. April. 100 Jahre Kino in Großbritannien. RaTdr. (5×10 + 5×10); gez. K 14¼:14½.

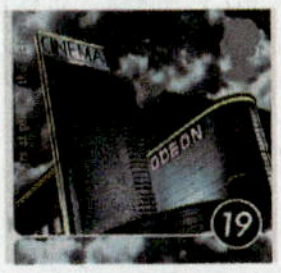

bcc) Odeon-Filmpalast, Harrogate

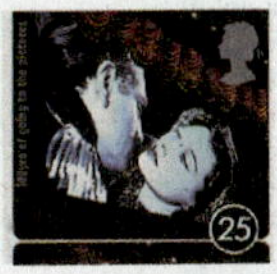

bcd) Laurence Olivier und Vivien Leigh in „Lady Hamilton"

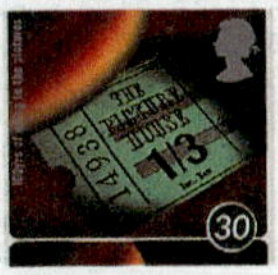

bce) Alte Kinokarte

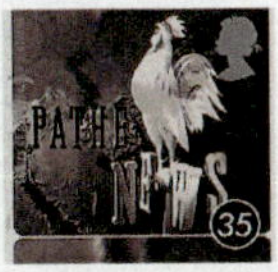

bcf) Vorspann der Pathé-Wochenschau

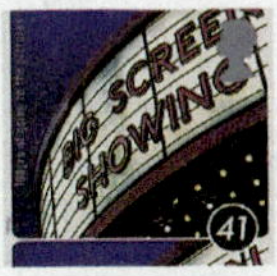

bcg) Leuchtreklame des Odeon-Filmpalastes, Manchester

1620	19 (P) mehrfarbig	bcc	0,60	0,60
1621	25 (P) mehrfarbig	bcd	0,90	0,90
1622	30 (P) mehrfarbig	bce	1,10	1,10
1623	35 (P) mehrfarbig	bcf	1,30	1,30
1624	41 (P) mehrfarbig	bcg	1,60	1,60
	Satzpreis (5 W.)		5,50	5,50
	FDC			6,—

Auflagen: MiNr. 1620 = 20.989.700, MiNr. 1621 = 22.820.700, MiNr. 1622 = 4.782.000, MiNr. 1623 = 4.610.200, MiNr. 1624 = 4.939.500 Stück

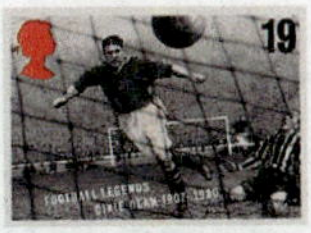

1996, 14. Mai. Fußball-Europameisterschaft: Fußballspieler. Odr., Bogen (10×5 + 10×5) und Markenheftchen; gez. K 14¾:14.

bch) Dixie Dean (1907–1980)

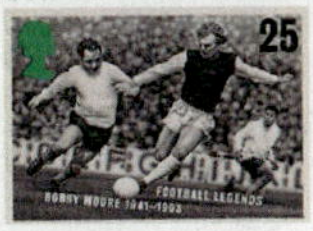

bci) Bobby Moore (1941–1993)

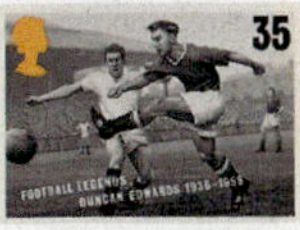

bck) Duncan Edwards (1936–1958)

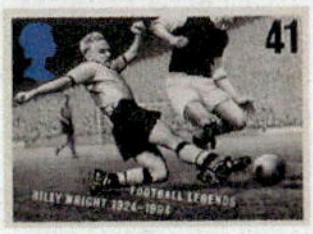

bcl) Billy Wright (1924–1994)

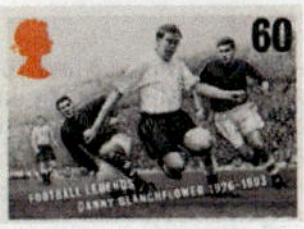

bcm) Danny Blanchflower (1926–1993)

1625	19 (P) schwarz/zinnoberrot	bch	0,60	0,60
1626	25 (P) schwarz/gelbsmaragdgrün	bci	0,90	0,90

1627	35	(P)	schwarz/orangegelb	bck	1,30	1,30
1628	41	(P)	schwarz/mittelblau	bcl	1,60	1,60
1629	60	(P)	schwarz/orange	bcm	2,20	2,20
			Satzpreis (5 W.)		6,50	6,50
			FDC			7,—

MiNr. 1625–1629 stammen auch aus MH 112, davon MiNr. 1627–1629 zusammenhängend.

Auflagen (einschließlich der Marken aus Heftchen): MiNr. 1625 = 22.358.400, MiNr. 1626 = 24.149.900, MiNr. 1627 = 5.527.000, MiNr. 1628 = 5.645.000, MiNr. 1629 = 5.555.800 Stück

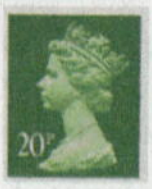

1996, 25. Juni/1998, 13. Okt. Freimarken: Königin Elizabeth II., Typ Machin. RaTdr., Bogen (B) (10×20), Markenheftchen (MH) und Rolle (R); AS = Sicherheitszähnung K 13¾:14¼, CS = Sicherheitszähnung K 14¾:14¼.

ku) Königin Elizabeth II. (1926–2022, reg. ab 1952)

1630	**CS**	20	P	dunkelgelblichgrün (B) (MH) (R)	ku	0,60	0,60
1631	**CS**	26	P	hellsiena (B) (MH)	ku	0,80	0,70
1632	**CS**	31	P	dunkelrotviolett (B)	ku	1,10	0,90
1633	**CS**	37	P	purpur (B) (MH) (R)	ku	1,40	1,10
1634	**CS**	39	P	lebhaftrötlichlila (B)	ku	1,50	1,20
1635		43	P	schwärzlicholivbraun (Töne)	ku		
	AS			Sicherheitszähnung K 13¾:14¼ (MH) (13.10.1998)		1,80	1,50
	CS			Sicherheitsz. K 14¾:14¼ (B) (R)		1,60	1,30
1636	**CS**	63	P	lebhaftsmaragdgrün (B) (MH) (R)	ku	2,—	1,80
				Satzpreis CS (7 W.)		9,—	7,50
				FDC			9,—

		★★
1630 U	ungezähnt (B) (Paar)	250,—
1631 U	ungezähnt (B) (Paar)	500,—
1634 U	ungezähnt (B) (Paar)	900,—
1636 U	ungezähnt (B) (Paar)	500,—

MiNr. 1630 stammt auch aus MH 117, 122, 123, 187.
MiNr. 1631 stammt auch aus MH 117, 122, 123, 125, 126, 129.
MiNr. 1633 stammt auch aus MH 0-212, 0-224, 0-229.
MiNr. 1635 AS stammt aus MH 120.
MiNr. 1636 stammt auch aus MH 0-213, 0-225.

MiNr. 1632 CS und 1634 CS wurden am 22.5.2000 auch im Kleinbogen ausgegeben; siehe nach MiNr. 1804.

Gültig bis 31.1.2023, geduldet bis 31.7.2023

In gleicher Zeichnung siehe Übersicht nach Jahrgangswerttabelle.

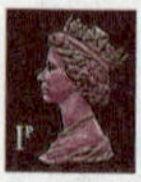

1996, 8. Juli. Freimarken: Königin Elizabeth II., Typ Machin. Odr., Markenheftchen; Sicherheitszähnung K 14¾:14¼.

ku) Königin Elizabeth II. (1926–2022, reg. ab 1952)

					★★	⊙
1637	1	P	dunkelbraunlila	ku	0,30	0,30
1638	20	P	dunkelgelbgrün	ku	0,80	0,50
1639	26	P	dunkelgelbbraun	ku	1,10	0,70
1640	37	P	purpur	ku	2,50	1,50
1641	63	P	smaragdgrün	ku	3,50	2,—
			Satzpreis (5 W.)		8,—	5,—
			FDC			5,50

MiNr. 1637–1641 unterscheiden sich von MiNr. 562 CS, 1630 CS–1631 CS, 1633 CS und 1636 CS unter anderem durch die weniger deutlich ausgebildeten Perlen der Halskette.

MiNr. 1637 stammt aus MH 113 und 161.
MiNr. 1638 stammt aus MH 113, 114 und 162.
MiNr. 1639 stammt aus MH 113 und 114.
MiNr. 1640 stammt aus MH 0-193.
MiNr. 1641 stammt aus MH 0-194.

MiNr. 1637–1638 stammen auch aus Zd-Bogen zur Internationalen Briefmarkenausstellung LONDON 2010 FESTIVAL OF STAMPS; siehe nach MiNr. 2949.

Gültig bis 31.1.2023, geduldet bis 31.7.2023

In gleicher Zeichnung siehe Übersicht nach Jahrgangswerttabelle.

Ungezähnte Abarten

Abarten als ungezähnte Einzelmarken werten etwa ein Drittel der Notierung eines Paares.

1996, 9. Juli. 100 Jahre Olympische Spiele der Neuzeit; Olympische Sommerspiele, Atlanta. Odr. (2×5 Zd + 2×5 Zd); gez. K 14¾:14.

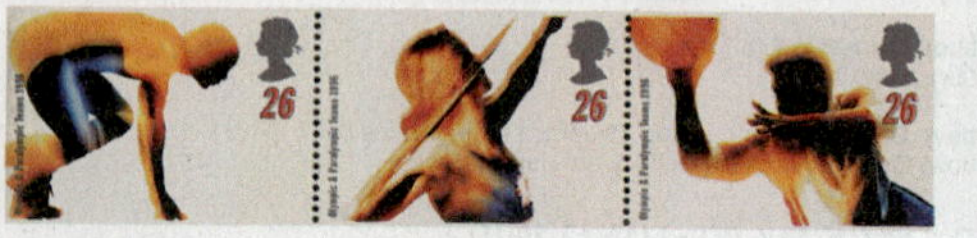

bcn) Laufen
bco) Speerwerfen
bcp) Basketball

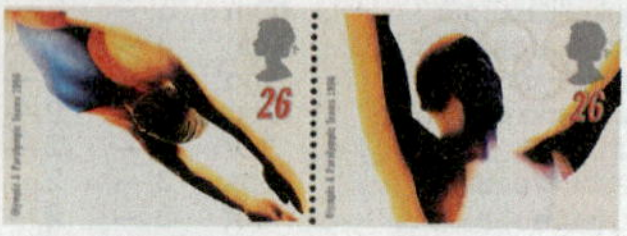

bcr) Schwimmen
bcs) Triumphierender Athlet

1642	26	(P)	mehrfarbig	bcn	1,—	1,—
1643	26	(P)	mehrfarbig	bco	1,—	1,—
1644	26	(P)	mehrfarbig	bcp	1,—	1,—
1645	26	(P)	mehrfarbig	bcr	1,—	1,—
1646	26	(P)	mehrfarbig	bcs	1,—	1,—
			Satzpreis (5 W.)		5,—	5,—
			Fünferstreifen		6,—	6,—
			FDC			6,50

		★★
1642 Ul	links ungezähnt (Randstück)	250,—

MiNr. 1642–1646 wurden waagerecht zusammenhängend gedruckt.

Auflage: 7.059.000 Sätze

In ähnlichen Zeichnungen: MiNr. 2321-2325/Bl. 26

1996, 6. Aug. Bedeutende Frauen des 20. Jahrhunderts; Europa: Berühmte Frauen. RaTdr. (5×10 + 5×10); gez. K 14½.

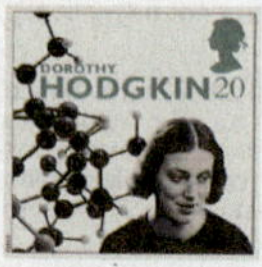

bct) Dorothy Hodgkin (1910–1994), Chemikerin, Nobelpreis 1964

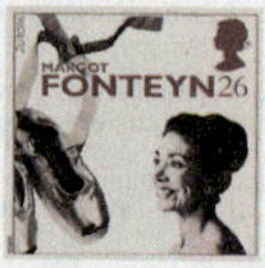

bcu) Margot Fonteyn (1919–1991), Primaballerina

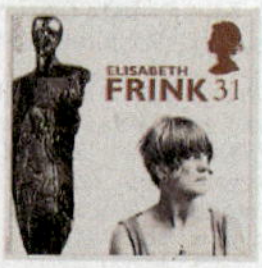

bcv) Elisabeth Frink (1930–1993), Bildhauerin

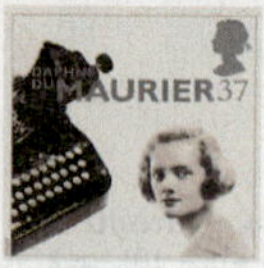

bcw) Daphne du Maurier (1907–1989), Schriftstellerin

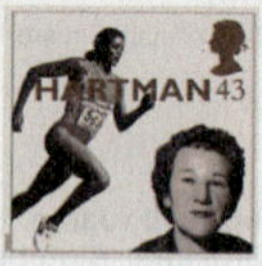

bcx) Marea Hartman (1920–1994), Sportlerin und Sportfunktionärin

					★★	⊙
1647	20	(P)	mehrfarbig	bct	0,80	0,80
1648	26	(P)	mehrfarbig	bcu	1,50	1,50
1649	31	(P)	mehrfarbig	bcv	2,—	1,50
1650	37	(P)	mehrfarbig	bcw	1,40	1,40
1651	43	(P)	mehrfarbig	bcx	1,80	1,80
			Satzpreis (5 W.)		7,50	7,—
			FDC			8,—

			★★
1648 U	ungezähnt (Paar)		400,—

MiNr. 1648–1649 tragen die Inschrift „EUROPA".

Auflagen: MiNr. 1647 = 21.002.600, MiNr. 1648 = 22.976.000, MiNr. 1649 = 4.964.000, MiNr. 1650 = 4.809.100, MiNr. 1651 = 5.117.200 Stück

1996, 3. Sept./1997, 23. Sept. 50 Jahre Fernsehprogramm für Kinder. RaTdr., Bogen (B) (10×5 + 10×5) und Markenheftchen (MH); A = gez. K 14¼:14; C = gez. K 14¾:14.

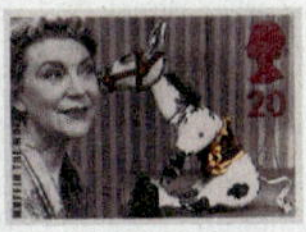
bcy) „Muffin, the Mule"

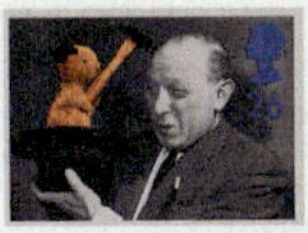
bcz) „Sooty"

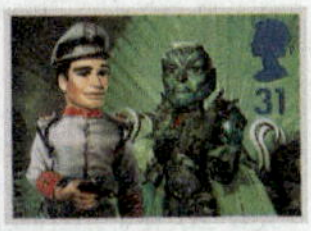
bda) „Stingray"

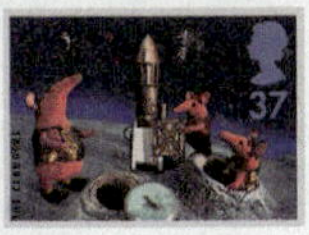
bdb) „The Clangers"

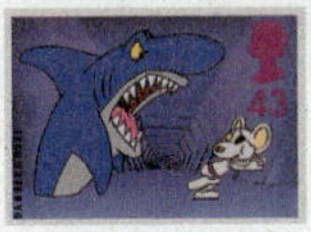
bdc) „Dangermouse"

bcy–bdc) Titelfiguren aus bekannten Fernsehsendungen für Kinder

				★★	⊙
1652	20 (P)	mehrfarbig	bcy		
A		gez. K 14¼:14 (B)		0,60	0,60
C		gez. K 14¾:14 (MH) (23.9.1997)		2,50	2,50
1653 A	26 (P)	mehrfarbig (B)	bcz	0,90	0,90
1654 A	31 (P)	mehrfarbig (B)	bda	1,10	1,10
1655 A	37 (P)	mehrfarbig (B)	bdb	1,30	1,30
1656 A	43 (P)	mehrfarbig (B)	bdc	1,60	1,60
		Satzpreis A (5 W.)		5,50	5,50
		FDC			6,—

MiNr. 1652 C stammt aus MH 117.

Auflagen: MiNr. 1652 A = 21.247.700, MiNr. 1652 C = 661.200, MiNr. 1653 A = 23.003.000, MiNr. 1654 A = 4.977.000, MiNr. 1655 A = 4.819.700, MiNr. 1656 A = 5.169.200 Stück

1996, 1. Okt. Britische Automobile. RaTdr. (5×10 + 5×10); gez. K 14½.

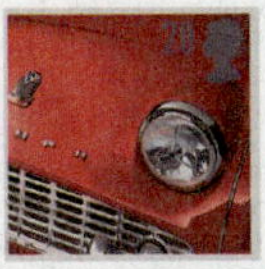
bdd) Triumph TR 3 (1955)

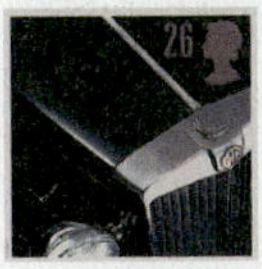
bde) MG TD (nach 1950)

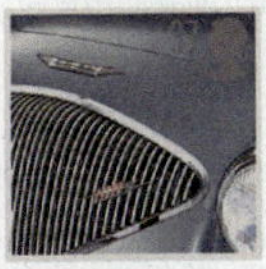
bdf) Austin-Healey 100 (1952)

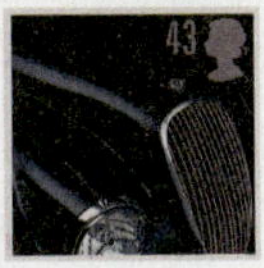
bdg) Jaguar XK 120 (1948)

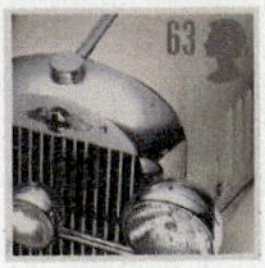
bdh) Morgan Plus Four (1951)

				★★	⊙
1657	20 (P)	mehrfarbig	bdd	0,60	0,60
1658	26 (P)	mehrfarbig	bde	0,90	0,90
1659	37 (P)	mehrfarbig	bdf	1,50	1,50
1660	43 (P)	mehrfarbig	bdg	1,60	1,60
1661	63 (P)	mehrfarbig	bdh	2,40	2,40
		Satzpreis (5 W.)		7,—	7,—
		FDC			7,50

		★★
1658 U	ungezähnt (Paar)	*2500,—*
1659 U	ungezähnt (Paar)	*1000,—*
1660 U	ungezähnt (Paar)	*1500,—*

Auflagen: MiNr. 1657 = 20.739.600, MiNr. 1658 = 22.732.700, MiNr. 1659 = 4.682.600, MiNr. 1660 = 4.961.800, MiNr. 1661 = 4.891.700 Stück

1996, 28. Okt. Weihnachten. RaTdr., Bogen (B) (10×5 + 10×5) und Markenheftchen (MH); gez. K 14¾:14¼.

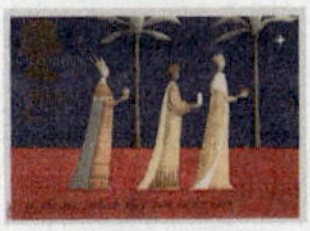
bdi) Die Heiligen Drei Könige folgen dem Stern

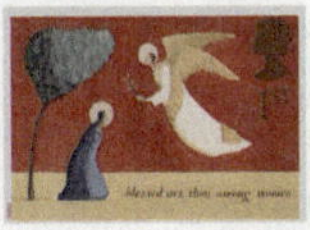
bdk) Mariä Verkündigung

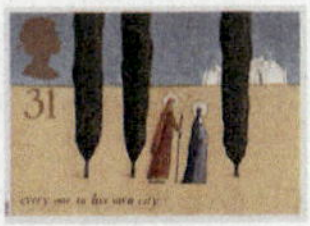
bdl) Die Reise nach Bethlehem

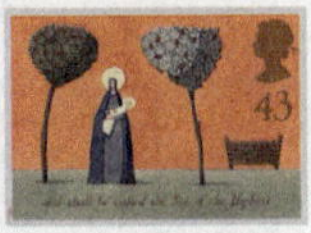
bdm) Maria mit dem Kind

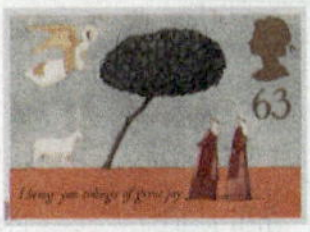
bdn) Verkündigung der Hirten

bdi–bdn) Gemälde von Laura Stoddart (*1972)

				★★	⊙
1662	2ND	mehrfarbig (B) (MH)	bdi	2,20	1,—
1663	1ST	mehrfarbig (B) (MH)	bdk	3,—	1,20
1664	31 (P)	mehrfarbig (B)	bdl	1,10	1,10
1665	43 (P)	mehrfarbig (B)	bdm	1,50	1,50
1666	63 (P)	mehrfarbig (B)	bdn	2,20	2,20
		Satzpreis (5 W.)		10,—	7,—
		FDC			7,50

Nominalen zur Zeit der Ausgabe: MiNr. 1662 = 20 P, MiNr. 1663 = 26 P

MiNr. 1662 stammt auch aus MH 0-201, MiNr. 1663 auch aus MH 0-200.

Auflagen (einschließlich Marken aus Markenheftchen): MiNr. 1662 = 364.018.300, MiNr. 1663 = 160.341.250, MiNr. 1664 = 12.972.000, MiNr. 1665 = 15.851.500, MiNr. 1666 = 14.168.400 Stück

1997, 6. Jan./2004, 25. Mai. Grußmarken: Blumen. Odr., Zd-Bogen (Zd-B) (2×1 Zd) und Markenheftchen (MH) (5×2); AS = Sicherheitszähnung K 14¾:14¼, C = gez. K 14¼, CS = Sicherheitszähnung K 14¼.

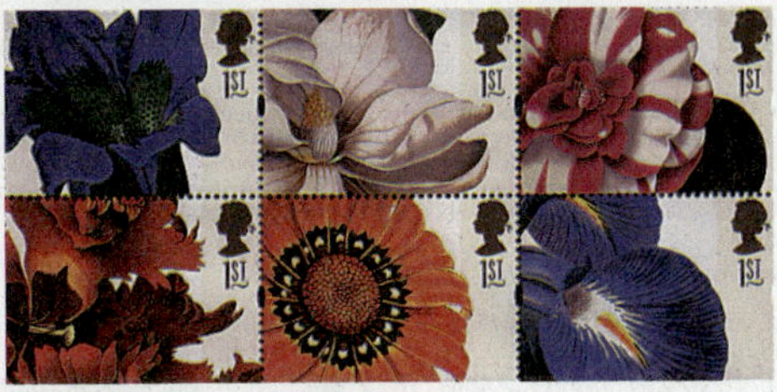

bdo) Stengelloser Enzian (Gentiana acaulis)
bdp) Magnolie (Magnolia grandiflora)
bdr) Chinarose (Camellia japonica variegata)

bdu) Gefüllte Tulpe (Tulipa gesneriana)
bdv) Mittagsgold (Gazania splendens)
bdw) Schwertlilie (Iris latifolia)

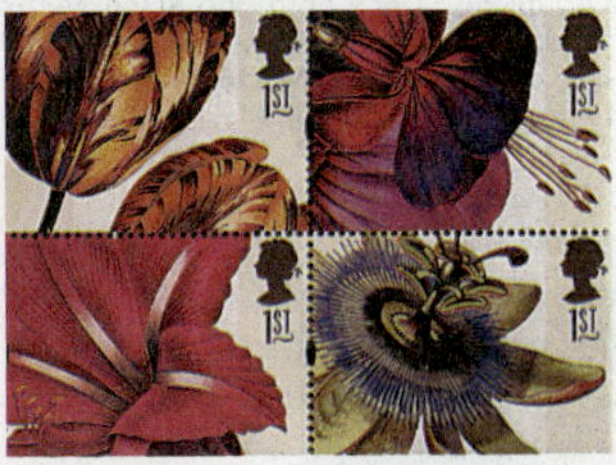

bds) Tulpe (Tulipa sp.)
bdt) Fuchsie (Fuchsia „Princess of Wales")

bdx) Ritterstern (Hippeastrum rutilum)
bdy) Blaue Passionsblume (Passiflora caerulea)

bdo–bdy) Blumenzeichnungen botanischer Illustratoren des 18. und 19. Jahrhunderts

AS = Sicherheitszähnung K 14¾:14¼ (MH) (25.5.2004)

1667 AS	1ST mehrfarbig	bdo	3,—	1,50
1670 AS	1ST mehrfarbig	bds	3,—	1,50
1674 AS	1ST mehrfarbig	bdw	3,—	1,50
	Satzpreis AS (3 W.)		9,—	4,50

C = gez. K 14¼ (Zd-B) (21.1.2003)

1667 C	1ST mehrfarbig	bdo	3,—	1,60
1668 C	1ST mehrfarbig	bdp	3,—	1,60
1669 C	1ST mehrfarbig	bdr	3,—	1,60
1670 C	1ST mehrfarbig	bds	3,—	1,60
1671 C	1ST mehrfarbig	bdt	3,—	1,60
1672 C	1ST mehrfarbig	bdu	3,—	1,60
1673 C	1ST mehrfarbig	bdv	3,—	1,60
1674 C	1ST mehrfarbig	bdw	3,—	1,60
1675 C	1ST mehrfarbig	bdx	3,—	1,60
1676 C	1ST mehrfarbig	bdy	3,—	1,60
	Satzpreis C (10 W.)		30,—	16,—
	FDC C			18,—
	1667 C Zf–1676 C Zf		32,—	18,—

CS = Sicherheitszähnung K 14¼ (MH) (6.1.1997)

1667 CS	1ST mehrfarbig	bdo	3,—	1,50
1668 CS	1ST mehrfarbig	bdp	3,—	1,50
1669 CS	1ST mehrfarbig	bdr	3,—	1,50
1670 CS	1ST mehrfarbig	bds	3,—	1,50
1671 CS	1ST mehrfarbig	bdt	3,—	1,50
1672 CS	1ST mehrfarbig	bdu	3,—	1,50
1673 CS	1ST mehrfarbig	bdv	3,—	1,50
1674 CS	1ST mehrfarbig	bdw	3,—	1,50
1675 CS	1ST mehrfarbig	bdx	3,—	1,50
1676 CS	1ST mehrfarbig	bdy	3,—	1,50
	Satzpreis CS (10 W.)		30,—	15,—
	FDC CS (1 H-Blatt)			16,—

		★★
1667 CS F-1676 CS F	Farben Gold und Grün (und Ph.-Streifen) fehlend, H-Blatt	15000,—

Nominalen zur Zeit der Ausgabe: MiNr. 1667 AS, 1670 AS und 1674 AS je 28 P, MiNr. 1667 C–1676 C je 26 P, MiNr. 1667 CS–1676 CS je 27 P

MiNr. 1667 AS, 1670 AS und 1674 AS stammen aus MH 147. Hierbei ist die ovale Sicherheits-Ausstanzung um ein Zähnungsloch höher angebracht als bei den Marken in Zähnung CS.

MiNr. 1667 C–1676 C wurden zusammenhängend im Bogen zu 2 Zwanzigerblocks (10 Marken und 10 Zierfelder) gedruckt (Postpreis: 5.95 £). Die Zierfelder konnten auf Bestellung auch individuell gestaltet werden (Postpreis: 14.95 £). Außerdem wurden MiNr. 1667 C und 1674 C mit jeweils anhängendem Zierfeld zusammenhängend im Kleinbogen zu 2 Zehnerblocks auf Privatbestellung gedruckt.

MiNr. 1667 CS–1676 CS stammen aus MH 115.

In gleichen Zeichnungen wie MiNr. 1670 und 1674: MiNr. 2774–2775 (selbstklebend)
In ähnlicher Zeichnung wie MiNr. 1673: MiNr. 2338 (kleineres Format und selbstklebend)

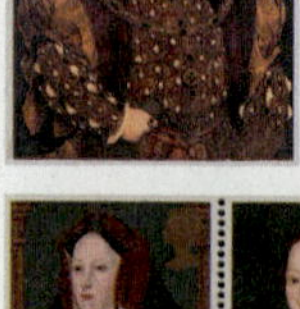

1997, 21. Jan. 450. Todestag von König Heinrich VIII.: Der König und seine sechs Ehefrauen. RaTdr.; MiNr. 1677 (6×5 + 6×5), gez. K 14¾; MiNr. 1678–1683 (1×5 Zd + 1×5 Zd), gez. K 14:14¾.

bdz) König Heinrich VIII. (1491–1547, reg. ab 1509)

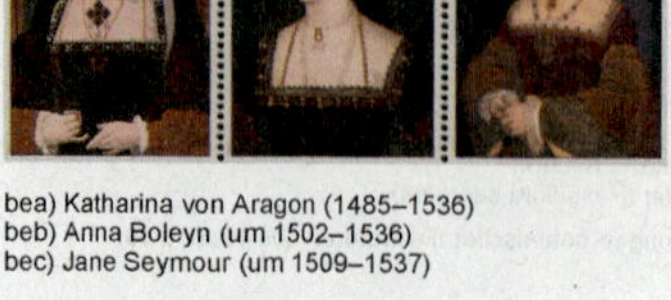

bea) Katharina von Aragon (1485–1536)
beb) Anna Boleyn (um 1502–1536)
bec) Jane Seymour (um 1509–1537)

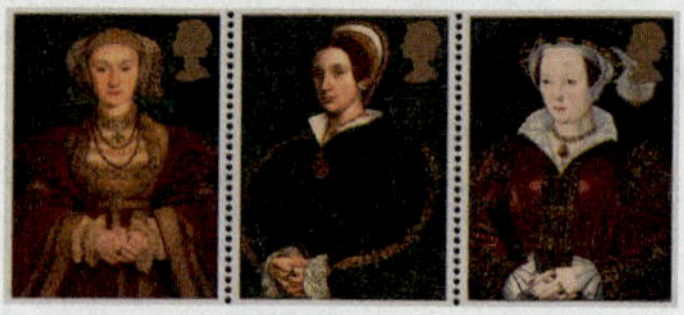

bed) Anna von Cleve (1515–1557)
bee) Katharina Howard (1521–1542)
bef) Katharina Parr (1512–1548)

bdz, bec, bee) Gemälde von Hans Holbein d. J. (1497–1543), deutscher Maler
bea, beb, bed, bef) Gemälde von unbekannten zeitgenössischen Malern

			★★	⊙
1677	26 (P) mehrfarbig	bdz	1,20	1,20
1678	26 (P) mehrfarbig	bea	1,20	1,20
1679	26 (P) mehrfarbig	beb	1,20	1,20
1680	26 (P) mehrfarbig	bec	1,20	1,20
1681	26 (P) mehrfarbig	bed	1,20	1,20
1682	26 (P) mehrfarbig	bee	1,20	1,20
1683	26 (P) mehrfarbig	bef	1,20	1,20
	Satzpreis (7 W.)		8,—	8,—
	FDC			9,—
	Marke + Sechserstreifen		10,—	10,—

		★★
1677 U	ungezähnt (senkr. Paar)	3500,—

MiNr. 1678–1683 wurden waagerecht zusammenhängend gedruckt.

Auflagen: MiNr. 1677 = 23.242.400, MiNr. 1678–1683 je 6.428.366 Stück

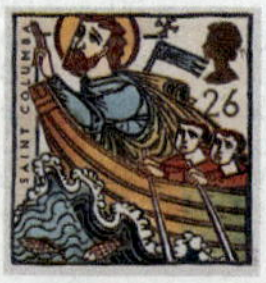

1997, 11. März. Missionare in Großbritannien: Columban d. Ä. und Augustinus. RaTdr. (10×5 + 10×5); gez. K 14½:14¼.

beg) Columban d. Ä. (um 520–597) bei der Überfahrt zur schottischen Insel Iona

beh) Columban d. Ä. im Kloster auf Iona

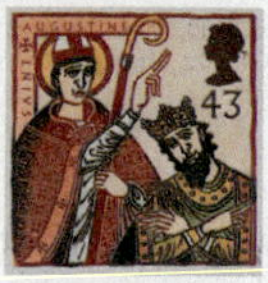

bei) Augustinus († 604) tauft König Aethelberth von Kent

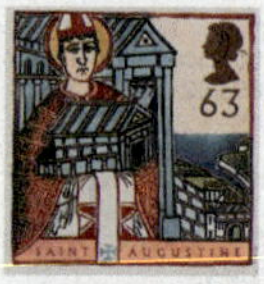

bek) Augustinus als Erzbischof von Canterbury

			★★	⊙
1684	26 (P) mehrfarbig	beg	0,80	0,80
1685	37 (P) mehrfarbig	beh	1,20	1,20
1686	43 (P) mehrfarbig	bei	1,50	1,50
1687	63 (P) mehrfarbig	bek	2,—	2,—
	Satzpreis (4 W.)		5,50	5,50
	FDC			6,—

		★★
1684 U	ungezähnt (Paar)	1000,—

Auflagen: MiNr. 1684 = 21.881.400, MiNr. 1685 = 4.513.300, MiNr. 1686 = 4.963.600, MiNr. 1687 = 4.642.700 Stück

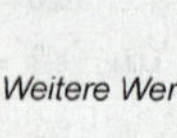

1997, 18. März. Freimarken: Königin Elizabeth II., Typ Machin, Querformat. RaTdr., Rollen; selbstklebend; Sicherheitsstanzung 14¼:14¾.

aws) Königin Elizabeth II. (1926–2022, reg. ab 1952)

			★★	⊙
1688	2ND lebhaftkobalt	aws	2,50	1,50
1689	1ST gelblichrot	aws	3,—	2,—
	Satzpreis (2 W.)		5,50	3,50
	FDC			5,50

Nominalen zur Zeit der Ausgabe: MiNr. 1688 = 20 P, MiNr. 1689 = 26 P

Gültig bis 31.1.2023, geduldet bis 31.7.2023

Weitere Werte siehe Übersicht nach Jahrgangswerttabelle.

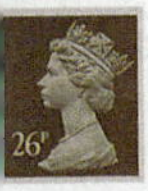

1997, 21. April. Freimarken, Typ Machin: Goldene Hochzeit von Königin Elizabeth II. und Prinz Philip. RaTdr., Bogen (10×20) und Markenheftchen; Sicherheitszähnung K 14¾:14¼.

ku) Königin Elizabeth II. (1926–2022, reg. ab 1952)

1690	26 P	goldfarben	ku	1,20	0,60
1691	1ST	goldfarben	ku	2,—	0,60
		Satzpreis (2 W.)		3,20	1,20
		FDC			2,50

		★★
1690 U	ungezähnt (B) (Paar)	1500,—
1691 U	ungezähnt (B) (Paar)	250,—

Nominale von MiNr. 1691 zur Zeit der Ausgabe: 26 P

MiNr. 1690–1691 stammen auch aus MH 117, MiNr. 1691 stammt auch aus MH 143–147, 149–150, 187, 0-210, 0-211.

MiNr. 1691 wurde auch in einem Kleinbogen zusammen mit MiNr. 2314 ausgegeben, siehe dort.

Eine Sonderprägung von MiNr. 1691 (bzw. 2025) auf Silberfolie in Markengröße stammt aus einem Souveniralbum (Commemorative Document). Sie ist nicht frankaturgültig.

MiNr. 1691 Odr., aus Bogen ohne Sicherheitszähnung

Gültig bis 31.1.2023, geduldet bis 31.7.2023

In gleicher Zeichnung siehe Übersicht nach Jahrgangswerttabelle.

1997, 13. Mai. Europa: Sagen und Legenden; Gruselgestalten. RaTdr. (5×10 + 5×10); gez. K 14:14¾.

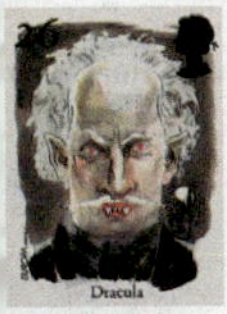

bel) Graf Dracula; Figur nach Bram Stoker (1847–1912)

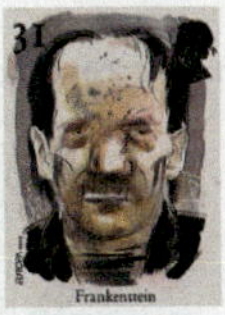

bem) Frankensteins Monster; Figur nach Mary Shelley (1797–1851)

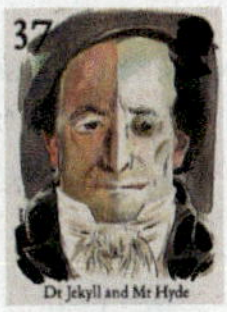

ben) Dr. Jekyll und Mr. Hyde; Figur nach Robert Louis Stevenson (1850–1894)

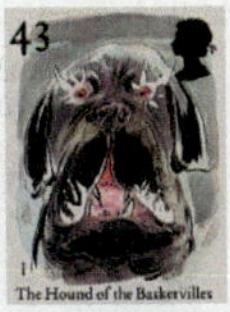

beo) Der Hund von Baskerville; Figur nach Arthur Conan Doyle (1859–1930)

				★★	⊙
1692	26 (P)	mehrfarbig	bel	1,40	1,40
1693	31 (P)	mehrfarbig	bem	1,60	1,60
1694	37 (P)	mehrfarbig	ben	1,40	1,40
1695	43 (P)	mehrfarbig	beo	1,60	1,60
		Satzpreis (4 W.)		6,—	6,—
		FDC			6,50

MiNr. 1692–1693 tragen die Inschrift „EUROPA".

Auflagen: MiNr. 1692 = 22.385.600, MiNr. 1693 = 4.810.300, MiNr. 1694 = 4.659.200, MiNr. 1695 = 4.935.200 Stück

1997, 10. Juni/2008, 18. Sept. Flugzeuge und ihre Konstrukteure. I = RaTdr., Bogen (B) (10×5 + 10×5), II = Odr., Markenheftchen (MH); A = gez. K 14¾:14¼, C = gez. K 14¼.

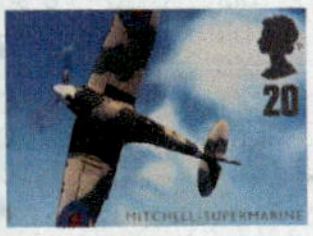

bep) Supermarine Spitfire Mk IIA; Reginald Joseph Mitchell (1895–1937)

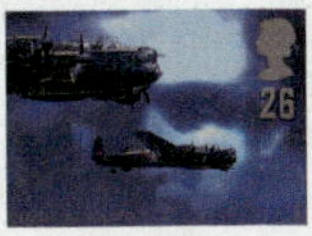

ber) Avro Lancaster B Mk I; Roy Chadwick (1893–1947)

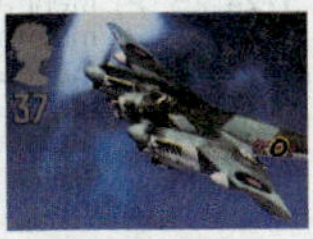

bes) De Havilland Mosquito B, Mk XVI; Ronald Eric Bishop (1903–1989)

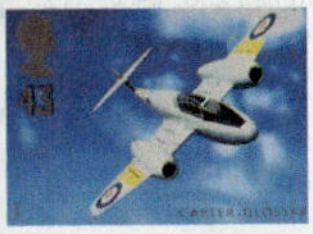

bet) Gloster Meteor T Mk 7; George Carter (1889–1969)

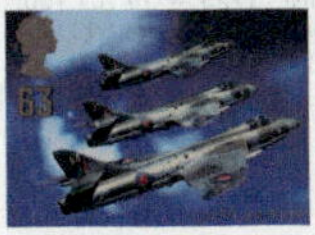

beu) Hawker Hunter FGA Mk 9; Sidney Camm (1893–1966)

bep–beu) Im Bildhintergrund ist die Abbildung des jeweiligen Konstrukteurs in Form von Wolken gestaltet

1696			20 (P)	mehrfarbig	bep		
	I	A		RaTdr. gez. K 14¾:14¼ (B)		0,60	0,60
	II	C		Odr. gez. K 14¼ (MH) (18.9.2008)		2,—	2,—
1697	I	A	26 (P)	mehrfarbig (B)	ber	0,90	0,90
1698	I	A	37 (P)	mehrfarbig (B)	bes	1,30	1,30
1699	I	A	43 (P)	mehrfarbig (B)	bet	1,50	1,50
1700	I	A	63 (P)	mehrfarbig (B)	beu	2,20	2,20
				Satzpreis I (5 W.)		6,50	6,50
				FDC			7,—

MiNr. 1696 II stammt aus MH 156.

Auflagen: MiNr. 1696 I A = 20.682.400, MiNr. 1697 I A = 22.114.000, MiNr. 1698 I A = 4.909.100, MiNr. 1699 I A = 5.134.000, MiNr. 1700 I A = 5.031.900 Stück

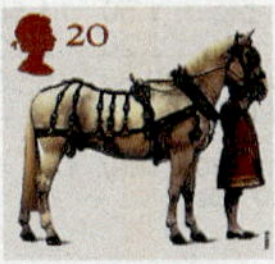

1997, 8. Juli. 50 Jahre British Horse Society: Pferde. Odr. (10×5 + 10×5); gez. K 14¼:14½.

bev) St. Patrick

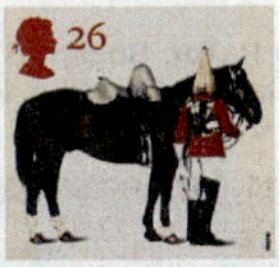

bew) Thompson

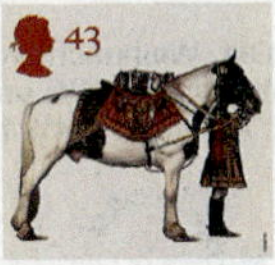

bex) Janus

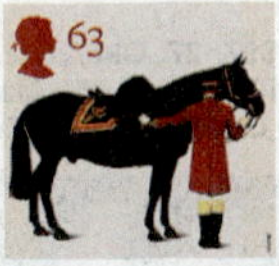

bey) River Star

bev, bey) Paradepferde aus dem Königlichen Marstall
bew–bex) Paradepferde der Königlichen Garde

1701	20 (P)	mehrfarbig	bev	0,60	0,60
1702	26 (P)	mehrfarbig	bew	0,90	0,90
1703	43 (P)	mehrfarbig	bex	1,60	1,60
1704	63 (P)	mehrfarbig	bey	2,40	2,40
		Satzpreis (4 W.)		5,50	5,50
		FDC			6,—

Auflagen: MiNr. 1701 = 19.897.400, MiNr. 1702 = 21.851.200, MiNr. 1703 = 5.063.000, MiNr. 1704 = 4.839.800 Stück

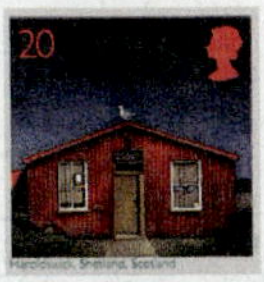

1997, 12. Aug. 100 Jahre Vereinigung der britischen Posthalter: Postvertriebsstellen. RaTdr. (10× 5 + 10×5); gez. K 14½:14¼.

bez) Haroldwick, Shetlandinseln (Schottland)

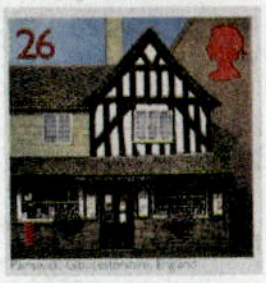

bfa) Painswick, Gloucestershire (England)

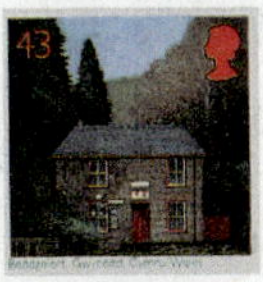

bfb) Beddgelert, Gwynedd (Wales)

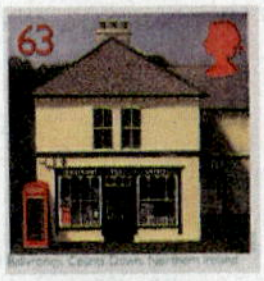

bfc) Ballyroney, County Down (Nordirland)

1705	20 (P)	mehrfarbig	bez	0,60	0,60
1706	26 (P)	mehrfarbig	bfa	0,90	0,90
1707	43 (P)	mehrfarbig	bfb	1,60	1,60
1708	63 (P)	mehrfarbig	bfc	2,40	2,40
		Satzpreis (4 W.)		5,50	5,50
		FDC			6,—

Auflagen: MiNr. 1705 = 19.475.100, MiNr. 1706 = 21.486.300, MiNr. 1707 = 4.845.200, MiNr. 1708 = 4.713.600 Stück

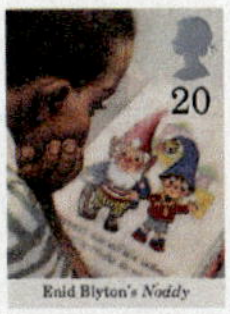

1997, 9. Sept. 100. Geburtstag von Enid Blyton (1897–1968), Schriftstellerin. RaTdr. (5×10 + 5×10); gez. K 14:14¼.

bfd) Junge betrachtet Seite aus einem Kinderbuch der Serie „Noddy"

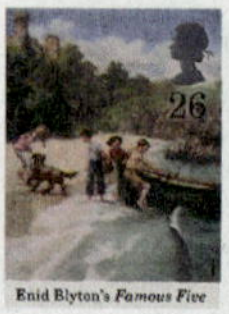

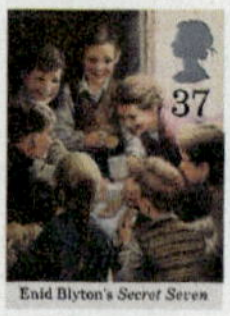

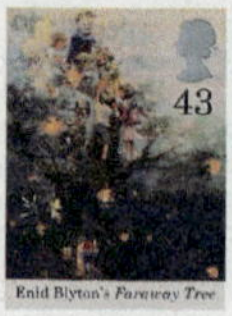

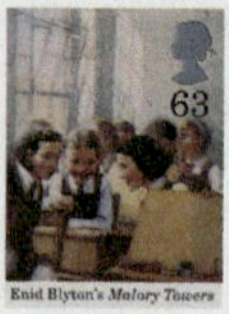

bfe) Szene aus der Serie „Fünf Freunde"
bff) Szene aus der Serie „Geheimnis um..."
bfg) Szene aus der Serie „Der ferne Baum"
bfh) Szene aus der Serie „Malory Towers"

1709	20 (P)	mehrfarbig	bfd	0,60	0,60
1710	26 (P)	mehrfarbig	bfe	0,90	0,90
1711	37 (P)	mehrfarbig	bff	1,30	1,30
1712	43 (P)	mehrfarbig	bfg	1,50	1,50
1713	63 (P)	mehrfarbig	bfh	2,20	2,20
			Satzpreis (5 W.)	6,50	6,50
			FDC		7,—

Auflagen: MiNr. 1709 = 19.338.800, MiNr. 1710 = 21.311.700, MiNr. 1711 = 4.549.500, MiNr. 1712 = 4.720.700, MiNr. 1713 = 4.685.500 Stück

1997, 27. Okt./2002, 1. Okt. Weihnachten. I = RaTdr. Bogen (B) (10×5 + 10×5), Markenheftchen (MH) und Kleinbogen (Klb.), II = Odr. Zd-Bogen (Zd-B); A = gez. K 14¾:14¼, C = gez. K 14¼.

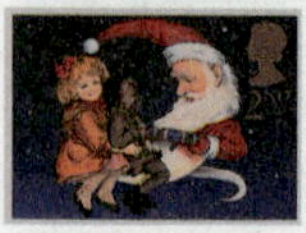

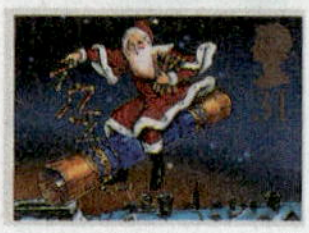

bfi) Weihnachtsmann als Mondsichel mit Kindern
bfk) Weihnachtsmann mit Stechpalmenkranz
bfl) Weihnachtsmann über Stadt

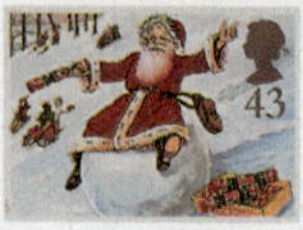

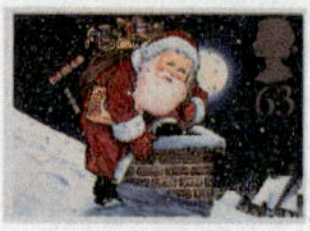

bfm) Weihnachtsmann auf Schneekugel
bfn) Weihnachtsmann am Schornstein

bfi–bfn) Weihnachtsmann verteilt Weihnachts-Knallbonbons

1714	I A	2ND	mehrfarbig (B) (MH)	bfi	2,20	1,20
1715		1ST	mehrfarbig	bfk		
	I A		RaTdr., gez. K 14¾:14¼ (B) (MH) (Klb.)		3,—	1,50
	II C		Odr., gez. K 14¼ (Zd-B) (1.10.2002)		3,—	2,—
1716	I A	31 (P)	mehrfarbig (B)	bfl	1,10	1,10
1717	I A	43 (P)	mehrfarbig (B)	bfm	1,50	1,50
1718	I A	63 (P)	mehrfarbig (B)	bfn	2,20	2,20
				Satzpreis I A (5 W.)	10,—	7,50
				FDC I A		8,—
			Kleinbogen (10 × MiNr. 1715 I A)		250,—	
				1715 II C Zf	3,50	2,50

		★★
1714 U	ungezähnt (Paar)	*1500,—*
1716 U	ungezähnt (Paar)	*1800,—*

Nominalen zur Zeit der Ausgabe: MiNr. 1714 I A = 20 P, MiNr. 1715 I A = 26 P, MiNr. 1715 II C = 27 P

MiNr. 1714 I A stammt auch aus MH 0-215, MiNr. 1715 I A auch aus MH 0-214.

MiNr. 1715 I A wurde am 3.10.2000 in einer Nachauflage zusammenhängend im Kleinbogen (I) zu 10 Marken und 10 Zierfeldern gedruckt (Postpreis: 2.95 £) verkauft wurde (Bogenranddruck „© The Post Office 2000"), diesen Kleinbogen gibt es auch mit individuell gestalteten Zierfeldern (Postpreis: 9.95 £).
Es gibt außerdem eine weitere Nachauflage dieser Kleinbogen vom 9.10.2001 (Bogenranddruck „© Consignia plc 2001", Abgabe jeweils zwei Klb., Postpreis: 12.95 £). Die Marken der Nachauflagen unterscheiden sich in Breite und Lage der Phosphorstreifen von der Erstauflage und sind in helleren Farben gedruckt.

MiNr. 1715 II C wurde im Bogen zu 20 Marken und 20 Zierfeldern gedruckt (Postpreis: 5.95 £). Die Zierfelder konnten auf Bestellung auch individuell gestaltet werden (Postpreis: 14.95 £).

Auflagen (einschließlich Marken aus Markenheftchen): MiNr. 1714 I A = 384.488.700, MiNr. 1715 I A = 175.745.900, MiNr. 1716 I A = 11.433.300, MiNr. 1717 I A = 16.274.600, MiNr. 1718 I A = 14.434.700 Stück

1997, 13. Nov. Goldene Hochzeit von Königin Elizabeth II. und Prinz Philip. RaTdr. (6×5 + 6×5).; gez. K 14¾.

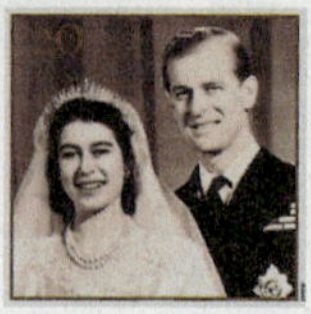
bfo
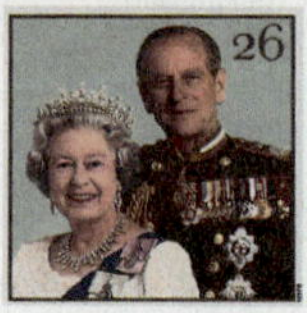

bfp

bfo–bfp) Königin Elizabeth II. und Prinz Philip; Aufnahmen von 1947 und 1997

				★★	⊙
1719	20 (P)	mehrfarbig	bfo	0,70	0,70
1720	26 (P)	mehrfarbig	bfp	1,—	1,—
1721	43 (P)	mehrfarbig	bfo	1,90	1,90
1722	63 (P)	mehrfarbig	bfp	2,40	2,40
			Satzpreis (4 W.)	6,—	6,—
			FDC		8,—

		★★
1719 F	Farbe Gold (Wertziffer) fehlend	*10000,—*
1719 U	ungezähnt (Paar)	*3500,—*
1720 U	ungezähnt (Paar)	*3000,—*

Auflagen: MiNr. 1719 = 23.641.000, MiNr. 1720 = 24.931.700, MiNr. 1721 = 6.245.700, MiNr. 1722 = 6.204.800 Stück

1998, 20. Jan. Naturschutz: Bedrohte Pflanzen und Tiere. Odr. (5×10 + 5×10); gez. K 14:14¾.

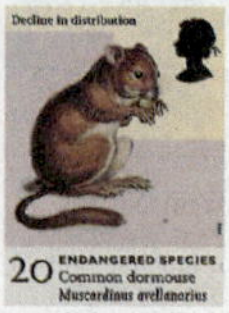

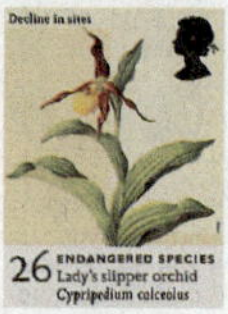

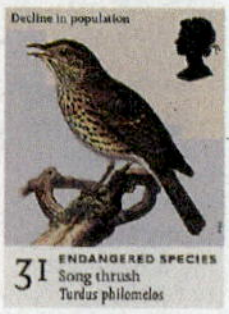

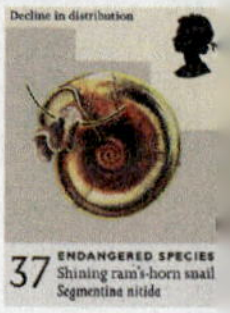

bfr) Haselmaus (Muscardinus avellanarius)
bfs) Marienfrauenschuh (Cypripedium calceolus)
bft) Singdrossel (Turdus philomelos)
bfu) Glänzende Tellerschnecke (Segmentina nitida)

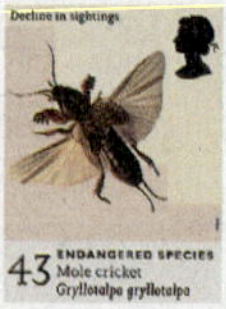

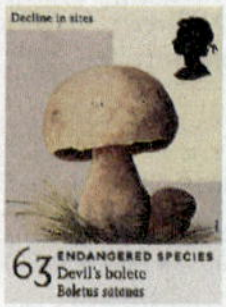

bfv) Maulwurfgrille (Gryllotalpa gryllotalpa)
bfw) Satanspilz (Boletus satanas)

				★★	⊙
1723	20 (P)	mehrfarbig	bfr	0,70	0,70
1724	26 (P)	mehrfarbig	bfs	0,90	0,90
1725	31 (P)	mehrfarbig	bft	1,—	1,—
1726	37 (P)	mehrfarbig	bfu	1,30	1,30
1727	43 (P)	mehrfarbig	bfv	1,50	1,50
1728	63 (P)	mehrfarbig	bfw	2,20	2,20
			Satzpreis (6 W.)	7,50	7,50
			FDC		8,—

		★★
1723 U	ungezähnt	–,–

Auflagen: MiNr. 1723 = 19.101.700, MiNr. 1724 = 20.989.200, MiNr. 1725 = 4.758.700, MiNr. 1726 = 4.543.500, MiNr. 1727 = 4.813.900, MiNr. 1728 = 4.669.900 Stück

1998, 3. Febr. Tod von Prinzessin Diana (1997). RaTdr. (1×10 Zd + 1×10 Zd); gez. K 14:14¾.

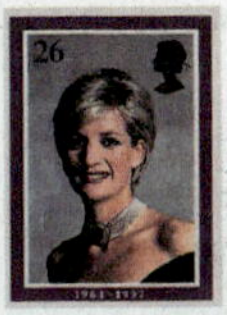

bfx

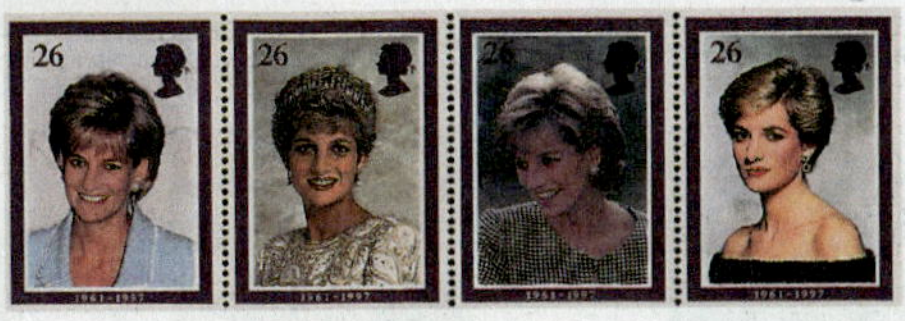

bfy, bfz, bga, bgb

bfx–bgb) Prinzessin Diana (1961–1997)

				★★	⊙
1729	26 (P)	mehrfarbig	bfx	0,90	0,90
1730	26 (P)	mehrfarbig	bfy	0,90	0,90
1731	26 (P)	mehrfarbig	bfz	0,90	0,90
1732	26 (P)	mehrfarbig	bga	0,90	0,90
1733	26 (P)	mehrfarbig	bgb	0,90	0,90
			Satzpreis (5 W.)	4,50	4,50
			Fünferstreifen	5,50	5,50
			FDC		6,—

		★★
1729 U-1733 U	ungezähnt, Fünferstreifen	*14000,—*

MiNr. 1729–1733 wurden waagerecht zusammenhängend gedruckt.
Auflage: 30.260.820 Sätze

1998, 24. Febr. 650 Jahre Hosenbandorden: Wappentiere und Schilde. Komb. StTdr. und Odr. (2×5 Zd + 2×5 Zd); gez. K 14¾:14.

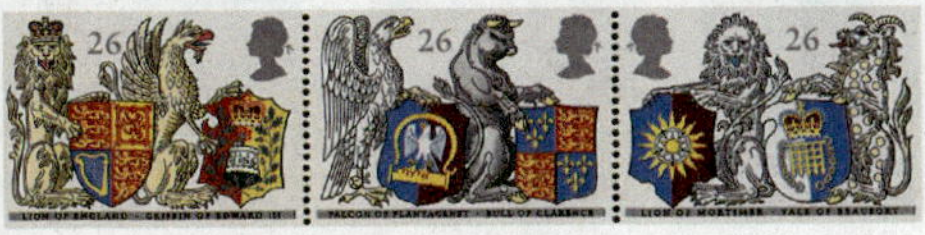

bgc) Löwe von England und Greif von Edward III.
bgd) Falke von Plantagenet und Stier von Clarence
bge) Löwe von Mortimer und Widder von Beaufort

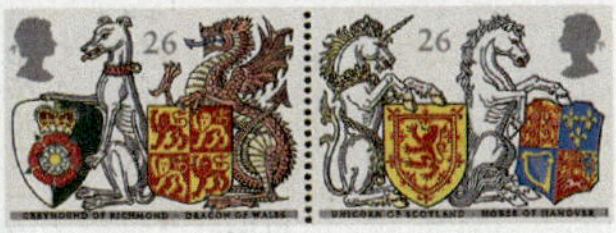

bgf) Windhund von Richmond und Drache von Wales
bgg) Einhorn von Schottland und Ross von Hannover

				★★	⊙
1734	26 (P)	mehrfarbig	bgc	0,90	0,90
1735	26 (P)	mehrfarbig	bgd	0,90	0,90
1736	26 (P)	mehrfarbig	bge	0,90	0,90
1737	26 (P)	mehrfarbig	bgf	0,90	0,90
1738	26 (P)	mehrfarbig	bgg	0,90	0,90
			Satzpreis (5 W.)	4,50	4,50
			Fünferstreifen	5,50	5,50
			FDC		6,—

		★★
1734 F I	Farbe Grün fehlend	—,—
1736 F I	Farbe Grün fehlend	—,—
1737 F I	Farbe Grün fehlend	—,—

MiNr. 1734–1738 wurden waagerecht zusammenhängend gedruckt.
Auflage: 6.292.520 Sätze

1998, 10. März. Freimarken: Königin Elizabeth II., Typ Wilding. RaTdr., Markenheftchen; Sicherheitszähnung K 13¾:14¼.

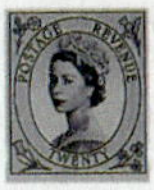

eb) Königin Elizabeth II. (1926–2022, reg. ab 1952)

				★★	⊙
1739	20 P	gelblichgrün	eb	0,80	0,80
1740	26 P	gelbbraun	eb	1,—	1,—
1741	37 P	lilapurpur	eb	2,20	2,20
			Satzpreis (3 W.)	4,—	4,—
			FDC		4,50

MiNr. 1739–1741 stammen aus MH 119.

Auflagen: MiNr. 1739 = 1.305.250, MiNr. 1740 = 1.827.350, MiNr. 1741 = 652.625 Stück

In gleichen Zeichnungen siehe Fußnote nach MiNr. 273

1998, 24. März. Leuchttürme. Odr. (5×10 + 5×10); gez. K 14½:14¼.

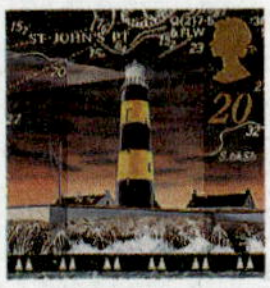

bgh) St. John's Point, Grafschaft Down, Nordirland (1844)

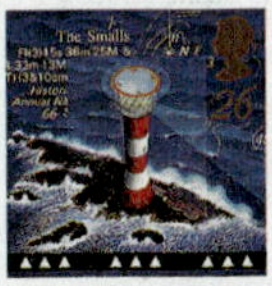

bgi) The Smalls, Pembrokeshire, Wales (1859)

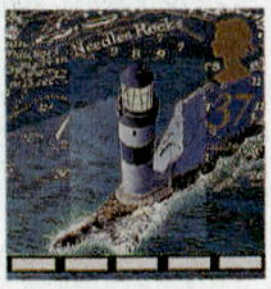

bgk) Needles Rocks, Insel Wight, England (1859)

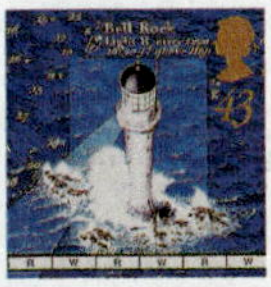

bgl) Bell Rock, bei Arbroath, Schottland (1811)

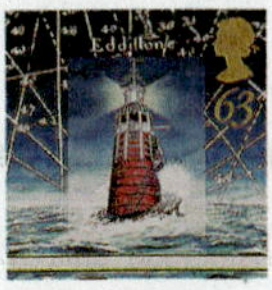

bgm) Eddistone, bei Plymouth, England (1698)

bgh–bgm) Seekartenausschnitte und Kennungen der jeweiligen Leuchttürme

1742	20 (P)	mehrfarbig	bgh	0,60	0,60
1743	26 (P)	mehrfarbig	bgi	0,90	0,90
1744	37 (P)	mehrfarbig	bgk	1,30	1,30
1745	43 (P)	mehrfarbig	bgl	1,50	1,50
1746	63 (P)	mehrfarbig	bgm	2,20	2,20
			Satzpreis (5 W.)	6,50	6,50
			FDC		7,—

Auflagen: MiNr. 1742 = 18.760.300, MiNr. 1743 = 20.716.300, MiNr. 1744 = 4.517.600, MiNr. 1745 = 4.789.200, MiNr. 1746 = 4.644.440 Stück

1998, 6. April. Freimarken: Königin Elizabeth II., Typ Machin. RaTdr., Bogen (100), Markenheftchen und Rollen (200); selbstklebend; zähnungsähnliche Sicherheitsstanzung 14¾:14¼ ohne Eckzahn.

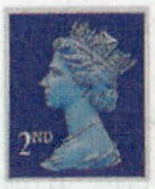

ku) Königin Elizabeth II. (1926–2022, reg. ab 1952)

				★★	⊙
1747	2ND	lebhaftkobalt	ku	1,70	0,40
1748	1ST	gelblichrot	ku	2,—	0,60
			Satzpreis (2 W.)	3,60	1,—
			FDC		2,50

1747 GS	wellenförmige Sicherheitsstanzung 14:13½ mit Eckzahn (B)	250,—	250,—
1747 U	ungestanzt (B)	100,—	100,—
1748 GS	wellenförmige Sicherheitsstanzung 14:13½ mit Eckzahn (B)	250,—	250,—
1748 U	ungestanzt (B)	120,—	120,—

Nominalen zur Zeit der Ausgabe: MiNr. 1747 = 20 P, MiNr. 1748 = 26 P

MiNr. 1747 stammt auch aus MH 0-244, 0-245, 0-246, 0-263, 0-264,
MiNr. 1748 stammt auch aus MH 0-247, 0-248, 0-249, 0-250, 0-251, 0-252, 0-254, 0-255, 0-256, 0-257, 0-261, 0-262.

Ausgabe in Markenheftchen ab 29.1.2001, MH 0-249 hat ein zusätzliches selbstklebendes Zierfeld.

Gültig bis 31.1.2023, geduldet bis 31.7.2023

In gleicher Zeichnung siehe Übersicht nach Jahrgangswerttabelle.

1998, 23. April. Komiker. Odr. (10×5 + 10×5); gez. K 14½:14.

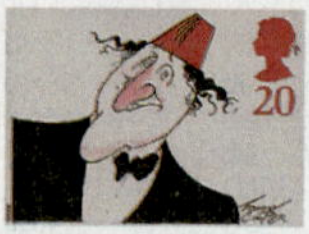

bgn) Tommy Cooper (1922–1984)

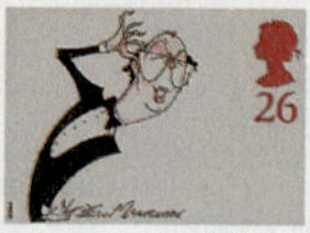

bgo) Eric Morecambe (1926–1984)

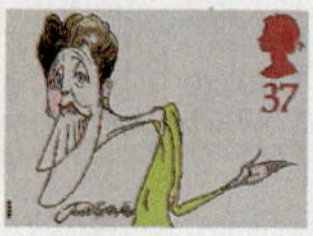

bgp) Joyce Grenfell (1910–1979)

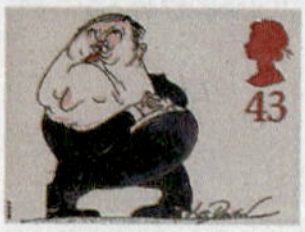

bgr) Les Dawson (1934–1993)

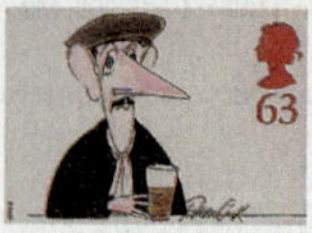

bgs) Peter Cook (1937–1995)

bgn–bgs) Karikaturen von Gerald Scarfe (*1936)

1749	20 (P) mehrfarbig	bgn	0,60	0,60
1750	26 (P) mehrfarbig	bgo	0,90	0,90
1751	37 (P) mehrfarbig	bgp	1,30	1,30
1752	43 (P) mehrfarbig	bgr	1,50	1,50
1753	63 (P) mehrfarbig	bgs	2,20	2,20
		Satzpreis (5 W.)	6,50	6,50
		FDC		7,—

Auflagen: MiNr. 1749 = 18 454 000, MiNr. 1750 = 20 462 800, MiNr. 1751 = 4 500 700, MiNr. 1752 = 4 763 400, MiNr. 1753 = 4 628 100 Stück

Nicht ausgegeben:

1998, 23. April. Komiker. Odr. (10×5 + 10×5); gez. K 14½:14.

			★★
VIII	30 P Wertstufe „30“ statt „37“	bgp	*2000,—*

1998, 23. Juni. 50 Jahre Nationaler Gesundheitsdienst. Odr. (5×10 + 5×10); gez. K 14:14¼.

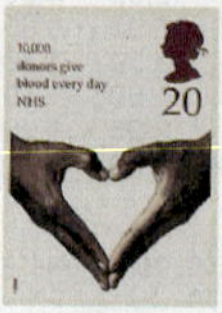

bgt) Blutspendedienst

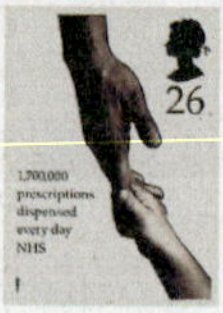

bgu) Medikamentenverschreibung

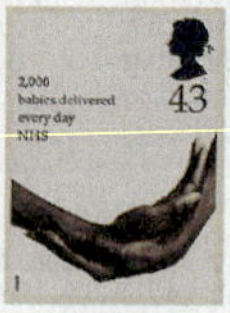

bgv) Geburtshilfe

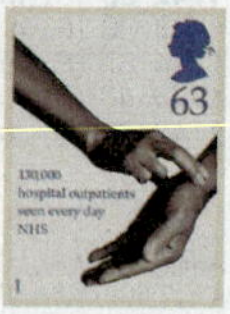

bgw) Ambulante Krankenbetreuung

bgt–bgw) Hände als symbolische Darstellungen von Leistungen des Nationalen Gesundheitsdienstes

			★★	⊙
1754	20 (P) mehrfarbig	bgt	0,60	0,60
1755	26 (P) mehrfarbig	bgu	0,90	0,90
1756	43 (P) mehrfarbig	bgv	1,60	1,60
1757	63 (P) mehrfarbig	bgw	2,40	2,40
		Satzpreis (4 W.)	5,50	5,50
		FDC		6,—

Auflagen: MiNr. 1754 = 18.341.600, MiNr. 1755 = 20.166.000, MiNr. 1756 = 4.747.200, MiNr. 1757 = 4.619.000 Stück

1998, 21. Juli. Phantastische Kinder- und Jugendliteratur. RaTdr. (10×5 + 10×5); gez. K 14¾:14¼.

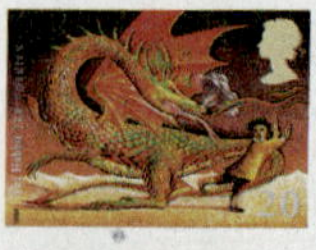

bgx) „Der kleine Hobbit“ von John R. R. Tolkien (1892–1973)

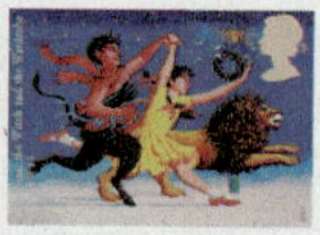

bgy) „Der König von Narnia“ von Clive S. Lewis (1898–1963)

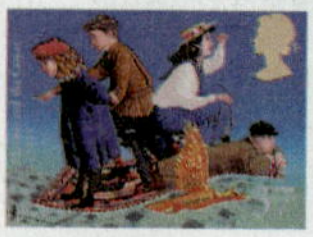

bgz) „Feuervogel und Zauberteppich“ von Edith Nesbit (1858–1924)

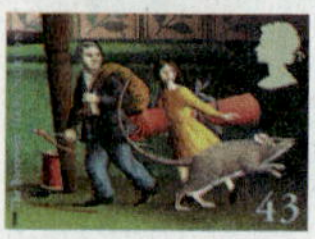

bha) „The Borrowers“ von Mary Norton (1903–1992)

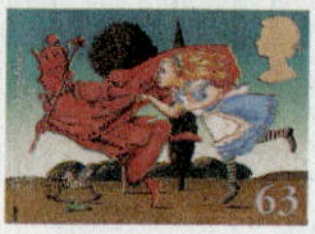

bhb) „Alice im Spiegelreich“ von Lewis Carroll (1832–1898)

1758	20 (P) mehrfarbig	bgx	0,60	0,60
1759	26 (P) mehrfarbig	bgy	0,90	0,90
1760	37 (P) mehrfarbig	bgz	1,30	1,30
1761	43 (P) mehrfarbig	bha	1,60	1,60
1762	63 (P) mehrfarbig	bhb	2,20	2,20
		Satzpreis (5 W.)	6,50	6,50
		FDC		7,—

		★★
1759 U	ungezähnt (Paar)	*1200,—*

Auflagen: MiNr. 1758 = 18.322.200, MiNr. 1759 = 20.057.400, MiNr. 1760 = 4.515.200, MiNr. 1761 = 4.761.200, MiNr. 1762 = 4.670.400 Stück

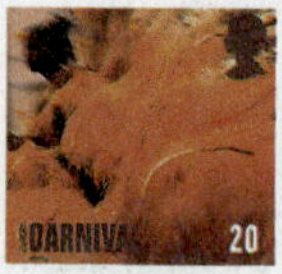

1998, 25. Aug. Europa: Nationale Feste und Feiertage; Karneval. RaTdr. (10×5 + 10×5); gez. K 14¼:14½.

bhc

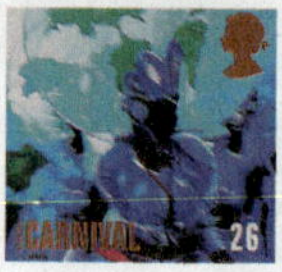

bhd

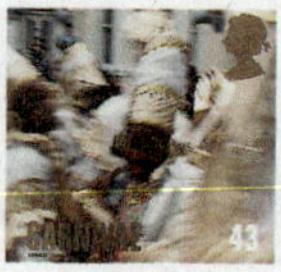

bhe

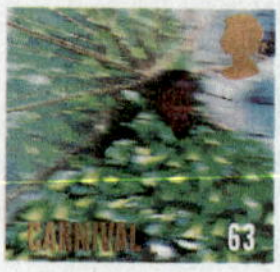

bhf

bhc–bhf) Kostümierte Tänzer beim Notting Hill Carneval in London

			★★	⊙
1763	20 (P) mehrfarbig	bhc	0,80	0,80
1764	26 (P) mehrfarbig	bhd	1,20	1,20
1765	43 (P) mehrfarbig	bhe	1,50	1,50
1766	63 (P) mehrfarbig	bhf	2,50	2,50
		Satzpreis (4 W.)	6,—	6,—
		FDC		7,—

		★★
1763 U	ungezähnt (Paar)	*1000,—*

MiNr. 1763–1764 tragen die Inschrift „EUROPA“.

Auflagen: MiNr. 1763 = 18.015.200, MiNr. 1764 = 19.749.100, MiNr. 1765 = 4.733.300, MiNr. 1766 = 4.594.100 Stück

1998, 29. Sept./13. Okt. Geschwindigkeitsrekordfahrer und ihre Fahrzeuge. RaTdr., Bogen (B) (10×5 + 10×5) und Markenheftchen (MH); A = gez. K 14¼:13½, C = gez. K 14¾:14¼.

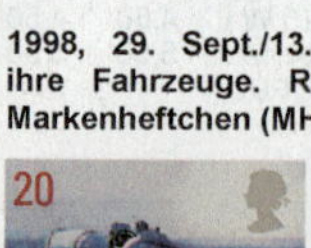

bhg) Malcolm Campbell: Bluebird, 243 km/h (1925)

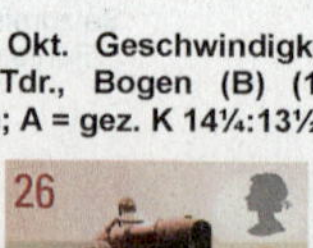

bhh) Henry Segrave: Sunbeam, 245 km/h (1926)

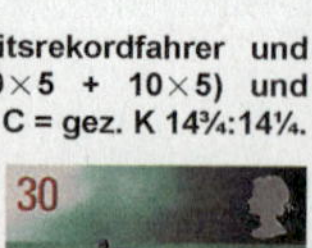

bhi) J. G. Parry-Thomas: Babs, 275 km/h (1926)

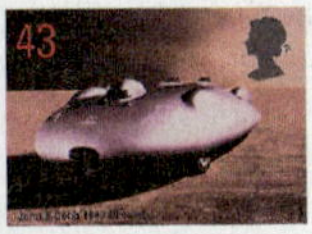

bhk) John R. Cobb: Railton Mobil Special, 634 km/h (1947)

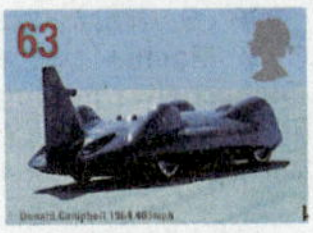

bhl) Donald Campbell: Bluebird CN7, 649 km/h (1964)

				★★	⊙
1767	20 (P)	mehrfarbig	bhg		
A		gez. K 14¼:13½ (MH) (13. Okt.)		1,50	1,50
C		gez. K 14¾:14¼ (B)		0,60	0,60
1768 C	26 (P)	mehrfarbig (B)	bhh	0,90	0,90
1769 C	30 (P)	mehrfarbig (B)	bhi	1,—	1,—
1770 C	43 (P)	mehrfarbig (B)	bhk	1,60	1,60
1771 C	63 (P)	mehrfarbig (B)	bhl	2,40	2,40
			Satzpreis C (5 W.)	6,50	6,50
			FDC		7,—

		★★
1768 C F I	Wertziffer fehlend	*2000,—*
1768 C F II	„2" der Wertziffer fehlend	*1200,—*
1768 C F III	„6" der Wertziffer fehlend	*1200,—*

MiNr. 1767 A stammt aus MH 120.

Auflagen: MiNr. 1767 A = 573.548, MiNr. 1767 C = 17.953.900, MiNr. 1768 C = 19.708.900, MiNr. 1769 C = 4.851.900, MiNr. 1770 C = 4.721.500, MiNr. 1771 C = 4.582.200 Stück

1998, 2. Nov. Weihnachten. RaTdr., Bogen (B) (10×5 + 10×5) und Markenheftchen (MH) (MiNr. 1772 10×2, MiNr. 1773 5×2); gez. K 14¾:14¼.

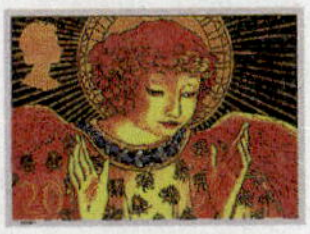

bhm

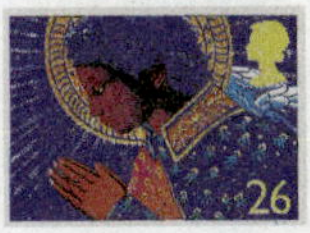

bhn

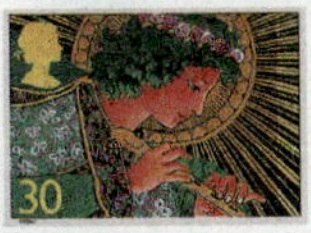

bho

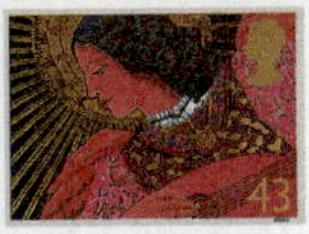

bhp

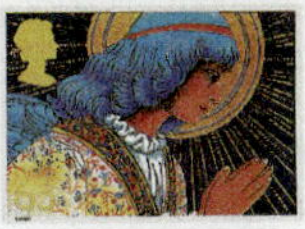

bhr

bhm–bhr) Engel

				★★	⊙
1772	20 (P)	mehrfarbig (B) (MH)	bhm	0,60	0,60
1773	26 (P)	mehrfarbig (B) (MH)	bhn	0,80	0,80
1774	30 (P)	mehrfarbig (B)	bho	1,10	1,10
1775	43 (P)	mehrfarbig (B)	bhp	1,60	1,60
1776	63 (P)	mehrfarbig (B)	bhr	2,40	2,40
			Satzpreis (5 W.)	6,50	6,50
			FDC		7,—

		★★
1772 U	ungezähnt (Paar)	500,—
1773 U	ungezähnt (Paar)	*1600,—*
1774 U	ungezähnt (Paar)	600,—
1775 U	ungezähnt (Paar)	*2000,—*

MiNr. 1772 stammt auch aus MH 0-232.
MiNr. 1773 stammt auch aus MH 0-231.

Auflagen (einschließlich Marken aus Markenheftchen): MiNr. 1772 = 423.552.500, MiNr. 1773 = 186.404.850, MiNr. 1774 = 13.148.800, MiNr. 1775 = 16.573.900, MiNr. 1776 = 14.542.100 Stück

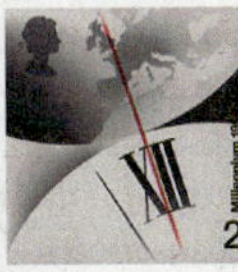

1999, 12. Jan./21. Sept. Jahrtausendwende (I): Erfindungen und Entwicklungen. RaTdr., Bogen (B) (5×10 + 5×10) und Markenheftchen (MH); A = gez. K 13¾, C = gez. K 14¼:14½.

bhs) Zeitmessung

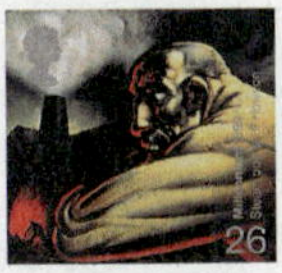

bht) Industrieller Einsatz der Dampfkraft

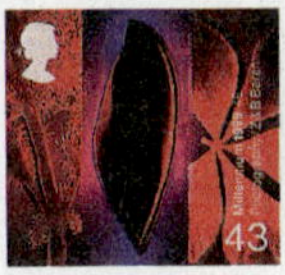

bhu) Photographie

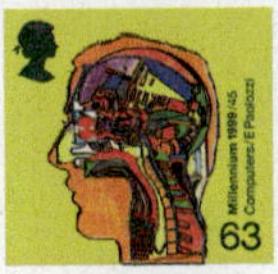

bhv) Datenverarbeitung

				★★	⊙
1777 C	20 (P)	mehrfarbig (B)	bhs	0,60	0,60
1778 C	26 (P)	mehrfarbig (B)	bht	0,90	0,90
1779 C	43 (P)	mehrfarbig (B)	bhu	1,50	1,50
1780	63 (P)	mehrfarbig	bhv		
A		gez. K 13¾ (MH) (21.9.1999)		3,—	3,—
C		gez. K 14¼:14½ (B)		2,50	2,50
			Satzpreis C (4 W.)	5,50	5,50
			FDC		6,—

		★★
1777 U	ungezähnt (Paar)	*1600,—*

MiNr. 1780 A stammt aus MH 129.

Die Serie „Jahrtausendwende" umfasst nach amtlicher Zählung 25 Ausgaben zu je vier Marken, wobei diejenigen von 1999 von „1999/48" bis „1999/1", rückwärts, diejenigen aus dem Jahre 2000 von „2000/1" bis „2000/48" aufwärts durchnumeriert sind. Die letzte Ausgabe (MiNr. 1905-1908) weist statt der Zählnummern die Buchstaben H, O, P bzw. E auf.

Auflagen: MiNr. 1777 C = 15.673.800, MiNr. 1778 C = 17.445.300, MiNr. 1779 C = 4.610.100, MiNr. 1780 C = 4.494.000 Stück

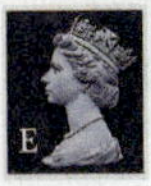

1999, 19. Jan. Freimarke: Königin Elizabeth II., Typ Machin. RaTdr., Bogen (10×20) und Markenheftchen (2×2); Sicherheitszähnung K 14¾:14¼.

ku) Königin Elizabeth II. (1926–2022, reg. ab 1952)

				★★	⊙
1781	E	schwarzblau	ku	3,80	0,60
			FDC		1,50

Nominale zur Zeit der Ausgabe: 30 P

MiNr. 1781 stammt auch aus MH 142–144, 0-233.

Gültig bis 31.1.2023, geduldet bis 31.7.2023

In gleicher Zeichnung siehe Übersicht nach Jahrgangswerttabelle.

Britische Nominalkodierungen:

E = Europa, bis 20 g; ab 1.1.2021 bis 100 g

ab 6.4.1998: 30 P; ab 25.10.1999: 34 P; ab 27.4.2000: 36 P; ab 2.7.2001: 37 P; ab 8.5.2003: 38 P; ab 1.4.2004: 40 P; ab 7.4.2005: 42 P; ab 3.4.2006: 44 P; ab 2.4.2007: 48 P; ab 7.4.2008: 50 P; ab 6.4.2009: 56 P; ab 6.4.2010: 60 P; ab 4.4.2011: 68 P; ab 30.4.2012: 87 P; ab 2.4.2013: 88 P; ab 31.3.2014: 97 P; ab 30.3.2015: 1.00 £; ab 29.3.2016: 1.05 £; ab 27.3.2017: 1.17 £; ab 26.3.2018: 1.25 £; ab 25.3.2019: 1.35 £; ab 23.3.2020: 1.42 £; ab 1.9.2020: 1.45 £; ab 1.1.2021: 1.70 £; ab 4.4.2022: 1.85 £; ab 3.4.2023: 2.20 £; ab 2.4.2024: 2.50 £; ab 7.10.2024: 2.80 £; ab 7.4.2025: 3.20 £

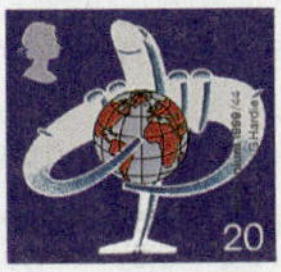

1999, 2. Febr. Jahrtausendwende (II): Verkehrsentwicklung. MiNr. 1782–1783 und 1785 RaTdr. (5×10 + 5×10), MiNr. 1784 Odr. (10×5 + 10×5); gez. K 14¼:14½.

bhw) Weltweite Flugverbindungen

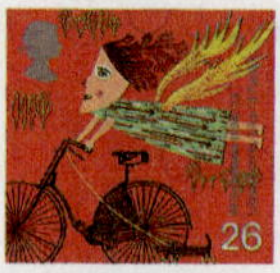

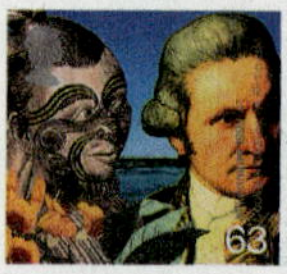

bhx) Fahrrad als individuelles Verkehrsmittel bhy) Landesweites Eisenbahnnetz bhz) Entdeckungsreisen nach Übersee

1782	20 (P)	mehrfarbig	bhw	0,60	0,60
1783	26 (P)	mehrfarbig	bhx	0,90	0,90
1784	43 (P)	mehrfarbig	bhy	1,50	1,50
1785	63 (P)	mehrfarbig	bhz	2,50	2,50
		Satzpreis (4 W.)		5,50	5,50
		FDC			6,—

Auflagen: MiNr. 1782 = 15.446.100, MiNr. 1783 = 17.231.800, MiNr. 1784 = 4.521.200, MiNr. 1785 = 4.398.700 Stück

1999, 16. Febr. Freimarken: Königin Elizabeth II., Typ Machin, Großformat. Markenheftchen; MiNr. 1786 Pdr., selbstklebend, wellenförmig gestanzt 14¼:14¾; MiNr. 1787 StTdr., gez. K 14¼; MiNr. 1788 Bdr., gez. K 14¼:14¾.

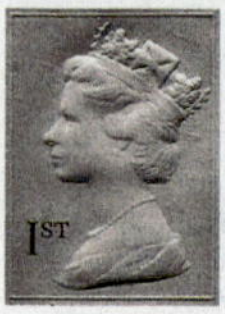

bia
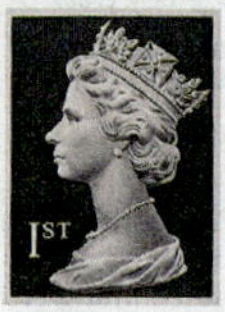

bib
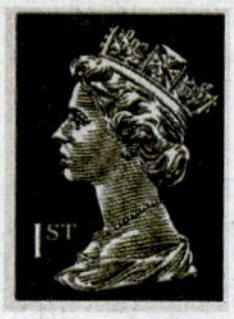

bic

bia–bic) Königin Elizabeth II. (1926–2022, reg. ab 1952)

1786	1ST	hellgrau	bia	2,50	2,50
1787	1ST	grauschwarz	bib	2,50	2,50
1788	1ST	schwarz	bic	2,50	2,50
		Satzpreis (3 W.)		7,50	7,50
		FDC			8,—

Nominale zur Zeit der Ausgabe: 26 P

MiNr. 1786–1788 stammen aus MH 124.

Auflage: 522.100 Sätze

Gültig bis 31.1.2023, geduldet bis 31.7.2023

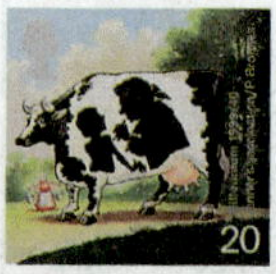

1999, 2. März. Jahrtausendwende (III): Fortschritte im Gesundheitswesen. RaTdr., Bogen (B) (5×10 + 5×10) und Markenheftchen (MH); gez. K 13¾.

bid) Pockenschutzimpfung

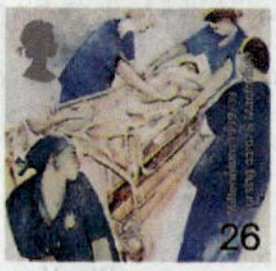

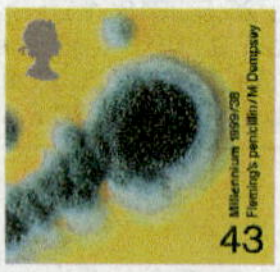

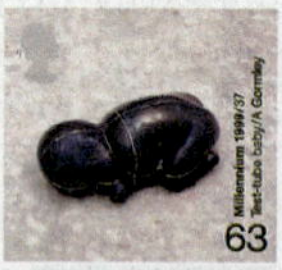

bie) Reform im Kranken- und Pflegedienst bif) Antibiotikum Penicillin big) In-vitro-Fertilisation

1789	20 (P)	mehrfarbig (B) (MH)	bid	0,60	0,60
1790	26 (P)	mehrfarbig (B)	bie	0,90	0,90
1791	43 (P)	mehrfarbig (B)	bif	1,50	1,50
1792	63 (P)	mehrfarbig (B)	big	2,50	2,50
		Satzpreis (4 W.)		5,50	5,50
		FDC			6,—

★★

1790 U ungezähnt (Paar) .... *2000,—*

MiNr. 1789 stammt auch aus MH 129.

Auflagen: MiNr. 1789 = 13.956.800 (nur Bogenmarken), MiNr. 1790 = 15.356.900, MiNr. 1791 = 3.526.700, MiNr. 1792 = 3.408.600 Stück

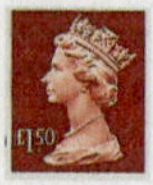

1999, 9. März. Freimarken: Königin Elizabeth II., Typ Machin. StTdr. (10×20); normales Papier; Sicherheitszähnung K 14¾:14¼.

ku) Königin Elizabeth II. (1926–2022, reg. ab 1952)

				★★	⊙
1793	1.50 £	lebhaftbräunlichrot	ku	5,—	2,50
1794	2.00 £	schwarzgraublau	ku	8,—	4,—
1795	3.00 £	dunkelbläulichviolett	ku	12,—	7,50
1796	5.00 £	lebhaftbraun	ku	20,—	12,—
		Satzpreis (4 W.)		45,—	26,—
		FDC			35,—

★★

1796 U ungezähnt (Paar) .... *1200,—*

Gültig bis 31.1.2023, geduldet bis 31.7.2023

In gleicher Zeichnung siehe Übersicht nach Jahrgangswerttabelle.

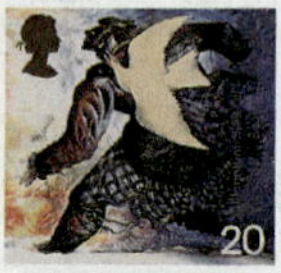

1999, 6. April. Jahrtausendwende (IV): Migrationen. RaTdr., Bogen (B) (10×5 + 10×5) und Markenheftchen (MH); gez. K 14½:14¼.

bih) Migration nach Schottland

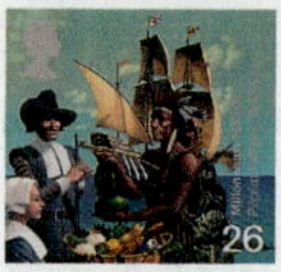

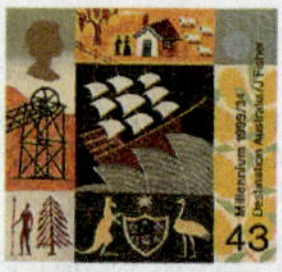

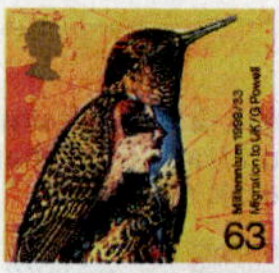

bii) Pilgerväter in Neuengland bik) Aufbruch nach Australien bil) Immigration aus den ehemaligen Kolonien

				★★	⊙
1797	20 (P)	mehrfarbig (B)	bih	0,60	0,60
1798	26 (P)	mehrfarbig (B) (MH)	bii	0,90	0,90
1799	43 (P)	mehrfarbig (B)	bik	1,50	1,50
1800	63 (P)	mehrfarbig (B)	bil	2,50	2,50
		Satzpreis (4 W.)		5,50	5,50
		FDC			6,—

MiNr. 1798 stammt auch aus MH 128.

Auflagen: MiNr. 1797 = 15.232.100, MiNr. 1798 = 16.745.400 (nur Bogenmarken), MiNr. 1799 = 4.496.500, MiNr. 1800 = 4.372.600 Stück

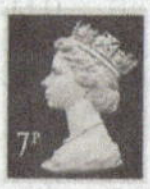

1999, 20. April/2000, 15. Febr. Freimarken: Königin Elizabeth II., Typ Machin. RaTdr., Bogen (B) (10×20), Markenheftchen (MH) und Kleinbogen (Klb.); AS = Sicherheitszähnung K 13¾:14¼, CS = Sicherheitszähnung K 14¾:14¼.

ku) Königin Elizabeth II. (1926–2022, reg. ab 1952)

1801	**CS**	7 P	grau (B)	ku	3,—	1,50
1802		38 P	lebhaftviolettultramarin	ku		
	AS		Sicherheitszähnung K 13¾:14¼ (MH) (15.2.2000)		7,—	4,—
	CS		Sicherheitszähnung K 14¾:14¼ (B) (MH) (20.4.1999)		1,50	1,—
1803	**CS**	44 P	lebhaftgraubraun (B)	ku	3,—	1,50
1804	**CS**	64 P	lebhaftblaugrün (B) (MH) (Klb.)	ku	2,50	1,60
			Satzpreis CS (4 W.)		10,—	5,50
			FDC			7,—
			Kleinbogen		25,—	25,—

★★

1801 U ungezähnt (B) (Paar) .... 400,—

MiNr. 1802 stammt auch aus MH 131, 0-234, MiNr. 1804 auch aus MH 0-235.

Der Kleinbogen zur „STAMP SHOW 2000" in London enthält je einmal MiNr. 1090 b CS, 1160 CS, 1283 CS, 1355 CS, 1585, 1632 CS, 1634 CS und 1804 CS sowie zwei Zierfelder; Ausgabedatum: 22.5.2000, Auflage: 417.968 Kleinbogen.

Gültig bis 31.1.2023, geduldet bis 31.7.2023

In gleicher Zeichnung siehe Übersicht nach Jahrgangswerttabelle.

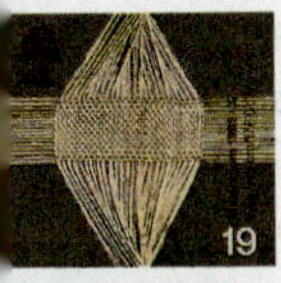

1999, 4. Mai. Jahrtausendwende (V): Entwicklungen in der Arbeitswelt. MiNr. 1805 Odr., Bogen (B) (10×5 + 10×5), MiNr. 1806 bis 1808 RaTdr., Bogen (B) (5×10 + 5×10) und Markenheftchen (MH); gez. K 14¼:14½.

bim) Weberei

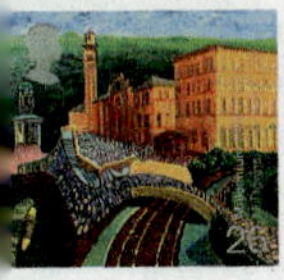

bin) Baumwollspinnerei

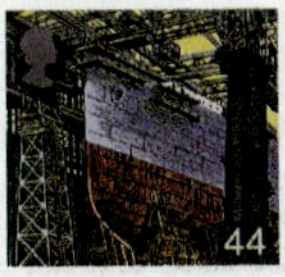

bio) Schiffbau

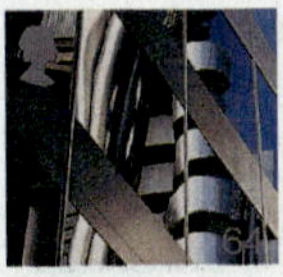

bip) Bankwesen

				★★	⊙
1805	19 (P)	mehrfarbig (B)	bim	0,60	0,60
1806	26 (P)	mehrfarbig (B) (MH)	bin	0,90	0,90
1807	44 (P)	mehrfarbig (B)	bio	1,50	1,50
1808	64 (P)	mehrfarbig (B)	bip	2,50	2,50
		Satzpreis (4 W.)		5,50	5,50
		FDC			6,—

	★★
1805 F I Farbe Schwärzlichocker fehlend	500,—

MiNr. 1806 stammt auch aus MH 128.

Auflagen: MiNr. 1805 = 15.436.500, MiNr. 1806 = 17.238.400 (nur Bogenmarken), MiNr. 1807 = 4.553.900, MiNr. 1808 = 4.413.600 Stück

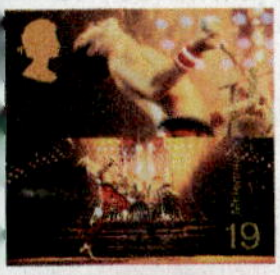

1999, 1. Juni. Jahrtausendwende (VI): Unterhaltungswesen. RaTdr. (5×10 + 5×10); gez. K 14¼:14½.

bir) Popmusik: Freddy Mercury (1946–1991)

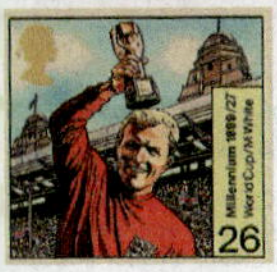

bis) Fußball: Bobby Moore (1941–1993)

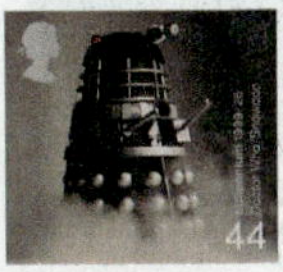

bit) Fernsehen: Science-Fiction-Serie „Doctor Who"

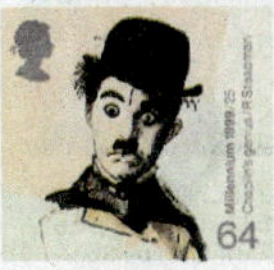

biu) Film: Charlie Chaplin (1889–1977) in „Der Tramp"

				★★	⊙
1809	19 (P)	mehrfarbig	bir	0,60	0,60
1810	26 (P)	mehrfarbig	bis	0,90	0,90
1811	44 (P)	mehrfarbig	bit	1,50	1,50
1812	64 (P)	mehrfarbig	biu	2,50	2,50
		Satzpreis (4 W.)		5,50	5,50
		FDC			6,—

Auflagen: MiNr. 1809 = 16.466.800, MiNr. 1810 = 17.906.300, MiNr. 1811 = 4.712.800, MiNr. 1812 = 4.578.500 Stück

1999, 15. Juni. Hochzeit von Prinz Edward und Sophie Rhys-Jones. RaTdr. (10×5 + 10×5); gez. K 14¾:14¼

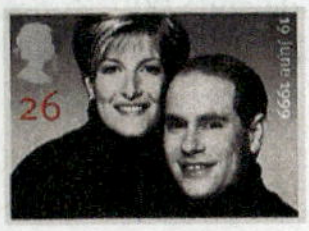

biv

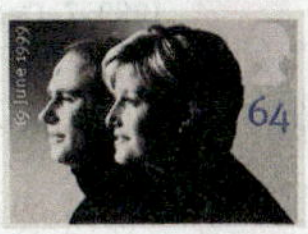

biw

biv–biw) Prinz Edward (*1964) und Sophie Rhys-Jones (*1965)

1813	26 (P)	mehrfarbig	biv	0,90	0,90
1814	64 (P)	mehrfarbig	biw	2,50	2,50
		Satzpreis (2 W.)		3,40	3,40
		FDC			4,50

	★★
1813 U ungezähnt (Paar)	*1000,—*

Auflagen: MiNr. 1813 = 17.718.000, MiNr. 1814 = 4.615.800 Stück

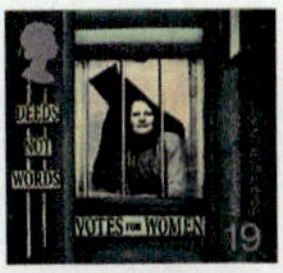

1999, 6. Juli. Jahrtausendwende (VII): Staatsbürgerrechte. RaTdr. (5×10 + 5×10); gez. K 14¼:14½.

bix) Frauenwahlrecht

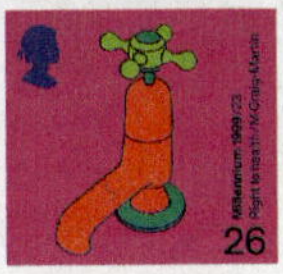

biy) Recht auf Gesundheitsfürsorge

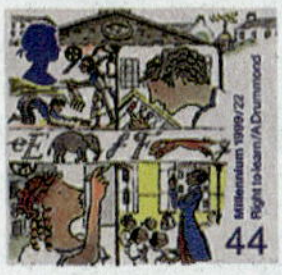

biz) Recht auf Unterricht und Ausbildung

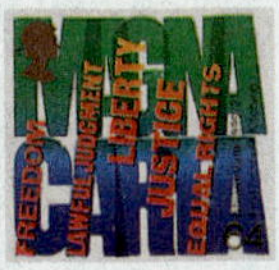

bka) Grundrechte

				★★	⊙
1815	19 (P)	mehrfarbig	bix	0,60	0,60
1816	26 (P)	mehrfarbig	biy	0,90	0,90
1817	44 (P)	mehrfarbig	biz	1,50	1,50
1818	64 (P)	mehrfarbig	bka	2,50	2,50
		Satzpreis (4 W.)		5,50	5,50
		FDC			6,—

Auflagen: MiNr. 1815 = 15.469.300, MiNr. 1816 = 16.423.400, MiNr. 1817 = 4.572.200, MiNr. 1818 = 4.428.600 Stück

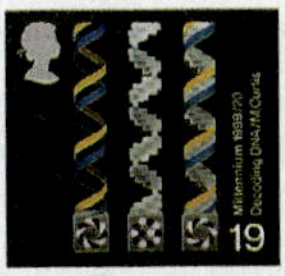

1999, 3. Aug./21. Sept. Jahrtausendwende (VIII): Wissenschaftliche Forschungsergebnisse. MiNr. 1819 und 1822 RaTdr., Bogen (B) (5×10 + 5×10), MiNr. 1820–1821 Odr, Bogen (B) (5×10 + 5×10) und Markenheftchen (MH); A = gez. K 13¾, C = gez. K 14¼:14½, D = gez. K 14¼:13¾.

bkb) Entschlüsselung der DNA-Struktur durch Francis Crick (1916–2004) und James Watson (*1928)

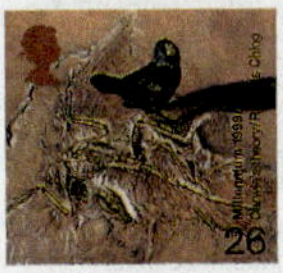

bkc) Evolutionstheorie von Charles Darwin (1809–1882)

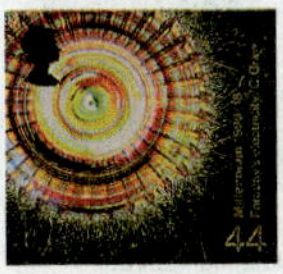

bkd) Entdeckungen der elektromagnetische Induktion durch Michael Faraday (1791–1867)

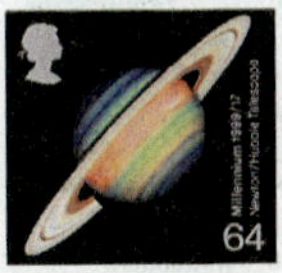

bke) Saturn; Aufnahme mit dem Hubble-Teleskop

1819	A	19 (P)	mehrfarbig (B)	bkb	0,60	0,60
1820		26 (P)	mehrfarbig	bkc		
	C		gez. K 14¼:14½ (B)		0,90	0,90
	D		gez. K 14¼:13¾ (MH) (21. Sept.)		2,—	2,—
1821		44 (P)	mehrfarbig	bkd		
	C		gez. K 14¼:14½ (B)		1,50	1,50
	D		gez. K 14¼:13¾ (MH) (21. Sept.)		2,50	2,50
1822		64 (P)	mehrfarbig	bke		
	A		gez. K 13¾ (B)		2,50	2,50
	C		gez. K 14¼:14½		6,—	6,—
			Satzpreis (4 W.)		5,50	5,50
			FDC			6,—

	★★
1820 U ungezähnt (Paar)	350,—

MiNr. 1822 C stammt aus Bl. 7.

MiNr. 1820 D–1821 D stammen aus MH 129.

Auflagen: MiNr. 1819 A = 14.247.300, MiNr. 1820 C = 15.897.800, MiNr. 1821 C = 3.710.400, MiNr. 1822 A = 3.574.600 Stück

1999, 11. Aug. Blockausgabe: Totale Sonnenfinsternis. RaTdr.; gez. Ks 14¼:14½.

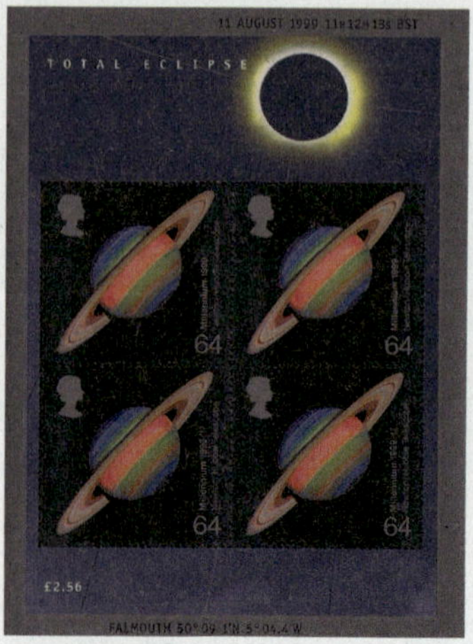

bkf

bke) Saturn; Aufnahme mit dem Hubble-Teleskop

			★★	⊙
Block 7 mit 4 × MiNr. 1822 C (88×120 mm)	bkf		25,—	25,—
		FDC		26,—

Block 7 U ungezähnt .... *5000,— 5000,—*

Auflage: 528.225 Blocks

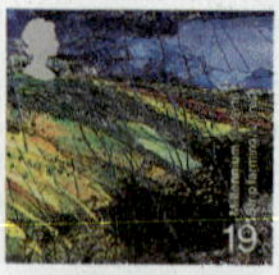

1999, 7. Sept. Europa: Natur- und Nationalparks; Jahrtausendwende (IX): Entwicklungen in der Landwirtschaft. RaTdr., Bogen (B) (5×10 + 5×10) und Markenheftchen (MH) (1×2); gez. K 14¼:14½.

bkg) Dreifelderwirtschaft

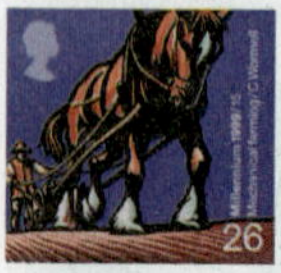

bkh) Mechanisierung im 18. Jahrhundert

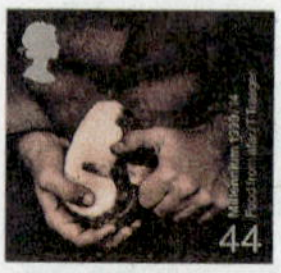

bki) Kultivierung von Nutzpflanzen aus Übersee

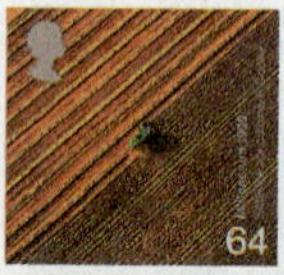

bkk) Landwirtschaft im Industriezeitalter

1823 19 (P) mehrfarbig (B)	bkg	1,—	1,—
1824 26 (P) mehrfarbig (B) (MH)	bkh	1,—	1,—
1825 44 (P) mehrfarbig (B)	bki	1,60	1,60
1826 64 (P) mehrfarbig (B)	bkk	2,50	2,50
	Satzpreis (4 W.)	6,—	6,—
	FDC		6,50

MiNr. 1823 trägt die Inschrift „EUROPA".

MiNr. 1824 stammt auch aus MH 0-236.

Auflagen: MiNr. 1823 = 14.426.300, MiNr. 1824 = 15.897.100 (nur Bogenmarken), MiNr. 1825 = 4.523.500, MiNr. 1826 = 4.414.700 Stück

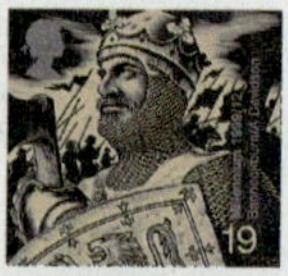

1999, 5. Okt. Jahrtausendwende (X): Militärische Ereignisse. MiNr. 1827 Odr., MiNr. 1828–1830 RaTdr.; (10×5 + 10×5); gez. K 14¼:14½.

bkl) König Robert I. Bruce in der Schlacht von Bannockburn (1314)

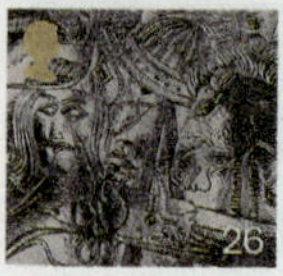

bkm) Royalist im Bürgerkrieg (1642–1651)

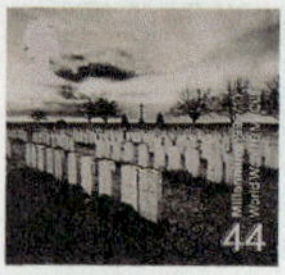

bkn) Soldatenfriedhof für Opfer der beiden Weltkriege

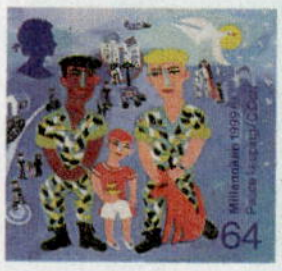

bko) Friedenssicherungseinsätze

1827 19 (P) mehrfarbig	bkl	0,60	0,60
1828 26 (P) mehrfarbig	bkm	0,90	0,90
1829 44 (P) mehrfarbig	bkn	1,50	1,50
1830 64 (P) mehrfarbig	bko	2,50	2,50
	Satzpreis (4 W.)	5,50	5,50
	FDC		6,—

Auflagen: MiNr. 1827 = 15.505.700, MiNr. 1828 = 17.133.000, MiNr. 1829 = 4.648.200, MiNr. 1830 = 4.504.800 Stück

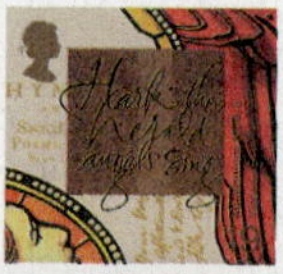

1999, 2. Nov. Jahrtausendwende (XI): Weihnachten. RaTdr., Bogen (B) (5×10 + 5×10) und Markenheftchen (MH) (MiNr. 1831 10×2, MiNr. 1832 5×2); gez. K 14¼:14½.

bkp) Weihnachtslied „Hark, the Herald Angels Sing" von Charles Wesley (1707–1788)

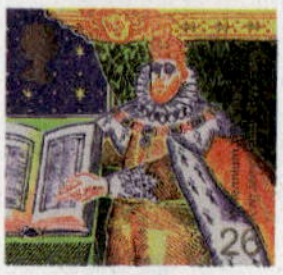

bkr) König Jakob I. (1566–1625, reg. ab 1603) mit Bibelübersetzung

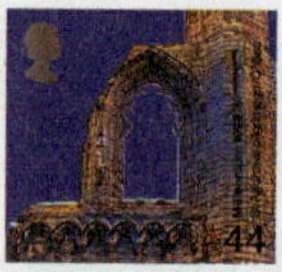

bks) Ruine der früheren Wallfahrts-Kathedrale St. Andrews, Fife

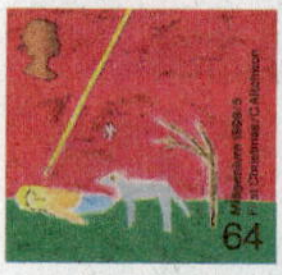

bkt) Erste Weihnacht; Gemälde von Craigie Aitchison (1926–2009)

1831 19 (P) mehrfarbig (B) (MH)	bkp	0,60	0,60
1832 26 (P) mehrfarbig (B) (MH)	bkr	0,90	0,90
1833 44 (P) mehrfarbig (B)	bks	1,50	1,50
1834 64 (P) mehrfarbig (B)	bkt	2,50	2,50
	Satzpreis (4 W.)	5,50	5,50
	FDC		6,—

★★
1831 U ungezähnt (Paar) .... 350,—

MiNr. 1831 stammt auch aus MH 0-238, MiNr. 1832 auch aus MH 0-237.

Auflagen (einschließlich Marken aus Markenheftchen): MiNr. 1831 = 408.361.500, MiNr. 1832 = 183.645.900, MiNr. 1833 = 17.645.000, MiNr. 1834 = 15.950.300 Stück

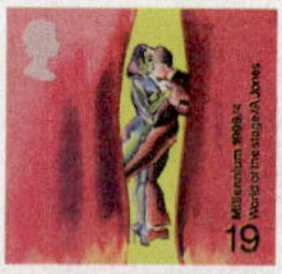

1999, 7. Dez. Jahrtausendwende (XII): Kunst. RaTdr. (10×5 + 10×5); gez. K 14¼:14½.

bku) World of the stage (Theater); Gemälde von Allan Jones (*1937)

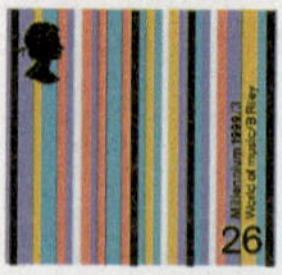

bkv) World of music (Musik); Gemälde von Bridget Riley (*1931)

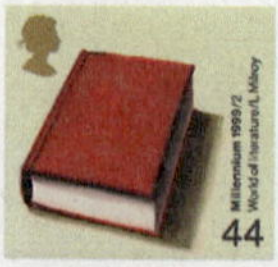

bkw) World of literature (Literatur); Gemälde von Lisa Milroy (*1959)

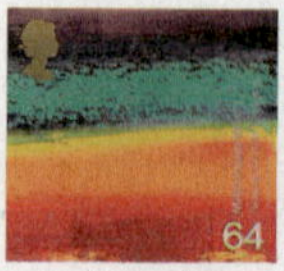

bkx) New worlds (Malerei); Gemälde von Howard Hodgkin (1932–2017)

					★★	⊙
1835	19 (P)	mehrfarbig	. . . .	bku	0,60	0,60
1836	26 (P)	mehrfarbig	. . . .	bkv	0,90	0,90
1837	44 (P)	mehrfarbig	. . . .	bkw	1,50	1,50
1838	64 (P)	mehrfarbig	. . . .	bkx	2,50	2,50
			Satzpreis (4 W.)		5,50	5,50
			FDC			6,—

Auflagen: MiNr. 1835 = 12.039.400, MiNr. 1836 = 13.322.700, MiNr. 1837 = 3.016.400, MiNr. 1838 = 2.900.900 Stück

1999, 14. Dez. Blockausgabe: Jahrtausendwende (XIII). RaTdr.; gez. Ks 14¼:14½.

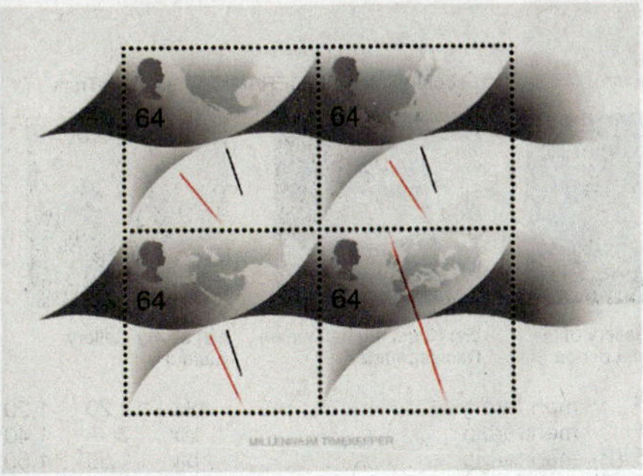

blc

bky) Nord- und Mittelamerika
bkz) Südost- und Ostasien
bla) Vorder- und Mittelasien, Nordostafrika
blb) Europa und Nordafrika

bky–blb) Wandernder Sekundenzeiger vor Teilen der Erdkugel

1839	64 (P)	mehrfarbig	. . . .	bky	7,50	7,50
1840	64 (P)	mehrfarbig	. . . .	bkz	7,50	7,50
1841	64 (P)	mehrfarbig	. . . .	bla	7,50	7,50
1842	64 (P)	mehrfarbig	. . . .	blb	7,50	7,50
Block 8		(120×88 mm)	. . . .	blc	30,—	30,—
			FDC			32,—

Auflage: 2.150.600 Blocks

2000, 1. März. Blockausgabe: Internationale Briefmarkenausstellung THE STAMP SHOW 2000, London. Block 8 mit grauem Bdr.-Aufdruck am oberen Blockrand.

Block 8 I (120×88 mm)	(Bl. 8)	*40,—*	*40,—*
	FDC		*100,—*

Bl. 8 I wurde nur zusammen mit einer Eintrittskarte zu „THE STAMP SHOW 2000" abgegeben (Postpreis: 10 £).

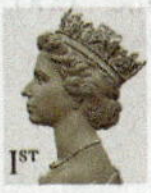

2000, 6. Jan. Freimarke: Königin Elizabeth II., Typ Machin; Jahrtausendwende (XIV). RaTdr., Bogen (B) (10×20), Block (Bl.) und Markenheftchen (MH); AS = Sicherheitszähnung K 13¾:14¼, CS = Sicherheitszähnung K 14¾:14¼.

bld) Königin Elizabeth II. (1926–2022, reg. ab 1952)

1843	1ST dunkelbräunlicholiv (Töne)	bld		
AS	Sicherheitszähnung K 13¾:14¼ (MH)		2,—	0,80
CS	Sicherheitszähnung K 14¾:14¼ (B) (Bl.) (MH)		2,—	0,60
		FDC		1,50

	★★
1843 U ungezähnt (B) (Paar)	600,—

Nominale zur Zeit der Ausgabe: 26 P

MiNr. 1843 stammt auch aus MH 131, 132, 133, 136, 137, 138, 139, 187, 0-239.

MiNr. 1843 CS wurde auch im Kleinbogen zusammen mit MiNr. 1871 (siehe dort) und im Bl. 109 (siehe nach MiNr. 4056) ausgegeben.

Gültig bis 31.1.2023, geduldet bis 31.7.2023

Werte in ähnlichen Zeichnungen siehe Übersicht nach Jahrgangswerttabelle.

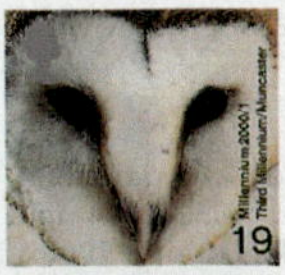

2000, 18. Jan. Jahrtausendwende (XV): Himmel und Erde. MiNr. 1844–1845 und 1847 RaTdr. (5×10 + 5×10), gez. K 13¾; MiNr. 1846 Odr. (10×5 + 10×5), gez. K 14¼:14½.

ble) Schleiereule (Tyto alba); World Owl Trust in Muncaster Castle

blf) Blick in den Weltraum; National Space Science Centre, Leicester

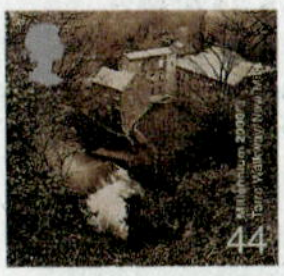

blg) Wanderpfad bei Torrs am Fluss Goyt

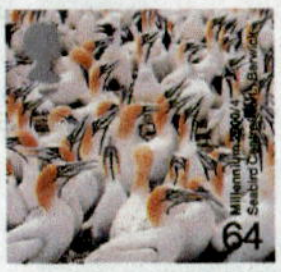

blh) Kaptölpel (Morus capensis); Seevogel-Schutzgebiet bei Bass Rock

					★★	⊙
1844	19 (P)	mehrfarbig	. . . .	ble	0,70	0,70
1845	26 (P)	mehrfarbig	. . . .	blf	1,—	1,—
1846	44 (P)	mehrfarbig	. . . .	blg	1,70	1,70
1847	64 (P)	mehrfarbig	. . . .	blh	2,60	2,60
			Satzpreis (4 W.)		6,—	6,—
			FDC			7,—

	★★
1844 U ungezähnt (Paar)	300,—
1845 U ungezähnt (Paar)	300,—

Die Serie „Jahrtausendwende" wurde im Jahr 2000 mit 12 Ausgaben zu je 4 Marken fortgesetzt, wobei die Marken, mit „1" beginnend, fortlaufend numeriert sind.

Auflagen: MiNr. 1844 = 13.989.800, MiNr. 1845 = 15.614.400, MiNr. 1846 = 5.169.200, MiNr. 1847 = 5.037.000 Stück

In gleicher Zeichnung wie MiNr. 1845: MiNr. 1872

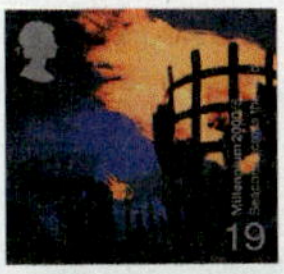

2000, 1. Febr. Jahrtausendwende (XVI): Feuer und Licht. RaTdr. (5×10 + 5×10); gez. K 14¼:14½.

bli) Leuchtfeuer

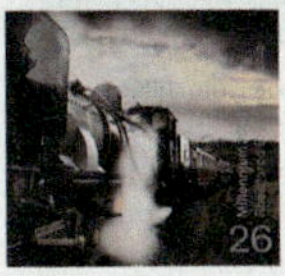

blk) Schmalspurbahn der Welsh Highland Railway

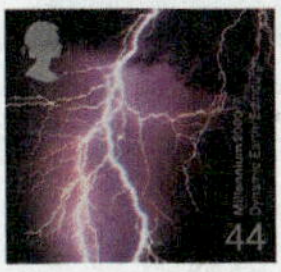

bll) Künstlicher Blitz; Dynamic Earth, Edinburgh

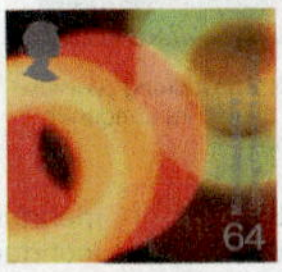

blm) Nachtbeleuchtung in Croydon

					★★	⊙
1848	19 (P)	mehrfarbig	. . . .	bli	0,70	0,70
1849	26 (P)	mehrfarbig	. . . .	blk	1,—	1,—
1850	44 (P)	mehrfarbig	. . . .	bll	1,70	1,70
1851	64 (P)	mehrfarbig	. . . .	blm	2,60	2,60
			Satzpreis (4 W.)		6,—	6,—
			FDC			7,—

Auflagen: MiNr. 1848 = 14.537.500, MiNr. 1849 = 16.175.100, MiNr. 1850 = 5.248.900, MiNr. 1851 = 5.115.600 Stück

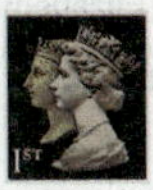

2000, 15. Febr. Freimarke: 150 Jahre Briefmarken (1990). RaTdr., Markenheftchen; Sicherheitszähnung K 13¾:14¼.

any) Königin Victoria und Königin Elizabeth II.

1852	1ST schwarz/hellgraubraun	any	2,—	1,20
		FDC		2,50

Nominale zur Zeit der Ausgabe: 26 P

MiNr. 1852 stammt aus MH 131.

Gültig bis 31.1.2023, geduldet bis 31.7.2023

In gleicher Zeichnung: MiNr. 1240-1244, 1249-1250, 2786

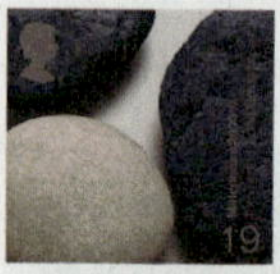

2000, 7. März. Jahrtausendwende (XVII): Wasser und Küste. MiNr. 1853–1854 und 1856 RaTdr., MiNr. 1855 Odr.; (10×5 + 10×5); gez. K 14¼:14½.

bln) Steine im Gezeitenwechsel; Renaturierung bei East Durham

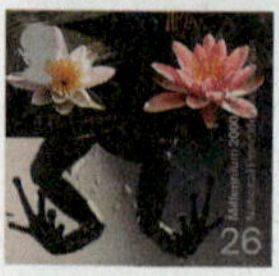

blo) Leben am Teich; National Pondlife Centre, Prescot

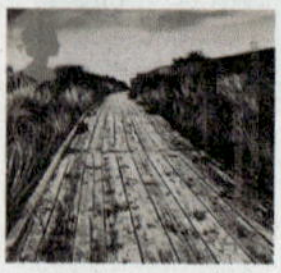

blp) Holzsteg im Parc Arfordirol, Llanelli

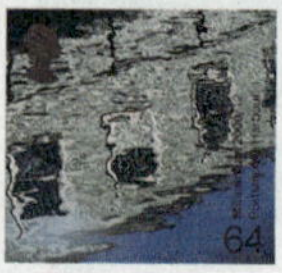

blr) Restaurierung im Hafen von Portsmouth

1853	19	(P)	mehrfarbig	bln	0,70	0,70
1854	26	(P)	mehrfarbig	blo	1,—	1,—
1855	44	(P)	mehrfarbig	blp	1,70	1,70
1856	64	(P)	mehrfarbig	blr	2,60	2,60
				Satzpreis (4 W.)	6,—	6,—
				FDC		7,—

Auflagen: MiNr. 1853 = 14.693.300, MiNr. 1854 = 16.221.700, MiNr. 1855 = 5.275.000, MiNr. 1856 = 5.144.600 Stück

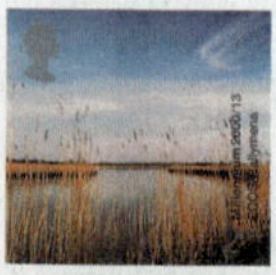

2000, 4. April. Jahrtausendwende (XVIII): Leben und Erde. RaTdr., Bogen (B) (5×10 + 5×10) und Markenheftchen (MH); gez. K 14¼:14½.

bls) Forschungsprojekt ECOS am Fluss Ballymena

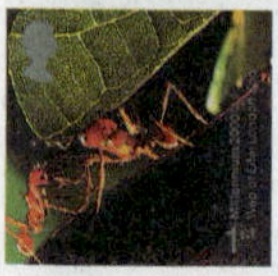

blt) Ausstellung „Vernetzte Natur" im Londoner Zoo

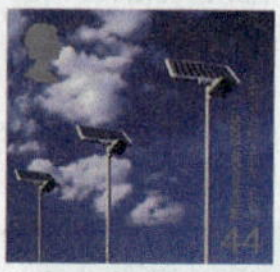

blu) Ökologischer Park „Zentrum Erde", Doncaster

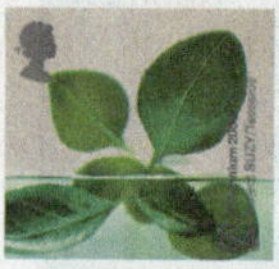

blv) Hydrokultur-Projekt SUZY, Teesside

1857	2nd		mehrfarbig (B)	bls	2,20	1,20
1858	1st		mehrfarbig (B) (MH)	blt	3,—	1,40
1859	44	(P)	mehrfarbig (B)	blu	1,50	1,50
1860	64	(P)	mehrfarbig (B)	blv	2,40	2,40
				Satzpreis (4 W.)	9,—	6,50
				FDC		7,—

	★★
1858 U ungezähnt (B) (Paar)	900,—

Nominalen zur Zeit der Ausgabe: MiNr. 1857 = 19 P, MiNr. 1858 = 26 P

MiNr. 1858 stammt auch aus MH 136.

Auflagen: MiNr. 1857 = 14.598.000, MiNr. 1858 = 19.772.700 (davon 4.000.000 im Markenheftchen), MiNr. 1859 = 3.791.100, MiNr. 1860 = 4.361.800 Stück

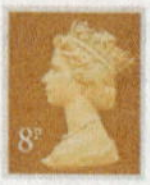

2000, 25. April. Freimarken: Königin Elizabeth II., Typ Machin. RaTdr., Bogen (B) (10×20) und Markenheftchen (MH) (2×2); Sicherheitszähnung K 14¾:14¼.

ku) Königin Elizabeth II. (1926–2022, reg. ab 1952)

					★★	⊙
1861	8	P	dunkelorangegelb (B)	ku	0,30	0,30
1862	33	P	dunkelgrautürkis (B)	ku	1,20	0,70
1863	40	P	lebhaftgraublau (B) (MH)	ku	1,30	0,90
1864	41	P	rosarot (B)	ku	1,40	1,—
1865	45	P	purpur (B)	ku	1,60	1,10
1866	65	P	dunkeltürkisblau (B) (MH)	ku	2,20	1,50
				Satzpreis (6 W.)	8,—	5,50
				FDC		8,—

MiNr. 1863 stammt auch aus MH 0-240.
MiNr. 1866 stammt auch aus MH 0-241.

Gültig bis 31.1.2023, geduldet bis 31.7.2023

In gleicher Zeichnung siehe Übersicht nach Jahrgangswerttabelle.

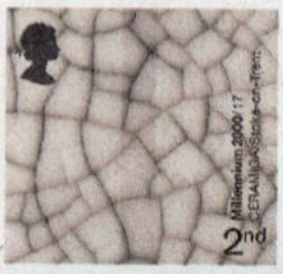

2000, 2. Mai. Jahrtausendwende (XIX): Kunst und Handwerk. RaTdr. (5×10 + 5×10); gez. K 14¼:14½.

blw) Töpferei-Museum CERAMICA, Stoke-on-Trent

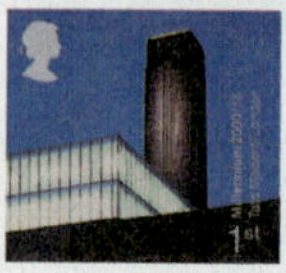

blx) Tate Gallery of Modern Art, London

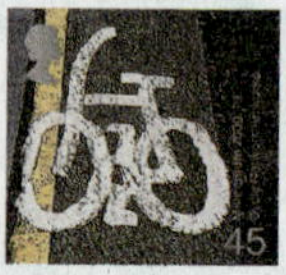

bly) Kunst am nationalen Radwegenetz

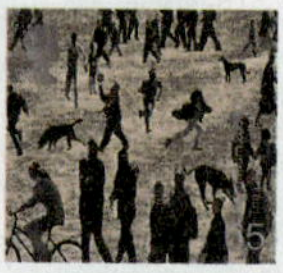

blz) Lowry Gallery, Salford

1867	2nd		mehrfarbig	blw	2,20	1,20
1868	1st		mehrfarbig	blx	3,—	1,40
1869	45	(P)	mehrfarbig	bly	1,50	1,50
1870	65	(P)	mehrfarbig	blz	2,40	2,40
				Satzpreis (4 W.)	9,—	6,50
				FDC		7,—

Nominalen zur Zeit der Ausgabe: MiNr. 1867 = 19 P, MiNr. 1868 = 27 P

Auflagen: MiNr. 1867 = 14.139.700, MiNr. 1868 = 16.207.500, MiNr. 1869 = 4.786.100, MiNr. 1870 = 4.603.500 Stück

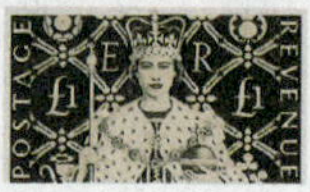

2000, 23. Mai. Internationale Briefmarkenausstellung THE STAMP SHOW 2000, London. RaTdr.; gez. K 14¾:14¼.

eh) Königin Elizabeth II. im Krönungsornat (1953)

1871	1	£	dunkeloliv	eh	20,—	20,—
				Kleinbogen	28,—	28,—
				FDC		30,—

MiNr. 1871 wurde im Kleinbogen (1 × MiNr. 1871 und 4 × MiNr. 1843 CS) gedruckt

Auflage: 1.116.143 Stück

In gleicher Zeichnung in £-Sh-P-Währung: MiNr. 276, in Dezimalwährung mit Wz. 23: MiNr. 2131

2000, 26. Mai. Jahrtausendwende (XX). RaTdr., Markenheftchen; gez. K 14¼:14½.

blf) Blick in den Weltraum; National Space Science Centre, Leicester

1872	1st	mehrfarbig	blf	6,—	6,—
			FDC		7,—

Nominale zur Zeit der Ausgabe: 27 P

MiNr. 1872 stammt aus MH 136 und 143.

Auflage: 4.408.240 Stück

In gleicher Zeichnung: MiNr. 1845

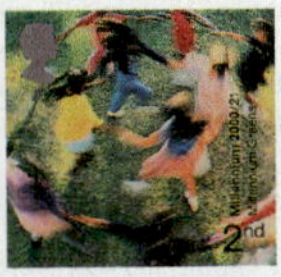

2000, 6. Juni. Jahrtausendwende (XXI): Mensch und Umwelt. RaTdr. (10×5 + 10×5); gez. K 14¼:14½.

bma) Landesweite Anlage von Grünflächen

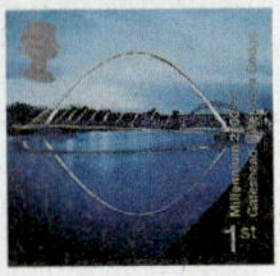

bmb) Millennium-Brücke, Gateshead

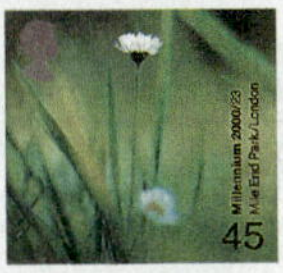

bmc) Mile-End-Park, London

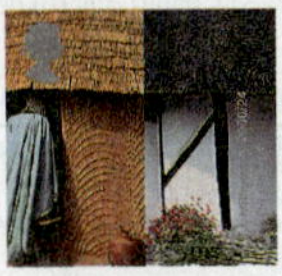

bmd) Verbindung zu Menschen entlang des Nullmeridians

1873	2nd	mehrfarbig	bma	2,20	1,20
1874	1st	mehrfarbig	bmb	3,—	1,40
1875	45 (P)	mehrfarbig	bmc	1,50	1,50
1876	65 (P)	mehrfarbig	bmd	2,40	2,40
			Satzpreis (4 W.)	9,—	6,50
			FDC		7,—

Nominalen zur Zeit der Ausgabe: MiNr. 1873 = 19 P, MiNr. 1874 = 27 P

Auflagen: MiNr. 1873 = 14.013.300, MiNr. 1874 = 15.215.700, MiNr. 1875 = 4.436.800, MiNr. 1876 = 4.390.200 Stück

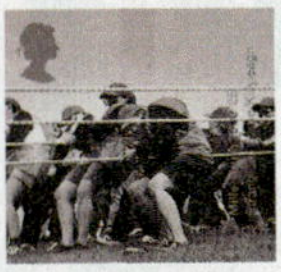

2000, 4. Juli. Jahrtausendwende (XXII): Stein und Boden. RaTdr., Bogen (B) (5×10 + 5×10) und Markenheftchen (MH); gez. K 14¼:14½.

bme) Verlagerung des Strangford-Megaliths, Killyleagh

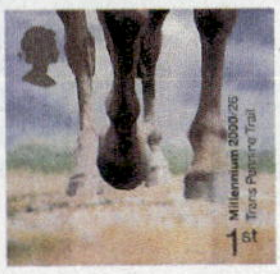

bmf) Wander-, Fahr- und Reitweg Trans Pennine Trail

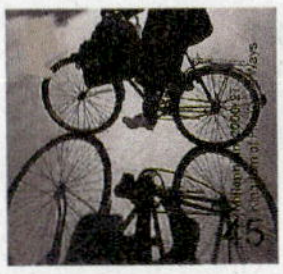

bmg) Radwegenetz, Grafschaft Fife

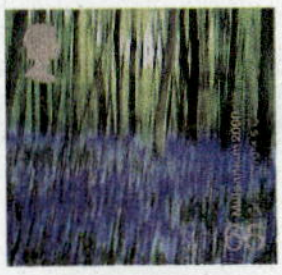

bmh) Regeneration von Brachflächen

1877	2nd	mehrfarbig (B)	bme	2,20	1,20
1878	1st	mehrfarbig (B) (MH)	bmf	3,—	1,40
1879	45 (P)	mehrfarbig (B)	bmg	1,50	1,50
1880	65 (P)	mehrfarbig (B) (MH)	bmh	2,40	2,40
			Satzpreis (4 W.)	9,—	6,50
			FDC		7,—

Nominalen zur Zeit der Ausgabe: MiNr. 1877 = 19 P, MiNr. 1878 = 27 P

MiNr. 1878 stammt auch aus MH 138, MiNr. 1880 auch aus MH 139.

Auflagen: MiNr. 1877 = 14.385.500, MiNr. 1878 = 20.059.900 (davon 4.000.000 im Markenheftchen), MiNr. 1879 = 5.273.800, MiNr. 1880 = 5.132.700 Stück

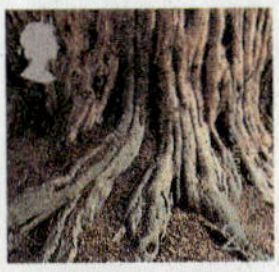

2000, 1. Aug. Jahrtausendwende (XXIII): Baum und Blätter. RaTdr., Bogen (5×10 + 5×10) und Markenheftchen ; gez. K 14¼:14½.

bmi) Pflanzaktion von Eiben

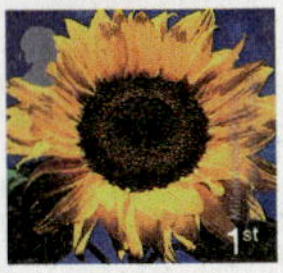

bmk) Projekt Eden, St. Austell

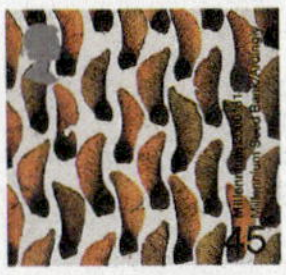

bml) Pflanzensamenbank, Ardingly

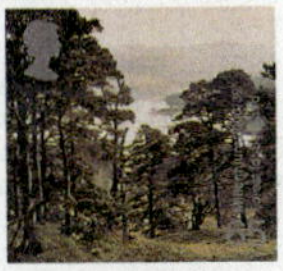

bmm) Aufforstungen in Schottland

1881	2nd	mehrfarbig	bmi	2,20	1,20
1882	1st	mehrfarbig	bmk	3,—	1,40
1883	45 (P)	mehrfarbig	bml	1,50	1,50
1884	65 (P)	mehrfarbig	bmm	2,40	2,40
			Satzpreis (4 W.)	9,—	6,50
			FDC		7,—

Nominalen zur Zeit der Ausgabe: MiNr. 1881 = 19 P, MiNr. 1882 = 27 P

MiNr. 1881 stammt auch aus MH 139, MiNr. 1882 auch aus MH 138, MiNr. 1883 auch aus MH 139, MiNr. 1884 auch aus MH 139.

Auflagen: MiNr. 1881 = 13.727.800, MiNr. 1882 = 19.621.800 (davon 4.000.000 im Markenheftchen), MiNr. 1883 = 5.260.600, MiNr. 1884 = 5.106.100 Stück (MiNr. 1881 und 1883–1884 nur Bogenmarken)

Smilers Sheets / Commemorative Sheets / Collectors Sheets

Seit der Briefmarkenausstellung „The Stamp Show 2000“ (22.5.2000) werden von der britischen Post Sonderbogen als sogenannte Smilers-Bogen, ab 2005 auch Commemorative bzw. Collectors Sheets genannt, herausgegeben, die anfangs unter Verwendung von bereits früher erschienenen Sondermarken (vornehmlich Grußmarken ab MiNr. 1327), aber auch als Ergänzung zu Sonderausgaben nun vorwiegend im selbstklebenden Folienbogen hergestellt werden. Die Neuauflagen dieser Marken unterscheiden sich zum Teil in Druckverfahren, Zähnung, Phosphorstreifenaufdruck, Farbe und Gummierung.

Sie werden in Kleinbogen zu 10 oder Bogen zu 20 Marken mit anhängenden (von der Post gestalteten) Zierfeldern hergestellt, die zu einem Postpreis bis zu inzwischen 20 Prozent über dem Nominalwert nur als komplette Einheiten verkauft werden.

Zusätzlich wird die Möglichkeit angeboten, auf Privatbestellung Bogen mit individuell gestalteten Zierfeldern und auch eigener Bogenrandgestaltung zu einem höheren Preis zu erwerben, die in dieser Form und Zusammenstellung postseitig nicht vertrieben werden.

Bislang wurde diese Sonderform der Smilers-Bogen mit eigener Bogenrandgestaltung vornehmlich von Sportvereinen und Briefmarkenunternehmen geordert. Seit 2008 werden von der britischen Post in ähnlicher Aufmachung sogenannte Commemorative Sheets zu thematischen Anlässen herausgegeben unter Verwendung bereits früher erschienener Marken, die zu einem Mehrfachen der Nominale verkauft werden.

Katalogisiert und bewertet werden nur Marken aus von der Post direkt vertriebenen Smilers-Bogen. Ausgaben auf Privatbestellung und aus zusätzlicher postalischer Fertigung werden nur dann mit einer Unternummer aufgenommen, wenn die darin enthaltenen Marken sich in einem Hauptkriterium (Druckverfahren, Gummierung oder Zähnung) unterscheiden von den postseitig vertriebenen Ausgaben; ansonsten werden sie in einer Fußnote erwähnt. Erwähnung finden Commemorative Sheets nur dann, wenn hierin Zusammendrucke enthalten sind.

2000, 4. Aug. 100. Geburtstag von Königinmutter Elizabeth. RaTdr., Markenheftchen; gez. K 14½.

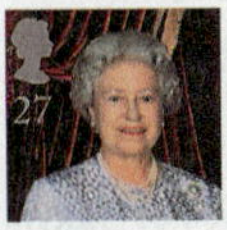

bmn) Königin Elizabeth II. (1926–2022, reg. ab 1952)

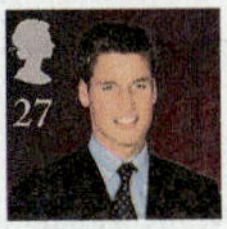

bmo) Prinz William (*1982)

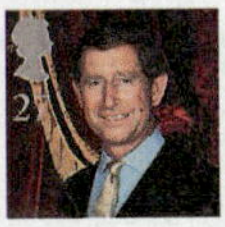

bmp) Prinz Charles (*1948)

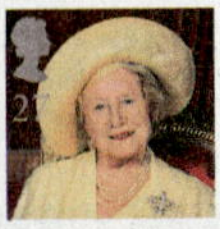

bmr) Königinmutter Elizabeth (1900–2002)

1885	27 (P)	mehrfarbig	bmn	3,50	3,50
1886	27 (P)	mehrfarbig	bmo	3,50	3,50
1887	27 (P)	mehrfarbig	bmp	3,50	3,50
1888	27 (P)	mehrfarbig	bmr	3,50	3,50
			Satzpreis (4 W.)	14,—	14,—
			FDC		15,—

Blockausgabe mit MiNr. 1885–1888

Block 9 (121×91 mm)	bms	14,—	14,—
	FDC		15,—

MiNr. 1885–1888 stammen aus MH 137.

Auflagen: MiNr. 1885–1887 je 128.251, MiNr. 1888 = 641.255 Stück, Bl. 9 = 5.098.171 Blocks

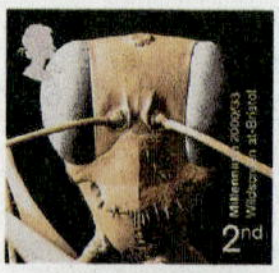

2000, 5. Sept. Jahrtausendwende (XXIV): Geist und Materie. Odr. (10×5 + 10×5); gez. K 14¼:14½.

bmt) Naturwissenschaftliches Ausstellungs- und Informationszentrum, Bristol

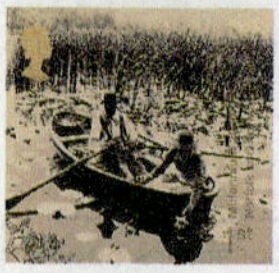

bmu) Bibliotheks- und Informationsprojekt, Norwich

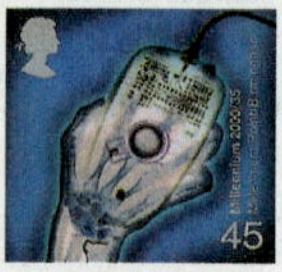

bmv) Industrie- und Wissenschaftszentrum „Millennium Point", Birmingham

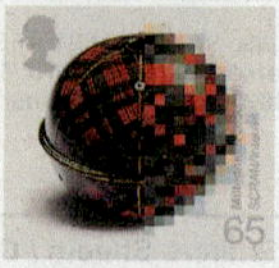

bmw) Datenbank für Kunst und Kulturgüter SCRAN, Schottland

1889	2nd	mehrfarbig	bmt	2,20	1,20
1890	1st	mehrfarbig	bmu	3,—	1,40
1891	45 (P)	mehrfarbig	bmv	1,50	1,50
1892	65 (P)	mehrfarbig	bmw	2,40	2,40
		Satzpreis (4 W.)		9,—	6,50
		FDC			7,—

Nominalen zur Zeit der Ausgabe: MiNr. 1889 = 19 P, MiNr. 1890 = 27 P

Auflagen: MiNr. 1889 = 13.504.100, MiNr. 1890 = 15.276.900, MiNr. 1891 = 5.256.200, MiNr. 1892 = 5.078.500 Stück

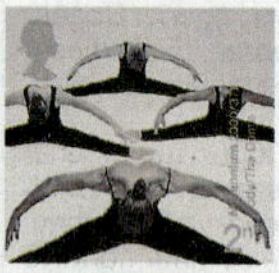

2000, 3. Okt. Jahrtausendwende (XXV): Mensch und Körper. MiNr. 1893 Odr. (10×5 + 10×5), gez. K 14¼:14½, MiNr. 1894–1896 RaTdr. (5×10 + 5×10); gez. K 13¾.

bmx) Gesundheitsforum im Millennium Dome, London

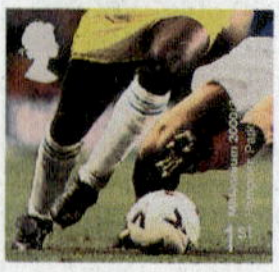

bmy) Fußballstadion Hampton Park, Glasgow

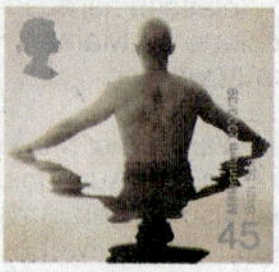

bmz) Heilbad Bath

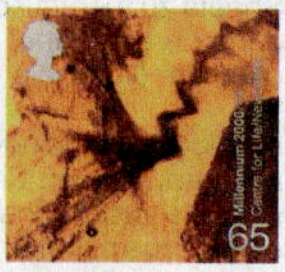

bna) Humangenetisches Forschungs- und Informationszentrum, Newcastle

1893	2nd	mehrfarbig	bmx	2,20	1,20
1894	1st	mehrfarbig	bmy	3,—	1,40
1895	45 (P)	mehrfarbig	bmz	1,50	1,50
1896	65 (P)	mehrfarbig	bna	2,40	2,40
		Satzpreis (4 W.)		9,—	6,50
		FDC			7,—

Nominalen zur Zeit der Ausgabe: MiNr. 1893 = 19 P, MiNr. 1894 = 27 P

Auflagen: MiNr. 1893 = 13.598.900, MiNr. 1894 = 15.230.800, MiNr. 1895 = 5.197.400, MiNr. 1896 = 5.073.000 Stück

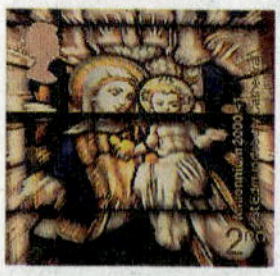

2000, 7. Nov. Jahrtausendwende (XXVI): Geist und Glaube. RaTdr., Bogen (B) (5×10 + 5×10) und Markenheftchen (MH) MiNr. 1897 (10×2), MiNr. 1898 (5×2); gez. K 14¼:14½.

bnb) Kathedrale von St. Edmundsbury

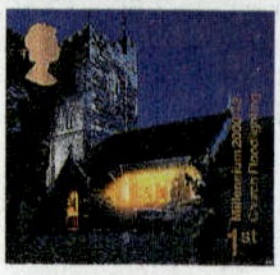

bnc) Stiftung für Kirchenillumination

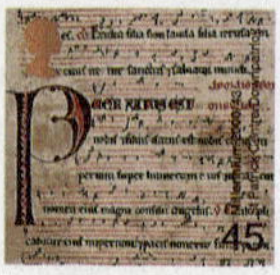

bnd) St.-Patrick-Zentrum, Downpatrick

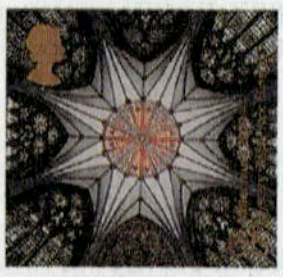

bne) Mysterienspiel, Kathedrale von York

1897	2nd	mehrfarbig (B) (MH)	bnb	2,20	1,20
1898	1st	mehrfarbig (B) (MH)	bnc	3,—	1,40
1899	45 (P)	mehrfarbig (B)	bnd	1,50	1,50
1900	65 (P)	mehrfarbig (B)	bne	2,40	2,40
		Satzpreis (4 W.)		9,—	6,50
		FDC			7,—

	★★
1897 U ungezähnt (B) (Paar)	500,—
1898 U ungezähnt (B) (Paar)	600,—

Nominalen zur Zeit der Ausgabe: MiNr. 1897 = 19 P, MiNr. 1898 = 27 P

MiNr. 1897 stammt auch aus MH 0-243, MiNr. 1898 auch aus MH 0-242.

Auflagen: MiNr. 1897 = 335.126.700 (davon 114.183.500 im Markenheftchen), MiNr. 1898 = 148.186.150 (davon 51.788.750 im Markenheftchen), MiNr. 1899 = 14.551.400, MiNr. 1900 = 15.061.600 Stück

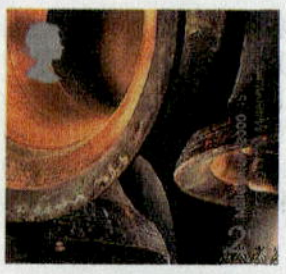

2000, 5. Dez. Jahrtausendwende (XXVII): Klang und Bild. RaTdr. (5×10 + 5×10); gez. K 14¼:14½.

bnf) Programm zur Erhaltung von Glocken

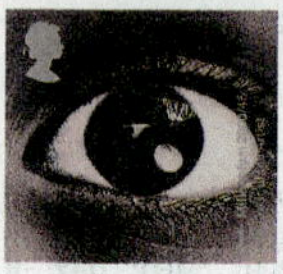

bng) Programm zur Förderung von Kunstschaffenden

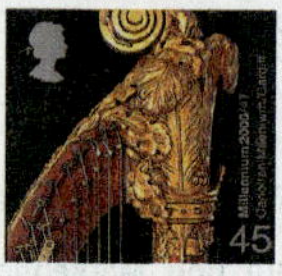

bnh) Erhalt der walisischen Kultur; Wales Millennium Centre, Cardiff

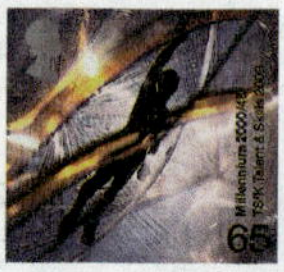

bni) Programm zur Unterstützung kultureller Jugendarbeit

				★★	⊙
1901	2nd	mehrfarbig	bnf	2,20	1,20
1902	1st	mehrfarbig	bng	3,—	1,40
1903	45 (P)	mehrfarbig	bnh	1,50	1,50
1904	65 (P)	mehrfarbig	bni	2,40	2,40
		Satzpreis (4 W.)		9,—	6,50
		FDC			7,—

Nominalen zur Zeit der Ausgabe: MiNr. 1901 = 19 P, MiNr. 1902 = 27 P

Auflagen: MiNr. 1901 = 12.633.200, MiNr. 1902 = 13.840.300, MiNr. 1903 = 5.317.500, MiNr. 1904 = 5.243.000 Stück

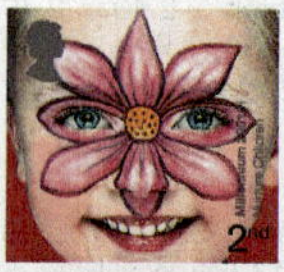

2001, 16. Jan. Jahrtausendwende (XXVIII): Hoffnung für die Zukunft. RaTdr. (5×10 + 5×10); gez. K 14¼:14½.

bnk) Fördert die Kinder

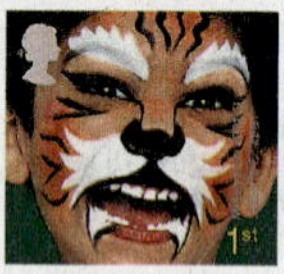

bnl) Hört auf die Kinder

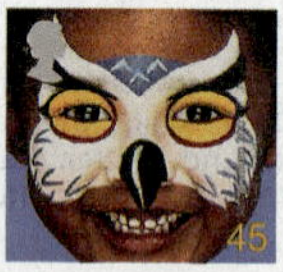

bnm) Unterrichtet die Kinder

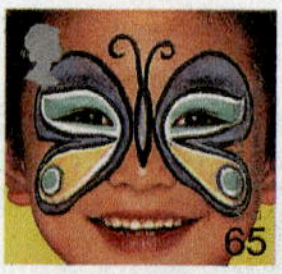

bnn) Sichert die Freiheit der Kinder

bnk–bnn) Bemalte Kindergesichter

1905	2nd	mehrfarbig	bnk	2,20	1,20
1906	1st	mehrfarbig	bnl	3,—	1,40
1907	45 (P)	mehrfarbig	bnm	1,50	1,50
1908	65 (P)	mehrfarbig	bnn	2,40	2,40
		Satzpreis (4 W.)		9,—	6,50
		FDC			7,—

Nominalen zur Zeit der Ausgabe: MiNr. 1905 = 19 P, MiNr. 1906 = 27 P

Auflagen: MiNr. 1905 = 13.912.100, MiNr. 1906 = 15.056.500, MiNr. 1907 = 5.510.500, MiNr. 1908 = 5.380.000 Stück

2001, 6. Febr./5. Juni. Grußmarken: Symbolische Feingehaltsstempel. I = RaTdr. (10×5 + 10×5), II = Odr., Zd-Bogen (4×1 Zd); gez. K 14¼.

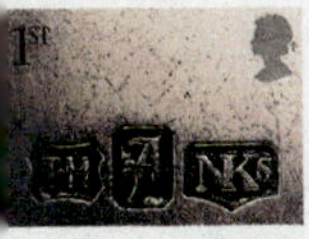
bno) „Danke“

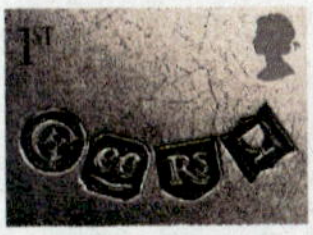
bnp) „Zum Wohl“

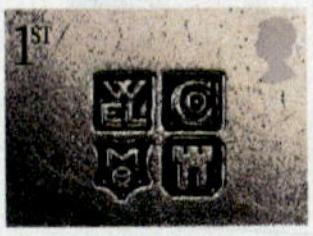
bnr) „Willkommen“

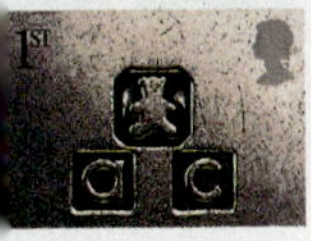
bns) „ABC“

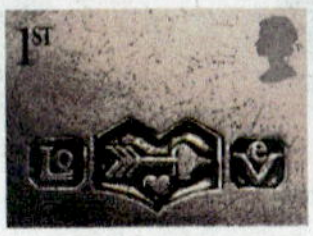
bnt) „Liebe“

I = RaTdr. (6. Febr.)

1909 I	1ST	mehrfarbig	bno	3,—	1,50
1910 I	1ST	mehrfarbig	bnp	3,—	1,50
1911 I	1ST	mehrfarbig	bnr	3,—	1,50
1912 I	1ST	mehrfarbig	bns	3,—	1,50
1913 I	1ST	mehrfarbig	bnt	3,—	1,50
		Satzpreis I (5 W.)		15,—	7,50
		FDC I			9,—

II = Odr. (5. Juni)

1909 II	1ST	mehrfarbig	bno	9,—	9,—
1910 II	1ST	mehrfarbig	bnp	9,—	9,—
1911 II	1ST	mehrfarbig	bnr	9,—	9,—
1912 II	1ST	mehrfarbig	bns	9,—	9,—
1913 II	1ST	mehrfarbig	bnt	9,—	9,—
		Satzpreis II (5 W.)		45,—	45,—
		1909 II Zf–1913 II Zf		50,—	50,—

Nominale zur Zeit der Ausgabe: je 27 P

RaTdr.- und Odr.-Marken lassen sich auch anhand der Farbe unterscheiden. Die Marken im RaTdr. sind in braunolivem, die im Odr. in braunrotem Farbton gehalten.

MiNr. 1909 II–1913 II wurden mit jeweils anhängendem Zierfeld senkrecht zusammenhängend im Bogen zu 4 Fünferstreifen gedruckt (Postpreis: 5.95 £). Zusätzlich wurden MiNr. 1909 II einzeln und MiNr. 1909 II–1910 II zusammen im Kleinbogen zu je 2 Fünferstreifen sowie MiNr. 1909 II und MiNr. 1911 II–1913 II auch jeweils im Bogen zu 4 Fünferstreifen mit individuell gestalteten Zierfeldern zum Preis von 12.95 £ pro Bogen oder Kleinbogenpaar verkauft (Abgabe der Klb. nur paarweise).

Auflagen: MiNr. 1909 I = 5.951.400, MiNr. 1910 I = 5.913.600, MiNr. 1911 I = 6.196.000, MiNr. 1912 I = 5.850.800, MiNr. 1913 I = 5.912.400 Stück

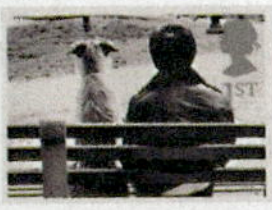

2001, 13. Febr. Hunde und Katzen. RaTdr., Markenheftchen; selbstklebend; gestanzt 14¾:14.

bnu) Herr und Hund

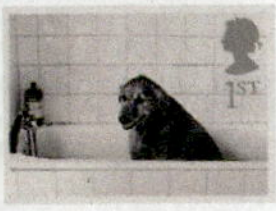
bnv) Hund in Badewanne

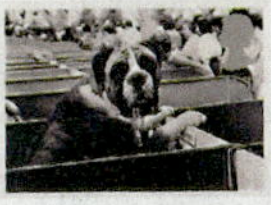
bnw) Hund auf Ausstellung

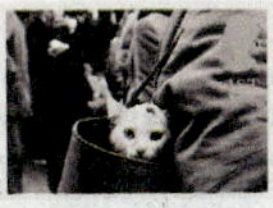
bnx) Katze in Tragebeutel

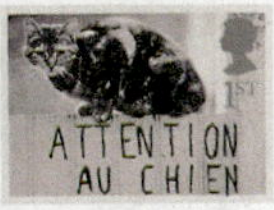

bny) Katze auf Zaun

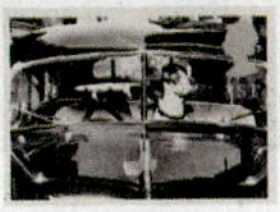
bnz) Hund in Auto

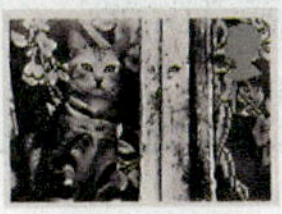
boa) Katze an Fenster

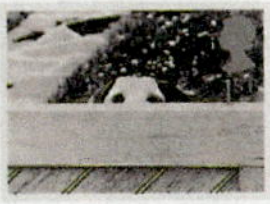
bob) Hund vor Gartenzaun

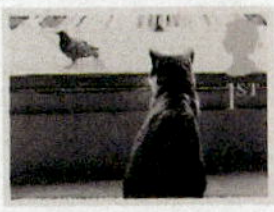
boc) Katze beobachtet Vogel

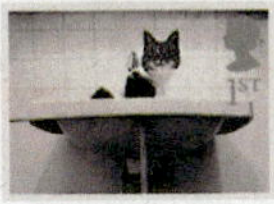
bod) Katze in Waschbecken

1914	1ST	mehrfarbig	bnu	3,—	1,20
1915	1ST	mehrfarbig	bnv	3,—	1,20
1916	1ST	mehrfarbig	bnw	3,—	1,20
1917	1ST	mehrfarbig	bnx	3,—	1,20
1918	1ST	mehrfarbig	bny	3,—	1,20
1919	1ST	mehrfarbig	bnz	3,—	1,20
1920	1ST	mehrfarbig	boa	3,—	1,20
1921	1ST	mehrfarbig	bob	3,—	1,20
1922	1ST	mehrfarbig	boc	3,—	1,20
1923	1ST	mehrfarbig	bod	3,—	1,20
		Satzpreis (10 W.)		30,—	12,—
		FDC			13,—

		★★
1914 U–1923 U	ungestanzt	10000,—

Nominale zur Zeit der Ausgabe: je 27 P

MiNr. 1914–1923 stammen aus MH 0-253 und 0-254.

Auflage: 3.057.355 Sätze

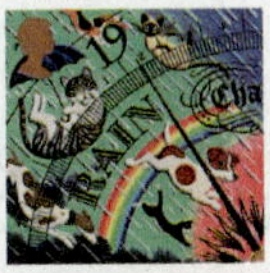

2001, 13. März. Das Wetter. RaTdr. (5×10 + 5×10); gez. K 14½.

boe) Regen

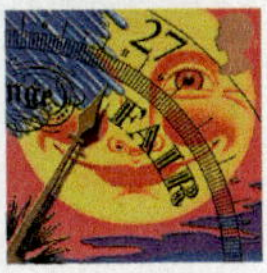
bof) Sonnenschein

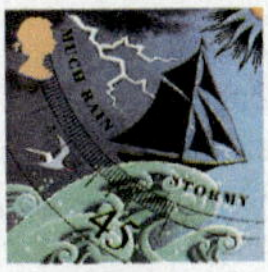
bog) Sturm

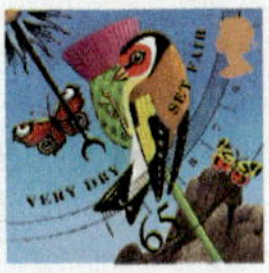
boh) Trockenheit

boe–boh) Barometerskala

					★★	⊙
1924	19 (P)	mehrfarbig		boe	0,60	0,60
1925	27 (P)	mehrfarbig		bof	1,—	1,—
1926	45 (P)	mehrfarbig		bog	1,70	1,70
1927	65 (P)	mehrfarbig		boh	2,70	2,70
		Satzpreis (4 W.)			6,—	6,—
		FDC				7,—

Blockausgabe mit MiNr. 1924–1927

Block 10 (105×90 mm)	boi	18,—	18,—
FDC			20,—

MiNr. 1925 wurde zum Teil mit thermochromer Farbe gedruckt.

Auflagen: MiNr. 1924 = 13.719.400, MiNr. 1925 = 15.278.500, MiNr. 1926 = 5.835.600, MiNr. 1927 = 5.675.500 Stück, Bl. 10 = 595.850 Blocks

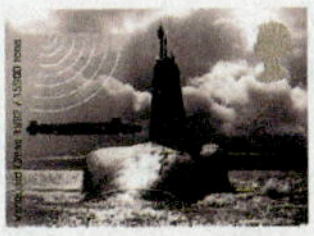

2001, 10. April/22. Okt. 100 Jahre U-Boot-Waffe der Royal Navy (I). RaTdr., Bogen (B) (10×5 + 10×5) und Markenheftchen (MH); A = gez. K 14¾:14¼, C = gez. K 15¼:14¾.

bok) U-Boot der Vanguard-Klasse (1992)

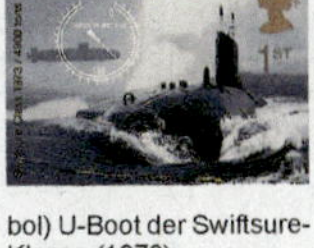
bol) U-Boot der Swiftsure-Klasse (1973)

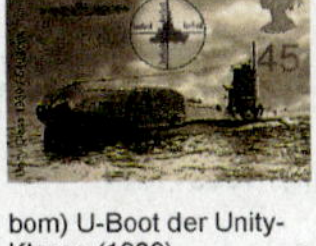
bom) U-Boot der Unity-Klasse (1939)

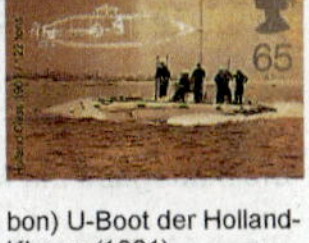
bon) U-Boot der Holland-Klasse (1901)

A = gez. K 14¾:14¼ (B) (10. April)

1928 A	2ND	mehrfarbig	bok	2,20	1,20
1929 A	1ST	mehrfarbig	bol	3,—	1,40
1930 A	45 (P)	mehrfarbig	bom	1,50	1,50
1931 A	65 (P)	mehrfarbig	bon	2,40	2,40
		Satzpreis A (4 W.)		9,—	6,50
		FDC A			7,—

C = gez. K 15¼:14¾ (MH) (22. Okt.)

1928 C	2ND	mehrfarbig	bok	2,50	2,50
1929 C	1ST	mehrfarbig	bol	3,—	3,—
1930 C	45 (P)	mehrfarbig	bom	3,50	3,50
1931 C	65 (P)	mehrfarbig	bon	4,—	4,—
			Satzpreis C (4 W.)	13,—	13,—

	★★
1929 U ungezähnt (B) (Paar)	800,—

Nominalen zur Zeit der Ausgabe: MiNr. 1928 = 19 P, MiNr. 1929 = 27 P

MiNr. 1928 C–1931 C stammen aus MH 141.

Auflagen: MiNr. 1928 A = 13.035.900, MiNr. 1929 A = 14.367.000, MiNr. 1930 A = 5.124.800, MiNr. 1931 A = 4.798.900 Stück

In gleicher Zeichnung wie MiNr. 1929: MiNr. 1932 (selbstklebend)

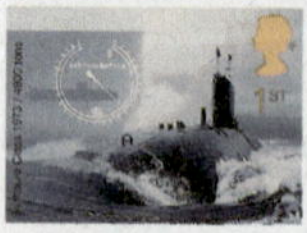

2001, 17. April. 100 Jahre U-Boot-Waffe der Royal Navy (II). RaTdr., Markenheftchen; selbstklebend; gestanzt 15¼:14¼.

bol) U-Boot der Swiftsure-Klasse (1973)

				★★	⊙
1932	1ST	mehrfarbig	bol	*45,—*	*35,—*
			FDC		*36,—*

	★★
1932 U ungestanzt	*1200,—*

Nominale zur Zeit der Ausgabe: 27 P

MiNr. 1932 stammt aus MH 0-255.

In gleicher Zeichnung: MiNr. 1929 (nassklebend)

2001, 15. Mai. Transportwesen (I): Doppeldeckerbusse. Odr. (1×10 Zd + 1×10 Zd); gez. K 14½:14¼.

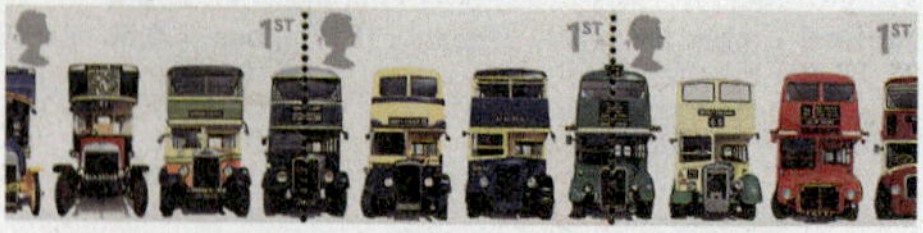

boo) Leyland X2 (1908), London General Modell B (1911), Leyland Titan TD1 (1928)
bop) AEC Regent 1 (1934), Daimler COG5 (1937), Utility Guy Arab Mk II (1943)
bor) AEC Regent III Modell RT (1948), Bristol KSW5G (1953), AEC Routemaster (1958)

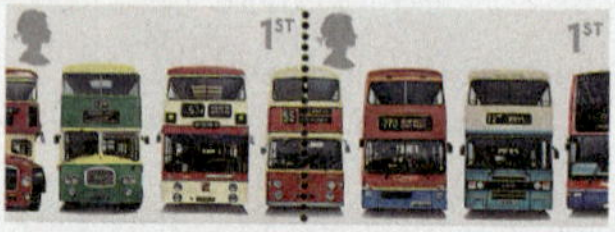

bos) Bristol Lodekka FSF6G (1961), Leyland Titan PD 3/4 (1967), Leyland Atlantean PDR 1/1 (1968)
bot) Daimler Fleetline CRG6LX-33 (1973), MCW Metrobus DR 102/43 (1984), Leyland Olympian ONLXB/1R (1985), Dennis Trident (1999)

				★★	⊙
1933	1ST	mehrfarbig	boo	3,—	1,20
1934	1ST	mehrfarbig	bop	3,—	1,20
1935	1ST	mehrfarbig	bor	3,—	1,20
1936	1ST	mehrfarbig	bos	3,—	1,20
1937	1ST	mehrfarbig	bot	3,—	1,20
			Satzpreis (5 W.)	15,—	6,—
			Fünferstreifen	15,—	7,—
			FDC		8,—

Blockausgabe mit MiNr. 1933–1937

Block 11	(120×115 mm)	bou	15,—	11,—
		FDC		12,—

	★★
1933 F-1937 F Farbe Grau fehlend, Fünferstreifen	—,—
1933 U-1937 U ungezähnt, Fünferstreifen	*3000,—*

Nominale zur Zeit der Ausgabe: je 27 P

MiNr. 1933–1937 wurden waagerecht zusammenhängend gedruckt.

Auflagen: MiNr. 1933–1937 = 5.343.200 Sätze, Bl. 11 = 861.670 Blocks

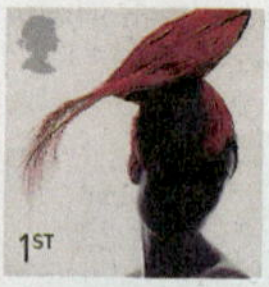

2001, 19. Juni. Britische Mode: Hutmacherei. Odr. (5×10 + 5×10); gez. K 14½:14¼.

bov) Toque

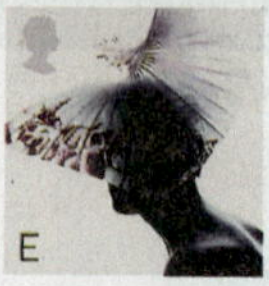

bow) Schmetterlingshut

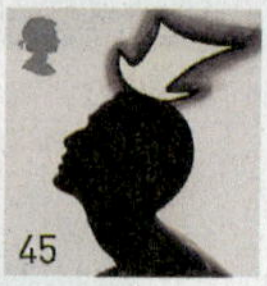

box) Zylinder

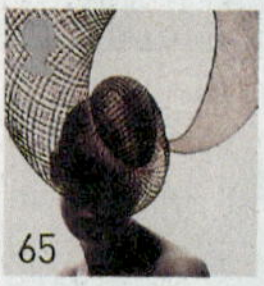

boy) Spiralenhut

				★★	⊙
1938	1ST	mehrfarbig	bov	3,—	1,40
1939	E	mehrfarbig	bow	6,—	2,—
1940	45 (P)	mehrfarbig	box	1,60	1,40
1941	65 (P)	mehrfarbig	boy	2,40	2,20
			Satzpreis (4 W.)	13,—	7,—
			FDC		7,50

Nominalen zur Zeit der Ausgabe: MiNr. 1938 = 27 P, MiNr. 1939 = 36 P

Auflagen: MiNr. 1938 = 13.799.100, MiNr. 1939 = 4.986.200, MiNr. 1940 = 4.948.400, MiNr. 1941 = 4.798.900 Stück

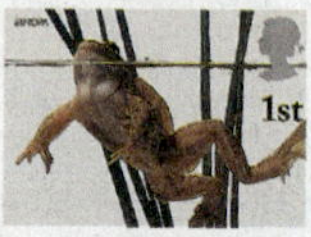

2001, 10. Juli. Europa: Lebensspender Wasser; Lebensraum Wasser. RaTdr. (10×5 + 10×5); gez. K 14¾:14¼.

boz) Grasfrosch (Rana temporaria)

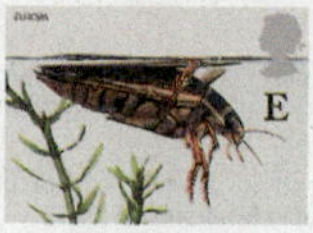

bpa) Gelbrandkäfer (Dytiscus marginalis)

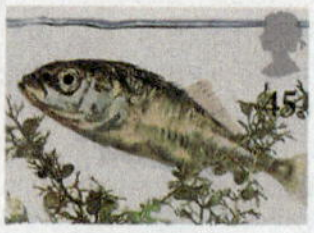

bpb) Dreistachliger Stichling (Gasterosteus aculeatus)

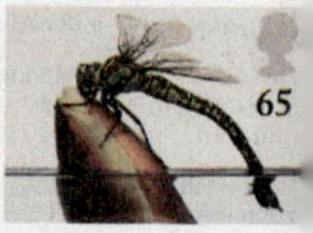

bpc) Blaugrüne Mosaikjungfer (Aeshna cyanea)

1942	1st	mehrfarbig	boz	3,—	1,40
1943	E	mehrfarbig	bpa	6,—	2,—
1944	45 (P)	mehrfarbig	bpb	1,60	1,40
1945	65 (P)	mehrfarbig	bpc	2,40	2,20
			Satzpreis (4 W.)	13,—	7,—
			FDC		8,—

Nominalen zur Zeit der Ausgabe: MiNr. 1942 = 27 P, MiNr. 1943 = 37 P

MiNr. 1942–1943 tragen die Inschrift „EUROPA".

Auflagen: MiNr. 1942 = 14.260.700, MiNr. 1943 = 4.950.000, MiNr. 1944 = 4.994.000, MiNr. 1945 = 4.859.400 Stück

2001, 4. Sept. Handpuppentheater: Punch und Judy. RaTdr. (1×5 Zd + 1×5 Zd); gez. K 14¼:14¾.

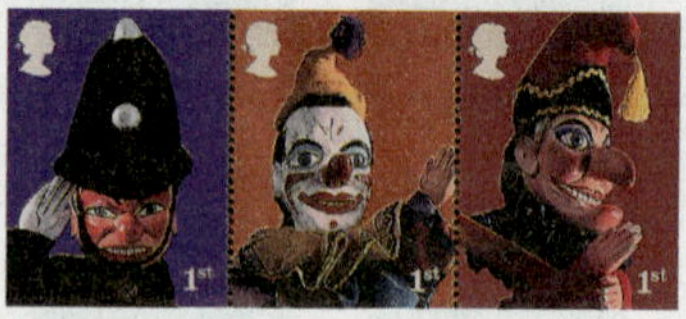

bpd) Polizist
bpe) Clown
bpf) Punch

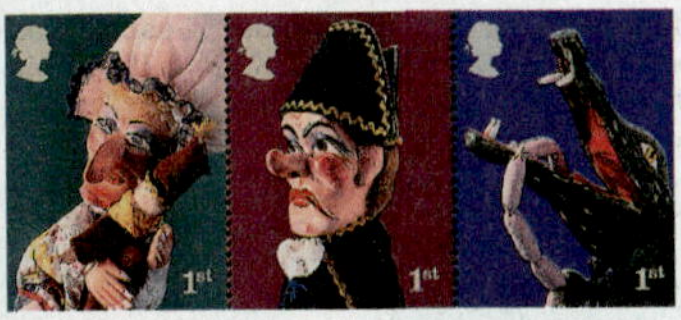

bpg) Judy
bph) Kirchendiener
bpi) Krokodil

1946	1st mehrfarbig	bpd	3,—	1,—
1947	1st mehrfarbig	bpe	3,—	1,—
1948	1st mehrfarbig	bpf	3,—	1,—
1949	1st mehrfarbig	bpg	3,—	1,—
1950	1st mehrfarbig	bph	3,—	1,—
1951	1st mehrfarbig	bpi	3,—	1,—
		Satzpreis (6 W.)	18,—	6,—
		Sechserstreifen	18,—	7,50
		FDC		8,—

Nominale zur Zeit der Ausgabe: je 27 P

Auflage: 4.744.850 Sätze

In gleichen Zeichnungen wie MiNr. 1948–1949: MiNr. 1952–1953 (selbstklebend)

2001, 4. Sept. Handpuppentheater: Punch und Judy. RaTdr., Markenheftchen; selbstklebend; gestanzt 14¼:15¼.

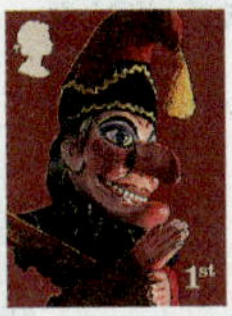

bpf) Punch

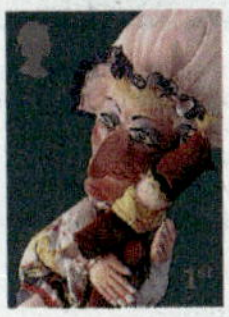

bpg) Judy

1952	1st mehrfarbig	bpf	15,—	12,—
1953	1st mehrfarbig	bpg	15,—	12,—
		Satzpreis (2 W.)	30,—	24,—
		FDC		25,—

Nominale zur Zeit der Ausgabe: je 27 P

MiNr. 1952–1953 stammen aus MH 0-256.

In gleichen Zeichnungen: MiNr. 1948–1949 (nassklebend)

2001, 2. Okt. 100 Jahre Nobelpreise. MiNr. 1954 und 1957–1958 Odr., MiNr. 1955 komb. StTdr. und Odr., MiNr. 1956 komb. Odr. und Pdr., MiNr. 1959 Odr. mit Hologrammfolie; (5×5 + 5×5); gez. K 14½:14¼.

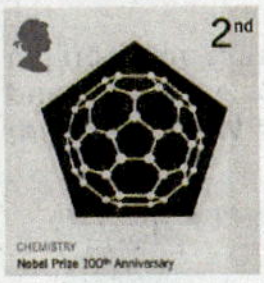

bpk) Chemie

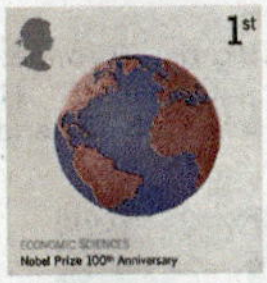

bpl) Wirtschaftswissenschaften

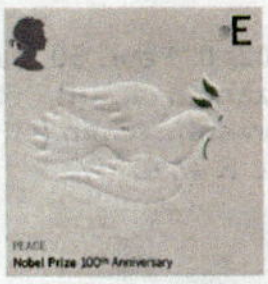

bpm) Erhaltung des Friedens

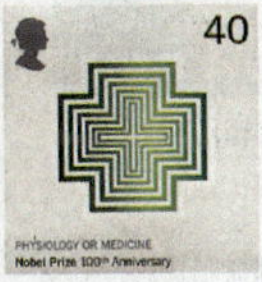

bpn) Physiologie und Medizin

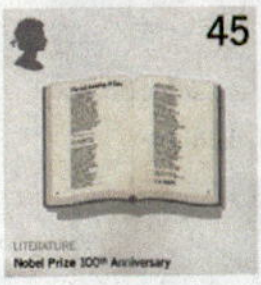

bpo) Literatur

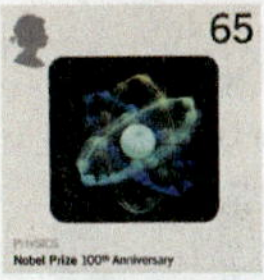

bpp) Physik

1954	2nd mehrfarbig	bpk	2,20	1,20
1955	1st mehrfarbig	bpl	3,—	1,40
1956	E mehrfarbig	bpm	6,—	2,—
1957	40 (P) mehrfarbig	bpn	1,80	1,40
1958	45 (P) mehrfarbig	bpo	2,—	1,50
1959	65 (P) mehrfarbig	bpp	3,—	2,50
		Satzpreis (6 W.)	18,—	10,—
		FDC		11,—

		★★
1954 U	ungezähnt (Paar)	—,—
1957 U	ungezähnt (Paar)	—,—
1959 U	ungezähnt (Paar)	—,—

Nominalen zur Zeit der Ausgabe: MiNr. 1954 = 19 P, MiNr. 1955 = 27 P, MiNr. 1943 = 37 P

MiNr. 1954 wurde mit thermochromer Farbe Schwarz/Grau gedruckt, MiNr. 1957 setzt nach Reiben der grünen Farbe Eukalyptusduft frei, bei MiNr. 1958 ist der Buchtext in Mikroschrift.

Auflagen: MiNr. 1954 = 12.554.750, MiNr. 1955 = 8.050.150, MiNr. 1956 = 4.831.700, MiNr. 1957 = 4.941.000, MiNr. 1959 = 5.358.100 Stück

2001, 22. Okt./2009, 17. Sept. Flaggen; 100 Jahre U-Boot-Waffe der Royal Navy (III). I = RaTdr., Markenheftchen (MH), II = Odr., Bogen (B) (4×5 Zd) und/oder Markenheftchen; gez. K 14¾.

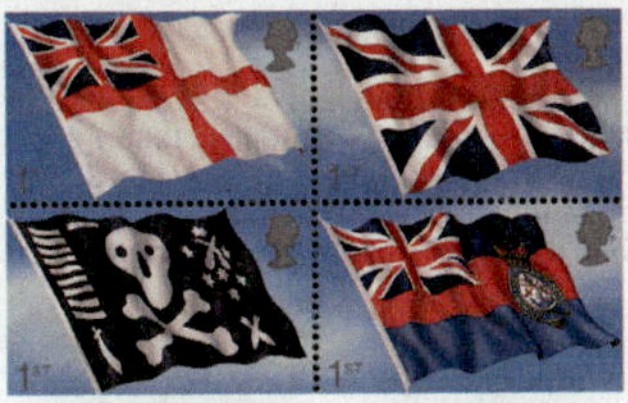

bpr) Flagge der Royal Navy „White Ensign"
bps) Nationalflagge „Union Jack"
bpt) Traditionsflagge britischer U-Boot-Fahrer „Jolly Roger"
bpu) Flagge des Generals im Verteidigungsstab

				★★	⊙
1960	1ST mehrfarbig		bpr		
	I	RaTdr. (MH) (22.10.2001)		3,—	3,—
	II	Odr. (B) (MH) (21.6.2005)		3,—	1,20
1961	1ST mehrfarbig		bps		
	I	RaTdr. (MH) (22.10.2001)		3,—	3,—
	II	Odr. (B) (MH) (27.7.2004)		3,—	1,20
1962	1ST mehrfarbig		bpt		
	I	RaTdr. (MH) (22.10.2001)		3,—	3,—
	II	Odr. (MH) (17.9.2009)		3,—	1,20
1963 I	1ST mehrfarbig (MH)		bpu	3,—	3,—
			Satzpreis I (4 W.)	12,—	12,—
			FDC I		14,—
			1960 II Zf	3,20	2,20
			1961 II Zf	3,20	2,20

Blockausgabe mit MiNr. 1960 I–1963 I

Block 12	(92×95 mm)	bpv	12,—	12,—
		FDC		14,—

Nominalen zur Zeit der Ausgabe: MiNr. 1960 I–1963 I je 27 P, MiNr. 1960 II = 30 P, MiNr. 1961 II = 28 P, MiNr. 1962 II = 39 P

MiNr. 1960 I–1963 I stammen aus Block oder MH 141.

Viererblocks wie Block 12, jedoch links durchstochen, stammen aus zerteiltem H-Blatt 254.

MiNr. 1960 II–1961 II wurden jeweils mit anhängendem Zierfeld in Bogen gedruckt (Postpreis: 6.55 £ bzw. 6.15 £). Die Zierfelder konnten auf Bestellung auch individuell gestaltet werden (Postpreis: je 14.95 £).

MiNr. 1960 II stammt auch aus MH 149, 155 und 161, MiNr. 1961 II auch aus MH 155, MiNr. 1962 II stammt aus MH 161, wobei Farbschwankungen bekannt sind.

RaTdr.- und Odr.-Marken lassen sich auch anhand der Farben unterscheiden. Die Marken im RaTdr. sind in helleren, die im Odr. in dunkleren Farben mit größerem Rotanteil gedruckt.

Auflage: Bl. 12 = 1.888.170 Blocks

In gleichen Zeichnungen wie MiNr. 1960 und 1962: MiNr. 1964–1965 (selbstklebend)
In ähnlicher Zeichnung wie MiNr. 1961: MiNr. 5482, 5668 (Kopfbild König Charles III.)
In kleinerem Format wie MiNr. 1961: MiNr. 2341 (selbstklebend), MiNr. 3834 (nassklebend)

2001, 22. Okt. Flaggen; 100 Jahre U-Boot-Waffe der Royal Navy (IV). RaTdr., Markenheftchen; selbstklebend; gestanzt 14¾.

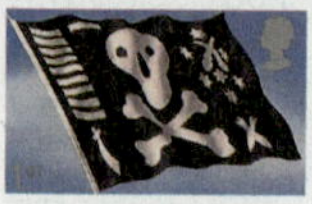

bpt) Traditionsflagge britischer U-Boot-Fahrer „Jolly Roger"

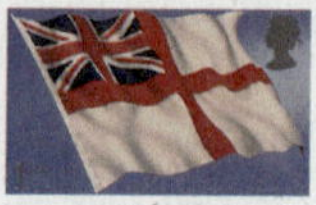

bpr) Flagge der Royal Navy „White Ensign"

1964	1ST mehrfarbig	bpt	15,—	12,—
1965	1ST mehrfarbig	bpr	15,—	12,—
		Satzpreis (2 W.)	30,—	24,—
		FDC		25,—

		★★
1964 U	ungestanzt	*2000,—*
1965 U	ungestanzt	*2000,—*

Nominale zur Zeit der Ausgabe: je 27 P

MiNr. 1964–1965 stammen aus MH 0-257.

In gleichen Zeichnungen: MiNr. 1960, 1962 (nassklebend)

2001, 6. Nov./2005, 1. Nov. Weihnachten. I = RaTdr., Bogen (B) (5×5 + 5×5) und Markenheftchen (MH) (MiNr. 1966 I 3×8, MiNr. 1967 I 3×4), II = Odr., Folienbogen (Fbg.) (4×5 Zd); selbstklebend; zähnungsähnlich bzw. wellenförmig gestanzt 14¼:14½, bei MiNr. 1966 II–1967 II mit 4 Verbindungsstegen links.

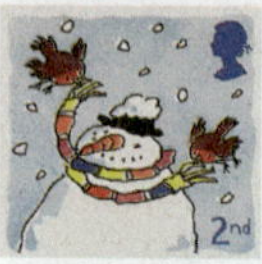

bpw) Rotkehlchen und Schneemann

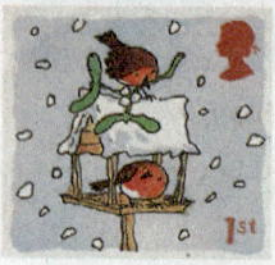

bpx) Rotkehlchen an Vogelhaus

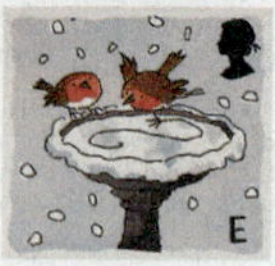

bpy) Rotkehlchen an Vogeltränke

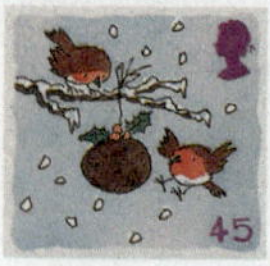

bpz) Rotkehlchen auf Futterzweig

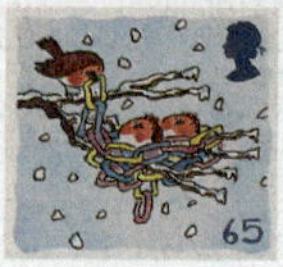

bra) Rotkehlchen am Nest

				★★	⊙
1966	2nd	mehrfarbig	bpw		
	I	RaTdr. (B) (MH)		2,20	0,80
	II	Odr. (Fbg.) (1.11.2005)		2,40	1,—
1967	1st	mehrfarbig	bpx		
	I	RaTdr. (B) (MH)		3,—	1,10
	II	Odr. (Fbg.) (30.9.2003)		3,20	1,20
1968 I	E	mehrfarbig (B)	bpy	6,—	1,40
1969 I	45 (P)	mehrfarbig (B)	bpz	2,20	1,50
1970 I	65 (P)	mehrfarbig (B)	bra	2,60	2,40
			Satzpreis I (5 W.)	16,—	7,50
			FDC I		8,50
			1966 II Zf–1967 II Zf	6,—	2,50

		★★
1966 I U	ungestanzt (B) (Paar)	500,—
1967 I U	ungestanzt (B) (Paar)	—,—
1970 I U	ungestanzt (B) (Paar)	700,—

Nominalen zur Zeit der Ausgabe: MiNr. 1966 I = 27 P, MiNr. 1966 II = 21 P, MiNr. 1967 I = 27 P, MiNr. 1967 II = 28 P, MiNr. 1968 I = 37 P

MiNr. 1966 I stammt auch aus MH 0-259, MiNr. 1967 I auch aus MH 0-258.

MiNr. 1967 II mit Ausgabe 30.9.2003 stammt aus Folienbogen zu 20 Marken und 20 verschiedenen, jeweils links anhängenden Zierfeldern, die durch 4 schmale Verbindungsstege mit der jeweiligen Marke verbunden sind. MiNr. 1966 II–1967 II mit Ausgabe 1.11.2005 stammen aus Folienbogen zu je 10 Marken und 20 verschiedenen Zierfeldern in gleicher Art (Postpreis: 6.15 £ bzw. 5.60 £); die Zierfelder konnten auf Bestellung auch individuell gestaltet werden (Postpreis: 14.95 £). Im Gegensatz zu MiNr. 1966 I–1967 I zeigen die Marken im Schräglicht deutlich die Phosphorstreifen Mitte bzw. links und rechts, und Marken mit Ausgabe 1.11.2005 sind wellenförmig gestanzt.

Auflagen (ohne Marken aus Markenheftchen): MiNr. 1966 I = 162.851.500, MiNr. 1967 I = 135.099.750, MiNr. 1968 I = 14.282.350, MiNr. 1969 I = 14.778.600, MiNr. 1970 I = 14.885.700 Stück

2002, 15. Jan. 100. Jahrestag der Erstausgabe der „Geschichten für den allerliebsten Liebling" von Rudyard Kipling (1865 bis 1936), Schriftsteller. RaTdr., Markenheftchen (5×2); selbstklebend; gestanzt 14¾:14.

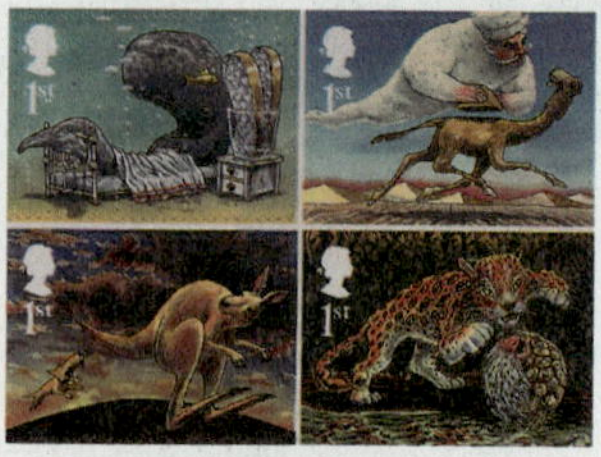

brb) Wie der Wal seinen Schlund bekam
brc) Wie das Kamel seinen Höcker bekam
brg) Das Liedchen des alten Mannes Känguruh
brh) Der Anfang der Gürteltiere

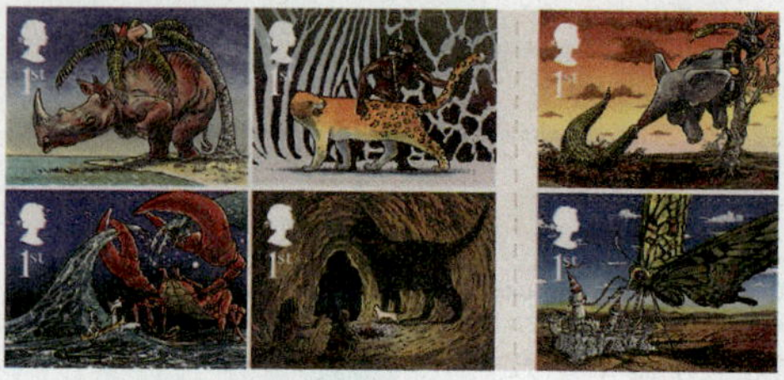

brd) Wie das Nashorn seine Haut bekam
bre) Wie der Leopard seine Flecken bekam
brf) Das Elefantenkind
bri) Die Krabbe, die mit der See spielte
brk) Die Katze, die eigene Wege ging
brl) Der Schmetterling, der stampfte

			★★	⊙
1971	1st mehrfarbig	brb	3,—	1,20
1972	1st mehrfarbig	brc	3,—	1,20
1973	1st mehrfarbig	brd	3,—	1,20
1974	1st mehrfarbig	bre	3,—	1,20
1975	1st mehrfarbig	brf	3,—	1,20
1976	1st mehrfarbig	brg	3,—	1,20
1977	1st mehrfarbig	brh	3,—	1,20
1978	1st mehrfarbig	bri	3,—	1,20
1979	1st mehrfarbig	brk	3,—	1,20
1980	1st mehrfarbig	brl	3,—	1,20
		Satzpreis (10 W.)	30,—	12,—
		FDC		13,—

Nominale zur Zeit der Ausgabe: je 27 P

MiNr. 1971–1980 stammen aus MH 0-260.
Auflage: 1.600.050 Sätze

2002, 6. Febr. 50. Jahrestag der Thronbesteigung von Königin Elizabeth II. (I). RaTdr., Bogen (B) (10×5 + 10×5) und Markenheftchen (MH); X = Wz. 23 stehend, Y = Wz. 23 liegend; gez. K 14½:14¼.

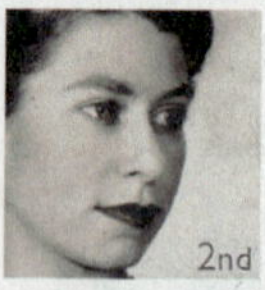

brm) 1952

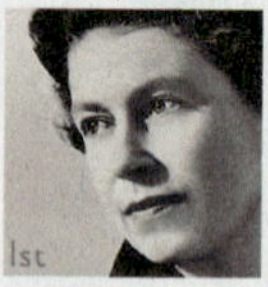

brn) 1968

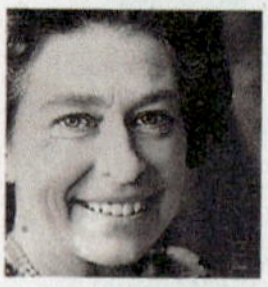

bro) 1978

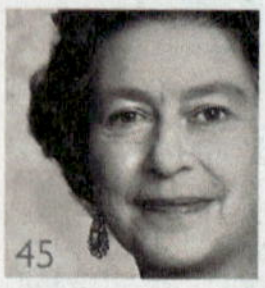

brp) 1984

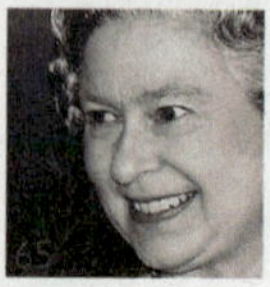

brr) 1996

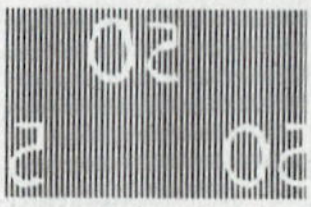

Wz. 23 Zahl „50"

brm–brr) Königin Elizabeth II. (1926–2022, reg. ab 1952), Aufnahmen aus ihrer Regierungszeit im angegebenen Jahr

X = Wz. 23 stehend (MH)

1981 X	2nd	mehrfarbig	brm	3,—	3,—
1982 X	1st	mehrfarbig	brn	3,—	2,—
1983 X	E	mehrfarbig	bro	6,—	4,—
1984 X	45 (P)	mehrfarbig	brp	3,50	3,—
1985 X	65 (P)	mehrfarbig	brr	6,50	6,—
			Satzpreis X (5 W.)	22,—	18,—

Y = Wz. 23 liegend (B)

1981 Y	2nd	mehrfarbig	brm	2,20	0,90
1982 Y	1st	mehrfarbig	brn	3,—	1,20
1983 Y	E	mehrfarbig	bro	6,—	1,70
1984 Y	45 (P)	mehrfarbig	brp	2,20	1,80
1985 Y	65 (P)	mehrfarbig	brr	2,60	2,50
			Satzpreis Y (5 W.)	16,—	8,—
			FDC Y		9,—

Nominalen zur Zeit der Ausgabe: MiNr. 1981 = 19 P, MiNr. 1982 = 27 P, MiNr. 1983 = 37 P

MiNr. 1981 X–1985 X stammen aus MH 142.

Auflagen: MiNr. 1981 X = 113.975, MiNr. 1981 Y = 11.840.200, MiNr. 1982 X = 227.950, MiNr. 1982 Y = 12.641.600, MiNr. 1983 X = 227.950, MiNr. 1983 Y = 3.891.300, MiNr. 1984 X = 227.950, MiNr. 1984 Y = 3.900.500, MiNr. 1985 X = 113.975, MiNr. 1985 Y = 3.786.000 Stück

2002, 6. Febr. Freimarken: Königin Elizabeth II., Typ Wilding; 50. Jahrestag der Thronbesteigung (II). RaTdr., Kleinbogen und Markenheftchen; Wz. 23; Sicherheitszähnung K 14¾:14¼.

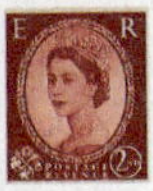
dz

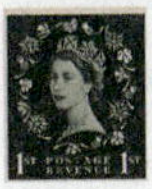
dy

dy–dz) Königin Elizabeth II. (1926–2022, reg. ab 1952)

1986	2ND	karminrot	dz	2,20	1,20
1987	1ST	dunkelgelbgrün	dy	3,—	1,60
			Satzpreis (2 W.)	5,—	2,80
			FDC (1 H-Bl.)		22,—

Nominalen zur Zeit der Ausgabe: MiNr. 1986 = 19 P, MiNr. 1987 = 27 P

MiNr. 1986 gibt es auch mit Wz. 23 um ca. 15° nach rechts gedreht.

MiNr. 1986–1987 stammen sowohl aus Zusammendruck-Kleinbogen mit MiNr. 2063–2069 (Bewertung siehe dort) als auch aus MH 142.

Auflagen: MiNr. 1986 = 1.102.665, MiNr. 1987 = 988.690 Stück

In gleichen Zeichnungen siehe Fußnote nach MiNr. 273.

2002, 5. März/23. April. Grußmarken. Odr., Bogen (B) (10×5 + 10×5) und Zd-Bogen (Zd-B); A = gez. K 14¾:14¼, C = gez. K 14¼.

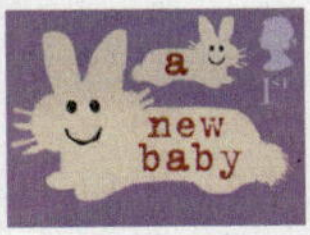

brs) Zur Geburt

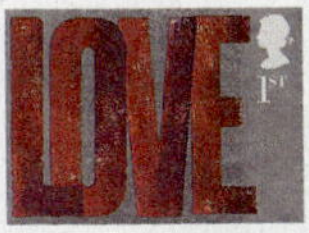

brt) Alles Liebe!

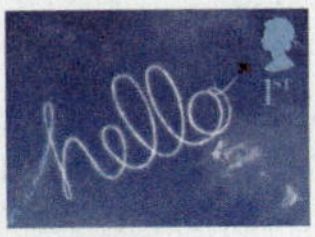

bru) Hallo!

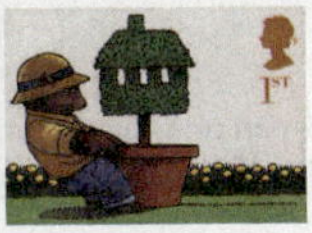

brv) Zum Umzug

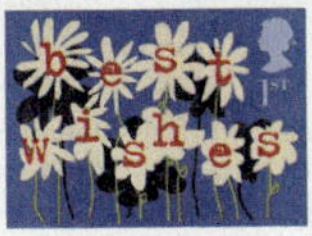

brw) Alles Gute!

A = gez. K 14¾:14¼ (B) (5. März)

1988 A	1ST	mehrfarbig	brs	3,—	1,20
1989 A	1ST	mehrfarbig	brt	3,—	1,20
1990 A	1ST	mehrfarbig	bru	3,—	1,20
1991 A	1ST	mehrfarbig	brv	3,—	1,20
1992 A	1ST	mehrfarbig	brw	3,—	1,20
			Satzpreis A (5 W.)	15,—	6,—
			FDC A		7,—

C = gez. K 14¼ (Zd-B) (23. April)

1988 C	1ST	mehrfarbig	brs	5,—	3,—
1989 C	1ST	mehrfarbig	brt	5,—	3,—
1990 C	1ST	mehrfarbig	bru	5,—	3,—
1991 C	1ST	mehrfarbig	brv	5,—	3,—
1992 C	1ST	mehrfarbig	brw	5,—	3,—
			Satzpreis C (5 W.)	25,—	15,—
			1988 C Zf–1992 C Zf	30,—	18,—

Nominale zur Zeit der Ausgabe: je 27 P

MiNr. 1988 C–1992 C wurden mit jeweils anhängendem Zierfeld senkrecht zusammenhängend im Bogen zu 4 Fünferstreifen gedruckt (Postpreis: 5.95 £). Zusätzlich wurden MiNr. 1988 C–1992 C auch jeweils im Bogen zu 4 Fünferstreifen mit individuell gestalteten Zierfeldern gedruckt (Postpreis: 12.95 £). In weiteren Auflagen wurde MiNr. 1990 C mit jeweils anhängendem Zierfeld anlässlich von Briefmarkenausstellungen zusammenhängend in Kleinbogen zu 2 bzw. Bogen zu 4 Fünferstreifen gedruckt, die Marken der Nachauflagen sind zum Teil in helleren Farben mit einem stärkeren rötlichen Farbanteil gedruckt und unterscheiden sich auch durch die veränderte Laufrichtung der Rasterung.

Auflagen: MiNr. 1988 A = 3.711.600, MiNr. 1989 A = 3.951.600, MiNr. 1990 A = 3.980.700, MiNr. 1991 A = 3.992.900, MiNr. 1992 A = 4.014.700 Stück

In gleicher Zeichnung wie MiNr. 1990: MiNr. 2091 (selbstklebend)
In ähnlichen Zeichnungen wie MiNr. 1989–1990: MiNr. 2339–2340 (kleineres Format und selbstklebend)

2002, 19. März. Küstenlandschaft. Odr. (1×5 Zd + 1×5 Zd); gez. K 14¼:14½.

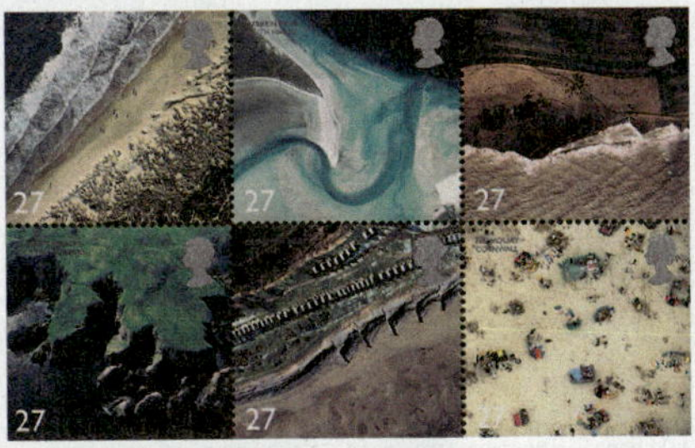

brx) Studland Bay, Dorset
bry) Luskentyre, South Harris
brz) Dover, Kent

bsc) St. Abb's Head, Schottland
bsd) Dunster Beach, Somerset
bse) Newquay, Cornwall

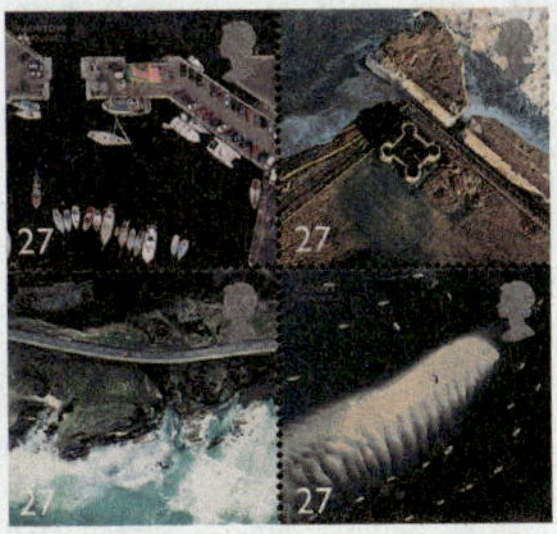

bsa) Padstow, Cornwall
bsb) Broadstairs, Kent

bsf) Portrush, Antrim
bsg) Conwy, Wales

1993	27 (P)	mehrfarbig	brx	1,50	1,—
1994	27 (P)	mehrfarbig	bry	1,50	1,—
1995	27 (P)	mehrfarbig	brz	1,50	1,—
1996	27 (P)	mehrfarbig	bsa	1,50	1,—
1997	27 (P)	mehrfarbig	bsb	1,50	1,—
1998	27 (P)	mehrfarbig	bsc	1,50	1,—
1999	27 (P)	mehrfarbig	bsd	1,50	1,—
2000	27 (P)	mehrfarbig	bse	1,50	1,—
2001	27 (P)	mehrfarbig	bsf	1,50	1,—
2002	27 (P)	mehrfarbig	bsg	1,50	1,—
			Satzpreis (10 W.)	15,—	10,—
			Zehnerblock	15,—	12,—
			FDC		13,—

			✱✱
1993 F-2002 F	Farbe Silber fehlend, Zehnerblock		4000,—

MiNr. 1993–2002 wurden in Zehnerblockanordnung zusammenhängend gedruckt.

Auflage: 1.646.300 Sätze

2002, 9. April. Zirkus; Europa: Zirkus. RaTdr. (5×10 + 5×10); gez. K 14¼:14½.

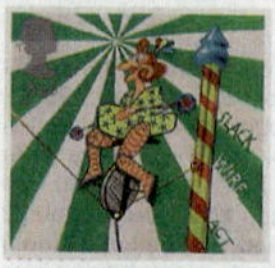
bsh) Schlappseilartistin

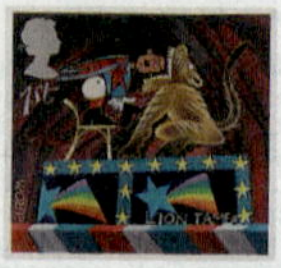
bsi) Dompteur

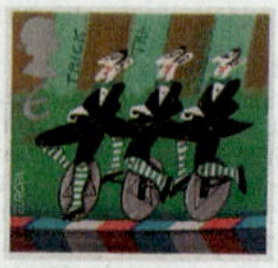
bsk) Kunstradartisten

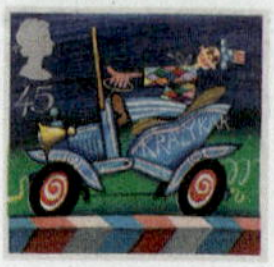
bsl) Clown im Auto

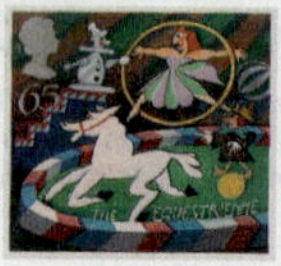
bsm) Kunstreiterin

				✱✱	⊙
2003	2nd	mehrfarbig	bsh	2,20	0,90
2004	1st	mehrfarbig	bsi	3,—	1,20
2005	E	mehrfarbig	bsk	6,—	1,80
2006	45 (P)	mehrfarbig	bsl	1,80	1,70
2007	65 (P)	mehrfarbig	bsm	3,—	2,40
			Satzpreis (5 W.)	16,—	8,—
			FDC		9,—

		✱✱
2004 U	ungezähnt (senkr. Paar)	1000,—
2005 U	ungezähnt (Paar)	1400,—

Nominalen zur Zeit der Ausgabe: MiNr. 2003 = 19 P, MiNr. 2004 = 27 P, MiNr. 2005 = 37 P

MiNr. 2004–2005 tragen die Inschrift „EUROPA".

Auflagen: MiNr. 2003 = 10.518.000, MiNr. 2004 = 11.302.100, MiNr. 2005 = 3.788.000, MiNr. 2006 = 3.799.400, MiNr. 2007 = 3.647.800 Stück

2002, 25. April. Tod von Königinmutter Elizabeth. RaTdr. (5×10 + 5×10); gez. K 14¼:14¾.

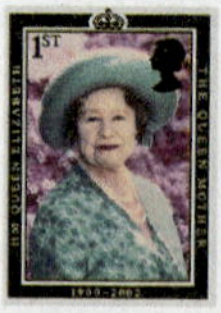
apb I) Königinmutter Elizabeth (1900–2002)

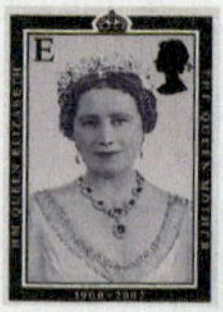
apc I) Königin Elizabeth

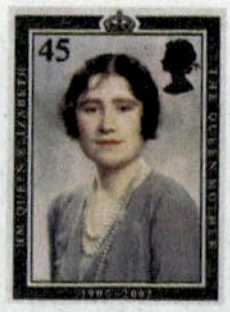
apd I) Elizabeth, Herzogin von York

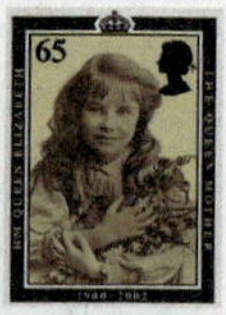
ape I) Lady Elizabeth Bowes-Lyon

				✱✱	⊙
2008	1ST	mehrfarbig	apb I	3,—	1,20
2009	E	mehrfarbig	apc I	6,—	1,70
2010	45 (P)	mehrfarbig	apd I	1,60	1,50
2011	65 (P)	mehrfarbig	ape I	2,40	2,20
			Satzpreis (4 W.)	13,—	6,50
			FDC		8,—

Nominalen zur Zeit der Ausgabe: MiNr. 2008 = 27 P, MiNr. 2009 = 37 P

Auflagen: MiNr. 2008 = 13.597.300, MiNr. 2009 = 3.723.600, MiNr. 2010 = 3.752.300, MiNr. 2011 = 3.681.300 Stück

In ähnlichen Zeichnungen: MiNr. 1275–1278

2002, 2. Mai/2009, 13. Jan. Transportwesen (II): 50 Jahre Einsatz von Düsenverkehrsflugzeugen. I = RaTdr. (10×5 + 10×5), II = Odr., Markenheftchen; gez. K 14¼.

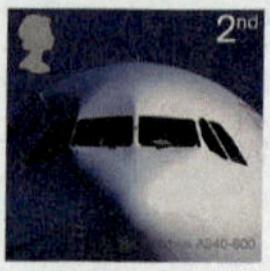
bsn) Airbus A 340-600 (2002)

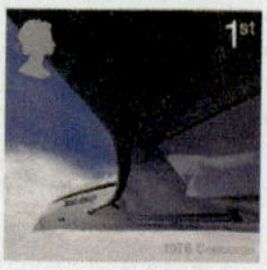
bso) British Aerospace/Aérospatiale Concorde (1976)

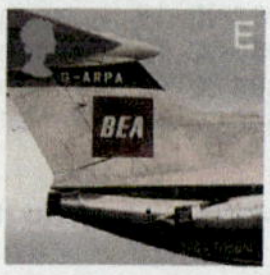
bsp) Hawker Siddeley Trident (1964)

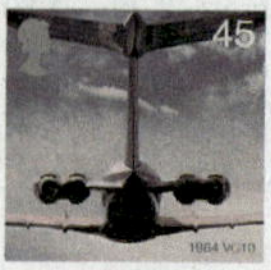
bsr) Vickers VC10 (1964)

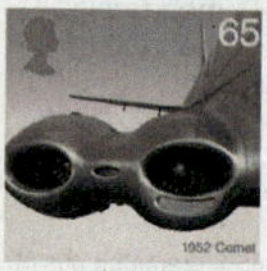
bss) De Havilland D.H. 106 Comet (1952)

2012 I	2nd	mehrfarbig (2.5.2002)	bsn	2,20	1,—
2013	1st	mehrfarbig	bso		
I		RaTdr. (2.5.2002)		3,—	1,40
II		Odr. (13.1.2009)		4,—	4,—
2014 I	E	mehrfarbig (2.5.2002)	bsp	6,—	1,80
2015 I	45 (P)	mehrfarbig (2.5.2002)	bsr	1,60	1,60
2016 I	65 (P)	mehrfarbig (2.5.2002)	bss	2,20	2,20
			Satzpreis I (5 W.)	15,—	8,—
			FDC I		9,—

Blockausgabe mit MiNr. 2012 I–2016 I

Block 13 (120×105 mm)	bst	15,—	12,—
	FDC		13,—

Nominalen zur Zeit der Ausgabe: MiNr. 2012 I = 19 P, MiNr. 2013 I = 27 P, MiNr. 2013 II = 36 P, MiNr. 2014 I = 37 P

MiNr. 2013 II stammt aus MH 158.

Auflagen: MiNr. 2012 I = 10.587.200, MiNr. 2013 I = 11.446.600, MiNr. 2014 I = 3.735.100, MiNr. 2015 I = 3.757.300, MiNr. 2016 I = 3.599.100 Stück, Bl. 13 = 607.200 Blocks

In gleicher Zeichnung wie MiNr. 2013: MiNr. 2017 (selbstklebend)

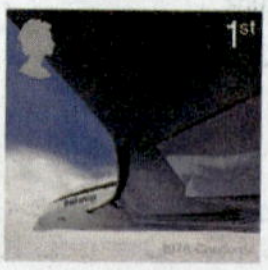

2002, 2. Mai. 50 Jahre Einsatz von Düsenverkehrsflugzeugen. RaTdr., Markenheftchen; selbstklebend; gestanzt 14¼:14½.

bso) British Aerospace/Aérospatiale Concorde (1976)

2017	1st	mehrfarbig	bso	6,—	6,—
			FDC		7,—

Nominale zur Zeit der Ausgabe: 27 P

MiNr. 2017 stammt aus MH 0-261.

Auflage: 2.000.000 Stück

In gleicher Zeichnung: MiNr. 2013 (nassklebend)

2002, 21. Mai. Fußball-Weltmeisterschaft, Japan und Südkorea. I = RaTdr. (5×10 + 5×10), II = Odr. (4×5 und 16 Zf); A = gez. K 14½:14¼, C = gez. K 14¼.

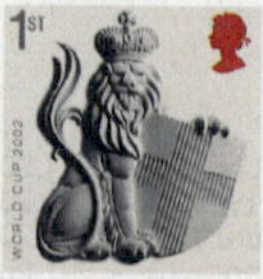
bsu) Löwe von England

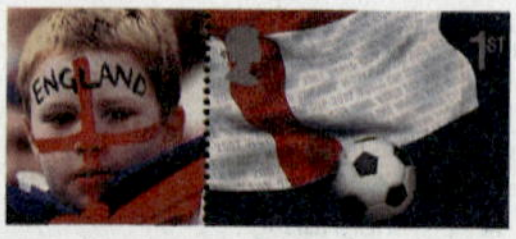
Zierfeld
bsy) Rechter unterer Teil der Flagge von England und Fußball

2018 I A 1ST mehrfarbig . . . . bsu 3,— 2,50
2022 II C 1ST mehrfarbig . . . . bsy 3,— 1,50
Satzpreis (2 W.) 6,— 4,—
2022 II C Zf 3,40 2,40
FDC (MiNr. 2018 I A) 3,—
FDC (MiNr. 2022 II C Zf) 2,50

Blockausgabe mit MiNr. 2018 I A und 2019 I D–2022 I D; I = RaTdr., D = gez. Ks 14¾:14¼

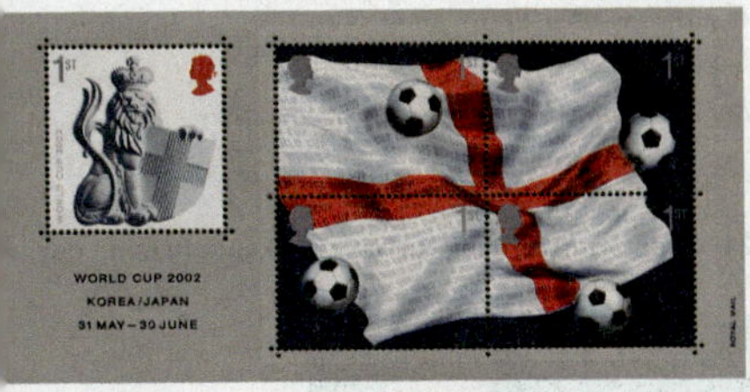

bsz

bsu bsv bsw
bsx bsy

bsu) Löwe von England

bsv–bsy) Flagge von England und Fußball

2019 I D 1ST mehrfarbig . . . . bsv 3,— 1,50
2020 I D 1ST mehrfarbig . . . . bsw 3,— 1,50
2021 I D 1ST mehrfarbig . . . . bsx 3,— 1,50
2022 I D 1ST mehrfarbig . . . . bsy 3,— 1,50
Block 14 (146×74 mm) . . . . bsz 12,— 8,—
FDC 9,—

Nominale zur Zeit der Ausgabe: je 27 P

MiNr. 2022 II C wurde im Bogen zu 20 Marken und 16 verschiedenen Zierfeldern gedruckt (Postpreis: 5.95 £). Die Zierfelder konnten auf Bestellung auch individuell gestaltet werden (Postpreis: 12.95 £).

Auflagen: MiNr. 2018 I A = 11.762.500 Stück, Bl. 14 = 1.123.980 Blocks

In gleichen Zeichnungen wie MiNr. 2019–2020: MiNr. 2023–2024 (selbstklebend)
In ähnlicher Zeichnung wie MiNr. 2018: MiNr. 2525 (ohne seitliche Inschrift)

2002, 21. Mai. Fußball-Weltmeisterschaft, Japan und Südkorea. RaTdr., Markenheftchen; selbstklebend; gestanzt 14¾:14¼.

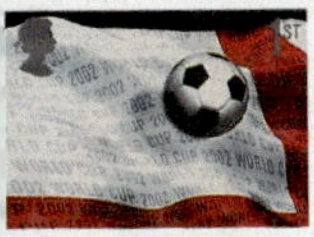 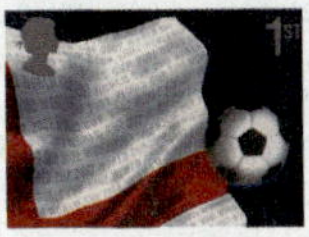

bsv) Oberer linker Teil der Flagge von England und Fußball

bsw) Oberer rechter Teil der Flagge von England und Fußball

2023 1ST mehrfarbig . . . . bsv 6,— 5,—
2024 1ST mehrfarbig . . . . bsw 6,— 5,—
Satzpreis (2 W.) 12,— 10,—
FDC 12,—

★★
2023 U ungestanzt . . . . —,—
2024 U ungestanzt . . . . —,—

Nominale zur Zeit der Ausgabe: je 27 P

MiNr. 2023–2024 stammen aus MH 0-262.

Auflage: 4.000.000 Sätze

In gleichen Zeichnungen: MiNr. 2019–2020 (nassklebend)

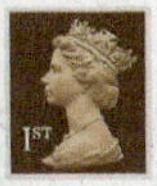

2002, 5. Juni. Freimarke, Typ Machin: 50. Jahrestag der Thronbesteigung von Königin Elizabeth II. RaTdr., Bogen (100) und Markenheftchen; selbstklebend; Sicherheitsstanzung 14¾:14¼.

ku) Königin Elizabeth II. (1926–2022, reg. ab 1952)

★★ ⊙
2025 1ST gold . . . . ku 2,— 0,80
FDC 1,50

Nominale zur Zeit der Ausgabe: 27 P

Das die Marken umgebende Papier ist im Markenheftchen und Bogen (Ausgabe ab 4.7.2002) entfernt.

MiNr. 2025 stammt auch aus MH 0-265, 0-266, 0-267, 0-271, 0-274, 0-275, 0-278, 0-279, 0-282, 0-284, 0-285, 0-302 und 0-304.

Eine Sonderprägung von MiNr. 2025 (bzw. 1691) auf Silberfolie in Markengröße stammt aus einem Souveniralbum (Commemorative Document). Sie ist nicht frankaturgültig.

[F] MiNr. 2025 Odr., aus gefälschtem MH 0-267

Gültig bis 31.1.2023, geduldet bis 31.7.2023

In gleicher Zeichnung siehe Übersicht nach Jahrgangswerttabelle.

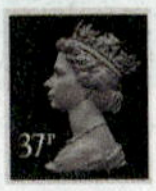

2002, 4. Juli. Freimarken: Königin Elizabeth II., Typ Machin. RaTdr., Bogen (10×20) und Markenheftchen, Sicherheitszähnung K 14¾:14¼.

ku) Königin Elizabeth II. (1926–2022, reg. ab 1952)

2026 37 P schwarz . . . . ku 1,40 1,10
2027 42 P schwarzoliv . . . . ku 1,60 1,20
2028 47 P lebhaftblaugrün . . . . ku 1,60 1,40
2029 68 P lebhaftgraubraun . . . . ku 2,40 2,—
Satzpreis (4 W.) 7,— 5,50
FDC 7,—

MiNr. 2026 stammt auch aus MH 146.
MiNr. 2027 stammt auch aus MH 147, 148.
MiNr. 2028 stammt auch aus MH 147.
MiNr. 2029 stammt auch aus MH 149.

Gültig bis 31.1.2023, geduldet bis 31.7.2023

In gleicher Zeichnung siehe Übersicht nach Jahrgangswerttabelle.

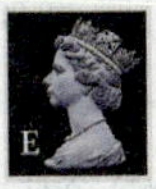

2002, 4. Juli. Freimarken: Königin Elizabeth II., Typ Machin. RaTdr., Markenheftchen (3×2), selbstklebend; Sicherheitsstanzung 14¾:14¼.

ku) Königin Elizabeth II. (1926–2022, reg. ab 1952)

2030 E schwarzblau . . . . ku 4,— 1,40
2031 42 P schwarzoliv . . . . ku 6,50 1,60
2032 68 P lebhaftgraubraun . . . . ku 7,50 2,—
Satzpreis (3 W.) 18,— 5,—
FDC 6,—

Nominale von MiNr. 2030 zur Zeit der Ausgabe: 37 P

MiNr. 2030 stammt aus MH 0-268.
MiNr. 2031 stammt aus MH 0-269.
MiNr. 2032 stammt aus MH 0-270.

Gültig bis 31.1.2023, geduldet bis 31.7.2023

In gleicher Zeichnung siehe Übersicht nach Jahrgangswerttabelle.

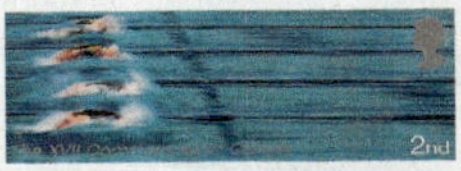

2002, 16. Juli. 17. Commonwealth-Spiele, Manchester. RaTdr. (5×10 + 5×10); gez. K 14¾:14¼.

bta) Schwimmen

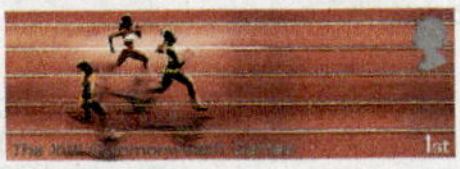

btb) Laufen

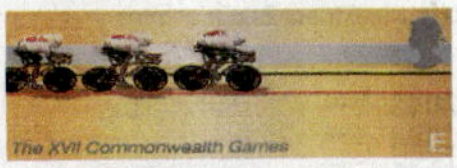

btc) Radfahren

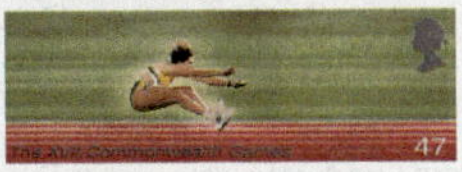

btd) Weitsprung

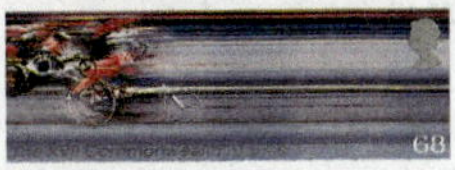

bte) Rollstuhlrennen

2033 2nd mehrfarbig . . . . bta 2,20 0,90
2034 1st mehrfarbig . . . . btb 3,— 1,20
2035 E mehrfarbig . . . . btc 6,— 1,70

2036 47 (P) mehrfarbig .... btd 1,80 1,50
2037 68 (P) mehrfarbig .... bte 3,— 2,20
Satzpreis (5 W.) 16,— 7,50
FDC 8,50

Nominalen zur Zeit der Ausgabe: MiNr. 2033 = 19 P, MiNr. 2034 = 27 P, MiNr. 2035 = 37 P

Auflagen: MiNr. 2033 = 9.916.500, MiNr. 2034 = 11.796.800, MiNr. 2035 = 3.637.200, MiNr. 2036 = 3.539.100, MiNr. 2037 = 3.449.800 Stück

2002, 20. Aug. Märchenspiel Peter Pan. RaTdr. (10×5 + 10×5); gez. K 14¾:14¼.

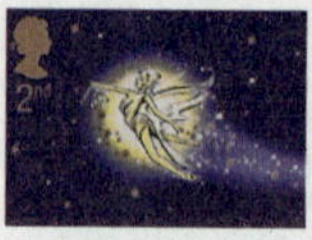
btf) Tinkerbell

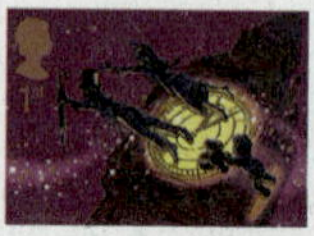
btg) Die Darling-Kinder Wendy, John und Michael

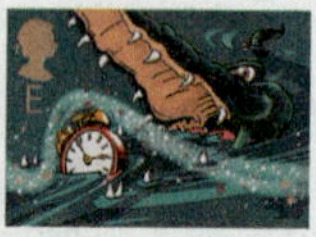
bth) Das Krokodil

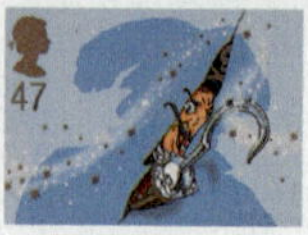
bti) Kapitän Hook

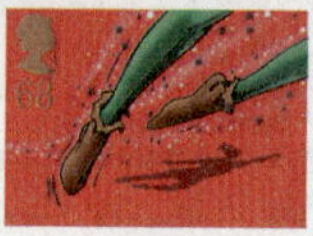
btk) Peter Pan

btf–btk) Figuren aus Peter Pan; Märchenspiel von James Barrie (1860–1937)

2038 2nd mehrfarbig .... btf 2,20 0,90
2039 1st mehrfarbig .... btg 3,— 1,20
2040 E mehrfarbig .... bth 6,— 1,70
2041 47 (P) mehrfarbig .... bti 1,80 1,50
2042 68 (P) mehrfarbig .... btk 3,— 2,20
Satzpreis (5 W.) 16,— 7,50
FDC 8,50

Nominalen zur Zeit der Ausgabe: MiNr. 2038 = 19 P, MiNr. 2039 = 27 P, MiNr. 2040 = 37 P

Auflagen: MiNr. 2038 = 9.464.900, MiNr. 2039 = 11.424.400, MiNr. 2040 = 3.579.900, MiNr. 2041 = 3.478.500, MiNr. 2042 = 3.419.800 Stück

2002, 10. Sept. Themsebrücken in London. Odr. (10×5 + 10×5); gez. K 14¾:14¼.

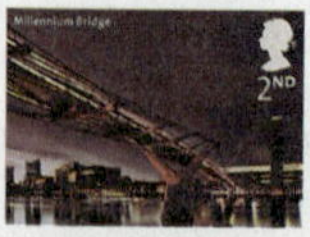
btl) Millennium Bridge

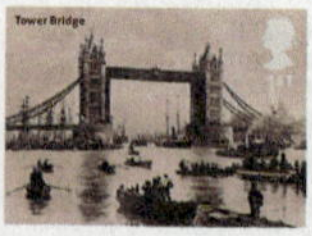
btm) Tower Bridge

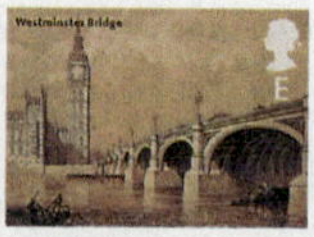
btn) Westminster Bridge

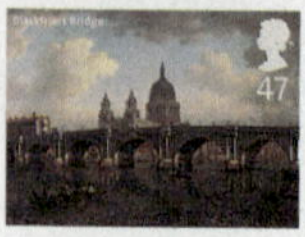
bto) Blackfriars Bridge

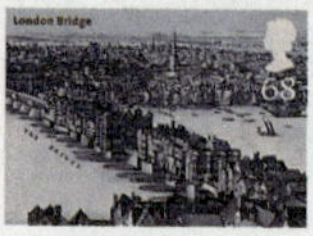
btp) London Bridge

2043 2ND mehrfarbig .... btl 2,20 0,90
2044 1ST mehrfarbig .... btm 3,— 1,20
2045 E mehrfarbig .... btn 6,— 1,70
2046 47 (P) mehrfarbig .... bto 1,80 1,50
2047 68 (P) mehrfarbig .... btp 3,— 2,20
Satzpreis (5 W.) 16,— 7,50
FDC 8,—

Nominalen zur Zeit der Ausgabe: MiNr. 2043 = 19 P, MiNr. 2044 = 27 P, MiNr. 2045 = 37 P

Auflagen: MiNr. 2043 = 9.292.500, MiNr. 2044 = 11.265.200, MiNr. 2045 = 3.455.700, MiNr. 2046 = 3.336.000, MiNr. 2047 = 3.297.400 Stück

In gleicher Zeichnung wie MiNr. 2044: MiNr. 2048 (selbstklebend)

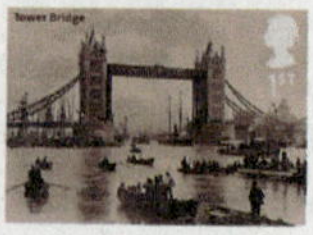

2002, 10. Sept. Themsebrücken in London. RaTdr., Markenheftchen; selbstklebend; gestanzt 14¾:14¼.

btm) Tower Bridge

2048 1ST mehrfarbig .... btm 5,— 5,–
FDC 6,–

Nominale zur Zeit der Ausgabe: 27 P

MiNr. 2048 stammt aus MH 0-271.

Auflage: 6.000.000 Stück

In gleicher Zeichnung: MiNr. 2044 (nassklebend)

2002, 24. Sept. Astronomie. RaTdr., Markenheftchen; gez. K 14¾:14¼.

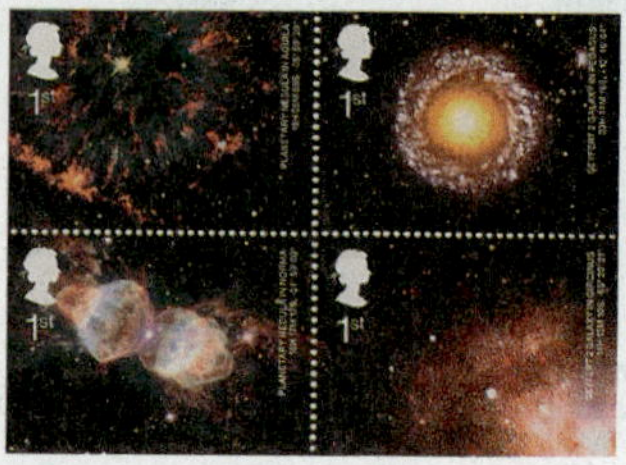

btr) Planetarischer Nebel im Sternbild Adler
bts) Seyfert-Galaxie im Sternbild Pegasus
btt) Planetarischer Nebel im Sternbild Lineal
btu) Seyfert-Galaxie im Sternbild Zirkel

2049 1st mehrfarbig .... btr 3,— 1,20
2050 1st mehrfarbig .... bts 3,— 1,20
2051 1st mehrfarbig .... btt 3,— 1,20
2052 1st mehrfarbig .... btu 3,— 1,20
Satzpreis (4 W.) 12,— 4,80
FDC 6,–

Blockausgabe mit MiNr. 2049–2052

Block 15 (120×90 mm) .... btv 12,— 6,–
FDC 7,–

Nominale zur Zeit der Ausgabe: je 27 P

MiNr. 2049–2052 stammen aus Bl. 15 und MH 143.

Blockähnliche Zusammendrucke mit linksseitigem Durchstich und höherem Forma sind herausgetrennte Heftchenblätter.

Auflagen: MiNr. 2049–2052 = 102.060 Sätze, Bl. 15 = 1.176.800 Blocks

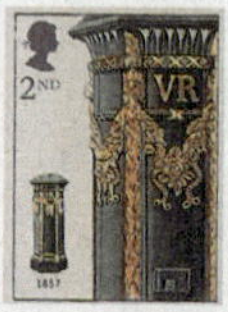

2002, 8. Okt. 150 Jahre Briefkästen in Großbritannien. Komb. StTdr. und Odr. (5×10 + 5×10); gez. K 14¼.

btw) 1857

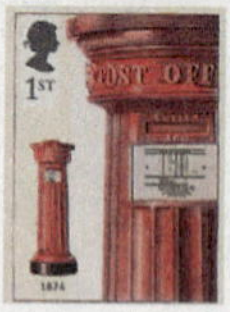
btx) 1874

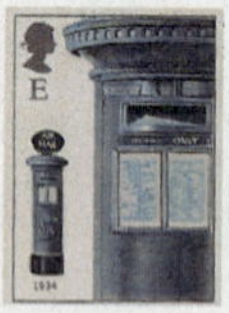
bty) 1934

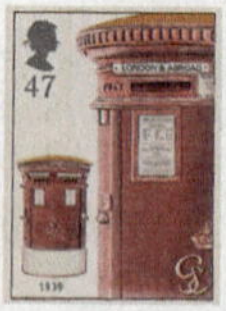
btz) 1939

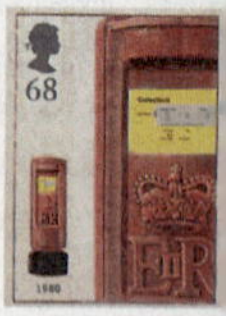
bua) 1980

btw–bua) Briefkästen aus dem jeweils angegebenen Jahr

2053 2ND mehrfarbig .... btw 2,20 0,80
2054 1ST mehrfarbig .... btx 3,— 1,10
2055 E mehrfarbig .... bty 6,— 1,60
2056 47 (P) mehrfarbig .... btz 1,80 1,60

2057	68 (P)	mehrfarbig	bua	3,—	2,40
		Satzpreis (5 W.)		16,—	7,50
		FDC			8,50

		★★
2054 U	ungezähnt (Paar)	*1200,—*
2055 U	ungezähnt (Paar)	*1200,—*

Nominalen zur Zeit der Ausgabe: MiNr. 2053 = 19 P, MiNr. 2054 = 27 P, MiNr. 2055 = 37 P

Auflagen: MiNr. 2053 = 9.988.500, MiNr. 2054 = 11.287.000, MiNr. 2055 = 3.499.100, MiNr. 2056 = 3.363.000, MiNr. 2057 = 3.361.700 Stück

Ungezähnte Abarten

Abarten als ungezähnte Einzelmarken werten etwa ein Drittel der Notierung eines Paares.

2002, 5. Nov. Weihnachten. RaTdr., Bogen (B) (5×5 + 5×5) und Markenheftchen (MH) MiNr. 2058 (3×8), MiNr. 2059 (3×4); selbstklebend; gestanzt 14½:14¼.

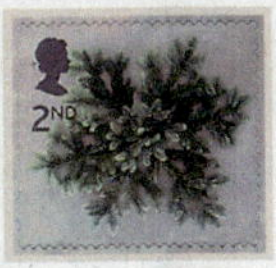

bub) Fichtenzweige

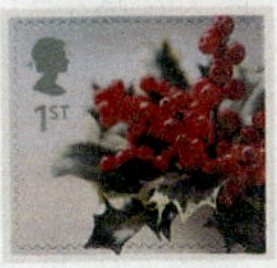

buc) Stechpalmenzweig

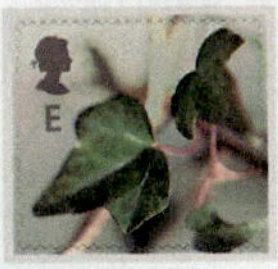

bud) Efeublätter

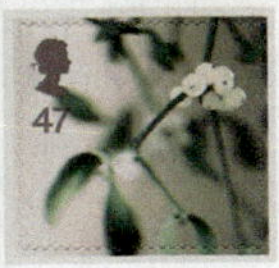

bue) Mistelzweig

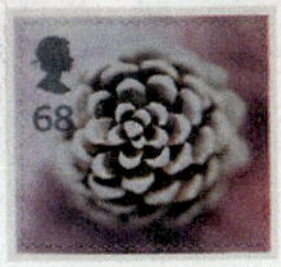

buf) Kiefernzapfen

				★★	⊙
2058	2ND	mehrfarbig (B) (MH)	bub	2,20	0,80
2059	1ST	mehrfarbig (B) (MH)	buc	3,—	1,10
2060	E	mehrfarbig (B)	bud	6,—	1,60
2061	47 (P)	mehrfarbig (B)	bue	1,80	1,60
2062	68 (P)	mehrfarbig (B)	buf	3,—	2,40
		Satzpreis (5 W.)		16,—	7,50
		FDC			8,50

		★★
2058 U	ungestanzt (B)	35,—
2059 U	ungestanzt (B)	90,—

Nominalen zur Zeit der Ausgabe: MiNr. 2058 = 19 P, MiNr. 2059 = 27 P, MiNr. 2060 = 37 P

MiNr. 2058 stammt auch aus MH 0-273, MiNr. 2059 auch aus MH 0-272.

Auflagen: MiNr. 2058 = 404.472.550, MiNr. 2059 = 162.469.050, davon jeweils 81.142.200 im Markenheftchen, MiNr. 2060 = 13.417.700, MiNr. 2061 = 11.411.250, MiNr. 2062 = 13.847.600 Stück

2002, 5. Dez. Freimarken: Königin Elizabeth II., Typ Wilding; 50. Jahrestag der Thronbesteigung (III). RaTdr., Kleinbogen (Klb.) (5×2) und Markenheftchen (MH); Wz. 23; Sicherheitszähnung K 14¾:14¼.

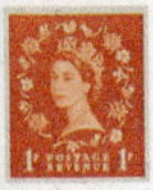

dy

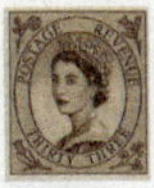

eb

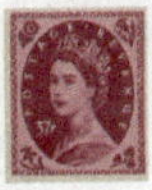

ec

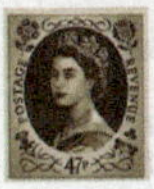

ed

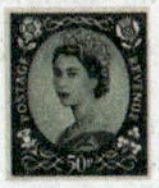

ee

dy, eb–ee) Königin Elizabeth II. (1926–2022, reg. ab 1952)

				★★	⊙
2063	1 P	rotorange (Klb.)	dy	0,40	0,40
2064	2 P	lebhaftviolettultramarin (Klb.)	dy	0,40	0,40
2065	5 P	rotbraun (Klb.)	dy	0,40	0,40
2066	33 (P)	siena (Klb.)	eb	1,20	1,20
2067	37 P	magentarot (Klb.)	ec	1,40	1,40
2068	47 P	olivbraun (Klb.) (MH)	ed	1,60	1,60
2069	50 P	dunkelgrün (Klb.)	ee	1,80	1,80
		Satzpreis (7 W.)		7,—	7,—
		Kleinbogen		15,—	15,—
		FDC			16,—

MiNr. 2063–2069 wurden mit MiNr. 1986–1987 und 1 Zierfeld (Feld 3) zusammenhängend im Kleinbogen gedruckt. MiNr. 2068 stammt auch aus MH 145.

Auflage: 532.790 Kleinbogen

In gleichen Zeichnungen siehe Fußnote nach MiNr. 273.

2003, 14. Jan. Schleiereule und Turmfalke. Odr. (1×3 Zd + 1×3 Zd); gez. K 14¼:14½.

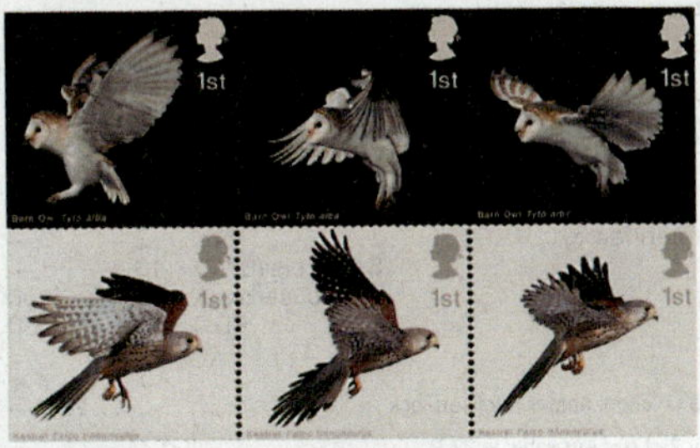

bug, buh, bui
bum, bun, buo

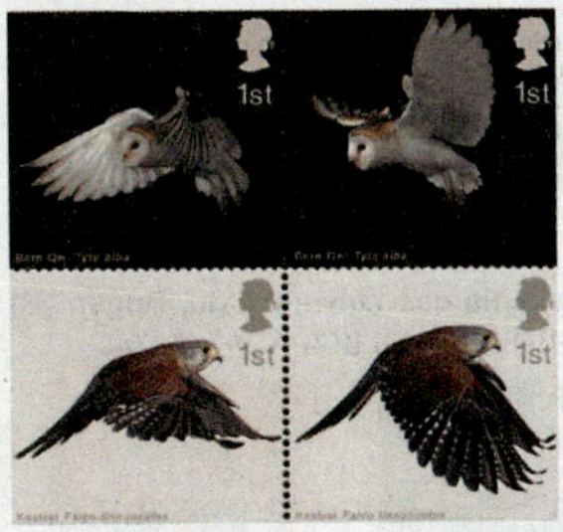

buk, bul
bup, bur

bug–bul) Schleiereule (Tyto alba)
bum–bur) Turmfalke (Falco tinnunculus)

2070	1st	mehrfarbig	bug	3,—	1,—
2071	1st	mehrfarbig	buh	3,—	1,—
2072	1st	mehrfarbig	bui	3,—	1,—
2073	1st	mehrfarbig	buk	3,—	1,—
2074	1st	mehrfarbig	bul	3,—	1,—
2075	1st	mehrfarbig	bum	3,—	1,—
2076	1st	mehrfarbig	bun	3,—	1,—
2077	1st	mehrfarbig	buo	3,—	1,—
2078	1st	mehrfarbig	bup	3,—	1,—
2079	1st	mehrfarbig	bur	3,—	1,—
		Satzpreis (10 W.)		30,—	10,—
		Zehnerblock		30,—	12,—
		FDC			13,—

		★★
2070 F–2079 F	Farbe Grau (und Ph.-Streifen) fehlend, Zehnerblock	*2000,—*

Nominale zur Zeit der Ausgabe: je 27 P

MiNr. 2070–2079 wurden in Zehnerblockanordnung zusammenhängend gedruckt. Der Phosphoraufdruck bedeckt nur die Vogelabbildungen.

2003, 4. Febr. Grußmarken: Kurzmitteilungen. Odr. (1×3 Zd + 1×3 Zd); gez. K 14¼.

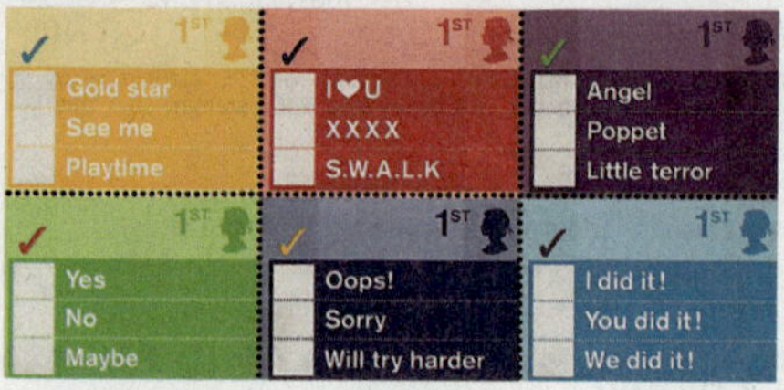

bus–bux) Abzuhakende Kurzmitteilungen

			★★	⊙
2080	1ST mehrfarbig	bus	3,—	1,—
2081	1ST mehrfarbig	but	3,—	1,—
2082	1ST mehrfarbig	buu	3,—	1,—
2083	1ST mehrfarbig	buv	3,—	1,—
2084	1ST mehrfarbig	buw	3,—	1,—
2085	1ST mehrfarbig	bux	3,—	1,—
		Satzpreis (6 W.)	18,—	6,—
		Sechserblock	18,—	7,50
		FDC		8,50

	★★
2080 U-2085 U ungezähnter Sechserblock	*2500,—*

Nominale zur Zeit der Ausgabe: je 27 P

Die weißen Kästchen dürfen laut postamtlicher Verfügung vor der Verwendung der Marken abgehakt werden.

MiNr. 2080–2085 wurden in Sechserblockanordnung zusammenhängend gedruckt. Sie wurden auch mit jeweils anhängendem Zierfeld zusammenhängend im Bogen zu 20 Marken (4 × MiNr. 2081 und 2083 sowie 3 × MiNr. 2080, 2082, 2084 und 2085) gedruckt (Postpreis: 5.95 £). Die Zierfelder konnten auf Bestellung auch individuell gestaltet werden (Postpreis: 14.95 £).

2003, 25. Febr. DNA – Geheimnis des Lebens. Odr., Bogen (B) (5×5 + 5×5) und Markenheftchen (MH); gez. K 14¼:14½.

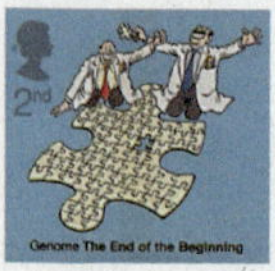

buy) Das letzte Puzzleteil

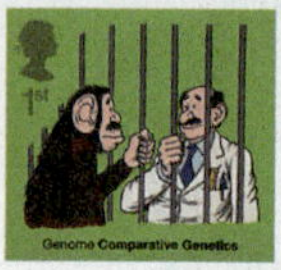

buz) Vergleichende Genetik

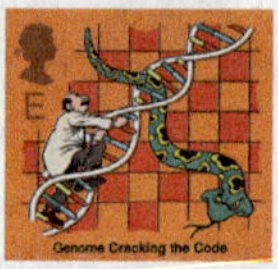

bva) Entschlüsselung des DNA-Codes

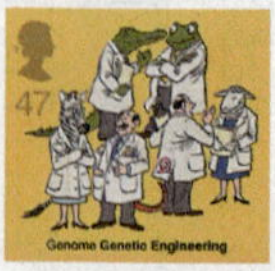

bvb) Gentechnologie

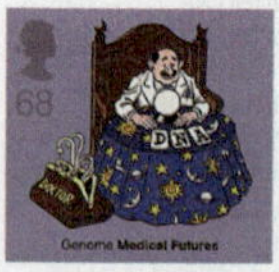

bvc) Zukünftige medizinische Anwendung

buy–bvc) Karikaturen von Peter Brookes (*1943), Cartoonist

				★★	⊙
2086	2nd	mehrfarbig (B) (MH)	buy	2,20	1,—
2087	1st	mehrfarbig (B) (MH)	buz	3,—	1,20
2088	E	mehrfarbig (B) (MH)	bva	6,—	1,80
2089	47 (P)	mehrfarbig (B)	bvb	1,80	1,60
2090	68 (P)	mehrfarbig (B)	bvc	3,—	2,40
			Satzpreis (5 W.)	16,—	8,—
			FDC		9,—

Nominalen zur Zeit der Ausgabe: MiNr. 2086 = 19 P, MiNr. 2087 = 27 P, MiNr. 2088 = 37 P

MiNr. 2086–2088 stammen auch aus MH 144.

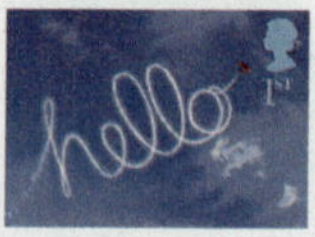

2003, 4. März. Grußmarke. Odr., Markenheftchen; selbstklebend; gestanzt 14¾:14¼.

bru) Hallo!

2091	1ST mehrfarbig	bru	5,—	5,—
		FDC		6,—

Nominale zur Zeit der Ausgabe: 27 P

MiNr. 2091 stammt aus MH 0-274.

In gleicher Zeichnung: MiNr. 1990 (nassklebend)
In ähnlicher Zeichnung: MiNr. 2339 (kleineres Format)

2003, 25. März/2006, 7. März. Spaß mit Obst und Gemüse. I = RaTdr., Folienblatt (5×2); II = Odr., Folienbogen (4×5 Zd), selbstklebend; wellenförmige Stanzung 14½:14¼, oben und unten zum Teil an Konturen gestanzt.

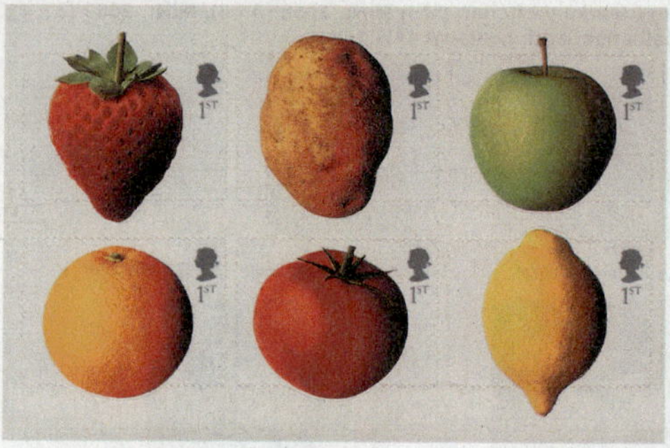

bvd) Erdbeere
bve) Kartoffel
bvf) Apfel

bvi) Orange
bvk) Tomate
bvl) Zitrone

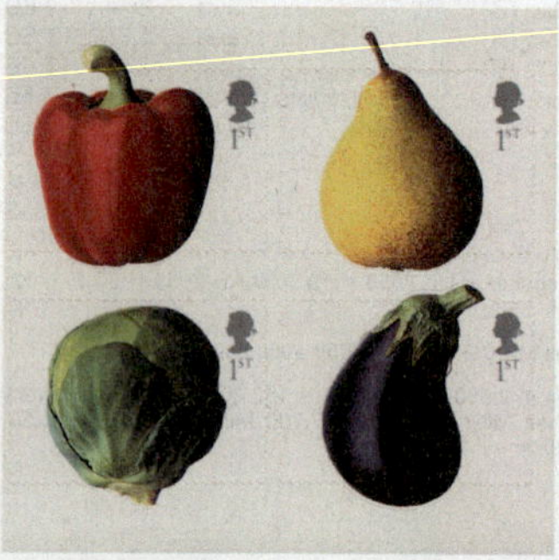

bvg) Paprika
bvh) Birne

bvm) Rosenkohl
bvn) Aubergine

I = RaTdr. (25.3.2003)

2092	I	1ST mehrfarbig	bvd	3,—	1,—
2093	I	1ST mehrfarbig	bve	3,—	1,—
2094	I	1ST mehrfarbig	bvf	3,—	1,—
2095	I	1ST mehrfarbig	bvg	3,—	1,—
2096	I	1ST mehrfarbig	bvh	3,—	1,—
2097	I	1ST mehrfarbig	bvi	3,—	1,—
2098	I	1ST mehrfarbig	bvk	3,—	1,—
2099	I	1ST mehrfarbig	bvl	3,—	1,—
2100	I	1ST mehrfarbig	bvm	3,—	1,—
2101	I	1ST mehrfarbig	bvn	3,—	1,—
			Satzpreis I (10 W.)	30,—	10,—
			FDC I		12,—
			Folienblatt	30,—	

II = Odr. (7.3.2006)

2092 II	1ST mehrfarbig	bvd	3,—	1,—
2093 II	1ST mehrfarbig	bve	3,—	1,—
2094 II	1ST mehrfarbig	bvf	3,—	1,—
2095 II	1ST mehrfarbig	bvg	3,—	1,—
2096 II	1ST mehrfarbig	bvh	3,—	1,—
2097 II	1ST mehrfarbig	bvi	3,—	1,—
2098 II	1ST mehrfarbig	bvk	3,—	1,—
2099 II	1ST mehrfarbig	bvl	3,—	1,—
2100 II	1ST mehrfarbig	bvm	3,—	1,—
2101 II	1ST mehrfarbig	bvn	3,—	1,—
	Satzpreis II (10 W.)		30,—	10,—
	2092 II Zf–2101 II Zf		32,—	12,—

		★★
2092 I U-2101 I U	ungestanzt, Folienblatt	*2000,—*

Nominale zur Zeit der Ausgabe: MiNr. 2092 I–2101 I = 27 P, MiNr. 2092 II–2101 II = 30 P

MiNr. 2092 I–2101 I wurden zusammen auf einem Folienblatt gedruckt, zusätzlich 76 Selbstklebeetiketten auf der unteren Blatthälfte, mit denen die Marken beklebt werden können. Der Kopf der Königin soll dabei nicht überklebt werden.

MiNr. 2092 II–2101 II stammen aus Folienbogen zu je 2 Marken und 2×10 verschiedenen Zierfeldern, die jeweils durch 4 schmale Verbindungsstege mit der Marke verbunden sind; zusätzlich befinden sich 93 Selbstklebeetiketten auf dem Bogenrand (Postpreis: 6.55 £).

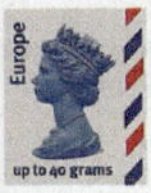

2003, 27. März. Freimarken: Königin Elizabeth II., Typ Machin. RaTdr., Markenheftchen (2×2); selbstklebend; Sicherheitsstanzung 14¾:14¼.

bvo) Königin Elizabeth II. (1926–2022, reg. ab 1952)

			★★	⊙
2102	— Europe up to 40 grams, blau/rot	bvo	5,50	1,60
2103	— Worldwide up to 40 grams, mehrfarbig	bvo	6,50	2,40
	Satzpreis (2 W.)		12,—	4,—
	FDC			6,—

Nominalen zur Zeit der Ausgabe: MiNr. 2102 = 52 P, MiNr. 2103 = 1.12 £

MiNr. 2102 stammt aus MH 0-276.
MiNr. 2103 stammt aus MH 0-277.

Vorerst weiterhin gültig

Weitere Werte in ähnlichen Zeichnungen siehe Übersicht nach Jahrgangswerttabelle.

Britische Nominalkodierungen:

Europe up to 40 grams = Luftpost, Europa, bis 40 g; ab 31.3.2014 bis 60 g; ab 30.3.2015 bis 100 g

ab 4.7.2002: 52 P; ab 8.5.2003: 53 P; ab 1.4.2004: 57 P; ab 7.4.2005: 60 P; ab 3.4.2006: 64 P; ab 2.4.2007: 69 P; ab 7.4.2008: 72 P; ab 6.4.2009: 81 P; ab 6.4.2010: 88 P; ab 4.4.2011: 1.00 £; ab 30.4.2012: 1.28 £; ab 31.3.2014: 1.47 £; ab 30.3.2015: 1.52 £; ab 27.3.2017: 1.57 £; ab 26.3.2018: 1.55 £; ab 25.3.2019: 1.60 £; ab 23.3.2020: 1.68 £; ab 1.9.2020: 1.70 £; ab 4.4.2022: 1.85 £; ab 3.4.2023: 2.20 £; ab 2.4.2024: 2.50 £; ab 7.10.2024: 2.80 £; ab 7.4.2025: 3.20 £

Worldwide up to 40 grams = Luftpost, Übersee, bis 40 g; ab 31.3.2014 bis 60 g; ab 30.3.2015 bis 100 g

ab 4.7.2002: 1.12 £; ab 3.4.2006: 1.19 £; ab 2.4.2007: 1.24 £; ab 7.4.2008: 1.22 £; ab 6.4.2009: 1.35 £; ab 6.4.2010: 1.46 £; ab 4.4.2011: 1.65 £; ab 30.4.2012: 1.90 £; ab 2.4.2013: 1.88 £; ab 31.3.2014: 2.15 £; ab 30.3.2015: 2.25 £; ab 27.3.2017: 2.27 £; ab 26.3.2018: 2.25 £; ab 25.3.2019: 2.30 £; ab 23.3.2020: 2.42 £; ab 1.9.2020: 2.50 £; ab 1.1.2021: 2.55 £; ab 3.4.2023: 2.20 £; ab 2.4.2024: 2.50 £; ab 7.10.2024: 2.80 £; ab 7.4.2025: 3.20 £

2003, 29. April. Extremleistungen im 20. Jahrhundert. RaTdr. (5×5 + 5×5); gez. K 14¾:14½.

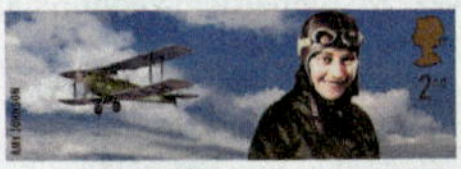

bvp) Amy Johnson (1903–1941), Pilotin; Alleinflug Großbritannien-Australien (1929); De Havilland D.H. 60 G Gipsy Moth

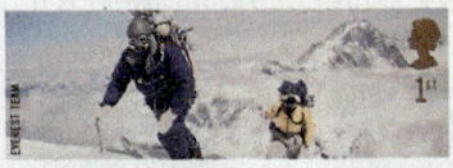

bvr) Edmund Hillary (1919–2008), neuseeländischer Alpinist und Forscher, und Tenzing Norgay (1914–1986), nepalesischer Bergführer; Erstbesteigung des Mount Everest (1953)

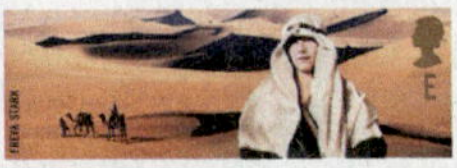

bvs) Freya Stark (1893–1993), Schriftstellerin und Forschungsreisende im Nahen Osten

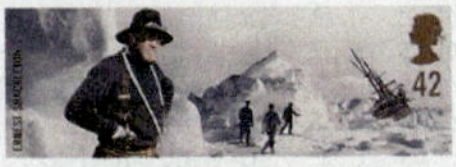

bvt) Ernest Shackleton (1874–1922), Südpolarforscher; Forschungsschiff „Endurance"

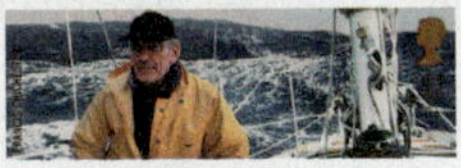

bvu) Francis Chichester (1901–1972), Einhandsegler; Weltumseglung (1966/67); Segeljacht „Gipsy Moth IV"

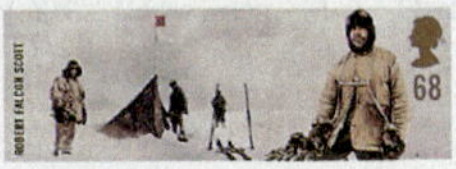

bvv) Robert Falcon Scott (1868–1912), Polarforscher; Erreichen des Südpols (1912)

2104	2nd	mehrfarbig	bvp	2,20	0,90
2105	1st	mehrfarbig	bvr	3,—	1,20
2106	E	mehrfarbig	bvs	6,—	1,80
2107	42 (P)	mehrfarbig	bvt	1,50	1,40
2108	47 (P)	mehrfarbig	bvu	1,60	1,50
2109	68 (P)	mehrfarbig	bvv	2,80	2,20
		Satzpreis (6 W.)		17,—	9,—
		FDC			10,—

Nominalen zur Zeit der Ausgabe: MiNr. 2104 = 19 P, MiNr. 2105 = 27 P, MiNr. 2106 = 37 P

In gleicher Zeichnung wie MiNr. 2105: MiNr. 2110 (selbstklebend)

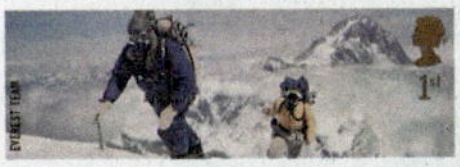

2003, 29. April. Extremleistungen im 20. Jahrhundert. RaTdr., Markenheftchen; selbstklebend; gestanzt 14¾:14¼.

bvr) Edmund Hillary (1919–2008), neuseeländischer Alpinist und Forscher, und Tenzing Norgay (1914–1986), nepalesischer Bergführer; Erstbesteigung des Mount Everest (1953)

2110	1st mehrfarbig	bvr	5,—	5,—
	FDC			6,—

Nominale zur Zeit der Ausgabe: 27 P

MiNr. 2110 stammt aus MH 0-275.

In gleicher Zeichnung: MiNr. 2105 (nassklebend)

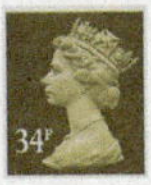

2003, 6. Mai. Freimarke: Königin Elizabeth II., Typ Machin. RaTdr. (10×20); Sicherheitszähnung K 14¾:14¼.

ku) Königin Elizabeth II. (1926–2022, reg. ab 1952)

2111	34 P gelboliv	ku	4,50	2,50
	FDC			3,50

Gültig bis 31.1.2023, geduldet bis 31.7.2023

In gleicher Zeichnung siehe Übersichtstabelle nach Jahrgangswerttabelle.

2003, 20. Mai. Freimarken: Königin Elizabeth II., Typ Wilding; 50. Jahrestag der Thronbesteigung (IV). RaTdr., Kleinbogen (Klb.) (5×2) und Markenheftchen (MH); Wz. 23; Sicherheitszähnung K 14¾:14¼.

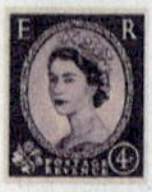
dz
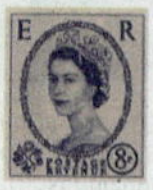
ea
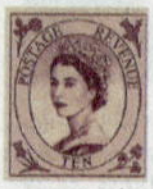
eb
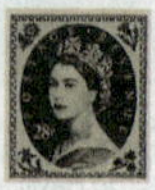
ec

dz–ec) Königin Elizabeth II. (1926–2022, reg. ab 1952)

2112	4 P	violett (Klb.)	dz	0,50	0,50
2113	8 P	dunkelultramarin (Klb.)	ea	0,50	0,50
2114	10 (P)	dunkelrötlichlila (Klb.)	eb	0,50	0,50
2115	20 (P)	gelblichgrün (Klb.)	eb	1,—	1,—
2116	28 P	schwarzoliv (Klb.)	ec	1,20	1,20
2117	34 P	karminbraun (Klb.)	ec	1,50	1,50
2118	E	orangebraun (Klb.)	ea	5,50	3,80
2119	42 P	dunkelgrünlichblau (Klb.)	ec	1,80	1,80
2120	68 P	schwarzblau (Klb.) (MH)	ee	2,50	2,40
		Satzpreis (9 W.)		15,—	13,—
		Kleinbogen		15,—	13,—
		FDC			13,—

Nominale von MiNr. 2118 zur Zeit der Ausgabe: 38 P

MiNr. 2112–2120 wurden mit 1 Zierfeld (Feld 3) zusammenhängend im Kleinbogen gedruckt. MiNr. 2120 stammt auch aus MH 145.

In gleichen Zeichnungen siehe Fußnote nach MiNr. 273.

2003, 2. Juni. 50. Jahrestag der Krönung von Königin Elizabeth II. (I). RaTdr., Bogen (B) (1×3 Zd + 1×3 Zd) und Markenheftchen (MH); Wz. 23; gez. K 14½:14¼.

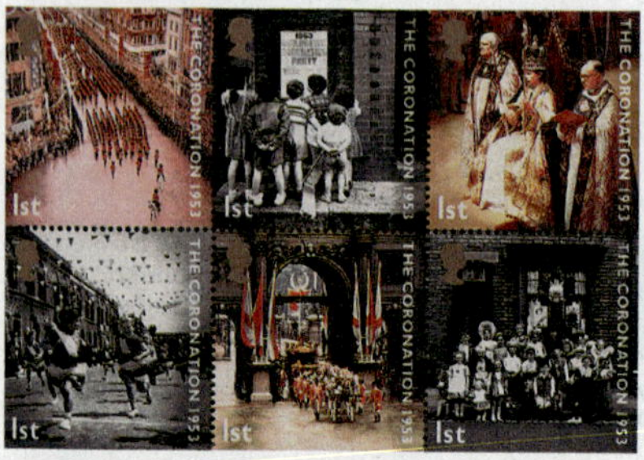

bvw) Aufzug der Ehrengarde
bvx) Kinder vor Plakat zu Krönungsfeierlichkeiten
bvy) Krönung in Westminster Abbey

bwb) Kinder bei Straßenspielen
bwc) Goldene Krönungskutsche passiert Marble Arch
bwd) Verkleidete Kinder bei Krönungsfeier

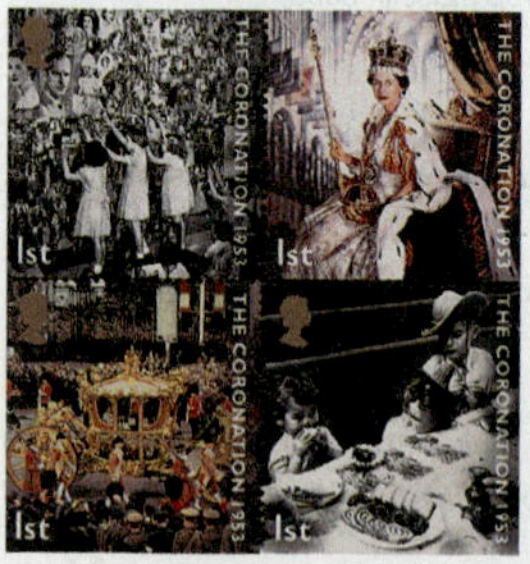

bvz) Schulkinder schmücken Wand mit Bildern der königlichen Familie
bwa) Offizielles Krönungsporträt; Gemälde von Cecil Beaton

bwe) Einfahrt der goldenen Krönungskutsche in den Buckinghampalast
bwf) Kinder bei einer Straßenfeier

2121	1st	mehrfarbig (B) (MH)	bvw	3,—	1,—
2122	1st	schwarz/gold (B) (MH)	bvx	3,—	1,—
2123	1st	mehrfarbig (B) (MH)	bvy	3,—	1,—
2124	1st	schwarz/gold (B)	bvz	3,—	1,—
2125	1st	mehrfarbig (B) (MH)	bwa	3,—	1,—
2126	1st	schwarz/gold (B) (MH)	bwb	3,—	1,—
2127	1st	mehrfarbig (B) (MH)	bwc	3,—	1,—
2128	1st	schwarz/gold (B) (MH)	bwd	3,—	1,—
2129	1st	mehrfarbig (B)	bwe	3,—	1,—
2130	1st	schwarz/gold (B) (MH)	bwf	3,—	1,—
		Satzpreis (10 W.)		30,—	10,—
		Zehnerblock		30,—	12,—
		FDC			13,—

Nominale zur Zeit der Ausgabe: je 27 P

MiNr. 2121–2130 wurden in Zehnerblockanordnung zusammenhängend gedruckt.

MiNr. 2121–2123, 2125–2128 und 2130 stammen auch aus MH 145.

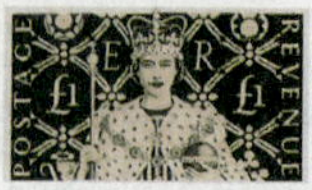

2003, 2. Juni. 50. Jahrestag der Krönung von Königin Elizabeth II. (II). RaTdr., Markenheftchen; Wz. 23; gez. K 14¾:14¼.

eh) Königin Elizabeth II. im Krönungsornat (1953)

2131	1 £	dunkeloliv	eh	*65,—*	*65,—*
		FDC			*70,—*

MiNr. 2131 stammt aus MH 145.

In gleicher Zeichnung in £-Sh-P-Währung: MiNr. 276, in Dezimalwährung ohne Wz.: MiNr. 1871

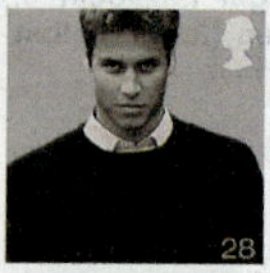
bwg

2003, 17. Juni. 21. Geburtstag von Prinz William. RaTdr. (5×5 + 5×5); gez. K 14½.

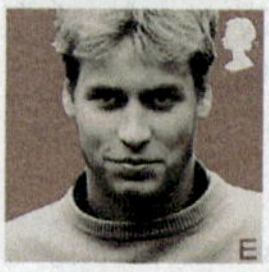
bwh
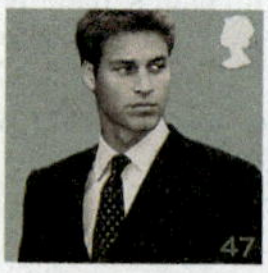
bwi
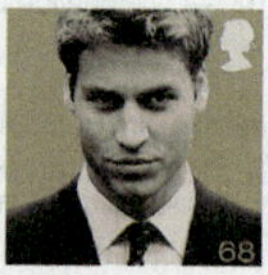
bwk

bwg–bwk) Prinz William (*1982)

2132	28 (P)	mehrfarbig	bwg	1,20	1,—
2133	E	mehrfarbig	bwh	6,—	1,50
2134	47 (P)	mehrfarbig	bwi	1,80	1,60
2135	68 (P)	mehrfarbig	bwk	3,—	2,50
		Satzpreis (4 W.)		12,—	6,50
		FDC			9,—

Nominale von MiNr. 2133 zur Zeit der Ausgabe: 38 P

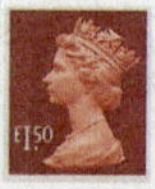

2003, 1. Juli. Freimarken: Königin Elizabeth II., Typ Machin. RaTdr. (10×20); Sicherheitszähnung K 14¾:14¼.

ku) Königin Elizabeth II. (1926–2022, reg. ab 1952)

2136	1.50 £	lebhaftbräunlichrot	ku	4,50	3,50
2137	2.00 £	schwärzlichgrautürkis	ku	6,—	5,—
2138	3.00 £	schwärzlichgraupurpur	ku	9,50	7,50
2139	5.00 £	hellgrauultramarin	ku	16,—	12,—
		Satzpreis (4 W.)		36,—	28,—
		FDC			30,—

2137 F „£" vor Wertziffer fehlend (Feld 171, linker Teilbogen) . *180,— 180,—*

MiNr. 2138 stammt auch aus Bl. 31; siehe nach MiNr. 2437.

Gültig bis 31.1.2023, geduldet bis 31.7.2023

In gleicher Zeichnung siehe Übersichtstabelle nach Jahrgangswerttabelle.

2003, 15. Juli. Britische Landschaften (I): Schottland. RaTdr. (5×5 + 5×5); gez. K 14½.

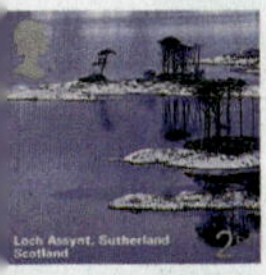
bwl) Loch Assynt, Sutherland

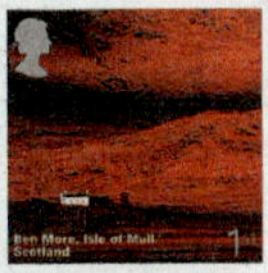
bwm) Ben More, Insel Mull

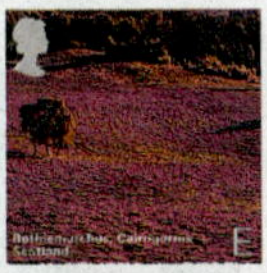
bwn) Rothiemurchus, Cairngorms

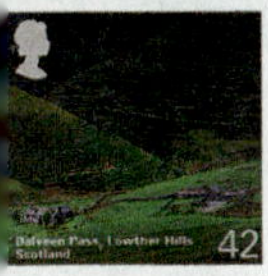
bwo) Dalveen-Pass, Lowther Hills

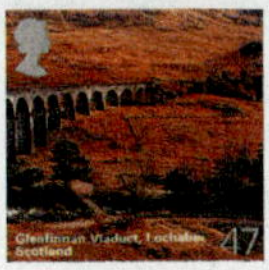
bwp) Glenfinnan-Viadukt, Lochaber

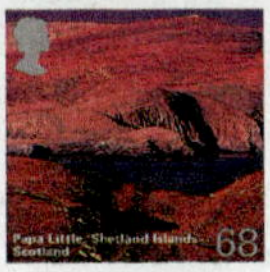
bwr) Papa Little, Shetland-Inseln

2140	2nd	mehrfarbig	bwl	2,20	0,90
2141	1st	mehrfarbig	bwm	3,—	1,20
2142	E	mehrfarbig	bwn	6,—	1,80
2143	42 (P)	mehrfarbig	bwo	1,50	1,40
2144	47 (P)	mehrfarbig	bwp	1,60	1,50
2145	68 (P)	mehrfarbig	bwr	2,80	2,20
			Satzpreis (6 W.)	17,—	9,—
			FDC		10,—

Nominalen zur Zeit der Ausgabe: MiNr. 2140 = 20 P, MiNr. 2141 = 28 P, MiNr. 2142 = 38 P

In gleicher Zeichnung wie MiNr. 2141: MiNr. 2146 (selbstklebend)

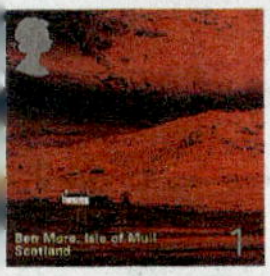

2003, 15. Juli. Britische Landschaften (II): Schottland. RaTdr., Markenheftchen; selbstklebend; gestanzt 14½.

bwm) Ben More, Insel Mull

2146	1st	mehrfarbig	bwm	5,—	5,—
			FDC		6,—

Nominale zur Zeit der Ausgabe: 28 P

MiNr. 2146 stammt aus MH 0-278.

In gleicher Zeichnung: MiNr. 2141 (nassklebend)

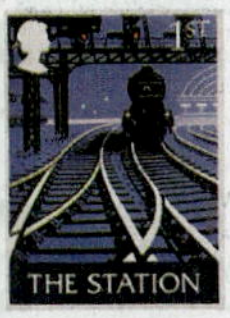

2003, 12. Aug. Wirtshausschilder; Europa: Plakatkunst. RaTdr., Bogen (B) (5×10 + 5×10) und Markenheftchen (MH); gez. K 14:14½.

bws) „The Station"

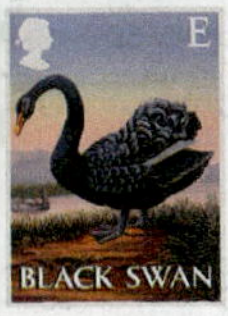
bwt) „Black Swan"

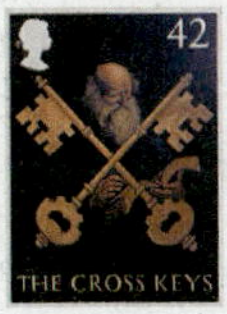
bwu) „The Cross Keys"

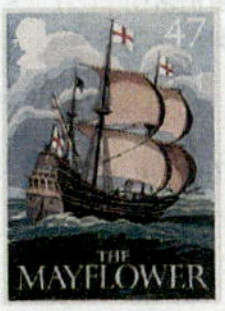
bwv) „The Mayflower"

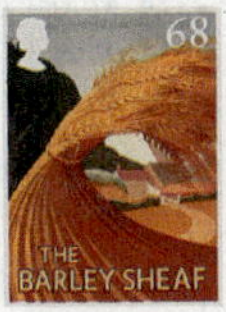
bww) „The Barley Sheaf"

2147	1ST	mehrfarbig (B) (MH)	bws	3,—	0,90
2148	E	mehrfarbig (B)	bwt	6,—	2,—
2149	42 (P)	mehrfarbig (B)	bwu	1,50	1,40
2150	47 (P)	mehrfarbig (B)	bwv	1,70	1,50
2151	68 (P)	mehrfarbig (B)	bww	2,80	2,20
			Satzpreis (5 W.)	15,—	8,—
			FDC		9,—

Nominalen zur Zeit der Ausgabe: MiNr. 2147 = 28 P, MiNr. 2148 = 38 P

MiNr. 2147 stammt auch aus MH 146.

MiNr. 2147–2148 tragen die Inschrift „EUROPA".

2003, 18. Sept. Transportwesen (III): Modellspielzeug. RaTdr. (10×5 + 10×5); gez. K 14¼.

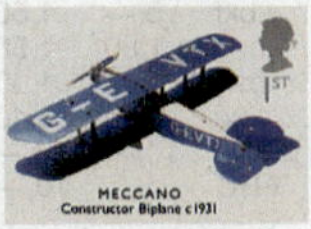
bwx) Doppeldecker-Flugzeug (um 1931)

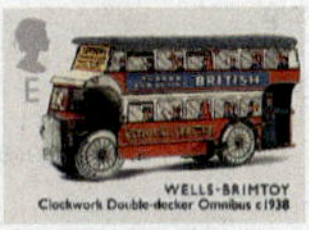
bwy) Doppelstöckiger Omnibus (um 1938)

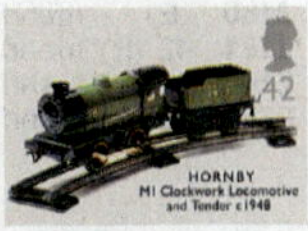
bwz) Lokomotive mit Tender (um 1948)

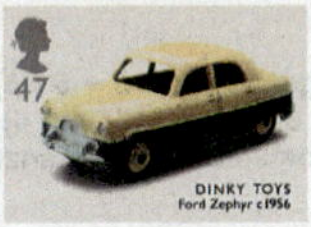
bxa) Ford Zephyr (um 1956)

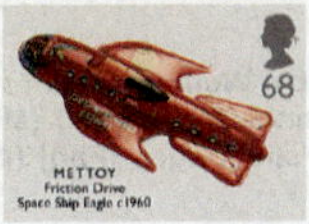
bxb) Raumschiff „Eagle" (um 1960)

2152	1ST	mehrfarbig	bwx	3,—	0,90
2153	E	mehrfarbig	bwy	6,—	2,—
2154	42 (P)	mehrfarbig	bwz	1,50	1,40
2155	47 (P)	mehrfarbig	bxa	1,70	1,50
2156	68 (P)	mehrfarbig	bxb	2,80	2,20
			Satzpreis (5 W.)	15,—	8,—
			FDC		9,—

Blockausgabe mit MiNr. 2152–2156

Block 16	(115×105 mm)	bxc	15,—	10,—
		FDC		12,—

Nominalen zur Zeit der Ausgabe: MiNr. 2152 = 28 P, MiNr. 2153 = 38 P

In gleicher Zeichnung wie MiNr. 2152: MiNr. 2157 (selbstklebend)

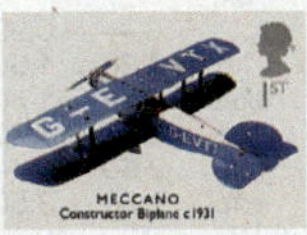

2003, 18. Sept. Transportwesen (IV): Modellspielzeug. RaTdr., Markenheftchen; selbstklebend; gestanzt 14¼.

bwx) Doppeldecker-Flugzeug (um 1931)

2157	1ST	mehrfarbig	bwx	5,—	5,—
			FDC		6,—

Nominale zur Zeit der Ausgabe: 28 P

MiNr. 2157 stammt aus MH 0-279.

In gleicher Zeichnung: MiNr. 2152 (nassklebend)

2003, 7. Okt. 250 Jahre Britisches Museum, London. RaTdr. (5×10 + 5×10); gez. K 14¼.

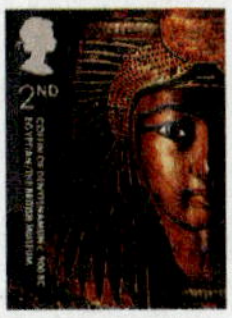
bxd) Denytenamun; ägyptischer Sarkophag (um 900 v. Chr.)

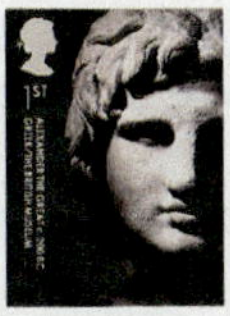
bxe) Alexander der Große; griechische Statue (um 200 v. Chr.)

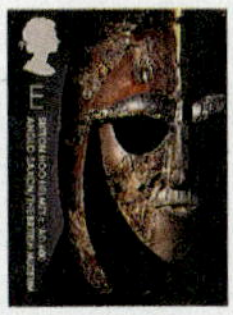
bxf) Angelsächsischer Maskenhelm (um 600), Fundort Sutton Hoo, England

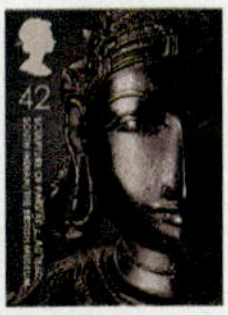
bxg) Parvati; Skulptur (um 1550), Südindien

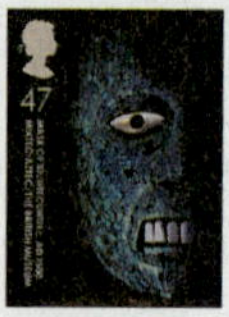

bxh) Xiuhtecuhtli; mixtekische Maske (um 1500)

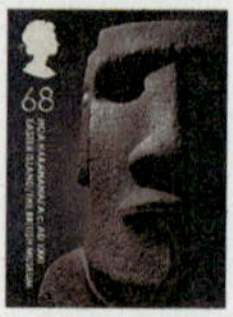

bxi) Hoa Hakananai'a; Tuffsteinfigur (um 1000), Osterinsel

2158	2ND	mehrfarbig	bxd	2,20	0,80
2159	1ST	mehrfarbig	bxe	3,—	1,20
2160	E	mehrfarbig	bxf	6,—	1,50
2161	42 (P)	mehrfarbig	bxg	1,50	1,50
2162	47 (P)	mehrfarbig	bxh	1,60	1,60
2163	68 (P)	mehrfarbig	bxi	2,80	2,40
			Satzpreis (6 W.)	17,—	9,—
			FDC		10,—

Nominalen zur Zeit der Ausgabe: MiNr. 2158 = 20 P, MiNr. 2159 = 28 P, MiNr. 2160 = 38 P

2003, 4. Nov. Weihnachten. I = RaTdr., Bogen (B) (5×5 + 5×5) und Markenheftchen (MH) (MiNr. 2164 3×8, MiNr. 2165 3×4), II = Odr. Folienbogen (Fbg) (4×2 Zd); selbstklebend; gestanzt 14½:14.

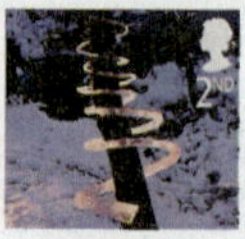

bxk) Eisspirale

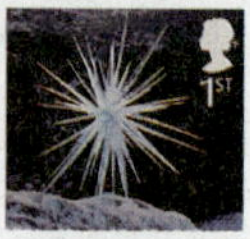

bxl) Eisstern

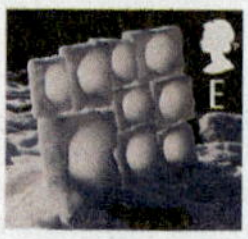

bxm) Wand aus Schnee

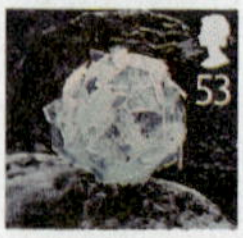

bxn) Eiskugel

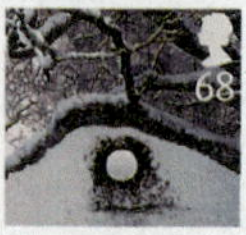

bxo) Schneeloch

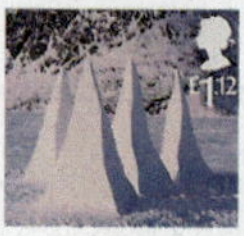

bxp) Schneepyramiden

bxk–bxp) Eisskulpturen von Andy Goldsworthy (*1956)

2164	2ND	mehrfarbig	bxk		
I		RaTdr. (B) (MH)		2,20	0,70
II		Odr. (Fbg)		2,40	1,40
2165	1ST	mehrfarbig	bxl		
I		RaTdr. (B) (MH)		3,—	0,90
II		Odr. (Fbg)		3,20	1,60
2166 I	E	mehrfarbig (B)	bxm	6,—	1,30
2167 I	53 (P)	mehrfarbig (B)	bxn	1,70	1,70
2168 I	68 (P)	mehrfarbig (B)	bxo	2,60	2,—
2169 I	1.12 £	mehrfarbig (B)	bxp	3,50	3,50
			Satzpreis I (6 W.)	19,—	10,—
			FDC I		11,—
			2164 II Zf–2165 II Zf	6,—	3,50

Nominalen zur Zeit der Ausgabe: MiNr. 2164 = 20 P, MiNr. 2165 = 28 P, MiNr. 2166 = 38 P

MiNr. 2164 I stammt auch aus MH 0-281.
MiNr. 2165 I stammt auch aus MH 0-280.

MiNr. 2164 II und 2165 II stammen aus Folienbogen zu jeweils 20 Marken und 20 verschiedenen, jeweils links anhängenden Zierfeldern, die durch 4 schmale Verbindungsstege mit der Marke verbunden sind. MiNr. 2164 II hat einen Phosphorstreifen von ca. 6 mm Breite, während er bei MiNr. 2164 I ca. 5 mm breit ist. MiNr. 2165 II hat einen dunkelblauen Farbanteil, während er bei MiNr. 2165 I schwarzblau ist.

2003, 19. Dez. Blockausgabe: Gewinn der Rugby-Weltmeisterschaft in Australien durch die englische Nationalmannschaft. Odr.; gez. Ks 13¾:14.

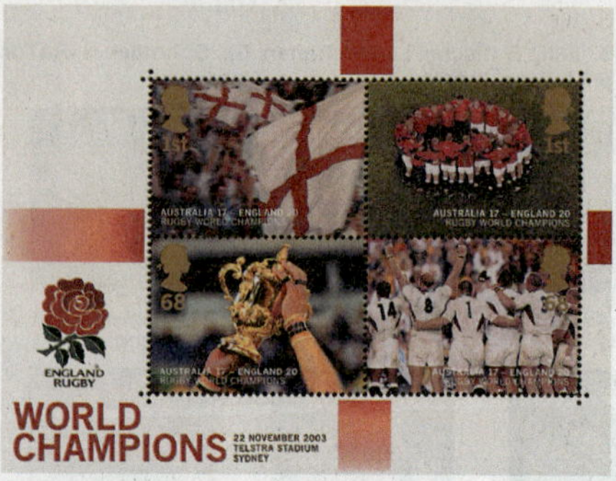

bxv

bxr) Englische Schlachtenbummler mit Fahnen
bxs) Mannschaftsbesprechung vor Spielbeginn
bxt) Webb-Ellis-Pokal
bxu) Jubelnde Spieler

2170	1st	mehrfarbig	bxr	3,—	3,—
2171	1st	mehrfarbig	bxs	3,—	3,—
2172	68 (P)	mehrfarbig	bxt	4,50	4,50
2173	68 (P)	mehrfarbig	bxu	4,50	4,50
Block 17		(115×89 mm)	bxv	15,—	15,—
			FDC		16,—

Nominalen von MiNr. 2170–2171 zur Zeit der Ausgabe: je 28 P

2004, 13. Jan. Historische Lokomotiven. Odr., Bogen (B) (4×6 und 4×6 + 4×6) und Markenheftchen (MH); gez. K 14¾:14½.

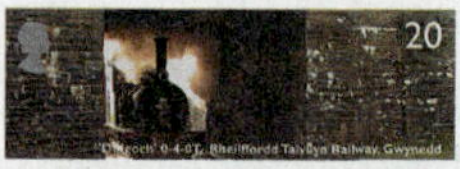

bxw) Lokomotive „Dolgoch" der Rheillford Talyllyn Railway, Gwynedd (Wales)

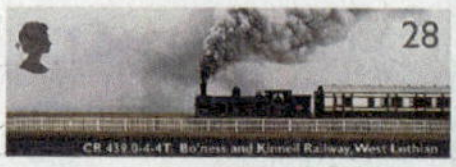

bxx) Lokomotive CR 439 der Bo'ness and Kinneil Railway, West Lothian (Schottland)

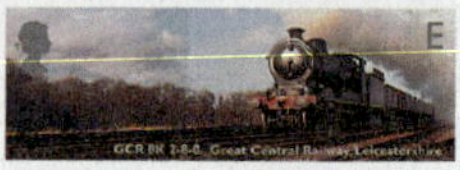

bxy) Lokomotive der 8K-Klasse der Great Central Railway, Leicestershire

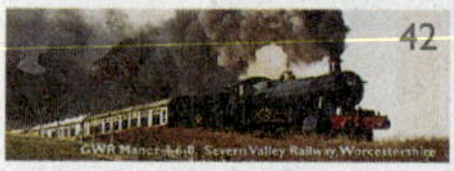

bxz) Lokomotive der Manor-Klasse der Severn Valley Railway, Worcestershire

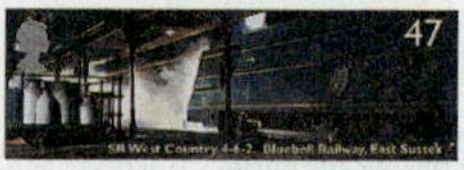

bya) Lokomotive der Southern-Railway-West-Country-Klasse der Bluebell Railway, East Sussex

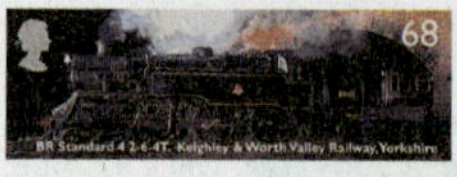

byb) Lokomotive Standard-4-Klasse der Keighley & Worth Valley Railway, Yorkshire

2174	20 (P)	mehrfarbig (B)	bxw	0,80	0,70
2175	28 (P)	mehrfarbig (B) (MH)	bxx	1,—	0,90
2176	E	mehrfarbig (B) (MH)	bxy	6,—	1,80
2177	42 (P)	mehrfarbig (B) (MH)	bxz	1,40	1,20
2178	47 (P)	mehrfarbig (B)	bya	1,50	1,40
2179	68 (P)	mehrfarbig (B)	byb	2,50	2,—
			Satzpreis (6 W.)	13,—	8,—
			FDC		9,—

Blockausgabe mit MiNr. 2174–2179

Block 18	(190×67 mm)	byc	35,—	35,—
		FDC		36,—

	★★
2178 U ungezähnt (B) (Paar)	*1500,—*

Nominale von MiNr. 2176 zur Zeit der Ausgabe: 38 P

MiNr. 2175–2177 stammen auch aus MH 146.

2004, 3. Febr. Grußmarken: Briefumschläge. Odr. (1×5 Zd und 1×5 Zd + 1×5 Zd); gez. K 14¼.

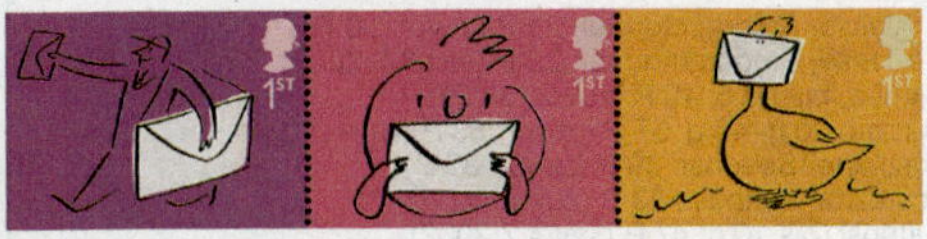

byd) Briefträger
bye) Gesicht
byf) Ente

byg) Baby
byh) Flugzeug

				★★	⊙
2180	1ST	hellila	byd	3,—	1,—
2181	1ST	hellkarminlila	bye	3,—	1,—
2182	1ST	lebhaftorangegelb	byf	3,—	1,—
2183	1ST	hellopalgrün	byg	3,—	1,—
2184	1ST	lebhafttürkisblau	byh	3,—	1,—
		Satzpreis (5 W.)		15,—	5,—
		Fünferstreifen		15,—	6,—
		FDC			7,—
		2180 Zf–2184 Zf		16,—	9,50

	★★
2180 U–2184 U ungezähnt, Fünferstreifen	—,—

Nominale zur Zeit der Ausgabe: je 28 P

MiNr. 2180–2184 wurden waagerecht zusammenhängend gedruckt. Sie wurden auch mit jeweils anhängendem Zierfeld senkrecht zusammenhängend im Bogen zu 4 Fünferstreifen gedruckt (Postpreis: 6.15 £). Zusätzlich wurden MiNr. 2180 und 2184 jeweils im Kleinbogen zu je 2 Fünferstreifen, MiNr. 2181–2183 auch jeweils im Bogen zu 4 Fünferstreifen mit individuell gestalteten Zierfeldern ausgegeben (Postpreis: je 14.95 £, Abgabe jeweils zwei Klb.). Die Ausgaben mit Zierfeldern sind bei MiNr. 2180–2182 in dunkleren, bei MiNr. 2183–2184 in etwas helleren Farben gedruckt.

2004, 26. Febr. 50. Jahrestag der Erstveröffentlichung des Romans „Der Herr der Ringe". Odr. (1×3 Zd und 1×3 Zd + 1×3 Zd); gez. K 14¼.

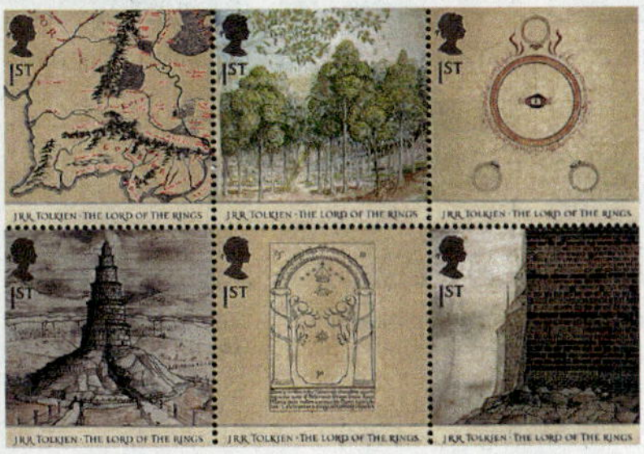

byi) Karte von Mittelerde
byk) Wald von Lothlórien
byl) Vier Ringe (Schutzumschlag von „Die Gefährten")

byo) Isengard
byp) Westeingang nach Moria
byr) Barad-dûr

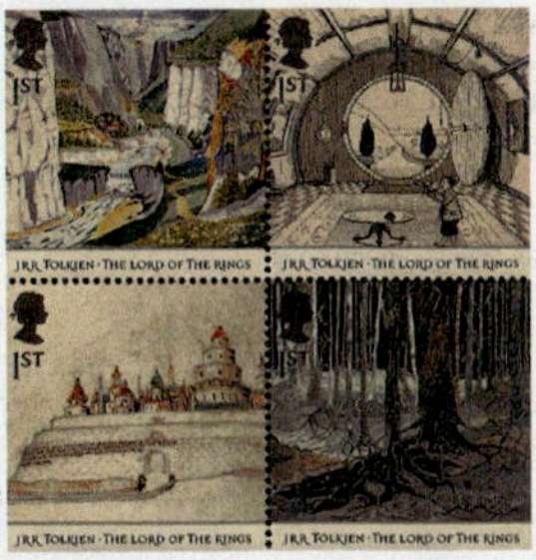

bym) Bruchtal
byn) Beutelsend

bys) Minas Tirith
byt) Wald von Fangorn

byi–byt) Illustrationen zu den phantastisch-mythologischen Erzählwerken „Der Herr der Ringe" und „Der kleine Hobbit" von J. R. R. Tolkien (1892–1973), Autor und Professor für englische Sprache

				★★	⊙
2185	1ST	mehrfarbig	byi	3,—	1,10
2186	1ST	mehrfarbig	byk	3,—	1,10
2187	1ST	mehrfarbig	byl	3,—	1,10
2188	1ST	mehrfarbig	bym	3,—	1,10
2189	1ST	mehrfarbig	byn	3,—	1,10
2190	1ST	mehrfarbig	byo	3,—	1,10
2191	1ST	mehrfarbig	byp	3,—	1,10
2192	1ST	mehrfarbig	byr	3,—	1,10
2193	1ST	mehrfarbig	bys	3,—	1,10
2194	1ST	mehrfarbig	byt	3,—	1,10
		Satzpreis (10 W.)		30,—	11,—
		Zehnerblock		30,—	12,—
		FDC			13,—

Nominale zur Zeit der Ausgabe: je 28 P

MiNr. 2185–2194 wurden in Zehnerblockanordnung zusammenhängend gedruckt.

2004, 16. März. Britische Landschaften (III): Nordirland. RaTdr. (5×5 und 5×5 + 5×5); gez. K 14½.

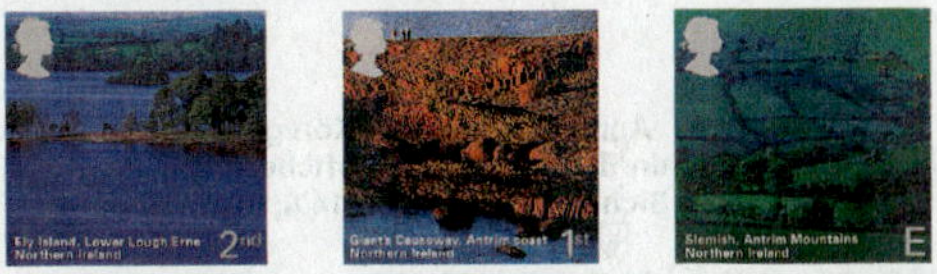

byu) Ely Island, Lower Lough Erne
byv) Giant's Causeway, Antrim Coast
byw) Slemish, Antrim Mountains

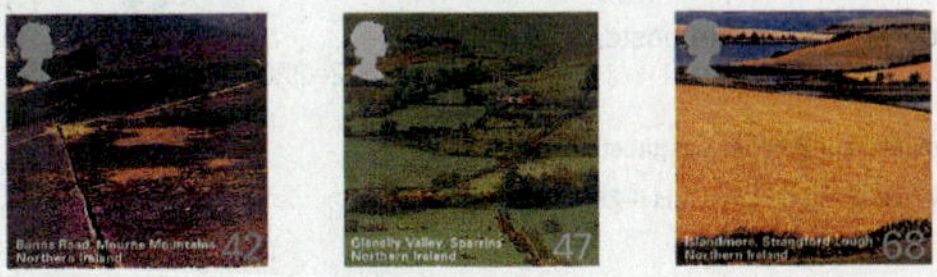

byx) Banns Road, Mourne Mountains
byy) Glenelly Valley, Sperrins
byz) Islandmore, Strangford Lough

				★★	⊙
2195	2nd	mehrfarbig	byu	2,20	0,70
2196	1st	mehrfarbig	byv	3,—	0,90
2197	E	mehrfarbig	byw	6,—	1,30
2198	42 (P)	mehrfarbig	byx	1,50	1,30
2199	47 (P)	mehrfarbig	byy	1,70	1,60
2200	68 (P)	mehrfarbig	byz	2,60	2,20
		Satzpreis (6 W.)		17,—	8,—
		FDC			9,—

Nominalen zur Zeit der Ausgabe: MiNr. 2195 = 20 P, MiNr. 2196 = 28 P, MiNr. 2197 = 38 P

In gleicher Zeichnung wie MiNr. 2196: MiNr. 2201 (selbstklebend)

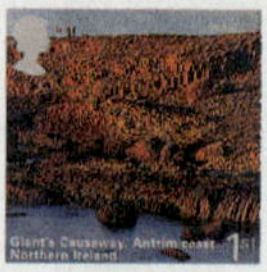

2004, 16. März. Britische Landschaften (IV): Nordirland. RaTdr., Markenheftchen; selbstklebend; gestanzt 14½.

byv) Giant's Causeway, Antrim coast

2201	1st mehrfarbig	byv	5,—	5,—
		FDC		6,—

	★★
2201 U ungestanzt	*1000,—*

Nominale zur Zeit der Ausgabe: 28 P

MiNr. 2201 stammt aus MH 0-282.

In gleicher Zeichnung: MiNr. 2196 (nassklebend)

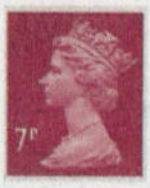

2004, 1. April. Freimarken: Königin Elizabeth II., Typ Machin. RaTdr., Bogen (B) (10×20) und Markenheftchen (MH); Sicherheitszähnung K 14¾:14¼.

ku) Königin Elizabeth II. (1926–2022, reg. ab 1952)

				★★	⊙
2202	7 P	karminlila (B)	ku	0,70	0,70
2203	35 P	schwärzlichgraubraun (B)	ku	1,10	1,10
2204	39 P	lebhaftgrau (B) (MH)	ku	1,20	1,20
2205	40 P	schwärzlichtürkisblau (B) (MH)	ku	1,20	1,20
2206	43 P	gelbsmaragdgrün (B)	ku	1,30	1,30
		Satzpreis (5 W.)		5,50	5,50

	★★
2202 U ungezähnt (Paar)	120,—
2203 U ungezähnt (Paar)	250,—
2204 U ungezähnt (B) (Paar)	250,—
2205 U ungezähnt (B) (Paar)	250,—
2206 U ungezähnt (Paar)	250,—

FDC siehe nach MiNr. 2207.

MiNr. 2204 stammt auch aus MH 148.
MiNr. 2205 stammt auch aus MH 150.

Gültig bis 31.1.2023, geduldet bis 31.7.2023

In gleicher Zeichnung siehe Übersicht nach Jahrgangswerttabelle.

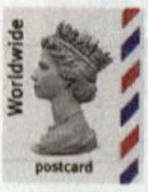

2004, 1. April. Freimarke: Königin Elizabeth II., Typ Machin. RaTdr., Markenheftchen (2×2); selbstklebend; Sicherheitsstanzung 14¾:14¼.

bvo) Königin Elizabeth II. (1926–2022, reg. ab 1952)

				★★	⊙
2207	—	Worldwide postcard, mehrfarbig	bvo	5,50	1,20
		FDC (MiNr. 2202–2207)			7,50

Nominale zur Zeit der Ausgabe: 43 P

MiNr. 2207 stammt aus MH 0-283.

Vorerst weiterhin gültig

Weitere Werte in ähnlichen Zeichnungen siehe Übersicht nach Jahrgangswerttabelle.

Britische Nominalkodierungen:

Worldwide postcard = Postkarte, Luftpost, Übersee

ab 1.4.2004: 43 P; ab 7.4.2005: 47 P; ab 3.4.2006: 50 P; ab 2.4.2007: 54 P; ab 7.4.2008: 56 P; ab 6.4.2009: 62 P; ab 6.4.2010: 67 P; ab 4.4.2011: 76 P; ab 30.4.2012: 87 P; ab 2.4.2013: 88 P; ab 31.3.2014: 97 P; ab 30.3.2015: 1.00 £; ab 29.3.2016: 1.05 £; ab 27.3.2017: 1.17 £; ab 26.3.2018: 1.25 £; ab 25.3.2019: 1.35 £; ab 23.3.2020: 1.42 £; ab 1.9.2020: 1.45 £; ab 1.1.2021: 1.70 £; ab 4.4.2022: 1.85 £; ab 3.4.2023: 2.20 £; ab 2.4.2024: 2.50 £; ab 7.10.2024: 2.80 £; ab 7.4.2025: 3.20 £

Posttarife Großbritannien (1.4.2004–6.4.2005)

2. Klasse, Standardformat: 21 P (zuvor: 20 P)
1. Klasse, Standardformat: 28 P (seit 8.5.2003)
Europa, bis 20 g: 40 P (zuvor: 38 P)
Europa, 20 g–40 g: 57 P (zuvor: 53 P)
Postkarte, Seepost: 39 P (zuvor: 37 P)
Postkarte, Luftpost: 43 P (zuvor: 42 P)
Luftpost, bis 10 g: 47 P (seit 4.7.2002)
Luftpost, 10 g–20 g: 68 P (seit 4.7.2002)
Luftpost, 20 g–40 g: 1.12 £ (seit 4.7.2002)

2004, 6. April. 100. Jahrestag der Entente Cordiale. RaTdr. (5×5 und 5×5 + 5×5); gez. K 14¼.

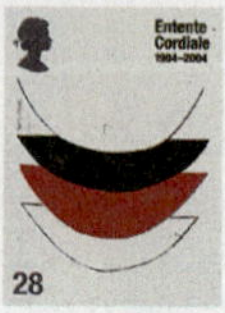

bza) Lace 1; Lithographie von Terry Frost (1915–2003), britischer Maler

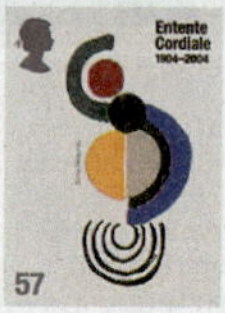

bzb) Coccinelle; Aquarell von Sonia Delaunay (1885–1979), französische Malerin

2208	28 (P) mehrfarbig	bza	1,—	1,—
2209	57 (P) mehrfarbig	bzb	2,—	2,—
	Satzpreis (2 W.)		3,—	3,—
		FDC		4,—

Parallelausgabe mit Frankreich MiNr. 3801–3802

2004, 13. April/2006, 23. Febr. Transportwesen (IV): Passagierschiffe. I = RaTdr. (5×5 und 5×5 + 5×5), II = Odr., Markenheftchen; gez. K 14¼.

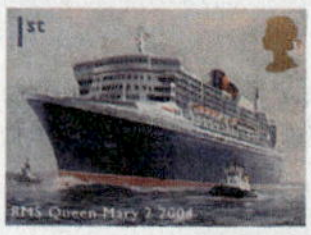

bzc) „Queen Mary 2" (2004)

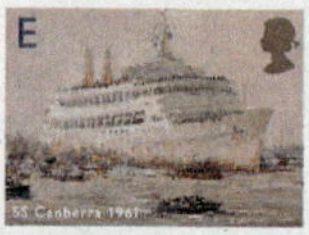

bzd) „Canberra" (1961)

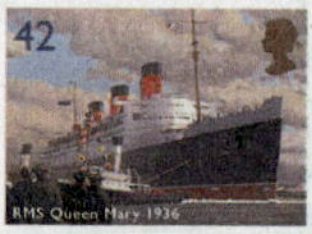

bze) „Queen Mary" (1936)

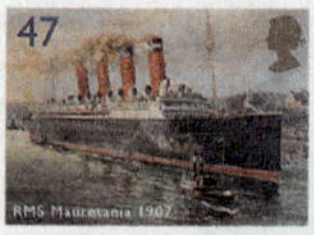

bzf) „Mauretania" (1907)

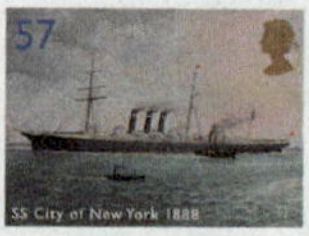

bzg) „City of New York" (1888)

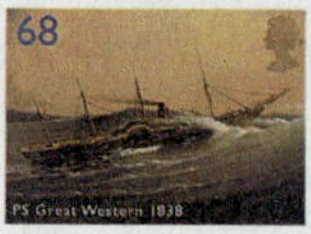

bzh) „Great Western" (1838)

2210 I	1st mehrfarbig (13.4.2004)	bzc	3,—	1,20
2211 I	E mehrfarbig (13.4.2004)	bzd	6,—	1,70
2212 I	42 (P) mehrfarbig (13.4.2004)	bze	1,40	1,40
2213 I	47 (P) mehrfarbig (13.4.2004)	bzf	1,50	1,50
2214 I	57 (P) mehrfarbig (13.4.2004)	bzg	1,80	1,80
2215	68 (P) mehrfarbig	bzh		
I	RaTdr. (13.4.2004)		2,50	2,40
II	Odr. (23.2.2006)		3,50	3,50
	Satzpreis I (6 W.)		16,—	10,—
		FDC I		11,—

Blockausgabe mit MiNr. 2210 I–2215 I

Block 19 (115×104 mm)	bzi	20,—	20,—
	FDC		22,—

	★★
2211 I U ungezähnt (Paar)	400,—

Nominalen zur Zeit der Ausgabe: MiNr. 2210 = 28 P, MiNr. 2211 = 40 P

MiNr. 2215 II stammt aus MH 150.

In gleicher Zeichnung wie MiNr. 2210: MiNr. 2216 (selbstklebend)

Nicht ausgegeben:

IX	53 (P)	Wertstufe „53“ anstatt „57“	bzg	*4500,—*
Block I		mit MiNr. IX (115×104 mm)	bzi	*5000,—*

Bl. I stammt aus einer zurückgestellten Auflage vor Änderung der Portostufen.

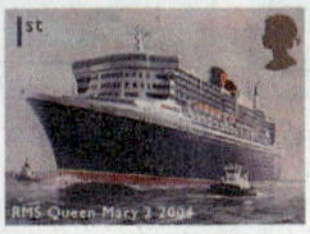

2004, 13. April. Transportwesen (IV): Passagierschiffe. RaTdr., Markenheftchen; selbstklebend; gestanzt 14¼.

bzc) „Queen Mary 2“ (2004)

				★★	⊙
2216	1st	mehrfarbig	bzc	5,—	5,—
			FDC		6,—

Nominale zur Zeit der Ausgabe: 28 P

MiNr. 2216 stammt aus MH 0-284.

In gleicher Zeichnung: MiNr. 2210 (nassklebend)

2004, 25. Mai. 200 Jahre Königliche Gartenbaugesellschaft (RHS). I = RaTdr., Bogen (B) (5×5 und 5×5 + 5×5) und Markenheftchen (MH), II = Odr., Bogen (B) (4×5 und 20 Zf); gez. K 14½:14¼.

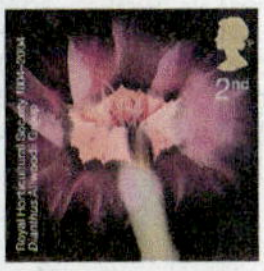

bzk) Dianthus allwoodi (Zuchtform)

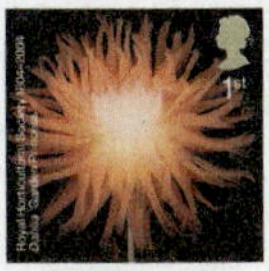

bzl) Dahlie „Garden Princess“

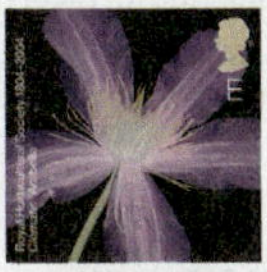

bzm) Klematis „Arabella“

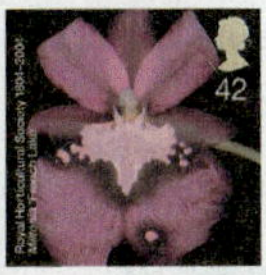

bzn) Miltonia „French Lake“

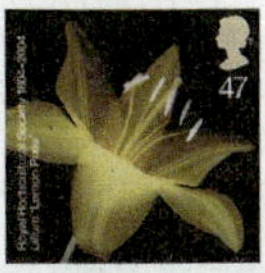

bzo) Lilie „Lemon Pixie“

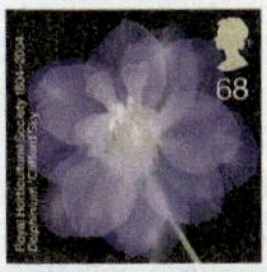

bzp) Rittersporn „Clifford Sky“

2217	**I**	2nd	mehrfarbig (B) (MH)	bzk	2,20	0,90
2218		1st	mehrfarbig	bzl		
	I		RaTdr. (B) (MH)		3,—	1,20
	II		Odr. (B)		3,20	1,50
2219	**I**	E	mehrfarbig (B) (MH)	bzm	6,—	1,70
2220	**I**	42 (P)	mehrfarbig (B) (MH)	bzn	1,50	1,30
2221	**I**	47 (P)	mehrfarbig (B) (MH)	bzo	1,70	1,50
2222	**I**	68 (P)	mehrfarbig (B) (MH)	bzp	2,60	2,20
			Satzpreis I (6 W.)		17,—	8,50
			FDC I			10,—
			2218 II Zf		3,40	1,60

Blockausgabe mit MiNr. 2217 I–2222 I

Block 20 (115×104 mm)	bzr	17,—	12,—
	FDC		14,—

Nominalen zur Zeit der Ausgabe: MiNr. 2217 = 21 P, MiNr. 2218 = 28 P, MiNr. 2219 = 40 P

MiNr. 2217 I–2222 I stammen auch aus MH 147.

MiNr. 2218 II wurde mit 20 Zierfeldern zusammenhängend im Bogen zu 20 Marken gedruckt (Postpreis: 6.15 £). Die Zierfelder konnten auf Bestellung auch individuell gestaltet werden (Postpreis: 14.95 £).

2004, 15. Juni. Britische Landschaften (V): Wales; Europa: Ferien. RaTdr. (5×5 und 5×5 + 5×5); gez. K 14½.

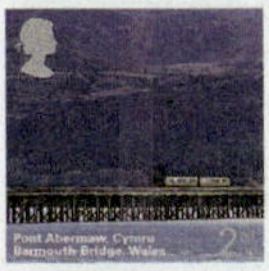

bzs) Barmouth-Brücke

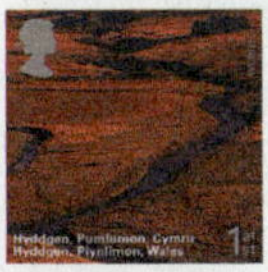

bzt) Hyddgen, Plynlimon

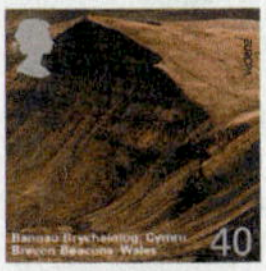

bzu) Brecon Beacons

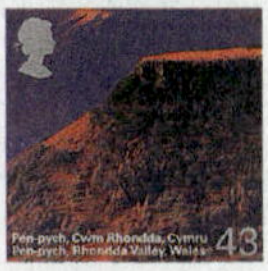

bzv) Pen-pych, Rhondda Valley

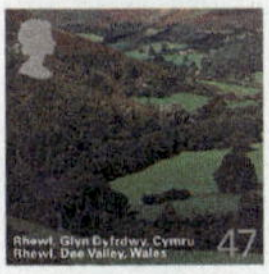

bzw) Rhewl, Dee Valley

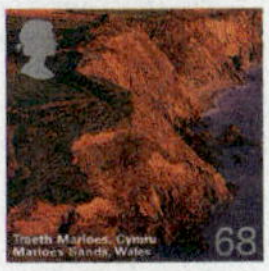

bzx) Marloes Sands

2223	2nd	mehrfarbig	bzs	2,20	0,90
2224	1st	mehrfarbig	bzt	3,—	1,20
2225	40 (P)	mehrfarbig	bzu	1,60	1,50
2226	43 (P)	mehrfarbig	bzv	1,70	1,50
2227	47 (P)	mehrfarbig	bzw	1,70	1,60
2228	68 (P)	mehrfarbig	bzx	2,80	2,40
		Satzpreis (6 W.)		13,—	9,—
		FDC			10,—

		★★
2223 U	ungezähnt (Paar)	300,—
2224 U	ungezähnt (Paar)	300,—
2227 U	ungezähnt (Paar)	300,—
2228 U	ungezähnt (Paar)	300,—

Nominalen zur Zeit der Ausgabe: MiNr. 2223 = 21 P, MiNr. 2224 = 28 P

MiNr. 2224–2225 tragen die Inschrift „EUROPA“.

In gleicher Zeichnung wie MiNr. 2224: MiNr. 2229 (selbstklebend)

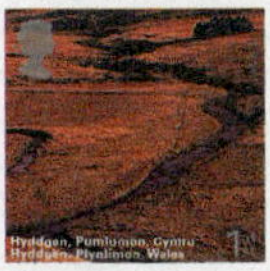

2004, 15. Juni. Britische Landschaften (VI): Wales; Europa: Ferien. RaTdr., Markenheftchen (MH); selbstklebend; gestanzt 14½.

bzt) Hyddgen, Plynlimon

				★★	⊙
2229	1st	mehrfarbig	bzt	7,—	7,—
			FDC		8,—

Nominale zur Zeit der Ausgabe: 28 P

MiNr. 2229 trägt die Inschrift „EUROPA“.

MiNr. 2229 stammt aus MH 0-285.

In gleicher Zeichnung: MiNr. 2224 (nassklebend)

2004, 10. Aug. 250 Jahre Königliche Gesellschaft zur Förderung von Kunst, Manufaktur und Handel (RSA). Odr. (5×5 und 5×5 + 5×5); gez. K 13¾:14.

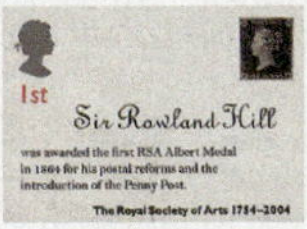

bzy) Ehrung von Rowland Hill (1795–1879), Generalpostmeister, mit der Albert-Medaille (1864)

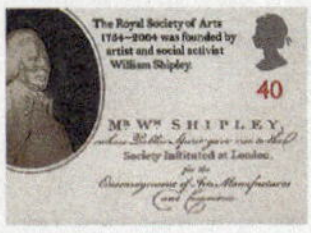

bzz) William Shipley (1714–1803), Gründer der RSA

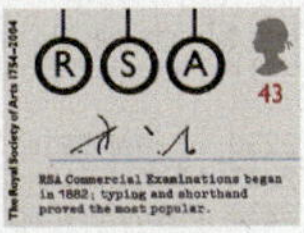

caa) Gebrauchsmusterprüfungen seit 1882

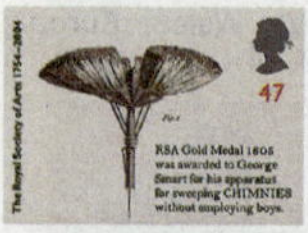

cab) Ehrung von George Smart für seine Erfindung des Kaminkehrerbesens

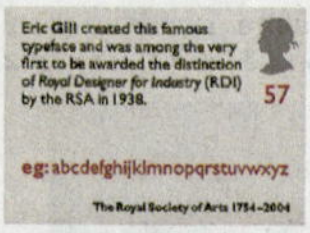

cac) Ehrung von Eric Gill (1882–1940) für seinen Schriftentwurf „Gill Sans"

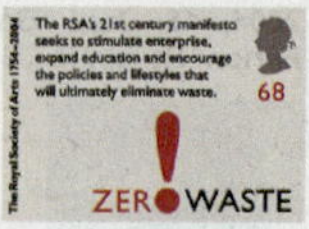

cad) Kampagne zur Müllvermeidung

2230	1st	mehrfarbig	bzy	3,—	1,20
2231	40 (P)	mehrfarbig	bzz	1,40	1,40
2232	43 (P)	mehrfarbig	caa	1,60	1,50
2233	47 (P)	mehrfarbig	cab	2,—	1,60
2234	57 (P)	mehrfarbig	cac	2,20	2,—
2235	68 (P)	mehrfarbig	cad	2,80	2,50
		Satzpreis (6 W.)		13,—	10,—
		FDC			12,—

Nominale von MiNr. 2230 zur Zeit der Ausgabe: 28 P

2004, 16. Sept. Tiere des Waldes. RaTdr. (1×3 Zd und 1×3 Zd + 1×3 Zd); gez. K 14½:14¼.

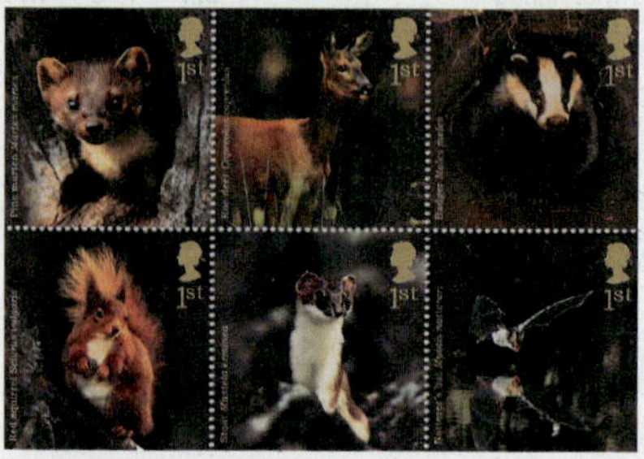

cae) Baummarder (Martes martes)
caf) Reh (Capreolus capreolus)
cag) Dachs (Meles meles)

cak) Eichhörnchen (Sciurus vulgaris)
cal) Hermelin (Mustela erminea)
cam) Fransenfledermaus (Myotis nattereri)

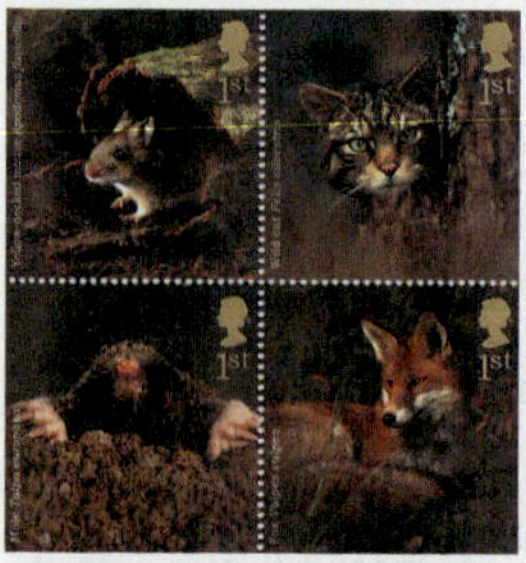

cah) Gelbhalsmaus (Apodemus flavicollis)
cai) Wildkatze (Felis sylvestris)

can) Europäischer Maulwurf (Talpa europaea)
cao) Rotfuchs (Vulpes vulpes)

2236	1st	mehrfarbig	cae	3,—	1,—
2237	1st	mehrfarbig	caf	3,—	1,—
2238	1st	mehrfarbig	cag	3,—	1,—
2239	1st	mehrfarbig	cah	3,—	1,—
2240	1st	mehrfarbig	cai	3,—	1,—
2241	1st	mehrfarbig	cak	3,—	1,—
2242	1st	mehrfarbig	cal	3,—	1,—
2243	1st	mehrfarbig	cam	3,—	1,—
2244	1st	mehrfarbig	can	3,—	1,—
2245	1st	mehrfarbig	cao	3,—	1,—
		Satzpreis (10 W.)		30,—	10,—
		Zehnerblock		30,—	12,—
		FDC			13,—

Nominale zur Zeit der Ausgabe: je 28 P

MiNr. 2236–2245 wurden in Zehnerblockanordnung zusammenhängend gedruckt.

2004, 12. Okt. 150. Jahrestag des Beginns des Krimkrieges. Odr. (5×5 und 5×5 + 5×5); gez. K 14¼:13¾.

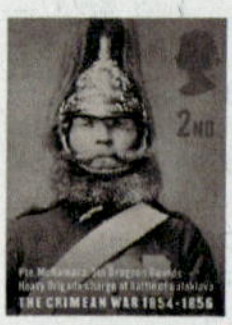

cap) Soldat Michael McNamara

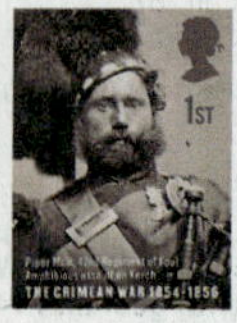

car) Pfeifer David Muir

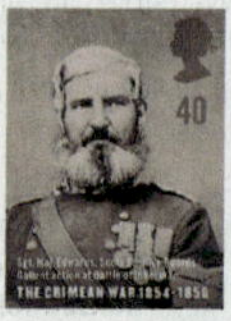

cas) Hauptfeldwebel Edward Edwards

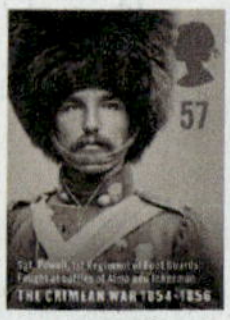

cat) Feldwebel William Powell

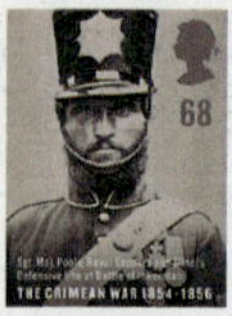

cau) Hauptfeldwebel John Poole

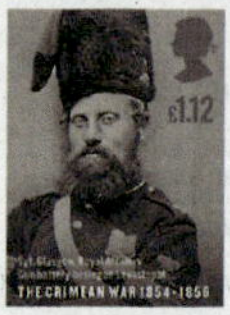

cav) Feldwebel Robert Glasgow

cap–cav) Photographien von Robert Howlett (1831–1858) und Joseph Cundall (1818–1875)

2246	2ND	mehrfarbig	cap	2,20	1,—
2247	1ST	mehrfarbig	car	3,—	1,20
2248	40 (P)	mehrfarbig	cas	1,50	1,50
2249	57 (P)	mehrfarbig	cat	2,20	2,—
2250	68 (P)	mehrfarbig	cau	2,60	2,50
2251	1.12 £	mehrfarbig	cav	4,50	3,80
		Satzpreis (6 W.)		16,—	12,—
		FDC			13,—

		★★
2246 F	Farbe Silbergrau fehlend	800,—
2249 U	ungezähnt (Paar)	400,—
2250 U	ungezähnt (Paar)	*1200,—*

Nominalen zur Zeit der Ausgabe: MiNr. 2246 = 21 P, MiNr. 2247 = 28 P

2004, 2. Nov. Blockausgabe: Weihnachten. RaTdr.; gez. Ks 14¼:14.

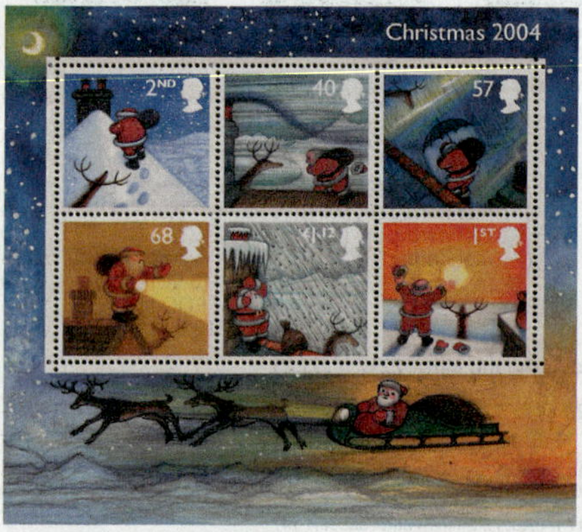

cbc

caw cay caz
cba cbb cax

caw) Weihnachtsmann auf schneebedecktem Dach
cax) Weihnachtsmann begrüßt den Sonnenaufgang am Weihnachtstag
cay) Weihnachtsmann in Wind und Wetter
caz) Weihnachtsmann mit Regenschirm
cba) Weihnachtsmann mit Taschenlampe im Nebel
cbb) Weihnachtsmann sucht Schutz vor Eis und Schnee

				★★	⊙
2252	2ND	mehrfarbig	caw	2,20	1,—
2253	1ST	mehrfarbig	cax	3,—	1,20
2254	40 (P)	mehrfarbig	cay	1,40	1,30
2255	57 (P)	mehrfarbig	caz	2,20	2,20
2256	68 (P)	mehrfarbig	cba	2,60	2,50
2257	1.12 £	mehrfarbig	cbb	4,60	3,80

Block 21	(115×105 mm)	cbc	16,—	12,—
		FDC		13,—

Nominalen zur Zeit der Ausgabe: MiNr. 2252 = 21 P, MiNr. 2253 = 28 P

In gleichen Zeichnungen: MiNr. 2258–2263 (selbstklebend)

2004, 2. Nov. Weihnachten. I = RaTdr., Bogen (B) (5×5 + 5×5) und Markenheftchen (MH) (MiNr. 2258 3×8, MiNr. 2259 3×4), II = Odr., Folienbogen (Fbg.) (2×5 Zd); selbstklebend; gestanzt 14¼:14.

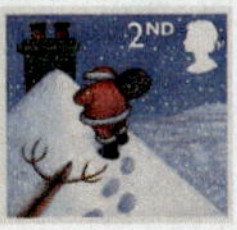

caw) Weihnachtsmann auf schneebedecktem Dach

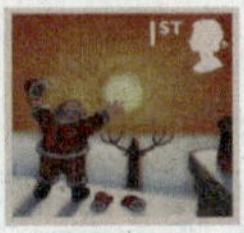

cax) Weihnachtsmann begrüßt den Sonnenaufgang am Weihnachtstag

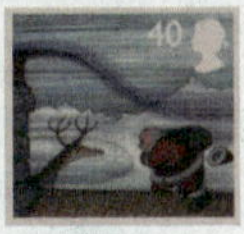

cay) Weihnachtsmann in Wind und Wetter

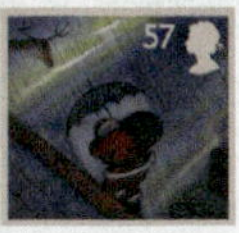

caz) Weihnachtsmann mit Regenschirm

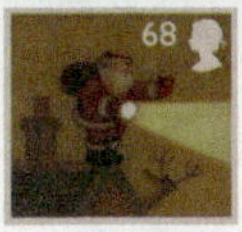

cba) Weihnachtsmann mit Taschenlampe im Nebel

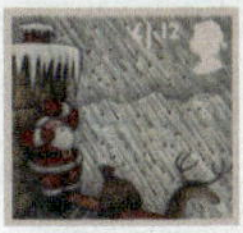

cbb) Weihnachtsmann sucht Schutz vor Eis und Schnee

2258	2ND	mehrfarbig	caw		
I		RaTdr. (B) (MH)		2,20	1,—
II		Odr. (Fbg.)		2,40	1,40
2259	1ST	mehrfarbig	cax		
I		RaTdr. (B) (MH)		3,—	1,20
II		Odr. (Fbg.)		3,20	1,60
2260 I	40 (P)	mehrfarbig (B)	cay	1,40	1,30
2261 I	57 (P)	mehrfarbig (B)	caz	2,20	2,20
2262 I	68 (P)	mehrfarbig (B)	cba	2,60	2,50
2263 I	1.12 £	mehrfarbig (B)	cbb	4,60	3,80
		Satzpreis I (6 W.)		16,—	12,—
		FDC I			13,—
		2258 II Zf–2259 II Zf		6,—	3,20

Nominalen zur Zeit der Ausgabe: MiNr. 2258 = 21 P, MiNr. 2259 = 28 P

MiNr. 2258 I stammt auch aus MH 0-287.
MiNr. 2259 I stammt auch aus MH 0-286.

MiNr. 2258 II–2259 II stammen aus Folienbogen zu je 10 Marken und 20 verschiedenen Zierfeldern, die durch 4 schmale Verbindungsstege mit der Marke verbunden sind. Die Marken im Offsetdruck sind in helleren Farben gedruckt. Bei den Marken im Rastertiefdruck ist das umgebende Matrixpapier entfernt.

In gleichen Zeichnungen: MiNr. 2252–2257 (nassklebend)

2005, 11. Jan. Haus- und Nutztiere. I = RaTdr. (1×3 Zd und 1×3 Zd + 1×3 Zd); II = Odr. (2×1 Zd); gez. K 14¼.

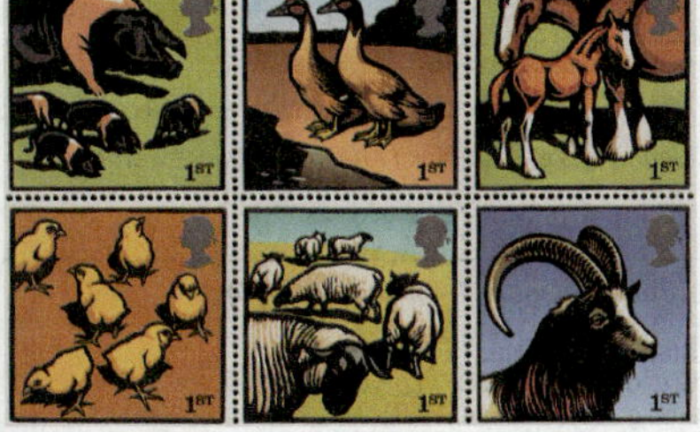

cbd) Sau mit Ferkeln
cbe) Entenpaar
cbf) Pferd mit Fohlen

cbi) Küken
cbk) Schafe
cbl) Ziege

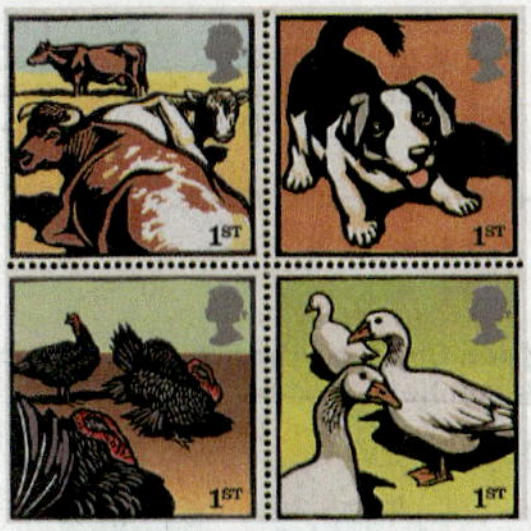

cbg) Kühe
cbh) Border Collie

cbm) Truthähne
cbn) Gänse

I = RaTdr.

2264 I	1ST	mehrfarbig	cbd	3,—	1,—
2265 I	1ST	mehrfarbig	cbe	3,—	1,—
2266 I	1ST	mehrfarbig	cbf	3,—	1,—
2267 I	1ST	mehrfarbig	cbg	3,—	1,—
2268 I	1ST	mehrfarbig	cbh	3,—	1,—
2269 I	1ST	mehrfarbig	cbi	3,—	1,—
2270 I	1ST	mehrfarbig	cbk	3,—	1,—
2271 I	1ST	mehrfarbig	cbl	3,—	1,—
2272 I	1ST	mehrfarbig	cbm	3,—	1,—
2273 I	1ST	mehrfarbig	cbn	3,—	1,—
		Satzpreis I (10 W.)		30,—	10,—
		Zehnerblock I		30,—	12,—
		FDC I			13,—

II = Odr.

2264 II	1ST	mehrfarbig	cbd	3,—	1,20
2265 II	1ST	mehrfarbig	cbe	3,—	1,20
2266 II	1ST	mehrfarbig	cbf	3,—	1,20
2267 II	1ST	mehrfarbig	cbg	3,—	1,20
2268 II	1ST	mehrfarbig	cbh	3,—	1,20
2269 II	1ST	mehrfarbig	cbi	3,—	1,20
2270 II	1ST	mehrfarbig	cbk	3,—	1,20
2271 II	1ST	mehrfarbig	cbl	3,—	1,20
2272 II	1ST	mehrfarbig	cbm	3,—	1,20
2273 II	1ST	mehrfarbig	cbn	3,—	1,20
		2264 II Zf–2273 II Zf		30,—	12,—

Nominale zur Zeit der Ausgabe: je 28 P

MiNr. 2264 I–2273 I wurden in Zehnerblockanordnung zusammenhängend gedruckt.

MiNr. 2264 II–2273 II wurden zusammenhängend im Bogen zu 2 Zwanzigerblocks (10 Marken und 10 verschiedenen Zierfeldern) gedruckt (Postpreis: 6.15 £). Die Zierfelder konnten auf Bestellung auch individuell gestaltet werden (Postpreis: 14.95 £).

2005, 8. Febr. Britische Landschaften (VII): Südwestengland. RaTdr. (5×5 und 5×5 + 5×5); gez. K 14½.

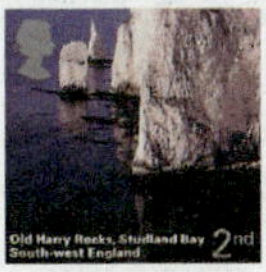

cbo) Old Harry Rocks, Studland Bay

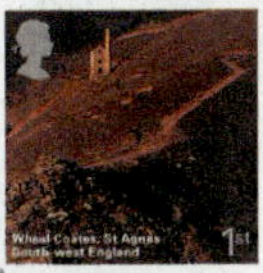

cbp) Wheal Coates, St. Agnes

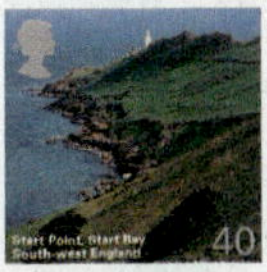

cbr) Start Point, Start Bay

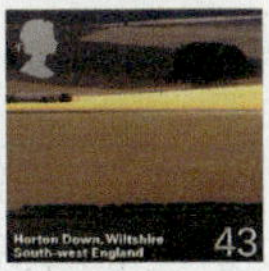

cbs) Horton Down, Wiltshire

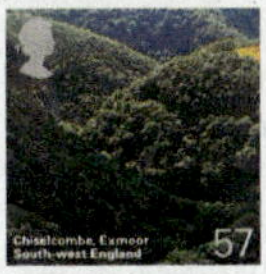

cbt) Chiselcombe, Exmoor

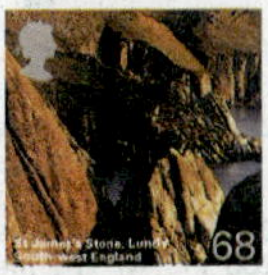

cbu) St. James's Stone, Lundy

2274	2nd	mehrfarbig	cbo	2,20	1,—
2275	1st	mehrfarbig	cbp	3,—	1,20
2276	40 (P)	mehrfarbig	cbr	1,30	1,30
2277	43 (P)	mehrfarbig	cbs	1,50	1,50

2278	57 (P)	mehrfarbig	cbt	1,80	1,80
2279	68 (P)	mehrfarbig	cbu	2,40	2,20
		Satzpreis (6 W.)		12,—	9,—
		FDC			10,—

Nominalen zur Zeit der Ausgabe: MiNr. 2274 = 21 P, MiNr. 2275 = 28 P

2005, 24. Febr. 150. Todestag von Charlotte Brontë. Odr., Bogen (5×5 und 5×5 + 5×5) und Markenheftchen; gez. K 14¼.

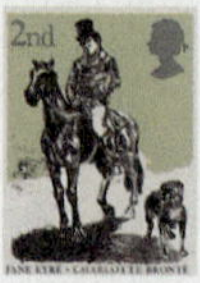

cbv

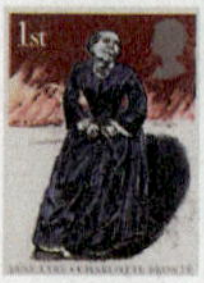

cbw

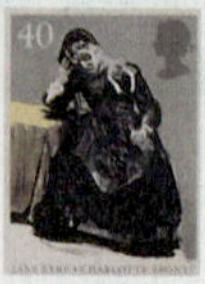

cbx

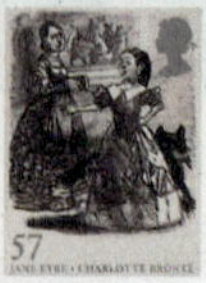

cby

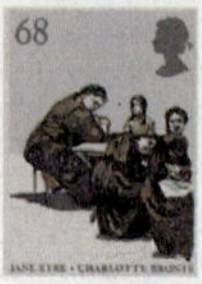

cbz

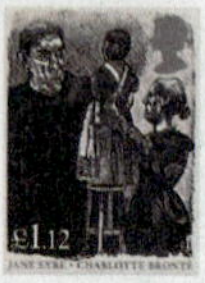

cca

cbv–cca) Illustrationen von Paula Rego (1935–2022) zum Roman „Jane Eyre" von Charlotte Brontë (1816–1855), Schriftstellerin

2280	2nd	mehrfarbig	cbv	2,20	1,—
2281	1st	mehrfarbig	cbw	3,—	1,20
2282	40 (P)	mehrfarbig	cbx	1,40	1,30
2283	57 (P)	mehrfarbig	cby	1,80	1,80
2284	68 (P)	mehrfarbig	cbz	2,60	2,20
2285	1.12 £	mehrfarbig	cca	4,—	3,50
		Satzpreis (6 W.)		15,—	11,—
		FDC			12,—

Blockausgabe mit MiNr. 2280–2285

Block 22	(115×105 mm)	ccb	15,—	13,—
	FDC			14,—

Nominalen zur Zeit der Ausgabe: MiNr. 2280 = 21 P, MiNr. 2281 = 28 P

MiNr. 2280–2285 stammen auch aus MH 148.

2005, 15. März. 100 Jahre „Magic Circle": Illusion und Zauberkunst. I = RaTdr. (5×5 und 5×5 + 5×5), II = Odr. (4×5 Zd); gez. K 14¼.

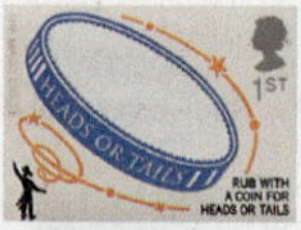

ccc) Kopf oder Zahl

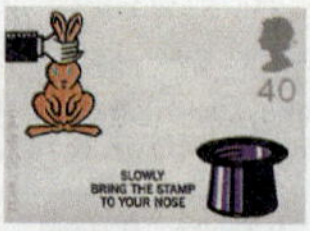

ccd) Kaninchen aus dem Zylinder

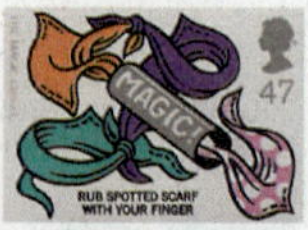

cce) Verknotete Tücher

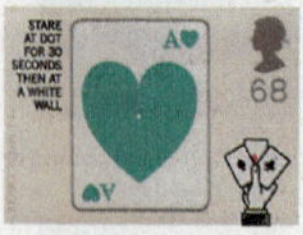

ccf) Herz-As

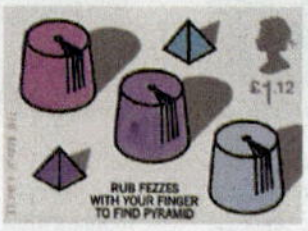

ccg) Hütchenspiel

2286	1ST	mehrfarbig	ccc		
I		RaTdr.		3,—	1,20
II		Odr.		3,20	1,50
2287 I	40 (P)	mehrfarbig	ccd	1,50	1,30
2288 I	47 (P)	mehrfarbig	cce	1,70	1,50
2289 I	68 (P)	mehrfarbig	ccf	2,20	2,—
2290 I	1.12 £	mehrfarbig	ccg	3,60	3,50
		Satzpreis I (5 W.)		12,—	9,50
		FDC I			11,—
		2286 II Zf		3,40	1,60

Nominale von MiNr. 2286 zur Zeit der Ausgabe: 28 P

Bei MiNr. 2286 handelt es sich um eine Rubbelmarke, bei MiNr. 2287 und 2289 um optische Täuschungen, bei MiNr. 2288 und 2290 wurde thermochrome Farbe verwendet.

MiNr. 2286 II wurde mit 20 Zierfeldern zusammenhängend im Bogen zu 20 Marken gedruckt (Postpreis: 6.15 £). Die Zierfelder konnten auf Bestellung auch individuell gestaltet werden (Postpreis: 14.95 £).

2005, 22. März. Blockausgabe: 50 Jahre Freimarkenausgabe „Burgen". Komb. StTdr. und Odr.; gez. Ks 11:11¾.

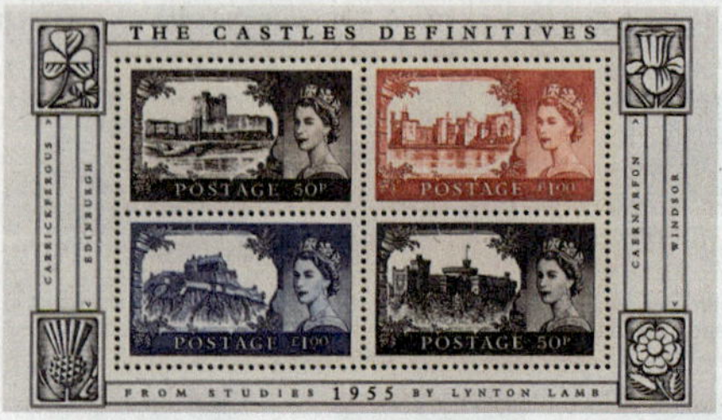

cch

ek el
em en

ek) Carrickfergus (Nordirland)
en) Windsor (England)
el) Caernarfon (Wales)
em) Edinburgh (Schottland)

2291	50 P	schwarzbraun	ek	1,60	1,60
2292	50 P	schwarz	en	1,60	1,60
2293	1.00 £	rot	el	3,40	3,40
2294	1.00 £	violettultramarin	em	3,40	3,40
Block 23		(127×73 mm)	cch	11,—	10,—
		FDC			11,—

	★★
Block 23 U ungezähnt	*5000,—*

In gleichen Zeichnungen siehe Fußnote nach MiNr. 281.

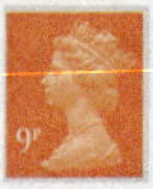

2005, 5. April. Freimarken: Königin Elizabeth II., Typ Machin. RaTdr., Bogen (B) (10×20) und Markenheftchen (MH); Sicherheitszähnung K 14¾:14¼.

ku) Königin Elizabeth II. (1926–2022, reg. ab 1952)

				★★	⊙
2295	9 P	dunkelorange (B)	ku	0,30	0,30
2296	35 P	gelboliv (B) (MH)	ku	1,20	1,10
2297	46 P	lebhaftbraungelb (B) (MH)	ku	1,50	1,40
		Satzpreis (3 W.)		3,—	2,80
		FDC			4,—

	★★
2296 U ungezähnt (B) (Paar)	*2500,—*

MiNr. 2296 stammt auch aus MH 150.
MiNr. 2297 stammt auch aus MH 153–154.

Gültig bis 31.1.2023, geduldet bis 31.7.2023

In gleicher Zeichnung siehe Übersicht nach Jahrgangswerttabelle.

Posttarife Großbritannien (7.4.2005–2.4.2006)

2. Klasse, Standardformat: 21 P (seit 1.4.2004)
1. Klasse, Standardformat: 30 P (zuvor: 28 P)
Europa, bis 20 g: 42 P (zuvor: 40 P)
Europa, 20 g–40 g: 60 P (zuvor: 57 P)
Postkarte, Seepost: 40 P (zuvor: 39 P)
Postkarte, Luftpost: 47 P (zuvor: 43 P)
Luftpost, bis 10 g: 47 P (seit 4.7.2002)
Luftpost, 10 g–20 g: 68 P (seit 4.7.2002)
Luftpost, 20 g–40 g: 1.12 £ (seit 4.7.2002)

2005, 9. April. Blockausgabe: Hochzeit von Prinz Charles und Camilla Parker Bowles. Odr.; gez. Ks 13¼:14.

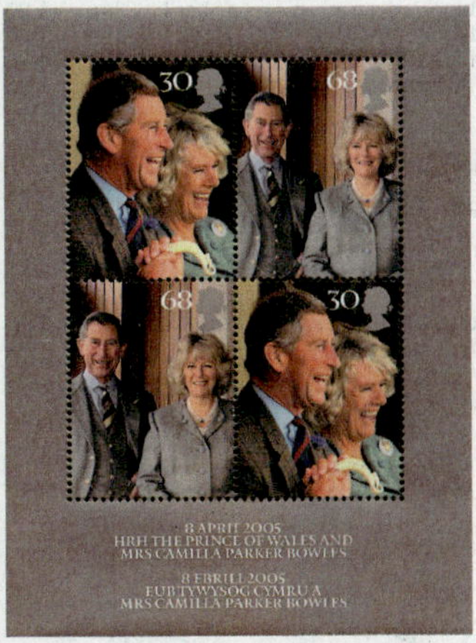

ccl

cci cck
cck cci

cci–cck) Prinz Charles (*1948) und Camilla Parker Bowles (*1947)

					★★	⊙
2298	30 (P)	mehrfarbig	. . . .	cci	1,20	1,20
2299	68 (P)	mehrfarbig	. . . .	cck	2,50	2,50
Block 24		mit 2 × MiNr. 2298–2299 (85×115 mm)	. . . .	ccl	8,—	7,50
				FDC		9,—

Bl. 24 wurde bei einigen Verkaufsstellen bereits am 8. April verkauft; die amtlichen FDC tragen überwiegend dieses Datum.

2005, 21. April. UNESCO-Welterbe in Großbritannien und Australien. Odr. (3×5 Zd und 3×5 Zd + 3×5 Zd); gez. K 14½.

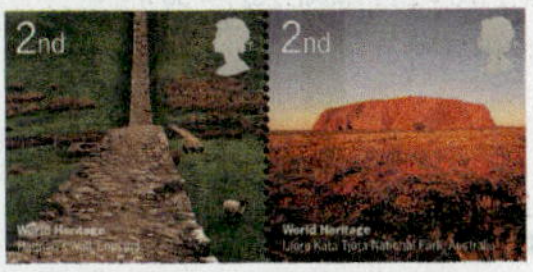

ccm) Hadrianswall, England
ccn) Nationalpark Uluru – Kata Tjuta, Nordterritorium

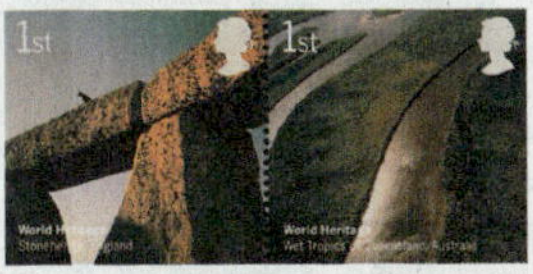

cco) Stonehenge, England
ccp) Nationalpark Wet Tropics, Queensland

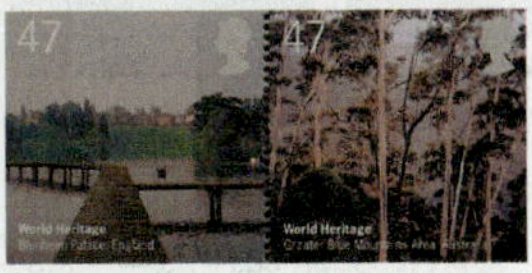

ccr) Schloss Blenheim, England
ccs) Greater Blue Mountains, Neusüdwales

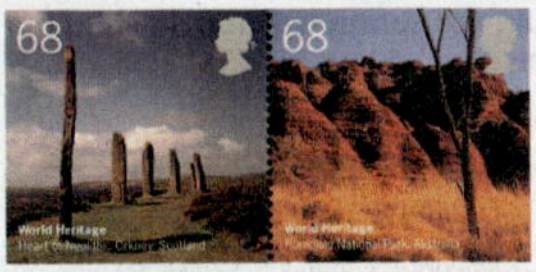

cct) Jungsteinzeitliches Monument „Ring of Brodgar" auf den Orkney-Inseln, Schottland
ccu) Purnululu-Nationalpark, Westaustralien

2300	2nd	mehrfarbig	. . . .	ccm	2,20	1,—
2301	2nd	mehrfarbig	. . . .	ccn	2,20	1,—
2302	1st	mehrfarbig	. . . .	cco	3,—	1,30
2303	1st	mehrfarbig	. . . .	ccp	3,—	1,30
2304	47 (P)	mehrfarbig	. . . .	ccr	1,60	1,50
2305	47 (P)	mehrfarbig	. . . .	ccs	1,60	1,50
2306	68 (P)	mehrfarbig	. . . .	cct	2,20	2,20
2307	68 (P)	mehrfarbig	. . . .	ccu	2,20	2,20
				Satzpreis (8 W.)	18,—	12,—
				4 Paare	18,—	12,—
				FDC		13,—

Nominalen zur Zeit der Ausgabe: MiNr. 2300–2301 je 21 P, MiNr. 2302–2303 = 30 P

Nominalgleiche Marken wurden waagerecht zusammenhängend gedruckt.

Parallelausgabe mit Australien MiNr. 2438–2445

2005, 7. Juni. Flaggen- und Truppenparade. Odr. (5×5 und 5×5 + 5×5); gez. K 14½.

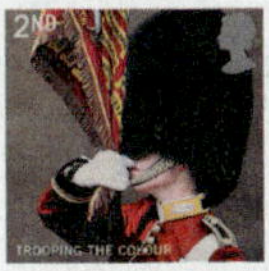

ccv) Flagge der Scots Guards

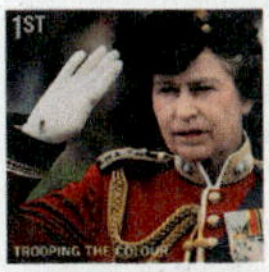

ccw) Die Königin als Oberkommandierende der Streitkräfte

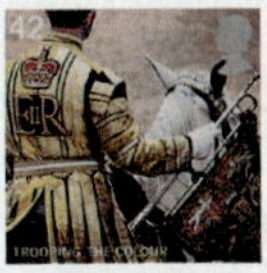

ccx) Trompeter der Gardekavallerie

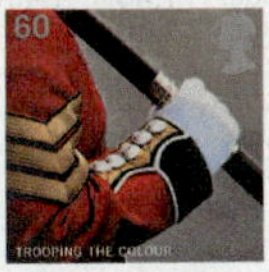

ccy) Soldat der Welsh Guards

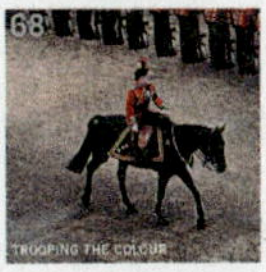

ccz) Abreiten der Front

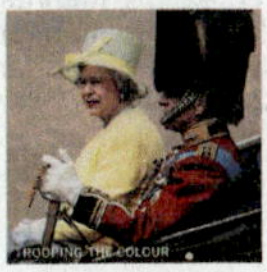

cda) Königin Elizabeth II. und Herzog von Edinburgh

2308	2ND	mehrfarbig	. . . .	ccv	2,20	1,—
2309	1ST	mehrfarbig	. . . .	ccw	3,—	1,30
2310	42 (P)	mehrfarbig	. . . .	ccx	1,60	1,40
2311	60 (P)	mehrfarbig	. . . .	ccy	2,—	1,80
2312	68 (P)	mehrfarbig	. . . .	ccz	2,40	2,—
2313	1.12 £	mehrfarbig	. . . .	cda	3,80	3,50
				Satzpreis (6 W.)	15,—	11,—
				FDC		12,—

Blockausgabe mit MiNr. 2308–2313

Block 25	(115×105 mm)	. . . .	cdb	15,—	13,—
			FDC		14,—

Nominalen zur Zeit der Ausgabe: MiNr. 2308 = 21 P, MiNr. 2309 = 30 P

MiNr. 2309 in kleinerem Bildausschnitt ähnlich wie MiNr. 4917

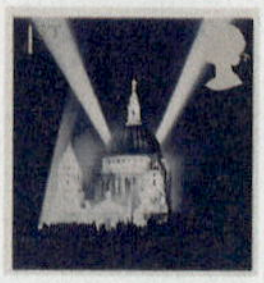

2005, 5. Juli. 60. Jahrestag der Beendigung des Zweiten Weltkrieges. RaTdr. (6); gez. K 14¼.

bae) St.-Pauls-Kathedrale, London; Scheinwerfer

2314	1ST	mehrfarbig	bae	3,—	2,—
			Kleinbogen	13,—	11,—
			FDC		12,—

Nominale zur Zeit der Ausgabe: 30 P

MiNr. 2314 wurde im Kleinbogen (mit 1 × MiNr. 2314 und 5 × MiNr. 1691) gedruckt.

In gleicher Zeichnung: MiNr. 1573

2005, 19. Juli. Britische Motorräder. Odr. (5×5 und 5×5 + 5×5); gez. K 13¾:14.

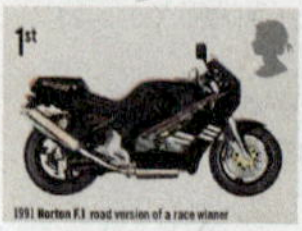

cdc) Norton F.1 (1991)

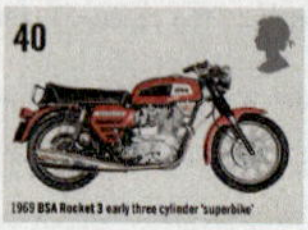

cdd) BSA Rocket 3 (1969)

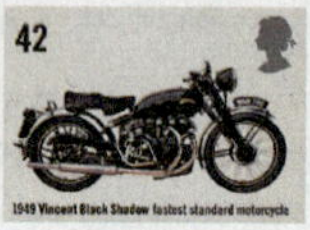

cde) Vincent Black Shadow (1949)

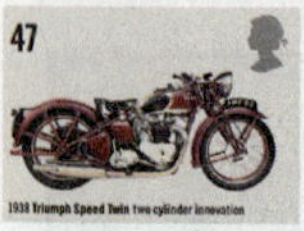

cdf) Triumph Speed Twin (1938)

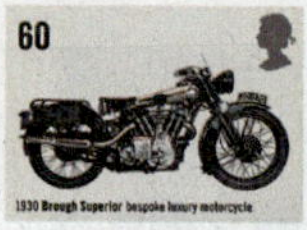

cdg) Brough Superior (1930)

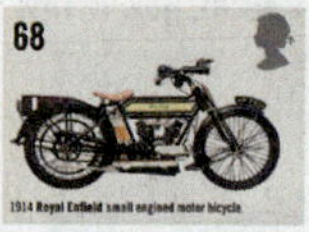

cdh) Royal Enfield (1914)

2315	1st	mehrfarbig	cdc	3,—	1,30
2316	40 (P)	mehrfarbig	cdd	1,40	1,30
2317	42 (P)	mehrfarbig	cde	1,40	1,40
2318	47 (P)	mehrfarbig	cdf	1,60	1,50
2319	60 (P)	mehrfarbig	cdg	2,—	1,80
2320	68 (P)	mehrfarbig	cdh	2,60	2,20
			Satzpreis (6 W.)	12,—	9,50
			FDC		11,—

Nominale von MiNr. 2315 zur Zeit der Ausgabe: 30 P

2005, 5. Aug. Blockausgabe: Olympische Sommerspiele 2012, London. Odr.; gez. Ks 14¼:14.

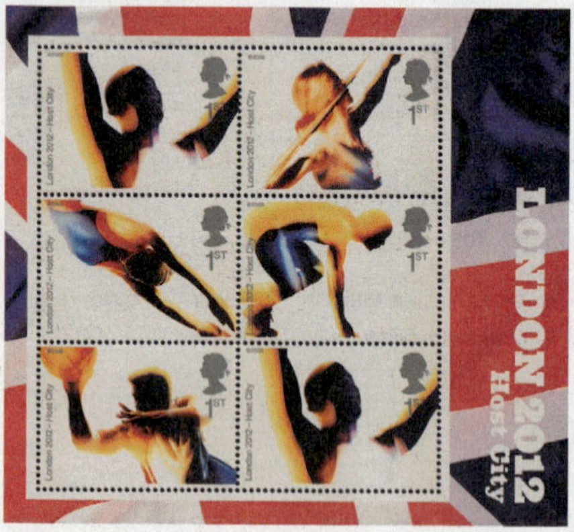

cdi

bcs I	bco I
bcr I	bcn I
bcp I	bcs I

bcs I) Triumphierender Athlet
bco I) Speerwerfen
bcr I) Schwimmen
bcn I) Laufen
bcp I) Basketball

2321	1ST	mehrfarbig	bcs I	3,—	1,20
2322	1ST	mehrfarbig	bco I	3,—	1,20
2323	1ST	mehrfarbig	bcr I	3,—	1,20
2324	1ST	mehrfarbig	bcn I	3,—	1,20
2325	1ST	mehrfarbig	bcp I	3,—	1,20
Block 26		(115×105 mm)	cdi	15,—	7,50
			FDC		9,—

Nominale zur Zeit der Ausgabe: je 30 P

In ähnlichen Zeichnungen: MiNr. 1642–1646

2005, 23. Aug. Nahrungsmittel; Europa: Gastronomie. RaTdr. (5×5 und 5×5 + 5×5); gez. K 14½.

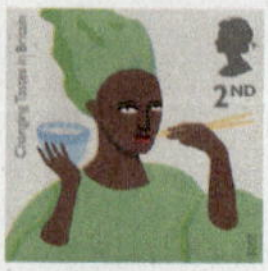

cdk) Reis

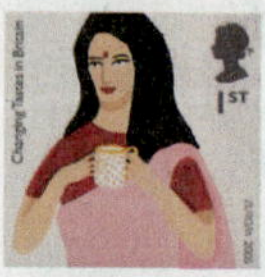

cdl) Tee

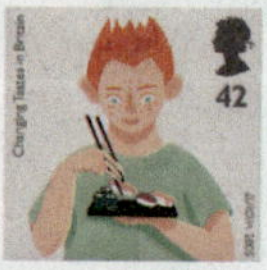

cdm) Sushi

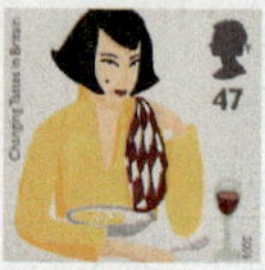

cdn) Nudeln

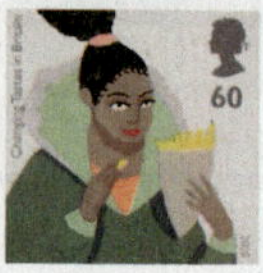

cdo) Fish and Chips

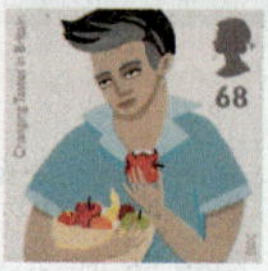

cdp) Äpfel

2326	2ND	mehrfarbig	cdk	2,20	1,—
2327	1ST	mehrfarbig	cdl	3,—	1,30
2328	42 (P)	mehrfarbig	cdm	1,40	1,40
2329	47 (P)	mehrfarbig	cdn	1,60	1,50
2330	60 (P)	mehrfarbig	cdo	1,80	1,80
2331	68 (P)	mehrfarbig	cdp	2,—	2,—
			Satzpreis (6 W.)	12,—	9,—
			FDC		10,—

Nominalen zur Zeit der Ausgabe: MiNr. 2326 = 21 P, MiNr. 2327 = 30 P

MiNr. 2327–2328 tragen die Inschrift „EUROPA".

2005, 15. Sept. 50 Jahre Privatfernsehen. Odr. (5×5 und 5×5 + 5×5 sowie 4×5 Zf); gez. K 14¼.

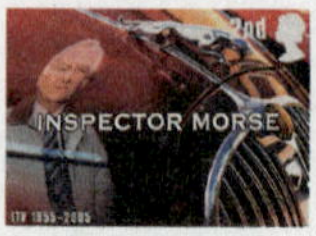

cdr) Inspector Morse

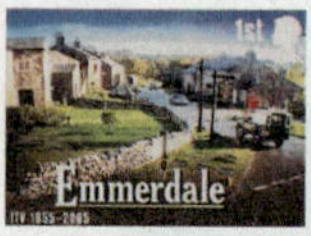

cds) Emmerdale

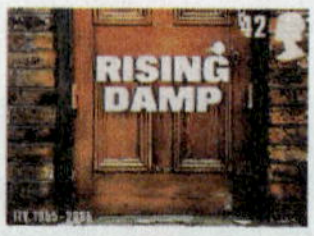

cdt) Rising Damp

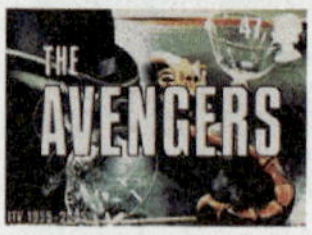

cdu) The Avengers

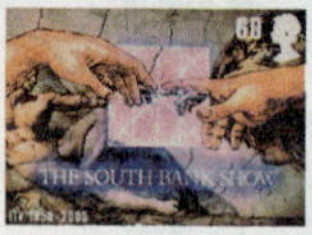

cdv) The South Bank Show

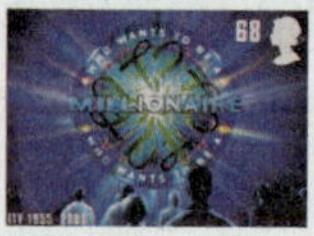

cdw) Who Wants To Be A Millionaire?

2332	2nd	mehrfarbig	cdr	2,20	1,—
2333	1st	mehrfarbig	cds	3,—	1,30
2334	42 (P)	mehrfarbig	cdt	1,40	1,40
2335	47 (P)	mehrfarbig	cdu	1,60	1,50
2336	60 (P)	mehrfarbig	cdv	1,80	1,80
2337	68 (P)	mehrfarbig	cdw	2,—	2,—
			Satzpreis (6 W.)	12,—	9,—
			FDC		10,—
			2333 Zf	3,20	2,—

Nominalen zur Zeit der Ausgabe: MiNr. 2332 = 21 P, MiNr. 2333 = 30 P

MiNr. 2333 wurde auch mit 20 Zierfeldern zusammenhängend im Bogen zu 20 Marken gedruckt (Postpreis: 6.55 £). Die Zierfelder konnten auf Bestellung auch individuell gestaltet werden (Postpreis: 14.95 £).

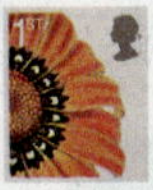

2005, 4. Okt./2022, 19. Feb. Grußmarken. I = RaTdr., Markenheftchen (MH) (3×2), II = Odr., Folienbogen (Fbg.) (2×10 Zd); selbstklebend; C = wellenförmig gestanzt 14¾:14¼, CS = zähnungsähnliche Sicherheitsstanzung 14¾:14¼.

cdx) Mittagsgold (Gazania splendens)

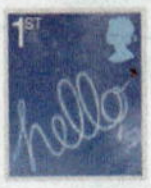
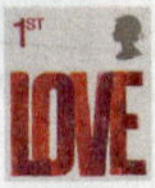
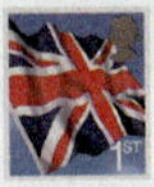
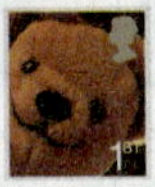
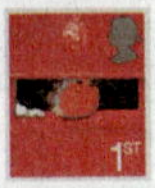

cdy) Hallo! cdz) Alles Liebe! cea) Nationalflagge „Union Jack“ ceb) Teddybär cec) Rotkehlchen in Briefkastenschlitz

2338		1ST	mehrfarbig	cdx		
	I		RaTdr. (MH)			
	C		wellenförmig gestanzt		3,—	1,20
	CS		Sicherheitsstanzung (28.2.2008)		4,—	2,—
	II		Odr. (Fbg.)			
	C		wellenförmig gestanzt		3,—	1,20
	CS		Sicherheitsstanzung (28.10.2008)		3,—	1,20
2339		1ST	mehrfarbig	cdy		
	I		RaTdr. (MH)			
	C		wellenförmig gestanzt		3,—	1,20
	CS		Sicherheitsstanzung (28.2.2008)		4,—	2,—
	II		Odr. (Fbg.)			
	C		wellenförmig gestanzt		3,—	1,20
	CS		Sicherheitsstanzung (15.1.2008)		3,—	1,20
2340		1ST	mehrfarbig	cdz		
	I		RaTdr. (MH)			
	C		wellenförmig gestanzt		3,—	1,20
	CS		Sicherheitsstanzung (16.1.2007)		4,—	2,—
	II		Odr. (Fbg.)			
	C		wellenförmig gestanzt		3,—	1,20
	CS		Sicherheitsstanzung (15.1.2008)		3,—	1,20
2341		1ST	mehrfarbig	cea		
	I		RaTdr. (MH)			
	C		wellenförmig gestanzt		3,—	1,20
	CS		Sicherheitsstanzung (28.2.2008)		4,—	2,—
	II		Odr. (Fbg.)			
	C		wellenförmig gestanzt		3,—	1,20
	CS		Sicherheitsstanzung (15.1.2008)		3,—	1,20
2342		1ST	mehrfarbig	ceb		
	I C		RaTdr. (MH)		3,—	1,20
	II		Odr. (Fbg.)			
	C		wellenförmig gestanzt		3,—	1,20
	CS		Sicherheitsstanzung (Anfang 2011)		3,—	2,50
2343		1ST	mehrfarbig	cec		
	I C		RaTdr. (MH)		3,—	1,20
	II		Odr. (Fbg.)			
	C		wellenförmig gestanzt		3,—	1,20
	CS		Sicherheitsstanzung (8.5.2010)		3,—	1,20
			Satzpreis I C (6 W.)		18,—	7,—
			FDC I C			8,—
			2340 I CS Zf		4,50	2,50
			2338 II C Zf–2343 II C Zf		16,—	13,—
			2338 II CS Zf		3,50	2,50
			2339 II CS Zf–2341 II CS Zf		10,—	7,—
			2342 II CS Zf		3,50	3,—
			2343 II CS Zf		3,50	2,50

Nominale zur Zeit der Erstausgabe: je 30 P

MiNr. 2338 I C–2343 I C stammen aus MH 0-288, MiNr. 2340 I CS wurde zusammen mit 5 × MiNr. 2439 im MH 0-299 ausgegeben.

Am 15.1.2008 wurde MiNr. 2340 I CS (2×) mit jeweils links anhängendem Zierfeld, das durch 3 schmale Verbindungsstege mit der Marke verbunden ist, zusammen mit 4 × MiNr. 2025 im MH 0-302 ausgegeben.

Am 28.2.2008 wurden MiNr. 2338 I CS–2339 I CS und 2341 I CS zusammen mit MiNr. 2454 I CS–2456 I CS im MH 0-303 ausgegeben. MiNr. 2339 II CS stammt auch aus Folienbogen zu 20 Marken und 20 Zierfeldern vom 8.5.2010 (Postpreis: 8.50 £).

MiNr. 2338 II C–2343 II C stammen ursprünglich (4.10.2005) aus Folienbogen auf Privatbestellung zu jeweils 20 Marken und 20 individuell gestaltbaren, jeweils links anhängenden Zierfeldern, die durch 3 schmale Verbindungsstege mit der Marke verbunden sind (Postpreis: 14.95 £).

Ab 4.7.2006 wurden MiNr. 2338 II C (3×), MiNr. 2339 II C–2340 II C (je 4×) und MiNr. 2341 II C–2343 II C (je 3×) zusammen mit 20 Zierfeldern zusammenhängend im Folienbogen zu 20 Marken gedruckt (Postpreis: 6.95 £).

Ab 15.1.2008 wurden MiNr. 2339 II CS (6×), MiNr. 2340 II CS (8×) und MiNr. 2341 II CS (6×) zusammen mit 2×10 verschiedenen, jeweils links anhängenden, kreisförmigen Zierfeldern, die jeweils durch 4 schmale Verbindungsstege mit der Marke verbunden sind, gedruckt (Postpreis: 7.35 £). Auf Privatbestellung wurden außerdem MiNr. 2339 II CS–2341 II CS jeweils im Folienbogen zu 10 Marken und 10 Zierfeldern bzw. zu 20 Marken und 20 Zierfeldern ausgegeben (Postpreis: 7.50 bzw. 13.50 £).

Ab 28.10.2008 wurde MiNr. 2338 II CS und ab 30.4.2009 auch MiNr. 2339 II CS jeweils im Folienbogen zu 10 Marken und 10 verschiedenen, jeweils links anhängenden, kreisförmigen Zierfeldern, die jeweils durch 3 schmale Verbindungsstege mit der Marke verbunden sind, zusammen mit Umschlägen ausgegeben (Postpreis: 7.95 £). MiNr. 2338 II CS und MiNr. 2339 II CS gibt es auch im Folienbogen zu 20 Marken und 20 Zierfeldern (Postpreis: 7.95 £ bzw. 8.50 £).

Ab 8.5.2010 wurde MiNr. 2343 II CS zusammen mit MiNr. 2340 II CS (1×), MiNr. 2341 II CS (3×), MiNr. 2453 II CS–2455 II CS (je 1×), MiNr. 2874 (4×), MiNr. 2877 (4×) und MiNr. 2882–2883 (je 2×) im Folienbogen zu 20 Marken und 20 Zierfeldern, die durch 3 schmale Verbindungsstege mit der Marke verbunden sind, ausgegeben (Postpreis: 10 £).

Ab Anfang 2011 wurde MiNr. 2342 II CS auf Privatbestellung im Folienbogen zu 20 Marken und 20 individuell gestalteten, jeweils links anhängenden Zierfeldern, die durch 3 schmale Verbindungsstege mit der Marke verbunden sind, ausgegeben (Postpreis: 13.95 £).

In gleicher Zeichnung wie MiNr. 2341: MiNr. 3834 (nassklebend)
In größerem Format: MiNr. 1251, 1327, 1596, 1673, 1961, 1989–1990, 5482 (nassklebend), MiNr. 5668 (selbstklebend)

2005, 6. Okt. Blockausgabe: Gewinn der Kricket-Test-Matches gegen Australien durch die englische Nationalmannschaft. Odr.; gez. Ks 14¼:14.

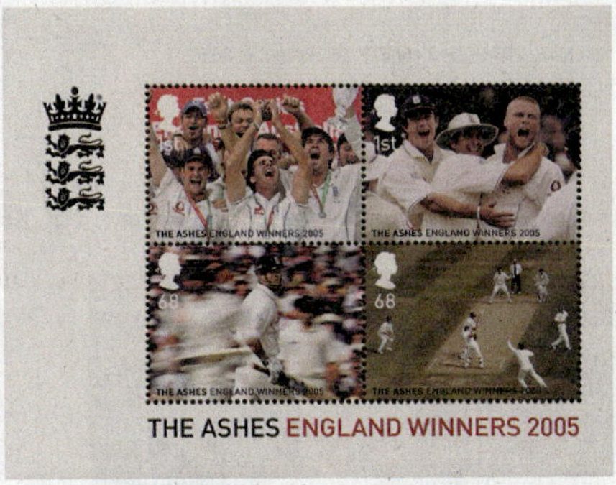

ceh

ced) Siegermannschaft mit Pokal
cee) Jubelnde Spieler
cef) Schlagmann in Aktion
ceg) Spielszene

2344	1st	mehrfarbig	ced	3,—	1,80
2345	1st	mehrfarbig	cee	3,—	1,80
2346	68 (P)	mehrfarbig	cef	2,50	2,50
2347	68 (P)	mehrfarbig	ceg	2,50	2,50
Block 27		(115×90 mm)	ceh	11,—	9,—
			FDC		10,—

Nominale von MiNr. 2344–2345 zur Zeit der Ausgabe: je 30 P

2005, 18. Okt. 200. Jahrestag der Schlacht von Trafalgar. Odr., Bogen (2×6 Zd und 2×6 Zd + 2×6 Zd) und Markenheftchen; gez. K 14¾:14¼.

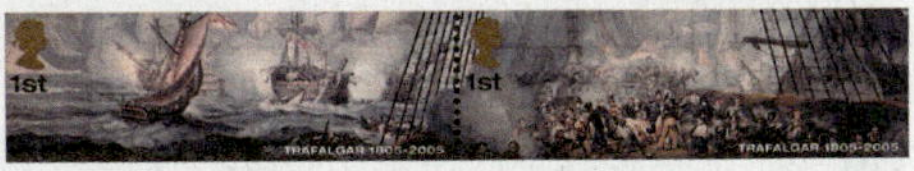

cei) Kutter HMS „Entrepreante“ eilt der getroffenen HMS „Belle Isle“ zu Hilfe
cek) Verwundung von Horatio Viscount Nelson (1758–1805), Admiral

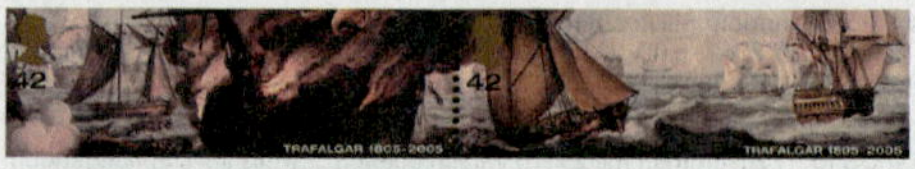

cel) HMS „Entrepreante“ und brennende „Achille“
cem) Schoner HMS „Pickle“ auf der Rückfahrt nach England

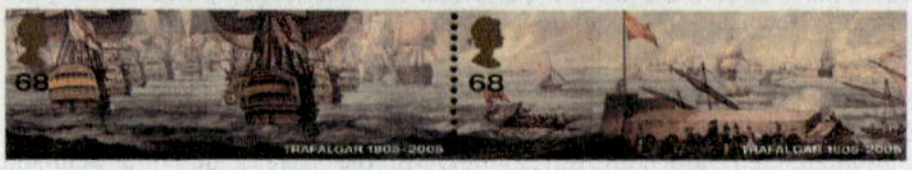

cen) Angriff der britischen Flotte in zwei Linien
ceo) Auslaufen der Armada aus Cádiz

cei–ceo) Schlacht von Trafalgar; Panoramagemälde von William Heath (1795–1840)

2348	1st	mehrfarbig	cei	3,—	1,50
2349	1st	mehrfarbig	cek	3,—	1,50
2350	42 (P)	mehrfarbig	cel	1,30	1,30
2351	42 (P)	mehrfarbig	cem	1,30	1,30
2352	68 (P)	mehrfarbig	cen	2,20	2,—
2353	68 (P)	mehrfarbig	ceo	2,20	2,—
			Satzpreis (6 W.)	13,—	9,50
			3 Paare	13,—	10,—
			FDC		11,—

Blockausgabe mit MiNr. 2348–2353

Block 28	(190×68 mm)	cep	14,—	10,—
		FDC		11,—

Nominale von MiNr. 2348–2349 zur Zeit der Ausgabe: 30 P

MiNr. 2348–2353 stammen auch aus MH 149.

2005, 1. Nov. Blockausgabe: Weihnachten. RaTdr.; gez. Ks 14¼:14.

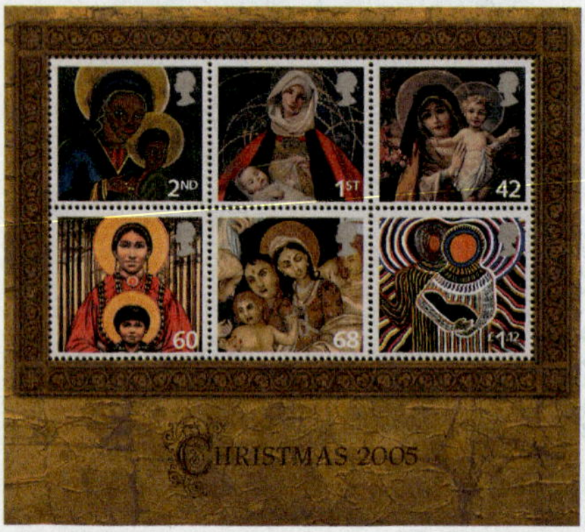

cex

cer) Haiti
ces) Europa
cet) Europa
ceu) Nordamerika (Indianer)
cev) Indien
cew) Australien (Aborigines)

cer–cew) Maria mit Kind auf Gemälden aus unterschiedlichen Kulturtraditionen

2354	2ND	mehrfarbig	cer	2,20	1,—
2355	1ST	mehrfarbig	ces	3,—	1,30
2356	42 (P)	mehrfarbig	cet	1,40	1,30
2357	60 (P)	mehrfarbig	ceu	2,—	1,80
2358	68 (P)	mehrfarbig	cev	2,60	2,20
2359	1.12 £	mehrfarbig	cew	3,80	3,40
Block 29		(115×103 mm)	cex	15,—	11,—
			FDC		12,—

Nominalen zur Zeit der Ausgabe: MiNr. 2354 = 21 P, MiNr. 2355 = 30 P

In gleichen Zeichnungen: MiNr. 2360–2365 (selbstklebend)

2005, 1. Nov. Weihnachten. RaTdr., Bogen (B) (5×5 + 5×5) und Markenheftchen (MH) (MiNr. 2356 3×8, MiNr. 2357 3×4); selbstklebend; gestanzt 14¼:14.

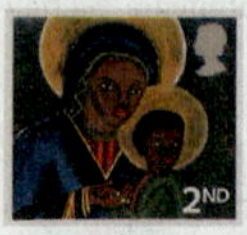 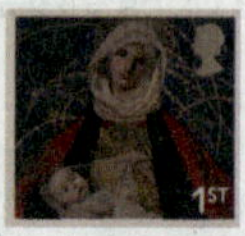 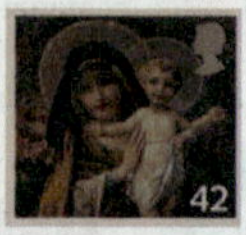

cer) Haiti ces) Europa cet) Europa

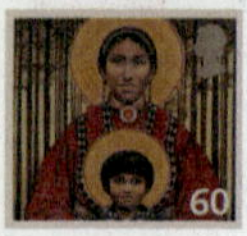 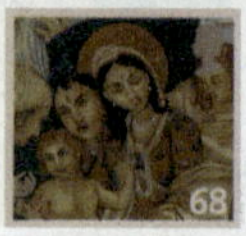 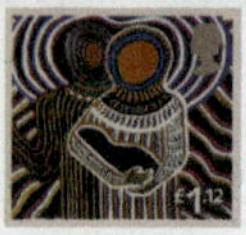

ceu) Nordamerika (Indianer) cev) Indien cew) Australien (Aborigines)

cer–cew) Maria mit Kind auf Gemälden aus unterschiedlichen Kulturtraditionen

2360	2ND	mehrfarbig (B) (MH)	cer	2,20	1,—
2361	1ST	mehrfarbig (B) (MH)	ces	3,—	1,30
2362	42 (P)	mehrfarbig (B)	cet	1,40	1,30
2363	60 (P)	mehrfarbig (B)	ceu	2,—	1,80
2364	68 (P)	mehrfarbig (B)	cev	2,60	2,20
2365	1.12 £	mehrfarbig (B)	cew	3,80	3,40
			Satzpreis (6 W.)	15,—	11,—
			FDC		12,—

Nominalen zur Zeit der Ausgabe: MiNr. 2360 = 21 P, MiNr. 2361 = 30 P

MiNr. 2360 stammt auch aus MH 0-290.
MiNr. 2361 stammt auch aus MH 0-289.

In gleichen Zeichnungen: MiNr. 2354–2359 (nassklebend)

2006, 10. Jan. Tierfiguren aus Kinderbüchern. Odr. (3×5 Zd und 3×5 Zd + 3×5 Zd); gez. K 14½.

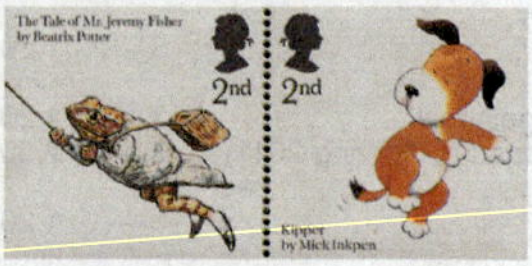

cex) Die Geschichte von Jeremy dem Frosch; von Beatrix Potter (1866–1943)
cey) Bubu (Kipper); von Mick Inkpen (*1952)

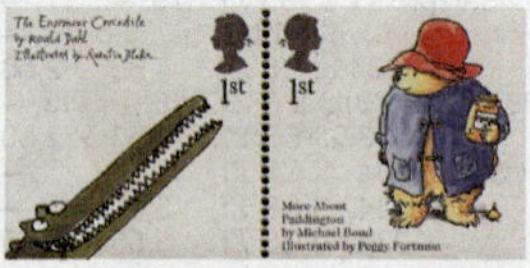

cez) Das riesengroße Krokodil; von Roald Dahl (1916–1990) und Quentin Blake (*1932)
cfa) Mehr von Paddington; von Michael Bond (1926–2017) und Peggy Fortnum (1919–2016)

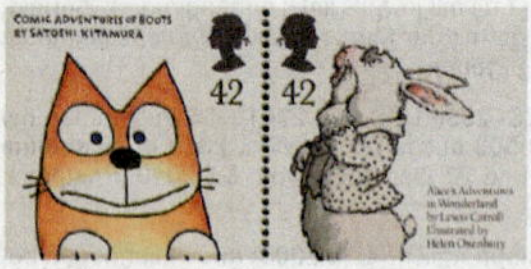

cfb) Die komischen Abenteuer von Kater Stiefel; von Satoshi Kitamura (*1956)
cfc) Alice im Wunderland; von Lewis Carroll (1832–1898) und Helen Oxenbury (*1938)

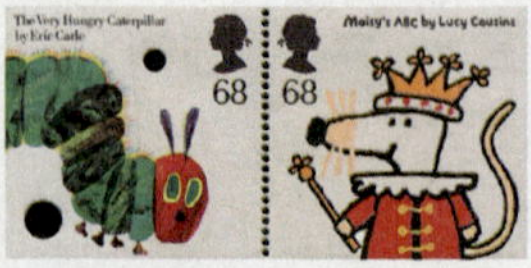

cfd) Die kleine Raupe Nimmersatt; von Eric Carle (1929–2021)
cfe) Mausis ABC; von Lucy Cousins (*1964)

2366	2nd	mehrfarbig	cex	2,20	1,—
2367	2nd	mehrfarbig	cey	2,20	1,—
2368	1st	mehrfarbig	cez	3,—	1,30
2369	1st	mehrfarbig	cfa	3,—	1,30
2370	42 (P)	mehrfarbig	cfb	1,30	1,20
2371	42 (P)	mehrfarbig	cfc	1,30	1,20
2372	68 (P)	mehrfarbig	cfd	2,—	2,—
2373	68 (P)	mehrfarbig	cfe	2,—	2,—
		Satzpreis (8 W.)		17,—	11,—
		4 Paare		17,—	11,—
		FDC			12,—

Nominalen zur Zeit der Ausgabe: MiNr. 2366–2367 je 21 P, MiNr. 2368–2369 je 30 P

Nominalgleiche Marken wurden waagerecht zusammenhängend gedruckt.

MiNr. 2372 weist zwei Durchlochungen mit 3 und 5 mm Durchmesser auf.

In gleicher Zeichnung wie MiNr. 2369: MiNr. 2374 (selbstklebend)

Parallelausgabe mit Vereinigte Staaten von Amerika MiNr. 4020 bis 4027

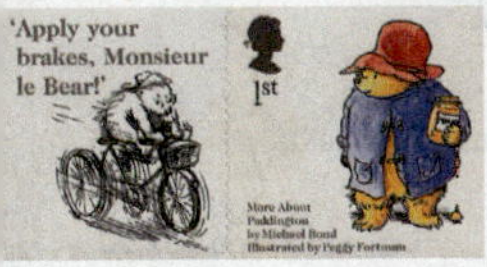

2006, 10. Jan. Tierfiguren aus Kinderbüchern. Odr., Folienbogen (4×5 Zd); selbstklebend; wellenförmig gestanzt 14½.

Zierfeld
cfa) Mehr von Paddington; von Michael Bond (1926–2017) und Peggy Fortnum (1919–2016)

2374	1st	mehrfarbig	cfa	3,—	1,40
			FDC		2,—
			2374 Zf	3,20	2,—

Nominale zur Zeit der Ausgabe: 30 P

MiNr. 2374 wurde im Folienbogen zu 20 Marken und 20 verschiedenen, jeweils links anhängenden Zierfeldern, die durch 4 schmale Verbindungsstege mit der Marke verbunden sind, gedruckt (Postpreis: 6.55 £). Die Zierfelder konnten auf Bestellung auch individuell gestaltet werden (Postpreis: 14.95 £).

In gleicher Zeichnung: MiNr. 2369 (nassklebend)

2006, 7. Febr. Britische Landschaften (VIII): England. RaTdr. (1×3 Zd und 1×3 Zd + 1×3 Zd); gez. K 14¼:14½.

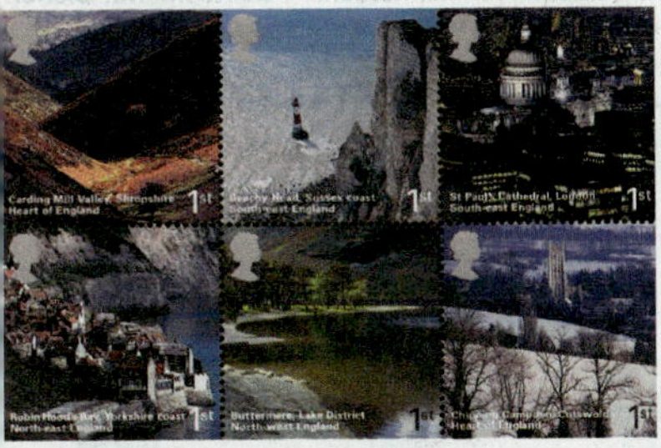

cff) Carding Mill Valley, Shropshire
cfg) Beachy Head, Sussex
cfh) St.-Pauls-Kathedrale, London

cfl) Robin Hood's Bay, Yorkshire
cfm) Buttermere, Lake District
cfn) Chipping Campden, Cotswolds

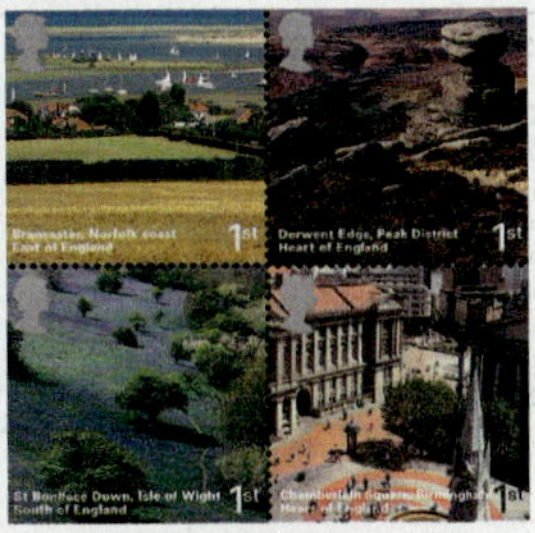

cfi) Brancaster, Norfolk
cfk) Derwent Edge, Peak District

cfo) St. Boniface Down, Insel Wight
cfp) Chamberlain Square, Birmingham

2375	1st	mehrfarbig	cff	3,—	1,20
2376	1st	mehrfarbig	cfg	3,—	1,20
2377	1st	mehrfarbig	cfh	3,—	1,20
2378	1st	mehrfarbig	cfi	3,—	1,20
2379	1st	mehrfarbig	cfk	3,—	1,20
2380	1st	mehrfarbig	cfl	3,—	1,20
2381	1st	mehrfarbig	cfm	3,—	1,20
2382	1st	mehrfarbig	cfn	3,—	1,20
2383	1st	mehrfarbig	cfo	3,—	1,20
2384	1st	mehrfarbig	cfp	3,—	1,20
		Satzpreis (10 W.)		30,—	12,—
		Zehnerblock		30,—	12,—
		FDC			13,—

Nominale zur Zeit der Ausgabe: je 30 P

MiNr. 2375–2384 wurden in Zehnerblockanordnung zusammenhängend gedruckt.

2006, 23. Febr. 200. Geburtstag von Isambard Kingdom Brunel. Odr., Bogen (4×6 und 4×6 + 4×6) und Markenheftchen; gez. K 14:13½.

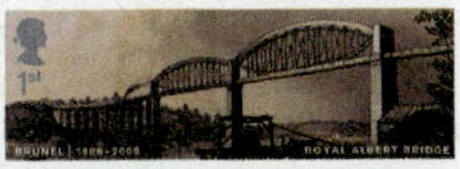

cfr) Royal-Albert-Brücke, Saltash

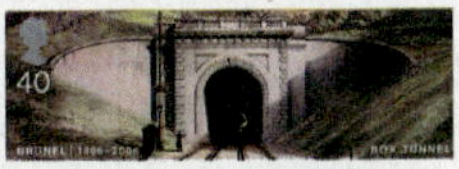

cfs) Box-Tunnel zwischen Bath und Chippenham

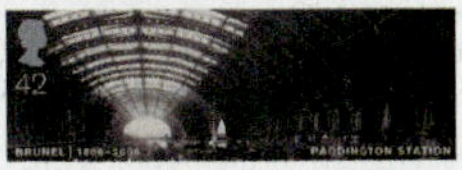

cft) Paddington Station, London

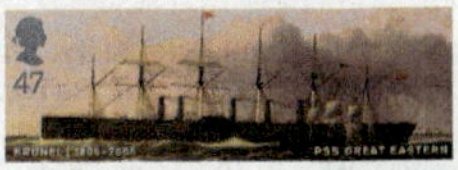

cfu) Raddampfer „Great Eastern"

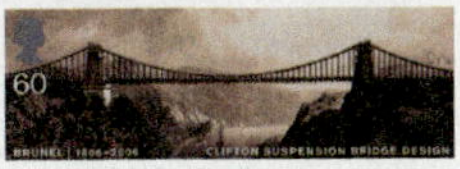

cfv) Clifton-Hängebrücke bei Bristol

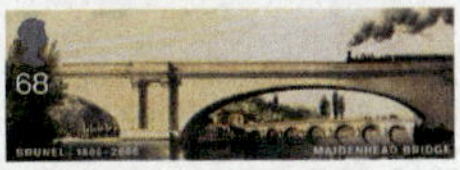

cfw) Maidenhead-Brücke

cfr–cfw) Werke von Isambard Kingdom Brunel (1806–1859), Ingenieur

2385	1st	mehrfarbig	cfr	3,—	1,20
2386	40 (P)	mehrfarbig	cfs	1,30	1,30
2387	42 (P)	mehrfarbig	cft	1,40	1,40
2388	47 (P)	mehrfarbig	cfu	1,60	1,60
2389	60 (P)	mehrfarbig	cfv	1,80	1,80
2390	68 (P)	mehrfarbig	cfw	2,20	2,20
		Satzpreis (6 W.)		11,—	9,50
		FDC			11,—

Blockausgabe mit MiNr. 2385–2390

Block 30	(190×67 mm)	cfx	12,—	9,50
	FDC			11,—

Nominale von MiNr. 2385 zur Zeit der Ausgabe: 30 P

MiNr. 2385–2390 stammen auch aus MH 150.

Posttarife Großbritannien (3.4.2006–1.4.2007)

2. Klasse, Standardformat: 23 P (zuvor: 21 P)
1. Klasse, Standardformat: 32 P (zuvor: 30 P)
Europa, bis 20 g: 44 P (zuvor: 42 P)
Europa, 20 g–40 g: 64 P (zuvor: 60 P)
Postkarte, Seepost: 42 P (zuvor: 40 P)
Postkarte, Luftpost: 50 P (zuvor: 47 P)
Luftpost, bis 10g: 50 P (zuvor: 50 P)
Luftpost, 10 g–20 g: 72 P (zuvor: 68 P)
Luftpost, 20 g–40 g: 1.19 £ (zuvor: 1.12 £)

2006, 21. März. Eiszeitliche Tiere. Odr. (5×5 und 5×5 + 5×5); gez. K 14¼:14½.

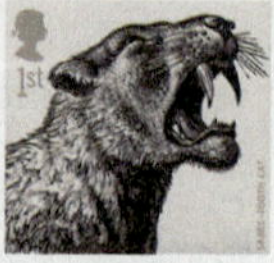

cfy) Säbelzahnkatze

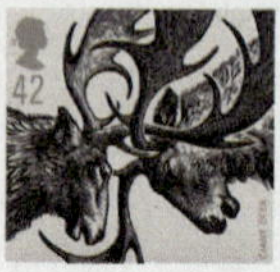

cfz) Riesenhirsch (Megaloceros giganteus)

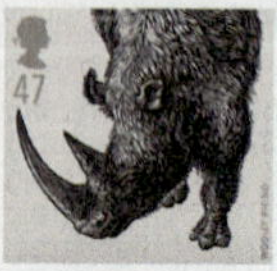

cga) Wollnashorn (Coelodonta antiquatis)

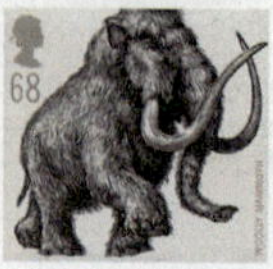

cgb) Mammut (Mammuthus sp.)

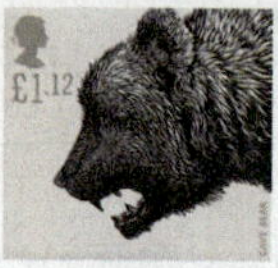

cgc) Höhlenbär (Ursus spelaeus)

2391	1st	mattgrau/schwarz	....	cfy	3,—	1,30
2392	42 (P)	mattgrau/schwarz	....	cfz	1,30	1,30
2393	47 (P)	mattgrau/schwarz	....	cga	1,50	1,50
2394	68 (P)	mattgrau/schwarz	....	cgb	2,20	2,20
2395	1.12 £	mattgrau/schwarz	....	cgc	3,40	3,20
				Satzpreis (5 W.)	11,—	9,50
				FDC		11,—

Nominale von MiNr. 2391 zur Zeit der Ausgabe: 30 P

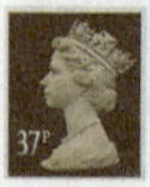

2006, 28. März. Freimarken: Königin Elizabeth II., Typ Machin. RaTdr. (10×20); Sicherheitszähnung K 14¾:14¼.

ku) Königin Elizabeth II. (1926–2022, reg. ab 1952)

2396	37 P	dunkelbraunoliv	....	ku	1,20	1,10
2397	44 P	dunkelkobalt	....	ku	1,50	1,30
2398	49 P	mittelsiena	....	ku	1,80	1,50
2399	72 P	dunkelrosarot	....	ku	2,50	2,20
				Satzpreis (4 W.)	7,—	6,—
				FDC		7,—

Gültig bis 31.1.2023, geduldet bis 31.7.2023

In gleicher Zeichnung siehe Übersicht nach Jahrgangswerttabelle.

2006, 18. April. 80. Geburtstag von Königin Elizabeth II. RaTdr. (3×5 Zd und 3×5 Zd + 3×5 Zd); gez. K 14¼.

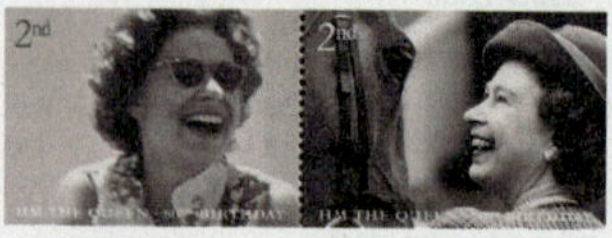

cgd) 1972
cge) 1985

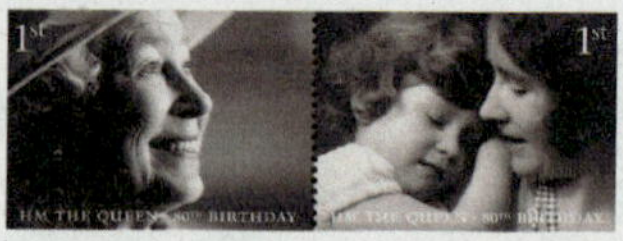

cgf) 2001
cgg) 1931, mit Königinmutter Elizabeth (1900–2002)

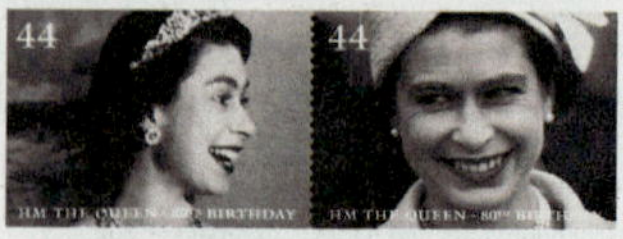

cgh) 1951
cgi) 1960

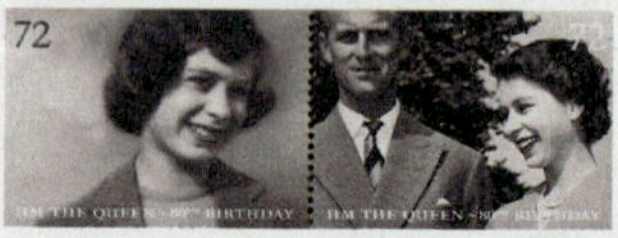

cgk) 1940
cgl) 1950, mit Prinz Philip
cgd–cge) Königin Elizabeth II. (1926–2022, reg. ab 1952)

2400	2nd	mehrfarbig	....	cgd	2,20	1,—
2401	2nd	mehrfarbig	....	cge	2,20	1,—
2402	1st	mehrfarbig	....	cgf	3,—	1,20
2403	1st	mehrfarbig	....	cgg	3,—	1,20
2404	44 (P)	mehrfarbig	....	cgh	1,40	1,40
2405	44 (P)	mehrfarbig	....	cgi	1,40	1,40
2406	72 (P)	mehrfarbig	....	cgk	2,40	2,40
2407	72 (P)	mehrfarbig	....	cgl	2,40	2,40
				Satzpreis (8 W.)	18,—	12,—
				4 Paare	18,—	12,—
				FDC		13,—

Nominalen zur Zeit der Ausgabe: MiNr. 2400–2401 je 23 P, MiNr. 2402–2403 je 32 P

Nominalgleiche Marken wurden waagerecht zusammenhängend gedruckt.

Sonderprägungen von MiNr. 2400–2407 auf Silberfolie in Markengröße stammen aus einem Souveniralbum (Commemorative Document). Sie sind nicht frankaturgültig.

2006, 6. Juni. Fußball-Weltmeisterschaft, Deutschland: Bisherige Weltmeister. Odr. (5×5 und 5×5 + 5×5); gez. K 14½.

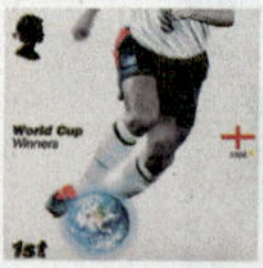

cgm) England (1966); Geoff Hurst

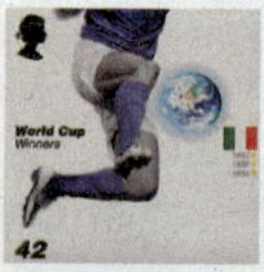

cgn) Italien (1934, 1938, 1982); Paolo Rossi

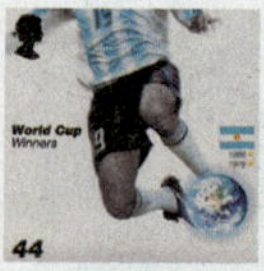

cgo) Argentinien (1978, 1986); Diego Maradona

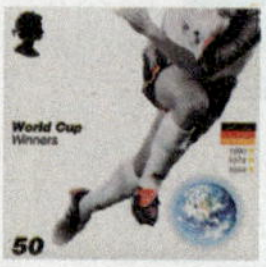

cgp) Deutschland (1954, 1974, 1990); Franz Beckenbauer

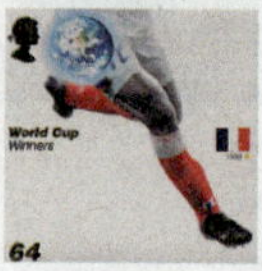

cgr) Frankreich (1998); Zinedine Zidane

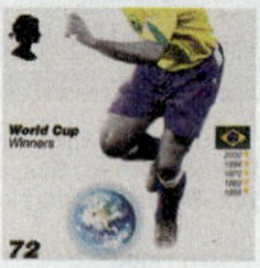

cgs) Brasilien (1958, 1962, 1970, 1994, 2002); Pelé

2408	1st	mehrfarbig	....	cgm	3,—	1,30
2409	42 (P)	mehrfarbig	....	cgn	1,20	1,20
2410	44 (P)	mehrfarbig	....	cgo	1,40	1,30
2411	50 (P)	mehrfarbig	....	cgp	1,60	1,50
2412	64 (P)	mehrfarbig	....	cgr	2,20	2,—
2413	72 (P)	mehrfarbig	....	cgs	2,60	2,20
				Satzpreis (6 W.)	12,—	9,50
				FDC		11,—
				2408 Zf	3,20	2,—

Nominale von MiNr. 2408 zur Zeit der Ausgabe: 32 P

MiNr. 2408 wurde auch im Bogen zu 20 Marken und 20 personalisierbaren Zierfeldern gedruckt. Postpreis: 6.95 £, mit personalisierten Zierfeldern: 14.95 £.

2006, 20. Juni. Moderne Architektur. RaTdr. (5×5 und 5×5 + 5×5); gez. K 14½.

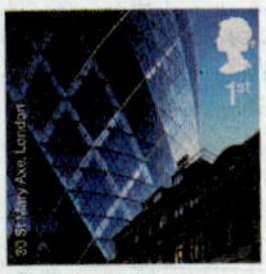

cgt) 30 St. Mary Axe, London; von Norman Foster (*1935)

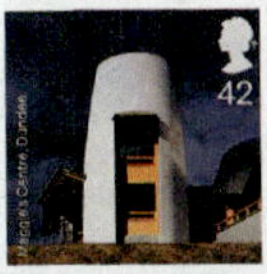

cgu) Maggie's Centre, Dundee; von Frank Gehry (*1929)

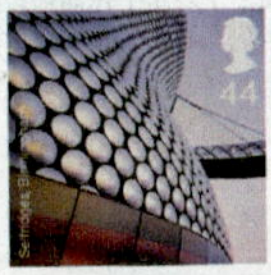

cgv) Selfridges, Birmingham; von Future Systems

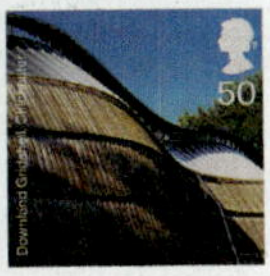

cgw) Downland Gridshell, Chichester; von Edward Cullinan (1931–2019)

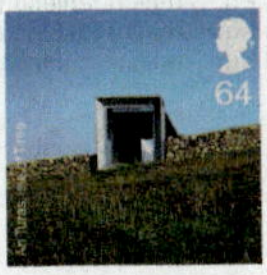

cgx) An Turas, Isle of Tiree; von Sutherland Hussey Architects

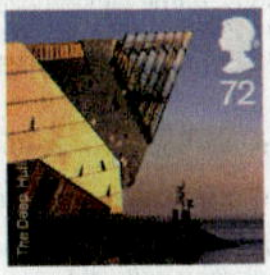

cgy) The Deep, Hull; von Terry Farrell (*1938) und Partner

2414	1st	mehrfarbig	cgt	3,—	1,30
2415	42 (P)	mehrfarbig	cgu	1,20	1,20
2416	44 (P)	mehrfarbig	cgv	1,40	1,30
2417	50 (P)	mehrfarbig	cgw	1,60	1,50
2418	64 (P)	mehrfarbig	cgx	2,20	2,—
2419	72 (P)	mehrfarbig	cgy	2,60	2,20
		Satzpreis (6 W.)		12,—	9,50
		FDC			11,—

Nominale von MiNr. 2414 zur Zeit der Ausgabe: 32 P

2006, 18. Juli. 150 Jahre National Portrait Gallery, London. RaTdr. (1×3 Zd und 1×3 Zd + 1×3 Zd); gez. K 14¼.

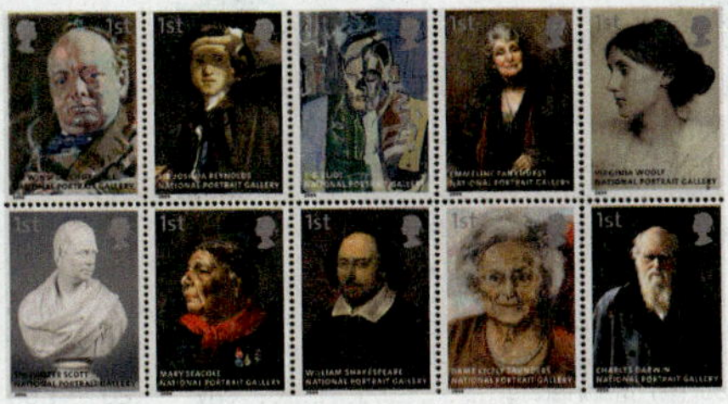

cgz) Winston Churchill (1874–1965), Politiker und Premierminister, Literaturnobelpreis 1953; Gemälde von Walter Richard Sickert (1860–1942)
cha) Joshua Reynolds (1723–1792), Maler und Kunsttheoretiker; Selbstporträt
chb) Thomas Stearns Eliot (1888–1965), Dichter und Kritiker, Literaturnobelpreis 1948; Gemälde von Patrick Heron (1920–1999)
chc) Emmeline Pankhurst (1858–1928), Frauenrechtlerin; Gemälde von Georgina Agnes Brackenbury (1866–1949)
chd) Adeline Virginia Woolf (1882–1941), Schriftstellerin; Photographie von George Charles Beresford (1864–1938)

che) Walter Scott (1771–1832), Schriftsteller; Büste von Francis Leggatt Chantrey (1781–1841)
chf) Mary Seacole (1805–1881), Krankenpflegerin und freiwillige Helferin im Krimkrieg; Gemälde von Albert Charles Challen (1847–1881)
chg) William Shakespeare (1564–1616), Dramatiker, Schauspieler und Dichter; Gemälde zugeschrieben John Taylor (um 1610)
chh) Cicely Saunders (1918–2005), Ärztin; Gemälde von Catherine Goodman (*1961)
chi) Charles Darwin (1809–1882), Naturforscher; Gemälde von John Collier (1850–1934)

2420	1st	mehrfarbig	cgz	3,—	1,20
2421	1st	mehrfarbig	cha	3,—	1,20
2422	1st	mehrfarbig	chb	3,—	1,20
2423	1st	mehrfarbig	chc	3,—	1,20
2424	1st	mehrfarbig	chd	3,—	1,20
2425	1st	mehrfarbig	che	3,—	1,20
2426	1st	mehrfarbig	chf	3,—	1,20
2427	1st	mehrfarbig	chg	3,—	1,20
2428	1st	mehrfarbig	chh	3,—	1,20
2429	1st	mehrfarbig	chi	3,—	1,20
		Satzpreis (10 W.)		30,—	12,—
		Zehnerblock		30,—	14,—
		FDC			15,—

Nominale zur Zeit der Ausgabe: je 32 P

2006, 1. Aug./2017, 5. Juni. Freimarken: Königin Elizabeth II., Typ Machin. RaTdr., Bogen (B) MiNr. 2430–2433 (10×20), MiNr. 2434–2435 (10×10), Block (Bl.), Markenheftchen (MH) und Rollen (R); Sicherheitszähnung K 14¾:14¼.

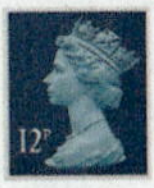

ku

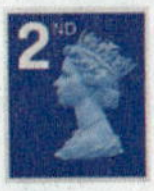

ku II

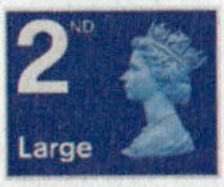

chk

ku, ku II, chk) Königin Elizabeth II. (1926–2022, reg. ab 1952)

2430	12 P	dunkeltürkisblau (B)	ku	0,40	0,40
2431	14 P	graurot (B)	ku	0,60	0,50
2432	2ND	lebhaftkobalt (B) (MH) (R)	ku II	1,70	0,70
2433	1ST	goldfarben (B) (Bl.) (MH) (R)	ku II	2,—	1,—
2434	2ND	Large lebhaftkobalt (B) (MH)	chk	2,40	1,10
2435	1ST	Large goldfarben (B) (MH)	chk	3,20	1,30
		Satzpreis (6 W.)		10,—	5,—
		FDC			6,—

Nominalen zur Zeit der Ausgabe: MiNr. 2432 = 23 P, MiNr. 2433 = 32 P, MiNr. 2434 = 37 P, MiNr. 2435 = 44 P

MiNr. 2432–2435 stammen auch aus MH 153.
MiNr. 2433 stammt auch aus MH 151–152 und 187 sowie aus Bl. 109 (siehe nach MiNr. 4056).

[Fälschung] MiNr. 2435 Odr., aus Bogen

Gültig bis 31.1.2023, geduldet bis 31.7.2023

In gleichen Zeichnungen siehe Übersicht nach Jahrgangswerttabelle.

Britische Nominalkodierungen:

2ND Large = 2. Klasse, Inlandspost, Großformat

ab 21.8.2006: 37 P; ab 2.4. 2007: 40 P; ab 7.4.2008: 42 P; ab 6.4.2009: 47 P; ab 6.4.2010: 51 P; ab 4.4.2011: 58 P; ab 30.4.2012: 69 P; ab 31.3.2014: 73 P; ab 30.3.2015: 74 P; ab 29.3.2016: 75 P; ab 27.3.2017: 76 P; ab 26.3.2018: 79 P; ab 25.3.2019: 83 P; ab 23.3.2020: 88 P; ab 1.1.2021: 96 P; ab 4.4.2022: 1.05 £; ab 3.4.2023: 1.15 £; ab 2.10.2023: 1.55 £

1ST Large = 1. Klasse, Inlandspost, Großformat

ab 21.8.2006: 44 P; ab 2.4.2007: 48 P; ab 7.4.2008: 52 P; ab 6.4.2009: 61 P; ab 6.4.2010: 66 P; ab 4.4.2011: 75 P; ab 30.4.2012: 90 P; ab 31.3.2014: 93 P; ab 30.3.2015: 95 P; ab 29.3.2016: 96 P; ab 27.3.2017: 98 P; ab 26.3.2018: 1.01 £; ab 25.3.2019: 1.06 £; ab 23.3.2020: 1.15 £; ab 1.1.2021: 1.29 £; ab 4.4.2022: 1.45 £; ab 3.4.2023: 1.60 £; ab 2.10.2023: 1.95 £; ab 2.4.2024: 2.10 £; ab 7.10.2024: 2.60 £; ab 7.4.2025: 3.15 £

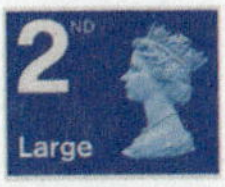

2006, 15. Aug. Freimarken: Königin Elizabeth II., Typ Machin. RaTdr., Bogen (50) und Markenheftchen (2×2); selbstklebend; Sicherheitsstanzung 14¾:14¼.

chk) Königin Elizabeth II. (1926–2022, reg. ab 1952)

2436	2ND	Large lebhaftkobalt	chk	2,40	1,10
2437	1ST	Large goldfarben	chk	3,20	1,30
		Satzpreis (2 W.)		5,50	2,40
		FDC			6,—

Nominalen zur Zeit der Ausgabe: MiNr. 2436 = 37 P, MiNr. 2437 = 44 P

MiNr. 2436 stammt auch aus MH 0-291.
MiNr. 2437 stammt auch aus MH 0-292.

[Fälschung] MiNr. 2437 Odr., aus Bogen ohne Sicherheitszähnung

Gültig bis 31.1.2023, geduldet bis 31.7.2023

In gleicher Zeichnung siehe Übersicht nach Jahrgangswerttabelle.

2006, 31. Aug. Blockausgabe: Dreikönigsjahr 1936. RaTdr.; gez. Ks 14¾:14¼.

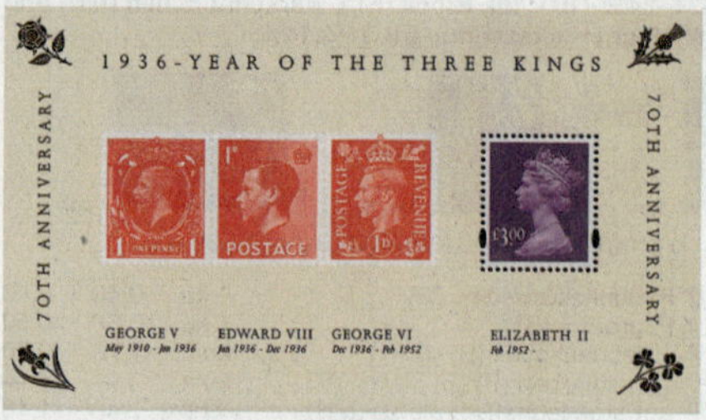

chl

ku) Königin Elizabeth II. (1926–2022, reg. ab 1952)

Block 31	mit MiNr. 2138 (127×73 mm)	chl	11,—	10,—
		FDC		11,—

Die Abbildungen der Marken MiNr. 176, 194 und 199 auf dem Blockrand sind im Gegensatz zu den Originalen ohne Wz. Sie sind nicht frankaturgültig.

Gültig bis 31.1.2023, geduldet bis 31.7.2023

In gleicher Zeichnung wie MiNr. 2138 siehe Übersicht nach Jahrgangswerttabelle

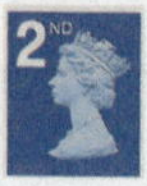

2006, 12. Sept. Freimarken: Königin Elizabeth II., Typ Machin. RaTdr., Bogen (100), Markenheftchen (6×2 bzw. 3×2); selbstklebend; Sicherheitsstanzung 14¾:14¼.

ku II) Königin Elizabeth II. (1926–2022, reg. ab 1952)

2438	2ND	lebhaftkobalt	ku II	1,70	0,70
2439	1ST	goldfarben	ku II	2,—	1,—
		Satzpreis (2 W.)		3,60	1,70
		FDC			2,50

Nominalen zur Zeit der Ausgabe: MiNr. 2438 = 23 P, MiNr. 2439 = 32 P

MiNr. 2438 stammt auch aus MH 0-293.
MiNr. 2439 stammt auch aus MH 0-294, 0-295 und 0-299.

Gültig bis 31.1.2023, geduldet bis 31.7.2023

In gleicher Zeichnung siehe Übersicht nach Jahrgangswerttabelle.

2006, 21. Sept. 150 Jahre Viktoriakreuz. Odr., Bogen (3×5 Zd und 3×5 Zd + 3×5 Zd), Kleinbogen und Markenheftchen; gez. K 14½.

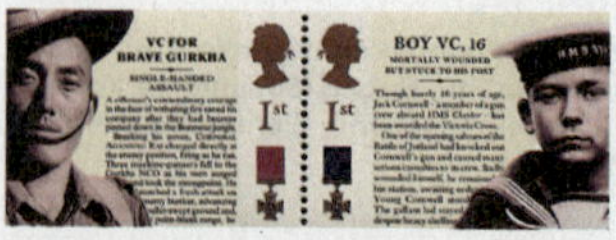

chm) Gefreiter Agansing Rai (1920–2000)
chn) Matrose John Travers Cornwell (1900–1916)

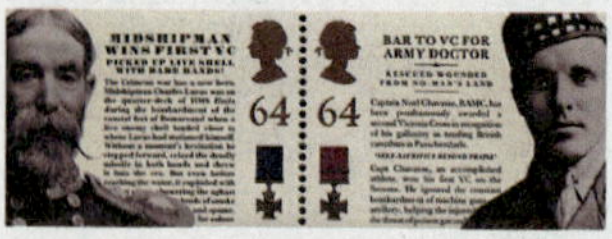

cho) Fähnrich zur See Charles Davis Lucas (1844–1914)
chp) Stabsarzt Noel Godfrey Charasse (1834–1917)

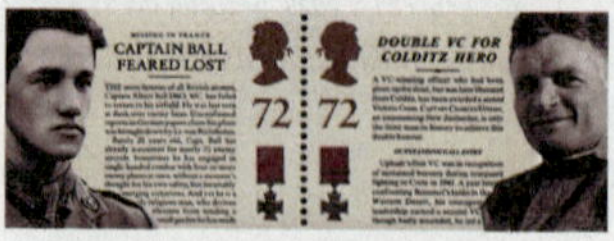

chr) Hauptmann Albert Ball (1896–1917)
chs) Hauptmann Charles Upham (1908–1994)

chm–chs) Mit dem Viktoriakreuz ausgezeichnete Soldaten

2440	1st	mehrfarbig	chm	3,—	1,20
2441	1st	mehrfarbig	chn	3,—	1,20
2442	64 (P)	mehrfarbig	cho	1,80	1,80
2443	64 (P)	mehrfarbig	chp	1,80	1,80
2444	72 (P)	mehrfarbig	chr	2,40	2,20
2445	72 (P)	mehrfarbig	chs	2,40	2,20
		Satzpreis (6 W.)		14,—	10,—
		3 Paare		14,—	12,—
		FDC			13,—
		Kleinbogen		18,—	15,—

		★★
2440 F	Farbe Goldbronze (und Ph.-Streifen) fehlend (MH)	*2500,—*
2441 F	Farbe Goldbronze (und Ph.-Streifen) fehlend (MH)	*2500,—*
2442 F	Farbe Goldbronze (und Ph.-Streifen) fehlend (MH)	*2500,—*
2443 F	Farbe Goldbronze (und Ph.-Streifen) fehlend (MH)	*2500,—*
2444 F	Farbe Goldbronze (und Ph.-Streifen) fehlend (MH)	*2500,—*
2445 F	Farbe Goldbronze (und Ph.-Streifen) fehlend (MH)	*2500,—*

Nominale von MiNr. 2440–2441 zur Zeit der Ausgabe: je 32 P

Nominalgleiche Bogenmarken wurden waagerecht zusammenhängend gedruckt.

MiNr. 2440–2445 wurden auch mit MiNr. 1290 II C zusammenhängend im Kleinbogen gedruckt.

MiNr. 2440–2445 stammen auch aus MH 151.

2006, 3. Okt. Musik aus aller Welt; Europa: Integration. Odr. (5×5 und 5×5 + 5×5); gez. K 14¼:14½.

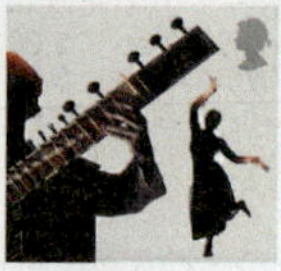

cht) Sitar-Spiel

chu) Musik aus Afrika und der Karibik

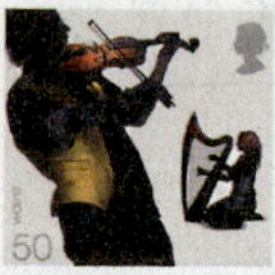

chv) Keltische Musik

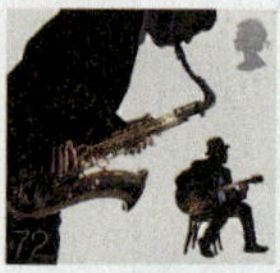

chw) Blues und Jazz

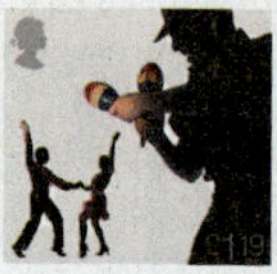

chx) Salsa

				★★	⊙
2446	1ST	mehrfarbig	cht	3,—	1,40
2447	42 (P)	mehrfarbig	chu	1,40	1,20
2448	50 (P)	mehrfarbig	chv	1,80	1,60
2449	72 (P)	mehrfarbig	chw	2,60	2,20
2450	1.19 £	mehrfarbig	chx	4,20	3,60
		Satzpreis (5 W.)		13,—	10,—
		FDC			11,—

Nominale von MiNr. 2446 zur Zeit der Ausgabe: 32 P

MiNr. 2446 und 2448 tragen die Inschrift „EUROPA".

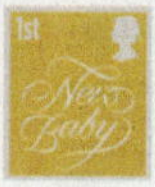

2006, 17. Okt./2012, 9. Nov. Grußmarken. I = RaTdr., Markenheftchen (MH) (3×2), II = Odr., Folienbogen (4×5 Zd); selbstklebend; C = wellenförmig gestanzt 14¾:14¼, CS = zähnungsähnliche Sicherheitsstanzung 14¾:14¼.

chy) Zur Geburt

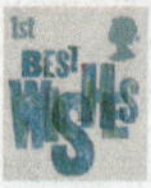

chz) Alles Gute!

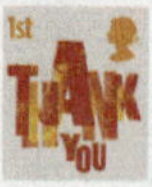

cia) Vielen Dank!

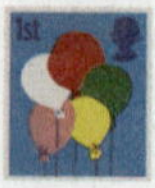

cib) Luftballons

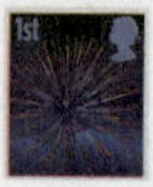

cic) Feuerwerk

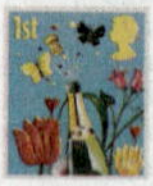

cid) Feiern wir!

2451		1st gelb	chy		
	I C	RaTdr. (MH)		3,—	1,20
	II	Odr. (Fbg.)			
	C	wellenförmig gestanzt		3,—	1,20
	CS	Sicherheitsstanzung (28.10.2008)		3,—	1,20

2452	1st	mehrfarbig . . . . chz		
	I C	RaTdr. (MH)	3,—	1,20
	II C	Odr. (Fbg.)	3,—	1,20
2453	1st	mehrfarbig . . . . cia		
	I C	RaTdr. (MH)	3,—	1,20
	II	Odr. (Fbg.)		
	C	wellenförmig gestanzt	3,—	1,20
	CS	Sicherheitsstanzung (8.5.2010)	3,—	1,20
2454	1st	mehrfarbig . . . . cib		
	I	RaTdr. (MH)		
	C	wellenförmig gestanzt	3,—	1,20
	CS	Sicherheitsstanzung (28.2.2008) . . .	4,—	2,—
	II	Odr. (Fbg.)		
	C	wellenförmig gestanzt	3,—	1,20
	CS	Sicherheitsstanzung (28.10.2008) . .	3,—	1,20
2455	1st	mehrfarbig cic		
	I	RaTdr. (MH)		
	C	wellenförmig gestanzt	3,—	1,20
	CS	Sicherheitsstanzung	4,—	2,—
	II	Odr. (Fbg.)		
	C	wellenförmig gestanzt	3,—	1,20
	CS	Sicherheitsstanzung (7.10.2009) . . .	3,—	1,20
2456	1st	mehrfarbig . . . . cid		
	I	RaTdr. (MH)		
	C	wellenförmig gestanzt	3,—	1,20
	CS	Sicherheitsstanzung (28.2.2008) . . .	4,—	2,—
	II	Odr. (Fbg.)		
	C	wellenförmig gestanzt	3,—	1,20
	CS	Sicherheitsstanzung (9.11.2012) . . .	5,—	5,—
		Satzpreis I C (6 W.)	18,—	7,—
		FDC I C		8,—
		2451 II C Zf–2456 II C Zf	20,—	13,—
		2451 II CS Zf, 2453 II CS Zf–2456 II CS Zf	24,—	12,—

Nominale zur Zeit der Erstausgabe: je 32 P

MiNr. 2451 I C–2456 I C stammen aus MH 0-296.

MiNr. 2454 I CS–2456 I CS wurden zusammen mit MiNr. 2338 I CS–2339 I CS und 2341 I CS im Markenheftchen gedruckt. Katalogisierung siehe nach MiNr. 2343.

MiNr. 2451 II C–2456 II C stammen aus Folienbogen zu 20 Marken (4 × MiNr. 2451 II C, je 3 × MiNr. 2452 II C–2455 II C und 4 × MiNr. 2456 II C) und 20 Zierfeldern, die durch 3 schmale Verbindungsstege mit der jeweiligen Marke verbunden sind (Postpreis: 6.95 £). Die Zierfelder konnten auf Bestellung auch individuell gestaltet werden (Postpreis: 14.95 £).

MiNr. 2451 II CS und 2454 II CS stammen aus Folienbogen zu 10 Marken und 10, zum Teil verschiedenen, jeweils links anhängenden kreisförmigen Zierfeldern, die jeweils durch 3 schmale Verbindungsstege mit der Marke verbunden sind. Die Marken gibt es auch aus Folienbogen zu 20 Marken und 20 Zierfeldern (Postpreis für 10er-Bogen zusammen mit Zeichenmaterial für Kinder bzw. 20er-Bogen: je 7.95 £).

MiNr. 2453 II CS stammt aus Folienbogen zusammen mit MiNr. 2340 II CS, 2341 II CS, 2343 II CS, 2454 II CS, 2455 II CS sowie MiNr. 2874, 2877, 2882–2883.

MiNr. 2455 II CS stammt ursprünglich aus sogenanntem Commemorative Sheet (Folienbogen) zu 10 Marken und 10 verschiedenen, jeweils links anhängenden Zierfeldern, die jeweils durch 3 schmale Verbindungsstege mit der Marke verbunden sind (Postpreis: 13.50 £).

MiNr. 2455 II CS erschien ab 20.1.2012 auch in Commemorative Sheets (Folienbogen) zu 20 Marken und 20 (personalisierbaren) Zierfeldern:
- „Year of the Dragon“ (20.1.2012, Postpreis: 9.50 £)
- „Year of the Snake“ (7.2.2013, Postpreis: 12.50 £)
- „Year of the Horse“ (10.12.2013, Postpreis: 12.50 £)
- „Year of the Sheep“ (19.11.2014, Postpreis: 13.10 £)
- „Year of the Monkey“ (9.11.2015, Postpreis: 13.10 £)
- „Year of the Rooster“ (15.11.2016, Postpreis: 13.30 £)
- „Year of the Dog“ (7.11.2017, Postpreis: 13.50 £)
- „Year of the Pig“ (15.11.2018, Postpreis: 14.40 £)
- „Year of the Rat“ (18.11.2019, Postpreis: 15.10 £)
- „Year of the Ox“ (8.12.2020, Postpreis: 16.40 £)
- „Year of the Tiger“ (8.12.2021, Postpreis: 18.20 £)
- „Year of the Rabbit“ (8.12.2022, Postpreis: 20.20 £)

MiNr. 2456 II CS stammt aus sogenanntem Business Customised Stamp Sheets (Folienbogen auf Privatbestellung) zu 10 Marken und 10 verschiedenen, jeweils links anhängenden Zierfeldern, die jeweils durch 3 schmale Verbindungsstege mit der Marke verbunden sind (Postpreis: anfangs 50 £, spätere Auflagen 28.95 £ bzw. 26.95 £).

2006, 7. Nov. Blockausgabe: Weihnachten. RaTdr.; gez. Ks 14¾:14¼.

cil

cig cih cie cif cii cik

cie) Schneemann
cif) Weihnachtsmann
cig) Schneemann
cih) Weihnachtsmann
cii) Rentier
cik) Weihnachtsbaum

2457	2ND	mehrfarbig	cie	2,20	1,—
2458	1ST	mehrfarbig	cif	3,—	1,20
2459	2ND	Large mehrfarbig	cig	2,80	1,30
2460	1ST	Large mehrfarbig	cih	6,—	1,70
2461	72 (P)	mehrfarbig	cii	2,40	2,20
2462	1.19 £	mehrfarbig	cik	3,60	3,60
Block 32		(115×102 mm)	cil	20,—	11,—
			FDC		12,—

Nominalen zur Zeit der Ausgabe: MiNr. 2457 = 23 P, MiNr. 2458 = 32 P, MiNr. 2459 = 37 P, MiNr. 2460 = 44 P

In gleichen Zeichnungen: MiNr. 2463–2468 (selbstklebend)

2006, 7. Nov./2009, 3. Nov. Weihnachten. I = RaTdr., Bogen (B) (5×5 + 5×5) und Markenheftchen (MH) (6×2), II = Odr., Folienbogen (Fbg.) (2×10 Zd); selbstklebend; C = wellenförmig gestanzt 14¾:14¼, CS = zähnungsähnliche Sicherheitsstanzung 14¾:14¼.

cie) Schneemann

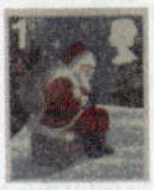
cif) Weihnachtsmann

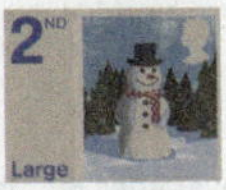
cig) Schneemann

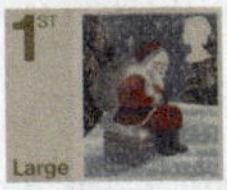
cih) Weihnachtsmann

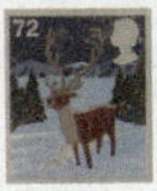
cii) Rentier

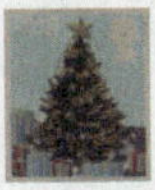
cik) Weihnachtsbaum

2463		2ND	mehrfarbig . . . . cie		
	I C		RaTdr. (B) (MH)	2,20	1,—
	II		Odr. (Fbg.)		
	C		wellenförmig gestanzt	2,40	1,60
	CS		Sicherheitsstanzung (2.11.2009)	—,—	—,—
2464		1ST	mehrfarbig . . . . cif		
	I C		RaTdr. (B) (MH)	3,—	1,20
	II		Odr. (Fbg.)		
	C		wellenförmig gestanzt	3,20	2,—
	CS		Sicherheitsstanzung (3.11.2009)	—,—	—,—
2465	I C	2ND	Large mehrfarbig (B) . . . . cig	2,80	1,30
2466	I C	1ST	Large mehrfarbig (B) . . . . cih	6,—	1,70
2467	I C	72 (P)	mehrfarbig (B) cii	2,40	2,20
2468	I C	1.19 £	mehrfarbig (B) . . . . cik	3,60	3,60
			Satzpreis I C (6 W.)	20,—	11,—
			FDC I C		12,—
			2463 II C Zf–2464 II C Zf	6,—	3,80

Nominalen zur Zeit der Ausgabe: MiNr. 2463 = 23 P, MiNr. 2464 = 32 P, MiNr. 2465 = 37 P, MiNr. 2466 = 44 P

MiNr. 2463 I C stammt auch aus MH 0-297.
MiNr. 2464 I C stammt auch aus MH 0-298.

MiNr. 2463 II C–2464 II C stammen aus Folienbogen zu je 10 Marken und 20 verschiedenen Zierfeldern, die durch 3 schmale Verbindungsstege mit der Marke verbunden sind (Postpreis: 6 £). Die Zierfelder konnten auf Bestellung auch individuell gestaltet werden (Postpreis des Bogens mit 20 × MiNr. 2463 II C: 9.95 £, mit 20 × MiNr. 2464 II C: 14.95 £).

Am 3.11.2009 wurden MiNr. 2463 II CS–2464 II CS auf Folienbogen auf Privatbestellung zu 20 Marken und 20 individuell gestalteten, jeweils links anhängenden Zierfeldern, die durch 3 schmale Verbindungsstege mit der Marke verbunden sind, verkauft.

In gleichen Zeichnungen: MiNr. 2457–2462 (nassklebend)

2006, 9. Nov. Blockausgabe: 90. Jahrestag der Somme-Schlacht. I = RaTdr., Block (Bl.), II = Odr., Bogen (B) (4×5); gez. Ks 14¾:14¼.

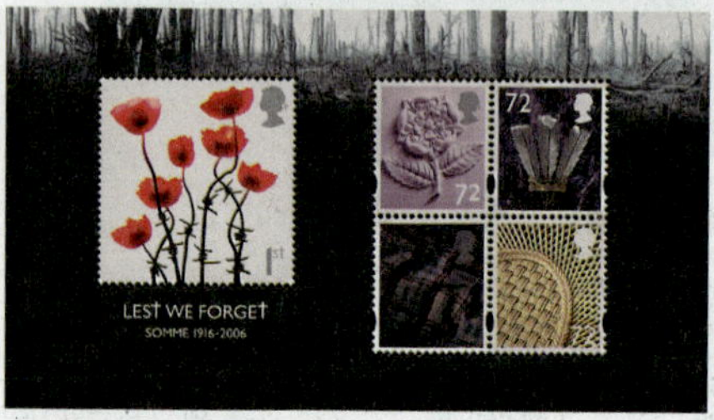

cin

cim) Klatschmohn und Stacheldraht

2469	1st	mehrfarbig	cim		
	I	RaTdr. (Bl.)		3,—	1,20
	II	Odr. (B)		3,—	1,40
Block 33		mit MiNr. 2469 I, England MiNr. 13, Nordirland MiNr. 94, Schottland MiNr. 91, Wales MiNr. 90 (124×71 mm)	cin	13,—	12,—
			FDC		13,—

Nominale von MiNr. 2469 zur Zeit der Ausgabe: 32 P

MiNr. 2469 II wurde im Bogen zu 20 Marken mit 3 Zwischenstegen und einem seitlichen Steg gedruckt (Postpreis: 6.95 £).

MiNr. 2469 II wurde am 6.11.2008 auch mit MiNr. 2598 und 2692 waagerecht zusammenhängend im Bogen (2×5 Zd + 2×5 Zd) verausgabt (Postpreis: 21.60 £). Dreierstreifen-Bewertung siehe nach MiNr. 2692.

MiNr. 2469 II stammt auch aus MH 188.

England MiNr. 13, Nordirland MiNr. 94, Schottland MiNr. 91 und Wales MiNr. 90 gültig bis 31.1.2023, geduldet bis 31.7.2023

2007, 9. Jan. Blockausgabe: 50. Jahrestag der Gründung der Band „The Beatles". Odr.; gez. Ks 13¾:14¼.

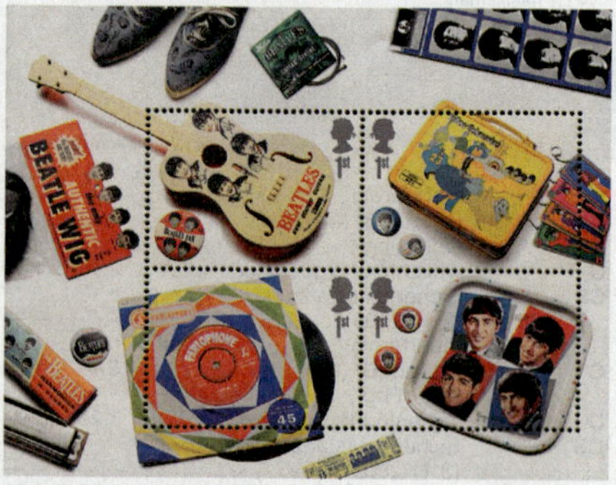

cit

cio) Bassgitarre mit Porträts der Beatles
cip) Yellow-Submarine-Koffer
cir) Schallplatte „Love me do" (1962)
cis) Tablett mit Porträts der Beatles

2470	1st	mehrfarbig	cio	3,—	1,50
2471	1st	mehrfarbig	cip	3,—	1,50
2472	1st	mehrfarbig	cir	3,—	1,50
2473	1st	mehrfarbig	cis	3,—	1,50
Block 34		(114×89 mm)	cit	12,—	6,—
			FDC		7,—

Nominale zur Zeit der Ausgabe: je 32 P

2007, 9. Jan. 50. Jahrestag der Gründung der Band „The Beatles": Plattencover. RaTdr. (3×5 Zd und 3×5 Zd + 3×5 Zd); selbstklebend; unregelmäßig, teilweise an Konturen wellenförmig gestanzt 13½–14¼.

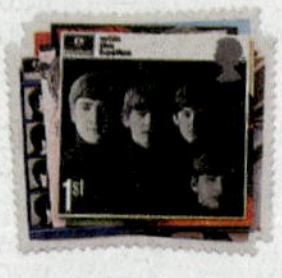
ciu) „With The Beatles" (1963)

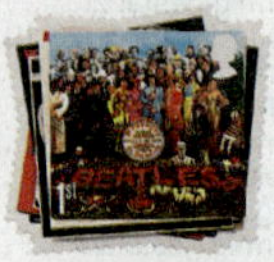
civ) „Sgt. Pepper's Lonely Hearts Club Band" (1967)

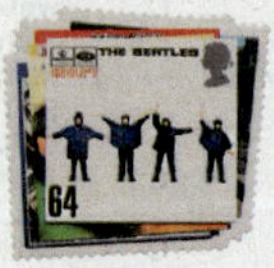

ciw) „Help!" (1965)

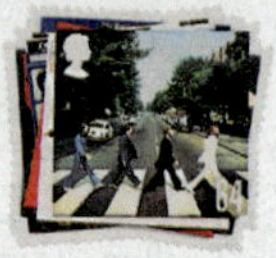
cix) „Abbey Road" (1969)

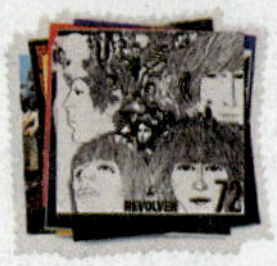

ciy) „Revolver" (1966)

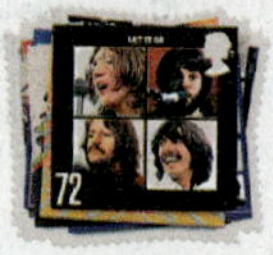
ciz) „Let It Be" (1970)

2474	1st	mehrfarbig	ciu	3,—	1,20
2475	1st	mehrfarbig	civ	3,—	1,20
2476	64 (P)	mehrfarbig	ciw	1,80	1,80
2477	64 (P)	mehrfarbig	cix	1,80	1,80
2478	72 (P)	mehrfarbig	ciy	2,40	2,20
2479	72 (P)	mehrfarbig	ciz	2,40	2,20
			Satzpreis (6 W.)	14,—	10,—
			FDC		11,—
			3 Paare	14,—	10,—

Nominale von MiNr. 2474–2475 zur Zeit der Ausgabe: je 32 P

Nominalgleiche Marken wurden waagerecht zusammenhängend gedruckt.

2007, 1. Febr. Meerestiere. Odr. (1×3 Zd und 1×3 Zd + 1×3 Zd); gez. K 14¼:14½.

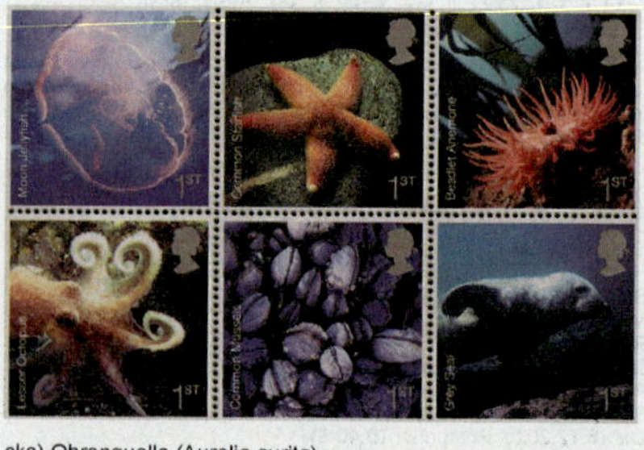

cka) Ohrenqualle (Aurelia aurita)
ckb) Gemeiner Seestern (Asterias rubens)
ckc) Purpurseerose (Actinia equina)

ckf) Zirrenkrake (Eledone cirrhosa)
ckg) Gemeine Miesmuschel (Mytilus edulis)
ckh) Kegelrobbe (Halichoerus grypus)

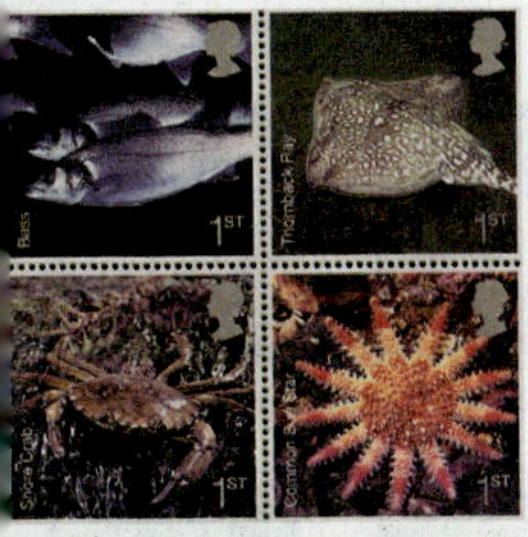

ckd) Seebarsch (Dicentrarchus labrax)
cke) Nagelrochen (Raja clavata)

cki) Strandkrabbe (Carcinus maenas)
ckk) Stachelsonnenstern (Crossaster papposus)

2480	1ST	mehrfarbig	cka	3,—	1,20
2481	1ST	mehrfarbig	ckb	3,—	1,20
2482	1ST	mehrfarbig	ckc	3,—	1,20
2483	1ST	mehrfarbig	ckd	3,—	1,20
2484	1ST	mehrfarbig	cke	3,—	1,20
2485	1ST	mehrfarbig	ckf	3,—	1,20
2486	1ST	mehrfarbig	ckg	3,—	1,20
2487	1ST	mehrfarbig	ckh	3,—	1,20
2488	1ST	mehrfarbig	cki	3,—	1,20
2489	1ST	mehrfarbig	ckk	3,—	1,20
			Satzpreis (10 W.)	30,—	12,—
			Zehnerblock	30,—	12,—
			FDC		13,—

Nominale zur Zeit der Ausgabe: je 32 P

MiNr. 2480–2489 wurden in Zehnerblockanordnung zusammenhängend gedruckt.

2007, 13. Febr. Astronomie: 50 Jahre Fernsehsendung „The Sky at Night". RaTdr. (3×5 Zd und 3×5 Zd + 3×5 Zd); selbstklebend; wellenförmig gestanzt 14¼.

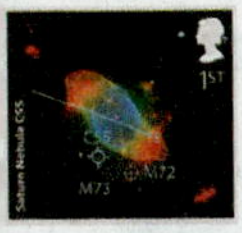

ckl) Saturnnebel NGC 7009 (C55)

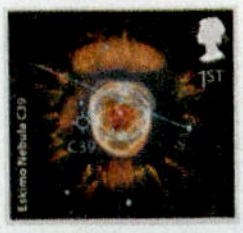

ckm) Eskimonebel NGC 2392 (C39)

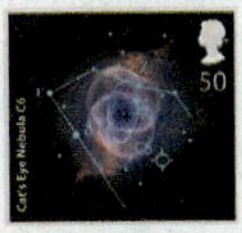

ckn) Katzenaugennebel NGC 6543 (C6)

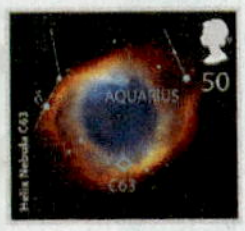

cko) Helixnebel NGC 7293 (C63)

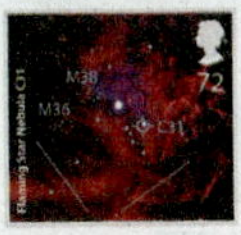

ckp) Flammender-Stern-Nebel IC 405 (C31)

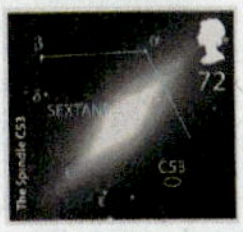

ckr) Spindel-Galaxie NGC 3115 (C53)

2490	1ST	mehrfarbig	ckl	3,—	1,20
2491	1ST	mehrfarbig	ckm	3,—	1,20
2492	50 (P)	mehrfarbig	ckn	1,70	1,60
2493	50 (P)	mehrfarbig	cko	1,70	1,60
2494	72 (P)	mehrfarbig	ckp	2,40	2,20
2495	72 (P)	mehrfarbig	ckr	2,40	2,20
			Satzpreis (6 W.)	14,—	10,—
			FDC		11,—
			3 Paare	14,—	10,—

Nominale von MiNr. 2490–2491 zur Zeit der Ausgabe: je 32 P

Nominalgleiche Marken wurden waagerecht zusammenhängend gedruckt.

2007, 1. März. Blockausgabe: Erfindungen. RaTdr.; gez. Ks 14½:14.

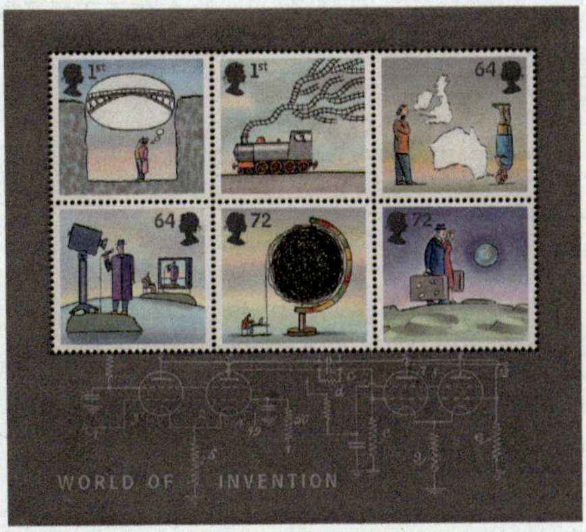

cky

cks) Brückenbau
ckt) Eisenbahn
cku) Telefon
ckv) Fernsehen
ckw) Weltweites Informationsnetz
ckx) Bemannte Raumfahrt

2496	1st	mehrfarbig	cks	3,—	1,50
2497	1st	mehrfarbig	ckt	3,—	1,50
2498	64 (P)	mehrfarbig	cku	2,50	2,50
2499	64 (P)	mehrfarbig	ckv	2,50	2,50
2500	72 (P)	mehrfarbig	ckw	3,—	3,—
2501	72 (P)	mehrfarbig	ckx	3,—	3,—
Block 35		(115×104 mm)	cky	18,—	16,—
			FDC		17,—

Nominale von MiNr. 2496–2497 zur Zeit der Ausgabe: je 32 P

MiNr. 2496–2501 stammen auch aus Markenheftchen MH 152.

In gleichen Zeichnungen: MiNr. 2502–2507 (nassklebend)

2007, 1. März. Erfindungen. RaTdr. (3×5 Zd und 3×5 Zd + 3×5 Zd); selbstklebend; wellenförmig gestanzt 14¼.

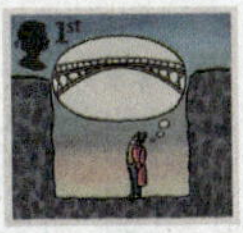

cks) Brückenbau

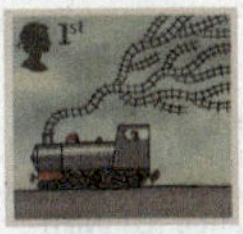

ckt) Eisenbahn

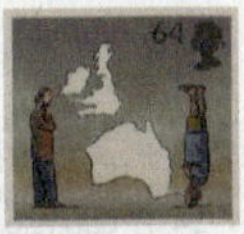

cku) Telefon

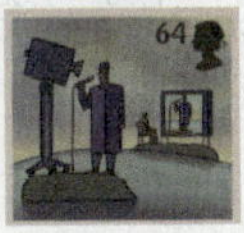

ckv) Fernsehen

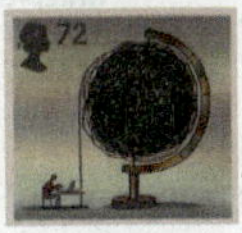

ckw) Weltweites Informationsnetz

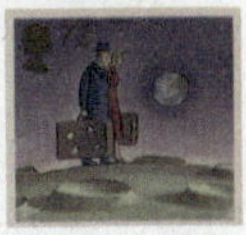

ckx) Bemannte Raumfahrt

2502	1st	mehrfarbig	cks	3,—	1,30
2503	1st	mehrfarbig	ckt	3,—	1,30
2504	64 (P)	mehrfarbig	cku	2,20	2,—
2505	64 (P)	mehrfarbig	ckv	2,20	2,—
2506	72 (P)	mehrfarbig	ckw	2,50	2,20
2507	72 (P)	mehrfarbig	ckx	2,50	2,20
			Satzpreis (6 W.)	15,—	11,—
			FDC		12,—
			3 Paare	15,—	11,—

Nominale von MiNr. 2502–2503 zur Zeit der Ausgabe: je 32 P

Nominalgleiche Marken wurden waagerecht zusammenhängend gedruckt.

In gleichen Zeichnungen: MiNr. 2496–2501 (selbstklebend)

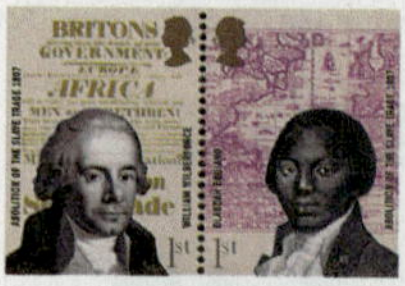

2007, 22. März. 200. Jahrestag der Abschaffung der Sklaverei. Odr. (3×5 Zd und 3×5 Zd + 3×5 Zd); gez. K 14¼.

ckz) William Wilberforce (1759–1833), Politiker; Plakat gegen die Sklaverei
cla) Alaudah Equiano (1745–1797), Schriftsteller; Landkarte

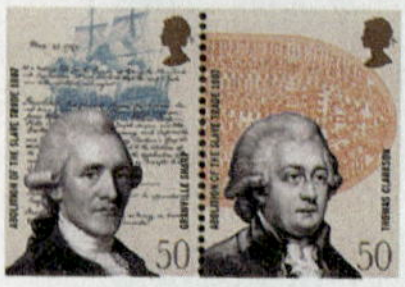

clb) Granville Sharp (1730–1813), Politiker; Sklavenschiff
clc) Thomas Clarkson (1760–1846), Schriftsteller; Deck eines Sklavenschiffs

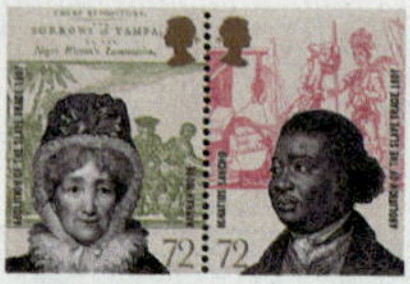

cld) Hannah More (1745–1833), Schriftstellerin; Titelbild eines ihrer Werke
cle) Ignatius Sancho (1729–1780), Schriftsteller; Handelsszene

2508	1st	mehrfarbig	ckz	3,—	1,20
2509	1st	mehrfarbig	cla	3,—	1,20
2510	50 (P)	mehrfarbig	clb	1,70	1,60
2511	50 (P)	mehrfarbig	clc	1,70	1,60
2512	72 (P)	mehrfarbig	cld	2,50	2,20
2513	72 (P)	mehrfarbig	cle	2,50	2,20
			Satzpreis (6 W.)	14,—	10,—
			3 Paare	14,—	10,—
			FDC		11,—

		★★
2508 F	Farbe Gold (und Ph-Streifen) fehlend	*1600,—*
2509 F	Farbe Gold (und Ph-Streifen) fehlend	*1600,—*

Nominale von MiNr. 2508–2509 zur Zeit der Ausgabe: je 32 P

Nominalgleiche Marken wurden waagerecht zusammmenhängend gedruckt.

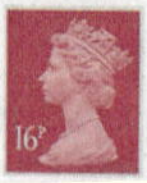

2007, 27. März. Freimarken: Königin Elizabeth II., Typ Machin. RaTdr., Bogen (B) (10×20) und Markenheftchen (MH); Sicherheitszähnung K 14¾:14¼.

ku) Königin Elizabeth II. (1926–2022, reg. ab 1952)

				★★	⊙
2514	16 P	lebhaftrotlila (B)	ku	0,50	0,50
2515	48 P	purpur (B) (MH)	ku	1,50	1,50
2516	50 P	lebhaftgrau (B) (MH)	ku	1,50	1,50
2517	54 P	dunkelbraunorange (B) (MH)	ku	1,60	1,60
2518	78 P	gelbsmaragdgrün (B)	ku	2,40	2,40
			Satzpreis (5 W.)	7,50	7,50
			FDC		8,50

MiNr. 2515 stammt auch aus MH 153.
MiNr. 2516 stammt auch aus MH 187.
MiNr. 2517 stammt auch aus MH 154.

Gültig bis 31.1.2023, geduldet bis 31.7.2023

In gleicher Zeichnung siehe Übersicht nach Jahrgangswerttabelle.

Posttarife Großbritannien (2.4.2007–6.4.2008)

2. Klasse, Standardformat: 24 P (zuvor: 23 P)
1. Klasse, Standardformat: 34 P (zuvor: 32 P)
2. Klasse, Großformat: 40 P (zuvor: 37 P)
1. Klasse, Großformat: 48 P (zuvor: 44 P)
Europa, bis 20 g: 48 P (zuvor: 44 P)
Europa, 20 g–40 g: 69 P (zuvor: 64 P)
Postkarte, Seepost: 46 P (zuvor: 42 P)
Postkarte, Luftpost: 54 P (zuvor: 50 P)
Luftpost, bis 10 g: 54 P (zuvor: 50 P)
Luftpost, 10 g–20 g: 78 P (zuvor: 72 P)
Luftpost, 20 g–40 g: 1.24 £ (zuvor: 1.19 £)

2007, 15. Mai. Urlaub an der See. RaTdr. (5×5 und 5×5 + 5×5); gez. K 14½:14¼.

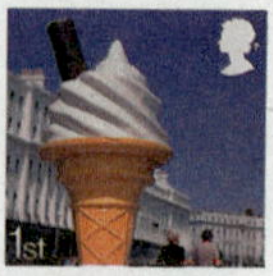

clf) Eiscreme an der Strandpromenade

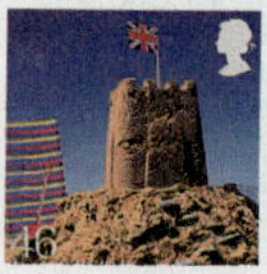

clg) Sandburg

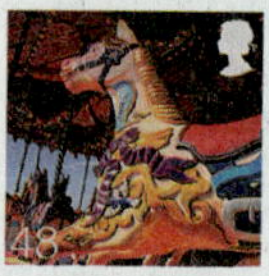

clh) Karussell

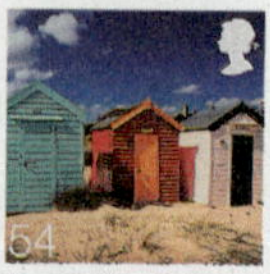

cli) Strandkabinen

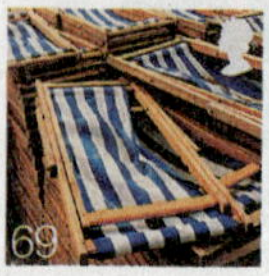

clk) Liegestühle

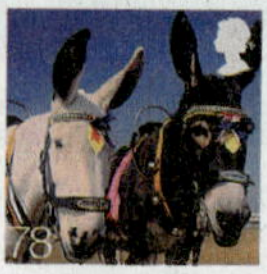

cll) Maultiergespann

2519	1st	mehrfarbig	clf	3,—	1,20
2520	46 (P)	mehrfarbig	clg	1,50	1,40
2521	48 (P)	mehrfarbig	clh	1,60	1,50
2522	54 (P)	mehrfarbig	cli	1,80	1,60
2523	69 (P)	mehrfarbig	clk	2,40	2,—
2524	78 (P)	mehrfarbig	cll	2,70	2,50
			Satzpreis (6 W.)	13,—	10,—
			FDC		11,—

Nominale von MiNr. 2519 zur Zeit der Ausgabe: 34 P

In gleicher Zeichnung wie MiNr. 2519: MiNr. 2651 (selbstklebend)

2007, 17. Mai. Wiedereröffnung des Wembley-Stadions. I = RaTdr., II = Odr.; gez. K 14½:14¼.

Blockausgabe, I = RaTdr.

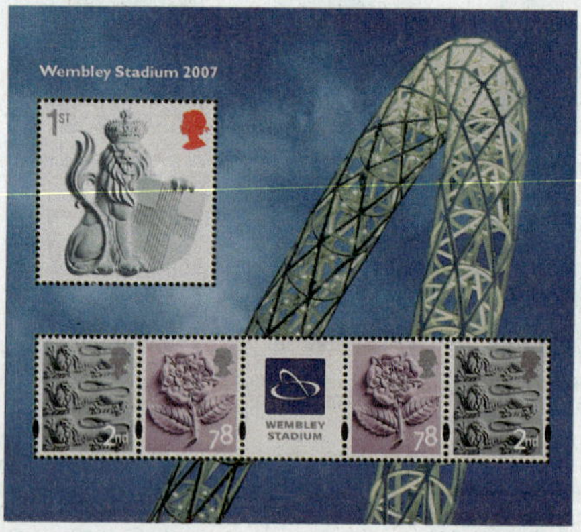

clm

bsu I) Löwe von England

2525 I	1ST	mehrfarbig	bsu I	3,—	1,40
Block 36		mit MiNr. 2525 I und 2 × England MiNr. 6 und 15 (112×103 mm)	clm	11,—	9,—
			FDC		10,—

„Smilers-Bogen“ (4×5 Zd), II = Odr.

2525 II	1ST	mehrfarbig	bsu I	3,—	1,50
			2525 II Zf	3,20	1,60

Nominale von MiNr. 2525 zur Zeit der Ausgabe: 34 P

MiNr. 2525 II wurde im Bogen zu 20 Marken und 20 Zierfeldern gedruckt. Postpreis je Bogen mit Standard-Zierfeld: 7.35 £.
Die Zierfelder konnten auf Bestellung auch individuell gestaltet werden. Postpreis je personalisiertem Bogen: 14.95 £.

England MiNr. 6 und 15 gültig bis 31.1.2023, geduldet bis 31.7.2023

In ähnlicher Zeichnung wie MiNr. 2525: MiNr. 2018 (mit seitlicher Inschrift)

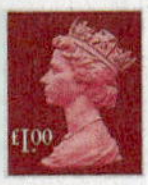

2007, 5. Juni. Freimarke: Königin Elizabeth II., Typ Machin. RaTdr., Bogen (10×20), Markenheftchen und Block; Sicherheitszähnung K 14¾:14¼.

ku) Königin Elizabeth II. (1926–2022, reg. ab 1952)

2526	1.00 £	lebhaftrotlila	ku	3,20	3,20
			FDC		4,—

Sicherheitszähnung siehe Hinweis nach MiNr. 573.

MiNr. 2526 stammt auch aus MH 153 und Bl. 37.

Gültig bis 31.1.2023, geduldet bis 31.7.2023

In gleicher Zeichnung siehe Übersicht nach Jahrgangswerttabelle.

2007, 5. Juni. 40 Jahre Freimarkenausgabe Typ Machin. I = komb. RaTdr. und Pdr., II = Odr.; gez. Ks 14½:14¼.

Blockausgabe, I = komb. RaTdr. und Pdr.

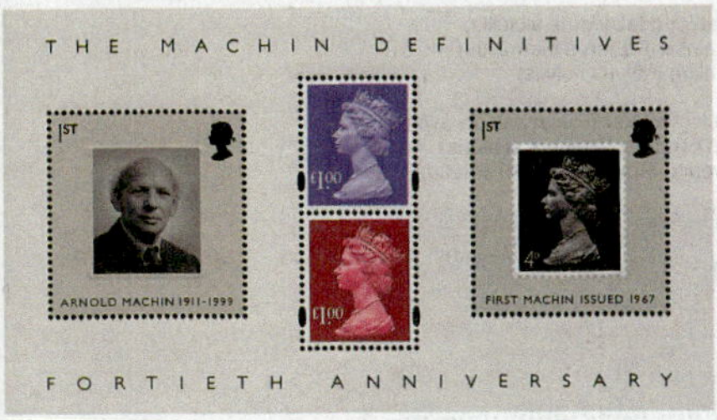

clp

cln) Arnold Machin (1911–1999), Bildhauer
clo) Marke MiNr. 456

2527 I	1ST	mehrfarbig	cln	3,—	1,40
2528 I	1ST	mehrfarbig	clo	3,—	1,40
Block 37		mit MiNr. 1585, 2526 und 2527 I–2528 I (126×73 mm)	clp	13,—	10,—
			FDC		11,—

„Smilers-Bogen" (4×5 Zd), II = Odr.

2527 II	1ST	mehrfarbig	cln	3,—	1,50
			2527 II Zf	3,20	2,—

	★★
Block 37 U ungezähnt	5000,—

Nominale von MiNr. 2527–2528 zur Zeit der Ausgabe: je 34 P

MiNr. 2527 I–2528 I stammen auch aus MH 153.

MiNr. 2527 II wurde im Bogen zu 20 Marken und 20 Zierfeldern gedruckt. Postpreis je Bogen mit Standard-Zierfeld: 7.35 £.
Die Zierfelder konnten auf Bestellung auch individuell gestaltet werden. Postpreis je personalisiertem Bogen: 14.95 £.

MiNr. 2527–2528 gültig bis 31.1.2023, geduldet bis 31.7.2023

2007, 3. Juli. 100 Jahre Autorennstrecken in Großbritannien; 50. Jahrestag des ersten britischen Sieges in der Formel 1 durch Stirling Moss. Odr. (5×5 und 5×5 + 5×5); gez. K 14¼:14.

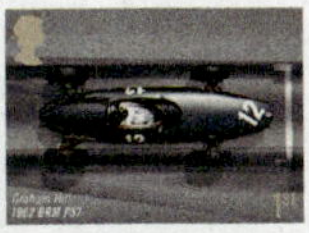

clr) Graham Hill (1929–1975); BRM P57 (1962)

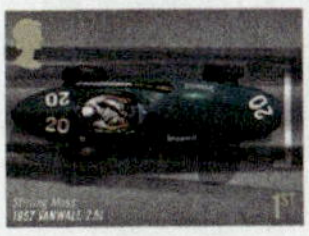

cls) Stirling Moss (1929–2020); Vanwall 2.5L (1957)

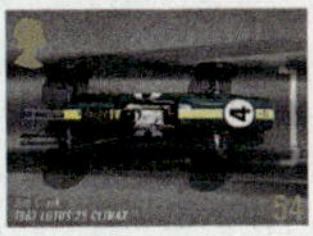

clt) Jim Clark (1936–1968); Lotus 25 Climax (1963)

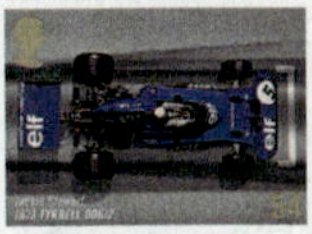

clu) Jackie Stewart (*1939); Tyrrell 006/2 (1973)

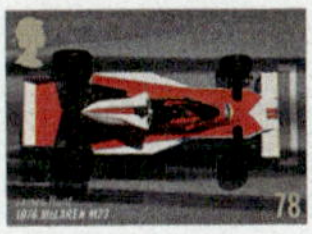

clv) James Hunt (1947–1993); McLaren M23 (1976)

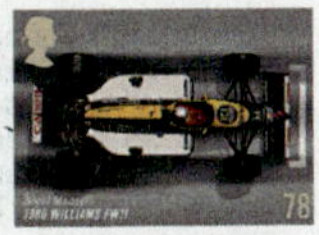

clw) Nigel Mansell (*1953); Williams FW11 (1986)

				★★	⊙
2529	1ST	mehrfarbig	clr	3,—	1,20
2530	1ST	mehrfarbig	cls	3,—	1,20
2531	54 (P)	mehrfarbig	clt	1,80	1,60
2532	54 (P)	mehrfarbig	clu	1,80	1,60
2533	78 (P)	mehrfarbig	clv	2,70	2,40
2534	78 (P)	mehrfarbig	clw	2,70	2,40
		Satzpreis (6 W.)		15,—	10,—
			FDC		12,—

Nominale von MiNr. 2529–2530 zur Zeit der Ausgabe: je 34 P

2007, 17. Juli. 10 Jahre Harry-Potter-Romane. Odr. (1×4 Zd und 1×4 Zd + 1×4 Zd); gez. K 14¼:14.

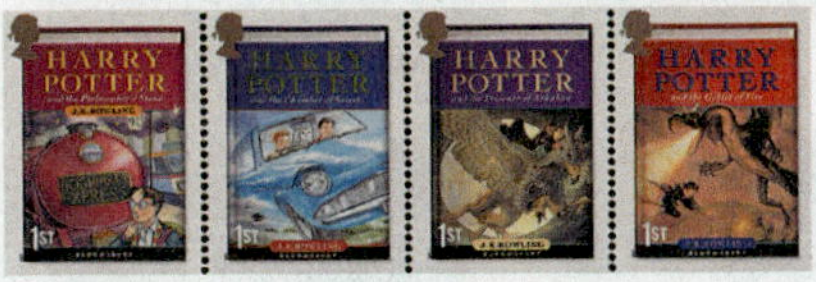

clx) Harry Potter und der Stein der Weisen
cly) Harry Potter und die Kammer des Schreckens
clz) Harry Potter und der Gefangene von Askaban
cma) Harry Potter und der Feuerkelch

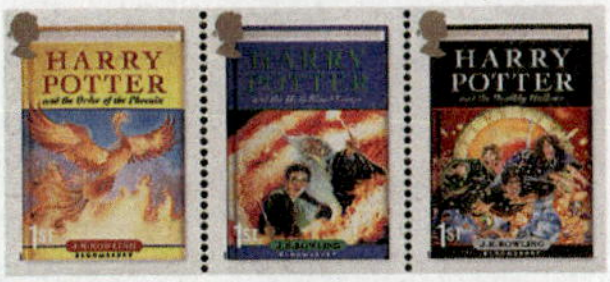

cmb) Harry Potter und der Orden des Phönix
cmc) Harry Potter und der Halbblutprinz
cmd) Harry Potter und die Heiligtümer des Todes

clx–cmd) Romane von Joanne K. Rowling (*1965), Schriftstellerin

2535	1ST	mehrfarbig	clx	3,—	1,40
2536	1ST	mehrfarbig	cly	3,—	1,40
2537	1ST	mehrfarbig	clz	3,—	1,40
2538	1ST	mehrfarbig	cma	3,—	1,40
2539	1ST	mehrfarbig	cmb	3,—	1,40
2540	1ST	mehrfarbig	cmc	3,—	1,40
2541	1ST	mehrfarbig	cmd	3,—	1,40
		Satzpreis (7 W.)		20,—	9,50
		Siebenerstreifen		20,—	10,—
			FDC		11,—

Blockausgabe, gez. Ks 15:14¼

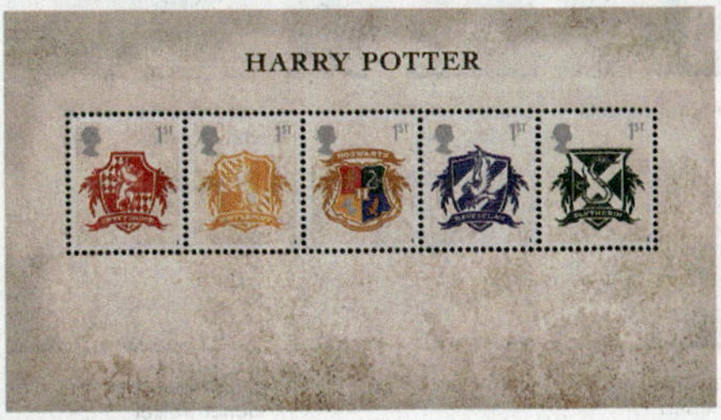

cmk

cme) Gryffindor
cmf) Hufflepuff
cmg) Hogwarts
cmh) Ravenclaw
cmi) Slytherin

cme–cmi) Wappen der Schule und ihrer Häuser

2542	1ST	mehrfarbig	cme	3,—	1,40
2543	1ST	mehrfarbig	cmf	3,—	1,40
2544	1ST	mehrfarbig	cmg	3,—	1,40
2545	1ST	mehrfarbig	cmh	3,—	1,40
2546	1ST	mehrfarbig	cmi	3,—	1,40
Block 38		(123×70 mm)	cmk	15,—	7,—
			FDC		8,—

Nominale zur Zeit der Ausgabe: je 34 P

MiNr. 2535–2541 wurden waagerecht zusammenhängend gedruckt.

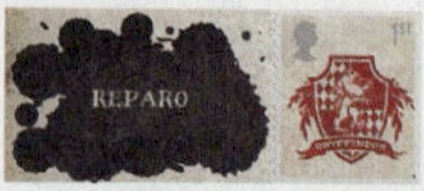

2007, 17. Juli. 10 Jahre Harry-Potter-Romane. Odr. (4×5 Zd + 4×5 Zd); selbstklebend; gestanzt 14¾:14.

Zierfeld
cme) Gryffindor

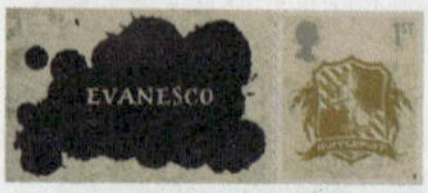

Zierfeld
cmf) Hufflepuff

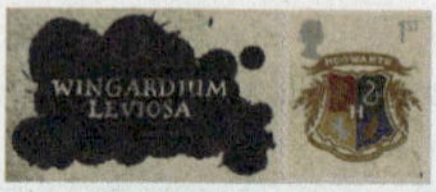

Zierfeld
cmg) Hogwarts

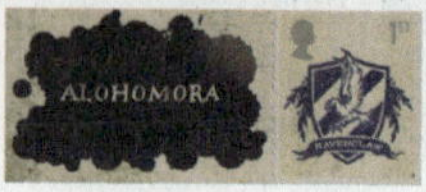

Zierfeld
cmh) Ravenclaw

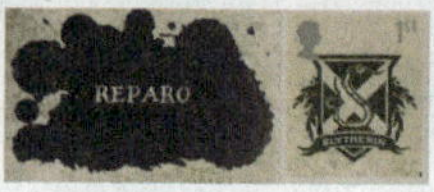

Zierfeld
cmi) Slytherin

2547	1ST	mehrfarbig	cme	3,—	1,40
2548	1ST	mehrfarbig	cmf	3,—	1,40
2549	1ST	mehrfarbig	cmg	3,—	1,40
2550	1ST	mehrfarbig	cmh	3,—	1,40
2551	1ST	mehrfarbig	cmi	3,—	1,40
			Satzpreis (5 W.)	15,—	7,—
			2547 Zf–2551 Zf	16,—	7,50
			FDC		9,—
			Folienbogen	65,—	

Nominale zur Zeit der Ausgabe: je 34 P

MiNr. 2547–2551 wurden zusammen im Folienbogen zu 20 Marken und 20 verschiedenen Zierfeldern gedruckt, die durch 3 schmale Verbindungsstege mit der jeweiligen Marke verbunden sind (Postpreis: 7.35 £). Die Zierfelder konnten auf Bestellung auch individuell gestaltet werden (Postpreis: 14.95 £).

Die Standard-Zierfelder wurden mit thermochromer Farbe überdruckt, die bei Erwärmung durchsichtig wird und den darunterliegenden Druck sichtbar werden lässt.

2007, 26. Juli. 100 Jahre Pfadfinderbewegung; Europa: Pfadfinder. Odr. (5×5 und 5×5 + 5×5); gez. K 14¼:14.

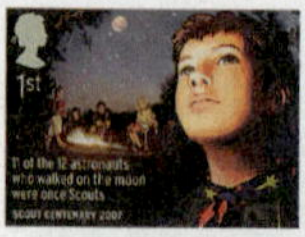

cml) Lagerfeuerromantik

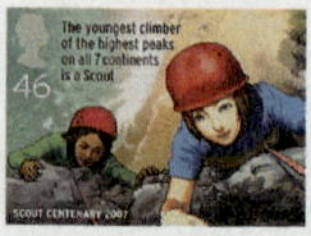

cmm) Klettertour

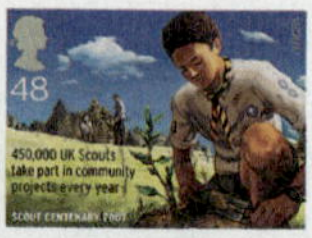

cmn) Anpflanzen von Bäumchen

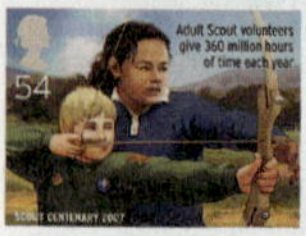

cmo) Unterricht im Bogenschießen

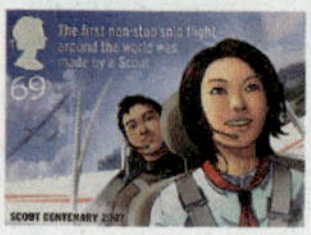

cmp) Flugübung

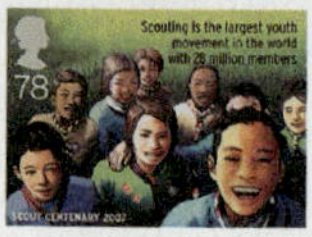

cmr) Pfadfinder verschiedener Völker

2552	1st	mehrfarbig	cml	3,—	1,20
2553	46 (P)	mehrfarbig	cmm	1,50	1,40
2554	48 (P)	mehrfarbig	cmn	1,60	1,50
2555	54 (P)	mehrfarbig	cmo	1,80	1,60
2556	69 (P)	mehrfarbig	cmp	2,40	2,—
2557	78 (P)	mehrfarbig	cmr	2,70	2,40
			Satzpreis (6 W.)	13,—	10,—
			FDC		12,—

Nominale von MiNr. 2552 zur Zeit der Ausgabe: 34 P

MiNr. 2552 und 2554 tragen die Inschrift „EUROPA".

2007, 4. Sept. Bedrohte Natur (I): Vögel. Odr. (1×3 Zd und 1×3 Zd + 1×3 Zd); gez. K 14¼.

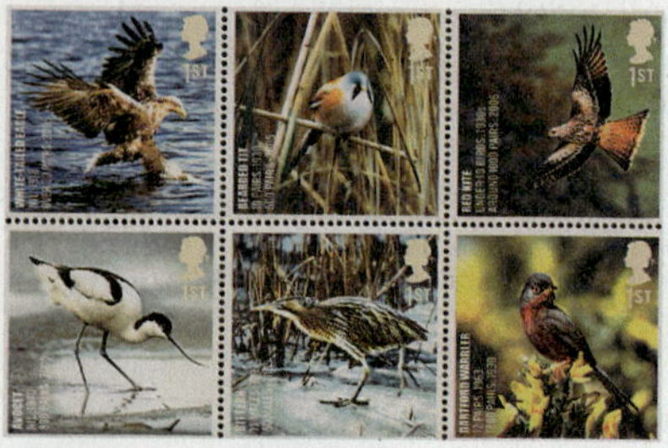

cms) Seeadler (Haliaeetus albicilla)
cmt) Bartmeise (Panurus biarmicus)
cmu) Rotmilan (Milvus milvus)

cmx) Säbelschnäbler (Recurvirostra avosetta)
cmy) Rohrdommel (Botaurus stellaris)
cmz) Provence-Grasmücke (Sylvia undata)

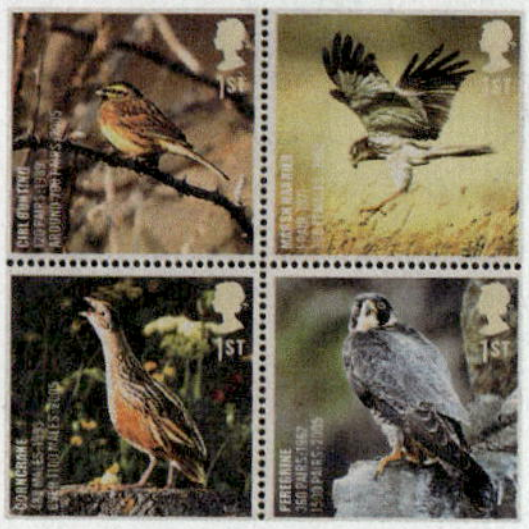

cmv) Zaunammer (Emberiza cirlus)
cmw) Rohrweihe (Circus aeruginosus)

cna) Wachtelkönig (Crex crex)
cnb) Wanderfalke (Falco peregrinus)

2558	1ST	mehrfarbig	cms	3,—	1,20
2559	1ST	mehrfarbig	cmt	3,—	1,20
2560	1ST	mehrfarbig	cmu	3,—	1,20
2561	1ST	mehrfarbig	cmv	3,—	1,20
2562	1ST	mehrfarbig	cmw	3,—	1,20
2563	1ST	mehrfarbig	cmx	3,—	1,20
2564	1ST	mehrfarbig	cmy	3,—	1,20
2565	1ST	mehrfarbig	cmz	3,—	1,20
2566	1ST	mehrfarbig	cna	3,—	1,20
2567	1ST	mehrfarbig	cnb	3,—	1,20
			Satzpreis (10 W.)	30,—	12,—
			Zehnerblock	30,—	12,—
			FDC		13,—

Nominale zur Zeit der Ausgabe: je 34 P

MiNr. 2558–2567 wurden in Zehnerblockanordnung zusammenhängend gedruckt.

2007, 20. Sept. Uniformen (I): Royal Army. Odr., Bogen (2×5 Zd und 2×5 Zd + 2×5 Zd) und Markenheftchen; gez. K 14¼.

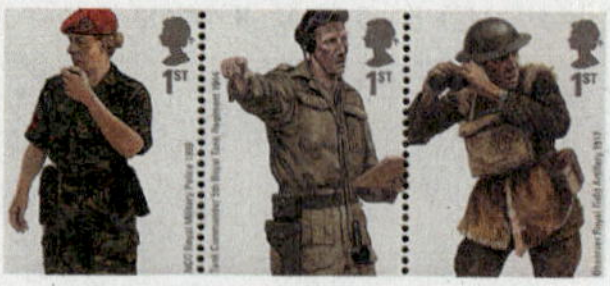

cnc) Weiblicher Unteroffizier der Militärpolizei (1999)
cnd) Panzerkommandant (1944)
cne) Beobachter der Feldartillerie (1917)

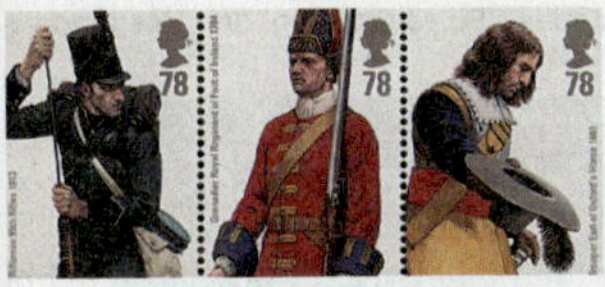

cnf) Schütze (1813)
cng) Grenadier (1704)
cnh) Kavallerist (1661)

2568	1ST	mehrfarbig	cnc	3,—	1,30
2569	1ST	mehrfarbig	cnd	3,—	1,30
2570	1ST	mehrfarbig	cne	3,—	1,30
2571	78 (P)	mehrfarbig	cnf	2,70	2,50
2572	78 (P)	mehrfarbig	cng	2,70	2,50
2573	78 (P)	mehrfarbig	cnh	2,70	2,50
			Satzpreis (6 W.)	17,—	11,—
			2 Dreierstreifen	17,—	11,—
			FDC		12,—

Nominale von MiNr. 2568–2570 zur Zeit der Ausgabe: je 34 P

Nominalgleiche Marken wurden waagerecht zusammenhängend gedruckt.

MiNr. 2568–2573 stammen auch aus MH 154.
MiNr. 2570 stammt auch aus MH 179.

2007, 16. Okt. 60. Hochzeitstag von Königin Elizabeth II. und Prinz Philip (I). Odr. (3×5 Zd und 3×5 Zd + 3×5 Zd); gez. K 14¼:14.

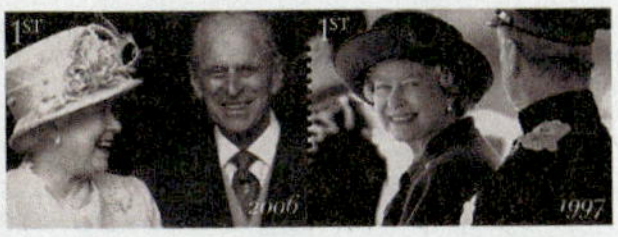

cni) 2006
cnk) 1997

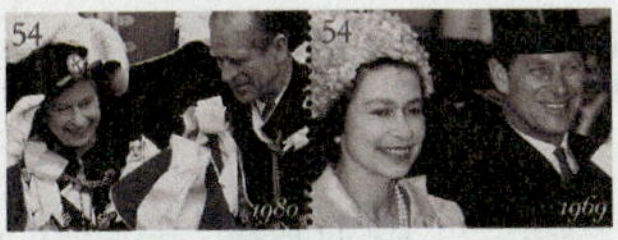

cnl) 1980
cnm) 1969

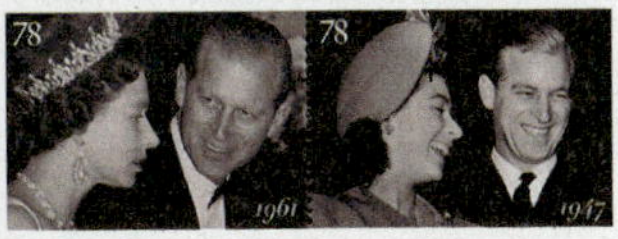

cnn) 1961
cno) 1947

cni–cno) Königin Elizabeth II. (1926–2022, reg. ab 1952) und Prinz Philip (1921–2021), Aufnahmen im angegebenen Jahr

2574	1ST	grau/schwarz	cni	3,—	1,40
2575	1ST	grau/schwarz	cnk	3,—	1,40
2576	54 (P)	grau/schwarz	cnl	1,60	1,60
2577	54 (P)	grau/schwarz	cnm	1,60	1,60
2578	78 (P)	grau/schwarz	cnn	2,60	2,50
2579	78 (P)	grau/schwarz	cno	2,60	2,50
			Satzpreis (6 W.)	14,—	11,—
			3 Paare	14,—	11,—
			FDC		12,—

Nominale von MiNr. 2574–2575 zur Zeit der Ausgabe: je 34 P

Nominalgleiche Marken wurden waagerecht zusammenhängend gedruckt.

Sonderprägungen von MiNr. 2574–2579 auf Silberfolie in Markengröße stammen aus einem Souveniralbum (Commemorative Document). Sie sind nicht frankaturgültg.

2007, 16. Okt. Blockausgabe: 60. Hochzeitstag von Königin Elizabeth II. und Prinz Philip (II). RaTdr.; selbstklebend; gestanzt 14¼.

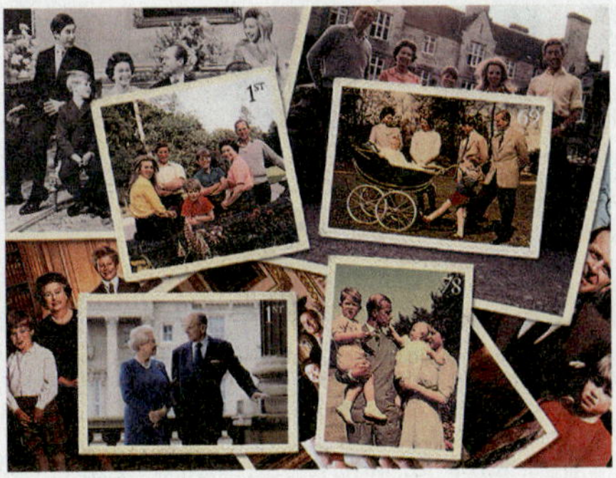

cnu

cnp cns
cnr cnt

cnp–cnt) Bilder aus dem Fotoalbum der königlichen Familie

2580	1ST	mehrfarbig	cnp	3,—	1,60
2581	1ST	mehrfarbig	cnr	3,—	1,60
2582	69 (P)	mehrfarbig	cns	2,20	2,—
2583	78 (P)	mehrfarbig	cnt	2,80	2,50
Block 39		(115×89 mm)	cnu	11,—	8,—
			FDC		9,—

Nominale von MiNr. 2580–2581 zur Zeit der Ausgabe: je 34 P

2007, 6. Nov. Blockausgabe: Weihnachten (I) – Engel. RaTdr.; gez. Ks 14¾:14¼.

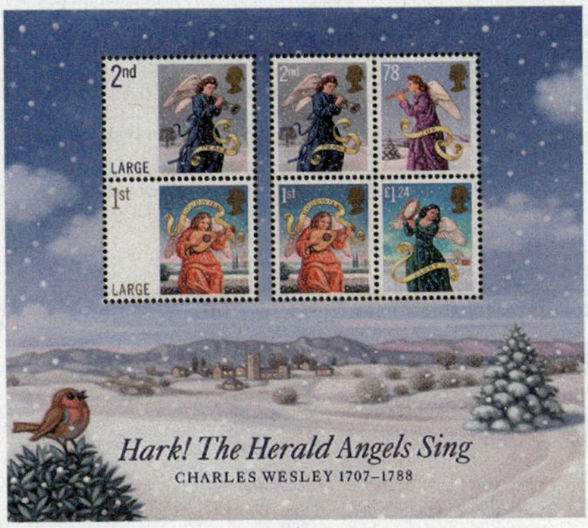

cob

cnx cnv cnz
cny cnw coa

cnv) Engel mit Trompete
cnw) Engel mit Laute
cnx) Engel mit Trompete
cny) Engel mit Laute
cnz) Engel mit Flöte
coa) Engel mit Tamburin

cnv–coa) Illustration des Weihnachtsliedes „Hark! The Herald Angels Sing (Hört die Engelchöre singen)" von Charles Wesley (1707–1788), anglikanischer Priester und Theologe

2584	2nd	mehrfarbig	cnv	2,20	1,—
2585	1st	mehrfarbig	cnw	3,—	1,20
2586	2nd	Large mehrfarbig	cnx	2,80	1,60
2587	1st	Large mehrfarbig	cny	6,—	2,—
2588	78 (P)	mehrfarbig	cnz	2,40	2,40
2589	1.24 £	mehrfarbig	coa	3,80	3,80
Block 40		(115×102 mm)	cob	20,—	12,—
			FDC		13,—

Nominalen zur Zeit der Ausgabe: MiNr. 2584 = 24 P, MiNr. 2585 = 34 P, MiNr. 2586 = 40 P, MiNr. 2587 = 48 P

In gleichen Zeichnungen: MiNr. 2590–2595 (selbstklebend)

2007, 6. Nov. Weihnachten (II): Engel. I = RaTdr., Bogen (B) (5×5 + 5×5) und Markenheftchen (MH) (6×2), II = Odr., Folienbogen (Fbg.); selbstklebend; gestanzt 14¾:14¼.

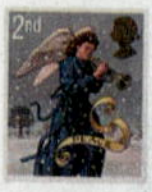

cnv) Engel mit Trompete

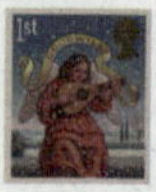

cnw) Engel mit Laute

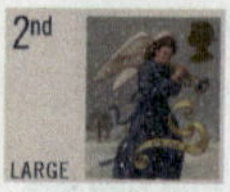

cnx) Engel mit Trompete

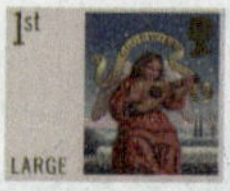

cny) Engel mit Laute

cnz) Engel mit Flöte

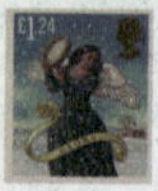

coa) Engel mit Tamburin

cnv–coa) Illustration des Weihnachtsliedes „Hark! The Herald Angels Sing (Hört die Engelchöre singen)" von Charles Wesley (1707–1788), anglikanischer Priester und Theologe

2590	2nd	mehrfarbig	cnv		
I		RaTdr. (B) (MH)		2,20	1,—
II		Odr. (Fbg.)		2,40	1,20
2591	1st	mehrfarbig	cnw		
I		RaTdr. (B) (MH)		3,—	1,20
II		Odr. (Fbg.)		3,20	1,50
2592 I	2nd	Large mehrfarbig (B)	cnx	2,80	1,60
2593 I	1st	Large mehrfarbig (B)	cny	6,—	2,—
2594	78 (P)	mehrfarbig (B)	cnz		
I		RaTdr. (B)		2,40	2,40
II		Odr. (Fbg.)		3,—	2,80
2595 I	1.24 £	mehrfarbig (B)	coa	3,80	3,80
		Satzpreis I (6 W.)		20,—	12,—
		FDC I			13,—
		2590 II Zf, 2591 II Zf, 2594 II Zf		10,—	6,50

Nominalen zur Zeit der Ausgabe: MiNr. 2590 = 24 P, MiNr. 2591 = 34 P, MiNr. 2592 = 40 P, MiNr. 2593 = 48 P

MiNr. 2590 I stammt auch aus MH 0-300, MiNr. 2591 I auch aus MH 0-301.

MiNr. 2590 II–2591 II und 2594 II stammen aus Folienbogen zu 20 Marken (8 × MiNr. 2590 II–2591 II und 4 × MiNr. 2594 II) und 20 verschiedenen Zierfeldern, die jeweils durch 3 schmale Verbindungsstege mit der Marke verbunden sind (Postpreis: 8.30 £).

Auf Privatbestellung wurden außerdem MiNr. 2590 II–2591 II jeweils im Folienbogen zu 20 Marken und 20 Zierfeldern, MiNr. 2594 II im Folienbogen zu 10 Marken und 10 Zierfeldern ausgegeben, die jeweils durch 3 schmale Verbindungsstege mit der Marke verbunden sind (Postpreis des Bogens mit MiNr. 2590 II: 9.95 £, mit MiNr. 2591 II und 2594 II: je 14.95 £).

In gleichen Zeichnungen: MiNr. 2584–2589 (nassklebend)

2007, 6. Nov. Weihnachten (III): Gemälde. RaTdr. (5×5 + 5×5); selbstklebend; Sicherheitsstanzung 14¾:14¼.

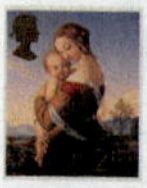
coc) Maria mit Kind; von Lippo di Dalmasio (um 1352-1420/21), italienischer Maler

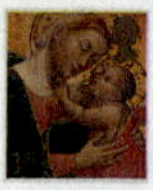
cod) Maria mit Kind; von Lippo di Dalmasio (um 1352–1420/21), italienischer Maler

2596	2nd	mehrfarbig	coc	2,20	1,20
2597	1st	mehrfarbig	cod	3,—	1,30
		Satzpreis (2 W.)		5,—	2,50
		FDC			3,50

Nominalen zur Zeit der Ausgabe: MiNr. 2596 = 24 P, MiNr. 2597 = 34 P

2007, 8. Nov. Blockausgabe: 90. Jahrestag der Passendale-Schlacht. Odr.; gez. Ks 14¾:14¼.

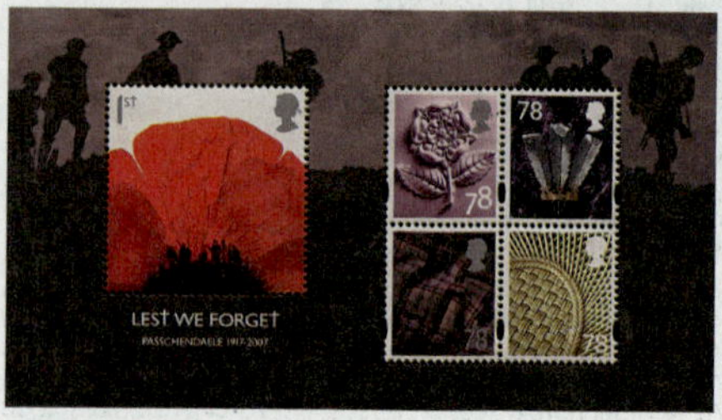

cof

coe) Klatschmohn mit Soldaten als Staubgefäße

2598	1st	mehrfarbig	coe	3,—	1,50
Block 41		mit MiNr. 2598, England MiNr. 21, Nordirland MiNr. 99, Schottland MiNr. 98, Wales MiNr. 95 (124×71 mm)	cof	13,—	12,—
			FDC		13,—

	★★
Block 41 F Farbe Silber fehlend	—,—

Nominale von MiNr. 2598 zur Zeit der Ausgabe: 34 P

MiNr. 2598 wurde auch im Bogen zu 20 Marken mit 3 Zwischenstegen und einem seitlichen Steg gedruckt (Postpreis: 7.35 £).

MiNr. 2598 wurde am 6.11.2008 auch mit MiNr. 2469 II und 2692 waagerecht zusammenhängend im Bogen (2×5 Zd + 2×5 Zd) verausgabt (Postpreis: 21.60 £). Dreierstreifen-Bewertung siehe nach MiNr. 2692.

MiNr. 2598 stammt auch aus MH 188.

England MiNr. 21, Nordirland MiNr. 99, Schottland MiNr. 98 und Wales MiNr. 95 gültig bis 31.1.2023, geduldet bis 31.7.2023

2008, 8. Jan. 100. Geburtstag von Ian Fleming. Odr., Bogen (4×6 und 4×6 + 4×6) und Markenheftchen; gez. K 14¾:14¼.

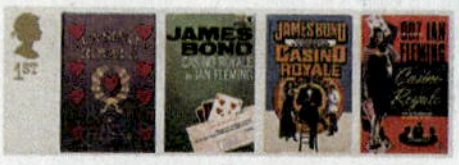
cog) Casino Royale (1953)

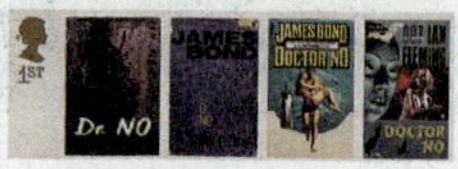
coh) James Bond jagt Dr. No (1958)

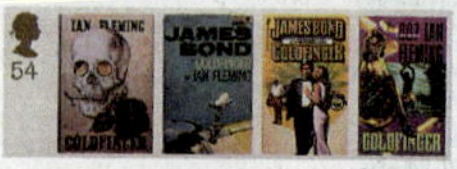
coi) Goldfinger (1959)

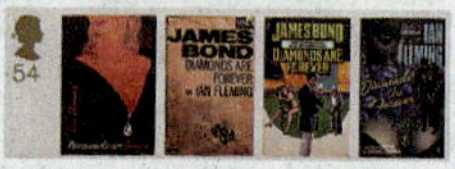
cok) Diamantenfieber (1956)

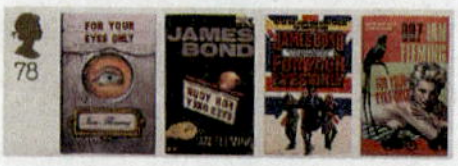
col) In tödlicher Mission (1960)

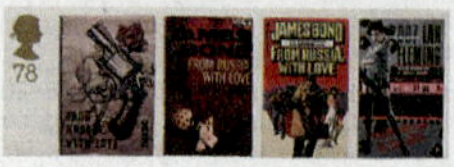
com) Liebesgrüße aus Moskau (1957)

cog–com) Buchcover von James-Bond-Romanen von Ian Fleming (1908–1964), Schriftsteller

				★★	⊙
2599	1ST	mehrfarbig	cog	3,—	1,20
2600	1ST	mehrfarbig	coh	3,—	1,20
2601	54 (P)	mehrfarbig	coi	1,60	1,60
2602	54 (P)	mehrfarbig	cok	1,60	1,60
2603	78 (P)	mehrfarbig	col	2,60	2,40
2604	78 (P)	mehrfarbig	com	2,60	2,40
		Satzpreis (6 W.)		14,—	10,—
		FDC			12,—

Blockausgabe mit MiNr. 2599–2604

Block 42	(189×68 mm)	con	16,—	15,—
		FDC		16,—

Nominale von MiNr. 2599–2600 zur Zeit der Ausgabe: je 34 P

MiNr. 2599–2604 stammen auch aus MH 155.

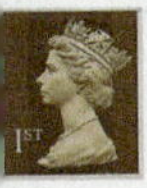

2008, 8. Jan. Freimarke: Königin Elizabeth II., Typ Machin. Odr., Markenheftchen; Sicherheitszähnung K 14¾:14¼.

ku) Königin Elizabeth II. (1926–2022, reg. ab 1952)

2605	1ST	goldfarben	ku	2,—	1,—
			FDC		1,80

Nominale zur Zeit der Ausgabe: 34 P

MiNr. 2605 stammt aus MH 155, 156 und 159.

Gültig bis 31.1.2023, geduldet bis 31.7.2023

In gleicher Zeichnung siehe Übersicht nach Jahrgangswerttabelle.

2008, 5. Febr. Gebrauchshunde; Europa: Der Brief. Odr. (5×5 und 5×5 + 5×5); Papier ph.; gez. K 14¼.

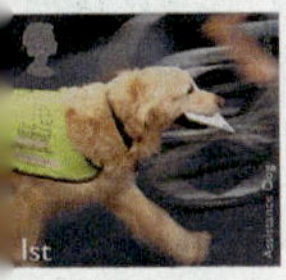

coo) Assistenzhund trägt Post

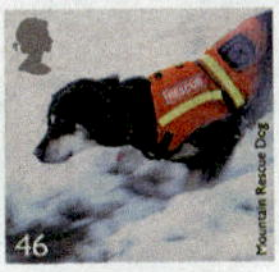

cop) Lawinenhund

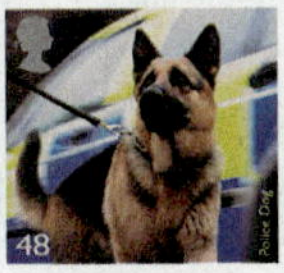

cor) Polizeihund

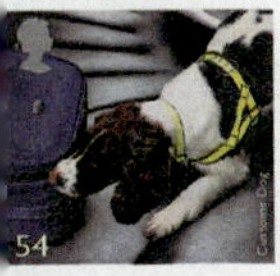

cos) Zollhund

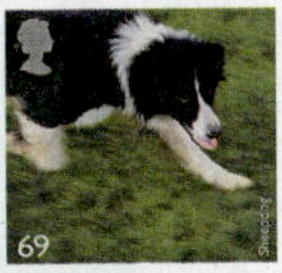

cot) Hütehund

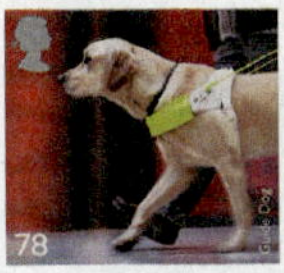

cou) Blindenhund

2606	1st	mehrfarbig	coo	3,—	1,20
2607	46 (P)	mehrfarbig	cop	1,40	1,30
2608	48 (P)	mehrfarbig	cor	1,50	1,40
2609	54 (P)	mehrfarbig	cos	1,60	1,60
2610	69 (P)	mehrfarbig	cot	2,20	2,—
2611	78 (P)	mehrfarbig	cou	2,40	2,20
			Satzpreis (6 W.)	12,—	9,50
			FDC		11,—

Nominale von MiNr. 2606 zur Zeit der Ausgabe: 34 P

MiNr. 2606 trägt die Inschrift „EUROPA".

2008, 28. Febr. Britische Monarchie (I): Die Häuser Lancaster und York. Odr. (5×5 und 5×5 + 5×5); gez. K 14¼.

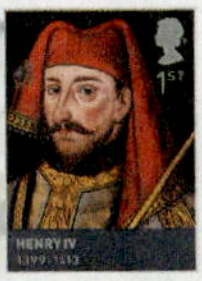

cov) Heinrich IV. (1367–1413, reg. ab 1399)

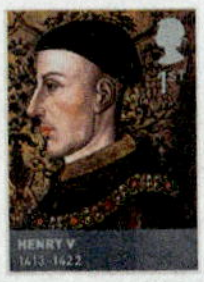

cow) Heinrich V. (1387–1422, reg. ab 1413)

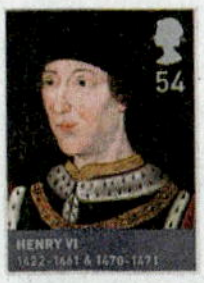

cox) Heinrich VI. (1421–1471, reg. 1422–1461 und ab 1470)

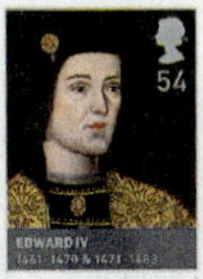

coy) Eduard IV. (1442–1483, reg. 1461–1470 und ab 1471)

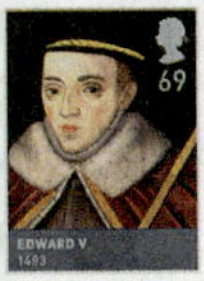

coz) Eduard V. (1470–1483, reg. 1483)

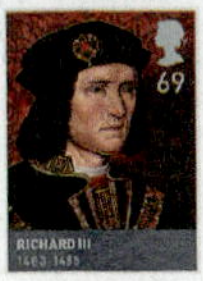

cpa) Richard III. (1452–1485, reg. ab 1483)

2612	1ST	mehrfarbig	cov	3,—	1,50
2613	1ST	mehrfarbig	cow	3,—	1,50
2614	54 (P)	mehrfarbig	cox	1,60	1,60
2615	54 (P)	mehrfarbig	coy	1,60	1,60
2616	69 (P)	mehrfarbig	coz	2,40	2,—
2617	69 (P)	mehrfarbig	cpa	2,40	2,—
			Satzpreis (6 W.)	14,—	10,—
			FDC		11,—

Blockausgabe

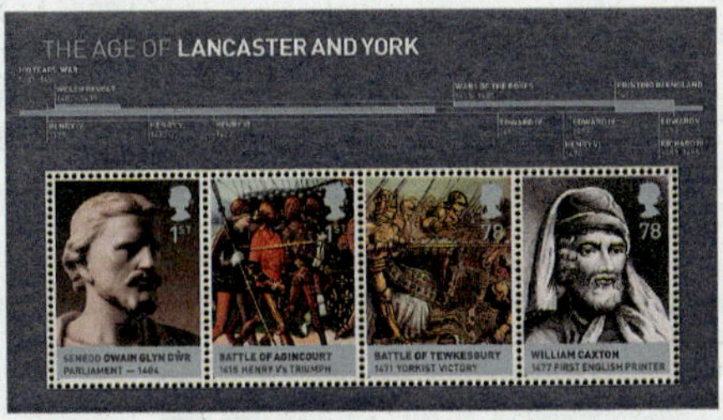

cpf

cpb) Owain Glyn Dwr (um 1355–um 1415), Anführer des walisischen Aufstandes
cpc) Schlacht von Azincourt (1415)
cpd) Schlacht von Tewkesbury (1471)
cpe) William Caxton (um 1422–1491), Buchdrucker und Verleger

2618	1ST	mehrfarbig	cpb	3,—	1,60
2619	1ST	mehrfarbig	cpc	3,—	1,60
2620	78 (P)	mehrfarbig	cpd	2,50	2,40
2621	78 (P)	mehrfarbig	cpe	2,50	2,40
Block 43		(122×70 mm)	cpf	11,—	8,—
			FDC		9,—

Nominale von MiNr. 2612–2613 und 2618–2619 zur Zeit der Ausgabe: je 34 P

2008, 13. März. 100 Jahre Internationales Seenotsignal „SOS". Odr. (5×5 und 5×5 + 5×5); Sicherheitszähnung K 14¾:14¼.

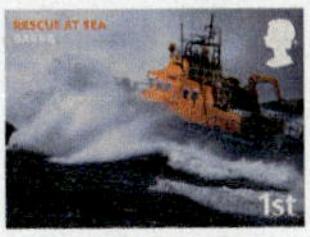

cpg) Seenotrettungsboot der Severn-Klasse

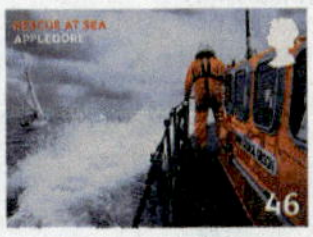

cph) Seenotrettungsboot der Tyne-Klasse, Segelboot

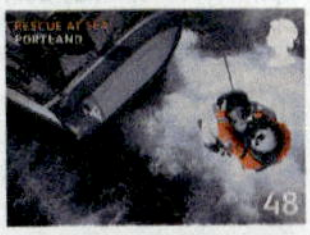

cpi) Bergen eines Schiffbrüchigen per Hubschrauber

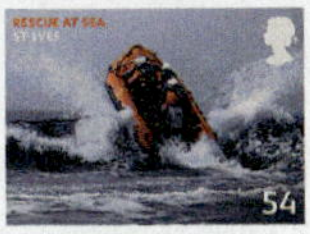

cpk) Rettungsschlauchboot der D-Klasse

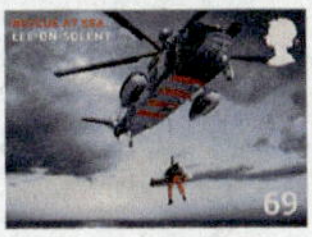

cpl) Seenotrettungshubschrauber Sikorsky S92 beim Bergen eines Verletzten

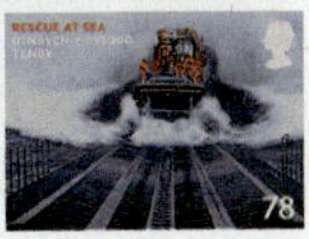

cpm) Zuwasserlassen eines Rettungsbeibootes der Tamar-Klasse

2622	1st	mehrfarbig	cpg	3,—	1,20
2623	46 (P)	mehrfarbig	cph	1,30	1,30
2624	48 (P)	mehrfarbig	cpi	1,40	1,40
2625	54 (P)	mehrfarbig	cpk	1,70	1,60
2626	69 (P)	mehrfarbig	cpl	2,20	2,—
2627	78 (P)	mehrfarbig	cpm	2,50	2,20
			Satzpreis (6 W.)	12,—	9,50
			FDC		11,—

Nominale von MiNr. 2622 zur Zeit der Ausgabe: 34 P

Die Aussparungen in der waagerechten Zähnung stellen die Buchstabenfolge „SOSOSOS" aus dem Morsealphabet dar.

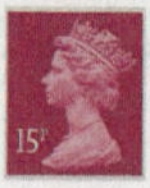

2008, 1. April. Freimarken: Königin Elizabeth II., Typ Machin. RaTdr. (10×20); Sicherheitszähnung K 14¾:14¼.

ku) Königin Elizabeth II. (1926–2022, reg. ab 1952)

2628	15 P	karminlila	ku	0,50	0,50
2629	56 P	gelboliv	ku	1,60	1,60
2630	81 P	lebhaftgrünblau	ku	2,40	2,40
		Satzpreis (3 W.)		4,50	4,50
		FDC			5,50

Gültig bis 31.1.2023, geduldet bis 31.7.2023

In gleicher Zeichnung siehe Übersicht nach Jahrgangswerttabelle.

Posttarife Großbritannien (7.4.2008–5.4.2009)

2. Klasse, Standardformat: 27 P (zuvor: 24 P)
1. Klasse, Standardformat: 36 P (zuvor: 34 P)
2. Klasse, Großformat: 42 P (zuvor: 40 P)
1. Klasse, Großformat: 52 P (zuvor: 48 P)
Europa, bis 20 g: 50 P (zuvor: 48 P)
Europa, 20 g–40 g: 72 P (zuvor: 69 P)
Postkarte, Seepost: 48 P (zuvor: 46 P)
Postkarte, Luftpost: 56 P (zuvor: 54 P)
Luftpost, bis 10 g: 56 P (zuvor: 54 P)
Luftpost, 10 g–20 g: 81 P (zuvor: 78 P)
Luftpost, 20 g–40 g: 1.22 £ (zuvor: 1.24 £)

2008, 15. April. Bedrohte Natur (II): Insekten. Odr. (1×3 Zd und 1×3 Zd + 1×3 Zd); gez. K 14¼.

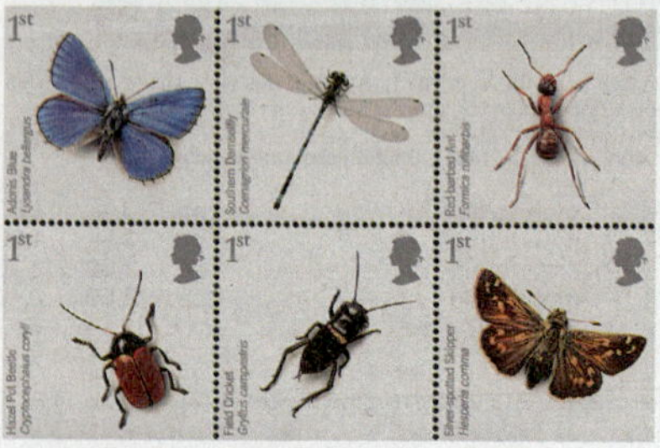

cpn) Himmelblauer Bläuling (Lysandra bellargus)
cpo) Helm-Azurjungfer (Coenagrion mercuriale)
cpp) Rotbärtige Sklavenameise (Formica rufibarbis)

cpt) Cryptocephalus coryli (Blattkäfer)
cpu) Feldgrille (Gryllus campestris)
cpv) Kommafalter (Hesperia comma)

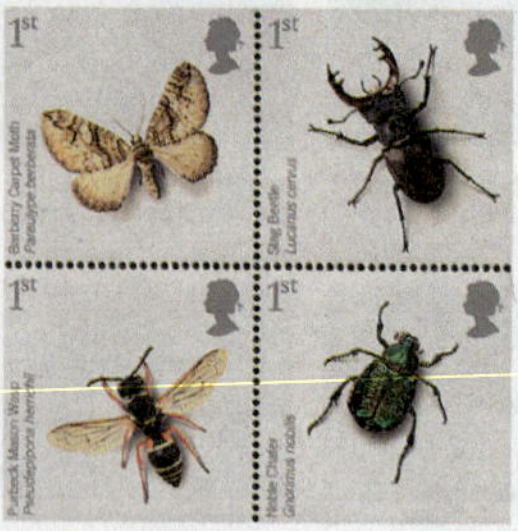

cpr) Berberitzenspanner (Pareulype berberata)
cps) Hirschkäfer (Lucanus cervus)

cpw) Pseudepipona herrichii (Faltenwespe)
cpx) Edelkäfer (Gnorimus nobilis)

2631	1st	mehrfarbig	cpn	3,—	1,20
2632	1st	mehrfarbig	cpo	3,—	1,20
2633	1st	mehrfarbig	cpp	3,—	1,20
2634	1st	mehrfarbig	cpr	3,—	1,20
2635	1st	mehrfarbig	cps	3,—	1,20
2636	1st	mehrfarbig	cpt	3,—	1,20
2637	1st	mehrfarbig	cpu	3,—	1,20
2638	1st	mehrfarbig	cpv	3,—	1,20
2639	1st	mehrfarbig	cpw	3,—	1,20
2640	1st	mehrfarbig	cpx	3,—	1,20
		Satzpreis (10 W.)		30,—	12,—
		Zehnerblock		30,—	12,—
		FDC			13,—

Nominale zur Zeit der Ausgabe: je 34 P

MiNr. 2631–2640 wurden in Zehnerblockanordnung zusammenhängend gedruckt.

2008, 13. Mai. Kathedralen. Odr. (5×5 und 5×5 + 5×5); gez. K 14¼.

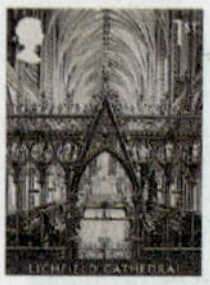

cpy) Kathedrale Lichfield, County Staffordshire

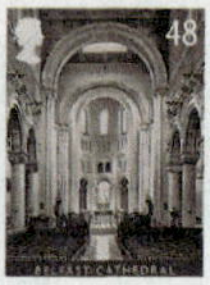

cpz) St.-Anna-Kathedrale, Belfast

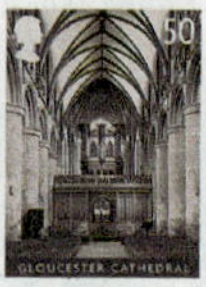

cra) Kathedrale Gloucester, County Glostershire

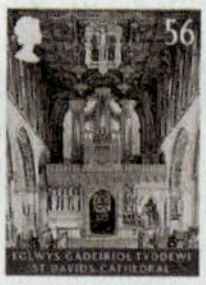

crb) St.-David-Kathedrale, St. David's, Wales

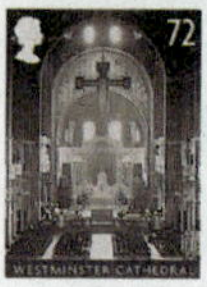

crc) Westminster-Kathedrale, London

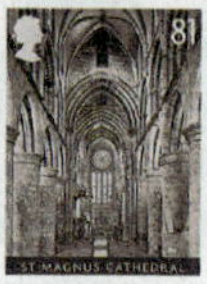

crd) St.-Magnus-Kathedrale, Kirkwall, Orkneyinseln

crd–crg) St.-Pauls-Kathedrale, London

2641	1ST		braunschwarz	cpy	3,—	1,50
2642	48	(P)	braunschwarz	cpz	1,50	1,50
2643	50	(P)	braunschwarz	cra	1,60	1,60
2644	56	(P)	braunschwarz	crb	1,80	1,80
2645	72	(P)	braunschwarz	crc	2,20	2,20
2646	81	(P)	braunschwarz	crd	2,40	2,40
			Satzpreis (6 W.)		12,—	11,—
			FDC			12,—

Blockausgabe

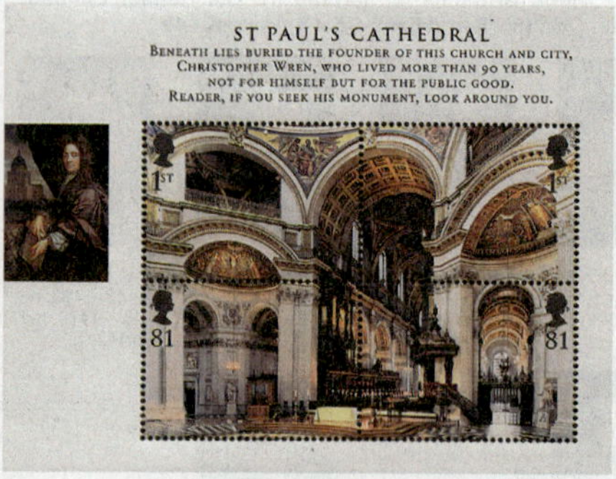

crh

crd cre
crf crg

2647	1ST		mehrfarbig	crd	3,—	1,60
2648	1ST		mehrfarbig	cre	3,—	1,60
2649	81	(P)	mehrfarbig	crf	2,50	2,40
2650	81	(P)	mehrfarbig	crg	2,50	2,40
Block 44			(115×89 mm)	crh	11,—	8,—
			FDC			9,—

Nominale von MiNr. 2641 und 2647–2648 zur Zeit der Ausgabe: je 36 P

2008, 13. Mai. Urlaub an der See. RaTdr., Markenheftchen; selbstklebend; gestanzt 14¼.

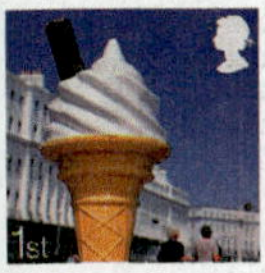

cif) Eiscreme an der Strandpromenade

2651	1st	mehrfarbig	cif	4,—	3,—
			FDC		4,—

Nominale zur Zeit der Ausgabe: 36 P

MiNr. 2651 stammt aus MH 0-304

In gleicher Zeichnung: MiNr. 2519 (nassklebend)

2008, 10. Juni. Filmplakate. Odr. (5×5 und 5×5 + 5×5); gez. K 13¾:14¼.

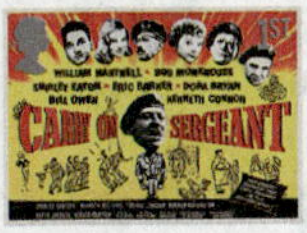

cri) „Kopf hoch – Brust raus!" (1958)

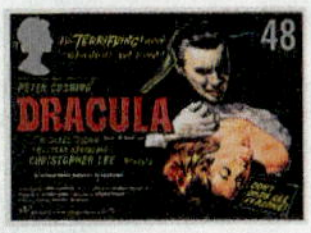

crk) „Dracula" (1958)

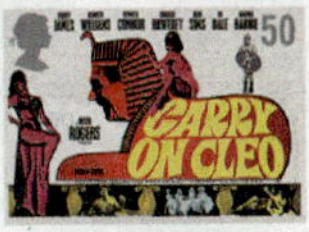

crl) „Cleo, Liebe und Antike" (1964)

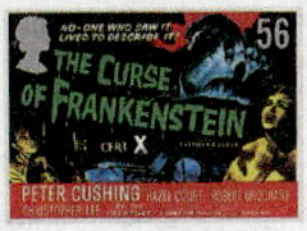

crm) „Frankensteins Fluch" (1957)

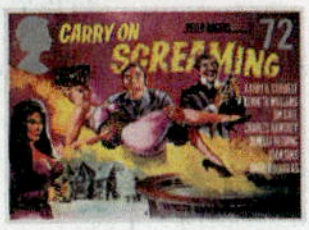

crn) „Ist ja irre – Alarm im Gruselschloss" (1966)

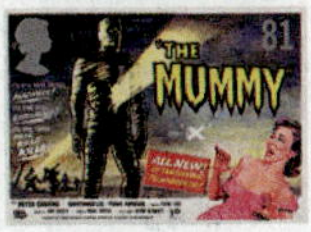

cro) „Die Rache der Pharaonen" (1959)

2652	1ST		mehrfarbig	cri	3,—	1,20
2653	48	(P)	mehrfarbig	crk	1,50	1,40
2654	50	(P)	mehrfarbig	crl	1,60	1,50
2655	56	(P)	mehrfarbig	crm	1,70	1,70
2656	72	(P)	mehrfarbig	crn	2,20	2,—
2657	81	(P)	mehrfarbig	cro	2,40	2,20
				Satzpreis (6 W.)	12,—	10,—
				FDC		11,—

Nominale von MiNr. 2652 zur Zeit der Ausgabe: 36 P

2008, 17. Juli. Flugschau Farnborough; 100 Jahre Motorflug in Großbritannien. I = RaTdr., Bogen (B) (5×5 und 5×5 + 5×5), II = Odr., Zd-Bogen (Zd-B) (4×5 Zd) und Markenheftchen (MH); gez. K 14¼.

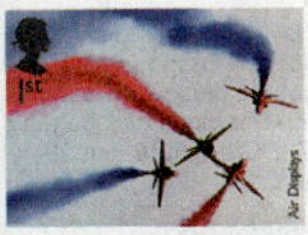

crp) British Aerospace Hawk-200 der RAF-Kunstflugstaffel „Red Arrows"

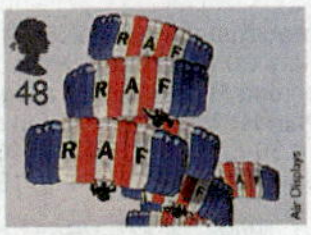

crr) Gleitschirmflieger der RAF

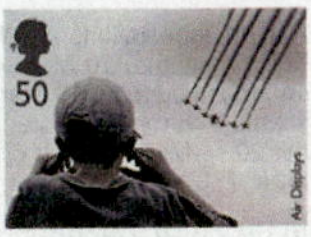

crs) RAF-Kunstflugstaffel „Red Arrows" im Vorbeiflug

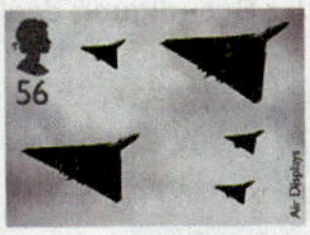

crt) Bomber Avro Vulcan im Formationsflug

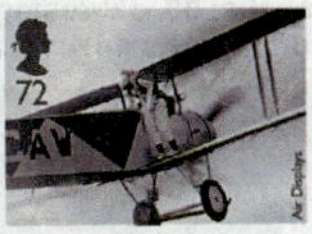

cru) Einarmiger Fallschirmspringer Robert Wyndham beim Absprung

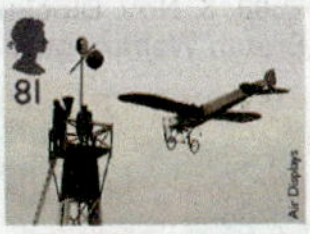

crv) Start zu einem historischen Flugrennen

2658	1st		mehrfarbig	crp		
I			RaTdr. (B)		3,—	1,20
II			Odr. (Zd-B) (MH)		3,20	2,—
2659 I	48	(P)	mehrfarbig (B)	crr	1,50	1,40
2660 I	50	(P)	mehrfarbig (B)	crs	1,60	1,50
2661 I	56	(P)	mehrfarbig (B)	crt	1,70	1,70
2662 I	72	(P)	mehrfarbig (B)	cru	2,20	2,—
2663 I	81	(P)	mehrfarbig (B)	crv	2,40	2,20
				Satzpreis I (6 W.)	12,—	10,—
				FDC I		11,—
				2658 II Zf	3,50	2,20

Nominale von MiNr. 2658 zur Zeit der Ausgabe: 36 P

MiNr. 2658 II wurde mit 17 Zierfeldern zusammenhängend im Bogen zu 20 Marken gedruckt (Postpreis: 7.75 £). MiNr. 2658 II stammt auch aus MH 156.

2008, 22. Aug. Blockausgabe: Übergabe der olympischen Fahne von Peking an London. Odr. mit Lacküberzug; gez. Ks 14¾.

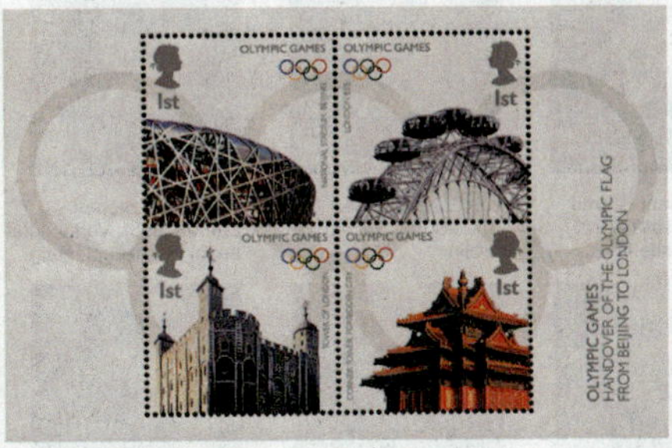

csa

crw) Nationalstadion, Peking
crx) Riesenrad „London Eye", London
cry) Tower, London
crz) Eckturm der Verbotenen Stadt, Peking

2664	1st	mehrfarbig	crw	3,—	1,50
2665	1st	mehrfarbig	crx	3,—	1,50
2666	1st	mehrfarbig	cry	3,—	1,50
2667	1st	mehrfarbig	crz	3,—	1,50
Block 45		(115×76 mm)	csa	12,—	6,50
			FDC		7,50

Nominale zur Zeit der Ausgabe: je 36 P

Parallelausgabe mit VR China MiNr. 3992–3999

2008, 18. Sept. Uniformen (II): Royal Air Force. Odr., Bogen (2×5 Zd und 2×5 Zd + 2×5 Zd) und Markenheftchen; gez. K 14¼.

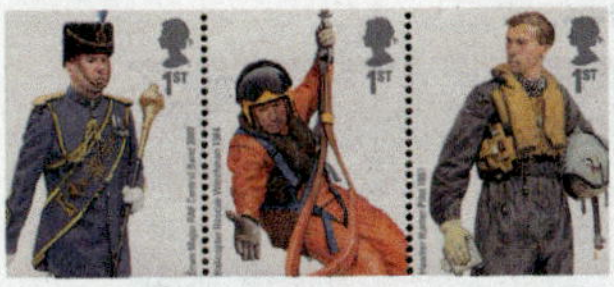

csb) Tambourmajor (2007)
csc) Hubschrauber-Luftretter (1984)
csd) Pilot (1951)

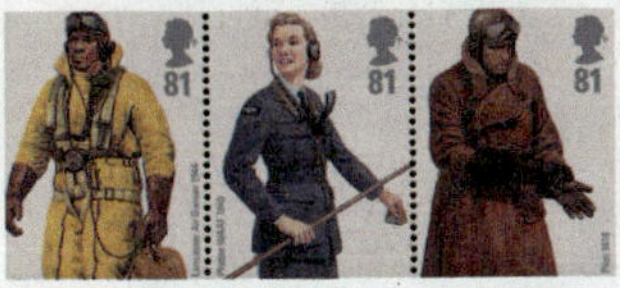

cse) Bordschütze (1944)
csf) Plotterin der Women's Auxiliary Air Force (1940)
csg) Pilot (1918)

2668	1ST		mehrfarbig	csb	3,—	1,30
2669	1ST		mehrfarbig	csc	3,—	1,30
2670	1ST		mehrfarbig	csd	3,—	1,30
2671	81	(P)	mehrfarbig	cse	2,70	2,50
2672	81	(P)	mehrfarbig	csf	2,70	2,50
2673	81	(P)	mehrfarbig	csg	2,70	2,50
				Satzpreis (6 W.)	17,—	11,—
				2 Dreierstreifen	17,—	11,—
				FDC		12,—

Nominale von MiNr. 2668–2670 zur Zeit der Ausgabe: je 36 P

Nominalgleiche Marken wurden waagerecht zusammenhängend gedruckt.

MiNr. 2668–2673 stammen auch aus MH 156.

Ausgabe „50 Jahre Regionalmarken“ vom 29. Sept. 2008 mit jeweils drei Marken von Nordirland, Schottland und Wales im Kleinbogen siehe unter den jeweiligen Regionen. Markenheftchen, Heftchenblätter und Zusammendrucke siehe unter Markenheftchen von Großbritannien.

2008, 14. Okt. Berühmte Frauen. RaTdr. (5×5 und 5×5 + 5×5); gez. K 14¼.

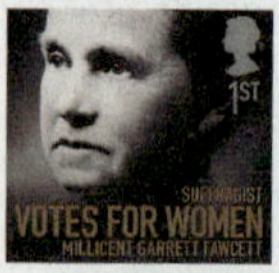

csh) Millicent Garrett Fawcett (1847–1929), Stimmrechtlerin

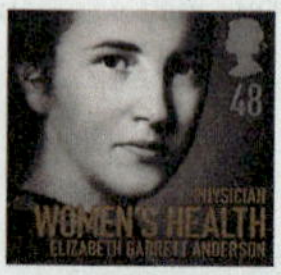

csi) Elizabeth Garrett Anderson (1836–1912), Ärztin

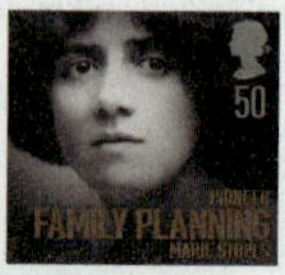

csk) Marie Stopes (1880–1958), Vorkämpferin für Familienplanung

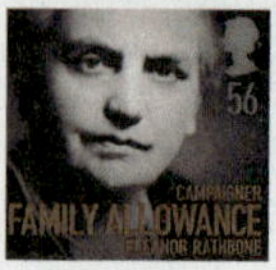

csl) Eleanor Rathbone (1872–1946), Familienrechtlerin

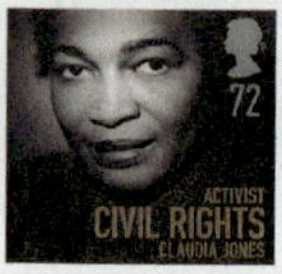

csm) Claudia Jones (1915–1964), Bürgerrechtlerin

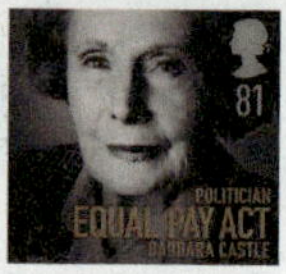

csn) Barbara Castle (1910–2002), Politikerin

2674	1ST	mehrfarbig	csh	3,—	1,20
2675	48 (P)	mehrfarbig	csi	1,50	1,40
2676	50 (P)	mehrfarbig	csk	1,60	1,50
2677	56 (P)	mehrfarbig	csl	1,70	1,70
2678	72 (P)	mehrfarbig	csm	2,20	2,—
2679	81 (P)	mehrfarbig	csn	2,40	2,20
		Satzpreis (6 W.)		12,—	10,—
		FDC			11,—

Nominale von MiNr. 2674 zur Zeit der Ausgabe: 36 P

2008, 4. Nov. Blockausgabe: Weihnachten – Pantomimenfiguren (I). RaTdr. gez. Ks 14¾:14¼.

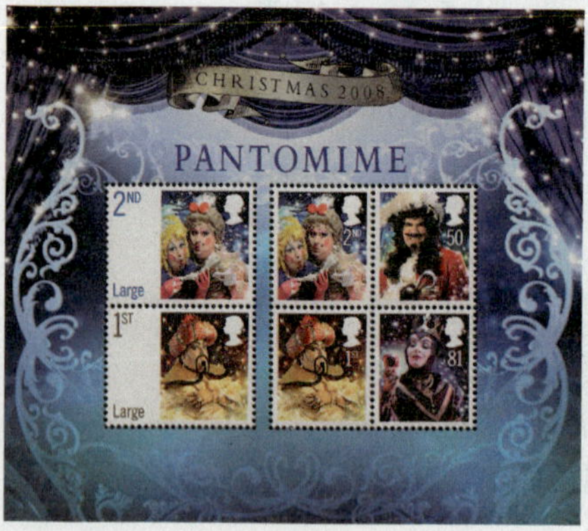

csv

csr cso css
cst csp csu

cso) Aschenputtels Stiefschwestern
csp) Der Lampengeist
csr) Aschenputtels Stiefschwestern
css) Captain Hook
cst) Der Lampengeist
csu) Die böse Königin

cso–csu) Figuren typischer Weihnachtspantomimen für Kinder

2680	2ND	mehrfarbig	cso	2,20	1,—
2681	1ST	mehrfarbig	csp	3,—	1,20
2682	2ND	Large mehrfarbig	csr	2,80	1,70
2683	50 (P)	mehrfarbig	css	1,60	1,40
2684	1ST	Large mehrfarbig	cst	6,—	2,—
2685	81 (P)	mehrfarbig	csu	2,40	2,20
Block 46		(116×103 mm)	csv	18,—	9,50
			FDC		11,—

Nominalen zur Zeit der Ausgabe: MiNr. 2680 = 27 P, MiNr. 2681 = 36 P, MiNr. 2682 = 42 P, MiNr. 2684 = 52 P

In gleichen Zeichnungen: MiNr. 2686–2691 (selbstklebend)

2008, 4. Nov. Weihnachten: Pantomimenfiguren (II). I = RaTdr., Bogen (B) (5×5 + 5×5) und Markenheftchen (MH) (6×2), II = Odr., Folienbogen (Fbg.); selbstklebend; C = wellenförmig gestanzt 14¾:14¼, CS = Sicherheitsstanzung 14¾:14¼.

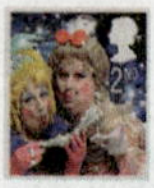

cso) Aschenputtels Stiefschwestern

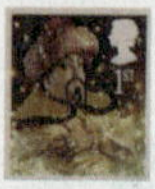

csp) Der Lampengeist

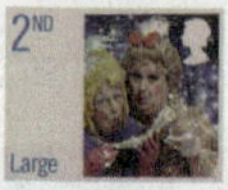

csr) Aschenputtels Stiefschwestern

css) Captain Hook

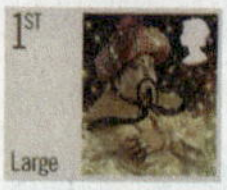

cst) Der Lampengeist

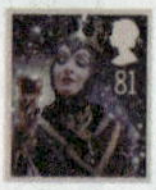

csu) Die böse Königin

cso–csu) Figuren typischer Weihnachtspantomimen für Kinder

2686		2ND	mehrfarbig	cso		
	I C		RaTdr. (B) (MH)		2,20	1,—
	II CS		Odr. (Fbg.)		2,40	1,40
2687		1ST	mehrfarbig	csp		
	I C		RaTdr. (B) (MH)		3,—	1,20
	II CS		Odr. (Fbg.)		3,20	1,70
2688	I C	2ND	Large mehrfarbig (B)	csr	2,80	1,70
2689	I C	50 (P)	mehrfarbig (B)	css	1,60	1,40
2690	I C	1ST	Large mehrfarbig (B)	cst	6,—	2,—
2691		81 (P)	mehrfarbig	csu		
	I C		RaTdr. (B)		2,40	2,20
	II CS		Odr. (Fbg.)		3,20	3,20
			Satzpreis I C (6 W.)		18,—	9,50
			FDC I C			11,—
			2686 II CS Zf, 2687 II CS Zf, 2691 II CS Zf		9,50	6,50

Nominalen zur Zeit der Ausgabe: MiNr. 2686 = 27 P, MiNr. 2687 = 36 P, MiNr. 2688 = 42 P, MiNr. 2690 = 52 P

MiNr. 2686 I stammt auch aus MH 0-305, MiNr. 2687 I auch aus MH 0-306 (jeweils mit 2 Textvarianten).

MiNr. 2686 II CS–2687 II CS und 2691 II CS stammen aus Folienbogen zu 20 Marken (8 × MiNr. 2686 II CS–2687 II CS und 4 × MiNr. 2691 II CS) und 20 verschiedenen Zierfeldern, die jeweils durch 3 schmale Verbindungsstege mit der Marke verbunden sind (Postpreis: 8.85 £).

Auf Privatbestellung wurden außerdem MiNr. 2686 II CS–2687 II CS jeweils im Folienbogen zu 20 Marken und 20 Zierfeldern, MiNr. 2687 II CS und 2691 II CS im Folienbogen zu 10 Marken und 10 Zierfeldern ausgegeben, die jeweils durch 3 schmale Verbindungsstege mit der Marke verbunden sind (Postpreis des Bogens mit 20 × MiNr. 2686 II CS: 8.50 £, mit 10 × MiNr. 2687 II CS: 7.50 £, mit 20 × MiNr. 2687 II CS bzw. mit 10 × MiNr. 2691 II CS: je 13.50 £).

In gleichen Zeichnungen: MiNr. 2680–2685 (nassklebend)

2008, 6. Nov. Blockausgabe: 90. Jahrestag der Beendigung des Ersten Weltkrieges. Odr.; gez. Ks 14¾:14¼.

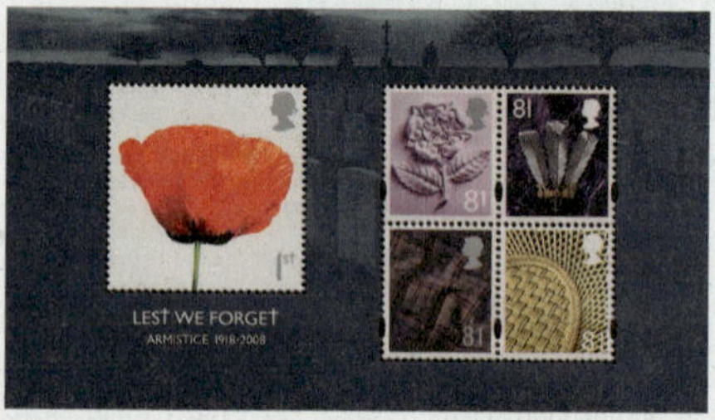

csx

csw) Klatschmohn mit Bild eines Soldaten im Blütenblatt

2692	1ST	mehrfarbig	csw	3,—	1,50
Block 47		mit MiNr. 2692, England MiNr. 24, Nordirland MiNr. 110, Schottland MiNr. 105, Wales MiNr. 101 (124×71 mm)	csx	12,—	11,—
			FDC		12,—
		Dreierstreifen mit MiNr. 2469 II, 2598 und 2692		9,—	5,50

Nominale von MiNr. 2692 zur Zeit der Ausgabe: 36 P

MiNr. 2692 wurde auch im Bogen zu 20 Marken mit 3 Zwischenstegen und einem seitlichen Steg gedruckt (Postpreis: 7.75 £).

MiNr. 2692 wurde auch mit MiNr. 2469 II und 2598 waagerecht zusammenhängend im Bogen (2×5 Zd + 2×5 Zd) gedruckt (Postpreis: 21.60 £).

MiNr. 2692 stammt auch aus MH 188.

England MiNr. 24, Nordirland MiNr. 110, Schottland MiNr. 105 und Wales MiNr. 101 gültig bis 31.1.2023, geduldet bis 31.7.2023

2009, 13. Jan. Britisches Design (I). Odr., Bogen (1×3 Zd und 1×3 Zd + 1×3 Zd, MiNr. 2693, 2695, 2697 auch 4×5 Zd) und Markenheftchen; gez. K 14¼.

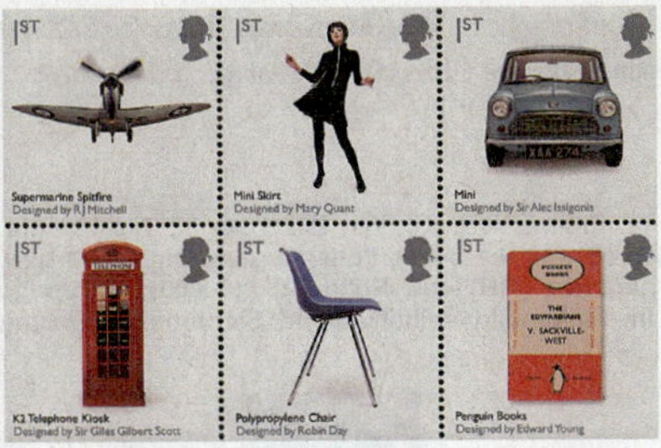

csy) Jagdflugzeug Supermarine Spitfire
csz) Minirock
cta) Kleinwagen Austin Mini

ctd) Telefonzelle
cte) Stapelbarer Stuhl
ctf) Penguin-Buchreihe

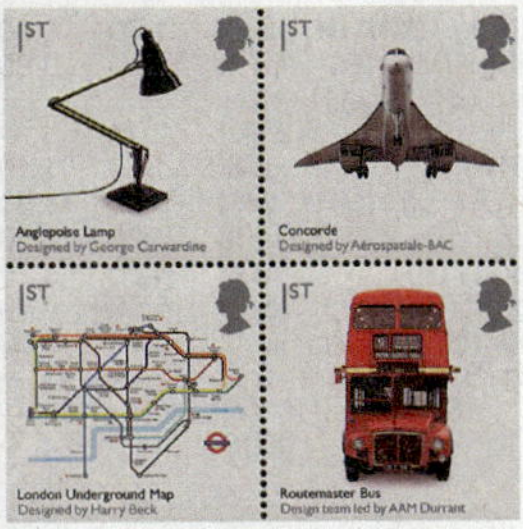

ctb) Schreibtischlampe
ctc) Überschall-Passagierflugzeug Concorde

ctg) Schematischer Plan der Londoner U-Bahn
cth) Doppeldeckerbus

2693	1ST	mehrfarbig	csy	3,—	1,20
2694	1ST	mehrfarbig	csz	3,—	1,20
2695	1ST	mehrfarbig	cta	3,—	1,20
2696	1ST	mehrfarbig	ctb	3,—	1,20
2697	1ST	mehrfarbig	ctc	3,—	1,20
2698	1ST	mehrfarbig	ctd	3,—	1,20
2699	1ST	mehrfarbig	cte	3,—	1,20
2700	1ST	mehrfarbig	ctf	3,—	1,20
2701	1ST	mehrfarbig	ctg	3,—	1,20
2702	1ST	mehrfarbig	cth	3,—	1,20
			Satzpreis (10 W.)	30,—	12,—
			Zehnerblock	30,—	12,—
			FDC		13,—
			2693 Zf, 2695 Zf, 2697 Zf	9,50	6,—

Nominale zur Zeit der Ausgabe: je 36 P

MiNr. 2693–2702 wurden in Zehnerblockanordnung zusammenhängend gedruckt.

MiNr. 2693–2702 stammen auch aus MH 158.

MiNr. 2693, 2695 und 2697 wurden auch jeweils im Bogen zu 20 Marken und 20 jeweils anhängenden Zierfeldern gedruckt (Postpreis der Bogen: MiNr. 2693 = 8.50 £, MiNr. 2695 und 2697 je 7.74 £).

In gleichen Zeichnungen wie MiNr. 2693–2695, 2697–2698 und 2702: MiNr. 2743–2744, 2749, 2790, 2804, 2995 (selbstklebend)

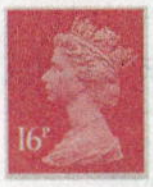

2009, 13. Jan. Freimarken: Königin Elizabeth II., Typ Machin. Odr., Markenheftchen; Sicherheitszähnung K 14¾:14¼.

ku) Königin Elizabeth II. (1926–2022, reg. ab 1952)

2703	16 P	lilarosa	ku	2,—	2,—
2704	50 P	lebhaftgrau	ku	3,—	3,—
			Satzpreis (2 W.)	5,—	5,—
			FDC		6,—

MiNr. 2703–2704 stammen aus MH 158.

Gültig bis 31.1.2023, geduldet bis 31.7.2023

In gleicher Zeichnung siehe Übersicht nach Jahrgangswerttabelle.

2009, 22. Jan. Blockausgabe: 250. Geburtstag von Robert Burns. RaTdr.; gez. Ks 14¾:14¼.

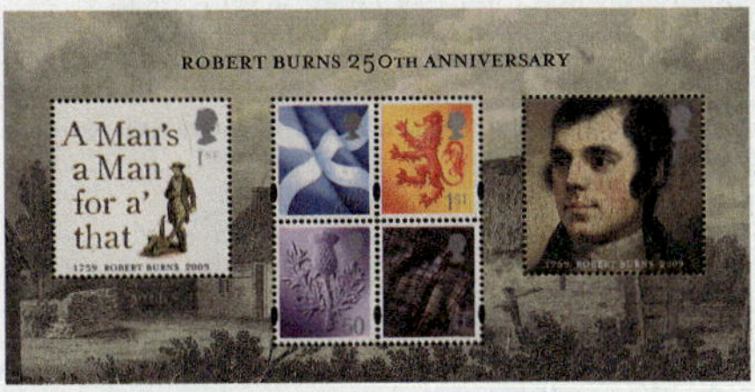

ctl

cti) Gedicht „A Man's a Man for a' that"
ctk) Robert Burns (1759–1796), schottischer Dichter

2705	1ST	mehrfarbig	cti	3,—	1,50
2706	1ST	mehrfarbig	ctk	3,—	1,50
Block 48		mit MiNr. 2705–2706, Schottland MiNr. 84–85 und 100–101 (146×74 mm)	ctl	14,—	10,—
			FDC		11,—

Nominale von MiNr. 2705–2706 zur Zeit der Ausgabe: je 36 P

Schottland MiNr. 84–85 und 100–101 gültig bis 31.1.2023, geduldet bis 31.7.2023

2009, 12. Febr. 200. Geburtstag von Charles Darwin (I). RaTdr. (5×5 und 5×5 + 5×5); selbstklebend; Sicherheitsstanzung 14¼:14.

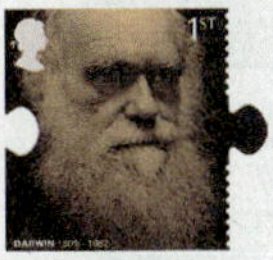

ctm) Charles Darwin (1809–1882), Naturforscher

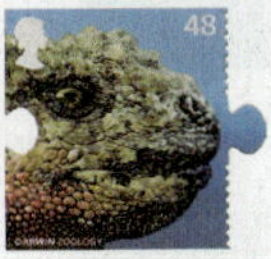

ctn) Zoologie: Meerechse (Amblyrhynchus cristatus)

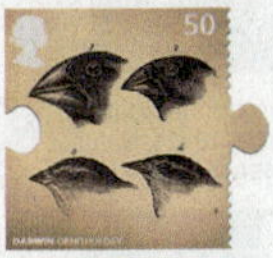

cto) Ornithologie: Darwinfinken (Camarhynchus sp.)

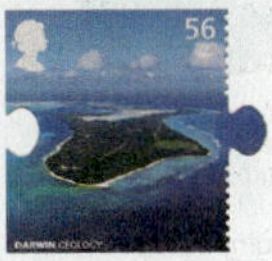

ctp) Geologie: Atoll

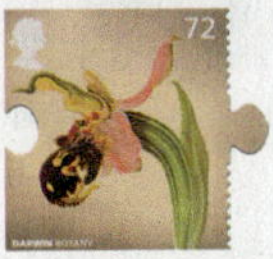

ctr) Botanik: Bienen-Ragwurz (Ophrys apifera)

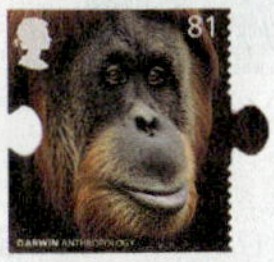

cts) Anthropologie: Orang-Utan (Pongo pygmaeus)

2707	1ST	mehrfarbig	ctm	3,—	1,50
2708	48 (P)	mehrfarbig	ctn	1,80	1,50
2709	50 (P)	mehrfarbig	cto	2,—	1,70

2710	56 (P)	mehrfarbig	ctp	2,20	1,80
2711	72 (P)	mehrfarbig	ctr	3,—	2,—
2712	81 (P)	mehrfarbig	cts	4,—	2,50
			Satzpreis (6 W.)	16,—	11,—
			FDC		12,—

Nominale von MiNr. 2707 zur Zeit der Ausgabe: 36 P

In gleichen Zeichnungen: MiNr. 2717–2722 (Odr. und nassklebend)

2009, 12. Febr. Blockausgabe: 200. Geburtstag von Charles Darwin (II). Odr.; gez. Ks 14¼.

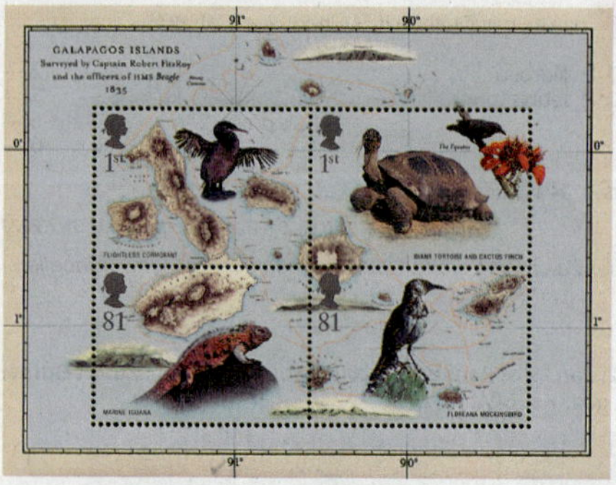

ctx

ctt) Galapagosscharbe (Nannopterum harrisi)
ctu) Galapagos-Riesenschildkröte (Chelonoidis nigra), Kaktusgrundfink (Geospiza scandens)
ctv) Meerechse (Amblyrhynchus cristatus)
ctw) Galapagosspottdrossel (Nesomimus trifasciatus)

ctt–ctw) Karte der Galapagosinseln

2713	1st	mehrfarbig	ctt	3,—	2,—
2714	1st	mehrfarbig	ctu	3,—	2,—
2715	81 (P)	mehrfarbig	ctv	2,50	2,50
2716	81 (P)	mehrfarbig	ctw	2,50	2,50
Block 49		(115×89 mm)	ctx	11,—	9,—
			FDC		10,—

Nominale von MiNr. 2713–2714 zur Zeit der Ausgabe: je 36 P

MiNr. 2713–2716 stammen auch aus MH 159.

Viererblocks wie Bl. 49, jedoch links durchstochen und im Format 120×95 mm, stammen aus zerteiltem H-Blatt 325.

2009, 12. Febr. 200. Geburtstag von Charles Darwin (III). RaTdr., Markenheftchen; Sicherheitszähnung K 14¼:14.

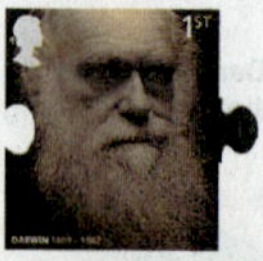

ctm) Charles Darwin (1809–1882), Naturforscher

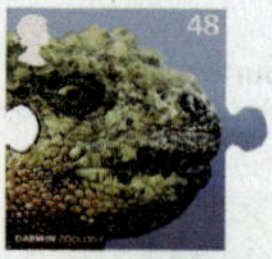

ctn) Zoologie: Meerechse (Amblyrhynchus cristatus)

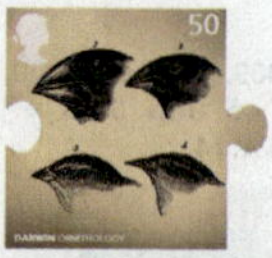

cto) Ornithologie: Darwinfinken (Camarhynchus sp.)

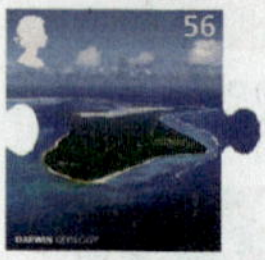

ctp) Geologie: Atoll

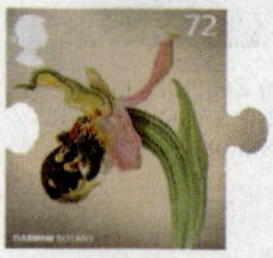

ctr) Botanik: Bienen-Ragwurz (Ophrys apifera)

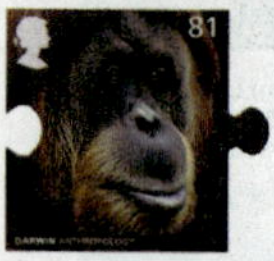

cts) Anthropologie: Orang-Utan (Pongo pygmaeus)

2717	1ST	mehrfarbig	ctm	6,—	6,—
2718	48 (P)	mehrfarbig	ctn	6,50	6,50
2719	50 (P)	mehrfarbig	cto	7,—	7,—
2720	56 (P)	mehrfarbig	ctp	7,50	7,50
2721	72 (P)	mehrfarbig	ctr	8,—	8,—
2722	81 (P)	mehrfarbig	cts	9,—	9,—
			Satzpreis (6 W.)	44,—	44,—
			FDC		45,—

Nominale von MiNr. 2717 zur Zeit der Ausgabe: 36 P

MiNr. 2717–2722 stammen aus MH 159.

In gleichen Zeichnungen: MiNr. 2707–2712 (RaTdr. und selbstklebend)

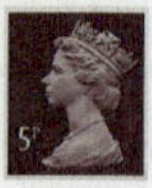

2009, 12. Febr. Freimarken: Königin Elizabeth II., Typ Machin. Odr., Markenheftchen; Sicherheitszähnung K 14¾:14¼.

ku) Königin Elizabeth II. (1926–2022, reg. ab 1952)

2723	5 P	mittelgraulilabraun	ku	0,50	0,50
2724	48 P	purpur	ku	3,—	3,—
			Satzpreis (2 W.)	3,50	3,50
			FDC		4,—

MiNr. 2723–2724 stammen aus MH 159.
MiNr. 2723 stammt auch aus MH 162, 165, 166 und 168 sowie aus Zd-Bogen zur Internationalen Briefmarkenausstellung LONDON 2010 FESTIVAL OF STAMPS; siehe nach MiNr. 2949.

Gültig bis 31.1.2023, geduldet bis 31.7.2023

In gleicher Zeichnung siehe Übersicht nach Jahrgangswerttabelle.

2009, 17. Febr. Freimarken: Königin Elizabeth II., Typ Machin. RaTdr., Bogen (B) (5×5 + 5×5), Folienbogen (Fbg.) (100 bzw. 50), Markenheftchen (MH) und Rolle (R) (10 000); U-förmige Stanzungen im Markenbild; selbstklebend; Sicherheitsstanzung 14¾:14¼.

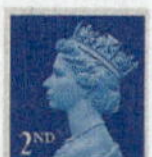

ku III

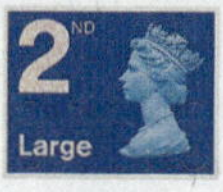

chk I

ku III, chk I) Königin Elizabeth II. (1926–2022, reg. ab 1952); irisierende negative Inschrift „ROYAL MAIL" mehrfach

2725	2ND	lebhaftkobalt (B) (Fbg.) (MH) (R)	ku III	1,70	0,60
2726	1ST	goldfarben (B) (Fbg.) (MH) (R)	ku III	2,—	0,80
2727	2ND	Large lebhaftkobalt (B) (Fbg.) (MH)	chk I	2,40	1,—
2728	50 P	mittelgrau (B) (MH)	ku III	1,50	1,10
2729	1ST	Large goldfarben (B) (Fbg.) (MH)	chk I	3,20	1,20
2730	1.00 £	rotlila (B)	ku III	3,20	2,20
2731	1.50 £	schwärzlichrotorange (B)	ku III	4,50	3,20
2732	2.00 £	schwärzlichgraugrün (B)	ku III	5,50	4,40
2733	3.00 £	dunkelviolettpurpur (B)	ku III	8,50	6,50
2734	5.00 £	hellgrauultramarin (B)	ku III	14,—	11,—
			Satzpreis (10 W.)	46,—	32,—
			FDC		34,—

Nominalen zur Zeit der Ausgabe: MiNr. 2725 = 27 P, MiNr. 2726 = 36 P, MiNr. 2727 = 42 P, MiNr. 2729 = 52 P

MiNr. 2725 stammt auch aus MH 0-308 und MH 164.
MiNr. 2726 stammt auch aus MH 0-307, 0-309, 0-310, 0-313-0-316, 0-319, 0-320, 0-323-0-326, 0-329-0-334 und MH 164.
MiNr. 2727 stammt auch aus MH 0-311.
MiNr. 2728 stammt auch aus MH 164 und 167.
MiNr. 2729 stammt auch aus MH 0-312.

Die Herkunft der Marken MiNr. 2725–2729 aus Folienbogen, Markenheftchen und Rollen ist jeweils durch einen abweichenden Buchstaben in der irisierenden Inschrift „ROYAL MAIL" oberhalb des Diademmittelkreuzes gekennzeichnet. Alle ab 2010 ausgegebenen Marken sind außerdem durch zwei Ziffern der Jahreszahl anstelle von Buchstaben im Mittelbereich datiert. Näheres siehe MICHEL-Großbritannien-Spezial.

Fälsch. MiNr. 2725 aus Bogen und MH in mehreren Ausführungen
Fälsch. MiNr. 2726 aus gefälschtem MH 0-310 in mehreren Ausführungen
Fälsch. MiNr. 2727 aus Bogen und Folienbogen in mehreren Ausführungen
Fälsch. MiNr. 2728 ☐

Die Fälschungen sind erkennbar an nur zum Teil irisierender Inschrift oder seitenverkehrter Schrift „ROYAL MAIL", bei Folienbogen an fehlerhaftem Text und Kode am Oberrand.

Gültig bis 31.1.2023, geduldet bis 31.7.2023

In ähnlichen Zeichnungen siehe Übersicht nach Jahrgangswerttabelle.

2009, 10. März. Pioniere der industriellen Revolution. Odr. (3×5 Zd und 3×5 Zd + 3×5 Zd); gez. K 14¼.

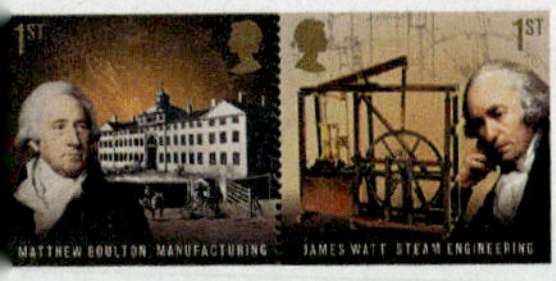

cty) Matthew Boulton (1728–1809), Ingenieur und Industrieller
ctz) James Watt (1736–1819), Ingenieur und Erfinder

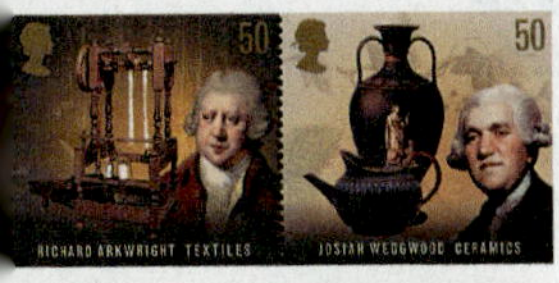

cua) Richard Arkwright (1732–1792), Erfinder und Industrieller
cub) Josiah Wedgwood (1730–1795), Keramiker und Industrieller

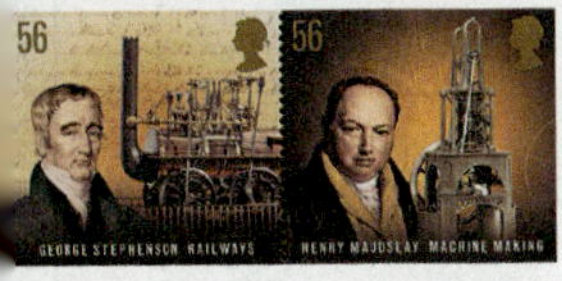

cuc) George Stephenson (1781–1848), Eisenbahningenieur; Lokomotive „Locomotion"
cud) Henry Maudslay (1771–1831), Erfinder und Maschinenbauer

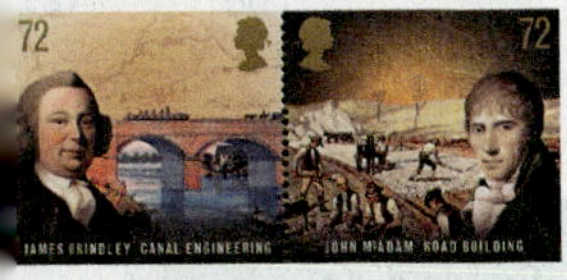

cue) James Brindley (1716–1772), Kanalbauingenieur
cuf) John Loudon McAdam (1756–1836), Straßenbauingenieur

2735	1ST	mehrfarbig	cty	3,—	1,30
2736	1ST	mehrfarbig	ctz	3,—	1,30
2737	50 (P)	mehrfarbig	cua	1,40	1,20
2738	50 (P)	mehrfarbig	cub	1,40	1,20
2739	56 (P)	mehrfarbig	cuc	1,60	1,40
2740	56 (P)	mehrfarbig	cud	1,60	1,40
2741	72 (P)	mehrfarbig	cue	2,20	1,60
2742	72 (P)	mehrfarbig	cuf	2,20	1,60
			Satzpreis (8 W.)	16,—	11,—
			4 Paare	16,—	11,—
			FDC		12,—

Nominale von MiNr. 2735–2736 zur Zeit der Ausgabe: je 36 P

Nominalgleiche Marken wurden waagerecht zusammenhängend gedruckt.

2009, 10. März. Britisches Design (II). RaTdr., Markenheftchen; selbstklebend; gestanzt 14¼.

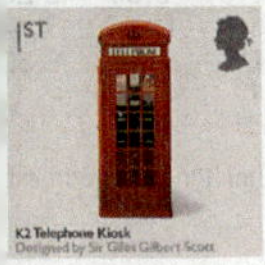

ctd) Telefonzelle

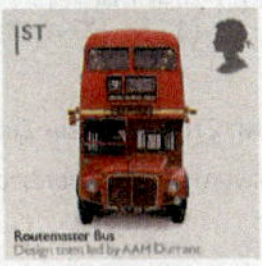

cth) Doppeldeckerbus

2743	1ST	mehrfarbig	ctd	3,50	2,—
2744	1ST	mehrfarbig	cth	3,50	2,—
			Satzpreis (2 W.)	7,—	4,—
			FDC		5,—

Nominale zur Zeit der Ausgabe: je 36 P

MiNr. 2743–2744 stammen aus MH 0-307.

In gleichen Zeichnungen: MiNr. 2698, 2702 (nassklebend)

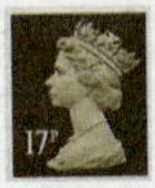

2009, 31. März. Freimarken: Königin Elizabeth II., Typ Machin. RaTdr. (10×20); Sicherheitszähnung K 14¾:14¼.

ku) Königin Elizabeth II. (1926–2022, reg. ab 1952)

2745	17 P	braunoliv	ku	0,40	0,40
2746	22 P	olivbraun	ku	0,60	0,50
2747	62 P	dunkelrosarot	ku	1,60	1,50
2748	90 P	dunkelultramarin	ku	2,40	2,20
			Satzpreis (4 W.)	5,—	4,50
			FDC		6,—

Gültig bis 31.1.2023, geduldet bis 31.7.2023

In gleicher Zeichnung siehe Übersicht nach Jahrgangswerttabelle.

Posttarife Großbritannien (6.4.2009–5.4.2010)

2. Klasse, Standardformat: 30 P (zuvor: 27 P)
1. Klasse, Standardformat: 39 P (zuvor: 36 P)
2. Klasse, Großformat: 47 P (zuvor: 42 P)
1. Klasse, Großformat: 61 P (zuvor: 52 P)
Europa, bis 20 g: 56 P (zuvor: 50 P)
Europa, 20 g–40 g: 81 P (zuvor: 72 P)
Postkarte, Seepost: 54 P (zuvor: 48 P)
Postkarte, Luftpost: 62 P (zuvor: 56 P)
Luftpost, bis 10 g: 62 P (zuvor: 56 P)
Luftpost, 10 g–20 g: 90 P (zuvor: 81 P)
Luftpost, 20 g–40 g: 1.35 £ (zuvor: 1.22 £)
Einschreiben, 1. Klasse, Standardformat: 1.14 £
Einschreiben, 1. Klasse, Großformat: 1.36 £

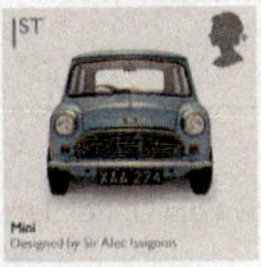

2009, 21. April. Britisches Design (III). RaTdr., Markenheftchen; selbstklebend; gestanzt 14¼.

cta) Kleinwagen Austin Mini

2749	1ST	mehrfarbig	cta	3,50	2,—
			FDC		3,—

Nominale zur Zeit der Ausgabe: 39 P

MiNr. 2749 stammt aus MH 0-313.

In gleicher Zeichnung: MiNr. 2695 (nassklebend)

2009, 21. April. Britische Monarchie (II): Haus Tudor. Odr. (5×5 und 5×5 + 5×5); gez. K 14¼.

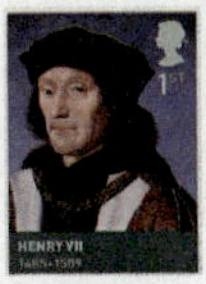

cug) Heinrich VII. (1457–1509, reg. ab 1485)

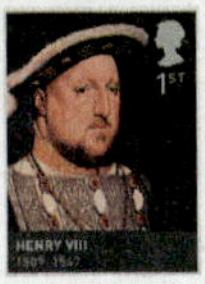

cuh) Heinrich VIII. (1491–1547, reg. ab 1509)

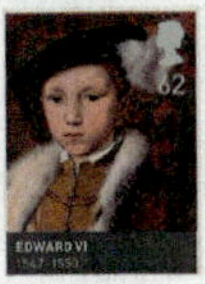

cui) Eduard VI. (1537–1553, reg. ab 1547)

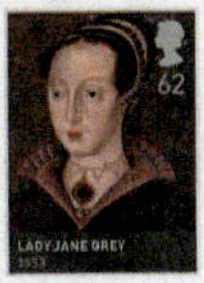

cuk) Lady Jane Grey (1537–1554, reg. 1553)

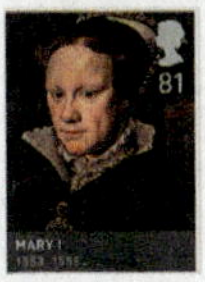

cul) Maria I. (1516–1558, reg. ab 1553)

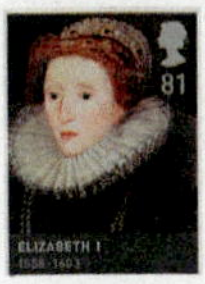

cum) Elizabeth I. (1533–1603, reg. ab 1558)

2750	1ST	mehrfarbig	cug	3,—	1,30
2751	1ST	mehrfarbig	cuh	3,—	1,30

2752	62 (P)	mehrfarbig	cui	1,50	1,50
2753	62 (P)	mehrfarbig	cuk	1,50	1,50
2754	81 (P)	mehrfarbig	cul	2,20	2,—
2755	81 (P)	mehrfarbig	cum	2,20	2,—
			Satzpreis (6 W.)	13,—	9,50
			FDC		11,—

Blockausgabe

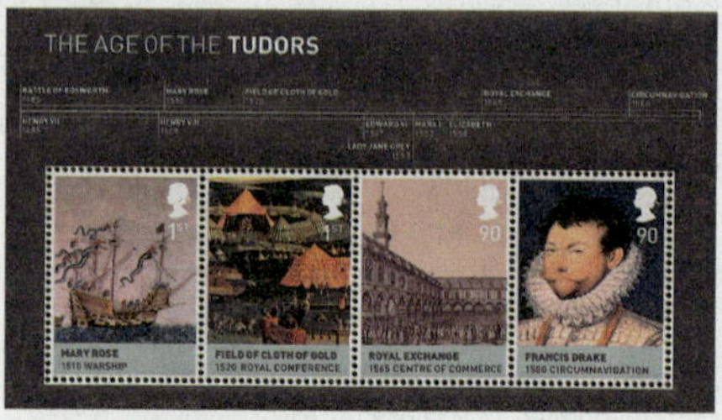

cus

cun) Galeone „Mary Rose" (1511)
cuo) „Feld des Güldenen Tuches" (1520)
cup) Londoner Börse (1565)
cur) Francis Drake (um 1540–1596), Admiral und Seeheld

2756	1ST	mehrfarbig	cun	3,—	1,30
2757	1ST	mehrfarbig	cuo	3,—	1,30
2758	90 (P)	mehrfarbig	cup	2,50	2,20
2759	90 (P)	mehrfarbig	cur	2,50	2,20
Block 50		(122×70 mm)	cus	11,—	7,—
			FDC		8,50

★★

2753 U ungezähnt (Paar) . . . *3500,—*

Nominale von MiNr. 2750–2751 und 2756–2757 zur Zeit der Ausgabe: je 39 P

Ungezähnte Abarten

Abarten als ungezähnte Einzelmarken werten etwa ein Drittel der Notierung eines Paares.

2009, 19. Mai. Bedrohte Natur (III): Pflanzen. Odr. (1×3 Zd und 1×3 Zd + 1×3 Zd); gez. K 14¼.

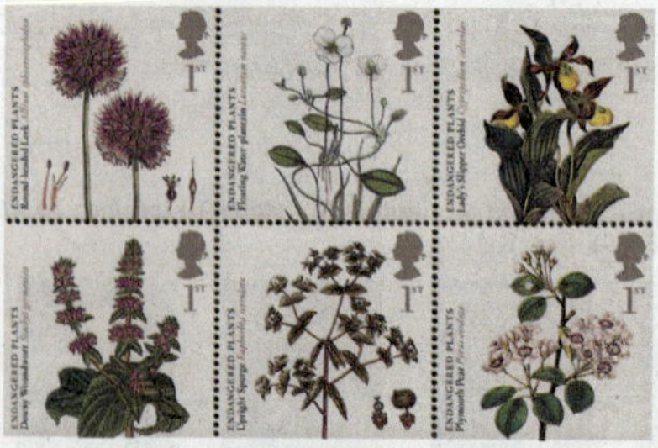

cut) Kugelköpfiger Lauch (Allium sphaerocephalon)
cuu) Froschkraut (Luronium natans)
cuv) Marienfrauenschuh (Cypripedium calceolus)

cuy) Deutscher Ziest (Stachys germanica)
cuz) Gezähnte Wolfsmilch (Euphorbia serrata)
cva) Herzbirne (Pyrus cordata)

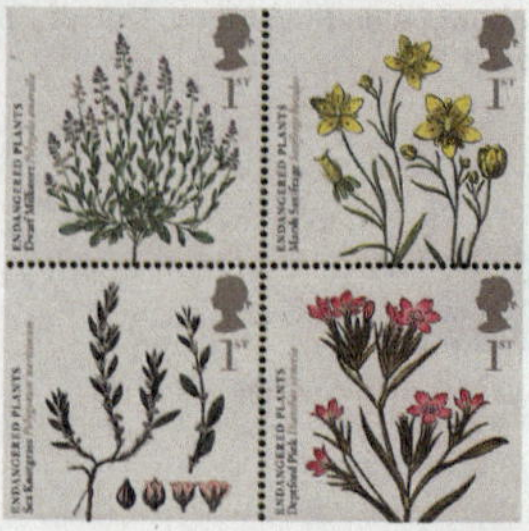

cuw) Sumpf-Kreuzblume (Polygala amarella)
cux) Moor-Steinbrech (Saxifraga hirculus)

cvb) Strandknöterich (Polygonum maritimum)
cvc) Rauhe Nelke (Dianthus armeria)

				★★	⊙
2760	1ST	mehrfarbig	cut	3,—	1,30
2761	1ST	mehrfarbig	cuu	3,—	1,30
2762	1ST	mehrfarbig	cuv	3,—	1,30
2763	1ST	mehrfarbig	cuw	3,—	1,30
2764	1ST	mehrfarbig	cux	3,—	1,30
2765	1ST	mehrfarbig	cuy	3,—	1,30
2766	1ST	mehrfarbig	cuz	3,—	1,30
2767	1ST	mehrfarbig	cva	3,—	1,30
2768	1ST	mehrfarbig	cvb	3,—	1,30
2769	1ST	mehrfarbig	cvc	3,—	1,30
			Satzpreis (10 W.)	30,—	13,—
			Zehnerblock	30,—	13,—
			FDC		14,—

Blockausgabe

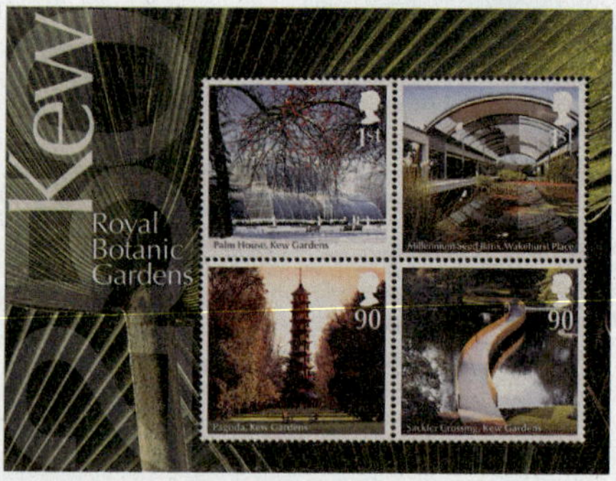

cvh

cvd) Palmenhaus, Kew Gardens, London
cve) Millennium-Saatenbank, Wakehurst Place, West Sussex
cvf) Pagode, Kew Gardens
cvg) Steg „Sackler Crossing", Kew Gardens

2770	1st	mehrfarbig	cvd	3,—	1,30
2771	1st	mehrfarbig	cve	3,—	1,30
2772	90 (P)	mehrfarbig	cvf	2,50	2,20
2773	90 (P)	mehrfarbig	cvg	2,50	2,20
Block 51		(115×90 mm)	cvh	11,—	7,—
			FDC		8,50

Nominale von MiNr. 2760–2771 zur Zeit der Ausgabe: je 39 P

MiNr. 2760–2769 wurden in Zehnerblockanordnung zusammenhängend gedruckt

2009, 21. Mai. 50 Jahre Nationaler Verband der Vereinigungen für Blumenbinderei (NAFAS). RaTdr., Markenheftchen; selbstklebend; Sicherheitsstanzung 14¼.

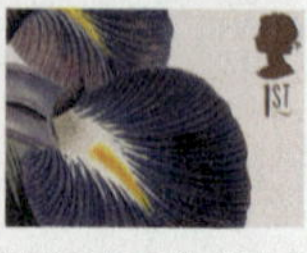

bdw) Schwertlilie (Iris latifolia)

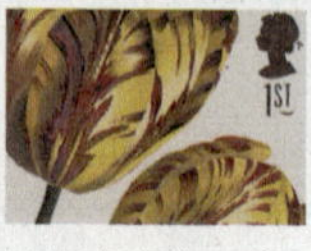

bds) Tulpe (Tulipa sp.)

2774	1ST	mehrfarbig	bdw	6,—	3,—
2775	1ST	mehrfarbig	bds	6,—	3,—
		Satzpreis (2 W.)		12,—	6,—
		FDC			7,—

Nominale zur Zeit der Ausgabe: je 39 P

MiNr. 2774–2775 stammen aus MH 0-314.

In gleichen Zeichnungen: MiNr. 1670, 1674 (nassklebend)

2009, 16. Juni. Fabelwesen. Odr. (5×5 und 5×5 + 5×5); gez. K 14¼.

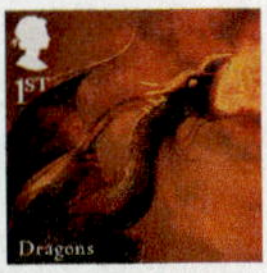

cvi) Drache

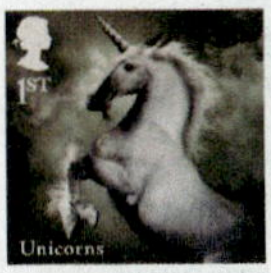

cvk) Einhorn

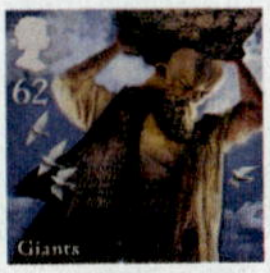

cvl) Riese

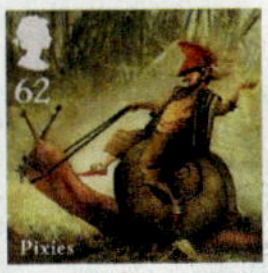

cvm) Kobold

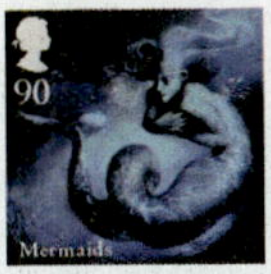

cvn) Nixe

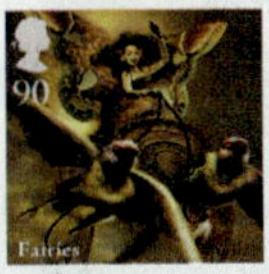

cvo) Elfe

2776	1ST	mehrfarbig	cvi	3,—	1,30
2777	1ST	mehrfarbig	cvk	3,—	1,30
2778	62 (P)	mehrfarbig	cvl	1,70	1,50
2779	62 (P)	mehrfarbig	cvm	1,70	1,50
2780	90 (P)	mehrfarbig	cvn	2,50	2,20
2781	90 (P)	mehrfarbig	cvo	2,50	2,20
		Satzpreis (6 W.)		14,—	10,—
		FDC			11,—

Nominale von MiNr. 2776–2777 zur Zeit der Ausgabe: je 39 P

2009, 18. Aug. Blockausgabe: 200 Jahre Briefkästen in Großbritannien. Odr.; gez. Ks 14¼.

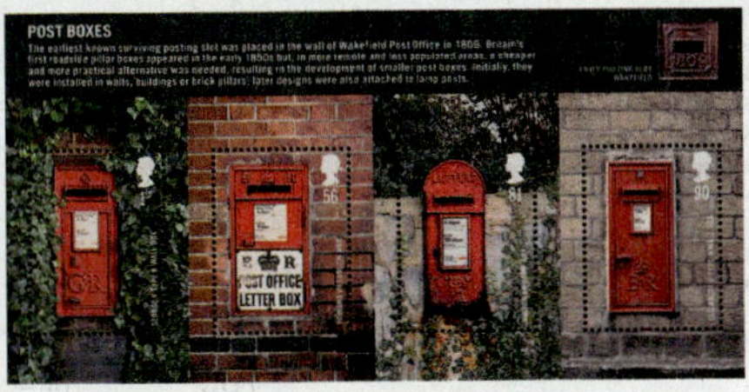

cvu

cvp) Briefkasten in Cookham Rise, Berkshire (um 1933)
cvr) Briefkasten in Bodiam, East Sussex (um 1910)
cvs) Briefkasten in Burmash Road, Hythe, Kent (1896)
cvt) Briefkasten in Slaithwaite, West Yorkshire (um 1962)

2782	1ST	mehrfarbig	cvp	3,—	1,30
2783	56 (P)	mehrfarbig	cvr	1,60	1,40
2784	81 (P)	mehrfarbig	cvs	2,40	2,—
2785	90 (P)	mehrfarbig	cvt	3,—	2,20
Block 52		(146×74 mm)	cvu	10,—	7,—
		FDC			8,50

Nominale von MiNr. 2782 zur Zeit der Ausgabe: 39 P

MiNr. 2782–2785 stammen auch aus MH 160.

MiNr. 2782 wurde auch im Bogen zu 20 Marken und 20 jeweils anhängenden Zierfeldern gedruckt (Postpreis: 8.35 £).

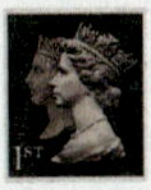

2009, 18. Aug. Freimarke: 150 Jahre Briefmarken (1990). Odr., Markenheftchen; Sicherheitszähnung K 14¾:14¼.

any) Königin Victoria und Königin Elizabeth II.

2786	1ST	schwarz/hellgraubraun	any	2,—	1,60
		FDC			2,50

Nominale zur Zeit der Ausgabe: 39 P

MiNr. 2786 stammt aus MH 160.

Gültig bis 31.1.2023, geduldet bis 31.7.2023

In gleicher Zeichnung: MiNr. 1240–1244, 1249–1250, 1852

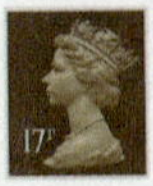

2009, 18. Aug. Freimarken: Königin Elizabeth II., Typ Machin. Odr., Markenheftchen; Sicherheitszähnung K 14¾:14¼.

ku) Königin Elizabeth II. (1926–2022, reg. ab 1952)

2787	17 P	braunoliv	ku	1,—	0,80
2788	22 P	olivbraun	ku	2,—	1,20
2789	62 P	dunkelrosarot	ku	3,—	2,—
		Satzpreis (3 W.)		6,—	4,—
		FDC			5,—

MiNr. 2787 stammt aus MH 160 und 161.
MiNr. 2788 stammt aus MH 160, 162 und 163.
MiNr. 2789 stammt aus MH 160 und 162.

Gültig bis 31.1.2023, geduldet bis 31.7.2023

In gleicher Zeichnung siehe Übersicht nach Jahrgangswerttabelle.

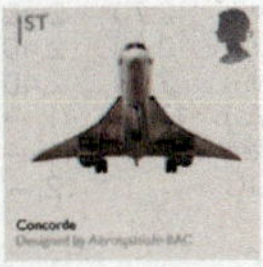

2009, 18. Aug. Britisches Design (IV). RaTdr., Markenheftchen; selbstklebend; gestanzt 14¼.

ctc) Überschall-Passagierflugzeug Concorde

2790	1ST	mehrfarbig	ctc	3,50	2,—
		FDC			3,—

Nominale zur Zeit der Ausgabe: 39 P

MiNr. 2790 stammt aus MH 0-315.

In gleicher Zeichnung: MiNr. 2697 (nassklebend)

2009, 1. Sept. Feuerwehr und Rettungsdienste, 300 Jahre Feuerwehrstation Chester. RaTdr. (5×5 und 5×5 + 5×5); gez. K 14¼.

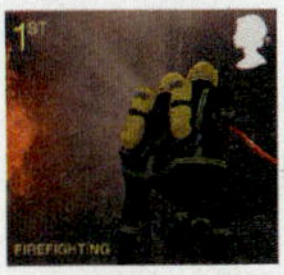

cvv) Brandbekämpfung

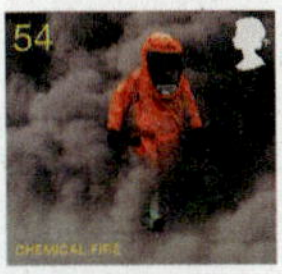

cvw) Chemie-Brandbekämpfung

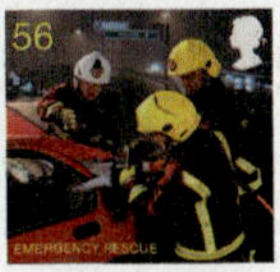

cvx) Notfallbergung

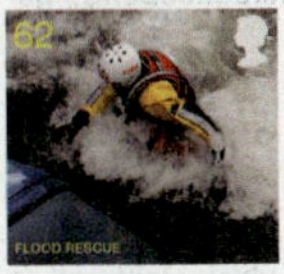

cvy) Hochwasserrettung

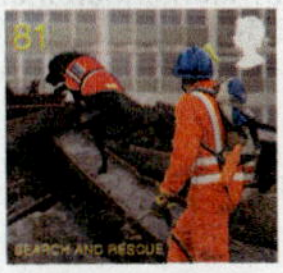

cvz) Such- und Rettungsdienst

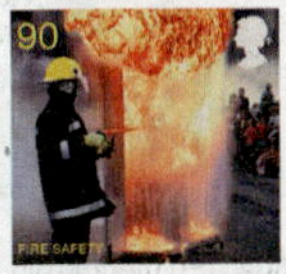

cwa) Brandschutzausbildung

2791	1ST	mehrfarbig	cvv	3,—	1,30
2792	54 (P)	mehrfarbig	cvw	1,40	1,20
2793	56 (P)	mehrfarbig	cvx	1,50	1,30

2794	62 (P)	mehrfarbig	cvy	1,70	1,50
2795	81 (P)	mehrfarbig	cvz	2,20	2,—
2796	90 (P)	mehrfarbig	cwa	2,40	2,20
			Satzpreis (6 W.)	12,—	9,50
			FDC		11,—

Nominale von MiNr. 2791 zur Zeit der Ausgabe: 39 P

2009, 17. Sept. Uniformen (III): Royal Navy. Odr., Bogen (2×5 Zd und 2×5 Zd + 2×5 Zd) und Markenheftchen; gez. K 14¼.

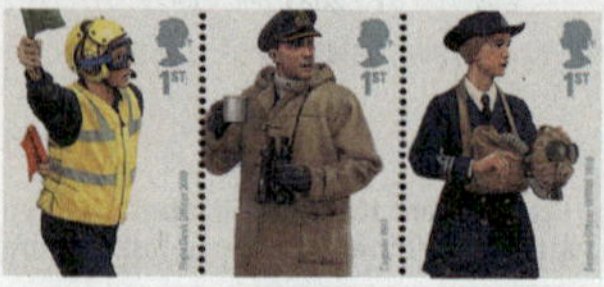

cwb) Flugdeckeinweiser (2009)
cwc) Kommandant (1941)
cwd) Oberleutnant zur See des Women's Royal Navy Service (1918)

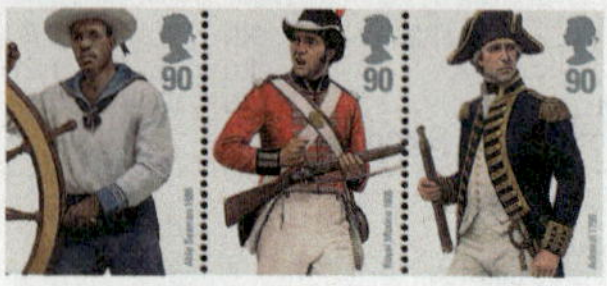

cwe) Maat (1886)
cwf) Marineinfanterist (1805)
cwg) Admiral (1790)

2797	1ST	mehrfarbig	cwb	3,—	1,30
2798	1ST	mehrfarbig	cwc	3,—	1,30
2799	1ST	mehrfarbig	cwd	3,—	1,30
2800	90 (P)	mehrfarbig	cwe	2,70	2,40
2801	90 (P)	mehrfarbig	cwf	2,70	2,40
2802	90 (P)	mehrfarbig	cwg	2,70	2,40
			Satzpreis (6 W.)	17,—	11,—
			2 Dreierstreifen	17,—	11,—
			FDC		12,—

Nominale von MiNr. 2797–2799 zur Zeit der Ausgabe: je 39 P

Nominalgleiche Marken wurden waagerecht zusammenhängend gedruckt.

MiNr. 2797–2802 stammen auch aus MH 161.

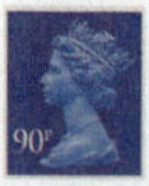

2009, 17. Sept. Freimarke: Königin Elizabeth II., Typ Machin. Odr., Markenheftchen; Sicherheitszähnung K 14¾:14¼.

ku) Königin Elizabeth II. (1926–2022, reg. ab 1952)

2803	90 P	ultramarin	ku	4,50	3,50
			FDC		5,—

MiNr. 2803 stammt aus MH 161.

Gültig bis 31.1.2023, geduldet bis 31.7.2023

In gleicher Zeichnung siehe Übersicht nach Jahrgangswerttabelle.

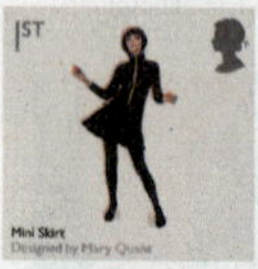

2009, 17. Sept. Britisches Design (V). RaTdr., Markenheftchen; selbstklebend; gestanzt 14¼.

csz) Minirock

2804	1ST	mehrfarbig	csz	3,50	2,—
			FDC		3,—

Nominale zur Zeit der Ausgabe: 39 P

MiNr. 2804 stammt aus MH 0-316.

In gleicher Zeichnung: MiNr. 2694 (nassklebend)

2009, 8. Okt. Persönlichkeiten (I); Europa: Astronomie. Odr. (1×5 Zd und 1×5 Zd + 1×5 Zd); gez. K 14¼.

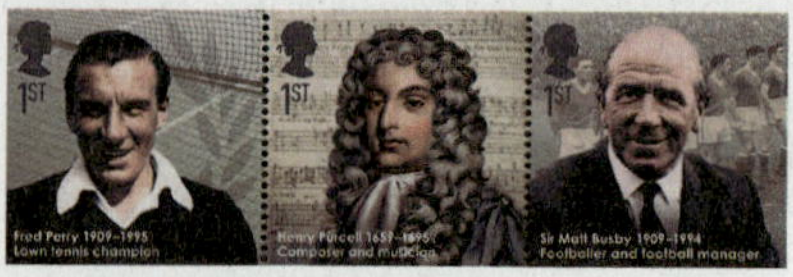

cwh) Fred Perry (1909–1995), Tennisspieler
cwi) Henry Purcell (1659–1695), Komponist
cwk) Matt Busby (1909–1994), Fußballspieler und -trainer

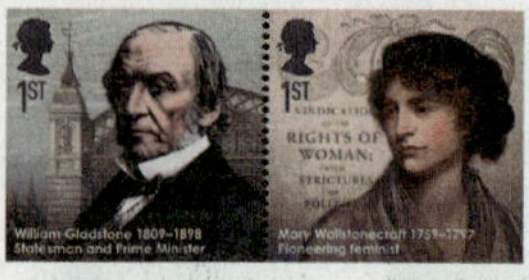

cwl) William Gladstone (1809–1898), Politiker
cwm) Mary Wollstonecraft (1759–1797), Schriftstellerin, Philosophin und Frauenrechtlerin

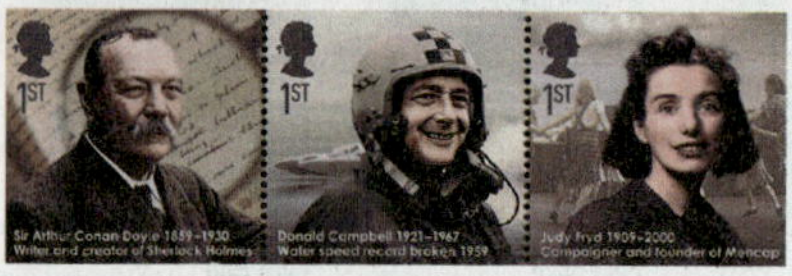

cwn) Arthur Conan Doyle (1859–1930), Arzt und Kriminalschriftsteller
cwo) Donald Campbell (1921–1967), Motorboot- und Automobilrennfahrer
cwp) Judy Fryd (1909–2000), Gründerin der Gesellschaft für Eltern lernschwacher Kinder

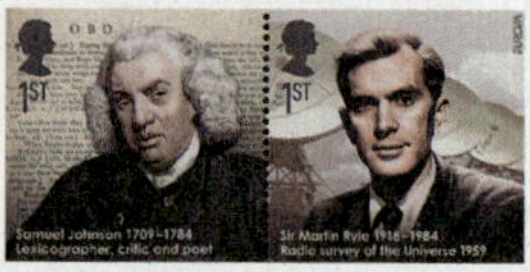

cwr) Samuel Johnson (1709–1784), Schriftsteller und Übersetzer
cws) Martin Ryle (1918–1984), Radioastronom, Nobelpreis 1974

2805	1ST	mehrfarbig	cwh	3,—	1,30
2806	1ST	mehrfarbig	cwi	3,—	1,30
2807	1ST	mehrfarbig	cwk	3,—	1,30
2808	1ST	mehrfarbig	cwl	3,—	1,30
2809	1ST	mehrfarbig	cwm	3,—	1,30
2810	1ST	mehrfarbig	cwn	3,—	1,30
2811	1ST	mehrfarbig	cwo	3,—	1,30
2812	1ST	mehrfarbig	cwp	3,—	1,30
2813	1ST	mehrfarbig	cwr	3,—	1,30
2814	1ST	mehrfarbig	cws	3,—	1,30
			Satzpreis (10 W.)	30,—	13,—
			2 Fünferstreifen	30,—	13,—
			FDC		14,—

Nominale zur Zeit der Ausgabe: je 39 P

MiNr. 2805–2809 und 2810–2814 wurden jeweils waagerecht zusammenhängend gedruckt.

MiNr. 2814 trägt die Inschrift „EUROPA".

2009, 22. Okt. Olympische und Paralympische Sommerspiele 2012, London (I). Odr. (1×5 Zd und 1×5 Zd + 1×5 Zd); gez. K 14½:14¼.

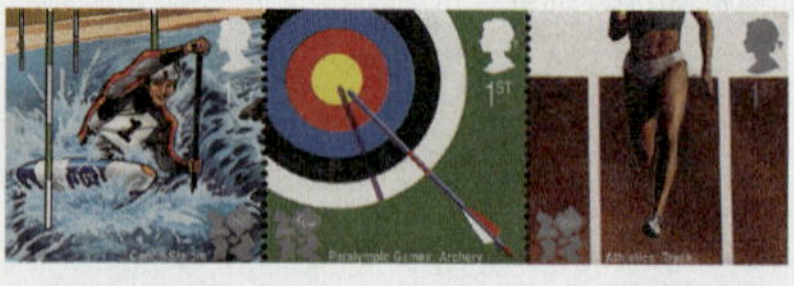

cwt) Wildwasserkanu
cwu) Bogenschießen
cwv) Laufen

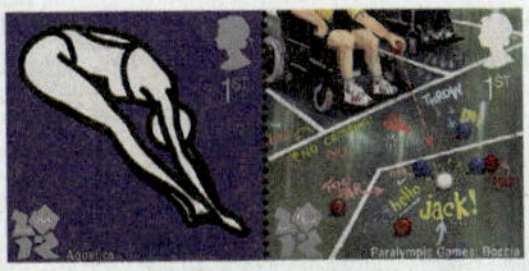

cww) Wasserspringen
cwx) Boccia

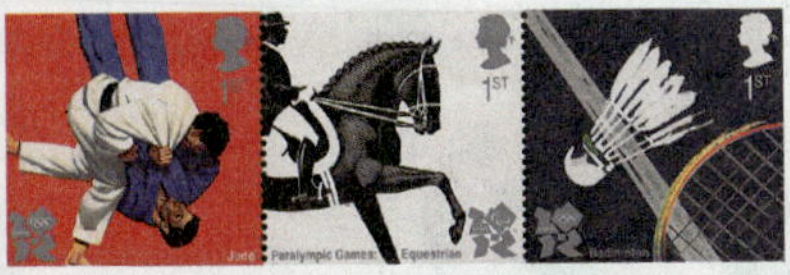

cwy) Judo
cwz) Dressurreiten
cxa) Badminton

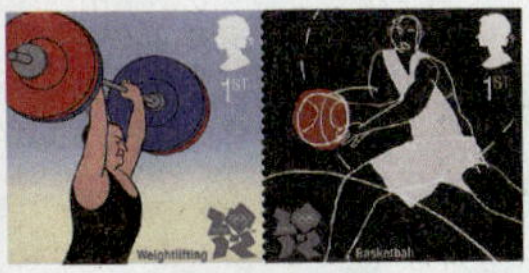

cxb) Gewichtheben
cxc) Basketball

2815	1ST mehrfarbig	cwt	3,—	1,30
2816	1ST mehrfarbig	cwu	3,—	1,30
2817	1ST mehrfarbig	cwv	3,—	1,30
2818	1ST mehrfarbig	cww	3,—	1,30
2819	1ST mehrfarbig	cwx	3,—	1,30
2820	1ST mehrfarbig	cwy	3,—	1,30
2821	1ST mehrfarbig	cwz	3,—	1,30
2822	1ST mehrfarbig	cxa	3,—	1,30
2823	1ST mehrfarbig	cxb	3,—	1,30
2824	1ST mehrfarbig	cxc	3,—	1,30
		Satzpreis (10 W.)	30,—	13,—
		2 Fünferstreifen	30,—	13,—
		FDC		14,—

Nominale zur Zeit der Ausgabe: je 39 P

MiNr. 2815–2819 und 2820–2824 wurden jeweils waagerecht zusammenhängend im Bogen gedruckt.

MiNr. 2815–2824 stammen auch aus einem sogenannten Commemorative Sheet zu 10 Marken und 10 verschiedenen, jeweils links anhängenden Zierfeldern (Postpreis: 13.50 £).

MiNr. 2816–2818 und 2821 stammen auch aus MH 171.

In gleichen Zeichnungen wie MiNr. 2816–2817, 2820 und 2824: MiNr. 2862–2863, 2898–2899 (selbstklebend)

2009, 3. Nov./2011, 5. Mai. Weihnachten: Kirchenfenster (I). I = RaTdr., II = Odr.; Sicherheitszähnung 14¾:14¼.

Blockausgabe, I = RaTdr. (3.11.2009)

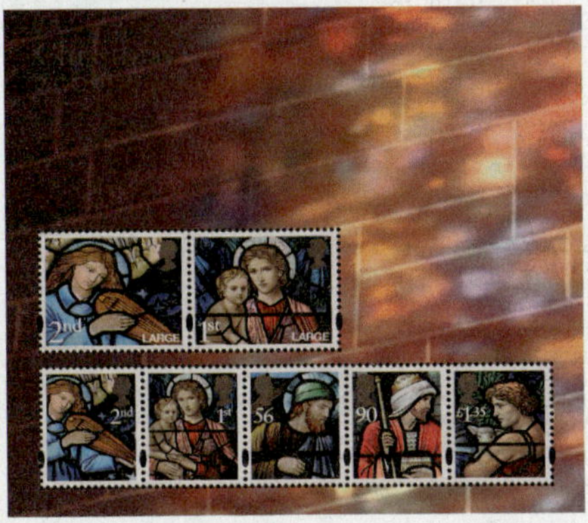

cxl

cxf cxh
cxd cxe cxg cxi cxk

cxd) Engel; St.-Jakobs-Kirche, Staveley, Kendal, Cumbria
cxe) Maria mit Kind; St.-Michaels-Kirche, Great Yarmouth, Norfolk
cxf) Engel; St.-Jakobs-Kirche, Staveley, Kendal, Cumbria
cxg) Hl. Joseph; St.-Michaels-Kirche, Minehead, Somerset
cxh) Maria mit Kind; St.-Michaels-Kirche, Great Yarmouth, Norfolk
cxi) Einer der Hl. Drei Könige; Marienkirche, Rye, Essex
cxk) Hirte; Marienkirche Upavon, Wiltshire

2825 I	2nd	mehrfarbig	cxd	2,20	1,10
2826 I	1st	mehrfarbig	cxe	3,—	1,30
2827 I	2nd	Large mehrfarbig	cxf	2,80	1,60
2828 I	56 (P)	mehrfarbig	cxg	1,50	1,40
2829 I	1st	Large mehrfarbig	cxh	6,—	2,20
2830 I	90 (P)	mehrfarbig	cxi	2,50	2,20
2831 I	1.35 £	mehrfarbig	cxk	4,—	3,20
Block 53		(115×102 mm)	cxl	22,—	13,—
			FDC		15,—

Markenheftchen, II = Odr. (5.5.2011)

2825 II	2ND mehrfarbig	cxd	2,20	1,50

Nominalen zur Zeit der Ausgabe: MiNr. 2825 I = 30 P, MiNr. 2825 II = 36 P, MiNr. 2826 I = 39 P, MiNr. 2827 I = 47 P, MiNr. 2829 I = 61 P

MiNr. 2825 II stammt aus MH 167.

In gleichen Zeichnungen: MiNr. 2832–2838 (selbstklebend)

2009, 3. Nov. Weihnachten: Kirchenfenster (II). I = RaTdr., Bogen (B) (5×5 + 5×5) und Markenheftchen (MH) (6×2), II = Odr., Folienbogen (Fbg.); selbstklebend; Sicherheitsstanzung 14¾:14¼.

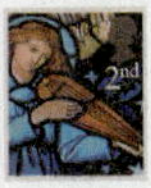

cxd) Engel; St.-Jakobs-Kirche, Staveley, Kendal, Cumbria

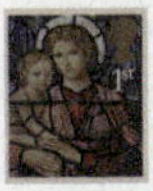

cxe) Maria mit Kind; St.-Michaels-Kirche, Great Yarmouth, Norfolk

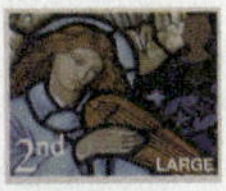

cxf) Engel; St.-Jakobs-Kirche, Staveley, Kendal, Cumbria

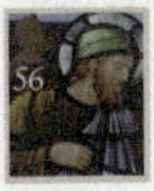

cxg) Hl. Joseph; St.-Michaels-Kirche, Minehead, Somerset

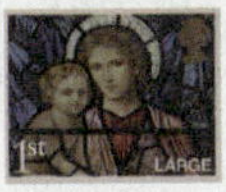

cxh) Maria mit Kind; St.-Michaels-Kirche, Great Yarmouth, Norfolk

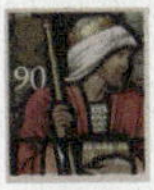

cxi) Einer der Hl. Drei Könige; Marienkirche, Rye, Essex

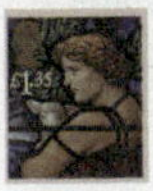

cxk) Hirte; Marienkirche Upavon, Wiltshire

2832	2nd	mehrfarbig	cxd		
I		RaTdr. (B) (MH)		2,20	1,10
II		Odr. (Fbg.)		2,40	1,40
2833	1st	mehrfarbig	cxe		
I		RaTdr. (B) (MH)		3,—	1,30
II		Odr. (Fbg.)		3,20	1,60
2834 I	2nd	Large mehrfarbig (B)	cxf	2,80	1,60

2835	56 (P)	mehrfarbig	cxg		
I		RaTdr. (B)		1,50	1,40
II		Odr. (Fbg.)		2,40	2,—
2836 I	1st	Large mehrfarbig (B)	cxh	6,—	2,20
2837	90 (P)	mehrfarbig	cxi		
I		RaTdr. (B)		2,50	2,20
II		Odr. (Fbg.)		3,20	3,—
2838 I	1.35 £	mehrfarbig (B)	cxk	4,—	3,20
			Satzpreis I (7 W.)	22,—	13,—
			FDC I		15,—
		2832 II Zf, 2833 II Zf, 2835 II Zf, 2837 II Zf		13,—	8,—

Nominalen zur Zeit der Ausgabe: MiNr. 2832 = 30 P, MiNr. 2833 = 39 P, MiNr. 2834 = 47 P, MiNr. 2836 = 61 P

MiNr. 2832 I stammt auch aus MH 0-317.
MiNr. 2833 I stammt auch aus MH 0-318.

MiNr. 2832 II–2833 II, 2835 II und 2837 II stammen aus Folienbogen zu 20 Marken (8 × MiNr. 2832 II–2833 II, 2 × MiNr. 2835 II und 2837 II) und 20 verschiedenen Zierfeldern, die jeweils durch 3 schmale Verbindungsstege mit der Marke verbunden sind (Postpreis: 9 £).

In gleichen Zeichnungen: MiNr. 2825–2831 (nassklebend)

2009, 17. Nov. Einschreibemarken: Königin Elizabeth II., Typ Machin. RaTdr. (5×5 und 5×5 + 5×5); U-förmige Stanzungen im Markenbild; selbstklebend; MiNr. 2839 Sicherheitsstanzung 14¾:14¼, MiNr. 2840 Sicherheitsstanzung 14¼.

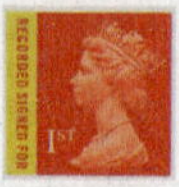

cxm

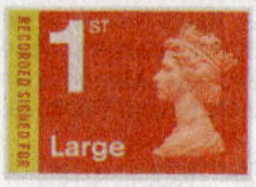

cxn

cxm–cxn) Königin Elizabeth II. (1926–2022, reg. ab 1952); irisierende negative Inschrift „ROYAL MAIL" mehrfach

2839	1ST	gelblichrot/gelb	cxm	7,—	2,80
2840	1ST	Large gelblichrot/gelb	cxn	9,—	3,20
			Satzpreis (2 W.)	16,—	6,—
			FDC		7,50

Nominalen zur Zeit der Ausgabe: MiNr. 2839 = 1.14 £, MiNr. 2840 = 1.36 £, jeweils mit einem Anteil von 75 P für die Einschreibegebühr

Nachauflagen ab 2010 sind durch zwei Ziffern der Jahreszahl anstelle von Buchstaben in der irisierenden Inschrift „ROYAL MAIL" im Mittelbereich datiert. Näheres siehe MICHEL-Großbritannien-Spezial.

Vorerst weiterhin gültig

In ähnlichen Zeichnungen siehe Übersicht nach Jahrgangswerttabelle.

Britische Nominalkodierungen:

Recorded signed for 1ST = Einschreiben, 1. Klasse, Standardformat

ab 6.4.2010: 1.15 £; ab 4.4.2011: 1.23 £; ab 30.4.2012: 1.55 £; ab 2.4.2013: 1.70 £; ab 31.3.2014: 1.72 £; ab 30.3.2015: 1.73 £; ab 29.3.2016: 1.74 £; ab 27.3.2017: 1.75 £; ab 26.3.2018: 1.77 £; ab 25.3.2019: 1.90 £; ab 23.3.2020: 2.06 £; ab 1.1.2021: 2.25 £; ab 4.4.2022: 2.35 £; ab 3.4.2023: 2.60 £; ab 2.10.2023: 2.75 £; ab 2.4.2024: 3.05 £; ab 7.10.2024: 3.35 £; ab 7.4.2025: 3.60 £

Recorded signed for 1ST Large = Einschreiben, 1. Klasse, Großformat

ab 6.4.2010: 1.39 £; ab 4.4.2011: 1.52 £; ab 30.4.2012: 1.85 £; ab 2.4.2013: 2.00 £; ab 31.3.2014: 2.03 £; ab 30.3.2015: 2.05 £; ab 29.3.2016: 2.06 £; ab 27.3.2017: 2.08 £; ab 26.3.2018: 2.11 £; ab 25.3.2019: 2.26 £; ab 23.3.2020: 2.45 £; ab 1.1.2021: 2.69 £; ab 4.4.2022: 2.85 £; ab 3.4.2023: 3.10 £; ab 2.10.2023: 3.45 £; ab 2.4.2024: 3.80 £; ab 7.10.2024: 4.20 £; ab 7.4.2025: 5.05 £

2010, 7. Jan. Schallplattencover (I). RaTdr. (1×5 Zd und 1×5 Zd + 1×5 Zd); selbstklebend; Sicherheitsstanzung 14¾:14½.

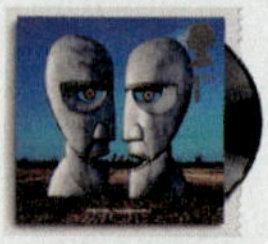
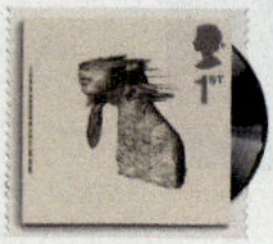

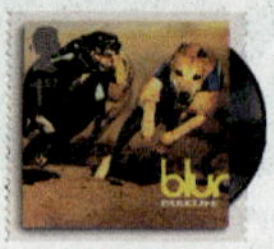

cxo) Pink Floyd: The Division Bell (1994)
cxp) Coldplay: A Rush of Blood to the Head (2002)
cxr) Blur: Parklife (1994)

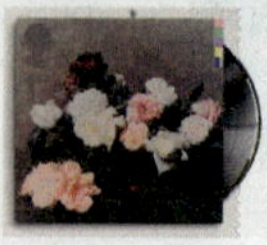
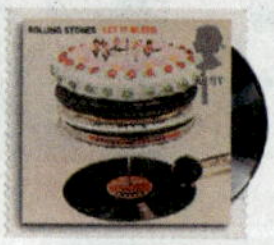

cxs) New Order: Power, Corruption and Lies (1983)
cxt) Rolling Stones: Let it Bleed (1969)

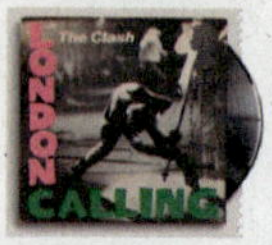

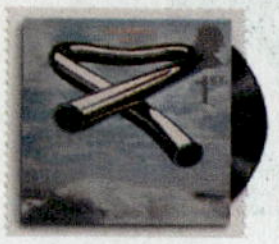

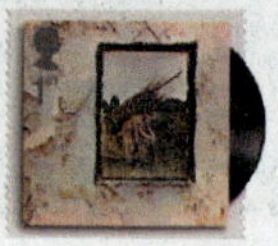

cxu) The Clash: London Calling (1979)
cxv) Mike Oldfield: Tubular Bells (1973)
cxw) Led Zeppelin: Led Zeppelin IV (1971)

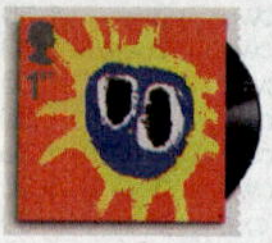

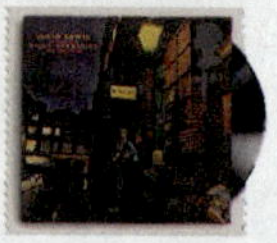

cxx) Primal Scream: Screamadelica (1991)
cxy) David Bowie: The Rise and Fall of Ziggy Stardust and the Spiders from Mars (1972)

2841	1ST	mehrfarbig	cxo	3,—	1,30
2842	1ST	mehrfarbig	cxp	3,—	1,30
2843	1ST	mehrfarbig	cxr	3,—	1,30
2844	1ST	mehrfarbig	cxs	3,—	1,30
2845	1ST	mehrfarbig	cxt	3,—	1,30
2846	1ST	mehrfarbig	cxu	3,—	1,30
2847	1ST	mehrfarbig	cxv	3,—	1,30
2848	1ST	mehrfarbig	cxw	3,—	1,30
2849	1ST	mehrfarbig	cxx	3,—	1,30
2850	1ST	mehrfarbig	cxy	3,—	1,30
			Satzpreis (10 W.)	30,—	13,—
			2 Fünferstreifen	30,—	13,—
			FDC		15,—

Nominale zur Zeit der Ausgabe: je 39 P

MiNr. 2841–2845 und 2846–2850 wurden jeweils waagerecht nebeneinander im Folienbogen gedruckt.

In gleichen Zeichnungen: MiNr. 2851–2860 (nassklebend)

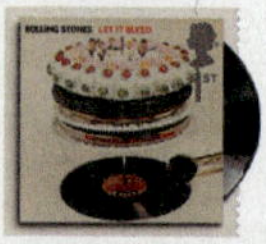

2010, 7. Jan. Schallplattencover (II). Odr., Kleinbogen (5×2) und Markenheftchen; Sicherheitszähnung K 14¾:14½.

cxt) Rolling Stones: Let it Bleed (1969)

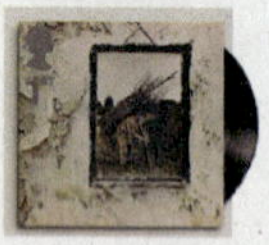

cxw) Led Zeppelin: Led Zeppelin IV (1971)

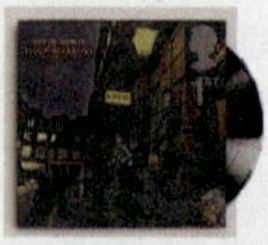

cxy) David Bowie: The Rise and Fall of Ziggy Stardust and the Spiders from Mars (1972)

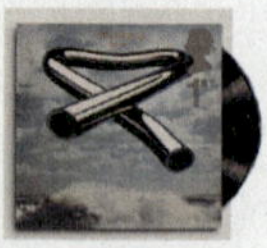

cxv) Mike Oldfield: Tubular Bells (1973)

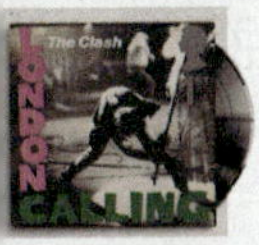
cxu) The Clash: London Calling (1979)

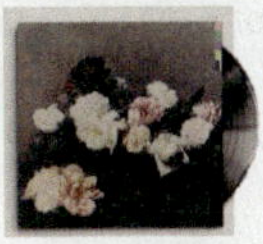
cxs) New Order: Power, Corruption and Lies (1983)

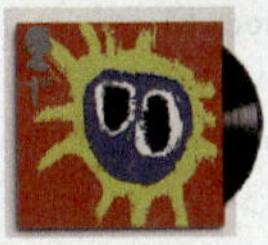
cxx) Primal Scream: Screamadelica (1991)

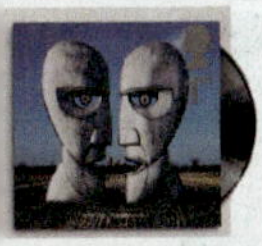
cxo) Pink Floyd: The Division Bell (1994)

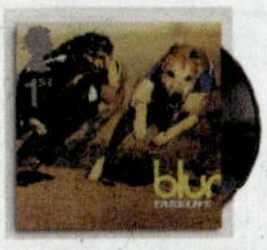
cxr) Blur: Parklife (1994)

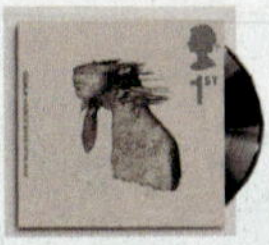
cxp) Coldplay: A Rush of Blood to the Head (2002)

2851	1ST mehrfarbig	cxt	3,—	2,50
2852	1ST mehrfarbig	cxw	3,—	2,50
2853	1ST mehrfarbig	cxy	3,—	2,50
2854	1ST mehrfarbig	cxv	3,—	2,50
2855	1ST mehrfarbig	cxu	3,—	2,50
2856	1ST mehrfarbig	cxs	3,—	2,50
2857	1ST mehrfarbig	cxx	3,—	2,50
2858	1ST mehrfarbig	cxo	3,—	2,50
2859	1ST mehrfarbig	cxr	3,—	2,50
2860	1ST mehrfarbig	cxp	3,—	2,50
	Satzpreis (10 W.)		30,—	25,—
	Kleinbogen I (MiNr. 2851–2860)		35,—	35,—
	FDC			36,—
	Kleinbogen II (10 × MiNr. 2858) (6. März)		30,—	25,—

Nominale zur Zeit der Ausgabe: je 39 P

MiNr. 2851–2860 stammen auch aus MH 162.

In gleichen Zeichnungen: MiNr. 2841–2850 (selbstklebend)

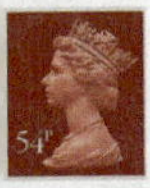

2010, 7. Jan. Freimarke: Königin Elizabeth II., Typ Machin. Odr., Markenheftchen; Sicherheitszähnung K 14¾:14¼.

ku) Königin Elizabeth II. (1926–2022, reg. ab 1952)

2861	54 P dunkelbraunorange	ku	3,—	2,—
	FDC			3,—

MiNr. 2861 stammt aus MH 162 und 163.

Gültig bis 31.1.2023, geduldet bis 31.7.2023

In gleicher Zeichnung siehe Übersicht nach Jahrgangswerttabelle.

2010, 7. Jan. Olympische und Paralympische Sommerspiele 2012, London (II). RaTdr., Markenheftchen; selbstklebend; gestanzt 14¼.

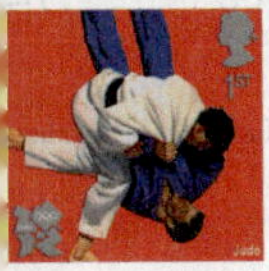
cwy) Judo

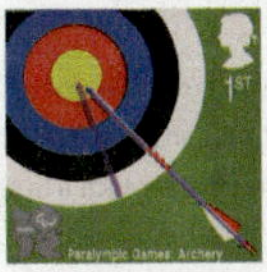
cwu) Bogenschießen

2862	1ST mehrfarbig	cwy	8,—	2,—
2863	1ST mehrfarbig	cwu	8,—	2,—
	Satzpreis (2 W.)		16,—	4,—
	FDC			5,—

Nominale zur Zeit der Ausgabe: je 39 P

MiNr. 2862–2863 stammen aus MH 0-319.

In gleichen Zeichnungen: MiNr. 2816, 2820 (nassklebend)

2010, 26. Jan. Grußmarken. Odr. (5×2); Sicherheitszähnung K 14¾:14¼.

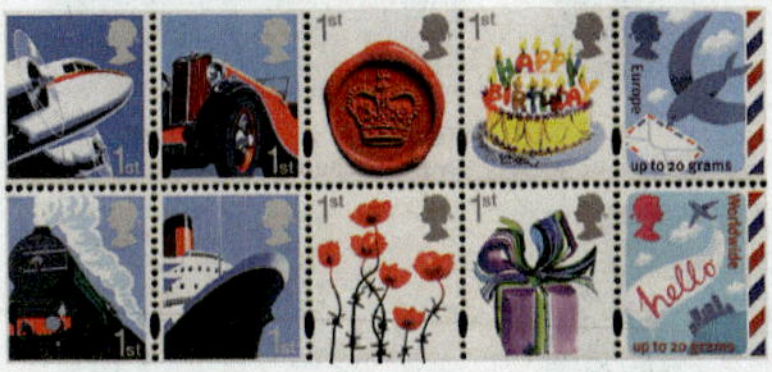

cxz cya cyb cyc cyh
cyd cye cyf cyg cyi

cxz) Flugzeug
cya) Automobil
cyb) Siegel
cyc) Geburtstagskuchen
cyd) Dampflokomotive
cye) Passagierschiff
cyf) Klatschmohn und Stacheldraht
cyg) Geschenkpaket
cyh) Vogel mit Brief
cyi) Flugzeug über Stadt

2864	1st mehrfarbig	cxz	3,—	1,30
2865	1st mehrfarbig	cya	3,—	1,30
2866	1st mehrfarbig	cyb	3,—	1,30
2867	1st mehrfarbig	cyc	3,—	1,30
2868	1st mehrfarbig	cyd	3,—	1,30
2869	1st mehrfarbig	cye	3,—	1,30
2870	1st mehrfarbig	cyf	3,—	1,30
2871	1st mehrfarbig	cyg	3,—	1,30
2872	— Europe up to 20 grams blau/rot	cyh	5,—	2,40
2873	— Worldwide up to 20 grams rot/blau	cyi	5,—	3,20
	Satzpreis (10 W.)		34,—	16,—
	Kleinbogen		34,—	16,—
	FDC			18,—

Nominalen zur Zeit der Ausgabe: MiNr. 2864–2871 je 39 P, MiNr. 2872 = 56 P, MiNr. 2873 = 90 P

MiNr. 2870 stammt auch aus MH 179, 184, 188 und 192.

In gleicher Zeichnung wie MiNr. 2870: MiNr. 2879 (selbstklebend), 3372 (RaTdr. und selbstklebend)

Britische Nominalkodierungen:

Europe up to 20 grams = Luftpost, Europa, bis 20 g; ab 1.1.2021 bis 100 g

ab 6.4.2009: 56 P; ab 6.4.2010: 60 P; ab 4.4.2011: 68 P; ab 30.4.2012: 87 P; ab 2.4.2013: 88 P; ab 31.3.2014: 97 P; ab 30.3.2015: 1.00 £; ab 29.3.2016: 1.05 £; ab 27.3.2017: 1.17 £; ab 26.3.2018: 1.25 £; ab 25.3.2019: 1.35 £; ab 23.3.2020: 1.42 £; ab 1.9.2020: 1.45 £; ab 1.1.2021: 1.70 £; ab 4.4.2022: 1.85 £; ab 3.4.2023: 2.20 £; ab 2.4.2024: 2.50 £; ab 7.10.2024: 2.80 £; ab 7.4.2025: 3.20 £

Worldwide up to 20 grams = Luftpost, Übersee, bis 20 g; ab 3.4.2023 bis 100 g

ab 6.4.2009: 90 P; ab 6.4.2010: 97 P; ab 4.4.2011: 1.10 £; ab 30.4.2012: 1.28 £; ab 30.3.2015: 1.33 £; ab 27.3.2017: 1.40 £; ab 26.3.2018: 1.45 £; ab 25.3.2019: 1.55 £; ab 23.3.2020: 1.63 £; ab 1.9.2020: 1.70 £; ab 4.4.2022: 1.85 £; ab 3.4.2023: 2.20 £; ab 2.4.2024: 2.50 £; ab 7.10.2024: 2.80 £; ab 7.4.2025: 3.20 £

2010, 26. Jan. Grußmarken. Odr., Folienbogen (4×5 Zd); selbstklebend; Sicherheitsstanzung 14¾:14¼.

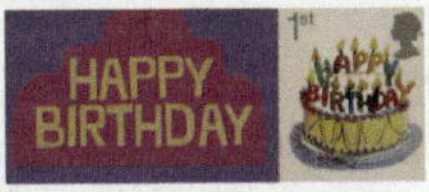

Zierfeld
cyc) Geburtstagskuchen

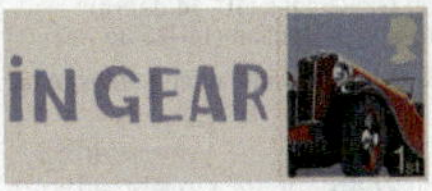

Zierfeld
cya) Automobil

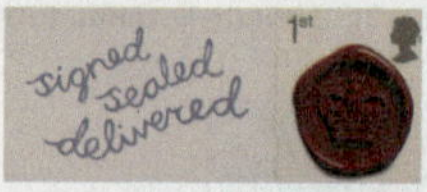

Zierfeld
cyb) Siegel

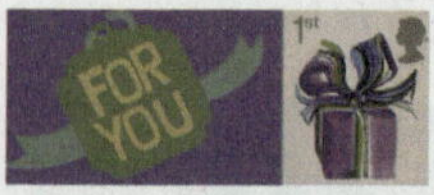

Zierfeld
cyg) Geschenkpaket

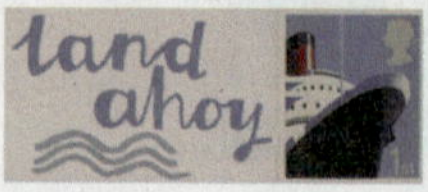

Zierfeld
cye) Passagierschiff

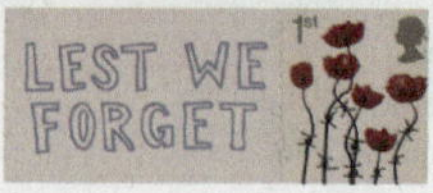

Zierfeld
cyf) Klatschmohn und Stacheldraht

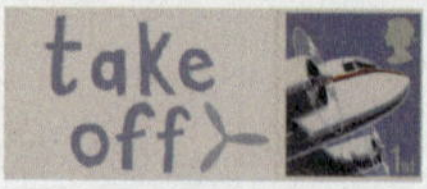

Zierfeld
cxz) Flugzeug

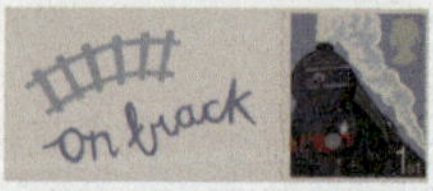

Zierfeld
cyd) Dampflokomotive

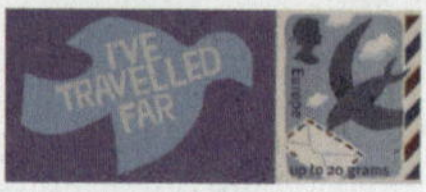

Zierfeld
cyh) Vogel mit Brief

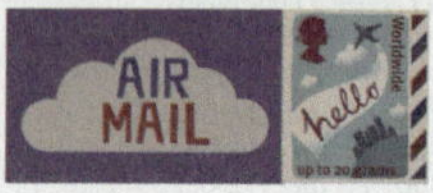

Zierfeld
cyi) Flugzeug über Stadt

2874	1st	mehrfarbig	cyc	3,50	2,—
2875	1st	mehrfarbig	cya	3,50	2,—
2876	1st	mehrfarbig	cyb	3,50	2,—
2877	1st	mehrfarbig	cyg	3,50	2,—
2878	1st	mehrfarbig	cye	3,50	2,—
2879	1st	mehrfarbig	cyf	3,50	2,—
2880	1st	mehrfarbig	cxz	3,50	2,—
2881	1st	mehrfarbig	cyd	3,50	2,—
2882	—	Europe up to 20 grams blau/rot	cyh	5,50	4,—
2883	—	Worldwide up to 20 grams rot/blau	cyi	6,50	5,—
			Satzpreis (10 W.)	40,—	25,—
			FDC		26,—
			2874 Zf–2883 Zf	40,—	26,—

Nominalen zur Zeit der Ausgabe: MiNr. 2874–2881 je 39 P, MiNr. 2882 = 56 P, MiNr. 2883 = 90 P

MiNr. 2874–2883 stammen aus Folienbogen zu 20 Marken und 20 (10 verschiedenen) Zierfeldern, die jeweils durch 3 schmale Verbindungsstege mit der Marke verbunden sind (Postpreis: 9.70 £).

Am 8.5.2010 wurden MiNr. 2874 und 2877 (je 4×) und MiNr. 2882–2883 (je 2×) zusammen mit MiNr. 2340 II CS (1×), 2341 II CS (3×), 2343 II CS und 2453 II CS–2455 II CS (je 1×) im Folienbogen zu 20 Marken und 20 Zierfeldern ausgegeben (Postpreis: 10 £).

Die Zierfelder von MiNr. 2874, 2877 und 2882–2883 können auf Privatbestellung auch individuell gestaltet werden.

Am 15.9.2011 wurde MiNr. 2876 im Folienbogen zu 20 Marken und 20 Zierfeldern ausgegeben (Postpreis: 9.50 £).

In gleicher Zeichnung wie MiNr. 2879: MiNr. 2870 (Odr. und nassklebend), 3372 (RaTdr.)

2010, 2. Febr. Blockausgabe: 100 Jahre Pfadfinderinnen. Odr. gez. Ks 14¼.

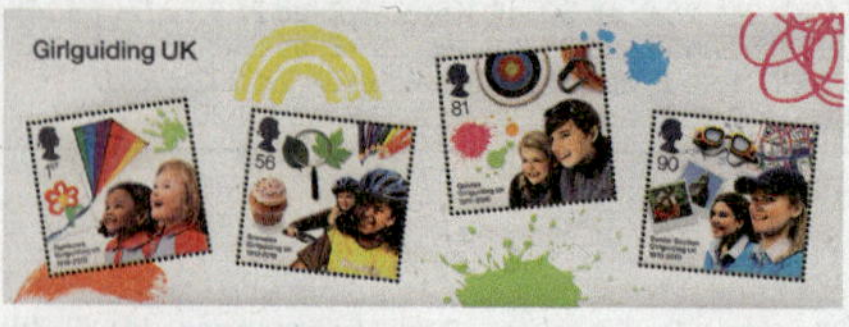

cyo

cyk) Rainbow Guides (5–7 Jahre)
cyl) Brownies (7–10 Jahre)
cym) Girl Guides (10–14 Jahre)
cyn) Senior Section (14–25 Jahre)

cyk–cyn) Pfadfinderinnen in allen Altersgruppen

2884	1ST	mehrfarbig	cyk	3,—	1,30
2885	56 (P)	mehrfarbig	cyl	1,50	1,50
2886	81 (P)	mehrfarbig	cym	2,50	2,20
2887	90 (P)	mehrfarbig	cyn	3,—	2,50

Block 54	(190×67 mm)	cyo	10,—	7,5
		FDC		9,—

Nominale von MiNr. 2884 zur Zeit der Ausgabe: 39 P

2010, 25. Febr. 350 Jahre Royal Society. Odr., Bogen (1×3 Zd und 1×3 Zd + 1×3 Zd) und Markenheftchen; gez. K 14¼.

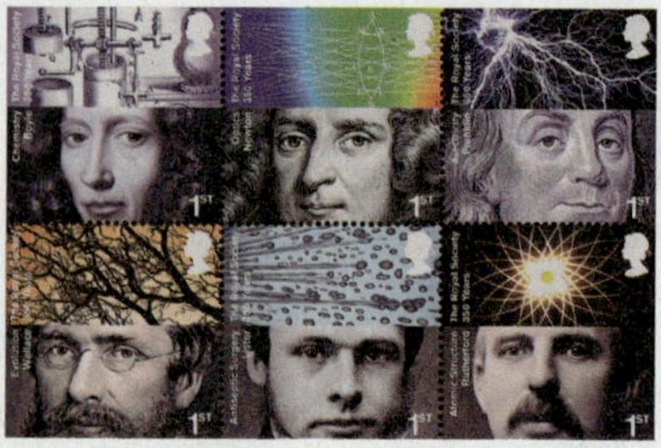

cyp) Robert Boyle (1627–1691), Naturforscher
cyr) Isaac Newton (1643–1727), Mathematiker, Physiker und Astronom
cys) Benjamin Franklin (1706–1790), amerikanischer Politiker, Naturwissenschaftler und Schriftsteller

cyv) Alfred Russel Wallace (1823–1913), Naturforscher
cyw) Baron Joseph Lister (1827–1912), Chirurg
cyx) Ernest Rutherford (1871–1937), Physiker, Nobelpreis für Chemie 1908

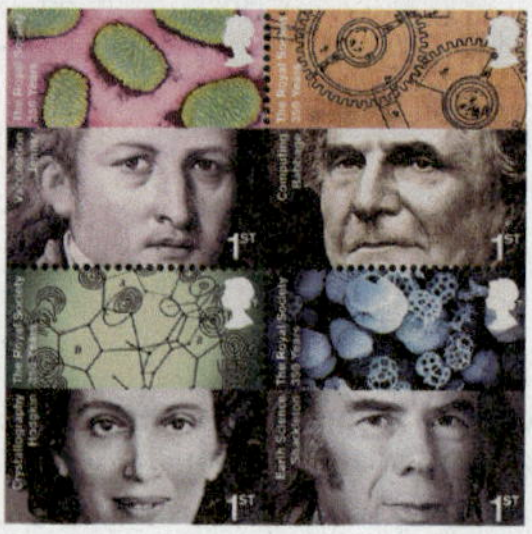

cyt) Edward Jenner (1749–1823), Arzt und Virologe
cyu) Charles Babbage (1791–1871), Mathematiker, Philosoph und Erfinder

cyy) Dorothy Crowfoot Hodgkin (1910–1994), Biochemikerin, Nobelpreis 1964
cyz) Nicholas Shackleton (1937–2006), Geologe und Paläoklimatologe

2888	1ST	mehrfarbig	cyp	3,—	1,30
2889	1ST	mehrfarbig	cyr	3,—	1,30
2890	1ST	mehrfarbig	cys	3,—	1,30
2891	1ST	mehrfarbig	cyt	3,—	1,30
2892	1ST	mehrfarbig	cyu	3,—	1,30
2893	1ST	mehrfarbig	cyv	3,—	1,30
2894	1ST	mehrfarbig	cyw	3,—	1,30
2895	1ST	mehrfarbig	cyx	3,—	1,30
2896	1ST	mehrfarbig	cyy	3,—	1,30
2897	1ST	mehrfarbig	cyz	3,—	1,30
			Satzpreis (10 W.)	30,—	13,—
			Zehnerblock	30,—	13,—
			FDC		15,—

Nominale zur Zeit der Ausgabe: je 39 P

MiNr. 2888–2897 wurden in Zehnerblockanordnung zusammenhängend gedruckt

MiNr. 2888–2897 stammen auch aus MH 163.

2010, 25. Febr. Olympische und Paralympische Sommerspiele 2012, London (III). RaTdr., Markenheftchen; selbstklebend; gestanzt 14¼.

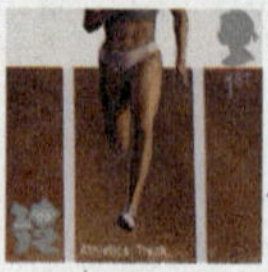

cwv) Laufen

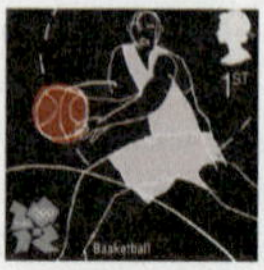

cxc) Basketball

2898	1ST	mehrfarbig	cwv	8,—	2,—
2899	1ST	mehrfarbig	cxc	8,—	2,—
			Satzpreis (2 W.)	16,—	4,—
			FDC		5,—

Nominale zur Zeit der Ausgabe: je 39 P

MiNr. 2898–2899 stammen aus MH 0-320.

In gleichen Zeichnungen: MiNr. 2817, 2824 (nassklebend)

2010, 11. März. 150 Jahre Battersea Dogs & Cats Home. Odr. (1×3 Zd und 1×3 Zd + 1×3 Zd); gez. K 14¼.

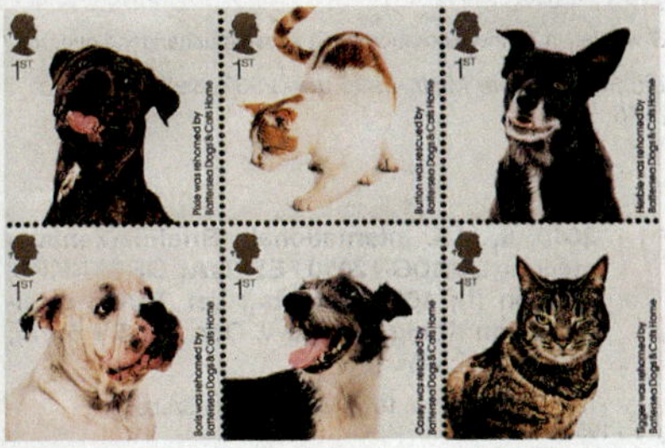

cza) Pixie
czb) Button
czc) Herbie

czf) Boris
czg) Casey
czh) Tigger

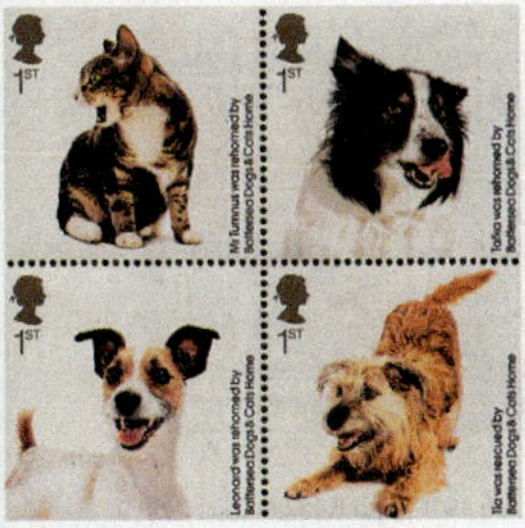

czd) Mr. Tumnus
cze) Tafka

czi) Leonard
czk) Tia

cza–czk) Hunde und Katzen aus dem Tierheim „Battersea Dogs & Cats Home"

2900	1ST	mehrfarbig	cza	3,—	1,30
2901	1ST	mehrfarbig	czb	3,—	1,30
2902	1ST	mehrfarbig	czc	3,—	1,30
2903	1ST	mehrfarbig	czd	3,—	1,30
2904	1ST	mehrfarbig	cze	3,—	1,30
2905	1ST	mehrfarbig	czf	3,—	1,30
2906	1ST	mehrfarbig	czg	3,—	1,30
2907	1ST	mehrfarbig	czh	3,—	1,30
2908	1ST	mehrfarbig	czi	3,—	1,30
2909	1ST	mehrfarbig	czk	3,—	1,30
			Satzpreis (10 W.)	30,—	13,—
			Zehnerblock	30,—	13,—
			FDC		15,—

Nominale zur Zeit der Ausgabe: je 39 P

MiNr. 2900–2909 wurden in Zehnerblockanordnung zusammenhängend gedruckt.

2010, 23. März. Britische Monarchie (III): Schottisches Haus Stuart, Könige von Schottland. Odr. (5×5 und 5×5 + 5×5); gez. K 14¼.

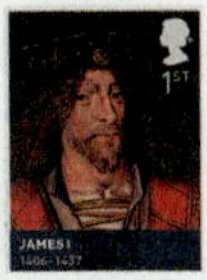

czl) Jakob I. (1394–1437, reg. ab 1406)

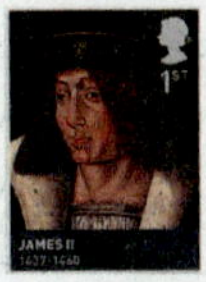

czm) Jakob II. (1430–1460, reg. ab 1437)

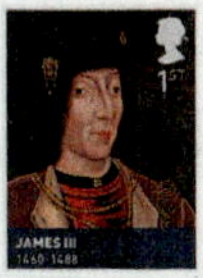

czn) Jakob III. (1451–1488, reg. ab 1460)

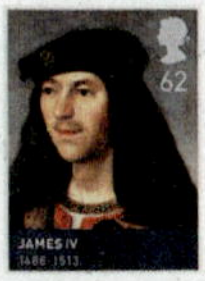

czo) Jakob IV. (1473–1513, reg. ab 1488)

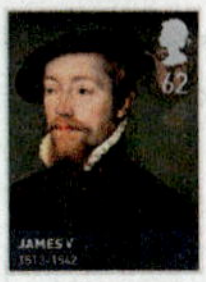

czp) Jakob V. (1512–1542, reg. ab 1513)

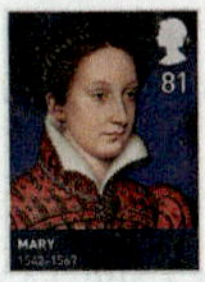

czr) Maria Stuart (1542–1587, reg. 1542–1567)

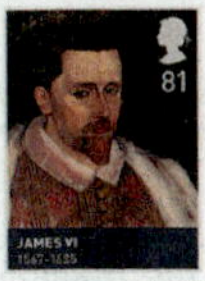

czs) Jakob VI. (1566–1625, reg. ab 1567, ab 1603 als Jakob I. König von England)

2910	1ST	mehrfarbig	czl	3,—	1,30
2911	1ST	mehrfarbig	czm	3,—	1,30
2912	1ST	mehrfarbig	czn	3,—	1,30
2913	62 (P)	mehrfarbig	czo	1,60	1,60
2914	62 (P)	mehrfarbig	czp	1,60	1,60
2915	81 (P)	mehrfarbig	czr	2,40	2,—
2916	81 (P)	mehrfarbig	czs	2,40	2,—
			Satzpreis (7 W.)	17,—	11,—
			FDC		13,—

Blockausgabe

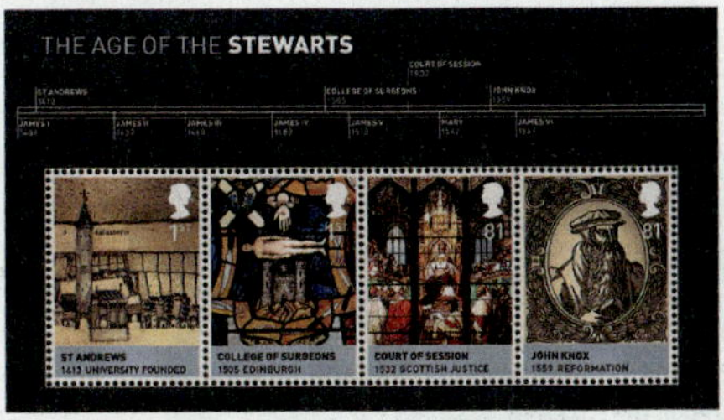

czx

czt) Universität St. Andrews (1413)
czu) Königliches Chirurgenkolleg von Edinburgh (1505)
czv) Zivilgericht Court of Session (1532)
czw) John Knox (um 1514–1572), schottischer Reformator

2917	1ST	mehrfarbig	czt	3,—	1,30
2918	1ST	mehrfarbig	czu	3,—	1,30
2919	81 (P)	mehrfarbig	czv	2,50	2,20
2920	81 (P)	mehrfarbig	czw	2,50	2,20
Block 55		(122×70 mm)	czx	11,—	7,—
			FDC		8,50

Nominale von MiNr. 2910–2912 und 2917–2918 zur Zeit der Ausgabe: je 39 P

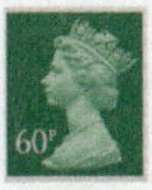

2010, 30. März. Freimarken: Königin Elizabeth II., Typ Machin. RaTdr. (10×20); Sicherheitszähnung K 14¾:14¼.

ku) Königin Elizabeth II. (1926–2022, reg. ab 1952)

2921	60 P	dunkelgelbsmaragdgrün	ku	1,60	1,40
2922	67 P	dunkellilapurpur	ku	1,90	1,60
2923	88 P	rötlichlila	ku	2,50	2,—
2924	97 P	dunkelbläulichviolett	ku	2,80	2,40
2925	1.46 £	dunkelgrünlichblau	ku	4,20	3,60
			Satzpreis (5 W.)	13,—	11,—
			FDC		13,—

Gültig bis 31.1.2023, geduldet bis 31.7.2023

In gleicher Zeichnung siehe Übersicht nach Jahrgangswerttabelle.

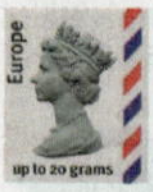

2010, 30. März. Freimarken: Königin Elizabeth II., Typ Machin. RaTdr., Markenheftchen (2×2); selbstklebend; Sicherheitsstanzung 14¾:14¼.

bvo) Königin Elizabeth II. (1926–2022, reg. ab 1952)

2926	— Europe up to 20 grams, mfg./dkl'grün	bvo	5,50	1,50
2927	— Worldwide up to 20 grams, mfg./lila-purpur	bvo	6,50	2,50
	Satzpreis (2 W.)		12,—	4,—
	FDC			6,—

Nominalen zur Zeit der Ausgabe: MiNr. 2926 = 56 P, MiNr. 2927 = 90 P

MiNr. 2926 stammt aus MH 0-321.
MiNr. 2927 stammt aus MH 0-322.

Vorerst weiterhin gültig

Weitere Werte in ähnlichen Zeichnungen siehe Übersicht nach Jahrgangswerttabelle.

Posttarife Großbritannien (6.4.2010–3.4.2011)

2. Klasse, Standardformat: 32 P (zuvor: 30 P)
1. Klasse, Standardformat: 41 P (zuvor: 39 P)
2. Klasse, Großformat: 51 P (zuvor: 47 P)
1. Klasse, Großformat: 66 P (zuvor: 61 P)
Europa, bis 20 g: 60 P (zuvor: 56 P)
Europa, 20 g–40 g: 88 P (zuvor: 81 P)
Postkarte, Seepost: 58 P (zuvor: 54 P)
Postkarte, Luftpost: 67 P (zuvor: 62 P)
Luftpost, bis 10 g: 67 P (zuvor: 62 P)
Luftpost, 10 g–20 g: 97 P (zuvor: 90 P)
Luftpost, 20 g–40 g: 1.46 £ (zuvor: 1.35 £)
Einschreiben, 1. Klasse, Standardformat: 1.15 £ (zuvor: 1.14 £)
Einschreiben, 1. Klasse, Großformat: 1.39 £ (zuvor: 1.36 £)
Eilsendung, bis 100 g: 5.05 £
Eilsendung, bis 500 g: 5.50 £

2010, 13. April. Bedrohte Natur (IV): Säugetiere. Odr. (1×3 Zd und 1×3 Zd + 1×3 Zd); gez. K 14¼.

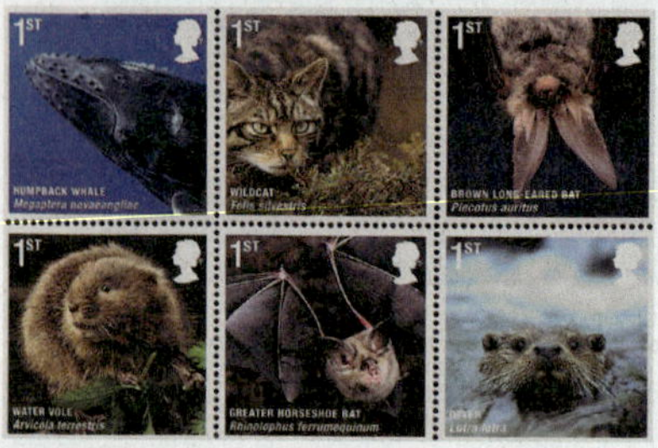

czy) Buckelwal (Megaptera novaeangliae)
czz) Wildkatze (Felis silvestris)
daa) Braunes Langohr (Plecotus auritus)

dad) Schermaus (Arvicola terrestris)
dae) Große Hufeisennase (Rhinolophus ferrumequinum)
daf) Fischotter (Lutra lutra)

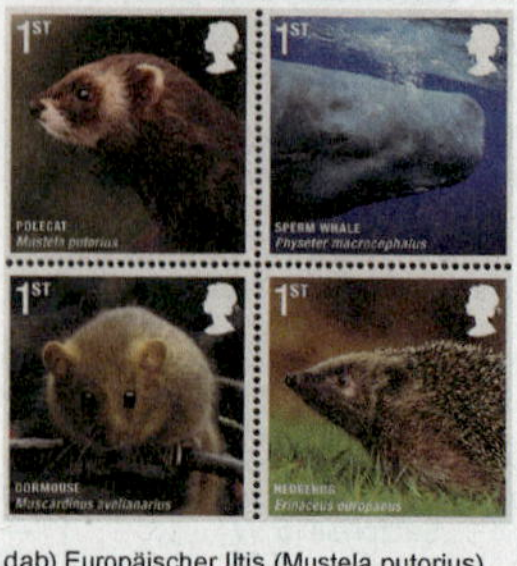

dab) Europäischer Iltis (Mustela putorius)
dac) Pottwal (Physeter macrocephalus)

dag) Haselmaus (Muscardinus avellanarius)
dah) Europäischer Igel (Erinaceus europaeus)

2928	1ST mehrfarbig	czy	3,—	1,30
2929	1ST mehrfarbig	czz	3,—	1,30
2930	1ST mehrfarbig	daa	3,—	1,30
2931	1ST mehrfarbig	dab	3,—	1,30
2932	1ST mehrfarbig	dac	3,—	1,30
2933	1ST mehrfarbig	dad	3,—	1,30
2934	1ST mehrfarbig	dae	3,—	1,30
2935	1ST mehrfarbig	daf	3,—	1,30
2936	1ST mehrfarbig	dag	3,—	1,30
2937	1ST mehrfarbig	dah	3,—	1,30
	Satzpreis (10 W.)		30,—	13,—
	Zehnerblock		30,—	13,—
	FDC			15,—

Nominale zur Zeit der Ausgabe: je 41 P

MiNr. 2928–2937 wurden in Zehnerblockanordnung zusammenhängend gedruckt.

In gleichen Zeichnungen wie MiNr. 2935 und 2937, selbstklebend: MiNr. 2975–2976

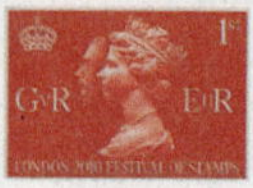

2010, 6. Mai. Internationale Briefmarkenausstellung LONDON 2010 FESTIVAL OF STAMPS, London (I); 100. Jahrestag der Thronbesteigung von König George V. Odr. (5×5 + 5×5); gez. K 14¾:14¼.

dai) König George V. (1865–1936, reg. ab 1910) und Königin Elizabeth II. (1926–2022, reg. ab 1952)

2938	1st lebhaftrot	dai	3,—	1,30
	FDC			2,50

Blockausgabe mit MiNr. 2938–2939

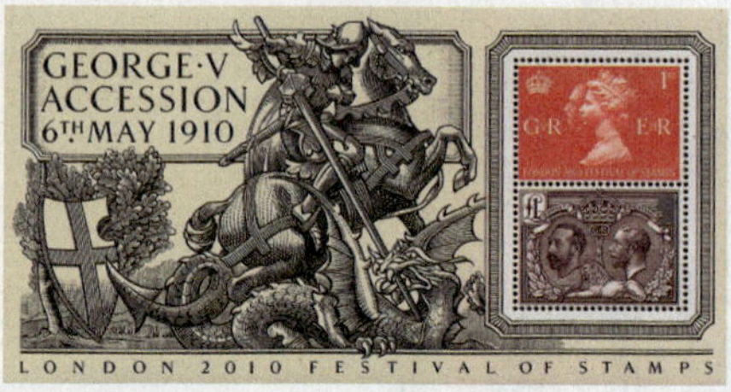

dal

dai) König George V. (1865–1936, reg. ab 1910) und Königin Elizabeth II. (1926–2022, reg. ab 1952)
dak) König George V.

2939	1 £ schwärzlichbraunlila	dak	3,—	2,50
Block 56	(140×74 mm)	dal	6,—	4,—
	FDC			5,—

Nominale von MiNr. 2938 zur Zeit der Ausgabe: 41 P

MiNr. 2938–2939 stammen auch aus MH 164.

2010, 8. Mai. Blockausgabe: Internationale Briefmarkenausstellung LONDON 2010 FESTIVAL OF STAMPS, London. Bl. 56 mit Bdr.-Aufdruck auf dem oberen Blockrand.

Block 56 I	(140×74 mm)	(Bl. 56)	20,—	20,—
	FDC			22,—

Bl. 56 I wurde nur am Ausstellungspostamt und von der Versandstelle verkauft.

2010, 8. Mai. Blockausgabe: Internationale Briefmarkenausstellung LONDON 2010 FESTIVAL OF STAMPS, London (II). Komb. StTdr. und Odr.; gez. Ks 14¾:14¼.

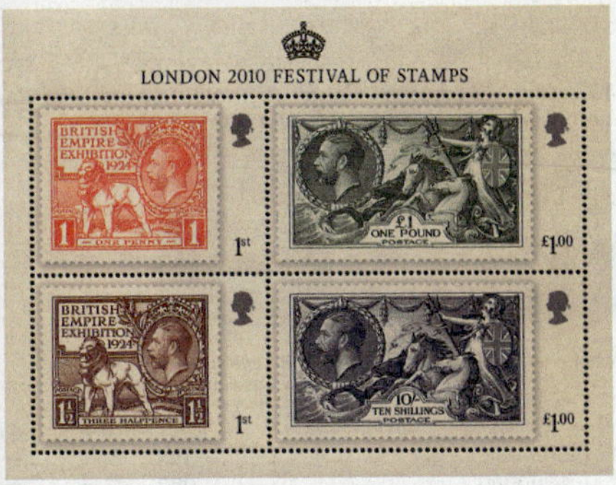

dar

dam dao
dan dap

dam) Marke MiNr. 166
dan) Marke MiNr. 167
dao) Marke MiNr. 144
dap) Marke MiNr. 143

2940	1st mehrfarbig	dam	3,—	1,30
2941	1st mehrfarbig	dan	3,—	1,30
2942	1 £ mehrfarbig	dao	3,50	2,60
2943	1 £ mehrfarbig	dap	3,50	2,60
Block 57	(115×89 mm)	dar	13,—	8,—
		FDC		9,50

Nominale von MiNr. 2940–2941 zur Zeit der Ausgabe: je 41 P

MiNr. 2940–2943 stammen auch aus MH 164.

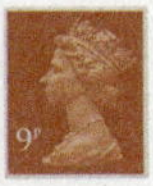

2010, 8. Mai. Freimarken: Königin Elizabeth II., Typ Machin. Odr., Zd-Bogen (Zd-B) (4×3) und Markenheftchen (MH); Sicherheitszähnung K 14¾:14¼.

ku) Königin Elizabeth II. (1926–2022, reg. ab 1952)

2944	9 P dkl'orange (Zd-B)	ku	5,—	5,—
2945	60 P dkl'gelbsmaragdgrün (Zd-B) (MH)	ku	3,50	3,50
2946	67 P dkl'lilapurpur (Zd-B) (MH)	ku	4,50	4,50
2947	88 P rötlichlila (Zd-B)	ku	8,—	8,—
2948	97 P dkl'bläulichviolett (Zd-B) (MH)	ku	4,50	4,50
2949	1.46 £ dkl'grünlichblau (Zd-B)	ku	10,—	10,—
	Satzpreis (6 W.)		35,—	35,—
	FDC			40,—
	Zd-Bogen		60,—	60,—

Der Zd-Bogen zur Internationalen Briefmarkenausstellung LONDON 2010 FESTIVAL OF STAMPS enthält je einmal MiNr. 825 b CS, 1569, 1637–1638, 2723, 2944–2949 sowie 1 Zierfeld.

MiNr. 2945 stammt auch aus MH 165.
MiNr. 2946 und 2948 stammen auch aus MH 166.

Gültig bis 31.1.2023, geduldet bis 31.7.2023

In gleicher Zeichnung siehe Übersicht nach Jahrgangswerttabelle.

2010, 13. Mai. Großbritannien im Kriegsjahr 1940; Evakuierung bei Dünkirchen. Odr., Bogen (5×5 und 5×5 + 5×5) und Markenheftchen; gez. K 14¼.

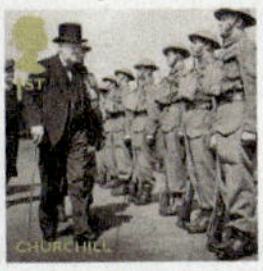

das) Premierminister Winston Churchill (1874–1965), Literaturnobelpreis 1953

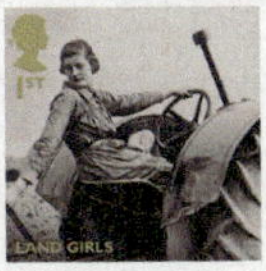

dat) Hilfe auf dem Land

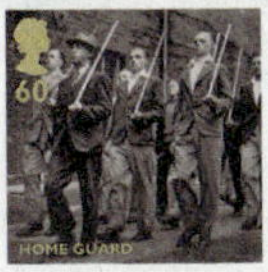

dau) Heimwehr

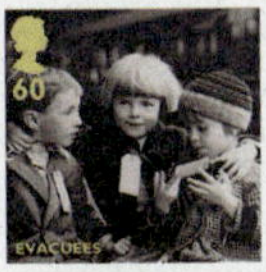

dav) Evakuierte Kinder

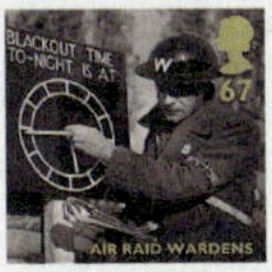

daw) Warnung vor Luftangriffen

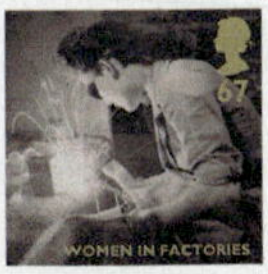

dax) Frauen in der Industrie

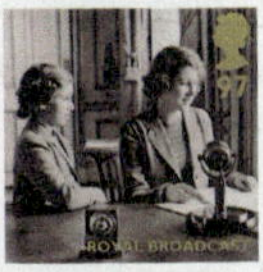

day) Prinzessinnen Elizabeth und Margaret beim Kgl. Rundfunk

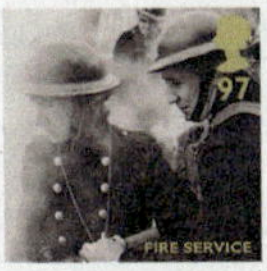

daz) Feuerwehrmänner

2950	1ST	hellgelboliv/schwarz	das	3,—	1,30
2951	1ST	hellgelboliv/schwarz	dat	3,—	1,30
2952	60 (P)	hellgelboliv/schwarz	dau	1,60	1,50
2953	60 (P)	hellgelboliv/schwarz	dav	1,60	1,50
2954	67 (P)	hellgelboliv/schwarz	daw	1,80	1,70
2955	67 (P)	hellgelboliv/schwarz	dax	1,80	1,70
2956	97 (P)	hellgelboliv/schwarz	day	2,60	2,50
2957	97 (P)	hellgelboliv/schwarz	daz	2,60	2,50
		Satzpreis (8 W.)		18,—	14,—
		FDC			16,—

Blockausgabe

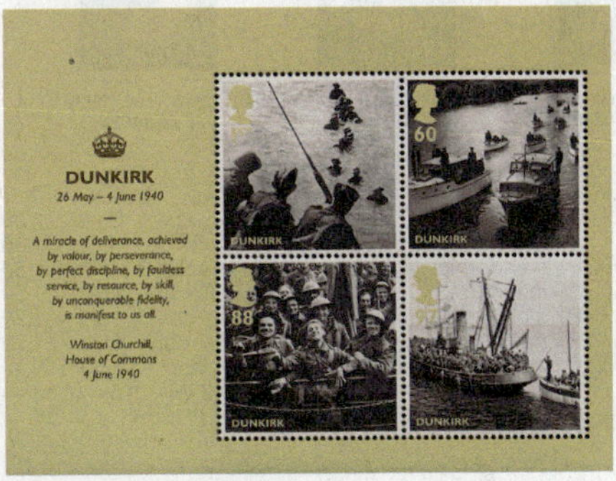

dbe

dba) Anbordnehmen von Soldaten
dbb) Rückzug in Motorbooten
dbc) Gerettete Soldaten
dbd) Schlepper und Motorboot

2958	1ST	hellgelboliv/schwarz	dba	3,—	1,30
2959	60 (P)	hellgelboliv/schwarz	dbb	1,60	1,50
2960	88 (P)	hellgelboliv/schwarz	dbc	2,60	2,20
2961	97 (P)	hellgelboliv/schwarz	dbd	2,80	2,50
Block 58		(115×89 mm)	dbe	10,—	7,50
		FDC			9,—

Nominale von MiNr. 2950–2951 und 2958 zur Zeit der Ausgabe: je 41 P

MiNr. 2950–2961 stammen auch aus MH 165.

Blockähnliche Zusammendrucke mit linksseitigem Durchstich, ohne Inschrift und größerem Format sind herausgetrennte Heftchenblätter.

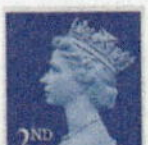

2010, 13. Mai. Freimarken: Königin Elizabeth II., Typ Machin. RaTdr., Rollen (R) (500 bzw. 1000) und Kleinbogen (Klb.) (5×2); Sicherheitszähnung K 14¾:14¼.

ku IV) Königin Elizabeth II. (1926–2022, reg. ab 1952); irisierende, negative Inschrift „ROYAL MAIL" mehrfach

2962	2ND	lebhaftkobalt (R)	ku IV		6,—	1,—
2963	1ST	goldfarben (R) (Klb.)	ku IV		3,—	1,50
				Satzpreis (2 W.)	9,—	2,50
				FDC		3,50
				Kleinbogen	30,—	30,—

Nominalen zur Zeit der Ausgabe: MiNr. 2962 = 32 P, MiNr. 2963 = 41 P

MiNr. 2963 wurde am 14.9.2011 auch im Kleinbogen ausgegeben.

MiNr. 2962 Odr.

Gültig bis 31.1.2023, geduldet bis 31.7.2023

In gleicher Zeichnung siehe Übersicht nach Jahrgangswerttabelle.

2010, 15. Juni. Britische Monarchie (IV): Haus Stuart. Odr. (5×5 und 5×5 + 5×5); gez. K 14¼.

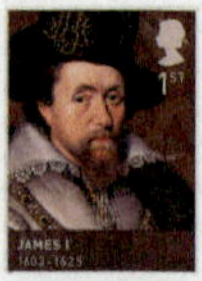

dbf) Jakob I. (1566–1625, reg. ab 1603)

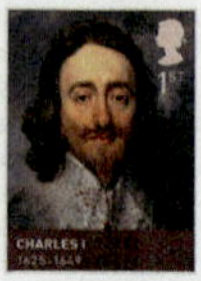

dbg) Karl I. (1600–1649, reg. ab 1625)

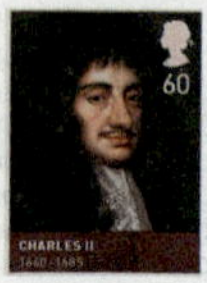

dbh) Karl II. (1630–1685, reg. ab 1660)

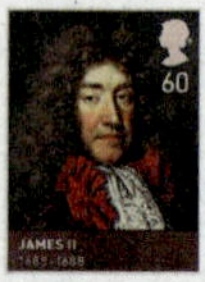

dbi) Jakob II. (1633–1701, reg. 1685–1688)

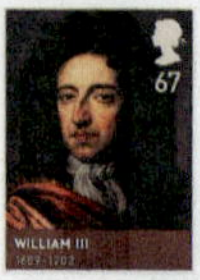

dbk) Wilhelm III. (1650–1702, reg. ab 1689)

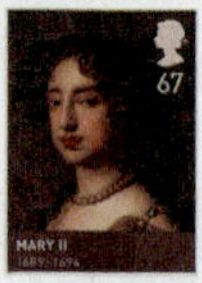

dbl) Maria II. (1662–1694, reg. ab 1689)

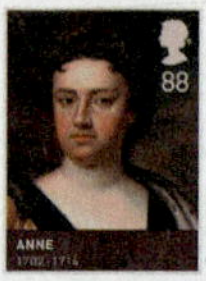

dbm) Anne (1665–1714, reg. ab 1702)

2964	1ST	mehrfarbig	dbf	3,—	1,30
2965	1ST	mehrfarbig	dbg	3,—	1,30
2966	60 (P)	mehrfarbig	dbh	1,70	1,50
2967	60 (P)	mehrfarbig	dbi	1,70	1,50
2968	67 (P)	mehrfarbig	dbk	1,80	1,70
2969	67 (P)	mehrfarbig	dbl	1,80	1,70
2970	88 (P)	mehrfarbig	dbm	2,40	2,—
			Satzpreis (7 W.)	15,—	11,—
			FDC		12,—

Blockausgabe

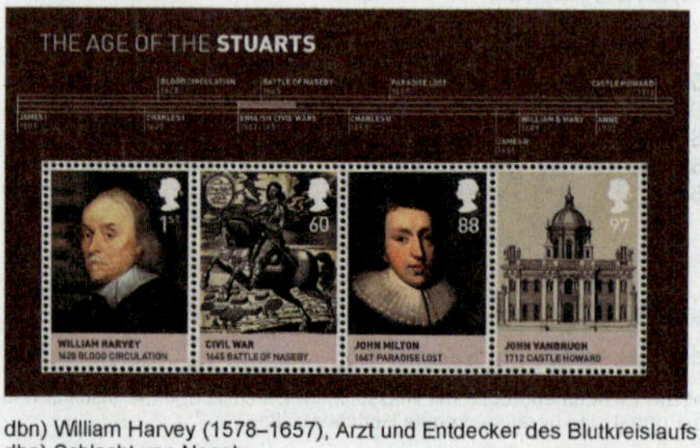

dbs

dbn) William Harvey (1578–1657), Arzt und Entdecker des Blutkreislaufs
dbo) Schlacht von Naseby
dbp) John Milton (1608–1674), Dichter und Staatsphilosoph
dbr) Herrensitz Castle Howard, erbaut von John Vanbrugh (1664–1720), Architekt und Dramatiker

2971	1ST	mehrfarbig	dbn	3,—	1,30
2972	60 (P)	mehrfarbig	dbo	1,60	1,50
2973	88 (P)	mehrfarbig	dbp	2,60	2,20
2974	97 (P)	mehrfarbig	dbr	2,80	2,50
Block 59		(123×70 mm)	dbs	10,—	7,50
			FDC		9,—

			★★
2964 Ur	rechts ungezähnt (Randstück)		−,−

Nominale von MiNr. 2964–2965 und 2971 zur Zeit der Ausgabe: je 41 P

2010, 15. Juni. Bedrohte Natur (V): Säugetiere. RaTdr., Markenheftchen; selbstklebend; gestanzt 14¼.

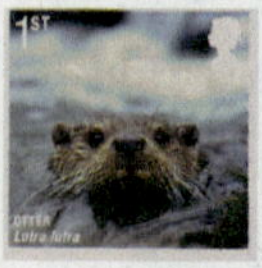

daf) Fischotter (Lutra lutra)

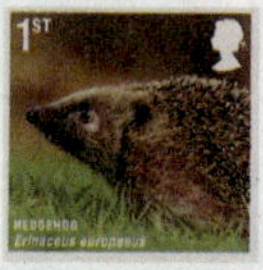

dah) Europäischer Igel (Erinaceus europaeus)

				★★	⊙
2975	1ST	mehrfarbig	daf	6,—	2,—
2976	1ST	mehrfarbig	dah	6,—	2,—
			Satzpreis (2 W.)	12,—	4,—
			FDC		5,—

Nominale zur Zeit der Ausgabe: je 41 P

MiNr. 2975–2976 stammen aus MH 0-323.

In gleichen Zeichnungen: MiNr. 2935, 2937 (nassklebend)

2010, 27. Juli. Olympische und Paralympische Sommerspiele 2012, London (IV). Odr. (1×5 Zd und 1×5 Zd + 1×5 Zd); gez. K 14¼.

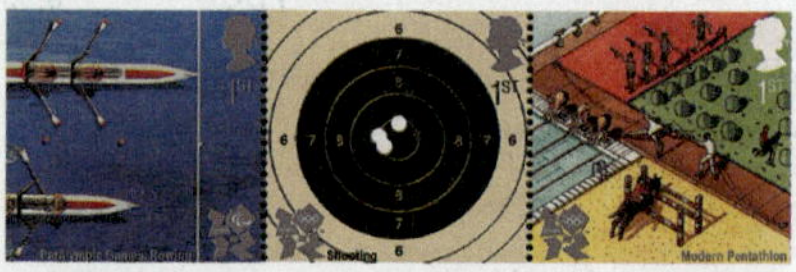

dbt) Rudern
dbu) Schießen
dbv) Moderner Fünfkampf

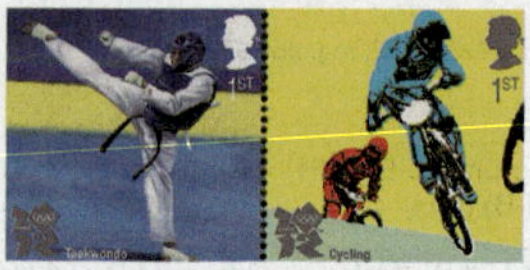

dbw) Taekwondo
dbx) Radfahren

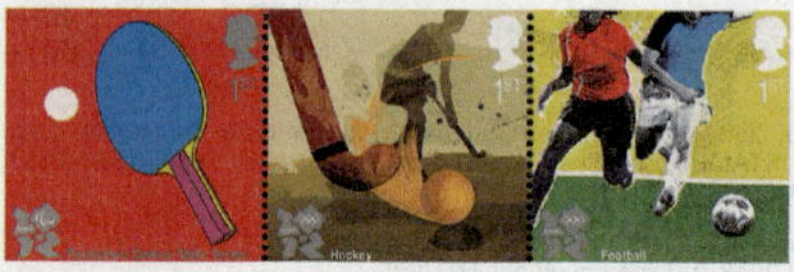

dby) Tischtennis
dbz) Hockey
dca) Fußball

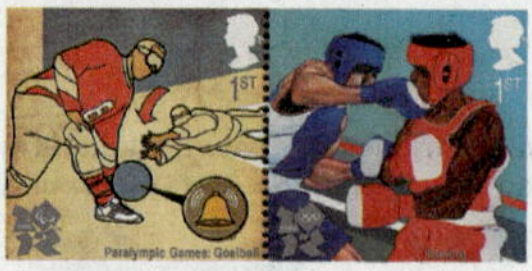

dcb) Goalball
dcc) Boxen

2977	1ST	mehrfarbig	dbt	3,—	1,30
2978	1ST	mehrfarbig	dbu	3,—	1,30
2979	1ST	mehrfarbig	dbv	3,—	1,30
2980	1ST	mehrfarbig	dbw	3,—	1,30
2981	1ST	mehrfarbig	dbx	3,—	1,30
2982	1ST	mehrfarbig	dby	3,—	1,30
2983	1ST	mehrfarbig	dbz	3,—	1,30
2984	1ST	mehrfarbig	dca	3,—	1,30

2985	1ST mehrfarbig	dcb	3,—	1,30
2986	1ST mehrfarbig	dcc	3,—	1,30
		Satzpreis (10 W.)	30,—	13,—
		2 Fünferstreifen	30,—	13,—
		FDC		15,—

Nominale zur Zeit der Ausgabe: je 41 P

MiNr. 2977–2981 und 2982–2986 wurden jeweils waagerecht zusammenhängend im Bogen gedruckt.

MiNr. 2977–2986 stammen auch aus einem so genannten Commemorative Sheet zu 10 Marken und 10 verschiedenen, jeweils links anhängenden Zierfeldern (Postpreis: 13.50 £).

MiNr. 2984 stammt auch aus MH 171.

In gleichen Zeichnungen wie MiNr. 2977, 2981–2982 und 2984: MiNr. 2987–2988, 3012–3013 (selbstklebend)

2010, 27. Juli. Olympische und Paralympische Sommerspiele 2012, London (V). RaTdr., Markenheftchen; selbstklebend; gestanzt 14¼.

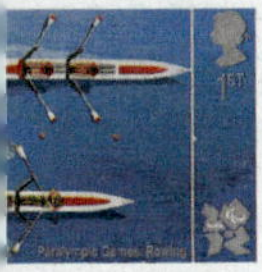

dbt) Rudern

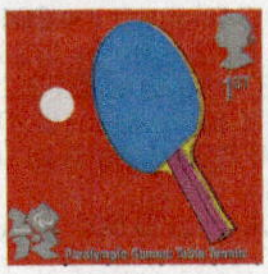

dby) Tischtennis

2987	1ST mehrfarbig	dbt	8,—	2,—
2988	1ST mehrfarbig	dby	8,—	2,—
		Satzpreis (2 W.)	16,—	4,—
		FDC		5,—

Nominale zur Zeit der Ausgabe: je 41 P

MiNr. 2987–2988 stammen aus MH 0-324.

In gleichen Zeichnungen: MiNr. 2977, 2982 (nassklebend)

2010, 19. Aug. Dampflokomotiven. RaTdr. (5×5 und 5×5 + 5×5); gez. K 14¼.

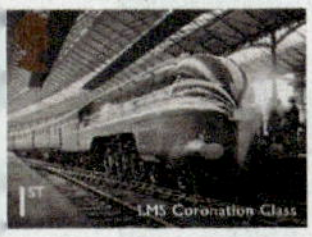

dcd) Coronation-Klasse der London, Midland and Scottish Railway

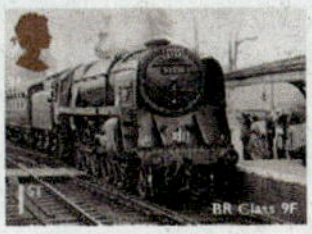

dce) Klasse 9F der British Rail

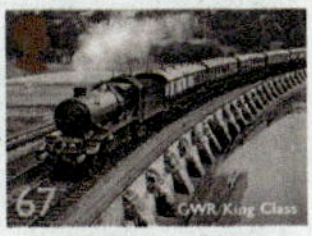

dcf) King-Klasse der Great Western Railway

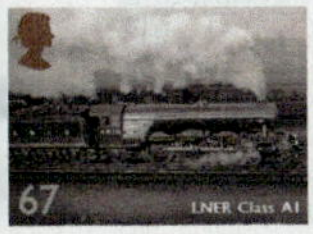

dcg) Klasse A 1 der London and North Eastern Railway

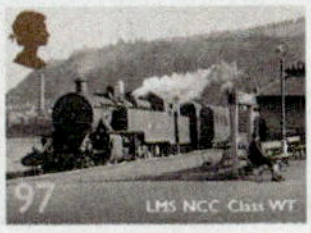

dch) Klasse WT der London, Midland and Scottish Railway – Northern Counties Committees

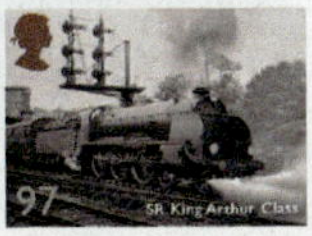

dci) King-Arthur-Klasse der Southern Railways

2989	1ST	mehrfarbig	dcd	3,—	1,30
2990	1ST	mehrfarbig	dce	3,—	1,30
2991	67 (P)	mehrfarbig	dcf	1,90	1,70
2992	67 (P)	mehrfarbig	dcg	1,90	1,70
2993	97 (P)	mehrfarbig	dch	2,80	2,50
2994	97 (P)	mehrfarbig	dci	2,80	2,50
			Satzpreis (6 W.)	15,—	11,—
			FDC		13,—

Nominale von MiNr. 2989–2990 zur Zeit der Ausgabe: je 41 P

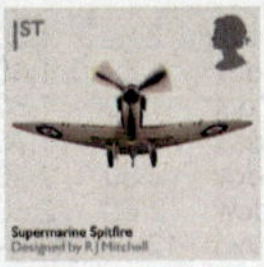

2010, 15. Sept. Britisches Design (VI). RaTdr., Markenheftchen; selbstklebend; gestanzt 14¼.

csy) Jagdflugzeug Supermarine Spitfire

2995	1ST mehrfarbig	csy	3,50	2,—
		FDC		3,—

Nominale zur Zeit der Ausgabe: 41 P

MiNr. 2995 stammt aus MH 0-325.

In gleicher Zeichnung: MiNr. 2693 (nassklebend)

2010, 16. Sept. Fortschritte in der Medizin. Odr. (5×5 und 5×5 + 5×5); gez. K 14¼.

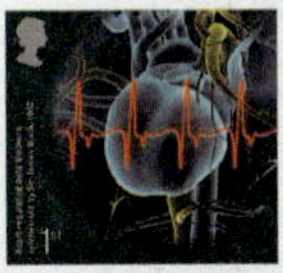

dck) Beta-Rezeptorenblocker (1962) von James W. Black (1924–2010), Pharmakologe, Nobelpreis 1988

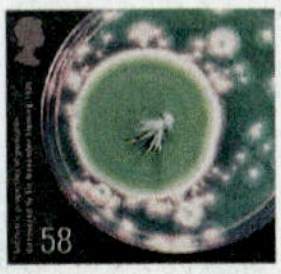

dcl) Antibiotikum Penicillin (1928) von Alexander Fleming (1881–1955), Bakteriologe, Nobelpreis 1945

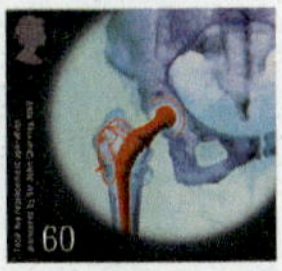

dcm) Künstliches Hüftgelenk (1962) von John Charnley (1911–1982), Orthopäde

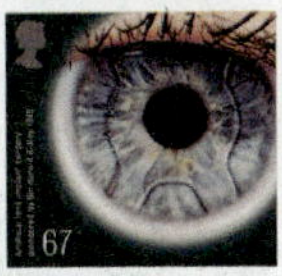

dcn) Künstliche Augenlinse (1949) von Harold Ridley (1906–2001), Ophthalmologe

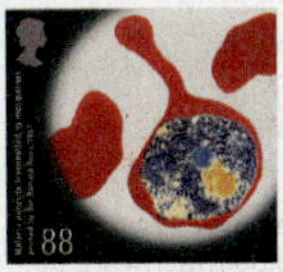

dco) Entdeckung des Malariaerregers (1897) durch Ronald Ross (1857–1932), Tropenmediziner, Nobelpreis 1902

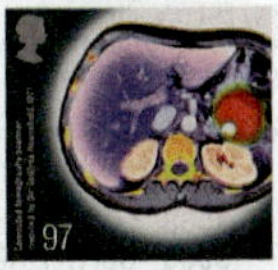

dcp) Computertomographie (1971) von Godfrey Hounsfield (1919–2004), Elektrotechniker, Nobelpreis 1979

2996	1ST	mehrfarbig	dck	3,—	1,50
2997	58 (P)	mehrfarbig	dcl	1,60	1,50
2998	60 (P)	mehrfarbig	dcm	1,70	1,50
2999	67 (P)	mehrfarbig	dcn	1,80	1,70
3000	88 (P)	mehrfarbig	dco	2,50	2,20
3001	97 (P)	mehrfarbig	dcp	2,60	2,60
			Satzpreis (6 W.)	13,—	11,—
			FDC		13,—

Nominale von MiNr. 2996 zur Zeit der Ausgabe: 41 P

In gleicher Zeichnung wie MiNr. 2996: MiNr. 3053 (selbstklebend)

2010, 12. Okt. Kinderbuch „Pu der Bär"; Europa: Kinderbücher. Odr. (5×5 und 5×5 + 5×5); gez. K 14¼.

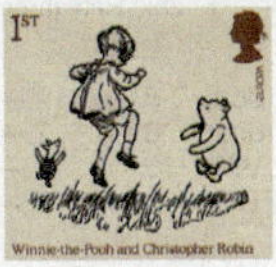

dcr) Pu mit Christopher Robin und Ferkel

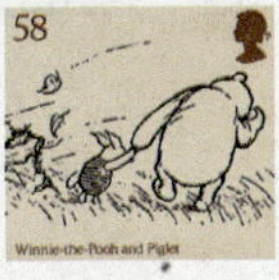

dcs) Pu mit Ferkel

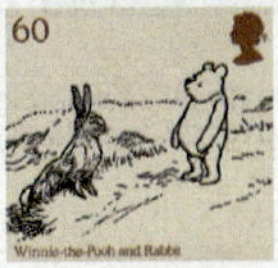

dct) Pu mit Kaninchen

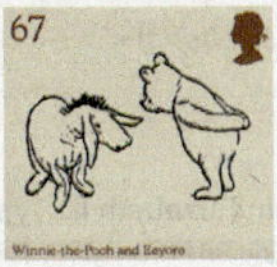

dcu) Pu mit I-Ah

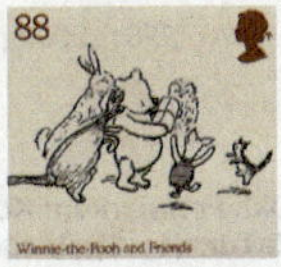

dcv) Pu mit Oile, Känga, Klein-Ruh und Kaninchen

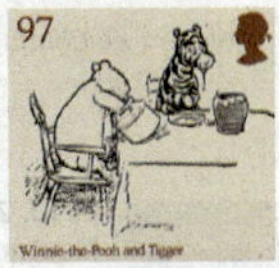

dcw) Pu mit Tiger

dcr–dcw) Illustrationen von Ernest Howard Shepard (1879–1976) aus der Kinderbuchreihe „Pu der Bär" („Winnie-the-Pooh") von Alan Alexander Milne (1882–1956)

3002	1ST	mehrfarbig	dcr	3,—	1,50
3003	58 (P)	mehrfarbig	dcs	1,60	1,50
3004	60 (P)	mehrfarbig	dct	1,70	1,50
3005	67 (P)	mehrfarbig	dcu	1,80	1,70
3006	88 (P)	mehrfarbig	dcv	2,50	2,20
3007	97 (P)	mehrfarbig	dcw	2,60	2,60
			Satzpreis (6 W.)	13,—	11,—
			FDC		13,—

Blockausgabe

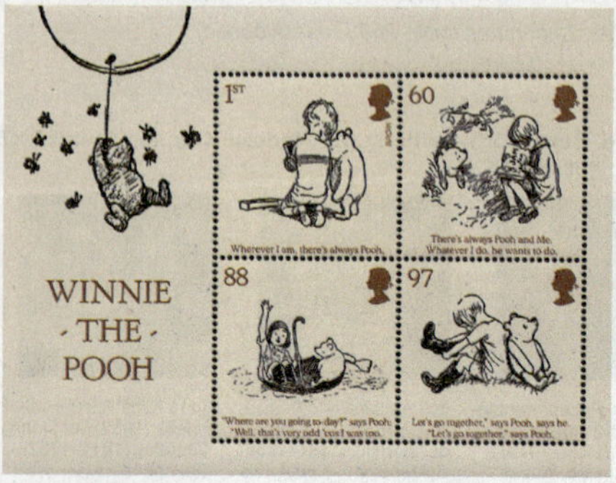

ddb

dcx) beim Zeichnen
dcy) beim Vorlesen
dcz) bei Bootsfahrt in Regenschirm
dda) im Gras sitzend

dcx–dda) Pu mit Christopher Robin

3008	1ST	hellgelboliv/schwarz	dcx	3,—	1,50
3009	60 (P)	hellgelboliv/schwarz	dcy	1,50	1,50
3010	88 (P)	hellgelboliv/schwarz	dcz	2,50	2,40
3011	97 (P)	hellgelboliv/schwarz	dda	3,—	2,60
Block 60		(115×89 mm)	ddb	10,—	8,—
			FDC		10,—

Nominale von MiNr. 3002 und 3008 zur Zeit der Ausgabe: je 41 P

MiNr. 3002 und 3008 tragen die Inschrift „EUROPA".

2010, 12. Okt. Olympische und Paralympische Sommerspiele 2012, London (VI). RaTdr., Markenheftchen; selbstklebend; gestanzt 14¼.

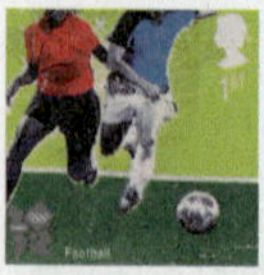

dca) Fußball

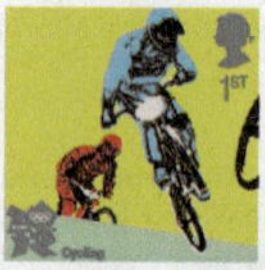

dbx) Radfahren

3012	1ST	mehrfarbig	dca	8,—	2,—
3013	1ST	mehrfarbig	dbx	8,—	2,—
			Satzpreis (2 W.)	16,—	4,—
			FDC		5,—

Nominale zur Zeit der Ausgabe: je 41 P

MiNr. 3012–3013 stammen aus MH 0-326.

In gleichen Zeichnungen: MiNr. 2981, 2984 (nassklebend)

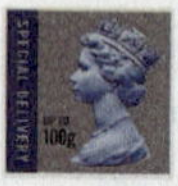

2010, 26. Okt. Freimarken: Königin Elizabeth II., Typ Machin. RaTdr. (5×5); U-förmige Stanzungen im Markenbild; selbstklebend; Sicherheitsstanzung 14¾:14¼.

dde) Königin Elizabeth II. (1926–2022, reg. ab 1952); irisierende negative Inschrift „ROYAL MAIL" mehrfach

3014	—	Special Delivery up to 100 g, blau/silberfarben	dde	20,—	12,—
3015	—	Special Delivery up to 500 g, silberfarben/blau	dde	22,—	13,—
		Satzpreis (2 W.)		42,—	25,—
		FDC			28,—

Nominalen zur Zeit der Ausgabe: MiNr. 3014 = 5.05 £, MiNr. 3015 = 5.50 £

Unterschiedliche Auflagen sind durch zwei Ziffern der Jahreszahl anstelle von Buchstaben in der irisierenden Inschrift „ROYAL MAIL" im Mittelbereich datiert. Näheres siehe MICHEL-Großbritannien-Spezial.

Vorerst weiterhin gültig

Weitere Werte in ähnlichen Zeichnungen siehe Übersicht nach Jahrgangswerttabelle.

Britische Nominalkodierungen:

Special Delivery up to 100 g = Eilsendung, bis 100 g

ab 6.4.2010: 5.05 £; ab 4.4.2011: 5.45 £; ab 30.4.2012: 5.90 £; ab 2.4.2013: 6.22 £; ab 31.3.2014: 6.40 £; ab 30.3.2015: 6.45 £; ab 26.3.2018: 6.50 £; ab 25.3.2019: 6.60 £; ab 23.3.2020: 6.70 £; ab 1.1.2021: 6.85 £; ab 2.10.2023: 7.35 £; ab 2.4.2024: 7.95 £; ab 7.10.2024: 8.35 £; ab 7.4.2025: 8.75 £

Special Delivery up to 500 g = Eilsendung, bis 500 g

ab 6.4.2010: 5.50 £; ab 4.4.2011: 5.90 £; ab 30.4.2012: 6.35 £; ab 2.4.2013: 6.95 £; ab 31.3.2014: 7.15 £; ab 30.3.2015: 7.25 £; ab 26.3.2018: 7.30 £; ab 25.3.2019: 7.40 £; ab 23.3.2020: 7.50 £; ab 1.1.2021: 7.65 £; ab 2.10.2023: 8.15 £; ab 2.4.2024: 8.95 £; ab 7.10.2024: 9.35 £; ab 7.4.2025: 9.85 £

2010, 2. Nov. Blockausgabe: Weihnachten – Trickfilmfiguren Wallace & Gromit (I). RaTdr. Sicherheitszähnung Ks 14¾:14¼.

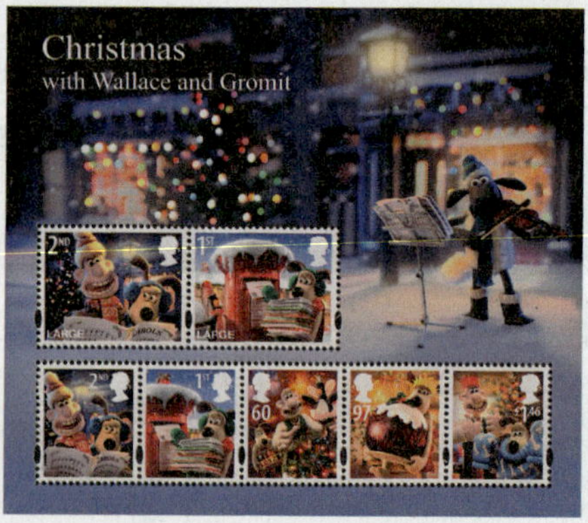

ddn

ddh ddk
ddf ddg ddi ddl ddm

ddf) Singen von Weihnachtsliedern
ddg) Aufgabe der Weihnachtspost
ddh) Singen von Weihnachtsliedern
ddi) Schmücken des Weihnachtsbaums
ddk) Aufgabe der Weihnachtspost
ddl) Plumpudding
ddm) Weihnachtsgeschenke

ddf–ddm) Wallace & Gromit; Trickfilmfiguren von Nick Park (*1958), Filmemacher

3016	2ND	mehrfarbig	ddf	2,20	1,20
3017	1ST	mehrfarbig	ddg	3,—	1,40
3018	2ND	Large mehrfarbig	ddh	2,80	1,70
3019	60 (P)	mehrfarbig	ddi	1,70	1,50
3020	1ST	Large mehrfarbig	ddk	6,—	2,20
3021	97 (P)	mehrfarbig	ddl	2,80	2,50
3022	1.46 £	mehrfarbig	ddm	4,50	3,50
Block 61		(115×102 mm)	ddn	23,—	14,—
			FDC		15,—

Nominalen zur Zeit der Ausgabe: MiNr. 3016 = 32 P, MiNr. 3017 = 41 P, MiNr. 3018 = 51 P, MiNr. 3020 = 66 P

In gleichen Zeichnungen: MiNr. 3023–3029 (selbstklebend)

2010, 2. Nov. Weihnachten: Trickfilmfiguren Wallace & Gromit (II). I = RaTdr., Bogen (B) (5×5 + 5×5) und Markenheftchen (MH) (6×2), II = Odr., Folienbogen (Fbg.); selbstklebend; Sicherheitsstanzung 14¾:14¼.

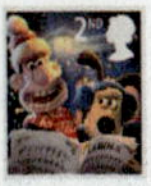

ddf) Singen von Weihnachtsliedern

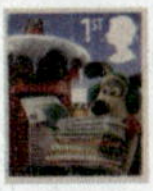

ddg) Aufgabe der Weihnachtspost

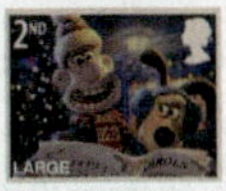

ddh) Singen von Weihnachtsliedern

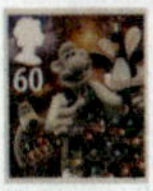

ddi) Schmücken des Weihnachtsbaums

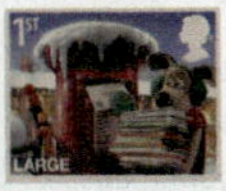

ddk) Aufgabe der Weihnachtspost

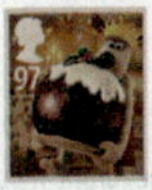

ddl) Plumpudding

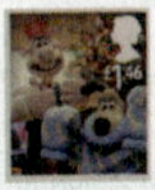

ddm) Weihnachtsgeschenke

ddf–ddm) Wallace & Gromit; Trickfilmfiguren von Nick Park (*1958), Filmemacher

3023		2ND	mehrfarbig	ddf		
	I		RaTdr. (B) (MH)		2,20	1,20
	II		Odr. (Fbg.)		2,40	1,40
3024		1ST	mehrfarbig	ddg		
	I		RaTdr. (B) (MH)		3,—	1,40
	II		Odr. (Fbg.)		3,20	1,60
3025	I	2ND	Large mehrfarbig (B)	ddh	2,80	1,70
3026		60 (P)	mehrfarbig	ddi		
	I		RaTdr. (B)		1,70	1,50
	II		Odr. (Fbg.)		3,20	2,50
3027	I	1ST	Large mehrfarbig (B)	ddk	6,—	2,20
3028		97 (P)	mehrfarbig	ddl		
	I		RaTdr. (B)		2,80	2,50
	II		Odr. (Fbg.)		4,20	3,50
3029	I	1.46 £	mehrfarbig (B)	ddm	4,50	3,50
			Satzpreis I (7 W.)		23,—	14,—
			FDC I			15,—
			3023 II Zf, 3024 II Zf, 3026 II Zf, 3028 II Zf		13,—	9,—

Nominalen zur Zeit der Ausgabe: MiNr. 3023 = 32 P, MiNr. 3024 = 41 P, MiNr. 3025 = 51 P, MiNr. 3027 = 66 P

MiNr. 3023 I stammt auch aus MH 0-327.
MiNr. 3024 I stammt auch aus MH 0-328.

MiNr. 3023 II–3024 II, 3026 II und 3028 II stammen aus Folienbogen zu 20 Marken (8 × MiNr. 3023 II–3024 II, 2 × MiNr. 3026 II und 3028 II) und 20 verschiedenen Zierfeldern, die jeweils durch 3 schmale Verbindungsstege mit der Marke verbunden sind (Postpreis: 9.30 £).

[F] MiNr. 3037 aus Bogen mit sägezahnähnlicher Stanzung

In gleichen Zeichnungen: MiNr. 3016–3022 (nassklebend)

Fälschungen zum Schaden der Post

Neben Fälschungen von regulären Freimarken für Standardbriefe 2. und 1. Klasse gelangen jeweils gegen Jahresende bei besonders hohem Postaufkommen verstärkt Fälschungen von Weihnachtsmarken auf den Markt. Dabei werden Ausgaben angeboten, die selbstklebende Marken auch aus unterschiedlichen Jahren in Kleinbogen zusammenfassen. Die Fälschungen sind meistens in schwächeren Farben gedruckt und weisen oft eine sägezahnähnliche Stanzung auf. Phopshorstreifenaufdrucke werden durch Fluorstreifen simuliert.

2011, 11. Jan. Science-Fiction-Marionetten-Fernsehserien. Odr. (2×5 Zd und 2×5 + 2×5 Zd); gez. K 14¼:14.

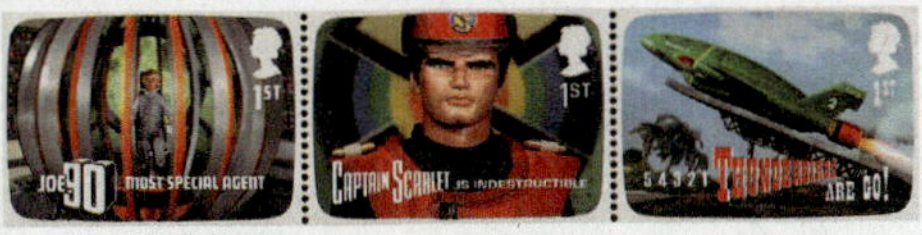

ddo) Joe 90 (1968–1969)
ddp) Captain Scarlet and the Myskrions (1967–1968)
ddr) Thunderbird 2 (1965–1966)

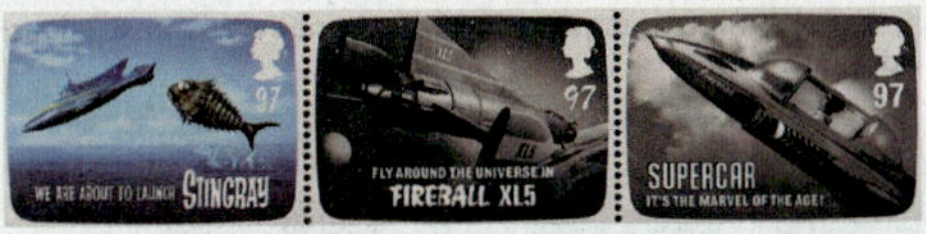

dds) Stingray (1964–1965)
ddt) Fireball XL5 (1962–1963)
ddu) Supercar (1961–1962)

ddo–ddy) Fernsehserien von Gerry Anderson (1929–2012), Marionettenkünstler und Filmemacher

3030	1ST	mehrfarbig	ddo	3,—	1,30
3031	1ST	mehrfarbig	ddp	3,—	1,30
3032	1ST	mehrfarbig	ddr	3,—	1,30
3033	97 (P)	mehrfarbig	dds	3,—	2,50
3034	97 (P)	mehrfarbig	ddt	3,—	2,50
3035	97 (P)	mehrfarbig	ddu	3,—	2,50
		Satzpreis (6 W.)		18,—	11,—
		2 Dreierstreifen		18,—	11,—
		FDC			13,—

Blockausgabe, Odr. mit geriffeltem Kunststoffüberzug

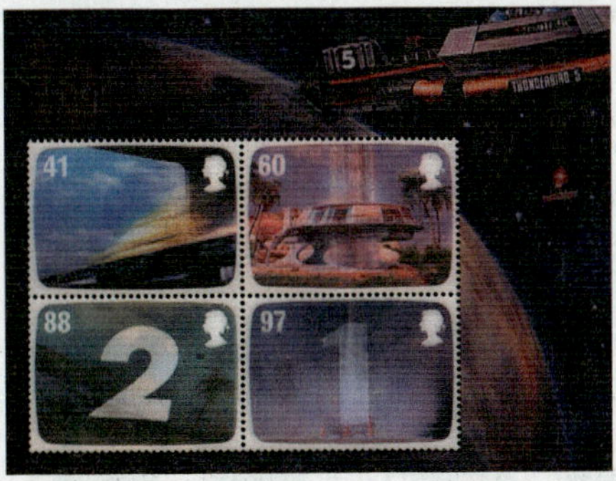

ddz

ddv) Thunderbird 4
ddw) Thunderbird 3
ddx) Thunderbird 2
ddy) Thunderbird 1

3036	41 (P)	mehrfarbig	ddv	1,30	1,20
3037	60 (P)	mehrfarbig	ddw	1,60	1,50
3038	88 (P)	mehrfarbig	ddx	2,60	2,50
3039	97 (P)	mehrfarbig	ddy	3,—	2,80
Block 62		(115×89 mm)	ddz	9,—	8,—
		FDC			9,—

	★★
Block 62 U ungezähnt	—,—

Nominale von MiNr. 3030–3032: je 41 P

Nominalgleiche Marken wurden waagerecht zusammenhängend gedruckt.

In gleicher Zeichnung wie MiNr. 3032: MiNr. 3040 (selbstklebend)

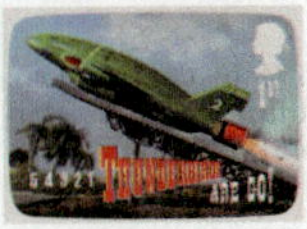

2011, 11. Jan. Science-Fiction-Marionetten-Fernsehserien. RaTdr., Markenheftchen; selbstklebend; gestanzt 14¼.

ddr) Thunderbird 2 (1965–1966)

				★★	⊙
3040	1ST	mehrfarbig	ddr	3,50	2,—
		FDC			3,—

Nominale zur Zeit der Ausgabe: 41 P

MiNr. 3040 stammt aus MH 0-329.

In gleicher Zeichnung: MiNr. 3032 (nassklebend)

2011, 1. Febr. Blockausgabe: Dampflokomotiven aus England (I). Odr.; gez. Ks 14¼.

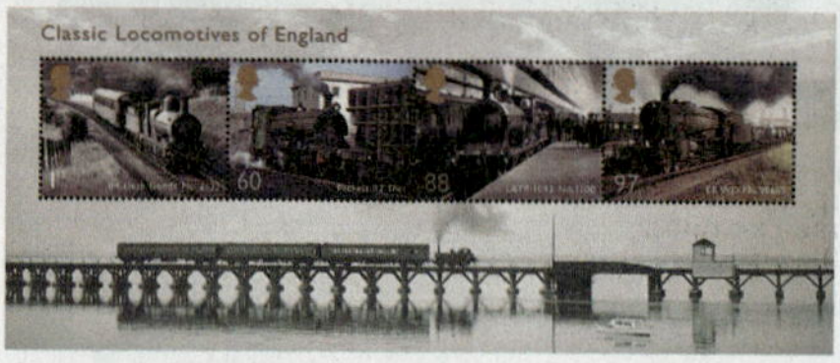

dee

dea) Dean-Goods-Klasse der British Rail
deb) Peckett Type R2 „Thor"
dec) Klasse J4 der Lancashire & Yorkshire Railway
ded) Klasse WD der British Rail

3041	1ST		mehrfarbig	dea	3,—	1,80
3042	60	(P)	mehrfarbig	deb	1,60	1,60
3043	88	(P)	mehrfarbig	dec	2,60	2,50
3044	97	(P)	mehrfarbig	ded	3,—	3,—
Block 63			(179×74 mm)	dee	11,—	9,—
				FDC		11,—

Nominale von MiNr. 3041 zur Zeit der Ausgabe: 41 P

MiNr. 3041–3042 stammen auch aus MH 175.

In gleicher Zeichnung wie MiNr. 3041: MiNr. 3134 (selbstklebend)

2011, 24. Febr. Erfolgs-Musicals im Londoner West End. Odr. (5×5 und 5×5 + 5×5); gez. K 14¼.

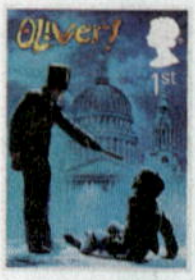

def) Oliver! (1960)

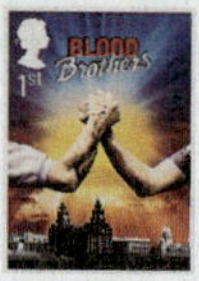

deg) Blood Brothers (1983)

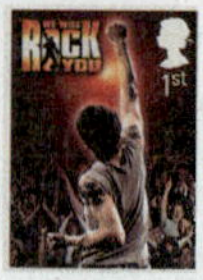

deh) We Will Rock You (2002)

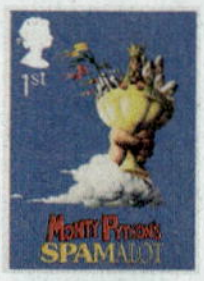

dei) Monty Python's Spamalot (1975)

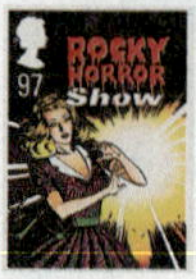

dek) The Rocky Horror Show (1973)

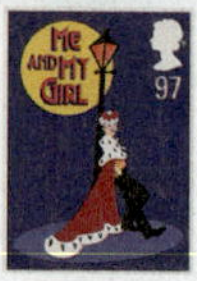

del) Me and My Girl (1937)

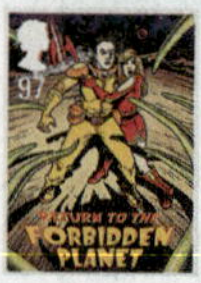

dem) Return to the Forbidden Planet (1989)

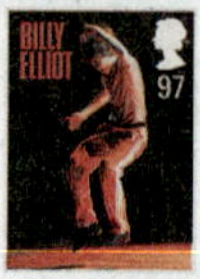

den) Billy Elliot (2005)

3045	1ST		mehrfarbig	def	3,—	1,30
3046	1ST		mehrfarbig	deg	3,—	1,30
3047	1ST		mehrfarbig	deh	3,—	1,30
3048	1ST		mehrfarbig	dei	3,—	1,30
3049	97	(P)	mehrfarbig	dek	2,80	2,50
3050	97	(P)	mehrfarbig	del	2,80	2,50
3051	97	(P)	mehrfarbig	dem	2,80	2,50
3052	97	(P)	mehrfarbig	den	2,80	2,50
				Satzpreis (8 W.)	23,—	15,—
				FDC		17,—

Nominale von MiNr. 3045–3048 zur Zeit der Ausgabe: je 41 P

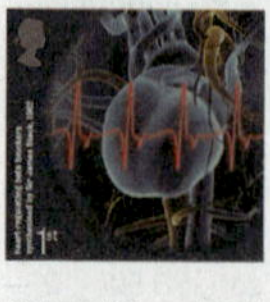

2011, 24. Febr. Fortschritte in der Medizin; 50 Jahre Britische Herzstiftung. RaTdr., Markenheftchen; selbstklebend; gestanzt 14¼.

dck) Beta-Rezeptorenblocker (1962) von James W. Black (1924–2010), Pharmakologe, Nobelpreis 1988

3053	1ST	mehrfarbig	dck	3,50	2,—
			FDC		3,—

Nominale zur Zeit der Ausgabe: 41 P

MiNr. 3053 stammt aus MH 0-330.

In gleicher Zeichnung: MiNr. 2996 (nassklebend)

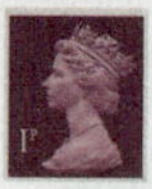

2011, 8. März. Freimarken: Königin Elizabeth II., Typ Machin. RaTdr., Bogen (B) (5×5) und Markenheftchen (MH); U-förmige Stanzungen im Markenbild; selbstklebend; Sicherheitsstanzung 14¾:14¼.

ku V) Königin Elizabeth II. (1926–2022, reg. ab 1952)

3054	1 P	dunkelbräunlichlila (B)	ku V	0,50	0,30
3055	2 P	dunkelgrün (B)	ku V	0,50	0,30
3056	5 P	mittelgraulilabraun (B) (MH)	ku V	0,50	0,30
3057	10 P	dunkelorange (B) (MH)	ku V	0,50	0,50
3058	20 P	dunkelgelblichgrün (B)	ku V	1,—	0,60
			Satzpreis (5 W.)	3,—	2,—
			FDC		2,50

MiNr. 3056–3057 stammen auch aus MH 167.

Gültig bis 31.1.2023, geduldet bis 31.7.2023

In gleicher Zeichnung siehe Übersicht nach Jahrgangswerttabelle.

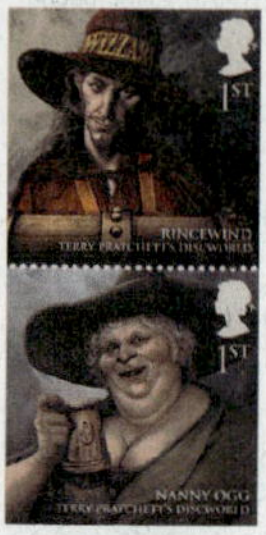

2011, 8. März. Fantasyliteratur. RaTdr. (5×3 Zd und 5×3 Zd + 5×3 Zd); gez. K 14¼.

deo) Zauberer Rincewind
dep) Hexe Nanny Ogg

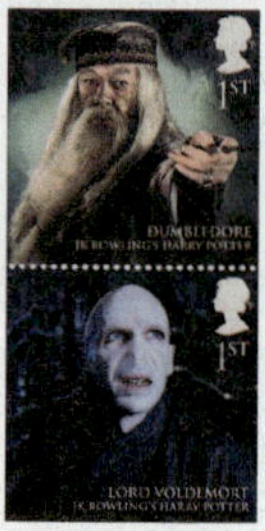

der) Zauberer Albus Dumbledore
des) Magier Lord Voldemort

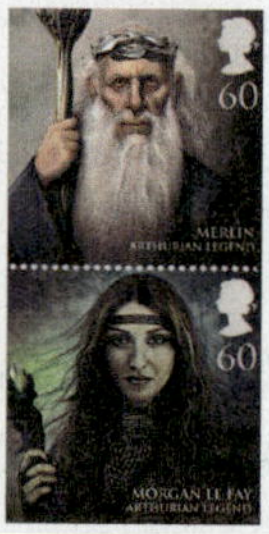

det) Zauberer Merlin
deu) Morgan le Fay

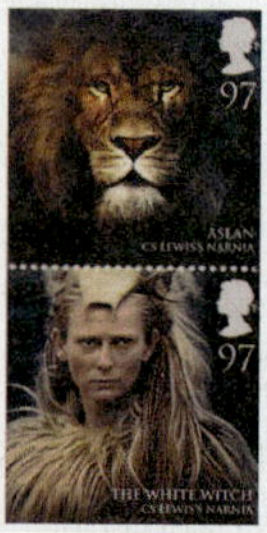

der) Der große Löwe Aslan
dew) Die weiße Hexe

deo–dep) aus der Scheibenwelt-Romanreihe von Terry Pratchett (1948–2015)
der–des) aus der Harry-Potter-Romanreihe von Joanne K. Rowling (*1945)
det–deu) aus der Artussage
dev–dew) aus den Chroniken von Narnia von Clive Staples Lewis (1898–1963)

3059	1ST		mehrfarbig	deo	3,—	1,30
3060	1ST		mehrfarbig	dep	3,—	1,30
3061	1ST		mehrfarbig	der	3,—	1,30
3062	1ST		mehrfarbig	des	3,—	1,30
3063	60	(P)	mehrfarbig	det	1,70	1,50
3064	60	(P)	mehrfarbig	deu	1,70	1,50
3065	97	(P)	mehrfarbig	dev	2,80	2,50
3066	97	(P)	mehrfarbig	dew	2,80	2,50
				Satzpreis (8 W.)	21,—	13,—
				4 Paare	21,—	13,—
				FDC		15,—

Nominale von MiNr. 3059–3062 zur Zeit der Ausgabe: je 41 P

MiNr. 3059–3060, 3061–3062, 3063–3064 und 3065–3066 wurden jeweils senkrecht zusammenhängend gedruckt.

2011, 22. März. 50 Jahre Naturschutzorganisation World Wildlife Fund (WWF); Europa: Der Wald. Odr., Bogen (1×5 Zd und 1×5 Zd + 1×5 Zd) und Markenheftchen; gez. K 14¼.

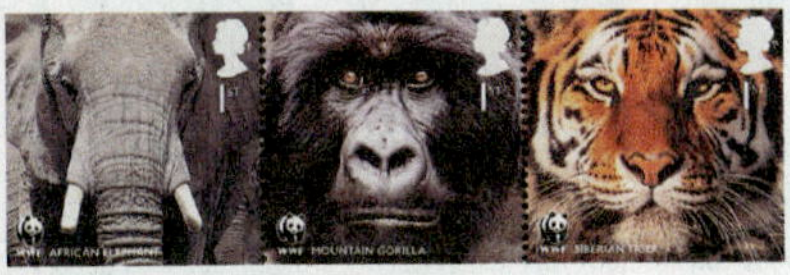

dex) Afrikanischer Elefant (Loxodonta africana)
dey) Berggorilla (Gorilla beringei beringei)
dez) Amurtiger (Panthera tigris altaica)

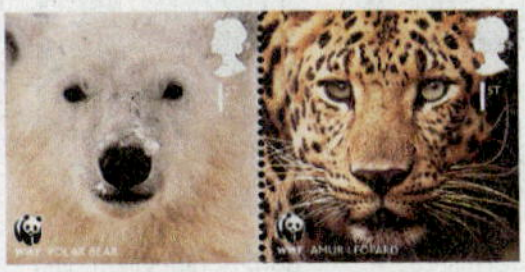

dfa) Eisbär (Ursus maritimus)
dfb) Amurleopard (Panthera pardus orientalis)

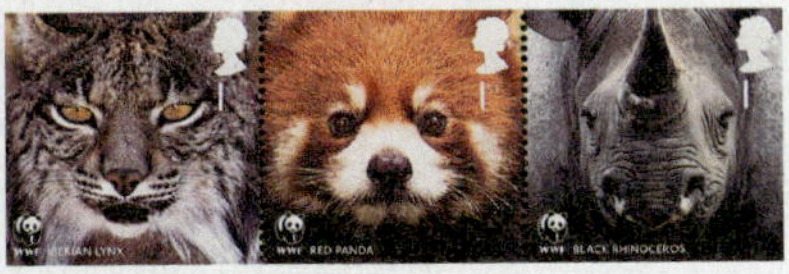

dfc) Pardelluchs (Lynx pardinus)
dfd) Kleiner Panda (Ailurus fulgens)
dfe) Spitzmaulnashorn (Diceros bicornis)

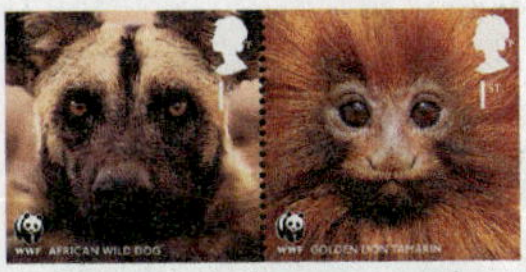

dff) Afrikanischer Wildhund (Lycaon pictus)
dfg) Goldgelbes Löwenäffchen (Leontopithecus rosalia rosalia)

3067	1ST	mehrfarbig	dex	3,—	1,30
3068	1ST	mehrfarbig	dey	3,—	1,30
3069	1ST	mehrfarbig	dez	3,—	1,30
3070	1ST	mehrfarbig	dfa	3,—	1,30
3071	1ST	mehrfarbig	dfb	3,—	1,30
3072	1ST	mehrfarbig	dfc	3,—	1,30
3073	1ST	mehrfarbig	dfd	3,—	1,30
3074	1ST	mehrfarbig	dfe	3,—	1,30
3075	1ST	mehrfarbig	dff	3,—	1,30
3076	1ST	mehrfarbig	dfg	3,—	1,30
			Satzpreis (10 W.)	30,—	13,—
			2 Fünferstreifen	30,—	13,—
			FDC		15,—

Blockausgabe

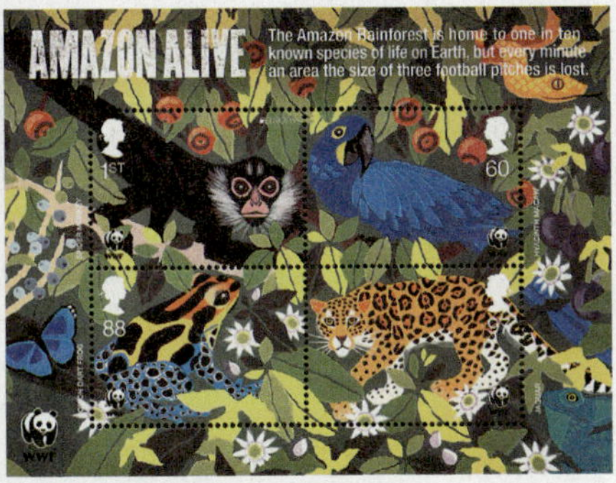

dfm

dfh) Braunkopf-Klammeraffe (Ateles fusciceps)
dfi) Hyazinthara (Anodorhynchus hyacinthinus)
dfk) Färberfrosch (Dendrobates tinctorius)
dfl) Jaguar (Panthera onca)

3077	1ST		mehrfarbig	dfh	3,—	1,30
3078	60	(P)	mehrfarbig	dfi	1,80	1,50
3079	88	(P)	mehrfarbig	dfk	2,80	2,20
3080	97	(P)	mehrfarbig	dfl	3,40	2,50
Block 64			(115×89 mm)	dfm	11,—	7,50
				FDC		9,—

Nominale von MiNr. 3067–3077 zur Zeit der Ausgabe: je 41 P

MiNr. 3067–3071 und 3072–3076 wurden jeweils waagerecht zusammenhängend gedruckt.

MiNr. 3067–3080 stammen auch aus MH 166.

MiNr. 3077 trägt die Inschrift „EUROPA".

Blockähnliche Zusammendrucke mit linksseitigem Durchstich sind herausgetrennte Heftchenblätter.

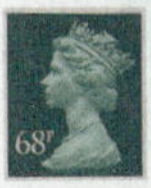

2011, 29. März. Freimarken: Königin Elizabeth II., Typ Machin. RaTdr. (5×5); U-förmige Stanzungen im Markenbild; selbstklebend; Sicherheitsstanzung 14¾:14¼.

ku III) Königin Elizabeth II. (1926–2022, reg. ab 1952); irisierende negative Inschrift „ROYAL MAIL" mehrfach

3081	68	P	blaugrün	ku III	2,—	1,60
3082	76	P	lilarosa	ku III	2,20	1,80
3083	1.10	£	dunkelolivgelb	ku III	3,40	2,60
3084	1.65	£	dunkelbraunoliv	ku III	4,40	4,—
				Satzpreis (4 W.)	12,—	10,—
				FDC		12,—

Unterschiedliche Auflagen sind durch zwei Ziffern der Jahreszahl anstelle von Buchstaben in der irisierenden Inschrift „ROYAL MAIL" im Mittelbereich datiert. Näheres siehe MICHEL-Großbritannien-Spezial.

Gültig bis 31.1.2023, geduldet bis 31.7.2023

In gleicher Zeichnung siehe Übersicht nach Jahrgangswerttabelle.

Posttarife Großbritannien (4.4.2011–29.4.2012)

2. Klasse, Standardformat: 36 P (zuvor: 32 P)
1. Klasse, Standardformat: 46 P (zuvor: 41 P)
2. Klasse, Großformat: 58 P (zuvor: 51 P)
1. Klasse, Großformat: 75 P (zuvor: 66 P)
Europa, bis 20 g: 68 P (zuvor: 60 P)
Europa, 20 g–40 g: 1.00 £ (zuvor: 88 P)
Postkarte, Seepost: 66 P (zuvor: 58 P)
Postkarte, Luftpost: 67 P (zuvor: 62 P)
Luftpost, bis 10 g: 76 P (zuvor: 67 P)
Luftpost, 10 g–20 g: 1.10 £ (zuvor: 97 P)
Luftpost, 20 g–40 g: 1.65 £ (zuvor: 1.46 £)
Einschreiben, 1. Klasse, Standardformat: 1.23 £ (zuvor: 1.15 £)
Einschreiben, 1. Klasse, Großformat: 1.52 £ (zuvor: 1.39 £)
Eilsendung, bis 100 g: 5.45 £ (zuvor: 5.05 £)
Eilsendung, bis 500 g: 5.90 £ (zuvor: 5.50 £)

2011, 12. April. 50 Jahre Royal Shakespeare Company. RaTdr. (5×5 und 5×5 + 5×5); gez. K 14¼.

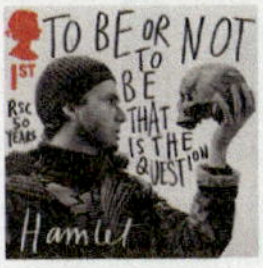

dfn) David Tennant als Hamlet (2008)

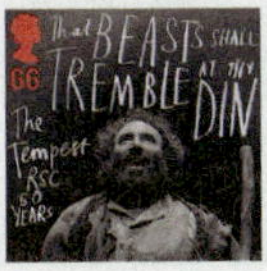

dfo) Antony Sher als Prospero in „Der Sturm" (2009)

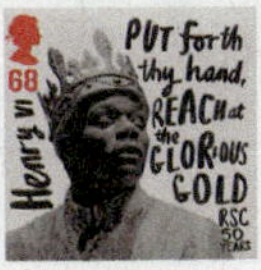

dfp) Chuk Iwuji als Heinrich VI. (2006)

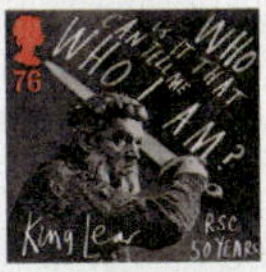

dfr) Paul Scofield als König Lear (1962)

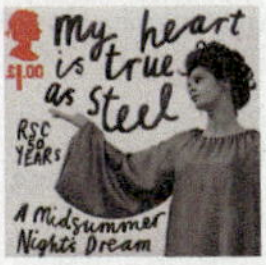

dfs) Sara Kestelman als Titania in „Ein Sommernachtstraum" (1970)

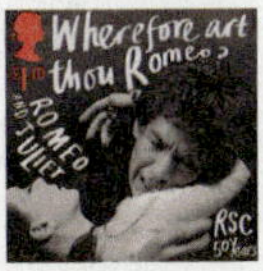

dft) Ian McKellen und Francesca Annis als Romeo und Julia (1976)

3085	1ST	mehrfarbig	dfn	3,—	1,40
3086	66 (P)	mehrfarbig	dfo	1,70	1,60
3087	68 (P)	mehrfarbig	dfp	1,80	1,70
3088	76 (P)	mehrfarbig	dfr	2,20	1,90
3089	1.00 £	mehrfarbig	dfs	3,—	2,60
3090	1.10 £	mehrfarbig	dft	3,40	2,80
		Satzpreis (6 W.)		15,—	12,—
		FDC			14,—

Blockausgabe, Odr.

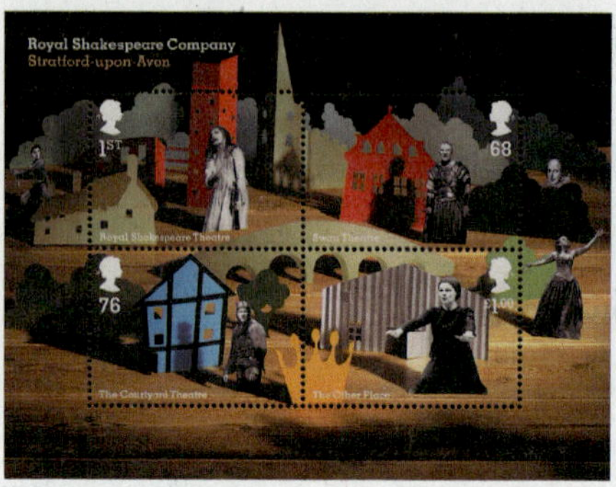

dfy

dfu) Royal Shakespeare Theatre
dfv) Swan Theatre
dfw) The Courtyard Theatre
dfx) The Other Place

dfu–dfx) Spielstätten der Royal Shakespeare Company in Stratford-upon-Avon

3091	1ST mehrfarbig	dfu	3,—	1,30
3092	68 (P) mehrfarbig	dfv	1,80	1,70
3093	76 (P) mehrfarbig	dfw	2,80	1,90
3094	1.00 £ mehrfarbig	dfx	3,40	2,60
Block 65	(115×89 mm)	dfy	11,—	7,50
		FDC		9,—

Nominale von MiNr. 3087 und 3093 zur Zeit der Ausgabe: je 46 P

2011, 21. April. Blockausgabe: Hochzeit von Prinz William und Catherine Middleton. RaTdr.; gez. Ks 14¼.

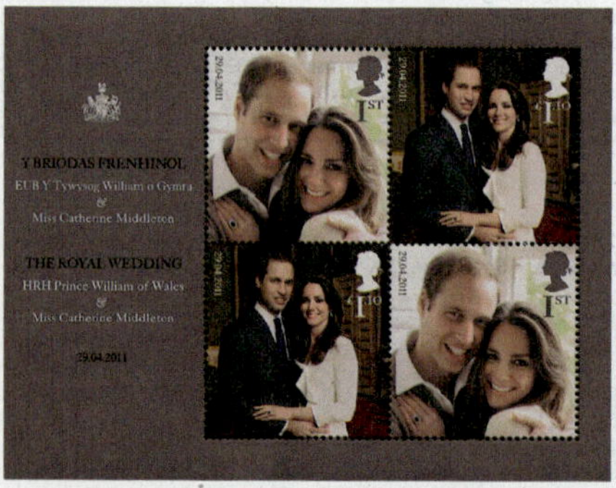

dgb

dfz dga
dga dfz

dfz–dga) Prinz William (*1982) und Catherine Middleton (*1982)

3095	1ST mehrfarbig	dfz	3,—	1,50
3096	1.10 £ mehrfarbig	dga	3,50	3,—
Block 66	mit 2 × MiNr. 3095–3096 (115×89 mm)	dgb	13,—	9,—
		FDC		10,—

Nominale von MiNr. 3095 zur Zeit der Ausgabe: 46 P

2011, 5. Mai. 150 Jahre Designbüro Morris & Co. Odr., Bogen (5×5 und 5×5 + 5×5) und Markenheftchen; gez. K 14¼.

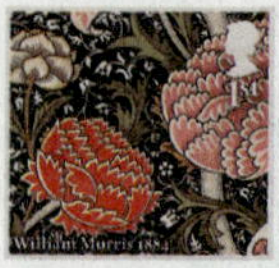

dgc) Gewebedruck von William Morris (1834–1896)

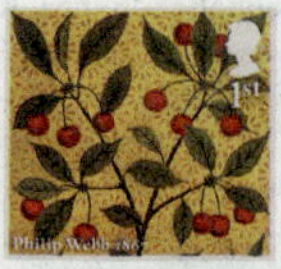

dgd) Tapete mit Kirschmotiv von Philip Webb (1831–1915)

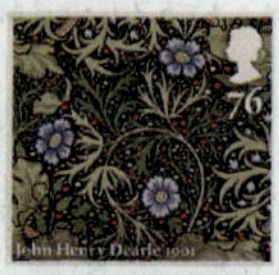

dge) Tapete im Seegrasmuster von John Henry Dearle (1860–1932)

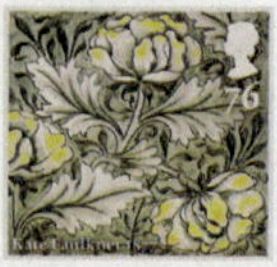

dgf) Kachel mit Pfingstrosenmotiv von Kate Faulkner (gefertigt 1877)

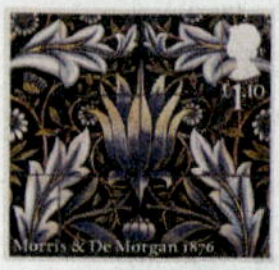

dgg) Kachel mit Laubverzierungen von William Morris und William De Morgan (1839–1917)

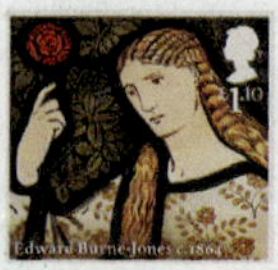

dgh) Buntglasfigur von Edward Burne-Jones (1833–1898)

3097	1ST mehrfarbig	dgc	3,—	1,40
3098	1ST mehrfarbig	dgd	3,—	1,40
3099	76 (P) mehrfarbig	dge	2,—	1,90
3100	76 (P) mehrfarbig	dgf	2,—	1,90
3101	1.10 £ mehrfarbig	dgg	3,20	2,70
3102	1.10 £ mehrfarbig	dgh	3,20	2,70
	Satzpreis (6 W.)		16,—	12,—
	FDC			14,—

Nominale von MiNr. 3097–3098 zur Zeit der Ausgabe: je 46 P

MiNr. 3097–3102 stammen auch aus MH 167.

2011, 14. Juni. 100. Geburtstag von Wilbert V. Awdry. Odr., Bogen (4×6 und 4×6 + 4×6); gez. K 14¼.

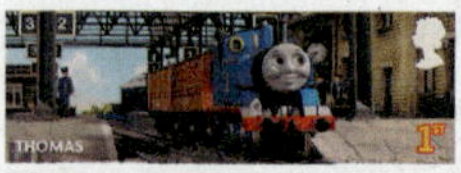

dgi) Tenderlokomotive Thomas

dgk) Güterzug- und Rangierlokomotive James

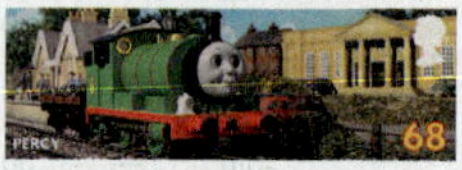

dgl) Rangierlokomotive Percy

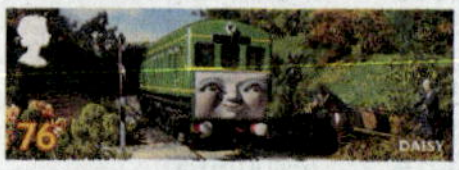

dgm) Dieseltriebwagen Daisy

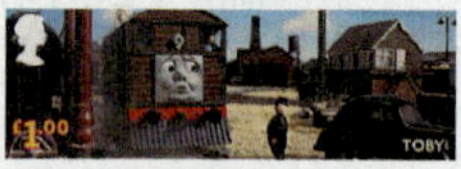

dgn) Dampfstraßenbahn Toby

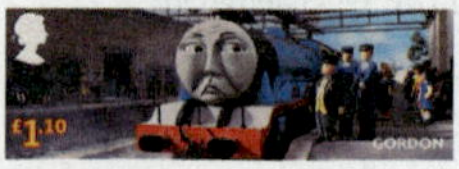

dgo) Schnellzuglokomotive Gordon

dgi–dgo) Figuren aus der Trickfilmserie „Thomas, die kleine Dampflokomotive" von Wilbert V. Awdry (1911–1997), Geistlicher und Kinderbuchautor

3103	1ST mehrfarbig	dgi	3,—	1,40
3104	66 (P) mehrfarbig	dgk	1,80	1,60
3105	68 (P) mehrfarbig	dgl	1,80	1,70
3106	76 (P) mehrfarbig	dgm	2,20	1,90
3107	1.00 £ mehrfarbig	dgn	3,—	2,60
3108	1.10 £ mehrfarbig	dgo	3,40	2,80
	Satzpreis (6 W.)		15,—	12,—
	FDC			14,—

Blockausgabe

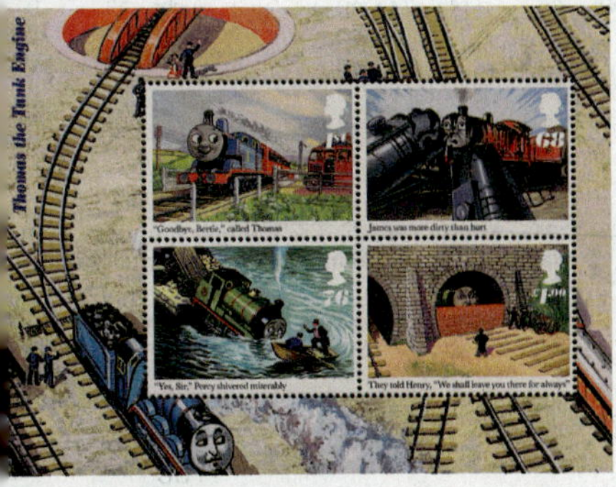

dgu

dgp) Thomas und Bus Bertie bei Wettrennen
dgr) James nach Bremsversagen
dgs) Percy überfährt Haltesignal
dgt) Henry, im Tunnel gefangen

dgp–dgt) Zeichnungen aus der Kinderbuchserie „Thomas, die kleine Dampflokomotive“ von Wilbert V. Awdry

3109	1ST	mehrfarbig	dgp	3,—	1,30
3110	68 (P)	mehrfarbig	dgr	1,80	1,70
3111	76 (P)	mehrfarbig	dgs	2,20	2,—
3112	1.00 £	mehrfarbig	dgt	3,—	2,50
Block 67		(115×89 mm)	dgu	10,—	7,50
			FDC		9,—

Nominale von MiNr. 3103 und 3109 zur Zeit der Ausgabe: je 46 P

In gleicher Zeichnung wie MiNr. 3109: MiNr. 3113 (selbstklebend)

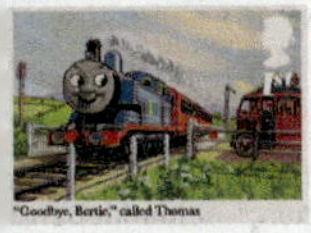

2011, 14. Juni. 100. Geburtstag von Wilbert V. Awdry. RaTdr., Markenheftchen; selbstklebend; gestanzt 14¼.

dgp) Thomas und Bus Bertie bei Wettrennen

3113	1ST	mehrfarbig	dgp	3,50	2,—
			FDC		3,—

Nominale zur Zeit der Ausgabe: 46 P

MiNr. 3113 stammt aus MH 0-331.

In gleicher Zeichnung: MiNr. 3109 (nassklebend)

2011, 27. Juli. Olympische und Paralympische Sommerspiele 2012, London (VII). Odr., Bogen (1×5 Zd und 1×5 Zd + 1×5 Zd) und Zd-Bogen (5×6); gez. K 14¼.

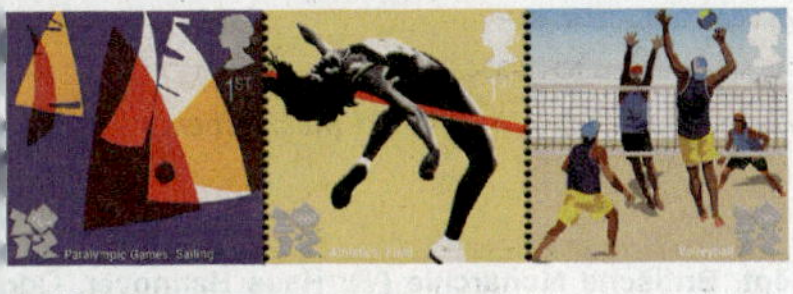

dgv) Segeln
dgw) Hochsprung
dgx) Beachvolleyball

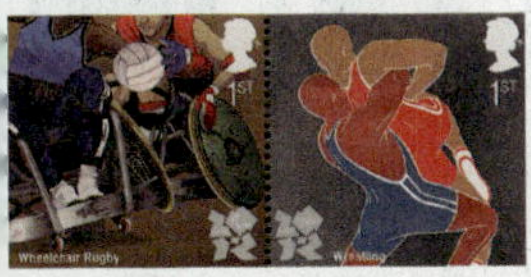

dgy) Rollstuhl-Rugby
dgz) Ringen

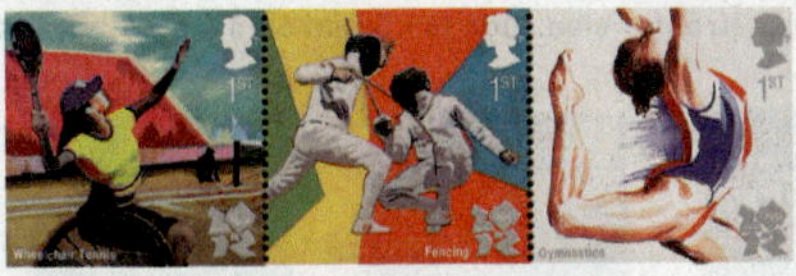

dha) Rollstuhl-Tennis
dhb) Fechten
dhc) Kunstturnen

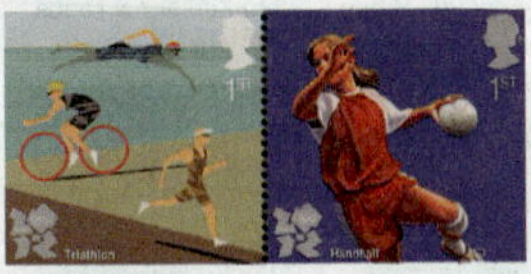

dhd) Triathlon
dhe) Handball

3114	1ST	mehrfarbig	dgv	3,—	1,30
3115	1ST	mehrfarbig	dgw	3,—	1,30
3116	1ST	mehrfarbig	dgx	3,—	1,30
3117	1ST	mehrfarbig	dgy	3,—	1,30
3118	1ST	mehrfarbig	dgz	3,—	1,30
3119	1ST	mehrfarbig	dha	3,—	1,30
3120	1ST	mehrfarbig	dhb	3,—	1,30
3121	1ST	mehrfarbig	dhc	3,—	1,30
3122	1ST	mehrfarbig	dhd	3,—	1,30
3123	1ST	mehrfarbig	dhe	3,—	1,30
			Satzpreis (10 W.)	30,—	13,—
			2 Fünferstreifen	30,—	13,—
			FDC		15,—
			Zd-Bogen	90,—	50,—

Nominale zur Zeit der Ausgabe: je 46 P

MiNr. 3114–3118 und 3119–3123 wurden jeweils waagerecht zusammenhängend gedruckt.

MiNr. 3114–3123 stammen auch aus einem sogenannten Commemorative Sheet zu 10 Marken und 10 verschiedenen, jeweils links ahhängenden Zierfeldern (Postpreis: 13.95 £).

Ferner wurden MiNr. 3114–3123 auch mit MiNr. 2815–2824 und 2977–2986 zusammenhängend im Zd-Bogen gedruckt und zum Nennwert (13.80 £) verkauft.

MiNr. 3115 stammt auch aus MH 171.

In gleichen Zeichnungen wie MiNr. 3114, 3117 und 3120–3121: MiNr. 3124–3125, 3142–3143 (selbstklebend)

2011, 27. Juli. Olympische und Paralympische Sommerspiele 2012, London (VIII). RaTdr., Markenheftchen; selbstklebend; gestanzt 14¼.

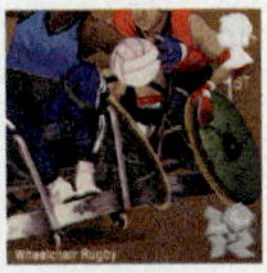

dgy) Rollstuhl-Rugby

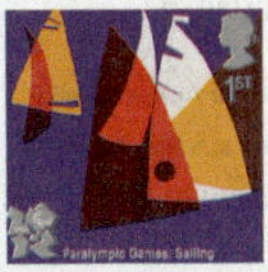

dgv) Segeln

3124	1ST	mehrfarbig	dgy	8,—	2,—
3125	1ST	mehrfarbig	dgv	8,—	2,—
			Satzpreis (2 W.)	16,—	4,—
			FDC		5,—

Nominale zur Zeit der Ausgabe: je 46 P

MiNr. 3124–3125 stammen aus MH 0-332.

In gleichen Zeichnungen: MiNr. 3114, 3117 (nassklebend)

2011, 23. Aug. Kronjuwelen. Odr. (5×5 und 5×5 + 5×5); gez. K 14¼.

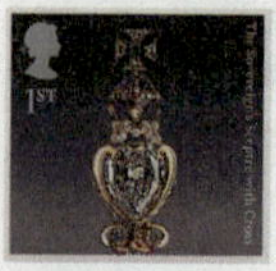
dhf) Zepter mit Kreuz (1661/1905)

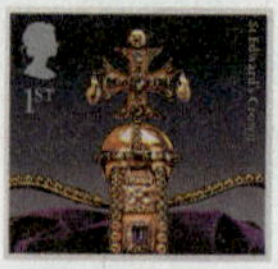
dhg) St.-Edwards-Krone (1661)

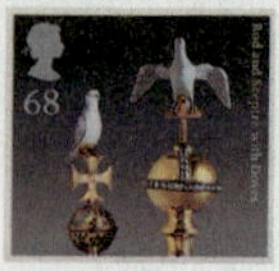
dhh) Zepter mit Taube (1661/1685)

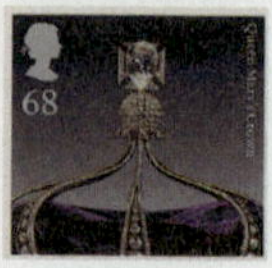
dhi) Krone der Königin Mary (1911)

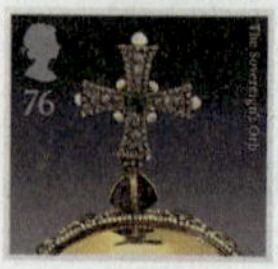
dhk) Reichsapfel (1661)

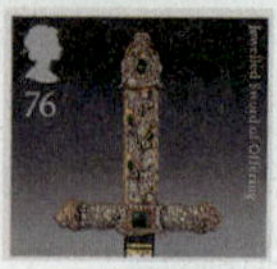
dhl) Juwelenbesetztes Staatsschwert (1820)

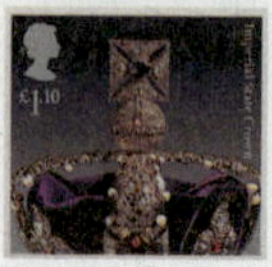
dhm) Kaiserliche Staatskrone (1937)

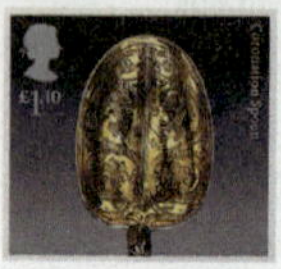
dhn) Krönungslöffel (12. Jh.)

3126	1ST	mehrfarbig	dhf	3,—	1,30
3127	1ST	mehrfarbig	dhg	3,—	1,30
3128	68 (P)	mehrfarbig	dhh	1,80	1,70
3129	68 (P)	mehrfarbig	dhi	1,80	1,70
3130	76 (P)	mehrfarbig	dhk	2,20	1,90
3131	76 (P)	mehrfarbig	dhl	2,20	1,90
3132	1.10 £	mehrfarbig	dhm	3,20	2,60
3133	1.10 £	mehrfarbig	dhn	3,20	2,60
			Satzpreis (8 W.)	20,—	15,—
			FDC		17,—

Nominale von MiNr. 3126–3127 zur Zeit der Ausgabe: je 46 P

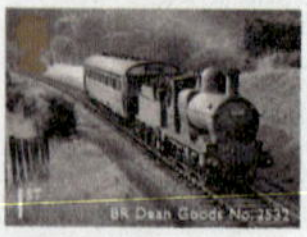

2011, 23. Aug. Dampflokomotiven aus England (II). RaTdr., Markenheftchen; selbstklebend; gestanzt 14¼.

dea) Dean-Goods-Klasse der British Rail

3134	1ST	mehrfarbig	dea	3,50	2,—
			FDC		3,—

Nominale zur Zeit der Ausgabe: 46 P

MiNr. 3134 stammt aus MH 0-333.

In gleicher Zeichnung: MiNr. 3041 (nassklebend)

2011, 9. Sept. Blockausgabe: 100 Jahre Flugpost. Odr.; gez. Ks 14¼.

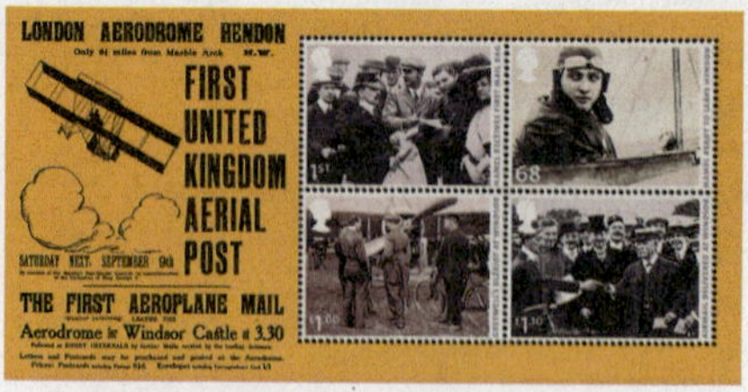

dht

dho) Übernahme des 1. Postsacks
dhp) Gustav Hamel (1890–1914), Pilot
dhr) Eindecker Blériot XI
dhs) Übergabe der Post in Windsor

3135	1ST	mehrfarbig	dho	3,—	1,50
3136	68 (P)	mehrfarbig	dhp	2,50	2,—
3137	1.00 £	mehrfarbig	dhr	3,50	2,50
3138	1.10 £	mehrfarbig	dhs	4,—	3,–
Block 68		(146×74 mm)	dht	13,—	9,–
			FDC		10,–

Nominale von MiNr. 3135 zur Zeit der Ausgabe: 46 P

MiNr. 3135–3138 stammen auch aus MH 168.

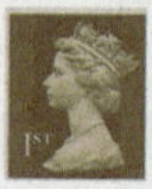

2011, 9. Sept. Freimarke: Königin Elizabeth II., Typ Machin. Odr., Markenheftchen; Sicherheitszähnung K 14¾:14¼.

ku IV) Königin Elizabeth II. (1926–2022, reg. ab 1952); irisierende, negative Inschrift „ROYAL MAIL“ mehrfach

3139	1ST	goldfarben	ku IV	4,50	2,50
3140	76 P	lilarosa	ku IV	8,50	3,50
			Satzpreis (2 W.)	13,—	6,—
			FDC		7,—

Nominale von MiNr. 3139 zur Zeit der Ausgabe: 46 P

MiNr. 3139–3140 stammen aus MH 168.

Gültig bis 31.1.2023, geduldet bis 31.7.2023

In gleicher Zeichnung siehe Übersicht nach Jahrgangswerttabelle.

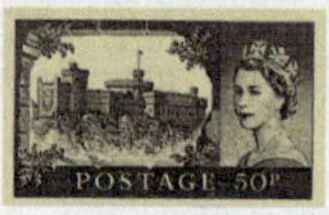

2011, 9. Sept. Freimarke: Burgen. Komb. StTdr. und Odr., Markenheftchen; gez. K 11:11¾.

en) Windsor (England)

3141	50 P	schwarz/gelb	en	4,—	2,50
			FDC		3,—

MiNr. 3141 stammt aus MH 168.

In gleicher Zeichnung siehe Fußnote nach MiNr. 281.

2011, 15. Sept. Olympische und Paralympische Sommerspiele 2012, London (IX). RaTdr., Markenheftchen; selbstklebend; gestanzt 14¼.

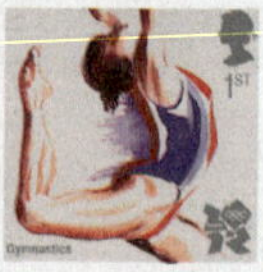
dhc) Kunstturnen

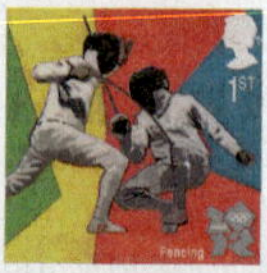
dhb) Fechten

3142	1ST	mehrfarbig	dhc	8,—	2,—
3143	1ST	mehrfarbig	dhb	8,—	2,—
			Satzpreis (2 W.)	16,—	4,—
			FDC		5,—

Nominale zur Zeit der Ausgabe: je 46 P

MiNr. 3142–3143 stammen aus MH 0-334.

In gleichen Zeichnungen: MiNr. 3120–3121 (nassklebend)

2011, 15. Sept. Britische Monarchie (V): Haus Hannover. Odr. (5×5 und 5×5 + 5×5); gez. K 14¼.

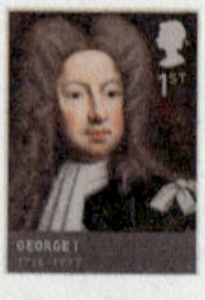
dhu) Georg I. (1660–1727, reg. ab 1714)

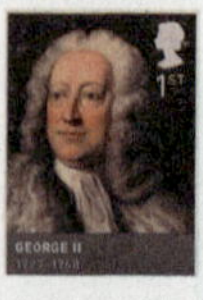
dhv) Georg II. (1683–1760, reg. ab 1727)

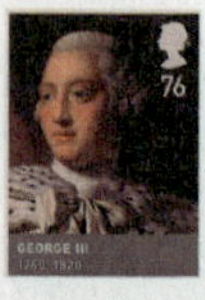
dhw) Georg III. (1738–1820, reg. ab 1760)

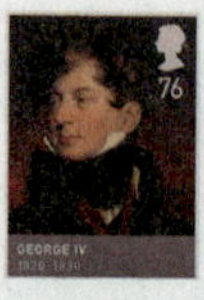
dhx) Georg IV. (1762–1830, reg. ab 1820)

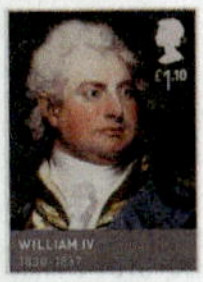

dhy) Wilhelm IV. (1765–1837, reg. ab 1830)

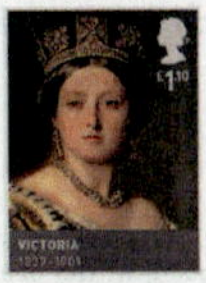

dhz) Viktoria (1819–1901, reg. ab 1837)

3144	1ST		mehrfarbig	dhu	3,—	1,30
3145	1ST		mehrfarbig	dhv	3,—	1,30
3146	76	(P)	mehrfarbig	dhw	2,—	1,90
3147	76	(P)	mehrfarbig	dhx	2,—	1,90
3148	1.10 £		mehrfarbig	dhy	3,20	2,80
3149	1.10 £		mehrfarbig	dhz	3,20	2,80
			Satzpreis (6 W.)		16,—	12,—
			FDC			14,—

Blockausgabe

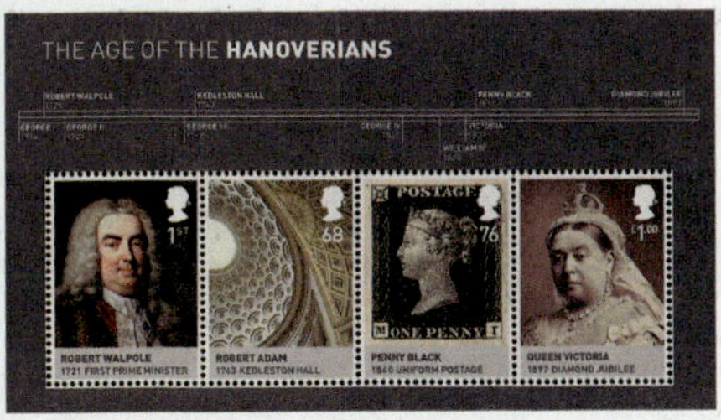

die

dia) Robert Walpole (1676–1745), 1. Premierminister (1721)
dib) Landhaus Kedleston Hall, 1763 erbaut von Robert Adam (1728–1792)
dic) Marke Großbritannien MiNr. 1, Einführung des Einheitsportos (1840)
did) 60. Jahrestag der Thronbesteigung von Königin Viktoria (1897)

3150	1ST		mehrfarbig	dia	3,—	1,30
3151	68	(P)	mehrfarbig	dib	1,80	1,80
3152	76	(P)	mehrfarbig	dic	2,—	1,90
3153	1.00 £		mehrfarbig	did	3,—	2,50
Block 69			(123×70 mm)	die	10,—	7,50
			FDC			9,—

Nominale von MiNr. 3144–3145 und 3150 zur Zeit der Ausgabe: je 46 P

2011, 13. Okt. Britische Ansichten von A bis Z (I). Odr. (1×5 Zd und 1×5 Zd + 1×5 Zd); gez. K 14¼.

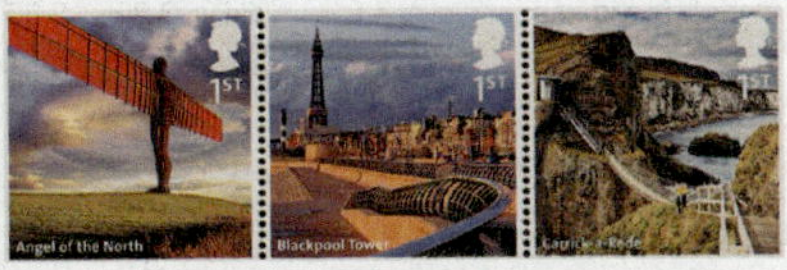

dif) Angel of the North (Skulptur in Gateshead)
dig) Blackpool Tower (Stahlfachwerkturm in Blackpool)
dih) Carrick-a-Rede (Insel in Nordirland)

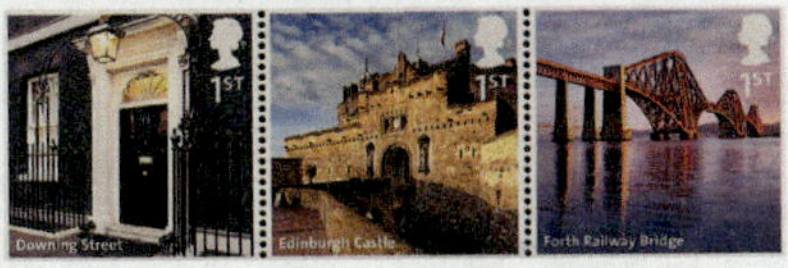

dii) Downing Street (Haus Nr. 10, London)
dik) Edinburgh Castle (Schloss in Schottland)
dil) Forth Railway Bridge (Eisenbahnbrücke über den Firth of Forth)

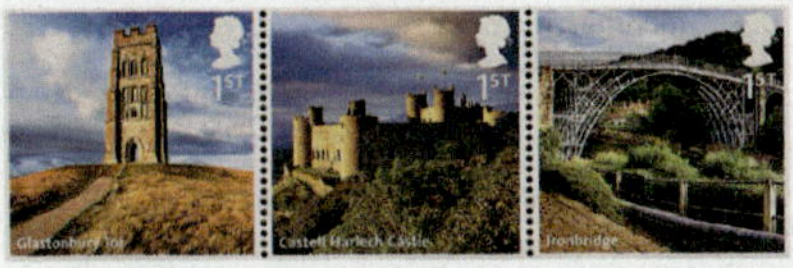

dim) Glastonbury Tor (Hügel in Glastonbury)
din) Harlech Castle (Burg in Wales)
dio) Ironbridge (Brücke bei Ironbridge)

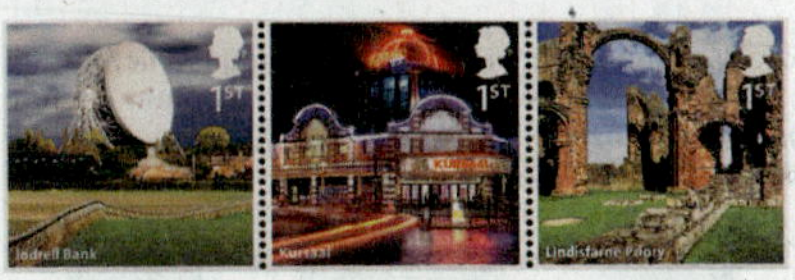

dip) Jodrell Bank (Radioobservatorium in England)
dir) Kursaal (Spielcasino in Southend-on-Sea)
dis) Lindisfarne Priory (Klosterruine in England)

3154	1ST	mehrfarbig	dif	3,—	1,30
3155	1ST	mehrfarbig	dig	3,—	1,30
3156	1ST	mehrfarbig	dih	3,—	1,30
3157	1ST	mehrfarbig	dii	3,—	1,30
3158	1ST	mehrfarbig	dik	3,—	1,30
3159	1ST	mehrfarbig	dil	3,—	1,30
3160	1ST	mehrfarbig	dim	3,—	1,30
3161	1ST	mehrfarbig	din	3,—	1,30
3162	1ST	mehrfarbig	dio	3,—	1,30
3163	1ST	mehrfarbig	dip	3,—	1,30
3164	1ST	mehrfarbig	dir	3,—	1,30
3165	1ST	mehrfarbig	dis	3,—	1,30
		Satzpreis (12 W.)		36,—	15,50
		2 Sechserstreifen		36,—	16,—
		FDC			18,—

Nominale zur Zeit der Ausgabe: je 46 P

MiNr. 3154–3159 und 3160–3165 wurden jeweils waagerecht zusammenhängend gedruckt.

2011, 8. Nov. Blockausgabe: Weihnachten – Die Weihnachtsgeschichte (I). RaTdr.; Sicherheitszähnung Ks 14¾:14¼.

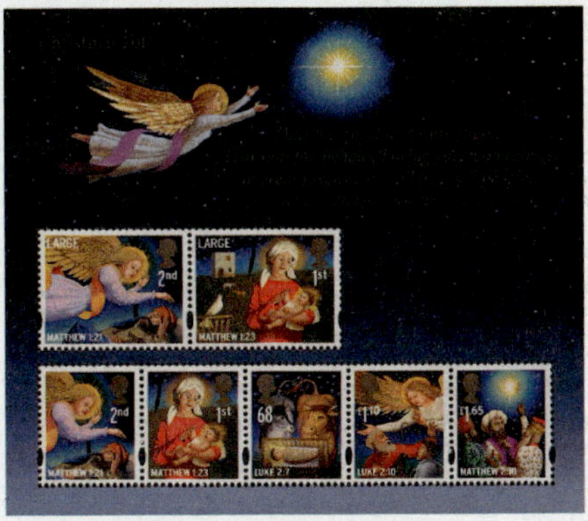

dka

div dix
dit diu diw diy diz

dit) Engel erscheint hl. Joseph im Traum
diu) Hl. Maria mit Kind
div) Engel erscheint hl. Joseph im Traum
diw) Krippe im Stall zu Bethlehem
dix) Hl. Maria mit Kind
diy) Verkündigung der Hirten
diz) Die Hl. Drei Könige folgen dem Stern

dit–diz) Illustrationen zur Weihnachtsgeschichte nach den Evangelisten Matthäus und Lukas

3166	2ND		mehrfarbig	dit	2,20	1,20
3167	1ST		mehrfarbig	diu	3,—	1,40
3168	2ND		Large mehrfarbig	div	2,80	1,70
3169	68	(P)	mehrfarbig	diw	2,—	1,70
3170	1ST		Large mehrfarbig	dix	6,—	2,20

3171	1.10 £	mehrfarbig	diy	3,20	2,80
3172	1.65 £	mehrfarbig	diz	4,80	4,—
Block 70		(115×102 mm)	dka	24,—	15,—
			FDC		17,—

Nominalen zur Zeit der Ausgabe: MiNr. 3066 = 36 P, MiNr. 3067 = 46 P, MiNr. 3068 = 58 P, MiNr. 3070 = 75 P

In gleichen Zeichnungen: MiNr. 3173–3179 (selbstklebend)

2011, 8. Nov. Weihnachten: Die Weihnachtsgeschichte (II). I = RaTdr., Bogen (B) (5×5 + 5×5) und Markenheftchen (MH) (6×2), II = Odr., Folienbogen (Fbg.); selbstklebend; Sicherheitsstanzung 14¾:14¼.

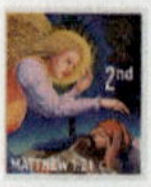

dit) Engel erscheint hl. Joseph im Traum

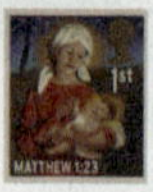

diu) Hl. Maria mit Kind

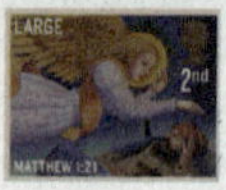

div) Engel erscheint hl. Joseph im Traum

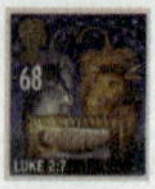

diw) Krippe im Stall zu Bethlehem

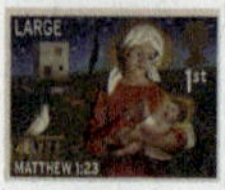

dix) Hl. Maria mit Kind

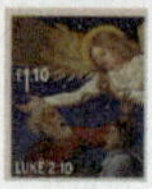

diy) Verkündigung der Hirten

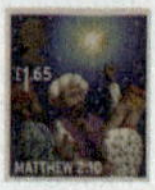

diz) Die Hl. Drei Könige folgen dem Stern

dit–diz) Illustrationen zur Weihnachtsgeschichte nach den Evangelisten Matthäus und Lukas

3173	2ND	mehrfarbig	dit		
I		RaTdr. (B) (MH)		2,20	1,20
II		Odr. (Fbg.)		2,40	1,80
3174	1ST	mehrfarbig	diu		
I		RaTdr. (B) (MH)		3,—	1,40
II		Odr. (Fbg.)		3,20	2,20
3175 I	2ND	Large mehrfarbig (B)	div	2,80	1,70
3176	68 (P)	mehrfarbig	diw		
I		RaTdr. (B)		2,—	1,70
II		Odr. (Fbg.)		3,50	2,50
3177 I	1ST	Large mehrfarbig (B)	dix	6,—	2,20
3178	1.10 £	mehrfarbig	diy		
I		RaTdr. (B)		3,20	2,80
II		Odr. (Fbg.)		5,50	4,50
3179 I	1.65 £	mehrfarbig (B)	diz	4,80	4,—
		Satzpreis I (7 W.)		24,—	15,—
		FDC I			17,—
		3173 II Zf, 3174 II Zf, 3176 II Zf, 3178 II Zf		17,—	11,—

Nominalen zur Zeit der Ausgabe: MiNr. 3173 = 36 P, MiNr. 3174 = 46 P, MiNr. 3175 = 58 P, MiNr. 3177 = 75 P

MiNr. 3173 I stammt auch aus MH 0-335.
MiNr. 3174 I stammt auch aus MH 0-336.

MiNr. 3173 II–3174 II, 3176 II und 3178 II stammen aus Folienbogen zu 20 Marken (8 × MiNr. 3173 II–3174 II, 2 × MiNr. 3176 II und 3178 II) und 20 verschiedenen Zierfeldern, die jeweils durch 3 schmale Verbindungsstege mit der Marke verbunden sind (Postpreis: 10.45 £).

[Fälschung] MiNr. 3177 aus Bogen mit sägezahnähnlicher Stanzung

In gleichen Zeichnungen: MiNr. 3166–3172 (nassklebend)

2012, 5. Jan. Freimarken: Olympische und Paralympische Sommerspiele, London. RaTdr., Bogen (B) (MiNr. 3180–3181 5×5 + 5×5, MiNr. 3182–3183 5×5) und Markenheftchen (MH) (3×2); selbstklebend; Sicherheitsstanzung 14¾:14¼.

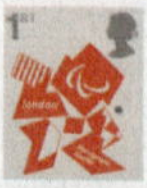

dkb

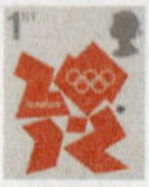

dkc

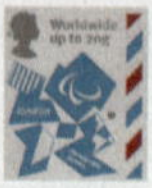

dkb I

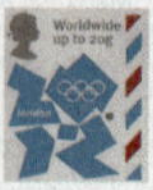

dkc I

dkb, dkb I) Zahl „2012", Emblem der Paralympischen Sommerspiele
dkc, dkc I) Zahl „2012", Emblem der Olympischen Sommerspiele

3180	1ST	mittelgrau/lebhaftzinnober (B) (MH).	dkb	3,—	1,60
3181	1ST	mittelgrau/lebhaftzinnober (B) (MH).	dkc	3,—	1,60
3182	—	Worldwide up to 20 grams, mfg. (B).	dkb I	6,—	3,40
3183	—	Worldwide up to 20 grams, mfg. (B).	dkc I	6,—	3,40
		Satzpreis (4 W.)		18,—	10,—
		FDC			11,—

Nominalen zur Zeit der Ausgabe: MiNr. 3180–3181 je 46 P, MiNr. 3182–3183 je 1.10 £

MiNr. 3180–3181 und 3182–3183 wurden jeweils schachbrettartig angeordnet zusammen im Bogen gedruckt. Der obere Teilbogen der MiNr. 3180–3181 enthält 13 × MiNr. 3180 und 12 × MiNr. 3181, der untere 12 × MiNr. 3180 und 13 × MiNr. 3181. MiNr. 3182–3183 gibt es in 2 verschiedenen Bogen: 13 × MiNr. 3182 und 12 × MiNr. 3183 sowie 12 × MiNr. 3182 und 13 × MiNr. 3183.

MiNr. 3180–3181 wurden auch schachbrettartig angeordnet zusammen in 2 verschiedenen Markenheftchen gedruckt. Bei MH 0-337 ist links oben MiNr. 3180, bei MH 0-338 MiNr. 3181.

[Fälschung] MiNr. 3180–3181 aus Bogen und gefälschtem MH 0-338 mit sägezahnähnlicher Stanzung

Gültig bis 31.1.2023, geduldet bis 31.7.2023

In gleichen Zeichnungen: MiNr. 3282–3285 (Odr.), 3290–3293 (Odr. und nassklebend)

2012, 10. Jan. Roald Dahl. Odr. (5×5 und 5×5 + 5×5); gez. K 14¼.

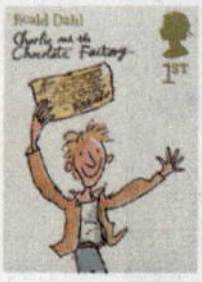

dkd) „Charlie und die Schokoladenfabrik"

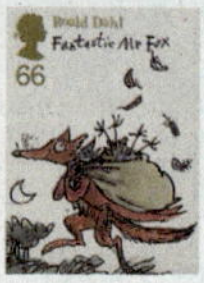

dke) „Der fantastische Mister Fox"

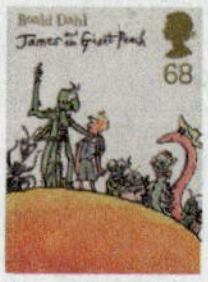

dkf) „James und der Riesenpfirsich"

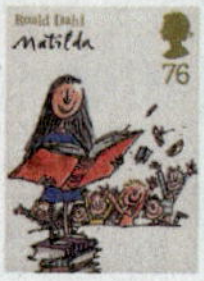

dkg) „Matilda"

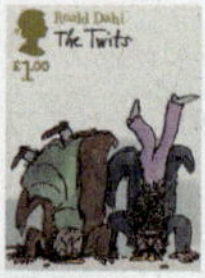

dkh) „Die Zwicks stehen kopf"

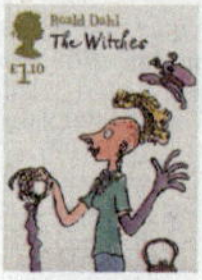

dki) „Hexen hexen"

dkd–dki) Kinderbücher von Roald Dahl (1916–1990), norwegisch-walisischer Schriftsteller

3184	1ST	mehrfarbig	dkd	3,—	1,40
3185	66 (P)	mehrfarbig	dke	1,80	1,70
3186	68 (P)	mehrfarbig	dkf	1,80	1,70
3187	76 (P)	mehrfarbig	dkg	2,20	1,90
3188	1.00 £	mehrfarbig	dkh	3,—	2,50
3189	1.10 £	mehrfarbig	dki	3,20	2,80
		Satzpreis (6 W.)		15,—	12,—
		FDC			14,—

Blockausgabe

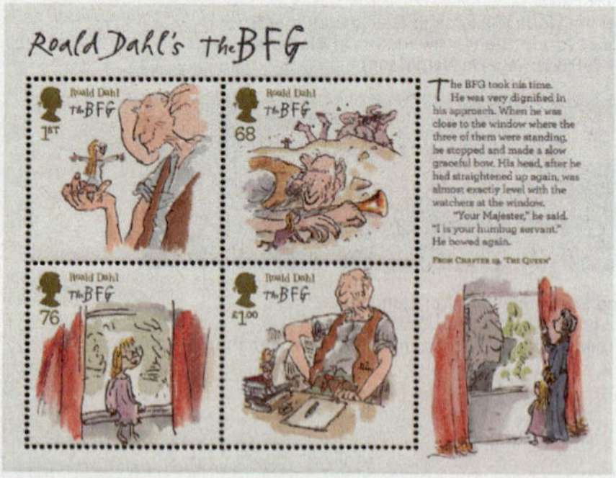

dko

dkk) Sophiechen und der Riese
dkl) GuRie (Guter Riese) mit seiner Trompete
dkm) Sophiechen
dkn) Der Riese

dkk–dkn) Illustrationen zu „Sophiechen und der Riese"

3190	1ST	mehrfarbig	dkk	3,—	2,—
3191	68 (P)	mehrfarbig	dkl	2,20	2,—
3192	76 (P)	mehrfarbig	dkm	2,80	2,50
3193	1.00 £	mehrfarbig	dkn	4,—	3,50
Block 71		(115×89 mm)	dko	12,—	10,—
			FDC		12,—

Nominale von MiNr. 3184 und 3190 zur Zeit der Ausgabe: je 46 P

MiNr. 3184–3193 stammen auch aus MH 169.

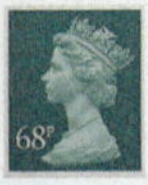

2012, 10. Jan. Freimarke: Königin Elizabeth II., Typ Machin. RaTdr., Markenheftchen; Sicherheitszähnung K 14¾:14¼.

ku IV) Königin Elizabeth II. (1926–2022, reg. ab 1952); irisierende, negative Inschrift „ROYAL MAIL" mehrfach

3194	68 P	blaugrün	ku IV	4,50	2,50
			FDC		3,50

MiNr. 3194 stammt aus MH 169.

Gültig bis 31.1.2023, geduldet bis 31.7.2023

In gleicher Zeichnung siehe Übersicht nach Jahrgangswerttabelle.

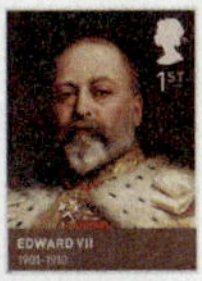

2012, 2. Febr. Britische Monarchie (VI): Haus Windsor und Sachsen-Coburg und Gotha. Odr. (5×5 und 5×5 + 5×5); gez. K 14¼.

dkp) Edward VII. (1841–1910, reg. ab 1901)

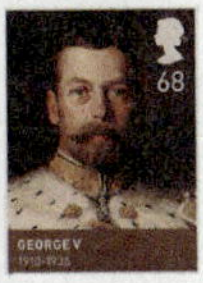

dkr) George V. (1865–1936, reg. ab 1910)

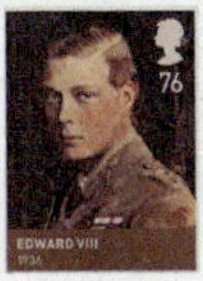

dks) Edward VIII. (1894–1972, reg. 1936)

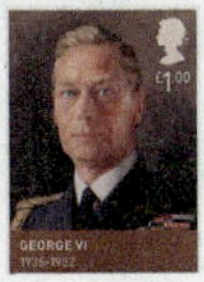

dkt) George VI. (1895–1952, reg. ab 1936)

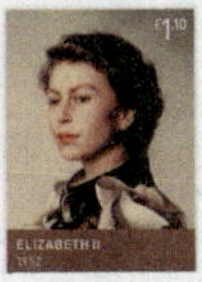

dku) Elizabeth II. (1926–2022, reg. ab 1952)

3195	1ST	mehrfarbig	dkp	3,—	1,40
3196	68 (P)	mehrfarbig	dkr	1,80	1,60
3197	76 (P)	mehrfarbig	dks	2,20	1,80
3198	1.00 £	mehrfarbig	dkt	3,—	2,40
3199	1.10 £	mehrfarbig	dku	3,20	2,80
			Satzpreis (5 W.)	13,—	10,—
			FDC		12,—

Blockausgabe

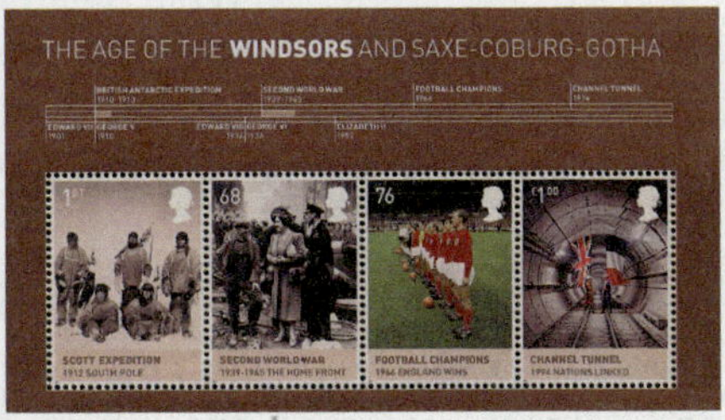

dkz

dkv) Terra-Nova-Expedition unter der Leitung von Robert F. Scott (1912)
dkw) Heimatfront im Zweiten Weltkrieg (1939–1945)
dkx) Gewinn der Fußball-Weltmeisterschaft durch die englische Nationalmannschaft (1966)
dky) Eröffnung des Eisenbahntunnels unter dem Ärmelkanal (1994)

3200	1ST	mehrfarbig	dkv	3,—	1,40
3201	68 (P)	mehrfarbig	dkw	1,80	1,70
3202	76 (P)	mehrfarbig	dkx	2,20	1,90
3203	1.00 £	mehrfarbig	dky	3,—	2,50
Block 72		(123×70 mm)	dkz	10,—	7,50
			FDC		9,—

Nominale von MiNr. 3195 und 3200 zur Zeit der Ausgabe: je 46 P

2012, 6. Febr. Blockausgabe: 60. Jahrestag der Thronbesteigung von Königin Elizabeth II. RaTdr., Blockrand komb. RaTdr. und Hfdr.; Sicherheitszähnung 14¾:14¼.

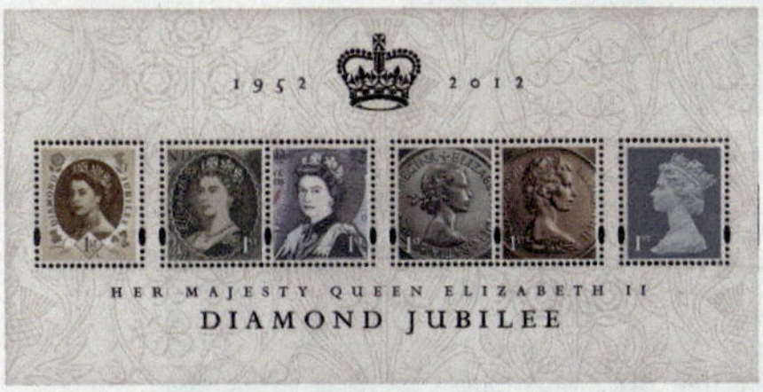

dlf

dla) Photographie von Dorothy Wilding (1893–1976) für die Freimarkenausgabe von 1952
dlb) Entwurf von Robert Austin (1885–1973) für die 1-£-Banknote von 1960
dlc) Entwurf von Harry Eccleston (1923–2010) für die 5-£-Banknote von 1970
dld) Entwurf von Mary Gillick (1881–1965) für Münzen ab 1953
dle) Entwurf von Arnold Machin (1911–1999) für Münzen ab 1960
ku IV) Entwurf von Arnold Machin für Briefmarken ab 1967, mit irisierender Inschrift „DIAMOND JUBILEE" mehrfach

3204	1ST	schwärzlichocker (Töne)	dla	3,—	1,40
3205	1ST	graugrün	dlb	3,—	1,40
3206	1ST	mehrfarbig	dlc	3,—	1,40
3207	1ST	dunkelgrau	dld	3,—	1,40
3208	1ST	braun	dle	3,—	1,40
3209	1ST	lebhaftgrautürkis	ku IV	3,—	1,40
Block 73		(147×74 mm)	dlf	18,—	8,50
			FDC		10,—

Nominale zur Zeit der Ausgabe: je 46 P

MiNr. 3204 und 3209 stammen auch aus MH 170.

MiNr. 3209 gültig bis 31.1.2023, geduldet bis 31.7.2023

MiNr. 3209 in gleicher Zeichnung siehe Übersichtstabelle nach Jahrgangswerttabelle.

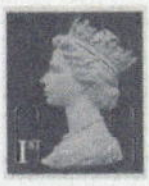

2012, 6. Febr. Freimarke: Königin Elizabeth II., Typ Machin – 60. Jahrestag der Thronbesteigung. RaTdr., Bogen (5×5 + 5×5), Folienbogen (100) und Markenheftchen; U-förmige Stanzungen im Markenbild; selbstklebend; Sicherheitsstanzung 14¾:14¼.

ku III) Königin Elizabeth II. (1926–2022, reg. ab 1952); irisierende, negative Inschrift „DIAMOND JUBILEE" mehrfach

3210	1ST	lebhaftgrautürkis	ku III	2,—	1,10
			FDC		2,50

Nominale zur Zeit der Ausgabe: 46 P

MiNr. 3210 stammt auch aus MH 0-339 und 0-341-0-343.

Spezialisten unterscheiden bei MiNr. 3210 drei Typen je nach Herkunft aus Bogen, Folienbogen oder Markenheftchen; siehe MICHEL-Großbritannien-Spezial.

[Fälschung] MiNr. 3210 Odr., grobe weite linienförmige Stanzung, aus gefälschtem MH 0-339.

Gültig bis 31.1.2023, geduldet bis 31.7.2023

In gleicher Zeichnung siehe Übersicht nach Jahrgangswerttabelle.

2012, 23. Febr. Persönlichkeiten (II). Odr. (1×5 Zd und 1×5 Zd + 1×5 Zd); gez. K 14¼.

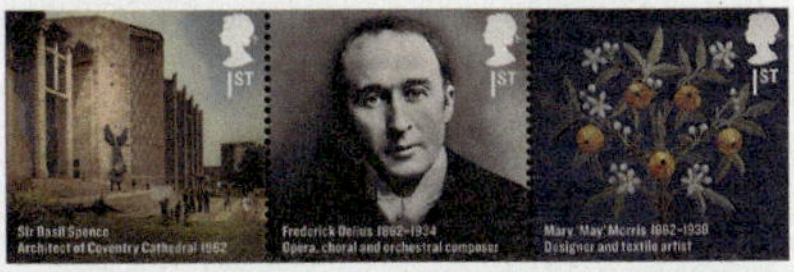

dlg) Kathedrale in Coventry; Architekt Basil Spence (1907–1976)
dlh) Frederick Delius (1862–1934), Komponist
dli) Stickerei von Mary „May" Morris (1862–1938), Textilkünstlerin

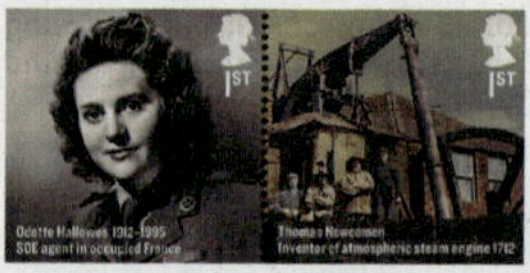

dlk) Odette Sansom Hallowes (1912–1995), Agentin der Special Operations Executive im Zweiten Weltkrieg
dll) Atmosphärische Dampfmaschine von Thomas Newcomen (1663–1729), Erfinder und Ingenieur

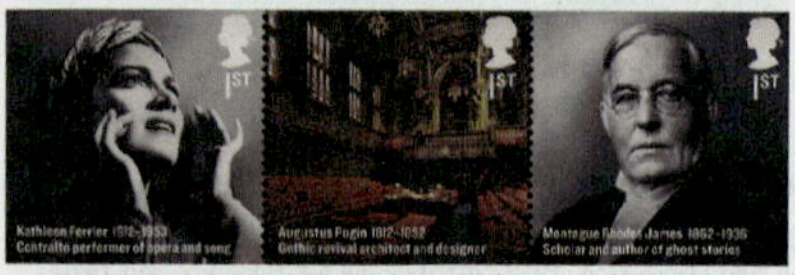

dlm) Kathleen Ferrier (1912–1953), Lied- und Oratoriensängerin
dln) Westminster-Palast; Architekt und Entwerfer Augustus Pugin (1812–1852)
dlo) Montague Rhodes James (1867–1936), Schriftsteller und Altertumsforscher

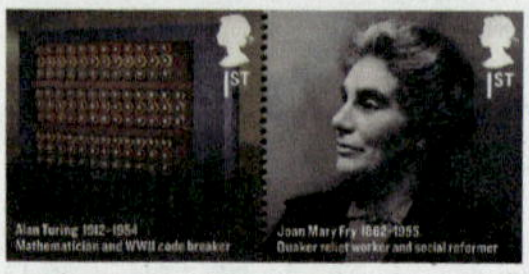

dlp) Dechiffriergerät von Alan Turing (1912–1954), Mathematiker
dlr) Joan Mary Fry (1862–1955), Sozialreformerin

3211	1ST	mehrfarbig	dlg	3,—	1,40
3212	1ST	mehrfarbig	dlh	3,—	1,40
3213	1ST	mehrfarbig	dli	3,—	1,40
3214	1ST	mehrfarbig	dlk	3,—	1,40
3215	1ST	mehrfarbig	dll	3,—	1,40
3216	1ST	mehrfarbig	dlm	3,—	1,40
3217	1ST	mehrfarbig	dln	3,—	1,40
3218	1ST	mehrfarbig	dlo	3,—	1,40
3219	1ST	mehrfarbig	dlp	3,—	1,40
3220	1ST	mehrfarbig	dlr	3,—	1,40
			Satzpreis (10 W.)	30,—	14,—
			2 Fünferstreifen	30,—	14,—
			FDC		16,—

Nominale zur Zeit der Ausgabe: je 46 P

MiNr. 3211–3215 und 3216–3220 wurden jeweils waagerecht zusammenhängend gedruckt.

MiNr. 3219 stammt auch aus MH 178.

2012, 8. März. Blockausgabe: Klassische Lokomotiven aus Schottland (I). Odr.; gez. Ks 14¼.

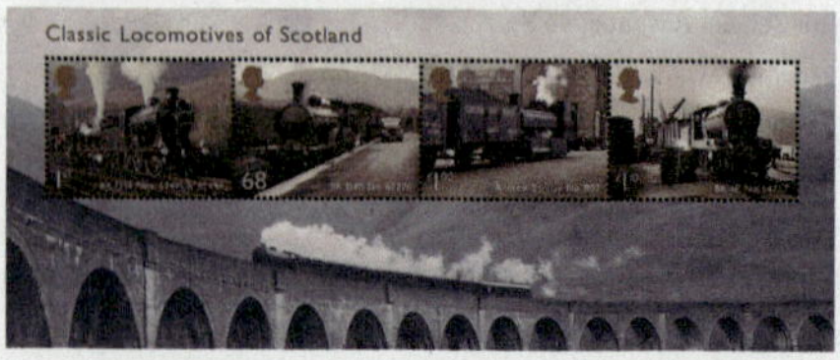

dlw

dls) Klasse D34, Nr. 62471 und 62496, der North British Railway
dlt) Klasse 040, Nr. 62276 „Andrew Bain“, der Great North of Scotland Railway
dlu) Andrew-Barcley-Klasse, Nr. 807, der Aberdeen Gas Works
dlv) Klasse 4P, Nr. 54767, der Highland Railway

3221	1ST	mehrfarbig	dls	3,—	1,80
3222	68 (P)	mehrfarbig	dlt	1,80	1,80
3223	1.00 £	mehrfarbig	dlu	3,—	3,—
3224	1.10 £	mehrfarbig	dlv	3,20	3,20
Block 74		(179×74 mm)	dlw	11,—	10,—
			FDC		12,—

Nominale von MiNr. 3221 zur Zeit der Ausgabe: 46 P

MiNr. 3221–3222 stammen auch aus MH 175.

In gleicher Zeichnung wie MiNr. 3221: MiNr. 3365 (selbstklebend)

2012, 20. März. Comichefte; 75 Jahre Comicmagazin „The Dandy“. Odr. (1×5 Zd und 1×5 Zd + 1×5 Zd); gez. K 14¼.

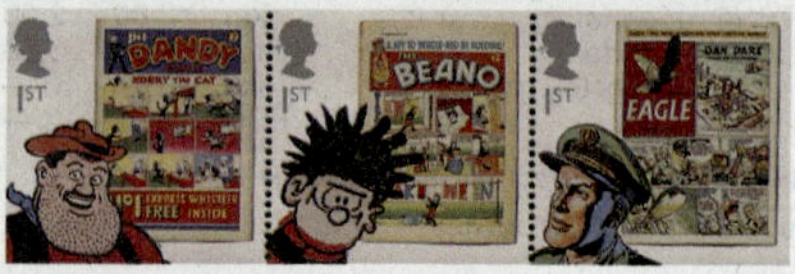

dlx) The Dandy mit Desperate Dan
dly) The Beano mit Dennis the Menace
dlz) Eagle mit Dan Dare

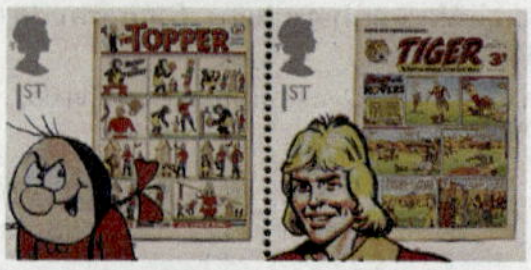

dma) Topper mit Beryl the Peril
dmb) Tiger mit Roy of the Rovers

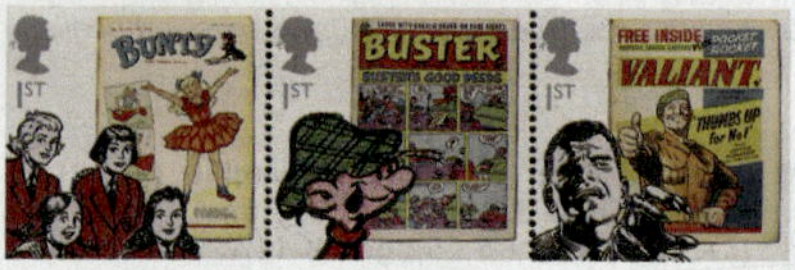

dmc) Bunty mit The Four Marys
dmd) Buster mit Buster
dme) Valiant mit Steel Claw

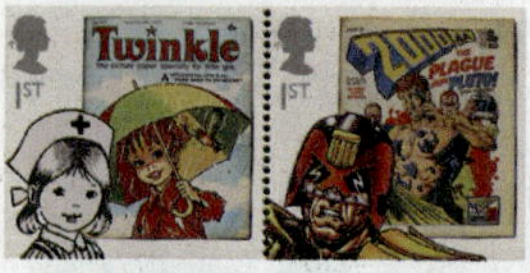

dmf) Twinkle mit Nurse Nancy
dmg) Judge Dredd (2000 AD)

3225	1ST	mehrfarbig	dlx	3,—	1,40
3226	1ST	mehrfarbig	dly	3,—	1,40
3227	1ST	mehrfarbig	dlz	3,—	1,40
3228	1ST	mehrfarbig	dma	3,—	1,40
3229	1ST	mehrfarbig	dmb	3,—	1,40
3230	1ST	mehrfarbig	dmc	3,—	1,40
3231	1ST	mehrfarbig	dmd	3,—	1,40
3232	1ST	mehrfarbig	dme	3,—	1,40
3233	1ST	mehrfarbig	dmf	3,—	1,40
3234	1ST	mehrfarbig	dmg	3,—	1,40
			Satzpreis (10 W.)	30,—	14,—
			2 Fünferstreifen	30,—	14,—
			FDC		16,—

Nominale zur Zeit der Ausgabe: je 46 P

MiNr. 3225–3229 und 3230–3234 wurden jeweils waagerecht zusammenhängend gedruckt.

2012, 10. April. Britische Ansichten von A bis Z (II); Europa: Besuche. Odr., Bogen (MiNr. 3235–3240 und 3241–3246 1×5 Zd und 1×5 Zd + 1×5 Zd, MiNr. 3247–3248 3×5 Zd und 3×5 Zd + 3×5 Zd) und Zd-Bogen (5×6); gez. K 14¼.

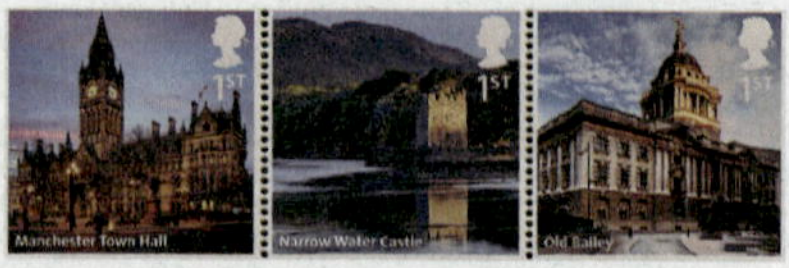

dmh) Manchester Town Hall
dmi) Narrow Water Castle (Burgruine bei Warrenpoint, Nordirland)
dmk) Old Bailey (Zentraler Gerichtshof, London)

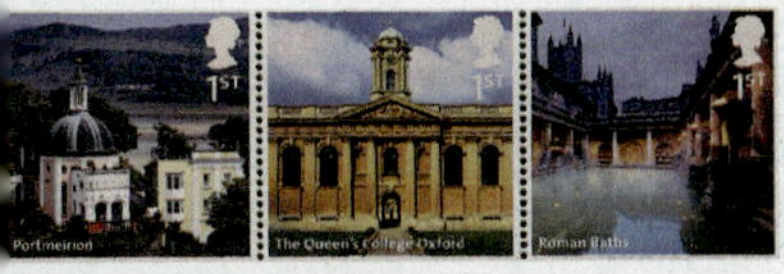

dml) Portmeirion (Dorf in Wales)
dmm) The Queen's College, Oxford
dmn) Roman Baths (römische Bäder in Bath, Grafschaft Somerset)

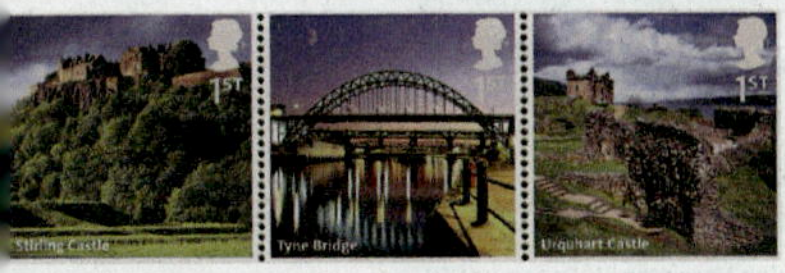

dmo) Stirling Castle (Schloss in Schottland)
dmp) Tyne Bridge (Bogenbrücke über den Tyne zwischen Newcastle und Gateshead)
dmr) Urquhart Castle (Burgruine am Loch Ness, Schottland)

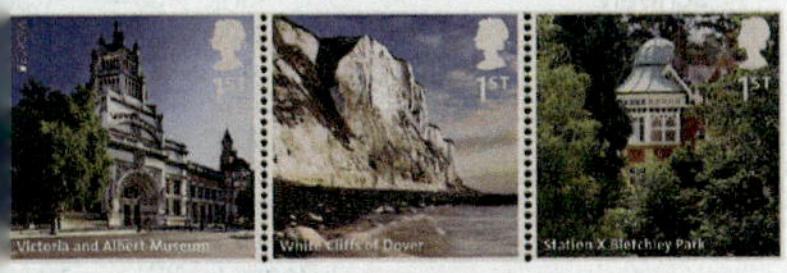

dms) Victoria and Albert Museum (Kunstgewerbemuseum, London)
dmt) White Cliffs of Dover (Kreidefelsen bei Dover)
dmu) Station X Bletchley Park (staatliche Code- und Chiffrenschule, Bletchley)

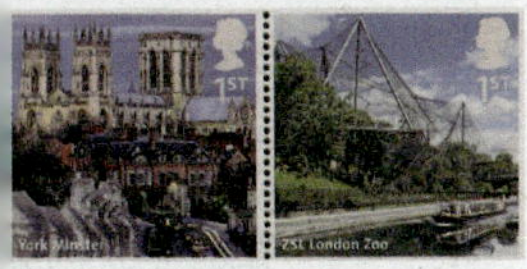

dmv) York Minster (Kathedrale von York)
dmw) ZSL London Zoo (Zoologischer Garten, London)

3235	1ST	mehrfarbig	dmh	3,—	1,40
3236	1ST	mehrfarbig	dmi	3,—	1,40
3237	1ST	mehrfarbig	dmk	3,—	1,40
3238	1ST	mehrfarbig	dml	3,—	1,40
3239	1ST	mehrfarbig	dmm	3,—	1,40
3240	1ST	mehrfarbig	dmn	3,—	1,40
3241	1ST	mehrfarbig	dmo	3,—	1,40
3242	1ST	mehrfarbig	dmp	3,—	1,40
3243	1ST	mehrfarbig	dmr	3,—	1,40
3244	1ST	mehrfarbig	dms	3,—	1,40
3245	1ST	mehrfarbig	dmt	3,—	1,40
3246	1ST	mehrfarbig	dmu	3,—	1,40
3247	1ST	mehrfarbig	dmv	3,—	1,40
3248	1ST	mehrfarbig	dmw	3,—	1,40
		Satzpreis (14 W.)		40,—	19,—
		2 Sechserstreifen und 1 Paar		42,—	20,—
		2 FDC			22,—
		Zd-Bogen		150,—	140,—

Nominale zur Zeit der Ausgabe: je 46 P

MiNr. 3235–3240, 3241–3246 und 3247–3248 wurden jeweils waagerecht zusammenhängend gedruckt.

Ferner wurden MiNr. 3235–3248 auch mit MiNr. 3154–3165 zusammenhängend im Zd-Bogen mit 4 Zierfeldern gedruckt und zum Nennwert (11.96 £) verkauft.

MiNr. 3244 trägt die Inschrift „EUROPA".

MiNr. 3246 stammt auch aus MH 178.

2012, 25. April. Freimarke: Königin Elizabeth II., Typ Machin – 60. Jahrestag der Thronbesteigung. RaTdr., Bogen (5×5 + 5×5), Folienbogen (50) und Markenheftchen (2×2); U-förmige Stanzungen im Markenbild; selbstklebend; Sicherheitsstanzung 14¾:14¼.

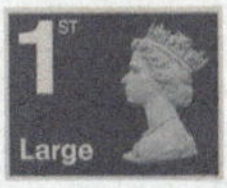

chk I) Königin Elizabeth II. (1926–2022, reg. ab 1952); irisierende negative Inschrift „DIAMOND JUBILEE" mehrfach

3249	1ST Large	lebhaftgrautürkis	chk I	3,20	1,80
			FDC		3,—

Nominale zur Zeit der Ausgabe: 75 P

MiNr. 3249 stammt auch aus MH 0-340.

Spezialisten unterscheiden bei MiNr. 3249 drei Typen je nach Herkunft aus Bogen, Folienbogen oder Markenheftchen; siehe MICHEL-Großbritannien-Spezial.

Marken aus Bogen und Folienbogen wurden, entgegen postalischer Anweisung, bereits seit Ende Januar 2012 an einigen Postschaltern verkauft.

Gültig bis 31.1.2023, geduldet bis 31.7.2023

In gleicher Zeichnung siehe Übersicht nach Jahrgangswerttabelle.

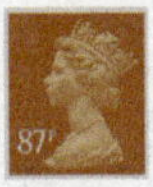

2012, 25. April. Freimarken: Königin Elizabeth II., Typ Machin. RaTdr. (5×5); U-förmige Stanzungen im Markenbild; selbstklebend; Sicherheitsstanzung 14¾:14¼.

ku III) Königin Elizabeth II. (1926–2022, reg. ab 1952); irisierende, negative Inschrift „ROYAL MAIL" mehrfach

3250	87 P	gelblichorange	ku III	4,—	2,20
3251	1.28 £	gelbsmaragdgrün	ku III	4,50	3,20
3252	1.90 £	lilapurpur	ku III	5,50	4,80
		Satzpreis (3 W.)		14,—	10,—
			FDC		12,—

Gültig bis 31.1.2023, geduldet bis 31.7.2023

In gleicher Zeichnung siehe Übersicht nach Jahrgangswerttabelle.

Posttarife Großbritannien (30.4.2012–1.4.2013)

2\. Klasse, Standardformat: 50 P (zuvor: 36 P)
1\. Klasse, Standardformat: 60 P (zuvor: 46 P)
2\. Klasse, Großformat: 69 P (zuvor: 58 P)
1\. Klasse, Großformat: 90 P (zuvor: 75 P)
Europa, bis 20 g: 87 P (zuvor: 68 P)
Europa, 20 g–40 g: 1.28 £ (zuvor: 1.00 £)
Postkarte, Seepost: 77 P (zuvor: 66 P)
Postkarte, Luftpost: 87 P (zuvor: 67 P)
Luftpost, bis 10 g: 87 P (zuvor: 76 P)
Luftpost, 10 g–20 g: 1.28 £ (zuvor: 1.10 £)
Luftpost, 20 g–40 g: 1.90 £ (zuvor: 1.65 £)
Einschreiben, 1. Klasse, Standardformat: 1.55 £ (zuvor: 1.23 £)
Einschreiben, 1. Klasse, Großformat: 1.85 £ (zuvor: 1.52 £)
Eilsendung, bis 100 g: 5.90 £ (zuvor: 5.45 £)
Eilsendung, bis 500 g: 6.35 £ (zuvor: 5.90 £)

2012, 15. Mai. Britische Mode. Odr. (1×5 Zd und 1×5 Zd + 1×5 Zd); gez. K 14¼.

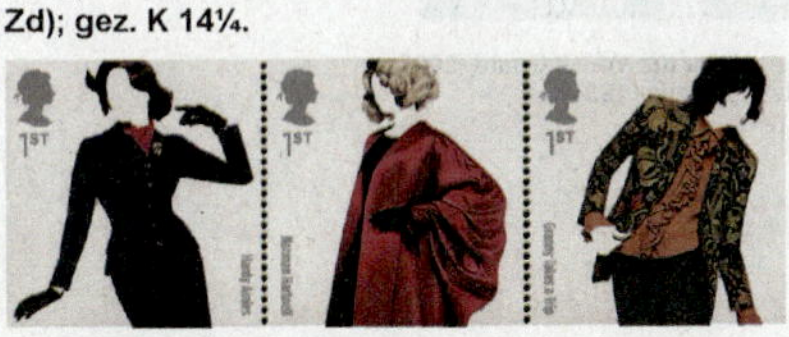

dmx) Hardy Amies (1909–2003)
dmy) Norman Hartnell (1901–1979)
dmz) Boutique „Granny Takes a Trip"

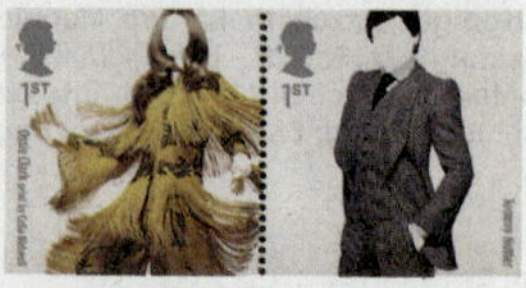

dna) Ossie Clark (1942–1996)
dnb) Tommy Nutter (1943–1992)

dnc) Jean Muir (1928–1995)
dnd) Zandra Rhodes (*1940)
dne) Vivienne Westwood (1941–2022)

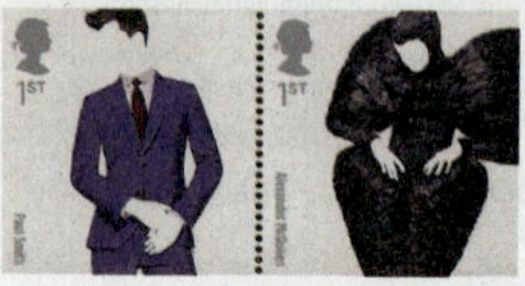

dnf) Paul Smith (*1946)
dng) Alexander McQueen (1969–2010)

dmx–dng) Modeentwürfe britischer Designer

3253	1ST mehrfarbig	dmx	3,—	1,50
3254	1ST mehrfarbig	dmy	3,—	1,50
3255	1ST mehrfarbig	dmz	3,—	1,50
3256	1ST mehrfarbig	dna	3,—	1,50
3257	1ST mehrfarbig	dnb	3,—	1,50
3258	1ST mehrfarbig	dnc	3,—	1,50
3259	1ST mehrfarbig	dnd	3,—	1,50
3260	1ST mehrfarbig	dne	3,—	1,50
3261	1ST mehrfarbig	dnf	3,—	1,50
3262	1ST mehrfarbig	dng	3,—	1,50
	Satzpreis (10 W.)		30,—	15,—
	2 Fünferstreifen		30,—	15,—
	FDC			17,—

Nominale zur Zeit der Ausgabe: je 60 P

MiNr. 3253–3257 und 3258–3262 wurden jeweils waagerecht zusammenhängend gedruckt.

2012, 31. Mai. 60. Jahrestag der Thronbesteigung von Königin Elizabeth II. I = RaTdr., Bogen (3×5 Zd und 3×5 Zd + 3×5 Zd); gez. K 14¼:14¾.

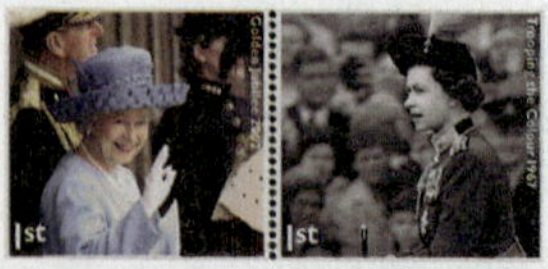

dnh) 50. Thronjubiläum (2002)
dni) Flaggen- und Truppenparade (1962)

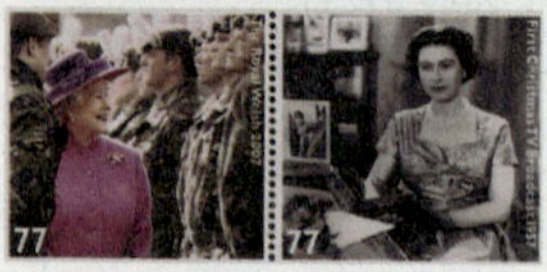

dnk) Truppeninspektion der Welsh Guard (2007)
dnl) Weihnachtsansprache (1957)

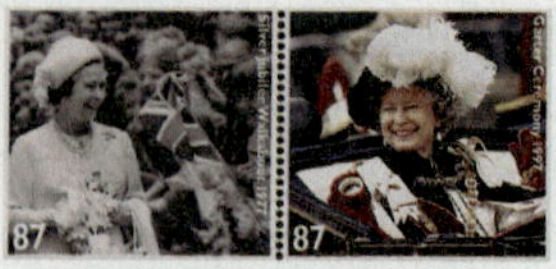

dnm) 25. Thronjubiläum (1977)
dnn) Trägerin des Hosenbandordens (1997)

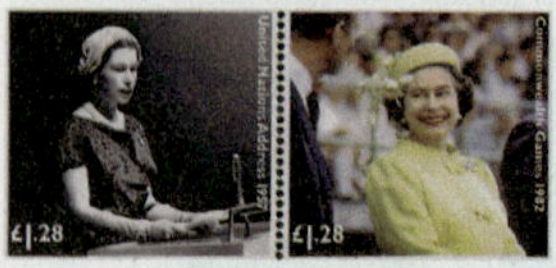

dno) Rede bei den Vereinten Nationen (1957)
dnp) Commenwealth-Spiele (1982)

3263 I	1ST	mehrfarbig	dnh	3,—	1,50
3264 I	1ST	schwarz	dni	3,—	1,50
3265 I	77 (P)	mehrfarbig	dnk	2,—	2,—
3266 I	77 (P)	schwarz	dnl	2,—	2,—
3267 I	87 (P)	schwarz	dnm	2,50	2,20
3268 I	87 (P)	mehrfarbig	dnn	2,50	2,20
3269 I	1.28 £	schwarz	dno	3,50	3,40
3270 I	1.28 £	mehrfarbig	dnp	3,50	3,40
		Satzpreis I (8 W.)		22,—	18,—
		4 Paare I		22,—	18,—
		FDC I			20,—

Markenheftchen, II = Odr.

3263 II	1ST	mehrfarbig	dnh	3,—	1,50
3264 II	1ST	schwarz	dni	3,—	1,50
3265 II	77 (P)	mehrfarbig	dnk	2,—	2,—
3266 II	77 (P)	schwarz	dnl	2,—	2,—
3267 II	87 (P)	schwarz	dnm	2,50	2,20
3268 II	87 (P)	mehrfarbig	dnn	2,50	2,20
3269 II	1.28 £	schwarz	dno	3,50	3,40
3270 II	1.28 £	mehrfarbig	dnp	3,50	3,40
		Satzpreis II (8 W.)		22,—	18,—

Nominale von MiNr. 3263–3264 zur Zeit der Ausgabe: je 60 P

Nominalgleiche Bogenmarken wurden waagerecht zusammenhängend gedruckt.

MiNr. 3263 II–3270 II stammen aus MH 170.
MiNr. 3263 II–3264 II stammen auch aus MH 208.

In gleicher Zeichnung wie MiNr. 3263: MiNr. 3271 (selbstklebend)

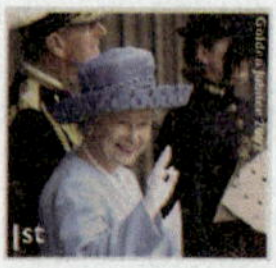

2012, 31. Mai. 60. Jahrestag der Thronbesteigung von Königin Elizabeth II. RaTdr. Markenheftchen; selbstklebend; gestanzt 14¼:14¾.

dnh) 50. Thronjubiläum (2002)

3271	1ST mehrfarbig	dnh	3,50	2,—
	FDC			3,—

Nominale zur Zeit der Ausgabe: 60 P

MiNr. 3271 stammt auch aus MH 0-341.

In gleicher Zeichnung: MiNr. 3263 (nassklebend)

2012, 19. Juni. 200. Geburtstag von Charles Dickens. Odr. (5×5 und 5×5 + 5×5); gez. K 14¼.

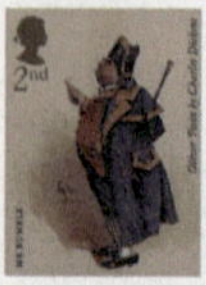

dnr) Mr. Bumble aus „Oliver Twist“

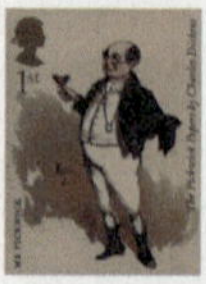

dns) Mr. Pickwick aus „Die Pickwickier“

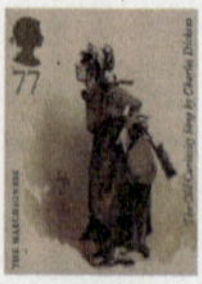

dnt) Die Marquise aus „Der Raritätenladen“

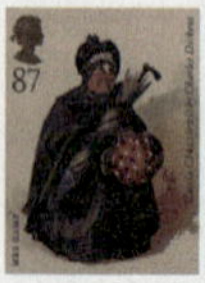

dnu) Mrs. Gamp aus „Martin Chuzzlewitt“

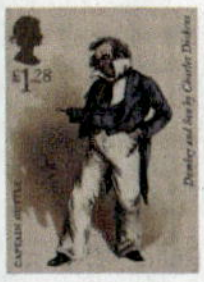
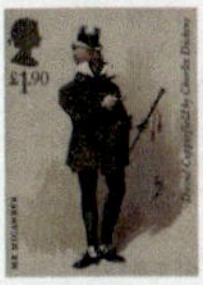

dnv) Captain Cuttle aus „Dombey und Sohn“

dnw) Mr. Micawber aus „David Copperfield“

dnr–dnw) Figuren aus Erzählungen von Charles Dickens (1812–1870), Schriftsteller

3272	2nd	mehrfarbig	dnr	2,20	1,30
3273	1st	mehrfarbig	dns	3,—	1,50
3274	77 (P)	mehrfarbig	dnt	2,20	2,—
3275	87 (P)	mehrfarbig	dnu	2,60	2,20
3276	1.28 £	mehrfarbig	dnv	4,—	3,20
3277	1.90 £	mehrfarbig	dnw	6,—	4,80
		Satzpreis (6 W.)		20,—	15,—
		FDC			17,—

Blockausgabe

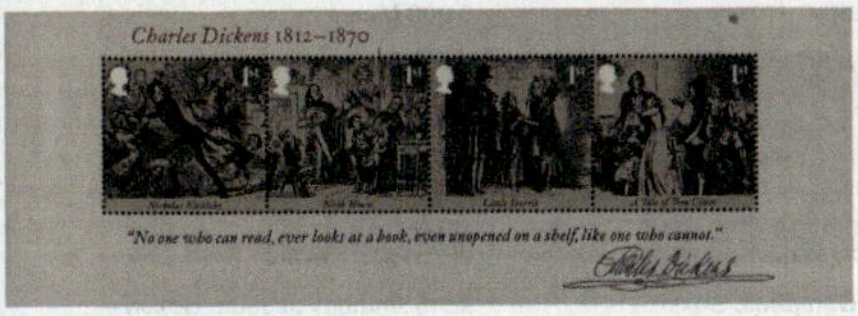

dob

dnx) „Nicholas Nickleby“ (1838/39)
dny) „Bleak House“ (1852/53)
dnz) „Klein Dorrit“ (1855/57)
doa) „Eine Geschichte aus zwei Städten“ (1859)

dnx–doa) Werke von Charles Dickens

3278	1st mehrfarbig	dnx	3,—	1,50
3279	1st mehrfarbig	dny	3,—	1,50
3280	1st mehrfarbig	dnz	3,—	1,50
3281	1st mehrfarbig	doa	3,—	1,50
Block 75	(190×67 mm)	dob	12,—	6,—
		FDC		7,50

Nominalen zur Zeit der Ausgabe: MiNr. 3272 = 50 P, MiNr. 3273 und 3278–3281 je 60 P

2012, 27. Juni. Freimarken: Olympische und Paralympische Sommerspiele, London. Odr., Folienbogen (2×10 Zd); selbstklebend; Sicherheitsstanzung 14¾:14¼.

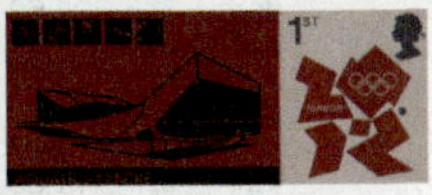

Zierfeld
dkc

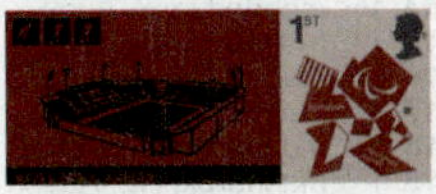

Zierfeld
dkb

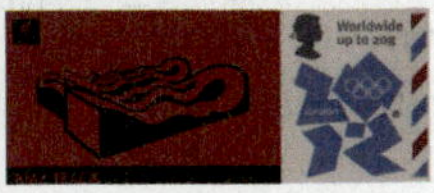

Zierfeld
dkc I

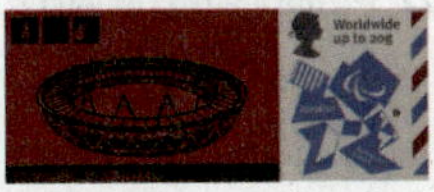

Zierfeld
dkb I

dkc, dkc I) Zahl „2012“, Emblem der Olympischen Sommerspiele
dkb, dkb I) Zahl „2012“, Emblem der Paralympischen Sommerspiele

3282	1ST mittelgrau/lebhaftzinnober	dkc	3,—	3,—
3283	1ST mittelgrau/lebhaftzinnober	dkb	3,—	3,—
3284	— Worldwide up to 20 grams, mfg.	dkc I	14,—	14,—
3285	— Worldwide up to 20 grams, mfg.	dkb I	14,—	14,—
	Satzpreis (4 W.)		34,—	34,—
	FDC			38,—
	3282 Zf–3285 Zf		36,—	36,—

Nominalen zur Zeit der Ausgabe: MiNr. 3282–3283 je 60 P, MiNr. 3184–3185 je 1.28 £

MiNr. 3282–3285 stammen aus Folienbogen zu 20 Marken (8 × MiNr. 3282–3283 und 2 × MiNr. 3284–3285) und 20 Zierfeldern, die jeweils durch 3 schmale Verbindungsstege mit der Marke verbunden sind (Postpreis: 15.22 £).

Gültig bis 31.1.2023, geduldet bis 31.7.2023

In gleichen Zeichnungen: MiNr. 3180–3183 (RaTdr.), 3290–3293 (Odr. und nassklebend)

2012, 27. Juli. Blockausgabe: Olympische Sommerspiele, London. Odr.; gez. Ks 14¾.

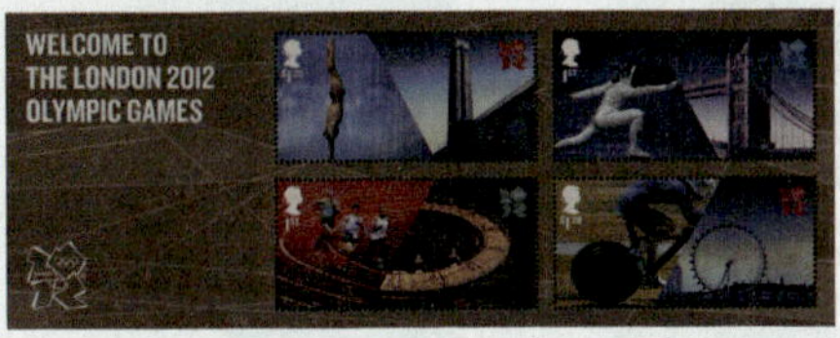

dog

doe
dod

doc
dof

doc) Fechten; Tower Bridge
dod) Laufen; Olympiastadion
doe) Wasserspringen; Museum Tate Modern
dof) Radfahren; Riesenrad „London Eye“

3286	1ST mehrfarbig	doc	3,—	1,60
3287	1ST mehrfarbig	dod	3,—	1,60
3288	1.28 £ mehrfarbig	doe	4,—	3,40
3289	1.28 £ mehrfarbig	dof	4,—	3,40
Block 76	(192×74 mm)	dog	14,—	10,—
	FDC			12,—

Nominale von MiNr. 3286–3287 zur Zeit der Ausgabe: je 60 P

2012, 27. Juli. Freimarken: Olympische und Paralympische Sommerspiele, London. Odr., Markenheftchen; gez. K 14¾:14¼.

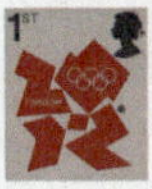

dkc

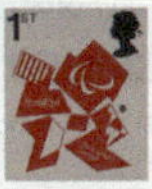

dkb

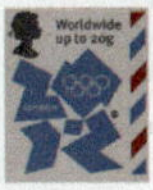

dkc I

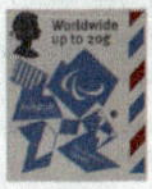

dkb I

dkc, dkc I) Zahl „2012“, Emblem der Olympischen Sommerspiele
dkb, dkb I) Zahl „2012“, Emblem der Paralympischen Sommerspiele

3290	1ST mittelgrau/lebhaftzinnober	dkc	3,—	3,—
3291	1ST mittelgrau/lebhaftzinnober	dkb	3,—	3,—
3292	— Worldwide up to 20 grams, mfg.	dkc I	11,—	11,—
3293	— Worldwide up to 20 grams, mfg.	dkb I	11,—	11,—
	Satzpreis (4 W.)		28,—	28,—
	FDC			30,—

Nominalen zur Zeit der Ausgabe: MiNr. 3290–3291 je 60 P, MiNr. 3292–3293 je 1.28 £

MiNr. 3290–3293 stammen aus MH 171.

Gültig bis 31.1.2023, geduldet bis 31.7.2023

In gleichen Zeichnungen: MiNr. 3282–3285 (selbstklebend), 3180–3183 (RaTdr. und selbstklebend)

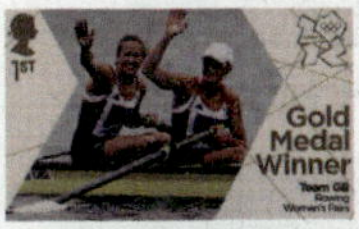

2012, 2. Aug./13. Aug. Olympische Sommerspiele, London: Goldmedaillengewinner. Komb. Odr. und Digitaldr. (2×3); selbstklebend; gestanzt 14¾:14¼.

doh) Helen Glover und Heather Stanning, Rudern – Zweier ohne Steuerfrau

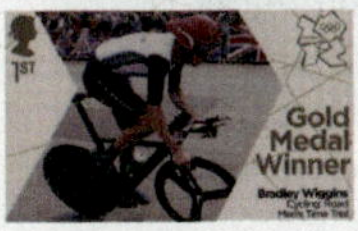

doi) Bradley Wiggins, Radsport – Einzelzeitfahren

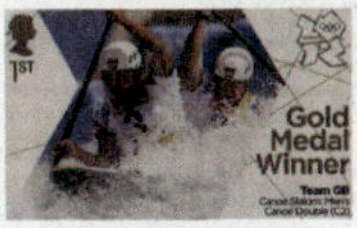

dok) Timothy Baillie und Etienne Stott, Kanu – Canadier-Zweier

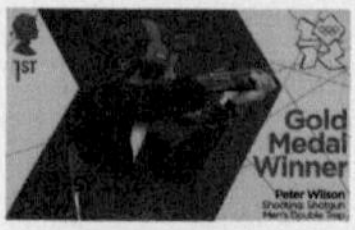

dol) Peter Wilson, Schießen – Wurfscheibe Doppeltrap

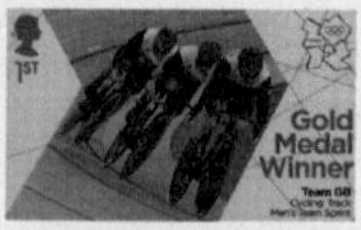

dom) Philip Hindes, Chris Hoy und Jason Kenny, Radsport – Teamsprint

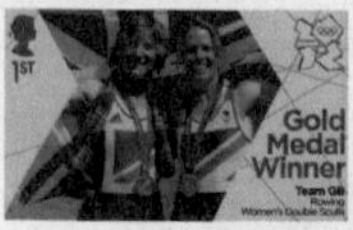

don) Katherine Grainger und Anna Watkins, Rudern – Doppelzweier

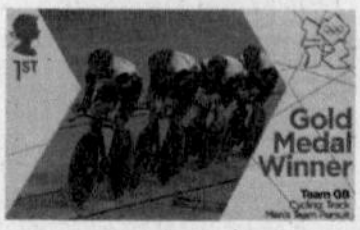

doo) Steven Burke, Ed Clancy, Peter Kennaugh und Geraint Thomas, Radsport – Mannschaftsverfolgung

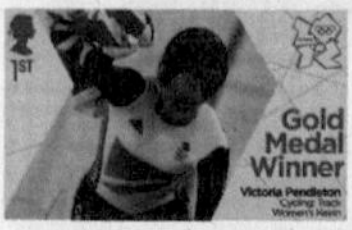

dop) Victoria Pendleton, Radsport – Keirin

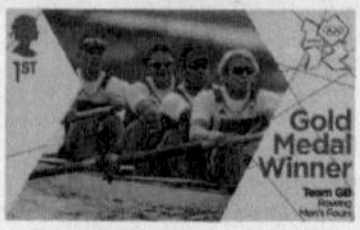

dor) Alex Gregory, Tom James, Pete Reed und Andrew Triggs-Hodge, Rudern – Vierer

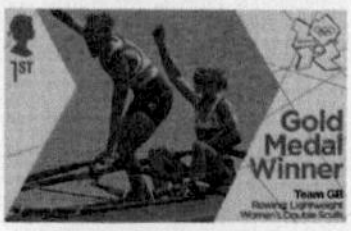

dos) Katherine Copeland und Sophie Hosking, Rudern – Leichtgewichts-Doppelzweier

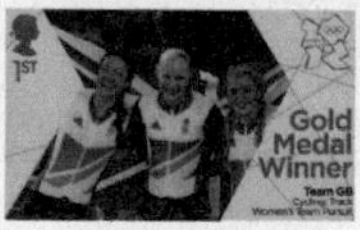

dot) Danielle King, Joanna Rowsell und Laura Trott, Radsport – Mannschaftsverfolgung

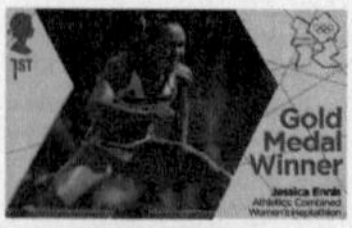

dou) Jessica Ennis, Leichtathletik – Siebenkampf

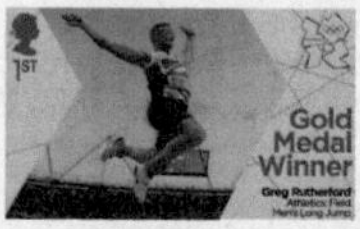

dov) Greg Rutherford, Leichtathletik – Weitsprung

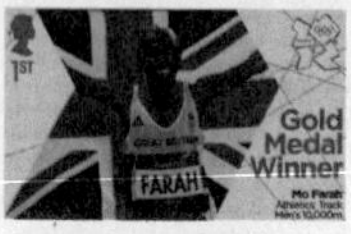

dow) Mo Farah, Leichtathletik – 10.000 Meter

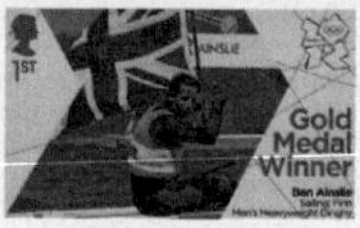

dox) Ben Ainslie, Segeln – Finn Dinghy

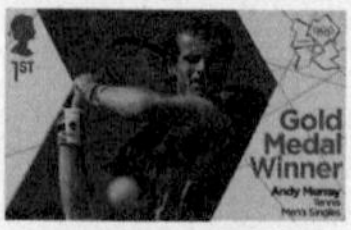

doy) Andy Murray, Tennis – Herreneinzel

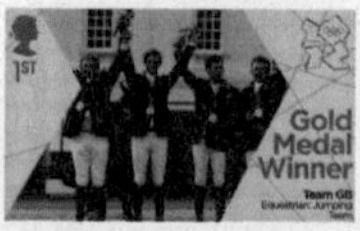

doz) Scott Brash, Peter Charles, Ben Maher und Nick Skelton, Reiten – Springen

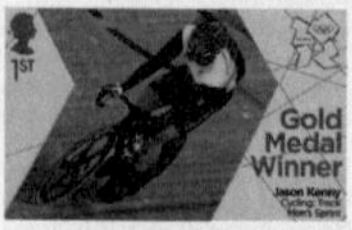

dpa) Jason Kenny, Radsport – Olympischer Sprint

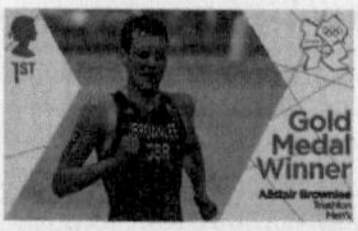

dpb) Alistair Brownlee, Triathlon

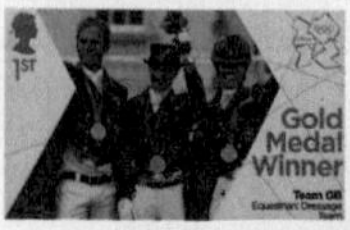

dpc) Laura Bechtolsheimer, Charlotte Dujardin und Carl Hester, Reiten – Dressur

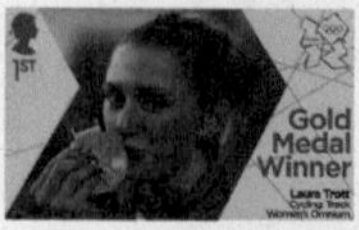

dpd) Laura Trott, Radsport – Omnium

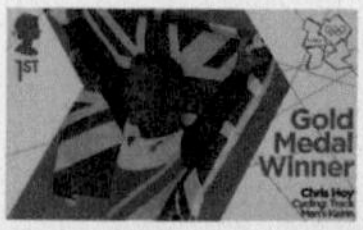

dpe) Chris Hoy, Radsport – Keirin

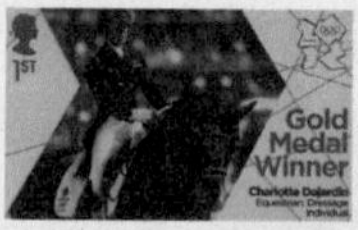

dpf) Charlotte Dujardin, Reiten – Dressur

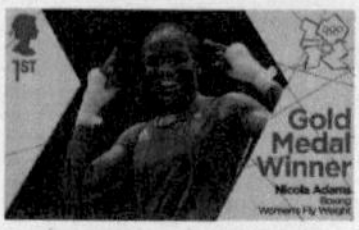

dpg) Nicola Adams, Boxen – Fliegengewicht

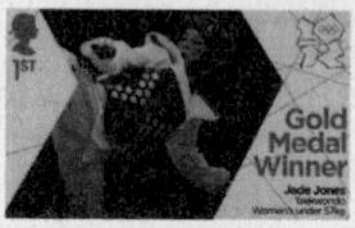

dph) Jade Jones, Taekwondo – Klasse bis 57 kg

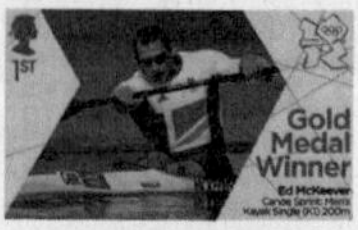

dpi) Ed McKeever, Kanu – Kajak-Einer – 200 Meter

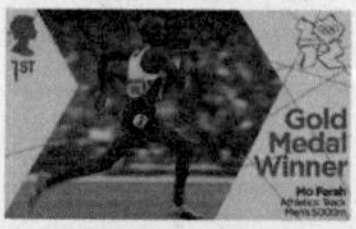

dpk) Mo Farah, Leichtathletik – 5.000 Meter

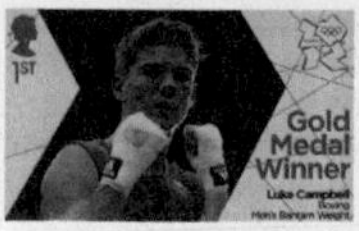

dpl) Luke Campbell, Boxen – Bantamgewicht

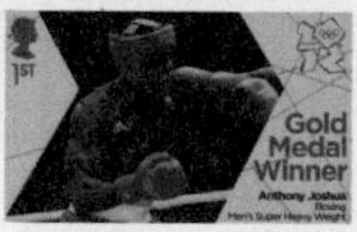

dpm) Anthony Joshua, Boxen – Schwergewicht

3294	1ST	mehrfarbig (2. Aug.)	doh	3,—	1,60
3295	1ST	mehrfarbig (2. Aug.)	doi	3,—	1,60
3296	1ST	mehrfarbig (3. Aug.)	dok	3,—	1,60
3297	1ST	mehrfarbig (3. Aug.)	dol	3,—	1,60
3298	1ST	mehrfarbig (3. Aug.)	dom	3,—	1,60
3299	1ST	mehrfarbig (4. Aug.)	don	3,—	1,60
3300	1ST	mehrfarbig (4. Aug.)	doo	3,—	1,60
3301	1ST	mehrfarbig (4. Aug.)	dop	3,—	1,60
3302	1ST	mehrfarbig (5. Aug.)	dor	3,—	1,60
3303	1ST	mehrfarbig (5. Aug.)	dos	3,—	1,60
3304	1ST	mehrfarbig (5. Aug.)	dot	3,—	1,60
3305	1ST	mehrfarbig (5. Aug.)	dou	3,—	1,60
3306	1ST	mehrfarbig (5. Aug.)	dov	3,—	1,60
3307	1ST	mehrfarbig (5. Aug.)	dow	3,—	1,60
3308	1ST	mehrfarbig (6. Aug.)	dox	3,—	1,60
3309	1ST	mehrfarbig (6. Aug.)	doy	3,—	1,60
3310	1ST	mehrfarbig (7. Aug.)	doz	3,—	1,60
3311	1ST	mehrfarbig (7. Aug.)	dpa	3,—	1,60
3312	1ST	mehrfarbig (8. Aug.)	dpb	3,—	1,60
3313	1ST	mehrfarbig (8. Aug.)	dpc	3,—	1,60
3314	1ST	mehrfarbig (8. Aug.)	dpd	3,—	1,60
3315	1ST	mehrfarbig (8. Aug.)	dpe	3,—	1,60
3316	1ST	mehrfarbig (10. Aug.)	dpf	3,—	1,60
3317	1ST	mehrfarbig (10. Aug.)	dpg	3,—	1,60
3318	1ST	mehrfarbig (10. Aug.)	dph	3,—	1,60
3319	1ST	mehrfarbig (12. Aug.)	dpi	3,—	1,60
3320	1ST	mehrfarbig (12. Aug.)	dpk	3,—	1,60
3321	1ST	mehrfarbig (12. Aug.)	dpl	3,—	1,60
3322	1ST	mehrfarbig (13. Aug.)	dpm	3,—	1,60
		Satzpreis (29 W.)		85,—	46,—
		FDC je			2,50
		29 Folienblätter		340,—	

Nominale zur Zeit der Ausgabe: je 60 P

2012, 29. Aug. Blockausgabe: Paralympische Sommerspiele, London. Odr.; gez. Ks 14¾.

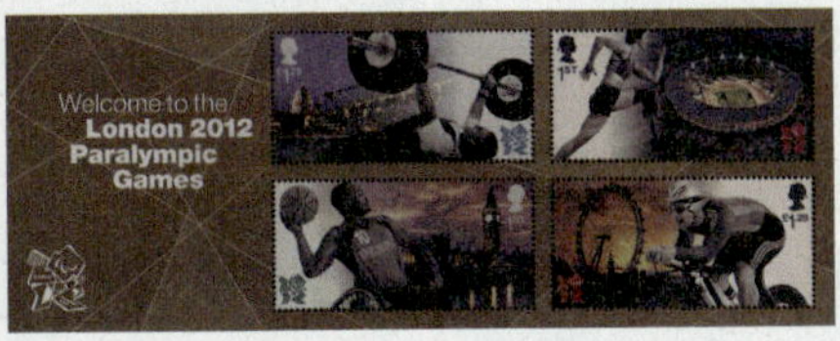

dps

dpp dpn
dpo dpr

dpn) Laufen; Olympiastadion
dpo) Rollstuhl-Basketball; Parlamentsgebäude zu Westminster mit Big Ben
dpp) Gewichtheben; St.-Pauls-Kathedrale und Millennium-Brücke
dpr) Radfahren; Riesenrad „London Eye"

3323	1ST mehrfarbig	dpn	3,—	1,60
3324	1ST mehrfarbig	dpo	3,—	1,60
3325	1.28 £ mehrfarbig	dpp	4,—	3,40
3326	1.28 £ mehrfarbig	dpr	4,—	3,40
Block 77	(192×74 mm)	dps	14,—	10,—
		FDC		12,—

Nominale von MiNr. 3323–3324 zur Zeit der Ausgabe: je 60 P

2012, 31. Aug./1. Sept. Paralympische Sommerspiele, London: Goldmedaillengewinner. Komb. Odr. und Digitaldr. (2×1); selbstklebend; gestanzt 14¾:14¼.

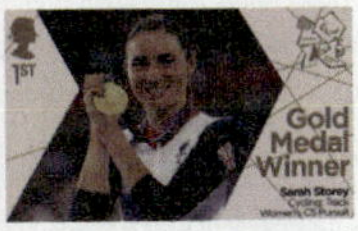

dpt) Sarah Storey, Radsport – Einzelverfolgung

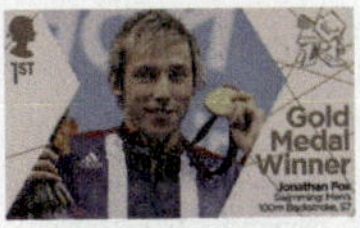

dpu) Jonathan Fox, Schwimmen – 100 Meter Rücken

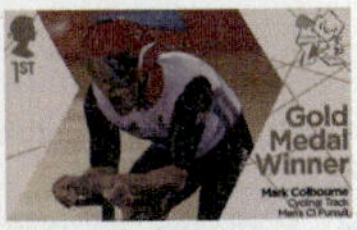

dpv) Mark Colbourne, Radsport – Einzelverfolgung

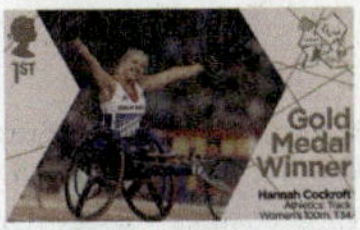

dpw) Hannah Cockroft, Rollstuhlfahren – 100 Meter

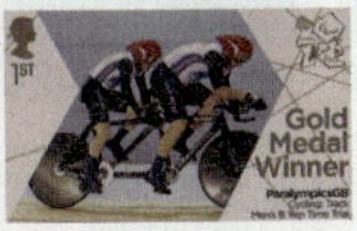

dpx) Neil Fachie, Begleiter Barney Storey, Radsport – Bahnradzeitfahren 1 km

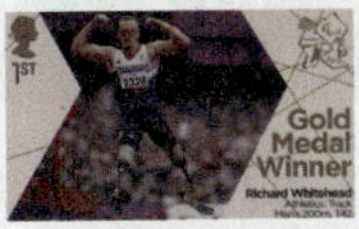

dpy) Richard Whitehead, Leichtathletik – 200 Meter

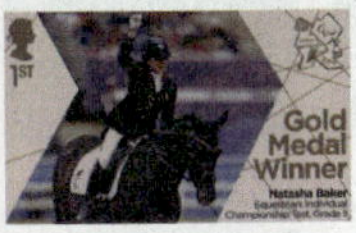

dpz) Natasha Baker, Reiten – Spezialspringen

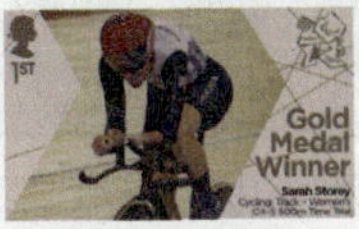

dra) Sarah Storey, Radsport – Bahnradzeitfahren 500 Meter

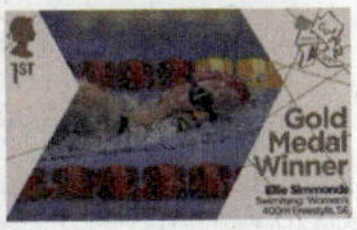

drb) Ellie Simmonds, Schwimmen – 400 Meter Freistil

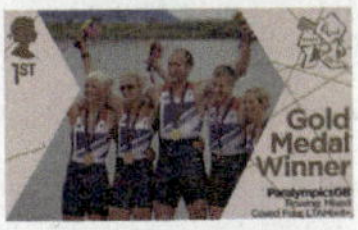

drc) Pamela Relph, Naomi Riches, David Smith, James Roe und Steuerfrau Lily van den Broecke, Rudern – Mixed Vierer

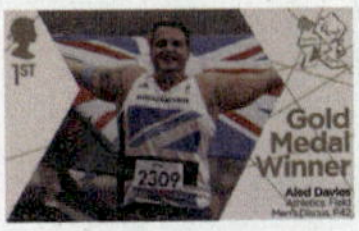

drd) Aled Davies, Leichtathletik – Diskuswerfen

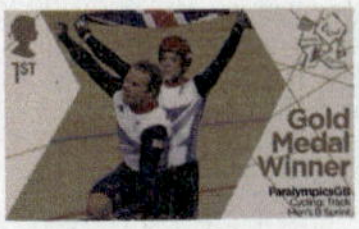

dre) Antony Kappes, Begleiter Craig MacLean, Radsport – Sprint

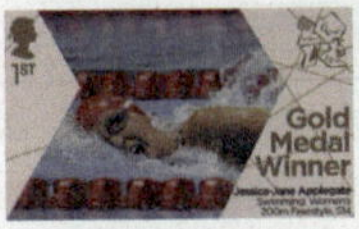

drf) Jessica-Jane Applegate, Schwimmen – 200 Meter Freistil

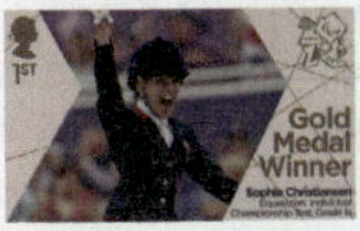

drg) Sophie Christiansen, Reiten – Dressur

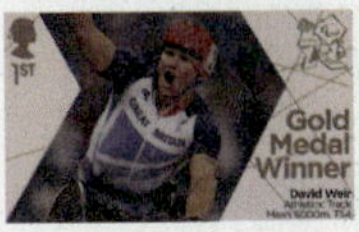

drh) David Weir, Rollstuhlfahren – 5.000 Meter

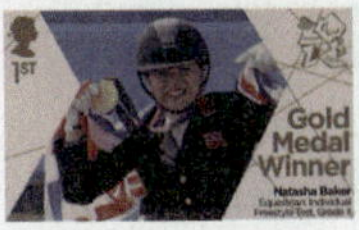

dri) Natasha Baker, Reiten – Dressur

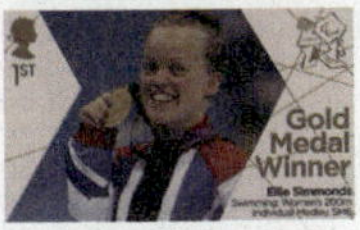

drk) Ellie Simmonds, Schwimmen – 200 Meter Lagen

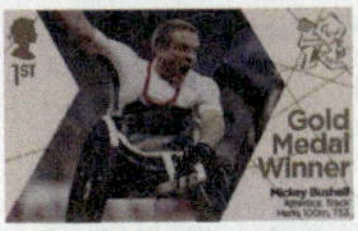

drl) Micky Bushell, Rollstuhlfahren – 100 Meter

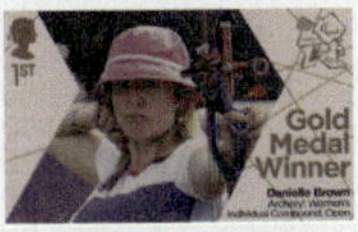

drm) Danielle Brown, Bogenschießen

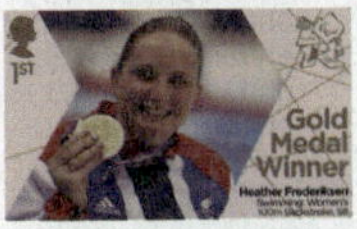

drn) Heather Frederiksen, Schwimmen – 100 Meter Rücken

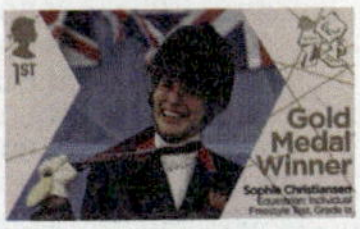

dro) Sophie Christiansen, Reiten – Dressur Kür

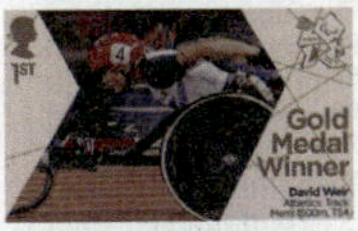

drp) David Weir, Rollstuhlfahren – 1.500 Meter

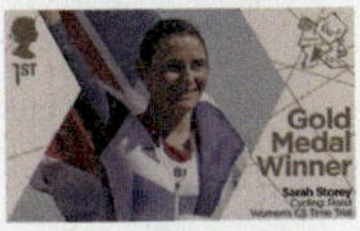

drr) Sarah Storey, Radsport – Straßenrennen

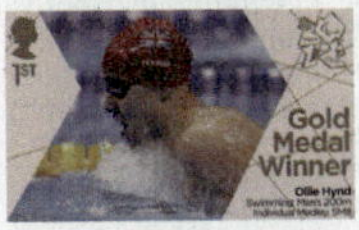

drs) Ollie Hynd, Schwimmen – 200 Meter Lagen

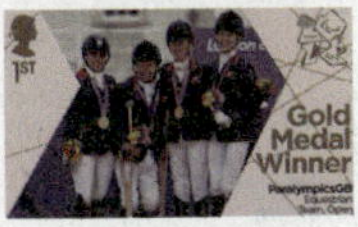

drt) Sophie Christiansen, Deb Criddle, Sophie Wells und Lee Pearson, Reiten – Dressur

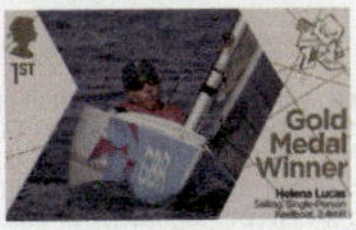

dru) Helena Lucas, Segeln – Kielboot

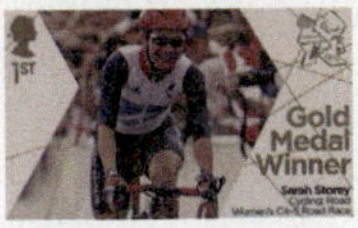

drv) Sarah Storey, Radsport – Einzelzeitfahren

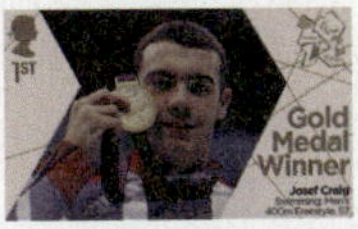

drw) Josef Craig, Schwimmen – 400 Meter Freistil

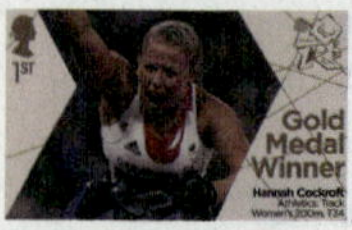

drx) Hannah Cockroft, Rollstuhlfahren – 200 Meter

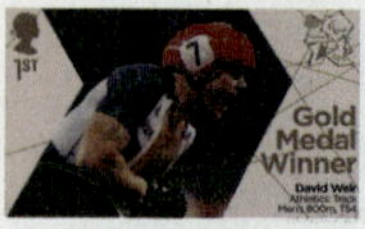

dry) David Weir, Rollstuhlfahren – 800 Meter

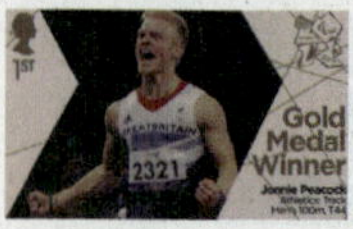

drz) Jonnie Peacock, Leichtathletik – 100 Meter

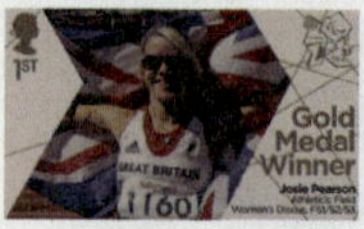

dsa) Josie Pearson, Leichtathletik – Diskuswerfen

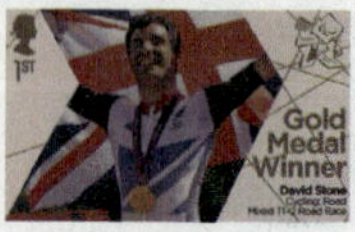

dsb) David Stone, Radsport – Straßenrennen

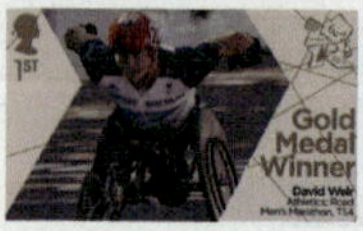

dsc) David Weir, Rollstuhlfahren – Marathon

3327	1ST	mehrfarbig (31. Aug.)	dpt	3,—	1,60
3328	1ST	mehrfarbig (1. Sept.)	dpu	3,—	1,60
3329	1ST	mehrfarbig (3. Sept.)	dpv	3,—	1,60
3330	1ST	mehrfarbig (3. Sept.)	dpw	3,—	1,60
3331	1ST	mehrfarbig (3. Sept.)	dpx	3,—	1,60
3332	1ST	mehrfarbig (3. Sept.)	dpy	3,—	1,60
3333	1ST	mehrfarbig (3. Sept.)	dpz	3,—	1,60
3334	1ST	mehrfarbig (3. Sept.)	dra	3,—	1,60
3335	1ST	mehrfarbig (3. Sept.)	drb	3,—	1,60
3336	1ST	mehrfarbig (4. Sept.)	drc	3,—	1,60
3337	1ST	mehrfarbig (4. Sept.)	drd	3,—	1,60
3338	1ST	mehrfarbig (4. Sept.)	dre	3,—	1,60
3339	1ST	mehrfarbig (4. Sept.)	drf	3,—	1,60
3340	1ST	mehrfarbig (4. Sept.)	drg	3,—	1,60
3341	1ST	mehrfarbig (4. Sept.)	drh	3,—	1,60
3342	1ST	mehrfarbig (4. Sept.)	dri	3,—	1,60
3343	1ST	mehrfarbig (4. Sept.)	drk	3,—	1,60
3344	1ST	mehrfarbig (5. Sept.)	drl	3,—	1,60
3345	1ST	mehrfarbig (5. Sept.)	drm	3,—	1,60
3346	1ST	mehrfarbig (5. Sept.)	drn	3,—	1,60
3347	1ST	mehrfarbig (5. Sept.)	dro	3,—	1,60
3348	1ST	mehrfarbig (7. Sept.)	drp	3,—	1,60
3349	1ST	mehrfarbig (7. Sept.)	drr	3,—	1,60
3350	1ST	mehrfarbig (7. Sept.)	drs	3,—	1,60
3351	1ST	mehrfarbig (7. Sept.)	drt	3,—	1,60
3352	1ST	mehrfarbig (8. Sept.)	dru	3,—	1,60
3353	1ST	mehrfarbig (8. Sept.)	drv	3,—	1,60
3354	1ST	mehrfarbig (8. Sept.)	drw	3,—	1,60
3355	1ST	mehrfarbig (8. Sept.)	drx	3,—	1,60
3356	1ST	mehrfarbig (10. Sept.)	dry	3,—	1,60
3357	1ST	mehrfarbig (10. Sept.)	drz	3,—	1,60
3358	1ST	mehrfarbig (10. Sept.)	dsa	3,—	1,60
3359	1ST	mehrfarbig (10. Sept.)	dsb	3,—	1,60
3360	1ST	mehrfarbig (10. Sept.)	dsc	3,—	1,60
			Satzpreis (34 W.)	100,—	50,—
			FDC je		2,50
			34 Folienblätter	200,—	

Nominale zur Zeit der Ausgabe: je 60 P

Die Marken wurden auch in ungeteilten Folienbogen zu jeweils 8 Folienblättern abgegeben. Dabei erschienen MiNr. 3327, 3328 und 3360 mit je 8 Folienblättern, MiNr. 3329–3332, 3336–3339, 3340–3343, 3344–3347, 3348–3351, 3352–3355 und 3356–3359 mit je 2 Folienblättern, sowie MiNr. 3333–3334 mit je 2 Folienblättern zusammen mit MiNr. 3335 mit 4 Folienblättern.

2012, 27. Sept. Blockausgabe: Olympische und Paralympische Sommerspiele, London. Odr.; gez. Ks 14¾.

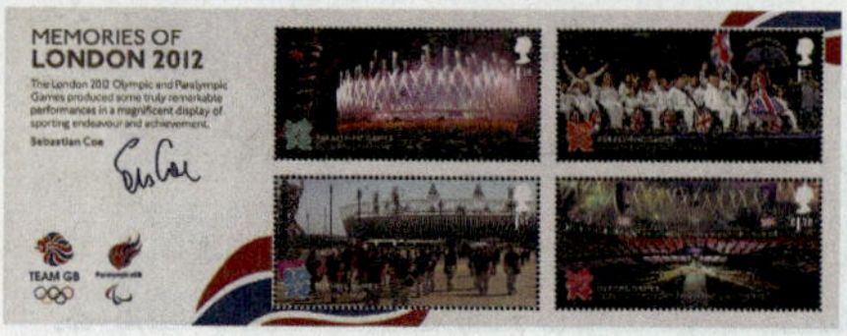

dsh

dsf dsd
dse dsg

dsd) Einzug von Teilnehmern der Paralympischen Sommerspiele, London
dse) Olympia-Stadion, Gruppe von Olympiade-Helfern
dsf) Eröffnungsfeier der Paralympischen Spiele, London
dsg) Abschlussfeier der Olympischen Sommerspiele, London

3361	1ST	mehrfarbig	dsd	3,—	1,60
3362	1ST	mehrfarbig	dse	3,—	1,60
3363	1.28 £	mehrfarbig	dsf	4,—	3,40
3364	1.28 £	mehrfarbig	dsg	4,—	3,40
Block 78		(192×74 mm)	dsh	14,—	10,—
			FDC		12,—

Nominale von MiNr. 3361–3362 zur Zeit der Ausgabe: je 60 P

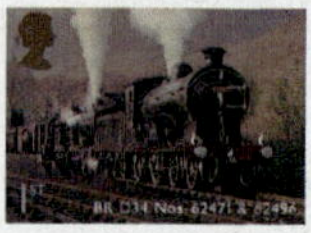

2012, 27. Sept. Dampflokomotiven aus Schottland (II). RaTdr., Markenheftchen; selbstklebend; gestanzt 14¼.

dls) Klasse D34, Nr. 62471 und 62496, der North British Railway

3365	1ST	mehrfarbig	dls	3,50	2,—
			FDC		3,—

Nominale zur Zeit der Ausgabe: 60 P

MiNr. 3365 stammt aus MH 0-342.

In gleicher Zeichnung: MiNr. 3221 (nassklebend)

2012, 16. Okt. Projekte der Europäischen Weltraumorganisation (ESA). Odr. (5×5 und 5×5 + 5×5); gez. K 14¼.

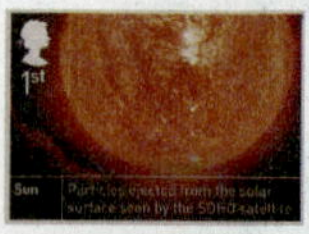

dsi) Sonne, aufgenommen vom Sonnen- und Heliosphärenobservatorium SOHO

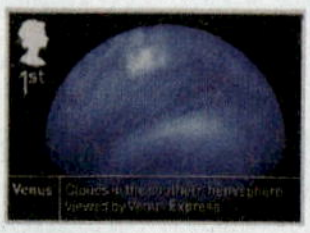

dsk) Venus, aufgenommen von der Raumsonde Venus Express

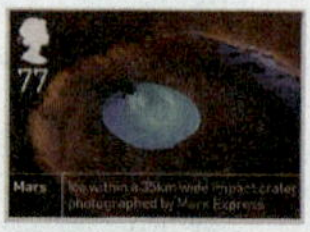

dsl) Mars, aufgenommen von der Raumsonde Mars Express

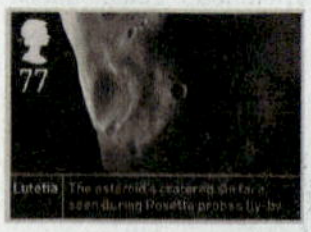

dsm) Asteriod Lutetia, aufgenommen von der Sonde Rosetta

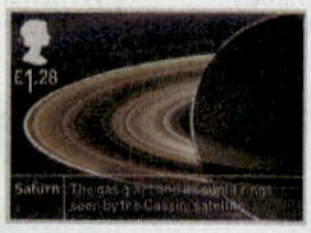

dsn) Saturn, aufgenommen von der Raumsonde Cassini

dso) Saturnmond Titan, aufgenommen von der Raumsonde Huygens

3366	1ST	mehrfarbig	dsi	3,—	1,50
3367	1ST	mehrfarbig	dsk	3,—	1,50
3368	77 (P)	mehrfarbig	dsl	2,50	1,90
3369	77 (P)	schwarz	dsm	2,50	1,90
3370	1.28 £	mehrfarbig	dsn	4,—	3,20
3371	1.28 £	mehrfarbig	dso	4,—	3,20
			Satzpreis (6 W.)	19,—	13,—
			FDC		15,—

Nominale von MiNr. 3366–3367 zur Zeit der Ausgabe: je 60 P

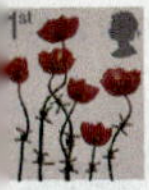

2012, 23. Okt. Grußmarke. RaTdr. (5×5); selbstklebend; Sicherheitsstanzung 14¾:14¼.

cyf) Klatschmohn und Stacheldraht

3372	1st mehrfarbig	cyf	3,—	1,50
		FDC		2,50

Nominale zur Zeit der Ausgabe: 60 P

In gleicher Zeichnung: MiNr. 2870 (Odr. und nassklebend), 2879 (Odr.)

2012, 6. Nov. Blockausgabe: Weihnachten – Weihnachtssymbole (I). RaTdr.; Sicherheitszähnung Ks 14¾:14¼.

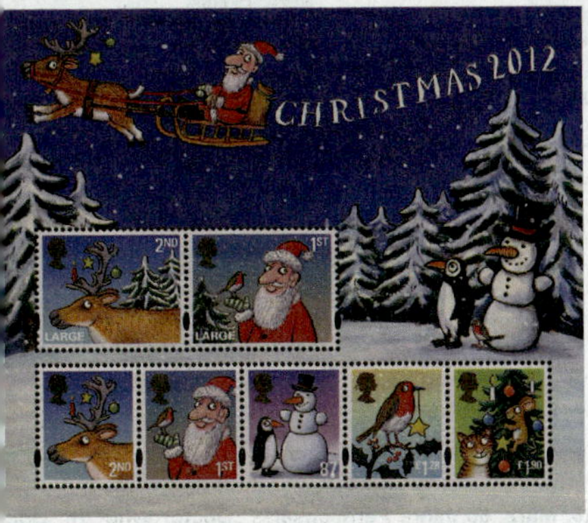

dsx
dss dsu
dsp dsr dst dsv dsw

dsp) Rentier
dsr) Weihnachtsmann mit Rotkehlchen
dss) Rentier
dst) Pinguin und Schneemann
dsu) Weihnachtsmann mit Rotkehlchen
dsv) Rotkehlchen
dsw) Weihnachtsbaum mit Katze und Hund

dsp–dsw) Zeichnungen von Axel Scheffler (*1957)

3373	2ND	mehrfarbig	dsp	2,20	1,20
3374	1ST	mehrfarbig	dsr	3,—	1,60
3375	2ND	Large mehrfarbig	dss	2,80	1,80
3376	87 (P)	mehrfarbig	dst	2,60	2,20
3377	1ST	Large mehrfarbig	dsu	6,—	2,20
3378	1.28 £	mehrfarbig	dsv	3,60	3,20
3379	1.90 £	mehrfarbig	dsw	5,50	4,80
Block 79		(115×102 mm)	dsx	25,—	17,—
			FDC		19,—

Nominalen zur Zeit der Ausgabe: MiNr. 3373 = 50 P, MiNr. 3374 = 60 P, MiNr. 3375 = 69 P, MiNr. 3377 = 90 P

In gleichen Zeichnungen: MiNr. 3380–3386 (selbstklebend)

2012, 6. Nov. Weihnachten: Weihnachtssymbole (II). I = RaTdr., Bogen (B) (5×5 und 5×5 + 5×5) und Markenheftchen (MH) (6×2), II = Odr., Folienbogen (Fbg.); selbstklebend; Sicherheitsstanzung 14¾:14¼.

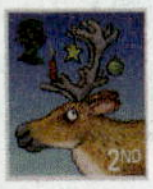

dsp) Rentier

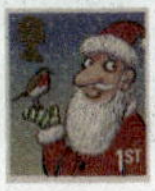

dsr) Weihnachtsmann mit Rotkehlchen

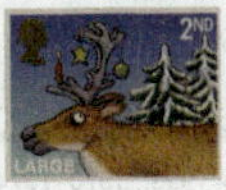

dss) Rentier

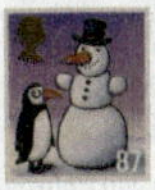

dst) Pinguin und Schneemann

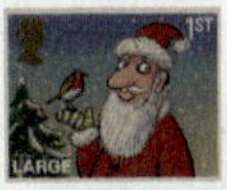

dsu) Weihnachtsmann mit Rotkehlchen

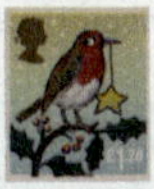

dsv) Rotkehlchen

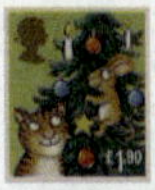

dsw) Weihnachtsbaum mit Katze und Hund

dsp–dsw) Zeichnungen von Axel Scheffler (*1957)

3380		2ND	mehrfarbig	dsp		
	I		RaTdr. (B) (MH)		2,20	1,20
	II		Odr. (Fbg.)		2,40	1,50
3381		1ST	mehrfarbig	dsr		
	I		RaTdr. (B) (MH)		3,—	1,60
	II		Odr. (Fbg.)		3,20	1,90
3382	I	2ND	Large mehrfarbig (B)	dss	2,80	1,80
3383		87 (P)	mehrfarbig	dst		
	I		RaTdr. (B) (MH)		2,60	2,20
	II		Odr. (Fbg.)		3,20	2,80
3384	I	1ST	Large mehrfarbig (B)	dsu	6,—	2,20
3385		1.28 £	mehrfarbig	dsv		
	I		RaTdr. (B) (MH)		3,60	3,20
	II		Odr. (Fbg.)		4,80	3,80
3386	I	1.90 £	mehrfarbig (B)	dsw	5,50	4,80
			Satzpreis I (7 W.)		25,—	17,—
			FDC I			19,—
			3380 II Zf, 3381 II Zf, 3383 II Zf, 3385 II Zf		14,—	10,—

Nominalen zur Zeit der Ausgabe: MiNr. 3380 = 50 P, MiNr. 3381 = 60 P, MiNr. 3382 = 69 P, MiNr. 3384 = 90 P

MiNr. 3380 I stammt auch aus MH 0-344.
MiNr. 3381 I stammt auch aus MH 0-345.

MiNr. 3380 II–3381 II, 3383 II und 3385 II stammen aus Folienbogen zu 20 Marken (8 × MiNr. 3380 II–3381 II, 2 × MiNr. 3383 II und 3385 II) und 20 verschiedenen Zierfeldern, die jeweils durch 3 schmale Verbindungsstege mit der Marke verbunden sind (Postpreis: 13.60 £).

In gleichen Zeichnungen: MiNr. 3373–3379 (nassklebend)

2013, 3. Jan. Freimarken: Königin Elizabeth II., Typ Machin. RaTdr., Bogen (B) (5×5 und 5×5 + 5×5), Folienbogen (Fbg.) (100 bzw. 50), Markenheftchen (MH) und Rolle (R) (10.000); U-förmige Stanzungen im Markenbild; selbstklebend; Sicherheitsstanzung 14¾:14¼.

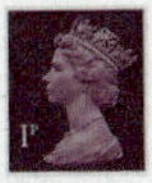

ku III

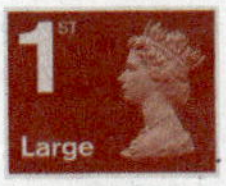

chk I

ku III, chk I) Königin Elizabeth II. (1926–2022, reg. ab 1952); irisierende, negative Inschrift „ROYAL MAIL“ mehrfach

3387	1 P	dunkelbräunlichlila (B)	ku III	0,30	0,30
3388	2 P	dunkelgrün (B)	ku III	0,30	0,30
3389	5 P	mittelgraulilabraun (B)	ku III	0,30	0,30
3390	10 P	dunkelorange (B)	ku III	0,30	0,30
3391	20 P	dunkelgelblichgrün (B)	ku III	0,60	0,50
3392	50 P	dunkelgrau (B)	ku III	1,50	1,20
3393	1ST	lebhaftrot (B) (Fbg.) (MH) (R)	ku III	2,—	1,60
3394	1ST	Large, lebhaftrot (B) (Fbg.) (MH)	chk I	3,20	2,—
3395	1.00 £	ockerbraun (B)	ku III	3,50	2,50
		Satzpreis (9 W.)		12,—	8,—
		FDC			10,—

Nominalen zur Zeit der Ausgabe: MiNr. 3393 = 60 P, MiNr. 3394 = 90 P

Unterschiedliche Auflagen sind durch zwei Ziffern der Jahreszahl anstelle von Buchstaben in der irisierenden Inschrift „ROYAL MAIL“ im Mittelbereich datiert. Näheres siehe MICHEL-Großbritannien-Spezial.

MiNr. 3393 stammt auch aus MH 0-346, 0-347, 0-349, 0-351, 0-352, 0-353, 0-354, 0-357, 0-358, 0-359, 0-360, 0-361, 0-364 und 0-365.
MiNr. 3394 auch aus MH 0-348.

[Fälschung] MiNr. 3393 Odr., aus gefälschtem MH 0-347 in mehreren Ausführungen
[Fälschung] MiNr. 3395 aus Bogen

Gültig bis 31.1.2023, geduldet bis 31.7.2023

In gleichen Zeichnungen siehe Übersicht nach Jahrgangswerttabelle.

2013, 9. Jan. 150 Jahre London Underground. Odr. (5×5 und 5×5 + 5×5); gez. K 14¼.

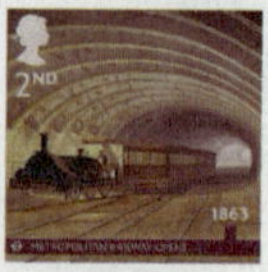
dsx) Eröffnung der Metropolitan Railway (1863)

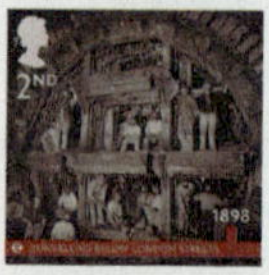
dsy) Tunnelbau (1898)

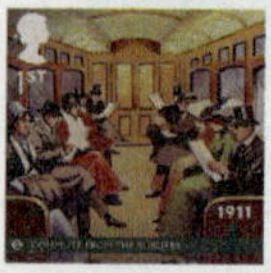
dsz) Pendler aus den Vororten (1911)

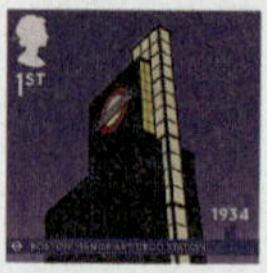
dta) Stationsgebäude, Boston Manor (1934)

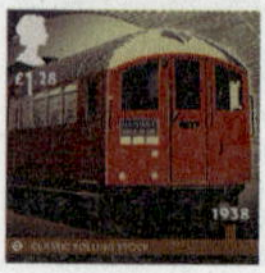
dtb) U-Bahn-Zug (1938)

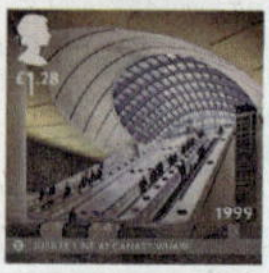
dtc) Station Canary Wharf der Jubilee Line (1999)

3396	2ND	mehrfarbig	dsx	2,20	1,20
3397	2ND	mehrfarbig	dsy	2,20	1,20
3398	1ST	mehrfarbig	dsz	3,—	1,60
3399	1ST	mehrfarbig	dta	3,—	1,60
3400	1.28 £	mehrfarbig	dtb	3,50	3,20
3401	1.28 £	mehrfarbig	dtc	3,50	3,20
			Satzpreis (6 W.)	17,—	12,—
			FDC		14,—

Blockausgabe, gez. Ks 14½:14¾

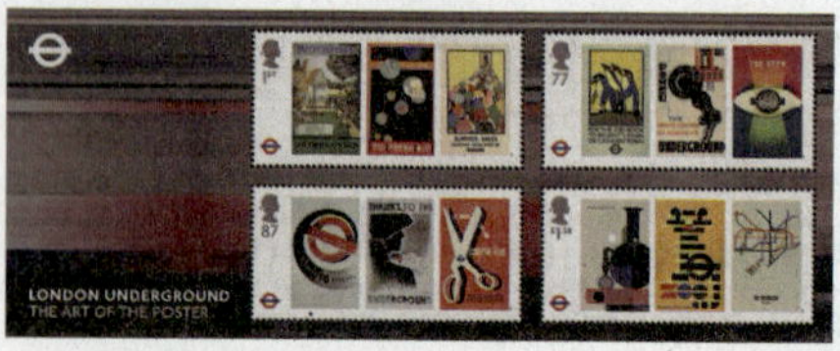
dth

dtd–dtg) Werbeplakate für die Londoner Untergrundbahn

3402	1ST	mehrfarbig	dtd	3,—	1,60
3403	77 (P)	mehrfarbig	dte	2,20	1,90
3404	87 (P)	mehrfarbig	dtf	2,40	2,20
3405	1.28 £	mehrfarbig	dtg	3,40	3,20
Block 80		(183×74 mm)	dth	12,—	9,—
			FDC		11,—

Nominalen zur Zeit der Ausgabe: MiNr. 3396–3397 je 50 P, MiNr. 3398–3399 und 3402 je 60 P

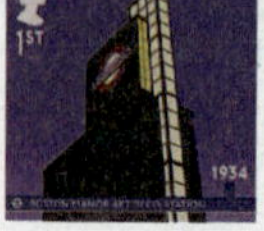

2013, 9. Jan. 150 Jahre London Underground. RaTdr., Markenheftchen; selbstklebend; gestanzt 14¼.

dta) Stationsgebäude, Boston Manor (1934)

3406	1ST	mehrfarbig	dta	3,50	2,—
			FDC		3,—

Nominale zur Zeit der Ausgabe: 60 P

MiNr. 3406 stammt aus MH 0-349.

2013, 21. Febr. Jane Austen. Odr. (5×5 und 5×5 + 5×5); gez. K 14¼.

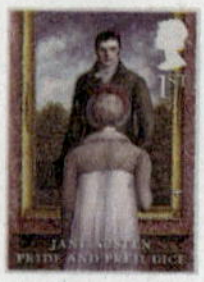
dti) Elizabeth Bennet und Mr. Darcy aus „Stolz und Vorurteil“ (1813)

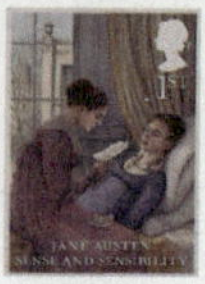
dtk) Marianne Dashwood und ihre Schwester Elinor aus „Verstand und Gefühl“ (1811)

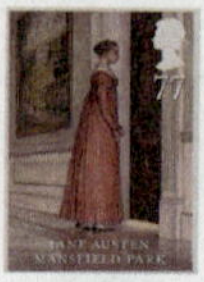
dtl) Fanny Price aus „Mansfield Park“ (1814)

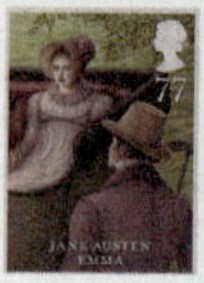
dtm) Emma Woodhouse und Mr. Knights aus „Emma“ (1816)

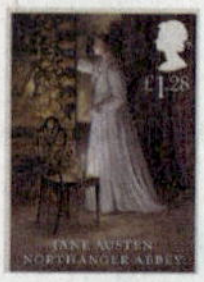
dtn) Catherine Morland aus „Kloster Northanger“ (1818)

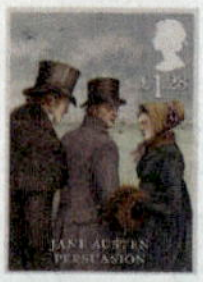
dto) Sir Elliot, Kapitän Frederick Wentworth und Anne Elliot aus „Überredung“ (1818)

dti–dto) Romanfiguren von Jane Austen (1775–1817), Schriftstellerin

3407	1ST	mehrfarbig	dti	3,—	1,50
3408	1ST	mehrfarbig	dtk	3,—	1,50
3409	77 (P)	mehrfarbig	dtl	2,40	1,90
3410	77 (P)	mehrfarbig	dtm	2,40	1,90
3411	1.28 £	mehrfarbig	dtn	3,60	3,20
3412	1.28 £	mehrfarbig	dto	3,60	3,20
			Satzpreis (6 W.)	18,—	13,—
			FDC		15,—

Nominale von MiNr. 3407–3408 zur Zeit der Ausgabe: je 60 P

2013, 26. März. 50 Jahre Fernsehserie „Doctor Who“ (I). Odr., Bogen (MiNr. 3413–3415 2×4 Zd und 2×4 Zd + 2×4 Zd, MiNr. 3416–3419 und 3420–3423 jeweils 1×6 Zd und 1×6 Zd + 1×6 Zd) sowie Markenheftchen; gez. K 14¼.

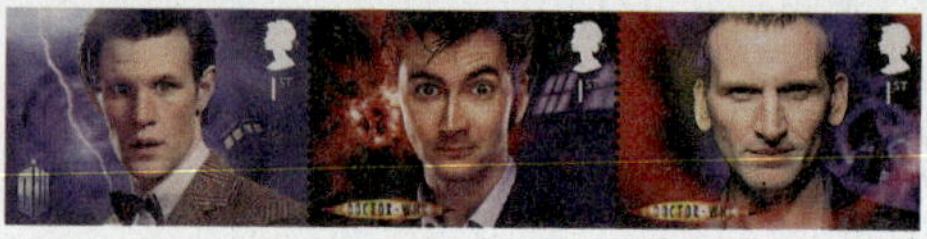
dtp) Matt Smith (*1982), 2010–2014
dtr) David Tennant (*1971), 2005–2010
dts) Christopher Eccleston (*1964), 2005

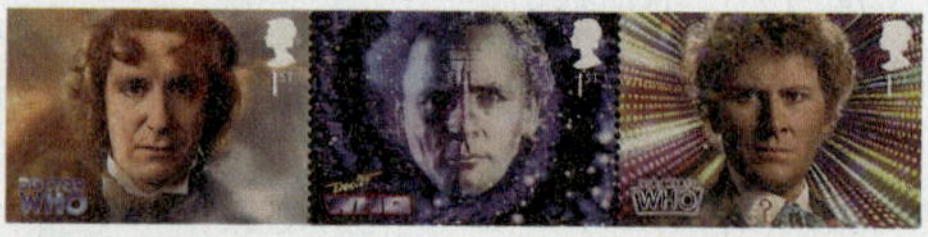
dtt) Paul McGann (*1959), 1996
dtu) Sylvester McCoy (*1943), 1987–1996
dtv) Colin Baker (*1943), 1984–1986

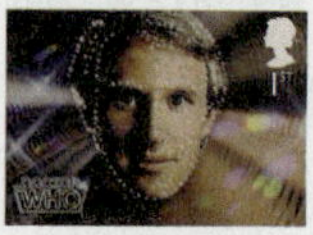
dtw) Peter Davison, eigentlich Peter Moffett (*1951), 1982–1984

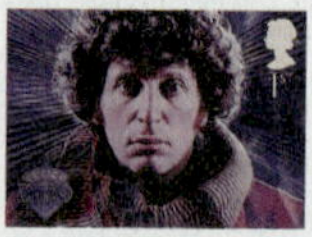
dtx) Tom Baker (*1934), 1974–1981

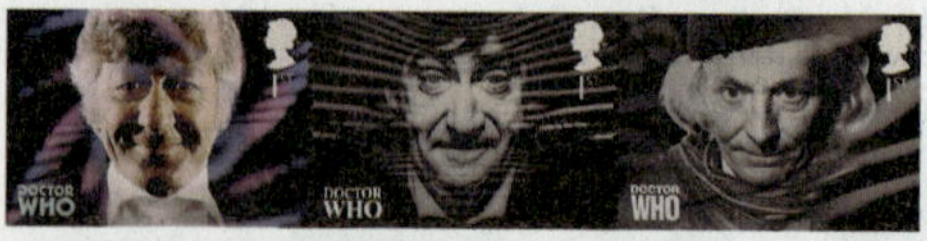
dty) Jon Pertwee (1919–1996), 1970–1974
dtz) Patrick Troughton (1920–1987), 1966–1969
dua) William Hartnell (1908–1975), 1963–1966

dtp–dua) Darsteller von „Doctor Who“ in umgekehrter Zeitfolge ihrer Auftritte

3413	1ST mehrfarbig	dtp	3,—	1,50
3414	1ST mehrfarbig	dtr	3,—	1,50
3415	1ST mehrfarbig	dts	3,—	1,50
3416	1ST mehrfarbig	dtt	3,—	1,50
3417	1ST mehrfarbig	dtu	3,—	1,50
3418	1ST mehrfarbig	dtv	3,—	1,50
3419	1ST mehrfarbig	dtw	3,—	1,50
3420	1ST mehrfarbig	dtx	3,—	1,50
3421	1ST mehrfarbig	dty	3,—	1,50
3422	1ST schwarz	dtz	3,—	1,50
3423	1ST schwarz	dua	3,—	1,50
		Satzpreis (11 W.)	32,—	16,50
		1 Dreierstreifen + 2 Viererstreifen	32,—	16,50
		2 FDC		19,—

Nominale zur Zeit der Ausgabe: je 60 P

MiNr. 3413–3415, 3416–3419 und 3420–3423 wurden jeweils waagerecht zusammenhängend gedruckt.

MiNr. 3413–3423 stammen auch aus MH 172.

In gleichen Zeichnungen wie MiNr. 3413 und 3423: MiNr. 3429–3430 (selbstklebend)

2013, 26. März. 50 Jahre Fernsehserie „Doctor Who" (II). I = RaTdr., II = Odr.; Blockausgabe (Bl.), Markenheftchen (MH) und Folienbogen (Fbg.); selbstklebend; MiNr. 3424–3427 gestanzt 14¾:14½ und zum Teil an Konturen ◻, MiNr. 3428 CS = Sicherheitsstanzung 14¾:14¼, HS = Sicherheitsstanzung 14¾:15.

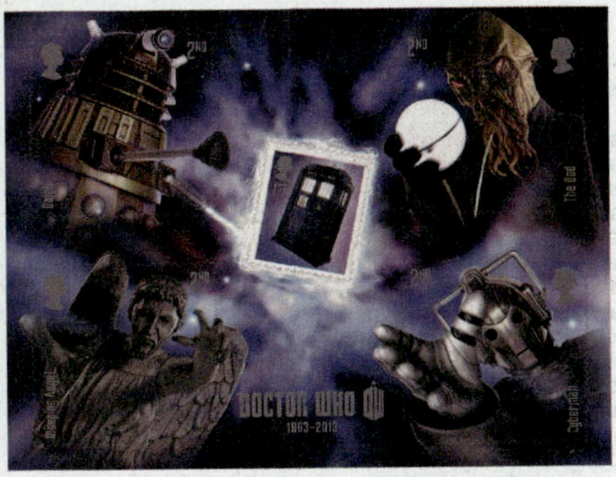

dug

dub duc
dud
due duf

dub) Dalek
duc) The Ood
due) Weinender Engel
duf) Cyberman
dud) Zeit-Raum-Maschine TARDIS (Time and Relative Dimensions in Space)
dub–duf) Figuren und Transportmittel aus der Fernsehserie „Doctor Who"

I = RaTdr.

3424 I	2ND mehrfarbig (Bl.)	dub	2,20	1,20
3425 I	2ND mehrfarbig (Bl.)	duc	2,20	1,20
3426 I	2ND mehrfarbig (Bl.)	due	2,20	1,20
3427 I	2ND mehrfarbig (Bl.)	duf	2,20	1,20
3428 I	1ST mehrfarbig (Bl.) (MH)	dud	3,—	1,50
Block 81	(115×89 mm)	dug	12,—	6,50
		FDC		8,—

II = Odr.

3424 II	2ND mehrfarbig (MH)	dub	2,20	1,20
3425 II	2ND mehrfarbig (MH)	duc	2,20	1,20
3426 II	2ND mehrfarbig (MH)	due	2,20	1,20
3427 II	2ND mehrfarbig (MH)	duf	2,20	1,20
3428 II	1ST mehrfarbig	dud		
CS	gestanzt 14¾:14¼ (Fbg.)		3,50	1,50
HS	gestanzt 14¾:15 (MH)		3,20	1,50
		Satzpreis (5 W.)	12,—	6,50
		FDC		8,—

Nominalen zur Zeit der Ausgabe: MiNr. 3424–3427 je 50 P, MiNr. 3428 = 60 P

MiNr. 3428 I stammt auch aus MH 0-350.

MiNr. 3424 II–3427 II und 3428 II HS stammen aus MH 172.

MiNr. 3428 II CS stammt aus Folienbogen zu 20 Marken und 20 verschiedenen Zierfeldern, die jeweils durch 3 schmale Verbindungsstege mit der Marke verbunden sind (Postpreis: 12.50 £).

Auf Privatbestellung wurde außerdem MiNr. 3428 II CS jeweils im Folienbogen zu 20 Marken und 20 Zierfeldern bzw. zu 10 Marken und 10 Zierfeldern ausgegeben (Postpreis: 18.25 bzw. 9.99 £).

In gleicher Zeichnung wie MiNr. 3428: MiNr. 3431 (nassklebend)

2013, 26. März. 50 Jahre Fernsehserie „Doctor Who" (III). RaTdr., Markenheftchen; selbstklebend; gestanzt 14¼.

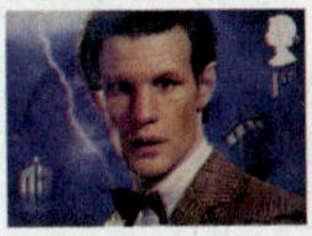

dtp) Matt Smith (*1982), 2010–2014

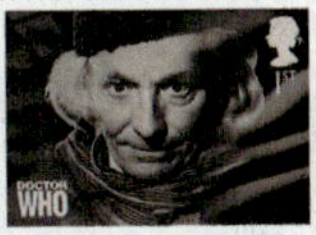

dua) William Hartnell (1908–1975), 1963–1966

3429	1ST mehrfarbig	dtp	8,—	3,—
3430	1ST schwarz	dua	8,—	3,—
		Satzpreis (2 W.)	16,—	6,—
		FDC		7,—

Nominale zur Zeit der Ausgabe: je 60 P

MiNr. 3429–3430 stammen aus MH 0-350.

In gleichen Zeichnungen: MiNr. 3413, 3423 (nassklebend)

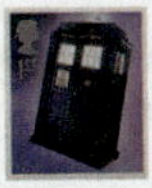

2013, 26. März. 50 Jahre Fernsehserie „Doctor Who" (IV). Odr., Markenheftchen; Sicherheitszähnung K 14¾:14¼

dud) Zeit-Raum-Maschine TARDIS

3431	1ST mehrfarbig	dud	3,—	1,50
		FDC		2,50

Nominale zur Zeit der Ausgabe: je 60 P

MiNr. 3431 stammt aus MH 172.

In gleicher Zeichnung: MiNr. 3428 (selbstklebend)

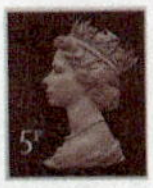

2013, 26. März/19. Sept. Freimarken: Königin Elizabeth II., Typ Machin. Odr., Markenheftchen; Sicherheitszähnung K 14¾:14¼.

ku IV) Königin Elizabeth II. (1926–2022, reg. ab 1952); irisierende, negative Inschrift „ROYAL MAIL" mehrfach

3432		5 P	mittelgraulilabraun	ku IV		
	So		Shz. oben (19. Sept.)		2,—	0,70
	Su		Sicherheitszähnung unten		0,80	0,40
3433	Su	10 P	dunkelorange	ku IV	0,80	0,40
3434	Su	20 P	dunkelgelblichgrün	ku IV	1,—	0,60
3435	Su	87 P	gelblichorange	ku IV	5,—	3,—
				Satzpreis (4 W.)	7,50	4,40
				FDC		5,—

MiNr. 3432 So stammt aus MH 174.
MiNr. 3432 Su stammt aus MH 172, 173, 175, 179–180, 185, 190–191, 194, 197–198, 200 und 205.
MiNr. 3433 Su stammt aus MH 172–173, 176–177, 180, 185–186, 194, 198, 200, 204–205 und 207–208.
MiNr. 3434 Su stammt aus MH 172, 176–177, 190, 193, 195, 203 und 205–207.
MiNr. 3435 Su stammt aus MH 172.

Gültig bis 31.1.2023, geduldet bis 31.7.2023

In gleicher Zeichnung siehe Übersicht nach Jahrgangswerttabelle.

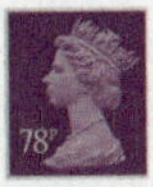

2013, 27. März. Freimarken: Königin Elizabeth II., Typ Machin. RaTdr. (5×5); U-förmige Stanzungen im Markenbild; selbstklebend; Sicherheitsstanzung 14¾:14¼.

ku III) Königin Elizabeth II. (1926–2022, reg. ab 1952); irisierende, negative Inschrift „ROYAL MAIL" mehrfach

3436	78 P	dunkelpurpur	ku III	2,20	2,—
3437	88 P	dunkelgelborange	ku III	2,50	2,20
3438	1.88 £	schwärzlichultramarin	ku III	5,50	4,80
			Satzpreis (3 W.)	10,—	9,—
			FDC		11,—

Gültig bis 31.1.2023, geduldet bis 31.7.2023

In gleicher Zeichnung siehe Übersicht nach Jahrgangswerttabelle.

2013, 27. März. Einschreibemarken: Königin Elizabeth II., Typ Machin. RaTdr. (5×5); U-förmige Stanzungen im Markenbild; selbstklebend; MiNr. 3439 Sicherheitsstanzung 14¾:14¼, MiNr. 3440 Sicherheitsstanzung 14¼.

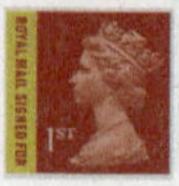
cxm I

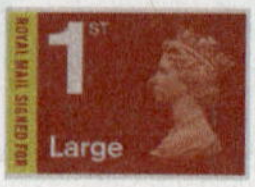
cxn I

cxm I–cxn I) Königin Elizabeth II. (1926–2022, reg. ab 1952); irisierende, negative Inschrift „ROYAL MAIL" mehrfach

3439	1ST	gelblichrot/gelb	cxm I	7,—	4,50
3440	1ST	Large gelblichrot/gelb	cxn I	9,—	5,—
			Satzpreis (2 W.)	16,—	9,50
			FDC		11,—

Nominalen zur Zeit der Ausgabe: MiNr. 3439 = 1.55 £, MiNr. 3440 = 1.85 £, jeweils mit einem Anteil von 75 P (ab 2.4.2013 von 1.10 £, ab 25.3.2019 von 1.20 £, ab 23.3.2020 von 1.30 £, ab 1.1.2021 von 1.40 £, ab 3.4.2023 von 1.50 £, ab 2.4.2024 von 1.70 £, ab 7.4.2025 von 1.90 £) für die Einschreibegebühr.

Im Unterschied zu MiNr. 2839–2840 lautet die seitliche Inschrift jetzt „ROYAL MAIL SIGNED FOR".

[77a] MiNr. 3440 aus Bogen (5×11) mit gerader (statt wellenförmiger), irisierender Inschrift „ROYAL MAIL"

Vorerst weiterhin gültig

In ähnlichen Zeichnungen siehe Übersicht nach Jahrgangswerttabelle.

2013, 16. April. Persönlichkeiten (III). Odr. (1×5 Zd und 1×5 Zd + 1×5 Zd); gez. K 14¼.

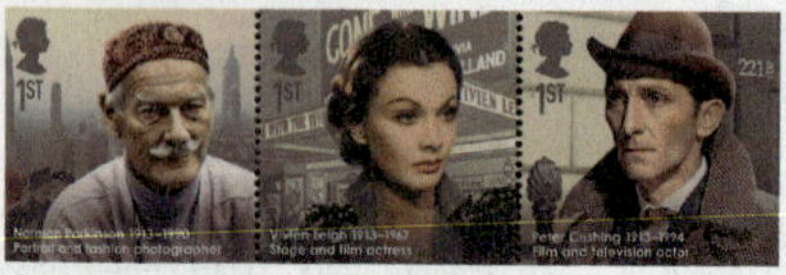

duh) Norman Parkinson (1913–1990), Fotograf
dui) Vivien Leigh (1913–1967), Schauspielerin
duk) Peter Cushing (1913–1994), Schauspieler

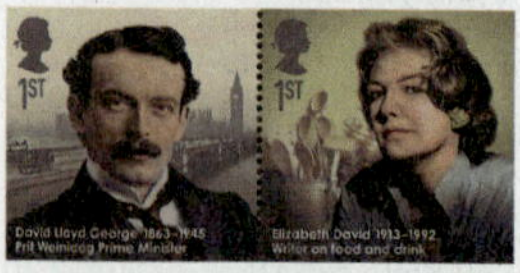

dul) David Lloyd George (1863–1945), Politiker
dum) Elizabeth David (1913–1992), Fachbuchautorin

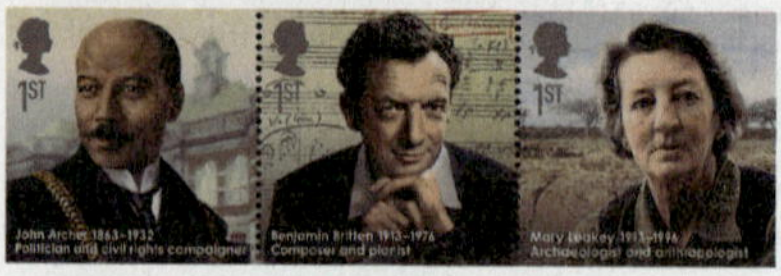

dun) John Archer (1863–1932), Politiker
duo) Benjamin Britten (1913–1976), Komponist
dup) Mary Leakey (1913–1996), Paläoanthropologin

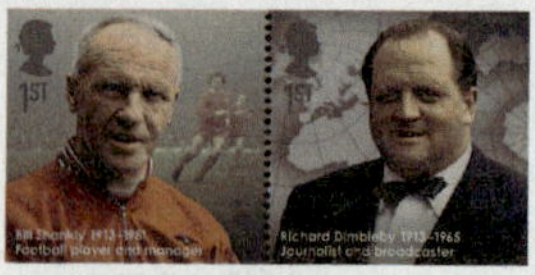

dur) William „Bill" Shanky (1913–1981), schottischer Fußballspieler und -trainer
dus) Richard Dimbleby (1913–1965), Journalist und Rundfunkreporter

3441	1ST	mehrfarbig	duh	3,—	1,50
3442	1ST	mehrfarbig	dui	3,—	1,50
3443	1ST	mehrfarbig	duk	3,—	1,50
3444	1ST	mehrfarbig	dul	3,—	1,50
3445	1ST	mehrfarbig	dum	3,—	1,50
3446	1ST	mehrfarbig	dun	3,—	1,50
3447	1ST	mehrfarbig	duo	3,—	1,50
3448	1ST	mehrfarbig	dup	3,—	1,50
3449	1ST	mehrfarbig	dur	3,—	1,50
3450	1ST	mehrfarbig	dus	3,—	1,50
			Satzpreis (10 W.)	30,—	15,—
			2 Fünferstreifen	30,—	15,—
			FDC		17,—

Nominale zur Zeit der Ausgabe: je 60 P

MiNr. 3441–3445 und 3446–3450 wurden jeweils waagerecht zusammenhängend gedruckt.

Posttarife Großbritannien (2.4.2013–30.3.2014)

2. Klasse, Standardformat: 50 P (seit 30.4.2012)
1. Klasse, Standardformat: 60 P (seit 30.4.2012)
2. Klasse, Großformat: 69 P (seit 30.4.2012)
1. Klasse, Großformat: 90 P (seit 30.4.2012)
Europa, bis 20 g: 88 P (zuvor: 87 P)
Europa, 20 g–40 g: 1.28 £ (seit 30.4.2012)
Postkarte, Seepost: 78 P (zuvor: 77 P)
Postkarte, Luftpost: 88 P (zuvor: 87 P)
Luftpost, bis 10 g: 88 P (zuvor: 87 P)
Luftpost, 10 g–20 g: 1.28 £ (seit 30.4.2012)
Luftpost, 20 g–40 g: 1.88 £ (zuvor: 1.90 £)
Einschreiben, 1. Klasse, Standardformat: 1.70 £ (zuvor: 1.55 £)
Einschreiben, 1. Klasse, Großformat: 2.00 £ (zuvor: 1.85 £)
Eilsendung, bis 100 g: 6.22 £ (zuvor: 5.90 £)
Eilsendung, bis 500 g: 6.95 £ (zuvor: 6.35 £)

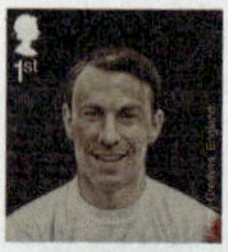

2013, 9. Mai. 150 Jahre organisierter Fußballsport (Gründung des Englischen Fußballverbandes): Fußballspieler (I). Odr.; MiNr. 3451–3455 (1×6 Zd und 1×6 Zd + 1×6 Zd), MiNr. 3456–3461 (1×5 Zd und 1×5 Zd + 1×5 Zd); gez. K 14¾:14¼.

dut) Jimmy Greaves (1940–2021), England

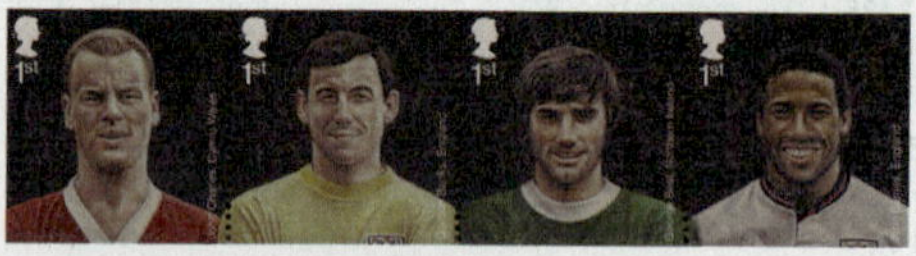

duu) John Charles (1931–2004), Wales
duv) Gordon Banks (1937–2019), England
duw) George Best (1946–2005), Nordirland
dux) John Barnes (*1963), England

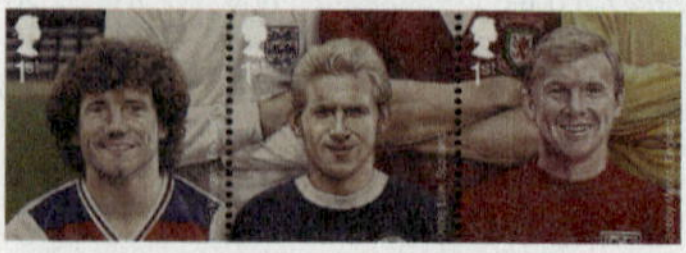

duy) Kevin Keegan (*1951), England
duz) Denis Law (1940–2025), Schottland
dva) Bobby Moore (1941–1993), England

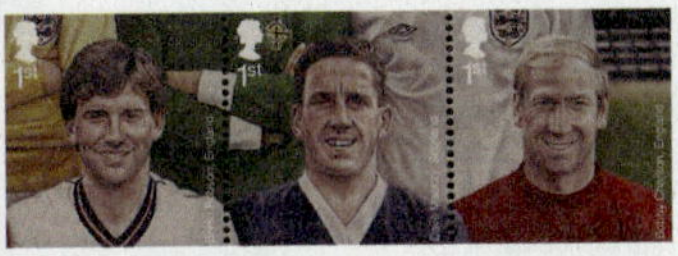

dvb) Bryan Robson (*1957), England
dvc) Dave MacKay (1934–2015), Schottland
dvd) Bobby Charlton (1937–2023), England

3451	1st mehrfarbig	dut	3,—	1,50
3452	1st mehrfarbig	duu	3,—	1,50
3453	1st mehrfarbig	duv	3,—	1,50
3454	1st mehrfarbig	duw	3,—	1,50
3455	1st mehrfarbig	dux	3,—	1,50
3456	1st mehrfarbig	duy	3,—	1,50
3457	1st mehrfarbig	duz	3,—	1,50
3458	1st mehrfarbig	dva	3,—	1,50
3459	1st mehrfarbig	dvb	3,—	1,50
3460	1st mehrfarbig	dvc	3,—	1,50
3461	1st mehrfarbig	dvd	3,—	1,50
	Satzpreis (11 W.)		32,—	16,50
	Fünferstreifen + Sechserstreifen		32,—	16,50
	FDC			19,—
	Zd-Bogen		32,—	16,50
	FDC			19,—

Nominale zur Zeit der Ausgabe: je 60 P

MiNr. 3451–3455 und 3456–3461 wurden jeweils waagerecht zusammenhängend gedruckt. MiNr. 3451–3461 wurden auch zusammenhängend im Zd-Bogen (192×74 mm) gedruckt.

In gleichen Zeichnungen: MiNr. 3462–3471 (selbstklebend)

2013, 9. Mai/2014, 20. Febr. 150 Jahre organisierter Fußballsport (Gründung des Englischen Fußballverbandes): Fußballspieler (II). I = Odr., II = RaTdr., Markenheftchen; selbstklebend; gestanzt 14¾:14¼.

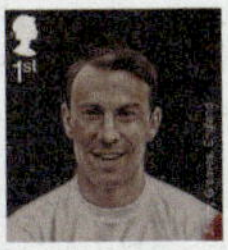

dut) Jimmy Greaves (1940–2021), England

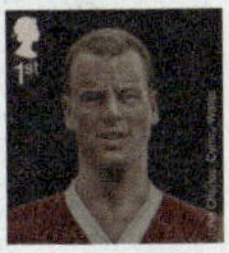

duu) John Charles (1931–2004), Wales

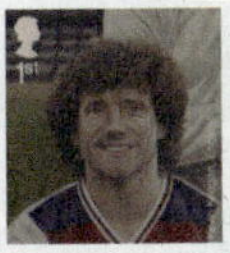

duy) Kevin Keegan (*1951), England

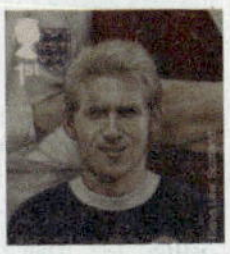

duz) Denis Law (1940–2025), Schottland

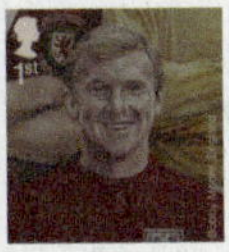

dva) Bobby Moore (1941–1993), England

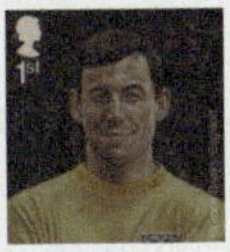

duv) Gordon Banks (1937–2019), England

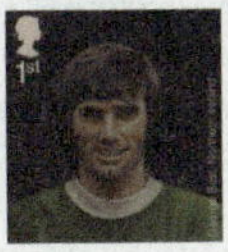

duw) George Best (1946–2005), Nordirland

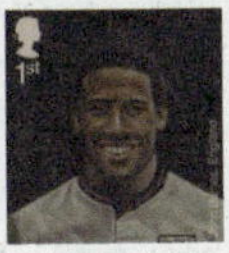

dux) John Barnes (*1963), England

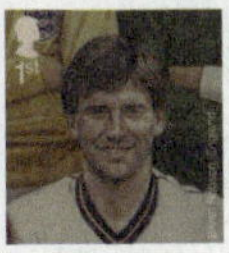

dvb) Bryan Robson (*1957), England

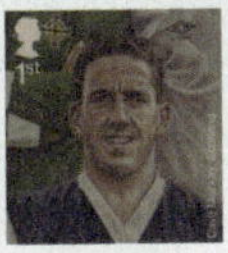

dvc) Dave MacKay (1934–2015), Schottland

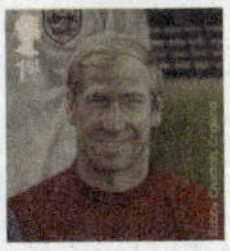

dvd) Bobby Charlton (1937–2023), England

3462 I	1st mehrfarbig	dut	3,—	1,50
3463	1st mehrfarbig	duu		
I	Odr.		3,—	1,50
II	RaTdr. (20.2.2014)		6,—	2,50
3464 I	1st mehrfarbig	duy	3,—	1,50
3465 I	1st mehrfarbig	duz	3,—	1,50
3466	1st mehrfarbig	dva		
I	Odr.		3,—	1,50
II	RaTdr.		6,—	2,50
3467 I	1st mehrfarbig	duv	3,—	1,50
3468	1st mehrfarbig	duw		
I	Odr.		3,—	1,50
II	RaTdr.		6,—	2,50
3469 I	1st mehrfarbig	dux	3,—	1,50
3470 I	1st mehrfarbig	dvb	3,—	1,50
3471	1st mehrfarbig	dvc		
I	Odr.		3,—	1,50
II	RaTdr. (20.2.2014)		6,—	2,50
3472 I	1st mehrfarbig	dvd	3,—	1,50
	Satzpreis I (11 W.)		32,—	16,50
	FDC I			19,—
	Satzpreis II (4 W.)		24,—	10,—
	FDC (MiNr. 3463 II, 3471 II)			7,—
	FDC (MiNr. 3466 II, 3468 II)			7,—

Nominale zur Zeit der Ausgabe: je 60 P

MiNr. 3462 I–3472 I stammen aus MH 173.

MiNr. 3463 II und 3471 II stammen aus MH 0-357.
MiNr. 3466 II und 3468 II stammen aus MH 0-351.

In gleichen Zeichnungen: MiNr. 3451–3461 (nassklebend)

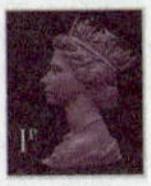

2013, 9. Mai. Freimarken: Königin Elizabeth II., Typ Machin. Odr., Markenheftchen; Sicherheitszähnung K 14¾:14¼.

ku IV) Königin Elizabeth II. (1926–2022, reg. ab 1952); irisierende, negative Inschrift „ROYAL MAIL" mehrfach

3473	1 P dunkelbräunlichlila	ku IV	0,80	0,30
3474	2 P dunkelgrün	ku IV	0,80	0,30
3475	1ST lebhaftrot	ku IV	2,—	1,60
	Satzpreis (3 W.)		3,50	2,—
	FDC			3,50

Nominale von MiNr. 3475 zur Zeit der Ausgabe: 60 P

MiNr. 3473 stammt aus MH 173, 178–179, 193, 195, 198 und 201.
MiNr. 3474 stammt aus MH 173, 175, 178, 186, 191, 196, 198–199, 202 und 208.
MiNr. 3475 stammt aus MH 173, 181, 183, 189 und 192.

Gültig bis 31.1.2023, geduldet bis 31.7.2023

In gleicher Zeichnung siehe Übersicht nach Jahrgangswerttabelle.

2013, 30. Mai. 60. Jahrestag der Krönung von Königin Elizabeth II. RaTdr. (5×5 und 5×5 + 5×5); gez. K 14¼.

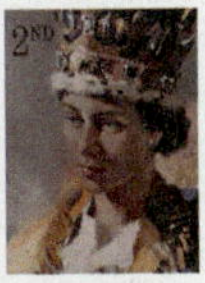

dve) 1953

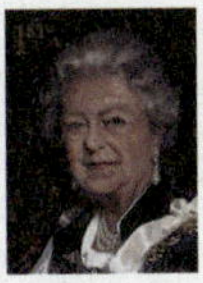

dvf) 2013

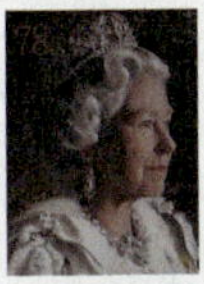

dvg) 1999

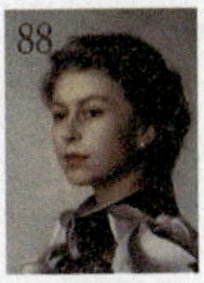

dvh) 1955

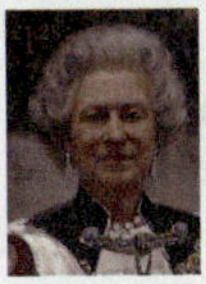

dvi) 2000

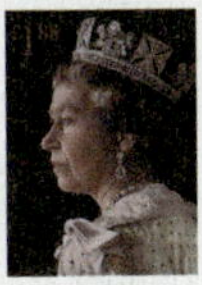

dvk) 1992

dve–dvk) Königin Elizabeth II. (1926–2022, reg. ab 1952), Fotoaufnahmen aus den angegebenen Jahren

3476	2ND mehrfarbig	dve	2,20	1,30
3477	1ST mehrfarbig	dvf	3,—	1,50
3478	78 (P) mehrfarbig	dvg	2,40	2,—
3479	88 (P) mehrfarbig	dvh	2,50	2,20
3480	1.28 £ mehrfarbig	dvi	3,40	3,20
3481	1.88 £ mehrfarbig	dvk	5,50	4,80
	Satzpreis (6 W.)		19,—	15,—
	FDC			17,—

Nominalen zur Zeit der Ausgabe: MiNr. 3476 = 50 P, MiNr. 3477 = 60 P

2013, 18. Juni. Blockausgabe: Dampflokomotiven aus Nordirland (I). Odr.; gez. Ks 14¼.

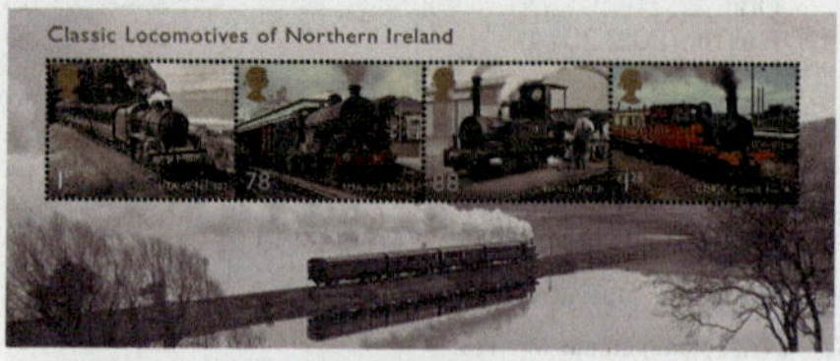

dvp

dvl) W-Klasse, Nr. 103 der Ulster Authority
dvm) Klasse SG3, Nr. 35 der Ulster Authority
dvn) Peckett Nr. 2 der Giant's Causeway and Bushmills Railway
dvo) Klasse 5, Nr. 4 der County Donegan Railway Joint Committee

3482	1ST	mehrfarbig	dvl	3,—	1,80
3483	78 (P)	mehrfarbig	dvm	2,—	2,—
3484	88 (P)	mehrfarbig	dvn	2,40	2,40
3485	1.28 £	mehrfarbig	dvo	3,40	3,40
Block 82		(180×74 mm)	dvp	11,—	10,—
			FDC		12,—

Nominale von MiNr. 3482 zur Zeit der Ausgabe: 60 P

MiNr. 3482–3483 stammen auch aus MH 175.

In gleicher Zeichnung wie MiNr. 3482: MiNr. 3486 (selbstklebend)

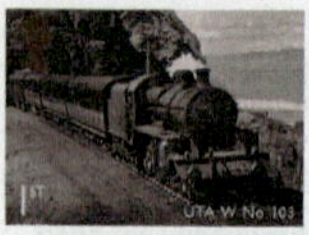

2013, 18. Juni. Dampflokomotiven aus Nordirland (II). RaTdr., Markenheftchen; selbstklebend; gestanzt 14¼.

dvl) W-Klasse, Nr. 103 der Ulster Authority

3486	1ST	mehrfarbig	dvl	3,50	2,—
			FDC		3,—

Nominale zur Zeit der Ausgabe: 60 P

MiNr. 3486 stammt aus MH 0-352.

In gleicher Zeichnung: MiNr. 3482 (nassklebend)

2013, 10. Juli. Schmetterlinge (I). Odr. (1×3 Zd und 1×3 Zd + 1×3 Zd); gez. K 14¼.

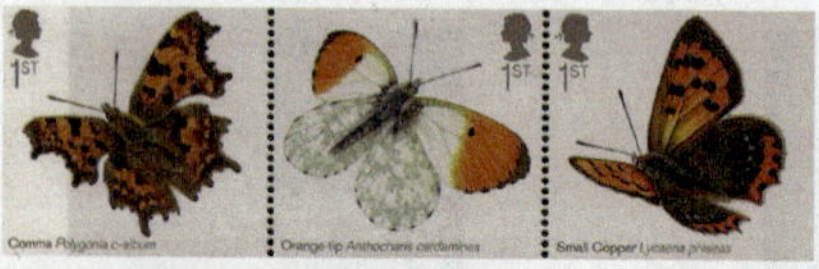

dvr) C-Falter (Polygonia c-album)
dvs) Aurorafalter (Anthocharis cardamenes)
dvt) Feuerfalter (Lycaena alciphron)

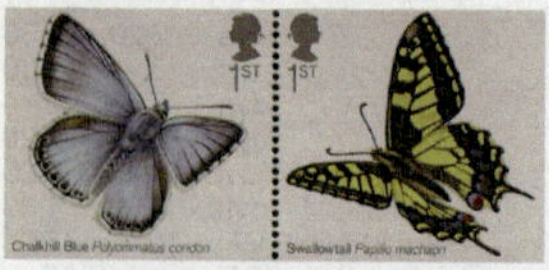

dvu) Silbergrüner Bläuling (Polyommatus coridon)
dvv) Schwalbenschwanz (Papilio machaon)

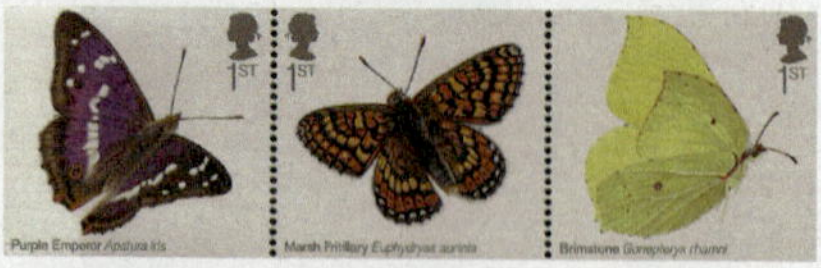

dvw) Großer Schillerfalter (Apatura iris)
dvx) Skabiosen-Scheckenfalter (Euphydryas aurinia)
dvy) Zitronenfalter (Gonepteryx rhamni)

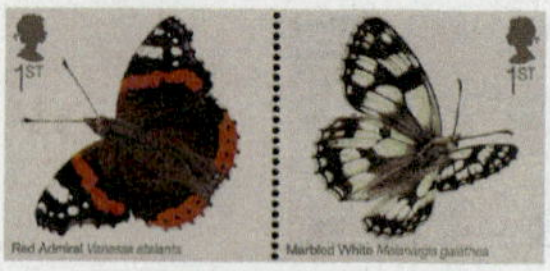

dvz) Admiral (Vanessa atalanta)
dwa) Schachbrett (Melanargia galathea)

3487	1ST	mehrfarbig	dvr	3,—	1,50
3488	1ST	mehrfarbig	dvs	3,—	1,50
3489	1ST	mehrfarbig	dvt	3,—	1,50
3490	1ST	mehrfarbig	dvu	3,—	1,50
3491	1ST	mehrfarbig	dvv	3,—	1,50
3492	1ST	mehrfarbig	dvw	3,—	1,50
3493	1ST	mehrfarbig	dvx	3,—	1,50
3494	1ST	mehrfarbig	dvy	3,—	1,50
3495	1ST	mehrfarbig	dvz	3,—	1,50
3496	1ST	mehrfarbig	dwa	3,—	1,50
			Satzpreis (10 W.)	30,—	15,—
			2 Fünferstreifen	30,—	15,—
			FDC		17,—

Nominale zur Zeit der Ausgabe: je 60 P

MiNr. 3487–3491 und 3492–3496 wurden jeweils waagerecht zusammenhängend gedruckt.

In gleichen Zeichnungen wie MiNr. 3487 und 3490: MiNr. 3497, 3498 (selbstklebend)

2013, 10. Juli. Schmetterlinge (II). RaTdr., Markenheftchen; selbstklebend; gestanzt 14¼.

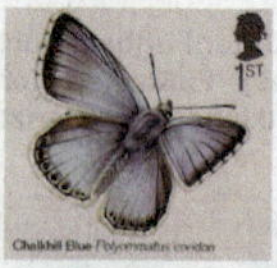

dvu) Silbergrüner Bläuling (Polyommatus coridon)

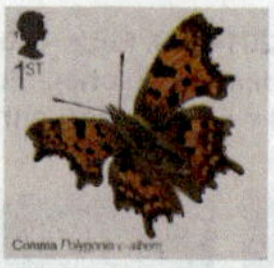

dvr) C-Falter (Polygonia c-album)

3497	1ST	mehrfarbig	dvu	3,50	2,—
3498	1ST	mehrfarbig	dvr	3,50	2,—
			Satzpreis (2 W.)	7,—	4,—
			FDC		5,—

Nominale zur Zeit der Ausgabe: je 60 P

MiNr. 3497–3498 stammen aus MH 0-353.

In gleichen Zeichnungen: MiNr. 3487, 3490 (nassklebend)

2013, 8. Aug. Blockausgabe: Sieg von Andy Murray im Tennis-Einzelfinale in Wimbledon 2013, London. Odr.; gez. Ks 14¾.

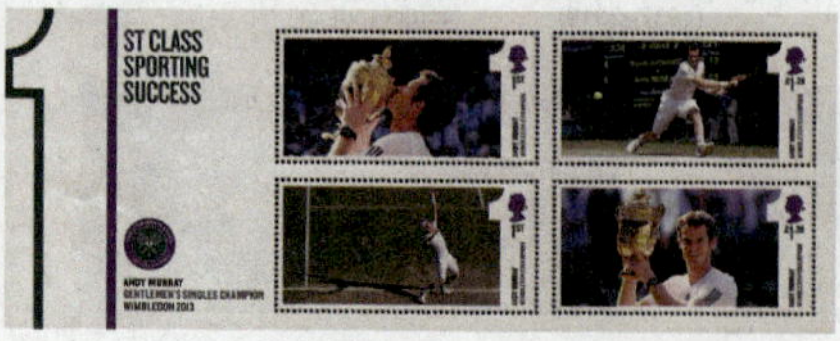

dwf

dwb dwd
dwc dwe

dwb) beim Küssen des Siegerpokals
dwc) Aufschlag
dwd) Spielszene
dwe) mit Siegerpokal

dwb–dwe) Andy Murray (*1987), Tennisspieler

3499	1ST	mehrfarbig	dwb	3,—	2,—
3500	1ST	mehrfarbig	dwc	3,—	2,—
3501	1.28 £	mehrfarbig	dwd	3,50	3,50
3502	1.28 £	mehrfarbig	dwe	3,50	3,50
Block 83		(192×74 mm)	dwf	13,—	11,—
			FDC		12,—

Nominale von MiNr. 3499–3500 zur Zeit der Ausgabe: je 60 P

2013, 13. Aug. Automobile; Europa: Postfahrzeuge (I). Odr. (2×5 Zd und 2×5 Zd + 2×5 Zd); gez. K 13¼.

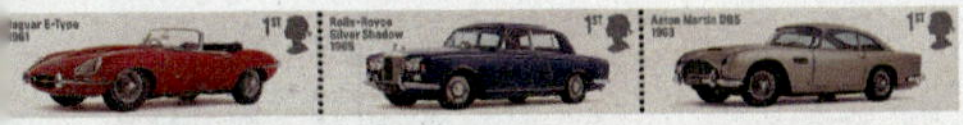

dwg) Jaguar E-Type (1961)
dwh) Rolls-Royce Silver Shadow (1965)
dwi) Aston Martin DB5 (1963)

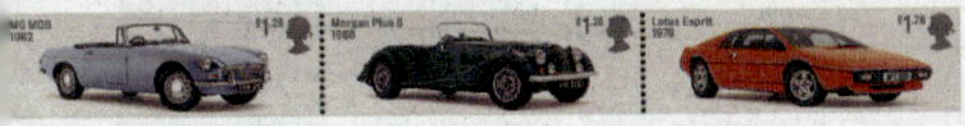

dwk) MG MGB (1962)
dwl) Morgan Plus 8 (1968)
dwm) Lotus Esprit (1976)

3503	1ST	mehrfarbig	dwg	3,—	1,50
3504	1ST	mehrfarbig	dwh	3,—	1,50
3505	1ST	mehrfarbig	dwi	3,—	1,50
3506	1.28 £	mehrfarbig	dwk	3,40	3,20
3507	1.28 £	mehrfarbig	dwl	3,40	3,20
3508	1.28 £	mehrfarbig	dwm	3,40	3,20
			Satzpreis (6 W.)	19,—	14,—
			2 Dreierstreifen	19,—	14,—
			FDC		16,—

Blockausgabe, gez. Ks 14¼

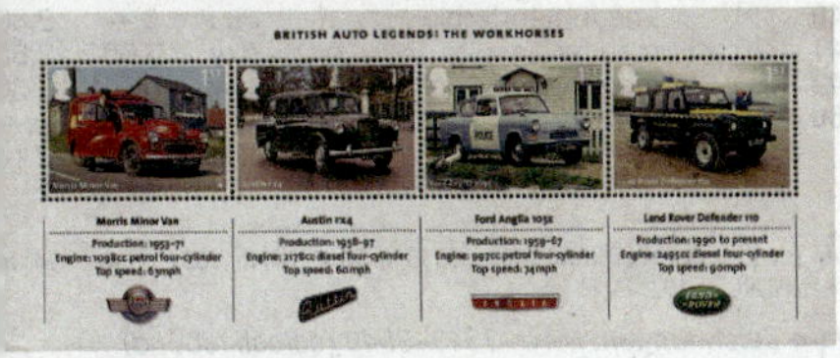

dws

dwn) Morris Minor Van (1953)
dwo) Austin FX4 (1958)
dwp) Ford Anglia 105E (1959)
dwr) Land Rover Defender 110 (1990)

3509	1ST	mehrfarbig	dwn	3,—	2,—
3510	1ST	mehrfarbig	dwo	3,—	2,—
3511	1ST	mehrfarbig	dwp	3,—	2,—
3512	1ST	mehrfarbig	dwr	3,—	2,—
Block 84		(180×74 mm)	dws	12,—	8,—
			FDC		9,—

Nominale von MiNr. 3503–3505 und 3509–3512 zur Zeit der Ausgabe: je 60 P

Nominalgleiche Bogenmarken wurden waagerecht zusammenhängend gedruckt.

MiNr. 3509 trägt die Inschrift „EUROPA".

In gleicher Zeichnung wie MiNr. 3509: MiNr. 3523 (selbstklebend)

2013, 19. Sept. Handelsmarine (I). Odr., Bogen (5×5 und 5×5 + 5×5) und Markenheftchen; gez. K 14¼:14.

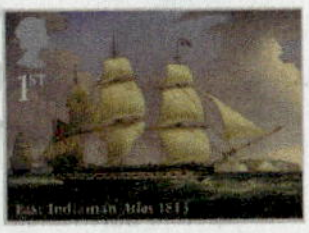

dwt) Ostindiensegler „Atlas" (1813)

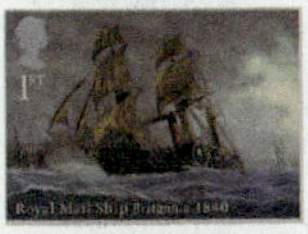

dwu) Dampfsegelschiff „Britannia" (1840)

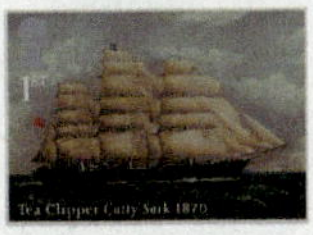

dwv) Klipper „Cutty Sark" (1870)

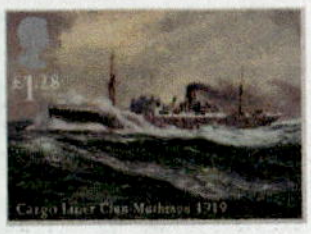

dww) Fracht-/Passagierschiff „Clan Matheson" (1919)

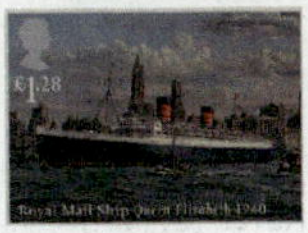

dwx) Passagierschiff „Queen Elizabeth" (1940)

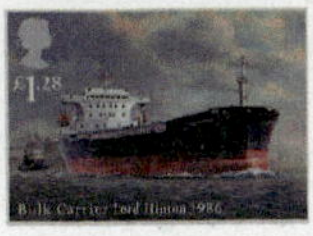

dwy) Massengutfrachter „Lord Hinton"(1986)

3513	1ST	mehrfarbig	dwt	3,—	1,50
3514	1ST	mehrfarbig	dwu	3,—	1,50
3515	1ST	mehrfarbig	dwv	3,—	1,50
3516	1.28 £	mehrfarbig	dww	3,70	3,20
3517	1.28 £	mehrfarbig	dwx	3,70	3,20
3518	1.28 £	mehrfarbig	dwy	3,70	3,20
			Satzpreis (6 W.)	20,—	14,—
			FDC		16,—

Blockausgabe

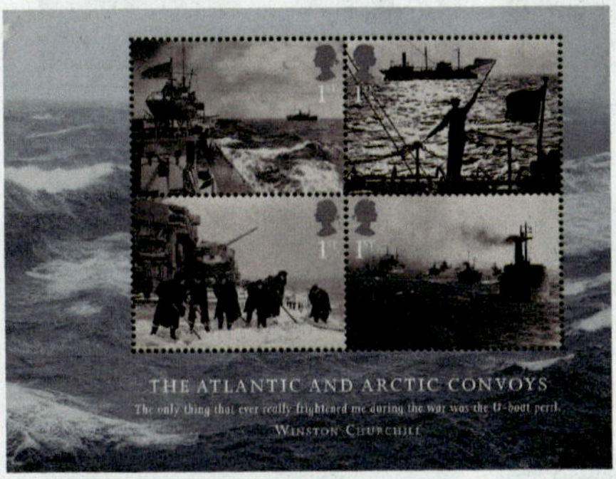

dxd

dwz) Geleitzerstörer HMS „Vanoc" und Frachtschiff
dxa) Signalaustausch
dxb) Schneeräumen an Oberdeck des Schlachtschiffs HMS „King George V"
dxc) Konvoi in offener Kiellinie

3519	1ST	mehrfarbig	dwz	3,—	1,50
3520	1ST	mehrfarbig	dxa	3,—	1,50
3521	1ST	mehrfarbig	dxb	3,—	1,50
3522	1ST	mehrfarbig	dxc	3,—	1,50
Block 85		(115×89 mm)	dxd	12,—	6,—
			FDC		9,—

Nominale von MiNr. 3513–3515 und 3519–3522 zur Zeit der Ausgabe: je 60 P

MiNr. 3513–3522 stammen auch aus MH 174.

In gleicher Zeichnung wie MiNr. 3514: MiNr. 3524 (selbstklebend)

2013, 19. Sept. Europa: Postfahrzeuge (II); Handelsmarine (II). RaTdr., Markenheftchen; selbstklebend; gestanzt 14¼.

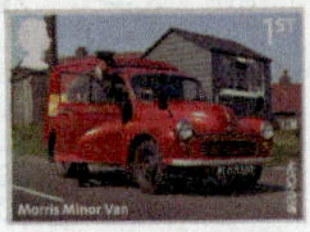

dwn) Morris Minor Van (1953)

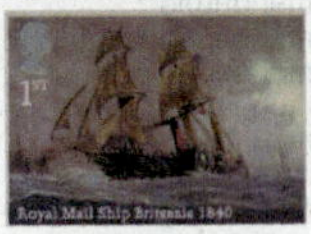

dwu) Dampfsegelschiff „Britannia" (1840)

3523	1ST	mehrfarbig	dwn	12,—	3,—
3524	1ST	mehrfarbig	dwu	12,—	3,—
			Satzpreis (2 W.)	24,—	6,—
			FDC		7,—

Nominale zur Zeit der Ausgabe: je 60 P

MiNr. 3523–3524 stammen aus MH 0-354.

MiNr. 3523 trägt die Inschrift „EUROPA".

In gleichen Zeichnungen: MiNr. 3509, 3514 (nassklebend)

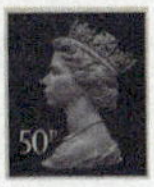

2013, 19. Sept./2015, 18. Juni. Freimarken: Königin Elizabeth II., Typ Machin. Odr., Markenheftchen; Sicherheitszähnung K 14¾:14¼.

ku IV) Königin Elizabeth II. (1926–2022, reg. ab 1952); irisierende, negative Inschrift „ROYAL MAIL" mehrfach

3525	50 P	dunkelgrau	ku IV		
So		Shz. oben (19.9.2013)		2,—	1,80
Su		Shz. unten (18.6.2015)		2,—	1,80
			FDC		3,—

MiNr. 3525 So stammt aus MH 174.
MiNr. 3525 Su stammt aus MH 180, 193, 196, 200, 202 und 208.

Gültig bis 31.1.2023, geduldet bis 31.7.2023

In gleicher Zeichnung siehe Übersicht nach Jahrgangswerttabelle.

2013, 10. Okt. Prähistorische Tiere. RaTdr. (1×5 Zd und 1×5 Zd + 1×5 Zd); selbstklebend; gestanzt 14¼, teilweise an Konturen ☐.

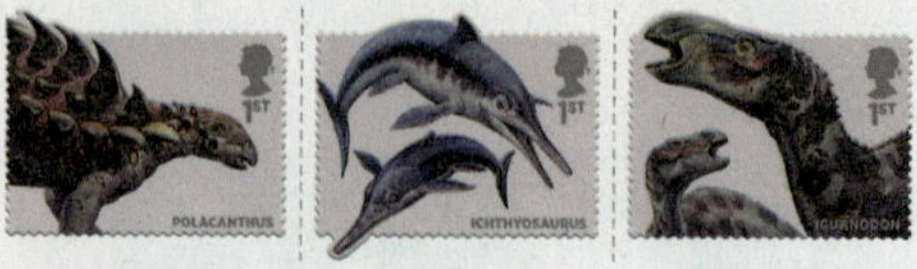

dxe) Polacanthus
dxf) Ichthyosaurus
dxg) Iguanodon

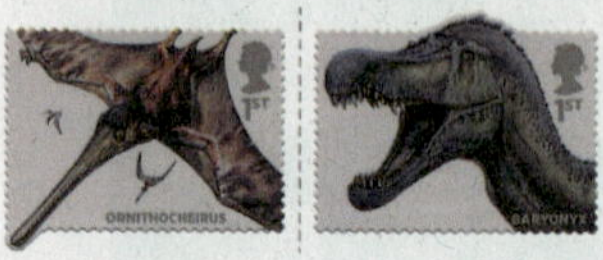

dxh) Ornithocheirus
dxi) Baryonyx

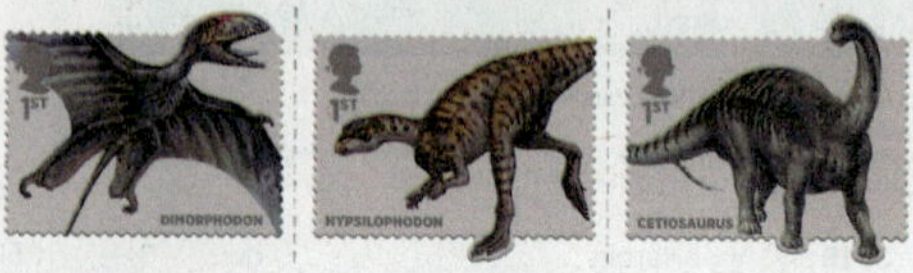

dxk) Dimorphodon
dxl) Hypsilophodon
dxm) Cetiosaurus

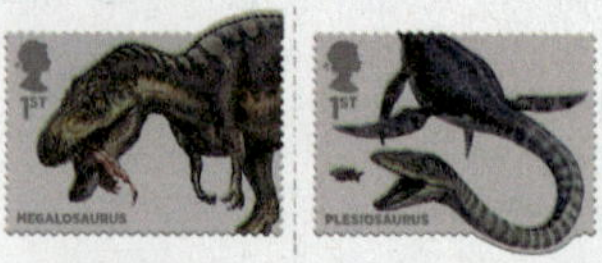

dxn) Megalosaurus
dxo) Plesiosaurus

3526	1ST	mehrfarbig	dxe	3,—	1,50
3527	1ST	mehrfarbig	dxf	3,—	1,50
3528	1ST	mehrfarbig	dxg	3,—	1,50
3529	1ST	mehrfarbig	dxh	3,—	1,50
3530	1ST	mehrfarbig	dxi	3,—	1,50
3531	1ST	mehrfarbig	dxk	3,—	1,50
3532	1ST	mehrfarbig	dxl	3,—	1,50
3533	1ST	mehrfarbig	dxm	3,—	1,50
3534	1ST	mehrfarbig	dxn	3,—	1,50
3535	1ST	mehrfarbig	dxo	3,—	1,50
		Satzpreis (10 W.)		30,—	15,—
		2 Fünferstreifen		30,—	15,—
		FDC			17,—

Nominale zur Zeit der Ausgabe: je 60 P

MiNr. 3526–3530 und 3531–3535 wurden jeweils waagerecht nebeneinander im Folienbogen gedruckt.

2013, 5. Nov. Blockausgabe: Weihnachten – Gemäldedetails „Madonna mit Kind" (I). RaTdr.; Ks 14¾:15.

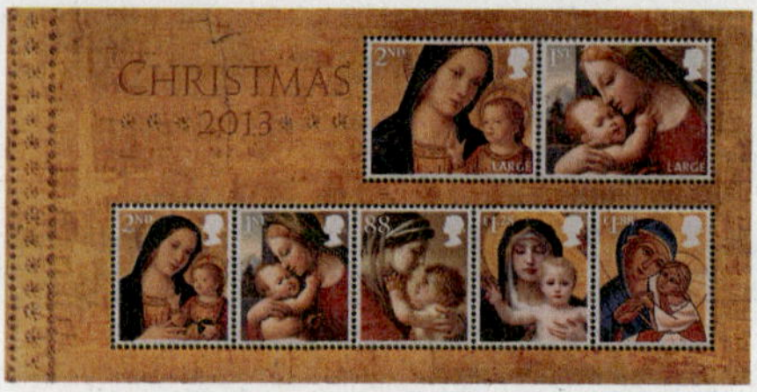

dxp dxr dxs dxt dxv dxu dxw dxx

dxp) von Antoniazzo Romano (1430–1508), italienischer Maler
dxr) von Francesco Granacci (1469–1543), italienischer Maler
dxs) von Antoniazzo Romano (1430–1508), italienischer Maler
dxt) von Jacques-Louis David (1748–1825), französischer Maler
dxu) von Francesco Granacci (1469–1543), italienischer Maler
dxv) von William Adolphe Bouguereau (1825–1905), französischer Maler
dxw) von Fadi Mikhail (*1984), britischer Maler

3536	2ND	mehrfarbig	dxp	2,20	1,50
3537	1ST	mehrfarbig	dxr	3,—	1,80
3538	2ND	Large mehrfarbig	dxs	2,80	2,20
3539	88 (P)	mehrfarbig	dxt	2,60	2,60
3540	1ST	Large mehrfarbig	dxu	6,—	2,80
3541	1.28 £	mehrfarbig	dxv	3,60	3,60
3542	1.88 £	mehrfarbig	dxw	5,50	5,50
Block 86		(146×74 mm)	dxx	25,—	20,—
			FDC		22,—

Nominalen zur Zeit der Ausgabe: MiNr. 3536 = 50 P, MiNr. 3537 = 60 P, MiNr. 3538 = 69 P, MiNr. 3540 = 90 P

In gleichen Zeichnungen: MiNr. 3543–3549 (selbstklebend)

2013, 5. Nov. Weihnachten: Gemäldedetails „Madonna mit Kind" (II). I = RaTdr., Bogen (B) (5×10) und Markenheftchen (MH) (6×2), II = Odr., Folienbogen (Fbg.); selbstklebend; C = wellenförmig gestanzt 14¾:15, CS = Sicherheitsstanzung 14¾:15.

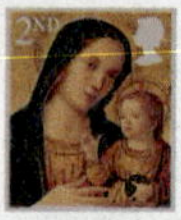

dxp) von Antoniazzo Romano (1430–1508), italienischer Maler

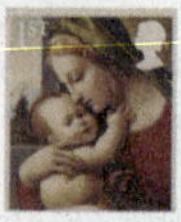

dxr) von Francesco Granacci (1469–1543), italienischer Maler

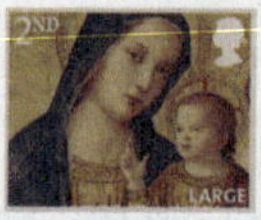

dxs) von Antoniazzo Romano (1430–1508), italienischer Maler

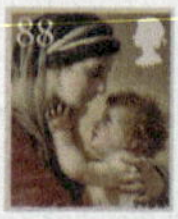

dxt) von Jacques-Louis David (1748–1825) französischer Maler

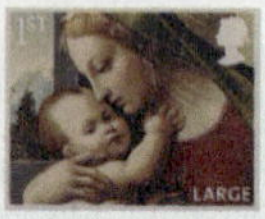

dxu) von Francesco Granacci (1469–1543), italienischer Maler

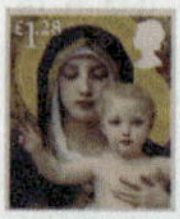

dxv) von William Adolphe Bouguereau (1825–1905), französischer Maler

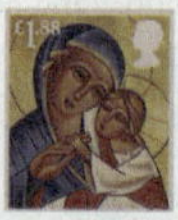

dxw) von Fadi Mikhail (*1984), britischer Maler

3543		2ND	mehrfarbig	dxp		
	I C		RaTdr. (B) (MH)		2,20	1,20
	II CS		Odr. (Fbg.)		2,50	2,—
3544		1ST	mehrfarbig	dxr		
	I C		RaTdr. (B) (MH)		3,—	1,60
	II CS		Odr. (Fbg.)		3,50	2,50
3545	I C	2ND	Large mehrfarbig (B)	dxs	2,80	1,80
3546		88 (P)	mehrfarbig	dxt		
	I C		RaTdr. (B) (MH)		2,60	2,20
	II CS		Odr. (Fbg.)		5,50	4,—
3547	I C	1ST	Large mehrfarbig (B)	dxu	6,—	2,20
3548		1.28 £	mehrfarbig	dxv		
	I C		RaTdr. (B) (MH)		3,60	3,20
	II CS		Odr. (Fbg.)		9,—	7,—

3549	1.88 £	mehrfarbig (B)	dxw		
I C		RaTdr. (B) (MH)		5,50	4,80
II CS		Odr. (Fbg.)		12,—	8,50
		Satzpreis I C (7 W.)		25,—	17,—
		FDC I C			19,—
3543 II CS Zf–3544 II CS Zf, 3546 II CS Zf, 3548 II CS Zf–3549 II CS Zf				35,—	24,—

Nominalen zur Zeit der Ausgabe: MiNr. 3543 = 50 P, MiNr. 3544 = 60 P, MiNr. 3545 = 69 P, MiNr. 3547 = 90 P

MiNr. 3543 I C stammt auch aus MH 0-355.
MiNr. 3544 I C stammt auch aus MH 0-356.

MiNr. 3543 II CS–3544 II CS, 3546 II CS und 3548 II CS–3549 II CS Zf stammen aus Folienbogen zu 20 Marken (8 × MiNr. 3543 II CS–3544 II CS, 2 × MiNr. 3546 II CS und 1 × MiNr. 3548 II CS–3549 II CS) und 20 verschiedenen Zierfeldern, die jeweils durch 3 schmale Verbindungsstege mit der Marke verbunden sind (Postpreis: 14.22 £).

PF MiNr. 3544–3545 jeweils im Kleinbogen mit wertgleichen Weihnachtsmarken anderer Jahre
PF MiNr. 3546 und 3548 mit Liniendurchstich

In gleichen Zeichnungen: MiNr. 3536–3542 (nassklebend)

2013, 5. Nov. Weihnachten: Kinderzeichnungen. RaTdr. (5×5); selbstklebend; gestanzt 14½.

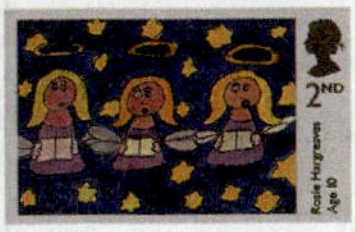

dxy) Engel; von Rosie Hargreaves (10 J.)

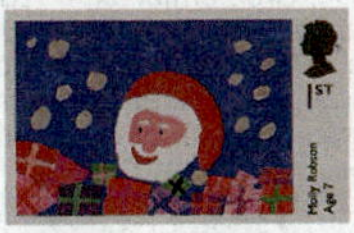

dxz) Weihnachtsmann; von Molly Robson (7 J.)

3550	2ND	mehrfarbig	dxy	2,20	1,20
3551	1ST	mehrfarbig	dxz	3,—	1,60
		Satzpreis (2 W.)		5,—	2,80
		FDC			3,50

Nominalen zur Zeit der Ausgabe: MiNr. 3550 = 50 P, MiNr. 3551 = 60 P

2014, 7. Jan. Figuren aus Fernsehserien für Kinder. RaTdr. (1×3 Zd und 1×3 Zd + 1×3 Zd); selbstklebend; gestanzt 15, teilweise an Konturen □.

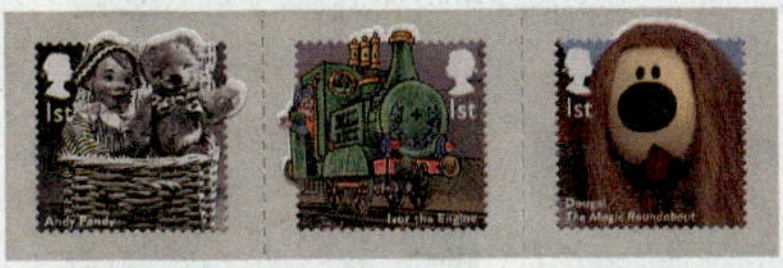

dya) Andy Pandy (1950)
dyb) Ivor the Engine (1959)
dyc) Dougal aus The Magic Roundabout (1965)

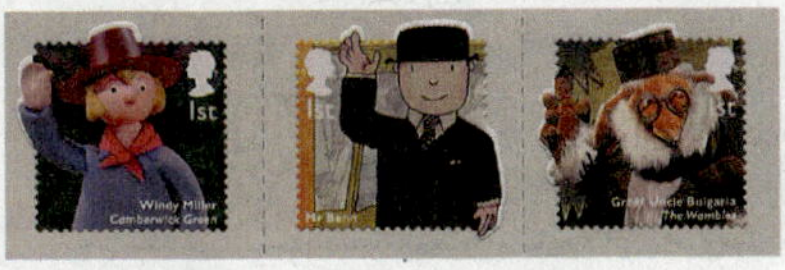

dyd) Windy Miller aus Camberwick Green (1966)
dye) Mr. Benn (1971)
dyf) Great Uncle Bulgaria aus The Wombles (1973)

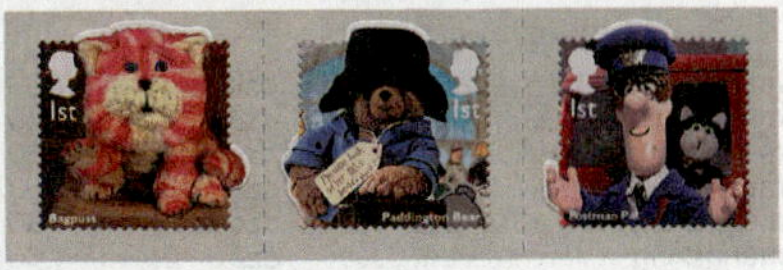

dyg) Bagpuss (1974)
dyh) Paddington Bear (1975)
dyi) Postman Pat (1981)

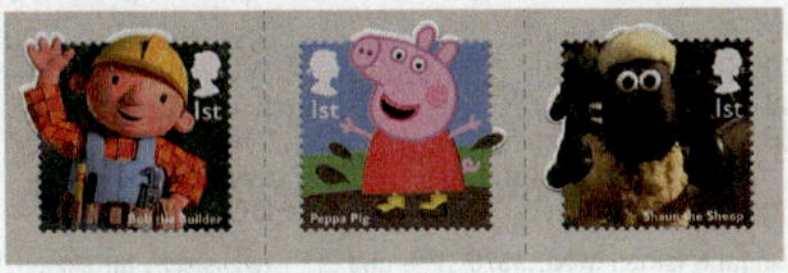

dyk) Bob the Builder (1998)
dyl) Peppa Pig (2004)
dym) Shaun the Sheep (2007)

3552	1ST	mehrfarbig	dya	3,—	1,50
3553	1ST	mehrfarbig	dyb	3,—	1,50
3554	1ST	mehrfarbig	dyc	3,—	1,50
3555	1ST	mehrfarbig	dyd	3,—	1,50
3556	1ST	mehrfarbig	dye	3,—	1,50
3557	1ST	mehrfarbig	dyf	3,—	1,50
3558	1ST	mehrfarbig	dyg	3,—	1,50
3559	1ST	mehrfarbig	dyh	3,—	1,50
3560	1ST	mehrfarbig	dyi	3,—	1,50
3561	1ST	mehrfarbig	dyk	3,—	1,50
3562	1ST	mehrfarbig	dyl	3,—	1,50
3563	1ST	mehrfarbig	dym	3,—	1,50
		Satzpreis (12 W.)		36,—	18,—
		2 Sechserstreifen		36,—	18,—
		FDC			20,—

Nominale zur Zeit der Ausgabe: je 60 P

MiNr. 3552–3557 und 3558–3563 wurden jeweils waagerecht nebeneinander im Folienbogen gedruckt.

PF

2014, 4. Febr. Arbeitspferde. Odr. (5×5 und 5×5 + 5×5); gez. K 14¼.

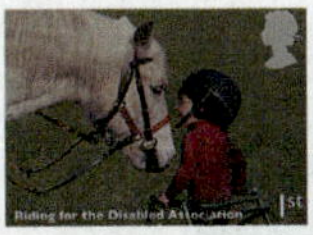

dyn) Therapiepferd

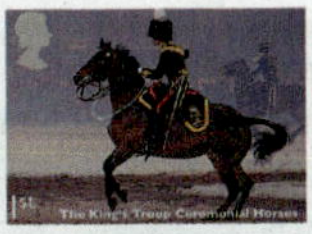

dyo) Paradepferd der King's Troop

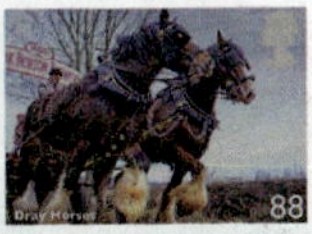

dyp) Brauereipferde

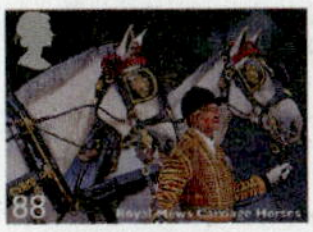

dyr) Kutschpferde aus der Königlichen Stallung

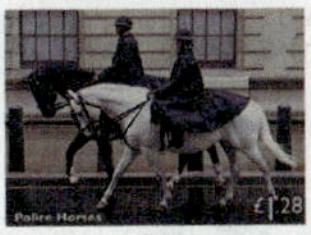

dys) Polizeipferde

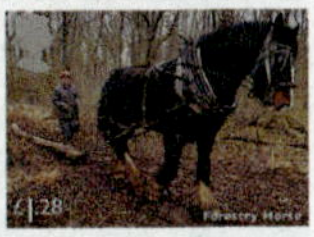

dyt) Holzrückpferd

3564	1st	mehrfarbig	dyn	3,—	1,60
3565	1st	mehrfarbig	dyo	3,—	1,60
3566	88 (P)	mehrfarbig	dyp	2,40	2,40
3567	88 (P)	mehrfarbig	dyr	2,40	2,40
3568	1.28 £	mehrfarbig	dys	3,60	3,50
3569	1.28 £	mehrfarbig	dyt	3,60	3,50
		Satzpreis (6 W.)		18,—	15,—
		FDC			17,—

Nominale von MiNr. 3564–3565 zur Zeit der Ausgabe: je 60 P

2014, 20. Febr. Blockausgabe: Dampflokomotiven aus Wales (I). Odr.; gez. Ks 14¼.

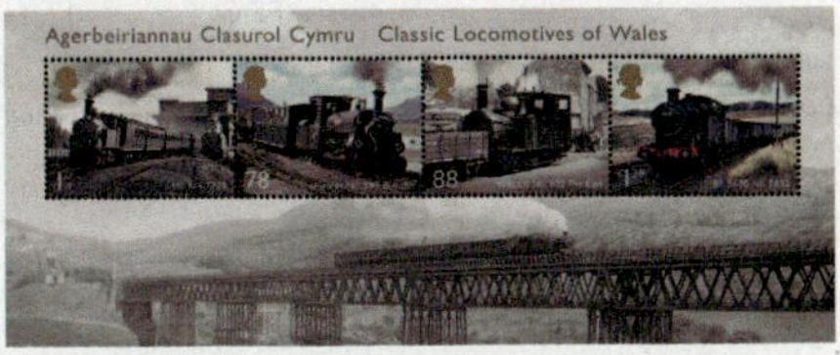

dyy

dyu) Klasse LMS Nr. 7720 der London and Western Railway
dyv) Hunslet-Klasse Nr. 589 „Blanche" der Penrhyn Slate Quarry
dyw) Klasse W&LLR Nr. 822 „The Earl" der Welshpool and Llanfair Light Railway
dyx) Klasse BR 5600 Nr. 5652 der Great Western Railway

3570	1ST	mehrfarbig	dyu	3,—	1,80
3571	78 (P)	mehrfarbig	dyv	2,—	2,—
3572	88 (P)	mehrfarbig	dyw	2,40	2,40
3573	1.28 £	mehrfarbig	dyx	3,50	3,50
Block 87		(179×74 mm)	dyy	11,—	10,—
			FDC		12,—

Statt einer Wertangabe ist bei MiNr. 3570 „1ST" und „1AF" (walisisch) für Post 1. Klasse (Nominale zur Zeit der Ausgabe: 60 P) angegeben.

MiNr. 3570–3571 stammen auch aus MH 175.

In gleicher Zeichnung wie MiNr. 3570: MiNr. 3636 (selbstklebend)

2014, 25. März. Persönlichkeiten (IV). Odr. (1×5 Zd und 1×5 Zd + 1×5 Zd); gez. K 14¼.

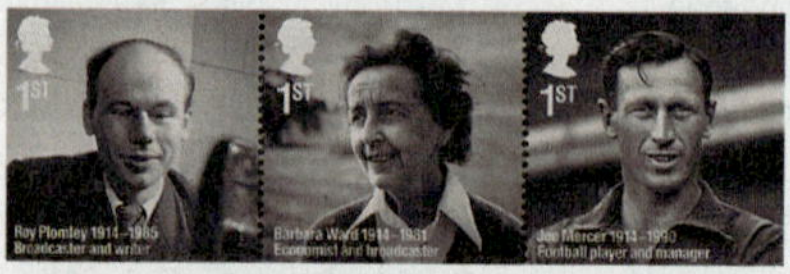

dyz) Roy Plomley (1914–1985), Rundfunksprecher, Produzent und Schriftsteller
dza) Barbara Ward (1914–1981), Wirtschaftswissenschaftlerin und Journalistin
dzb) Joe Mercer (1914–1990), Fußballspieler und -trainer

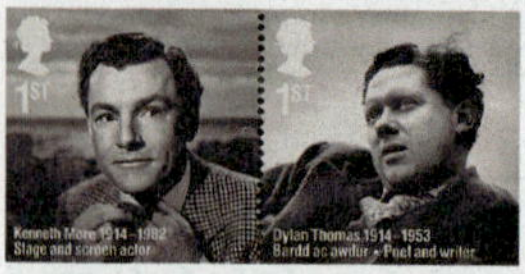

dzc) Kenneth More (1914–1982), Schauspieler
dzd) Dylan Thomas (1914–1953), Schriftsteller

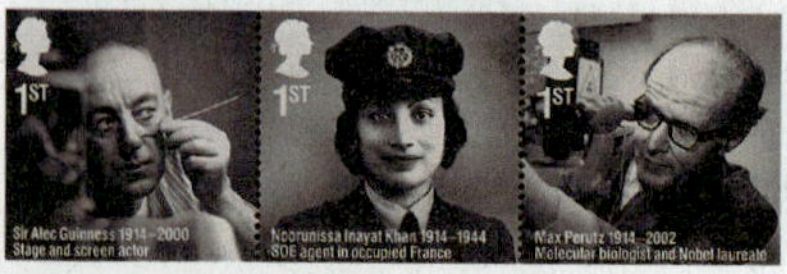

dze) Alec Guinness (1914–2000), Schauspieler
dzf) Noor Inayat Khan (1914–1944), Agentin der Special Operations Executive
dzg) Max Ferdinand Perutz (1914–2002), Molekularbiologe, Nobelpreis in Chemie 1962

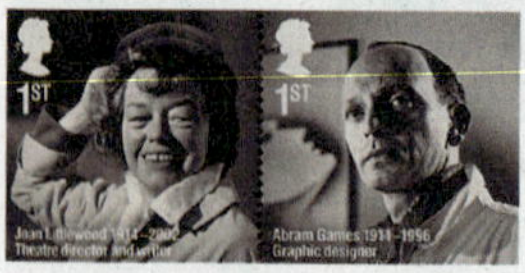

dzh) Joan Littlewood (1914–2002), Theater- und Filmregisseurin und Schriftstellerin
dzi) Abram Games (1914–1996), Graphiker und Designer

3574	1ST schwarz	dyz	3,—	1,60
3575	1ST schwarz	dza	3,—	1,60
3576	1ST schwarz	dzb	3,—	1,60
3577	1ST schwarz	dzc	3,—	1,60
3578	1ST schwarz	dzd	3,—	1,60
3579	1ST schwarz	dze	3,—	1,60
3580	1ST schwarz	dzf	3,—	1,60
3581	1ST schwarz	dzg	3,—	1,60
3582	1ST schwarz	dzh	3,—	1,60
3583	1ST schwarz	dzi	3,—	1,60
		Satzpreis (10 W.)	30,—	16,—
		2 Fünferstreifen	30,—	16,—
		FDC		18,—

Nominale zur Zeit der Ausgabe: je 60 P; ab 31.3.2014: je 62 P

MiNr. 3574–3578 und 3579–3583 wurden jeweils waagerecht zusammenhängend gedruckt.

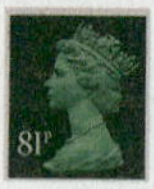

2014, 26. März. Freimarken: Königin Elizabeth II., Typ Machin. RaTdr. (5×5); U-förmige Stanzungen im Markenbild; selbstklebend; Sicherheitsstanzung 14¾:14¼.

ku III) Königin Elizabeth II. (1926–2022, reg. ab 1952); irisierende, negative Inschrift „ROYAL MAIL" mehrfach

3584	81 P	schwärzlichsmaragdgrün	ku III	2,20	2,20
3585	97 P	violettblau	ku III	2,80	2,60
3586	1.47 £	lebhaftviolettgrau	ku III	4,—	4,—
3587	2.15 £	lebhaftgrünlichblau	ku III	6,—	5,80
			Satzpreis (4 W.)	15,—	14,50
			FDC		17,—

Gültig bis 31.1.2023, geduldet bis 31.7.2023

In gleicher Zeichnung siehe Übersicht nach Jahrgangswerttabelle.

Posttarife Großbritannien (31.3.2014–29.3.2015)

2. Klasse, Standardformat: 53 P (zuvor: 50 P)
1. Klasse, Standardformat: 62 P (zuvor: 60 P)
2. Klasse, Großformat: 73 P (zuvor: 69 P)
1. Klasse, Großformat: 93 P (zuvor: 90 P)
Europa, bis 20 g: 97 P (zuvor: 88 P)
Europa, 20 g–60 g: 1.47 £ (zuvor: 1.28 £ bis 40 g)
Postkarte, Seepost: 97 P (zuvor: 78 P)
Postkarte, Luftpost: 97 P (zuvor: 88 P, bis 4.6.2014: 1.28 £)
Seepost, bis 20 g: 81 P (neu)
Luftpost, bis 10 g: 97 P (zuvor: 88 P)
Luftpost, 10 g–20 g: 1.28 £ (seit 30.4.2012)
Luftpost, 20 g–60 g: 2.15 £ (zuvor: 1.88 £ bis 40 g)
Einschreiben, 1. Klasse, Standardformat: 1.72 £ (zuvor: 1.70 £)
Einschreiben, 1. Klasse, Großformat: 2.03 £ (zuvor: 2.00 £)
Eilsendung, bis 100 g: 6.40 £ (zuvor: 6.22 £)
Eilsendung, bis 500 g: 7.15 £ (zuvor: 6.95 £)

2014, 15. April. 300 Jahre Buckingham-Palast (I). Odr., Bogen (1×6 Zd und 1×6 Zd + 1×6 Zd); A = gez. K 14½.

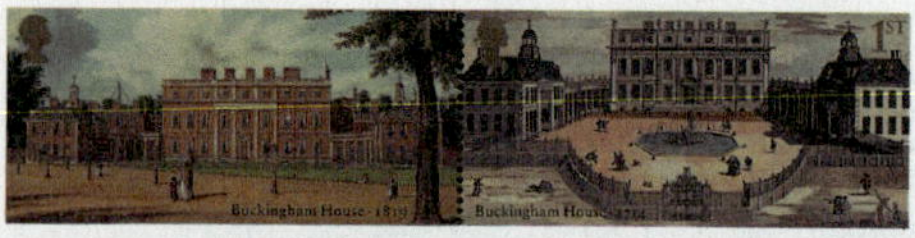

dzk) 1819
dzl) 1714

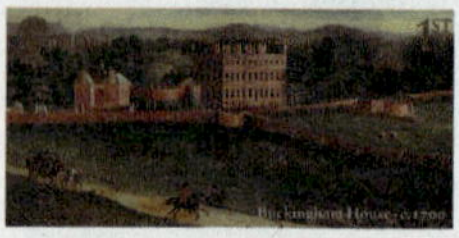

dzm) um 1700

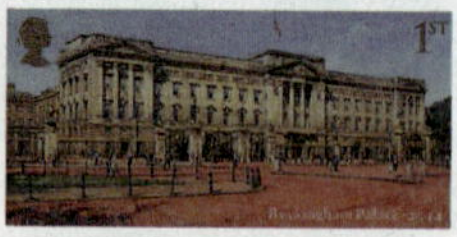

dzn) 2014

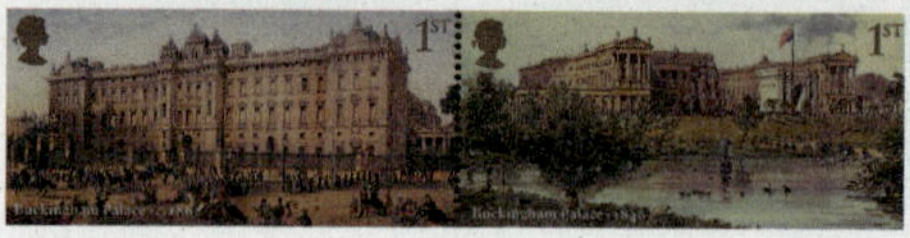

dzo) um 1862
dzp) 1846

dzk–dzp) Bauzustand des Buckingham-Palasts im angegebenen Jahr

3588 A	1ST mehrfarbig	dzk	3,—	1,60
3589 A	1ST mehrfarbig	dzl	3,—	1,60
3590 A	1ST mehrfarbig	dzm	3,—	1,60
3591 A	1ST mehrfarbig	dzn	3,—	1,60
3592 A	1ST mehrfarbig	dzo	3,—	1,60
3593 A	1ST mehrfarbig	dzp	3,—	1,60
		Satzpreis A (6 W.)	18,—	9,50
		2 Dreierstreifen A	18,—	9,50
		FDC A		11,—

Markenheftchen, C = gez. K 14:13½

3588 C	1ST	mehrfarbig	dzk	3,50	2,—
3589 C	1ST	mehrfarbig	dzl	3,50	2,—
3590 C	1ST	mehrfarbig	dzm	3,50	2,—
3591 C	1ST	mehrfarbig	dzn	3,50	2,—
3592 C	1ST	mehrfarbig	dzo	3,50	2,—
3593 C	1ST	mehrfarbig	dzp	3,50	2,—
			Satzpreis C (6 W.)	21,—	12,—

Blockausgabe, gez. Ks 14¼

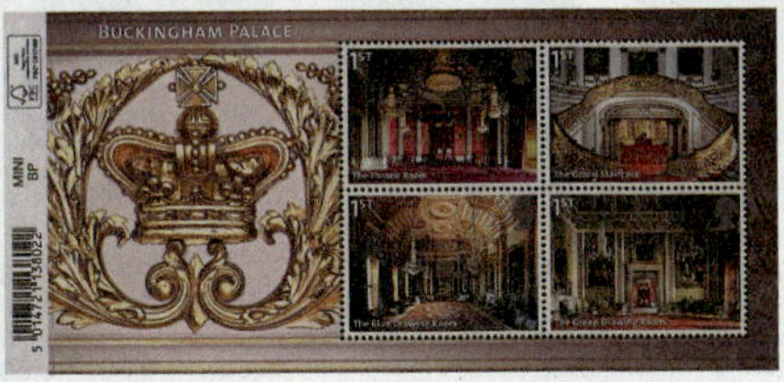

dzv

dzr) Thronsaal
dzs) Großes Treppenhaus
dzt) Blauer Salon
dzu) Grüner Salon

3594	1ST	mehrfarbig	dzr	3,—	1,80
3595	1ST	mehrfarbig	dzs	3,—	1,80
3596	1ST	mehrfarbig	dzt	3,—	1,80
3597	1ST	mehrfarbig	dzu	3,—	1,80
Block 88		(156×74 mm)	dzv	12,—	7,50
			FDC		9,—

Nominale zur Zeit der Ausgabe: je 62 P

MiNr. 3588 A–3590 A und 3591 A–3593 A wurden jeweils waagerecht zusammenhängend gedruckt.

MiNr. 3588 C–3593 C stammen aus MH 176.
MiNr. 3594–3597 stammen auch aus MH 176.

In gleichen Zeichnungen wie MiNr. 3594–3595: MiNr. 3598–3599 (selbstklebend)

Blockausgaben ab Bl. 88

Blocks ab Bl. 88 wurden von den Postämtern wie abgebildet ausgegeben. Dabei befindet sich am linken Rand ein abtrennbarer, ca. 10 mm breiter Streifen mit Strichcode. Von der Versandstelle wurden die Blocks bis Bl. 92 nur ohne Seitenstreifen, danach auch mit Seitenstreifen ausgegeben. Preise gleich.

Ab Bl. 160 erfolgen Abbildung und Größenangabe der Blocks ohne den Seitenstreifen mit Strichcode. Es sind jedoch weiterhin beide Arten erhältlich.

2014, 15. April. 300 Jahre Buckingham-Palast (II). RaTdr., Markenheftchen; selbstklebend; gestanzt 14¼.

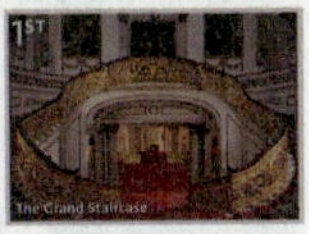

dzs) Großes Treppenhaus

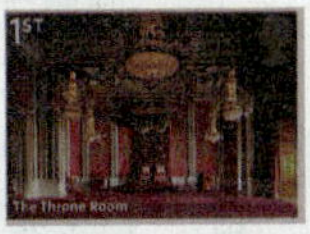

dzr) Thronsaal

3598	1ST	mehrfarbig	dzs	3,50	1,60
3599	1ST	mehrfarbig	dzr	3,50	1,60
			Satzpreis (2 W.)	7,—	3,20
			FDC		4,50

Nominale zur Zeit der Ausgabe: je 62 P

MiNr. 3598–3599 stammen aus MH 0-358.

In gleichen Zeichnungen: MiNr. 3594–3595 (nassklebend)

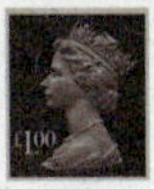

2014, 15. April. Freimarke: Königin Elizabeth II., Typ Machin. Odr., Markenheftchen; Sicherheitszähnung K 14¾:14¼.

ku IV) Königin Elizabeth II. (1926–2022, reg. ab 1952); irisierende, negative Inschrift „ROYAL MAIL" mehrfach

3600	1.00 £	ockerbraun	ku IV	3,50	3,50
			FDC		4,—

MiNr. 3600 stammt aus MH 176, 177 und 180.

Gültig bis 31.1.2023, geduldet bis 31.7.2023

In gleicher Zeichnung siehe Übersicht nach Jahrgangswerttabelle.

2014, 13. Mai. Britische Filme. Odr. (1×6 Zd und 1×6 Zd + 1×6 Zd); gez. K 14½.

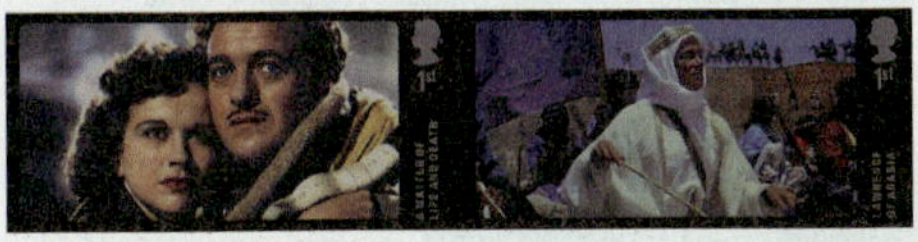

dzw) Irrtum im Jenseits (1946)
dzx) Lawrence von Arabien (1962)

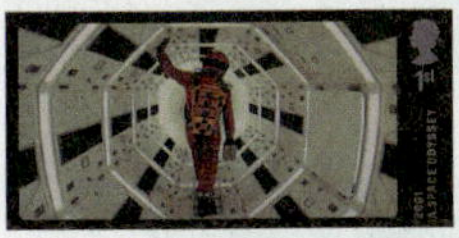

dzy) 2001: Odyssee im Weltraum (1968)

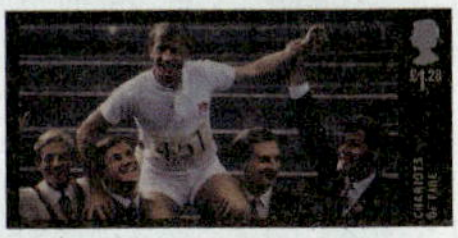

dzz) Die Stunde des Siegers (1981)

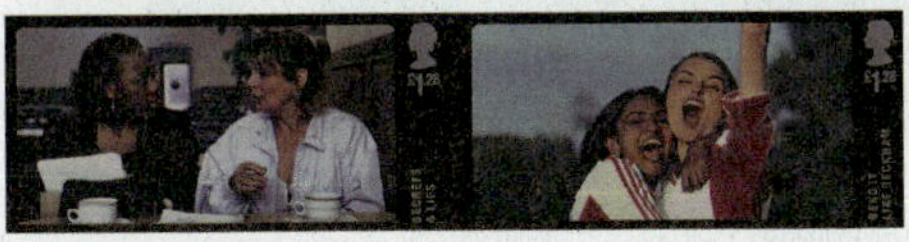

eaa) Lügen und Geheimnisse (1996)
eab) Kick it like Beckham (2002)

3601	1ST	mehrfarbig	dzw	3,—	1,60
3602	1ST	mehrfarbig	dzx	3,—	1,60
3603	1ST	mehrfarbig	dzy	3,—	1,60
3604	1.28 £	mehrfarbig	dzz	3,50	3,40
3605	1.28 £	mehrfarbig	eaa	3,50	3,40
3606	1.28 £	mehrfarbig	eab	3,50	3,40
			Satzpreis (6 W.)	19,—	15,—
			2 Dreierstreifen	19,—	15,—
			FDC		17,—

Blockausgabe, gez. Ks 14½:14

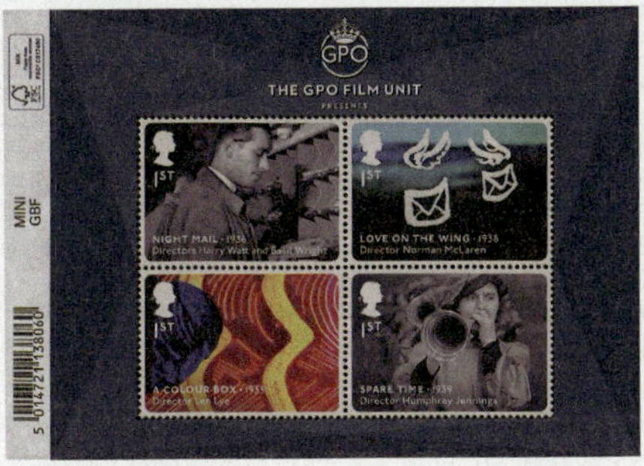

eag

eac) Night Mail (1936)
ead) Love on the Wing (1938)
eae) A Colour Box (1935)
eaf) Spare Time (1939)

eac–eaf) Szenen aus Filmen der GPO Film Unit

3607	1ST	schwarz	eac	3,—	1,80
3608	1ST	mehrfarbig	ead	3,—	1,80

3609	1ST	mehrfarbig	eae	3,—	1,80
3610	1ST	schwarz	eaf	3,—	1,80
Block 89		(125×89 mm)	eag	12,—	7,50
			FDC		9,—

Nominale von MiNr. 3601–3603 und 3607–3610 zur Zeit der Ausgabe: je 62 P

Nominalgleiche Bogenmarken wurden waagerecht zusammenhängend gedruckt.

2014, 5. Juni. Speisefische (I). Odr. (1×5 Zd und 1×5 Zd + 1×5 Zd); gez. K 14½.

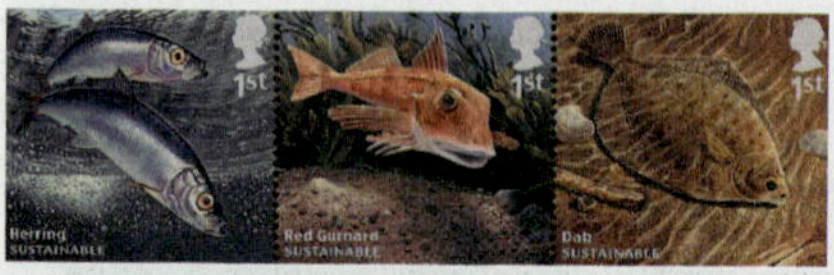

eah) Atlantischer Hering (Clupea harengus)
eai) Roter Knurrhahn (Chelidonichthys lucernus)
eak) Kliesche (Limanda limanda)

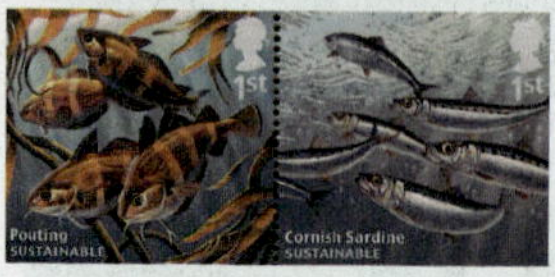

eal) Franzosendorsch (Trisopterus luscus)
eam) Sardine (Sardina pilchardus)

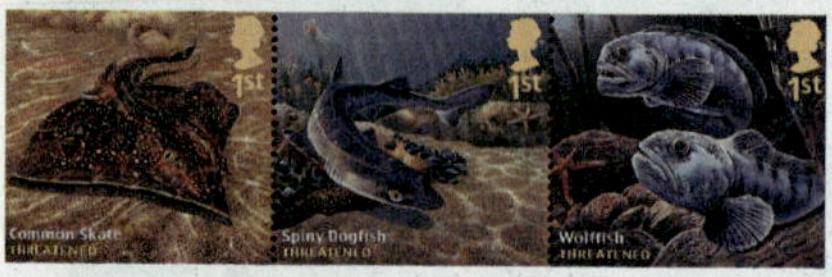

ean) Glattrochen (Dipturus batis)
eao) Dornhai (Squalus acanthias)
eap) Gestreifter Seewolf (Anarhichas lupus)

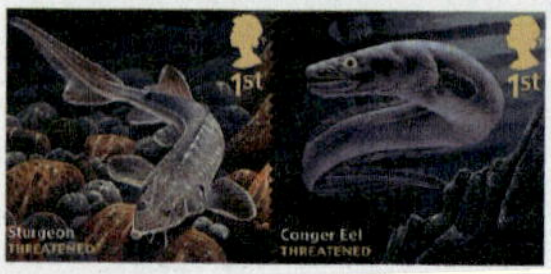

ear) Europäischer Stör (Acipenser sturio)
eas) Meeraal (Conger conger)

3611	1ST	mehrfarbig	eah	3,—	1,60
3612	1ST	mehrfarbig	eai	3,—	1,60
3613	1ST	mehrfarbig	eak	3,—	1,60
3614	1ST	mehrfarbig	eal	3,—	1,60
3615	1ST	mehrfarbig	eam	3,—	1,60
3616	1ST	mehrfarbig	ean	3,—	1,60
3617	1ST	mehrfarbig	eao	3,—	1,60
3618	1ST	mehrfarbig	eap	3,—	1,60
3619	1ST	mehrfarbig	ear	3,—	1,60
3620	1ST	mehrfarbig	eas	3,—	1,60
		Satzpreis (10 W.)		30,—	16,—
		2 Fünferstreifen		30,—	16,—
		FDC			18,—

Nominale zur Zeit der Ausgabe: je 62 P

MiNr. 3611–3615 und 3616–3620 wurden jeweils waagerecht zusammenhängend gedruckt.

In gleichen Zeichnungen wie MiNr. 3615–3616: MiNr. 3634–3635 (selbstklebend)

2014, 17. Juli. 20. Commonwealth-Spiele, Glasgow (I). Odr. (5×5 und 5×5 + 5×5); gez. K 14¼:14½.

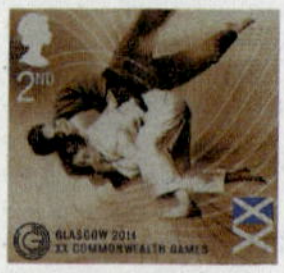

eat) Judo

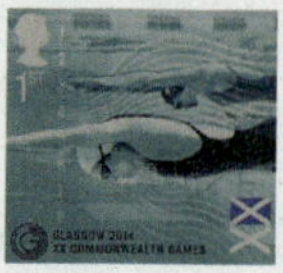

eau) Schwimmen

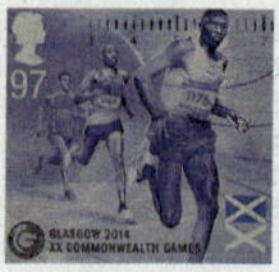

eav) Marathonlauf

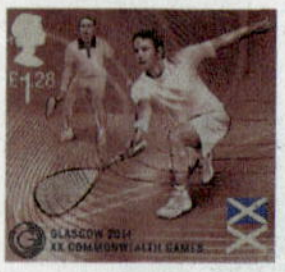

eaw) Squash

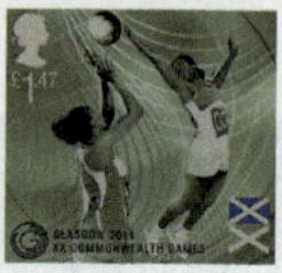

eax) Netball

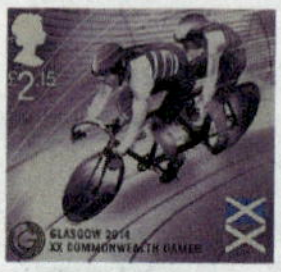

eay) Bahnradfahren (Behinderte)

3621	2ND	mehrfarbig	eat	2,20	1,40
3622	1ST	mehrfarbig	eau	3,—	1,60
3623	97 (P)	mehrfarbig	eav	3,—	2,60
3624	1.28 £	mehrfarbig	eaw	3,60	3,50
3625	1.47 £	mehrfarbig	eax	4,20	4,—
3626	2.15 £	mehrfarbig	eay	6,—	6,—
		Satzpreis (6 W.)		22,—	19,—
		FDC			22,—

Nominalen zur Zeit der Ausgabe: MiNr. 3621 = 53 P, MiNr. 3622 = 62 P

In gleicher Zeichnung wie MiNr. 3622: MiNr. 3627 (selbstklebend)

2014, 17. Juli. 20. Commonwealth-Spiele, Glasgow (II). RaTdr., Markenheftchen; selbstklebend; gestanzt 14¼.

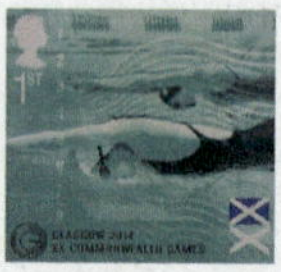

eau) Schwimmen

3627	1ST	mehrfarbig	eau	3,50	1,60
		FDC			3,—

Nominale zur Zeit der Ausgabe: 62 P

MiNr. 3627 stammt aus MH 0-359.

In gleicher Zeichnung: MiNr. 3622 (nassklebend)

2014, 28. Juli. 100. Jahrestag des Ausbruchs des Ersten Weltkrieges. Odr., Bogen (5×5 und 5×5 + 5×5) und Markenheftchen; gez. K 14¼.

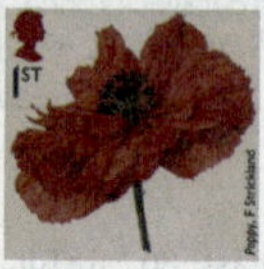

eaz) Klatschmohn (Papaver rhoeas)

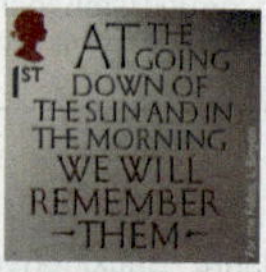

eba) Gedichtanfang „For the Fallen“ von Laurence Binyon (1869–1943), Dichter und Kunsthistoriker

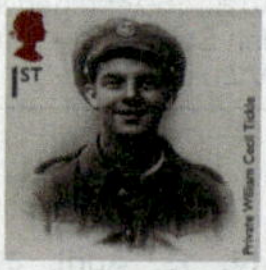

ebb) William Cecil Tickle (1898–1916), Grenadier

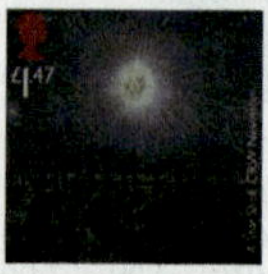

ebc) Leuchtgranate; Gemälde von Christopher Nevinson (1889–1946)

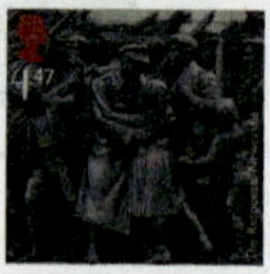

ebd) Die Erwiderung; Skulptur von William Goscombe John (1860–1952) in Newcastle upon Tyne

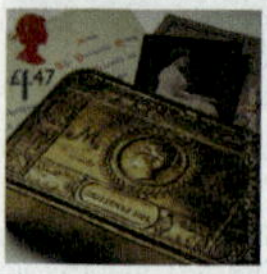

ebe) Messingdose als Weihnachtsgabe 1914 der Prinzessin Mary an die Soldaten

3628	1ST	mehrfarbig	eaz	3,—	1,70
3629	1ST	mehrfarbig	eba	3,—	1,70

3630	1ST mehrfarbig	ebb	3,—	1,70
3631	1.47 £ mehrfarbig	ebc	4,—	4,—
3632	1.47 £ mehrfarbig	ebd	4,—	4,—
3633	1.47 £ mehrfarbig	ebe	4,—	4,—
	Satzpreis (6 W.)		21,—	17,—
	FDC			20,—

Nominale von MiNr. 3628–3630 zur Zeit der Ausgabe: je 62 P

MiNr. 3628–3633 stammen auch aus MH 177 sowie aus einem Zd-Bogen „Composite Sheet") vom 13.9.2018 zusammen mit MiNr. 3739–3744, 3893–3898, 4074–4079 und 4262–4267 (Postpreis: 32.94 £, Auflage: 7.500 Zd-Bogen).

In gleicher Zeichnung wie MiNr. 3628: MiNr. 4268 (selbstklebend)

2014, 18. Aug. Speisefische (II). RaTdr., Markenheftchen; selbstklebend; gestanzt 14¼.

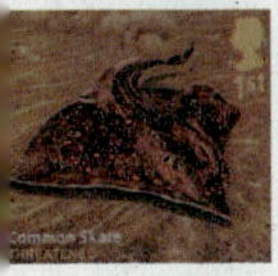

ean) Glattrochen (Dipturus batis)

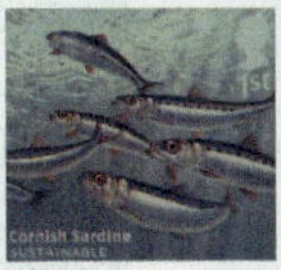

eam) Sardine (Sardina pilchardus)

3634 1ST mehrfarbig	ean	6,—	1,70
3635 1ST mehrfarbig	eam	6,—	1,70
Satzpreis (2 W.)		12,—	3,40
FDC			5,—

Nominale zur Zeit der Ausgabe: je 62 P

MiNr. 3634–3635 stammen aus MH 0-360.

In gleichen Zeichnungen: MiNr. 3615–3616 (nassklebend)

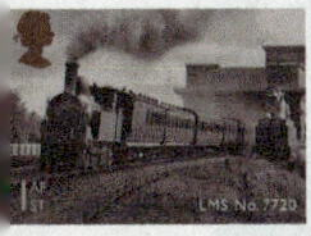

2014, 18. Sept. Dampflokomotiven aus Wales (II). RaTdr., Markenheftchen; selbstklebend; gestanzt 14¼.

dyu) Klasse LMS Nr. 7720 der London and Western Railway

3636 1ST mehrfarbig	dyu	3,50	1,70
FDC			3,—

Statt einer Wertangabe ist bei MiNr. 3636 „1ST" und „1AF" (walisisch) für Post 1. Klasse (Nominale zur Zeit der Ausgabe: 62 P) angegeben.

MiNr. 3627 stammt aus MH 0-361.

In gleicher Zeichnung: MiNr. 3570 (nassklebend)

2014, 18. Sept. Europa: Volksmusikinstrumente; Uferanlagen in Badeorten. Odr. (5×5 und 5×5 + 5×5); gez. K 14¼.

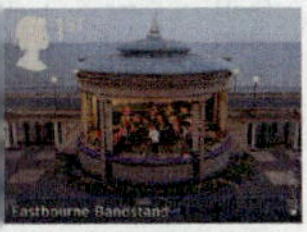

ebf) Musikpavillon, Eastbourne

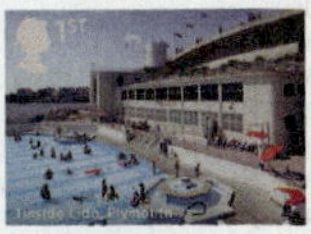

ebg) Badeanlage Tinside Lido, Plymouth

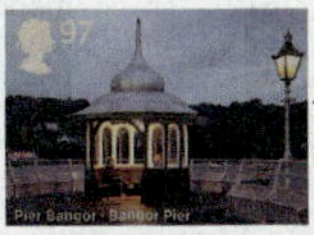

ebh) Pier, Bangor

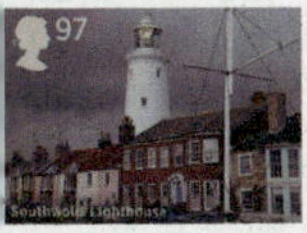

ebi) Leuchtturm, Southwold

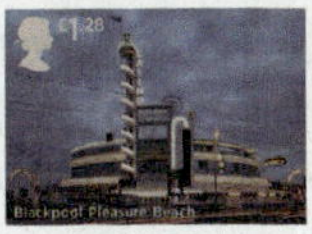

ebk) Vergnügungspark, Blackpool

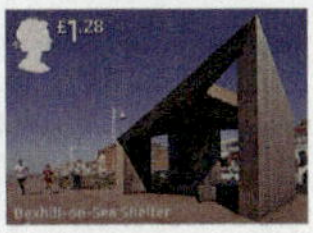

ebl) Schutzhaus, Bexhill-on-Sea

3637	1ST mehrfarbig	ebf	3,—	1,60
3638	1ST mehrfarbig	ebg	3,—	1,60
3639	97 P mehrfarbig	ebh	3,—	2,50
3640	97 P mehrfarbig	ebi	3,—	2,50
3641	1.28 £ mehrfarbig	ebk	4,—	3,40
3642	1.28 £ mehrfarbig	ebl	4,—	3,40
	Satzpreis (6 W.)		20,—	15,—
	FDC			17,—

Blockausgabe

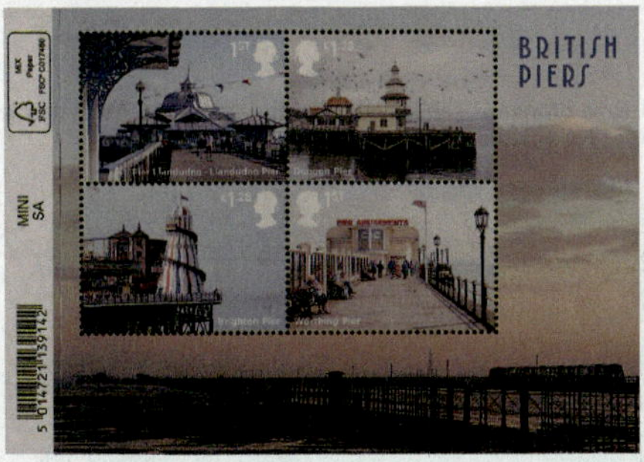

ebr

ebm) Pier, Llandudno, Wales
ebn) Pier, Dunoon, Schottland
ebo) Pier, Brighton, West Sussex
ebp) Pier, Worthing, West Sussex

3643	1ST mehrfarbig	ebm	3,—	2,—
3644	1ST mehrfarbig	ebn	3,—	2,—
3645	1.28 £ mehrfarbig	ebo	3,50	3,50
3646	1.28 £ mehrfarbig	ebp	3,50	3,50
Block 90	(125×89 mm)	ebr	14,—	11,—
	FDC			12,—

Nominale von MiNr. 3637–3638 und 3643–3644 zur Zeit der Ausgabe: je 62 P

MiNr. 3637 trägt die Inschrift „EUROPA".

2014, 14. Okt. Premierminister. Odr. (1×6 Zd und 1×6 Zd + 1×6 Zd); gez. K 14½.

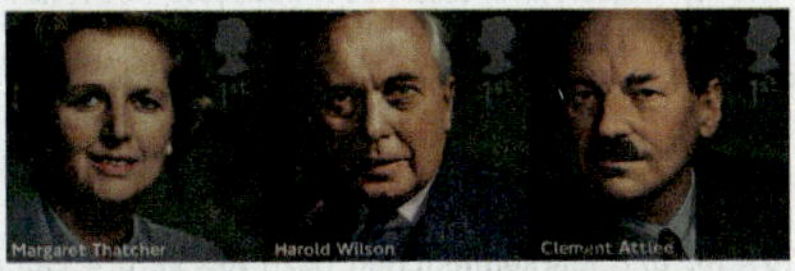

ebs) Margaret Thatcher (1925–2013, reg. 1979–1990)
ebt) Harold Wilson (1916–1995, reg. 1964–1970 und 1974–1976)
ebu) Clement Attlee (1883–1967, reg. 1945–1951)

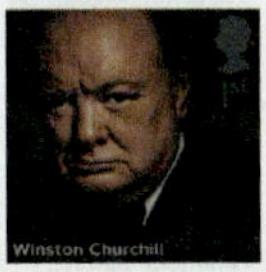

ebv) Winston Churchill (1874–1965, reg. 1940–1945 und 1951–1955), Literaturnobelpreis 1953

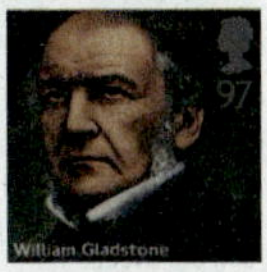

ebw) William Ewart Gladstone (1809–1898, reg. 1868–1874, 1880–1888, 1886 und 1892–1894)

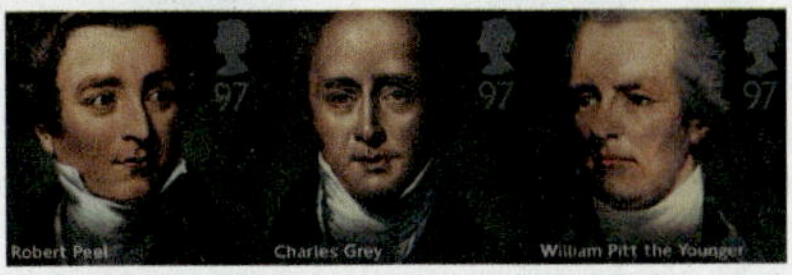

ebx) Robert Peel (1788–1850, reg. 1834–1835 und 1841–1846)
eby) Charles Grey (1764–1845, reg. 1830–1834)
ebz) William Pitt der Jüngere (1759–1806, reg. 1783–1801 und 1804–1806)

3647	1ST mehrfarbig	ebs	3,—	1,70
3648	1ST mehrfarbig	ebt	3,—	1,70
3649	1ST mehrfarbig	ebu	3,—	1,70
3650	1ST mehrfarbig	ebv	3,—	1,70
3651	97 (P) mehrfarbig	ebw	3,—	2,80
3652	97 (P) mehrfarbig	ebx	3,—	2,80
3653	97 (P) mehrfarbig	eby	3,—	2,80
3654	97 (P) mehrfarbig	ebz	3,—	2,80
	Satzpreis (8 W.)		24,—	18,—
	2 Viererstreifen		24,—	18,—
	FDC			20,—

Nominale von MiNr. 3647–3650 zur Zeit der Ausgabe: je 62 P

MiNr. 3647–3650 und 3651–3654 wurden jeweils waagerecht zusammenhängend gedruckt.

2014, 4. Nov. Blockausgabe: Weihnachten – Weihnachtssymbole (I). RaTdr.; Ks 14¾:15.

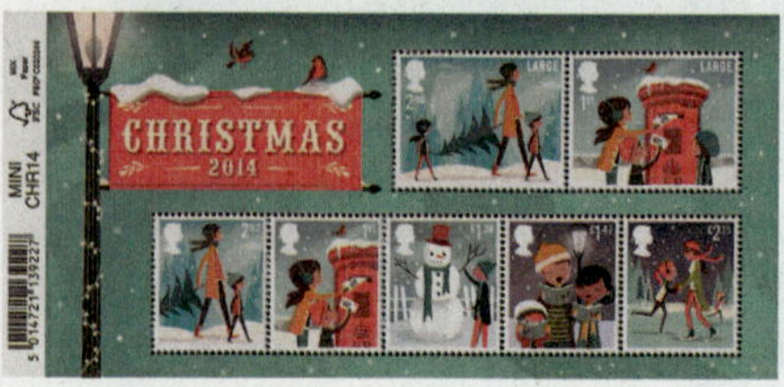

ech

ecc ecd

eca ecb ece ecf ecg

eca) Weihnachtsbaum
ecb) Aufgeben der Weihnachtspost
ecc) Weihnachtsbaum
ecd) Aufgeben der Weihnachtspost
ece) Schneemann
ecf) Adventssingen
ecg) Schlittschuhlaufen

3655	2ND	mehrfarbig	eca	2,20	1,50
3656	1ST	mehrfarbig	ecb	3,—	1,70
3657	2ND	Large mehrfarbig	ecc	2,80	2,20
3658	1ST	Large mehrfarbig	ecd	6,—	2,80
3659	1.28 £	mehrfarbig	ece	3,60	3,60
3660	1.47 £	mehrfarbig	ecf	4,40	4,20
3661	2.15 £	mehrfarbig	ecg	6,—	6,—
Block 91		(156×74 mm)	ech	28,—	22,—
			FDC		24,—

Nominalen zur Zeit der Ausgabe: MiNr. 3655 = 53 P, MiNr. 3656 = 62 P, MiNr. 3657 = 73 P, MiNr. 3658 = 93 P

In gleichen Zeichnungen: MiNr. 3662–3668 (selbstklebend)

2014, 4. Nov. Weihnachten: Weihnachtssymbole (II). I = RaTdr., Bogen (B) (5×10) und Markenheftchen (MH) (6×2), II = Odr., Folienbogen (Fbg.); selbstklebend; C = wellenförmig gestanzt 14¾:15, CS = Sicherheitsstanzung 14¾:15.

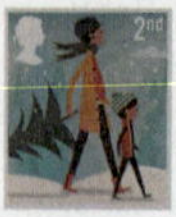

eca) Weihnachtsbaum

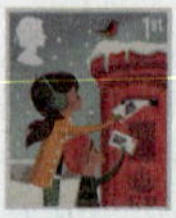

ecb) Aufgeben der Weihnachtspost

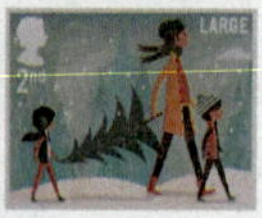

ecc) Weihnachtsbaum

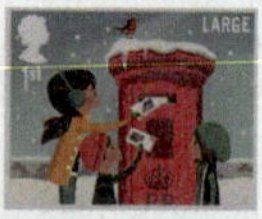

ecd) Aufgeben der Weihnachtspost

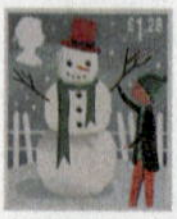

ece) Schneemann

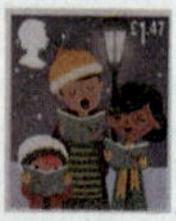

ecf) Adventssingen

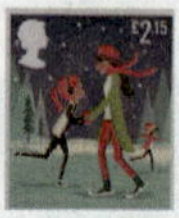

ecg) Schlittschuhlaufen

3662		2ND	mehrfarbig	eca		
	I C		RaTdr. (B) (MH)		2,20	1,50
	II CS		Odr. (Fbg.)		2,50	2,—
3663		1ST	mehrfarbig	ecb		
	I C		RaTdr. (B) (MH)		3,—	1,70
	II CS		Odr. (Fbg.)		3,50	2,50
3664	I C	2ND	Large mehrfarbig (B)	ecc	2,80	2,20
3665	I C	1ST	Large mehrfarbig (B)	ecd	6,—	2,80
3666		1.28 £	mehrfarbig	ece		
	I C		RaTdr. (B) (MH)		3,60	3,60
	II CS		Odr. (Fbg.)		5,—	4,—
3667		1.47 £	mehrfarbig (B)	ecf		
	I C		RaTdr. (B) (MH)		4,40	4,20
	II CS		Odr. (Fbg.)		6,50	5,50
3668	I C	2.15 £	mehrfarbig (B)	ecg	6,—	6,—
			Satzpreis I C (7 W.)		28,—	22,—
			FDC I C			24,—
			3662 II CS Zf–3663 II CS Zf, 3666 II CS Zf–3667 II CS Zf		18,—	14,—

Nominalen zur Zeit der Ausgabe: MiNr. 3662 = 53 P, MiNr. 3663 = 62 P, MiN 3664 = 73 P, MiNr. 3665 = 93 P

MiNr. 3662 I C stammt auch aus MH 0-362.
MiNr. 3663 I C stammt auch aus MH 0-363.

MiNr. 3662 II CS–3663 II CS und 3666 II CS–3667 II CS Zf stammen au Folienbogen zu 20 Marken (8 × MiNr. 3662 II CS–3663 II CS und 2 × MiN 3666 II CS bis 3667 II CS) und 20 verschiedenen Zierfeldern, die jeweils durch schmale Verbindungsstege mit der Marke verbunden sind (Postpreis: 15.20 £).

MiNr. 3662 und 3665 aus Bogen mit sägezahnähnlicher Stanzung
MiNr. 3664 im Kleinbogen mit wertgleichen Weihnachtsmarken anderer Jahre

In gleichen Zeichnungen: MiNr. 3655–3661 (nassklebend)

2015, 6. Jan. 150 Jahre Kinderbuch „Alice im Wunderland" (I) Odr. (5×3 Zd und 5×3 Zd + 5×3 Zd); gez. K 14¼.

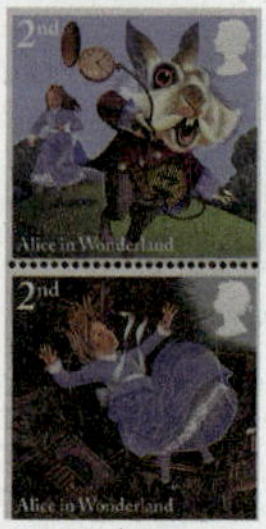

eci) Das weiße Kaninchen
eck) Alices Sturz in den Kaninchenbau

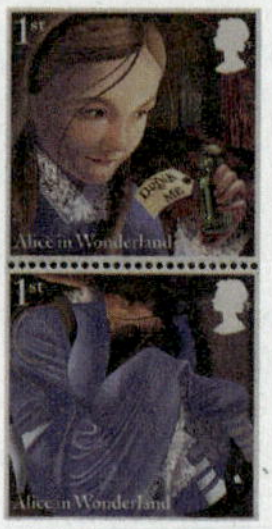

ecl) Alice findet den Zaubertrunk
ecm) Im Haus des weißen Kaninchens

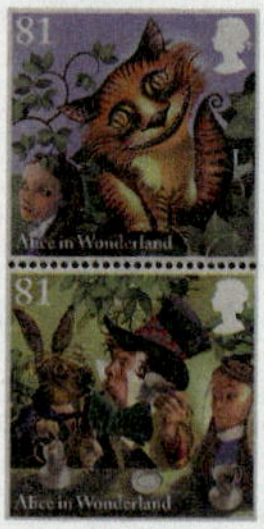

ecn) Die Grinsekatze
eco) Die Teegesellschaft

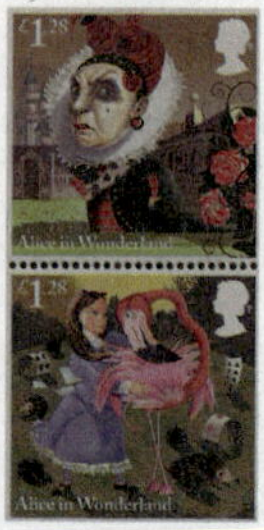

ecp) Die Herzkönigin
ecr) Das Croquetspiel

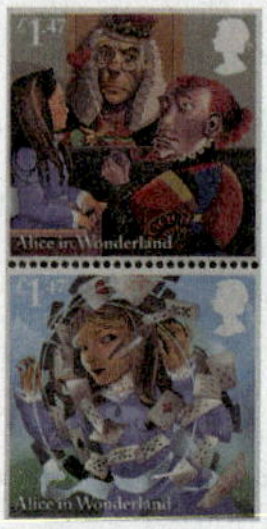

ecs) Die Gerichtsverhandlung
ect) Alice mit dem Kartenspiel

eci–ect) Figuren und Szenen aus dem Kinderbuch „Alice im Wunderland" von Lewis Carroll (1832–1898), Schriftsteller, Fotograf, Mathematiker und Diakon

3669	2nd	mehrfarbig	eci	2,20	1,50
3670	2nd	mehrfarbig	eck	2,20	1,50
3671	1st	mehrfarbig	ecl	3,—	1,70
3672	1st	mehrfarbig	ecm	3,—	1,70
3673	81 (P)	mehrfarbig	ecn	2,60	2,20
3674	81 (P)	mehrfarbig	eco	2,60	2,20
3675	1.28 £	mehrfarbig	ecp	3,60	3,50
3676	1.28 £	mehrfarbig	ecr	3,60	3,50
3677	1.47 £	mehrfarbig	ecs	4,60	4,20
3678	1.47 £	mehrfarbig	ect	4,60	4,20
		Satzpreis (10 W.)		32,—	26,—
		5 Paare		32,—	26,—
		FDC			28,—

Nominalen zur Zeit der Ausgabe: MiNr. 3669–3670 je 53 P, MiNr. 3670–3671 je 62 P

Nominalgleiche Marken wurden senkrecht zusammenhängend gedruckt.

In gleichen Zeichnungen wie MiNr. 3671–3672: MiNr. 3679–3680 (selbstklebend)

2015, 6. Jan. 150 Jahre Kinderbuch „Alice im Wunderland“ (II). RaTdr., Markenheftchen; selbstklebend; gestanzt 14¼.

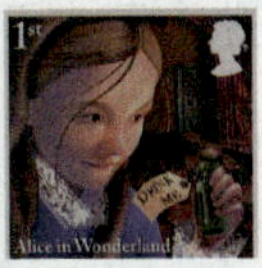

ecl) Alice findet den Zaubertrunk

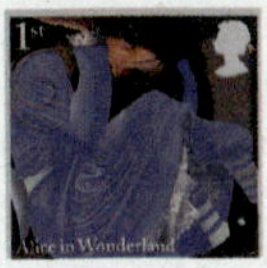

ecm) Im Haus des weißen Kaninchens

3679	1st mehrfarbig	ecl	6,—	5,—
3680	1st mehrfarbig	ecm	6,—	5,—
		Satzpreis (2 W.)	12,—	10,—
		FDC		12,—

Nominale zur Zeit der Ausgabe: je 62 P

MiNr. 3679–3680 stammen aus MH 0-364.

In gleichen Zeichnungen: MiNr. 3671–3672 (nassklebend)

2015, 20. Jan. Grußmarken. Odr. (4×2); Sicherheitszähnung K 14¾:14¼.

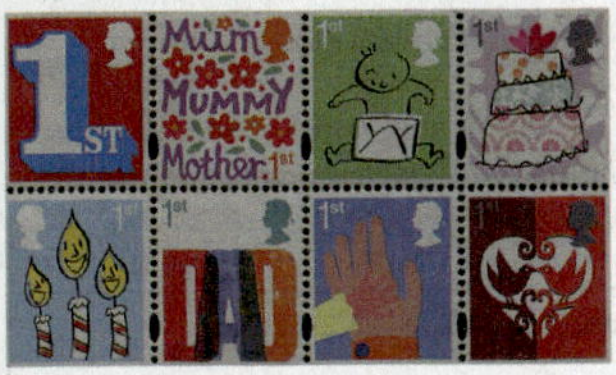

ecu) Gut gemacht
ecv) Für meine Mutter
ecw) Zur Geburt
ecx) Hochzeitstorte

ecy) Geburtstagskerzen
ecz) Für meinen Vater
eda) Für meine Großeltern
edb) Alles Liebe

3681	1ST mehrfarbig	ecu	3,—	1,70
3682	1st mehrfarbig	ecv	3,—	1,70
3683	1st mehrfarbig	ecw	3,—	1,70
3684	1st mehrfarbig	ecx	3,—	1,70
3685	1st mehrfarbig	ecy	3,—	1,70
3686	1st mehrfarbig	ecz	3,—	1,70
3687	1st mehrfarbig	eda	3,—	1,70
3688	1st mehrfarbig	edb	3,—	1,70
		Satzpreis (8 W.)	24,—	13,50
		Kleinbogen	24,—	13,50
		FDC		15,—

Nominale zur Zeit der Ausgabe: je 62 P

In gleichen Zeichnungen: MiNr. 3689–3696 (selbstklebend)

2015, 20. Jan. Grußmarken. I = RaTdr., Markenheftchen (6×2); selbstklebend; Sicherheitsstanzung 14¾:14¼.

ecy) Geburtstagskerzen

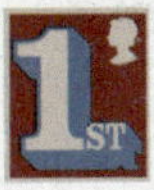

ecu) Gut gemacht

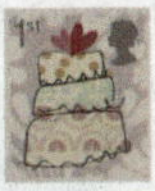

ecx) Hochzeitstorte

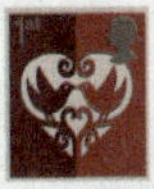

edb) Alles Liebe

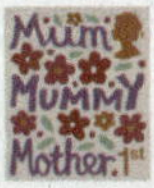

ecv) Für meine Mutter

ecw) Zur Geburt

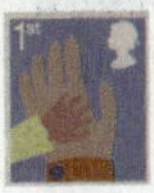

eda) Für meine Großeltern

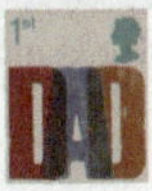

ecz) Für meinen Vater

3689 I	1st mehrfarbig	ecy	3,—	1,70
3690 I	1ST mehrfarbig	ecu	3,—	1,70
3691 I	1st mehrfarbig	ecx	3,—	1,70
3692 I	1st mehrfarbig	edb	3,—	1,70
3693 I	1st mehrfarbig	ecv	3,—	1,70
3694 I	1st mehrfarbig	ecw	3,—	1,70
3695 I	1st mehrfarbig	eda	3,—	1,70
3696 I	1st mehrfarbig	ecz	3,—	1,70
		Satzpreis I (8 W.)	24,—	13,50
		FDC I		15,—

Folienbogen (4×5 Zd.), II = Odr.

3689 II	1st mehrfarbig	ecy	*18,—*	*10,—*
3690 II	1ST mehrfarbig	ecu	*18,—*	*10,—*
3691 II	1st mehrfarbig	ecx	*18,—*	*10,—*
3692 II	1st mehrfarbig	edb	*18,—*	*10,—*
3693 II	1st mehrfarbig	ecv	*18,—*	*10,—*
3694 II	1st mehrfarbig	ecw	*18,—*	*10,—*
3695 II	1st mehrfarbig	eda	*18,—*	*10,—*
3696 II	1st mehrfarbig	ecz	*18,—*	*10,—*
		Satzpreis II (8 W.)	*140,—*	*80,—*
		FDC II		*85,—*
		3689 II Zf–3696 II Zf	*140,—*	*120,—*

Nominale zur Zeit der Ausgabe: je 62 P

MiNr. 3689 I–3696 I stammen aus MH 0-365.

MiNr. 3689 II–3696 II stammen aus Folienbogen zu 20 Marken (3 × MiNr. 3689 II, 3691 II–3692 II, 3694 II, 2 × MiNr. 3690 II, 3693 II, 3695 II–3696 II) und 20 (8 verschiedenen) Zierfeldern, die jeweils durch 3 schmale Verbindungsstege mit der Marke verbunden sind (Postpreis: 12.90 £).

In gleichen Zeichnungen: MiNr. 3681–3688 (nassklebend)

2015, 19. Febr. Britische Erfindungen. Odr., Bogen (3×5 Zd und 3×5 Zd + 3×5 Zd) und Markenheftchen; gez. K 14¼.

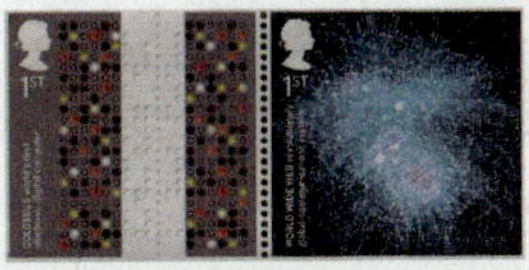

edc) Dechiffriermaschine Colossus von Tommy Flowers (1905–1998), Ingenieur
edd) World Wide Web von Tim Berners-Lee (*1955), Physiker und Informatiker

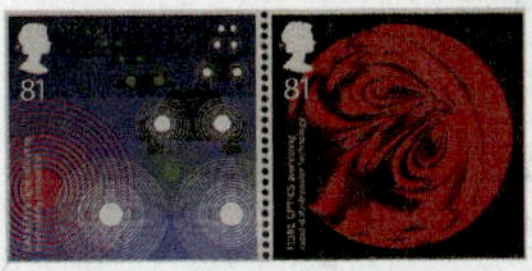

ede) Retroreflektoren „Katzenaugen“ von Percy Shaw (1890–1976), Unternehmer und Erfinder
edf) Glasfaserkabel von Charles Kao (1933–2018), Physiker, Physiknobelpreis 2009, und George Hockham (1938–2013), Ingenieur

edg) Rostfreier Stahl von Harry Brearley (1871–1948), Ingenieur
edh) Carbonfaser von William Watt (1912–1985), Chemiker

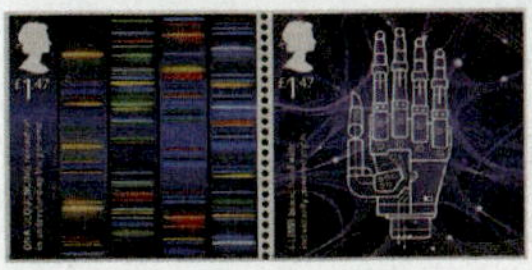

edi) DNA-Sequenzierung von Frederick Sanger (1918–2013), Biochemiker, Chemienobelpreis 1958 und 1980
edk) i-limb-Prothesenhand von David Gow (*1957), Ingenieur

3697	1ST	mehrfarbig	edc	3,—	1,80
3698	1ST	mehrfarbig	edd	3,—	1,80
3699	81 (P)	mehrfarbig	ede	2,60	2,40
3700	81 (P)	mehrfarbig	edf	2,60	2,40
3701	1.28 £	mehrfarbig	edg	3,80	3,80
3702	1.28 £	mehrfarbig	edh	3,80	3,80
3703	1.47 £	mehrfarbig	edi	4,60	4,50

3704	1.47 £	mehrfarbig	edk	4,60	4,50
		Satzpreis (8 W.)		28,—	25,—
		4 Paare		28,—	25,—
		FDC			28,—

Nominale von MiNr. 3697–3698 zur Zeit der Ausgabe: je 62 P

Nominalgleiche Bogenmarken wurden waagerecht zusammenhängend gedruckt.

MiNr. 3697–3704 stammen auch aus MH 178.

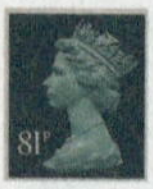

2015, 19. Febr. Freimarken: Königin Elizabeth II., Typ Machin. Odr., Markenheftchen; Sicherheitszähnung K 14¾:14¼.

ku IV) Königin Elizabeth II. (1926–2022, reg. ab 1952); irisierende, negative Inschrift „ROYAL MAIL“ mehrfach

3705	81 P	blaugrün	ku IV	9,—	5,—
3706	97 P	dunkelbläulichviolett	ku IV	3,—	3,—
		Satzpreis (2 W.)		12,—	8,—
		FDC			10,—

MiNr. 3705–3706 stammen aus MH 178.

Gültig bis 31.1.2023, geduldet bis 31.7.2023

In gleicher Zeichnung siehe Übersicht nach Jahrgangswerttabelle.

2015, 5. März. Brücken. Odr. (1×5 Zd und 1×5 Zd + 1×5 Zd); gez. K 14¼.

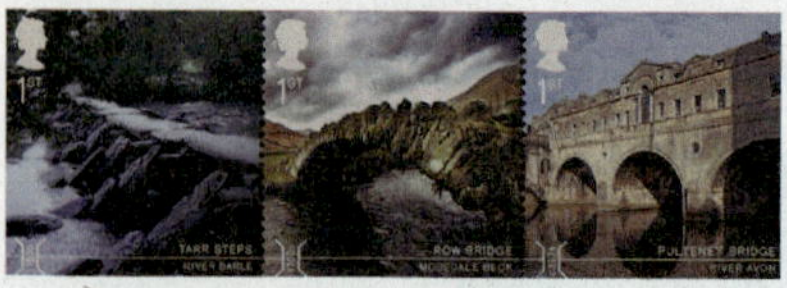

edl) Tarr Steps, mittelalterliche Brücke bei Dulverton, Sommerset
edm) Row Bridge, Wasdale Head, Cumberland (um 1700)
edn) Pulteney-Brücke, Bath, Somerset (1774)

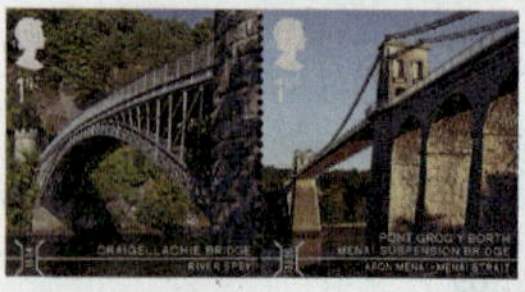

edo) Craigellachie-Brücke, Craigellachie, Schottland (1814)
edp) Menai-Brücke, zwischen Insel Anglesey und Wales (1826)

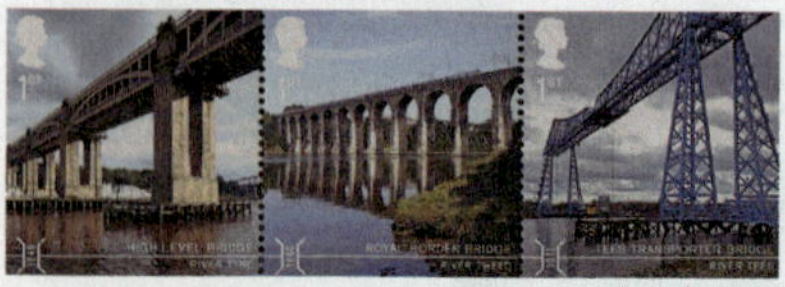

edr) High Level Bridge, zwischen Newcastle upon Tyne und Gateshead, North East England (1849)
eds) Royal Border Bridge, zwischen Tweedmouth und Berwick upon Tweed, Northumberland (1850)
edt) Schwebefähre Middlebrough, North East England (1911)

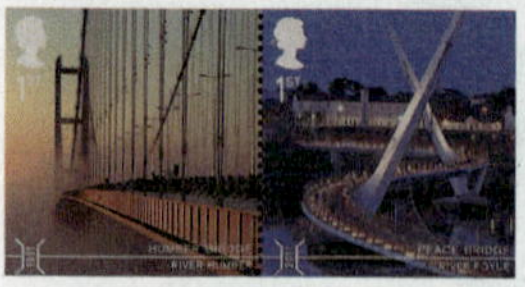

edu) Humber-Brücke, Kingston upon Hull, Yorkshire (1981)
edv) Peace Bridge, Derry, Nordirland (2011)

3707	1ST	mehrfarbig	edl	3,—	1,80
3708	1ST	mehrfarbig	edm	3,—	1,80
3709	1ST	mehrfarbig	edn	3,—	1,80
3710	1ST	mehrfarbig	edo	3,—	1,80
3711	1ST	mehrfarbig	edp	3,—	1,80
3712	1ST	mehrfarbig	edr	3,—	1,80
3713	1ST	mehrfarbig	eds	3,—	1,80
3714	1ST	mehrfarbig	edt	3,—	1,80
3715	1ST	mehrfarbig	edu	3,—	1,80
3716	1ST	mehrfarbig	edv	3,—	1,80
		Satzpreis (10 W.)		30,—	18,—
		2 Fünferstreifen		30,—	18,—
		FDC			20,—

Nominale zur Zeit der Ausgabe: je 62 P

MiNr. 3707–3711 und 3712–3716 wurden jeweils waagerecht zusammenhängend gedruckt.

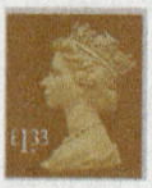

2015, 26. März. Freimarken: Königin Elizabeth II., Typ Machin. RaTdr. (5×5); U-förmige Stanzungen im Markenbild; selbstklebend; Sicherheitsstanzung 14¾:14.

ku III) Königin Elizabeth II. (1926–2022, reg. ab 1952); irisierende, negative Inschrift „ROYAL MAIL“ mehrfach

3717	1.33 £	dunkelgelborange	ku III	4,—	4,—
3718	1.52 £	dunkelpurpur	ku III	4,50	4,50
3719	2.25 £	schwärzlichblauviolett	ku III	6,50	6,50
3720	2.45 £	schwärzlichgelbsmaragdgrün	ku III	7,50	7,50
3721	3.15 £	opalgrün	ku III	9,50	9,50
3722	3.30 £	karminlila	ku III	10,—	10,—
		Satzpreis (6 W.)		42,—	42,—
		FDC			45,—

MiNr. 3717 aus Bogen mit dezentrierter sägezahnähnlicher Stanzung
MiNr. 3722

Gültig bis 31.1.2023, geduldet bis 31.7.2023

In gleicher Zeichnung siehe Übersicht nach Jahrgangswerttabelle.

Posttarife Großbritannien (30.3.2015–28.3.2016)

2. Klasse, Standardformat: 54 P (zuvor: 53 P)
1. Klasse, Standardformat: 63 P (zuvor: 62 P)
2. Klasse, Großformat: 74 P (zuvor: 73 P)
1. Klasse, Großformat: 95 P (zuvor: 93 P)
Europa, bis 20 g: 1.00 £ (zuvor: 97 P)
Europa, 20 g–100 g: 1.52 £ (zuvor: 1.47 £ bis 60 g)
Postkarte, Luftpost: 1.00 £ (zuvor: 97 P)
Seepost, bis 20 g: 85 P (zuvor: 81 P)
Luftpost, bis 10 g: 1.00 £ (zuvor: 97 P)
Luftpost, 10 g–20 g: 1.33 £ (zuvor: 1.28 £)
Luftpost, 20 g–100 g: 2.25 £ (zuvor: 2.15 £ bis 60 g)
Einschreiben, 1. Klasse, Standardformat: 1.73 £ (zuvor: 1.72 £)
Einschreiben, 1. Klasse, Großformat: 2.05 £ (zuvor: 2.03 £)
Eilsendung, bis 100 g: 6.45 £ (zuvor: 6.40 £)
Eilsendung, bis 500 g: 7.25 £ (zuvor: 7.15 £)

2015, 1. April. Britische Komiker (I). Odr. (1×5 Zd und 1×5 Zd + 1×5 Zd); gez. K 14¼:14.

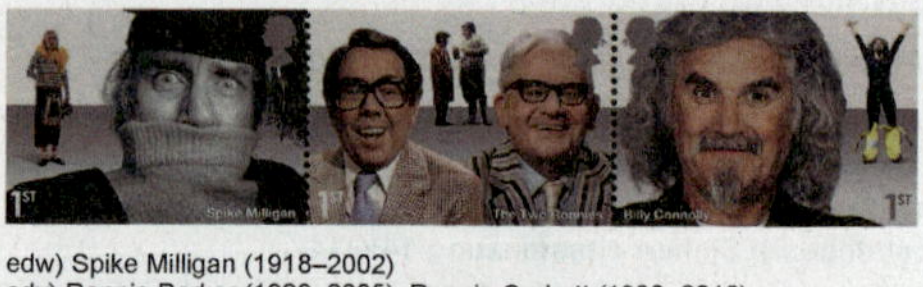

edw) Spike Milligan (1918–2002)
edx) Ronnie Barker (1929–2005), Ronnie Corbett (1930–2016)
edy) Billy Connolly (*1942)

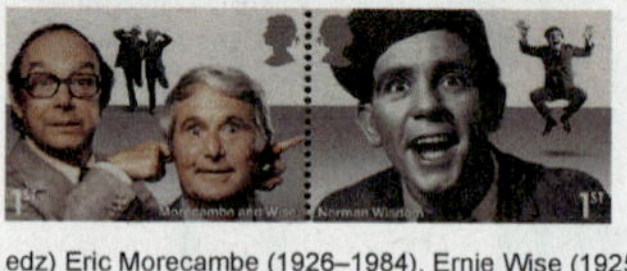

edz) Eric Morecambe (1926–1984), Ernie Wise (1925–1999)
eea) Norman Wisdom (1915–2010)

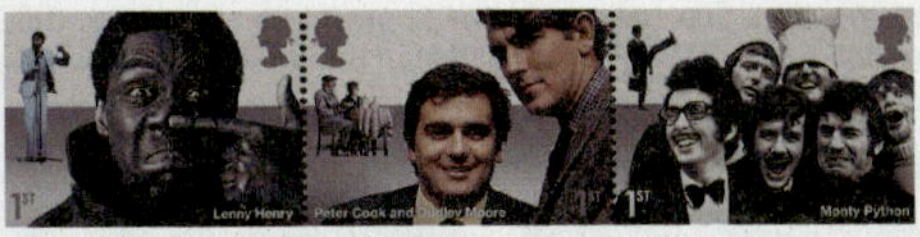

eeb) Lenny Henry (*1958)
eec) Dudley Moore (1935–2002), Peter Cook (1937–1995)
eed) Gruppe Monty Python mit Graham Chapman (1941–1989), John Cleese (*1939), Terry Gilliam (*1940), Eric Idle (*1943), Terry Jones (1942–2020) und Michael Palin (*1943)

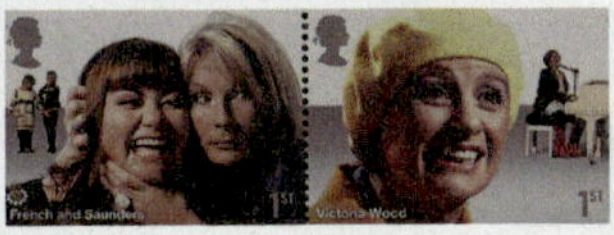

eee) Dawn French (*1957), Jennifer Saunders (*1958)
eef) Victoria Wood (1953–2016)

3723	1ST mehrfarbig	edw	3,—	1,90
3724	1ST mehrfarbig	edx	3,—	1,90
3725	1ST mehrfarbig	edy	3,—	1,90
3726	1ST mehrfarbig	edz	3,—	1,90
3727	1ST mehrfarbig	eea	3,—	1,90
3728	1ST mehrfarbig	eeb	3,—	1,90
3729	1ST mehrfarbig	eec	3,—	1,90
3730	1ST mehrfarbig	eed	3,—	1,90
3731	1ST mehrfarbig	eee	3,—	1,90
3732	1ST mehrfarbig	eef	3,—	1,90
		Satzpreis (10 W.)	30,—	19,—
		2 Fünferstreifen	30,—	19,—
		FDC		22,—

Nominale zur Zeit der Ausgabe: je 63 P

MiNr. 3723–3727 und 3728–3732 wurden jeweils waagerecht zusammenhängend gedruckt.

In gleichen Zeichnungen wie MiNr. 3726–3727: MiNr. 3733–3734 (selbstklebend)

2015, 1. April. Britische Komiker (II). RaTdr., Markenheftchen; selbstklebend; gestanzt 14¼:14.

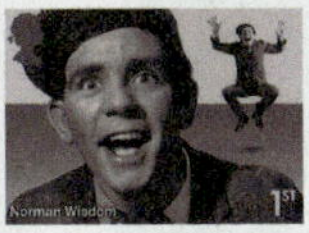

eea) Norman Wisdom (1915–2010)

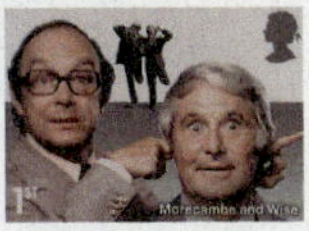

edz) Eric Morecambe (1926–1984), Ernie Wise (1925–1999)

3733	1ST mehrfarbig	eea	6,—	3,—
3734	1ST mehrfarbig	edz	6,—	3,—
		Satzpreis (2 W.)	12,—	6,—
		FDC		8,—

Nominale zur Zeit der Ausgabe: je 63 P

MiNr. 3733–3734 stammen aus MH 0-366.

In gleichen Zeichnungen: MiNr. 3726–3727 (nassklebend)

2015, 6. Mai. Blockausgabe: 175 Jahre Briefmarken (I). Odr.; Sicherheitszähnung Ks 14¾:14.

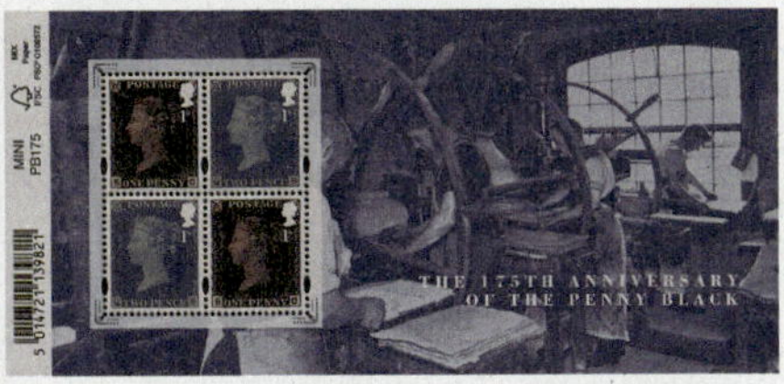

eei

eeg eeh
eeh eeg

eeg) Marke MiNr. 1
eeh) Marke MiNr. 2

3735	1ST schwarz	eeg	3,—	1,90
3736	1ST blau	eeh	3,—	1,90
Block 92	mit 2 × MiNr. 3735–3736 (156×74 mm)	eei	12,—	8,—
		FDC		10,—

Nominalen zur Zeit der Ausgabe: je 63 P

MiNr. 3735–3736 stammen auch aus MH 182 und 196.
MiNr. 3735 stammt auch aus Bogen (5×5) vom 6.5.2020.

In gleichen Zeichnungen: MiNr. 3737–3738 (selbstklebend)

2015, 13. Mai. Blockausgabe: Internationale Briefmarkenausstellung EUROPHILEX 2015, London. Bl. 92 mit Bdr.-Aufdruck entlang der Markenabbildungen.

Block 92 I (145×74 mm)	(Bl. 92)	*45,—*	*45,—*
	FDC		*50,—*

Bl. 92 I wurde nur am Ausstellungspostamt verkauft.

Auflage: 7.500 Blocks

2015, 6. Mai/2020, 10. März. 175 Jahre Briefmarken (II). I = RaTdr., Markenheftchen (MH) (3×2); II = Odr., Folienbogen (Fbg.); selbstklebend; Sicherheitsstanzung 14¾:14.

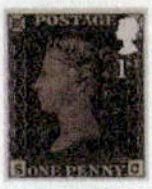

eeg) Marke MiNr. 1

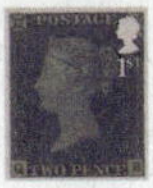

eeh) Marke MiNr. 2

3737		1st schwarz	eeg		
	I	RaTdr. (MH)		3,—	2,—
	II	Odr. (Fbg.)		3,—	2,—
3738		1st blau	eeh		
	I	RaTdr. (MH) (10.3.2020)		3,—	2,—
	II	Odr. (Fbg.)		3,—	2,—
			Satzpreis (2 W.)	6,—	4,—
			3737 II Zf–3738 II Zf	7,—	5,—

Nominale zur Zeit der Erstausgabe: je 63 P

MiNr. 3737 I stammt aus MH 0-367 und 0-411.
MiNr. 3738 I aus MH 0-411.

MiNr. 3737 II–3738 II stammen aus Folienbogen zu je 10 Marken und 20 Zierfeldern (10 verschiedene), die jeweils durch 3 schmale Verbindungsstege mit der Marke verbunden sind (Postpreis: 13.10 £).

Die Zierfelder von MiNr. 3737 II können auf Privatbestellung auch individuell gestaltet werden (Postpreis des Bogens zu 10 Marken: 10.20 £, zu 20 Marken: 18.65 £).

Am 13.9.2017 wurden MiNr. 3737 II (4×) und 3738 II (3×) zusammen mit MiNr. 3854 II (3×) im Folienbogen zu 10 Marken und 10 Zierfeldern (10 verschiedene) ausgegeben (Postpreis: 15.95 £).

In gleichen Zeichnungen: MiNr. 3735–3736 (nassklebend)

2015, 14. Mai. Der Erste Weltkrieg im Jahr 1915. Odr., Bogen (5×5 und 5×5 + 5×5) und Markenheftchen; gez. K 14¼.

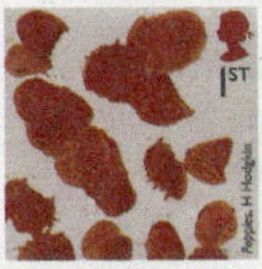

eek) Klatschmohn; Kunstharz-Aquatinta von Howard Hodgkin (1932–2017), Maler

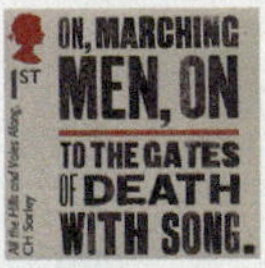

eel) Liedtext aus „All the hills and vales along“, von Charles Sorley (1895–1915)

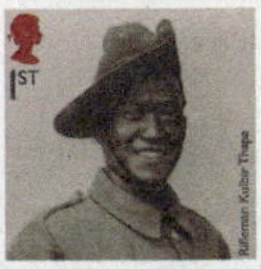

eem) Schütze Kulbir Thapa (1889–1956), Träger des Viktoriakreuzes

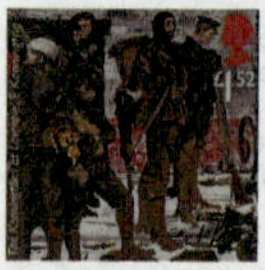

een) The Kensingtons at Laventie; Gemälde von Eric Kennington (1880–1960), Kriegsberichtsmaler

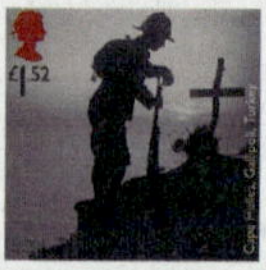

eeo) Soldatengrab am Kap Helles bei Gallipoli, Türkei

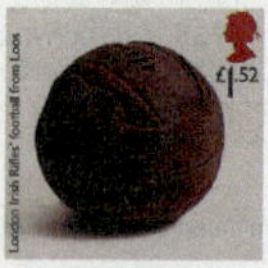

eep) Ball der London Irish Rifles in der Schlacht bei Loos, Frankreich

3739	1ST	mehrfarbig	eek	3,—	1,90
3740	1ST	mehrfarbig	eel	3,—	1,90
3741	1ST	mehrfarbig	eem	3,—	1,90
3742	1.52 £	mehrfarbig	een	5,—	4,50
3743	1.52 £	mehrfarbig	eeo	5,—	4,50
3744	1.52 £	mehrfarbig	eep	5,—	4,50
			Satzpreis (6 W.)	24,—	19,—
			FDC		22,—

Nominale von MiNr. 3739–3744 zur Zeit der Ausgabe: je 63 P

MiNr. 3739–3744 stammen auch aus MH 179 sowie aus einem Zd-Bogen („Composite Sheet") vom 13.9.2018 zusammen mit MiNr. 3628–3633, 3893–3898, 4074–4079 und 4262–4267 (Postpreis: 32.94 £, Auflage: 7.500 Zd-Bogen).

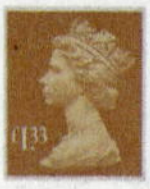

2015, 14. Mai. Freimarke: Königin Elizabeth II., Typ Machin. Odr., Markenheftchen; Sicherheitszähnung K 14¾:14¼.

ku IV) Königin Elizabeth II. (1926–2022, reg. ab 1952); irisierende, negative Inschrift „ROYAL MAIL" mehrfach

3745	1.33 £	dunkelgelborange	ku IV	4,—	4,—
			FDC		5,—

MiNr. 3745 stammt aus MH 179.

Gültig bis 31.1.2023, geduldet bis 31.7.2023

In gleicher Zeichnung siehe Übersicht nach Jahrgangswerttabelle.

2015, 2. Juni. 800. Jahrestag der Erklärung der Magna Carta. Odr. (5×5 und 5×5 + 5×5); gez. K 14½.

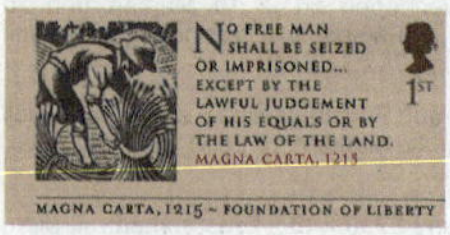

eer) Magna Carta (1215)

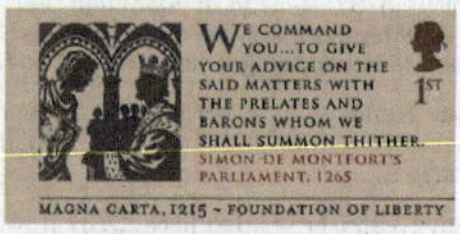

ees) Simon-de-Montfort-Parlament (1265)

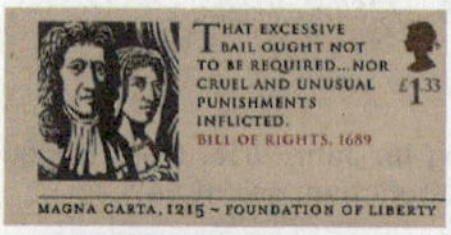

eet) Bill of Rights (1689)

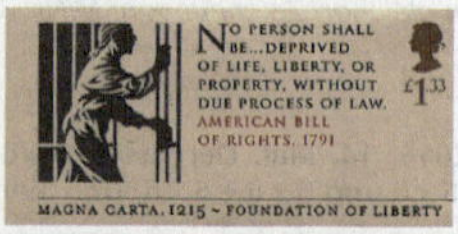

eeu) Bill of Rights der Vereinigten Staaten von Amerika (1791)

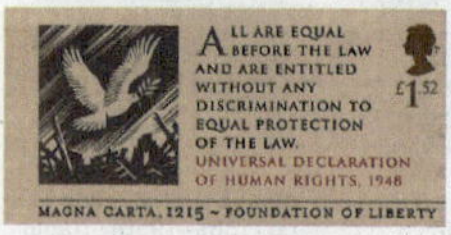

eev) Allgemeine Erklärung der Menschenrechte (1948)

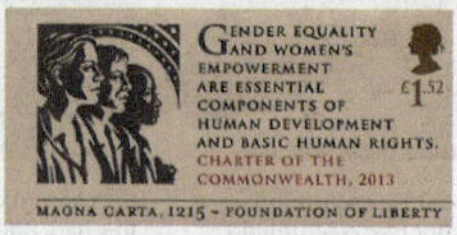

eew) Charter of the Commonwealth (2013)

eer–eew) Erklärungen der Bürger- und Menschenrechte seit der Magna Carta

3746	1ST	mehrfarbig	eer	3,—	1,90
3747	1ST	mehrfarbig	ees	3,—	1,90
3748	1.33 £	mehrfarbig	eet	4,50	4,—
3749	1.33 £	mehrfarbig	eeu	4,50	4,—
3750	1.52 £	mehrfarbig	eev	5,—	4,50
3751	1.52 £	mehrfarbig	eew	5,—	4,50
			Satzpreis (6 W.)	25,—	20,—
			FDC		22,—

Nominale von MiNr. 3746–3747 zur Zeit der Ausgabe: je 63 P

2015, 18. Juni. 200. Jahrestag der Schlacht von Waterloo. Odr., Bogen (5×5 und 5×5 + 5×5) und Markenheftchen; gez. K 14¼.

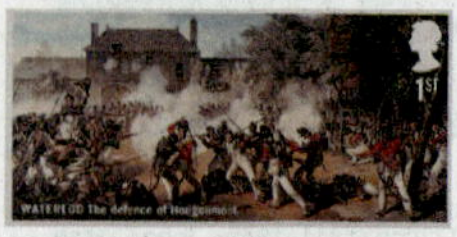

eex) Verteidigung von Hougoumont durch Truppen der Allianz

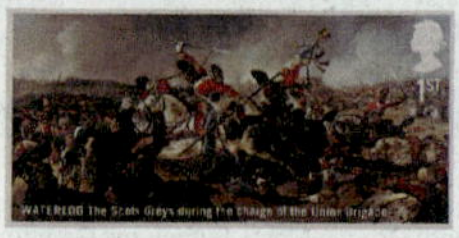

eey) Scots Greys beim Angriff der Union Brigades

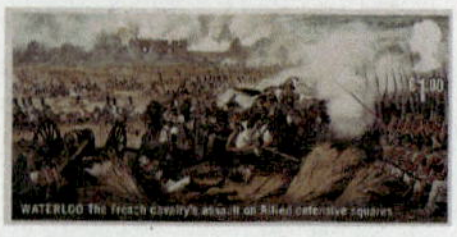

eez) Angriff der französischen Kavallerie

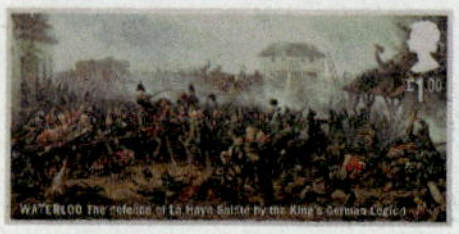

efa) Verteidigung von La Haye Sainte durch Soldaten der Königlich Deutschen Legion

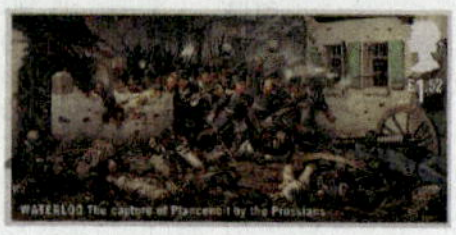

efb) Einnahme von Plancenoit durch preußische Truppen

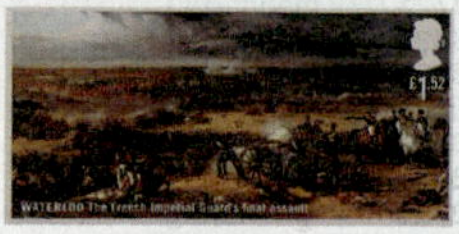

efc) Letzter Angriff der Kaiserlichen Garde

3752	1ST	mehrfarbig	eex	3,—	1,90
3753	1ST	mehrfarbig	eey	3,—	1,90
3754	1.00 £	mehrfarbig	eez	3,50	3,—
3755	1.00 £	mehrfarbig	efa	3,50	3,—
3756	1.52 £	mehrfarbig	efb	5,—	4,60
3757	1.52 £	mehrfarbig	efc	5,—	4,60
			Satzpreis (6 W.)	23,—	19,—
			FDC		22,—

Blockausgabe

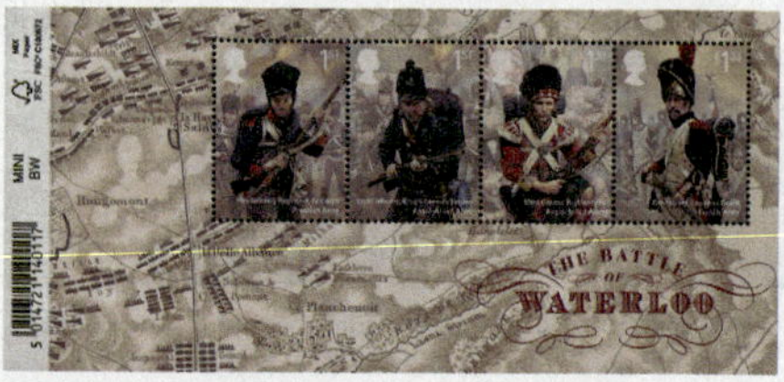

efh

efd) Soldat des preußischen 19. Infanterieregiments, 4. Korps
efe) Infanterist der Königlich Deutschen Legion
eff) Soldat des britischen 92. Gordon Highlander Regiments
efg) Grenadier der Kaiserlichen Garde

3758	1ST	mehrfarbig	efd	3,—	1,90
3759	1ST	mehrfarbig	efe	3,—	1,90
3760	1.33 £	mehrfarbig	eff	4,—	4,—
3761	1.33 £	mehrfarbig	efg	4,—	4,—
Block 93		(156×74 mm)	efh	14,—	12,—
			FDC		14,—

Nominale von MiNr. 3752–3753 und 3758–3759 zur Zeit der Ausgabe: je 63 P

MiNr. 3752–3761 stammen auch aus MH 180.

Blockausgaben ab Bl. 93

Blocks ab Bl. 93 wurden von den Versandstellen ohne den abtrennbaren, ca. 10 mm breiter Streifen mit Strichcode ausgegeben, auf Wunsch jedoch auch mit. Preise gleich.

2015, 16. Juli. Blockausgabe: 75. Jahrestag der Luftschlacht um England. Odr.; gez. Ks 14¼:14.

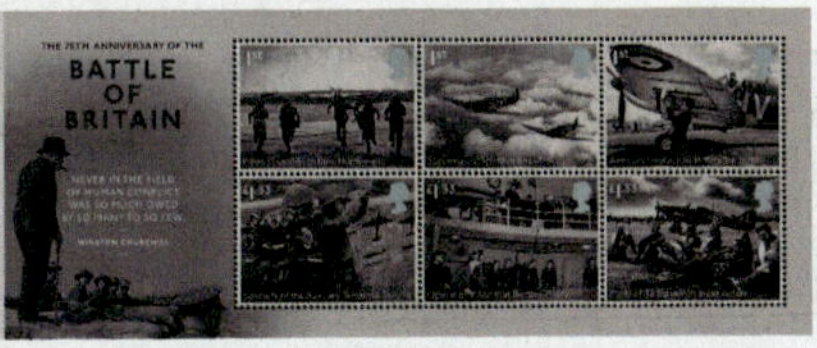

efp

efi) Piloten der Royal Air Force beim Alarmstart
efk) Supermarine-Spitfire-Jagdflugzeuge auf Patrouille
efl) Aufmunitionieren einer Supermarine Spitfire
efm) Luftbeobachterinnen des Auxiliary Territorial Service
efn) Einsatzzentrale im RAF-Hauptquartier Bentley Priory bei Stanmore
efo) Piloten des 32. Geschwaders vor Hawker-Hurricane-Jagdflugzeugen

3762	1st	schwarz/helltürkisblau	efi	3,—	1,90
3763	1st	schwarz/helltürkisblau	efk	3,—	1,90
3764	1st	schwarz/helltürkisblau	efl	3,—	1,90
3765	1.33 £	schwarz/helltürkisblau	efm	4,—	4,—
3766	1.33 £	schwarz/helltürkisblau	efn	4,—	4,—
3767	1.33 £	schwarz/helltürkisblau	efo	4,—	4,—
Block 94		(189×74 mm)	efp	21,—	18,—
			FDC		20,—

Nominale von MiNr. 3762-3764 zur Zeit der Ausgabe: je 63 P

MiNr. 3762–3764 stammten auch aus MH 191.

2015, 18. Aug. Bienen (I). Odr. (5×5 und 5×5 + 5×5); gez. K 14¼.

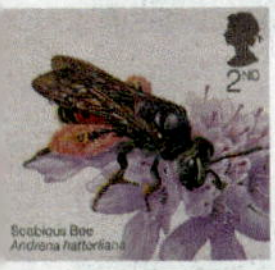

efr) Knautien-Sandbiene (Andrena hattorfiana)

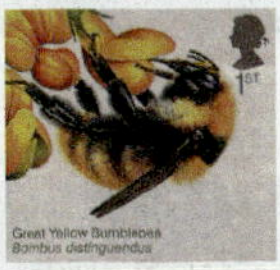

efs) Deichhummel (Bombus distinguendus)

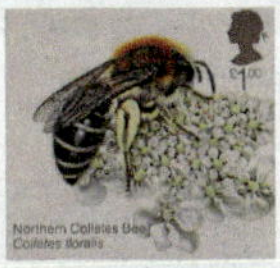

eft) Seidenbiene (Colletes floralis)

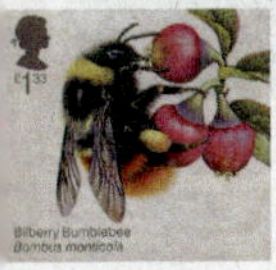

efu) Berglandhummel (Bombus monticola)

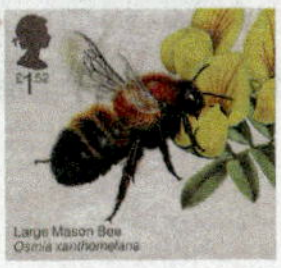

efv) Mauerbiene (Osmia xanthomelana)

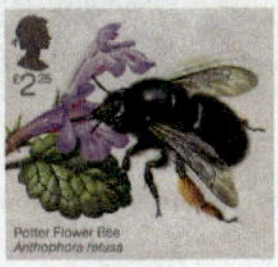

efw) Pelzbiene (Anthophora retusa)

3768	2ND	mehrfarbig	efr	2,20	1,60
3769	1ST	mehrfarbig	efs	3,—	1,90
3770	1.00 £	mehrfarbig	eft	3,20	3,—
3771	1.33 £	mehrfarbig	efu	4,20	4,—
3772	1.52 £	mehrfarbig	efv	5,—	4,60
3773	2.25 £	mehrfarbig	efw	7,50	7,—
		Satzpreis (6 W.)		25,—	22,—
			FDC		24,—

Blockausgabe

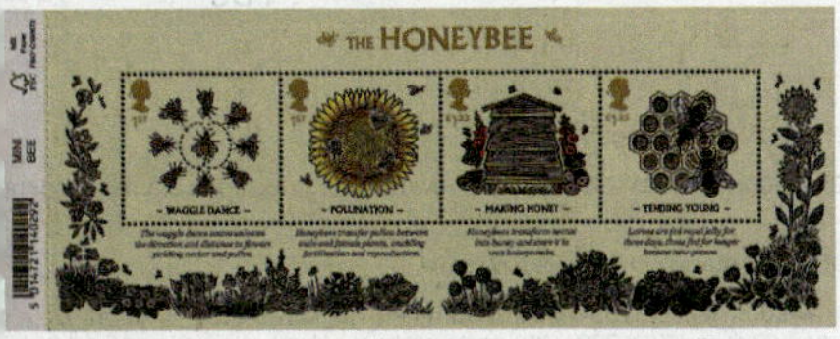

egb

efx) Schwänzeltanz der Bienen
efy) Blütenbestäubung
efz) Honigherstellung
ega) Füttern der Bienenlarven

3774	1ST	mehrfarbig	efx	3,—	1,90
3775	1ST	mehrfarbig	efy	3,—	1,90
3776	1.33 £	mehrfarbig	efz	4,—	4,—
3777	1.33 £	mehrfarbig	ega	4,—	4,—
Block 95		(191×75 mm)	egb	14,—	12,—
			FDC		14,—

Nominalen zur Zeit der Ausgabe: MiNr. 3768 = 54 P, MiNr. 3769 und 3774–3775: je 63 P

In gleicher Zeichnung wie MiNr. 3769: MiNr. 3778 (selbstklebend)

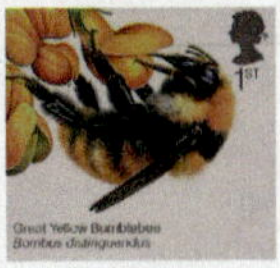

2015, 18. Aug. Bienen (II). RaTdr., Markenheftchen; selbstklebend; gestanzt 14¼:14.

efs) Deichhummel (Bombus distinguendus)

3778	1ST	mehrfarbig	efs	3,50	1,90
			FDC		3,—

Nominale zur Zeit der Ausgabe: 63 P

MiNr. 3778 stammt aus MH 0-368.

In gleicher Zeichnung: MiNr. 3769 (nassklebend)

2015, 9. Sept. Blockausgabe: Königin Elizabeth II. – längstregierende britische Monarchin. MiNr. 3779-3780 und 3782-3783 StTdr.; gez. Ks 14¼:14; MiNr. 3781 RaTdr.; Sicherheitszähnung Ks 14¾:14.

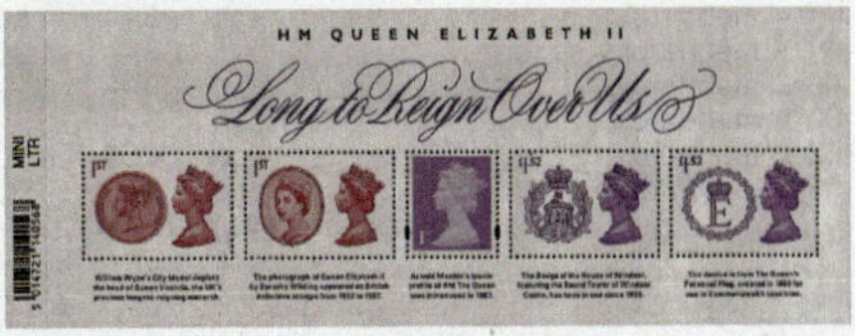

egg

egc egd ku IV ege egf

egc) Königin Victoria (reg. 1837–1901) auf der City-Medaille von William Wyon (1795–1851)
egd) Königin Elizabeth II. nach einer Photographie von Dorothy Wilding (1893–1976)
ege) Wappen des House of Windsor
egf) Persönliche Flagge von Königin Elizabeth II.

ku IV, egc–egf) Königin Elizabeth II. (1926–2022, reg. ab 1952); irisierende, negative Inschrift „LONG TO REIGN OVER US" mehrfach

3779	1ST	bräunlichrot	egc	3,—	1,90
3780	1ST	bräunlichrot	egd	3,—	1,90
3781	1ST	hellgrauviolett	ku IV	3,—	1,90
3782	1.52 £	lebhaftgrauviolett	ege	4,50	4,50
3783	1.52 £	lebhaftgrauviolett	egf	4,50	4,50
Block 96		(194×74 mm)	egg	18,—	15,—
			FDC		17,—

Nominale von MiNr. 3779–3781 zur Zeit der Ausgabe: je 63 P

In gleicher Zeichnung wie MiNr. 3781 siehe Übersicht nach Jahrgangswerttabelle.

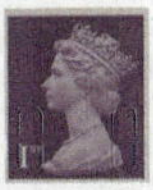

2015, 9. Sept. Freimarke: Königin Elizabeth II., Typ Machin. RaTdr., Bogen (5×5 und 5×5 + 5×5) und Markenheftchen (3×2); U-förmige Stanzungen im Markenbild; selbstklebend; Sicherheitsstanzung 14¾:14.

ku III) Königin Elizabeth II. (1926–2022, reg. ab 1952); irisierende, negative Inschrift „LONG TO REIGN OVER US" mehrfach

3784	1ST	lebhaftgrauviolett	ku III	2,—	1,90
			FDC		3,—

Nominale zur Zeit der Ausgabe: 63 P

MiNr. 3784 stammt aus MH 0-369, 0-374, 0-376 und 0-377.

Gültig bis 31.1.2023, geduldet bis 31.7.2023

In gleicher Zeichnung siehe Übersicht nach Jahrgangswerttabelle.

2015, 18. Sept. Rugby-Weltmeisterschaft 2015 (I). Odr. (3×5 Zd und 3×5 Zd + 3×5 Zd); gez. K 14¼.

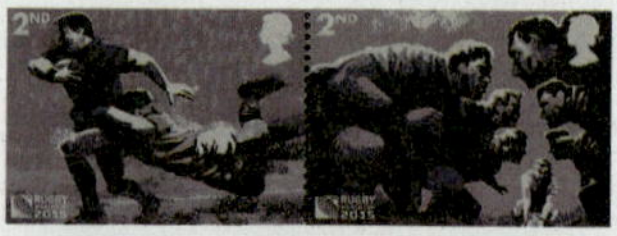

egh, egi

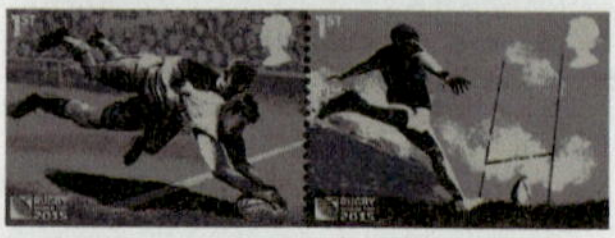

egk, egl

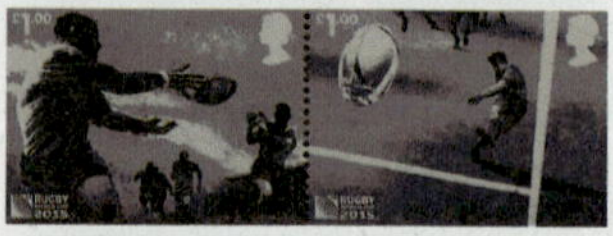

egm, egn

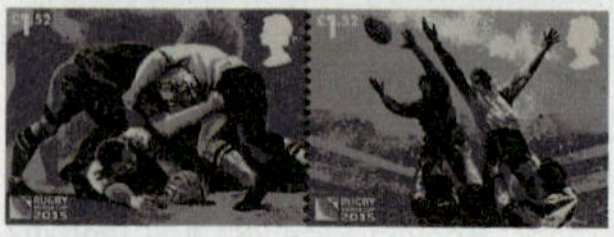

ego, egp

egh–egp) Spielszenen

3785	2ND	mehrfarbig	egh	2,20	1,60
3786	2ND	mehrfarbig	egi	2,20	1,60
3787	1ST	mehrfarbig	egk	3,—	1,90
3788	1ST	mehrfarbig	egl	3,—	1,90
3789	1.00 £	mehrfarbig	egm	3,—	3,—
3790	1.00 £	mehrfarbig	egn	3,—	3,—
3791	1.52 £	mehrfarbig	ego	4,50	4,50
3792	1.52 £	mehrfarbig	egp	4,50	4,50
			Satzpreis (8 W.)	25,—	22,—
			4 Paare	25,—	22,—
			FDC		24,—

Nominalen zur Zeit der Ausgabe: MiNr. 3785–3786 je 54 P, MiNr. 3787–3788 je 63 P

Nominalgleiche Marken wurden waagerecht zusammenhängend gedruckt.

In gleichen Zeichnungen wie MiNr. 3787–3788: MiNr. 3793–3794 (selbstklebend)

2015, 18. Sept. Rugby-Weltmeisterschaft 2015 (II). RaTdr., Markenheftchen; selbstklebend; gestanzt 14¼:14.

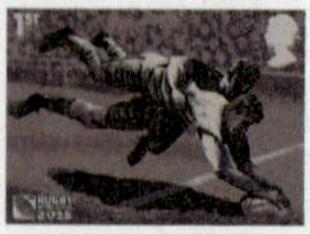

egk

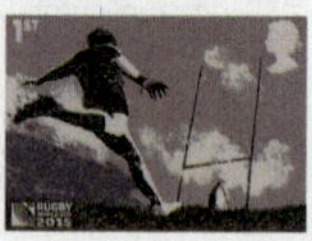

egl

egk–egl) Spielszenen

3793	1ST	mehrfarbig	egk	4,—	2,—
3794	1ST	mehrfarbig	egl	4,—	2,—
			Satzpreis (2 W.)	8,—	4,—
			FDC		5,50

Nominale zur Zeit der Ausgabe: je 63 P

MiNr. 3793–3794 stammen aus MH 0-370.

In gleichen Zeichnungen: MiNr. 3787–3788 (nassklebend)

2015, 20. Okt. Science-Fiction-Filmreihe „Star Wars“ (I). Odr. (1×5 Zd, 1×5 Zd + 1×5 Zd, 4×5 und 6×5); Aufdruck fl.; gez. K 14¼.

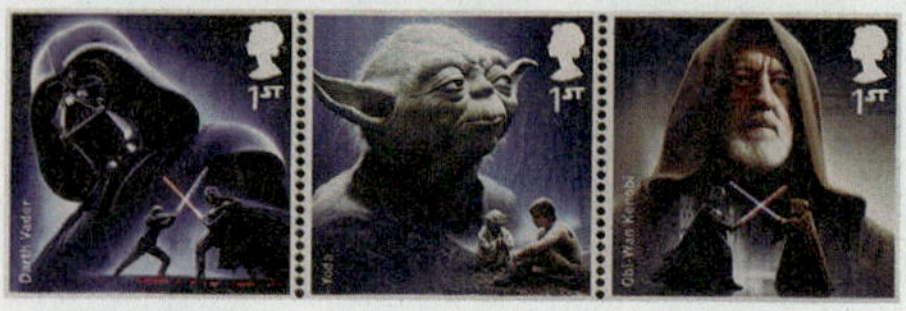

egr) Darth Vader
egs) Yoda
egt) Obi-Wan Kenobi

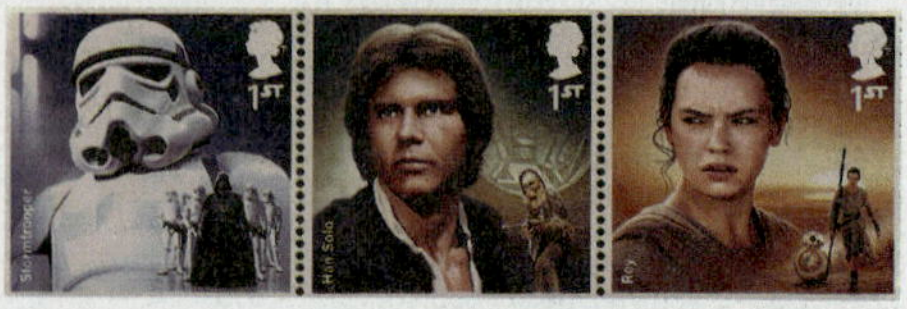

egu) Stormtrooper
egv) Han Solo
egw) Rey

egx) Prinzessin Leia
egy) Senator Palpatine
egz) Luke Skywalker

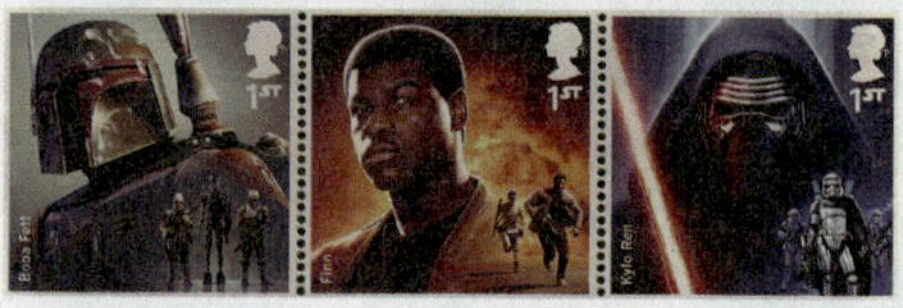

eha) Boba Fett
ehb) Finn
ehc) Kylo Ren

3795	1ST	mehrfarbig	egr	3,—	1,90
3796	1ST	mehrfarbig	egs	3,—	1,90
3797	1ST	mehrfarbig	egt	3,—	1,90
3798	1ST	mehrfarbig	egu	3,—	1,90
3799	1ST	mehrfarbig	egv	3,—	1,90
3800	1ST	mehrfarbig	egw	3,—	1,90
3801	1ST	mehrfarbig	egx	3,—	1,90
3802	1ST	mehrfarbig	egy	3,—	1,90
3803	1ST	mehrfarbig	egz	3,—	1,90
3804	1ST	mehrfarbig	eha	3,—	1,90
3805	1ST	mehrfarbig	ehb	3,—	1,90
3806	1ST	mehrfarbig	ehc	3,—	1,90
			Satzpreis (12 W.)	36,—	22,—
			2 Sechserstreifen	36,—	22,—
			FDC		24,—

Nominalen zur Zeit der Ausgabe: je 63 P

MiNr. 3795–3800 und 3801–3806 wurden jeweils waagerecht zusammenhängend gedruckt.

MiNr. 3795–3806 stammen auch aus MH 181.

Zusätzlich wurden MiNr. 3795–3806 zusammen mit MiNr. 4098–4105 im Bogen zu 20 Marken (Bogengröße 209×297 mm) gedruckt (Ausgabedatum: 12.10.2017 Postpreis: 13 £). Hiervon wurde ein auf 148×183 mm zugeschnittener Bogen nur am schmalen Bogenrand auf einem Schmuckumschlag aufgeklebt (Postpreis 17.50 £).

Weiterhin wurden MiNr. 3795–3806 zusammen mit MiNr. 4098–4105 und 4490–4499 im Bogen zu 30 Marken (Bogengröße 297×209 mm) gedruckt (Ausgabedatum: 26.11.2019, Postpreis: 21 £).

In gleichen Zeichnungen wie MiNr. 3795–3796 und 3798–3799: MiNr. 3813–3816 (selbstklebend)

2015, 20. Okt. Blockausgabe: Science-Fiction-Filmreihe „Star Wars" (II). Odr.; selbstklebend; gestanzt 14½.

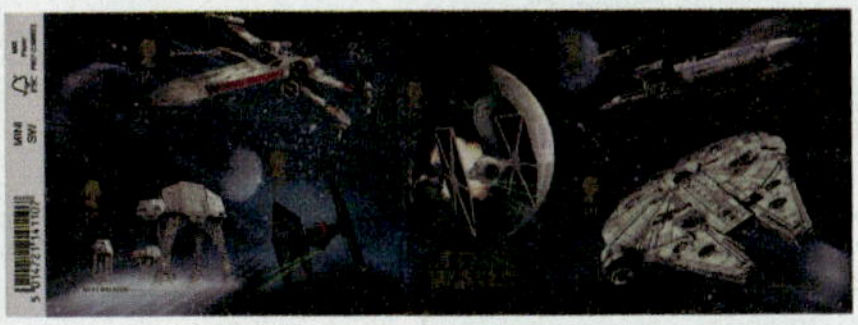

ehk

ehd ehf ehe
ehg ehh ehi

ehd) X-wing Starfighter (rot)
ehe) X-wing Starfighter (blau)
ehf) TIE fighters (neue Version)
ehg) AT-AT Walker
ehh) TIE fighters (alte Version)
ehi) Millennium Falcon

3807	1ST	mehrfarbig	ehd	3,—	1,90
3808	1ST	mehrfarbig	ehe	3,—	1,90
3809	1ST	mehrfarbig	ehf	3,—	1,90
3810	1ST	mehrfarbig	ehg	3,—	1,90
3811	1ST	mehrfarbig	ehh	3,—	1,90
3812	1ST	mehrfarbig	ehi	3,—	1,90
Block 97		(203×74 mm)	ehk	18,—	12,—
			FDC		15,—

Nominale zur Zeit der Ausgabe: je 63 P

MiNr. 3807–3812 stammen auch aus MH 181.

2015, 20. Okt. Science-Fiction-Filmreihe „Star Wars" (III). Odr., Folienbogen (2×5 Zd); selbstklebend; zähnungsähnlich gestanzt 14¼.

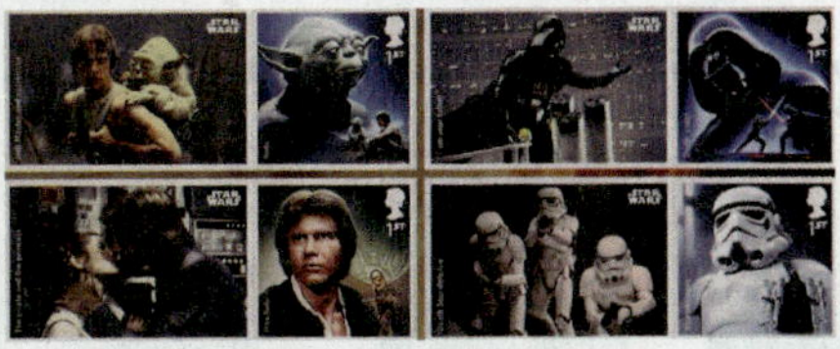

Zierfeld egs Zierfeld egr
Zierfeld egv Zierfeld egu

egs) Yoda
egr) Darth Vader
egv) Han Solo
egu) Stormtrooper

3813	1ST	mehrfarbig	egs	3,—	2,—
3814	1ST	mehrfarbig	egr	3,—	2,—
3815	1ST	mehrfarbig	egv	3,—	2,—
3816	1ST	mehrfarbig	egu	3,—	2,—
			Satzpreis (4 W.)	12,—	8,—
			FDC		10,—
			3813 Zf–3816 Zf	12,—	8,—
			Folienbogen	32,—	

Nominalen zur Zeit der Ausgabe: je 63 P

MiNr. 3813–3816 stammen aus einem sog. Commemorative Sheet mit 10 Marken (3 × MiNr. 3813–3814 und 2 × MiNr. 3815–3816) und 10 jeweils links anhängenden Zierfeldern, die durch 3 schmale Verbindungsstege mit der Marke verbunden sind (Postpreis: 6.80 £). Auf Privatbestellung wurden MiNr. 3813–3816 jeweils auch im Folienbogen zu 10 Marken und 10 Zierfeldern ausgegeben (Postpreis: je 10.20 £).

In gleichen Zeichnungen: MiNr. 3795–3796, 3798–3799 (nassklebend)

2015, 3. Nov. Blockausgabe: Weihnachten – Die Weihnachtsgeschichte (I). RaTdr.; gez. K 14½:15.

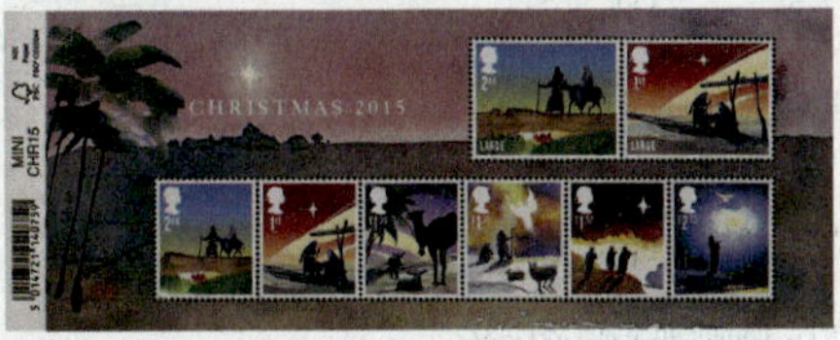

ehu

ehn eho
ehl ehm ehp ehr ehs eht

ehl) Reise nach Bethlehem
ehm) Krippe im Stall zu Bethlehem
ehn) Reise nach Bethlehem
eho) Krippe im Stall zu Bethlehem
ehp) Tiere auf der Weide
ehr) Hirten auf dem Felde
ehs) Hl. Drei Könige
eht) Verkündigung

ehl–eht) Illustrationen zur Weihnachtsgeschichte nach den Evangelisten Matthäus und Lukas

3817	2nd	mehrfarbig	ehl	2,20	1,60
3818	1st	mehrfarbig	ehm	3,—	1,90
3819	2nd	Large mehrfarbig	ehn	2,80	2,20
3820	1st	Large mehrfarbig	eho	6,—	2,80
3821	1.00 £	mehrfarbig	ehp	3,—	3,—
3822	1.33 £	mehrfarbig	ehr	4,—	4,—
3823	1.52 £	mehrfarbig	ehs	4,50	4,50
3824	2.25 £	mehrfarbig	eht	6,50	6,50
Block 98		(189×74 mm)	ehu	32,—	27,—
			FDC		30,—

Nominalen zur Zeit der Ausgabe: MiNr. 3817 = 54 P, MiNr. 3818 = 63 P, MiNr. 3819 = 74 P, MiNr. 3820 = 95 P

In gleichen Zeichnungen: MiNr. 3825–3832 (selbstklebend)

2015, 3. Nov. Weihnachten: Die Weihnachtsgeschichte (II). I = RaTdr., Bogen (B) (5×10) und Markenheftchen (MH) (6×2), II = Odr., Folienbogen (Fbg.); selbstklebend; C = zähnungsähnlich gestanzt 14½:15, CS = Sicherheitsstanzung 14½:15.

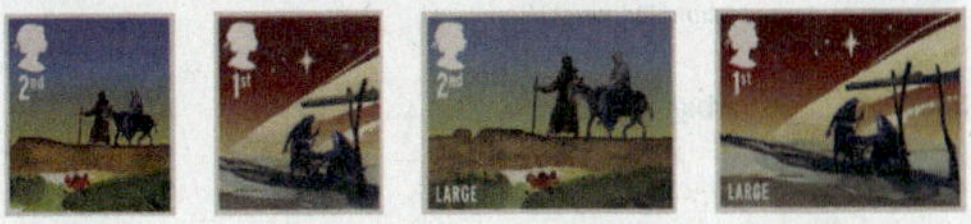

ehl) Reise nach Bethlehem ehm) Krippe im Stall zu Bethlehem ehn) Reise nach Bethlehem eho) Krippe im Stall zu Bethlehem

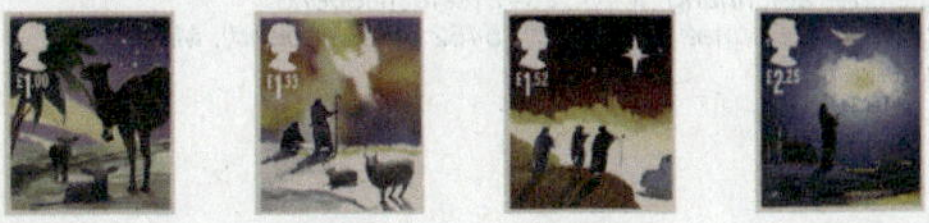

ehp) Tiere auf der Weide ehr) Hirten auf dem Felde ehs) Hl. Drei Könige eht) Verkündigung

ehl–eht) Illustrationen zur Weihnachtsgeschichte nach den Evangelisten Matthäus und Lukas

3825		2nd	mehrfarbig	ehl		
	I C		RaTdr. (B) (MH)		2,20	1,60
	II CS		Odr. (Fbg.)		2,50	1,80
3826		1st	mehrfarbig	ehm		
	I C		RaTdr. (B) (MH)		3,—	1,90
	II CS		Odr. (Fbg.)		3,50	2,20
3827	I C	2nd	Large mehrfarbig (B)	ehn	2,80	2,20
3828	I C	1st	Large mehrfarbig (B)	eho	6,—	2,80
3829		1.00 £	mehrfarbig	ehp		
	I C		RaTdr. (B)		3,—	3,—
	II CS		Odr. (Fbg.)		3,50	3,50
3830		1.33 £	mehrfarbig	ehr		
	I C		RaTdr. (B)		4,—	4,—
	II CS		Odr. (Fbg.)		4,50	4,50
3831		1.52 £	mehrfarbig	ehs		
	I C		RaTdr. (B)		4,50	4,50
	II CS		Odr. (Fbg.)		5,—	5,—

3832	2.25 £	mehrfarbig	eht		
I C		RaTdr. (B)		6,50	6,50
II CS		Odr. (Fbg.)		8,—	8,—
		Satzpreis I C (8 W.)		32,—	27,—
		FDC I C			30,—
3825 II CS Zf–3826 II CS Zf, 3829 II CS Zf–3832 II CS Zf				28,—	25,—

Nominalen zur Zeit der Ausgabe: MiNr. 3825 = 54 P, MiNr. 3826 = 63 P, MiNr. 3827 = 74 P, MiNr. 3828 = 95 P

MiNr. 3825 I C stammt auch aus MH 0-371.
MiNr. 3826 I C stammt auch aus MH 0-372.

MiNr. 3825 II CS–3826 II CS und 3829 II CS–3832 II CS stammen aus Folienbogen zu 20 Marken (8 × MiNr. 3825 II CS–3826 II CS und 1 × MiNr. 3829 II CS bis 3832 II CS) und 20 verschiedenen Zierfeldern, die jeweils durch 3 schmale Verbindungsstege mit der Marke verbunden sind (Postpreis: 15.70 £).

[KB] MiNr. 3826–3827 jeweils im Kleinbogen mit wertgleichen Weihnachtsmarken anderer Jahre

In gleichen Zeichnungen: MiNr. 3817–3824 (nassklebend)

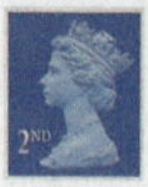

2015, 17. Dez. Freimarke: Königin Elizabeth II., Typ Machin. Odr., Markenheftchen; Sicherheitszähnung K 14¾:14¼.

ku IV) Königin Elizabeth II. (1926–2022, reg. ab 1952); irisierende, negative Inschrift „ROYAL MAIL“ mehrfach

3833	2ND	lebhaftkobalt	ku IV	2,50	2,—
		FDC			4,—

Nominale zur Zeit der Ausgabe: 54 P

MiNr. 3833 stammt aus MH 181, 189, 197, 199, 202–203 und 206.

Gültig bis 31.1.2023, geduldet bis 31.7.2023

In gleicher Zeichnung siehe Übersicht nach Jahrgangswerttabelle.

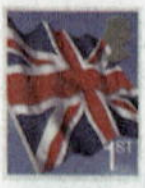

2015, 17. Dez. Grußmarke. Odr., Markenheftchen; Sicherheitszähnung K 14¾:14¼.

cea) Nationalflagge „Union Jack“

3834	1ST	mehrfarbig	cea	3,—	2,—
		FDC			4,—

Nominale zur Zeit der Ausgabe: 63 P

MiNr. 3834 stammt aus MH 181 und 199.

In gleicher Zeichnung: MiNr. 2341 (selbstklebend)
In größerem Format: MiNr 1961, 5482 (nassklebend), MiNr. 5668 (selbstklebend)

2016, 7. Jan. Südpolar-Expedition von Ernest Shackleton 1914 bis 1916. Odr. (3×5 Zd und 3×5 Zd + 3×5 Zd); gez. K 14¼.

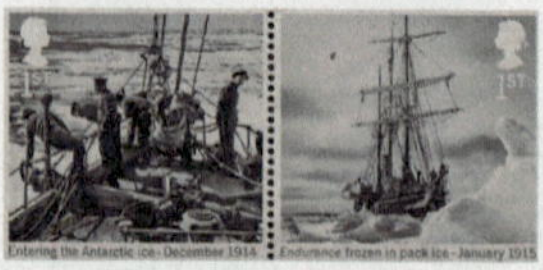

ehv) Ankunft der „Endurance“ an der antarktischen Packeisgrenze (Dezember 1914)
ehw) Im Packeis eingeschlossen (Januar 1915)

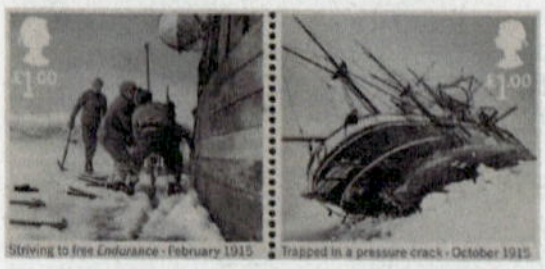

ehx) Versuch der Befreiung (Februar 1915)
ehy) Vom Packeis zerdrücktes Schiff (Oktober 1915)

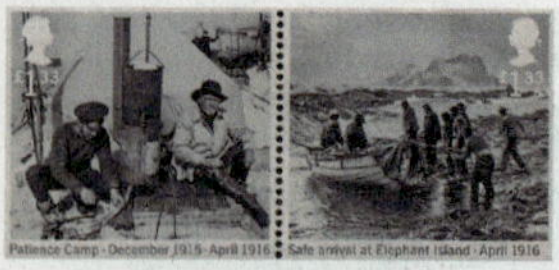

ehz) Warten auf Treibeisscholle (Dezember 1915–April 1916)
eia) Ankunft in 3 Rettungsbooten der „Endurance“ auf Elephant Island (April 1916)

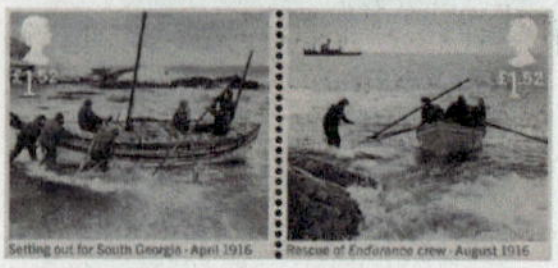

eib) Aufbruch im Rettungsboot „James Caird“ nach Südgeorgien (April 1916)
eic) Rettung der Restbesatzung von Elephant Island (August 1916)

ehv–eic) Reiseverlauf der Endurance-Expedition von Ernest Shackleton (1874–1922), Polarforscher

3835	1ST	mehrfarbig	ehv	3,—	1,90
3836	1ST	mehrfarbig	ehw	3,—	1,90
3837	1.00 £	mehrfarbig	ehx	3,—	3,—
3838	1.00 £	mehrfarbig	ehy	3,—	3,—
3839	1.33 £	mehrfarbig	ehz	4,—	4,—
3840	1.33 £	mehrfarbig	eia	4,—	4,—
3841	1.52 £	mehrfarbig	eib	5,—	4,60
3842	1.52 £	mehrfarbig	eic	5,—	4,60
		Satzpreis (8 W.)		30,—	27,—
		4 Paare		30,—	27,—
		FDC			30,—

Nominale von MiNr. 3835–3836 zur Zeit der Ausgabe: je 63 P

Nominalgleiche Marken wurden waagerecht zusammenhängend gedruckt.

2016, 17. Febr. 500 Jahre Britische Post. Odr., Bogen (5×5 und 5×5 + 5×5) und Markenheftchen (3×1); gez. K 14½.

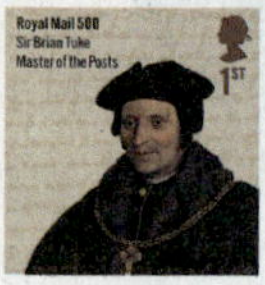

eid) Postmeister Brian Tuke (um 1490–1545); Gemälde von Hans Holbein dem Jüngeren (um 1497–1543)

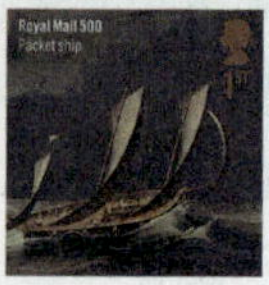

eie) Postsegler vor der Küste von Eastbourne

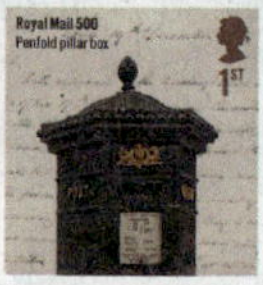

eif) Briefkasten (um 1850)

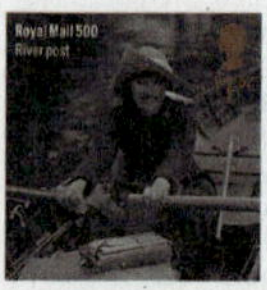

eig) Postzustellung per Ruderboot

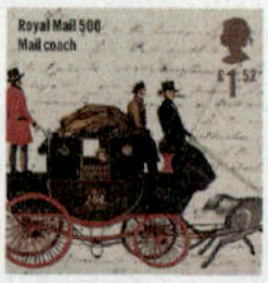

eih) Postkutsche

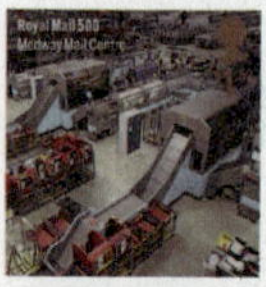

eii) Postverteilerzentrum Medway, Kent

3843	1ST	mehrfarbig	eid	3,—	1,90
3844	1ST	mehrfarbig	eie	3,—	1,90
3845	1ST	mehrfarbig	eif	3,—	1,90
3846	1.52 £	mehrfarbig	eig	5,—	4,80
3847	1.52 £	mehrfarbig	eih	5,—	4,80
3848	1.52 £	mehrfarbig	eii	5,—	4,80
		Satzpreis (6 W.)		24,—	20,—
		FDC			24,—

Blockausgabe

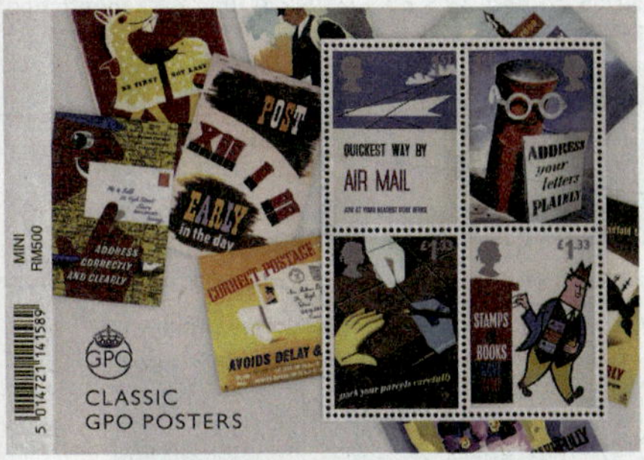

eio

eik eil
eim ein

eik) Luftpost; von Edward McKnight Kauffer (1890–1954)
eil) Richtige Postanschrift; von Hans Schleger (1898–1976)
eim) Sichere Paketverpackung; von Hans Unger (1915–1975)
ein) Verwendung der Markenheftchen; von Harry Stevens (1919–2008)

eik–ein) Plakate der Postreklame

3849	1ST	mehrfarbig	eik	3,—	1,90
3850	1ST	mehrfarbig	eil	3,—	1,90
3851	1.33 £	mehrfarbig	eim	4,—	4,—
3852	1.33 £	mehrfarbig	ein	4,—	4,—
Block 99		(126×89 mm)	eio	14,—	12,—
			FDC		15,—

Nominale von MiNr. 3843–3845 und 3849–3850 zur Zeit der Ausgabe: je 63 P

MiNr. 3843–3852 stammen auch aus MH 182.

2016, 18. Febr. Blockausgabe: Briefmarkenmesse Spring Stampex 2016, London. Bl. 99 mit Bdr.-Aufdruck auf dem Blockrand.

Block 99 I	(115×89 mm)	(Bl. 99)	*40,—*	*40,—*
		FDC		*45,—*

Bl. 99 I wurde nur am Ausstellungspostamt verkauft.

Auflage: 3.000 Blocks

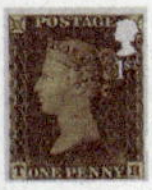

2016, 18. Febr. 175 Jahre Briefmarken (III). Odr., Markenheftchen; Sicherheitszähnung 14¾:14.

eip) Marke MiNr. 3

3853	1ST	rotbraun	eip	3,—	2,—
			FDC		4,—

Nominale zur Zeit der Ausgabe: 63 P

MiNr. 3853 stammt aus MH 182 und 196.

In gleicher Zeichnung: MiNr. 3854 (selbstklebend)

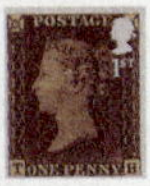

2016, 18. Febr. 175 Jahre Briefmarken (IV). I = RaTdr., Markenheftchen (MH) (3×2); II = Odr., Folienbogen (Fbg.); selbstklebend; Sicherheitsstanzung 14¾:14.

eip) Marke MiNr. 3

3854	1st	rotbraun	eip		
	I	RaTdr. (MH)		3,—	1,90
	II	Odr. (Fbg.)		3,—	1,90
			FDC I		4,—
			3854 II Zf	3,20	2,—

Nominale zur Zeit der Ausgabe: 63 P

MiNr. 3854 I stammt aus MH 0-373 und 0-411.

MiNr. 3854 II stammt aus Folienbogen zu 20 Marken und 20 Zierfeldern (10 verschiedene), die jeweils durch 3 schmale Verbindungsstege mit der Marke verbunden sind (Postpreis: 13.10 £).

Die Zierfelder von MiNr. 3854 II können auf Privatbestellung auch individuell gestaltet werden (Postpreis des Bogens zu 10 Marken: 10.20 £, zu 20 Marken: 18.65 £).

Am 13.9.2017 wurde MiNr. 3854 II (3×) zusammen mit MiNr. 3737 II (4×) und 3738 II (3×) im Folienbogen zu 10 Marken und 10 Zierfeldern (10 verschiedene) ausgegeben (Postpreis: 15.95 £).

In gleicher Zeichnung: MiNr. 3853 (nassklebend)

2016, 15. März. Britische Wohltäter. Odr. (2×5 Zd und 2×5 Zd + 2×5 Zd); gez. K 14¼.

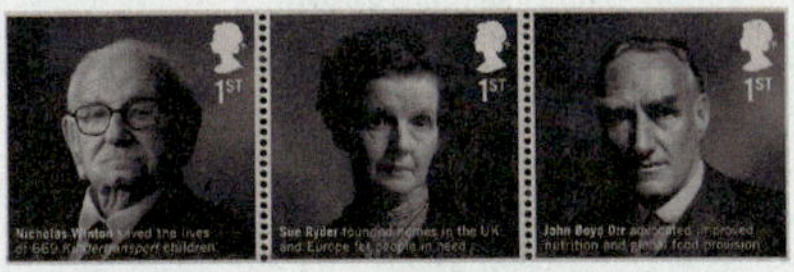

eir) Nicholas Winton (1909–2015), Bankkaufmann und Organisator von Rettungstransporten jüdischer Kinder 1938
eis) Margret Susan Ryder (1924–2000), Mitglied des Britischen Oberhauses und Philanthropin
eit) John Boyd Orr (1880–1971), Arzt und Biologe, Friedensnobelpreis 1949

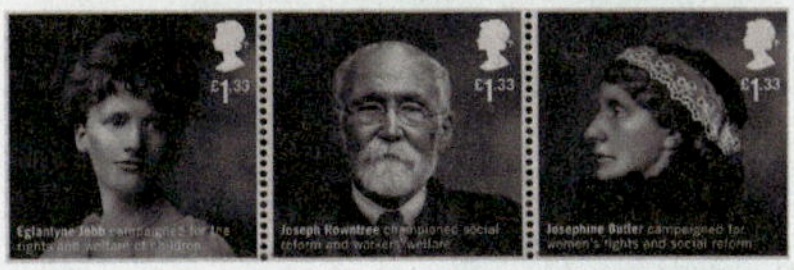

eiu) Eglantyne Jebb (1876–1928), Verfechterin von Kinderrechten und Gründerin der Organisation „Save the Children"
eiv) Joseph Rowntree (1836–1925), Geschäftsmann und Philanthrop
eiw) Josephine Butler (1828–1906), Frauenrechtlerin

3855	1ST	schwarz	eir	3,—	2,—
3856	1ST	schwarz	eis	3,—	2,—
3857	1ST	schwarz	eit	3,—	2,—
3858	1.33 £	schwarz	eiu	4,—	4,—
3859	1.33 £	schwarz	eiv	4,—	4,—
3860	1.33 £	schwarz	eiw	4,—	4,—
			Satzpreis (6 W.)	21,—	18,—
			2 Dreierstreifen	21,—	18,—
			FDC		20,—

Nominale von MiNr. 3855–3857 zur Zeit der Ausgabe: je 63 P

Nominalgleiche Marken wurden waagerecht zusammenhängend gedruckt.

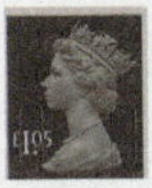

2016, 22. März. Freimarke: Königin Elizabeth II., Typ Machin. RaTdr. (5×5); U-förmige Stanzungen im Markenbild; selbstklebend; Sicherheitsstanzung 14¾:14¼.

ku III) Königin Elizabeth II. (1926–2022, reg. ab 1952); irisierende, negative Inschrift „ROYAL MAIL" mehrfach

3861	1.05 £	dunkelbräunlicholiv	ku III	3,20	3,20
			FDC		5,—

Gültig bis 31.1.2023, geduldet bis 31.7.2023

In gleicher Zeichnung siehe Übersicht nach Jahrgangswerttabelle.

Posttarife Großbritannien (29.3.2016–26.3.2017)

2. Klasse, Standardformat: 55 P (zuvor: 54 P)
1. Klasse, Standardformat: 64 P (zuvor: 63 P)
2. Klasse, Großformat: 75 P (zuvor: 74 P)
1. Klasse, Großformat: 96 P (zuvor: 95 P)
Europa, bis 20 g: 1.05 £ (zuvor: 1.00 £)
Europa, 20 g–100 g: 1.52 £ (seit 30.3.2015)
Postkarte, Luftpost: 1.05 £ (zuvor: 1.00 £)
Seepost, bis 20 g: 90 P (zuvor: 85 P)
Luftpost, bis 10 g: 1.05 £ (zuvor: 1.00 £)
Luftpost, 10 g–20 g: 1.33 £ (seit 30.3.2015)
Luftpost, 20 g–100 g: 2.25 £ (seit 30.3.2015)
Einschreiben, 1. Klasse, Standardformat: 1.74 £ (zuvor: 1.73 £)
Einschreiben, 1. Klasse, Großformat: 2.06 £ (zuvor: 2.05 £)
Eilsendung, bis 100 g: 6.45 £ (seit 30.3.2015)
Eilsendung, bis 500 g: 7.25 £ (seit 30.3.2015)

2016, 5. April. 400. Todestag von William Shakespeare. Odr. (1×5 Zd und 1×5 Zd + 1×5 Zd); gez. K 14¼:14.

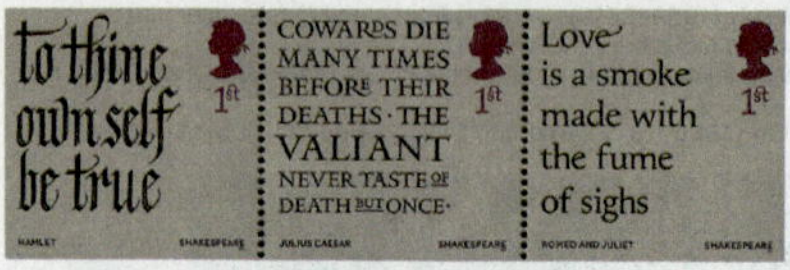

eix) Hamlet, 1. Akt, 3. Szene
eiy) Julius Cäser, 2. Akt, 2. Szene
eiz) Romeo und Julia, 1. Akt, 1. Szene

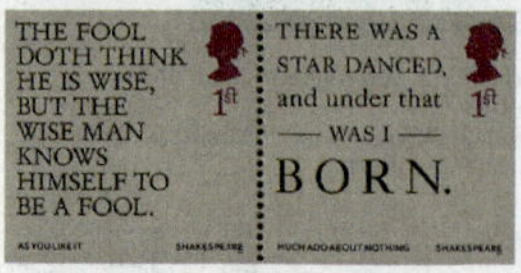

eka) Wie es euch gefällt, 5. Akt, 1. Szene
ekb) Viel Lärm um nichts, 2. Akt, 1. Szene

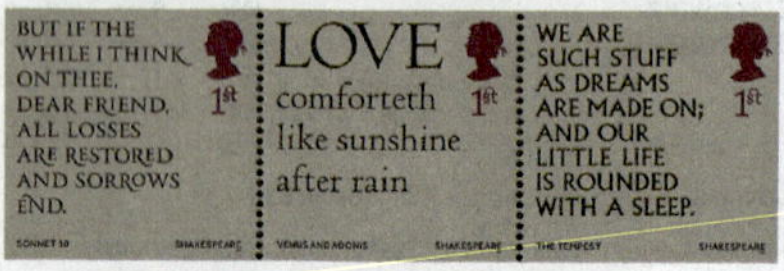

ekc) 30. Sonett, 13. und 14. Zeile
ekd) Venus und Adonis, Versdichtung, Zeile 799
eke) Der Sturm, 4. Akt, 1. Szene

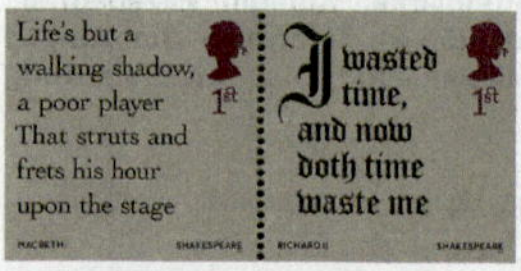

ekf) Macbeth, 5. Akt, 5. Szene
ekg) Richard II., 5. Akt, 5. Szene

neix–ekg) Zitate aus den Werken von William Shakespeare (1564–1616), Dramatiker

3862	1st	mehrfarbig	eix	3,—	2,—
3863	1st	mehrfarbig	eiy	3,—	2,—
3864	1st	mehrfarbig	eiz	3,—	2,—
3865	1st	mehrfarbig	eka	3,—	2,—
3866	1st	mehrfarbig	ekb	3,—	2,—
3867	1st	mehrfarbig	ekc	3,—	2,—
3868	1st	mehrfarbig	ekd	3,—	2,—
3869	1st	mehrfarbig	eke	3,—	2,—
3870	1st	mehrfarbig	ekf	3,—	2,—
3871	1st	mehrfarbig	ekg	3,—	2,—
		Satzpreis (10 W.)		30,—	20,—
		2 Fünferstreifen		30,—	20,—
		FDC			24,—

Nominale zur Zeit der Ausgabe: je 64 P

MiNr. 3862–3866 und 3867–3871 wurden jeweils waagerecht zusammenhängend gedruckt.

2016, 21. April. 90. Geburtstag von Königin Elizabeth II. (I). Odr., Bogen (2×5 Zd und 2×5 Zd + 2×5 Zd) und Markenheftchen; gez. K 14¼.

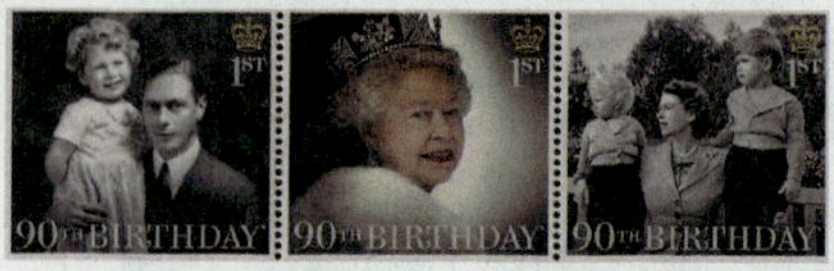

ekh) Prinz Albert (später König Georg VI.) und Prinzessin Elizabeth (1929)
eki) auf der Fahrt zur Parlamentseröffnung (2012)
ekk) mit Prinzessin Anne und Prinz Charles auf Schloss Balmoral (1952)

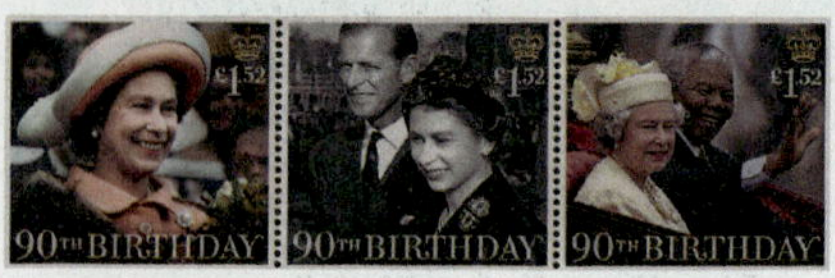

ekl) auf Staatsbesuch in Neuseeland (1977)
ekm) mit Prinz Philip auf Staatsbesuch in den USA (1957)
ekn) mit Nelson Mandela (1996)

ekh–ekn) Königin Elizabeth II. (1926–2022, reg. ab 1952)

3872	1ST	mehrfarbig	ekh	3,—	2,—
3873	1ST	mehrfarbig	eki	3,—	2,—
3874	1ST	mehrfarbig	ekk	3,—	2,—
3875	1.52 £	mehrfarbig	ekl	4,50	4,50
3876	1.52 £	mehrfarbig	ekm	4,50	4,50
3877	1.52 £	mehrfarbig	ekn	4,50	4,50
		Satzpreis (6 W.)		22,—	19,50
		2 Dreierstreifen		22,—	20,—
		FDC			22,—

Blockausgabe

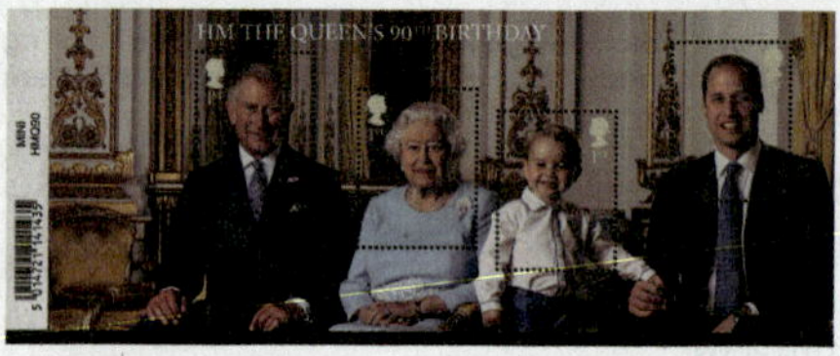

ekt

eko) Prinz Charles (*1948)
ekp) Königin Elizabeth II. (1926–2022, reg. ab 1952)
ekr) Prinz George (*2013)
eks) Prinz William (*1982)

eko–ekt) Vier Generationen des Hauses Windsor (2015); Fotografie von Ranald Mackechnie (*1961)

3878	1ST	mehrfarbig	eko	3,—	2,—
3879	1ST	mehrfarbig	ekp	3,—	2,—
3880	1ST	mehrfarbig	ekr	3,—	2,—
3881	1ST	mehrfarbig	eks	3,—	2,—
Block 100		(190×74 mm)	ekt	12,—	8,—
		FDC			10,—

Nominale von MiNr. 3872–3874 und 3878–3881 zur Zeit der Ausgabe: je 64 P

Nominalgleiche Bogenmarken wurden waagerecht zusammenhängend gedruckt.

MiNr. 3872–3881 stammen auch aus MH 183.
MiNr. 3873–3874 stammen auch aus MH 208.

In gleichen Zeichnungen wie MiNr. 3878–3881: MiNr. 3882–3883, 3891–3892 (selbstklebend)

2016, 21. April. 90. Geburtstag von Königin Elizabeth II. (II). RaTdr., Markenheftchen; selbstklebend; gestanzt 14¼.

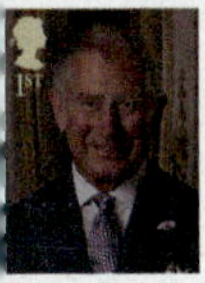

eko) Prinz Charles (*1948)

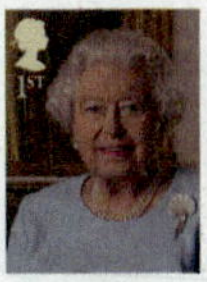

ekp) Königin Elizabeth II. (1926–2022, reg. ab 1952)

3882	1ST mehrfarbig	eko	6,—	2,—
3883	1ST mehrfarbig	ekp	6,—	2,—
	Satzpreis (2 W.)		12,—	4,—
	FDC			5,50

Nominale zur Zeit der Ausgabe: je 64 P

MiNr. 3882–3883 stammen aus MH 0-374.

In gleichen Zeichnungen: MiNr. 3878–3879 (nassklebend)

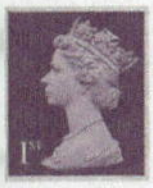

2016, 21. April. Freimarke: Königin Elizabeth II., Typ Machin. Odr., Markenheftchen; Sicherheitszähnung K 14¾:14¼.

ku IV) Königin Elizabeth II. (1926–2022, reg. ab 1952); irisierende, negative Inschrift „ROYAL MAIL“ mehrfach

3884	1ST hellgrauviolett	ku IV	3,—	2,—
	FDC			3,50

Nominale zur Zeit der Ausgabe: je 64 P

MiNr. 3884 stammt aus MH 183.

Gültig bis 31.1.2023, geduldet bis 31.7.2023

In gleicher Zeichnung siehe Übersicht nach Jahrgangswerttabelle.

2016, 17. Mai. Blockausgabe: Spaß mit Tieren. Odr.; selbstklebend; an Konturen gestanzt, teilweise zähnungsähnlich gestanzt 14.

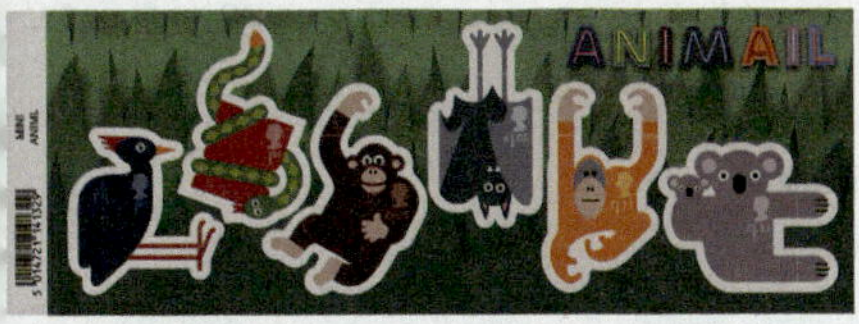

eku) Schwarzspecht
ekv) Schlange
ekw) Schimpanse
ekx) Fledermaus
eky) Orang-Utan
ekz) Koala

3885	1st	mehrfarbig	eku	3,—	2,—
3886	1st	mehrfarbig	ekv	3,—	2,—
3887	1.05 £	mehrfarbig	ekw	3,20	3,20
3888	1.05 £	mehrfarbig	ekx	3,20	3,20
3889	1.33 £	mehrfarbig	eky	3,80	3,80
3890	1.33 £	mehrfarbig	ekz	3,80	3,80
Block 101		(202×74 mm)	ela	20,—	18,—
		FDC			22,—

Nominale von MiNr. 3885–3886 zur Zeit der Ausgabe: je 64 P

2016, 9. Juni. 90. Geburtstag von Königin Elizabeth II. (III). RaTdr., Markenheftchen; selbstklebend; gestanzt 14¼.

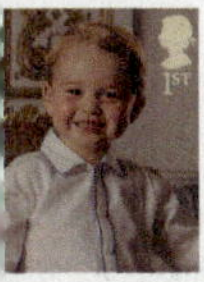

ekr) Prinz George (*2013)

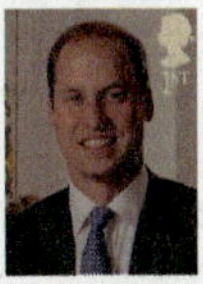

eks) Prinz William (*1982)

3891	1ST mehrfarbig	ekr	6,—	2,—
3892	1ST mehrfarbig	eks	6,—	2,—
	Satzpreis (2 W.)		12,—	4,—
	FDC			5,50

Nominale zur Zeit der Ausgabe: je 64 P

MiNr. 3891–3892 stammen aus MH 0-375.

In gleichen Zeichnungen: MiNr. 3880–3881 (nassklebend)

2016, 21. Juni. Der Erste Weltkrieg im Jahr 1916. Odr., Bogen (5×5 und 5×5 + 5×5), Markenheftchen und Zd-Bogen; gez. K 14¼.

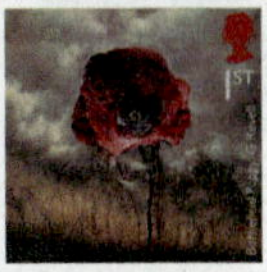

elb) Klatschmohn (Papaver rhoeas)

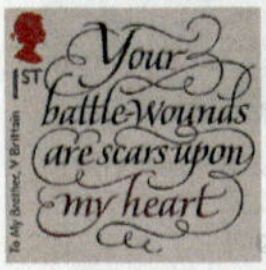

elc) Gedicht „To My Brother“ von Vera Mary Brittain (1893–1970), Schriftstellerin und Pazifistin

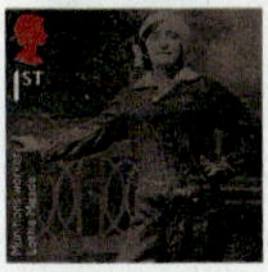

eld) Lottie Meade (1889–1916), Munitionsarbeiterin

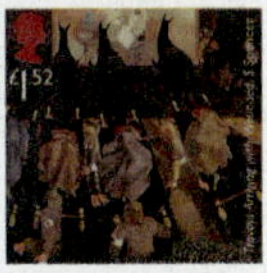

ele) Krankentragen mit Verwundeten am Verbandsplatz Smol, Makedonien; Gemälde von Stanley Spencer (1891–1959)

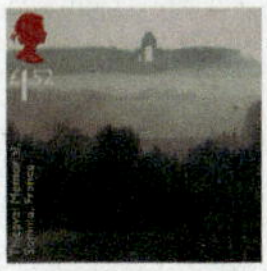

elf) Thiepval-Denkmal an der Somme, Frankreich

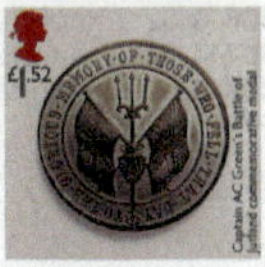

elg) Gedenkmedaille an die Skagerrakschlacht von Hauptmann der Royal Marines AC. Greene (1888–1974)

3893	1ST	mehrfarbig	elb	3,—	2,—
3894	1ST	mehrfarbig	elc	3,—	2,—
3895	1ST	mehrfarbig	eld	3,—	2,—
3896	1.52 £	mehrfarbig	ele	4,50	4,50
3897	1.52 £	mehrfarbig	elf	4,50	4,50
3898	1.52 £	mehrfarbig	elg	4,50	4,50
		Satzpreis (6 W.)		22,—	19,50
		FDC			22,—

Blockausgabe

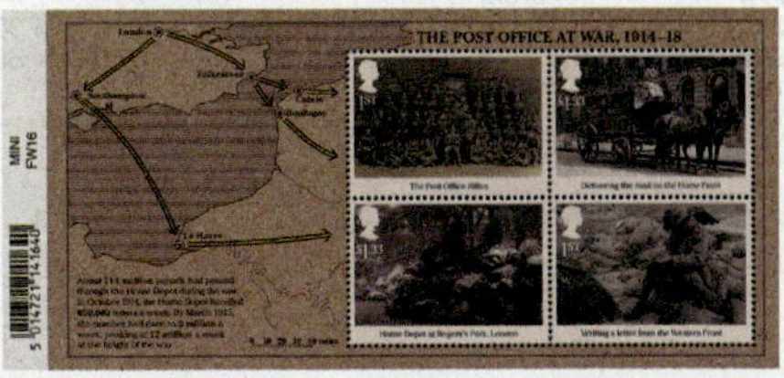

elm

elh elk
ell eli

elh) Angehörige der Territorialtruppe Post Office Rifles
eli) Briefschreiben an der Westfront
elk) Postzustellung an der Heimatfront
ell) Postverteilungsdepot am Regent's Park, London

3899	1ST	mehrfarbig	elh	3,—	2,—
3900	1ST	mehrfarbig	eli	3,—	2,—
3901	1.33 £	mehrfarbig	elk	4,—	4,—
3902	1.33 £	mehrfarbig	ell	4,—	4,—
Block 102		(156×74 mm)	elm	14,—	12,—
		FDC			14,—

Nominale von MiNr. 3893–3895 und 3899–3900 zur Zeit der Ausgabe: je 64 P

MiNr. 3893–3902 stammen auch aus MH 184.

MiNr. 3893–3898 stammen auch aus einem Zd-Bogen („Composite Sheet“) vom 13.9.2018 zusammen mit MiNr. 3628–3633, 3739–3744, 4074–4079 und 4262–4267 (Postpreis: 32.94 £, Auflage: 7.500 Zd-Bogen).

2016, 7. Juli. Musikgruppe „Pink Floyd" (I). RaTdr. (5×5 und 5×5 + 5×5); selbstklebend; gestanzt 14¾:14¼, rechts teilweise an Konturen gestanzt.

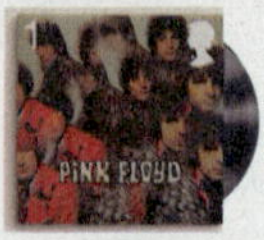

eln) „The Piper at the Gates of Dawn" (1967)

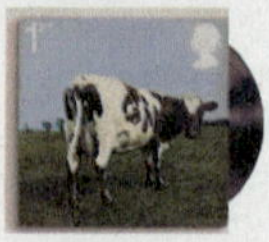

elo) „Atom Heart Mother" (1970)

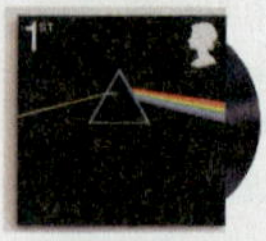

elp) „The Dark Side of the Moon" (1973)

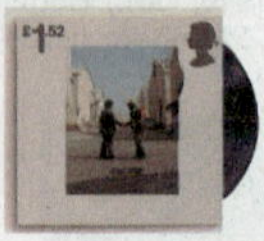

elr) „Wish You Were Here" (1975)

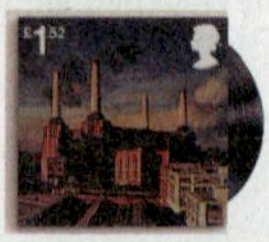

els) „Animals" (1977)

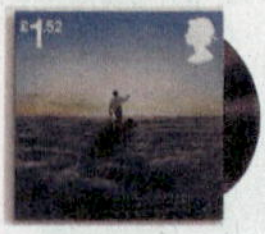

elt) „The Endless River" (2014)

eln–elt) Musikalben der Rockband

3903	1ST	mehrfarbig	eln	3,—	2,—
3904	1ST	mehrfarbig	elo	3,—	2,—
3905	1ST	mehrfarbig	elp	3,—	2,—
3906	1.52 £	mehrfarbig	elr	4,50	4,50
3907	1.52 £	mehrfarbig	els	4,50	4,50
3908	1.52 £	mehrfarbig	elt	4,50	4,50
			Satzpreis (6 W.)	22,—	19,50
			FDC		22,—

Blockausgabe, Odr., nassklebend, gez. Ks 14½

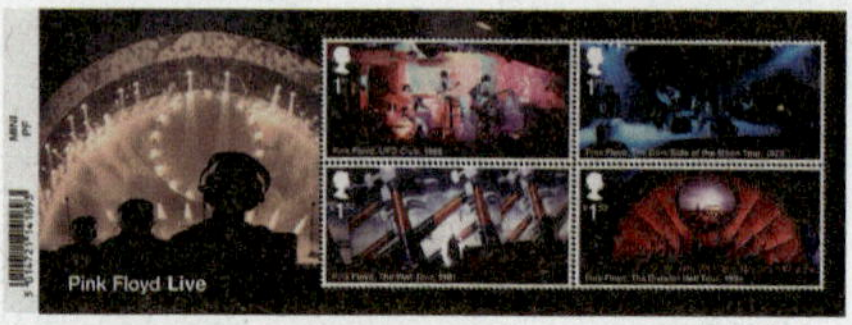

ely

elu) Auftritt im UFO-Club, London (1966)
elv) Tournee „The Dark Side of the Moon" (1973)
elw) Tournee „The Wall" (1981)
elx) Tournee „The Division Bell" (1994)

3909	1ST mehrfarbig	elu	3,—	2,—
3910	1ST mehrfarbig	elv	3,—	2,—
3911	1.52 £ mehrfarbig	elw	4,50	4,50
3912	1.52 £ mehrfarbig	elx	4,50	4,50
Block 103	(202×74 mm)	ely	15,—	13,—
		FDC		15,—

Nominale von MiNr. 3903–3905 und 3909–3910 zur Zeit der Ausgabe: je 64 P

In gleicher Zeichnung wie MiNr. 3905: MiNr. 3913 (nassklebend)

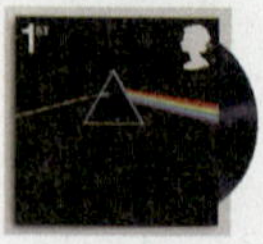

2016, 7. Juli. Musikgruppe „Pink Floyd" (II). Odr. (5×2); gez. K 14½, rechts teilweise an Konturen geschnitten.

elp) Musikalbum „The Dark Side of the Moon" (1973)

3913	1ST mehrfarbig	elp	*4,—*	*4,—*
		FDC		*6,—*
		Kleinbogen	*40,—*	

Nominale zur Zeit der Ausgabe: 64 P

MiNr. 3913 wurde im Kleinbogen zu 10 Marken ausgegeben (Postpreis: 12.95 £).

Auflage: 100.000 Stück

In gleicher Zeichnung: MiNr. 3905 (selbstklebend)

2016, 28. Juli. 150. Geburtstag von Beatrix Potter (I). Odr., Bogen (3×5 Zd und 3×5 Zd + 3×5 Zd) und Markenheftchen; gez. K 14¼.

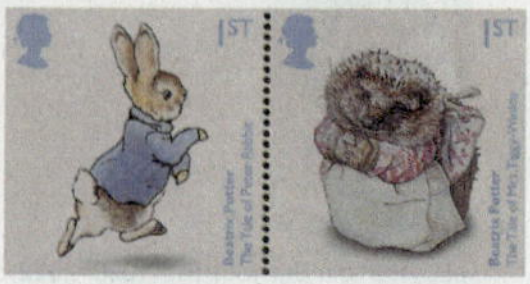

elz) „Die Geschichte von Peter Hase" (1902)
ema) „Die Geschichte von Frau Tiggy-Wiggel" (1905)

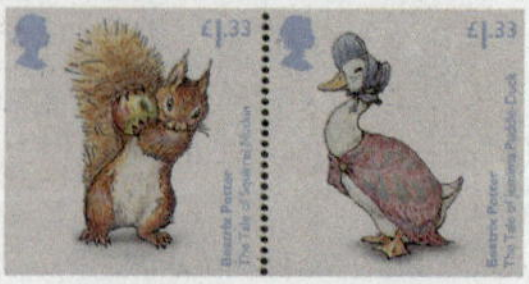

emb) „Die Geschichte vom Eichhörnchen Nusper" (1903)
emc) „Die Geschichte von Jamina Pratschel-Watschel" (1908)

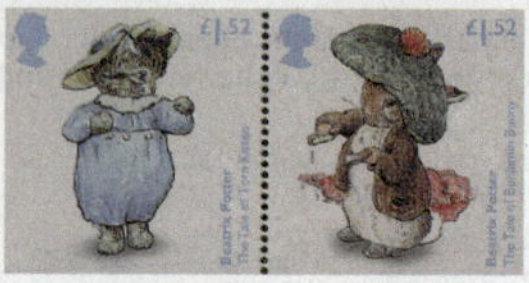

emd) „Die Geschichte vom Stoffel Kätzchen" (1907)
eme) „Die Geschichte von Benjamin Kaninchen" (1904)

elz–eme) Szenen aus Kinderbüchern von Beatrix Potter (1866–1943), Kinderbuchautorin und -Illustratorin

3914	1ST	mehrfarbig	elz	3,—	2,—
3915	1ST	mehrfarbig	ema	3,—	2,—
3916	1.33 £	mehrfarbig	emb	4,—	4,—
3917	1.33 £	mehrfarbig	emc	4,—	4,—
3918	1.52 £	mehrfarbig	emd	5,—	4,50
3919	1.52 £	mehrfarbig	eme	5,—	4,50
			Satzpreis (6 W.)	24,—	21,—
			3 Paare	24,—	21,—
			FDC		24,—

Blockausgabe

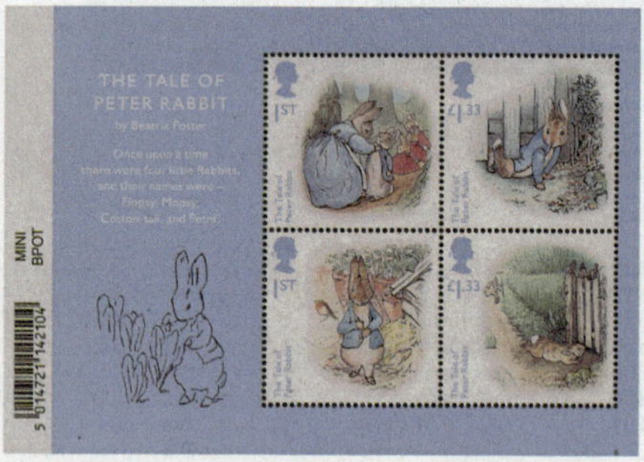

emk

emf emg
emh emi

emf–emi) Szenen aus „Die Geschichte von Peter Hase"

3920	1ST mehrfarbig	emf	3,—	2,—
3921	1ST mehrfarbig	emg	3,—	2,—
3922	1.33 £ mehrfarbig	emh	4,—	4,—
3923	1.33 £ mehrfarbig	emi	4,—	4,—
Block 104	(126×89 mm)	emk	14,—	12,—
		FDC		15,—

Nominale von MiNr. 3914–3915 und 3920–3921 zur Zeit der Ausgabe: je 64 P

Nominalgleiche Bogenmarken wurden waagerecht zusammenhängend gedruckt.

MiNr. 3914–3923 stammen auch aus MH 185.

In gleichen Zeichnungen wie MiNr. 3914–3915: MiNr. 3924–3925 (selbstklebend)

2016, 28. Juli. 150. Geburtstag von Beatrix Potter (II). RaTdr., Markenheftchen; selbstklebend; gestanzt 14¼.

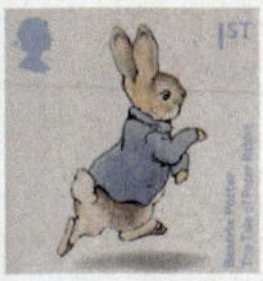

elz) „Die Geschichte von Peter Hase“ (1902)

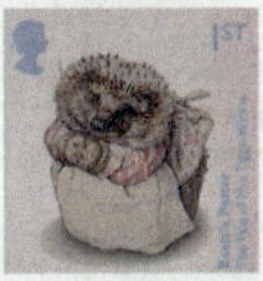

ema) „Die Geschichte von Frau Tiggy-Wiggel“ (1905)

elz–ema) Szenen aus Kinderbüchern von Beatrix Potter (1866–1943), Kinderbuchautorin und -Illustratorin

3924	1ST	mehrfarbig	elz	7,—	2,—
3925	1ST	mehrfarbig	ema	7,—	2,—
		Satzpreis (2 W.)		14,—	4,—
		FDC			5,50

Nominale zur Zeit der Ausgabe: je 64 P

MiNr. 3924–3925 stammen aus MH 0-376.

In gleichen Zeichnungen: MiNr. 3914–3915 (nassklebend)

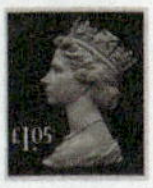

2016, 28. Juli. Freimarke: Königin Elizabeth II., Typ Machin. Odr., Markenheftchen; Sicherheitszähnung K 14¾:14¼.

ku IV) Königin Elizabeth II. (1926–2022, reg. ab 1952); irisierende, negative Inschrift „ROYAL MAIL“ mehrfach

3926	1.05 £	dunkelbräunlicholiv	ku IV	3,80	3,80
		FDC			5,—

MiNr. 3926 stammt aus MH 185 und 186.

Gültig bis 31.1.2023, geduldet bis 31.7.2023

In gleicher Zeichnung siehe Übersicht nach Jahrgangswerttabelle.

2016, 16. Aug. 300. Geburtstag von Lancelot Brown (I). Odr. (3×5 Zd und 3×5 Zd + 3×5 Zd); gez. K 14¼.

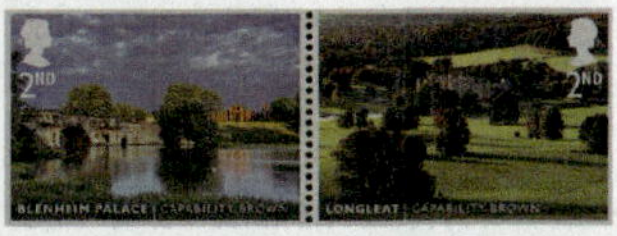

eml) Blenheim Park bei Woodstock, Grafschaft Oxfordshire
emm) Longleat bei Warminster, Grafschaft Wiltshire

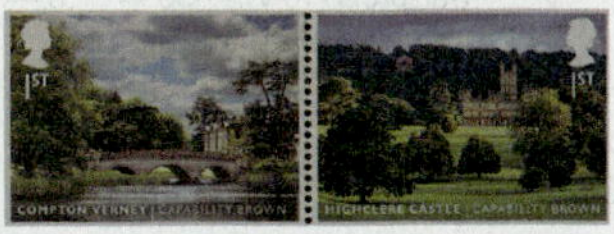

emn) Compton Verney bei Kineton, Grafschaft Warwickshire
emo) Highclere Castle bei Newbury, Grafschaft Hampshire

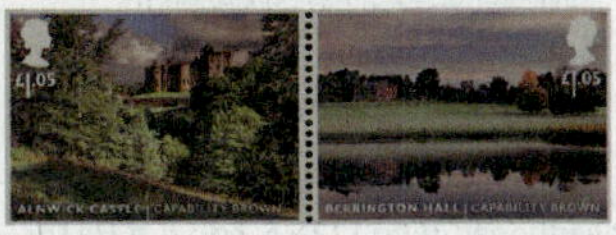

emp) Alnwick Castle bei Alnwick, Grafschaft Northumberland
emr) Berrington Hall bei Leominster, Grafschaft Herefordshire

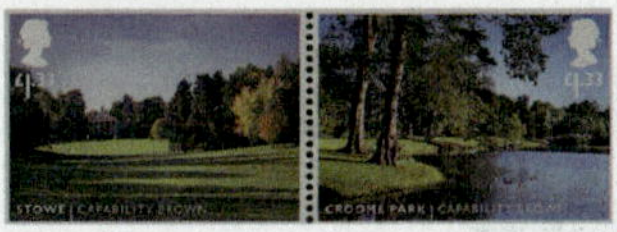

ems) Stowe Gardens bei Stowe, Grafschaft Buckinghamshire
emt) Croome Park bei Pershore, Grafschaft Worcestershire

eml–emt) Englische Landschaftsgärten, angelegt von Lancelot „Capability“ Brown (1716–1783), Landschaftsarchitekt

3927	2ND	mehrfarbig	eml	2,20	1,80
3928	2ND	mehrfarbig	emm	2,20	1,80
3929	1ST	mehrfarbig	emn	3,—	2,—
3930	1ST	mehrfarbig	emo	3,—	2,—
3931	1.05 £	mehrfarbig	emp	3,20	3,20
3932	1.05 £	mehrfarbig	emr	3,20	3,20
3933	1.33 £	mehrfarbig	ems	4,60	4,—
3934	1.33 £	mehrfarbig	emt	4,60	4,—
		Satzpreis (8 W.)		26,—	22,—
		4 Paare		26,—	22,—
		FDC			25,—

Nominalen zur Zeit der Ausgabe: MiNr. 3927–3928 je 55 P, MiNr. 3929–3930 je 64 P

Nominalgleiche Marken wurden waagerecht zusammenhängend gedruckt.

In gleichen Zeichnungen wie MiNr. 3929–3930: MiNr. 3935–3936 (selbstklebend)

2016, 16. Aug. 300. Geburtstag von Lancelot Brown (II). RaTdr., Markenheftchen; selbstklebend; gestanzt 14¼.

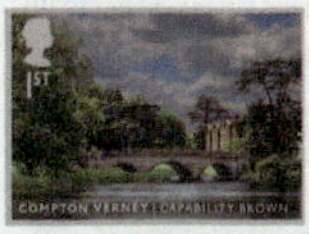

emn) Compton Verney bei Kineton, Grafschaft Warwickshire

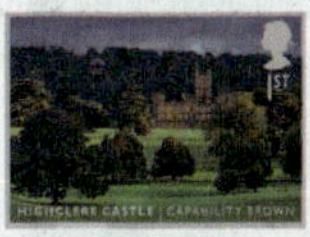

emo) Highclere Castle bei Newbury, Grafschaft Hampshire

emn–emo) Englische Landschaftsgärten angelegt von Lancelot „Capability“ Brown (1716–1783), Landschaftsarchitekt

3935	1ST	mehrfarbig	emn	9,—	2,—
3936	1ST	mehrfarbig	emo	9,—	2,—
		Satzpreis (2 W.)		18,—	4,—
		FDC			5,50

Nominale zur Zeit der Ausgabe: je 64 P

MiNr. 3935–3936 stammen aus MH 0-377.

In gleichen Zeichnungen: MiNr. 3929–3930 (nassklebend)

2016, 2. Sept. 350. Jahrestag des Großen Brandes von London. Odr. (3×5 Zd und 3×5 Zd + 3×5 Zd); gez. K 14¼.

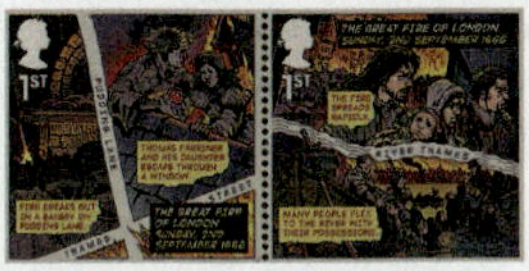

emu) Feuerausbruch in der Pudding Lane (2. Sept.)
emv) Flucht von Bewohnern an das Ufer der Themse

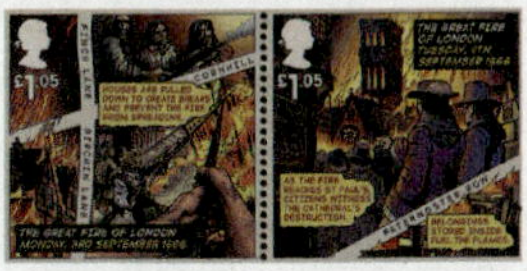

emw) Brandschneisen durch Häuserabbruch (3. Sept.)
emx) Das Feuer erreicht St.-Pauls-Kathedrale (4. Sept.)

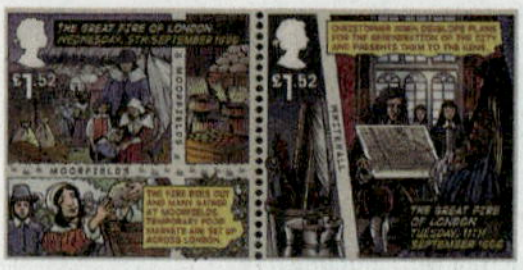

emy) Obdachlose bei Essensausgabe in Moorfields (5. Sept.)
emz) Pläne zum Wiederaufbau werden König Karl II. vorgelegt (11. Sept.)

3937	1ST	mehrfarbig	emu	3,—	2,—
3938	1ST	mehrfarbig	emv	3,—	2,—
3939	1.05 £	mehrfarbig	emw	3,—	3,—
3940	1.05 £	mehrfarbig	emx	3,—	3,—
3941	1.52 £	mehrfarbig	emy	4,50	4,50
3942	1.52 £	mehrfarbig	emz	4,50	4,50
			Satzpreis (6 W.)	21,—	19,—
			3 Paare	21,—	19,—
			FDC		22,—

Nominalen von MiNr. 3937–3938 zur Zeit der Ausgabe: je 64 P

Nominalgleiche Marken wurden waagerecht zusammenhängend gedruckt.

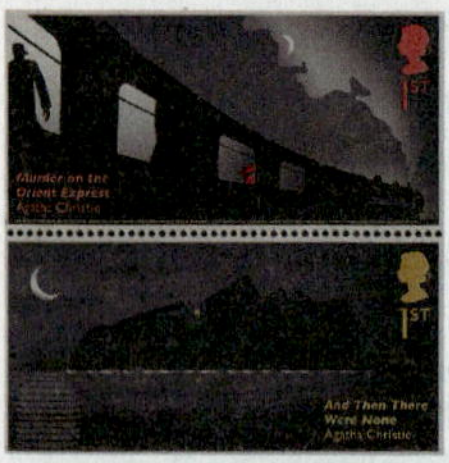

2016, 15. Sept. 40. Todestag von Agatha Christie. MiNr. 3943 Odr. mit Lacküberzug, MiNr. 3944–3948 Odr. (4×3 Zd und 4×3 Zd + 4×3 Zd); gez. K 14½:14¾.

ena) Mord im Orient-Express (1934)
enb) Und dann gabs keines mehr (1939)

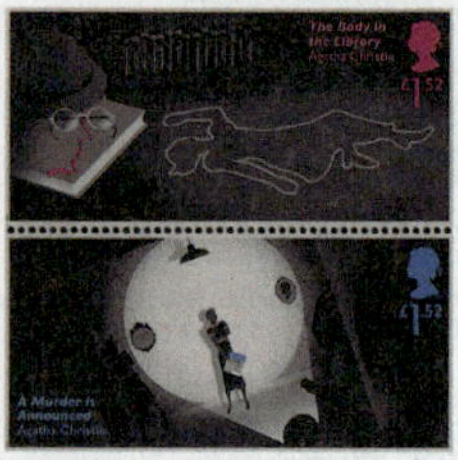

enc) Das fehlende Glied in der Kette (1920)
end) Alibi (1926)
ene) Die Tote in der Bibliothek (1942)
enf) Ein Mord wird angekündigt (1950)

ena–enf) Illustrationen zu Kriminalromanen von Agatha Christie (1890–1976), Schriftstellerin

3943	1ST	orangerot/schwarz	ena	3,—	2,—
3944	1ST	orangegelb/schwarz	enb	3,—	2,—
3945	1.33 £	grün/schwarz	enc	4,—	4,—
3946	1.33 £	rosarot/schwarz	end	4,—	4,—
3947	1.52 £	rotlila/schwarz	ene	4,50	4,50
3948	1.52 £	cyanblau/schwarz	enf	4,50	4,50
			Satzpreis (6 W.)	23,—	21,—
			3 Paare	23,—	21,—
			FDC		24,—

Nominale von MiNr. 3943–3944 zur Zeit der Ausgabe: je 64 P

Nominalgleiche Marken wurden senkrecht zusammenhängend gedruckt.

Die Marken enthalten Angaben in Mikroschrift.

2016, 20. Okt. Kinderbuchfiguren „Unsere kleinen Damen und Herren" (I). Odr. (1×5 Zd und 1×5 Zd + 1×5 Zd); gez. K 14¼.

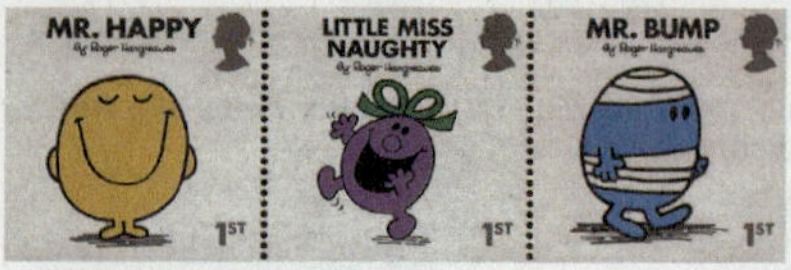

eng) Mister Glücklich
enh) Miss Ungezogen
eni) Mister Aua

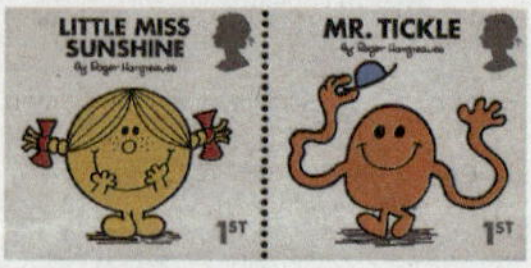

enk) Miss Sonnenschein
enl) Mister Kitzel

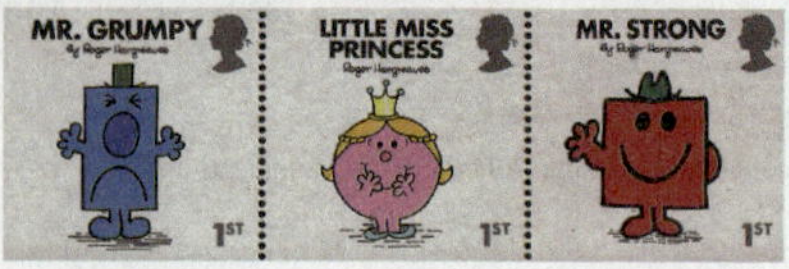

enm) Mister Griesgram
enn) Miss Prinzessin
eno) Mister Stark

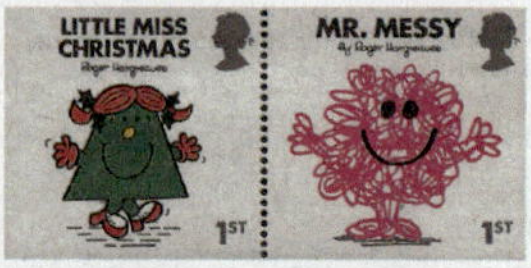

enp) Miss Weihnachten
enr) Mister Schlampig

eng–enr) Kinderbuchfiguren von Roger Hargreaves (1935–1988), Kinderbuchautor und -illustrator

3949	1ST	mehrfarbig	eng	3,—	1,80
3950	1ST	mehrfarbig	enh	3,—	1,80
3951	1ST	mehrfarbig	eni	3,—	1,80
3952	1ST	mehrfarbig	enk	3,—	1,80
3953	1ST	mehrfarbig	enl	3,—	1,80
3954	1ST	mehrfarbig	enm	3,—	1,80
3955	1ST	mehrfarbig	enn	3,—	1,80
3956	1ST	mehrfarbig	eno	3,—	1,80
3957	1ST	mehrfarbig	enp	3,—	1,80
3958	1ST	mehrfarbig	enr	3,—	1,80
			Satzpreis (10 W.)	30,—	18,—
			2 Fünferstreifen	30,—	18,—
			FDC		22,—

Nominale zur Zeit der Ausgabe: je 64 P

MiNr. 3949–3953 und 3954–3958 wurden jeweils waagerecht zusammenhängend gedruckt.

In gleichen Zeichnungen: MiNr. 3959–3968 (selbstklebend)

2016, 20. Okt. Kinderbuchfiguren „Unsere kleinen Damen und Herren" (II). I = Odr., Folienbogen (Fbg.) (2×5 Zd); II = RaTdr., Markenheftchen (MH); selbstklebend; gestanzt 14¼.

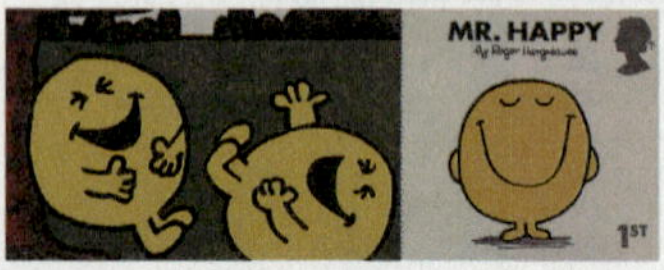

Zierfeld
eng) Mister Glücklich

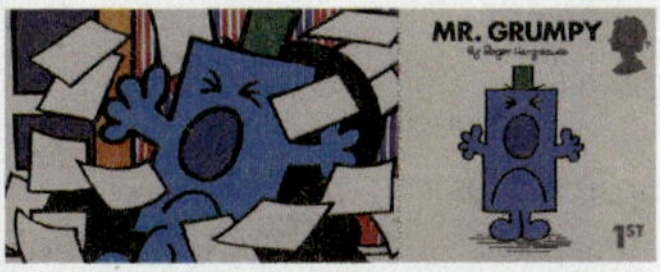

Zierfeld
enm) Mister Griesgram

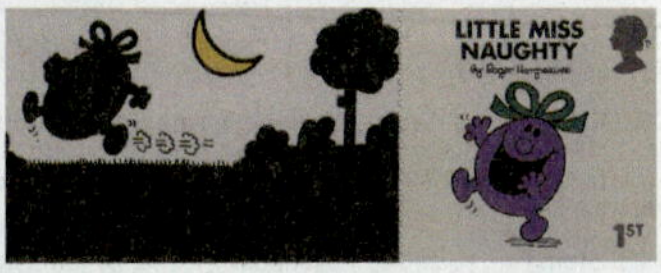

Zierfeld
enh) Miss Ungezogen

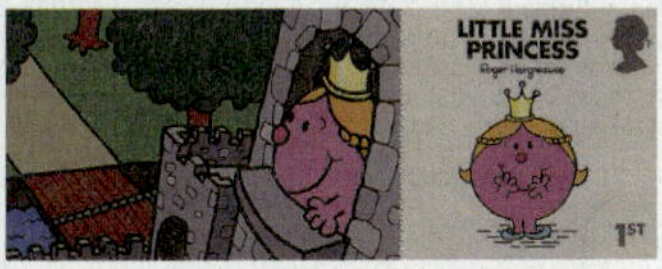

Zierfeld
enn) Miss Prinzessin

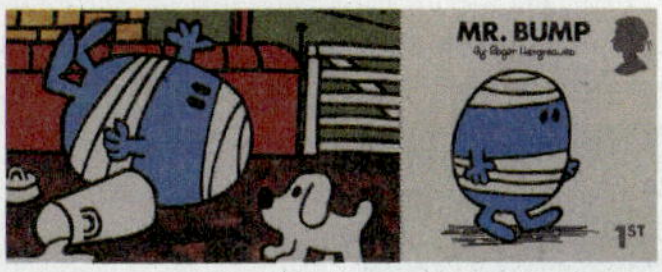

Zierfeld
eni) Mister Aua

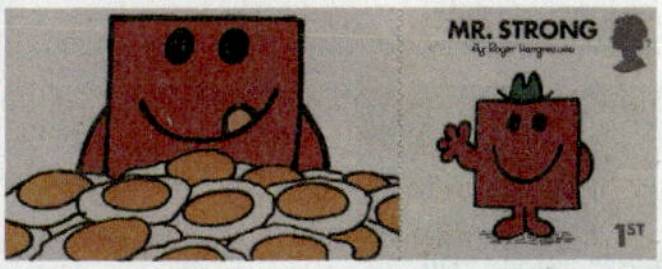

Zierfeld
eno) Mister Stark

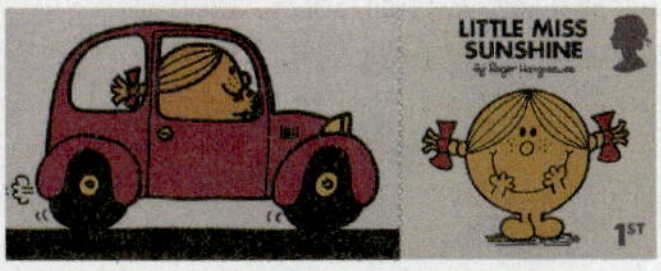

Zierfeld
enk) Miss Sonnenschein

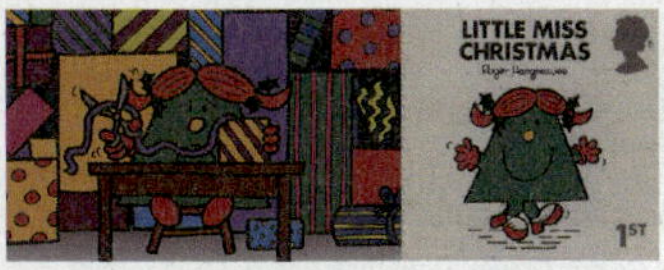

Zierfeld
enp) Miss Weihnachten

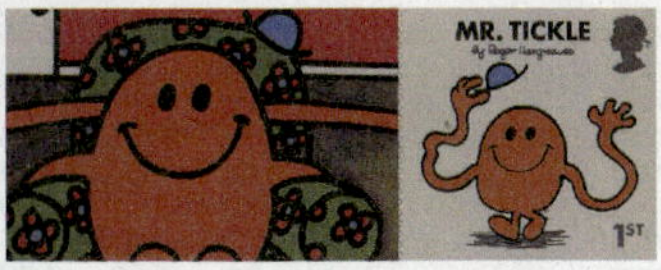

Zierfeld
enl) Mister Kitzel

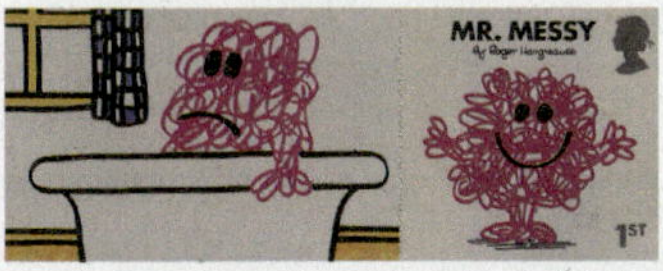

Zierfeld
enr) Mister Schlampig

eng–enr) Kinderbuchfiguren von Roger Hargreaves (1935–1988), Kinderbuchautor und -illustrator

3959		1ST	mehrfarbig	eng		
	I		Odr. (Fbg.)		3,50	2,—
	II		RaTdr. (MH)		3,50	2,—
3960	I	1ST	mehrfarbig (Fbg.)	enm	3,50	2,—
3961	I	1ST	mehrfarbig (Fbg.)	enh	3,50	2,—
3962	I	1ST	mehrfarbig (Fbg.)	enn	3,50	2,—
3963	I	1ST	mehrfarbig (Fbg.)	eni	3,50	2,—
3964	I	1ST	mehrfarbig (Fbg.)	eno	3,50	2,—
3965	I	1ST	mehrfarbig (Fbg.)	enk	3,50	2,—
3966	I	1ST	mehrfarbig (Fbg.)	enp	3,50	2,—
3967		1ST	mehrfarbig	enl		
	I		Odr. (Fbg.)		3,50	2,—
	II		RaTdr. (MH)		3,50	2,—
3968	I	1ST	mehrfarbig (Fbg.)	enr	3,50	2,—
				Satzpreis I (10 W.)	35,—	20,—
				FDC I		24,—
				Folienbogen I	36,—	
				Satzpreis II (2 W.)	7,—	4,—
				FDC II		5,50

Nominale zur Zeit der Ausgabe: je 64 P

MiNr. 3959 I–3968 I stammen aus Folienbogen zu 10 Marken und 10 verschiedenen, jeweils links anhängenden Zierfeldern, die durch 2 schmale Verbindungsstege mit der Marke verbunden sind (Postpreis: 6.90 £).

MiNr. 3959 I, 3961 I–3962 I, 3964 I–3965 I und 3968 I können auch jeweils im Folienbogen zu 10 Marken und 10 individuell gestalteteten Zierfeldern bestellt werden (Postpreis: je 10.20 £).

MiNr. 3959 II und 3967 II stammen aus MH 0-378.

In gleichen Zeichnungen: MiNr. 3949–3958 (nassklebend)

2016, 20. Okt. Freimarken: Königin Elizabeth II., Typ Machin. RaTdr., Folienbogen (5×5 + 5×5) und Markenheftchen; U-förmige Stanzungen im Markenbild; selbstklebend; Sicherheitsstanzung 14¾:14¼.

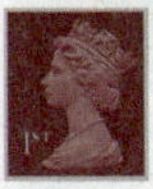

ku III

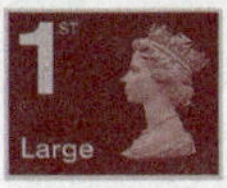

chk I

chk I, ku III) Königin Elizabeth II. (1926–2022, reg. ab 1952); irisierende, negative Inschrift „ROYAL MAIL“ mehrfach

3969	1ST	rot	ku III	2,—	1,80
3970	1ST	Large rot	chk I	3,20	2,70
			Satzpreis (2 W.)	5,—	4,50
			FDC		6,50

Nominalen zur Zeit der Ausgabe: MiNr. 3969 = 64 P, MiNr. 3970 = 95 P

Unterschiedliche Auflagen sind durch zwei Ziffern der Jahreszahl anstelle von Buchstaben in der irisierenden Inschrift „ROYAL MAIL“ im Mittelbereich datiert, die Herkunft aus Folienbogen und Markenheftchen durch einen Buchstabentausch von „A“ in „MAIL“ kenntlich. Näheres siehe MICHEL-Großbritannien-Spezial.

MiNr. 3969 stammt auch aus MH 0-378 bis 0-380, 0-386 bis 0-388, 0-394 bis 0-398, 0-402 bis 0-406, 0-409, 0-410, 0-412 bis 0-415, 0-418 bis 0-420 und 0-422 bis 0-426.

MiNr. 3970 stammt aus MH 0-381.

In Abänderung von MiNr. 3393–3394 wurde die Markenfarbe bei MiNr. 3969–3970 dem Rot britischer Briefkästen und Postfahrzeuge angepasst.

[Spez.] MiNr. 3969 aus Bogen und MH in mehreren Ausführungen
[Spez.] MiNr. 3664 aus Bogen und Folienbogen in mehreren Ausführungen mit unterschiedlichen Schriftformen der Inschrift „ROYAL MAIL“ auf Marke und Trägerfolie, auch mit Wasserzeichen „HAOMING“

Gültig bis 31.1.2023, geduldet bis 31.7.2023

In gleicher Zeichnung siehe Übersicht nach Jahrgangswerttabelle.

2016, 8. Nov. Blockausgabe: Weihnachten – Weihnachtssymbole (I). RaTdr.; gez. Ks 14½:15.

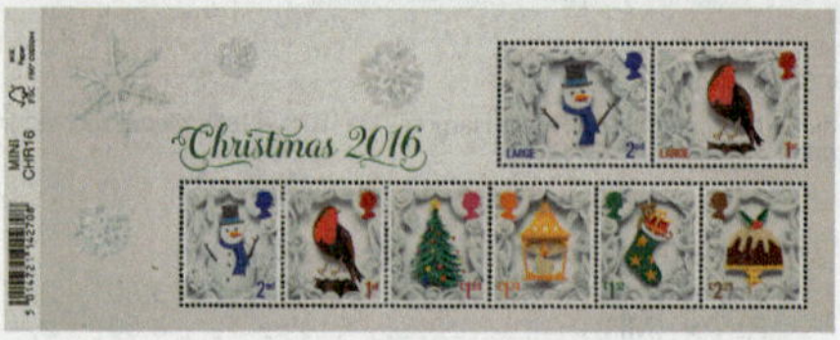

ens ent enw enu enx env eny enz

ens) Schneemann
ent) Rotkehlchen
enu) Schneemann
env) Rotkehlchen
enw) Weihnachtsbaum
enx) Laterne
eny) Weihnachtsstrumpf mit Geschenken
enz) Weihnachtspudding

3971	2nd	mehrfarbig	ens	2,20	1,50
3972	1st	mehrfarbig	ent	3,—	1,80
3973	2nd	Large mehrfarbig	enu	2,80	2,—
3974	1st	Large mehrfarbig	env	6,—	2,80
3975	1.05 £	mehrfarbig	enw	3,20	3,—
3976	1.33 £	mehrfarbig	enx	4,20	3,80
3977	1.52 £	mehrfarbig	eny	4,60	4,20
3978	2.25 £	mehrfarbig	enz	6,—	6,—
Block 105		(189×74 mm)	eoa	32,—	25,—
			FDC		28,—

Nominalen zur Zeit der Ausgabe: MiNr. 3971 = 55 P, MiNr. 3972 = 64 P, MiNr. 3973 = 75 P, MiNr. 3974 = 96 P

In gleichen Zeichnungen: MiNr. 3979–3986 (selbstklebend)

2016, 8. Nov. Weihnachten: Weihnachtssymbole (II). I = RaTdr., Bogen (B) (5×10) und Markenheftchen (MH) (6×2), II = Odr., Folienbogen (Fbg.); selbstklebend; C = zähnungsähnlich gestanzt 14½:15, CS = Sicherheitsstanzung 14½:15.

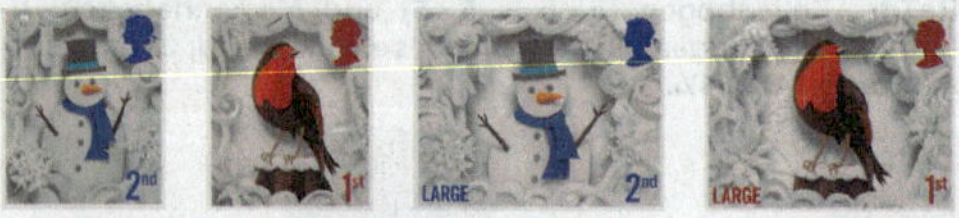

ens) Schneemann ent) Rotkehlchen enu) Schneemann env) Rotkehlchen

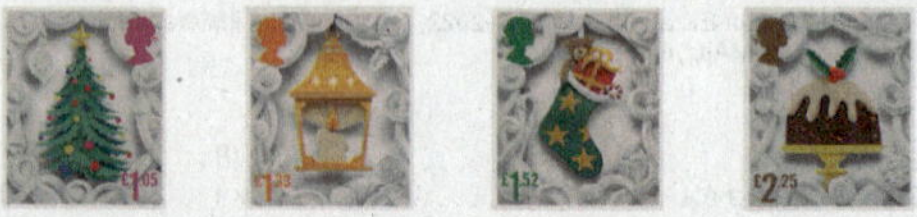

enw) Weihnachtsbaum enx) Laterne eny) Weihnachtsstrumpf mit Geschenken enz) Weihnachtspudding

3979		2nd	mehrfarbig	ens		
	I C		RaTdr. (B) (MH)		2,20	1,50
	II CS		Odr. (Fbg.)		2,50	1,70
3980		1st	mehrfarbig	ent		
	I C		RaTdr. (B) (MH)		3,—	1,80
	II CS		Odr. (Fbg.)		3,50	2,20
3981	I C	2nd	Large mehrfarbig (B)	enu	2,80	2,—
3982	I C	1st	Large mehrfarbig (B)	env	6,—	2,80
3983		1.05 £	mehrfarbig	enw		
	I C		RaTdr. (B)		3,20	3,—
	II CS		Odr. (Fbg.)		4,—	3,50
3984		1.33 £	mehrfarbig	enx		
	I C		RaTdr. (B)		4,20	3,80
	II CS		Odr. (Fbg.)		5,—	4,50
3985		1.52 £	mehrfarbig	eny		
	I C		RaTdr. (B)		4,60	4,20
	II CS		Odr. (Fbg.)		5,50	5,—
3986		2.25 £	mehrfarbig	enz		
	I C		RaTdr. (B)		6,—	6,—
	II CS		Odr. (Fbg.)		7,—	7,—
			Satzpreis I C (8 W.)		32,—	25,—
			FDC I C			28,—
			3979 II CS Zf–3980 II CS Zf, 3983 II CS Zf–3984 II CS Zf		28,—	24,—

Nominalen zur Zeit der Ausgabe: MiNr. 3979 = 55 P, MiNr. 3980 = 64 P, MiNr. 3981 = 75 P, MiNr. 3982 = 96 P

MiNr. 3979 I C stammt auch aus MH 0-382.
MiNr. 3980 I C stammt auch aus MH 0-383.

MiNr. 3979 II CS–3980 II CS und 3983 II CS–3986 II CS stammen aus Folienbogen zu 20 Marken (8 × MiNr. 3979 II CS–3980 II CS und 1 × MiNr. 3983 II CS bis 3986 II CS) und 20 verschiedenen Zierfeldern, die jeweils durch 3 schmale Verbindungsstege mit der Marke verbunden sind (Postpreis: 16.21 £).

MiNr. 3979 II CS–3980 II CS stammen auch aus Folienbogen zu je 10 Marken und 20 Zierfeldern, die ebenfalls jeweils durch 3 schmale Verbindungsstege mit der Marke verbunden sind (Postpreis: 12.40 £).

Auf Privatbestellung wurden außerdem MiNr. 3979 II CS–3980 II CS und 3983 II CS–3985 II CS jeweils im Folienbogen zu 20 Marken und 20 Zierfeldern bzw. 10 Marken und 10 Zierfeldern ausgegeben (Postpreise: MiNr. 3979 II CS (20) = 14.60 £, MiNr. 3980 II CS (10) = 10.20 £ bzw. (20) = 18.65 £, MiNr. 3983 II CS (10) = 14.45 £, MiNr. 3984 II CS (10) = 18.50 £ und MiNr. 3985 II CS (10) = 21.85 £).

[Fälschung] MiNr. 3979 und 3984–3985 mit sägezahnähnlicher Stanzung

In gleichen Zeichnungen: MiNr. 3971–3978 (nassklebend)

2017, 17. Jan. Vor- und Frühgeschichte Britanniens. Odr. (3×5 Zd und 3×5 Zd + 3×5 Zd); gez. K 14¼:14.

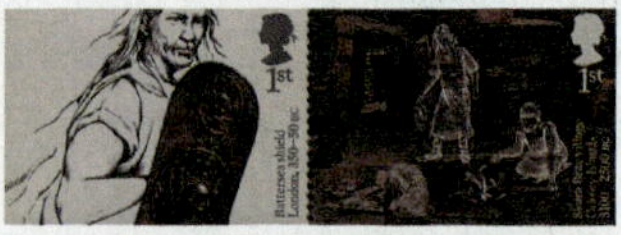

eob) Battersea-Schild (London, 350–50 v. Chr.)
eoc) Steinhaus, Skara Brae Siedlung, Orkney, Schottland (3100–2500 v. Chr.)

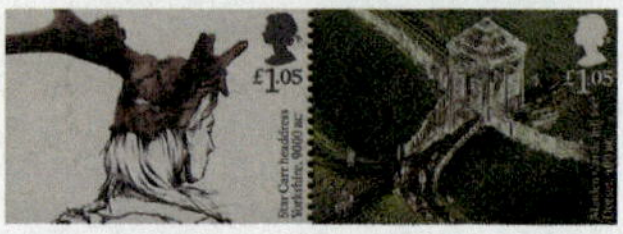

eod) Hornkopfschmuck aus Star Carr, Yorkshire (9000 v. Chr.)
eoe) Maiden Castle Hillfort, Grafschaft Dorset (400 v. Chr.)

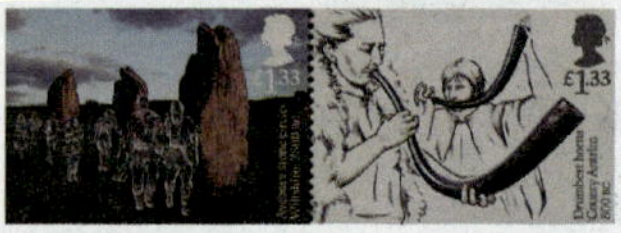

eof) Steinkreise von Avebury, Grafschaft Wiltshire (2500 v. Chr.)
eog) Luren aus Drumbest, Grafschaft Antrim, Nordirland (800 v. Chr.)

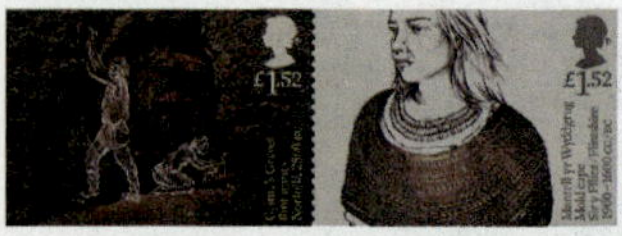

eoh) Feuersteinbergwerke Grimes Graves, Grafschaft Norfolk (2500 v. Chr.)
eoi) Mold Cape, Grafschaft Flintshire (1900–1600 v. Chr.)

3987	1st	mehrfarbig	eob	3,—	1,90
3988	1st	mehrfarbig	eoc	3,—	1,90
3989	1.05 £	mehrfarbig	eod	3,—	2,90
3990	1.05 £	mehrfarbig	eoe	3,—	2,90
3991	1.33 £	mehrfarbig	eof	3,50	3,40
3992	1.33 £	mehrfarbig	eog	3,50	3,40
3993	1.52 £	mehrfarbig	eoh	4,50	4,40
3994	1.52 £	mehrfarbig	eoi	4,50	4,40
		Satzpreis (8 W.)		28,—	25,—
		4 Paare		28,—	25,—
		FDC			28,—

Nominale MiNr. 3987–3988 zur Zeit der Ausgabe je 64 P

Nominalgleiche Marken wurden waagerecht zusammenhängend gedruckt.

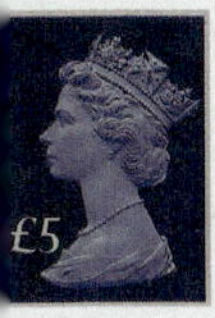

2017, 6. Febr. Freimarke: Königin Elizabeth II., Typ Machin, Großformat (Bild 27,2×38 mm); 65. Jahrestag der Thronbesteigung. RaTdr. (2×5), gez. K 14:14¾.

vd I) Königin Elizabeth II. (1926–2022, reg. ab 1952); irisierende, negative Inschrift „65TH ANNIVERSARY OF ACCESSION" mehrfach

3995	5 £ lilaultramarin	vd I	14,—	14,—
		FDC		17,—
		Kleinbogen	140,—	140,—

MiNr. 995 in Farbabweichungen und mit sägezahnähnlicher Stanzung

Gültig bis 31.1.2023, geduldet bis 31.7.2023

In ähnlicher Zeichnung: MiNr. 732–734, 961, 1007, 1043, 1084
Weitere Werte siehe Übersicht nach Jahrgangswerttabelle.

2017, 15. Febr. Windsor Castle (I); Europa: Burgen und Schlösser. Odr., Bogen (3×5 Zd und 3×5 Zd + 3×5 Zd) und Markenheftchen; gez. K 14½:14¾.

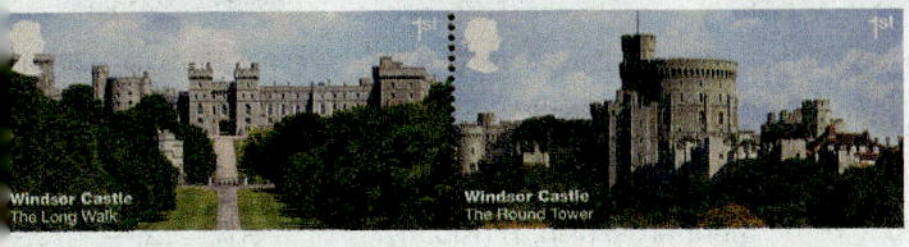

eok) Der lange Weg durch den Park
eol) Runder Turm

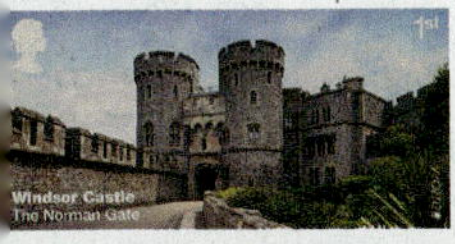

eom) Normannisches Tor

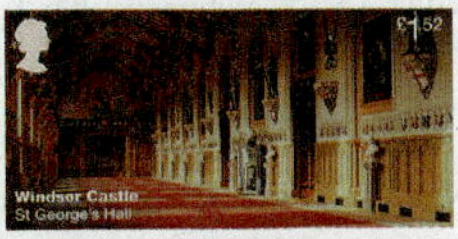

eon) St.-Georgs-Halle

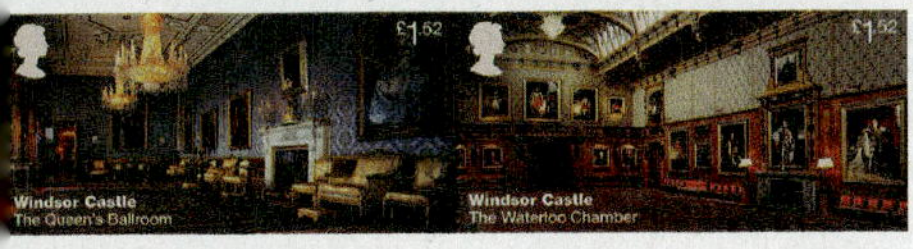

eoo) Königlicher Ballsaal
eop) Waterloo-Saal

3996	1st	mehrfarbig	eok	3,—	1,80
3997	1st	mehrfarbig	eol	3,—	1,80
3998	1st	mehrfarbig	eom	3,—	1,80
3999	1.52 £	mehrfarbig	eon	4,50	4,20
4000	1.52 £	mehrfarbig	eoo	4,50	4,20
4001	1.52 £	mehrfarbig	eop	4,50	4,20
		Satzpreis (6 W.)		22,—	18,—
		2 Dreierstreifen		22,—	18,—
		FDC			21,—

Blockausgabe, gez. Ks 14¼

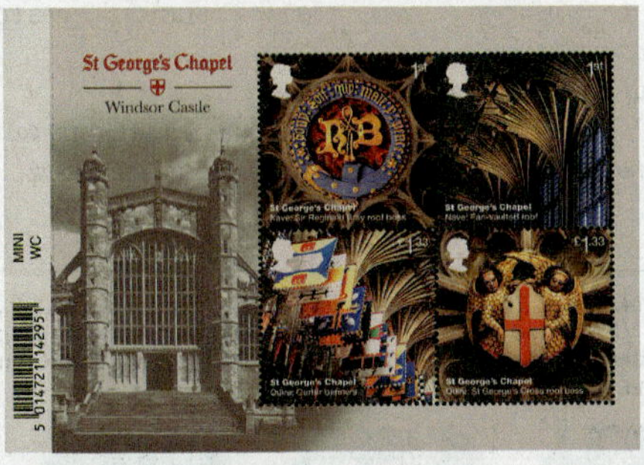

eov

eor) Schlussstein für Reginald Bray im Hauptschiff
eos) Fächergewölbe im Hauptschiff
eot) Banner der Ritter des Hosenbandordens
eou) St.-Georgs-Kreuz als Schlussstein im Chorgewölbe

eor–eou) St.-Georgs-Kapelle

4002	1st	mehrfarbig	eor	3,—	1,80
4003	1st	mehrfarbig	eos	3,—	1,80
4004	1.33 £	mehrfarbig	eot	4,—	3,70
4005	1.33 £	mehrfarbig	eou	4,—	3,70
Block 106		(125×89 mm)	eov	14,—	11,—
			FDC		14,—

Nominale von MiNr. 3996–3998 und 4002–4003 zur Zeit der Ausgabe: je 64 P

Nominalgleiche Bogenmarken wurden waagerecht zusammenhängend gedruckt.

MiNr. 3996–4005 stammen auch aus MH 186.

MiNr. 3998 trägt die Inschrift „EUROPA".

In gleichen Zeichnungen wie MiNr. 4002–4003: MiNr. 4006–4007 (selbstklebend)

2017, 15. Febr. Blockausgabe: Briefmarkenmesse Spring Stampex 2017, London. Bl. 106 mit Bdr.-Aufdruck auf dem Blockrand.

Block 106 I	(125×89 mm)	(Bl. 106)	*150,—*	*150,—*
		FDC		*160,—*

Bl. 106 I wurde nur am Ausstellungspostamt verkauft.

Auflage: 4.470 Blocks

2017, 15. Febr. Windsor Castle (II). RaTdr., Markenheftchen; selbstklebend; gestanzt 14¼.

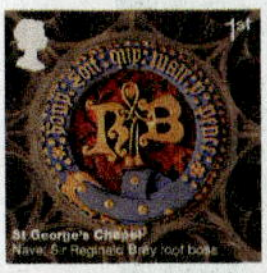

eor) Schlussstein für Reginald Bray im Hauptschiff

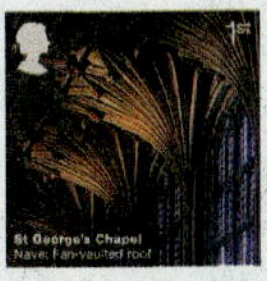

eos) Fächergewölbe im Hauptschiff

eor–eos) St.-Georgs-Kapelle

4006	1st	mehrfarbig	eor	3,50	1,80
4007	1st	mehrfarbig	eos	3,50	1,80
		Satzpreis (2 W.)		7,—	3,60
		FDC			5,—

Nominale zur Zeit der Ausgabe: je 64 P

MiNr. 4006–4007 stammen aus MH 0-384.

In gleichen Zeichnungen: MiNr. 4002–4003 (nassklebend)

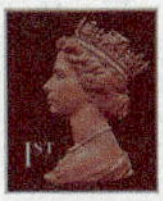

2017, 15. Febr. Freimarke: Königin Elizabeth II., Typ Machin. Odr., Markenheftchen; Sicherheitszähnung K 14¾:14¼.

ku IV) Königin Elizabeth II. (1926–2022, reg. ab 1952); irisierende, negative Inschrift „ROYAL MAIL" mehrfach

4008	1ST rot	ku IV	2,50	2,—
		FDC		3,50

MiNr. 4008 stammt aus MH 186, 203, 204 und 206.

Gültig bis 31.1.2023, geduldet bis 31.7.2023

In gleicher Zeichnung siehe Übersicht nach Jahrgangswerttabelle.

2017, 14. März. 70. Geburtstag von David Bowie (I). RaTdr., Bogen (5×5 und 5×5 + 5×5) und Markenheftchen (MH); selbstklebend; gestanzt 14½, rechts teilweise an Konturen gestanzt.

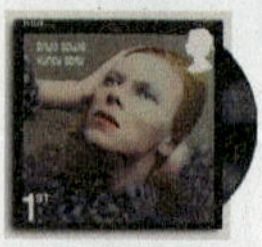
eow) „Hunky Dory" (1971)

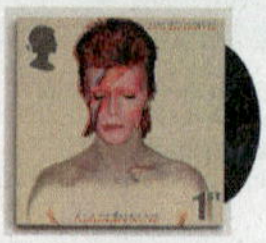
eox) „Aladdin Sane" (1973)

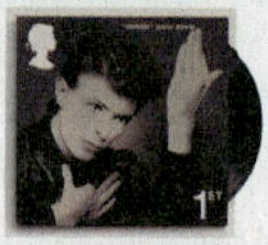
eoy) „Heroes" (1977)

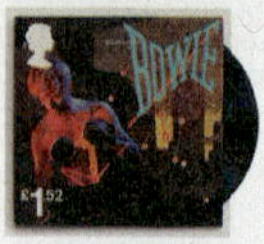
eoz) „Let's Dance" (1983)

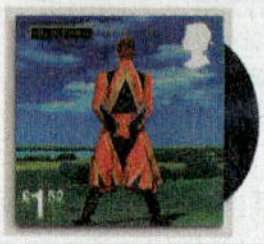
epa) „Earthling" (1997)

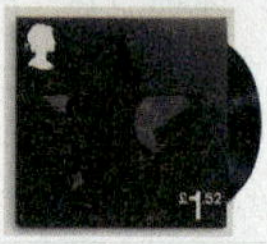
epb) „Blackstar" (2016)

eow–epb) Musikalben von David Bowie, eigentlich David Robert Jones (1947–2016), Musiker, Sänger und Schauspieler

4009	1ST	mehrfarbig (B)	eow	3,—	1,80
4010	1ST	mehrfarbig (B) (MH)	eox	3,—	1,80
4011	1ST	mehrfarbig (B) (MH)	eoy	3,—	1,80
4012	1.52 £	mehrfarbig (B)	eoz	4,40	4,20
4013	1.52 £	mehrfarbig (B)	epa	4,40	4,20
4014	1.52 £	mehrfarbig (B)	epb	4,40	4,20
		Satzpreis (6 W.)		22,—	18,—
		FDC			21,—

Blockausgabe, Odr., nassklebend, gez. Ks 14¼

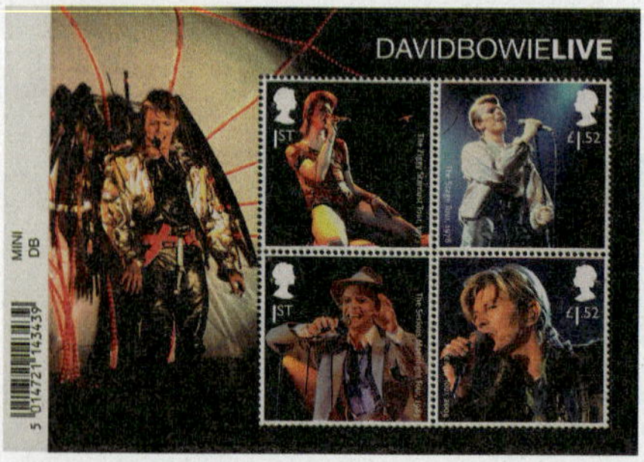

epg

epc) „The Ziggy Stardust Tour" (1973)
epd) „The Stage Tour" (1978)
epe) „The Serious Moonlight Tour" (1983)
epf) „A Reality Tour" (2004)

epc–epf) Tourneen von David Bowie

4015	1ST	mehrfarbig	epc	3,—	1,80
4016	1ST	mehrfarbig	epd	3,—	1,80
4017	1.52 £	mehrfarbig	epe	4,40	4,20
4018	1.52 £	mehrfarbig	epf	4,40	4,20
Block 107		(125×89 mm)	epg	15,—	12,—
		FDC			14,—

Nominale von MiNr. 4009–4011 und 4015–4016 zur Zeit der Ausgabe: je 64 P

MiNr. 4010–4011 stammen auch aus MH 0-385.

In gleichen Zeichnungen wie MiNr. 4009–4014: MiNr. 4019–4024 (nassklebend)

2017, 14. März. 70. Geburtstag von David Bowie (II). Odr. Kleinbogen I (Klb. I) (6) und Kleinbogen II (Klb. II) (5×1); gez. K 14½, rechts teilweise an Konturen geschnitten.

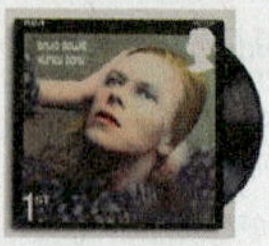
eow) „Hunky Dory" (1971)

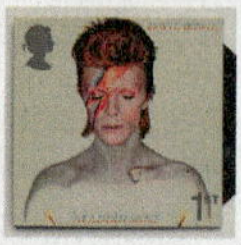
eox) „Aladdin Sane" (1973)

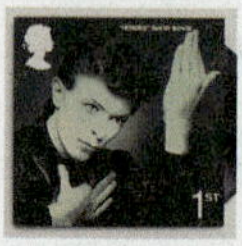
eoy) „Heroes" (1977)

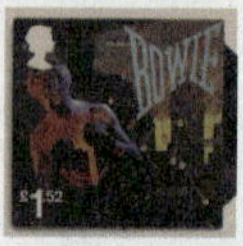
eoz) „Let's Dance" (1983)

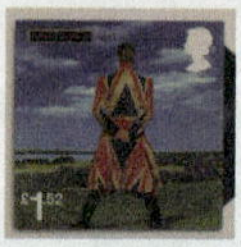
epa) „Earthling" (1997)

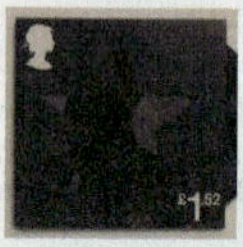
epb) „Blackstar" (2016)

eow–epb) Musikalben von David Bowie, eigentlich David Robert Jones (1947–2016), Musiker, Sänger und Schauspieler

4019	1ST	mehrfarbig (Klb. I) (Klb. II)	eow	*12,—*	*12,—*
4020	1ST	mehrfarbig (Klb. I) (Klb. II)	eox	*12,—*	*12,—*
4021	1ST	mehrfarbig (Klb. I) (Klb. II)	eoy	*12,—*	*12,—*
4022	1.52 £	mehrfarbig (Klb. I)	eoz	*25,—*	*25,—*
4023	1.52 £	mehrfarbig (Klb. I)	epa	*25,—*	*25,—*
4024	1.52 £	mehrfarbig (Klb. I)	epb	*25,—*	*25,—*
		Satzpreis (6 W.)		*110,—*	*110,—*
		Kleinbogen I		*110,—*	*110,—*
		Kleinbogensatz II (3 Klb.)		*180,—*	*180,—*

Nominale von MiNr. 4019–4021 zur Zeit der Ausgabe: je 64 P

MiNr. 4019–4024 wurden zusammenhängend im Kleinbogen I (mit Illustrationen weiterer Musikalben) ausgegeben (Postpreis: 12.95 £).

MiNr. 4019–4021 wurden auch jeweils im Kleinbogen II zu 5 Marken ausgegeben (Postpreis: je 7.50 £).

Auflagen: 10.000 Kleinbogen I und je 7.500 Kleinbogen II

In gleichen Zeichnungen: MiNr. 4009–4014 (selbstklebend)

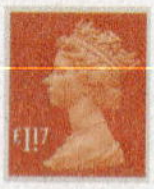

2017, 21. März. Freimarken: Königin Elizabeth II. Typ Machin. RaTdr. (5×5); U-förmige Stanzungen im Markenbild; selbstklebend; Sicherheitsstanzung 14¾:14¼.

ku III) Königin Elizabeth II. (1926–2022, reg. ab 1952); irisierende, negative Inschrift „ROYAL MAIL" mehrfach

4025	1.17 £	zinnober	ku III	3,40	3,40
4026	1.40 £	türkisgrau	ku III	4,20	4,20
4027	1.57 £	gelboliv	ku III	4,50	4,50
4028	2.27 £	hellolivbraun	ku III	6,50	6,50
4029	2.55 £	rotkarmin	ku III	7,50	7,50
		Satzpreis (5 W.)		26,—	26,—
		FDC			30,—

Gültig bis 31.1.2023, geduldet bis 31.7.2023

In gleicher Zeichnung siehe Übersicht nach Jahrgangswerttabelle.

Posttarife Großbritannien (27.3.2017–25.3.2018)

2. Klasse, Standardformat: 56 P (zuvor: 55 P)
1. Klasse, Standardformat: 65 P (zuvor: 64 P)
2. Klasse, Großformat: 76 P (zuvor: 75 P)
1. Klasse, Großformat: 98 P (zuvor: 96 P)
Europa, bis 20 g: 1.17 £ (zuvor: 1.05 £)
Europa, 20 g–100 g: 1.57 £ (zuvor: 1.52 £)
Postkarte, Luftpost: 1.17 £ (zuvor: 1.05 £)
Seepost, bis 20 g: 1.02 £ (zuvor: 90 P)
Luftpost, bis 10 g: 1.17 £ (zuvor: 1.05 £)
Luftpost, 10 g–20 g: 1.40 £ (zuvor: 1.33 £)
Luftpost, 20 g–100 g: 2.27 £ (zuvor: 2.25 £)
Einschreiben, 1. Klasse, Standardformat: 1.75 £ (zuvor: 1.74 £)
Einschreiben, 1. Klasse, Großformat: 2.08 £ (zuvor: 2.06 £)
Eilsendung, bis 100 g: 6.45 £ (seit 30.3.2015)
Eilsendung, bis 500 g: 7.25 £ (seit 30.3.2015)

2017, 6. April. Rennpferde. Odr. (5×5 und 5×5 + 5×5); gez. K 14¼:14.

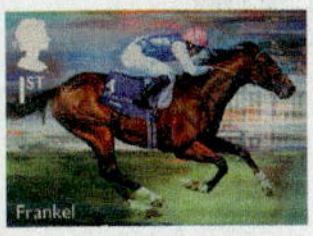

eph) Frankel

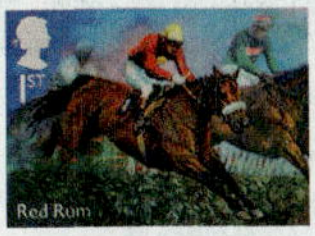

epi) Red Rum

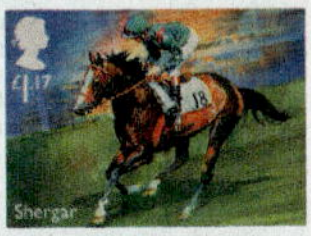

epk) Shergar

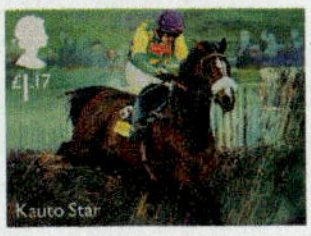

epl) Kauto Star

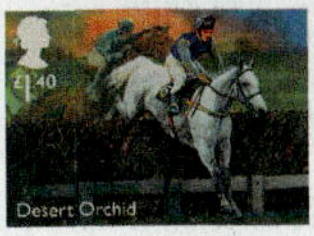

epm) Desert Orchid

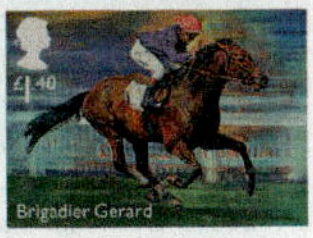

epn) Brigadier Gerard

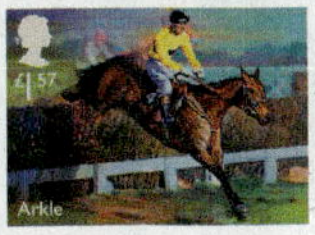

epo) Arkle

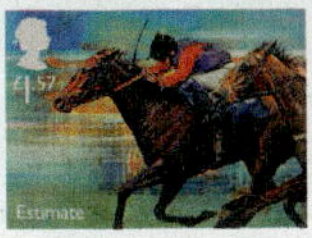

epp) Estimate

4030	1ST	mehrfarbig	eph	3,—	1,90
4031	1ST	mehrfarbig	epi	3,—	1,90
4032	1.17 £	mehrfarbig	epk	3,40	3,40
4033	1.17 £	mehrfarbig	epl	3,40	3,40
4034	1.40 £	mehrfarbig	epm	4,20	4,20
4035	1.40 £	mehrfarbig	epn	4,20	4,20
4036	1.57 £	mehrfarbig	epo	4,50	4,50
4037	1.57 £	mehrfarbig	epp	4,50	4,50
		Satzpreis (8 W.)		30,—	28,—
		FDC			32,—

Nominale von MiNr. 4030–4031 zur Zeit der Ausgabe: je 65 P

2017, 4. Mai. Singvögel. Odr. (1×5 Zd und 1×5 Zd + 1×5 Zd); gez. K 14¼.

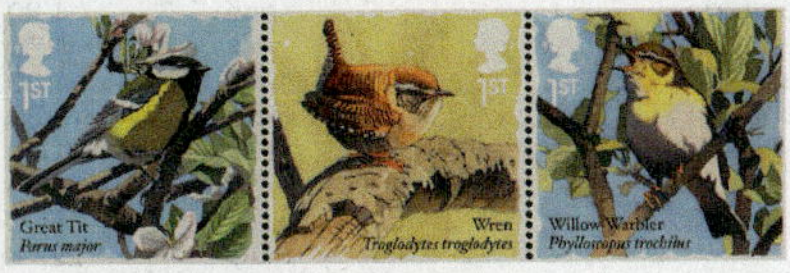

epr) Kohlmeise (Parus major)
eps) Zaunkönig (Troglodytes troglodytes)
ept) Fitislaubsänger (Phylloscopus trochilus)

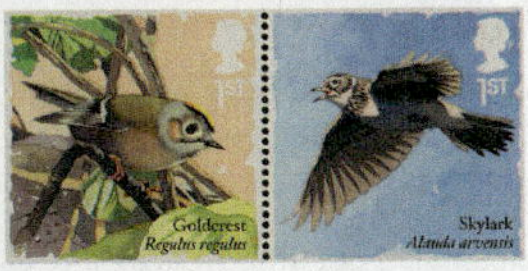

epu) Wintergoldhähnchen (Regulus regulus)
epv) Feldlerche (Alauda arvensis)

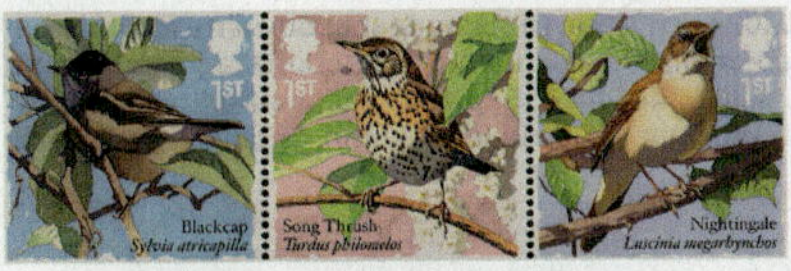

epw) Mönchsgrasmücke (Sylvia atricapilla)
epx) Singdrossel (Turdus philomelos)
epy) Nachtigall (Luscinia megarhynchos)

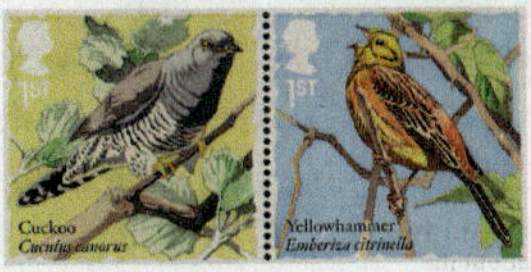

epz) Kuckuck (Cuculus canorus)
era) Goldammer (Emberiza citrinella)

4038	1ST	mehrfarbig	epr	3,—	1,80
4039	1ST	mehrfarbig	eps	3,—	1,80
4040	1ST	mehrfarbig	ept	3,—	1,80
4041	1ST	mehrfarbig	epu	3,—	1,80
4042	1ST	mehrfarbig	epv	3,—	1,80
4043	1ST	mehrfarbig	epw	3,—	1,80
4044	1ST	mehrfarbig	epx	3,—	1,80
4045	1ST	mehrfarbig	epy	3,—	1,80
4046	1ST	mehrfarbig	epz	3,—	1,80
4047	1ST	mehrfarbig	era	3,—	1,80
		Satzpreis (10 W.)		30,—	18,—
		2 Fünferstreifen		30,—	18,—
		FDC			22,—

Nominale zur Zeit der Ausgabe: je 65 P

MiNr. 4038–4042 und 4043–4047 wurden jeweils waagerecht zusammenhängend gedruckt.

2017, 5. Juni. Blockausgabe: 50 Jahre Freimarken Königin Elizabeth II., Typ Machin (I). Komb. RaTdr. und Pdr.; gez. Ks 14¼.

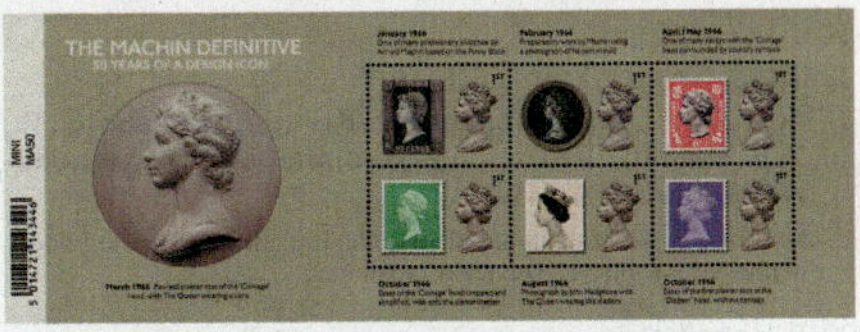

erh

erb) Vorentwurf von Arnold Machin in Anlehnung an MiNr. 1
erc) Gussform als Münzentwurf
erd) Essay nach Münzprägebild mit heraldischen Blumen
ere) Essay nach Münzprägebild mit Wertangabe
erf) Photographie von John Hedgecoe
erg) Endgültiger Entwurf von Arnold Machin (1911–1999), Bildhauer
erb–erg) Königin Elizabeth II. (1926–2022, reg. ab 1952)

4048	1ST	mehrfarbig	erb	4,—	1,80
4049	1ST	mehrfarbig	erc	4,—	1,80
4050	1ST	mehrfarbig	erd	4,—	1,80
4051	1ST	mehrfarbig	ere	4,—	1,80
4052	1ST	mehrfarbig	erf	4,—	1,80
4053	1ST	mehrfarbig	erg	4,—	1,80
Block 108		(201×74 mm)	erh	24,—	11,—
		FDC			14,—

Nominale zur Zeit der Ausgabe: je 65 P

MiNr. 4048–4053 stammen auch aus MH 187.

2017, 5. Juni/2021, 21. April. Blockausgabe: 50 Jahre Freimarken Königin Elizabeth II., Typ Machin (II); 95. Geburtstag von Königin Elizabeth II. MiNr. 4054–4055 RaTdr., Sicherheitszähnung K 14¼:14¾, Hochformat ∼; MiNr. 4056 komb. Hfdr. und Pdr., gez. Ks 14:14¾.

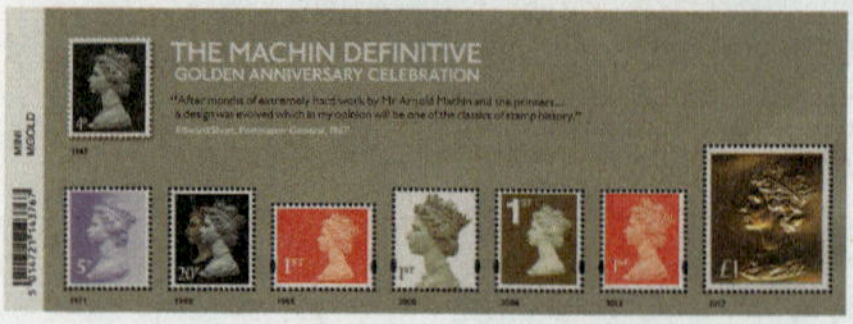

eri

ku any aws bld ku II ku IV mh

ku) Königin Elizabeth II. (1926–2022, reg. ab 1952)
any) Königin Victoria und Königin Elizabeth II.
bld) Königin Elizabeth II. (1926–2022, reg. ab 1952)
ku II

ku, any, aws, bld, ku II, ku IV, mh) Königin Elizabeth II. (1926–2022, reg. ab 1952)

4054	1ST	gelblichrot	aws	3,—	1,80
4055	1ST		ku IV		
a		lebhaftrot		3,—	1,80
b		rot (21.4.2021)		—,—	—,—
4056	1 £	gold	mh	4,—	3,—
Block 109		mit MiNr. 569 C, 1241 C, 1843 CS, 2433, 4054, 4055 a und 4056 (201×74 mm)	eri	20,—	12,—
			FDC		15,—

Nominalen von MiNr. 1843 CS, 2433, 4054 und 4055 a zur Zeit der Ausgabe: je 65 P

MiNr. 4055 a und 4056 stammen auch aus MH 187.

MiNr. 4055 b stammt aus Block 142; siehe nach MiNr. 4758. Es gab keinen offiziellen Verkauf von Block 142 postfrisch, er wurde auf Numisbrief mit Sondermünze zu 5 € ausgegeben (Postpreis: 19.99 £).

Die Abbildung der Marke ähnlich MiNr. 456 auf dem Blockrand hat eine gedruckte Zähnung. Sie ist nicht frankaturgültig.

Gültig bis 31.1.2023, geduldet bis 31.7.2023

In gleichen Zeichnungen siehe Übersicht nach Jahrgangswerttabelle.

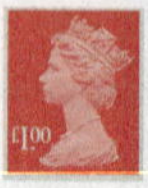

2017, 5. Juni. Freimarke: Königin Elizabeth II., Typ Machin. RaTdr., Markenheftchen; Sicherheitszähnung K 14¾:14¼.

ku IV) Königin Elizabeth II. (1926–2022, reg. ab 1952), irisierende, negative Inschrift „ROYAL MAIL“ mehrfach

4057	1.00 £	lebhaftrotlila	ku IV	5,—	4,—
			FDC		5,50

MiNr. 4057 stammt aus MH 187.

Gültig bis 31.1.2023, geduldet bis 31.7.2023

In gleicher Zeichnung siehe Übersicht nach Jahrgangswerttabelle.

2017, 20. Juni. Wind- und Wassermühlen. Odr. (5×3 Zd und 5×3 Zd + 5×3 Zd); gez. K 14¼.

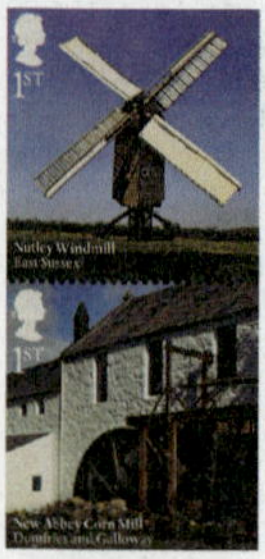

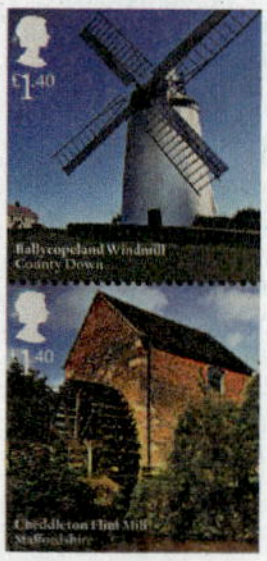

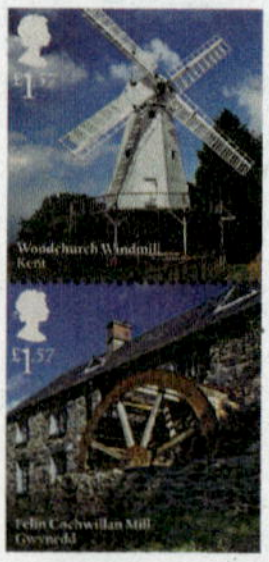

erk) Windmühle Nutley, East Sussex
erm) Windmühle Ballycopeland, County Down
ero) Windmühle Woodchurch, Kent

erl) Wassermühle New Abbey, Dumfries und Galloway
ern) Wassermühle Cheddleton, Staffordshire
erp) Wassermühle Felin Cochwillan, Gwynedd

4058	1ST	mehrfarbig	erk	3,—	1,80
4059	1ST	mehrfarbig	erl	3,—	1,80
4060	1.40 £	mehrfarbig	erm	4,20	4,20
4061	1.40 £	mehrfarbig	ern	4,20	4,20
4062	1.57 £	mehrfarbig	ero	4,50	4,50
4063	1.57 £	mehrfarbig	erp	4,50	4,50
			Satzpreis (6 W.)	23,—	21,—
			3 Paare	23,—	21,—
			FDC		25,—

Nominale von MiNr. 4058–4059 zur Zeit der Ausgabe: je 65 P

Nominalgleiche Marken wurden senkrecht zusammenhängend gedruckt.

2017, 13. Juli. Moderne Architektur. Odr. (1×5 Zd und 1×5 Zd + 1×5 Zd); gez. K 14¼.

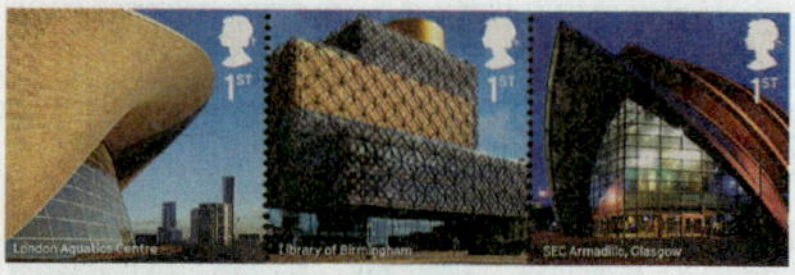

err) London Aquatics Centre, London
ers) Bibliothek, Birmingham
ert) SEC Armodillo, Glasgow

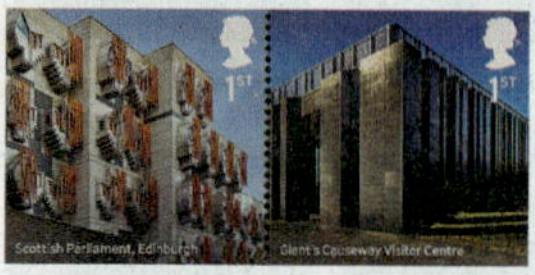

eru) Schottisches Parlament, Edinburgh
erv) Besucherzentrum Giant's Causeway, North Antrim

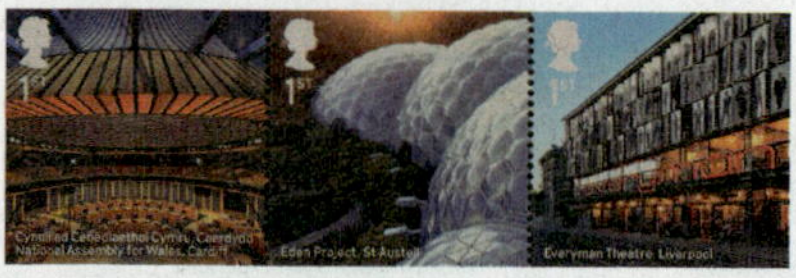

erw) Gebäude der Walisischen Nationalversammlung, Cardiff
erx) Eden Project, St. Austell
ery) Everyman Theatre, Liverpool

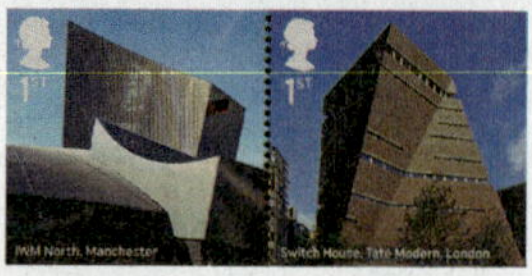

erz) Imperial War Museum North, Manchester
esa) Switch House, Tate Modern, London

4064	1ST	mehrfarbig	err	3,—	1,80
4065	1ST	mehrfarbig	ers	3,—	1,80
4066	1ST	mehrfarbig	ert	3,—	1,80
4067	1ST	mehrfarbig	eru	3,—	1,80
4068	1ST	mehrfarbig	erv	3,—	1,80
4069	1ST	mehrfarbig	erw	3,—	1,80
4070	1ST	mehrfarbig	erx	3,—	1,80
4071	1ST	mehrfarbig	ery	3,—	1,80
4072	1ST	mehrfarbig	erz	3,—	1,80
4073	1ST	mehrfarbig	esa	3,—	1,80
			Satzpreis (10 W.)	30,—	18,—
			2 Fünferstreifen	30,—	18,—
			FDC		22,—

Nominale zur Zeit der Ausgabe: je 65 P

MiNr. 4064–4069 und 4069–4073 wurden jeweils waagerecht zusammenhängend gedruckt.

2017, 31. Juli. Der Erste Weltkrieg im Jahr 1917. Odr., Bogen (5×5 und 5×5 + 5×5), Markenheftchen und Zd-Bogen; gez. K 14¼.

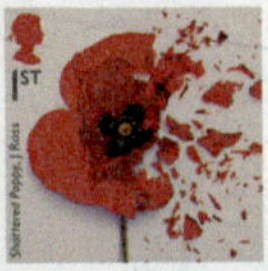

esb) Klatschmohn (Papaver rhoeas)

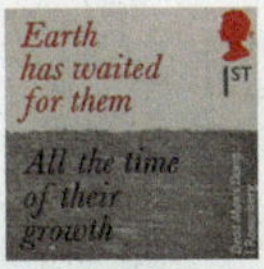

esc) Zitat aus „Dead Man's Dump, I Rosenberg"; Gedicht von Isaac Rosenberg (1890–1918)

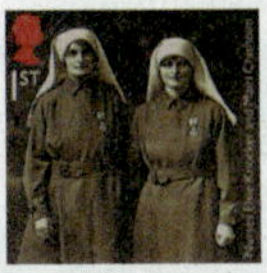

esd) Elsie Knocker (1884–1978) und Mairi Chisholm (1896–1981), Krankenschwestern

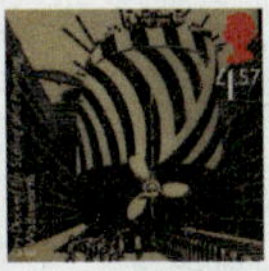

ese) Kriegsschiff mit Tarnanstrich im Trockendock; Gemälde von Edward Wadsworth (1889–1949)

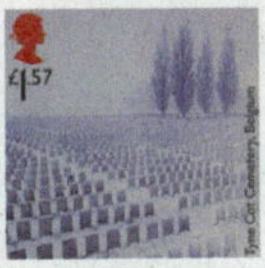

esf) Soldatenfriedhof Tyne Cot, Belgien

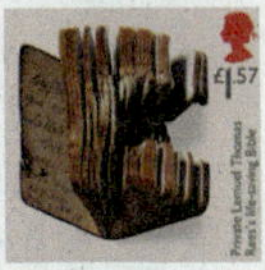

esg) Lebensrettende Bibel von Lemuel Thomas Rees (1895–1918), Soldat

4074	1ST	mehrfarbig	esb	3,—	1,90
4075	1ST	mehrfarbig	esc	3,—	1,90
4076	1ST	mehrfarbig	esd	3,—	1,90
4077	1.57 £	mehrfarbig	ese	4,50	4,50
4078	1.57 £	mehrfarbig	esf	4,50	4,50
4079	1.57 £	mehrfarbig	esg	4,50	4,50
			Satzpreis (6 W.)	22,—	19,—
			FDC		22,—

Nominale von MiNr. 4074–4076 zur Zeit der Ausgabe: je 65 P

MiNr. 4074–4079 stammen auch aus MH 188 sowie aus einem Zd-Bogen („Composite Sheet") vom 13.9.2018 zusammen mit MiNr. 3628–3633, 3739–3744, 3893–3898 und 4262–4267 (Postpreis: 32.94 £, Auflage: 7.500 Zd-Bogen).

2017, 22. Aug. Kinderspielzeug. Odr. (1×5 Zd und 1×5 Zd + 1×5 Zd); gez. K 14¼.

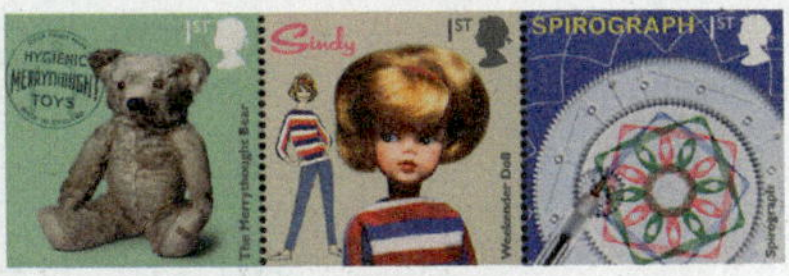

esh) „Merrythought"-Teddybär
esi) „Sindy"-Puppe
esk) Spirograph

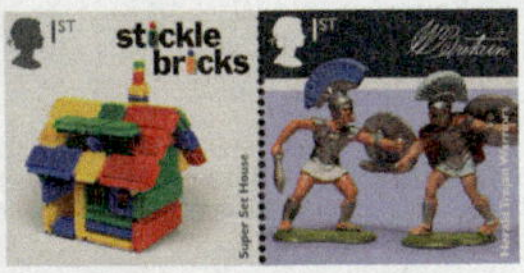

esl) Bausteine „Stickle Bricks"
esm) Metallfiguren „W. Britain"

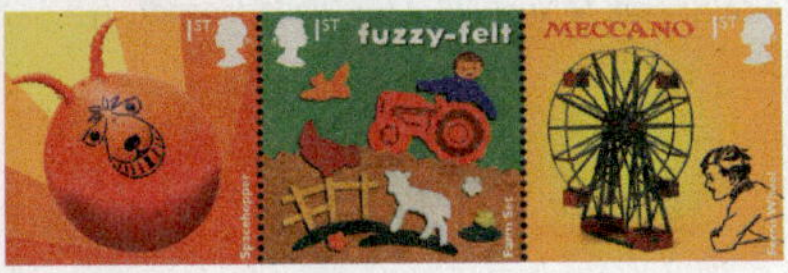

esn) Hüpfball
eso) Filz-Bastelset „Fuzzy-Felt"
esp) „Meccano"-Metallbaukasten

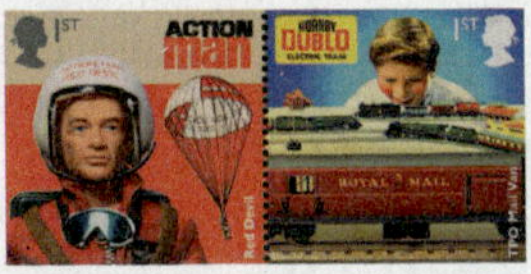

esr) Fallschirmspringerfigur „Red Devil" von „Action Man"
ess) Modelleisenbahn „Hornby Dublo"

4080	1ST	mehrfarbig	esh	3,—	1,80
4081	1ST	mehrfarbig	esi	3,—	1,80
4082	1ST	mehrfarbig	esk	3,—	1,80
4083	1ST	mehrfarbig	esl	3,—	1,80
4084	1ST	mehrfarbig	esm	3,—	1,80
4085	1ST	mehrfarbig	esn	3,—	1,80
4086	1ST	mehrfarbig	eso	3,—	1,80
4087	1ST	mehrfarbig	esp	3,—	1,80
4088	1ST	mehrfarbig	esr	3,—	1,80
4089	1ST	mehrfarbig	ess	3,—	1,80
			Satzpreis (10 W.)	30,—	18,—
			2 Fünferstreifen	30,—	18,—
			FDC		22,—

Nominale zur Zeit der Ausgabe: je 65 P

MiNr. 4080–4084 und 4085–4089 wurden jeweils waagerecht zusammenhängend gedruckt.

2017, 14. Sept. 150 Jahre Verlag Ladybird Books. Odr. (3×5 Zd und 3×5 Zd + 3×5 Zd); gez. K 14¼:14.

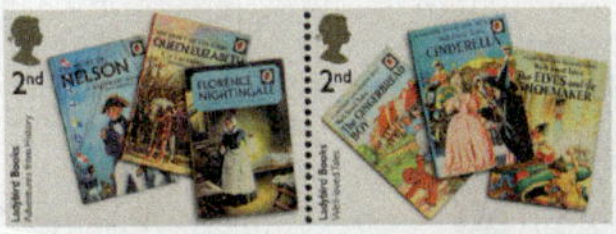

est) Admiral Horatio Nelson, Queen Elizabeth I., Florence Nightingale
esu) The Gingerbread Boy, Cinderella, The Elves and the Shoemaker

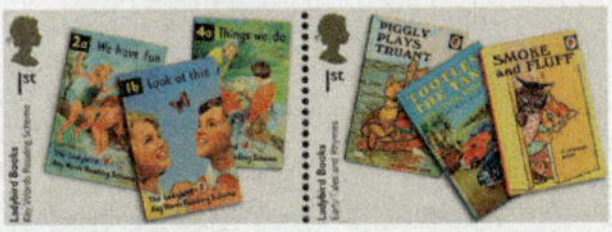

esv) We have fun, Look at this, Things we do
esw) Piggly plays truant, Tootles the taxi, Smoke and Fluff

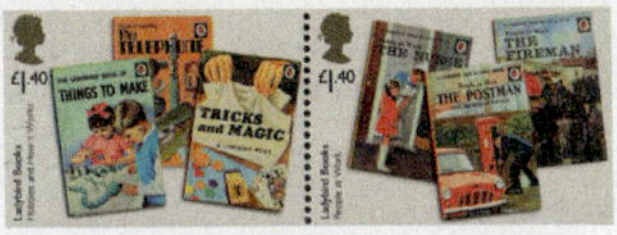

esx) Things to make, The Telephone, Tricks and Magic
esy) The Nurse, The Postman, The Fireman

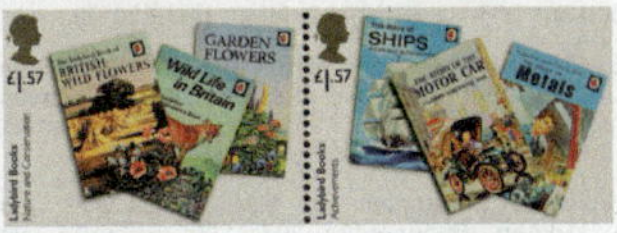

esz) British Wild Flowers, Wild Life in Britain, Garden Flowers
eta) Ships, The Story of the Motor Car, Metals

est–eta) Buchtitel des Verlags Ladybird Books

4090	2nd	mehrfarbig	est	2,20	1,50
4091	2nd	mehrfarbig	esu	2,20	1,50
4092	1st	mehrfarbig	esv	3,—	1,80
4093	1st	mehrfarbig	esw	3,—	1,80
4094	1.40 £	mehrfarbig	esx	4,20	4,20
4095	1.40 £	mehrfarbig	esy	4,20	4,20
4096	1.57 £	mehrfarbig	esz	4,60	4,50
4097	1.57 £	mehrfarbig	eta	4,60	4,50
			Satzpreis (8 W.)	28,—	24,—
			4 Paare	28,—	24,—
			FDC		28,—

Nominalen zur Zeit der Ausgabe: MiNr. 4090–4091 je 56 P, MiNr. 4092–4093 je 65 P

Nominalgleiche Marken wurden waagerecht zusammenhängend gedruckt.

2017, 12. Okt. Science-Fiction-Filmreihe „Star Wars“ (IV). Odr. (1×6 Zd, 1×6 Zd + 1×6 Zd, 4×5 und 6×5); MiNr. 4102–4105 Aufdruck fl.; gez. K 14¼.

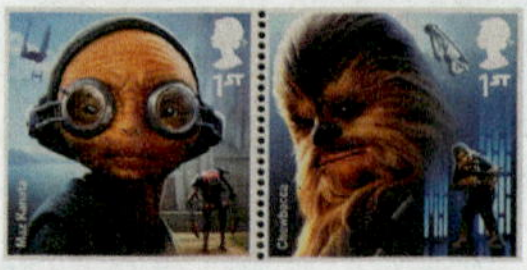

etb) Maz Kanata
etc) Chewbacca

etd) Supreme Leader Snoke
ete) Porg

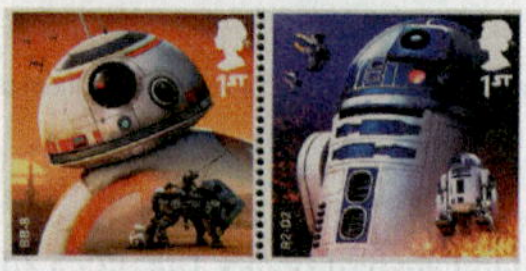

etf) BB-8
etg) R2-D2

eth) C-3PO
eti) K-2SO

4098	1ST	mehrfarbig	etb	3,—	1,80
4099	1ST	mehrfarbig	etc	3,—	1,80
4100	1ST	mehrfarbig	etd	3,—	1,80
4101	1ST	mehrfarbig	ete	3,—	1,80
4102	1ST	mehrfarbig	etf	3,—	1,80
4103	1ST	mehrfarbig	etg	3,—	1,80
4104	1ST	mehrfarbig	eth	3,—	1,80
4105	1ST	mehrfarbig	eti	3,—	1,80
			Satzpreis (8 W.)	24,—	14,—
			2 Viererstreifen	24,—	14,—
			FDC		17,—
			20er-Bogen	60,—	35,—

Nominalen zur Zeit der Ausgabe: je 65 P

MiNr. 4098–4101 und 4102–4105 wurden jeweils waagerecht zusammenhängend gedruckt.

MiNr. 4098–4105 stammen auch aus MH 189 (Ausgabedatum: 14.12.2017).

Zusätzlich wurden MiNr. 4098–4105 zusammen mit MiNr. 3795–3806 im Bogen zu 20 Marken (Bogengröße 209×297 mm) gedruckt (Postpreis: 13 £). Hiervon wurde ein auf 148×183 mm zugeschnittener Bogen, nur am schmalen Bogenrand auf einem Schmuckumschlag aufgeklebt (Postpreis: 17.50 £).

Weiterhin wurden MiNr. 4098–4105 zusammen mit MiNr. 3795–3806 und 4490–4499 im Bogen zu 30 Marken (Bogengröße 297×209 mm) gedruckt (Ausgabetag: 26.11.2019, Postpreis: 21 £).

In gleichen Zeichnungen: MiNr. 4106–4113 (selbstklebend)

2017, 12. Okt. Science-Fiction-Filmreihe „Star Wars“ (V). I = Odr., Folienbogen (Fbg.) (2×5 Zd), II = RaTdr., Markenheftchen (MH); MiNr. 4106–4107 und 4112–4113 Aufdruck fl.; selbstklebend; gestanzt 14¼.

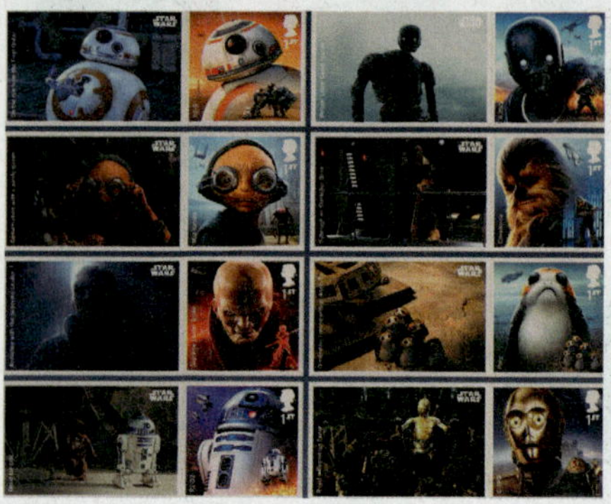

Zierfeld	etf	Zierfeld	eti
Zierfeld	etb	Zierfeld	etc
Zierfeld	etd	Zierfeld	ete
Zierfeld	etg	Zierfeld	eth

etf) BB-8
eti) K-2SO
etb) Maz Kanata
etc) Chewbacca
etd) Supreme Leader Snoke
ete) Porg
etg) R2-D2
eth) C-3PO

4106		1ST	mehrfarbig	etf		
	I		Odr. (Fbg.)		3,—	2,—
	II		RaTdr. (MH)		4,—	2,—
4107	I	1ST	mehrfarbig (Fbg.)	eti	3,—	2,—
4108		1ST	mehrfarbig	etb		
	I		Odr. (Fbg.)		3,—	2,—
	II		RaTdr. (MH)		4,—	2,—
4109		1ST	mehrfarbig	etc		
	I		Odr. (Fbg.)		3,—	2,—
	II		RaTdr. (MH)		4,—	2,—
4110	I	1ST	mehrfarbig (Fbg.)	etd	3,—	2,—
4111	I	1ST	mehrfarbig (Fbg.)	ete	3,—	2,—
4112		1ST	mehrfarbig	etg		
	I		Odr. (Fbg.)		3,—	2,—
	II		RaTdr. (MH)		4,—	2,—
4113	I	1ST	mehrfarbig (Fbg.)	eth	3,—	2,—
				Satzpreis I (8 W.)	24,—	16,—
				FDC I		19,—
				4106 I Zf–4113 I Zf	24,—	16,—
				Folienbogen I	30,—	
				Satzpreis II (4 W.)	16,—	8,—
				FDC II		10,—

Nominalen zur Zeit der Ausgabe: je 65 P

MiNr. 4106 I–4113 I stammen aus einem sog. Commemorative Sheet mit 10 Marken (2 × MiNr. 4106 I–4107 I und 1 × MiNr. 4108 I–4113 I) und 10 jeweils links anhängenden Zierfeldern, die durch 3 schmale Verbindungsstege mit der Marke verbunden sind (Postpreis: 7 £).

MiNr. 4106 II und 4112 II stammen aus MH 0-387.
MiNr. 4108 II–4109 II stammen aus MH 0-388.

In gleichen Zeichnungen: MiNr. 4098–4105 (nassklebend)

2017, 7. Nov. Blockausgabe: Weihnachten – Gemälde „Madonna mit Kind“ (I). RaTdr.; gez. Ks 14½:15.

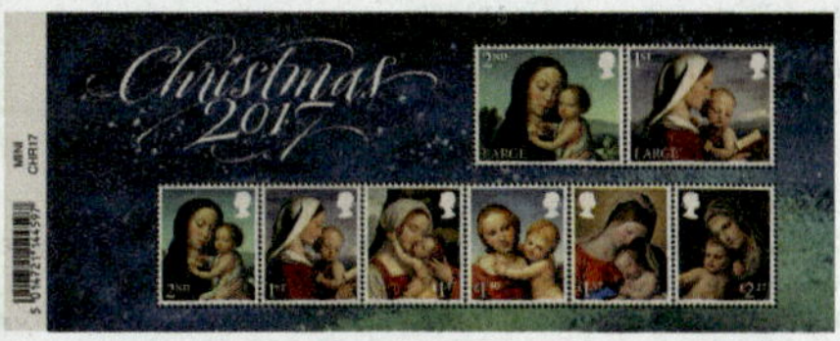

etk etl eto etm etp etn etr , ets

etk, etm) zugeschrieben Gerard David (um 1460–1523), niederländischer Maler
etl, etn) von Williams Dyce (1806–1864), schottischer Maler
eto) von Quentin Massys (1466–1530), flämischer Maler
etp) von Raffael (1483–1520), italienischer Maler
etr) von Sassoferrato (1609–1685), italienischer Maler
ets) von Edward von Steinle (1810–1886), österreichischer Maler

4114	2nd	mehrfarbig	etk	2,20	1,60
4115	1st	mehrfarbig	etl	3,—	1,80
4116	2nd	Large mehrfarbig	etm	2,80	2,—
4117	1st	Large mehrfarbig	etn	6,—	3,—
4118	1.17 £	mehrfarbig	eto	3,60	3,40
4119	1.40 £	mehrfarbig	etp	4,60	4,20
4120	1.57 £	mehrfarbig	etr	4,80	4,50
4121	2.27 £	mehrfarbig	ets	7,—	6,50
Block 110		(178×74 mm)	ett	34,—	27,—
			FDC		30,—

Nominalen zur Zeit der Ausgabe: MiNr. 4114 = 56 P, MiNr. 4115 = 65 P, MiNr. 4116 = 76 P, MiNr. 4117 = 98 P

Mit gleichen Zeichnungen: MiNr. 4122–4129 (selbstklebend)

2017, 7. Nov. Weihnachten: Gemälde „Madonna mit Kind“ (II). I = RaTdr., Bogen (B) (5×10) und Markenheftchen (MH) (6×2), II = Odr., Folienbogen (Fbg.); selbstklebend; C = zähnungsähnlich gestanzt 14½:15, CS = Sicherheitsstanzung 14½:15.

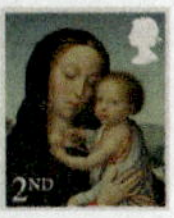
etk) zugeschrieben Gerard David (um 1460–1523), niederländischer Maler

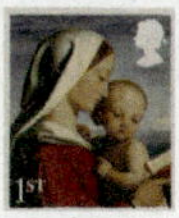
etl) von Williams Dyce (1806–1864), schottischer Maler

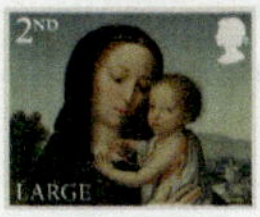
etm) zugeschrieben Gerard David (um 1460–1523), niederländischer Maler

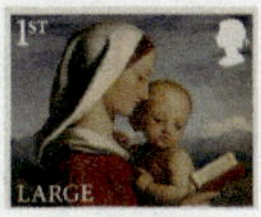
etn) von Williams Dyce (1806–1864), schottischer Maler

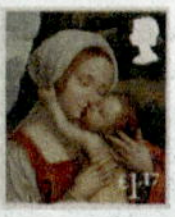
eto) von Quentin Massys (1466–1530), flämischer Maler

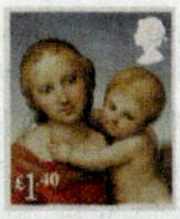
etp) von Raffael (1483–1520), italienischer Maler

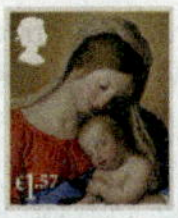
etr) von Sassoferrato (1609–1685), italienischer Maler

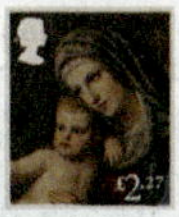
ets) von Edward von Steinle (1810–1886), österreichischer Maler

4122		2nd	mehrfarbig	etk		
	I C		RaTdr. (B) (MH)		2,20	1,60
	II CS		Odr. (Fbg.)		2,50	2,—
4123		1st	mehrfarbig	etl		
	I C		RaTdr. (B) (MH)		3,—	1,80
	II CS		Odr. (Fbg.)		3,50	2,50
4124	I C	2nd	Large mehrfarbig (B)	etm	2,80	2,—
4125	I C	1st	Large mehrfarbig (B)	etn	6,—	3,—
4126		1.17 £	mehrfarbig	eto		
	I C		RaTdr. (B)		3,60	3,40
	II CS		Odr. (Fbg.)		6,—	5,—
4127		1.40 £	mehrfarbig	etp		
	I C		RaTdr. (B)		4,60	4,20
	II CS		Odr. (Fbg.)		8,—	7,—
4128		1.57 £	mehrfarbig	etr		
	I C		RaTdr. (B)		4,80	4,50
	II CS		Odr. (Fbg.)		9,—	8,50
4129		2.27 £	mehrfarbig	ets		
	I C		RaTdr. (B)		7,—	6,50
	II CS		Odr. (Fbg.)		12,—	10,—
			Satzpreis I C (8 W.)		34,—	27,—
			FDC I C			30,—
			4122 II CS Zf–4123 II CS Zf und 4126 II CS Zf–4129 II CS Zf		42,—	35,—

Nominalen zur Zeit der Ausgabe: MiNr. 4122 = 56 P, MiNr. 4123 = 65 P, MiNr. 4124 = 76 P, MiNr. 4125 = 98 P

MiNr. 4122 I C und 4130 I C, MiNr. 4123 I C und 4131 I C, MiNr. 4124 I C und 4132 I C, MiNr. 4125 I C und 4133 I C wurden jeweils zusammen in einem Folienbogen zu je 25 Marken herausgegeben.

MiNr. 4122 I C stammt auch aus MH 0-391 und 0-393.
MiNr. 4123 I C stammt auch aus MH 0-392 und 0-394.

MiNr. 4122 II CS–4123 II CS und 4126 II CS–4129 II CS stammen aus Folienbogen zu 20 Marken (8 × MiNr. 4122 II CS–4123 II CS und 1 × MiNr. 4126 II CS bis 4129 II CS) und 20 verschiedenen Zierfeldern, die jeweils durch 3 schmale Verbindungsstege mit der Marke verbunden sind (Postpreis: 16.40 £).

[KB] MiNr. 4123–4124 jeweils im Kleinbogen mit wertgleichen Weihnachtsmarken anderer Jahre

Mit gleichen Zeichnungen: MiNr. 4114–4121 (nassklebend)

2017, 7. Nov. Weihnachten: Kinderzeichnungen. I = RaTdr., Bogen (B) (5×10) und Markenheftchen (MH) (6×2), II = Odr., Folienbogen (Fbg.) (4×5 Zd); selbstklebend; C = zähnungsähnlich gestanzt 14½:15, CS = Sicherheitsstanzung 14½:15.

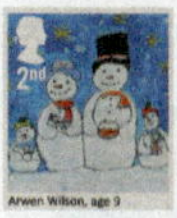
etu) Schneefamilie; von Arwen Wilson (9 J.)

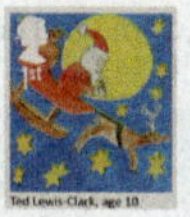
etv) Weihnachtsmann auf Schlitten; von Ted Lewis-Clark (10 J.)

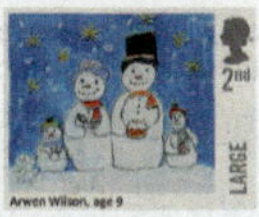
etw) Schneefamilie

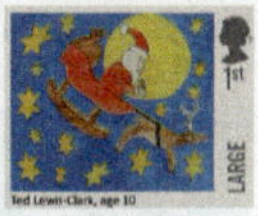
etx) Weihnachtsmann auf Schlitten

4130		2nd	mehrfarbig	etu		
	I C		RaTdr. (B) (MH)		2,20	1,70
	II CS		Odr. (Fbg.)		2,50	1,80
4131		1st	mehrfarbig	etv		
	I C		RaTdr. (B) (MH)		3,—	1,80
	II CS		Odr. (Fbg.)		3,50	2,20
4132	I C	2nd	Large mehrfarbig (B)	etw	2,80	2,—
4133	I C	1st	Large mehrfarbig (B)	etx	6,—	3,—
			Satzpreis I C (4 W.)		14,—	8,50
			FDC I C			11,—
			4130 II CS Zf–4131 II CS Zf		6,50	4,—

Nominalen zur Zeit der Ausgabe: MiNr. 4130 = 56 P, MiNr. 4131 = 65 P, MiNr. 4132 = 76 P, MiNr. 4133 = 98 P

MiNr. 4122 I C und 4130 I C, MiNr. 4123 I C und 4131 I C, MiNr. 4124 I C und 4132 I C, MiNr. 4125 I C und 4133 I C wurden jeweils zusammen in einem Folienbogen zu je 25 Marken herausgegeben.

MiNr. 4130 I C stammt auch aus MH 0-393.
MiNr. 4131 I C stammt auch aus MH 0-394.

MiNr. 4130 II CS–4131 II CS stammen aus Folienbogen zu je 10 Marken und 20 verschiedenen Zierfeldern, die jeweils durch 3 schmale Verbindungsstege mit der Marke verbunden sind (Postpreis: 12.60 £).

[KB] MiNr. 4130 aus Bogen mit sägezahnähnlicher Stanzung
[KB] MiNr. 4132 im Kleinbogen mit wertgleichen Weihnachtsmarken anderer Jahre

2017, 20. Nov. Blockausgabe: 70. Hochzeitstag von Königin Elizabeth II. und Prinz Philip. Odr., gez. Ks 14¼.

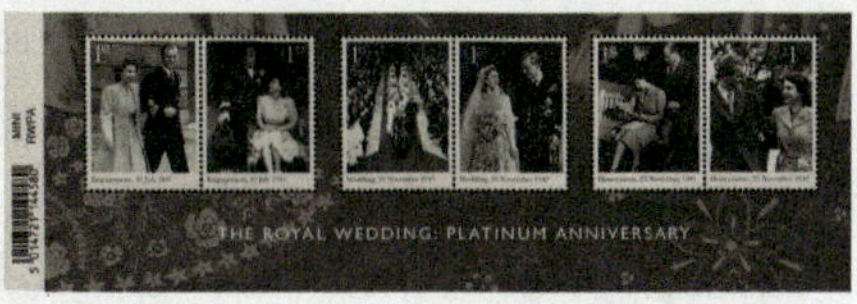

eue

ety etz eua eub euc eud

ety, eub) Verlobungszeit
etz, euc) Hochzeit
eua, eud) Flitterwochen
ety–eud) Königin Elizabeth II. (1926–2022, reg. ab 1952) und Prinz Philip (1921–2021)

4134	1ST	schwarz/silberfarben	ety	3,—	1,80
4135	1ST	schwarz/silberfarben	etz	3,—	1,80
4136	1ST	schwarz/silberfarben	eua	3,—	1,80
4137	1.57 £	schwarz/silberfarben	eub	5,—	4,50
4138	1.57 £	schwarz/silberfarben	euc	5,—	4,50
4139	1.57 £	schwarz/silberfarben	eud	5,—	4,50
Block 111		(190×67 mm)	eue	24,—	19,—
			FDC		24,—

Nominale von MiNr. 4134–4136 zur Zeit der Ausgabe: je 65 P

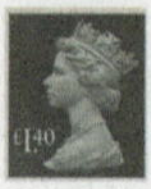

2017, 14. Dez. Freimarke: Königin Elizabeth II., Typ Machin. Odr., Markenheftchen; Sicherheitszähnung K 14¾:14¼.

ku IV) Königin Elizabeth II. (1926–2022, reg. ab 1952), irisierende, negative Inschrift „ROYAL MAIL" mehrfach

4140	1.40 £	türkisgrau	ku IV	4,20	4,20
			FDC		6,—

MiNr. 4140 stammt aus MH 189.

Gültig bis 31.1.2023, geduldet bis 31.7.2023

In gleicher Zeichnung siehe Übersicht nach Jahrgangswerttabelle.

2018, 23. Jan. Fantasy-Fernsehserie „Game of Thrones" (I). Odr. (1×5 Zd und 1×5 Zd + 1×5 Zd); gez. K 14¼.

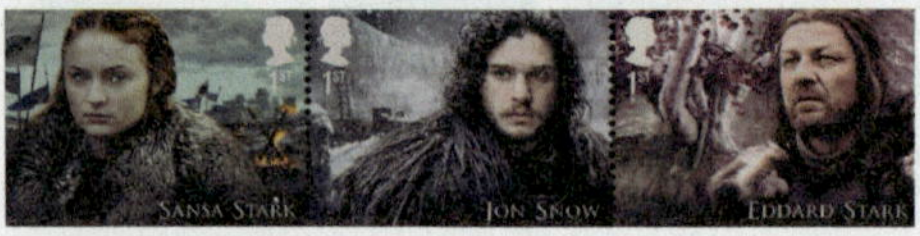

euf) Sansa Stark
eug) Jon Snow
euh) Eddard Stark

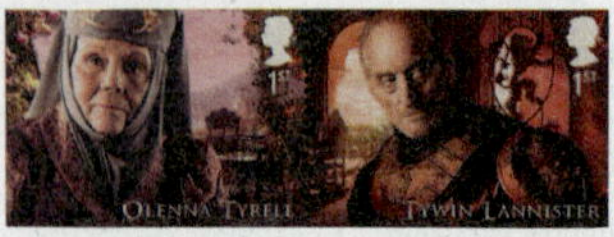

eui) Olenna Tyrell
euk) Tywin Lannister

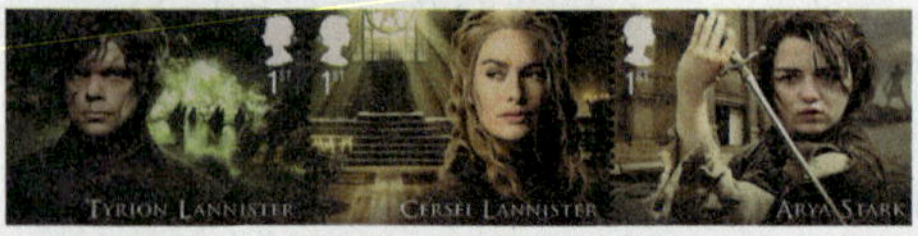

eul) Tyrion Lannister
eum) Cersei Lannister
eun) Arya Stark

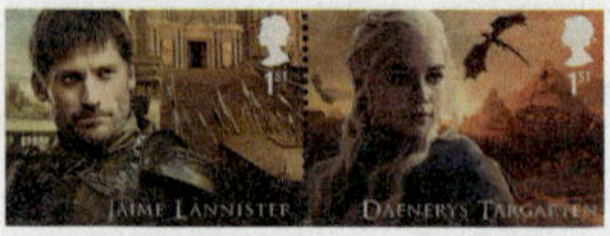

euo) Jaime Lannister
eup) Daenerys Targaryen

4141	1ST	mehrfarbig	euf	3,—	1,80
4142	1ST	mehrfarbig	eug	3,—	1,80
4143	1ST	mehrfarbig	euh	3,—	1,80
4144	1ST	mehrfarbig	eui	3,—	1,80
4145	1ST	mehrfarbig	euk	3,—	1,80
4146	1ST	mehrfarbig	eul	3,—	1,80
4147	1ST	mehrfarbig	eum	3,—	1,80
4148	1ST	mehrfarbig	eun	3,—	1,80
4149	1ST	mehrfarbig	euo	3,—	1,80
4150	1ST	mehrfarbig	eup	3,—	1,80
			Satzpreis (10 W.)	30,—	18,—
			2 Fünferstreifen	30,—	18,—
			FDC		20,—

Nominale zur Zeit der Ausgabe: je 65 P

MiNr. 4141–4145 und 4146–4150 wurden jeweils waagerecht zusammenhängend gedruckt.

MiNr. 4141–4150 stammen auch aus MH 190.

In gleichen Zeichnungen: MiNr. 4156–4165 (selbstklebend)

2018, 23. Jan. Blockausgabe: Fantasy-Fernsehserie „Game of Thrones" (II). I = Odr., Blockausgabe (Bl.), II = RaTdr., Markenheftchen (MH) (3×2); selbstklebend; MiNr. 4151–4152 und 4154–4155 gestanzt 14½, MiNr. 4153 Sicherheitsstanzung 14¾:14¼.

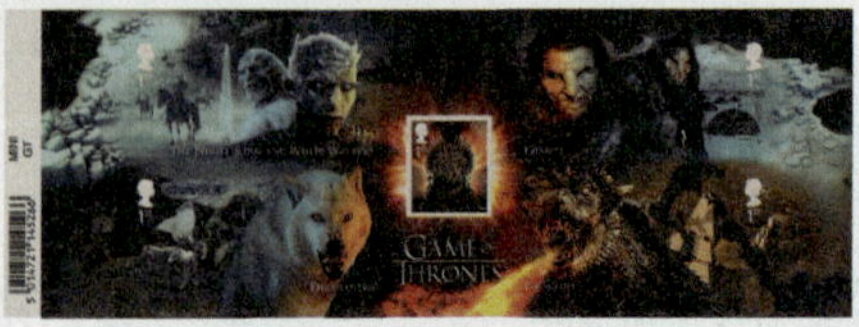

euw

eur eut eus
euu euv

eur) Nachtkönig, Weiße Wanderer
eus) Giganten
eut) Der eiserne Thron
euu) Schattenwölfe
euv) Drachen

I = Odr. (Bl.)

4151	**I**	1ST	mehrfarbig	eur	3,—	2,—
4152	**I**	1ST	mehrfarbig	eus	3,—	2,—
4153	**I**	1ST	mehrfarbig	eut	3,—	2,—
4154	**I**	1ST	mehrfarbig	euu	3,—	2,—
4155	**I**	1ST	mehrfarbig	euv	3,—	2,—
Block 112			(202×74 mm)	euw	15,—	10,—
				FDC		12,—

II = RaTdr. (MH)

4153	**II**	1ST	mehrfarbig	eut	3,—	2,—

Nominale zur Zeit der Ausgabe: je 65 P

MiNr. 4153 II stammt aus MH 0-393.

In gleichen Zeichnungen: MiNr. 4166–4170 (nassklebend)

2018, 23. Jan. Fantasy-Fernsehserie „Game of Thrones" (III). Odr., Folienbogen (2×5 Zd); selbstklebend; gestanzt 14¼:14¾.

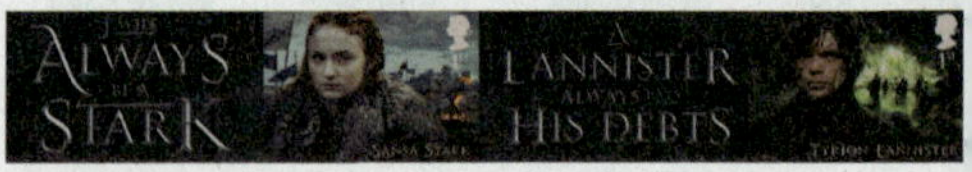

Zierfeld
euf) Sansa Stark
Zierfeld
eul) Tyrion Lannister

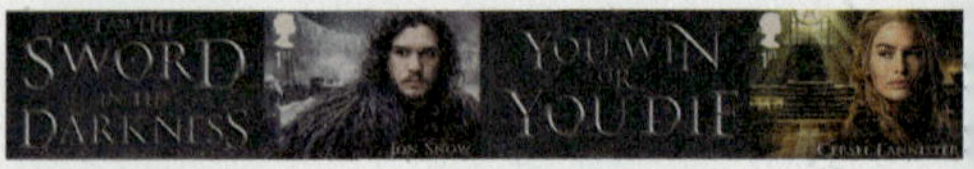

Zierfeld
eug) Jon Snow
Zierfeld
cum) Cersei Lannister

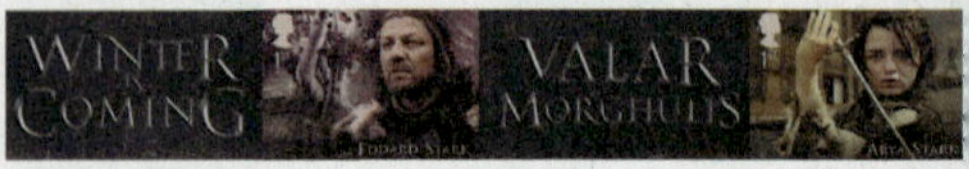

Zierfeld
euh) Eddard Stark
Zierfeld
eun) Arya Stark

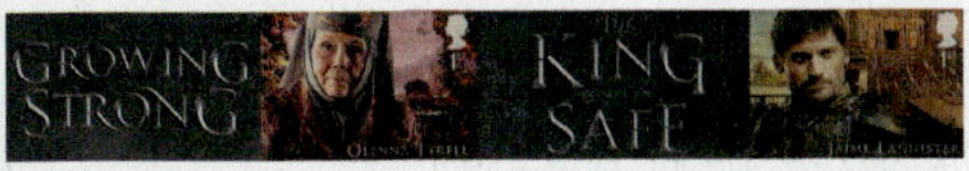

Zierfeld
eui) Olenna Tyrell
Zierfeld
euo) Jaime Lannister

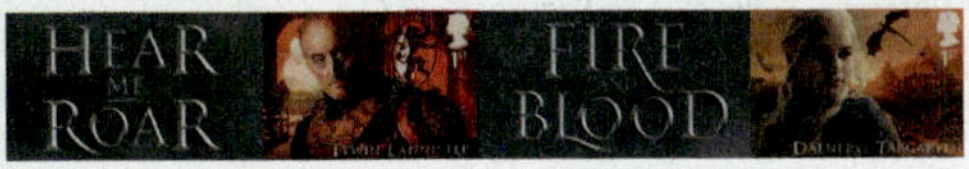

Zierfeld
euk) Tywin Lannister
Zierfeld
eup) Daenerys Targaryen

4156	1ST mehrfarbig	euf	3,—	2,—
4157	1ST mehrfarbig	eul	3,—	2,—
4158	1ST mehrfarbig	eug	3,—	2,—
4159	1ST mehrfarbig	eum	3,—	2,—
4160	1ST mehrfarbig	euh	3,—	2,—
4161	1ST mehrfarbig	eun	3,—	2,—
4162	1ST mehrfarbig	eui	3,—	2,—
4163	1ST mehrfarbig	euo	3,—	2,—
4164	1ST mehrfarbig	euk	3,—	2,—
4165	1ST mehrfarbig	eup	3,—	2,—
		Satzpreis (10 W.)	30,—	20,—
		FDC		22,—
		Folienbogen	30,—	

Nominale zur Zeit der Ausgabe: je 65 P

MiNr. 4156–4165 stammen aus einem sogen. Collectors Sheet mit 10 Marken und 10 verschiedenen Zierfeldern, die jeweils durch 3 schmale Verbindungsstege mit der Marke verbunden sind (Postpreis: 7.50 £).

In gleichen Zeichnungen: MiNr. 4141–4150 (nassklebend)

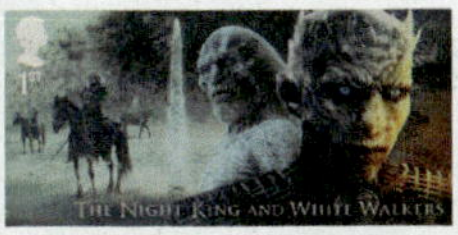

2018, 23. Jan. Fantasy-Fernsehserie „Game of Thrones" (IV). Odr., Markenheftchen; MiNr. 4166–4169 gez. K 14¼:14½, MiNr. 4170 Sicherheitszähnung K 14¾:14¼.

eur) Nachtkönig, Weiße Wanderer

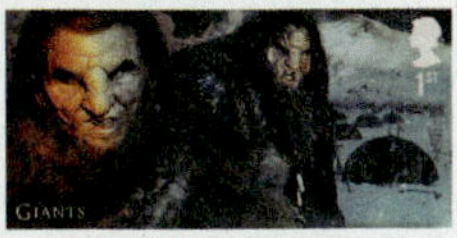

eus) Giganten

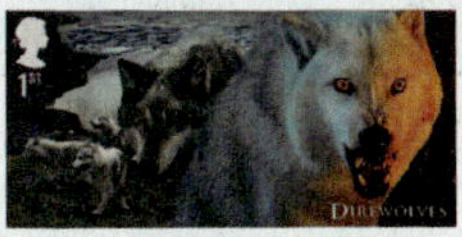

euu) Schattenwölfe

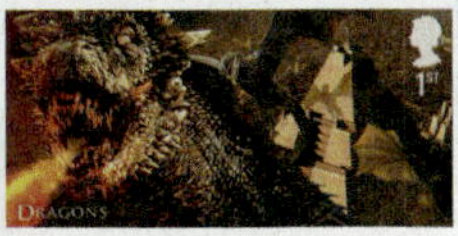

euv) Drachen

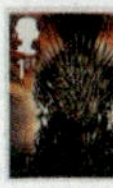

eut) Der eiserne Thron

4166	1ST mehrfarbig	eur	3,—	2,—
4167	1ST mehrfarbig	eus	3,—	2,—
4168	1ST mehrfarbig	euu	3,—	2,—
4169	1ST mehrfarbig	euv	3,—	2,—
4170	1ST mehrfarbig	eut	3,—	2,—
		Satzpreis (5 W.)	15,—	10,—
		FDC		12,—

Nominale zur Zeit der Ausgabe: je 65 P

MiNr. 4166–4170 stammen aus MH 190.

In gleichen Zeichnungen: MiNr. 4151–4155 (selbstklebend)

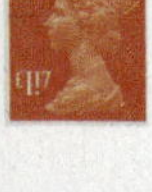

2018, 23. Jan. Freimarke: Königin Elizabeth II., Typ Machin. Odr., Markenheftchen; Sicherheitszähnung K 14¾:14¼.

ku IV) Königin Elizabeth II. (1926–2022, reg. ab 1952), irisierende, negative Inschrift „ROYAL MAIL" mehrfach

4171	1.17 £ zinnober	ku IV	4,—	4,—
		FDC		6,—

MiNr. 4171 stammt aus MH 190, 191 und 197.

Gültig bis 31.1.2023, geduldet bis 31.7.2023

In gleicher Zeichnung siehe Übersicht nach Jahrgangswerttabelle.

2018, 15. Febr. Kampf um die Gewährung des Frauenstimmrechts vor 100 Jahren. Odr. (3×5 Zd und 3×5 Zd + 3×5 Zd); gez. K 14¼.

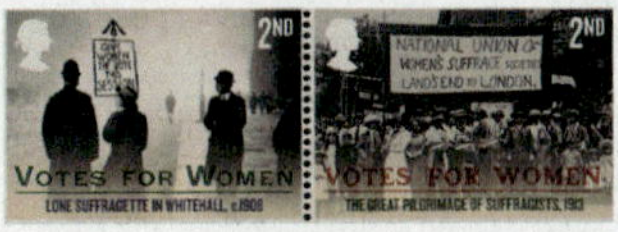

eux) Streiterin für Frauenstimmrecht in Whitehall (um 1908)
euy) Protestzug der Stimmrechtbefürworter (1913)

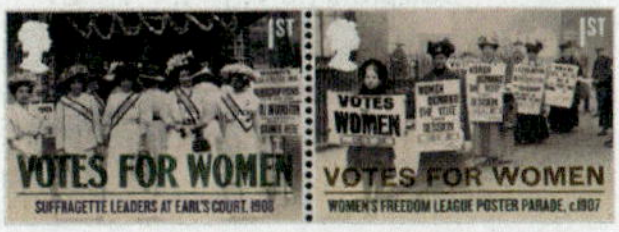

euz) Frauenrechtlerinnen am Ausstellungsgelände (1908)
eva) Plakataktion der Women's Freedom League (um 1907)

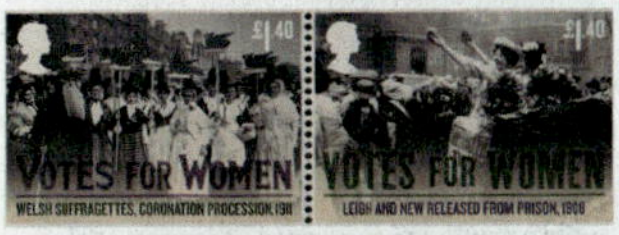

evb) Walisische Frauenrechtlerinnen bei der Krönungsparade (1911)
evc) Freilassung von Mary Leigh und Edith New aus dem Gefängnis (1908)

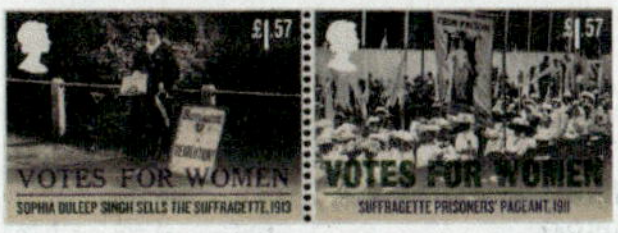

evd) Sophia Duleep Singh beim Zeitschriftenverkauf „The Suffragette" (1913)
eve) Protestzug der „gefangenen Frauenrechtlerinnen" (1911)

4172	2ND mehrfarbig	eux	2,20	1,60
4173	2ND mehrfarbig	euy	2,20	1,60
4174	1ST mehrfarbig	euz	3,—	1,90
4175	1ST mehrfarbig	eva	3,—	1,90
4176	1.40 £ mehrfarbig	evb	4,—	4,—
4177	1.40 £ mehrfarbig	evc	4,—	4,—
4178	1.57 £ mehrfarbig	evd	4,80	4,50
4179	1.57 £ mehrfarbig	eve	4,80	4,50
		Satzpreis (8 W.)	28,—	24,—
		4 Paare	28,—	24,—
		FDC		27,—

Nominalen zur Zeit der Ausgabe: MiNr. 4172–4173 je 56 P, MiNr. 4174–4175 je 65 P

Nominalgleiche Marken wurden waagerecht zusammenhängend gedruckt.

2018, 20. März. 100 Jahre Royal Air Force (I). Odr. (3×5 Zd und 3×5 Zd + 3x5 Zd); gez. K 14¼:14.

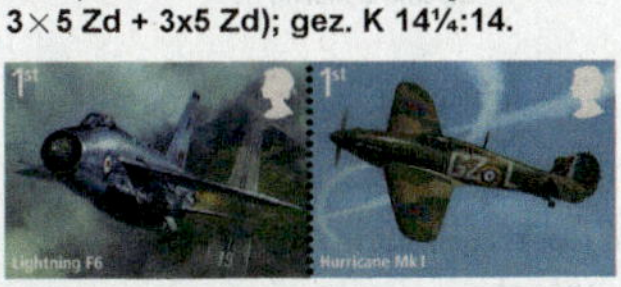

evf) Jagdflugzeug English Electric Lightning F6
evg) Jagdflugzeug Hawker Hurricane Mk. I

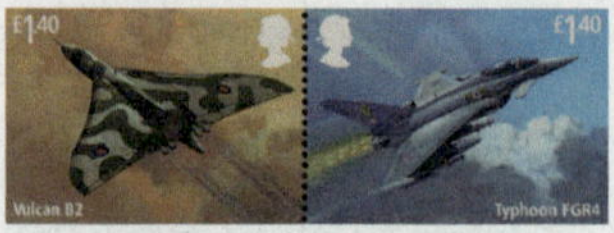

evh) Bomber Avro Vulcan B Mk. 2
evi) Mehrzweckkampfflugzeug Eurofighter Typhoon FGR4

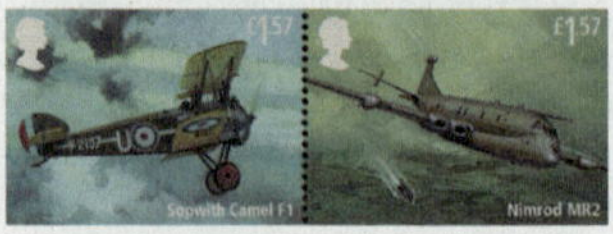

evk) Jagdflugzeug Sopwith Camel F1
evl) Seefernaufklärer Hawker Siddeley Nimrod MR2

4180	1ST	mehrfarbig	evf	3,—	1,90
4181	1ST	mehrfarbig	evg	3,—	1,90
4182	1.40 £	mehrfarbig	evh	4,20	4,—
4183	1.40 P	mehrfarbig	evi	4,20	4,—
4184	1.57 £	mehrfarbig	evk	4,80	4,60
4185	1.57 £	mehrfarbig	evl	4,80	4,60
			Satzpreis (6 W.)	24,—	21,—
			3 Paare	24,—	21,—
			FDC		24,—

Blockausgabe

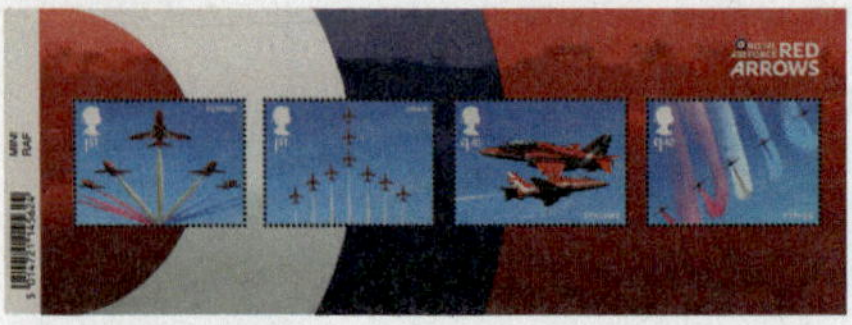

evr

evm) „Flypast"
evn) „Schwan"
evo) „Synchro"
evp) „Python"

evm–evp) Flugmanöver der RAF-Kunstflugstaffel „Red Arrows" mit Flugzeugen BAe-Hawk-200

4186	1ST	mehrfarbig	evm	3,—	1,90
4187	1ST	mehrfarbig	evn	3,—	1,90
4188	1.40 £	mehrfarbig	evo	4,—	4,—
4189	1.40 £	mehrfarbig	evp	4,—	4,—
Block 113		(219x74 mm)	evr	14,—	12,—
			FDC		14,—

Nominale von MiNr. 4180–4181 und 4186–4187 zur Zeit der Ausgabe: je 65 P

Nominalgleiche Bogenmarken wurden waagerecht zusammenhängend gedruckt.

MiNr. 4180–4189 stammen auch aus MH 191.

In gleichen Zeichnungen wie MiNr. 4180–4181 und 4186–4187: MiNr. 4190–4191, 4212–4213 (selbstklebend)

2018, 20. März. 100 Jahre Royal Air Force (II). RaTdr., Markenheftchen; selbstklebend; gestanzt 14¼:14.

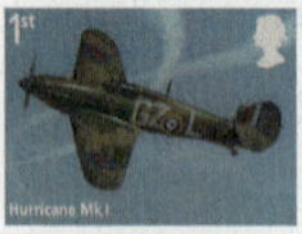

evg) Jagdflugzeug Hawker Hurricane Mk. I

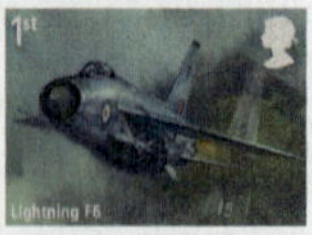

evf) Jagdflugzeug English Electric Lightning F6

4190	1ST	mehrfarbig	evg	3,50	2,—
4191	1ST	mehrfarbig	evf	3,50	2,—
			Satzpreis (2 W.)	7,—	4,—
			FDC		5,50

Nominale zur Zeit der Ausgabe: je 65 P, ab 26.3.2018: je 67 P

MiNr. 4190–4191 stammen aus MH 0-394.

In gleichen Zeichnungen: MiNr. 4180–4181 (nassklebend)

Posttarife Großbritannien (26.3.2018–24.3.2019)

2. Klasse, Standardformat: 58 P (zuvor: 56 P)
1. Klasse, Standardformat: 67 P (zuvor: 65 P)
2. Klasse, Großformat: 79 P (zuvor: 76 P)
1. Klasse, Großformat: 1.01 £ (zuvor: 98 P)
Europa, bis 20 g: 1.25 £ (zuvor: 1.17 £)
Europa, 20 g–100 g: 1.55 £ (zuvor: 1.57 £)
Postkarte, Luftpost: 1.25 £ (zuvor: 1.17 £)
Seepost, bis 20 g: 1.10 £ (zuvor: 1.02 £)
Luftpost, bis 10 g: 1.25 £ (zuvor: 1.17 £)
Luftpost, 10 g–20 g: 1.45 £ (zuvor: 1.40 £)
Luftpost, 20 g–100 g: 2.25 £ (zuvor: 2.27 £)
Einschreiben, 1. Klasse, Standardformat: 1.77 £ (zuvor: 1.75 £)
Einschreiben, 1. Klasse, Großformat: 2.11 £ (zuvor: 2.08 £)
Eilsendung, bis 100 g: 6.50 £ (zuvor: 6.45 £)
Eilsendung, bis 500 g: 7.30 £ (zuvor: 7.25 £)

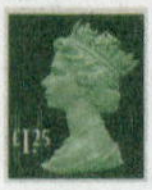

2018, 28. März. Freimarke: Königin Elizabeth II., Typ Machin. RaTdr. (5×5); U-förmige Stanzungen im Markenbild; selbstklebend; Sicherheitsstanzung 14¾:14¼.

ku III) Königin Elizabeth II. (1926–2022, reg. ab 1952), irisierende, negative Inschrift „ROYAL MAIL" mehrfach

4192	1.25 £	schwärzlichsmaragdgrün	ku III	3,40	3,40
4193	1.45 £	violettgrau	ku III	3,80	3,80
4194	1.55 £	lebhaftgrünlichblau	ku III	4,—	4,—
4195	2.65 £	violettblau	ku III	7,—	7,—
			Satzpreis (4 W.)	18,—	18,—
			FDC		22,—

Gültig bis 31.1.2023, geduldet bis 31.7.2023

In gleicher Zeichnung siehe Übersicht nach Jahrgangswerttabelle.

2018, 17. April. Wiederansiedlung lokal ausgestorbener Arten. Odr. (3×5 Zd und 3×5 Zd + 3×5 Zd); gez. K 14¼.

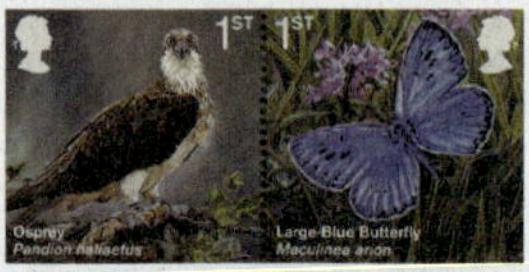

evs) Fischadler (Pandion haliaetus)
evt) Quendal-Ameisenbläuling (Maculinea arion)

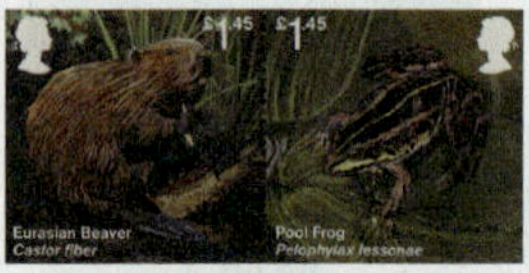

evu) Europäischer Biber (Castor fiber)
evv) Kleiner Wasserfrosch (Pelophylax lessonae)

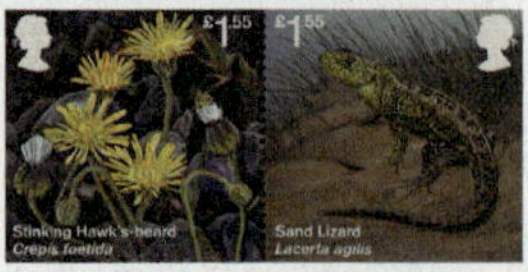

evw) Stink-Pippau (Crepis foetila)
evx) Zauneidechse (Lacerta agilis)

4196	1ST	mehrfarbig	evs	3,—	1,80
4197	1ST	mehrfarbig	evt	3,—	1,80
4198	1.45 £	mehrfarbig	evu	4,—	4,—
4199	1.45 £	mehrfarbig	evv	4,—	4,—
4200	1.55 £	mehrfarbig	evw	4,20	4,20
4201	1.55 £	mehrfarbig	evx	4,20	4,20
			Satzpreis (6 W.)	22,—	20,—
			3 Paare	22,—	20,—
			FDC		22,—

Nominale von MiNr. 4196–4197 zur Zeit der Ausgabe: je 67 P

Nominalgleiche Marken wurden waagerecht zusammenhängend gedruckt.

2018, 11. Mai. Eulen. Odr. (1×5 Zd und 1×5 Zd + 1×5 Zd); gez. K 14¼.

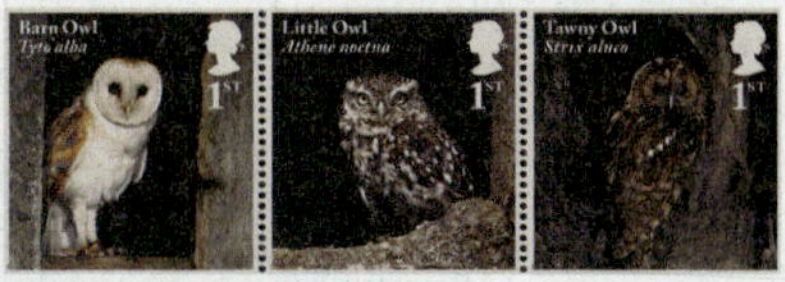

evy) Schleiereule (Tyto alba)
evz) Steinkauz (Athene noctua)
ewa) Waldkauz (Strix aluco)

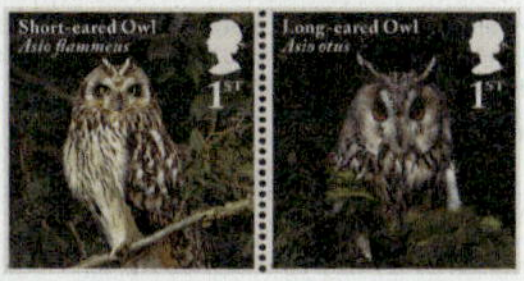

ewb) Sumpfohreule (Asio flammeus)
ewc) Waldohreule (Asio otus)

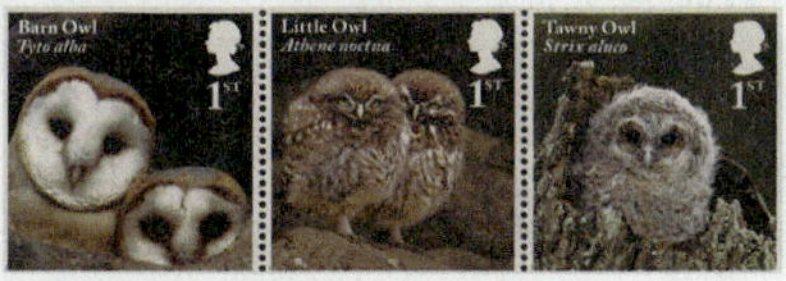

ewd) Schleiereule (Tyto alba)
ewe) Steinkauz (Athene noctua)
ewf) Waldkauz (Strix aluco)

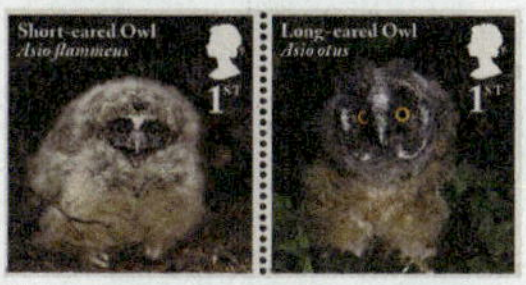

ewg) Sumpfohreule (Asio flammeus)
ewh) Waldohreule (Asio otus)

evy–ewc) Eulen als Altvögel, ewd–ewh) als Jungvögel

4202	1ST	mehrfarbig	evy	3,—	1,80
4203	1ST	mehrfarbig	evz	3,—	1,80
4204	1ST	mehrfarbig	ewa	3,—	1,80
4205	1ST	mehrfarbig	ewb	3,—	1,80
4206	1ST	mehrfarbig	ewc	3,—	1,80
4207	1ST	mehrfarbig	ewd	3,—	1,80
4208	1ST	mehrfarbig	ewe	3,—	1,80
4209	1ST	mehrfarbig	ewf	3,—	1,80
4210	1ST	mehrfarbig	ewg	3,—	1,80
4211	1ST	mehrfarbig	ewh	3,—	1,80
			Satzpreis (10 W.)	30,—	18,—
			2 Fünferstreifen	30,—	18,—
			FDC		20,—

Nominale zur Zeit der Ausgabe: je 67 P

MiNr. 4202–4206 und 4207–4211 wurden jeweils waagerecht zusammenhängend gedruckt.

2018, 11. Mai. 100 Jahre Royal Air Force (III). RaTdr., Markenheftchen; selbstklebend; gestanzt 14¼.

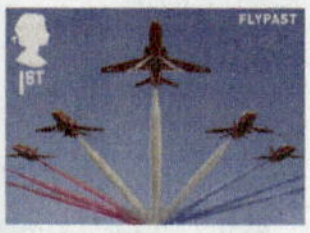

evm) „Flypast“

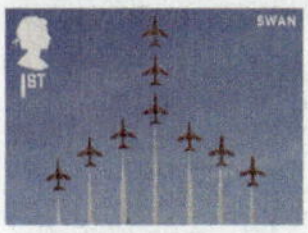

evn) „Swan“

evm–evn) Flugmanöver der RAF-Kunstflugstaffel „Red Arrows“ mit Flugzeugen BAE Hawk 200

4212	1ST	mehrfarbig	evm	7,—	2,—
4213	1ST	mehrfarbig	evn	7,—	2,—
			Satzpreis (2 W.)	14,—	4,—
			FDC		5,50

Nominale zur Zeit der Ausgabe: 67 P

MiNr. 4212–4213 stammen aus MH 0-395.

In gleichen Zeichnungen: MiNr. 4186–4187 (nassklebend)

2018, 19. Mai. Blockausgabe: Hochzeit von Prinz Harry und Meghan Markle. RaTdr.; gez. Ks 14¼.

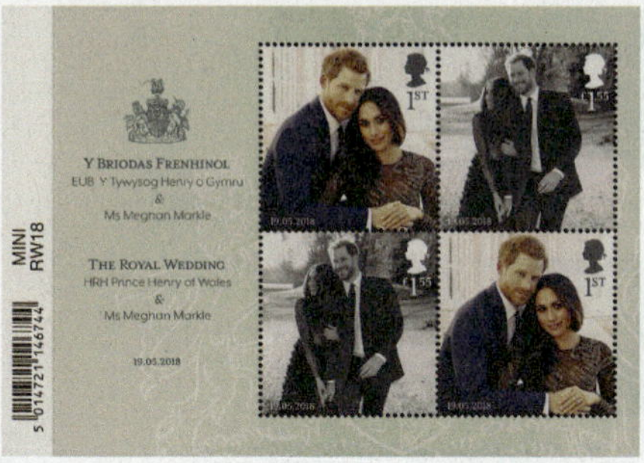

ewl

ewi ewk
ewk ewi

ewi–ewk) Prinz Harry (*1984) und Meghan Markle (*1981)

4214	1ST	mehrfarbig	ewi	3,—	2,—
4215	1.55 £	mehrfarbig	ewk	5,—	4,20
Block 114		mit 2 × MiNr. 4214–4215 (115×89 mm)	ewl	16,—	12,—
			FDC		15,—

Nominale von MiNr. 4214 zur Zeit der Ausgabe: 67 P

2018, 5. Juni. 250 Jahre Royal Academy of Arts. Odr. (5×3 Zd und 5×3 Zd + 5×3 Zd); gez. K 14¼.

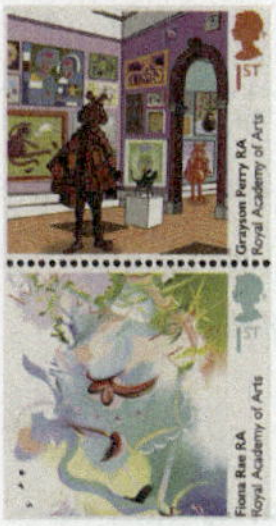

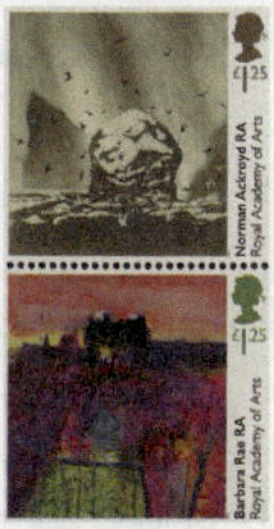

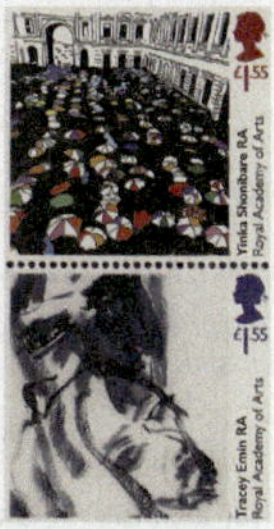

ewm) Summer Exhibition; Gemälde von Grayson Perry (*1960)

ewo) St. Kilda, The Great Sea Stac; Gemälde von Norman Ackroyd (*1938)

ewr) Queuing at the RA; Gemälde von Yinka Shonibare (*1962)

ewn) Queen of the Sky; Gemälde von Fiona Rae (*1963)

ewp) Inverleith Allotments and Edinburgh Castle; Gemälde von Barbara Rae (*1943)

ews) Saying Goodbye; Gemälde von Tracey Emin (*1963)

4216	1ST	mehrfarbig	ewm	3,—	1,80
4217	1ST	mehrfarbig	ewn	3,—	1,80
4218	1.25 £	mehrfarbig	ewo	3,50	3,50
4219	1.25 £	mehrfarbig	ewp	3,50	3,50
4220	1.55 £	mehrfarbig	ewr	4,50	4,20
4221	1.55 £	mehrfarbig	ews	4,50	4,20
			Satzpreis (6 W.)	22,—	19,—
			3 Paare	22,—	19,—
			FDC		22,—

Nominale von MiNr. 4216–4217 zur Zeit der Ausgabe: je 67 P

Nominalgleiche Marken wurden senkrecht zusammenhängend gedruckt.

2018, 26. Juni. 50 Jahre Fernsehserie „Dad's Army" (I). Odr. (3×5 Zd und 3×5 Zd + 3×5 Zd); gez. K 14¼.

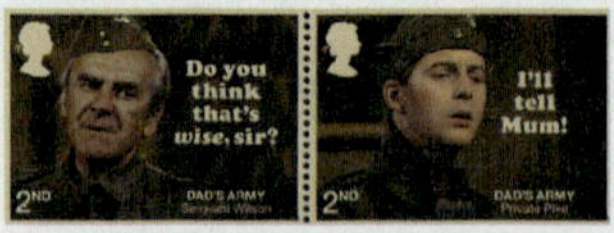

ewt) Sergeant Wilson, gespielt von John Le Mesurier (1912–1983)
ewu) Private Pike, gespielt von Ian Lavender (*1946)

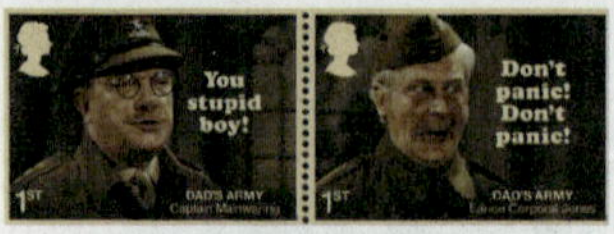

ewv) Captain Mainwaring, gespielt von Arthur Lowe (1915–1982)
eww) Lance Corporal Jones, gespielt von Clive Dunn (1920–2012)

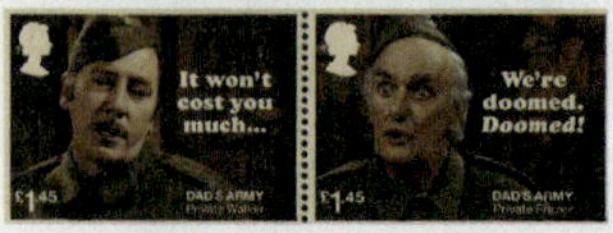

ewx) Private Walker, gespielt von James Beck (1929–1973)
ewy) Private Frazer, gespielt von John Laurie (1897–1980)

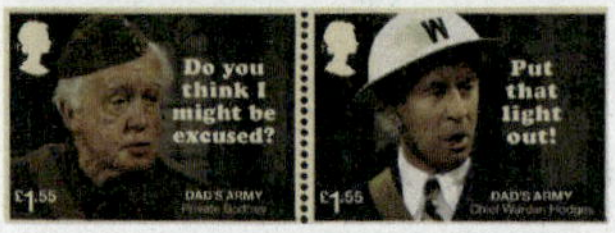

ewz) Private Godfrey, gespielt von Arnold Ridley (1896–1984)
exa) Chief Warden Hodges, gespielt von Bill Pertwee (1926–2013)

ewt–exa) Figuren und ihre Darsteller aus der Fernsehserie

4222	2ND	mehrfarbig	ewt	2,20	1,60
4223	2ND	mehrfarbig	ewu	2,20	1,60
4224	1ST	mehrfarbig	ewv	3,—	1,80
4225	1ST	mehrfarbig	eww	3,—	1,90
4226	1.45 £	mehrfarbig	ewx	4,20	4,—
4227	1.45 £	mehrfarbig	ewy	4,20	4,—
4228	1.55 £	mehrfarbig	ewz	4,60	4,20
4229	1.55 £	mehrfarbig	exa	4,60	4,20
			Satzpreis (8 W.)	28,—	23,—
			4 Paare	28,—	23,—
			FDC		26,—

Nominalen zur Zeit der Ausgabe: MiNr. 4222–4223 je 58 P, MiNr. 4224–4225 je 67 P

Nominalgleiche Marken wurden waagerecht zusammenhängend gedruckt.

In gleichen Zeichnungen wie MiNr. 4224–4225: MiNr. 4230–4231 (selbstklebend)

2018, 26. Juni. 50 Jahre Fernsehserie „Dad's Army" (II). I = Odr., Folienbogen (Fbg.) (2×5 Zd); selbstklebend, gestanzt 14¼:14½, II = RaTdr., Markenheftchen (MH); selbstklebend; gestanzt 14¼.

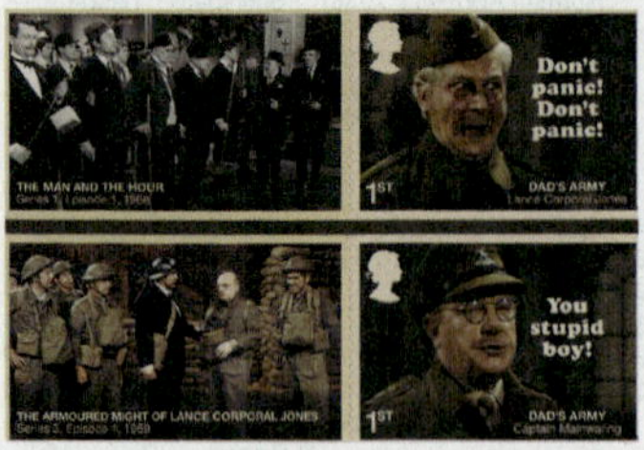

Zierfeld
eww) Lance Corporal Jones, gespielt von Clive Dunn (1920–2012)
Zierfeld
ewv) Captain Mainwaring, gespielt von Arthur Lowe (1915–1982)

4230	1ST	mehrfarbig	eww		
	I	Odr., gest. 14¼:14½ (Fbg.)		4,—	2,50
	II	RaTdr., gest. 14¼ (MH)		5,—	2,—
4231	1ST	mehrfarbig	ewv		
	I	Odr., gest. 14¼:14½ (Fbg.)		4,—	2,50
	II	RaTdr., gest. 14¼ (MH)		5,—	2,—
			Satzpreis I (2 W.)	8,—	5,—
			FDC I		5,50
			4230 I Zf–4231 I Zf	8,—	5,—
			Folienbogen I	40,—	
			Satzpreis II (2 W.)	10,—	4,—
			FDC II		5,50

Nominale zur Zeit der Ausgabe: je 67 P

MiNr. 4230 I–4231 I stammen aus einem sogen. Commemorative Sheet mit 10 Marken (je 5×) und 10 jeweils links anhängenden Zierfeldern, die durch jeweils 3 Verbindungsstege mit der Marke verbunden sind (Postpreis: 7.50 £).

MiNr. 4230 II–4231 II stammen aus MH 0-396.

In gleichen Zeichnungen: MiNr. 4224–4225 (nassklebend)

2018, 31. Juli. Schloss Hampton Court (I). Odr. (2×5 Zd und 2×5 Zd + 2×5 Zd); gez. K 14¾.

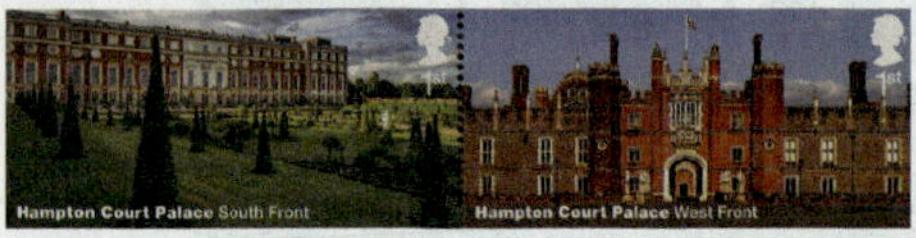

exb) Südfront
exc) Westfront mit Haupttor

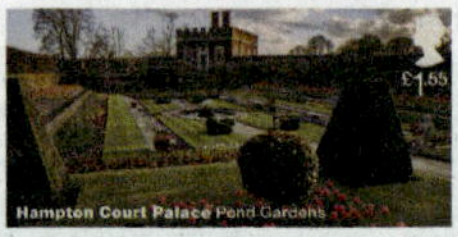

exd) Ostfront exe) Pond Gardens

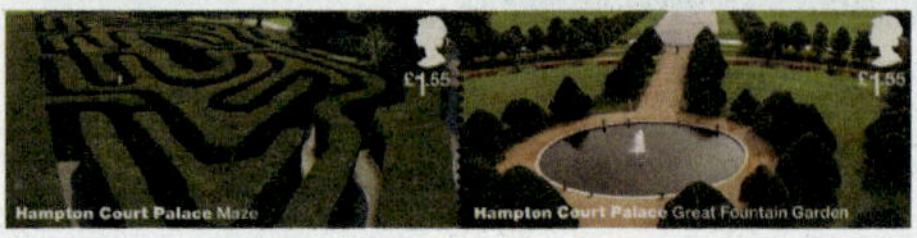

exf) Irrgarten
exg) Garten mit großem Springbrunnen

4232	1ST	mehrfarbig	exb	3,—	1,80
4233	1ST	mehrfarbig	exc	3,—	1,80
4234	1ST	mehrfarbig	exd	3,—	1,80
4235	1.55 £	mehrfarbig	exe	4,50	4,20
4236	1.55 £	mehrfarbig	exf	4,50	4,20
4237	1.55 £	mehrfarbig	exg	4,50	4,20
			Satzpreis (6 W.)	22,—	18,—
			2 Dreierstreifen	22,—	18,—
			FDC		22,—

Blockausgabe, gez. Ks 14¼

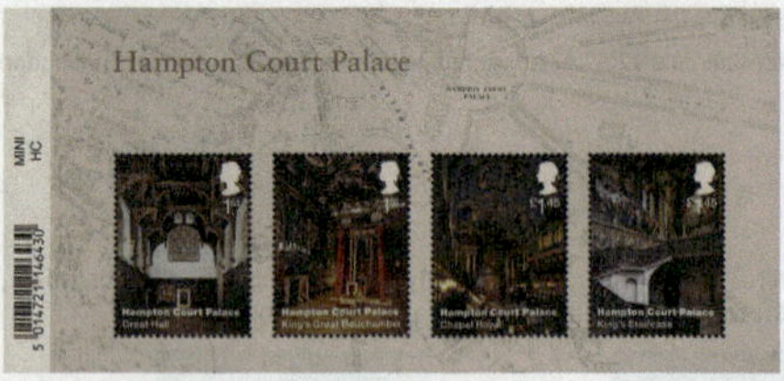

exm

exh) Große Halle
exi) Königliche Gemächer
exk) Palastkapelle
exl) Großes Treppenhaus

4238	1ST	mehrfarbig	exh	3,—	1,80
4239	1ST	mehrfarbig	exi	3,—	1,80
4240	1.45 £	mehrfarbig	exk	4,—	4,—
4241	1.45 £	mehrfarbig	exl	4,—	4,—

Block 115	(156x74 mm)	exm	14,—	12,—
		FDC		15,—

Nominale von MiNr. 4232–4234 und 4238–4239 zur Zeit der Ausgabe: je 67 P

Nominalgleiche Bogenmarken wurden waagerecht zusammenhängend gedruckt.

In gleichen Zeichnungen wie MiNr. 4238–4239: MiNr. 4242–4243 (selbstklebend)

2018, 31. Juli. Schloss Hampton Court (II). RaTdr., Markenheftchen; selbstklebend; gestanzt 14¼.

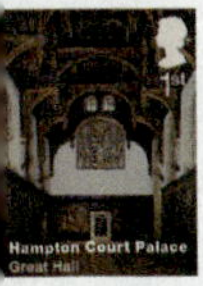

exh) Große Halle

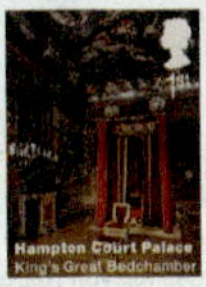

exi) Königliche Gemächer

4242	1ST	mehrfarbig	exh	12,—	2,—
4243	1ST	mehrfarbig	exi	12,—	2,—
		Satzpreis (2 W.)		24,—	4,—
		FDC			5,50

Nominale zur Zeit der Ausgabe: 67 P

MiNr. 4242–4243 stammen aus MH 0-397.

In gleichen Zeichnungen: MiNr. 4238–4239 (nassklebend)

2018, 16. Aug. 250. Jahrestag der ersten Entdeckungsfahrt von James Cook. Odr. (3×5 Zd und 3×5 Zd + 3×5 Zd); gez. K 14½:14¼.

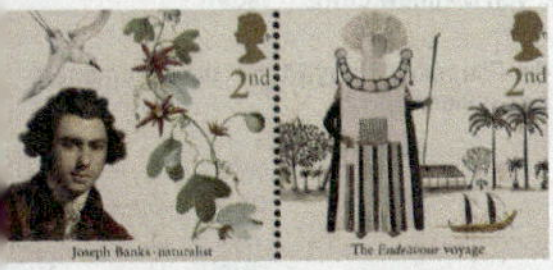

exn) Joseph Banks (1743–1820), Naturforscher; Rotschwanz-Tropikvogel (Phaethon rubricauda); Passionsblume (Passiflora aurantia)
exo) Chief Mourner von Tahiti; Szenen von Tahiti, Skizze von Tupaia (um 1725–1770), polynesischer Navigator

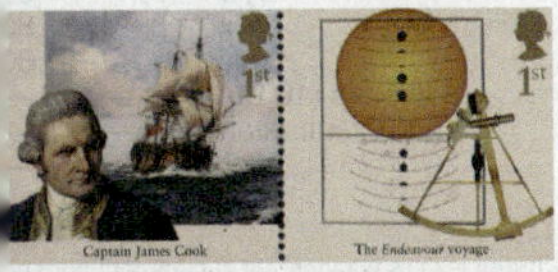

exp) James Cook (1728–1779), Seefahrer und Entdecker; HMS „Endeavour"
exr) Venustransit, beobachtet am 3.6.1769 auf Tahiti; Sextant

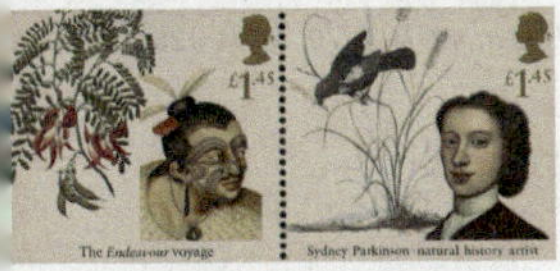

exs) Papageienschnabel (Clianthus puniceus); Maori-Häuptling, Skizze von Sidney Parkinson (um 1745–1771), naturhistorischer Zeichner
ext) Jacariniammer (Volatinia jacarina); Sidney Parkinson

4244	2ND	mehrfarbig	exn	2,20	1,60
4245	2ND	mehrfarbig	exo	2,20	1,60
4246	1ST	mehrfarbig	exp	3,—	1,90
4247	1ST	mehrfarbig	exr	3,—	1,90
4248	1.45 £	mehrfarbig	exs	4,—	4,—
4249	1.45 £	mehrfarbig	ext	4,—	4,—
		Satzpreis (6 W.)		18,—	15,—
		3 Paare		18,—	15,—
		FDC			18,—

Blockausgabe, gez. Ks 14¼

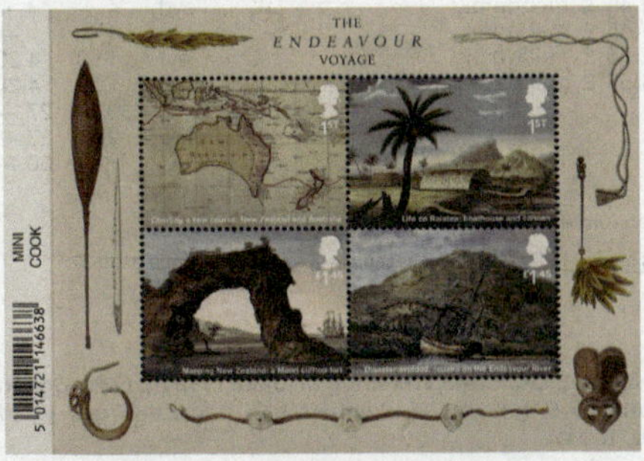

exy

exu) Route der ersten Südseereise der HMS „Endeavour" (1768–1771)
exv) Kanus und Bootshaus auf Raiatea, Zeichnung von Sidney Parkinson
exw) Kartografieren der Küste von Neuseeland
exx) Reparatur der HMS „Endeavour" nach Grundberührung am Great Brier Reef

4250	1ST	mehrfarbig	exu	3,—	1,80
4251	1ST	mehrfarbig	exv	3,—	1,80
4252	1.45 £	mehrfarbig	exw	4,—	4,—
4253	1.45 £	mehrfarbig	exx	4,—	4,—
Block 116		(115×89 mm)	exy	14,—	12,—
		FDC			15,—

Nominalen zur Zeit der Ausgabe: MiNr. 4244–4245 je 58 P, MiNr. 4246–4247 und 4250–4251 je 67 P

Nominalgleiche Marken wurden waagerecht zusammenhängend gedruckt.

2018, 30. Aug. 200 Jahre Theater Old Vic, London. Odr. (3×5 Zd und 3×5 Zd + 3×5 Zd); gez. K 14½.

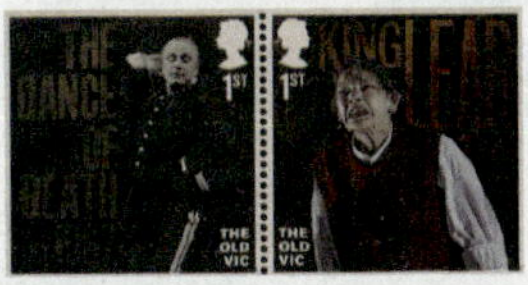

exz) Laurence Olivier (1907–1989) in „Der Totentanz" (1967)
eya) Glenda Jackson (1936–2023) in „König Lear" (2016)

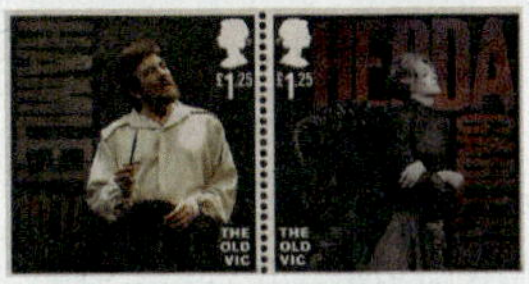

eyb) Albert Finley (1936–2019) in „Hamlet" (1975)
eyc) Maggie Smith (*1934) in „Hedda Gabler" (1970)

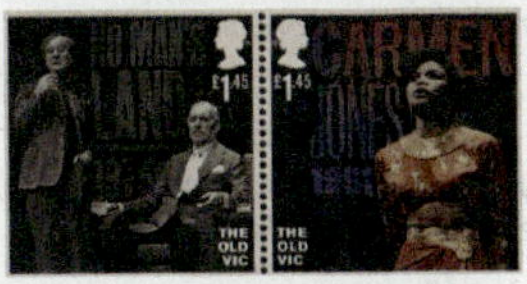

eyd) John Gielgud (1904–2000) und Ralph Richardson (1902–1983) in „Niemandsland" (1975)
eye) Sharon Benson in „Carmen Jones" (1991)

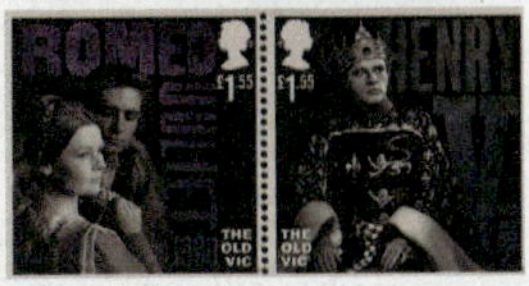

eyf) Judi Dench (*1934) und John Stride (1936–2018) in „Romeo und Julia" (1960)
eyg) Richard Burton (1925–1984) in „Heinrich V." (1955)

exz–eyg) Schauspieler in Titelrollen am Old Vic

4254	1ST	mehrfarbig	exz	3,—	1,80
4255	1ST	mehrfarbig	eya	3,—	1,80
4256	1.25 £	mehrfarbig	eyb	3,50	3,50

4257	1.25 £ mehrfarbig	eyc	3,50	3,50
4258	1.45 £ mehrfarbig	eyd	4,—	4,—
4259	1.45 £ mehrfarbig	eye	4,—	4,—
4260	1.55 £ mehrfarbig	eyf	4,50	4,20
4261	1.55 £ mehrfarbig	eyg	4,50	4,20
		Satzpreis (8 W.)	30,—	27,—
		4 Paare	30,—	27,—
		FDC		30,—

Nominalen von MiNr. 4254–4255 zur Zeit der Ausgabe: je 67 P

Nominalgleiche Marken wurden waagerecht zusammenhängend gedruckt.

2018, 13. Sept. Der Erste Weltkrieg im Jahr 1918 (I). Odr., Bogen (5×5 und 5×5 + 5×5); Markenheftchen und Zd-Bogen (6×1 Zd); gez. K 14¼.

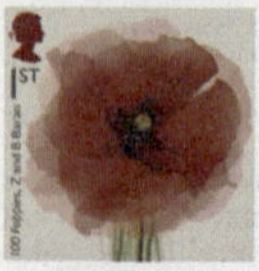

eyh) Klatschmohn (Papaver rhoeas)

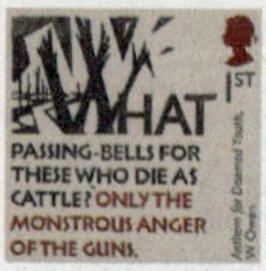

eyi) Auszug aus dem Gedicht „Anthem for Doomed Youth“ von Wilfred Owen (1893–1918), Dichter und Zeitzeuge als Soldat

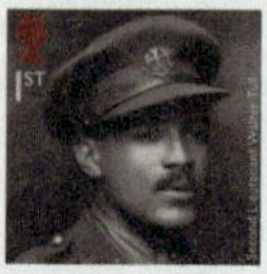

eyk) Walter Daniel Tull (1888–1918), erster Offizier afro-karibischer Herkunft

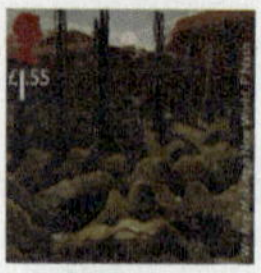

eyl) Wir schaffen eine neue Welt; Gemälde von Paul Nash (1889–1946)

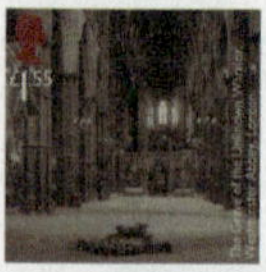

eym) Grab des Unbekannten Soldaten in der Westminsterabtei, London

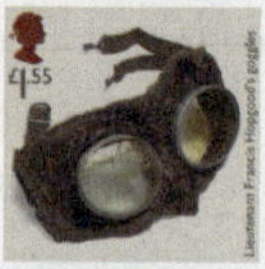

eyn) Geborstene Fliegerbrille von Leutnant Francis Hopgood

4262	1ST mehrfarbig	eyh	3,—	1,90
4263	1ST mehrfarbig	eyi	3,—	1,90
4264	1ST mehrfarbig	eyk	3,—	1,90
4265	1.55 £ mehrfarbig	eyl	4,50	4,50
4266	1.55 £ mehrfarbig	eym	4,50	4,50
4267	1.55 £ mehrfarbig	eyn	4,50	4,50
		Satzpreis (6 W.)	22,—	19,—
		FDC		22,—
		Zd-Bogen	120,—	100,—

Nominale von MiNr. 4262–4264 zur Zeit der Ausgabe: je 67 P

MiNr. 4262–4267 stammen auch aus MH 192 (Inhalt: MiNr. 3629, 3740, 3894, 4075, 4262–4267 und je 4 × MiNr. 2870 und 3475) sowie aus einem Zd-Bogen („Composite Sheet“) zusammen mit MiNr. 3628–3633, 3739–3744, 3893–3898 und 4074–4079 (Postpreis: 32.94 £, Auflage: 7.500 Zd-Bogen).

In gleicher Zeichnung wie MiNr. 4265: MiNr. 4269 (selbstklebend)

2018, 13. Sept. Der Erste Weltkrieg im Jahr 1918 (II). RaTdr., Markenheftchen; selbstklebend; gestanzt 14¼.

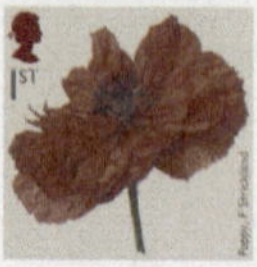

eaz) Klatschmohn (Papaver rhoeas)

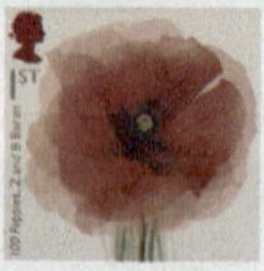

eyh) Klatschmohn (Papaver rhoeas)

4268	1ST mehrfarbig	eaz	6,—	2,—
4269	1ST mehrfarbig	eyh	6,—	2,—
		Satzpreis (2 W.)	12,—	4,—
		FDC		5,50

Nominale zur Zeit der Ausgabe: je 67 P

MiNr. 4268–4269 stammen aus MH 0-398.

In gleichen Zeichnungen: MiNr. 3628, 4262 (nassklebend)

2018, 16. Okt. Harry-Potter-Filme (I). Odr., (1×5 Zd und 1×5 Zd + 1×5 Zd); gez. K 14¼:14½.

eyo) Hermione Granger, dargestellt von Emma Watson (*1990)
eyp) Hogwarts-Express
eyr) Harry Potter, dargestellt von Daniel Radcliffe (*1989)

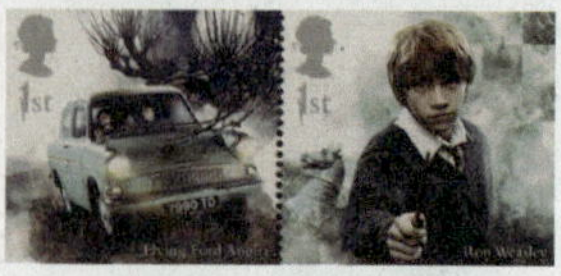

eys) Fliegender Ford Anglia
eyt) Ron Weasley, dargestellt von Rupert Grint (*1988)

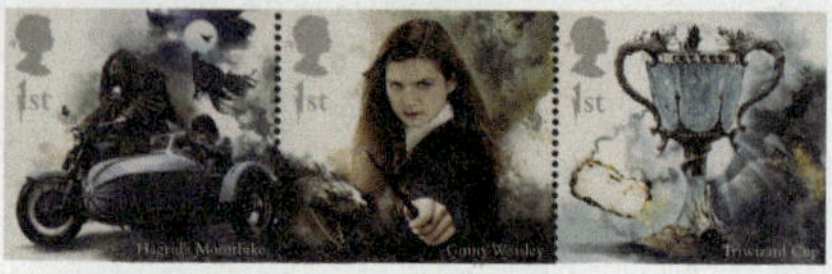

eyu) Hagrids Motorrad
eyv) Ginny Weasley, dargestellt von Bonnie Wright (*1991)
eyw) Trimagischer Pokal

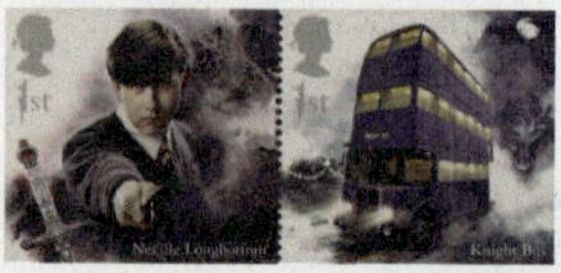

eyx) Neville Longbottom, dargestellt von Matthew Lewis (*1989)
eyy) Der Fahrende Ritter

eyo–eyr) Figuren und Objekte aus der Filmreihe „Harry Potter“ nach Romanen von Joanne K. Rowling (*1965), Schriftstellerin

4270	1st mehrfarbig	eyo	3,—	1,80
4271	1st mehrfarbig	eyp	3,—	1,80
4272	1st mehrfarbig	eyr	3,—	1,80
4273	1st mehrfarbig	eys	3,—	1,80
4274	1st mehrfarbig	eyt	3,—	1,80
4275	1st mehrfarbig	eyu	3,—	1,80
4276	1st mehrfarbig	eyv	3,—	1,80
4277	1st mehrfarbig	eyw	3,—	1,80
4278	1st mehrfarbig	eyx	3,—	1,80
4279	1st mehrfarbig	eyy	3,—	1,80
		Satzpreis (10 W.)	30,—	18,—
		2 Fünferstreifen	30,—	18,—
		FDC		22,—

Nominale zur Zeit der Ausgabe: je 67 P

MiNr. 4270–4274 und 4275–4279 wurden jeweils waagerecht zusammenhängend gedruckt.

MiNr. 4270–4279 stammen auch aus MH 193.

In gleichen Zeichnungen wie MiNr. 4270–4279: MiNr. 4285–4294 (selbstklebend)

2018, 16. Okt. Blockausgabe: Harry-Potter-Filme (II). Odr.; selbstklebend; gestanzt 14¼.

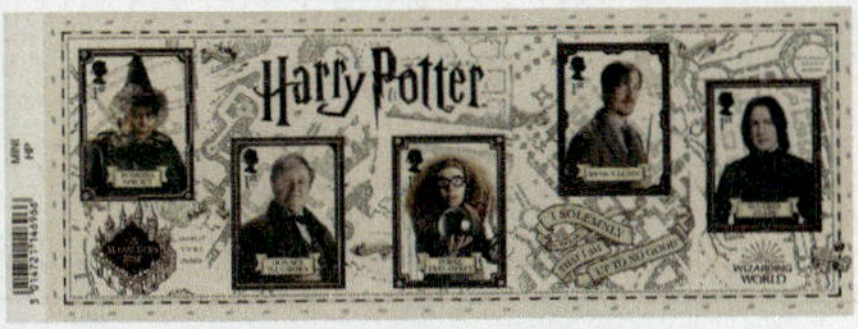

eze

eyz) Pomona Sprout, dargestellt von Miriam Margolyses
eza) Horace Slughorn, dargestellt von Jim Broadbent
ezb) Sybill Trelawney, dargestellt von Emma Thomson
ezc) Remus Lupin, dargestellt von David Thewlis
ezd) Severus Snape, dargestellt von Alan Rickman

eyz–ezd) Lehrer der Zauberschule Hogwarts aus der Filmreihe „Harry Potter" nach Romanen von Joanne K. Rowling (*1965), Schriftstellerin

4280	1st mehrfarbig	eyz	3,—	1,80
4281	1st mehrfarbig	eza	3,—	1,80
4282	1st mehrfarbig	ezb	3,—	1,80
4283	1st mehrfarbig	ezc	3,—	1,80
4284	1st mehrfarbig	ezd	3,—	1,80
Block 117	(202×74 mm)	eze	15,—	9,—
		FDC		12,—

Nominale zur Zeit der Ausgabe: je 67 P

MiNr. 4280–4284 stammen auch aus MH 193.

2018, 16. Okt. Harry-Potter-Filme (III). I = Odr., Folienbogen (Fbg.) (2×5 Zd), II = RaTdr., Markenheftchen (MH); selbstklebend; gestanzt 14¼.

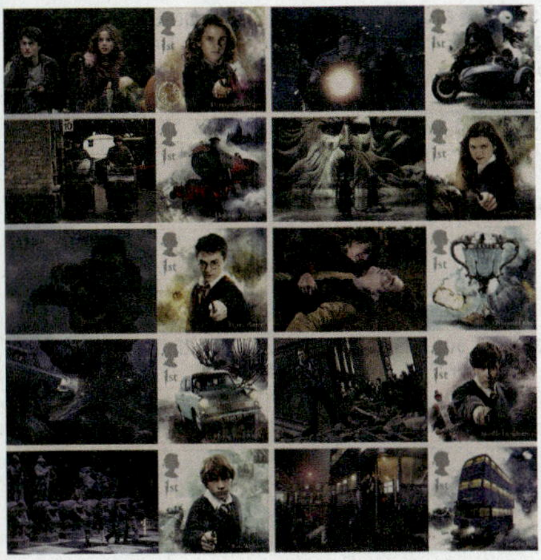

Zierfeld	eyo	Zierfeld	eyu
Zierfeld	eyp	Zierfeld	eyv
Zierfeld	eyr	Zierfeld	eyw
Zierfeld	eys	Zierfeld	eyx
Zierfeld	eyt	Zierfeld	eyy

eyo) Hermione Granger
eyu) Hagrids Motorrad
eyp) Hogwarts-Express
eyv) Ginny Weasley
eyr) Harry Potter
eyw) Trimagischer Pokal
eys) Fliegender Ford Anglia
eyx) Neville Longbottom
eyt) Ron Weasley
eyy) Der Fahrende Ritter

4285		1st mehrfarbig	eyo		
	I	Odr. (Fbg.)		4,50	2,50
	II	RaTdr. (MH)		3,50	2,—
4286	I	1st mehrfarbig (Fbg.)	eyu	4,50	2,50
4287		1st mehrfarbig	eyp		
	I	Odr. (Fbg.)		4,50	2,50
	II	RaTdr. (MH)		3,50	2,—
4288	I	1st mehrfarbig (Fbg.)	eyv	4,50	2,50
4289	I	1st mehrfarbig (Fbg.)	eyr	4,50	2,50
4290	I	1st mehrfarbig (Fbg.)	eyw	4,50	2,50
4291	I	1st mehrfarbig (Fbg.)	eys	4,50	2,50
4292	I	1st mehrfarbig (Fbg.)	eyx	4,50	2,50
4293	I	1st mehrfarbig (Fbg.)	eyt	4,50	2,50
4294	I	1st mehrfarbig (Fbg.)	eyy	4,50	2,50
			Satzpreis I (10 W.)	45,—	25,—
			FDC I		28,—
			Folienbogen I	45,—	
			Satzpreis II (2 W.)	7,—	4,—
			FDC II		5,50

Nominale zur Zeit der Ausgabe: je 67 P

MiNr. 4285 I–4294 I stammen aus einem sogen. Commemorative Sheet mit 10 Marken und 10 jeweils links anhängenden Zierfeldern, die durch jeweils 3 Verbindungsstege mit der Marke verbunden sind (Postpreis: 7.70 £).

MiNr. 4285 II und 4287 II stammen aus MH 0-399

In gleichen Zeichnungen: MiNr. 4270–4279 (nassklebend)

2018, 1. Nov. Blockausgabe: Weihnachten – Weihnachtspost (I). Odr.; gez. Ks 14½:15.

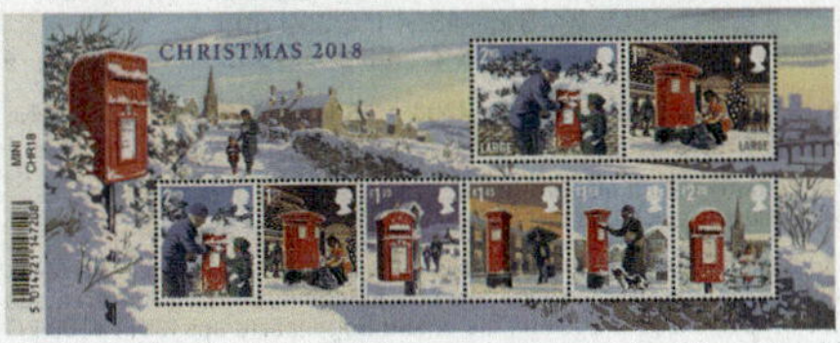

ezo

ezf ezg ezk ezh ezl ezi ezm ezn

ezf) Opa mit Enkelin werfen Brief ein
ezg) Postbeamtin leert Briefkasten aus
ezh) Opa mit Enkelin werfen Brief ein
ezi) Postbeamtin leert Briefkasten aus
ezk) Mutter mit Sohn nähern sich Briefkasten an, Rotkehlchen
ezl) Mann trägt Tanne
ezm) Oma wirft Brief ein, Hund
ezn) Ministrant mit Briefen, Kirche

ezf–ezn) Briefkästen

4295	2ND	mehrfarbig	ezf	2,20	1,60
4296	1ST	mehrfarbig	ezg	3,—	1,90
4297	2ND Large	mehrfarbig	ezh	2,80	2,—
4298	1ST Large	mehrfarbig	ezi	6,—	3,—
4299	1.25 £	mehrfarbig	ezk	3,80	3,50
4300	1.45 £	mehrfarbig	ezl	4,20	4,—
4301	1.55 £	mehrfarbig	ezm	5,—	4,50
4302	2.25 £	mehrfarbig	ezn	7,—	6,50
Block 118		(189×74 mm)	ezo	34,—	27,—
			FDC		30,—

Nominalen zur Zeit der Ausgabe: MiNr. 4295 = 58 P, MiNr. 4296 = 67 P, MiNr. 4297 = 79 P, MiNr. 4298 = 1.01 £

Mit gleichen Zeichnungen: MiNr. 4303–4310 (selbstklebend)

2018, 1. Nov. Weihnachten: Weihnachtspost (II). I = RaTdr., Bogen (B) (5×10) und Markenheftchen (MH) (6×2), II = Odr., Folienbogen (Fbg.); selbstklebend; C = zähnungsähnlich gestanzt 14½:15, CS = Sicherheitsstanzung 14½:15.

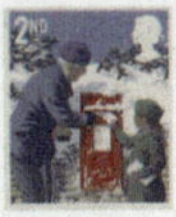

ezf) Opa mit Enkelin werfen Brief ein

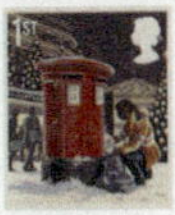

ezg) Postbeamtin leert Briefkasten aus

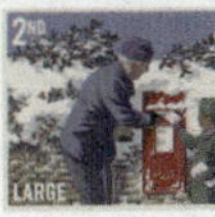

ezh) Opa mit Enkelin werfen Brief ein

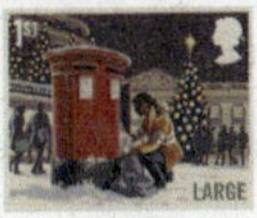

ezi) Postbeamtin leert Briefkasten aus

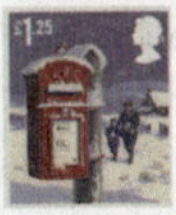

ezk) Mutter mit Sohn nähern sich Briefkasten an, Rotkehlchen

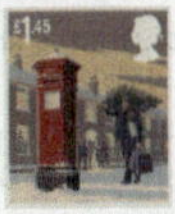

ezl) Mann trägt Tanne

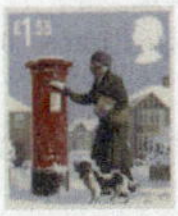

ezm) Oma wirft Brief ein, Hund

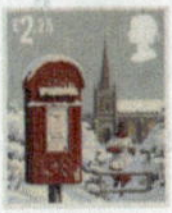

ezn) Ministrant mit Briefen, Kirche

4303		2ND	mehrfarbig	ezf		
	I C		RaTdr. (B) (MH)		2,20	1,60
	II CS		Odr. (Fbg.)		2,50	1,80
4304		1ST	mehrfarbig	ezg		
	I C		RaTdr. (B) (MH)		3,—	1,80
	II CS		Odr. (Fbg.)		3,50	2,20
4305	I C	2ND Large	mehrfarbig (B)	ezh	2,80	2,—
4306	I C	1ST Large	mehrfarbig (B)	ezi	6,—	3,—
4307		1.25 £	mehrfarbig	ezk		
	I C		RaTdr. (B)		3,80	3,50
	II CS		Odr. (Fbg.)		4,—	4,—
4308		1.45 £	mehrfarbig	ezl		
	I C		RaTdr. (B)		4,20	4,—
	II CS		Odr. (Fbg.)		5,50	5,—
4309		1.55 £	mehrfarbig	ezm		
	I C		RaTdr. (B)		5,—	4,50
	II CS		Odr. (Fbg.)		6,—	5,50
4310		2.25 £	mehrfarbig	ezn		
	I C		RaTdr. (B)		7,—	6,50
	II CS		Odr. (Fbg.)		8,—	7,50
			Satzpreis I C (8 W.)		34,—	27,—
			FDC I C			30,—
			4303 II CS Zf–4304 II CS Zf und 4307 II CS Zf–4310 II CS Zf		30,—	26,—

Nominalen zur Zeit der Ausgabe: MiNr. 4303 = 58 P, MiNr. 4304 = 67 P, MiNr. 4305 = 79 P, MiNr. 4306 = 1.01 £

MiNr. 4303 I C stammt auch aus MH 0-400.
MiNr. 4304 I C stammt auch aus MH 0-401.

MiNr. 4303 I C und 4304 I C wurden jeweils auch in Bogen zusammen mit MiNr. 4122 I C und 4123 I C gedruckt, wobei die obere Bogenhälfte zu 25 Marken aus MiNr. 4122 I C bzw. 4123 I C besteht, die untere Bogenhälfte aus MiNr. 4303 I C bzw. 4304 I C.

MiNr. 4303 II CS–4304 II CS und 4307 II CS–4310 II CS stammen aus Folienbogen zu 20 Marken (8 × MiNr. 4303 II CS–4304 II CS und 1 × MiNr. 4307 II CS–4310 II CS) und 20 verschiedene Zierfeldern, die jeweils durch 3 schmale Verbindungsstege mit der Marke verbunden sind (Postpreis: 17.50 £).

[FB] MiNr. 4303 und 4307 mit sägezahnähnlicher Stanzung
[FB] MiNr. 4305 im Kleinbogen mit wertgleichen Weihnachtsmarken anderer Jahre

Mit gleichen Zeichnungen: MiNr. 4295–4302 (nassklebend)

2018, 14. Nov. Blockausgabe: 70. Geburtstag von Prinz Charles. Odr.; selbstklebend; gestanzt 14¼.

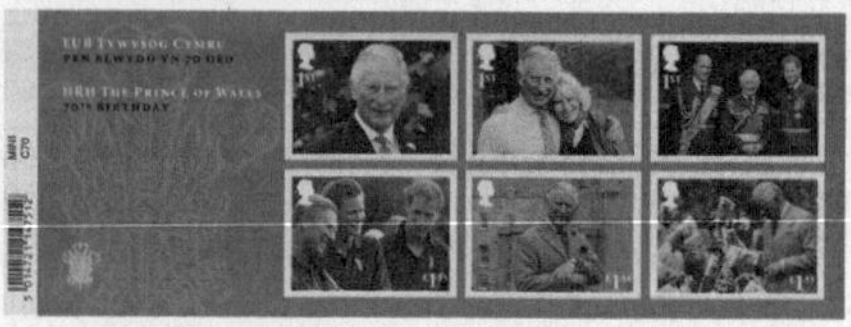

ezw

ezp) Prinz Charles (*1948)
ezr) Mit Ehefrau Camilla Herzogin von Cornwall (2015)
ezs) Als Vice Marshal der Royal Air Force mit Prinz William und Prinz Harry (2008)
ezt) Beim Polospiel mit seinen Söhnen im Cirencester Park Polo Club
ezu) Auf Castle of Mey, Schottland
ezv) Auf Herrenhaus Llancaiach Fawr Manor, Wales

4311	1ST	mehrfarbig .... ezp		3,—	1,90
4312	1ST	mehrfarbig .... ezr		3,—	1,90
4313	1ST	mehrfarbig .... ezs		3,—	1,90
4314	1.55 £	mehrfarbig .... ezt		5,—	4,40
4315	1.55 £	mehrfarbig .... ezu		5,—	4,40
4316	1.55 £	mehrfarbig .... ezv		5,—	4,40
Block 119		(203×74 mm) .... ezw		24,—	19,—
			FDC		22,—

Nominale von MiNr. 4311–4313 zur Zeit der Ausgabe: je 67 P

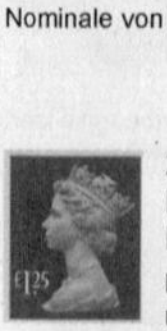

2018, 4. Dez. Freimarke: Königin Elizabeth II., Typ Machin. Odr., Markenheftchen; Sicherheitszähnung K 14¾:14¼.

ku IV) Königin Elizabeth II. (1926–2022, reg. ab 1952), irisierende, negative Inschrift „ROYAL MAIL" mehrfach

4317	1.25 £	schwärzlichsmaragdgrün	ku IV	4,—	4,—
			FDC		6,—

MiNr. 4317 stammt aus MH 193 und 195.

Gültig bis 31.1.2023, geduldet bis 31.7.2023

In gleicher Zeichnung siehe Übersicht nach Jahrgangswerttabelle.

2019, 15. Jan. Blockausgabe: Britische Marken aus 6 Regentschaften. Odr.; gez. K 14¼.

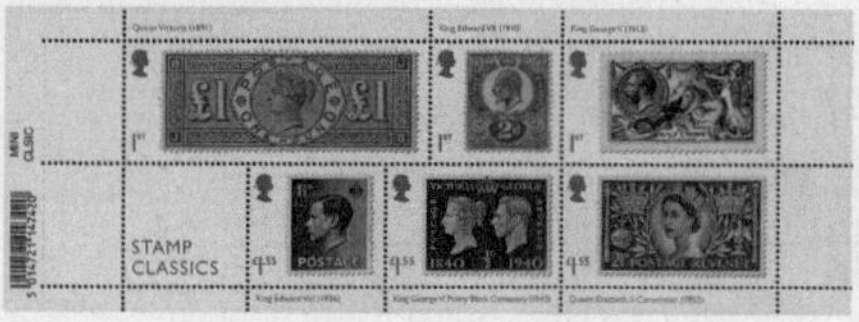

fad

ezx ezy ezz
Zierfeld faa fab fac

ezx) Königin Victoria auf Marke MiNr. 91
ezy) König Edward VII auf Marke MiNr. VI
ezz) König George V. auf Marke MiNr. 141
faa) König Edward VIII. auf Marke MiNr. 195
fab) König George VI. auf Marke MiNr. 215
fac) Königin Elizabeth II. auf Marke MiNr. 274

4318	1ST	mehrfarbig	ezx	3,—	1,90
4319	1ST	mehrfarbig	ezy	3,—	1,90
4320	1ST	mehrfarbig	ezz	3,—	1,90
4321	1.55 £	mehrfarbig	faa	5,—	4,40
4322	1.55 £	mehrfarbig	fab	5,—	4,40
4323	1.55 £	mehrfarbig	fac	5,—	4,40
Block 120		(203×74 mm)	fad	24,—	19,—
			FDC		22,—

Nominale von MiNr. 4318–4320 zur Zeit der Ausgabe: je 67 P

2019, 13. Febr. Blockausgabe: Internationale Briefmarkenausstellung STAMPEX 2019, London. Bl. 120 mit Bdr.-Aufdruck auf Leerfeld.

Block 120 I	(203×74 mm)	(Bl. 120)	28,—	25,—
		FDC		30,—

Bl. 120 I wurde nur am Ausstellungspostamt verkauft.

Auflage: 6.000 Blocks

2019, 13. Febr. 500. Todestag von Leonardo da Vinci. Odr. (1×5 Zd und 1×5 Zd + 1×5 Zd); gez. K 14¼.

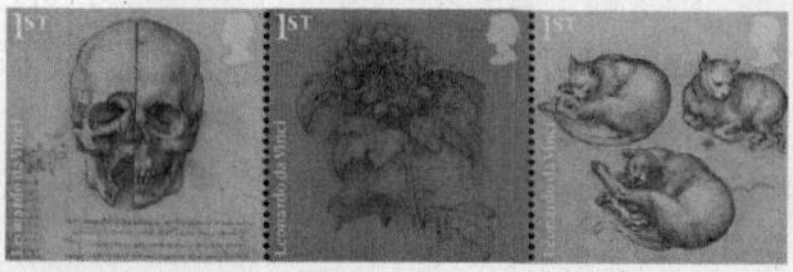

fae) Geteilter Schädel (1489)
faf) Gewöhnlicher Schneeball (Vibunum opulus) (um 1506–1512)
fag) Drei Katzen (um 1517–1518)

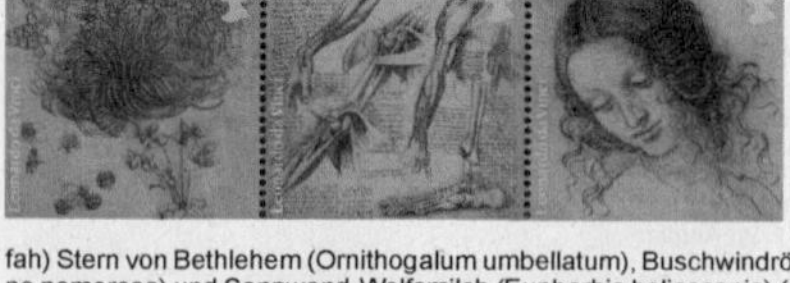

fah) Stern von Bethlehem (Ornithogalum umbellatum), Buschwindröschen (Anemone nemorosa) und Sonnwend-Wolfsmilch (Euphorbia helioscopia) (um 1506–1512)
fai) Anatomiedetails von Schulter, Arm und Fuß (um 1511–1512)
fak) Kopf Leda (um 1505–1508)

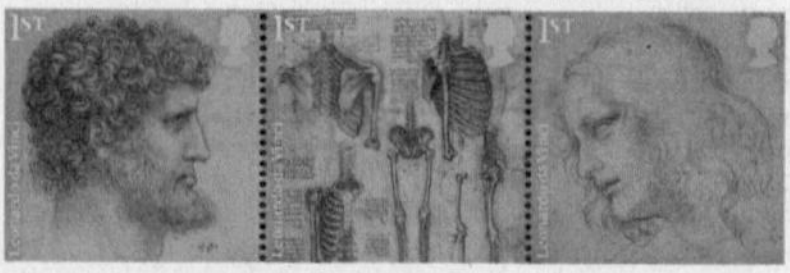

fal) Kopf eines Bärtigen (um 1517–1518)
fam) Details eines Skeletts (um 1510–1511)
fan) Kopf des Phillippus (um 1495)

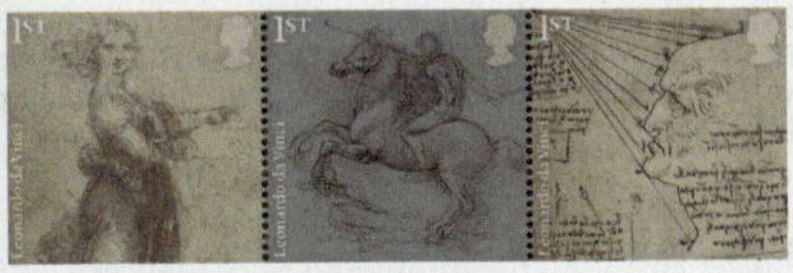

fao) Frau in einer Landschaft (um 1517–1518)
fap) Entwurf eines Denkmals für Francesco I Sforza (um 1485–1488)
far) Lichteinfall auf ein Gesicht (um 1488)

fae–far) Zeichnungen im Besitz der Royal Collection, von Leonardo da Vinci (1452–1519), Maler, Wissenschaftler, Architekt und Erfinder

4324	1ST mehrfarbig	fae	3,—	1,80
4325	1ST mehrfarbig	faf	3,—	1,80
4326	1ST mehrfarbig	fag	3,—	1,80
4327	1ST mehrfarbig	fah	3,—	1,80
4328	1ST mehrfarbig	fai	3,—	1,80
4329	1ST mehrfarbig	fak	3,—	1,80
4330	1ST mehrfarbig	fal	3,—	1,80
4331	1ST mehrfarbig	fam	3,—	1,80
4332	1ST mehrfarbig	fan	3,—	1,80
4333	1ST mehrfarbig	fao	3,—	1,80
4334	1ST mehrfarbig	fap	3,—	1,80
4335	1ST mehrfarbig	far	3,—	1,80
		Satzpreis (12 W.)	36,—	21,—
		2 Sechserstreifen	36,—	22,—
		FDC		26,—

Nominale zur Zeit der Ausgabe: je 67 P

MiNr. 4324–4329 und 4330–4335 wurden jeweils waagerecht zusammenhängend gedruckt.

MiNr. 4324–4335 stammen auch aus MH 194.

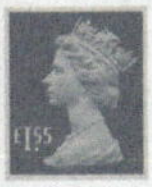

2019, 13. Febr. Freimarke: Königin Elizabeth II., Typ Machin. Odr., Markenheftchen; Sicherheitszähnung K 14¾:14¼.

ku IV) Königin Elizabeth II. (1926–2022, reg. ab 1952), irisierende, negative Inschrift „ROYAL MAIL“ mehrfach

4336	1.55 £ lebhaftgrünlichblau	ku IV	6,50	4,50
		FDC		6,50

MiNr. 4336 stammt aus MH 194.

Gültig bis 31.1.2023, geduldet bis 31.7.2023

In gleicher Zeichnung siehe Übersicht nach Jahrgangswerttabelle.

2019, 14. März. Comicfiguren – Marvel-Superhelden (I). Odr. (1×5 Zd und 1×5 Zd + 1×5 Zd); gez. K 14¼:14½.

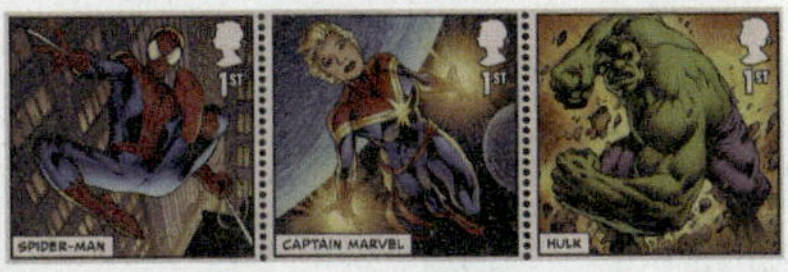

fas) Spider-Man
fat) Captain Marvel
fau) Hulk

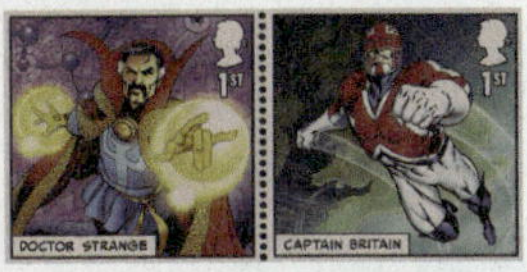

fav) Doctor Strange
faw) Captain Britain

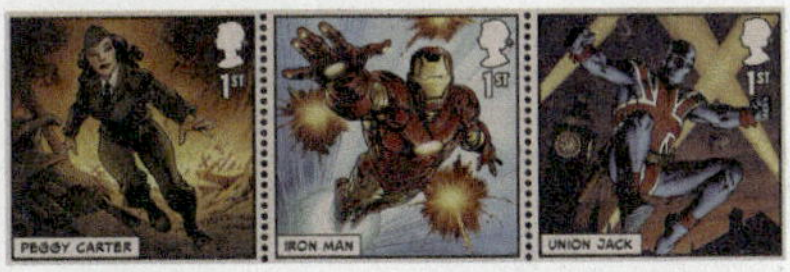

fax) Peggy Carter
fay) Iron Man
faz) Union Jack

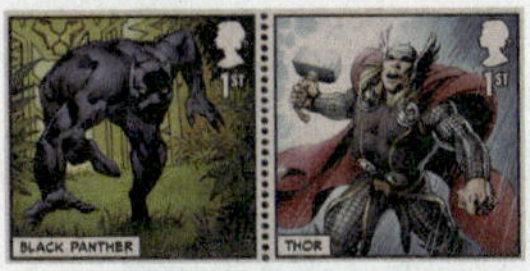

fba) Black Panther
fbb) Thor

4337	1ST mehrfarbig	fas	3,—	1,80
4338	1ST mehrfarbig	fat	3,—	1,80
4339	1ST mehrfarbig	fau	3,—	1,80
4340	1ST mehrfarbig	fav	3,—	1,80
4341	1ST mehrfarbig	faw	3,—	1,80
4342	1ST mehrfarbig	fax	3,—	1,80
4343	1ST mehrfarbig	fay	3,—	1,80
4344	1ST mehrfarbig	faz	3,—	1,80
4345	1ST mehrfarbig	fba	3,—	1,80
4346	1ST mehrfarbig	fbb	3,—	1,80
		Satzpreis (10 W.)	30,—	18,—
		2 Fünferstreifen	30,—	18,—
		FDC		22,—

Nominale zur Zeit der Ausgabe: je 67 P

MiNr. 4337–4341 und 4342–4346 wurden jeweils waagerecht zusammenhängend gedruckt.

MiNr. 4337–4346 stammen auch aus MH 195.

In gleichen Zeichnungen wie MiNr. 4337–4346: MiNr. 4352–4361 (selbstklebend)

2019, 14. März. Blockausgabe: Comicfiguren – Marvel-Superhelden (II). Odr.; selbstklebend; gestanzt 14¼.

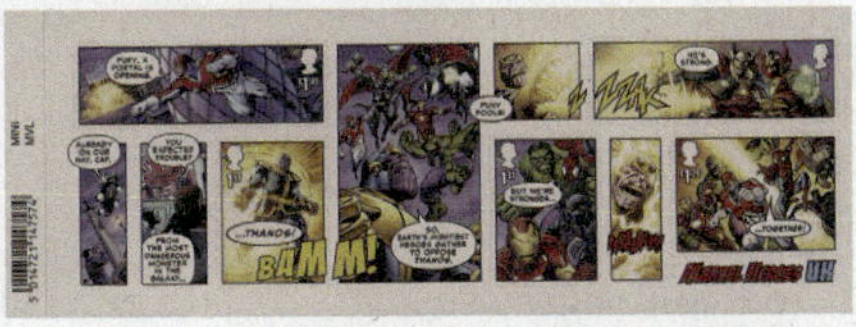

fbh

fbg fbc fbd fbe fbf

fbc) Thor, Iron Man, Doctor Strange
fbd) Thanos
fbe) Iron Man, Hulk, Black Panther, Spider-Man
fbf) Iron Man, Hulk, Captain Britain, Spider-Man, Black Panther, Thor
fbg) Captain Britain

4347	1ST	mehrfarbig	fbc	3,—	1,80
4348	1ST	mehrfarbig	fbd	3,—	1,80
4349	1ST	mehrfarbig	fbe	3,—	1,80
4350	1.25 £	mehrfarbig	fbf	3,50	3,50
4351	1.45 £	mehrfarbig	fbg	4,—	4,—
Block 121		(202×74 mm)	fbh	17,—	13,—
			FDC		16,—

Nominale von MiNr. 4347–4349 zur Zeit der Ausgabe: je 67 P

MiNr. 4347–4351 stammen auch aus MH 195.

2019, 14. März. Comicfiguren – Marvel-Superhelden (III). I = Odr., Folienbogen (Fbg.) (2×5 Zd), selbstklebend, gest. 14¼:14½; II = RaTdr., Markenheftchen (MH), selbstklebend, gestanzt 14¼.

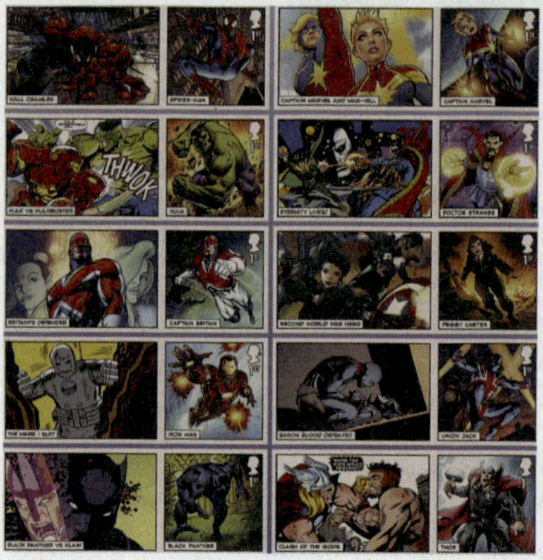

Zierfeld	fas	Zierfeld	fat
Zierfeld	fau	Zierfeld	fav
Zierfeld	faw	Zierfeld	fax
Zierfeld	fay	Zierfeld	faz
Zierfeld	fba	Zierfeld	fbb

fas) Spider-Man
fat) Captain Marvel
fau) Hulk
fav) Doctor Strange
faw) Captain Britain
fax) Peggy Carter
fay) Iron Man
faz) Union Jack
fba) Black Panther
fbb) Thor

4352		1ST	mehrfarbig	fas		
	I		Odr., gest. 14¼:14½ (Fbg.)		3,50	1,80
	II		RaTdr., gest. 14¼ (MH)		3,50	2,—
4353	I	1ST	mehrfarbig (Fbg.)	fat	3,50	1,80
4354		1ST	mehrfarbig	fau		
	I		Odr., gest. 14¼:14½ (Fbg.)		3,50	1,80
	II		RaTdr., gest. 14¼ (MH)		3,50	2,—
4355	I	1ST	mehrfarbig (Fbg.)	fav	3,50	1,80
4356	I	1ST	mehrfarbig (Fbg.)	faw	3,50	1,80
4357	I	1ST	mehrfarbig (Fbg.)	fax	3,50	1,80
4358	I	1ST	mehrfarbig (Fbg.)	fay	3,50	1,80
4359	I	1ST	mehrfarbig (Fbg.)	faz	3,50	1,80
4360	I	1ST	mehrfarbig (Fbg.)	fba	3,50	1,80
4361	I	1ST	mehrfarbig (Fbg.)	fbb	3,50	1,80
			Satzpreis I (10 W.)		35,—	18,—
			FDC I			22,—
			Folienbogen I		35,—	
			Satzpreis II (2 W.)		7,—	4,—
			FDC II			5,50

Nominale zur Zeit der Ausgabe: je 67 P

MiNr. 4353 I–4361 I stammen aus einem sogen. Commemorative Sheet mit 10 Marken und 10 jeweils links anhängenden Zierfeldern, die durch jeweils 3 Verbindungsstege mit der Marke verbunden sind (Postpreis: 7.70 £)

MiNr. 4352 II und 4354 II stammen aus MH 0-402.

In gleichen Zeichnungen: MiNr. 4337–4346 (nassklebend)

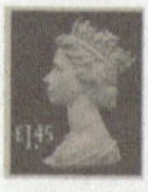

2019, 14. März. Freimarke: Königin Elizabeth II., Typ Machin. Odr., Markenheftchen; Sicherheitszähnung K 14¾:14¼.

ku IV) Königin Elizabeth II. (1926–2022, reg. ab 1952); irisierende, negative Inschrift „ROYAL MAIL“ mehrfach

4362	1.45 £ violettgrau	ku IV	5,—	4,50
		FDC		6,50

MiNr. 4362 stammt aus MH 195.

Gültig bis 31.1.2023, geduldet bis 31.7.2023

In gleicher Zeichnung siehe Übersicht nach Jahrgangswerttabelle

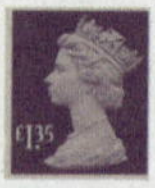

2019, 19. März. Freimarken: Königin Elizabeth II., Typ Machin. RaTdr. (5×5); U-förmige Stanzungen im Markenbild; selbstklebend; Sicherheitsstanzung 14¾:14¼.

ku III) Königin Elizabeth II. (1926–2022, reg. ab 1952); irisierende, negative Inschrift „ROYAL MAIL“ mehrfach

4363	1.35 £ dunkelpurpur	ku III	4,—	4,—
4364	1.60 £ dunkelgelborange	ku III	4,50	4,50
4365	2.30 £ dunkelbräunlicholiv	ku III	6,50	6,50
4366	2.80 £ schwärzlichgelbsmaragdgrün	ku III	7,50	7,50
4367	3.45 £ türkisgrün	ku III	9,50	9,50
4368	3.60 £ gelblichorange	ku III	10,—	10,—
		Satzpreis (6 W.)	42,—	42,—
		FDC		45,—

Gültig bis 31.1.2023, geduldet bis 31.7.2023

In gleicher Zeichnung siehe Übersicht nach Jahrgangswerttabelle.

Posttarife Großbritannien (25.3.2019–22.3.2020)

2. Klasse, Standardformat: 61 P (zuvor: 58 P)
1. Klasse, Standardformat: 70 P (zuvor: 67 P)
2. Klasse, Großformat: 83 P (zuvor: 79 P)
1. Klasse, Großformat: 1.06 £ (zuvor: 1.01 £)
Europa, bis 20 g: 1.35 £ (zuvor: 1.25 £)
Europa, 20 g–100 g: 1.60 £ (zuvor: 1.55 £)
Postkarte, Luftpost: 1.35 £ (zuvor: 1.25 £)
Seepost, bis 20 g: 1.20 £ (zuvor: 1.10 £)
Luftpost, bis 10 g: 1.35 £ (zuvor: 1.25 £)
Luftpost, 10 g–20 g: 1.55 £ (zuvor: 1.45 £)
Luftpost, 20 g–100 g: 2.30 £ (zuvor: 2.25 £)
Einschreiben, 1. Klasse, Standardformat: 1.90 £ (zuvor: 1.77 £)
Einschreiben, 1. Klasse, Großformat: 2.26 £ (zuvor: 2.11 £)
Eilsendung, bis 100 g: 6.60 £ (zuvor: 6.50 £)
Eilsendung, bis 500 g: 7.40 £ (zuvor: 7.30 £)

2019, 4. April. Raubvögel (I). Odr. (1×5 Zd und 1×5 Zd + 1×5 Zd); gez. K 14¼.

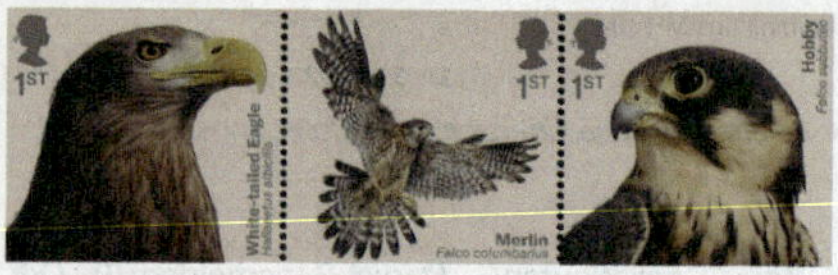

fbi) Seeadler (Haliaeetus albicilla)
fbk) Merlin (Falco columbarius)
fbl) Baumfalke (Falco subbuteo)

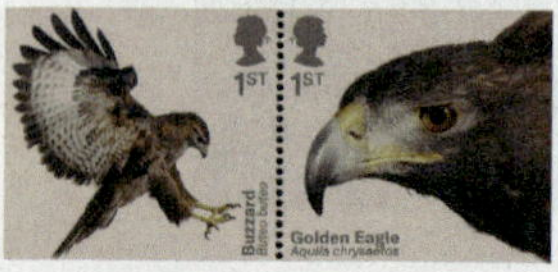

fbm) Mäusebussard (Buteo buteo)
fbn) Steinadler (Aquila chrysaetos)

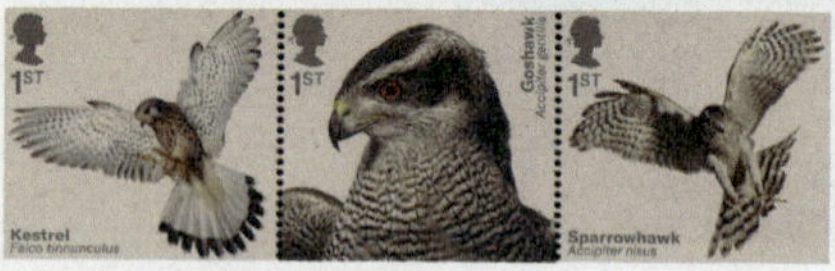

fbo) Turmfalke (Falco tinnunculus)
fbp) Habicht (Accipiter gentilis)
fbr) Sperber (Accipiter nisus)

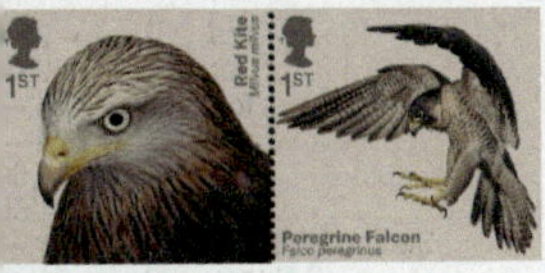

fbs) Rotmilan (Milvus milvus)
fbt) Wanderfalke (Falco peregrinus)

4369	1ST	mehrfarbig	fbi	3,—	2,—
4370	1ST	mehrfarbig	fbk	3,—	2,—
4371	1ST	mehrfarbig	fbl	3,—	2,—
4372	1ST	mehrfarbig	fbm	3,—	2,—
4373	1ST	mehrfarbig	fbn	3,—	2,—
4374	1ST	mehrfarbig	fbo	3,—	2,—
4375	1ST	mehrfarbig	fbp	3,—	2,—
4376	1ST	mehrfarbig	fbr	3,—	2,—
4377	1ST	mehrfarbig	fbs	3,—	2,—
4378	1ST	mehrfarbig	fbt	3,—	2,—
			Satzpreis (10 W.)	30,—	20,—
			2 Fünferstreifen	30,—	20,—
			FDC		24,—

Nominale zur Zeit der Ausgabe: je 70 P

MiNr. 4369–4373 und 4374–4378 wurden jeweils waagerecht zusammenhängend gedruckt.

In gleichen Zeichnungen wie MiNr. 4371–4372: MiNr. 4379–4380 (selbstklebend)

2019, 4. April. Raubvögel (II). RaTdr., Markenheftchen; selbstklebend; gestanzt 14¼.

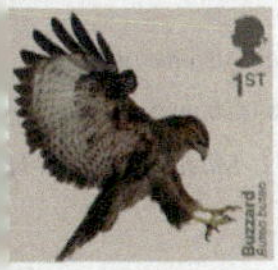

fbm) Mäusebussard (Buteo buteo)

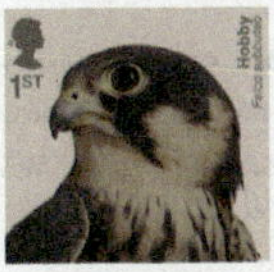

fbl) Baumfalke (Falco subbuteo)

4379	1ST	mehrfarbig	fbm	*30,—*	2,—
4380	1ST	mehrfarbig	fbl	*30,—*	2,—
			Satzpreis (2 W.)	*60,—*	4,—
			FDC		5,50

Nominale zur Zeit der Ausgabe: je 70 P

MiNr. 4379–4380 stammen aus MH 0-403.

In gleichen Zeichnungen: MiNr. 4371–4372 (nassklebend)

2019, 2. Mai. Britische Technologie. Odr. (3×5 Zd und 3×5 Zd + 3×5 Zd); gez. K 14¼.

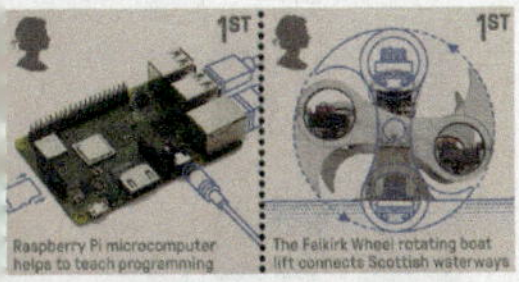

fbu) Einplatinencomputer Raspberry Pi
fbv) Schiffshebewerk bei Falkirk, Schottland

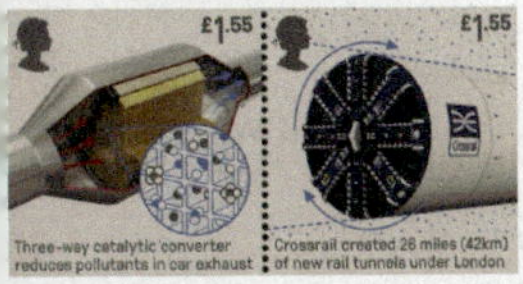

fbw) Flugzeugkatalysator
fbx) Eisenbahnverkehrsprojekt Crossrail, London

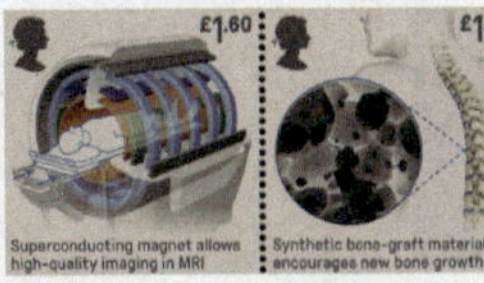

fby) Magnetresonanztomograph
fbz) Knochentransplantation

4381	1ST	mehrfarbig	fbu	3,—	2,—
4382	1ST	mehrfarbig	fbv	3,—	2,—
4383	1.55 £	mehrfarbig	fbw	4,40	4,40
4384	1.55 £	mehrfarbig	fbx	4,40	4,40
4385	1.60 £	mehrfarbig	fby	4,60	4,60
4386	1.60 £	mehrfarbig	fbz	4,60	4,60
			Satzpreis (6 W.)	24,—	22,—
			3 Paare	24,—	22,—
			FDC		25,—

Blockausgabe

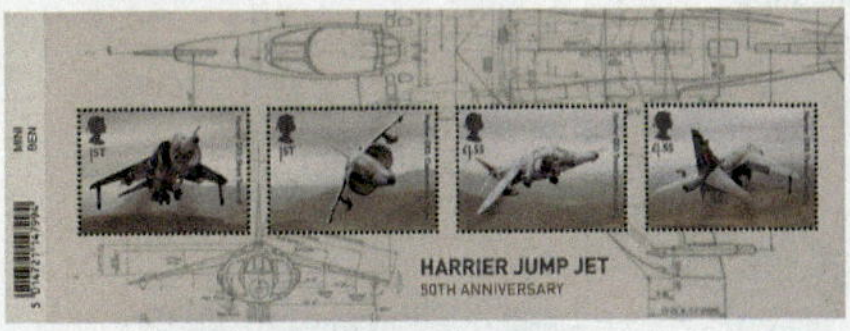

fce

fca) Kurzstart
fcb) Horizontalflug
fcc) Übergang zur Landung
fcd) senkrechte Landung

fca–fcd) Kampfflugzeug Hawker Siddeley Harrier GR 3

4387	1ST	mehrfarbig	fca	3,—	2,—
4388	1ST	mehrfarbig	fcb	3,—	2,—
4389	1.55 £	mehrfarbig	fcc	4,50	4,50
4390	1.55 £	mehrfarbig	fcd	4,50	4,50
Block 122		(192×75 mm)	fce	15,—	13,—
			FDC		16,—

Nominale von MiNr. 4381–4382 und 4387–4388 zur Zeit der Ausgabe: je 70 P

Nominalgleiche Bogenmarken wurden waagerecht zusammenhängend gedruckt.

2019, 24. Mai. 200. Geburtstag von Königin Victoria. Odr. (3×5 Zd und 3×5 Zd + 3×5 Zd); gez. K 14¼.

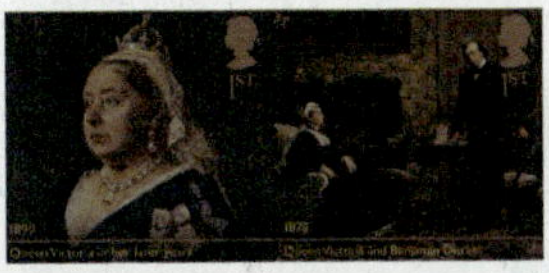

fcf) Königin Victoria (1819–1901); Gemälde von Heinrich von Angeli (1840–1925), österreichischer Maler
fcg) mit Premierminister Benjamin Disraeli im Osbourne House, Isle of Wright (1878)

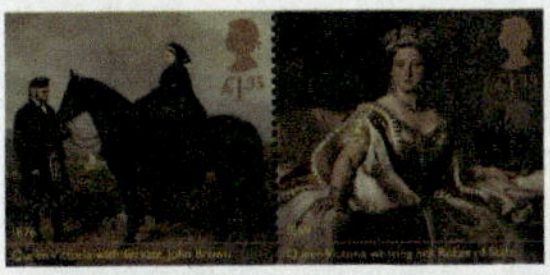

fch) zu Pferde mit Diener John Brown (1876)
fci) in Staatsrobe; Gemälde von Franz Xaver Winterhalter (1805–1873), deutscher Maler

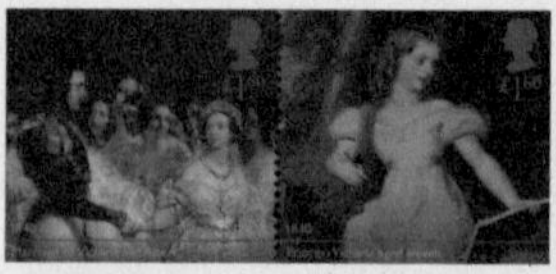

fck) Hochzeit mit Prinz Albert; Gemälde von George Hayter (1792–1871)
fcl) als junges Mädchen mit ihrem Terrier Fanny; Gemälde von Richard Westall (1765–1836)

4391	1ST	mehrfarbig	fcf	3,—	2,—
4392	1ST	mehrfarbig	fcg	3,—	2,—
4393	1.35 £	mehrfarbig	fch	4,20	4,—
4394	1.35 £	mehrfarbig	fci	4,20	4,—
4395	1.60 £	mehrfarbig	fck	4,80	4,50
4396	1.60 £	mehrfarbig	fcl	4,80	4,50
			Satzpreis (6 W.)	24,—	21,—
			3 Paare	24,—	21,—
			FDC		24,—

Blockausgabe

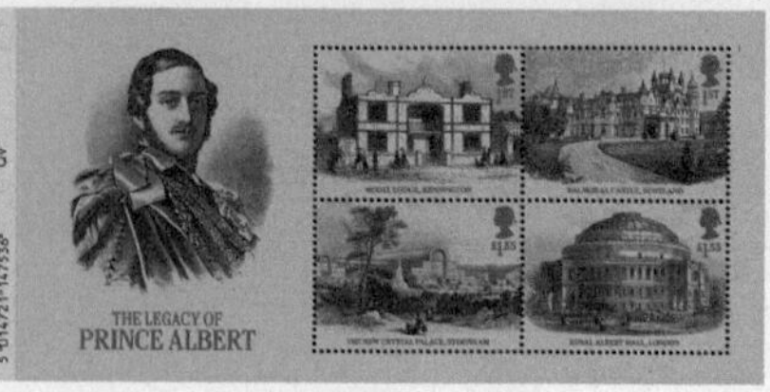

fcr

fcm) Wohnhausprototyp, Kennington
fcn) Schloss Balmoral, Schottland
fco) New Crystal Palace, Sydenham
fcp) Royal Albert Hall, London

fcm–fcp) Architektonische Vermächtnisse von Prinz Albert (1819–1861)

4397	1ST	mehrfarbig	fcm	3,—	2,—
4398	1ST	mehrfarbig	fcn	3,—	2,—
4399	1.55 £	mehrfarbig	fco	5,—	4,50
4400	1.55 £	mehrfarbig	fcp	5,—	4,50
Block 123		(157×74)	fcr	16,—	13,—
			FDC		16,—

Nominale von MiNr. 4390–4391 und 4397–4398 zur Zeit der Ausgabe: je 70 P

Nominalgleiche Bogenmarken wurden waagerecht zusammenhängend gedruckt.

MiNr. 4391–4400 stammen auch aus MH 196.

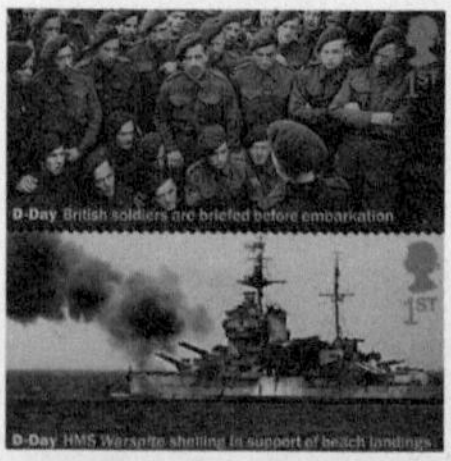

2019, 6. Juni. 75. Jahrestag der Landung der Alliierten in der Normandie (I). Odr. (5×3 Zd und 5×3 + 5×3 Zd); gez. K 14¼.

fcs) Einweisung britischer Soldaten vor Einschiffung
fct) HMS „Warspite" gibt Artillerieunterstützung

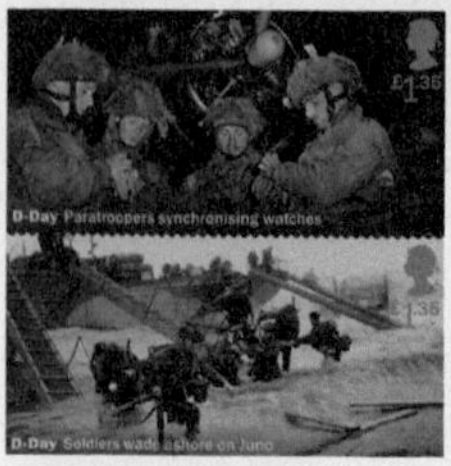

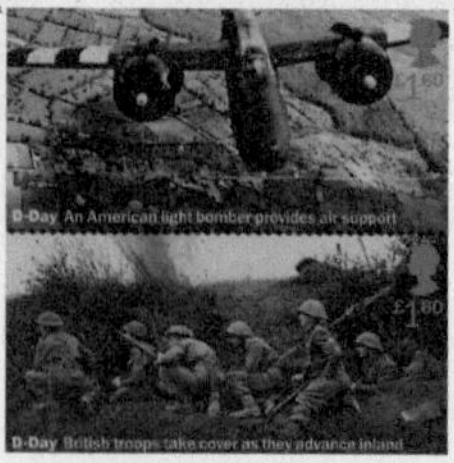

fcu) Luftlandesoldaten beim Uhrenvergleich
fcv) Anladen am „Juno Beach"

fcw) Luftunterstützung durch einen Douglas A-20 Bomber
fcx) Britische Soldaten suchen Deckung an Land

4401	1ST	mehrfarbig	fcs	3,—	2,–
4402	1ST	mehrfarbig	fct	3,—	2,–
4403	1.35 £	mehrfarbig	fcu	4,—	4,–
4404	1.35 £	mehrfarbig	fcv	4,—	4,–
4405	1.60 £	mehrfarbig	fcw	4,50	4,5(
4406	1.60 £	mehrfarbig	fcx	4,50	4,5(
			Satzpreis (6 W.)	23,—	21,–
			3 Paare	23,—	21,–
			FDC		24,–

Blockausgabe

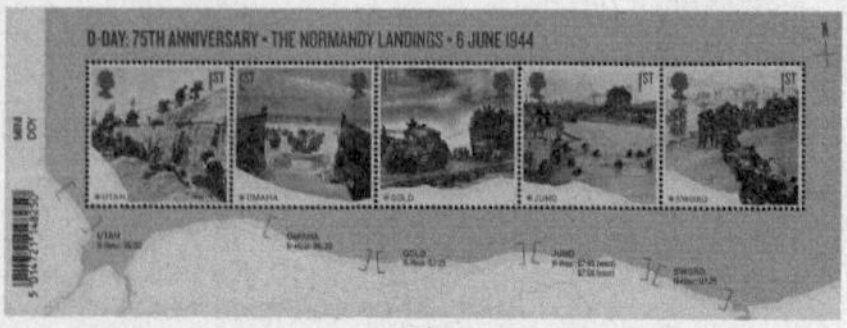

fdd

fcy) Soldaten verlassen Schützengraben am „Utah Beach"
fcz) Ausschiffen von Infanteristen am „Omaha Beach"
fda) Entladen von Gefechtsfahrzeugen am „Gold Beach"
fdb) Soldaten mit Fahrrädern gehen an Land am „Juno Beach"
fdc) Britische Soldaten am „Sword Beach"

fcy–fdc) „Utah", „Omaha", „Gold", „Juno" und „Sword": Strandabschnitte der Anlandung

4407	1ST	mehrfarbig	fcy	3,—	2,–
4408	1ST	mehrfarbig	fcz	3,—	2,–
4409	1ST	mehrfarbig	fda	3,—	2,–
4410	1ST	mehrfarbig	fdb	3,—	2,–
4411	1ST	mehrfarbig	fdc	3,—	2,–
Block 124		(202×75 mm)	fdd	15,—	10,–
			FDC		13,–

Nominale von MiNr. 4401–4402 und 4407–4411 zur Zeit der Ausgabe: je 70 P

Nominalgleiche Bogenmarken wurden senkrecht zusammenhängend gedruckt.

*In gleichen Zeichnungen wie MiNr. 4409 und 4411: MiNr. 4412–441*3 *(selbstklebend)*

2019, 11. Sept. Blockausgabe: Internationale Briefmarkenausstellung STAMPEX 2019, London. Bl. 124 mit Bdr.-Aufdruck am rechten oberen Blockrand und Inschrift unten „OPERATION OVERLAND • 6 JUNE 1944–25 AUGUST 1944".

Block 124 I (192×75 mm)	(Bl. 124)	*16,—*	*15,–*
	FDC		*18,–*

Bl. 124 I wurde nur am Ausstellungspostamt verkauft.

Auflage: 7.500 Blocks

2019, 6. Juni. 75. Jahrestag der Landung der Alliierten in der Normandie (II). RaTdr., Markenheftchen; selbstklebend, gestanzt 14¼.

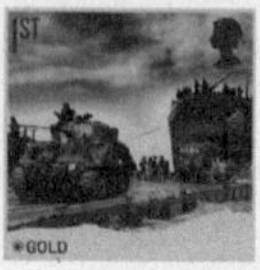

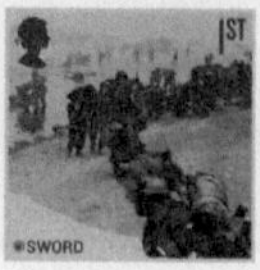

fda) Entladen von Gefechtsfahrzeugen am „Gold Beach"

fdc) Britische Soldaten am „Sword Beach"

4412	1ST	mehrfarbig	fda	4,—	2,–
4413	1ST	mehrfarbig	fdc	4,—	2,–
			Satzpreis (2 W.)	8,—	4,–
			FDC		5,5(

Nominale zur Zeit der Ausgabe: je 70 P

MiNr. 4412–4413 stammen aus MH 0-404.

In gleichen Zeichnungen: MiNr. 4409, 4411 (nassklebend)

2019, 9. Juli. Ausgefallene Bräuche. Odr. (3×5 Zd und 3×5 Zd + 3×5 Zd); gez. K 14¼.

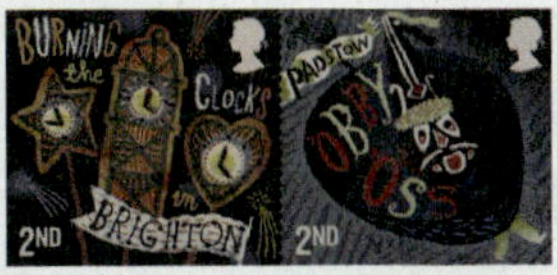

fde) Wintersonnenwende-Festival, East Sussex
fdf) Oss-Festival „Obby“ in Padstow, Cornwall

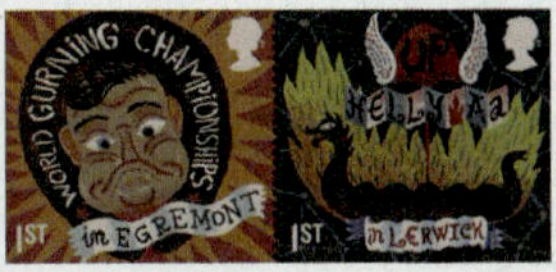

fdg) Weltmeisterschaft im Grimassenschneiden in Egremond, Cumberland
fdh) Up Helly Aa in Lerwick, Shetland Inseln

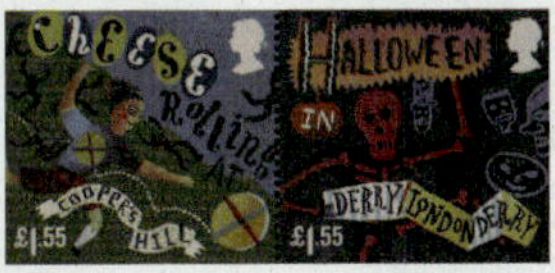

fdi) Käserennen bei Cooper´s Hill, Gloustershire
fdk) Halloween in Derry/Londonderry, Nordirland

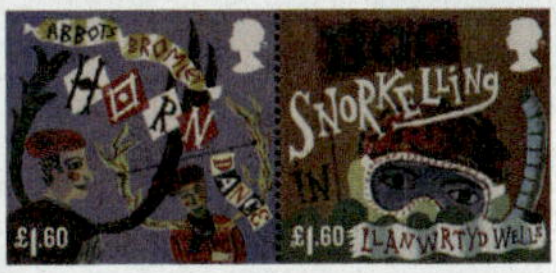

fdl) Tanz mit Geweih in Abbots Bromley, Staffordshire
fdm) Schnorcheln im Moor bei Llanwrtyd Wells, Wales

4414	2ND	mehrfarbig	fde	2,20	1,70
4415	2ND	mehrfarbig	fdf	2,20	1,70
4416	1ST	mehrfarbig	fdg	3,—	2,—
4417	1ST	mehrfarbig	fdh	3,—	2,—
4418	1.55 £	mehrfarbig	fdi	4,40	4,40
4419	1.55 £	mehrfarbig	fdk	4,40	4,40
4420	1.60 £	mehrfarbig	fdl	4,50	4,50
4421	1.60 £	mehrfarbig	fdm	4,50	4,50
			Satzpreis (8 W.)	28,—	25,—
			4 Paare	28,—	25,—
			FDC		28,—

Nominalen zur Zeit der Ausgabe: MiNr. 4414–4415 je 60 P, MiNr. 4416–4417 je 70 P

Nominalgleiche Marken wurden waagerecht zusammenhängend gedruckt.

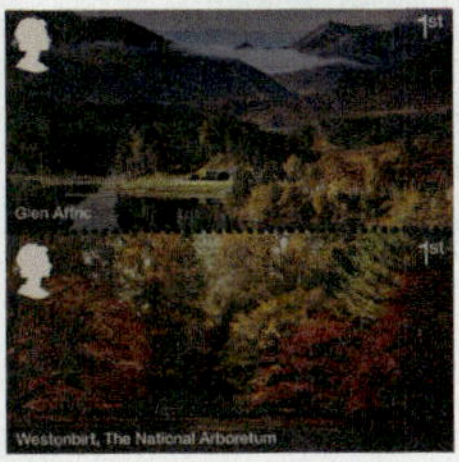

2019, 13. Aug. Britische Wälder. Odr. (5×3 Zd und 5×3 Zd + 5×3 Zd); gez. K 13½:14¾.

fdn) Glen Affric, Inverness-shire, Schottland
fdo) Westonbirt, Gloucestershire, England

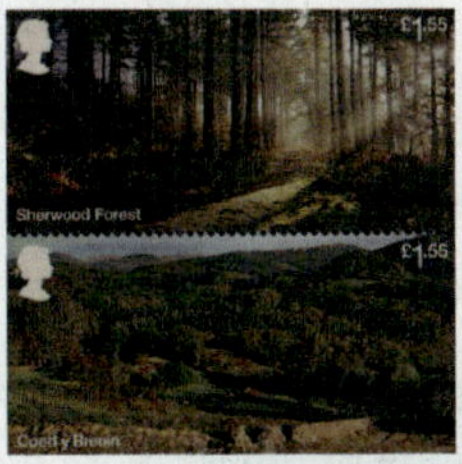

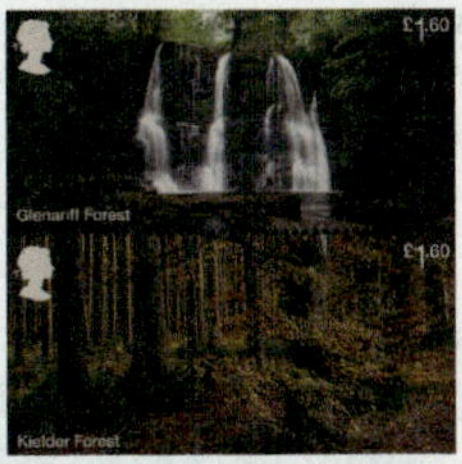

fdp) Sherwood Forest, Nottinghamshire, England
fdr) Coed y Brenin, Gwynedd, Wales
fds) Glenariff Forest, County Antrim, Nordirland
fdt) Kielder Forest, Northumberland, England

4422	1st	mehrfarbig	fdn	3,—	2,—
4423	1st	mehrfarbig	fdo	3,—	2,—
4424	1.55 £	mehrfarbig	fdp	4,—	4,—
4425	1.55 £	mehrfarbig	fdr	4,—	4,—
4426	1.60 £	mehrfarbig	fds	4,50	4,50
4427	1.60 £	mehrfarbig	fdt	4,50	4,50
			Satzpreis (6 W.)	23,—	21,—
			3 Paare	23,—	21,—
			FDC		24,—

Nominale von MiNr. 4422–4423 zur Zeit der Ausgabe: je 70 P

Nominalgleiche Marken wurden senkrecht zusammenhängend gedruckt.

2019, 3. Sept. Elton John (I). Odr., Bogen (1×6 Zd und 1×6 Zd + 1×6 Zd), Kleinbogen I (Klb. I) (8) und Kleinbogen II (Klb. II) (4); gez. K 14¼.

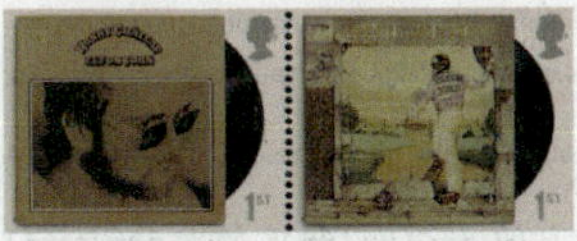

fdu) „Honky Château“ (1972)
fdv) „Goodbye Yellow Brick Road“ (1973)

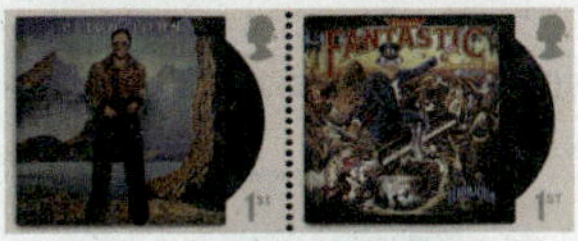

fdw) „Caribou“ (1974)
fdx) „Captain Fantastic And The Brown Dirt Cowboy“ (1975)

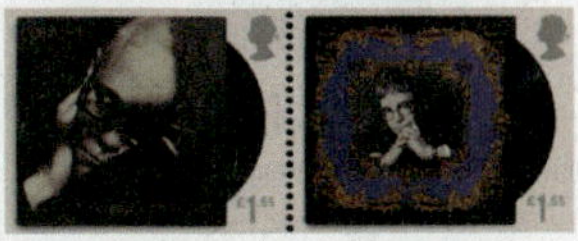

fdy) „Sleeping With The Past“ (1989)
fdz) „The One“ (1992)

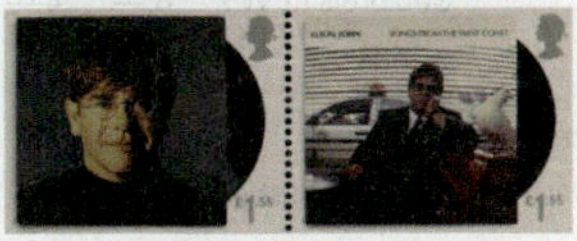

fea) „Made in England“ (1995)
feb) „Songs From The West Coast“ (2001)

fdu–feb) Musikalben von Elton John, eigentlich Reginald Kenneth Dwight (*1947), Sänger, Komponist und Pianist

4428	1ST	mehrfarbig (B) (Klb. I)	fdu	3,—	2,—
4429	1ST	mehrfarbig (B) (Klb. I) (Klb. II)	fdv	3,—	2,—
4430	1ST	mehrfarbig (B) (Klb. I)	fdw	3,—	2,—
4431	1ST	mehrfarbig (B) (Klb. I) (Klb. II)	fdx	3,—	2,—
4432	1.55 £	mehrfarbig (B) (Klb. I)	fdy	4,50	4,50
4433	1.55 £	mehrfarbig (B) (Klb. I)	fdz	4,50	4,50
4434	1.55 £	mehrfarbig (B) (Klb. I)	fea	4,50	4,50

4435	1.55 £ mehrfarbig (B) (Klb. I)	feb	4,50	4,50
	Satzpreis (8 W.)		30,—	26,—
	2 Viererstreifen		30,—	26,—
	FDC			30,—
	Kleinbogen I		*35,—*	*30,—*
	Kleinbogensatz II (2 Klb.)		*50,—*	*45,—*

Blockausgabe

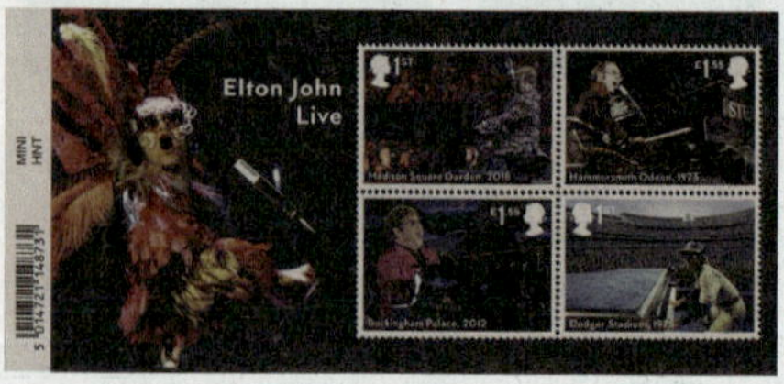

feg

fec fee
fef fed

fec) Madison Square Garden (2002)
fed) Dodger Stadium (1975)
fee) Hammersmith Odeon (1973)
fef) Buckingham Palace (2012)

fec–fef) Bühnenauftritte von Elton John

4436	1ST	mehrfarbig	fec	3,—	2,—
4437	1ST	mehrfarbig	fed	3,—	2,—
4438	1.55 £	mehrfarbig	fee	4,50	4,50
4439	1.55 £	mehrfarbig	fef	4,50	4,50
Block 125		(156×74 mm)	feg	15,—	13,—
		FDC			16,—

Nominale von MiNr. 4428–4431 und 4436–4437 zur Zeit der Ausgabe: je 70 P

Nominalgleiche Bogenmarken wurden waagerecht zusammenhängend gedruckt.

MiNr. 4428–4435 wurden auch zusammen im Kleinbogen I ausgegeben (Postpreis: 10.50 £).

MiNr. 4429 und 4431 wurden auch jeweils im Kleinbogen II zu 4 Marken ausgegeben (Postpreis: je 7.50 £).

In gleichen Zeichnungen wie MiNr. 4429 und 4431: MiNr. 4440–4441 (selbstklebend)

2019, 3. Sept. Elton John (II). RaTdr., Markenheftchen; selbstklebend; gestanzt 14¼.

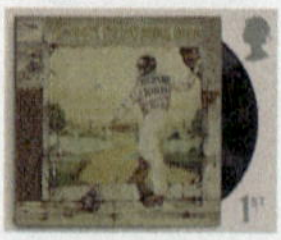

fdv) „Goodbye Yellow Brick Road“ (1973)

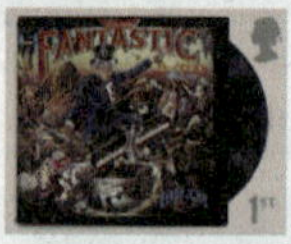

fdx) „Captain Fantastic And The Brown Dirt Cowboy“ (1975)

fdv, fdx) Musikalben von Elton John, eigentlich Reginald Kenneth Dwight (*1947), Sänger, Komponist und Pianist

4440	1ST	mehrfarbig	fdv	4,—	2,—
4441	1ST	mehrfarbig	fdx	4,—	2,—
		Satzpreis (2 W.)		8,—	4,—
		FDC			5,50

Nominale zur Zeit der Ausgabe: je 70 P

MiNr. 4440–4441 stammen aus MH 0-405.

In gleichen Zeichnungen: MiNr. 4429, 4431 (nassklebend)

2019, 19. Sept. Schiffe der Royal Navy (I). Odr. (5×3 Zd und 5×3 Zd + 5×3 Zd); gez. K 14¼.

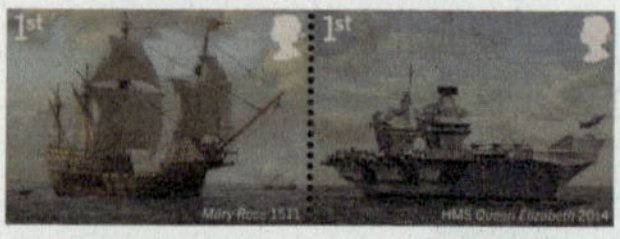

feh) Galeone „Mary Rose“ (1511)
fei) Flugzeugträger HMS „Queen Elizabeth“ (2014)

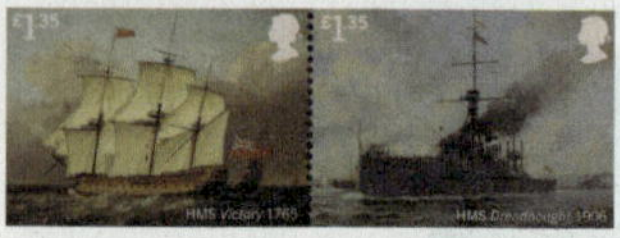

fek) Linienschiff HMS „Victory“ (1765)
fel) Schlachtschiff HMS „Dreadnought“ (1906)

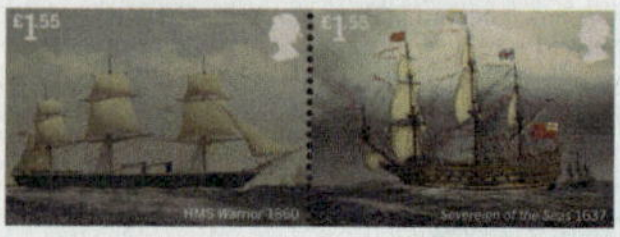

fem) Panzerschiff HMS „Warrior“ (1860)
fen) Linienschiff „Sovereign of the Seas“ (1637)

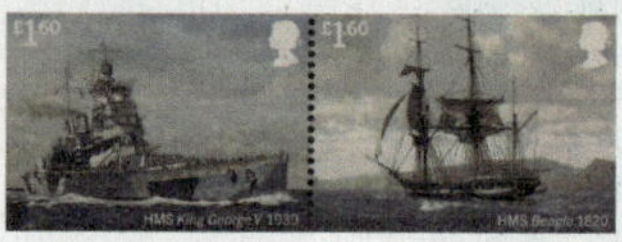

feo) Schlachtschiff HMS „King George V“ (1939)
fep) Brigg HMS „Beagle“ (1820)

4442	1st	mehrfarbig	feh	3,—	2,—
4443	1st	mehrfarbig	fei	3,—	2,—
4444	1.35 £	mehrfarbig	fek	4,—	4,—
4445	1.35 £	mehrfarbig	fel	4,—	4,—
4446	1.55 £	mehrfarbig	fem	4,40	4,40
4447	1.55 £	mehrfarbig	fen	4,40	4,40
4448	1.60 £	mehrfarbig	feo	4,60	4,60
4449	1.60 £	mehrfarbig	fep	4,60	4,60
		Satzpreis (8 W.)		32,—	30,—
		4 Paare		32,—	30,—
		FDC			34,—

Nominalgleiche Marken wurden waagerecht zusammenhängend gedruckt.

In gleichen Zeichnungen wie MiNr. 4442–4443: MiNr. 4450–4451 (selbstklebend)

2019, 19. Sept. Schiffe der Royal Navy (II). RaTdr., Markenheftchen; selbstklebend; gestanzt 14¼.

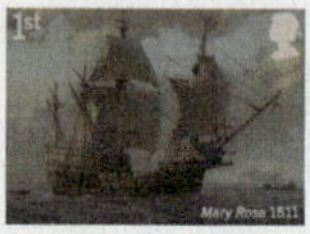

feh) Galeone „Mary Rose“ (1511)

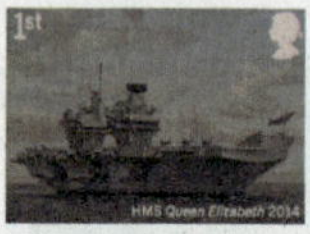

fei) Flugzeugträger HMS „Queen Elizabeth“ (2014)

4450	1st	mehrfarbig	feh	*30,—*	2,—
4451	1st	mehrfarbig	fei	*30,—*	2,—
		Satzpreis (2 W.)		*60,—*	4,—
		FDC			5,50

Nominale zur Zeit der Ausgabe: je 70 P

MiNr. 4450–4451 stammen aus MH 0-406.

In gleichen Zeichnungen: MiNr. 4442–4443 (nassklebend)

2019, 26. Sept. Blockausgabe: Gewinn des Cricket World Cup durch die englische Nationalmannschaft der Männer 2019 und der Frauen 2017. Odr.; gez. Ks 14½.

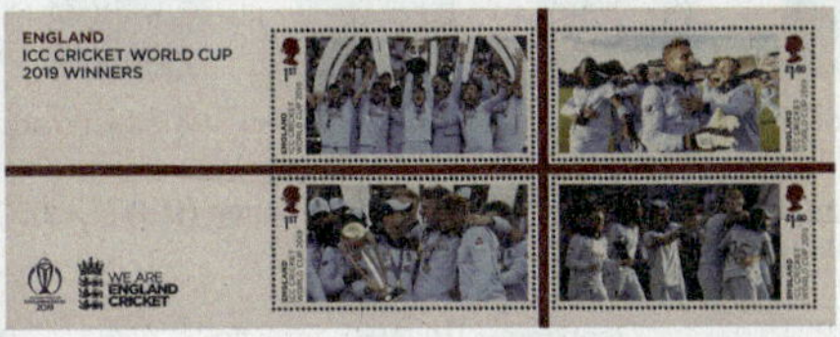

fev

fer fet
fes feu

fer) Englische Herrenmannschaft mit Pokal
fes) Teamchef Eoin Morgan mit Cricket World Cup
fet) Siegreicher Schlagmann
feu) Jubelnde Spieler um Ben Stokes

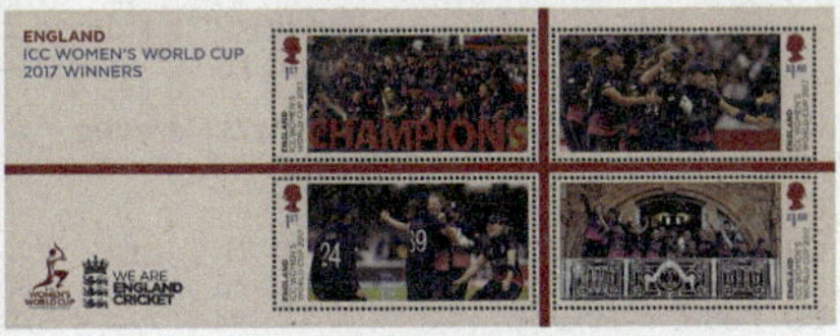

ffa

few fey
fex fez

few) Englische Damenmannschaft mit Pokal
fex) Jubel beim siegreichen Run von Anya Shrubsole
fey) Jubelnde Spielerinnen um Heather Knight
fez) Ehrung auf dem Balkon vom Marylebone Cricket Club

4452	1ST	mehrfarbig	fer	3,—	2,—
4453	1ST	mehrfarbig	fes	3,—	2,—
4454	1.60 £	mehrfarbig	fet	4,50	4,50
4455	1.60 £	mehrfarbig	feu	4,50	4,50
Block 126		(202×74 mm)	fev	15,—	13,—
			FDC		16,—

4456	1ST	mehrfarbig	few	3,—	2,—
4457	1ST	mehrfarbig	fex	3,—	2,—
4458	1.60 £	mehrfarbig	fey	4,50	4,50
4459	1.60 £	mehrfarbig	fez	4,50	4,50
Block 127		(202×74 mm)	ffa	15,—	13,—
			FDC		16,—

Nominale von MiNr. 4452–4453 und 4456–4457 zur Zeit der Ausgabe: je 70 P

2019, 10. Okt. 20 Jahre Kinderbuch „Der Grüffelo" (I). Odr. (5×2 Zd und 5×2 Zd + 5×2 Zd); gez. K 14.

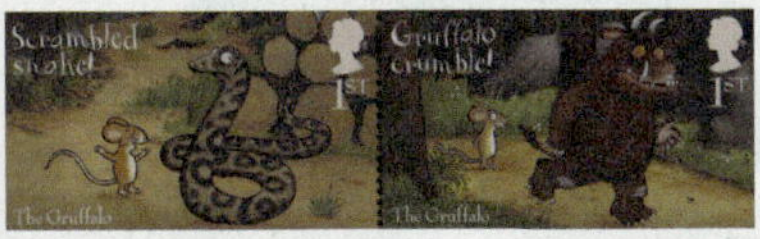

ffb) „Schlangenpüree"
ffc) „Der Grüffelo"

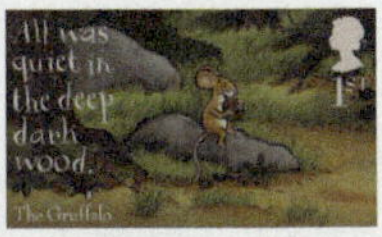

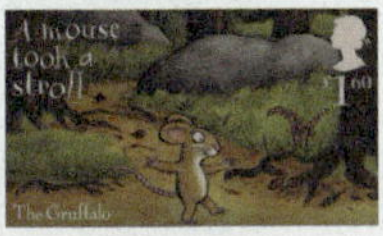

ffd) Die Maus verscheuchte ihre Feinde ffe) Die Maus bei ihrem Spaziergang

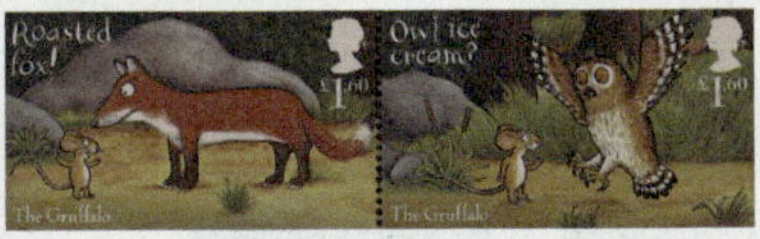

fff) „Fuchsspieß"
ffg) „Eule mit Zuckerguss"

4460	1ST	mehrfarbig	ffb	3,—	2,—
4461	1ST	mehrfarbig	ffc	3,—	2,—
4462	1ST	mehrfarbig	ffd	3,—	2,—
4463	1.60 £	mehrfarbig	ffe	4,50	4,50
4464	1.60 £	mehrfarbig	fff	4,50	4,50
4465	1.60 £	mehrfarbig	ffg	4,50	4,50
			Satzpreis (6 W.)	22,—	19,—
			2 Dreierstreifen	22,—	20,—
			FDC		22,—

Blockausgabe, gez. Ks 14¼

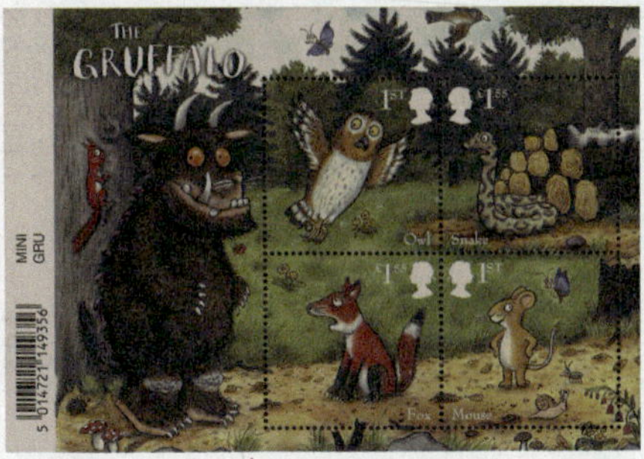

ffm

ffh ffk
ffl ffi

ffh) Eule
ffi) Maus
ffk) Schlange
ffl) Fuchs

ffb–ffl) Monster Grüffelo, Eule, Maus, Schlange, Fuchs; Figuren aus dem Kinderbuch „Der Grüffelo" von Axel Scheffler (*1957), deutscher Illustrator und Julia Donaldson (*1948), Schriftstellerin

4466	1ST	mehrfarbig	ffh	3,—	2,—
4467	1ST	mehrfarbig	ffi	3,—	2,—
4468	1.55 £	mehrfarbig	ffk	4,50	4,50
4469	1.55 £	mehrfarbig	ffl	4,50	4,50
Block 128		(125×89 mm)	ffm	15,—	13,—
			FDC		16,—

Nominale von MiNr. 4460–4462 und 4466–4467 zur Zeit der Ausgabe: je 70 P

Nominalgleiche Bogenmarken wurden waagerecht zusammenhängend gedruckt.

In gleichen Zeichnungen wie MiNr. 4466–4469: MiNr. 4470–4473 (selbstklebend)

2019, 10. Okt. 20 Jahre Kinderbuch „Der Grüffelo" (II). Odr., Folienbogen (2×5 Zd); selbstklebend; gestanzt 14¼:14¾.

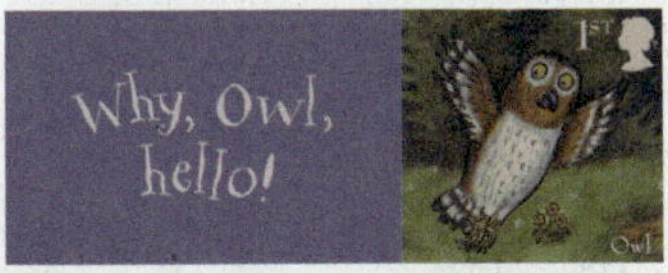

Zierfeld
ffh) Eule

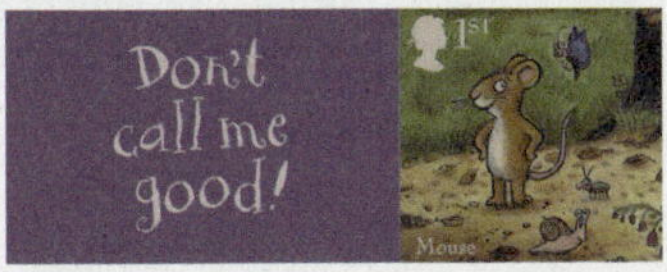

Zierfeld
ffi) Maus

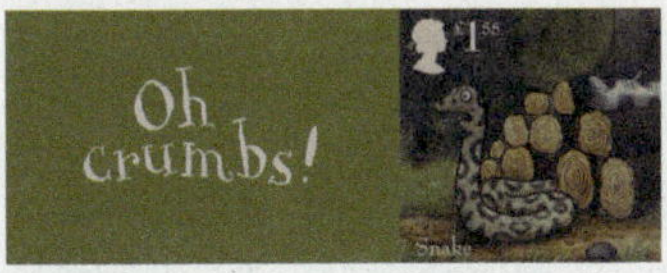

Zierfeld
ffk) Schlange

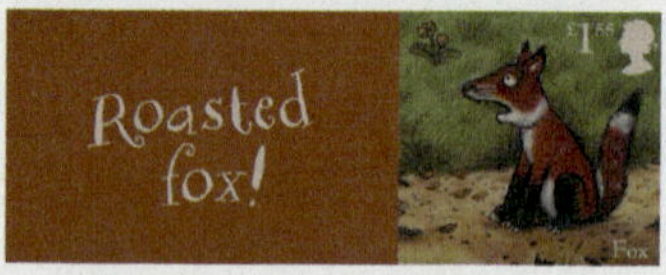

Zierfeld
ffl) Fuchs

4470	1ST	mehrfarbig	ffh	3,—	2,50
4471	1ST	mehrfarbig	ffi	3,—	2,50
4472	1.55 £	mehrfarbig	ffk	6,—	5,—
4473	1.55 £	mehrfarbig	ffl	6,—	5,—
			Satzpreis (4 W.)	18,—	15,—
			FDC		18,—
			4470 Zf–4473 Zf	20,—	16,—
			Folienbogen	45,—	

Nominale von MiNr. 4470–4471 zur Zeit der Ausgabe: je 70 P

MiNr. 4470–4473 stammen aus einem sog. Commemorative Sheet mit 10 Marken (3 × MiNr. 4470–4471 und 2 × MiNr. 4472–4473) und 10 jeweils links anhängenden Zierfeldern, die durch 3 schmale Verbindungsstege mit der Marke verbunden sind (Postpreis: 11.50 £).

In gleichen Zeichnungen: MiNr. 4466–4469 (nassklebend)

2019, 5. Nov. Blockausgabe: Weihnachten – Die Weihnachtsgeschichte (I). Odr.; gez. K 14½:15.

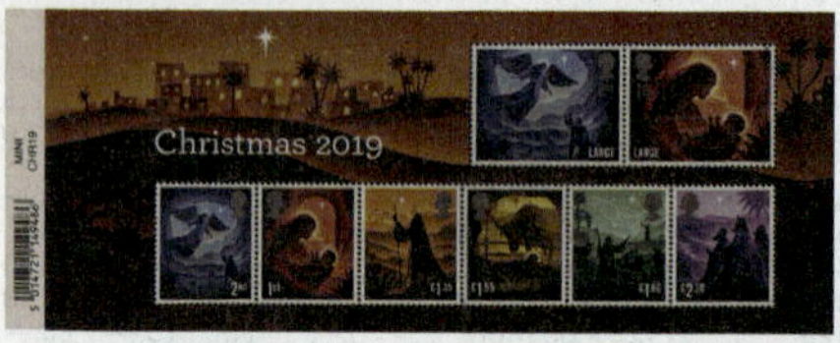

ffw

ffn ffo ffs ffp fft ffu ffr ffv

ffn) Verkündigung an die Hirten
ffo) Christi Geburt
ffp) Verkündigung an die Hirten
ffr) Christi Geburt
ffs) Die Reise nach Betlehem
fft) Krippe im Stall von Betlehem
ffu) Hirten auf dem Felde
ffv) Hl. Drei Könige

4474	2nd	mehrfarbig	ffn	2,20	1,70
4475	1st	mehrfarbig	ffo	3,—	2,—
4476	2nd Large	mehrfarbig	ffp	2,80	2,40
4477	1st Large	mehrfarbig	ffr	6,—	3,—
4478	1.35 £	mehrfarbig	ffs	3,60	3,60
4479	1.55 £	mehrfarbig	fft	4,60	4,40
4480	1.60 £	mehrfarbig	ffu	4,80	4,50
4481	2.30 £	mehrfarbig	ffv	7,—	6,50
Block 129		(189×74 mm)	ffw	34,—	28,—
			FDC		32,—

Nominalen zur Zeit der Ausgabe: MiNr. 4474 = 61 P, MiNr. 4475 = 70 P, MiNr. 4476 = 83 P, MiNr. 4477 = 1.06 £

Mit gleichen Zeichnungen: MiNr. 4482–4489 (selbstklebend)

2019, 5. Nov. Weihnachten: Die Weihnachtsgeschichte (II). Selbstklebend.

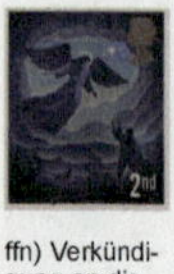
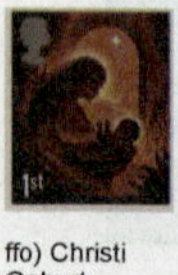
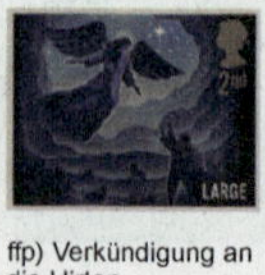
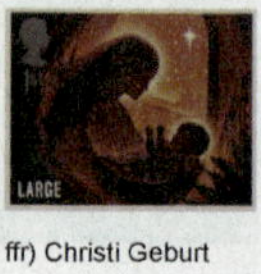

ffn) Verkündigung an die Hirten
ffo) Christi Geburt
ffp) Verkündigung an die Hirten
ffr) Christi Geburt

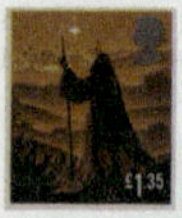
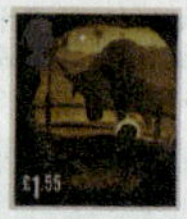

ffs) Die Reise nach Betlehem
fft) Krippe im Stall von Betlehem
ffu) Hirten auf dem Felde
ffv) Hl. Drei Könige

I = RaTdr., Bogen (B) (5×10) und Markenheftchen (MH) (6×2); C = gest. 14½:15

4482 I C	2nd	mehrfarbig (B) (MH)	ffn	2,20	1,70
4483 I C	1st	mehrfarbig (B) (MH)	ffo	3,—	2,—
4484 I C	2nd Large	mehrfarbig (B)	ffp	2,80	2,40
4485 I C	1st Large	mehrfarbig (B)	ffr	6,—	3,—
4486 I C	1.35 £	mehrfarbig (B)	ffs	3,60	3,60
4487 I C	1.55 £	mehrfarbig (B)	fft	4,60	4,40
4488 I C	1.60 £	mehrfarbig (B)	ffu	4,80	4,50
4489 I C	2.30 £	mehrfarbig (B)	ffv	7,—	6,50
			Satzpreis I C (8 W.)	34,—	28,—
			FDC I C		32,—

II = Odr., Folienbogen (4×5 Zd); CS = Sicherheitsstanzung 14½:15

4482 II CS	2nd	mehrfarbig	ffn	2,50	2,—
4483 II CS	1st	mehrfarbig	ffo	3,50	2,50
4486 II CS	1.35 £	mehrfarbig	ffs	7,—	5,—
4487 II CS	1.55 £	mehrfarbig	fft	9,—	7,—
4488 II CS	1.60 £	mehrfarbig	ffu	10,—	8,50
4489 II CS	2.30 £	mehrfarbig	ffv	12,—	10,—
			Satzpreis II CS (6 W.)	44,—	35,—
			FDC II CS		38,—
			4482 II CS Zf–4483 II CS Zf und 4486 II CS Zf–4489 II CS Zf	44,—	35,—

Nominalen zur Zeit der Ausgabe: MiNr. 4482 = 61 P, MiNr. 4483 = 70 P, MiNr. 4484 = 83 P, MiNr. 4485 = 1.06 P

MiNr. 4482 I C stammt auch aus MH 0-407.
MiNr. 4483 I C stammt auch aus MH 0-408.

MiNr. 4482 II CS–4483 II CS und 4486 II CS–4489 II CS wurden im Folienbogen zu 20 Marken (8 × MiNr. 4482 II CS–4483 II CS und 1 × MiNr. 4486 II CS–4489 II CS) und 20 verschiedenen Zierfeldern, die jeweils durch 3 schmale Verbindungsstege mit der Marke verbunden sind, gedruckt (Postpreis: 18.40 £).

[7x] MiNr. 4483 im Kleinbogen mit wertgleichen Weihnachtsmarken anderer Jahre

Mit gleichen Zeichnungen: MiNr. 4474–4481 (nassklebend)

2019, 26. Nov. Science-Fiction-Filmreihe „Star Wars" (VI). Odr., (1×5 Zd, 1×5 Zd + 1×5 Zd und 6×5); gez. K 14¼.

ffx) Count Dooku
ffy) Lando Calrissian
ffz) Sith Trooper

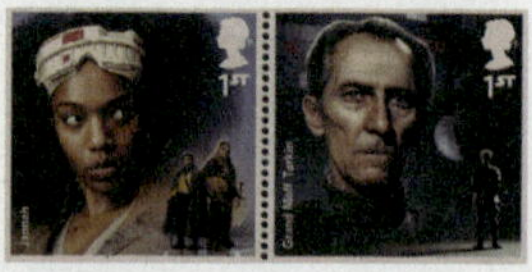

fga) Jannah
fgb) Grand Moff Tarkin

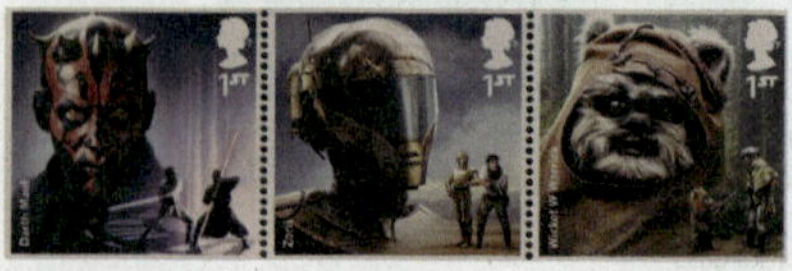

fgc) Darth Maul
fgd) Zorii
fge) Wicket W. Warrick

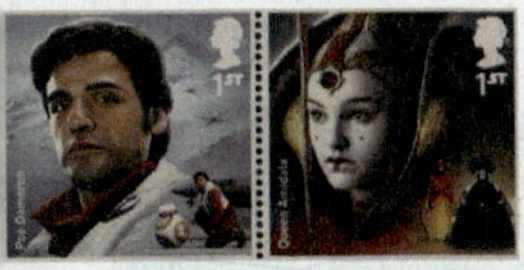

fgf) Poe Dameron
fgg) Queen Amidala

4490	1ST	mehrfarbig	ffx	3,—	2,—
4491	1ST	mehrfarbig	ffy	3,—	2,—
4492	1ST	mehrfarbig	ffz	3,—	2,—
4493	1ST	mehrfarbig	fga	3,—	2,—
4494	1ST	mehrfarbig	fgb	3,—	2,—
4495	1ST	mehrfarbig	fgc	3,—	2,—
4496	1ST	mehrfarbig	fgd	3,—	2,—
4497	1ST	mehrfarbig	fge	3,—	2,—
4498	1ST	mehrfarbig	fgf	3,—	2,—
4499	1ST	mehrfarbig	fgg	3,—	2,—
			Satzpreis (10 W.)	30,—	20,—
			2 Fünferstreifen	30,—	20,—
			FDC		24,—
			30er-Bogen	90,—	60,—

Nominale zur Zeit der Ausgabe: je 70 P

MiNr. 4490–4494 und 4495–4499 wurden jeweils waagerecht zusammenhängend gedruckt.

MiNr. 4490–4499 wurden auch zusammenhängend mit MiNr. 3795–3806 und 4098–4105 gedruckt.

MiNr. 4490–4499 stammen auch aus MH 197.

In gleichen Zeichnungen: MiNr. 4506–4515 (selbstklebend)

2019, 26. Nov. Blockausgabe: Science-Fiction-Filmreihe „Star Wars" (VII). Odr.; selbstklebend; MiNr. 4500 und 4503 gest. 14¼:14, MiNr. 4501–4502 gest. 14:14¼, MiNr. 4504–4505 gest. 14¾:14¼.

fgo

fgh fgi fgk fgl
fgm fgn

fgh) Poes X-wing Fighter
fgi) Jedi Starfighter
fgk) Slave I
fgl) TIE Silencer
fgm) Podracers
fgn) Speeder Bikes

4500	1ST	mehrfarbig	fgh	3,—	2,—
4501	1ST	mehrfarbig	fgi	3,—	2,—
4502	1ST	mehrfarbig	fgk	3,—	2,—
4503	1ST	mehrfarbig	fgl	3,—	2,—
4504	1ST	mehrfarbig	fgm	3,—	2,—
4505	1ST	mehrfarbig	fgn	3,—	2,—
Block 130		(202×74 mm)	fgo	18,—	12,—
			FDC		15,—

Nominale zur Zeit der Ausgabe: je 70 P

MiNr. 4500–4505 stammen auch aus MH 197.

2019, 26. Nov. Science-Fiction-Filmreihe „Star Wars" (VIII). I = Odr., Folienbogen (Fbg.) (4×5), II = RaTdr., Markenheftchen (MH); selbstklebend; gestanzt 14¼.

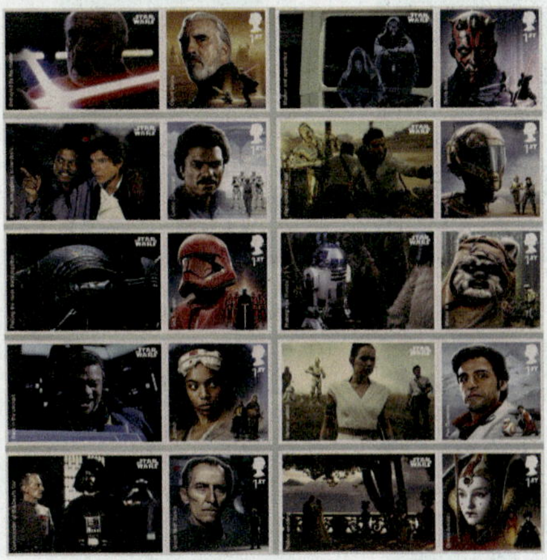

Zierfeld	ffx	Zierfeld	fgc
Zierfeld	ffy	Zierfeld	fgd
Zierfeld	fgd	Zierfeld	fge
Zierfeld	ffz	Zierfeld	fgf
Zierfeld	fgg	Zierfeld	fgg

ffx) Count Dooku
fgc) Darth Maul
ffy) Lando Calrissian
fgd) Zorii
ffz) Sith Trooper
fge) Wicket W. Warrick
fga) Jannah
fgf) Poe Dameron
fgb) Grand Moff Tarkin
fgg) Queen Amidala

4506	I	1ST	mehrfarbig (Fbg.)	ffx	3,50	2,20
4507	I	1ST	mehrfarbig (Fbg.)	fgc	3,50	2,20
4508	I	1ST	mehrfarbig (Fbg.)	ffy	3,50	2,20
4509	I	1ST	mehrfarbig (Fbg.)	fgd	3,50	2,20
4510		1ST	mehrfarbig	ffz		
	I		Odr. (Fbg.)		3,50	2,20
	II		RaTdr. (MH)		3,50	2,—
4511	I	1ST	mehrfarbig (Fbg.)	fge	3,50	2,20
4512	I	1ST	mehrfarbig (Fbg.)	fga	3,50	2,20
4513		1ST	mehrfarbig	fgf		
	I		Odr. (Fbg.)		3,50	2,20
	II		RaTdr. (MH)		3,50	2,—
4514	I	1ST	mehrfarbig (Fbg.)	fgb	3,50	2,20
4515	I	1ST	mehrfarbig (Fbg.)	fgg	3,50	2,20
			Satzpreis I (10 W.)		35,—	22,—
			FDC I			25,—
			Folienbogen I		35,—	
			Satzpreis II (2 W.)		7,—	4,—
			FDC II			5,50

Nominale zur Zeit der Ausgabe: je 70 P

MiNr. 4506 I–4515 I stammen aus einem sogen. Commemorative Sheet mit 10 Marken und 10 jeweils links anhängenden Zierfeldern, die durch jeweils 3 Verbindungsstege mit der Marke verbunden sind (Postpreis: 8.10 £).

MiNr. 4510 II und 4513 II stammen aus MH 0-409.

In gleichen Zeichnungen: MiNr. 4490–4499 (nassklebend)

2020, 21. Jan. Videospiele (I). Odr. (5×3 Zd und 5×3 Zd + 5×3 Zd); gez. K 13¾:14.

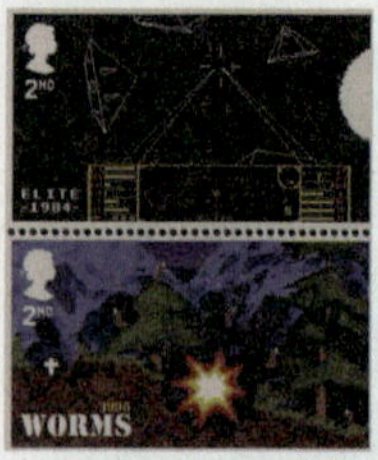

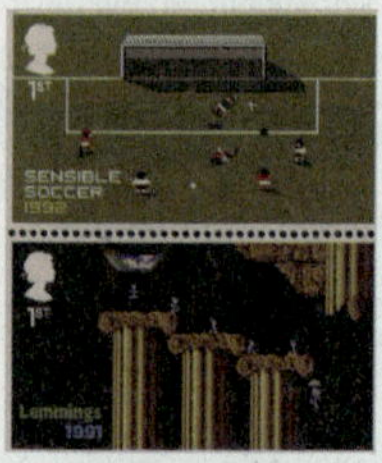

fgp) Elite (1984)
fgr) Worms (1995)

fgs) Sensible Soccer (1992)
fgt) Lemmings (1991)

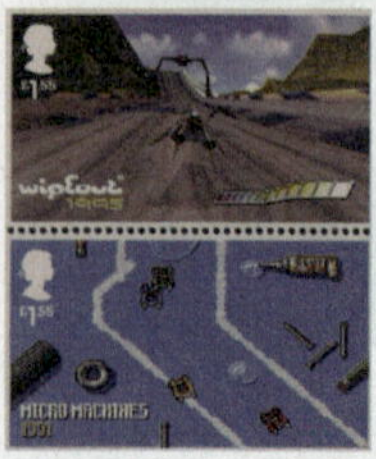

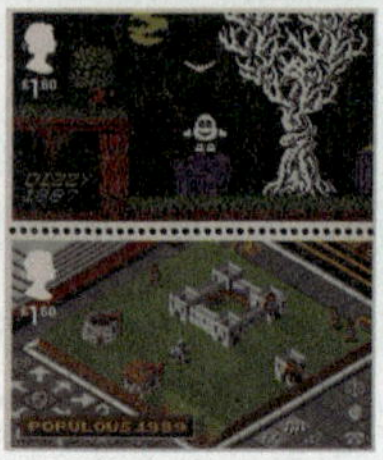

fgu) Wipeout (1995)
fgv) Micro Machine (1991)

fgw) Dizzy (1987)
fgx) Populous (1989)

4516	2ND	mehrfarbig	fgp	2,20	1,60
4517	2ND	mehrfarbig	fgr	2,20	1,60
4518	1ST	mehrfarbig	fgs	3,—	2,—
4519	1ST	mehrfarbig	fgt	3,—	2,—
4520	1.55 £	mehrfarbig	fgu	4,40	4,40
4521	1.55 £	mehrfarbig	fgv	4,40	4,40
4522	1.60 £	mehrfarbig	fgw	4,50	4,50
4523	1.60 £	mehrfarbig	fgx	4,50	4,50
			Satzpreis (8 W.)	28,—	25,—
			4 Paare	28,—	25,—
			FDC		28,—

Blockausgabe, gez. Ks 14¼:14

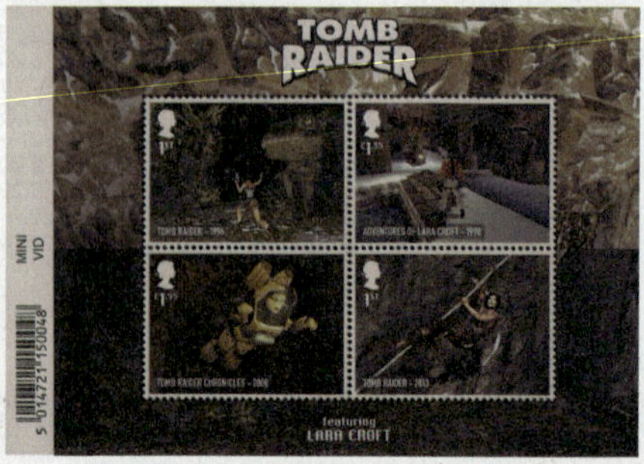

fhc

fgy fha
fhb fgz

fgy) Tomb Raider (1996)
fgz) Tomb Raider (2013)
fha) Adventures of Lara Croft (1998)
fhb) Tomb Raider Chronicles (2000)

4524	1ST	mehrfarbig	fgy	3,—	2,—
4525	1ST	mehrfarbig	fgz	3,—	2,—
4526	1.55 £	mehrfarbig	fha	4,50	4,50
4527	1.55 £	mehrfarbig	fhb	4,50	4,50
Block 131		(126×89 mm)	fhc	15,—	13,—
			FDC		16,—

Nominalen zur Zeit der Ausgabe: MiNr. 4516–4517 je 61 P, MiNr. 4518–4519 und 4524–4525 je 70 P

Nominalgleiche Bogenmarken wurden senkrecht zusammenhängend gedruckt.

In gleichen Zeichnungen wie MiNr. 4524–4527: MiNr. 4528–4531 (selbstklebend)

2020, 21. Jan. Videospiele (II). I = Odr., Folienbogen (Fbg.) (4×5) II = RaTdr., Markenheftchen (MH); selbstklebend; gestanzt 14¼.

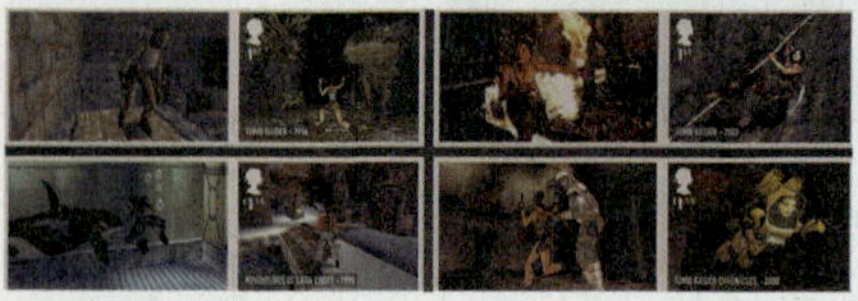

Zierfeld fgy Zierfeld fgz
Zierfeld fha Zierfeld fhb

fgy) Tomb Raider (1996)
fgz) Tomb Raider (2013)
fha) Adventures of Lara Croft (1998)
fhb) Tomb Raider Chronicles (2000)

4528	1ST	mehrfarbig	fgy		
I		Odr. (Fbg.)		3,—	2,50
II		RaTdr. (MH)		5,—	3,—
4529	1ST	mehrfarbig	fgz		
I		Odr. (Fbg.)		3,—	2,50
II		RaTdr. (MH)		5,—	3,—
4530 I	1.55 £	mehrfarbig (Fbg.)	fha	6,—	5,50
4531 I	1.55 £	mehrfarbig (Fbg.)	fhb	6,—	5,50
			Satzpreis I (4 W.)	18,—	16,—
			FDC I		18,—
			4528 I Zf–4531 I Zf	18,—	16,—
			Folienbogen I	40,—	
			Satzpreis II (2 W.)	10,—	6,—
			FDC II		8,—

Nominale von MiNr. 4528–4529 zur Zeit der Ausgabe: je 70 P

MiNr. 4528 I–4531 I stammen aus einem sog. Commemorative Sheet mit 10 Marken (3 × MiNr. 4528 I–4529 I und 2 × MiNr. 4530 I–4531 I) und 10 jeweils links anhängenden Zierfeldern, die durch jeweils 3 Verbindungsstege mit der Marke verbunden sind (Postpreis: 11.40 £).

MiNr. 4528 II–4529 II stammen aus MH 0-410.

In gleichen Zeichnungen: MiNr. 4524–4527 (nassklebend)

2020, 11. Febr. 200 Jahre Royal Astronomical Society. Odr. (3×5 Zd und 3×5 Zd + 3×5 Zd); gez. K 14¼:14.

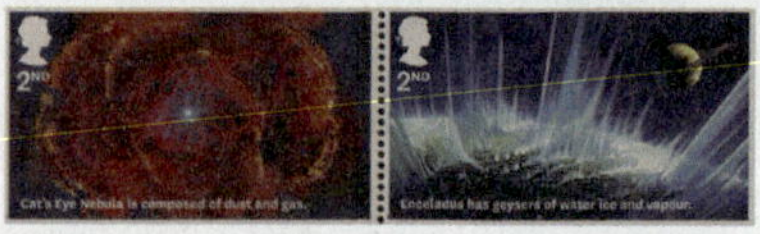

fhd) Katzenaugennebel
fhe) Kryovulkanische Aktivitäten auf Saturnmond Enceladus

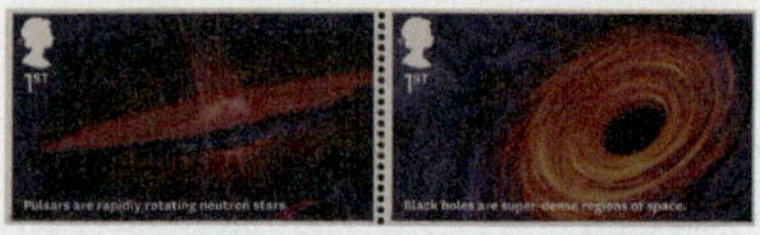

fhf) Pulsar
fhg) Schwarzes Loch

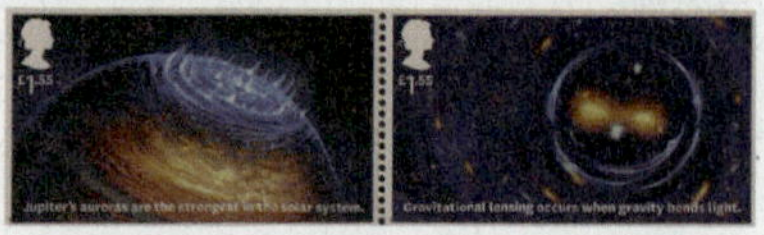

fhh) Pulsierendes Polarlicht auf Saturn
fhi) Gravitationslinseneffekt

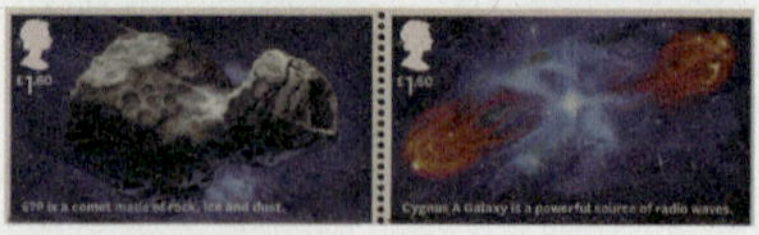

fhk) Komet 67P/Tschurjumov-Gerassimenko
fhl) Radiogalaxie Cygnus A

4532	2ND	mehrfarbig	fhd	2,20	1,60
4533	2ND	mehrfarbig	fhe	2,20	1,60
4534	1ST	mehrfarbig	fhf	3,—	2,—

4535	1ST	mehrfarbig	fhg	3,—	2,—
4536	1.55 £	mehrfarbig	fhh	4,40	4,40
4537	1.55 £	mehrfarbig	fhi	4,40	4,40
4538	1.60 £	mehrfarbig	fhk	4,50	4,50
4539	1.60 £	mehrfarbig	fhl	4,50	4,50
			Satzpreis (8 W.)	28,—	25,—
			4 Paare	28,—	25,—
			FDC		28,—

Nominalen zur Zeit der Ausgabe: MiNr. 4532–4533 je 61 P, MiNr. 4534–4535 je 70 P

Nominalgleiche Marken wurden waagerecht zusammenhängend gedruckt.

MiNr. 4532–4539 stammen auch aus MH 198.

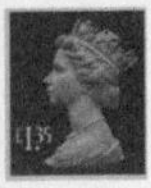

2020, 11. Febr. Freimarke: Königin Elizabeth II., Typ Machin. Odr., Markenheftchen; Sicherheitszähnung K 14¾:14¼.

ku IV) Königin Elizabeth II. (1926–2022, reg. ab 1952), irisierende, negative Inschrift „ROYAL MAIL" mehrfach

4540	1.35 £	dunkelpurpur	ku IV	6,—	4,—
			FDC		5,50

MiNr. 4540 stammt aus MH 198.

Gültig bis 31.1.2023, geduldet bis 31.7.2023

In gleicher Zeichnung siehe Übersicht nach Jahrgangswerttabelle.

2020, 17. März. James-Bond-Filme (I). Odr., Bogen (1×5 Zd und 1×5 Zd + 1×5 Zd), Kleinbogen (2×5 Zd) und Markenheftchen (MH); gez. K 14½.

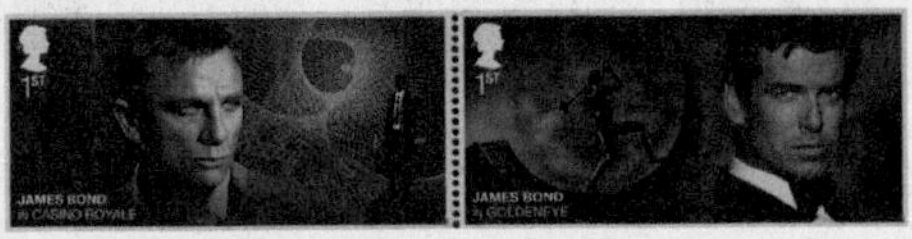

fhm) Daniel Craig (*1968) in „Casino Royale" (2005)
fhn) Pierce Brosnan (*1953) in „GoldenEye" (1995)

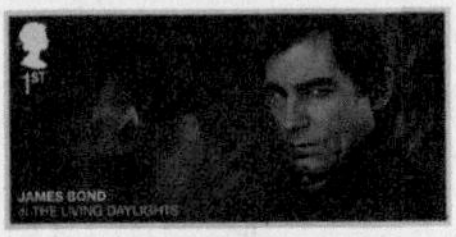

fho) Timothy Dalton (*1946) in „Der Hauch des Todes" (1987)

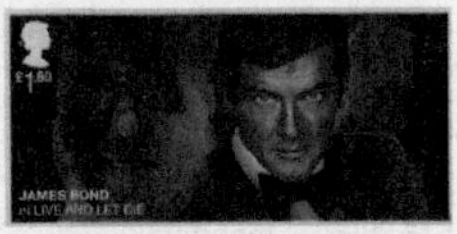

fhp) Roger Moore (1925–2009) in „Leben und sterben lassen" (1973)

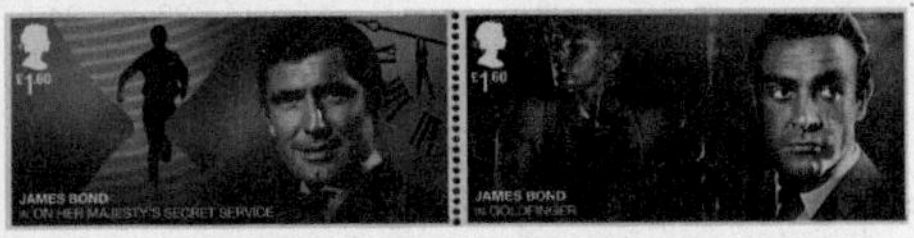

fhr) George Lazenby (*1939) in „Im Geheimdienst Ihrer Majestät" (1969)
fhs) Sean Connery (1930–2020) in „Goldfinger" (1964)

fhm–fhs) James-Bond-Darsteller 1962–2020

4541	1ST	mehrfarbig	fhm	3,—	2,—
4542	1ST	mehrfarbig	fhn	3,—	2,—
4543	1ST	mehrfarbig	fho	3,—	2,—
4544	1.60 £	mehrfarbig	fhp	4,50	4,50
4545	1.60 £	mehrfarbig	fhr	4,50	4,50
4546	1.60 £	mehrfarbig	fhs	4,50	4,50
			Satzpreis (6 W.)	22,—	19,—
			2 Dreierstreifen	22,—	20,—
			FDC		24,—
			Zd-Kleinbogen	45,—	45,—

Blockausgabe, Aufdruck fl., MiNr. 4547–4548 gez. Ks 14, MiNr. 4549–4550 gez. Ks 14:14½, dabei jeweils 3 Zähnungslöcher als „007" gestanzt

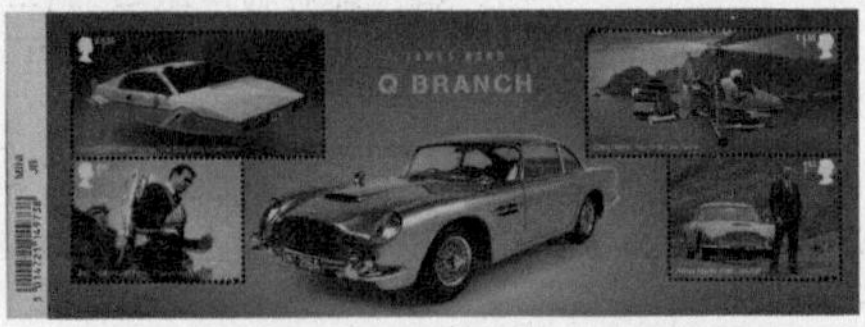

ffm

fhv fhw
fht fhu

fht) Bell-Textron-Jetpack in „Feuerball" (1965)
fhu) Aston Martin DB5 in „Skyfall" (2012)
fhv) Lotus Esprit Submarine in „Der Spion, der mich liebte" (1977)
fhw) Little Nellie in „Man lebt nur zweimal" (1967)

fht–fhw) Spezialtransportmittel aus James-Bond-Filmen

4547	1ST	mehrfarbig	fht	3,—	2,—
4548	1ST	mehrfarbig	fhu	3,—	2,—
4549	1.55 £	mehrfarbig	fhv	4,50	4,50
4550	1.55 £	mehrfarbig	fhw	4,50	4,50
Block 132		(202×74 mm)	fhx	15,—	13,—
			FDC		16,—

Nominale von MiNr. 4541–4543 und 4547–4548 zur Zeit der Ausgabe: je 70 P

Nominalgleiche Bogenmarken wurden waagerecht zusammenhängend gedruckt.

MiNr. 4541–4546 wurden auch in einem sog. Commemorative Sheet mit 10 Marken (3 × MiNr. 4541 und 4546 sowie 1 × MiNr. 4542–4545) und 10 verschiedenen links anhängenden Zierfeldern gedruckt (Postpreis: 12.60 £).

MiNr. 4541–4550 stammen auch aus MH 199.

Bei MiNr. 4549 aus Bl. 132 ist die Stanzung „007" oben rechts, aus MH 199 oben links.

In gleichen Zeichnungen wie MiNr. 4547–4548: MiNr. 4551–4552 (selbstklebend)

2020, 17. März/3. Nov. James-Bond-Filme (II). I = RaTdr., Markenheftchen (MH); II = Odr., Folienbogen (Fbg.) (2×5 Zd); Aufdruck fl.; selbstklebend; gestanzt 14¼.

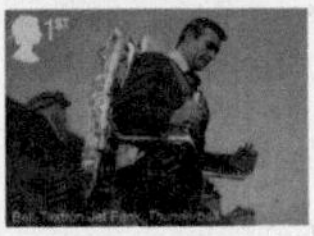

fht) Bell-Textron-Jetpack

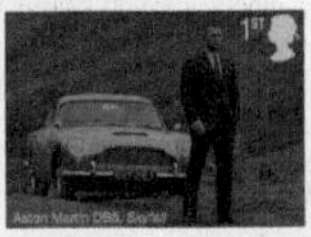

fhu) Aston Martin DB5

4551	I	1ST	mehrfarbig (MH)	fht	5,—	2,—
4552		1ST	mehrfarbig	fhu		
	I		RaTdr. (MH)		5,—	2,—
	II		Odr. (Fbg.)		3,—	2,40
				Satzpreis I (2 W.)	10,—	4,—
				FDC I		5,50
				4552 II Zf	3,20	2,50
				Folienbogen II	32,—	

Nominale zur Zeit der Ausgabe: je 70 P

MiNr. 4551 I–4552 I stammen aus MH 0-412.

MiNr. 4552 II stammt aus einem sog. Commemorative Sheet mit 10 Marken und 10 verschiedenen links anhängenden Zierfeldern, die durch 3 schmale Verbindungsstege mit der Marke verbunden sind (Postpreis: 8.80 £).

In gleichen Zeichnungen: MiNr. 4547–4548 (nassklebend)

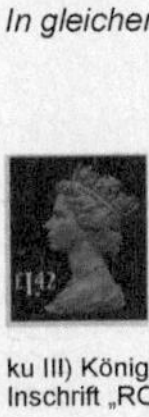

2020, 17. März. Freimarken: Königin Elizabeth II., Typ Machin. RaTdr. (5×5); U-förmige Stanzungen im Markenbild; selbstklebend; Sicherheitsstanzung 14¾:14¼.

ku III) Königin Elizabeth II. (1926–2022, reg. ab 1952); irisierende, negative Inschrift „ROYAL MAIL" mehrfach

4553	1.42 £	rotkarmin	ku III	4,—	4,—
4554	1.63 £	zinnober	ku III	4,50	4,50
4555	1.68 £	gelboliv	ku III	4,60	4,60
4556	2.42 £	violettblau	ku III	7,—	7,—

4557	2.97 £	karminlila	ku III	8,50	8,50
4558	3.66 £	hellolivbraun	ku III	9,50	9,50
4559	3.82 £	schwärzlichsmaragdgrün	ku III	10,—	10,—
			Satzpreis (7 W.)	48,—	48,—
			FDC		52,—

7A MiNr. 4556 aus Bogen mit Rändelrad-Stanzung

Gültig bis 31.1.2023, geduldet bis 31.7.2023

In gleicher Zeichnung siehe Übersicht nach Jahrgangswerttabelle.

Posttarife Großbritannien (23.3.2020–31.8.2020)

2. Klasse, Standardformat: 65 P (zuvor: 61 P)
1. Klasse, Standardformat: 76 P (zuvor: 70 P)
2. Klasse, Großformat: 88 P (zuvor: 83 P)
1. Klasse, Großformat: 1.15 £ (zuvor: 1.06 £)
Europa, bis 20 g: 1.42 £ (zuvor: 1.35 £)
Europa, 20 g–100 g: 1.68 £ (zuvor: 1.60 £)
Postkarte, Luftpost: 1.42 £ (zuvor: 1.35 £)
Seepost, bis 20 g: 1.26 £ (zuvor: 1.20 £)
Luftpost, bis 10 g: 1.42 £ (zuvor: 1.35 £)
Luftpost, 10 g–20 g: 1.63 £ (zuvor: 1.55 £)
Luftpost, 20 g–100 g: 2.42 £ (zuvor: 2.30 £)
Einschreiben, 1. Klasse, Standardformat: 2.06 £ (zuvor: 1.90 £)
Einschreiben, 1. Klasse, Großformat: 2.45 £ (zuvor: 2.26 £)
Eilsendung, bis 100 g: 6.70 £ (zuvor: 6.60 £)
Eilsendung, bis 500 g: 7.50 £ (zuvor: 7.40 £)

2020, 7. April. Literaten der Romantik. Odr. (1×5 Zd und 1×5 Zd + 1×5 Zd); gez. K 14.

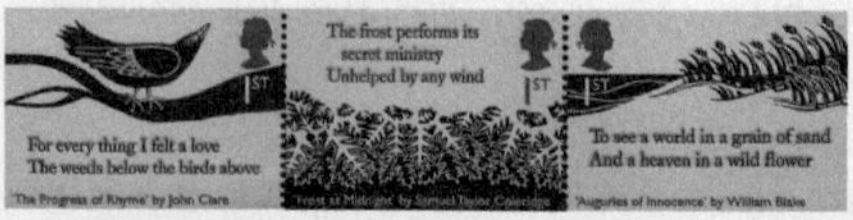

fhy) Der Fortschritt des Reims; von John Clare (1793–1864)
fhz) Frost um Mitternacht; von Samuel Taylor Coleridge (1772–1834)
fia) Auguries of Innocence; von William Blake (1757–1827)

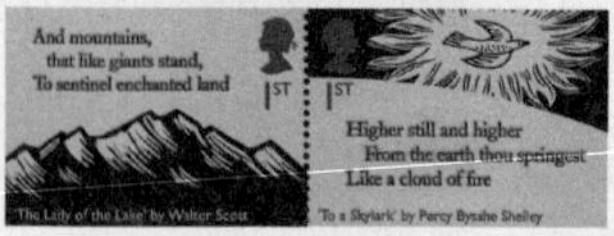

fib) Dame vom See; von Walter Scott (1771–1832)
fic) Ode an eine Lerche; von Percy Bysshe Shelley (1792–1822)

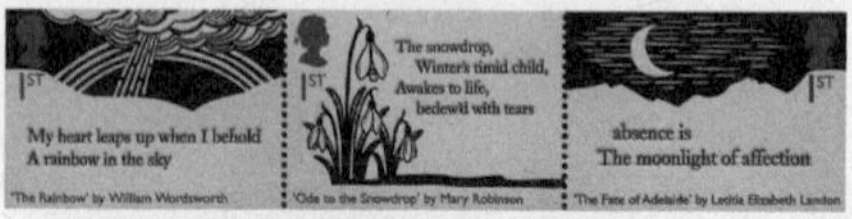

fid) Der Regenbogen; von William Wordsworth (1770–1850)
fie) Ode an das Schneeglöckchen; von Mary Robinson (1757–1800)
fif) Das Schicksal von Adelaide; von Letitia Elizabeth Landon (1802–1838)

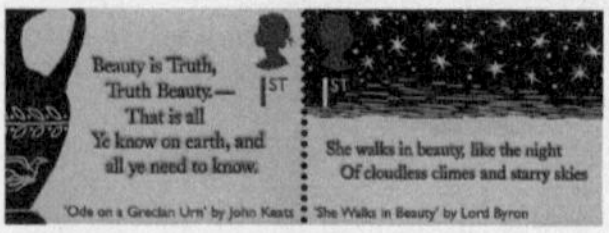

fig) Ode an eine griechische Urne; von John Keats (1795–1821)
fih) Sie geht in Schönheit; von George Gordon Byron, bekannt als Lord Byron (1788–1824)

4560	1ST	schwarz/gelbbraun	fhy	3,—	2,20
4561	1ST	schwarz/gelbbraun	fhz	3,—	2,20
4562	1ST	gelbbraun/schwarz	fia	3,—	2,20
4563	1ST	schwarz/gelbbraun	fib	3,—	2,20
4564	1ST	schwarz/gelbbraun	fic	3,—	2,20
4565	1ST	schwarz/gelbbraun	fid	3,—	2,20
4566	1ST	gelbbraun/schwarz	fie	3,—	2,20
4567	1ST	schwarz/gelbbraun	fif	3,—	2,20
4568	1ST	schwarz/gelbbraun	fig	3,—	2,20
4569	1ST	schwarz/gelbbraun	fih	3,—	2,20
			Satzpreis (10 W.)	30,—	22,—
			2 Fünferstreifen	30,—	22,—
			FDC		28,—

Nominale zur Zeit der Ausgabe: je 76 P

MiNr. 4560–4564 und 4565–4569 wurden jeweils waagerecht zusammenhängend gedruckt.

2020, 8. Mai. 75. Jahrestag der Beendigung des Zweiten Weltkrieges. Odr. (5×3 Zd und 5×3 Zd + 5×3 Zd); gez. K 14.

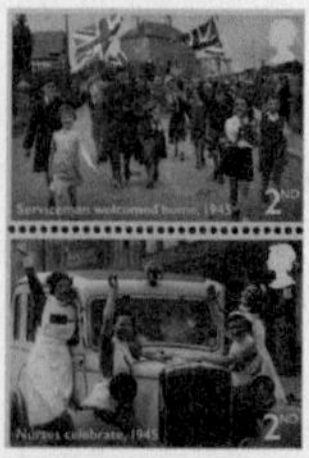

fii) Heimkehrende Soldaten in South Devon
fik) Jubelnde Krankenschwestern in Liverpool

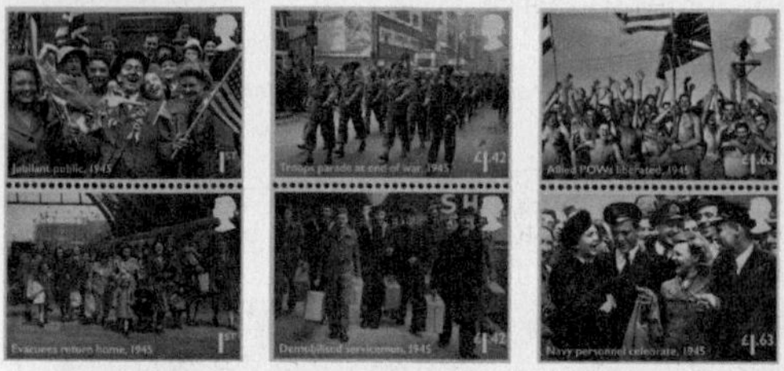

fil) Feiernde Menschen am Piccadilly Circus, London
fim) Zurückkehrende Evakuierte in London
fin) Paradierende Soldaten auf der Oxford Street, London
fio) Entlassene Soldaten mit ihrer Zivilkleidung im Paket
fip) Befreite, alliierte Kriegsgefangene
fir) Jubelnde Marineangehörige in Glasgow

4570	2ND	mehrfarbig	fii	2,20	1,70
4571	2ND	mehrfarbig	fik	2,20	1,70
4572	1ST	mehrfarbig	fil	3,—	2,—
4573	1ST	mehrfarbig	fim	3,—	2,—
4574	1.42 £	mehrfarbig	fin	4,20	4,—
4575	1.42 £	mehrfarbig	fio	4,20	4,—
4576	1.63 £	mehrfarbig	fip	4,60	4,50
4577	1.63 £	mehrfarbig	fir	4,60	4,50
			Satzpreis (8 W.)	28,—	24,—
			4 Paare	28,—	24,—
			FDC		28,—

Blockausgabe, gez. Ks 14½

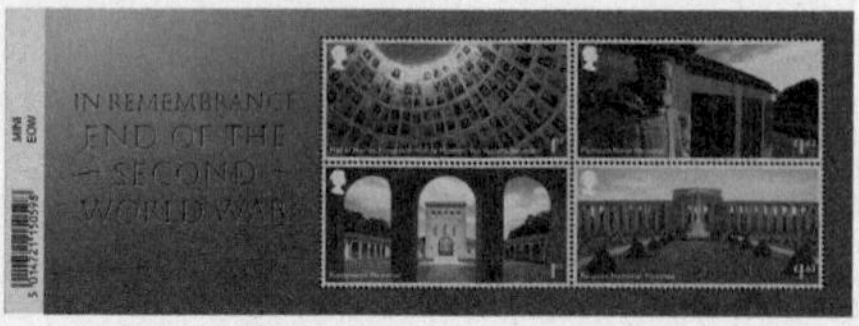

fiw

fis fiu
fit fiv

fis) Halle der Namen, Museum zur Geschichte des Holocaust, Yad Vashem, Jerusalem
fit) Runnymede Memorial, Englefield Green, Surrey
fiu) Plymouth Naval Memorial
fiv) Rangoon Memorial, Myanmar

4578	1ST	mehrfarbig	fis	3,—	2,—
4579	1ST	mehrfarbig	fit	3,—	2,—
4580	1.63 £	mehrfarbig	fiu	4,50	4,50
4581	1.63 £	mehrfarbig	fiv	4,50	4,50
Block 133		(202×74 mm)	fiw	15,—	13,—
			FDC		16,—

Nominalen zur Zeit der Ausgabe: MiNr. 4570–4571 je 65 P, MiNr. 4572–4573 und 4578–4579 je 76 P

Nominalgleiche Bogenmarken wurden senkrecht zusammenhängend gedruckt.

MiNr. 4570–4581 stammen auch aus MH 200.

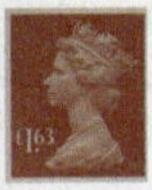

2020, 8. Mai. Freimarke: Königin Elizabeth II., Typ Machin. Odr., Markenheftchen; Sicherheitszähnung K 14¾:14¼.

ku IV) Königin Elizabeth II. (1926–2022, reg. ab 1952), irisierende, negative Inschrift „ROYAL MAIL" mehrfach

4582	1.63 £	zinnober	ku IV	4,50	4,50
			FDC		6,—

MiNr. 4582 stammt auch aus MH 200.

Gültig bis 31.1.2023, geduldet bis 31.7.2023

In gleicher Zeichnung siehe Übersicht nach Jahrgangswerttabelle.

2020, 28. Mai. 60 Jahre Fernsehserie „Coronation Street" (I). Odr. (3×5 Zd und 3×5 Zd + 3×5 Zd); gez. K 14¼:14.

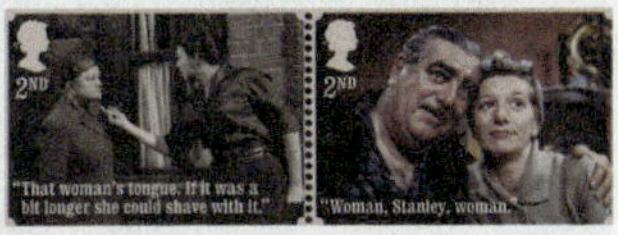

fix) Ena Sharples und Elsie Tanner, gespielt von Violet Carson (1898–1983) und Pat Pat Phoenix (1923–1986)
fiy) Stan und Hilda Ogden, gespielt von Bernard Youens (1914–1984) und Jean Alexander (1926–2016)

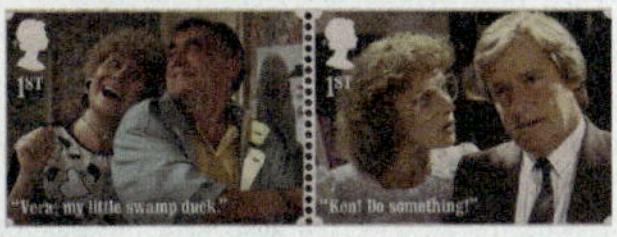

fiz) Vera und Jack Duckworth, gespielt von Elizabeth Dawn (1931–2017) und William Tarmay (1941–2012)
fka) Deirdre und Ken Barton, gespielt von Anne Kirkbride (1954–2015) und William Roache (*1932)

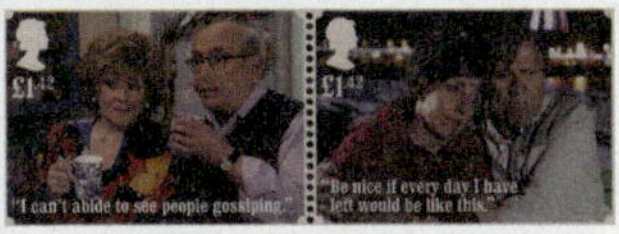

fkb) Rita Sullivan und Norris Cole, gespielt von Barbara Knox (*1933) und Malcom Hebden (*1939)
fkc) Hayley und Roy Cropper, gespielt von Julie Hesmondhalgh (*1970) und David Neilson (*1949)

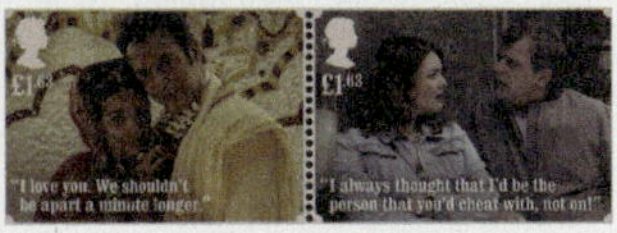

fkd) Sunita und Dev Alahan, gespielt von Shobna Gulati (*1966) und Jimmi Harkishin (*1965)
fke) Tracy Barlow und Steve McDonald, gespielt von Kate Ford (*1976) und Simon Gregson (*1974)

4583	2ND	schwarz	fix	2,20	1,70
4584	2ND	mehrfarbig	fiy	2,20	1,70
4585	1ST	mehrfarbig	fiz	3,—	2,—
4586	1ST	mehrfarbig	fka	3,—	2,—
4587	1.42 £	mehrfarbig	fkb	4,20	4,—
4588	1.42 £	mehrfarbig	fkc	4,20	4,—
4589	1.63 £	mehrfarbig	fkd	4,60	4,50
4590	1.63 £	mehrfarbig	fke	4,60	4,50
			Satzpreis (8 W.)	28,—	24,—
			4 Paare	28,—	24,—
			FDC		28,—

Blockausgabe, gez. Ks 14:14¼

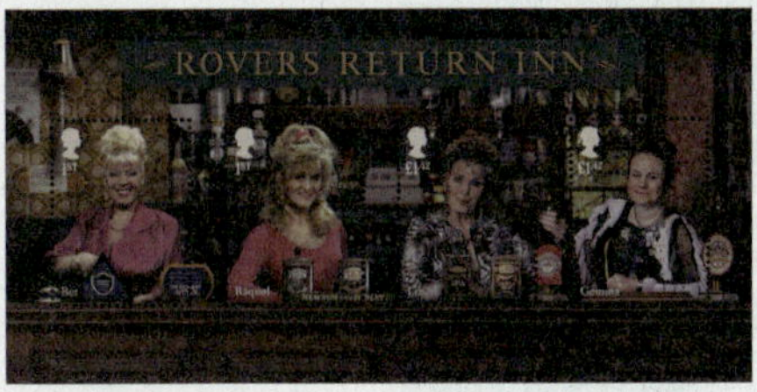

fkk

fkf) Bet Lynch, gespielt von Julie Goodyear (*1942)
fkg) Raquel Walls, gespielt von Sarah Lancashire (*1964)
fkh) Liz McDonald, gespielt von Beverley Callard (*1957)
fki) Gemma Wink, gespielt von Dolly-Rose Campbell (*1986)

4591	1ST	mehrfarbig	fkf	3,—	2,—
4592	1ST	mehrfarbig	fkg	3,—	2,—
4593	1.42 £	mehrfarbig	fkh	4,—	4,—
4594	1.42 £	mehrfarbig	fki	4,—	4,—
Block 134		(156×74 mm)	fkk	14,—	12,—
			FDC		15,—

Nominalen zur Zeit der Ausgabe: MiNr. 4583–4584 je 65 P, MiNr. 4585–4586 und MiNr. 4591–4592 je 76 P

Nominalgleiche Bogenmarken wurden waagerecht zusammenhängend gedruckt.

In gleichen Zeichnungen wie MiNr. 4585–4586: MiNr. 4595–4596 (selbstklebend)

2020, 28. Mai. 60 Jahre Fernsehserie „Coronation Street" (II). I = Odr., Folienbogen (Fbg.) (2×5 Zd); selbstklebend, gestanzt 14¼:14¾; II = RaTdr., Markenheftchen (MH); selbstklebend; gestanzt 14¼:14.

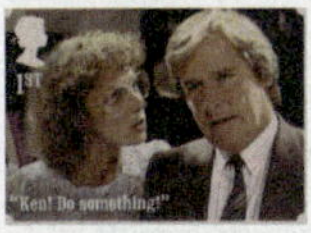

fka) Deirdre und Ken Barton, gespielt von Anne Kirkbride (1954–2015) und William Roache (*1932)

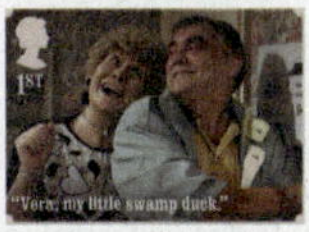

fiz) Vera und Jack Duckworth, gespielt von Elizabeth Dawn (1931–2017) und William Tarmay (1941–2012)

4595	1ST	mehrfarbig	fka		
	I	Odr., gest. 14¼:14¾ (Fbg.)		5,—	2,50
	II	RaTdr., gest. 14¼:14 (MH)		3,50	2,50
4596	1ST	mehrfarbig	fiz		
	I	Odr., gest. 14¼:14¾ (Fbg.)		5,—	2,50
	II	RaTdr., gest. 14¼:14 (MH)		3,50	2,50
			Satzpreis I (2 W.)	10,—	5,—
			FDC I		7,—
			4595 I Zf–4596 I Zf	10,—	5,—
			Folienbogen I	50,—	
			Satzpreis II (2 W.)	7,—	5,—
			FDC II		7,—

Nominale zur Zeit der Ausgabe: je 76 P

MiNr. 4595 I–4596 I stammen aus einem sog. Commemorative Sheet mit 10 Marken (je 5×) und 10 jeweils links anhängenden Zierfeldern, die durch jeweils 3 Verbindungsstege mit der Marke verbunden sind (Postpreis: 8.80 £).

MiNr. 4595 II–4596 II stammen aus MH 0-413.

In gleichen Zeichnungen: MiNr. 4585–4586 (nassklebend)

2020, 18. Juni. Römisches Britannien. Odr. (3×5 Zd und 3×5 Zd + 3×5 Zd); gez. K 14¼.

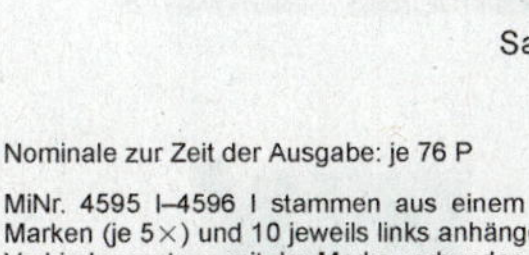

fkl) Leuchtturm bei Dover
fkm) Venus-Mosaik in römischer Villa bei Bignor, West Sussex

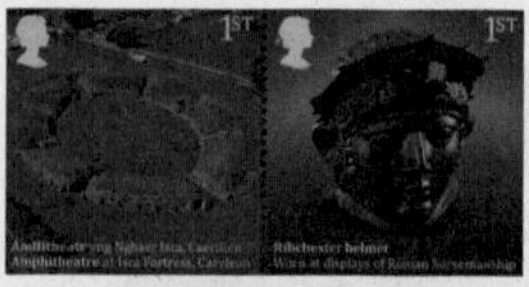

fkn) Amphitheater beim Legionslager in Caerleon, Wales
fko) Helm der römischen Kavallerie, gefunden bei Ribchester, Lancashire

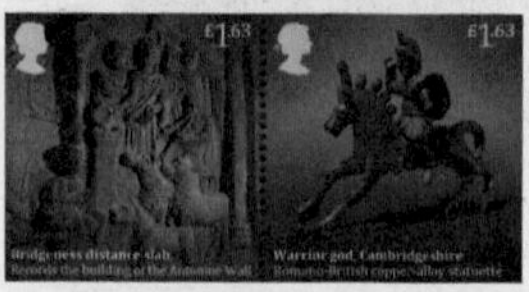

fkp) Distanzplatte am Meilenkastell am Antoniuswall
fkr) Kupfer-Statuette eines Kriegsgotts, gefunden in Cambridgeshire

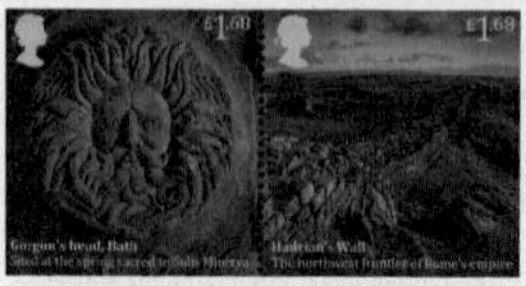

fks) Gorgonen-Kopf in Aquae Sulis, heute Bath, Somerset
fkt) Hadrianwall

4597	2ND	mehrfarbig	fkl	2,20	1,70
4598	2ND	mehrfarbig	fkm	2,20	1,70
4599	1ST	mehrfarbig	fkn	3,—	2,—
4600	1ST	mehrfarbig	fko	3,—	2,—
4601	1.63 £	mehrfarbig	fkp	4,80	4,50
4602	1.63 £	mehrfarbig	fkr	4,80	4,50
4603	1.68 £	mehrfarbig	fks	5,—	4,80
4604	1.68 £	mehrfarbig	fkt	5,—	4,80
			Satzpreis (8 W.)	30,—	26,—
			4 Paare	30,—	26,—
			FDC		30,—

Nominalen zur Zeit der Ausgabe: MiNr. 4597–4598 je 65 P, MiNr. 4599–4600 je 76 P

Nominalgleiche Marken wurden waagerecht zusammenhängend gedruckt.

2020, 9. Juli. 50 Jahre Rockband „Queen" (I). Odr., Bogen (B) (1×6 Zd und 1×6 Zd + 1×6 Zd), Kleinbogen I (Klb. I) (8), Kleinbogen II (Klb. II) (4) und Markenheftchen (MH); gez. K 14.

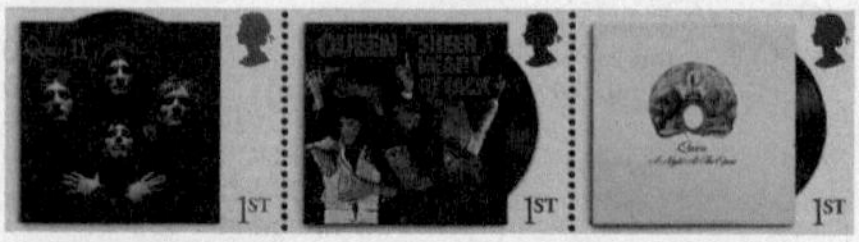

fku) „Queen II" (1974)
fkv) „Sheer Heart Attack" (1974)
fkw) „A Night at the Opera" (1975)

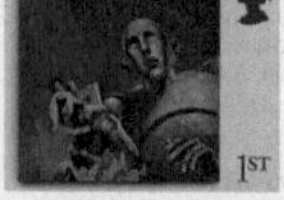

fkx) „News of the World" (1977)

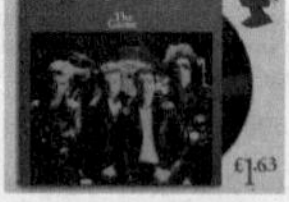

fky) „The Game" (1980)

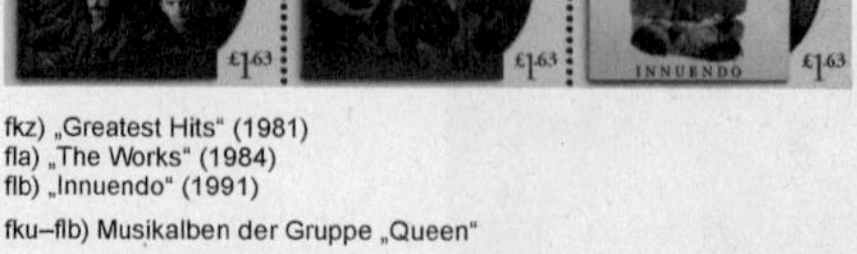

fkz) „Greatest Hits" (1981)
fla) „The Works" (1984)
flb) „Innuendo" (1991)

fku–flb) Musikalben der Gruppe „Queen"

4605	1ST	mfg. (B) (Klb. I) (MH)	fku	3,—	2,—
4606	1ST	mfg. (B) (Klb. I) (MH)	fkv	3,—	2,—
4607	1ST	mfg. (B) (Klb. I) (Klb. II) (MH)	fkw	3,—	2,—
4608	1ST	mfg. (B) (Klb. I) (MH)	fkx	3,—	2,—
4609	1.63 £	mfg. (B) (Klb. I) (MH)	fky	4,50	4,50
4610	1.63 £	mfg. (B) (Klb. I) (MH)	fkz	4,50	4,50
4611	1.63 £	mfg. (B) (Klb. I) (MH)	fla	4,50	4,50
4612	1.63 £	mfg. (B) (Klb. I) (MH)	flb	4,50	4,50
			Satzpreis (8 W.)	30,—	26,—
			2 Viererstreifen	30,—	26,—
			FDC		30,—
			Kleinbogen I	30,—	30,—
			Kleinbogen II	20,—	20,—

Blockausgabe, MiNr. 4613–4614 und 4616–4617 gez. Ks 14¼, MiNr. 4615 gez. Ks 14¾:14

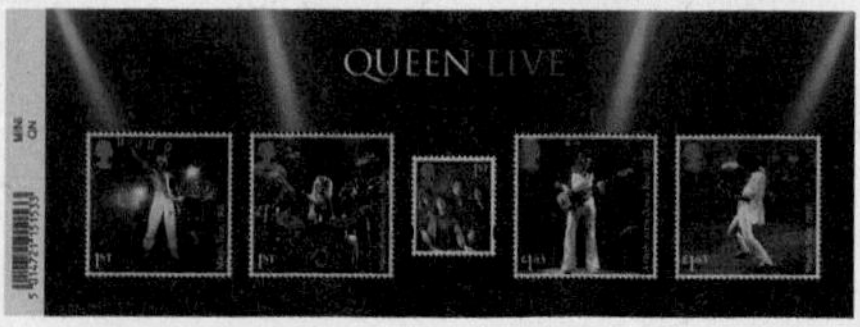

flh

flc) Freddy Mercury (1946–1991), Magic Tour, Wembley-Stadion, London (1986)
fld) Roger Taylor (*1949), Hyde Park, London (1976)
fle) Gruppe „Queen" (1974)
flf) John Deacon (*1950), A Night at the Opera, Hammersmith Odeon, London (1975)
flg) Brian May (*1947), Magic Tour, Népstadion, Budapest (1986)

flc–flg) Konzerte und Tourneen der Musikgruppe „Queen"

4613	1ST	mehrfarbig	flc	3,—	2,—
4614	1ST	mehrfarbig	fld	3,—	2,—
4615	1ST	schwarz/bronzefarben	fle	3,—	2,—
4616	1.63 £	mehrfarbig	flf	4,50	4,50
4617	1.63 £	mehrfarbig	flg	4,50	4,50
Block 135		(202×74 mm)	flh	18,—	15,—
			FDC		18,—

Nominale von MiNr. 4605–4608 und 4613–4615 zur Zeit der Ausgabe: je 76 P

Nominalgleiche Bogenmarken wurden waagerecht zusammenhängend gedruckt.

MiNr. 4605–4617 stammen auch aus MH 201.

MiNr. 4605–4612 wurden zusammen im Kleinbogen I (mit Illustrationen der Musikalben) ausgegeben (Postpreis: 10.20 £).

MiNr. 4607 wurde auch im Kleinbogen II zu 4 Marken ausgegeben (Postpreis: 7.50 £).

Auflagen: je 5.000 Kleinbogen I und II

In gleichen Zeichnungen wie MiNr. 4605–4612 und 4615: MiNr. 4618–4625, 4626 (selbstklebend)

2020, 9. Juli. 50 Jahre Rockband „Queen“ (II). I = Odr., Folienbogen (Fbg.) (2×5 Zd); selbstklebend; gestanzt 13¼:12¾; II = RaTdr., Markenheftchen (MH); selbstklebend; gestanzt 14¼.

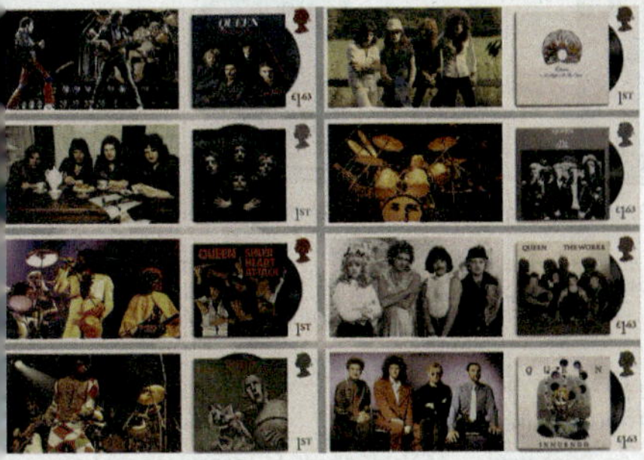

Zierfeld	fkz	Zierfeld	fkw
Zierfeld	fku	Zierfeld	fky
Zierfeld	fkv	Zierfeld	fla
Zierfeld	fkx	Zierfeld	flb

fkw) „A Night at the Opera“ (1975)
fku) „Queen II“ (1974)
fkv) „Sheer Heart Attack“ (1974)
fkx) „News of the World“ (1977)
fkz) „Greatest Hits“ (1981)
fky) „The Game“ (1980)
fla) „The Works“ (1984)
flb) „Innuendo“ (1991)

fku–flb) Musikalben der Gruppe „Queen“

4618	1ST	mehrfarbig	fkw		
I		Odr., gest. 13¼:12¾ (Fbg.)		3,—	2,50
II		RaTdr., gest. 14¼ (MH)		5,—	3,—
4619	1ST	mehrfarbig	fku		
I		Odr., gest. 13¼:12¾ (Fbg.)		3,—	2,50
II		RaTdr., gest. 14¼ (MH)		5,—	3,—
4620 I	1ST	mehrfarbig (Fbg.)	fkv	3,—	2,50
4621 I	1ST	mehrfarbig (Fbg.)	fkx	3,—	2,50
4622 I	1.63 £	mehrfarbig (Fbg.)	fkz	5,—	4,50
4623 I	1.63 £	mehrfarbig (Fbg.)	fky	5,—	4,50
4624 I	1.63 £	mehrfarbig (Fbg.)	fla	5,—	4,50
4625 I	1.63 £	mehrfarbig (Fbg.)	flb	5,—	4,50
		Satzpreis I (8 W.)		32,—	28,—
		FDC I			32,—
		4618 I Zf–4625 I Zf		34,—	30,—
		Folienbogen I		40,—	
		Satzpreis II (2 W.)		10,—	6,—
		FDC II			8,—

Nominale von MiNr. 4618–4621 zur Zeit der Ausgabe: je 76 P

MiNr. 4618 I–4625 I stammen aus einem sog. Commemorative Sheet mit 10 Marken (2 × MiNr. 4618 I und 4622 I sowie 1 × MiNr. 4619 I–4621 I und 4623 I–4625 I) und 10 jeweils links anhängenden Zierfeldern, die durch jeweils 3 Verbindungsstege mit der Marke verbunden sind (Postpreis: 13.15 £).

MiNr. 4618 II–4619 II stammen aus MH 0-414.

In gleichen Zeichnungen: MiNr. 4605–4612 (nassklebend)

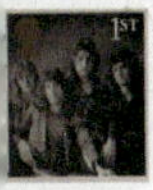

2020, 9. Juli/2021, 29. März. 50 Jahre Rockband „Queen“ (III). I = Odr., Folienbogen (Fbg.) (2×5 Zd); II = RaTdr., Markenheftchen (MH) (3×2); selbstklebend; gestanzt 14¾:14.

Zierfeld
fle) Gruppe „Queen“ (1974)

4626	1ST	schwarz/bronzefarben	fle		
I		Odr. (Flb.) (9.7.2020)		3,—	2,—
II		RaTdr. (MH) (29.3.2021)		3,50	2,20
		FDC I			3,50
		4626 I Zf		3,20	2,20
		Folienbogen I		32,—	22,—

Nominalen zur Zeit der Ausgabe: MiNr. 4626 I = 76 P, MiNr. 4626 II = 85 P

MiNr. 4626 I stammt aus Folienbogen zu 10 Marken und 10 Zierfeldern, die jeweils durch 3 schmale Verbindungsstege mit der Marke verbunden sind (Postpreis: 8.80 £).

MiNr. 4626 II stammt aus MH 0-421.

In gleicher Zeichnung: MiNr. 4615 (nassklebend)

2020, 30. Juli. Westminsterpalast. Odr. (1×6 Zd und 1×6 Zd + 1×6 Zd); gez. K 14.

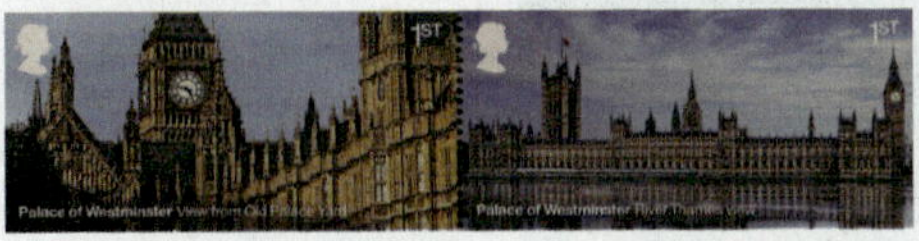

fli) Alter Palasthof
flk) Blick von der Themse

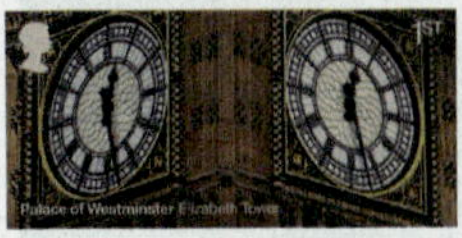

fll) Elizabeth Tower mit Glocke „Big Ben“

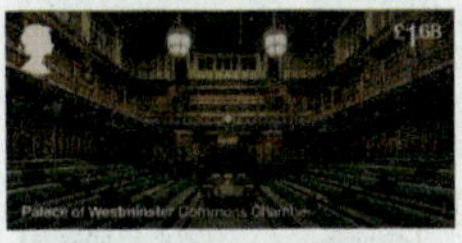

flm) Plenarsaal des House of Commons (Unterhaus)

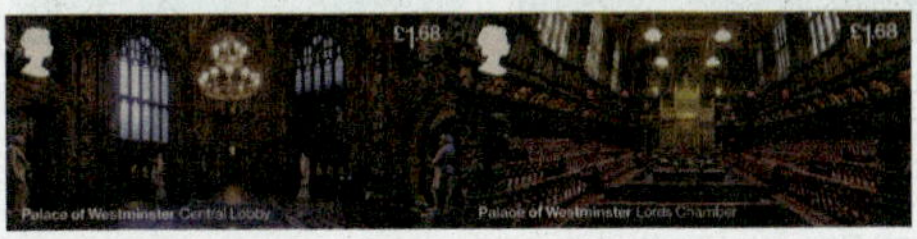

fln) Westminsterhalle
flo) Plenarsaal des House of Lords (Oberhaus)

4627	1ST	mehrfarbig	fli	3,—	2,—
4628	1ST	mehrfarbig	flk	3,—	2,—
4629	1ST	mehrfarbig	fll	3,—	2,—
4630	1.68 £	mehrfarbig	flm	4,70	4,70
4631	1.68 £	mehrfarbig	fln	4,70	4,70
4632	1.68 £	mehrfarbig	flo	4,70	4,70
		Satzpreis (6 W.)		23,—	20,—
		2 Dreierstreifen		23,—	20,—
		FDC			24,—

Blockausgabe, gez. Ks 14¼

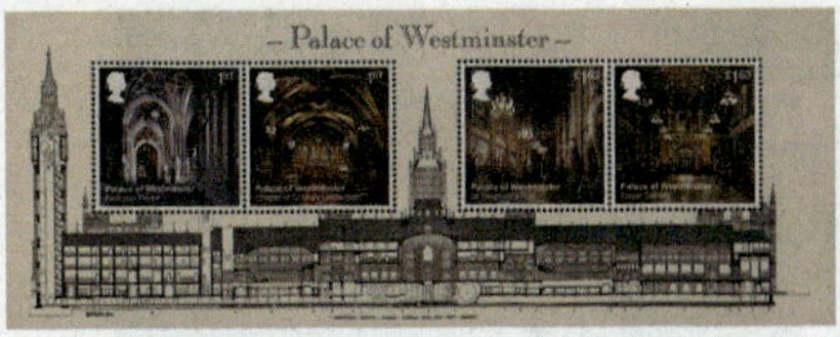

flu

flp) Norman-Pforte
flp) St.-Mary-Krypta
fls) St.-Stephen-Halle
flt) Königliche Galerie

4633	1ST	mehrfarbig	flp	3,—	2,—
4634	1ST	mehrfarbig	flr	3,—	2,—
4635	1.63 £	mehrfarbig	fls	4,50	4,50
4636	1.63 £	mehrfarbig	flt	4,50	4,50
Block 136		(156×74 mm)	flu	15,—	13,—
		FDC			16,—

Nominale von MiNr. 4627–4629 und 4633–4634 zur Zeit der Ausgabe: je 70 P

Nominalgleiche Bogenmarken wurden waagerecht zusammenhängend gedruckt.

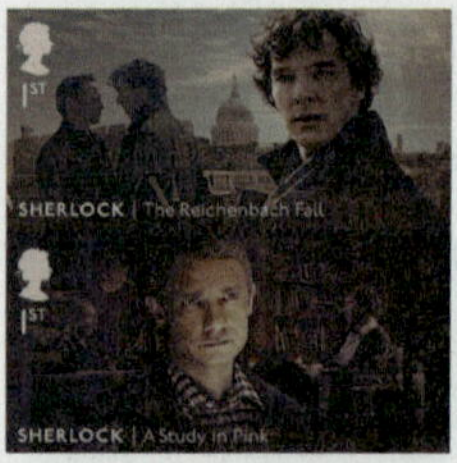

2020, 18. Aug. 10 Jahre Fernsehserie „Sherlock“ (I). Odr. (3×3 Zd und 3×3 Zd + 3×3 Zd); gez. K 14½.

flv) Der Reichenbachfall: Sherlock Holmes, gespielt von Benedict Cumberbatch (*1976)

flw) Ein Fall von Pink: Dr. John Watson, gespielt von Martin Freeman (*1971)

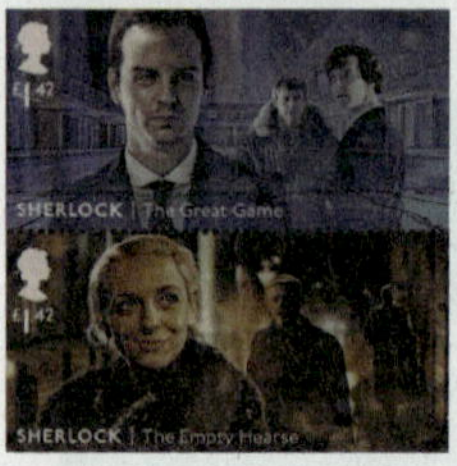

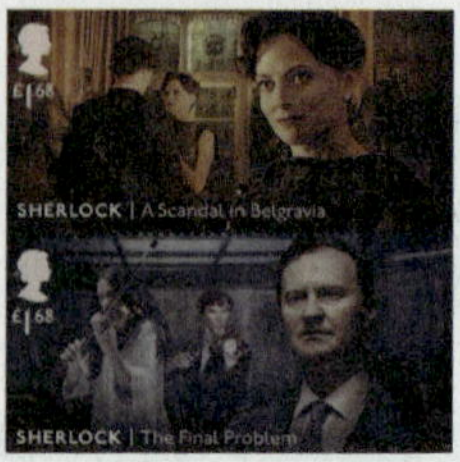

flx) Das große Spiel: James Moriarty, gespielt von Andrew Scott (*1976)

flz) Ein Skandal in Belgravia: Irene Adler, gespielt von Lara Pulver (*1980)

fly) Der leere Sarg: Mary Morton, gespielt von Amanda Abbington (*1974)

fma) Das letzte Problem: Mycroft Holmes, gespielt von Mark Gatiss (*1966)

flv–fma) Figuren und ihre Darsteller

4637	1ST	mehrfarbig	flv	3,—	2,—
4638	1ST	mehrfarbig	flw	3,—	2,—
4639	1.42 £	mehrfarbig	flx	4,—	4,—
4640	1.42 £	mehrfarbig	fly	4,—	4,—
4641	1.68 £	mehrfarbig	flz	4,60	4,60
4642	1.68 £	mehrfarbig	fma	4,60	4,60
			Satzpreis (6 W.)	23,—	21,—
			3 Paare	23,—	21,—
			FDC		24,—

Blockausgabe, gez. Ks 14

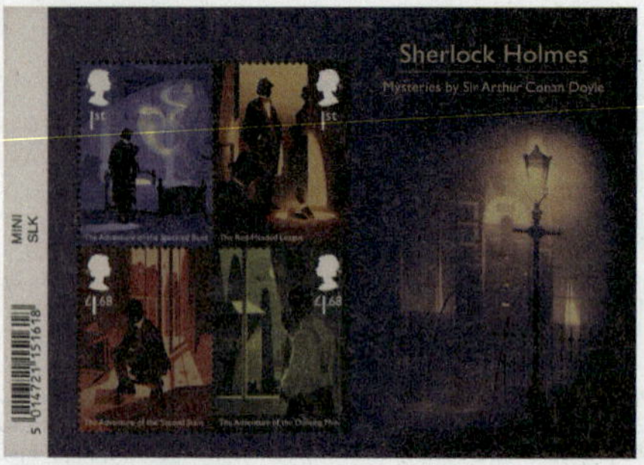

fmf

fmb) Das gefleckte Band
fmc) Der Bund der Rothaarigen
fmd) Der zweite Fleck
fme) Das tanzende Männchen

fmb–fme) Szenen aus Kurzgeschichten von Arthur Conan Doyle (1859–1930), Arzt und Kriminalschriftsteller

4643	1st	mehrfarbig	fmb	3,—	2,—
4644	1st	mehrfarbig	fmc	3,—	2,—
4645	1.68 £	mehrfarbig	fmd	4,50	4,50
4646	1.68 £	mehrfarbig	fme	4,50	4,50
Block 137		(125×89 mm)	fmf	15,—	13,—
			FDC		16,—

Nominale von MiNr. 4637–4638 und 4643–4644 zur Zeit der Ausgabe: je 76 P

Nominalgleiche Bogenmarken wurden senkrecht zusammenhängend gedruckt.

Die Marken zeigen unter UV-Licht sichtbare Inschriften.

In gleichen Zeichnungen wie MiNr. 4637–4644: MiNr. 4647–4648, 4663–4668 (selbstklebend)

2020, 18. Aug. 10 Jahre Fernsehserie „Sherlock“ (II). RaTdr. Markenheftchen; selbstklebend; gestanzt 14¼.

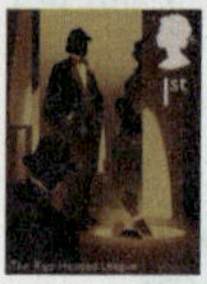

fmc) Der Bund der Rothaarigen

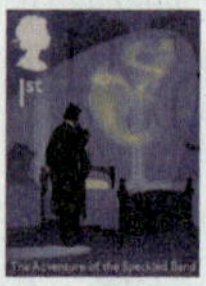

fmb) Das gefleckte Band

4647	1st	mehrfarbig	fmc	3,50	2,—
4648	1st	mehrfarbig	fmb	3,50	2,—
			Satzpreis (2 W.)	7,—	4,—
			FDC		5,5(

Nominale zur Zeit der Ausgabe: je 76 P

MiNr. 4647–4648 stammen aus MH 0-415

In gleichen Zeichnungen: MiNr. 4643–4644 (nassklebend)

Posttarife Großbritannien (1.9.–31.12.2020)

2. Klasse, Standardformat: 65 P (seit 23.3.2020)
1. Klasse, Standardformat: 76 P (seit 23.3.2020)
2. Klasse, Großformat: 88 P (seit 23.3.2020)
1. Klasse, Großformat: 1.15 £ (seit 23.3.2020)
Europa, bis 20 g: 1.45 £ (zuvor: 1.42 £)
Europa, 20 g–100 g: 1.70 £ (zuvor: 1.68 £)
Postkarte, Luftpost: 1.45 £ (zuvor: 1.42 £)
Seepost, bis 20 g: 1.26 £ (seit 23.3.2020)
Luftpost, bis 10 g: 1.45 £ (zuvor: 1.42 £)
Luftpost, 10 g–20 g: 1.70 £ (zuvor: 1.63 £)
Luftpost, 20 g–100 g: 2.50 £ (zuvor: 2.42 £)
Einschreiben, 1. Klasse, Standardformat: 2.06 £ (seit 23.3.2020)
Einschreiben, 1. Klasse, Großformat: 2.45 £ (seit 23.3.2020)
Eilsendung, bis 100 g: 6.70 £ (seit 23.3.2020)
Eilsendung, bis 500 g: 7.50 £ (seit 23.3.2020)

2020, 3. Sept. 100 Jahre Comicserie „Rupert Bär“. Odr. (3×5 Zd und 3×5 Zd + 3×5 Zd); gez. K 14¼.

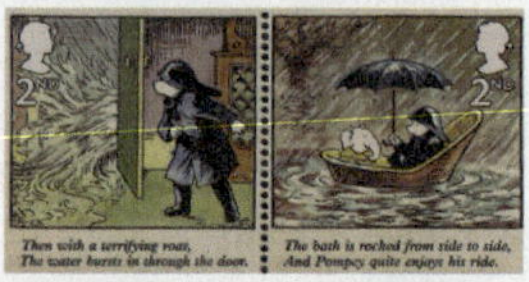

fmg–fmh) Ruperts Abenteuer im Regen

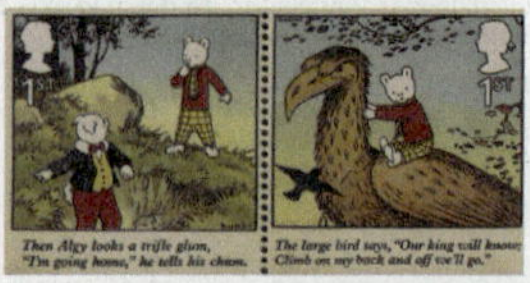

fmi–fmk) Rupert und die Suche nach dem Gämsenei

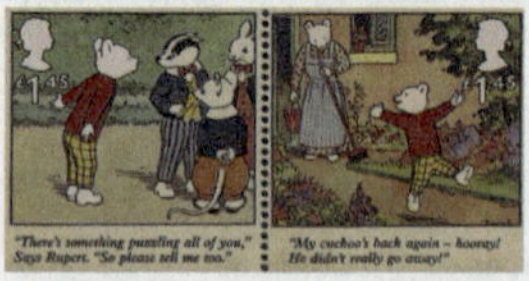

fml–fmm) Rupert und der verschwundene Kuckuck

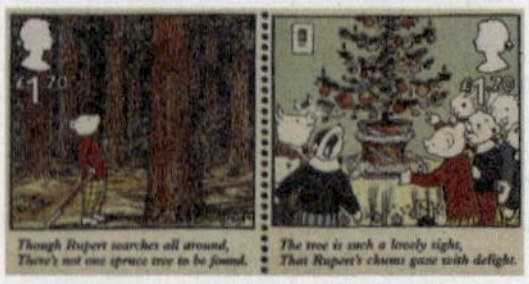

fmn–fmo) Ruperts Weihnachtsbaum

fmg–fmo) Szenen aus der Kinderbuchserie von Mary Tourtel (1874–1948) und später von Alfred Bestall (1892–1986)

4649	2ND	mehrfarbig	fmg	2,20	1,70
4650	2ND	mehrfarbig	fmh	2,20	1,70
4651	1ST	mehrfarbig	fmi	3,—	2,—
4652	1ST	mehrfarbig	fmk	3,—	2,—
4653	1.45 £	mehrfarbig	fml	4,—	4,—
4654	1.45 £	mehrfarbig	fmm	4,—	4,—
4655	1.70 £	mehrfarbig	fmn	4,80	4,80
4656	1.70 £	mehrfarbig	fmo	4,80	4,80
			Satzpreis (8 W.)	28,—	25,—
			4 Paare	28,—	25,—
			FDC		28,—

Nominalen zur Zeit der Ausgabe: MiNr. 4649–4650 je 65 P, MiNr. 4651–4652 je 76 P

Nominalgleiche Marken wurden waagerecht zusammenhängend gedruckt.

2020, 1. Okt. Insekten. Odr. (5×3 Zd und 5×3 Zd + 5×3 Zd); gez. K 14¼.

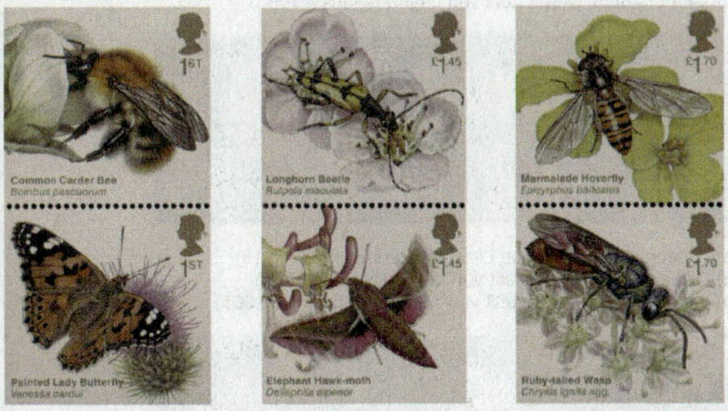

fmp) Ackerhummel (Bombus pascuorum)

fmr) Distelfalter (Vanessa cardui)

fms) Gefleckter Schmalbock (Rutpela maculata)

fmt) Mittlerer Weinschwärmer (Deilephila elpenor)

fmu) Hainschwebfliege (Episyrphus balteatus)

fmv) Gemeine Goldwespe (Chrysis ignita)

4657	1ST	mehrfarbig	fmp	3,—	2,—
4658	1ST	mehrfarbig	fmr	3,—	2,—
4659	1.45 £	mehrfarbig	fms	4,—	4,—
4660	1.45 £	mehrfarbig	fmt	4,—	4,—
4661	1.70 £	mehrfarbig	fmu	5,—	4,80
4662	1.70 £	mehrfarbig	fmv	5,—	4,80
			Satzpreis (6 W.)	24,—	21,—
			3 Paare	24,—	22,—
			FDC		25,—

Nominale von MiNr. 4657–4658 zur Zeit der Ausgabe: je 76 P

Nominalgleiche Marken wurden senkrecht zusammenhängend gedruckt.

2020, 23. Okt. 10 Jahre Fernsehserie „Sherlock" (III). Odr.; Folienbogen (2×5 Zd); selbstklebend; gestanzt 14.

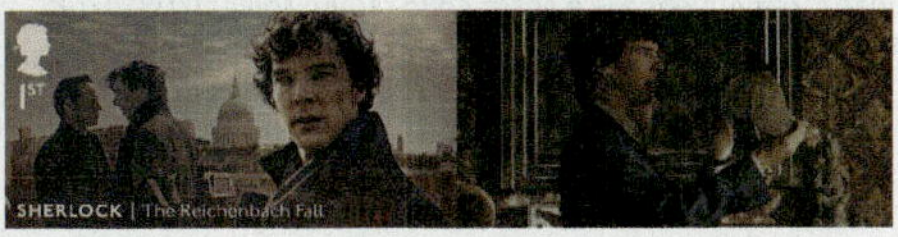

flv) Der Reichenbachfall: Sherlock Holmes, gespielt von Benedict Cumberbatch (*1976)
Zierfeld

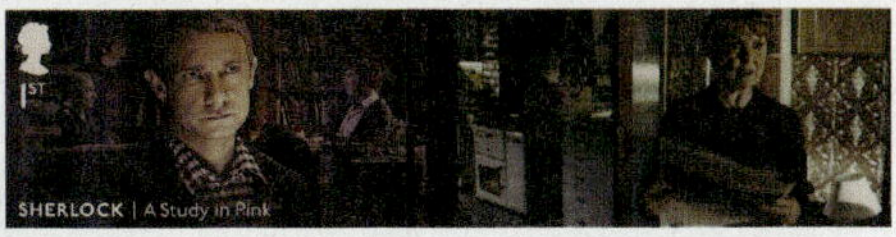

flw) Ein Fall von Pink: Dr. John Watson, gespielt von Martin Freeman (*1971)
Zierfeld

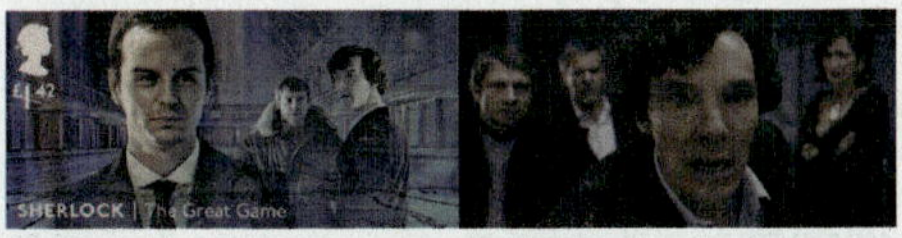

flx) Das große Spiel: James Moriarty, gespielt von Andrew Scott (*1976)
Zierfeld

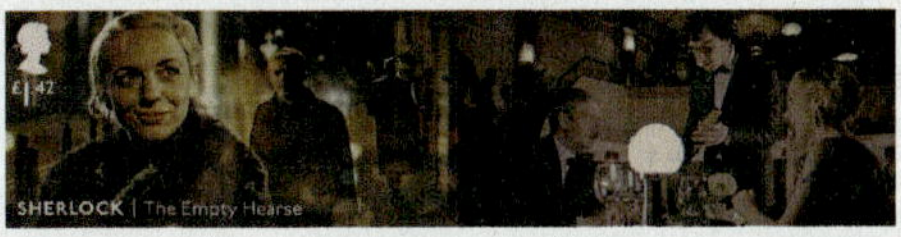

fly) Der leere Sarg: Mary Morton, gespielt von Amanda Abbington (*1974)
Zierfeld

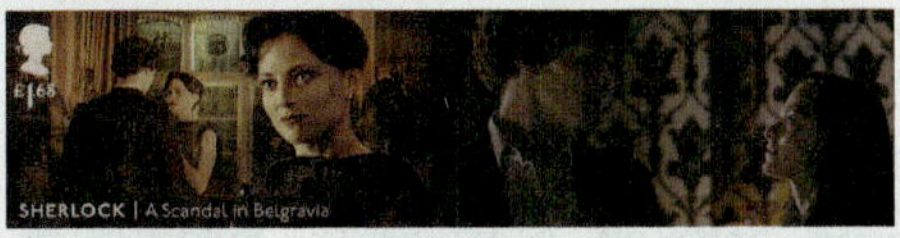

flz) Ein Skandal in Belgravia: Irene Adler, gespielt von Lara Pulver (*1980)
Zierfeld

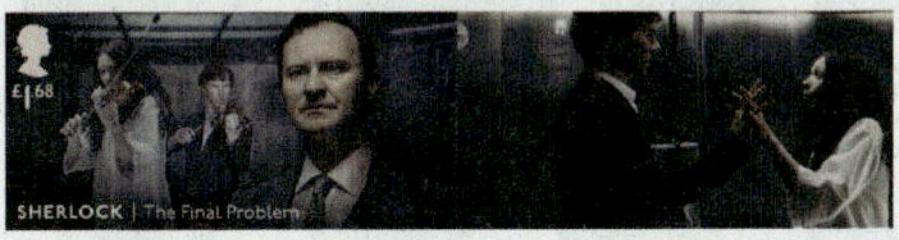

fma) Das letzte Problem: Mycroft Holmes, gespielt von Mark Gatiss (*1966)
Zierfeld

flv–fma) Figuren und ihre Darsteller

4663	1ST	mehrfarbig	flv	*6,—*	4,—
4664	1ST	mehrfarbig	flw	*6,—*	4,—
4665	1.42 £	mehrfarbig	flx	*10,—*	7,—
4666	1.42 £	mehrfarbig	fly	*10,—*	7,—
4667	1.68 £	mehrfarbig	flz	*14,—*	9,—
4668	1.68 £	mehrfarbig	fma	*14,—*	9,—
			Satzpreis (6 W.)	*60,—*	40,—
			FDC		45,—
			4663 Zf–4668 Zf	*60,—*	40,—
			Folienbogen	*85,—*	

Nominale von MiNr. 4663–4664 zur Zeit der Ausgabe: je 76 P

MiNr. 4663–4668 stammen aus einem sog. Commemorative Sheet mit 10 Marken (4 × MiNr. 4663, 2 × MiNr. 4664 und 1 × MiNr. 4665–4668) und 10 jeweils rechts anhängenden Zierfeldern, die durch jeweils 3 Verbindungsstege mit der Marke verbunden sind (Postpreis: 11.95 £).

Markenfolge im Folienbogen: 4663-Zf-4664-Zf, 4665-Zf-4663-Zf, 4666-Zf-4667-Zf, 4663-Zf-4668-Zf, 4664-Zf-4663-Zf

Die Marken zeigen unter UV-Licht sichtbare Inschriften.

In gleichen Zeichnungen: MiNr. 4637–4642 (nassklebend)

2020, 3. Nov. Blockausgabe: Weihnachten – Kirchenfenster „Madonna mit Kind" (I). Odr.; gez. K 14½:15.

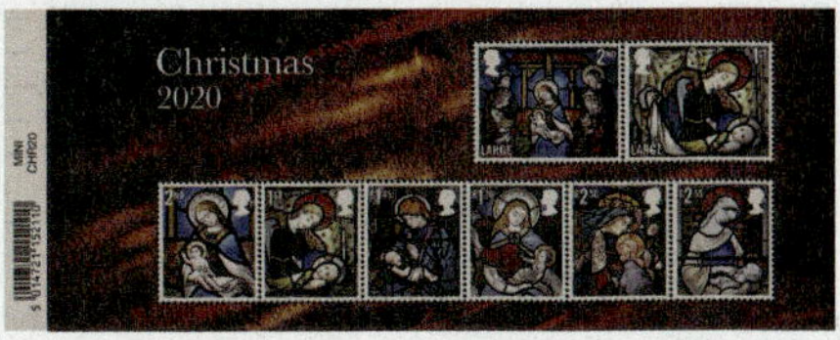

fne

fmw fmx fna fmy fnb fnc fmz fnd

fmw) St.-Andreas-Kirche, East Lexham, Norfolk
fmx) St.-Andreas-Kirche, Coln Rogers, Gloucestershire
fmy) St.-Andreas-Kirche, East Lexham, Norfolk
fmz) St.-Andreas-Kirche, Coln Rogers, Gloucestershire
fna) St.-Jakobs-Kirche, Hollowell, Northhamptonshire
fnb) Allerheiligen-Kirche, Otley, West Yorkshire
fnc) St.-Kolumba-Kirche, Topcliffe, North Yorkshire
fnd) Christus-Kirche, Coalville, Leiceistershire

4669	2ND	mehrfarbig	fmw	2,20	1,70
4670	1ST	mehrfarbig	fmx	3,—	2,—
4671	2ND LARGE	mehrfarbig	fmy	2,80	2,50
4672	1ST LARGE	mehrfarbig	fmz	6,—	3,20
4673	1.45 £	mehrfarbig	fna	4,—	4,—
4674	1.70 £	mehrfarbig	fnb	5,—	4,80
4675	2.50 £	mehrfarbig	fnc	7,—	6,80
4676	2.55 £	mehrfarbig	fnd	8,—	7,—
Block 138		(190×74 mm)	fne	38,—	32,—
			FDC		35,—

Nominalen zur Zeit der Ausgabe: MiNr. 4669 = 65 P, MiNr. 4670 = 76 P, MiNr. 4671 = 88 P, MiNr. 4672 = 1.15 £

In gleichen Zeichnungen: MiNr. 4677–4684 (selbstklebend)

2020, 3. Nov. Weihnachten: Kirchenfenster „Madonna mit Kind" (II). Selbstklebend.

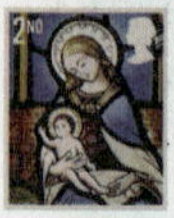

fmw) St.-Andreas-Kirche, East Lexham, Norfolk

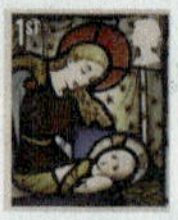

fmx) St.-Andreas-Kirche, Coln Rogers, Gloucestershire

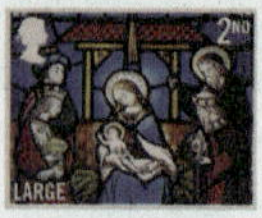

fmy) St.-Andreas-Kirche, East Lexham, Norfolk

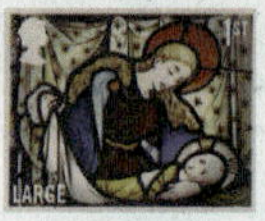

fmz) St.-Andreas-Kirche, Coln Rogers, Gloucestershire

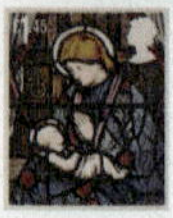

fna) St.-Jakobs-Kirche, Hollowell, Northhamptonshire

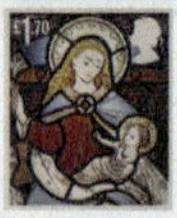

fnb) Allerheiligen-Kirche, Otley, West Yorkshire

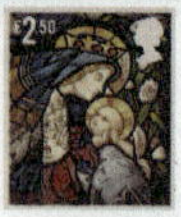

fnc) St.-Kolumba-Kirche, Topcliffe, North Yorkshire

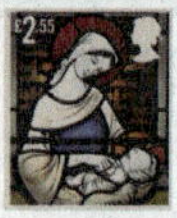

fnd) Christus-Kirche, Coalville, Leiceistershire

I = RaTdr., Bogen (B) (5×10) und Markenheftchen (MH) (6×2); C = gest. 14½:15

4677 I C	2ND	mehrfarbig (B) (MH) .	fmw	2,20	1,70
4678 I C	1ST	mehrfarbig (B) (MH) .	fmx	3,—	2,—
4679 I C	2ND LARGE	mehrfarbig (B)	fmy	2,80	2,50
4680 I C	1ST LARGE	mehrfarbig (B)	fmz	6,—	3,20
4681 I C	1.45 £	mehrfarbig (B)	fna	4,—	4,—
4682 I C	1.70 £	mehrfarbig (B)	fnb	5,—	4,80
4683 I C	2.50 £	mehrfarbig (B)	fnc	7,—	6,80
4684 I C	2.55 £	mehrfarbig (B)	fnd	8,—	7,—
		Satzpreis I C (8 W.)		38,—	32,—
		FDC I C			35,—

II = Odr., Folienbogen (4×5 Zd); CS = Sicherheitsstanzung 14½:15

4677 II CS	2ND	mehrfarbig	fmw	3,—	2,50
4678 II CS	1ST	mehrfarbig	fmx	4,—	3,50
4681 II CS	1.45 £	mehrfarbig	fna	*32,—*	*20,—*
4682 II CS	1.70 £	mehrfarbig	fnb	*32,—*	*25,—*
4683 II CS	2.50 £	mehrfarbig	fnc	*40,—*	*30,—*
4684 II CS	2.55 £	mehrfarbig	fnd	*50,—*	*40,—*
		Satzpreis II CS (6 W.)		*160,—*	*120,—*
		FDC II CS			*130,—*
		4677 II CS Zf–4678 II CS Zf, 4681 CS Zf–4684 CS Zf		*160,—*	*120,—*

Nominalen zur Zeit der Ausgabe: MiNr. 4677 = 65 P, MiNr. 4678 = 76 P, MiNr. 4679 = 88 P, MiNr. 4480 = 1.15 £

MiNr. 4677 I C stammt auch aus MH 0-416.
MiNr. 4678 I C stammt auch aus MH 0-417.

MiNr. 4677 II CS–4678 II CS und 4681 II CS–4684 II CS wurden im Folienbogen zu 20 Marken (8 × MiNr. 4677 II CS–4678 II CS und 1 × MiNr. 4681 II CS bis 4684 II CS) und 20 verschiedenen Zierfeldern, die jeweils durch 3 schmale Verbindungsstege mit der Marke verbunden sind, gedruckt (Postpreis: 20.60 £).

[Fa] MiNr. 4677–4682 und 4684 aus Bogen in matteren Farben

In gleichen Zeichnungen: MiNr. 4669–4676 (nassklebend)

2020, 13. Nov. Science-Fiction-Filmreihe „Star Trek" (I). Odr. (1×5 Zd und 1×5 Zd + 1×5 Zd); gez. K 14¼.

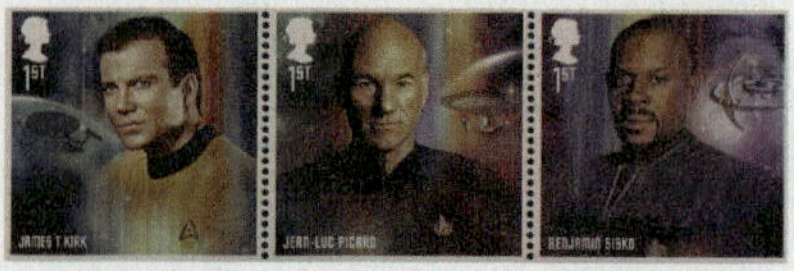

fnf) James T. Kirk, dargestellt von William Shatner (*1931)
fng) Jean-Luc Picard, dargestellt von Patrick Stewart (*1940)
fnh) Benjamin Sisko, dargestellt von Avery Brooks (*1948)

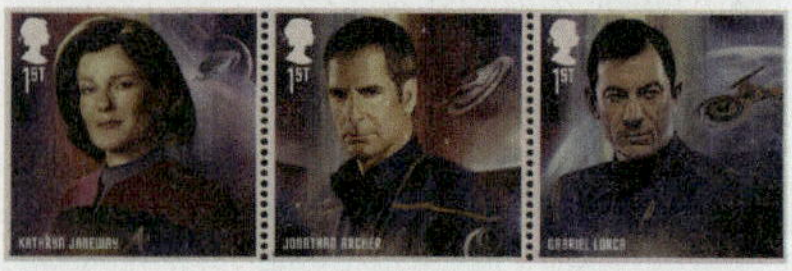

fni) Kathryn Janeway, dargestellt von Kate Mulgrew (*1958)
fnk) Jonathan Archer, dargestellt von Scott Bakula (*1954)
fnl) Gabriel Lorca, dargestellt von Jason Isaacs (*1963)

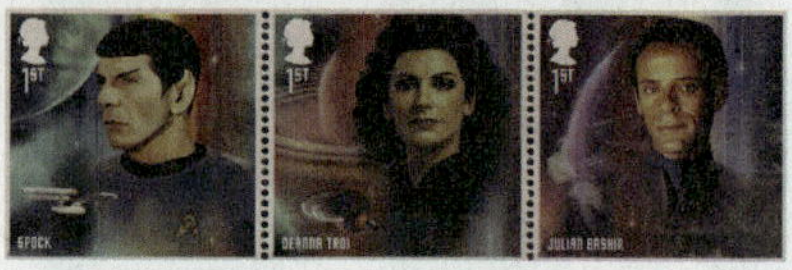

fnm) Spock, dargestellt von Leonard Nimoy (1931–2015)
fnn) Deanna Troi, dargestellt von Marina Siritis (*1955)
fno) Julian Bashir, dargestellt von Alexander Siddig (*1965)

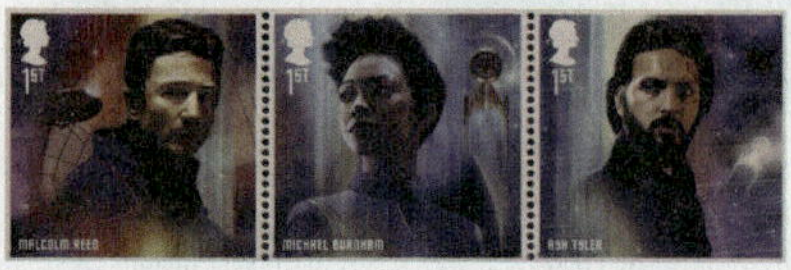

fnp) Malcolm Reed, dargestellt von Dominic Keating (*1962)
fnr) Michael Burnham, dargestellt von Sonequa Martin-Greene (*1985)
fns) Ash Tyler/Voq, dargestellt von Shazad Latif (*1988)

4685	1ST	mehrfarbig	fnf	3,—	2,—
4686	1ST	mehrfarbig	fng	3,—	2,—
4687	1ST	mehrfarbig	fnh	3,—	2,—
4688	1ST	mehrfarbig	fni	3,—	2,—
4689	1ST	mehrfarbig	fnk	3,—	2,—
4690	1ST	mehrfarbig	fnl	3,—	2,—
4691	1ST	mehrfarbig	fnm	3,—	2,—
4692	1ST	mehrfarbig	fnn	3,—	2,—
4693	1ST	mehrfarbig	fno	3,—	2,—
4694	1ST	mehrfarbig	fnp	3,—	2,—
4695	1ST	mehrfarbig	fnr	3,—	2,—
4696	1ST	mehrfarbig	fns	3,—	2,—
		Satzpreis (12 W.)		36,—	24,—
		2 Sechserstreifen		36,—	24,—
		FDC			28,—

Nominale zur Zeit der Ausgabe: je 76 P

MiNr. 4685–4690 und 4691–4696 wurden jeweils waagerecht zusammenhängend gedruckt.

MiNr. 4685–4696 stammen auch aus MH 202.

In gleichen Zeichnungen wie MiNr. 4685–4690: MiNr. 4703–4708 (selbstklebend)

2020, 13. Nov. Blockausgabe: Science-Fiction-Filmreihe „Star Trek“ (II). Odr.; selbstklebend; MiNr. 4697–4698 gest. 14¾:14, MiNr. 4699–4702 gest. 14.

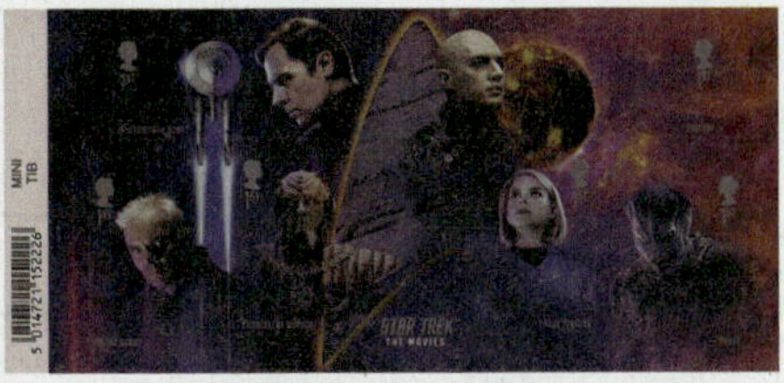

fnz

fnt fnu
fnv fnw fnx fny

fnt) Montgomery Scott, dargestellt von Simon Pegg (*1970)
fnu) Praetor Shinzon, dargestellt von Tom Hardy (*1977)
fnv) Tolian Soran, dargestellt von Malcolm McDowell (*1943)
fnw) Klingon Chancellor Gorkon, dargestellt von David Warner (*1941)
fnx) Carol Marcus, dargestellt von Alice Eve (*1982)
fny) Krall, dargestellt von Idris Elba (*1972)

4697	1ST	mehrfarbig	fnt	3,—	2,—
4698	1ST	mehrfarbig	fnu	3,—	2,—
4699	1ST	mehrfarbig	fnv	3,—	2,—
4700	1ST	mehrfarbig	fnw	3,—	2,—
4701	1ST	mehrfarbig	fnx	3,—	2,—
4702	1ST	mehrfarbig	fny	3,—	2,—
Block 139		(156×74 mm)	fnz	18,—	12,—
			FDC		15,—

Nominale zur Zeit der Ausgabe: je 76 P

MiNr. 4697–4702 stammen auch aus MH 202.

2020, 13. Nov./4. Dez. Science-Fiction-Filmreihe „Star Trek“ (III). I = Odr., Folienbogen (Fbg.) (2×5 Zd); II = RaTdr., Markenheftchen (MH); selbstklebend; gestanzt 14¼.

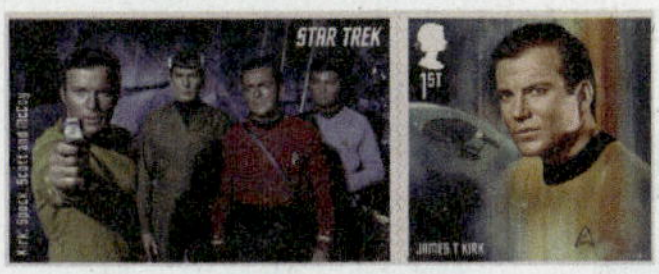

Zierfeld
fnf) James T. Kirk, dargestellt von William Shatner (*1931)

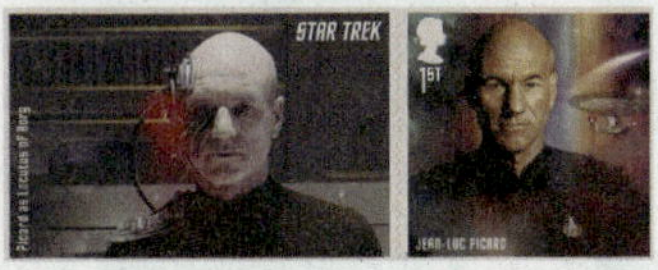

Zierfeld
fng) Jean-Luc Picard, dargestellt von Patrick Stewart (*1940)

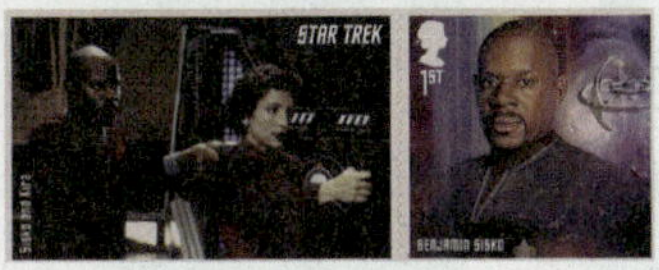

Zierfeld
fnh) Benjamin Sisko, dargestellt von Avery Brooks (*1948)

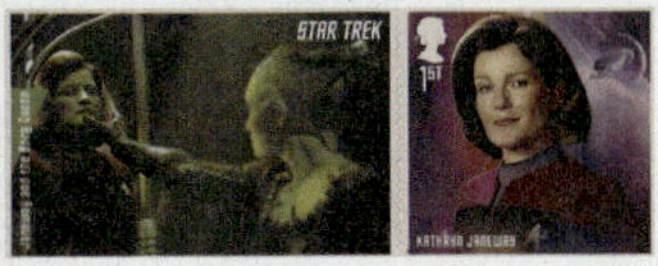

Zierfeld
fni) Kathryn Janeway, dargestellt von Kate Mulgrew (*1958)

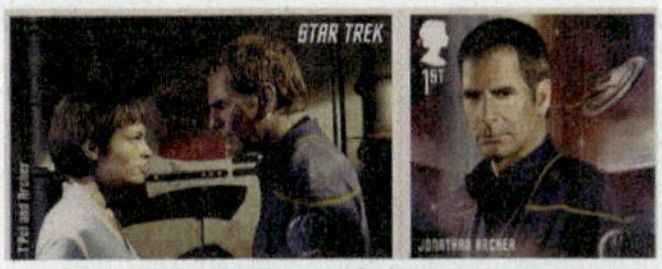

Zierfeld
fnk) Jonathan Archer, dargestellt von Scott Bakula (*1954)

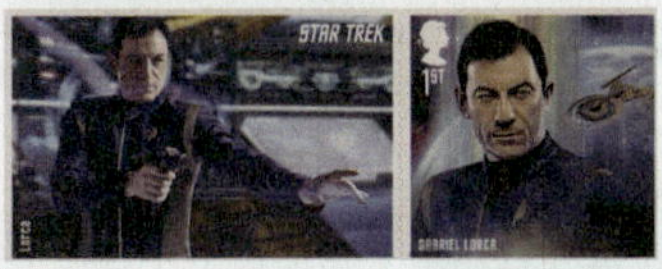

Zierfeld
fnl) Gabriel Lorca, dargestellt von Jason Isaacs (*1963)

4703	1ST	mehrfarbig	fnf		
I		Odr. (Fbg.) (4. Dez.)		3,—	2,20
II		RaTdr. (MH) (13. Nov.)		3,50	2,—
4704	1ST	mehrfarbig	fng		
I		Odr. (Fbg.) (4. Dez.)		3,—	2,20
II		RaTdr. (MH) (13. Nov.)		3,50	2,—
4705 I	1ST	mehrfarbig (Fbg.) (4. Dez.)	fnh	3,—	2,20
4706 I	1ST	mehrfarbig (Fbg.) (4. Dez.)	fni	3,—	2,20
4707 I	1ST	mehrfarbig (Fbg.) (4. Dez.)	fnk	3,—	2,20
4708 I	1ST	mehrfarbig (Fbg.) (4. Dez.)	fnl	3,—	2,20
			Satzpreis I (6 W.)	18,—	13,—
			FDC I		16,—
			4703 I Zf–4708 I Zf	18,—	13,—
			Folienbogen I	30,—	
			Satzpreis II (2 W.)	7,—	4,—
			FDC II		5,50

Nominale zur Zeit der Ausgabe: je 76 P

MiNr. 4703 I–4708 I stammen aus einem sog. Commemorative Sheet mit 10 Marken (3 × MiNr. 4703–4704 und 1 × MiNr. 4705–4708) und 10 jeweils links anhängenden Zierfeldern, die durch jeweils 3 Verbindungsstege mit der Marke verbunden sind (Postpreis: 8.80 £).

MiNr. 4703 II–4704 II stammen aus MH 0-418.

In gleichen Zeichnungen: MiNr. 4685–4690 (nassklebend)

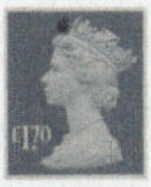

2020, 23. Dez. Freimarken: Königin Elizabeth II., Typ Machin. RaTdr. (5×5); U-förmige Stanzungen im Markenbild; selbstklebend; Sicherheitsstanzung 14¾:14¼.

ku III) Königin Elizabeth II. (1926–2022, reg. ab 1952); irisierende, negative Inschrift „ROYAL MAIL“ mehrfach

4709	1.70 £	hellpreußischblau	ku III	4,50	4,50
4710	3.25 £	hellblaugrün	ku III	8,50	8,50
4711	4.20 £	dunkelblauviolett	ku III	11,—	11,—
			Satzpreis (3 W.)	24,—	24,—
			FDC		27,—

Gültig bis 31.1.2023, geduldet bis 31.7.2023

In gleicher Zeichnung siehe Übersicht nach Jahrgangswerttabelle.

Posttarife Großbritannien (1.1.2021–3.4.2022)

2. Klasse, Standardformat: 66 P (zuvor: 65 P)
1. Klasse, Standardformat: 85 P (zuvor: 76 P)
2. Klasse, Großformat: 96 P (zuvor: 88 P)
1. Klasse, Großformat: 1.29 £ (zuvor: 1.15 £)
Europa, bis 100 g: 1.70 £ (seit 1.9.2020)
Postkarte, Luftpost: 1.70 £ (zuvor: 1.45 £)
Seepost, bis 20 g: 1.45 £ (zuvor: 1.26 £)
Luftpost, bis 20 g: 1.70 £ (seit 1.9.2020)
Luftpost, 20 g–100 g: 2.55 £ (zuvor: 2.50 £)
Einschreiben, 1. Klasse, Standardformat: 2.25 £ (zuvor: 2.06 £)
Einschreiben, 1. Klasse, Großformat: 2.69 £ (zuvor: 2.45 £)
Eilsendung, bis 100 g: 6.85 £ (zuvor: 6.70 £)
Eilsendung, bis 500 g: 7.65 £ (zuvor: 7.50 £)

Verbilligte Portostufen für Europa bis 20 g und Luftpost weltweit bis 10 g entfallen.

2021, 14. Jan. 70 Jahre Britische Nationalparks (I). Odr. (1×5 Zd und 1×5 Zd + 1×5 Zd); gez. K 14¼.

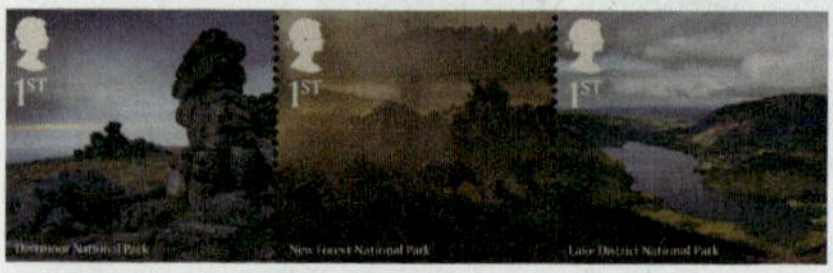

foa) Dartmoor National Park, Grafschaft Devon und Cornwall, seit 1951
fob) New Forest National Park, Grafschaft Hampshire und Wiltshire, seit 2005
foc) Lake District National Park, Grafschaft Cumbria, seit 1951

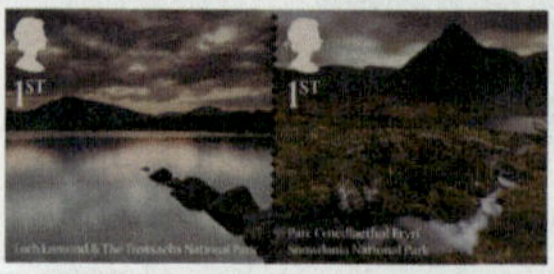

fod) Loch Lomond & Trossachs National Park, Schottland, seit 2002
foe) Snowdonia National Park, Nordwales, seit 1951

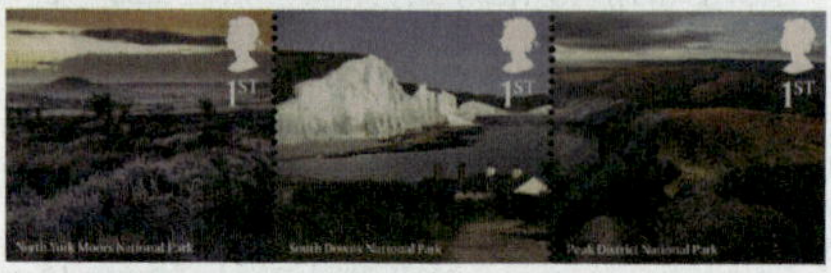

fof) North York Moors National Park, Grafschaft North Yorkshire, seit 1952
fog) South Downs National Park, Grafschaft Hampshire, East und West Sussex, seit 2010
foh) Peak District National Park, Grafschaft Staffordshire, Derbyshire und Cheshire, seit 1951

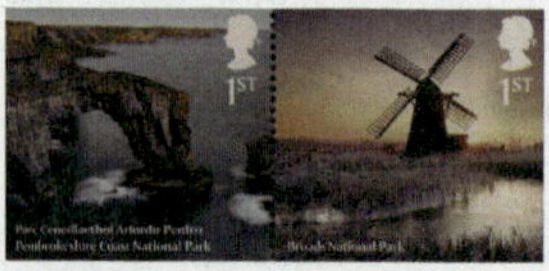

foi) Pembrokeshire Coast National Park, Südwestwales, seit 1952
fok) Broads National Park, Grafschaft Norfolk, seit 1989

4712	1ST	mehrfarbig	foa	3,—	2,20
4713	1ST	mehrfarbig	fob	3,—	2,20
4714	1ST	mehrfarbig	foc	3,—	2,20
4715	1ST	mehrfarbig	fod	3,—	2,20
4716	1ST	mehrfarbig	foe	3,—	2,20
4717	1ST	mehrfarbig	fof	3,—	2,20
4718	1ST	mehrfarbig	fog	3,—	2,20
4719	1ST	mehrfarbig	foh	3,—	2,20
4720	1ST	mehrfarbig	foi	3,—	2,20
4721	1ST	mehrfarbig	fok	3,—	2,20
		Satzpreis (10 W.)		30,—	22,—
		2 Fünferstreifen		30,—	22,—
		FDC			28,—

Nominale zur Zeit der Ausgabe: je 85 P

MiNr. 4712–4716 und 4717–4721 wurden jeweils waagerecht zusammenhängend gedruckt.

In gleichen Zeichnungen wie MiNr. 4716 und 4719: MiNr. 4722–4723 (selbstklebend)

2021, 14. Jan. 70 Jahre Britische Nationalparks (II). RaTdr., Markenheftchen; selbstklebend; gestanzt 14¼.

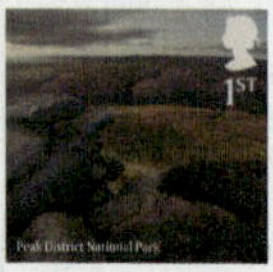

foh) Peak District National Park

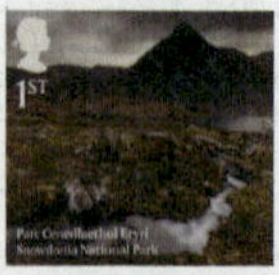

foe) Snowdonia National Park

4722	1st	mehrfarbig	foh	3,50	2,20
4723	1st	mehrfarbig	foe	3,50	2,20
		Satzpreis (2 W.)		7,—	4,40
		FDC			6,—

Nominale zur Zeit der Ausgabe: je 85 P

MiNr. 4722–4723 stammen aus MH 0-421.

In gleichen Zeichnungen: MiNr. 4716 und 4719 (nassklebend)

2021, 26. Jan. Blockausgabe: Würdigung britischer Leistungen. Odr.; gez. Ks 14½.

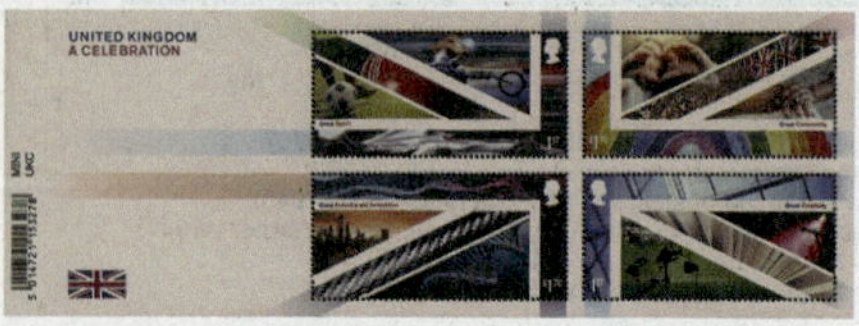

fop

fol fon
foo fom

fol) Erfolge im Sport: Rollstuhlsportler, Cricketball, Fußball, Rennwagen
fom) Künstlerische Leistungen: Glasfassade, Mikrophon, Buchseiten, Fernsehstudio
fon) Zusammenhalt in der Gemeinschaft: Hände bilden Herz, London-Marathon 2011, Krankenschwester hält Hände des Patienten, Regenbogen-Zeichnung
foo) Industrielle und wissenschaftliche Errungenschaften: 3D-Binärcode, Londoner Wolkenkratzer, Carbongewebe, DNA-Strang

4724	1ST	mehrfarbig	fol	3,—	2,20
4725	1ST	mehrfarbig	fom	3,—	2,20
4726	1.70 £	mehrfarbig	fon	5,—	4,80
4727	1.70 £	mehrfarbig	foo	5,—	4,80
Block 140		(202×74 mm)	fop	16,—	14,—
		FDC			17,—

Nominale von MiNr. 4724–4725 zur Zeit der Ausgabe: je 85 P

2021, 16. Febr. 40 Jahre Fernsehserie „Only Fools and Horses" (I). Odr. (5×3 Zd und 5×3 Zd + 5×3 Zd); gez. K 14.

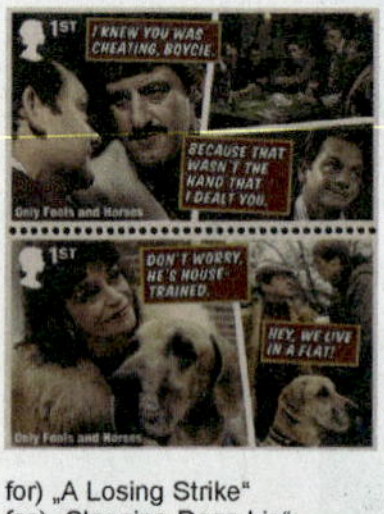

for) „A Losing Strike"
fos) „Sleeping Dogs Lie"

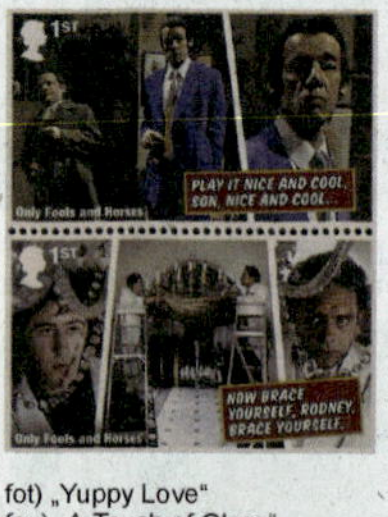

fot) „Yuppy Love"
fou) „A Touch of Glass"

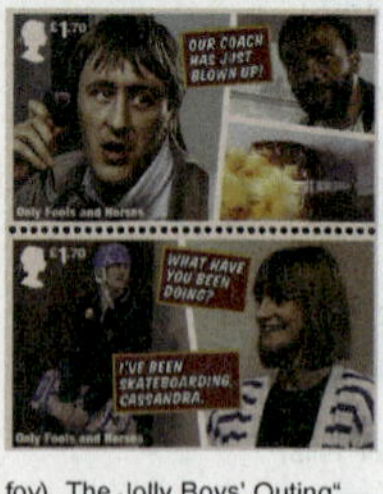

fov) „The Jolly Boys' Outing"
fow) „The Unlucky Winner Is..."

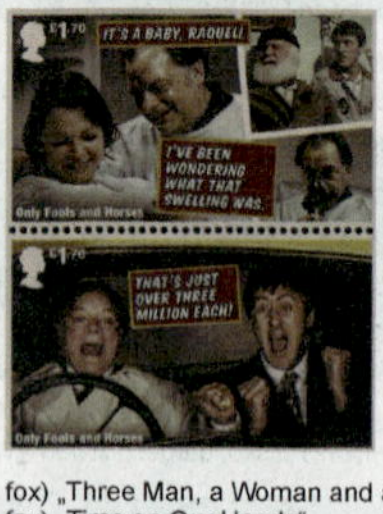

fox) „Three Man, a Woman and a Baby"
foy) „Time on Our Hands"

4728	1ST	mehrfarbig	for	3,—	2,20
4729	1ST	mehrfarbig	fos	3,—	2,20
4730	1ST	mehrfarbig	fot	3,—	2,20
4731	1ST	mehrfarbig	fou	3,—	2,20
4732	1.70 £	mehrfarbig	fov	5,—	4,80
4733	1.70 £	mehrfarbig	fow	5,—	4,80
4734	1.70 £	mehrfarbig	fox	5,—	4,80

4735	1.70 £	mehrfarbig	foy	5,—	4,80
		Satzpreis (8 W.)		32,—	28,—
		4 Paare		32,—	28,—
		FDC			32,—

Blockausgabe

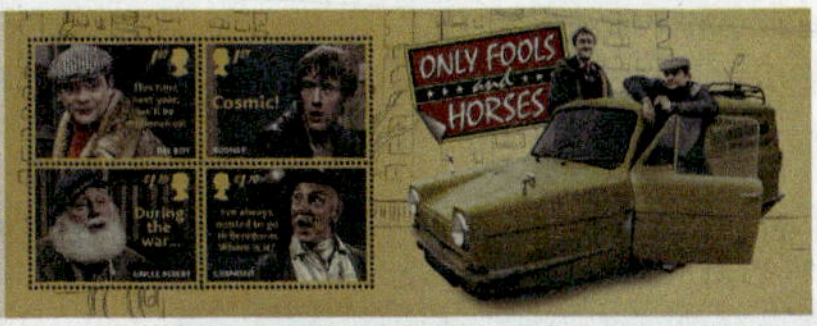

fpd

foz) Del Boy, gespielt von David Jason (*1940)
fpa) Rodney Trotter, gespielt von Nicholas Lyndhurst (*1961)
fpb) Uncle Albert, gespielt von Harry „Buster“ Merryfield (1920–1999)
fpc) Grandad, gespielt von Lennard Pearce (1915–1984)

4736	1ST	mehrfarbig	foz	3,—	2,20
4737	1ST	mehrfarbig	fpa	3,—	2,20
4738	1.70 £	mehrfarbig	fpb	5,—	4,80
4739	1.70 £	mehrfarbig	fpc	5,—	4,80
Block 141		(202×74 mm)	fpd	16,—	14,—
			FDC		17,—

Nominale von MiNr. 4728–4731 und 4736–4737 zur Zeit der Ausgabe: je 85 P

Nominalgleiche Bogenmarken wurden senkrecht zusammenhängend gedruckt.

MiNr. 4728–4739 stammen auch aus MH 203.

In gleichen Zeichnungen wie MiNr. 4736–4737: MiNr. 4740–4741 (selbstklebend)

2021, 16. Febr. 40 Jahre Fernsehserie „Only Fools and Horses“ (II). I = Odr., Folienbogen (Fbg.) (2×5 Zd); selbstklebend, gestanzt 14¼:14¾; II = RaTdr., Markenheftchen (MH); selbstklebend; gestanzt 14¼:14.

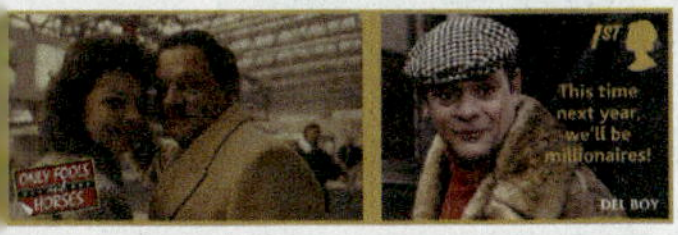

Zierfeld
foz) Del Boy, gespielt von David Jason (*1940)

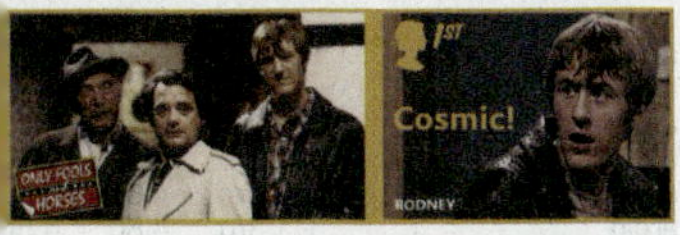

Zierfeld
fpa) Rodney Trotter, gespielt von Nicholas Lyndhurst (*1961)

4740	1ST	mehrfarbig	foz		
	I	Odr., gest. 14¼:14¾ (Fbg.)		3,—	2,40
	II	RaTdr., gest. 14¼:14 (MH)		3,50	2,20
4741	1ST	mehrfarbig	fpa		
	I	Odr., gest. 14¼:14¾ (Fbg.)		3,—	2,40
	II	RaTdr., gest. 14¼:14 (MH)		3,50	2,20
		Satzpreis I (2 W.)		6,—	4,80
		FDC I			6,—
		4740 I Zf–4741 I Zf		6,—	5,—
		Folienbogen I		30,—	
		Satzpreis II (2 W.)		7,—	4,40
		FDC II			6,—

Nominale zur Zeit der Ausgabe: je 85 P

MiNr. 4740 I–4741 I stammen aus einem sog. Commemorative Sheet mit 10 Marken (je 5×) und 10 jeweils links anhängenden Zierfeldern, die durch jeweils 3 Verbindungsstege mit der Marke verbunden sind (Postpreis: 9.60 £).

MiNr. 4740 II–4741 II stammen aus MH 0-420.

In gleichen Zeichnungen: MiNr. 4736–4737 (nassklebend)

2021, 16. März. Die Artussage. Odr. (1×5 Zd und 1×5 Zd + 1×5 Zd); gez. K 14¼.

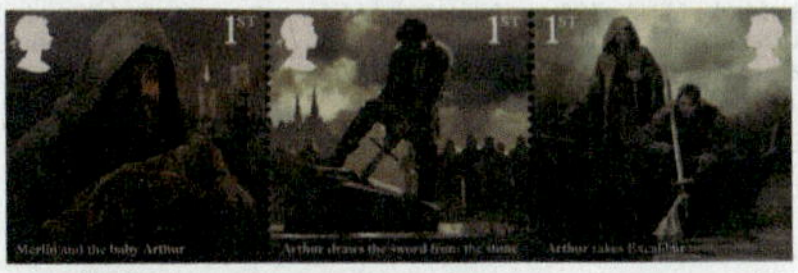

fpe) Merlin und Artus als Kleinkind
fpf) Artus zieht sein Schwert aus dem Stein
fpg) Artus empfängt sein Schwert „Excalibur“

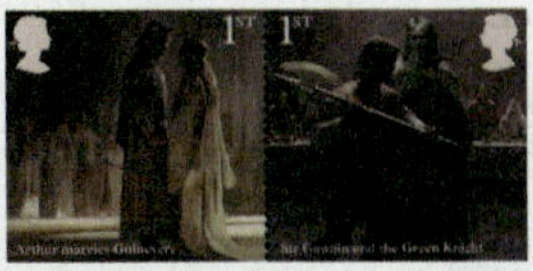

fph) Heirat mit Guinevere
fpi) Ritter Gawein und der Grüne Ritter

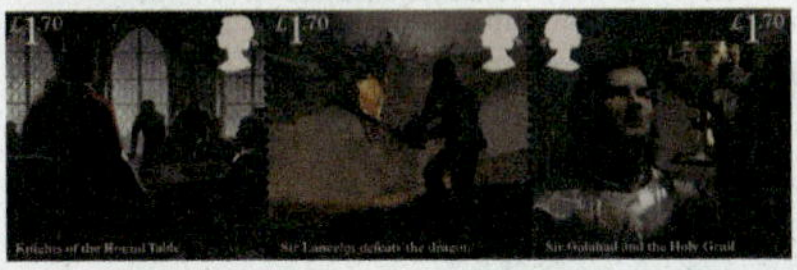

fpk) Die Ritter der Tafelrunde
fpl) Ritter Lancelot kämpft gegen den Drachen
fpm) Ritter Galahad und der Heilige Gral

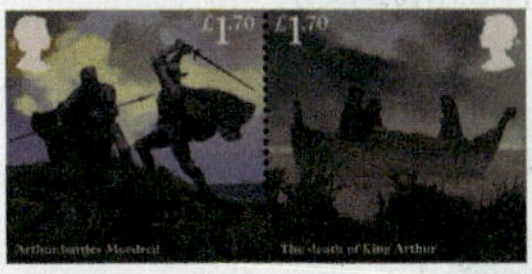

fpn) Finaler Kampf zwischen Artus und Mordred
fpo) Der Tod von König Artus und seine Überführung nach Avalon

4742	1ST	mehrfarbig	fpe	3,—	2,20
4743	1ST	mehrfarbig	fpf	3,—	2,20
4744	1ST	mehrfarbig	fpg	3,—	2,20
4745	1ST	mehrfarbig	fph	3,—	2,20
4746	1ST	mehrfarbig	fpi	3,—	2,20
4747	1.70 £	mehrfarbig	fpk	5,—	4,80
4748	1.70 £	mehrfarbig	fpl	5,—	4,80
4749	1.70 £	mehrfarbig	fpm	5,—	4,80
4750	1.70 £	mehrfarbig	fpn	5,—	4,80
4751	1.70 £	mehrfarbig	fpo	5,—	4,80
		Satzpreis (10 W.)		40,—	35,—
		2 Fünferstreifen		40,—	35,—
		FDC			40,—

Nominale von 4742–4746 zur Zeit der Ausgabe: je 85 P

Nominalgleiche Marken wurden waagerecht zusammenhängend gedruckt.

2021, 23. März. Freimarke: Königin Elizabeth II., Typ Machin, dazu Matrixcode rechts. Komb. RaTdr. (Hauptmotiv) und Digitaldruck mit Lacküberzug (Matrixcode), Folienbogen (Fbg.) (50); U-förmige Stanzungen im Markenbild; selbstklebend; Sicherheitsstanzung 15:14½.

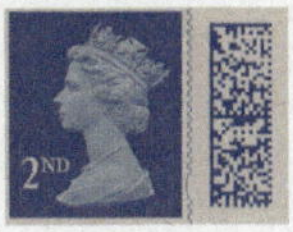

fpp) Königin Elizabeth II. (1926–2022, reg. ab 1952); irisierende, negative Inschrift „ROYAL MAIL“ mehrfach; Matrixcode

4752	2ND	lebhaftkobalt/mehrfarbig (Fbg.)	fpp	2,50	1,70
			FDC		3,50

Nominale zur Zeit der Ausgabe: 66 P

Die zweite Farbangabe bezieht sich auf den Matrixcode.

MiNr. 4752 enthält als erste britische Marke einen individuellen Matrixcode zur digitalen Entwertung und Sendungsverfolgung.

Die Herkunft der Marke MiNr. 4752 aus Folienbogen ist durch einen abweichenden Buchstaben in der irisierenden Inschrift „ROYAL MAIL“ oberhalb des Diadems gekennzeichnet. Dazu ist das Jahr der Ausgabe durch zwei Ziffern anstelle von Buchstaben im Mittelbereich datiert.

Näheres siehe MICHEL-Großbritannien-Spezial.

In ähnlicher Zeichnung siehe Übersicht nach Jahrgangswerttabelle.

2021, 15. April. Klassische Science-Fiction-Literatur. Odr. (3×5 Zd und 3×5 Zd + 3×5 Zd); gez. K 14¼.

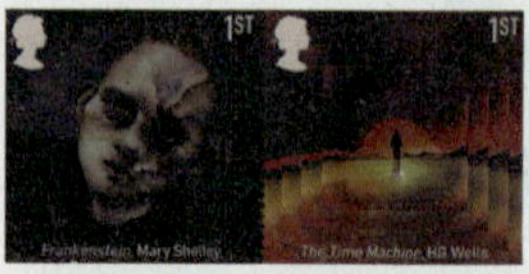

fpr) „Frankenstein“ (1818) von Mary Wollstonecraft Shelley (1797–1851)
fps) „Die Zeitmaschine“ (1895) von Herbert George Wells (1866–1946)

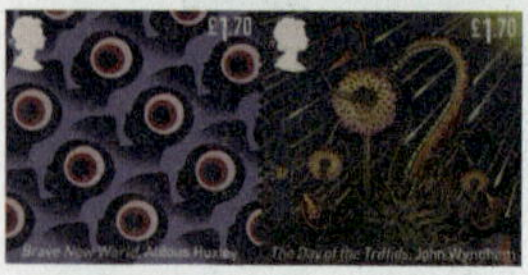

fpt) „Schöne Neue Welt“ (1932) von Aldous Leonard Huxley (1894–1963)
fpu) „Die Triffids“ (1951) von John Wynham (1903–1969)

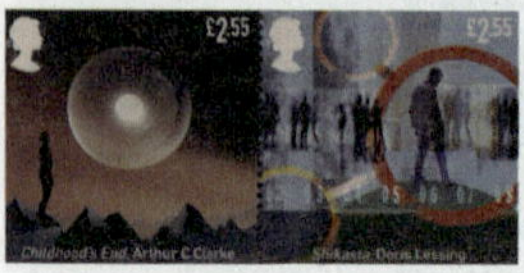

fpv) „Die letzte Generation“ (1953) von Arthur C. Clarke (1917–2008)
fpw) „Shikasta“ (1979) von Doris Lessing (1919–2013), Literaturnobelpreis 2007

4753	1ST	mehrfarbig	fpr	3,—	2,20
4754	1ST	mehrfarbig	fps	3,—	2,20
4755	1.70 £	mehrfarbig	fpt	5,—	4,80
4756	1.70 £	mehrfarbig	fpu	5,—	4,80
4757	2.55 £	mehrfarbig	fpv	7,—	6,50
4758	2.55 £	mehrfarbig	fpw	7,—	6,50
			Satzpreis (6 W.)	30,—	27,—
			3 Paare	30,—	27,—
			FDC		32,—

Nominale von MiNr. 4753–4754 zur Zeit der Ausgabe: je 85 P

Nominalgleiche Marken wurden waagerecht zusammenhängend gedruckt.

2021, 21. April. Blockausgabe: 95. Geburtstag von Königin Elizabeth II. Komb. RaTdr. und Odr.; Sicherheitszähnung 14¾:14.

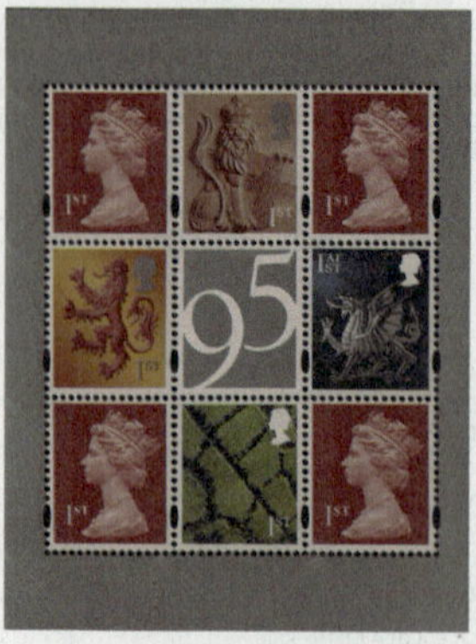

fpx

Block 142	mit 4 × MiNr. 4055 b, England MiNr. 44, Nordirland MiNr. 127, Schottland MiNr. 125, Wales MiNr. 124 (73×96 mm)	fpx	—,—	50,–
		FDC		55,–

Nominale zur Zeit der Ausgabe: je 85 P

Block 142 wurde auf einem Numisbrief mit einer Sondermünze zu 5 £ anlässlic des 95. Geburtstags von Königin Elizabeth II. ausgegeben (Postpreis: 19.99 £).

Kein offizieller Verkauf von Block 142 ★★.

Gültig bis 31.1.2023, geduldet bis 31.7.202

2021, 4. Mai. Zeit der Rosenkriege 1455–1485. Odr. (3×5 Zd un 3×5 Zd + 3×5 Zd); gez. K 14.

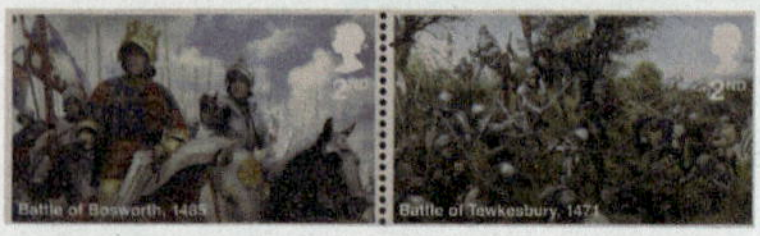

fpy) Schlacht von Bosworth (1485)
fpz) Schlacht von Tewkesbury (1471)

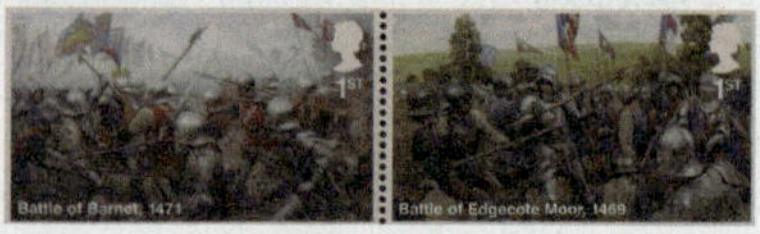

fra) Schlacht von Barnet (1471)
frb) Schlacht von Edgecote Moor (1469)

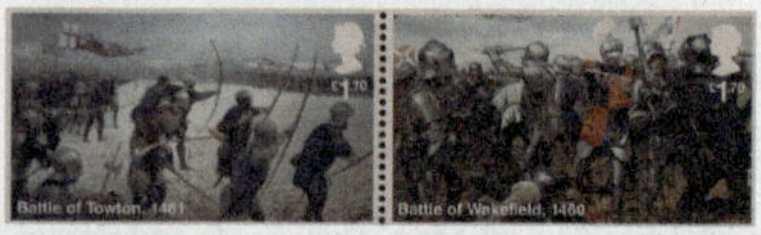

frc) Schlacht von Towton (1461)
frd) Schlacht von Wakefield (1460)

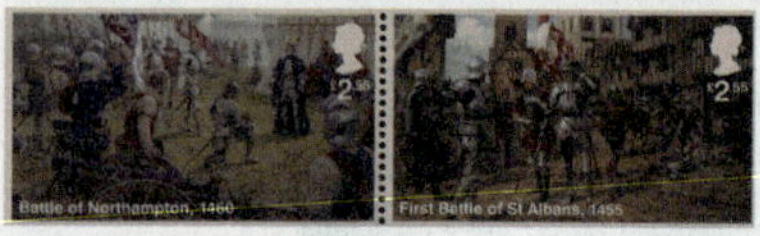

fre) Schlacht von Northampton (1460)
frf) Erste Schlacht von St. Albans (1455)

fpy–frf) Szenen der kriegerischen Auseinandersetzungen zwischen den Adelshäusern York und Lancaster

4759	2ND	mehrfarbig	fpy	2,20	1,8(
4760	2ND	mehrfarbig	fpz	2,20	1,8(
4761	1ST	mehrfarbig	fra	3,—	2,2(
4762	1ST	mehrfarbig	frb	3,—	2,2(
4763	1.70 £	mehrfarbig	frc	4,80	4,5(
4764	1.70 £	mehrfarbig	frd	4,80	4,5(
4765	2.55 £	mehrfarbig	fre	7,—	6,5(
4766	2.55 £	mehrfarbig	frf	7,—	6,5(
			Satzpreis (8 W.)	34,—	30,–
			4 Paare	34,—	30,–
			FDC		34,–

Nominalen zur Zeit der Ausgabe: MiNr. 4759–4760 je 66 P, MiNr. 4761–4762 je 85 P

Nominalgleiche Marken wurden waagerecht zusammenhängend gedruckt.

2021, 28. Mai. Paul McCartney (I). Odr., Bogen (B) (1×6 Zd und 1×6 Zd + 1×6 Zd), Kleinbogen I (Klb. I) (10), Kleinbogen II (Klb. II) (8), Kleinbogen III–IV (Klb. III–IV) (4) und Markenheftchen (MH); gez. K 14.

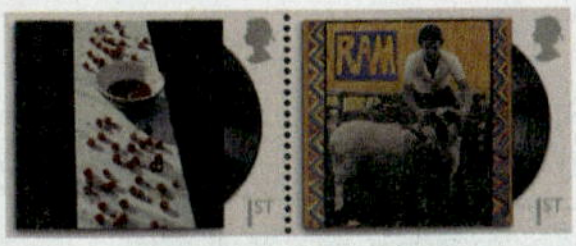

frg) „McCartney“ (1970)
frh) „RAM“ (1971)

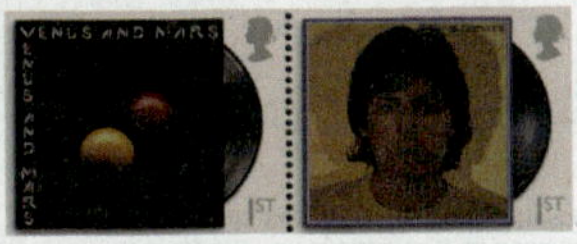

fri) „Venus and Mars“ (1975)
frk) „Mc CARTNEY II“ (1980)

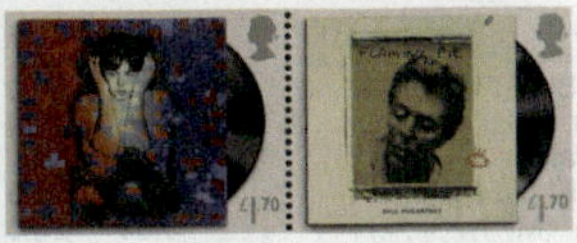

frl) „Tug of War“ (1982)
frm) „Flaming Pie“ (1997)

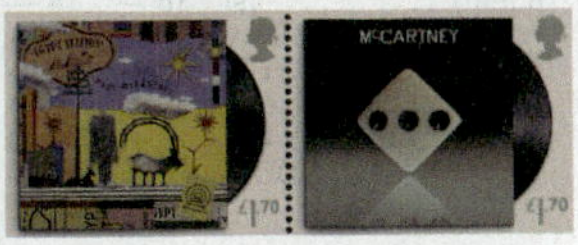

frn) „Egypt Station“ (2018)
fro) „McCARTNEY III“ (2020)

frg–fro) Musikalben von Paul McCartney (*1942), Musiker, Songwriter und Komponist

4767	1ST	mfg. (B) (Klb. I) (Klb. II) (MH)	frg	3,—	2,20
4768	1ST	mfg. (B) (Klb. I) (Klb. II) (Klb. III) (MH)	frh	3,—	2,20
4769	1ST	mfg. (B) (Klb. I) (Klb. II) (MH)	fri	3,—	2,20
4770	1ST	mfg. (B) (Klb. I) (Klb. II) (MH)	frk	3,—	2,20
4771	1.70 £	mfg. (B) (Klb. I) (Klb. II) (MH)	frl	5,—	4,80
4772	1.70 £	mfg. (B) (Klb. I) (Klb. II) (MH)	frm	5,—	4,80
4773	1.70 £	mfg. (B) (Klb. I) (Klb. II) (MH)	frn	5,—	4,80
4774	1.70 £	mfg. (B) (Klb. I) (Klb. II) (Klb. IV) (MH)	fro	5,—	4,80
			Satzpreis (8 W.)	32,—	28,—
			4 Paare	32,—	28,—
			FDC		32,—
			Kleinbogen I	36,—	35,—
			Kleinbogen II	32,—	30,—
			Kleinbogen III	24,—	20,—
			Kleinbogen IV	24,—	20,—

Blockausgabe, gez. Ks 14¼

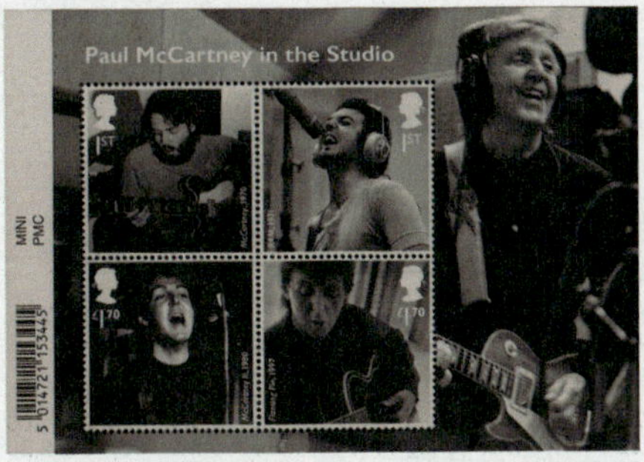

fru

frp) 1970
frr) 1971
frs) 1980
frt) 1997

frp–frt) Paul McCartney im Studio

4775	1ST	schwarz	frp	3,—	2,20
4776	1ST	schwarz	frr	3,—	2,20
4777	1.70 £	schwarz	frs	5,—	4,80
4778	1.70 £	schwarz	frt	5,—	4,80
Block 143		(125×89 mm)	fru	16,—	14,—
			FDC		17,—

Nominale von MiNr. 4767–4770 und 4775–4776 zur Zeit der Ausgabe: je 85 P

Nominalgleiche Bogenmarken wurden waagerecht zusammenhängend gedruckt.

MiNr. 4767–4778 stammen auch aus MH 204.

MiNr. 4767–4774 stammen auch aus einem sog. Commemorative Sheet mit 10 Marken (2 × MiNr. 4767–4768 und 1 × MiNr. 4769–4774) und 10 jeweils links anhängenden Zierfeldern (Postpreis: 13 £).

MiNr. 4767–4774 wurden auch zusammen im Kleinbogen II (mit Illustration der Musikalben auf dem Bogenrand) ausgegeben (Postpreis: 10.90 £, Auflage: 5.000 numerierte Kleinbogen).

MiNr. 4768 und 4774 wurden jeweils auch in Kleinbogen III bzw. IV zu 4 Marken ausgegeben (Postpreis: je 7.50 £, Auflage: je 5.000 numerierte Kleinbogen).

In gleichen Zeichnungen wie MiNr. 4767 und 4770: MiNr. 4779–4780 (selbstklebend)

2021, 28. Mai. Paul McCartney (II). RaTdr., Markenheftchen; selbstklebend; gestanzt 14¼.

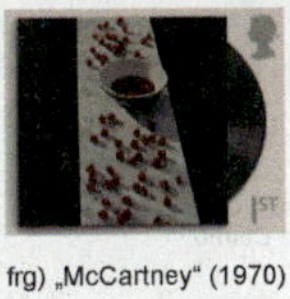

frg) „McCartney“ (1970)

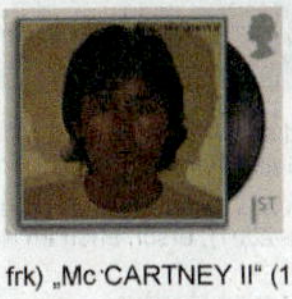

frk) „Mc CARTNEY II“ (1980)

4779	1ST	mehrfarbig	frg	3,50	2,20
4780	1ST	mehrfarbig	frk	3,50	2,20
			Satzpreis (2 W.)	7,—	4,40
			FDC		6,—

Nominale zur Zeit der Ausgabe: je 85 P

MiNr. 4779–4780 stammen aus MH 0-422.

In gleichen Zeichnungen: MiNr. 4767 und 4770 (nassklebend)

2021, 24. Juni. Blockausgabe: Tod von Prinz Philip. Odr.; gez. Ks 14¼.

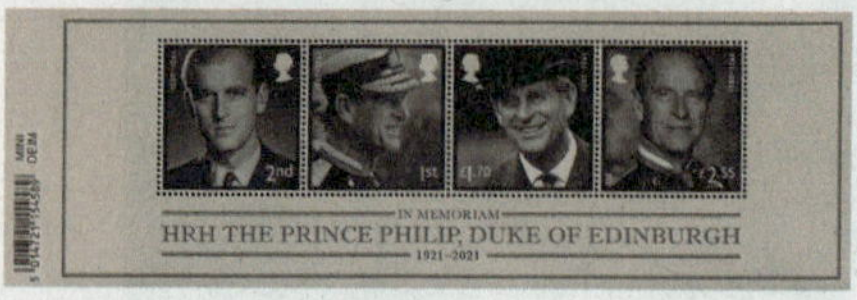

frz

frv) 1956
frw) beim Naval College Dartmouth (1980)
frx) bei der Royal Windsor Horse Show (1990)
fry) als Admiral of the Navy (1992)

frv–fry) Prinz Philip (1921–2021)

4781	2nd	mehrfarbig	frv	2,20	1,80
4782	1st	mehrfarbig	frw	3,—	2,20
4783	1.70 £	mehrfarbig	frx	4,80	4,80
4784	2.55 £	mehrfarbig	fry	7,—	7,—
Block 144		(202×67 mm)	frz	17,—	16,—
			FDC		20,—

Nominalen zur Zeit der Ausgabe: MiNr. 4781 = 66 P, MiNr. 4782 = 85 P

2021, 1. Juli. 70 Jahre Comicserie „Dennis und Gnasher" (I). Odr. (2×5 Zd und 2×5 Zd + 2×5 Zd); gez. K 14.

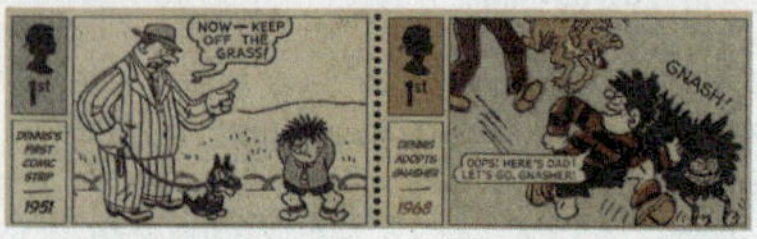

fsa) Erstausgabe (1951)
fsb) Dennis adoptiert den Hund Gnasher (1968)

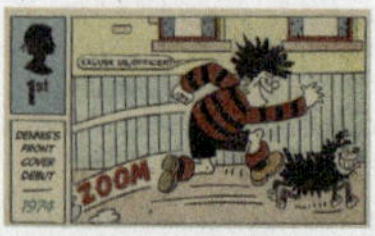

fsc) Erstes Erscheinen als Titelstory (1974)

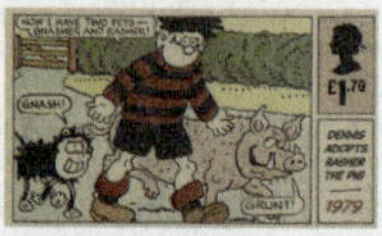

fsd) Dennis adoptiert das Schwein Rasher (1979)

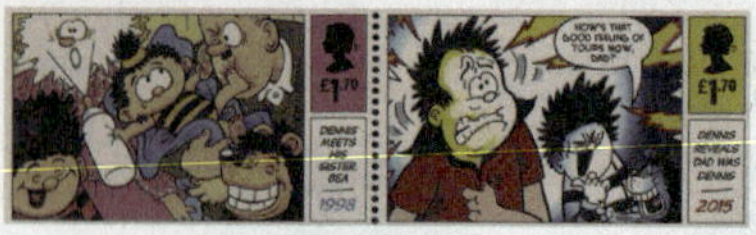

fse) Dennis und seine Schwester Bea (1998)
fsf) Vater und Sohn Dennis (2015)

fsa–fsf) Szenen aus der Comicserie „Dennis the Menace and Gnasher" von Hank Ketcham (1920–2001), erschienen im Kindermagazin „The Beano"

4785	1st	mehrfarbig	fsa	3,—	2,20
4786	1st	mehrfarbig	fsb	3,—	2,20
4787	1st	mehrfarbig	fsc	3,—	2,20
4788	1.70 £	mehrfarbig	fsd	5,—	4,80
4789	1.70 £	mehrfarbig	fse	5,—	4,80
4790	1.70 £	mehrfarbig	fsf	5,—	4,80
			Satzpreis (6 W.)	24,—	21,—
			2 Dreierstreifen	24,—	21,—
			FDC		25,—

Nominale von MiNr. 4785–4787 zur Zeit der Ausgabe: je 85 P

Nominalgleiche Marken wurden waagerecht zusammenhängend gedruckt.

2021, 1. Juli. Blockausgabe: 70 Jahre Comicserie „Dennis und Gnasher" (II). I = Odr., Block (Bl.) und Folienbogen (Fbg.), II = RaTdr., Markenheftchen (MH); Streifen fl.; selbstklebend; gestanzt 14¼.

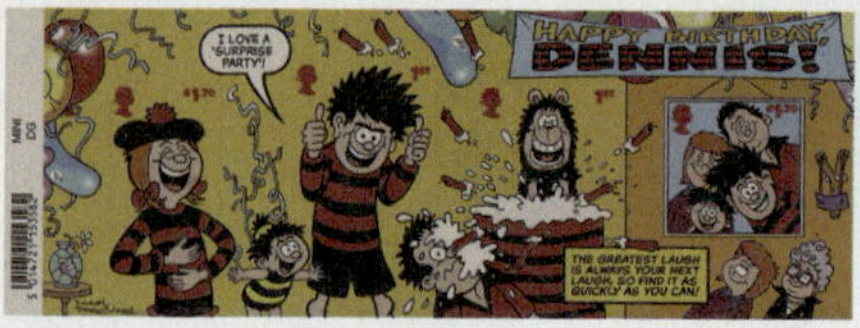

fsl

fsi fsg fsh fsk

fsg) Dennis an seinem Geburtstag
fsh) Hund Gnasher in der Geburtstagstorte
fsi) Minnie the Minx
fsk) Dennis mit seiner Familie

fsg–fsk) Charaktere aus der Comicserie „Dennis the Menace and Gnasher" von Hank Ketcham (1920–2001), erschienen im Kindermagazin „The Beano"

4791		1ST	mehrfarbig	fsg		
	I		Odr. (Bl.), (Fbg.)		3,—	2,20
	II		RaTdr. (MH)		3,50	2,20
4792		1ST	mehrfarbig	fsh		
	I		Odr. (Bl.), (Fbg.)		3,—	2,20
	II		RaTdr. (MH)		3,50	2,20
4793	I	1.70 £	mehrfarbig (Bl.)	fsi	5,—	4,80
4794	I	1.70 £	mehrfarbig (Bl.)	fsk	5,—	4,80
Block 145			(202×74 mm)	fsl	16,—	14,—
				FDC I		17,—
				4791 I Zf–4792 I Zf	6,—	5,—
				Folienbogen I	30,—	
				Satzpreis II (2 W.)	7,—	4,40
				FDC II		6,—

Nominale von MiNr. 4791–4792 zur Zeit der Ausgabe: je 85 P

MiNr. 4791 I–4792 I stammen auch aus einem sog. Commemorative Sheet mit 10 Marken (je 5×) und 10 verschiedenen, jeweils links anhängenden Zierfeldern (Postpreis: 9.70 £).

MiNr. 4791 II–4792 II stammen aus MH 0-423.

2021, 22. Juli. Leben an der Küste und im Meer (I). Odr. (1×5 Zd und 1×5 Zd + 1×5 Zd); gez. K 14¼.

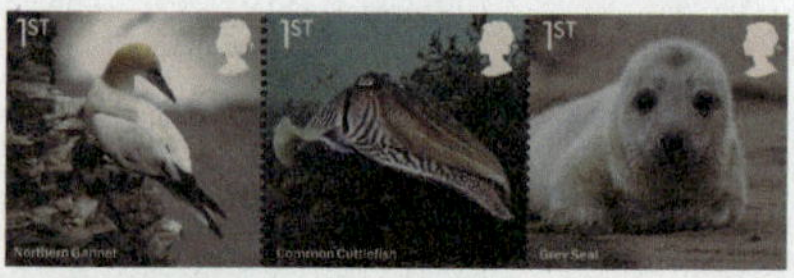

fsm) Basstölpel (Morus bassanus)
fsn) Gewöhnlicher Tintenfisch (Sepia officinalis)
fso) Kegelrobbe (Halichoerus grypus)

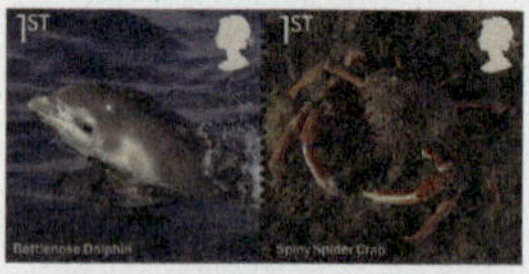

fsp) Großer Tümmler (Tursiops truncatus)
fsr) Große Seespinne (Maja squinado)

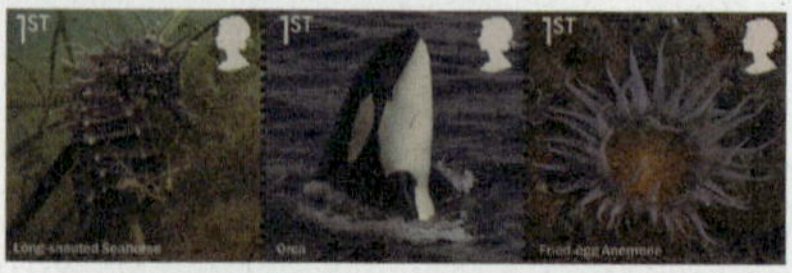

fss) Langschnäuziges Seepferdchen (Hippocampus guttulatus)
fst) Schwertwal (Orcinus orca)
fsu) Spiegeleianemone (Actinothoe sphyrodeta)

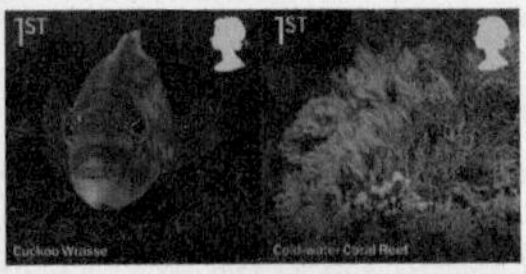

fsv) Kuckuckslippfisch (Labrus mixtus)
fsw) Lophelia pertusa (Kaltwasserkoralle)

4795	1ST	mehrfarbig	fsm	3,—	2,20
4796	1ST	mehrfarbig	fsn	3,—	2,20
4797	1ST	mehrfarbig	fso	3,—	2,20
4798	1ST	mehrfarbig	fsp	3,—	2,20
4799	1ST	mehrfarbig	fsr	3,—	2,20
4800	1ST	mehrfarbig	fss	3,—	2,20
4801	1ST	mehrfarbig	fst	3,—	2,20
4802	1ST	mehrfarbig	fsu	3,—	2,20
4803	1ST	mehrfarbig	fsv	3,—	2,20
4804	1ST	mehrfarbig	fsw	3,—	2,20
			Satzpreis (10 W.)	30,—	22,—
			2 Fünferstreifen	30,—	22,—
			FDC		25,—

Blockausgabe, gez. Ks 14¼:14

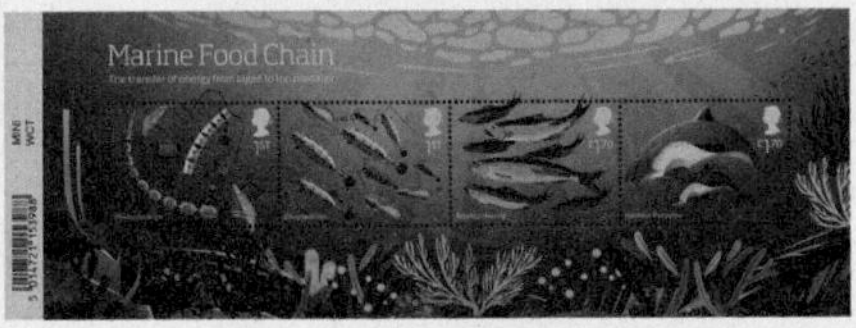

ftb

fsx) Phytoplankton
fsy) Zooplankton
fsz) Atlantischer Hering (Clupea harengus)
fta) Gewöhnlicher Schweinswal (Phocoena phocoena)

fsx–fta) Beispiele der maritimen Nahrungskette

4805	1ST	mehrfarbig	fsx	3,—	2,20
4806	1ST	mehrfarbig	fsy	3,—	2,20
4807	1.70 £	mehrfarbig	fsz	5,—	4,80
4808	1.70 £	mehrfarbig	fta	5,—	4,80
Block 146		(202×74 mm)	ftb	16,—	14,—
			FDC		17,—

Nominale von 4795–4806 zur Zeit der Ausgabe: je 85 P

MiNr. 4795–4799 und 4800–4804 wurden jeweils waagerecht zusammenhängend gedruckt.

In gleichen Zeichnungen wie MiNr. 4795–4804: MiNr. 4809–4818 (selbstklebend)

2021, 22. Juli. Leben an der Küste und im Meer (II). I = Odr., Folienbogen (Fbg.) (4×5), II = RaTdr., Markenheftchen (MH); selbstklebend; gestanzt 14¼.

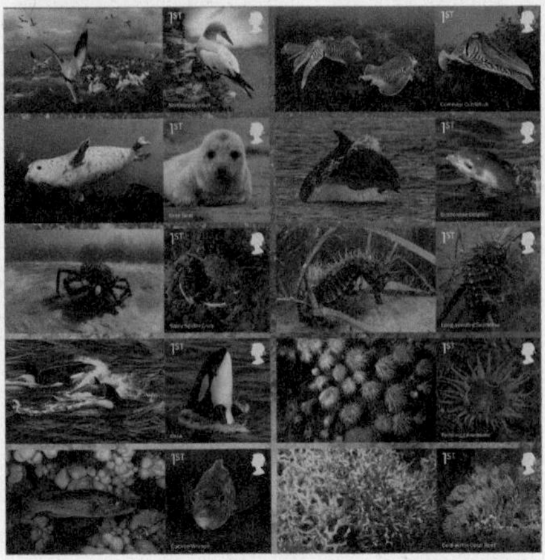

Zierfeld	fsm	Zierfeld	fsn
Zierfeld	fso	Zierfeld	fsp
Zierfeld	fsr	Zierfeld	fss
Zierfeld	fst	Zierfeld	fsu
Zierfeld	fsv	Zierfeld	fsw

fsm) Basstölpel (Morus bassanus)
fsn) Gewöhnlicher Tintenfisch (Sepia officinalis)
fso) Kegelrobbe (Halichoerus grypus)
fsp) Großer Tümmler (Tursiops truncatus)
fsr) Große Seespinne (Maja squinado)
fss) Langschnäuziges Seepferdchen (Hippocampus guttulatus)
fst) Schwertwal (Orcinus orca)
fsu) Spiegeleianemone (Actinothoe sphyrodeta)
fsv) Kuckuckslippfisch (Labrus mixtus)
fsw) Lophelia pertusa (Kaltwasserkoralle)

4809	I	1ST	mehrfarbig (Fbg.)	fsm	4,—	2,50
4810	I	1ST	mehrfarbig (Fbg.)	fsn	4,—	2,50
4811		1ST	mehrfarbig	fso		
	I		Odr. (Fbg.)		4,—	2,50
	II		RaTdr. (MH)		3,50	2,20
4812	I	1ST	mehrfarbig (Fbg.)	fsp	4,—	2,50
4813	I	1ST	mehrfarbig (Fbg.)	fsr	4,—	2,50
4814	I	1ST	mehrfarbig (Fbg.)	fss	4,—	2,50
4815		1ST	mehrfarbig	fst		
	I		Odr. (Fbg.)		4,—	2,50
	II		RaTdr. (MH)		3,50	2,20
4816	I	1ST	mehrfarbig (Fbg.)	fsu	4,—	2,50
4817	I	1ST	mehrfarbig (Fbg.)	fsv	4,—	2,50
4818	I	1ST	mehrfarbig (Fbg.)	fsw	4,—	2,50
				Satzpreis I (10 W.)	40,—	25,—
				FDC I		28,—
				Folienbogen I	40,—	
				Satzpreis II (2 W.)	7,—	4,40
				FDC II		6,—

Nominale zur Zeit der Ausgabe: je 85 P

MiNr. 4809 I–4818 I stammen aus einem sog. Commemorative Sheet mit 10 Marken und 10 jeweils links anhängenden Zierfeldern, die durch jeweils 3 Verbindungsstege mit der Marke verbunden sind (Postpreis: 9.70 £).

MiNr. 4811 II und 4815 II stammen aus MH 0-424

In gleichen Zeichnungen: MiNr. 4795–4804 (nassklebend)

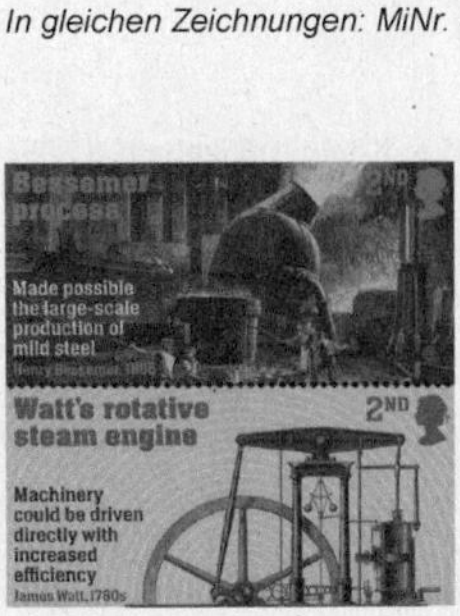

2021, 12. Aug. Industrielle Revolution. Odr. (5×3 Zd und 5×3 Zd + 5×3 Zd); gez. K 14½.

ftc) Bessemerbirne zur Stahlproduktion (1856) von Henry Bessemer (1813–1898)
ftd) Boulton- und Watt-Dampfmaschine (um 1775) von James Watt (1736–1819)

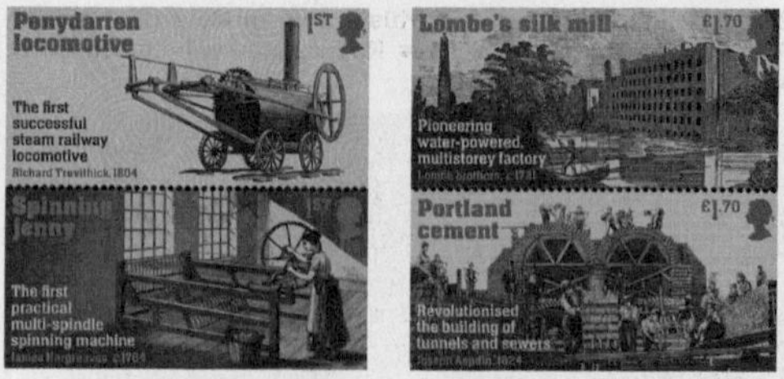

fte) Penydarren-Dampflokomotive (1804) von Richard Trevithick (1771–1833)
ftf) Spinnmaschine „Jenny" (1764) von James Hargreaves (1721–1778)
ftg) Lombe-Seidenspinnerei (um 1721) von Thomas Lombe (1693–1739)
fth) Portlandzement (1824) von Joseph Aspdin (1778–1855)

4819	2ND	mehrfarbig	ftc	2,20	2,—
4820	2ND	mehrfarbig	ftd	2,20	2,—
4821	1ST	mehrfarbig	fte	3,—	2,20
4822	1ST	mehrfarbig	ftf	3,—	2,20
4823	1.70 £	mehrfarbig	ftg	4,80	4,80
4824	1.70 £	mehrfarbig	fth	4,80	4,80
		Satzpreis (6 W.)		20,—	18,—
		3 Paare		20,—	18,—
		FDC			22,—

Blockausgabe, gez Ks 14

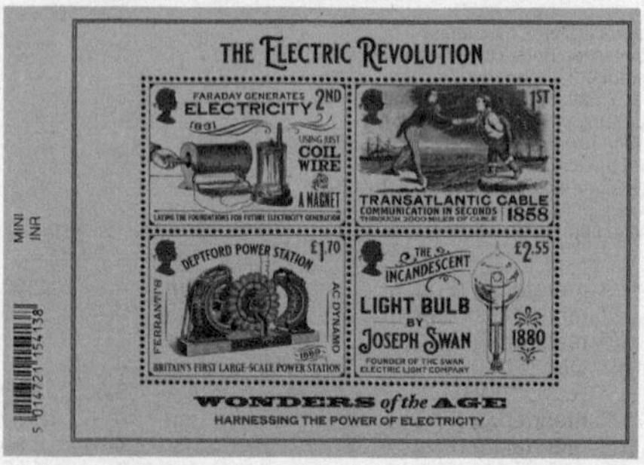

ftn

fti) Elektromagnetische Spule (1831) von Michael Faraday (1791–1867)
ftk) Transatlantisches Telefonkabel (1858) von Frederic N. Gisborne (1824–1892)
ftl) Wechselstromgenerator (1889) von Sebastian Zianti de Ferranti (1864–1930)
ftm) Glühbirne (1880) von Joseph W. Swan (1828–1914)

4825	2ND	mehrfarbig	fti	2,20	1,80
4826	1ST	mehrfarbig	ftk	3,—	2,20
4827	1.70 £	mehrfarbig	ftl	4,80	4,80
4828	2.55 £	mehrfarbig	ftm	7,—	7,—
Block 147		(125×89 mm)	ftn	17,—	16,—
		FDC			19,—

Nominalen zur Zeit der Ausgabe: MiNr. 4819–4820 und 4825 je 66 P, MiNr. 4821–4822 und 4826 je 85 P

Nominalgleiche Bogenmarken wurden senkrecht zusammenhängend gedruckt.

MiNr. 4819–4828 stammen auch aus MH 205.

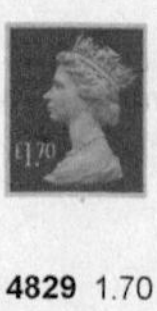

2021, 12. Aug. Freimarke: Königin Elizabeth II., Typ Machin. Odr., Markenheftchen; Sicherheitszähnung K 14¾:14.

ku IV) Königin Elizabeth II. (1926–2022, reg. ab 1952); irisierende, negative Inschrift „ROYAL MAIL" mehrfach

4829	1.70 £	türkisblau	ku IV	10,—	6,—
		FDC			7,50

MiNr. 4829 stammt aus MH 205.

Gültig bis 31.1.2023, geduldet bis 31.7.2023

In gleicher Zeichnung siehe Übersicht nach Jahrgangswerttabelle.

2021, 2. Sept. Militärfahrzeuge. Odr. (1×6 Zd und 1×6 Zd + 1×6 Zd); gez. K 14.

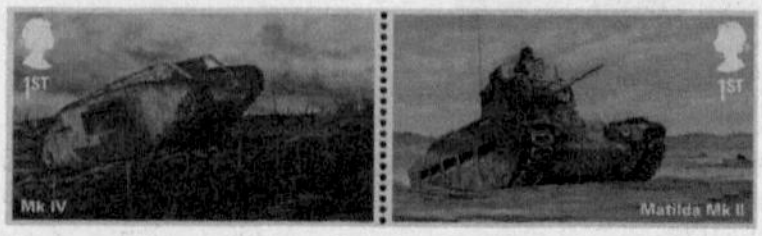

fto) Mk IV (1917)
ftp) Matilda Mk II (1940)

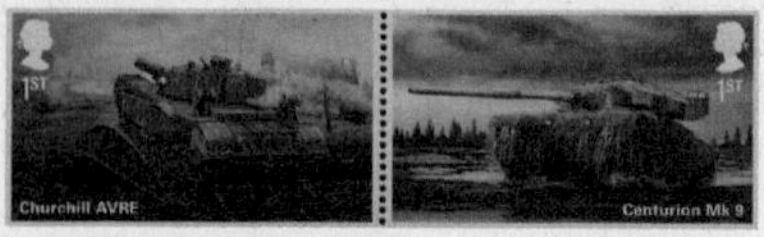

ftr) Churchill AVRE (1941)
fts) Centurion Mk 9 (1946)

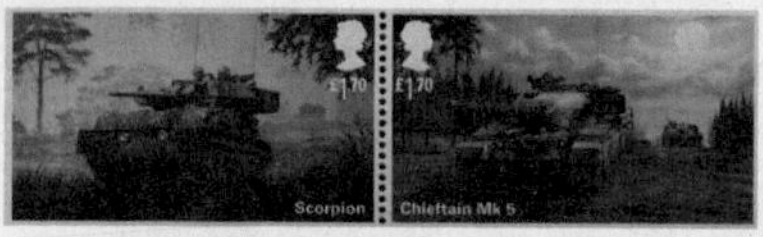

ftt) Scorpion (1972)
ftu) Chieftain Mk 5 (1975)

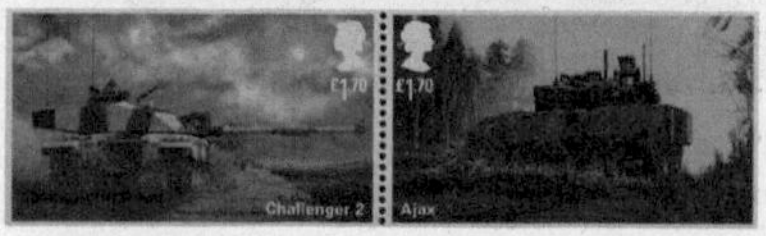

ftv) Challenger 2 (1994)
ftw) Ajax (2020)

fto–ftw) Kampfpanzer der British Army mit dem Jahr ihrer Indienststellung

4830	1ST	mehrfarbig	fto	3,—	2,20
4831	1ST	mehrfarbig	ftp	3,—	2,20
4832	1ST	mehrfarbig	ftr	3,—	2,20
4833	1ST	mehrfarbig	fts	3,—	2,20
4834	1.70 £	mehrfarbig	ftt	5,—	4,80
4835	1.70 £	mehrfarbig	ftu	5,—	4,80
4836	1.70 £	mehrfarbig	ftv	5,—	4,80
4837	1.70 £	mehrfarbig	ftw	5,—	4,80
		Satzpreis (8 W.)		32,—	28,—
		2 Viererstreifen		32,—	28,—
		FDC			32,—

Blockausgabe

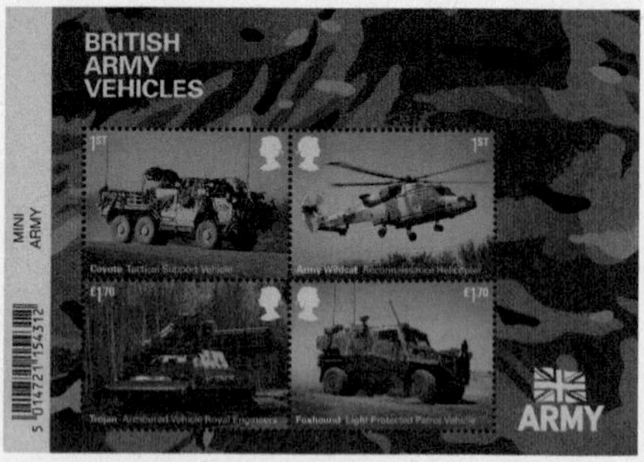

fub

ftx) Taktisches Unterstützungsfahrzeug Coyote
fty) Aufklärungshubschrauber AugustaWestland AW159 Wildcat
ftz) Minenräumpanzer Trojan
fua) Geschütztes Patrouillenfahrzeug Foxhound

4838	1ST	mehrfarbig	ftx	3,—	2,20
4839	1ST	mehrfarbig	fty	3,—	2,20
4840	1.70 £	mehrfarbig	ftz	5,—	4,80
4841	1.70 £	mehrfarbig	fua	5,—	4,80

Block 148	(129×89 mm)	fub	16,—	14,—
		FDC		17,—

Nominale von MiNr. 4830–4833 und 4838–4839 zur Zeit der Ausgabe: je 85 P

Nominalgleiche Bogenmarken wurden waagerecht zusammenhängend gedruckt.

2021, 17. Sept. Comicfiguren von DC Comics (I). Odr. (1×5 Zd und 1×5 Zd + 1×5 Zd); Aufdruck fl.; gez. K 14¼.

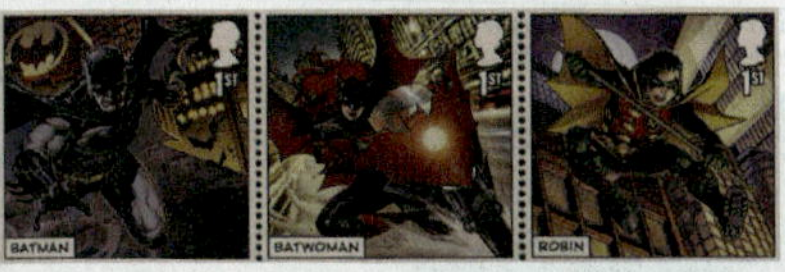

fuc) Batman
fud) Batwoman
fue) Robin

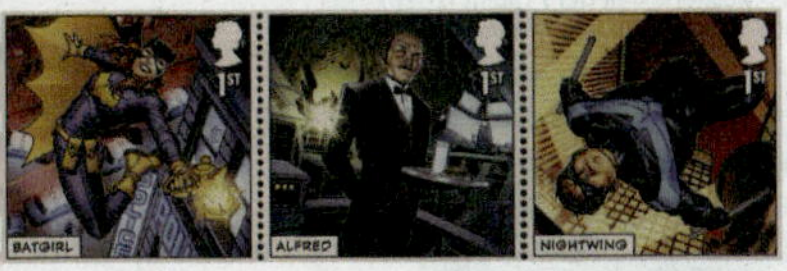

fuf) Batgirl
fug) Alfred
fuh) Nightwing

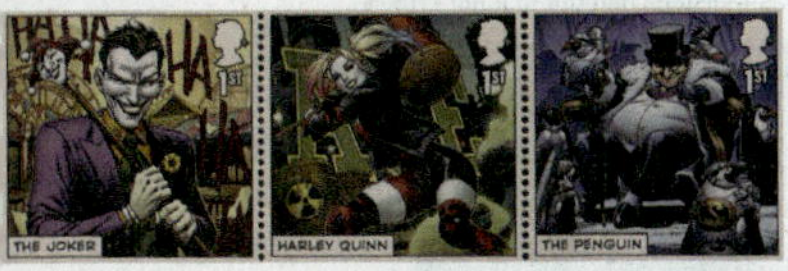

fui) Joker
fuk) Harley Quinn
ful) Pinguin

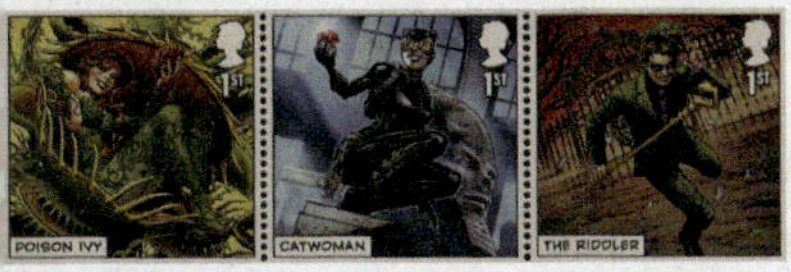

fum) Poison Ivy
fun) Catwoman
fuo) Riddler

4842	1ST	mehrfarbig	fuc	3,—	2,20
4843	1ST	mehrfarbig	fud	3,—	2,20
4844	1ST	mehrfarbig	fue	3,—	2,20
4845	1ST	mehrfarbig	fuf	3,—	2,20
4846	1ST	mehrfarbig	fug	3,—	2,20
4847	1ST	mehrfarbig	fuh	3,—	2,20
4848	1ST	mehrfarbig	fui	3,—	2,20
4849	1ST	mehrfarbig	fuk	3,—	2,20
4850	1ST	mehrfarbig	ful	3,—	2,20
4851	1ST	mehrfarbig	fum	3,—	2,20
4852	1ST	mehrfarbig	fun	3,—	2,20
4853	1ST	mehrfarbig	fuo	3,—	2,20
			Satzpreis (12 W.)	36,—	26,—
			2 Sechserstreifen	36,—	26,—
			FDC		30,—

Nominale zur Zeit der Ausgabe: je 85 P

MiNr. 4842–4847 und 4848–4853 wurden jeweils waagerecht zusammenhängend gedruckt.

MiNr. 4842–4853 stammen auch aus MH 206.

In gleichen Zeichnungen: MiNr. 4860–4871 (selbstklebend)

2021, 17. Sept. Blockausgabe: Comicfiguren von DC Comics (II). I = Odr., Blockausgabe (Bl.), II = RaTdr., Markenheftchen (MH); Aufdruck fl.; selbstklebend; gest. 14¼.

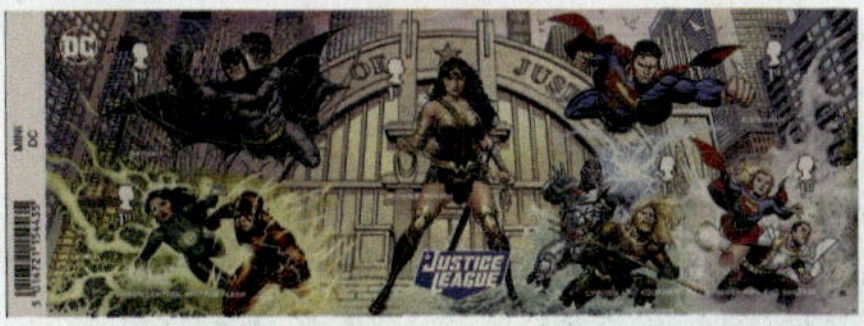

fuw

fup) Batman
fur) Wonder Woman
fus) Superman
fut) Green Lantern und Flash
fuu) Cyborg und Aquaman
fuv) Supergirl und Shazam

4854 I	1ST	mehrfarbig (Bl.)	fup	3,—	2,20
4855	1ST	mehrfarbig	fur		
I		Odr. (Bl.)		3,—	2,20
II		RaTdr. (MH)		3,50	2,40
4856 I	1ST	mehrfarbig (Bl.)	fus	3,—	2,20
4857 I	1ST	mehrfarbig (Bl.)	fut	3,—	2,20
4858 I	1ST	mehrfarbig (Bl.)	fuu	3,—	2,20
4859 I	1ST	mehrfarbig (Bl.)	fuv	3,—	2,20
Block 149		(202×74 mm)	fuw	18,—	14,—
			FDC I		17,—
			FDC II		3,50

Nominale zur Zeit der Ausgabe: je 85 P

MiNr. 4854 I–4859 I stammen auch aus MH 206.

MiNr. 4855 II stammt aus MH 0-426.

2021, 17. Sept. Comicfiguren von DC Comics (III). I = Odr., Folienbogen (Fbg.) (4×6), II = RaTdr., Markenheftchen (MH); Aufdruck fl.; selbstklebend; gestanzt 14¼.

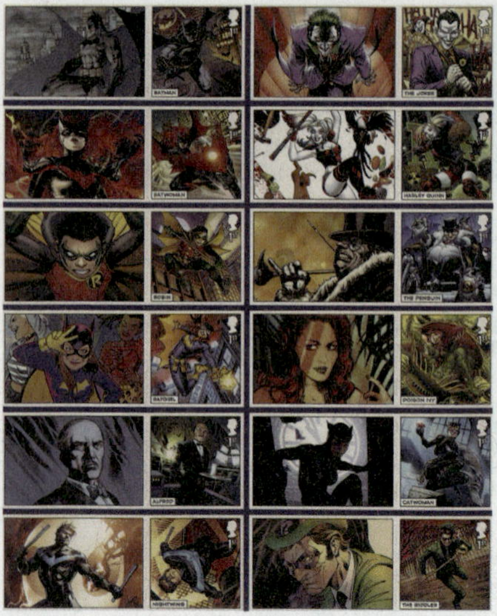

Zierfeld	fuc	Zierfeld	fui
Zierfeld	fud	Zierfeld	fuk
Zierfeld	fue	Zierfeld	ful
Zierfeld	fuf	Zierfeld	fum
Zierfeld	fug	Zierfeld	fun
Zierfeld	fuh	Zierfeld	fuo

fuc) Batman
fui) Joker
fud) Batwoman
fuk) Harley Quinn
fue) Robin
ful) Pinguin
fuf) Batgirl
fum) Poison Ivy
fug) Alfred
fun) Catwoman
fuh) Nightwing
fuo) Riddler

4860		1ST	mehrfarbig	fuc		
	I		Odr. (Fbg.)		3,—	2,50
	II		RaTdr. (MH)		3,50	2,40
4861	I	1ST	mehrfarbig (Fbg.)	fui	3,—	2,50
4862	I	1ST	mehrfarbig (Fbg.)	fud	3,—	2,50
4863	I	1ST	mehrfarbig (Fbg.)	fuk	3,—	2,50
4864		1ST	mehrfarbig	fue		
	I		Odr. (Fbg.)		3,—	2,50
	II		RaTdr. (MH)		3,50	2,40
4865	I	1ST	mehrfarbig (Fbg.)	ful	3,—	2,50
4866	I	1ST	mehrfarbig (Fbg.)	fuf	3,—	2,50
4867	I	1ST	mehrfarbig (Fbg.)	fum	3,—	2,50
4868	I	1ST	mehrfarbig (Fbg.)	fug	3,—	2,50
4869	I	1ST	mehrfarbig (Fbg.)	fun	3,—	2,50
4870	I	1ST	mehrfarbig (Fbg.)	fuh	3,—	2,50
4871	I	1ST	mehrfarbig (Fbg.)	fuo	3,—	2,50
			Satzpreis I (12 W.)		36,—	30,—
			FDC I			34,—
			Folienbogen I		36,—	
			Satzpreis II (2 W.)		7,—	4,80
			FDC II			6,—

Nominale zur Zeit der Ausgabe: je 85 P

MiNr. 4860 I–4871 I stammen aus einem sog. Commemorative Sheet mit 12 Marken und 12 jeweils links anhängenden Zierfeldern, die durch jeweils 3 Verbindungsstege mit der Marke verbunden sind (Postpreis: 11.40 £).

MiNr. 4860 II und 4864 II stammen aus MH 0-425

In gleichen Zeichnungen: MiNr. 4842–4853 (nassklebend)

2021, 19. Okt. 150 Jahre Rugby Football Union. Odr. (3×5 Z und 3×5 Zd + 3×5 Zd); gez. K 14:14¼.

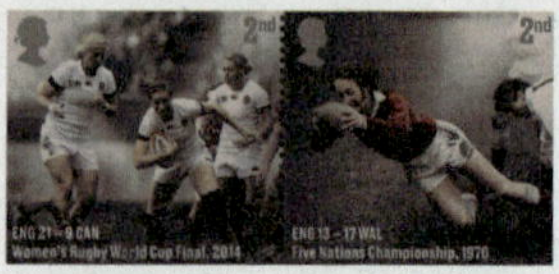

fux) Rugby-World-Cup-Finale der Frauen (2014)
fuy) Five-Nations-Meisterschaft der Männer (1970)

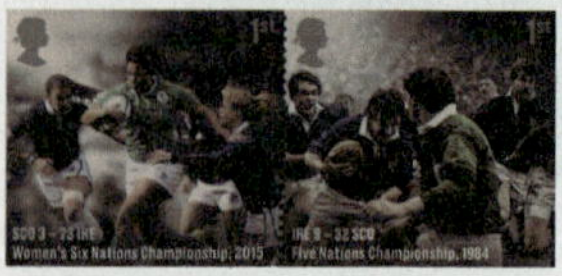

fuz) Six-Nations-Meisterschaft der Frauen (2015)
fva) Five-Nations-Meisterschaft der Männer (1984)

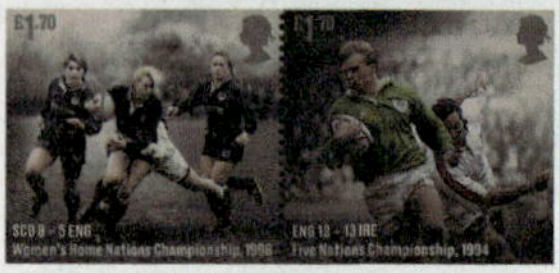

fvb) Home-Nations-Meisterschaft der Frauen (1998)
fvc) Five-Nations-Meisterschaft der Männer (1994)

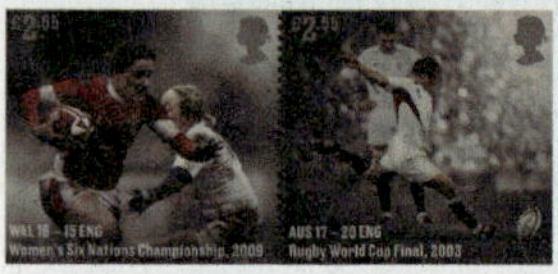

fvd) Six-Nations-Meisterschaft der Frauen (2009)
fve) Rugby-World-Cup-Finale der Männer (2003)

fux–fve) Spielszenen der teilnehmenden Ländermannschaften und Ergebnisse

4872	2ND	mehrfarbig	fux	2,20	2,—
4873	2ND	mehrfarbig	fuy	2,20	2,—
4874	1ST	mehrfarbig	fuz	3,—	2,20
4875	1ST	mehrfarbig	fva	3,—	2,20
4876	1.70 £	mehrfarbig	fvb	4,80	4,80
4877	1.70 £	mehrfarbig	fvc	4,80	4,80
4878	2.55 £	mehrfarbig	fvd	7,—	7,—
4879	2.55 £	mehrfarbig	fve	7,—	7,—
		Satzpreis (8 W.)		34,—	32,—
		4 Paare		34,—	32,—
		FDC			36,—

Nominalen zur Zeit der Ausgabe: MiNr. 4872–4873 je 66 P, MiNr. 4874–4875 je 85 P

Nominalgleiche Marken wurden waagerecht zusammenhängend gedruckt.

2021, 2. Nov. Weihnachten: Die Weihnachtsgeschichte. Selbst klebend; MiNr. 4880, 4882 und 4886–4887 gest. 14½:15, MiNr 4881 und 4883–4885 C = gestanzt, CS = Sicherheitsstanzung mit Verbindungsstegen 15:14¾.

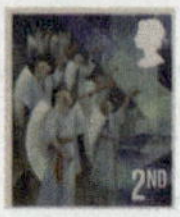

fvf) Verkündung

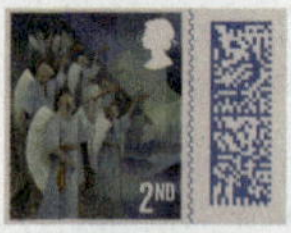

fvg) Verkündung; Matrixcode

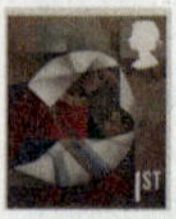

fvh) Christi Geburt

fvi) Christi Geburt; Matrixcode

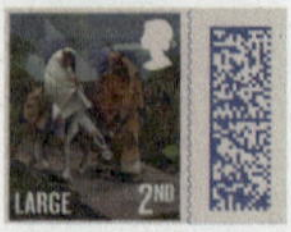

fvk) Die Reise nach Betlehem; Matrixcode

fvl) Hirten auf dem Felde Matrixcode

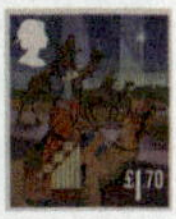

fvm) Hl. Drei Könige

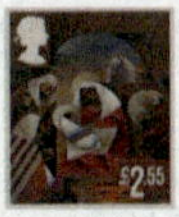

fvn) Anbetung der Hirten

Markenheftchen (MH) (6×2) und Bogen (B) (10×5, Hochformate ~); I = RaTdr. bzw. komb. RaTdr. (Hauptmotiv) und Digitaldruck mit Lacküberzug (Matrixcode); C = gestanzt

4880 I C	2ND	mehrfarbig (MH)	fvf	2,20	1,80
4881 I C	2ND	mehrfarbig (B)	fvg	2,20	1,80
4882 I C	1ST	mehrfarbig (MH)	fvh	3,—	2,20
4883 I C	1ST	mehrfarbig (B)	fvi	3,—	2,20
4884 I C	2ND LARGE	mehrfarbig (B)	fvk	2,80	2,60
4885 I C	1ST LARGE	mehrfarbig (B)	fvl	6,—	3,60
4886 I C	1.70 £	mehrfarbig (B)	fvm	4,80	4,80
4887 I C	2.55 £	mehrfarbig (B)	fvn	7,—	7,—
		Satzpreis I C (8 W.)		31,—	26,—
		FDC I C			30,—

Blockausgabe (Bl.) und Folienbogen (Fbg.) (4×5 Zd); II = Odr. bzw. komb. Odr. (Hauptmotiv) und Digitaldruck mit Lacküberzug (Matrixcode); C = gestanzt, CS = Sicherheitsstanzung mit Verbindungstegen

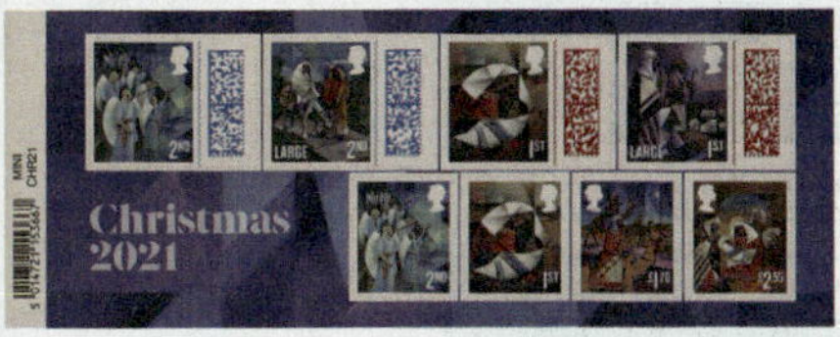

fvo

fvg fvk fvi fvl

fvf fvh fvm fvn

fvf) Verkündung
fvg) Verkündung; Matrixcode
fvh) Christi Geburt
fvi) Christi Geburt; Matrixcode
fvk) Die Reise nach Betlehem; Matrixcode
fvl) Hirten auf dem Felde; Matrixcode
fvm) Hl. Drei Könige
fvn) Anbetung der Hirten

4880 II C	2ND	mehrfarbig	fvf	2,20	1,80
4881 II C	2ND	mehrfarbig	fvg	2,20	1,80
4882 II C	1ST	mehrfarbig	fvh	3,—	2,20
4883 II C	1ST	mehrfarbig	fvi	3,—	2,20
4884 II C	2ND LARGE	mehrfarbig	fvk	2,80	2,60
4885 II C	1ST LARGE	mehrfarbig	fvl	6,—	3,60
4886 II C	1.70 £	mehrfarbig	fvm	4,80	4,80
4887 II C	2.55 £	mehrfarbig	fvn	7,—	7,—
Block 150		(189×74 mm)	fvo	31,—	26,—
		FDC			30,—

4880 II CS	2ND	mehrfarbig (Fbg.)	fvf	2,50	2,—
4882 II CS	1ST	mehrfarbig (Fbg.)	fvh	3,50	2,50
4886 II CS	1.70 £	mehrfarbig (Fbg.)	fvm	6,—	5,50
4887 II CS	2.55 £	mehrfarbig (Fbg.)	fvn	8,—	8,—
		4880 II CS Zf, 4882 II CS Zf, 4886 CS Zf–4887 CS Zf		20,—	18,—
		Folienbogen II CS		75,—	

Nominalen zur Zeit der Ausgabe: MiNr. 4880–4881 je 66 P, MiNr. 4882–4883 je 85 P, MiNr. 4884 = 96 P, MiNr. 4885 = 1.29 £

MiNr. 4880 I C stammt auch aus MH 0-427.
MiNr. 4882 I C stammt auch aus MH 0-428.

Bei Bezug über die philatelistische Versandstelle wurden den Markensätzen und den Präsentationpacks MiNr. 4880 I C und 4882 I C als Einzelmarken auf ausgestanzter, stärkerer Trägerfolie beigefügt, wobei das Matrixpapier nicht entfernt ist.

MiNr. 4880 II CS, 4882 II CS und 4886 II CS–4887 II CS wurden im Folienbogen zu 20 Marken (8 × MiNr. 4880 II CS und 4882 II CS sowie 2 × MiNr. 4886 II CS und 4887 II CS) und 20 verschiedenen Zierfeldern, die jeweils durch 3 schmale Verbindungsstege mit der Marke verbunden sind, gedruckt (Postpreis: 21.75 £).

2022, 20. Jan. 60 Jahre Rockband „The Rolling Stones" (I). Odr., Bogen (1×6 Zd und 1×6 Zd + 1×6 Zd) und Kleinbogen (Klb.) (3×1); gez. K 14.

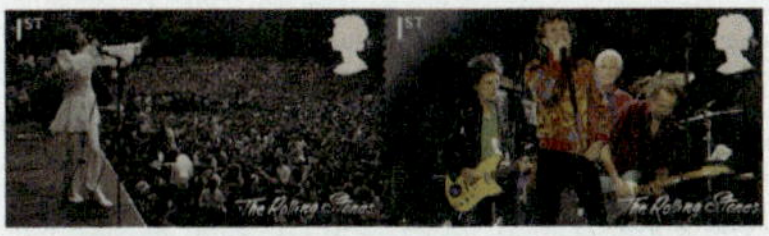

fvp) London (1969)
fvr) East Rutherford, New Jersey (2019)

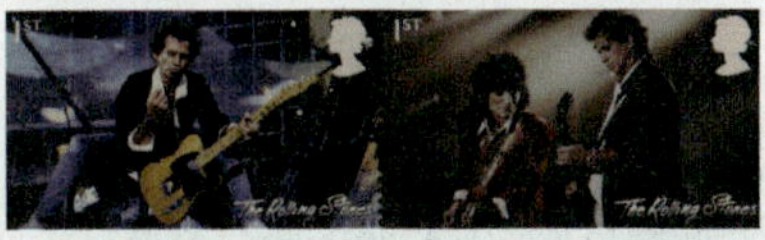

fvs) Rotterdam (1995)
fvt) Tokio (1995)

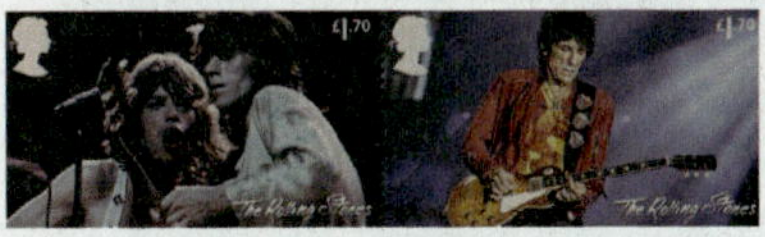

fvu) New York (1972)
fvv) Oslo (2014)

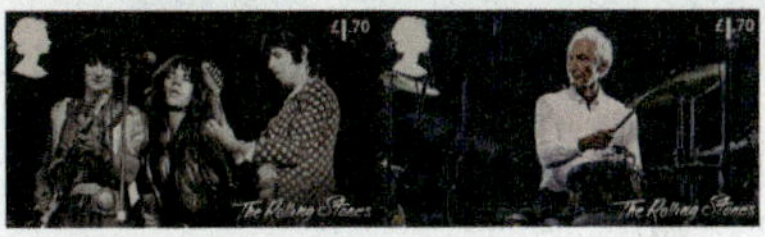

fvw) Herfordshire (1976)
fvx) Düsseldorf (2017)

fvp–fvx) Tourneeauftritte in ...

4888	1ST	mehrfarbig (B) (Klb.)	fvp	3,—	2,20
4889	1ST	mehrfarbig (B)	fvr	3,—	2,20
4890	1ST	mehrfarbig (B)	fvs	3,—	2,20
4891	1ST	mehrfarbig (B) (Klb.)	fvt	3,—	2,20
4892	1.70 £	mehrfarbig (B)	fvu	5,—	4,80
4893	1.70 £	mehrfarbig (B)	fvv	5,—	4,80
4894	1.70 £	mehrfarbig (B)	fvw	5,—	4,80
4895	1.70 £	mehrfarbig (B)	fvx	5,—	4,80
		Satzpreis (8 W.)		32,—	28,—
		2 Viererstreifen		32,—	28,—
		FDC			32,—
		2 Kleinbogen		*50,—*	*50,—*

Blockausgabe, gez. Ks 14¼

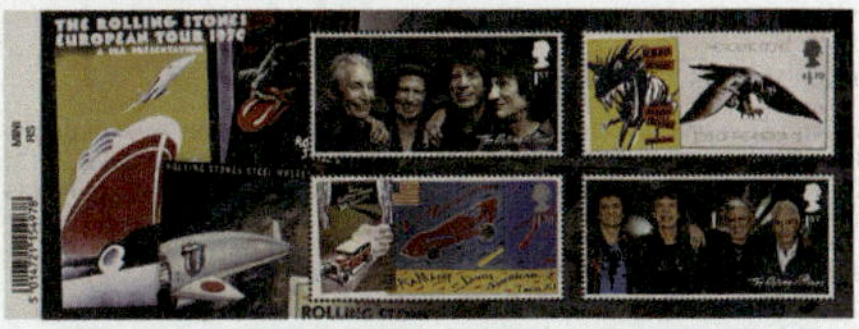

fwd

fvy) Rockband „The Rolling Stones" (2005): Charlie Watts (1941–2021), Keith Richards (*1943), Mick Jagger (*1943) und Ron Wood (*1947)
fvz) Rockband „The Rolling Stones" (2017)
fwa) Werbeplakate für Tourneen in Europa (1990) und USA (1975)
fwb) Werbeplakate für Tourneen in Großbritannien (1971) und USA (1981)

4896	1ST	mehrfarbig	fvy	3,—	2,20
4897	1ST	mehrfarbig	fvz	3,—	2,20
4898	1.70 £	mehrfarbig	fwa	5,—	4,80
4899	1.70 £	mehrfarbig	fwb	5,—	4,80

Block 151	(202×74 mm)	fwc	16,—	14,—
		FDC		17,—

Nominale von MiNr. 4888–4891 und 4896–4897 zur Zeit der Ausgabe: je 85 P

Nominalgleiche Bogenmarken wurden waagerecht zusammenhängend gedruckt.

MiNr. 4888–4899 stammen auch aus MH 207.

MiNr. 4888 und 4891 wurden auch jeweils im Kleinbogen zu 3 Marken ausgegeben (Postpreis: je 7 £).

Auflage: je 10.000 Kleinbogen

In gleichen Zeichnungen wie MiNr. 4888–4895: MiNr. 4900–4907 (selbstklebend)

2022, 20. Jan. 60 Jahre Rockband „The Rolling Stones“ (II). Odr. (2×4 Zd); selbstklebend; gestanzt 14.

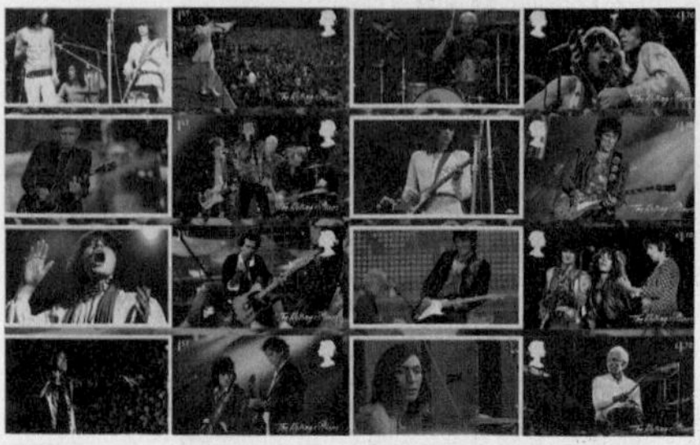

Zierfeld	fvp	Zierfeld	fvu
Zierfeld	fvr	Zierfeld	fvv
Zierfeld	fvs	Zierfeld	fvw
Zierfeld	fvt	Zierfeld	fvx

fvp) London (1969)
fvr) New York (1972)
fvs) East Rutherford, New Jersey (2019)
fvt) Oslo (2014)
fvu) Rotterdam (1995)
fvv) Herfordshire (1976)
fvw) Tokio (1995)
fvx) Düsseldorf (2017)

fvp–fvx) Tourneeauftritte in ...

4900	1ST	mehrfarbig	fvp	3,—	2,50
4901	1ST	mehrfarbig	fvr	3,—	2,50
4902	1ST	mehrfarbig	fvs	3,—	2,50
4903	1ST	mehrfarbig	fvt	3,—	2,50
4904	1.70 £	mehrfarbig	fvu	5,—	5,—
4905	1.70 £	mehrfarbig	fvv	5,—	5,—
4906	1.70 £	mehrfarbig	fvw	5,—	5,—
4907	1.70 £	mehrfarbig	fvx	5,—	5,—
			Satzpreis (8 W.)	32,—	30,—
			FDC		34,—
			4900 Zf–4907 Zf	32,—	30,—
			Folienbogen je	36,—	

Nominalen von MiNr. 4900–4903 zur Zeit der Ausgabe: je 85 P

MiNr. 4900–4907 stammen aus sogen. Collector's Sheets in den Ausführungen „The Rolling Stones“ und „The Rolling Stones Hyde Park, 1969 und 2013“ mit jeweils 8 Marken (je 1×) und 8 verschiedenen, jeweils links bzw. rechts anhängenden Zierfeldern (Postpreis: je 11.50 £).

In gleichen Zeichnungen: MiNr. 4888–4895 (nassklebend)

2022, 1. Febr. Freimarken: Königin Elizabeth II., Typ Machin, dazu Matrixcode rechts. Komb. RaTdr. (Hauptmotiv) und Digitaldruck mit Lacküberzug (Matrixcode), Bogen (5×5 und 5×5 + 5×5); U-förmige Stanzungen im Markenbild; selbstklebend; Sicherheitsstanzung 15:14½.

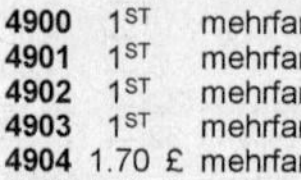

fpp) Königin Elizabeth II. (1926–2022, reg. ab 1952); irisierende, negative Inschrift „ROYAL MAIL“ mehrfach; Matrixcode

4908	2ND	dkl'smaragdgrün/mfg.	fpp	2,—	1,80
4909	1ST	schwärzlichblauviolett/mfg.	fpp	4,—	2,20
4910	2ND Large	lebhaftgraugrün/mfg.	fpp	4,—	2,60
4911	1ST Large	dkl'türkisblau/mfg.	fpp	6,—	3,50
			Satzpreis (4 W.)	16,—	10,—
			FDC		13,—

Nominalen zur Zeit der Ausgabe: MiNr. 4908 = 66 P, MiNr. 4909 = 85 P, MiNr. 4910 = 96 P, MiNr. 4911 = 1.29 £

Die zweite Farbangabe bezieht sich auf den Matrixcode.

MiNr. 4908 stammt auch aus MH 0-429.
MiNr. 4909 stammt auch aus MH 0-430–0-431.
MiNr. 4910 stammt auch aus MH 0-432.
MiNr. 4911 stammt auch aus MH 0-433.

In gleicher bzw. ähnlicher Zeichnung siehe Übersichtstabelle.

2022, 4. Febr. 70. Jahrestag der Thronbesteigung von Königin Elizabeth II. Odr. (1×6 Zd und 1×6 Zd + 1×6 Zd); gez. K 14.

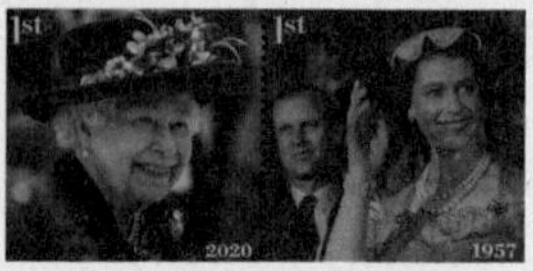

fwd) Besuch beim MI 5, London (2020)
fwe) Washington, USA (1957)

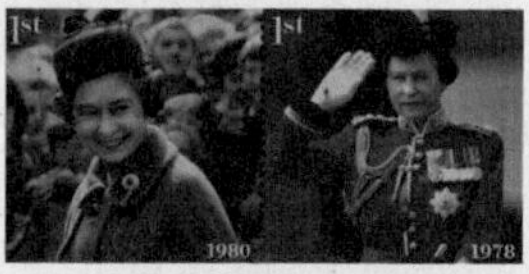

fwf) Worcester (1980)
fwg) Truppenparade, London (1978)

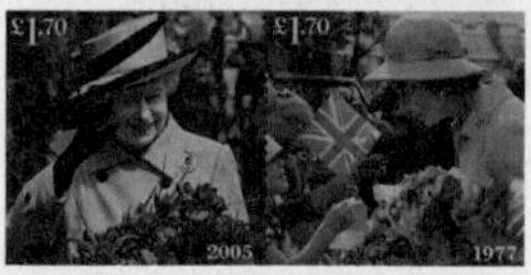

fwh) Privincial Museum of Alberta, Edmonton, Kanada (2005)
fwi) Camberwell (1979)

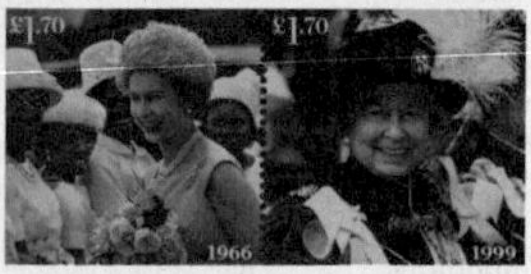

fwk) Victoria Park, St. Vincent (1966)
fwl) Schloss Windsor (1999)

fwd–fwl) Öffentliche Auftritte von Königin Elizabeth II. (1926–2022, reg. ab 1952)

4912	1ST	mehrfarbig	fwd	3,—	2,20
4913	1ST	schwarz	fwe	3,—	2,20
4914	1ST	mehrfarbig	fwf	3,—	2,20
4915	1ST	mehrfarbig	fwg	3,—	2,20
4916	1.70 £	mehrfarbig	fwh	5,—	4,80
4917	1.70 £	mehrfarbig	fwi	5,—	4,80
4918	1.70 £	schwarz	fwk	5,—	4,80
4919	1.70 £	mehrfarbig	fwl	5,—	4,80
			Satzpreis (8 W.)	32,—	28,—
			2 Viererstreifen	32,—	28,—
			FDC		32,—

Nominalen von MiNr. 4912–4915 zur Zeit der Ausgabe: je 85 P

Nominalgleiche Marken wurden waagerecht zusammenhängend gedruckt.

MiNr. 4917 in größerem Bildausschnitt ist ähnlich MiNr. 2309.

MiNr. 4912–4919 stammen auch aus MH 208.

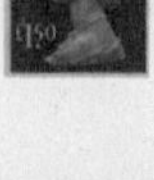

2022, 4. Febr. Freimarke: Königin Elizabeth II., Typ Machin. Odr., Markenheftchen; Sicherheitszähnung K 14¾:14.

ku IV) Königin Elizabeth II. (1926–2022, reg. ab 1952); irisierende, negative Inschrift „ROYAL MAIL“ mehrfach

4920	1.50 £ schwärzlichrotorange	ku IV	4,50	4,50
		FDC		3,50

MiNr. 4920 stammt aus MH 208.

Gültig bis 31.1.2023, geduldet bis 31.7.2023

In ähnlicher Zeichnung siehe Übersicht nach Jahrgangswerttabelle.

2022, 18. Febr. 2022, 18. Febr. Blockausgabe: Briefmarkenentwürfe von David Gentleman. Odr.; MiNr. 4921–4922 und 4925–4926 gez. Ks 14¾, MiNr. 4923–4924 gez. Ks 14:14¾.

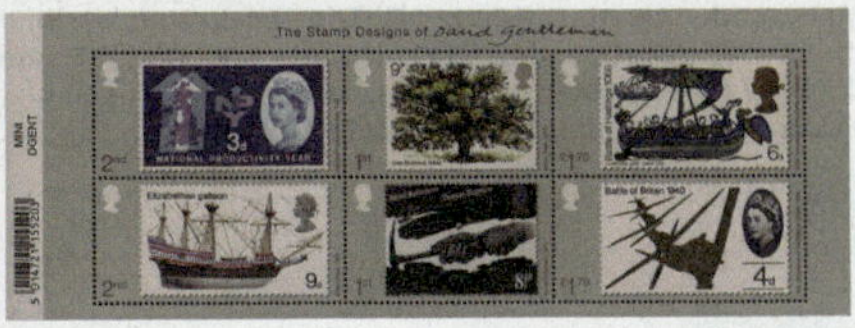

fwt

fwm) MiNr. 352
fwn) MiNr. 499
fwo) MiNr. 615
fwp) MiNr. 706
fwr) MiNr. 440
fws) MiNr. 394

fwm–fwt) Briefmarken, entworfen von David Gentleman (*1930), Maler und Designer

4921	2ND	mehrfarbig	fwm	2,20	2,—
4922	2ND	mehrfarbig	fwn	2,20	2,—
4923	1ST	mehrfarbig	fwo	3,—	2,20
4924	1ST	mehrfarbig	fwp	3,—	2,20
4925	1.70 £	mehrfarbig	fwr	4,80	4,80
4926	1.70 £	mehrfarbig	fws	4,80	4,80
Block 152		(202×74 mm)	fwt	20,—	18,—
			FDC		20,—

Nominalen zur Zeit der Ausgabe: MiNr. 4921–4922 je 66 P, MiNr. 4923–4924 je 85 P

Über die philatelistische Versandstelle wurden ungeteilte Druckbogen (2×7) von Bl. 152 verkauft (Postpreis: 89.88 £; Auflage: 500 Druckbogen).

2022, 19. Febr. Blockausgabe: Internationale Briefmarkenausstellung STAMPEX 2022, London. Bl. 152 mit Bdr.-Aufdruck auf dem oberen Blockrand.

Block 152 I (202×94 mm)	fwt I	24,—	20,—
	FDC		22,—

Bl. 152 I wurde nur am Ausstellungspostamt verkauft.

Auflage: 10.000 Blocks

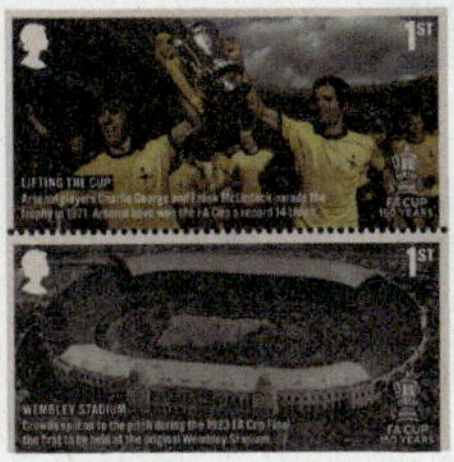

2022, 8. März. 150 Jahre Fußball-Pokalwettbewerb „Football Association Challenge Cup". Odr. (3×3 Zd und 3×3 Zd + 3×3 Zd); Streifen ph.; gez. K 14¼.

fwu) Siegerpokal nach dem 90. Endspiel (1971)
fwv) Wembley-Stadion nach dem 48. Endspiel (1923)

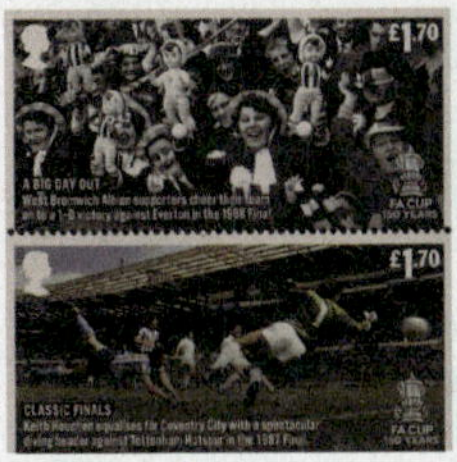

fww) Fußballfans beim 87. Endspiel (1968)
fwx) Kopfballtor beim 106. Endspiel (1987)

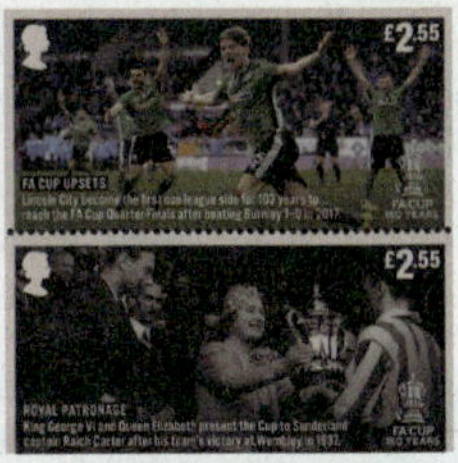

fwy) Außenseitersieg in der Vorrunde (2017)
fwz) Pokalübergabe durch das Königspaar nach dem 62. Finale (1937)

4927	1ST	mehrfarbig	fwu	3,—	2,20
4928	1ST	mehrfarbig	fwv	3,—	2,20
4929	1.70 £	mehrfarbig	fww	5,—	4,80
4930	1.70 £	mehrfarbig	fwx	5,—	4,80
4931	2.55 £	mehrfarbig	fwy	7,—	7,—
4932	2.55 £	mehrfarbig	fwz	7,—	7,—
			Satzpreis (6 W.)	30,—	28,—
			3 Paare	30,—	28,—
			FDC		32,—

Blockausgabe, gez. Ks 14

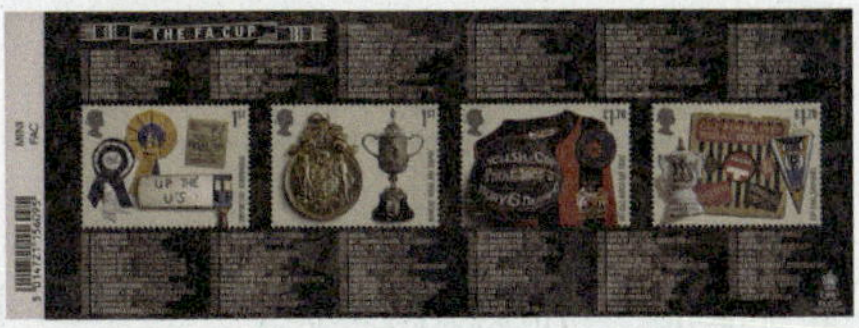

fxe

fxa) Fanartikel
fxb) Siegermedaille und FA-Cup
fxc) Spielertrikot und Ball, Finale 1902
fxd) Fanartikel, Finale 1932

4933	1ST	mehrfarbig	fxa	3,—	2,20
4934	1ST	mehrfarbig	fxb	3,—	2,20
4935	1.70 £	mehrfarbig	fxc	5,—	4,80
4936	1.70 £	mehrfarbig	fxd	5,—	4,80
Block 153		(202×74 mm)	fxe	16,—	14,—
			FDC		17,—

Nominale von MiNr. 4927–4928 und 4933–4934 zur Zeit der Ausgabe: je 85 P

Nominalgleiche Bogenmarken wurden senkrecht zusammenhängend gedruckt.

2022, 8. März. Ehrung der Helfer in der Covid-19-Pandemie. Odr. (1×6 Zd und 1×6 Zd + 1×6 Zd); Streifen ph.; gez. K 14¼.

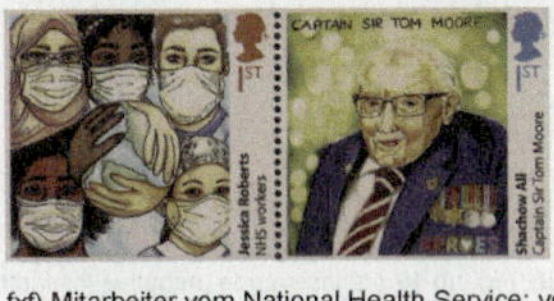

fxf) Mitarbeiter vom National Health Service; von Jessica Roberts
fxg) Captain Tom Moore (1920–2021), Spendensammler; von Shachow Ali

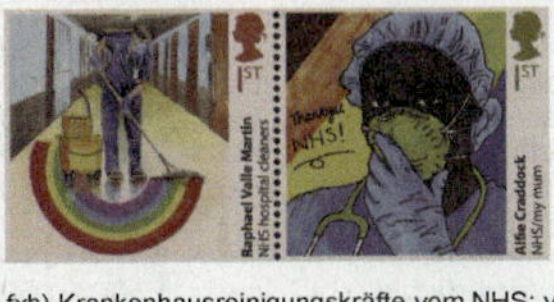

fxh) Krankenhausreinigungskräfte vom NHS; von Raphael Valle Martin
fxi) Meine Mutter im NHS; von Alfie Craddock

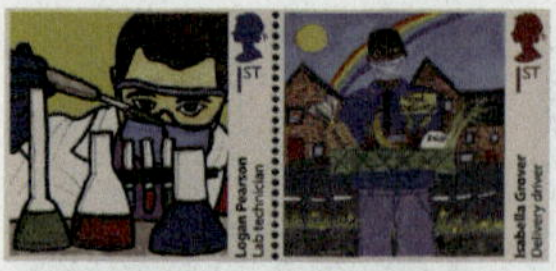

fxk) Labormitarbeiter; von Logan Pearson
fxl) Auslieferungsfahrer; von Isabella Grover

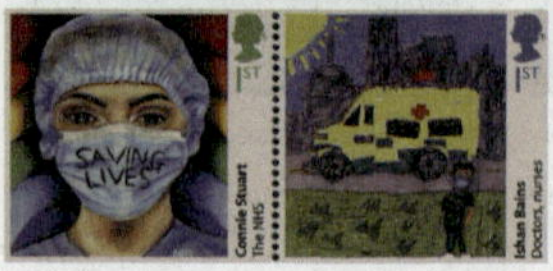

fxm) Der National Health Service; von Connie Stuart
fxn) Ärzte und Krankenpfleger; von Ishan Barns

fxf–fxn) Zeichnungen von Schulkindern zum Thema „Covid-19-Pandemie“

4937	1ST mehrfarbig	fxf	3,—	2,20
4938	1ST mehrfarbig	fxg	3,—	2,20
4939	1ST mehrfarbig	fxh	3,—	2,20
4940	1ST mehrfarbig	fxi	3,—	2,20
4941	1ST mehrfarbig	fxk	3,—	2,20
4942	1ST mehrfarbig	fxl	3,—	2,20
4943	1ST mehrfarbig	fxm	3,—	2,20
4944	1ST mehrfarbig	fxn	3,—	2,20
	Satzpreis (8 W.)		24,—	17,50
	2 Viererstreifen		24,—	18,—
	FDC			20,—

Nominale zur Zeit der Ausgabe: je 85 P

MiNr. 4937–4940 und 4941–4944 wurden jeweils waagerecht zusammenhängend gedruckt.

Posttarife Großbritannien (4.4.2022–2.4.2023)

2. Klasse, Standardformat: 68 P (zuvor: 66 P)
1. Klasse, Standardformat: 95 P (zuvor: 85 P)
2. Klasse, Großformat: 1.05 £ (zuvor: 96 P)
1. Klasse, Großformat: 1.45 £ (zuvor: 1.29 £)
Europa, bis 100 g: 1.85 £ (zuvor: 1.70 £)
Postkarte, Luftpost: 1.85 £ (zuvor: 1.70 £)
Seepost, bis 20 g: 1.60 £ (zuvor: 1.45 £)
Luftpost, bis 20 g: 1.85 £ (zuvor: 1.70 £)
Luftpost, 20 g–100 g: 2.55 £ (seit 1.1.2021)
Einschreiben, 1. Klasse, Standardformat: 2.35 £ (zuvor: 2.25 £)
Einschreiben, 1. Klasse, Großformat: 2.85 £ (zuvor: 2.69 £)
Eilsendung, bis 100 g: 6.85 £ (seit 1.1.2021)
Eilsendung, bis 500 g: 7.65 £ (seit 1.1.2021)

2022, 4. April. Freimarken: Königin Elizabeth II., Typ Machin, dazu Matrixcode rechts. Komb. RaTdr. (Hauptmotiv) und Digitaldruck mit Lacküberzug (Matrixcode), Bogen (5×5 und 5×5 + 5×5); U-förmige Stanzungen im Markenbild; Streifen ph.; selbstklebend; Sicherheitsstanzung 15:14½.

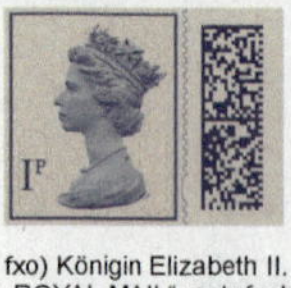

fxo) Königin Elizabeth II. (1926–2022, reg. ab 1952); irisierende, negative Inschrift „ROYAL MAIL“ mehrfach; Rahmen; Matrixcode

4945	1 P	schwärzlichultramarin/mehrfarbig	fxo	0,30	0,30
4946	2 P	schwärzlichopalgrün/mehrfarbig	fxo	0,30	0,30
4947	5 P	dunkelviolettblau/mehrfarbig	fxo	0,30	0,30
4948	10 P	bläulichgrün/mehrfarbig	fxo	0,30	0,30
4949	20 P	dunkelgelbgrün/mehrfarbig	fxo	0,60	0,60
4950	50 P	grau/mehrfarbig	fxo	1,50	1,50
4951	1.00 £	lebhaftbraun/mehrfarbig	fxo	3,—	3,—
4952	2.00 £	lebhaftcyanblau/mehrfarbig	fxo	5,50	5,50
4953	3.00 £	schwärzlichrotviolett/mehrfarbig	fxo	8,50	8,50
4954	5.00 £	schwärzlichgelbsmaragdgrün/mehrfarbig	fxo	14,—	14,—
		Satzpreis (10 W.)		36,—	36,—
		FDC (MiNr. 4945–4951)			8,—
		FDC (MiNr. 4952–4954)			32,—

Die zweite Farbangabe bezieht sich auf den Matrixcode.

In gleicher bzw. ähnlicher Zeichnung siehe Übersicht nach Jahrgangswerttabelle.

2022, 4. April. Freimarken: Königin Elizabeth II., Typ Machin, dazu Matrixcode rechts. Komb. RaTdr. (Hauptmotiv) und Digitaldruck mit Lacküberzug (Matrixcode), Bogen (5×5 und 5×5 + 5×5); U-förmige Stanzungen im Markenbild; Streifen ph.; selbstklebend; Sicherheitsstanzung 15:14½.

fpp) Königin Elizabeth II. (1926–2022, reg. ab 1952); irisierende, negative Inschrift „ROYAL MAIL“ mehrfach; Matrixcode

4955	1.85 £	dunkelockerbraun/mehrfarbig	fpp	5,—	5,—
4956	2.55 £	schwärzlichultramarin/mehrfarbig	fpp	7,—	7,—
4957	3.25 £	violettpurpur/mehrfarbig	fpp	9,—	9,—
4958	4.20 £	dunkelgelbgrün/mehrfarbig	fpp	11,—	11,—
		Satzpreis (4 W.)		32,—	32,—

Die zweite Farbangabe bezieht sich auf den Matrixcode.

In gleicher bzw. ähnlicher Zeichnung siehe Übersicht nach Jahrgangswerttabelle.

2022, 7. April. Zugvögel. Odr. (1×5 Zd und 1×5 Zd + 1×5 Zd); Streifen ph.; gez. K 14¼.

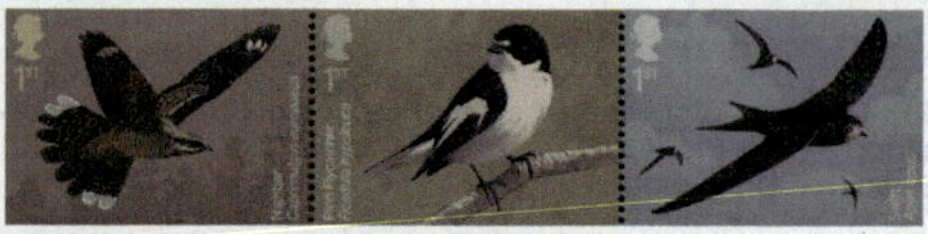

fxp) Ziegenmelker (Caprimulgus europaeus)
fxr) Trauerschnäpper (Ficedula hypoleuca)
fxs) Mauersegler (Apus apus)

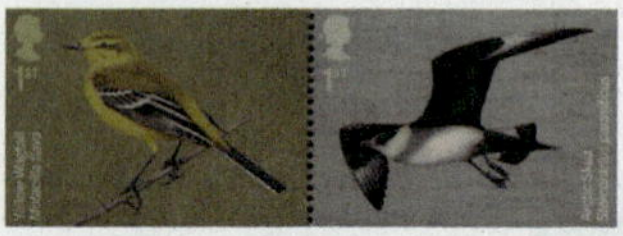

fxt) Schafstelze (Motacilla flava)
fxu) Schmarotzerraubmöwe (Stercorarius parasiticus)

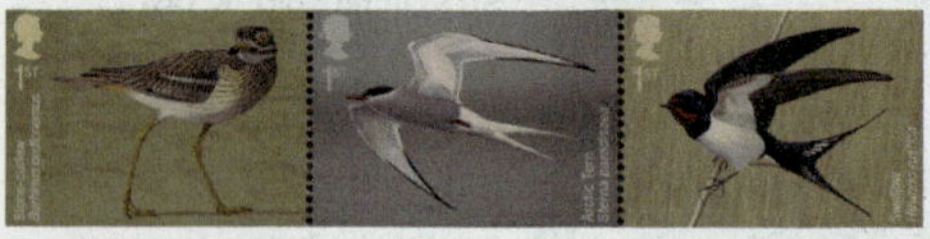

fxv) Triel (Burhinus oedicnemus)
fxw) Küstenseeschwalbe (Sterna paradisaea)
fxx) Rauchschwalbe (Hirunda rustica)

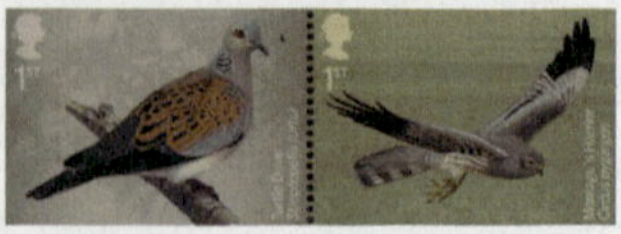

fxy) Turteltaube (Streptopelia turtur)
fxz) Wiesenweihe (Circus pygargus)

4959	1ST mehrfarbig	fxp	3,50	2,50
4960	1ST mehrfarbig	fxr	3,50	2,50
4961	1ST mehrfarbig	fxs	3,50	2,50
4962	1ST mehrfarbig	fxt	3,50	2,50

4963	1ST	mehrfarbig	fxu	3,50	2,50
4964	1ST	mehrfarbig	fxv	3,50	2,50
4965	1ST	mehrfarbig	fxw	3,50	2,50
4966	1ST	mehrfarbig	fxx	3,50	2,50
4967	1ST	mehrfarbig	fxy	3,50	2,50
4968	1ST	mehrfarbig	fxz	3,50	2,50
			Satzpreis (10 W.)	35,—	25,—
			2 Fünferstreifen	35,—	25,—
			FDC		28,—

Nominale zur Zeit der Ausgabe: je 95 P

MiNr. 4959–4963 und 4964–4968 wurden jeweils waagerecht zusammenhängend gedruckt.

2022, 5. Mai. Unbesungene Helden: Frauen im Zweiten Weltkrieg. Odr. (1×5 Zd und 1×5 Zd + 1×5 Zd); Streifen ph.; gez. K 14½.

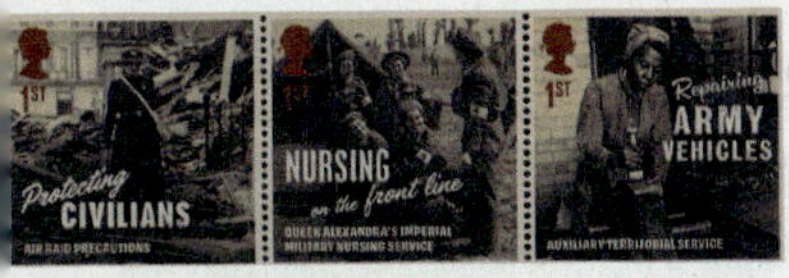

fya) Zivilschutz, Luftschutzwarnung
fyb) Medizinische Versorgung an der Front
fyc) Instandsetzung von Wehrmaterial

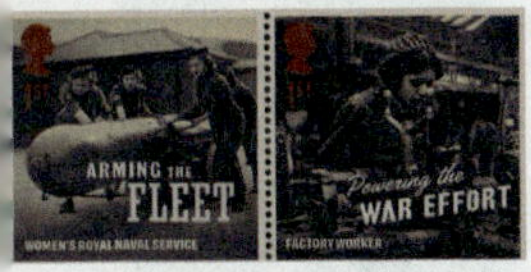

fyd) Aufmunitionierung von Schiffen
fye) Produktion von Rüstungsgütern

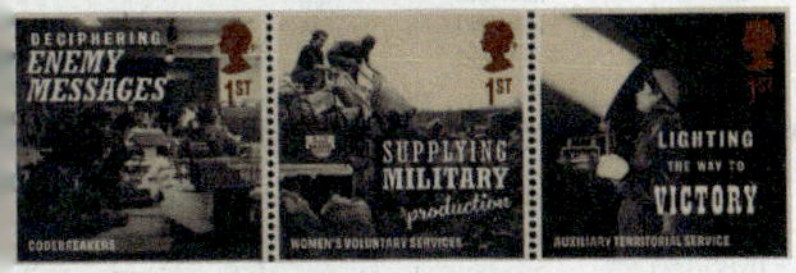

fyf) Entschlüsselung feindlicher Nachrichten
fyg) Nachschubversorgung
fyh) Luftraumbeobachtung

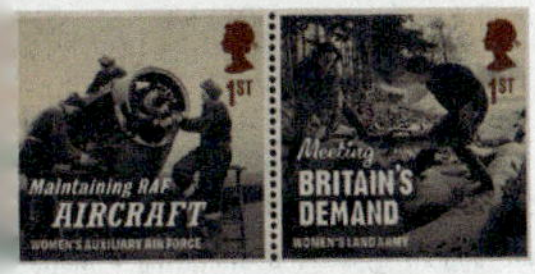

fyi) Wartung von Flugzeugen
fyk) Pilotinnen für Überführungsflüge im Briefing-Raum

fya–fyk) Einsatz und Unterstützung durch Frauen im Zweiten Weltkrieg

4969	1ST	mehrfarbig	fya	3,50	2,50
4970	1ST	mehrfarbig	fyb	3,50	2,50
4971	1ST	mehrfarbig	fyc	3,50	2,50
4972	1ST	mehrfarbig	fyd	3,50	2,50
4973	1ST	mehrfarbig	fye	3,50	2,50
4974	1ST	mehrfarbig	fyf	3,50	2,50
4975	1ST	mehrfarbig	fyg	3,50	2,50
4976	1ST	mehrfarbig	fyh	3,50	2,50
4977	1ST	mehrfarbig	fyi	3,50	2,50
4978	1ST	mehrfarbig	fyk	3,50	2,50
			Satzpreis (10 W.)	35,—	25,—
			2 Fünferstreifen	35,—	25,—
			FDC		28,—

Blockausgabe, gez. Ks 14½:14¼

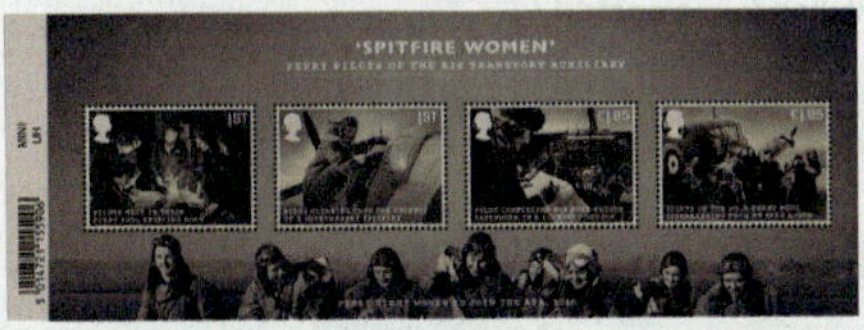

fyp

fyl) Pilotinnen für Überführungsflüge im Briefing-Raum
fym) Einstieg ins Cockpit eines Jagdflugzeugs Typ Supermarine Spitfire
fyn) Pilotin eines leichten Bombers Typ Lookheed Hudson beim Post-Flight-Bericht
fyo) Besatzung eines Verbindungsflugzeugs Typ Avon Anson nach Landung

4979	1ST	mehrfarbig	fyl	3,—	2,50
4980	1ST	mehrfarbig	fym	3,—	2,50
4981	1.85 £	mehrfarbig	fyn	5,—	5,—
4982	1.85 £	mehrfarbig	fyo	5,—	5,—
Block 154		(192×74 mm)	fyp	16,—	15,—
			FDC		18,—

Nominale von MiNr. 4969–4978 und 4979–4980 zur Zeit der Ausgabe: je 95 P

MiNr. 4969–4973 und 4974–4978 wurden jeweils waagerecht zusammenhängend gedruckt.

MiNr. 4969–4982 stammen auch aus MH 209.

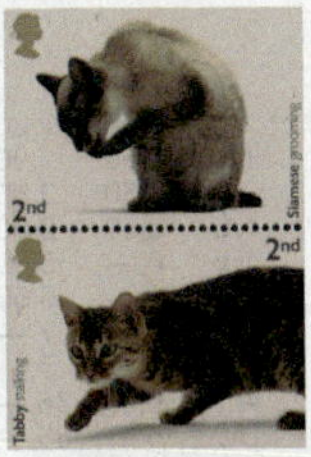

2022, 9. Juni. Katzen (I). Odr. (5×3 Zd und 5×3 Zd + 5×3 Zd); Streifen ph.; gez. K 14½:14¼.

fyr) Siamkatze
fys) Getigerte Katze

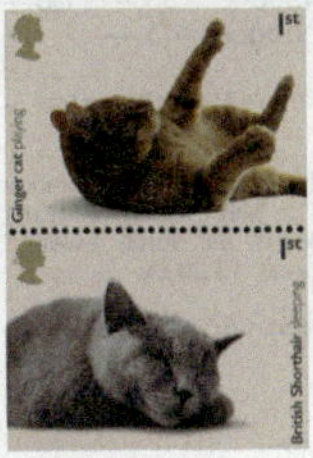

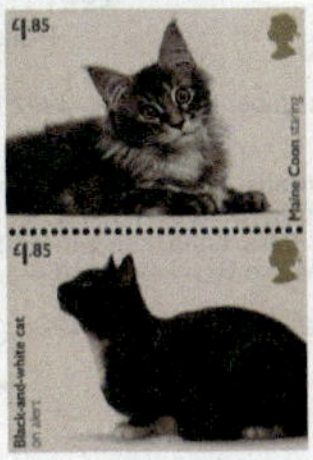

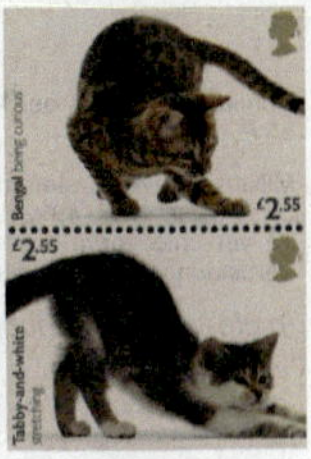

fyt) Rotgetigerte Katze
fyu) Britisch Kurzhaar
fyv) Maine Coon
fyw) Schwarzweiße Katze
fyx) Bengalkatze
fyy) Getigerte Katze mit weißen Flecken

4983	2nd	mehrfarbig	fyr	2,50	2,—
4984	2nd	mehrfarbig	fys	2,50	2,—
4985	1st	mehrfarbig	fyt	3,50	2,50
4986	1st	mehrfarbig	fyu	3,50	2,50
4987	1.85 £	mehrfarbig	fyv	5,—	5,—
4988	1.85 £	mehrfarbig	fyw	5,—	5,—
4989	2.55 £	mehrfarbig	fyx	6,50	6,50
4990	2.55 £	mehrfarbig	fyy	6,50	6,50
			Satzpreis (8 W.)	35,—	32,—
			4 Paare	35,—	32,—
			FDC		35,—

Nominalen zur Zeit der Ausgabe: MiNr. 4983–4984 je 68 P, MiNr. 4985–4986 je 95 P

Nominalgleiche Marken wurden senkrecht zusammenhängend gedruckt.

In gleichen Zeichnungen: MiNr. 4991–4998 (selbstklebend)

2022, 9. Juni. Katzen (II). Odr. (2×5 Zd); Streifen ph.; selbstklebend; gestanzt 14¾.

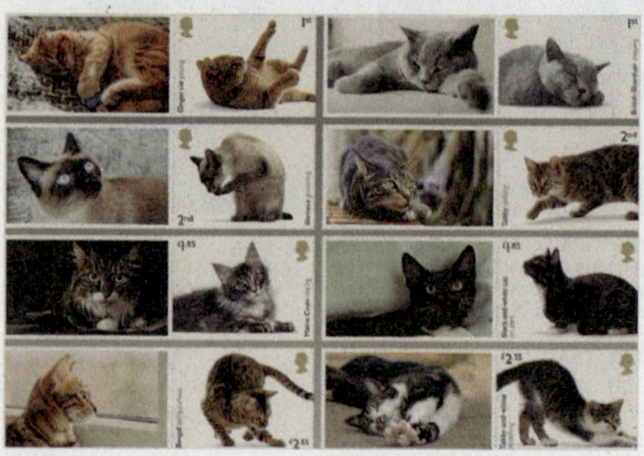

Zierfeld	fyt	Zierfeld	fyu
Zierfeld	fyr	Zierfeld	fys
Zierfeld	fyv	Zierfeld	fyw
Zierfeld	fyx	Zierfeld	fyy

fyr) Siamkatze
fys) Getigerte Katze
fyt) Rotgetigerte Katze
fyu) Britisch Kurzhaar
fyv) Maine Coon
fyw) Schwarzweiße Katze
fyx) Bengalkatze
fyy) Getigerte Katze mit weißen Flecken

4991	2nd	mehrfarbig	fyr	2,50	2,20
4992	2nd	mehrfarbig	fys	2,50	2,20
4993	1st	mehrfarbig	fyt	3,50	2,80
4994	1st	mehrfarbig	fyu	3,50	2,80
4995	1.85 £	mehrfarbig	fyv	6,—	5,50
4996	1.85 £	mehrfarbig	fyw	6,—	5,50
4997	2.55 £	mehrfarbig	fyx	7,—	7,—
4998	2.55 £	mehrfarbig	fyy	7,—	7,—
			Satzpreis (8 W.)	38,—	35,—
			FDC		38,—
			4991 Zf–4998 Zf	38,—	36,—
			Folienbogen	45,—	

Nominalen zur Zeit der Ausgabe: MiNr. 4991–4992 je 68 P, MiNr 4993–4994 je 95 P

MiNr. 4991–4998 stammen aus einem sogen. Collector's Sheet mit 10 Marken (1 × MiNr. 4991–4992 und MiNr. 4995–4990 sowie 2 × MiNr. 4993–4994) und 10 verschiedenen, jeweils links anhängenden Zierfeldern, die durch jeweils 3 Verbindungsstege mit der Marke verbunden sind (Postpreis: 15.20 £).

In gleichen Zeichnungen: MiNr. 4983–4990 (nassklebend)

2022, 1. Juli. 50 Jahre Pride-Parade in Großbritannien (I). Odr. (3×5 Zd und 3×5 Zd + 3×5 Zd); Streifen ph.; gez. K 14¼ .

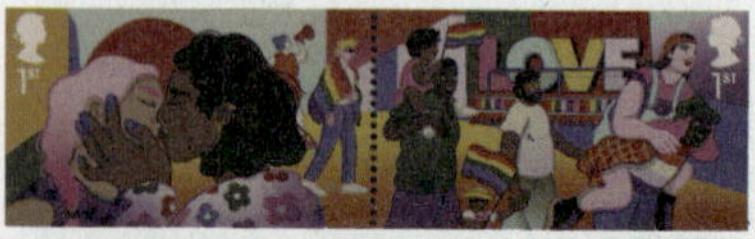

fyz, fza

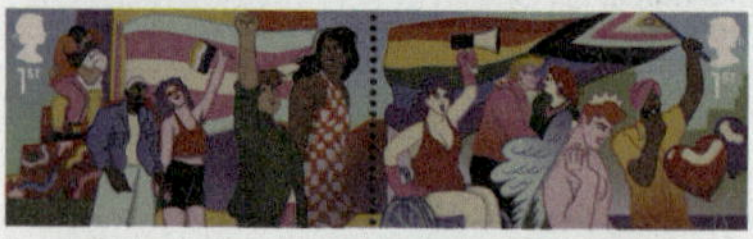

fzb, fzc

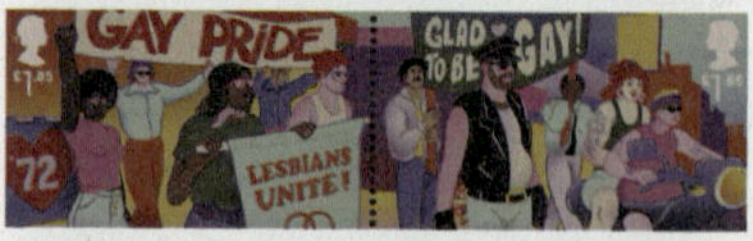

fzd, fze

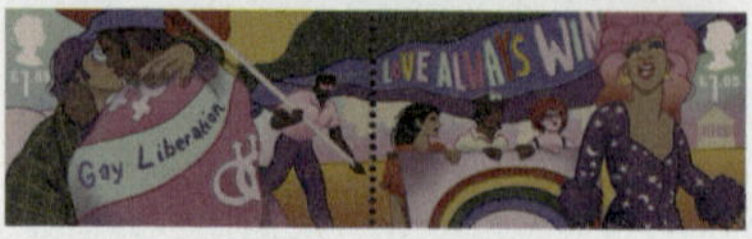

fzf, fzg

fyz–fzg) Teilnehmer und Szenen einer Pride-Parade; Illustrationen von Sofie Birkin

4999	1ST	mehrfarbig	fyz	3,—	2,5
5000	1ST	mehrfarbig	fza	3,—	2,5
5001	1ST	mehrfarbig	fzb	3,—	2,5
5002	1ST	mehrfarbig	fzc	3,—	2,5
5003	1.85 £	mehrfarbig	fzd	5,—	5,–
5004	1.85 £	mehrfarbig	fze	5,—	5,–
5005	1.85 £	mehrfarbig	fzf	5,—	5,–
5006	1.85 £	mehrfarbig	fzg	5,—	5,–
			Satzpreis (8 W.)	32,—	30,–
			4 Paare	32,—	30,–
			FDC		34,–

Nominale von MiNr. 4999–5002 zur Zeit der Ausgabe: je 95 P

MiNr. 4999–5000, 5001–5002, 5003–5004 und 5005–5006 wurden jeweil waagerecht zusammenhängend gedruckt.

In gleichen Zeichnungen: MiNr. 5007–5014 (selbstklebend)

2022, 1. Juli. 50 Jahre Pride-Parade in Großbritannien (II). Odr (2×4 Zd); Streifen ph.; selbstklebend; gestanzt 14¼.

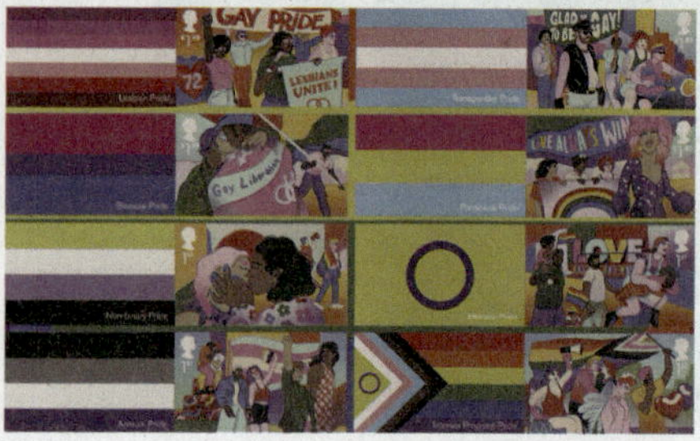

Zierfeld	fzd	Zierfeld	fze
Zierfeld	fzf	Zierfeld	fzg
Zierfeld	fyz	Zierfeld	fza
Zierfeld	fzb	Zierfeld	fzc

fyz–fzg) Teilnehmer und Szenen einer Pride-Parade; Illustrationen von Sofie Birki

5007	1ST	mehrfarbig	fyz	3,—	2,5
5008	1ST	mehrfarbig	fza	3,—	2,5
5009	1ST	mehrfarbig	fzb	3,—	2,5
5010	1ST	mehrfarbig	fzc	3,—	2,5
5011	1.85 £	mehrfarbig	fzd	5,—	5,–
5012	1.85 £	mehrfarbig	fze	5,—	5,–
5013	1.85 £	mehrfarbig	fzf	5,—	5,–
5014	1.85 £	mehrfarbig	fzg	5,—	5,–
			Satzpreis (8 W.)	32,—	30,–
			FDC		34,–
			Folienbogen	32,—	

Nominale von MiNr. 5007–5010 zur Zeit der Ausgabe: je 95 P

MiNr. 5007–5014 stammen aus einem sogen. Collector's Sheet mit 8 Marke und 8 verschiedenen, jeweils links anhängenden Zierfeldern, die durch jeweils 3 Verbindungsstege mit der Marke verbunden sind (Postpreis: 12.40 £).

In gleichen Zeichnungen: MiNr. 4999–5006 (nassklebend)

2022, 28. Juli. 22. Commonwealth-Spiele, Birmingham. Odr (1×6 Zd und 1×6 Zd + 1×6 Zd); Streifen ph.; gez. K 14¼.

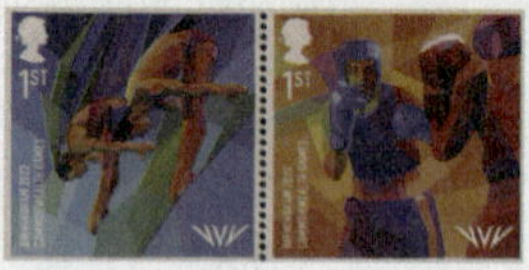

fzh) Wasserspringen – Synchronsprung
fzi) Boxen

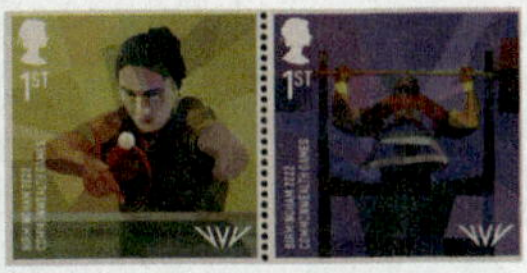

fzk) Tischtennis – Para
fzl) Gewichtheben – Bankdrücken

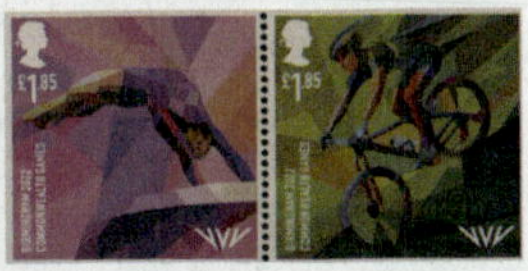

fzm) Rhythmische Sportgymnastik
fzn) Radsport – Mountainbike

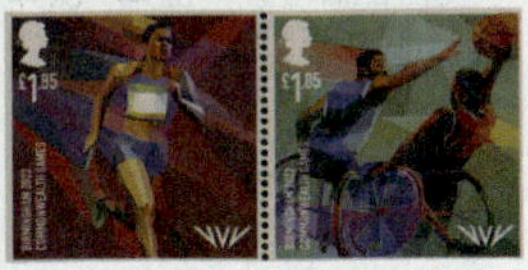

fzo) Leichtathletik – Staffellauf
fzp) 3×3-Basketball – Rollstuhl

5015	1ST	mehrfarbig	fzh	3,—	2,50
5016	1ST	mehrfarbig	fzi	3,—	2,50
5017	1ST	mehrfarbig	fzk	3,—	2,50
5018	1ST	mehrfarbig	fzl	3,—	2,50
5019	1.85 £	mehrfarbig	fzm	5,—	5,—
5020	1.85 £	mehrfarbig	fzn	5,—	5,—
5021	1.85 £	mehrfarbig	fzo	5,—	5,—
5022	1.85 £	mehrfarbig	fzp	5,—	5,—
			Satzpreis (8 W.)	32,—	30,—
			2 Viererstreifen	32,—	30,—
			FDC		34,—

Nominale von MiNr. 5015–5018 zur Zeit der Ausgabe: je 95 P

Nominalgleiche Marken wurden waagerecht zusammenhängend gedruckt.

2022, 1. Sept. Comicfiguren – „The Transformers" (I). Odr. Bogen (B) (3×5 Zd und 3×5 Zd + 3×5 Zd), Kleinbogen (Klb.) (3); Streifen ph.; gez. K 14¼.

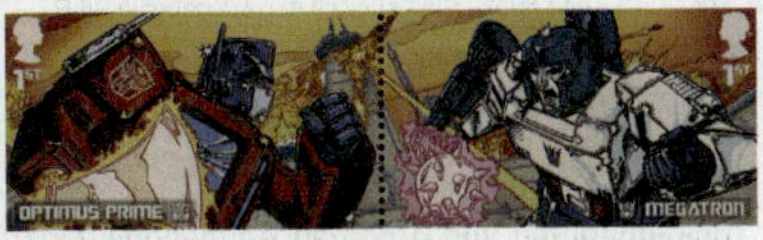

fzr) Optimus Prime
fzs) Megatron

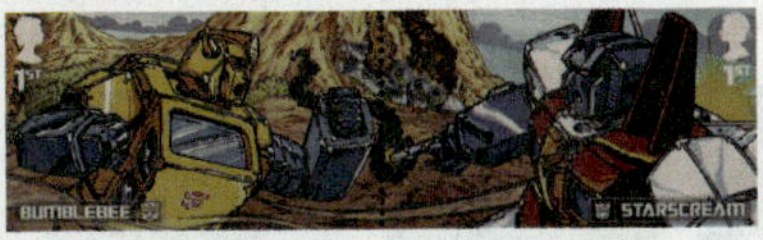

fzt) Bumblebee
fzu) Starscream

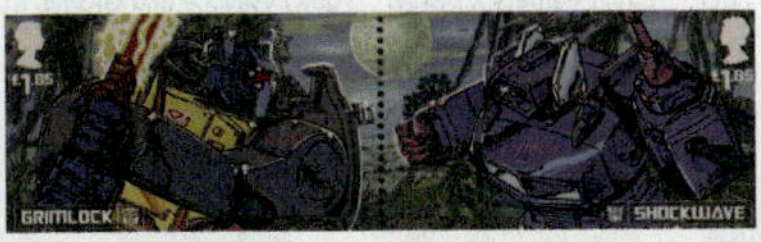

fzv) Grimlock
fzw) Shockwave

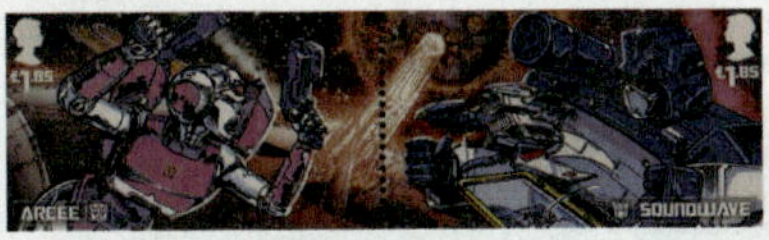

fzx) Arcee
fzy) Soundwave

fzr–fzy) Roboter der Fraktionen „Autobots" und „Decepticons" aus der Comicserie „The Transformers"

5023	1ST	mehrfarbig (B) (Klb.)	fzr	3,—	2,50
5024	1ST	mehrfarbig (B) (Klb.)	fzs	3,—	2,50
5025	1ST	mehrfarbig (B) (Klb.)	fzt	3,—	2,50
5026	1ST	mehrfarbig (B)	fzu	3,—	2,50
5027	1.85 £	mehrfarbig (B)	fzv	5,—	5,—
5028	1.85 £	mehrfarbig (B)	fzw	5,—	5,—
5029	1.85 £	mehrfarbig (B)	fzx	5,—	5,—
5030	1.85 £	mehrfarbig (B)	fzy	5,—	5,—
			Satzpreis (8 W.)	32,—	30,—
			4 Paare	32,—	30,—
			FDC		34,—
			Kleinbogensatz (3 Klb.)	60,—	60,—

Nominale von MiNr. 5023–5026 zur Zeit der Ausgabe: je 95 P

MiNr. 5023–5024, 5025–5026, 5027–5028 und 5029–5030 wurden jeweils waagerecht zusammenhängend gedruckt.

MiNr. 5023–5025 wurden jeweils auch in Kleinbogen zu 3 Marken ausgegeben (Postpreis: je 7 £).

MiNr. 5023–5030 stammen auch aus MH 210.

Die Marken zeigen unter UV-Licht sichtbare Inschriften.

Auflage: je 5.000 numerierte Kleinbogen

In gleichen Zeichnungen wie MiNr. 5023–5030: MiNr. 5036–5043 (selbstklebend)

2022, 1. Sept. Blockausgabe: Comicfiguren – „The Transformers" (II). Odr.; Streifen ph.; selbstklebend; gestanzt 14¼.

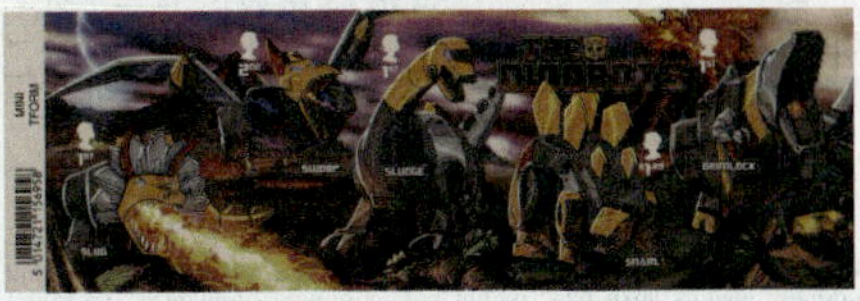

gae
fzz gaa gab
gac gad

fzz) Swoop
gaa) Sludge
gab) Grimlock
gac) Slug
gad) Snarl

fzz–gad) Roboter der Fraktion „Dinobots" aus der Comicserie „The Transformers"

5031	2ND	mehrfarbig	fzz	2,20	2,—
5032	1ST	mehrfarbig	gaa	3,—	2,50
5033	1ST	mehrfarbig	gab	3,—	2,50
5034	1ST	mehrfarbig	gac	3,—	2,50
5035	1.85 £	mehrfarbig	gad	5,—	5,—
Block 155		(200×67 mm)	gae	16,—	14,50
			FDC		16,—

Nominalen zur Zeit der Ausgabe: MiNr. 5031 = 68 P, MiNr. 5032–5034 je 95 P

MiNr. 5031–5035 stammen auch aus MH 210

2022, 1. Sept. Comicfiguren – „The Transformers“ (III). Odr. (2×4 Zd); Streifen ph.; selbstklebend; gestanzt 14.

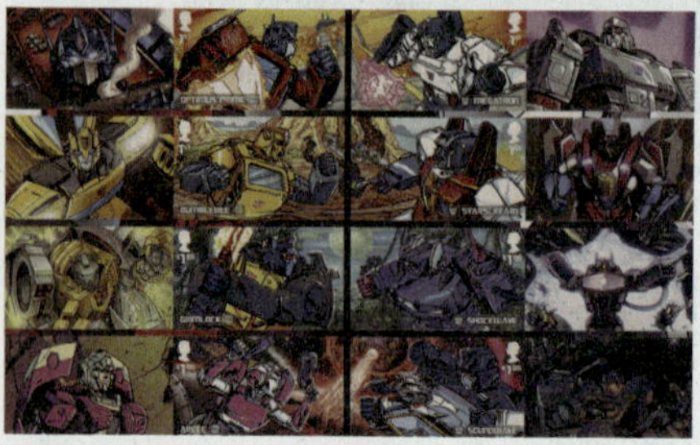

Zierfeld	fzr	fzs	Zierfeld
Zierfeld	fzt	fzu	Zierfeld
Zierfeld	fzv	fzw	Zierfeld
Zierfeld	fzx	fzy	Zierfeld

fzr) Optimus Prime
fzs) Megatron
fzt) Bumblebee
fzu) Starscream
fzv) Grimlock
fzw) Shockwave
fzx) Arcee
fzy) Soundwave

fzr–fzy) Roboter der Fraktionen „Autobots“ und „Decepticons“ aus der Comicserie „The Transformers“

5036	1ST	mehrfarbig	. . . . fzr	3,—	3,—
5037	1ST	mehrfarbig	. . . . fzs	3,—	3,—
5038	1ST	mehrfarbig	. . . . fzt	3,—	3,—
5039	1ST	mehrfarbig	. . . . fzu	3,—	3,—
5040	1.85 £	mehrfarbig	. . . . fzv	5,50	5,50
5041	1.85 £	mehrfarbig	. . . . fzw	5,50	5,50
5042	1.85 £	mehrfarbig	. . . . fzx	5,50	5,50
5043	1.85 £	mehrfarbig	. . . . fzy	5,50	5,50
			Satzpreis (8 W.)	34,—	34,—
			FDC		38,—
			5036 Zf–5043 Zf	34,—	34,—
			Folienbogen	34,—	

Nominale von MiNr. 5036–5039 zur Zeit der Ausgabe: je 95 P

MiNr. 5036–5043 stammen aus einem sogen. Collector’s Sheet mit 8 Marken und 8 verschiedenen, jeweils links bzw. rechts anhängenden Zierfeldern, die durch jeweils 3 Verbindungsstege mit der Marke verbunden sind (Postpreis: 12.40 £).

In gleichen Zeichnungen: MiNr. 5023–5030 (nassklebend)

2022, 29. Sept. Marineinfanterie Royal Marines. Odr. (1×6 Zd und 1×6 Zd + 1×6 Zd); Streifen ph.; gez K. 14¼.

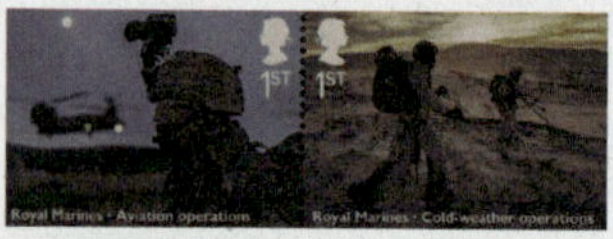

gaf) Luftlandeeinsatz
gag) Einsatz in arktischem Gebiet

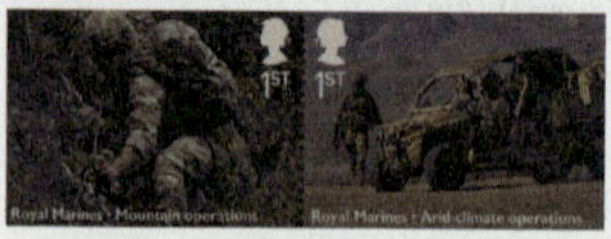

gah) Einsatz im Gebirge
gai) Einsatz im Wüstengebiet

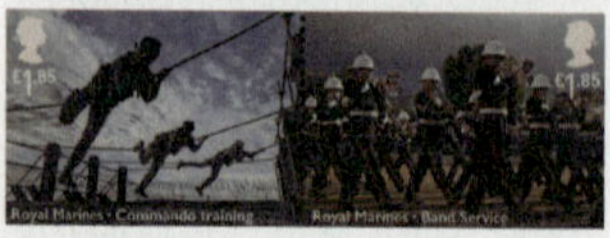

gak) Kommandotraining
gal) Militärkapelle

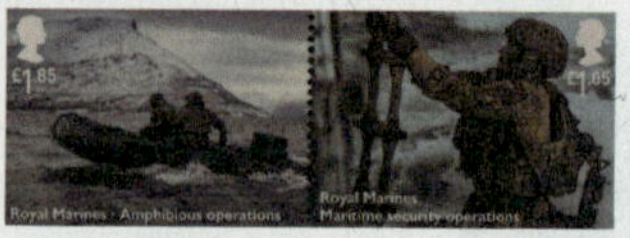

gam) Amphibische Operation
gan) Boardingeinsatz auf See

gaf–gas) Soldaten der Royal Marines

5044	1ST	mehrfarbig	. . . . gaf	3,—	2,50
5045	1ST	mehrfarbig	. . . . gag	3,—	2,50
5046	1ST	mehrfarbig	. . . . gah	3,—	2,50
5047	1ST	mehrfarbig	. . . . gai	3,—	2,50
5048	1.85 £	mehrfarbig	. . . . gak	5,—	5,—
5049	1.85 £	mehrfarbig	. . . . gal	5,—	5,—
5050	1.85 £	mehrfarbig	. . . . gam	5,—	5,—
5051	1.85 £	mehrfarbig	. . . . gan	5,—	5,—
			Satzpreis (8 W.)	32,—	30,—
			2 Viererstreifen	32,—	30,—
			FDC		34,—

Blockausgabe

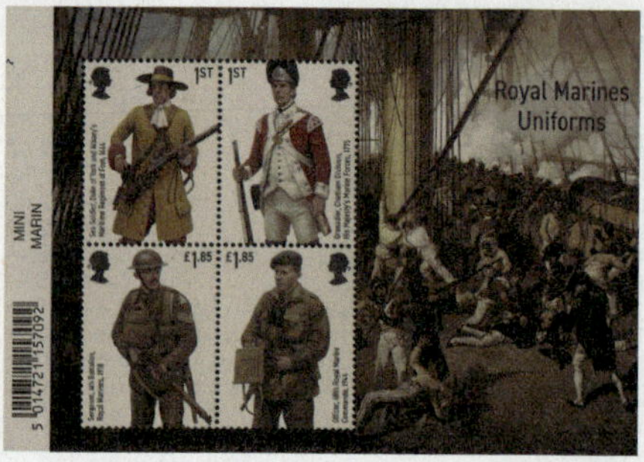

gat

gao) Seesoldat (1644)
gap) Grenadier (1775)
gar) Unteroffizier (1918)
gas) Offizier (1944)

5052	1ST	mehrfarbig	. . . . gao	3,—	2,50
5053	1ST	mehrfarbig	. . . . gap	3,—	2,50
5054	1.85 £	mehrfarbig	. . . . gar	5,—	5,—
5055	1.85 £	mehrfarbig	. . . . gas	5,—	5,—
Block 156		(126×89 mm)	. . . . gat	16,—	15,—
			FDC		18,—

Nominale von MiNr. 5044–5047 und 5052–5053 zur Zeit der Ausgabe: je 95 P

Nominalgleiche Marken wurden waagerecht zusammenhängend gedruckt.

2022, 19. Okt. Trickfilmfiguren von Aardman Animations. Odr.; Bogen (3×5 Zd und 3×5 Zd + 3×5 Zd) und Folienbogen (2×4 Zd); Streifen ph.; selbstklebend; gestanzt 13½:14, teilweise an Konturen gestanzt.

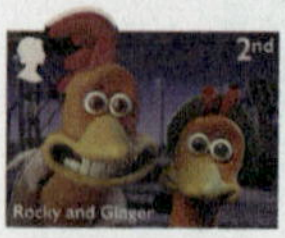

gau) Rocky und Ginger

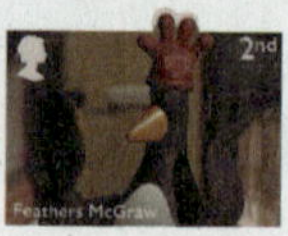

gav) Feathers McGraw

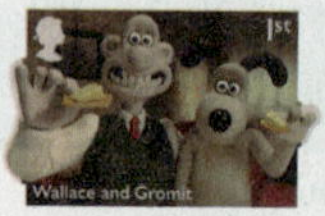

gaw) Wallace und Gromit

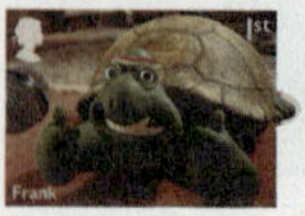

gax) Frank

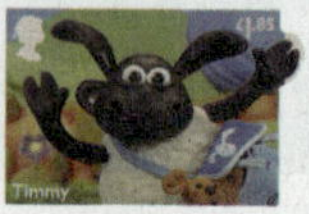

gay) Timmy

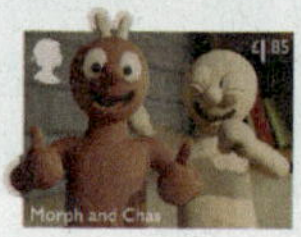

gaz) Morph und Chas

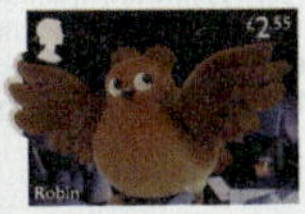

gba) Robin

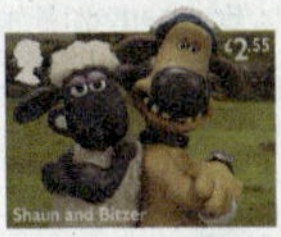

gbb) Shaun und Bitzer

gau–gbb) Trickfilmfiguren aus Fernsehserien für Kinder

5056	2ND	mehrfarbig	gau	2,40	2,—
5057	2ND	mehrfarbig	gav	2,40	2,—
5058	1ST	mehrfarbig	gaw	3,20	2,50
5059	1ST	mehrfarbig	gax	3,20	2,50
5060	1.85 £	mehrfarbig	gay	5,—	5,—
5061	1.85 £	mehrfarbig	gaz	5,—	5,—
5062	2.55 £	mehrfarbig	gba	6,50	6,50
5063	2.55 £	mehrfarbig	gbb	6,50	6,50
			Satzpreis (8 W.)	34,—	32,—
			4 Paare	34,—	32,—
			FDC		35,—
			Folienbogen	34,—	

Blockausgabe, gestanzt 14

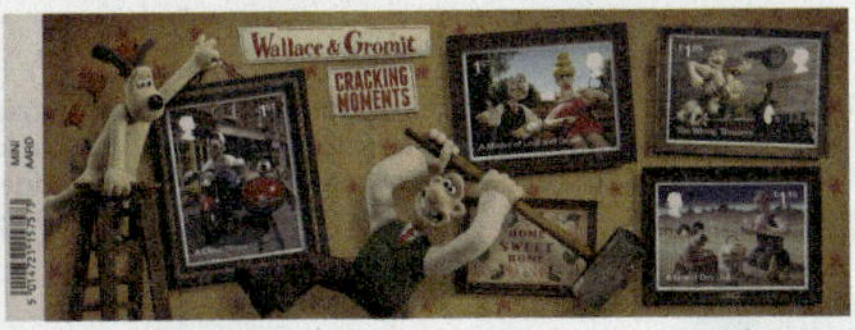

gbg

gbc) Unter Schafen (1995)
gbd) Auf Leben und Brot (2008)
gbe) Die Techno-Hose (1993)
gbf) Alles Käse (1989)

gbc–gbf) Wallace & Gromit-Kurzfilme

5064	1ST	mehrfarbig	gbc	3,—	2,50
5065	1ST	mehrfarbig	gbd	3,—	2,50
5066	1.85 £	mehrfarbig	gbe	5,—	5,—
5067	1.85 £	mehrfarbig	gbf	5,—	5,—
Block 157		(202×74 mm)	gbg	16,—	15,—
			FDC		18,—

Nominalen zur Zeit der Ausgabe: MiNr. 5056–5057 je 68 P, MiNr. 5058–5059 und 5064–5065 je 95 P

Nominalgleiche Bogenmarken wurden waagerecht zusammenhängend gedruckt.

MiNr. 5056–5063 stammen auch aus einem sogen. Collector's Sheet mit 8 Marken und 8 verschiedenen, jeweils links anhängenden Zierfeldern, die durch jeweils 3 Verbindungsstege mit der Marke verbunden sind (Postpreis: 13.25 £).

2022, 3. Nov. Weihnachten: Die Weihnachtsgeschichte. I = komb. RaTdr. (Hauptmotiv) und Digitaldruck mit Lacküberzug (Matrixcode), Bogen (B) (5×5 + 5×5) und Markenheftchen (MH) (4×2); Streifen ph.; selbstklebend; gestanzt 15:14¾.

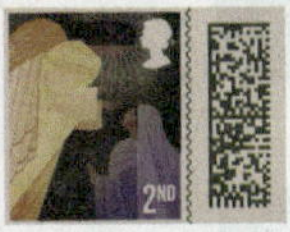

gbh) Verkündigung

gbi) Reise nach Jerusalem

gbk) Heilige Familie

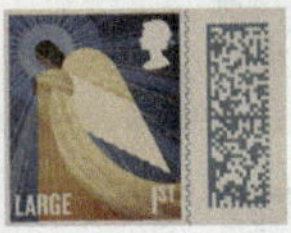

gbl) Engel

gbm) Engel bei den Hirten

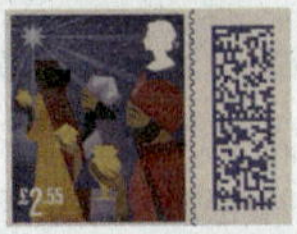

gbn) Heilige Drei Könige

5068 I	2ND	mehrfarbig (B) (MH)	gbh	2,20	2,—
5069 I	1ST	mehrfarbig (B) (MH)	gbi	3,—	2,50
5070 I	2ND LARGE	mehrfarbig (B)	gbk	2,80	3,—
5071 I	1ST LARGE	mehrfarbig (B)	gbl	5,50	4,—
5072 I	1.85 £	mehrfarbig (B)	gbm	5,—	5,—
5073 I	2.55 £	mehrfarbig (B)	gbn	6,50	6,50
			Satzpreis I (6 W.)	25,—	23,—
			FDC I		26,—

Blockausgabe mit MiNr. 5068 I–5073 I

Block 158	(189×74 mm)	gbo	25,—	23,—
		FDC I		26,—

II = komb. Odr. (Hauptmotiv) und Digitaldruck mit Lacküberzug (Matrixcode), Folienbogen (4×5 Zd), gestanzt 15:14 ¾

5068 II	2ND	mehrfarbig	gbh	3,—	2,50
5069 II	1ST	mehrfarbig	gbi	3,50	3,—
5072 II	1.85 £	mehrfarbig	gbm	7,—	6,50
5073 II	2.55 £	mehrfarbig	gbn	8,50	8,—
		5068 II Zf–5069 II Zf und 5072 II Zf–5073 II Zf		22,—	20,—
			Folienbogen	80,—	

Nominalen zur Zeit der Ausgabe: MiNr. 5068 = 68 P, MiNr. 5069 = 95 P, MiNr. 5070 = 1.05 £ und MiNr. 5071 = 1.45 £

Bei MiNr. 5068 I–5073 I aus Bogen ist das Matrixpapier um die Marken entfernt, während sich bei den Marken aus Block 158 an allen 4 Seiten jeweils 2 schmale Verbindungsstege befinden, um sie komplett von der Trägerfolie zerstörungsfrei abheben zu können.

MiNr. 5068 I stammt auch aus MH 0-434.
MiNr. 5069 I stammt auch aus MH 0-435.

MiNr. 5068 II–5069 II und 5072 II–5073 II wurden im Folienbogen zu 20 Marken (8 × MiNr. 5068 II–5069 II und 2 × MiNr. 5072 II–5073 II) und 20 verschiedenen Zierfeldern, die jeweils durch schmale Verbindungsstege mit der Marke verbunden sind, gedruckt (Postpreis: 23.05 £).

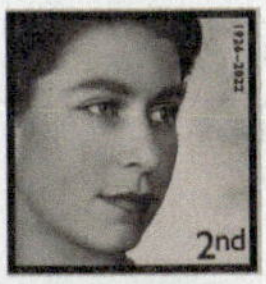

2022, 10. Nov. Tod von Königin Elizabeth II. Odr. (10×5); Streifen ph.; gez. K 14 ¼.

brm I) 1952

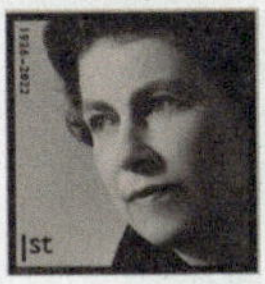

brn I) 1968

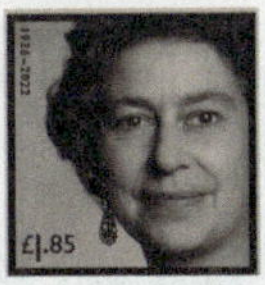

brp I) 1984

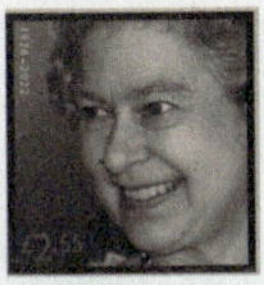

brr I) 1996

brm I–brn I, brp I–brr I) Königin Elizabeth II. (1926–2022, reg. ab 1952), Aufnahmen aus ihrer Regierungszeit im angegebenen Jahr

5074	2ND	mehrfarbig	brm I	2,20	2,—
5075	1ST	mehrfarbig	brn I	3,—	2,50
5076	1.85 £	mehrfarbig	brp I	5,—	5,—
5077	2.55 £	mehrfarbig	brr I	7,—	6,50
			Satzpreis (4 W.)	17,—	16,—
			FDC		20,—

Nominalen zur Zeit der Ausgabe: MiNr. 5074 = 68 P, MiNr. 5075 = 95 P

In ähnlichen Zeichnungen: MiNr. 1981–1982, 1984–1985

2022, 24. Nov. 100. Jahrestag der Entdeckung des Grabes von Tutanchamun. Odr. (3×5 Zd und 3×5 Zd + 3×5 Zd); Streifen ph.; gez. K 14¼:14½.

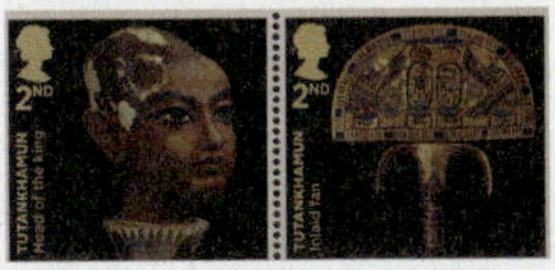

gbp) Tutanchamun-Büste „Kopf des Nefertem"
gbr) Zeremonien-Fächer

gbs) Goldene Totenmaske des Tutanchamun
gbt) Falken-Pektoral

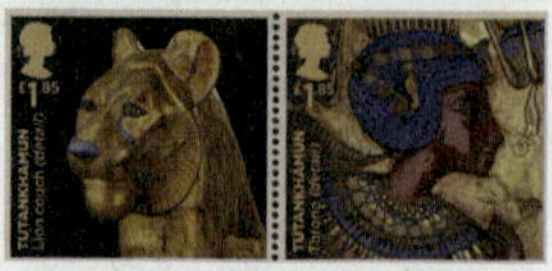

gbu) Löwenkopf-Detail einer Ritualbahre
gbv) Relief des Tutanchamun auf goldenem Thron (Detail)

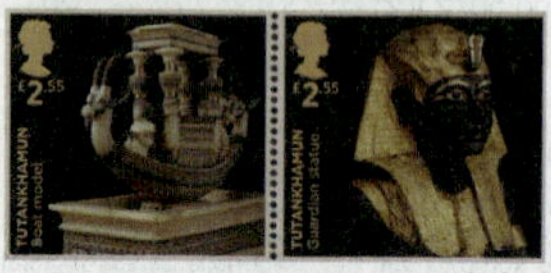

gbw) Bootsskulptur mit Wasserbecken
gbx) Kopf einer Grabwächter-Statue

gbp–gbx) Funde im Grab von Tutanchamun

5078	2ND	mehrfarbig	gbp	2,50	2,—
5079	2ND	mehrfarbig	gbr	2,50	2,—
5080	1ST	mehrfarbig	gbs	3,50	2,50
5081	1ST	mehrfarbig	gbt	3,50	2,50
5082	1.85 £	mehrfarbig	gbu	5,—	5,—
5083	1.85 £	mehrfarbig	gbv	5,—	5,—
5084	2.55 £	mehrfarbig	gbw	6,50	6,50
5085	2.55 £	mehrfarbig	gbx	6,50	6,50
			Satzpreis (8 W.)	35,—	32,—
			4 Paare	35,—	32,—
			FDC		36,—

Blockausgabe, gez. Ks 14¼:14

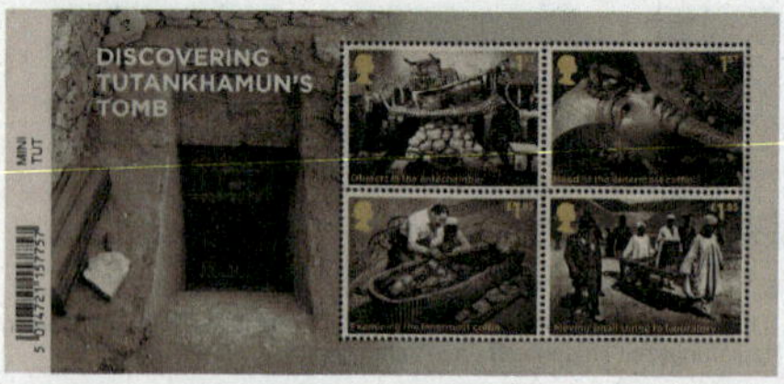

gcc

gby) Grabbeigaben in der Vorkammer
gbz) Kopf des äußeren Sarkophags
gca) Begutachtung des inneren Sarkophags
gcb) Abtransport des kleinen Schreins

gby–gcb) Aufnahmen vom Grabesfund von Howard Carter (1874–1939), Archäologe

5086	1ST	mehrfarbig	gby	3,—	2,50
5087	1ST	mehrfarbig	gbz	3,—	2,50
5088	1.85 £	mehrfarbig	gca	5,—	5,—
5089	1.85 £	mehrfarbig	gcb	5,—	5,—
Block 159		(156×74 mm)	gcc	16,—	15,—
			FDC		18,—

Nominalen zur Zeit der Ausgabe: MiNr. 5078–5079 je 68 P, MiNr. 5080–5081 und 5086–5087 je 95 P.

Nominalgleiche Bogenmarken wurden waagerecht zusammenhängend gedruckt.

MiNr. 5078–5087 stammen auch aus MH 211.

2022, 12. Dez. Freimarken: Königin Elizabeth II., Typ Machin, dazu Matrixcode rechts. Komb. Odr. (Hauptmotiv) und Digitaldruck mit Lacküberzug (Matrixcode), Markenheftchen; U-förmige Stanzungen im Markenbild; selbstklebend; Sicherheitsstanzung 15:14½.

fxo) Königin Elizabeth II. (1926–2022, reg. ab 1952); irisierende, negative Inschrift „ROYAL MAIL" mehrfach

5090	10 P	bläulichgrün/mehrfarbig	fxo	0,80	0,80
5091	20 P	dunkelgelbgrün/mehrfarbig	fxo	0,80	0,80
			Satzpreis (2 W.)	1,60	1,60
			FDC		3,50

Die zweite Farbangabe bezieht sich auf den Matrixcode.

MiNr. 5090 stammt aus MH 211.
MiNr. 5091 stammt aus MH 211 und 213.

In gleicher bzw. ähnlicher Zeichnung siehe Übersicht nach Jahrgangswerttabelle.

2022, 12. Dez. Freimarke: Königin Elizabeth II., Typ Machin, dazu Matrixcode rechts. Komb. Odr. (Hauptmotiv) und Digitaldruck mit Lacküberzug (Matrixcode), Markenheftchen; U-förmige Stanzungen im Markenbild; selbstklebend; Sicherheitsstanzung 15:14½.

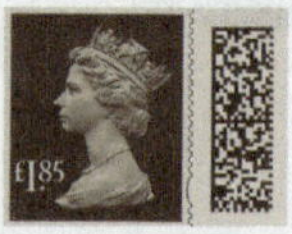

fpp) Königin Elizabeth II. (1926–2022, reg. ab 1952); irisierende, negative Inschrift „ROYAL MAIL" mehrfach

5092	1.85 £	dunkelockerbraun/mehrfarbig	fpp	6,—	6,—
			FDC		8,—

Die zweite Farbangabe bezieht sich auf den Matrixcode.

MiNr. 5092 stammt aus MH 211.

In gleicher bzw. ähnlicher Zeichnung siehe Übersicht nach Jahrgangswerttabelle.

2023, 12. Jan. Heavy-Metal-Band „Iron Maiden" (I). Odr., Bogen (B) (1×6 Zd und 1×6 Zd + 1×6 Zd) und Kleinbogen (Klb.) (3); Streifen ph; gez. K 14¼.

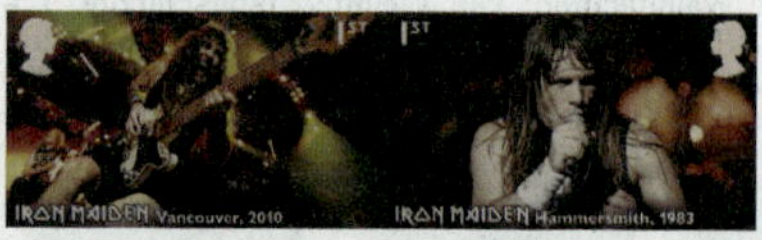

gcd) Steve Harris (*1957), Vancouver (2010)
gce) Bruce Dickinson (*1958), Hammersmith (1983)

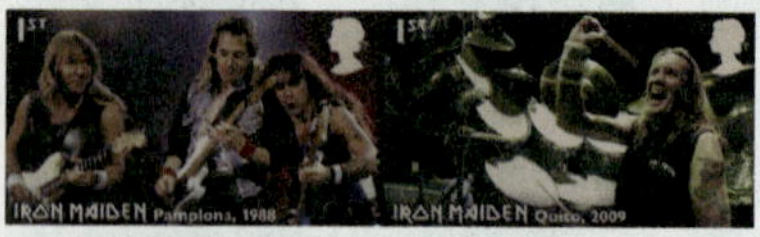

gcf) Dave Murray (*1956), Adrian Smith (*1957) und Steve Harris, Pamplona (1988)
gcg) Nicko McBrain (*1952), Quito (2009)

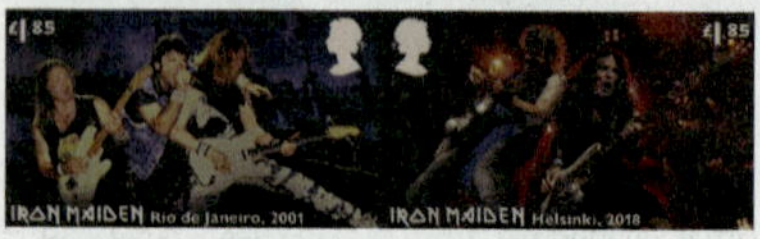

gch) Dave Muray, Bruce Dickinson und Janick Gers (*1957), Rio de Janeiro (2001)
gci) Adrian Smith und Steve Harris, Helsinki (2018)

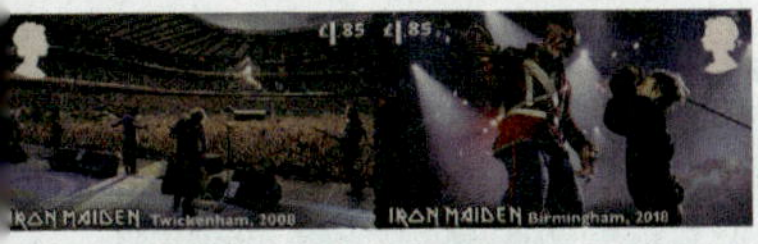

gck) Band „Iron Maiden“, Twickenham (2008)
gcl) Bruce Dickinson und Band-Maskottchen „Eddie“, Birmingham (2018)

gcd–gcl) Bandmitglieder, Tourneeauftritte

5093	1ST	mehrfarbig (B)	gcd	3,—	2,50
5094	1ST	mehrfarbig (B)	gce	3,—	2,50
5095	1ST	mehrfarbig (B)	gcf	3,—	2,50
5096	1ST	mehrfarbig (B) (Klb.)	gcg	3,—	2,50
5097	1.85 £	mehrfarbig (B) (Klb.)	gch	5,—	5,—
5098	1.85 £	mehrfarbig (B) (Klb.)	gci	5,—	5,—
5099	1.85 £	mehrfarbig (B)	gck	5,—	5,—
5100	1.85 £	mehrfarbig (B)	gcl	5,—	5,—
		Satzpreis (8 W.)		32,—	30,—
		2 Viererstreifen		32,—	30,—
		FDC			34,—
		Kleinbogen (MiNr. 5096–5098)		20,—	20,—

Blockausgabe (Bl.) und Kleinbogen (Klb.) (3); gez. Ks 14½

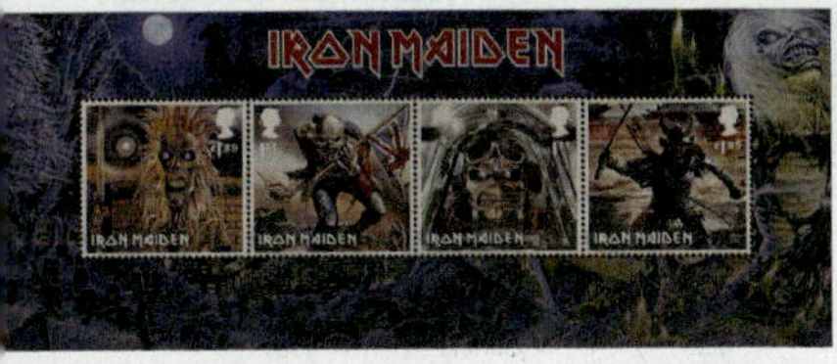

gcr

gco gcm gcn gcp

gcm) Eddie als „The Trooper“
gcn) Eddie als „Aces High“
gco) Eddie auf dem Debutalbum von 1980
gcp) Eddie in Samurai-Rüstung

5101	1ST	mehrfarbig (Bl.) (Klb.)	gcm	3,—	2,50
5102	1ST	mehrfarbig (Bl.)	gcn	3,—	2,50
5103	1.85 £	mehrfarbig (Bl.) (Klb.)	gco	5,—	5,—
5104	1.85 £	mehrfarbig (Bl.) (Klb.)	gcp	5,—	5,—
Block 160		(180×74 mm)	gcr	16,—	15,—
		FDC			18,—
		Kleinbogen (MiNr. 5101 und 5103–5104)		20,—	20,—

Nominale von MiNr. 5093–5096 und 5101–5102 zur Zeit der Ausgabe: je 95 P

Nominalgleiche Bogenmarken wurden waagerecht zusammenhängend gedruckt.

MiNr. 5096–5098 sowie MiNr. 5101 und 5103–5104 wurden auch jeweils zusammenhängend im Kleinbogen ausgegeben (Postpreis: je 7.50 £).

Auflage: je 5.000 numerierte Kleinbogen

In gleichen Zeichnungen wie MiNr. 5093–5100: MiNr. 5105–5112 (selbstklebend)

Blockausgaben ab Bl. 88

Blocks ab Bl. 88 wurden von den Postämtern wie abgebildet ausgegeben. Dabei befindet sich am linken Rand ein abtrennbarer, ca. 10 mm breiter Streifen mit Strichcode. Von der Versandstelle wurden die Blocks bis Bl. 92 nur ohne Seitenstreifen, danach auch mit Seitenstreifen ausgegeben. Preise gleich.

Ab Bl. 160 erfolgen Abbildung und Größenangabe der Blocks ohne den Seitenstreifen mit Strichcode. Es sind jedoch weiterhin beide Arten erhältlich.

2023, 12. Jan. Heavy-Metal-Band „Iron Maiden“ (II). Odr. (2×4 Zd); selbstklebend; Streifen ph.; gestanzt 14.

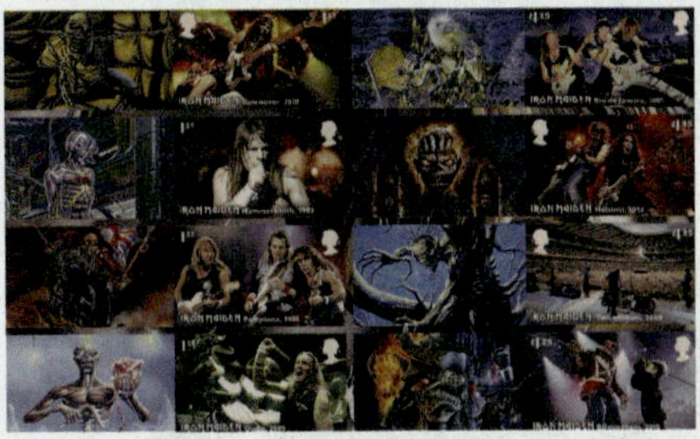

Zierfeld	gcd	Zierfeld	gch
Zierfeld	gce	Zierfeld	gci
Zierfeld	gcf	Zierfeld	gck
Zierfeld	gcg	Zierfeld	gcl

gcd) Steve Harris (*1957), Vancouver (2010)
gce) Bruce Dickinson (*1958), Hammersmith (1983)
gcf) Dave Murray (*1956), Adrian Smith (*1957) und Steve Harris, Pamplona (1988)
gcg) Nicko McBrain (*1952), Quito (2009)
gch) Dave Muray, Bruce Dickinson und Janick Gers (*1957), Rio de Janeiro (2001)
gci) Adrian Smith und Steve Harris, Helsinki (2018)
gck) Band „Iron Maiden“, Twickenham (2008)
gcl) Bruce Dickinson und Band-Maskottchen „Eddie“, Birmingham (2018)

gcd–gcl) Bandmitglieder, Tourneeauftritte

5105	1ST	mehrfarbig	gcd	3,—	3,—
5106	1ST	mehrfarbig	gce	3,—	3,—
5107	1ST	mehrfarbig	gcf	3,—	3,—
5108	1ST	mehrfarbig	gcg	3,—	3,—
5109	1.85 £	mehrfarbig	gch	5,50	5,50
5110	1.85 £	mehrfarbig	gci	5,50	5,50
5111	1.85 £	mehrfarbig	gck	5,50	5,50
5112	1.85 £	mehrfarbig	gcl	5,50	5,50
		Satzpreis (8 W.)		34,—	34,—
		FDC			38,—
		Folienbogen		35,—	

Nominale von MiNr. 5105–5108 zur Zeit der Ausgabe: je 95 P

MiNr. 5105–5112 stammen aus einem sogen. Collector's Sheet in den Ausführungen „Liveauftritt“ und „Band-Maskottchen Eddie“ mit jeweils 8 Marken (je 1×) und 8 verschiedenen, jeweils links bzw. rechts anhängenden Zierfeldern (Postpreis: je 12.40 £).

In gleichen Zeichnungen: MiNr. 5093–5100 (nassklebend)

2023, 16. Febr. 60 Jahre Comicrserie „X-Men“ (I). Odr., Bogen (B) (1×5 Zd und 1×5 Zd + 1×5 Zd) und Kleinbogen (Klb.) (4); Streifen ph.; gez. K 14½.

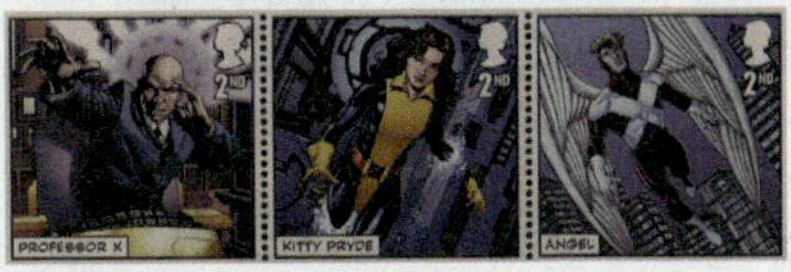

gcs) Professor X
gct) Kitty Pryde
gcu) Angel

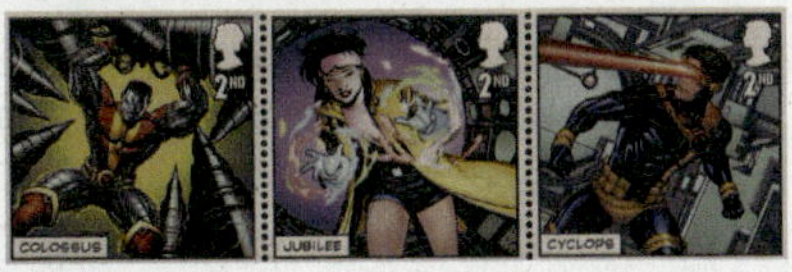

gcv) Colossus
gcw) Jubilee
gcx) Cyclops

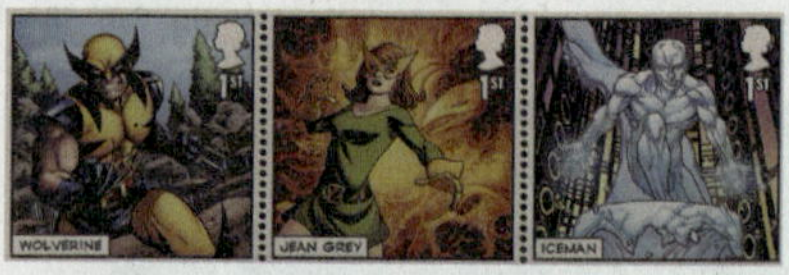

gcy) Wolverine
gcz) Jean Grey
gda) Iceman

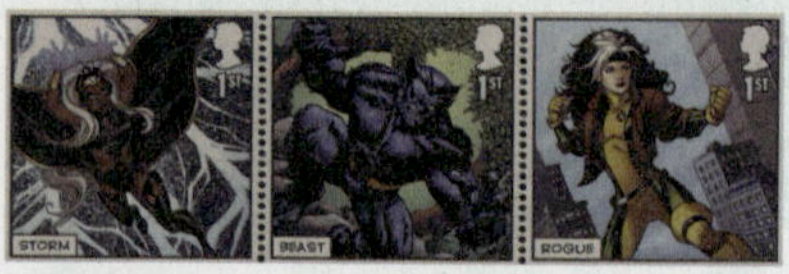

gdb) Storm
gdc) Beast
gdd) Rogue

gcs–gdd) Figuren aus der Comicserie „X-Men“ von Stan Lee (1922–2018) und Jack Kirby (1917–1994)

5113	2ND	mehrfarbig (B)	gcs	2,20	2,—
5114	2ND	mehrfarbig (B)	gct	2,20	2,—
5115	2ND	mehrfarbig (B)	gcu	2,20	2,—
5116	2ND	mehrfarbig (B)	gcv	2,20	2,—
5117	2ND	mehrfarbig (B)	gcw	2,20	2,—
5118	2ND	mehrfarbig (B)	gcx	2,20	2,—
5119	1ST	mehrfarbig (B) (Klb.)	gcy	3,20	2,50
5120	1ST	mehrfarbig (B) (Klb.)	gcz	3,20	2,50
5121	1ST	mehrfarbig (B)	gda	3,20	2,50
5122	1ST	mehrfarbig (B)	gdb	3,20	2,50
5123	1ST	mehrfarbig (B)	gdc	3,20	2,50
5124	1ST	mehrfarbig (B)	gdd	3,20	2,50
		Satzpreis (12 W.)		32,—	27,—
		2 Sechserstreifen		32,—	27,—
		FDC			32,—
		Kleinbogensatz (2 Klb.)		40,—	40,—

Nominalen zur Zeit der Ausgabe: MiNr. 5113–5118 je 68 P, MiNr. 5119–5128 je 95 P

Nominalgleiche Marken wurden waagerecht zusammenhängend gedruckt.

MiNr. 5113–5124 stammen auch aus MH 212.

MiNr. 5119 und 5120 wurden auch jeweils im Kleinbogen zu 4 Marken ausgegeben (Postpreis: je 7 £).

Auflage: je 5.000 numerierte Kleinbogen

In gleichen Zeichnungen wie MiNr. 5113–5124: MiNr. 5130–5141 (selbstklebend)

2023, 16. Febr. Blockausgabe: 60 Jahre Comicserie „X-Men“ (II). Odr.; Streifen ph.; selbstklebend; gestanzt 14½.

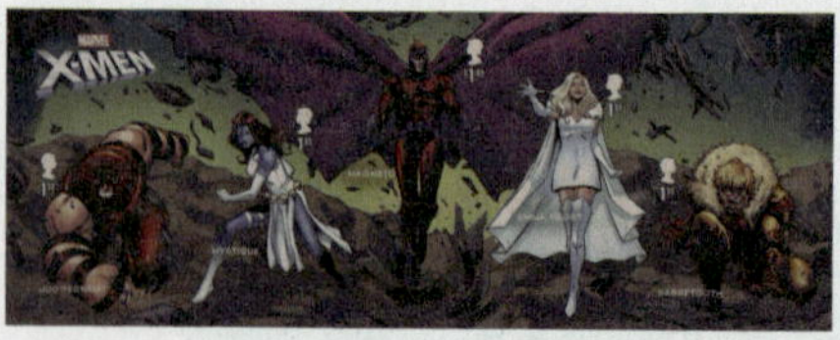

gdk

gde gdf gdi gdg gdh

gde) Juggernaut
gdf) Mystique
gdg) Emma Frost
gdh) Sabretooth
gdi) Magneto

gde–gdi) Figuren aus der Comicserie „X-Men“ von Stan Lee (1922–2018) und Jack Kirby (1917–1994)

5125	1ST	mehrfarbig	gde	3,—	2,50
5126	1ST	mehrfarbig	gdf	3,—	2,50
5127	1ST	mehrfarbig	gdg	3,—	2,50
5128	1ST	mehrfarbig	gdh	3,—	2,50
5129	1.85 £	mehrfarbig	gdi	5,—	5,—
Block 161		(192×75 mm)	gdk	17,—	15,—
			FDC		19,—

Nominale von MiNr. 5125–5128 zur Zeit der Ausgabe: je 95 P

MiNr. 5125–5129 stammen auch aus MH 212.

2023, 16. Febr. 60 Jahre Comicrserie „X-Men“ (III). Odr. (2× Zd); Streifen ph.; selbstklebend; gestanzt 14½.

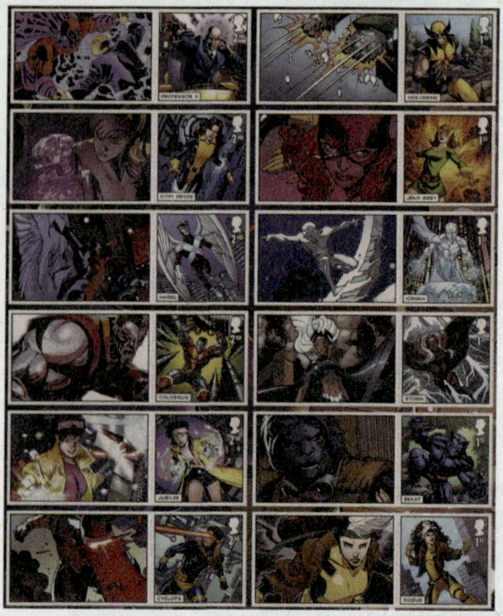

Zierfeld	gcs	Zierfeld	gcy
Zierfeld	gct	Zierfeld	gcz
Zierfeld	gcu	Zierfeld	gda
Zierfeld	gcv	Zierfeld	gdb
Zierfeld	gcw	Zierfeld	gdc
Zierfeld	gcx	Zierfeld	gdd

gcs) Professor X
gct) Kitty Pryde
gcu) Angel
gcv) Colossus
gcw) Jubilee
gcx) Cyclops
gcy) Wolverine
gcz) Jean Grey
gda) Iceman
gdb) Storm
gdc) Beast
gdd) Rogue

gcs–gdd) Figuren aus der Comicserie „X-Men“ von Stan Lee (1922–2018) und Jack Kirby (1917–1994)

5130	2ND	mehrfarbig	gcs	2,50	2,20
5131	2ND	mehrfarbig	gct	2,50	2,20
5132	2ND	mehrfarbig	gcu	2,50	2,20
5133	2ND	mehrfarbig	gcv	2,50	2,20
5134	2ND	mehrfarbig	gcw	2,50	2,20
5135	2ND	mehrfarbig	gcx	2,50	2,20
5136	1ST	mehrfarbig	gcy	3,50	2,80
5137	1ST	mehrfarbig	gcz	3,50	2,80
5138	1ST	mehrfarbig	gda	3,50	2,80
5139	1ST	mehrfarbig	gdb	3,50	2,80
5140	1ST	mehrfarbig	gdc	3,50	2,80
5141	1ST	mehrfarbig	gdd	3,50	2,80
		Satzpreis (12 W.)		36,—	30,—
		FDC			34,—
		Folienbogen		36,—	

Nominalen zur Zeit der Ausgabe: MiNr. 5130–5135 je 68 P, MiNr. 5136–5141 je 95 P

MiNr. 5130–5141 stammen aus einem sogen. Collector's Sheet mit 12 Marken und 12 verschiedenen, jeweils links anhängenden Zierfeldern (Postpreis: 10.99 £)

In gleichen Zeichnungen: MiNr. 5113–5124 (nassklebend)

2023, 16. Febr. Freimarke: Königin Elizabeth II., Typ Machin, dazu Matrixcode rechts. Komb. Odr. (Hauptmotiv) und Digitaldruck mit Lacküberzug (Matrixcode), Markenheftchen; U-förmige Stanzungen im Markenbild; Streifen ph.; selbstklebend; Sicherheitsstanzung 15:14½.

fpp) Königin Elizabeth II. (1926–2022, reg. ab 1952); irisierende, negative Inschrift „ROYAL MAIL“ mehrfach

5142	2ND	dunkelsmaragdgrün/mehrfarbig	fpp	2,50	2,50
			FDC		4,—

Die zweite Farbangabe bezieht sich auf den Matrixcode.

MiNr. 5142 stammt aus MH 212.

In gleicher bzw. ähnlicher Zeichnung siehe Übersicht nach Jahrgangswerttabelle.

2023, 16. Febr. Freimarke: Königin Elizabeth II., Typ Machin, dazu Matrixcode rechts. Komb. Odr. (Hauptmotiv) und Digitaldruck mit Lacküberzug (Matrixcode), Markenheftchen; U-förmige Stanzungen im Markenbild; Streifen ph.; selbstklebend; Sicherheitsstanzung 15:14½.

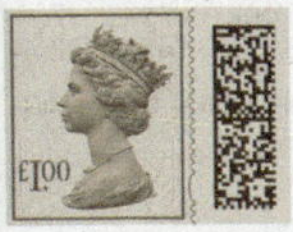

fxo) Königin Elizabeth II. (1926–2022, reg. ab 1952); irisierende, negative Inschrift „ROYAL MAIL“ mehrfach

5143	1.00 £	lebhaftbraun/mehrfarbig	fxo	4,—	4,—
			FDC		6,—

Die zweite Farbangabe bezieht sich auf den Matrixcode.

MiNr. 5143 stammt aus MH 212.

In gleicher bzw. ähnlicher Zeichnung siehe Übersicht nach Jahrgangswerttabelle.

2023, 9. März. 100 Jahre Dampflokomotive „Flying Scotsman“. Odr., (3×5 Zd und 3×5 Zd + 3×5 Zd); Streifen ph.; gez. K 14¼.

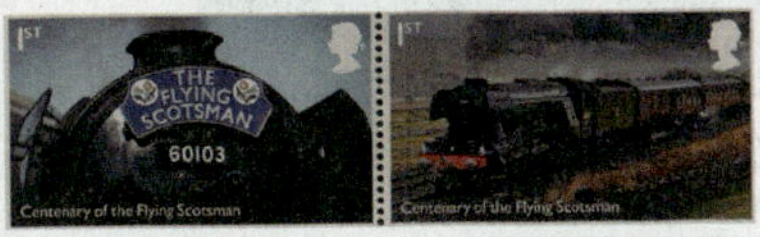

gdl) Dampflokomotive Klasse A 3 der London and North Eastern Railway (2016)
gdm) „The Flying Scotsman“ im Yorkshire Dalas National Park (2019)

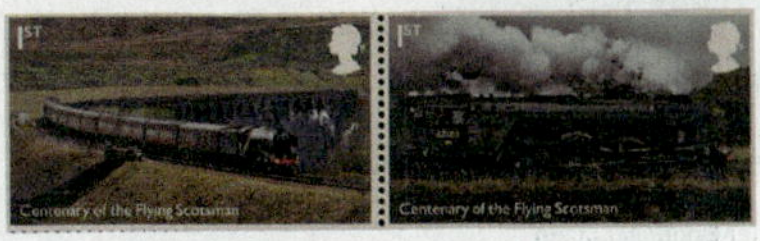

gdn) Fahrt über den Ribblehead-Viadukt in Yorkshire (2017)
gdo) Lokomotive No. 60103 unter Volldampf (2016)

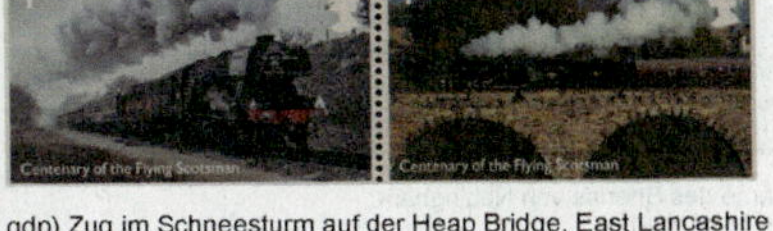

gdp) Zug im Schneesturm auf der Heap Bridge, East Lancashire (2016)
gdr) Fahrt über Royal Border Bridge bei Berwick-upon-Tweed (2016)

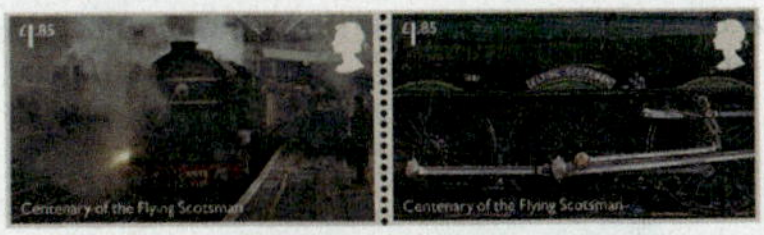

gds) Einfahrt in Victoria Station, London (2002)
gdt) Detailaufnahme des Räderwerks (2019)

gdl–gdt) Aufnahmen bei Sonderfahrten im angegebenen Jahr

5144	1ST	mehrfarbig	gdl	3,—	2,50
5145	1ST	mehrfarbig	gdm	3,—	2,50
5146	1ST	mehrfarbig	gdn	3,—	2,50
5147	1ST	mehrfarbig	gdo	3,—	2,50
5148	1.85 £	mehrfarbig	gdp	5,—	5,—
5149	1.85 £	mehrfarbig	gdr	5,—	5,—
5150	1.85 £	mehrfarbig	gds	5,—	5,—
5151	1.85 £	mehrfarbig	gdt	5,—	5,—
			Satzpreis (8 W.)	32,—	30,—
			4 Paare	32,—	30,—
			FDC		34,—

Blockausgabe, gez. Ks 14½:14¼

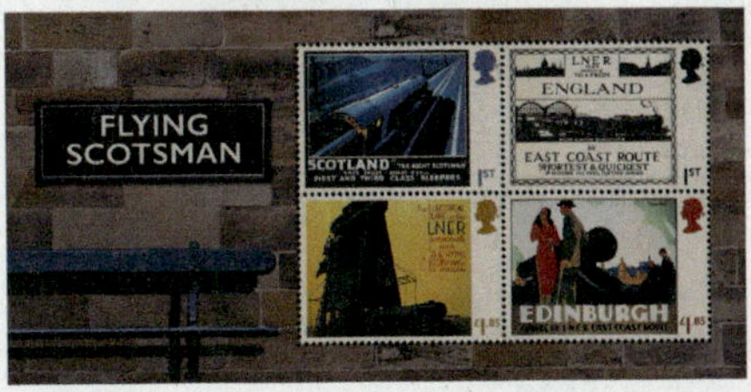

gdy

gdu) „Scotland by the Night Scotsman“, Poster von Robert Bartlett (1932)
gdv) „L N E R Train Service To and From England“, Poster von HL Oakley (1923)
gdw) Schnell-Bekohlungsanlage, Poster von Frank Newbould (1935)
gdx) „Travel by L N E R East Coast Route“, Poster von Frank Newbould (1932)

gdu–gdx) Zeitgenössische Werbeplakate

5152	1ST	mehrfarbig	gdu	3,—	2,50
5153	1ST	mehrfarbig	gdv	3,—	2,50
5154	1.85 £	mehrfarbig	gdw	5,—	5,—
5155	1.85 £	mehrfarbig	gdx	5,—	5,—
Block 162		(146×74 mm)	gdy	16,—	15,—
			FDC		18,—

Nominale von MiNr. 5144–5147 und 5152–5153 zur Zeit der Ausgabe: je 95 P

MiNr. 5144–5145, 5146–5147, 5148–5149 und 5150–5151 wurden jeweils waagerecht zusammenhängend gedruckt.

MiNr. 5144–5155 stammen auch aus MH 213.

2023, 9. März. Freimarke: Königin Elizabeth II., Typ Machin, dazu Matrixcode rechts. Komb. Odr. (Hauptmotiv) und Digitaldruck mit Lacküberzug (Matrixcode), Markenheftchen; U-förmige Stanzungen im Markenbild; Streifen ph.; selbstklebend; Sicherheitsstanzung 15:14½.

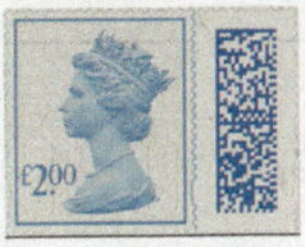

fxo) Königin Elizabeth II. (1926–2022, reg. ab 1952); irisierende, negative Inschrift „ROYAL MAIL“ mehrfach

5156	2.00 £	lebhaftcyanblau/mehrfarbig	fxo	7,50	7,50
			FDC		10,—

Die zweite Farbangabe bezieht sich auf den Matrixcode.

MiNr. 5156 stammt aus MH 213.

In gleicher bzw. ähnlicher Zeichnung siehe Übersicht nach Jahrgangswerttabelle.

2023, 23. März. Gartenblumen. Odr., Bogen (1×5 Zd und 1×5 Zd + 1×5 Zd); Streifen ph.; gez. K 14½.

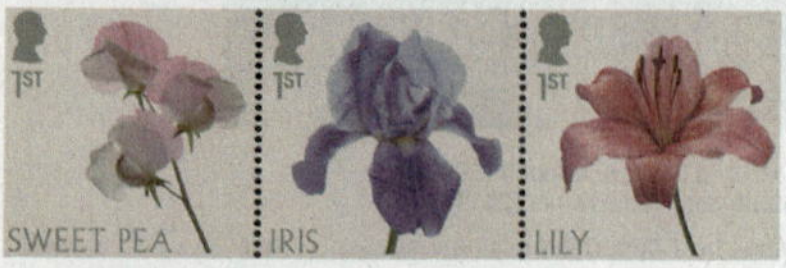

gdz) Duftende Platterbse (Lathyrus odoratus)
gea) Schwertlilie (Iris latifolia)
geb) Lilie (Lilium sp.)

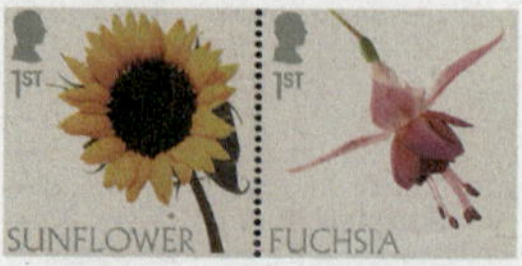

gec) Sonnenblume (Helianthus annuus)
ged) Fuchsie (Fuchsia sp.)

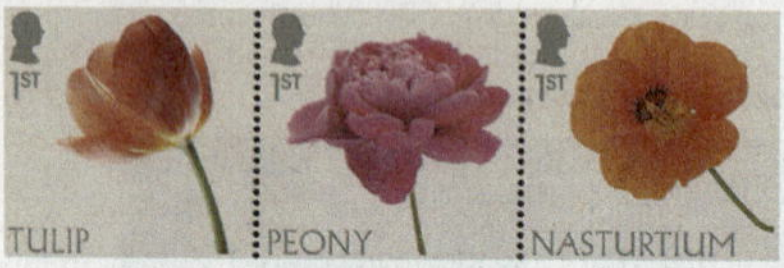

gee) Tulpe (Tulipa sp.)
gef) Pfingstrose (Paeonia sp.)
geg) Große Kapuzinerkresse (Tropaeolum majus)

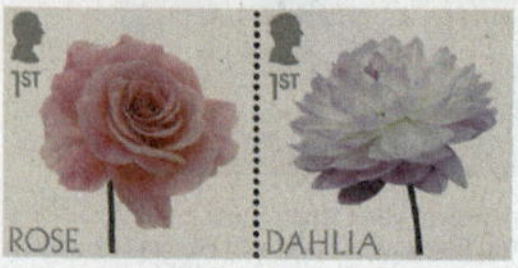

geh) Rose (Rosa sp.)
gei) Dahlie (Dahlia sp.)

5157	1ST	mehrfarbig	gdz	3,—	2,50
5158	1ST	mehrfarbig	gea	3,—	2,50
5159	1ST	mehrfarbig	geb	3,—	2,50
5160	1ST	mehrfarbig	gec	3,—	2,50
5161	1ST	mehrfarbig	ged	3,—	2,50
5162	1ST	mehrfarbig	gee	3,—	2,50
5163	1ST	mehrfarbig	gef	3,—	2,50
5164	1ST	mehrfarbig	geg	3,—	2,50
5165	1ST	mehrfarbig	geh	3,—	2,50
5166	1ST	mehrfarbig	gei	3,—	2,50
			Satzpreis (10 W.)	30,—	25,—
			2 Fünferstreifen	30,—	25,—
			FDC		28,—

Nominale zur Zeit der Ausgabe: je 95 P

MiNr. 5157–5161 und 5162–5166 wurden jeweils waagerecht zusammenhängend gedruckt.

Posttarife Großbritannien (3.4.–1.10.2023)

2. Klasse, Standardformat: 75 P (zuvor: 68 P)
1. Klasse, Standardformat: 1.10 £ (zuvor: 95 P)
2. Klasse, Großformat: 1.15 £ (zuvor: 1.05 £)
1. Klasse, Großformat: 1.60 £ (zuvor: 1.45 £)
Europa, bis 100 g: 2.20 £ (zuvor: 1.85 £)
Postkarte, Luftpost: 2.20 £ (zuvor: 1.85 £)
Seepost, bis 100 g: 2.00 £ (zuvor: 1.60 £ bis 20 g)
Luftpost, bis 100 g: 2.20 £ (zuvor: 2.55 £)
Einschreiben, 1. Klasse, Standardformat: 2.60 £ (zuvor: 2.35 £)
Einschreiben, 1. Klasse, Großformat: 3.10 £ (zuvor: 2.85 £)
Eilsendung, bis 100 g: 6.85 £ (seit 1.1.2021)
Eilsendung, bis 500 g: 7.65 £ (seit 1.1.2021)

Verbilligte Portostufen für Seepost bis 20 g und Luftpost weltweit bis 20 g entfallen.

2023, 4. April/19. Okt. Freimarken: König Charles III., dazu Matrixcode rechts. I = komb. RaTdr. (Hauptmotiv) und Digitaldruck mit Lacküberzug (Matrixcode), Bogen MiNr. 5167 I–5170 I (5×5 und 5×5 + 5×5), MiNr. 5171 I (5×5) und Markenheftchen (2×2 bzw. 4×2); II = komb. Odr. (Hauptmotiv) und Digitaldruck mit Lacküberzug (Matrixcode), Markenheftchen (2×3); U-förmige Stanzungen im Markenbild; Streifen ph.; selbstklebend; Sicherheitsstanzung 15:14½.

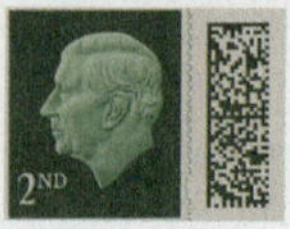

gek

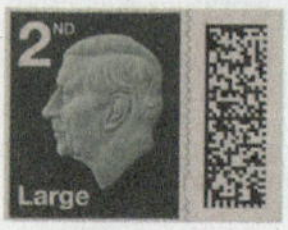

gek II

gek, gek II) König Charles III. (*1948, reg. seit 2022); irisierende, negative Inschrift „ROYAL MAIL" mehrfach

I = Komb. RaTdr. und Digitaldruck mit Lacküberzug (4. April)

5167 I	2ND		dkl'smaragdgrün/mfg.	gek	2,50	2,—
5168 I	1ST		schwärzlichblauviolett/mfg.	gek	4,50	2,80
5169 I	2ND	Large	lebhaftgraugrün/mfg.	gek II	4,—	3,—
5170 I	1ST	Large	dkl'türkisblau/mfg.	gek II	5,50	4,20
5171 I	2.20 £		dkl'grün/mfg.	gek	6,—	6,—
				Satzpreis I (5 W.)	22,—	18,—
				2 FDC I		24,—

II = komb. Odr. und Digitaldruck mit Lacküberzug

5167 II	2ND	dkl'smaragdgrün/mfg. (21. Sept.)	gek	2,50	2,—
5168 II	1ST	schwärzlichblauviolett/mfg. (21. Sept.)	gek	4,50	3,—
5171 II	2.20 £	dkl'grün/mfg. (19. Okt.)	gek	7,—	7,—
			Satzpreis II (3 W.)	14,—	12,—

Nominalen zur Zeit der Ausgabe: MiNr. 5167 = 75 P, MiNr. 5168 = 1.10 £, MiNr. 5169 = 1.15 £, MiNr. 5170 = 1.60 £

Die zweite Farbangabe bezieht sich auf den Matrixcode.

MiNr. 5167 I stammt auch aus MH 0-436, 0-446 und MH 224.
MiNr. 5168 I stammt auch aus MH 0-437, 0-438 und 0-447.
MiNr. 5169 I stammt auch aus MH 0-439.
MiNr. 5170 I stammt auch aus MH 0-440.
MiNr. 5167 II–5168 II stammen aus MH 214.
MiNr. 5171 II stammt aus MH 215.

☒ MiNr. 5168

In gleicher bzw. ähnlicher Zeichnung siehe Übersicht nach Jahrgangswerttabelle.

2023, 13. April. Die Legende von Robin Hood. Odr., Bogen (1×5 Zd und 1×5 Zd + 1×5 Zd); Streifen ph.; gez. K 14¼.

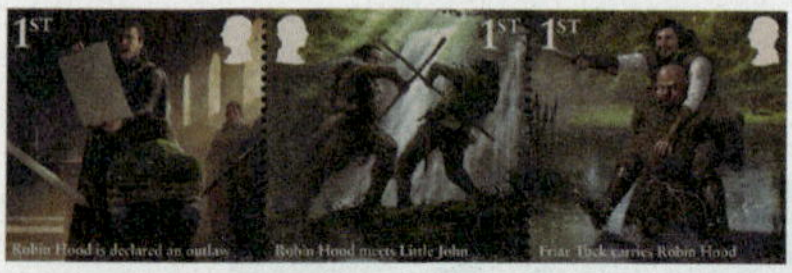

gel) Robin Hood wird Gesetzloser
gem) Kampf mit Little John
gen) Bruder Tuck trägt Robin Hood

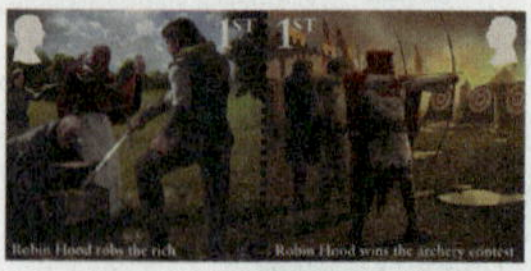

geo) Nehmen von den Reichen
gep) Wettbewerb der Bogenschützen

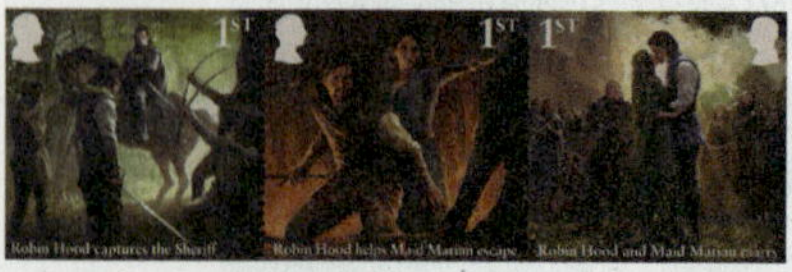

ger) Gefangennahme des Sheriffs von Nottingham
ges) Fluchthilfe für Maid Marian
get) Heirat von Robin Hood und Maid Marian

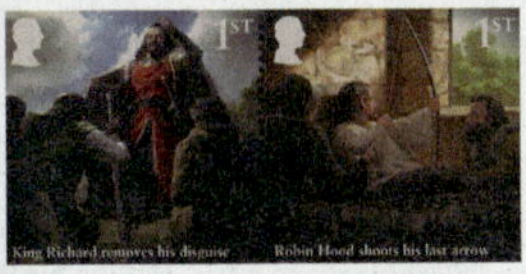

geu) König Richard lüftet seine Identität
gev) Tod von Robin Hood

gel–gev) Szenen aus der Legende von Robin Hood

5172	1ST	mehrfarbig	gel	3,—	3,—
5173	1ST	mehrfarbig	gem	3,—	3,—
5174	1ST	mehrfarbig	gen	3,—	3,—
5175	1ST	mehrfarbig	geo	3,—	3,—
5176	1ST	mehrfarbig	gep	3,—	3,—
5177	1ST	mehrfarbig	ger	3,—	3,—
5178	1ST	mehrfarbig	ges	3,—	3,—
5179	1ST	mehrfarbig	get	3,—	3,—
5180	1ST	mehrfarbig	geu	3,—	3,—
5181	1ST	mehrfarbig	gev	3,—	3,—
		Satzpreis (10 W.)		30,—	30,—
		2 Fünferstreifen		30,—	30,—
		FDC			35,—

Nominale zur Zeit der Ausgabe: je 1.10 £

MiNr. 5172–5176 und 5177–5181 wurden jeweils waagerecht zusammenhängend gedruckt.

2023, 6. Mai. Blockausgabe: Krönung von König Charles III. (I). Odr.; Streifen ph.; gez. Ks 14½.

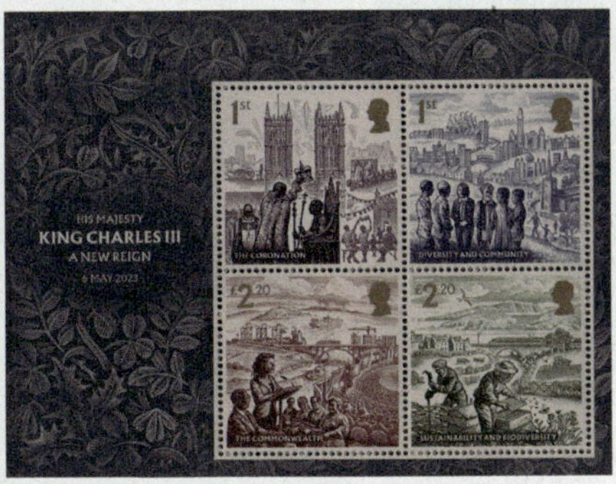

gfa

gew) Krönungszeremonie; Westminster Abbey
gex) Diversität und Gemeinschaft
gey) Rednerin und Zuhörer im Parlament des Commonwealth; Flaggen, Seehandel
gez) Nachhaltigkeit; Bauer, Imker, Feldwirtschaft, Zug, Wasserkraftwerk

5182	1ST	mehrfarbig	gew	3,—	3,—
5183	1ST	mehrfarbig	gex	3,—	3,—
5184	2.20 £	mehrfarbig	gey	6,—	6,—
5185	2.20 £	mehrfarbig	gez	6,—	6,—
Block 163		(115×89 mm)	gfa	18,—	18,—
		FDC			23,—

Nominale von MiNr. 5182–5183 zur Zeit der Ausgabe: je 1.10 £

In gleichen Zeichnungen: MiNr. 5186–5189 (selbstklebend)

2023, 6. Mai. Krönung von König Charles III. (II). Odr., (1×2 Zd); Streifen ph.; selbstklebend; gestanzt 14.

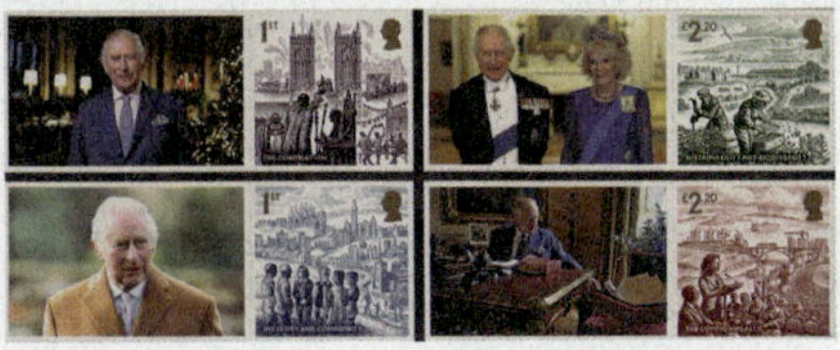

Zierfeld gew Zierfeld gey
Zierfeld gex Zierfeld gez

gew) Krönungszeremonie; Westminster Abbey
gex) Diversität und Gemeinschaft
gey) Nachhaltigkeit; Bauer, Imker, Feldwirtschaft, Zug, Wasserkraftwerk
gez) Rednerin und Zuhörer im Parlament des Commonwealth; Flaggen, Seehandel

5186	1ST	mehrfarbig	gew	3,50	3,20
5187	1ST	mehrfarbig	gex	3,50	3,20
5188	2.20 £	mehrfarbig	gey	6,50	6,50
5189	2.20 £	mehrfarbig	gez	6,50	6,50
		Satzpreis (4 W.)		20,—	19,—
		FDC			22,—
		5186 Zf–5189 Zf		20,—	20,—
		Folienbogen		40,—	

Nominale von MiNr. 5186–5187 zur Zeit der Ausgabe: je 1.10 £

MiNr. 5186–5189 stammen aus einem sogen. Collector's Sheet mit 8 Marken (je 2 ×) und 4 verschiedenen, jeweils links anhängenden Zierfeldern (Postpreis: 14.40 £).

In gleichen Zeichnungen: MiNr. 5182–5185 (nassklebend)

2023, 17. Mai. 40 Jahre Fernsehserie „Blackadder" (I). Odr., (3×5 Zd und 3×5 Zd + 3×5 Zd); Streifen ph.; gez. K 14¼.

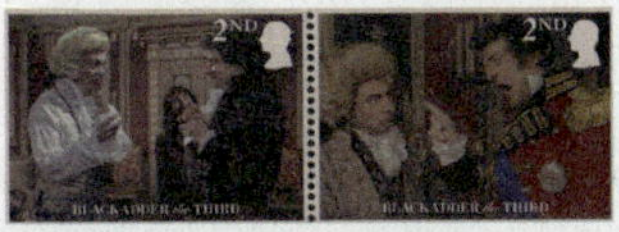

gfb) Butler E. Blackadder, Baldrick und Prinzregent George, aus der 3. Staffel „Black Adder The Third"
gfc) Blackadder und Duke of Wellington

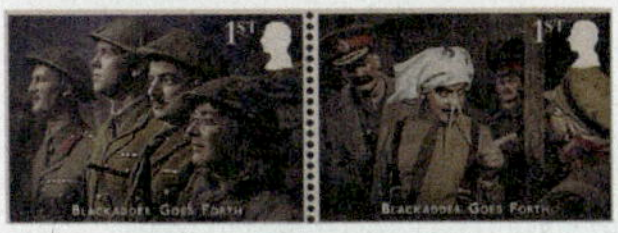

gfd) Hauptmann Kevin Darling, Leutnant George Colthurst St. Barleigh, Hauptmann Blackadder und Baldrick, aus der 4. Staffel „Blackadder Goes Forth"
gfe) General Sir Anthony Cecil Hogmanay Melchett, Hauptmann Blackadder, Hauptmann Kevin Darling, und Baldrick

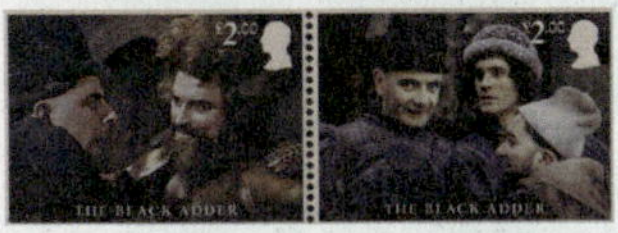

gff) Prinz Edmund alias Blackadder und König Richard IV., aus 1. Staffel „The Black Adder"
gfg) Prinz Edmund, Percy, Duke of Northumberland und Baldrick

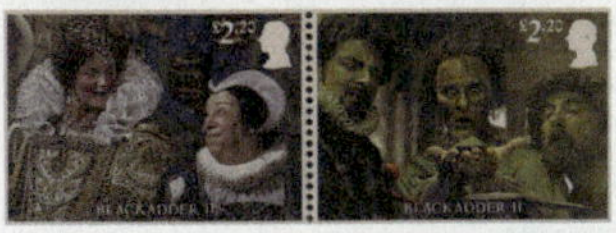

gfh) Königin Elisabeth I. und ihre Amme Nursie, aus der 2. Staffel „Blackadder II"
gfi) Lord Edmund Blackadder, Lord Percy und Baldrick

gfb–gfi) Figuren und Szenen aus den vier Staffeln der Fernsehserie

5190	2ND	mehrfarbig	gfb	2,—	2,—
5191	2ND	mehrfarbig	gfc	2,—	2,—
5192	1ST	mehrfarbig	gfd	3,—	3,—
5193	1ST	mehrfarbig	gfe	3,—	3,—
5194	2.00 £	mehrfarbig	gff	5,50	5,50

5195 2.00 £ mehrfarbig .... gfg 5,50 5,50
5196 2.20 £ mehrfarbig .... gfh 6,— 6,—
5197 2.20 £ mehrfarbig .... gfi 6,— 6,—
Satzpreis (8 W.) 33,— 33,—
4 Paare 33,— 33,—
FDC 36,—

Nominalen zur Zeit der Ausgabe: MiNr. 5190–5191 je 75 P, MiNr. 5192–5193 je 1.10 £

Nominalgleiche Marken wurden waagerecht zusammenhängend gedruckt.

In gleichen Zeichnungen: MiNr. 5202–5209 (selbstklebend)

2023, 17. Mai. Blockausgabe: 40 Jahre Fernsehserie „Blackadder" (II). Odr.; Streifen ph.; selbstklebend; gestanzt 14¼.

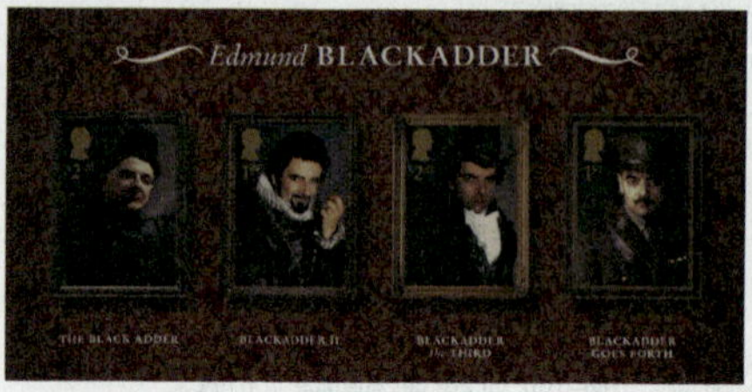

gfo

gfm gfk gfn gfl

gfk) Lord Edmund Blackadder
gfl) Hauptmann Blackadder
gfm) Prinz Edmund alias Blackadder
gfn) Butler E. Blackadder

gfk–gfn) Rowan Atkinson (*1955), Komiker, Schauspieler und Drehbuchautor, in unterschiedlichen Rollen

5198 1ST mehrfarbig .... gfk 3,— 3,—
5199 1ST mehrfarbig .... gfl 3,— 3,—
5200 2.20 £ mehrfarbig .... gfm 6,— 6,—
5201 2.20 £ mehrfarbig .... gfn 6,— 6,—
Block 164 (146×74 mm) .... gfo 18,— 18,—
FDC 23,—

Nominale von MiNr. 5198–5199 zur Zeit der Ausgabe: je 1.10 £

Sonderprägung von Bl. 164 auf Goldfolie stammt aus einem nicht frankaturgültigen Sonderdruck (Postpreis: 149.99 £, Auflage: 1.000 Stück).

2023, 17. Mai. 40 Jahre Fernsehserie „Blackadder" (III). Odr. (2×5 Zd); Streifen ph.; selbstklebend; gestanzt 14¼.

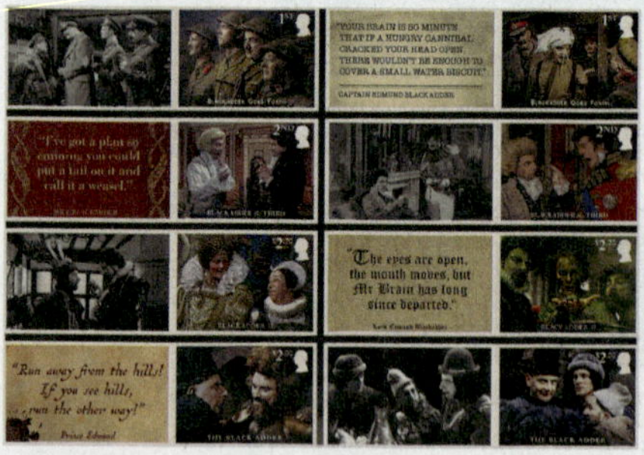

Zierfeld gfd Zierfeld gfe
Zierfeld gfb Zierfeld gfc
Zierfeld gfh Zierfeld gfi
Zierfeld gff Zierfeld gfg

gfb) Butler E. Blackadder, Baldrick und Prinzregent George, aus der 3. Staffel „Black Adder The Third"
gfc) Blackadder und Duke of Wellington
gfd) Hauptmann Kevin Darling, Leutnant George Colthurst St. Barleigh, Hauptmann Blackadder und Baldrick, aus der 4. Staffel „Blackadder Goes Forth"
gfe) General Sir Anthony Cecil Hogmanay Melchett, Hauptmann Blackadder, Hauptmann Kevin Darling, und Baldrick
gff) Prinz Edmund alias Blackadder und König Richard IV., aus 1. Staffel „The Black Adder"
gfg) Prinz Edmund, Percy, Duke of Northumberland und Baldrick
gfh) Königin Elisabeth I. und ihre Amme Nursie, aus der 2. Staffel „Blackadder II"
gfi) Lord Edmund Blackadder, Lord Percy und Baldrick

gfb–gfi) Figuren und Szenen aus den vier Staffeln der Fernsehserie

5202 2ND mehrfarbig .... gfb 2,20 2,20
5203 2ND mehrfarbig .... gfc 2,20 2,20
5204 1ST mehrfarbig .... gfd 3,— 3,—
5205 1ST mehrfarbig .... gfe 3,— 3,—
5206 2.00 £ mehrfarbig .... gff 6,— 6,—
5207 2.00 £ mehrfarbig .... gfg 6,— 6,—
5208 2.20 £ mehrfarbig .... gfh 6,50 6,50
5209 2.20 £ mehrfarbig .... gfi 6,50 6,50
Satzpreis (8 W.) 35,— 35,—
FDC 38,—
5202 Zf–5209 Zf 36,— 36,—
Folienbogen 42,—

Nominalen zur Zeit der Ausgabe: MiNr. 5202–5203 je 75 P, MiNr 5204–5205 je 1.10 £

MiNr. 5202–5209 stammen aus einem sogen. Collector's Sheet mit 10 Marken (2 × MiNr. 5204–5205 sowie 1 × MiNr. 5202–5203 und 5206–5209) und 10 verschiedenen, jeweils links anhängenden Zierfeldern, die durch jeweils 3 Verbindungsstege mit der Marke verbunden sind (Postpreis: 15.40 £).

In gleichen Zeichnungen: MiNr. 5190–5197 (nassklebend)

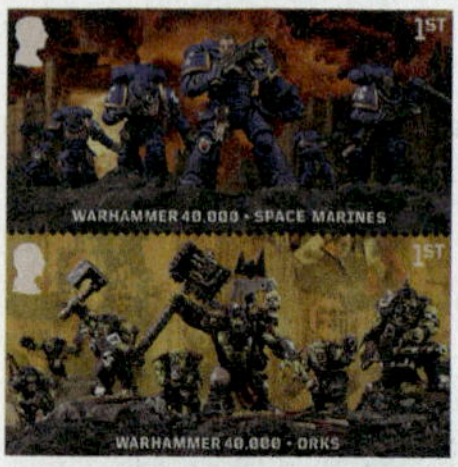

2023, 8. Juni. 40 Jahre Strategiespiel „Warhammer" (I). Odr., Bogen (B) (3×3 Zd und 3×3 Zd + 3×3 Zd) und Kleinbogen (Klb.) (3); Streifen ph.; A = gez. K 14¾, C = gez. K 13¼.

gfp) Space Marines
gfr) Orks

gfp–gfr) aus „Warhammer 40.000"

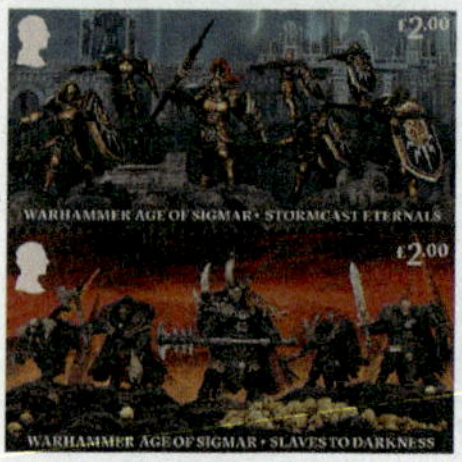

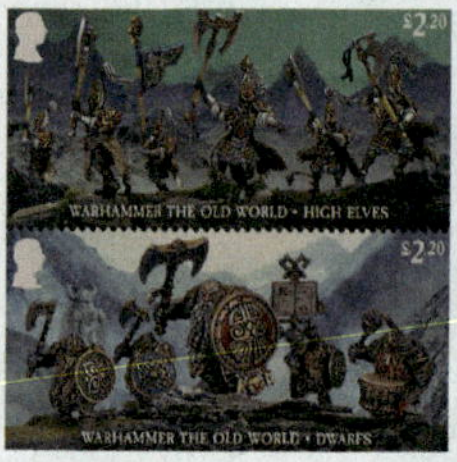

gfs) Sturmgeschmiedete Ewige
gft) Sklaven der Finsternis

gfu) Hochelfen
gfv) Zwerge

gfs–gft) aus „Warhammer Age of Sigmar"

gfu–gfv) aus „Warhammer The Old World"

gfp–gfv) Figuren aus Warhammer-Strategiespielen

A = gez. K 14¾ (B)

5210 A 1ST mehrfarbig .... gfp 3,— 3,—
5211 A 1ST mehrfarbig .... gfr 3,— 3,—
5212 A 2.00 £ mehrfarbig .... gfs 5,50 5,50
5213 A 2.00 £ mehrfarbig .... gft 5,50 5,50
5214 A 2.20 £ mehrfarbig .... gfu 6,— 6,—
5215 A 2.20 £ mehrfarbig .... gfv 6,— 6,—
Satzpreis A (6 W.) 29,— 29,—
3 Paare A 29,— 29,—
FDC A 32,—

C = gez. K 13¼ (Klb.)

5210 C 1ST mehrfarbig .... gfp 6,— 6,—
5212 C 2.00 £ mehrfarbig .... gfs 6,— 6,—
Satzpreis C (2 W.) 12,— 12,—
FDC C 15,—
Kleinbogensatz C (2 Klb.) 40,— 40,—

Nominale von MiNr. 5210–5211 zur Zeit der Ausgabe: je 1.10 £

Nominalgleiche Bogenmarken wurden senkrecht zusammenhängend gedruckt.

MiNr. 5210 C und 5212 C wurden jeweils im Kleinbogen zu 3 Marken ausgegeben (Postpreis: je 7.50 £).

Sonderprägung MiNr. 5210 und 5212 auf Silberfolie stammen aus nicht frankaturgültigen Sonderdrucken (Postpreis: je 24.99 £, Auflage: je 5.000 Stück).

Auflage: je 5.000 numerierte Kleinbogen

In gleichen Zeichnungen: MiNr. 5220–5225 (selbstklebend)

2023, 8. Juni. Blockausgabe: 40 Jahre Strategiespiel „Warhammer“ (II). Odr., Streifen ph.; selbstklebend; gestanzt 14¾.

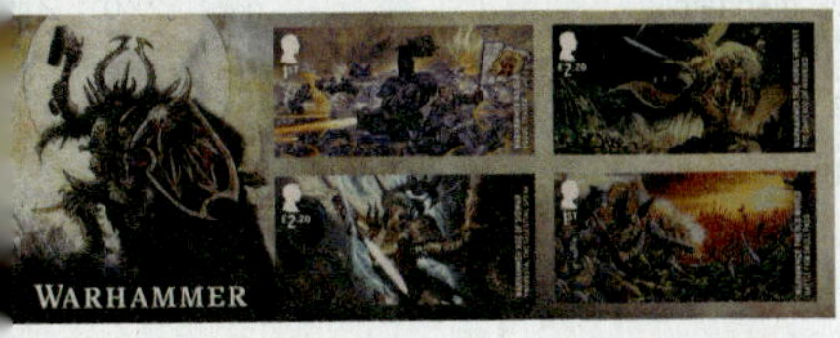

gga

gfw gfy
gfz gfx

gfw) Titelbild des Regelwerks „Warhammer 40.000: Rogue Trader“ (1987)
gfx) Titelbild des Miniaturen-Sets „Warhammer: Battle for Skull Pass“ (2006)
gfy) Der Imperator der Menschheit aus „Warhammer – Horus Heresy“
gfz) Yndrasta, der celestische Speer aus „Warhammer – Age of Sigmar“

gfw–gfz) Szenen und Figuren aus Warhammer-Strategiespielen

5216	1ST	mehrfarbig	gfw	3,50	3,50
5217	1ST	mehrfarbig	gfx	3,50	3,50
5218	2.20 £	mehrfarbig	gfy	6,50	6,50
5219	2.20 £	mehrfarbig	gfz	6,50	6,50
Block 165		(192×74 mm)	gga	20,—	20,—
			FDC		24,—
			5216 Zf–5219 Zf	22,—	22,—

Nominale von MiNr. 5216–5217 zur Zeit der Ausgabe: je 1.10 £

MiNr. 5216–5219 stammen auch aus einem sogen. Collector's Sheet mit 10 Marken und 10 verschiedenen, jeweils links anhängenden Zierfeldern, die durch jeweils 3 Verbindungsstege mit der Marke verbunden sind (Postpreis: 18.30 £).

MiNr. 5216–5219 aus Bl. 165 haben hingegen an jeder Markenseite jeweils 2 Verbindungsstege zum umgebenden Blockpapier.

2023, 8. Juni. 40 Jahre Strategiespiel „Warhammer“ (III). Odr. (2×5 Zd); Streifen ph.; selbstklebend; gestanzt 14¾.

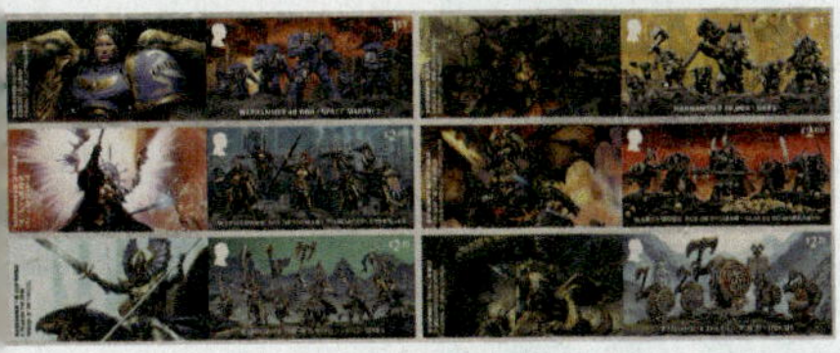

Zierfeld gfp Zierfeld gfr
Zierfeld gfs Zierfeld gft
Zierfeld gfu Zierfeld gfv

gfp) Space Marines aus „Warhammer 40.000“
gfr) Orks aus „Warhammer 40.000“
gfs) Sturmgeschmiedete Ewige aus „Warhammer Age of Sigmar“
gft) Sklaven der Finsternis aus „Warhammer Age of Sigmar“
gfu) Hochelfen aus „Warhammer The Old World“
gfv) Zwerge aus „Warhammer The Old World“

gfp–gfv) Figuren aus Warhammer-Strategiespielen

5220	1ST	mehrfarbig	gfp	3,50	3,50
5221	1ST	mehrfarbig	gfr	3,50	3,50
5222	2.00 £	mehrfarbig	gfs	6,—	6,—
5223	2.00 £	mehrfarbig	gft	6,—	6,—
5224	2.20 £	mehrfarbig	gfu	6,50	6,50
5225	2.20 £	mehrfarbig	gfv	6,50	6,50
			Satzpreis (6 W.)	32,—	32,—
			FDC (mit MiNr. 5216–5225)		55,—
			5220 Zf–5225 Zf	32,—	32,—
			Folienbogen	55,—	

Nominale von MiNr. 5220–5221 zur Zeit der Ausgabe: je 1.10 £

MiNr. 5220–5225 stammen aus einem sogen. Collector's Sheet mit 10 Marken (1 × MiNr. 5216–5219 und 5220–5225) und 10 verschiedenen, jeweils links anhängenden Zierfeldern, die durch jeweils 2 Verbindungsstege mit der Marke verbunden sind (Postpreis: 18.30 £).

In gleichen Zeichnungen: MiNr. 5210–5215 (nassklebend)

2023, 22. Juni. 75. Jahrestag der Ankunft des Schiffes „Empire Windrush“ mit westindischen Einwanderern. Odr. (3×5 Zd und 3×5 Zd + 3×5 Zd); Streifen ph.; gez. K 14¼.

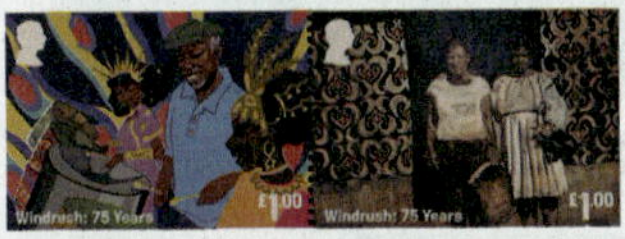

ggb) Steelband-Musik im Karneval; von Bokiba
ggc) Feierabend nach hartem Arbeitstag; von Emma Prempeh

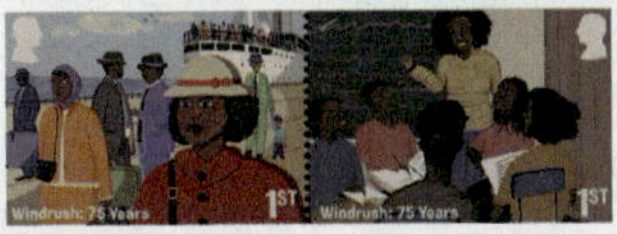

ggd) Ankunft im neuen Land; von Kareen Cox
gge) Lernen in der Samstag-Schule; von Tomekah George

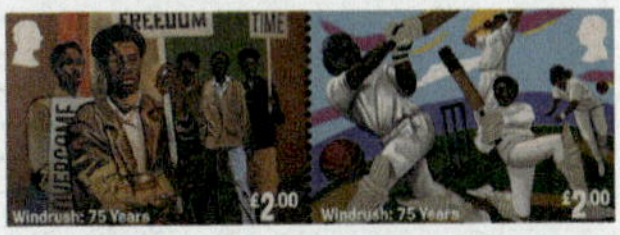

ggf) Forderung nach Rechten; von Emma Prempeh
ggg) Kricketspiel; von Bokiba

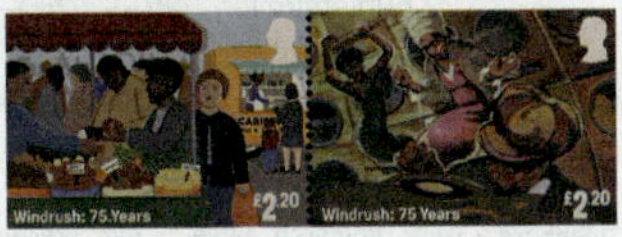

ggh) Waren und Speisen aus der Heimat; von Kareen Cox
ggi) Heimische Klänge im Tanzsaal; von Alvin Kofi

ggb–ggi) Illustrationen von westindischen Künstlern der Einwanderergeneration

5226	1.00 £	mehrfarbig	ggb	2,80	2,80
5227	1.00 £	mehrfarbig	ggc	2,80	2,80
5228	1ST	mehrfarbig	ggd	3,—	3,—
5229	1ST	mehrfarbig	gge	3,—	3,—
5230	2.00 £	mehrfarbig	ggf	6,—	6,—
5231	2.00 £	mehrfarbig	ggg	6,—	6,—
5232	2.20 £	mehrfarbig	ggh	6,50	6,50
5233	2.20 £	mehrfarbig	ggi	6,50	6,50
			Satzpreis (8 W.)	36,—	36,—
			4 Paare	36,—	36,—
			FDC		40,—

Nominale von MiNr. 5228–5229 zur Zeit der Ausgabe: je 1.10 £

Nominalgleiche Marken wurden waagerecht zusammenhängend gedruckt.

2023, 13. Juli. Tiere am und im Fluss (I). Odr. (1×5 Zd und 1×5 Zd + 1×5 Zd); Streifen ph.; gez. K 14¼.

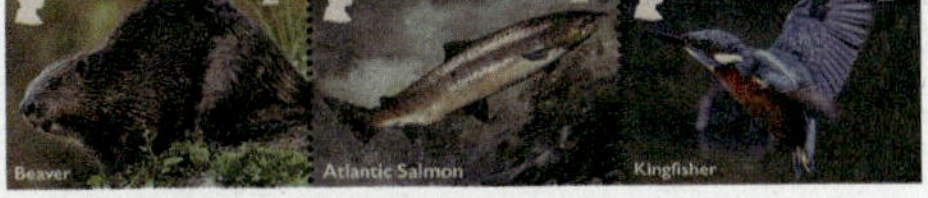

ggk) Europäischer Biber (Castor fiber)
ggl) Atlantischer Lachs (Salmo salar)
ggm) Eisvogel (Alcedo atthis)

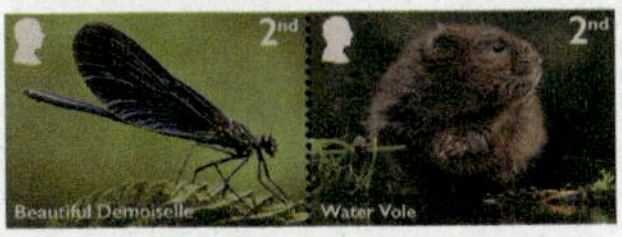

ggn) Blauflügel-Prachtlibelle (Calopteryx virgo)
ggo) Große Wühlmaus (Arvicola amphibius)

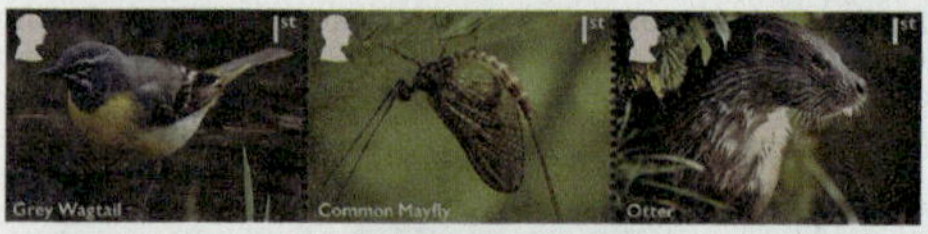

ggp) Gebirgsstelze (Motacilla cinerea)
ggr) Große Eintagsfliege (Ephemera danica)
ggs) Fischotter (Lutra lutra)

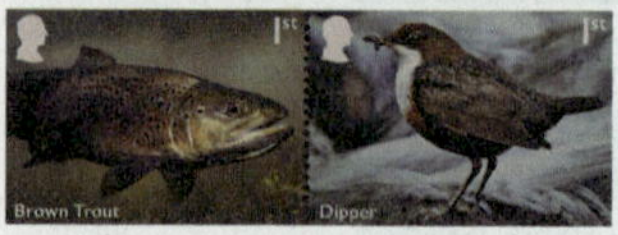

ggt) Bachforelle (Salmo trutta)
ggu) Wasseramsel (Cinclus cinclus)

5234	2nd	mehrfarbig	ggk	2,—	2,—
5235	2nd	mehrfarbig	ggl	2,—	2,—
5236	2nd	mehrfarbig	ggm	2,—	2,—
5237	2nd	mehrfarbig	ggn	2,—	2,—
5238	2nd	mehrfarbig	ggo	2,—	2,—
5239	1st	mehrfarbig	ggp	3,—	3,—
5240	1st	mehrfarbig	ggr	3,—	3,—
5241	1st	mehrfarbig	ggs	3,—	3,—
5242	1st	mehrfarbig	ggt	3,—	3,—
5243	1st	mehrfarbig	ggu	3,—	3,—
			Satzpreis (10 W.)	25,—	25,—
			2 Fünferstreifen	25,—	25,—
			FDC		28,—

Nominalen zur Zeit der Ausgabe: MiNr. 5234–5238 je 75 P, MiNr 5239–5243 je 1.10 £

Nominalgleiche Marken wurden waagerecht zusammenhängend gedruckt.

Die Erstauflage von MiNr. 5239–5243 weist irrtümlich einen 5 mm breiten Phosphorstreifen in der Mitte auf als Sortierkriterium für 2nd-Class-Post anstelle von zwei seitlichen Phosphorstreifen und wurde am 13. Juli 2023 vom Verkauf zurückgezogen. Am 27. Juli 2023 erschien eine Nachauflage mit zwei seitlichen Phosphorstreifen; Preise gleich.

In gleichen Zeichnungen: MiNr. 5244–5253 (selbstklebend)

2023, 13. Juli. Tiere am und im Fluss (II). Odr. (2×5 Zd); Streifen ph.; selbstklebend; gestanzt 14¼.

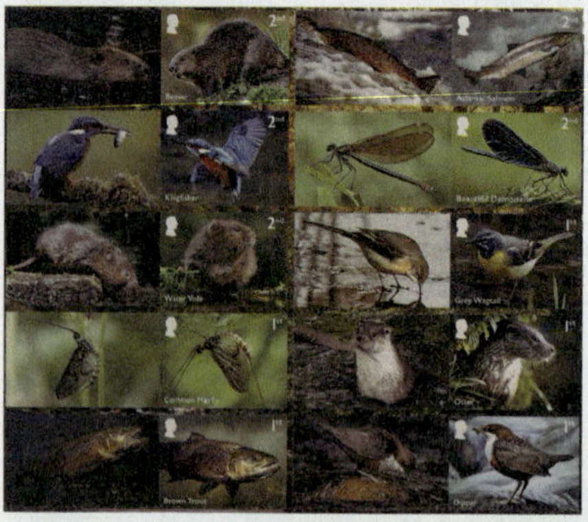

Zierfeld	ggk	Zierfeld	ggl
Zierfeld	ggm	Zierfeld	ggn
Zierfeld	ggo	Zierfeld	ggp
Zierfeld	ggr	Zierfeld	ggs
Zierfeld	ggt	Zierfeld	ggu

ggk) Europäischer Biber (Castor fiber)
ggl) Atlantischer Lachs (Salmo salar)
ggm) Eisvogel (Alcedo atthis)
ggn) Blauflügel-Prachtlibelle (Calopteryx virgo)
ggo) Große Wühlmaus (Arvicola amphibius)
ggp) Gebirgsstelze (Motacilla cinerea)
ggr) Große Eintagsfliege (Ephemera danica)
ggs) Fischotter (Lutra lutra)
ggt) Bachforelle (Salmo trutta)
ggu) Wasseramsel (Cinclus cinclus)

5244	2nd	mehrfarbig	ggk	2,40	2,40
5245	2nd	mehrfarbig	ggl	2,40	2,40
5246	2nd	mehrfarbig	ggm	2,40	2,4
5247	2nd	mehrfarbig	ggn	2,40	2,4
5248	2nd	mehrfarbig	ggo	2,40	2,4
5249	1st	mehrfarbig	ggp	3,20	6,–
5250	1st	mehrfarbig	ggr	3,20	3,2
5251	1st	mehrfarbig	ggs	3,20	3,2
5252	1st	mehrfarbig	ggt	3,20	3,2
5253	1st	mehrfarbig	ggu	3,20	3,2
			Satzpreis (10 W.)	28,—	28,–
			FDC		32,–
			Folienbogen	28,—	

Nominalen zur Zeit der Ausgabe: MiNr. 5244–5248 je 75 P, MiNr 5249–5253 je 1.10 £

MiNr. 5244–5253 stammen aus einem sogen. Collector's Sheet mit 10 Marken und 10 verschiedenen, jeweils links anhängenden Zierfeldern, die durch jeweils Verbindungsstege mit der Marke verbunden sind (Postpreis: 10.45 £).

In gleichen Zeichnungen: MiNr. 5234–5243 (nassklebend)

2023, 10. Aug. 40 Jahre Scheibenwelt-Romane (I). Odr. (3×5 Zd und 3×5 Zd + 3×5 Zd); Streifen ph.; gez. K 14¼.

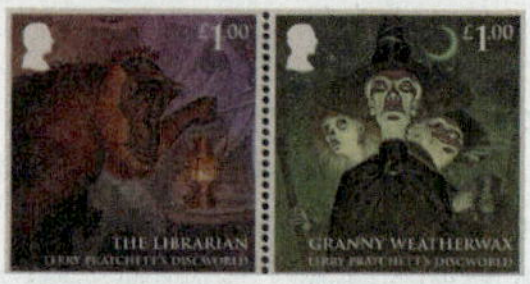

ggv) Bibliothekar der Unsichtbaren Universität
ggw) Hexen Oma Wetterwachs, Nanny Ogg und Magrat Knoblauch

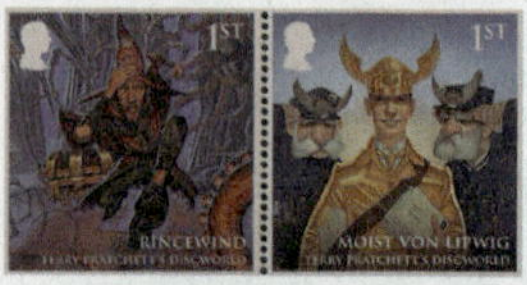

ggx) Zauberer Rincewind
ggy) Hochstapler und Postminister Feucht von Lipwig

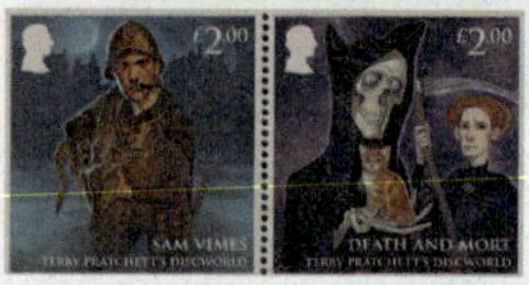

ggz) Kommandeur der Stadtwache Samuel Mumm
gha) Der Tod und sein Lehrling Mort

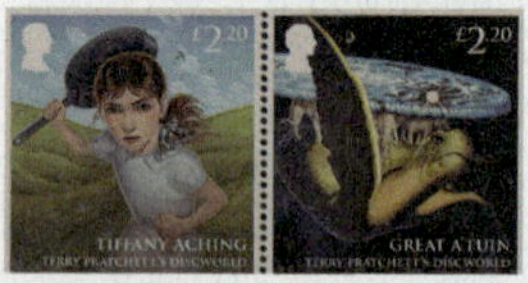

ghb) Hexenschülerin Tiffany Weh
ghc) Sternenschildkröte Groß A'Tuin trägt die Scheibenwelt

ggv–ghc) Figuren aus den Scheibenwelt-Romanen von Terry Pratchett (1948–2015), Fantasy-Schriftsteller; Illustrationen von Paul Kidby (*1964)

5254	1.00 £	mehrfarbig	ggv	2,80	2,80
5255	1.00 £	mehrfarbig	ggw	2,80	2,80
5256	1ST	mehrfarbig	ggx	3,—	3,–
5257	1ST	mehrfarbig	ggy	3,—	3,–
5258	2.00 £	mehrfarbig	ggz	6,—	6,–
5259	2.00 £	mehrfarbig	gha	6,—	6,–
5260	2.20 £	mehrfarbig	ghb	6,50	6,50
5261	2.20 £	mehrfarbig	ghc	6,50	6,50
			Satzpreis (8 W.)	36,—	36,–
			4 Paare	36,—	36,–
			FDC		40,–

Nominale von MiNr. 5256–5257 zur Zeit der Ausgabe: je 1.10 £

Nominalgleiche Marken wurden waagerecht zusammenhängend gedruckt.

In gleichen Zeichnungen: MiNr. 5262–5269 (selbstklebend)

2023, 10. Aug. 40 Jahre Scheibenwelt-Romane (II). Odr. (2×5 Zd); Streifen ph.; selbstklebend; gestanzt 14¼.

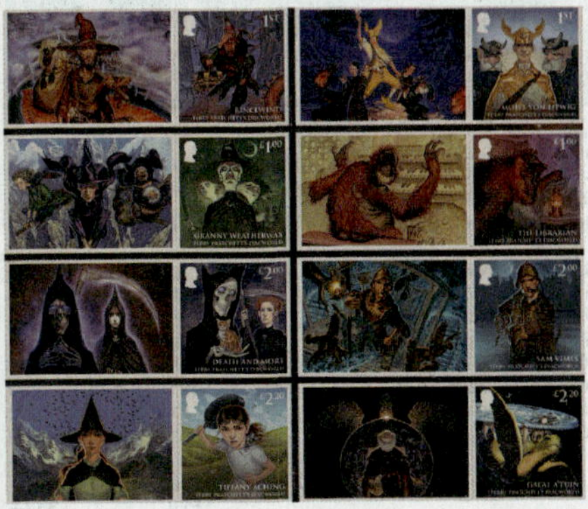

Zierfeld	ggx	Zierfeld	ggy
Zierfeld	ggw	Zierfeld	ggv
Zierfeld	gha	Zierfeld	ggz
Zierfeld	ghb	Zierfeld	ghc

ggw) Hexen Oma Wetterwachs, Nanny Ogg und Magrat Knoblauch
ggv) Bibliothekar der Unsichtbaren Universität
ggx) Zauberer Rincewind
ggy) Hochstapler und Postminister Feucht von Lipwig
gha) Der Tod und sein Lehrling Mort
ggz) Kommandeur der Stadtwache Samuel Mumm
ghb) Hexenschülerin Tiffany Weh
ghc) Sternenschildkröte Groß A'Tuin trägt die Scheibenwelt

ggv–ghc) Figuren aus den Scheibenwelt-Romanen von Terry Pratchett (1948–2015), Fantasy-Schriftsteller; Illustrationen von Paul Kidby (*1964)

5262	1.00 £	mehrfarbig	ggw	3,—	3,—
5263	1.00 £	mehrfarbig	ggv	3,—	3,—
5264	1ST	mehrfarbig	ggx	3,50	3,50
5265	1ST	mehrfarbig	ggy	3,50	3,50
5266	2.00 £	mehrfarbig	gha	6,50	6,50
5267	2.00 £	mehrfarbig	ggz	6,50	6,50
5268	2.20 £	mehrfarbig	ghb	7,—	7,—
5269	2.20 £	mehrfarbig	ghc	7,—	7,—
		Satzpreis (8 W.)		40,—	40,—
		FDC			45,—
		5262 Zf–5269 Zf		40,—	40,—
		Folienbogen		48,—	

Nominale von MiNr. 5264–5265 zur Zeit der Ausgabe: je 1.10 £

MiNr. 5262–5269 stammen aus einem sogen. Collector's Sheet mit 10 Marken (1 × MiNr. 5262–5263 und 5266–5269 sowie 2 × MiNr. 5264–5265) und 10 verschiedenen, jeweils links anhängenden Zierfeldern, die durch jeweils 3 Verbindungsstege mit der Marke verbunden sind (Postpreis: 16 £).

In gleichen Zeichnungen: MiNr. 5254–5261 (nassklebend)

2023, 29. Aug./2024, 11. Jan. Freimarken: König Charles III., dazu Matrixcode rechts. I = komb. RaTdr. (Hauptmotiv) und Digitaldruck mit Lacküberzug (Matrixcode), Bogen (B) (5×5 und 5×5 + 5×5) und Markenheftchen (MH); II = komb. Odr. (Hauptmotiv) und Digitaldruck mit Lacküberzug (Matrixcode), Markenheftchen; U-förmige Stanzungen im Markenbild; Streifen ph.; selbstklebend; Sicherheitsstanzung 15:14½.

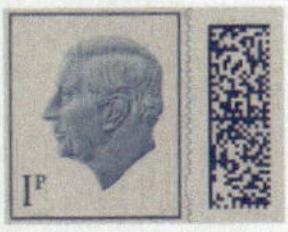

ghd) König Charles III. (*1948, reg. seit 2022); irisierende, negative Inschrift „ROYAL MAIL" mehrfach

I = komb. RaTdr. und Digitaldruck mit Lacküberzug (29.8.2023)

5270 I	1 P	schwärzlichultramarin/mfg. (B)	ghd	0,30	0,30
5271 I	2 P	schwärzlichopalgrün/mfg. (B) (MH)	ghd	0,30	0,30
5272 I	5 P	dkl'violettblau/mfg. (B)	ghd	0,30	0,30
5273 I	10 P	bläulichgrün/mfg. (B)	ghd	0,50	0,50
5274 I	20 P	dkl'gelbgrün/mfg. (B)	ghd	0,60	0,60
5275 I	50 P	grau/mfg. (B) (MH)	ghd	1,50	1,50
5276 I	1.00 £	lebhaftbraun/mfg. (B) (MH)	ghd	3,—	3,—
5277 I	2.00 £	ultramarin/mfg. (B) (MH)	ghd	5,50	5,50
5278 I	5.00 £	gelbsmaragdgrün/mfg. (B)	ghd	14,—	14,—
		Satzpreis I (9 W.)		26,—	26,—
		2 FDC I			30,80

II = komb. Odr. und Digitaldruck mit Lacküberzug

5273 II	10 P	bläulichgrün/mfg. (21.9.2023)	ghd	0,70	0,70
5274 II	20 P	dkl'gelbgrün/mfg. (19.10.2023)	ghd	0,80	0,80
5275 II	50 P	grau/mfg. (19.10.2023)	ghd	1,80	1,80
5276 II	1.00 £	lebhaftbraun/mfg. (11.1.2024)	ghd	3,20	3,20
5277 II	2.00 £	ultramarin/mfg. (11.1.2024)	ghd	6,—	6,—
		Satzpreis II (5 W.)		12,—	12,—

Die zweite Farbangabe bezieht sich auf den Matrixcode.

MiNr. 5271 I stammt auch aus MH 218.
MiNr. 5272 I stammt auch aus MH 222.
MiNr. 5274 I stammt auch aus MH 223.
MiNr. 5275 I stammt auch aus MH 218 und 220–224.
MiNr. 5276 I stammt auch aus MH 218 und 220–223.
MiNr. 5277 I stammt auch aus MH 217 und 219.
MiNr. 5273 II stammt aus MH 214 und 216.
MiNr. 5274 II stammt aus MH 215 und 216.
MiNr. 5275 II stammt aus MH 215.
MiNr. 5276 II–5277 II stammen aus MH 216.

In gleicher bzw. ähnlicher Zeichnung siehe Übersicht nach Jahrgangswerttabelle.

2023, 5. Sept. 65 Jahre Kinderbuchserie „Paddington Bär" (I). Odr. (3×5 Zd und 3×5 Zd + 3×5 Zd); Streifen ph.; gez. K 14¼.

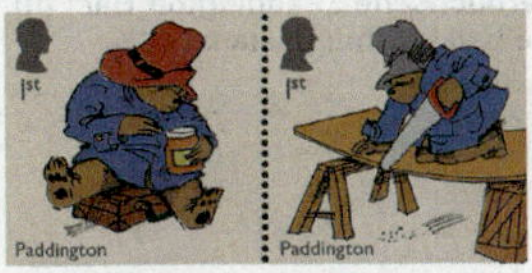

ghe) Mit einem Glas Orangenmarmelade
ghf) Beim Sägen eines Bretts

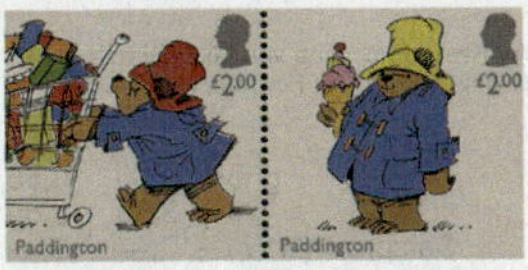

ghg) Mit einem vollen Einkaufswagen
ghh) Mit einer großen Eiswaffel

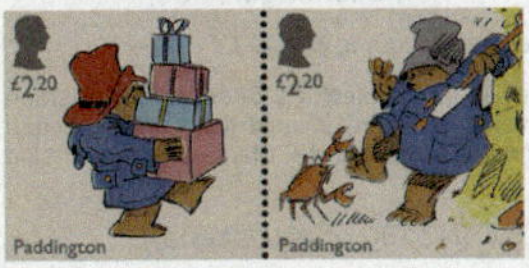

ghi) Die Arme voller Geschenke
ghk) Ein Krebs droht zu kneifen

ghe–gho) Figur „Paddington Bär" aus der Kinderbuchserie von Michael Bond (1926–2015), Schriftsteller; gezeichnet von Peggy Fortnum (1919–2016), Illustratorin

5279	1st	mehrfarbig	ghe	3,—	3,—
5280	1st	mehrfarbig	ghf	3,—	3,—
5281	2.00 £	mehrfarbig	ghg	5,50	5,50
5282	2.00 £	mehrfarbig	ghh	5,50	5,50
5283	2.20 £	mehrfarbig	ghi	6,50	6,50
5284	2.20 £	mehrfarbig	ghk	6,50	6,50
		Satzpreis (6 W.)		30,—	30,—
		3 Paare		30,—	30,—
		FDC			34,—

Blockausgabe, gez. Ks 14½:14¼

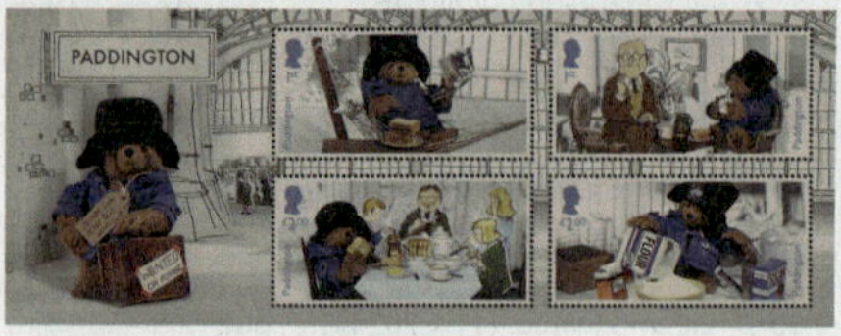

ghp

ghl) Der Griff nach dem Marmeladenbrot
ghm) Mit Mr. Gruber bei der 11-Uhr-Pause
ghn) Frühstück mit der Familie Brown
gho) Beim Backen

5285	1st	mehrfarbig	ghl	3,—	3,—
5286	1st	mehrfarbig	ghm	3,—	3,—
5287	2.00 £	mehrfarbig	ghn	5,50	5,50
5288	2.00 £	mehrfarbig	gho	5,50	5,50
Block 166		(192×74 mm)	ghp	17,—	17,—
			FDC		20,—

Nominale von MiNr. 5279–5280 und 5285–5286 zur Zeit der Ausgabe: je 1.10 £

Nominalgleiche Bogenmarken wurden waagerecht zusammenhängend gedruckt.

In gleichen Zeichnungen wie MiNr. 5279–5280: MiNr. 5289–5290 (selbstklebend)

2023, 5. Sept. 65 Jahre Kinderbuchserie „Paddington Bär" (II). Odr. (2×5 Zd); Streifen ph.; selbstklebend; gestanzt 14¼.

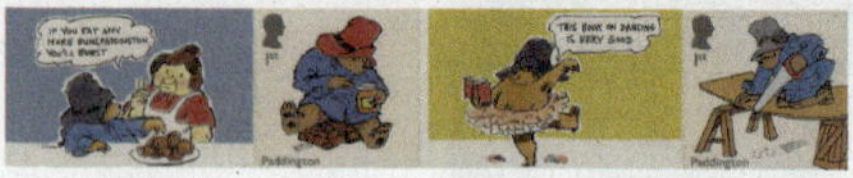

Zierfeld ghe Zierfeld ghf

ghe) Mit einem Glas Orangenmarmelade
ghf) Beim Sägen eines Bretts

ghe–ghf) Figur „Paddington Bär" aus der Kinderbuchserie von Michael Bond (1926–2015), Schriftsteller; gezeichnet von Peggy Fortnum (1919–2016), Illustratorin

5289	1st	mehrfarbig	ghe	3,50	3,50
5290	1st	mehrfarbig	ghf	3,50	3,50
			Satzpreis (2 W.)	7,—	7,—
			FDC		10,—
			5289 Zf–5290 Zf	7,—	7,—
			Folienbogen	35,—	

Nominale von MiNr. 5289–5290 zur Zeit der Ausgabe: je 1.10 £

MiNr. 5289–5290 stammen aus einem sogen. Collector's Sheet mit 10 Marken (je 5 × MiNr. 5289–5290) und 10 verschiedenen, jeweils links anhängenden Zierfeldern, die durch jeweils 4 Verbindungsstege mit der Marke verbunden sind (Postpreis: 12 £).

In gleichen Zeichnungen: MiNr. 5279–5280 (nassklebend)

2023, 21. Sept. Shirley Bassey (I). Odr., Bogen (1×6 Zd und 1×6 Zd + 1×6 Zd) und Kleinbogen (4×2); Streifen ph.; gez. K 14¼.

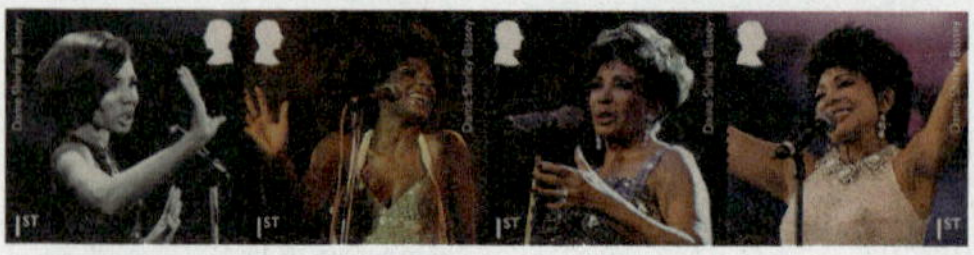

ghr) Pigalle Nightclub, London (1965)
ghs) Bornemouth (1974)
ght) BBC Electric Proms, London (2009)
ghu) Safeway Picnic in the Park, London (2002)

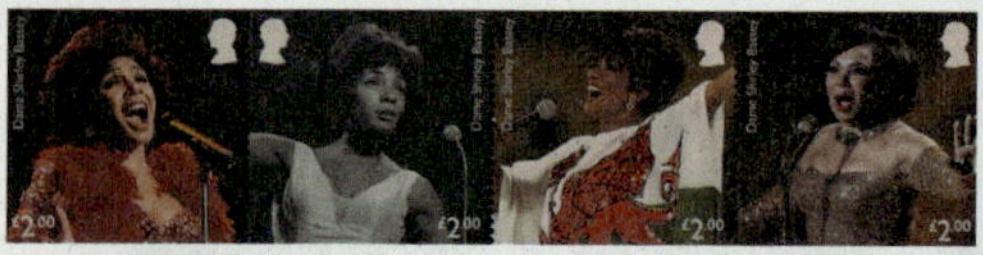

ghv) Brighton (1988)
ghw) Fernsehshow (1963)
ghx) Rugby World Cup, Cardiff (1999)
ghy) Dolby Theatre, Hollywood (2013)

ghr–ghy) Konzertauftritte von Shirley Bassey (*1937), Sängerin

5291	1ST	schwarz	ghr	3,—	3,—
5292	1ST	mehrfarbig	ghs	3,—	3,—
5293	1ST	mehrfarbig	ght	3,—	3,—
5294	1ST	mehrfarbig	ghu	3,—	3,—
5295	2.00 £	mehrfarbig	ghv	5,50	5,50
5296	2.00 £	schwarz	ghw	5,50	5,50
5297	2.00 £	mehrfarbig	ghx	5,50	5,50
5298	2.00 £	mehrfarbig	ghy	5,50	5,50
			Satzpreis (8 W.)	34,—	34,—
			2 Viererstreifen	34,—	34,—
			FDC		38,—
			Kleinbogen	38,—	38,—

Nominale von MiNr. 5291–5294 zur Zeit der Ausgabe: je 1.10 £

Nominalgleiche Bogenmarken wurden waagerecht zusammenhängend gedruckt.

MiNr. 5291–5298 stammen auch aus MH 214.

MiNr. 5291–5298 wurden auch im Kleinbogen zu 8 Marken ausgegeben (Postpreis: 13.50 £).

Auflage: 5.000 numerierte Kleinbogen

In gleichen Zeichnungen: MiNr. 5303–5310 (selbstklebend)

2023, 21. Sept. Blockausgabe: Shirley Bassey (II). Odr.; Streifen ph.; selbstklebend, gestanzt 14¼.

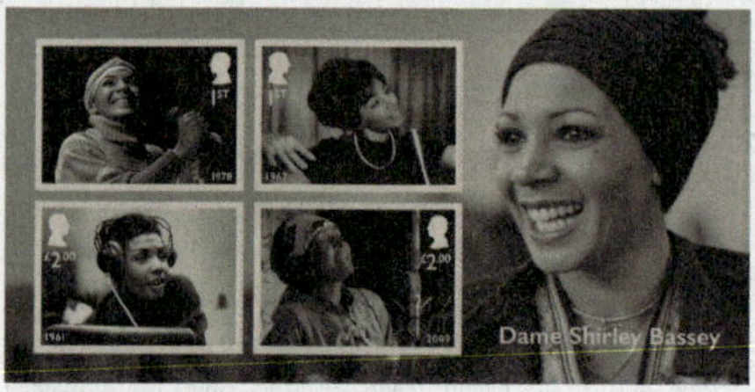

gid

ghz) Probe vor Auftritt in der Royal Albert Hall, London (1978)
gia) Probe vor Auftritt im Talk of The Town Theatre, London (1961)
gib) Im Tonstudio (1962)
gic) In den Grouse House Studios Rosemount, Irland (2009)

ghz–gic) Auftritte von Shirley Bassey (*1937), Sängerin

5299	1ST	schwarz	ghz	3,—	3,—
5300	1ST	schwarz	gia	3,—	3,—
5301	2.00 £	schwarz	gib	5,50	5,50
5302	2.00 £	schwarz	gic	5,50	5,50
Block 167		(146×74 mm)	gid	17,—	17,—
			FDC		20,—

Nominale von MiNr. 5299–5300 zur Zeit der Ausgabe: je 1.10 £

MiNr. 5299–5302 stammen auch aus MH 214.

2023, 21. Sept. Shirley Bassey (III). Odr. (2×4 Zd); Streifen ph.; selbstklebend; gestanzt 14¼.

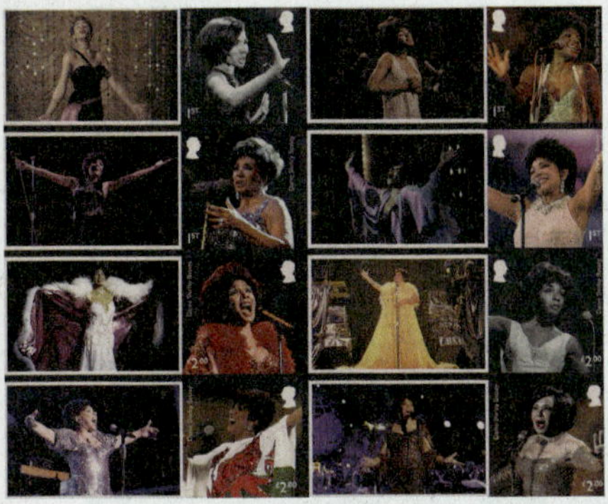

Zierfeld	ghr	Zierfeld	ghs
Zierfeld	ght	Zierfeld	ghu
Zierfeld	ghv	Zierfeld	ghw
Zierfeld	ghx	Zierfeld	ghy

ghr) Pigalle Nightclub, London (1965)
ghs) Bornemouth (1974)
ght) BBC Electric Proms, London (2009)
ghu) Safeway Picnic in the Park, London (2002)
ghv) Brighton (1988)
ghw) Fernsehshow (1963)
ghx) Rugby World Cup, Cardiff (1999)
ghy) Dolby Theatre, Hollywood (2013)

ghr–ghy) Konzertauftritte von Shirley Bassey (*1937), Sängerin

5303	1ST	schwarz	ghr	3,50	3,50
5304	1ST	mehrfarbig	ghs	3,50	3,50
5305	1ST	mehrfarbig	ght	3,50	3,50
5306	1ST	mehrfarbig	ghu	3,50	3,50
5307	2.00 £	mehrfarbig	ghv	6,—	6,—
5308	2.00 £	schwarz	ghw	6,—	6,—
5309	2.00 £	mehrfarbig	ghx	6,—	6,—
5310	2.00 £	mehrfarbig	ghy	6,—	6,—
			Satzpreis (8 W.)	38,—	38,—
			FDC		42,—
			Folienbogen	38,—	

Nominale von MiNr. 5303–5306 zur Zeit der Ausgabe: je 1.10 £

MiNr. 5304–5310 stammen aus einem sogen. Collector's Sheet mit 8 Marken und 8 verschiedenen, jeweils links anhängenden Zierfeldern, die durch jeweils 4 Verbindungsstege mit der Marke verbunden sind (Postpreis: 13.60 £).

In gleichen Zeichnungen: MiNr. 5291–5298 (nassklebend)

Posttarife Großbritannien (2.10.2023–1.4.2024)

2. Klasse, Standardformat: 75 P (seit 3.4.2023)
1. Klasse, Standardformat: 1.25 £ (zuvor: 1.10 £)
2. Klasse, Großformat: 1.55 £ (zuvor: 1.15 £)
1. Klasse, Großformat: 1.95 £ (zuvor: 1.60 £)
Europa, bis 100 g: 2.20 £ (seit 3.4.2023)
Postkarte, Luftpost: 2.20 £ (seit 3.4.2023)
Seepost, bis 100 g: 2.00 £ (seit 3.4.2023)
Luftpost, bis 100 g: 2.20 £ (seit 3.4.2023)
Einschreiben, 1. Klasse, Standardformat: 2.75 £ (zuvor: 2.60 £)
Einschreiben, 1. Klasse, Großformat: 3.45 £ (zuvor: 3.10 £)
Eilsendung, bis 100 g: 7.35 £ (zuvor: 6.85 £)
Eilsendung, bis 500 g: 8.15 £ (zuvor: 7.65 £)

2023, 19. Okt. Roman- und Filmreihe „Harry Potter“ (I). Odr., Bogen (B) (1×5 Zd und 1×5 Zd + 1×5 Zd) und Kleinbogen (Klb.) (3); Streifen ph.; gez. K 14½.

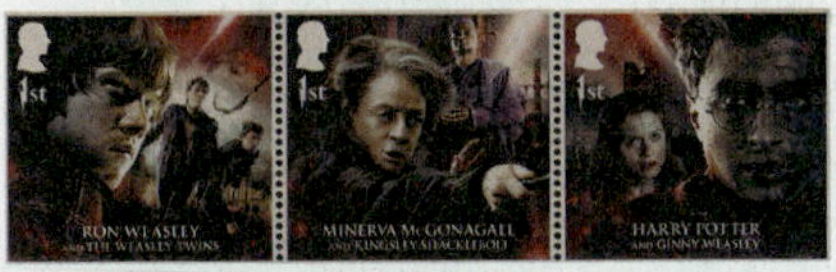

gie) Ron Weasley und die Weasley-Zwillinge
gif) Minerva McGonagall und Kingsley Shacklebolt
gig) Harry Potter und Ginny Weasley

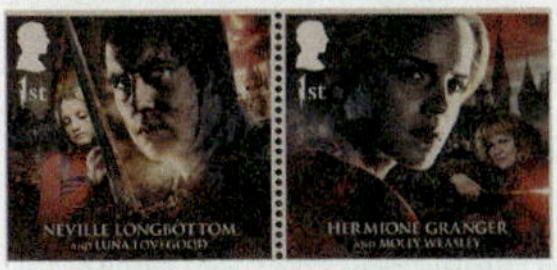

gih) Neville Longbottom und Luna Lovegood
gii) Hermine Granger und Molly Weasley

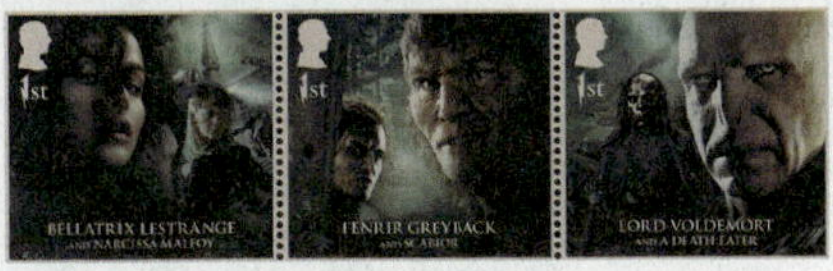

gik) Bellatrix Lestrange und Narcissa Malfoy
gil) Fenrir Greyback und Scabior
gim) Lord Voldemort und ein Todesser

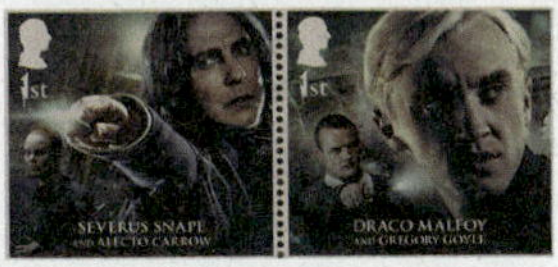

gin) Severus Snape und Alecto Carrow
gio) Draco Malfoy und Gregory Goyle

gie–gio) Personen aus der Roman- und Filmreihe „Harry Potter“ von Joanne K. Rowling (*1945), Schriftstellerin

5311	1st	mehrfarbig (B)	gie	3,50	3,50
5312	1st	mehrfarbig (B)	gif	3,50	3,50
5313	1st	mehrfarbig (B) (Klb.)	gig	3,50	3,50
5314	1st	mehrfarbig (B)	gih	3,50	3,50
5315	1st	mehrfarbig (B)	gii	3,50	3,50
5316	1st	mehrfarbig (B)	gik	3,50	3,50
5317	1st	mehrfarbig (B)	gil	3,50	3,50
5318	1st	mehrfarbig (B) (Klb.)	gim	3,50	3,50
5319	1st	mehrfarbig (B)	gin	3,50	3,50
5320	1st	mehrfarbig (B)	gio	3,50	3,50
			Satzpreis (10 W.)	35,—	35,—
			2 Fünferstreifen	35,—	35,—
			FDC		40,—
			• Kleinbogensatz (2 Klb.)	40,—	40,—

Nominale zur Zeit der Ausgabe: je 1.25 £

MiNr. 5311–5315 und 5316–5320 wurden jeweils waagerecht zusammenhängend gedruckt.

MiNr. 5311–5320 stammen auch aus MH 215.

MiNr. 5313 und 5318 wurden auch jeweils im Kleinbogen zu 3 Marken ausgegeben (Postpreis: je 7.50 £).

Sonderprägung von MiNr. 5313 auf Goldfolie stammt aus nicht frankaturgültigen Sonderdrucken (Postpreis: 49.99 £, Auflage: 5.000 Stück).

Auflage: je 5.000 numerierte Kleinbogen

In gleichen Zeichnungen: MiNr. 5327–5336 (selbstklebend)

2023, 19. Okt. Blockausgabe: Roman- und Filmreihe „Harry Potter“ (II). Odr.; Streifen ph.; selbstklebend; gestanzt 14¼.

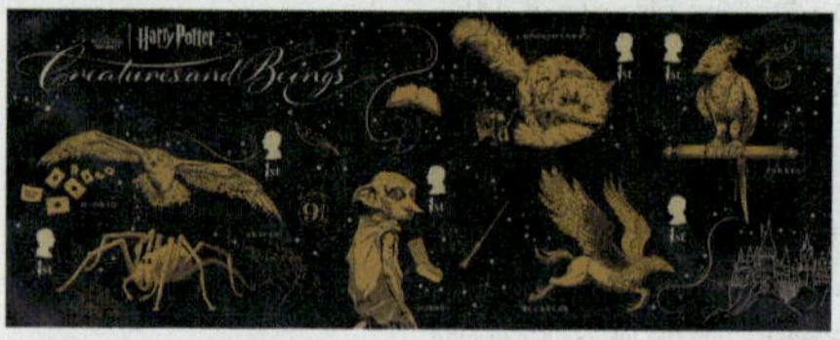

giw

gip gir

gis

git giu giv

gip) Katze Krummbein und Ratte Krätze
gir) Phönix Fakwes
gis) Eule Hedwig
git) Riesenspinne Aragog
giu) Hauself Dobby
giv) Hippogreif Seidenschnabel

gip-giv) Figuren aus der Roman- und Filmreihe „Harry Potter“ von Joanne K. Rowling (*1945), Schriftstellerin

5321	1st mehrfarbig	gip	3,50	3,50
5322	1st mehrfarbig	gir	3,50	3,50
5323	1st mehrfarbig	gis	3,50	3,50
5324	1st mehrfarbig	git	3,50	3,50
5325	1st mehrfarbig	giu	3,50	3,50
5326	1st mehrfarbig	giv	3,50	3,50
Block 168	(191×75 mm)	giw	21,—	21,—
		FDC		25,—
	Folienblatt (MiNr. 5325)		20,—	20,—

Nominale zur Zeit der Ausgabe: je 1.25 £

MiNr. 5321–5326 stammen auch aus MH 215.

MiNr. 5325 wurde auch im Folienblatt zu 4 Marken ausgegeben (Postpreis: 7.50 £).

Sonderprägung von Block 168 auf Goldfolie stammt aus nicht frankaturgültigen Sonderdrucken (Postpreis: 149.99 £, Auflage: 5.000 Stück).

Auflage: 5.000 numerierte Folienblätter

2023, 19. Okt. Roman- und Filmreihe „Harry Potter“ (III). Odr. (2×5 Zd); Streifen ph.; selbstklebend; gestanzt 14½.

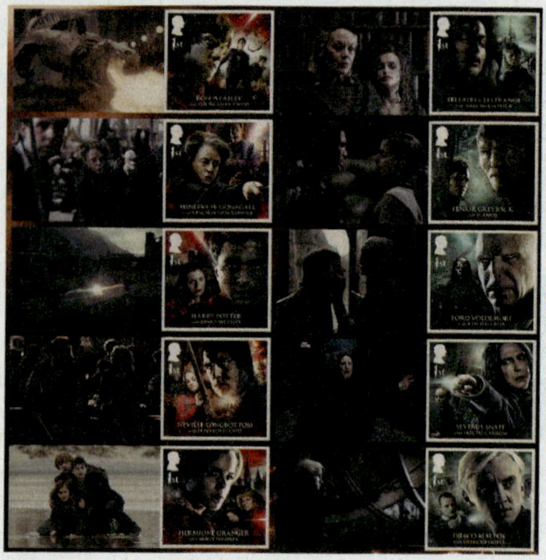

Zierfeld gie Zierfeld gik
Zierfeld gif Zierfeld gil
Zierfeld gig Zierfeld gim
Zierfeld gih Zierfeld gin
Zierfeld gii Zierfeld gio

gie) Ron Weasley und die Weasley-Zwillinge
gif) Minerva McGonagall und Kingsley Shacklebolt
gig) Harry Potter und Ginny Weasley
gih) Neville Longbottom und Luna Lovegood
gii) Hermine Granger und Molly Weasley
gik) Bellatrix Lestrange und Narcissa Malfoy
gil) Fenrir Greyback und Scabior
gim) Lord Voldemort und ein Todesser
gin) Severus Snape und Alecto Carrow
gio) Draco Malfoy und Gregory Goyle

gie–gio) Personen aus der Roman- und Filmreihe „Harry Potter“ von Joanne K. Rowling (*1945), Schriftstellerin

5327	1st mehrfarbig	gie	3,80	3,80
5328	1st mehrfarbig	gif	3,80	3,80
5329	1st mehrfarbig	gig	3,80	3,80
5330	1st mehrfarbig	gih	3,80	3,80
5331	1st mehrfarbig	gii	3,80	3,80
5332	1st mehrfarbig	gik	3,80	3,80
5333	1st mehrfarbig	gil	3,80	3,80
5334	1st mehrfarbig	gim	3,80	3,80
5335	1st mehrfarbig	gin	3,80	3,80
5336	1st mehrfarbig	gio	3,80	3,80
		Satzpreis (12 W.)	38,—	38,—
		FDC		42,—
		Folienbogen	38,—	

Nominale zur Zeit der Ausgabe: je 1.25 £

MiNr. 5327–5336 stammen aus einem sogen. Collector's Sheet mit 10 Marken und 10 verschiedenen, jeweils links anhängenden Zierfeldern, die durch jeweils 4 Verbindungsstege mit der Marke verbunden sind (Postpreis: 13.70 £).

In gleichen Zeichnungen: MiNr. 5311–5320 (nassklebend)

2023, 2. Nov. Weihnachten: Weihnachtslieder. I = komb. RaTdr. (Hauptmotiv) und Digitaldruck mit Lacküberzug (Matrixcode), Bogen (B) (5×5 + 5×5) und Markenheftchen (MH) (4×2), Streifen ph., selbstklebend, gestanzt 15:14¾.

gix) „O hear the angel voices“

giy) „All is calm, all is bright“

giz) „The silent stars go by“

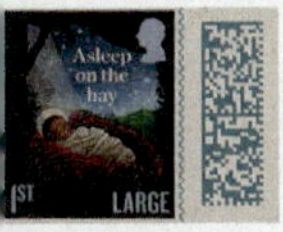

gka) „Asleep on the hay"

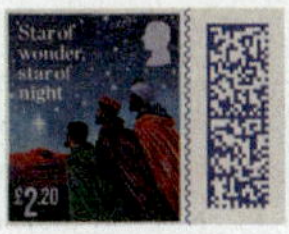

gkb) „Star of wonder, star of night"

gix–gkb) Textzeilen aus Weihnachtsliedern auf thematischen Bildern im Blockdruck von Tom Duxbury, Illustrator

5337 I	2ND		mehrfarbig (B) (MH)	gix	2,20	2,20
5338 I	1ST		mehrfarbig (B) (MH)	giy	3,60	3,60
5339 I	2ND	LARGE	mehrfarbig (B)	giz	4,20	4,20
5340 I	1ST	LARGE	mehrfarbig (B)	gka	6,—	6,—
5341 I	2.20 £		mehrfarbig (B)	gkb	6,—	6,—
			Satzpreis I (5 W.)		22,—	22,—
			FDC I			26,—

Blockausgabe mit MiNr. 5337 I–5341 I

Block 169	(179×74 mm)	gkc	22,—	22,—
	FDC I			26,—

II = komb. Odr. (Hauptmotiv) und Digitaldruck mit Lacküberzug (Matrixcode), Folienbogen (4×5 Zd), gestanzt 15:14 ¾

5337 II	2ND	mehrfarbig	gix	2,50	2,50
5338 II	1ST	mehrfarbig	giy	4,—	4,—
5341 II	2.20 £	mehrfarbig	gkb	6,50	6,50
		Satzpreis II (3 W.)		13,—	13,—
		FDC II			16,—
		5337 II Zf–5338 II Zf und 5341 II Zf		13,—	13,—
		Folienbogen II		75,—	

Nominalen zur Zeit der Ausgabe: MiNr. 5337 = 75 P, MiNr. 5338 = 1.25 £, MiNr. 5339 = 1.55 £, MiNr. 5340 = 1.95 £

Bei MiNr. 5337 I–5341 I aus Bogen ist das Matrixpapier um die Marken entfernt, während sich bei den Marken aus Block 169 an allen 4 Seiten jeweils 2 schmale Verbindungsstege befinden, um sie komplett von der Trägerfolie zerstörungsfrei abheben zu können.

MiNr. 5337 I stammt auch aus MH 0-441.
MiNr. 5338 I stammt auch aus MH 0-442.

MiNr. 5337 II–5338 II und 5341 II wurden im Folienbogen zu 20 Marken (8 × MiNr. 5337 II–5338 II und 4 × 5341 II) und 20 verschiedenen Zierfeldern, die jeweils durch schmale Verbindungsstege mit der Marke verbunden sind, gedruckt (Postpreis: 26 £).

2024, 11. Jan. 30 Jahre Popgruppe „Spice Girls" (I). Odr., Bogen (B) (1×5 Zd und 1×5 Zd + 1×5 Zd) und Kleinbogen (Klb.) (4); Streifen ph.; gez. K 14½:14¼.

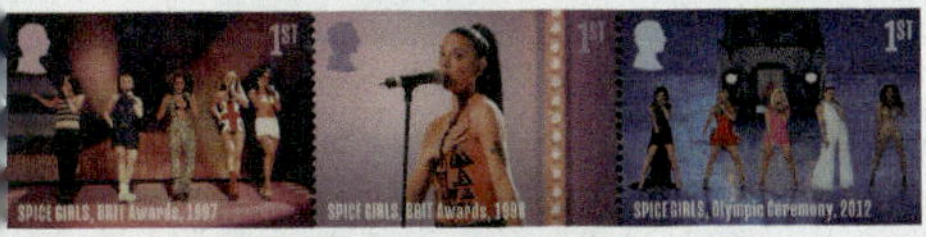

gkd) Auftritt bei den BRIT Awards, London (1997)
gke) Melanie Chrisholm bei den BRIT Awards, London (1998)
gkf) Schlussfeier bei den Olympischen Sommerspielen, London (2012)

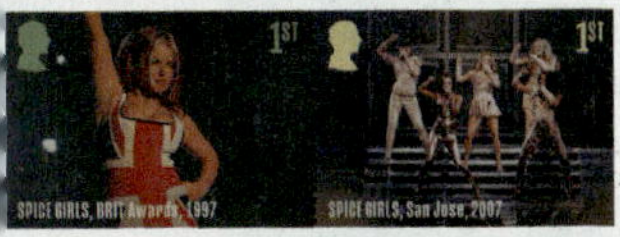

gkg) Geri Halliwell bei den BRIT Awards, London (1997)
gkh) Auftritt in San Jose, Kalifornien (2007)

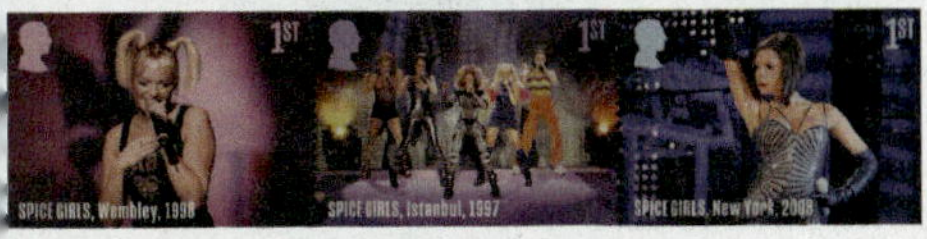

gki) Emma Bunton in der Wembley Arena, London (1998)
gkk) Auftritt in Istanbul (1997)
gkl) Victoria Beckham im Madison Square Garden, New York (2008)

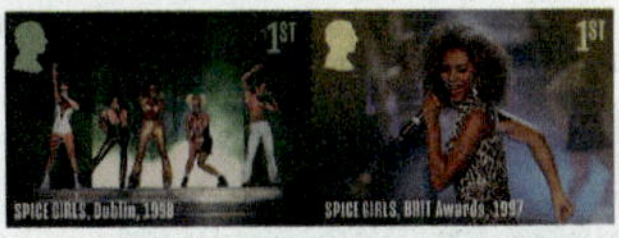

gkm) Auftritt in Dublin (1998)
gkn) Melanie Brown bei den BRIT Awards, London (1997)

5342	1ST	mehrfarbig (B) (Klb.)	gkd	3,40	3,40
5343	1ST	mehrfarbig (B)	gke	3,40	3,40
5344	1ST	mehrfarbig (B)	gkf	3,40	3,40
5345	1ST	mehrfarbig (B)	gkg	3,40	3,40
5346	1ST	mehrfarbig (B)	gkh	3,40	3,40
5347	1ST	mehrfarbig (B)	gki	3,40	3,40
5348	1ST	mehrfarbig (B) (Klb.)	gkk	3,40	3,40
5349	1ST	mehrfarbig (B)	gkl	3,40	3,40
5350	1ST	mehrfarbig (B)	gkm	3,40	3,40
5351	1ST	mehrfarbig (B)	gkn	3,40	3,40
		Satzpreis (10 W.)		34,—	34,—
		2 Fünferstreifen		34,—	34,—
		FDC			38,—
		Kleinbogen		20,—	20,—

Nominale zur Zeit der Ausgabe: je 1.25 £

MiNr. 5342–5346 und 5347–5351 wurden jeweils waagerecht zusammenhängend gedruckt.

MiNr. 5342–5351 stammen auch aus MH 216.

MiNr. 5342 und 5348 wurden auch zusammen im Kleinbogen zu je 2 Marken ausgegeben (Postpreis: 7 £).

Auflage: 5.000 numerierte Kleinbogen

In gleichen Zeichnungen: MiNr. 5357–5366 (selbstklebend)

2024, 11. Jan. Blockausgabe: 30 Jahre Popgruppe „Spice Girls" (II). Odr., Folienbogen (2×5 Zd) und Folienblatt (5); Streifen ph.; selbstklebend; gestanzt 14¼.

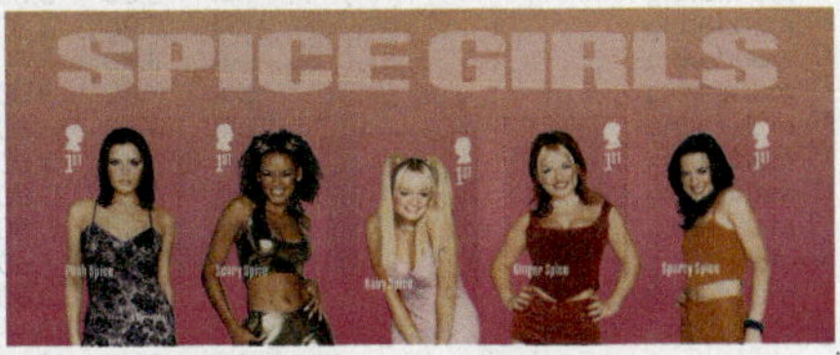

gku

gko) Victoria Beckham (*1974), genannt „Posh Spice"
gkp) Melanie Brown (*1975), genannt „Scary Spice"
gkr) Emma Bunton (*1976), genannt „Baby Spice"
gks) Geri Halliwell (*1972), genannt „Ginger Spice"
gkt) Melanie Chrisholm (*1974), genannt „Sporty Spice"

5352	1ST	mehrfarbig	gko	3,40	3,40
5353	1ST	mehrfarbig	gkp	3,40	3,40
5354	1ST	mehrfarbig	gkr	3,40	3,40
5355	1ST	mehrfarbig	gks	3,40	3,40
5356	1ST	mehrfarbig	gkt	3,40	3,40
Block 170		(180×75 mm)	gku	17,—	17,—
		FDC			20,—
		Folienbogen		48,—	
		Folienblatt		22,—	

Nominale zur Zeit der Ausgabe: je 1.25 £

MiNr. 5352–5356 stammen auch aus einem sogen. Collector's Sheet mit 10 Marken (je 2 ×) und 10 verschiedenen, jeweils links anhängenden Zierfeldern, die durch jeweils 3 Verbindungsstege mit der Marke verbunden sind (Postpreis: 13.70 £).

MiNr. 5352–5356 wurden auch im Folienblatt zu 5 Marken ausgegeben (Postpreis: 7.50 £).

MiNr. 5352–5356 stammen auch aus MH 216.

Auflage: 5.000 numerierte Folienblätter

2024, 11. Jan. 30 Jahre Popgruppe „Spice Girls" (III). Odr. (2×5 Zd); Streifen ph.; selbstklebend; gestanzt 14½.

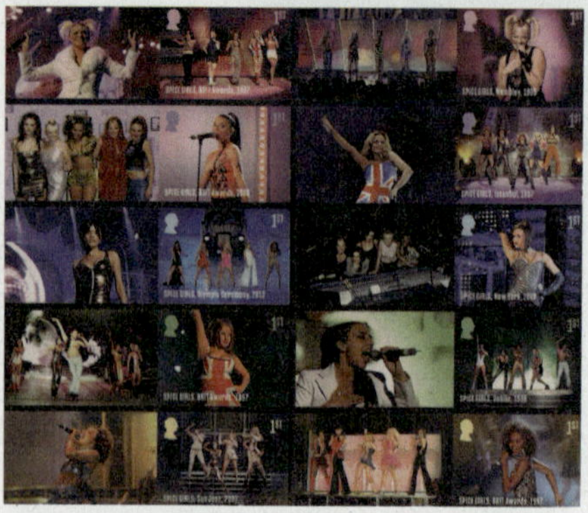

Zierfeld	gkd	Zierfeld	gki
Zierfeld	gke	Zierfeld	gkk
Zierfeld	gkf	Zierfeld	gkl
Zierfeld	gkg	Zierfeld	gkm
Zierfeld	gkh	Zierfeld	gkn

gkd) Auftritt bei den BRIT Awards, London (1997)
gke) Melanie Chrisholm bei den BRIT Awards, London (1998)
gkf) Schlussfeier bei den Olympischen Sommerspielen, London (2012)
gkg) Geri Halliwell bei den BRIT Awards, London (1997)
gkh) Auftritt in San Jose, Kalifornien (2007)
gki) Emma Bunton in der Wembley Arena, London (1998)
gkk) Auftritt in Istanbul (1997)
gkl) Victoria Beckham im Madison Square Garden, New York (2008)
gkm) Auftritt in Dublin (1998)
gkn) Melanie Brown bei den BRIT Awards, London (1997)

5357	1ST	mehrfarbig	gkd	3,80	3,80
5358	1ST	mehrfarbig	gki	3,80	3,80
5359	1ST	mehrfarbig	gke	3,80	3,80
5360	1ST	mehrfarbig	gkk	3,80	3,80
5361	1ST	mehrfarbig	gkf	3,80	3,80
5362	1ST	mehrfarbig	gkl	3,80	3,80
5363	1ST	mehrfarbig	gkg	3,80	3,80
5364	1ST	mehrfarbig	gkm	3,80	3,80
5365	1ST	mehrfarbig	gkh	3,80	3,80
5366	1ST	mehrfarbig	gkn	3,80	3,80
			Satzpreis (10 W.)	38,—	38,—
			FDC		42,—
			Folienbogen	38,—	

Nominale zur Zeit der Ausgabe: je 1.25 £

MiNr. 5357–5366 stammen aus einem sogen. Collector's Sheet mit 10 Marken und 10 verschiedenen, jeweils links anhängenden Zierfeldern, die durch jeweils 3 Verbindungsstege mit der Marke verbunden sind (Postpreis: 13.70 £).

In gleichen Zeichnungen: MiNr. 5342–5351 (nassklebend)

2024, 1. Febr. 170 Jahre nationaler Wetterdienst „Met Office". Odr. (3×5 Zd und 3×5 Zd + 3×5 Zd); Streifen ph.; gez. K 14¼.

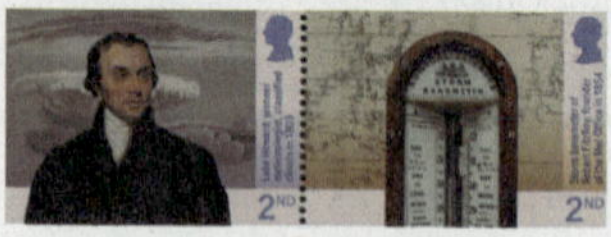

gkv) Luke Howard (1772–1864), Begründer der Wolkenkunde; Wolkenformation
gkw) Sturm-Barometer von Robert FitzRoy (1805–1865), Gründer des Met Office; Übersichtskarte des Sturms vom 25.–26. Oktober 1859

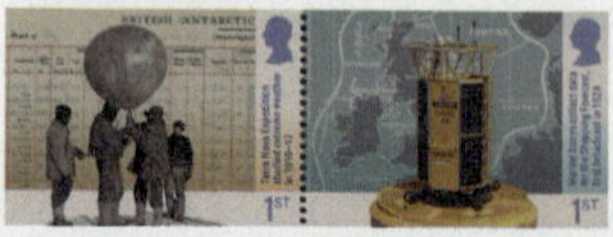

gkx) Extremwetterbeobachtung während der Terra-Nova-Expedition (1910–1912); Wetterregister vom Mai 1911
gky) ODAS-Boje (Ocean Data Acquisition System) für die Wettervorhersage der Seeschifffahrt, erstmals 1924 gesendet; Karte der Gebiete der Seewettervorhersage

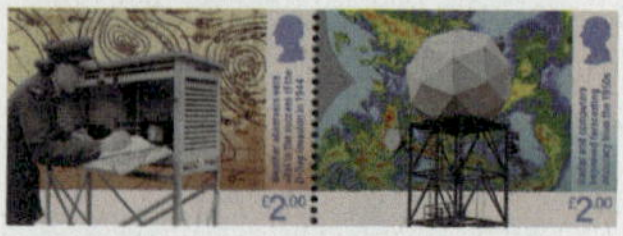

gkz) Wetterbeobachter zur Unterstützung der Landungsoperation in der Normandie 1944; Karte der Wettervorhersage für den 6. Juni 1944
gla) Wetter-Radar-Station vor dem Met Office, Karte der Regengebiete während des Sturms „Clara" am 9. Februar 2020

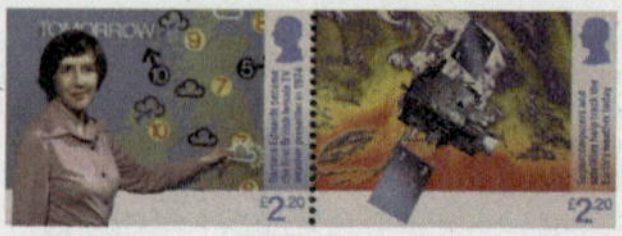

glb) Barbara Edwards (*1939), Meteorologin und erste Fernsehansagerin der Wettervorhersage, Karte der Wettervorhersage um 1975
glc) Wettersatellit ESA Meteosat der 3. Generation, Karte mit Wasserdampf in der Atmosphäre

5367	2ND	mehrfarbig	gkv	2,—	2,—
5368	2ND	mehrfarbig	gkw	2,—	2,—
5369	1ST	mehrfarbig	gkx	3,50	3,50
5370	1ST	mehrfarbig	gky	3,50	3,50
5371	2.00 £	mehrfarbig	gkz	5,50	5,50
5372	2.00 £	mehrfarbig	gla	5,50	5,50
5373	2.20 £	mehrfarbig	glb	6,—	6,—
5374	2.20 £	mehrfarbig	glc	6,—	6,—
			Satzpreis (8 W.)	34,—	34,—
			4 Paare	34,—	34,—
			FDC		38,—

Nominalen zur Zeit der Ausgabe: MiNr. 5367–5368 je 75 P, MiNr. 5369–5370 je 1.25 £

Nominalgleiche Marken wurden waagerecht zusammenhängend gedruckt.

2024, 20. Febr. Das Erbe der Wikinger in Britannien; 40 Jahre JORVIK Viking Centre, York. Odr. (3×5 Zd und 3×5 Zd + 3×5 Zd); Streifen ph.; gez. K 14¼.

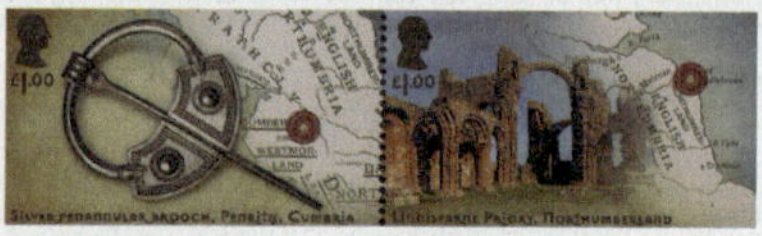

gld) Silberne Halbringbrosche, gefunden in Penrith, Cumbria
gle) Ruinen vom Kloster Lindisfarne, Northumberland, 793 zerstört von Wikingern

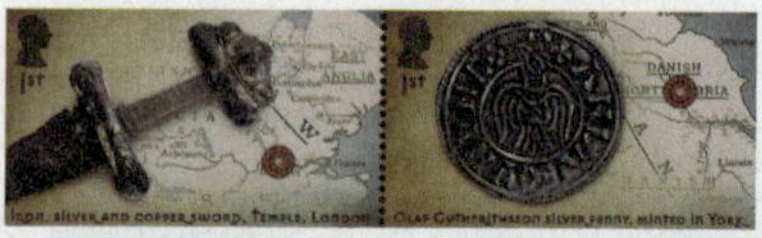

glf) Eisernes Schwert mit Silber- und Kupferverzierungen, gefunden im Temple-Bezirk, London
glg) Silberner „Raben"-Penny aus der Zeit von Olaf Guthfrithson (reg. 934–941)

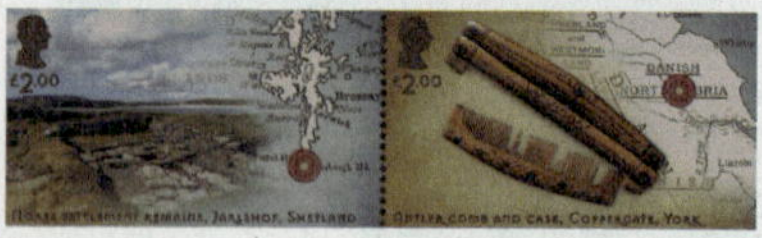

glh) Steinfundamente nordischer Langhäuser in der Siedlung Jarlshof, Shetlandinseln
gli) Hornkamm und Etui, gefunden bei Coppergate, York

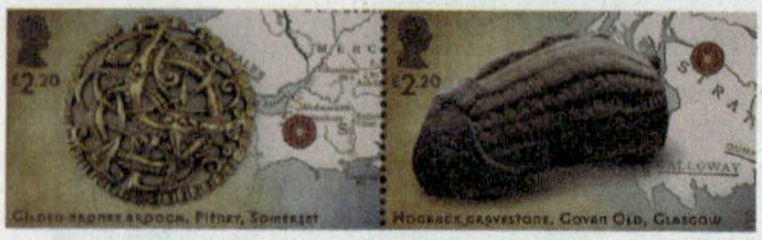

glk) Vergoldete Bronzebrosche im Urnes-Stil, gefunden bei Pitney, Somerset
gll) Hogback-Grabstein in der Kirche Govan Old, Glasgow

gld–gll) Geografische Lage von Örtlichkeiten und Funden aus der Wikingerzeit (789–1066) in Großbritannien

5375	1.00 £	mehrfarbig	gld	3,—	3,—
5376	1.00 £	mehrfarbig	gle	3,—	3,—

5377	1ST	mehrfarbig	glf	3,50	3,50
5378	1ST	mehrfarbig	glg	3,50	3,50
5379	2.00 £	mehrfarbig	glh	5,50	5,50
5380	2.00 £	mehrfarbig	gli	5,50	5,50
5381	2.20 £	mehrfarbig	glk	6,—	6,—
5382	2.20 £	mehrfarbig	gll	6,—	6,—
			Satzpreis (8 W.)	36,—	36,—
			4 Paare	36,—	36,—
			FDC		40,—

Nominale von MiNr. 5377–5378 zur Zeit der Ausgabe: je 1.25 £

Nominalgleiche Marken wurden waagerecht zusammenhängend gedruckt.

2024, 12. März. Das Dinosaurierzeitalter (I). Odr. (5×3 Zd und 5×3 Zd + 5×3 Zd); Streifen ph.; gez. K 14¼.

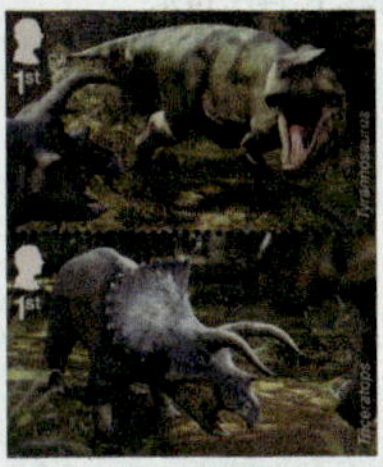

glm) Tyrannosaurus
gln) Triceratops

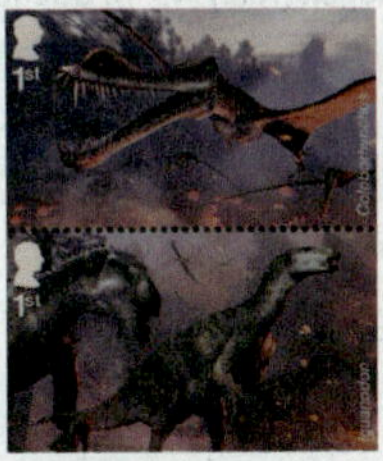

glo) Coloborhynchus
glp) Iguanodon

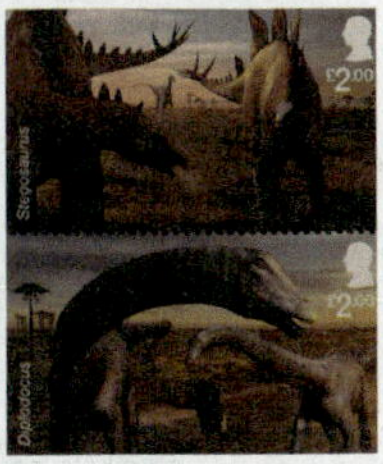

glr) Stegosaurus
gls) Diplodocus

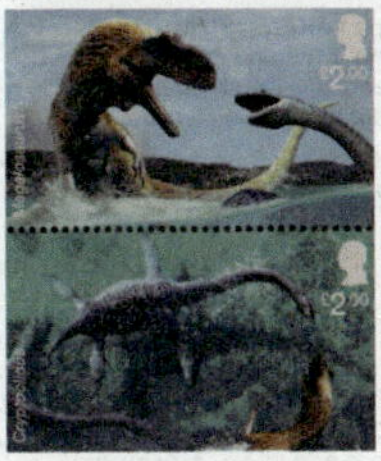

glt) Megalosaurus
glu) Cryptoclidus

glm–glu) Reptilien aus der Zeit des Mesozoikums

5383	1st	mehrfarbig	glm	3,50	3,50
5384	1st	mehrfarbig	gln	3,50	3,50
5385	1st	mehrfarbig	glo	3,50	3,50
5386	1st	mehrfarbig	glp	3,50	3,50
5387	2.00 £	mehrfarbig	glr	5,50	5,50
5388	2.00 £	mehrfarbig	gls	5,50	5,50
5389	2.00 £	mehrfarbig	glt	5,50	5,50
5390	2.00 £	mehrfarbig	glu	5,50	5,50
			Satzpreis (8 W.)	36,—	36,—
			4 Paare	36,—	36,—
			FDC		40,—

Nominale von MiNr. 5383–5386 zur Zeit der Ausgabe: je 1.25 £

MiNr. 5383–5384, 5385–5386, 5387–5388 und 5389–5390 wurden jeweils senkrecht zusammenhängend gedruckt.

2024, 12. März. Blockausgabe: Das Dinosaurierzeitalter (II). Odr.; Streifen ph.; selbstklebend; gestanzt 14¼.

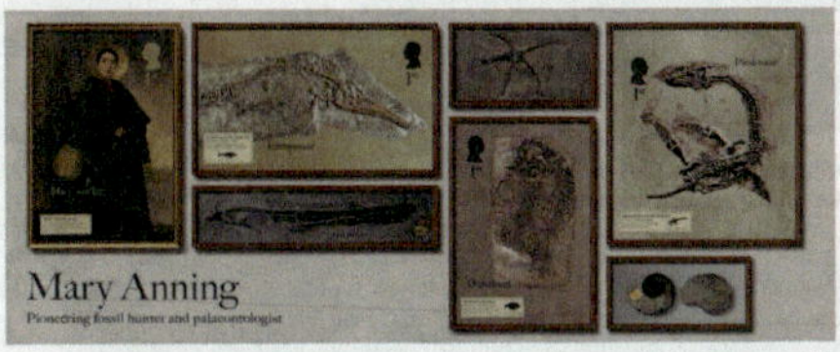

glz

glv glw glx gly

glv) Mary Anning (1799–1847), Fossiliensammlerin und Paläontologin
glw) Fossil eines Ichthyosaurus communis
glx) Fossil eines Dapedium politum
gly) Fossil eines Plesiosaurus macrocephalus

5391	1st	mehrfarbig	glv	3,50	3,50
5392	1st	mehrfarbig	glw	3,50	3,50
5393	1st	mehrfarbig	glx	3,50	3,50
5394	1st	mehrfarbig	gly	3,50	3,50
Block 171		(180×74 mm)	glz	14,—	14,—
			FDC		17,—

Nominale zur Zeit der Ausgabe: je 1.25 £

Posttarife Großbritannien (2.4.–6.10.2024)

2. Klasse, Standardformat: 85 P (zuvor: 75 P)
1. Klasse, Standardformat: 1.35 £ (zuvor: 1.25 £)
2. Klasse, Großformat: 1.55 £ (seit 2.10.2023)
1. Klasse, Großformat: 2.10 £ (zuvor: 1.95 £)
Europa, bis 100 g: 2.50 £ (zuvor: 2.20 £)
Postkarte, Luftpost: 2.50 £ (zuvor: 2.20 £)
Seepost, bis 100 g: 2.20 £ (zuvor: 2.00 £)
Luftpost, bis 100 g: 2.50 £ (zuvor: 2.20 £)
Einschreiben, 1. Klasse, Standardformat: 3.05 £ (zuvor: 2.75 £)
Einschreiben, 1. Klasse, Großformat: 3.80 £ (zuvor: 3.45 £)
Eilsendung, bis 100 g: 7.95 £ (zuvor: 7.35 £)
Eilsendung, bis 500 g: 8.95 £ (zuvor: 8.15 £)

2024, 4. April. Freimarken: König Charles III., dazu Matrixcode rechts. Komb. RaTdr. (Hauptmotiv) und Digitaldruck mit Lacküberzug (Matrixcode) (5×5); U-förmige Stanzungen im Markenbild; Streifen ph.; selbstklebend; Sicherheitsstanzung 15:14½.

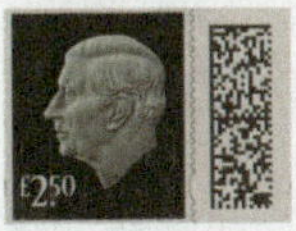

gek) König Charles III. (*1948, reg. seit 2022); irisierende, negative Inschrift „ROYAL MAIL" mehrfach

5395	2.50 £	dunkelbräunlicholiv/mehrfarbig	gek	6,50	6,50
			FDC		9,—

Die zweite Farbangabe bezieht sich auf den Matrixcode.

In gleicher bzw. ähnlicher Zeichnung siehe Übersicht nach Jahrgangswerttabelle.

2024, 16. April. 100 Jahre Sondermarken der Britischen Post (I). Odr.; (1×5 Zd und 1×5 Zd + 1×5 Zd); Streifen ph.; gez. K 14½:14¼.

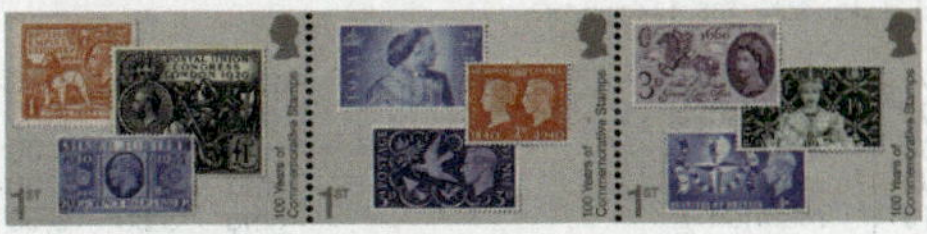

gma) Marken MiNr. 166, 174 und 192
gmb) Marken MiNr. 233, 218 und 232
gmc) Marken MiNr. 339, 276 und 256

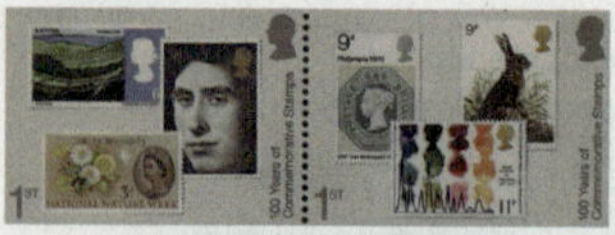

gmd) Marken MiNr. 419, 526 und 357
gme) Marken MiNr. 556, 746 und 737

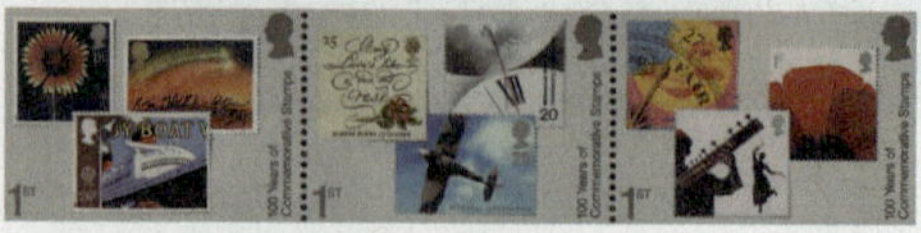

gmf) Marken MiNr. 1097, 1062 und 1148
gmg) Marken MiNr. 1602, 1777 und 1696
gmh) Marken MiNr. 1925, 2598 und 2446

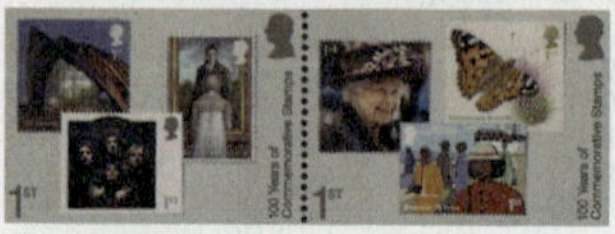

gmi) Marken MiNr. 4066, 3407 und 4605
gmk) Marken MiNr. 4912, 4658 und 5228

5396	1ST	mehrfarbig	gma	3,60	3,60
5397	1ST	mehrfarbig	gmb	3,60	3,60
5398	1ST	mehrfarbig	gmc	3,60	3,60
5399	1ST	mehrfarbig	gmd	3,60	3,60
5400	1ST	mehrfarbig	gme	3,60	3,60
5401	1ST	mehrfarbig	gmf	3,60	3,60
5402	1ST	mehrfarbig	gmg	3,60	3,60
5403	1ST	mehrfarbig	gmh	3,60	3,60
5404	1ST	mehrfarbig	gmi	3,60	3,60
5405	1ST	mehrfarbig	gmk	3,60	3,60
			Satzpreis (10 W.)	36,—	36,—
			2 Fünferstreifen	36,—	36,—
			FDC		40,—

Nominale zur Zeit der Ausgabe: je 1.35 £

MiNr. 5396–5400 und 5401–5405 wurden jeweils waagerecht zusammenhängend gedruckt.

In gleichen Zeichnungen: MiNr. 5406–5415 (selbstklebend)

2024, 16. April. 100 Jahre Sondermarken der Britischen Post (II). Odr. (2×5 Zd); Streifen ph.; selbstklebend; gestanzt 14½:14¾.

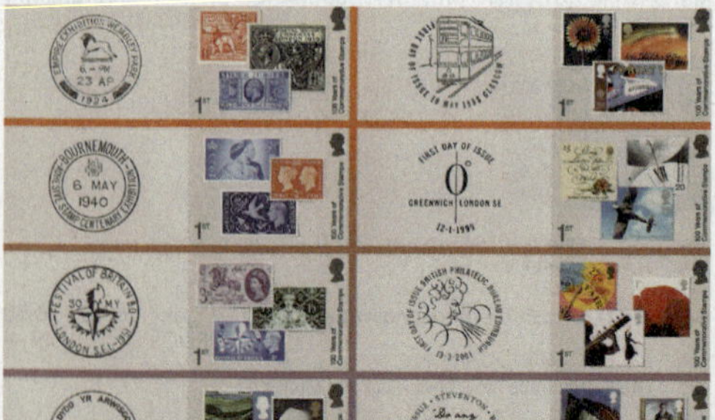

gma) Marken MiNr. 166, 174 und 192

5406	1ST	mehrfarbig	gma	3,80	3,80
5407	1ST	mehrfarbig	gmf	3,80	3,80
5408	1ST	mehrfarbig	gmb	3,80	3,80
5409	1ST	mehrfarbig	gmg	3,80	3,80
5410	1ST	mehrfarbig	gmc	3,80	3,80
5411	1ST	mehrfarbig	gmh	3,80	3,80
5412	1ST	mehrfarbig	gmd	3,80	3,80
5413	1ST	mehrfarbig	gmi	3,80	3,80
5414	1ST	mehrfarbig	gme	3,80	3,80
5415	1ST	mehrfarbig	gmk	3,80	3,80
			Satzpreis (10 W.)	38,—	38,—
			FDC		42,—
			Folienbogen	38,—	

Nominale zur Zeit der Ausgabe: je 1.35 £

MiNr. 5406–5415 stammen aus einem sogen. Collector's Sheet mit 10 Marken und 10 verschiedenen, jeweils links anhängenden Zierfeldern, die durch jeweils 3 Verbindungsstege mit der Marke verbunden sind (Postpreis: 14.70 £).

In gleichen Zeichnungen: MiNr. 5396–5405 (nassklebend)

2024, 16. Mai. 20 Jahre Zeichentrick-Fernsehserie „Peppa Wutz" (I). Odr., Bogen (B) (1×6 Zd und 1×6 Zd + 1×6 Zd) und Kleinbogen (Klb.) (4×1); Streifen ph.; gez. K 14½:14¼.

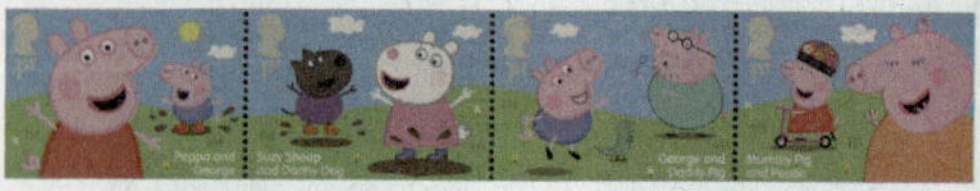

gml) Peppa Wutz und Schorsch
gmm) Luzie Locke und Klausi Kläff
gmn) Schorsch und Papa Wutz
gmo) Mama Wutz und Peppa Wutz

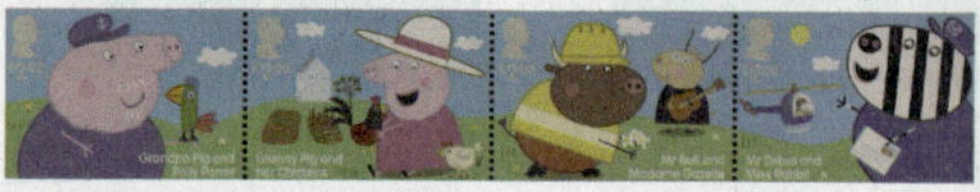

gmp) Opa Wutz und Polly Piepmatz
gmr) Oma Wutz und ihre Hühner
gms) Herr Bulle und Madame Gazelle
gmt) Luisa Löffel und Herr Zebra

gml–gmt) Figuren aus der Zeichentrickserie von Neville Astley (*1950) und Mark Baker (*1959)

5416	1ST		mehrfarbig (B) (Klb.)	gml	3,60	3,60
5417	1ST		mehrfarbig (B)	gmm	3,60	3,60
5418	1ST		mehrfarbig (B)	gmn	3,60	3,60
5419	1ST		mehrfarbig (B)	gmo	3,60	3,60
5420	2.00	£	mehrfarbig (B)	gmp	5,50	5,50
5421	2.00	£	mehrfarbig (B)	gmr	5,50	5,50
5422	2.00	£	mehrfarbig (B)	gms	5,50	5,50
5423	2.00	£	mehrfarbig (B)	gmt	5,50	5,50
				Satzpreis (8 W.)	36,—	36,—
				2 Viererstreifen	36,—	36,—
				FDC		40,—
				Kleinbogen (MiNr. 5416)	20,—	20,—

Nominale von MiNr. 5416–5419 zur Zeit der Ausgabe: je 1.35 £

Nominalgleiche Marken wurden waagerecht zusammenhängend gedruckt.

MiNr. 5416 wurde auch im Kleinbogen zu 4 Marken ausgegeben (Postpreis: 7.50 £).

Auflage: 10.000 numerierte Kleinbogen

2024, 16. Mai. Blockausgabe: 20 Jahre Zeichentrick-Fernsehserie „Peppa Wutz" (II). Odr., MiNr. 5424 auch Folienblatt (Fbl.) (4×1); Streifen ph.; selbstklebend; gestanzt 14¼.

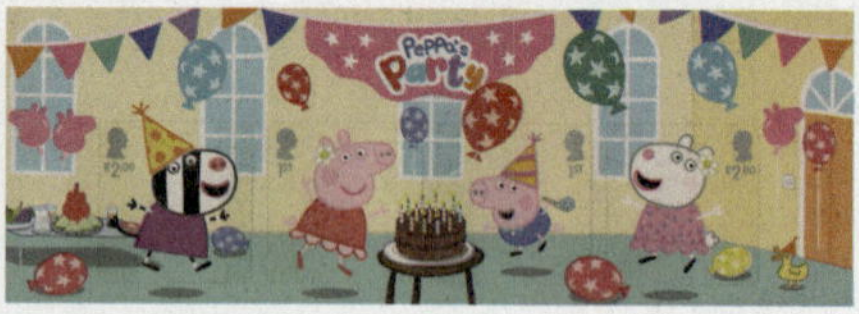

gmy

gmw gmu gmv gmx

gmu) Peppa Wutz
gmv) Schorsch
gmw) Zoe Zebra
gmx) Luzie Locke

gmu–gmy) Figuren aus der Zeichentrickserie von Neville Astley (*1950) und Mark Baker (*1959)

5424	1ST		mehrfarbig (Fbl.)	gmu	3,80	3,80
5425	1ST		mehrfarbig	gmv	3,80	3,80
5426	2.00	£	mehrfarbig	gmw	5,50	5,50
5427	2.00	£	mehrfarbig	gmx	5,50	5,50

Block 172	(190×67 mm)	gmy	19,—	19,—
		FDC		22,—
	Folienblatt (MiNr. 5424)		20,—	

Nominale von MiNr. 5424–5425 zur Zeit der Ausgabe: je 1.35 £

MiNr. 5424 wurde auch im Folienblatt zu 4 Marken ausgegeben (Postpreis: 7.50 £).

Auflage: 10.000 numerierte Folienblätter

2024, 6. Juni. Hunderassen (I). Odr. (1×5 Zd und 1×5 Zd + 1×5 Zd); Streifen ph.; gez. K 14½.

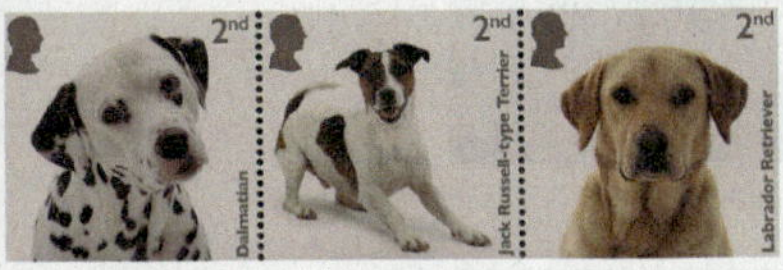

gmz) Dalmatiner
gna) Jack Russell Terrier
gnb) Labrador Retriever

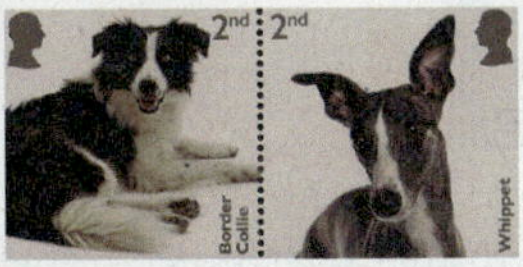

gnc) Border Collie
gnd) Whippet

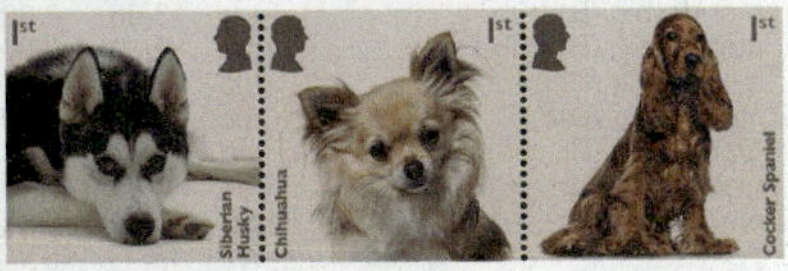

gne) Siberian Husky
gnf) Chihuahua
gng) Cocker Spaniel

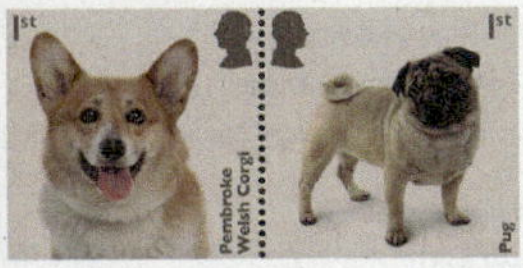

gnh) Welsh Corgi Pembroke
gni) Mops

5428	2nd mehrfarbig	gmz	2,40	2,40
5429	2nd mehrfarbig	gna	2,40	2,40
5430	2nd mehrfarbig	gnb	2,40	2,40
5431	2nd mehrfarbig	gnc	2,40	2,40
5432	2nd mehrfarbig	gnd	2,40	2,40
5433	1st mehrfarbig	gne	3,60	3,60
5434	1st mehrfarbig	gnf	3,60	3,60
5435	1st mehrfarbig	gng	3,60	3,60
5436	1st mehrfarbig	gnh	3,60	3,60
5437	1st mehrfarbig	gni	3,60	3,60
	Satzpreis (10 W.)		30,—	30,—
	2 Fünferstreifen		30,—	30,—
	FDC			34,—

Nominale zur Zeit der Ausgabe: MiNr. 5428–5432 je 85 P, MiNr. 5433–5437 je 1.35 £

Nominalgleiche Marken wurden waagerecht zusammenhängend gedruckt.

In gleichen Zeichnungen: MiNr. 5438–5447 (selbstklebend)

2024, 6. Juni. Hunderassen (II). Odr. (2×5 Zd); Streifen ph.; selbstklebend; gestanzt 14½.

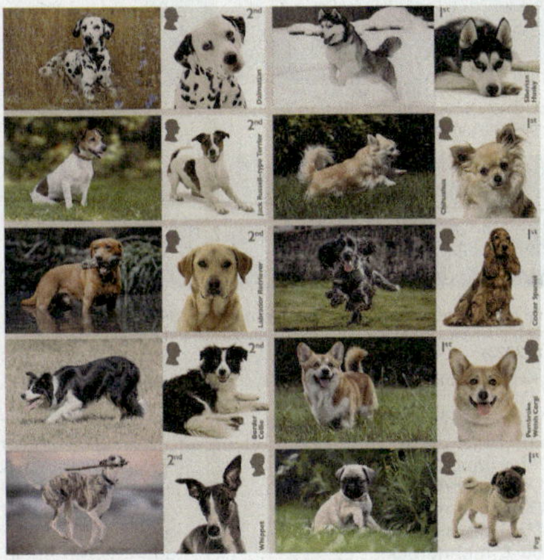

Zierfeld	gmz	Zierfeld	gne
Zierfeld	gna	Zierfeld	gnf
Zierfeld	gnb	Zierfeld	gng
Zierfeld	gnc	Zierfeld	gnh
Zierfeld	gnd	Zierfeld	gni

gmz) Dalmatiner
gna) Jack Russell Terrier
gnb) Labrador Retriever
gnc) Border Collie
gnd) Whippet
gne) Siberian Husky
gnf) Chihuahua
gng) Cocker Spaniel
gnh) Welsh Corgi Pembroke
gni) Mops

5438	2nd mehrfarbig	gmz	2,60	2,60
5439	2nd mehrfarbig	gna	2,60	2,60
5440	2nd mehrfarbig	gnb	2,60	2,60
5441	2nd mehrfarbig	gnc	2,60	2,60
5442	2nd mehrfarbig	gnd	2,60	2,60
5443	1st mehrfarbig	gne	3,80	3,80
5444	1st mehrfarbig	gnf	3,80	3,80
5445	1st mehrfarbig	gng	3,80	3,80
5446	1st mehrfarbig	gnh	3,80	3,80
5447	1st mehrfarbig	gni	3,80	3,80
	Satzpreis (10 W.)		32,—	32,—
	FDC			36,—
	Folienbogen		32,—	

Nominalen zur Zeit der Ausgabe: MiNr. 5438–5442 je 85 P, MiNr. 5443–5447 je 1.35 £

MiNr. 5438–5447 stammen aus einem sogen. Collector's Sheet mit 10 Marken und 10 verschiedenen, jeweils links anhängenden Zierfeldern, die durch jeweils 3 Verbindungsstege mit der Marke verbunden sind (Postpreis: 12.20 £).

In gleichen Zeichnungen: MiNr. 5428–5437 (nassklebend)

2024, 20. Juni. 60 Jahre Kunstflugstaffel „Red Arrows". Odr. (3×5 Zd und 3×5 Zd + 3×5 Zd); Streifen ph.; gez. K 14¼.

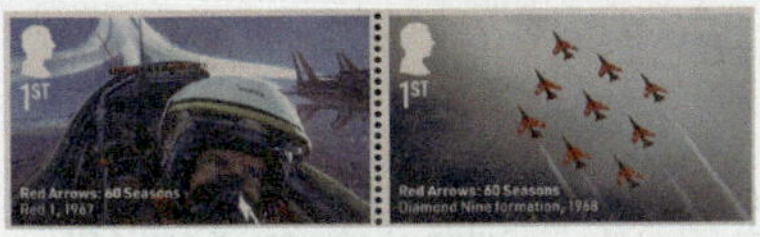

gnk) HS Gnat T Mk. 1 als Formationsführer „Red 1" (1967)
gnl) Formation „Diamond Nine" (1968)

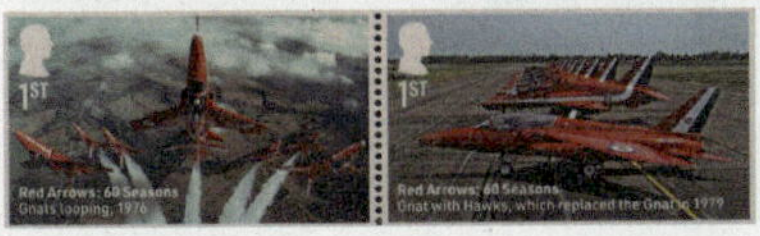

gnm) Looping mit HS Gnat T Mk. 1 (1976)
gnn) Wechsel der Flugzeugtypen HS Gnat T Mk. 1 zu BAe Hawk T 1 (1979)

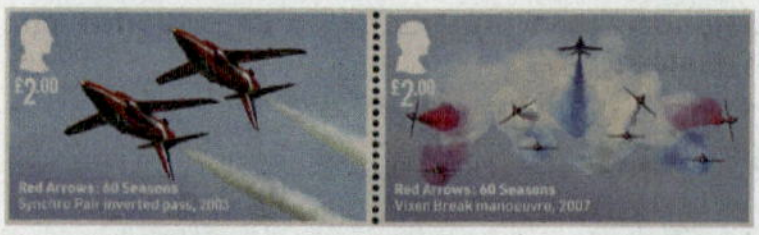

gno) Synchronrückenflug (2003)
gnp) Flugmanöver „Vixen Break“ (2007)

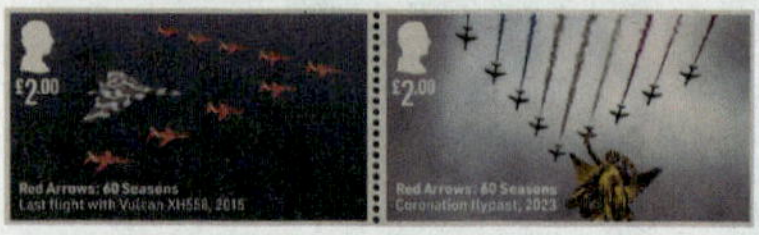

gnr) Eskorte beim letzten Flug des Bombers Avro Vulcan XH 588 (2015)
gns) „Flypast“ über Victoria Memorial, London anlässlich der Krönung von König Charles III. (2023)

gnk–gnw) Kunstflugstaffel „Red Arrows“ der Royal Air Force bei Flugvorführungen

5448	1ST	mehrfarbig	gnk	3,60	3,60
5449	1ST	mehrfarbig	gnl	3,60	3,60
5450	1ST	mehrfarbig	gnm	3,60	3,60
5451	1ST	mehrfarbig	gnn	3,60	3,60
5452	2.00 £	mehrfarbig	gno	5,50	5,50
5453	2.00 £	mehrfarbig	gnp	5,50	5,50
5454	2.00 £	mehrfarbig	gnr	5,50	5,50
5455	2.00 £	mehrfarbig	gns	5,50	5,50
			Satzpreis (8 W.)	36,—	36,—
			4 Paare	36,—	36,—
			FDC		40,—

Blockausgabe, gez. Ks 14½:14¼

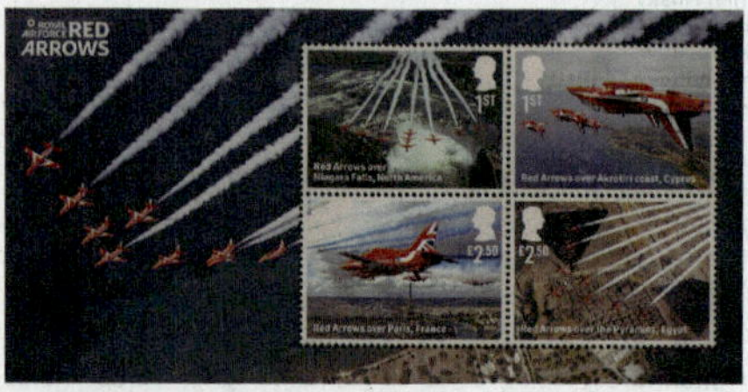

gnx

gnt) über den Niagarafällen, Kanada und den Vereinigten Staaten von Amerika
gnu) über britischer Militärbasis Akrotiri, Zypern
gnv) über Paris, Frankreich
gnw) über den Pyramiden von Gizeh, Ägypten

5456	1ST	mehrfarbig	gnt	3,50	3,50
5457	1ST	mehrfarbig	gnu	3,50	3,50
5458	2.50 £	mehrfarbig	gnv	6,50	6,50
5459	2.50 £	mehrfarbig	gnw	6,50	6,50
Block 173		(146×74 mm)	gnx	20,—	20,—
			FDC		22,—

Nominale von MiNr. 5448–5451 und 5456–5457 zur Zeit der Ausgabe: je 1.35 £

MiNr. 5448–5449, 5450–5451, 5452–5453 und 5454–5455 wurden jeweils waagerecht zusammenhängend gedruckt.

MiNr. 5448–5459 stammen auch aus MH 217.

2024, 25. Juli. 50 Jahre Pen-&-Paper-Rollenspiel „Dungeons & Dragons“ (I). Odr., Bogen (B) (1×6 Zd und 1×6 Zd + 1×6 Zd) und Kleinbogen (Klb.) (4×1); Aufdruck ph.; gez. K 14½:14¼.

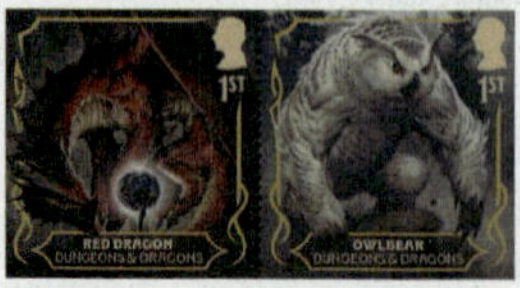

gny) Roter Drache
gnz) Eulenbär

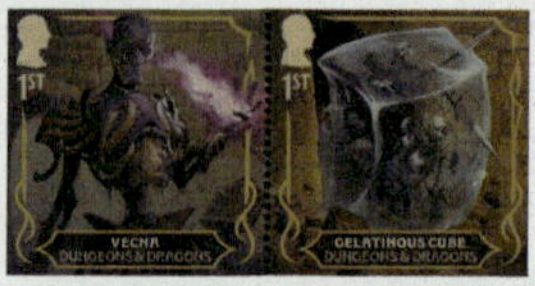

goa) Vecna
gob) Gallertwürfel

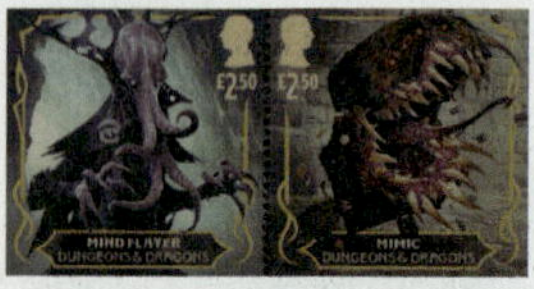

goc) Gedankenschinder
god) Mimik

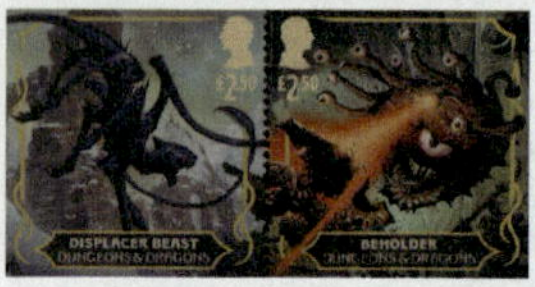

goe) Täuschungsbestie
gof) Betrachter

gny–gof) Figuren der Spielserie; Illustrationen von Wayne Reynolds

5460	1ST	mehrfarbig (B) (Klb.)	gny	3,60	3,60
5461	1ST	mehrfarbig (B) (Klb.)	gnz	3,60	3,60
5462	1ST	mehrfarbig (B) (Klb.)	goa	3,60	3,60
5463	1ST	mehrfarbig (B)	gob	3,60	3,60
5464	2.50 £	mehrfarbig (B)	goc	6,50	6,50
5465	2.50 £	mehrfarbig (B)	god	6,50	6,50
5466	2.50 £	mehrfarbig (B)	goe	6,50	6,50
5467	2.50 £	mehrfarbig (B)	gof	6,50	6,50
			Satzpreis (8 W.)	40,—	40,—
			2 Viererstreifen	40,—	40,—
			FDC		45,—
			Kleinbogensatz (3 Klb.)	65,—	65,—

Nominale von MiNr. 5460–5463 zur Zeit der Ausgabe: je 1.35 £

Nominalgleiche Marken wurden waagerecht zusammenhängend gedruckt.

MiNr. 5460–5462 wurden auch jeweils im Kleinbogen zu 4 Marken ausgegeben (Postpreis: 8 £).

Die Marken zeigen unter UV-Licht sichtbare Symbole.

MiNr. 5460–5467 stammen auch aus MH 218.

Auflage: je 5.000 numerierte Kleinbogen

In gleichen Zeichnungen: MiNr. 5474–5481 (selbstklebend)

2024, 25. Juli. Blockausgabe: 50 Jahre Pen-&-Paper-Rollenspiel „Dungeons & Dragons“ (II). Odr; Streifen ph.; selbstklebend; MiNr. 5468–5471 und 5473 gestanzt 14¼, MiNr. 5472 gestanzt 14¾:14¼.

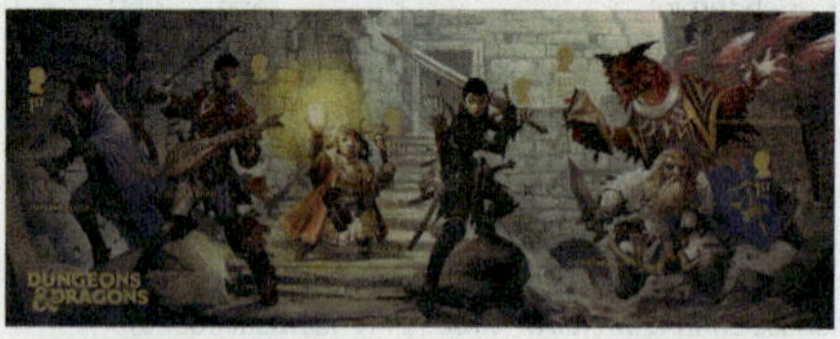

gon

gog goh goi gok gol gom

gog) Tiefling-Schurkin
goh) Menschlicher Barde
goi) Halbling-Klerikerin
gok) Elfische Kämpferin
gol) Drachengeborener Zauberer
gom) Zwergen-Paladin

gog–gom) Figuren der Spielserie; Illustrationen von Wayne Reynolds

5468	1ST	mehrfarbig	gog	3,60	3,60
5469	1ST	mehrfarbig	goh	3,60	3,60

5470	1ST	mehrfarbig	goi	3,60	3,60
5471	1ST	mehrfarbig	gok	3,60	3,60
5472	1ST	mehrfarbig	gol	3,60	3,60
5473	1ST	mehrfarbig	gom	3,60	3,60
Block 174		(192×74 mm)	gon	22,—	22,—
			FDC		25,—

Nominale von MiNr. 5468–5473 zur Zeit der Ausgabe: je 1.35 £

MiNr. 5468–5473 stammen auch aus MH 218.

2024, 25. Juli. 50 Jahre Pen-&-Paper-Rollenspiel „Dungeons & Dragons" (III). Odr. (2×5 Zd); Streifen ph.; selbstklebend; gestanzt 14½:14¾.

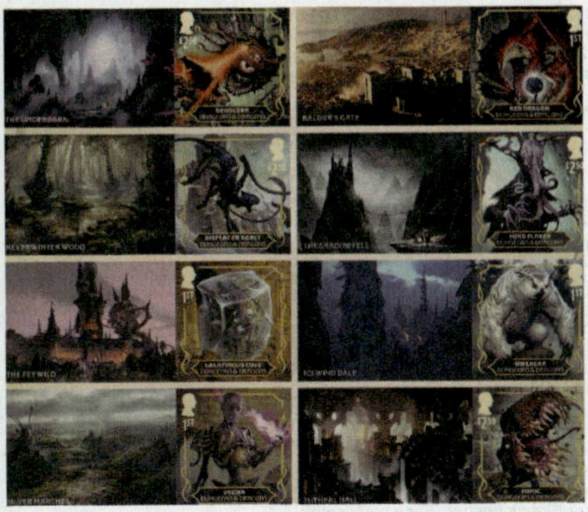

Zierfeld	gof	Zierfeld	gny
Zierfeld	goe	Zierfeld	goc
Zierfeld	gob	Zierfeld	gnz
Zierfeld	goa	Zierfeld	god

gny) Roter Drache
gob) Gallertwürfel
gnz) Eulenbär
goa) Vecna
gof) Betrachter
goe) Täuschungsbestie
goc) Gedankenschinder
god) Mimik

gny–gof) Figuren der Spielserie; Illustrationen von Wayne Reynolds

5474	1ST	mehrfarbig	gny	4,—	4,—
5475	1ST	mehrfarbig	gob	4,—	4,—
5476	1ST	mehrfarbig	gnz	4,—	4,—
5477	1ST	mehrfarbig	goa	4,—	4,—
5478	2.50 £	mehrfarbig	gof	7,—	7,—
5479	2.50 £	mehrfarbig	goe	7,—	7,—
5480	2.50 £	mehrfarbig	goc	7,—	7,—
5481	2.50 £	mehrfarbig	god	7,—	7,—
			Satzpreis (8 W.)	44,—	44,—
			FDC		48,—
			5474 Zf–5481 Zf	44,—	44,—
			Folienbogen	55,—	

Nominale von MiNr. 5474–5477 zur Zeit der Ausgabe: je 1.35 £

MiNr. 5474–5481 stammen aus einem sogen. Collector's Sheet mit 10 Marken (1 × MiNr. 5475–5480 sowie 2 × MiNr. 5474 und 5481) und 10 verschiedenen, jeweils links anhängenden Zierfeldern, die durch jeweils 3 Verbindungsstege mit der Marke verbunden sind (Postpreis: 20.45 £).

In gleichen Zeichnungen: MiNr. 5460–5467 (nassklebend)

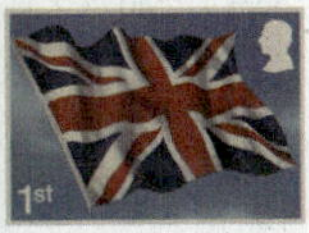

2024, 13. Aug. Grußmarke: Flagge. Odr. (5×5 und 5×5 + 5×5); Streifen ph.; gez. K 14¾:14¼.

goo) Nationalflagge „Union Jack"

5482	1st	mehrfarbig	goo	3,60	3,60

Nominale zur Zeit der Ausgabe: 1.35 £

In gleicher Zeichnung: MiNr. 5668 (selbstklebend)
In ähnlicher Zeichnung: MiNr. 1961 (Kopfbild Königin Elizabeth II.)
In kleinerem Format: MiNr. 2341 (selbstklebend), MiNr. 3834 (nassklebend)

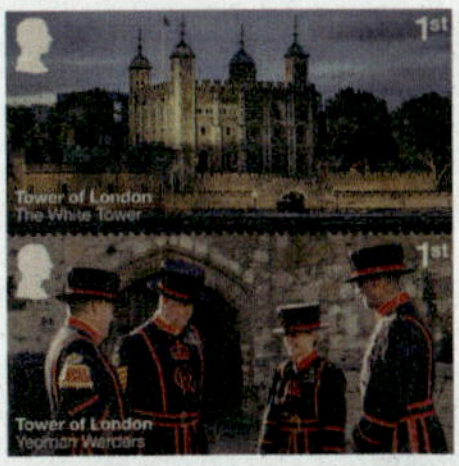

2024, 13. Aug. Tower of London. Odr. (5×3 Zd und 5×3 Zd + 5×3 Zd); Streifen ph.; gez. K 14¾.

gop) White Tower innerhalb der Festung
gor) Ordnungstruppe Yeoman Warders

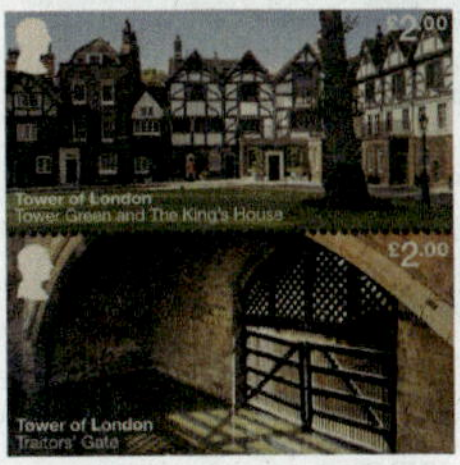

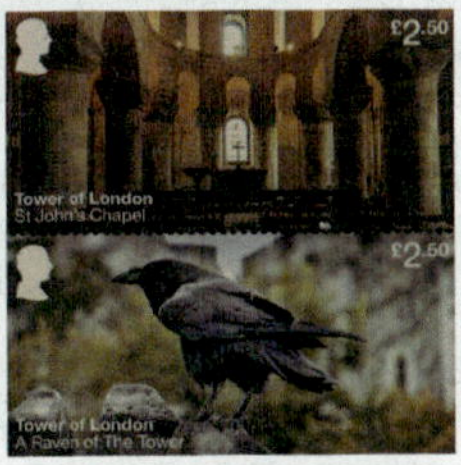

gos) Rasenfläche vor dem King's House
got) Traitors' Gate, ehemaliges Wassertor zur Themse
gou) St. John's Kapelle
gov) Tower-Rabe als „Schutzpatron"

5483	1st	mehrfarbig	gop	3,50	3,50
5484	1st	mehrfarbig	gor	3,50	3,50
5485	2.00 £	mehrfarbig	gos	5,50	5,50
5486	2.00 £	mehrfarbig	got	5,50	5,50
5487	2.50 £	mehrfarbig	gou	6,50	6,50
5488	2.50 £	mehrfarbig	gov	6,50	6,50
			Satzpreis (6 W.)	31,—	31,—
			3 Paare	31,—	31,—
			FDC		35,—

Blockausgabe, gez. Ks 14½

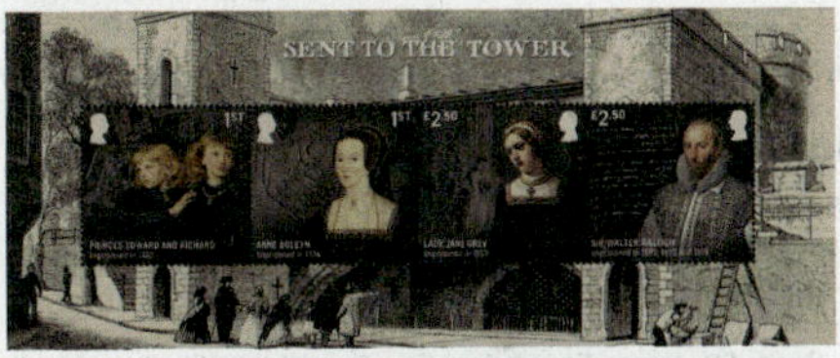

gpa

gow) Prinzen Edward und Richard, inhaftiert und hingerichtet 1483
gox) Anne Boleyn (um 1502–1536), inhaftiert und hingerichtet 1536
goy) Lady Jane Grey (um 1536–1554), inhaftiert 1553, hingerichtet 1554
goz) Walter Raleigh (1552–1618), Forscher, Dichter und Politiker, inhaftiert 1592, 1603–1616 und 1618

gow–goz) Inhaftierte im Tower of London

5489	1ST	mehrfarbig	gow	3,50	3,50
5490	1ST	mehrfarbig	gox	3,50	3,50
5491	2.50 £	mehrfarbig	goy	6,50	6,50
5492	2.50 £	mehrfarbig	goz	6,50	6,50
Block 175		(180×74 mm)	gpa	20,—	20,—
			FDC		24,—

Nominale von MiNr. 5483–5484 und 5489–5490 zur Zeit der Ausgabe: je 1.35 £

Nominalgleiche Bogenmarken wurden senkrecht zusammenhängend gedruckt.

2024, 3. Sept. 50 Jahre Fernsehserie „Porridge" (I). Odr. (3×5 Zd und 3×5 Zd + 3×5 Zd); Streifen ph.; gez. K 14¼.

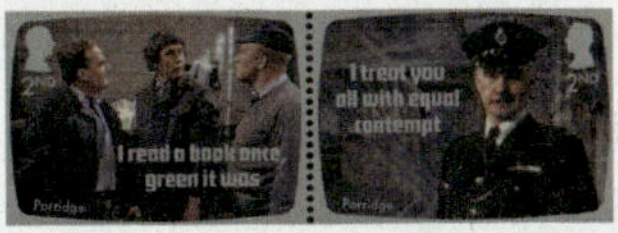

gpb) Norman Stanley Fletcher, gespielt von Ronald Barker (1929–2005), Lennie Godber, gespielt von Richard Beckinsale (1947–1979) und Cyril Heslop, gespielt von Brian Glover (1934–1997)
gpc) Leitender Gefängnisbeamter Mr. Mackay, gespielt von Fulton Mackay (1922–1987)

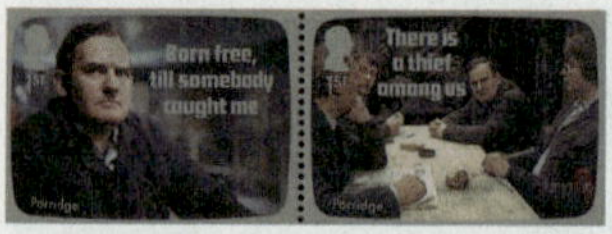

gpd) Norman Stanley Fletcher
gpe) „Bunny" Warren, gespielt von Roger Kelly (1943–2014), Fletcher und Lukewarm, gespielt von Christopher Biggins (*1948)

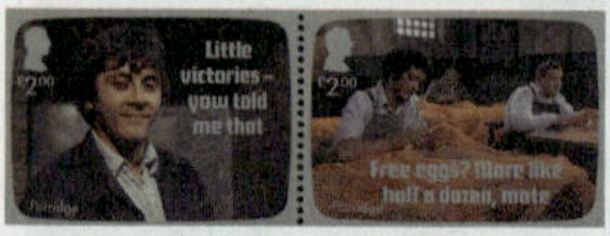

gpf) Lennie Godber
gpg) Fletcher und Jim McLaren, gespielt von Tony Osoba (*1947)

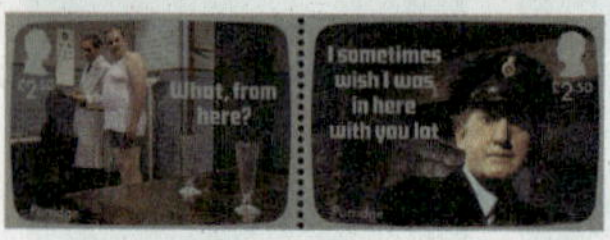

gph) Fletcher und Arzt im fiktiven Gefängnis HMP Slade, gespielt von John Bennett (1928–2005)
gpi) Gefängnisbeamter Mr. Henry Barrowclough, gespielt von Brian Wilde (1927–2008)

gpb–gpi) Figuren und Szenen aus der Serie „Porridge", geschrieben von Dick Clement (*1937) und Ian La Frencis (*1937)

5493	2ND	mehrfarbig	gpb	2,40	2,40
5494	2ND	mehrfarbig	gpc	2,40	2,40
5495	1ST	mehrfarbig	gpd	3,60	3,60
5496	1ST	mehrfarbig	gpe	3,60	3,60
5497	2.00 £	mehrfarbig	gpf	5,50	5,50
5498	2.00 £	mehrfarbig	gpg	5,50	5,50
5499	2.50 £	mehrfarbig	gph	6,50	6,50
5500	2.50 £	mehrfarbig	gpi	6,50	6,50
			Satzpreis (8 W.)	36,—	36,—
			4 Paare	36,—	36,—
			FDC		40,—

Nominalen zur Zeit der Ausgabe: MiNr. 5493–5394 je 85 P, MiNr. 5495–5496 je 1.35 £

Nominalgleiche Marken wurden waagerecht zusammenhängend gedruckt.

In gleichen Zeichnungen: MiNr. 5501–5508 (selbstklebend)

2024, 3. Sept. 50 Jahre Fernsehserie „Porridge" (II). Odr. (2×5 Zd); Streifen ph.; selbstklebend; gestanzt 14¾.

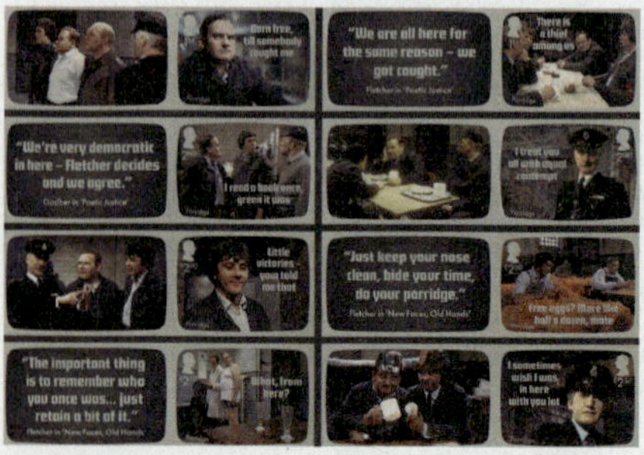

Zierfeld	gpd	Zierfeld	gpe
Zierfeld	gpb	Zierfeld	gpc
Zierfeld	gpf	Zierfeld	gpg
Zierfeld	gph	Zierfeld	gpi

gpb) Norman Stanley Fletcher, Lennie Godber und Cyril Heslop
gpc) Leitender Gefängnisbeamter Mr. Mackay
gpd) Norman Stanley Fletcher
gpe) „Bunny" Warren, Fletcher und Lukewarm
gpf) Lennie Godber
gpg) Fletcher und Jim McLaren
gph) Fletcher und Gefängnisarzt
gpi) Gefängnisbeamter Mr. Henry Barrowclough

gpb–gpi) Figuren und Szenen aus der Serie „Porridge", geschrieben von Dick Clement (*1937) und Ian La Frencis (*1937)

5501	2ND	mehrfarbig	gpb	3,—	3,—
5502	2ND	mehrfarbig	gpc	3,—	3,—
5503	1ST	mehrfarbig	gpd	4,—	4,—
5504	1ST	mehrfarbig	gpe	4,—	4,—
5505	2.00 £	mehrfarbig	gpf	6,—	6,—
5506	2.00 £	mehrfarbig	gpg	6,—	6,—
5507	2.50 £	mehrfarbig	gph	7,—	7,—
5508	2.50 £	mehrfarbig	gpi	7,—	7,—
			Satzpreis (8 W.)	40,—	40,—
			FDC		48,—
			5501 Zf–5508 Zf	40,—	40,—
			Folienbogen	48,—	

Nominalen zur Zeit der Ausgabe: MiNr. 5501–5502 je 85 P, MiNr. 5503–5504 je 1.35 £

MiNr. 5501–5508 stammen aus einem sogen. Collector's Sheet mit 10 Marken (2 × MiNr. 5503–5504 sowie 1 × MiNr. 5501–5502 und 5505–5508) und 10 verschiedenen, jeweils links anhängenden Zierfeldern, die durch jeweils 3 Verbindungsstege mit der Marke verbunden sind (Postpreis: 17.30 £).

In gleichen Zeichnungen: MiNr. 5493–5500 (nassklebend)

2024, 26. Sept. Spinnen. Odr. (1×5 Zd und 1×5 Zd + 1×5 Zd); Streifen ph.; gez. K 14¼:14½.

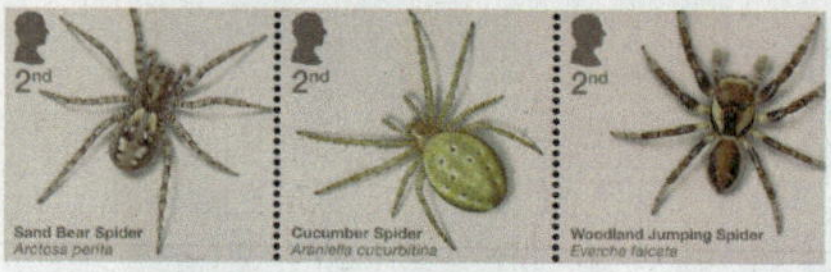

gpk) Bunte Sandwolfspinne (Arctosa perita)
gpl) Kürbisspinne (Araniella cucurbitina)
gpm) Bunter Sichelspringer (Evarcha falcate)

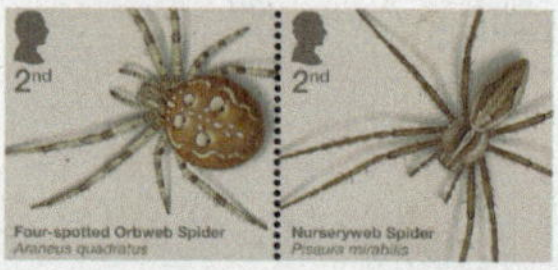

gpn) Vierfleckkreuzspinne (Araneus quadratus)
gpo) Brautgeschenkspinne (Pisaura mirabilis)

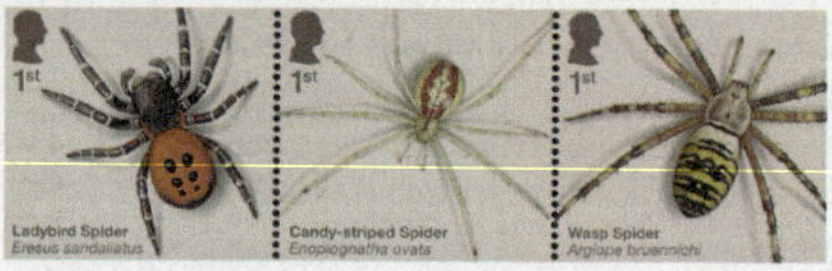

gpp) Ringelfüßige Röhenspinne (Eresus sandaliatus)
gpr) Gewöhnliche Ovalspinne (Enoplognatha ovata)
gps) Wespenspinne (Argiope bruennichi)

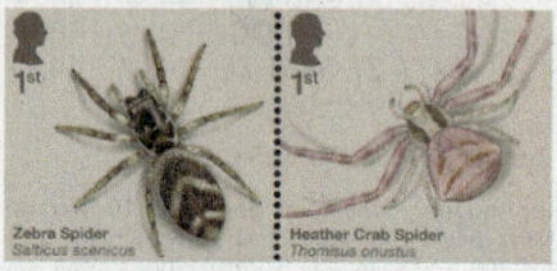

gpt) Mauer-Zebraspringspinne (Salticus scenicus)
gpu) Krabbenspinne (Thomisus onustus)

5509	2nd	mehrfarbig	gpk	2,40	2,40
5510	2nd	mehrfarbig	gpl	2,40	2,40
5511	2nd	mehrfarbig	gpm	2,40	2,40
5512	2nd	mehrfarbig	gpn	2,40	2,40
5513	2nd	mehrfarbig	gpo	2,40	2,40
5514	1st	mehrfarbig	gpp	3,60	3,60
5515	1st	mehrfarbig	gpr	3,60	3,60
5516	1st	mehrfarbig	gps	3,60	3,60
5517	1st	mehrfarbig	gpt	3,60	3,60
5518	1st	mehrfarbig	gpu	3,60	3,60
			Satzpreis (10 W.)	30,—	30,—
			2 Fünferstreifen	30,—	30,—
			FDC		34,—

Nominalen zur Zeit der Ausgabe: MiNr. 5509–5513 je 85 P, MiNr. 5514–5518 je 1.35 £

Nominalgleiche Marken wurden waagerecht zusammenhängend gedruckt.

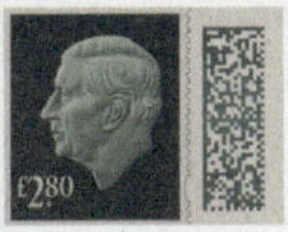

2024, 1. Okt. Freimarke: König Charles III., dazu Matrixcode rechts. Komb. RaTdr. (Hauptmotiv) und Digitaldruck mit Lacküberzug (Matrixcode) (5×5); U-förmige Stanzungen im Markenbild; Streifen ph.; selbstklebend; Sicherheitsstanzung 15:14½.

gek) König Charles III. (*1948, reg. seit 2022); irisierende, negative Inschrift „ROYAL MAIL“ mehrfach

5519	2.80 £ dunkelgraugrün/mehrfarbig	gek	7,50	7,50
	FDC			11,—

Die zweite Farbangabe bezieht sich auf den Matrixcode.

In gleicher bzw. ähnlicher Zeichnung siehe Übersicht nach Jahrgangswerttabelle.

Posttarife Großbritannien (7.10.2024–6.4.2025)

2. Klasse, Standardformat: 85 P (seit 2.4.2024)
1. Klasse, Standardformat: 1.65 £ (zuvor: 1.35 £)
2. Klasse, Großformat: 1.55 £ (seit 2.10.2023)
1. Klasse, Großformat: 2.60 £ (zuvor: 2.10 £)
Europa, bis 100 g: 2.80 £ (zuvor: 2.50 £)
Postkarte, Luftpost: 2.80 £ (zuvor: 2.50 £)
Seepost, bis 100 g: 2.60 £ (zuvor: 2.20 £)
Luftpost, bis 100 g: 2.80 £ (zuvor: 2.50 £)
Einschreiben, 1. Klasse, Standardformat: 3.35 £ (zuvor: 3.05 £)
Einschreiben, 1. Klasse, Großformat: 4.20 £ (zuvor: 3.80 £)
Eilsendung, bis 100 g: 8.35 £ (zuvor: 7.95 £)
Eilsendung, bis 500 g: 9.35 £ (zuvor: 8.95 £)

2024, 17. Okt. 60 Jahre Rockband „The Who“ (I). Odr., Bogen (B) (1×6 Zd und 1×6 Zd + 1×6 Zd), Kleinbogen I (8) und Kleinbogen II (10) und Markenheftchen; Streifen ph.; gez. K 14¼.

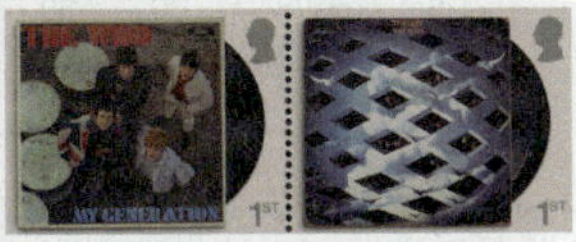

gpv) „My Generation“ (1965)
gpw) „Tommy“ (1969)

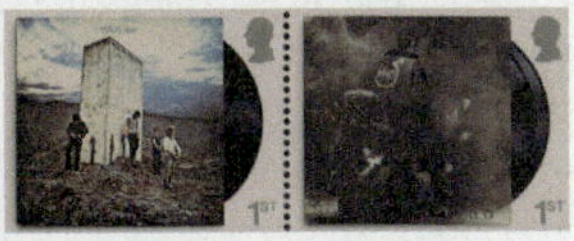

gpx) „Who's Next“ (1971)
gpy) „Quadrophenia“ (1973)

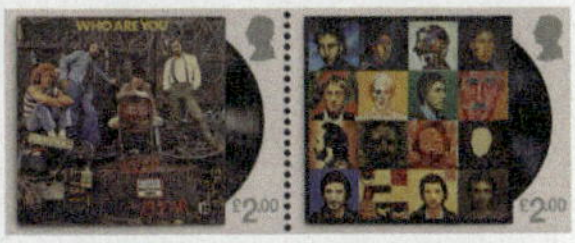

gpz) „Who Are You“ (1978)
gra) „Face Dances“ (1981)

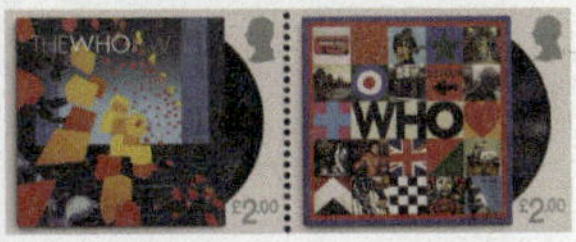

grb) „Endless Wire“ (2006)
grc) „WHO“ (2019)

gpv–grc) Musikalben der Rockband „The Who“

5520	1ST	mehrfarbig	gpv	4,50	4,50
5521	1ST	mehrfarbig	gpw	4,50	4,50
5522	1ST	mehrfarbig	gpx	4,50	4,50
5523	1ST	mehrfarbig	gpy	4,50	4,50
5524	2.00 £	mehrfarbig	gpz	5,50	5,50
5525	2.00 £	mehrfarbig	gra	5,50	5,50
5526	2.00 £	mehrfarbig	grb	5,50	5,50
5527	2.00 £	mehrfarbig	grc	5,50	5,50
		Satzpreis (8 W.)		40,—	40,—
		2 Viererstreifen		40,—	40,—
		FDC			44,—
		Kleinbogen I		40,—	40,—
		5520 Zf–5523 Zf		40,—	40,—
		Kleinbogen II		50,—	50,—

Nominale von MiNr. 5520–5523 zur Zeit der Ausgabe: je 1.65 £

Nominalgleiche Bogenmarken wurden waagerecht zusammenhängend gedruckt.

MiNr. 5520–5527 wurden auch zusammen im Kleinbogen I ausgegeben (Postpreis: 15 £, Auflage: 5.000 numerierte Kleinbogen).

MiNr. 5520–5527 stammen auch aus Kleinbogen II, einem sog. Collector's Sheet mit 10 Marken (2 × MiNr. 5520 und 5522 sowie 1 × MiNr. 5521 und 5523–5527) und 10 jeweils links anhängenden Zierfeldern (Postpreis: 19.10 £).

MiNr. 5520–5527 stammen auch aus MH 219.

In gleichen Zeichnungen wie MiNr. 5520–5523: MiNr. 5532–5535 (selbstklebend)

2024, 17. Okt. Blockausgabe: 60 Jahre Rockband „The Who“ (II). Odr; Streifen ph.; selbstklebend; gestanzt 14¼.

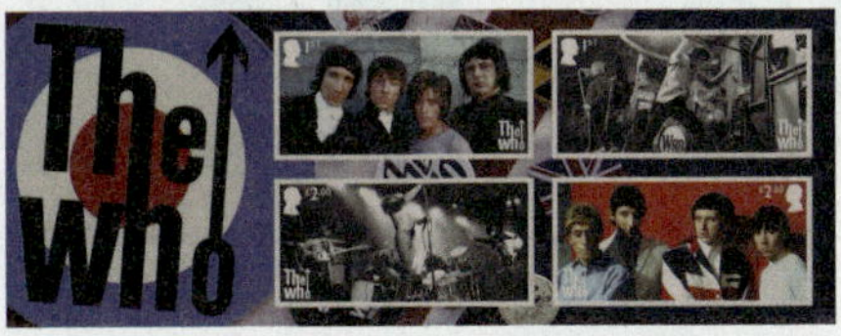

grh

grd) Pete Townshend (*1945), Keith Moon (1946–1978), Roger Daltrey (*1944) und John Entwisle (1944–2002) Gründungsmitglieder von „The Who“ (1968)
gre) Konzerauftritt in Marquee Club, London (1967)
grf) Konzerauftritt in Kings Hall, Belle Vue, Manchester (1973)
grg) „The Who“ (um 1965)

5528	1ST	mehrfarbig	grd	4,50	4,50
5529	1ST	mehrfarbig	gre	4,50	4,50
5530	2.00 £	mehrfarbig	grf	5,50	5,50
5531	2.00 £	mehrfarbig	grg	5,50	5,50
Block 176		(192×74 mm)	grh	20,—	20,—
		FDC			24,—
		Folienblatt mit 3 × MiNr. 5529		13,—	13,—

Nominale von MiNr. 5528–5529 zur Zeit der Ausgabe: je 1.65 £

MiNr. 5528–5531 stammen auch aus MH 219.

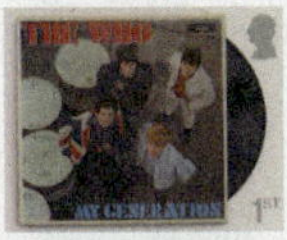

2024, 17. Okt. 60 Jahre Rockband „The Who“ (III). RaTdr, Markenheftchen (4×1); Streifen ph.; selbstklebend; gestanzt 14¼.

gpv) „My Generation“ (1965)

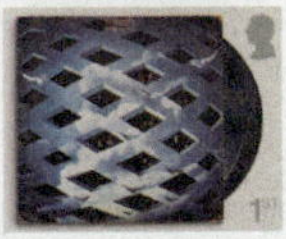

gpw) „Tommy“ (1969)

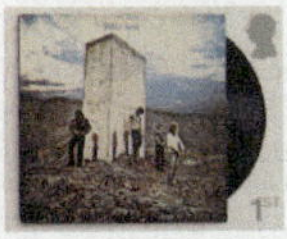

gpx) „Who's Next“ (1971)

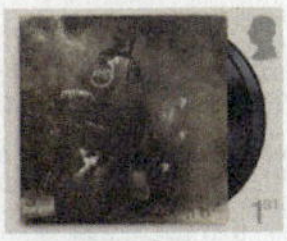

gpy) „Quadrophenia“ (1973)

gpv–gpy) Musikalben der Rockband „The Who“

5532	1ST	mehrfarbig	gpv	4,50	4,50
5533	1ST	mehrfarbig	gpw	4,50	4,50
5534	1ST	mehrfarbig	gpx	4,50	4,50

5535	1ST mehrfarbig	gpy	4,50	4,50
	Satzpreis (4 W.)		18,—	18,—
	FDC			20,—

Nominale zur Zeit der Ausgabe: je 1.65 £

MiNr. 5532–5535 stammen aus MH 0-443.

In gleichen Zeichnungen: MiNr. 5520–5523 (nassklebend)

2024, 5. Nov. Weihnachten: Kirchen. I = komb. RaTdr. (Hauptmotiv) und Digitaldruck mit Lacküberzug (Matrixcode), Bogen (B) (5×5 und 5×5 + 5×5) und Markenheftchen (MH) (4×2), Streifen ph., selbstklebend, gestanzt 15:14¾.

gri) Kathedrale der Heiligen Jungfrau Maria, Edinburgh, Schottland

grk) St.-Patricks-Kathedrale, Armagh, Nordirland

grl) Kathedrale, Liverpool

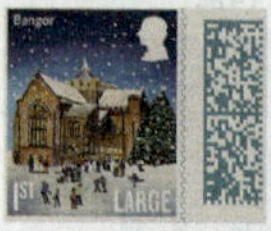

grm) St.-Deiniols-Kathedrale, Bangor, Wales

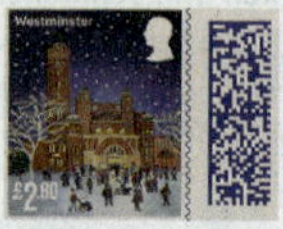

grn) Westminster-Kathedrale, London

gri–grm) Kirchen im weihnachtlichen Umfeld, illustriert von Judy Joel, Künstlerin

5536 I	2ND	mehrfarbig (B) (MH)	gri	2,40	2,40
5537 I	2ND LARGE	mehrfarbig (B)	grk	4,20	4,20
5538 I	1ST	mehrfarbig (B) (MH)	grl	4,40	4,40
5539 I	1ST LARGE	mehrfarbig (B)	grm	7,—	7,—
5540 I	2.80 £	mehrfarbig (B)	grn	7,50	7,50
		Satzpreis I (5 W.)		25,—	25,—
		FDC I			30,—

II = komb. Odr. (Hauptmotiv) und Digitaldruck mit Lacküberzug (Matrixcode), Folienbogen (4×5 Zd), gestanzt 15:14¾

5536 II	2ND	mehrfarbig	gri	2,60	2,60
5537 II	2ND LARGE	mehrfarbig	grk	4,60	4,60
5538 II	1ST	mehrfarbig	grl	4,80	4,80
5539 II	1ST LARGE	mehrfarbig	grm	7,50	7,50
5540 II	2.80 £	mehrfarbig	grn	8,50	8,50
		Satzpreis II (5 W.)		28,—	28,—
		FDC II			32,—
		5536 II Zf–5540 II Zf		28,—	28,—
		Folienbogen		85,—	

Blockausgabe mit MiNr. 5536 I–5540 I

Block 177 (179×74 mm)		gro	26,—	26,—
	FDC			30,—

Nominalen zur Zeit der Ausgabe: MiNr. 5536 = 85 P, MiNr. 5537 = 1.55 £, MiNr. 5538 = 1.65 £, MiNr. 5539 = 2.60 £

Bei MiNr. 5536 I–5540 I aus Bogen ist das Matrixpapier um die Marken entfernt, während sich bei den Marken aus Block 177 an allen 4 Seiten jeweils 2 schmale Verbindungsstege befinden, um sie komplett von der Trägerfolie zerstörungsfrei abheben zu können.

MiNr. 5536 I stammt auch aus MH 0-444.
MiNr. 5538 I stammt auch aus MH 0-445.

MiNr. 5536 II–5540 II wurden im Folienbogen zu 20 Marken (8 × MiNr. 5536 II und 5538 II, 1 × 5537 II und 5539 II und 2 × 5540 II) und 20 verschiedenen Zierfeldern, die jeweils durch schmale Verbindungsstege mit der Marke verbunden sind, gedruckt (Postpreis: 30.95 £).

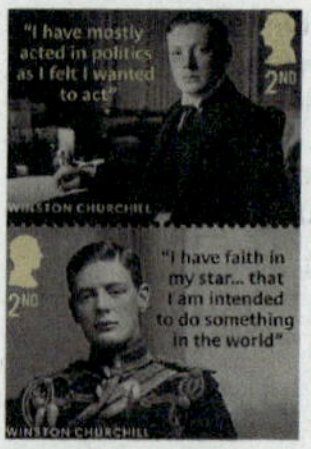

2024, 30. Nov. 150. Geburtstag von Winston Churchill (I). Odr. (5×3 Zd und 5×3 Zd + 5×3 Zd); gez. K 14½.

grp) in Anzug am Schreibtisch (1899)
grr) in Husaren-Uniform (1895)

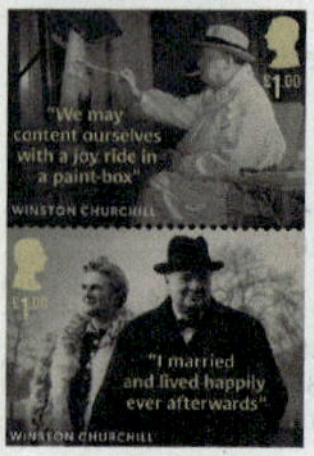

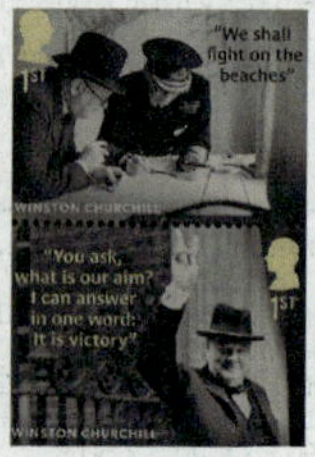

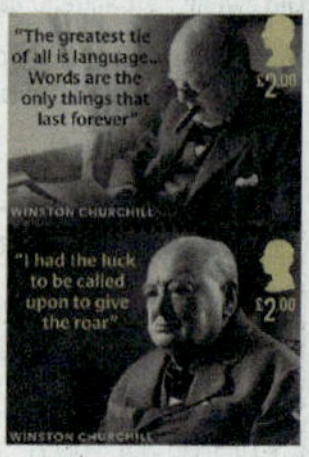

grs) beim Malen in Miami Beach, Florida (1946)
grt) mit Ehefrau Hermine auf der Horse Guards Parade (Januar 1946)

gru) mit Vizeadmiral Bertram Ramsay (18.8.1940)
grv) Victory-Zeichen vor Downing Street 10 (Juni 1943)

grw) im Zug beim Aktenstudium (Juni 1941)
grx) im hohen Alter

grp–grx) Zitate von Winston Churchill (1874–1965), Premierminister, Literaturnobelpreis 1953

5541	2ND	mehrfarbig	grp	2,40	2,40
5542	2ND	mehrfarbig	grr	2,40	2,40
5543	1.00 £	mehrfarbig	grs	2,80	2,80
5544	1.00 £	mehrfarbig	grt	2,80	2,80
5545	1ST	mehrfarbig	gru	4,40	4,40
5546	1ST	mehrfarbig	grv	4,40	4,40
5547	2.00 £	mehrfarbig	grw	5,50	5,50
5548	2.00 £	mehrfarbig	grx	5,50	5,50
		Satzpreis (8 W.)		30,—	30,—
		4 Paare		30,—	30,—
		FDC			34,—

Nominalen zur Zeit der Ausgabe: MiNr. 5541–5542 je 85 P, MiNr. 5545–5546 je 1.65 £

Nominalgleiche Bogenmarken wurden senkrecht zusammenhängend gedruckt.

MiNr. 5541–5548 stammen auch aus MH 220.

In gleichen Zeichnungen: MiNr. 5549–5556 (selbstklebend)

2024, 30. Nov. 150. Geburtstag von Winston Churchill (II). Odr. (2×5 Zd); Streifen ph.; selbstklebend; gestanzt 14¾.

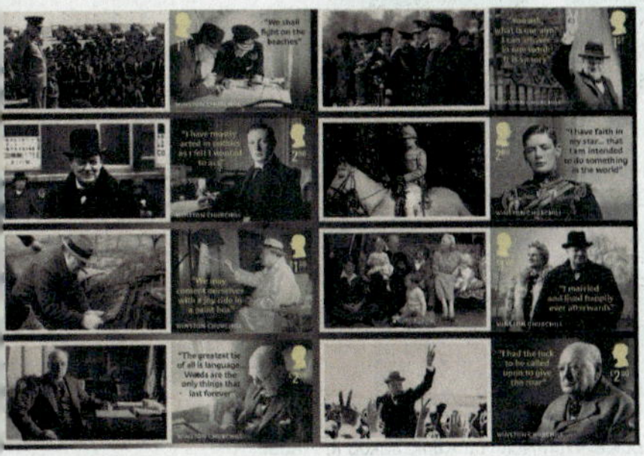

Zierfeld	gru	Zierfeld	grv
Zierfeld	grp	Zierfeld	grr
Zierfeld	grs	Zierfeld	grt
Zierfeld	grw	Zierfeld	grx

grp) in Anzug am Schreibtisch (1899)
grr) in Husaren-Uniform (1895)
grs) beim Malen in Miami Beach, Florida (1946)
grt) mit Ehefrau Hermine auf der Horse Guards Parade (Januar 1946)
gru) mit Vizeadmiral Bertram Ramsay (18.8.1940)
grv) Victory-Zeichen vor Downing Street 10 (Juni 1943)
grw) im Zug beim Aktenstudium (Juni 1941)
grx) im hohen Alter

grp–grx) Zitate von Winston Churchill (1874–1965), Premierminister, Literaturnobelpreis 1953

5549	2ND	mehrfarbig	grp	2,50	2,50
5550	2ND	mehrfarbig	grr	2,50	2,50
5551	1.00 £	mehrfarbig	grs	3,—	3,—
5552	1.00 £	mehrfarbig	grt	3,—	3,—
5553	1ST	mehrfarbig	gru	4,50	4,50
5554	1ST	mehrfarbig	grv	4,50	4,50
5555	2.00 £	mehrfarbig	grw	6,—	6,—
5556	2.00 £	mehrfarbig	grx	6,—	6,—
			Satzpreis (8 W.)	32,—	32,—
			FDC		36,—
			5549 Zf–5556 Zf	32,—	32,—
			Folienbogen	42,—	

Nominalen zur Zeit der Ausgabe: MiNr. 5549–5550 je 85 P, MiNr. 5553–5554 je 1.65 £

MiNr. 5549–5556 stammen aus einem sogen. Collector's Sheet mit 10 Marken (1 × MiNr. 5549–5552 und MiNr. 5555–5556 sowie 2 × MiNr. 5553–5554) und 10 verschiedenen, jeweils links anhängenden Zierfeldern, die durch jeweils 3 Verbindungsstege mit der Marke verbunden sind (Postpreis: 13.90 £).

In gleichen Zeichnungen: MiNr. 5541–5548 (nassklebend)

2025, 14. Jan. 30 Jahre Fernsehserie „The Vicar of Dibley" (I). Odr. (3×5 Zd und 3×5 Zd + 3×5 Zd); Streifen ph.; gez. K 14¼.

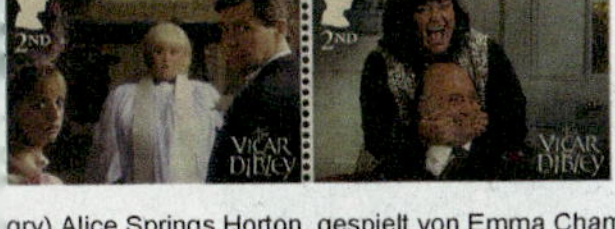

gry) Alice Springs Horton, gespielt von Emma Chambers (1964–2018), und Hugo Horton, gespielt von James Fleet (*1952), im Hintergrund Geraldine Granger
grz) Vikarin Geraldine Granger, gespielt von Dawn French (*1957), und David Horton, gespielt von Gary Waldhorn (1943–2022)

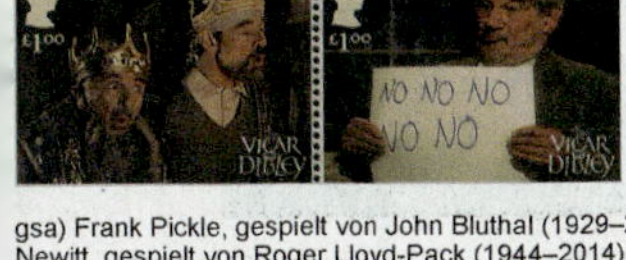

gsa) Frank Pickle, gespielt von John Bluthal (1929–2018), und Owen Newitt, gespielt von Roger Lloyd-Pack (1944–2014)
gsb) Jim Trott, gespielt von Trevor Peacock (1931–2021)

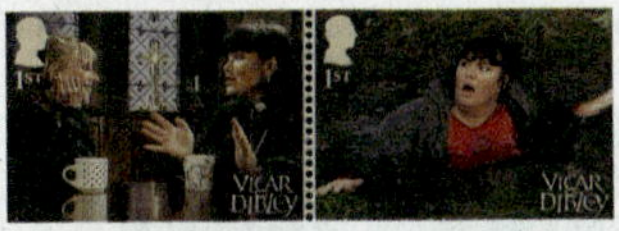

gsc) Alice Spring Horton und Geraldine Granger
gsd) Geraldine Granger

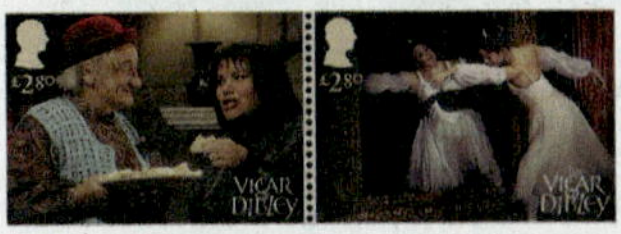

gse) Letitia Cropley, gespielt von Liz Smith (1921–2016), und Geraldine Granger
gsf) Geraldine Granger und Balletttänzerin Darcey Bussell (*1969)

gry–gsf) Figuren und Szenen aus der Fernsehserie

5557	2ND	mehrfarbig	gry	2,40	2,40
5558	2ND	mehrfarbig	grz	2,40	2,40
5559	1.00 £	mehrfarbig	gsa	2,80	2,80
5560	1.00 £	mehrfarbig	gsb	2,80	2,80
5561	1ST	mehrfarbig	gsc	4,40	4,40
5562	1ST	mehrfarbig	gsd	4,40	4,40
5563	2.80 £	mehrfarbig	gse	7,50	7,50
5564	2.80 £	mehrfarbig	gsf	7,50	7,50
			Satzpreis (8 W.)	34,—	34,—
			4 Paare	34,—	34,—
			FDC		38,—

Nominalen zur Zeit der Ausgabe: MiNr. 5557–5558 je 85 P, MiNr. 5561–5562 je 1.65 £

Nominalgleiche Marken wurden waagerecht zusammenhängend gedruckt.

In gleichen Zeichnungen: MiNr. 5569–5576 (selbstklebend)

2025, 14. Jan. Blockausgabe: 30 Jahre Fernsehserie „The Vicar of Dibley" (II). Odr; Streifen ph.; selbstklebend; gestanzt 14¼.

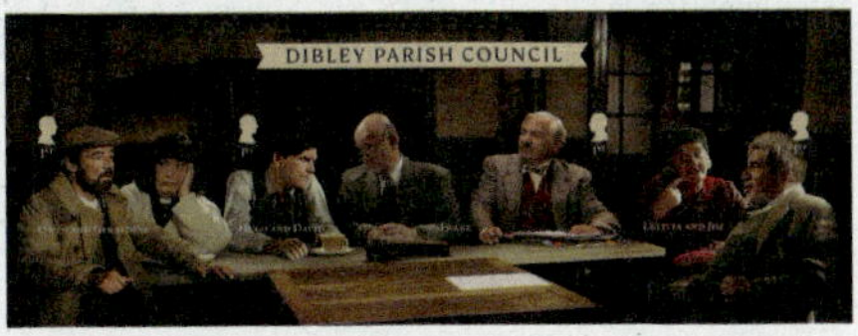

gsl

gsg) Owen Newitt und Geraldine Granger
gsh) Hugo Horton und David Horton
gsi) Frank Pickle
gsk) Letitia Cropley und Jim Trott

gsg–gsl) Mitglieder des Kirchengemeinderats in der Fernsehserie

5565	1ST	mehrfarbig	gsg	4,40	4,40
5566	1ST	mehrfarbig	gsh	4,40	4,40
5567	1ST	mehrfarbig	gsi	4,40	4,40
5568	1ST	mehrfarbig	gsk	4,40	4,40
Block 178		(192×74 mm)	gsl	17,50	17,50
			FDC		22,—

Nominale zur Zeit der Ausgabe: je 1.65 £

2025, 14. Jan. 30 Jahre Fernsehserie „The Vicar of Dibley" (III). Odr. (2×5 Zd); Streifen ph.; selbstklebend; gestanzt 14¾.

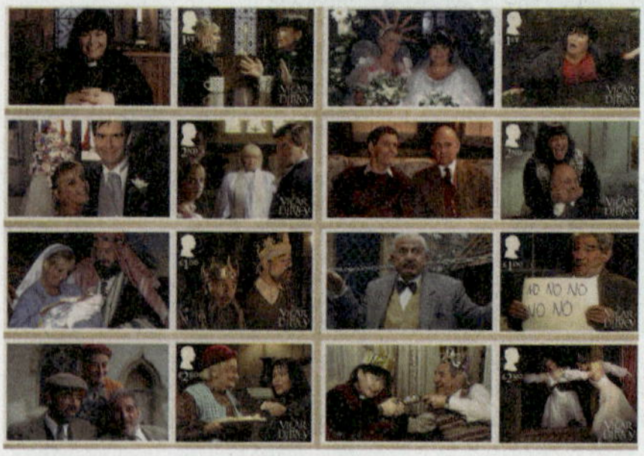

Zierfeld	gsc	Zierfeld	gsd
Zierfeld	gry	Zierfeld	grz
Zierfeld	gsa	Zierfeld	gsb
Zierfeld	gse	Zierfeld	gsf

gry) Alice Springs Horton, gespielt von Emma Chambers (1964–2018), und Hugo Horton, gespielt von James Fleet (*1952), im Hintergrund Geraldine Granger
grz) Vikarin Geraldine Granger, gespielt von Dawn French (*1957), und David Horton, gespielt von Gary Waldhorn (1943–2022)
gsa) Frank Pickle, gespielt von John Bluthal (1929–2018), und Owen Newitt, gespielt von Roger Lloyd-Pack (1944–2014)
gsb) Jim Trott, gespielt von Trevor Peacock (1931–2021)
gsc) Alice Spring Horton und Geraldine Granger
gsd) Geraldine Granger
gse) Letitia Cropley, gespielt von Liz Smith (1921–2016), und Geraldine Granger
gsf) Geraldine Granger und Ballettänzerin Darcey Bussell (*1969)

gry–gsf) Figuren und Szenen aus der Fernsehserie

5569	2ND	mehrfarbig	gry	2,50	2,50
5570	2ND	mehrfarbig	grz	2,50	2,50
5571	1.00 £	mehrfarbig	gsa	3,—	3,—
5572	1.00 £	mehrfarbig	gsb	3,—	3,—
5573	1ST	mehrfarbig	gsc	4,50	4,50
5574	1ST	mehrfarbig	gsd	4,50	4,50
5575	2.80 £	mehrfarbig	gse	8,—	8,—
5576	2.80 £	mehrfarbig	gsf	8,—	8,—
			Satzpreis (8 W.)	36,—	36,—
			FDC		40,—
			5569 Zf–5576 Zf	36,—	36,—
			Folienbogen	45,—	

Nominalen zur Zeit der Ausgabe: MiNr. 5569–5570 je 85 P, MiNr. 5573–5574 je 1.65 £

MiNr. 5569–5576 stammen aus einem sogen. Collector's Sheet mit 10 Marken (1 × MiNr. 5569–5572 und 5575–5576 sowie 2 × MiNr. 5573–5574) und 10 verschiedenen, jeweils links anhängenden Zierfeldern, die durch jeweils 3 Verbindungsstege mit der Marke verbunden sind (Postpreis: 17.10 £).

In gleichen Zeichnungen: MiNr. 5557–5564 (nassklebend)

2025, 30. Jan. Exponate aus der königlichen Waffenkammer. Odr. (3×5 Zd und 3×5 Zd + 3×5 Zd); Streifen ph.; gez. K 14¼.

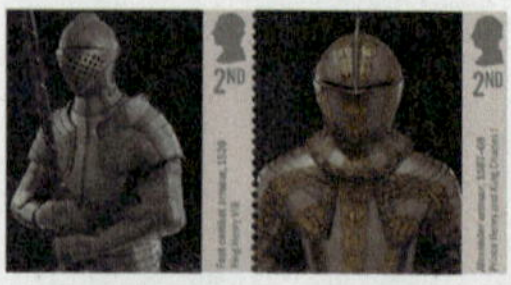

gsm) Rüstung eines Infanteristen von König Heinrich VIII. (1520)
gsn) Rüstung mit Motiven aus der Zeit Alexanders des Großen von Prinz Heinrich und König Karl I. (1607–1608)

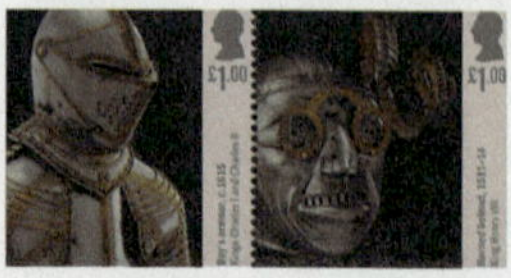

gso) Knabenrüstung der Könige Karl I. und Karl II. (um 1615)
gsp) Hörnerhelm mit Brille von König Heinrich VIII. als Geschenk von Kaiser Maximilian I. (1511–1514)

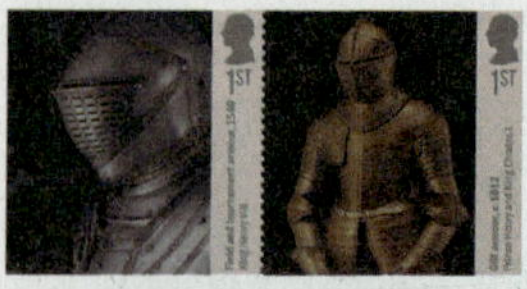

gsr) Feld- und Turnierrüstung von König Heinrich VIII. (1540)
gss) Vergoldete Rüstung von Prinz Heinrich und König Karl I. (um 1612)

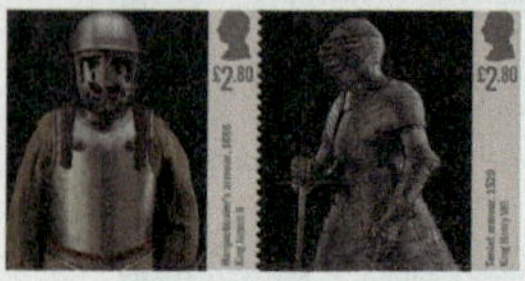

gst) Arkebusier-Harnisch von König Jakob II. (1686)
gsu) Tonnenrockharnisch von König Heinrich VIII. (1520)

5577	2ND	mehrfarbig	gsm	2,40	2,4C
5578	2ND	mehrfarbig	gsn	2,40	2,4C
5579	1.00 £	mehrfarbig	gso	2,80	2,8C
5580	1.00 £	mehrfarbig	gsp	2,80	2,8C
5581	1ST	mehrfarbig	gsr	4,40	4,4C
5582	1ST	mehrfarbig	gss	4,40	4,4C
5583	2.80 £	mehrfarbig	gst	7,50	7,5C
5584	2.80 £	mehrfarbig	gsu	7,50	7,5C
			Satzpreis (8 W.)	34,—	34,—
			4 Paare	34,—	34,—
			FDC		38,—

Blockausgage, gez. K 14½:14¼

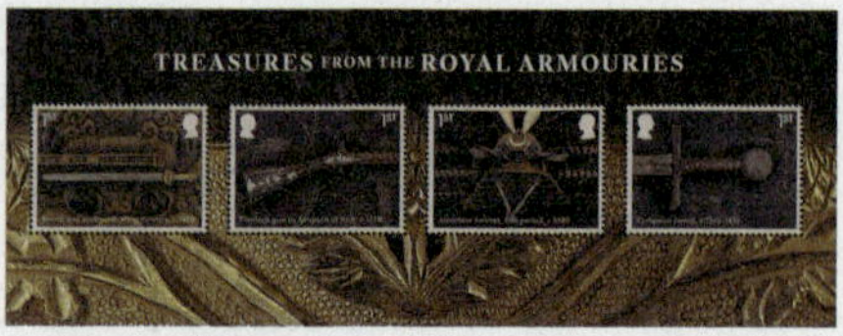

gsz

gsv) Schwert und Scheide aus der Ming-Dynastie (um 1420)
gsw) Steinschlossgewehr gefertigt von Simpson, York (um 1738)
gsx) Japanischer Helm aus der Edo-Zeit (um 1680)
gsy) Europäisches Schwert (um 1365–1432)

5585	1ST	mehrfarbig	gsv	4,50	4,5C
5586	1ST	mehrfarbig	gsw	4,50	4,5C
5587	1ST	mehrfarbig	gsx	4,50	4,5C
5588	1ST	mehrfarbig	gsy	4,50	4,5C
Block 179		(192×74 mm)	gsz	18,—	18,—
			FDC		22,—

Nominalen zur Zeit der Ausgabe: MiNr. 5577–5578 je 85 P, MiNr. 5581–5582 unc 5585–5588 je 1.65 £

Nominalgleiche Bogenmarken wurden waagerecht zusammenhängend gedruckt.

MiNr. 5577–5588 stammen auch aus MH 221.

2025, 18. Febr. Rockband „AC/DC" (I). Odr. (3×5 Zd und 3×5 Zd + 3×5 Zd); Streifen ph.; gez. K 14¼.

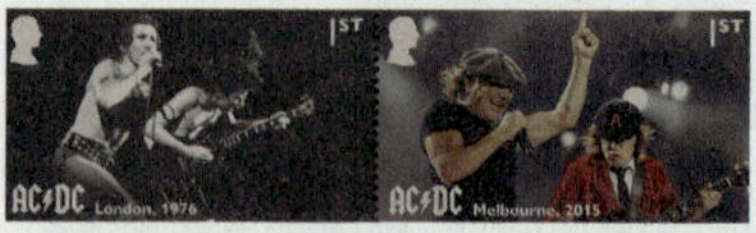

gta) Bon Scott (1946–1980) und Angus Young (*1955), London (1976)
gtb) Brian Johnson (*1947) und Angus Young, Melbourne (2015)

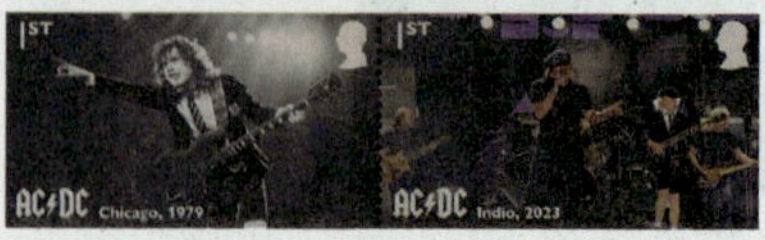

gtc) Angus Young, Chicago (1979)
gtd) „AC/DC" beim „Power Trip"-Musikfestival, Indio, Kalifornien (2023)

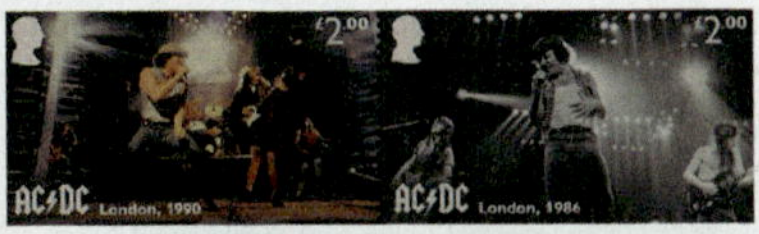

gte) Aufnahme zum Musikvideo „Thunderstruck", London (1990)
gtf) „Fly on the Wall"-Tournee, London (1986)

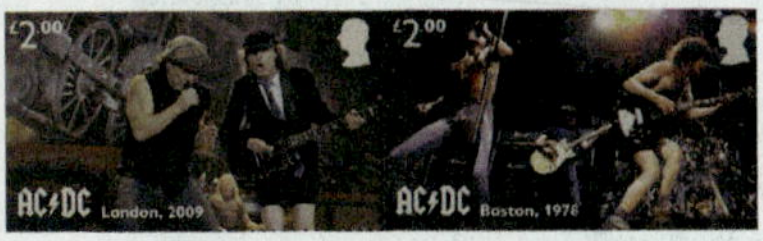

gtg) „Black Ice"-Tournee, London (2009)
gth) Auftritt in Boston (1978)

gta–gth) Bandmitglieder, Tourneeauftritte

5589	1ST	mehrfarbig	gta	4,50	4,50
5590	1ST	mehrfarbig	gtb	4,50	4,50
5591	1ST	mehrfarbig	gtc	4,50	4,50
5592	1ST	mehrfarbig	gtd	4,50	4,50
5593	2.00 £	mehrfarbig	gte	5,50	5,50
5594	2.00 £	mehrfarbig	gtf	5,50	5,50
5595	2.00 £	mehrfarbig	gtg	5,50	5,50
5596	2.00 £	mehrfarbig	gth	5,50	5,50
			Satzpreis (8 W.)	40,—	40,—
			4 Paare	40,—	40,—
			FDC		44,—

Nominale von MiNr. 5589–5592 zur Zeit der Ausgabe: je 1.65 £

MiNr. 5589–5590, 5591–5392, 5593–5594 und 5595–5596 wurden jeweils waagerecht zusammenhängend gedruckt.

MiNr. 5589–5596 stammen auch aus MH 222.

In gleichen Zeichnungen: MiNr. 5605–5612 (selbstklebend)

2025, 18. Febr. Blockausgabe: Rockband „AC/DC" (II). I = Odr., Block (Bl.), II = RaTdr., Markenheftchen (MH) (4×1); selbstklebend; Aufdruck ph.; gestanzt 14¼.

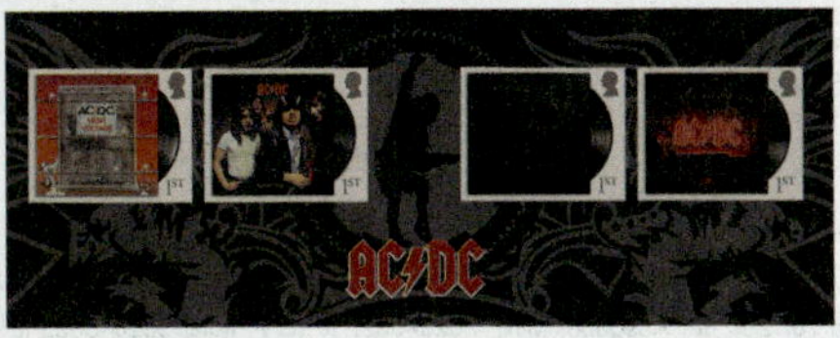

gtn

gti) „High Voltage" (1975)
gtk) „Highway to Hell" (1979)
gtl) „Back in Black" (1980)
gtm) „Power Up" (2020)

gti–gtm) Musikalben der Rockband „AC/DC"

5597 I	1ST	mehrfarbig (Bl.)	gti	4,50	4,50
5598 I	1ST	mehrfarbig (Bl.)	gtk	4,50	4,50
5599	1ST	schwarz	gtl		
I		Odr. (Bl.)		4,50	4,50
II		RaTdr. (MH)		4,50	4,50
5600 I	1ST	mehrfarbig (Bl.)	gtm	4,50	4,50
Block 180		(192×74 mm)	gtn	18,—	18,—
			FDC		22,—

Nominale zur Zeit der Ausgabe: je 1.65 £

MiNr. 5597 I–5600 I stammen auch aus MH 222.

MiNr. 5599 II stammt aus MH 0-448.

In gleichen Zeichnungen: MiNr. 5601–5604 (nassklebend)

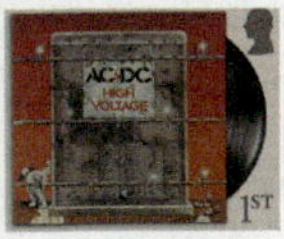

2025, 18. Febr. Rockband „AC/DC" (III). Odr., Kleinbogen (4×1); Aufdruck ph.; gez. Ks 14¼:14.

gti) „High Voltage" (1975)

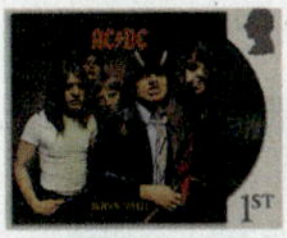

gtk) „Highway to Hell" (1979)

gtl) „Back in Black" (1980)

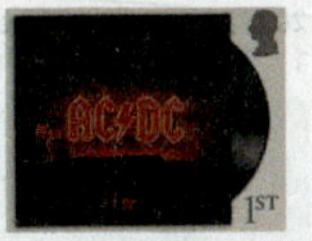

gtm) „Power Up" (2020)

gti–gtm) Musikalben der Rockband „AC/DC"

5601	1ST	mehrfarbig (Klb. I)	gti	5,—	5,—
5602	1ST	mehrfarbig (Klb. I)	gtk	5,—	5,—
5603	1ST	schwarz (Klb. I) (Klb. II)	gtl	5,—	5,—
5604	1ST	mehrfarbig (Klb. I)	gtm	5,—	5,—
			Satzpreis (4 W.)	20,—	20,—
			FDC		25,—
			Kleinbogen I	20,—	20,—
			Kleinbogen II	20,—	20,—

Nominale zur Zeit der Ausgabe: je 1.65 £

MiNr. 5601–5604 wurden im Kleinbogen I (mit Illustration von Musikalben auf dem Bogenrand) zu 4 Marken ausgegeben (Postpreis: 7.50 £).

MiNr. 5603 wurde auch im Kleinbogen II (mit Illustration vom Musikalbum „Back in Black") zu 4 Marken ausgegeben (Postpreis: 7.50 £).

Auflage: je 5.000 numerierte Kleinbogen

In gleichen Zeichnungen: MiNr. 5597–5600 (selbstklebend)

2025, 18. Febr. Rockband „AC/DC" (IV). Odr. (2×4 Zd); Streifen ph.; selbstklebend; gestanzt 14¼.

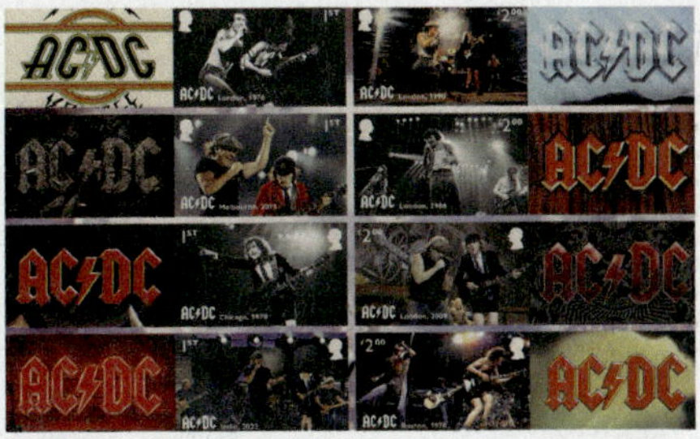

Zierfeld	gta	gte	Zierfeld
Zierfeld	gtb	gtf	Zierfeld
Zierfeld	gtc	gtg	Zierfeld
Zierfeld	gtd	gth	Zierfeld

gta) Bon Scott (1946–1980) und Angus Young (*1955), London (1976)
gtb) Brian Johnson (*1947) und Angus Young, Melbourne (2015)
gtc) Angus Young, Chicago (1979)
gtd) „AC/DC" beim „Power Trip"-Musikfestival, Indio, Kalifornien (2023)
gte) Aufnahme zum Musikvideo „Thunderstruck", London (1990)
gtf) „Fly on the Wall"-Tournee, London (1986)
gtg) „Black Ice"-Tournee, London (2009)
gth) Auftritt in Boston (1978)

gta–gth) Bandmitglieder, Tourneeauftritte

5605	1ST	mehrfarbig	gta	5,—	5,—
5606	1ST	mehrfarbig	gtb	5,—	5,—
5607	1ST	mehrfarbig	gtc	5,—	5,—
5608	1ST	mehrfarbig	gtd	5,—	5,—
5609	2.00 £	mehrfarbig	gte	6,—	6,—
5610	2.00 £	mehrfarbig	gtf	6,—	6,—
5611	2.00 £	mehrfarbig	gtg	6,—	6,—
5612	2.00 £	mehrfarbig	gth	6,—	6,—
			Satzpreis (8 W.)	44,—	44,—
			FDC		48,—
			Folienbogen	44,—	

Nominale von MiNr. 5605–5608 zur Zeit der Ausgabe: je 1.65 £

MiNr. 5605–5612 stammen auch aus einem sog. Collector's Sheet mit 8 Marken und 8 jeweils links bzw. rechts anhängenden Zierfeldern, die durch jeweils 3 Verbindungsstege mit der Marke verbunden sind (Postpreis: 15.80 £).

In gleichen Zeichnungen: MiNr. 5589–5596 (nassklebend)

2025, 11. März. Tiere im Garten (I). Odr. (1×5 Zd und 1×5 Zd + 1×5 Zd); Streifen ph.; gez. K 14¼.

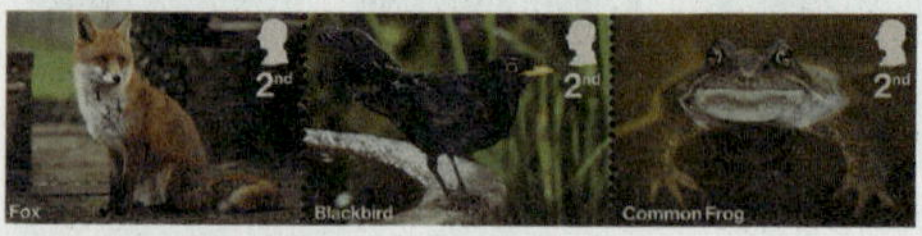

gto) Rotfuchs (Vulpes vulpes)
gtp) Amsel (Turdus merula)
gtr) Grasfrosch (Rana temporaria)

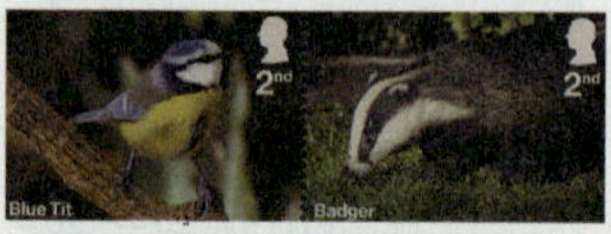

gts) Blaumeise (Cyanistes caeruleus)
gtt) Dachs (Meles meles)

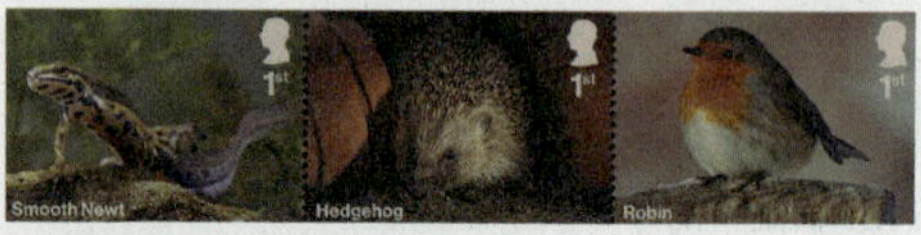

gtu) Teichmolch (Lissotriton vulgaris)
gtv) Europäischer Igel (Erinaceus europaeus)
gtw) Rotkehlchen (Erithacus rubecula)

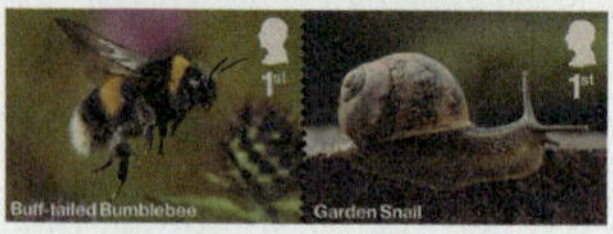

gtx) Erdhummel (Bombus terestris)
gty) Weinbergschnecke (Helix pomatia)

5613	2nd mehrfarbig	gto	2,50	2,50
5614	2nd mehrfarbig	gtp	2,50	2,50
5615	2nd mehrfarbig	gtr	2,50	2,50
5616	2nd mehrfarbig	gts	2,50	2,50
5617	2nd mehrfarbig	gtt	2,50	2,50
5618	1st mehrfarbig	gtu	4,80	4,80
5619	1st mehrfarbig	gtv	4,80	4,80
5620	1st mehrfarbig	gtw	4,80	4,80
5621	1st mehrfarbig	gtx	4,80	4,80
5622	1st mehrfarbig	gty	4,80	4,80
	Satzpreis (10 W.)		36,—	36,—
	2 Fünferstreifen		36,—	36,—
	FDC			40,—

Nominalen zur Zeit der Ausgabe: MiNr. 5613–5617 je 85 P, MiNr 5618–5622 je 1.65 £

Nominalgleiche Marken wurden waagerecht zusammenhängend gedruckt.

In gleichen Zeichnungen: MiNr. 5623–5632 (selbstklebend)

2025, 11. März. Tiere im Garten (II). Odr. (2×5 Zd); Streifen ph.; selbstklebend; gestanzt 14¼.

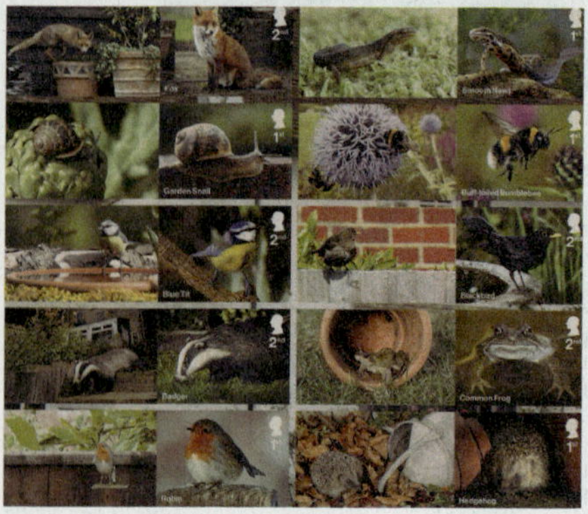

Zierfeld	gto	Zierfeld	gtu
Zierfeld	gty	Zierfeld	gtx
Zierfeld	gts	Zierfeld	gtp
Zierfeld	gtt	Zierfeld	gtr
Zierfeld	gtw	Zierfeld	gtv

gto) Rotfuchs (Vulpes vulpes)
gts) Blaumeise (Cyanistes caeruleus)
gtp) Amsel (Turdus merula)
gtt) Dachs (Meles meles)
gtr) Grasfrosch (Rana temporaria)
gtu) Teichmolch (Lissotriton vulgaris)
gty) Weinbergschnecke (Helix pomatia)
gtx) Erdhummel (Bombus terestris)
gtw) Rotkehlchen (Erithacus rubecula)
gtv) Europäischer Igel (Erinaceus europaeus)

5623	2nd mehrfarbig	gto	2,60	2,60
5624	2nd mehrfarbig	gts	2,60	2,60
5625	2nd mehrfarbig	gtp	2,60	2,60
5626	2nd mehrfarbig	gtt	2,60	2,60
5627	2nd mehrfarbig	gtr	2,60	2,60
5628	1st mehrfarbig	gtu	5,—	5,—
5629	1st mehrfarbig	gty	5,—	5,—
5630	1st mehrfarbig	gtx	5,—	5,—
5631	1st mehrfarbig	gtw	5,—	5,—
5632	1st mehrfarbig	gtv	5,—	5,—
	Satzpreis (10 W.)		38,—	38,—
	FDC			42,—
	Folienbogen		38,—	

Nominalen zur Zeit der Ausgabe: MiNr. 5623–5627 je 85 P, MiNr 5628–5632 je 1.65 £

MiNr. 5623–5632 stammen aus einem sogen. Collector's Sheet mit 10 Marken und 10 verschiedenen, jeweils links anhängenden Zierfeldern, die durch jeweils 3 Verbindungsstege mit der Marke verbunden sind (Postpreis: 13.70 £).

In gleichen Zeichnungen: MiNr. 5613–5622 (nassklebend)

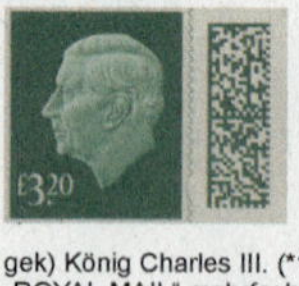

2025, 27. März. Freimarken: König Charles III., dazu Matrixcode rechts. Komb. RaTdr. (Hauptmotiv) und Digitaldruck mit Lacküberzug (Matrixcode) (5×5); U-förmige Stanzungen im Markenbild; Streifen ph.; selbstklebend; Sicherheitsstanzung 15:14½.

gek) König Charles III. (*1948, reg. seit 2022); irisierende, negative Inschrift „ROYAL MAIL" mehrfach

5633	3.20 £ gelbsmaragdgrün/mehrfarbig	gek	8,50	8,50
5634	3.50 £ lebhaftbraun/mehrfarbig	gek	9,50	9,50
5635	4.30 £ ultramarin/mehrfarbig	gek	12,—	12,—
	Satzpreis (3 W.)		30,—	30,—
	FDC			34,—

Die zweite Farbangabe bezieht sich auf den Matrixcode.

In gleicher bzw. ähnlicher Zeichnung siehe Übersicht nach Jahrgangswerttabelle.

2025, 27. März. Fabelwesen aus Mythen und Legenden. Odr. (1×6 Zd und 1×6 Zd + 1×6 Zd); Streifen ph.; gez. K 14¼.

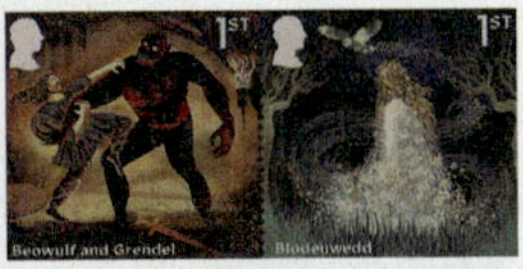

gtz) Beowulf und der Riese Grendel, angelsächsisches Heldenepos aus dem 8. Jahrhundert
gua) Blodeuwedd, weibliche Sagengestalt aus der keltischen Mythologie

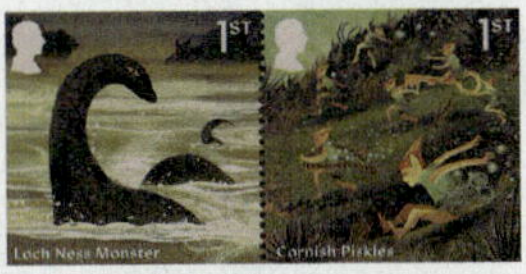

gub) Ungeheuer von Loch Ness, mythisches Lebewesen in Schottland
guc) Pixies, kleine Fabelwesen aus der britischen Folklore in Cornwall

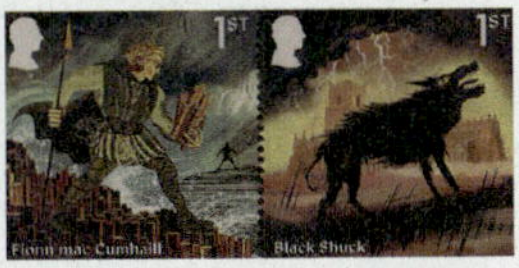

gud) Fionn mac Cumhaill, keltisch-irischer Sagenheld, baut den Giant's Causeway
gue) Black Shuck, schwarzer Geisterhund

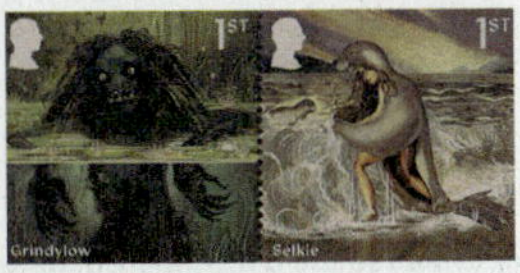

guf) Grindylow, übernatürliches Wesen aus der Gegend um Lancaster
gug) Selkie, schottisches gestaltwandelndes Fabelwesen aus Mensch und Robbe

5636	1ST mehrfarbig	gtz	4,80	4,80
5637	1ST mehrfarbig	gua	4,80	4,80
5638	1ST mehrfarbig	gub	4,80	4,80
5639	1ST mehrfarbig	guc	4,80	4,80
5640	1ST mehrfarbig	gud	4,80	4,80
5641	1ST mehrfarbig	gue	4,80	4,80
5642	1ST mehrfarbig	guf	4,80	4,80
5643	1ST mehrfarbig	gug	4,80	4,80
	Satzpreis (8 W.)		38,—	38,—
	2 Viererstreifen		38,—	38,—
	FDC			42,—

Nominale zur Zeit der Ausgabe: je 1.65 £

MiNr. 5636–5639 und 5640–5643 wurden jeweils waagerecht zusammenhängend gedruckt.

Posttarife Großbritannien (ab 7.4.2025)

2. Klasse, Standardformat: 87 P (zuvor: 85 P)
1. Klasse, Standardformat: 1.70 £ (zuvor: 1.65 £)
2. Klasse, Großformat: 1.55 £ (seit 2.10.2023)
1. Klasse, Großformat: 3.15 £ (zuvor: 2.60 £)
Europa, bis 100 g: 3.20 £ (zuvor: 2.80 £)
Postkarte, Luftpost: 3.20 £ (zuvor: 2.80 £)
Seepost, bis 100 g: 3.10 £ (zuvor: 2.60 £)
Luftpost, bis 100 g: 3.20 £ (zuvor: 2.80 £)
Einschreiben, 1. Klasse, Standardformat: 3.60 £ (zuvor: 3.35 £)
Einschreiben, 1. Klasse, Großformat: 5.05 £ (zuvor: 4.20 £)
Eilsendung, bis 100 g: 8.75 £ (zuvor: 8.35 £)
Eilsendung, bis 500 g: 9.85 £ (zuvor: 9.35 £)

2025, 1. Mai. 80. Jahrestag der Beendigung des Zweiten Weltkrieges (I). Odr. (1×5 Zd und 1×5 Zd + 1×5 Zd); Streifen ph.; gez. K 14¼.

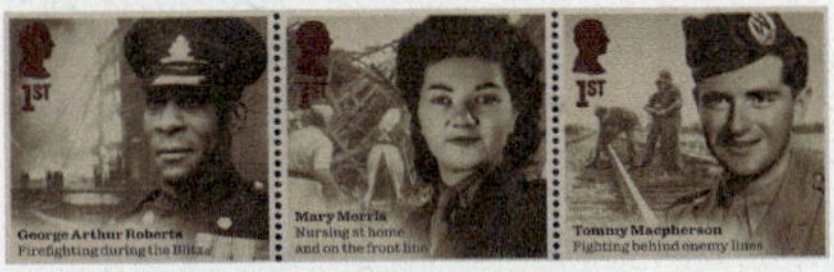

guh) George Arthur Roberts (1871–1970), Feuerwehrmann
gui) Mary Morris (1921–1997), irische Krankenschwester
guk) Tommy Macpherson (1920–2014), Offizier im Einsatz verdeckter Operationen

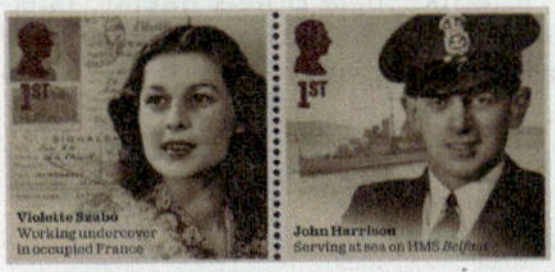

gul) Violette Szabó (1921–1945), Agentin der Special Operations Executive
gum) John Harrison (1914–2020), Waffenoffizier auf Zerstörer HMS „Belfast"

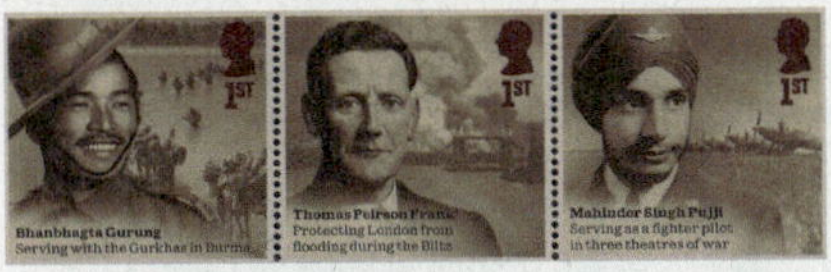

gun) Bhanbhagta Gurung (1921–2008), nepalesischer Gurkha-Offizier
guo) Thomas Peirson Frank (1881–1951), Chefingenieur des London County Council für Zivilschutz
gup) Mahinder Singh Pujji (1918–2010), indischer Kampfpilot

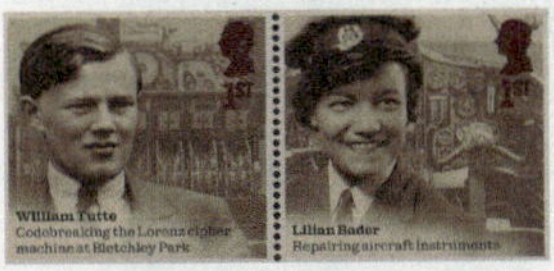

gur) William Tutte (1917–2002), Mathematiker und Dechiffrierexperte
gus) Lilian Bader (1918–2015), Flugzeugmechanikerin

guh–gus) Für Einsatz und Tapferkeit ausgezeichnete Kriegsteilnehmer

5644	1ST mehrfarbig	guh	4,80	4,80
5645	1ST mehrfarbig	gui	4,80	4,80
5646	1ST mehrfarbig	guk	4,80	4,80
5647	1ST mehrfarbig	gul	4,80	4,80
5648	1ST mehrfarbig	gum	4,80	4,80
5649	1ST mehrfarbig	gun	4,80	4,80
5650	1ST mehrfarbig	guo	4,80	4,80
5651	1ST mehrfarbig	gup	4,80	4,80
5652	1ST mehrfarbig	gur	4,80	4,80
5653	1ST mehrfarbig	gus	4,80	4,80
	Satzpreis (10 W.)		48,—	48,—
	2 Fünferstreifen		48,—	48,—
	FDC			52,—

Blockausgabe, gez. Ks 14½:14¼

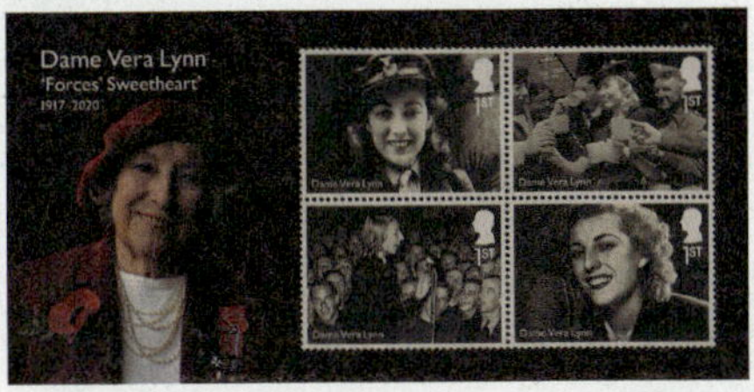

gux

gut) In Uniform der Einheit für Truppenbetreuung ENSA (1941)
guu) Ausschenken von Tee an Soldaten auf dem Trafalgar Square (1942)
guv) Auftritt im Rahmen der Truppenbetreuung
guw) beim BBC-Radioprogramm „Sincerely Yours" (1941)

gut–guw) Vera Lynn (1917–2020), Sängerin

5654	1ST mehrfarbig	gut	4,80	4,80
5655	1ST mehrfarbig	guu	4,80	4,80

5656	1ST mehrfarbig	guv	4,80	4,80
5657	1ST mehrfarbig	guw	4,80	4,80
Block 181	(146×74 mm)	gux	20,—	20,—
		FDC		24,—

Nominale zur Zeit der Ausgabe: je 1.70 £

MiNr. 5644–5648 und 5649–5653 wurden jeweils waagerecht zusammenhängend gedruckt.

MiNr. 5644–5657 stammen auch aus MH 223.

In gleichen Zeichnungen: MiNr. 5658–5667 (selbstklebend)

2025, 7. Mai. Blockausgabe: Internationale Briefmarkenausstellung EUROPHILEX 2025, Birmigham. Bl. 181 mit zusätzlicher Inschrift oberhalb der Markenabbildungen.

Block 181 I (146×74 mm)	(Bl. 181)	*25,—*	*25,—*
	FDC		*28,—*

Bl. 181 I wurde nur am Ausstellungspostamt verkauft.

Auflage: 7.500 Blocks

2025, 1. Mai. 80. Jahrestag der Beendigung des Zweiten Weltkrieges (II). Odr. (2×5 Zd); Streifen ph.; selbstklebend; gestanzt 14¼.

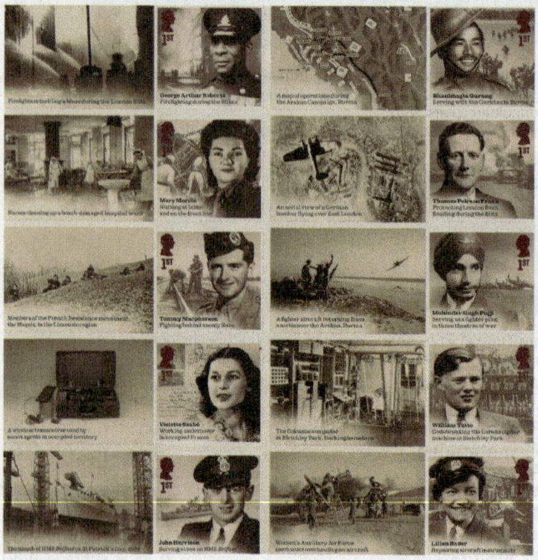

Zierfeld	guh	Zierfeld	gun
Zierfeld	gui	Zierfeld	guo
Zierfeld	guk	Zierfeld	gup
Zierfeld	gul	Zierfeld	gur
Zierfeld	gum	Zierfeld	gus

guh) George Arthur Roberts (1871–1970), Feuerwehrmann
gun) Bhanbhagta Gurung (1921–2008), nepalesischer Gurkha-Offizier
gui) Mary Morris (1921–1997), irische Krankenschwester
guo) Thomas Peirson Frank (1881–1951), Chefingenieur des London County Council für Zivilschutz
guk) Tommy Macpherson (1920–2014), Offizier im Einsatz verdeckter Operationen
gup) Mahinder Singh Pujji (1918–2010), indischer Kampfpilot
gul) Violette Szabó (1921–1945), Agentin der Special Operations Executive
gur) William Tutte (1917–2002), Mathematiker und Dechiffrierexperte
gum) John Harrison (1914–2020), Waffenoffizier auf Zerstörer HMS „Belfast“
gus) Lilian Bader (1918–2015), Flugzeugmechanikerin

guh–gus) Für Einsatz und Tapferkeit ausgezeichnete Kriegsteilnehmer

5658	1ST mehrfarbig	guh	5,—	5,—
5659	1ST mehrfarbig	gun	5,—	5,—
5660	1ST mehrfarbig	gui	5,—	5,—
5661	1ST mehrfarbig	guo	5,—	5,—
5662	1ST mehrfarbig	guk	5,—	5,—
5663	1ST mehrfarbig	gup	5,—	5,—
5664	1ST mehrfarbig	gul	5,—	5,—
5665	1ST mehrfarbig	gur	5,—	5,—
5666	1ST mehrfarbig	gum	5,—	5,—
5667	1ST mehrfarbig	gus	5,—	5,—
		Satzpreis (10 W.)	50,—	50,—
		FDC		55,—
		Folienbogen	50,—	

Nominale zur Zeit der Ausgabe: je 1.70 £

MiNr. 5658–5667 stammen aus einem sogen. Collector's Sheet mit 10 Marken und 10 verschiedenen, jeweils links anhängenden Zierfeldern, die durch jeweils 3 Verbindungsstege mit der Marke verbunden sind (Postpreis: 18.20 £).

In gleichen Zeichnungen: MiNr. 5644–5653 (nassklebend)

2025, 7. Mai. Grußmarke: Flagge. Odr. (2×5 Zd); Streifen ph.; selbstklebend; gestanzt 14¼.

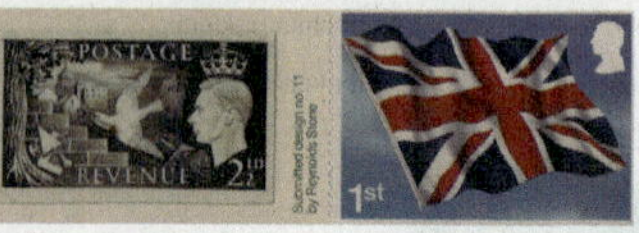

Zierfeld
goo) Nationalflagge „Union Jack“

5668	1st mehrfarbig	goo	*6,—*	*6,—*
		FDC		*9,—*
		5668 Zf	*6,—*	*6,—*
		Folienbogen	*60,—*	*60,—*

Nominale zur Zeit der Ausgabe: 1.70 £

MiNr. 5668 stammt aus einem sogen. Collector's Sheet anlässlich der Briefmarkenausstellung EuroPhilEx 2025, Birmingham mit 10 Marken und 10 verschiedenen, jeweils links anhängenden Zierfeldern, die durch jeweils 3 Verbindungsstege mit der Marke verbunden sind (Postpreis: 18.20 £).

Auflage: 5.000 Folienbogen, die nur am Ausstellungspostamt verkauft wurden

In gleicher Zeichnung: MiNr. 5482 (nassklebend)
In ähnlicher Zeichnung: MiNr. 1961 (Kopfbild Königin Elizabeth II.)
In kleinerem Format: MiNr. 2341 (selbstklebend), MiNr. 3834 (nassklebend)

2025, 22. Mai. 75. Jahrestag der Erstausgabe der Kinderbuchserie „Die Chroniken von Narnia“ von C. S. Lewis (I). Odr. (1×6 Zd und 1×6 Zd + 1×6 Zd); Streifen ph.; gez. K 14¼.

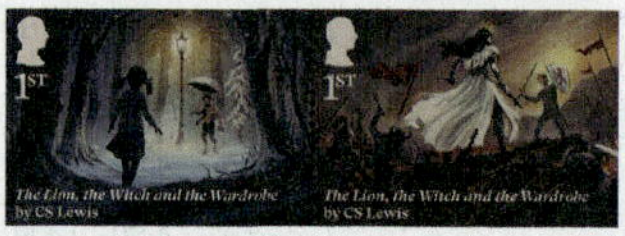

guy) „Der Löwe, die Hexe und der Kleiderschrank“ (1950); Lucy auf dem Weg nach Narnia
guz) Der Kampf zwischen Jadis, der weißen Hexe, und Aslan

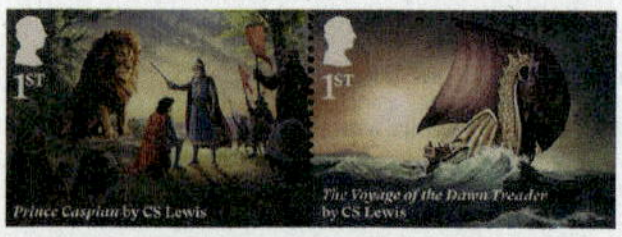

gva) „Prinz Kaspian von Narnia“ (1951)
gvb) „Die Reise auf der Morgenröte“ (1952)

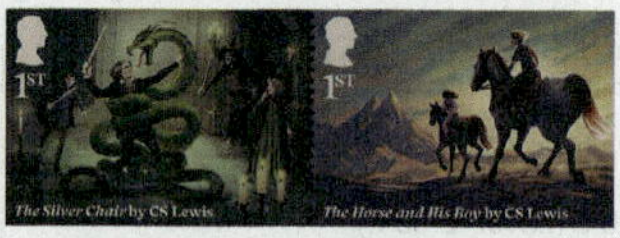

gvc) „Der silberne Sessel“ (1953)
gvd) „Das Pferd und sein Junge“ (1954)

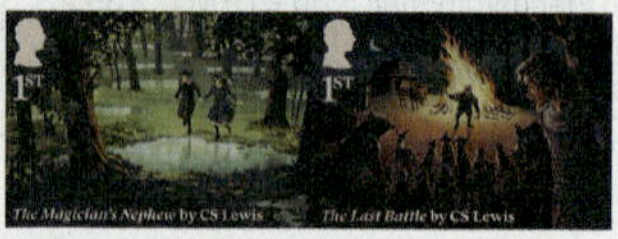

gve) „Der Neffe des Magiers“ (1955)
gvf) „Der letzte Kampf“ (1956)

guy–gvf) Szenen aus der Bücherserie von Clive S. Lewis (1893–1963), illustriert von Keith Robinson

5669	1ST mehrfarbig	guy	4,80	4,80
5670	1ST mehrfarbig	guz	4,80	4,80

5671	1ST	mehrfarbig	gva	4,80	4,80
5672	1ST	mehrfarbig	gvb	4,80	4,80
5673	1ST	mehrfarbig	gvc	4,80	4,80
5674	1ST	mehrfarbig	gvd	4,80	4,80
5675	1ST	mehrfarbig	gve	4,80	4,80
5676	1ST	mehrfarbig	gvf	4,80	4,80
			Satzpreis (8 W.)	38,—	38,—
			2 Viererstreifen	38,—	38,—
			FDC		42,—

Blockausgabe, gez. Ks 14¾

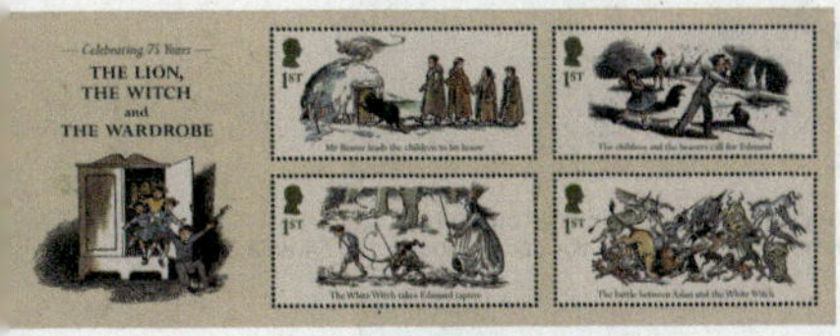

gvl

gvg) Der Biber führt die Kinder in sein Haus
gvh) Alle rufen nach Edmund
gvi) Die weiße Hexe Jadis nimmt Edmund gefangen
gvk) Der Kampf zwischen Aslan und Jadis

gvg–gvk) Szenen aus „Der Löwe, die Hexe und der Kleiderschrank" von Clive S. Lewis (1893–1963), illustriert von Pauline Baynes (1922–2008)

5677	1ST	mehrfarbig	gvg	4,80	4,80
5678	1ST	mehrfarbig	gvh	4,80	4,80
5679	1ST	mehrfarbig	gvi	4,80	4,80
5680	1ST	mehrfarbig	gvk	4,80	4,80
Block 182		(189×125 mm)	gvl	20,—	20,—
			FDC		24,—

Nominale zur Zeit der Ausgabe: je 1.70 £

MiNr. 5669–5672 und 5673–5676 wurden jeweils waagerecht zusammenhängend gedruckt.

In gleichen Zeichnungen: MiNr. 5681–5688 (selbstklebend)

2025, 22. Mai. 75. Jahrestag der Erstausgabe der Kinderbuchserie „Die Chroniken von Narnia" von C. S. Lewis (II). Odr. (2×5 Zd); Streifen ph.; selbstklebend; gestanzt 14¼.

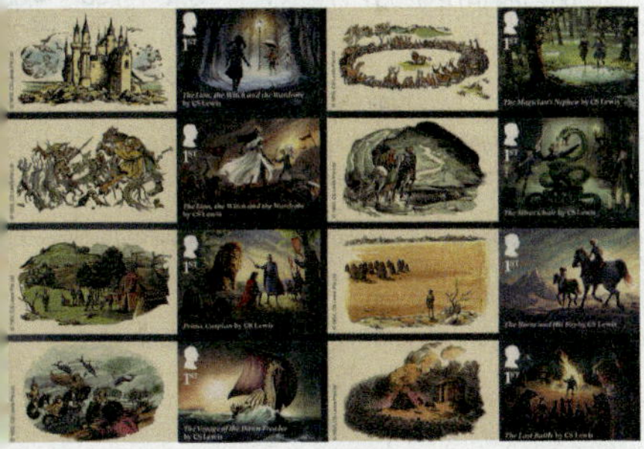

Zierfeld	guy	Zierfeld	gve
Zierfeld	guz	Zierfeld	gvc
Zierfeld	gva	Zierfeld	gvd
Zierfeld	gvb	Zierfeld	gvf

guy) „Der Löwe, die Hexe und der Kleiderschrank" (1950); Lucy auf dem Weg nach Narnia
gve) „Der Neffe des Magiers" (1955)
guz) Der Kampf zwischen Jadis, der weißen Hexe, und Aslan
gvc) „Der silberne Sessel" (1953)
gva) „Prinz Kaspian von Narnia" (1951)
gvd) „Das Pferd und sein Junge" (1954)
gvb) „Die Reise auf der Morgenröte" (1952)
gvf) „Der letzte Kampf" (1956)

guy–gvf) Szenen aus der Bücherserie von Clive S. Lewis (1893–1963), illustriert von Keith Robinson

5681	1ST	mehrfarbig	guy	5,—	5,—
5682	1ST	mehrfarbig	gve	5,—	5,—
5683	1ST	mehrfarbig	guz	5,—	5,—
5684	1ST	mehrfarbig	gvc	5,—	5,—
5685	1ST	mehrfarbig	gva	5,—	5,—
5686	1ST	mehrfarbig	gvd	5,—	5,—
5687	1ST	mehrfarbig	gvb	5,—	5,—
5688	1ST	mehrfarbig	gvf	5,—	5,—
			Satzpreis (8 W.)	40,—	40,—
			FDC		44,—
			5681 Zf–5688 Zf	40,—	40,—
			Folienbogen	50,—	

Nominale zur Zeit der Ausgabe: je 1.70 £

MiNr. 5681–5688 stammen aus einem sogen. Collector's Sheet mit 10 Marken (2 × MiNr. 5681–5682 und 1 × MiNr. 5683–5688) und 10 verschiedenen, jeweils links anhängenden Zierfeldern, die durch jeweils 3 Verbindungsstege mit der Marke verbunden sind (Postpreis: 18.20 £).

In gleichen Zeichnungen: MiNr. 5669–5676 (nassklebend)

2025, 12. Juni. 350 Jahre Royal Observatory Greenwich. Odr. (5×3 Zd und 5×3 Zd + 5×3 Zd); Streifen ph.; gez. K 14¾.

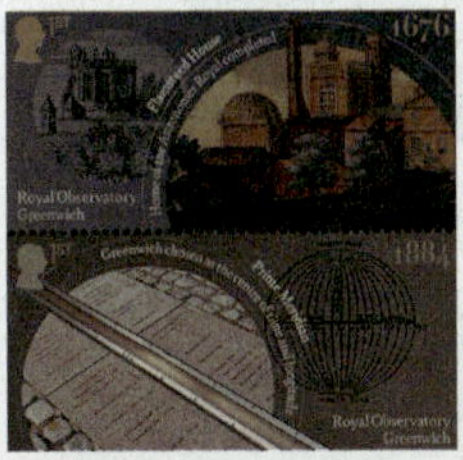

gvm) Flamsteed House, Sitz des Observatorium (1676)
gvn) Nullmeridian in Greenwich

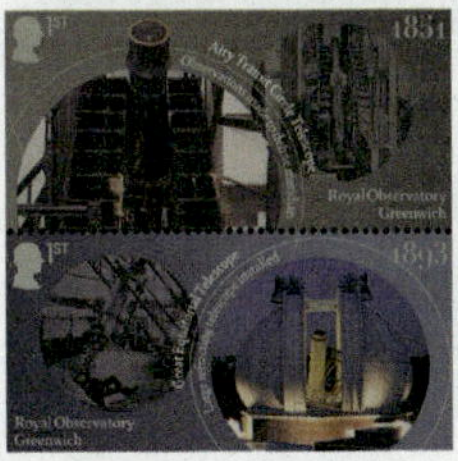

gvo) Airy-Transitkreis-Teleskop (1851) von George Biddel Airy
gvp) Großes Äquatorialteleskop (1893)

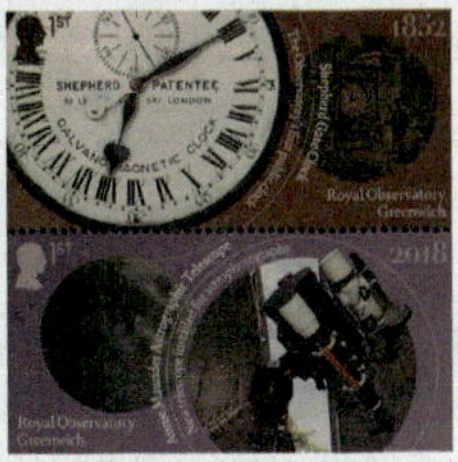

gvr) Shepherd Gate Clock (1852) von Charles Shepherd jun.
gvs) Astrographisches Teleskop (2018)

5689	1ST	mehrfarbig	gvm	4,80	4,80
5690	1ST	mehrfarbig	gvn	4,80	4,80
5691	1ST	mehrfarbig	gvo	4,80	4,80
5692	1ST	mehrfarbig	gvp	4,80	4,80
5693	1ST	mehrfarbig	gvr	4,80	4,80
5694	1ST	mehrfarbig	gvs	4,80	4,80
			Satzpreis (6 W.)	28,—	28,—
			3 Paare	28,—	28,—
			FDC		32,—

Blockausgabe, gez. Ks 14½:14¼

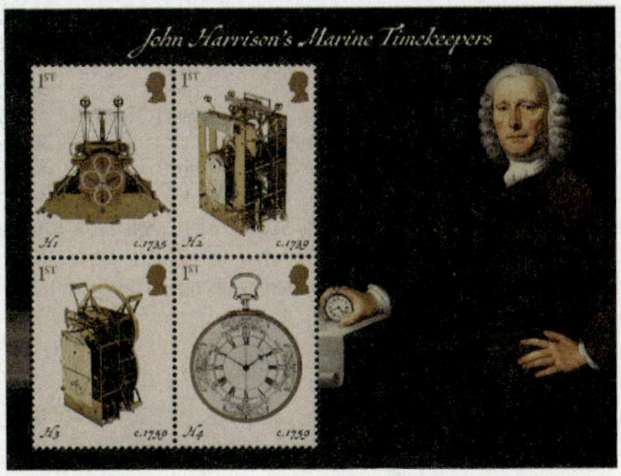

gvx

gvt) Modell H 1 (1735)
gvu) Modell H 2 (1739)
gvv) Modell H 3 (1759)
gvw) Modell H 4 (1759)

gvt–gvw) Schiffschronometer von John Harrison (1693–1776)

5695	1ST mehrfarbig	gvt	4,80	4,80
5696	1ST mehrfarbig	gvu	4,80	4,80
5697	1ST mehrfarbig	gvv	4,80	4,80
5698	1ST mehrfarbig	gvw	4,80	4,80
Block 183	(115×89 mm)	gvx	20,—	20,—
		FDC		24,—

Nominale zur Zeit der Ausgabe: je 1.70 £

MiNr. 5689–5690, 5691–5692 und 5693–5694 wurden jeweils senkrecht zusammenhängend gedruckt.

2025, 3. Juli. Pilze. Odr. (1×5 Zd und 1×5 Zd + 1×5 Zd); Streifen ph.; gez. K 14¼.

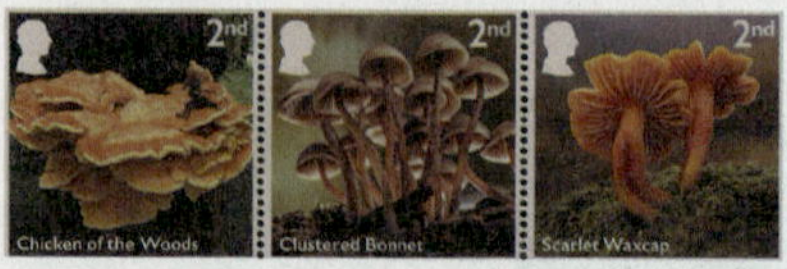

gvy) Gemeine Schwefelporling (Laetiporus sulphureus)
gvz) Blaustieligee Helmling (Mycena inclinata)
gwa) Kirschroter Saftling (Hygrocybe coccinea)

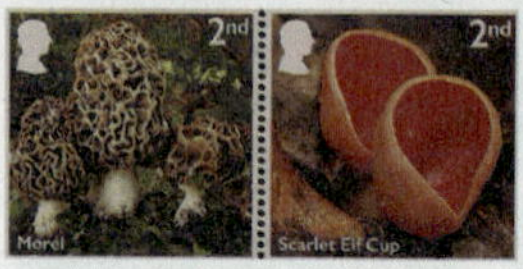

gwb) Graue Speisemorchel (Morchella vulgaris)
gwc) Roter Becherling (Sarcoscypha austriaca)

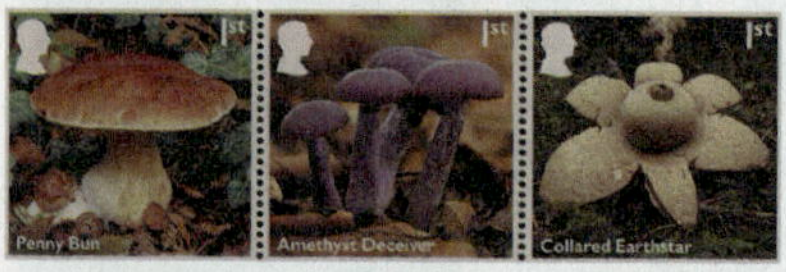

gwd) Gemeiner Steinpilz (Boletus edulis)
gwe) Violetter Lackrichterling (Laccaria amethystine)
gwf) Halskrausen-Erdstern (Geastrum michelianum)

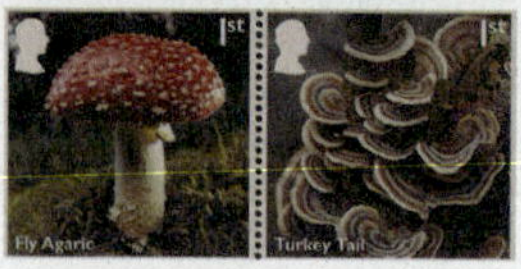

gwg) Fliegenpilz (Amanita muscaria)
gwh) Schmetterlings-Tramete (Trametes versicolor)

5699	2ND mehrfarbig	gvy	2,50	2,50
5700	2ND mehrfarbig	gvz	2,50	2,50
5701	2ND mehrfarbig	gwa	2,50	2,50
5702	2ND mehrfarbig	gwb	2,50	2,50
5703	2ND mehrfarbig	gwc	2,50	2,50
5704	1ST mehrfarbig	gwd	4,80	4,80
5705	1ST mehrfarbig	gwe	4,80	4,80
5706	1ST mehrfarbig	gwf	4,80	4,80
5707	1ST mehrfarbig	gwg	4,80	4,80
5708	1ST mehrfarbig	gwh	4,80	4,80
		Satzpreis (10 W.)	36,—	36,—
		2 Fünferstreifen	36,—	36,—
		FDC		40,—

Nominalen zur Zeit der Ausgabe: MiNr. 5699–5703 je 87 P, MiNr 5704–5708 je 1.70 £

Nominalgleiche Marken wurden waagerecht zusammenhängend gedruckt.

2025, 24. Juli. 75 Jahre Comicserie „Die Peanuts“ (I). Odr. Bogen (B) (1×6 Zd und 1×6 Zd + 1×6 Zd) und Kleinbogen (Klb.) (4×1); Streifen ph.; gez. K 14¼.

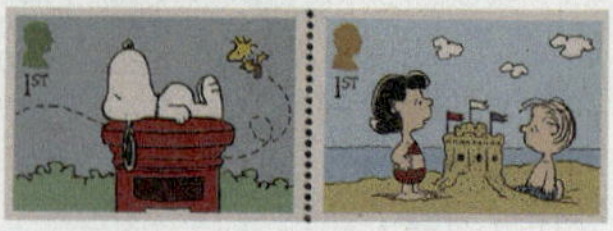

gwi) Snoopy ruht auf dem Briefkasten und Woodstock
gwk) Lucy und Linus am Strand

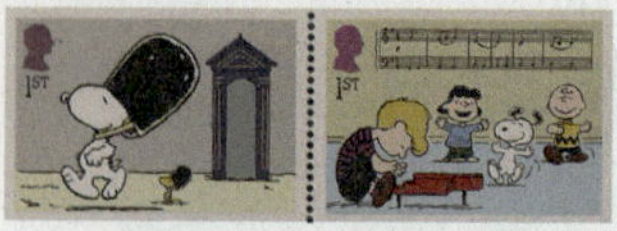

gwl) Snoopy und Woodstock im Wachdienst
gwm) Schroeder spielt Klavier vor Lucy, Snoopy und Charlie Brown

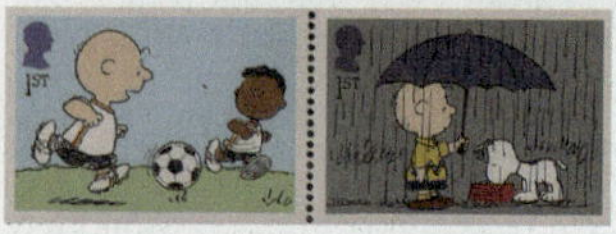

gwn) Charlie und Franklin spielen Fußball
gwo) Charlie und Snoopy im Regen

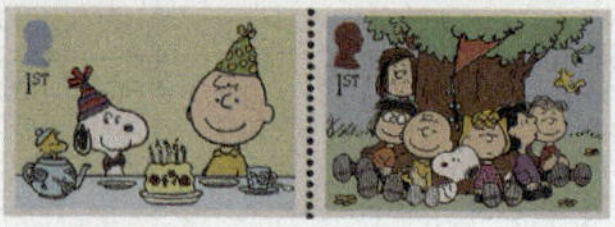

gwp) Woodstock, Snoopy und Charlie feiern Geburtstag
gwr) Die Peanuts sitzen alle um einen Baum

gwi–gwr) Figuren und Szenen aus der Comicserie „Die Peanuts“ von Charles M. Schulz (1922–2000), amerikanischer Autor und Zeichner

5709	1ST mehrfarbig (B) (Klb.)	gwi	4,80	4,80
5710	1ST mehrfarbig (B)	gwk	4,80	4,80
5711	1ST mehrfarbig (B)	gwl	4,80	4,80
5712	1ST mehrfarbig (B)	gwm	4,80	4,80
5713	1ST mehrfarbig (B)	gwn	4,80	4,80
5714	1ST mehrfarbig (B)	gwo	4,80	4,80
5715	1ST mehrfarbig (B)	gwp	4,80	4,80
5716	1ST mehrfarbig (B) (Klb.)	gwr	4,80	4,80
		Satzpreis (8 W.)	38,—	38,—
		2 Viererstreifen	38,—	38,—
		FDC		42,—
		Kleinbogensatz (2 Klb.)	42,—	42,—

Nominale zur Zeit der Ausgabe: je 1.70 £

MiNr. 5709–5712 und 5713–5716 wurden jeweils waagerecht zusammenhängend gedruckt.

MiNr. 5709 und 5716 wurden auch jeweils im Kleinbogen zu 4 Marken ausgegeben (Postpreis: je 8 £)

Auflage: je 5.000 numerierte Kleinbogen

In gleichen Zeichnungen: MiNr. 5717–5724 (selbstklebend)

2025, 24. Juli. 75 Jahre Comiczserie „Die Peanuts“ (II). Odr. (2×4 Zd); Streifen ph.; selbstklebend; gestanzt 14¼.

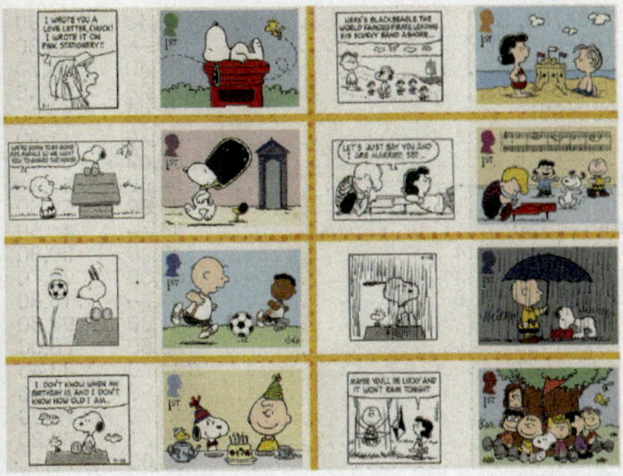

Zierfeld	gwi	Zierfeld	gwk
Zierfeld	gwl	Zierfeld	gwm
Zierfeld	gwn	Zierfeld	gwo
Zierfeld	gwp	Zierfeld	gwr

gwi) Snoopy ruht auf dem Briefkasten und Woodstock
gwk) Lucy und Linus am Strand
gwl) Snoopy und Woodstock im Wachdienst
gwm) Schroeder spielt Klavier vor Lucy, Snoopy und Charlie Brown
gwn) Charlie und Franklin spielen Fußball
gwo) Charlie und Snoopy im Regen
gwp) Woodstock, Snoopy und Charlie feiern Geburtstag
gwr) Die Peanuts sitzen alle um einen Baum

gwi–gwr) Figuren und Szenen aus der Comicserie „Die Peanuts“ von Charles M. Schulz (1922–2000), amerikanischer Autor und Zeichner

5717	1ST mehrfarbig	gwi	5,—	5,—
5718	1ST mehrfarbig	gwk	5,—	5,—
5719	1ST mehrfarbig	gwl	5,—	5,—
5720	1ST mehrfarbig	gwm	5,—	5,—
5721	1ST mehrfarbig	gwn	5,—	5,—
5722	1ST mehrfarbig	gwo	5,—	5,—
5723	1ST mehrfarbig	gwp	5,—	5,—
5724	1ST mehrfarbig	gwr	5,—	5,—
		Satzpreis (8 W.)	40,—	40,—
		FDC		44,—
		Folienbogen	40,—	

Nominale zur Zeit der Ausgabe: je 1.70 £

MiNr. 5717–5724 stammen aus einem sogen. Collector's Sheet mit 8 Marken und 8 verschiedenen, jeweils links anhängenden Zierfeldern, die durch jeweils 3 Verbindungsstege mit der Marke verbunden sind (Postpreis: 14.80 £).

In gleichen Zeichnungen: MiNr. 5709–5716 (nassklebend)

Ab MiNr. 452 sind alle Ausgaben – wenn nicht ausdrücklich anders angegeben – mit Phosphoraufdruck (Streifen oder ganzflächig) versehen oder auf phosphorbeschichtetem Papier gedruckt. Daher entfällt im Kopftext dieser Hinweis. Trotzdem gibt es von den meisten Werten der Kontrolle entgangene Stücke ohne Phosphoraufdruck, die von Spezialsammlern beachtet werden.

Ab MiNr. 561 sind alle Ausgaben unbeschränkt frankaturgültig, mit Ausnahme der Machin-Freimarken ohne Matrixcode. Außerdem sind noch gültig MiNr. 281, 338 und 480.

Neuheiten

Jahrgangswerttabelle

Die Aufstellung folgt der numerischen Reihenfolge der Katalogisierung ohne Rücksicht auf die Chronologie eventueller Ergänzungswerte.

Grundsätzlich ist nur die jeweils billigste Sorte pro Marke bzw. Ausgabe angegeben, sofern nichts anderes vermerkt.

Zusammendrucke aus Bogen, Marken mit Zierfeldern usw. sind dann berücksichtigt, wenn sie als normale Ausgabeform anzusehen sind. Einzelmarken aus Blocks und Marken mit der Preisnotierung „—,—“ sind nicht berücksichtigt.

Im neuen MICHEL-Redaktionssystem fließen Einzelwerte anstelle von Satzpreisen in die Berechnung ein. Zusätzlich werden alle Blockvarianten berücksichtigt. Dadurch können sich Änderungen zu früheren Jahrgangswertberechnungen ergeben.

Jahr	MiNr.	✶✶	⊙
1946	231–232	0,60	0,60
1948	233–240	58,—	50,—
1949	241–244	2,50	3,—
1950	245	2,—	1,50
1951	246–256	122,70	34,90
1952	257–273	140,90	55,20
1953	274–277	16,—	10,20
1955	278–298	519,30	93,20
1957	299–302	20,70	20,60
1958	303–334	11,80	9,—
1959	335–338	51,—	14,20
1960	339–342	16,50	12,50
1961	343–350	6,90	7,20
1962	351–353	2,60	2,60
1963	354–365	16,60	16,10
1964	366–383	16,10	16,30
1965	384–407	16,90	16,60
1966	408–443	9,40	9,60
1967	444–480	25,30	25,—
1968	481–495	4,50	4,50
1969	496–534	27,—	22,40
1970	535–560	11,60	9,50
1971	561–589	11,10	11,10
1972	590–611	16,70	11,90
1973	612–644	14,50	14,40
1974	645–666	8,70	8,70
1975	667–695	12,30	12,10
1976	696–726	14,90	13,90
1977	727–755	47,20	17,—
1978	756–780, Bl. 1	13,40	13,30
1979	781–816, Bl. 2	19,—	18,80
1980	817–860, Bl. 3	31,40	29,70
1981	861–899	29,20	28,40
1982	900–937	36,80	32,90
1983	938–974	44,40	41,90
1984	975–1016	51,40	50,50
1985	1017–1055	54,50	53,—
1986	1056–1096	53,60	51,50
1987	1097–1130	46,—	44,50
1988	1131–1184, Bl. 4	142,20	99,80
1989	1185–1239, Bl. 5	108,30	98,70
1990	1240–1304, Bl. 6	131,—	115,80
1991	1305–1371	121,30	94,80
1992	1372–1425	126,60	78,60
1993	1426–1487	134,70	89,40
1994	1488–1543	101,50	85,50
1995	1544–1600	115,70	79,20
1996	1601–1666	105,30	79,20
1997	1667–1722	98,60	77,10
1998	1723–1776	68,40	65,70
1999	1777–1842, Bl. 7–8	191,30	164,70
2000	1843–1904, Bl. 9	205,90	177,80
2001	1905–1970, Bl. 10–12	324,20	212,30
2002	1971–2069, Bl. 13–15	316,40	171,—
2003	2070–2173, Bl. 16–17	418,80	261,40
2004	2174–2263, Bl. 18–21	315,40	209,80
2005	2264–2365, Bl. 22–29	294,20	203,60
2006	2366–2469, Bl. 30–33	287,50	180,50
2007	2470–2598, Bl. 34–41	382,—	243,50
2008	2599–2692, Bl. 42–47	257,90	180,40
2009	2693–2840, Bl. 48–53	474,70	300,90
2010	2841–3029, Bl. 54–61	676,20	399,60
2011	3030–3179, Bl. 62–70	455,70	275,90
2012	3180–3386, Bl. 71–79	679,60	430,90
2013	3387–3551, Bl. 80–86	531,—	316,90
2014	3552–3668, Bl. 87–91	388,—	266,80
2015	3669–3834, Bl. 92–98	651,50	510,60
2016	3835–3986, Bl. 99–105	605,70	467,10
2017	3987–4140, Bl. 106–111	813,60	680,20
2018	4141–4317, Bl. 112–119	670,—	482,60
2019	4318–4515, Bl. 120–130	887,20	615,—
2020	4316–4711, Bl. 131–139	795,80	664,60
2021	4712–4887, Bl. 140–150	702,—	631,30
2022	4888–5092, Bl. 151–159	870,80	784,60
2023	5093–5341, Bl. 160–169	981,50	954,80
2024	5342–5556, Bl. 170–177	932,—	932,—
Gesamtsumme		**16966,50**	**12570,90**

Blockaufstellung

Block 1 siehe nach MiNr. 763
Block 2 siehe nach MiNr. 807
Block 3 siehe nach MiNr. 835
Block 4 siehe nach MiNr. 1173
Block 5 siehe nach MiNr. 1213
Block 6 siehe nach MiNr. 1269
Block 7 siehe nach MiNr. 1822
Block 8 siehe nach MiNr. 1842
Block 9 siehe nach MiNr. 1888
Block 10 siehe nach MiNr. 1927
Block 11 siehe nach MiNr. 1937
Block 12 siehe nach MiNr. 1963
Block 13 siehe nach MiNr. 2016
Block 14 siehe nach MiNr. 2022
Block 15 siehe nach MiNr. 2052
Block 16 siehe nach MiNr. 2156
Block 17 siehe nach MiNr. 2173
Block 18 siehe nach MiNr. 2179
Block 19 siehe nach MiNr. 2215
Block 20 siehe nach MiNr. 2222
Block 21 siehe nach MiNr. 2257
Block 22 siehe nach MiNr. 2285
Block 23 siehe nach MiNr. 2294
Block 24 siehe nach MiNr. 2299
Block 25 siehe nach MiNr. 2313
Block 26 siehe nach MiNr. 2325
Block 27 siehe nach MiNr. 2347
Block 28 siehe nach MiNr. 2353
Block 29 siehe nach MiNr. 2359
Block 30 siehe nach MiNr. 2390
Block 31 siehe nach MiNr. 2437
Block 32 siehe nach MiNr. 2462
Block 33 siehe nach MiNr. 2469
Block 34 siehe nach MiNr. 2473
Block 35 siehe nach MiNr. 2501
Block 36 siehe nach MiNr. 2525
Block 37 siehe nach MiNr. 2528
Block 38 siehe nach MiNr. 2546
Block 39 siehe nach MiNr. 2583
Block 40 siehe nach MiNr. 2589
Block 41 siehe nach MiNr. 2598
Block 42 siehe nach MiNr. 2604
Block 43 siehe nach MiNr. 2621
Block 44 siehe nach MiNr. 2650
Block 45 siehe nach MiNr. 2667
Block 46 siehe nach MiNr. 2685
Block 47 siehe nach MiNr. 2692
Block 48 siehe nach MiNr. 2706
Block 49 siehe nach MiNr. 2716
Block 50 siehe nach MiNr. 2759
Block 51 siehe nach MiNr. 2773
Block 52 siehe nach MiNr. 2785
Block 53 siehe nach MiNr. 2830
Block 54 siehe nach MiNr. 2887
Block 55 siehe nach MiNr. 2920
Block 56 siehe nach MiNr. 2939
Block 57 siehe nach MiNr. 2943
Block 58 siehe nach MiNr. 2961
Block 59 siehe nach MiNr. 2974
Block 60 siehe nach MiNr. 3011
Block 61 siehe nach MiNr. 3022
Block 62 siehe nach MiNr. 3039
Block 63 siehe nach MiNr. 3044
Block 64 siehe nach MiNr. 3080
Block 65 siehe nach MiNr. 3094
Block 66 siehe nach MiNr. 3096
Block 67 siehe nach MiNr. 3112
Block 68 siehe nach MiNr. 3138
Block 69 siehe nach MiNr. 3153
Block 70 siehe nach MiNr. 3172
Block 71 siehe nach MiNr. 3193
Block 72 siehe nach MiNr. 3203
Block 73 siehe nach MiNr. 3209
Block 74 siehe nach MiNr. 3224
Block 75 siehe nach MiNr. 3281
Block 76 siehe nach MiNr. 3289
Block 77 siehe nach MiNr. 3326
Block 78 siehe nach MiNr. 3364
Block 79 siehe nach MiNr. 3379
Block 80 siehe nach MiNr. 3405
Block 81 siehe nach MiNr. 3428
Block 82 siehe nach MiNr. 3485
Block 83 siehe nach MiNr. 3502
Block 84 siehe nach MiNr. 3512
Block 85 siehe nach MiNr. 3522
Block 86 siehe nach MiNr. 3542
Block 87 siehe nach MiNr. 3573
Block 88 siehe nach MiNr. 3597
Block 89 siehe nach MiNr. 3610
Block 90 siehe nach MiNr. 3646
Block 91 siehe nach MiNr. 3661
Block 92 siehe nach MiNr. 3736
Block 93 siehe nach MiNr. 3761
Block 94 siehe nach MiNr. 3767
Block 95 siehe nach MiNr. 3777
Block 96 siehe nach MiNr. 3783
Block 97 siehe nach MiNr. 3812
Block 98 siehe nach MiNr. 3824
Block 99 siehe nach MiNr. 3852
Block 100 siehe nach MiNr. 3881
Block 101 siehe nach MiNr. 3890
Block 102 siehe nach MiNr. 3902
Block 103 siehe nach MiNr. 3912
Block 104 siehe nach MiNr. 3923
Block 105 siehe nach MiNr. 3978
Block 106 siehe nach MiNr. 4005
Block 107 siehe nach MiNr. 4018
Block 108 siehe nach MiNr. 4053
Block 109 siehe nach MiNr. 4056
Block 110 siehe nach MiNr. 4121
Block 111 siehe nach MiNr. 4139
Block 112 siehe nach MiNr. 4155
Block 113 siehe nach MiNr. 4189
Block 114 siehe nach MiNr. 4215
Block 115 siehe nach MiNr. 4241
Block 116 siehe nach MiNr. 4253
Block 117 siehe nach MiNr. 4284
Block 118 siehe nach MiNr. 4302
Block 119 siehe nach MiNr. 4316
Block 120 siehe nach MiNr. 4323
Block 121 siehe nach MiNr. 4351
Block 122 siehe nach MiNr. 4390
Block 123 siehe nach MiNr. 4400
Block 124 siehe nach MiNr. 4411
Block 125 siehe nach MiNr. 4439
Block 126 siehe nach MiNr. 4455
Block 127 siehe nach MiNr. 4459
Block 128 siehe nach MiNr. 4469
Block 129 siehe nach MiNr. 4481
Block 130 siehe nach MiNr. 4505
Block 131 siehe nach MiNr. 4527
Block 132 siehe nach MiNr. 4550
Block 133 siehe nach MiNr. 4581
Block 134 siehe nach MiNr. 4594
Block 135 siehe nach MiNr. 4613
Block 136 siehe nach MiNr. 4636
Block 137 siehe nach MiNr. 4646
Block 138 siehe nach MiNr. 4676
Block 139 siehe nach MiNr. 4702
Block 140 siehe nach MiNr. 4727
Block 141 siehe nach MiNr. 4739
Block 142 siehe nach MiNr. 4758
Block 143 siehe nach MiNr. 4778
Block 144 siehe nach MiNr. 4784
Block 145 siehe nach MiNr. 4794
Block 146 siehe nach MiNr. 4808
Block 147 siehe nach MiNr. 4828
Block 148 siehe nach MiNr. 4841
Block 149 siehe nach MiNr. 4859
Block 150 siehe nach MiNr. 4887
Block 151 siehe nach MiNr. 4899
Block 152 siehe nach MiNr. 4926
Block 153 siehe nach MiNr. 4936
Block 154 siehe nach MiNr. 4982
Block 155 siehe nach MiNr. 5035
Block 156 siehe nach MiNr. 5055
Block 157 siehe nach MiNr. 5067
Block 158 siehe nach MiNr. 5073
Block 159 siehe nach MiNr. 5089
Block 160 siehe nach MiNr. 5104
Block 161 siehe nach MiNr. 5129
Block 162 siehe nach MiNr. 5155
Block 163 siehe nach MiNr. 5185
Block 164 siehe nach MiNr. 5201
Block 165 siehe nach MiNr. 5219
Block 166 siehe nach MiNr. 5288
Block 167 siehe nach MiNr. 5302
Block 168 siehe nach MiNr. 5326
Block 169 siehe nach MiNr. 5341
Block 170 siehe nach MiNr. 5356
Block 171 siehe nach MiNr. 5394
Block 172 siehe nach MiNr. 5427
Block 173 siehe nach MiNr. 5459
Block 174 siehe nach MiNr. 5473
Block 175 siehe nach MiNr. 5492
Block 176 siehe nach MiNr. 5531
Block 177 siehe nach MiNr. 5540
Block 178 siehe nach MiNr. 5568
Block 179 siehe nach MiNr. 5588
Block 180 siehe nach MiNr. 5600
Block 181 siehe nach MiNr. 5657
Block 182 siehe nach MiNr. 5680
Block 183 siehe nach MiNr. 5698
Block 183 siehe nach MiNr. 5698

Markenübersicht

Übersicht von Bdr.-Freimarken „Königin Victoria" (Auszug aus MiNr. 12–64)

Werte	Farbe, Unterscheidungsmerkmal	MiNr.
Ohne Eckbuchstaben		
4 P	rotkarmin (Wz. 4 X)	12
4 P	karminrot (Wz. 4 Y, Z)	13
6 P	purpurviolett	14
1 Sh	gelbgrün	15
Kleine weiße Eckbuchstaben		
3 P	karmin	18
3 P	dunkelrosa (genetzter Untergrund)	I
4 P	bräunlichrot	19
6 P	purpurviolett	20
9 P	olivbraun	21
1 Sh	gelbgrün (Pl.-Nr. 1)	22
1 Sh	gelbgrün (Pl.-Nr. 2)	II
roße weiße Eckbuchstaben		
3 P	rosalila (Wz. 5, Pl.-Nr. 4)	23
3 P	rosalila (Wz. 6)	28
4 P	orangerot	24
6 P	purpurviolett (Wz. 4 Z)	25
6 P	(purpur)violett (Wz. 6, Wertangabe mit Bindestrich)	29
6 P	violett (Wz. 6, Wertangabe ohne Bindestrich)	30
6 P	orangebraun	38
6 P	grau	39
9 P	gelbbraun (Wz. 5)	26
9 P	gelbbraun (Wz. 6)	31
10 P	rotbraun (Wz. 6)	32
10 P	rotbraun (Wz. 5)	32 Y
1 Sh	dunkelgelbgrün (Wz. 5, Pl.-Nr. 4)	27
1 Sh	gelbgrün (Wz. 6)	33
2 Sh	blau	34
2 Sh	siena	54
Große farbige Eckbuchstaben		
2½ P	lilarosa (Wz. 9)	40
2½ P	lilarosa (Wz. 10)	47
2½ P	dunkelkobalt (Wz. 10)	51
2½ P	dunkelkobalt (Wz. 11)	59
3 P	rosa (Wz. 6)	41
3 P	rosalila (Wz. 11)	60
4 P	orangerot	42
4 P	lebhaftoliv	48
4 P	graubraun (Wz. 4 Z)	52
4 P	graubraun (Wz. 11)	61
6 P	hellocker	43
6 P	(grau)schwarz (Wz. 6)	44
6 P	grau (Wz. 11)	63
8 P	dunkelorange	45
8 P	rotbraun	IV
1 Sh	grün	46
1 Sh	braunorange (Wz. 6, Pl.-Nr. 1)	53
1 Sh	braunorange (Wz. 11)	64

Übersicht der Marken „Königin Elisabeth II."
(Typ Machin)

Werte	Farbe	Zeichnung	Druckverfahren	MiNr.
Pfund-Shilling-Pence-Währung:				
½ P	dunkelrötlichorange	ku	RaTdr.	452
1 P	dunkelbraunoliv	ku	RaTdr.	453
2 P	braunkarmin	ku	RaTdr.	454
3 P	schwärzlichviolett	ku	RaTdr.	455
4 P	schwarzgraubraun bis braunschwarz	ku	RaTdr.	456
4 P	lebhaftrot	ku	RaTdr.	496
5 P	schwärzlichultramarin	ku	RaTdr.	457
6 P	dunkelrosalila	ku	RaTdr.	458
7 P	dunkelsmaragdgrün	ku I	RaTdr.	459
8 P	lebhaftrot	ku I	RaTdr.	460
8 P	mittelgrünblau	ku I	RaTdr.	497
9 P	schwarzgrün	ku I	RaTdr.	461
10 P	dunkelbraungrau	ku	RaTdr.	462
1/–	mittelblauviolett	ku	RaTdr.	463
1/6	schw'blau/hellgrünlichblau	ku	RaTdr.	464
1/9	schwarz/mittelorange	ku	RaTdr.	465
2/6	dunkelbraun	mh	StTdr.	507
5/–	dunkelkarminbraun	mh	StTdr.	508
10/–	lilaultramarin	mh	StTdr.	509
1 £	schwarz	mh	StTdr.	510
Dezimalwährung:				
½ P	lebhafttürkisblau	ku	RaTdr.	561
1 P	dunkelbräunlichlila	ku	RaTdr.	562
1 P	dunkelbraunlila	ku	Odr.	1637
1 P	dunkelbräunlichlila (skl.)	ku V	RaTdr	3054
1 P	dunkelbräunlichlila (skl.)	ku III	RaTdr	3387
1 P	dunkelbräunlichlila	ku IV	Odr	3473
1 P	schwärzlichultramarin (skl.)	fxo	RaTdr.	4945
1½ P	grauschwarz	ku	RaTdr.	563
2 P	dunkelgrün (Töne)	ku	RaTdr.	564
2 P	dunkelopalgrün	ku	Odr.	825 a
2 P	schwarzgrün/mattgrün	ku	Odr.	825 b
2 P	dunkelgrün (skl.)	ku V	RaTdr	3055
2 P	dunkelgrün (skl.)	ku III	RaTdr	3388
2 P	dunkelgrün	ku IV	Odr	3474
2 P	schwärzlichopalgrün (skl.)	fxo	RaTdr.	4946
2½ P	lebhaftrötlichlila	ku	RaTdr.	565
2½ P	rot	ku	RaTdr.	861
3 P	lebhaftlilaultramarin	ku	RaTdr.	566
3 P	rötlichlila	ku	RaTdr.	854
3½ P	dunkelgrüngrau	ku	RaTdr.	567
3½ P	violettbraun	ku	RaTdr.	946
4 P	olivbraun	ku	RaTdr.	568
4 P	türkisblau/helltürkisblau	ku	Odr.	826 a
4 P	türkisblau	ku	Odr.	826 b
4 P	türkisblau (Töne)	ku	RaTdr.	890
4 P	kobaltblau	ku	RaTdr.	1160
4½ P	dunkelblau	ku	RaTdr.	634
5 P	mittelblauviolett	ku	RaTdr.	569
5 P	bläulichviolett	ku	Odr.	827
5 P	braunpurpur	ku	Odr.	900
5 P	graurotbraun	ku	RaTdr.	1090 a
5 P	mittelgraulilabraun	ku	RaTdr.	1090 b
5 P	mittelgraulilabraun	ku	Odr.	2723
5 P	mittelgraulilabraun (skl.)	ku V	RaTdr.	3056
5 P	mittelgraulilabraun (skl.)	ku III	RaTdr	3389
5 P	mittelgraulilabraun	ku IV	Odr	3432
5 P	dunkelviolettblau (skl.)	fxo	RaTdr.	4947
5½ P	schwärzlichviolett	ku	RaTdr.	635
6 P	mittelsmaragdgrün	ku	RaTdr.	570
6 P	gelboliv	ku	RaTdr.	1355
6 P	gelboliv	ku	Odr.	1527
6½ P	dunkeltürkisblau	ku	RaTdr.	658
7 P	dunkellilabraun	ku	RaTdr.	667
7 P	lebhaftbraunrot	ku	RaTdr.	1049
7 P	grau	ku	RaTdr.	1801
7 P	karminlila	ku	RaTdr.	2202
7½ P	lebhaftrötlichbraun	ku	RaTdr.	571
8 P	dunkelrosarot	ku	RaTdr.	636
8 P	dunkelorangegelb	ku	RaTdr.	1861
8½ P	dunkelolivgrün	ku	RaTdr.	687
9 P	schwarz/mittelorange	ku	RaTdr.	572
9 P	dunkelviolettblau	ku	RaTdr.	696
9 P	dunkelorange	ku	RaTdr.	2295
9 P	dunkelorange	ku	Odr.	2944
9½ P	dunkelpurpur	ku	RaTdr.	697
10 P	lilarot (Großformat)	mh	StTdr.	549
10 P	dunkelbraunorange/ mittelbraunorange	ku	RaTdr.	573
10 P	braunorange	ku	RaTdr.	698
10 P	dunkelorange	ku	RaTdr.	1283
10 P	dunkelorange	ku	Odr.	1569
10 P	dunkelorange (skl.)	ku V	RaTdr	3057
10 P	dunkelorange (skl.)	ku III	RaTdr	3390
10 P	dunkelorange	ku IV	Odr	3433
10 P	bläulichgrün (skl.)	fxo	RaTdr.	4948
10 P	bläulichgrün (skl.)	fxo	Odr.	5090
10½ P	mittelorangegelb	ku	RaTdr.	699
10½ P	schwarzgraublau (Töne)	ku	RaTdr.	764
11 P	bräunlichrot	ku	RaTdr.	700
11½ P	olivbraun (Töne)	ku	RaTdr.	801
11½ P	dunkelbraungrau	ku	RaTdr.	862
12 P	lebhaftgrünlicholiv	ku	RaTdr.	821
12 P	smaragdgrün	ku	RaTdr.	1050
12 P	dunkeltürkisblau	ku	RaTdr.	2430
12½ P	lebhaftsmaragdgrün	ku	RaTdr.	901
13 P	dunkelgrüngrau	ku	RaTdr.	802
13 P	orangebraun	ku	RaTdr.	1002
13 P	orangebraun	ku	Odr.	1135
13½ P	violettbraun	ku	RaTdr.	822
14 P	dunkelgraublau	ku	RaTdr.	863
14 P	schwärzlichblau	ku	RaTdr.	1162
14 P	schwärzlichblau	ku	Odr.	1178
14 P	graurot	ku	RaTdr.	2431
15 P	mittellilaultramarin (Töne)	ku	RaTdr.	803
15 P	lebhaftkobalt	ku	RaTdr.	1222
15 P	karminlila	ku	RaTdr.	2628
15½ P	bläulichviolett	ku	RaTdr.	864
16 P	dunkelbraungrau	ku	RaTdr.	947
16 P	lebhaftlilarot	ku	RaTdr.	2514
16 P	lilarosa	ku	Odr.	2703

Werte	Farbe	Zeichnung	Druckverfahren	MiNr.
16½ P	mittelrötlichbraun	ku	RaTdr.	902
17 P	grün (Töne)	ku	RaTdr.	823
17 P	dunkelgraublau	ku	RaTdr.	948
17 P	schwarzblau bis indigo	ku	RaTdr.	1284
17 P	schwarzblau	ku	Odr.	1324
17 P	braunoliv	ku	RaTdr.	2745
17 P	braunoliv	ku	Odr.	2787
17½ P	rotbraun	ku	RaTdr.	824
18 P	schwärzlichviolettblau	ku	RaTdr.	865
18 P	schwarzoliv	ku	RaTdr.	1003
18 P	schwärzlicholiv	ku	Odr.	1136
18 P	dunkelgelbgrün	ku	RaTdr.	1356
18 P	dunkelgelbgrün	ku	Odr.	1419
19 P	gelblichrot	ku	RaTdr.	1163
19 P	gelblichrot	ku	Odr.	1179
19 P	braunoliv	ku	RaTdr.	1474
19 P	braunoliv	ku	Odr.	1528
19½ P	schwärzlichgrüngrau	ku	RaTdr.	903
20 P	dunkelgrauoliv (Großformat)	mh	StTdr.	550
20 P	schwarzviolett	ku	RaTdr.	701
20 P	rotgrau/schwarzrotgrau	ku	Odr.	828 a
20 P	karmingrau/schwarz-karmingrau	ku	Odr.	828 b
20 P	lebhaftblaugrün	ku	RaTdr.	1164
20 P	schwarz	ku	RaTdr.	1223
20 P	dunkelgelblichgrün	ku	RaTdr.	1630
20 P	dunkelgelbgrün	ku	Odr.	1638
20 P	dunkelgelblichgrün (skl.)	ku V	RaTdr	3058
20 P	dunkelgelblichgrün (skl.)	ku III	RaTdr	3391
20 P	dunkelgelblichgrün	ku IV	Odr	3434
20 P	dunkelgelbgrün (skl.)	fxo	RaTdr.	4949
20 P	dunkelgelbgrün (skl.)	fxo	Odr.	5091
20½ P	lilaultramarin	ku	RaTdr.	949
22 P	dunkelblau	ku	RaTdr.	855
22 P	dunkelolivgrün	ku	RaTdr.	1004
22 P	dunkelolivgrün	ku	Odr.	1137
22 P	gelblichrot	ku	RaTdr.	1285
22 P	lebhaftgelblichrot	ku	Odr.	1325
22 P	olivbraun	ku	RaTdr.	2746
22 P	olivbraun	ku	Odr.	2788
23 P	karminrot	ku	RaTdr.	950
23 P	gelblichgrün	ku	RaTdr.	1165
24 P	dunkelbläulichviolett	ku	RaTdr.	1005
24 P	schwärzlichrotorange	ku	RaTdr.	1224
24 P	mittelsiena	ku	RaTdr.	1357
24 P	mittelsiena	ku	Odr.	1420
25 P	purpur	ku	RaTdr.	866
25 P	lebhaftrosa	ku	RaTdr.	1475
25 P	dunkelgraurot	ku	Odr.	1480
26 P	lebhaftrotkarmin	ku	RaTdr.	904
26 P	grauolivbraun	ku	RaTdr.	1286
26 P	hellsiena	ku	RaTdr.	1631
26 P	dunkelgelbbraun	ku	Odr.	1639
26 P	gold	ku	RaTdr.	1690
27 P	mittelsiena	ku	RaTdr.	1166
27 P	lebhaftblauviolett	ku	RaTdr.	1287
28 P	schwärzlichviolettblau	ku	RaTdr.	951
28 P	lebhaftockerbraun	ku	RaTdr.	1167
28 P	grautürkis	ku	RaTdr.	1358
29 P	dunkelolivbraun	ku	RaTdr.	905
29 P	dunkelviolettpurpur	ku	RaTdr.	1225
29 P	dunkelviolettpurpur	ku	Odr.	1229
29 P	grau	ku	RaTdr.	1476
30 P	schwarzoliv	ku	RaTdr.	1226
30 P	schwarzoliv	ku	Odr.	1570
31 P	purpur	ku	RaTdr.	952
31 P	lebhaftviolettultramarin	ku	RaTdr.	1288
31 P	lebhaftviolettultramarin	ku	Odr.	1295
31 P	dunkelrotviolett	ku	RaTdr.	1632
32 P	schwärzlichtürkisblau	ku	RaTdr.	1168
33 P	smaragdgrün	ku	RaTdr.	1289
33 P	smaragdgrün	ku	Odr.	1326
33 P	dunkelgrautürkis	ku	RaTdr.	1862
34 P	olivbraun	ku	RaTdr.	1006
34 P	schwärzlichockerbraun	ku	Odr.	1138
34 P	grautürkis	ku	RaTdr.	1227
34 P	dunkelviolettpurpur	ku	RaTdr.	1359
34 P	gelboliv	ku	RaTdr.	2111
35 P	schwärzlichbraun	ku	RaTdr.	1169
35 P	gelbocker	ku	RaTdr.	1360
35 P	gelbocker	ku	Odr.	1481
35 P	schwärzlichgraubraun	ku	RaTdr.	2203
35 P	gelboliv	ku	RaTdr.	2296
36 P	lebhaftlilaultramarin	ku	RaTdr.	1477
37 P	dunkelrosarot	ku	RaTdr.	1228
37 P	purpur	ku	RaTdr.	1633
37 P	purpur	ku	Odr.	1640
37 P	schwarz	ku	RaTdr.	2026
37 P	dunkelbraunoliv	ku	RaTdr.	2396
38 P	dunkelrosarot	ku	RaTdr.	1478
38 P	lebhaftviolettultramarin	ku	RaTdr.	1802
39 P	purpur	ku	RaTdr.	1361
39 P	lilapurpur	ku	Odr.	1362
39 P	lebhaftrötlichlila	ku	RaTdr.	1634
39 P	lebhaftgrau	ku	RaTdr.	2204
40 P	lebhaftgraublau	ku	RaTdr.	1863
40 P	schwärzlichtürkisblau	ku	RaTdr.	2205
41 P	lebhaftgraubraun	ku	RaTdr.	1479
41 P	lebhaftolivbraun	ku	Odr.	1482
41 P	rosarot	ku	RaTdr.	1864
42 P	schwarzoliv	ku	RaTdr.	2027
42 P	schwarzoliv (skl.)	ku	RaTdr.	2031
43 P	schwärzlicholivbraun (Töne)	ku	RaTdr.	1635
43 P	gelbsmaragdgrün	ku	RaTdr.	2206
44 P	lebhaftgraubraun	ku	RaTdr.	1803
44 P	dunkelkobalt	ku	RaTdr.	2397
45 P	purpur	ku	RaTdr.	1865
46 P	goldfarben	ku	RaTdr.	2297
47 P	lebhaftblaugrün	ku	RaTdr.	2028
48 P	purpur	ku	RaTdr.	2515
48 P	purpur	ku	Odr.	2724
49 P	mittelsiena	ku	RaTdr.	2398
50 P	lilaultramarin (Großformat)	mh	StTdr.	551
50 P	olivbraun	ku	RaTdr.	731
50 P	lebhaftockerbraun	ku	RaTdr.	1265
50 P	lebhaftgrau	ku	RaTdr.	2516
50 P	lebhaftgrau	ku	Odr.	2704
50 P	mittelgrau (skl.)	ku III	RaTdr.	2728
50 P	dunkelgrau (skl.)	ku III	RaTdr.	3392
50 P	dunkelgrau	ku IV	Odr.	3525
50 P	grau (skl.)	fxo	RaTdr.	4950
54 P	dunkelbraunorange	ku	RaTdr.	2517
54 P	dunkelbraunorange	ku	Odr.	2861
56 P	gelboliv	ku	RaTdr.	2629
60 P	dunkelgrautürkis	ku	Odr.	1534
60 P	dunkelsmaragdgrün	ku	RaTdr.	2921
60 P	dunkelsmaragdgrün	ku	Odr.	2945
62 P	dunkelrosarot	ku	RaTdr.	2747
62 P	dunkelrosarot	ku	Odr.	2789
63 P	lebhaftsmaragdgrün	ku	RaTdr.	1636
63 P	smaragdgrün	ku	Odr.	1641
64 P	lebhaftblaugrün	ku	RaTdr.	1804
65 P	dunkeltürkisblau	ku	RaTdr.	1866
67 P	dunkellilapurpur	ku	RaTdr.	2922
67 P	dunkellilapurpur	ku	Odr.	2946
68 P	lebhaftgraubraun	ku	RaTdr.	2029
68 P	lebhaftgraubraun (skl.)	ku	RaTdr.	2032
68 P	blaugrün (skl.)	ku III	RaTdr.	3081
68 P	blaugrün	ku IV	RaTdr.	3194
72 P	dunkelrosarot	ku	RaTdr.	2399
75 P	braunschwarz	ku	Odr.	829 a
75 P	schwarz/grauschwarz	ku	Odr.	829 b
75 P	grauschwarz	ku	RaTdr.	1161
76 P	lilarosa	ku IV	Odr.	3140
76 P	lilarosa (skl.)	ku III	RaTdr.	3082
78 P	gelbsmaragdgrün	ku	RaTdr.	2518
78 P	dunkelpurpur (skl.)	ku III	RaTdr.	3436
81 P	lebhaftgrünblau	ku	RaTdr.	2630
81 P	blaugrün	ku IV	Odr.	3705
81 P	schwärzl'smaragdgrün (skl.)	ku III	RaTdr.	3584
87 P	gelblichorange (skl.)	ku III	RaTdr.	3250
87 P	gelblichorange	ku IV	Odr.	3435
88 P	rötlichlila	ku	RaTdr.	2923
88 P	rötlichlila	ku	Odr.	2947
88 P	dunkelgelborange	ku III	RaTdr.	3437
90 P	dunkelultramarin	ku	RaTdr.	2748
90 P	ultramarin	ku	Odr.	2803
97 P	dunkelbläulichviolett	ku	RaTdr.	2924
97 P	dunkelbläulichviolett	ku	Odr.	2948
97 P	violettblau	ku IV	Odr.	3706
97 P	dunkelbläulichviolett (skl.)	ku III	RaTdr.	3585
1 £	schwarz (Großformat)	mh I	StTdr.	611
1 £	schwärzlicholiv/mattoliv (Großformat)	vd	RaTdr.	732
1 £	gold (Großformat)	mh	Hfdr.+Pdr.	4056
1.00 £	dunkelblauviolett	ku	RaTdr.	1585
1.00 £	lebhaftrotlila	ku	RaTdr.	2526
1.00 £	rotlila (skl.)	ku III	RaTdr.	2730
1.00 £	ockerbraun (skl.)	ku III	RaTdr.	3395
1.00 £	ockerbraun	ku IV	Odr.	3600
1.00 £	lebhaftrotlila	ku IV	RaTdr.	4057
1.00 £	lebhaftbraun (skl.)	fxo	RaTdr.	4951
1.00 £	lebhaftbraun (skl.)	fxo	Odr.	5143
1.05 £	dunkelbräunlicholiv (skl.)	ku III	RaTdr.	3861
1.05 £	dunkelbräunlicholiv	ku IV	Odr.	3926
1.10 £	dunkelolivgelb (skl.)	ku III	RaTdr.	3083
1.17 £	zinnober (skl.)	ku III	RaTdr.	4025
1.17 £	zinnober	ku IV	Odr.	4171
1.25 £	schwärzl'smaragdgrün (skl.)	ku III	RaTdr.	4192
1.25 £	schwärzlichsmaragdgrün	ku IV	Odr.	4317
1.28 £	gelbsmaragdgrün (skl.)	ku III	RaTdr.	3251
1.30 £	schwarzpreußischblau/mattbraungrau (Großform.)	vd	RaTdr.	961

Werte	Farbe	Zeichnung	Druckverfahren	MiNr.
1.33 £	grauschwarz/purpurweiß (Großformat)	vd	RaTdr.	1007
1.33 £	dunkelgelborange	ku III	RaTdr.	3717
1.33 £	dunkelgelborange (skl.)	ku IV	Odr.	3745
1.35 £	dunkelpurpur (skl.)	ku III	RaTdr.	4363
1.35 £	dunkelpurpur	ku IV	Odr.	4540
1.40 £	türkisgrau (skl.)	ku III	RaTdr.	4026
1.40 £	türkisgrau	ku IV	Odr.	4140
1.41 £	dunkelgraublau/hellgrau (Großformat)	vd	RaTdr.	1043
1.42 £	rotkarmin (skl.)	ku III	RaTdr.	4553
1.45 £	violettgrau (skl.)	ku III	RaTdr.	4193
1.45 £	violettgrau	ku IV	Odr.	4362
1.46 £	dunkelgrünlichblau	ku	RaTdr.	2925
1.46 £	dunkelgrünlichblau	ku	Odr.	2949
1.47 £	lebhaftviolettgrau (skl.)	ku III	RaTdr.	3586
1.50 £	grauschwarz/purpurweiß (Großformat)	vd	RaTdr.	1084
1.50 £	lebhaftbräunlichrot	ku	StTdr.	1793
1.50 £	lebhaftbräunlichrot	ku	RaTdr.	2136
1.50 £	schwärzlichrotorange (skl.)	ku III	RaTdr.	2731
1.50 £	schwärzlichrotorange	ku IV	Odr.	4920
1.52 £	dunkelpurpur (skl.)	ku III	RaTdr.	3718
1.55 £	lebhaftgrünlichblau (skl.)	ku III	RaTdr.	4194
1.55 £	lebhaftgrünlichblau	ku IV	Odr.	4336
1.57 £	gelboliv (skl.)	ku III	RaTdr.	4027
1.60 £	schwarzpreußischblau/mattbraungrau (Großf.)	vd	RaTdr.	1121
1.60 £	dunkelgelborange (skl.)	ku III	RaTdr.	4364
1.63 £	zinnober (skl.)	ku III	RaTdr.	4554
1.63 £	zinnober	ku IV	Odr.	4582
1.65 £	dunkelbraunoliv (skl.)	ku III	RaTdr.	3084
1.68 £	gelboliv (skl.)	ku III	RaTdr.	4555
1.70 £	türkisblau	ku IV	Odr.	4829
1.70 £	hellpreußischblau (skl.)	ku III	RaTdr.	4709
1.85 £	dunkelockerbraun (skl.)	fpp	RaTdr.	4955
1.85 £	dunkelockerbraun (skl.)	fpp	Odr.	5092
1.88 £	schwärzlichultramarin (skl.)	ku III	RaTdr.	3438
1.90 £	lilapurpur (skl.)	ku III	RaTdr.	3252
2 £	dunkelbraunrot/mattbläulichgrün (Großformat)	vd	RaTdr.	733
2.00 £	schwarzgraublau	ku	StTdr.	1794
2.00 £	schwärzlichgrautürkis	ku	RaTdr.	2137
2.00 £	schwärzlichgraugrün (skl.)	ku III	RaTdr.	2732
2.00 £	ultramarin (skl.)	fxo	RaTdr.	4952
2.00 £	lebhaftcyanblau (skl.)	fxo	Odr.	5156
2.15 £	lebhaftgrünlichblau (skl.)	ku III	RaTdr.	3587
2.25 £	schwärzlichblauviolett (skl.)	ku III	RaTdr.	3719
2.27 £	hellolivbraun (skl.)	ku III	RaTdr.	4028
2.30 £	dunkelbräunlicholiv (skl.)	ku III	RaTdr.	4365
2.42 £	violettblau (skl.)	ku III	RaTdr.	4556
2.45 £	schwärzlichgelbsmaragdgrün (skl.)	ku III	RaTdr.	3720
2.55 £	rotkarmin (skl.)	ku III	RaTdr.	4029
2.55 £	schwärzlichultramarin (skl.)	fpp	RaTdr.	4956
2.65 £	violettblau (skl.)	ku III	RaTdr.	4195
2.80 £	schwärzlichgelbsmaragdgrün (skl.)	ku III	RaTdr.	4366
2.97 £	karminlila (skl.)	ku III	RaTdr.	4557
3.00 £	dunkelbläulichviolett	ku	StTdr.	1795
3.00 £	schwärzlichgraupurpur	ku	RaTdr.	2138
3.00 £	dunkelviolettpurpur (skl.)	ku III	RaTdr.	2733
3.00 £	dunkelpurpurviolett (skl.)	fxo	RaTdr.	4953
3.15 £	opalgrün (skl.)	ku III	Ratdr.	3721
3.25 £	hellblaugrün (skl.)	ku III	RaTdr.	4710
3.25 £	violettpurpur (skl.)	fpp	RaTdr.	4957
3.30 £	karminlila (skl.)	ku III	Ratdr.	3722
3.45 £	türkisgrün (skl.)	ku III	RaTdr.	4367
3.60 £	gelblichorange (skl.)	ku III	RaTdr.	4368
3.66 £	hellolivbraun (skl.)	ku III	RaTdr.	4558
3.82 £	schwärzl'smaragdgrün (skl.)	ku III	RaTdr.	4559
4.20 £	dunkelblauviolett (skl.)	ku III	RaTdr.	4711
4.20 £	dunkelgelbgrün (skl.)	fpp	RaTdr.	4958
5 £	schwarzlilaultramarin/mattorange (Großformat)	vd	RaTdr.	734
5.00 £	lebhaftbraun	ku	StTdr.	1796
5.00 £	hellgrauultramarin	ku	RaTdr.	2139
5.00 £	hellgrauultramarin (skl.)	ku III	RaTdr.	2734
5 £	lilaultramarin (Großformat)	vd I	RaTdr.	3995
5.00 £	gelbsmaragdgrün (skl.)	fxo	RaTdr.	4954

ku	=	Wertziffer unten links
ku I	=	Wertziffer unten rechts
ku II	=	Wertziffer oben links
ku III	=	wie ku, zusätzlich irisierende, negative Inschrift und U-förmige Stanzung
ku IV	=	wie ku, zusätzlich irisierende, negative Inschrift
ku V	=	wie ku, zusätzlich U-förmige Stanzung
fpp	=	mit Matrixcode
fxo	=	mit Matrixcode, Kopfbild auf weißem Grund

Werte	Farbe	Zeichnung	Druckverfahren	MiNr.
2ND	lebhaftkobalt	ku	Odr.	1214
2ND	lebhaftkobalt	ku	RaTdr.	1216
2ND	schwarzblau	ku	Odr.	1279
2ND	schwarzblau	ku	RaTdr.	1281
2ND	lebhaftkobalt (Querformat)	aws	RaTdr.	1688
2ND	lebhaftkobalt (skl.)	ku	RaTdr.	1747
2ND	lebhaftkobalt	ku II	RaTdr.	2432
2ND	lebhaftkobalt (skl.)	ku II	RaTdr.	2438
2ND	lebhaftkobalt (skl.)	ku III	RaTdr.	2725
2ND	lebhaftkobalt	ku IV	RaTdr.	2962
2ND	lebhaftkobalt	ku IV	Odr.	3833
2ND	lebhaftkobalt (skl.)	fpp	RaTdr.	4752
2ND	dunkelsmaragdgrün (skl.)	fpp	RaTdr.	4908
2ND	dunkelsmaragdgrün (skl.)	fpp	Odr.	5142
2ND Large	lebhaftkobalt	chk	RaTdr.	2334
2ND Large	lebhaftkobalt (skl.)	chk	RaTdr.	2436
2ND Large	lebhaftkobalt (skl.)	chk I	RaTdr.	2727
2ND Large	lebhaftgraugrün (skl.)	fpp	RaTdr.	4910
1ST	schwarz	ku	Odr.	1215
1ST	schwarz	ku	RaTdr.	1217
1ST	gelblichrot	ku	Odr.	1280
1ST	gelblichrot	ku	RaTdr.	1282
1ST	zinnober (Querformat)	aws	Odr.	1473
1ST	gelblichrot (Querformat)	aws	RaTdr.	1689
1ST	goldfarben	ku	RaTdr.	1691
1ST	gelblichrot (skl.)	ku	RaTdr.	1748
1ST	hellgrau (Großformat)	bia	Pdr.	1786
1ST	grauschwarz (Großformat)	bib	StTdr.	1787
1ST	schwarz (Großformat)	bic	Bdr.	1788
1ST	dunkelbräunlicholiv	bld	RaTdr.	1843
1ST	gold (skl.)	ku	RaTdr.	2025
1ST	goldfarben	ku II	RaTdr.	2433
1ST	goldfarben (skl.)	ku II	RaTdr.	2439
1ST	goldfarben	ku	Odr.	2605
1ST	goldfarben (skl.)	ku III	RaTdr.	2726
1ST	goldfarben	ku IV	RaTdr.	2963
1ST	goldfarben	ku IV	Odr.	3139
1ST	lebhaftgrautürkis	ku IV	RaTdr.	3209
1ST	lebhaftgrautürkis (skl.)	ku III	RaTdr.	3210
1ST	lebhaftrot (skl.)	ku III	RaTdr.	3393
1ST	lebhaftrot	ku IV	Odr.	3475
1ST	hellgrauviolett	ku IV	RaTdr.	3781
1ST	lebhaftgrauviolett (skl.)	ku III	RaTdr.	3784
1ST	hellgrauviolett	ku IV	Odr.	3884
1ST	rot (skl.)	ku III	RaTdr.	3969
1ST	rot	ku IV	Odr.	4008
1ST	gelblichrot (Querformat)	aws	RaTdr.	4054
1ST	lebhaftrot	ku IV	RaTdr.	4055 a
1ST	rot	ku IV	RaTdr.	4055 b
1ST	schwärzl'blauviolett (skl.)	fpp	RaTdr.	4909
1ST Large	goldfarben	chk	RaTdr.	2435
1ST Large	lebhaftkobalt (skl.)	chk	RaTdr.	2437
1ST Large	goldfarben (skl.)	chk I	RaTdr.	2729
1ST Large	lebhaftgrautürkis (skl.)	chk I	RaTdr.	3249
1ST Large	lebhaftrot (skl.)	chk I	RaTdr.	3394
1ST Large	rot (skl.)	chk I	RaTdr.	3970
1ST Large	dunkeltürkisblau (skl.)	fpp	RaTdr.	4911
E	schwarzblau	ku	RaTdr.	1781
E	schwarzblau	ku	RaTdr.	2030
Europe up to 20 g	mfg./dunkelgrün (skl.)	bvo	RaTdr.	2926
Europe up to 40 g	blau/rot (skl.)	bvo	RaTdr.	2102
Worldwide up to 20 g	mfg./lilapurpur (skl.)	bvo	RaTdr.	2927
Worldwide up to 40 g	rot/blau (skl.)	bvo	RaTdr.	2103
Worldwide postcard	mehrfarbig (skl.)	bvo	RaTdr.	2207
1ST Recorded Signed For	gelblichrot/gelb (skl.)	cxm	RaTdr.	2839
1ST Royal Mail Signed For	gelblichrot/gelb (skl.)	cxm I	RaTdr.	3439
1ST Large Recorded Signed For	gelblichrot/gelb (skl.)	cxn	RaTdr.	2840
1ST Large Royal Mail Signed For	gelblichrot/gelb (skl.)	cnx I	RaTdr.	3440
1ST Special Delivery up to 100 g	blau/silberfarben (skl.)	dde	RaTdr.	3014
1ST Special Delivery up to 500 g	silberfarben/blau (skl.)	dde	RaTdr.	3015

Übersicht der Marken „König Charles III."
(Typ Jennings)

gek gek II ghd

Werte	Farbe	Zeich-nung	Druck-verfahren	MiNr.
1 P	schwärzl'ultramarin (skl.)	ghd	RaTdr.	5270 I
2 P	schwärzlichopalgrün (skl.)	ghd	RaTdr.	5271 I
5 P	dunkelviolettblau (skl.)	ghd	RaTdr.	5272 I
10 P	bläulichgrün (skl.)	ghd	RaTdr.	5273 I
10 P	bläulichgrün (skl.)	ghd	Odr.	5273 II
20 P	dunkelgelbgrün (skl.)	ghd	RaTdr.	5274 I
20 P	dunkelgelbgrün (skl.)	ghd	Odr.	5274 II
50 P	grau (skl.)	ghd	RaTdr.	5275 I
50 P	grau (skl.)	ghd	Odr.	5275 II
1.00 £	lebhaftbraun (skl.)	ghd	RaTdr.	5276 I
1.00 £	lebhaftbraun (skl.)	ghd	Odr.	5276 II
2.00 £	ultramarin (skl.)	ghd	RaTdr.	5277 I
2.00 £	ultramarin (skl.)	ghd	Odr.	5277 II
2.20 £	dunkelgrün (skl.)	gek	RaTdr.	5171 I
2.20 £	dunkelgrün (skl.)	gek	Odr.	5171 II
2.50 £	dunkelbräunlicholiv (skl.)	gek	RaTdr.	5395
2.80 £	dunkelgraugrün (skl.)	gek	RaTdr.	5519
3.20 £	gelbsmaragdgrün (skl.)	gek	RaTdr.	5633
3.50 £	lebhaftbraun (skl.)	gek	RaTdr.	5634
4.30 £	ultramarin (skl.)	gek	RaTdr.	5635
5.00 £	gelbsmaragdgrün (skl.)	ghd	RaTdr.	5278 I
2ND	dunkelsmaragdgrün (skl.)	gek	RaTdr.	5167 I
2ND	dunkelsmaragdgrün (skl.)	gek	Odr.	5167 II
1ST	schwärzl'blauviolett (skl.)	gek	RaTdr.	5168 I
1ST	schwärzl'blauviolett (skl.)	gek	Odr.	5168 II
2ND Large	lebhaftgraugrün (skl.)	gek II	RaTdr.	5169 I
1ST Large	dunkeltürkisblau (skl.)	gek II	RaTdr.	5170 I

gek	=	Wertziffer unten links
gek II	=	Wertziffer oben links
ghd	=	mit Rahmen

Automatenmarken

Im MICHEL-Europa werden in aller Regel nur die billigste Sorte einer Automatenmarkenausgabe sowie wesentliche Unterschiede des Vordruckpapiers berücksichtigt. Eine ausführliche Katalogisierung nach Unterarten wie Automatennummern, Typen, Papiersorten, Fehlverwendungen und anderen Unterschieden ist im MICHEL-Automatenmarken-Spezial zu finden.

Allgemeine Bewertung: 1 £ Nominale = 2,50 €, soweit nicht bereits ein höherer Wert angegeben ist.

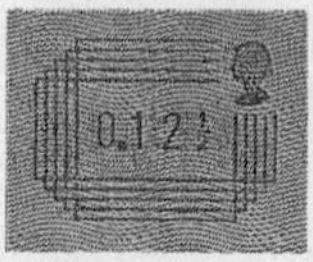

a

1984, 1. Mai. Freimarke. RaTdr.; Papier ph.; Typendruck über Farbband; □.

			**	⊙	FDC
1	½ (P) – 17 (P) (in Stufen von ½ P) bräunlichrot; Unterdruck: hellolivgrau ½–17 P, je Wert	a	1,80	4,—	8,—

Laufzeit: 1.5.1984–30.4.1986

Die angegebene Spannweite der Nominalwerte bezieht sich auf die festprogrammierten Wertstufen bei Erstausgabe. Jährliche Portoerhöhungen werden aus Gründen der Übersichtlichkeit nicht berücksichtigt. Später erschienene Wertstufen sind in der Fußnote „Nominalen zur Zeit der Ausgabe" aufgeführt.

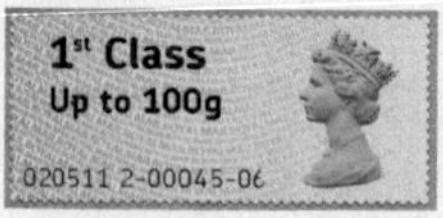

2008, 8. Okt. Freimarke. RaTdr.; Papier ph.; Thermodruck; gestanzt 14.

b) Königin Elizabeth II. (1926–2022, reg. ab 1952)

2	(36 P) – (81 P) (in festprogrammierten Wertstufen) schwarz; Unterdruck: bräunlicholiv	b	2,50	2,—	3,—

Nominalen zur Zeit der Erstausgabe:
– „1st Class Up to 100g": 36 P
– „Europe Up to 20g": 50 P (bis 13.7.2014)
– „1st Large Up to 100g": 52 P
– „Worldwide Up to 10g": 56 P (bis 30.3.2014)
– „Worldwide Up to 20g": 81 P (bis 31.8.2020)
– „Worldwide up to 40g": 1.65 £ (14.9.2011–30.3.2014)
– „Europe up to 60g": 1.47 £ (31.3.2014–29.3.2015)
– „Worldwide up to 60g": 2.15 £ (31.3.2014–29.3.2015)
– „Euro 20g / World 10g": 97 P (28.4.2014–31.12.2020)
– „Europe up to 100g": 1.52 £ (30.3.2015–31.8.2020 und erneut ab 1.1.2021)
– „Worldwide up to 100g": 2.25 £ (30.3.2015–31.8.2020 und erneut ab 1.1.2021)
– „Euro 100g / World 20g": 1.70 £ (1.9.–31.12.2020 und erneut 3.4.–21.11.2023)
– „World 100g Zone 1-3": 2.50 £ (1.9.–17.9.2020)
– „World 100g Zone 1 & 3": 2.50 £ (18.9.–31.12.2020)
– „World 100g Zone 2": 2.55 £ (1.9.–31.12.2020)
– „Europe Large 100g": 3.25 £ (ab 1.1.2021)
– „Worldwide Large 100g": 4.20 £ (ab 1.1.2021)

Der Thermodruck bei MiNr. 2 kommt in mehreren Typen vor: anfänglich in größerer Schrifttype, dabei mit „Up...", später in kleinerer Schrifttype, dabei mit „up...", jedoch sind eine Vielfalt an Abweichungen bekannt in Form von Schriftstärke, Zeilenabständen und Buchstabenverstümmelungen.

MiNr. 2 gibt es auch mit erweitertem Thermodruck:
– „Arnold Machin 1911–1999" (14.–17.9.2011)
– „Diamond Jubilee 1952–2012" (22.–25.2.2012)
– „Perth 2012 19–22 October" (19.–22.10.2012)
– „The B.P.M.A." (3.12.2012–19.1.2016)*
– „The Coronation 60th Anniversary" (20.–23.2.2013)
– „84th Scottish Congress 2013" (19.–20.4.2013)
– „Australia 2013 World Stamp Expo" (10.–15.5.2013)
– „Australia 2013 Stamp Expo" (10.–15.5.2013)
– „Stampex 2014 19–22 February" (19.–22.2.2014)
– „The B.P.M.A. Postage Due 1914" (19.–25.2.2014)*
– „85th Scottish Congress 2014" (11.–12.4.2014)
– „The NMRN" (28.7.2014–18.10.2015)
– „PhilaKorea 2014 World Stamp Expo" (7.–12.8.2014)
– „The B.P.M.A. Inland Airmail 1934" und Airmail-Emblem (20.8.–20.10.2014)
– „The RMM" (13.1.–18.10.2015)
– „Crewe" (9.2.–28.3.2015)
– „Bradford N" (9.2.–28.3.2015)
– „Wheatstone House" (10.2.–März 2015)
– „The B.P.M.A. Trollope 200" und Briefkasten (18.2.–20.4.2015)
– „The FAAM" (14.4.–18.10.2015)
– „86th Scottish Congress" (17.–18.4.2015)
– „86th Scottish Congress 2015" (17.–18.4.2015)
– „The B.P.M.A. Penny Black 175" und Malteserkreuz (6.5.–7.8.2015)
– „Messe Essen 7–9 May 2015" (7.–9.5.2015)
– „Europhilex London Penny Black 175" (13.–16.5.2015)
– „The RNSM" (28.7.–18.10.2015)
– „Singpex 2015 World Stamp Expo" (14.–19.8.2015)
– „STEAM GWR" (25.8.2015–24.2.2016)
– „Queen Elizabeth II Longest Reign" (16.–19.9.2015)
– „Brighton 2015" (27.–30.9.2015)
– „Manchester 2015" (4.–7.10.2015)
– „Aberdeen 2015" (15.–17.10.2015)
– „Sindelfingen October 2015" (29.–31.10.2015)
– „Paris November 2015" (5.–8.11.2015)
– „Royal Navy" und großes Logo (16.11.2015–18.8.2017)
– „Royal Marines" und Logo (16.11.2015–24.2.2017)*
– „RN Submarine" und Logo (16.11.2015–22.11.2022)*
– „Fleet Air Arm" und großes Logo (16.11.2015–6.10.2020)*
– „The Postal Museum" und kleines Logo (1.2.2016–2.6.2017)
– „500 Years of Royal Mail" (17.–20.2.2016)
– „87th Scottish Congress 2016" (15.–16.4.2016)
– „Royal Navy Battle of Jutland" und Logo (31.5.–30.6.2016)
– „Royal Marines Battle of Jutland" und Logo (31.5.–30.6.2016)
– „RN Submarine Battle of Jutland" und Logo (31.5.–30.6.2016)
– „Fleet Air Arm Battle of Jutland" und Logo (31.5.–30.6.2016)
– „The Postal Museum King Edward VIII 1936" und 2 Logos (14.9.–11.11.2016)
– „Liverpool 2016" (25.–28.9.2016)
– „Birmingham 2016" (2.–5.10.2016)
– „Glasgow 2016" (14.–15.10.2016)
– „Shakespeare birthplace trust" als Logo (1.11.2016–3.11.2019 und 12.4.–Ende 2021)*
– „Royal Corps of Signals" und Logo (3.11.2016–17.5.2020)*
– „Seasons Greetings From all at BFPO" und Logo (1.12.–Ende 2016)
– „Fleet Air Arm LZ551/G 1st Jet Carrier Landing" (3.12.2016–3.1.2017)
– „The Postal Museum" und großes Logo (3.1.2017)
– „Machin Anniversary 1967–2017" (15.–18.2.2017)
– „65th Anniversary of HM Queen's Accession" (15.–18.2.2017)
– „Ministry of Defence" und zwei Logos (27.2.2017–?)
– „STEAM King George V 90th" und Logo (15.3.–14.4.2017)
– „SHAKESPEARE WEEK" (20.3.–21.4.2017)
– „E A R M" (20.3.2017–?)
– „STEAM" und großes Logo (15.4.2017–Mitte 2021)*
– „88th Scottish Congress" (21.–22.4.2017)
– „HMS Alliance 14th May 1947" und Logo (19.5.–18.6.2017)
– „Heligoland 'Big Bang' 1947" und Logo (19.5.–18.6.2017)
– „Royal Mail HQ" (15.6.2017–?)
– „HMS Trincomalee 200 Years" und großes Logo (16.6.–18.8.2017)
– „Fleet Air Arm Sea King ZA298 Junglie" und Logo (19.7.–21.8.2017)
– „Royal Navy Queen Elizabeth II Carrier" und Logo (19.–28.8.2017)
– „HMS Trincomalee 200 Years" und kleines Logo (19.8.–19.10.2017)
– „Royal Navy" und kleines Logo (19.8.2017–19.12.2020, 17.5.2021–10.11.2022 und 3.4.2023–?)*
– „Royal Navy Queen Elizabeth Carrier 2017" und Logo (29.8.–17.9.2017)
– „Brighton 2017" (25.–27.9.2017)
– „Manchester 2017" (2.–4.10.2017)
– „Glasgow 2017" (9.–10.10.2017)
– „HMS Trincomalee 12th Oct 1817" und Logo (20.10.–31.12.2017)
– „HMS Trincomalee 19th Oct 1817" und Logo (20.10.2017)
– „HMS Trincomalee" und Logo (2.–14.1.2018)
– „The Postal Museum" (2.7.2018–1.11.2020 und 5.1.2022–30.11.2023)*
– „The Postal Museum 'F' box 50" und Logo (12.9.–7.11.2018)
– „The Postal Museum NPM 50" (11.10.–Mitte Okt. 2019)
– „Mail Rail" (29.10.2019–19.12.2020, 20.5.2021–30.11.2022 und 1.6.2022–7.11.2023)*
– „Shakespeare 1616" (4.11.2019–Ende 2023)*
– „Fleet Air Arm Concorde 50 Years" und Logo (6.11.2019–18.3.2020 und 14.8.–1.9.2020)
– „Royal Navy Lest We Forget 100" (2.–3.12.2019)
– „The Postal Museum Virtual Stampex 2020" (1.–3.10.2020)
– „Fleet Air Arm" und kleines Logo (7.10.–20.12.2020 und 19.5.2021–Herbst 2023)*
– „STEAM Celebrates 20 Years" und Logo (12.10.–31.12.2020)
– „The Postal Museum Wish You Were Here" und Postkarte (20.5.2021–2.1.2022)
– „STEAM" und kleines Logo (27.5.2021–Herbst 2023)*
– „Fleet Air Arm Black Tot Day 31st July 1970" und Logo (31.7.–31.8.2021)
– „RN Submarine Black Tot Day 31st July 1970" und Logo (31.7.–31.8.2021)
– „Royal Navy Black Tot Day 31st July 1970" und Logo (31.7.–31.8.2021)
– „Royal Navy Trafalgar Day" und Logo (21.–31.10.2021)
– „The Postal Museum London 2022" (19.–26.2.2022)
– „The Postal Museum Sorting Britain" (30.3.2022–1.1.2023)
– „Fleet Air Arm Falklands 40th" und Logo (1.–29.4.2022)
– „RN Submarine Falklands 40th" und Logo (1.–29.4.2022)
– „Royal Navy Falklands 40th" und Logo (1.–29.4.2022)
– „Mail Rail The Queen's Platinum Jubilee" (3.6.–1.7.2022)
– „Fleet Air Arm The Queen's Platinum Jubilee" und Logo (3.6.–1.7.2022)
– „RN Submarine The Queen's Platinum Jubilee" und Logo (3.6.–1.7.2022)
– „Royal Navy Queen's Platinum Jubilee" und Logo (3.6.–1.7.2022)
– „Royal Navy The Queen's Platinum Jubilee" und Logo (3.6.–1.7.2022)

- „STEAM The Queen's Platinum Jubilee“ und Logo (3.6.–1.7.2022)
- „The Queen's Platinum Jubilee“ (3.6.–1.7.2022)
- „Fleet Air Arm Carrier Experience“ (10.4.–5.5.2023)
- „Shakespeare BPT First Folio 400“ (9.6.–31.12.2023)
- „End of Post & Go at Mail Rail“ (27.–31.12.2023)
- „End of Post & Go at The Postal Museum“ (27.–31.12.2023)
- „Last Overprint at: HMS Tricomalee“ (27.–31.12.2023)
- „Last Overprint at: HMS Tricomalee“ und Logo (27.–31.12.2023)
- „Last Overprint at: Explosion!“ und Logo (27.–31.12.2023)
- „Last Overprint at: FAAM“ und Logo (27.–31.12.2023)
- „Last Overprint at: RN Submarine“ und Logo (27.–31.12.2023)
- „Last Overprint at: STEAM GWR“ (27.–31.12.2023)
- „Last Overprint at: Shakespeare BPT“ (27.–31.12.2023)
- „Royal Navy“ (31.12.2023)

* = nicht durchgängig verfügbar

Laufzeit: ab 8.10.2008

Laufzeiten

Rollenmarken aus Motivserien ohne erweiterten Thermodruck sind in der Regel bis zu zwei Jahren nach Erstausgabe erhältlich. Jedoch werden Restbestände bisweilen danach aufgebraucht, so dass sie auch mit später eingeführten Wertstufen vorkommen. Rollenmarken mit erweitertem Thermoaufdruck zur Kennzeichnung besonderer Ereignisse an unterschiedlichen Aufstellungsorten wurden in den angegebenen Zeiträumen abgegeben; diese Sonderform endete mit dem 31.12.2023. Alle Rollenmarken behalten vorerst ihre Gültigkeit.

2010, 17. Sept. Vögel (I). RaTdr.; Papier ph.; selbstklebend; Thermodruck; gestanzt 14¼.

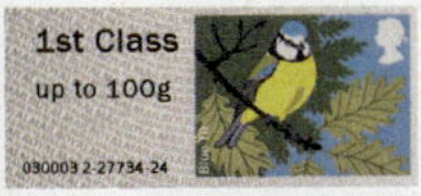

c) Blaumeise (Parus caeruleus)

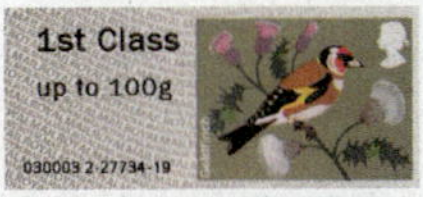

d) Stieglitz (Carduelis carduelis)

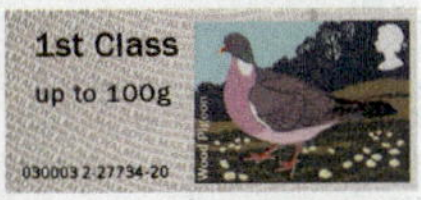

e) Ringeltaube (Columba palumbus)

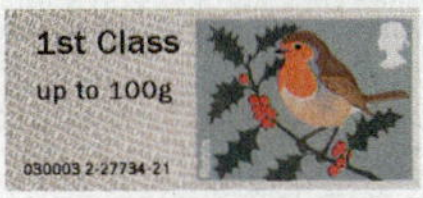

f) Rotkehlchen (Erithacus rubecula)

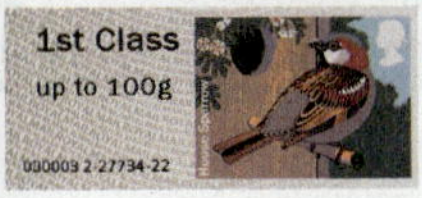

g) Haussperling (Passer domesticus)

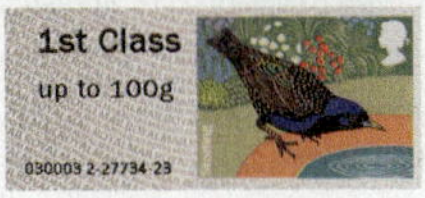

h) Star (Sturnus vulgaris)

3 (41 P) – (97 P) (in festprogrammierten Wertstufen) schwarz; Unterdruck: mehrfarbig . . . . c 3,50 3,— 5,—

4 (41 P) – (97 P) (in festprogrammierten Wertstufen) schwarz; Unterdruck: mehrfarbig . . . . d 3,50 3,— 5,—

5 (41 P) – (97 P) (in festprogrammierten Wertstufen) schwarz; Unterdruck: mehrfarbig . . . . e 3,50 3,— 5,—

6 (41 P) – (97 P) (in festprogrammierten Wertstufen) schwarz; Unterdruck: mehrfarbig . . . . f 3,50 3,— 5,—

7 (41 P) – (97 P) (in festprogrammierten Wertstufen) schwarz; Unterdruck: mehrfarbig . . . . g 3,50 3,— 5,—

8 (41 P) – (97 P) (in festprogrammierten Wertstufen) schwarz; Unterdruck: mehrfarbig . . . . h 3,50 3,— 5,—

Nominalen zur Zeit der Erstausgabe:
- „1st Class up to 100g“: 41 P
- „Europe up to 20g“: 60 P (bis 13.7.2014)
- „1st Large up to 100g“: 66 P
- „Worldwide up to 10g“: 67 P (bis 30.3.2014)
- „Worldwide up to 20g“: 97 P (bis 31.8.2020)
- „Worldwide up to 40g“: 1.65 £ (25.2.2012–30.3.2014)
- „Europe up to 60g“: 1.47 £ (31.3.2014–29.3.2015)
- „Worldwide up to 60g“: 2.15 £ (31.3.2014–29.3.2015)
- „Euro 20g / World 10g“: 97 P (5.6.2014–31.12.2020)
- „Europe up to 100g“: 1.52 £ (30.3.2015–31.8.2020 und erneut ab 1.1.2021)
- „Worldwide up to 100g“: 2.25 £ (30.3.2015–31.8.2020 und erneut ab 1.1.2021)
- „Euro 100g / World 20g“: 1.70 £ (1.9.–31.12.2020)
- „World 100g Zone 1-3“: 2.50 £ (1.9.–17.9.2020)
- „World 100g Zone 2“: 2.55 £ (1.9.–31.12.2020)
- „Europe Large 100g“: 3.25 £ (ab 1.1.2021)
- „Worldwide Large 100g“: 4.20 £ (ab 1.1.2021)

MiNr. 6 kam ab 6.11.2012 auch als Einzelmotiv in Rollen zur Verwendung; mit Nominalen zur Zeit der Erstausgabe wie oben angegeben.

Der Thermodruck bei MiNr. 3–8 kommt in 2 Typen vor: kleinere Schrifttype mit „up“ und größere Schrifttype, die meist bis ins Markenbild reicht, mit „Up“, dabei „Worldwide“ ohne Zudruck „Up to 10 g“.

MiNr. 6 gibt es auch mit erweitertem Thermodruck:
- „The B.P.M.A.“ (3.12.2012–20.2.2013 und 5.11.–24.12.2013)

Laufzeit: ab 17.9.2010

2011, 24. Jan. Vögel (II). RaTdr.; Papier ph.; selbstklebend; Thermodruck; gestanzt 14¼.

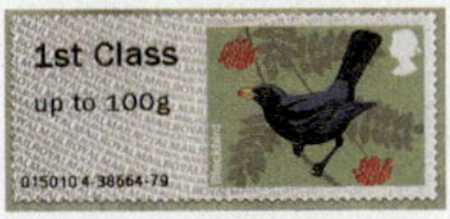

i) Amsel (Turdus merula)

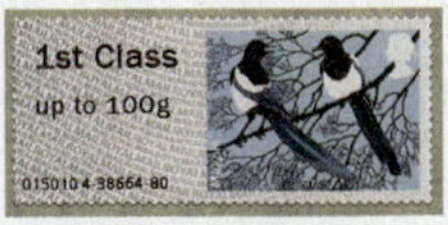

k) Elster (Pica pica)

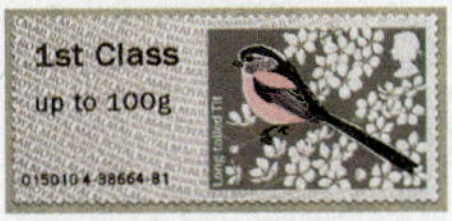

l) Schwanzmeise (Aegithalos caudatus)

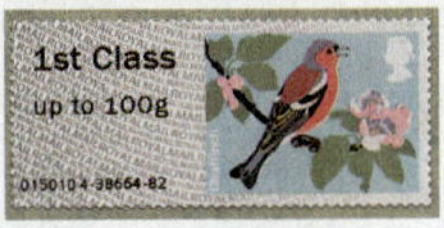

m) Buchfink (Fringilla coelebs)

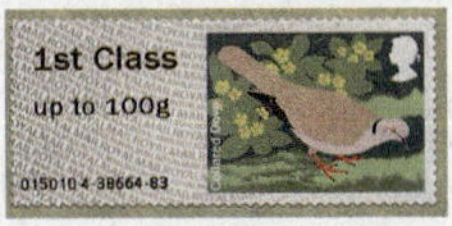

n) Lachtaube (Streptopelia roseogrisea)

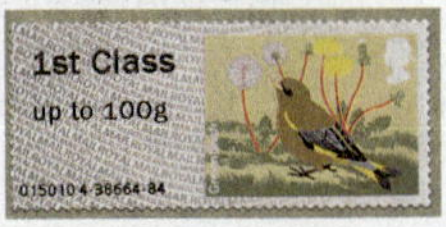

o) Grünling (Carduelis chloris)

9 (41 P) – (97 P) (in festprogrammierten Wertstufen) schwarz; Unterdruck: mehrfarbig . . . . i 4,— 3,— 6,—

10 (41 P) – (97 P) (in festprogrammierten Wertstufen) schwarz; Unterdruck: mehrfarbig . . . . k 4,— 3,— 6,—

11 (41 P) – (97 P) (in festprogrammierten Wertstufen) schwarz; Unterdruck: mehrfarbig . . . . l 4,— 3,— 6,—

12 (41 P) – (97 P) (in festprogrammierten Wertstufen) schwarz; Unterdruck: mehrfarbig . . . . m 4,— 3,— 6,—

13 (41 P) – (97 P) (in festprogrammierten Wertstufen) schwarz; Unterdruck: mehrfarbig . . . . n 4,— 3,— 6,—

14 (41 P) – (97 P) (in festprogrammierten Wertstufen) schwarz; Unterdruck: mehrfarbig . . . . o 4,— 3,— 6,—

Nominalen zur Zeit der Erstausgabe:
- „1st Class up to 100g“: 41 P
- „Europe up to 20g“: 60 P (bis 13.7.2014)
- „1st Large up to 100g“: 66 P
- „Worldwide up to 10g“: 67 P (bis 30.3.2014)
- „Worldwide up to 20g“: 97 P (bis 31.8.2020)
- „Worldwide up to 40g“: 1.65 £ (2.12.2011–30.3.2014)
- „Europe up to 60g“: 1.47 £ (31.3.2014–29.3.2015)
- „Worldwide up to 60g“: 2.15 £ (31.3.2014–29.3.2015)
- „Euro 20g / World 10g“: 97 P (30.10.2014–31.12.2020)
- „Europe up to 100g“: 1.52 £ (18.5.2015–31.8.2020 und erneut ab 1.1.2021)
- „Worldwide up to 100g“: 2.25 £ (18.5.2015–31.8.2020 und erneut ab 1.1.2021)
- „Euro 100g / World 20g“: 1.70 £ (1.9.–31.12.2020)
- „World 100g Zone 1-3“: 2.50 £ (1.9.–17.9.2020)
- „World 100g Zone 2“: 2.55 £ (1.9.–31.12.2020)
- „Europe Large 100g“: 3.25 £ (ab 1.1.2021)
- „Worldwide Large 100g“: 4.20 £ (ab 1.1.2021)

Laufzeit: ab 24.1.2011

2011, 19. Mai. Vögel (III). RaTdr.; Papier ph.; selbstklebend; Thermodruck; gestanzt 14¼.

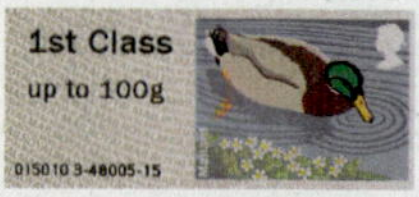

p) Stockente (Anas platyrhynchos)

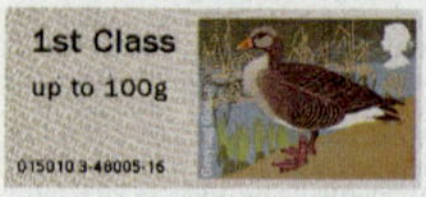

r) Graugans (Anser anser)

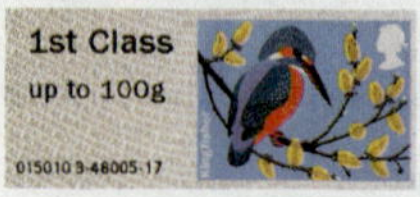

s) Eisvogel (Alcedo atthis)

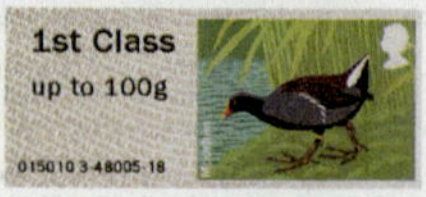

t) Teichhuhn (Gallinula chloropus)

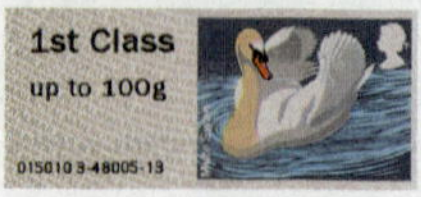

u) Höckerschwan (Cygnus olor)

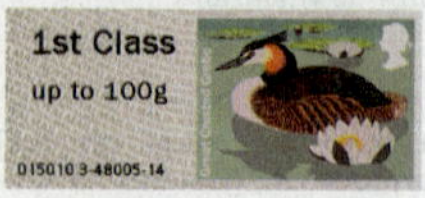

v) Haubentaucher (Podiceps cristatus)

15 (46 P) – (1.10 £) (in festprogrammierten Wertstufen) schwarz; Unterdruck: mehrfarbig ...... p 3,50 3,— 6,—

16 (46 P) – (1.10 £) (in festprogrammierten Wertstufen) schwarz; Unterdruck: mehrfarbig ...... r 3,50 3,— 6,—

17 (46 P) – (1.10 £) (in festprogrammierten Wertstufen) schwarz; Unterdruck: mehrfarbig ...... s 3,50 3,— 6,—

18 (46 P) – (1.10 £) (in festprogrammierten Wertstufen) schwarz; Unterdruck: mehrfarbig .... t 3,50 3,— 6,—

19 (46 P) – (1.10 £) (in festprogrammierten Wertstufen) schwarz; Unterdruck: mehrfarbig ...... u 3,50 3,— 6,—

20 (46 P) – (1.10 £) (in festprogrammierten Wertstufen) schwarz; Unterdruck: mehrfarbig ...... v 3,50 3,— 6,—

Nominalen zur Zeit der Erstausgabe:
- „1st Class up to 100g": 46 P
- „Europe up to 20g": 68 P (bis 13.7.2014)
- „1st Large up to 100g": 75 P
- „Worldwide up to 10g": 76 P (bis 30.3.2014)
- „Worldwide up to 20g": 1.10 £ (bis 31.8.2020)
- „Worldwide up to 40g": 1.65 £ (1.12.2011–30.3.2014)
- „Europe up to 60g": 1.47 £ (31.3.2014–29.3.2015)
- „Worldwide up to 60g": 2.15 £ (31.3.2014–29.3.2015)
- „Euro 20g / World 10g": 97 P (Sept. 2014–31.12.2020)
- „Europe up to 100g": 1.52 £ (Sept. 2014–31.8.2020 und erneut ab 1.1.2021)
- „Worldwide up to 100g": 2.25 £ (Febr. 2015–31.8.2020 und erneut ab 1.1.2021)
- „Europe Large 100g": 3.25 £ (ab 1.1.2021)
- „Worldwide Large 100g": 4.20 £ (ab 1.1.2021)

Der Thermodruck bei MiNr. 15–20 kommt in 2 Typen vor: kleinere Schrifttype mit „up" und größere Schrifttype, die meist bis ins Markenbild reicht, mit „Up", dabei „Worldwide" ohne Zudruck „Up to 10 g".

Laufzeit: ab 19.5.2011

2011, 16. Sept. Vögel (IV). RaTdr.; Papier ph.; selbstklebend; Thermodruck; gestanzt 14¼.

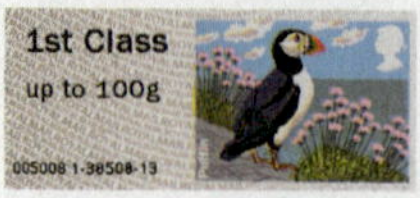

w) Papageitaucher (Fratercula arctica)

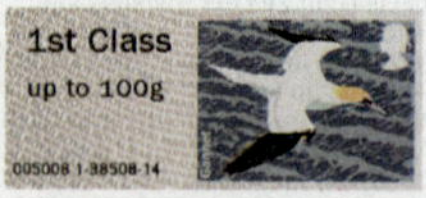

x) Basstölpel (Morus bassanus)

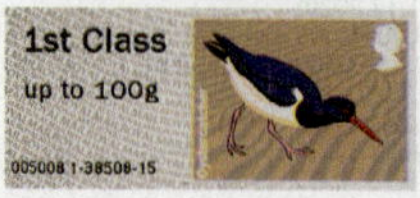

y) Austernfischer (Haematopus ostralegus)

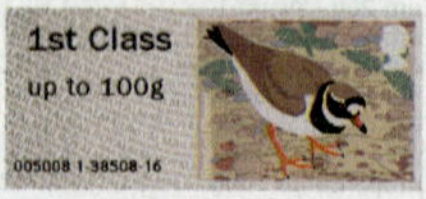

z) Sandregenpfeifer (Charadrius hiaticula)

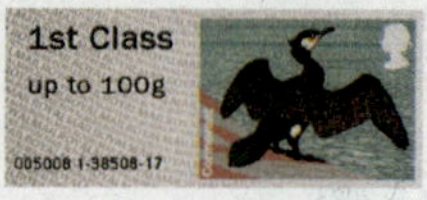

aa) Kormoran (Phalacrocorax carbo)

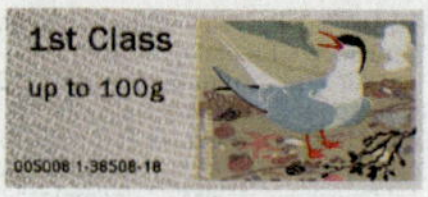

ab) Küstenseeschwalbe (Sterna paradisaea)

21 (46 P) – (1.65 £) (in festprogrammierten Wertstufen) schwarz; Unterdruck: mehrfarbig ...... w 3,50 3,— 6,—

22 (46 P) – (1.65 £) (in festprogrammierten Wertstufen) schwarz; Unterdruck: mehrfarbig ...... x 3,50 3,— 6,—

23 (46 P) – (1.65 £) (in festprogrammierten Wertstufen) schwarz; Unterdruck: mehrfarbig ...... y 3,50 3,— 6,—

24 (46 P) – (1.65 £) (in festprogrammierten Wertstufen) schwarz; Unterdruck: mehrfarbig ...... z 3,50 3,— 6,—

25 (46 P) – (1.65 £) (in festprogrammierten Wertstufen) schwarz; Unterdruck: mehrfarbig ..... aa 3,50 3,— 6,—

26 (46 P) – (1.65 £) (in festprogrammierten Wertstufen) schwarz; Unterdruck: mehrfarbig ..... ab 3,50 3,— 6,—

Nominalen zur Zeit der Erstausgabe:
- „1st Class up to 100g": 46 P
- „Europe up to 20g": 68 P (bis 13.7.2014)
- „1st Large up to 100g": 75 P
- „Worldwide up to 10g": 76 P (bis 30.3.2014)
- „Worldwide up to 20g": 1.10 £ (bis 31.8.2020)
- „Worldwide up to 40g": 1.65 £ (1.12.2011–30.3.2014)
- „Europe up to 60g": 1.47 £ (31.3.2014–29.3.2015)
- „Worldwide up to 60g": 2.15 £ (31.3.2014–29.3.2015)
- „Euro 20g / World 10g": 97 P (20.10.2014–31.12.2020)
- „Europe up to 100g": 1.52 £ (22.2.2016–31.8.2020 und erneut ab 1.1.2021)
- „Worldwide up to 100g": 2.25 £ (22.2.2016–31.8.2020 und erneut ab 1.1.2021)
- „Euro 100g / World 20g": 1.70 £ (1.9.–31.12.2020)
- „World 100g Zone 1-3": 2.50 £ (1.9.–17.9.2020)
- „World 100g Zone 2": 2.55 £ (1.9.–31.12.2020)
- „Europe Large 100g": 3.25 £ (ab 1.1.2021)
- „Worldwide Large 100g": 4.20 £ (ab 1.1.2021)

Der Thermodruck bei MiNr. 21–26 kommt in 2 Typen vor: kleinere Schrifttype mit „up" und größere Schrifttype, die meist bis ins Markenbild reicht, mit „Up", dabei „Worldwide" ohne Zudruck „Up to 10 g".

Laufzeit: ab 16.9.2011

2012, 24. Febr. Nutztiere (I) – Schafe. RaTdr.; Papier ph.; selbstklebend; Thermodruck; gestanzt 14¼.

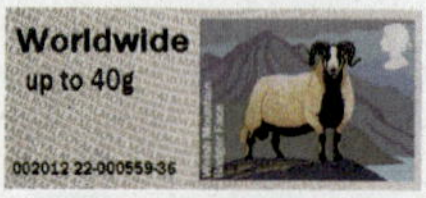

ac) Walisisches Bergschaf

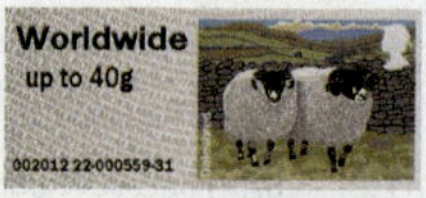

ad) Dalesbred-Schaf

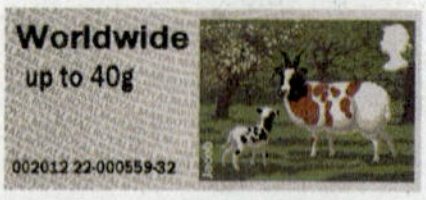

ae) Jacob-Schaf

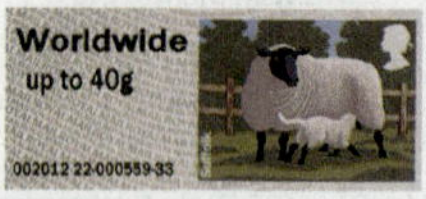

af) Suffolk-Schaf

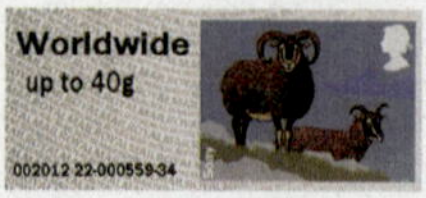

ag) Soay-Schaf

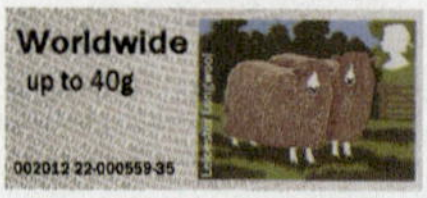

ah) Leicester-Longwool-Schaf

27 (46 P) – (1.65 £) (in festprogrammierten Wertstufen) schwarz; Unterdruck: mehrfarbig ..... ac 3,50 3,— 6,—

28 (46 P) – (1.65 £) (in festprogrammierten Wertstufen) schwarz; Unterdruck: mehrfarbig ..... ad 3,50 3,— 6,—

29 (46 P) – (1.65 £) (in festprogrammierten Wertstufen) schwarz; Unterdruck: mehrfarbig ..... ae 3,50 3,— 6,—

30 (46 P) – (1.65 £) (in festprogrammierten Wertstufen) schwarz; Unterdruck: mehrfarbig ..... af 3,50 3,— 6,—

31 (46 P) – (1.65 £) (in festprogrammierten Wertstufen) schwarz; Unterdruck: mehrfarbig ..... ag 3,50 3,— 6,—

32 (46 P) – (1.65 £) (in festprogrammierten Wertstufen) schwarz; Unterdruck: mehrfarbig ..... ah 3,50 3,— 6,—
Foliensteifen (6 W.) 25,—

Nominalen zur Zeit der Erstausgabe:
- „1st Class up to 100g": 46 P
- „Europe up to 20g": 68 P (bis 13.7.2014)
- „1st Large up to 100g": 75 P
- „Worldwide up to 10g": 76 P (bis 30.3.2014)
- „Worldwide up to 20g": 1.10 £ (bis 31.8.2020)
- „Worldwide up to 40g": 1.65 £ (bis 30.3.2014)
- „Europe up to 60g": 1.47 £ (31.3.2014–29.3.2015)
- „Worldwide up to 60g": 2.15 £ (31.3.2014–29.3.2015)
- „Euro 20g / World 10g": 97 P (20.10.2014–31.12.2020)
- „Europe up to 100g": 1.52 £ (18.5.2015–31.8.2020 und erneut ab 1.1.2021)
- „Worldwide up to 100g": 2.25 £ (18.5.2015–31.8.2020 und erneut ab 1.1.2021)
- „Euro 100g / World 20g": 1.70 £ (1.9.–31.12.2020)
- „World 100g Zone 1-3": 2.50 £ (1.9.–17.9.2020)
- „World 100g Zone 2": 2.55 £ (1.9.–31.12.2020)
- „Europe Large 100g": 3.25 £ (ab 1.1.2021)
- „Worldwide Large 100g": 4.20 £ (ab 1.1.2021)

Der Thermodruck bei MiNr. 27–32 kommt in 2 Typen vor: kleinere Schrifttype mit „up" und größere Schrifttype, die meist bis ins Markenbild reicht, mit „Up", dabei „Worldwide" ohne Zudruck „Up to 10 g".

Folienstreifen mit Wertstufe „1st Class up to 100g" stammt aus Presentation Pack No. 6.

Laufzeit: ab 24.2.2012

2012, 24. April. Nutztiere (II) – Schweine. RaTdr.; Papier ph.; selbstklebend; Thermodruck; gestanzt 14¼.

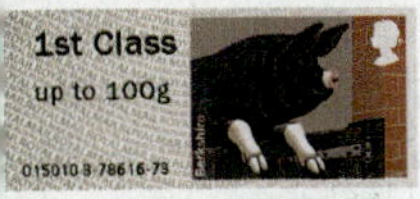

ai) Berkshire-Schwein

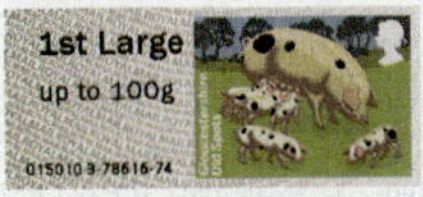

ak) „Gloustershire Old Spots"-Schwein

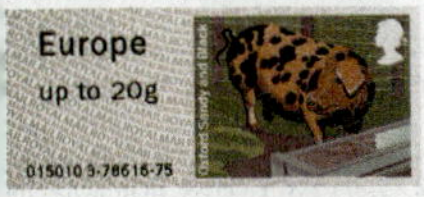

al) „Oxford Sandy and Black"-Schwein

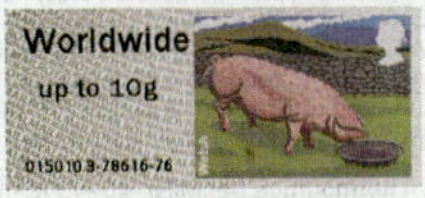

am) Welsh Pig

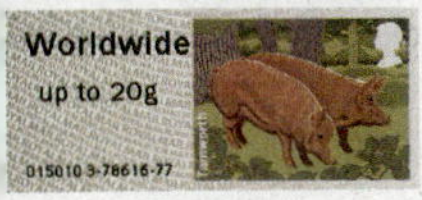

an) Tamworth-Schwein

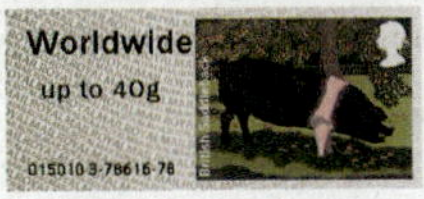

ao) Britisches Sattelschwein

33 (46 P) – (1.65 £) (in festprogrammierten Wertstufen) schwarz; Unterdruck: mehrfarbig ...... ai 3,50 3,— 6,—

34 (46 P) – (1.65 £) (in festprogrammierten Wertstufen) schwarz; Unterdruck: mehrfarbig ..... ak 3,50 3,— 6,—

35 (46 P) – (1.65 £) (in festprogrammierten Wertstufen) schwarz; Unterdruck: mehrfarbig ...... al 3,50 3,— 6,—

36 (46 P) – (1.65 £) (in festprogrammierten Wertstufen) schwarz; Unterdruck: mehrfarbig .... am 3,50 3,— 6,—

37 (46 P) – (1.65 £) (in festprogrammierten Wertstufen) schwarz; Unterdruck: mehrfarbig ..... an 3,50 3,— 6,—

38 (46 P) – (1.65 £) (in festprogrammierten Wertstufen) schwarz; Unterdruck: mehrfarbig ..... ao 3,50 3,— 6,—
Foliensteifen (6 W.) 25,—

Nominalen zur Zeit der Erstausgabe:
- „1st Class up to 100g": 46 P
- „Europe up to 20g": 68 P (bis 13.7.2014)
- „1st Large up to 100g": 75 P
- „Worldwide up to 10g": 76 P (bis 30.3.2014)
- „Worldwide up to 20g": 1.10 £ (bis 31.8.2020)
- „Worldwide up to 40g": 1.65 £ (bis 30.3.2014)
- „Europe up to 60g": 1.47 £ (31.3.2014–29.3.2015)
- „Worldwide up to 60g": 2.15 £ (31.3.2014–29.3.2015)
- „Euro 20g / World 10g": 97 P (20.10.2014–31.12.2020)
- „Europe up to 100g": 1.52 £ (22.2.2016–31.8.2020 und erneut ab 1.1.2021)
- „Worldwide up to 100g": 2.25 £ (22.2.2016–31.8.2020 und erneut ab 1.1.2021)
- „Euro 100g / World 20g": 1.70 £ (1.9.–31.12.2020)
- „World 100g Zone 1-3": 2.50 £ (1.9.–17.9.2020)
- „World 100g Zone 2": 2.55 £ (1.9.–31.12.2020)
- „Europe Large 100g": 3.25 £ (ab 1.1.2021)
- „Worldwide Large 100g": 4.20 £ (ab 1.1.2021)

Der Thermodruck bei MiNr. 33–38 kommt in 2 Typen vor: kleinere Schrifttype mit „up" und größere Schrifttype, die meist bis ins Markenbild reicht, mit „Up", dabei „Worldwide" ohne Zudruck „Up to 10 g".

Folienstreifen mit Wertstufe „1st Class up to 100g" stammt aus Presentation Pack No. 7.

MiNr. 33–38 gibt es auch mit erweitertem Thermodruck:
- „Diamond Jubilee 1952-2012" (26.–29.9.2012)

Laufzeit: ab 24.4.2012

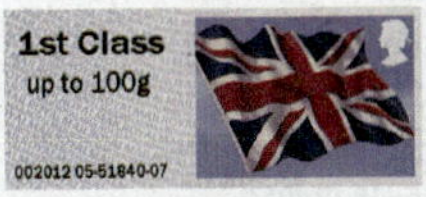

2012, 21. Mai/2020, 7. Okt. Freimarke: Flagge. I = RaTdr., II = Digitaldr.; Papier ph.; selbstklebend; Thermodruck; gestanzt 14¼.

ap) Nationalflagge „Union Jack"

I = RaTdr. (21.5.2012)

39 I (60 P) – (1.90 £) (in festprogrammierten Wertstufen) schwarz; Unterdruck: mfg. ap 3,— 2,50 5,—

II = Digitaldr. (7.10.2020)

39 II (76 P) – (2.55 £) (in festprogrammierten Wertstufen) schwarz; Unterdruck: mfg.. ap 3,50 3,50 7,—

Nominalen von MiNr. 39 I zur Zeit der Erstausgabe:
- „1st Class up to 100g": 60 P
- „Europe up to 20g": 87 P (bis 13.7.2014)
- „1st Large up to 100g": 90 P
- „Worldwide up to 10g": 87 P (bis 30.3.2014)
- „Worldwide up to 20g": 1.28 £ (bis 31.8.2020)
- „Worldwide up to 40g": 1.90 £ (bis 30.3.2014)
- „Europe up to 60g": 1.47 £ (31.3.2014–29.3.2015)
- „Worldwide up to 60g": 2.15 £ (31.3.2014–29.3.2015)
- „Euro 20g / World 10g": 97 P (28.4.2014–31.12.2020)
- „Europe up to 100g": 1.52 £ (30.3.2015–31.8.2020 und erneut ab 1.1.2021)
- „Worldwide up to 100g": 2.25 £ (30.3.2015–31.8.2020 und erneut ab 1.1.2021)
- „Euro 100g / World 20g": 1.70 £ (1.9.–31.12.2020)
- „World 100g Zone 1-3": 2.50 £ (1.9.–17.9.2020)
- „World 100g Zone 1 & 3": 2.50 £ (18.9.–31.12.2020)
- „World 100g Zone 2": 2.55 £ (1.9.–31.12.2020)
- „Europe Large 100g": 3.25 £ (ab 1.1.2021)
- „Worldwide Large 100g": 4.20 £ (ab 1.1.2021)

Nominalen von MiNr. 39 II zur Zeit der Erstausgabe:
- „1st Class up to 100g": 76 P
- „1st Large up to 100g": 1.15 £
- „Euro 20g / World 10g": 1.45 £ (bis 31.12.2020)
- „Euro 100g / World 20g": 1.70 £ (bis 31.12.2020)
- „Europe up to 100g": 1.70 £ (ab 1.1.2021)
- „World 100g Zone 1 & 3": 2.50 £ (bis 31.12.2020)
- „World 100g Zone 2": 2.55 £ (bis 31.12.2020)
- „Worldwide up to 100g": 2.55 £ (ab 1.1.2021)
- „Europe Large 100g": 3.25 £ (ab 1.1.2021)
- „Worldwide Large 100g": 4.20 £ (ab 1.1.2021)

Der Thermodruck kommt in mehreren Typen vor: kleinere Schrifttype mit „up" und größere Schrifttype, die meist bis ins Markenbild reicht, mit „Up", dabei „Worldwide" ohne Zusatz „Up to 10 g".

MiNr. 39 I gibt es auch mit erweitertem Thermodruck:
- „Diamond Jubilee 1952–2012" (26.–29.9.2012)
- „Perth 2012 19–22 October" (19.–22.10.2012)

– „The B.P.M.A." (21.2.2013–29.1.2016)*
– „84th Scottish Congress 2013" (19.–20.4.2013)
– „Australia 2013 World Stamp Expo"(10.–15.5.2013)
– „Australia 2013 Stamp Expo" (10.–15.5.2013)
– „The Coronation 60th Anniversary" (18.–21.9.2013)
– „The B.P.M.A. Postage Due 1914" (19.2.–25.4.2014)*
– „85th Scottish Congress 2014" (11.–12.4.2014)
– „The NMRN" (28.7.2014–18.10.2015)*
– „PhilaKorea 2014 World Stamp Expo" (7.–12.8.2014)
– „Broad Street" (4.9.2014–3.9.2015)*
– „The NMRN Trafalgar Day" (21.10.–10.11.2014)
– „Jersey Post HQ" (1.12.2014–23.1.2015)
– „The RMM" (13.1.–18.10.2015)
– „Spring Stampex February 2015" (18.–21.2.2015)
– „The FAAM" (14.4.–18.10.2015)*
– „86th Scottish Congress 2015" (17.–18.4.2015)
– „Messe Essen 7-9 May 2015" (7.–9.5.2015)
– „The FAAM V.E. Day 70" (8.–29.5.2015)
– „The NMRN V.E. Day 70" (8.–29.5.2015)
– „The RMM V.E. Day 70" (8.–31.5.2015)
– „Gibraltar House" (18.5.–15.9.2015)
– „The RNSM" (28.7.–18.10.2015)
– „Singpex 2015 World Stamp Expo" (14.–19.8.2015)
– „STEAM GWR" (25.8.2015–24.2.2016)
– „Envoy House" (2.9.2015–?)
– „Brighton 2015" (27.–30.9.2015)
– „Manchester 2015" (4.–7.10.2015)
– „RN Submarine" (19.10.2015–25.11.2022)*
– „Royal Navy Trafalgar Day" (19.10.2015–23.10.2016 und 21.–31.10.2021)*
– „Royal Marines Trafalgar Day" (19.10.–15.11.2015 und 23.9.–23.10.2016)
– „Fleet Air Arm" (19.10.2015–Ende 2023)*
– „Sindelfingen October 2015" (29.–31.10.2015)
– „Paris November 2015" (5.–8.11.2015)
– „Royal Navy" (16.11.2015–10.11.2022)*
– „Royal Marines" (16.11.2015–24.2.2017)*
– „Hong Kong November 2015" (20.–23.11.2015)
– „The Postal Museum" und Logo (1.2.2016–12.7.2017)
– „STEAM GWR Swindon 175" (25.2.–12.9.2016)
– „87th Scottish Congress 2016" (15.–16.4.2016)
– „World Stamp Show NY2016" (28.5.–4.6.2016)
– „Royal Navy Battle of Jutland" (31.5.–30.6.2016)
– „RN Submarine Battle of Jutland" (31.5.–30.6.2016)
– „Royal Marines Battle of Jutland" (31.5.–30.6.2016)
– „Fleet Air Arm Battle of Jutland" (31.5.–30.6.2016)
– „STEAM Swindon175" und Logo (13.9.2016–19.2.2017)
– „Shakespeare birthplace trust" als Logo (1.11.2016–30.4.2017)*
– „Royal Corps of Signals" (3.11.2016–17.5.2020)*
– „Headquarters BFPO" (Nov. 2016)
– „Fleet Air Arm LZ551/G 03Dec45" (3.12.2016–3.1.2017)
– „Ministry of Defence" und zwei Logos (27.2.2017–?)
– „SHAKESPEARE WEEK" (20.3.–21.4.2017)
– „HMS Alliance 14th May 1947" (19.5.–18.6.2017)
– „Heligoland 'Big Bang' 1947" (19.5.–18.6.2017)
– „Royal Signals White Helmets" und Logo (9.6.–19.10.2017)
– „HMS Trincomalee 200 Years" (16.6.–19.11.2017)
– „Fleet Air Arm GR9A Harrier ZD433" (19.7.–21.8.2017)
– „The Postal Museum Official Opening 2017" (25.7.–12.9.2017)
– „Royal Navy QE II Carrier" (19.–28.8.2017)
– „Royal Navy QE Carrier 2017" (29.8.–17.9.2017)
– „HMS Trincomalee 12th Oct 1817" (20.11.–31.12.2017)
– „HMS Trincomalee" (2.–14.1.2018)
– „The Postal Museum" (30.11.2018–7.11.2023)*
– „Fleet Air Arm Concorde 50 Years" (6.11.2019–18.3.2020 und 4.8.–1.9.2020)
– „Black Tot Day 31st July 1970" (31.7.–31.8.2021)
– „Fleet Air Arm Lest We Forget" (26.11.–10.12.2021 und 11.–30.11.2022)
– „RN Submarine Lest We Forget" (26.11.–10.12.2021 und 23.–30.11.2022)
– „Royal Navy Lest We Forget" (26.11.–10.12.2021 und 11.–30.11.2022)
– „Fleet Air Arm Falklands 40th" (1.4.2022)
– „Royal Navy Falklands 40th" (1.–29.4.2022)
– „Fleet Air Arm Carrier Experience" (10.4.–5.5.2023)
– „Shakespeare BPT First Folio 400" (9.6.–31.12.2023)
– „End of Post & Go at Mail Rail" (27.–31.12.2023)
– „End of Post & Go at The Postal Museum" (27.–31.12.2023)
– „Last Overprint at: HMS Trincomalee" (27.–31.12.2023)
– „Last Overprint at: HMS Trincomalee" und Logo (27.–31.12.2023)
– „Last Overprint at: FAAM" (27.–31.12.2023)
– „Last Overprint at: RN Submarine" (27.–31.12.2023)
– „Last Overprint at: Shakespeare BPT" (27.–31.12.2023)

MiNr. 39 II gibt es nur mit erweitertem Thermodruck:
– „Fleet Air Arm" (7.10.–12.12.2020 und 20.4.–10.11.2022)
– „RN Submarine" (11.12.2021–31.3.2022, 30.4.1.6.2022 und 2.7.–22.11.2022)*
– „RN Submarine Lest We Forget" (26.11.–10.12.2021 und 23.–30.11.2022)
– „The Postal Museum Sorting Britain" (30.3.2022–1.1.2023)
– „RN Submarine Falklands 40th" (1.–29.4.2022)
– „Fleet Air Arm Falklands 40th" (1.–29.4.2022)
– „The Postal Museum" (11.11.2022 und 4.1.–14.4.2023)*
– „Royal Navy" (3.4.–Ende 2023)
– „End of Post & Go at The Postal Museum" (30.–31.12.2023)
– „Last Overprint at: Explosion!" (27.–31.12.2023)
– „Last Overprint at: HMS Trincomalee" (27.–31.12.2023)

* = nicht durchgängig verfügbar

Laufzeit: MiNr. 39 I = 21.5.2012–Ende 2023, MiNr. 39 II = 7.10.2020–31.12.2023

2012, 28. Sept. Nutztiere (III) – Rinder. RaTdr.; Papier ph selbstklebend; Thermodruck; gestanzt 14¼.

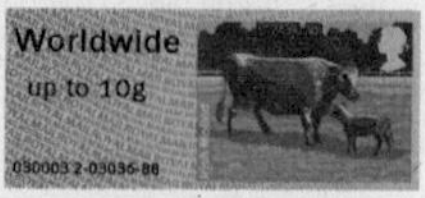

ar) Irish-Moiled-Rind

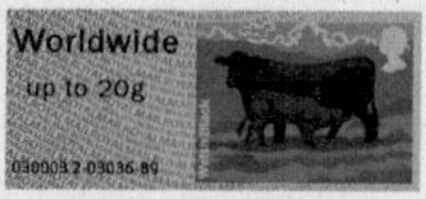

as) Welsh-Black-Rind

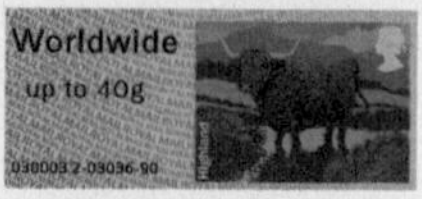

at) Highland-Rind

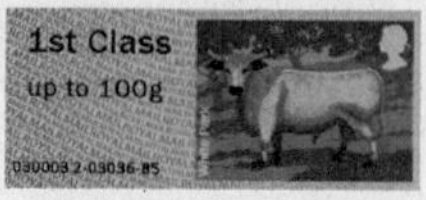

au) White-Park-Rind

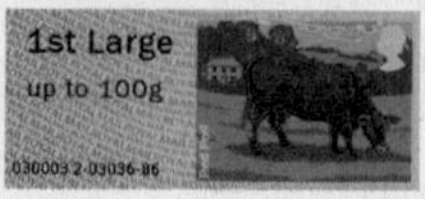

av) Red-Poll-Rind

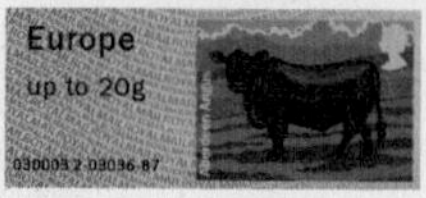

aw) Aberdeen-Angus-Rind

40 (60 P) – (1.90 £) (in festprogrammierten Wertstufen) schwarz; Unterdruck: mehrfarbig ..... ar 3,50 3,— 6,—

41 (60 P) – (1.90 £) (in festprogrammierten Wertstufen) schwarz; Unterdruck: mehrfarbig ..... as 3,50 3,— 6,—

42 (60 P) – (1.90 £) (in festprogrammierten Wertstufen) schwarz; Unterdruck: mehrfarbig ..... at 3,50 3,— 6,—

43 (60 P) – (1.90 £) (in festprogrammierten Wertstufen) schwarz; Unterdruck: mehrfarbig ..... au 3,50 3,— 6,—

44 (60 P) – (1.90 £) (in festprogrammierten Wertstufen) schwarz; Unterdruck: mehrfarbig ..... av 3,50 3,— 6,—

45 (60 P) – (1.90 £) (in festprogrammierten Wertstufen) schwarz; Unterdruck: mehrfarbig ..... aw 3,50 3,— 6,—
Foliensteifen (6 W.) 25,—

Nominalen zur Zeit der Erstausgabe:
– „1st Class up to 100g": 60 P
– „Europe up to 20g": 87 P (bis 13.7.2014)
– „1st Large up to 100g": 90 P
– „Worldwide up to 10g": 87 P (bis 30.3.2014)
– „Worldwide up to 20g": 1.28 £ (bis 31.8.2020)
– „Worldwide up to 40g": 1.90 £ (bis 30.3.2014)
– „Europe up to 60g": 1.47 £ (31.3.2014–29.3.2015)
– „Worldwide up to 60g": 2.15 £ (31.3.2014–29.3.2015)
– „Euro 20g / World 10g": 97 P (20.10.2014–31.12.2020)
– „Europe up to 100g": 1.52 £ (6.5.2015–31.8.2020 und erneut ab 1.1.2021)
– „Worldwide up to 100g": 2.25 £ (6.5.2015–31.8.2020 und erneut ab 1.1.2021)
– „Euro 100g / World 20g": 1.70 £ (1.9.–31.12.2020)
– „World 100g Zone 1-3": 2.50 £ (1.9.–17.9.2020)
– „World 100g Zone 2": 2.55 £ (1.9.–31.12.2020)
– „Europe Large 100g": 3.25 £ (ab 1.1.2021)
– „Worldwide Large 100g": 4.20 £ (ab 1.1.2021)

Der Thermodruck bei MiNr. 40–45 kommt in 2 Typen vor: kleinere Schrifttype mi „up" und größere Schrifttype, die meist bis ins Markenbild reicht, mit „Up", dabe „Worldwide" ohne Zudruck „Up to 10 g".

Folienstreifen mit Wertstufe „1st Class up to 100g" stammt aus Presentation Pack No. 9.

Laufzeit: ab 28.9.2012

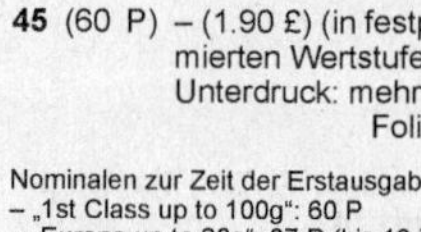

2013, 20. Febr. Freimarke. RaTdr.; Papier ph.; Thermodruck; gestanzt 14.

b) Königin Elizabeth II. (1926–2022, reg. ab 1952)

46 (50 P) – (69 P) (in festprogrammierten Wertstufen) schwarz; Unterdruck: blau .... b 2,— 2,— 4,—

Nominalen zur Zeit der Ausgabe: „2nd Class up to 100g": 50 P, „2nd Large up to 100g": 69 P

MiNr. 46 gibt es auch mit erweitertem Thermodruck:
– „The B.P.M.A. Inland Airmail 1934" und Airmail-Emblem (20.8.–20.10.2014)

– „The B.P.M.A." (21.10.2014–29.1.2016)*
– „Crewe" (9.2.–28.3.2015)
– „Bradford N" (9.2.–28.3.2015)
– „The B.P.M.A. Trollope 200" und Briefkasten (18.2.–30.4.2015)
– „The B.P.M.A. Penny Black 175" und Malteserkreuz (6.5.–7.8.2015)
– „The B.P.M.A. Penny Black 175" und Airmail-Emblem (8.–9.7.2015)
– „The Postal Museum" und kleines Logo (1.2.2016–12.7.2017)*
– Soldat als Logo (2.5.2016–?, Feldpostamt Northolt)
– „The Postal Museum King Edward VIII 1936" und zwei Logos (14.9.–11.11.2016)
– „Headquarters BFPO" und Soldat als Logo (24.10.2016–?)
– „The Postal Museum" und großes Logo (3.1.2017)
– „Royal Mail HQ" (15.6.2017–?)
– „The Postal Museum Official Opening 2017" (25.7.–12.9.2017)
– „The Postal Museum" (13.9.2017–30.11.2023)*
– „Brighton 2017" (25.–27.9.2017)
– „Manchester 2017" (2.–4.10.2017)
– „Glasgow 2017" (9.–10.10.2017)
– „The Postal Museum 'F' box 50" und Briefkasten (12.9.–7.11.2018)
– „The Postal Museum Wish You Were Here" und Postkarte (20.5.2021–30.11.2022)

* = nicht durchgängig verfügbar

Laufzeit: ab 20.2.2013

2013, 22. Febr. Leben am Teich. RaTdr.; Papier ph.; selbstklebend; Thermodruck; gestanzt 14.

ax) Kleiner Kolbenwasserkäfer (Hydrochara caraboides)

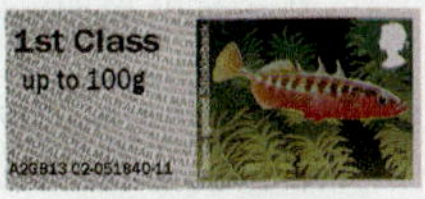

ay) Dreistachliger Stichling (Gasterosteus aculeatus)

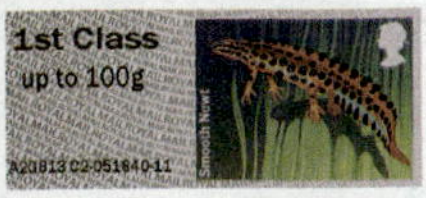

az) Teichmolch (Lissotriton vulgaris)

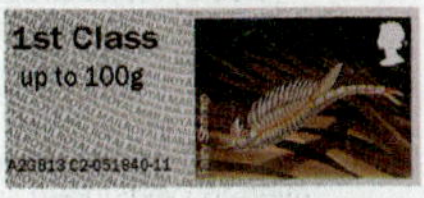

ba) Kaltwasserfeenkrebs (Chirocephalus diaphanus)

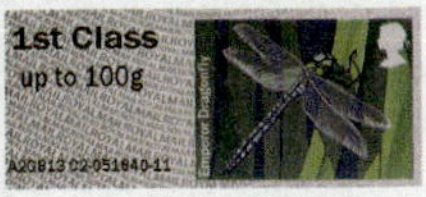

bb) Große Königslibelle (Anax imperator)

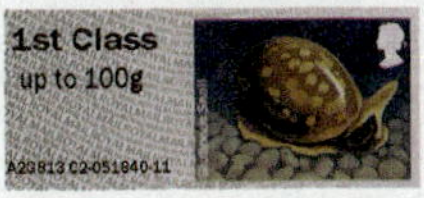

bc) Mantelschnecke (Myxas glutinosa)

47 (60 P) – (1.90 £) (in festprogrammierten Wertstufen) schwarz; Unterdruck: mehrfarbig ..... ax 3,50 3,— 6,—

48 (60 P) – (1.90 £) (in festprogrammierten Wertstufen) schwarz; Unterdruck: mehrfarbig ..... ay 3,50 3,— 6,—

49 (60 P) – (1.90 £) (in festprogrammierten Wertstufen) schwarz; Unterdruck: mehrfarbig ..... az 3,50 3,— 6,—

50 (60 P) – (1.90 £) (in festprogrammierten Wertstufen) schwarz; Unterdruck: mehrfarbig ..... ba 3,50 3,— 6,—

51 (60 P) – (1.90 £) (in festprogrammierten Wertstufen) schwarz; Unterdruck: mehrfarbig ..... bb 3,50 3,— 6,—

52 (60 P) – (1.90 £) (in festprogrammierten Wertstufen) schwarz; Unterdruck: mehrfarbig ..... bc 3,50 3,— 6,—

Foliensteifen (6 W.) 25,—

Nominalen zur Zeit der Erstausgabe:
– „1st Class up to 100g": 60 P
– „Europe up to 20g": 87 P (bis 19.10.2014)
– „Worldwide up to 10g": 87 P (bis 30.3.2014)
– „1st Large up to 100g": 90 P
– „Worldwide up to 20g": 1.28 £ (bis 31.8.2020)
– „Worldwide up to 40g": 1.88 £ (bis 30.3.2014)
– „Europe up to 60g": 1.47 £ (31.3.2014–29.3.2015)
– „Worldwide up to 60g": 2.15 £ (31.3.2014–29.3.2015)
– „Euro 20g / World 10g": 97 P (20.10.2014–31.12.2020)
– „Europe up to 100g": 1.52 £ (24.2.2016–31.8.2020 und erneut ab 1.1.2021)
– „Worldwide up to 100g": 2.25 £ (24.2.2016–31.8.2020 und erneut ab 1.1.2021)
– „Euro 100g / World 20g": 1.70 £ (1.9.–31.12.2020)
– „World 100g Zone 1-3": 2.50 £ (1.9.–17.9.2020)
– „World 100g Zone 2": 2.55 £ (1.9.–31.12.2020)
– „Europe Large 100g": 3.25 £ (ab 1.1.2021)
– „Worldwide Large 100g": 4.20 £ (ab 1.1.2021)

Folienstreifen mit Wertstufe „1st Class up to 100g" stammt aus Presentation Pack No. 11.

Laufzeit: ab 22.2.2013

2013, 25. Juni. Leben am See. RaTdr.; Papier ph.; selbstklebend; Thermodruck; gestanzt 14.

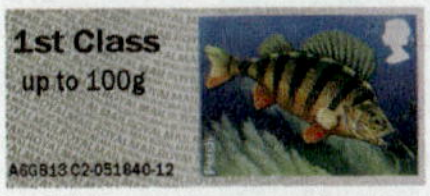

bd) Flussbarsch (Perca fluviatilis)

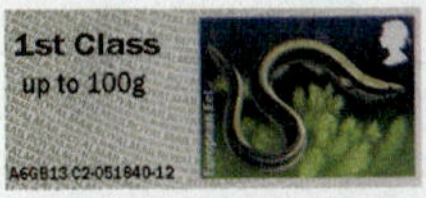

be) Europäischer Aal (Anguilla anguilla)

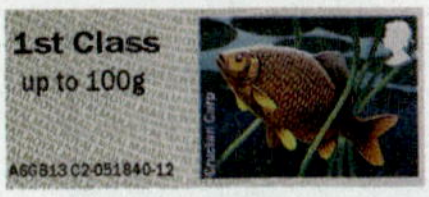

bf) Karausche (Carassius carassius)

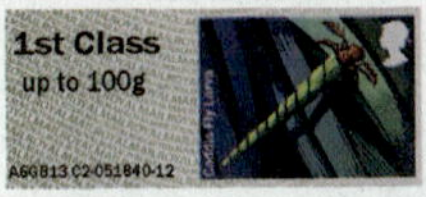

bg) Larve der Köcherfliege (Rhyacophila sp.)

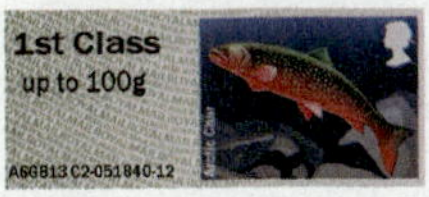

bh) Seesaibling (Savelinus alpinus)

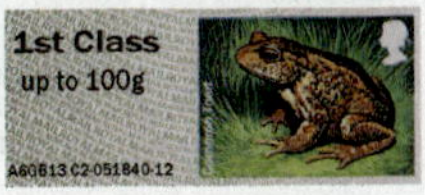

bi) Erdkröte (Bufo bufo)

53 (60 P) – (1.88 £) (in festprogrammierten Wertstufen) schwarz; Unterdruck: mehrfarbig ..... bd 3,50 3,— 6,—

54 (60 P) – (1.88 £) (in festprogrammierten Wertstufen) schwarz; Unterdruck: mehrfarbig ..... be 3,50 3,— 6,—

55 (60 P) – (1.88 £) (in festprogrammierten Wertstufen) schwarz; Unterdruck: mehrfarbig ..... bf 3,50 3,— 6,—

56 (60 P) – (1.88 £) (in festprogrammierten Wertstufen) schwarz; Unterdruck: mehrfarbig ..... bg 3,50 3,— 6,—

57 (60 P) – (1.88 £) (in festprogrammierten Wertstufen) schwarz; Unterdruck: mehrfarbig ..... bh 3,50 3,— 6,—

58 (60 P) – (1.88 £) (in festprogrammierten Wertstufen) schwarz; Unterdruck: mehrfarbig ..... bi 3,50 3,— 6,—

Foliensteifen (6 W.) 25,—

Nominalen zur Zeit der Erstausgabe:
– „1st Class up to 100g": 60 P
– „Europe up to 20g": 88 P (bis 19.10.2014)
– „Worldwide up to 10g": 88 P (bis 30.3.2014)
– „1st Large up to 100g": 90 P
– „Worldwide up to 20g": 1.28 £ (bis 31.8.2020)
– „Worldwide up to 40g": 1.88 £ (bis 30.3.2014)
– „Europe up to 60g": 1.47 £ (31.3.2014–29.3.2015)
– „Worldwide up to 60g": 2.15 £ (31.3.2014–29.3.2015)
– „Euro 20g / World 10g": 97 P (20.10.2014–31.12.2020)
– „Europe up to 100g": 1.52 £ (24.2.2016–31.8.2020 und erneut ab 1.1.2021)
– „Worldwide up to 100g": 2.25 £ (24.2.2016–31.8.2020 und erneut ab 1.1.2021)
– „Euro 100g / World 20g": 1.70 £ (1.9.–31.12.2020)
– „World 100g Zone 1-3": 2.50 £ (1.9.–17.9.2020)
– „World 100g Zone 2": 2.55 £ (1.9.–31.12.2020)
– „Europe Large 100g": 3.25 £ (ab 1.1.2021)
– „Worldwide Large 100g": 4.20 £ (ab 1.1.2021)

Folienstreifen mit Wertstufe „1st Class up to 100g" stammt aus Presentation Pack No. 12.

Laufzeit: ab 25.6.2013

2013, 20. Sept. Leben in Flüssen. RaTdr.; Papier ph.; selbstklebend; Thermodruck; gestanzt 14.

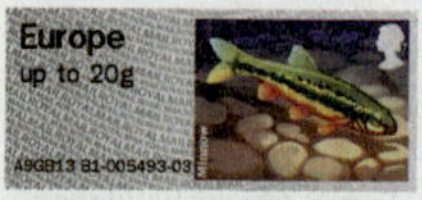

bk) Elritze (Phoxinas phoxinas)

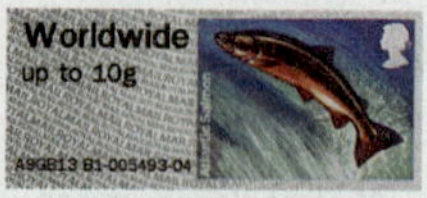

bl) Atlantischer Lachs (Salmo salar)

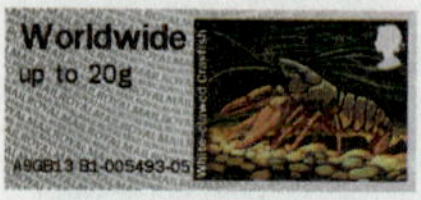

bm) Dohlenkrebs (Austropotamobius pallipes)

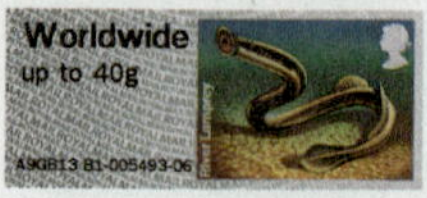

bn) Flussneunage (Lampetra fluviatilis)

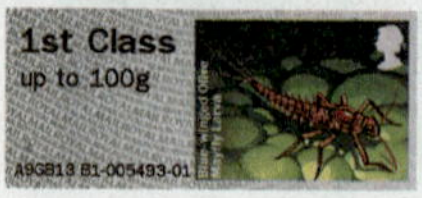

bo) Larve der Eintagsfliege (Serratella ignita)

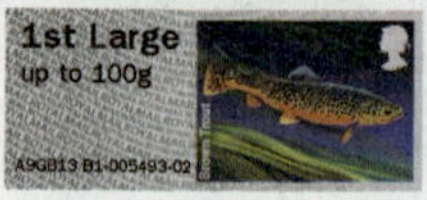

bp) Europäische Forelle (Salmo trutta)

59 (60 P) – (1.88 £) (in festprogrammierten Wertstufen) schwarz; Unterdruck: mehrfarbig ..... bk 3,50 3,— 6,—

60 (60 P) – (1.88 £) (in festprogrammierten Wertstufen) schwarz; Unterdruck: mehrfarbig ...... bl 3,50 3,— 6,—

61 (60 P) – (1.88 £) (in festprogrammierten Wertstufen) schwarz; Unterdruck: mehrfarbig .... bm 3,50 3,— 6,—

62 (60 P) – (1.88 £) (in festprogrammierten Wertstufen) schwarz; Unterdruck: mehrfarbig ..... bn 3,50 3,— 6,—

63 (60 P) – (1.88 £) (in festprogrammierten Wertstufen) schwarz; Unterdruck: mehrfarbig ..... bo 3,50 3,— 6,—

64 (60 P) – (1.88 £) (in festprogrammierten Wertstufen) schwarz; Unterdruck: mehrfarbig ..... bp 3,50 3,— 6,—
Foliensteifen (6 W.) 25,—

Nominalen zur Zeit der Erstausgabe:
- „1st Class up to 100g“: 60 P
- „Europe up to 20g“: 88 P (bis 19.10.2014)
- „Worldwide up to 10g“: 88 P (bis 30.3.2014)
- „1st Large up to 100g“: 90 P
- „Worldwide up to 20g“: 1.28 £ (bis 31.8.2020)
- „Worldwide up to 40g“: 1.88 £ (bis 30.3.2014)
- „Europe up to 60g“: 1.47 £ (31.3.2014–29.3.2015)
- „Worldwide up to 60g“: 2.15 £ (31.3.2014–29.3.2015)
- „Euro 20g / World 10g“: 97 P (20.10.2014–31.12.2020)
- „Europe up to 100g“: 1.52 £ (6.5.2016–31.8.2020 und erneut ab 1.1.2021)
- „Worldwide up to 100g“: 2.25 £ (6.5.2016–31.8.2020 und erneut ab 1.1.2021)
- „Euro 100g / World 20g“: 1.70 £ (1.9.–31.12.2020)
- „World 100g Zone 1-3“: 2.50 £ (1.9.–17.9.2020)
- „World 100g Zone 2“: 2.55 £ (1.9.–31.12.2020)
- „Europe Large 100g“: 3.25 £ (ab 1.1.2021)
- „Worldwide Large 100g“: 4.20 £ (ab 1.1.2021)

Folienstreifen mit Wertstufe „1st Class up to 100g“ stammt aus Presentation Pack No. 13.

Laufzeit: ab 20.9.2013

2014, 19. Febr. Blumen und Blüten im Frühling. RaTdr.; Papier ph.; selbstklebend; Thermodruck; gestanzt 14.

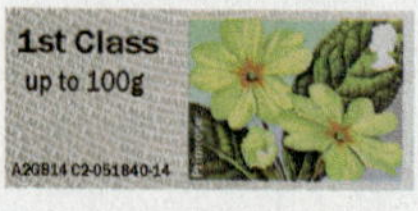

br) Kissenprimel (Primula vulgaris)

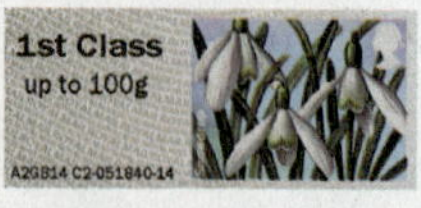

bs) Schneeglöckchen (Galanthus nivalis)

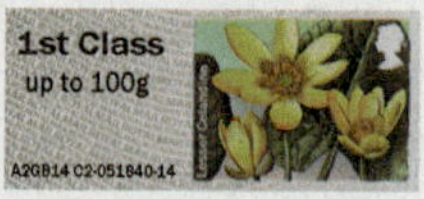

bt) Scharbockskraut (Ranunculus ficaria)

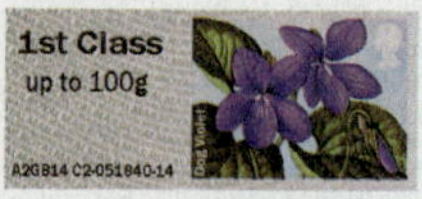

bu) Hundsveilchen (Viola canina)

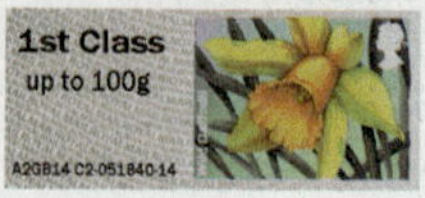

bv) Gelbe Narzisse (Narcissus pseudonarcissus)

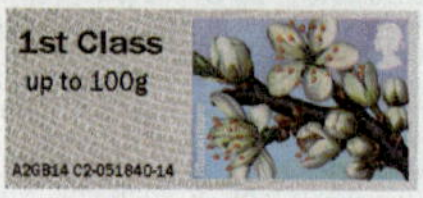

bw) Schlehe (Prunus spinosa)

65 (60 P) – (1.88 £) (in festprogrammierten Wertstufen) schwarz; Unterdruck: mehrfarbig ..... br 3,50 3,— 5,—

66 (60 P) – (1.88 £) (in festprogrammierten Wertstufen) schwarz; Unterdruck: mehrfarbig ..... bs 3,50 3,— 5,—

67 (60 P) – (1.88 £) (in festprogrammierten Wertstufen) schwarz; Unterdruck: mehrfarbig ..... bt 3,50 3,— 5,—

68 (60 P) – (1.88 £) (in festprogrammierten Wertstufen) schwarz; Unterdruck: mehrfarbig ..... bu 3,50 3,— 5,—

69 (60 P) – (1.88 £) (in festprogrammierten Wertstufen) schwarz; Unterdruck: mehrfarbig ..... bv 3,50 3,— 5,—

70 (60 P) – (1.88 £) (in festprogrammierten Wertstufen) schwarz; Unterdruck: mehrfarbig ..... bw 3,50 3,— 5,—
Foliensteifen (6 W.) 25,—

Nominalen zur Zeit der Erstausgabe:
- „1st Class up to 100g“: 60 P
- „Europe up to 20g“: 88 P (bis 19.10.2014)
- „Worldwide up to 10g“: 88 P (bis 30.3.2014)
- „1st Large up to 100g“: 90 P
- „Worldwide up to 20g“: 1.28 £ (bis 31.8.2020)
- „Worldwide up to 40g“: 1.88 £ (bis 30.3.2014)
- „Europe up to 60g“: 1.47 £ (31.3.2014–29.3.2015)
- „Worldwide up to 60g“: 2.15 £ (31.3.2014–29.3.2015)
- „Euro 20g / World 10g“: 97 P (5.6.2014–31.12.2020)
- „Europe up to 100g“: 1.52 £ (30.3.2015–31.8.2020 und erneut ab 1.1.2021)
- „Worldwide up to 100g“: 2.25 £ (30.3.2015–31.8.2020 und erneut ab 1.1.2021)
- „Euro 100g / World 20g“: 1.70 £ (1.9.–31.12.2020)
- „World 100g Zone 1-3“: 2.50 £ (1.9.–17.9.2020)
- „World 100g Zone 2“: 2.55 £ (1.9.–31.12.2020)
- „Europe Large 100g“: 3.25 £ (ab 1.1.2021)
- „Worldwide Large 100g“: 4.20 £ (ab 1.1.2021)

Folienstreifen mit Wertstufe „1st Class up to 100g“ stammt aus Presentation Pack No. 14.

Laufzeit: ab 19.2.2014

2014, 17. Sept./2017, 1. Mai. Blumen und Blüten im Sommer. I = RaTdr., II = Digitaldr.; Papier ph.; selbstklebend; Thermodruck; gestanzt 14.

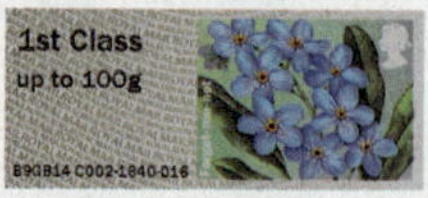

bx) Waldvergissmeinnicht (Myosotis sylvatica)

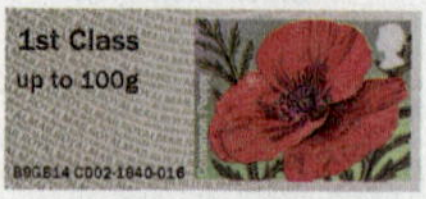

by) Klatschmohn (Papaver rhoeas)

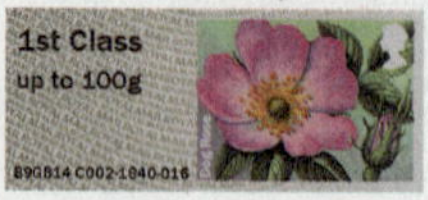

bz) Hundsrose (Rosa canina)

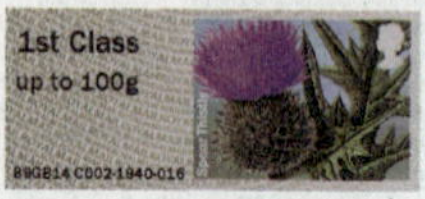

ca) Mariendistel (Silybum marianum)

cb) Besenheide (Erica vulgaris)

cc) Gemeiner Lein (Linum usitatissimum)

I = RaTdr. (17.9.2014)

71 I (62 P) – (2.15 £) (in festprogrammierten Wertstufen) schwarz; Unterdruck: mfg. . bx 3,50 3,— 5,—

72 I (62 P) – (2.15 £) (in festprogrammierten Wertstufen) schwarz; Unterdruck: mfg. . by 3,50 3,— 5,—

73 I (62 P) – (2.15 £) (in festprogrammierten Wertstufen) schwarz; Unterdruck: mfg. . bz 3,50 3,— 5,—

74 I (62 P) – (2.15 £) (in festprogrammierten Wertstufen) schwarz; Unterdruck: mfg. . ca 3,50 3,— 5,—

75 I (62 P) – (2.15 £) (in festprogrammierten Wertstufen) schwarz; Unterdruck: mfg. . cb 3,50 3,— 5,—

76 I (62 P) – (2.15 £) (in festprogrammierten Wertstufen) schwarz; Unterdruck: mfg. cc 3,50 3,— 5,—
Foliensteifen I (6 W.) 25,—

II = Digitaldr.

71 II (65 P) – (2.27 £) (in festprogrammierten Wertstufen) schwarz; Unterdruck: mehrfarbig (1.5.2017) .... bx 3,50 3,— 5,—

72 II (65 P) – (2.27 £) (in festprogrammierten Wertstufen) schwarz; Unterdruck: mehrfarbig (1.5.2017) .... by 3,50 3,— 5,—

73 II (65 P) – (2.27 £) (in festprogrammierten Wertstufen) schwarz; Unterdruck: mehrfarbig (1.5.2017) .... bz 3,50 3,— 5,—

74 II (65 P) – (2.27 £) (in festprogrammierten Wertstufen) schwarz; Unterdruck: mehrfarbig (21.4.2017) .... ca 3,50 3,— 5,—

75 II (65 P) – (2.27 £) (in festprogrammierten Wertstufen) schwarz; Unterdruck: mehrfarbig (1.5.2017) .... cb 3,50 3,— 5,—

76 II (65 P) – (2.27 £) (in festprogrammierten Wertstufen) schwarz; Unterdruck: mehrfarbig (1.5.2017) .... cc 3,50 3,— 5,—
Foliensteifen II (6 W.) 25,—

Nominalen von MiNr. 71 I–76 I zur Zeit der Erstausgabe:
- „1st Class up to 100g“: 62 P
- „1st Large up to 100g“: 93 P
- „Europe up to 20g“: 97 P (bis 19.10.2014)
- „Euro 20g / World 10g“: 97 P (bis 31.12.2020)
- „Worldwide up to 20g“: 1.28 £ (bis 31.8.2020)
- „Europe up to 60g“: 1.47 £ (bis 29.3.2015)
- „Worldwide up to 60g“: 2.15 £ (bis 29.3.2015)
- „Europe up to 100g“: 1.52 £ (30.3.2015–31.8.2020 und erneut ab 1.1.2021)
- „Worldwide up to 100g“: 2.25 £ (30.3.2015–31.8.2020 und erneut ab 1.1.2021)
- „Europe Large 100g“: 3.25 £ (ab 1.1.2021)
- „Worldwide Large 100g“: 4.20 £ (ab 1.1.2021)

Nominalen von MiNr. 71 II–76 II zur Zeit der Erstausgabe:
- „1st Class up to 100g“: 65 P
- „1st Large up to 100g“: 98 P
- „Euro 20g / World 10g“: 1.17 £ (bis 31.12.2020)
- „Worldwide up to 20g“: 1.40 £ (bis 31.8.2020)
- „Europe up to 100g“: 1.57 £ (bis 31.8.2020 und erneut ab 1.1.2021)
- „Worldwide up to 100g“: 2.27 £ (bis 31.8.2020 und erneut ab 1.1.2021)
- „Euro 100g / World 20g“: 1.70 £ (17.9.–31.12.2020)
- „World 100g Zone 1 & 3“: 2.50 £ (17.9.–31.12.2020)
- „World 100g Zone 2“: 2.55 £ (17.9.–31.12.2020)
- „Europe Large 100g“: 3.25 £ (ab 1.1.2021)
- „Worldwide Large 100g“: 4.20 £ (ab 1.1.2021)

Folienstreifen mit Wertstufe „1st Class up to 100g“ stammt aus Presentation Pack No. 16.

MiNr. 72 I kam auch als Einzelmotiv in Rollen zur Verwendung, dabei auch mit erweitertem Thermodruck:
- „First World War Centenary“ (17.–20.9.2014)
- „The NMRN“ (21.10.2014)
- „The NMRN Remembrance“ (21.10.–13.11.2014)
- „The B.P.M.A.“ (21.10.–12.11.2014 und 19.10.–13.11.2015)
- „RN Submarine“ (19.10.–15.11.2015, 24.10.–13.11.2016 und 20.10.–19.11.2017)
- „Royal Navy“ (19.10.–15.11.2015, 24.10.–13.11.2016 und 20.10.–19.11.2017)
- „Royal Marines“ (19.10.–15.11.2015 und 24.10.–13.11.2016)
- „Fleet Air Arm“ (19.10.–15.11.2015, 24.10.–13.11.2016 und 20.10.–19.11.2017)
- „Sindelfingen October 2015“ (29.–31.10.2015)
- „Paris November 2015“ (5.–8.11.2015)
- „The Battle of the Somme“ und Logo (14.–17.9.2016)
- „Royal Marines“ und Logo (23.10.2016)
- „The Postal Museum“ und Logo (24.10.–11.11.2016)
- „Headquarters BFPO Lest we forget“ (24.10.–11.11.2016 und 24.10.–23.11.2017)
- „WWI Battle of Passchendaele“ (13.–16.9.2017)
- „Royal Corps of Signals“ (20.10.–19.11.2017)
- „The Postal Museum“ (24.10.–12.11.2017)
- „Ministry of Defence“ und zwei Logos (24.10.–27.11.2017)
- „HMS Trincomalee 12th Oct 1817“ (20.11.2017)
- „Postal Museum WWI 1918–2018“ (23.10.–29.11.2018)
- „Royal Navy“ und Logo (31.10. und 1.–5.12.2019)
- „Royal Navy Lest We Forget 100“ (1.–30.11.2019)
- „RN Submarine Lest We Forget 100“ (1.–30.11.2019)
- „RN Submarine“ und Logo (1.12.2019)
- „Mail Rail“ (11.11.–5.12.2021)
- „Fleet Air Arm Lest We Forget“ (26.11.–10.12.2021)
- „RN Submarine Lest We Forget“ (26.11.–10.12.2021)
- „Royal Navy Lest We Forget“ (26.11.–10.12.2021 und 11.–30.11.2022)
- „The Postal Museum Lest We Forget“ (11.–30.11.2022)
- „The Postal Museum Lest we Forget '23“ (8.–30.11.2023)
- „Mail Rail Lest we Forget '23“ (8.–30.11.2023)
- „RN Submarine Lest we Forget '23“ (10.–30.11.2023)
- „Royal Navy Lest we Forget '23“ (10.–30.11.2023)
- „Fleet Air Arm Lest we Forget '23“ (10.–30.11.2023)
- „Shakespeare BPT Lest we Forget '23“ (10.–30.11.2023)
- „STEAM Lest we Forget '23“ und Logo (10.–30.11.2023)

MiNr. 74 II kam am 21.4.2017 als Einzelmotiv in Rollen zur Verwendung und trägt den erweiterten Thermodruck:
- „88th Scottish Congress“ (21.–22.4.2017)
- „88th Scottish Congress 2017“ (21.–22.4.2017)

MiNr. 71 II–76 II gibt es auch mit erweitertem Thermodruck:
- „Shakespeare birthday trust“ als Logo (1.5.2017–Ende 2021)*
- „Shakespeare 1564“ und „Shakespeare birthday trust“ als Logo (4.11.2017)
- „Shakespeare 1564“ (4.11.2017–? und 17.9.–Ende 2020)

Laufzeit: MiNr. 71 I–76 I ab 17.9.2014, MiNr. 71 II–73 II und 75 II–76 II ab 1.5.2017, MiNr. 74 II ab 21.4.2017

2014, 13. Nov. Wintergrün. RaTdr.; Papier ph.; selbstklebend; Thermodruck; gestanzt 14.

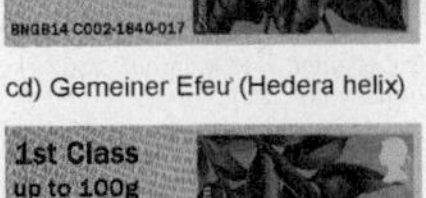

cd) Gemeiner Efeu (Hedera helix)

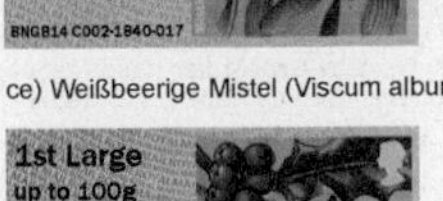

ce) Weißbeerige Mistel (Viscum album)

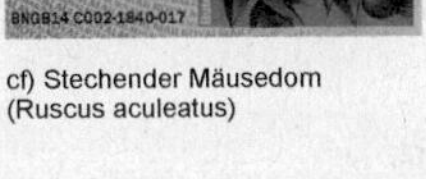

cf) Stechender Mäusedorn (Ruscus aculeatus)

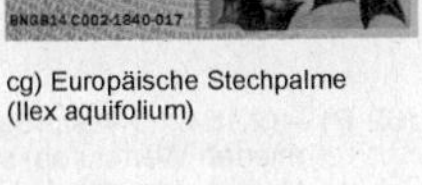

cg) Europäische Stechpalme (Ilex aquifolium)

77 (53 P) – (73 P) (in festprogrammierten Wertstufen) schwarz; Unterdruck: mehrfarbig ..... cd 2,50 2,50 3,50

78 (53 P) – (73 P) (in festprogrammierten Wertstufen) schwarz; Unterdruck: mehrfarbig ..... ce 2,50 2,50 3,50

79 (62 P) – (2.15 £) (in festprogrammierten Wertstufen) schwarz; Unterdruck: mehrfarbig ...... cf 3,— 2,50 3,50

80 (62 P) – (2.15 £) (in festprogrammierten Wertstufen) schwarz; Unterdruck: mehrfarbig ...... cg 3,— 2,50 3,50
2 Folienstreifen (4 W.) 12,—

Nominalen von MiNr. 77–78 zur Zeit der Erstausgabe:
- „2nd Class up to 100g“: 53 P
- „2nd Large up to 100g“: 73 P

Nominalen von MiNr. 79–80 zur Zeit der Erstausgabe:
- „1st Class up to 100g“: 62 P
- „1st Large up to 100g“: 93 P
- „Euro 20g / World 10g“: 97 P (bis 31.12.2020)
- „Worldwide up to 20g“: 1.28 £ (bis 31.12.2020)
- „Europe up to 60g“: 1.47 £ (bis 29.3.2015)
- „Worldwide up to 60g“: 2.15 £ (bis 29.3.2015)
- „Europe up to 100g“: 1.52 £ (30.3.2015–31.8.2020 und erneut ab 1.1.2021)
- „Worldwide up to 100g“: 2.25 £ (30.3.2015–31.8.2020 und erneut ab 1.1.2021)
- „World 100g Zone 1 & 3“: 2.50 £ (3.11.–31.12.2020)
- „Euro 100g / World 20g“: 1.70 £ (1.9.–31.12.2020)
- „World 100g Zone 1-3“: 2.50 £ (1.–17.9.2020)
- „World 100g Zone 2“: 2.55 £ (1.9.–31.12.2020)
- „Europe Large 100g“: 3.25 £ (ab 1.1.2021)
- „Worldwide Large 100g“: 4.20 £ (ab 1.1.2021)

MiNr. 77–78 und 79–80 befinden sich jeweils zusammen auf einer Rolle.

Folienstreifen mit Wertstufe „2nd Class up to 100g“ und „1st Class up to 100g“ stammem aus Presentation Pack No. 17.

MiNr. 77–80 gibt es auch mit erweitertem Thermodruck:
- „The B.P.M.A.“ (13.11.–23.12.2014 und 29.10.–1.11.2020)
- „The Postal Museum“ (13.11.2017–1.1.2018, 8.11.–31.12.2018, 3.11.2020, 3.12.–19.12.2020, 1.12.2021–2.1.2022 und 1.–31.12.2022)

MiNr. 79–80 gibt es auch mit erweitertem Thermodruck:
- „Mail Rail“ (2.–31.12.2019, 1.–26.12.2022 und 1.–26.12.2023)

Laufzeit: ab 13.11.2014

2015, 18. Febr. Segelboote. RaTdr.; Papier ph.; selbstklebend; Thermodruck; gestanzt 14.

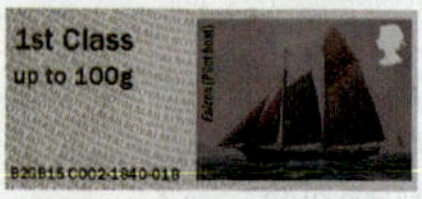

ch) Lotsenboot „Falcon“; von John William Green (1863–1951)

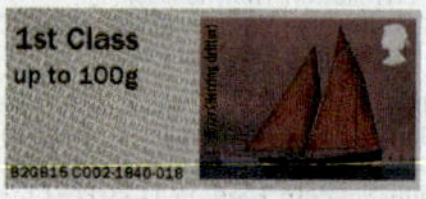

ci) Schleppnetz-Fischerboot „Briar“; von Alexander Harwood (1873–1943)

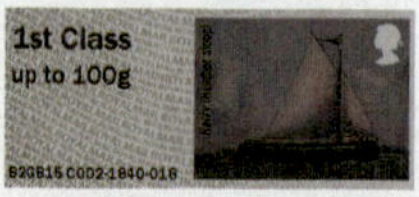

ck) Humber-Küstensegler „Harry“; von Reuben Chappel (1870–1940)

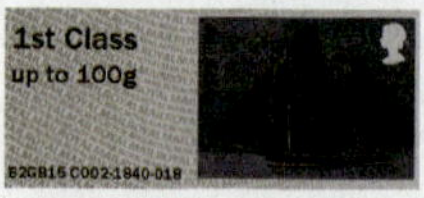

cl) Schottischer Fischereisegler „Margaret“; von Henry Lawson (1872–1966)

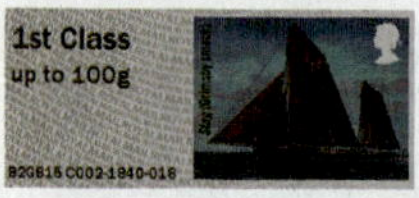

cm) Grimsby-Segelkutter „Stag“; zugeschrieben George Race (1872–1957)

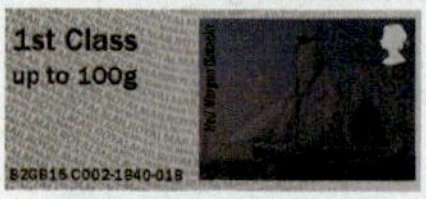

cn) Segelkutter „Nell Morgan“; von G. Ramsey (19. Jh.)

ch–cn) Seestücke von örtlichen Marinemalern

81 (62 P) – (2.15 £) (in festprogrammierten Wertstufen) schwarz; Unterdruck: mehrfarbig ..... ch 3,— 2,50 3,50

82 (62 P) – (2.15 £) (in festprogrammierten Wertstufen) schwarz; Unterdruck: mehrfarbig ...... ci 3,— 2,50 3,50

83 (62 P) – (2.15 £) (in festprogrammierten Wertstufen) schwarz; Unterdruck: mehrfarbig ..... ck 3,— 2,50 3,50

84 (62 P) – (2.15 £) (in festprogrammierten Wertstufen) schwarz; Unterdruck: mehrfarbig ...... cl 3,— 2,50 3,50

85 (62 P) – (2.15 £) (in festprogrammierten Wertstufen) schwarz; Unterdruck: mehrfarbig ..... cm 3,— 2,50 3,50

86 (62 P) – (2.15 £) (in festprogrammierten Wertstufen) schwarz; Unterdruck: mehrfarbig ...... cn 3,— 2,50 3,50
Folienstreifen (6 W.) 20,—

Nominalen zur Zeit der Erstausgabe:
- „1st Class up to 100g“: 62 P
- „1st Large up to 100g“: 93 P
- „Euro 20g / World 10g“: 97 P (bis 31.12.2020)
- „Worldwide up to 20g“: 1.28 £ (bis 31.8.2020)
- „Europe up to 60g“: 1.47 £ (bis 29.3.2015)
- „Worldwide up to 60g“: 2.15 £ (bis 29.3.2015)
- „Europe up to 100g“: 1.52 £ (30.3.2015–31.8.2020 und erneut ab 1.1.2021)
- „Worldwide up to 100g“: 2.25 £ (30.3.2015–31.8.2020 und erneut ab 1.1.2021)
- „Euro 100g / World 20g“: 1.70 £ (1.9.–31.12.2020)
- „World 100g Zone 1-3“: 2.50 £ (1.–17.9.2020)
- „World 100g Zone 2“: 2.55 £ (1.9.–31.12.2020)
- „Europe Large 100g“: 3.25 £ (ab 1.1.2021)
- „Worldwide Large 100g“: 4.20 £ (ab 1.1.2021)

Folienstreifen mit Wertstufe „1st Class up to 100g“ stammt aus Presentation Pack No. 18.

Laufzeit: ab 18.2.2015

2015, 13. Mai. Wappentiere. RaTdr.; Papier ph.; selbstklebend; Thermodruck; gestanzt 14¼.

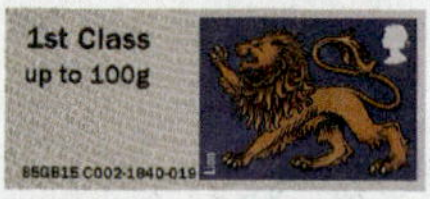

co) Löwe

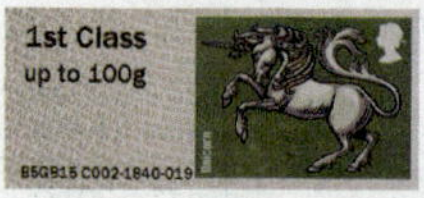

cp) Einhorn

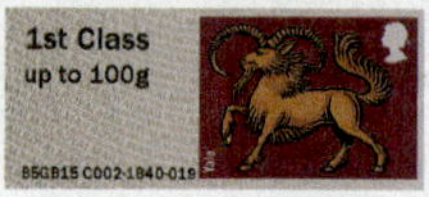

cr) Antilope

cs) Drache

ct) Falke

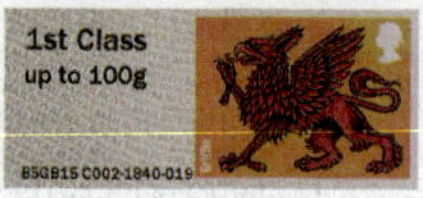

cu) Greif

87 (63 P) – (2.25 £) (in festprogrammierten Wertstufen) schwarz; Unterdruck: mehrfarbig ..... co 3,— 2,50 3,50

88 (63 P) – (2.25 £) (in festprogrammierten Wertstufen) schwarz; Unterdruck: mehrfarbig ..... cp 3,— 2,50 3,50

89 (63 P) – (2.25 £) (in festprogrammierten Wertstufen) schwarz; Unterdruck: mehrfarbig ...... cr 3,— 2,50 3,50

90 (63 P) – (2.25 £) (in festprogrammierten Wertstufen) schwarz; Unterdruck: mehrfarbig ..... cs 3,— 2,50 3,50

91 (63 P) – (2.25 £) (in festprogrammierten Wertstufen) schwarz; Unterdruck: mehrfarbig ...... ct 3,— 2,50 3,50

92 (63 P) – (2.25 £) (in festprogrammierten Wertstufen) schwarz; Unterdruck: mehrfarbig ..... cu 3,— 2,50 3,50
Folienstreifen (6 W.) 20,—

Nominalen zur Zeit der Erstausgabe:
- „1st Class up to 100g“: 63 P
- „1st Large up to 100g“: 95 P
- „Euro 20g / World 10g“: 1.00 £ (bis 31.12.2020)
- „Worldwide up to 20g“: 1.33 £ (bis 31.8.2020)
- „Europe up to 100g“: 1.52 £ (bis 31.8.2020 und erneut ab 1.1.2021)
- „Worldwide up to 100g“: 2.25 £ (bis 31.8.2020 und erneut ab 1.1.2021)
- „Euro 100g / World 20g“: 1.70 £ (1.9.–31.12.2020)

– „World 100g Zone 1-3“: 2.50 £ (1.–17.9.2020)
– „World 100g Zone 2“: 2.55 £ (1.9.–31.12.2020)
– „Europe Large 100g“: 3.25 £ (ab 1.1.2021)
– „Worldwide Large 100g“: 4.20 £ (ab 1.1.2021)

Folienstreifen mit Wertstufe „1st Class up to 100g“ stammt aus Presentation Pack No. 19.

MiNr. 87 kam auch als Einzelmotiv in Rollen zur Verwendung, dabei auch mit erweitertem Thermodruck:
– „The B.P.M.A.“ (16.9.–16.10.2015 und 4.–29.1.2016)
– „Sindelfingen October 2015“ (29.–31.10.2015)
– „Paris November 2015“ (5.–8.11.2015)
– „The Postal Museum“ und Logo (ab 1.–16.2.2016)
– „87th Scottish Congress 2016“ (15.–16.4.2016)
– „88th Scottish Congress“ (21.–22.4.2017)
– „88th Scottish Congress 2017“ (21.–22.4.2017)

MiNr. 87–92 gibt es auch mit erweitertem Thermodruck:
– „Aberdeen 2015“ (15.–17.10.2015)

Laufzeit: ab 13.5.2015

2015, 16. Sept./20. Nov. Sehenswürdigkeiten von See aus. I = RaTdr., II = Digitaldr.; selbstklebend; Thermodruck; gestanzt 14¼.

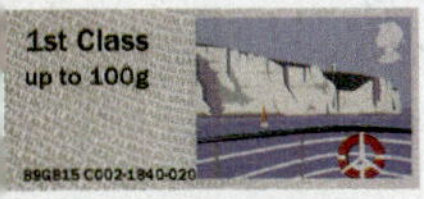

cv) Dover, Großbritannien

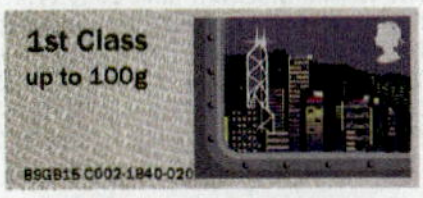

cw) Hongkong, VR China

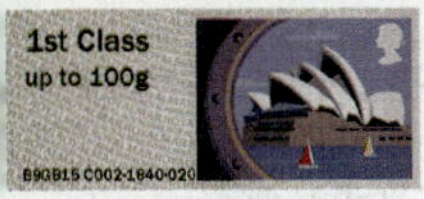

cx) Sydney, Australien

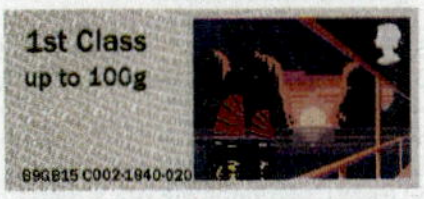

cy) Halong-Bucht, Vietnam

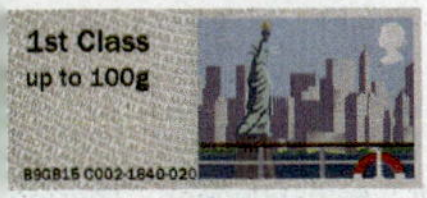

cz) New York, Vereinigte Staaten von Amerika

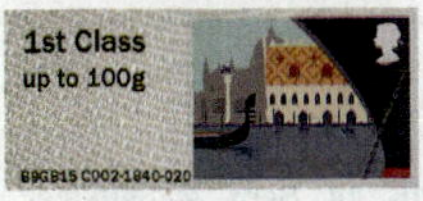

da) Venedig, Italien

I = RaTdr. (16. Sept.)

93 I (63 P) – (2.25 £) (in festprogrammierten Wertstufen) schwarz; Unterdruck: mfg. . cv 3,— 2,50 3,50

94 I (63 P) – (2.25 £) (in festprogrammierten Wertstufen) schwarz; Unterdruck: mfg. . cw 3,— 2,50 3,50

95 I (63 P) – (2.25 £) (in festprogrammierten Wertstufen) schwarz; Unterdruck: mfg. . cx 3,— 2,50 3,50

96 I (63 P) – (2.25 £) (in festprogrammierten Wertstufen) schwarz; Unterdruck: mfg. . cy 3,— 2,50 3,50

97 I (63 P) – (2.25 £) (in festprogrammierten Wertstufen) schwarz; Unterdruck: mfg. . cz 3,— 2,50 3,50

98 I (63 P) – (2.25 £) (in festprogrammierten Wertstufen) schwarz; Unterdruck: mfg. . da 3,— 2,50 3,50
Folienstreifen (6 W.) 20,—

II = Digitaldr.

94 II (63 P) – (2.25 £) (in festprogrammierten Wertstufen) schwarz; Unterdruck: mehrfarbig (20.11.2015) . . cw 3,— 2,50 3,50

97 II (63 P) – (2.25 £) (in festprogrammierten Wertstufen) schwarz; Unterdruck: mehrfarbig (28.5.2016) . . . . . . cz 3,— 2,50 3,50

Nominalen zur Zeit der Erstausgabe:
– „1st Class up to 100g“: 63 P
– „1st Large up to 100g“: 95 P
– „Euro 20g / World 10g“: 1.00 £ (bis 31.12.2020)
– „Worldwide up to 20g“: 1.33 £ (bis 31.8.2020)
– „Europe up to 100g“: 1.52 £ (bis 31.8.2020 und erneut ab 1.1.2021)
– „Worldwide up to 100g“: 2.25 £ (bis 31.8.2020 und erneut ab 1.1.2021)
– „Euro 100g / World 20g“: 1.70 £ (1.9.–31.12.2020)
– „World 100g Zone 1-3“: 2.50 £ (1.–17.9.2020)
– „World 100g Zone 2“: 2.55 £ (1.9.–31.12.2020)
– „Europe Large 100g“: 3.25 £ (ab 1.1.2021)
– „Worldwide Large 100g“: 4.20 £ (ab 1.1.2021)

Folienstreifen mit Wertstufe „1st Class up to 100g“ stammt aus Presentation Pack No. 20.

MiNr. 94 II kam auch als Einzelmotiv in Rollen zur Verwendung und trägt den erweiterten Thermodruck:
– „Hong Kong November 2015“ (20.–23.11.2015)

MiNr. 97 II kam auch als Einzelmotiv in Rollen zur Verwendung und trägt den erweiterte Thermodruck:
– „World Stamp Show NY2016“ (28.5.–4.6.2016)

Laufzeit: MiNr. 93 I–98 I ab 16.9.2015, MiNr. 94 II ab 20.11.2015

2015, 16. Nov. Tiere im Winterwald. RaTdr.; selbstklebend; Thermodruck; gestanzt 14¼.

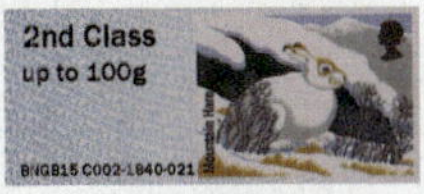

db) Schneehase (Lepus timidus)

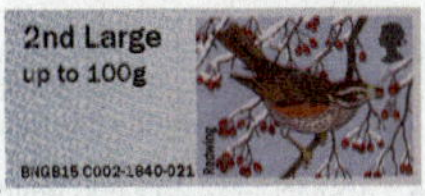

dc) Rotdrossel (Turdus iliacus)

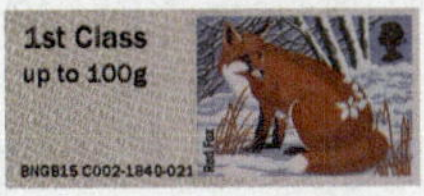

dd) Rotfuchs (Vulpes vulpes)

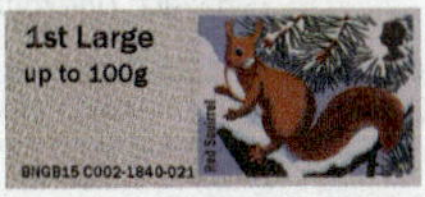

de) Eichhörnchen (Sciurus vulgaris)

99 (54 P) – (74 P) (in festprogrammierten Wertstufen) schwarz; Unterdruck: mehrfarbig . . . . db 2,50 2,50 3,50

100 (54 P) – (74 P) (in festprogrammierten Wertstufen) schwarz; Unterdruck: mehrfarbig . . . . dc 2,50 2,50 3,50

101 (63 P) – (2.25 £) (in festprogrammierten Wertstufen) schwarz; Unterdruck: mfg. dd 3,— 2,50 3,50

102 (63 P) – (2.25 £) (in festprogrammierten Wertstufen) schwarz; Unterdruck: mfg. de 3,— 2,50 3,50
2 Folienstreifen (4 W.) 12,—

Nominalen von MiNr. 99–100 zur Zeit der Erstausgabe:
– „2nd Class up to 100g“: 54 P
– „2nd Large up to 100g“: 74 P

Nominalen von MiNr. 101–102 zur Zeit der Erstausgabe:
– „1st Class up to 100g“: 63 P
– „1st Large up to 100g“: 95 P
– „Euro 20g / World 10g“: 1.00 £ (bis 31.12.2020)
– „Worldwide up to 20g“: 1.33 £ (bis 31.8.2020)
– „Europe up to 100g“: 1.52 £ (bis 31.8.2020 und erneut ab 1.1.2021)
– „Worldwide up to 100g“: 2.25 £ (bis 31.8.2020 und erneut ab 1.1.2021)
– „Euro 100g / World 20g“: 1.70 £ (1.9.–31.12.2020)
– „World 100g Zone 1-3“: 2.50 £ (1.–17.9.2020)
– „World 100g Zone 2“: 2.55 £ (1.9.–31.12.2020)
– „World 100g Zone 1 & 3“: 2.50 £ (3.11.–31.12.2020)
– „Europe Large 100g“: 3.25 £ (ab 1.1.2021)
– „Worldwide Large 100g“: 4.20 £ (ab 1.1.2021)

MiNr. 99–100 und 101–102 befinden sich jeweils zusammen auf einer Rolle.

Folienstreifen mit Wertstufe „2nd Class up to 100g“ und „1st Class up to 100g“ stammen aus Presentation Pack No. 21.

MiNr. 99–102 gibt es auch mit erweitertem Thermodruck:
– „The B.P.M.A.“ (16.11.–31.12.2015)

Laufzeit: ab 16.11.2015

2016, 17. Febr./1. April. Postverkehrsmittel. I = RaTdr., II = Digitaldruck; selbstklebend; Thermodruck; gestanzt 14¼.

df) Postreiter (um 1640)

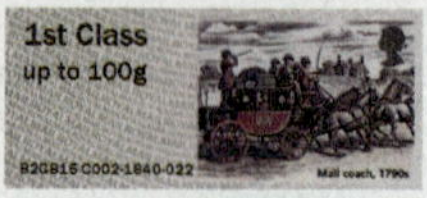

dg) Postkutsche (um 1790)

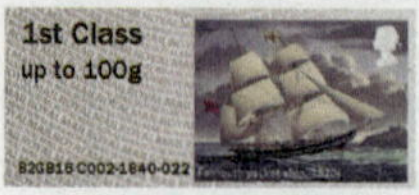

dh) Postsegler von Falmouth (um 1820)

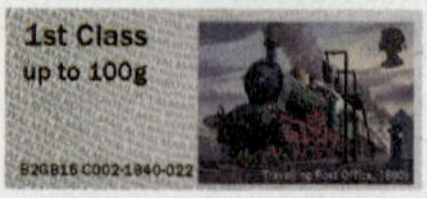

di) Eisenbahn-Postamt (um 1890)

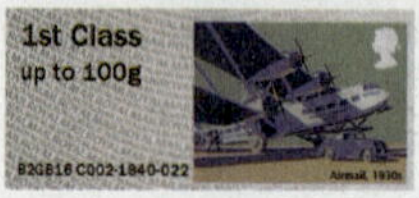

dk) Postflugzeug Handley-Page HP 45 (um 1930)

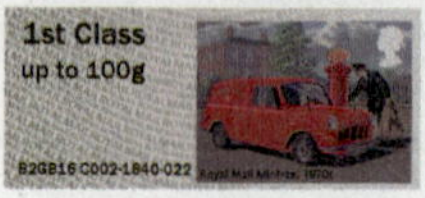

dl) Postauto Morris Minvan (um 1970)

df–dl) Postverkehrsmittel aus fünf Jahrhunderten

I = RaTdr. (17. Febr.)

103 I (63 P) – (2.25 £) (in festprogrammierten Wertstufen) schwarz; Unterdruck: mfg. . df 3,— 2,50 3,50

104 I (63 P) – (2.25 £) (in festprogrammierten Wertstufen) schwarz; Unterdruck: mfg.. dg 3,— 2,50 3,50

105 I (63 P) – (2.25 £) (in festprogrammierten Wertstufen) schwarz; Unterdruck: mfg.. dh 3,— 2,50 3,50

106 I (63 P) – (2.25 £) (in festprogrammierten Wertstufen) schwarz; Unterdruck: mfg. . di 3,— 2,50 3,50

107 I (63 P) – (2.25 £) (in festprogrammierten Wertstufen) schwarz; Unterdruck: mfg.. dk 3,— 2,50 3,50

108 I (63 P) – (2.25 £) (in festprogrammierten Wertstufen) schwarz; Unterdruck: mfg. . dl 3,— 2,50 3,50
Foliensteifen (6 W.) 20,—

II = Digitaldruck mit Lacküberzug

104 II (64 P) – (2.25 £) (in festprogrammierten Wertstufen) schwarz; Unterdruck: mehrfarbig (1. April) . . . . . dg 3,— 2,50 3,50

106 II (63 P) – (2.25 £) (in festprogrammierten Wertstufen) schwarz; Unterdruck: mehrfarbig (17. Febr.) . . . . di 3,— 2,50 3,50

Nominalen von MiNr. 103 I–108 I zur Zeit der Erstausgabe:
- „1st Class up to 100g": 63 P
- „1st Large up to 100g": 95 P
- „Euro 20g / World 10g": 1.00 £ (bis 31.12.2020)
- „Worldwide up to 20g": 1.33 £ (bis 31.8.2020)
- „Europe up to 100g": 1.52 £ (bis 31.8.2020 und erneut ab 1.1.2021)
- „Worldwide up to 100g": 2.25 £ (bis 31.8.2020 und erneut ab 1.1.2021)
- „Euro 100g / World 20g": 1.70 £ (1.9.–31.12.2020)
- „World 100g Zone 1-3": 2.50 £ (1.–17.9.2020)
- „World 100g Zone 2": 2.55 £ (1.9.–31.12.2020)
- „World 100g Zone 1 & 3": 2.50 £ (18.9.–31.12.2020)
- „Europe Large 100g": 3.25 £ (ab 1.1.2021)
- „Worldwide Large 100"g: 4.20 £ (ab 1.1.2021)

Nominalen von MiNr. 104 II zur Zeit der Erstausgabe:
- „1st Class up to 100g": 64 P
- „1st Large up to 100g": 96 P
- „Euro 20g / World 10g": 1.05 £ (bis 31.12.2020)
- „Worldwide up to 20g": 1.33 £ (bis 31.8.2020)
- „Europe up to 100g": 1.52 £ (bis 31.8.2020 und erneut ab 1.1.2021)
- „Worldwide up to 100g": 2.25 £ (bis 31.8.2020 und erneut ab 1.1.2021)
- „Euro 100g / World 20g": 1.70 £ (1.9.–31.12.2020)
- „World 100g Zone 1-3": 2.50 £ (29.10.–31.12.2020)
- „World 100g Zone 2": 2.55 £ (29.10.–31.12.2020)
- „World 100g Zone 1 & 3": 2.50 £ (18.9.–31.12.2020)
- „Europe Large 100g": 3.25 £ (ab 20.5.2021)
- „Worldwide Large 100"g: 4.20 £ (ab 20.5.2021)

Nominalen von MiNr. 106 II zur Zeit der Erstausgabe:
- „1st Class up to 100g": 63 P
- „1st Large up to 100g": 95 P
- „Euro 20g / World 10g": 1.00 £ (bis 31.12.2020)
- „Worldwide up to 20g": 1.33 £ (bis 31.8.2020)
- „Europe up to 100g": 1.52 £ (bis 31.8.2020 und erneut ab 1.1.2021)
- „Worldwide up to 100g": 2.25 £ (bis 31.8.2020 und erneut ab 1.1.2021)
- „Euro 100g / World 20g": 1.70 £ (17.9.–31.12.2020)
- „World 100g Zone 1-3": 2.50 £ (17.9.2020)
- „World 100g Zone 2": 2.55 £ (17.9.–31.12.2020)
- „World 100g Zone 1 & 3": 2.50 £ (18.9.–31.12.2020)
- „Europe Large 100g": 3.25 £ (ab 12.4.2021)
- „Worldwide Large 100"g: 4.20 £ (ab 12.4.2021)

Folienstreifen mit Wertstufe „1st Class up to 100g" stammt aus Presentation Pack No. 22.

MiNr. 103 I–108 I gibt es auch mit erweitertem Thermodruck:
- „The Postal Museum" und Logo (17.2.–31.3.2016)
- „Liverpool 2016" (25.–28.9.2016)
- „Birmingham 2016" (2.–5.10.2016)
- „Glasgow 2016" (14.–15.10.2016)

MiNr. 104 II kam als Einzelmotiv in Rollen zur Verwendung und trägt einen erweiterten Thermodruck:
- „The Postal Museum" und Logo (1.4.–12.7.2016)
- „The Postal Museum Official Opening" (25.7.–12.9.2017)
- „The Postal Museum" (13.9.2017–11.9.2018, 30.11.2018–12.2.2019, 22.7.2021–27.3.2022 und 1.–31.12.2023)
- „The Postal Museum NPM 50" (13.2.–10.10.2019)
- „The Postal Museum New exhibit 2019" (11.10.2019–18.3.2020)
- „The Postal Museum Postcards 150" (29.10.–31.12.2020 und 20.5.–21.7.2021)

MiNr. 106 II kam als Einzelmotiv in Rollen zur Verwendung, dabei auch mit erweitertem Thermodruck:
- „STEAM GWR Swindon175" (25.2.–17.9.2016)
- „STEAM Swindon175" und Logo (13.9.2016–19.2.2017)
- „STEAM" und Logo (20.2.–14.3.2017, 6.2.2019–?, 17.9.–11.10.2020 und 12.4.2021–?)
- „STEAM King George V 90th" und Logo (15.3.–14.4.2017)
- „EARM" (20.3.2017–Mitte 2018)
- „STEAM Celebrates 20 Years" und Logo (12.10.–31.12.2020)
- „Last Overprint at: STEAM GWR" (27.–31.12.2023)

Laufzeit: MiNr. 103 I–108 I und 106 II ab 17.2.2016, MiNr. 104 II ab 1.4.2016

2016, 14. Sept. Marienkäfer. RaTdr.; selbstklebend; Thermodruck; gestanzt 14¼.

dm) Siebenpunkt-Marienkäfer (Coccinella septempunctata)

dn) Vierzehnpunkt-Marienkäfer (Propylea quatuordecimpunctata)

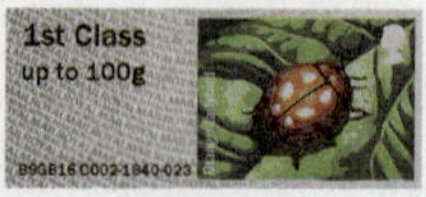

do) Sechzehnfleckiger Marienkäfer (Halyzia sedecimguttata)

dp) Strichfleckiger Marienkäfer (Chilocorus bipustulatus)

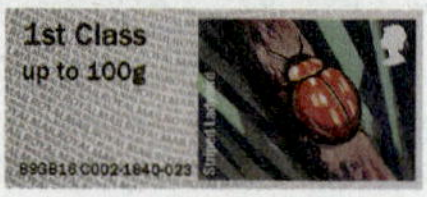

dr) Längsfleckiger Marienkäfer (Myzia oblongoguttata)

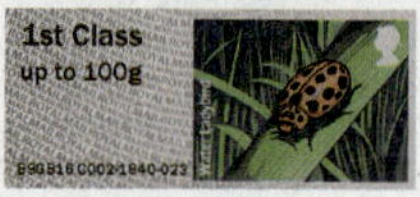

ds) Teich-Marienkäfer (Anisosticta novemdecimpunctata)

109 (64 P) – (2.25 £) (in festprogrammierten Wertstufen) schwarz; Unterdruck: mfg. . dm 3,50 2,50 3,50

110 (64 P) – (2.25 £) (in festprogrammierten Wertstufen) schwarz; Unterdruck: mfg. . . dn 3,50 2,50 3,50

111 (64 P) – (2.25 £) (in festprogrammierten Wertstufen) schwarz; Unterdruck: mfg. . . do 3,50 2,50 3,50

112 (64 P) – (2.25 £) (in festprogrammierten Wertstufen) schwarz; Unterdruck: mfg. . . dp 3,50 2,50 3,50

113 (64 P) – (2.25 £) (in festprogrammierten Wertstufen) schwarz; Unterdruck: mehrfarbig . . . . dr 3,50 2,50 3,50

114 (64 P) – (2.25 £) (in festprogrammierten Wertstufen) schwarz; Unterdruck: mfg. . . ds 3,50 2,50 3,50
Foliensteifen (6 W.) 25,—

Nominalen zur Zeit der Erstausgabe:
- „1st Class up to 100g“: 64 P
- „1st Large up to 100g“: 96 P
- „Euro 20g / World 10g“: 1.05 £ (bis 31.12.2020)
- „Worldwide up to 20g“: 1.33 £ (bis 31.8.2020)
- „Europe up to 100g“: 1.52 £ (bis 31.8.2020 und erneut ab 1.1.2021)
- „Worldwide up to 100g“: 2.25 £ (bis 31.8.2020 und erneut ab 1.1.2021)
- „Euro 100g / World 20g“: 1.70 £ (1.9.–31.12.2020)
- „World 100g Zone 1-3“: 2.50 £ (1.–17.9.2020)
- „World 100g Zone 2“: 2.55 £ (1.9.–31.12.2020)
- „World 100g Zone 1 & 3“: 2.50 £ (18.9.–31.12.2020)
- „Europe Large 100g“: 3.25 £ (ab 1.1.2021)
- „Worldwide Large 100“g: 4.20 £ (ab 1.1.2021)

Folienstreifen mit Wertstufe „1st Class up to 100g“ stammt aus Presentation Pack No. 23.

Laufzeit: ab 14.9.2016

2016, 14. Nov. Tiere im Winterschlaf. RaTdr.; selbstklebend; Thermodruck; gestanzt 14¼.

dt) Igel

du) Ringelnatter

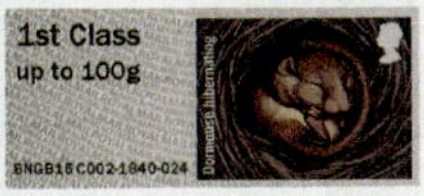

dv) Haselmaus

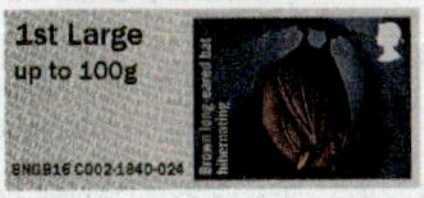

dw) Fledermaus

115 (55 P) – (75 P) (in festprogrammierten Wertstufen) schwarz; Unterdruck: mehrfarbig . . . . . dt 2,50 2,50 3,50

116 (55 P) – (75 P) (in festprogrammierten Wertstufen) schwarz; Unterdruck: mehrfarbig . . . . du 2,50 2,50 3,50

117 (64 P) – (2.25 £) (in festprogrammierten Wertstufen) schwarz; Unterdruck: mfg. . . dv 3,— 2,50 3,50

118 (64 P) – (2.25 £) (in festprogrammierten Wertstufen) schwarz; Unterdruck: mfg. . dw 3,— 2,50 3,50
2 Foliensteifen (4 W.) 12,—

Nominalen von MiNr. 115–116 zur Zeit der Erstausgabe:
- „2nd Class up to 100g“: 55 P
- „2nd Large up to 100g“: 75 P

Nominalen von MiNr. 117–118 zur Zeit der Erstausgabe:
- „1st Class up to 100g“: 64 P
- „1st Large up to 100g“: 96 P
- „Euro 20g / World 10g“: 1.05 £ (bis 31.12.2020)
- „Worldwide up to 20g“: 1.33 £ (bis 31.8.2020)
- „Europe up to 100g“: 1.52 £ (bis 31.8.2020 und erneut ab 1.1.2021)
- „Worldwide up to 100g“: 2.25 £ (bis 31.8.2020 und erneut ab 1.1.2021)
- „Euro 100g / World 20g“: 1.70 £ (1.9.–31.12.2020)
- „World 100g Zone 1-3“: 2.50 £ (1.–17.9.2020)
- „World 100g Zone 2“: 2.55 £ (1.9.–31.12.2020)
- „Europe Large 100g“: 3.25 £ (ab 1.1.2021)
- „Worldwide Large 100g“: 4.20 £ (ab 1.1.2021)

MiNr. 115–116 und 117–118 befinden sich jeweils zusammen auf einer Rolle.

Folienstreifen mit Wertstufe „2nd Class up to 100g“ und „1st Class up to 100g“ stammen aus Presentation Pack No. 24.

MiNr. 115–118 gibt es auch mit erweitertem Thermodruck:
- „The Postal Museum“ und Logo (14.11.–30.12.2016)

Laufzeit: ab 14.11.2016

2017, 15. Febr./3. April. Bahnpost. I = RaTdr., II = Digitaldr.; selbstklebend; Thermodruck; gestanzt 14¼.

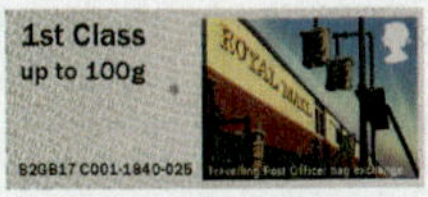

dx) Postbeutelübergabe in Fahrt mittels Fanghaken

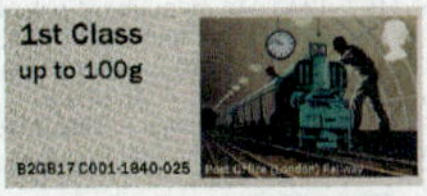

dy) Post-U-Bahn, London

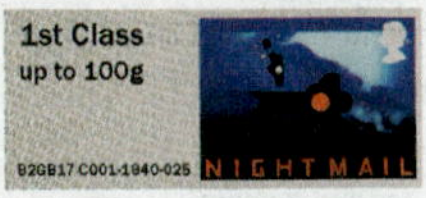

dz) Werbeplakat für Nachtpostbeförderung

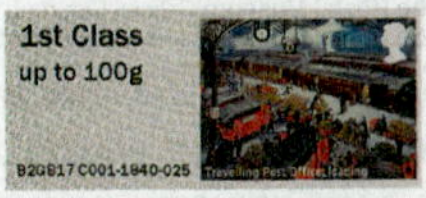

ea) Beladen von Postwaggons an Euston Station, London

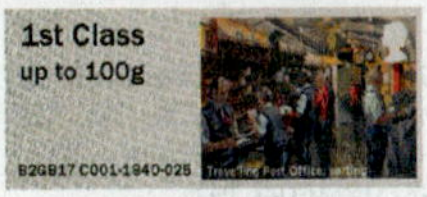

eb) Briefsortierung unterwegs

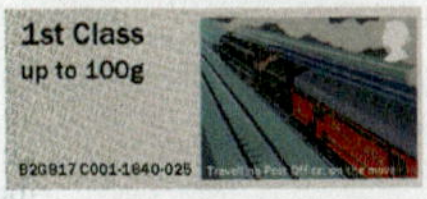

ec) Bahnpostwaggon

I = RaTdr. (15. Febr.)

119 I (64 P) – (2.25 £) (in festprogrammierten Wertstufen) schwarz; Unterdruck: mfg.. dx 3,— 2,50 3,50

120 I (64 P) – (2.25 £) (in festprogrammierten Wertstufen) schwarz; Unterdruck: mfg.. dy 3,— 2,50 3,50

121 I (64 P) – (2.25 £) (in festprogrammierten Wertstufen) schwarz; Unterdruck: mfg.. dz 3,— 2,50 3,50

122 I (64 P) – (2.25 £) (in festprogrammierten Wertstufen) schwarz; Unterdruck: mfg.. ea 3,— 2,50 3,50

123 I (64 P) – (2.25 £) (in festprogrammierten Wertstufen) schwarz; Unterdruck: mfg.. eb 3,— 2,50 3,50

124 I (64 P) – (2.25 £) (in festprogrammierten Wertstufen) schwarz; Unterdruck: mfg.. ec 3,— 2,50 3,50
Foliensteifen (6 W.) 20,—

II = Digitaldr. mit Lacküberzug (3. April)

120 II (65 P) – (2.27 £) (in festprogrammierten Wertstufen) schwarz; Unterdruck: mfg. dy 3,— 2,50 3,50

Nominalen von MiNr. 119 I–124 I zur Zeit der Erstausgabe:
- „1st Class up to 100g“: 64 P
- „1st Large up to 100g“: 96 P
- „Euro 20g / World 10g“: 1.05 £ (bis 31.12.2020)
- „Worldwide up to 20g“: 1.33 £ (bis 31.8.2020)
- „Europe up to 100g“: 1.52 £ (bis 31.8.2020 und erneut ab 1.1.2021)
- „Worldwide up to 100g“: 2.25 £ (bis 31.8.2020 und erneut ab 1.1.2021)
- „Euro 100g / World 20g“: 1.70 £ (1.9.–31.12.2020)
- „World 100g Zone 1-3“: 2.50 £ (1.–17.9.2020)
- „World 100g Zone 2“: 2.55 £ (1.9.–31.12.2020)
- „World 100g Zone 1 & 3“: 2.50 £ (18.9.–31.12.2020)
- „Europe Large 100g“: 3.25 £ (ab 1.1.2021)
- „Worldwide Large 100“g: 4.20 £ (ab 1.1.2021)

Nominalen von MiNr. 120 II zur Zeit der Erstausgabe:
- „1st Class up to 100g“: 65 P
- „1st Large up to 100g“: 98 P
- „Euro 20g / World 10g“: 1.17 £ (bis 31.12.2020)
- „Worldwide up to 20g“: 1.40 £ (bis 31.8.2020)
- „Europe up to 100g“: 1.57 £ (bis 31.8.2020 und erneut ab 1.1.2021)
- „Worldwide up to 100g“: 2.27 £ (bis 31.8.2020 und erneut ab 1.1.2021)
- „Euro 100g / World 20g“: 1.70 £ (29.10.–31.12.2020)
- „World 100g Zone 1 & 3“: 2.50 £ (29.10.–31.12.2020)
- „World 100 g Zone 2“: 2.55 £ (29.10.–31.12.2020)
- „Europe Large 100g“: 3.25 £ (ab 1.1.2021)
- „Worldwide Large 100“g: 4.20 £ (ab 1.1.2021)

Folienstreifen mit Wertstufe „1st Class up to 100g“ stammt aus Presentation Pack No. 25.

MiNr. 119 I–124 I gibt es auch mit erweitertem Thermodruck:
- „The Postal Museum“ und Logo (15.2.–31.3.2017)
- „STEAM“ und Logo (20.2.–17.3.2017)
- „The Postal Museum“ (4.10.2018)
- „The Postal Museum New exhibit 2019“ (11.10.2019)
- „The Postal Museum Virtual Stampex 2020“ (1.–3.10.2020)

MiNr. 120 II kam als Einzelmotiv in Rollen zur Verwendung und trägt einen erweiterten Thermodruck:
- „The Postal Museum“ und Logo (3.4.–12.7.2017)
- „The Postal Museum Official Opening“ (25.7.–12.9.2017)
- „The Postal Museum“ (13.9.2017–18.3.2018, 29.10.–19.12.2020 und 20.5.2021–26.12.2023)
- „Mail Rail“ (29.10.2019–18.3.2020, 29.10.–19.12.2020 und 20.5.2021–31.12.2023)
- „Mail Rail London 2022“ (19.–26.2.2022)

Laufzeit: MiNr. 119 I–124 I ab 15.2.2017, MiNr. 120 II ab 3.4.2017

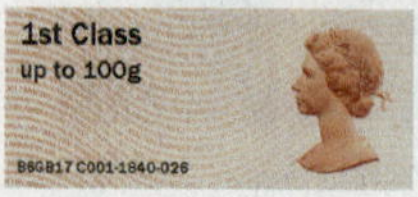

2017, 5. Juni. 50 Jahre Freimarken Königin Elizabeth II., Typ Machin. RaTdr.; selbstklebend; Thermodruck; gestanzt 14¼.

ed) Königin Elizabeth II. (1926–2022, reg. ab 1952)

125	(65 P)	– (2.27 £) (in festprogrammierten Wertstufen) schwarz; Unterdruck: dunkelrötlichorange	ed	3,—	2,50	3,50
126	(65 P)	– (2.27 £) (in festprogrammierten Wertstufen) schwarz; Unterdruck: dunkelbräunlicholiv	ed	3,—	2,50	3,50
127	(65 P)	– (2.27 £) (in festprogrammierten Wertstufen) schwarz; Unterdruck: schwärzlichviolett	ed	3,—	2,50	3,50
128	(65 P)	– (2.27 £) (in festprogrammierten Wertstufen) schwarz; Unterdruck: schwärzlichgraubraun	ed	3,—	2,50	3,50
129	(65 P)	– (2.27 £) (in festprogrammierten Wertstufen) schwarz; Unterdruck: dunkelsmaragdgrün	ed	3,—	2,50	3,50
130	(65 P)	– (2.27 £) (in festprogrammierten Wertstufen) schwarz; Unterdruck: dunkelbraungrau	ed	3,—	2,50	3,50
		Folienstreifen (6 W.)		20,—		

Nominalen zur Zeit der Erstausgabe:
- „1st Class up to 100g“: 65 P
- „1st Large up to 100g“: 98 P
- „Euro 20g / World 10g“: 1.17 £ (bis 31.12.2020)
- „Worldwide up to 20g“: 1.40 £ (bis 31.8.2020)
- „Europe up to 100g“: 1.57 £ (bis 31.8.2020 und erneut ab 1.1.2021)
- „Worldwide up to 100g“: 2.27 £ (bis 31.8.2020 und erneut ab 1.1.2021)
- „Euro 100g / World 20g“: 1.70 £ (1.9.–31.12.2020)
- „World 100g Zone 1-3“: 2.50 £ (1.–17.9.2020)
- „World 100 g Zone 2“: 2.55 £ (1.9.–31.12.2020)
- „Europe Large 100g“: 3.25 £ (ab 1.1.2021)
- „Worldwide Large 100“g: 4.20 £ (ab 1.1.2021)

Folienstreifen mit Wertstufe „1st Class up to 100g“ stammt aus Presentation Pack No. 26.

MiNr. 125–130 gibt es auch mit erweitertem Thermodruck:
- „The Postal Museum“ und Logo (5.6.–12.7.2017)
- „The Postal Museum Official Opening 2017“ (25.7.–12.9.2017)
- „Autumn Stampex 2017“ (13.–16.9.2017)
- „The Postal Museum“ (13.9.2017–1.7.2018)*
- „The Postal Museum NPM 50“ (13.2.–10.10.2019)
- „The Postal Museum The Queen's Platinum Jubilee“ (3.6.–1.7.2022)
- „End of Post & Go at The Postal Museum“ (27.–31.12.2023)

* = nicht durchgängig verfügbar

Irrtümlich wurden MiNr. 125–130 am 21.4.2017 mit erweitertem Thermodruck „88th Scottish Congress 2017“ gedruckt.

Laufzeit: ab 5.6.2017

2017, 13. Sept./2022, 30. März. Flugpost. I = RaTdr., II = Digitaldr.; Papier Ph.; selbstklebend; Thermodruck; gestanzt 14.

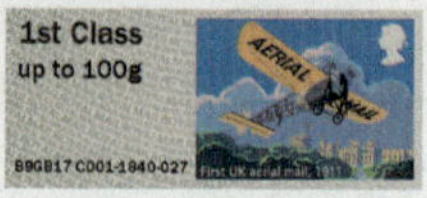

ee) Eindecker Blériot XI

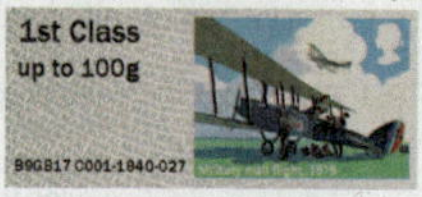

ef) De Havilland DH.10

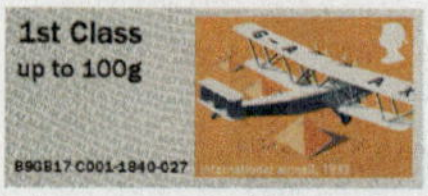

eg) Handley Page HP.42E

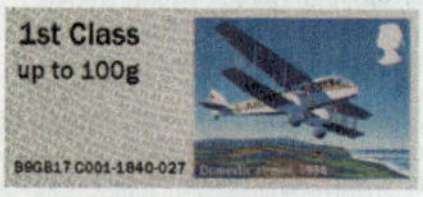

eh) De Havilland DH.84 Dragon II

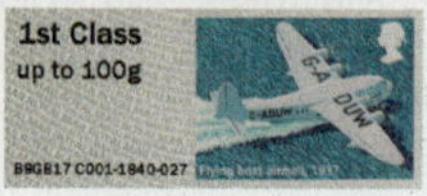

ei) Flugboot Short S.23 C-Klasse Castor

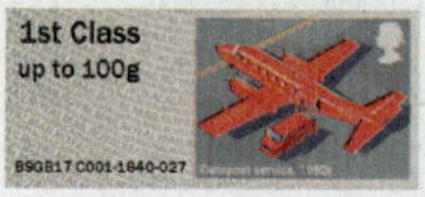

ek) Embraer Bandeirante EMB.110P1

I = RaTdr. (13.9.2017)

131 I	(65 P)	– (2.27 £) (in festprogrammierten Wertstufen) schwarz; Unterdruck: mfg.	ee	3,—	2,50	3,50
132 I	(65 P)	– (2.27 £) (in festprogrammierten Wertstufen) schwarz; Unterdruck: mfg.	ef	3,—	2,50	3,50
133 I	(65 P)	– (2.27 £) (in festprogrammierten Wertstufen) schwarz; Unterdruck: mfg.	eg	3,—	2,50	3,50
134 I	(65 P)	– (2.27 £) (in festprogrammierten Wertstufen) schwarz; Unterdruck: mfg.	eh	3,—	2,50	3,50
135 I	(65 P)	– (2.27 £) (in festprogrammierten Wertstufen) schwarz; Unterdruck: mfg.	ei	3,—	2,50	3,50
136 I	(65 P)	– (2.27 £) (in festprogrammierten Wertstufen) schwarz; Unterdruck: mfg.	ek	3,—	2,50	3,50
		Foliensteifen I (6 W.)		20,—		

II = Digitaldr. (30.3.2022)

131 II	(95 P)	– (4.20 £) (in festprogrammierten Wertstufen) schwarz; Unterdruck: mfg.	ee	3,50	3,—	4,—
132 II	(95 P)	– (4.20 £) (in festprogrammierten Wertstufen) schwarz; Unterdruck: mfg.	ef	3,50	3,—	4,—
133 II	(95 P)	– (4.20 £) (in festprogrammierten Wertstufen) schwarz; Unterdruck: mfg.	eg	3,50	3,—	4,—
134 II	(95 P)	– (4.20 £) (in festprogrammierten Wertstufen) schwarz; Unterdruck: mfg.	eh	3,50	3,—	4,—
135 II	(95 P)	– (4.20 £) (in festprogrammierten Wertstufen) schwarz; Unterdruck: mfg.	ei	3,50	3,—	4,—
136 II	(95 P)	– (4.20 £) (in festprogrammierten Wertstufen) schwarz; Unterdruck: mfg.	ek	3,50	3,—	4,—
		Folienstreifen II (6 W.)		25,—		

Nominalen zur Zeit der Erstausgabe:
- „1st Class up to 100g“: 65 P
- „1st Large up to 100g“: 98 P
- „Euro 20g / World 10g“: 1.17 £ (bis 31.12.2020)
- „Worldwide up to 20g“: 1.40 £ (bis 31.8.2020)
- „Europe up to 100g“: 1.57 £ (bis 31.8.2020 und erneut ab 1.1.2021)
- „Worldwide up to 100g“: 2.27 £ (bis 31.8.2020 und erneut ab 1.1.2021)
- „Euro 100g / World 20g“: 1.70 £ (1.9.–31.12.2020)

– „World 100g Zone 1-3“: 2.50 £ (1.–17.9.2020)
– „World 100 g Zone 2“: 2.55 £ (1.9.–31.12.2020)
– „Europe Large 100g“: 3.25 £ (ab 1.1.2021)
– „Worldwide Large 100“g: 4.20 £ (ab 1.1.2021)

Folienstreifen I mit Wertstufe „1st Class up to 100g“ stammt aus Presentation Pack No. 27.

MiNr. 131 I–136 I gibt es auch mit erweitertem Thermodruck:
– „The Postal Museum“ (13.9.2017–13.2.2018)
– „The Postal Museum Airmail 2019“ (11.9.2019)

MiNr. 131 II–136 II gibt es nur mit erweitertem Thermodruck:
– „The Postal Museum Airmail 2019“ (11.9.2019–18.3.2020)
– „The Postal Museum“ (30.3.–2.6.2022, 2.7.2022–2.4.2023 und 4.4.–17.10.2023)

Laufzeit: ab 13.9.2017

2018, 23. Jan. Fantasy-Fernsehserie „Game of Thrones“. RaTdr.; selbstklebend; Thermodruck; gestanzt 14¼.

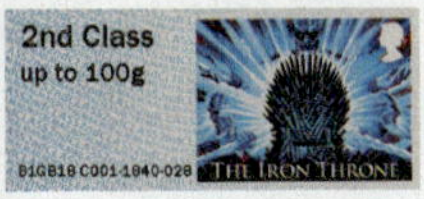

el) Eis

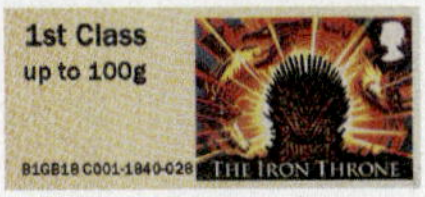

em) Feuer

el–em) Der Eiserne Thron

137 (56 P) – (76 P) (in festprogrammierten Wertstufen) schwarz; Unterdruck: mehrfarbig . . . . . el 2,50 2,50 3,50

138 (65 P) – (2.27 £) (in festprogrammierten Wertstufen) schwarz; Unterdruck: mfg. . em 3,50 2,50 3,50

Nominalen von MiNr. 137 zur Zeit der Erstausgabe:
– „2nd Class up to 100g“: 56 P
– „2nd Large up to 100g“: 76 P

Nominalen von MiNr. 138 zur Zeit der Erstausgabe:
– „1st Class up to 100g“: 65 P
– „1st Large up to 100g“: 98 P
– „Euro 20g / World 10g“: 1.17 £ (bis 31.12.2020)
– „Worldwide up to 20g“: 1.40 £ (bis 31.8.2020)
– „Europe up to 100g“: 1.57 £ (bis 31.8.2020 und erneut ab 1.1.2021)
– „Worldwide up to 100g“: 2.27 £ (bis 31.8.2020 und erneut ab 1.1.2021)
– „Euro 100g / World 20g“: 1.70 £ (1.9.–31.12.2020)
– „World 100g Zone 1-3“: 2.50 £ (1.–17.9.2020)
– „World 100g Zone 2“: 2.55 £ (1.9.–31.12.2020)
– „Europe Large 100g“: 3.25 £ (ab 1.1.2021)
– „Worldwide Large 100“g: 4.20 £ (ab 1.1.2021)

Folienstreifen mit Wertstufen „2nd Class up to 100g“ und „1st Class up to 100g“ stammen aus Presentation Pack No. 28.

MiNr. 137–138 gibt es auch mit erweitertem Thermodruck:
– „The Postal Museum“ (23.1.–22.2.2018)

Laufzeit: ab 23.1.2018

2018, 14. Febr. Schiffspost. RaTdr.; selbstklebend; Thermodruck; gestanzt 14¼.

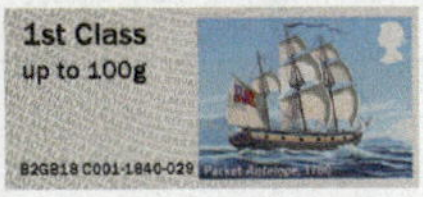

en) Postsegelschiff HMP „Antelope“ (1780)

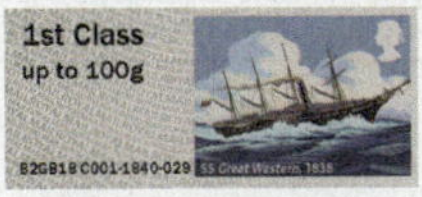

eo) Dampfsegelschiff „Great Western“ (1838)

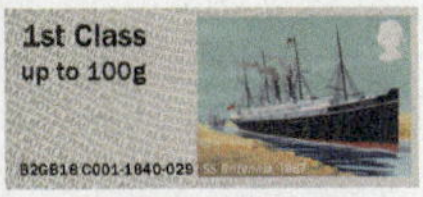

ep) Passagierschiff „Britannia“ (1887)

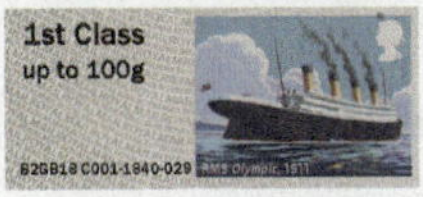

er) Passagierschiff „Olympic“ (1911)

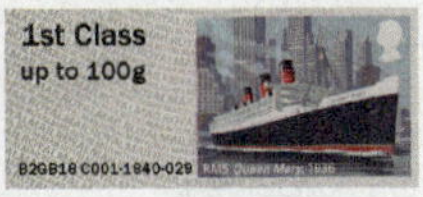

es) Passagierschiff „Queen Mary“ (1936)

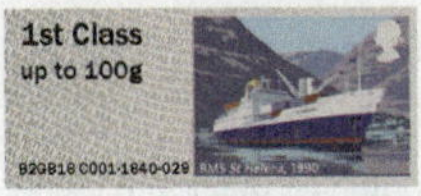

et) Fracht-Passagierschiff „St. Helena“ (1990)

139 (65 P) – (2.27£) (in festprogrammierten Wertstufen) schwarz; Unterdruck: mfg. . en 3,— 2,50 3,50

140 (65 P) – (2.27£) (in festprogrammierten Wertstufen) schwarz; Unterdruck: mfg. . eo 3,— 2,50 3,50

141 (65 P) – (2.27£) (in festprogrammierten Wertstufen) schwarz; Unterdruck: mfg. . ep 3,— 2,50 3,50

142 (65 P) – (2.27£) (in festprogrammierten Wertstufen) schwarz; Unterdruck: mehrfarbig . . . . er 3,— 2,50 3,50

143 (65 P) – (2.27£) (in festprogrammierten Wertstufen) schwarz; Unterdruck: mfg. . . es 3,— 2,50 3,50

144 (65 P) – (2.27£) (in festprogrammierten Wertstufen) schwarz; Unterdruck: mehrfarbig . . . . et 3,— 2,50 3,50
Folienstreifen (6 W.) 20,—

Nominalen zur Zeit der Erstausgabe:
– „1st Class up to 100g“: 65 P
– „1st Large up to 100g“: 98 P
– „Euro 20g / World 10g“: 1.17 £ (bis 31.12.2020)
– „Worldwide up to 20g“: 1.40 £ (bis 31.8.2020)
– „Europe up to 100g“: 1.57 £ (bis 31.8.2020 und erneut ab 1.1.2021)
– „Worldwide up to 100g“: 2.27 £ (bis 31.8.2020 und erneut ab 1.1.2021)
– „Euro 100g / World 20g“: 1.70 £ (1.9.–31.12.2020)
– „World 100g Zone 1-3“: 2.50 £ (1.–17.9.2020)
– „World 100g Zone 2“: 2.55 £ (1.9.–31.12.2020)
– „Europe Large 100g“: 3.25 £ (ab 1.1.2021)
– „Worldwide Large 100“g: 4.20 £ (ab 1.1.2021)

Folienstreifen mit Wertstufe „1st Class up to 100g“ stammt aus Presentation Pack No. 29.

MiNr. 139–144 gibt es auch mit erweitertem Thermodruck:
– „The Postal Museum“ (14.2.–28.3.2018 und 12.9.–22.10.2018)
– „Voices from the Deep The Postal Museum“ (29.3.–11.9.2018)

Laufzeit: ab 14.2.2018

2018, 12. Sept. Postzustellung per Rad. RaTdr.; selbstklebend; Thermodruck; gestanzt 14.

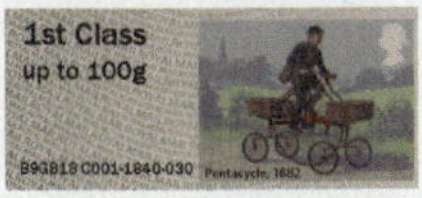

eu) Pentacycle (1882)

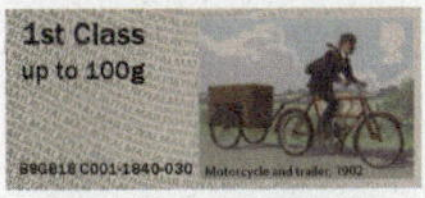

ev) Motorrad mit Anhänger (1902)

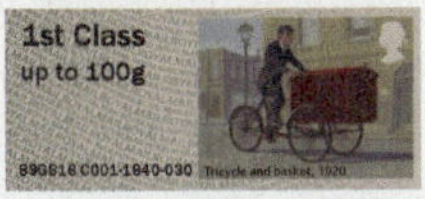

ew) Dreirad mit Lastenkorb (1920)

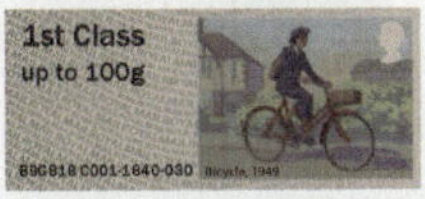

ex) Postfahrrad (1949)

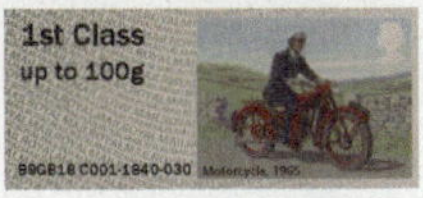

ey) Motorrad BSA Bantam (1965)

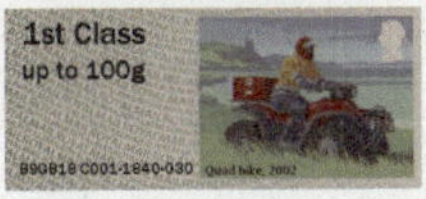

ez) Geländefahrzeug Honda Quad Bike (2002)

145 (67 P) – (2.25 £) (in festprogrammierten Wertstufen) schwarz; Unterdruck: mfg. . eu 3,— 2,50 3,50

146 (67 P) – (2.25 £) (in festprogrammierten Wertstufen) schwarz; Unterdruck: mfg. . . ev 3,— 2,50 3,50

147 (67 P) – (2.25 £) (in festprogrammierten Wertstufen) schwarz; Unterdruck: mfg. . ew 3,— 2,50 3,50

148 (67 P) – (2.25 £) (in festprogrammierten Wertstufen) schwarz; Unterdruck: mfg. . . ex 3,— 2,50 3,50

149 (67 P) – (2.25 £) (in festprogrammierten Wertstufen) schwarz; Unterdruck: mfg. . . ey 3,— 2,50 3,50

150 (67 P) – (2.25 £) (in festprogrammierten Wertstufen) schwarz; Unterdruck: mfg. . . ez 3,— 2,50 3,50
Folienstreifen (6 W.) 20,—

Nominalen zur Zeit der Erstausgabe:
- „1st Class up to 100g": 67 P
- „1st Large up to 100g": 1.01 £
- „Euro 20g / World 10g": 1.25 £ (bis 31.12.2020)
- „Worldwide up to 20g": 1.45 £ (bis 31.8.2020)
- „Europe up to 100g": 1.55 £ (bis 31.8.2020 und erneut ab 22.11.2023)
- „Worldwide up to 100g": 2.25 £ (bis 31.8.2020 und erneut ab 1.1.2021)
- „Euro 100g / World 20g": 1.70 £ (1.9.2020–21.11.2023)
- „World 100g Zone 1-3": 2.50 £ (1.–17.9.2020)
- „World 100g Zone 2": 2.55 £ (1.9.–31.12.2020)
- „Europe Large 100g": 3.25 £ (ab 1.1.2021)
- „Worldwide Large 100"g: 4.20 £ (ab 1.1.2021)

Folienstreifen mit Wertstufe „1st Class up to 100g" stammt aus Presentation Pack No. 30.

MiNr. 145–150 gibt es auch mit erweitertem Thermodruck:
- „The Postal Museum" (12.9.–29.11.2018)
- "The Postal Museum Dressed to Deliver" (18.10.–31.12.2023)

Laufzeit ab 12.9.2018

Druckjahr

Zur Kennzeichnung des Herstellungsjahres der Markenrollen wird ab 2012 bei der Marke MiNr. 6, ab 2013 auch bei MiNr. 2, 39 und 46 sowie ab MiNr. 59 durchgängig (mit Ausnahme von MiNr. 125–130) auf dem Vordruckpapier im fortlaufenden Text „ROYAL MAIL" ein einziges Mal im Wort „MAIL" anstelle des Buchstabens „L" eine Ziffer gesetzt. Der Buchstabe „I" wird dabei als Ziffer „1" gewertet. So steht für 2012: „ROYAL MAI2". Ab 2018 werden auch im Wort „ROYAL" anstelle des Buchstabens „O" zwei Ziffern gesetzt, wie etwa „R18YAL". Bei MiNr. 46 erfolgt ab 2017 der Tausch von „2nd CLASS" zu „2nd CL17S".

Gebührenzettel

Mit Einführung neuer Gerätetypen zur Abgabe von Automatenmarken können ab 28.2.2014 auch Freimachungszettel erworben werden, die bislang nur als Schalterfreistempel bei Aufgabe von Postsendungen ausgedruckt und sofort aufgeklebt wurden. Die aufgedruckten Buchstaben- und Zahlenkombinationen geben an, um welche Sendungsart es sich handelt. Bislang sind ca. 40 verschiedene Abkürzungen unterschiedlicher Versendungsarten bekannt. Eine detaillierte Auflistung kann im Rahmen dieses Kataloges nicht gegeben werden.

Neuheiten

Sonderdrucke

Bei diesen Ausgaben handelt es sich um frankaturgültige Briefmarken, die in nur einem Druckgang (daher immer mit fester Wertstufe) hergestellt wurden und nicht aus Automaten stammen. Sie werden nur von der Versandstelle abgegeben. Die Katalognummern der Sonderdrucke richten sich nach den jeweils bildgleichen Automatenmarken.

2009, 31. März. Freimarke. RaTdr., Rollen; selbstklebend; □.

			★★	⊙
2 So 1	— bräunlicholiv/schwarz	b	20,—	15,—
2 So 2	— bräunlicholiv/schwarz	b	25,—	20,—
2 So 3	— bräunlicholiv/schwarz	b	25,—	20,—
2 So 4	— bräunlicholiv/schwarz	b	25,—	20,—
2 So 5	— bräunlicholiv/schwarz	b	35,—	25,—
		Satzpreis (5 W.)	130,—	100,—

Nominalen zur Zeit der Ausgabe: MiNr. 2 So 1 (1st Class Up to 100 g) = 39 P, MiNr. 2 So 2 (Europe Up to 20 g) = 56 P, MiNr. 2 So 3 (1st Large Up to 100 g) = 61 P, MiNr. 2 So 4 (Worldwide Up to 10 g) = 62 P, MiNr. 2 So 5 (Worldwide Up to 20 g) = 90 P

2010, 17. Sept. Vögel (I). RaTdr., Folienblatt (3×2); selbstklebend; gestanzt 14¼.

3 So	— mehrfarbig	c	5,—	2,—
4 So	— mehrfarbig	d	5,—	2,—
5 So	— mehrfarbig	e	5,—	2,—
6 So	— mehrfarbig	f	5,—	2,—
7 So	— mehrfarbig	g	5,—	2,—
8 So	— mehrfarbig	h	5,—	2,—
		Satzpreis (6 W.)	30,—	12,—
		Folienblatt	32,—	

Nominale zur Zeit der Ausgabe: 1st Class Up to 100 g = 41 P

Folienblatt stammt aus Presentation Pack.

2011, 24. Jan. Vögel (II). RaTdr., Folienblatt (3×2); selbstklebend; gestanzt 14¼.

9 So	— mehrfarbig	i	8,—	4,—
10 So	— mehrfarbig	k	8,—	4,—
11 So	— mehrfarbig	l	8,—	4,—
12 So	— mehrfarbig	m	8,—	4,—
13 So	— mehrfarbig	n	8,—	4,—
14 So	— mehrfarbig	o	8,—	4,—
		Satzpreis (6 W.)	48,—	24,—
		Folienblatt	50,—	

Nominale zur Zeit der Ausgabe: 1st Class up to 100 g = 41 P

Folienblatt stammt aus Presentation Pack.

2011, 19. Mai. Vögel (III). RaTdr., Folienblatt (3×2); selbstklebend; gestanzt 14¼.

15 So	— mehrfarbig	p	3,—	2,—
16 So	— mehrfarbig	r	3,—	2,—
17 So	— mehrfarbig	s	3,—	2,—
18 So	— mehrfarbig	t	3,—	2,—
19 So	— mehrfarbig	u	3,—	2,—
20 So	— mehrfarbig	v	3,—	2,—
		Satzpreis (6 W.)	18,—	12,—
		Folienblatt	20,—	

Nominale zur Zeit der Ausgabe: 1st Class up to 100 g = 46 P

Folienblatt stammt aus Presentation Pack.

2011, 16. Sept. Vögel (IV). RaTdr., Folienblatt (3×2); selbstklebend; gestanzt 14¼.

21 So	— mehrfarbig	w	3,—	2,—
22 So	— mehrfarbig	x	3,—	2,—
23 So	— mehrfarbig	y	3,—	2,—
24 So	— mehrfarbig	z	3,—	2,—
25 So	— mehrfarbig	aa	3,—	2,—
26 So	— mehrfarbig	ab	3,—	2,—
		Satzpreis (6 W.)	18,—	12,—
		Folienblatt	20,—	

Nominale zur Zeit der Ausgabe: 1st Class up to 100 g = 46 P

Folienblatt stammt aus Presentation Pack.

Verzeichnis der Markenheftchen mit Zusammendrucken

MH-MiNr.	Bezeichnung	Ausgabe-Datum	Nominale/ Postpreis	Enthält H-Blätter (in Klammern: Anzahl)	Preise
A 1	König Eduard VII. (bk)	Juni 1906	2/—	1 (2), 2 (3), 3	2000,—
B 1	König Eduard VII. (bk)	Aug. 1907	2/—	1 (3), 2, 3	2500,—
2	König Georg V. (cc/cd)	Febr. 1924	2/—	4, 5, 6, 7	2200,—
3	König Georg V. (cc/cd)	Okt. 1933	2/—	8, 9, 10, 11	700,—
4	König Georg V. (cc/cd)	Aug. 1931	5/—	8 (5), 9, 10, 11	1800,—
5	9. Kongreß Weltpostverein (ck/cl)	Mai 1929	2/—	12, 13, 14, 15	500,—
6	König Georg V. (co/cp)	Jan. 1935	2/—	16, 17, 18, 19	500,—
7	König Georg V. (co/cp)	Febr. 1935	5/—	16 (5), 17, 18, 19	600,—
8	König Eduard VIII. (cv)	Okt. 1936	2/—	20, 21, 22, 23	120,—
9	König Eduard VIII. (cv)	März 1937	5/—	20 (5), 21, 22, 23	250,—
10	König Georg VI. (cx)	Aug. 1937	2/—	24, 25, 26, 27	900,—
11	König Georg VI. (cx)	Aug. 1937	5/—	24 (5), 25, 26, 27	1800,—
12	König Georg VI. (cx)	März 1952	2/6	28, 29, 30, 31	45,—
13	König Georg VI. (cx)	März 1952	5/—	28 (3), 29, 30, 31	60,—
14	König Georg VI./Elisabeth II. (cx/dy/dz)	Mai 1953	2/6	32, 33, 30, 31	35,—
15	König Georg VI./Elisabeth II. (cx/dy/dz)	Jan. 1954	2/6	32, 33, 34, 31	90,—
A 15	König Georg VI./Elisabeth II. (cx/dy/dz)	März 1954	2/6	32, 33, 30, 35	600,—
16	Königin Elisabeth II. (dy/dz)	März 1954	2/6	32, 33, 36, 35	380,—
17	Königin Elisabeth II. (dy/dz)	April 1954	2/6	32, 33, 37, 35	60,—
18	Königin Elisabeth II. (dy/dz)	Jan. 1955	2/6	32, 33, 38, 35	60,—
19	Königin Elisabeth II. (dy/dz)	Sept. 1955	2/6	39, 40, 41, 42	50,—
20	Königin Elisabeth II. (dy/dz)	15. 7. 1963	2/—	43 (2), 44	12,—
21	Königin Elisabeth II. (dy/dz)	1. 7. 1964	2/—	45 (4)	6,50
22	Königin Elisabeth II. (dy/dz)	16. 8. 1965	2/—	46, 47	6,—
22y	Königin Elisabeth II. (dy/dz)	16. 8. 1965	2/—	46y, 47y	7,—
23	Königin Elisabeth II. (dy/dz)	16. 8. 1965	2/—	46, 48	6,—
23y	Königin Elisabeth II. (dy/dz)	16. 8. 1965	2/—	46y, 48y	7,—
24	Königin Elisabeth II. (ku)	6. 4. 1968	2/—	49, 50	3,—
25	Königin Elisabeth II. (ku)	6. 4. 1968	2/—	49, 51	3,—
26	Königin Elisabeth II. (ku)	16. 9. 1968	10/—	52 (2), 53 (2), 54	11,—
27	Königin Elisabeth II. (ku)	16. 9. 1968	2/—	49, 55	1,80
28	Königin Elisabeth II. (ku)	6. 1. 1969	10/—	52 (2), 56 (2), 57	10,—
29	Königin Elisabeth II. (ku)	3. 3. 1969	2/—	58, 59	1,80
30	Königin Elisabeth II. (ku) – Stamps for Cooks	1. 12. 1969	1 £	60 (2), 61, 62	28,—
31	Königin Elisabeth II. (ku)	15. 2. 1971	10 P	63, 64	10,—
32	Königin Elisabeth II. (ku)	15. 2. 1971	25 P	65, 66, 67	12,—
33	Königin Elisabeth II. (ku)	15. 2. 1971	30 P	68 (2)	7,50
34	Königin Elisabeth II. (ku)	15. 2. 1971	50 P	65, 67, 69, 70	28,—
35	Königin Elisabeth II. (ku)	14. 7. 1971	10 P	71, 72	4,—
36	Königin Elisabeth II. (ku) – Story of Wedgwood	24. 5. 1972	1 £	73–76	130,—
37	Königin Elisabeth II. (ku)	10. 3. 1976	10 P	77	3,20
38	Königin Elisabeth II. (ku)	26. 1. 1977	50 P	78	9,—
39	Königin Elisabeth II. (ku)	26. 1. 1977	50 P	79	9,—
40	Königin Elisabeth II. (ku)	13. 6. 1977	50 P	80	5,—
41	Königin Elisabeth II. (ku)	13. 6. 1977	50 P	81	8,—
42	Königin Elisabeth II. (ku)	8. 2. 1978	10 P	82	2,20
43	Königin Elisabeth II. (ku)	15. 11. 1978	1.60 £	83	10,—
44	Königin Elisabeth II. (ku)	20. 8. 1979	50 P	84	5,—
45	Königin Elisabeth II. (ku)	20. 8. 1979	50 P	85	5,—
46	Königin Elisabeth II. (ku)	17. 10. 1979	10 P	86	1,80
47	Königin Elisabeth II. (ku)	14. 11. 1979	1.80 £	87	12,—
48	Königin Elisabeth II. (ku)	4. 2. 1980	50 P	88	6,—
49	Königin Elisabeth II. (ku)	4. 2. 1980	50 P	89	6,—
50	Königin Elisabeth II. (ku) – Story of Wedgwood	16. 4. 1980	3 £	90–93	22,—
51	Königin Elisabeth II. (ku)	12. 11. 1980	2.20 £	94	12,—
52	Königin Elisabeth II. (ku)	26. 1. 1981	50 P	95	4,—
53	Königin Elisabeth II. (ku)	26. 1. 1981	50 P	96	4,—
54	Königin Elisabeth II. (ku)	6. 5. 1981	1.30 £	97	8,—
55	Königin Elisabeth II. (ku)	26. 8. 1981	50 P	98	10,—
56	Königin Elisabeth II. (ku)	26. 8. 1981	50 P	99	10,—
57	Königin Elisabeth II. (ku)	11. 11. 1981	2.55 £	100	15,—
58	Königin Elisabeth II. (ku)	1. 2. 1982	50 P	101	4,50
59	Königin Elisabeth II. (ku)	1. 2. 1982	50 P	102	4,50
60	Königin Elisabeth II. (ku)	1. 2. 1982	1.43 £	103	8,—
61	Königin Elisabeth II. (ku) – Story of Stanley Gibbons	19. 5. 1982	4 £	104–107	26,—
62	Königin Elisabeth II. (ku)	10. 11. 1982	2.80 £/2.50 £	108	16,—
63	Königin Elisabeth II. (ku)	5. 4. 1983	50 P	109	8,—
64	Königin Elisabeth II. (ku)	5. 4. 1983	1.46 £	110	14,—
65	Königin Elisabeth II. (ku)	5. 4. 1983	1.46 £	111	14,—
66	Königin Elisabeth II. (ku) – Story of the Royal Mint	14. 9. 1983	4 £	112–115	25,—
67	Königin Elisabeth II. (ku)	3. 9. 1984	50 P	116	6,—
68	Königin Elisabeth II. (ku)	3. 9. 1984	1.54 £	117	9,—
69	Königin Elisabeth II. (ku)	3. 9. 1984	1.54 £	118	9,—
70	Königin Elisabeth II. (ku) – The Story of our Christian Heritage	4. 9. 1984	4 £	119–122	40,—
71	Königin Elisabeth II. (ku) – The Story of The Times	8. 1. 1985	5 £	123–126	35,—
72 I	Königin Elisabeth II. (ku)	4. 11. 1985	51 P/50 P	127 I	5,—
72 II	Königin Elisabeth II. (ku)	12. 8. 1986	51 P/50 P	127 II	6,—

MH-MiNr.	Bezeichnung	Ausgabe-Datum	Nominale/Postpreis	Enthält H-Blätter (in Klammern: Anzahl)	Preise
73	Königin Elisabeth II. (ku)	14. 1.1986	1.50 £	128	9,—
74	Königin Elisabeth II. (ku)	14. 1.1986	1.50 £	129	9,—
75	Königin Elisabeth II. (ku) – The Story of British Rail	18. 3.1986	5 £	130–133	35,—
76	Königin Elisabeth II. (ku)	29. 7.1986	50 P	134	12,—
77 C	Königin Elisabeth II. (ku)	20.10.1986	50 P	135 C	7,—
77 D	Königin Elisabeth II. (ku)	29. 9.1987	50 P	135 D	7,—
78	Königin Elisabeth II. (ku)	20.10.1986	50 P	136	6,—
79 C	Königin Elisabeth II. (ku)	20.10.1986	1.03 £/1 £	137 C	10,—
79 D	Königin Elisabeth II. (ku)	29. 9.1987	1.03 £/1 £	137 D	12,—
80	Königin Elisabeth II. (ku) – The Story of P & O	3. 3.1987	5 £	138–141	38,—
81	Königin Elisabeth II. (ku) – The Story of the Financial Times	9. 2.1988	5 £	142–145	50,—
82	Königin Elisabeth II. (ku)	5. 9.1988	52 P/50 P	146	9,—
83	Königin Elisabeth II. (ku)	5. 9.1988	1.04 £/1 £	147	10,—
84	Grußmarken (amg–aml)	31. 1.1989	1.90 £	148	70,—
85	Königin Elisabeth II. (ku)	25. 4.1989	1.04 £/1 £	149	15,—
86	Königin Elisabeth II. (ku)	2.10.1989	50 P	150	12,—
87	Königin Elisabeth II. (ku)	2.10.1989	1 £	151	9,—
88	Doppelporträt (any)	30. 1.1990	50 P	152	10,—
89	Doppelporträt (any)	30. 1.1990	1 £	153	12,—
90	Doppelporträt (any)	30. 1.1990	1 £	154	16,—
91	Königin Elisabeth II. (ku) – London Life	20. 3.1990	5 £	155–158	44,—
92	Königin Elisabeth II. (ku)	4. 9.1990	51 P/50 P	159	7,50
93	Königin Elisabeth II. (ku)	4. 9.1990	1 £	160	6,50
94	Grußmarken (ara–ark)	5. 2.1991	2.20 £*)	161	30,—
95	Königin Elisabeth II. (ku) – Agatha Christie	19. 3.1991	6 £	162–165	36,—
96	Grußmarken (aod–aon)	26. 3.1991	2.20 £*)	166	30,—
97	Königin Elisabeth II. (ku)	10. 9.1991	50 P	167	3,—
98	Königin Elisabeth II. (ku)	10. 9.1991	1 £	168	6,—
99	Grußmarken (asy–ath)	28. 1.1992	2.40 £*)	169	30,—
100	Königin Elisabeth II. (ku) – Tolkien	27.10.1992	6 £	170–173	40,—
101	Grußmarken (auy–avh)	2. 2.1993	2.40 £*)	174	30,—
102	Königin Elisabeth II. (ku)	9. 2.1993	1 £	175	8,—
103	Königin Elisabeth II. (ku, avd) – Potter	10. 8.1993	5.64 £	176–179	55,—
104	Königin Elisabeth II. (ku)	1.11.1993	50 P	180	2,50
105	Grußmarken (axd–axn)	1. 2.1994	2.50 £*)	181	30,—
106	Königin Elisabeth II. (ku) – Bank von England	27. 7.1994	1 £*)	182	10,—
107	Grußmarken (azm–azw)	21. 3.1995	2.50 £*)	183	30,—
108	Königin Elisabeth II. (ku, azy, d) – National Trust	25. 4.1995	6 £	184–187	42,—
109	Königin Elisabeth II. (ku) – R.J. Mitchell	16. 5.1995	1 £*)	188	10,—
110	Grußmarken (bbm–bbv)	26. 2.1996	2.50 £*)	189	30,—
111	Königin Elisabeth II. (ku) – 70. Geburtstag von Königin Elisabeth II.	16. 4.1996	1 £*)	190	10,—
112	Fußball-Europameisterschaft	14. 5.1996	6.48 £	191–194	25,—
113	Königin Elisabeth II. (ku)	8. 7.1996	1 £	195	7,—
114	Königin Elisabeth II. (ku)	8. 7.1996	2.02 £/2 £	196	10,—
115	Grußmarken (bdo–bdy)	6. 1.1997	2.60 £*)	197	30,—
116	Königin Elisabeth II. (ku) – HONG KONG '97	12. 2.1997	1.04 £*)	198	10,—
117	Königin Elisabeth II. (ku, d) – 75 Jahre BBC	23. 9.1997	6.15 £	199–202	38,—
118	Königin Elisabeth II. (ku) – Commonwealth-Konferenz	21.10.1997	1.04 £*)	203	10,—
119	Königin Elisabeth II. (eb) – Stamp Show 2000 (I)	10. 3.1998	7.49 £	204–207	35,—
120	Königin Elisabeth II. (ku) – Britische Geschwindigkeitsrekorde	13.10.1998	6.16 £	208–211	44,—
121	Königin Elisabeth II. (ku) – 50. Geburtstag von Prinz Charles	14.11.1998	1.04 £*)	212	10,—
122	Königin Elisabeth II. (ku)	1.12.1998	1 £	213	28,—
123	Königin Elisabeth II. (ku)	1.12.1998	2.02 £/2 £	214	32,—
124	Königin Elisabeth II. (ku, bia–bic) – Stamp Show 2000 (II)	16. 2.1999	7.54 £	215–219	65,—
125	Königin Elisabeth II. (ku)	26. 4.1999	8 £	220	9,—
126	Königin Elisabeth II. (ku)	26. 4.1999	2.01 £/2 £	221	13,—
127	Königin Elisabeth II. (ku) – Berliner Luftbrücke	12. 5.1999	1.04 £*)	222	10,—
128	Königin Elisabeth II. – Jahrtausendwende (MH I)	12. 5.1999	2.60 £*)	223, 224	24,—
129	Königin Elisabeth II. (ku) – Britische Wissenschaftler	21. 9.1999	6.99 £	225–229	40,—
130	Königin Elisabeth II. (ku) – Rugby-Weltmeisterschaft	1.10.1999	1.04 £*)	230	10,—
131	Königin Elisabeth II. – Stamp Show 2000 (III)	15. 2.2000	7.50 £*)	231–234	65,—
132	Königin Elisabeth II. (bld) – Stamp Show 2000 (IV)	21. 3.2000	1.04 £*)	235	10,—
133	Königin Elisabeth II. (bld) – Botanischer Garten Wales	4. 4.2000	1.04 £*)	236	10,—
134	Königin Elisabeth II. (ku)	27. 4.2000	1 £*)	237	9,—
135	Königin Elisabeth II. (ku)	27. 4.2000	2 £*)	238	16,—
136	Königin Elisabeth II. (bld) – Jahrtausendwende (MH II)	26. 5.2000	2.70 £*)	239, 240	26,—
137	Königin Elisabeth II (e, h) – 100. Geburtstag von Königinmutter Elisabeth	4. 8.2000	7.03 £*)	241–244	60,—
138	Königin Elisabeth II. (bld) – Jahrtausendwende (MH III)	5. 9.2000	2.70 £*)	245, 240	24,—
139	Königin Elisabeth II. (bld) – Bäume	18. 9.2000	7 £*)	246–250	44,—
140	Königin Elisabeth II. (ku)	17. 4.2001	1 £*)	251	9,—
141	100 Jahre U-Boot-Waffe der Royal Navy	22.10.2001	6.76 £*)	252–255	60,—

MH-MiNr.	Bezeichnung	Ausgabe-Datum	Nominale/ Postpreis	Enthält H-Blätter (in Klammern: Anzahl)	Preise
142	50. Jahrestag der Thronbesteigung von Königin Elisabeth II. (I)	6. 2.2002	7.29 £*)	256–259	75,—
143	Astronomie	24. 9.2002	6.83 £*)	260–263	80,—
144	DNA – das Geheimnis des Lebens	25. 2.2003	6.99 £*)	264–267	70,—
145	50. Jahrestag der Krönung von Königin Elisabeth II.	2. 6.2003	7.46 £*)	268–271	*100,—*
146	Eisenbahn – Postdienst	16. 3.2004	7.44 £*)	272–275	48,—
147	Königliche Gartenbau-Gesellschaft	25. 5.2004	7.23 £*)	276–279	50,—
148	150. Todestag von Charlotte Brontë	24. 2.2005	7.43 £*)	280–283	40,—
149	200 Jahre Schlacht von Trafalgar	18.10.2005	7.26 £*)	284–287	38,—
150	200. Geburtstag von Isambar K. Brunell	23. 2.2006	7.40 £*)	288–291	35,—
151	50 Jahre Viktoriakreuz	21. 9.2006	7.14 £*)	292–295	40,—
152	Erfindungen	1. 3.2007	7.49 £*)	296–299	42,—
153	40 Jahre Freimarken Typ Machin	5. 6.2007	7.66 £*)	300–303	40,—
154	Uniformen der Royal Army	20. 9.2007	7.66 £*)	304–307	38,—
155	James Bond	8. 1.2008	7.40 £*)	308–311	42,—
156	Uniformen der Royal Air Force	18. 9.2008	7.15 £*)	312–315	42,—
157	50 Jahre Regionalmarken	29. 9.2008	9.72 £*)	316–319	60,—
158	Britisches Design	13. 1.2009	7.68 £*)	320–323	60,—
159	200. Geburtstag von Charles Darwin	12. 2.2009	7.75 £*)	324–327	65,—
160	Schätze aus dem Archiv	18. 8.2009	8.18 £*)	328–331	48,—
161	Uniformen der Royal Navy	17. 9.2009	7.93 £*)	332–335	42,—
162	Plattencover	7. 1.2010	8.06 £*)	336–339	55,—
163	350 Jahre Royal Society	25. 2.2010	7.72 £*)	340–343	55,—
164	100. Jahrestag der Thronbesteigung von König Georg V.	8. 5.2010	11.15 £*)	344–347	50,—
165	Großbritannien im Kriegsjahr 1940	13. 5.2010	9.76 £*)	348–351	40,—
166	100 Jahre WWF	22. 3.2011	9.05 £*)	352–355	50,—
167	150 Jahre Designerbüro Morris & Co.	5. 5.2011	9.04 £/ 9.99 £	356–359	40,—
168	100 Jahre Flugpost	9. 9.2011	9.02 £/ 9.97 £	360–363	65,—
169	Roald Dahl	10. 1.2011	10.52 £/11.47 £	364–367	48,—
170	60. Jahrestag der Thronbesteigung von Königin Elisabeth II.	31. 5.2012	11.84 £/12.77 £	368–371	42,—
171	Olympische und Paraolympische Sommerspiele	27. 7.2012	9.76 £/10.71 £	372–375	55,—
172	50 Jahre Fernsehserie „Doctor Who“	26. 3.2013	12.82 £/13.77 £	376–380	60,—
173	150 Jahre organisierter Fußballsport	9. 5.2013	10.56 £/11.11 £	381–384	50,—
174	Handelsmarine	19. 9.2013	10.24 £/11.19 £	385–388	42,—
175	Dampflokomotiven aus Großbritannien	20. 2.2014	13.02 £/13.97 £	389–393	50,—
176	300 Jahre Backingham-Palast	15. 4.2014	10.44 £/11.39 £	394–397	50,—
177	100. Jahrestag des Ausbruchs des Ersten Weltkrieges	28. 7.2014	10.35 £/11.30 £	398–401	38,—
178	Britische Erfindungen	19. 2.2015	13.67 £/14.60 £	402–405	55,—
179	Der Erste Weltkrieg im Jahr 1915	14. 5.2015	13.01 £/13.96 £	406–409	50,—
180	200. Jahrestag der Schlacht von Waterloo	18. 6.2015	13.52 £/14.47 £	410–413	50,—
181	Science-Fiction-Filmreihe „Star Wars“ (I)	17.12.2015	16.20 £/16.99 £	414–418	70,—
182	500 Jahre Britische Post	18. 2.2016	15.41 £/16.36 £	419–422	60,—
183	90. Geburtstag von Königin Elizabeth II.	21. 4.2016	14.16 £/15.11 £	423–426	50,—
184	Der Erste Weltkrieg im Jahr 1916	21. 6.2016	15.54 £/16.49 £	427–430	55,—
185	150. Geburtstag von Beatrix Potter	28. 7.2016	14.42 £/15.37 £	431–434	50,—
186	Windsor Castle	15. 2.2017	13.63 £/14.58 £	435–438	50,—
187	50 Jahre Freimarken Typ Machin	5. 6.2017	14.64 £/15.59 £	439–443	70,—
188	Der Erste Weltkrieg im Jahr 1917	31. 7.2017	14.46 £/15.41 £	444–447	55,—
189	Science-Fiction-Filmreihe „Star Wars“ (II)	14.12.2017	14.32 £/15.99 £	448–451	55,—
190	Fantasy-TV-Serie „Games of Thrones“	23. 1.2018	12.99 £/13.95 £	452–455	60,—
191	100 Jahre Royal Air Force	20. 3.2018	18.54 £/18.87 £	456–460	70,—
192	Der Erste Weltkrieg im Jahre 1918	13. 9.2018	14.70 £/15.65 £	461–464	55,—
193	Harry-Potter-Filme	4.12.2018	13.97 £/15.50 £	465–469	60,—
194	500. Todestag von Leonardo da Vinci	13. 2.2019	11.64 £/13.10 £	470–473	50,—
195	Comicfiguren Marvel-Superhelden	14. 3.2019	15.98 £/17.45 £	474–478	65,—
196	200. Geburtstag von Königin Victoria	24. 5.2019	15.64 £/17.20 £	479–482	65,—
197	Science-Fiction-Filmreihe „Star Wars“ (VI)	26.11.2019	16.08 £/17.06 £	483–487	65,—
198	200 Jahre Royal Astronomical Society	11. 2.2020	14.82 £/16.10 £	488–491	55,—
199	James-Bond-Filme	17. 3.2020	15.28 £/16.99 £	492–495	55,—
200	75. Jahrestag der Beendigung des Zweiten Weltkrieges	8. 5.2020	18.66 £/19.80 £	496–499	60,—
201	Musikgruppe „Queen“	9. 7.2020	17.42 £/19.10 £	500–503	55,—
202	Science-Fiction-Filmreihe „Star Trek“	13.11.2020	17.17 £/18.80 £	504–507	65,—
203	40 Jahre Fernsehserie „Only Fools and Horses“	16. 2.2021	19.77 £/21.70 £	508–511	65,—
204	Paul McCartney	28. 5.2021	18.24 £/20.25 £	512–515	60,—
205	Industrielle Revolution	12. 8.2021	16.38 £/18.03 £	516–519	60,—
206	Comicfiguren von DC Comics	17. 9.2021	19.58 £/21.20 £	520–524	65,—
207	Musikgruppe „The Rolling Stones“	20. 1.2022	18.90 £/20.85 £	525–528	60,—
208	70. Jahrestag der Thronbesteigung von Königin Elisabeth II.	4. 2.2022	17.84 £/19.50 £	529–532	60,—
209	Unbesungene Helden: Frauen im Zweiten Weltkrieg	5. 5.2022	19.10 £/20.75 £	533–536	60,—
210	Comicfiguren – „The Transformers“	1. 9.2022	19.58 £/21.25 £	537–541	60,—
211	100. Jahrestag der Entdeckung des Grabes von Tutanchamun	24.11.2022	20.11 £/21.55 £	542–545	60,—
212	60 Jahre Comicreihe „X-Men“	16. 2.2023	18.79 £/19.95 £	546–550	60,—
213	100 Jahre Dampflokomotive „Flying Scotsman“	9. 3.2023	19.40 £/21.05 £	551–554	60,—
214	Shirley Bassey	21. 9.2023	21.65 £/22.50 £	555–558	60,—
215	Harry Potter	19.10.2023	23.60 £/25.25 £	559–563	70,—
216	30 Jahre Popgruppe „Spice Girls“	11. 1.2024	22.05 £/23.70 £	564–567	65,—
217	60 Jahre Kunstflugstaffel „Red Arrows“	20. 6.2024	25.10 £/26.75 £	568–571	75,—
218	50 Jahre Pen-&-Paper-Rollenspiel „Dungeons & Dragons“	25. 7.2024	26.02 £/27.40 £	572–576	80,—

MH-MiNr.	Bezeichnung	Ausgabe-Datum	Nominale/ Postpreis	Enthält H-Blätter (in Klammern: Anzahl)	Preise
219	60 Jahre Rockband „The Who“	17.10.2024	25.90 £/27.55 £	577–580	75,—
220	150. Geburtstag von Winston Churchill	30.11.2024	20.45 £/22.25 £	581–584	60,—
221	Exponate aus der königlichen Waffenkammer	30. 1.2025	22.20 £/23.85 £	585–588	65,—
222	Rockband „AC/DC“	18. 2.2025	24.40 £/26 £	589–592	70,—
223	80. Jahrestag der Beendigung des Zweiten Weltkrieges	1. 5.2025	27 £/28.65 £	593–596	80,—
224	350 Jahre Royal Observatory Greenwich	12. 6.2025	23.14 £/24.79 £	597–600	70,—

*) Nominale zur Zeit der Ausgabe

Wichtig! Die angegebenen Preise für Markenheftchen und Heftchenblätter gelten für einwandfrei gezähnte Stücke. Angeschnittene Zähnungen werden im Handel bis zu 60% billiger verkauft. Heftchenblätter mit Falz werten etwa 50% der angegebenen ✶✶-Preise.

Verzeichnis der Heftchenblätter aus Markenheftchen mit Zusammendrucken, Preise ✶✶ = ⊙

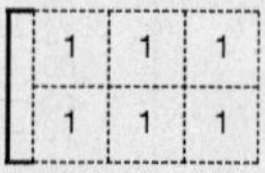

H-Blatt 1 mit MiNr. 104 A 100,—
H-Blatt 6 mit MiNr. 128 80,—
H-Blatt 10 mit MiNr. 155 50,—
H-Blatt 14 mit MiNr. 171 75,—
H-Blatt 18 mit MiNr. 176 60,—
H-Blatt 22 mit MiNr. 194 15,—
H-Blatt 26 mit MiNr. 199 45,—

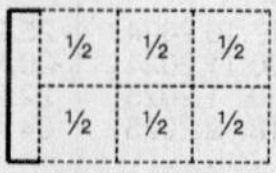

H-Blatt 2 mit MiNr. 103 A 120,—
H-Blatt 7 mit MiNr. 127 80,—
H-Blatt 11 mit MiNr. 154 50,—
H-Blatt 15 mit MiNr. 170 75,—
H-Blatt 19 mit MiNr. 175 60,—
H-Blatt 23 mit MiNr. 193 15,—
H-Blatt 27 mit MiNr. 198 35,—
H-Blatt 31 mit MiNr. 246 5,—
H-Blatt 35 mit MiNr. 257 3,—
H-Blatt 42 mit MiNr. 282 2,50

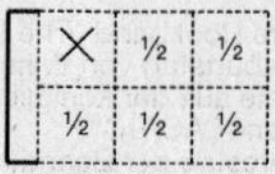

H-Blatt 3 mit MiNr. 103 A 600,—

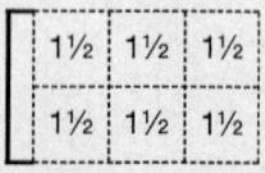

H-Blatt 4 mit MiNr. 129 150,—
H-Blatt 8 mit MiNr. 156 30,—
H-Blatt 12 mit MiNr. 172 45,—
H-Blatt 16 mit MiNr. 177 25,—
H-Blatt 20 mit MiNr. 195 10,—
H-Blatt 24 mit MiNr. 200 35,—
H-Blatt 29 mit MiNr. 248 10,—
H-Blatt 33 mit MiNr. 259 4,—
H-Blatt 40 mit MiNr. 284 3,50

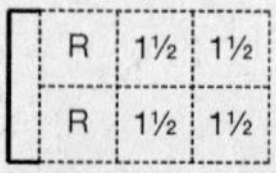

H-Blatt 5 mit MiNr. 129 600,—
H-Blatt 9 mit MiNr. 156 150,—
H-Blatt 13 mit MiNr. 172 300,—
H-Blatt 17 mit MiNr. 177 140,—
H-Blatt 21 mit MiNr. 195 70,—
H-Blatt 25 mit MiNr. 200 100,—

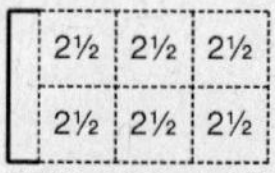

H-Blatt 28 mit MiNr. 250 5,—
H-Blatt 32 mit MiNr. 261 4,—
H-Blatt 39 mit MiNr. 286 3,50

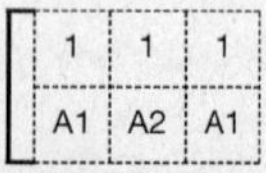

H-Blatt 30 mit MiNr. 247 25,—
H-Blatt 36 mit MiNr. 258 300,—

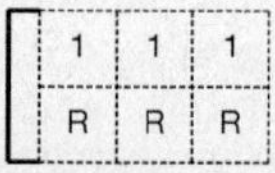

H-Blatt 34 mit MiNr. 247 60,—

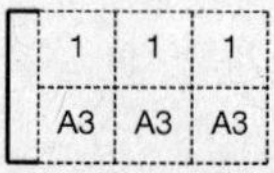

H-Blatt 37 mit MiNr. 258 35,—

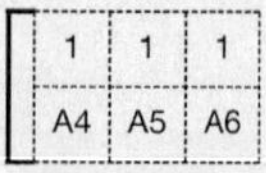

H-Blatt 38 mit MiNr. 258 35,—
H-Blatt 41 mit MiNr. 283 20,—

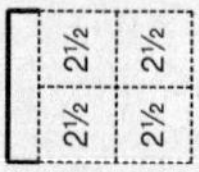

H-Blatt 43 mit MiNr. 322 wX(wZ) 1,60

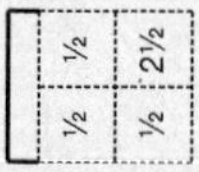

H-Blatt 44 mit MiNr. 318 wX(wZ), 322wX(wZ) 9,—

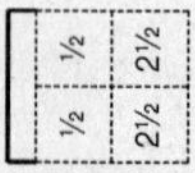

H-Blatt 45 mit MiNr. 318Y, 322Y 1,60

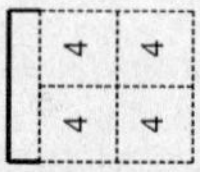

H-Blatt 46 mit MiNr. 324Y 3,—
H-Blatt 46y mit MiNr. 324yY 2,—
H-Blatt 49 mit MiNr. 456 1,—
H-Blatt 58 mit MiNr. 496 1,—

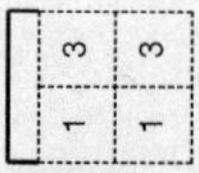

H-Blatt 47 mit MiNr. 319Y, 323Y 3,—
H-Blatt 47y mit MiNr. 319yY, 323yY 5,—
H-Blatt 50 mit MiNr. 453, 455 2,—

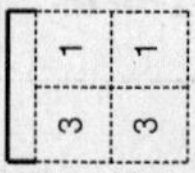

H-Blatt 48 mit MiNr. 323Y, 319Y 3,—
H-Blatt 48y mit MiNr. 323yY, 319yY 5,—
H-Blatt 51 mit MiNr. 455, 453 2,—

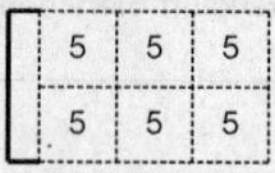

H-Blatt 52 mit MiNr. 457 1,50

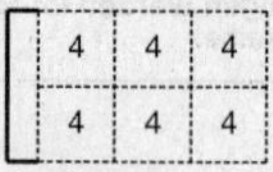

H-Blatt 53 mit MiNr. 456 1,60
H-Blatt 56 mit MiNr. 496 1,20

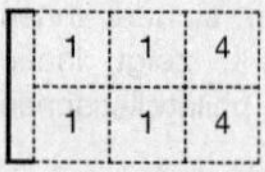

H-Blatt 54 mit MiNr. 453, 456 3,—
H-Blatt 57 mit MiNr. 453, 496 4,50

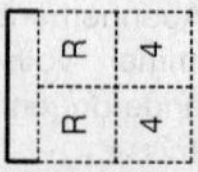

H-Blatt 55 mit MiNr. 456 0,80
H-Blatt 59 mit MiNr. 496 0,80

Koch-rezept	4	4	4	4	4
	4	4	4	4	4
	4	4	4	4	4

H-Blatt 60 mit MiNr. 496 4,50

Koch-rezept	5	5	5	5	5
	5	5	5	5	5
	5	5	5	5	5

H-Blatt 61 mit MiNr. 457 3,–

Koch-rezept	4	1	5	1	4
	4	1	5	1	4
	4	1	5	1	4

H-Blatt 62
mit MiNr. 453, 457, 496 16,–

2	½
2	½

H-Blatt 63
mit MiNr. 564 C, 561 C 4,80

1	1½
1	1½

H-Blatt 64
mit MiNr. 562 C, 563 C 4,80

2½	2½	2½
R	2½	2½

H-Blatt 65
mit MiNr. 565 C/R 5,–

R	2½	2½
R	2½	2½

H-Blatt 66
mit MiNr. 565 C/R 4,–

½	½	½
R	½	½

H-Blatt 67
mit MiNr. 561 C/R 3,–

3	3	3
R	3	3

H-Blatt 68
mit MiNr. 566 C/R 3,50

3	3	3
3	3	3

H-Blatt 69
mit MiNr. 566 C 4,50

3	3	2½
3	3	2½

H-Blatt 70
mit MiNr. 566 C, 565 C 12,–

½	½
2	2

H-Blatt 71
mit MiNr. 561 C, 564 C 2,–

1	1
1½	1½

H-Blatt 72
mit MiNr. 562 C, 563 C 2,–

Text	3	3	3	3
	3	3	3	3
	3	3	3	3

H-Blatt 73 mit MiNr. 566 C 12,–

Text	2½	2½	3	3
	2½	2½	3	3
	2½	2½	3	3

H-Blatt 74 mit MiNr. 565 C, 566 C 28,–

Text	2½	½	2½	2½
	2½	½	2½	2½
	2½	½	2½	2½

H-Blatt 75 mit MiNr. 561 C, 565 C 34,–

Post-Gebühren	½	2½
	½	2½
	½	½

H-Blatt 76 mit MiNr. 561 C, 565 C 55,–

½	1	1
½	6	1

H-Blatt 77 in vertauschter Anordnung des mittleren Zd (1+6) ist durch Verschnitt entstanden.

H-Blatt 77
mit MiNr. 561 C, 562 C, 570 C 3,–

½	1	1	6½	6½
½	8½	8½	8½	8½

H-Blatt 78
mit MiNr. 561 C, 562 C, 658, 687 9,–

½	8½	8½	8½	8½
½	1	1	6½	6½

H-Blatt 79
mit MiNr. 561 C, 562 C, 658, 687 9,–

1	7	7	7
1	9	9	9

H-Blatt 80 mit
MiNr. 562 C, 667, 696 5,–

1	9	9	9
1	7	7	7

H-Blatt 81 mit
MiNr. 562 C, 667, 696 8,–

A 7	1	1
½	½	7

H-Blatt 82 mit
MiNr. 561 C, 562 C, 667 2,20

9	9	9	9	9	9	9	9	9	9
7	7	7	7	7	7	7	7	7	7

H-Blatt 83 mit MiNr. 667, 696 10,–

2	10	10	10
A 8	2	8	8

H-Blatt 84
mit MiNr. 564 C, 636, 698 4,80

A 8	2	8	8
2	10	10	10

H-Blatt 85
mit MiNr. 564 C, 636, 698 4,80

1	1
A 9	8

H-Blatt 86
mit MiNr. 562, 636 1,80

10	10	10	10	10	10	10	10	10	10
8	8	8	8	8	8	8	8	8	8

H-Blatt 87 mit MiNr. 636, 698 12,–

A 8	2	10	10
2	2	12	12

H-Blatt 88
mit MiNr. 564, 698, 821 6,–

2	2	12	12
A 8	2	10	10

H-Blatt 89
mit MiNr. 564 C, 698, 821 6,–

Text	12	12	12
	12	12	12
	12	12	12

H-Blatt 90 mit 9 x MiNr. 821 5,50

Text	10	10	10
	10	10	10
	10	10	10

H-Blatt 91 mit 9 x MiNr. 698 4,50

Text und Abbildung	2	2
	2	2
	2	2

H-Blatt 92 mit 6 x MiNr. 564 C 3,–

Text	12	10	10
	12	2	10
	12	12	10

H-Blatt 93 mit MiNr. 564 C, 698, 821 9,–

12	12	12	12	12	12	12	12	12	12
10	10	10	10	10	10	10	10	10	10

H-Blatt 94 mit MiNr. 698, 821 12,–

11½	11½	11½
½	1	14

H-Blatt 95 mit MiNr.
561 C, 562 C, 862, 863 4,–

½	1	14
11½	11½	11½

H-Blatt 96 mit MiNr.
561 C, 562 C, 862, 863 4,–

14	14	14	14	14
14	11½	11½	11½	11½

H-Blatt 97 mit MiNr. 862, 863 8,–
(auch mit H-Blatt-Rand links, gleicher Preis)

4	11½	11½	11½
4	2½	2½	2½

H-Blatt 98 mit MiNr. 861, 862, 890 9,–

4	2½	2½	2½
4	11½	11½	11½

H-Blatt 99 mit MiNr. 861, 862, 890 9,–

14	14	14	14	14	14	14	14	14	14
11½	11½	11½	11½	11½	11½	11½	11½	11½	11½

H-Blatt 100 mit MiNr. 862–863 15,–

½	12½	12½	12½
3	3	3	3

H-Blatt 101 mit MiNr. 561 C, 854, 901 I 4,50

3	3	3	3
½	12½	12½	12½

H-Blatt 102
mit MiNr. 561C, 854, 901 I 4,50

15½	15½	15½	15½	15½
15½	12½	12½	12½	12½

H-Blatt 103
mit MiNr. 864 I, 901 I 8,–
(auch mit H-Blatt-Rand links, gleicher Preis)

Text und Abbildung	15½	15½
	15½	15½
	15½	15½

H-Blatt 104
mit 6 x MiNr. 864 I 5,–

Text: Forgeries and Errors	12½	12½
	12½	12½
	12½	12½

H-Blatt 105
mit 6 x MiNr. 901 I 4,—

Text und Abbildung	12½	12½	12½
	12½	3	12½
	12½	2	12½

H-Blatt 106
mit MiNr. 564 C, 854, 901 I 9,50

Text und Abbildung	15½	15½	15½
	15½	15½	15½
	15½	15½	15½

H-Blatt 107
mit 9 x MiNr. 864 I 7,50

15½	15½	15½	15½	15½	15½	15½	15½	15½	15½
12½	12½	12½	12½	12½	12½	12½	12½	12½	12½

H-Blatt 108 mit MiNr. 864 II, 901 II 16,—

1	12½	12½	12½
1	3½	3½	3½

H-Blatt 109
mit MiNr. 562 C, 901 I, 946 8,—

16	16	16	16	16
12½	12½	12½	12½	16

H-Blatt 110
mit MiNr. 901 I, 947 I 14,—

16	16	16	16	16
16	12½	12½	12½	12½

H-Blatt 111
mit MiNr. 901 I, 947 I 14,—

Text: The Royal Mint and America	12½	12½
	12½	12½
	12½	12½

H-Blatt 112
mit 6 x MiNr. 901 I 4,—

Text: Maundy Money	12½	12½
	12½	12½
	12½	12½

H-Blatt 113
mit 6 x MiNr. 901 I 5,50

Text	16	16	16
	3½	3	3½
	16	16	16

H-Blatt 114
mit MiNr. 854, 946, 947 I 10,—

Text	16	16	16
	16	16	16
	16	16	16

H-Blatt 115
mit 9 x MiNr. 947 I 5,50

1	13	13	13
1	1	4	4

H-Blatt 116
mit MiNr. 562 C, 890, 1002 C I 5,50

17	17	17	17	17
13	13	13	13	17

H-Blatt 117
mit MiNr. 948 I, 1002 C I 9,—

17	17	17	17	17
17	13	13	13	13

H-Blatt 118
mit MiNr. 948 I, 1002 C I 9,—

Abbildung: Thomas Cranmer	17	17
	17	17
	17	17

H-Blatt 119
mit 6 × MiNr. 948 I 5,—

Abbildung: William Wilberforce	13	13
	13	13
	13	13

H-Blatt 120
mit 6 × MiNr. 1002 C I 4,50

Text und Abbildung	17	17	17
	10	17	13
	17	17	17

H-Blatt 121
mit MiNr. 698, 948 I, 1002 C I 26,—

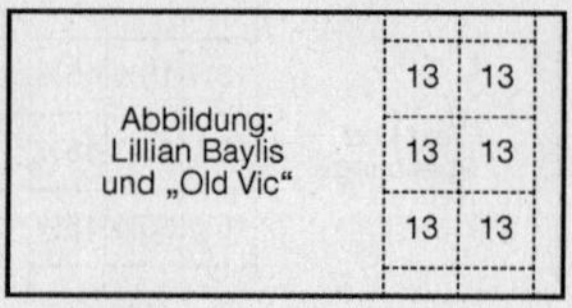

H-Blatt 122
mit 6 × MiNr. 1002 C I 4,50

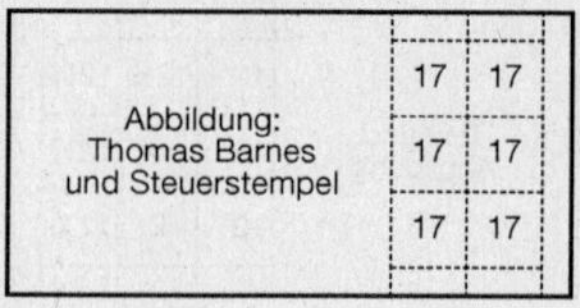

H-Blatt 123
mit 6 × MiNr. 948 I 4,—

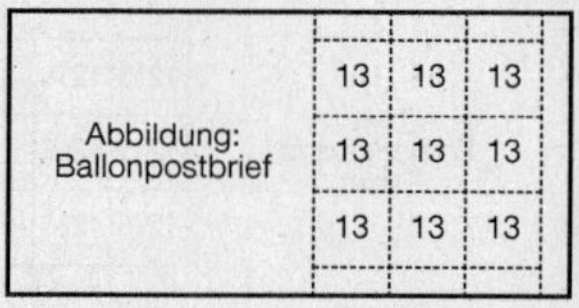

H-Blatt 124
mit 9 × MiNr. 1002 C I 5,—

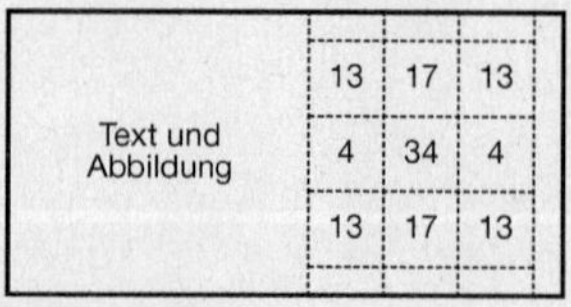

H-Blatt 125 mit
MiNr. 890, 948 I, 1002 C I, 1006 20,—

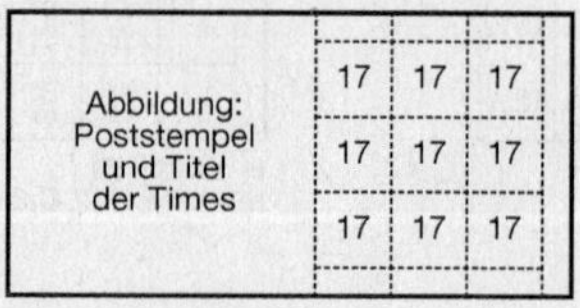

H-Blatt 126
mit 9 × MiNr. 948 I 6,—

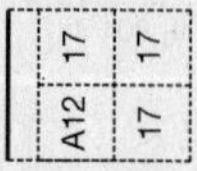

H-Blatt 127 I mit MiNr. 948 III 4,50
H-Blatt 127 II mit MiNr. 948 I 6,—

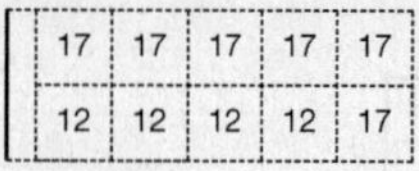

H-Blatt 128
mit MiNr. 948 I, 1050 I 9,—

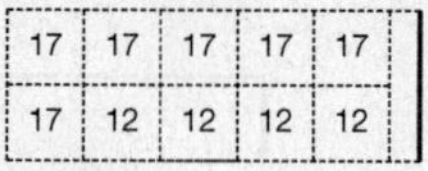

H-Blatt 129
mit MiNr. 948 I, 1050 I 9,—

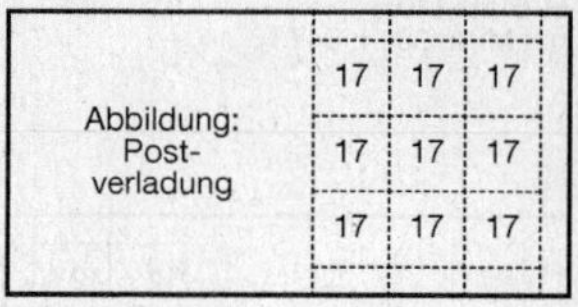

H-Blatt 130
mit 9 × MiNr. 948 I 6,50

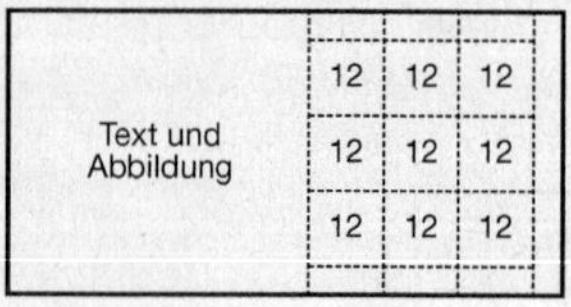

H-Blatt 131
mit 9 × MiNr. 1050 I 6,—

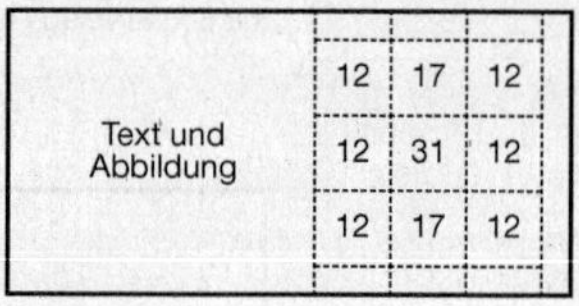

H-Blatt 132
mit MiNr. 948 I, 952, 1050 I 18,—

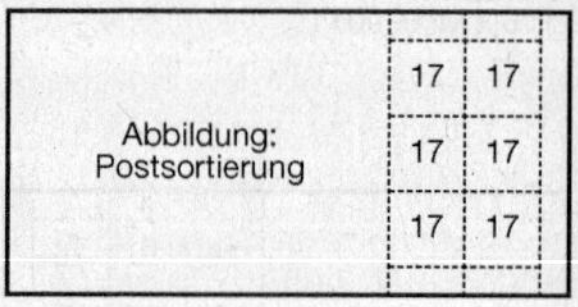

H-Blatt 133
mit 6 × MiNr. 948 I 4,50

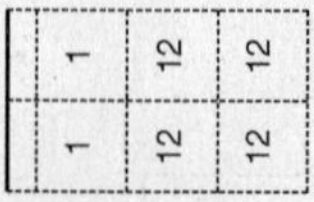

H-Blatt 134
mit MiNr. 562 C, 1050 I 12,—

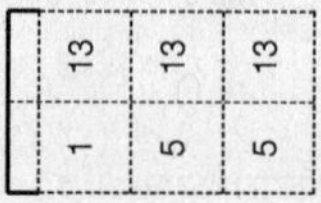

H-Blatt 135 C
mit MiNr. 562 C, 1002 C I, 1090 a C 7,—
H-Blatt 135 D
mit MiNr. 562 D, 1002 D r, 1090 a D I 7,—

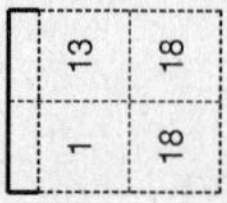

H-Blatt 136 mit MiNr. 562 C, 1002 C I, 1003 C 6,—

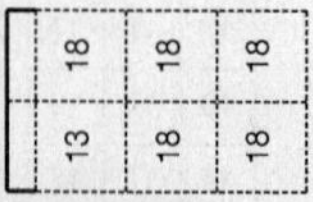

H-Blatt 137 C
mit MiNr. 1002 C I, 1003 C 10,—
H-Blatt 137 D mit
MiNr. 1002 DI, 1003 DI/Dr 12,—

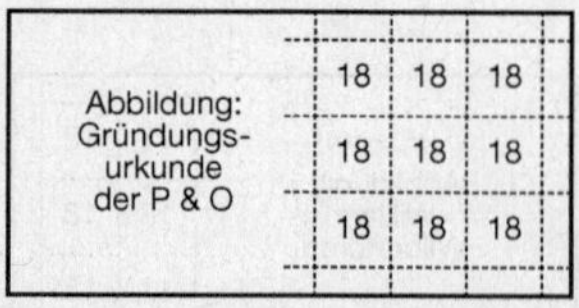

H-Blatt 138 mit MiNr. 1003 C 7,50

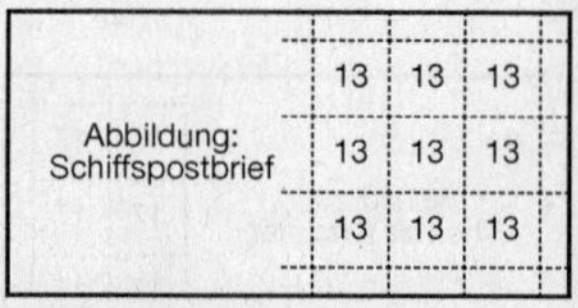

H-Blatt 139
mit 9 x MiNr. 1002 C I 7,50

	13	18	18
Text und Abbildung	1	18	26
	13	18	18

H-Blatt 140 mit MiNr. 562 C, 904, 1002 C I, 1003 C 18,—

	13	13
Abbildung: Postdampferrouten	13	13
	13	13

H-Blatt 141 mit MiNr. 1002 C I 5,—

	18	18	18
Abbildung: Werbemittel	18	18	18
	18	18	18

H-Blatt 142 mit MiNr. 1136 9,—

	13	13
Abbildung: Werbemittel	13	13
	13	13

H-Blatt 143 mit MiNr. 1135 6,—

	13	22	13
Abbildung: Werbemittel	13	34	13
	13	18	13

H-Blatt 144 mit MiNr. 1135–1138 30,—

	18	18
Abbildung: Alphabeth, Auto	18	18
	18	18

H-Blatt 145 mit MiNr. 1136 6,—

19	19
A 12	14

H-Blatt 146 mit MiNr. 1162 C, 1163 C 8,50

19	19	19
14	14	19

H-Blatt 147 mit MiNr. 1162 D, 1163 D 10,—

19 (1189)	19 (1190)	19 (1191)	19 (1192)	19 (1193)
19 (1189)	19 (1190)	19 (1191)	19 (1192)	19 (1193)

H-Blatt 148 mit MiNr. 1189–1193 70,—

Durch einen schmalen Zwischensteg abgeteilt hängen am H-Blatt 148 rechts 12 gezähnte Felder mit Glückwunschtexten.

19	19	19
14	14	19

H-Blatt 149 mit MiNr. 1178 AD–1179 AD 15,—

15	15
A 12	20

H-Blatt 150 mit MiNr. 1222 C–1223 C 12,—

20	20	20
A 12	20	20

H-Blatt 151 mit MiNr. 1223 CD 9,—

15	15
A 12	20

H-Blatt 152 mit MiNr. 1240 C–1241 C 9,—

20	20	20
A 12	20	20

H-Blatt 153 mit MiNr. 1241 CD 12,—
H-Blatt 154 mit MiNr. 1250 AD 16,—

Text und Abbildungen	20	20
	20	20

H-Blatt 155 mit MiNr. 1261 8,—

	20	20
Text und Abbildungen: Schilder	20	20
	20	20

H-Blatt 156 mit MiNr. 1241 C 5,50

	2ND	50	1ST
Text und Abbildung	15	Zf	20
	15	29	20

H-Blatt 157 mit MiNr. 1216 C, 1265 C, 1217 C, 1222 C, 1223 C, 1240 C,1242 C, 1241 C 25,—

	20	20
Text und Abbildungen: Eros	20	20
	20	20

H-Blatt 158 mit MiNr. 1241 C 5,50

17	17
A 12	17

H-Blatt 159 mit MiNr. 1284 C 7,—

A 12	22	22	22
A 12	A 12	17	17

H-Blatt 160 mit MiNr. 1284 D–1285 D 6,50

1 ST (1310)	1 ST (1311)	1 ST (1312)	1 ST (1313)	1 ST (1314)
1 ST (1315)	1 ST (1316)	1 ST (1317)	1 ST (1318)	1 ST (1319)

H-Blatt 161 mit MiNr. 1310–1319 30,—

Durch einen schmalen Zwischensteg abgeteilt hängen am H-Blatt 161 rechts 12 gezähnte Felder mit Glückwunschtexten.

Abbildung: Grundriß eines Hauses	17	17
	17	17
	17	17

H-Blatt 162 mit MiNr. 1324 C 5,50

Abbildung: Messer	22	22	22
	22	22	22
	22	22	22

H-Blatt 163 mit MiNr. 1325 C 11,—

Abbildung: Füllfeder-halter	22	33	22
	22	Zf 2	22
	22	33	22

H-Blatt 164 mit MiNr. 1325 C–1326 C 14,—

Abbildung: Mordinstrumente	17	17
	17	17
	17	17

H-Blatt 165 mit MiNr. 1324 C 5,50

1 ST (1327)	1 ST (1328)	1 ST (1329)	1 ST (1330)	1 ST (1331)
1 ST (1332)	1 ST (1333)	1 ST (1334)	1 ST (1335)	1 ST (1336)

H-Blatt 166 mit MiNr. 1327 I A–1336 I A 30,—

Durch einen schmalen Zwischensteg abgeteilt hängen am H-Blatt 166 rechts 12 gezähnte Felder mit Glückwunschtexten.

1	24
1	24

H-Blatt 167 mit MiNr. 562 C, 1357 C 3,—

A 12	2	24	24
A 12	2	24	24

H-Blatt 168 mit MiNr. 564 D, 1357 D 6,—

1 ST (1377)	1 ST (1378)	1 ST (1379)	1 ST (1380)	1 ST (1381)
1 ST (1382)	1 ST (1383)	1 ST (1384)	1 ST (1385)	1 ST (1386)

H-Blatt 169 mit MiNr. 1377–1386 30,—

Durch einen schmalen Zwischensteg abgeteilt hängen am H-Blatt 169 rechts 12 gezähnte Felder mit Glückwunschtexten.

Abbildung: Erstausgabe „The Hobbit"	24	24
	24	24
	24	24

H-Blatt 170 mit MiNr. 1420 C 8,50

Abbildung: Manuskript	18	18
	18	18
	18	18

H-Blatt 171 mit MiNr. 1419 C 5,—

Abbildung: Heraldische Embleme	18	39	24
	1 ST	Zf 3	2 ND
	18	39	24

H-Blatt 172 mit MiNr. 1214 C, 1280 C, 1362 C, 1419 C–1420 C 18,—

Abbildung: Runen-Alphabet	24	24
	24	24
	24	24

H-Blatt 173 mit MiNr. 1420 C 8,50

1 ST (1431)	1 ST (1432)	1 ST (1433)	1 ST (1434)	1 ST (1435)
1 ST (1436)	1 ST (1437)	1 ST (1438)	1 ST (1439)	1 ST (1440)

H-Blatt 174 mit MiNr. 1431–1440 30,—

Durch einen schmalen Zwischensteg abgeteilt hängen am H-Blatt 174 rechts 20 gezähnte Felder mit Glückwunschtexten.

A 12	2	24	24
A 12	2	24	24

H-Blatt 175 mit MiNr. 825 b A, 1420 A 8,—

1 ST	1 ST
1 ST	1 ST

H-Blatt 176 mit MiNr. 1436 12,—

24 (S 62)	18 (S 61)
24 (W 61)	18 (W 60)
24 (NI 60)	18 (NI 59)

H-Blatt 177 mit Nordirland MiNr. 59 C–60 C, Schottland MiNr. 61 C–62 C, Wales MiNr. 60 C–61 C 15,—

1 ST	2 ND
1 ST	2 ND
1 ST	2 ND

H-Blatt 178 mit MiNr. 1214 C, 1280 C 10,—

33	18	39
2 ND	Zf 4	2 ND
33	18	39

H-Blatt 179 mit MiNr. 1214 C, 1326 C, 1362 C, 1419 C 17,—

A 13	25
A 13	25

H-Blatt 180 mit MiNr. 1475 CS 2,50

1 ST (1493)	1 ST (1494)	1 ST (1495)	1 ST (1496)	1 ST (1497)
1 ST (1498)	1 ST (1499)	1 ST (1500)	1 ST (1501)	1 ST (1502)

H-Blatt 181 mit MiNr. 1493–1502 30,—

Durch einen schmalen Zwischensteg abgeteilt hängen am H-Blatt 181 rechts 20 gezähnte Felder mit Glückwunschtexten.

Zf 5	1 ST	1 ST
	1 ST	1 ST

H-Blatt 182 mit MiNr. 1280 CS 10,—

1 ST (1554)	1 ST (1555)	1 ST (1556)	1 ST (1557)	1 ST (1558)
1 ST (1559)	1 ST (1560)	1 ST (1561)	1 ST (1562)	1 ST (1563)

H-Blatt 183 mit MiNr. 1554–1563 30,—

Durch einen schmalen Zwischensteg abgeteilt hängen am H-Blatt 183 rechts 20 gezähnte Felder mit Glückwunschtexten.

25	25	25
25	25	25

H-Blatt 184 mit MiNr. 1565 6,—

19	10	19
25	Zf 6	25
30	35	41

H-Blatt 185 mit MiNr. 1480, 1481, 1482, 1528, 1569, 1570 19,—

19 (S 65)	25 (S 66)
19 (W 64)	25 (W 65)
19 (NI 63)	25 (NI 64)

H-Blatt 186 mit Schottland MiNr. 65–66, Wales MiNr. 64–65, Nordirland MiNr. 63–64 7,50

19	19
19	19
19	19

H-Blatt 187 mit MiNr. 1528 9,—

1 ST	1 ST	Zf 7
1 ST	1 ST	

H-Blatt 188 mit MiNr. 1280 CS 10,—

1 ST (1605)	1 ST (1606)	1 ST (1607)	1 ST (1608)	1 ST (1609)
1 ST (1610)	1 ST (1611)	1 ST (1612)	1 ST (1613)	1 ST (1614)

H-Blatt 189 mit MiNr. 1605 CS–1614 CS 30,—

Durch einen schmalen Zwischensteg abgeteilt hängen am H-Blatt 189 rechts 20 gezähnte Felder mit Glückwunschtexten.

1 ST	1 ST	Zf 8
1 ST	1 ST	

H-Blatt 190 mit MiNr. 1280 CS 10,—

19	19
19	19

H-Blatt 191 mit MiNr. 1625 2,50

25	25
25	25

H-Blatt 192 mit MiNr. 1626 3,50

35	41	60
35	41	60

H-Blatt 193 mit MiNr. 1627–1629 9,—

25 (S 66)	25 (W 65)	25 (NI 64)
25	Zf 9	25
25 (S 66)	25 (W 65)	25 (NI 64)

H-Blatt 194 mit MiNr. 1480, Schottland MiNr. 66, Wales MiNr. 65, Nordirland MiNr. 64 9,50

A 15	1	26	26
A 14	1	20	26

H-Blatt 195 mit MiNr. 1637–1639 7,—

26	26	26	26
20	26	26	26

H-Blatt 196 mit MiNr. 1638–1639 10,—

1 ST (1667)	1 ST (1668)	1 ST (1669)	1 ST (1670)	1 ST (1671)
1 ST (1672)	1 ST (1673)	1 ST (1674)	1 ST (1675)	1 ST (1676)

H-Blatt 197 mit MiNr. 1667 CS–1676 CS 30,—

Durch einen schmalen Zwischensteg abgeteilt hängen am H-Blatt 197 rechts 20 gezähnte Felder mit Grußtexten.

1 ST	1 ST	Zf 10
1 ST	1 ST	

H-Blatt 198 mit MiNr. 1280 CS 10,—

26 (S 74)	37 (S 75)
26 (W 73)	37 (W 74)
26 (NI 72)	37 (NI 73)

H-Blatt 199 mit Schottland MiNr. 74 CS–75 CS, Wales MiNr. 73 CS–74 CS, Nordirland MiNr. 72 CS–73 CS 10,—

1 ST	26	1 ST
26	Zf 11	26
1 ST	26	1 ST

H-Blatt 200 mit MiNr. 1690–1691 13,—

20	26
20	26
20	26

H-Blatt 201 mit MiNr. 1630 CS–1631 CS 5,—

20	20
20	20

H-Blatt 202 mit MiNr. 1652 C 10,—

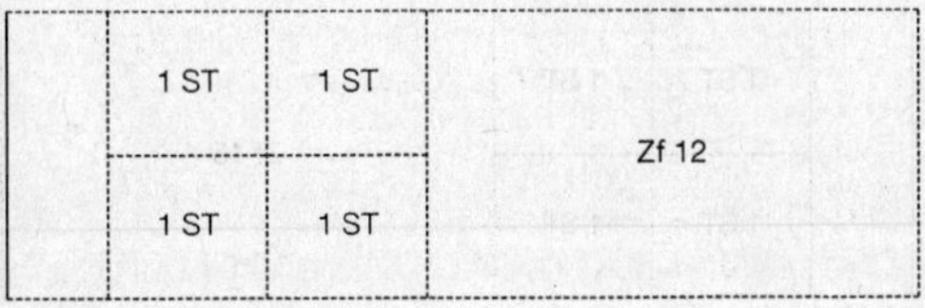

H-Blatt 203 mit MiNr. 1280 CS 10,—

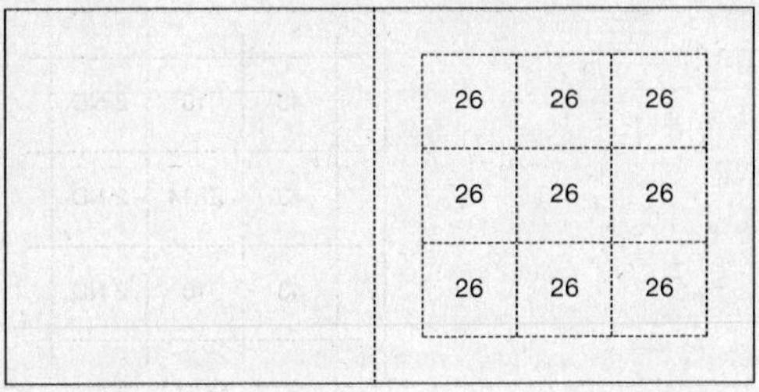

H-Blatt 204 mit MiNr. 1740 9,—

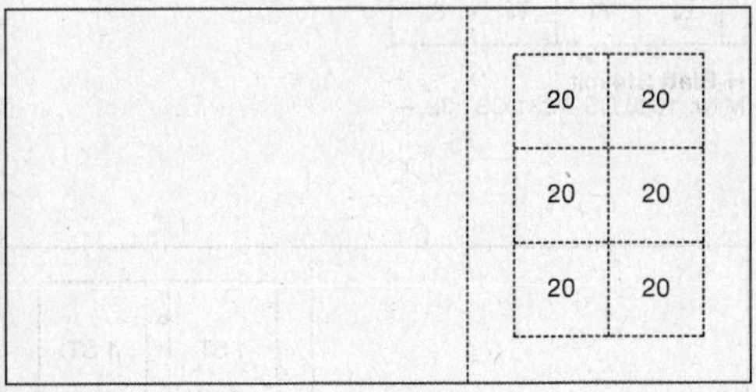

H-Blatt 205 mit MiNr. 1739 5,—

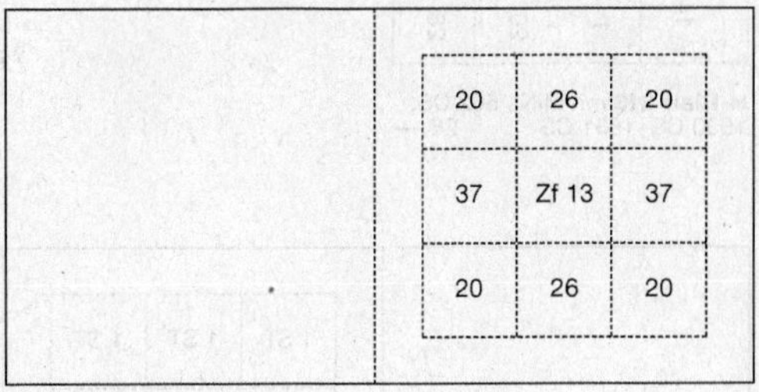

H-Blatt 206 mit MiNr. 1739–1741 11,—

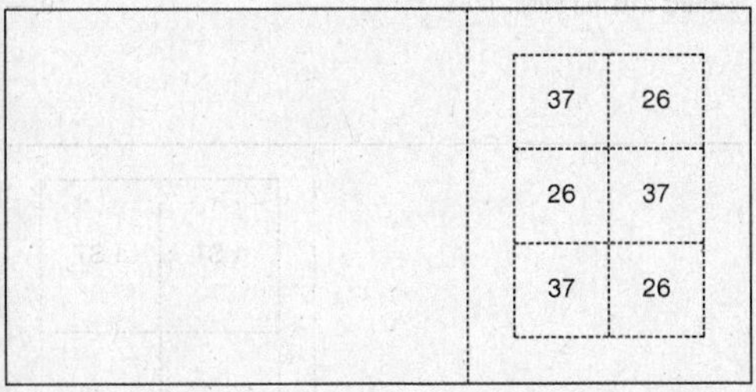

H-Blatt 207 mit MiNr. 1740–1741 10,—

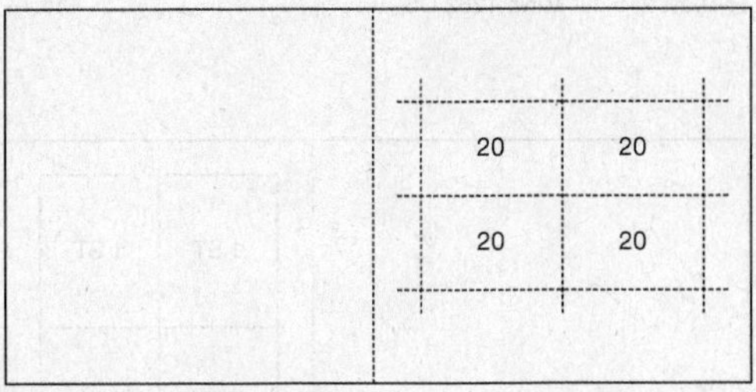

H-Blatt 208 mit MiNr. 1767 A 6,—

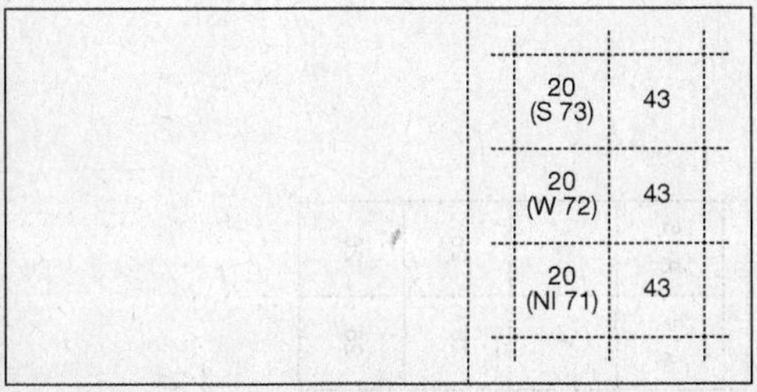

H-Blatt 209 mit MiNr. 1635 AS, Schottland MiNr. 73 AS, Wales MiNr. 72 AS, Nordirland MiNr. 71 AS 12,—

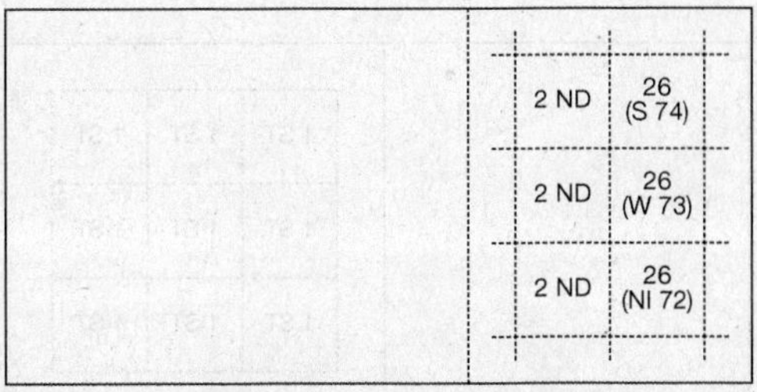

H-Blatt 210 mit MiNr. 1216 AS, Schottland MiNr. 74 AS, Wales MiNr. 73 AS, Nordirland MiNr. 72 AS 12,—

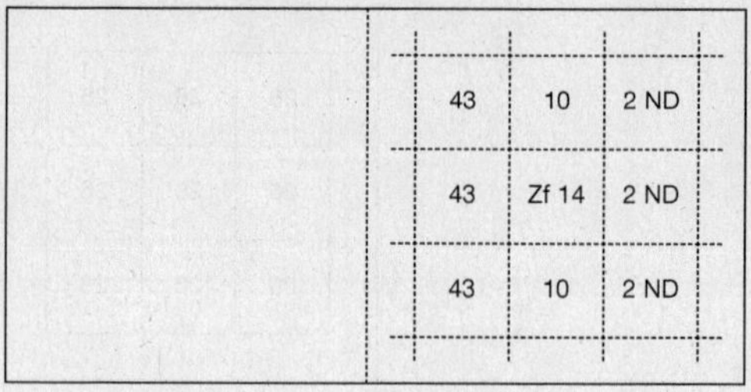

H-Blatt 211 mit MiNr. 1635 AS, 1283 AS, 1216 AS 14,—

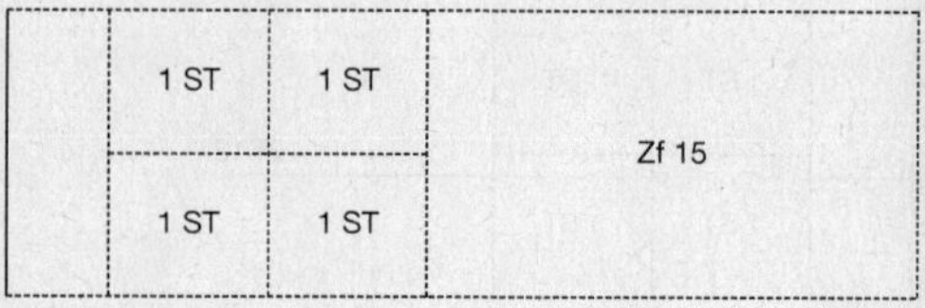

H-Blatt 212 mit MiNr. 1280 CS 10,—

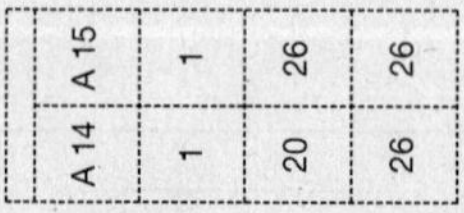

H-Blatt 213 mit MiNr. 562 CS, 1630 CS–1631 CS 28,—

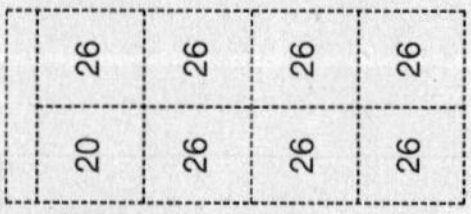

H-Blatt 214 mit MiNr. 1630 CS–1631 CS 32,—

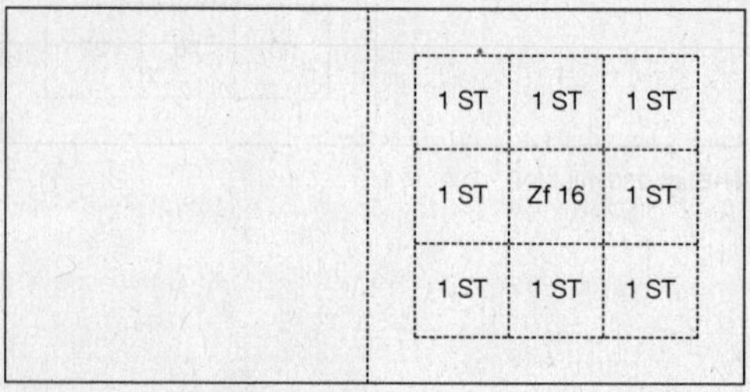

H-Blatt 215 mit MiNr. 1282 CS 16,—

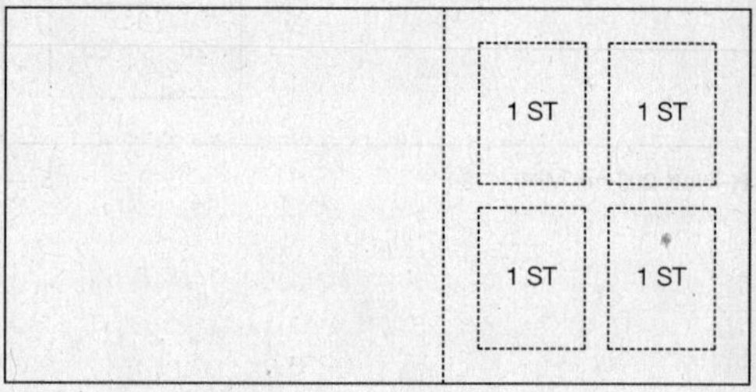

H-Blatt 216 mit MiNr. 1786 10,—

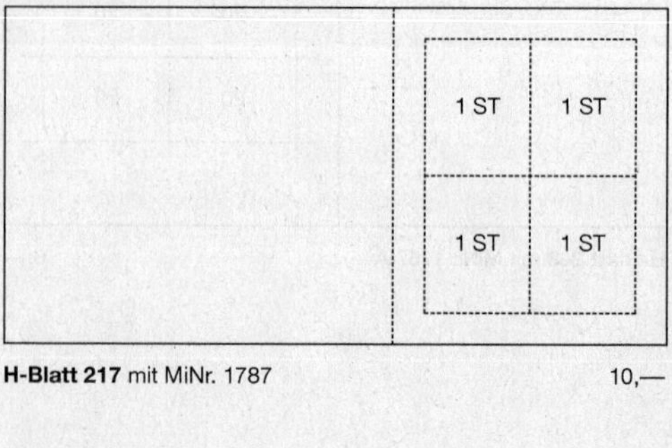

H-Blatt 217 mit MiNr. 1787 10,—

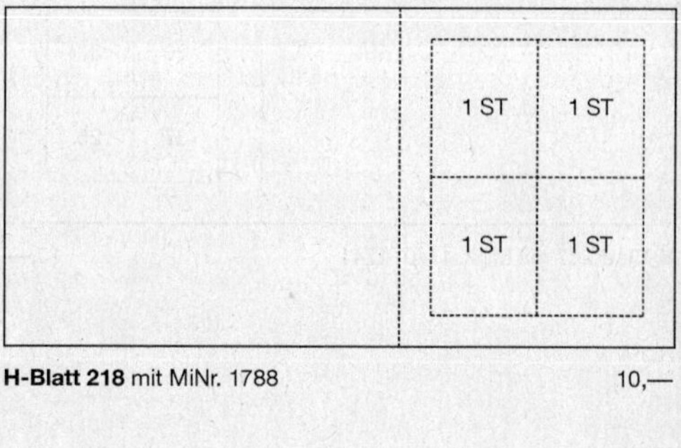

H-Blatt 218 mit MiNr. 1788 10,—

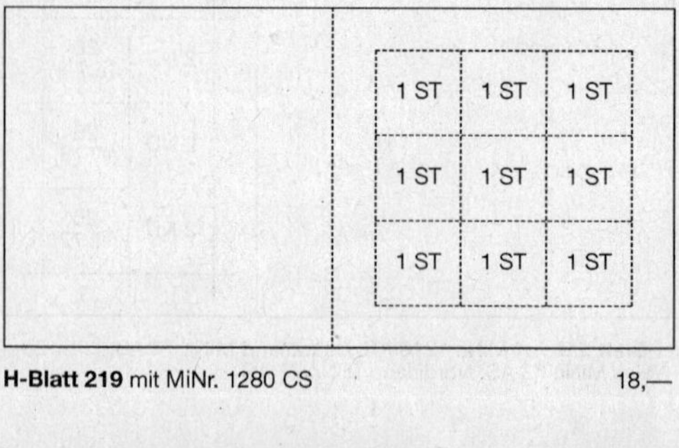

H-Blatt 219 mit MiNr. 1280 CS 18,—

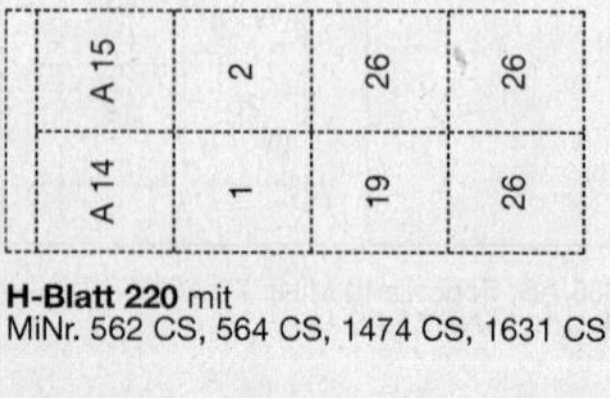

H-Blatt 220 mit MiNr. 562 CS, 564 CS, 1474 CS, 1631 CS 9,—

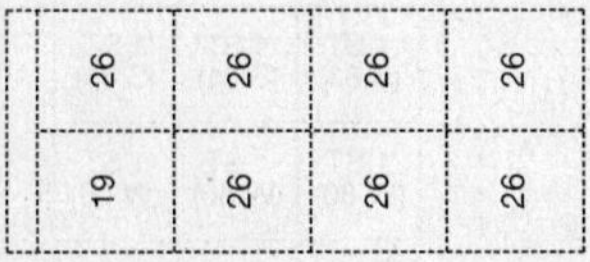

H-Blatt 221 mit
MiNr. 1474 CS, 1631 CS 12,—

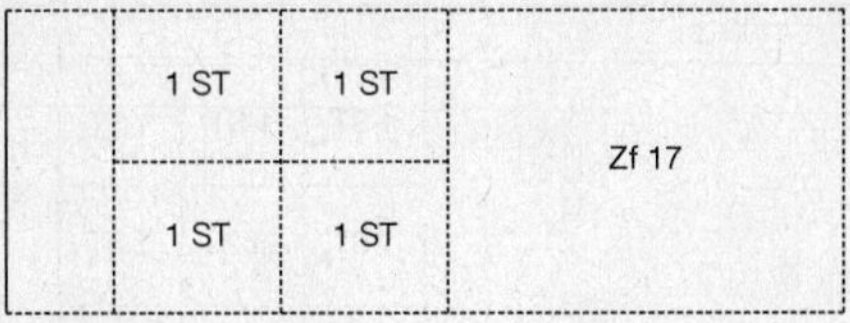

H-Blatt 222 mit MiNr. 1282 CS 10,—

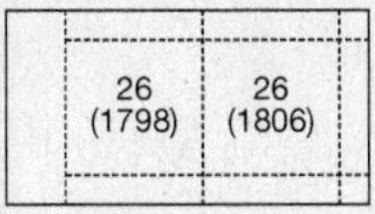

H-Blatt 223 mit MiNr. 1798, 1806 8,—

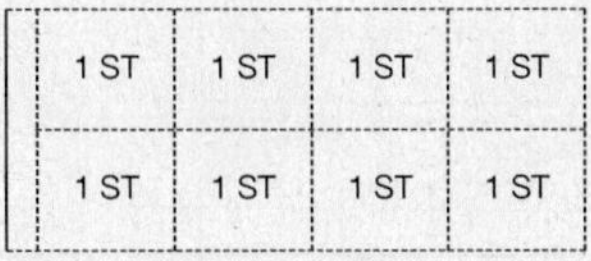

H-Blatt 224 mit MiNr. 1282 CS 16,—

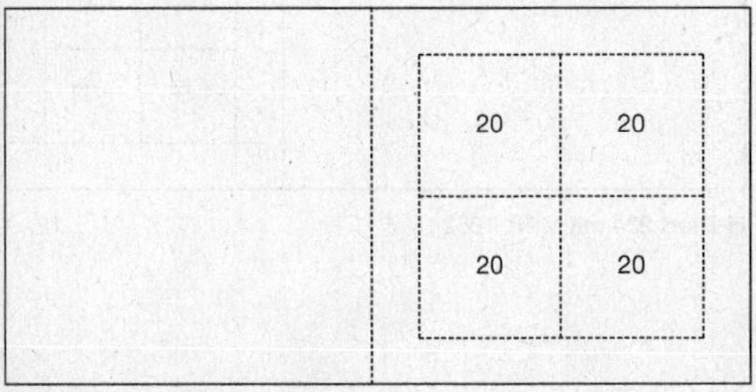

H-Blatt 225 mit MiNr. 1789 3,—

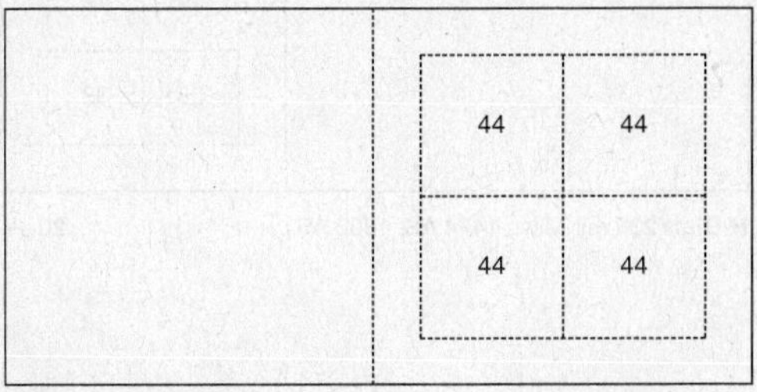

H-Blatt 226 mit MiNr. 1821 D 10,—

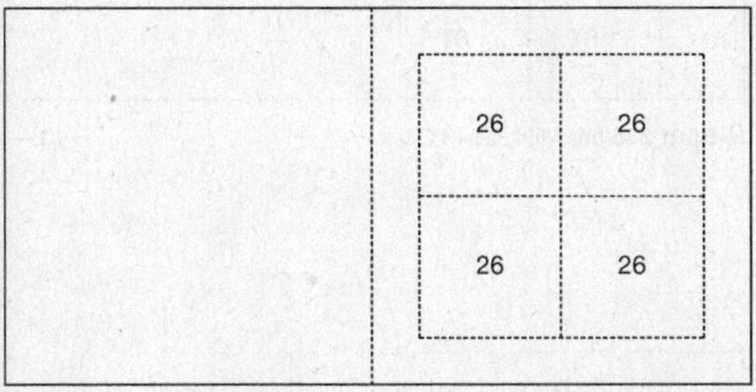

H-Blatt 227 mit MiNr. 1820 D 8,—

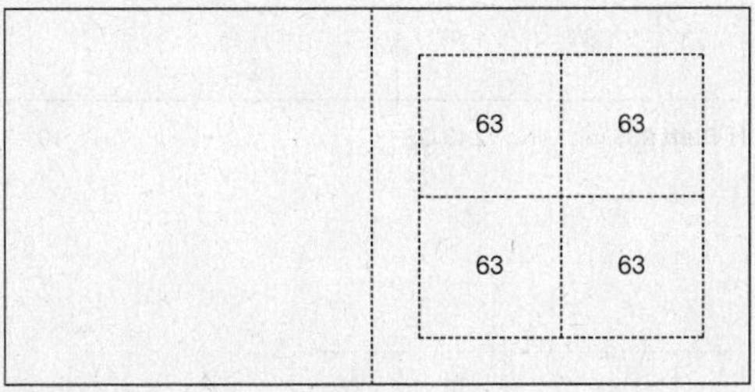

H-Blatt 228 mit MiNr. 1780 A 12,—

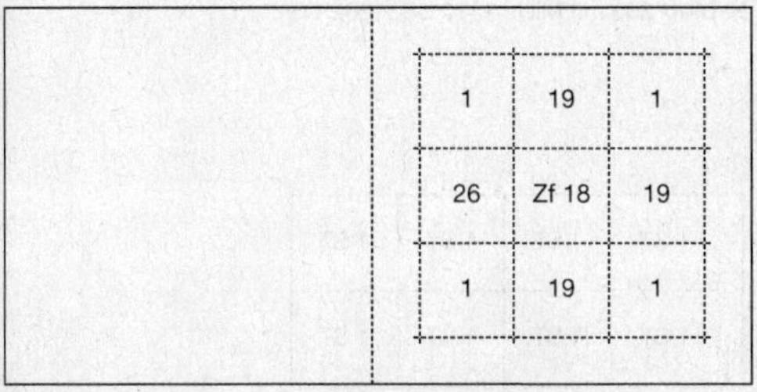

H-Blatt 229 mit MiNr. 562 CS, 1474 CS, 1631 CS 7,—

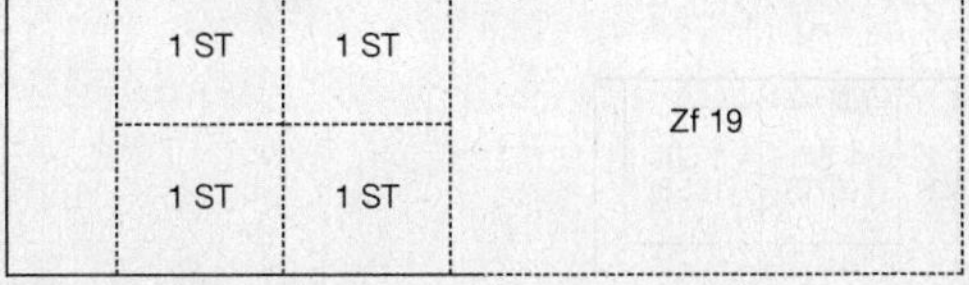

H-Blatt 230 mit MiNr. 1282 CS 10,—

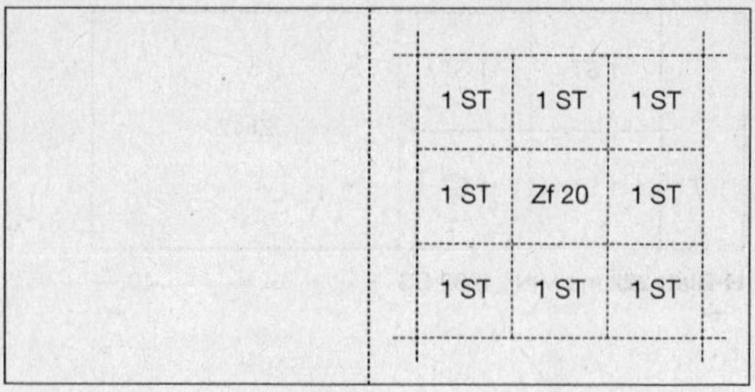

H-Blatt 231 mit MiNr. 1843 AS 16,—

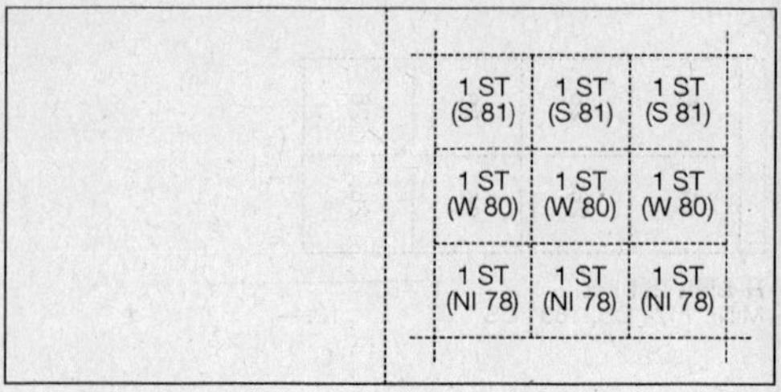

H-Blatt 232 mit Schottland MiNr. 81 AS, Wales MiNr. 80 AS, Nordirland MiNr. 78 AS 18,—

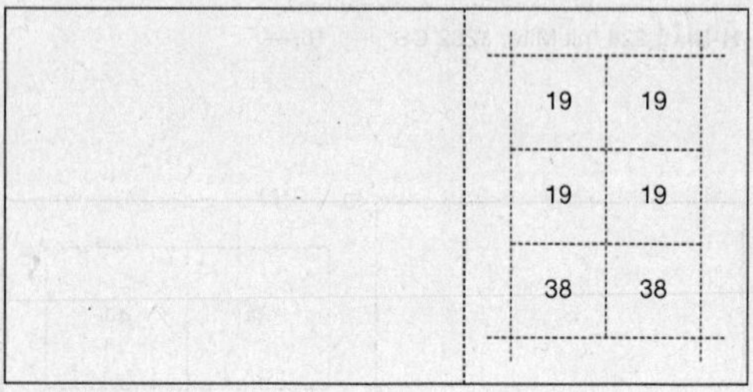

H-Blatt 233 mit MiNr. 1474 AS, 1802 AS 20,—

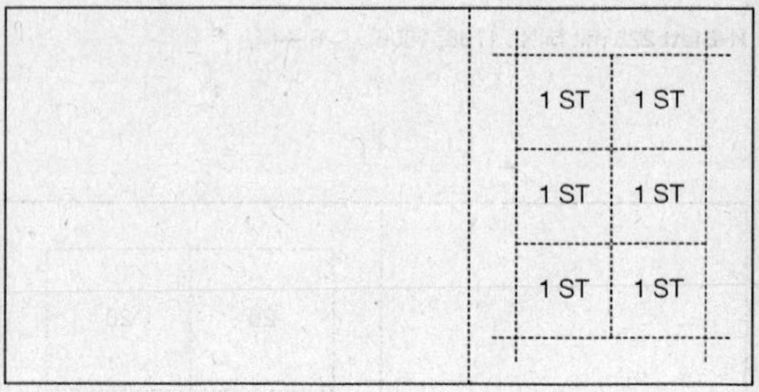

H-Blatt 234 mit MiNr. 1852 12,—

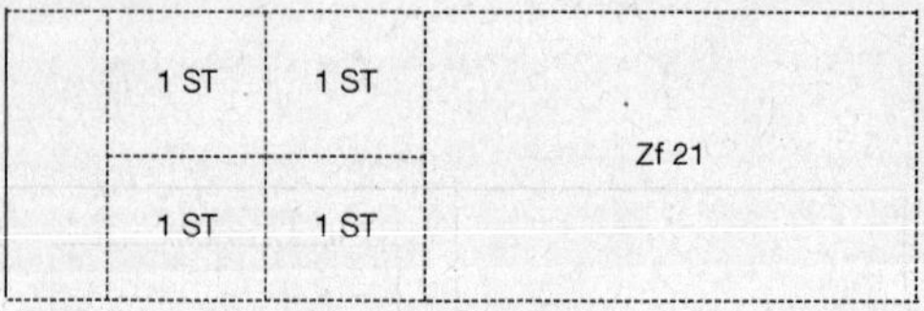

H-Blatt 235 mit MiNr. 1843 CS 10,—

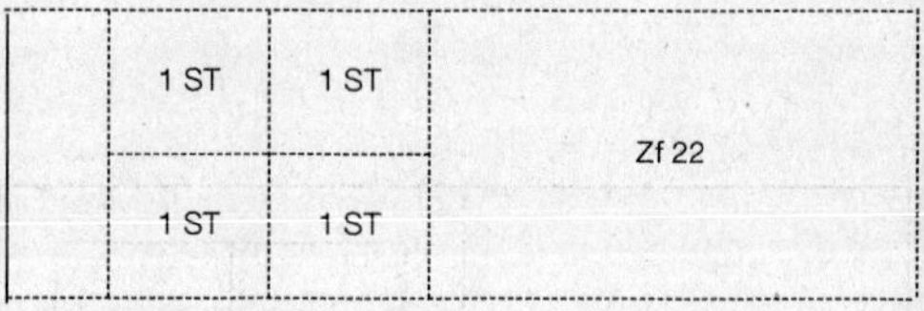

H-Blatt 236 mit MiNr. 1843 CS 10,—

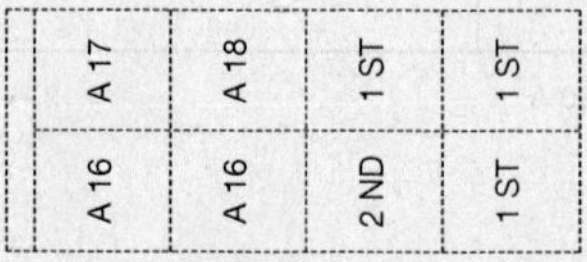

H-Blatt 237 mit MiNr. 1216 CS, 1282 CS 9,—

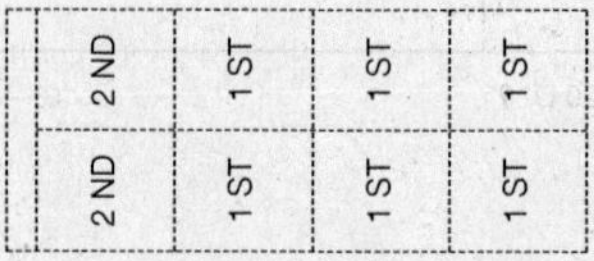

H-Blatt 238 mit MiNr. 1216 CS, 1282 CS 16,—

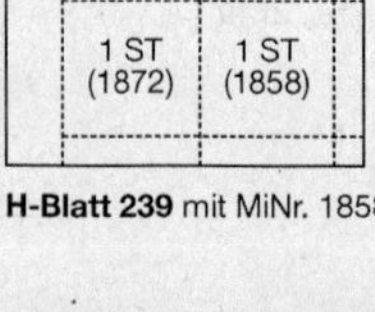

H-Blatt 239 mit MiNr. 1858, 1872 10,—

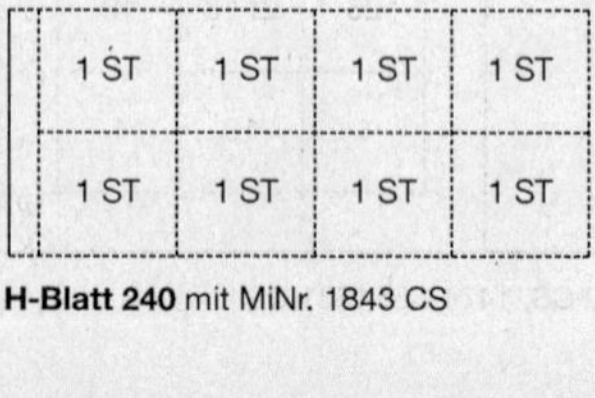

H-Blatt 240 mit MiNr. 1843 CS 16,—

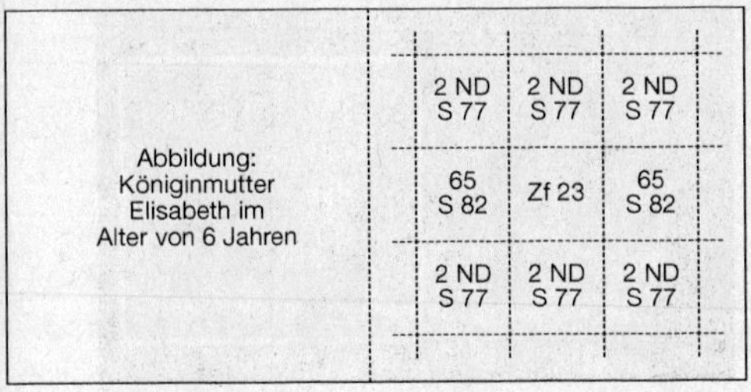

H-Blatt 241 mit Schottland MiNr. 77, 82 16,—

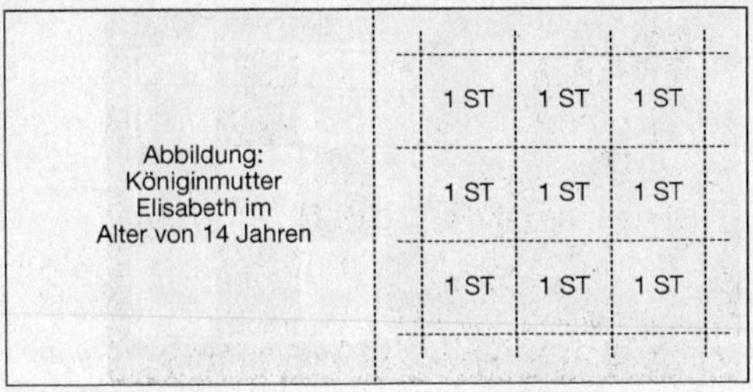

H-Blatt 242 mit MiNr. 1843 CS 18,—

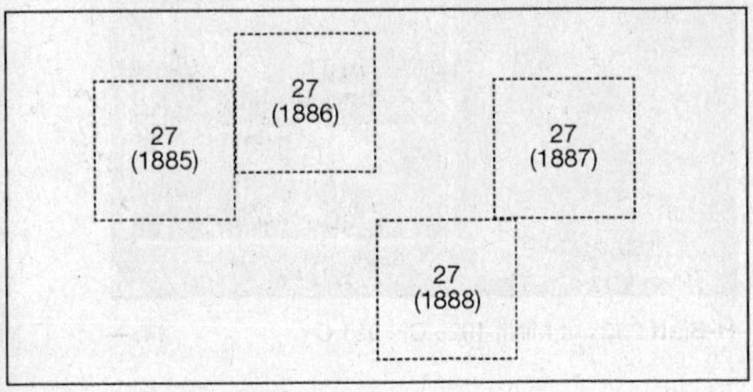

H-Blatt 243 mit MiNr. 1885–1888 14,—

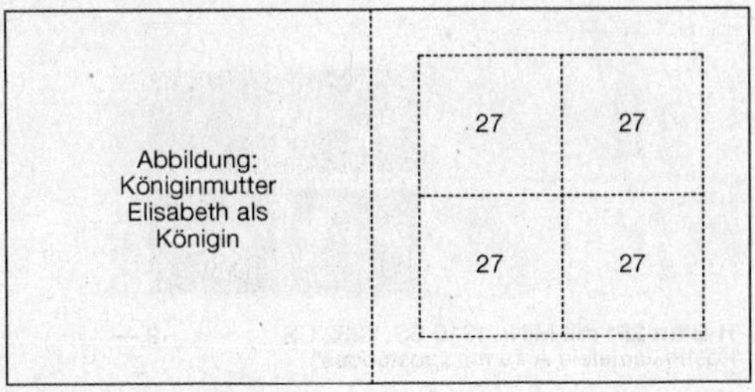

H-Blatt 244 mit MiNr. 1888 12,—

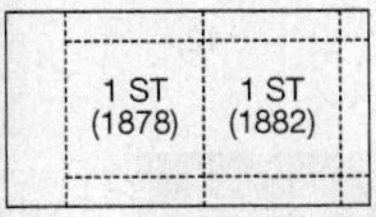

H-Blatt 245 mit MiNr. 1878, 1882 8,—

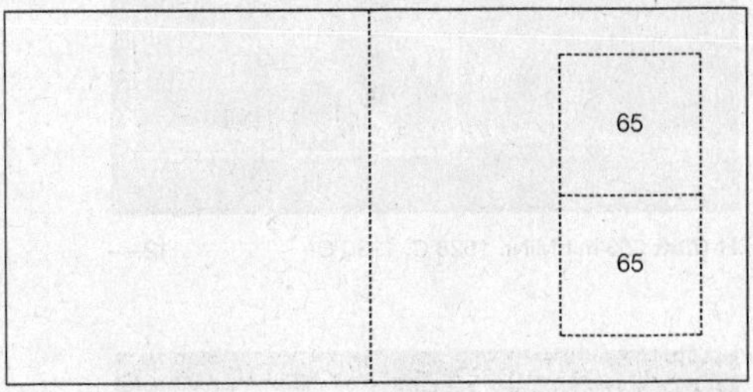

H-Blatt 246 mit MiNr. 1884 6,—

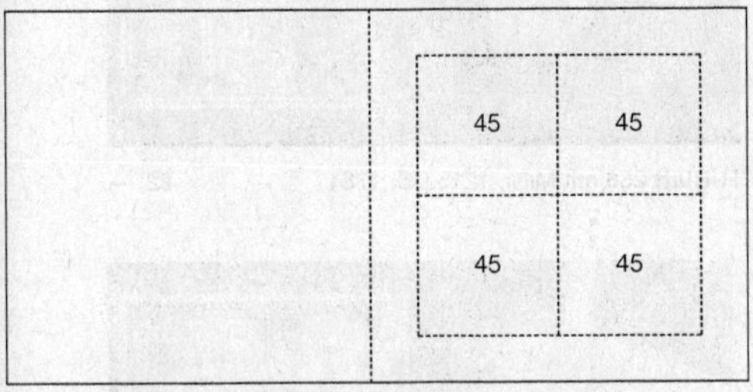

H-Blatt 247 mit MiNr. 1883 9,—

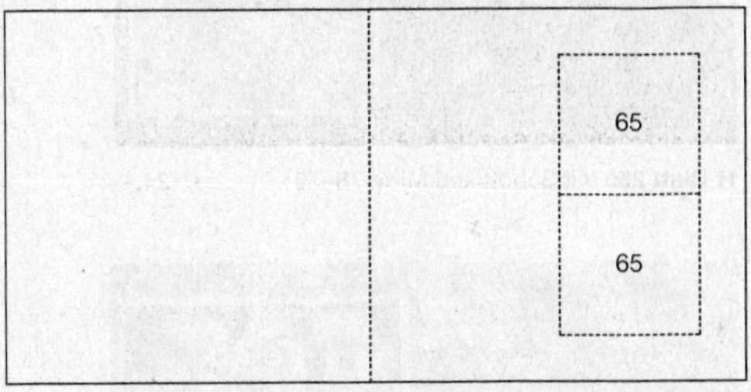

H-Blatt 248 mit MiNr. 1880 6,—

Die Preise von Einheiten (z. B. Markenheftchen, H-Blätter, Zusammendrucke) müssen nicht der Summe der Einzelpreise entsprechen.

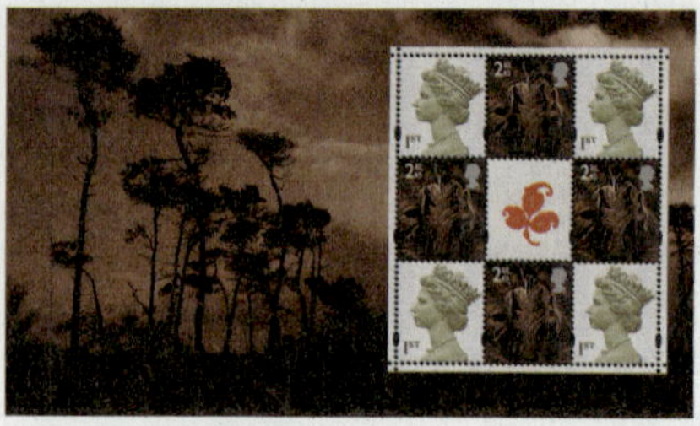

H-Blatt 249 mit MiNr. 1843 AS,
Wales MiNr. 76 AS 15,—

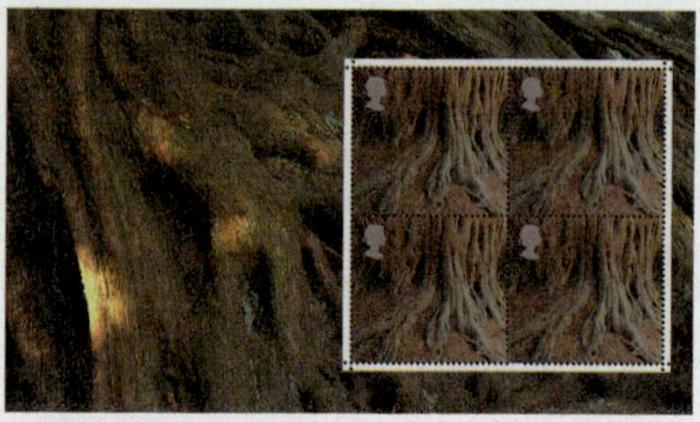

H-Blatt 250 mit MiNr. 1881 8,50

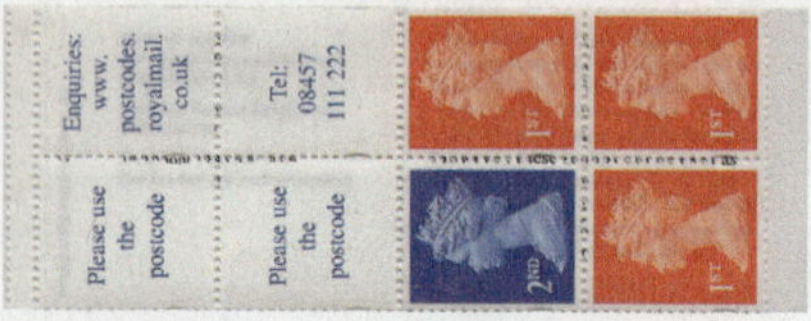

H-Blatt 251 mit MiNr. 1216 CS, 1282 CS 9,—
Postreklamefeld A 19 mit „postcodes".

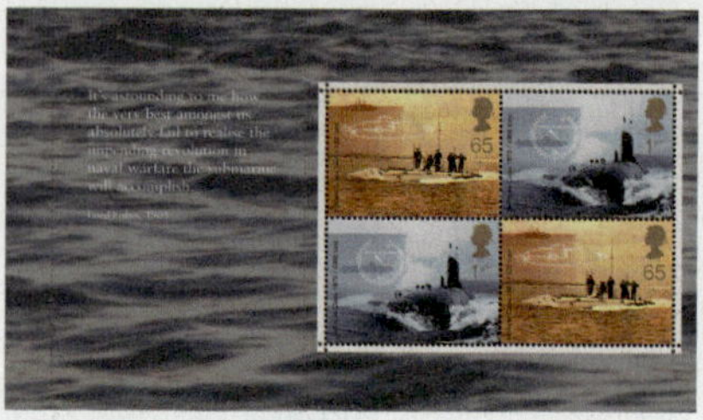

H-Blatt 252 mit MiNr. 1929 C, 1931 C 14,—

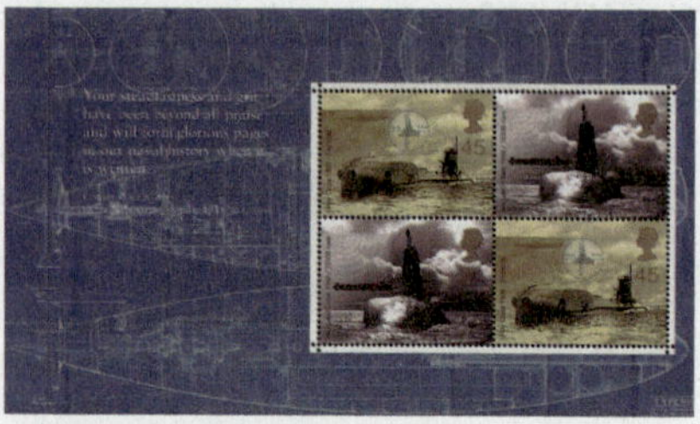

H-Blatt 253 mit MiNr. 1928 C, 1930 C 12,—

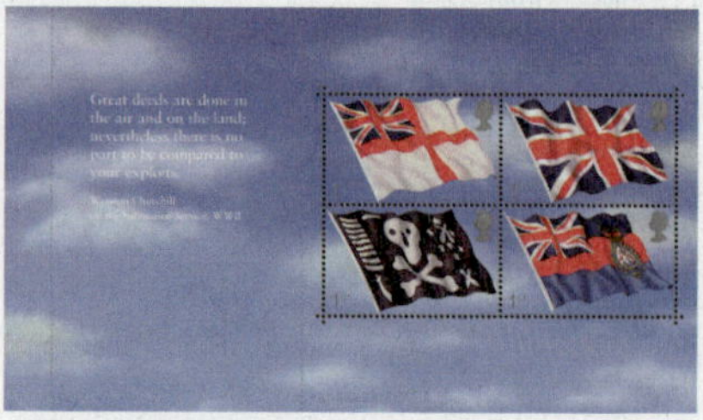

H-Blatt 254 mit MiNr. 1960 I–1963 i 12,—

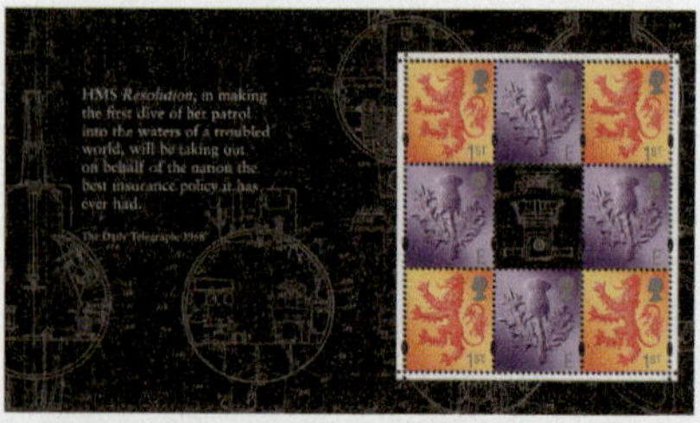

H-Blatt 255 mit Schottland MiNr. 78–79 24,—

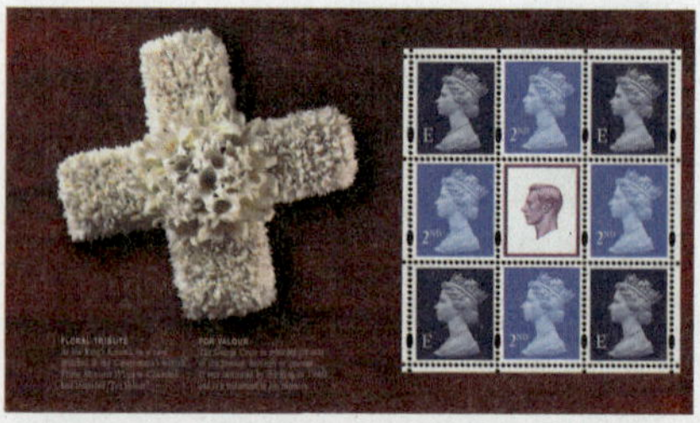

H-Blatt 256 mit MiNr. 1216 CS, 1781 22,—

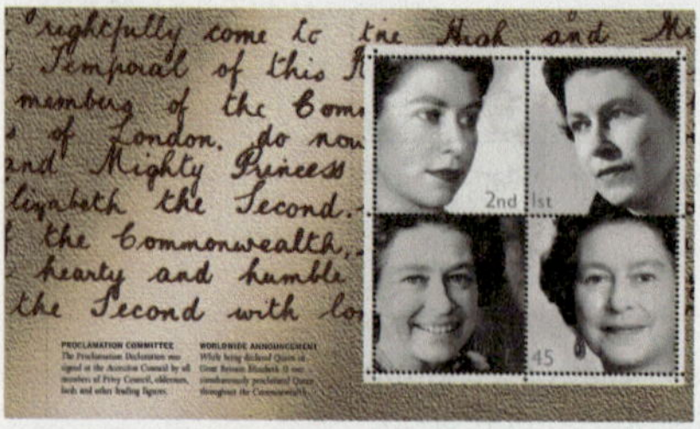

H-Blatt 257 mit MiNr. 1981 X–1984 X 15,—

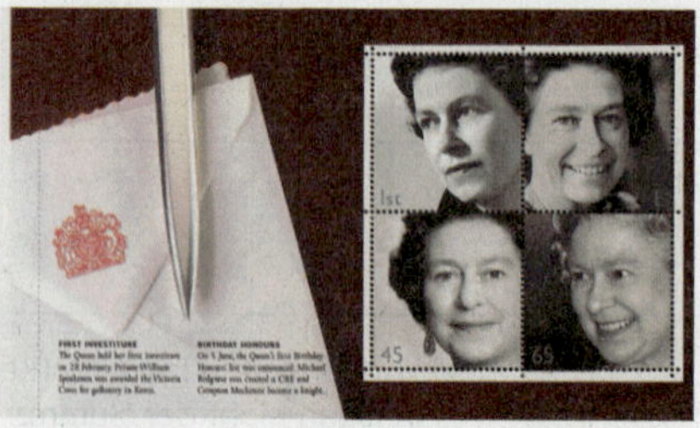

H-Blatt 258 mit MiNr. 1982 X–1985 X 18,—

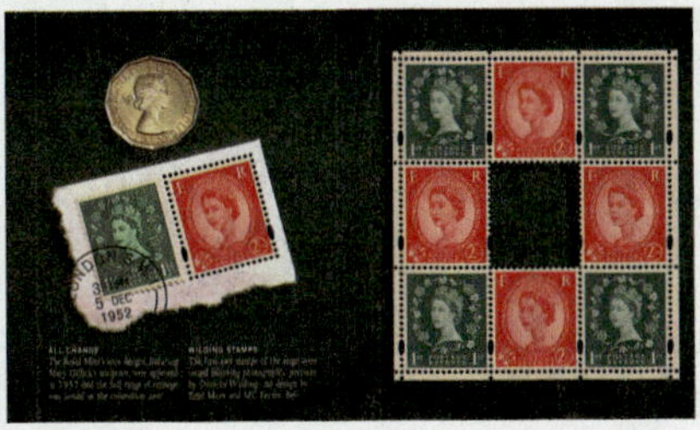

H-Blatt 259 mit MiNr. 1986–1987 22,—

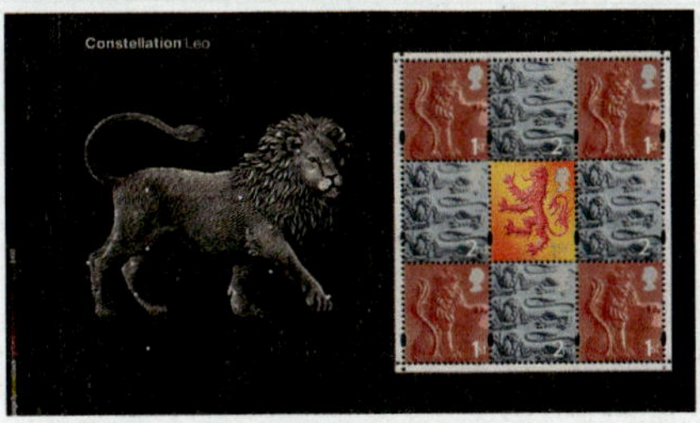

H-Blatt 260 mit England MiNr. 1–2, Schottland MiNr. 78 17,—

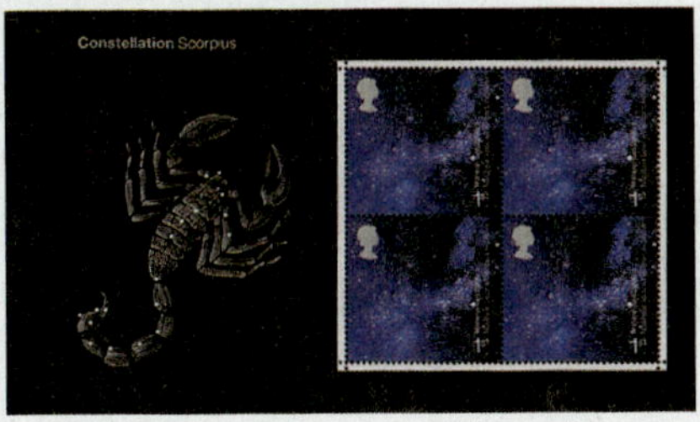

H-Blatt 261 mit MiNr. 1872 24,—

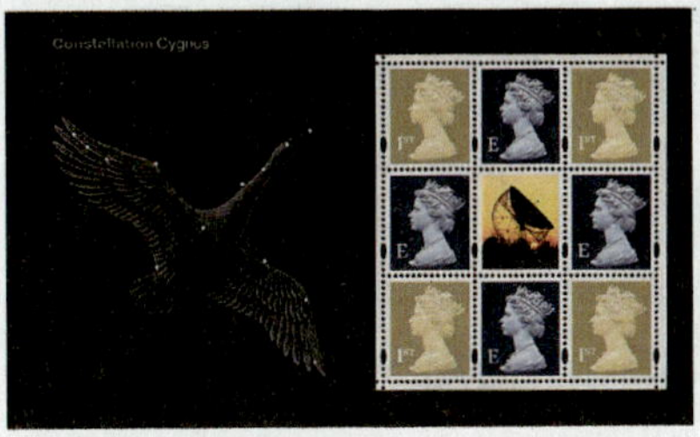

H-Blatt 262 mit MiNr. 1691, 1781 24,—

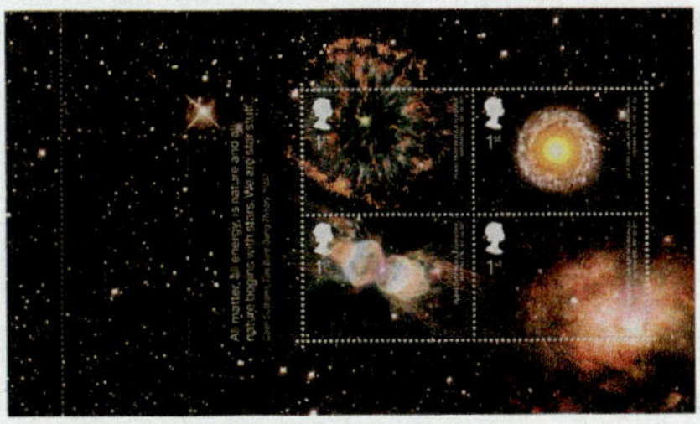

H-Blatt 263 mit MiNr. 2049–2052 12,—

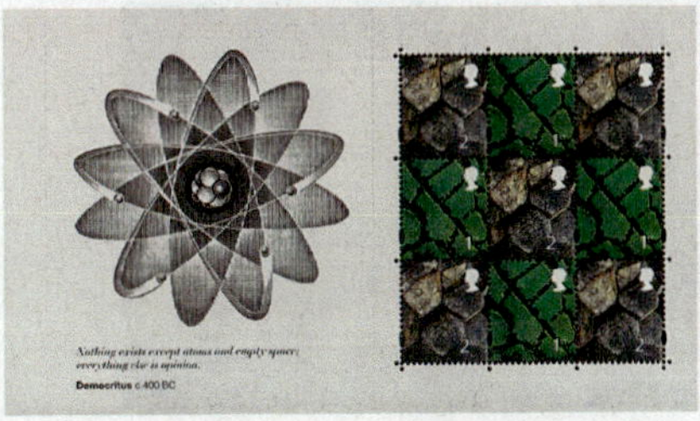

H-Blatt 264 mit Nordirland MiNr. 81–82 17,—

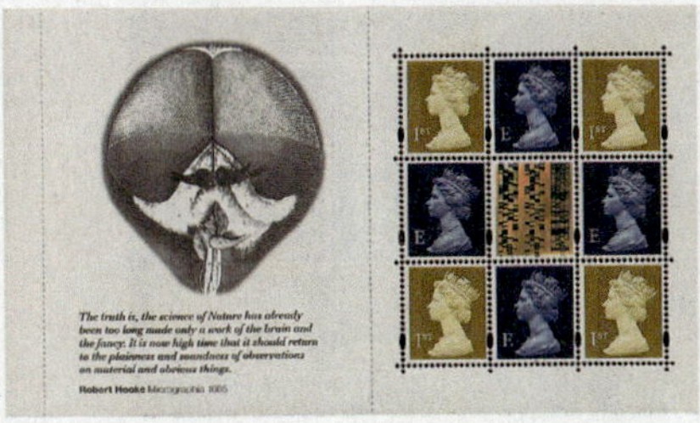

H-Blatt 265 mit MiNr. 1691, 1781 24,—

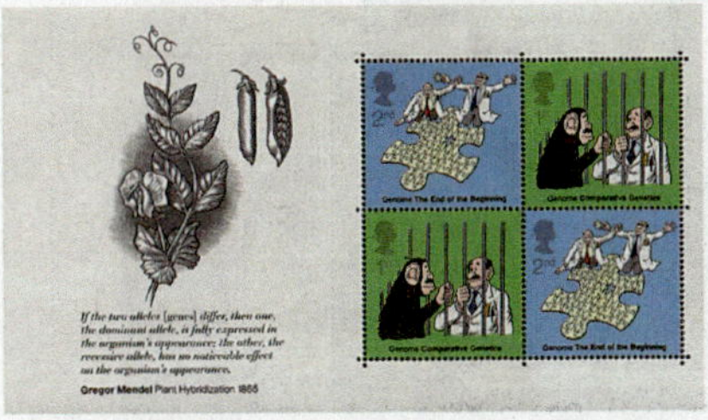

H-Blatt 266 mit MiNr. 2086–2087 10,—

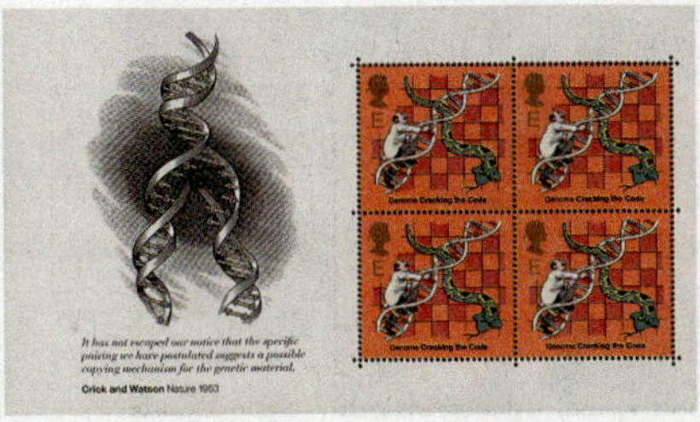

H-Blatt 267 mit MiNr. 2088 20,—

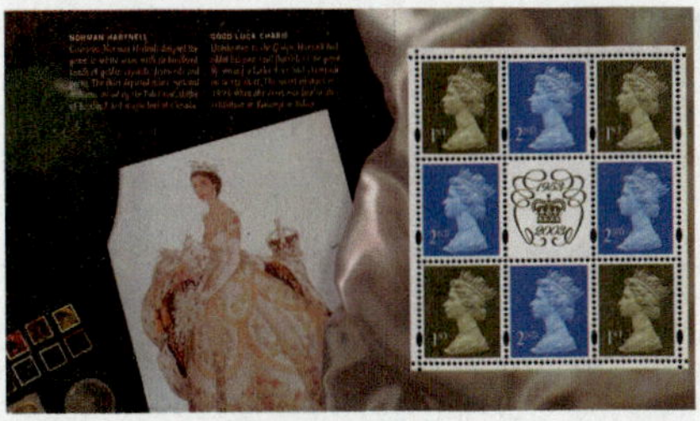

H-Blatt 268 mit MiNr. 1216 CS, 1691 15,—

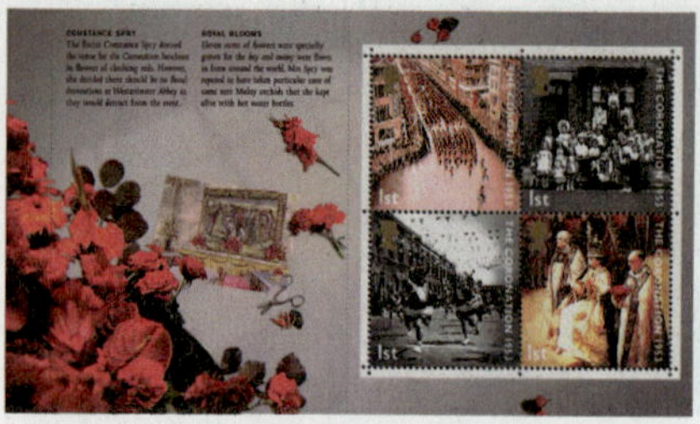

H-Blatt 269 mit MiNr. 2121, 2123, 2126, 2128 12,—

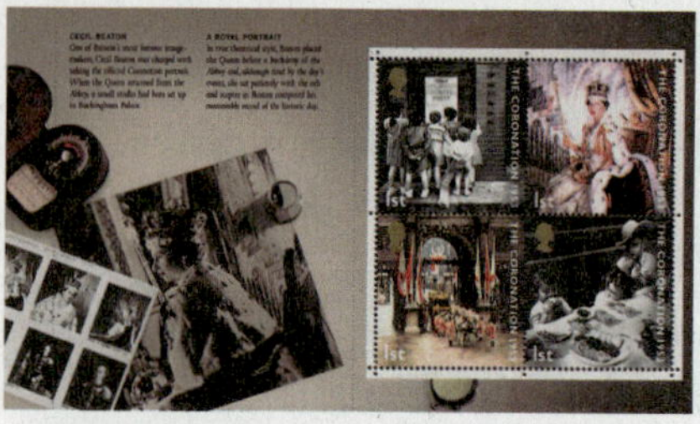

H-Blatt 270 mit MiNr. 2122, 2125, 2127, 2130 12,—

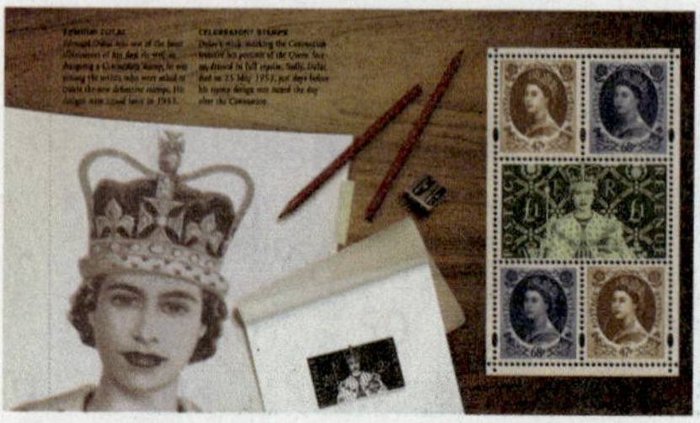

H-Blatt 271 mit MiNr. 2068, 2120, 2131 *70,—*

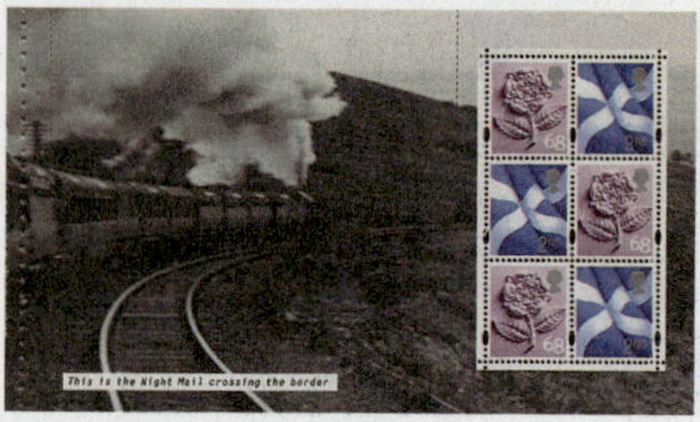

H-Blatt 272 mit England MiNr. 9,
Schottland MiNr. 84 14,—

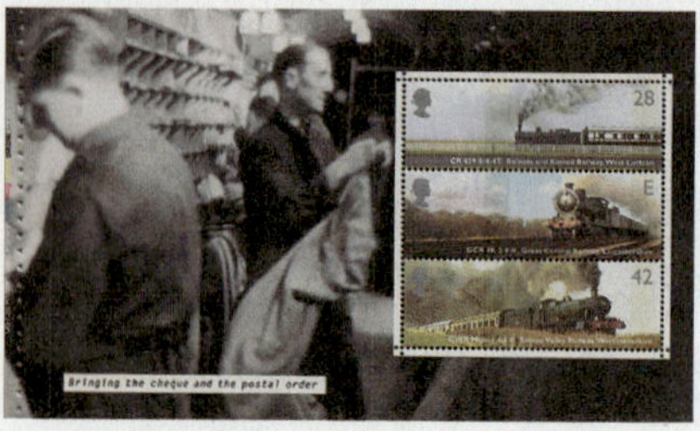

H-Blatt 273 mit MiNr. 2175–2177 7,50

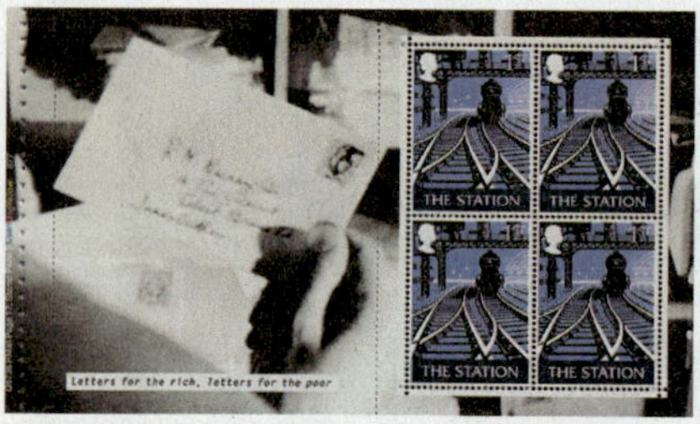

H-Blatt 274 mit MiNr. 2147 12,—

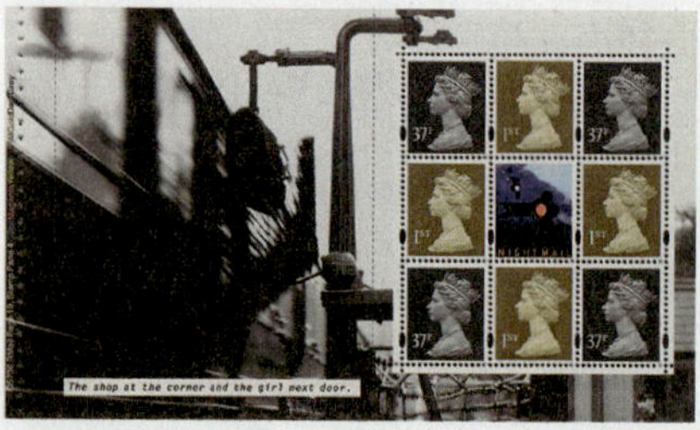

H-Blatt 275 mit MiNr. 1691, 2026 14,—

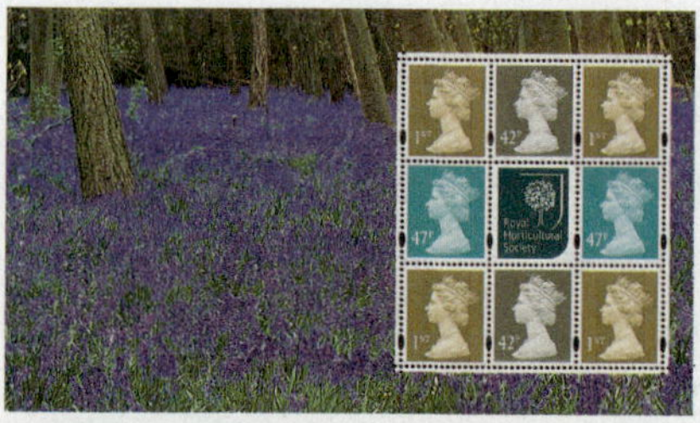

H-Blatt 276 mit MiNr. 1691, 2027, 2028 17,—

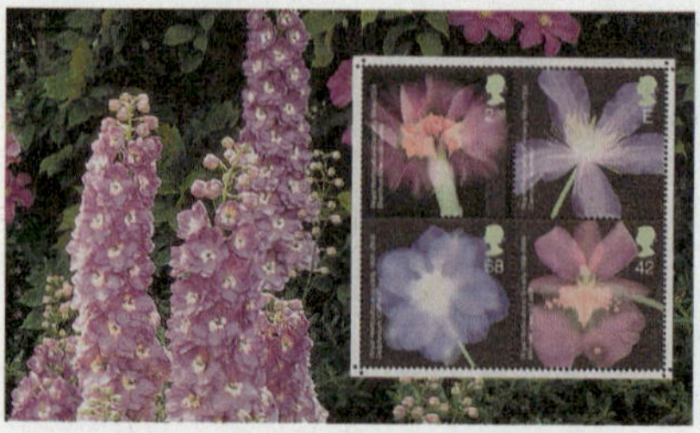

H-Blatt 277 mit MiNr. 2217 I, 2219 I, 2220 I, 2222 I 12,—

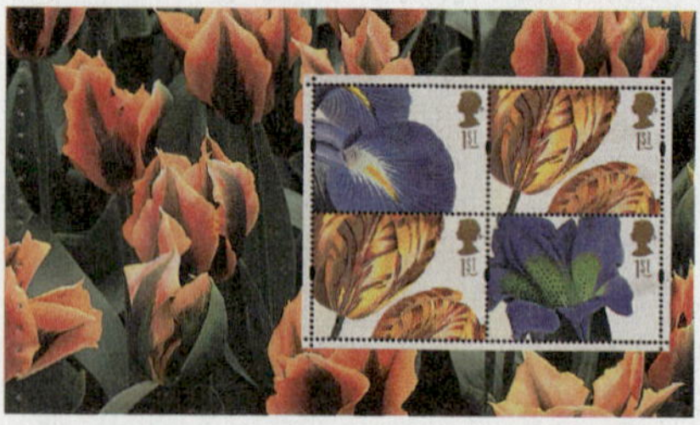

H-Blatt 278 mit MiNr. 1667 AS, 1670 AS, 1674 AS 12,—

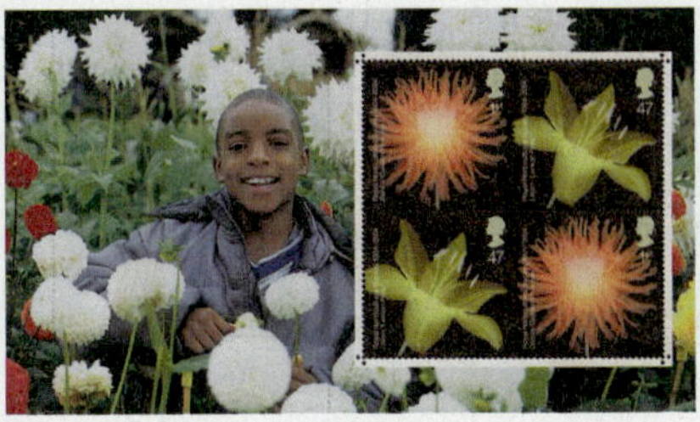

H-Blatt 279 mit MiNr. 2218 I, 2221 I 9,—

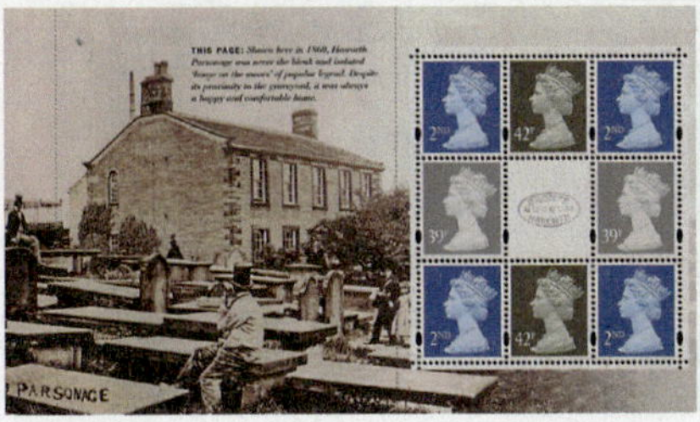

H-Blatt 280 mit MiNr. 1216 CS, 2027, 2204 14,—

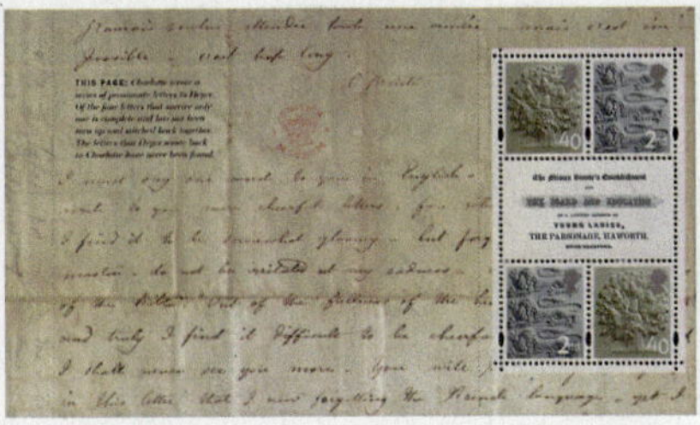

H-Blatt 281 mit England MiNr. 6, 10 7,—

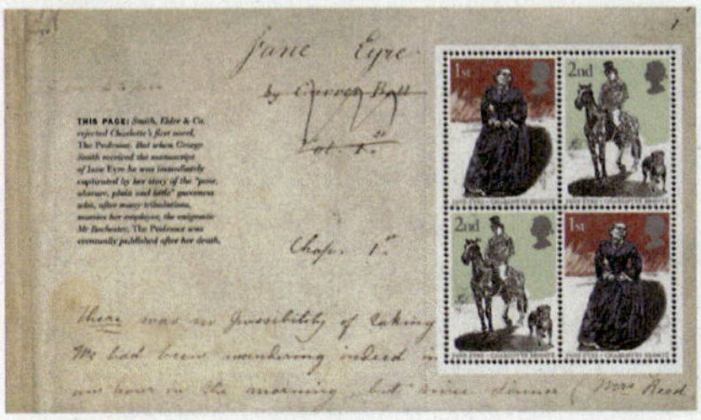

H-Blatt 282 mit MiNr. 2280–2281 10,—

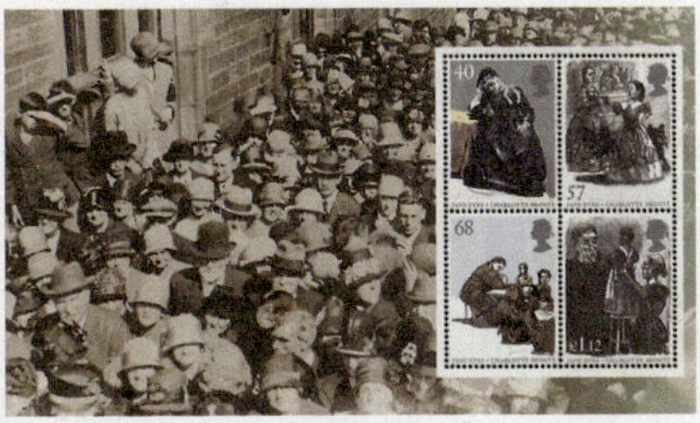

H-Blatt 283 mit MiNr. 2282–2285 11,—

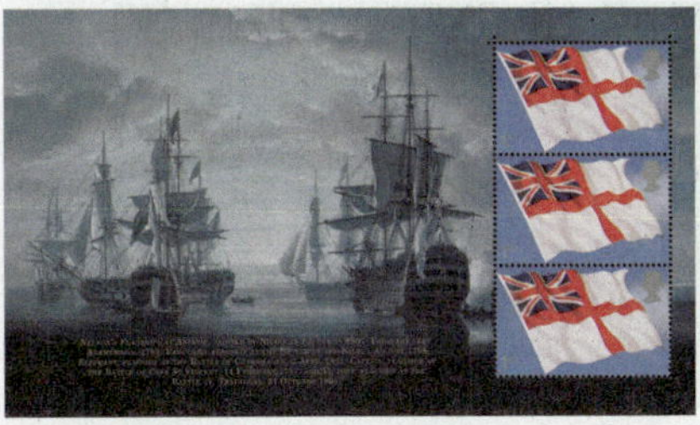

H-Blatt 284 mit MiNr. 1960 II 9,—

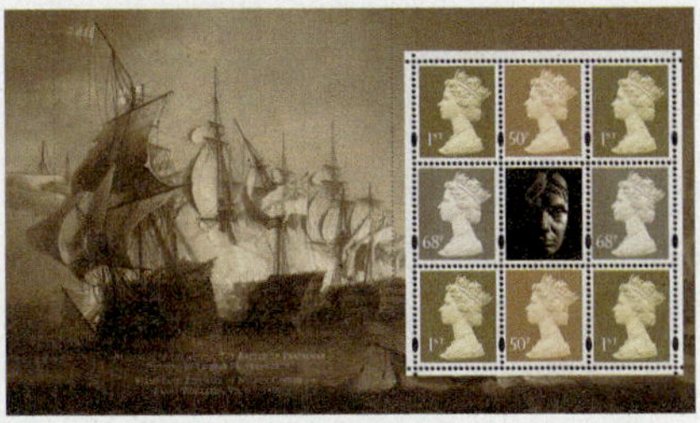

H-Blatt 285 mit MiNr. 1265 CS, 1691, 2029 16,—

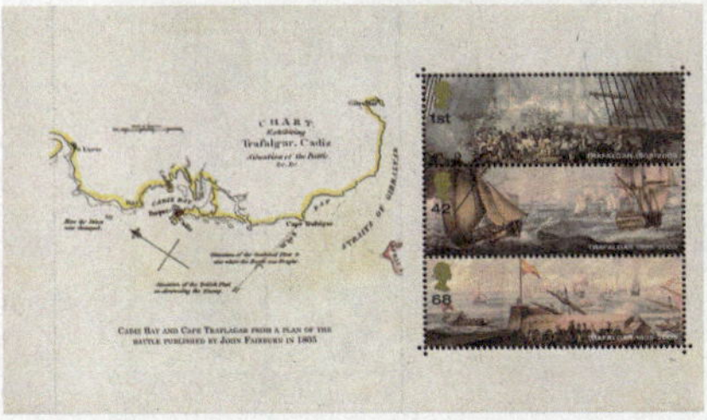

H-Blatt 286 mit MiNr. 2349, 2351, 2353 6,50

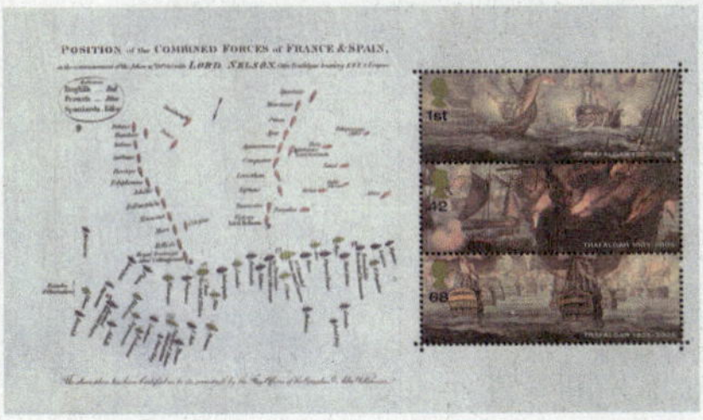

H-Blatt 287 mit MiNr. 2348, 2350, 2352 6,50

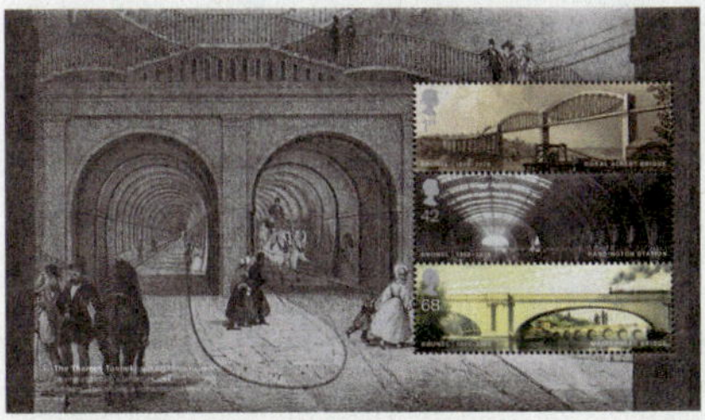

H-Blatt 288 mit MiNr. 2385, 2387, 2390 6,50

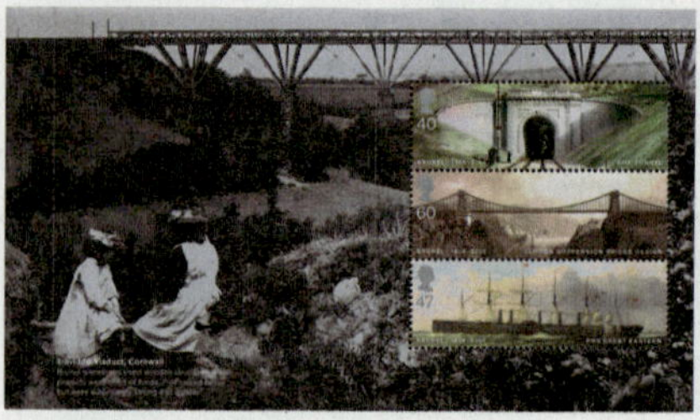

H-Blatt 289 mit MiNr. 2386, 2388–2389 5,50

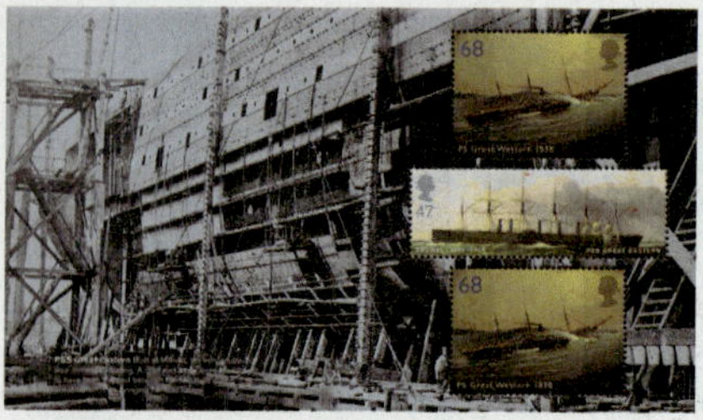

H-Blatt 290 mit MiNr. 2215 II, 2388 8,50

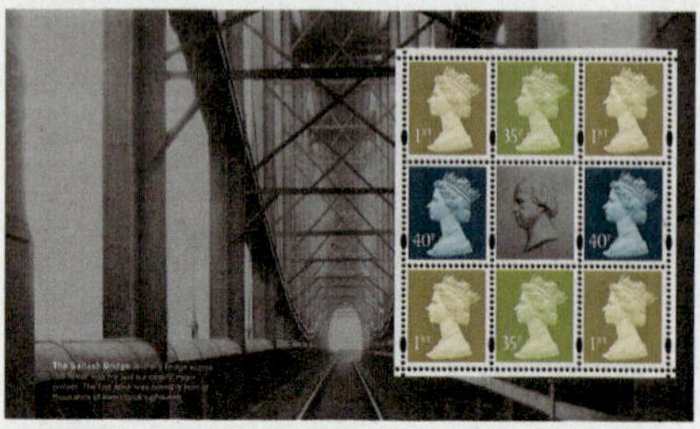

H-Blatt 291 mit MiNr. 1691, 2205, 2296 13,—

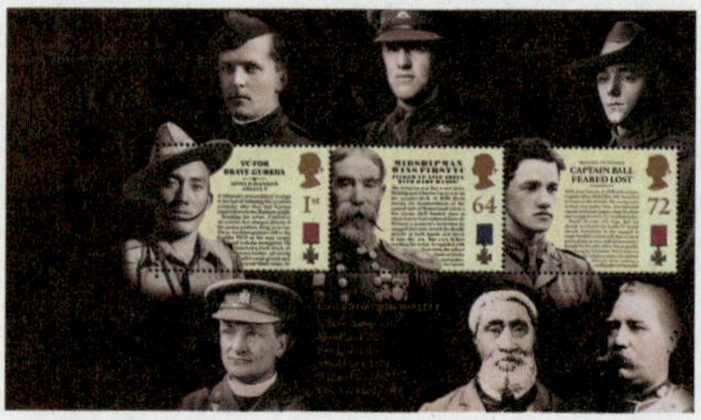

H-Blatt 292 mit MiNr. 2440, 2442, 2444 6,50

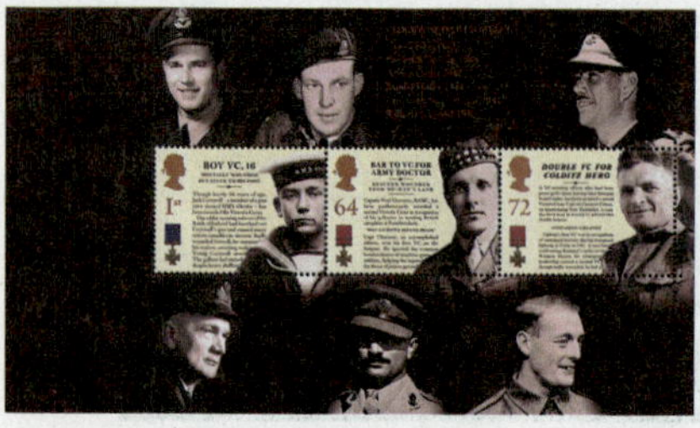

H-Blatt 293 mit MiNr. 2441, 2443, 2445 6,50

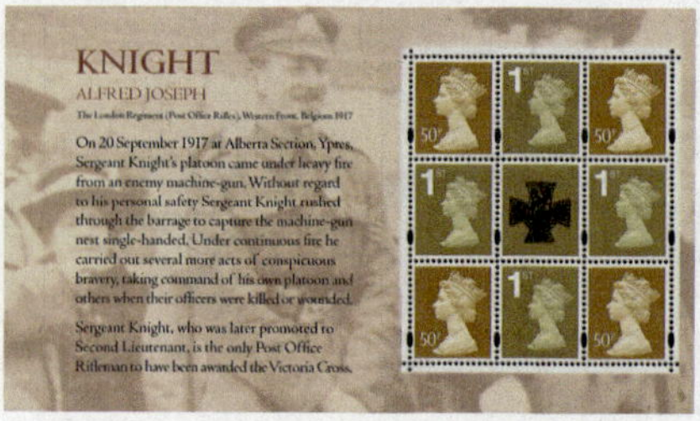

H-Blatt 294 mit 1265 CS, 2433 14,—

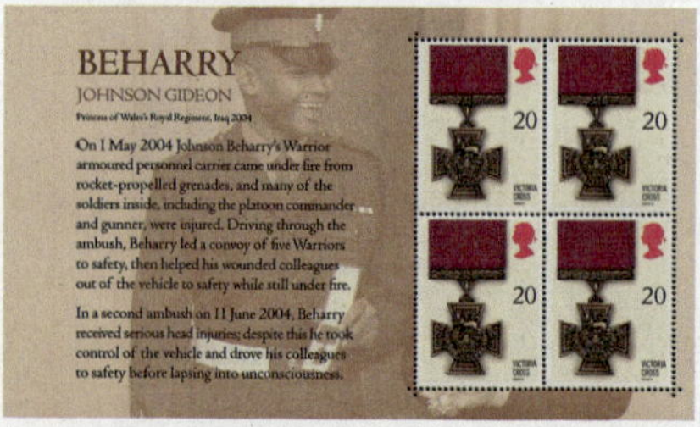

H-Blatt 295 mit MiNr. 1290 II C 14,—

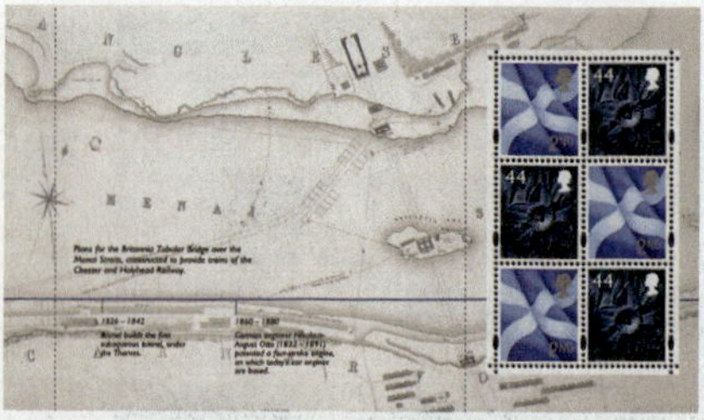

H-Blatt 296 mit Schottland MiNr. 84,
Wales MiNr. 89 10,—

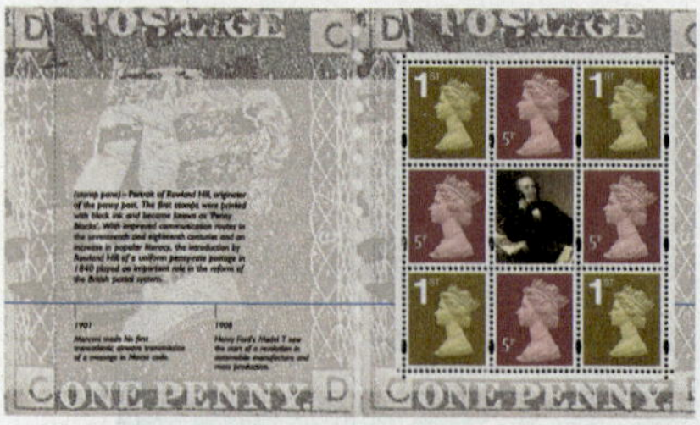

H-Blatt 297 mit MiNr. 1090 b CS, 2433 9,50

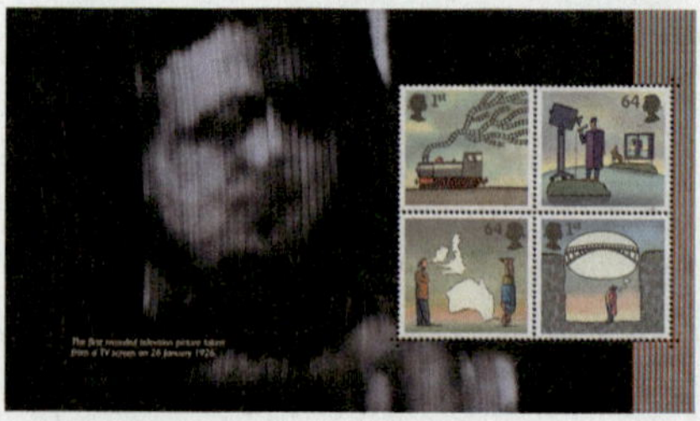

H-Blatt 298 mit MiNr. 2496–2499 11,—

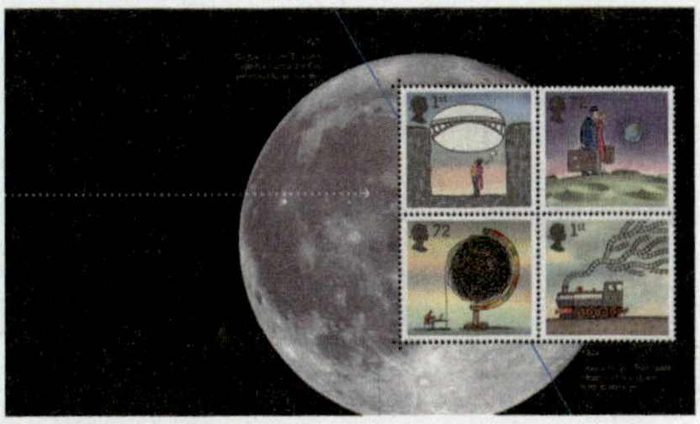

H-Blatt 299 mit MiNr. 2496–2497, 2500–2501 12,—

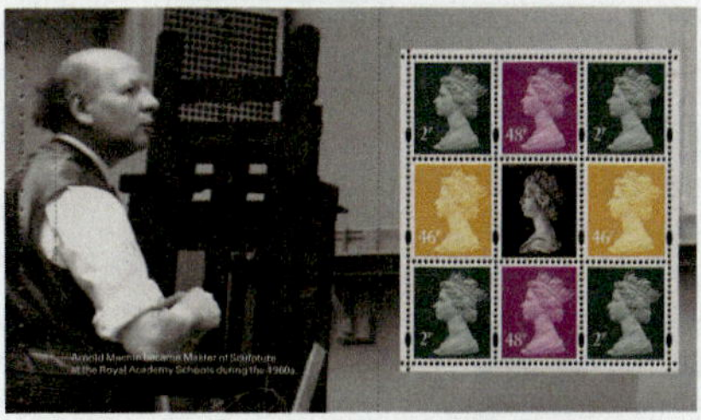

H-Blatt 300 mit MiNr. 564 CS, 2297, 2515 7,50

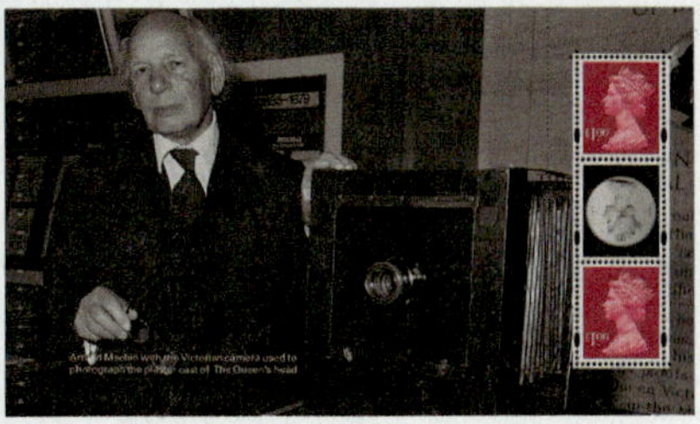

H-Blatt 301 mit MiNr. 2526 6,50

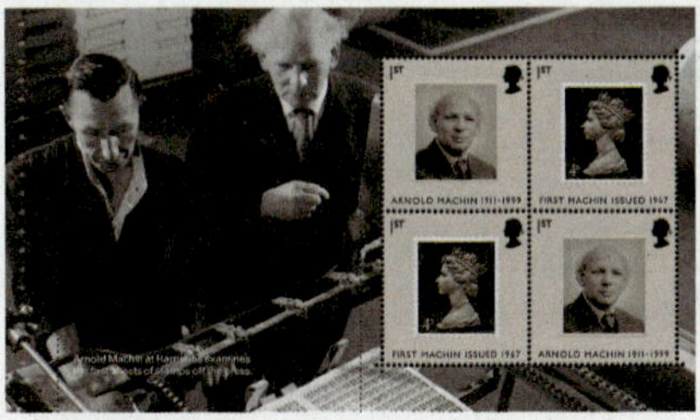

H-Blatt 302 mit MiNr. 2527 I–2528 I 12,—

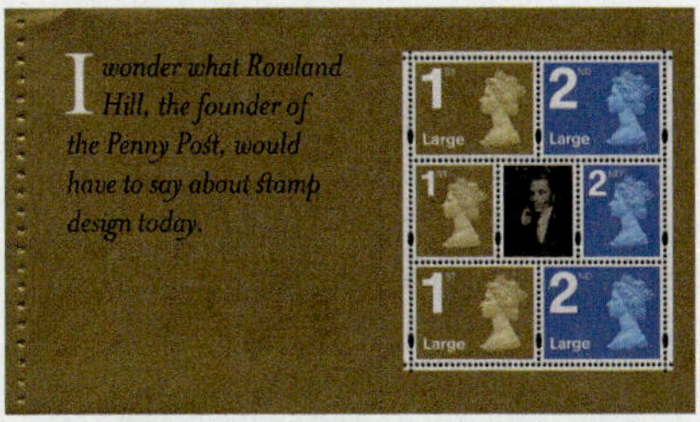

H-Blatt 303 mit MiNr. 2432–2435 15,—

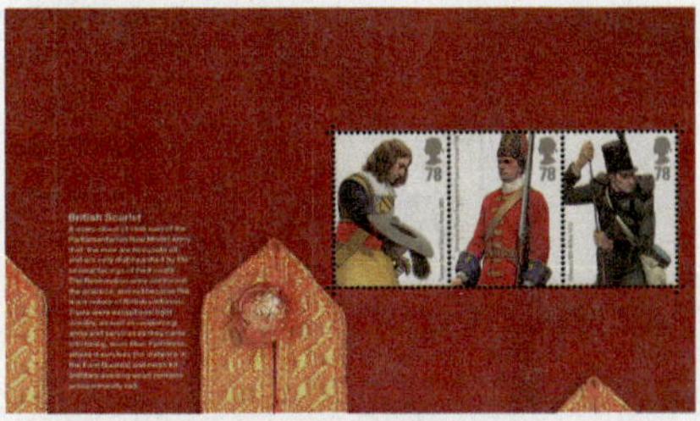

H-Blatt 304 mit MiNr. 2571–2573 8,—

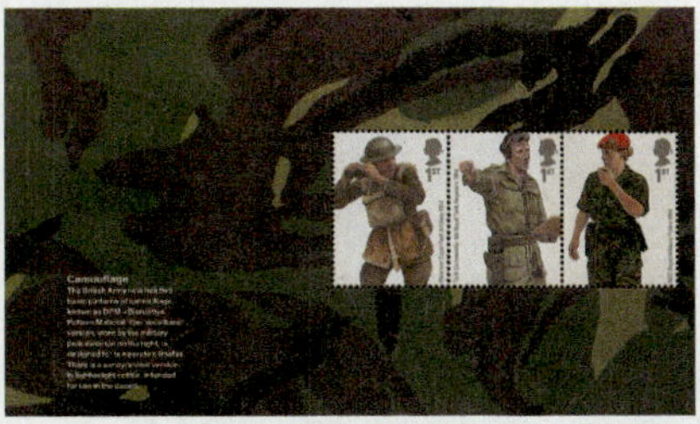

H-Blatt 305 mit MiNr. 2568–2570 9,—

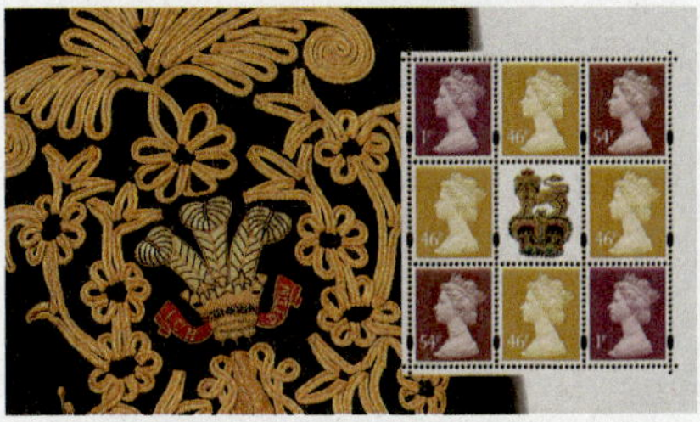

H-Blatt 306 mit MiNr. 562 CS, 2297, 2517 12,—

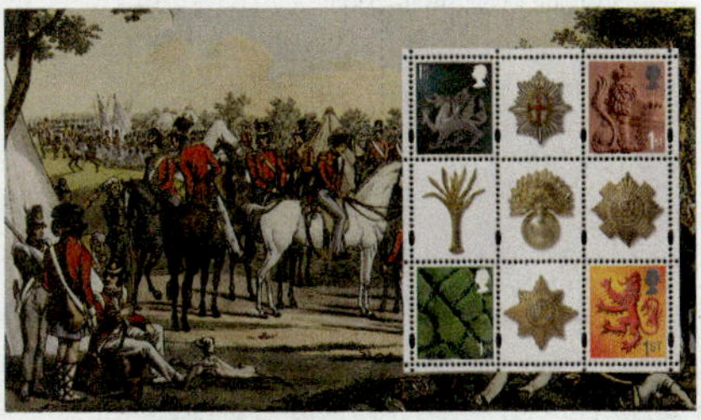

H-Blatt 307 mit England MiNr. 20 a,
Nordirland MiNr. 87,
Schottland MiNr. 97 a,
Wales MiNr. 94 9,—

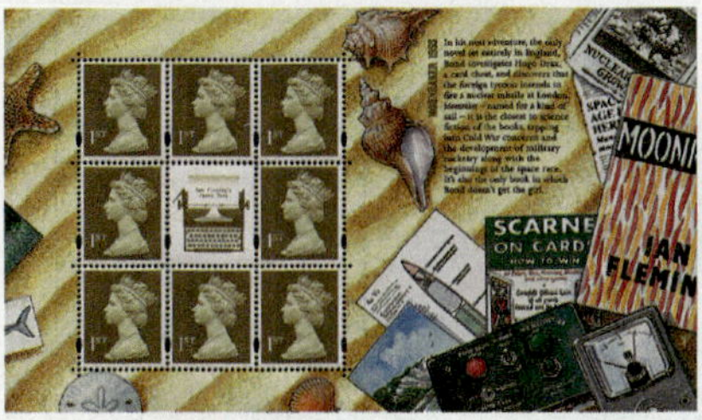

H-Blatt 308 mit MiNr. 2605 16,—

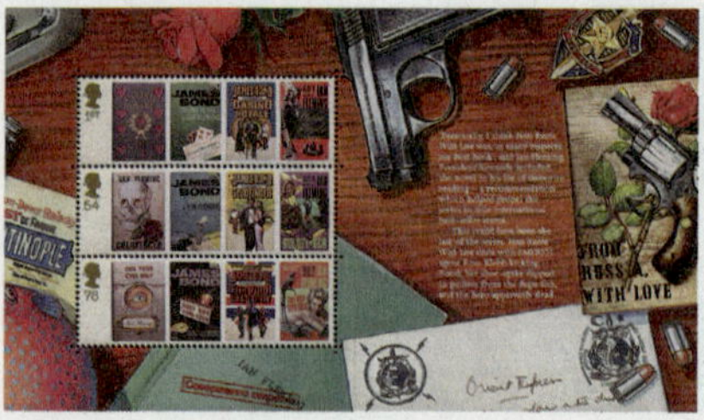

H-Blatt 309 mit MiNr. 2599, 2601, 2603 7,—

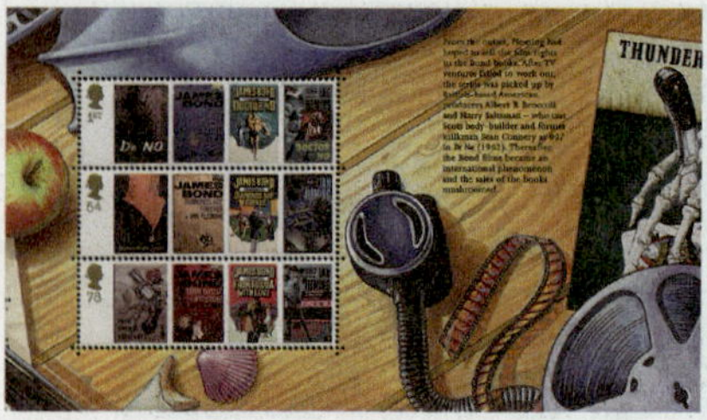

H-Blatt 310 mit MiNr. 2600, 2602, 2604 7,—

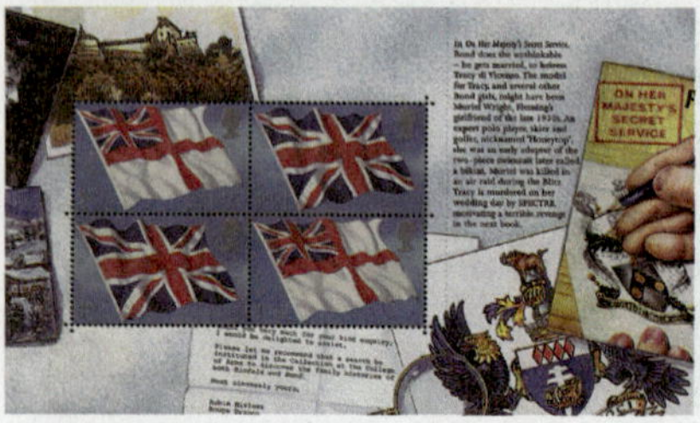

H-Blatt 311 mit MiNr. 1960 II–1961 II 12,—

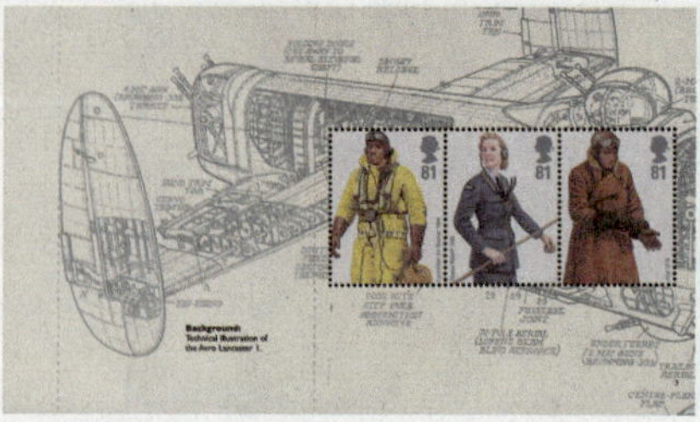

H-Blatt 312 mit MiNr. 2671–2673 8,—

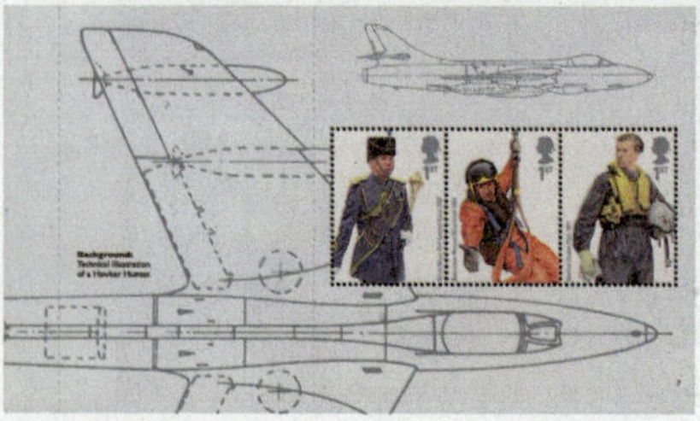

H-Blatt 313 mit MiNr. 2668–2670 9,—

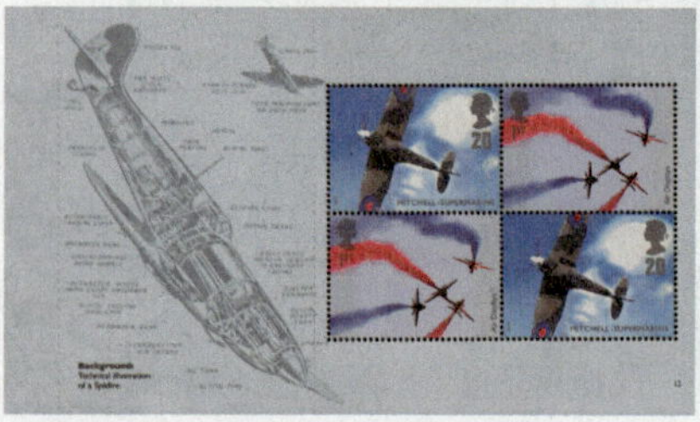

H-Blatt 314 mit MiNr. 1696 II, 2658 II 10,—

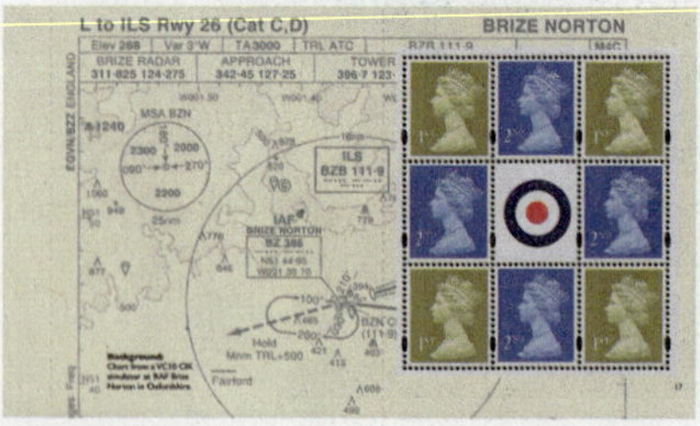

H-Blatt 315 mit MiNr. 1214 CS, 2605 15,—

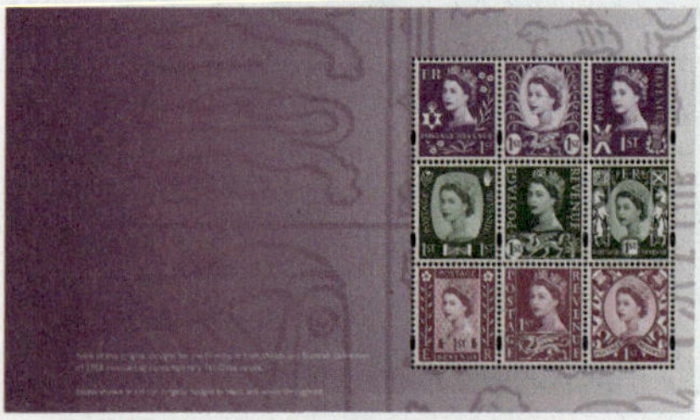

H-Blatt 316 mit Nordirland MiNr. 107 II–109 II,
Schottland MiNr. 102 II–104 II,
Wales MiNr. 98 II–100 II 20,—

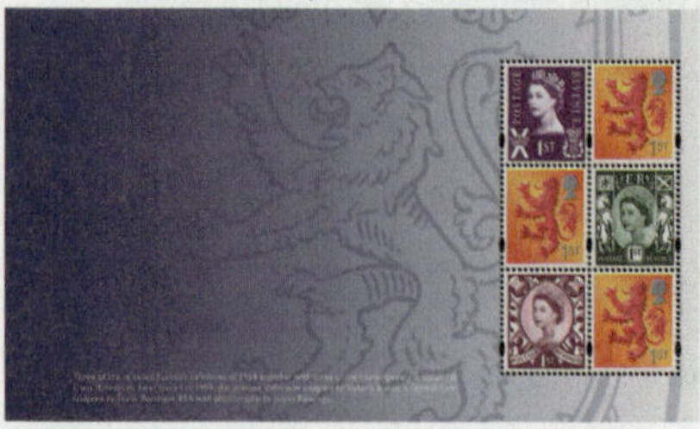

H-Blatt 317 mit Schottland MiNr. 97 a, 102 II–104 II 13,—

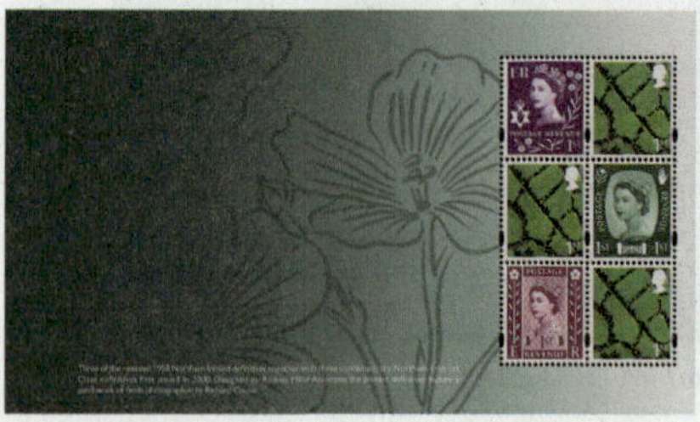

H-Blatt 318 mit Nordirland MiNr. 87, 107 II–109 II 13,—

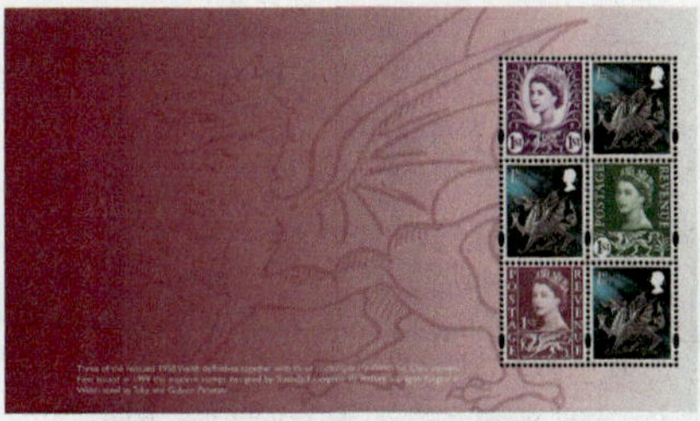

H-Blatt 319 mit Wales MiNr. 94, 98 II–100 II 13,—

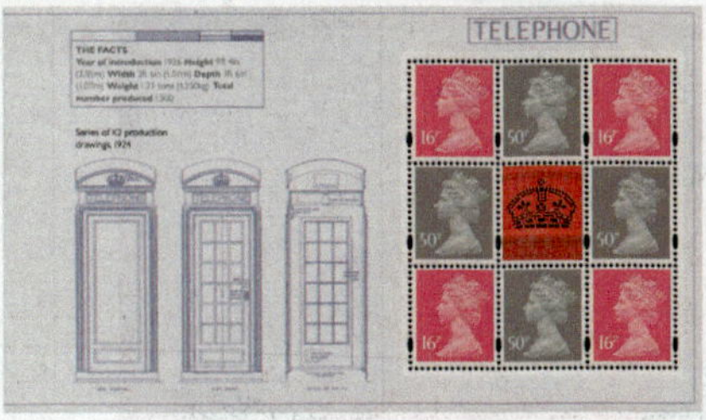

H-Blatt 320 mit MiNr. 2703–2704 20,—

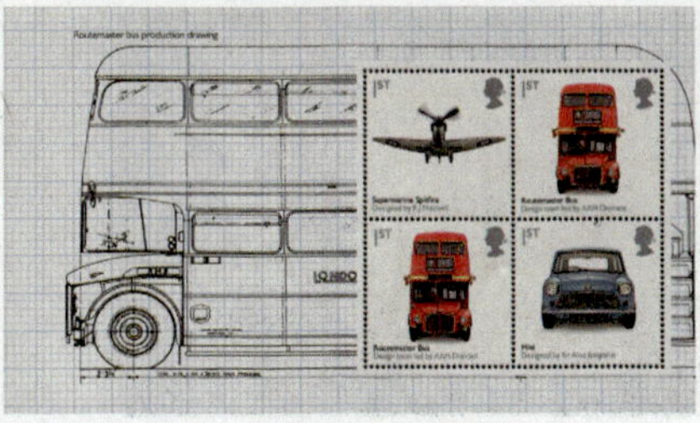

H-Blatt 321 mit MiNr. 2693, 2695, 2702 12,—

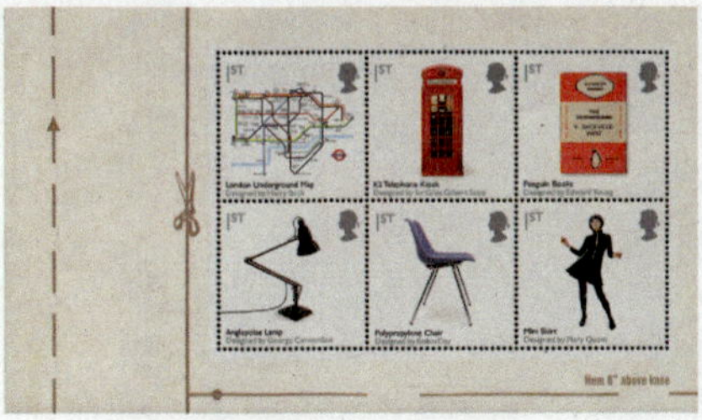

H-Blatt 322 mit MiNr. 2694, 2696, 2699–2701 18,—

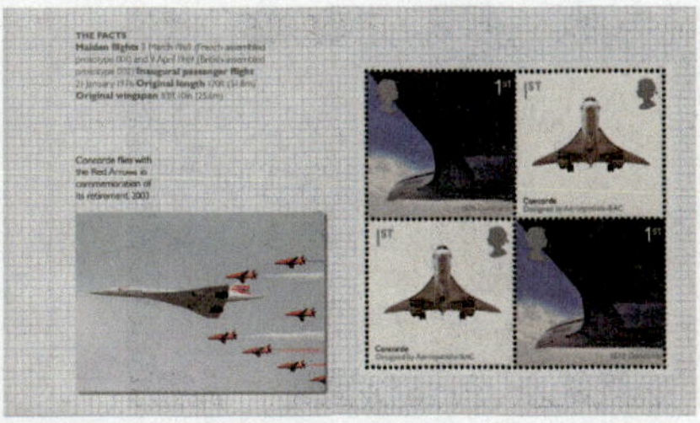

H-Blatt 323 mit MiNr. 2013 II, 2697 14,—

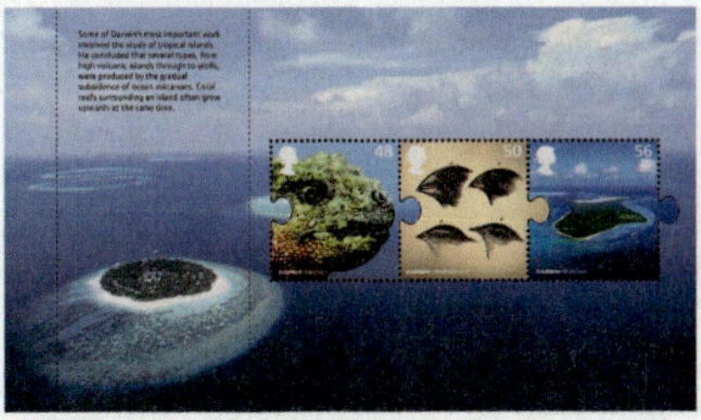

H-Blatt 324 mit MiNr. 2718–2720 20,—

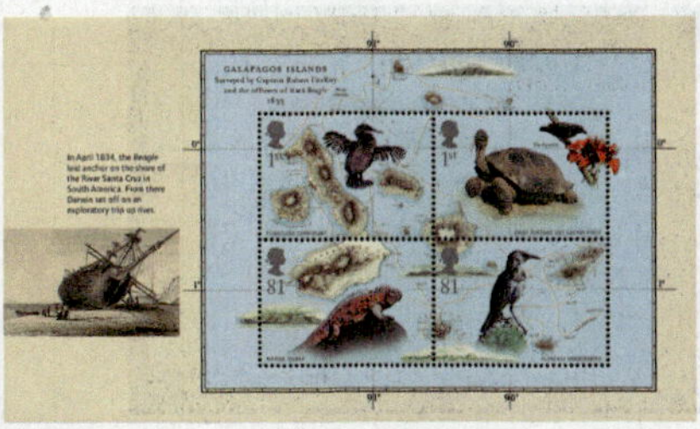

H-Blatt 325 mit MiNr. 2713–2716 11,—

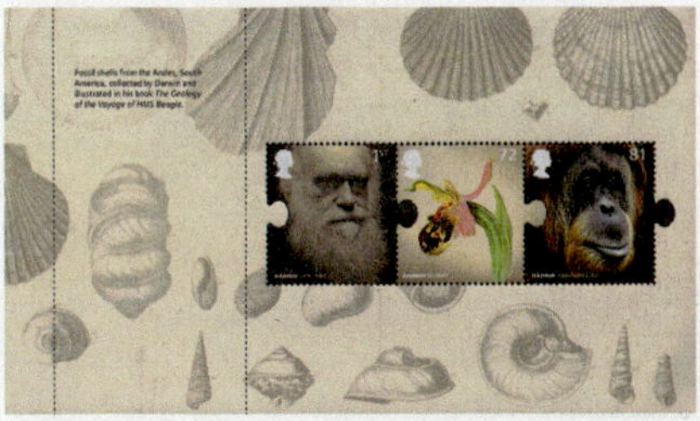

H-Blatt 326 mit MiNr. 2717, 2721, 2722 24,—

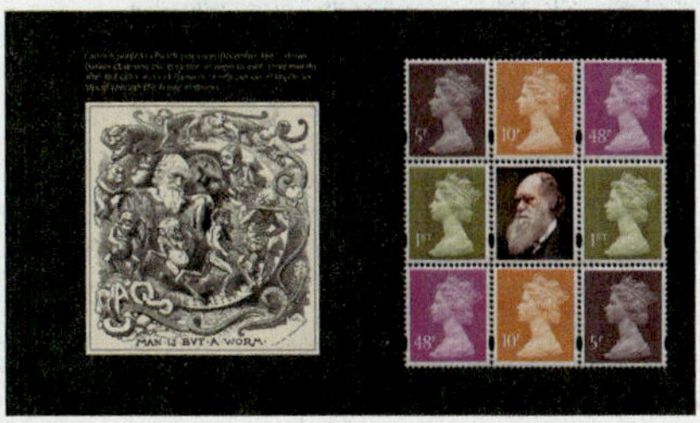

H-Blatt 327 mit MiNr. 1569 CS, 2605, 2723, 2724 12,—

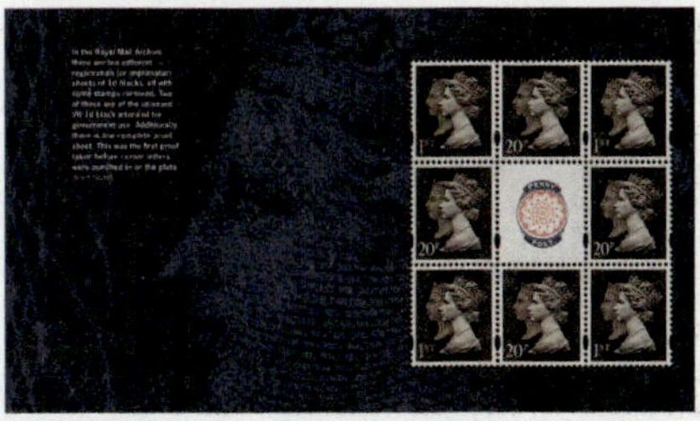

H-Blatt 328 mit MiNr. 1250 CS, 2786 16,—

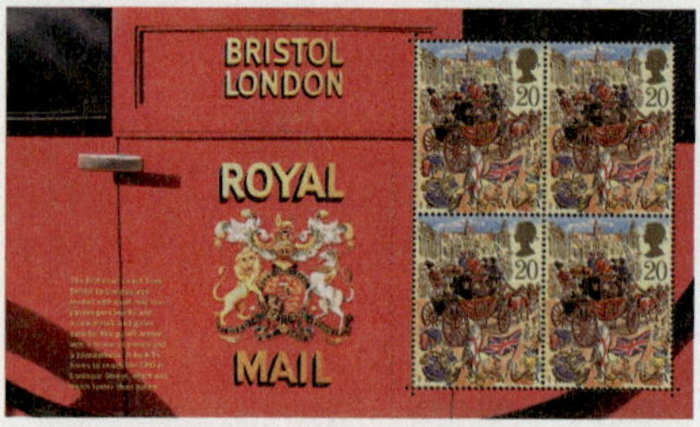

H-Blatt 329 mit MiNr. 1230 II C 8,—

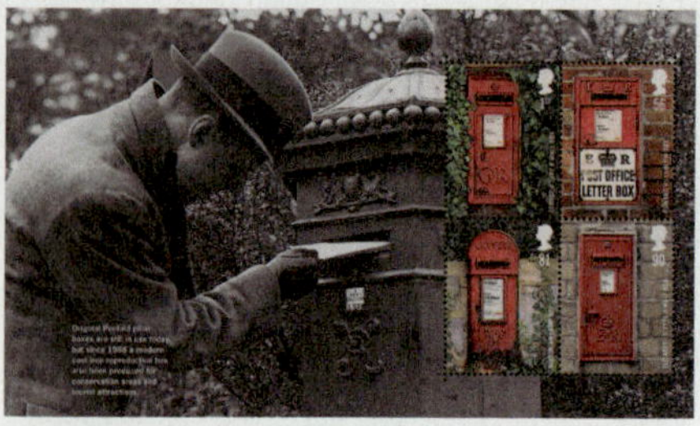

H-Blatt 330 mit MiNr. 2782–2785 10,—

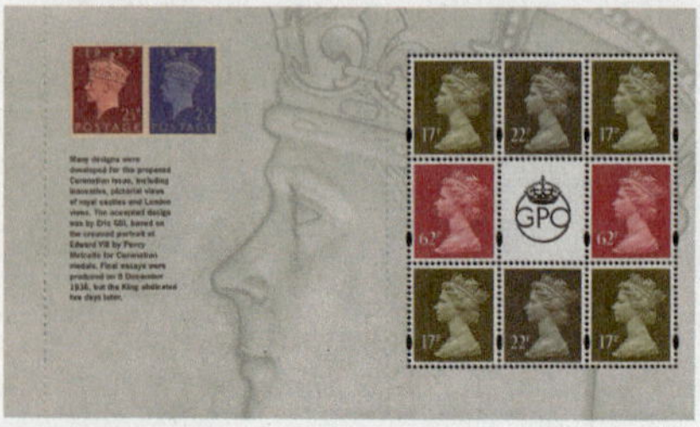

H-Blatt 331 mit MiNr. 2787–2789 14,—

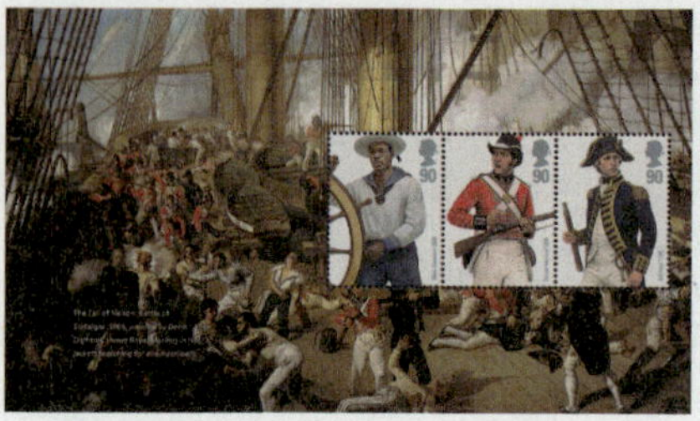

H-Blatt 332 mit MiNr. 2800–2802 8,—

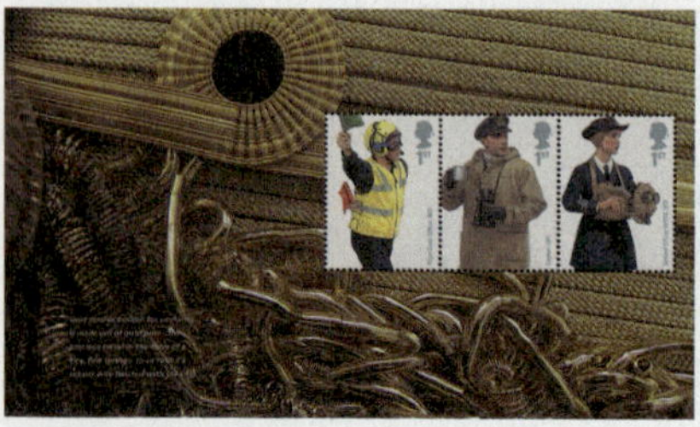

H-Blatt 333 mit MiNr. 2797–2799 9,—

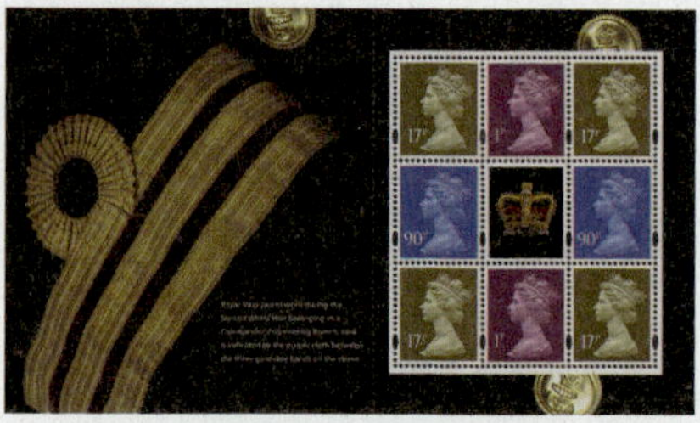

H-Blatt 334 mit MiNr. 1637, 2787, 2803 14,—

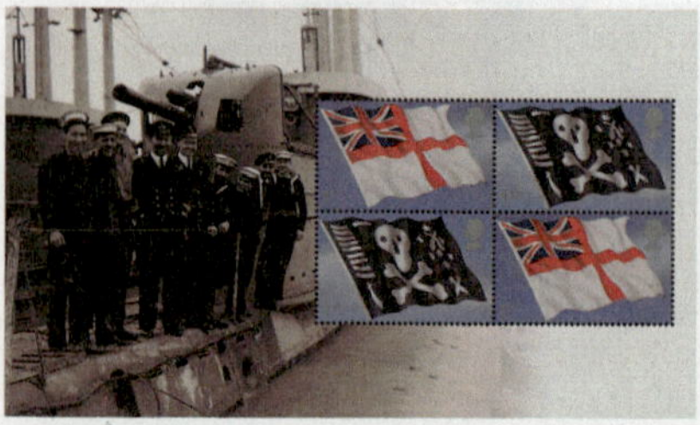

H-Blatt 335 mit MiNr. 1960 II, 1962 II 12,—

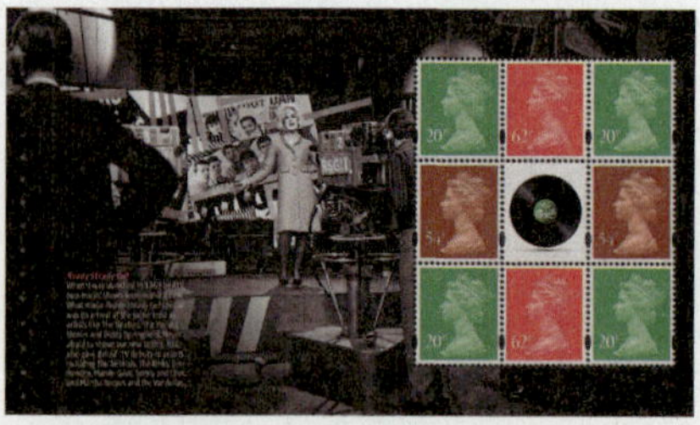

H-Blatt 336 mit MiNr. 1638, 2789, 2861 16,—

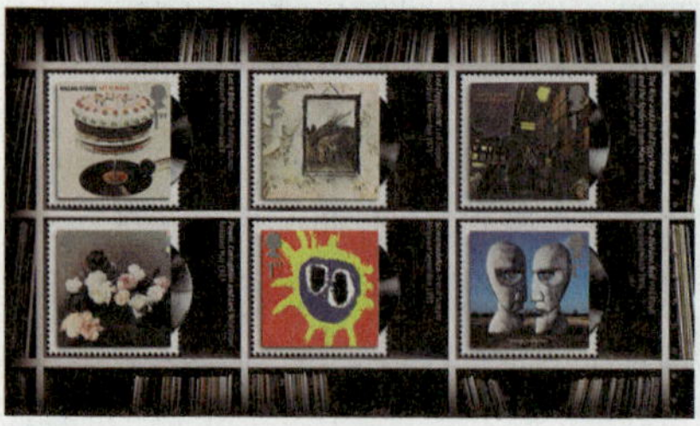

H-Blatt 337 mit MiNr. 2851–2853, 2856–2858 18,—

H-Blatt 338 mit MiNr. 2854–2855, 2859–2860 12,—

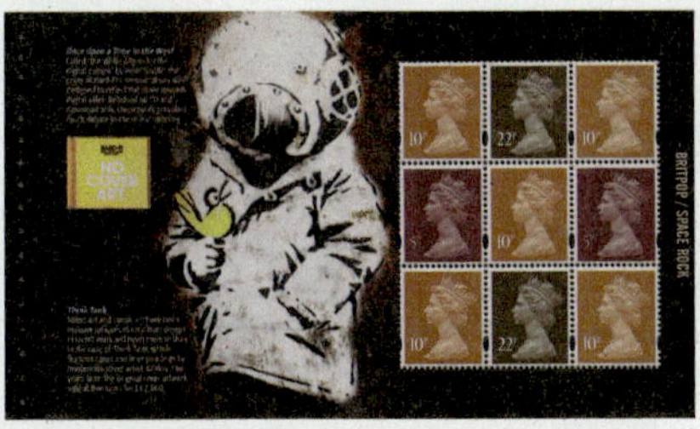

H-Blatt 339 mit MiNr. 1569, 2723, 2788 9,—

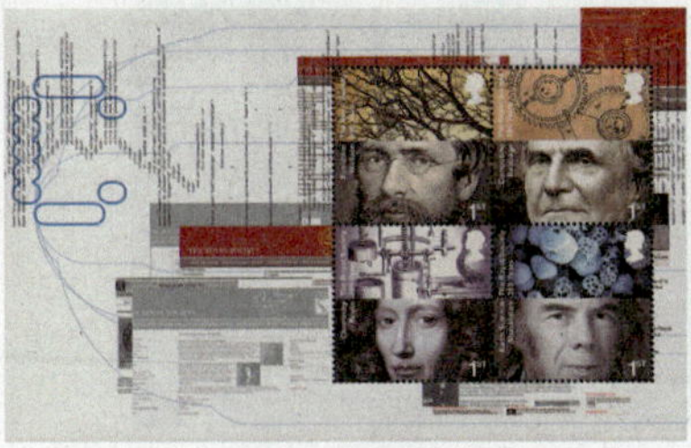

H-Blatt 340 mit MiNr. 2888, 2892–2893, 2897 12,—

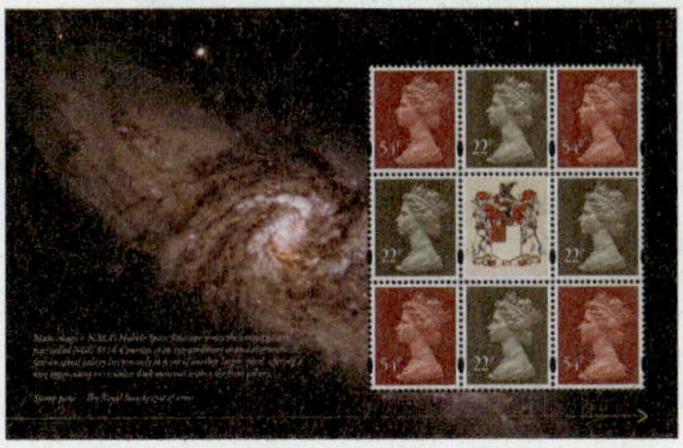

H-Blatt 341 mit MiNr. 2788, 2861 20,—

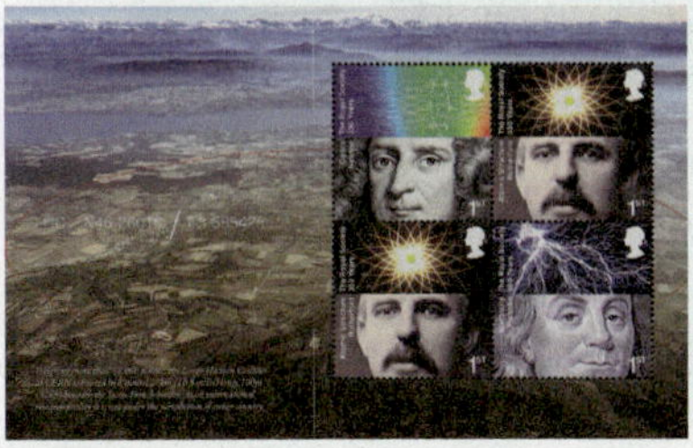

H-Blatt 342 mit MiNr. 2889–2890, 2895 12,—

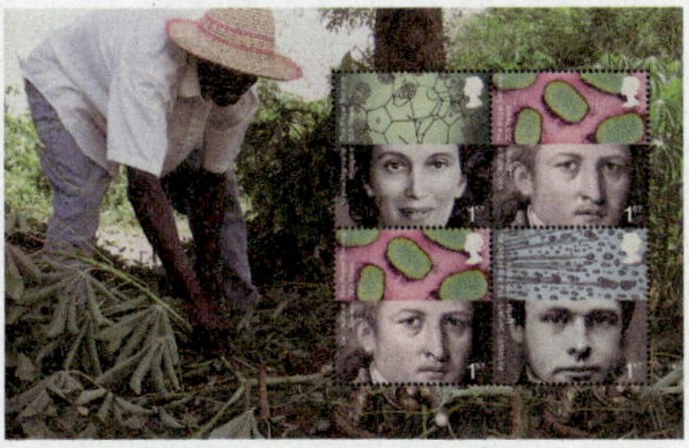

H-Blatt 343 mit MiNr. 2891, 2894, 2896 12,—

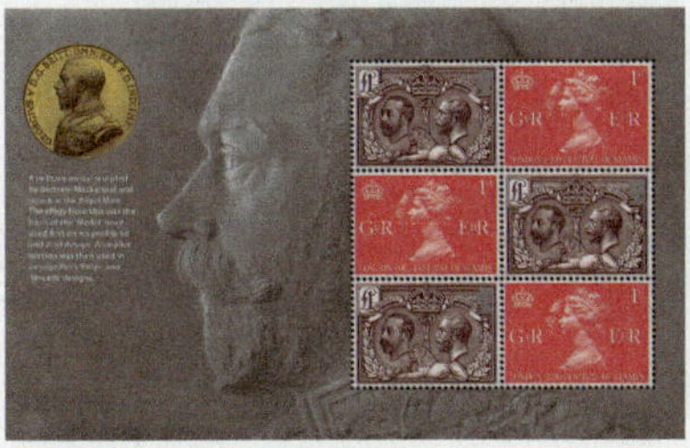

H-Blatt 344 mit MiNr. 2938–2939 18,—

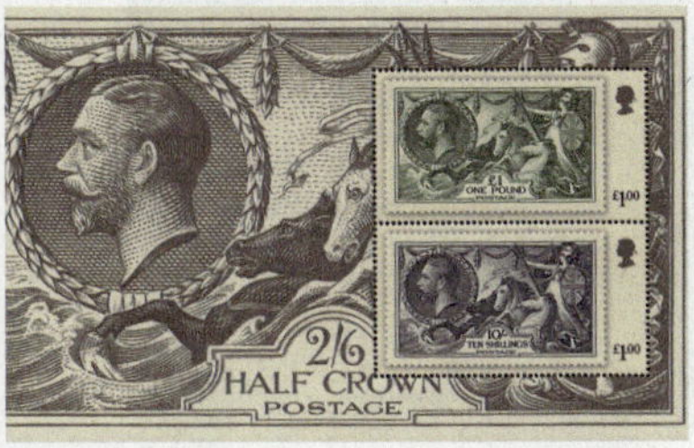

H-Blatt 345 mit MiNr. 2942–2943 7,—

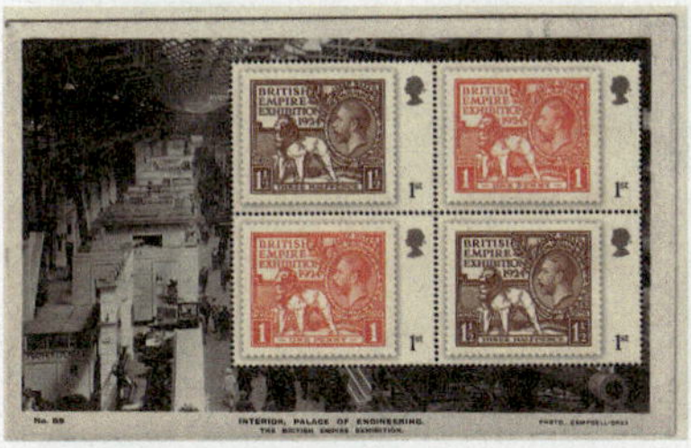

H-Blatt 346 mit MiNr. 2940–2941 12,—

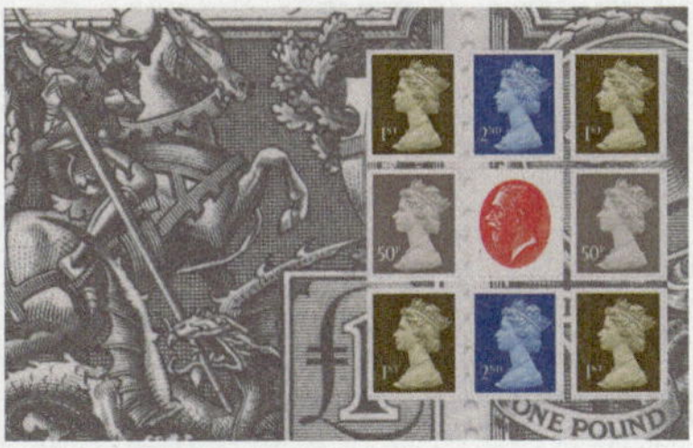

H-Blatt 347 mit MiNr. 2725–2726, 2728 16,—

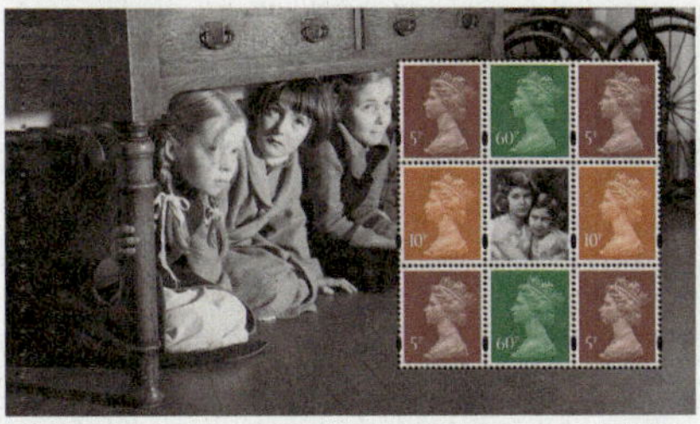

H-Blatt 348 mit MiNr. 1569, 2723, 2945 11,—

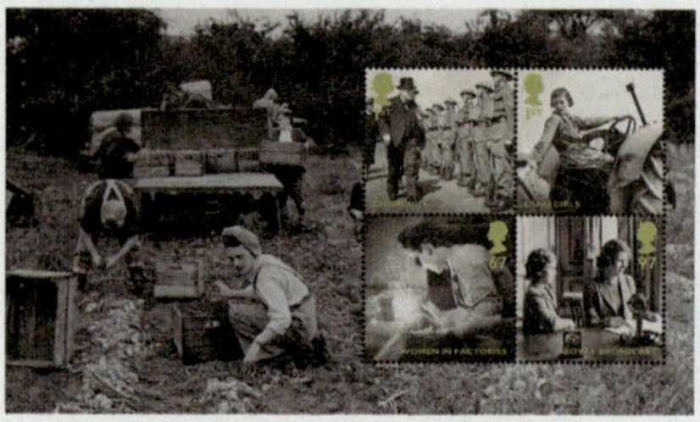

H-Blatt 349 mit MiNr. 2950–2951, 2955–2956 10,—

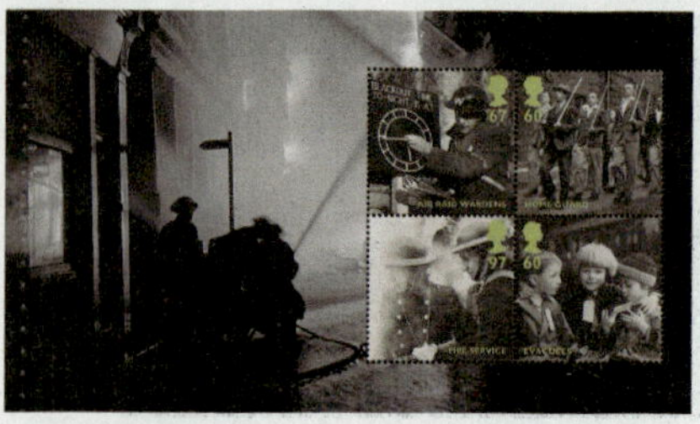

H-Blatt 350 mit MiNr. 2952–2954, 2957 8,—

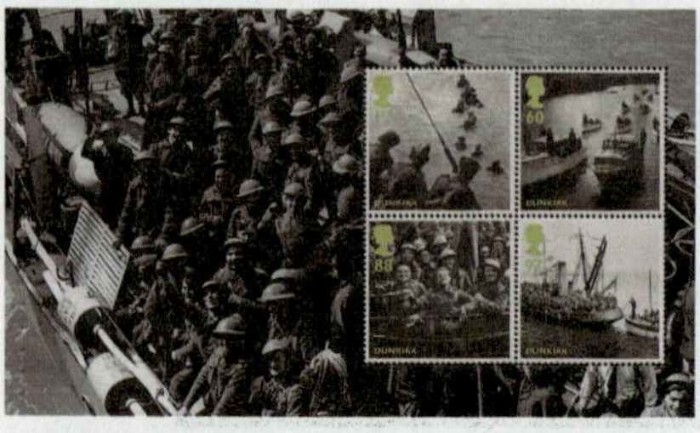

H-Blatt 351 mit MiNr. 2958–2961 10,—

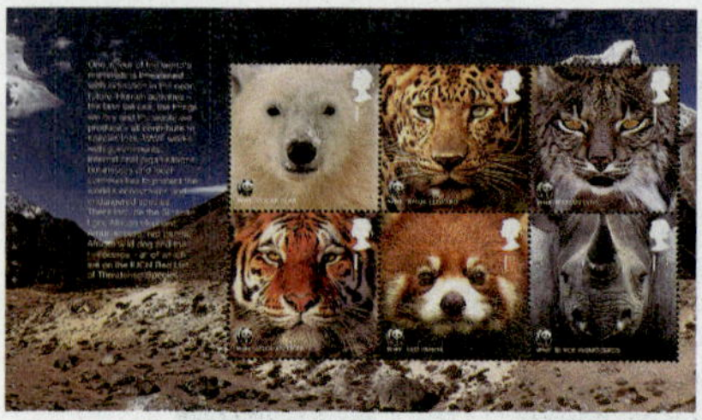

H-Blatt 352 mit MiNr. 3069–3074 18,—

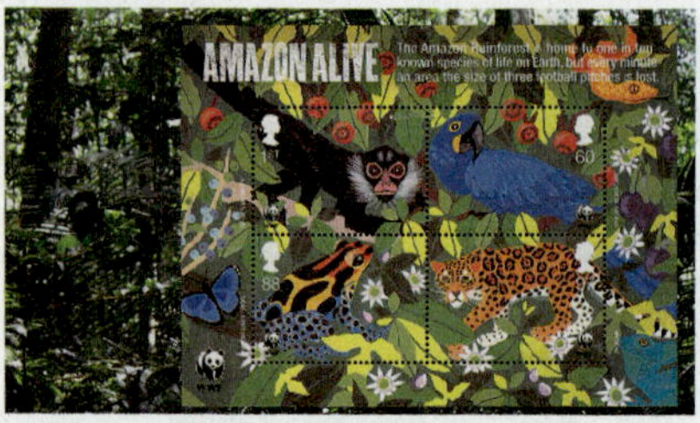

H-Blatt 353 mit MiNr. 3077–3080 11,—

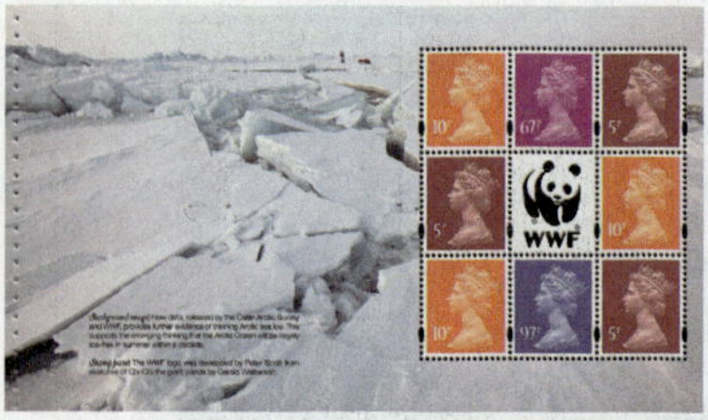

H-Blatt 354 mit MiNr. 1569, 2723, 2946, 2948 12,—

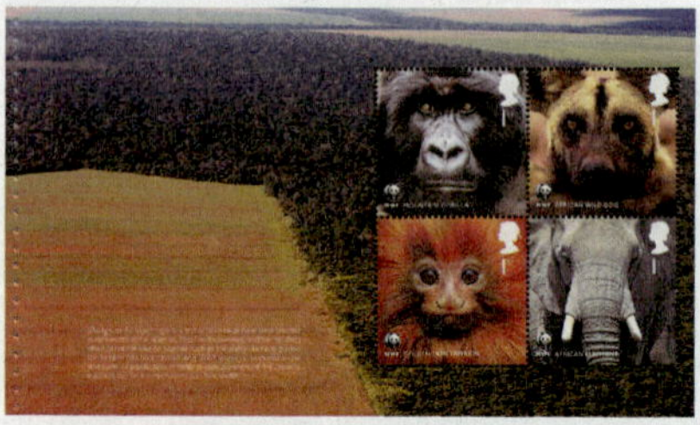

H-Blatt 355 mit MiNr. 3067–3068, 3075–3076 12,—

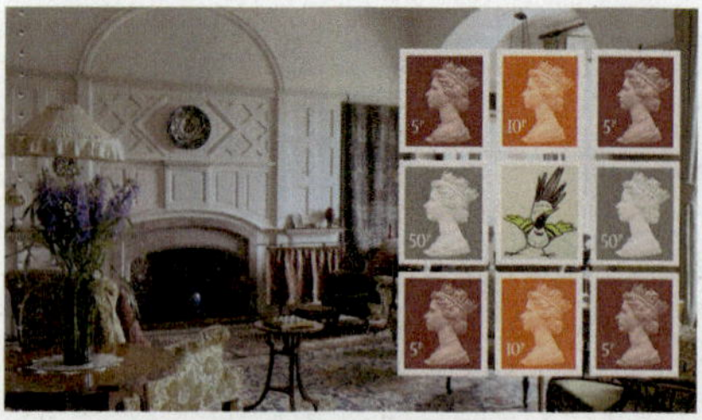

H-Blatt 356 mit MiNr. 2728, 3056–3057 10,—

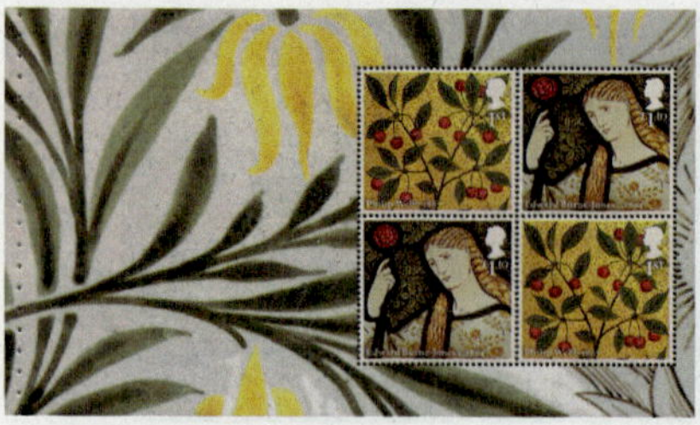

H-Blatt 357 mit MiNr. 3098, 3102 12,—

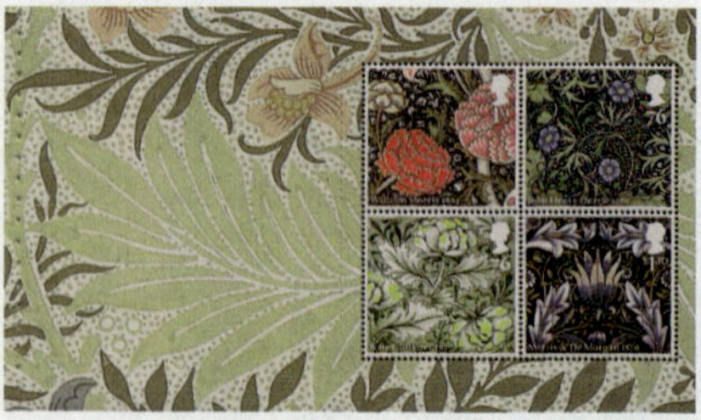

H-Blatt 358 mit MiNr. 3097, 3099–3101 11,—

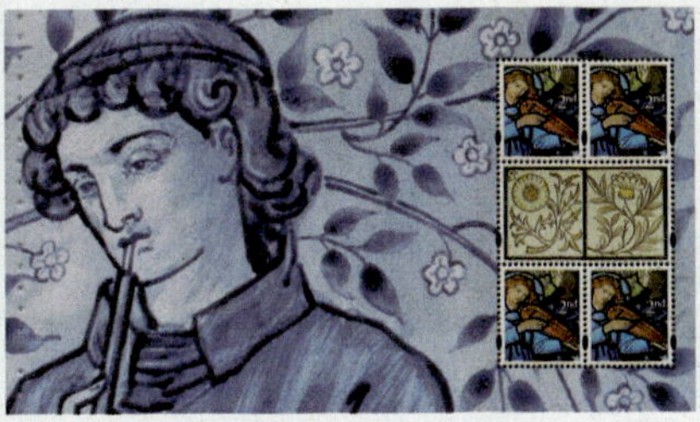

H-Blatt 359 mit MiNr. 2825 II 8,—

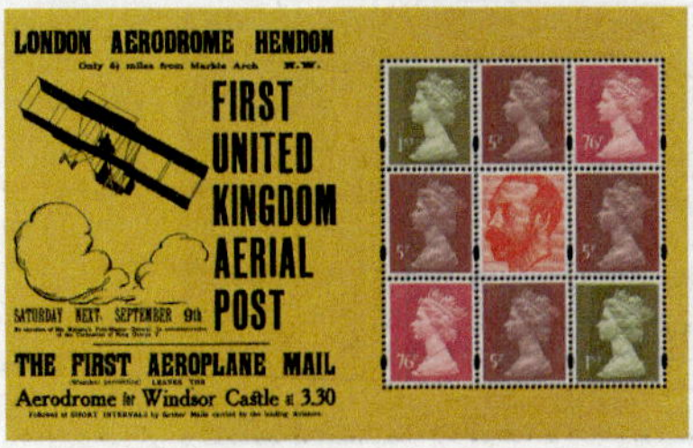

H-Blatt 360 mit MiNr. 2723, 3139–3140 28,—

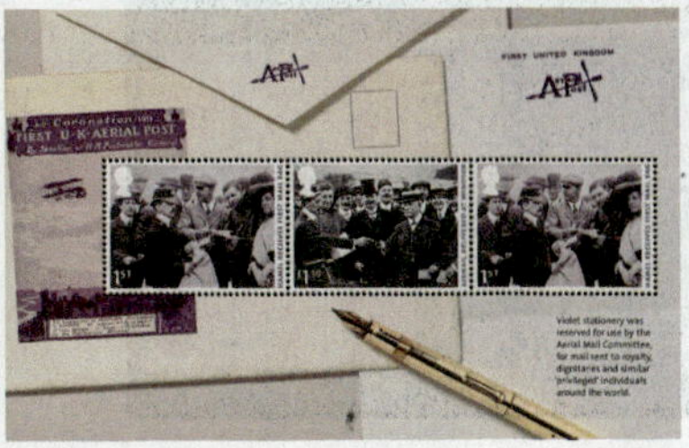

H-Blatt 361 mit MiNr. 3135, 3138 10,—

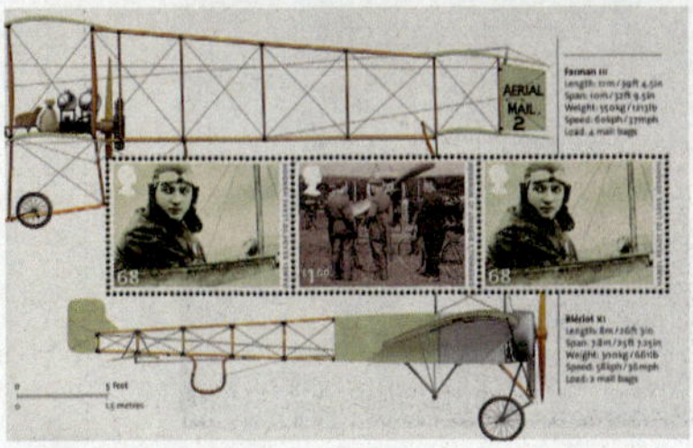

H-Blatt 362 mit MiNr. 3136–3137 10,—

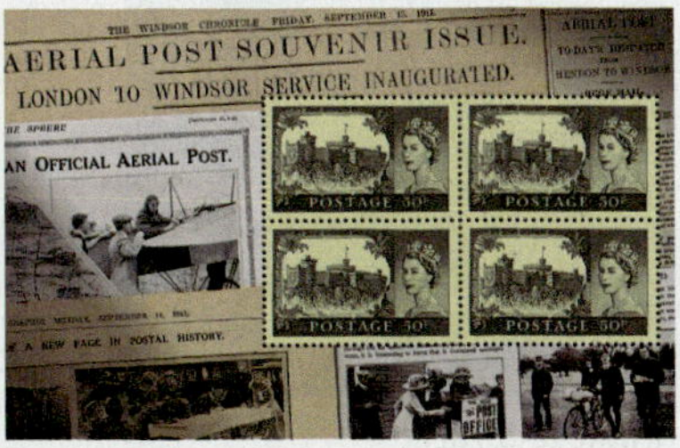

H-Blatt 363 mit 4x MiNr. 3141 16,—

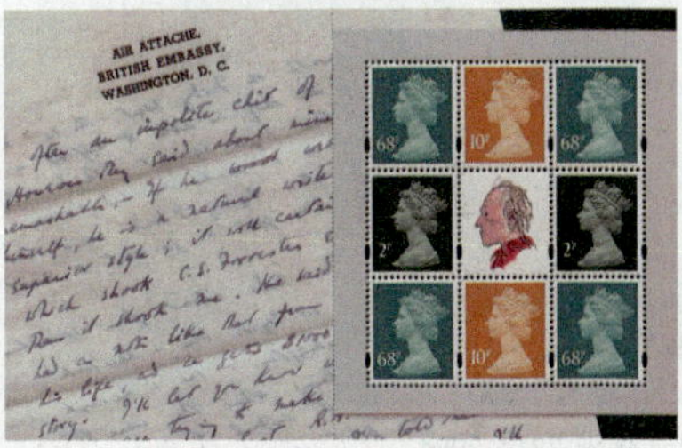

H-Blatt 364 mit MiNr. 564 CS, 1283 CS, 3194 20,—

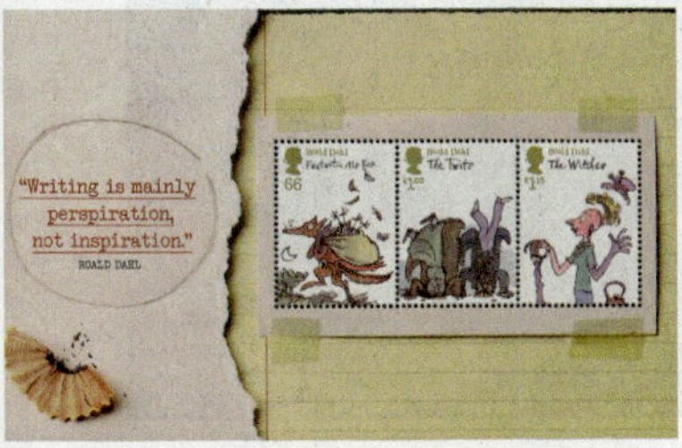

H-Blatt 365 mit MiNr. 3185, 3188–3189 8,—

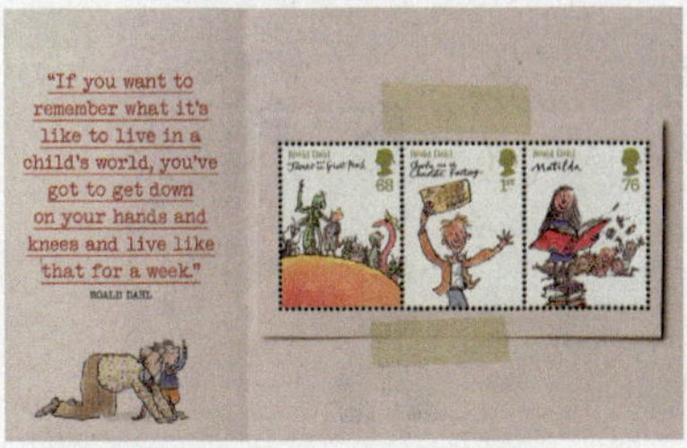

H-Blatt 366 mit MiNr. 3184, 3186–3187 7,—

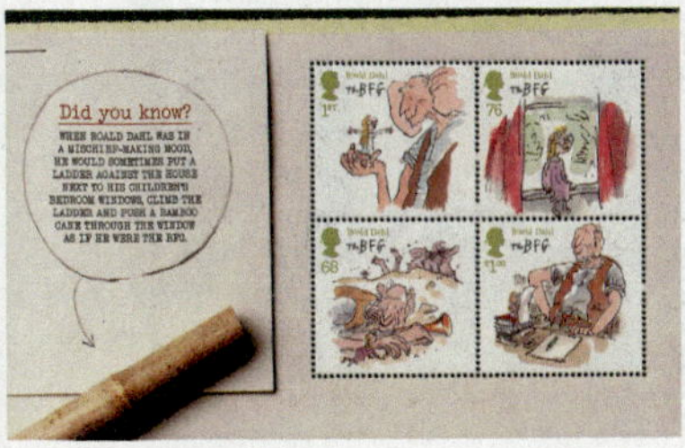

H-Blatt 367 mit MiNr. 3190–3193 12,—

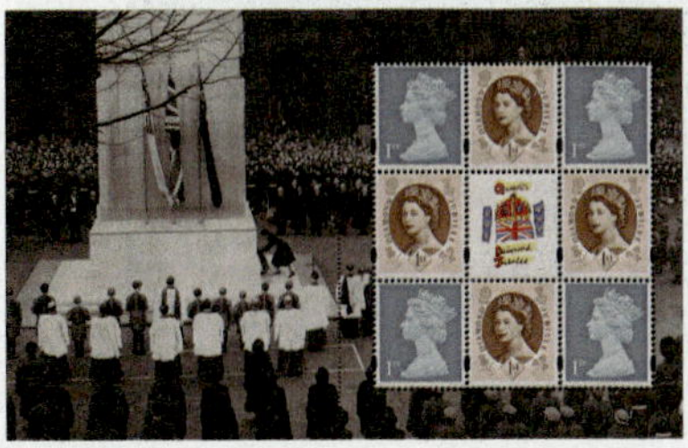

H-Blatt 368 mit MiNr. 3204, 3209 20,—

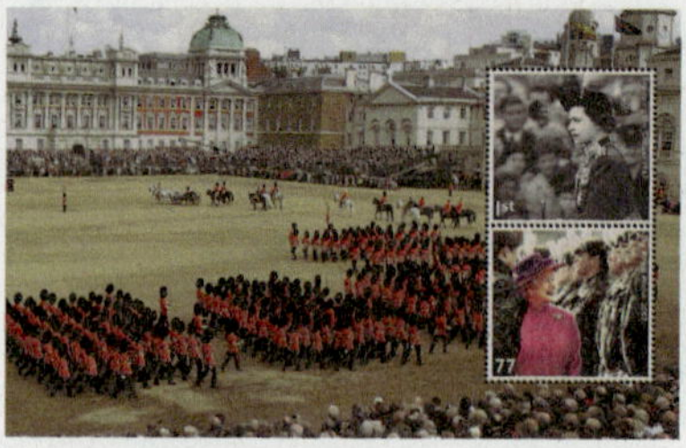

H-Blatt 369 mit MiNr. 3264 II–3265 II 6,—

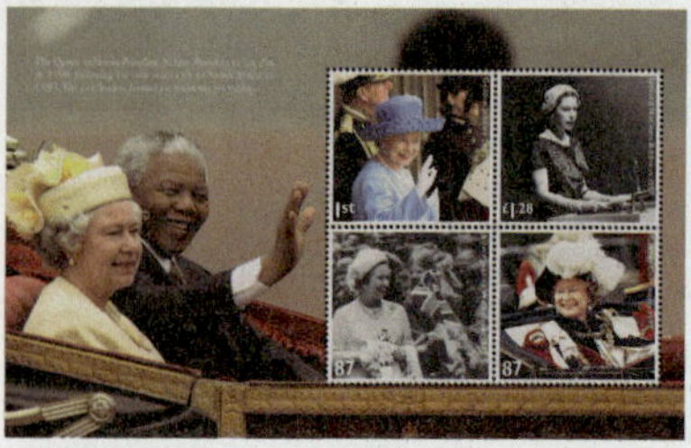

H-Blatt 370 mit MiNr. 3263 II, 3267 II–3269 II 11,—

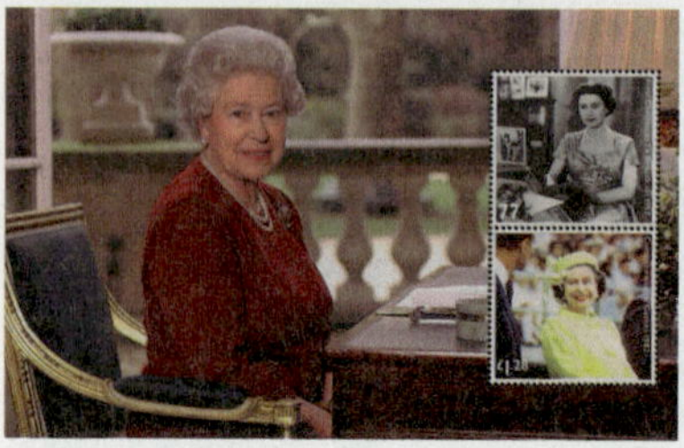

H-Blatt 371 mit MiNr. 3266 II, 3270 II 6,—

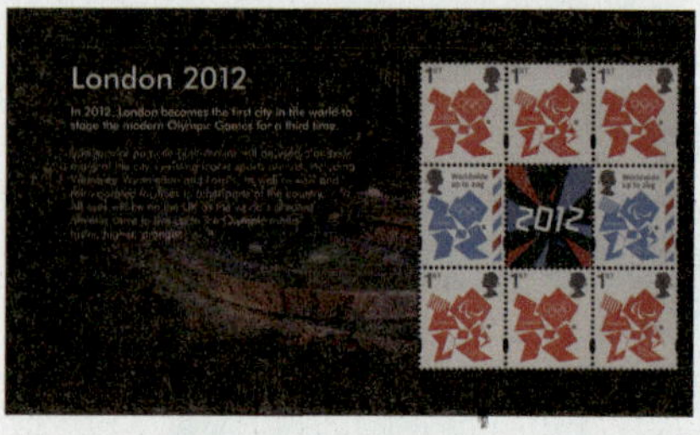

H-Blatt 372 mit MiNr. 3290–3293 38,—

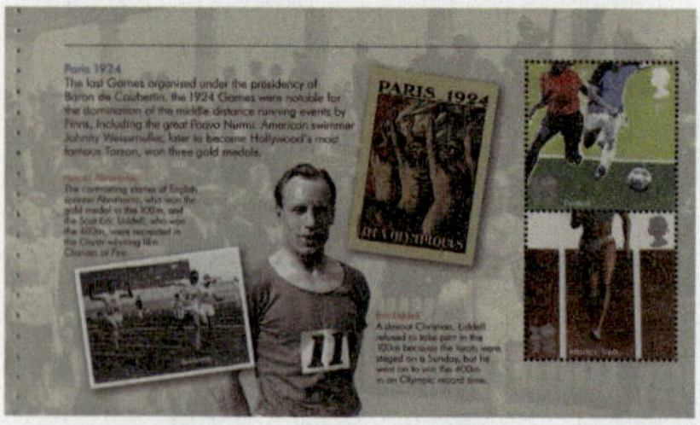

H-Blatt 373 mit MiNr. 2817, 2984 6,—

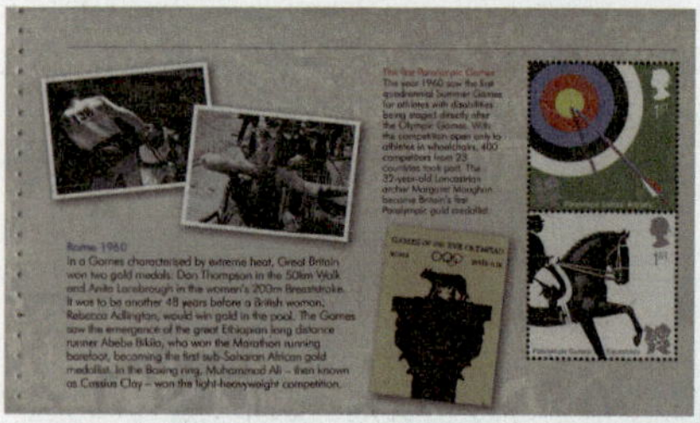

H-Blatt 374 mit MiNr. 2816, 2821 6,—

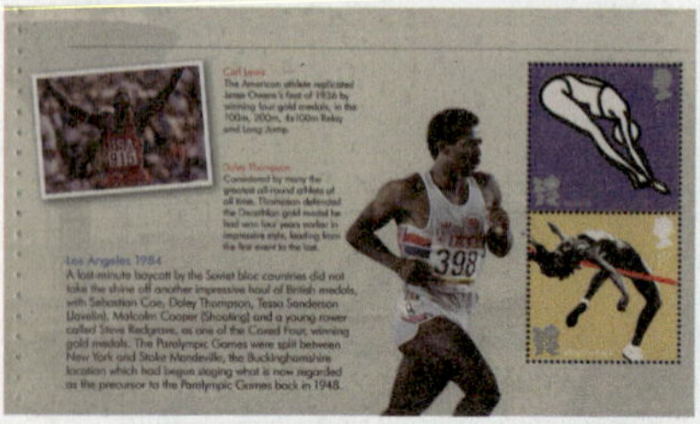

H-Blatt 375 mit MiNr. 2818, 3115 6,—

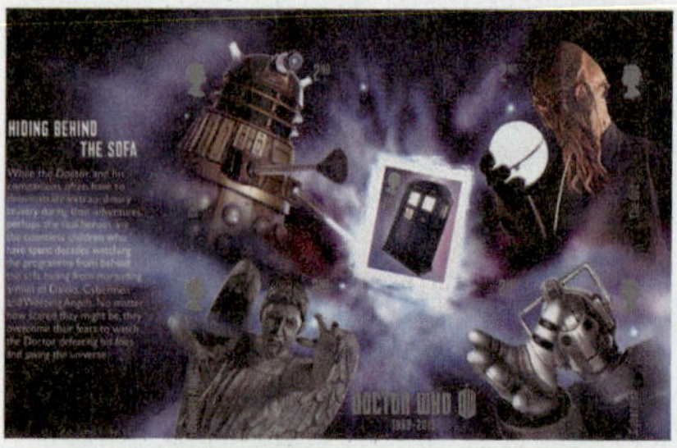

H-Blatt 376 mit MiNr. 3424 II–3428 II 12,—

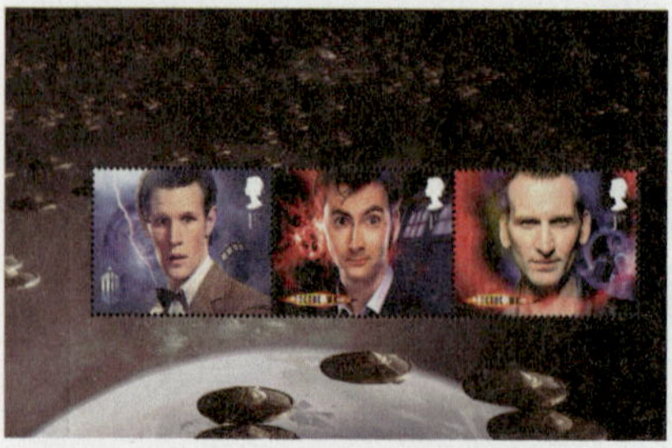

H-Blatt 377 mit MiNr. 3413–3415 9,—

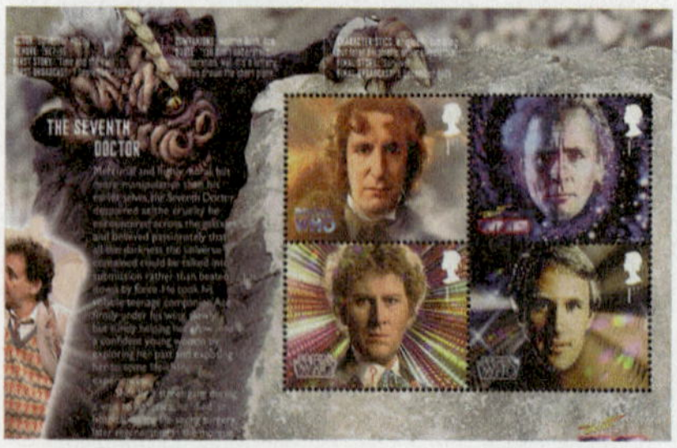

H-Blatt 378 mit MiNr. 3416–3419 12,—

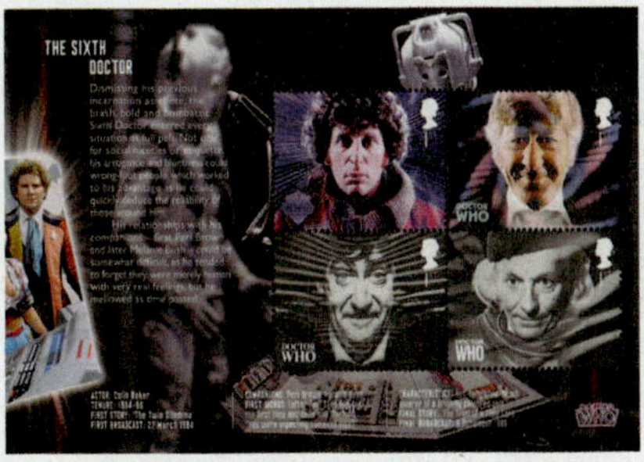

H-Blatt 379 mit MiNr. 3420–3423 12,—

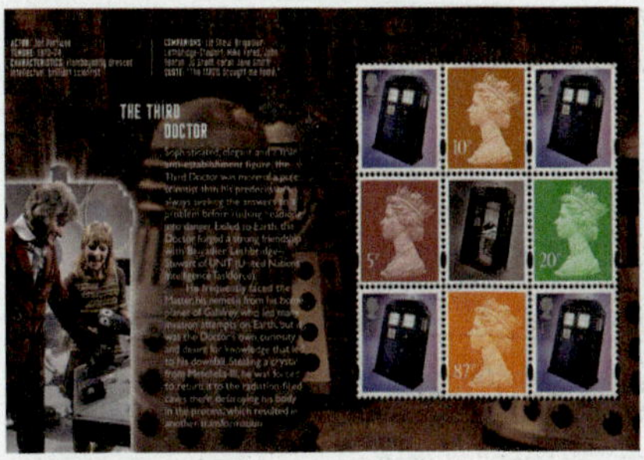

H-Blatt 380 mit MiNr. 3431, 3432 Su–3435 Su 18,—

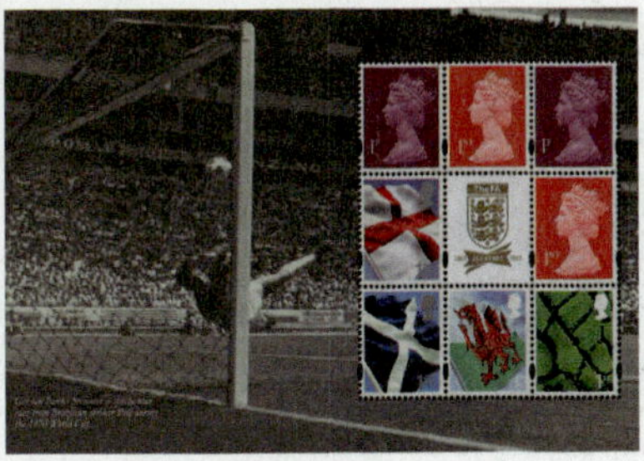

H-Blatt 381 mit MiNr. 3473, 3475,
England MiNr. 36,
Schottland MiNr. 117,
Wales MiNr. 116,
Nordirland MiNr. 87 14,—

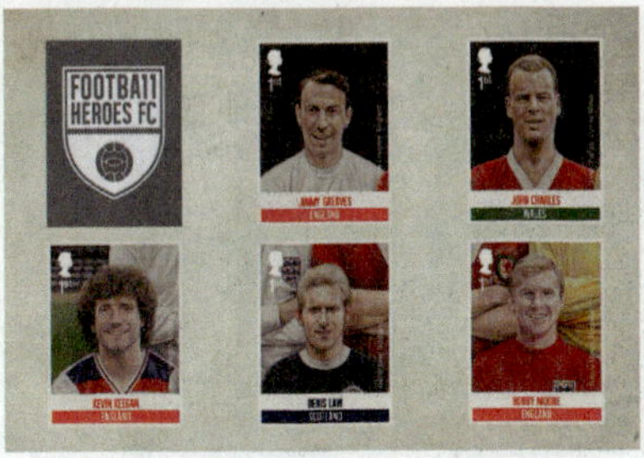

H-Blatt 382 mit MiNr. 3462 I–3466 I 15,—

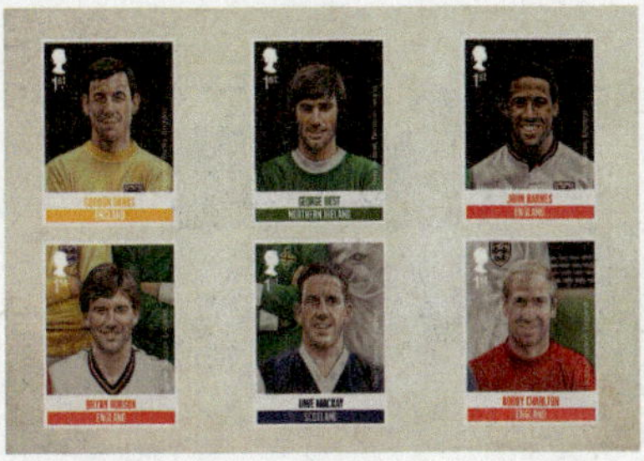

H-Blatt 383 mit MiNr. 3467 I–3472 I 18,—

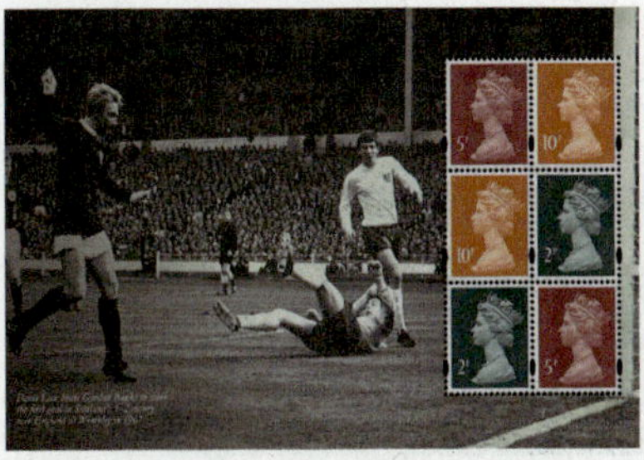

H-Blatt 384 mit MiNr. 3432 Su–3433 Su, 3474 5,—

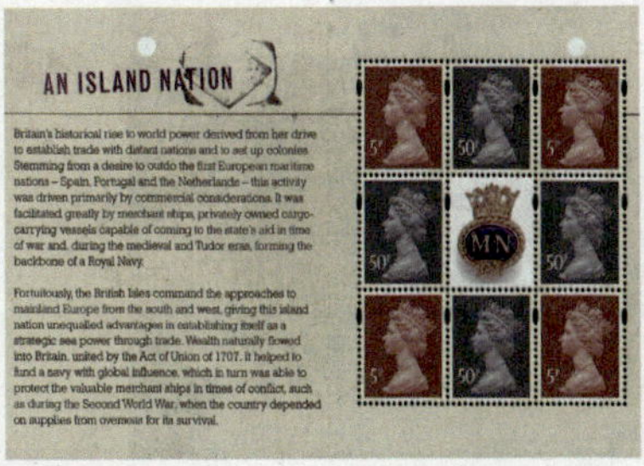

H-Blatt 385 mit MiNr. 3432 So, 3525 So 11,—

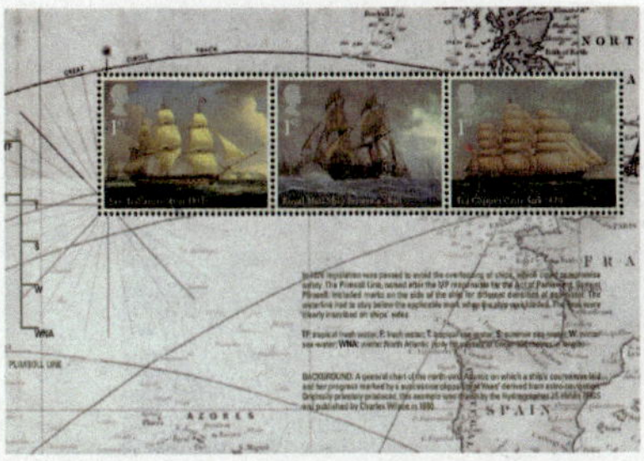

H-Blatt 386 mit MiNr. 3513–3515 9,—

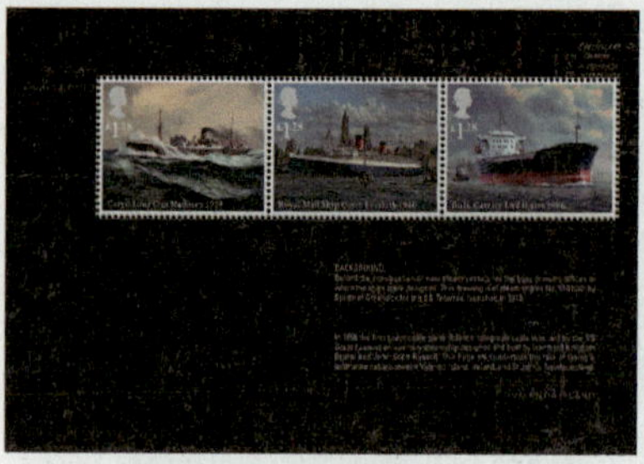

H-Blatt 387 mit MiNr. 3516–3518 11,—

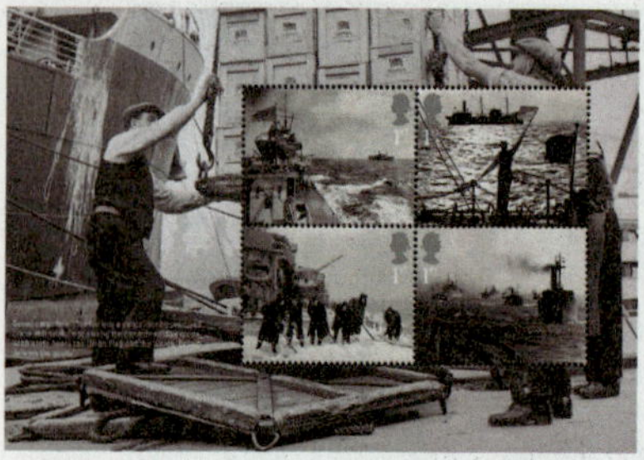

H-Blatt 388 mit MiNr. 3519–3522 12,—

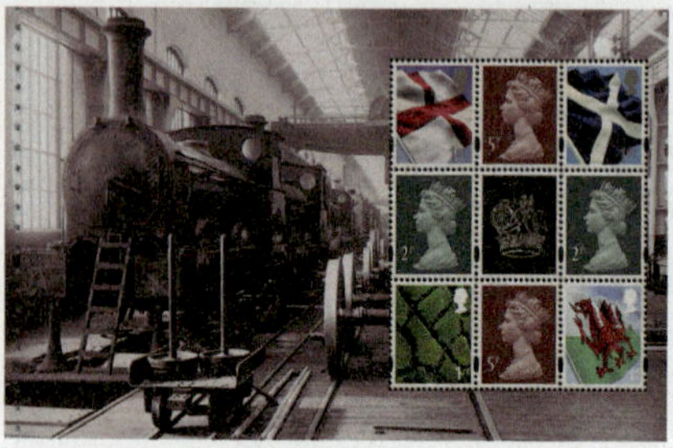

H-Blatt 389 mit MiNr. 3432 Su, 3474,
England MiNr. 36,
Nordirland MiNr. 87,
Schottland MiNr. 117,
Wales MiNr. 116 14,—

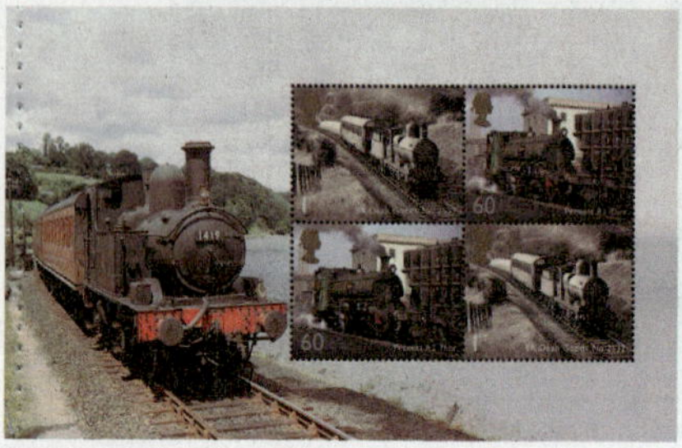

H-Blatt 390 mit MiNr. 3041–3042 9,—

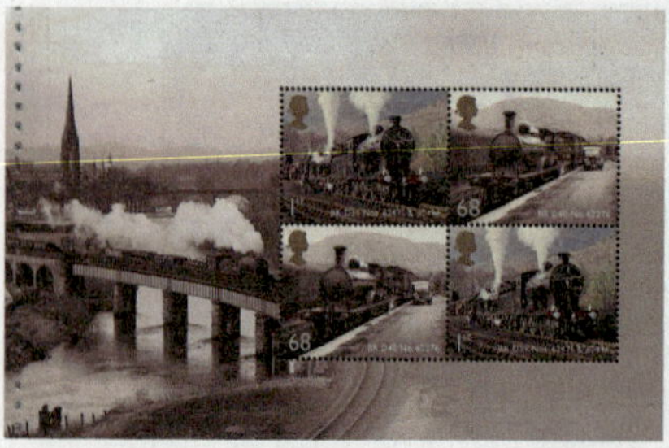

H-Blatt 391 mit MiNr. 3221–3222 9,—

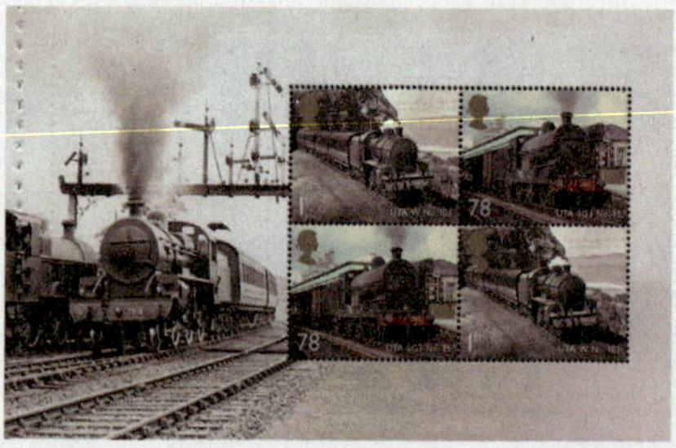

H-Blatt 392 mit MiNr. 3482–3483 10,—

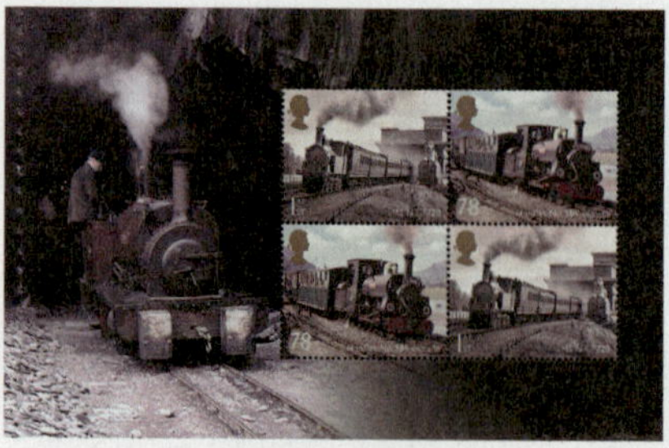

H-Blatt 393 mit MiNr. 3570–3571 10,—

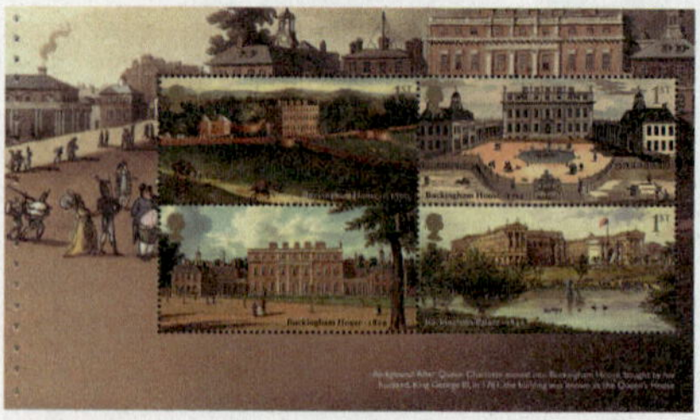

H-Blatt 394 mit MiNr. 3588 C–3590 C, 3593 C 14,—

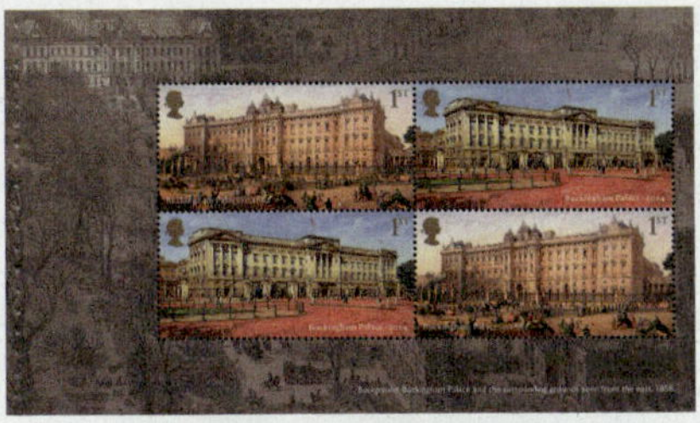

H-Blatt 395 mit MiNr. 3591 C–3592 C 14,—

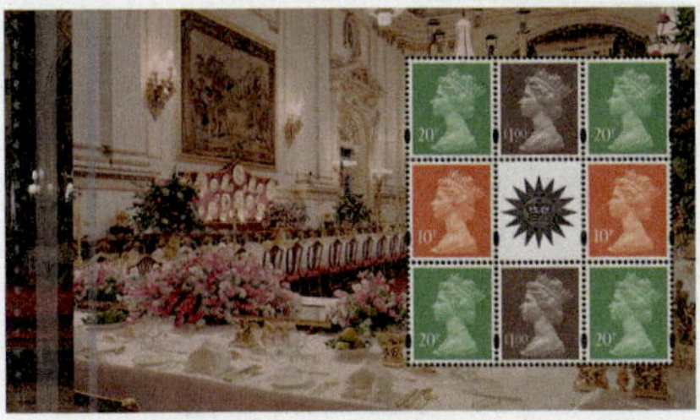

H-Blatt 396 mit MiNr. 3433 Su–3434 Su, 3600 12,—

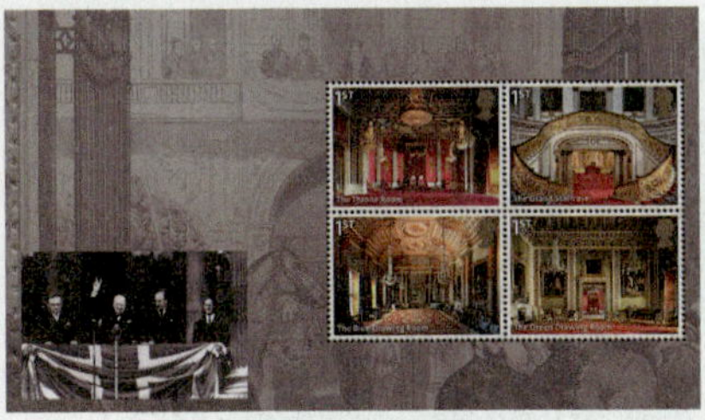

H-Blatt 397 mit MiNr. 3594–3597 12,—

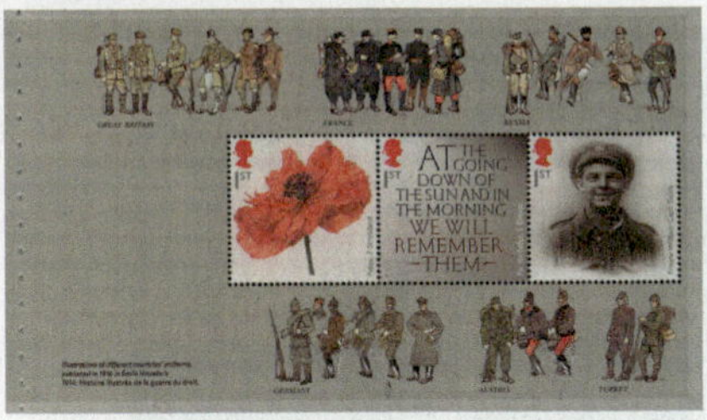

H-Blatt 398 mit MiNr. 3628–3630 9,—

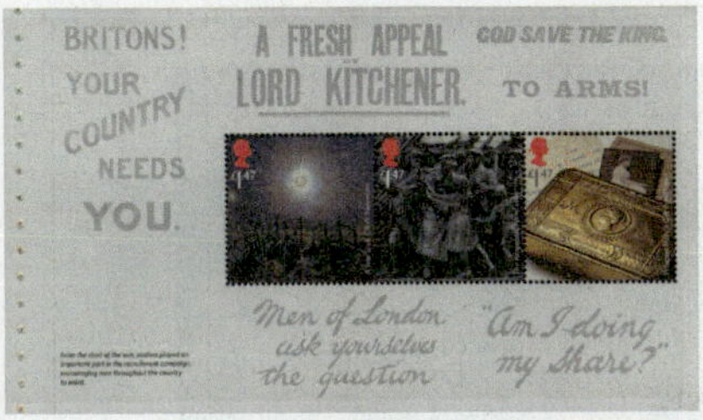

Blatt 399 mit MiNr. 3631–3633 13,—

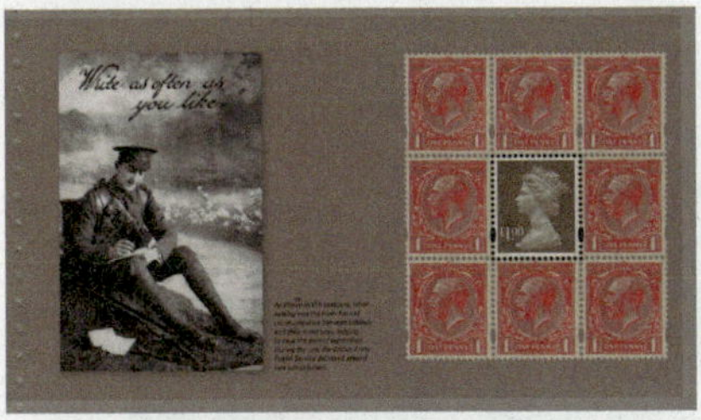

H-Blatt 400 mit MiNr. 3600 4,—

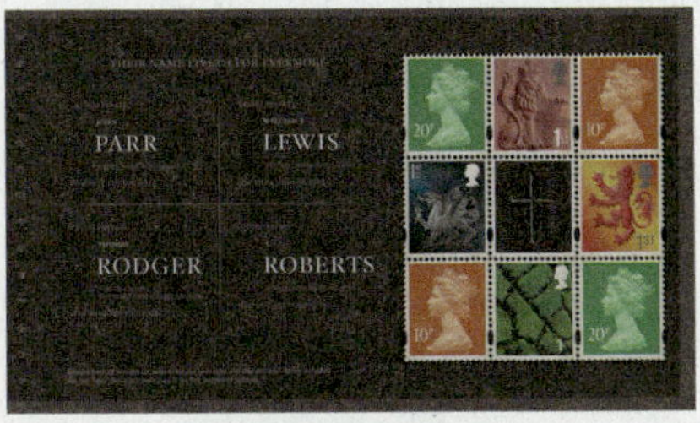

H-Blatt 401 mit MiNr. 3433 Su–3434 Su,
England MiNr. 20 a,
Nordirland MiNr. 87,
Schottland MiNr. 97 a,
Wales MiNr. 94 12,—

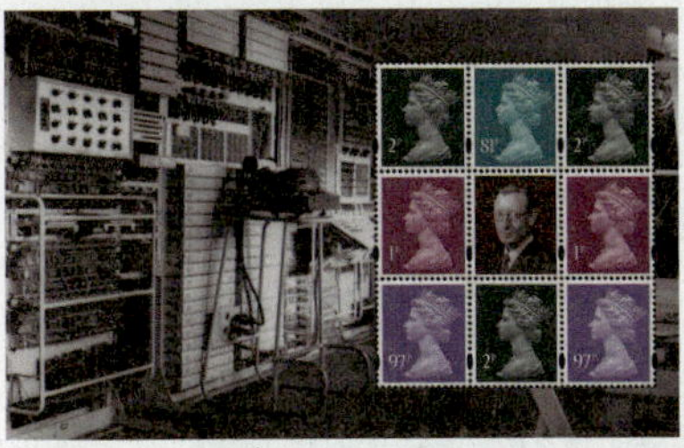

H-Blatt 402 mit MiNr. 3473–3474, 3705–3706 18,—

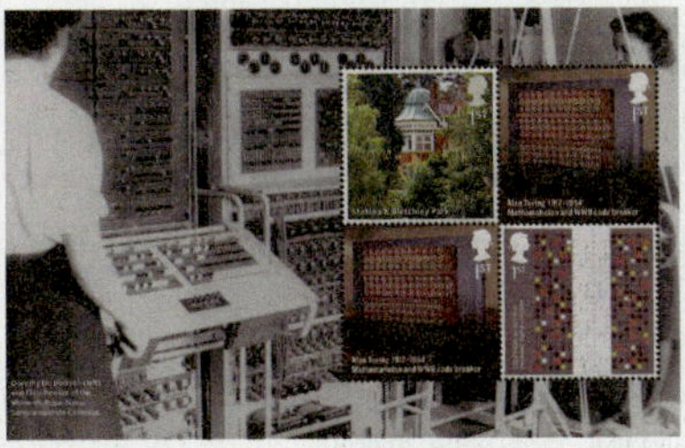

H-Blatt 403 mit MiNr. 3219, 3246, 3697 12,—

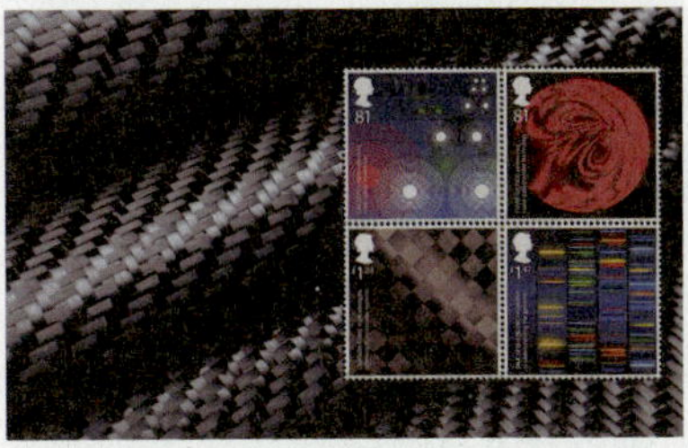

H-Blatt 404 mit MiNr. 3699–3700, 3702–3703 13,—

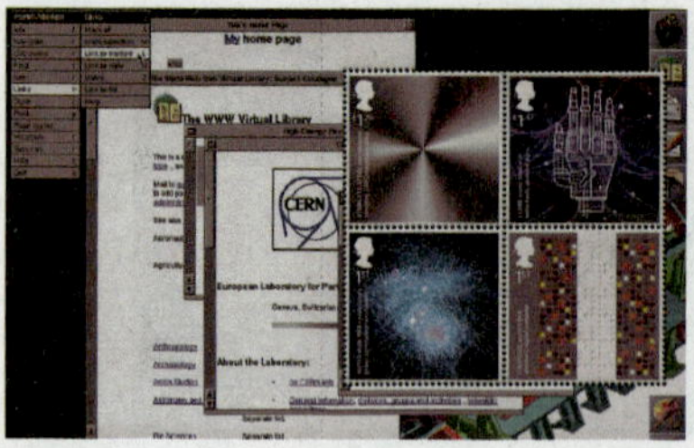

H-Blatt 405 mit MiNr. 3697–3698, 3701, 3704 14,—

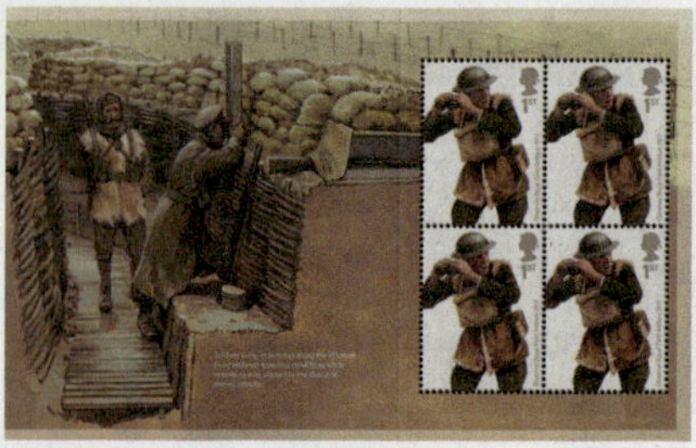

H-Blatt 406 mit MiNr. 2570 12,—

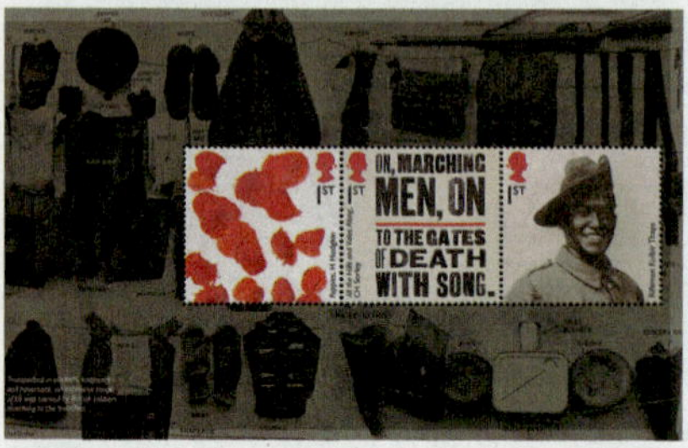

H-Blatt 407 mit MiNr. 3739–3741 9,—

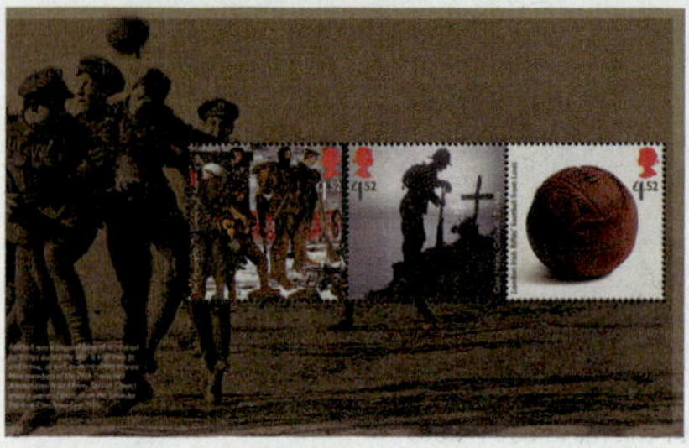

H-Blatt 408 mit MiNr. 3742–3744 15,—

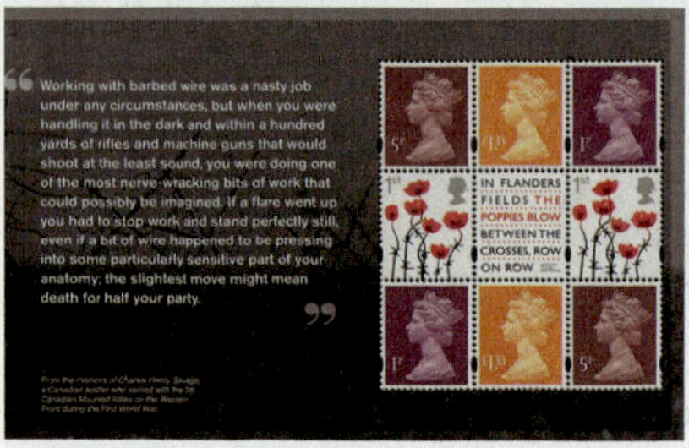

H-Blatt 409 mit MiNr. 2870, 3432 Su, 3473, 3745 16,—

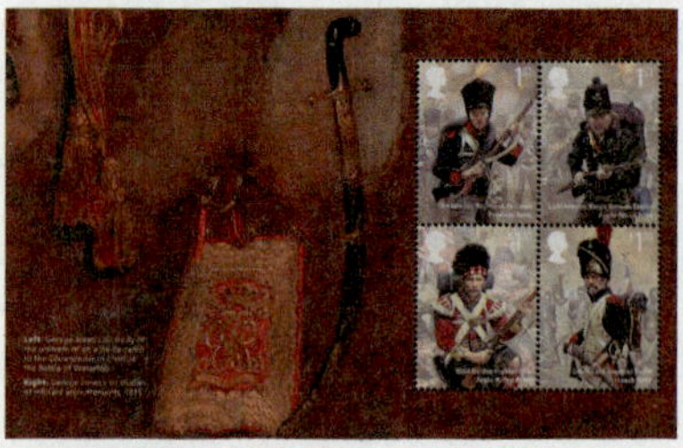

H-Blatt 410 mit MiNr. 3758–3761 14,—

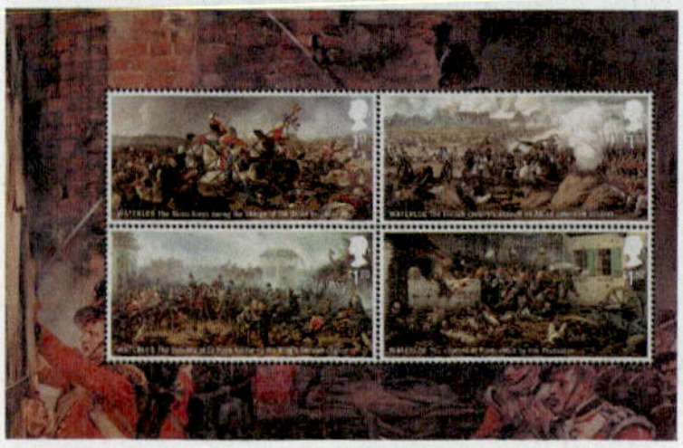

H-Blatt 411 mit MiNr. 3753–3756 15,—

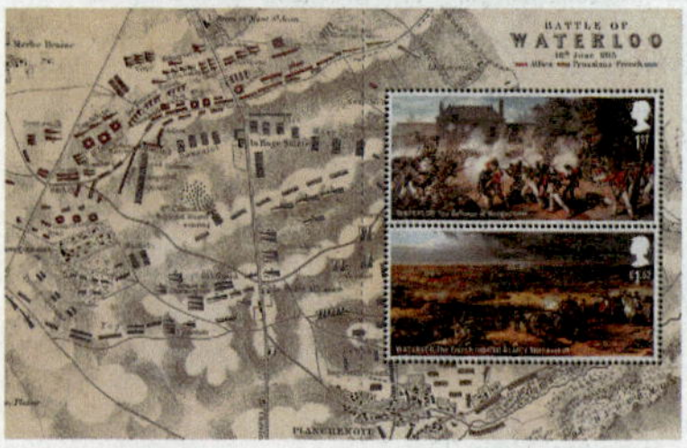

H-Blatt 412 mit MiNr. 3752, 3757 8,—

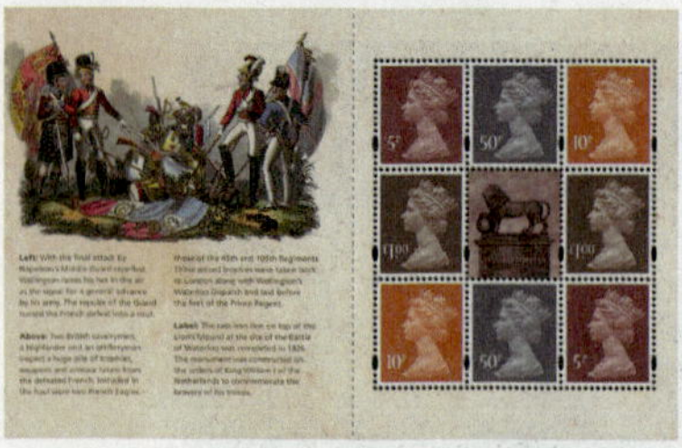

H-Blatt 413 mit MiNr. 3432 Su–3433 Su, 3525 Su, 3600 15,—

H-Blatt 414 mit MiNr. 3795–3796, 3800, 3804–3806 18,—

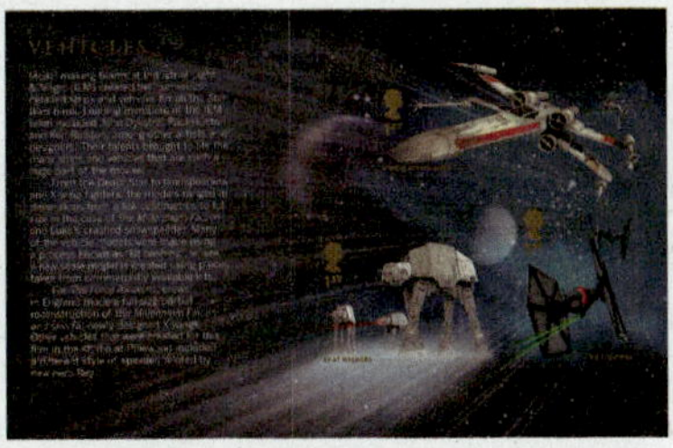

Blatt 415 mit MiNr. 3807, 3809–3810 9,—

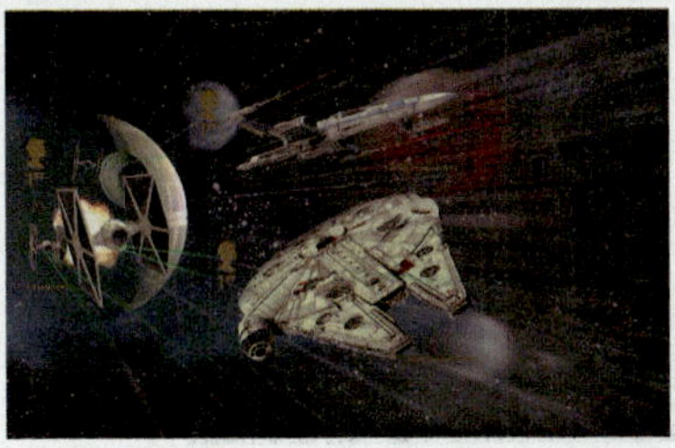

H-Blatt 416 mit MiNr. 3808, 3811–3812 9,—

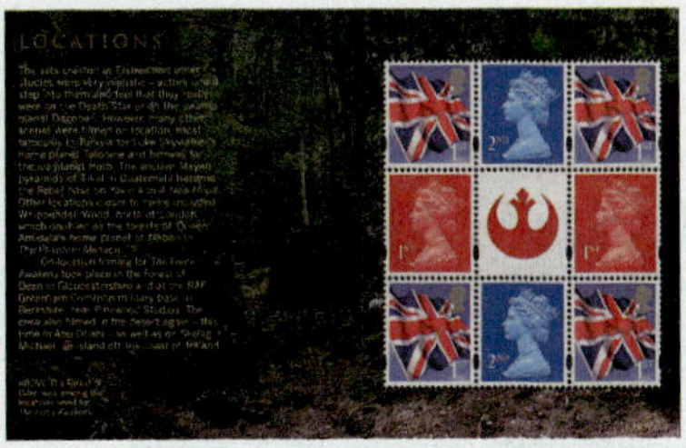

H-Blatt 417 mit MiNr. 3475, 3833–3834 20,—

H-Blatt 418 mit MiNr. 3797–3799, 3801–3803 18,—

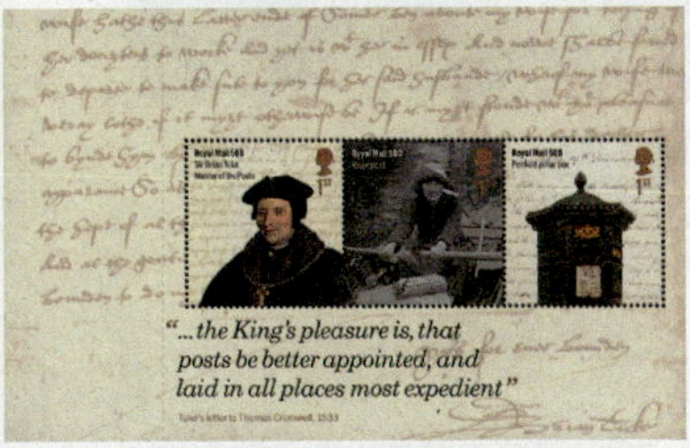

H-Blatt 419 mit MiNr. 3843, 3845–3846 11,—

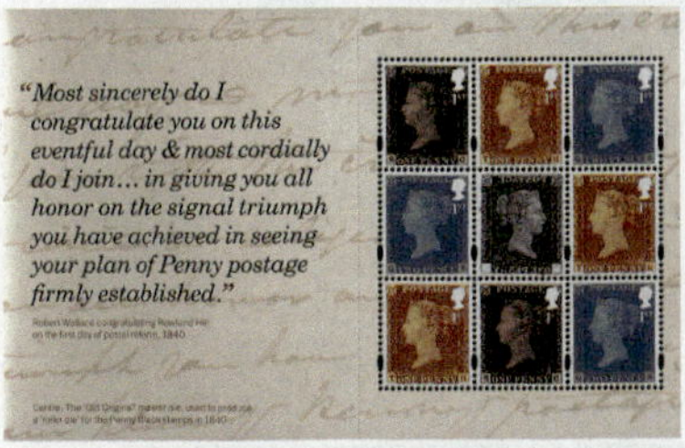

H-Blatt 420 mit MiNr. 3735–3736, 3853 24,—

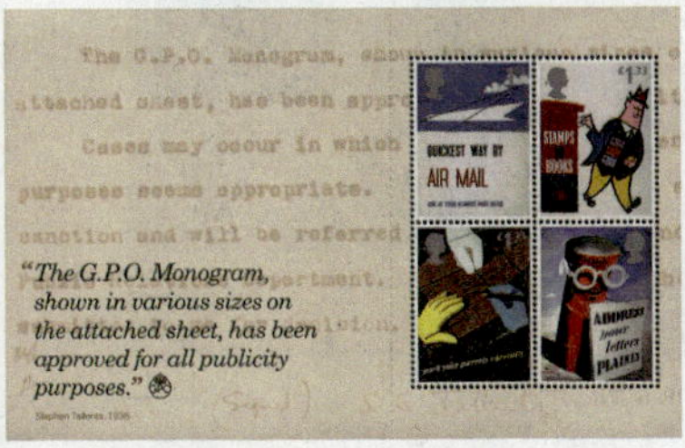

H-Blatt 421 mit MiNr. 3849–3852 14,—

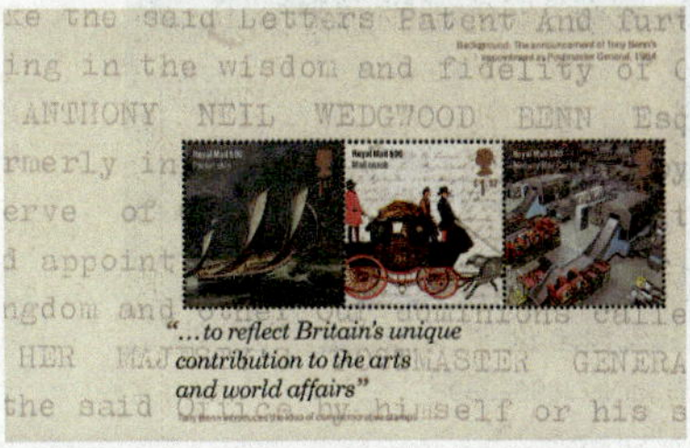

H-Blatt 422 mit MiNr. 3844, 3847–3848 13,—

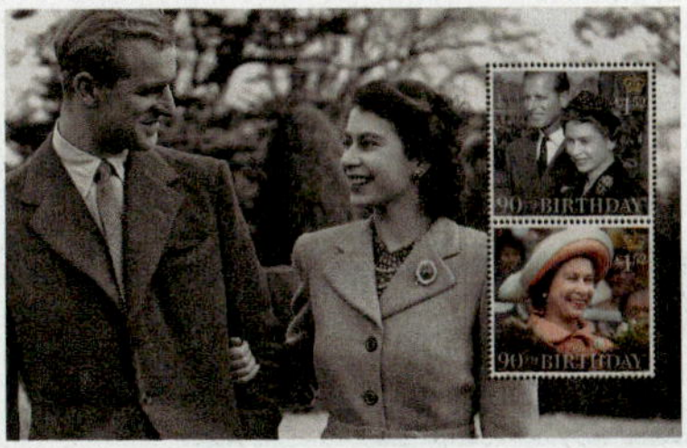

H-Blatt 423 mit MiNr. 3875–3876 9,—

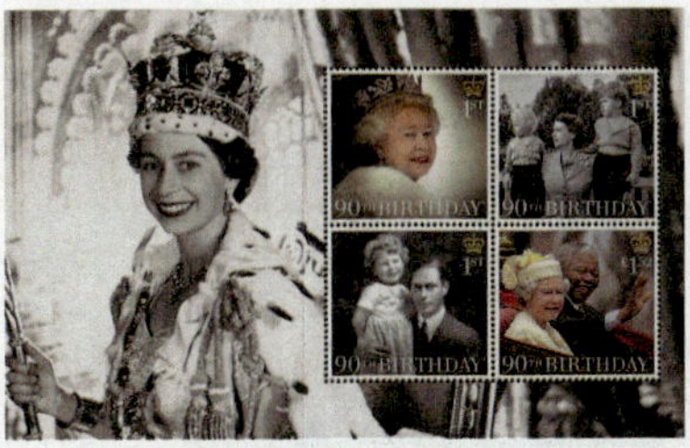

H-Blatt 424 mit MiNr. 3872–3874, 3877 13,—

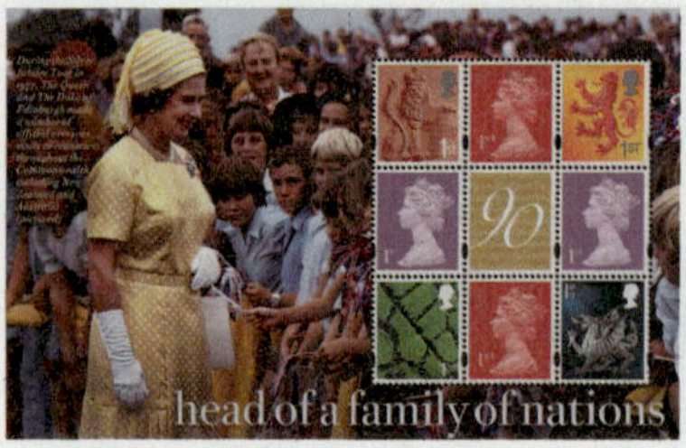

H-Blatt 425 mit MiNr. 3475, 3884,
England MiNr. 20 b,
Nordirland MiNr. 87,
Schottland MiNr. 97 b,
Wales MiNr. 94 18,—

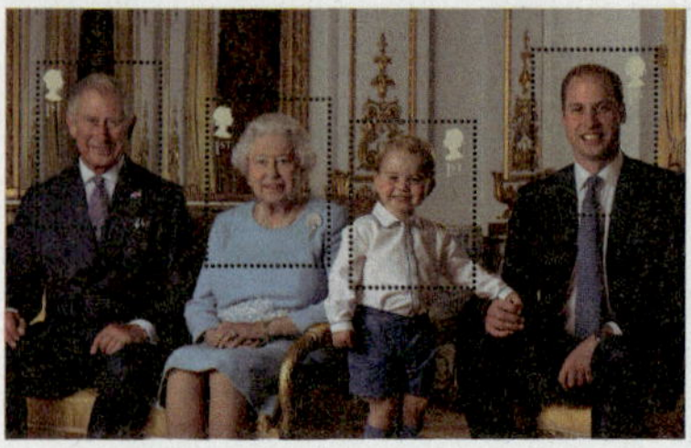

H-Blatt 426 mit MiNr. 3878–3881 12,—

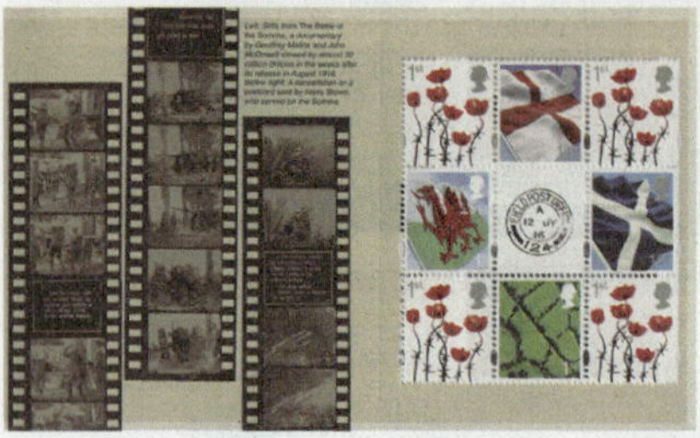

H-Blatt 427 mit MiNr. 2870,
England MiNr. 36,
Nordirland MiNr. 87,
Schottland MiNr. 117,
Wales MiNr. 116 20,—

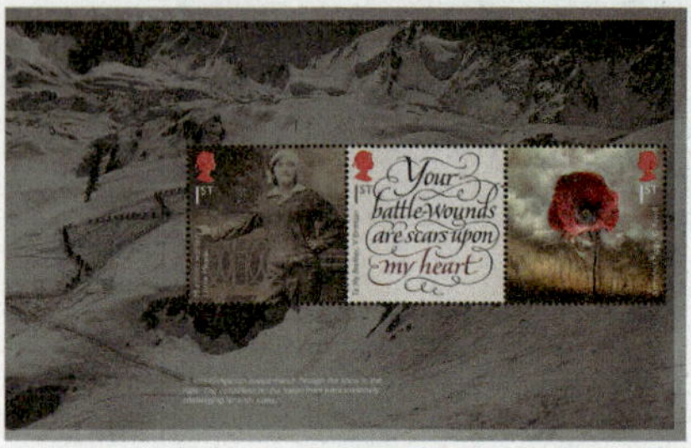

Blatt 428 mit MiNr. 3893–3895 9,—

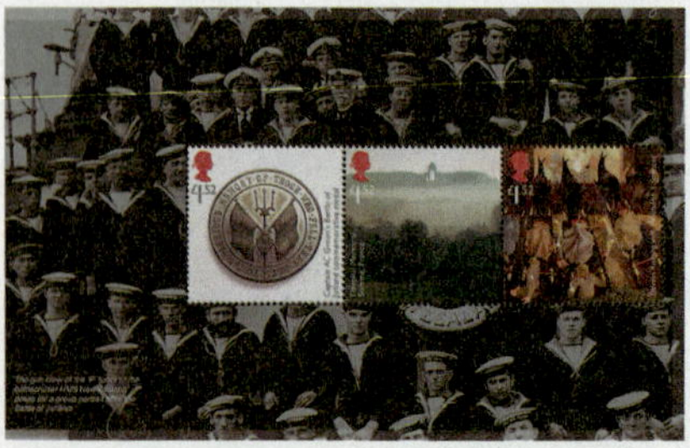

H-Blatt 429 mit MiNr. 3896–3898 14,—

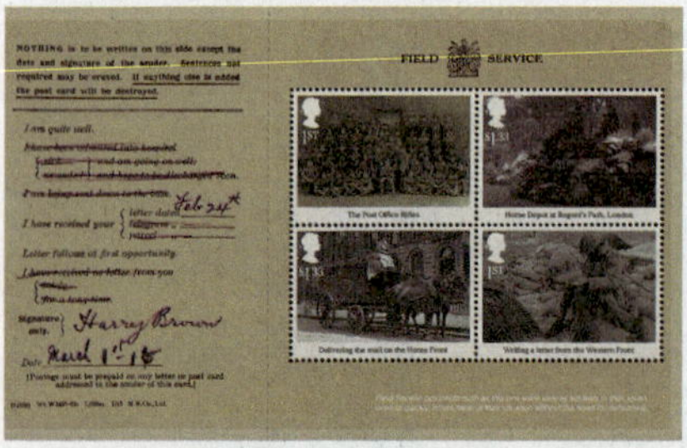

H-Blatt 430 mit MiNr. 3899–3902 14,—

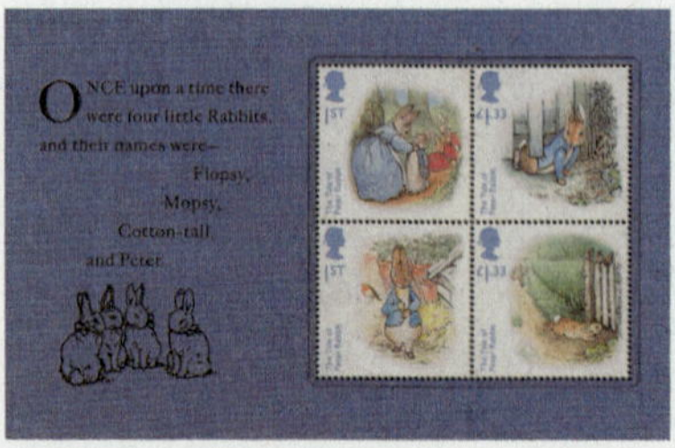

H-Blatt 431 mit MiNr. 3920–3923 14,—

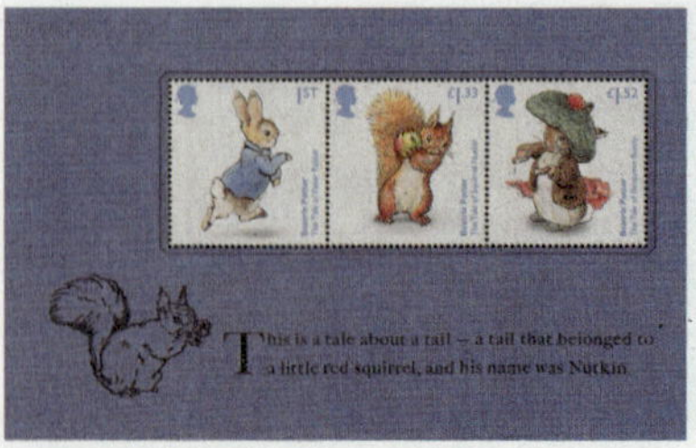

H-Blatt 432 mit MiNr. 3914, 3916, 3919 12,—

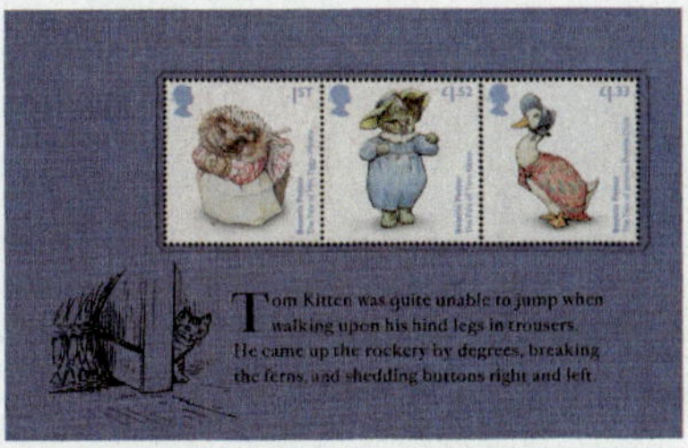

H-Blatt 433 mit MiNr. 3915, 3917–3918 12,—

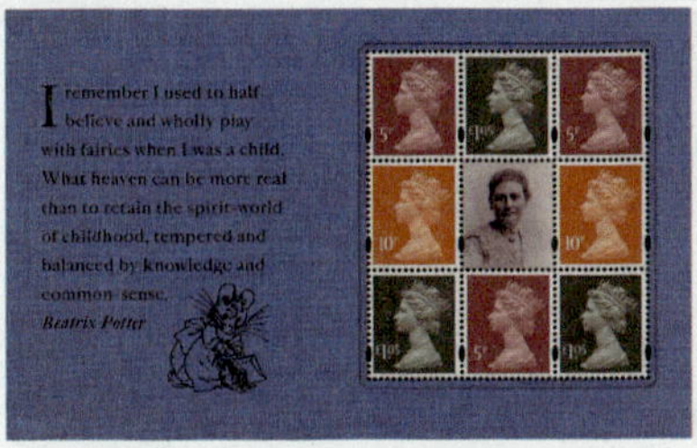

H-Blatt 434 mit MiNr. 3432 Su–3433 Su, 3926 16,—

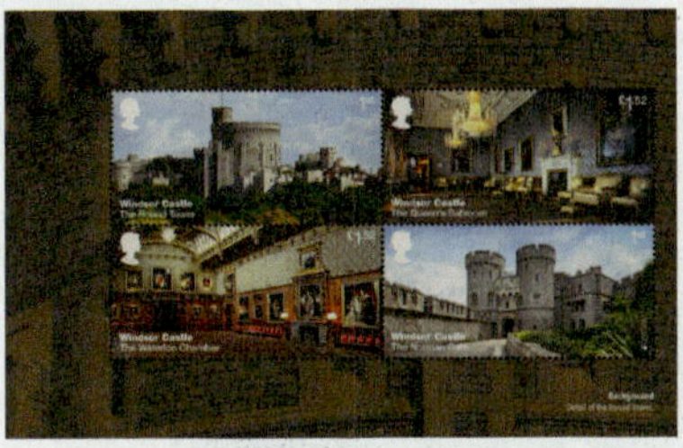

H-Blatt 435 mit MiNr. 3997–3998, 4000–4001 15,—

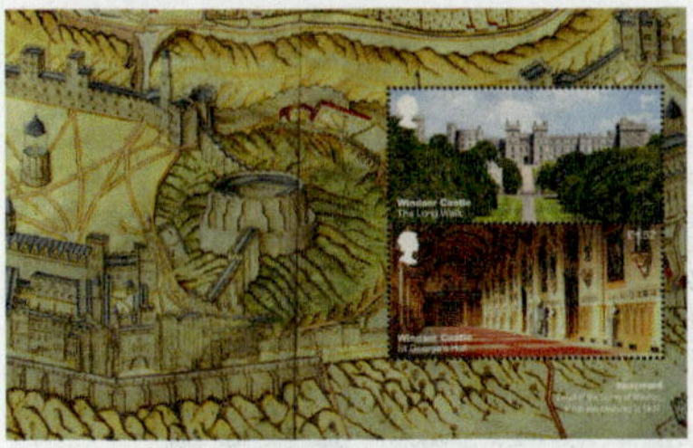

H-Blatt 436 mit MiNr. 3996, 3999 7,50

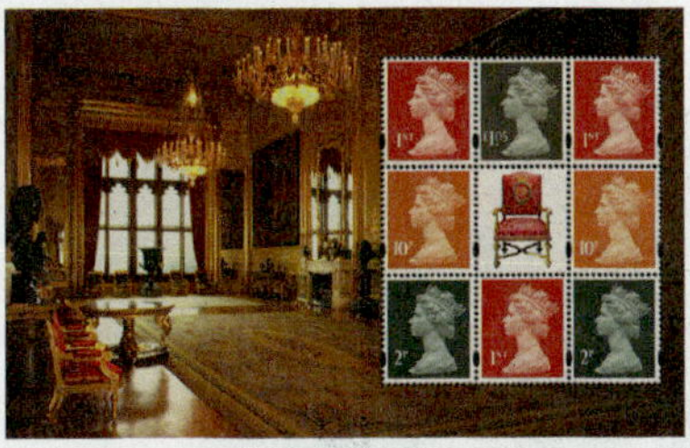

H-Blatt 437 mit MiNr. 3433 Su, 3474, 3926, 4008 15,—

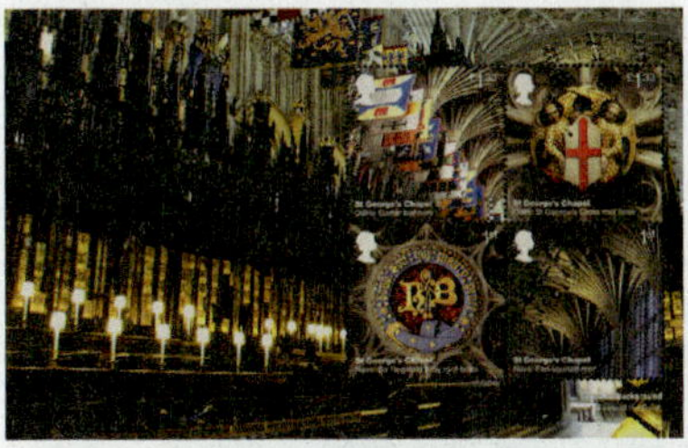

H-Blatt 438 mit MiNr. 4002–4005 14,—

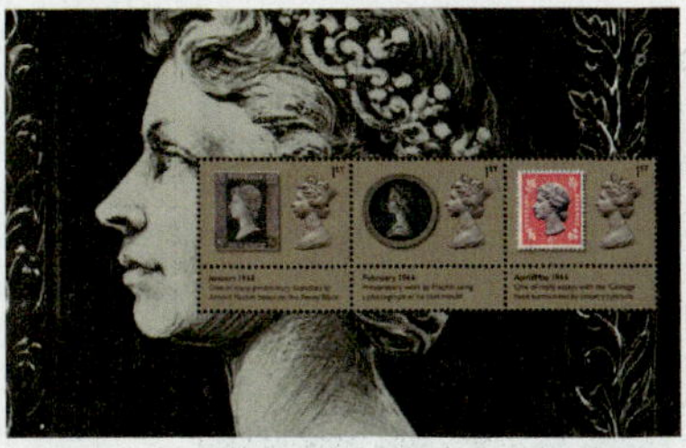

H-Blatt 439 mit MiNr. 4048–4050 12,—

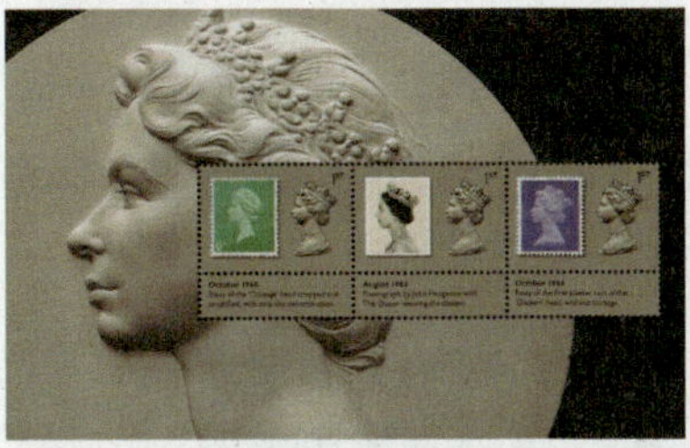

H-Blatt 440 mit MiNr. 4051–4053 12,—

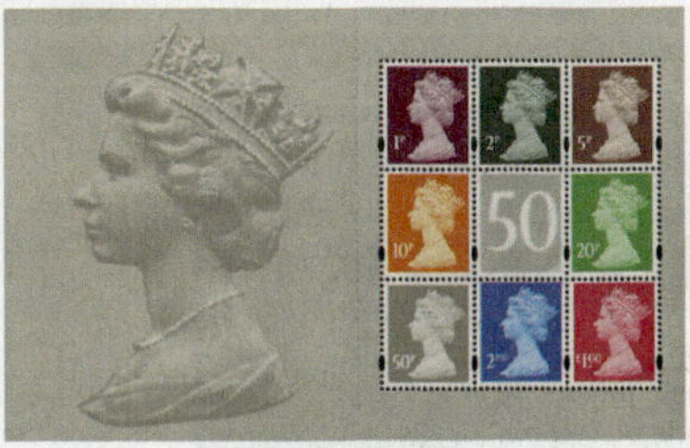

H-Blatt 441 mit MiNr. 562 CS, 564 CS, 1090 b CS, 1216 CS, 1283 CS, 1630 CS, 2516, 4057 14,—

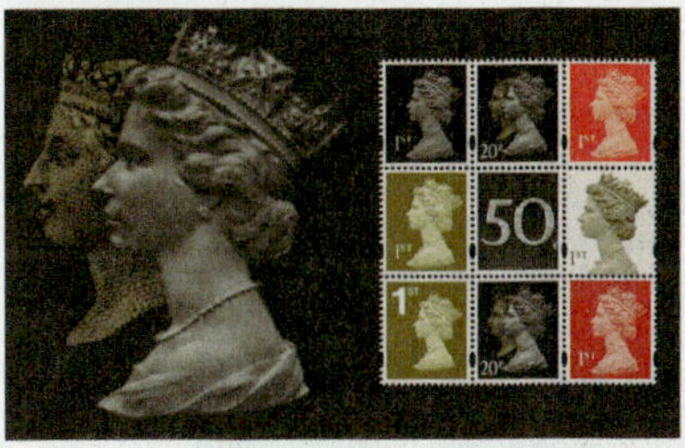

H-Blatt 442 mit MiNr. 1217 CS, 1241 CS, 1282 CS, 1691, 1843 CS, 2433, 4055 a 17,—

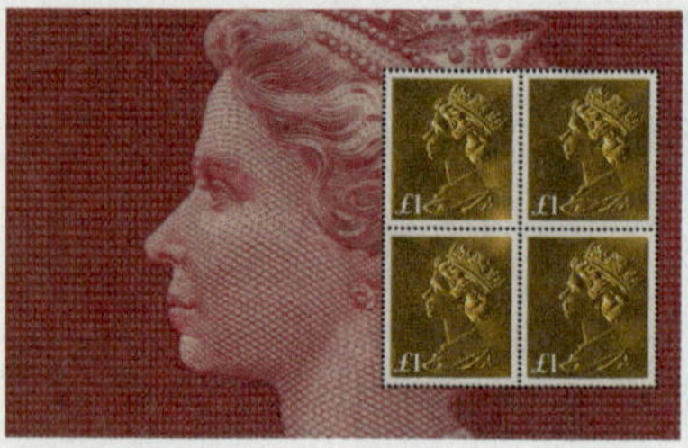

H-Blatt 443 mit MiNr. 4056 16,—

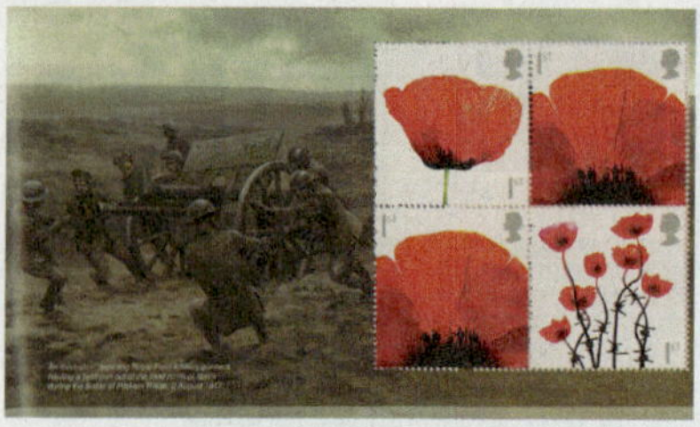

H-Blatt 444 mit MiNr. 2469 II, 2598, 2692 12,—

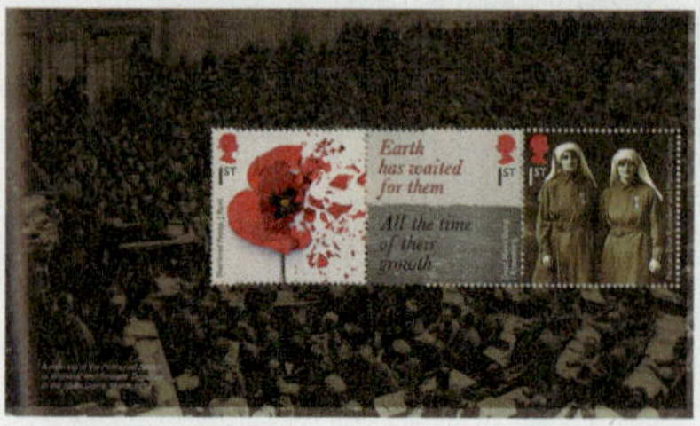

H-Blatt 445 mit MiNr. 4074–4076 9,—

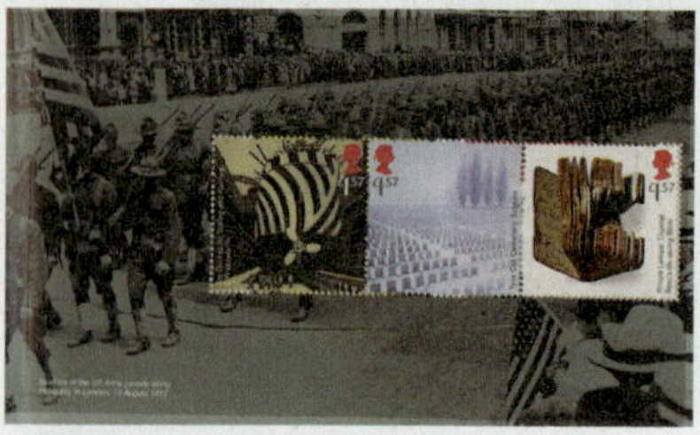

H-Blatt 446 mit MiNr. 4077–4079 14,—

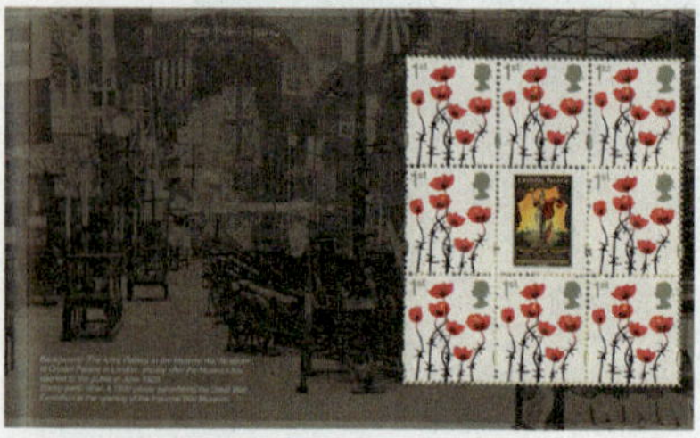

H-Blatt 447 mit MiNr. 2870 22,—

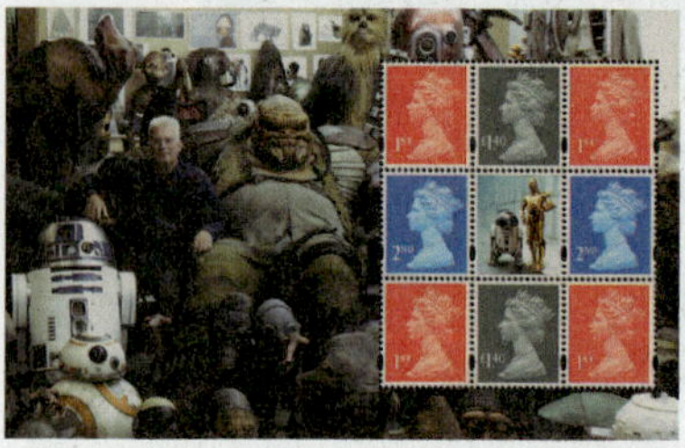

H-Blatt 448 mit MiNr. 3475, 3833, 4140 22,—

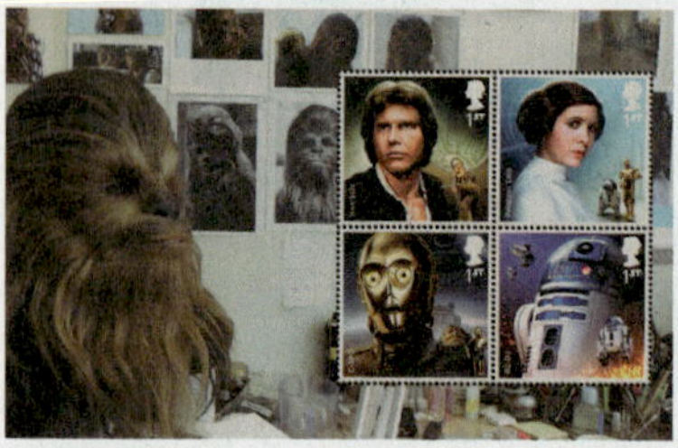

H-Blatt 449 mit MiNr. 3799, 3801, 4103–4104 12,—

H-Blatt 450 mit MiNr. 4099, 4101–4102, 4105 12,—

H-Blatt 451 mit MiNr. 3796, 3800, 4098, 4100 12,—

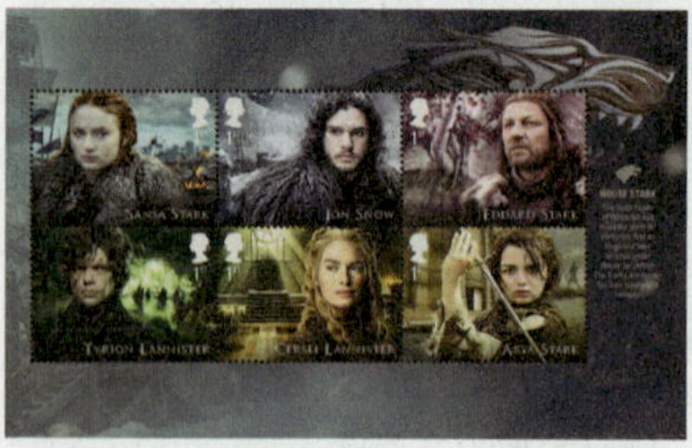

H-Blatt 452 mit MiNr. 4141–4143, 4146–4148 18,—

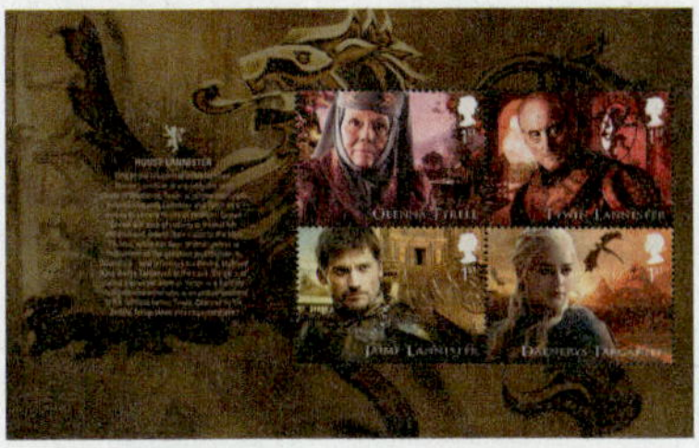

H-Blatt 453 mit MiNr. 4144–4145, 4149–4150 12,—

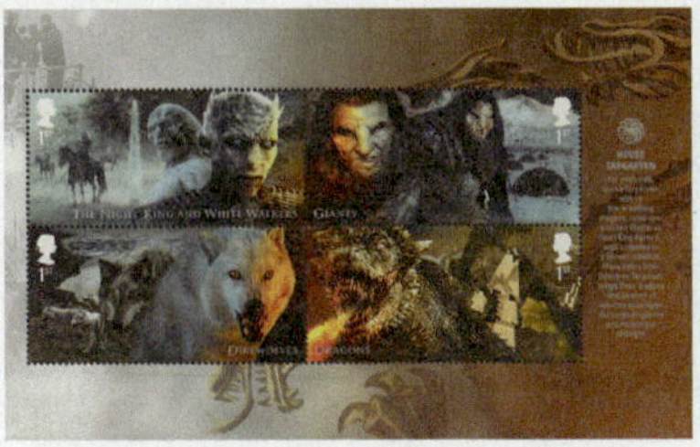

H-Blatt 454 mit MiNr. 4166–4169 12,—

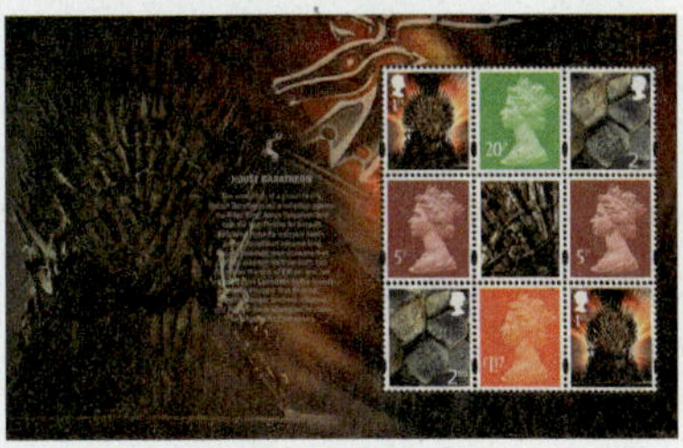

H-Blatt 455 mit MiNr. 3432 Su, 3434 Su, 4170-4171, Nordirland MiNr. 86 18,—

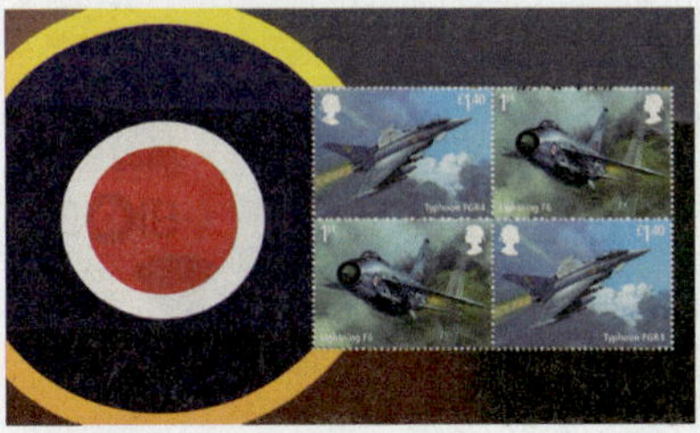

H-Blatt 456 mit MiNr. 4180, 4183 14,—

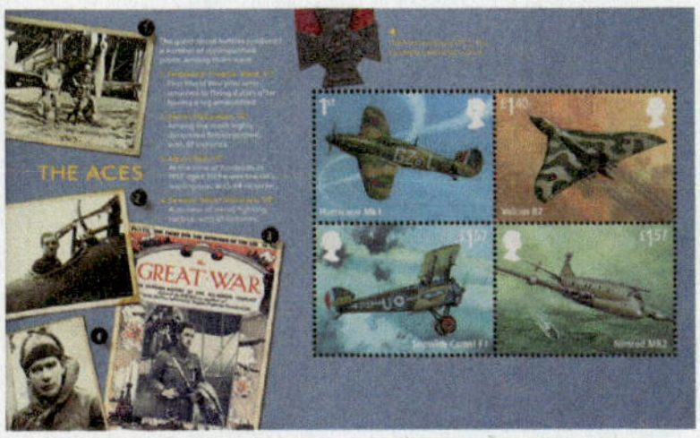

H-Blatt 457 mit MiNr. 4181–4182, 4184–4185 18,—

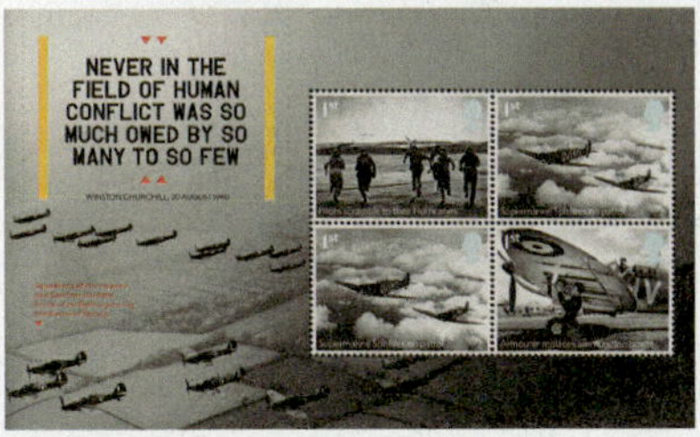

H-Blatt 458 mit MiNr. 3762–3764 12,—

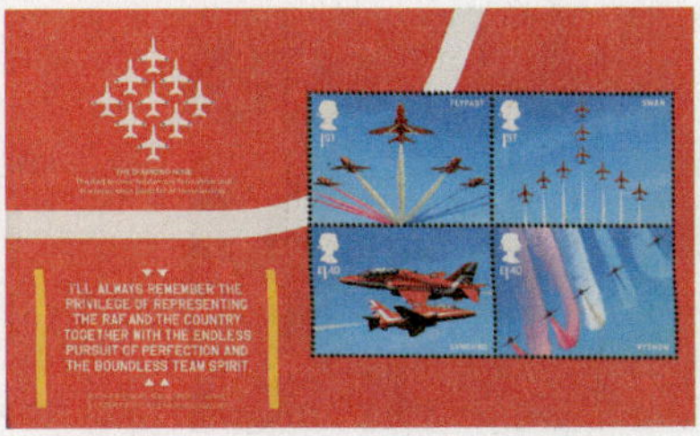

H-Blatt 459 mit MiNr. 4186–4189 14,—

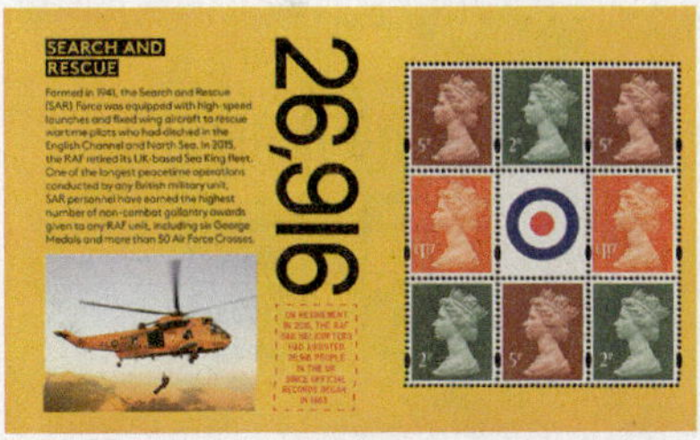

H-Blatt 460 mit MiNr. 3432 Su, 3474, 4171 13,—

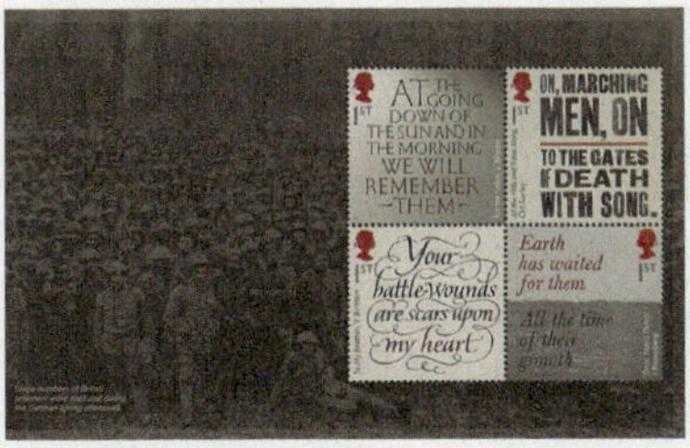

H-Blatt 461 mit MiNr. 3629, 3740, 3894, 4075 12,—

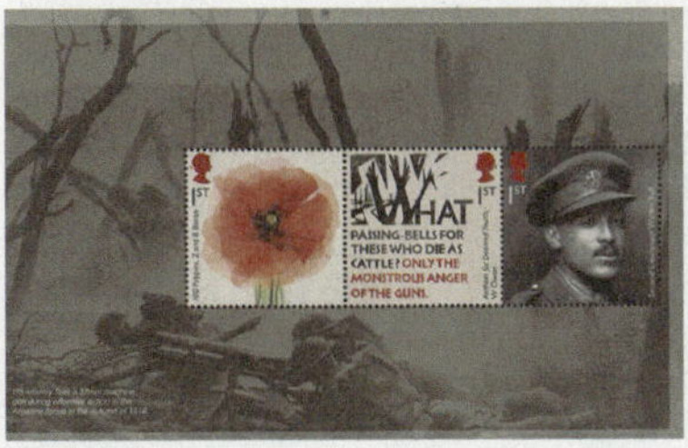

H-Blatt 462 mit MiNr. 4262–4264 9,—

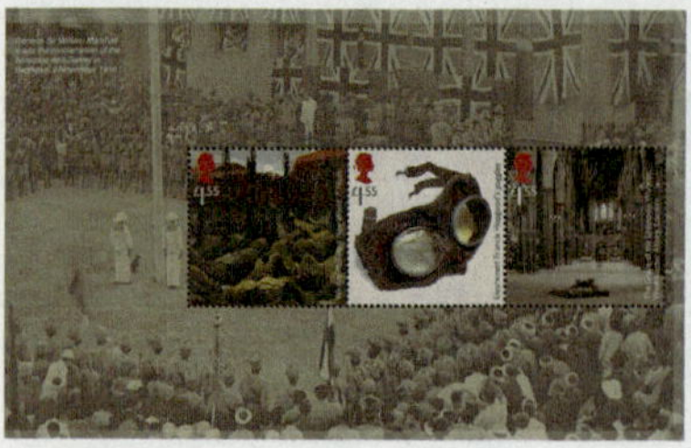

H-Blatt 463 mit MiNr. 4265–4267 14,—

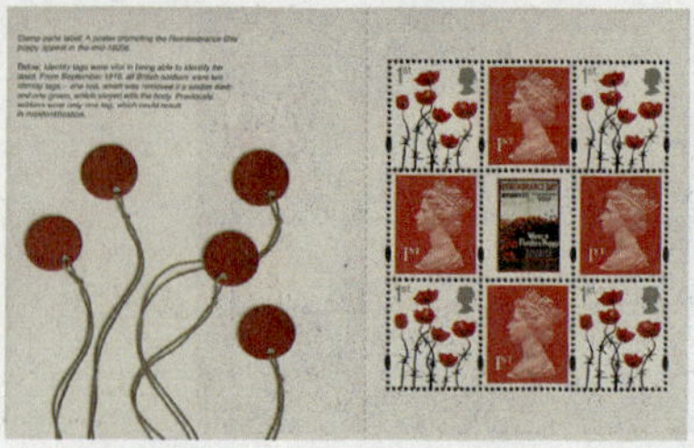

H-Blatt 464 mit MiNr. 2870, 3475 22,—

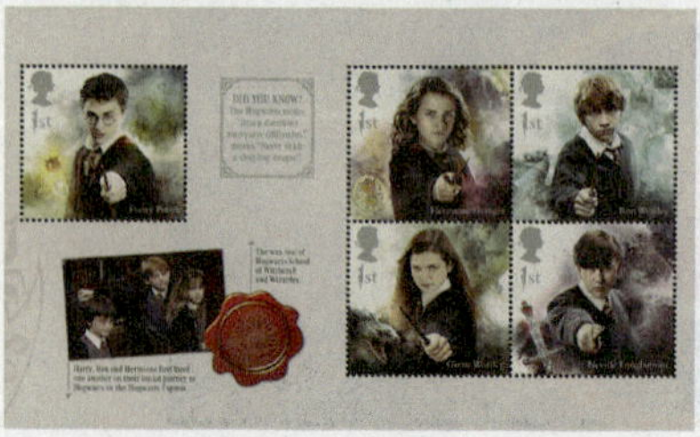

H-Blatt 465 mit MiNr. 4270, 4272, 4274, 4276, 4278 15,—

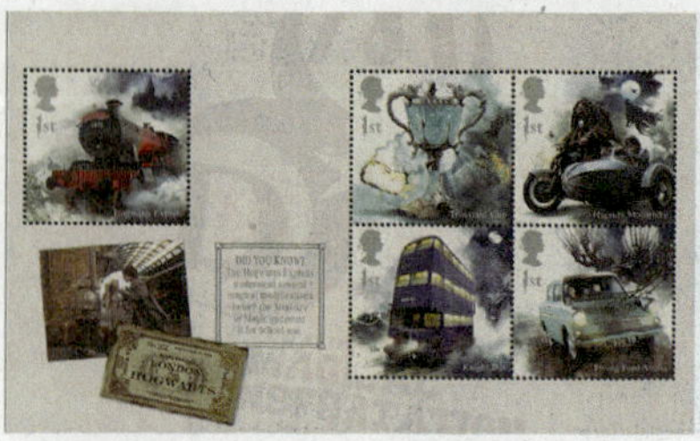

H-Blatt 466 mit MiNr. 4271, 4273, 4275, 4277, 4279 15,—

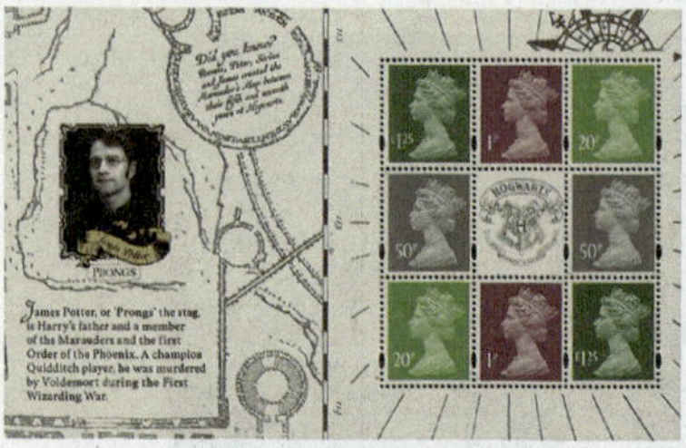

H-Blatt 467 mit MiNr. 3434 Su, 3473, 3525 Su, 4317 16,—

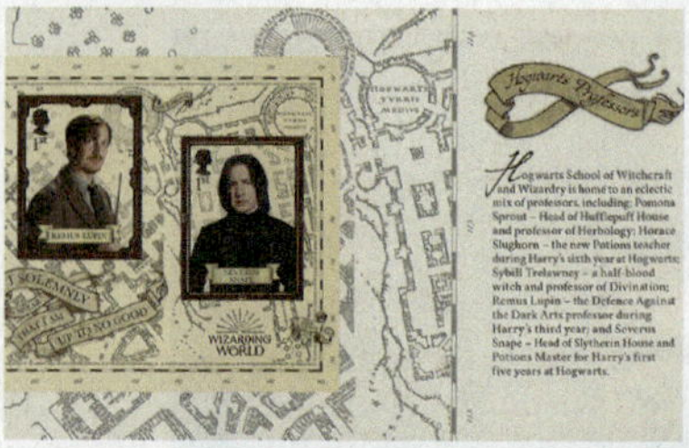

H-Blatt 468 mit MiNr. 4283–4284 6,—

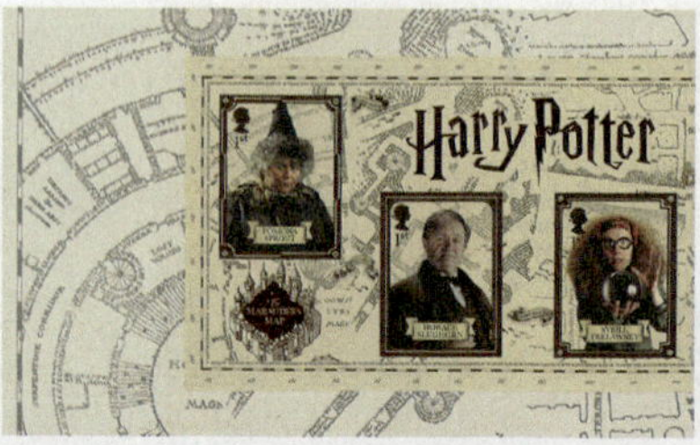

H-Blatt 469 mit MiNr. 4280–4282 9,—

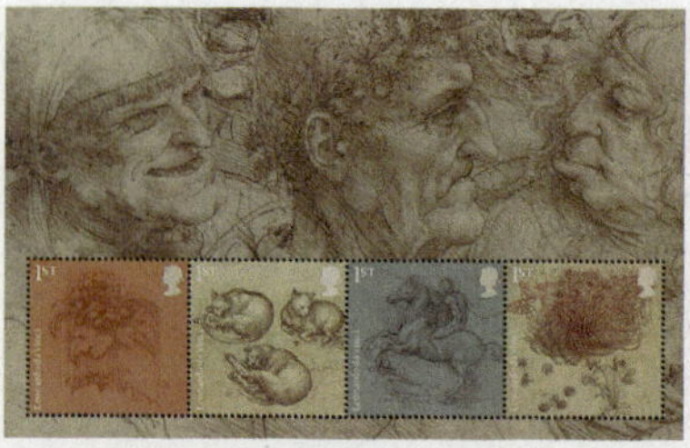

H-Blatt 470 mit MiNr. 4325–4327, 4334 12,—

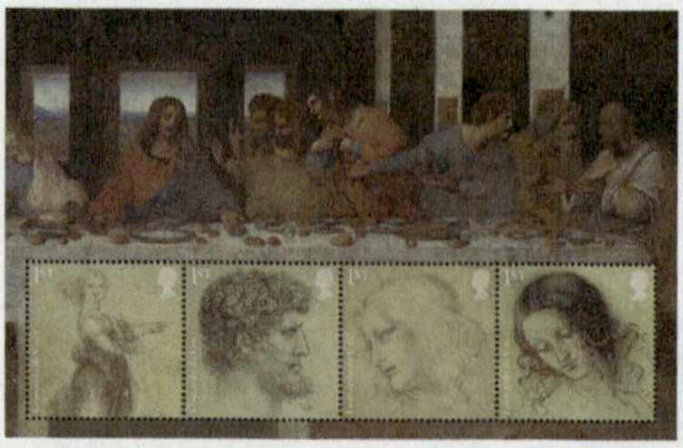

H-Blatt 471 mit MiNr. 4329–4330, 4332–4333 12,—

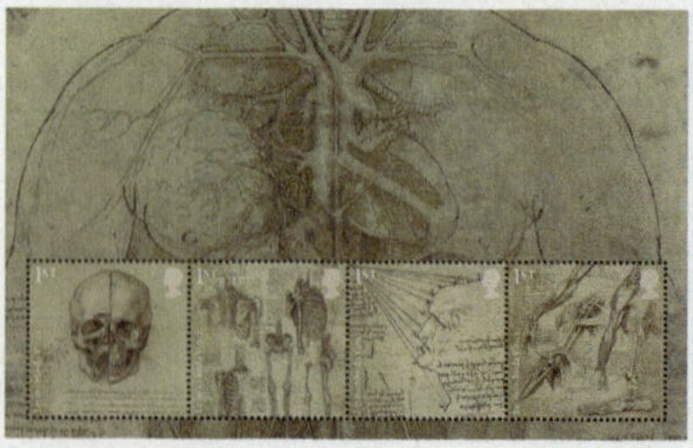

H-Blatt 472 mit MiNr. 4324, 4328, 4331, 4335 12,—

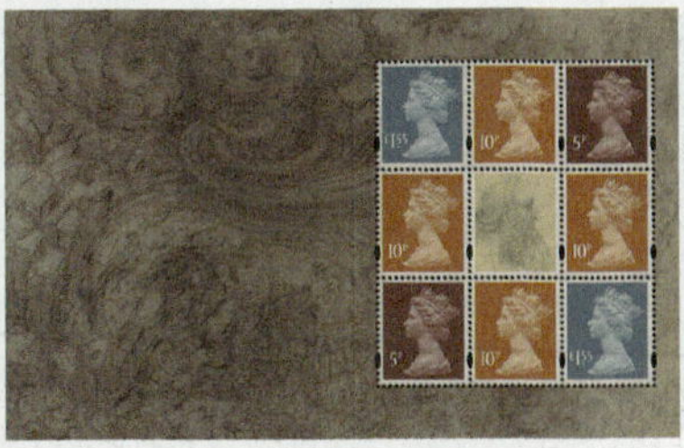

H-Blatt 473 mit MiNr. 3432 Su–3433 Su, 4336 18,—

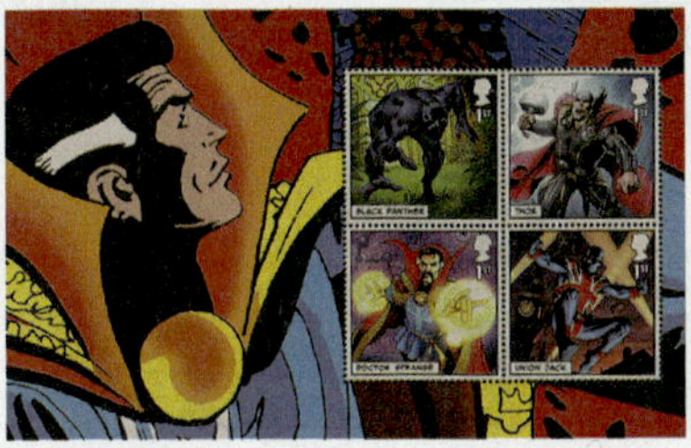

H-Blatt 474 mit MiNr. 4340, 4344–4346 12,—

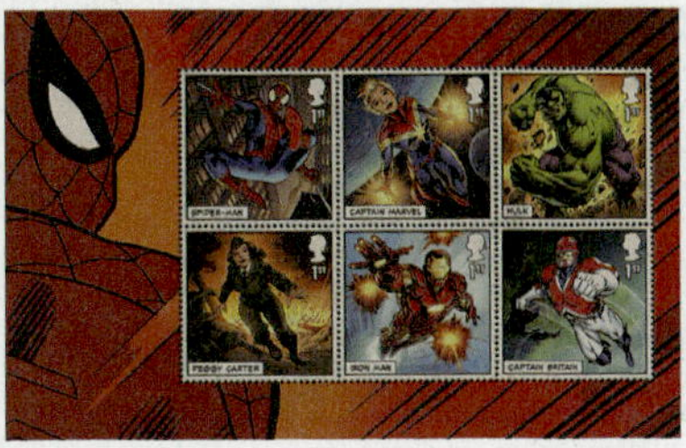

H-Blatt 475 mit MiNr. 4337–4339, 4341–4343 18,—

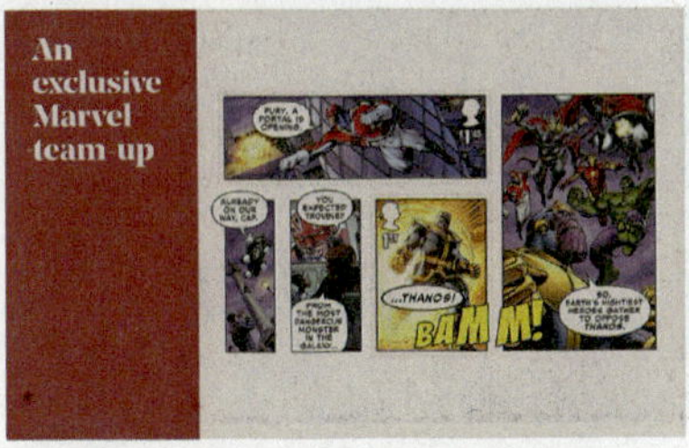

H-Blatt 476 mit MiNr. 4348, 4351 7,—

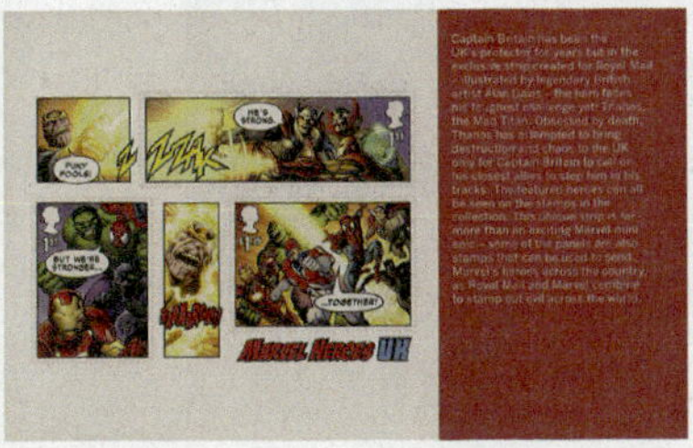

H-Blatt 477 mit MiNr. 4347,4349–4350 10,—

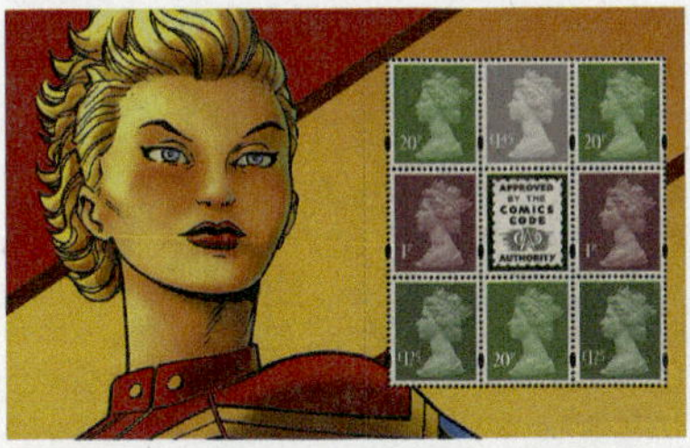

H-Blatt 478 mit MiNr. 3434 Su, 3473, 4317, 4362 18,—

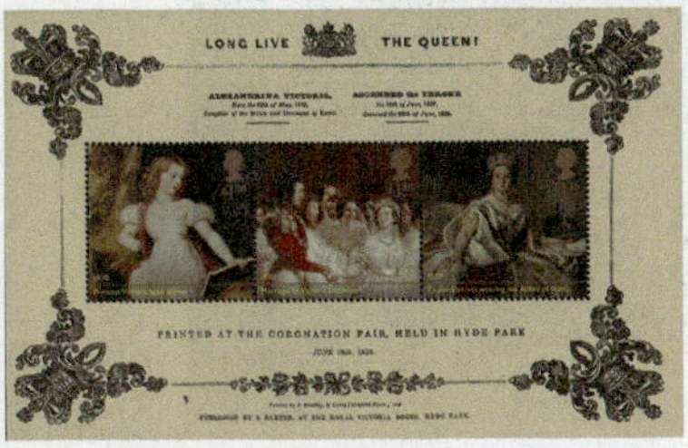

H-Blatt 479 mit MiNr. 4394–4396 14,—

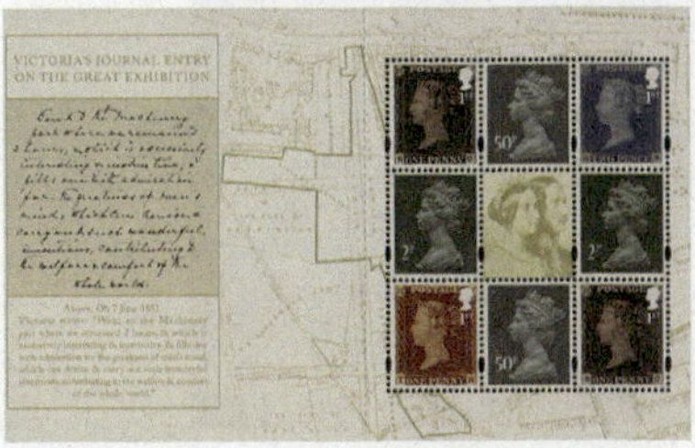

H-Blatt 480 mit MiNr. 3474, 3525 Su, 3735–3736, 3853 16,—

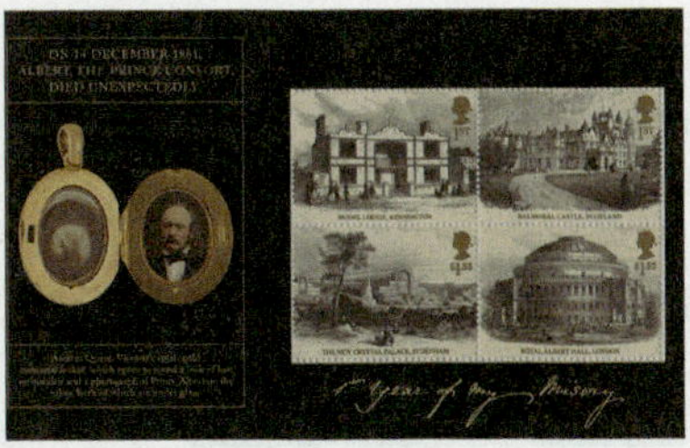

H-Blatt 481 mit MiNr. 4397–4400 16,—

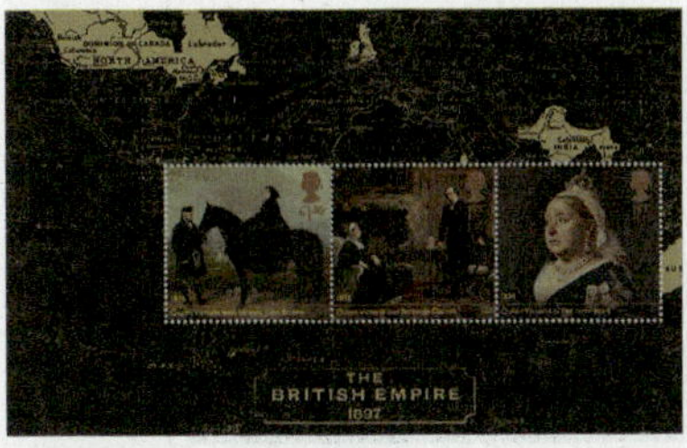

H-Blatt 482 mit MiNr. 4391–4393 10,—

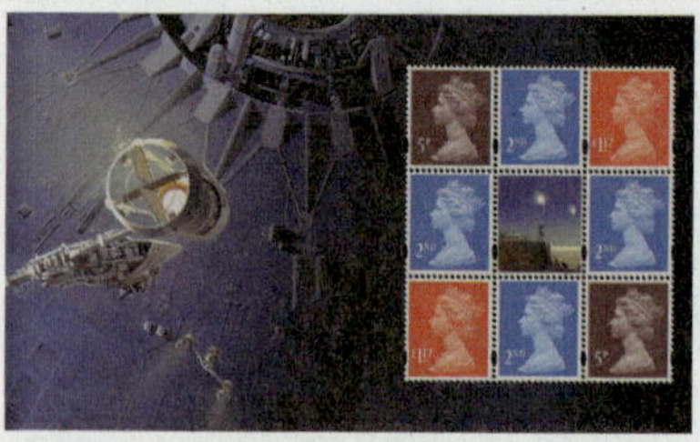

H-Blatt 483 mit MiNr. 3432 Su, 3833, 4171 20,—

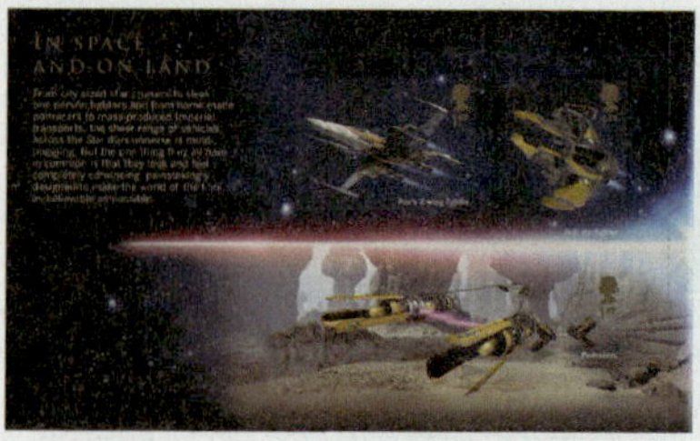

H-Blatt 484 mit MiNr. 4500–4501, 4504 9,—

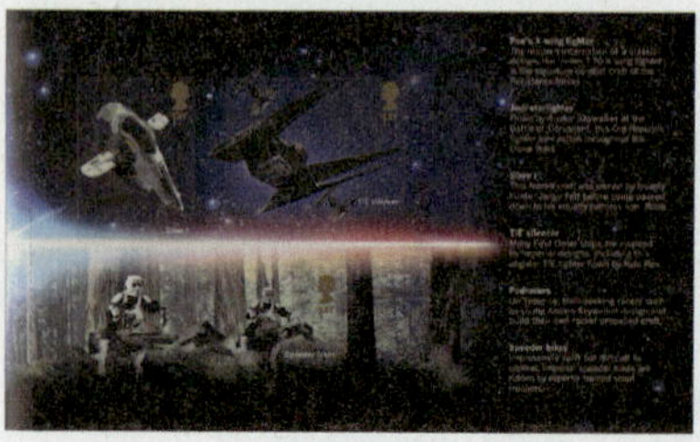

H-Blatt 485 mit MiNr. 4502–4503, 4505 9,—

H-Blatt 486 mit MiNr. 4491, 4495–4496, 4499 12,—

H-Blatt 487 mit MiNr. 4490, 4492–4494, 4497–4498 18,—

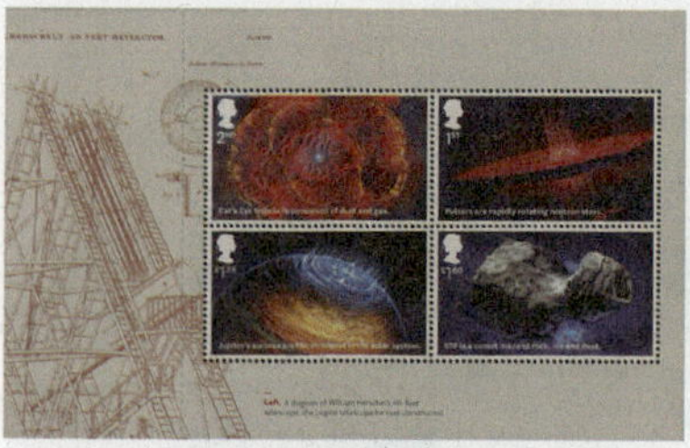

H-Blatt 488 mit MiNr. 4532, 4534, 4536, 4538 14,—

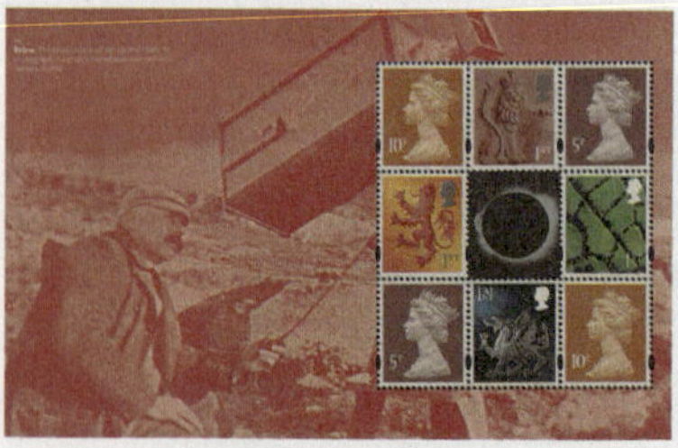

H-Blatt 489 mit MiNr. 3432 Su–3433 Su,
England MiNr. 44, Nordirland MiNr. 127,
Schottland MiNr. 125, Wales MiNr. 124 12,—

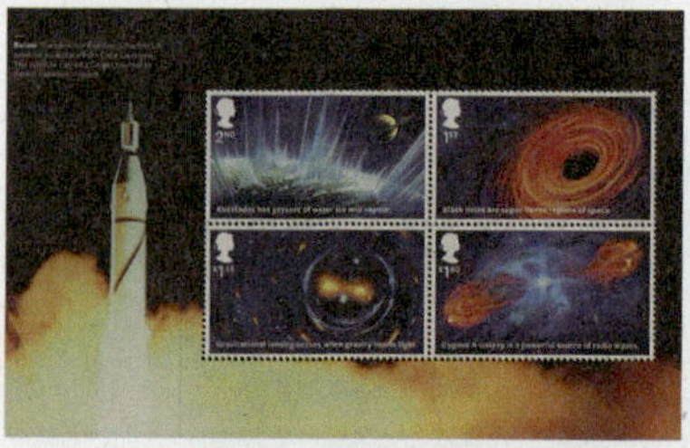

H-Blatt 490 mit MiNr. 4533, 4535, 4537, 4539 14,—

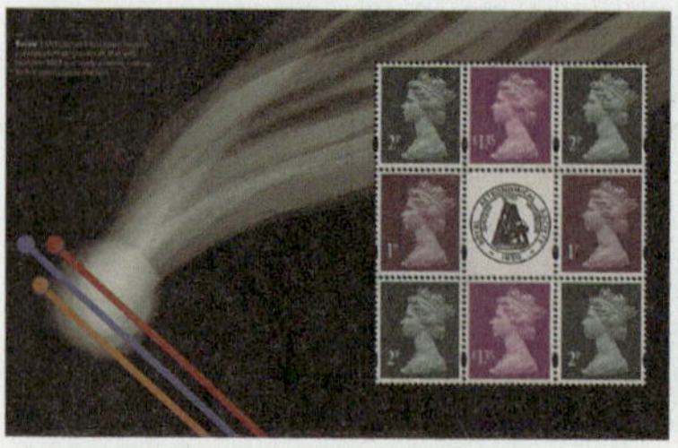

H-Blatt 491 mit MiNr. 3473–3474, 4540 17,—

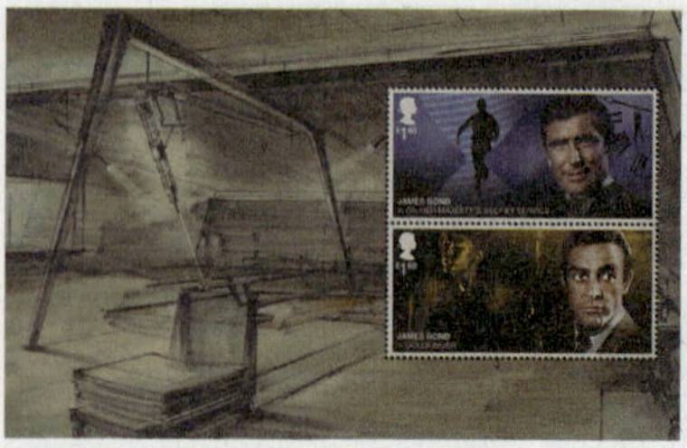

H-Blatt 492 mit MiNr. 4545–4546 10,—

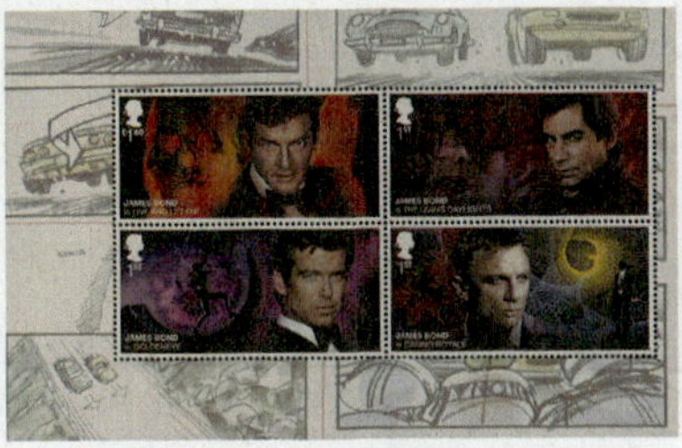

H-Blatt 493 mit MiNr. 4541–4544 14,—

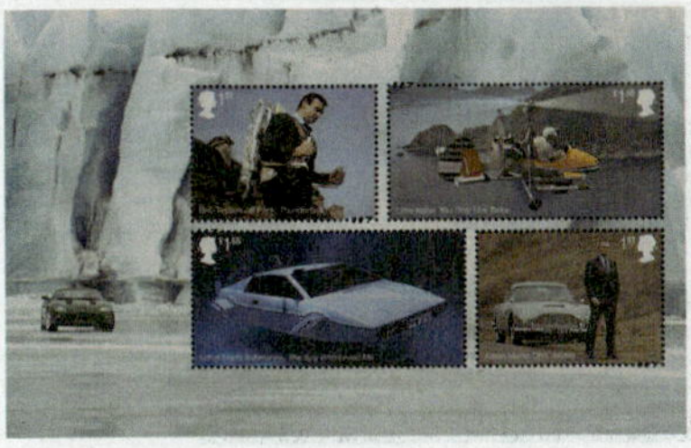

H-Blatt 494 mit MiNr. 4547–4550 15,—

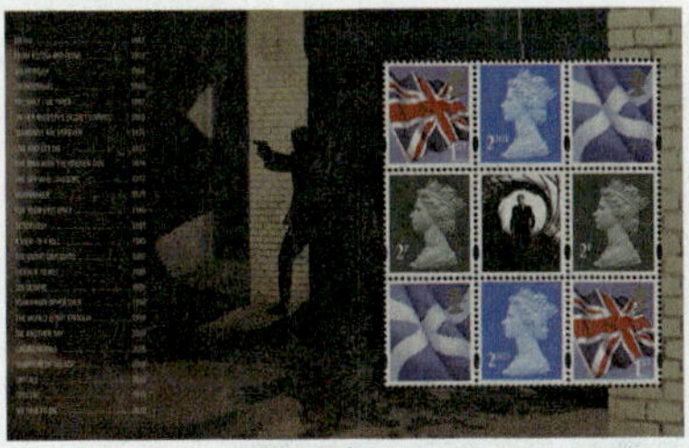

H-Blatt 495 mit MiNr. 3474, 3833–3834, Schottland MiNr. 124 18,—

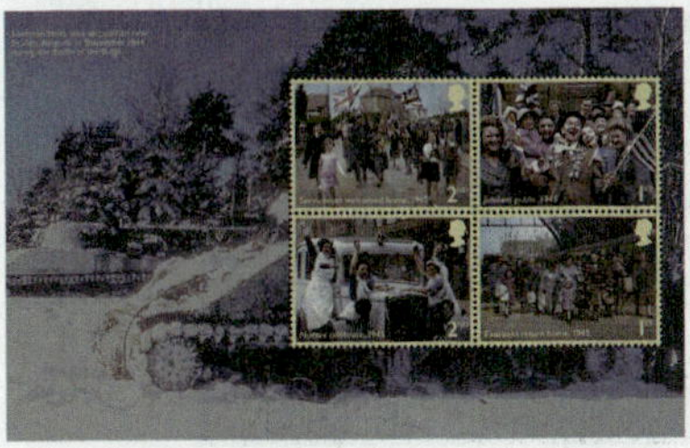

H-Blatt 496 mit MiNr. 4570–4573 10,—

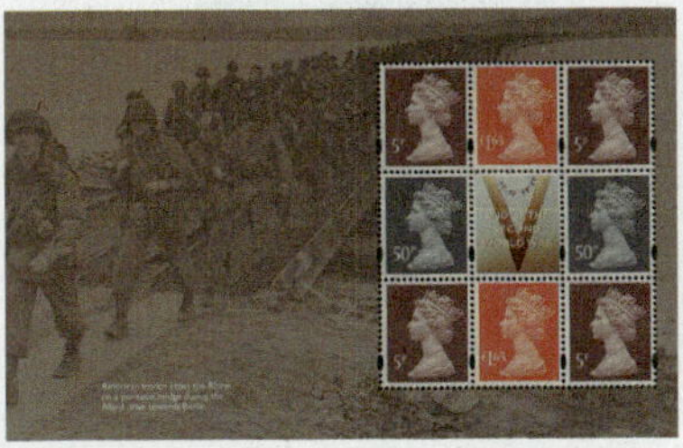

H-Blatt 497 mit MiNr. 3432 Su, 3525 Su, 4582 17,—

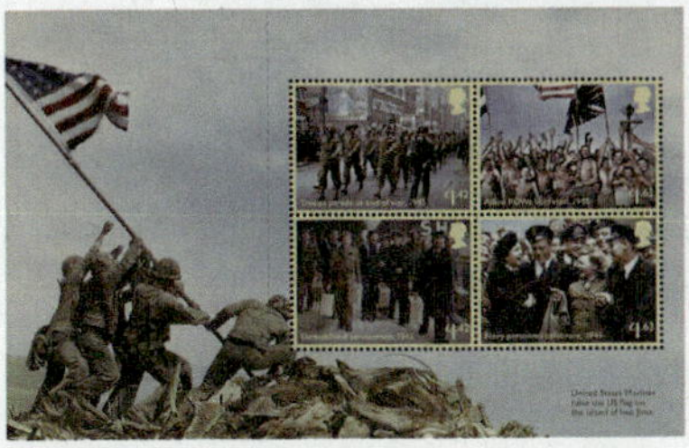

H-Blatt 498 mit MiNr. 4574–4577 18,—

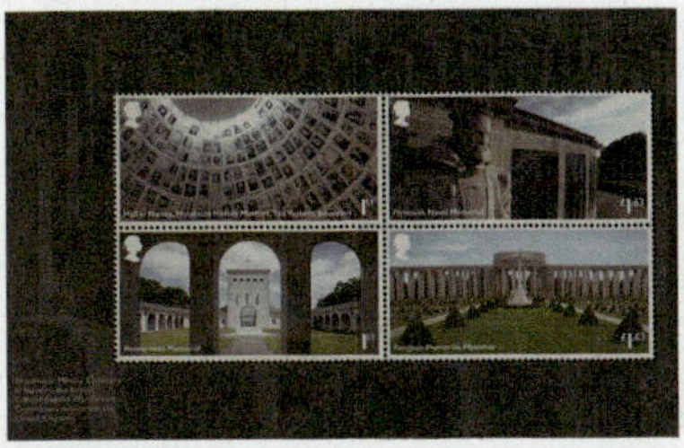

H-Blatt 499 mit MiNr. 4578–4581 15,—

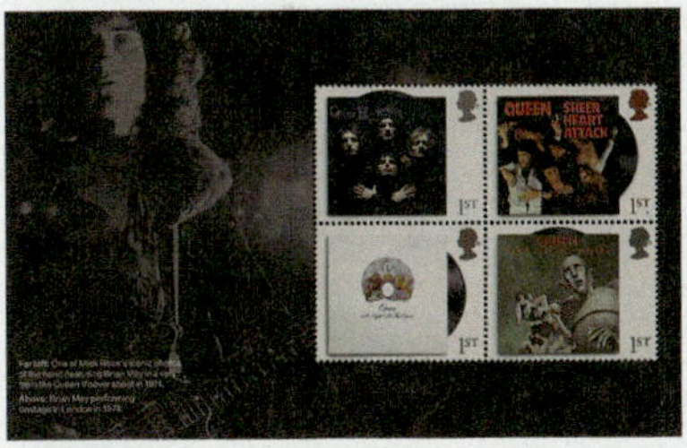

H-Blatt 500 mit MiNr. 4605–4608 12,—

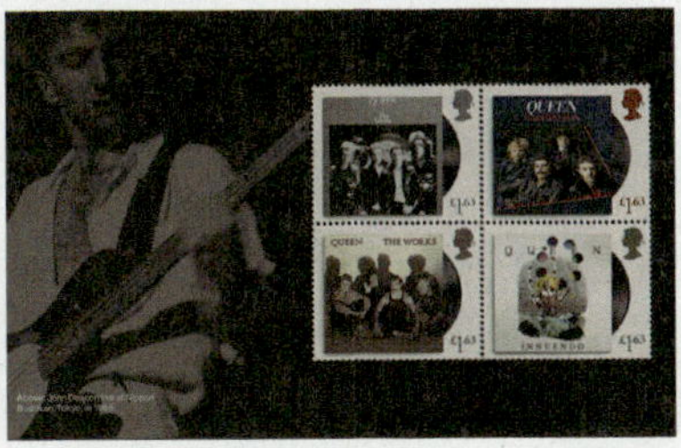

H-Blatt 501 mit MiNr. 4609–4612 18,—

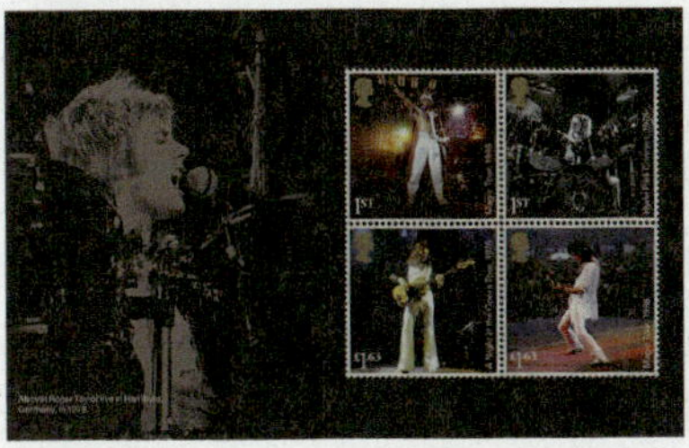

H-Blatt 502 mit MiNr. 4613–4614, 4616–4617 15,—

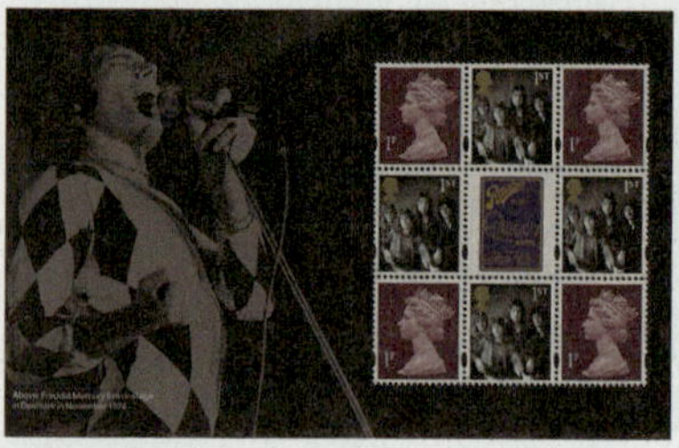

H-Blatt 503 mit MiNr. 3473, 4615 12,—

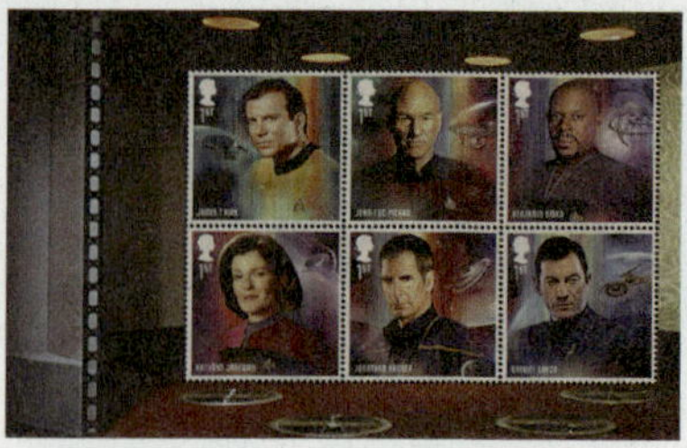

H-Blatt 504 mit MiNr. 4685–4690 18,—

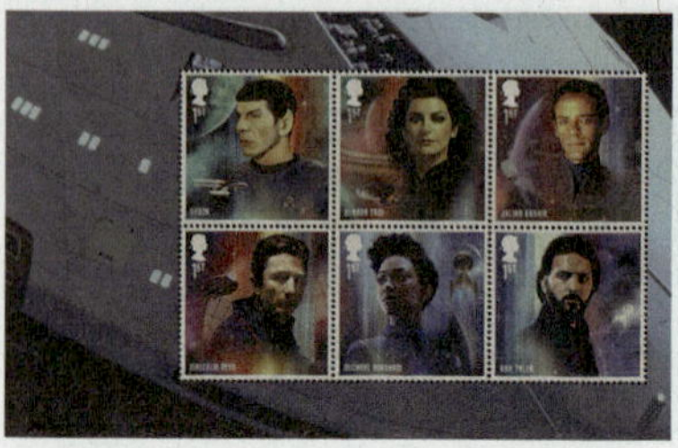

H-Blatt 505 mit MiNr. 4691–4696 18,—

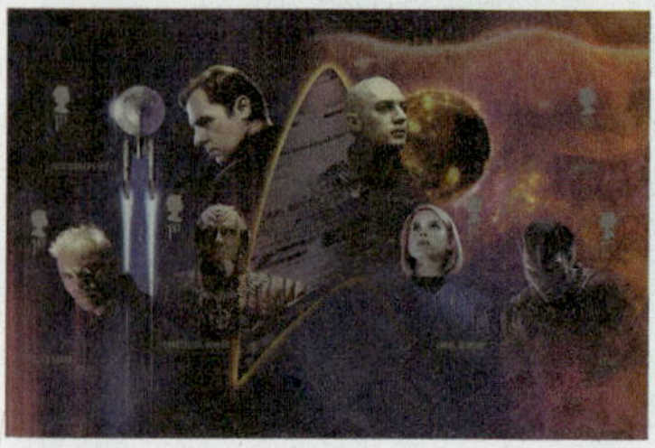

H-Blatt 506 mit MiNr. 4697–4702 18,—

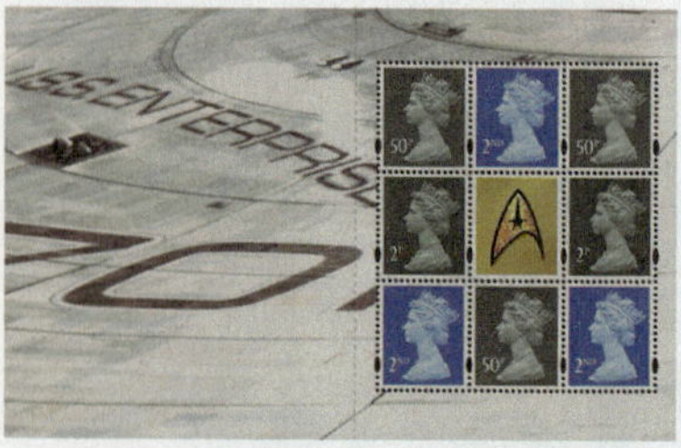

H-Blatt 507 mit MiNr. 3474, 3525 Su, 3833 15,—

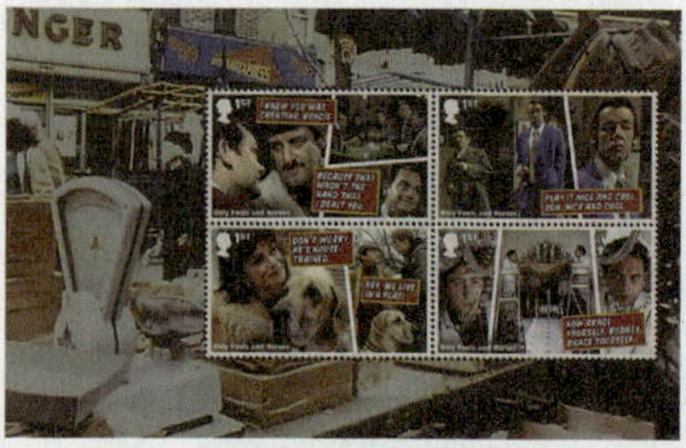

H-Blatt 508 mit MiNr. 4728–4731 12,—

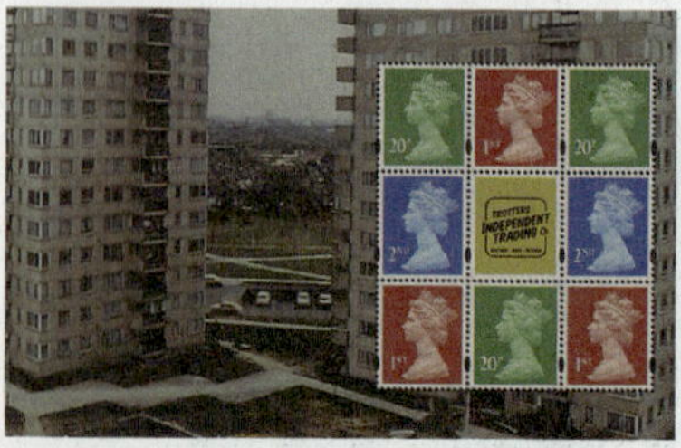

H-Blatt 509 mit MiNr. 3434 Su, 3833, 4008 16,—

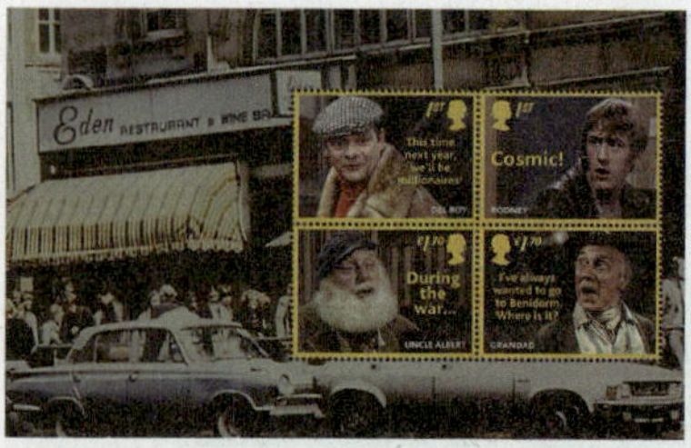

H-Blatt 510 mit MiNr. 4736–4739 16,—

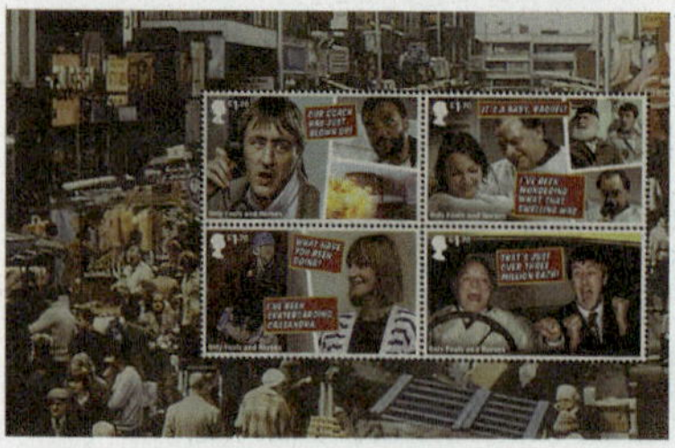

H-Blatt 511 mit MiNr. 4732–4735 20,—

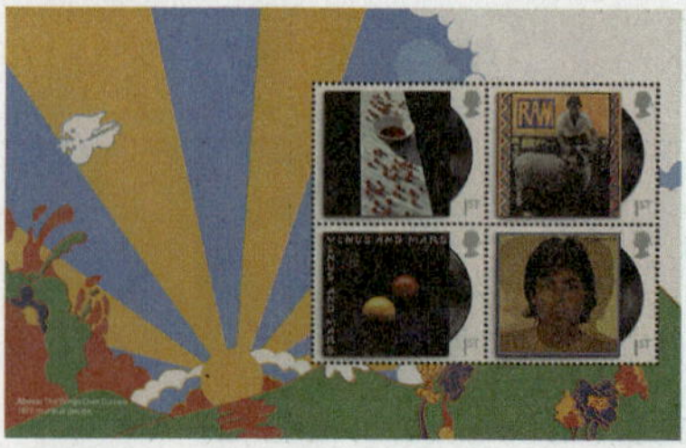

H-Blatt 512 mit MiNr. 4767–4770 12,—

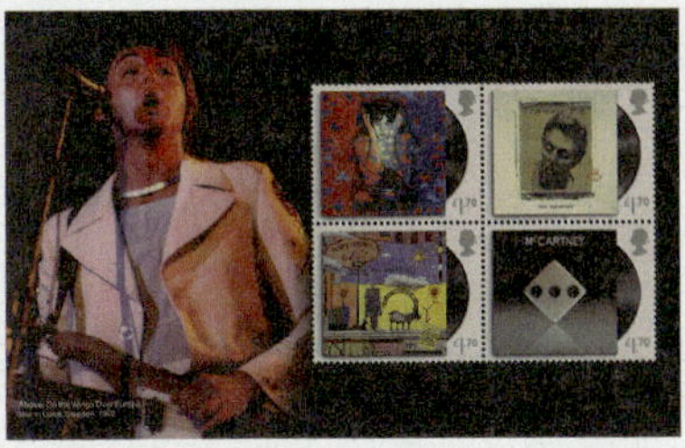

H-Blatt 513 mit MiNr. 4771–4774 20,—

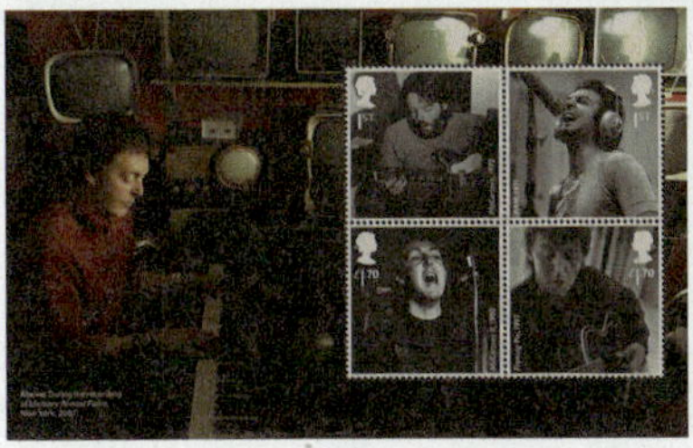

H-Blatt 514 mit MiNr. 4775–4778 16,—

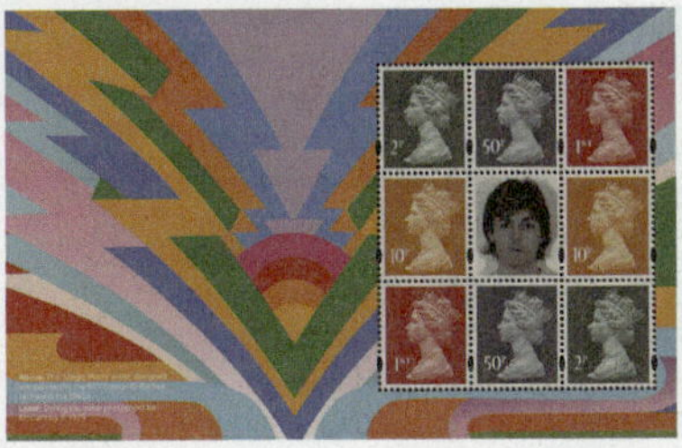

H-Blatt 515 mit MiNr. 3433 Su, 3474, 3525 Su, 4008 12,—

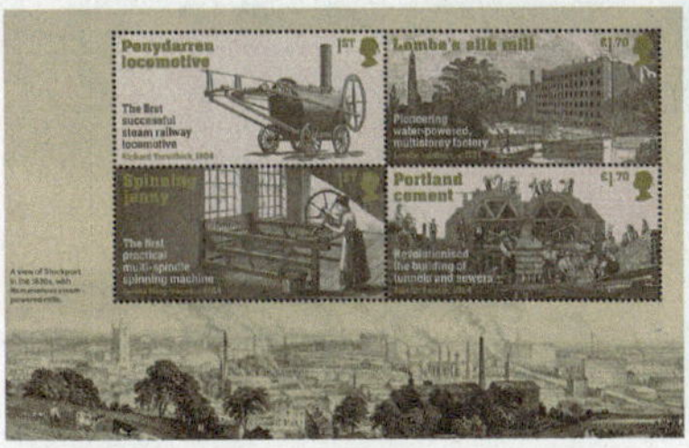

H-Blatt 516 mit MiNr. 4821–4824 16,—

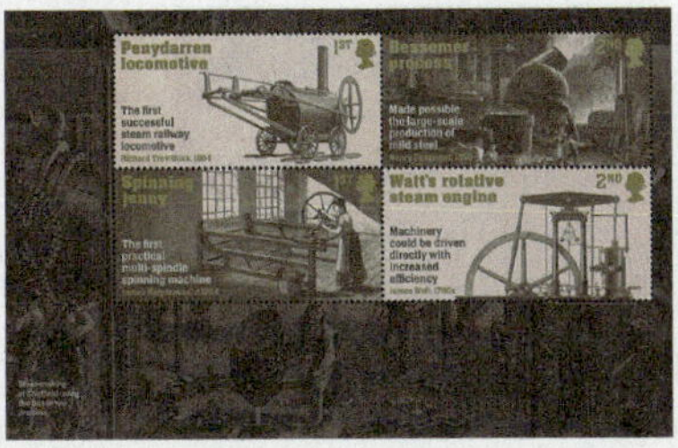

H-Blatt 517 mit MiNr. 4819–4822 10,—

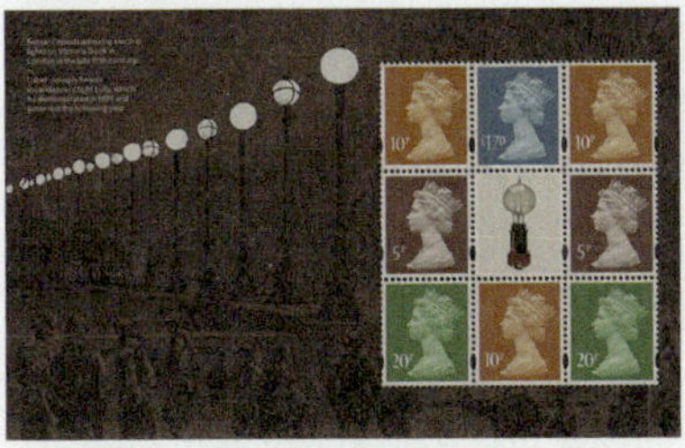

H-Blatt 518 mit MiNr. 3432 Su–3434 Su, 4829 17,—

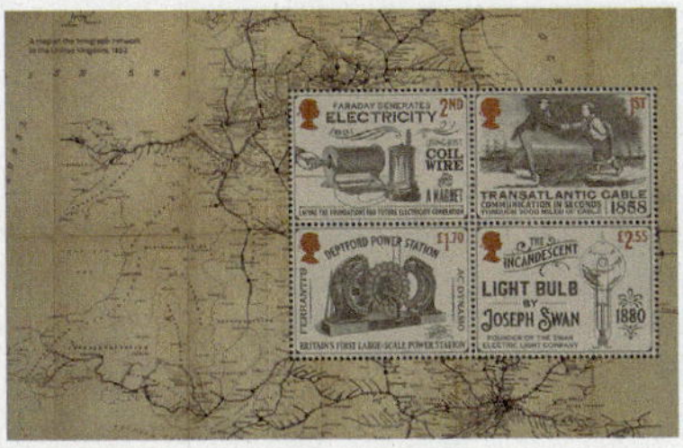

H-Blatt 519 mit MiNr. 4825–4828 17,—

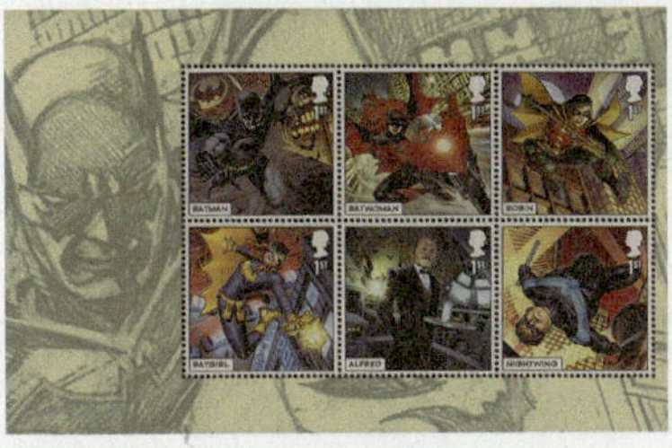

H-Blatt 520 mit MiNr. 4842–4847 18,—

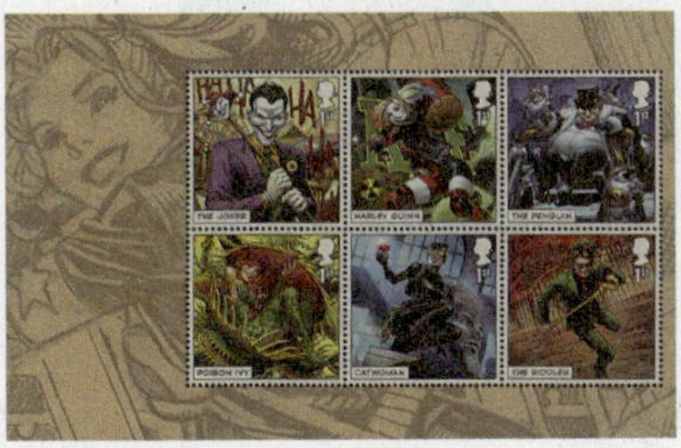

H-Blatt 521 mit MiNr. 4848–4853 18,—

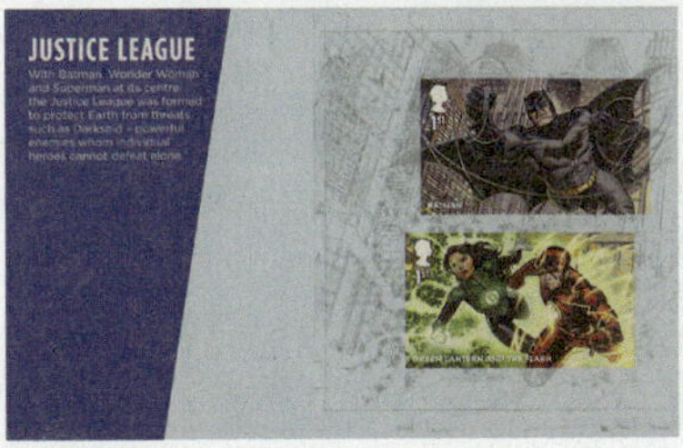

H-Blatt 522 mit MiNr. 4854 I, 4857 I 6,—

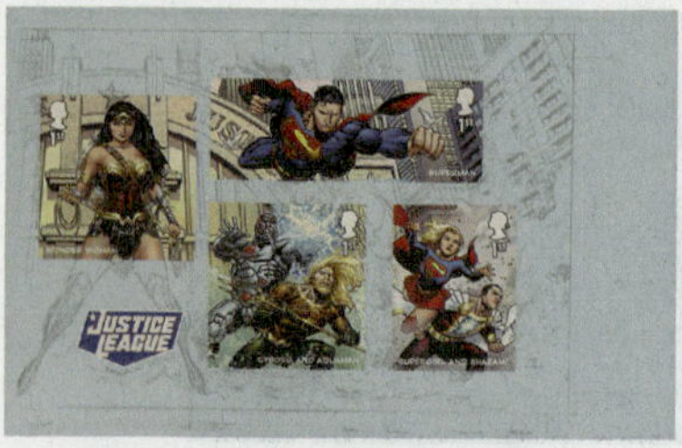

H-Blatt 523 mit MiNr. 4855 I–4856 I, 4858 I–4859 I 12,—

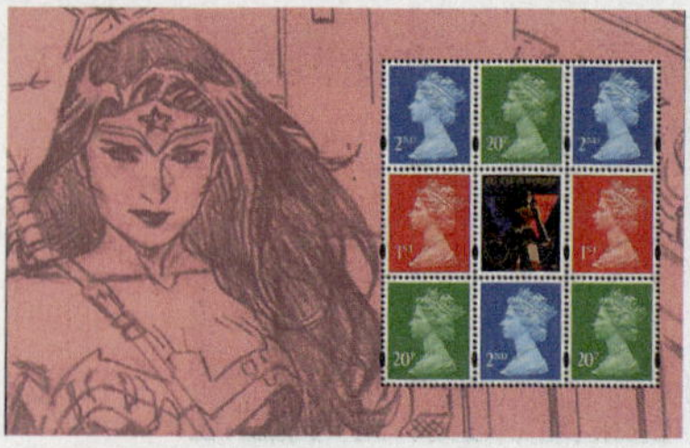

H-Blatt 524 mit MiNr. 3434 Su, 3833, 4008 16,—

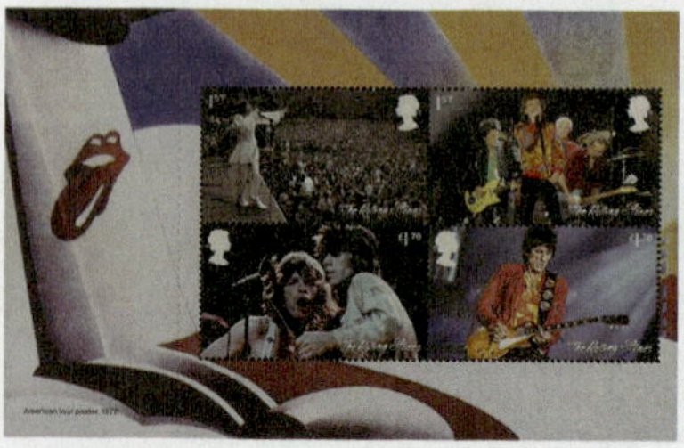

H-Blatt 525 mit MiNr. 4888–4889, 4892–4893 16,—

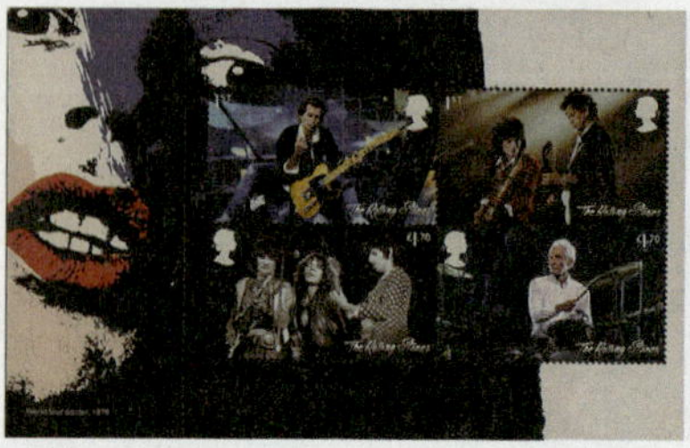

H-Blatt 526 mit MiNr. 4890–4891, 4894–4895 16,—

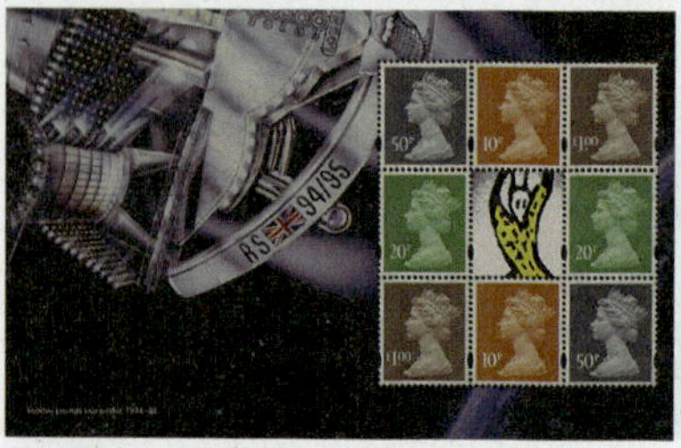

H-Blatt 527 mit MiNr. 3425, 3433–3434, 3600 15,—

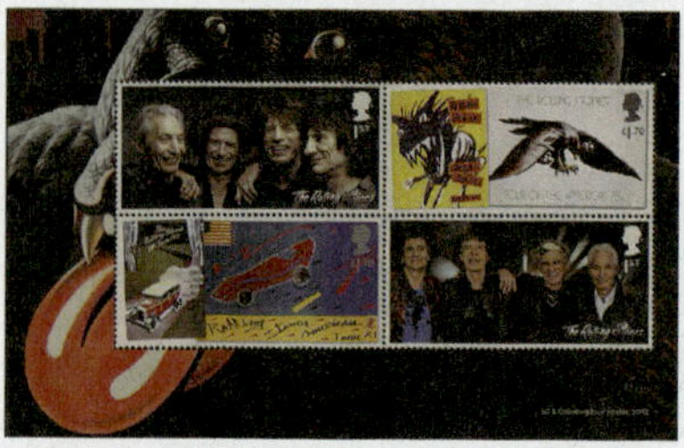

H-Blatt 528 mit 4896–4899 16,—

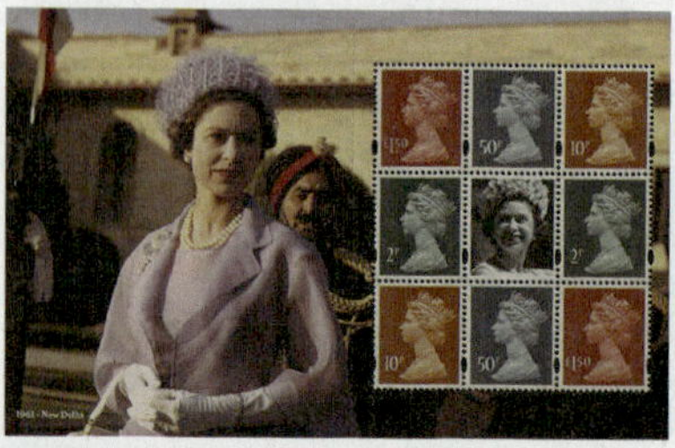

H-Blatt 529 mit MiNr. 3433, 3474, 3525, 4920 17,—

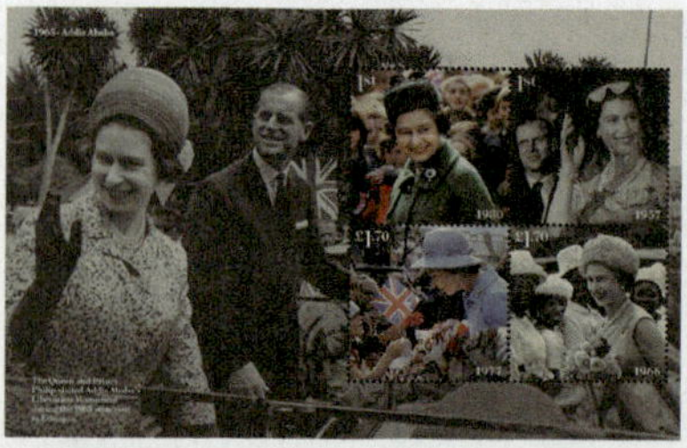

H-Blatt 530 mit MiNr. 4913–4914, 4917–4918 16,—

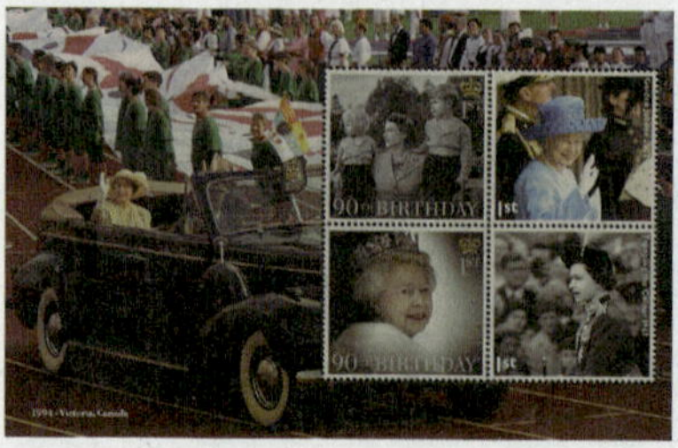

H-Blatt 531 mit MiNr. 3263–3264, 3873–3874 12,—

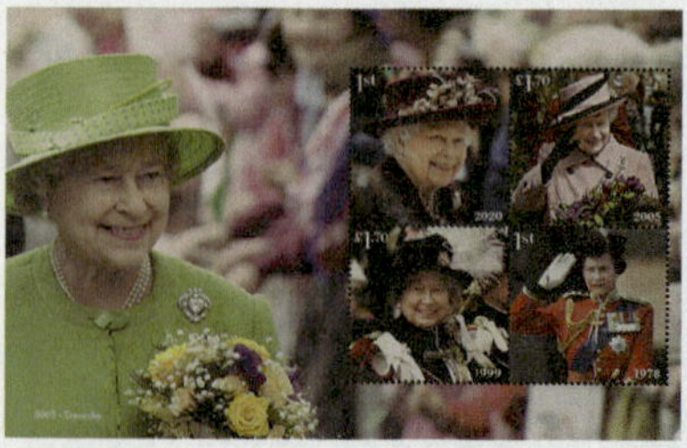

H-Blatt 532 mit MiNr. 4912, 4915–4916, 4919 16,—

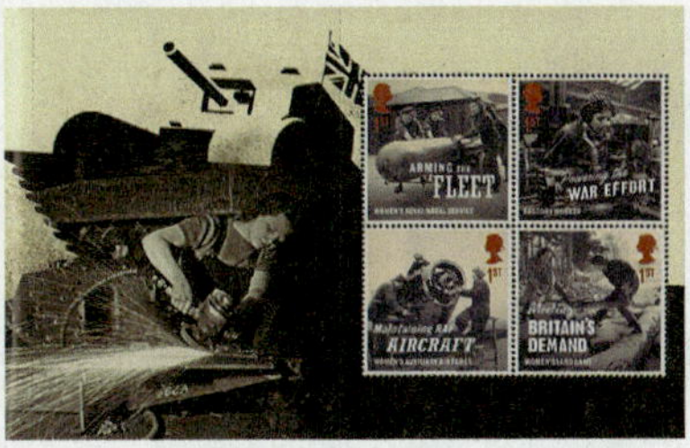

H-Blatt 533 mit MiNr. 4972–4973, 4977–4978 14,—

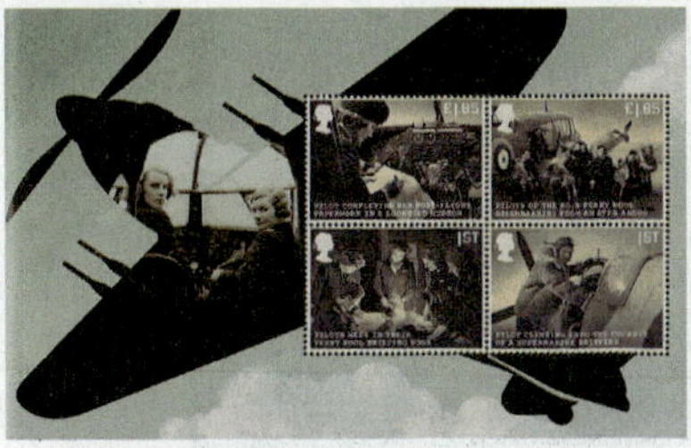

H-Blatt 534 mit MiNr. 4979–4982 16,—

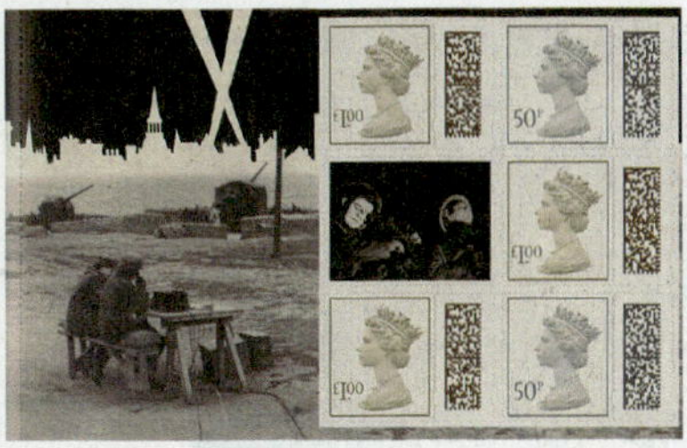

H-Blatt 535 mit MiNr. 4950–4951 12,—

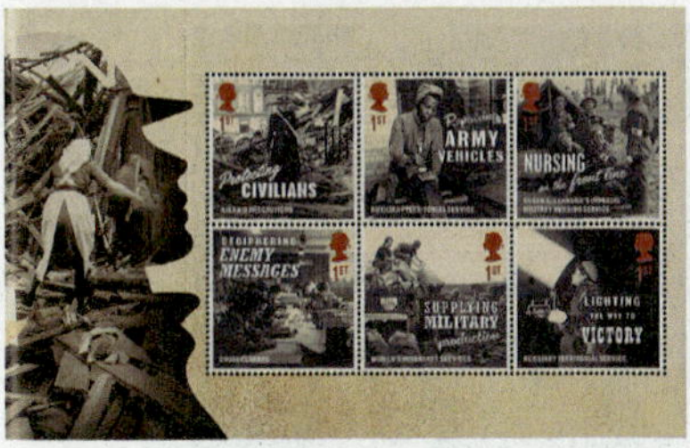

H-Blatt 536 mit MiNr. 4969–4971, 4974–4976 20,—

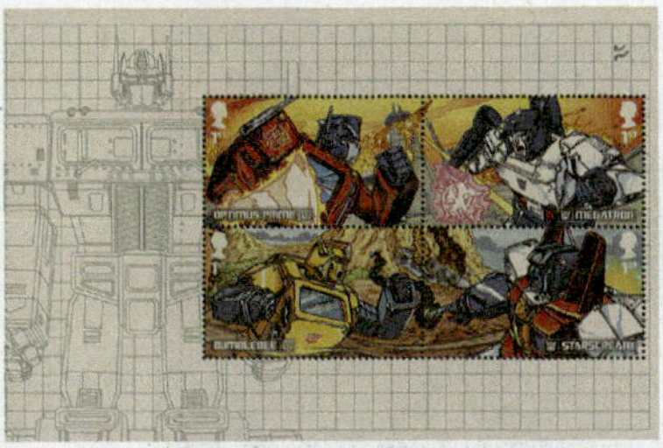

H-Blatt 537 mit MiNr. 5023–5026 12,—

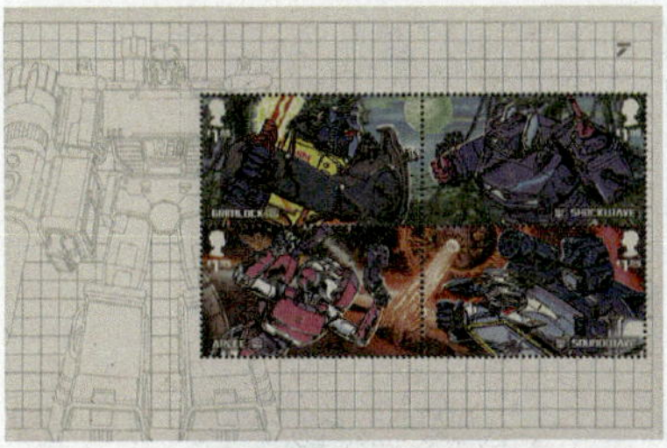

H-Blatt 538 mit MiNr. 5027–5030 22,—

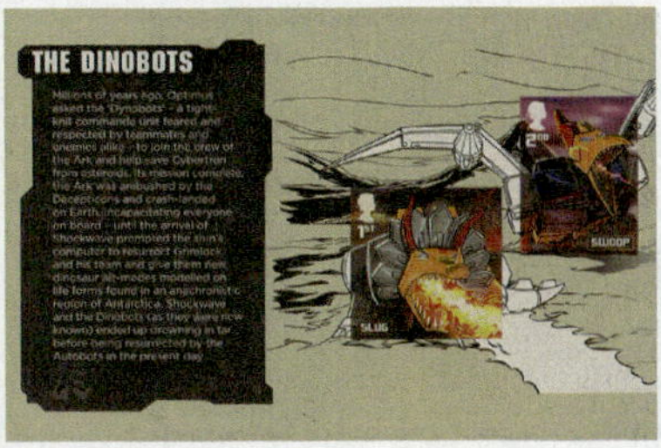

H-Blatt 539 mit MiNr. 5031–5032 6,—

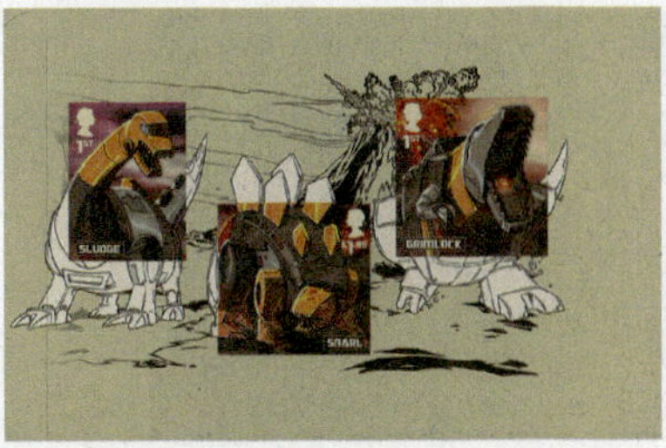

H-Blatt 540 mit MiNr. 5033–5035 11,—

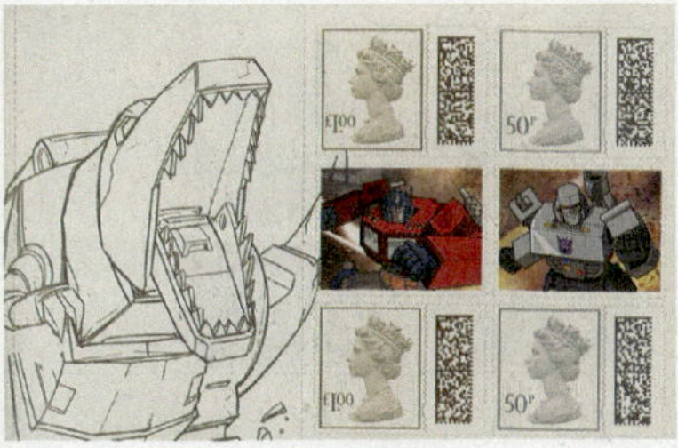

H-Blatt 541 mit MiNr. 4950–4951 10,—

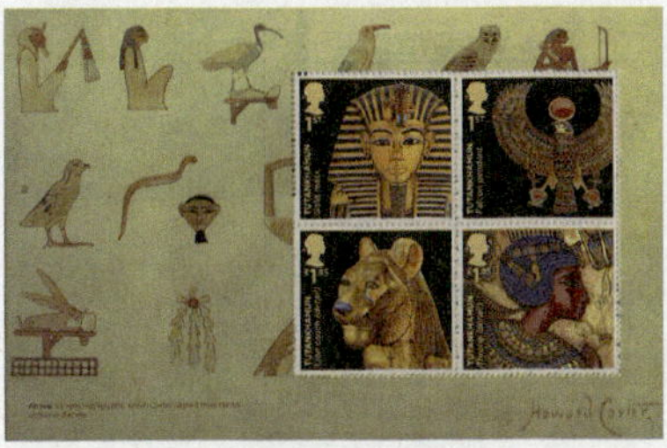

H-Blatt 542 mit MiNr. 5080–5083 16,—

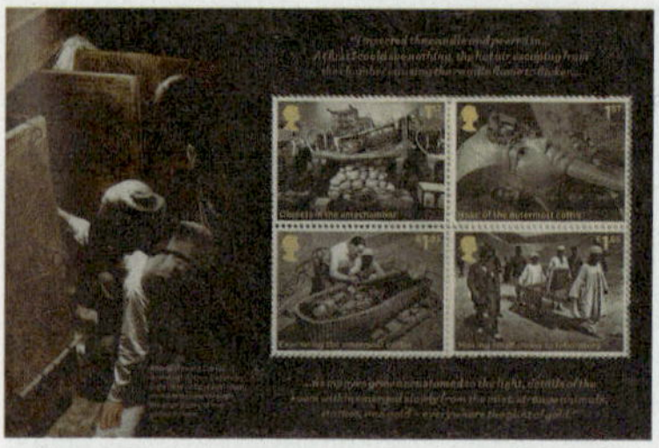

H-Blatt 543 mit MiNr. 5086–5089 16,—

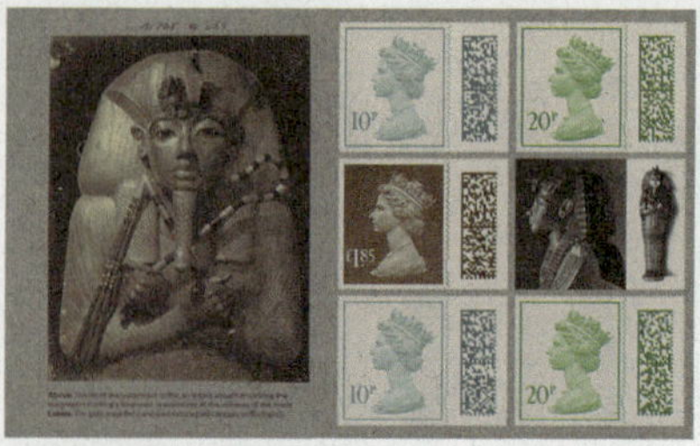

H-Blatt 544 mit MiNr. 5090–5092 9,—

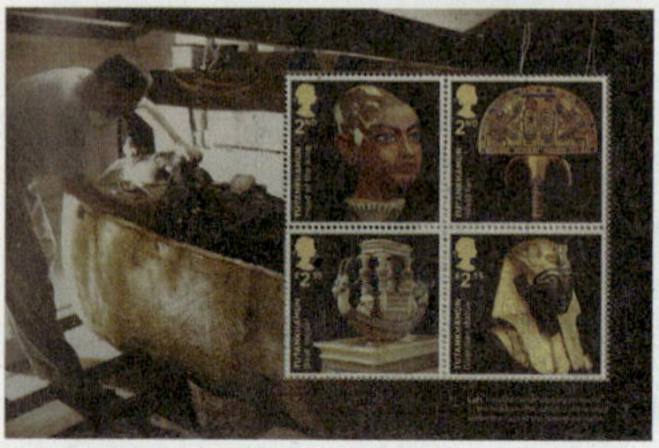

H-Blatt 545 mit MiNr. 5078–5079, 5084–5085 19,—

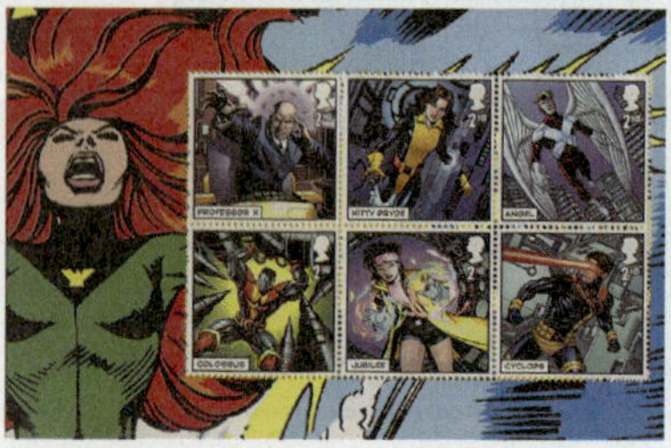

H-Blatt 546 mit MiNr. 5113–5118 14,—

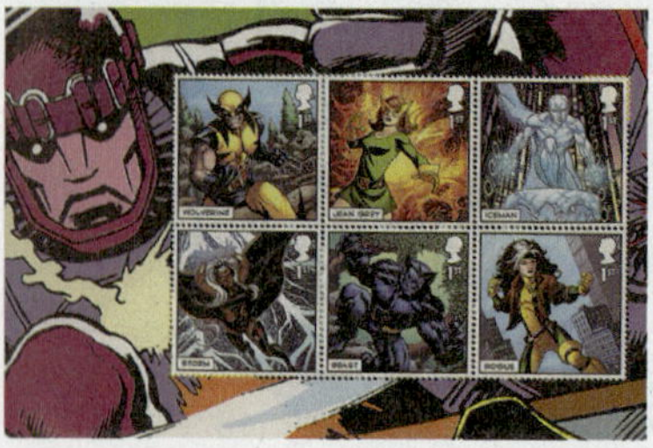

H-Blatt 547 mit MiNr. 5119–5124 16,—

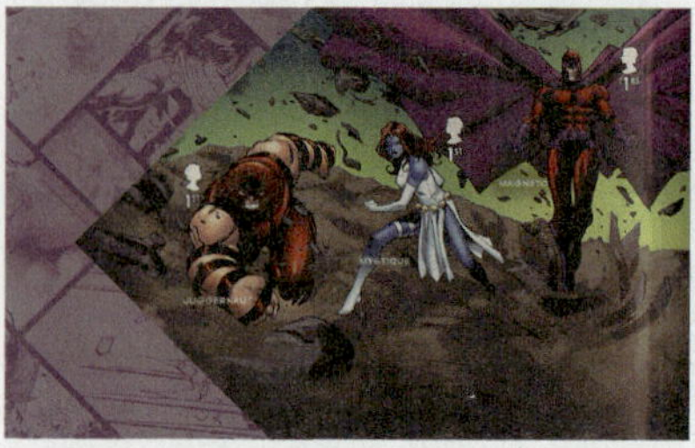

H-Blatt 548 mit MiNr. 5125–5126, 5129 11,—

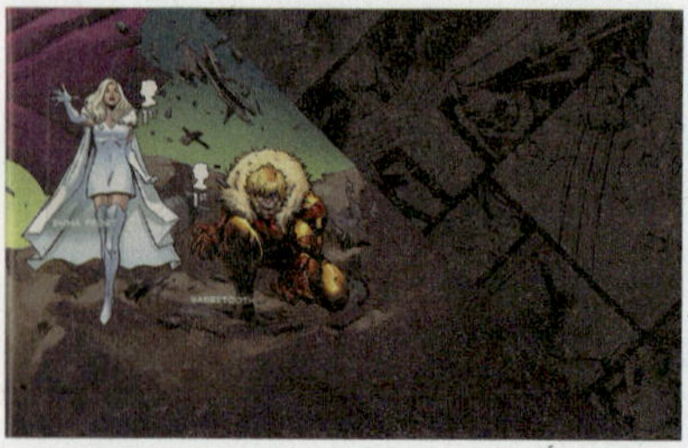

H-Blatt 549 mit MiNr. 5126–5127 6,—

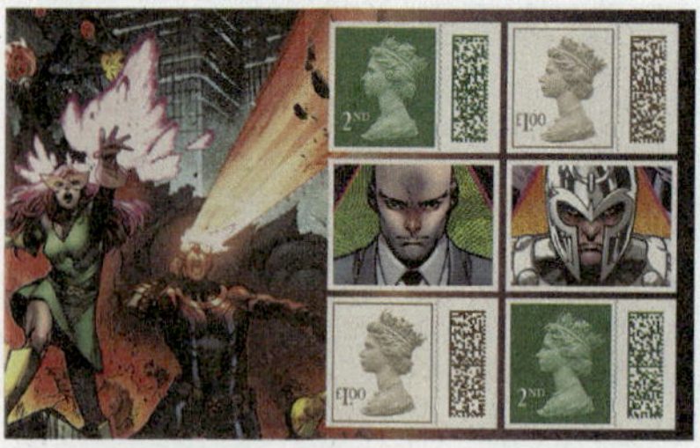

H-Blatt 550 mit MiNr. 5142–5143 13,—

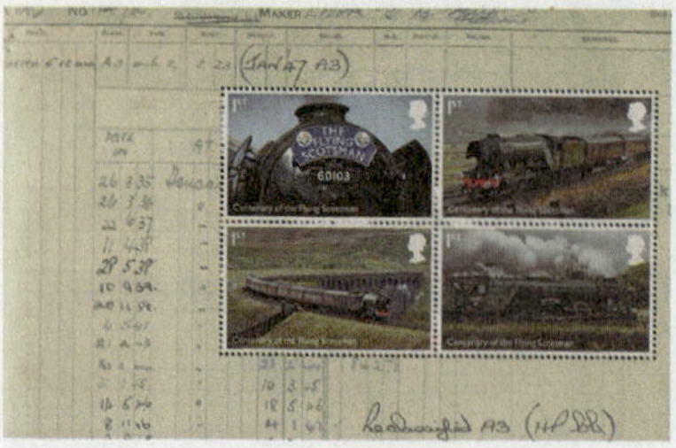

H-Blatt 551 mit MiNr. 5144–5147 12,—

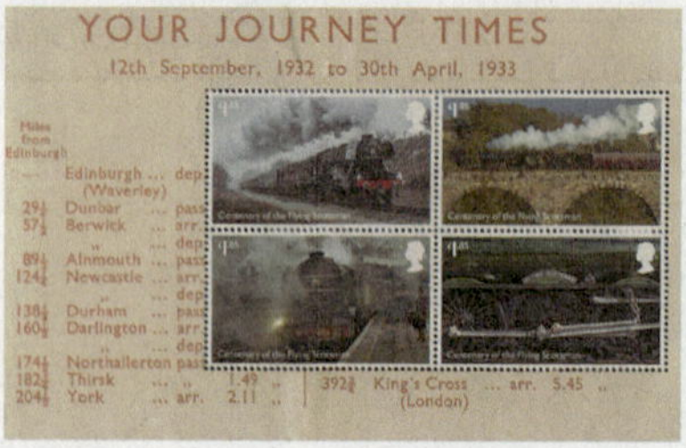

H-Blatt 552 mit MiNr. 5148–5151 22,—

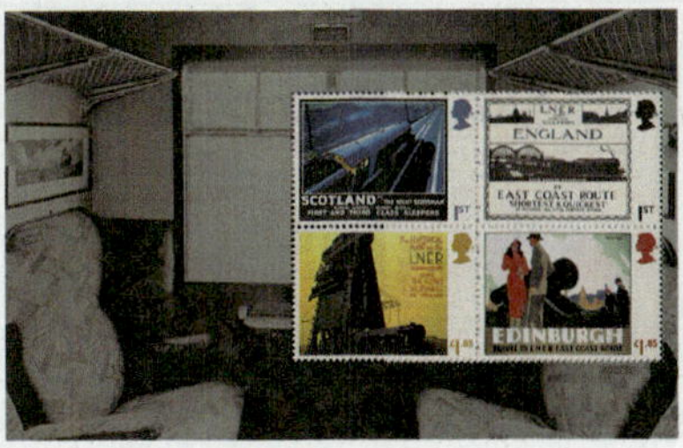

H-Blatt 553 mit MiNr. 5152–5155 17,—

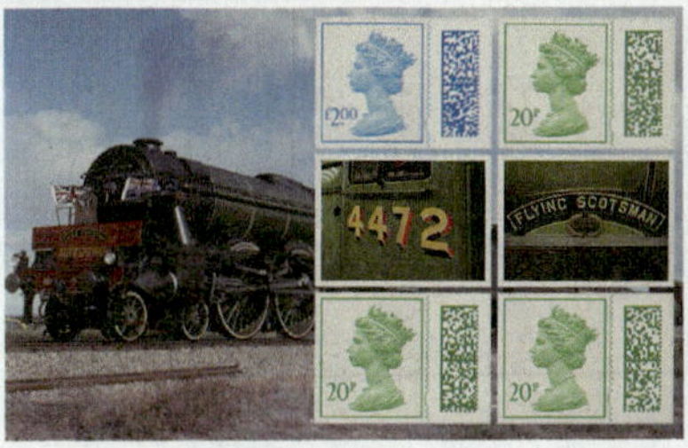

H-Blatt 554 mit MiNr. 5091, 5156 11,—

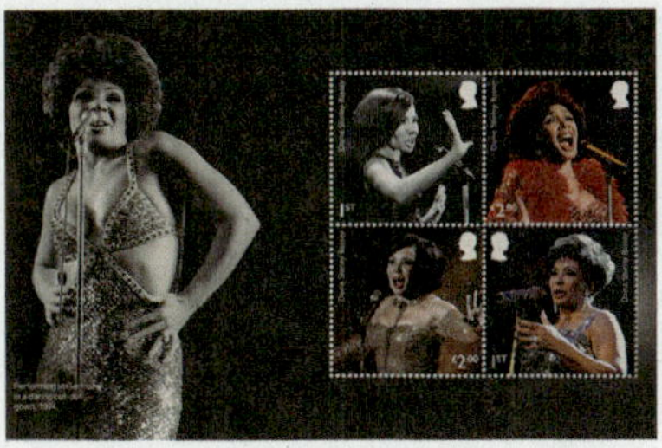

H-Blatt 555 mit MiNr. 5291, 5293, 5295, 5298 17,—

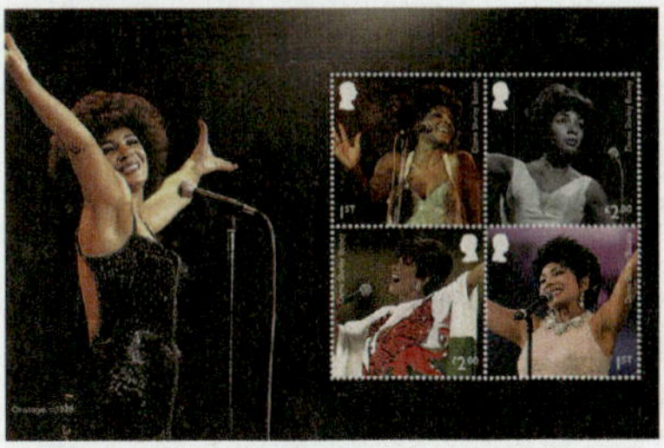

H-Blatt 556 mit MiNr. 5292, 5294, 5296–5297 17,—

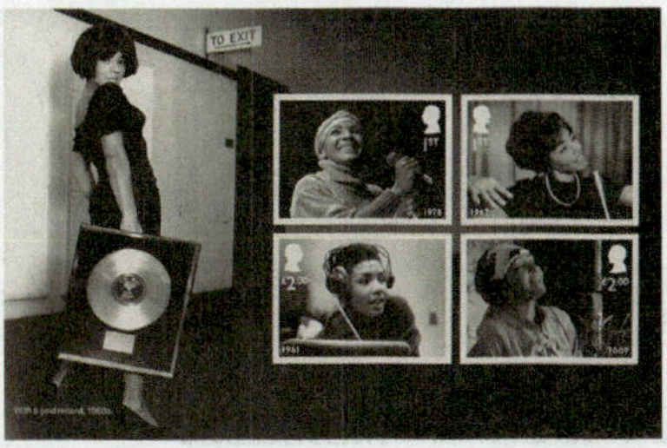

H-Blatt 557 mit MiNr. 5299–5302 17,—

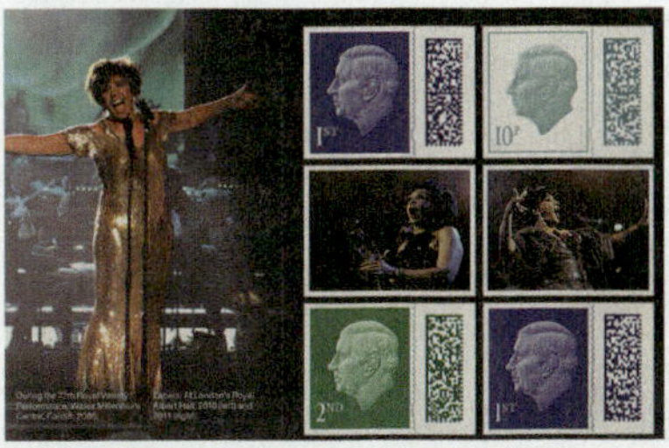

H-Blatt 558 mit MiNr. 5167 II–5168 II, 5273 II 9,—

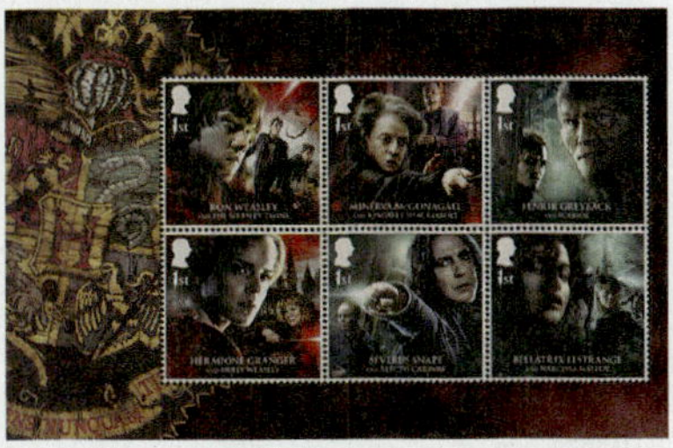

H-Blatt 559 mit MiNr. 5311–5312, 5315–5317, 5319 22,—

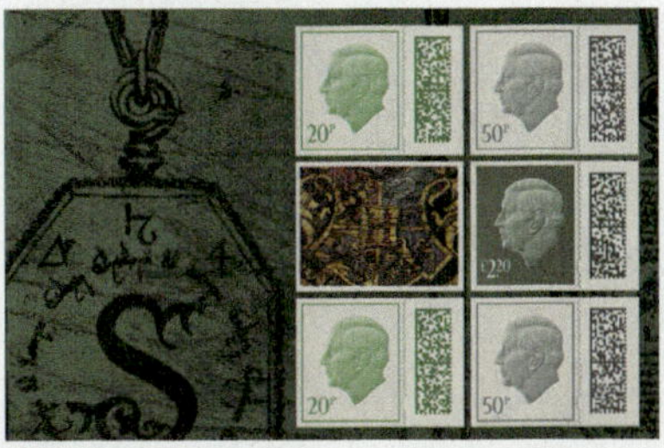

H-Blatt 560 mit MiNr. 5171 II, 5274 II–5275 II 12,—

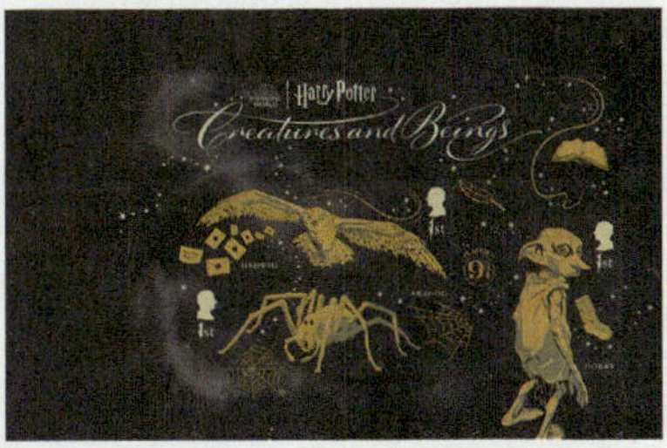

H-Blatt 561 mit MiNr. 5323–5325 11,—

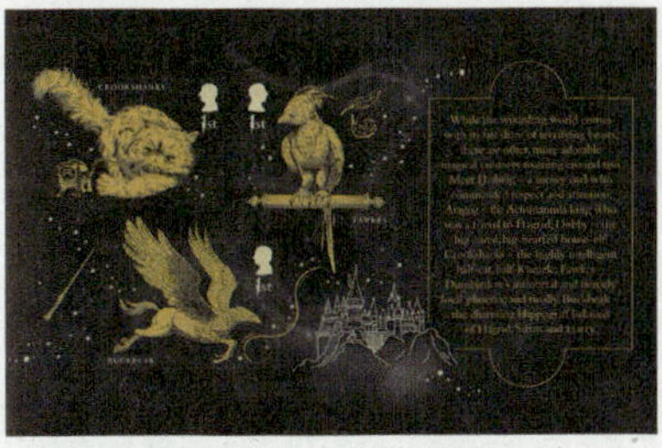

H-Blatt 562 mit MiNr. 5321–5322, 5326 11,—

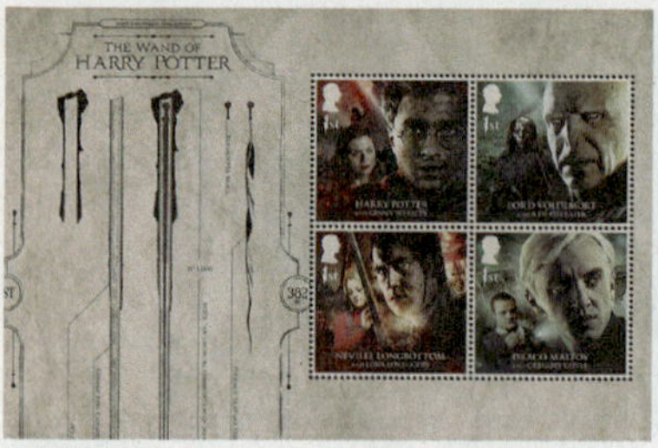

H-Blatt 563 mit MiNr. 5313–5314, 5318, 5320 14,—

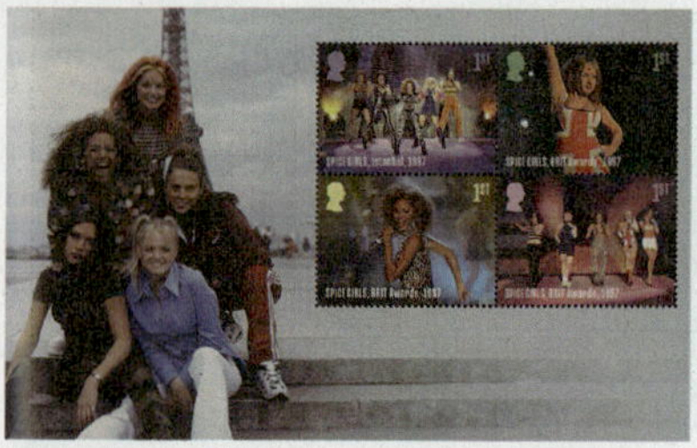

H-Blatt 564 mit MiNr. 5342, 5345, 5348, 5351 14,—

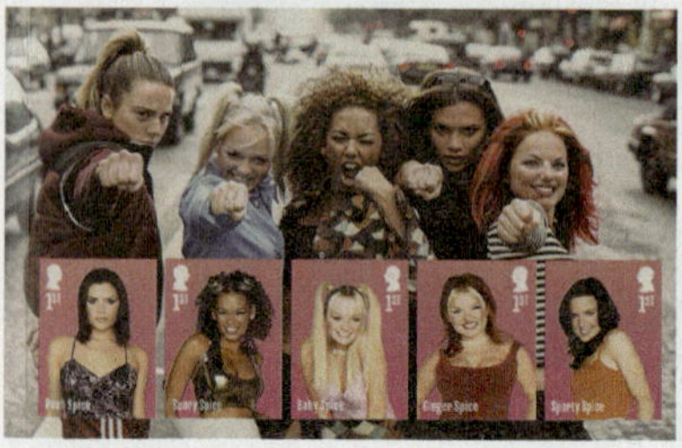

H-Blatt 565 mit MiNr. 5352–5356 18,—

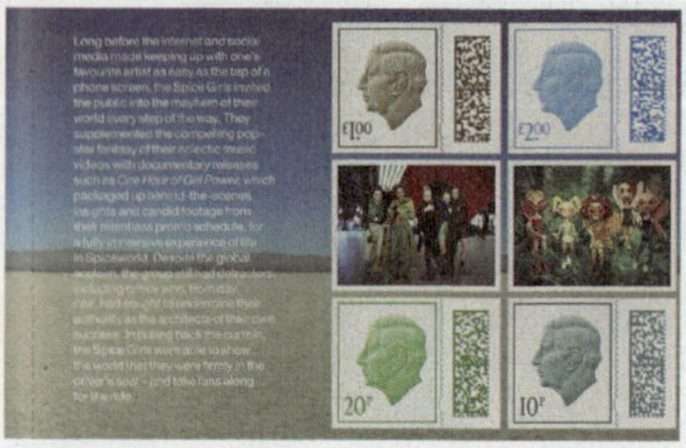

H-Blatt 566 mit MiNr. 5273 II–5274 II, 5276 II–5277 II 11,—

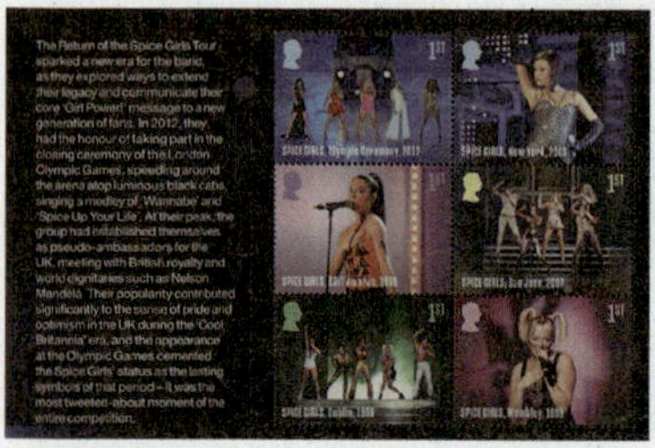

H-Blatt 567 mit MiNr. 5343–5344, 5346–5347, 5349–5350 22,—

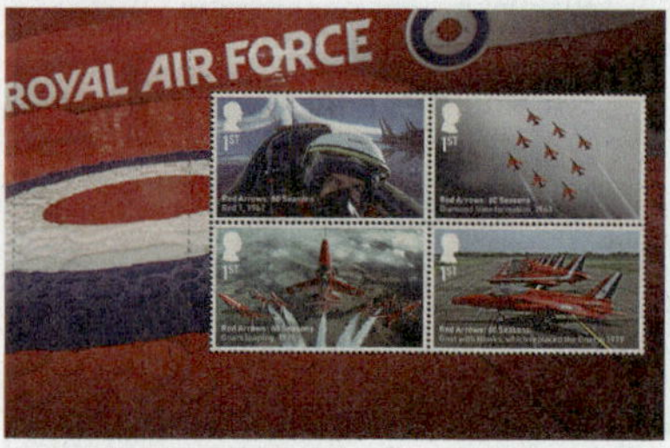

H-Blatt 568 mit MiNr. 5448–5451 16,—

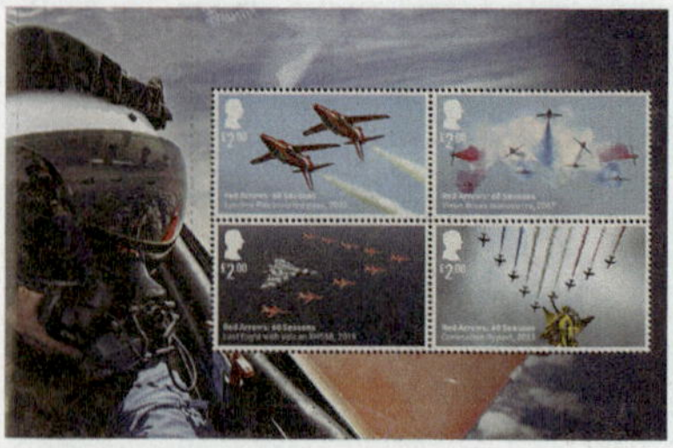

H-Blatt 569 mit MiNr. 5452–5455 24,—

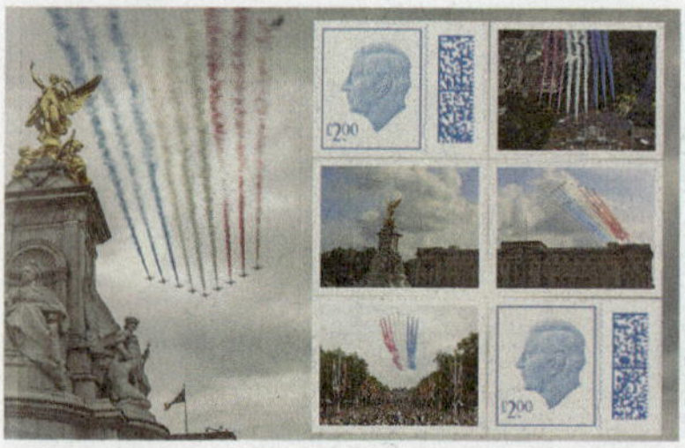

H-Blatt 570 mit MiNr. 5277 I 13,—

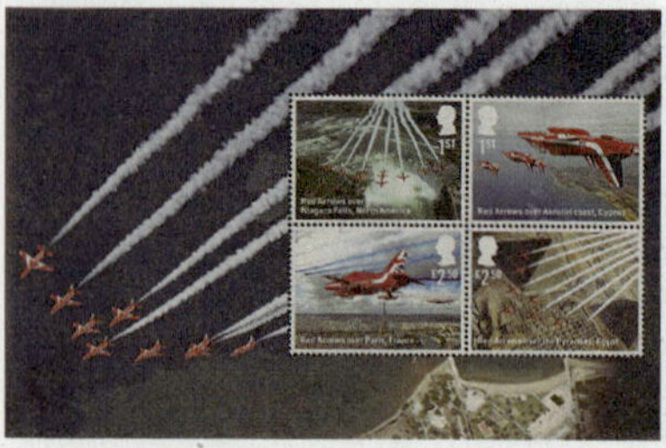

H-Blatt 571 mit MiNr. 5456–5459 22,—

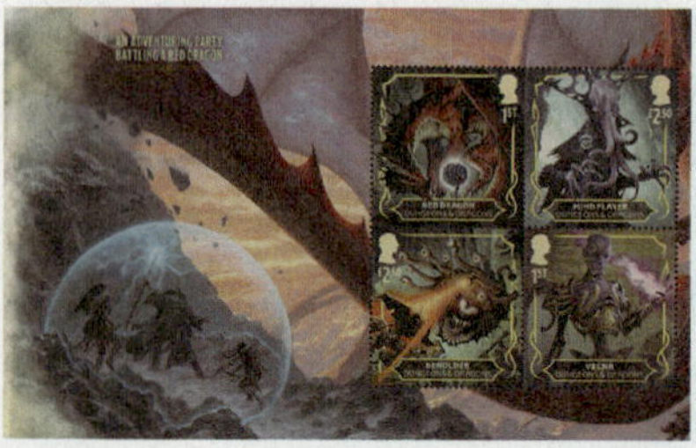

H-Blatt 572 mit MiNr. 5460, 5462, 5464, 5467 22,—

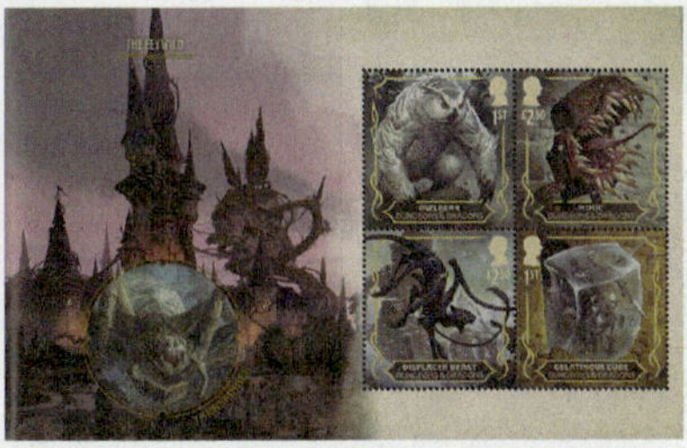

H-Blatt 573 mit MiNr. 5461, 5463, 5465–5466 22,—

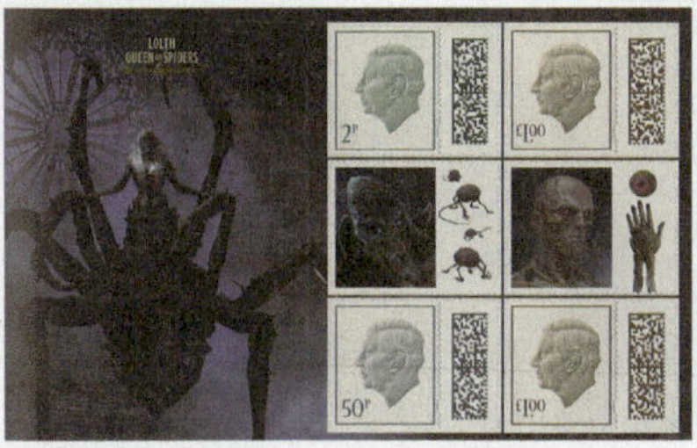

H-Blatt 574 mit MiNr. 5271 I, 5275 I–5276 I 11,—

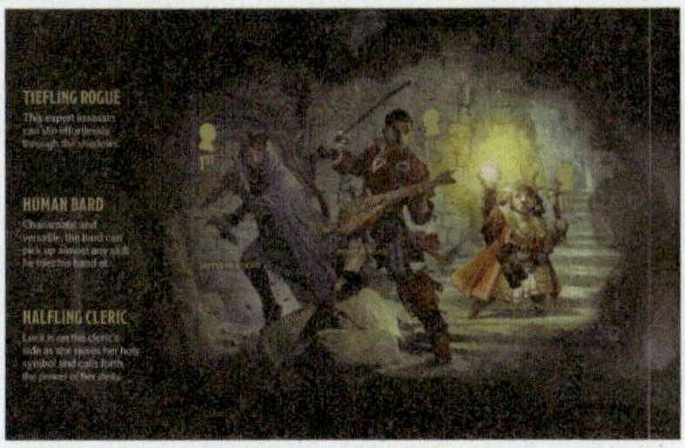

H-Blatt 575 mit MiNr. 5468–5470 12,—

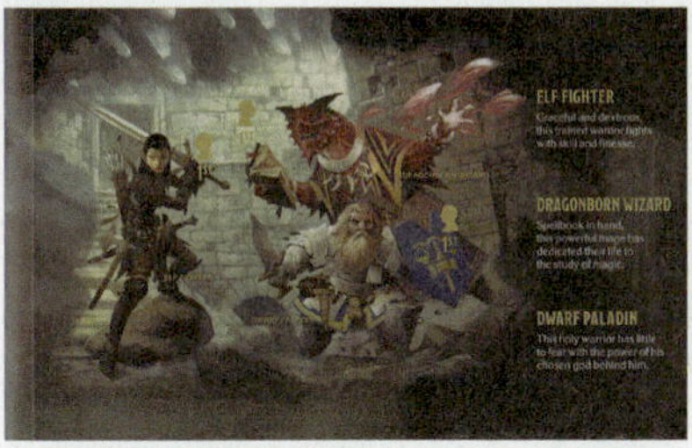

H-Blatt 576 mit MiNr. 5471–5473 12,—

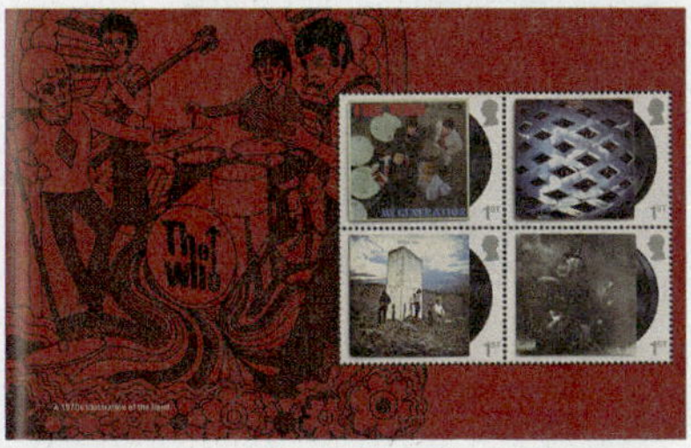

H-Blatt 577 mit MiNr. 5520–5523 18,—

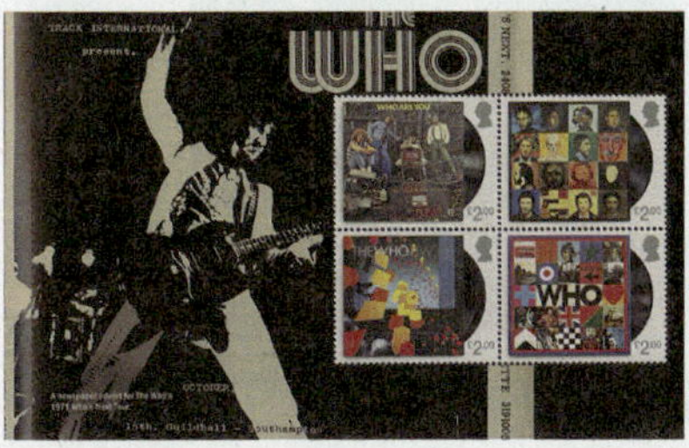

H-Blatt 578 mit MiNr. 5524–5527 22,—

H-Blatt 579 mit MiNr. 5528–5531 20,—

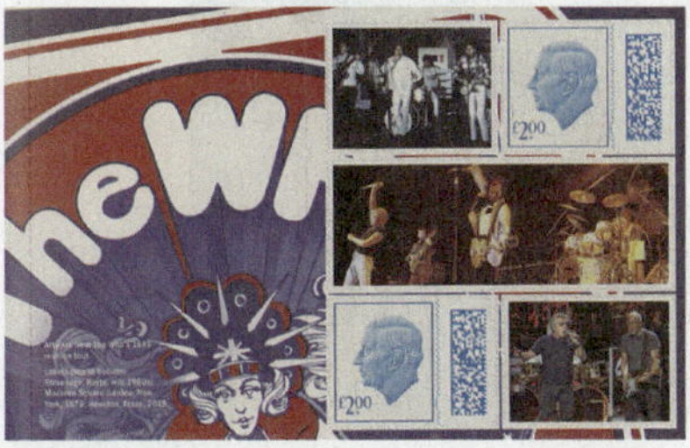

H-Blatt 580 mit MiNr. 5277 I 13,—

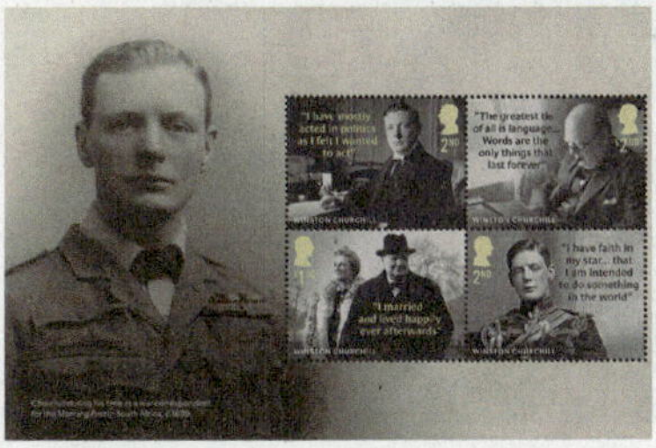

H-Blatt 581 mit MiNr. 5541–5542, 5544, 5547 14,—

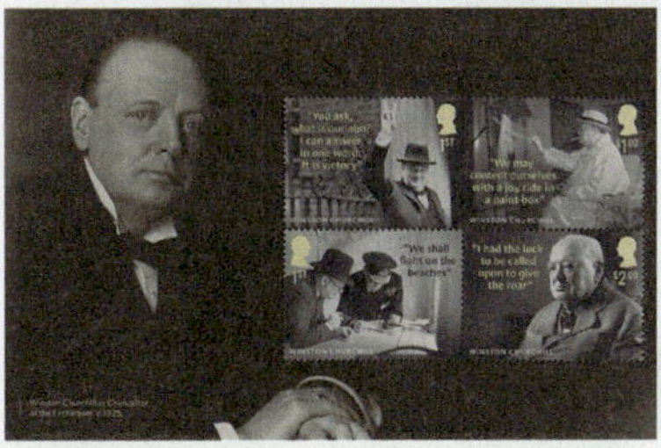

H-Blatt 582 mit MiNr. 5543, 5545–5546, 5548 18,—

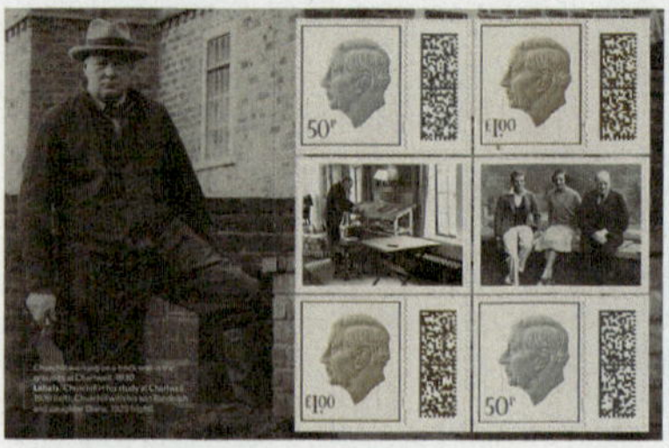

H-Blatt 583 mit MiNr. 5275 I–5276 I 10,—

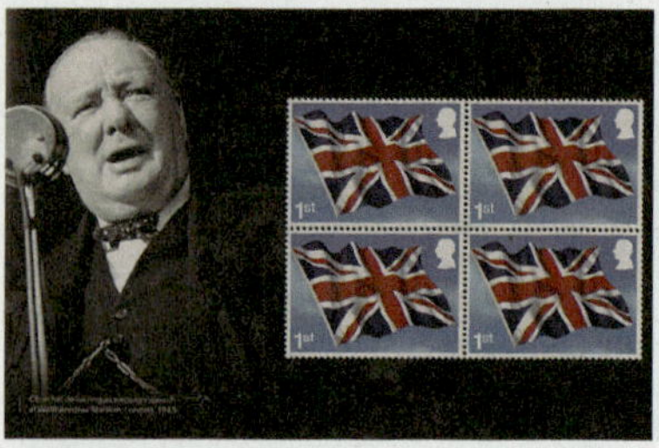

H-Blatt 584 mit MiNr. 5482 18,—

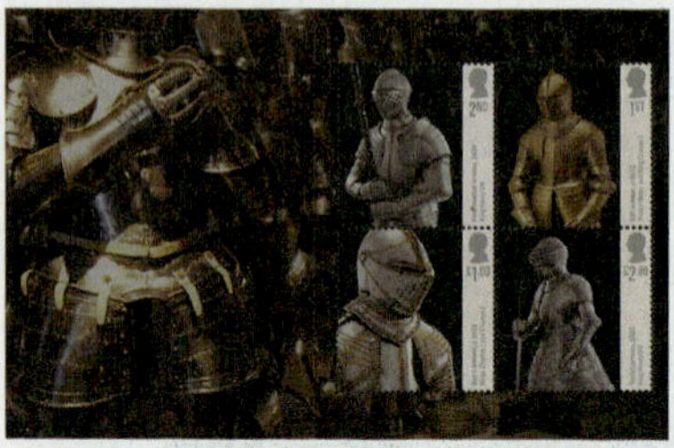

H-Blatt 585 mit MiNr. 5577, 5579, 5582, 5584 18,—

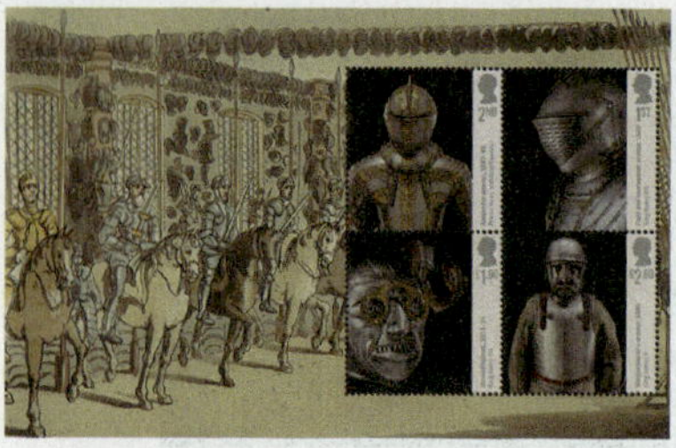

H-Blatt 586 mit MiNr. 5578, 5580–5581, 5583 18,—

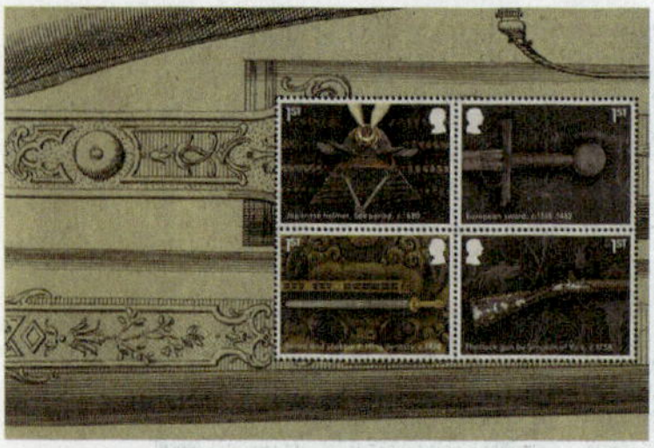

H-Blatt 587 mit MiNr. 5585–5588 18,—

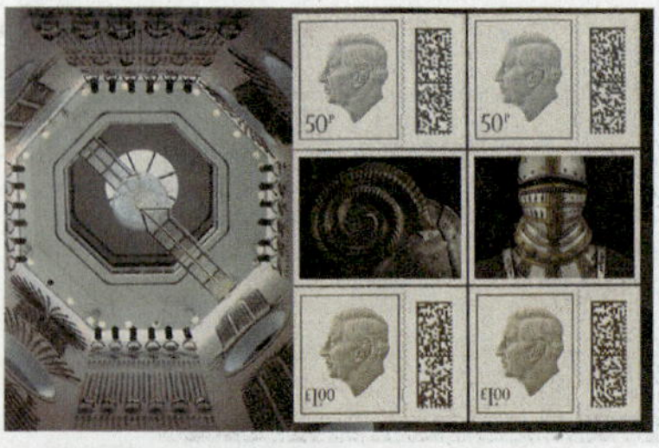

H-Blatt 588 mit MiNr. 5275 I–5276 I 10,—

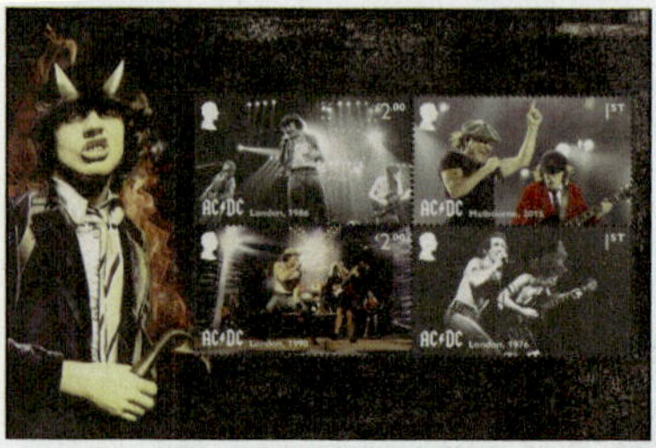

H-Blatt 589 mit MiNr. 5589–5590, 5593–5594 20,—

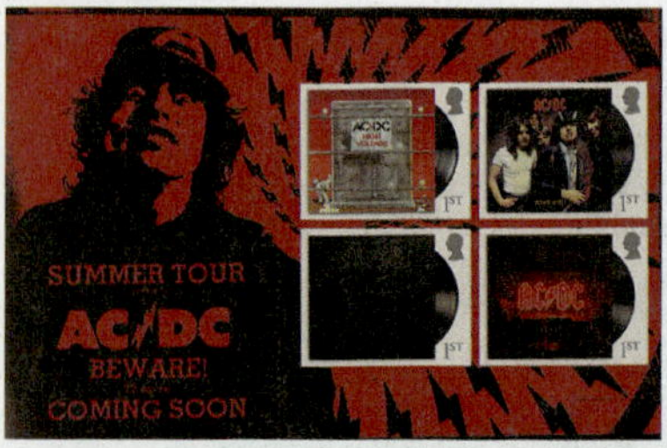

H-Blatt 590 mit MiNr. 5597 I–5600 I 18,—

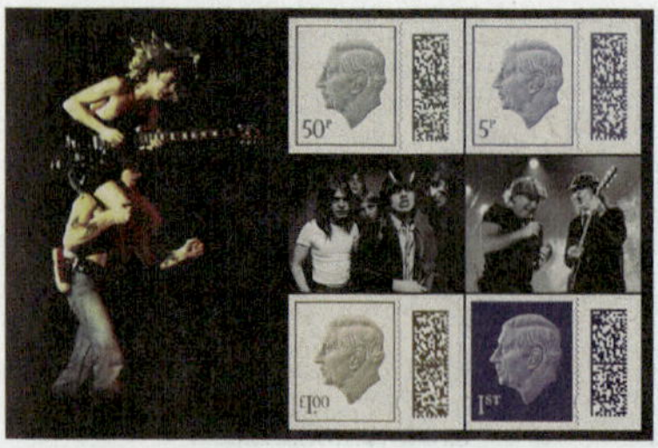

H-Blatt 591 mit MiNr. 5168 I, 5272 I, 5275 I–5276 I 10,—

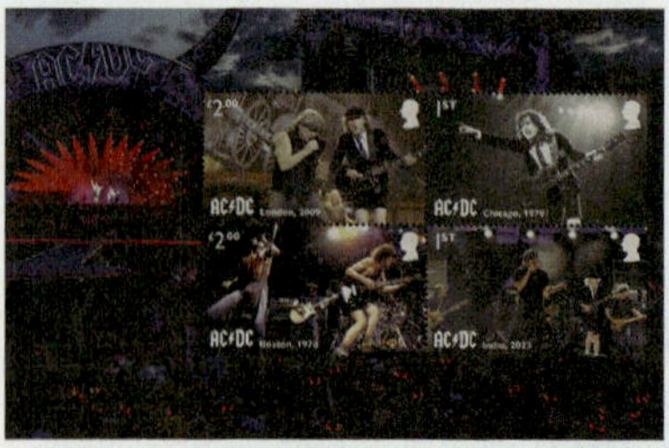

H-Blatt 592 mit MiNr. 5591–5592, 5595–5596 20,—

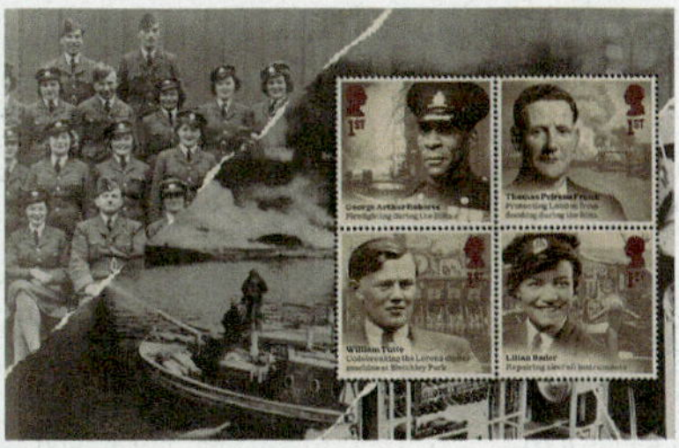

H-Blatt 593 mit MiNr. 5644, 5650, 5652–5653 20,—

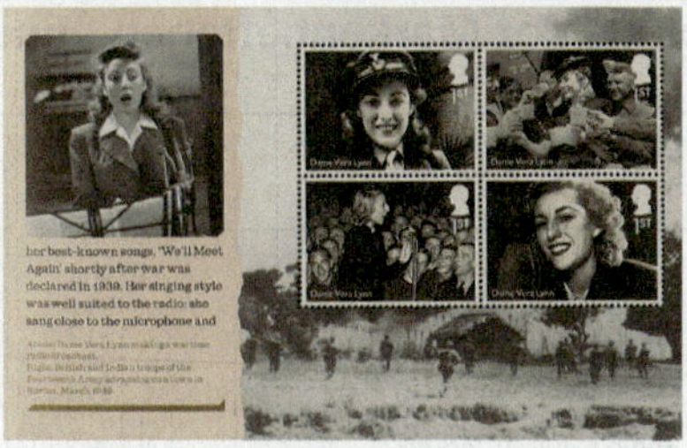

H-Blatt 594 mit MiNr. 5654–5657 20,—

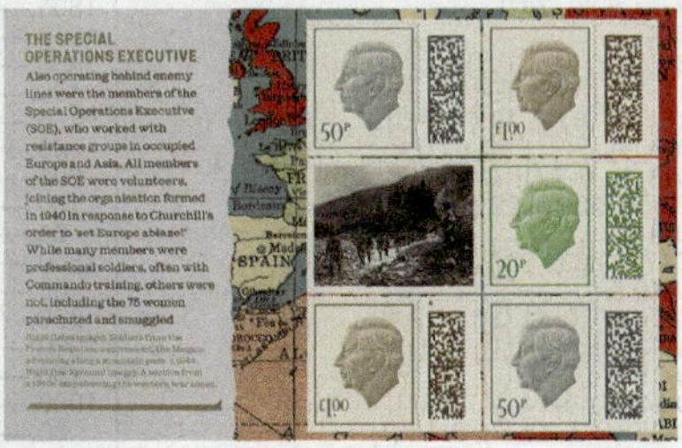

H-Blatt 595 mit MiNr. 5274 I–5276 I 10,—

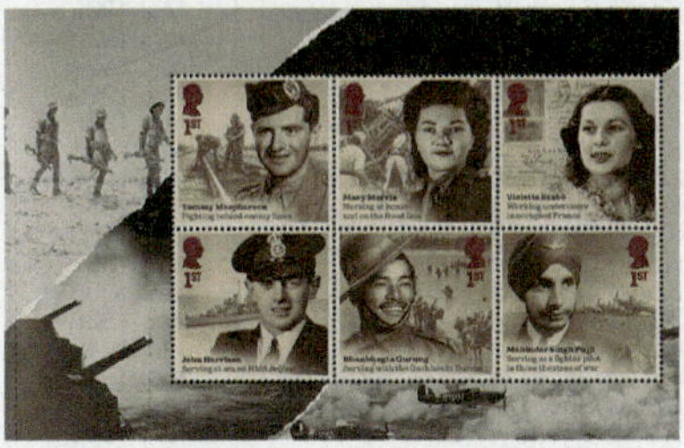

H-Blatt 596 mit MiNr. 5645–5649, 5651 30,—

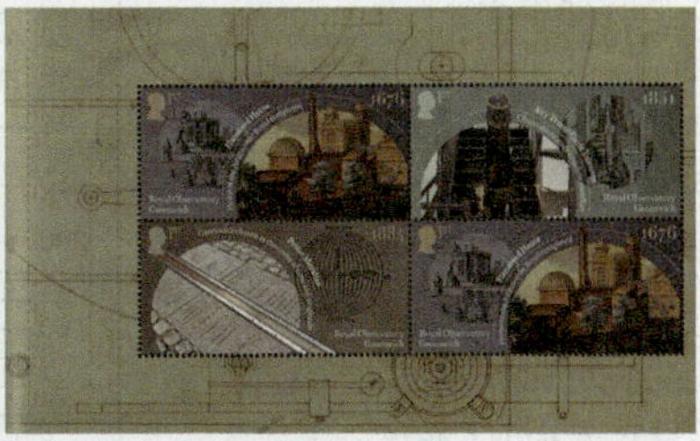

H-Blatt 597 mit MiNr. 5689–5691 20,—

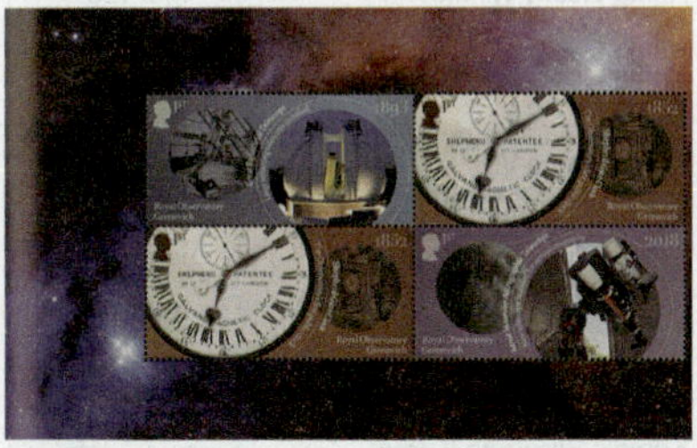

H-Blatt 598 mit MiNr. 5692–5694 20,—

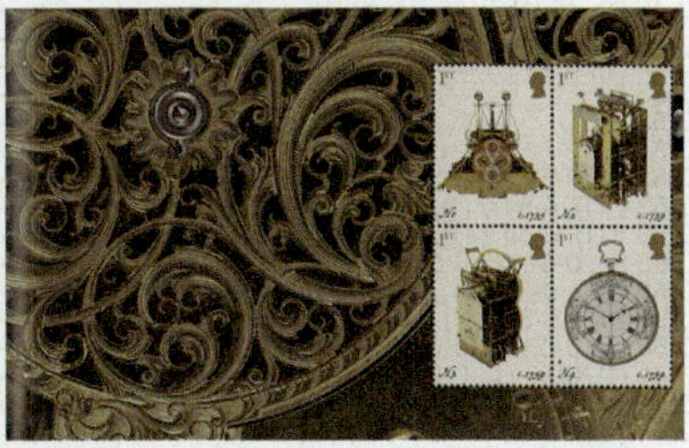

H-Blatt 599 mit MiNr. 5695–5698 20,—

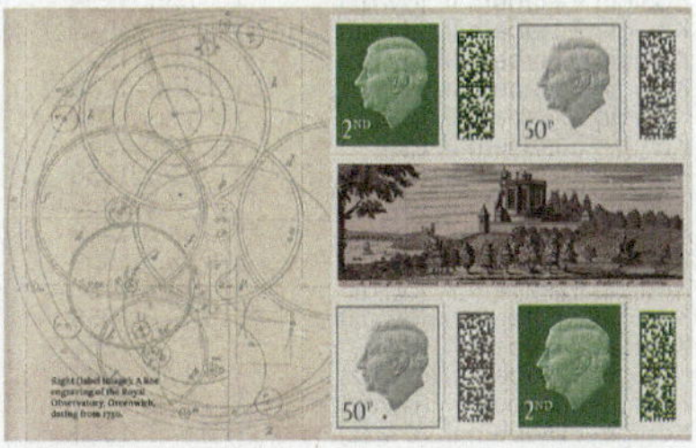

H-Blatt 600 mit MiNr. 5267 I und 5275 I 10,—

Neuheiten

Ein Abonnement der MICHEL-Rundschau sichert Ihnen ein immer vollständiges Nachschlagewerk, zeigt Ihnen Preisänderungen an und bereichert Ihre philatelistischen Kenntnisse.

Verzeichnis der Markenheftchen ohne Zusammendrucke

MH-MiNr.	Bezeichnung	Ausgabe-jahr/-datum	Nominale/Postpreis	Enthält H-Blätter/Markenanordnung (in Klammern: Anzahl)	Katalog-preis
0-1	König Eduard VII.	16. 3.1904	2/–/2/0½	1 (4)	450,—
0-2	König Georg V. (ca)	Aug. 1911	2/–	0-1 (2), 0-2 (3)	1400,—
0-3	König Georg V. (ca/cb)	Sept. 1912	2/–	0-3 (2), 0-4 (3)	1300,—
0-4	König Georg V. (cc/cd)	April 1913	2/–	6 (3), 7 (2)	1200,—
0-5	König Georg V. (cc/cd)	Okt. 1918	3/–	4 (2), 6 (2), 7 (2)	1400,—
0-6	König Georg V. (cc/cd)	Juli 1919	3/–	4 (3), 6 (1), 7 (1)	1400,—
0-7	König Georg V. (cd/ce)	Juli 1920	3/6	0-5 I (3), 6 (1)	1800,—
0-8	König Georg V. (cc/cd/ce)	Jan. 1921	3/6	0-5 I (2), 4 (1), 6 (1), 7 (1)	1800,—
0-9	König Georg V. (ce)	April 1921	3/–	0-5 I (3)	2000,—
0-10 I	König Georg V. (cc/cd/ce)	Aug. 1921	3/6	0-5 I (2), 4 (1), 6 (1), 7 (1)	1800,—
0-11	König Georg V. (ce)	Dez. 1921	3/–	0-5 II (3)	1800,—
0-12	König Georg V. (cc/cd)	Mai 1922	3/–	4 (3), 6 (1), 7 (1)	1800,—
0-13	König Georg V. (cc)	Juni 1922	3/–	4 (4)	1800,—
0-14	König Georg V. (cc/cd)	Febr. 1924	3/–	8 (3), 10 (1), 11 (1)	450,—
0-15	König Georg V. (ck/cl)	Mai 1929	3/–	12 (3), 14 (1), 15 (1)	400,—
0-16	König Georg V. (co/cp)	Jan. 1935	3/–	16 (3), 18 (1), 19 (1)	450,—
0-17	König Georg V. (cu)	Mai 1935	2/–	0-8 (3), 0-7 (1), 0-6 (1)	250,—
0-18	König Georg V. (cu)	Mai 1935	3/–	0-8 (5), 0-7 (1), 0-6 (1)	300,—
0-19	König Eduard VIII. (cv)	Nov. 1936	3/–	20 (3), 22 (1), 23 (1)	100,—
0-20	König Eduard VIII. (cv)	1936	–/6	0-9 (2)	65,—
0-21	König Georg VI. (cx)	Aug. 1937	3/–	24 (3), 26 (1), 27 (1)	1800,—
0-22	König Georg VI. (cx)	Jan. 1938	–/6	0-10 (2)	65,—
0-23	König Georg VI. (cx)	Febr. 1938	–/6	0-10 (1), 0-11 (1), 0-12 (1)	250,—
0-24	König Georg VI. (cx)	Juni 1940	2/6	0-13 (1), 0-14 (1), 27 (1)	1000,—
0-25	König Georg VI. (cx)	Juni 1940	–/6	0-15 (1), 0-16 (1)	150,—
0-26	König Georg VI. (cx)	Juli 1940	5/–	0-13 (3), 0-14 (1), 27 (1)	1800,—
0-27	König Georg VI. (cx)	März 1942	2/6	0-17 (1), 0-18 (1), 0-19 (1)	90,—
0-28	König Georg VI. (cx)	März 1942	5/–	0-17 (3), 0-18 (1), 0-19 (1)	120,—
0-29	König Georg VI. (cx)	Dez. 1947	1/–	0-20 (2), 0-21 (2), 0-22 (2)	25,—
0-30	König Georg VI. (cx)	1948	1/–	0-23 (1), 0-24 (1), 0-25 (1)	*8000,—*
0-31	König Georg VI. (cx)	Mai 1951	1/–	0-26 (2), 0-27 (2), 0-28 (2)	25,—
0-32	König Georg VI. (cx)	Mai 1951	1/–	0-29 (1), 0-30 (1), 0-31 (1)	45,—
0-33	König Georg VI. (cx)	Mai 1951	2/6	0-32 (1), 28 (1), 31 (1)	40,—
0-34	König Georg VI. (cx)	Mai 1951	5/–	28 (3), 0-32 (1), 31 (1)	60,—
0-35	König Georg VI. (cx)	Jan. 1953	5/–	28 (2), 0-32 (1), 29 (1), 0-33 (1), 31 (1)	60,—
0-36	König Georg VI., Königin Elisabeth II. (cx/dy/dz)	Mai 1953	5/–	32 (2), 0-32 (1), 33 (1), 0-33 (1), 31 (1)	45,—
0-37	König Georg VI., Königin Elisabeth II. (cx/dy/dz)	März 1954	5/–	32 (2), 0-32 (1), 33 (1), 0-33 (1), 35 (1)	450,—
0-38	König Georg VI., Königin Elisabeth II. (cx/dy/dz)	März 1954	5/–	32 (2), 0-32 (1), 33 (1), 0-34 (1), 35 (1)	200,—
0-39	Königin Elisabeth II. (dy)	2. 9.1953	1/–	0-35 (2), 0-36 (2), 0-37 (2)	9,—
0-40	Königin Elisabeth II. (dz)	Nov.1953	3/9	32 (3)	40,—
0-41	Königin Elisabeth II. (dy/dz)	März 1954	5/–	32 (2), 0-38 (1), 33 (1), 0-34 (1), 35 (1)	60,—
0-42	Königin Elisabeth II. (dy)	22. 7.1954	1/–	0-39 (1), 0-40 (1), 0-41 (1)	8,—
0-43	Königin Elisabeth II. (dy/dz)	Sept. 1955	5/–	39 (2), 0-42 (1), 40 (1), 0-43 (1), 42 (1)	40,—
0-44	Königin Elisabeth II. (dz)	Okt.1955	3/9	39 (3)	20,—
0-45	Königin Elisabeth II. (dy)	5. 7.1956	1/–	0-44 (1), 0-45 (1), 0-46 (1)	8,—
0-46	Königin Elisabeth II. (dy/dz)	Jan. 1957	5/–	39 (2), 0-47 (1), 40 (1), 0-43 (1), 42 (1)	40,—
0-47	Königin Elisabeth II. (dy/dz)	April 1957	2/6	39 (1), 0-47 (1), 42 (1)	32,—
0-48	Königin Elisabeth II. (dz)	Okt. 1957	4/6	0-48 (3)	28,—
0-49	Königin Elisabeth II. (dy)	Nov. 1957	1/–	0-49 (2), 0-50 (2), 0-51 (2)	50,—
0-50	Königin Elisabeth II. (dy/dz)	Jan. 1958	3/–	0-48 (1), 40 (1), 0-43 (1), 42 (1)	28,—
0-51	Königin Elisabeth II. (dy/dz)	Jan. 1958	5/–	0-48 (2), 39 (1), 0-43 (1), 42 (1)	30,—
0-52	Königin Elisabeth II. (dy/dz)	22. 4.1959	2/–	0-52 (1), 0-44 (1), 0-45 (1), 0-46 (1)	12,—
0-53	Königin Elisabeth II. (dz)	Dez.1958	4/6	0-53 (3)	30,—
0-53 y	Königin Elisabeth II. (dz)	Aug.1960	4/6	0-53 y (3)	40,—
0-53 z	Königin Elisabeth II. (dz)	Aug.1959	4/6	0-53 z (3)	30,—
0-54	Königin Elisabeth II. (dy/dz)	Dez.1958	3/–	0-53 (1), 0-54 (1), 0-55 (1), 0-56 (1)	35,—
0-54 y	Königin Elisabeth II. (dy/dz)	14. 8.1960	3/–	0-53 y (1), 0-54 y (1), 0-55 y (1), 0-56 y (1)	85,—
0-54 z	Königin Elisabeth II. (dy/dz)	4. 8.1959	3/–	0-53 z (1), 0-54 z (1), 0-55 z (1), 0-56 z (1)	350,—
0-55	Königin Elisabeth II. (dy/dz)	Jan.1959	5/–	0-53 (2), 0-57 (1), 0-55 (1), 0-56 (1)	32,—
0-55 y	Königin Elisabeth II. (dy/dz)	Sept.1960	5/–	0-53 y (2), 0-57 y (1), 0-55 y (1), 0-56 y (1)	140,—
0-55 z	Königin Elisabeth II. (dy/dz)	21. 8.1959	5/–	0-53 z (2), 0-57 z (1), 0-55 z (1), 0-56 z (1)	160,—
0-56	Königin Elisabeth II. (dy)	13. 8.1959	1/–	0-58 (1), 0-59 (1), 0-60 (1)	8,—
0-57	Königin Elisabeth II. (dy/dz)	2.11.1960	2/–	0-61 (1), 0-58 (1), 0-59 (1), 0-60 (1)	10,—
0-57 Y	Königin Elisabeth II. (dy/dz)	26. 5.1961	2/–	0-61 Y (1), 0-58 Y (1), 0-59 Y (1), 0-60 Y (1)	75,—
0-57 y	Königin Elisabeth II. (dy/dz)	14. 7.1961	2/–	0-61 y (1), 0-58 y (1), 0-59 y (1), 0-60 y (1)	140,—
0-58	Königin Elisabeth II. (dy/dz)	10. 4.1961	10/–	0-53 (5), 0-62 (1), 0-54 (1), 0-55 (1), 0-56 (1)	160,—
0-59	Königin Elisabeth II. (dy/dz)	April 1962	10/–	0-53 (5), 0-57 (1), 0-54 (1), 0-55 (1)	140,—
0-60	Königin Elisabeth II. (ea)	21. 6.1965	6/–	0-63 (3)	40,—
0-60 y	Königin Elisabeth II. (ea)	21. 6.1965	6/–	0-63 y (3)	45,—
0-61	Königin Elisabeth II. (dy/ea)	26. 7.1965	4/6	0-63 (2), 0-55 (1)	30,—
0-61 y	Königin Elisabeth II. (dy/ea)	26. 7.1965	4/6	0-63 y (2), 0-55 y (1)	12,—
0-62	Königin Elisabeth II. (dy/dz/ea)	23. 8.1965	10/–	0-63 (4), 0-53 (1), 0-55 (1)	36,—
0-62 y	Königin Elisabeth II. (dy/dz/ea)	Febr. 1967	10/–	0-63 y (4), 0-53 y (1), 0-55 y (1)	25,—
0-63	Königin Elisabeth II. (dz)	6.12.1965	2/–	0-61 (2)	3,—
0-64	Königin Elisabeth II. (ku)	21. 9.1967	6/–	53 (3)	6,—
0-65	Königin Elisabeth II. (ku)	25. 3.1968	10/–	53 (4), 0-64 (1), 0-65 (1)	32,—
0-66	Königin Elisabeth II. (ku)	1. 5.1968	4/6	53 (2), 0-65 (1)	5,—
0-67	Königin Elisabeth II. (ku)	27.11.1968	5/–	52 (2)	3,—
0-68	Königin Elisabeth II. (ku)	6. 1.1969	4/6	56 (2), 0-65 (1)	4,50
0-69	Königin Elisabeth II. (ku)	20. 2.1969	6/–	56 (3)	4,50
0-70	Königin Elisabeth II. (ku)	14.11.1973	50 P	0-66 (2), 0-67 (1)	20,—
0-71	Königin Elisabeth II. (ku)	12.12.1973	35 P	0-66 (2)	10,—
0-72	Königin Elisabeth II. (ku)	30. 1.1974	30 P	0-67 (2)	20,—
0-73	Königin Elisabeth II. (ku)	9.10.1974	45 P	0-68 (2)	9,—

MH-MiNr.	Bezeichnung	Ausgabejahr/ -datum	Nominale/ Postpreis	Enthält H-Blätter/ Markenanordnung (in Klammern: Anzahl)	Katalog-preis
0-74	Königin Elisabeth II. (ku)	13.11.1974	85 P	0-68 (3), 0-66 (1)	20,—
0-75	Königin Elisabeth II. (ku)	14. 7.1976	65 P	0-69 (1)	9,—
0-76	Königin Elisabeth II. (ku)	14. 7.1976	85 P	0-70 (1)	10,—
0-77	Königin Elisabeth II. (ku)	13. 6.1977	70 P	0-71 (1)	6,—
0-78	Königin Elisabeth II. (ku)	13. 6.1977	90 P	0-72 (1)	6,—
0-79	Königin Elisabeth II. (ku)	3.10.1979	80 P	0-73 (1)	6,—
0-80	Königin Elisabeth II. (ku)	3.10.1979	1£	0-74 (1)	6,—
0-81	Königin Elisabeth II. (ku)	4. 2.1980	1.20 £	0-75 (1)	6,50
0-82	Königin Elisabeth II. (ku)	26. 1.1981	1.15 £	0-76 (1)	6,50
0-83	Königin Elisabeth II. (ku)	26. 1.1981	1.40 £	0-77 (1)	7,50
0-84	Königin Elisabeth II. (ku)	1. 2.1982	1.25 £	0-78 (1)	6,50
0-85	Königin Elisabeth II. (ku)	1. 2.1982	1.55 £	0-79 (1)	8,—
0-86	Königin Elisabeth II. (ku)	5. 4.1983	1.60 £	0-80 I (1)	8,—
0-86 b	Königin Elisabeth II. (ku)	10. 8.1983	1.60/1.45 £	0-80 II (1)	10,—
0-87	Königin Elisabeth II. (ku)	9.11.1983	2.50/2.20 £	0-81 (1)	14,—
0-88	Königin Elisabeth II. (ku)	3. 9.1984	1.30 £	0-82 I (1)	7,50
0-88 f	Königin Elisabeth II. (ku)	2.12.1986	1.30/1.20 £	0-82 II (1)	12,—
0-89	Königin Elisabeth II. (ku)	3. 9.1984	1.70 £	0-83 I (1)	9,—
0-89 b	Königin Elisabeth II. (ku)	5. 3.1985	1.70/1.55 £	0-83 II (1)	11,—
0-90	Weihnachten (aey)	20.11.1984	2.60/2.30 £	0-84 (1)	16,—
0-91	350 Jahre Britische Post (afx)	30. 7.1985	1.70/1.53 £	0-85 (1)	10,—
0-92	Weihnachten (agl)	19.11.1985	2.40 £	0-86 (1)	16,—
0-93	Königin Elisabeth II. (ku)	14. 1.1986	1.20 £	0-87 (1)	8,—
0-94	Königin Elisabeth II. (ku)	29. 7.1986	1.02/1 £	0-88 (1)	6,50
0-95	Königin Elisabeth II. (ku)	20.10.1986	1.80 £	0-89 (1)	10,—
0-96	Königin Elisabeth II. (ku)	4. 8.1987	52 P	0-90 (1)	4,—
0-97	Königin Elisabeth II. (ku)	4. 8.1987	72 P	0-91 (1)	4,50
0-98	Königin Elisabeth II. (ku)	4. 8.1987	1.04 £	0-92 (1)	24,—
0-99	Königin Elisabeth II. (ku)	4. 8.1987	1.30 £	0-93 (1)	8,—
0-100	Königin Elisabeth II. (ku)	4. 8.1987	1.80 £	0-94 (1)	10,—
0-101	Königin Elisabeth II. (ku)	5. 9.1988	1.40 £	0-95 (1)	8,—
0-102	Königin Elisabeth II. (ku)	5. 9.1988	1.90 £	0-96 (1)	10,—
0-103	Königin Elisabeth II. (ku)	23. 8.1988	56 P	0-97 C (1)	7,50
0-104	Königin Elisabeth II. (ku)	23. 8.1988	76 P	0-98 C (1)	8,—
0-105	Königin Elisabeth II. (ku)	23. 8.1988	1.08 £	0-99 C (1)	15,—
0-106 I	Königin Elisabeth II. (ku)	23. 8.1988	1.40 £	0-100 C (1)	12,—
0-106 II	Königin Elisabeth II. (ku)	11.10.1988	1.40 £	0-102 (1)	20,—
0-107 I	Königin Elisabeth II. (ku)	23. 8.1988	1.90 £	0-101 C (1)	14,—
0-107 II	Königin Elisabeth II. (ku)	11.10.1988	1.90 £	0-103 (1)	24,—
0-108 a	Königin Elisabeth II. (ku)	11.10.1988	56 P	0-97 D (1)	9,—
0-108 b	Königin Elisabeth II. (ku)	24. 1.1989	56 P	0-97 E (1)	45,—
0-109 a	Königin Elisabeth II. (ku)	11.10.1988	76 P	0-98 D (1)	9,—
0-109 b	Königin Elisabeth II. (ku)	24. 1.1989	76 P	0-98 E (1)	45,—
0-110	Königin Elisabeth II. (ku)	11.10.1988	1.08 £	0-99 D (1)	36,—
0-111 I	Königin Elisabeth II. (ku)	11.10.1988	1.40 £	0-102 (1)	18,—
0-111 II	Königin Elisabeth II. (ku)	26. 6.1989	1.40 £	0-100 D (1)	20,—
0-112 I	Königin Elisabeth II. (ku)	11.10.1988	1.90 £	0-103 (1)	24,—
0-112 II	Königin Elisabeth II. (ku)	23. 5.1989	1.90 £	0-101 D (1)	20,—
0-113 a	Königin Elisabeth II. (ku)	22. 8.1989	56 P	0-104 E (1)	8,50
0-113 b	Königin Elisabeth II. (ku)	28.11.1989	60 P	0-111 E (1)	45,—
0-114 a	Königin Elisabeth II. (ku)	22. 8.1989	76 P	0-105 E (1)	12,—
0-114 b	Königin Elisabeth II. (ku)	5.12.1989	80 P	0-112 E (1)	45,—
0-115 a	Königin Elisabeth II. (ku)	22. 8.1989	1.40/1.50 £	0-106 D (1)	18,—
0-115 b	Königin Elisabeth II. (ku)	19. 9.1989	1.40 £	0-107(1)	18,—
0-116 a	Königin Elisabeth II. (ku)	22. 8.1989	1.90/2 £	0-108 D (1)	20,—
0-116 b	Königin Elisabeth II. (ku)	19. 9.1989	1.90/2 £	0-109 (1)	20,—
0-117	Königin Elisabeth II. (ku)	2.10.1989	1.16 £	0-110 E (1)	25,—
0-118	Königin Viktoria und Elisabeth II. (any)	30. 1.1990	60 P	0-113 E (1)	8,—
0-119 a	Königin Viktoria und Elisabeth II. (any)	30. 1.1990	80 P	0-114 E (1)	10,—
0-119 b	Königin Viktoria und Elisabeth II. (any)	17. 4.1990	80 P	0-115 E (1)	9,—
0-120 a	Königin Viktoria und Elisabeth II. (any)	30. 1.1990	1.50 £	0-116 D (1)	11,—
0-120 b I	Königin Viktoria und Elisabeth II. (any)	17. 4.1990	1.50 £	0-117 (1)	20,—
0-120 b II	Königin Viktoria und Elisabeth II. (any)	12. 6.1990	1.50 £	0-117 E (1)	14,—
0-121 a	Königin Viktoria und Elisabeth II. (any)	30. 1.1990	2.00 £	0-118 D (1)	13,—
0-121 b I	Königin Viktoria und Elisabeth II. (any)	17. 4.1990	2.00 £	0-119 (1)	22,—
0-121 b III	Königin Viktoria und Elisabeth II. (any)	12. 6.1990	2.00 £	0-119 E (1)	18,—
0-122	Königin Elisabeth II. (ku)	7. 8.1990	60/68 P	0-120 AD (1)	7,—
0-123 I	Königin Elisabeth II. (ku)	7. 8.1990	80/88 P	0-121 AD (1)	8,50
0-123 III	Königin Elisabeth II. (ku)	Okt.1990	88 P	0-121 FD (1)	20,—
0-124 a	Königin Elisabeth II. (ku)	7. 8.1990	1.50/1.70 £	0-122 CD (1)	18,—
0-124 b I	Königin Elisabeth II. (ku)	7. 8.1990	1.50 £	0-123 C (1)	18,—
0-124 b II	Königin Elisabeth II. (ku)	7. 8.1990	1.50 £	0-123 AD (1)	18,—
0-125 a	Königin Elisabeth II. (ku)	7. 8.1990	2.00 £	0-124 CD (1)	20,—
0-125 b I	Königin Elisabeth II. (ku)	7. 8.1990	2.00 £	0-125 C (1)	20,—
0-125 b II	Königin Elisabeth II. (ku)	7. 8.1990	2/2.20 £	0-125 AD (1)	20,—
0-126	Königin Elisabeth II. (ku)	17. 9.1990	1.24 £	0-126 AD (1)	9,—
0-127	Weihnachten (app)	13.11.1990	3.40 £	0-127 (1)	14,—
0-128	Königin Elisabeth II. (ku)	6. 8.1991	68 P	0-104 D (1)	7,—
0-129	Königin Elisabeth II. (ku)	6. 8.1991	88 P	0-121 AD (1)	8,50
0-130 I	Königin Elisabeth II. (ku)	6. 8.1991	1.70 £	0-107 (1)	18,—
0-130 II	Königin Elisabeth II. (ku)	6. 8.1991	1.70 £	0-107 D (1)	18,—
0-131 a	Königin Elisabeth II. (ku)	6. 8.1991	2.20 £	0-124 CD (1)	20,—
0-131 b I	Königin Elisabeth II. (ku)	6. 8.1991	2.20 £	0-125 C (1)	20,—
0-131 b II	Königin Elisabeth II. (ku)	6. 8.1991	2.20 £	0-125 AD (1)	20,—
0-132	Königin Elisabeth II. (ku)	16. 9.1991	1.32 £	0-128 D (1)	8,—
0-133	Königin Elisabeth II. (ku)	16. 9.1991	1.56 £	0-129 D (1)	10,—
0-134	Weihnachten (asn)	12.11.1991	3.60 £	0-130 (1)	14,—
0-135	Königin Elisabeth II. (ku)	21. 1.1992	72 P	0-104 D (1)	7,—
0-136	Königin Elisabeth II. (ku)	21. 1.1992	96 P	0-121 AD (1)	8,50
0-137 I	Königin Elisabeth II. (ku)	9. 1.1992	1.80 £	0-107 D I (1)	18,—
0-137 II	Königin Elisabeth II. (ku)	31. 3.1992	1.80 £	0-107 (1)	18,—

MH-MiNr.	Bezeichnung	Ausgabejahr/ -datum	Nominale/ Postpreis	Enthält H-Blätter/ Markenanordnung (in Klammern: Anzahl)	Katalog- preis
0-138 a	Königin Elisabeth II. (ku)	21. 1.1992	2.40 £	0-124 CD (1)	20,—
0-138 b	Königin Elisabeth II. (ku)	21. 1.1992	2.40 £	0-125 AD (1)	20,—
0-139	Königin Elisabeth II. (ku)	28. 7.1992	78 P	0-131 (1)	4,—
0-140	Königin Elisabeth II. (ku)	22. 9.1992	72 P	0-104 D (1)	7,—
0-141	Königin Elisabeth II. (ku)	22. 9.1992	96 P	0-121 AD (1)	8,50
0-142 a	Königin Elisabeth II. (ku)	22. 9.1992	1.80 £	0-106 D (1)	18,—
0-142 b I	Königin Elisabeth II. (ku)	22. 9.1992	1.80 £	0-107(1)	18,—
0-142 b II	Königin Elisabeth II. (ku)	22. 9.1992	1.80 £	0-107 D I (1)	18,—
0-143 a	Königin Elisabeth II. (ku)	22. 9.1992	2.40 £	0-124 CD (1)	20,—
0-143 b I	Königin Elisabeth II. (ku)	22. 9.1992	2.40 £	0-125 C (1)	20,—
0-143 b II	Königin Elisabeth II. (ku)	22. 9.1992	2.40 £	0-125 AD (1)	20,—
0-144	Weihnachten (asn)	10.11.1992	3.60 £	0-132 (1)	15,—
0-145	Königin Elisabeth II. (ku)	6. 4.1993	72/76 P	0-104 CS (1)	7,—
0-146	Königin Elisabeth II. (ku)	7. 9.1993	72 P	0-111 CS (1)	7,—
0-147	Königin Elisabeth II. (ku)	1.11.1993	1 £/96 P	0-121 CS (1)	8,50
0-148	Königin Elisabeth II. (ku)	6. 4.1993	96 P	0-133 (1)	8,50
0-149	Königin Elisabeth II. (ku)	6. 4.1993	1.80/1.90 £	0-107 CS (1)	18,—
0-150	Königin Elisabeth II. (ku)	6. 4.1993	2.40 £	0-124 CS (1)	20,—
0-151	Königin Elisabeth II. (ku)	6. 4.1993	2.40/2.50 £	0-125 CS (1)	20,—
0-152	Königin Elisabeth II. (aws)	19.10.1993	4.80 £	MiNr. 1473 (20)	40,—
0-153	Königin Elisabeth II. (ku)	1.11.1993	1 £	0-134 (1)	6,—
0-154	Königin Elisabeth II. (ku)	1.11.1993	2 £	0-135 (1)	8,—
0-155	Königin Elisabeth II. (ku)	1.11.1993	1.40 £	0-136 (1)	7,—
0-156	Königin Elisabeth II. (ku)	1.11.1993	1.64 £	0-137 (1)	8,—
0-157	Weihnachten (awu)	9.11.1993	2.50 £	0-138 (1)	12,—
0-158	Weihnachten (awt)	9.11.1993	3.80 £	0-139 (1)	16,—
0-159	Königin Elisabeth II. (ku)	26. 4.1994	1 £	0-140 (1)	4,—
0-160	Königin Elisabeth II. (ku)	9. 8.1994	2.40 £	0-141 (1)	10,—
0-161	Königin Elisabeth II. (ku)	2. 9.1994	2.50 £	0-125 CS (1)	20,—
0-162	Weihnachten (ayx)	1.11.1994	2.50 £	0-142 (1)	10,—
0-163	Weihnachten (ayw)	1.11.1994	3.80 £	0-143 (1)	15,—
0-164	Königin Elisabeth II. (ku)	12.12.1995	76 P	0-104 CS (1)	7,—
0-165	Königin Elisabeth II. (ku)	21.12.1994	76 P	0-111 CS (1)	7,—
0-166	Königin Elisabeth II. (ku)	21.12.1994	1 £	0-121 CS (1)	8,50
0-167	Königin Elisabeth II. (ku)	21.12.1994	1.90 £	0-107 CS (1)	18,—
0-168	Königin Elisabeth II. (ku)	12.12.1995	1.90 £	0-144 CS (1)	18,—
0-169	Königin Elisabeth II. (ku)	21.12.1994	2.50 £	0-124 CS (1)	20,—
0-170	Königin Elisabeth II. (ku)	21.12.1994	2.50 £	0-125 CS (1)	20,—
0-171	Königin Elisabeth II. (ku)	21.12.1994	2.50 £	0-125 CS (1)	20,—
0-172	Königin Elisabeth II. (ku)	1. 2.1995	2.50 £	0-125 CS (1)	20,—
0-173	Königin Elisabeth II. (ku)	16. 5.1995	1.40 £	0-136 (1)	7,—
0-174	Königin Elisabeth II. (ku)	16. 5.1995	1.64 £	0-137 (1)	10,—
0-175	Königin Elisabeth II. (ku)	16. 5.1995	2.40 £	0-141 (1)	12,—
0-176	Königin Elisabeth II. (ku)	17. 8.1995	2.50 £	0-124 CS (1)	20,—
0-177	Weihnachten (bbg)	30.10.1995	2.40 £	0-145 (1)	9,—
0-178	Weihnachten (bbd)	30.10.1995	2.50 £	0-146 (1)	9,—
0-179	Weihnachten (bbc)	30.10.1995	3.80 £	0-147 (1)	14,—
0-180	Königin Elisabeth II. (ku)	16. 1.1996	1 £	0-148 (1)	7,—
0-181	Königin Elisabeth II. (ku)	16. 1.1996	2 £	0-149 (1)	10,—
0-182	Königin Elisabeth II. (ku)	6. 2.1996	76 P	0-104 CS (1)	7,—
0-183	Königin Elisabeth II. (ku)	27. 1.1996	1 £	0-121 CS (1)	8,50
0-184	Königin Elisabeth II. (ku)	6. 2.1996	1.90 £	0-107 CS (1)	18,—
0-185	Königin Elisabeth II. (ku)	27. 1.1996	1.90 £	0-144 CS (1)	18,—
0-186	Königin Elisabeth II. (ku)	6. 2.1996	2.50 £	0-125 CS (1)	20,—
0-187	Königin Elisabeth II. (ku)	19. 3.1996	2.50 £	0-124 CS (1)	22,—
0-188	Königin Elisabeth II. (ku)	27. 1.1996	2.50 £	0-124 CS (1)	20,—
0-189	Königin Elisabeth II. (ku)	19. 3.1996	1.40 £	0-136 (1)	8,—
0-190	Königin Elisabeth II. (ku)	19. 3.1996	1.64 £	0-137 (1)	9,—
0-191	Königin Elisabeth II. (ku)	19. 3.1996	2.40 £	0-141 (1)	10,—
0-192	Königin Elisabeth II. (ku)	13. 5.1996	2.50 £	0-124 CS (1)	20,—
0-193	Königin Elisabeth II. (ku)	8. 7.1996	1.48 £	0-150 (1)	10,—
0-194	Königin Elisabeth II. (ku)	8. 7.1996	2.52 £	0-151 (1)	14,—
0-195	Königin Elisabeth II. (ku)	14. 7.1996	2 £	0-107 CS (1)	18,—
0-196	Königin Elisabeth II. (ku)	14. 7.1996	2 £	0-144 CS (1)	18,—
0-197	Königin Elisabeth II. (ku)	6. 8.1996	2.60 £	0-124 CS (1)	20,—
0-198	Königin Elisabeth II. (ku)	15. 7.1996	2.60 £	0-125 CS (1)	20,—
0-199	Königin Elisabeth II. (ku)	24. 7.1996	2.60 £	0-125 CS (1)	20,—
0-200	Weihnachten (bdk)	28.10.1996	2.60 £	0-152 (1)	20,—
0-201	Weihnachten (bdi)	28.10.1996	4 £	0-153 (1)	34,—
0-202	Königin Elisabeth II. (ku)	20.12.1996	80 P	0-104 CS (1)	7,—
0-203	Königin Elisabeth II. (ku)	26. 8.1997	80 P	0-111 CS (1)	7,—
0-204	Königin Elisabeth II. (ku)	19.12.1996	1.04 £	0-121 CS (1)	8,50
0-205	Königin Elisabeth II. (ku)	26. 8.1997	1.04 £	0-133 (1)	8,50
0-206	Königin Elisabeth II. (ku)	20.12.1996	2 £	0-107 CS (1)	18,—
0-207	Königin Elisabeth II. (ku)	20.12.1996	2 £	0-144 CS (1)	18,—
0-208	Königin Elisabeth II. (ku)	20.12.1996	2.60 £	0-124 CS (1)	20,—
0-209	Königin Elisabeth II. (ku)	26. 1.1997	2.60 £	0-125 CS (1)	20,—
0-210	Königin Elisabeth II. (ku)	21. 4.1997	2.60 £	0-154 (1)	20,—
0-211	Königin Elisabeth II. (ku)	15. 9.1997	2.60 £	0-154 (1)	20,—
0-212	Königin Elisabeth II. (ku)	26. 8.1997	1.48 £	0-155 (1)	6,—
0-213	Königin Elisabeth II. (ku)	26. 8.1997	2.52 £	0-156 (1)	10,—
0-214	Weihnachten (bfk)	27.10.1997	2.60 £	0-157 (1)	30,—
0-215	Weihnachten (bfi)	27.10.1997	4 £	0-158 (1)	44,—
0-216	Königin Elisabeth II. (ku)	2. 2.1998	2.60 £	0-124 CS (1)	20,—
0-217	Königin Elisabeth II. (ku)	31. 3.1998	80/76 P	0-111 CS (1)	7,—
0-218	Königin Elisabeth II. (ku)	20. 3.1998	1.04 £	0-133 (1)	8,50
0-219	Königin Elisabeth II. (ku)	11. 4.1998	2 £	0-107 CS (1)	18,—
0-220 I	Königin Elisabeth II. (ku)	1.12.1998	2/1.90 £	0-144 AS (1)	18,—
0-220 II	Königin Elisabeth II. (ku)	19. 3.1998	2 £	0-144 CS (1)	18,—
0-221 I	Königin Elisabeth II. (ku)	1.12.1998	2.60 £	0-124 AS (1)	22,—
0-221 II	Königin Elisabeth II. (ku)	19. 3.1998	2.60 £	0-124 CS (1)	20,—

MH-MiNr.	Bezeichnung	Ausgabejahr/ -datum	Nominale/ Postpreis	Enthält H-Blätter/ Markenanordnung (in Klammern: Anzahl)	Katalog- preis
0-222	Königin Elisabeth II. (ku)	7. 9.1998	2.60 £	0-125 CS (1)	20,—
0-223	Königin Elisabeth II. (ku)	5. 5.1998	1.20 £	0-159 (1)	5,50
0-224	Königin Elisabeth II. (ku)	17. 4.1998	1.48 £	0-155 (1)	6,—
0-225	Königin Elisabeth II. (ku)	17. 4.1998	2.52 £	0-156 (1)	10,—
0-226	Königin Elisabeth II. (ku)	6. 5.1998	2.60 £	0-124 CS (1)	20,—
0-227	Königin Elisabeth II. (ku)	1. 7.1998	2.60 £	0-124 CS (1)	20,—
0-228	Königin Elisabeth II. (ku)	3. 8.1998	1.20 £	0-159 (1)	5,50
0-229	Königin Elisabeth II. (ku)	3. 8.1998	1.48 £	0-155 (1)	7,—
0-230	Königin Elisabeth II. (ku)	3. 8.1998	2.60 £	0-124 CS (1)	20,—
0-231	Weihnachten (bhn)	2.11.1998	2.60 £	0-160 (1)	9,—
0-232	Weihnachten (bhm)	2.11.1998	4 £	0-161 (1)	14,—
0-233	Königin Elisabeth II. (ku)	19. 1.1999	1.20/1.44 £	0-162 (1)	15,—
0-234	Königin Elisabeth II. (ku)	26. 4.1999	1.52 £	0-163 (1)	6,50
0-235	Königin Elisabeth II. (ku)	26. 4.1999	2.56 £	0-164 (1)	10,—
0-236	Jahrtausendwende (IX), Königin Elisabeth II. (bkh/ku)	21. 9.1999	2.60 £	0-165 (1), 224	22,—
0-237	Weihnachten (bkr)	2.11.1999	2.60 £	0-166 (1)	9,—
0-238	Weihnachten (bkp)	2.11.1999	3.80 £	0-167 (1)	14,—
0-239 I	Königin Elisabeth II. (ku)	6. 1.2000	2.60 £	0-168 AS (1)	20,—
0-239 II	Königin Elisabeth II. (ku)	6. 1.2000	2.60 £	0-168 CS (1)	20,—
0-240	Königin Elisabeth II. (ku)	27. 4.2000	1.60 £	0-169 (1)	8,—
0-241	Königin Elisabeth II. (ku)	27. 4.2000	2.60 £	0-170 (1)	11,—
0-242	Weihnachten (bnc)	7.11.2000	2.70 £	0-171 (1)	30,—
0-243	Weihnachten (bnb)	7.11.2000	3.80 £	0-172 (1)	44,—
0-244	Königin Elisabeth II. (ku)	29. 1.2001	1.14 £	0-173 (1)	11,—
0-245	Königin Elisabeth II. (ku)	29. 1.2001	1.90 £	0-174 (1)	17,—
0-246	Königin Elisabeth II. (ku)	29. 1.2001	2.28 £	0-175 (1)	20,—
0-247	Königin Elisabeth II. (ku)	29. 1.2001	1.62 £	0-176 (1)	12,—
0-248	Königin Elisabeth II. (ku)	4. 7.2002	1.62 £	0-176 (1)	12,—
0-249	Königin Elisabeth II. (ku)	29. 1.2001	1.62 £	0-177 (1)	20,—
0-250	Königin Elisabeth II. (ku)	29. 1.2001	2.70 £	0-178 (1)	20,—
0-251	Königin Elisabeth II. (ku)	29. 1.2001	3.24 £	0-179 (1)	24,—
0-252	Königin Elisabeth II. (ku)	29. 1.2001	3.24 £	0-179 (1)	24,—
0-253	Hunde und Katzen (bnu–bod)	13. 2.2001	2.70 £	0-180 (1)	30,—
0-254	Hunde und Katzen/ Königin Elisabeth II. (bnu–bod/ku)	13. 2.2001	3.24 £	0-181 (1)	45,—
0-255	100 Jahre U-Boot-Waffe (II)/ Königin Elisabeth II. (bol/ku)	10. 4.2001	1.62 £	0-182 (1)	*100,—*
0-256	Punch und Judy/ Königin Elisabeth II. (bpf–bpg/ku)	4. 9.2001	1.62 £	0-183 (1)	36,—
0-257	Flaggen/Königin Elisabeth II. (bpt–bpr/ku)	22.10.2001	1.62 £	0-184 (1)	36,—
0-258	Weihnachten (bpx)	6.11.2001	3.24 £	0-185 (1)	36,—
0-259	Weihnachten (bpw)	6.11.2001	4.56 £	0-186 (1)	50,—
0-260	Rudyard Kipling (brb–brl)	15. 1.2002	2.70 £	0-187 (1)	30,—
0-261	Düsenverkehrsflugzeuge/ Königin Elisabeth II. (bso/ku)	2. 5.2002	1.62 £	0-188 (1)	20,—
0-262	Fußball-WM, Japan/Südkorea/ Königin Elisabeth II. (bsv–bsw/ku)	21. 5.2002	1.62 £	0-189 (1)	20,—
0-263	Königin Elisabeth II. (ku)	4. 7.2002	2.28 £	0-190 (1)	20,—
0-264	Königin Elisabeth II. (ku)	27. 3.2003	2.28 £	0-190 (1)	20,—
0-265	Königin Elisabeth II. (ku)	5. 6.2002	1.62 £	0-191 (1)	12,—
0-266	Königin Elisabeth II. (ku)	5. 6.2002	1.62 £	0-191 (1)	12,—
0-267	Königin Elisabeth II. (ku)	5. 6.2002	3.24 £	0-192 (1)	24,—
0-268	Königin Elisabeth II. (ku)	4. 7.2002	2.22/2.28 £	0-193 (1)	24,—
0-269	Königin Elisabeth II. (ku)	4. 7.2002	2.52 £	0-194 (1)	45,—
0-270	Königin Elisabeth II. (ku)	4. 7.2002	4.08 £	0-195 (1)	45,—
0-271	Tower Bridge/Königin Elisabeth II. (btm/ku)	10. 9.2002	1.62 £	0-196 (1)	20,—
0-272	Weihnachten (buc)	5.11.2002	3.24 £	0-197 (1)	36,—
0-273	Weihnachten (bub)	5.11.2002	4.56 £	0-198 (1)	50,—
0-274	Grußmarke/Königin Elisabeth II. (bru/ku)	4. 3.2003	1.62 £	0-199 (1)	18,—
0-275	Extremleistungen/Königin Elisabeth II. (bvr/ku)	29. 4.2003	1.62 £	0-200 (1)	18,—
0-276	Königin Elisabeth II. (bvo)	27. 3.2003	2.08 £	0-201 (1)	22,—
0-277	Königin Elisabeth II. (bvo)	27. 3.2003	4.48 £	0-202 (1)	26,—
0-278	Schottland/Königin Elisabeth II. (bwm/ku)	15. 7.2003	1.68 £	0-203 (1)	18,—
0-279	Modellspielzeug/Königin Elisabeth II. (bwx/ku)	18. 9.2003	1.68 £	0-204 (1)	18,—
0-280	Weihnachten (bxl)	4.11.2003	3.36 £	0-205 (1)	36,—
0-281	Weihnachten (bxk)	4.11.2003	4.80 £	0-206 (1)	50,—
0-282	Nordirland/Königin Elisabeth II. (byv/ku)	16. 3.2004	1.62 £	0-207 (1)	18,—
0-283	Königin Elisabeth II. (bvo)	1. 4.2004	1.72 £	0-208 (1)	22,—
0-284	Passagierschiffe/Königin Elisabeth II. (bzc/ku)	13. 4.2004	1.68 £	0-209 (1)	18,—
0-285	Wales/Königin Elisabeth II. (bzt/ku)	15. 6.2004	1.68 £	0-210 (1)	22,—
0-286	Weihnachten (cax)	2.11.2004	3.36 £	0-211 (1)	36,—
0-287	Weihnachten (caw)	2.11.2004	5.04 £	0-212 (1)	50,—
0-288	Grußmarken (cdx–cec)	4.10.2005	1.80 £	0-213 (1)	18,—
0-289	Weihnachten (ces)	1.11.2005	3.50 £	0-214 (1)	36,—
0-290	Weihnachten (cer)	1.11.2005	5.04 £	0-215 (1)	50,—
0-291	Königin Elisabeth II. (chk)	15. 8.2006	1.48 £	0-216 (1)	10,—
0-292	Königin Elisabeth II. (chk)	15. 8.2006	1.76 £	0-217 (1)	13,—
0-293	Königin Elisabeth II. (ku II)	12. 9.2006	2.76 £	0-218 (1)	20,—
0-294	Königin Elisabeth II. (ku II)	12. 9.2006	1.92 £	0-219 (1)	12,—
0-295	Königin Elisabeth II. (ku II)	12. 9.2006	3.84 £	0-220 (1)	24,—
0-296	Grußmarken (chy–cid)	17.10.2006	1.92 £	0-221 (1)	18,—
0-297	Weihnachten (cie)	7.11.2006	2.76 £	0-222 (1)	26,—
0-298	Weihnachten (cif)	7.11.2006	3.84 £	0-223 (1)	36,—
0-299	Grußmarke/Königin Elisabeth II. (cdy/ku II)	16. 1.2007	1.92 £	0-224 (1)	30,—
0-300	Weihnachten (cnv)	6.11.2007	2.88 £	0-225 (1)	26,—
0-301	Weihnachten (cnw)	6.11.2007	4.08 £	0-226 (1)	36,—
0-302	Grußmarke/Königin Elisabeth II. (cdz/ku)	15. 1.2008	2.04 £	0-227 (1)	18,—
0-303	Grußmarken (cdx–cdy, cea, cib–cid)	28. 2.2008	2.04 £	0-228 (1)	40,—
0-304	Urlaub an der See/Königin Elisabeth II. (clf/ku)	13. 5.2008	2.16 £	0-229 (1)	16,—
0-305	Weihnachten (cso)	4.11.2008	3.24 £	0-230 (1)	26,—

MH-MiNr.	Bezeichnung	Ausgabejahr/ -datum	Nominale/ Postpreis	Enthält H-Blätter/ Markenanordnung (in Klammern: Anzahl)	Katalog- preis
0-306	Weihnachten (csp)	4.11.2008	4.32 £	0-231 (1)	36,—
0-307	Britisches Design (II)/ Königin Elisabeth II. (ctd/ctg/ku III)	10. 3.2009	2.16 £	0-232 (1)	15,—
0-308	Königin Elisabeth II. (ku III)	31. 3.2009	3.24 £	0-233 (1)	20,—
0-309	Königin Elisabeth II. (ku III)	31. 3.2009	2.16 £	0-234 (1)	12,—
0-310	Königin Elisabeth II. (ku III)	31. 3.2009	4.32 £	0-235 (1)	24,—
0-311	Königin Elisabeth II. (chk) I	31. 3.2009	1.68 £	0-236 (1)	10,—
0-312	Königin Elisabeth II. (chk I)	31. 3.2009	1.92 £	0-237 (1)	13,—
0-313	Britisches Design (III)/ Königin Elisabeth II. (cta/ku III)	21. 4.2009	2.34 £	0-238 (1)	15,—
0-314	NAFAS/Königin Elisabeth II. (bdw/bds/ku III)	21. 5.2009	2.34 £	0-239 (1)	22,—
0-315	Britisches Design (IV)/ Königin Elisabeth II. (ctc/ku III)	18. 8.2009	2.34 £	0-240 (1)	15,—
0-316	Britisches Design (V)/Königin Elisabeth II. (csz/ku III)	17. 9.2009	2.34 £	0-241 (1)	15,—
0-317	Weihnachten (cxd)	3.11.2009	3.60 £	0-242 (1)	26,—
0-318	Weihnachten (cxe)	3.11.2009	4.68 £	0-243 (1)	36,—
0-319	Olympische und Paralympische Sommerspiele (II)/Königin Elisabeth II. (cwu, cwy/ku III)	7. 1.2010	2.34 £	0-244 (1)	24,—
0-320	Olympische und Paralympische Sommerspiele (III)/Königin Elisabeth II. (cwv, cxc/ku III)	25. 2.2010	2.34 £	0-245 (1)	24,—
0-321	Königin Elisabeth II. (bvo)	30. 3.2010	2.24 £	0-246 (1)	22,—
0-322	Königin Elisabeth II. (bvo)	30. 3.2010	3.60 £	0-247 (1)	26,—
0-323	Bedrohte Natur (V)/Königin Elisabeth II. (daf, dah/ku III)	15. 6.2010	2.46 £	0-248 (1)	20,—
0-324	Olympische und Paralympische Sommerspiele (V)/Königin Elisabeth II. (dbt, dby/ku III)	27. 7.2010	2.46 £	0-249 (1)	24,—
0-325	Britisches Design (VI)/Königin Elisabeth II. (csy/ku III)	15. 9.2010	2.46 £	0-250 (1)	15,—
0-326	Olympische und Paralympische Sommerspiele (VI)/Königin Elisabeth II. (dca, dbx/ku III)	12.10.2010	2.46 £	0-251 (1)	24,—
0-327	Weihnachten (ddf)	2.11.2010	3.84 £	0-252 (1)	26,—
0-328	Weihnachten (ddg)	2.11.2010	4.92 £	0-253 (1)	36,—
0-329	Science Fiction-Marionetten-Fernsehserien/ Königin Elisabeth II. (ddr/ku III)	11. 1.2011	2.46 £	0-254 (1)	15,—
0-330	Fortschritte in der Medizin/Königin Elisabeth II. (dck/ku III)	24. 2.2011	2.46 £	0-255 (1)	15,—
0-331	100. Geb. von Wilbert V. Awdry/ Königin Elisabeth II. (dgp/ku III)	14. 6.2011	2.76 £	0-256 (1)	15,—
0-332	Olympische und Paralympische Sommerspiele (VII)/Königin Elisabeth II. (dgv, dgy/ku III)	27. 7.2011	2.76 £	0-257 (1)	24,—
0-333	Dampflokomotiven aus England (II)/ Königin Elisabeth II. (dea/ku III)	23. 8.2011	2.76 £	0-258 (1)	15,—
0-334	Olympische und Paralympische Sommerspiele (VIII)/Königin Elisabeth II. (dgy–dgz/ku III)	15. 9.2011	2.76 £	0-259 (1)	24,—
0-335	Weihnachten (dio)	8.11.2011	4.32 £	0-260 (1)	26,—
0-336	Weihnachten (dip)	8.11.2011	5.52 £	0-261 (1)	36,—
0-337	Olympische und Paralympische Sommerspiele (IX) (dix–diy)	5. 1.2012	2.76 £	0-262 (1)	18,—
0-338	Olympische und Paralympische Sommerspiele (X) (dix–diy)	5. 1.2012	2.76 £	0-263 (1)	18,—
0-339	Königin Elisabeth II. (ku III)	6. 2.2012	5.52 £	0-264 (1)	24,—
0-340	Königin Elisabeth II. (chk I)	25. 4.2012	3 £	0-265 (1)	13,—
0-341	60. Jahrestag der Thronbesteigung (dnh)/ Königin Elisabeth II. (ku III)	31. 5.2012	3.60 £	0-266 (1)	15,—
0-342	Dampflokomotiven aus Schottland (dls)/ Königin Elisabeth II. (ku III)	27. 9.2012	3.60 £	0-267 (1)	15,—
0-343	Königin Elisabeth II. (ku III)	1.10.2012	3.60 £	0-268 (1)	13,—
0-344	Weihnachten (dsp)	6.11.2012	6 £	0-269 (1)	26,—
0-345	Weihnachten (dsr)	6.11.2012	7.20 £	0-270 (1)	36,—
0-346	Königin Elisabeth II. (ku III)	3. 1.2013	3.60 £	0-271 (1)	13,—
0-347	Königin Elisabeth II. (ku III)	3. 1.2013	7.20 £	0-272 (1)	24,—
0-348	Königin Elisabeth II. (chk I)	3. 1.2013	3.60 £	0-273 (1)	13,—
0-349	150 Jahre London Underground (dta)/ Königin Elisabeth II. (ku III)	9. 1.2013	3.60 £	0-274 (1)	15,—
0-350	Fernsehserie Dr. Who (dtp, dua, dud)	26. 3.2013	3.60 £	0-275 (1)	25,—
0-351	150 Jahre Englischer Fußballverband (duw, dva)/Königin Elisabeth II. (ku III)	9. 5.2013	3.60 £	0-276 (1)	20,—
0-352	Dampflokomotiven aus Nordirland (dvl)/ Königin Elisabeth II. (ku III)	18. 6.2013	3.60 £	0-277 (1)	15,—
0-353	Schmetterlinge (dvr, dvu)/Königin Elisabeth II. (ku III)	10. 7.2013	3.60 £	0-278 (1)	15,—
0-354	Postfahrzeuge (dvn)/Handelsmarine (dwu)/ Königin Elisabeth II. (ku III)	19. 9.2013	3.60 £	0-279 (1)	32,—
0-355	Weihnachten (dxp)	5.11.2013	6 £	0-280 (1)	26,—
0-356	Weihnachten (dxr)	5.11.2013	7.20 £	0-281 (1)	36,—
0-357	150 Jahre Englischer Fußballverband (duu, dvc)/Königin Elisabeth II. (ku III)	20. 2.2014	3.60 £	0-282 (1)	20,—
0-358	300 Jahre Buckingham-Palast (dzs, dzr)/ Königin Elisabeth II. (ku III)	15. 4.2014	3.72 £	0-283 (1)	15,—
0-359	20. Commonwealth-Spiele, Glasgow (eau)/ Königin Elisabeth II. (ku III)	17. 7.2014	3.72 £	0-284 (1)	15,—
0-360	Speisefische (ean, eam)/Königin Elisabeth II. (ku III)	18. 8.2014	3.72 £	0-285 (1)	20,—

MH-MiNr.	Bezeichnung	Ausgabejahr/ -datum	Nominale/ Postpreis	Enthält H-Blätter/ Markenanordnung (in Klammern: Anzahl)	Katalog- preis
0-361	Dampflokomotiven aus Wales (dyu)/ Königin Elisabeth II. (ku III)	18. 8.2014	3.72 £	0-286 (1)	15,—
0-362	Weihnachten (eca)	4.11.2014	6.36 £	0-287 (1)	26,—
0-363	Weihnachten (ecb)	4.11.2014	7.44 £	0-288 (1)	36,—
0-364	Alice im Wunderland (ecl, ecm)/Königin Elisabeth II. (ku III)	6. 1.2015	3.72 £	0-289 (1)	20,—
0-365	Grußmarken (ecy–edb)	20. 1.2015	7.44 £	0-290 (1)	36,—
0-366	Britische Komiker (eea, edz)/Königin Elisabeth II. (ku III)	1. 4.2015	3.78 £	0-291 (1)	20,—
0-367	175 Jahre Briefmarken (eeg)	6. 5.2015	3.78 £	0-292 (1)	18,—
0-368	Bienen (efs)/Königin Elisabeth II. (ku III)	18. 8.2015	3.78 £	0-293 (1)	15,—
0-369	Königin Elisabeth II. (ku III)	9. 9.2015	3.78 £	0-294 (1)	13,—
0-370	Rugby-Weltmeisterschaft (egk–egl)/Königin Elisabeth II. (ku III)	18. 9.2015	3.78 £	0-295 (1)	16,—
0-371	Weihnachten (ehl)	3.11.2015	6.48 £	0-296 (1)	26,—
0-372	Weihnachten (ehm)	3.11.2015	7.56 £	0-297 (1)	36,—
0-373	175 Jahre Briefmarken (ehz)	18. 2.2016	3.78 £	0-298 (1)	18,—
0-374	90. Geburtstag (eko–ekp)/Königin Elisabeth II. (ku III)	21. 4.2016	3.84 £	0-299 (1)	20,—
0-375	90. Geburtstag (ekr–eks)/Königin Elisabeth II. (ku III)	9. 6.2016	3.84 £	0-300 (1)	20,—
0-376	150. Geburtstag von Beatrix Potter (elz–ema)/ Königin Elisabeth II. (ku III)	28. 7.2016	3.84 £	0-301 (1)	20,—
0-377	300. Geburtstag von Lancelot Brown (emn–emo)/Königin Elisabeth II. (ku III)	16. 8.2016	3.84 £	0-302 (1)	28,—
0-378	Kinderbuchfiguren (eng, enl)/Königin Elisabeth II. (ku III)	20.10.2016	3.84 £	0-303 (1)	15,—
0-379	Königin Elisabeth II. (ku III)	20.10.2016	3.84 £	0-304 (1)	13,—
0-380	Königin Elisabeth II. (ku III)	20.10.2016	7.68 £	0-305 (1)	24,—
0-381	Königin Elisabeth II. (chk I)	20.10.2016	3.84 £	0-306 (1)	13,—
0-382	Weihnachten (ens)	8.11.2016	6.60 £	0-307 (1)	26,—
0-383	Weihnachten (ent)	8.11.2016	7.68 £	0-308 (1)	36,—
0-384	Windsor Castle (eor–eos)/Königin Elisabeth II. (ku III)	15. 2.2017	3.84 £	0-309 (1)	15,—
0-385	70. Geburtstag von David Bowie (eox–eoy)/ Königin Elisabeth II. (ku III)	14. 3.2017	3.84 £	0-310 (1)	15,—
0-386	50 Jahre Freimarken Königin Elisabeth II. (ku III)	5. 6.2017	3.90 £	0-311 (1)	15,—
0-387	Science-Fiction-Filmreihe „Star Wars“ (etf–etg)/Königin Elisabeth II (ku III)	12.10.2017	3.90 £	0-312 (1)	18,—
0-388	Science-Fiction-Filmreihe „Star Wars“ (etb–etc)/Königin Elisabeth II (ku III)	12.10.2017	3.90 £	0-313 (1)	18,—
0-389	Weihnachten (etk)	7.11.2017	6.72 £	0-314 (1)	26,—
0-390	Weihnachten (etl)	7.11.2017	7.80 £	0-315 (1)	36,—
0-391	Weihnachten (etk, etu)	7.11.2017	6.72 £	0-316 (1)	26,—
0-392	Weihnachten (etl, etv)	7.11.2017	7.80 £	0-317 (1)	36,—
0-393	Fantasy-Fernsehserie „Game of Thrones“ (eut)	23. 1.2018	3.90 £	0-318 (1)	15,—
0-394	100 Jahre RAF (II) (evf–evg)/Königin Elisabeth II. (ku III)	20. 3.2018	3.90 £	0-319 (1)	15,—
0-395	100 Jahre RAF (III) (evm–evn)/Königin Elisabeth II. (ku III)	11. 5.2018	4.02 £	0-320 (1)	22,—
0-396	Fernsehserie „Dad's Army“ (ewv–eww)/ Königin Elisabeth II. (ku III)	26. 6.2018	4.02 £	0-321 (1)	18,—
0-397	Schloss Hampton Court (II) (exh–exi)/ Königin Elisabeth II. (ku III)	31. 7.2018	4.02 £	0-322 (1)	32,—
0-398	Der Erste Weltkrieg im Jahr 2018 (CII) (eaz, cyh)/ Königin Elisabeth II. (ku III)	13. 9.2018	4.02 £	0-323 (1)	20,—
0-399	Harry-Potter-Filme (II) (eyo–eyp)/Königin Elisabeth II. (ku III)	16.10.2018	4.02 £	0-324 (1)	15,—
0-400	Weihnachten (ezf)	1.11.2018	6.96 £	0-325 (1)	26,—
0-401	Weihnachten (ezg)	1.11.2018	8.04 £	0-326 (1)	36,—
0-402	Comicfiguren-Marvel-Superhelden (II) (fag, fah)/Königin Elisabeth II. (ku III)	14. 3.2019	4.02 £	0-327 (1)	15,—
0-403	Raubvögel (II) (fbn–fbn)/Königin Elisabeth II. (ku III)	4. 4.2019	4.20 £	0-328 (1)	70,—
0-404	75. Jahrestag der Landung in der Normandie (II) (fda, fdc)/ Königin Elisabeth II.(ku III)	6. 6.2019	4.20 £	0-329 (1)	16,—
0-405	Elton John (II) (fdv, fdx)/ Königin Elisabeth II. (ku III)	3. 9.2019	4.20 £	0-330 (1)	18,—
0-406	Schiffe der Royal Navy (feh–fei)/ Königin Elisabeth II. (ku III)	19. 9.2019	4.20 £	0-331 (1)	70,—
0-407	Weihnachten (ffn)	5.11.2019	7.56 £	0-332 (1)	26,—
0-408	Weihnachten (ffo)	5.11.2019	8.40 £	0-333 (1)	36,—
0-409	Science-Fiction-Filmreihe „Star Wars“ (ffz, fgb)/Königin Elisabeth II. (ku III)	26.11.2019	4.20 £	0-334 (1)	16,—
0-410	Videospiele (fgy–fgz)/ Königin Elisabeth II. (ku III)	21. 1.2020	4.20 £	0-335 (1)	20,—
0-411	Internationale Briefmarkenausstellung „London 2020“ (eeg, eeh, eip)	10. 3.2020	4.20 £	0-336 (1)	18,—
0-412	James-Bond-Filme (fht–fhu)/ Königin Elisabeth II. (ku III)	17. 3.2020	4.20 £	0-337 (1)	20,—
0-413	Fernsehserie „Coronation Street“ (fiz–fka)/ Königin Elisabeth II. (ku III)	28. 5.2020	4.56 £	0-338 (1)	16,—
0-414	Musikgruppe „Queen“ (fku–fkv)/ Königin Elisabeth II. (ku III)	9. 7.2020	4.56 £	0-339 (1)	20,—
0-415	10 Jahre Fernsehserie „Sherlock“ (fmb–fmc)/ Königin Elisabeth II. (ku III)	18. 8.2020	4.56 £	0-340 (1)	15,—
0-416	Weihnachten (fmw)	3.11.2020	7.80 £	0-341 (1)	26,—
0-417	Weihnachten (fmx)	3.11.2020	9.12 £	0-342 (1)	36,—

MH-MiNr.	Bezeichnung	Ausgabejahr/ -datum	Nominale/ Postpreis	Enthält H-Blätter/ Markenanordnung (in Klammern: Anzahl)	Katalog-preis
0-418	Science-Fiction-Filmreihe „Star Trek“ (fnf–fng)/ Königin Elisabeth II. (ku III)	13.11.2020	4.56 £	0-343 (1)	15,—
0-419	70 Jahre Britische Nationalparks (foe, foh)/ Königin Elisabeth II. (ku III)	14. 1.2021	5.10 £	0-344 (1)	16,—
0-420	40 Jahre Fernsehserie „Only Fools and Horses“ (foz–fpa)/ Königin Elisabeth II. (ku III)	16. 2.2021	5.10 £	0-345 (1)	16,—
0-421	50 Jahre Musikgruppe „Queen“ (fle)	29. 3.2021	5.10 £	0-346 (1)	18,—
0-422	Paul McCartney (frg, frk)/ Königin Elisabeth II. (ku III)	28. 5.2021	5.10 £	0-347 (1)	15,—
0-423	70 Jahre Comicserie „Dennis and Gnasher“ (fsg–fsh)/Königin Elisabeth II. (ku III)	1. 7.2021	5.10 £	0-348 (1)	15,—
0-424	Leben an der Küste und im Meer (I) (fso, fst)/ Königin Elisabeth II. (ku III)	22. 7.2021	5.10 £	0-349 (1)	15,—
0-425	Comicfiguren von DC Comics (fuc, fue)/ Königin Elisabeth II. (ku III)	17. 9.2021	5.10 £	0-350 (1)	15,—
0-426	Comicfiguren von DC Comics (fur)/ Königin Elisabeth II. (ku III)	17. 9.2021	5.10 £	0-351 (1)	15,—
0-427	Weihnachten (fvf)	2.11.2021	7.92 £	0-352 (1)	26,—
0-428	Weihnachten (fvh)	2.11.2021	10.20 £	0-353 (1)	36,—
0-429	Königin Elisabeth II. (fpp)	1. 2.2022	5.28 £	0-354 (1)	16,—
0-430	Königin Elisabeth II. (fpp)	1. 2.2022	3.40 £	0-355 (1)	16,—
0-431	Königin Elisabeth II. (fpp)	1. 2.2022	6.80 £	0-356 (1)	32,—
0-432	Königin Elisabeth II. (fwa)	1. 2.2022	3.84 £	0-357 (1)	16,—
0-433	Königin Elisabeth II. (fwa)	1. 2.2022	5.16 £	0-358 (1)	24,—
0-434	Weihnachten (gbh)	3.11.2022	5.44 £	0-359 (1)	26,—
0-435	Weihnachten (gbi)	3.11.2022	7.60 £	0-360 (1)	36,—
0-436	König Charles III. (gek)	4. 4.2023	6 £	0-361 (1)	20,—
0-437	König Charles III. (gek)	4. 4.2023	4.40 £	0-362 (1)	18,—
0-438	König Charles III. (gek)	4. 4.2023	8.80 £	0-363 (1)	36,—
0-439	König Charles III. (gek II)	4. 4.2023	4.60 £	0-364 (1)	16,—
0-440	König Charles III. (gek II)	4. 4.2023	6.40 £	0-365 (1)	22,—
0-441	Weihnachten (gix)	2.11.2023	6 £	0-366 (1)	18,—
0-442	Weihnachten (giy)	2.11.2023	10 £	0-367 (1)	28,—
0-443	60 Jahre Rockband „The Who“ (gpu–gpx)	17.10.2024	6.60 £	0-368 (1)	18,—
0-444	Weihnachten (grh)	5.11.2024	6.80 £	0-369 (1)	20,—
0-445	Weihnachten (grk)	5.11.2024	13.20 £	0-370 (1)	36,—
0-446	König Charles III. (gek)	30. 1.2025	6.80 £	0-361 (1)	20,—
0-447	König Charles III. (gek)	30. 1.2025	13.20 £	0-363 (1)	36,—
0-448	Rockband „AC/DC“ (gtk)	18. 2.2025	6.60 £	0-371 (1)	18,—

Zum Teil enthalten Markenheftchen mit unterschiedlicher MH-MiNr. dieselben H-Blätter. Die unterschiedliche MH-Numerierung beruht auf wechselnden Markenheftchendeckeln. Andererseits gibt es unter einer MH-MiNr. unterschiedliche Markenheftchendeckel. Eine detaillierte Aufstellung nach Markenheftchendeckeln und weiteren Unterschieden bei den enthaltenen Heftchenblättern siehe MICHEL-Großbritannien-Spezial.

Änderte sich bei Markenheftchen mit Marken ohne Wertangabe (1st/2nd/E) der Postpreis während der Verkaufszeit, wird die zweite Nominale nachgestellt.

Wichtig! Die angegebenen Preise für Markenheftchen, Heftchenblätter und Zusammendrucke gelten für einwandfrei gezähnte Stücke. Angeschnittene Zähnungen werden im Handel bis zu 60% billiger verkauft. Heftchenblätter und Zusammendrucke mit Falz werten etwa 50% der angegebenen ✶✶-Preise.

Verzeichnis der Heftchenblätter aus Markenheftchen ohne Zusammendrucke

H-Blatt-MiNr.	MiNr. (Anordnung oder Anzahl)
1	104 A (3×2)
0-1	121 I (3×2)
0-2	122 I (3×2)
0-3	123 I (3×2)
0-4	124 I (3×2)
4	129 (3×2)
6	128 (3×2)
7	127 (3×2)
0-5 I	130 I (3×2)
0-5 II	130 II (3×2)
8	156 (3×2)
10	155 (3×2)
11	154 (3×2)
12	172 (3×2)
14	171 (3×2)
15	170 (3×2)
16	177 (3×2)
18	176 (3×2)
19	175 (3×2)
0-6	189 (2×2)
0-7	190 (2×2)
0-8	191 (2×2)
20	195 (3×2)
22	194 (3×2)
23	193 (3×2)
0-9	195 (2×2)
24	200 (3×2)
26	199 Y (3×2)
27	198 Y (3×2)
0-10	200 (2×1)
0-11	199 (2×1)
0-12	198 (2×1)
0-13	202 (3×2)
0-14	201 (3×2)
0-15	199 Y (2×2)
0-16	198 Y (2×2)
0-17	225 (3×2)
0-18	224 (3×2)
0-19	221 (3×2)
0-20	223 (2×1)
0-21	222 (2×1)
0-22	221 (2×1)
0-23	223 (2×2)
0-24	222 (2×2)
0-25	221 (2×2)
0-26	248 (2×1)
0-27	247 (2×1)
0-28	246 (2×1)
0-29	248 (2×2)
0-30	247 (2×2)
0-31	246 (2×2)
0-32	249 (3×2)
28	250 (3×2)
29	248 (3×2)
31	246 (3×2)
0-33	247 (3×2)
32	261 (3×2)
33	259 (3×2)
35	257 (3×2)
0-34	258 (3×2)
0-35	259 (2×1)
0-36	258 (2×1)
0-37	257 (2×1)
0-38	260 (3×2)
0-39	259 (2×2)
0-40	258 (2×2)
0-41	257 (2×2)
39	286 (3×2)
0-42	285 a (3×2)
40	284 (3×2)
0-43	283 (3×2)
42	282 (3×2)
0-44	284 (2×2)
0-45	283 (2×2)
0-46	282 (2×2)
0-47	285 b (3×2)
0-48	287 (3×2)
0-49	284 (2×1)
0-50	283 (2×1)
0-51	282 (2×1)
0-52	287 (2×2)
0-53	323 (3×2)
0-53 y	323 y (3×2)
0-53 z	323 z (3×2)
0-54	320 (3×2)
0-54 y	320 y (3×2)
0-54 z	320 z (3×2)
0-55	319 (3×2)
0-55 y	319 y (3×2)

H-Blatt-MiNr.	MiNr. (Anordnung oder Anzahl)
0-55 z	319 z (3×2)
0-56	318 (3×2)
0-56 y	318 y (3×2)
0-56 z	318 z (3×2)
0-57	322 (3×2)
0-57 y	322 y (3×2)
0-57 z	322 z (3×2)
0-58	320 (2×2)
0-58 Y	320 Y (2×2)
0-58 y	320 y Y (2×2)
0-59	319 (2×2)
0-59 Y	319 Y (2×2)
0-59 y	319 y Y (2×2)
0-60	318 (2×2)
0-60 Y	318 Y (2×2)
0-60 y	318 y Y (2×2)
0-61	323 (2×2)
0-61 Y	323 Y (2×2)
0-61 y	323 y Y (2×2)
0-62	321 (3×2)
0-63	324 (3×2)
0-63 y	324 y (3×2)
52	457 (3×2)
53	456 (3×2)
0-64	455 (3×2)
0-65	453 (3×2)
56	496 (3×2)
0-66	567 (3×2 [5 + L])
0-67	566 (3×2 [5 + L])
0-68	634 (3×2 [5 + L])
0-69	658 (5×2)
0-70	687 (5×2)
0-71	667 (5×2)
0-72	696 (5×2)
0-73	636 (5×2)
0-74	698 (5×2)
0-75	821 (5×2)
0-76	862 (5×2)
0-77	863 (5×2)
0-78	901 I (5×2)
0-79	864 I (5×2)
0-80 I	947 I (5×2)
0-80 II	947 II (5×2)
0-81	901 III (5×2)
0-82 I	1002 C I (5×2) ohne Rand
0-82 II	1002 C II (5×2)
0-83 I	948 I (5×2)
0-83 II	948 II (5×2)
0-84	1012 II (10×2)
0-85	1035 II (2×5)
0-86	1051 II (10×2)
0-87	1050 I (5×2)
0-88	948 I (2×3)
0-89	1003 C (5×2) ohne Rand
0-90	1002 C I (2×2)
0-91	1003 C (2×2)
0-92	904 (2×2)
0-93	1002 C I (5×2) mit Rand
0-94	1003 C (5×2) mit Rand
0-95	1162 C (5×2) ohne Rand
0-96	1163 C (5×2) ohne Rand
0-97 C	1162 C (2×2)
0-97 D	1162 Do/Du (2×2)
0-97 E	1162 Do/Du/Eor/Eru (2×2)
0-98 C	1163 C (2×2)
0-98 D	1163 Do/Du (2×2)
0-98 E	1163 Do/Du/Eor/Eru (2×2)
0-99 C	1166 C (2×2)
0-99 D	1166 Do/Du (2×2)
0-100 C	1162 C (5×2) mit Rand
0-100 D	1162 Do/Du (5×2)
0-101 C	1163 C (5×2) mit Rand
0-101 D	1163 Do/Du (5×2)
0-102	1178 C (5×2)
0-103	1179 C (5×2)
0-104 D	1214 ADo/ADu (2×2)
0-104 E	1214 ADo/ADu/
	AEor/AEru (2×2)
0-104 CS	1214 CS (2×2)
0-105 E	1215 ADo/ADu/
	AEor/AEru (2×2)
0-106 D	1216 CDo/CDu (5×2)
0-107	1214 C (5×2)
0-107 D	1214 ADo/ADu (5×2)
0-107 CS	1214 CS (5×2)
0-108 D	1217 CDo/CDu (5×2)
0-109	1215 C (5×2)
0-110 E	1229 Do/Du/Eor/Eru (2×2)
0-111 E	1216 CDo/CDu/

H-Blatt-MiNr.	MiNr. (Anordnung oder Anzahl)
	CEor/CEru (2×2)
0-111 CS	1216 CS (2×2)
0-112 E	1217 CDo/CDu/
	CEor/CEru (2×2)
0-113 E	1249 ADo/ADu/
	AEor/AEru (2×2)
0-114 E	1250 ADo/ADu/
	AEor/AEru (2×2)
0-115 E	1241 CDo/CDu/
	CEor/CEru (2×2)
0-116 D	1240 CDo/CDu (5×2)
0-117	1249 C (5×2)
0-117 E	1249 ADo/ADu/
	AEor/AEru (5×2)
0-118 D	1241 CDo/CDu (5×2)
0-119	1250 C (5×2)
0-119 E	1250 ADo/ADu/
	AEor/AEru (5×2)
0-120 AD	1279 ADo/ADu (2×2)
0-121 AD	1280 ADo/ADu (2×2)
0-121 CS	1280 CS (2×2)
0-121 FD	1280 FDo/FDu (2×2)
0-122 CD	1281 CDo/CDu (5×2)
0-123 AD	1279 ADo/ADu (5×2)
0-123 C	1279 C (5×2)
0-124 AS	1282 AS (5×2)
0-124 CD	1282 CDo/CDu (5×2)
0-124 CS	1282 CS (5×2)
0-125 AD	1280 ADo/ADu (5×2)
0-125 C	1280 C (5×2)
0-125 CS	1280 CS (5×2)
0-126 AD	1295 Do/Du (2×2)
0-127	1300 Do/Du (10×2)
0-128 D	1326 Do/Du (2×2)
0-129 D	1362 Do/Du (2×2)
0-130	1367 (10×2)
0-131	1362 Do/Du (1×2)
0-132	1421 (10×2)
0-133	1282 CS (2×2)
0-134	1480 (2×2) Rand oben □
0-135	1475 CS (2×4)
0-136	1481 (2×2)
0-137	1482 (2×2)
0-138	1484 (5×2)
0-139	1483 (10×2)
0-140	1475 CS (2×2)
0-141	1534 (2×2)
0-142	1540 (5×2)
0-143	1539 (10×2)
0-144 AS	1216 AS (5×2)
0-144 CS	1216 CS (5×2)
0-145	1600 (2×2)
0-146	1597 (5×2)
0-147	1596 (10×2)
0-148	1480 (2×2) Rand oben gez.
0-149	1480 (2×4)
0-150	1640 (2×2)
0-151	1641 (2×2)
0-152	1663 (5×2)
0-153	1662 (10×2)
0-154	1691 (5×2)
0-155	1633 CS (2×2)
0-156	1636 CS (2×2)
0-157	1715 I A (5×2)
0-158	1714 I A (10×2)
0-159	1226 CS (2×2)
0-160	1773 (5×2)
0-161	1772 (10×2)
0-162	1781 (2×2)
0-163	1802 CS (2×2)
0-164	1804 CS (2×2)
0-165	1824 (2×1)
0-166	1832 (5×2)
0-167	1831 (10×2)
0-168 AS	1843 AS (5×2)
0-168 CS	1843 CS (5×2)
0-169	1863 (2×2)
0-170	1866 (2×2)
0-171	1898 (5×2)
0-172	1897 (10×2)
0-173	1747 (6)
0-174	1747 (10)
0-175	1747 (12)
0-176	1748 (6)
0-177	1748 (6 + Zf)
0-178	1748 (10)
0-179	1748 (12)
0-180	1914–1923 (10)
0-181	1914–1923 (10) + 1748 (2)

H-Blatt-MiNr.	MiNr. (Anordnung oder Anzahl)
0-182	1932 (2) + 1748 (4)
0-183	1952–1953 (2) + 1748 (4)
0-184	1964–1965 (2) + 1748 (4)
0-185	1967 I (12)
0-186	1966 I (24)
0-187	1971–1980 (10)
0-188	2017 (2) + 1748 (4)
0-189	2023–2024 (2) + 1748 (4)
0-190	1747 (12)
0-191	2025 (6)
0-192	2025 (12)
0-193	2030 (6)
0-194	2031 (6)
0-195	2032 (6)
0-196	2048 (2) + 2025 (4)
0-197	2059 (12)
0-198	2058 (24)
0-199	2091 (2) + 2025 (4)
0-200	2025 (4) + 2110 (2)
0-201	2102 (4)
0-202	2103 (4)
0-203	2146 (2) + 2025 (4)
0-204	2157 (2) + 2025 (4)
0-205	2165 I (12)
0-206	2164 I (24)
0-207	2201 (2) + 2025 (4)
0-208	2207 (4)
0-209	2216 (2) + 2025 (4)
0-210	2229 (2) + 2025 (4)
0-211	2259 I (12)
0-212	2258 I (24)
0-213	2338 I C–2343 I C (6)
0-214	2361 (12)
0-215	2360 (24)
0-216	2436 (4)
0-217	2437 (4)
0-218	2438 (12)
0-219	2439 (6)
0-220	2439 (12)
0-221	2451 I C–2456 I C (6)
0-222	2463 I (12)
0-223	2464 I (12)
0-224	2439 (5) + 2340 I CS (1)
0-225	2590 I (12)
0-226	2591 I (12)
0-227	2340 I CS (2) + 2025 (4)
0-228	2338 I CS–2339 I CS, 2341 I CS, 2454 I CS–2456 I CS (6)
0-229	2651 (2) + 2025 (4)
0-230	2686 I C (12)
0-231	2687 I C (12)
0-232	2743–2744 (2) + 2726 (4)
0-233	2725 (12)
0-234	2726 (6)
0-235	2726 (12)
0-236	2727 (4)
0-237	2729 (4)
0-238	2749 (2) + 2726 (4)
0-239	2774–2775 + 2726 (4)
0-240	2790 (2) + 2726 (4)
0-241	2804 (2) + 2726 (4)
0-242	2832 I (12)
0-243	2833 I (12)
0-244	2862–2863 + 2726 (4)

H-Blatt-MiNr.	MiNr. (Anordnung oder Anzahl)
0-245	2898–2899 + 2726 (4)
0-246	2926 (4)
0-247	2927 (4)
0-248	2975–2976 + 2726 (4)
0-249	2987–2988 + 2726 (4)
0-250	2995 (2) + 2726 (4)
0-251	3012–3013 + 2726 (4)
0-252	3023 I (12)
0-253	3024 I (12)
0-254	3040 (2) + 2726 (4)
0-255	3053 (2) + 2726 (4)
0-256	3113 (2) + 2726 (4)
0-257	3124–3125 + 2726 (4)
0-258	3134 (2) + 2726 (4)
0-259	3142–3143 + 2726 (4)
0-260	3173 I (12)
0-261	3174 I (12)
0-262	3180-3181 (je 3)
0-263	3181-3180 (je 3)
0-264	3210 (12)
0-265	3249 (4)
0-266	3271 (2) + 3210 (4)
0-267	3365 (2) + 3210 (4)
0-268	3210 (6)
0-269	3380 I (12)
0-270	3381 I (12)
0-271	3393 (6)
0-272	3393 (12)
0-273	3394 (4)
0-274	3406 (2) + 3393 (4)
0-275	3429–3430 + 3428 I (4)
0-276	3466 II + 3468 II + 3393 (4)
0-277	3486 (2) + 3393 (4)
0-278	3497–3498 + 3393 (4)
0-279	3523–3524 + 3393 (4)
0-280	3543 I (12)
0-281	3544 I (12)
0-282	3463 II + 3471 II + 3393 (4)
0-283	3598–3599 + 3393 (4)
0-284	3627 (2) + 3393 (4)
0-285	3634–3635 + 3393 (4)
0-286	3636 (2) + 3393 (4)
0-287	3662 I (12)
0-288	3663 I (12)
0-289	3679–3680 + 3393 (4)
0-290	3689 I, 3691 I–3692 I, 3694 I (2) + 3690 I, 3693 I, 3695 I–3696 I (1)
0-291	3733–3734 + 3393 (4)
0-292	3737 I (6)
0-293	3778 (2) + 3393 (4)
0-294	3784 (6)
0-295	3793–3794 + 3784 (4)
0-296	3825 I (12)
0-297	3826 I (12)
0-298	3854 I (6)
0-299	3882–3883 + 3784 (4)
0-300	3891–3892 + 3784 (4)
0-301	3924–3926 + 3784 (4)
0-302	3935–3936 + 3784 (4)
0-303	3959 II + 3967 II + 3969 (4)
0-304	3969 (6)
0-305	3969 (12)
0-306	3970 (4)
0-307	3979 I C (12)

H-Blatt-MiNr.	MiNr. (Anordnung oder Anzahl)
0-308	3980 I C (12)
0-309	4006–4008 + 3969 (4)
0-310	4010-4011 + 3969 (4)
0-311	3969 (6)
0-312	4106 II + 4112 II + 3969 (4)
0-313	4108 II + 4109 II + 3969 (4)
0-314	4122 I C (12)
0-315	4123 I C (12)
0-316	4122 I C (6) + 4130 I C (6)
0-317	4123 I C (6) + 4131 I C (6)
0-318	4153 II (6)
0-319	4190-4191 + 3969 (4)
0-320	4212–4213 + 3969 (4)
0-321	4230 II–4231 II + 3969 (4)
0-322	4242–4243 + 3969 (4)
0-323	4268–4269 + 3969 (4)
0-324	4285 II + 4287 II + 3969 (4)
0-325	4303 I C (12)
0-326	4304 I C (12)
0-327	4352 II + 4354 II + 3969 (4)
0-328	4379–4380 + 3969 (4)
0-329	4412–4413 + 3969 (4)
0-330	4440–4441 + 3969 (4)
0-331	4450–4451 + 3969 (4)
0-332	4482 I C (12)
0-333	4483 I C (12)
0-334	4510 II + 4513 II + 3969 (4)
0-335	4528 II–4529 II + 3969 (4)
0-336	3737 I–3738 I + 3854 I (je 2)
0-337	4551–4552 + 3969 (4)
0-338	4595–4596 + 3969 (4)
0-339	4618 II–4619 II + 3969 (4)
0-340	4647–4648 + 3969 (4)
0-341	4677 I C (12)
0-342	4678 I C (12)
0-343	4703 II–4704 II + 3969 (4)
0-344	4722–4723 + 3969 (4)
0-345	4740 II–4741 II + 3969 (4)
0-346	4626 II (6)
0-347	4779–4780 + 3969 (4)
0-348	4791 II–4792 II + 3969 (4)
0-349	4811 II + 4815 II + 3969 (4)
0-350	4860 II, 4864 II + 3969 (4)
0-351	4855 II (2) + 3969 (4)
0-352	4888 I C (12)
0-353	4890 I C (12)
0-354	4908 (8)
0-355	4909 (4)
0-356	4909 (8)
0-357	4910 (4)
0-358	4911 (4)
0-359	5068 I (8)
0-360	5069 I (8)
0-361	5167 (8)
0-362	5168 (4)
0-363	5168 (8)
0-364	5169 (4)
0-365	5170 (4)
0-366	5337 I (8)
0-367	5338 I (8)
0-368	5532–5535 (4)
0-369	5536 I (8)
0-370	5538 I (8)
0-371	5599 II (4)

Ausführliche Katalogisierung mit Unternummern und Angabe der Katalogpreise siehe MICHEL-Großbritannien-Spezial.

Dienstmarken

Preise ungebraucht ✶; Preise für ⊙ werden von der Qualität des Stempels stark beeinflußt. Die Katalogpreise gelten bis ca. 1920 für saubere Durchschnittsabstempelung; starke Abstempelung ist billiger; sehr saubere Stempel rechtfertigen besonders bei den älteren Ausgaben Aufschläge bis zu 100%.

FALSCH

Nicht ausgegeben:

1840, April. Kopf der Königin Victoria. Wie Freimarke MiNr. 1, jedoch „V“ und „R“ in den oberen Ecken. StTdr.; Wz. kleine Krone (Wz. 1); □.

			✶	⊙
I	1 P	schwarz	*18000,—*	*20000,—*

Die im folgenden katalogisierten Dienstmarken für einzelne Behörden waren vom 27. September 1882 bis zum 13. Mai 1904 im Gebrauch. Alle noch nicht verbrauchten Dienstmarken wurden am 13.5.1904 eingezogen und tags darauf vernichtet. Nur die nachstehenden Aufdrucke kennzeichnen Dienstmarken; andere Aufdrucke, wie CA (= Commonwealth of Australia), sind fiskalischer Natur. Das Handelsministerium durchlochte die von ihm verbrauchten Marken mit B.T.

ADMIRALTY OFFICIAL

(Admiralität)

1903, 3. März/1904, März. Freimarken König Edward VII. mit Aufdruck „ADMIRALTY / OFFICIAL“ in zwei Typen.

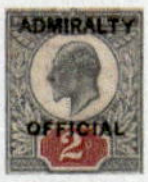

Type I: „ADMIRALTY“ 15¾ mm lang, „D“ und „M“ breit

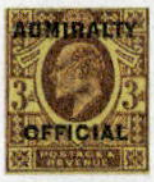

Type II: „ADMIRALTY“ 16¼ mm lang, „D“ und „M“ dünn und schmal

I = Type I (3.3.1903)

1 I	½ P	dunkelgrün	(102)	35,—	10,—
2 I	1 P	rot	(104)	12,—	5,—
3 I	1½ P	purpur/grün	(105)	250,—	90,—
4 I	2 P	grün/rot	(106)	280,—	100,—
5 I	2½ P	blau	(107)	360,—	90,—
6 I	3 P	violett/gelb	(108)	280,—	110,—
		Satzpreis I (6 W.)		1200,—	400,—

II = Type II

1 II	½ P	dunkelgrün (25.9.1903)	(102)	50,—	20,—
2 II	1 P	rot (17.11.1903)	(104)	50,—	20,—
3 II	1½ P	purpur/grün (Febr.1904)	(105)	900,—	360,—
4 II	2 P	grün/rot (März 1904)	(106)	2000,—	600,—
5 II	2½ P	blau (15.3.1904)	(107)	2200,—	750,—
6 II	3 P	violett/gelb (16.1.1904)	(108)	1800,—	250,—
		Satzpreis II (6 W.)		7000,—	2000,—

MiNr. 3–4 sind sehr wasser- und lichtempfindlich.

ARMY OFFICIAL

(Kriegsministerium)

1896, 1. Sept. Freimarken Königin Victoria mit Aufdruck „ARMY / OFFICIAL“. MiNr. 7–8 weiter, MiNr. 9 enger Zeilenabstand.

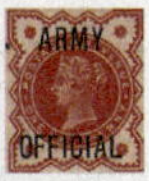

7

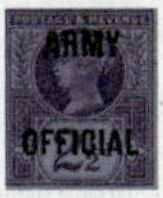

9

7	½ P	orangerot	(86)	4,—	1,50
8	1 P	lila	(65)	4,—	3,50
9	2½ P	violett auf blau	(89)	28,—	15,—
		Satzpreis (3 W.)		36,—	20,—

7 F I	Fehldruck „OFFICIAI“	200,—	90,—
8 F	Fehldruck „OFFICIAI“	180,—	100,—

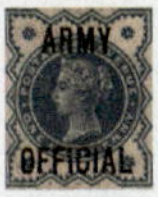

10

1900, April/1901, 20. Sept. Freimarken Königin Victoria mit Aufdruck „ARMY / OFFICIAL“. MiNr. 10 weiter, MiNr. 11 enger Zeilenabstand.

10	½ P	blaugrün (April 1900)	(100)	5,—	8,—
11	6 P	violett auf karminrot (20.9.1901)	(94)	65,—	32,—
		Satzpreis (2 W.)		70,—	40,—

MiNr. 10 ist sehr licht- und wasserempfindlich.

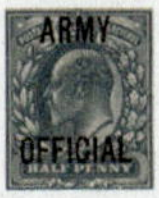

12

1902, 11. Febr./1903, Dez. Freimarken König Edward VII. mit weitem Aufdruck „ARMY / OFFICIAL“.

12	½ P	blaugrün (11.2.1902)	(102 I)	4,—	1,50
13	1 P	rot (11.2.1902)	(104 I)	4,—	1,50
14	6 P	mattviolettpurpur	(111 I)		
I		breiter Aufdruck (23.8.1902)		120,—	58,—
II		schmaler Aufdruck (Dez. 1903)		2000,—	1000,—
		Satzpreis (3 W.)		120,—	60,—

MiNr. 14 II ist am tiefstehenden Querstrich im „A“, dem offenen „R“ und dem fetten „Y“ in „ARMY“ leicht zu erkennen. Der größte Teil dieser Auflage wurde vernichtet.

BOARD OF EDUCATION

(Erziehungsministerium)

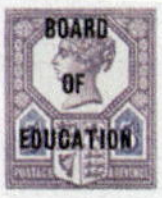

15

1902, 19. Febr. Freimarken Königin Victoria mit Aufdruck „BOARD / OF / EDUCATION“.

15	5 P	violett/blau	(93)	3000,—	600,—
16	1 Sh	karminrot/gelbgrün	(101)	6000,—	3400,—
		Satzpreis (2 W.)		9000,—	4000,—

MiNr. 16 ist sehr licht- und wasserempfindlich.

Auflagen: MiNr. 15 = 5528, MiNr. 16 = 2400 Stück

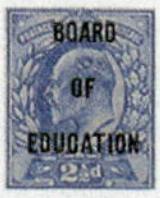

19

1902, 19. Febr./1904, 6. Febr. Freimarken König Edward VII. mit Aufdruck „BOARD / OF / EDUCATION“.

17	½ P	blaugrün (19.2.1902)	(102)	140,—	30,—
18	1 P	rot (19.2.1902)	(104)	140,—	30,—
19	2½ P	blau (19.2.1902)	(107)	3000,—	300,—
20	5 P	violett/blau (6.2.1904)	(110)	*25000,—*	*7000,—*
21	1 Sh	karmin/graugrün (23.12.1902)	(114)	*180000,—*	*50000,—*

MiNr. 21 hatte eine Auflage von 2000 Stück und ist nur in einigen Stücken erhalten, da sie nicht mehr an die Inspektionen geliefert wurde. Einige Stücke sind vom Ministerium in London in Verkehr gebracht worden.

BOARD OF TRADE

(Handelsministerium)

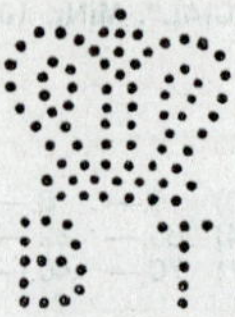

Zwischen 1882 und Mai 1904 wurden die damals kursierenden Freimarken mit einer Krone und den Buchstaben B T (Board of Trade) durchlocht.

FALSCH Vorsicht, sehr viele Fälschungen im Umlauf.
Katalogisierung siehe MICHEL-Großbritannien-Spezial.

GOVT. PARCELS

(Regierungspakete)

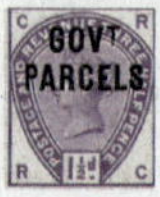

22

1883, 1. Juli/1886, 30. April. Freimarken Königin Victoria mit Aufdruck „GOVT. / PARCELS".

22	1½ P	purpurviolett (30.4.1886)	....	(73)	300,—	60,—
23	6 P	graugrün (30.4.1886)	....	(79)	2000,—	900,—
24	9 P	graugrün (1.8.1883)	....	(80)	1600,—	800,—
25	1 Sh	braunorange (1.7.1883)	.....	(64)		
I		Platte Nr. 13			1100,—	240,—
II		Platte Nr. 14			2400,—	400,—
		Satzpreis (4 W.)			5000,—	2000,—

		★
24 U	ungezähnt (Imprimaturstücke)	1200,—

MiNr. 23–24 sind sehr licht- und wasserempfindlich.

> Preise ⊙ für MiNr. 22–38 gelten für Paketstempel; Rundstempel rechtfertigen 100% Aufschlag.

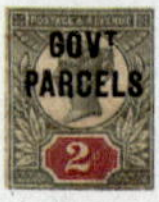

27

1887, 29. Okt./1892, Sept. Freimarken Königin Victoria der Ausgabe 1887/92 mit Aufdruck „GOVT. / PARCELS".

				★	⊙
26	1½ P	violett/gelbgrün (29.10.1887)	(87)	100,—	15,—
27	2 P	gelbgrün/orangerot (24.10.1891)	(88)	150,—	25,—
28	4½ P	karmin/gelbgrün (Sept. 1892)	(92)	250,—	180,—
29	6 P	violett auf mittelkarminrot (19.12.1887)	(94)	200,—	50,—
30	9 P	blau/violett (21.8.1888)	(95)	250,—	80,—
31	1 Sh	grün (25.3.1890)	(97)	450,—	200,—
		Satzpreis (6 W.)		1400,—	550,—

MiNr. 26–28 und 31 sind sehr licht- und wasserempfindlich.

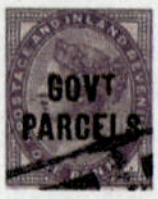

32

1897, 18. Juni. Freimarke Königin Victoria MiNr. 65 mit Aufdruck „GOVT. / PARCELS".

32	1 P	lila	(65)	60,—	18,—

1900, Nov. Freimarke Königin Victoria MiNr. 101 mit Aufdruck „GOVT. / PARCELS".

33	1 Sh	karminrot/gelbgrün	(101)	450,—	160,—

MiNr. 33 ist sehr licht- und wasserempfindlich.

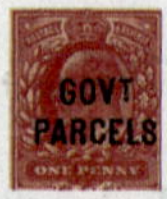

34

1902, 19. Febr./17. Dez. Freimarken König Edward VII. mit Aufdruck „GOVT. / PARCELS".

34	1 P	rot (30. Okt.)	(104)	70,—	12,—
35	2 P	grün/rot (29. April)	(106)	180,—	35,—
36	6 P	dunkellila (19. Febr.)	(111)	250,—	35,—
37	9 P	blau/lila (28. Aug.)	(112)	500,—	120,—
38	1 Sh	karmin/graugrün (17. Dez.)	(114)	1000,—	200,—
		Satzpreis (5 W.)		2000,—	400,—

MiNr. 35 und 38 sind sehr licht- und wasserempfindlich.

I. R. OFFICIAL

(Inland Revenue – Finanzministerium)

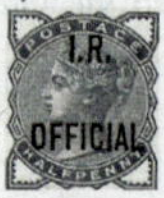

39

1882, 27. Sept./30. Okt. Freimarken Königin Victoria mit kleinem Aufdruck „I. R. / OFFICIAL".

39	½ P	gelbgrün (28. Okt.)	(55)	100,—	25,—
40	1 P	lila (27. Sept.)	(65 II)		
a		Aufdruck schwarz		5,—	5,—
b		Aufdruck blauschwarz		200,—	80,—
41	6 P	grauschwarz (30. Okt.)	(63)	350,—	90,—
		Satzpreis (3 W.)		450,—	110,—

		★
40 U	ungezähnt	3000,—

MiNr. 41 gültig bis 31.5.1901

1885. Freimarken Königin Victoria mit Aufdruck „I. R. / OFFICIAL". MiNr. 39-41 kleiner; MiNr. 45-47 größer Aufdruck.

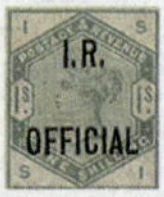

44

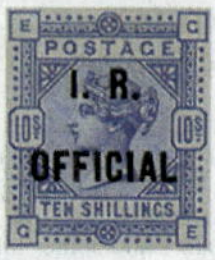

46

				★	⊙
42	½ P	graublau (8. Mai)	(72)	60,—	24,—
43	2½ P	purpurviolett (12. März)	(75)	480,—	140,—
44	1 Sh	graugrün (12. März)	(81)	4000,—	1200,—
45	5 Sh	rosalila (12. März)	(83)		
x		weißes Papier		5000,—	1500,—
y		bläuliches Papier		*12000,—*	*5000,—*
46	10 Sh	(12. März)	(84 x)		
a		ultramarin		5000,—	2400,—
b		kobaltblau		*18000,—*	*6000,—*
47	1 £	bräunlichlila (12. März)	(85)	*40000,—*	*20000,—*

MiNr. 44 ist sehr licht- und wasserempfindlich.

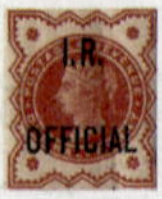

48

1888, 15. Mai/1891, 20. Okt. Freimarken Königin Victoria mit kleinem Aufdruck „I. R. / OFFICIAL".

48	½ P	orangerot (15.5.1888)	(86)	7,50	3,—
49	2½ P	violett auf blau (20.10.1891)	(89)	95,—	12,—
50	1 Sh	grün (15.3.1889)	(97)	700,—	240,—
		Satzpreis (3 W.)		800,—	250,—

	✶
48 U ungezähnt	4000,—

MiNr. 50 ist sehr licht- und wasserempfindlich.

1890, März/1892, 13. April. Freimarken Königin Victoria mit großem Aufdruck „I. R. / OFFICIAL".

					✶	⊙
51	1 £	braunlila (März 1890)	(98)	*60000,—*	*30000,—*
52	1 £	grün (13.4.1892)	(99)	9000,—	2000,—

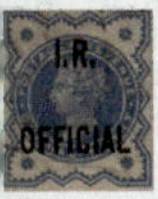

1901, April/Dez. Freimarken Königin Victoria mit kleinem Aufdruck „I. R. / OFFICIAL".

53

53	½ P	blaugrün (April)	(100)	15,—	10,—
54	6 P	dunkellila auf rosa (1. Juli)	(94)	400,—	90,—
55	1 Sh	karminrot/gelbgrün (Dez.)	(101)	3400,—	1300,—
		Satzpreis (3 W.)		3800,—	1400,—

MiNr. 53 und 55 sind sehr licht- und wasserempfindlich.

Auflage: MiNr. 55 = 2400 Stück

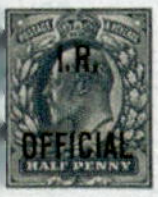

1902, 4. Febr./1904, 14. März. Freimarken König Edward VII. mit kleinem Aufdruck „I. R. / OFFICIAL".

56

56	½ P	blaugrün (4.2.1902)	(102)	25,—	3,—
57	1 P	rot (4.2.1902)	(104)	15,—	1,50
58	2½ P	blau (19.2.1902)	(107)	650,—	150,—
59	6 P	purpur (14.3.1904)	(111)	*250000,—*	*150000,—*
60	1 Sh	karmin/graugrün (29.4.1902)	(114)	2500,—	500,—
61	5 Sh	karmin (29.4.1902)	(116)	*15000,—*	*6000,—*
62	10 Sh	blau (29.4.1902)	(117)	*60000,—*	*25000,—*
63	1 £	grün (29.4.1902)	(118)	*50000,—*	*16000,—*

MiNr. 60 ist sehr licht- und wasserempfindlich.

O. W. OFFICIAL

(Office of Works – Arbeitsamt)

1895 ist eine Anzahl Bogen von MiNr. 86 und 65 mit H M O W und Krone durchlocht verwendet worden. Katalogisierung siehe MICHEL-Großbritannien-Spezial.

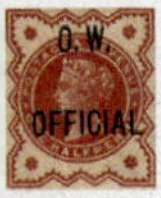

1896, 24. März. Freimarken Königin Victoria mit Aufdruck „O. W. / OFFICIAL".

64

64	½ P	orangerot	(86)	200,—	90,—
65	1 P	lila	(65)	350,—	90,—
		Satzpreis (2 W.)		550,—	180,—

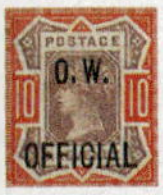

1901, 5. Nov./1902, 28. Mai. Freimarken Königin Victoria der Ausgaben 1887/92 und 1900 mit Aufdruck „O. W. / OFFICIAL".

68

66	½ P	blaugrün (5.11.1901)	(100)	300,—	120,—
67	5 P	violett/blau (29.4.1902)	(93)	2000,—	700,—
68	10 P	karmin/violett (28.5.1902)	(96)	3800,—	1200,—
		Satzpreis (3 W.)		6000,—	2000,—

MiNr. 66 ist sehr licht- und wasserempfindlich.

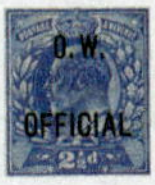

1902, 11. Febr./1903, 28. Mai. Freimarken König Edward VII. mit Aufdruck „O. W. / OFFICIAL".

72

69	½ P	blaugrün (Aug. 1902)	(102)	500,—	130,—
70	1 P	rot (11.2.1902)	(104)	500,—	130,—
71	2 P	grün/rot (29.4.1902)	(106)	1400,—	300,—
72	2½ P	blau (29.4.1902)	(107)	2600,—	450,—
73	10 P	rot/purpur (28.5.1903)	(113)	*25000,—*	5000,—
		Satzpreis (5 W.)		*30000,—*	6000,—

MiNr. 71 ist sehr licht- und wasserempfindlich.

R. H. OFFICIAL

(Royal Household – Hausministerium)

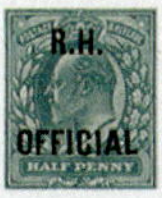

1902, 19. Febr./29. April. Freimarken König Edward VII. mit Aufdruck „R. H. / OFFICIAL".

74

74	½ P	blaugrün (29. April)	(102)	300,—	160,—
75	1 P	rot (19. Febr.)	(104)	250,—	140,—
		Satzpreis (2 W.)		550,—	300,—

Diese beiden Dienstmarken wurden am 4.5.1904 zurückgezogen.

MiNr. 1–40 und 42–75 gültig bis 14.5.1904

Dienstmarken mit Specimen-Aufdruck: Siehe MICHEL-Großbritannien-Spezial.

Flugmarken (halbamtlich)

Die britische Postverwaltung hat keine offiziellen Flugpostmarken herausgegeben. Dagegen verwendeten im Jahre 1933 mit Genehmigung des Generalpostmeisters vom 15.5.1933 die Fluglinien und versch. Eisenbahnlinien besondere (halbamtliche) Flugmarken:

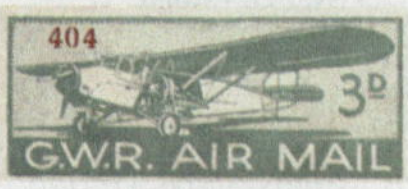

1933, 15. Mai. G.W.R. Air Mail, Querrechteck mit Flugzeug.

Fa

				★★	⊙
I	3 P	grünlichblau	Fa	40,—	50,—

✉ ca. 100% Aufschlag.

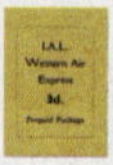

1933, Aug. International Airlines. Hochrechteck im Typensatz mit Inschrift „I.A.L. / Western Air / Express / 3 P / Prepaid Package".

Fb

II	3 P	schwarz auf gelb	Fb	40,—	50,—

✉ ca. 100% Aufschlag.

1933, Nov. Westcountry Air Service.

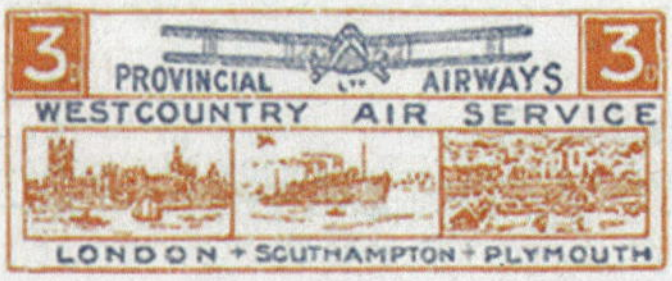

Fc) Doppeldecker und Ansichten

III	3 P	dunkelorange und blau	Fc	30,—	40,—

✉ ca. 100% Aufschlag.

Diese Marken waren nur kurze Zeit in Verwendung.

Portomarken

MiNr. 1–67 haben liegende Wasserzeichen.

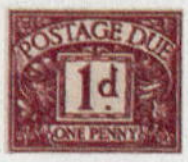

1914, 20. April/1924. Ziffern im Kasten. Bdr.; Wz. 12 gez. K 14:15.

Pa

				★	⊙
1	½ P	smaragdgrün	Pa	0,80	0,70
2	1 P	karmin	Pa		
x		gewöhnliches Papier		0,80	0,70
w		gestrichenes Papier (1924)		6,—	6,—
3	1½ P	rotbraun (1923)	Pa	60,—	25,—
4	2 P	braunschwarz	Pa	0,80	1,—
5	3 P	violett (1918)	Pa	10,—	1,50
6	4 P	grünschiefer (Dez. 1920)	Pa	45,—	6,—
7	5 P	orangebraun	Pa	8,—	5,—
8	1 Sh	blau (1915)	Pa	40,—	6,—
		Satzpreis (8 W.)		160,—	45,—

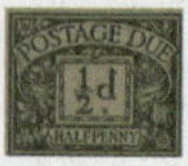

1924/1931, 6. Jan. Ziffern im Kasten. Bdr.; Wz. 15; gez. K 14:15.

Pa

				★★	⊙
9	½ P	grün	Pa	4,—	1,—
10	1 P	karmin	Pa	4,—	0,80
11	1½ P	rotbraun	Pa	160,—	25,—
12	2 P	braunschwarz	Pa	14,—	0,80
13	3 P	violett	Pa	16,—	0,60
14	4 P	grünschiefer	Pa	70,—	4,50
15	5 P	orangebraun (6.1.1931)	Pa	180,—	45,—
16	1 Sh	blau	Pa	55,—	1,—
		Satzpreis (8 W.)		500,—	75,—

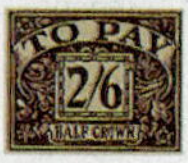

1924, Okt. Ziffern im Kasten. Bdr.; Wz. 15; gez. K 14:15.

Pb

17	2'6 Sh'P	braun auf gelb	Pb	250,—	3,—

1936, Nov./1937, Juni. Ziffern im Kasten. Bdr.; Wz. 17; gez. K 14:15.

Pa

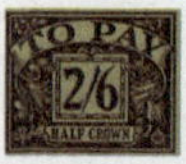

Pb

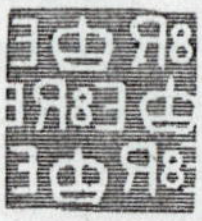

Wz. 17

18	½ P	grün (Juni 1937)	Pa	18,—	12,—
19	1 P	karmin (Mai 1937)	Pa	2,50	2,—
20	2 P	braunschwarz (Mai 1937)	Pa	16,—	14,—
21	3 P	violett (März 1937)	Pa	2,50	2,20
22	4 P	grünschiefer (Dez. 1936)	Pa	50,—	35,—
23	5 P	(orange)braun (Nov. 1936)	Pa	40,—	32,—
24	1 Sh	blau (Dez. 1936)	Pa	25,—	10,—
25	2'6 Sh'P	braun auf gelb (Mai 1937)	Pb	360,—	14,—
		Satzpreis (8 W.)		500,—	120,—

1937, Sept./1938, Nov. Ziffern im Kasten. Bdr.; Wz. 18; gez. K 14:15.

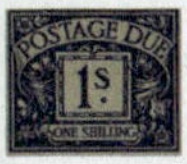
Pa

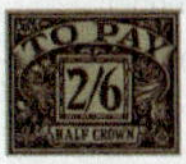
Pb

26 ½ P grün (Mai 1938) . . . . . Pa 14,— 7,50
27 1 P karminrot (Mai 1938) . . . . . Pa 3,60 0,70
28 2 P braunschwarz (Mai 1938) . . . . . Pa 3,60 0,70
29 3 P violett (Dez. 1937) . . . . . Pa 15,— 1,—
30 4 P dunkelgraugrün (Sept. 1937) . . . . . Pa 120,— 15,—
31 5 P gelbbraun (Nov. 1938) . . . . . Pa 16,— 1,—
32 1 Sh blau (Okt. 1937) . . . . . Pa 100,— 2,50
33 2'6 Sh'P braun auf gelb (Sept. 1938) . . . . . Pb 95,— 3,60
Satzpreis (8 W.) 360,— 30,—

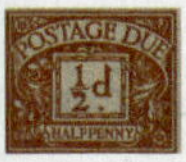

1951, 6. Juni/1952, 11. Febr. Ziffern im Kasten. Bdr.; Wz. 18; gez. K 14:15.

Pa

34 ½ P orange (18.9.1951) . . . . . Pa 3,— 4,—
35 1 P blau (6.6.1951) . . . . . Pa 1,50 1,50
36 1½ P grün (11.2.1952) . . . . . Pa 2,50 3,—
37 4 P hellblau (14.8.1951) . . . . . Pa 50,— 25,—
38 1 Sh gelbbraun (6.12.1951) . . . . . Pa 35,— 10,—
Satzpreis (5 W.) 90,— 40,—

1954, Nov./1955, 28. Juli. Ziffern im Kasten. Bdr.; Wz. 20; gez. K 14:15.

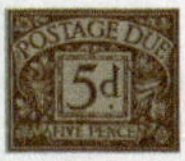
Pa

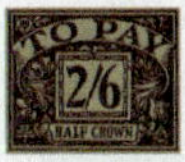
Pb

39 ½ P orange (8.6.1955) . . . . . Pa 8,— 8,—
40 2 P braunschwarz (28.7.1955) . . . . . Pa 30,— 25,—
41 3 P violett (4.5.1955) . . . . . Pa 70,— 60,—
42 4 P hellblau (14.7.1955) . . . . . Pa 30,— 30,—
43 5 P gelbbraun (19.5.1955) . . . . . Pa 32,— 15,—
44 2'6 Sh'P dunkelbraun auf gelb (Nov. 1954) . Pb 180,— 7,—
Satzpreis (6 W.) 350,— 140,—

★★

42 U ungezähnt . . . . . 200,—

1955, 22. Nov./1957, 28. Juni. Ziffern im Kasten. Bdr.; Wz. 21; gez. K 14:15.

Pa

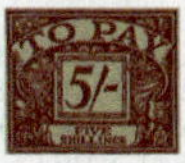
Pb

★★ ⊙

45 ½ P orange (16.7.1956) . . . . . Pa 4,— 4,—
46 1 P blau (7.6.1956) . . . . . Pa 5,— 2,—
47 1½ P grün (13.2.1956) . . . . . Pa 12,— 12,—
48 2 P braunschwarz (22.5.1956) . . . . . Pa 45,— 4,—
49 3 P violett (5.3.1956) . . . . . Pa 6,— 2,—
50 4 P hellblau (24.4.1956) . . . . . Pa 28,— 7,—
51 5 P gelbbraun (23.3.1956) . . . . . Pa 30,— 22,—
52 1 Sh hellbraun (22.11.1955) . . . . . Pa 75,— 2,—
53 2'6 Sh'P dunkelbraun auf gelb (28.6.1957) . Pb 200,— 10,—
54 5 Sh rot auf gelb (25.11.1955) . . . . . Pb 150,— 40,—
Satzpreis (10 W.) 550,— 100,—

1959, 24. März/1961, 6. Nov. Ziffern im Kasten. Bdr.; Wz. 22; gez. K 14:15.

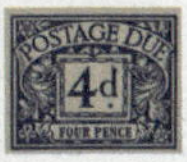
Pa

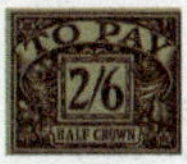
Pb

55 ½ P orange (18.10.1961) . . . . . Pa 0,30 1,50
56 1 P blau (9.5.1960) . . . . . Pa 0,30 0,60
57 1½ P grün (5.10.1960) . . . . . Pa 3,— 4,—
58 2 P braunschwarz (14.9.1959) . . . . . Pa 1,60 0,60
59 3 P violett (24.3.1959) . . . . . Pa 0,50 0,40
60 4 P hellblau (17.12.1959) . . . . . Pa 0,50 0,40
61 5 P gelbbraun (6.11.1961) . . . . . Pa 0,60 0,80
62 1 Sh hellbraun (11.4.1960) . . . . . Pa 1,80 0,40
63 2'6 Sh'P dunkelbraun auf gelb (11.5.1961) . Pb 6,— 1,—
64 5 Sh rot auf gelb (8.5.1961) . . . . . Pb 12,— 1,50
Satzpreis (10 W.) 25,— 10,—

1962, 29. März/1963, 2. Sept. Ziffern im Kasten. Bdr.; Wz. 22; gez. K 14:15.

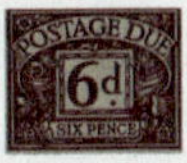
Pa

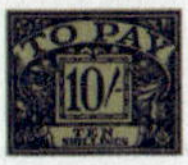
Pb

65 6 P purpur (29.3.1962) . . . . . Pa 0,70 0,50
66 10 Sh violettultramarin auf gelb (2.9.1963) . Pb 15,— 7,50
67 1 £ schwarz auf gelb (2.9.1963) . . . . . Pb 55,— 12,—
Satzpreis (3 W.) 70,— 20,—

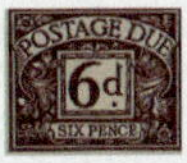

1968, 6. Mai/1969, 3. Jan. Ziffern im Kasten. Bdr., oWz.; gez. K 14:15.

Pa

68 2 P braunschwarz (11.4.1968) . . . . . Pa 0,80 1,—
69 3 P violett (9.9.1968) . . . . . Pa 1,— 1,—
70 4 P hellblau (6.5.1968) . . . . . Pa 1,20 1,—
71 5 P bräunlichorange (3.1.1969) . . . . . Pa 9,— 12,—
72 6 P purpur (9.9.1968) . . . . . Pa 3,50 2,—
73 1 Sh ockerbraun (19.11.1968) . . . . . Pa 5,— 3,—
Satzpreis (6 W.) 20,— 20,—

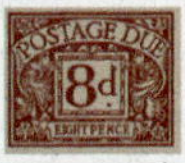

1968, 3. Okt./1969, 12. Juni. Ziffern im Kasten. RaTdr.; oWz.; gez. K 14:15.

Pa

74 4 P hellblau (12.6.1969) . . . . . Pa 6,50 6,50
75 8 P orangerot (3.10.1968) . . . . . Pa 1,50 1,50
Satzpreis (2 W.) 8,— 8,—

Die Bildgröße von MiNr. 74–75 (RaTdr.) beträgt 21½×17½ mm, bei MiNr. 68–73 (Bdr.) 21½×18½ mm.

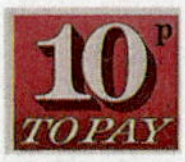

1970, 17. Juni. Ziffern. RaTdr.; gez. K 14:15.

Pc

76 10 P rotlila . . . . . Pc 0,60 0,40
77 20 P schwarzbraunoliv . . . . . Pc 0,90 0,80
78 50 P violettultramarin . . . . . Pc 2,50 1,20
79 1 £ schwarz . . . . . Pc 5,— 1,20
Satzpreis (4 W.) 9,— 3,50

Neue Währung: 1 £ = 100 Pence (P)

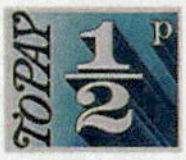

1971, 15. Febr. Ziffern. RaTdr.; gez. K 14:15.

Pd

80 ½ P grünblau . . . . . Pd 0,30 1,50
81 1 P purpur . . . . . Pd 0,30 0,30
82 2 P schwarzgrün . . . . . Pd 0,30 0,30
83 3 P kornblumenblau . . . . . Pd 0,30 0,30
84 4 P ockerbraun . . . . . Pd 0,30 0,30

85	5 P	blauviolett	Pd	0,30	0,30
		Satzpreis (6 W.)		1,50	3,—

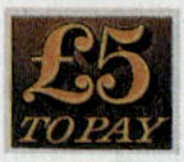

1973, 2. April. Ziffern. RaTdr.; gez. K 14:15.

Pe

86	5 £	orange/schwarz	Pe	35,—	8,—

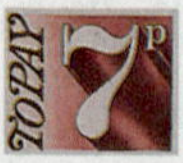

1974, 21. Aug. Ziffern. RaTdr.; gez. K 14:15.

Pd

87	7 P	dunkelbraunrot	Pd	0,60	1,20

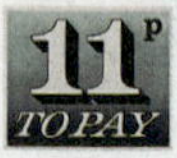

1975, 18. Juni. Ziffern. RaTdr.; gez. K 14:15.

Pc

88	11 P	schwarzgrünblau	Pc	0,90	1,20

1982, 9. Juni. Ziffern. RaTdr.; gez. K 14½:15.

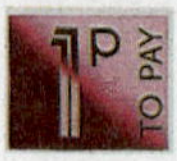

Pf

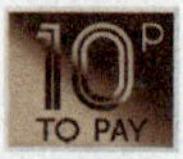

Pg

89	1 P	lilapurpur	Pf	0,30	0,30
90	2 P	ultramarin	Pf	0,30	0,30
91	3 P	violett	Pf	0,30	0,30
92	4 P	dunkelblau	Pf	0,30	0,30
93	5 P	dunkellilabraun	Pf	0,30	0,30
94	10 P	braun	Pg	0,30	0,30
95	20 P	schwarzoliv	Pg	0,40	0,30
96	25 P	dunkelgraublau	Pg	0,60	0,40
97	50 P	schwarz	Pg	1,20	1,—
98	1 £	hellrot	Pg	3,—	2,—
99	2 £	grünblau	Pg	5,—	4,—
100	5 £	bräunlichorange	Pg	18,—	6,50
		Satzpreis (12 W.)		30,—	16,—

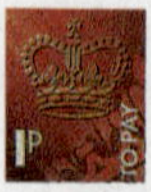

1994, 15. Febr. Krone. Odr.; Sicherheitszähnung K 14¾:14¼.

Ph) Krone

101	1 P	mehrfarbig	Ph	0,30	0,80
102	2 P	mehrfarbig	Ph	0,30	0,80
103	5 P	mehrfarbig	Ph	0,30	0,40
104	10 P	mehrfarbig	Ph	0,50	0,80
105	20 P	mehrfarbig	Ph	1,—	1,20
106	25 P	mehrfarbig	Ph	1,20	2,—
107	1 £	mehrfarbig	Ph	6,50	7,—
108	1.20 £	mehrfarbig	Ph	8,—	10,—
109	5 £	mehrfarbig	Ph	32,—	22,—
		Satzpreis (9 W.)		50,—	45,—

1995 endete in Großbritannien der Gebrauch von Portomarken zum Erheben von Nachporto; die Marken blieben jedoch als Fiskalmarken zum Einziehen von Steuern und Zöllen bis zum 28.1.2000 in Verwendung.

Stempelmarken

als Freimarken verwendet

Katalogisierung siehe MICHEL-Großbritannien-Spezial.

Telegraphenmarken

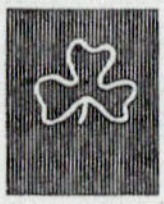

Wz. T 1 Kleeblatt

1876, 1. Febr./1880, 30. Nov. Königin Victoria; Bdr.; verschiedene Wz.; A = gez. K 15:15½, B = gez. K 14.

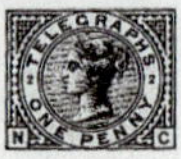

a

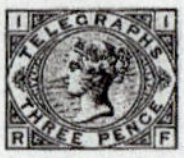

b

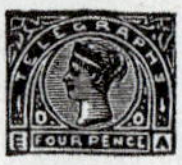

c

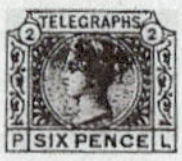

d

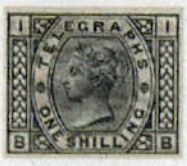

e

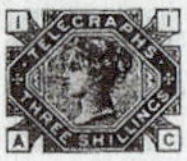

f

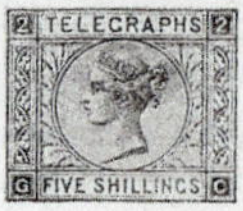

g

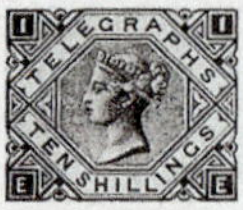

h

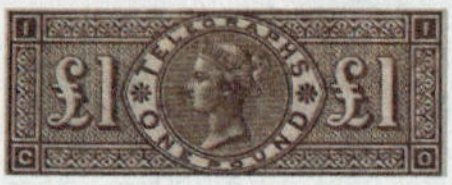

i

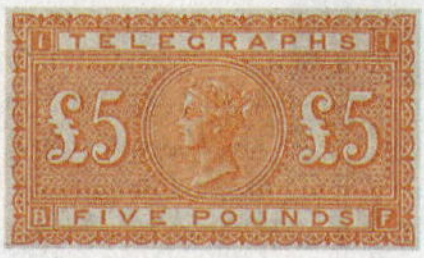

k

						✶	⊙
1	B	1 P	gelbbraun (Wz. T 1) (1.2.1876)	a	15,—	12,—
2	B	3 P	karmin (Wz. 6) (1.2.1876)	b	60,—	25,—
3	B	4 P	olivgrün (Wz. 4 Z) (1.3.1877)	c	80,—	70,—
4	B	6 P	grauoliv (Wz. 6) (1.3.1877)	d	50,—	35,—
5	B	1 Sh	grün (Wz. 6) (1.2.1876)	e	50,—	25,—
6	B	1 Sh	orangebraun (Wz. 6) (26.10.1880)	e	140,—	100,—
7	B	3 Sh	graublau (Wz. 6) (1.3.1877)	f	80,—	35,—
8		5 Sh	karmin (Wz. 7)	g		
	A		gez. K 15:15½ (1.2.1876)		600,—	100,—
	B		gez. K 14 (30.11.1880)		4500,—	350,—
9	A	10 Sh	grau (Wz. 7) (1.3.1877)	h	1000,—	280,—
10	B	1 £	lilabraun (1.3.1877)	i	5000,—	550,—
11	A	5 £	orange (1.3.1877)	k	18000,—	2000,—
			Satzpreis (11 W.)		25000,—	3200,—

1880, 1. April. Königin Victoria; Bdr.; Wz. T 1; gez. K 14.

12	½ P	zinnober	a	15,—	20,—

	✶
12 U ungezähnt	1000,—

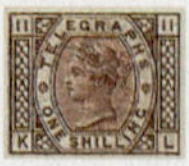

1881, 31. Jan./19. Aug. Königin Victoria; Bdr.; Wz. Krone, MiNr. 17 Wz. 9; gez. K 14.

e

				✶	⊙
13	3 P	karmin (20. März)	b	80,—	60,—
14	6 P	grauoliv (31. Jan.)	d	120,—	80,—

15 1 Sh orangebraun (2. Febr.) . . . . e 150,— 90,—
16 3 Sh graublau (19. Aug.) . . . . f 4200,— 2800,—
17 5 Sh karmin auf bläulich (20. Mai) . . . . g 4500,— 600,—
Satzpreis (5 W.) 9000,— 3600,—

Sämtliche Werte mit Plattennummern. Einzelbewertung siehe MICHEL-Großbritannien-Spezial.

Lokalmarken

(amtlich genehmigt)

Die nachstehend in einigen Mustern gezeigten Lokalmarken sind mit amtlicher Genehmigung von den privaten Eigentümern der Inseln für den Postverkehr auf den Inseln und bis zum Festland ausgegeben worden. Sie dürfen in der Regel nur auf den Rückseiten der Briefe angebracht werden. In Großbritannien und im Auslandspostverkehr haben die Marken keine Frankaturkraft.

Herm (3 Meilen östlich von Guernsey)

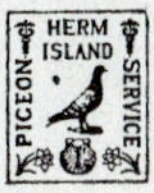
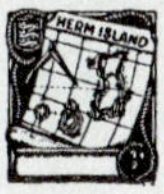
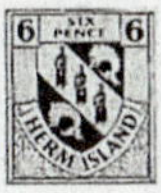
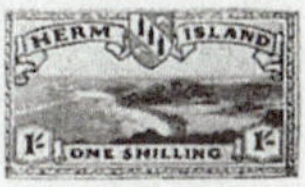

(1949) (1949) (1954)

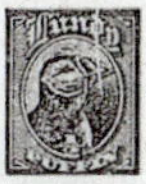

Lundy (im Bristol-Kanal)

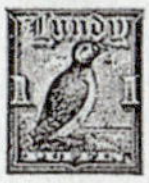
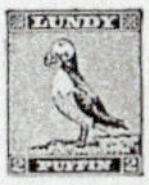
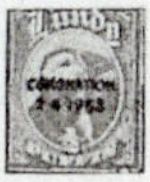

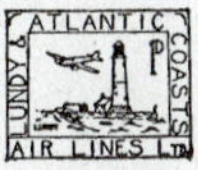

(1929–1939) Krönung 1953 (1937) (1937)

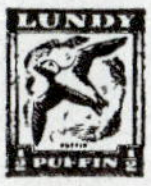
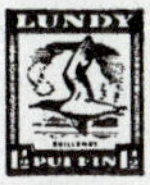
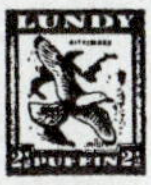
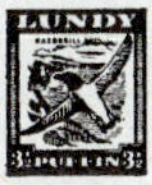
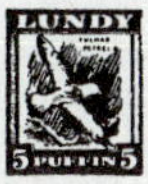

(1951) (1951) (1951) (1951) (1951)

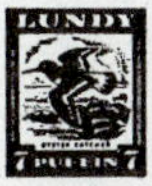
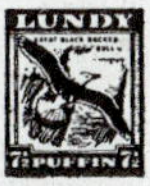
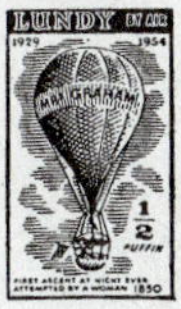
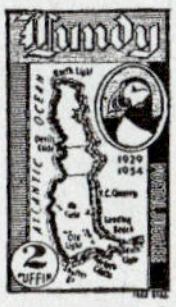
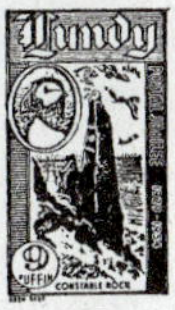

(1951) (1951) (1954) (1954) (1954)

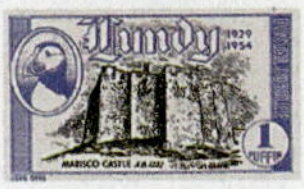
(1954)

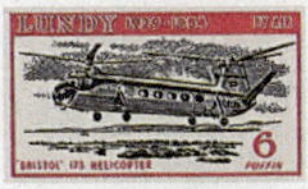
(1954)

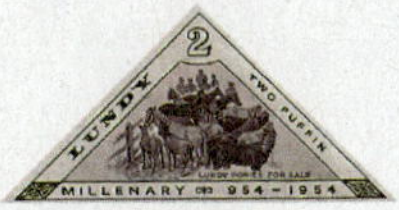
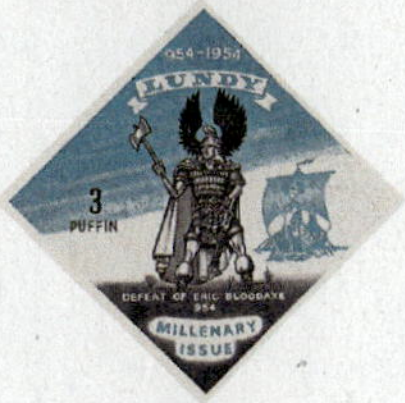

(1955) (1955)

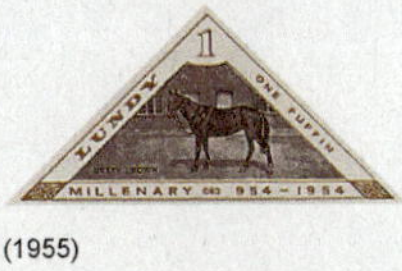
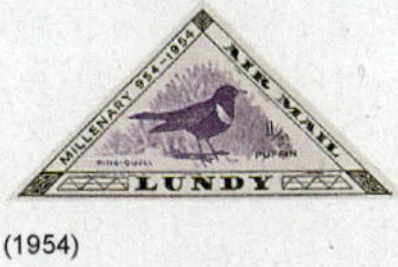

(1955) (1954)

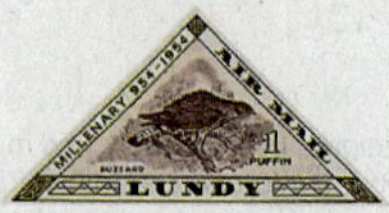

(1954)

Shuna (Schottland)

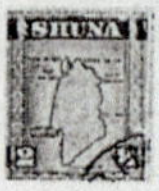

(1950)

Ausgaben für die britischen Landesteile

Diese sogenannten Regionalmarken werden nur in den einzelnen Landesteilen verkauft, sind jedoch – sofern bei den einzelnen Gebieten nicht besonders vermerkt – im gesamten Gebiet des Vereinigten Königreichs von Großbritannien und Nordirland gültig.

England

2001, 23. April. Freimarken: Landeswahrzeichen. RaTdr. (10 × 20); Sicherheitszähnung K 14¾:14¼.

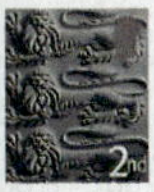

a) Wappenlöwen

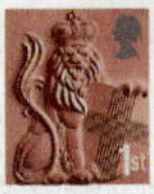

b) Löwe von England

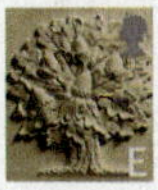

c) Eiche

d) Tudor-Rose

a–d) Markenbild ohne weißen Rand

			★★	⊙
1 2nd	mehrfarbig	a	1,70	0,70
2 1st	mehrfarbig	b	2,—	1,—
3 E	mehrfarbig	c	3,80	1,50
4 65 (P)	mehrfarbig	d	3,—	2,80
		Satzpreis (4 W.)	10,—	6,—
		FDC		6,50

	★★
1 U ungezähnt (B) (Paar)	200,—
2 U ungezähnt (B) (Paar)	300,—

Statt einer Wertangabe ist bei MiNr. 1 „2ND“ für Post 2. Klasse (Nominale zur Zeit der Ausgabe 19 P), bei MiNr. 2 „1ST“ für Post 1. Klasse (Nominale zur Zeit der Ausgabe 27 P), und bei MiNr. 3 „E“ für Postkarten und Briefe in europäische Länder (Nominale zur Zeit der Ausgabe 36 P) angegeben.

MiNr. 1–2 stammen auch aus Großbritannien MH 143.

Gültig bis 31.1.2023, geduldet bis 31.7.2023

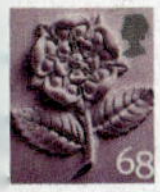

2002, 4. Juli. Freimarke: Landeswahrzeichen. RaTdr. (10 × 20); Sicherheitszähnung K 14¾:14¼.

d) Tudor-Rose

			★★	⊙
5 68 (P)	mehrfarbig	d	3,—	3,—
		FDC		3,50

Gültig bis 31.1.2023, geduldet bis 31.7.2023

2003, 14. Okt. Freimarken: Landeswahrzeichen. RaTdr. (10 × 20); Sicherheitszähnung K 14¾:14¼.

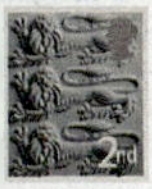

a I) Wappenlöwen

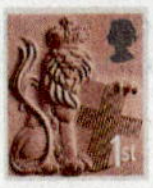

b I) Löwe von England

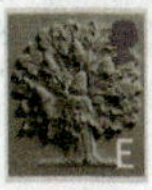

c I) Eiche

d I) Tudor-Rose

a I–d I) Markenbild mit weißem Rand

6 2nd	mehrfarbig	a I	1,70	0,70
7 1st	mehrfarbig	b I	2,—	0,90
8 E	mehrfarbig	c I	3,80	1,30
9 68 (P)	mehrfarbig	d I	2,80	2,60
		Satzpreis (4 W.)	10,—	5,50
		FDC		6,—

	★★
6 U ungezähnt (B) (Paar)	120,—
7 U ungezähnt (B) (Paar)	140,—

Statt einer Wertangabe ist bei MiNr. 6 „2ND“ für Post 2. Klasse (Nominale zur Zeit der Ausgabe 20 P), bei MiNr. 7 „1ST“ für Post 1. Klasse (Nominale zur Zeit der Ausgabe 28 P), und bei MiNr. 8 „E“ für Postkarten und Briefe in europäische Länder (Nominale zur Zeit der Ausgabe 38 P) angegeben.

MiNr. 6 stammt auch aus Großbritannien MH 148 und Bl. 36, MiNr. 7 auch aus England Bl. 1, MiNr. 9 auch aus Großbritannien MH 146.

Gültig bis 31.1.2023, geduldet bis 31.7.2023

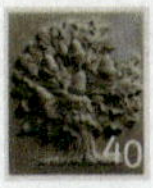

2004, 11. Mai. Freimarke: Landeswahrzeichen. RaTdr. (10 × 20); Sicherheitszähnung K 14¾:14¼.

c I) Eiche

			★★	⊙
10 40 (P)	mehrfarbig	c I	1,60	1,40
		FDC		2,—

MiNr. 10 stammt auch aus Großbritannien MH 148.

Gültig bis 31.1.2023, geduldet bis 31.7.2023

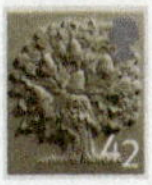

2005, 5. April. Freimarke: Landeswahrzeichen. RaTdr. (10 × 20); Sicherheitszähnung K 14¾:14¼.

c I) Eiche

11 42 (P)	mehrfarbig	c I	2,20	2,—
		FDC		2,50

Gültig bis 31.1.2023, geduldet bis 31.7.2023

2006, 28. März. Freimarken: Landeswahrzeichen. RaTdr. (10 × 20); Sicherheitszähnung K 14¾:14¼.

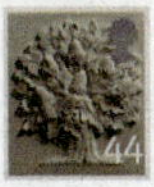

c I) Eiche

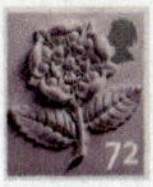

d I) Tudor-Rose

12 44 (P)	mehrfarbig	c I	1,60	1,30
13 72 (P)	mehrfarbig	d I	2,40	2,20
		Satzpreis (2 W.)	4,—	3,50
		FDC		4,—

	★★
13 U ungezähnt (Paar)	700,—

MiNr. 13 stammt auch aus Großbritannien Bl. 33.

Gültig bis 31.1.2023, geduldet bis 31.7.2023

2007, 27. März. Freimarken: Landeswahrzeichen. RaTdr. (10 × 20); Sicherheitszähnung K 14¾:14¼.

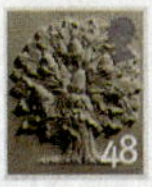

c I) Eiche

d I) Tudor-Reise

			★★	⊙
14 48 (P)	mehrfarbig	c I	1,50	1,50
15 78 (P)	mehrfarbig	d I	2,50	2,50
		Satzpreis (2 W.)	4,—	4,—
		FDC		4,50

MiNr. 15 stammt auch aus Großbritannien Bl. 36.

Gültig bis 31.1.2023, geduldet bis 31.7.2023

2007, 23. April. Blockausgabe: Nationalfeiertag. RaTdr.; C = gez. Ks 14¾:14¼, CS = Sicherheitszähnung Ks 14¾:14¼.

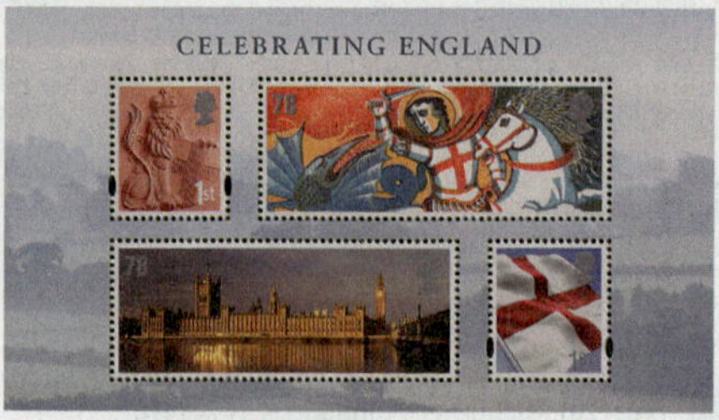

h

b l f

g e

b l) Löwe von England
e) Flagge
f) Hl. Georg tötet den Drachen
g) Parlamentsgebäude, London

16 CS	1ST	mehrfarbig	e	2,—	1,20
17 C	78 (P)	mehrfarbig	f	2,80	2,80
18 C	78 (P)	mehrfarbig	g	2,80	2,80
Block 1		mit MiNr. 7 und 16-18 (123×70 mm)	h	10,—	8,—
			FDC		8,50

Nominale von MiNr. 16 zur Zeit der Ausgabe: 34 P.

MiNr. 7 gültig bis 31.1.2023, geduldet bis 31.7.2023

2007, 23. April/2008, 29. Sept. Freimarke: Landeswahrzeichen. Odr., Folienbogen (4×5 Zd); selbstklebend; C = gestanzt 14¾:14¼, CS = Sicherheitsstanzung 14¾:14¼.

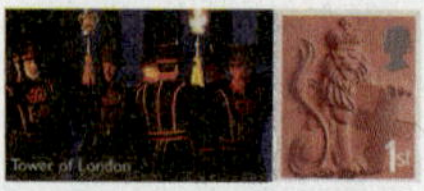

Zierfeld
b l) Löwe von England

19	1st mehrfarbig	b l		
C	gest. 14¾:14¼ (23.4.2007)		2,—	1,—
CS	Sicherheitsstanzung 14¾:14¼ (29.9.2008)		2,—	1,—
		FDC C		1,50
		19 Zf	2,20	1,20

Nominale zur Zeit der Erstausgabe: 34 P

MiNr. 19 C und CS stammen aus Folienbogen zu 20 Marken und 20 verschiedenen, links anhängenden Zierfeldern, die jeweils durch 3 schmale Verbindungsstege mit der Marke verbunden sind (Preis pro Bogen: 6.95 £ bzw. 7.75 £). Die Zierfelder konnten auf Bestellung auch individuell gestaltet werden.

Dabei wurde MiNr. 19 CS zusammen mit Nordirland MiNr. 104 CS, Schottland MiNr. 99 CS und Wales MiNr. 91 CS im Folienbogen zu je 5 Marken ausgegeben.

Gültig bis 31.1.2023, geduldet bis 31.7.2023

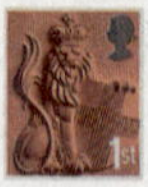

2007, 20. Sept./2012, Aug. Freimarke: Landeswahrzeichen. Odr., Bogen (B) (10×5) und Markenheftchen (MH); Sicherheitszähnung K 14¾:14¼.

b l) Löwe von England

20	1st mfg.	b l		
a	mfg./silberfarben (MH) (20.9.2007)		2,—	1,50
b	mfg./grau (B) (MH) (Aug. 2012)		2,—	1,50
		FDC a		2,50

Nominale von MiNr. 20 a zur Zeit der Ausgabe: 34 P

MiNr. 20 a stammt aus Großbritannien MH 154 und 177.
MiNr. 20 b stammt aus Bogen vom August 2012 und später auch aus Großbritannien MH 183.

Die zusätzliche Farbangabe bezieht sich auf das Kopfbild von Königin Elizabeth II.

Gültig bis 31.1.2023, geduldet bis 31.7.2023

2007, 8. Nov. Freimarke: Landeswahrzeichen. Odr., aus Block; Sicherheitszähnung K 14¾:14¼.

d l) Tudor-Rose

21	78 (P) mehrfarbig	d l	2,50	2,50
		FDC		—,—

MiNr. 21 stammt aus Großbritannien Bl. 41.

Gültig bis 31.1.2023, geduldet bis 31.7.2023

2008, 1. April. Freimarken: Landeswahrzeichen. RaTdr. (10×20); Sicherheitszähnung K 14¾:14¼.

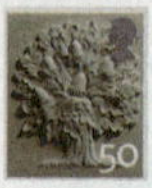

c l) Eiche

d l) Tudor-Rose

22	50 (P) mehrfarbig	c l	1,50	1,50
23	81 (P) mehrfarbig	d l	2,40	2,40
		Satzpreis (2 W.)	3,80	3,80
		FDC		5,—

Gültig bis 31.1.2023, geduldet bis 31.7.2023

2008, 6. Nov. Freimarke: Landeswahrzeichen. Odr., aus Block; Sicherheitszähnung K 14¾:14¼.

d l) Tudor-Rose

24	81 (P) mehrfarbig	d l	2,20	2,20
		FDC		—,—

MiNr. 24 stammt aus Großbritannien Bl. 47.

Gültig bis 31.1.2023, geduldet bis 31.7.2023

2009, 31. März. Freimarken: Landeswahrzeichen. RaTdr. (10×20); Sicherheitszähnung K 14¾:14¼.

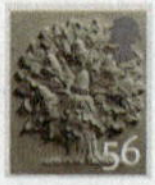

c l) Eiche

d l) Tudor-Rose

25	56 (P) mehrfarbig	c l	1,50	1,40
26	90 (P) mehrfarbig	d l	2,50	2,20
		Satzpreis (2 W.)	4,—	3,50
		FDC		5,—

Gültig bis 31.1.2023, geduldet bis 31.7.2023

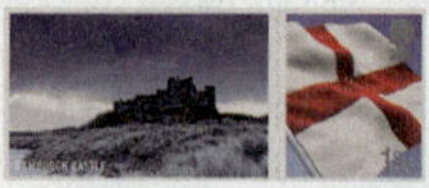

2009, 23. April. Freimarke: Landeswahrzeichen. Odr., Folienbogen (4×5 Zd); selbstklebend; Sicherheitsstanzung 14¾:14¼.

Zierfeld
e) Flagge

27	1ST mehrfarbig	e	2,—	1,—
		FDC		2,—
		27 Zf	2,20	1,20

Nominale zur Zeit der Ausgabe: 39 P

MiNr. 27 stammt aus Folienbogen zu 20 Marken und 10 verschiedenen, links anhängenden Zierfeldern, die jeweils durch 3 schmale Verbindungsstege mit der Marke verbunden sind (Preis pro Bogen: 8.35 £). Die Zierfelder konnten auf Bestellung auch individuell gestaltet werden.

2010, 30. März. Freimarken: Landeswahrzeichen. RaTdr. (10×20); Sicherheitszähnung K 14¾:14¼.

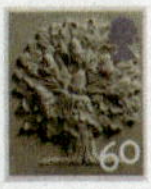
c I) Eiche

d I) Tudor-Rose

28	60 (P) mehrfarbig	c I	1,70	1,50
29	97 (P) mehrfarbig	d I	2,80	2,50
		Satzpreis (2 W.)	4,50	4,—
		FDC		5,50

Gültig bis 31.1.2023, geduldet bis 31.7.2023

2011, 29. März. Freimarken: Landeswahrzeichen. Odr. (5×5); Sicherheitszähnung K 14¾:14¼.

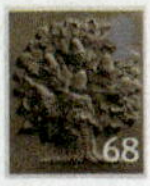
c I) Eiche

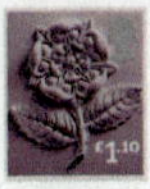
d I) Tudor-Rose

30	68 (P) mehrfarbig	c I	1,80	1,70
31	1.10 £ mehrfarbig	d I	3,20	2,80
		Satzpreis (2 W.)	5,—	4,50
		FDC		6,—

Gültig bis 31.1.2023, geduldet bis 31.7.2023

2012, 25. April. Freimarken: Landeswahrzeichen. Odr. (5×5); Sicherheitszähnung K 14¾:14¼.

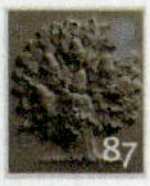
c I) Eiche

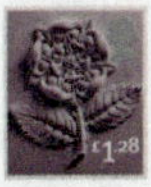
d I) Tudor-Rose

32	87 (P) mehrfarbig	c I	2,40	2,20
33	1.28 £ mehrfarbig	d I	3,60	3,40
		Satzpreis (2 W.)	6,—	5,50
		FDC		7,—

Gültig bis 31.1.2023, geduldet bis 31.7.2023

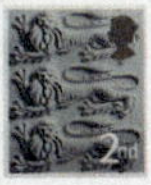

2012, 29. Aug. Freimarke: Landeswahrzeichen. Odr. (10×5); Sicherheitszähnung K 14¾:14¼.

a I) Wappenlöwen

34	2nd mehrfarbig	a I	1,70	1,20
		FDC		2,—

Nominale zur Zeit der Ausgabe: 50 P

Gültig bis 31.1.2023, geduldet bis 31.7.2023

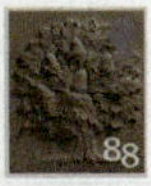

2013, 27. März. Freimarke: Landeswahrzeichen. Odr. (5×5); Sicherheitszähnung K 14¾:14¼.

c I) Eiche

35	88 (P) mehrfarbig	c I	2,50	2,20
		FDC		3,50

Gültig bis 31.1.2023, geduldet bis 31.7.2023

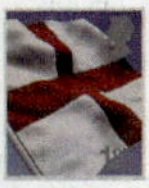

2013, 9. Mai. Freimarke: Landeswahrzeichen. Odr., Markenheftchen; Sicherheitszähnung K 14¾:14¼.

e) Flagge

36	1ST mehrfarbig	e	2,—	1,50
		FDC		2,50

Nominale zur Zeit der Ausgabe: 60 P

MiNr. 36 stammt aus Großbritannien MH 173, 175 und 184.

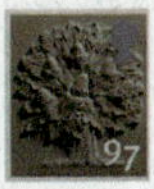

2014, 26. März. Freimarke: Landeswahrzeichen. Odr. (5×5); Sicherheitszähnung K 14¾:14¼.

c I) Eiche

37	97 (P) mehrfarbig	c I	3,—	2,60
		FDC		4,—

Gültig bis 31.1.2023, geduldet bis 31.7.2023

2015, 24. März. Freimarken: Landeswahrzeichen. Odr. (5×5); Sicherheitszähnung K 14¾:14¼.

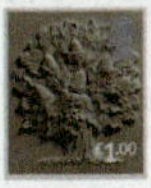
c I) Eiche

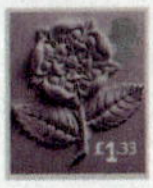
d I) Tudor-Rose

38	1.00 £ mehrfarbig	c I	3,—	3,—
39	1.33 £ mehrfarbig	d I	4,—	4,—
		Satzpreis (2 W.)	7,—	7,—
		FDC		9,—

Gültig bis 31.1.2023, geduldet bis 31.7.2023

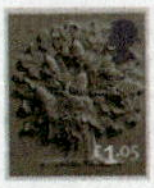

2016, 22. März. Freimarke: Landeswahrzeichen. Odr. (5×5); Sicherheitszähnung K 14¾:14¼.

c I) Eiche

40	1.05 £ mehrfarbig	c I	3,20	3,20
		FDC		5,—

Gültig bis 31.1.2023, geduldet bis 31.7.2023

2017, 21. März. Freimarken: Landeswahrzeichen. Odr. (5×5); Sicherheitszähnung K 14¾:14¼.

c I) Eiche

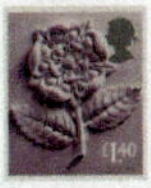
d I) Tudor-Rose

41	1.17 £ mehrfarbig	c I	3,40	3,40
42	1.40 £ mehrfarbig	d I	4,20	4,20
		Satzpreis (2 W.)	7,60	7,60
		FDC		10,—

Gültig bis 31.1.2023, geduldet bis 31.7.2023

2018, 20. März. Freimarken: Landeswahrzeichen. Odr.; MiNr. 43–44 (10×5), MiNr. 45–46 (5×5); Sicherheitszähnung K 14¾:14¼.

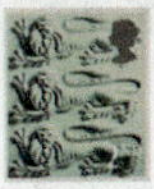
a II) Wappenlöwen; Nominalkodierung mit Serifen

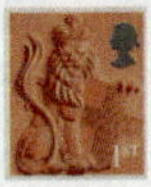
b II) Löwe von England; Nominalkodierung mit Serifen

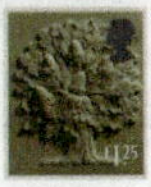
c I) Eiche

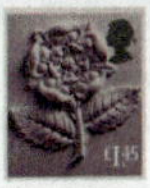
d I) Tudor-Rose

43	2ND mehrfarbig	a II	1,70	1,50
44	1ST mehrfarbig	b II	2,—	1,80

45 1.25 £ mehrfarbig .... c l 3,50 3,50
46 1.45 £ mehrfarbig .... d l 4,20 4,20
Satzpreis (4 W.) 11,— 11,—
FDC 14,—

Nominalen zur Zeit der Ausgabe: MiNr. 43 = 56 P, MiNr. 44 = 65 P

MiNr. 44 stammt auch aus Großbritannien MH 198.

Gültig bis 31.1.2023, geduldet bis 31.7.2023

2019, 19. März. Freimarken: Landeswahrzeichen. Odr.; Sicherheitszähnung K 14¾:14¼.

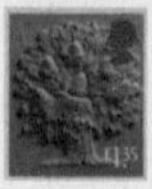
c l) Eiche

d l) Tudor-Rose

47 1.35 £ mehrfarbig .... c l 4,— 4,—
48 1.55 £ mehrfarbig .... d l 4,40 4,40
Satzpreis (2 W.) 8,40 8,40
FDC 11,50

Gültig bis 31.1.2023, geduldet bis 31.7.2023

2020, 17. März. Freimarken: Landeswahrzeichen. Odr.; Sicherheitszähnung K 14¾:14.

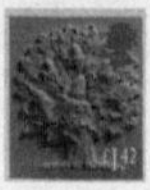
c l) Eiche

d l) Tudor-Rose

49 1.42 £ mehrfarbig .... c l 4,— 4,—
50 1.63 £ mehrfarbig .... d l 4,50 4,50
Satzpreis (2 W.) 8,50 8,50
FDC 12,—

Gültig bis 31.1.2023, geduldet bis 31.7.2023

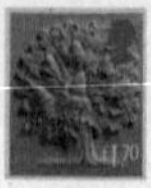

2020, 23. Dez. Freimarke: Landeswahrzeichen. Odr. (5×5); Sicherheitszähnung K 14¾:14.

c l) Eiche

51 1.70 £ mehrfarbig .... c l 4,80 4,80
FDC 7,—

Gültig bis 31.1.2023, geduldet bis 31.7.2023

2022, 11. Aug. Freimarken: Landeswahrzeichen. Komb. RaTdr. (Hauptmotiv) und Digitaldruck mit Lacküberzug (Matrixcode) (5×5); U-förmige Stanzungen im Markenbild; Streifen ph.; selbstklebend; Sicherheitsstanzung 15:14½.

i) Wappenlöwen

k) Löwe von England

l) Eiche

i–l) Kopfbild Königin Elisabeth II., Matrixcode

52 2ND mehrfarbig .... i 1,80 1,80
53 1ST mehrfarbig .... k 2,20 2,20
54 1.85 £ mehrfarbig .... l 5,— 5,—
Satzpreis (3 W.) 9,— 9,—
FDC 12,—

Nominalen zur Zeit der Ausgabe: MiNr. 52 = 68 P, MiNr. 53 = 95 P

Ab MiNr. 52 sind alle Ausgaben unbeschränkt frankaturgültig; außerdem MiNr. 16–18, 27 und 36.

Neuheiten

Ein Abonnement der MICHEL-Rundschau sichert Ihnen ein immer vollständiges Nachschlagewerk, zeigt Ihnen Preisänderungen an und bereichert Ihre philatelistischen Kenntnisse durch gut recherchierte Fachbeiträge.

Jahrgangswerttabelle

Die Aufstellung folgt der numerischen Reihenfolge der Katalogisierung ohne Rücksicht auf die Chronologie eventueller Ergänzungswerte.

Grundsätzlich ist nur die jeweils billigste Sorte pro Marke bzw. Ausgabe angegeben, sofern nichts anderes vermerkt.

Zusammendrucke aus Bogen, Marken mit Zierfeldern usw. sind dann berücksichtigt, wenn sie als normale Ausgabeform anzusehen sind. Einzelmarken aus Blocks und Marken mit der Preisnotierung „—,—" sind nicht berücksichtigt.

Im neuen MICHEL-Redaktionssystem fließen Einzelwerte anstelle von Satzpreisen in die Berechnung ein. Zusätzlich werden alle Blockvarianten berücksichtigt. Dadurch können sich Änderungen zu früheren Jahrgangswertberechnungen ergeben.

Jahr	MiNr.	★★	⊙
2001	1–4	10,50	6,—
2002	5	3,—	3,—
2003	6–9	10,30	5,50
2004	10	1,60	1,40
2005	11	2,20	2,—
2006	12–13	4,—	3,50
2007	14–21, Bl. 1	20,50	17,—
2008	22–24	6,10	6,10
2009	25–27	6,—	4,60
2010	28–29	4,50	4,—
2011	30–31	5,—	4,50
2012	32–34	7,70	6,80
2013	35–36	4,50	3,70
2014	37	3,—	2,60
2015	38–39	7,—	7,—
2016	40	3,20	3,20
2017	41–42	7,60	7,60
2018	43–46	11,40	11,—
2019	47–48	8,40	8,40
2020	49–51	13,30	13,30
2022	52–54	9,—	9,—
Gesamtsumme		**148,80**	**130,20**

Blockaufstellung

Block 1 siehe nach MiNr. 18

Nordirland

1958, 18. Aug./1967, 9. Juni. Freimarken: Königin Elisabeth II. RaTdr. (12×20); Wz. 22; gez. K 14¾:14¼.

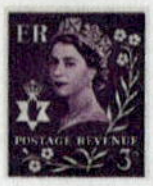 a 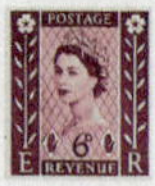 b 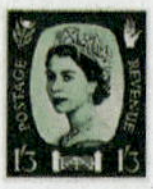 c

a–c) Königin Elisabeth II.; Flachs und Wappen von Ulster als Symbole Nordirlands

				★★	⊙
1	3 P	bläulichviolett	a		
x		normales Papier (18.8.1958)		0,30	0,30
y		Papier ph. (9.6.1967)		0,30	0,30
2 x	6 P	dunkelrosalila, normales Papier (29.9.1958)	b	0,30	0,30
3 x	1'3 Sh'P	dunkelgrün, normales Papier (29.9.1958)	c	0,30	0,60
		Satzpreis (3 W.)		0,80	1,20
		FDC (MiNr. 1 x)			35,—
		FDC (MiNr. 2-3)			40,—

Auflagen: MiNr. 1 = 365.417.400, MiNr. 2 = 28.531.180, MiNr. 3 = 14.060.520 Stück

In gleichen Zeichnungen: MiNr. 107–109 (Dezimalwährung, oWz.)

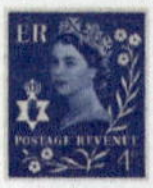

1966, 7. Febr./1967, 2. Okt. Freimarke: Königin Elisabeth II. RaTdr. (12×20); Wz. 22; gez. K 14¾:14¼.

a) Königin Elisabeth II.; Flachs und Wappen von Ulster

4	4 P	ultramarin	a		
x		Papier normal (7.2.1966)		0,30	0,30
y		Papier ph. (2.10.1967)		0,30	0,30
		FDC (MiNr. 4 x)			8,—

Auflage: MiNr. 4 x = 61 449 360 Stück

1967, 1. März. Freimarken: Königin Elisabeth II. RaTdr. (12×20); Phosphorstreifen-Aufdruck; Wz. 22; gez. K 14¾:14¼.

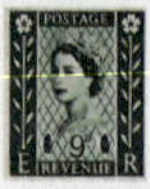 b 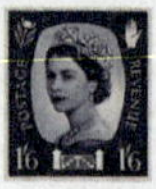 c

b–c) Königin Elisabeth II.; Flachs und Wappen von Ulster

5	9 P	dunkelgrün	b	0,40	0,80
6	1'6 Sh'P	dunkelblau	c	0,40	0,80
		Satzpreis (2 W.)		0,80	1,60
		FDC			4,—

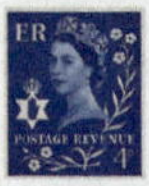

1968, 27. Juni Freimarke: Königin Elisabeth II. RaTdr. (12×20); Phosphorstreifen-Aufdruck; oWz.; gez. K 14:14¼.

a) Königin Elisabeth II.; Flachs und Wappen von Ulster

7	4 P	ultramarin	a	0,30	0,30
		FDC			2,50

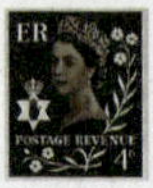

1968, 4. Sept. Freimarken: Königin Elisabeth II. RaTdr. (12×20); Phosphorstreifen-Aufdruck; gez. K 14¾:14¼.

a) Königin Elisabeth II.; Flachs und Wappen von Ulster

8	4 P	schwarzbraun	a	0,30	0,30
9	5 P	dunkelblauviolett	a	0,30	0,30
		Satzpreis (2 W.)		0,50	0,40
		FDC			3,—

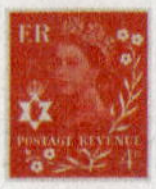

1969, 26. Febr. Freimarke: Königin Elisabeth II. RaTdr. (12×20); Phosphorstreifen-Aufdruck; gez. K 15:14¼.

a) Königin Elisabeth II.; Flachs und Wappen von Ulster

10	4 P	rot	a	0,30	0,30
		FDC			1,20

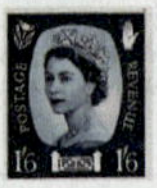

1969, 20. Mai. Freimarke: Königin Elisabeth II.; RaTdr. (12×20); Phosphorstreifen-Aufdruck; oWz.; gez. K 14¾:14¼.

c) Königin Elisabeth II.; Flachs und Wappen von Ulster

11	1'6 Sh'P	dunkelblau	c	3,—	3,—
		FDC			15,—

MiNr. 1–11 gültig bis 29.2.1972; in Großbritannien mit Guernsey, Isle of Man und Jersey gültig bis 30.9.1969

Neue Dezimalwährung ab 15. Februar 1971:
1 Pfund (£) = 100 Pence (P)

Alle nachfolgenden Ausgaben sind – wenn nicht ausdrücklich anders angegeben – mit Phosphoraufdruck (Streifen oder ganzflächig) versehen oder auf phosphorbeschichtetem Papier gedruckt. Daher entfällt im Kopftext dieser Hinweis. Trotzdem gibt es von zahlreichen Werten der Kontrolle entgangene Stücke ohne Phosphoraufdruck. Ausführliche Katalogisierung siehe MICHEL-Großbritannien-Spezial.

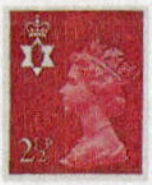

1971, 7. Juli/1974, 23. Jan. Freimarken: Königin Elisabeth II. RaTdr. (10×20); gez. K 14¾:14¼.

d) Königin Elisabeth II., Stern mit rechter Hand von Ulster, St.-Edwards-Krone (Landeswahrzeichen)

12	2½ P	karminlila (7.7.1971)	d	0,60	0,30
13	3 P	lilaultramarin (7.7.1971)	d	0,30	0,30
14	3½ P	dunkelgraugrün (23.1.1974)	d	0,30	0,30
15	5 P	dunkelviolett (7.7.1971)	d	1,50	1,50
16	5½ P	schwärzlichviolett (23.1.1974)	d	0,30	0,30
17	7½ P	schwärzlichbraunorange (7.7.1971)	d	3,—	3,—
18	8 P	dunkelrosarot (23.1.1974)	d	0,50	0,30
		Satzpreis (7 W.)		6,50	6,—
		FDC (MiNr. 12–13, 15, 17)			5,—
		FDC (MiNr. 14, 16, 18)			2,50

Gültig bis 31.1.2023, geduldet bis 31.7.2023

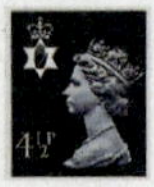

1974, 6. Nov. Freimarke: Königin Elisabeth II. RaTdr. (10×20); gez. K 14¾:14¼.

d) Königin Elisabeth II., Stern mit rechter Hand von Ulster, St.-Edwards-Krone

19	4½ P	schwarzblau	d	0,40	0,40
		FDC			1,50

Gültig bis 31.1.2023, geduldet bis 31.7.2023

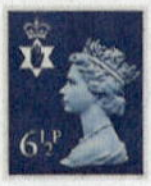

1976, 14. Jan. Freimarken: Königin Elisabeth II. RaTdr. (10×20); gez. K 14¾:14¼.

d) Königin Elisabeth II., Stern mit rechter Hand von Ulster, St.-Edwards-Krone

20 6½ P dunkeltürkisblau . . . . d 0,30 0,30
21 8½ P dunkelolivgrün . . . . d 0,50 0,50
Satzpreis (2 W.) 0,80 0,80
FDC 1,50

★★
20 Uo oben ungezähnt (B) (Bogenrand) . . . . 300,—

Gültig bis 31.1.2023, geduldet bis 31.7.2023

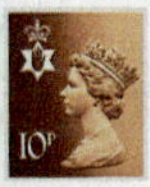

1976, 20. Okt. Freimarken: Königin Elisabeth II. RaTdr. (10×20); gez. K 14¾:14¼.

d) Königin Elisabeth II., Stern mit rechter Hand von Ulster, St.-Edwards-Krone

★★ ⊙
22 10 P lebhaftorangebraun . . . . d 0,50 0,50
23 11 P rot . . . . d 0,50 0,50
Satzpreis (2 W.) 1,— 1,—
FDC 2,—

Gültig bis 31.1.2023, geduldet bis 31.7.2023

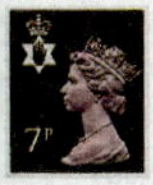

1978, 18. Jan. Freimarken: Königin Elisabeth II. RaTdr. (10×20); gez. K 14¾:14¼.

d) Königin Elisabeth II., Stern mit rechter Hand von Ulster, St.-Edwards-Krone

24 7 P dunkellilabraun . . . . d 0,40 0,40
25 9 P dunkelviolettblau . . . . d 0,50 0,50
26 10½ P schwarzgraublau . . . . d 0,60 0,60
Satzpreis (3 W.) 1,50 1,50
FDC 2,—

Gültig bis 31.1.2023, geduldet bis 31.7.2023

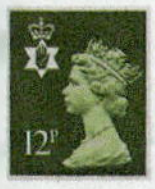

1980, 23. Juli. Freimarken: Königin Elisabeth II. RaTdr. (10×20); gez. K 14¾:14¼.

d) Königin Elisabeth II., Stern mit rechter Hand von Ulster, St.-Edwards-Krone

27 12 P dunkelgrünoliv . . . . d 0,60 0,60
28 13½ P violettbraun . . . . d 0,80 0,80
29 15 P mittellilaultramarin . . . . d 0,80 0,80
Satzpreis (3 W.) 2,20 2,20
FDC 3,—

Gültig bis 31.1.2023, geduldet bis 31.7.2023

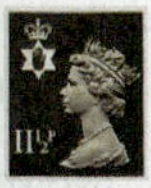

1981, 8. April. Freimarken: Königin Elisabeth II. Odr. (10×20); gez. K 13¾:14¼.

d) Königin Elisabeth II., Stern mit rechter Hand von Ulster, St.-Edwards-Krone

30 11½ P lebhaftgraubraun/hellgraubraun . . . . . d 1,20 1,—
31 14 P dunkelgraublau/hellblau . . . . d 0,80 0,70
32 18 P schwärzlichviolettblau/hellviolettblau . . d 1,20 1,—
33 22 P dunkelblau/hellblau . . . . d 1,80 1,30
Satzpreis (4 W.) 5,— 4,—
FDC 4,50

Gültig bis 31.1.2023, geduldet bis 31.7.2023

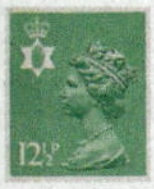

1982, 24. Febr./1987, 27. Jan. Freimarken: Königin Elisabeth II. Odr.; A = gez. K 13¾:14¼; C = gez. K 14¾:14¼.

d) Königin Elisabeth II., Stern mit rechter Hand von Ulster, St.-Edwards-Krone

34 12½ P smaragdgrün/hellsmaragdgrün . . . . d
A gez. K 13¾:14¼ 0,70 0,70
C gez. K 14¾:14¼ (28.2.1984) . . . . 5,— 5,—
35 A 15½ P bläulichviolett . . . . d 1,— 1,—
36 A 19½ P schwärzlichgrüngrau . . . . d 2,50 2,50
37 26 P lebhaftrotkarmin . . . . d
A gez. K 13¾:14¼ 1,80 1,80
C gez. K 14¾:14¼ (27.1.1987) . . . . 4,— 4,—
Satzpreis A (4 W.) 6,— 6,—
FDC A 7,—

Gültig bis 31.1.2023, geduldet bis 31.7.2023

1983, 27. April/1987, 27. Jan. Freimarken: Königin Elisabeth II, Odr.; A = gez. K 13¾:14¼, C = gez. K 14¾:14¼.

d) Königin Elisabeth II., Stern mit rechter Hand von Ulster, St.-Edwards-Krone

38 16 P dunkelbraungrau . . . . d
A gez. K 13¾:14¼ 1,40 1,40
C gez. K 14¾:14¼ (28.2.1984) . . . . 9,— 9,—
39 A 20½ P dunkellilaultramarin . . . . d 5,— 5,—
40 28 P schwärzlichviolettblau . . . . d
A gez. K 13¾:14¼ 1,60 1,60
C gez. K 14¾:14¼ (27.1.1987) 1,80 1,60
Satzpreis A (3 W.) 8,— 8,—
FDC A 10,—

Gültig bis 31.1.2023, geduldet bis 31.7.2023

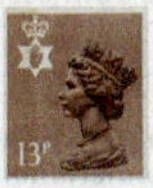

1984, 23. Okt. Freimarken: Königin Elisabeth II. Odr. (10×20); gez. K 14¾:14¼.

d) Königin Elisabeth II., Stern mit rechter Hand von Ulster, St.-Edwards-Krone

41 13 P orangebraun/mattorangebraun . . . . d 1,20 0,60
42 17 P dunkelgraublau . . . . d 1,40 0,90
43 22 P dunkelolivgrün/mattolivgrün . . . . d 1,60 1,40
44 31 P purpur . . . . d 1,80 1,60
Satzpreis (4 W.) 6,— 4,50
FDC 6,—

Gültig bis 31.1.2023, geduldet bis 31.7.2023

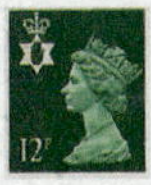

1986, 7. Jan. Freimarke: Königin Elisabeth II. Odr. (10×20); gez. K 14¾:14¼.

d) Königin Elisabeth II., Stern mit rechter Hand von Ulster, St.-Edwards-Krone

45 12 P dunkelgelblichgrün/hellgelblichgrün . . . . d 0,90 0,80
FDC 2,—

Gültig bis 31.1.2023, geduldet bis 31.7.2023

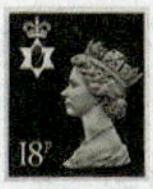

1987, 6. Jan. Freimarke: Königin Elisabeth II. Odr. (10× 20); gez. K 14¾:14¼.

d) Königin Elisabeth II., Stern mit rechter Hand von Ulster, St.-Edwards-Krone

46 18 P schwarzoliv/mattoliv . . . . d 1,20 0,80
FDC 2,—

Gültig bis 31.1.2023, geduldet bis 31.7.2023

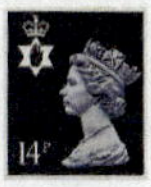

1988, 8. Nov. Freimarken: Königin Elisabeth II. Odr. (10×20); gez. K 14¾:14¼.

d) Königin Elisabeth II., Stern mit rechter Hand von Ulster, St.-Edwards-Krone

47 14 P schwärzlichblau/hellblau . . . . d 0,70 0,60
48 19 P gelblichrot/hellgelblichrot . . . . d 1,— 0,90
49 23 P gelblichgrün/hellgelblichgrün . . . . d 1,30 1,30
50 32 P schwärzlichtürkisblau/helltürkisblau . . . . d 2,— 1,80
Satzpreis (4 W.) 5,— 4,50
FDC 6,—

Gültig bis 31.1.2023, geduldet bis 31.7.2023

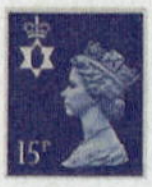

1989, 28. Nov. Freimarken: Königin Elisabeth II. Odr. (10×20); gez. K 14¾:14¼.

d) Königin Elisabeth II., Stern mit rechter Hand von Ulster, St.-Edwards-Krone

51	15 P lebhaftkobalt/hellblau	d	0,80	0,50
52	20 P braunschwarz/mattgraubraun	d	1,—	0,80
53	24 P lebhaftbraunorange	d	1,50	1,—
54	34 P grautürkis/mattgrautürkis	d	2,20	1,70
	Satzpreis (4 W.)		5,50	4,—
	FDC			6,—

Gültig bis 31.1.2023, geduldet bis 31.7.2023

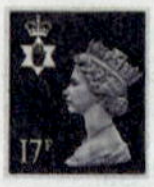

1990, 4. Dez. Freimarken: Königin Elisabeth II. Odr. (10×20); gez. K 14¾:14¼.

d) Königin Elisabeth II., Stern mit rechter Hand von Ulster, St.-Edwards-Krone

55	17 P schwarzblau/mattblau	d	0,90	0,60
56	22 P lebhaftgelblichrot/mattgelblichrot	d	1,20	0,90
57	26 P grauolivbraun/mattgrauolivbraun	d	1,80	1,50
58	37 P dunkelrosarot/mattrosarot	d	2,20	2,—
	Satzpreis (4 W.)		6,—	5,—
	FDC			6,50

Gültig bis 31.1.2023, geduldet bis 31.7.2023

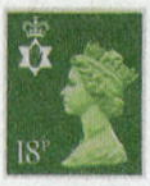

1991, 3. Dez./1992, April. Freimarken: Königin Elisabeth II. Odr., Bogen (B) (10×20) und Markenheftchen (MH); A = gez. K 13¾:14¼, C = gez. K 14¾:14¼.

d) Königin Elisabeth II., Stern mit rechter Hand von Ulster, St.-Edwards-Krone

59	18 P dunkelgelbgrün	d		
A	gez. K 13¾:14¼ (B) (April 1992)		8,—	8,—
C	gez. K 14¾:14¼ (B) (MH)		0,70	0,60
60 C	24 P mittelsiena (B) (MH)	d	0,90	0,80
61 C	28 P grautürkis (B)	d	1,50	1,40
62 C	39 P purpur (B)	d	2,40	2,20
	Satzpreis C (4 W.)		5,50	5,—
	FDC C			6,50

MiNr. 59 C–60 C stammen auch aus Großbritannien MH 103.

Gültig bis 31.1.2023, geduldet bis 31.7.2023

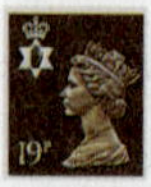

1993, 7. Dez. Freimarken: Königin Elisabeth II. Odr. (10×20) und Markenheftchen; Sicherheitszähnung K 14¾:14¼.

d) Königin Elisabeth II.; Stern mit rechter Hand von Ulster, St.-Edwards-Krone

63	19 P braunoliv	d	0,70	0,60
64	25 P graurot	d	0,90	0,80
65	30 P schwarzoliv	d	1,30	1,10
66	41 P lebhaftgraubraun	d	1,60	1,50
	Satzpreis (4 W.)		4,50	4,—
	FDC			6,50

MiNr. 63–66 stammen auch aus MH 1, MiNr. 63–64 stammen zusätzlich auch aus Großbritannien MH 108, MiNr. 64 stammt zusätzlich auch aus Großbritannien MH 112.

Gültig bis 31.1.2023, geduldet bis 31.7.2023

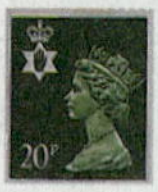

1996, 23. Juli. Freimarken: Königin Elisabeth II. Odr (10×20); Sicherheitszähnung K 14¾:14¼.

d) Königin Elisabeth II.; Stern mit rechter Hand von Ulster, St.-Edwards-Krone

67	20 P dunkelgelbgrün	d	1,20	1,–
68	26 P dunkelgelbbraun	d	1,60	1,20
69	37 P purpur	d	2,80	2,40
70	63 P smaragdgrün	d	4,50	4,—
	Satzpreis (4 W.)		10,—	8,50
	FDC			10,—

Gültig bis 31.1.2023, geduldet bis 31.7.2023

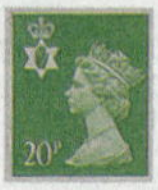

1997, 1. Juli/1998, 13. Okt. Freimarken: Königin Elisabeth II. RaTdr., Bogen (B) (10×20); MiNr. 71–73 auch aus Markenheftchen (MH); AS = Sicherheitszähnung K 13¾:14¼, CS = Sicherheitszähnung K 14¾:14¼.

d) Königin Elisabeth II.; Stern mit rechter Hand von Ulster, St.-Edwards-Krone

71	20 P dunkelgelblichgrün (Töne)	d		
AS	Sicherheitszähnung K 13¾:14¼ (MH) (13.10.1998)		2,50	1,80
CS	Sicherheitsz. K 14¾:14¼ (B)		0,80	0,70
72	26 P hellsiena (Töne)	d		
AS	Sicherheitszähnung K 13¾:14¼ (MH) (13.10.1998)		2,50	2,—
CS	Sicherheitszähnung K 14¾:14¼ (B) (MH)		1,10	1,—
73 CS	37 P purpur (B) (MH)	d	1,60	1,30
74 CS	63 P lebhaftsmaragdgrün (B)	d	4,50	3,—
	Satzpreis CS (4 W.)		8,—	6,—
	FDC CS			7,50

MiNr. 71 AS–72 AS stammen aus Großbritannien MH 120.
MiNr. 72 CS–73 CS stammen auch aus Großbritannien MH 117.

Gültig bis 31.1.2023, geduldet bis 31.7.2023

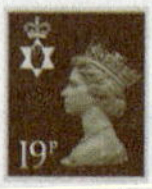

1999, 8. Juni. Freimarken: Königin Elisabeth II. RaTdr. (10×20); Sicherheitszähnung K 14¾:14¼.

d) Königin Elisabeth II., Stern mit rechter Hand von Ulster, St.-Edwards-Krone

75	19 P braunoliv	d	3,—	2,—
76	38 P lebhaftviolettultramarin	d	7,—	6,—
77	64 P lebhaftblaugrün	d	8,—	7,—
	Satzpreis (3 W.)		18,—	15,—
	FDC			16,—

Gültig bis 31.1.2023, geduldet bis 31.7.2023

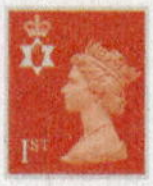

2000, 15. Febr./25. April. Freimarken: Königin Elisabeth II. RaTdr., Bogen (B) (10×20) und Markenheftchen (MH); AS = Sicherheitszähnung K 13¾:14¼, CS = Sicherheitszähnung K 14¾:14¼.

d) Königin Elisabeth II., Stern mit rechter Hand von Ulster, St.-Edwards-Krone

78	1ST gelblichrot	d		
AS	Sicherheitszähnung K 13¾:14¼ (MH) (15.2.2000)		2,—	1,50
CS	Sicherheitszähnung K 14¾:14¼ (B) (25.4.2000)		9,50	9,50
79 CS	40 P lebhaftgrau (B) (25.4.2000)	d	3,—	2,—
80 CS	65 P dunkeltürkisblau (B) (25.4.2000)	d	3,50	2,50
	Satzpreis CS (3 W.)		16,—	15,—
	FDC I (MiNr. 78 AS)			2,—
	FDC II (MiNr. 79 CS–80 CS)			8,—

Statt einer Wertangabe ist bei MiNr. 78 „1ST" für Post 1. Klasse (Nominale zur Zeit der Ausgabe bei MiNr. 78 AS = 26 P, bei MiNr. 78 CS = 27 P) angegeben.

MiNr. 78 AS stammt aus Großbritannien MH 131.

Gültig bis 31.1.2023, geduldet bis 31.7.2023

2001, 6. März. Freimarken: Landeswahrzeichen. Odr., Bogen (B) (10×20) und Markenheftchen (MH); Sicherheitszähnung K 14¾:14¼.

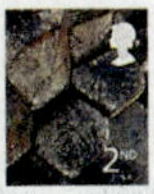
e) Basaltfelsen Giant's Causeway, Antrim

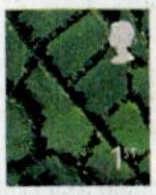
f) Heckenlandschaft

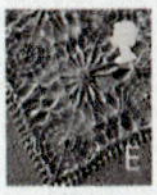
g) Leinenstickerei

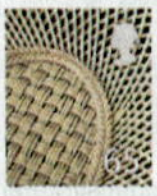
h) Schale aus Biskuitporzellan

e–h) Markenbild ohne weißen Rahmen

81	2ND	mehrfarbig (B) (MH)	e	1,70	0,70
82	1ST	mehrfarbig (B) (MH)	f	2,—	1,—
83	E	mehrfarbig (B)	g	3,80	1,30
84	65 (P)	mehrfarbig (B)	h	3,—	3,—
		Satzpreis (4 W.)		10,—	6,—
		FDC			6,50

Statt einer Wertangabe ist bei MiNr. 81 „2ND" für Post 2. Klasse (Nominale zur Zeit der Ausgabe 19 P), bei MiNr. 82 „1ST" für Post 1. Klasse (Nominale zur Zeit der Ausgabe 27 P), und bei MiNr. 83 „E" für Postkarten und Briefe in europäische Länder (Nominale zur Zeit der Ausgabe 36 P) angegeben.

MiNr. 81–82 stammen auch aus Großbritannien MH 144.

Gültig bis 31.1.2023, geduldet bis 31.7.2023

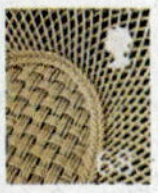

2002, 4. Juli. Freimarke: Landeswahrzeichen. Odr. (10×20); Sicherheitszähnung K 14¾:14¼.

h) Schale aus Biskuitporzellan

85	68 (P)	mehrfarbig	h	3,50	3,—
		FDC			3,50

Gültig bis 31.1.2023, geduldet bis 31.7.2023

2003, 14. Okt. Freimarken: Landeswahrzeichen. Odr., Bogen (B) (10×20) und Markenheftchen (MH); Sicherheitszähnung K 14¾:14¼.

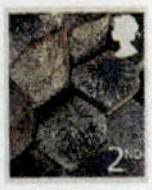
e I) Basaltfelsen Giant's Causeway, Antrim

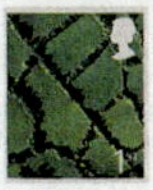
f I) Heckenlandschaft

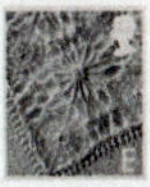
g I) Leinenstickerei

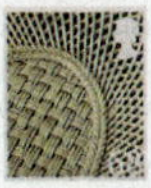
h I) Schale aus Biskuitporzellan

e I–h I) Markenbild mit weißem Rand

86	2ND	mehrfarbig (B)	e I	1,70	0,80
87	1ST	mehrfarbig (B) (MH)	f I	2,—	1,—
88	E	mehrfarbig (B)	g I	3,80	2,50
89	68 (P)	mehrfarbig (B)	h I	2,80	3,20
		Satzpreis (4 W.)		10,—	7,50
		FDC			8,—

Statt einer Wertangabe ist bei MiNr. 86 „2ND" für Post 2. Klasse (Nominale zur Zeit der Ausgabe 20 P), bei MiNr. 87 „1ST" für Post 1. Klasse (Nominale zur Zeit der Ausgabe 28 P), und bei MiNr. 88 „E" für Postkarten und Briefe in europäische Länder (Nominale zur Zeit der Ausgabe 38 P) angegeben.

MiNr. 86 stammt auch aus Großbritannien MH 190.
MiNr. 87 stammt auch aus Großbritannien MH 154, 157, 173, 175, 177 und 183–184.

Gültig bis 31.1.2023, geduldet bis 31.7.2023

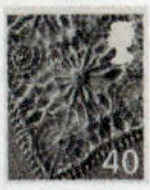

2004, 11. Mai. Freimarke: Landeswahrzeichen. Odr. (10×20); Sicherheitszähnung K 14¾:14¼.

g I) Leinenstickerei

90	40 (P)	mehrfarbig	g I	1,60	1,40
		FDC			2,—

Gültig bis 31.1.2023, geduldet bis 31.7.2023

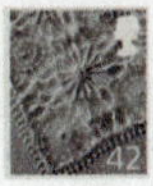

2005, 5. April. Freimarke: Landeswahrzeichen. Odr. (10×20); Sicherheitszähnung K 14¾:14¼.

g I) Leinenstickerei

91	42 (P)	mehrfarbig	g I	2,20	2,—
		FDC			2,50

Gültig bis 31.1.2023, geduldet bis 31.7.2023

2006, 28. März. Freimarken: Landeswahrzeichen. Odr. (10×20); Sicherheitszähnung K 14¾:14¼.

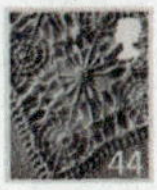
g I) Leinenstickerei

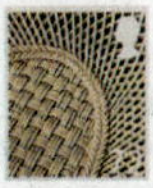
h I) Schale aus Biskuitporzellan

92	44 (P)	mehrfarbig	g I	1,60	1,30
93	72 (P)	mehrfarbig	h I	2,40	2,20
		Satzpreis (2 W.)		4,—	3,50
		FDC			4,—

Gültig bis 31.1.2023, geduldet bis 31.7.2023

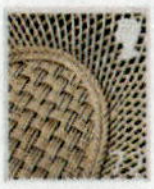

2006, 9. Nov. Freimarke: Landeswahrzeichen. RaTdr., aus Block; Sicherheitszähnung K 14¾:14¼.

h I) Schale aus Biskuitporzellan

94	72 (P)	mehrfarbig	h I	2,40	2,40
		FDC			

MiNr. 94 stammt aus Großbritannien Bl. 33.

Gültig bis 31.1.2023, geduldet bis 31.7.2023

2007, 27. März. Freimarken: Landeswahrzeichen. RaTdr. (10×20); Sicherheitszähnung K 14¾:14¼.

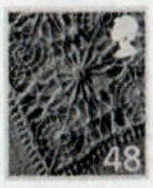
g I) Leinenstickerei

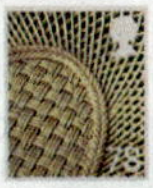
h I) Schale aus Biskuitporzellan

95	48 (P)	mehrfarbig	g I	1,50	1,50
96	78 (P)	mehrfarbig	h I	2,50	2,50
		Satzpreis (2 W.)		4,—	4,—
		FDC			4,50

Gültig bis 31.1.2023, geduldet bis 31.7.2023

2007, 20. Sept. Freimarken: Landeswahrzeichen. RaTdr. (10×20); Sicherheitszähnung K 14¾:14¼.

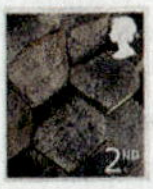
e I) Basaltfelsen Giant's Causeway, Antrim

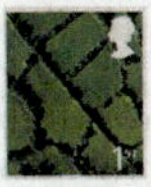
f I) Heckenlandschaft

97 2ND mehrfarbig . . . . e l 1,70 0,80
98 1ST mehrfarbig . . . . f l 2,— 1,—
Satzpreis (2 W.) 3,50 1,80
FDC 3,—

Nominalen zur Zeit der Ausgabe: MiNr. 97 = 24 P, MiNr. 98 = 34 P

Gültig bis 31.1.2023, geduldet bis 31.7.2023

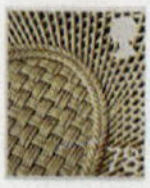

2007, 8. Nov. Freimarke: Landeswahrzeichen. Odr., aus Block; Sicherheitszähnung K 14¾:14¼.

h l) Schale aus Biskuitporzellan

99 78 (P) mehrfarbig . . . . h l 2,50 2,50
FDC —,—

MiNr. 99 stammt aus Großbritannien Bl. 41.

Gültig bis 31.1.2023, geduldet bis 31.7.2023

2008, 11. März. Blockausgabe: Nationalfeiertag. Odr.; C = gez. Ks 14¾:14¼, CS = Sicherheitszähnung Ks 14¾:14¼.

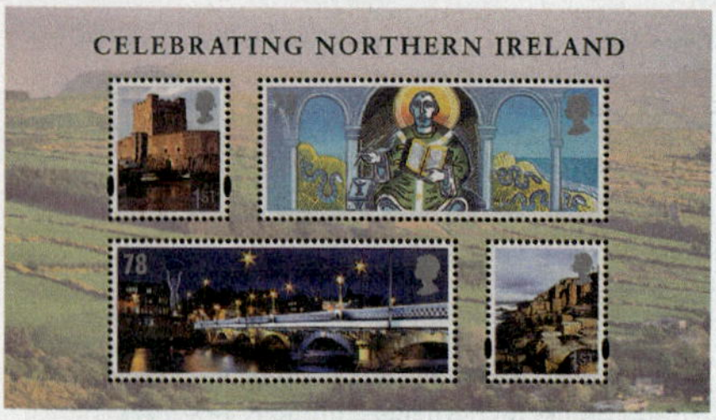

n
i l
m k

i) Burg von Carrickfergus
k) Giant's Causeway
l) Hl. Patrick (um 385–461), irischer Missionar, Apostel Irlands
m) Queen's Bridge, Belfast

100 CS 1ST mehrfarbig . . . . i 2,— 1,20
101 CS 1ST mehrfarbig . . . . k 2,— 1,20
102 C 78 (P) mehrfarbig . . . . l 2,60 2,60
103 C 78 (P) mehrfarbig . . . . m 2,60 2,60
Block 1 (123×70 mm) . . . . n 9,50 8,—
FDC 8,50

Nominale von MiNr. 100–101 zur Zeit der Ausgabe: je 34 P

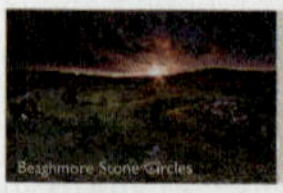

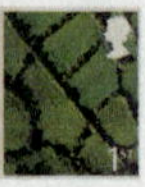

2008, 11. März/2008, 29. Sept. Freimarke: Landeswahrzeichen. Odr., Folienbogen (4×5 Zd); selbstklebend; C = gestanzt 14¾:14¼, CS = Sicherheitsstanzung 14¾:14¼.

Zierfeld
f l) Heckenlandschaft

104 1ST mehrfarbig . . . . f l
C gest. 14¾:14¼ (11.3.2008) . . . . 2,— 1,—
CS Sicherheitsstanzung 14¾:14¼ (29.9.2008) . . . . 2,— 1,—
FDC C 1,50
104 Zf 2,20 1,20

Nominale zur Zeit der Erstausgabe: 34 P

MiNr. 104 C und CS stammen aus Folienbogen zu 20 Marken und 20 verschiedenen, links anhängenden Zierfeldern, die jeweils durch 3 schmale Verbindungsstege mit der Marke verbunden sind (Preis pro Bogen: 7.35 £ bzw. 7.75 £). Die Zierfelder konnten auf Bestellung auch individuell gestaltet werden.

Dabei wurde MiNr. 104 CS auch zusammen mit England MiNr. 19 CS, Schottland MiNr. 99 CS und Wales MiNr. 91 CS im Folienbogen zu je 5 Marken ausgegeben.

Gültig bis 31.1.2023, geduldet bis 31.7.2023

2008, 1. April. Freimarken: Landeswahrzeichen. RaTdr. (10×20); Sicherheitszähnung K 14¾:14¼.

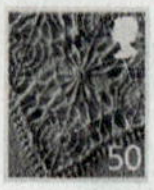

g l) Leinenstickerei

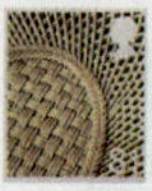

h l) Schale aus Biskuitporzellan

105 50 (P) mehrfarbig . . . . g l 1,50 1,50
106 81 (P) mehrfarbig . . . . h l 2,40 2,40
Satzpreis (2 W.) 3,80 3,80
FDC 5,—

Gültig bis 31.1.2023, geduldet bis 31.7.2023

2008, 29. Sept. Freimarken: 50 Jahre Regionalmarken. I = RaTdr., Kleinbogen (Klb.) (5×2), II = Odr., Markenheftchen (MH); Sicherheitszähnung K 14¾:14¼.

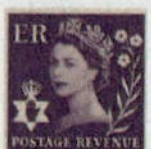

a

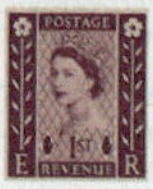

b

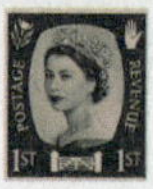

c

a–c) Königin Elisabeth II.; Flachs und Wappen von Ulster als Symbole Nordirlands

I = RaTdr. (Klb.)

107 I 1ST bläulichviolett . . . . a 2,20 1,—
108 I 1ST dunkelrosalila . . . . b 2,20 1,—
109 I 1ST dunkelgrün . . . . c 2,20 1,—
Satzpreis I (3 W.) 6,50 3,—
FDC I 5,—
Kleinbogen 20,— 9,—
FDC 11,—

II = Odr. (MH)

107 II 1ST bläulichviolett . . . . a 2,20 1,—
108 II 1ST dunkelrosalila . . . . b 2,20 1,—
109 II 1ST dunkelgrün . . . . c 2,20 1,—
Satzpreis II (3 W.) 6,50 3,—
FDC (GB H-Bl. 316) 22,—

Nominale zur Zeit der Ausgabe: je 36 P

MiNr. 107 I–109 I wurden mit Schottland MiNr. 102 I–104 I, Wales MiNr. 98 I bis 100 I und 1 Zierfeld zusammenhängend im Kleinbogen gedruckt. MiNr. 107 II bis 109 II stammen aus Großbritannien MH 157. Markenheftchen und Heftchenblätter siehe dort.

In gleichen Zeichnungen: MiNr. 1–3 (£-Sh-P-Währung, Wz. 22)

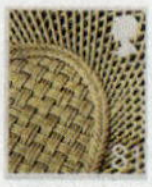

2008, 6. Nov. Freimarke: Landeswahrzeichen. Odr., aus Block; Sicherheitszähnung K 14¾:14¼.

h l) Schale aus Biskuitporzellan

110 81 (P) mehrfarbig . . . . h l 2,20 2,20
FDC —,—

MiNr. 110 stammt aus Großbritannien Bl. 47.

Gültig bis 31.1.2023, geduldet bis 31.7.2023

2009, 31. März. Freimarken: Landeswahrzeichen. RaTdr. (10×20); Sicherheitszähnung K 14¾:14¼.

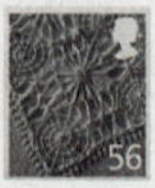

g l) Leinenstickerei

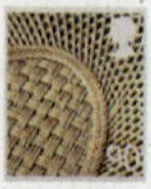

h l) Schale aus Biskuitporzellan

111	56 (P) mehrfarbig	g I	1,50	1,40
112	90 (P) mehrfarbig	h I	2,50	2,20
		Satzpreis (2 W.)	4,—	3,50
		FDC		5,—

Gültig bis 31.1.2023, geduldet bis 31.7.2023

2010, 30. März. Freimarken: Landeswahrzeichen. RaTdr. (10×20); Sicherheitszähnung K 14¾:14¼.

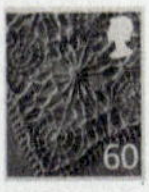

g I) Leinenstickerei

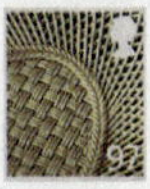

h I) Schale aus Biskuitporzellan

113	60 (P) mehrfarbig	g I	1,70	1,50
114	97 (P) mehrfarbig	h I	2,80	2,50
		Satzpreis (2 W.)	4,50	4,—
		FDC		5,50

Gültig bis 31.1.2023, geduldet bis 31.7.2023

2011, 29. März. Freimarken: Landeswahrzeichen. Odr. (5×5); Sicherheitszähnung K 14¾:14¼.

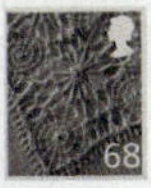

g I) Leinenstickerei

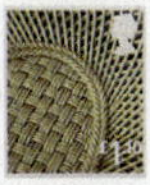

h I) Schale aus Biskuitporzellan

115	68 (P) mehrfarbig	g I	1,80	1,70
116	1.10 £ mehrfarbig	h I	3,20	2,80
		Satzpreis (2 W.)	5,—	4,50
		FDC		6,—

Gültig bis 31.1.2023, geduldet bis 31.7.2023

2012, 25. April. Freimarken: Landeswahrzeichen. Odr. (5×5); Sicherheitszähnung K 14¾:14¼.

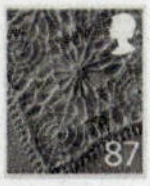

g I) Leinenstickerei

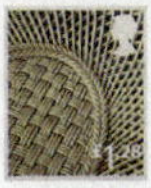

h I) Schale aus Biskuitporzellan

117	87 (P) mehrfarbig	g I	2,40	2,20
118	1.28 £ mehrfarbig	h I	3,60	3,40
		Satzpreis (2 W.)	6,—	5,50
		FDC		7,—

Gültig bis 31.1.2023, geduldet bis 31.7.2023

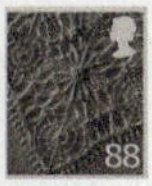

2013, 27. März. Freimarke: Landeswahrzeichen. Odr. (5×5); Sicherheitszähnung K 14¾:14¼.

g I) Leinenstickerei

119	88 (P) mehrfarbig	g I	2,50	2,20
		FDC		3,50

Gültig bis 31.1.2023, geduldet bis 31.7.2023

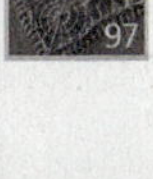

2014, 26. März. Freimarke: Landeswahrzeichen. Odr. (5×5); Sicherheitszähnung K 14¾:14¼.

g I) Leinenstickerei

120	97 (P) mehrfarbig	g I	3,—	2,60
		FDC		4,—

Gültig bis 31.1.2023, geduldet bis 31.7.2023

2015, 24. März. Freimarken: Landeswahrzeichen. Odr. (5×5); Sicherheitszähnung K 14¾:14.

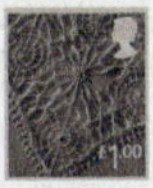

g I) Leinenstickerei

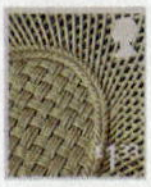

h I) Schale aus Biskuitporzellan

121	1.00 £ mehrfarbig	g I	3,—	3,—
122	1.33 £ mehrfarbig	h I	4,—	4,—
		Satzpreis (2 W.)	7,—	7,—
		FDC		9,—

Gültig bis 31.1.2023, geduldet bis 31.7.2023

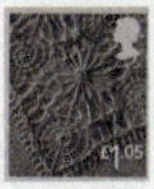

2016, 22. März, Freimarke: Landeswahrzeichen. Odr. (5×5); Sicherheitszähnung K 14¾:14¼.

g I) Leinenstickerei

123	1.05 £ mehrfarbig	g I	3,20	3,20
		FDC		5,—

Gültig bis 31.1.2023, geduldet bis 31.7.2023

2017, 21. März. Freimarken: Landeswahrzeichen. Odr. (5×5); Sicherheitszähnung K 14¾:14.

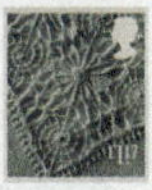

g I) Leinenstickerei

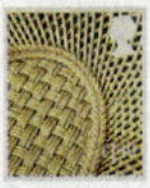

h I) Schale aus Biskuitporzellan

124	1.17 £ mehrfarbig	g I	3,40	3,40
125	1.40 £ mehrfarbig	h I	4,20	4,20
		Satzpreis (2 W.)	7,60	7,60
		FDC		10,—

Gültig bis 31.1.2023, geduldet bis 31.7.2023

2018, 20. März. Freimarken: Landeswahrzeichen. Odr.; MiNr. 126–127 (10×5), MiNr. 128–129 (5×5); Sicherheitszähnung K 14¾:14¼.

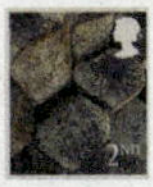

e II) Basaltfelsen Giant's Causeway, Antrim; Nominalkodierung mit Serifen

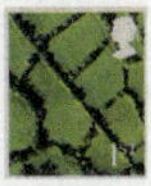

f II) Heckenlandschaft; Nominalkodierung mit Serifen

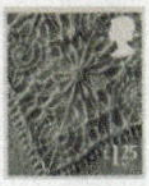

g I) Leinenstickerei

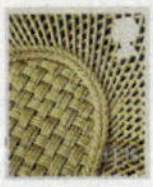

h I) Schale aus Biskuitporzellan

126	2ND mehrfarbig	e II	1,70	1,50
127	1ST mehrfarbig	f II	2,—	1,80
128	1.25 £ mehrfarbig	g I	3,50	3,50
129	1.45 £ mehrfarbig	h I	4,20	4,20
		Satzpreis (4 W.)	11,—	11,—
		FDC		14,—

Nominalen zur Zeit der Ausgabe: MiNr. 126 = 56 P, MiNr. 127 = 65 P

MiNr. 127 stammt auch aus Großbritannien MH 198.

Gültig bis 31.1.2023, geduldet bis 31.7.2023

2019, 19. März. Freimarken: Landeswahrzeichen. Odr.; Sicherheitszähnung K 14¾:14¼.

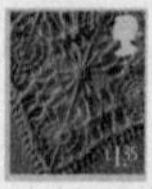

g I) Leinenstickerei

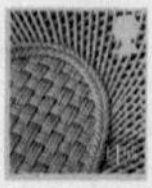

h I) Schale aus Biskuitporzellan

130	1.35 £	mehrfarbig	g I	4,—	4,—
131	1.55 £	mehrfarbig	h I	4,40	4,40
		Satzpreis (2 W.)		8,40	8,40
		FDC			11,50

Gültig bis 31.1.2023, geduldet bis 31.7.2023

2020, 17. März. Freimarken: Landeswahrzeichen. Odr.; Sicherheitszähnung K 14¾:14.

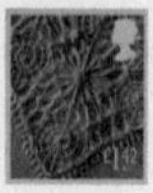

g I) Leinenstickerei

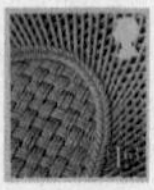

h I) Schale aus Biskuitporzellan

132	1.42 £	mehrfarbig	g I	4,—	4,—
133	1.63 £	mehrfarbig	h I	4,50	4,50
		Satzpreis (2 W.)		8,50	8,50
					12,—

Gültig bis 31.1.2023, geduldet bis 31.7.2023

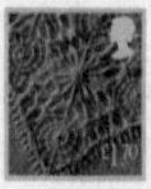

2020, 23. Dez. Freimarke: Landeswahrzeichen. Odr. (5×5); Sicherheitszähnung K 14¾:14.

g I) Leinenstickerei

134	1.70 £	mehrfarbig	g I	4,80	4,80
		FDC			7,—

Gültig bis 31.1.2023, geduldet bis 31.7.2023

2022, 11. Aug. Freimarken: Landeswahrzeichen. Komb. RaTdr. (Hauptmotiv) und Digitaldruck mit Lacküberzug (Matrixcode) (5×5); U-förmige Stanzungen im Markenbild; Streifen ph.; selbstklebend; Sicherheitsstanzung 15:14½.

o) Basaltfelsen „Giant's Causeway", Antrim

p) Heckenlandschaft

r) Leinenstickerei

o–r) Kopfbild Königin Elisabeth II., Matrixcode

135	2ND	mehrfarbig	o	1,80	1,80
136	1ST	mehrfarbig	p	2,20	2,20
137	1.85 £	mehrfarbig	r	5,—	5,—
		Satzpreis (3 W.)		9,—	9,—
		FDC			12,—

Nominalen zur Zeit der Ausgabe: MiNr. 135 = 68 P, MiNr. 136 = 95 P

Ab MiNr. 135 sind alle Ausgaben unbeschränkt frankaturgültig; außerdem MiNr. 100–103 und 107–109.

Neuheiten

Jahrgangswerttabelle

Die Aufstellung folgt der numerischen Reihenfolge der Katalogisierung ohne Rücksicht auf die Chronologie eventueller Ergänzungswerte.

Grundsätzlich ist nur die jeweils billigste Sorte pro Marke bzw. Ausgabe angegeben, sofern nichts anderes vermerkt.

Zusammendrucke aus Bogen, Marken mit Zierfeldern usw. sind dann berücksichtigt, wenn sie als normale Ausgabeform anzusehen sind. Einzelmarken aus Blocks und Marken mit der Preisnotierung „—,—" sind nicht berücksichtigt.

Im neuen MICHEL-Redaktionssystem fließen Einzelwerte anstelle von Satzpreisen in die Berechnung ein. Zusätzlich werden alle Blockvarianten berücksichtigt. Dadurch können sich Änderungen zu früheren Jahrgangswertberechnungen ergeben.

Jahr	MiNr.	★★	⊙
1958	1–3	0,90	1,20
1966	4	0,30	0,30
1967	5–6	0,80	1,60
1968	7–9	0,90	0,90
1969	10–11	3,30	3,30
1971	12–18	6,50	6,—
1974	19	0,40	0,40
1976	20–23	1,80	1,80
1978	24–26	1,50	1,50
1980	27–29	2,20	2,20
1981	30–33	5,—	4,—
1982	34–37	6,—	6,—
1983	38–40	8,—	8,—
1984	41–44	6,—	4,50
1986	45	0,90	0,80
1987	46	1,20	0,80
1988	47–50	5,—	4,60
1989	51–54	5,50	4,—
1990	55–58	6,10	5,—
1991	59–62	5,50	5,—
1993	63–66	4,50	4,—
1996	67–70	10,10	8,60
1997	71–74	8,—	6,—
1999	75–77	18,—	15,—
2000	78–80	8,50	6,—
2001	81–84	10,50	6,—
2002	85	3,50	3,—
2003	86–89	10,30	7,50
2004	90	1,60	1,40
2005	91	2,20	2,—
2006	92–94	6,40	5,90
2007	95–99	10,20	8,30
2008	100–110, Bl. 1	24,20	18,10
2009	111–112	4,—	3,60
2010	113–114	4,50	4,—
2011	115–116	5,—	4,50
2012	117–118	6,—	5,60
2013	119	2,50	2,20
2014	120	3,—	2,60
2015	121–122	7,—	7,—
2016	123	3,20	3,20
2017	124–125	7,60	7,60
2018	126–129	11,40	11,—
2019	130–131	8,40	8,40
2020	132–134	13,30	13,30
2022	135–137	9,—	9,—
Gesamtsumme		**270,70**	**235,70**

Blockaufstellung

Block 1 siehe nach MiNr. 103

Verzeichnis der Markenheftchen mit Zusammendrucken

MH-MiNr.	Bezeichnung	Ausgabe-Datum	Nominale	Enthält H-Blatt	Preis
1	Königin Elisabeth II. (d, ku), Aquarell	26.7.1994	6.04 £[1]	1–4	45,—

[1]) MH 1 enthält ebenfalls die Ganzsache LP 3 zu 35 P.

Verzeichnis der Heftchenblätter

Preise ★★ = ⊙

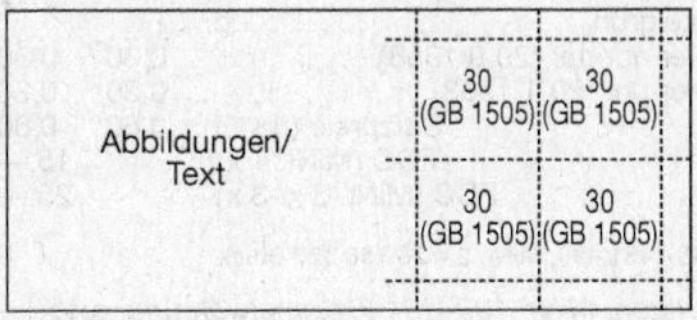

H-Blatt 1 mit MiNr. GB 1505 5,—

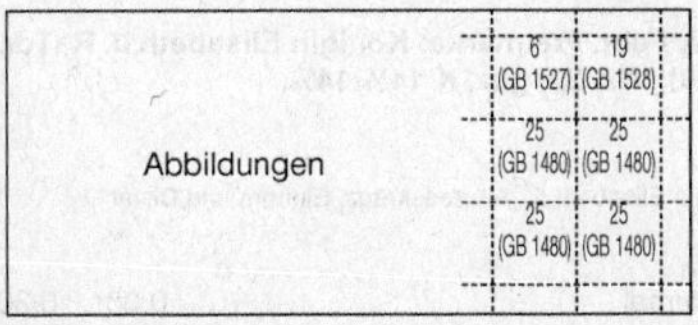

H-Blatt 2 mit MiNr. GB 1480, 1527, 1528 20,—

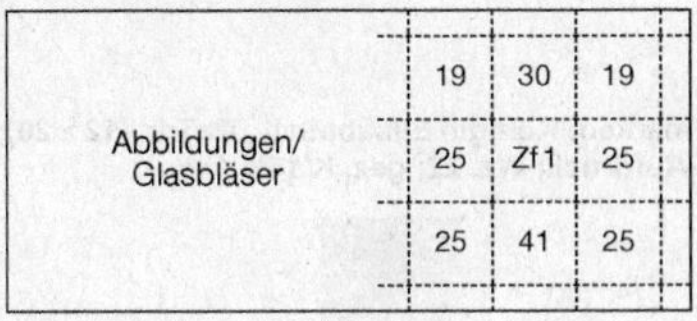

H-Blatt 3 mit MiNr. 63–66 9,—

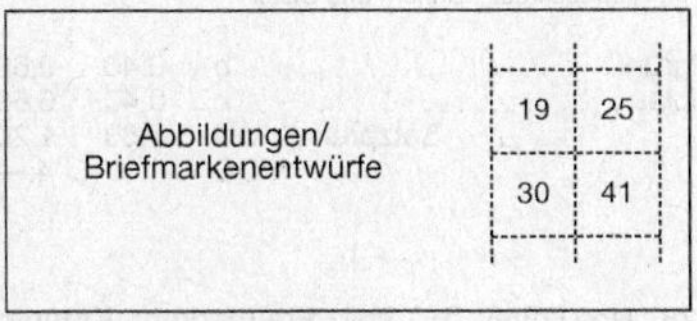

H-Blatt 4 mit MiNr. 63–66 5,—

Schottland

1958, 18. Aug./1963, 29. Jan. Freimarken: Königin Elisabeth II. RaTdr. (12×20); Wz. 22; gez. K 14¾:14¼.

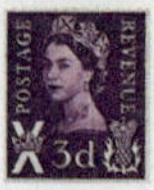
a
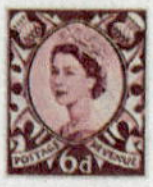
b
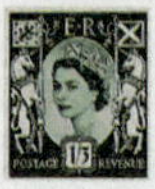
c

a–c) Königin Elisabeth II.; Andreaskreuz, Einhorn und Distel als Symbole Schottlands

				✶✶	⊙
1	3 P	bläulichviolett	a		
x		Papier normal (18.8.1958)		0,30	0,30
y		Papier ph. (29.1.1963)		0,30	0,30
2	6 P	dunkelrosalila (Töne)	b		
x		Papier normal (29.9.1958)		0,30	0,30
y		Papier ph. (29.1.1963)		0,30	0,30
3	1'3 Sh'P	dunkelgrün	c		
x		Papier normal (29.9.1958)		0,30	0,30
y		Papier ph. (29.1.1963)		0,30	0,30
		Satzpreis (3 W.)		0,80	0,80
		FDC (MiNr. 1 x)			15,—
		FDC (MiNr. 2 x–3 x)			25,—

Auflagen: MiNr. 1 = 1.487.481.480, MiNr. 2 = 26.758.320 Stück

In gleichen Zeichnungen: MiNr. 102–104 (Dezimalwährung, oWz.)

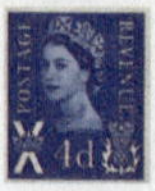

1966, 7. Febr. Freimarke: Königin Elisabeth II. RaTdr. (12×20); Wz. 22; gez. K 14¾:14¼.

a) Königin Elisabeth II.; Andreaskreuz, Einhorn und Distel

4	4 P	ultramarin	a		
x		Papier normal		0,30	0,30
y		Papier ph.		0,30	0,30
		FDC (MiNr. 4 x)			8,—
		FDC (MiNr. 4 y)			10,—

1967, 1. März. Freimarken: Königin Elisabeth II., RaTdr. (12×20); Phosphorstreifen-Aufdruck; Wz. 22; gez. K 14¾:14¼.

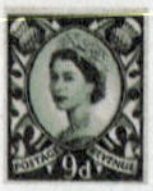
b
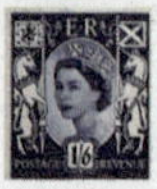
c

b–c) Königin Elisabeth II.; Andreaskreuz, Einhorn und Distel

5	9 P	dunkelgrün	b	0,40	0,60
6	1'6 Sh'P	dunkelblau	c	0,40	0,60
		Satzpreis (2 W.)		0,80	1,20
		FDC			4,—

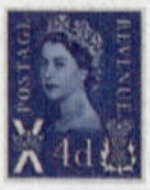

1967, 28. Nov./1968, 16. Mai. Freimarken: Königin Elisabeth II. RaTdr. (12×20); Phosphorstreifen-Aufdruck; oWz.; gez. K 14¾:14¼.

a) Königin Elisabeth II.; Andreaskreuz, Einhorn und Distel

7	3 P	bläulichviolett (16.5.1968)	a	0,30	0,30
8	4 P	ultramarin (28.11.1967)	a	0,30	0,30
		Satzpreis (2 W.)		0,50	0,40
		FDC (MiNr. 7)			1,50
		FDC (MiNr. 8)			2,—

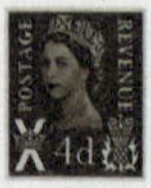

1968, 4. Sept. Freimarken: Königin Elisabeth II. RaTdr. (12×20); Phosphorstreifen-Aufdruck; gez. K 14¾:14¼.

a) Königin Elisabeth II.; Andreaskreuz, Einhorn und Distel

9	4 P	schwarzbraun	a	0,30	0,3C
10	5 P	dunkelviolettblau	a	0,30	0,3C
		Satzpreis (2 W.)		0,50	0,4C
		FDC			3,—

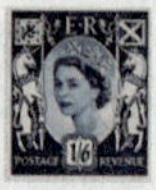

1968, 12. Dez. Freimarke: Königin Elisabeth II. RaTdr (12×20); Phosphorstreifen-Aufdruck; oWz.; gez. K 14¾:14¼.

c) Königin Elisabeth II.; Andreaskreuz, Einhorn und Distel

11	1'6 Sh'P	dunkelblau	c	2,—	1,8C
		FDC			15,—

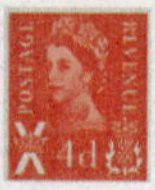

1969, 26. Febr. Freimarke: Königin Elisabeth II RaTdr. (12×20); Phosphorstreifen-Aufdruck; gez. K 14¾:14¼.

a) Königin Elisabeth II.; Andreaskreuz, Einhorn und Distel

12	4 P	rot	a	0,30	0,3C
		FDC			1,2C

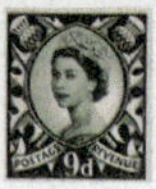

1970, 28. Sept. Freimarke: Königin Elisabeth II. RaTdr. (12×20); Phosphorstreifen-Aufdruck; oWz.; gez. K 14¾:14¼.

b) Königin Elisabeth II.; Andreaskreuz, Einhorn und Distel

13	9 P	dunkelgrün	b	6,—	6,—
		FDC			25,—

MiNr. 1–13 gültig bis 29.2.1972; in Großbritannien mit Guernsey, Isle of Man und Jersey gültig bis 30.9.1969

Neue Dezimalwährung ab 15. Februar 1971:
1 Pfund (£) = 100 Pence (P)

Alle nachfolgenden Ausgaben sind – wenn nicht ausdrücklich anders angegeben – mit Phosphoraufdruck (Streifen oder ganzflächig) versehen oder auf phosphorbeschichtetem Papier gedruckt. Daher entfällt im Kopftext dieser Hinweis. Trotzdem gibt es von zahlreichen Werten der Kontrolle entgangene Stücke ohne Phosphoraufdruck. Ausführliche Katalogisierung siehe MICHEL-Großbritannien-Spezial.

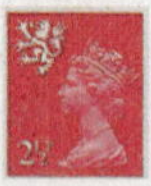

1971, 7. Juli/1974, 23. Jan. Freimarken: Königin Elisabeth II. RaTdr. (10×20); gez. K 14¾:14¼.

d) Königin Elisabeth II., schottischer Löwe (Landeswahrzeichen)

14	2½ P	karminlila (7.7.1971)	d	0,30	0,3C
15	3 P	lilaultramarin (7.7.1971)	d	0,30	0,3C
16	3½ P	schwärzlichgrünoliv (23.1.1974)	d	0,30	0,3C
17	5 P	dunkelviolett (7.7.1971)	d	1,20	1,2C
18	5½ P	schwärzlichviolett (23.1.1974)	d	0,30	0,3C
19	7½ P	dunkellilabraun (7.7.1971)	d	2,—	2,—
20	8 P	dunkelrosarot (23.1.1974)	d	0,60	0,6C
		Satzpreis (7 W.)		5,—	5,—
		FDC (MiNr. 14–15, 17, 19)			4,—
		FDC (MiNr. 16, 18, 20)			2,5C

		✶✶
15 U	ungezähnt (Paar)	400,—
15 Uo	oben ungezähnt (Bogenrand)	500,—
18 U	ungezähnt (Paar)	300,—

Gültig bis 31.1.2023, geduldet bis 31.7.2023

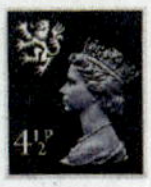

1974, 6. Nov. Freimarke: Königin Elisabeth II. RaTdr. (10×20); gez. K 14¾:14¼.

d) Königin Elisabeth II., schottischer Löwe

				★★	⊙
21	4½ P	schwarzblau	d	0,40	0,40
			FDC		1,50

Gültig bis 31.1.2023, geduldet bis 31.7.2023

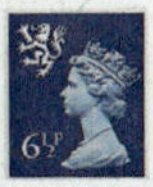

1976, 14. Jan. Freimarken: Königin Elisabeth II. RaTdr. (10×20); gez. K 14¾: 14¼.

d) Königin Elisabeth II., schottischer Löwe

22	6½ P	dunkeltürkisblau (Töne)	d	0,30	0,30
23	8½ P	dunkelolivgrün	d	0,50	0,50
			Satzpreis (2 W.)	0,80	0,80
			FDC		1,50

		★★
22 Uo	oben ungezähnt (Bogenrand)	300,—

Gültig bis 31.1.2023, geduldet bis 31.7.2023

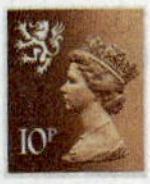

1976, 20. Okt. Freimarken: Königin Elisabeth II. RaTdr. (10×20); gez. K 14¾:14¼.

d) Königin Elisabeth II,. schottischer Löwe

				★★	⊙
24	10 P	lebhaftorangebraun	d	0,50	0,50
25	11 P	rot	d	0,50	0,50
			Satzpreis (2 W.)	1,—	1,—
			FDC		2,—

Gültig bis 31.1.2023, geduldet bis 31.7.2023

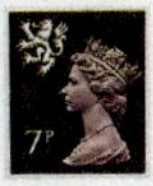

1978, 18. Jan. Freimarken: Königin Elisabeth II. RaTdr. (10×20); gez. K 14¾:14¼.

d) Königin Elisabeth II,. schottischer Löwe

26	7 P	dunkellilabraun	d	0,40	0,40
27	9 P	dunkelviolettblau	d	0,50	0,50
28	10½ P	schwarzblau	d	0,60	0,60
			Satzpreis (3 W.)	1,50	1,50
			FDC		2,—

Gültig bis 31.1.2023, geduldet bis 31.7.2023

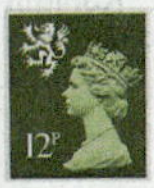

1980, 23. Juli. Freimarken: Königin Elisabeth II. RaTdr. (10×20); gez. K 14¾:14¼.

d) Königin Elisabeth II,. schottischer Löwe

29	12 P	dunkelgrünoliv	d	0,60	0,60
30	13½ P	violettbraun	d	0,80	0,80
31	15 P	mittellilaultramarin	d	0,80	0,80
			Satzpreis (3 W.)	2,20	2,20
			FDC		3,—

Gültig bis 31.1.2023, geduldet bis 31.7.2023

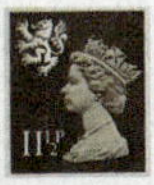

1981, 8. April. Freimarken: Königin Elisabeth II. Odr. (10×20); gez. K 13¾:14¼.

d) Königin Elisabeth II., schottischer Löwe

32	11½ P	lebhaftgraubraun/hellgraubraun	d	1,20	1,—
33	14 P	dunkegraublau/hellblau	d	0,80	0,70
34	18 P	schwärzlichviolettblau/hellviolettblau	d	1,20	1,—
35	22 P	dunkelblau/weißblau	d	1,80	1,30
			Satzpreis (4 W.)	5,—	4,—
			FDC		4,50

		★★
32 Ur	rechts ungezähnt (Bogenrand)	120,—

Gültig bis 31.1.2023, geduldet bis 31.7.2023

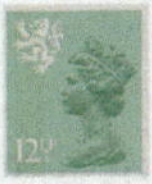

1982, 24. Febr./1987, 27. Jan. Freimarken: Königin Elisabeth II. Odr. (10×20); A = gez. K 13¾:14¼, C = gez. K 14¾:14¼.

d) Königin Elisabeth II., schottischer Löwe

				★★	⊙
36 A	12½ P	lebhaftgelbsmaragdgrün/hellsmaragdgrün	d	0,70	0,70
37 A	15½ P	lebhaftbläulichviolett/hellbläulichviolett	d	1,—	1,—
38 A	19½ P	schwärzlichgrüngrau/hellolivgrau	d	2,50	2,50
39	26 P	lebhaftrot/mattrosa	d		
A		gez. K 13¾:14¼		1,80	1,80
C		gez. K 14¾:14¼ (27.1.1987)		4,—	4,—
			Satzpreis A (4 W.)	6,—	6,—
			FDC A		7,—

Gültig bis 31.1.2023, geduldet bis 31.7.2023

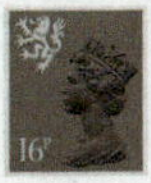

1983, 27. April/1987, 27. Jan. Freimarken: Königin Elisabeth II. Odr. (10×20); A = gez. K 13¾:14¼, C = gez. K 14¾:14¼.

d) Königin Elisabeth II., schottischer Löwe

40 A	16 P	dunkelbraungrau/braungrau	d	0,80	0,80
41 A	20½ P	lilaultramarin/hellilaultramarin	d	5,—	5,—
42	28 P		d		
A		schwärzlichviolettblau/weißviolettblau, gez. K 13¾:14¼		1,70	1,70
C		schwarzviolettblau gez. K 14¾:14¼ (27.1.1987)		1,80	1,80
			Satzpreis A (3 W.)	7,50	7,50
			FDC A		9,—

Gültig bis 31.1.2023, geduldet bis 31.7.2023

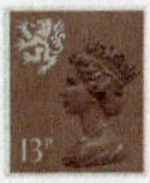

1984, 23. Okt/1987, 27. Jan. Freimarken: Königin Elisabeth II. Odr. (10×20); A = gez. K 13¾:14¼, C = gez. K 14¾:14¼.

d) Königin Elisabeth II., schottischer Löwe

43	13 P	orangebraun/mattorangebraun	d		
A		gez. K 13¾:14¼		1,—	0,60
C		gez. K 14¾:14¼ (4.11.1986)		1,—	0,60
44	17 P	graublau/hellgraublau	d		
A		gez. K 13¾:14¼ (23.10.1984)		1,50	1,20
C		gez. K 14¾:14¼ (29.4.1986)		4,—	4,—
45	22 P	dunkelolivgrün/weißolivgrün	d		
A		gez. K 13¾:14¼		3,50	3,50
C		gez. K 14¾:14¼ (27.1.1987)		1,50	1,40
46	31 P		d		
A		mittelpurpur/weißpurpur, gez. K 13¾:14¼		3,—	2,80
C		purpur, gez. K 14¾:14¼ (29.4.1986)		2,50	2,—
			Satzpreis A (4 W.)	9,—	8,—
			Satzpreis C (4 W.)	9,—	8,—
			FDC A		9,—

Gültig bis 31.1.2023, geduldet bis 31.7.2023

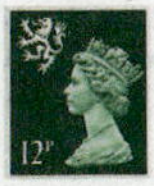

1986, 7. Jan./29. April. Freimarke: Königin Elisabeth II. Odr. (10×20); A = gez. K 13¾:14¼, C = gez. K 14¾:14¼.

d) Königin Elisabeth II., schottischer Löwe

47	12 P	dunkelgelblichgrün/hellgelblichgrün	d		
A		gez. K 13¾:14¼ (7. Jan.)		2,—	1,80
C		gez. K 14¾:14¼ (29. April)		2,—	2,—
			FDC A		2,50

Gültig bis 31.1.2023, geduldet bis 31.7.2023

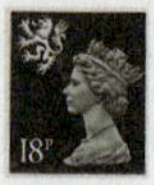

1987, 6. Jan. Freimarken: Königin Elisabeth II. Odr. (10×20); gez. K 14¾:14¼.

d) Königin Elisabeth II., schottischer Löwe

48	18 P	schwarzoliv/mattoliv	d	1,20	0,80
			FDC		2,—

Gültig bis 31.1.2023, geduldet bis 31.7.2023

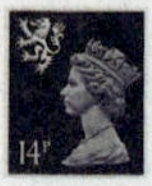

1988, 8. Nov. Freimarken: Königin Elisabeth II. Odr., Bogen (B) (10×20) und Markenheftchen (MH); gez. K 14¾:14¼.

d) Königin Elisabeth II., schottischer Löwe

49	14 P	schwärzlichblau/hellblau (B) (MH)	d	0,70	0,60
50	19 P	gelblichrot/hellgelblichrot (B) (MH)	d	1,—	0,90
51	23 P	gelblichgrün/hellgelblichgrün (B) (MH)	d	1,30	1,30
52	32 P	schwärzlichtürkisblau/helltürkisblau (B)	d	2,—	1,80
		Satzpreis (4 W.)		5,—	4,50
		FDC			6,—

	✶✶
49 U ungezähnt (H-Blatt 3)	*250,—*
50 U ungezähnt (H-Blatt 3)	*400,—*
51 U ungezähnt (H-Blatt 3)	*600,—*

MiNr. 49–51 stammen auch aus Markenheftchen MH 1.

Gültig bis 31.1.2023, geduldet bis 31.7.2023

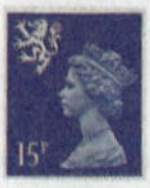

1989, 28. Nov. Freimarken: Königin Elisabeth II. Odr. (10×20); gez. K 14¾:14¼.

d) Königin Elisabeth II., schottischer Löwe

				✶✶	⊙
53	15 P	lebhaftkobalt/hellblau	d	0,80	0,50
54	20 P	braunschwarz/mattgraubraun	d	1,—	0,80
55	24 P	lebhaftbraunorange	d	1,50	1,—
56	34 P	grautürkis/mattgrautürkis	d	2,20	1,70
		Satzpreis (4 W.)		5,50	4,—
		FDC			6,—

Gültig bis 31.1.2023, geduldet bis 31.7.2023

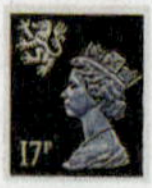

1990, 4. Dez. Freimarken: Königin Elisabeth II. Odr. (10×20); gez. K 14¾:14¼.

d) Königin Elisabeth II., schottischer Löwe

57	17 P	schwarzblau/mattblau	d	0,90	0,60
58	22 P	lebhaftgelblichrot/mattgelblichrot	d	1,20	0,90
59	26 P	grauolivbraun/mattgrauolivbraun	d	1,80	1,50
60	37 P	dunkelrosarot/mattrosarot	d	2,20	2,—
		Satzpreis (4 W.)		6,—	5,—
		FDC			6,50

Gültig bis 31.1.2023, geduldet bis 31.7.2023

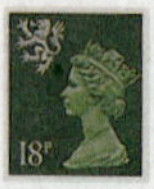

1991, 3. Dez./1992, Nov. Freimarken: Königin Elisabeth II. Odr., Bogen (B) (10×20) und Markenheftchen (MH); A = gez. K 13¾:14¼, C = gez. K 14¾:14¼.

d) Königin Elisabeth II., schottischer Löwe

61	18 P	dunkelgelbgrün	d		
A		gez. K 13¾:14¼ (B) (26.9.1992)		2,—	1,50
C		gez. K 14¾:14¼ (B) (MH)		1,50	1,—
62	24 P	hellsiena	d		
A		gez. K 13¾:14¼ (B) (11.10.1992)		7,—	6,—
C		gez. K 14¾:14¼ (B) (MH)		1,50	1,20
63	28 P	dunkelgrünlichblau	d		
A		gez. K 13¾:14¼ (B) (4.10.1992)		10,—	8,50
C		gez. K 14¾:14¼ (B)		1,50	1,20
64	39 P	purpur	d		
A		gez. K 13¾:14¼ (B) (Nov.1992)		13,—	12,—
C		gez. K 14¾:14¼ (B)		2,50	2,20
		Satzpreis A (4 W.)		32,—	28,—
		Satzpreis C (4 W.)		7,—	5,50
		FDC C			6,50

MiNr. 61 C–62 C stammen auch aus Großbritannien MH 103.

Gültig bis 31.1.2023, geduldet bis 31.7.2023

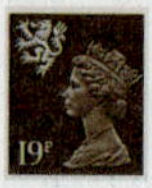

1993, 7. Dez. Freimarken: Königin Elisabeth II. Odr., Bogen (B) (10×20) und Markenheftchen (MH); Sicherheitszähnung K 14¾:14¼.

d) Königin Elisabeth II., schottischer Löwe

65	19 P	braunoliv (B) (MH)	d	0,70	0,60
66	25 P	graurot (B) (MH)	d	0,90	0,80
67	30 P	schwarzoliv (B)	d	1,30	1,10
68	41 P	lebhaftgraubraun (B)	d	1,60	1,50
		Satzpreis (4 W.)		4,50	4,—
		FDC			6,50

MiNr. 65–66 stammen auch aus Großbritannien MH 108, MiNr. 66 stammt zusätzlich auch aus Großbritannien MH 112.

Gültig bis 31.1.2023, geduldet bis 31.7.2023

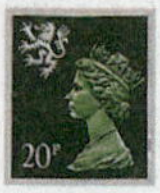

1996, 23. Juli. Freimarken: Königin Elisabeth II. Odr. (10×20); Sicherheitszähnung K 14¾:14¼.

d) Königin Elisabeth II., schottischer Löwe

69	20 P	dunkelgelbgrün	d	1,20	1,—
70	26 P	dunkelgelbbraun	d	1,60	1,20
71	37 P	purpur	d	2,80	2,40
72	63 P	smaragdgrün	d	4,50	4,—
		Satzpreis (4 W.)		10,—	8,50
		FDC			10,—

Gültig bis 31.1.2023, geduldet bis 31.7.2023

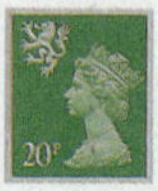

1997, 1. Juli/1998, 13. Okt. Freimarken: Königin Elisabeth II. RaTdr., Bogen (B) (10×20) und Markenheftchen (MH); AS = Sicherheitszähnung K 13¾:14¼, CS = Sicherheitszähnung K 14¾:14¼.

d) Königin Elisabeth II., schottischer Löwe

73	20 P	dunkelgelbgrün (Töne)	d		
AS		Sicherheitszähnung K 13¾:14¼ (MH) (13.10.1998)		2,50	1,80
CS		Sicherheitszähnung K 14¾:14¼ (B)		0,80	0,70
74	26 P	hellsiena (Töne)	d		
AS		Sicherheitszähnung K 13¾:14¼ (MH) (13.10.1998)		2,50	2,—
CS		Sicherheitszähnung K 14¾:14¼ (B) (MH)		1,10	1,—
75 CS	37 P	purpur (B) (MH)	d	1,60	1,30
76 CS	63 P	lebhaftsmaragdgrün (B)	d	4,50	3,—
		Satzpreis CS (4 W.)		8,—	6,—
		FDC CS			7,50

MiNr. 73 AS–74 AS stammen aus Großbritannien MH 120.
MiNr. 74 CS–75 CS stammen auch aus Großbritanniens MH 117.

Gültig bis 31.1.2023, geduldet bis 31.7.2023

1999, 8. Juni. Freimarken: Landeswahrzeichen. RaTdr., Bogen (B) (10×20) und Markenheftchen (MH); Sicherheitszähnung K 14¾:14¼.

e) Flagge

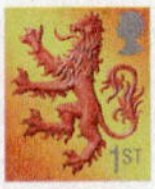
f) Löwe

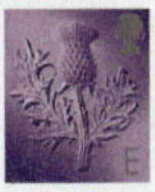
g) Distel

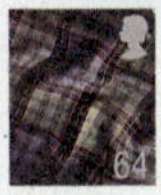
h) Tartan

e–h) Markenbild ohne weißen Rand

77	2ND	mehrfarbig (B) (MH)	e	1,70	0,70
78	1ST	mehrfarbig (B) (MH)	f	2,—	1,—
79	E	mehrfarbig (B) (MH)	g	3,80	1,50
80	64 (P)	mehrfarbig (B)	h	8,—	6,—
		Satzpreis (4 W.)		15,—	9,—
		FDC			10,—

Statt einer Wertangabe ist bei MiNr. 77 „2ND" für Post 2. Klasse (Nominale zur Zeit der Ausgabe 19 P), bei MiNr. 78 „1ST" für Post 1. Klasse (Nominale zur Zeit der Ausgabe 26 P), und bei MiNr. 79 „E" für Postkarten und Briefe in europäische Länder (Nominale zur Zeit der Ausgabe 30 P) angegeben.

MiNr. 77 stammt auch aus Großbritannien MH 137.
MiNr. 78 stammt auch aus Großbritannien MH 141 und 143.
MiNr. 79 stammt auch aus Großbritannien MH 141.

Gültig bis 31.1.2023, geduldet bis 31.7.2023

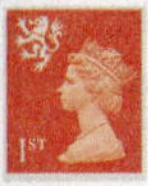

2000, 15. Febr. Freimarke: Königin Elisabeth II. RaTdr., Markenheftchen; Sicherheitszähnung K 13¾:14¼.

d) Königin Elisabeth II., schottischer Löwe

81	1ST	gelblichrot	d	2,—	1,50
		FDC			2,—

Statt einer Wertangabe ist bei MiNr. 81 „1ST" für Post 1. Klasse (zur Zeit der Ausgabe 26 P) angegeben.

MiNr. 81 stammt aus Großbritannien MH 131.

Gültig bis 31.1.2023, geduldet bis 31.7.2023

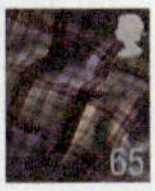

2000, 25. April. Freimarke: Landeswahrzeichen. RaTdr., Bogen (10×20) und Markenheftchen; Sicherheitszähnung K 14¾:14¼.

h) Tartan

82	65 (P)	mehrfarbig	h	3,—	3,—
		FDC			3,50

MiNr. 82 stammt auch aus Großbritannien MH 137.

Gültig bis 31.1.2023, geduldet bis 31.7.2023

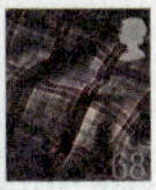

2002, 4. Juli. Freimarke: Landeswahrzeichen. RaTdr. (10×20); Sicherheitszähnung K 14¾:14¼.

h) Tartan

83	68 (P)	mehrfarbig	h	3,50	3,—
		FDC			3,50

Gültig bis 31.1.2023, geduldet bis 31.7.2023

2003, 14. Okt. Freimarken: Landeswahrzeichen. RaTdr., Bogen (B) (10×20) und Markenheftchen (MH); Sicherheitszähnung K 14¾:14¼.

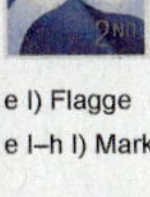
e I) Flagge

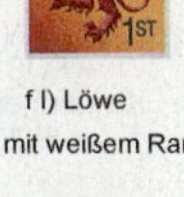
f I) Löwe

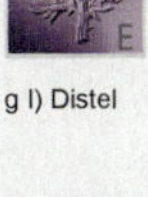
g I) Distel

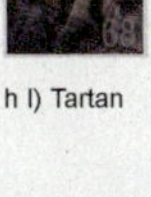
h I) Tartan

e I–h I) Markenbild mit weißem Rand

84	2ND	mehrfarbig (B)	e I	1,70	0,80
85	1ST	mehrfarbig (B) (MH)	f I	2,—	1,—
86	E	mehrfarbig (B)	g I	3,80	2,50
87	68 (P)	mehrfarbig (B)	h I	2,80	3,20
		Satzpreis (4 W.)		10,—	7,50
		FDC			8,—

Statt einer Wertangabe ist bei MiNr. 84 „2ND" für Post 2. Klasse (Nominale zur Zeit der Ausgabe 20 P), bei MiNr. 85 „1ST" für Post 1. Klasse (Nominale zur Zeit der Ausgabe 28 P), und bei MiNr. 86 „E" für Postkarten und Briefe in europäische Länder (Nominale zur Zeit der Ausgabe 38 P) angegeben.

MiNr. 84–85 stammen auch aus Bl. 1–2 sowie aus Großbritannien Bl. 48, MiNr. 84 außerdem noch aus Großbritannien MH 146 und 152.

Gültig bis 31.1.2023, geduldet bis 31.7.2023

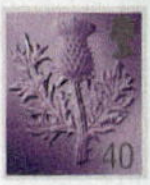

2004, 11. Mai. Freimarke: Landeswahrzeichen. RaTdr. (10×20); Sicherheitszähnung K 14¾:14¼.

g I) Distel

88	40 (P)	mehrfarbig	g I	1,60	1,40
		FDC			2,—

Gültig bis 31.1.2023, geduldet bis 31.7.2023

2004, 5. Okt. Blockausgabe: Eröffnung des neuen Gebäudes des Schottischen Parlaments. RaTdr.; Sicherheitszähnung K 14¾:14¼.

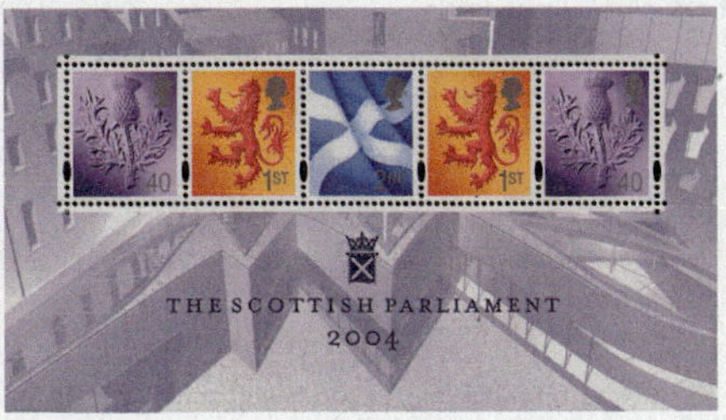

i

g I f I e I f I g I

e I) Flagge
f I) Löwe
g I) Distel

Block 1	mit 1 × MiNr. 84, 2 × MiNr. 85 und 2 × MiNr. 88 (123×70 mm)	i	9,—	7,50
	FDC			8,—

Gültig bis 31.1.2023, geduldet bis 31.7.2023

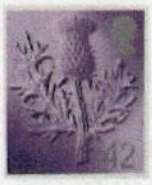

2005, 5. April. Freimarke: Landeswahrzeichen. RaTdr. (10×20); Sicherheitszähnung K 14¾:14¼.

g I) Distel

89	42 (P)	mehrfarbig	g I	2,20	2,—
		FDC			2,50

Gültig bis 31.1.2023, geduldet bis 31.7.2023

2006, 28. März. Freimarken: Landeswahrzeichen. RaTdr. (10×20); Sicherheitszähnung K 14¾:14¼.

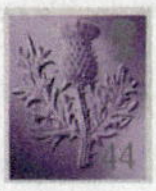
g I) Distel

h I) Tartan

90	44 (P) mehrfarbig	g l	1,60	1,30
91	72 (P) mehrfarbig	h l	2,40	2,20
	Satzpreis (2 W.)		4,—	3,50
	FDC			4,—

MiNr. 91 stammt auch aus Großbritannien Bl. 33.

Gültig bis 31.1.2023, geduldet bis 31.7.2023

2006, 30. Nov. Blockausgabe: Nationalfeiertag. RaTdr.; C = gez. Ks 14¾:14¼, CS = Sicherheitszähnung Ks 14¾:14¼.

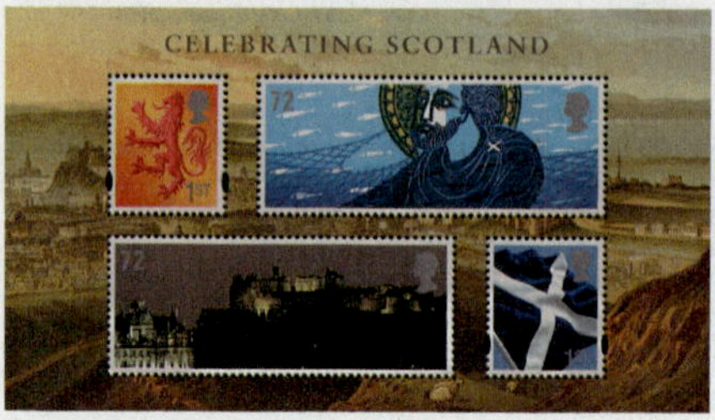

n

f l l
m k

f l) Löwe
k) Flagge
l) Apostel Andreas
m) Edinburgh bei Nacht

92 CS	1ST	mehrfarbig	k	2,—	1,20
93 C	72 (P)	mehrfarbig	l	2,80	2,80
94 C	72 (P)	mehrfarbig	m	2,80	2,80
Block 2		mit MiNr. 85 und 92–94 (123×70 mm)	n	10,—	8,—
		FDC			8,50

Nominale von MiNr. 92 zur Zeit der Ausgabe: 32 P

MiNr. 85 gültig bis 31.1.2023, geduldet bis 31.7.2023

2007, 27. März. Freimarken: Landeswahrzeichen. RaTdr. (10×20); Sicherheitszähnung K 14¾:14¼.

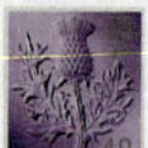
g l) Distel

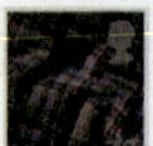
h l) Tartan

95	48 (P) mehrfarbig	g l	1,50	1,50
96	78 (P) mehrfarbig	h l	2,50	2,50
	Satzpreis (2 W.)		4,—	4,—
	FDC			4,50

Gültig bis 31.1.2023, geduldet bis 31.7.2023

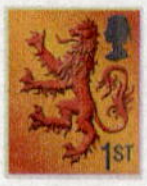

2007, 20. Sept./2016, 21. April. Freimarke: Landeswahrzeichen. Odr., Bogen (B) (10×5) und Markenheftchen (MH); Sicherheitszähnung K 14¾:14¼.

f l) Löwe

97	1ST		f l		
a		mfg./silberfarben (MH) (20.9.2007)		2,—	1,50
b		mfg./grau (B) (MH) (21.4.2016)		2,—	1,50
		FDC a			2,50

Nominale zur Zeit der Erstausgabe: 34 P

MiNr. 97 a stammt aus Großbritannien MH 154, 157 und 177.
MiNr. 97 b stammt aus Großbritannien MH 183; die Ausgabe im Bogen erfolgte im Juli 2016.

Die zusätzliche Farbangabe bezieht sich auf die Wertziffer und auf das Kopfbild von Königin Elizabeth II.

Gültig bis 31.1.2023, geduldet bis 31.7.2023

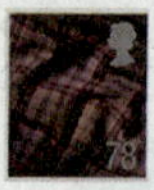

2007, 8. Nov. Freimarke: Landeswahrzeichen. Odr., aus Block; Sicherheitszähnung K 14¾:14¼.

h l) Tartan

98	78 (P) mehrfarbig	h l	2,50	2,50
	FDC			—,—

MiNr. 98 stammt aus Großbritannien Bl. 41.

Gültig bis 31.1.2023, geduldet bis 31.7.2023

2007, 30. Nov/2008, 29. Sept. Freimarke: Landeswahrzeichen. Odr., Folienbogen (4×5 Zd); selbstklebend; C = gestanzt 14¾:14¼, CS = Sicherheitsstanzung 14¾:14¼.

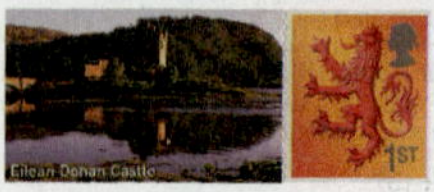

Zierfeld
f l) Löwe

99	1ST	mehrfarbig	f l		
C		gest. 14¾:14¼ (30.11.2007)		2,—	1,20
CS		Sicherheitsstanzung 14¾:14¼ (29.9.2008)		2,—	1,20
		FDC C			1,50
		99 Zf		2,20	1,40

Nominale zur Zeit der Erstausgabe: 34 P

MiNr. 99 C und CS stammen aus Folienbogen zu 20 Marken und 2×10 verschiedenen, links anhängenden Zierfeldern, die jeweils durch 3 schmale Verbindungsstege mit der Marke verbunden sind (Preis pro Bogen: 7.35 £ bzw. 7.75 £). Die Zierfelder konnten auf Bestellung auch individuell gestaltet werden.

Dabei wurde MiNr. 99 CS auch zusammen mit England MiNr. 19 CS, Nordirland MiNr. 104 CS und Wales MiNr. 91 CS im Folienbogen zu je 5 Marken ausgegeben.

Gültig bis 31.1.2023, geduldet bis 31.7.2023

2008, 1. April. Freimarken: Landeswahrzeichen. RaTdr. (10×20); Sicherheitszähnung K 14¾:14¼.

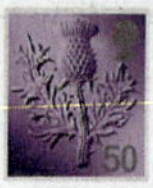
g l) Distel

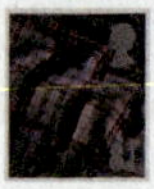
h l) Tartan

100	50 (P) mehrfarbig	g l	1,40	1,40
101	81 (P) mehrfarbig	h l	2,50	2,50
	Satzpreis (2 W.)		3,80	3,80
	FDC			5,—

MiNr. 100–101 stammen auch aus Großbritannien Bl. 48.

Gültig bis 31.1.2023, geduldet bis 31.7.2023

2008, 29. Sept. Freimarken: 50 Jahre Regionalmarken. I = RaTdr., Kleinbogen (Klb.) (5×2), II = Odr., Markenheftchen (MH); Sicherheitszähnung K 14¾:14¼.

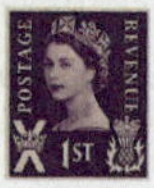
a

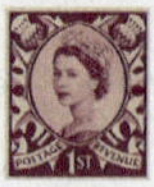
b

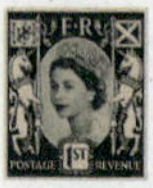
c

a–c) Königin Elisabeth II.; Andreaskreuz, Einhorn und Distel als Symbole Schottlands

I = RaTdr. (Klb.)

102 I	1ST bläulichviolett	a	2,20	1,—
103 I	1ST dunkelrosalila	b	2,20	1,—
104 I	1ST dunkelgrün	c	2,20	1,—
	Satzpreis I (3 W.)		6,50	3,—
	FDC I			5,—
	Kleinbogen		20,—	9,—
	FDC			11,—

I = Odr. (MH)

102 II 1ST bläulichviolett . . . . . a 2,20 1,—
103 II 1ST dunkelrosalila . . . . . b 2,20 1,—
104 II 1ST dunkelgrün . . . . . c 2,20 1,—
Satzpreis II (3 W.) 6,50 3,—
FDC (GB H-Bl. 316) 22,—

Nominale zur Zeit der Ausgabe: je 36 P

MiNr. 102 I–104 I wurden mit Nordirland MiNr. 107 I–109 I, Wales MiNr. 98 I bis 100 I und 1 Zierfeld zusammenhängend im Kleinbogen gedruckt. MiNr. 102 II bis 104 II stammen aus Großbritannien MH 157. Markenheftchen, Heftchenblätter und Zusammendrucke siehe dort.

In gleichen Zeichnungen: MiNr. 1–3 (£-Sh-P-Währung, Wz. 22)

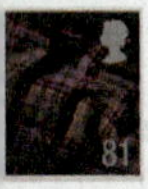

2008, 6. Nov. Freimarke: Landeswahrzeichen. Odr., aus Block; Sicherheitszähnung K 14¾:14¼.

h I) Tartan

105 81 (P) mehrfarbig . . . . . h I 2,20 2,20
FDC —,—

MiNr. 105 stammt aus Großbritannien Bl. 47.

Gültig bis 31.1.2023, geduldet bis 31.7.2023

2009, 31. März. Freimarken: Landeswahrzeichen. RaTdr. (10×20); Sicherheitszähnung K 14¾:14¼.

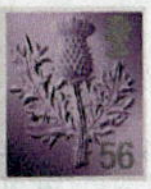

g I) Distel

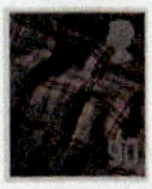

h I) Tartan

106 56 (P) mehrfarbig . . . . . g I 1,50 1,40
107 90 (P) mehrfarbig . . . . . h I 2,50 2,20
Satzpreis (2 W.) 4,— 3,50
FDC 5,—

Gültig bis 31.1.2023, geduldet bis 31.7.2023

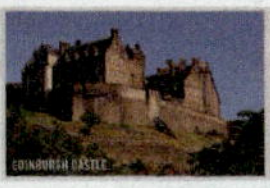

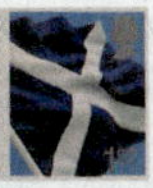

2009, 30. Nov. Freimarke: Landeswahrzeichen. Odr., Folienbogen (4×5 Zd); selbstklebend; Sicherheitsstanzung 14¾:14¼.

Zierfeld
k) Flagge

108 1ST mehrfarbig . . . . . k 2,— 1,—
FDC 2,—
108 Zf 2,20 1,20

Nominale zur Zeit der Ausgabe: 39 P

MiNr. 108 stammt aus Folienbogen zu 20 Marken und 10 verschiedenen, links anhängenden Zierfeldern, die jeweils durch 3 schmale Verbindungsstege mit der Marke verbunden sind (Preis pro Bogen: 8.35 £). Die Zierfelder konnten auf Bestellung auch individuell gestaltet werden.

2010, 30. März. Freimarken: Landeswahrzeichen. RaTdr. (10×20); Sicherheitszähnung K 14¾:14¼.

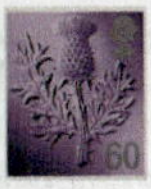

g I) Distel

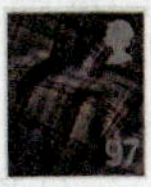

h I) Tartan

109 60 (P) mehrfarbig . . . . . g I 1,70 1,50
110 97 (P) mehrfarbig . . . . . h I 2,80 2,50
Satzpreis (2 W.) 4,50 4,—
FDC 5,50

Gültig bis 31.1.2023, geduldet bis 31.7.2023

2011, 29. März. Freimarken: Landeswahrzeichen. Odr. (5×5); Sicherheitszähnung K 14¾:14¼.

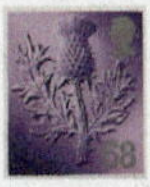

g I) Distel

h I) Tartan

111 68 (P) mehrfarbig . . . . . g I 1,80 1,70
112 1.10 (P) mehrfarbig . . . . . h I 3,20 2,80
Satzpreis (2 W.) 5,— 4,50
FDC 6,—

Gültig bis 31.1.2023, geduldet bis 31.7.2023

2012, 25. April. Freimarken: Landeswahrzeichen. Odr. (5×5); Sicherheitszähnung K 14¾:14¼.

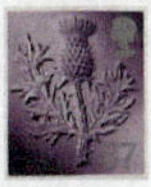

g I) Distel

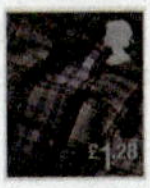

h I) Tartan

113 87 (P) mehrfarbig . . . . . g I 2,40 2,20
114 1.28 (P) mehrfarbig . . . . . h I 3,60 3,40
Satzpreis (2 W.) 6,— 5,50
FDC 7,—

Gültig bis 31.1.2023, geduldet bis 31.7.2023

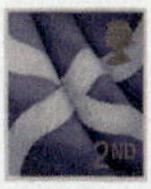

2012, 27. Juni/2016, März. Freimarke: Landeswahrzeichen. Odr. (10×5 und 5×5); Sicherheitszähnung K 14¾:14¼.

e I) Flagge

115 2ND . . . . . e I
a mehrfarbig/silberfarben (27.6.2012) 1,70 1,20
b mehrfarbig/grau (März 2016) 1,70 1,50
FDC a 2,—

Nominale zur Zeit der Erstausgabe: 50 P

Die zusätzliche Farbangabe bezieht sich auf das Kopfbild von Königin Elizabeth II.

Gültig bis 31.1.2023, geduldet bis 31.7.2023

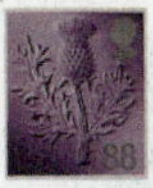

2013, 27. März. Freimarke: Landeswahrzeichen. Odr. (5×5); Sicherheitszähnung K 14¾:14¼.

g I) Distel

116 88 (P) mehrfarbig . . . . . g I 2,50 2,20
FDC 3,50

Gültig bis 31.1.2023, geduldet bis 31.7.2023

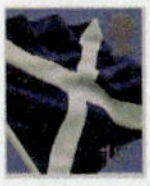

2013, 9. Mai. Freimarke: Landeswahrzeichen. Odr., Markenheftchen; Sicherheitszähnung K 14¾:14¼.

k) Flagge

117 1ST mehrfarbig . . . . . k 2,20 1,50
FDC 2,50

Nominale zur Zeit der Ausgabe: 60 P

MiNr. 117 stammt aus Großbritannien MH 173, 175 und 184.

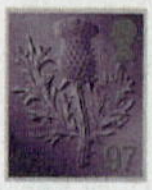

2014, 26. März. Freimarke: Landeswahrzeichen. Odr. (5×5); Sicherheitszähnung K 14¾:14¼.

g I) Distel

118 97 (P) mehrfarbig . . . . g I 3,— 2,60
FDC 4,—

Gültig bis 31.1.2023, geduldet bis 31.7.2023

2015, 24. März. Freimarken: Landeswahrzeichen. Odr. (5×5); Sicherheitszähnung K 14¾:14¼.

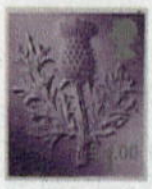

g I) Distel

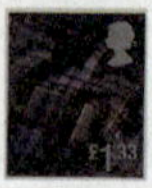

h I) Tartan

119 1.00 £ mehrfarbig . . . . g I 3,— 3,—
120 1.33 £ mehrfarbig . . . . h I 4,— 4,—
Satzpreis (2 W.) 7,— 7,—
FDC 9,—

Gültig bis 31.1.2023, geduldet bis 31.7.2023

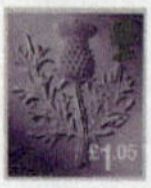

2016, 22. März. Freimarke: Landeswahrzeichen. Odr. (5×5); Sicherheitszähnung K 14¾:14¼.

g I) Distel

121 1.05 £ mehrfarbig . . . . g I 3,20 3,20
FDC 5,—

Gültig bis 31.1.2023, geduldet bis 31.7.2023

2017, 21. März. Freimarken: Landeswahrzeichen. Odr. (5×5); Sicherheitszähnung K 14¾:14¼.

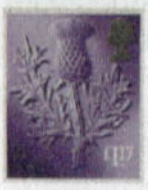

g I) Distel

h I) Tartan

122 1.17 £ mehrfarbig . . . . g I 3,40 3,40
123 1.40 £ mehrfarbig . . . . h I 4,20 4,20
Satzpreis (2 W.) 7,60 7,60
FDC 10,—

Gültig bis 31.1.2023, geduldet bis 31.7.2023

2018, 20. März. Freimarken: Landeswahrzeichen. Odr.; MiNr. 124–125 (10×5), MiNr. 126–127 (5×5); Sicherheitszähnung K 14¾:14¼.

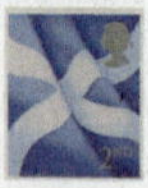

e II) Flagge; Nominalkodierung mit Serifen

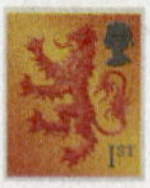

f II) Löwe; Nominalkodierung mit Serifen

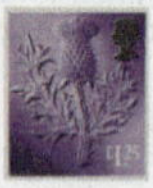

g I) Distel

h I) Tartan

124 2ND mehrfarbig . . . . e II 1,70 1,50
125 1ST mehrfarbig . . . . f II 2,— 1,80
126 1.25 £ mehrfarbig . . . . g I 3,50 3,50
127 1.45 £ mehrfarbig . . . . h I 4,20 4,2
Satzpreis (4 W.) 11,— 11,–
FDC 14,–

Nominalen zur Zeit der Ausgabe: MiNr. 124 = 56 P, MiNr. 125 = 65 P

MiNr. 124 stammt auch aus Block 3 und aus Großbritannien MH 199.
MiNr. 125 stammt auch aus Block 3 und aus Großbritannien MH 198.

Gültig bis 31.1.2023, geduldet bis 31.7.202

2019, 19. März. Freimarken: Landeswahrzeichen. Odr.; Sicherheitszähnung K 14¾:14¼.

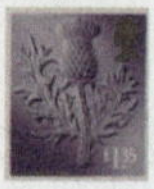

g I) Distel

h I) Tartan

128 1.35 £ mehrfarbig . . . . g I 4,— 4,–
129 1.55 £ mehrfarbig . . . . h I 4,40 4,4
Satzpreis (2 W.) 8,40 8,4
FDC 11,5

Gültig bis 31.1.2023, geduldet bis 31.7.202

2020, 17. März. Freimarken: Landeswahrzeichen. Odr.; Sicherheitszähnung K 14¾:14.

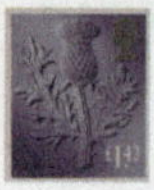

g I) Distel

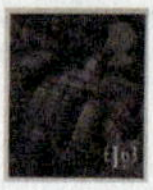

h I) Tartan

130 1.42 £ mehrfarbig . . . . g I 4,— 4,–
131 1.63 £ mehrfarbig . . . . h I 4,50 4,5
Satzpreis (2 W.) 8,50 8,5
FDC 12,–

MiNr. 130-131 stammen auch aus Block 3.

Gültig bis 31.1.2023, geduldet bis 31.7.202

2020, 6. April. Blockausgabe: 700. Jahrestag der Deklaration von Arbroath. Odr.; Sicherheitszähnung K 14¾:14.

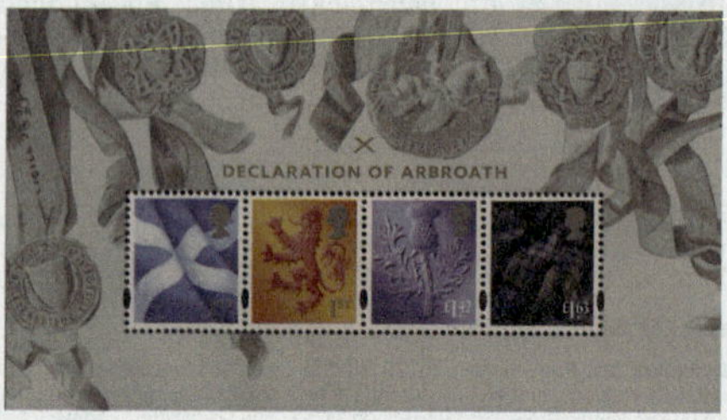

o

e II f II g I h I

e II) Flagge; Nominalkodierung mit Serifen
f II) Löwe; Nominalkodierung mit Serifen
g I) Distel
h I) Tartan

Block 3 mit MiNr. 124–125 und 130–131 (123×70 mm) . . . . o 12,— 12,–
FDC 15,–

Nominalen zur Zeit der Ausgabe: MiNr. 124 = 65 P, MiNr. 125 = 76 P

Gültig bis 31.1.2023, geduldet bis 31.7.2023

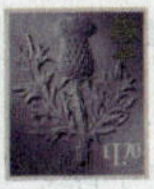

2020, 23. Dez. Freimarke: Landeswahrzeichen. Odr. (5×5); Sicherheitszähnung K 14¾:14.

g I) Distel

132	1.70 £ mehrfarbig	g I	4,80	4,80
		FDC		7,—

Gültig bis 31.1.2023, geduldet bis 31.7.2023

2022, 11. Aug. Freimarken: Landeswahrzeichen. Komb. RaTdr. (Hauptmotiv) und Digitaldruck mit Lacküberzug (Matrixcode) (5×5); U-förmige Stanzungen im Markenbild; Streifen ph.; selbstklebend; Sicherheitsstanzung 15:14½.

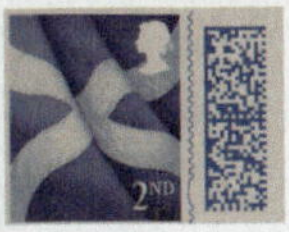

p) Flagge

r) Löwe

s) Distel

p–s) Kopfbild Königin Elisabeth II., Matrixcode

133	2ND mehrfarbig	p	1,80	1,80
134	1ST mehrfarbig	r	2,20	2,20
135	1.85 £ mehrfarbig	s	5,—	5,—
		Satzpreis (3 W.)	9,—	9,—
		FDC		12,—

Nominalen zur Zeit der Ausgabe: MiNr. 133 = 68 P, MiNr. 134 = 95 P

2025, 14. Aug. Freimarken: Landeswahrzeichen. Komb. RaTdr. (Hauptmotiv) und Digitaldruck mit Lacküberzug (Matrixcode) (5×5); U-förmige Stanzungen im Markenbild; Streifen ph.; selbstklebend; Sicherheitsstanzung 15:14½.

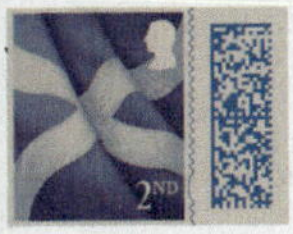

t) Flagge

u) Löwe

t–u) Kopfbild König Charles III., Matrixcode

136	2ND mehrfarbig	t	2,40	2,40
137	1ST mehrfarbig	u	4,60	4,60
		Satzpreis (2 W.)	7,—	7,—
		FDC		10,—

Nominalen zur Zeit der Ausgabe: MiNr. 136 = 87 P, MiNr. 137 = 1.70 £

Ab MiNr. 133 sind alle Ausgaben unbeschränkt frankaturgültig; außerdem MiNr. 92–94, 102–104, 108 und 117.

Neuheiten

Ein Abonnement der MICHEL-Rundschau sichert Ihnen ein immer vollständiges Nachschlagewerk, zeigt Ihnen Preisänderungen an und bereichert Ihre philatelistischen Kenntnisse durch gut recherchierte Fachbeiträge.

Jahrgangswerttabelle

Die Aufstellung folgt der numerischen Reihenfolge der Katalogisierung ohne Rücksicht auf die Chronologie eventueller Ergänzungswerte.

Grundsätzlich ist nur die jeweils billigste Sorte pro Marke bzw. Ausgabe angegeben, sofern nichts anderes vermerkt.

Zusammendrucke aus Bogen, Marken mit Zierfeldern usw. sind dann berücksichtigt, wenn sie als normale Ausgabeform anzusehen sind. Einzelmarken aus Blocks und Marken mit der Preisnotierung „—,—" sind nicht berücksichtigt.

Im neuen MICHEL-Redaktionssystem fließen Einzelwerte anstelle von Satzpreisen in die Berechnung ein. Zusätzlich werden alle Blockvarianten berücksichtigt. Dadurch können sich Änderungen zu früheren Jahrgangswertberechnungen ergeben.

Jahr	MiNr.	★★	⊙
1958	1–3	0,90	0,90
1966	4	0,30	0,30
1967	5–8	1,40	1,80
1968	9–11	2,60	2,40
1969	12	0,30	0,30
1970	13	6,—	6,—
1971	14–20	5,—	5,—
1974	21	0,40	0,40
1976	22–25	1,80	1,80
1978	26–28	1,50	1,50
1980	29–31	2,20	2,20
1981	32–35	5,—	4,—
1982	36–39	6,—	6,—
1983	40–42	7,50	7,50
1984	43–46	6,50	5,20
1986	47	2,—	1,80
1987	48	1,20	0,80
1988	49–52	5,—	4,60
1989	53–56	5,50	4,—
1990	57–60	6,10	5,—
1991	61–64	7,—	5,60
1993	65–68	4,50	4,—
1996	69–72	10,10	8,60
1997	73–76	8,—	6,—
1999	77–80	15,50	9,20
2000	81–82	5,—	4,50
2002	83	3,50	3,—
2003	84–87	10,30	7,50
2004	88, Bl. 1	10,60	8,90
2005	89	2,20	2,—
2006	90–94, Bl. 2	14,—	11,50
2007	95–99	10,50	9,20
2008	100–105	12,70	9,10
2009	106–108	6,—	4,60
2010	109–110	4,50	4,—
2011	111–112	5,—	4,50
2012	113–115	7,70	6,80
2013	116–117	4,70	3,70
2014	118	3,—	2,60
2015	119–120	7,—	7,—
2016	121	3,20	3,20
2017	122–123	7,60	7,60
2018	124–127	11,40	11,—
2019	128–129	8,40	8,40
2020	130–132, Bl. 3	25,30	25,30
2022	133–135	9,—	9,—
Gesamtsumme		**283,90**	**248,30**

Blockaufstellung

Block 1 siehe nach MiNr. 88
Block 2 siehe nach MiNr. 94
Block 3 siehe nach MiNr. 131

Verzeichnis der Markenheftchen mit Zusammendrucken

MH-MiNr.	Bezeichnung	Ausgabe-Datum	Nominale	Enthält H-Blatt	Preis
1	Königin Elisabeth II (d)	21.3.89	5 £	1–4	42,—

Verzeichnis der Heftchenblätter

Preise ★★ = ⊙

Text und Abbildung			
	19	19	19
	19	19	19
	19	19	19

H-Blatt 1
mit MiNr. 50 9,—

Text und Abbildung		
	14	14
	14	14
	14	14

H-Blatt 2
mit MiNr. 49 7,—

Text und Abbildung			
	19	14	14
	23	Zf	14
	19	14	14

H-Blatt 3
mit MiNr. 49–51 20,—

H-Blatt 3 U ungezähnt *3000,—*

Text und Abbildung		
	19	19
	19	19
	19	19

H-Blatt 4
mit MiNr. 50 6,—

Wales

(bis 30. Juni 1974 Wales und Monmouthshire)

1958, 18. Aug./1967, 16. Mai. Freimarken: Königin Elisabeth II. RaTdr. (12×20); Wz. 22; gez. K 14¾:14¼.

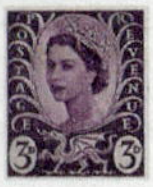
a
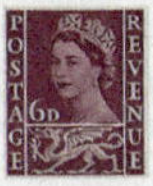
b
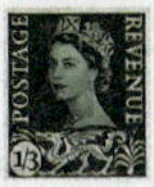
c

a–c) Königin Elisabeth II.; Drachen von Wales, Lauchblätter

				✱✱	⊙
1		3 P	bläulichviolett . . . . a		
	x		Papier normal (18.8.1958)	0,30	0,30
	y		Papier ph. (16.5.1967)	0,30	0,30
2	x	6 P	dkl'rosalila, Papier normal (29.9.1958) . . . . b	0,30	0,30
3	x	1'3 Sh'P	dkl'grün, Papier normal (29.9.1958) c	0,40	0,30
			Satzpreis (3 W.)	1,—	0,80
			FDC (MiNr. 1 x)		15,—
			FDC (MiNr. 2–3)		25,—

Auflagen: MiNr. 1 x = 902.289.240, MiNr. 2 = 66.754.200 Stück

In gleichen Zeichnungen: MiNr. 98–100 (Dezimalwährung, oWz.)

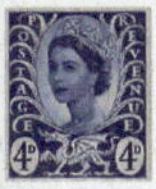

1966, 7. Febr./1967, Okt. Freimarke: Königin Elisabeth II. RaTdr. (12×20); Wz. 22; gez. K 14¾:14¼.

a) Königin Elisabeth II.; Drachen von Wales, Lauchblätter

4		4 P	ultramarin . . . . a		
	x		Papier normal (7.2.1966)	0,30	0,30
	y		Papier ph. (Okt.1967)	0,30	0,30
			FDC (MiNr. 4 x)		8,—

Auflage: 148.137.600 Stück

1967, 1. März. Freimarken: Königin Elisabeth II. RaTdr. (12×20); Phosphorstreifen-Aufdruck; Wz. 22; gez. K 14¾:14¼.

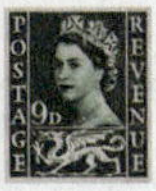
b
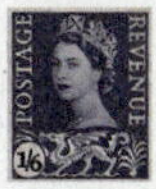
c

b–c) Königin Elisabeth II.; Drachen von Wales, Lauchblätter

5	9 P	dunkelgrün . . . . b	0,40	0,60
6	1'6 Sh'P	dunkelblau (Töne) c	0,40	0,60
		Satzpreis (2 W.)	0,80	1,20
		FDC		4,—

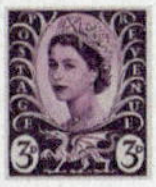

1967, 6. Dez./1968, 21. Juni. Freimarken: Königin Elisabeth II. RaTdr. (12×20); Phosphorstreifen-Aufdruck; oWz.; gez. K 14¾:14¼.

a) Königin Elisabeth II.; Drachen von Wales, Lauchblätter

7	3 P	bläulichviolett (6.12.1967) . . . . a	0,30	0,30
8	4 P	ultramarin (21.6.1968) . . . . a	0,30	0,30
		Satzpreis (2 W.)	0,50	0,40
		FDC (MiNr. 7)		1,50
		FDC (MiNr. 8)		2,—

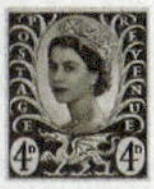

1968, 4. Sept. Freimarken: Königin Elisabeth II. RaTdr. (12×20); Phosphorstreifen-Aufdruck; gez. K 14¾:14¼.

a) Königin Elisabeth II.; Drachen von Wales, Lauchblätter

9	4 P	schwarzbraun . . . . a	0,30	0,30
10	5 P	dunkelviolettblau . . . . a	0,30	0,30
		Satzpreis (2 W.)	0,50	0,40
		FDC		3,—

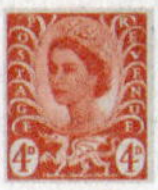

1969, 26. Febr. Freimarken: Königin Elisabeth II. RaTdr. (12×20); Phosphorstreifen-Aufdruck; gez. K 14¾:14¼.

a) Königin Elisabeth II.; Drachen von Wales, Lauchblätter

11	4 P	rot . . . . a	0,30	0,30
		FDC		1,20

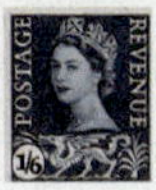

1969, 4. Aug. Freimarke: Königin Elisabeth II. RaTdr. (12×20); Phosphorstreifen-Aufdruck; oWz.; gez. K 14¾:14¼.

c) Königin Elisabeth II.; Drachen von Wales, Lauchblätter

12	1'6 Sh'P	dunkelblau (Töne) c	3,—	3,—
		FDC		15,—

MiNr. 1–12 gültig bis 29.2.1972; in Großbritannien mit Guernsey, Isle of Man und Jersey gültig bis 30.9.1969

Neue Dezimalwährung ab 15. Februar 1971:
1 Pfund (£) = 100 Pence (P)

Alle nachfolgenden Ausgaben sind – wenn nicht ausdrücklich anders angegeben – mit Phosphoraufdruck (Streifen oder ganzflächig) versehen oder auf Phosphorbeschichtetem Papier gedruckt. Daher entfällt im Kopftext dieser Hinweis. Trotzdem gibt es von zahlreichen Werten der Kontrolle entgangene Stücke ohne Phosphoraufdruck. Ausführliche Katalogisierung siehe MICHEL-Großbritannien-Spezial.

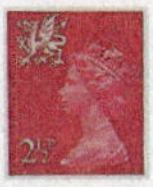

1971, 7. Juli/1974, 23. Jan. Freimarke: Königin Elisabeth II. RaTdr. (10×20); gez. K 14¾:14¼.

d) Königin Elisabeth II., walisischer Drache (Landeswahrzeichen)

13	2½ P	karminlila (7.7.1971) . . . . d	0,30	0,30
14	3 P	lilaultramarin (7.7.1971) . . . . d	0,30	0,30
15	3½ P	schwärzlichgrünoliv (23.1.1974) . . . . . . d	0,30	0,30
16	5 P	dunkelviolett (7.7.1971) . . . . d	1,20	1,20
17	5½ P	schwärzlichviolett (23.1.1974) . . . . d	0,30	0,30
18	7½ P	dunkellilabraun (7.7.1971) . . . . d	2,—	2,—
19	8 P	dunkelrosarot (23.1.1974) . . . . d	0,60	0,60
		Satzpreis (7 W.)	5,—	5,—
		FDC (MiNr. 13–14, 16, 18)		4,—
		FDC (MiNr. 15, 17, 19)		2,50

		✱✱
13 U	ungezähnt (Paar)	450,—
13 Uo	oben ungezähnt (Bogenrand)	600,—
17 U	ungezähnt (Paar)	350,—

Gültig bis 31.1.2023, geduldet bis 31.7.2023

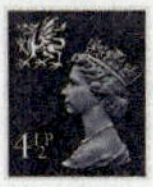

1974, 6. Nov. Freimarke: Königin Elisabeth II. RaTdr. (10×20); gez. K 14¾:14¼.

d) Königin Elisabeth II., walisischer Drache

			✱✱	⊙
20	4½ P	schwarzblau . . . . d	0,40	0,40
		FDC		1,50

Gültig bis 31.1.2023, geduldet bis 31.7.2023

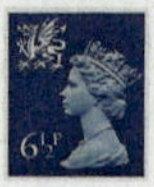

1976, 14. Jan. Freimarken: Königin Elisabeth II. RaTdr. (10×20); gez. K 14¾:14¼.

d) Königin Elisabeth II., walisischer Drache

21	6½ P	dunkeltürkisblau (Töne)	d	0,30	0,30
22	8½ P	dunkelolivgrün	d	0,50	0,50
		Satzpreis (2 W.)		0,80	0,80
		FDC			1,50

Gültig bis 31.1.2023, geduldet bis 31.7.2023

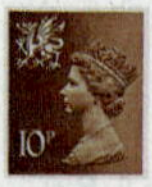

1976, 20. Okt. Freimarken: Königin Elisabeth II. RaTdr. (10×20); gez. K 14¾:14¼.

d) Königin Elisabeth II., walisischer Drache

23	10 P	lebhaftorangebraun	d	0,50	0,50
24	11 P	rot	d	0,50	0,50
		Satzpreis (2 W.)		1,—	1,—
		FDC			2,—

Gültig bis 31.1.2023, geduldet bis 31.7.2023

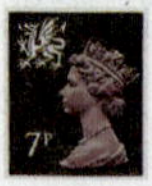

1978, 18. Jan. Freimarken: Königin Elisabeth II. RaTdr. (10×20); gez. K 14¾:14¼.

d) Königin Elisabeth II., walisischer Drache

25	7 P	dunkellilabraun	d	0,40	0,40
26	9 P	dunkelviolettblau	d	0,50	0,50
27	10½ P	schwarzgraublau	d	0,60	0,60
		Satzpreis (3 W.)		1,50	1,50
		FDC			2,—

Gültig bis 31.1.2023, geduldet bis 31.7.2023

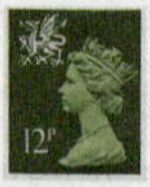

1980, 23. Juli. Freimarken: Königin Elisabeth II. RaTdr. (10×20); gez. K 14¾:14¼.

d) Königin Elisabeth II., walisischer Drache

28	12 P	dunkelgrünoliv	d	0,60	0,60
29	13½ P	violettbraun	d	0,80	0,80
30	15 P	mittellilaultramarin (Töne)	d	0,80	0,80
		Satzpreis (3 W.)		2,20	2,20
		FDC			3,—

Gültig bis 31.1.2023, geduldet bis 31.7.2023

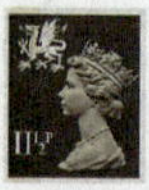

1981, 8. April. Freimarken: Königin Elisabeth II. Odr. (10×20); gez. K 13¾:14¼.

d) Königin Elisabeth II., walisischer Drache

31	11½ P	lebhaftgraubraun/hellgraubraun	d	1,20	1,—
32	14 P	dunkelgraublau/hellblau	d	0,80	0,70
33	18 P	schwärzlichviolettblau/hellviolettblau	d	1,20	1,—
34	22 P	dunkelblau/hellblau	d	1,80	1,30
		Satzpreis (4 W.)		5,—	4,—
		FDC			4,50

Gültig bis 31.1.2023, geduldet bis 31.7.2023

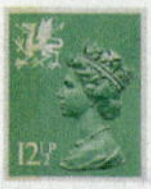

1982, 24. Febr./1987, 27. Jan. Freimarken: Königin Elisabeth II. Odr. (10×20); A = gez. K 13¾:14¼, C = gez. K 14¾:14¼.

d) Königin Elisabeth II., walisischer Drache

35	12½ P	smaragdgrün/hellsmaragdgrün	d		
A		gez. K 13¾:14¼		0,70	0,70
C		gez. K 14¾:14¼ (10.1.1984)		6,—	6,—
36 A	15½ P	bläulichviolett	d	1,—	1,—
37 A	19½ P	schwärzlichgrüngrau	d	2,50	2,50
38	26 P	lebhaftrot	d		
A		gez. K 13¾:14¼		1,80	1,80
C		gez. K 14¾:14¼ (27.1.1987)		5,—	5,—
		Satzpreis A (4 W.)		6,—	6,—
		FDC A			7,—

Gültig bis 31.1.2023, geduldet bis 31.7.2023

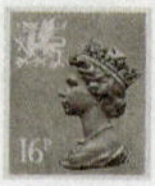

1983, 27. April./1987, 27. Jan. Freimarken: Königin Elisabeth II. Odr. (10×20); A = gez. K 13¾:14¼, C = gez. K 14¾:14¼.

d) Königin Elisabeth II., walisischer Drache

39	16 P	dunkelbraungrau	d		
A		gez. K 13¾:14¼		2,—	2,—
C		gez. K 14¾:14¼ (10.1.1984)		2,50	2,50
40 A	20½ P	lilaultramarin	d	5,—	5,—
41	28 P	schwärzlichviolettblau	d		
A		gez. K 13¾:14¼		2,—	2,—
C		gez. K 14¾:14¼ (27.1.1987)		2,—	2,—
		Satzpreis A (3 W.)		9,—	9,—
		FDC A			10,—

Gültig bis 31.1.2023, geduldet bis 31.7.2023

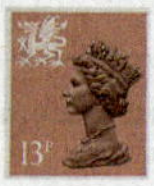

1984, 23. Okt. Freimarken: Königin Elisabeth II. Odr. (10×20); gez. K 14¾:14¼.

d) Königin Elisabeth II., walisischer Drache

42	13 P	orangebraun/mattorangebraun	d	0,80	0,60
43	17 P	dunkelgraublau	d	1,20	0,80
44	22 P	dunkelolivgrün/mattolivgrün	d	1,50	1,40
45	31 P	purpur	d	2,—	1,70
		Satzpreis (4 W.)		5,50	4,50
		FDC			6,—

Gültig bis 31.1.2023, geduldet bis 31.7.2023

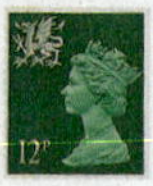

1986, 7. Jan. Freimarke: Königin Elisabeth II. Odr. (10×20); gez. K 14¾:14¼.

d) Königin Elisabeth II., walisischer Drache

46	12 P	dunkelgelblichgrün/hellgelblichgrün	d	2,—	1,80
		FDC			2,50

Gültig bis 31.1.2023, geduldet bis 31.7.2023

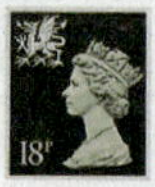

1987, 6. Jan. Freimarke: Königin Elisabeth II. Odr. (10×20); gez. K 14¾:14¼.

d) Königin Elisabeth II., walisischer Drache

47	18 P	schwarzoliv/mattoliv	d	1,20	0,80
		FDC			2,—

Gültig bis 31.1.2023, geduldet bis 31.7.2023

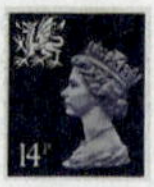

1988, 8. Nov. Freimarken: Königin Elisabeth II. Odr. (10×20); gez. K 14¾:14¼.

d) Königin Elisabeth II., walisischer Drache

48	14 P	schwärzlichblau/hellblau	d	0,70	0,60
49	19 P	gelblichrot/hellgelblichrot	d	1,—	0,90
50	23 P	gelblichgrün/hellgelblichgrün	d	1,30	1,30
51	32 P	schwärzlichtürkisblau/helltürkisblau	d	2,—	1,80
		Satzpreis (4 W.)		5,—	4,50
		FDC			6,—

Gültig bis 31.1.2023, geduldet bis 31.7.2023

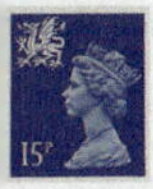

1989, 28. Nov. Freimarken: Königin Elisabeth II. Odr. (10×20); gez. K 14¾:14¼.

d) Königin Elisabeth II., walisischer Drache

52	15 P	lebhaftkobalt/hellblau	d	0,80	0,50
53	20 P	braunschwarz/mattgraubraun	d	1,—	0,80
54	24 P	lebhaftbraunorange	d	1,50	1,—
55	34 P	dunkelgraublau/mattgraublau	d	2,20	1,70
		Satzpreis (4 W.)		5,50	4,—
		FDC			6,—

Gültig bis 31.1.2023, geduldet bis 31.7.2023

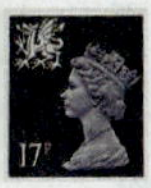

1990, 4. Dez. Freimarken: Königin Elisabeth II. Odr. (10×20); gez. K 14¾:14¼.

d) Königin Elisabeth II., walisischer Drache

56	17 P	schwarzblau/mattblau	d	0,90	0,60
57	22 P	lebhaftgelblichrot/mattgelblichrot	d	1,20	0,90
58	26 P	grauolivbraun/mattgrauolivbraun	d	1,80	1,50
59	37 P	dunkelrosarot/mattrosarot	d	2,20	2,—
		Satzpreis (4 W.)		6,—	5,—
		FDC			6,50

Gültig bis 31.1.2023, geduldet bis 31.7.2023

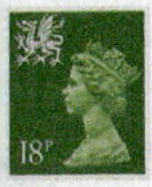

1991, 3. Dez./1992, 1. Dez. Freimarken: Königin Elisabeth II. Odr., Bogen (B) (10×20) und Markenheftchen (MH); A = gez. K 13¾:14¼, C = gez. K 14¾:14¼.

d) Königin Elisabeth II., walisischer Drache

60	18 P	dunkelgelbgrün	d		
A		gez. K 13¾:14¼ (B) (1.12.1992)		8,—	7,—
C		gez. K 14¾:14¼ (B) (MH)		0,70	0,60
61	24 P	hellsiena	d		
A		gez. K 13¾:14¼ (B) (14.9.1992)		8,—	7,—
C		gez. K 14¾:14¼ (B) (MH)		0,90	0,80
62 C	28 P	grautürkis (B)	d	1,50	1,40
63 C	39 P	purpur (B)	d	2,40	2,20
		Satzpreis C (4 W.)		5,50	5,—
		FDC C			6,50

MiNr. 60 C–61 C stammen auch aus MH 1 und Großbritannien MH 103.

Gültig bis 31.1.2023, geduldet bis 31.7.2023

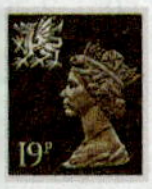

1993, 7. Dez. Freimarken: Königin Elisabeth II. Odr. Bogen (B) (10×20) und Markenheftchen (MH); Sicherheitszähnung K 14¾:14¼.

d) Königin Elisabeth II., walisischer Drache

64	19 P	braunoliv (B) (MH)	d	0,70	0,60
65	25 P	graurot (B) (MH)	d	0,90	0,80
66	30 P	schwarzoliv (B)	d	1,30	1,10
67	41 P	lebhaftgraubraun (B)	d	1,60	1,50
		Satzpreis (4 W.)		4,50	4,—
		FDC			6,50

MiNr. 64–65 stammen auch aus Großbritannien MH 108, MiNr. 65 stammt zusätzlich auch aus Großbritannien MH 112.

Gültig bis 31.1.2023, geduldet bis 31.7.2023

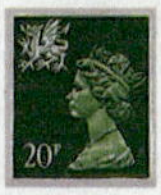

1996, 23. Juli. Freimarke: Königin Elisabeth II. Odr. (10×20); Sicherheitszähnung K 14¾:14¼.

d) Königin Elisabeth II., walisischer Drache

68	20 P	dunkelgelbgrün	d	1,20	1,—
69	26 P	dunkelgelbbraun	d	1,60	1,20
70	37 P	purpur	d	2,80	2,40
71	63 P	smaragdgrün	d	4,50	4,—
		Satzpreis (4 W.)		10,—	8,50
		FDC			10,—

Gültig bis 31.1.2023, geduldet bis 31.7.2023

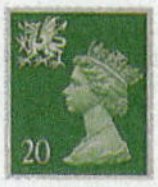

1997, 1. Juli/1998, 13. Okt. Freimarken: Königin Elisabeth II. RaTdr., Bogen (B) (10×20 und Markenheftchen (MH); Sicherheitszähnung K 13¾:14¼, CS = Sicherheitszähnung K 14¾:14¼.

d) Königin Elisabeth II., walisischer Drache

72	20 (P)	dunkelgelblichgrün (Töne)	d		
AS		Sicherheitszähnung K 13¾:14¼ (MH) (13.10.1998)		2,50	1,80
CS		Sicherheitszähnung K 14¾:14¼ (B)		0,80	0,70
73	26 (P)	hellsiena (Töne)	d		
AS		Sicherheitszähnung K 13¾:14¼ (MH) (13.10.1998)		2,50	2,—
CS		Sicherheitszähnung K 14¾:14¼ (B) (MH)		1,10	1,—
74 CS	37 (P)	purpur (B) (MH)	d	1,60	1,30
75 CS	63 (P)	lebhaftsmaragdgrün (B)	d	4,50	3,—
		Satzpreis CS (4 W.)		8,—	6,—
		FDC CS			7,50

MiNr. 72 AS–73 AS stammen aus Großbritannien MH 120.
MiNr. 73 CS–74 CS stammen auch aus Großbritannien MH 117.

Gültig bis 31.1.2023, geduldet bis 31.7.2023

1999, 8. Juni/2000, 18. Sept. Freimarken: Landeswahrzeichen. RaTdr., Bogen (B) (10×20) und Markenheftchen (MH); AS = Sicherheitszähnung K 13¾:14¼, CS = Sicherheitszähnung K 14:14¼.

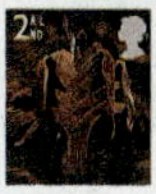

e) Lauchzwiebel

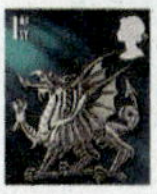

f) Drache

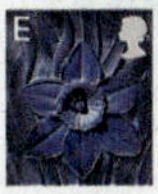

g) Narzisse

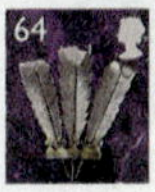

h) Federbusch des Fürsten von Wales

e–h) Markenbild ohne weißen Rand

76	2ND	mehrfarbig	e		
AS		Sicherheitszähnung K 13¾:14¼ (MH) (18.9.2000)		1,70	1,50
CS		Sicherheitszähnung K 14¾:14¼ (B) (8.6.1999)		1,70	0,70
77 CS	1ST	mehrfarbig (B) (8.6.1999)	f	2,—	1,—
78 CS	E	mehrfarbig (B) (8.6.1999)	g	3,80	1,50
79 CS	64 (P)	mehrfarbig (B) (8.6.1999)	h	8,—	6,—
		Satzpreis CS (4 W.)		15,—	9,—
		FDC CS			10,—

Statt einer Wertangabe ist bei MiNr. 76 „2ND" und „2^{AIL}" (walisisch) für Post 2. Klasse (Nominale zur Zeit der Ausgabe 19 P), bei MiNr. 77 „1ST" und „1^{AF}" (walisisch) für Post 1. Klasse (Nominale zur Zeit der Ausgabe 26 P), und bei MiNr. 78 „E" für Postkarten und Briefe in europäische Länder (Nominale zur Zeit der Ausgabe 30 P) angegeben.

MiNr. 76 AS stammt aus Großbritannien MH 139.

Gültig bis 31.1.2023, geduldet bis 31.7.2023

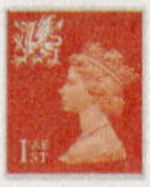

2000, 15. Febr. Freimarke: Königin Elisabeth II. RaTdr., Markenheftchen; Sicherheitszähnung K 13¾:14¼.

d) Königin Elisabeth II., walisischer Drache

80 1ST gelblichrot . . . . d 2,— 1,50
FDC 2,—

Statt einer Wertangabe ist bei MiNr. 80 „1ST“ und „1^{AF}“ (walisisch) für Post 1. Klasse (zur Zeit der Ausgabe 26 P) angegeben.

MiNr. 80 stammt aus Großbritannien MH 131.

Gültig bis 31.1.2023, geduldet bis 31.7.2023

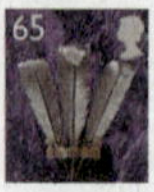

2000, 25. April. Freimarke: Landeswahrzeichen. RaTdr. (10×20); Sicherheitszähnung K 14¾:14¼.

h) Federbusch des Fürsten von Wales

81 65 (P) mehrfarbig . . . . h 3,— 3,—
FDC 3,50

Gültig bis 31.1.2023, geduldet bis 31.7.2023

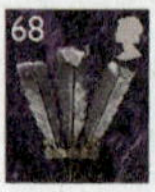

2002, 4. Juli. Freimarke: Landeswahrzeichen. RaTdr. (10×20); Sicherheitszähnung K 14¾:14¼.

h) Federbusch des Fürsten von Wales

82 68 (P) mehrfarbig . . . . h 3,50 3,—
FDC 3,50

Gültig bis 31.1.2023, geduldet bis 31.7.2023

2003, 14. Okt. Freimarken: Landeswahrzeichen. RaTdr. (10×20); Sicherheitszähnung K 14¾:14¼.

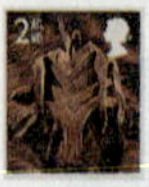

e I) Lauchzwiebel

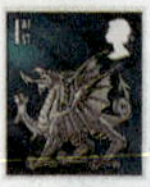

f I) Drache

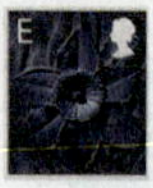

g I) Narzisse

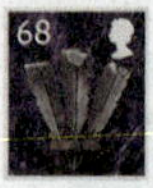

h I) Federbusch des Fürsten von Wales

e I–h I) Markenbild mit weißem Rand

83 2ND mehrfarbig . . . . e I 1,70 0,80
84 1ST mehrfarbig . . . . f I 2,— 1,—
85 E mehrfarbig . . . . g I 3,80 2,50
86 68 (P) mehrfarbig . . . . h I 2,80 3,20
Satzpreis (4 W.) 10,— 7,50
FDC 8,—

Statt einer Wertangabe ist bei MiNr. 83 „2ND“ und „2^{AIL}“ (walisisch) für Post 2. Klasse (Nominale zur Zeit der Ausgabe 20 P), bei MiNr. 84 „1ST“ und „1^{AF}“ (walisisch) für Post 1. Klasse (Nominale zur Zeit der Ausgabe 28 P), und bei MiNr. 85 „E“ für Postkarten und Briefe in europäische Länder (Nominale zur Zeit der Ausgabe 38 P) angegeben.

MiNr. 83–84 und 86 stammen auch Bl. 1; siehe nach MiNr. 88.

Gültig bis 31.1.2023, geduldet bis 31.7.2023

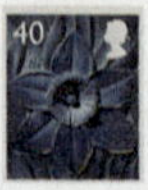

2004, 11. Mai. Freimarke: Landeswahrzeichen. RaTdr. (10×20); Sicherheitszähnung K 14¾:14¼.

g I) Narzisse

87 40 (P) mehrfarbig . . . . g I 1,60 1,40
FDC 2,—

Gültig bis 31.1.2023, geduldet bis 31.7.2023

2005, 5. April. Freimarke: Landeswahrzeichen. RaTdr. (10×20); Sicherheitszähnung K 14¾:14¼.

g I) Narzisse

88 42 (P) mehrfarbig . . . . g I 2,20 2,—
FDC 2,50

Gültig bis 31.1.2023, geduldet bis 31.7.2023

2006, 1. März. Blockausgabe: Eröffnung des neuen Gebäudes des Walisischen Parlaments. RaTdr.; Sicherheitszähnung K 14¾:14¼.

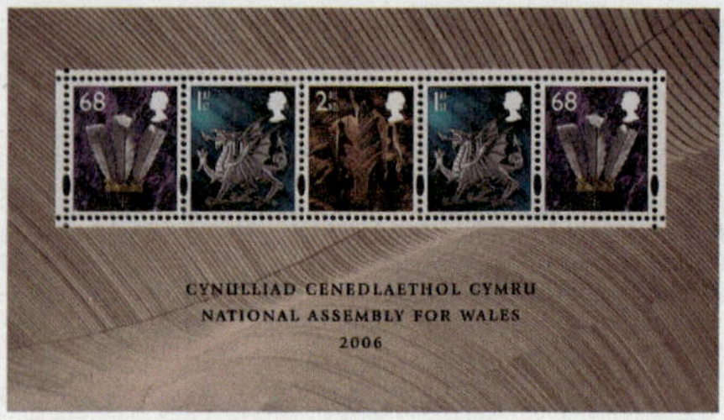

i

h I f I e I f I h I

e I) Lauchzwiebel
f I) Drache
h I) Federbusch des Fürsten von Wales

Block 1 mit 1 × MiNr. 83, 2 × MiNr. 84 und 2 × MiNr. 86 (123×70 mm) . . . . i 12,— 9,—
FDC 9,50

Gültig bis 31.1.2023, geduldet bis 31.7.2023

2006, 28. März. Freimarken: Landeswahrzeichen. RaTdr. (10×20); Sicherheitszähnung K 14¾:14¼.

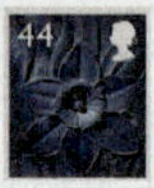

g I) Narzisse

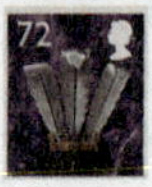

h I) Federbusch des Fürsten von Wales

89 44 (P) mehrfarbig . . . . g I 1,60 1,30
90 72 (P) mehrfarbig . . . . h I 2,40 2,20
Satzpreis (2 W.) 4,— 3,50
FDC 4,—

MiNr. 89 stammt auch aus Großbritannien MH 152.
MiNr. 90 stammt auch aus Großbritannien Bl. 33.

Gültig bis 31.1.2023, geduldet bis 31.7.2023

2007, 1. März/2008, 29. Sept. Freimarke: Landeswahrzeichen. Odr., Folienbogen (4×5 Zd); selbstklebend; C = gestanzt 14¾:14¼, CS = Sicherheitsstanzung 14¾:14¼.

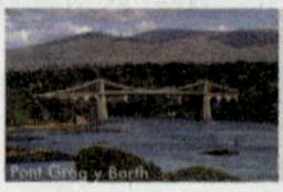
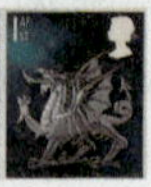

Zierfeld
f I) Drache

91 1ST mehrfarbig .... f I
C gest. 14¾:14¼ (1.3.2007) .... 2,— 1,20
CS Sicherheitsstanzung 14¾:14¼ (29.9.2008) .... 2,— 1,20
FDC C 1,50
91 Zf 2,20 1,40

Nominale zur Zeit der Erstausgabe: 34 P

MiNr. 91 C und CS stammen aus Folienbogen zu 20 Marken und 20 verschiedenen, links anhängenden Zierfeldern, die jeweils durch 3 schmale Verbindungsstege mit der Marke verbunden sind (Preis pro Bogen: 6.95 £ bzw. 7.75 £). Die Zierfelder konnten auf Bestellung auch individuell gestaltet werden.

Dabei wurde MiNr. 91 CS auch zusammen mit England MiNr. 19 CS, Nordirland MiNr. 104 CS und Schottland MiNr. 99 CS im Folienbogen zu je 5 Marken ausgegeben.

MiNr. 91 CS wurde aus Anlass des 60. Geburtstags von Prinz Charles am 14.11.2008 auch auf Folienbogen zu 10 Marken und 10 verschiedenen, links anhängenden Zierfeldern, die jeweils durch 3 schmale Verbindungsstege mit der Marke verbunden sind, ausgegeben (Preis pro Bogen: 13.50 £).

Gültig bis 31.1.2023, geduldet bis 31.7.2023

2007, 27. März. Freimarken: Landeswahrzeichen. RaTdr. (10×20); Sicherheitszähnung K 14¾:14¼.

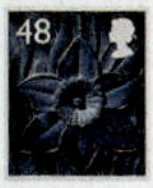
g I) Narzisse

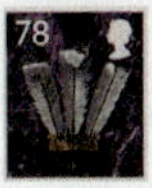
h I) Federbusch des Fürsten von Wales

92 48 (P) mehrfarbig .... g I 1,50 1,50
93 78 (P) mehrfarbig .... h I 2,50 2,50
Satzpreis (2 W.) 4,— 4,—
FDC 4,50

Gültig bis 31.1.2023, geduldet bis 31.7.2023

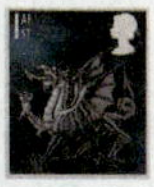

2007, 20. Sept. Freimarke: Landeswahrzeichen. Odr., Bogen (10×5) und Markenheftchen; Sicherheitszähnung K 14¾:14¼.

f I) Drache

94 1ST mehrfarbig .... f I 2,— 1,50
FDC 2,50

Nominale zur Zeit der Ausgabe: 34 P

MiNr. 94 stammt ursprünglich aus Großbritannien MH 154, später auch aus MH 157, 177 und 183 sowie aus Bl. 2. Die Ausgabe im Bogen erfolgte Ende August 2012.

Gültig bis 31.1.2023, geduldet bis 31.7.2023

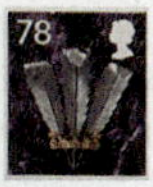

2007, 8. Nov. Freimarke: Landeswahrzeichen. Odr., aus Block; Sicherheitszähnung K 14¾:14¼.

h I) Federbusch des Fürsten von Wales

95 78 (P) mehrfarbig .... h I 2,50 2,50
FDC —,—

MiNr. 95 stammt aus Großbritannien Bl. 41.

Gültig bis 31.1.2023, geduldet bis 31.7.2023

2008, 1. April. Freimarken: Landeswahrzeichen. RaTdr. (10×20); Sicherheitszähnung K 14¾:14¼.

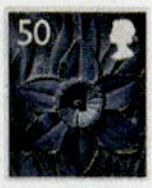
g I) Narzisse

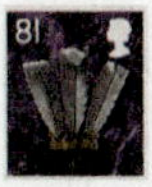
h I) Federbusch des Fürsten von Wales

96 50 (P) mehrfarbig .... g I 1,40 1,40
97 81 (P) mehrfarbig .... h I 2,50 2,50
Satzpreis (2 W.) 3,80 3,80
FDC 5,—

Gültig bis 31.1.2023, geduldet bis 31.7.2023

2008, 29. Sept. Freimarken: 50 Jahre Regionalmarken. I = RaTdr., Kleinbogen (Klb.) (5×2), II = Odr., Markenheftchen (MH); Sicherheitszähnung K 14¾:14¼.

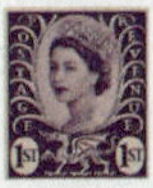
a

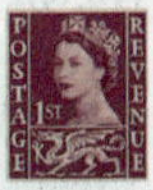
b

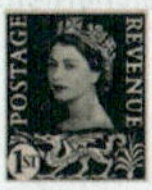
c

a–c) Königin Elisabeth II.; Drachen von Wales, Lauchblätter

I = RaTdr. (Klb.)

98 I 1ST bläulichviolett .... a 2,— 1,—
99 I 1ST dunkelrosalila .... b 2,— 1,—
100 I 1ST dunkelgrün .... c 2,— 1,—
Satzpreis I (3 W.) 6,— 3,—
FDC I 5,—
Kleinbogen 18,— 9,—
FDC 11,—

II = Odr. (MH)

98 II 1ST bläulichviolett .... a 2,— 1,—
99 II 1ST dunkelrosalila .... b 2,— 1,—
100 II 1ST dunkelgrün .... c 2,— 1,—
Satzpreis II (3 W.) 6,— 3,—
FDC (GB H-Bl. 316) 18,—

Nominale zur Zeit der Ausgabe: je 36 P

MiNr. 98 I–100 I wurden mit Nordirland MiNr. 107 I–109 I, Schottland MiNr. 102 I bis 104 I und 1 Zierfeld zusammenhängend im Kleinbogen gedruckt. MiNr. 98 II bis 100 II stammen aus Großbritannien MH 157. Markenheftchen, Heftchenblätter und Zusammendrucke siehe dort.

In gleichen Zeichnungen in £-Sh-P-Währung mit Wz. 22: MiNr. 1–3

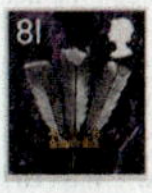

2008, 6. Nov. Freimarke: Landeswahrzeichen. Odr., aus Block; Sicherheitszähnung K 14¾:14¼.

h I) Federbusch des Fürsten von Wales

101 81 (P) mehrfarbig .... h I 2,20 2,20
FDC —,—

MiNr. 101 stammt aus Großbritannien Bl. 47.

Gültig bis 31.1.2023, geduldet bis 31.7.2023

2009, 26. Febr. Blockausgabe: Nationalfeiertag. Odr.; C = gez. K 14¾:14¼, CS = Sicherheitszähnung K 14¾:14¼.

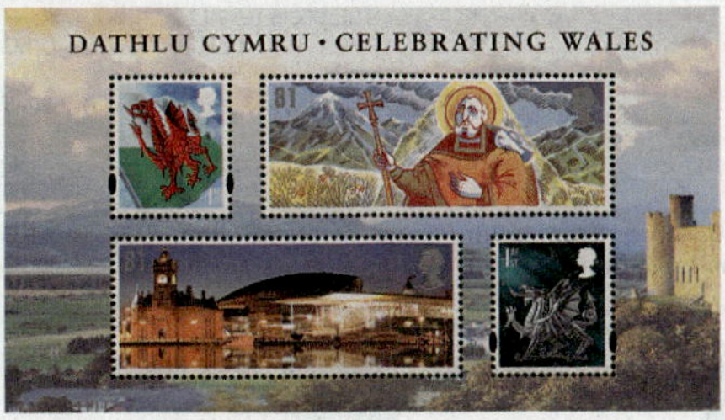

n

k l
m f I

f I) Drache
k) Walisische Flagge
l) Hl. David (um 512–587), Bischof von Menevia
m) Gebäude der Nationalversammlung, Cardiff

102 CS 1ST mehrfarbig .... k 2,— 1,20
103 C 81 (P) mehrfarbig .... l 2,60 2,60

104 C 81 (P) mehrfarbig . . . . m 2,60 2,60
Block 2 mit MiNr. 94 und 102–104
(123×70 mm) . . . . n 9,50 8,—
FDC 8,50

Nominale von MiNr. 102 zur Zeit der Ausgabe: 36 P

MiNr. 94 gültig bis 31.1.2023, geduldet bis 31.7.2023

2009, 31. März. Freimarken: Landeswahrzeichen. RaTdr. (10×20); Sicherheitszähnung K 14¾:14¼.

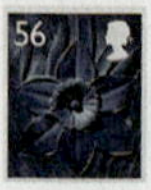

g l) Narzisse

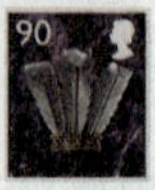

h l) Federbusch des Fürsten von Wales

105 56 (P) mehrfarbig . . . . g l 1,50 1,40
106 90 (P) mehrfarbig . . . . h l 2,50 2,20
Satzpreis (2 W.) 4,— 3,50
FDC 5,—

Gültig bis 31.1.2023, geduldet bis 31.7.2023

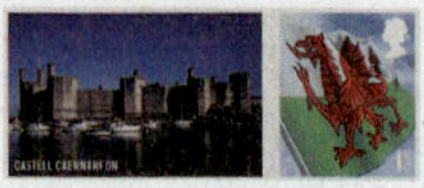

2010, 1. März. Freimarke: Landeswahrzeichen. Odr., Folienbogen (4×5 Zd); selbstklebend; Sicherheitsstanzung 14¾:14¼.

Zierfeld
k) Walisische Flagge

107 1ST mehrfarbig . . . . k 2,— 1,—
FDC 1,50
107 Zf 2,20 1,20

Nominale zur Zeit der Ausgabe: 39 P

MiNr. 107 stammt aus Folienbogen zu 20 Marken und 2×10 verschiedenen, links anhängenden Zierfeldern, die jeweils durch 3 schmale Verbindungsstege mit der Marke verbunden sind (Preis des Bogens: 8.35 £).

2010, 30. März. Freimarken: Landeswahrzeichen. RaTdr. (10×20); Sicherheitszähnung K 14¾:14¼.

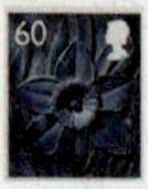

g l) Narzisse

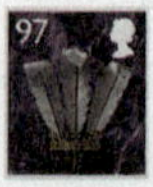

h l) Federbusch des Fürsten von Wales

108 60 (P) mehrfarbig . . . . g l 1,70 1,50
109 97 (P) mehrfarbig . . . . h l 2,80 2,50
Satzpreis (2 W.) 4,50 4,—
FDC 5,50

Gültig bis 31.1.2023, geduldet bis 31.7.2023

2011, 29. März. Freimarken: Landeswahrzeichen. Odr. (5×5); Sicherheitszähnung K 14¾:14¼.

g l) Narzisse

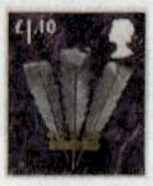

h l) Federbusch des Fürsten von Wales

110 68 (P) mehrfarbig . . . . g l 1,80 1,70
111 1.10 £ mehrfarbig . . . . h l 3,20 2,80
Satzpreis (2 W.) 5,— 4,50
FDC 6,—

Gültig bis 31.1.2023, geduldet bis 31.7.2023

2012, 25. April. Freimarken: Landeswahrzeichen. Odr. (5×5); Sicherheitszähnung K 14¾:14¼.

g l) Narzisse

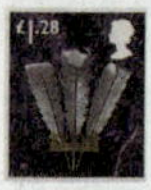

h l) Federbusch des Fürsten von Wales

112 87 (P) mehrfarbig . . . . g l 2,40 2,20
113 1.28 £ mehrfarbig . . . . h l 3,60 3,40
Satzpreis (2 W.) 6,— 5,50
FDC 7,—

Gültig bis 31.1.2023, geduldet bis 31.7.2023

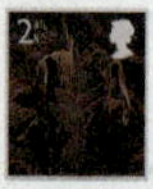

2012, Aug. Freimarke: Landeswahrzeichen. Odr. (10×5); Sicherheitszähnung K 14¾:14¼.

e l) Lauchzwiebel

114 2ND mehrfarbig . . . . e l 1,70 1,20
FDC 2,—

Nominale zur Zeit der Ausgabe: 50 P

Gültig bis 31.1.2023, geduldet bis 31.7.2023

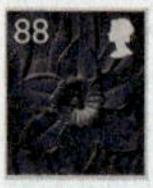

2013, 27. März. Freimarke: Landeswahrzeichen. Odr. (5×5); Sicherheitszähnung K 14¾:14¼.

g l) Narzisse

115 88 (P) mehrfarbig . . . . g l 2,50 2,20
FDC 3,50

Gültig bis 31.1.2023, geduldet bis 31.7.2023

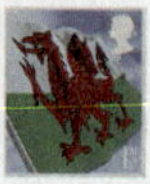

2013, 9. Mai. Freimarke: Landeswahrzeichen. Odr., Markenheftchen; Sicherheitszähnung K 14¾:14¼.

k) Walisische Flagge

116 1ST mehrfarbig . . . . k 2,— 1,50
FDC 2,50

Nominale zur Zeit der Ausgabe: 60 P

MiNr. 116 stammt aus Großbritannien MH 173, 175 und 184.

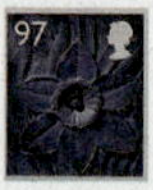

2014, 26. März. Freimarke: Landeswahrzeichen. Odr. (5×5); Sicherheitszähnung K 14¾:14¼.

g l) Narzisse

117 97 (P) mehrfarbig . . . . g l 3,— 2,60
FDC 4,—

Gültig bis 31.1.2023, geduldet bis 31.7.2023

2015, 24. März. Freimarken: Landeswahrzeichen. Odr. (5×5); Sicherheitszähnung K 14¾:14¼.

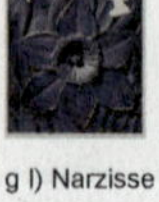

g l) Narzisse

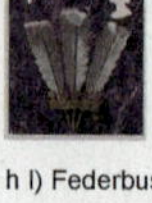

h l) Federbusch des Fürsten von Wales

118 1.00 £ mehrfarbig . . . . g I 3,— 3,—
119 1.33 £ mehrfarbig . . . . h I 4,— 4,—
Satzpreis (2 W.) 7,— 7,—
FDC 9,—

Gültig bis 31.1.2023, geduldet bis 31.7.2023

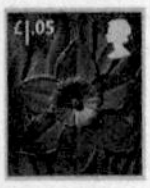

2016, 22. März. Freimarke: Landeswahrzeichen. Odr. (5×5); Sicherheitszähnung K 14¾:14¼.

g I) Narzisse

120 1.05 £ mehrfarbig . . . . g I 3,20 3,20
FDC 5,—

Gültig bis 31.1.2023, geduldet bis 31.7.2023

2017, 21. März. Freimarken: Landeswahrzeichen. Odr. (5×5); Sicherheitszähnung K 14¾:14¼.

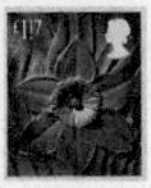

g I) Narzisse

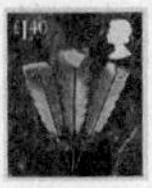

h I) Federbusch des Fürsten von Wales

121 1.17 £ mehrfarbig . . . . g I 3,40 3,40
122 1.40 £ mehrfarbig . . . . h I 4,20 4,20
Satzpreis (2 W.) 7,60 7,60
FDC 10,—

Gültig bis 31.1.2023, geduldet bis 31.7.2023

2018, 20. März. Freimarken: Landeswahrzeichen. Odr.; MiNr. 123–124 (10×5), MiNr. 125–126 (5×5); Sicherheitszähnung K 14¾:14¼.

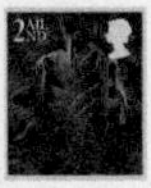

e II) Lauchzwiebel; Nominalkodierung mit Serifen

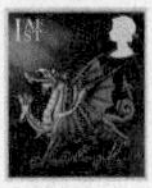

f II) Drache; Nominalkodierung mit Serifen

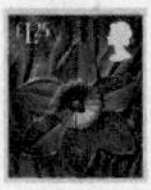

g I) Narzisse

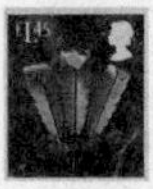

h I) Federbusch des Fürsten von Wales

123 2ND mehrfarbig . . . . e II 1,50 1,50
124 1ST mehrfarbig . . . . f II 1,80 1,80
125 1.25 £ mehrfarbig . . . . g I 3,50 3,50
126 1.45 £ mehrfarbig . . . . h I 4,20 4,20
Satzpreis (4 W.) 11,— 11,—
FDC 14,—

Nominalen zur Zeit der Ausgabe: MiNr. 123 = 56 P, MiNr. 124 = 65 P

MiNr. 124 stammt auch aus Großbritannien MH 198.

Gültig bis 31.1.2023, geduldet bis 31.7.2023

2019, 19. März. Freimarken: Landeswahrzeichen. Odr.; Sicherheitszähnung K 14¾:14¼.

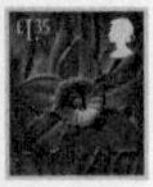

g I) Narzisse

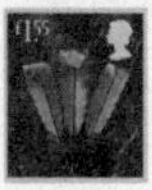

h I) Federbusch des Fürsten von Wales

127 1.35 £ mehrfarbig . . . . g I 4,— 4,—
128 1.55 £ mehrfarbig . . . . h I 4,40 4,40
Satzpreis (2 W.) 8,40 8,40
FDC 11,50

Gültig bis 31.1.2023, geduldet bis 31.7.2023

2020, 17. März. Freimarken: Landeswahrzeichen. Odr.; Sicherheitszähnung K 14¾:14.

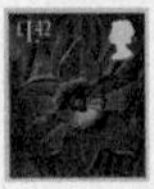

g I) Narzisse

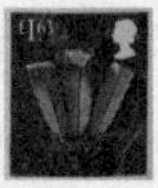

h I) Federbusch des Fürsten von Wales

129 1.42 £ mehrfarbig . . . . g I 4,— 4,—
130 1.63 £ mehrfarbig . . . . h I 4,50 4,50
Satzpreis (2 W.) 8,50 8,50
FDC 12,—

Gültig bis 31.1.2023, geduldet bis 31.7.2023

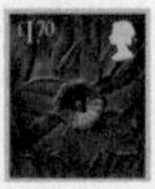

2020, 23. Dez. Freimarke: Landeswahrzeichen. Odr. (5×5); Sicherheitszähnung K 14¾:14.

g I) Narzisse

131 1.70 £ mehrfarbig . . . . g I 4,80 4,80
FDC 7,—

Gültig bis 31.1.2023, geduldet bis 31.7.2023

2022, 11. Aug. Freimarken: Landeswahrzeichen. Komb. RaTdr. (Hauptmotiv) und Digitaldruck mit Lacküberzug (Matrixcode) (5×5); U-förmige Stanzungen im Markenbild; Streifen ph.; selbstklebend; Sicherheitsstanzung 15:14½.

o) Lauchzwiebel

p) Drache

r) Narzisse

o–r) Kopfbild Königin Elisabeth II., Matrixcode

132 2ND mehrfarbig . . . . o 1,80 1,80
133 1ST mehrfarbig . . . . p 2,20 2,20
134 1.85 £ mehrfarbig . . . . r 5,— 5,—
Satzpreis (3 W.) 9,— 9,—
FDC 12,—

Nominalen zur Zeit der Ausgabe: MiNr. 132 = 68 P, MiNr. 133 = 95 P

2024, 14. Nov. Freimarken: Landeswahrzeichen. Komb. RaTdr. (Hauptmotiv) und Digitaldruck mit Lacküberzug (Matrixcode) (5×5); U-förmige Stanzungen im Markenbild; Streifen ph.; selbstklebend; Sicherheitsstanzung 15:14½.

s) Lauchzwiebel

t) Drache

s–t) Kopfbild König Charles III., Matrixcode

135 2ND mehrfarbig . . . . s 2,40 2,40
136 1ST mehrfarbig . . . . t 4,60 4,60
Satzpreis (2 W.) 7,— 7,—
FDC 10,—

Nominalen zur Zeit der Ausgabe: MiNr. 132 = 85 P, MiNr. 133 = 1.65 £

Ab MiNr. 132 sind alle Ausgaben unbeschränkt frankaturgültig; außerdem MiNr. 98–100, 102–104, 107 und 116.

Jahrgangswerttabelle

Die Aufstellung folgt der numerischen Reihenfolge der Katalogisierung ohne Rücksicht auf die Chronologie eventueller Ergänzungswerte.

Grundsätzlich ist nur die jeweils billigste Sorte pro Marke bzw. Ausgabe angegeben, sofern nichts anderes vermerkt.

Zusammendrucke aus Bogen, Marken mit Zierfeldern usw. sind dann berücksichtigt, wenn sie als normale Ausgabeform anzusehen sind. Einzelmarken aus Blocks und Marken mit der Preisnotierung „—,—" sind nicht berücksichtigt.

Im neuen MICHEL-Redaktionssystem fließen Einzelwerte anstelle von Satzpreisen in die Berechnung ein. Zusätzlich werden alle Blockvarianten berücksichtigt. Dadurch können sich Änderungen zu früheren Jahrgangswertberechnungen ergeben.

Jahr	MiNr.	★★	⊙
1958	1–3	1,—	0,90
1966	4	0,30	0,30
1967	5–8	1,40	1,80
1968	9–10	0,60	0,60
1969	11–12	3,30	3,30
1971	13–19	5,—	5,—
1974	20	0,40	0,40
1976	21–24	1,80	1,80
1978	25–27	1,50	1,50
1980	28–30	2,20	2,20
1981	31–34	5,—	4,—
1982	35–38	6,—	6,—
1983	39–41	9,—	9,—
1984	42–45	5,50	4,50
1986	46	2,—	1,80
1987	47	1,20	0,80
1988	48–51	5,—	4,60
1989	52–55	5,50	4,—
1990	56–59	6,10	5,—
1991	60–63	5,50	5,—
1993	64–67	4,50	4,—
1996	68–71	10,10	8,60
1997	72–75	8,—	6,—
1999	76–79	15,50	9,20
2000	80–81	5,—	4,50
2002	82	3,50	3,—
2003	83–86	10,30	7,50
2004	87	1,60	1,40
2005	88	2,20	2,—
2006	89–90, Bl. 1	16,—	12,50
2007	91–95	10,50	9,20
2008	96–101	12,10	9,10
2009	102–106, Bl. 2	13,50	11,60
2010	107–109	6,50	5,—
2011	110–111	5,—	4,50
2012	112–114	7,70	6,80
2013	115–116	4,50	3,70
2014	117	3,—	2,60
2015	118–119	7,—	7,—
2016	120	3,20	3,20
2017	121–122	7,60	7,60
2018	123–126	11,—	11,—
2019	127–128	8,40	8,40
2020	129–131	13,30	13,30
2022	132–134	9,—	9,—
2024	135–136	7,—	7,—
Gesamtsumme		**274,30**	**240,20**

Blockaufstellung

Block 1 siehe nach MiNr. 88 | Block 2 siehe nach MiNr. 104

Verzeichnis der Markenheftchen mit Zusammendrucken

MH-MiNr.	Bezeichnung	Ausgabe-Datum	Nominale	Enthält H-Blatt	Preis
1	Königin Elisabeth II. (d, ku), Schafe	25.2.1992	6 £	1–4	32,–

Verzeichnis der Heftchenblätter

Preise ★★ = ⊙

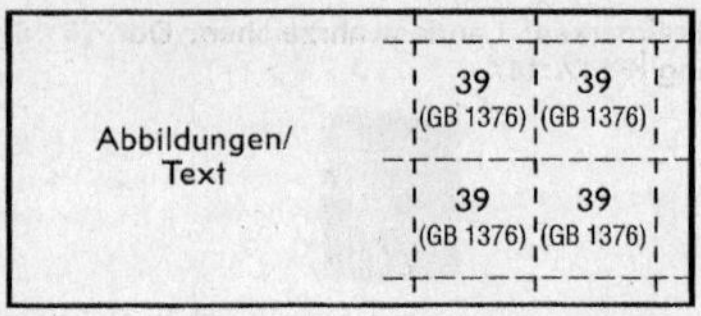

H-Blatt 1 mit MiNr. GB 1376 6,50

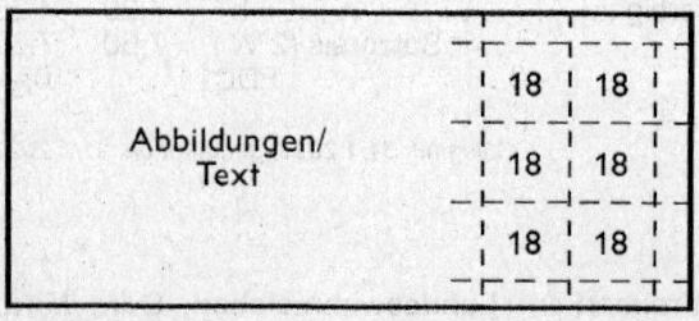

H-Blatt 2 mit MiNr. 60 C 4,50

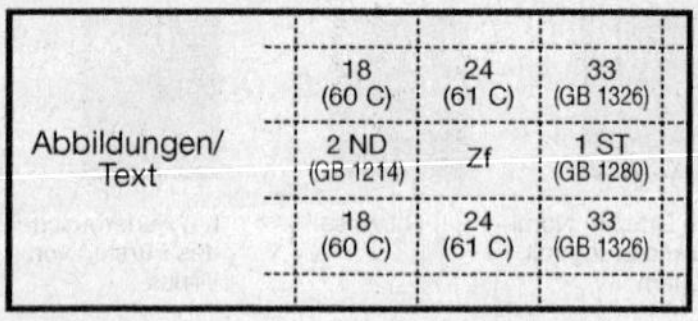

H-Blatt 3 mit MiNr. 60 C–61 C und MiNr. GB 1214 C,1280 C, 1326 C 16,–

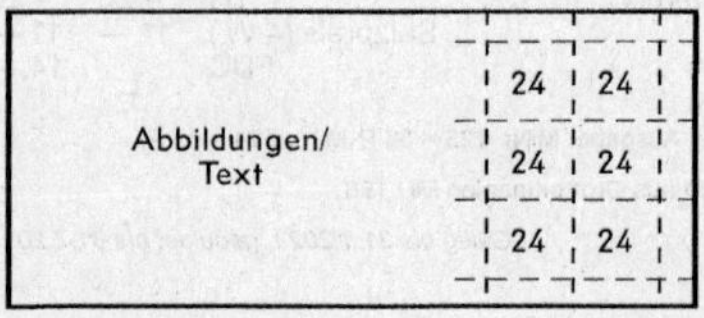

H-Blatt 4 mit MiNr. 61 C 5,50

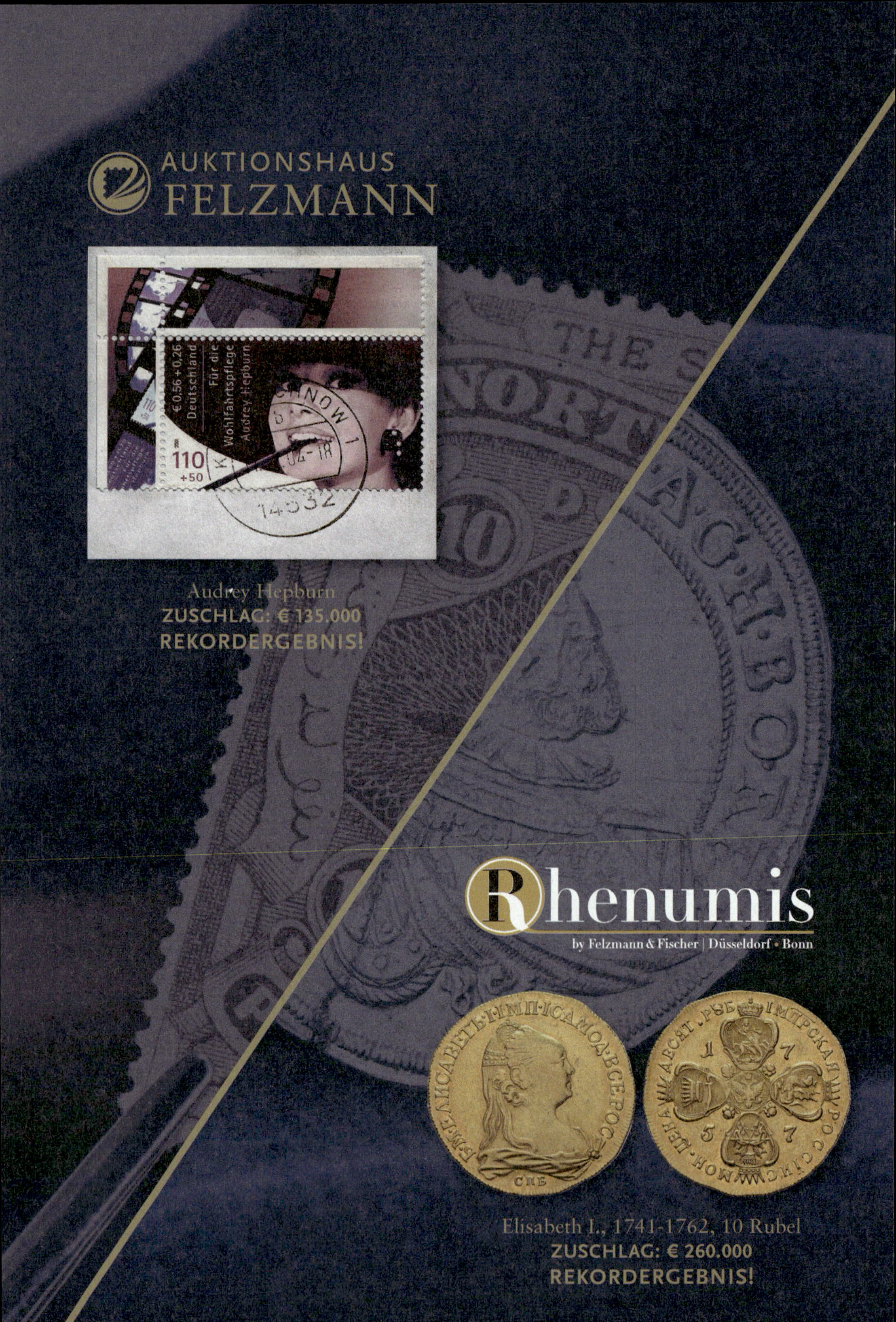
AUKTIONSHAUS
FELZMANN
Audrey Hepburn
ZUSCHLAG: € 135.000
REKORDERGEBNIS!
Rhenumis
by Felzmann & Fischer | Düsseldorf • Bonn
Elisabeth I., 1741-1762, 10 Rubel
ZUSCHLAG: € 260.000
REKORDERGEBNIS!

Britische Post im Ausland

Britische Marken im Ausland verwendet

Marken von Großbritannien, bei den Auslandspostämtern verwendet, sind kenntlich an den Stempeln. Es kommen bis auf ganz wenige Ausnahmen nur vier Hauptstempelformen der unten erwähnten Büronummern vor. Gelegentlich sind auch Ortsstempel mit Datumsangabe der ausländischen Postbüros auf Marken von Großbritannien zu finden, die von Brief- oder Duplexstempeln herrühren (z.B. Greytown, Nicaragua oder La Guaira, Venezuela). Zum Teil wurden die Stempel von Auslandspostämtern später auch in Großbritannien verwendet.

Stempelformen (in Klammern in der folgenden Aufstellung):

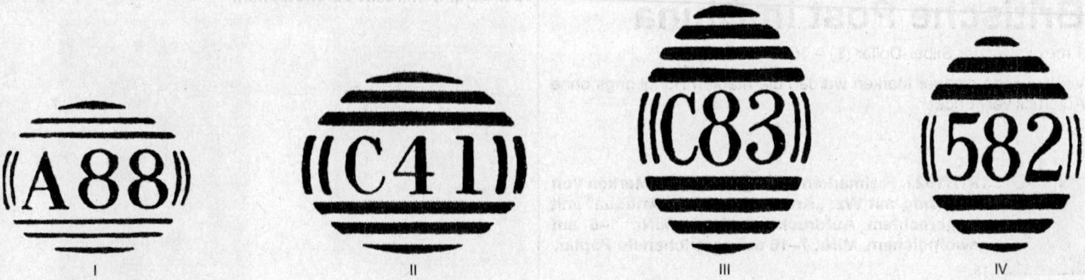

I II III IV

Buchstaben (ohne oder mit Nummern):

A 01 Kingston (B. K. [= Britisches Konsulat] Jamaika)
A 02 St. John's (B. K. Antiqua)
A 03 Georgetown (B. K. Guyana)
A 04 New Amsterdam (B. K. Guyana)
A 05 Nassau (B. K. Bahamas)
A 06 Belize (B. K. Honduras)
A 07 Dominica (B. K.)
A 08 Montserrat (B. K.)
A 09 Charlestown (B. K. Nevis)
A 10 Kingstown (B. K. St. Vincent)
A 11 Castries (B. K. St. Lucia)
A 12 Basse-Terre (B. K. St. Christopher)
A 13 Tortola (B. K. Jungferninseln)
(A 01–A 13: (I))
A 14 Scarborough (B. K. Tobago) (I)
A 15 St. George (B. K. Grenada) (I)
A 18 English Harbour (B. K. Antigua) (I)
A 25 Malta (B. K.) (I, IV)
A 26 Gibraltar (B. K.) (I, III, IV)
A 27–A 49, A 51–A 78 Jamaika (B. K.) (I)
A 80–A 99 Brit. Postschiffe (I)

B 01 Alexandria (Ägypten) (I, III, IV)
B 02 Suez (Ägypten) (I)
B 03, 12 Brit. Postschiffe (I)
B 32 Buenos Aires (Argentinien) (I, II, III)
B 56, 57 Brit. Postschiffe (I)

=C= Konstantinopel (Türkei) (Besond. querovale Form)

C 28 Montevideo (Uruguay) (II)
C 30 Valparaiso (Chile) (III)
C 35 Panama (damals Kolumbien) (II, III, IV)
C 36 Arica (damals Peru) (II, III)
C 37 Caldera (Chile) (II)
C 38 Callao (Peru) (II, III)
C 39 Cobija (damals Bolivien) (II, III, IV)
C 40 Coquimbo (Chile) (II)
C 41 Guayaquil (Ecuador) (II)
C 42 Islay (Peru) (II)
C 43 Payta, Paita (Peru) (II)
C 51 St. Thomas (Dän. Westindien) (II, III)
C 56 Cartagena (Kolumbien) (II)
C 57 Greytown (Nicaragua) (II, III)
C 58 Havana (Kuba) (II, III)
C 59 Jacmel (Haiti) (II)
C 60 La Guaira (Venezuela) (II)
C 61 San Juan (Porto Rico) (II, III, IV)
C 62 Sta. Martha (Kolumbien) (II)
C 63 Tampico (Mexiko) (II)
C 64 Veracruz (Mexiko) (II)
C 65 Cartagena siehe C 56 (III)
C 79 Brit. Postschiff (III)
C 81 Bahia (Brasilien) (III)
C 82 Pernambuco (Brasilien) (III)
C 83 Rio de Janeiro (Brasilien) (III, IV)
C 86 Porto Plata (Dominikan. Rep.) (III)
C 87 Santo Domingo (Dominikan. Rep.) (III, IV)
C 88 St. Jago (Kuba) (III)

D 22 Ciudad Bolivar (Venezuela) (III)
D 26 St. Thomas (Span. Westind. Linie) (III)
D 47 Polymedia (B. K. Zypern) (IV)
D 48 Army H. Q. (B. K. Zypern) (IV)
D 74 Pisco (Peru) (III)
D 87 Iquique (damals Peru) (III)

E 53 Port-au-Prince (Haiti) (III, IV)
E 88 Aspinwall (damals Kolumbien) (III)

F 69 Savanilla (Kolumbien) (III)
F 83 Arroyo (Porto Rico) (IV)
F 84 Aguadilla (Porto Rico) (IV)
F 85 Mayaguez (Porto Rico) (IV)
F 87 Smyrna (Türkei) (IV)
F 88 Ponce (Porto Rico) (IV)

=G= Gibraltar (B. K.) (Besond. querovale Form)
G 06 Beirut (Türkei) (IV)

=M= Malta (B. K.) (Besond. querovale Form)

=S= Stamboul (Türkei) (IV)

Nur Nummern:

247 Fernando Poo (Span. Kol.)
582 Naguabo (Porto Rico)
942 Larnaca (B. K. Zypern)
969 Nicosia (B. K. Zypern)
974 Cyrenia (B. K. Zypern)
975 Limassol (B. K. Zypern)
981 Paphos (B. K. Zypern)
982 Famagusta (B. K. Zypern)
(247–982: (IV))

Britische Postämter im Ausland

Preise ungebraucht bis Ausgabejahr 1919 ✶, ab 1920 ✶✶

Britische Post in China

1 mexikanischer Silber-Dollar ($) = 100 Cents (C)

Vor Ausgabe eigener Marken wurden die Marken Hongkongs ohne Aufdruck verwendet.

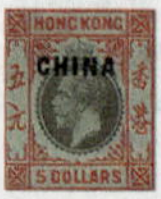

1917/1921. Freimarken: König George V. Marken von Hongkong mit Wz. „Krone und CA in Antiqua“ mit waagerechtem Aufdruck „CHINA“; MiNr. 1–6 auf gewöhnlichem, MiNr. 7–16 auf gestrichenem Papier.

15

				✶	⊙
1	1 C	(dunkel-)braun	(98)	3,—	2,50
2	2 C	blaugrün	(99)	5,—	0,40
3	4 C	karmin	(100)	5,—	0,40
4	6 C	orange	(101)	6,—	0,80
5	8 C	grau	(102)	12,—	2,—
6	10 C	ultramarin	(103)	10,—	0,60
7	12 C	lila auf gelb	(104)	7,—	4,—
8	20 C	oliv/lila	(105)	15,—	0,80
9	25 C	lila/violett	(106)	10,—	24,—
10	30 C	orange/lila	(107)	30,—	7,50
11	50 C	schwarz	(108)		
x		Vorderseite grün, Rückseite oliv		60,—	2,50
y		Vorderseite grün, Rückseite weiß (1920)		800,—	150,—
za		Vorder- und Rückseite hellgelblichgrün		45,—	12,—
zb		Vorderseite grün, Rückseite hellgelblichgrün (1919)		30,—	8,—
12	1 $	ultramarin/lila auf blau	(109)	80,—	4,50
13	2 $	schwarz/learmin	(110)	240,—	70,—
14	3 $	lila/grün	(111)	450,—	240,—
15	5 $	rot/grün auf grün	(112 z)	450,—	260,—
16	10 $	schwarz/lila auf rot	(113)	1100,—	500,—
			Satzpreis (16 W.)	2400,—	1100,—

1922/1927. Freimarken: König George V. Marken von Hongkong mit Wz. „Krone und CA in Schreibschrift“ mit waagerechtem Aufdruck „CHINA“ (MiNr. 20 ohne Aufdruck nicht ausgegeben). MiNr. 17–22 auf gewöhnlichem, MiNr. 23–27 auf gestrichenem Papier.

				✶✶	⊙
17	1 C	braun	(114)	4,50	5,—
18	2 C	(blau-, gelb-)grün	(115)	7,50	3,—
19	4 C	scharlach	(116)	9,—	2,50
20	6 C	orange	(k)	9,—	6,—
21	8 C	grau	(117)	10,—	20,—
22	10 C	ultramarin	(118)	12,—	3,—
23	20 C	oliv/lila	(119)	20,—	6,—
24	25 C	purpurlila/lila	(120)	35,—	90,—
25	50 C	schwarz auf grün (1927)	(122)	120,—	220,—
26	1 $	ultramarin/lila auf blau	(123)	180,—	60,—
27	2 $	schwarz/karmin	(124)	500,—	340,—
			Satzpreis (11W.)	900,—	750,—

Am 1.10.1930 wurde die letzte britische Postanstalt in Weihaiwei geschlossen.

Britische Post auf Madagaskar

1884, März, Freimarken: Hochrechteck (38×63 mm). MiNr. 1–4 Inschrift „POSTAL PACKET“, MiNr. 5–8 Inschrift „LETTER“. Kontrollstempel „British Vice Consulate Antananarivo“ in Schwarz. Senkrecht durchstochen.

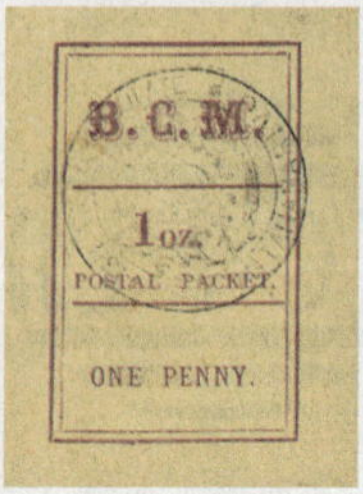

a

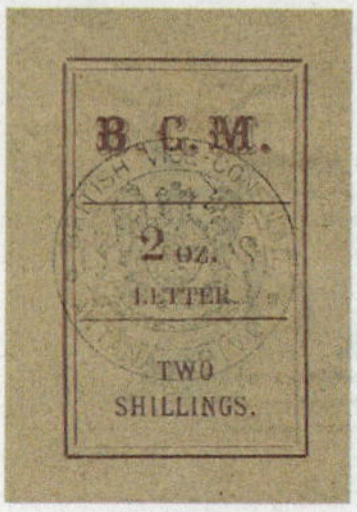

a I

					✶	⊙
1	1 P	violett		a	600,—	500,—
2	2 P	violett		a	400,—	360,—
3	3 P	violett		a	400,—	360,—
4	4 P	violett		a	1000,—	900,—
5	6 P	violett		a I	600,—	650,—
6	1 Sh	violett		a I	550,—	600,—
7	1'6 Sh'P	violett		a I	550,—	—,—
8	2 Sh	violett		a I	1000,—	1100,—
			Satzpreis (8 W.)		5000,—	—,—

MiNr. 6 wurde 1886 handschriftlich in 1 bzw. 4½ P geändert.

1886. Freimarke. MiNr. 5 in Farbänderung. Senkrecht durchstochen.

9	6 P	rosa	a I	800,—	750,—

1886. Freimarke: Hochrechteck, größeres Format (45×68 mm), geänderter Kontrollstempel „British Consular Mail Antananarivo“ in Schwarz oder Violett. ☐.

10	4 P	violett	a II		
I		Kontrollstempel schwarz		2500,—	—,—
II		Kontrollstempel violett		6000,—	—,—

1886. Freimarken. I = Kontrollstempel „British Vice Consulate“, II = Kontrollstempel „British Consular Mail“ in Violett, Schwarz oder Rot. ☐.

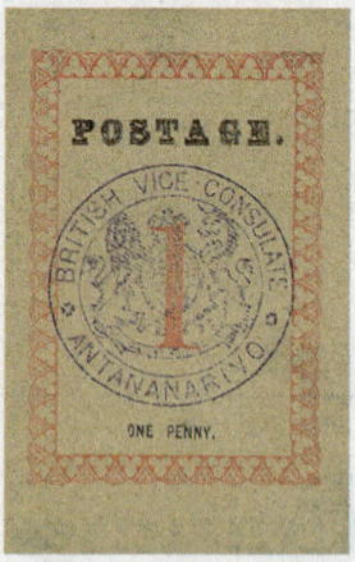

b I

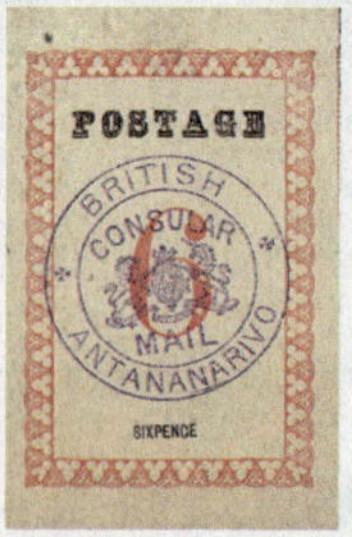

b II

I = Kontrollstempel „British Vice Consulate“

11	I	1 P	rosa	b I	150,—	200,—
12	I	1½ P	rosa	b I	1300,—	1500,—
13	I	2 P	rosa	b I	200,—	200,—
14	I	3 P	rosa	b I	500,—	500,—
15	I	4 P	rosa	b I	600,—	600,—
16	I	4½ P	rosa	b I	650,—	450,—

17 I	6 P	rosa	b I	1700,—	1700,—
18 I	8 P	rosa	b I	1500,—	1500,—
19 I	9 P	rosa	b I	1400,—	1400,—
21 I	1'6 Sh'P	rosa	b I	4500,—	4500,—
22 I	2 Sh	rosa	b I	3000,—	3000,—

II = Kontrollstempel British Consular Mail"

11 II	1 P	rosa	b II	100,—	150,—
12 II	1½ P	rosa	b II	100,—	150,—
13 II	2 P	rosa	b II	120,—	150,—
14 II	3 P	rosa	b II	120,—	170,—
15 II	4 P	rosa	b II	280,—	280,—
16 II	4½ P	rosa	b II	120,—	170,—
17 II	6 P	rosa	b II	100,—	170,—
18 II	8 P	rosa	b II	180,—	180,—
19 II	9 P	rosa	b II	170,—	240,—
20 II	1 Sh	rosa	b II	600,—	600,—
21 II	1'6 Sh'P	rosa	b II	750,—	750,—
22 II	2 Sh	rosa	b II	900,—	900,—

Jeweils billigste Farbe des Kontrollstempels.

MiNr. 1–22 in einwandfreier Erhaltung selten, Papier häufig mit dünnen Stellen und Knitter. Ungebrauchte Marken nur an einer Ecke oben gummiert. Entwertung mittels Poststempel sehr selten, in der Regel Entwertung mit Kreide oder Tinte. Angegebene Bewertungen gelten für Marken in guter Erhaltung.

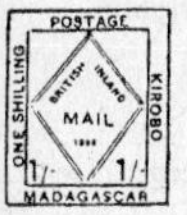

1895, Jan. Privatpostausgabe. Linienhochrechteck mit Inschrift „BRITISH INLAND MAIL 1895"; Stdr. (je 6 Typen, LΠ) auf farbigem Papier, □.

d

23	1 P	schwarz auf blaugrau	d	30,—	17,—
24	4 P	schwarz auf weiß	d	30,—	17,—
25	6 P	schwarz auf gelb	d	30,—	17,—
26	8 P	schwarz auf lachsfarben	d	30,—	17,—
27	1 Sh	schwarz auf hellbraun	d	50,—	17,—
28	2 Sh	schwarz auf rosa	d	50,—	20,—
29	4 Sh	schwarz auf grau	d	80,—	17,—
		Satzpreis (7 W.)		300,—	120,—

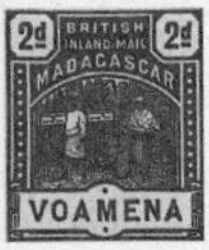

1895, März. Freimarken: Karawane. Wertangabe unten in Madagassisch. Stdr.; gez. 12.

e) Trägerkarawane

30	2 P	ultramarin	e	9,—	—,—
31	4 P	rosa	e	9,—	—,—
32	6 P	grün	e	10,—	—,—
33	1 Sh	schiefer	e	12,—	—,—
34	2 Sh	braun	e	20,—	—,—
35	4 Sh	violett	e	30,—	—,—
		Satzpreis (6 W.)		90,—	—,—

Gebrauchte Stücke sind meist nachträglich gestempelt. Mit der Besetzung von Antananarivo durch die Franzosen, Ende September 1895, kamen diese Marken außer Verkehr.

Britische Post in Marokko

Vor Ausgabe eigener Marken wurden Marken von Gibraltar MiNr. 1–36 verwendet, kenntlich am Poststempel:

Casablanca, Fez, Larache, Mazagan, Mogador, Rabat, Saffé, Tanger, Tetuan

Diese Postämter benutzten Ortsstempel mit Datumsangabe in Verbindung mit dem Büronummern-Stempel A 26 in Hauptform IV (siehe Aufstellung am Beginn des Kapitels Britische Post im Ausland).

Im Jahre 1907 wurde die Post vom britischen Mutterland übernommen. Man findet von diesem Zeitpunkt an auch britische Marken mit Poststempeln von britischen Postämtern in Marokko.

Die Marken mit Aufdruck „TANGER" für die internationale Zone von Tanger siehe unter **Tanger** im MICHEL-Übersee Band 4.

A. Ausgaben für das gesamte Marokko

1898, 1. Juni/1899, April. Freimarken: Königin Victoria; Ausgabe von Gibraltar mit Aufdruck in zwei Typen.

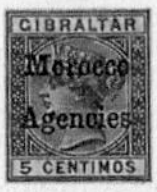

Type I

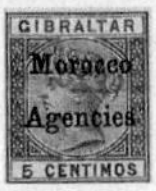

Type II

I = Lokalaufdruck der Gibraltar Chronicle; breites „M" (1.6.1898)

					✶	⊙
1 I	5 C	grün		(22)	5,—	3,—
2 I	10 C	karminrosa		(23)	8,—	2,—
3 I	20 C					
		a	grünoliv	(30 a)	18,—	8,—
		b	grünoliv/olivbraun	(30 b)	15,—	3,—
4 I	25 C	ultramarin		(24)	8,—	2,—
5 I	40 C	braunorange		(25)		
		a	Schwarzer Aufdruck		7,—	5,—
		b	Schwarzblauer Aufdruck (Juli 1898)		50,—	50,—
6 I	50 C	violett		(26)		
		a	Schwarzer Aufdruck		18,—	25,—
		b	Schwarzblauer Aufdruck (Juli 1898)		25,—	20,—
7 I	1 Pta	braun/blau		(31)		
		a	Schwarzer Aufdruck		24,—	35,—
		b	Schwarzblauer Aufdruck (Juli 1898)		200,—	250,—
8 I	2 Pta	schwarz/karmin		(32)	28,—	40,—
			Satzpreis I (8 W.)		110,—	110,—

II = Londoner Aufdruck von De La Rue; saubere, gleichmäßige Ausfürung; schmales „M" (April 1899)

1 II	5 C	grün	(22)	3,—	2,—
2 II	10 C	karminrosa	(23)	5,—	2,—
3 II	20 C	grünoliv	(30 a)	12,—	1,50
4 II	25 C	ultramarin	(24)	10,—	1,20
5 II	40 C	braunorange	(25)	55,—	40,—
6 II	50 C	violett	(26)	15,—	7,—
7 II	1 Pta	braun/blau	(31)	35,—	48,—
8 II	2 Pta	schwarz/karmin	(32)	60,—	70,—
		Satzpreis II (8 W.)		190,—	170,—

Von Aufdruck I sind zahlreiche Aufdruckfehler bekannt. Von MiNr. 2 II gibt es senkrechte Halbierungen.

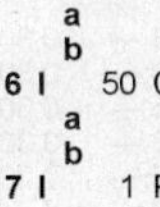

1903, Jan./1905, 19. Nov. Freimarken: König Edward VII; Ausgabe von Gibraltar, jedoch mit geänderter Wertangabe in CENTIMOS bzw. PESETAS und zweizeiligem Londoner Aufdruck „Morocco / Agencies". Wz. 1; gez. 14.

9

9	5 C	grün/dunkelgrün (Jan. 1903)	(f)	6,—	3,—
10	10 C	dunkellila auf rot (Aug. 1903)	(f)	5,—	0,30
11	20 C	grün/karmin (Sept. 1904)	(f)	10,—	70,—
12	25 C	lila/schwarz auf blau (1.7.1903)	(f)	4,—	0,30
13	50 C	lila/violett (3.7.1905)	(f)	120,—	200,—
14	1 Pta	schwarz/karmin (19.11.1905)	(f)	60,—	200,—

15	2 Pta	schwarz/ultramarin (19.11.1905)	(f)	75,—	180,—
		Satzpreis (7 W.)		280,—	650,—

MiNr. 9 und 11 sind sehr licht- und wasserempfindlich.

Aufdruckfehler „Verbindungsstrich zwischen n und c" ist bei allen Werten bekannt.

1905/ 06. Freimarken: König Edward VII; Ausgabe von Gibraltar, jedoch mit geänderter Wertangabe in CENTIMOS bzw. PESETAS und zweizeiligem Londoner Aufdruck „Morocco / Agencies". Bdr. auf gewöhnlichem (MiNr. 16–18) oder gestrichenem Papier (MiNr. 16–17 und 19–22); Wz. 2; gez. 14.

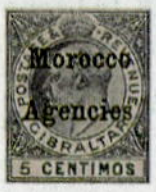

16

16	5 C	seegrün/blaugrün	(f)	10,—	6,—
17	10 C	dunkellila auf rot	(f)	10,—	2,—
18	20 C	grün/karmin (1906)	(f)	8,—	40,—
19	25 C	violett/schwarz auf blau (1906)	(f)	60,—	10,—
20	50 C	lila/violett (1906)	(f)	10,—	50,—
21	1 Pta	schwarz/karmin	(f)	40,—	110,—
22	2 Pta	schwarz/ultramarin	(f)	24,—	50,—
		Satzpreis (7 W.)		160,—	260,—

MiNr. 16 und 18 sind sehr licht- und wasserempfindlich.

Aufdruckfehler „n-c" wie bei MiNr. 9–15 ist auch hier bei allen Werten bekannt.

1907. Freimarken: König Edward VII.; Ausgabe von Großbritannien mit dreizeiligem Aufdruck „MOROCCO / AGENCIES" und Wertangabe.

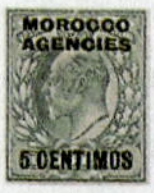

23

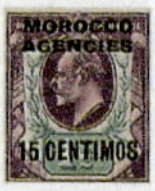

25

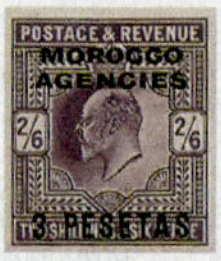

30

23	**5 C**	auf ½ P gelblichgrün	(103 A)	8,—	0,30
24	**10 C**	auf 1 P rot	(104 A)	10,—	0,30
25	**15 C**	auf 1½ P purpur/grün	(105 A)	5,—	0,30
26	**20 C**	auf 2 P grün/rot	(106 A)	3,—	0,30
27	**25 C**	auf 2½ P blau	(107 A)	2,—	0,30
28	**50 C**	auf 5 P violett/blau	(110 A)	9,—	4,—
29	**1 Pta**	auf 10 P rot/purpur	(113 A)	25,—	11,—
30	**3 Pta**	auf 2'6 Sh'P dunkellila	(115 A)	30,—	40,—
31	**6 Pta**	auf 5 Sh karmin	(116 A)	50,—	75,—
32	**12 Pta**	auf 10 Sh blau	(117 A)	120,—	120,—
		Satzpreis (10 W.)		260,—	250,—

MiNr. 25–26 sind sehr licht- und wasserempfindlich.

Weitere Werte: MiNr. 40–41

1907, 30. April/1912, März. Freimarken für den Paketverkehr der internationalen Zone: König Edward VII.; Ausgabe von Großbritannien mit zweizeiligem Aufdruck „MOROCCO / AGENCIES", ohne neue Wertangabe.

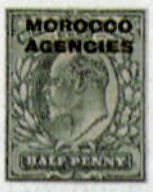

33

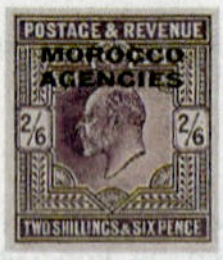

39

33	½ P	gelblichgrün (1.6.1907)	(103 A)	2,50	10,—
34	1 P	rot (5.5.1907)	(104 A)	8,—	5,—
35	2 P	grün/rot (30.4.1907)	(106 A)	10,—	7,—
36	4 P	braun/grün (März 1912)	(109 A)	5,50	5,—
37	6 P	purpur (5.5.1907)	(111 A)	18,—	15,—
38	1 Sh	rot/grün (5.5.1907)	(114 A)	30,—	25,—
39	2'6 Sh'P	purpur (5.5.1907)	(115 A)	100,—	140,—
		Satzpreis (7 W.)		170,—	200,—

MiNr. 35–36 und 38 sind sehr licht- und wasserempfindlich.

Weiterer Wert: MiNr. 42

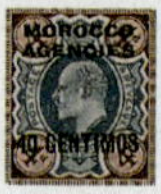

40

1907, 29. Okt. Freimarke: König Edward VII.; Ausgabe von Großbritannien mit dreizeiligem Aufdruck „MOROCCO / AGENCIES" und Wertangabe.

40	**40 C**	auf 4 P braun/grün	(109 A)	3,—	5,—

MiNr. 40 ist sehr licht- und wasserempfindlich.

Weitere Werte: MiNr. 23–32, 41

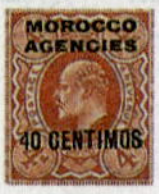

41

1910, 12. Mai. Freimarke: König Edward VII.; Ausgabe von Großbritannien mit dreizeiligem Aufdruck „MOROCCO / AGENCIES" und Wertangabe.

41	**40 C**	auf 4 P orange	(119 A)	1,50	1,—

Weitere Werte: MiNr. 23–32, 40

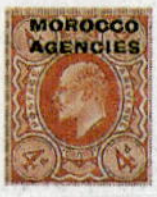

42

1912, März. Freimarke für den Paketverkehr der internationalen Zone: König Edward VII.; Ausgabe von Großbritannien mit zweizeiligem Aufdruck „MOROCCO / AGENCIES", ohne neue Wertangabe.

42	4 P	orange	(119 A)	12,—	15,—

Weitere Werte: MiNr. 33–39

Nachdem Marokko aufgeteilt wurde (1912 Französisch-Marokko, 1911 Spanische Provinz Marokko (Marruecos Español), 1912 internationale Zone Tanger) wurden die Marken mit Aufdruck "MOROCCO AGENCIES" ohne neue Wertangabe (MiNr. 33–39 und 42) in allen drei Gebieten weiterverwendet. Weitere Ausgaben dieser Art werden unter „B. Ausgaben in Britischer Währung" geführt. Dagegen durften die Marken mit weiterem Aufdruck der Wertangabe CENTIMES bzw. FRANCS nur in Französisch-Marokko, CENTIMOS bzw. PESETAS nur in Spanisch-Marokko verwendet werden; siehe jeweiliges Kapitel.

Die Marken mit Aufdruck „TANGIER" siehe unter Tanger, Britische Post.

B. Ausgaben in britischer Währung

für britische Postämter in allen Gebieten

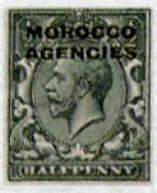

43

1914/1926. Freimarken: König George V.; Ausgabe von Großbritannien mit zweizeiligem Aufdruck „MOROCCO / AGENCIES".

				✶	⊙
43	½ P	gelbgrün (1918)	(127)	3,—	0,80
44	1 P	rot	(128)	1,—	0,30
45	1½ P	rotbraun (1921)	(129)	3,—	15,—
46	2 P	dunkelorange	(130 a)	5,—	0,50
47	3 P	lebhaftblauviolett (1921)	(132 a)	1,—	1,—
48	4 P	schwarzgrün (1921)	(133)	3,—	1,—
49	6 P	rötlichlila (1921)	(135)	6,—	20,—
50	1 Sh	ockerbraun (1917)	(140)	8,—	1,40
51	2'6 Sh'P	schwarzbraun (1914)	(141 I)	65,—	80,—
52	2'6 Sh'P	braun (1917)	(141 II)	75,—	45,—
53	2'6 Sh'P	braun (1925)	(141 III)	50,—	35,—
		Satzpreis (11 W.)		220,—	200,—

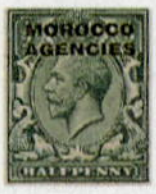

54

1925/1936, Jan. Freimarken: König George V.; Ausgabe von Großbritannien mit zweizeiligem Aufdruck „MOROCCO / AGENCIES".

I = Aufdrucklänge 14½ mm

				✶✶	⊙
54 I	½ P	gelbgrün (1925)	(154)	2,—	0,50
55 I	1½ P	rotbraun (20.5.1931)	(156)	26,—	20,—
56 I	2 P	orange (1925)	(157)	6,—	1,50
57 I	2½ P	blau (1925)	(158)	6,—	8,—
59 I	6 P	violett (1931)	(162)	6,—	12,—
60 I	1 Sh	ockerbraun (1925)	(165)	45,—	8,—
61 I	5 Sh	karmin (30.6.1930)	(142 III)	160,—	150,—
			Satzpreis I (7 W.)	250,—	200,—

II = Aufdrucklänge 15½ mm

54 II	½ P	gelbgrün (1935)	(154)	12,—	40,—
57 II	2½ P	blau (1935)	(158)	250,—	25,—
59 II	6 P	violett (1935)	(162)	2,—	1,—
58 II	4 P	graugrün (Jan. 1936)	(160)	16,—	45,—
60 II	1 Sh	ockerbraun (1935)	(165)	120,—	70,—
			Satzpreis II (5 W.)	400,—	180,—

MiNr. 54 I–61 I wurden früher als 54–61 katalogisiert.
MiNr. 54 II–60 II wurden früher als 54 I–60 I katalogisiert.

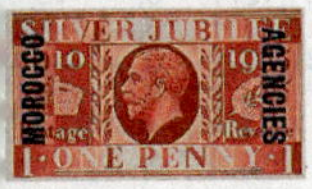
63

1935, 8. Mai. 25. Regierungsjubiläum von König George V.; Ausgabe von Großbritannien mit senkrechtem Aufdruck „MOROCCO / AGENCIES".

62	½ P	grün	(189) Bl	4,20	6,—
63	1 P	karminrot	(190) Bl	4,20	6,—
64	1½ P	dunkelbraun	(191) Bl	4,50	14,—
65	2½ P	ultramarin	(192) R	4,50	4,—
			Satzpreis (4 W.)	17,—	30,—

Auflagen: MiNr. 62 = 107.000, MiNr. 63 = 46.895, MiNr. 64 = 153.000, MiNr. 65 = 62.500 Stück

1935, 14. Okt./1937, 23. März. Freimarken: König George V. nach links im vollfarbigen Oval; Ausgabe von Großbritannien mit zweizeiligem Aufdruck „MOROCCO / AGENCIES".

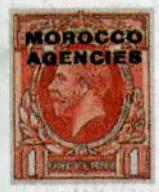
66

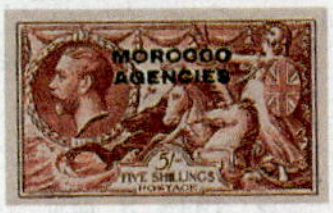
74

66	1 P	rot (Nov. 1935)	(176)	9,—	18,—
67	1½ P	rotbraun (14.10.1935)	(177)	6,—	20,—
68	2 P	orange (1.5.1936)	(178)	1,—	10,—
69	2½ P	ultramarin (11.2.1936)	(179)	4,50	6,—
70	3 P	violett (2.3.1936)	(180)	1,—	0,50
71	4 P	graugrün (14.5.1936)	(181)	1,—	0,50
72	1 Sh	dunkelockerbraun (31.8.1936)	(185)	2,50	6,—
73	2'6 Sh'P	lilabraun (14.10.1935)	(186)	90,—	80,—
74	5 Sh	rosa (23.2.1937)	(187)	65,—	140,—
			Satzpreis (9 W.)	180,—	280,—

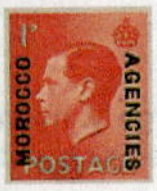
75

1936, 26. Okt./1937, 5. Jan. Freimarken: König Edward VIII. Ausgabe von Großbritannien mit senkrechtem Aufdruck „MOROCCO / AGENCIES" in zwei Typen.

I = Aufdruck MOROCCO 14½ mm lang (26.10.1936)

75 I	1 P	rot	(194)	0,30	0,40
76 I	2½ P	lebhaftviolettultramarin	(196)	0,30	0,30
			Satzpreis I (2 W.)	0,50	0,70

II = Aufdruck MOROCCO 15½ mm lang (5.1.1937)

75 II	1 P	rot	(194)	8,50	22,—
76 II	2½ P	lebhaftviolettultramarin	(196)	1,50	8,—
			Satzpreis II (2 W.)	10,—	30,—

An Stelle der Marken MiNr. 66–76 wurden ab 1937 die Marken von Großbritannien ohne Aufdruck in Tanger und in Marokko für Pakete benützt.

1949, 16. Aug. Freimarken: König George VI.; Ausgabe von Großbritannien mit waagerechtem Aufdruck „MOROCCO / AGENCIES".

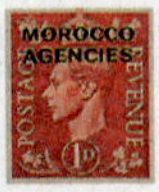
78

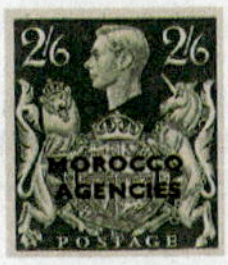
92

77	½ P	mattgrün	(221)	2,50	7,—
78	1 P	mattrot	(222)	4,—	10,—
79	1½ P	mattrotbraun	(223)	4,—	9,—
80	2 P	mattorange	(224)	4,50	10,—
81	2½ P	lebhaftultramarin	(225)	5,—	12,—
82	3 P	mattpurpurviolett	(226)	2,—	2,—
83	4 P	schwarzgraugrün	(204)	0,70	1,50
84	5 P	siena	(205)	4,50	20,—
85	6 P	violett	(206)	2,—	1,50
86	7 P	smaragdgrün	(207)	0,60	24,—
87	8 P	rotkarmin	(208)	4,50	9,—
88	9 P	dunkelgrünoliv	(209)	0,60	15,—
89	10 P	grünblau	(210)	1,—	8,—
90	11 P	dunkelviolett	(227)	0,60	8,—
91	1 Sh	dunkelockerbraun	(211)	3,60	8,—
92	2'6 Sh'P	grünoliv	(228)	15,—	40,—
93	5 Sh	bräunlichrot	(213)	45,—	80,—
			Satzpreis (17 W.)	100,—	260,—

MiNr. 77–93 waren sowohl bei den Postämtern in Spanisch-Marokko (Tetuan) als auch in Tanger in Verwendung.

Weitere Werte: MiNr. 94–98

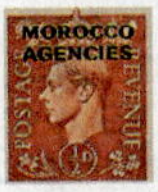
94

1951, 3. Mai. Freimarken: König George VI.; Ausgabe von Großbritannien mit waagerechtem Aufdruck „MOROCCO / AGENCIES".

94	½ P	hellorangerot	(246)	2,50	1,—
95	1 P	lebhaftviolettblau	(247)	2,50	1,50
96	1½ P	mattgelbgrün	(248)	2,50	8,—
97	2 P	rotbraun	(249)	2,50	5,—
98	2½ P	mattrot	(250)	2,50	5,—
			Satzpreis (5 W.)	12,—	20,—

Weitere Werte: MiNr. 77–93

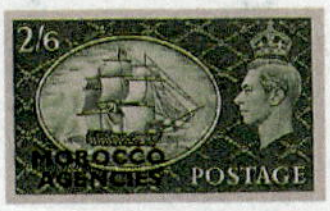
99

1951, 3. Mai. Freimarken: König George VI.; Ausgabe von Großbritannien mit waagerechtem Aufdruck „MOROCCO / AGENCIES".

99	2'6 Sh'P	dunkelolivgrün	(251)	18,—	25,—
100	5 Sh	braunrot	(252)	18,—	30,—
			Satzpreis (2 W.)	35,—	55,—

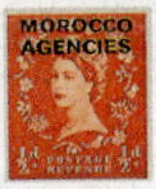
101

1952, 5. Dez./1955, 1. März. Freimarken: Königin Elizabeth II.; Ausgabe von Großbritannien mit waagerechtem Aufdruck „MOROCCO / AGENCIES".

101	½ P	rotorange (31.8.1953)	(257)	0,30	0,30
102	1 P	lebhaftviolettultramarin (31.8.1953)	(258)	0,30	1,40
103	1½ P	dunkelgelbgrün (5.12.1952)	(259)	0,30	0,30
104	2 P	rotbraun (31.8.1953)	(260)	0,30	1,50

105	2½ P	karminrot (5.12.1952)	(261)	0,30	0,50
106	4 P	violettblau (1.3.1955)	(263)	1,20	4,50
107	5 P	siena (6.7.1953)	(264)	1,—	0,70
108	6 P	dunkelrötlichlila (1.3.1955)	(265)	1,20	4,50
109	8 P	magentarot (6.7.1953)	(267)	1,20	1,50
110	1 Sh	olivbraun (6.7.1953)	(271)	1,20	0,80
			Satzpreis (10 W.)	7,—	16,—

Auflagen: MiNr. 101 = 198.720, MiNr. 102 = 133.920, MiNr. 103 = 187.200, MiNr. 104 = 128.400, MiNr. 105 = 180.960, MiNr. 106 = 119.040, MiNr. 107 = 118.080, MiNr. 108 = 117.360, MiNr. 109 = 89.040, MiNr. 110 = 118.080 Stück

Weiterer Wert: MiNr. 111

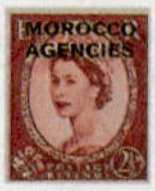

111

1956, 10. Sept. Freimarke: Königin Elizabeth II.; Ausgabe von Großbritannien mit waagerechtem Aufdruck „MOROCCO / AGENCIES".

111	2½ P	karminrot	(286)	1,20	3,60

Auflage: 83.520 Stück

Weitere Werte: MiNr. 101–110

Am 31.12.1956 wurde der Verkauf der Marken mit Aufdruck „MOROCCO AGENCIES" eingestellt.

C. Ausgaben in spanischer Währung

für britische Postämter in Spanisch-Marokko

Aufdrucke „MOROCCO AGENCIES" und Wertangabe in spanischer Währung „CENTIMOS" bzw. „PESETAS"

MiNr. 112–173 wurden früher als A 101–162 katalogisiert.

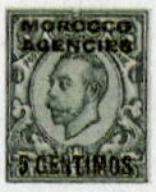

112

1914. Freimarken: König George V.; Ausgabe von Großbritannien mit dreizeiligem Aufdruck.

				*	⊙
112	5 C	auf ½ P grün	(121 II)	3,50	0,30
113	10 C	auf 1 P rot	(122 II)	1,50	0,30
			Satzpreis (2 W.)	5,—	0,40

1914/1915. Freimarken: König George V.; Ausgabe von Großbritannien der Ausgabe 1912/1913 mit Aufdruck in zwei Typen.

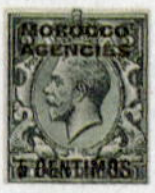

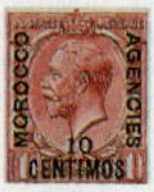

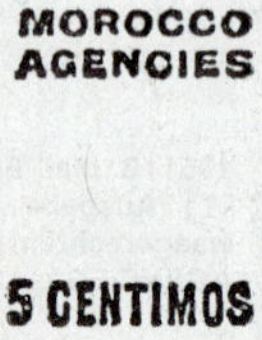

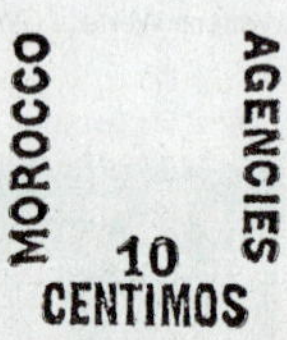

114 115 Type I Type II

114	5 C	auf ½ P gelbgrün	(127) I	1,—	0,30
115	10 C	auf 1 P rot	(128) II	2,—	0,30
116	15 C	auf 1½ P rotbraun (1915)	(129) I	1,50	0,30
117	20 C	auf 2 P dunkelorange	(130) II	1,50	0,30
118	25 C	auf 2½ P lebhaftviolettultramarin	(131) II	2,50	0,30
119	1 Pta	auf 10 P grünblau	(139) II	6,50	7,50
			Satzpreis (6 W.)	15,—	9,—

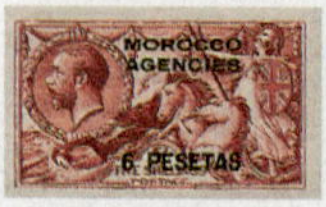

120

1914/1926, 27. April. Freimarken: König George V.; Shillingwerte der Ausgabe 1912–1918 von Großbritannien mit dreizeiligem Aufdruck.

Auf Ausgabe 1913 (Waterlow Bros & Layton)

120	**6 Pta**	auf 5 Sh rotlila	(142 I)	40,—	70,—
121	**12 Pta**	auf 10 Sh indigo	(143 I)	180,—	250,—

Auf Ausgabe 1915 (De La Rue & Co.)

122 I	**3 Pta**	auf 2'6 Sh'P braun (1918)	(141 II)	45,—	150,—
123	**12 Pta**	auf 10 Sh dunkelkobalt	(143 II)	150,—	200,—

Auf Ausgabe 1918 (Bradbury, Wilkinson & Co.)

122 II	**3 Pta**	auf 2'6 Sh'P braun (27.4.1926)	(141 III)	35,—	120,—

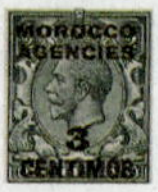

124

1917. Freimarken: König George V.; Ausgabe von Großbritannien mit vierzeiligem Aufdruck.

124	**3 C**	auf ½ P gelbgrün	(127)	3,—	10,—
125	**40 C**	auf 4 P schwarzgrün	(133)	6,—	6,—
			Satzpreis (2 W.)	9,—	16,—

1925, 12. Okt./1931. Freimarken: König George V.; Ausgabe von Großbritannien 1924–1925 mit Aufdruck in zwei Typen wie MiNr. 114–119.

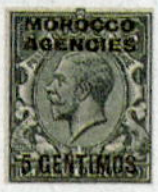

126

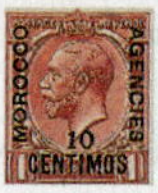

127

				**	⊙
126	**5 C**	auf ½ P gelbrün (3.1.1931)	(154) I	1,50	18,—
127	**10 C**	auf 1 P rot (4.11.1929)	(155) II	30,—	28,—
128	**15 C**	auf 1½ P rotbraun (12.10.1925)	(156) I	15,—	25,—
129	**20 C**	auf 2 P orange (1931)	(157) II	6,—	10,—
130	**25 C**	auf 2½ P blau (12.10.1925)	(158) II	4,—	2,—
131	**40 C**	auf 4 P graugrün (1930)	(160) I	4,—	2,—
			Satzpreis (6 W.)	60,—	85,—

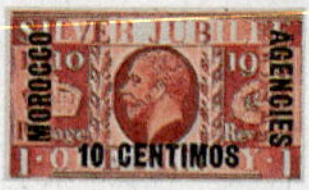

133

1935, 8. Mai. 25. Regierungsjubiläum von König George V.; Ausgabe von Großbritannien mit Aufdruck in spanischer Währung.

132	**5 C**	auf ½ P grün	(189) BI	3,—	1,20
133	**10 C**	auf 1 P karmirot	(190) BI	7,50	3,60
134	**15 C**	auf 1½ P dunkelbraun	(191) BI	5,—	22,—
135	**25 C**	auf 2½ P ultramarin	(192) R	15,—	4,—
			Satzpreis (4 W.)	30,—	30,—

Auflagen: MiNr. 132 = 107.000, MiNr. 133 = 46.895, MiNr. 134 = 153.125, MiNr. 135 = 62.800 Stück

1935, 11. April/1937, 18. Mai. Freimarken: König George V. nach links im vollfarbigen Oval; Ausgabe von Großbritannien mit Aufdruck in zwei Typen wie MiNr. 114–119.

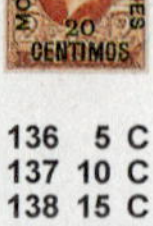

139

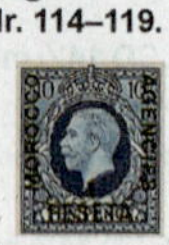

142

136	**5 C**	auf ½ P grün (9.6.1936)	(175) I	2,50	20,—
137	**10 C**	auf 1 P rot (24.11.1935)	(176) II	7,50	15,—
138	**15 C**	auf 1½ P rotbraun (11.4.1935)	(177) I	7,50	5,—
139	**20 C**	auf 2 P orange (26.10.1936)	(178) II	1,20	0,40
140	**25 C**	auf 2½ P ultramarin (8.9.1936)	(179) II	4,—	8,—
141	**40 C**	auf 4 P graugrün (18.5.1937)	(181) I	1,30	5,—
142	**1 Pta**	auf 10 P dunkelgrünblau (14.4.1937)	(184) II	6,—	1,60
			Satzpreis (7 W.)	30,—	55,—

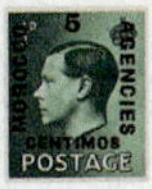

1936, 26. Okt./1937, 5. Jan. Freimarken: König Edward VIII.; Ausgabe von Großbritannien mit Aufdruck in spanischer Währung.

143

I = Aufdrucklänge 14½ mm (26.6.1936)

143 I 5 C	auf ½ P dunkelgelbgrün	(193)	0,30	0,30
144 I 10 C	auf 1 P rot	(194)	0,30	1,60
145 I 15 C	auf 1½ P rotbraun	(195)	0,30	0,30
146 I 25 C	auf 2½ P lebhaftviolettultramarin	(196)	0,30	0,30
		Satzpreis (4 W.)	1,20	2,50

II = Aufdrucklänge 15½ mm (5.1.1937)

144 II 10 C	auf 1 P rot	(194)	5,—	16,—

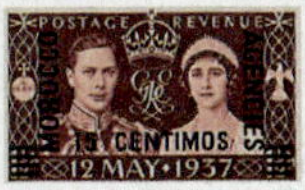

1937, 13. Mai. Krönung von König George VI.; Ausgabe von Großbritannien mit blauem Aufdruck.

147

147 15 C	auf 1½ P dunkelbraunlila	(197)	1,—	0,50

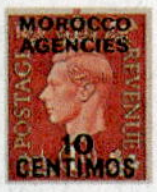

1937, 11. Juni/4. Aug. Freimarken: König George VI.; Ausgabe von Großbritannien mit Aufdruck in spanischer Währung.

149

148 5 C	auf ½ P dkl'gelbgrün (11. Juni)	(198) Bl	1,20	0,30
149 10 C	auf 1 P rot (11. Juni)	(199)	1,—	0,30
150 15 C	auf 1½ P rotbraun (4. Aug.)	(200) Bl	2,80	0,30
151 25 C	auf 2½ P violettblau (11. Juni)	(202) Bl	2,—	0,90
		Satzpreis (4 W.)	7,—	1,80

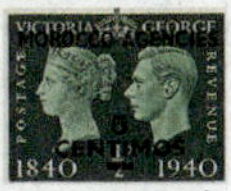

1940, 6. Mai. 100 Jahre Briefmarken; Ausgabe von Großbritannien mit Aufdruck.

152

152 5 C	auf ½ P dunkegelbgrün	(215) Bl	0,40	2,50
153 10 C	auf 1 P rot	(216)	4,50	4,—
154 15 C	auf 1½ P rotbraun	(217) Bl	0,80	5,—
155 25 C	auf 2½ P violettlau	(219)	0,80	2,50
		Satzpreis (4 W.)	6,50	14,—

1940, Sept. Freimarken: König George VI.; Ausgabe von Großbritannien mit Aufdruck.

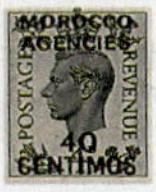

156

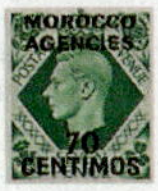

157

156 40 C	auf 4 P schwarzgraugrün	(204)	35,—	16,—
157 70 C	auf 7 P hellgelbgrün	(207)	3,—	20,—
		Satzpreis (2 W.)	38,—	36,—

Weitere Werte: MiNr. 164–169

1948, 26. April. Silberhochzeit des englischen Königspaares; Ausgabe von Großbritannien mit Aufdruck „MOROCCO AGENCIES" und Wertangabe in spanischer Währung.

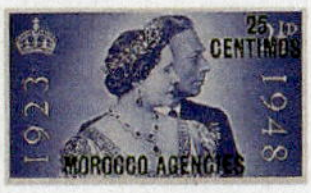

158

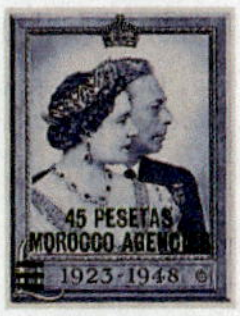

159

158 25 C	auf 2½ P violettblau	(233)	0,60	0,30
159 45 Pta	auf 1 £ dunkelkobalt	(234)	25,—	30,—
		Satzpreis (2 W.)	25,—	30,—

Auflage: MiNr. 159 = 26.033 Stück

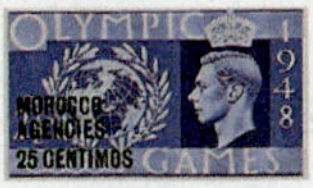

160

1948, 29. Juli. Olympische Spiele, London; Ausgabe von Großbritannien mit Aufdruck „MOROCCO AGENCIES" und Wertangabe in spanischer Währung.

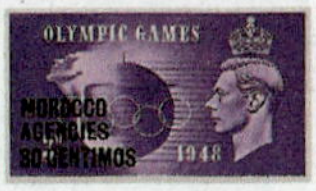

161

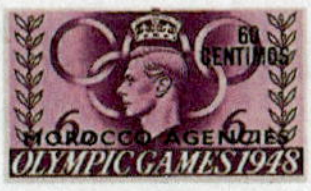

162

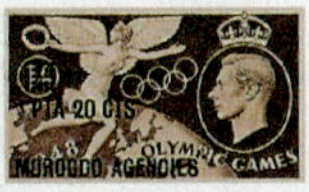

163

160 25 C	auf 2½ P violettblau	(237)	0,60	1,20
161 30 C	auf 3 P bläulichviolett	(238)	0,60	1,20
162 60 C	auf 6 P dunkellila	(239)	0,60	1,20
163 1.20 Pta	auf 1 Sh siena	(240)	0,70	1,20
		Satzpreis (4 W.)	2,50	4,80

Auflagen: MiNr. 160 = 107.309, MiNr. 161 = 100.020, MiNr. 162 = 94.278, MiNr. 163 = 93.304 Stück

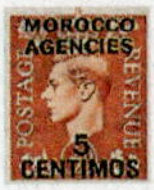

1951, 3. Mai/1952, 16. Juni. Freimarken: König George VI.; Ausgabe von Großbritannien mit Aufdruck „MOROCCO AGENCIES" und Wertangabe in spanischer Währung.

164

164 5 C	auf ½ P hellorangerot (3.5.1951)	(246)	3,—	6,—
165 10 C	auf 1 P lebhaftviolettblau (3.5.1951)	(247)	4,50	9,—
166 15 C	auf 1½ P mattgelbgrün (3.5.1951)	(248)	2,50	20,—
167 25 C	auf 2½ P mattrot (3.5.1951)	(250)	2,50	15,—
168 40 C	auf 4 P lebhaftviolettblau (26.5.1952)	(245)	1,—	14,—
169 1 Pta	auf 10 P dkl'grünblau (16.6.1952)	(210)	2,50	7,—
		Satzpreis (6 W.)	16,—	70,—

Weitere Werte: MiNr. 156–157

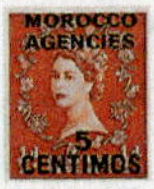

1954, 1. Sept./1955, 1. März. Freimarken: Königin Elizabeth II.; Ausgabe von Großbritannien mit Aufdruck „MOROCCO / AGENCIES" und Wertangabe in spanischer Währung.

170

170 5 C	auf ½ P rotorange (1.9.1954)	(257)	0,30	3,—
171 10 C	auf 1 P lebhaftviolettultramarin (1.3.1955)	(258)	0,70	2,—
		Satzpreis (2 W.)	1,—	5,—

Auflagen: MiNr. 170 = 756.000, MiNr. 171 = 346.320 Stück

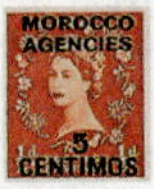

1956, Juni/15. Aug. Freimarken: Königin Elizabeth II.; Ausgabe von Großbritannien mit Aufdruck „MOROCCO / AGENCIES" und Wertangabe in spanischer Währung.

172

172	5 C	auf ½ P rotorange (Juni)	(282)	0,30	3,50
173	40 C	auf 4 P lebhaftviolettultramarin (15. Aug.)	(288)	0,90	2,50
		Satzpreis (2 W.)		1,20	6,—

Auflagen: MiNr. 172 = 347.760, MiNr. 173 = 78.000 Stück

D. Ausgaben in französischer Währung

für britische Postämter in Französisch-Marokko

Aufdrucke „MOROCCO / AGENCIES" und Wertangabe in französischer Währung „CENTIMES" und „FRANCS"

1917, Dez./1924. Freimarken: König George V.; Ausgabe von Großbritannien mit dreizeiligem Aufdruck.

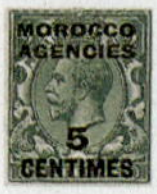

202

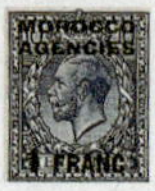

209

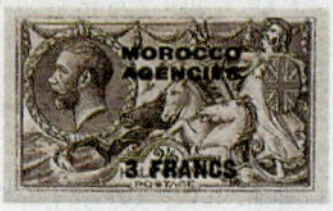

210

				✶	⊙
201	3 C	auf ½ P gelbgrün (Dez. 1917)	(127) R	1,—	4,—
202	5 C	auf ½ P gelbgrün (Dez. 1917)	(127)	0,50	0,30
203	10 C	auf 1 P rot (Dez. 1917)	(128)	3,50	0,30
204	15 C	auf 1½ P rotbraun (Dez. 1917)	(129)	2,50	0,30
205	25 C	auf 2½ P lebhaftviolettultramarin (Dez. 1917)	(131)	2,—	0,30
206	40 C	auf 4 P schwarzgrün (Dez. 1917)	(133)	2,50	1,20
207	50 C	auf 5 P dunkelgelbbraun (24.10.1923)	(134)	1,—	4,—
208	75 C	auf 9 P oliv (1924)	(153)	1,—	1,10
209	1 Fr	auf 10 P grünblau (Dez. 1917)	(139)	7,—	3,50
210	3 Fr	auf 2'6 Sh'P braun (1924)	(141 III)	11,—	3,—
		Satzpreis (10 W.)		32,—	18,—

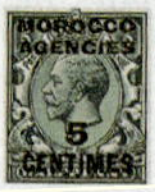

211

1925. Freimarken: König George V.; Ausgabe von Großbritannien mit dreizeiligem Aufdruck mit Wertangaben in französischer Währung.

				✶✶	⊙
211	5 C	auf ½ P gelbgrün	(154)	0,90	9,—
212	10 C	auf 1 P rot	(155)	0,90	2,—
213	15 C	auf 1½ P rotbraun	(156)	1,80	2,50
214	25 C	auf 2½ P blau	(158)	3,—	0,60
215	40 C	auf 4 P graugrün	(160)	1,40	1,—
216	50 C	auf 5 P siena	(161)	1,80	0,30
217	75 C	auf 9 P grünoliv	(163)	4,—	0,30
218	1 Fr	auf 10 P grünblau	(164)	2,20	0,30
		Satzpreis (8 W.)		16,—	16,—

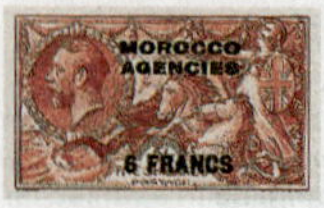

219

1932, 23. Sept. Freimarke: König George V. und Britannia. Großbritannien MiNr. 142 III mit Aufdruck wie MiNr. 210.

219	6 Fr	auf 5 Sh karmin	(142 III)	120,—	60,—

1934, 8. Mai. Freimarken: König George V.; Ausgabe von Großbritannien mit Aufdruck „MOROCCO / AGENCIES" und Wertangabe in französischer Währung.

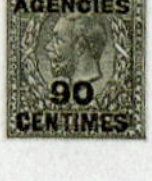

220

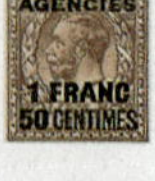

221

220	90 C	auf 9 P grünoliv	(163)	20,—	11,—
221	1.50 Fr	auf 1 Sh ockerbraun	(165)	15,—	3,—
		Satzpreis (2 W.)		35,—	14,—

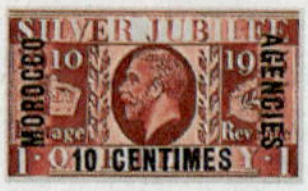

223

1935, 8. Mai. 25. Regierungsjubiläum von König George V.; Ausgabe von Großbritannien mit Aufdruck.

222	5 C	auf ½ P grün	(189) Bl	0,40	0,30
223	10 C	auf 1 P karminrot	(190) Bl	3,20	0,60
224	15 C	auf 1½ P dunkelbraun	(191) Bl	0,40	2,—
225	25 C	auf 2½ P ultramarin	(192) R	0,50	0,30
		Satzpreis (4 W.)		4,50	3,20

Auflagen: MiNr. 222 = 107.000, MiNr. 223 = 46.000, MiNr. 224 = 153.000, MiNr. 225 = 42.500 Stück

1935, 21. Okt./1937, 20. Juli. Freimarken: König George V. nach links im vollfarbigen Oval; Ausgabe von Großbritannien mit Aufdruck.

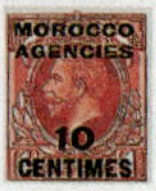

227

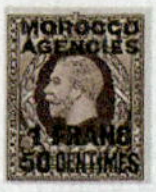

234

226	5 C	auf ½ P grün (21.10.1935)	(175)	1,40	4,50
227	10 C	auf 1 P rot (2.3.1936)	(176)	0,80	0,30
228	15 C	auf 1½ P rotbraun (1935)	(177)	5,—	4,—
229	25 C	auf 2½ P ultramarin (25.9.1936)	(179)	0,80	0,30
230	40 C	auf 4 P graugrün (2.12.1936)	(181)	0,80	0,30
231	50 C	auf 5 P gelbbraun (15.9.1936)	(182)	0,80	0,30
232	90 C	auf 9 P dkl'grünoliv (15.2.1937)	(183)	0,80	1,50
233	1 Fr	auf 10 P dkl'grünblau (10.2.1937)	(184)	0,80	0,30
234	1.50 Fr	auf 1 Sh dkl'ockerbraun (20.7.1937)	(185)	0,80	3,50
235	3 Fr	auf 2 Sh 6 P lilabraun (1935)	(186)	12,—	18,—
236	6 Fr	auf 5 Sh rosa (9.6.1936)	(187)	18,—	32,—
		Satzpreis (11 W.)		42,—	65,—

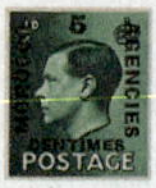

237

1936, 26. Okt. Freimarken: König Edward VIII.; Ausgabe von Großbritannien mit Aufdruck in französischer Währung.

237	5 C	auf ½ P dunkelgelbgrün	(193)	0,30	0,30
238	15 C	auf 1½ P rotbraun	(195)	0,30	0,30
		Satzpreis (2 W.)		0,30	0,40

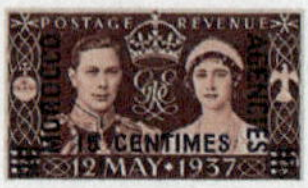

239

1937, 13. Mai. Krönung von König George VI.; Ausgabe von Großbritannien mit Aufdruck.

239	15 C	auf 1½ P dunkelbraunlila	(197) Bl	0,40	0,30

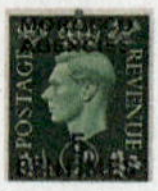

240

1937, 11. Juni. Freimarke: König George VI.; Ausgabe von Großbritannien mit Aufdruck.

240	5 C	auf ½ P dunkelgelbgrün	(198) Bl	4,—	3,—

Die Ausgabe von Marken mit Aufdruck in französischer Währung wurde am 8.1.1938 eingestellt.

Britische Post in der Türkei

Währung: 1 Piaster (Pia) = 40 Para (Pa) oder 1 Shilling (Sh) = 12 Pence (P)

Bereits vor der Ausgabe eigener Marken bestanden in der Türkei britische Postämter in:
Constantinopel (seit 1857) Entwerter C (besondere Typen), Stambul (seit 1885) Entwerter S (IV) und Datumstempel, Smyrna (seit 1872) Büronummer F 87 (IV) und Datumstempel, Beyrouth (seit 1873) Büronummer G 06 (IV) und Datumstempel, Salonica (seit 1900) Datumstempel. Die Hauptformen siehe am Beginn dieses Kapitels.

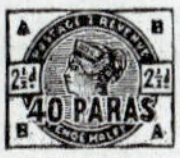
1

1885, 1. Aug. Freimarken: Königin Victoria; Ausgabe von Großbritannien mit Aufdruck.

				★	⊙
1	40 Pa	auf 2½ P mattpurpurviolett	(75)	120,—	1,50
2	80 Pa	auf 5 P dunkelgelbgrün	(78)	260,—	14,—
3	12 Pia	auf 2 Sh 6 P purpurviolett			
x		weißes Papier	(82 x)	60,—	32,—
y		bläuliches Papier	(82 y)	450,—	300,—

MiNr. 2 ist sehr licht- und wasserempfindlich.

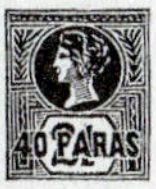
4

1887/1889. Freimarken: Königin Victoria; Ausgabe von Großbritannien mit Aufdruck.

4	40 Pa	auf 2½ P violett auf blau	(89)	12,—	0,30
5	80 Pa	auf 5 P violett/blau	(93)	18,—	0,30
		Satzpreis (2 W.)		30,—	0,50

1893, 25. Febr. Freimarke für Konstantinopel: Königin Victoria; Ausgabe von Großbritannien mit Handstempelaufdruck.

6	40 Pa	auf ½ P orangerot	(86)	600,—	150,—

⊛

Gültig bis 1.3.1893

1896, 10. Okt. Freimarke: Königin Victoria; Ausgabe von Großbritannien mit Aufdruck.

7	4 Pia	auf 10 P karmin/mattviolett	(96)	50,—	12,—

1902, 6. Febr./1905, 15. Aug. Freimarken: König Edward VII.; Ausgabe von Großbritannien mit Aufdruck; gewöhnliches Papier, MiNr. 10 und 11 auch auf gestrichenem Papier.

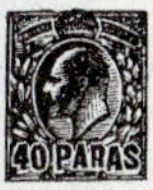
8

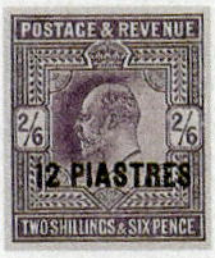
11

8	40 Pa	auf 2½ P blau (6.2.1902)	(107 A)	18,—	0,30
9	80 Pa	auf 5 P violett/blau (5.6.1902) ..	(110 A)	12,—	3,—
10	4 Pia	auf 10 P rot/purpur (6.9.1902) .	(113 A)	20,—	7,—
11	12 Pia	auf 2'6 Sh'P purpur (29.8.1903).	(115 A)	45,—	50,—
12	24 Pia	auf 5 Sh karmin (15.8.1905) ...	(116 A)	45,—	60,—
		Satzpreis (5 W.)		140,—	120,—
9 I		kleine Null in „80"		350,—	300,—

Weitere Werte: MiNr. 23–24, 26–34

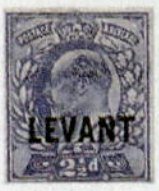
17

1905, 15. Aug. Freimarken in britischer Währung für Pakete: König Edward VII.; Ausgabe von Großbritannien mit Aufdruck „LEVANT"; gewöhnliches Papier, MiNr. 15–16 und 22 auch auf gestrichenem Papier.

13	½ P	gelblichgrün	(103)	4,—	0,30
14	1 P	rot	(104)	3,50	0,30
15	1½ P	purpur/grün	(105)	6,—	2,40
16	2 P	grün/rot	(106)	4,—	10,—
17	2½ P	blau	(107)	10,—	25,—
18	3 P	violett/gelb	(108)	7,50	16,—
19	4 P	braun/grün	(109)	10,—	28,—
20	5 P	violett/blau	(110)	20,—	34,—
21	6 P	purpur	(111)	15,—	34,—
22	1 Sh	rot/grün	(114)	40,—	50,—
		Satzpreis (10 W.)		120,—	200,—

MiNr. 15–16, 19 und 22 sind sehr licht- und wasserempfindlich.

MiNr. 16 mit weiterem Aufdruck: MiNr. 25

1905, 11. Nov./1912, Juli. Freimarken: König Edward VII.; Ausgabe von Großbritannien mit geändertem Wertaufdruck; gewöhnliches Papier, MiNr. 24 auch auf gestrichenem Papier.

I PIASTRE Type I **I PIASTRE** Type II

23	1 Pia	auf 2½ P blau	(107)		
I		Aufdruckhöhe 3 mm (17.4.1906)		25,—	0,30
II		Aufdruckhöhe 2½ mm (Juli 1912)		75,—	0,70
24	2 Pia	auf 5 P violett/blau (11.11.1905) .	(110)	35,—	2,70
		Satzpreis (2 W.)		60,—	3,—

Weitere Werte: MiNr. 8–12, 26–34

1906, 2. Juli. Freimarkenausgabe für Beirut: König Edward VII. MiNr. 16 mit weiterem Wertaufdruck „1 Piastre".

25	1 Pia	auf 2 P grün/rot	(16)	2000,—	900,—

MiNr. 25 ist sehr licht- und wasserempfindlich.

⊛

Auflage: 480 Stück

Gültig bis 3.7.1906

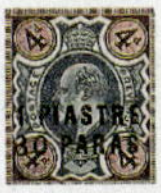
28

1909, 15. Nov./16. Dez. Freimarken: König Edward VII.; Ausgabe von Großbritannien mit Wertaufdruck in türkischer Währung. Gewöhnliches Papier, MiNr. 26 und 31 auch, MiNr. 30 nur auf gestrichenem Papier.

26	30 Pa	auf 1½ P purpur/grün	(105 A)	10,—	1,50
27	1.10 Pia	auf 3 P violett/gelb	(108 A)	16,—	40,—
28	1.30 Pia	auf 4 P braun/grün	(109 A)	15,—	25,—
29	1.30 Pia	auf 4 P orange (16.12.)	(119 A)	18,—	60,—
30	2.20 Pia	auf 6 P purpur	(111 A)	24,—	70,—
31	5 Pia	auf 1 Sh rot/grün	(114 A)	7,50	12,—
		Satzpreis (6 W.)		90,—	200,—

MiNr. 26, 28 und 31 sind sehr licht- und wasserempfindlich.

Weitere Werte: MiNr. 8–12, 23–24, 32–34

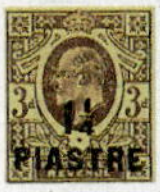
32

1910, 10. Febr. Freimarken: König Edward VII. Ausgabe von Großbritannien mit Wertaufdruck in türkischer Währung.

32	1¼ Pia	auf 3 P violett/gelb	(108 A)	0,60	1,50
33	1¾ Pia	auf 4 P orange	(119 A)	1,40	0,90
34	2½ Pia	auf 6 P dunkellila	(111 I x)	2,50	0,90
		Satzpreis (3 W.)		4,50	3,20

Weitere Werte: MiNr. 8–12, 23–24, 26–31

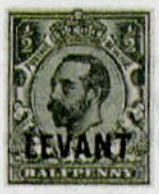

1911, 12. Sept./1912, 24. Febr. Freimarken: König George V.; Ausgabe von Großbritannien mit Aufdruck „LEVANT".

35

35	½ P	grün			
I		verschwommener Druck (1911)	(121 I)	2,—	2,—
II		klarer Druck (1912)	(121 II)	0,60	0,30
36	1 P	rot			
I		verschwommener Druck (1911)	(122 I)	0,70	8,—
II		klarer Druck (1912)	(122 II)	0,60	1,70
		Satzpreis (2 W.)		1,20	2,—

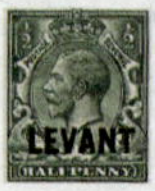

1913/1914. Freimarken: König George V.; Ausgabe von Großbritannien mit Aufdruck „LEVANT".

37

37	½ P	gelbgrün	(127)	0,40	1,50
38	1 P	rot	(128)	0,40	6,—
		Satzpreis (2 W.)		0,80	7,50

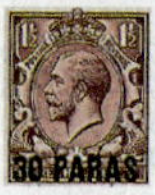

1913. Freimarken: König George V.; Ausgabe von Großbritannien mit Wertaufdruck in türkischer Währung.

39

39	30 Pa	auf 1½ P rotbraun	(129)	4,50	12,—
40	1 Pia	auf 2½ P lebhaftviolettultramarin	(131)	5,50	0,30
41	1¼ Pia	auf 3 P lebhaftblauviolett	(132)	4,50	5,20
42	1¾ Pia	auf 4 P schwarzgrün	(133)	4,50	7,50
43	4 Pia	auf 10 P grünblau	(139)	11,—	20,—
44	5 Pia	auf 1 Sh ockerbraun	(140)	50,—	75,—
		Satzpreis (6 W.)		80,—	120,—

Im Herbst 1914 wurden nach Aufhebung der Fremdenvorrechte (Kapitulationen) auch die britischen Postanstalten geschlossen. Ende 1918 wurde das britische Postamt nach der Besetzung durch britische Truppen wiedereröffnet. Es wurden zunächst Marken von Großbritannien ohne Aufdruck verwendet.

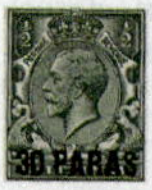

1921, Juli. Freimarken: König George V.; Ausgabe von Großbritannien mit Aufdruck des Wertes in türkischer Währung.

45

				★★	⊙
45	30 Pa	auf ½ P gelbgrün	(127)	0,80	10,—
46	1½ Pia	auf 1 P rot	(128)	1,50	1,—
47	3¾ Pia	auf 2½ P lebhaftviolettultramarin	(131)	1,80	0,40
48	4½ Pia	auf 3 P lebhaftblauviolett	(132)	4,—	5,—
49	7½ Pia	auf 5 P dunkelgelbbraun	(134)	0,80	0,30
50	15 Pia	auf 10 P grünblau	(139)	1,10	0,30
51	18¾ Pia	auf 1 Sh ockerbraun	(140)	10,—	5,—
52	45 Pia	auf 6 Sh 'P braun	(141 III)	50,—	60,—
53	90 Pia	auf 5 Sh karmin	(142 III)	60,—	38,—
54	180 Pia	auf 10 Sh blau	(143 III)	120,—	60,—
		Satzpreis (10 W.)		250,—	180,—

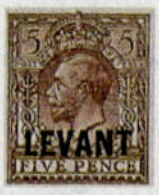

1921. Freimarken: König George V.; Ausgabe von Großbritannien mit Aufdruck „LEVANT".

58

55	2 P	dunkelorange	(130)	4,—	30,—
56	3 P	lebhaftblauviolett	(132)	24,—	15,—
57	4 P	schwarzgrün	(133)	12,—	20,—
58	5 P	dunkelgelbbraun	(134)	30,—	36,—
59	6 P	rötlichlila	(135)	50,—	12,—
60	1 Sh	ockerbraun	(140)	30,—	10,—
61	2'6 Sh'P	braun	(141 III)	100,—	120,—
		Satzpreis (7 W.)		250,—	240,—

Die Ausgabe war hauptsächlich für Pakete bestimmt. Entwertete Marken tragen meist große verschmutzte Abstempelungen.

Das britische Postamt in Konstantinopel wurde im September 1923 endgültig geschlossen.

Ausgabe für das britische Feldpostamt in Saloniki

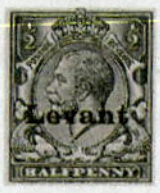

1916, Ende Febr./9. März. Freimarken: König George V.; Ausgabe von Großbritannien mit Aufdruck „Levant".

1

				★	⊙
1	½ P	gelbgrün	(127)	36,—	240,—
2	1 P	rot	(128)	36,—	220,—
3	2 P	dunkelorange	(130)	160,—	400,—
4	3 P	lebhaftblauviolett	(132)	110,—	400,—
5	4 P	schwarzgrün	(133)	160,—	400,—
6	6 P	rötlichlila	(135)	100,—	320,—
7	9 P	violettbraun	(138)	350,—	650,—
8	1 Sh	ockerbraun	(140)	300,—	600,—
		Satzpreis (8 W.)		1200,—	3200,—

		★
1/127	Paar mit und ohne Aufdruck	2000,—
6/135	Paar mit und ohne Aufdruck	2200,—

MiNr. 1–8 wurden nur 14 Tage lang verwendet, Entwertungsstempel: Field Post Office G X und Field Post Office S X.

Britische Besetzungsgebiete

Britische Feldpostämter (British Army Post Offices bzw. Field Post Offices) wurden erstmals im Zuge des Krim-Krieges (1854–1857) eingerichtet. Hier wurden Stempel im Queroval verwendet, die statt eines Buchstabens oder Nummer eine Krone zwischen Sternen und später einen Stern zwischen zwei Nullen zeigen. In späteren Auslandseinsätzen in Ägypten und Südafrika wurden Stempel mit der Inschrift BRITISH ARMY POST OFFICE / EGYPT bzw. B.A.E. im Hochoval oder FIELD POST OFFICE B. O. / BRITISH ARMY S. AFRICA oder ähnlich verwendet. (vgl. Kohl-Handbuch Seite 940–957).

Britische Militärpost im Zweiten Weltkrieg

E.A.F. Die **E**ast **A**frican **F**orces bestanden aus englischen, süd-, ost- und westafrikanischen Truppen, ihr Hauptquartier war in Nairobi in Kenya, und ihre Aufgabe bestand in der Eroberung von Italienisch-Ostafrika von Süden her, während eine andere Gruppe, bestehend aus englischen, indischen und sudanesischen Streitkräften mit Hauptquartier in Khartum, von Norden her angriff. Mit der Kapitulation der italienischen Streitkräfte unter dem Herzog von Aosta in Amba Alagi am 18. Mai 1941 fand der Feldzug seinen Abschluss. Die Marken der E. A. F. dürften praktisch also nur im Gebiet des eroberten italienischen Somalilandes in Umlauf gewesen sein, da das Army Base Post Office in Addis Abeba englische Marken verkaufte; ab 23. März 1942 gelangten dort wieder äthiopische Marken zum Verkauf.

M.E.F. Die Marken der **M**iddle **E**ast **F**orces gelangten zur Verwendung sowohl in Eritrea als auch in den eroberten italienischen Kolonien in Nordafrika (Tripolitanien und Cyrenaica) sowie ferner auf einigen der eroberten Inseln des Dodekanes (vor allem Rhodos) bis zu ihrer Rückgabe an Griechenland. Nach Demobilisierung der M. E. F. gelangten Marken mit dem Aufdruck „B. M. A." (British Military Administration) in den ehemaligen Gebieten Italienisch-Eritrea, -Somaliland und -Tripolitanien zum Gebrauch. Mit Übergabe der Verwaltung seitens des Militärs an Zivilbehörden kamen dort alsdann die „B. A."-Ausgaben (British Administration) zur Verwendung, um ihrerseits wieder abgelöst zu werden durch die endgültigen Ausgaben der betreffenden Gebiete. Siehe MICHEL-Übersee-Katalog Nord- und Ostafrika. Die M.E.F.-Marken wurden vielfach noch mit den alten italienischen Stempeln entwertet.

Beide Ausgaben waren auch in Großbritannien gültig. Die Preise für ⊙ gelten nur für solche Stücke, die nachweislich in den Gebieten gebraucht wurden, für die sie verausgabt wurden. Für andere Stempel nur ⅕–¼ obiger Preise.

1943, 15. Jan./1946, 14. Jan. Freimarken: König George VI.; Ausgabe von Großbritannien mit blauem Aufdruck „E.A.F."

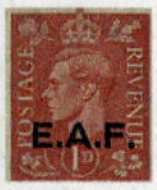

1

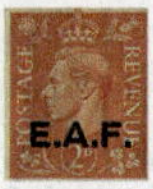

2

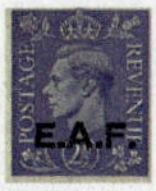

3

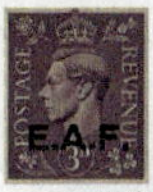

4

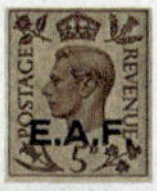

5

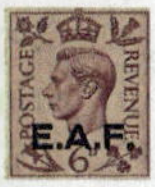

6

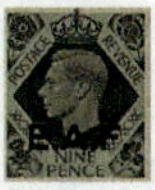
7

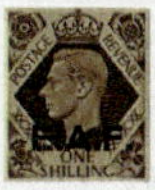
8

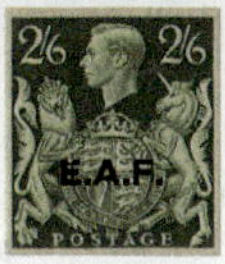

9

					★★	⊙
1	1 P	mattrot (15.1.1943)		(222)	0,80	0,60
2	2 P	mattorange (15.1.1943)		(224)	1,20	1,50
3	2½ P	lebhaftultramarin (15.1.1943)		(225)	0,40	4,50
4	3 P	mattpurpurviolett (15.1.1943)		(226)	0,60	0,30
5	5 P	siena (15.1.1943)		(205)	0,60	0,70
6	6 P	violett (15.1.1943)		(206)	0,40	1,20
7	9 P	dunkelgrünoliv (15.1.1943)		(209)	0,80	3,—
8	1 Sh	dunkelockerbraun (15.1.1943)		(211)	2,20	0,30
9	2'6 Sh'P	grünoliv (14.1.1946)		(228)	18,—	8,—
			Satzpreis (9 W.)		25,—	20,—

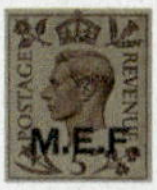

14

1942, 2. März. Freimarken: König George VI.; Ausgabe von Großbritannien mit schwarzem Bdr.-Aufdruck „M.E.F." in zwei Typen.

M.E.F Type I **M.E.F.** Type II

I = Aufdrucklänge 14 mm, rechteckige Punkte (Army Printing Services, Cairo)

10 I	1 P	rot	(199)	0,40	2,—
11 I	2 P	dunkelorange	(201)	0,40	3,20
12 I	2½ P	violettblau	(202)	0,40	0,30
13 I	3 P	lebhaftblauviolett	(203)	0,40	0,30
14 I	5 P	siena	(205)	0,40	0,30
		Satzpreis I (5 W.)		2,—	6,—

II = Aufdrucklänge 13½ mm, runde oder quadratische Punkte (Hauptquartier MEF, Nairobi)

10 II	1 P	rot	(199)	70,—	15,—
11 II	2 P	dunkelorange	(201)	80,—	120,—
12 II	2½ P	violettblau	(202)	50,—	10,—
13 II	3 P	lebhaftblauviolett	(203)	100,—	55,—
14 II	5 P	siena	(205)	450,—	140,—
		Satzpreis II (5 W.)		750,—	340,—

1943, 1. Jan./1947, 27. Jan. Freimarken: König George VI.; Ausgabe von Großbritannien mit Londoner Aufdruck „M.E.F.", Länge 13½ mm, rechteckige Punkte; Aufdruckfarbe Blauschwarz (MiNr. 15–22) oder Schwarz (MiNr. 23–25).

15	1 P	mattrot	(222)	1,50	0,30
16	2 P	mattorange	(224)	1,50	0,30
17	2½ P	lebhaftultramarin	(225 X)	0,50	0,30
18	3 P	mattpurpurviolett	(226)	1,50	0,30
19	5 P	siena	(205)	4,—	0,30
20	6 P	violett	(206)	0,50	0,30
21	9 P	dunkelgrünoliv	(209)	1,—	0,30
22	1 Sh	dunkelockerbraun	(211)	0,60	0,30
23	2'6 Sh'P	grünoliv (1942)	(228)	9,—	0,40
24	5 Sh	bräunlichrot (27.1.1947)	(213)	18,—	25,—
25	10 Sh	violettblau (27.1.1947)	(229)	22,—	15,—
		Satzpreis (11 W.)		60,—	40,—

Portomarken

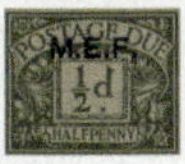

1

1942, 2. März. Portomarken von Großbritannien mit schwarzblauem Bdr.-Aufdruck „M.E.F."

				★★	⊙
1	½ P	grün	(26)	0,40	12,—
2	1 P	karminrot	(27)	0,40	2,—
3	2 P	braunschwarz	(28)	1,60	1,50
4	3 P	violett	(29)	0,60	6,50
5	1 Sh	blau	(32)	4,50	12,—
		Satzpreis (5 W.)		7,50	34,—

Britische Militärpost in Ägypten

Währung: 1 Piaster (Pia) = 10 Millièmes (M)

In der Zeit vom 1.11.1932 bis 29.2.1936 verwendeten die britischen Truppen in Ägypten besondere Feldpostmarken, die mit den Zulassungsmarken der Deutschen Feldpost 1940 verglichen werden können. Diese Zulassungsmarken mussten auf die Rückseite der Briefe geklebt werden. Vorderseitig erhielten die Briefe einen Stempel EGYPT POSTAGE PREPAID, als Zeichen der Portoablösung gegenüber der ägyptischen Post.

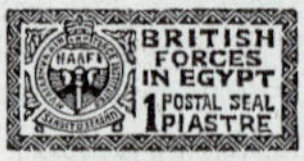

1932, 1. Nov. Querrechteck mit Siegel der NAAFI und Inschrift BRITISH FORCES IN EGYPT/POSTAL SEAL. Bdr.; gez. 11.

a

			★★	⊙	✉
1	1 Pia rot/dunkelblau	a	150,—	5,—	25,—

Auflage: 500.000 Stück

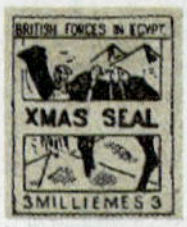

1932, 26. Nov./1934. Ausgabe für Weihnachtsglückwunschkarten. Stdr.; gez. 11½.

b) Kamelreiter vor Pyramiden

2	3 M schwarz auf grünlichblau	b	150,—	100,—	500,—

Auflage: 41.800 Stück

In gleicher Zeichnung: MiNr. 4, 6, 10

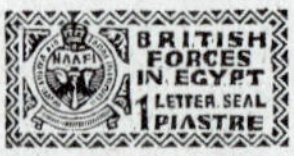

1933, 25. Aug. Querrechteck mit Siegel der NAAFI und Inschrift BRITISH FORCES IN EGYPT/LETTER SEAL. Bdr.; gez. 11.

c

3	1 Pia rot/dunkelblau	c	60,—	1,20	6,—

Auflage: 516.000 Stück

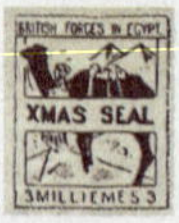

1933, 13. Nov. Ausgabe für Weihnachtsglückwunschkarten. StTdr.; gez. 11½.

b) Kamelreiter vor Pyramiden

4	3 M lilabraun	b	20,—	70,—	350,—

Auflage: 54.000 Stück

In gleicher Zeichnung: MiNr. 2, 6, 10

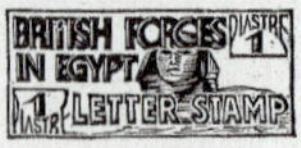

1934, 1. Juni. Sphinx. RaTdr.; gez. 15:14.

d) Sphinx

5	1 Pia karmin	d	90,—	1,20	6,—

Auflage: 250.000 Stück

In gleicher Zeichnung: MiNr. 7–8

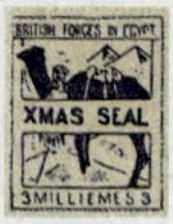

1934, 17. Nov. Ausgabe für Weihnachtsglückwunschkarten. StTdr.; gez. 11½.

b) Kamelreiter vor Pyramiden

6	3 M dunkelblau	b	20,—	30,—	150,—

Auflage: 63.000 Stück

In gleicher Zeichnung: MiNr. 2, 4, 10

1934, 5. Dez. Sphinx. RaTdr.; gez. 15:14.

7	1 Pia grün	d	12,—	8,—	40,—

Auflage: 250.000 Stück

In gleicher Zeichnung: MiNr. 5, 8

1935, 24. April. Sphinx. StTdr.; gez. 14.

8	1 Pia rosenrot	d	9,—	5,—	25,—

Auflage: 405.000 Stück

Mit Aufdruck: MiNr. 11

In gleicher Zeichnung: MiNr. 5, 7

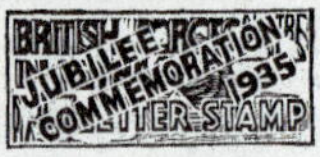

1935, 6. Mai. 25. Regierungsjubiläum von König George V. MiNr. 5 in geänderter Farbe mit schrägem rotem Aufdruck JUBILEE COMMEMORATION 1935.

d

9	1 Pia dunkelblau	d	600,—	300,—	600,—

Auflage: 27.000 Stück

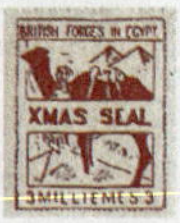

1935, 23. Nov./18. Dez. Ausgabe für Weihnachtsglückwunschkarten. StTdr.; gez. 11½.

b) Kamelreiter vor Pyramiden

10	3 M	b			
a	orangerot (23. Nov.)		3,50	50,—	250,—
b	hellorange (19. Dez.)		20,—	35,—	180,—

Auflagen: MiNr. 10 a = 101.100, MiNr. 10 b = 12.075 Stück

Weitere Werte: MiNr. 2, 4, 6

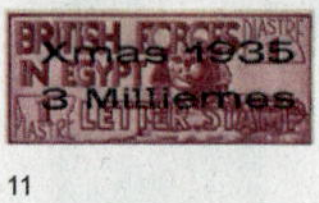

1935, 22. Dez. Sphinx. MiNr. 8 mit waagerechtem, zweizeiligem Aufdruck „Xmas 1935 / 3 Millièmes".

11

11	**3 M** auf 1 Pia rosenrot	(8)	45,—	100,—	500,—

Auflage: 10.000 Stück

MiNr. 1–11 gültig bis 29.2.1936, MiNr. 8 wurde bis 15.3.1936 anerkannt

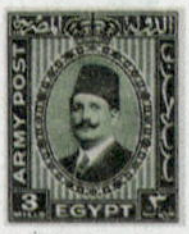

1936, 1. März/9. Nov. König Fu'ad. RaTdr.; Wz. 1 (Krone und ägypt. F = Fuad); gez. 13½:14.

e) König Fu'ad I. (1868–1936, reg. ab 1917)

12	3 M grün (9. Nov.)	e	3,—	2,—	150,—
13	10 M karmin (1. März)	e	9,—	0,30	4,—
	Satzpreis (2 W.)		12,—	2,20	

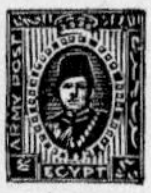

1939, 12. Dez. König Faruq, Kleinformat. RaTdr.; Wz. 1; gez. 13:13½.

f) König Faruq (1920–1965, reg. 1936–1952)

14	3 M grün	f	8,—	9,—	900,—
15	10 M karminrosa	f	10,—	0,30	4,—
		Satzpreis (2 W.)	18,—	9,—	

MiNr. 12–15 waren zuerst nur gültig nach Großbritannien und Irland, später auch nach Indien; ab Frühjahr 1940 wurde der Geltungsbereich auf Australien und Neuseeland ausgedehnt. MiNr. 12–15 wurden im April 1941 zurückgezogen, nachdem für Sendungen der Britischen Militärpost Marken nicht mehr gefordert waren. Die Portovergünstigungen für Militärpost liefen am 30.9.1951 aus.

Irland (Eire)

Umfasst die Insel Irland, d. h. die Provinzen Connaught, Leinster, Munster sowie von Ulster die drei Grafschaften Cavan, Donegal, Monaghan. Der Rest von Ulster gehört als Nordirland zum Vereinigten Königreich von Großbritannien und Nordirland.
Ab 6.12.1922 als Freistaat Irland britisches Dominion, Ausrufung der Republik und Austritt aus dem Commonwealth am 18.4.1949.

Währung: 1 Irisches Pfund (£) = 20 Scilling/Shilling (Sc/Sh); 1 Scilling = 12 Pingin/Pence (Pg/P); ab 15.2.1971: 1 Irisches Pfund (£) = 100 New Pence (P); ab 1.1.2002: 1 Euro (€) = 100 Cent (C)

Eintritt in den Weltpostverein: 6. September 1923

Ab MiNr. 1304 sind alle Ausgaben unbegrenzt frankaturgültig, außerdem alle Marken mit Doppelwährung £/€.

Preise ungebraucht ✶✶ (MiNr. 1–95 mit Falz ✶ ca. 20–40% der ✶✶-Preise, sofern nichts anderes angegeben). ⊙-Preise für hohe Werte nur mit zeitgerechter, lesbarer postalischer Entwertung.

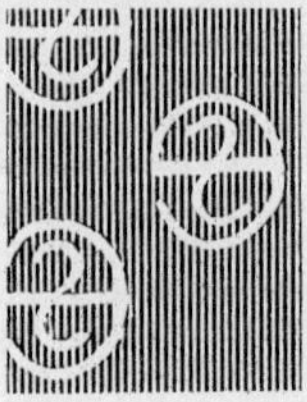
Wz. 1 Monogramm „SE" mehrfach

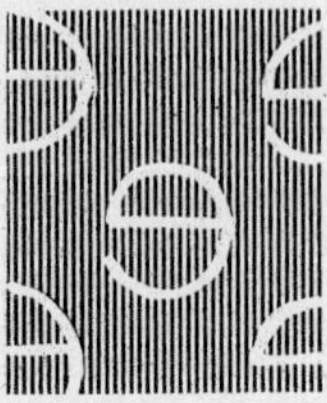
Wz. 2 „e" mehrfach

Vorläufer: Bis zur Ausgabe eigener Marken waren die Marken Großbritanniens in Verwendung. Stempelformen: Malteserkreuz, Rautennummern-, Duplex- oder Tagesstempel. Bewertung: mindestens 30% Aufschlag auf die entsprechenden Preise für Entwertungen des übrigen Großbritanniens.

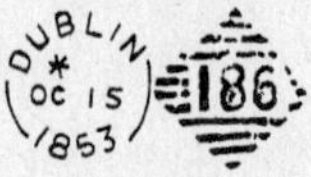

Provisorische Regierung

Übergangsperiode: Großbritannien-Marken mit irischen Abstempelungen aus dem Zeitraum vom 17.2.1922 bis 31.3.1922. Im selben Zeitraum gibt es auch irische Aufdruckmarken mit Abstempelungen aus dem übrigen Vereinigten Königreich.
⊙ ab 40,—, ✉ ab 200,—.
Mischfrankatur mit irischen Überdruckmarken ✉ ab 350,—.

Sehr viele Marken Irlands sind in Doppelbogen gedruckt, so dass es Markenpaare mit Zwischensteg (gutter pairs) gibt. Bewertung: mindestens vierfacher Einzelmarkenpreis.

1922, 17. Febr./Juli. Freimarken von Großbritannien mit fünfzeiligem schwarzem, rotem oder karminfarbenem Aufdruck in gälischer Schrift von Dollard Printing House Ltd.; Jahreszahl 1922 mit römischer „I" und langer „9", ohne Punkt.

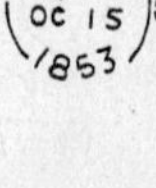
1

					✶✶	⊙
1	½ Pg	gelbgrün	(127)	S	1,—	1,—
2	1 Pg	rot	(128)	S	1,—	1,—
3	2½ Pg	lebhaftviolettultramarin				
a		Aufdruck schwarz	(131)	S	4,—	10,—
b		Aufdruck rot (1. April)	(131)	R	7,—	5,50
4	3 Pg	lebhaftblauviolett	(132)	S	25,—	7,—
5	4 Pg	schwarzgrün				
a		Aufdruck schwarz	(133)	S	10,—	10,—
b		Aufdruck rot (1. April)	(133)	R	32,—	20,—
c		Aufdruck karmin (Juli)	(133)	K	120,—	110,—
6	5 Pg	dunkelgelbbraun	(134)	S	17,—	17,—
7	9 Pg	violettbraun				
a		Aufdruck schwarz	(138)	S	35,—	25,—
b		Aufdruck rot (1. April)	(138)	R	45,—	32,—
c		Aufdruck rosakarmin (Juli)	(138)	K	250,—	160,—
8	10 Pg	grünblau	(139)	S	25,—	25,—
		Satzpreis (8 W.)			100,—	90,—

1 K	Aufdruck kopfstehend	600,—	750,—
1 P	Aufdruck rot	250,—	*1500,—*
1 Z	Wz. kopfstehend		800,—
2 K	Aufdruck kopfstehend	350,—	450,—
2 Z	Wz. kopfstehend		800,—

FALSCH

Auflagen: MiNr. 1 = 10.320.000, MiNr. 2 = 26.880.000, MiNr. 3 a = 360.480, MiNr. 3 b = 311.520, MiNr. 4 = 1.560.000, MiNr. 5 a = 408.480, MiNr. 5 b = 431.520, MiNr. 6 = 504.000, MiNr. 7 a = 575.520, MiNr. 7 b und c = 624.480, MiNr. 8 = 216.000 Stück

Gültig bis 31.12.1971

1922, 17. Febr. Freimarken von Großbritannien mit vierzeiligem, schwarzem Aufdruck von Dollard Ltd., Abstand zwischen „h" und „é" ⅔ mm.

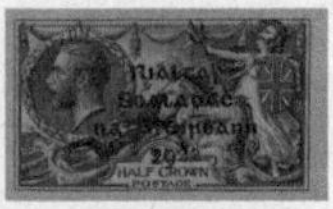
9

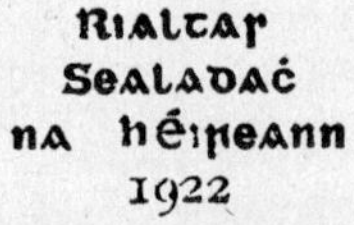

9 I	2'6 S'Pg	dunkelpurpurbraun (Töne)	(141 III)	120,—	100,—
10 I	5 Sc	karmin	(142 III)	240,—	220,—
11 I	10 Sc	blau	(143 III)	500,—	400,—
		Satzpreis I (3 W.)		850,—	700,—

Dritte Aufdruckzeile 21 mm statt 21½ mm lang: MiNr. 9 I/I, 10 I/I, 11 I/I je 65% Aufschlag

FALSCH

Auflagen: MiNr. 9 I = 40.000, MiNr. 10 I = 26.000, MiNr. 11 I = 20.000 Stück

Gültig bis 31.12.1971

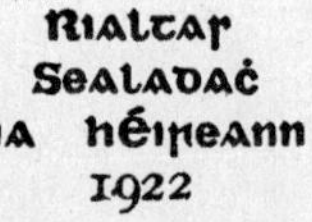

1922, 17./25. Okt. Freimarken von Großbritannien mit vierzeiligem, blauschwarzem Aufdruck von A. Thom & Co., Abstand zwischen „h" und „é" ⅓ mm.

9 II	2'6 S'Pg	dunkelpurpurbraun (17. Okt.)	(141 III)	700,—	450,—
10 II	5 Sc	karmin (25. Okt.)	(142 III)	750,—	460,—
11 II	10 Sc	blau (25. Okt.)	(143 III)	3400,—	2200,—
		Satzpreis II (3 W.)		4800,—	3100,—

FALSCH

Auflagen: MiNr. 9 II = 10.000, MiNr. 10 II = 8.000, MiNr. 11 II = 6.000 Stück

Gültig bis 31.12.1971

Viele Überdrucke, besonders bei MiNr. 9 I–11 I, 9 II–11 II und 37–39 I bis IV, erfolgten in minderer Qualität. Schlecht zentrierte Stücke und Marken mit anderen Druckmängeln sind als normal anzusehen. Preise gelten für einwandfreie Stücke, ebenso für saubere Abstempelungen aus der Zeit der Verwendung. Viele Überdruckmarken weisen zum Teil markante Aufdruckfehler auf. Eine Katalogisierung muss jedoch einem Spezialwerk vorbehalten bleiben.

1922. Juni/23. Okt. Freimarken von Großbritannien mit Aufdruck Type I. Schmaler Aufdruck, 14½:16 mm, blauschwarz bzw. rot.

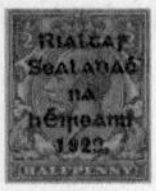
12

Rialtas
Sealadaċ
na
hÉireann
1922.

12 I	½ Pg	gelbgrün	(127)	6,—	1,50
13 I	1 Pg	rot	(128 X)	2,50	1,50
14 I	1½ Pg	rotbraun	(129)	14,—	7,—
15 I	2 Pg	(dkl')orange			
I		Type I: 4 Schattierungslinien über Kopf	(130 I X a)	60,—	4,—
II		Type II: 3 Schattierungslinien über Kopf	(130 II X a)	5,—	1,—
16 I	2½ Pg	lebhaftviolettultramarin (23. Okt.)	(131) R	15,—	17,—
17 I	3 Pg	lebhaftblauviolett (11. Juli)	(132 X)	5,50	5,—
18 I	4 Pg	schwarzgrün (8. Sept.)	(133) R	6,—	9,—
19 I	5 Pg	dkl'gelbbraun (11. Aug.)	(134)	15,—	16,—
20 I	6 Pg	rötlichlila (21. Aug.)	(135 X)	18,—	6,—
21 I	9 Pg	violettbraun (10. Aug.)	(138) R	36,—	35,—
22 I	10 Pg	grünblau (24. Aug.)	(139)	60,—	65,—
23 I	1 Sc	ockerbraun	(140)	40,—	18,—
		Satzpreis I (12 W.)		220,—	180,—

13 I Z	Wz. kopfstehend		800,—
15 I/I K	Aufdruck kopfstehend	800,—	1200,—
15 I/II K	Aufdruck kopfstehend	350,—	450,—
15 I W	Wz. kopfstehend und seitenverkehrt	450,—	—,—
17 I W	Wz. kopfstehend und seitenverkehrt	200,—	170,—
20 I W	Wz. kopfstehend und seitenverkehrt	1200,—	—,—
20 I Z	Wz. kopfstehend	—,—	170,—

Gültig bis 31.12.1971

Rialtas
Sealadaċ
na
hÉireann
1922.

1922, 19. Juni. Freimarken von Großbritannien mit Aufdruck Type II. Fetter Aufdruck, 15:16¾ mm, schwarz (nur in Rollen).

12 II	½ Pg	gelbgrün	(127)	6,—	9,—
13 II	1 Pg	rot	(128)	5,—	7,50
14 II	1½ Pg	rotbraun	(129)	7,50	25,—
15 II	2 Pg	(dunkel)orange			
I		Type I: 4 Schattierungslinien über Kopf	(130 I X a)	35,—	40,—
II		Type II: 3 Schattierungslinien über Kopf	(130 II X a)	50,—	55,—
		Satzpreis II (4 W.)		50,—	80,—

15 II/I Z	Wz. kopfstehend	—,—	300,—

Die Zähnung bei den Rollenmarken MiNr. 12 II–15 II ist an zwei gegenüberliegenden Seiten meist mangelhaft (senkrecht oder waagerecht). Einwandfrei gezähnte Stücke verdienen Aufpreis.

Senkrechte Rollen weisen Klebestellen nach jeder 10., waagerechte Rollen nach jeder 12. Marke auf. Einzelmarken mit Klebestelle werten wie ✶✶, Paare mit Klebestelle: 3facher Einzelmarkenpreis ✶✶.

Auflagen: MiNr. 12 II = 236.000, MiNr. 13 II = 690.000, MiNr. 14 II = 56.000, MiNr. 15 I = 322.000 MiNr. 15 II = 393.000 Stück

Gültig bis 31.12.1971

Rialtas
Sealadaċ
na
hÉireann
1922.

1922. Nov./Dez. Freimarken von Großbritannien mit Aufdruck Type III. Breiter Aufdruck, 15¾:16 mm, blauschwarz glänzend.

12 III	½ Pg	gelbgrün	(127)	2,—	1,50
13 III	1 Pg	rot	(128)	3,—	2,20
14 III	1½ Pg	rotbraun	(129)	5,—	12,—
15 III	2 Pg	dunkelorange	(130)	25,—	12,—
23 III	1 Sc	ockerbraun	(140)	90,—	75,—
		Satzpreis III (5 W.)		120,—	100,—

FALSCH

Auflagen: MiNr. 12 III = 720.000, MiNr. 13 III = 1.680.000, MiNr. 14 III = 600.000, MiNr. 15 III = 1.440.000, MiNr. 23 III = 240.000 Stück

Gültig bis 31.12.1971

Rialtas
Sealadaċ
na
hÉireann
1922.

1922, 17. Febr. Freimarken von Großbritannien mit Aufdruck IV. Schmaler Aufdruck, 14½:16 mm, wie Type I, jedoch schwarz.

14 IV	1½ Pg	rotbraun	(129 X)	2,20	1,20
15 IV	2 Pg	(dunkel)orange			
I		Type I: 4 Schattierungslinien über Kopf	(130 I X)	3,60	1,—
II		Type II: 3 Schattierungslinien über Kopf	(130 II X)	4,50	1,—
20 IV	6 Pg	rötlichlila	(135)	25,—	8,—
23 IV	1 Sc	ockerbraun	(140)	50,—	17,—
		Satzpreis IV (4 W.)		80,—	26,—

14 IV W	Wz. kopfstehend und seitenverkehrt	—,—	—,—
14 IV Z	Wz. kopfstehend	—,—	170,—
15 IV/I K	Aufdruck kopfstehend	300,—	350,—
15 IV/I V	Wz. seitenverkehrt	1200,—	500,—
15 IV/I Z	Wz. kopfstehend	—,—	170,—
15 IV/II K	Aufdruck kopfstehend	550,—	650,—
15 IV/II W	Wz. kopfstehend und seitenverkehrt	—,—	
15 IV/II Z	Wz. kopfstehend	—,—	150,—

FALSCH

Auflagen: MiNr. 14 IV = 960.000 MiNr. 15 IV = 9.600.000 MiNr. 20 IV = 480.000, MiNr. 23 IV = 280.000 Stück

Gültig bis 31.12.1971

1922, 6. Nov. Freimarke von Großbritannien mit rotem Aufdruck von A. Thom & Co., Type I.

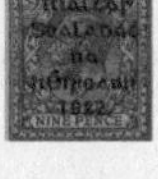
24

Rialtas
Sealadaċ
na
hÉireann
1922.

24	9 Pg	oliv	(153)	22,—	24,—

Gültig bis 31.12.1971

Bei MiNr. 12–24 weist der Aufdruck der Jahreszahl „1922" eine veränderte Form auf: arabische „1", kurze „9" und Punkt hinter „22". Aufdruck I, III und IV von A. Thom & Co., Aufdruck II (nur bei Rollenmarken) Harrison.

Aufdrucke auf Großbritannien MiNr. 128–129 mit den Plattenfehlern der Urmarken „QNE" statt „ONE" bzw. „PENCF" statt „PENCE" werten mindestens den 100fachen Preis der irischen Normalmarken.

Freistaat Irland

1922, 11. Dez./1923, 29. Dez. Freimarken von Großbritannien mit dreizeiligem Aufdruck in Blauschwarz oder Karmin, Fuß der „1" in „1922" eckig, zweites „e" in „éireann" auf gleicher Höhe wie übrige Lettern: Aufdruck Type I von A. Thom & Co.

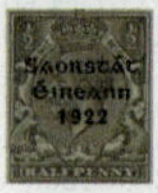
25

Saorstát
Éireann
1922

25 I	½ Pg	gelbgrün (18.12.1922)	(127)		1,—	0,50
26 I	1 Pg	rot (18.12.1922)	(128)		1,—	0,50
27 I	1½ Pg	rotbraun (21.12.1922)	(129)		9,—	17,—
28 I	2 Pg	dunkelorange (11.12.1922)	(130)		4,—	3,—
29 I	2½ Pg	lebhaftviolettultramarin (6.1.1923)	(131)	K	7,50	10,—
30 I	3 Pg	lebhaftblauviolett (6.1.1923)	(132)		17,—	10,—
31 I	4 Pg	schwarzgrün (16.1.1923)	(133)	K	7,50	7,50
32 I	5 Pg	dunkelgelbbraun (29.12.1923)	(134)		9,—	10,—
33 I	6 Pg	rötlichlila (28.12.1922)	(135 X)		7,—	3,50
34 I	9 Pg	oliv (28.12.1922)	(153)	K	10,—	12,—
35 I	10 Pg	grünblau (13.1.1923)	(139)		55,—	60,—
36 I	1 Sc	ockerbraun (21.12.1923)	(140)		35,—	20,—
		Satzpreis I (12 W.)			160,—	150,—

33 I W Wz. kopfstehend und seitenverkehrt .... 140,— —,—

Gültig bis 31.12.1971

1923, März (?). Freimarken (Rollenmarken) von Großbritannien mit schwarzem, dreizeiligem Aufdruck, Fuß der „1" in „1922" abgerundet, zweites „e" in „éireann" steht etwas höher als die übrigen Lettern: Aufdruck Type II von Harrison.

Saorstát
Éireann
1922

25 II	½ Pg	gelbgrün	(127 X)	5,—	8,—
26 II	1 Pg	rot	(128)	8,—	14,—
27 II	1½ Pg	rotbraun	(129)	12,—	32,—
28 II	2 Pg	dunkelorange	(130 X)	6,—	11,—
		Satzpreis II (4 W.)		30,—	65,—

⊙

25 II Z Wz. kopfstehend .... —,—
28 II Z Wz. kopfstehend .... 600,—

Siehe auch Hinweis bezüglich Rollenmarken nach MiNr. 15 II.

Auflagen: MiNr. 25 II = 265.000, MiNr. 26 II und 28 II je 144.000, MiNr. 27 II = 23.000 Stück

Gültig bis 31.12.1971

1922, 21./28. Dez. Freimarken von Großbritannien mit gleichem Aufdruck wie MiNr. 25 I–36 I in glänzender, blauschwarzer Ausführung, Jahreszahl 6 mm breit.

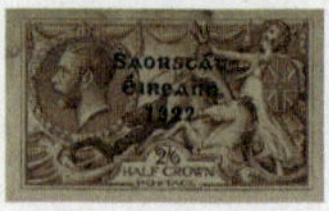
37

Saorstát
Éireann
1922

				★★	⊙
37 I	2'6 S'Pg	dkl'purpurbraun (21. Dez.)	(141 III)	100,—	120,—
38 I	5 Sc	karmin (28. Dez.)	(142 III)	200,—	180,—
39 I	10 Sc	blau (28. Dez.)	(143 III)	400,—	400,—
		Satzpreis I (3 W.)		700,—	700,—

FALSCH

Gültig bis 31.12.1971

Gleicher, (grau)schwarzer Aufdruck: MiNr. 37 III–39 III

Saorstát
Éireann
1922

1925, 25. Aug. Freimarken von Großbritannien mit gleichem Aufdruck wie MiNr. 25 II–28 II in grauschwarzer bis tiefschwarzer Ausführung, Jahreszahl 5 mm breit.

37 II	2'6 S'Pg	dunkelpurpurbraun	(141 III)	100,—	150,—
38 II	2 Sc	karmin	(142 III)	150,—	200,—
39 II	10 Sc	blau	(143 III)	400,—	450,—
		Satzpreis II (3 W.)		650,—	800,—

FALSCH

Gültig bis 31.12.1971

Saorstát
Éireann
1922

1927, 9. Dez./1928, 15. Febr. Freimarken von Großbritannien mit gleichem Aufdruck wie MiNr. 25 II–28 II in glänzender, (grau)schwarzer Ausführung, Jahreszahl 6 mm breit.

37 III	2'6 S'Pg	dunkelpurpurbraun (9.12.1927)	(141 III)	90,—	50,—
38 III	5 Sc	karmin (7.2.1928)	(142 III)	200,—	130,—
39 III	10 Sc	blau (15.2.1928)	(143 III)	540,—	320,—
		Satzpreis III (3 W.)		800,—	500,—

Die Druckausführung des Aufdrucks ist bei MiNr. 37 III–39 III mangelhaft.

FALSCH

Gültig bis 31.12.1971

Gleicher Aufdruck auf Großbritannien MiNr. 186–188 (waagerecht und schräg liniierter Hintergrund des Kopfbildes): MiNr. A 61–C 61

1927, Mai. Freimarken von Großbritannien mit gleichem Aufdruck wie MiNr. 37 II–39 II und 37 III–39 III in schwarz, in Paaren zusammenhängend.

37 IV S 2'6 S'Pg senkrechtes Paar .... 800,— *2000,—*
38 IV S 5 Sc senkrechtes Paar .... 1000,— *2400,—*
39 IV S 10 Sc senkrechtes Paar .... 3000,— *5000,—*

37 IV W 2'6 S'Pg waagerechtes Paar .... 600,— *2000,—*
38 IV W 5 Sc waagerechtes Paar .... 1200,— *3000,—*
39 IV W 10 Sc waagerechtes Paar .... 3400,— *6000,—*

Diese Aufdruckausgabe wird in senkrechten (S) oder waagerechten (W) Paaren aus Marken mit breiter und schmaler Jahreszahl gesammelt, da Einzelmarken dieser Auflage kaum von den Typen II und III unterschieden werden können.

FALSCH

Gültig bis 31.12.1971

1922, 6. Dez./1923. Freimarken: Nationale Symbole. Bdr.; gestrichenes Papier; Wz. 1; A = gez. K 15:14, B = senkrecht gez. 14, C = waagerecht gez. 15, D = wie C mit zusätzlichem Zähnungsloch oben links und rechts.

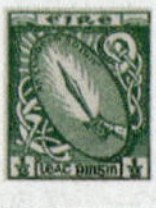
a) Schwert des Lichts

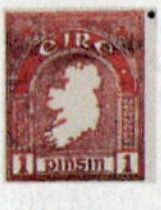
b) Landkarte

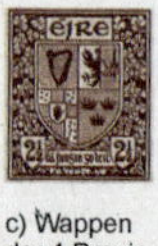
c) Wappen der 4 Provinzen (Munster, Leinster, Ulster, Connaught)

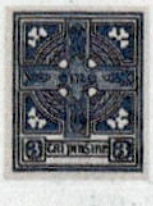
d) Keltisches Kreuz

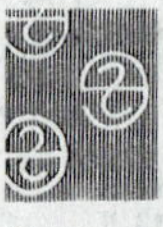
Wz. 1 Monogramm „SE" mehrfach

Bogen (B) (12×10 + 12×10) und Markenheftchen (MH)

40 A	½ Pg	hellgelblichgrün (B) (MH) (20.4.1923)	a	1,70	0,50
41 A	1 Pg	karmin (B) (MH) (23.2.1923)	b	1,70	0,50
42 A	1½ Pg	dunkelrotlila (B) (2.2.1923)	b	9,—	3,50
43 A	2 Pg	schwarzgrün (B) (MH) (6.12.1922)	b	2,50	0,40
44 A	2½ Pg	braun (B) (7.9.1923)	c	8,50	3,50
45 A	3 Pg	ultramarin (B) (16.3.1923)	d	7,50	2,—
46 A	4 Pg	dunkelblaugrün (B) (28.9.1923)	c	11,—	3,—
47 A	5 Pg	violett (B) (11.5.1923)	a	80,—	12,—
48 A	6 Pg	purpur (B) (21.12.1923)	a	17,—	5,—
49 A	9 Pg	violett (B) (26.10.1923)	c	90,—	20,—
50 A	10 Pg	olivbraun (B) (11.5.1923)	d	60,—	30,—
51 A	1 Sc	hellblau (B) (15.6.1923)	a	180,—	15,—
		Satzpreis (12 W.)		460,—	90,—

Rollen

40 B ½ Pg hellgrün (Nov. 1934) . . . . a 90,— 75,—
43 B 2 Pg schwarzgrün (Sept. 1934) . . . . b 150,— 120,—

		★	★★	⊙
41 C 1 Pg karmin (Juli 1934)	b		80,—	60,—
43 C 2 Pg schwarzgrün (1935)	b	*9000,—*	—,—	*3000,—*

		★★	⊙
41 1 Pg karmin (April 1933)	b		
DX Wz. stehend		400,—	450,—
DZ Wz. kopfstehend		360,—	500,—

40 A Z	Wz. kopfstehend	70,—	25,—
41 A Z	Wz. kopfstehend	60,—	15,—
42 A Z	Wz. kopfstehend	—,—	*3000,—*
43 A W	Wz. kopfstehend und seitenverkehrt	75,—	
43 A Z	Wz. kopfstehend	55,—	15,—
44 A Z	Wz. kopfstehend	*200,—*	*100,—*
45 A Z	Wz. kopfstehend	*300,—*	*120,—*
46 A Z	Wz. kopfstehend	*450,—*	*120,—*
48 A Z	Wz. kopfstehend	*400,—*	*150,—*
51 A Z	Wz. kopfstehend		*1200,—*

MiNr. 48 ist sehr wasser-, MiNr. 51 sehr lichtempfindlich!

MiNr. 51 mit magentafarbenem Bdr.-Aufdruck „ATLANTIC / AIR MAIL / AUGUST / 1932“ ist privaten Ursprungs, jedoch von der Post für die Beförderung von Luftpostsendungen nach Neufundland geduldet.

FÄLSCH Vorsicht vor Bogenmarken mit abgeschnittener Zähnung.
MiNr. 41 D X nur geprüft erwerben, da Fälschungen aus MiNr. 41 C vorkommen.

Gültig bis 31.12.1971

Weitere Werte: MiNr. 71–82, 106–107; mit Aufdruck: MiNr. 83–84
MiNr. 43 und 45 in geänderten Farben mit Aufdruck: MiNr. 83–84

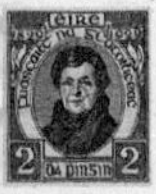

1929, 22. Juni. 100. Jahrestag der Gewährung der Bürgerrechte für Katholiken. Bdr. (12×10 + 12×10); Wz. 1; gez. K 15:14.

e) Daniel O'Connell (1775–1847), Gründer der Catholic Association; Porträt von Thomas Carrick

52 2 Pg oliv . . . . e 1,— 0,70
53 3 Pg blau . . . . e 22,— 15,—
54 9 Pg violett . . . . e 22,— 15,—
Satzpreis (3 W.) 45,— 30,—
FDC 750,—

FDC

Auflagen: MiNr. 52 = 23.888.400, MiNr. 53 = 1.044.960, MiNr. 54 = 850.320 Stück

Gültig bis 31.12.1971

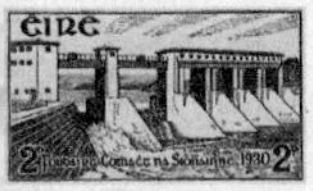

1930, 15. Okt. Eröffnung des Shannon-Kraftwerkes. Bdr. (12×10); Wz. 1; gez. 15:14.

f) Shannon-Kraftwerk

55 2 Pg lilabraun . . . . f 3,— 0,70
FDC 1400,—

FDC

Auflage: 19.330.805 Stück

Gültig bis 31.12.1971

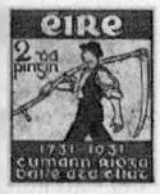

1931, 12. Juli. 200 Jahre „Royal Dublin Society“. Bdr.; Wz.1; gez. 15:14.

g) Schnitter

56 2 Pg blau . . . . g 2,80 0,70
FDC 220,—

FDC

Auflage: 20.680.800 Stück

Gültig bis 31.12.1971

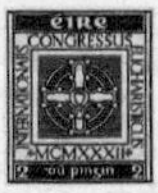

1932, 12. Mai. Internationaler Eucharistischer Kongress, Dublin. Bdr.; Wz. 1; gez. 15:14.

h) Kreuz des Kongresses mit Abendmahlskelch

57 2 Pg graugrün . . . . h 2,50 0,50
58 3 Pg blau . . . . h 10,— 8,—
Satzpreis (2 W.) 12,— 8,50
FDC 320,—

FDC

Auflagen: MiNr. 57 = 15.807.475, MiNr. 58 = 867.475 Stück

Gültig bis 31.12.1971

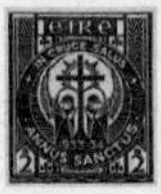

1933, 18. Sept. Heiliges Jahr. Bdr.; Wz. 1; gez. 15:14.

i) Sinnbildliche Darstellung

59 2 Pg graugrün . . . . i 1,50 0,50
60 3 Pg blau . . . . i 13,— 8,—
Satzpreis (2 W.) 14,— 8,50
FDC 400,—

⊙
59 Z Wz. kopfstehend . . . . *1600,—*

FDC

Gültig bis 31.12.1971

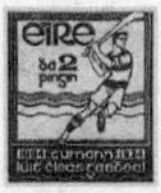

1934, 27. Juli. 50 Jahre Gälische Sportgesellschaft. Bdr.; Wz. 1; gez. 15:14.

k) Hurlingspieler

★★ ⊙
61 2 Pg grün . . . . k 5,— 0,70
FDC 250,—

FDC

Gültig bis 31.12.1934

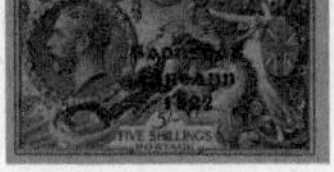

1935, März/Juli. Freimarken ähnlich MiNr. 37 I–39 I, jedoch Urmarken mit waagerecht und schräg liniiertem Hintergrund des Kopfbildes.

B 61

A 61 2'6 S'Pg purpurbraun . . . . (186) 100,— 70,—
B 61 5 Sc lebhaftkarminrot . . . . (187) 300,— 200,—
C 61 10 Sc schwarzblau . . . . (188) 800,— 630,—
Satzpreis (3 W.) 1200,— 900,—

FÄLSCH MiNr. A 61–C 61 sollten ★★ und ⊙ nur geprüft oder mit Attest erworben werden, gestempelte Marken mit alten Prüfzeichen oder Attesten sollten nachgeprüft werden.

Auflagen: MiNr. A 61 = 411.800, MiNr. B 61 = 246.600, MiNr. C 61 = 142.560 Stück

Gültig bis 31.12.1971

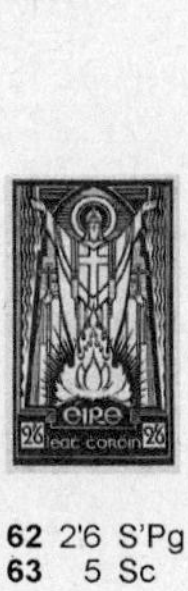

1937, 8. Sept. Freimarken: St. Patrick. Bdr.; Wz. 1; gez. K 14:15.

l) Hl. Patrick, Segen auf das Osterfeuer herabflehend

62 2'6 S'Pg dunkelbläulichgrün . . . . l 240,— 100,—
63 5 Sc dunkelkarminbraun . . . . l 220,— 120,—

64	10 Sc	schwarzblau	I	200,—	80,—
		Satzpreis (3 W.)		650,—	300,—
		FDC			—,—

		✶	✶✶	⊙
62 Z	Wz. kopfstehend		1500,—	250,—
63 Z	Wz. kopfstehend		1000,—	300,—
64 Z	Wz. kopfstehend	2500,—		1200,—

FDC

Gültig bis 31.12.1971

In gleicher Zeichnung: MiNr. 86–88 (Wz. 2)

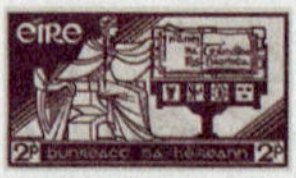

1937, 29. Dez. Tag des Inkrafttretens der neuen Verfassung. Bdr.; Wz. 1; gez. K 15:14

m) Irland und die neue Verfassung; Graphik von von Richard King (1907–1974), Glaskünstler und Illustrator

				✶✶	⊙
65	2 Pg	bräunlichlila	m	1,50	0,50
66	3 Pg	blau	m	9,—	5,50
		Satzpreis (2 W.)		10,—	6,—
		FDC			12,—
		Ⓢ Maschinenstempel FDC			22,—
65 Z		Wz. kopfstehend		—,—	220,—

Auflagen: MiNr. 65 = 35.175.095, MiNr. 66 = 1.291.299 Stück

Gültig bis 31.12.1971

In gleicher Zeichnung: MiNr. 140–141

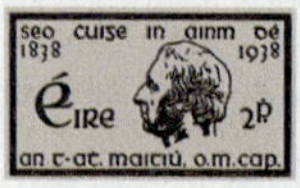

1938, 1. Juli. 100 Jahre Enthaltsamkeitsbewegung in Irland. Bdr.; Wz. 1; gez. K 15:14.

n) Pater Theobald Mathew (1790–1856), Gründer der Bewegung

67	2 Pg	violettbraun	n	1,—	0,50
68	3 Pg	blau	n	14,—	11,—
		Satzpreis (2 W.)		15,—	11,—
		FDC			45,—

		⊙
67 Z	Wz. kopfstehend	2500,—

Auflagen: MiNr. 67 = 46.973.640, MiNr. 68 = 1.387.320 Stück

Gültig bis 31.12.1971

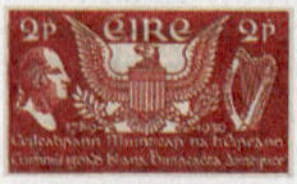

1939, 1. März. 150 Jahre Verfassung der Vereinigten Staaten von Amerika. Bdr.; Wz. 1; gez. K 15:14.

o) George Washington, Wappen der USA und irische Harfe

				✶✶	⊙
69	2 Pg	rot	o	1,50	1,—
70	3 Pg	ultramarin	o	14,—	15,—
		Satzpreis (2 W.)		15,—	16,—
		FDC			40,—

Auflagen: MiNr. 69 = 27.950.880, MiNr. 70 = 1.100.493 Stück

Gültig bis 31.12.1971

1940, Jan./1968, 1. April. Freimarken: Nationale Symbole. Bdr. MiNr. 76 II und 78 II RaTdr. auf gestrichenem Papier; Wz. 2; A = gez. K 15:14, B = waagerecht gez. 14, C = waagerecht gez. 15 D = gez. K 15.

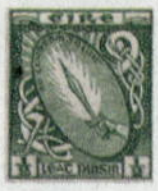
a) Schwert des Lichts

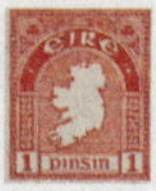
b) Landkarte

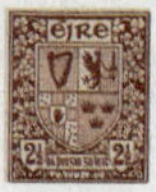
c) Wappen der 4 Provinzen (Munster, Leinster, Ulster, Connaught)

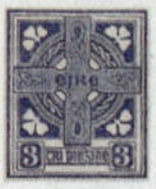
d) Keltisches Kreuz

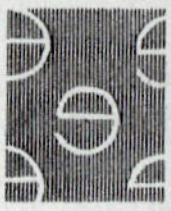
Wz. 2 „e“ mehrfach

Bogen und Markenheftchen

71 A		½ Pg	smaragd (24.11.1940)	a	2,—	0,3C
72 A		1 Pg	karmin (26.10.1940)	b	0,50	0,3C
73 A		1½ Pg	lilarot (Jan. 1940)	b	17,—	1,—
74 A		2 Pg	schwarzgrün (Jan. 1940)	b	0,50	0,3C
75 A		2½ Pg	braun (März 1941)	c	14,—	1,—
76		3 Pg		d		
A	**I**		Bdr., Bildformat 18×22 mm ultramarin (Dez. 1940)		0,70	0,3C
D	**II**		RaTdr., Bildformat 17×21 mm blau (1.8.1967)		1,20	1,—
77 A		4 Pg	blauschiefer (Dez. 1940)	c	0,70	0,3C
78		5 Pg		a		
A	**I**		Bdr., Bildformat 18×22 mm dunkelviolett (Töne) (Juli 1940)		1,—	0,3C
DII			RaTdr., Bildformat 17×21 mm purpurviolett			
	I		Schraffur im Mittelfeld gleichmäßig (aus Bogen) (1.4.1968)		3,—	1,—
	II		Schraffur im Mittelfeld unregelmäßig (aus Markenheftchen) (1.12.1966)		5,—	2,—
79 A		6 Pg	purpur (1942)	a		
	a		normales Papier		2,50	0,8C
	b		gestrichenes Papier		1,20	0,3C
80 A		9 Pg	violett (Juli 1940)	c	1,20	1,—
81 A		10 Pg	olivbraun (Juli 1940)	d	1,20	1,—
82 A		1 Sc	hellblau (Juli 1940)	a	180,—	24,—
			Satzpreis (12 W.)		220,—	30,—
			FDC (MiNr. 76 D II)			35,—
			FDC (MiNr. 78 D II/I)			40,—

Rolle

72	1 Pg	karmin	b		
B		waagerecht gez. 14 (April 1940)		75,—	80,—
C		waagerecht gez. 15 (20.3.1946)		40,—	50,—

71 A Z	Wz. kopfstehend	100,—	15,—
72 C Z	Wz. kopfstehend	40,—	45,—
72 A Z	Wz. kopfstehend	2,—	1,—
73 A Z	Wz. kopfstehend	36,—	12,—
74 A Z	Wz. kopfstehend	3,—	1,—
75 A Z	Wz. kopfstehend	30,—	6,—
76 A I Z	Wz. kopfstehend	8,—	1,2C
77 A Z	Wz. kopfstehend	12,—	2,—
78 A I Z	Wz. kopfstehend	95,—	60,—
78 D II/II Z	Wz. kopfstehend	15,—	3,—
79 A a Z	Wz. kopfstehend	40,—	10,—
79 A b Z	Wz. kopfstehend	12,—	15,—
80 A Z	Wz. kopfstehend	16,—	15,—
81 A Z	Wz. kopfstehend	16,—	20,—
82 A Z	Wz. kopfstehend	1000,—	350,—

MiNr. 72 B, 72 C

MiNr. 79 ist sehr wasserempfindlich.

MiNr. 79 a hat cremefarbene, MiNr. 79 b reinweiße Gummierung.

MiNr. 71 A Z–77 A Z aus Bögen (z.B. Randstücke, senkrechte 3er-Streifen) verdienen z.T. erhebliche Preisaufschläge.

FALSCH MiNr. 72 B, 72 C

Auflage: MiNr. 72 B = 21.600 Stück

Gültig bis 31.12.197

Weitere Werte: MiNr. 40–51, 106–107
MiNr. 74 und 76 in geänderten Farben mit Aufdruck: MiNr. 83–84

1941, 12. April. 25. Jahrestag des Osteraufstandes von 1916. MiNr. 74 und 76 in geänderten Farben mit grünem bzw. violettem Bdr.-Aufdruck.

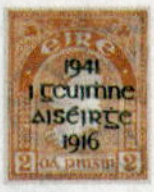
83

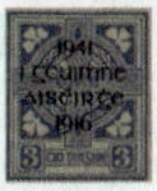
84

83	2 Pg orange	(b) Gr	2,50	1,20
84	3 Pg blau	(d) V	48,—	20,—
		Satzpreis (2 W.)	50,—	20,—
		FDC		60,—

FALSCH MiNr. 84 aus MiNr. 76 I X

Auflagen: MiNr. 83 = 28.162.320, MiNr. 84 = 1.187.280 Stück

Gültig bis 31.12.1971

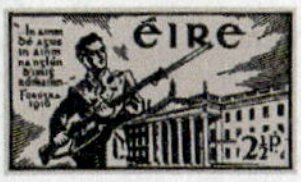

1941, 27. Okt. 25. Jahrestag des irischen Aufstandes. Bdr.; Wz. 2; gez. K 15:14.

p) Freiheitskämpfer und Hauptpostamt, Dublin

85	2½ Pg blauschwarz	p	2,20	0,50
		FDC		40,—

Auflage: 32.394.840 Stück

Gültig bis 31.12.1971

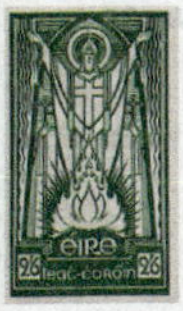

1942, 15. Dez./1968. Freimarken: St. Patrick. Bdr.; a = normales Papier, b = gestrichenes Papier; Wz. 2; gez K 14:15.

l) Hl. Patrick, Segen auf das Osterfeuer herabflehend

a = normales Papier

86 a	2'6 S'Pg dunkelbläulichgrün (10.2.1943)	l	35,—	1,70
87 a	5 Sc dunkelkarminbraun (15.12.1942)	l	35,—	2,20
88 a	10 Sc schwarzblau (Juli 1945)	l	120,—	7,—
		Satzpreis a (3 W.)	190,—	10,—

b = gestrichenes Papier (1968)

86 b	2'6 S'Pg smaragdgrün	l	7,50	1,50
87 b	5 Sc schwarzlilapurpur, -karminlila	l	9,—	2,50
88 b	10 Sc blau, dunkelviolettultramarin	l	22,—	7,50
		Satzpreis b (3 W.)	36,—	11,—

86 a Z	Wz. kopfstehend	120,—	20,—
86 b Z	Wz. kopfstehend	32,—	18,—
87 a Z	Wz. kopfstehend	110,—	20,—
87 b Z	Wz. kopfstehend	55,—	25,—
88 a Z	Wz. kopfstehend	450,—	75,—

MiNr. 86 a–88 a normal-graues Papier, MiNr. 86 b–88 b weiß durch optische Aufheller. Außerdem haben MiNr. 86 a–88 a cremefarbene Gummierung, MiNr. 86 b–88 b reinweiße, manchmal fleckige Gummierung.

Gültig bis 31.12.1971

In gleicher Zeichnung: MiNr. 62–64 (Wz. 1)

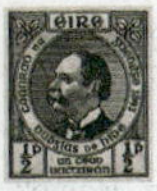

1943, 31. Juli. 50 Jahre Gälische Liga. Bdr.; Wz. 2; gez. K 15:14.

r) Douglas Hyde, irisch Dubhghlas de hÍde (1860–1949), Dichter und erster Staatspräsident

89	½ Pg grün	r	1,—	0,50
90	2½ Pg braunrot	r	2,—	1,—
		Satzpreis (2 W.)	3,—	1,50
		FDC		55,—

Auflagen: MiNr. 89 = 26.202.965, MiNr. 90 = 32.394.840 Stück

Gültig bis 31.12.1971

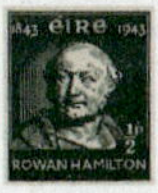

1943, 13. Nov. William Rowan Hamilton. Bdr.; Wz. 2; gez. K 15:14.

s) William Rowan Hamilton (1805–1865), Mathematiker und Physiker; Büste von John Hogan (1800–1858)

91	½ Pg dunkelgrün	s	2,—	0,60
92	2½ Pg dunkelbraun	s	2,50	0,70
		Satzpreis (2 W.)	4,50	1,30
		FDC		60,—

		⊙
91 Z	Wz. kopfstehend	—,—

Auflagen: MiNr. 91 = 28.079.520, MiNr. 92 = 37.267.200 Stück

Gültig bis 31.12.1971

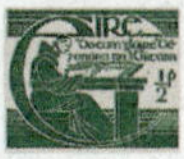

1944, 30. Juni. 300. Todestag von Michael O'Clery. Bdr.; Wz. 2; gez. K 14:15.

t) Bruder Michael O'Clery (1574–1643), Historiker

			★★	⊙
93	½ Pg grün	t		
X	Wz. 2 linksliegend		1,—	0,50
Y	Wz. 2 rechtsliegend		0,50	0,30
94	1 Sc rotbraun	t		
X	Wz. 2 linksliegend		6,—	1,50
Y	Wz. 2 rechtsliegend		1,50	0,40
		Satzpreis X (2 W.)	7,—	2,—
		Satzpreis Y (2 W.)	2,—	0,70
		FDC		350,—

FDC

Gültig bis 31.12.1971

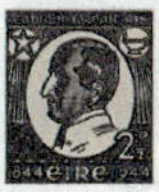

1944, 29. Aug. 100 Jahre Christliche Brüderschaft. Bdr.; Wz. 2; gez. 14:14

u) Edmund Ignatius Rice (1762–1844), Gründer der Brüderschaft

95	2½ Pg blaugrau	u	1,70	0,50
		FDC		35,—

		⊙
95 Z	Wz. kopfstehend	—,—

Auflage: 37.671.840 Stück

Gültig bis 31.12.1971

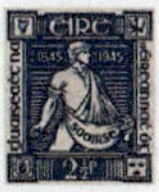

1945, 15. Sept. 100. Todestag von Thomas Davis. Bdr.; Wz. 2; gez. K 15:14.

v) Thomas Davis (1814–1845), Gründer der Jung-Irland-Bewegung, als Sämann

			★★	⊙
96	2½ Pg blau	v	1,—	0,70
97	6 Pg lila	v	9,—	6,—
		Satzpreis (2 W.)	10,—	6,50
		FDC		70,—

		⊙
96 Z	Wz. kopfstehend	—,—

MiNr. 97 ist äußerst wasserempfindlich.

Auflagen: MiNr. 96 = 70.528.080, MiNr. 97 = 5.564.136 Stück

Gültig bis 31.12.1971

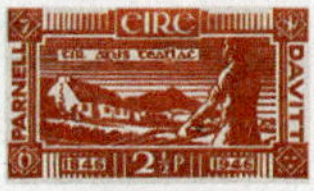

1946, 16. Sept. 100. Geburtstag der Landreformer Charles Stewart Parnell und Michael Davitt. Bdr.; Wz. 2; gez. K 15:14.

w) Das Land und die Heimat

				★★	⊙
98	2½ Pg	karminrot	w	1,—	0,30
99	3 Pg	dunkelultramarin	w	6,50	3,20
			Satzpreis (2 W.)	7,50	3,50
			FDC		30,—

Auflagen: MiNr. 98 = 36.938.550, MiNr. 99 = 2.095.590 Stück

Gültig bis 31.12.1971

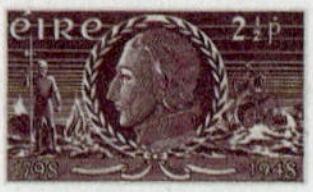

1948, 19. Nov. 150. Jahrestag der Erhebung von 1798. Bdr.; Wz. 2; gez. K 15:14.

x) Theobald Wolfe Tone (1763–1798), Führer der Erhebung

100	2½ Pg	rotlila	x	1,—	0,50
101	3 Pg	violett	x	10,—	7,—
			Satzpreis (2 W.)	11,—	7,50
			FDC		25,—

⊙

100 Z Wz. kopfstehend . . . . . 1200,—

Bei fast der gesamten Auflage kommt schwacher Abklatsch der Druckfarbe auf der Gummiseite vor; keine Wertminderung.

Auflagen: MiNr. 100 = 38.066.160, MiNr. 101 = 2.158.560 Stück

Gültig bis 31.12.1971

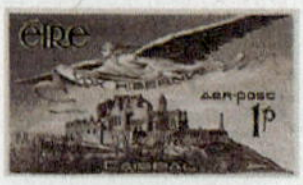

✈ 1948, 7. April/1949, 4. April. Flugpostmarken: Engel über Landschaften. StTdr.; Wz. 2; gez. K 15:14

Fa) Rock of Cashel (Provinz Munster)

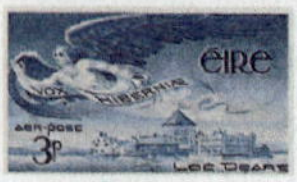

Fb) Lough Derg (Provinz Ulster)

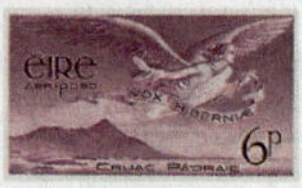

Fc) Croagh Patrick (Provinz Connaught)

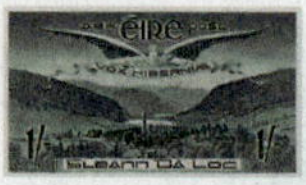

Fd) Glendalough (Provinz Leinster)

				★★	⊙
102	1 Pg	braun (4.4.1949)	Fa	7,—	5,—
103	3 Pg	blau (7.4.1948)	Fb	15,—	9,—
104	6 Pg	rötlichlila (Töne) (7.4.1948)	Fc	1,—	0,50
105	1 Sc	grün (4.4.1949)	Fd	2,—	0,50
			Satzpreis (4 W.)	25,—	15,—
			FDC (MiNr. 102 und 105)		36,—
			FDC (MiNr. 103–104)		45,—

Gültig bis 31.12.1971

Weitere Werte in Zeichnung Fa und Fb: MiNr. 124–125, 169

Unabhängige Republik

1949, 12. Sept. Freimarken: Nationale Symbole. Bdr.; Wz. 2: gez. K 15:14.

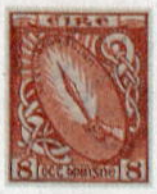

a) Schwert des Lichts

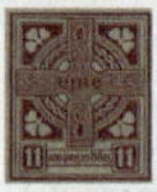

d) Keltisches Kreuz

106	8 Pg	hellrot	a	1,50	1,50
107	11 Pg	karmin	d	2,50	2,50
			Satzpreis (2 W.)	4,—	4,—
			FDC		100,—

106 Z Wz. kopfstehend . . . . . 120,— 60,—

Gültig bis 31.12.1971

Weitere Werte: MiNr. 40–51, 71–82

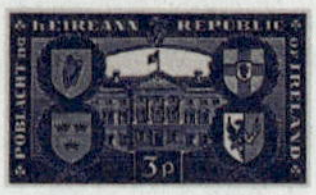

1949, 21. Nov. Ausrufung der Republik Irland. Bdr.; Wz. 2; gez. K 15:14.

y) Leinsterhaus, umgeben von den Wappen der 4 Provinzen Munster, Leinster, Connaught und Ulster

108	2½ Pg	rotbraun	y	1,—	0,50
109	3 Pg	ultramarin	y	9,—	5,—
			Satzpreis (2 W.)	10,—	5,50
			FDC		25,—

Auflagen: MiNr. 108 = 53.913.020, MiNr. 109 = 3.449.900 Stück

Gültig bis 31.12.1971

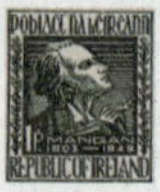

1949, 5. Dez. 100. Todestag von James Clarence Mangan. Bdr.; Wz. 2; gez. K 15:14.

z) James Clarence Mangan (1803–1849), Dichter

110	1 Pg	dunkelgrün	z	5,—	1,—
			FDC		25,—

110 Z Wz. kopfstehend . . . . . —,— 800,—

Auflage: 29.992.680 Stück

Gültig bis 31.12.1971

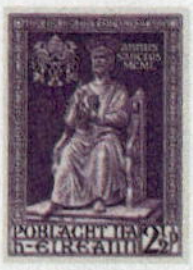

1950, 11. Sept. Heiliges Jahr. StTdr.; Wz. 2; gez. K 12½.

aa) Petrusstatue aus dem Petersdom, Rom

111	2½ Pg	tiefviolett	aa	1,—	0,60
112	3 Pg	hellblau	aa	13,—	11,—
113	9 Pg	dunkelbraun	aa	18,—	9,—
			Satzpreis (3 W.)	32,—	20,—
			FDC		60,—

Auflagen: MiNr. 111 = 12.887.140, MiNr. 112 = 890.620, MiNr. 113 = 1.588.240 Stück

Gültig bis 31.12.1971

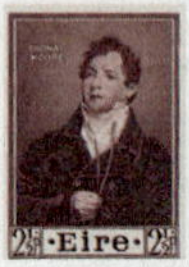

1952, 10. Nov. 100. Todestag von Thomas Moore. StTdr.; Wz. 2; gez. K 13.

ab) Thomas Moore (1779–1852), Dichter; Gemälde von Martin Archer Shee (1769–1850)

114	2½ Pg	lilaviolett	ab	0,50	0,30
115	3½ Pg	olivgrün	ab	7,50	4,20
			Satzpreis (2 W.)	8,—	4,50
			FDC		20,—

Auflagen: MiNr. 114 = 21.574.336, MiNr. 115 = 1.308.256 Stück

Gültig bis 31.12.1971

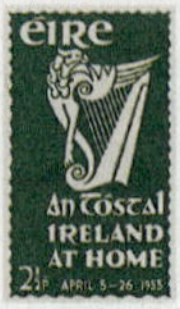

1953, 9. Febr. Nationalfest „Ireland at Home", Dublin. Bdr.; Wz. 2; gez. K 14:14¾.

ac) Irische Harfe (Emblem Irlands)

116 2½ Pg smaragdgrün .... ac 1,— 1,—
117 1'4 S'Pg blau .... ac 32,— 32,—
Satzpreis (2 W.) 32,— 32,—
FDC 60,—

Auflagen: MiNr. 116 = 19.981.921, MiNr. 117 = 920.821 Stück

Gültig bis 31.12.1971

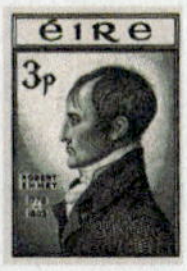

1953, 21. Sept. 150. Todestag von Robert Emmet. StTdr.; Wz. 2; gez. K 12¾:13.

ad) Robert Emmet (1778–1803), Führer des Aufstandes von 1803; Gemälde von Henry Borcas (1762–1837)

118 3 Pg dunkelblaugrün .... ad 1,50 0,70
119 1'3 S'Pg lilarot .... ad 55,— 20,—
Satzpreis (2 W.) 55,— 20,—
FDC 35,—

Auflagen: MiNr. 118 = 55.917.240, MiNr. 119 = 2.788.320 Stück

Gültig bis 31.12.1971

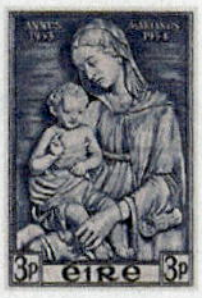

1954, 24. Mai. Marianisches Jahr. StTdr.; Wz. 2; gez. K 15.

ae) Madonna mit dem Kind; Relief von Luca della Robbia (1400–1482), italienischer Bildhauer

120 3 Pg blau (Töne) .... ae 1,— 0,50
121 5 Pg dunkelgrün .... ae 14,— 8,50
Satzpreis (2 W.) 15,— 9,—
FDC 15,—
Ⓢ Maschinenstempel FDC 25,—

Auflagen: MiNr. 120 = 49.000.684, MiNr. 121 = 2.237.288 Stück

Gültig bis 31.12.1971

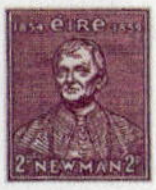

1954, 19. Juli. 100 Jahre Katholische Universität von Irland. Bdr.; Wz. 2; gez. K 15:14.

af) Kardinal John Henry Newman (1801–1890), Gründer der Universität; Büste von Thomas Farrell (1827–1900)

122 2 Pg lila .... af 1,50 0,50
123 1'3 S'Pg blau .... af 25,— 12,—
Satzpreis (2 W.) 26,— 12,—
FDC 15,—

⊙
122 Z Wz. kopfstehend .... 260,—

MiNr. 122 ist wasserempfindlich.

Bei fast der gesamten Auflage kommt schwacher Abklatsch der Druckfarbe auf der Gummiseite vor; keine Wertminderung.

Auflagen: MiNr. 122 = 71.196.100, MiNr. 123 = 2.419.080 Stück

Gültig bis 31.12.1971

✈ 1954, 13. Dez. Freimarken: Engel über Landschaften. StTdr.; Wz. 2; gez. K 15:14.

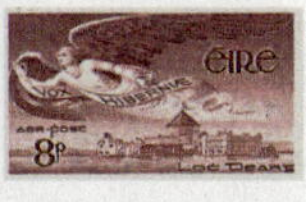

Fb) Lough Derg (Provinz Ulster)

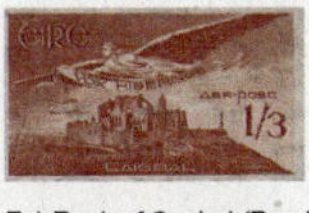

Fa) Rock of Cashel (Provinz Munster)

★★ ⊙
124 8 Pg karminbraun .... Fb 4,— 3,—
125 1'3 S'Pg orangerot .... Fa 4,— 1,—
Satzpreis (2 W.) 8,— 4,—
FDC 32,—

125 Z Wz. kopfstehend .... 1200,— 600,—

Gültig bis 31.12.1971

In gleichen Zeichnungen: MiNr. 102–103, 169

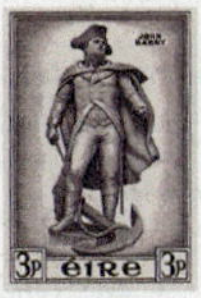

1956, 16. Sept. 200. Jahrestag der Abreise von John Barry aus Wexford. StTdr.; Wz 2; gez. K 15.

ag) John Barry (1745–1803), Marineoffizier und Gründer der amerikanischen Kriegsmarine; Denkmal von William Wheeler (1897–1972)

126 3 Pg grauviolett .... ag 1,— 0,50
127 1'3 S'Pg dunkelblau .... ag 13,— 10,—
Satzpreis (2 W.) 14,— 10,—
FDC 30,—

Auflagen: MiNr. 126 = 51.004.560, MiNr. 127 = 2.005.080 Stück

Gültig bis 31.12.1971

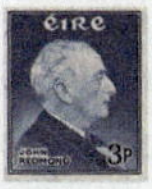

1957, 11. Juni. 100. Geburtstag von John Edward Redmond (1956). StTdr.; Wz. 2; gez. K 14:15.

ah) John Edward Redmond (1856–1918), Parteiführer

128 3 Pg dunkelblau .... ah 1,— 0,50
129 1'3 S'Pg bräunlichlila .... ah 19,— 28,—
Satzpreis (2 W.) 20,— 28,—
FDC 30,—

Auflagen: MiNr. 128 = 27.001.680, MiNr. 129 = 1.020.960 Stück

Gültig bis 31.12.1971

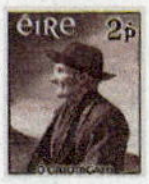

1957, 1. Juli. 20. Todestag von Tomás Ô Criomtain. StTdr.; Wz. 2; gez. K 15:14.

ai) Tomás Ô Criomtain (Thomas O'Crohan) (1856–1937), Fischer und Schriftsteller

130 2 Pg violettpurpur .... ai 5,— 0,50
131 5 Pg blauviolett .... ai 9,— 8,50
Satzpreis (2 W.) 14,— 9,—
FDC 12,—

130 Z Wz. kopfstehend .... –,– 500,—

Auflagen: MiNr. 130 = 25.000.320, MiNr. 131 = 1.000.140 Stück

Gültig bis 31.12.1971

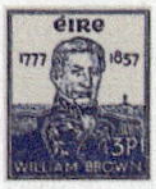

1957, 23. Sept. 100. Todestag von William Brown. Bdr.; Wz. 2; gez. K 15:14.

ak) William Brown (1777–1857), argentinischer Admiral irischer Herkunft

132 3 Pg blau .... ak 2,— 1,—
133 1'3 S'Pg karminrot .... ak 40,— 30,—
Satzpreis (2 W.) 42,— 30,—
FDC 40,—

Auflagen: MiNr. 132 = 15.408.960, MiNr. 133 = 984.480 Stück

Gültig bis 31.12.1971

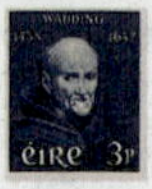

1957, 25. Nov. 300. Todestag von Lucas Wadding. StTdr.; Wz. 2; gez. K 15.

al) Lucas Wadding (1588–1657), Franziskanermönch und Historiker; Gemälde von Jusepe de Ribera (1591–1652)

134	3 Pg	schwarzblau	al	1,—	0,50
135	1'3 S'Pg	lilapurpur	al	22,—	9,50
			Satzpreis (2 W.)	22,—	10,—
			FDC		15,—

Auflagen: MiNr. 134 = 26.111.520, MiNr. 135 = 1.663.920 Stück

Gültig bis 31.12.1971

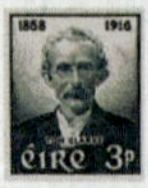

1958, 28, Juli. 100. Geburtstag von Thomas James Clarke. StTdr.; Wz. 2; gez. K 15.

am) Thomas James Clarke (1858–1916), Organisator des Osteraufstandes von 1916

136	3 Pg	dunkelblaugrün	am	1,—	0,50
137	1'3 S'Pg	rotbraun	am	17,—	9,50
			Satzpreis (2 W.)	18,—	10,—
			FDC		26,—

Auflagen: MiNr. 136 = 23.735.520, MiNr. 137 = 1.143.840 Stück

Gültig bis 31.12.1971

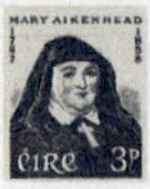

1958, 20. Okt. 100. Todestag von Mary Aikenhead. StTdr.; Wz. 2; gez. K 15:14.

an) Mary Aikenhead (1787–1858), Gründerin des irischen Ordens der barmherzigen Schwestern; Porträt von Nicholas Joseph Crowley

138	3 Pg	blau	an	1,—	0,50
139	1'3 S'Pg	karminrot	an	22,—	11,—
			Satzpreis (2 W.)	22,—	11,—
			FDC		22,—

Auflagen: MiNr. 138 = 21.960.240, MiNr. 139 = 1.260.240 Stück

Gültig bis 31.12.1971

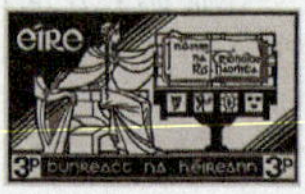

1958, 29. Dez. 21. Jahrestag des Inkrafttretens der neuen Verfassung. Bdr.; Wz. 2; gez. K 15:14.

m) Sinnbildliche Darstellung

140	3 Pg	dunkelsiena	m	1,—	0,50
141	5 Pg	smaragdgrün	m	9,—	5,50
			Satzpreis (2 W.)	10,—	6,—
			FDC		11,—

Bei fast der gesamten Auflage kommt schwacher Abklatsch der Druckfarbe auf der Gummiseite vor; keine Wertminderung.

Auflagen: MiNr. 140 = 25.704.840, MiNr. 141 = 940.140 Stück

Gültig bis 31.12.1971

In gleicher Zeichnung: MiNr. 65–66

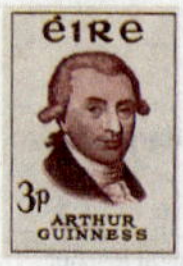

1959, 20. Juli. 200 Jahre Guinness-Brauerei. StTdr.; Wz. 2; gez. K 15.

ao) Arthur Guinness (1725–1803), Begründer der Guinness-Brauerei

142	3 Pg	karminbraun	ao	1,—	0,50
143	1'3 S'Pg	indigo	ao	22,—	12,—
			Satzpreis (2 W.)	22,—	12,—
			FDC		17,—

142 Z Wz. kopfstehend ..... —,— 500,—

Auflagen: MiNr. 142 = 25.999.200, MiNr. 143 = 1.249.440 Stück

Gültig bis 31.12.1971

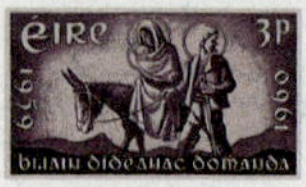

1960, 20. Juni. Weltflüchtlingsjahr 1959/1960. StTdr.; Wz. 2; gez. K 15.

ap) Die Hl. Familie

144	3 Pg	violett	ap	0,50	0,30
145	1'3 S'Pg	violettbraun	ap	2,—	2,70
			Satzpreis (2 W.)	2,50	3,—
			FDC		6,—

Auflagen: MiNr. 144 = 25.204.082, MiNr. 145 = 1.250.162 Stück

Gültig bis 31.12.1971

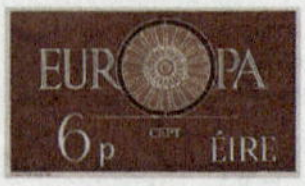

1960, 19. Sept. Europa. StTdr.; Wz. 2; gez. K 15.

ar) „O“ in „EUROPA“ als Wagenrad mit 19 Speichen

146	6 Pg	orangebraun	ar	2,—	2,—
147	1'3 S'Pg	blauviolett	ar	8,—	18,—
			Satzpreis (2 W.)	10,—	20,—
			FDC		20,—

MiNr. 147 ist sehr wasserempfindlich.

Auflagen: MiNr. 146 = 1.601.040, MiNr. 147 = 1.170.240 Stück

Gültig bis 31.12.1971

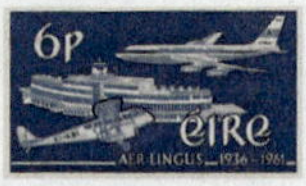

1961, 26. Juni. 25 Jahre Fluggesellschaft „Aer Lingus“. StTdr.; Wz. 2; gez. K 15.

as) Altes Flugzeug De Havilland und modernes Düsenflugzeug Boeing 707, Flughafengebäude Dublin

148	6 Pg	blau	as	2,50	2,—
149	1'3 S'Pg	dunkelgrün	as	6,—	8,—
			Satzpreis (2 W.)	8,50	10,—
			FDC		12,—

Auflagen: MiNr. 148 = 1.500.120, MiNr. 149 = 1.251.360 Stück

Gültig bis 31.12.1971

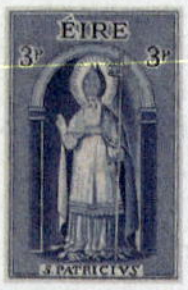

1961, 25. Sept. 1500. Todestag des Hl. Patrick. StTdr.; Wz. 2; gez. K 14½:15.

at) Hl. Patrick (385 bis ca. 460/461), Schutzpatron Irlands

150	3 Pg	kobalt	at	0,50	0,50
151	8 Pg	grauviolett	at	2,—	3,—
152	1'3 S'Pg	dunkelgrün	at	2,50	3,—
			Satzpreis (3 W.)	5,—	6,50
			FDC		10,—

Auflagen: MiNr. 150 = 25.000.080, MiNr. 151 = 500.160, MiNr. 152 = 1.310.160 Stück

Gültig bis 31.12.1971

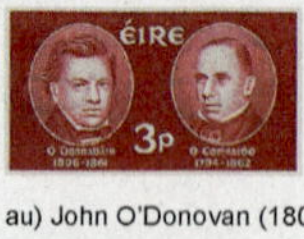

1962, 26. März. 100. Todestag von John O'Donovan und Eugene O'Curry. StTdr.; Wz. 2; gez. K 15.

au) John O'Donovan (1806–1861) und Eugene O'Curry (1794–1862), Gelehrte

153	3 Pg	karmin	au	0,50	0,50
154	1'3 S'Pg	bräunlichviolett	au	6,—	4,50
			Satzpreis (2 W.)	6,50	5,—
			FDC		7,50

MiNr. 154 ist wasserempfindlich.

Auflagen: MiNr. 153 = 10.810.200, MiNr. 154 = 1.503.840 Stück

Gültig bis 31.12.1971

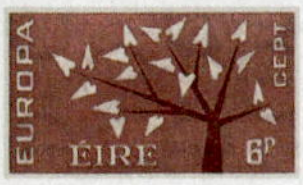

1962, 17. Sept. Europa. StTdr.; Wz. 2; gez. K 15.

av) Stilisierter Baum mit 19 Blättern

155	6 Pg	dunkelbraunrot	av	1,30	1,—
156	1'3 S'Pg	schwarzgrün	av	1,30	2,50
		Satzpreis (2 W.)		2,50	3,50
		FDC			5,50

Auflagen: MiNr. 155 = 2.024.160, MiNr. 156 = 2.012.160 Stück

Gültig bis 31.12.1971

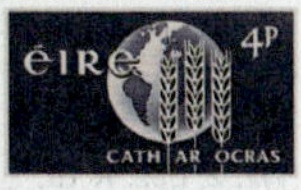

1963, 21. März. Kampf gegen den Hunger. Wz. 2; gez. K 15.

aw) Drei Ähren vor Weltkugel

157	4 Pg	purpurviolett	aw	0,50	0,30
158	1'3 S'Pg	rot	aw	2,50	3,70
		Satzpreis (2 W.)		3,—	4,—
		FDC			7,—

Auflagen: MiNr. 157 = 24.986.800, MiNr. 158 = 1.729.480 Stück

Gültig bis 31.12.1971

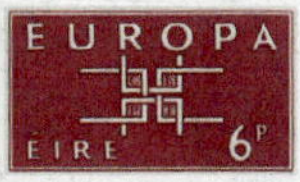

1963, 16. Sept. Europa. StTdr.; Wz. 2; gez K 15.

ax) Buchstaben „CEPT" in Ornament

159	6 Pg	rot	ax	1,—	1,—
160	1'3 S'Pg	dunkelblau	ax	4,—	6,50
		Satzpreis (2 W.)		5,—	7,50
		FDC			13,—

Auflagen: MiNr. 159 = 2.500.000, MiNr. 160 = 2.000.000 Stück

Gültig bis 31.12.1971

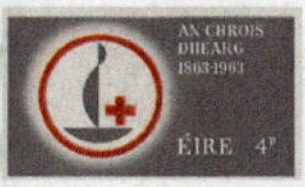

1963, 2. Dez. 100 Jahre Internationales Rotes Kreuz. RaTdr. auf gestrichenem Papier; Wz 2; gez. K 15:14.

ay) Jubiläumssignet des Roten Kreuzes, Inschrift

161	4 Pg	violettgrau/rot	ay	0,30	0,30
162	1'3 S'Pg	mehrfarbig	ay	1,40	2,20
		Satzpreis (2 W.)		1,70	2,50
		FDC			4,—

Auflagen: MiNr. 161 = 25.000.000, MiNr. 162 = 1.750.000 Stück

Gültig bis 31.12.1971

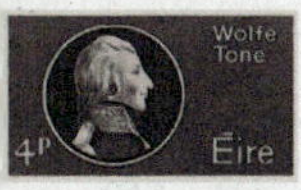

1964, 13. April. 200. Geburtstag von Theobald Wolfe Tone. StTdr.; Wz. 2; gez K 15.

az) Theobald Wolfe Tone (1763–1798), Führer der Unabhängigkeitsbewegung

163	4 Pg	schwarz	az	1,—	0,50
164	1'3 S'Pg	violettultramarin	az	6,—	5,—
		Satzpreis (2 W.)		7,—	5,50
		FDC			9,—

Auflagen: MiNr. 163 = 17.500.000, MiNr. 164 = 1.250.000 Stück

Gültig bis 31.12.1971

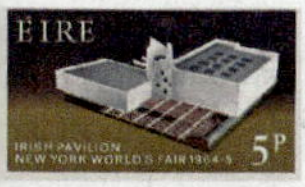

1964, 20. Juli. Teilnahme Irlands an der Weltausstellung 1964/1965 in New York. RaTdr. auf gestrichenem Papier; Wz. 2; gez. K 15:14.

ba) Irischer Ausstellungspavillon

165	5 Pg	mehrfarbig	ba	1,50	0,50
166	1'5 S'Pg	mehrfarbig	ba	5,—	5,—
		Satzpreis (2 W.)		6,50	5,50
		FDC			8,50

		★★
165 F	Farbe Braun fehlend	4000,—

Auflagen: MiNr. 165 = 17.500.000, MiNr. 166 = 1.250.000 Stück

Gültig bis 31.12.1971

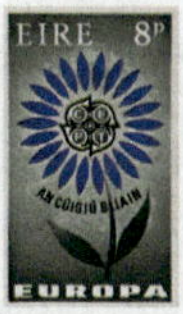

1964, 14. Sept. Europa. RaTdr. auf gestrichenem Papier; Wz. 2; gez. K 14:15.

bb) Stilisierte Blume mit 22 Blütenblättern um CEPT-Emblem

				★★	⊙
167	8 Pg	dunkelgrün/kobalt	bb	2,—	1,—
168	1'5 S'Pg	karminbraun/rotorange	bb	4,—	4,50
		Satzpreis (2 W.)		6,—	5,50
		FDC			14,—

Auflage: 2.500.000 Sätze

Gültig bis 31.12.1971

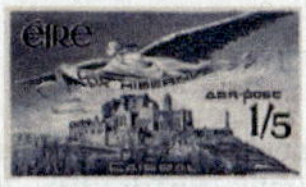

✈ 1965, 1. April. Flugpostmarke: Engel über Landschaften. StTdr.; Wz. 2; gez. K 15:14.

Fa) Rock of Cashel (Provinz Munster)

169	1'5 S'Pg	Fa		
a	preußischblau		3,—	1,50
b	violettultramarin		10,—	3,—
	FDC			9,—

Gültig bis 31.12.1971

In gleicher Zeichnung: MiNr. 102, 125

1965, 17. Mai. 100 Jahre Internationale Fernmeldeunion (ITU). RaTdr.; Wz. 2; gez. K 15:14.

bc) Symbolische Darstellung von Nachrichtenwellen, ITU-Emblem

170	3 Pg	preußischblau/smaragdgrün	bc	0,50	0,50
171	8 Pg	schwarz/smaragdgrün	bc	3,—	3,20
		Satzpreis (2 W.)		3,50	3,60
		FDC			5,50

Auflagen: MiNr. 170 = 20.000.000, MiNr. 171 = 1.500.000 Stück

Gültig bis 31.12.1971

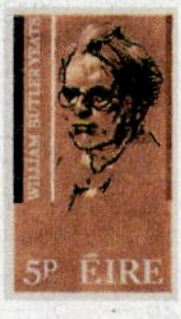

1965, 14. Juni. 100. Geburtstag von William Butler Yeats. RaTdr. auf gestrichenem Papier; Wz. 2; gez. K 15.

bd) William Butler Yeats (1865–1939), Lyriker und Dramatiker; Zeichnung von Sean O'Sullivan (1906–1964)

172	5 Pg	mehrfarbig	bd	0,70	0,50
173	1'5 S'Pg	mehrfarbig	bd	6,50	5,—
		Satzpreis (2 W.)		7,—	5,50
		FDC			7,50
173 F		Farbe Braun fehlend		3000,—	—,—

Auflagen: MiNr. 172 = 25.000.000, MiNr. 173 = 1.750.000 Stück

Gültig bis 31.12.1971

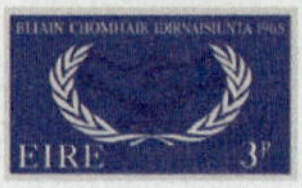

1965, 16. Aug. Jahr der internationalen Zusammenarbeit. RaTdr. auf gestrichenem Papier; Wz. 2; gez. K 15.

be) Symbolische Darstellung der Zusammenarbeit der UNO

174	3 Pg	kobalt/ultramarin	be	0,70	0,70
175	10 Pg	lilabraun/rotbraun	be	5,50	7,50
		Satzpreis (2 W.)		6,—	8,—
		FDC			10,—

Auflagen: MiNr. 174 = 20.000.000, MiNr. 175 = 500.000 Stück

Gültig bis 31.12.1971

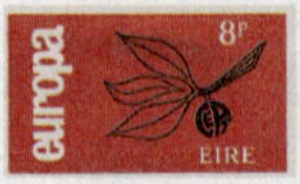

1965, 27. Sept. Europa. RaTdr.; Wz. 2; gez. K 15.

bf) Zweig mit aus den Buchstaben „CEPT" gebildeter Frucht

176	8 Pg	braunrot/schwarz	bf	2,—	4,—
177	1'5 S'Pg	hellgrünlichblau/purpur	bf	3,—	6,—
		Satzpreis (2 W.)		5,—	10,—
		FDC			12,—

Auflagen: MiNr. 176 = 2.250.000, MiNr. 177 = 2.500.000 Stück

Gültig bis 31.12.1971

1966, 12. April. 50. Jahrestag des Beginns des Osteraufstandes von 1916 und Ausrufung der Irischen Republik. RaTdr.; Wz. 2; gez. K 15.

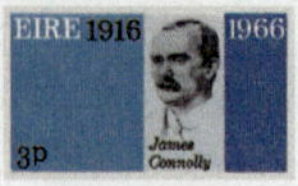

bg) James Connolly (1868–1916)

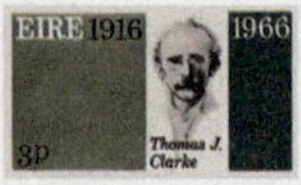

bh) Thomas J. Clarke (1858–1916)

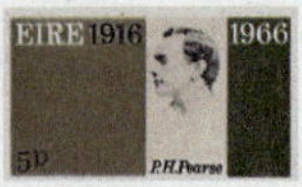

bi) Patrick Henry Pearse (1879–1916)

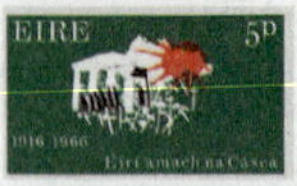

bk) Symbolische Darstellung des Aufstandes

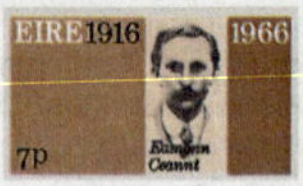

bl) Eamonn Ceannt (1881–1916)

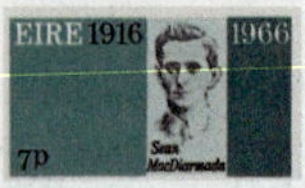

bm) Sean MacDiarmada (1884–1916)

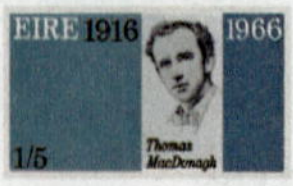

bn) Thomas MacDonagh (1878–1916)

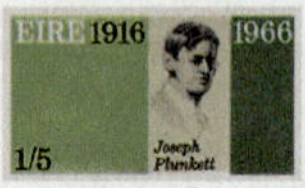

bo) Joseph Plunkett (1887–1916)

178	3 Pg	hellblau/schwarz	bg	0,80	0,50
179	3 Pg	schwarzoliv/schwarz	bh	0,80	0,50
180	5 Pg	grünoliv/schwarz	bi	0,80	0,50
181	5 Pg	mehrfarbig	bk	0,80	0,50
182	7 Pg	dunkelchrom/schwarz	bl	1,50	3,—
183	7 Pg	dunkelblaugrün/schwarz	bm	1,50	3,—
184	1'5 S'Pg	bläulichgrün/schwarz	bn	2,—	2,50
185	1'5 S'Pg	gelblichgrün/schwarz	bo	2,—	2,50
		Satzpreis (8 W.)		10,—	13,—
		FDC			20,—
		4 Paare		25,—	50,—
		FDC			60,—

Nominalgleiche Marken wurden waagerecht zusammenhängend gedruckt.

Von MiNr. 182–185 gibt es zwei Auflagen; Nachauflage farbstärker mit kräftigen Rasterpunkten. Preise gleich.

Auflagen: MiNr. 178–179 je 10.000.000, MiNr. 180–181 je 13.000.000, MiNr. 182–183 je 1.125.000, MiNr. 184–185 je 1 250.000 Stück

Gültig bis 31.12.1971

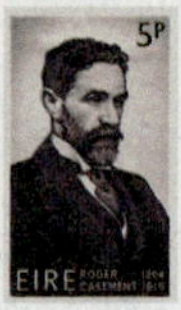

1966, 3. Aug. 50. Todestag von Roger Casement. RaTdr.; Wz. 2; gez. K 15.

bp) Roger Casement (1864–1916), Freiheitskämpfer

186	5 Pg	braunschwarz	bp	0,30	0,30
187	1 Sc	lilabraun	bp	1,40	1,40
		Satzpreis (2 W.)		1,70	1,70
		FDC			2,50

Auflagen: MiNr. 186 = 20.000.000, MiNr. 187 = 2.250.000 Stück

Gültig bis 31.12.1971

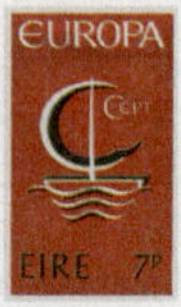

1966, 26. Sept. Europa. RaTdr.; Wz. 2; gez. K 15.

br) Stilisiertes Boot mit geblähtem Segel und Inschrift „CEPT"

188	7 Pg	dunkelorange/dunkelolivgrün	br	1,50	1,—
189	1'5 S'Pg	olivgrau/grün	br	1,50	2,—
		Satzpreis (2 W.)		3,—	3,—
		FDC			5,50

FALSCH MiNr. 188 U oWz. = Ausschnitt aus Ankündigungsblatt der Post

Auflagen: MiNr. 188 = 2.250.000, MiNr. 189 = 2.500.000 Stück

Gültig bis 31.12.1971

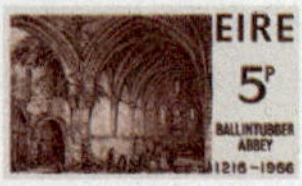

1966, 8. Nov. 750 Jahre Ballintubber-Abtei RaTdr.; Wz. 2; gez. K 15.

bs) Kreuzgang mit romanischen und gotischen Bauteilen; nach einer Lithographie aus „Wilkinson's Practical Geology and Ancient Architecture of Ireland", 1845

190	5 Pg	rotbraun	bs	0,40	0,40
191	1 Sc	grauschwarz/schwarz	bs	0,80	0,80
		Satzpreis (2 W.)		1,20	1,20
		FDC			1,70

Auflagen: MiNr. 190 = 25.000.000, MiNr. 191 = 2.250.000 Stück

Gültig bis 31.12.1971

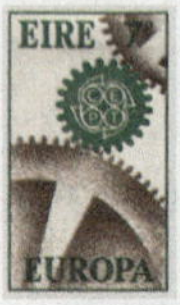

1967, 2. Mai. Europa. RaTdr.; Wz. 2; gez. K 15.

bt) Ineinandergreifende Zahnräder, Antriebsrad mit CEPT-Emblem

192	7 Pg	hellgrün/gold	bt	1,50	1,—
193	1'5 S'Pg	lilarot/gold	bt	2,—	2,50
		Satzpreis (2 W.)		3,50	3,50
		FDC			4,—

Die Goldfarbe ist wasserempfindlich. „Fehlender Golddruck" (nur grüner Unterdruck sichtbar) ist chemische Verfärbung.

Auflagen: MiNr. 192 = 2.000.000, MiNr. 193 = 2.250.000 Stück

Gültig bis 31.12.1971

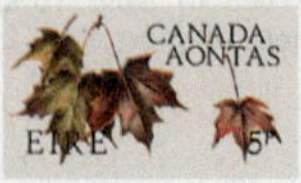

1967, 28. Aug. 100 Jahre Bundesstaat Kanada. RaTdr.; Wz. 2; gez. K 15.

bu) Ahornblätter (Acer saccharun)

194	5 Pg	mehrfarbig	bu	0,30	0,30
195	1'5 S'Pg	mehrfarbig	bu	1,—	1,50
			Satzpreis (2 W.)	1,30	1,80
			FDC		2,20

Auflagen: MiNr. 194 = 15.000.000, MiNr. 195 = 2.000.000 Stück

Gültig bis 31.12.1971

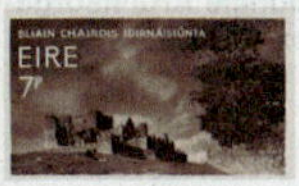

1967, 25. Sept. Internationales Jahr des Tourismus. RaTdr.; Wz. 2; gez. K 15.

bv) Rock of Cashel, Sitz der irischen Hochkönige im frühen Mittelalter; die Ruinen sind Überreste einer Kirchenburg aus dem 12. und 15. Jh.

196	7 Pg	schwarzbraun	bv	0,30	0,30
197	10 Pg	graugrünblau	bv	0,90	1,40
			Satzpreis (2 W.)	1,20	1,70
			FDC		2,20

Auflagen: MiNr. 196 = 2.000.000, MiNr. 197 = 1.000.000 Stück

Gültig bis 31.12.1971

1967, 23. Okt. 100. Jahrestag des Fenian-Aufstandes. RaTdr.; Wz. 2; gez. K 15.

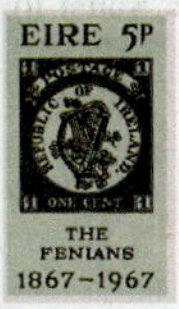

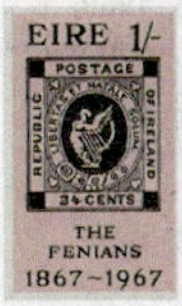

bw) 1-Cent-Wert mit Harfenmotiv bx) 24-Cent-Wert mit Engelsharfe

bw–bx) Private Propagandamarken der sogenannten Fenian-Ausgabe

198	5 Pg	hellbläulichgrün/schwarzgrau	bw	0,30	0,30
199	1 Sc	graurosa/dunkelviolettgrau	bx	0,70	0,90
			Satzpreis (2 W.)	1,—	1,20
			FDC		3,—

Auflagen: MiNr. 198 = 26.000.000, MiNr. 199 = 2.250.000 Stück

Gültig bis 31.12.1971

1967, 30. Nov. 300. Geburtstag von Jonathan Swift. RaTdr.; Wz. 2. gez. K 15.

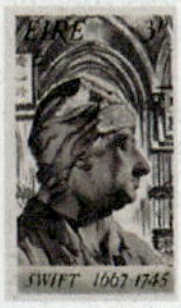

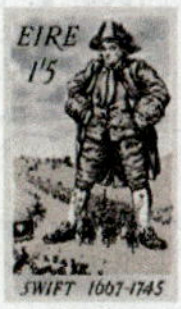

by) Jonathan Swift (1667–1745), Theologe und Dichter (Büste); Innenraum der St.-Patrick-Kathedrale

bz) „Gullivers Reisen": Gulliver über dem Heer der Liliputaner stehend

200	3 Pg	olivgrau/lilaschwarz	by	0,30	0,30
201	1'5 S'Pg	lichtblau/lilaschwarz	bz	0,70	0,90
			Satzpreis (2 W.)	1,—	1,20
			FDC		1,70

Auflagen: MiNr. 200 = 25.000.000, MiNr. 201 = 2.500.000 Stück

Gültig bis 31.12.1971

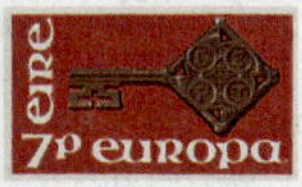

1968, 29. April. Europa. RaTdr.; Wz. 2; gez. K 15.

ca) Kreuzbartschlüssel mit CEPT-Emblem

202	7 Pg	mehrfarbig	ca	0,50	0,50
203	1'5 S'Pg	mehrfarbig	ca	2,50	2,50
			Satzpreis (2 W.)	3,—	3,—
			FDC		3,50

Auflage: 2.000.000 Sätze

Gültig bis 31.12.1971

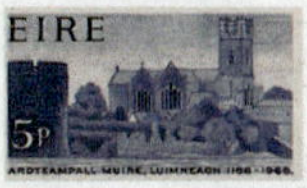

1968, 26. Aug. 800 Jahre St. Mary's Kathedrale. StTdr.; Wz. 2; gez. K 15.

cb) St. Mary's Kathedrale in Limerick, erbaut 1168 durch Donald O'Brien, König von Munster

204	5 Pg	indigo	cb	0,30	0,30
205	10 Pg	braunoliv	cb	0,70	2,20
			Satzpreis (2 W.)	1,—	2,50
			FDC		3,—

Auflagen: MiNr. 204 = 20.000.000, MiNr. 205 = 1.000.000 Stück

Gültig bis 31.12.1971

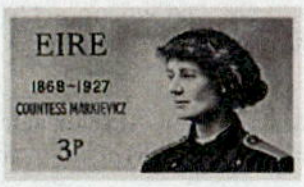

1968, 23. Sept. 100. Geburtstag von Constance Markiewicz. RaTdr.; Wz. 2; gez. K 15.

cc) Constance Markiewicz (1868–1927), Freiheitskämpferin

206	3 Pg	schwarzbraun	cc	0,30	0,30
207	1'5 S'Pg	dunkelviolettblau/blau	cc	0,70	0,90
			Satzpreis (2 W.)	1,—	1,20
			FDC		2,—

Auflagen: MiNr. 206 = 16.000.000, MiNr. 207 = 1.500.000 Stück

Gültig bis 31.12.1971

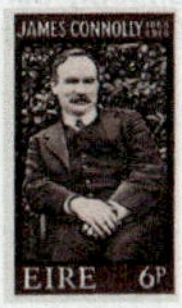

1968, 23. Sept. 100. Geburtstag von James Connolly. RaTdr.; Wz. 2; gez. K 15.

cd) James Connolly (1868–1916), Politiker und Freiheitskämpfer

208	6 Pg	dunkelkarminbraun/dunkelrotbraun	cd	0,30	0,50
209	1 Sc	schwarzblaugrün/schwarzoliv	cd	0,70	0,70
			Satzpreis (2 W.)	1,—	1,20
			FDC		2,—

Auflagen: MiNr. 208 = 10.000.000, MiNr. 209 = 1.500.000 Stück

Gültig bis 31.12.1971

1968, 14. Okt./1970. Freimarken: Frühe Irische Kunst. RaTdr.; MiNr. 210–222 Wz. 2 liegend, MiNr. 223–225 Wz. 2 stehend; A = gez. K 15, C = gez. K 14¼:15 (aus Rollen).

ce) Hund, Dekorteil einer altirischen Brosche (7. Jh.)

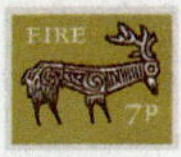

cf) Hirsch, Dekor einer Schale (8. Jh.)

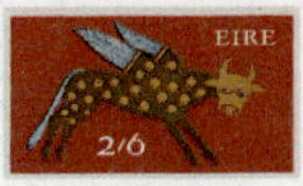

cg) Geflügelter Stier, Lukas-Symbol aus dem Evangelienbuch (8. Jh.)

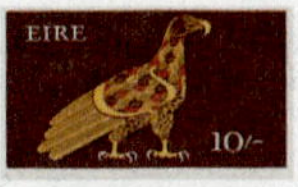

ch) Adler, Johannes-Symbol aus altirischer Handschrift (8. Jh.)

210		½ Pg	braunorange (9.6.1969)	ce	0,30	0,30
211		1 Pg	gelbgrünoliv	ce		
	A		gez. K 15 (9.6.1969)		0,30	0,30
	C		gez. K 14¼:15 (1970)		2,—	7,—
212		2 Pg	ocker	ce		
	A		gez. K 15 (14.10.1968)		0,30	0,30
	C		gez. K 14¼:15 (1970)		2,—	7,—

213		3 Pg	kobalt	ce		
	A		gez. K 15 (9.6.1969)		0,50	0,30
	C		gez. K 14¼:15 (1970)		2,20	5,—
214		4 Pg	lilakarmin (31.3.1969)	ce	0,50	0,30
215		5 Pg	dkl'blaugrün (31.3.1969)	ce	0,70	1,50
216		6 Pg	dkl'olivbraun	ce		
	Yl		Wz. linksliegend (24.2.1969)		0,50	0,50
	Yr		Wz. rechtsliegend (12.9.1969)		10,—	15,—
217		7 Pg	grünlichgelb/hellbraun (9.6.1969)	cf	1,—	3,50
218		8 Pg	ziegelrot/schwarz (14.10.1968)	cf	1,—	3,—
219		9 Pg	dkl'oliv/schwarz (24.2.1969)	cf	1,—	0,70
220		10 Pg	hellblauviolett/dkl'braun (31.3.1969)	cf	1,—	3,50
221		1 Sc	lilabraun/dkl'braun (31.3.1969)	cf	1,—	0,70
222		1'9 S'Pg	grünblau/schwarz (24.2.1969).	cf	3,—	3,—
223		2'6 S'Pg	mfg. (14.10.1968)	cg	7,—	1,20
224		5 Sc	mfg. (24.2.1969)	cg	10,—	3,—
225		10 Sc	mfg. (14.10.1968)	ch	22,—	6,—
			Satzpreis (16 W.)		50,—	28,—
			FDC (MiNr. 210, 211 A, 213 A, 217)			5,—
			FDC (MiNr. 212 A, 218, 223, 225)			26,—
			FDC (MiNr. 214, 215, 220, 221)			6,—
			FDC (MiNr. 216, 219, 222, 224)			17,—
			6-Scilling-Markenheftchen		90,—	

MiNr. 211 C–213 C stammen aus Rollen (waagerecht) mit Klebestelle nach jeweils 20 Marken, Paare mit Klebestelle: 3facher Einzelmarkenpreis. Die waagerechte Zähnung ist bei den Rollenmarken meist mangelhaft, die Preise gelten für handelsübliche Qualität.

MiNr. 216 Yl stammt aus Bogen und Markenheftchen. MiNr. 216 Yr stammt nur aus dem Markenheftchen zu 6 Scilling, das zwei H-Blätter mit je 6 × MiNr. 216 Yl bzw. Yr enthält.

Von MiNr. 210–225 sind zahlreiche Papier- und Gummierungsunterschiede bekannt, die von Spezialisten gesammelt werden und teils beachtliche Preisaufschläge erzielen.

Gültig bis 31.12.1971

In gleichen bzw. ähnlichen Zeichnungen siehe Übersicht nach Jahrgangswerttabelle.

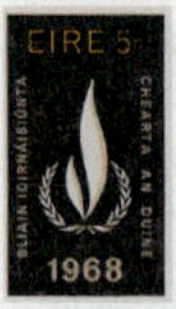

1968, 4. Nov. 20. Jahrestag der Verkündung der Menschenrechte durch die UNO. RaTdr.; Wz. 2; gez. K 15.

ci) Ölbaumkranz und Flamme, Symbol des Jahres der Menschenrechte

226	5 Pg	mehrfarbig	ci	0,30	0,30
227	7 Pg	mehrfarbig	ci	0,50	0,50
		Satzpreis (2 W.)		0,80	1,—
		FDC			1,70

Auflagen: MiNr. 226 = 16.000.000, MiNr. 227 = 1.500.000 Stück

Gültig bis 31.12.1971

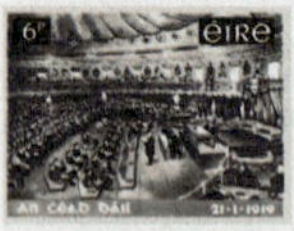

1969, 21. Jan. 50 Jahre Nationalparlament. RaTdr.; Wz. 2 liegend; gez. K 15:14¾.

ck) Sitzungssaal des Parlaments (1919) im Mansion House, Dublin

228	6 Pg	schwarzoliv	ck	0,30	0,30
229	9 Pg	indigo	ck	0,50	0,90
		Satzpreis (2 W.)		0,80	1,20
		FDC			1,50

Auflagen: MiNr. 228 = 16.000.000, MiNr. 229 = 2.000.000 Stück

Gültig bis 31.12.1971

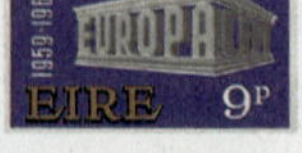

1969, 28. April. Europa. RaTdr.; Wz. 2; gez. K 15.

cl) „EUROPA" und „CEPT" in Tempelform

230	9 Pg	mehrfarbig	cl	1,50	1,50
231	1'9 S'Pg	mehrfarbig	cl	2,—	2,—
		Satzpreis (2 W.)		3,50	3,50
		FDC			5,—

Auflagen: MiNr. 230 = 2.000.000, MiNr. 231 = 2.250.000 Stück

Gültig bis 31.12.1971

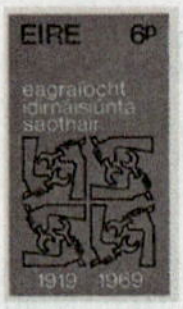

1969, 14. Juli. 50 Jahre Internationale Arbeitsorganisation (ILO). RaTdr.; Wz. 2; gez. K 15.

cm) ILO-Emblem (vierfach)

232	6 Pg	hellgrau/schwarz	cm	0,30	0,30
233	9 Pg	gelb/schwarz	cm	0,70	0,70
		Satzpreis (2 W.)		1,—	1,—
		FDC			1,50

Auflagen: MiNr. 232 = 16.000.000, MiNr. 233 = 2.000.000 Stück

Gültig bis 31.12.1971

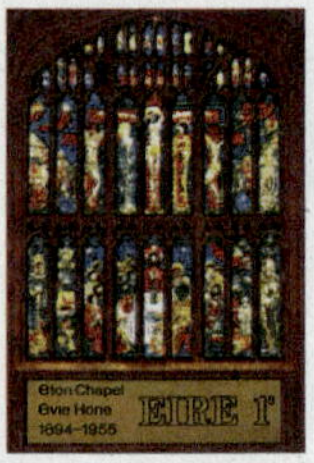

1969, 1. Sept. Zeitgenössische Kunst (I). RaTdr.; Wz. 2; gez. K 15:14½.

cn) Buntglasfenster der Kapelle in Eton; von Evie Hone (1894–1955)

234	1 Sc	mehrfarbig	cn	1,—	5,—
		FDC			3,50

234 I „1" in „1894" unten verkürzt (Feld 11) ... 8,— 11,—

Auflage: 2.500.000 Stück

Gültig bis 31.12.1971

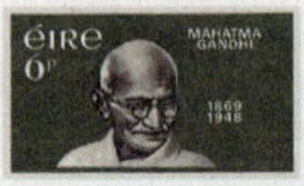

1969, 2. Okt. Internationales Gedenkjahr zum 100. Geburtstag von Mahatma Gandhi. RaTdr.; Wz. 2; gez. K 15.

co) Mohandas Karamchand Gandhi, Ehrenname Mahatma (1869–1948), indischer Staatsman und Politiker

235	6 Pg	dunkelolivgrün/braunschwarz	co	1,—	0,50
236	1'9 S'Pg	mehrfarbig	co	1,50	1,—
		Satzpreis (2 W.)		2,50	1,50
		FDC			5,—

Auflagen: MiNr. 235 = 18.000.000, MiNr. 236 = 2.000.000 Stück

Gültig bis 31.12.1971

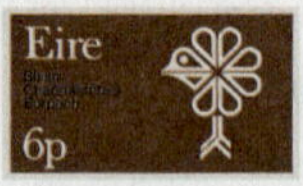

1970, 23. Febr. Europäisches Naturschutzjahr. RaTdr.; Wz. 2; gez. K 15.

cp) Kleeblatt mit Vogelkopf (Sinnbild für „Besseres Land für Leben, Arbeit und Freizeit")

237	6 Pg	grünlichocker/schwarz	cp	0,30	0,30
238	9 Pg	blauviolett/schwarz	cp	1,20	0,90
		Satzpreis (2 W.)		1,50	1,20
		FDC			2,—

Auflagen: MiNr. 237 = 16.000.000, MiNr. 238 = 2.000.000 Stück

Gültig bis 31.12.1971

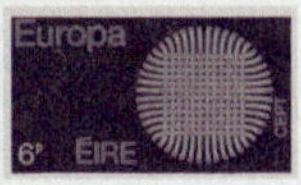

1970, 4. Mai. Europa. RaTdr.; Wz. 2; gez. K 15.

cr) Flechtwerk als Sonnensymbol

239	6 Pg	dunkelbläulichviolett/silber	cr	0,50	0,50
240	9 Pg	olivbraun/silber	cr	1,—	1,50
241	1'9 S'Pg	braunschwarz/silber	cr	2,—	2,—
		Satzpreis (3 W.)		3,50	4,—
		FDC			7,50

Auflagen: MiNr. 239 = 12.000.000, MiNr. 240 = 2.000.000, MiNr. 241 = 2.250.000 Stück

Gültig bis 31.12.1971

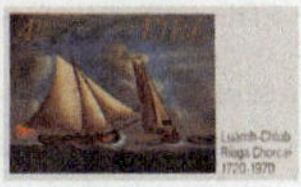

1970, 13. Juli. 250 Jahre Royal Cork Yacht Club. RaTdr.; Wz. 2; gez. K 15.

cs) Jachten beim Wendemanöver; Gemälde von Peter Monamy (1670–1749)

242	4 Pg	mehrfarbig	cs	0,50	0,50
		FDC			0,70

Auflage: 16.000.000 Stück

Gültig bis 31.12.1971

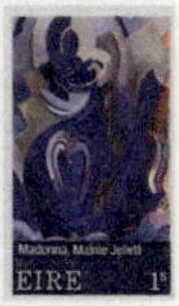

1970, 1. Sept. Zeitgenössische Kunst (II). RaTdr.; Wz. 2; gez. K 15.

ct) Madonna von Irland; Detail eines Gemäldes von Mainie Jellett (1896–1943)

243	1 Sc	mehrfarbig	ct	0,70	0,90
		FDC			1,50

Auflage: 2.500.000 Stück

Gültig bis 31.12.1971

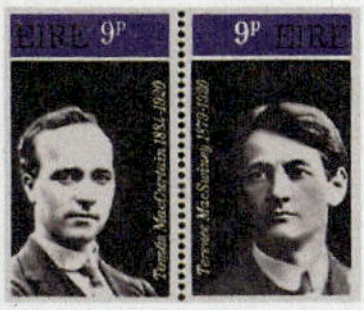

1970, 26. Okt. 50. Todestag von Tomás MacCurtain und Terence MacSwiney. RaTdr.; Wz. 2; gez. K 15.

cu) Tomás MacCurtain (1884–1920), Freiheitskämpfer
cv) Terence MacSwiney (1879–1920), Freiheitskämpfer

244	9 Pg	schwarzgrau/blauviolett	cu	1,50	1,50
245	9 Pg	schwarzgrau/blauviolett	cv	1,50	1,50
246	2'9 S'Pg	schwarzgrau/hellblau	cu	3,50	5,—
247	2'9 S'Pg	schwarzgrau/hellblau	cv	3,50	5,—
		Satzpreis (4 W.)		10,—	13,—
		FDC			15,—
		2 waagerechte Paare		17,—	32,—
		FDC			36,—
		2 senkrechte Paare		25,—	45,—
		FDC			50,—

Nominalgleiche Marken wurden jeweils schachbrettartig zusammenhängend gedruckt.

Auflagen: MiNr. 244–245 je 16.000.000, MiNr. 246–247 je 2.500.000 Stück

Gültig bis 31.12.1971

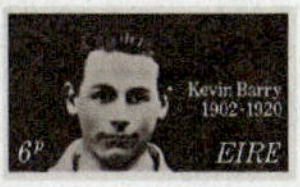

1970, 2. Nov. 50. Todestag von Kevin Barry. RaTdr.; Wz. 2; gez. K 15.

cw) Kevin Barry (1902–1920), Freiheitskämpfer

248	6 Pg	schwarzbraunoliv	cw	0,30	0,30
249	1'2 S'Pg	dunkelviolettblau	cw	0,70	1,20
		Satzpreis (2 W.)		1,—	1,50
		FDC			2,—

Auflagen: MiNr. 248 = 18.000.000, MiNr. 249 = 2.250.000 Stück

Gültig bis 31.12.1971

Neue Dezimalwährung ab 15. Februar 1971:
1 Pfund (£) = 100 New Pence (P)

1971, 15. Febr./1978, 5. Juni. Freimarken: Frühe Irische Kunst. Marken in Zeichnung der Ausgabe 1968, Wertangaben in Dezimalwährung (ohne „P"). RaTdr.; X = Wz. 2 (bei Zähnung A und F stehend, bei Zähnung D und E liegend), Z = oWz.; A = vierseitig gez. K 15 (aus Bogen), D = dreiseitig, E = zweiseitig gez. K 15 (aus Markenheftchen), F = vierseitig gez. K 14¼:15 (aus Rollen).

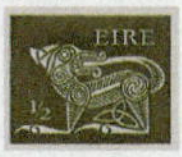

ce I) Hund, Dekorteil einer altirischen Brosche (7. Jh.)

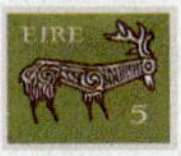

cf I) Hirsch, Dekor einer Schale (8. Jh.)

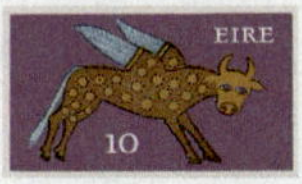

cg I) Geflügelter Stier, Lukas-Symbol aus dem Evangelienbuch (8. Jh.)

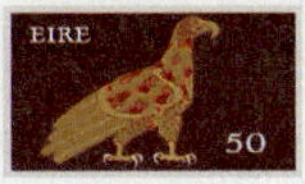

ch I) Adler, Johannes-Symbol aus altirischer Handschrift (8. Jh.)

X = Wz. 2

250 X		½ (P)	grünoliv (15.2.1971)	ce I		
	A		vierseitig gez. K 15 (⌧)		0,30	0,30
	Dl		dreiseitig gez. K 15 (⌧)		5,—	8,—
	Dr		dreiseitig gez. K 15 (⌧)		5,—	8,—
	El		zweiseitig gez. K 15 (⌧)		10,—	15,—
	Er		zweiseitig gez. K 15 (⌧)		10,—	15,—
251 X		1 (P)	blau (Töne) (15.2.1971)	ce I		
	A		vierseitig gez. K 15 (⌧)		1,20	0,30
	Dl		dreiseitig gez. K 15 (⌧)		0,30	0,30
	Dr		dreiseitig gez. K 15 (⌧)		0,30	0,30
	El		zweiseitig gez. K 15 (⌧)		0,30	0,30
	Er		zweiseitig gez. K 15 (⌧)		0,30	0,30
	F		vierseitig gez. K 14¼:15 (⌧)		1,20	2,—
252 X		1½ (P)	lilakarmin (15.2.1971)	ce I		
	A		vierseitig gez. K 15 (⌧)		0,50	0,30
	F		vierseitig gez. K 14¼:15 (⌧)		0,30	0,30
253 X		2 (P)	schwarzgrün	ce I		
	A		vierseitig gez. K 15 (⌧) (15.2.1971)		0,50	0,30
	Dl		dreiseitig gez. K 15 (⌧) (27.1.1975)		0,50	0,50
	Dr		dreiseitig gez. K 15 (⌧) (27.1.1975)		0,30	0,30
	El		zweiseitig gez. K 15 (⌧) (27.1.1975)		0,50	0,50
	Er		zweiseitig gez. K 15 (⌧) (27.1.1975)		0,50	0,50
	F		vierseitig gez. K 14¼:15 (⌧) (24.2.1972)		0,30	0,30
254 X		2½ (P)	schwarzbraun (15.2.1971)	ce I		
	A		vierseitig gez. K 15 (⌧)		1,—	0,50
	Dl		dreiseitig gez. K 15 (⌧)		1,70	1,70
	Dr		dreiseitig gez. K 15 (⌧)		1,70	1,70
	El		zweiseitig gez. K 15 (⌧)		3,50	3,50
	Er		zweiseitig gez. K 15 (⌧)		3,50	3,50
	F		vierseitig gez. K 14¼:15 (⌧)		0,30	0,30
255 X	A	3 (P)	mittelorange (15.2.1971)	ce I	0,70	0,50
256 X	A	3½ (P)	rotorange (15.2.1971)	ce I	0,70	0,50
257 X		4 (P)	hellblauviolett	ce I		
	A		gez. K 15 (15.2.1971)		0,50	0,30
	F		gez. K 14¼:15 (24.2.1972)		1,20	2,50
258 X	A	5 (P)	gelboliv/braun (15.2.1971)	cf I	2,—	1,—
259 X	A	6 (P)	blaugrau/braun (15.2.1971)	cf I	4,—	1,—

260 X A 7½ (P) grauviolett/braun (15.2.1971) . . . . cf I 0,70 1,—
261 X A 9 (P) dunkelgrünblau/schwarz (15.2.1971) . . . . cf I 3,50 1,—
262 X A 10 (P) mehrfarbig (15.2.1971) . . cg I
a Umrandungslinie und Sterne des Stiers braun . . . . 20,— 0,50
b Umrandungslinie und Sterne des Stiers mattpurpurviolett . . 25,— 1,—
263 X A 20 (P) mehrfarbig (15.2.1971) . . cg I 7,50 1,50
264 X A 50 (P) mehrfarbig (15.2.1971) . . ch I 20,— 3,—
Satzpreis X A (15 W.) 60,— 12,—
FDC (MiNr. 250 X A–264 X A mit 262 a) 25,—
FDC (MiNr. 250 X A–264 X A mit 262 b) 55,—
FDC (MiNr. 251 X F, 252 X F, 254 X F) 20,—
FDC (252 X F–254 X F, 257 X F) 60,—
30-Pence-Markenheftchen *) 70,—
Dreierstreifen 2,— 3,—
FDC 15,—
Viererstreifen 2,50 4,—
FDC 50,—
Paar 250 X Dl/Dr 12,— 20,—
Paar 250 X El/Er 20,— 35,—
Paar 250 X El/Dl oder 250 X Er/Dr 18,— 25,—
Paar 251 X Dl/Dr 0,70 0,70
Paar 251 X El/Er 0,70 0,70
Paar 251 X El/Dl oder 251 X Er/Dr 0,70 0,70
Paar 253 X Dl/Dr 0,70 0,70
Paar 253 X El/Er 1,50 1,50
Paar 253 X El/Dl oder 253 X Er/Dr 1,20 1,20
Paar 254 X Dl/Dr 4,— 4,—
Paar 254 X El/Er 7,50 7,50
Paar 254 X El/Dl oder 254 X Er/Dr 6,— 6,—

Z = oWz.

250 Z A ½ (P) grünoliv (5.6.1978) . . . . ce I 0,30 0,30
251 Z 1 (P) blau . . . . ce I
A gez. K 15 (21.2.1975) 0,30 0,30
F gez. K 14¼:15 (21.3.1977) 0,60 0,60
253 Z 2 (P) schwarzgrün . . . . ce I
A gez. K 15 (7.4.1976) 0,30 0,30
F gez. K 14¼:15 (21.3.1977) 0,30 0,30
255 Z A 3 (P) mittelorange (21.2.1975) . . . . ce I 0,30 0,30
256 Z A 3½ (P) rotorange (9.10.1974) . . . . . ce I 5,— 4,—
259 Z A 6 (P) blaugrau/braun (16.10.1974). cf I 2,— 1,70
261 Z A 9 (P) dunkelgrünblau/schwarz (18.12.1974) . . . . cf I 2,20 0,70
262 Z A 10 (P) mehrfarbig (25.10.1974) . . . . cg I 3,— 1,—
263 Z A 20 (P) mehrfarbig (13.6.1974) . . . . . cg I 1,40 0,40
264 Z A 50 (P) mehrfarbig (18.12.1974) . . . . ch I 2,20 1,—
Satzpreis Z A (10 W.) 17,— 10,—
FDC (MiNr. 250 Z A) 20,—
FDC (MiNr. 251 Z A) 16,—
FDC (MiNr. 253 Z A) 16,—
FDC (MiNr. 255 Z A) 17,—
FDC (MiNr. 256 Z A) 20,—
FDC (MiNr. 259 Z A) 30,—
FDC (MiNr. 261 Z A) 19,—
FDC (MiNr. 262 Z A) 26,—
FDC (MiNr. 263 Z A) 30,—
FDC (MiNr. 264 Z A) 42,—

263 Z F Farbe Gelb fehlend . . . . —,— 1500,—

*) Das Markenheftchen enthält ein Heftchenblatt mit je zweimal MiNr. 250 X Dl und 250 X Dr und je einmal MiNr. 250 X El und 250 X Er, zwei Heftchenblätter mit den entsprechenden Zähnungsvarianten von MiNr. 251 X und ein Heftchenblatt mit denen von MiNr. 254 X.
Weitere Markenheftchen siehe bei Markenheftchen mit Zusammendrucken.

MiNr. 251 X F–252 X F und 254 X F wurden senkrecht zusammenhängend in der Rolle gedruckt. Markenfolge je 3er-Einheit: 252-251-254

MiNr. 252 X F–254 X F und 257 X F wurden senkrecht zusammenhängend in der Rolle gedruckt. Markenfolge je 4er-Einheit: 254-257-253-252

MiNr. 252 X F–253 X F wurden auch senkrecht zusammenhängend mit MiNr. 298 X F in der Rolle gedruckt; siehe nach MiNr. 300.

MiNr. 251 Z F und 253 Z F wurden senkrecht zusammenhängend mit MiNr. 298 Z F in der Rolle gedruckt; siehe nach MiNr. 300.

Die letzte Auflage von MiNr. 264 Z A wurde von neuen Platten mit deutlich gröberem Raster gedruckt (doppelter Preis).

Die Rollenmarken sind häufig einseitig senkrecht ungezähnt, bedingt durch ungenauen Schnitt der Maschinen. Bei Nachmessen der waagerechten Zähnung ist Verwechslung mit Werten aus Heftchen unmöglich.

Von MiNr. 250–264 sind zahlreiche Papier- und Gummierungsunterschiede bekannt, die von Spezialisten gesammelt werden und teils beachtliche Preisaufschläge erzielen.

FALSCH FDC oWz.

MiNr. 250, 252, 254, 256 und 260 gültig bis Ende 1989,
MiNr. 251, 253, 255, 257–259 und 261–264 gültig bis 31.12.2002

In gleichen bzw. ähnlichen Zeichnungen siehe Übersicht nach Jahrgangswerttabelle.

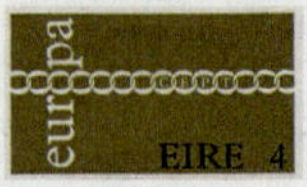

1971, 3. Mai. Europa. RaTdr.; Wz. 2; gez. K 15.

cx) Brüderlichkeit und Zusammenarbeit durch Kette symbolisiert

265 4 (P) gelboliv/schwarz . . . . cx 0,50 0,50
266 6 (P) türkisblau/schwarz . . . . cx 3,— 3,50
Satzpreis (2 W.) 3,50 4,—
FDC 6,—

Auflagen: MiNr. 265 = 12.000.000, MiNr. 266 = 2.000.000 Stück

Gültig bis 31.12.2002

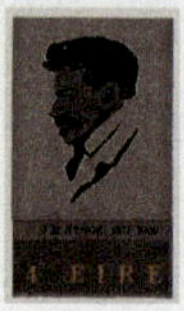

1971, 19. Juli. 100. Geburtstag von John Millington Synge. RaTdr.; Wz. 2; gez. K 15.

cy) John Millington Synge (1871–1909), Dichter

267 4 (P) mehrfarbig . . . . cy 0,30 0,30
268 10 (P) mehrfarbig . . . . cy 1,40 1,40
Satzpreis (2 W.) 1,70 1,70
FDC 2,60

Auflagen: MiNr. 267 = 12.000.000, MiNr. 268 = 2.000.000 Stück

Gültig bis 31.12.2002

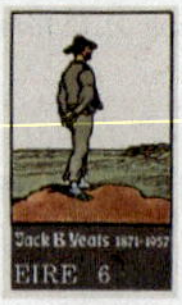

1971, 30. Aug. Zeitgenössische Kunst (III). RaTdr.; Wz. 2; gez. K 15.

cz) Der Mann auf der Insel; Gemälde von Jack Butler Yeats (1871–1957)

269 6 (P) mehrfarbig . . . . cz 1,— 1,—
FDC 2,—

Auflage: 2.000.000 Stück

Gültig bis 31.12.2002

In ähnlichen Zeichnungen: MiNr. 2444, 2446 (selbstklebend)

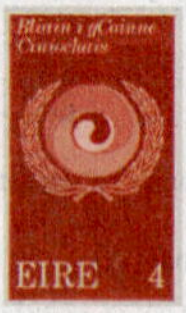

1971, 18. Okt. Internationales Jahr gegen Rassendiskriminierung. RaTdr.; gez. K 14:14½.

da) Symbol für die Gleichheit der Rassen

270 4 (P) orangerot . . . . da 0,30 0,30
271 10 (P) schwarz . . . . da 1,40 1,40
Satzpreis (2 W.) 1,70 1,70
FDC 2,50

Auflagen: MiNr. 270 = 18.000.000, MiNr. 271 = 2.000.000 Stück

Gültig bis 31.12.2002

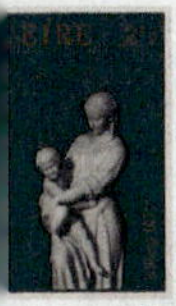

1971, 15. Nov. Weihnachtsmarken. RaTdr.; Wz. 2; gez. K 15.

db) Madonna und Kind; Statue aus der Loughrea Kathedrale

272	2½ (P) mehrfarbig	db	0,30	0,30
273	6 (P) mehrfarbig	db	1,40	1,40
		Satzpreis (2 W.)	1,70	1,70
		FDC		2,50

Auflagen: MiNr. 272 = 18.000.000, MiNr. 273 = 2.000.000 Stück

MiNr. 272 gültig bis Ende 1989, MiNr. 273 gültig bis 31.12.2002

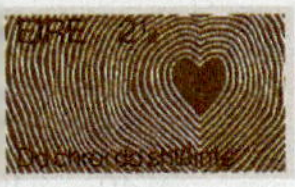

1972, 7. April. Welt-Herzmonat. RaTdr.; Wz. 2; gez. K 15.

dc) Pulsierendes Herz

274	2½ (P) gold/graubraun	dc	0,70	0,30
275	12 (P) silber/grau	dc	3,30	2,20
		Satzpreis (2 W.)	4,—	2,50
		FDC		4,50

MiNr. 274–275 sind wasserempfindlich.

Auflagen: MiNr. 274 = 18.000.000, MiNr. 275 = 2.000.000 Stück

MiNr. 274 gültig bis Ende 1989, MiNr. 275 gültig bis 31.12.2002

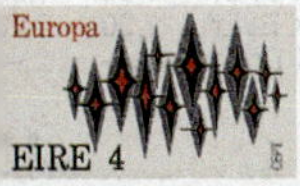

1972, 1. Mai. Europa. RaTdr.; Wz. 2; gez. K 15.

dd) Sterne

276	4 (P) mehrfarbig	dd	1,—	1,—
277	6 (P) mehrfarbig	dd	3,50	5,—
		Satzpreis (2 W.)	4,50	6,—
		FDC		9,—

Auflagen: MiNr. 276 = 18.000.000, MiNr. 277 = 2.000.000 Stück

Gültig bis 31.12.2002

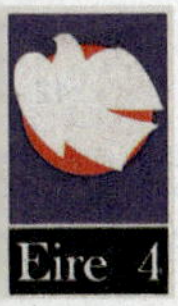

1972, 1. Juni. Gedenktag für die Patrioten von 1922/1923. RaTdr.; Wz. 2; gez. K 15.

de) Taube vor Mond, Symbol für Frieden und Freiheit

278	4 (P) mehrfarbig	de	0,30	0,30
279	6 (P) mehrfarbig	de	1,20	0,90
		Satzpreis (2 W.)	1,50	1,20
		FDC		2,—

Auflagen: MiNr. 278 = 54.000.000, MiNr. 279 = 4.000.000 Stück

Gültig bis 31.12.2002

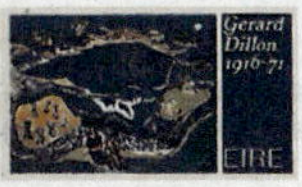

1972, 10. Juli. Zeitgenössische Kunst (IV). RaTdr.; Wz. 2; gez. K 15.

df) Schwarzer See; Gemälde von Gerard Dillon (1916–1971)

280	3 (P) mehrfarbig	df	0,70	0,60
		FDC		1,20

Auflage: 2.000.000 Stück

Gültig bis 31.12.2002

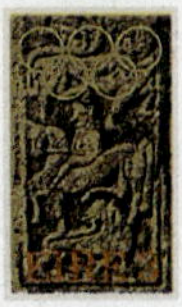

1972, 28. Aug. 50 Jahre Olympisches Komitee in Irland. RaTdr.; Wz. 2; gez. K 15.

dg) Reiterrelief, olympische Ringe

281	3 (P) mehrfarbig	dg	0,30	0,30
282	6 (P) mehrfarbig	dg	1,20	0,90
		Satzpreis (2 W.)	1,50	1,20
		FDC		1,80

Die Goldfarbe ist wasserempfindlich. „Fehlender Golddruck" ist chemische Verfärbung.

Auflage: 2.000.000 Sätze

Gültig bis 31.12.2002

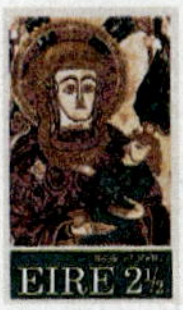

1972, 16. Okt. Weihnachten. RaTdr.; gez. K 15.

dh) „Madonna mit Kind", aus dem Book of Kells (9.Jh.)

283	2½ (P) mehrfarbig	dh	0,30	0,30
284	4 (P) mehrfarbig	dh	1,—	0,50
285	12 (P) mehrfarbig	dh	1,20	1,20
		Satzpreis (3 W.)	2,50	2,—
		FDC		3,20

Auflagen: MiNr. 283 = 18.000.000, MiNr. 284 = 6.000.000, MiNr. 285 = 2.000.000 Stück

MiNr. 283 gültig bis Ende 1989, MiNr. 284–285 gültig bis 31.12.2002

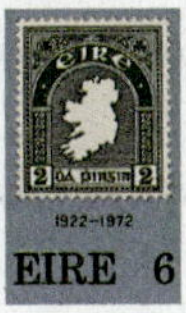

1972, 6. Dez. 50 Jahre irische Briefmarken. RaTdr.; gez. K 15.

di) Marke MiNr. 43

286	6 (P) mehrfarbig	di	0,50	0,50
		FDC		1,70

Blockausgabe mit 4 × MiNr. 286

Block 1	(72×105 mm)	dk	7,—	12,—
		FDC		20,—

Bl. 1

Auflagen: MiNr. 286 = 2.000.000 Stück, Bl. 1 = 130.000 Blocks

Gültig bis 31.12.2002

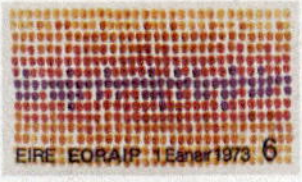

1973, 1. Jan. Beitritt Irlands zur Europäischen Gemeinschaft. RaTdr.; gez. K 15.

dl) Symbolik

287	6 (P) mehrfarbig	dl	0,80	0,80
288	12 (P) mehrfarbig	dl	1,70	1,70
		Satzpreis (2 W.)	2,50	2,50
		FDC		4,—

Auflagen: MiNr. 287 = 2.000.000, MiNr. 288 = 4.000.000 Stück

Gültig bis 31.12.2002

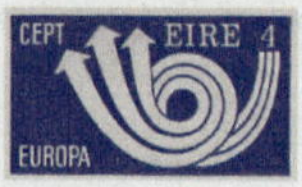

1973, 30. April. Europa. RaTdr.; gez. K 15.

dm) Stilisiertes Posthorn

289	4 (P) blau	dm	0,50	0,50
290	6 (P) schwarz	dm	2,50	3,50
	Satzpreis (2 W.)		3,—	4,—
	FDC			4,50

Auflagen: MiNr. 289 = 10.000.000, MiNr. 290 = 2.000.000 Stück

Gültig bis 31.12.2002

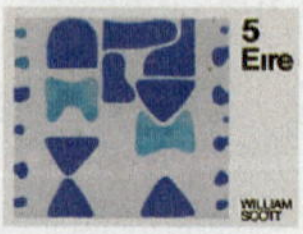

1973, 9. Aug. Zeitgenössische Kunst (V). RaTdr.; gez. K 15:14¾.

dn) Berlin Blues II; Gemälde von William Scott (1913–1989), Maler

291	5 (P) mehrfarbig	dn	1,—	0,70
	FDC			1,20

Auflage: 8.000.000 Stück

Gültig bis 31.12.2002

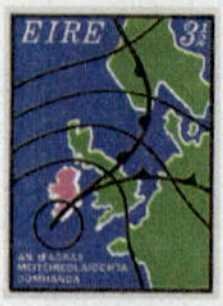

1973, 4. Sept. 100 Jahre internationale meteorologische Zusammenarbeit. RaTdr.; gez. K 15.

do) Wetterkarte Westeuropas

292	3½ (P) mehrfarbig	do	0,30	0,30
293	12 (P) mehrfarbig	do	1,70	1,70
	Satzpreis (2 W.)		2,—	2,—
	FDC			3,20

Auflagen: MiNr. 292 = 10.000.000, MiNr. 293 = 2.000.000 Stück

MiNr. 292 gültig bis Ende 1989, MiNr. 293 gültig bis 31.12.2002

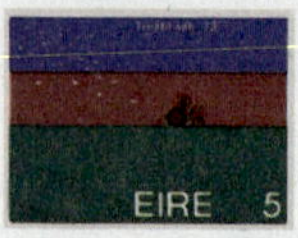

1973, 5. Okt. Weltmeisterschaften im Pflügen. RaTdr.; gez. K 15:14½.

dp) Feld mit Traktor, Möwen

294	5 (P) mehrfarbig	dp	0,30	0,30
295	7 (P) mehrfarbig	dp	1,70	1,—
	Satzpreis (2 W.)		2,—	1,30
	FDC			2,—

Auflagen: MiNr. 294 = 8.000.000, MiNr. 295 = 2.000.000 Stück

Gültig bis 31.12.2002

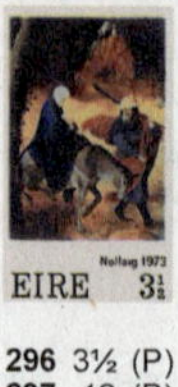

1973, 1. Nov. Weihnachten. RaTdr.; gez. K 15.

dr) Flucht nach Ägypten; Gemälde von Jan de Beer (um 1475–1528), flämischer Maler

296	3½ (P) mehrfarbig	dr	0,30	0,30
297	12 (P) mehrfarbig	dr	1,70	1,30
	Satzpreis (2 W.)		2,—	1,60
	FDC			2,20

MiNr. 297 ist sehr wasserempfindlich.

Auflagen: MiNr. 296 = 12.000.000, MiNr. 297 = 2.000.000 Stück

MiNr. 296 gültig bis Ende 1989, MiNr. 297 gültig bis 31.12.2002

1974, 29. Jan./1977, 21. März. Freimarken: Frühe Irische Kunst RaTdr.; X = Wz. 2 (bei Zähnung A und F stehend, bei Zähnung D und E liegend), Z = oWz.; A = vierseitig gez. K 15 (aus Bogen), D = dreiseitig, E = zweiseitig gez. K 15 (aus Markenheftchen), F = vierseitig gez. K 14¼:15 (aus Rollen).

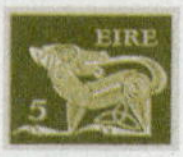

ce I) Hund, Dekorteil einer altirischen Brosche (7. Jh.)

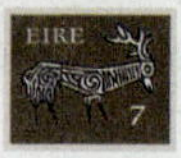

cf I) Hirsch, Dekor einer Schale (8. Jh.)

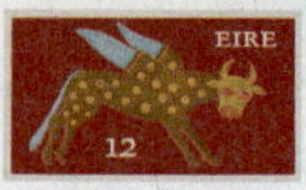

cg I) Geflügelter Stier, Lukas-Symbol aus dem Evangelienbuch (8. Jh.)

X = Wz. 2

298 X		5 (P) gelboliv	ce I		
	A	vierseitig gez. K 15 (29.1.1974)		3,50	0,7
	Dl	dreiseitig gez. K 15 (11.3.1974)		0,80	0,8
	Dr	dreiseitig gez. K 15 (11.3.1974)		0,80	0,8
	El	zweiseitig gez. K 15 (11.3.1974)		1,10	1,1
	Er	zweiseitig gez. K 15 (11.3.1974)		1,10	1,1
	F	vierseitig gez. K 14¼:15 (29.1.1974)		1,30	2,8
299 X	**A**	7 (P) dunkeloliv/schwarzblau (29.1.1974)	cf I	10,—	6,—
300 X	**A**	12 (P) mehrfarbig (29.1.1974)	cg I	1,50	1,3
		Satzpreis X A (3 W.)		15,—	8,—
		FDC (MiNr. 298 X A–300 X A)			25,—
		FDC (MiNr. 298 X F)			5,—
		Viererstreifen X F		2,50	4,—
		FDC			8,—
		Paar 298 X Dl/Dr		1,80	1,8
		Paar 298 X El/Er		2,20	2,2
		Paar 298 X Dl/El oder 298 X Dr/Er		2,—	2,—

		★★
298 X Dr/Dl UM	in der Mitte statt außen ungezähnt	*1700,—*
298 X Er/El UM	in der Mitte statt außen ungezähnt	*1700,—*

Z = oWz.

				★★	⊙
298 Z		5 (P) gelboliv	ce I		
	A	gez. K 15 (16.8.1974)		0,30	0,3
	F	gez. K 14¼:15 (21.3.1977)		1,20	3,—
299 Z	**A**	7 (P) dunkeloliv/schwarzblau (27.9.1974)	cf I	3,—	1,—
		FDC (MiNr. 298 Z A)			17,—
		FDC (MiNr. 299 Z A)			20,—
		FDC (MiNr. 298 Z F)			5,—
		Viererstreifen Z F		2,50	4,—
		FDC			12,—

MiNr. 298 X F wurde senkrecht zusammenhängend mit 2 × MiNr. 252 X F und 1 × MiNr. 253 X F in der Rolle gedruckt. Markenfolge je 4er-Einheit: 253-252-252-298

MiNr. 298 Z F wurde senkrecht zusammenhängend mit 1 × MiNr. 251 Z F und 2 × MiNr. 253 Z F in der Rolle gedruckt. Markenfolge je 4er-Einheit: 298-253-253-251

MiNr. 299 Z A mit fehlender oder stark verschobener Farbe Schwarzblau stamm aus gestohlener Makulatur.

Von MiNr. 298–300 sind zahlreiche Papier- und Gummierungsunterschiede bekannt, die von Spezialisten gesammelt werden und teils beachtliche Preisaufschläge erzielen.

FALSCH FDC oWz.

Gültig bis 31.12.2002

In gleichen bzw. ähnlichen Zeichnungen siehe Übersicht nach Jahrgangswerttabelle.

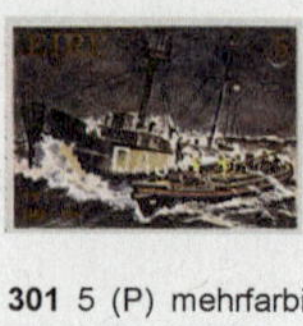

1974, 28. März. 150 Jahre Königliche Nationale Lebensrettungsgesellschaft (RNLI). RaTdr.; gez. K 15:14¾.

ds) Rettung der Daunt-Rock-Besatzung (1936); Gemälde von Bernard Finegan Gribble (1872–1962)

301	5 (P) mehrfarbig	ds	0,70	0,5
	FDC			1,1

					★★
301 F	Farbe Gold (Inschriften) fehlend				4000,—

Auflage: 8.000.000 Stück

Gültig bis 31.12.2002

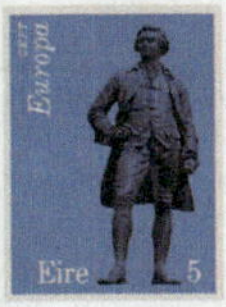

1974, 29. April. Europa: Skulpturen. RaTdr.; gez. K 14¾:15.

dt) Edmund Burke (1729–1797), Politiker und Publizist; Statue von John Henry Foley (1818–1874), Bildhauer

				★★	⊙
302	5 (P)	hellultramarin/dunkelbraun	dt	2,—	1,—
303	7 (P)	hellbläulichgrün/dunkelbraun	dt	3,—	2,50
		Satzpreis (2 W.)		5,—	3,50
		FDC			6,50

Auflagen: MiNr. 302 = 8.000.000, MiNr. 303 = 2.000.000 Stück

Gültig bis 31.12.2002

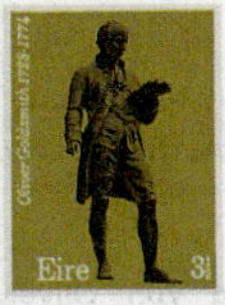

1974, 24. Juni. 200. Todestag von Oliver Goldsmith. RaTdr.; gez. K 14¾:15.

du) Oliver Goldsmith (1728–1774), Schriftsteller; Statue von John Henry Foley (1818–1874), Bildhauer

304	3½ (P)	olivgelb/grau	du	0,50	0,30
305	12 (P)	dunkelgelbgrün/grau	du	2,50	2,20
		Satzpreis (2 W.)		3,—	2,50
		FDC			4,—

Auflagen: MiNr. 304 = 8.000.000, MiNr. 305 = 2.000.000 Stück

MiNr. 304 gültig bis Ende 1989, MiNr. 305 gültig bis 31.12.2002

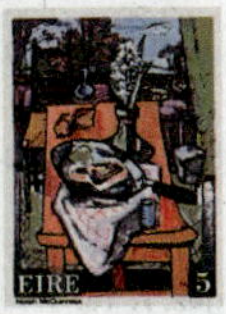

1974, 19. Aug. Zeitgenössische Kunst (VI). RaTdr.; gez. K 14½:15.

dv) Küchentisch; Gemälde von Norah McGuinness (1901–1980), Malerin

306	5 (P)	mehrfarbig	dv	0,70	0,70
		FDC			1,50

Auflage: 12.000.000 Stück

Gültig bis 31.12.2002

In ähnlicher Zeichnung: MiNr. 2566 (selbstklebend)

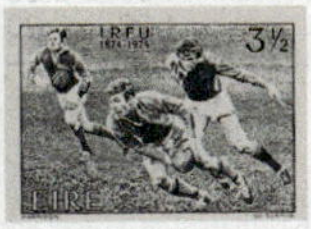

1974, 9. Sept. 100 Jahre „Irish Rugby Football Union" (IRFU). MiNr. 307 StTdr. in zwei Typen, MiNr. 308 komb. StTdr. und RaTdr.; gez. K 15:14¼.

dw) Spielszene

307	3½ (P)	schwarzgrün	dw		
I		ein senkrechter Strich am Kinn des rechten Spielers		0,50	0,30
II		vier senkrechte Striche am Kinn des rechten Spielers (nachgravierte Platte)		12,—	8,50
308	12 (P)	mehrfarbig	dw	3,—	2,20
		Satzpreis (2 W.)		3,50	2,50
		FDC			3,50

Auflagen: MiNr. 307 = 12.000.000, MiNr. 308 = 2.000.000 Stück

MiNr. 307 gültig bis Ende 1989, MiNr. 308 gültig bis 31.12.2002

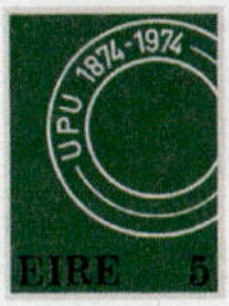

1974, 9. Okt. 100 Jahre Weltpostverein (UPU). RaTdr.; gez. K 14¾:15.

dx) Zweikreisstempel

309	5 (P)	grün/schwarz	dx	0,50	0,30
310	7 (P)	violettblau/schwarz	dx	1,50	1,40
		Satzpreis (2 W.)		2,—	1,70
		FDC			2,50

Auflagen: MiNr. 309 = 8.000.000, MiNr. 310 = 2.000.000 Stück

Gültig bis 31.12.2002

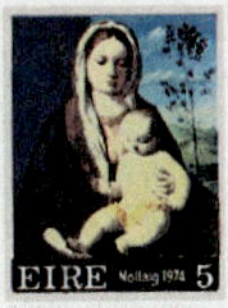

1974, 14. Nov. Weihnachten. RaTdr.; gez. K 14¾:15.

dy) Madonna; Gemälde von Giovanni Bellini (1432–1516)

311	5 (P)	mehrfarbig	dy	0,50	0,30
312	15 (P)	mehrfarbig	dy	3,—	2,50
		Satzpreis (2 W.)		3,50	2,80
		FDC			4,—

MiNr. 311–312 mit erheblichen Passerverschiebungen oder fehlenden Farben, ungebraucht ohne Gummi, entstammen gestohlener Makulatur. MiNr. 312 ist sehr wasserempfindlich.

Auflagen: MiNr. 311 = 8.000.000, MiNr. 312 = 4.000.000 Stück

Gültig bis 31.12.2002

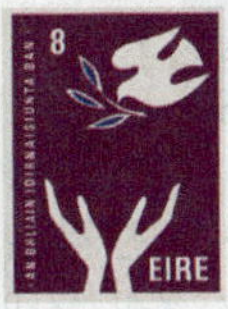

1975, 24. März. Internationales Jahr der Frau. RaTdr.; gez. K 14¾:15.

dz) Friedenstaube, Hände

313	8 (P)	violett/violettblau	dz	0,30	0,30
314	15 (P)	violettblau/gelblichgrün	dz	2,—	2,—
		Satzpreis (2 W.)		2,30	2,30
		FDC			3,60

Auflage: 2.000.000 Sätze

Gültig bis 31.12.2002

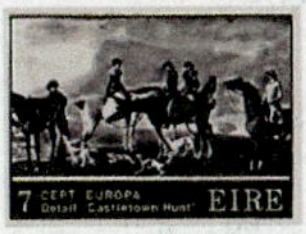

1975, 28. April. Europa: Gemälde. RaTdr.; gez. K 15:14¾.

ea) Jagd von Castletown (Detail); von Robert Healy (1743–1771), Maler

315	7 (P)	schwarz	ea	1,50	1,—
316	9 (P)	dunkelbläulichgrün	ea	2,—	2,50
		Satzpreis (2 W.)		3,50	3,50
		FDC			5,—

Auflagen: MiNr. 315 = 4.000.000, MiNr. 316 = 2.000.000 Stück

Gültig bis 31.12.2002

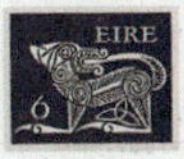

1975, 17. Juni/1977, 21. März. Freimarken: Frühe Irische Kunst. RaTdr.; A = vierseitig, D = dreiseitig, E = zweiseitig gez. K 15.

ce I) Hund, Dekorteil einer altirischen Brosche (7. Jh.)

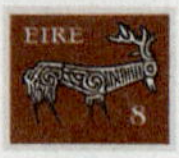

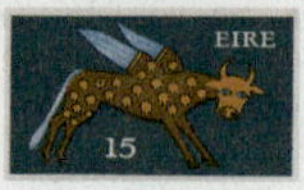

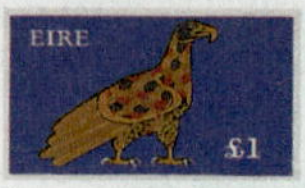

cf I) Hirsch, Dekor einer Schale (8. Jh.)

cg I) Geflügelter Stier, Lukas-Symbol aus dem Evangelienbuch (8. Jh.)

ch I) Adler, Johannes-Symbol aus altirischer Handschrift (8. Jh.)

317	**A**	6 (P)	schwarzblaugrau	ce I	0,50	0,40
318		7 (P)	dunkeloliv	ce I		
	A		vierseitig gez. (⌑) (17.6.1975)		0,50	0,30
	Dl		dreiseitig gez. (⌑) (21.3.1977)		2,50	2,50
	Dr		dreiseitig gez. (⌑) (21.3.1977)		4,50	4,50
	El		zweiseitig gez. (⌑) (21.3.1977)		4,50	4,50
	Er		zweiseitig gez. (⌑) (21.3.1977)		4,50	4,50
319	**A**	8 (P)	orangebraun/dunkelbraun	cf I	2,50	1,—
320	**A**	15 (P)	mehrfarbig	cg I	1,50	0,80
321	**A**	1 £	mehrfarbig	ch I	4,—	2,—
			Satzpreis A (5 W.)		9,—	4,50
			FDC			11,—
			Paar 318 Dl/Dr		10,—	10,—
			Paar 318 El/Er		10,—	10,—
			Paar 318 Dl/El oder 318 Dr/Er		8,—	8,—

MiNr. 318 Dl/Dr und 318 El/Er stammen aus MH 5.

MiNr. 318 A, 319 und 321 mit deutlichen Passerverschiebungen, fehlenden Farben, ungebraucht ohne Gummi, entstammen gestohlener Makulatur!

Von MiNr. 317–321 sind zahlreiche Papier- und Gummierungsunterschiede bekannt, die von Spezialisten gesammelt werden und teils beachtliche Preisaufschläge erzielen.

Gültig bis 31.12.2002

In gleicher bzw. ähnlichen Zeichnung siehe Übersicht nach Jahrgangswerttabelle.

1975, 26. Juni. 9. Europäische Amateur-Golf-Mannschaftsmeisterschaften. RaTdr.; gez. K 15:14¾.

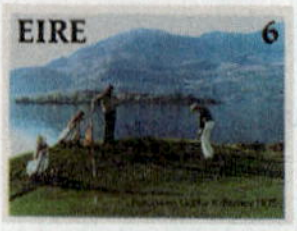

eb

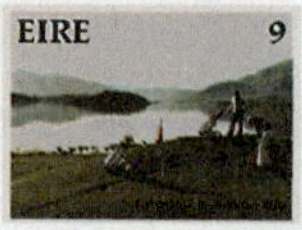

ec

eb–ec) Golfplatz von Killarney

322	6 (P)	mehrfarbig	eb	0,50	0,50
323	9 (P)	mehrfarbig	ec	1,70	1,70
		Satzpreis (2 W.)		2,20	2,20
		FDC			3,—

MiNr. 322–323 mit deutlichen Passerverschiebungen, fehlenden Farben, ungebraucht ohne Gummi, entstammen gestohlener Makulatur.

Auflage: 2.000.000 Sätze

Gültig bis 31.12.2002

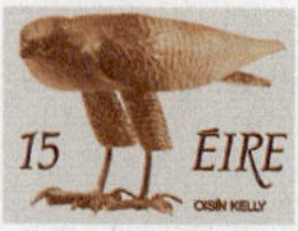

1975, 28. Juli. Zeitgenössische Kunst (VII). RaTdr. (VII); gez. K 15:14¾.

ed) Bird of Prey (Greifvogel); Skulptur von Oisin Kelly (1915–1981), Bildhauer

324	15 (P)	hellbraun	ed	2,—	2,—
		FDC			2,50

Auflage: 2.000.000 Stück

Gültig bis 31.12.2002

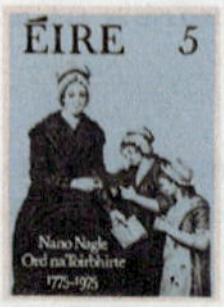

1975, 1. Sept. 200 Jahre Schwestern von der Darbringung der seligen Jungfrau Maria. RaTdr.; gez. K 14¾:15.

ee) Nano Nagle (1718–1784), Ordensgründerin mit Schülerinnen; Stich von Charles Turner (1774–1857)

325	5 (P)	lichtblau/schwarz	ee	0,30	0,30
326	7 (P)	hellsämisch/schwarz	ee	1,20	0,90
		Satzpreis (2 W.)		1,50	1,20
		FDC			1,70

Auflage: 4.000.000 Sätze

Gültig bis 31.12.2002

1975, 6. Okt. Europäisches Denkmalschutzjahr. RaTdr.; gez. K 12½.

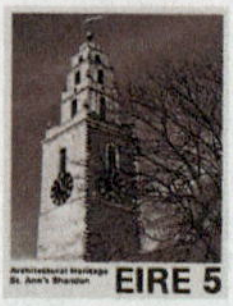

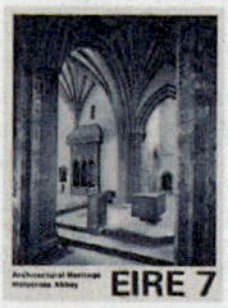

ef) Turm der St. Ann Kirche, Shandon (Cork)

eg) Inneres des Holycross Klosters (Tipperary)

327	5 (P)	lilaschwarz	ef	0,40	0,40
328	6 (P)	mehrfarbig	ef	1,—	2,—
329	7 (P)	schwarzblau	eg	0,40	0,40
330	9 (P)	mehrfarbig	eg	1,20	1,20
		Satzpreis (4 W.)		3,—	4,—
		FDC			5,—

Auflagen: MiNr. 327 und 329 je 8.000.000, MiNr. 328 und 330 je 2.000.000 Stück

Gültig bis 31.12.2002

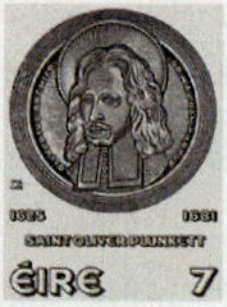

1975, 13. Okt. Heiligsprechung von Oliver Plunkett. StTdr.; gez. K 14¼:15.

eh) Hl. Oliver Plunkett (1625–1681); Gedenkmedaille von Imogen Stuart (1927–2024), Bildhauerin

331	7 (P)	schwarz	eh	0,50	0,50
332	15 (P)	rotorangebraun	eh	1,70	1,70
		Satzpreis (2 W.)		2,20	2,20
		FDC			3,20

Auflagen: MiNr. 331 = 8.000.000, MiNr. 332 = 2.000.000 Stück

Gültig bis 31.12.2002

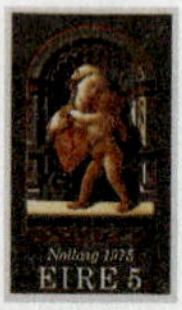

1975, 13. Nov. Weihnachten. RaTdr.; gez. K 15.

ei) Madonna und Kind; von Fra Filippo Lippi (1406–1469), italienischer Maler

333	5 (P)	mehrfarbig	ei	0,30	0,30
334	7 (P)	mehrfarbig	ei	0,50	0,50
335	10 (P)	mehrfarbig	ei	1,20	1,20
		Satzpreis (3 W.)		2,—	2,—
		FDC			3,—

MiNr. 335 ist sehr wasserempfindlich.

Auflagen: MiNr. 333–334 je 8.000.000, MiNr. 335 = 2.000.000 Stück

Gültig bis 31.12.2002

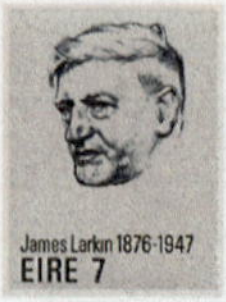

1976, 21. Jan. 100. Geburtstag von James Larkin. RaTdr.; gez. K 14¾:15.

ek) James Larkin (1876–1947), Gründer der irischen Gewerkschaftsbewegung; Zeichnung von Sean O'Sullivan (1906–1965)

336	7 (P) mattblaugrau/schwarzblaugrün	ek	0,50	0,30
337	11 (P) mattgelborange/dunkelbraun	ek	1,50	1,40
	Satzpreis (2 W.)		2,—	1,70
	FDC			3,20

Auflagen: MiNr. 336 = 8.000.000, MiNr. 337 = 2.000.000 Stück

Gültig bis 31.12.2002

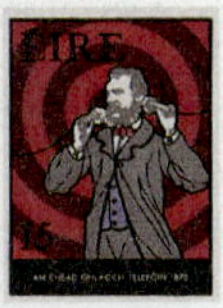

1976, 10. März. 100 Jahre Telephon. RaTdr.; gez. K 14¾:15.

el) Alexander Graham Bell (1847–1922), amerikanischer Erfinder des Telephons

338	9 (P) mehrfarbig	el	0,50	0,50
339	15 (P) mehrfarbig	el	1,50	1,50
	Satzpreis (2 W.)		2,—	2,—
	FDC			3,—

Auflagen: MiNr. 338 = 8.000.000, MiNr. 339 = 2.000.000 Stück

Gültig bis 31.12.2002

1976, 17. Mai. 200 Jahre Unabhängigkeit der Vereinigten Staaten von Amerika. Odr.; gez. K 14¾:14¼.

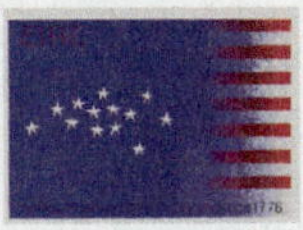

em) 13 Sterne (Gründerstaaten), Streifenbanner

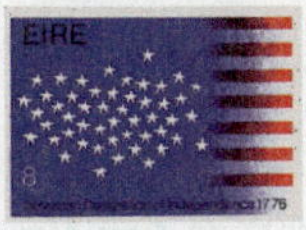

en) 50 Sterne (heutige Staaten), Streifenbanner

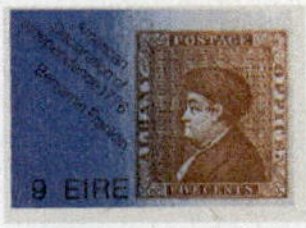

eo) US-Briefmarkenentwurf von 1847 mit Benjamin Franklin

340	7 (P) mehrfarbig	em	0,50	0,30
341	8 (P) mehrfarbig	en	0,70	0,70
342	9 (P) mehrfarbig	eo	0,50	0,30
343	15 (P) mehrfarbig	eo	1,80	1,70
	Satzpreis (4 W.)		3,50	3,—
	FDC			5,—

Blockausgabe mit MiNr. 340–343

Block 2	(94×75 mm)	ep	6,—	10,—
	FDC			15,—

340 F	Farbe Silber (Inschriften) fehlend	*3000,—*	*1500,—*
341 F	Farbe Silber (Inschriften) fehlend	*3000,—*	*—,—*
342 F	Farbe Silber (Inschriften) fehlend	*3000,—*	
343 F	Farbe Silber (Inschriften) fehlend	*1000,—*	*1500,—*
Block 2 F	mit MiNr. 340 F–343 F	*10000,—*	*—,—*

Aufdruck „Stampa '76..." auf dem Blockrand ist privaten Ursprungs, aber von der Post genehmigt.

Auflagen: MiNr. 340 und 342 je 8.000.000, MiNr. 341 = 2.000.000, MiNr. 343 = 3.000.000 Stück, Bl. 2 = 1.000.000 Blocks (davon ca. 800.000 vernichtet)

Gültig bis 31.12.2002

1976, 1. Juli. Europa: Kunsthandwerk. RaTdr.; gez. K 15:14¾.

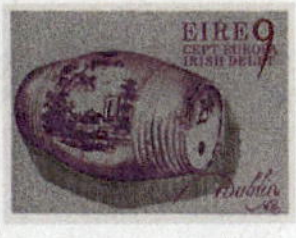

er) Keramikbranntweinfass

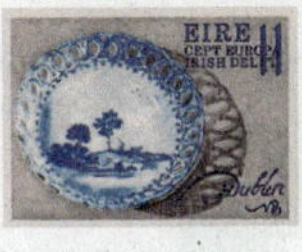

es) Keramikzierteller

344	9 (P) mehrfarbig	er	1,—	0,50
345	11 (P) mehrfarbig	es	2,—	1,50
	Satzpreis (2 W.)		3,—	2,—
	FDC			3,50

Auflagen: MiNr. 344 = 4.000.000, MiNr. 345 = 2.000.000 Stück

Gültig bis 31.12.2002

1976, 14. Juli. Freimarken: Frühe Irische Kunst. RaTdr.; gez. K 15.

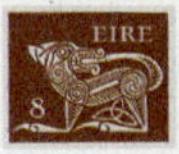

ce I) Hund, Dekorteil einer altirischen Brosche (7. Jh.)

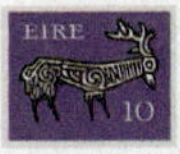

cf I) Hirsch, Dekor einer Schale (8. Jh.)

346	8 (P) dunkelorangebraun	ce I	0,50	0,30
347	9 (P) dunkelgraugrün	ce I	0,50	0,30
348	10 (P) hellblauviolett/schwarz	cf I	2,—	0,80
349	11 (P) rotkarmin/schwarz	cf I	0,60	0,60
	Satzpreis (4 W.)		3,60	2,—
	FDC			4,50

Gültig bis 31.12.2002

In gleichen bzw. ähnlichen Zeichnungen siehe Übersicht nach Jahrgangswerttabelle.

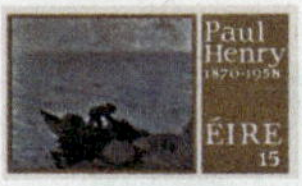

1976, 30. Aug. Zeitgenössische Kunst (VIII). RaTdr.; gez. K 15.

et) Hummerkörbe; Gemälde von Paul Henry (1877–1958), Maler

350	15 (P) mehrfarbig	et	1,20	1,20
	FDC			1,80

MiNr. 350 ist wasserempfindlich.

Auflage: 2.000.000 Stück

Gültig bis 31.12.2002

1976, 5. Okt. 50 Jahre Irischer Rundfunk. Odr.; gez. K 15:14¼, Hochformat ~.

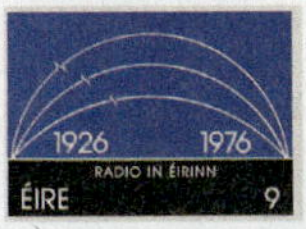

eu) Radiowellen (symbolisch)

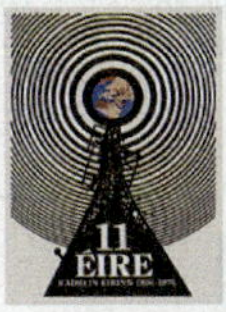

ev) Rundfunksender, Globus

351	9 (P) cyanblau/schwarz	eu	0,50	0,50
352	11 (P) mehrfarbig	ev	1,50	1,50
	Satzpreis (2 W.)		2,—	2,—
	FDC			3,—

Auflagen: MiNr. 351 = 8.000.000, MiNr. 352 = 2.000.000 Stück

Gültig bis 31.12.2002

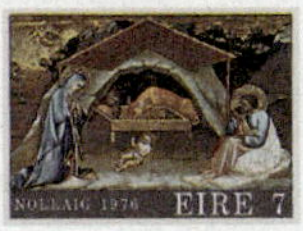

1976, 11. Nov. Weihnachten. RaTdr.; gez. K 15:14¾.

ew) Die Geburt Christ; von Lorenzo Monaco, eigentlich Piero di Giovanni (um 1370–1423), italienischer Maler

353	7 (P) mehrfarbig	ew	0,30	0,30
354	9 (P) mehrfarbig	ew	0,50	0,50
355	15 (P) mehrfarbig	ew	1,20	1,20
	Satzpreis (3 W.)		2,—	2,—
	FDC			3,—

Auflagen: MiNr. 353–354 je 10.000.000, MiNr. 355 = 2.000.000 Stück

Gültig bis 31.12.2002

1977, 9. Mai. 100 Jahre Nationalbibliothek, 100 Jahre Nationalmuseum. RaTdr.; gez. K 15:14¾.

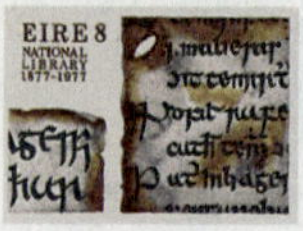

ex) Irisches Pergament-Schriftstück (16. Jh.)

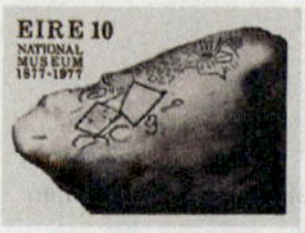

ey) Stein eines prähistorischen Kuppelgrabes (ca. 3000 v.Chr.)

356	8 (P) mehrfarbig	ex	0,70	0,60
357	10 (P) mehrfarbig	ey	0,70	0,70
		Satzpreis (2 W.)	1,40	1,30
		FDC		2,20

Auflage: 4.000.000 Sätze

Gültig bis 31.12.2002

1977, 8. Juni. Freimarken: Frühe Irische Kunst. RaTdr.; gez. K 15.

ce I) Hund, Dekorteil einer altirischen Brosche (7. Jh.)

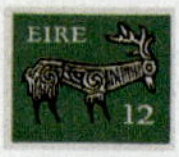

cf I) Hirsch, Dekor einer Schale (8. Jh.)

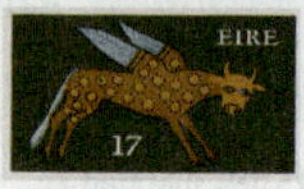

cg I) Geflügelter Stier, Lukas-Symbol aus dem Evangelienbuch (8. Jh.)

358	10 (P) violett	ce I	0,50	0,30
359	12 (P) grün/schwarz	cf I	1,50	0,30
360	17 (P) mehrfarbig	cg I	1,—	0,90
		Satzpreis (3 W.)	3,—	1,50
		FDC		4,20

Gültig bis 31.12.2002

In gleichen bzw. ähnlichen Zeichnungen siehe Übersicht nach Jahrgangswerttabelle.

1977, 27. Juni. Europa: Landschaften. Odr.; gez. K 14¼:15.

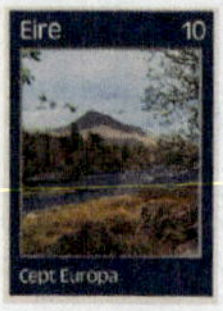

ez) Ballynahinchsee vor Bergkette „12 Bens"

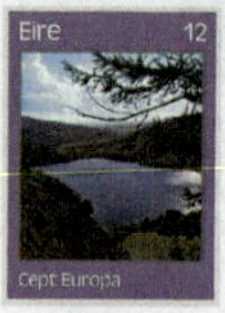

fa) Lugallasee, Wicklowberge

361	10 (P) mehrfarbig	ez	1,—	1,—
362	12 (P) mehrfarbig	fa	4,—	4,50
		Satzpreis (2 W.)	5,—	5,50
		FDC		7,—

MiNr. 361–362 sind wasserempfindlich.

Auflagen: MiNr. 361 = 4.000.000, MiNr. 362 = 2.000.000 Stück

Gültig bis 31.12.2002

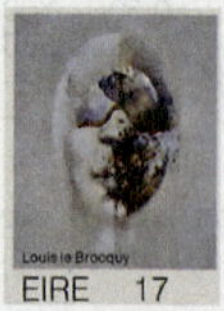

1977, 8. Aug. Zeitgenössische Kunst (IX). Odr.; gez. K 14¼:14¾.

fb) Menschenkopf; Gemälde von Louis le Brocquy (1916–2012), Maler

363	17 (P) mehrfarbig	fb	1,50	1,50
		FDC		2,50

Auflage: 2.000.000 Stück

Gültig bis 31.12.2002

In ähnlicher Zeichnung: MiNr. 2498 (selbstklebend)

1977, 22. Aug. Pfadfinderbewegung. RaTdr.; gez. K 15:14¾.

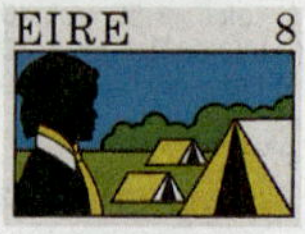

fc) Pfadfinderin, Zelte

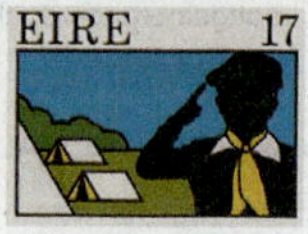

fd) Pfadfinder, Zelte

364	8 (P) mehrfarbig	fc	0,50	0,50
365	17 (P) mehrfarbig	fd	1,50	1,50
		Satzpreis (2 W.)	2,—	2,—
		FDC		3,20

Auflagen: MiNr. 364 = 4.000.000, MiNr. 365 = 2.000.000 Stück

Gültig bis 31.12.2002

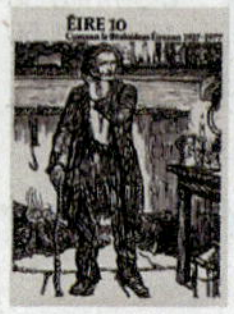

1977, 12. Sept. 50 Jahre Gesellschaft der Volkskunde Irlands. Odr.; gez. K 14¼:15.

fe) „The Shanachie" von Jack Butler Yeats (1871–1957)

366	10 (P) schwarz	fe	0,50	0,50
		FDC		1,20

Auflage: 4.000.000 Stück

Gültig bis 31.12.2002

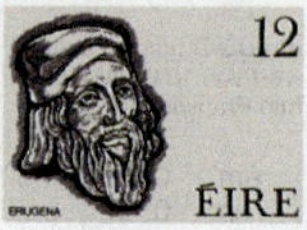

1977, 12. Sept. 1100. Todestag von Johannes Scotus Eriugena. Odr.; gez. K 15:14¼.

ff) Johannes Scotus Eriugena (um 815–um 877), Theologe und Philosoph; Zeichnung von George Petrie (1790–1866)

367	12 (P) schwarz	ff	1,20	2,—
		FDC		2,50

Auflage: 2.000.000 Stück

Gültig bis 31.12.2002

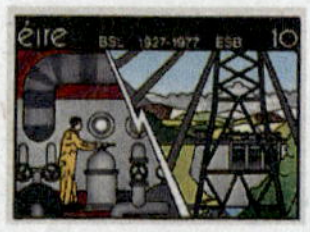

1977, 10. Okt. 50 Jahre Elektrizitätsversorgungsamt (ESB). Odr.; gez. K 14¾:14¼.

fg) Elektrizitätsversorgung, von Robert Ballagh

368	10 (P) mehrfarbig	fg	0,50	0,50

FDC siehe nach MiNr. 370.

Auflage: 4.000.000 Stück

Gültig bis 31.12.2002

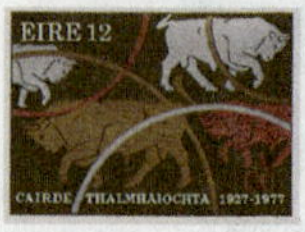

1977, 10. Okt. 50 Jahre landwirtschaftliche Kreditgesellschaft (ACC). RaTdr.; gez. K 15:14¾.

fh) Bullen, Motiv einer irischen Münze

369	12 (P) mehrfarbig	fh	1,50	2,50

FDC siehe nach MiNr. 370.

MiNr. 369 ist sehr wasserempfindlich.

Auflage: 2.000.000 Stück

Gültig bis 31.12.2002

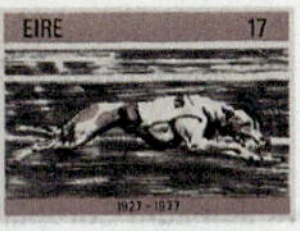

1977, 10. Okt. 50 Jahre Windhundrennen in Irland. Odr.; gez. K 15:14¼.

fi) Renn-Windhund

370	17 (P) graulila/schwarz	fi	1,—	1,50
	FDC (MiNr. 368–370)			4,50

Auflage: 2.000.000 Stück

Gültig bis 31.12.2002

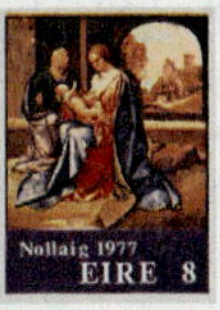

1977, 3. Nov. Weihnachten. RaTdr.; gez. K 14¾:15.

fk) Die Heilige Familie; von Giorgione, eigentlich Giorgio da Castelfranco (1477–1510)

371	8 (P) mehrfarbig	fk	0,30	0,30
372	10 (P) mehrfarbig	fk	0,30	0,30
373	17 (P) mehrfarbig	fk	1,60	1,60
	Satzpreis (3 W.)		2,—	2,—
	FDC			3,20

Auflagen: MiNr. 371–372 je 10.000.000, MiNr. 373 = 2.000.000 Stück

Gültig bis 31.12.2002

1978, 13. April. 50. Jahrestag des 1. Ost-West-Transatlantik-Fluges. Odr.; gez. K 14¼:14¾.

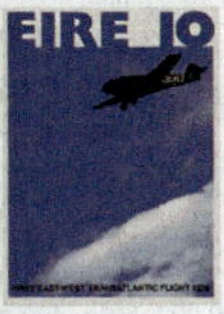

fl

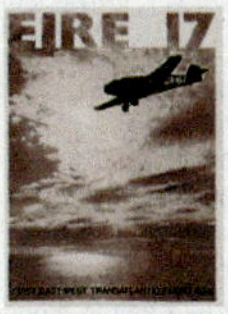

fm

fl–fm) Eindecker Junkers W 33 „Bremen“ beim Transatlantikflug (1928)

374	10 (P) kobalt/schwarz	fl	0,50	0,50
375	17 (P) olivbraun/schwarz	fm	1,50	1,50
	Satzpreis (2 W.)		2,—	2,—
	FDC			2,50

Auflagen: MiNr. 374 = 4.000.000, MiNr. 375 = 2.000.000 Stück

Gültig bis 31.12.2002

1978, 12. Juni. Irische Flora. Odr.; gez. K 14¼:14¾.

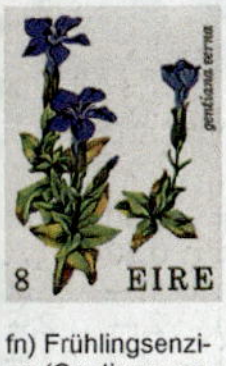

fn) Frühlingsenzian (Gentiana verna)

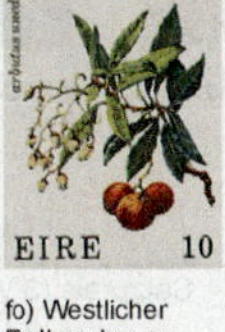

fo) Westlicher Erdbeerbaum (Arbutus unedo)

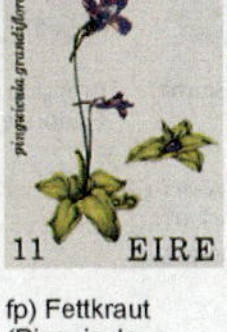

fp) Fettkraut (Pinguicula grandiflora)

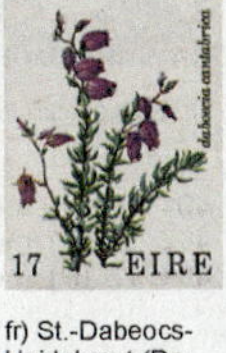

fr) St.-Dabeocs-Heidekraut (Daboecia cantabrica)

376	8 (P) mehrfarbig	fn	0,40	0,50
377	10 (P) mehrfarbig	fo	0,60	0,50
378	11 (P) mehrfarbig	fp	1,—	1,20
379	17 (P) mehrfarbig	fr	1,50	1,80
	Satzpreis (4 W.)		3,50	4,—
	FDC			5,—

Auflagen: MiNr. 376 und 378 je 2.000.000, MiNr. 377 = 4.000.000, MiNr. 379 = 1.000.000 Stück

Gültig bis 31.12.2002

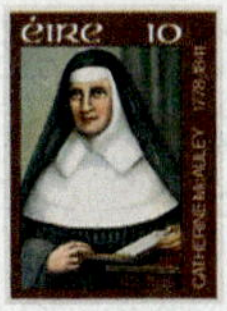

1978, 18. Sept. 200. Geburtstag von Catherine McAuley. Odr.; gez. K 14¼:14¾.

fs) Catherine McAuley (1778–1841), Gründerin des Ordens der barmherzigen Schwestern

380	10 (P) mehrfarbig	fs	0,50	0,50

FDC siehe nach MiNr. 382.

Auflage: 3.000.000 Stück

Gültig bis 31.12.2002

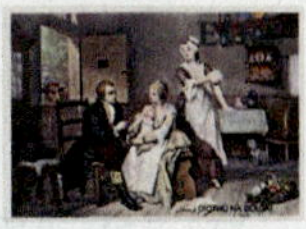

1978, 18. Sept. Weltweite Ausrottung der Pocken. Odr.; gez. K 15:14¼.

ft) Edward Jenner (1749–1823), britischer Arzt, impft Mädchen gegen Pocken

381	11 (P) mehrfarbig	ft	0,70	1,—

FDC siehe nach MiNr. 382.

Auflage: 2.000.000 Stück

Gültig bis 31.12.2002

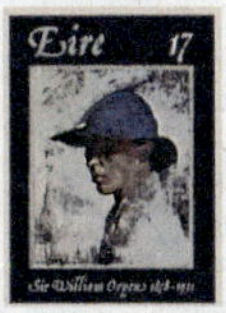

1978, 18. Sept. Zeitgenössische Kunst (X). Odr.; gez. K 14¼:15.

fu) Selbstporträt von William Orpen (1878–1931)

382	17 (P) mehrfarbig	fu	1,—	1,50
	FDC (MiNr. 380–382)			3,50

Auflage: 1.000.000 Stück

Gültig bis 31.12.2002

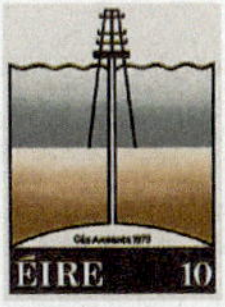

1978, 18. Okt. Erdgasförderung. Odr.; gez. K 14¼:15.

fv) Bohrinsel vor Old Head, Kinsale

383	10 (P) mehrfarbig	fv	0,70	0,60
	FDC			1,20

Auflage: 3.000.000 Stück

Gültig bis 31.12.2002

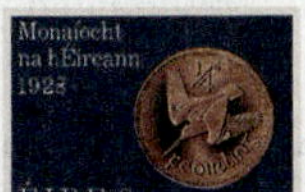

1978, 26. Okt. 50 Jahre irische Währung: Münzen. RaTdr.; gez. K 15:14¾.

fw) Farthing: Waldschnepfe

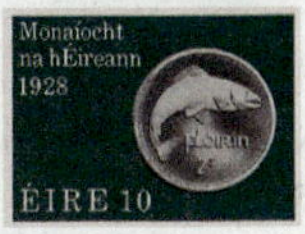

fx) Florin: Lachs

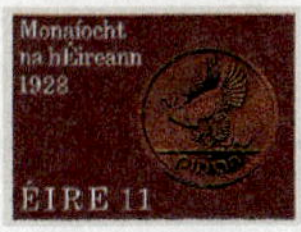

fy) Penny: Henne mit Küken

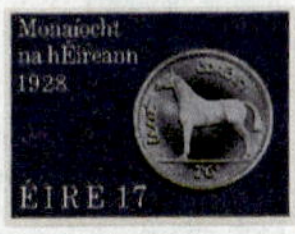

fz) Halfcrown: Pferd

384 8 (P) mehrfarbig .... fw 0,50 0,70
385 10 (P) mehrfarbig .... fx 0,50 0,50
386 11 (P) mehrfarbig .... fy 0,50 1,—
387 17 (P) mehrfarbig .... fz 1,— 1,30
Satzpreis (4 W.) 2,50 3,50
FDC 4,—

MiNr. 384–387 sind wasserempfindlich.

Auflagen: MiNr. 384 und 386 je 2.000.000, MiNr. 385 = 4.000.000, MiNr. 387 = 1.000.000 Stück

Gültig bis 31.12.2002

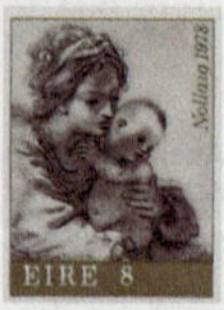

1978, 16. Nov. Weihnachten. RaTdr.; gez. K 14¾:15.

ga) Jungfrau und Kind; von Giovanni Francesco Barbieri, genannt Guercino (1591–1666)

388 8 (P) mehrfarbig .... ga 0,50 0,50
389 10 (P) schwarzlila/mattgrünlichblau ...... ga 0,50 0,50
390 17 (P) mehrfarbig .... ga 1,— 1,—
Satzpreis (3 W.) 2,— 2,—
FDC 3,—

MiNr. 388 ist sehr wasserempfindlich.

Auflagen: MiNr. 388–389 je 10.000.000, MiNr. 390 = 2.000.000 Stück

Gültig bis 31.12.2002

1978, 6. Dez. Europa: Baudenkmäler. RaTdr.; gez. K 15:14¾.

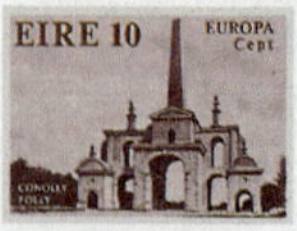

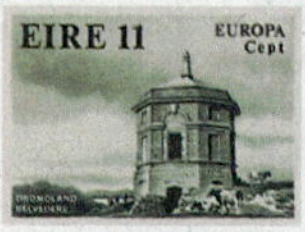

gb) Conolly-Obelisk in Castletown, Grafschaft Kildare (1740)

gc) Belvedere auf Tower-Hill in Dromoland, Grafschaft Clare (18. Jh.)

391 10 (P) dunkelgraulila .... gb 1,50 1,—
392 11 (P) dunkelgrün .... gc 2,— 1,50
Satzpreis (2 W.) 3,50 2,50
FDC 3,50

Auflagen: MiNr. 391 = 4.000.000, MiNr. 392 = 2.000.000 Stück

Gültig bis 31.12.2002

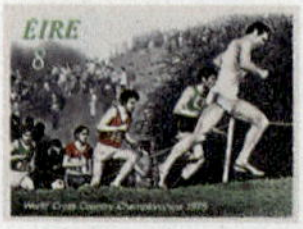

1979, 20. Aug. Weltmeisterschaft im Geländelauf, Limerick. Odr.; gez. K 15:14¼.

gd) Geländelauf

393 8 (P) mehrfarbig .... gd 0,70 0,50

FDC siehe nach MiNr. 396.

Auflage: 2.000.000 Stück

Gültig bis 31.12.2002

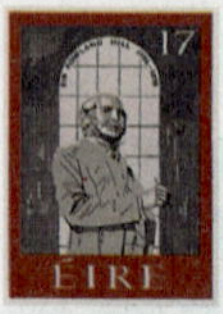

1979, 20. Aug. 100. Todestag von Rowland Hill. Odr.; gez. K 14¼:15.

ge) Rowland Hill (1795–1879), britischer Generalpostmeister (Bronzeplastik)

394 17 (P) mehrfarbig .... ge 1,20 1,50

FDC siehe nach MiNr. 396.

Auflage: 1.500.000 Stück

Gültig bis 31.12.2002

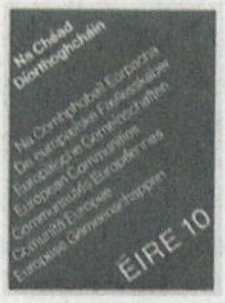

1979, 20. Aug. Erste Direktwahlen zum Europäischen Parlament. RaTdr.; gez. K 14¾:15.

gf) Inschrift in 7 Sprachen

395 10 (P) mattgrünlichblau .... gf 0,50 0,50
396 11 (P) bläulichviolett .... gf 0,50 1,—
Satzpreis (2 W.) 1,— 1,50
FDC (MiNr. 393–396) 4,—

Auflagen: MiNr. 395 = 4.000.000, MiNr. 396 = 2.000.000 Stück

Gültig bis 31.12.2002

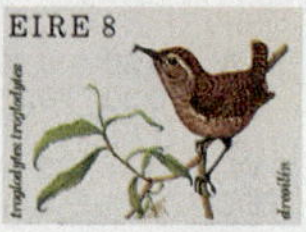

1979, 30. Aug. Wildvögel. Odr.; gez. K 14¾:14¼.

gg) Zaunkönig (Troglodytes troglodytes)

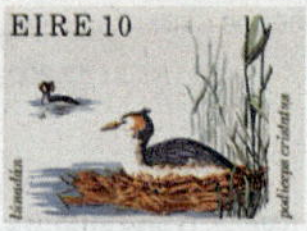

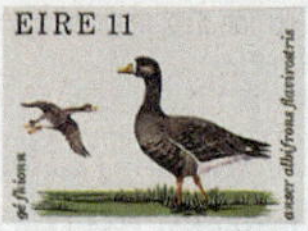

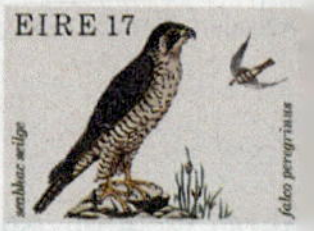

gh) Haubentaucher (Podiceps cristatus)

gi) Grönland-Blässgans (Anser albifrons flavirostris)

gk) Wanderfalke (Falco peregrinus)

397 8 (P) mehrfarbig .... gg 0,50 0,60
398 10 (P) mehrfarbig .... gh 0,50 0,50
399 11 (P) mehrfarbig .... gi 1,— 1,20
400 17 (P) mehrfarbig .... gk 1,50 1,70
Satzpreis (4 W.) 3,50 4,—
FDC 5,—

Auflagen: MiNr. 397 und 399 je 3.000.000, MiNr. 398 = 5.000.000, MiNr. 400 = 2.000.000 Stück

Gültig bis 31.12.2002

1979, 13. Sept. Internationales Jahr des Kindes: Kinderzeichnungen. Odr.; gez. K 14¾:14¼, Hochformat ~.

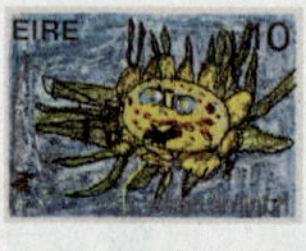

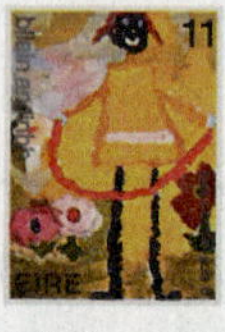

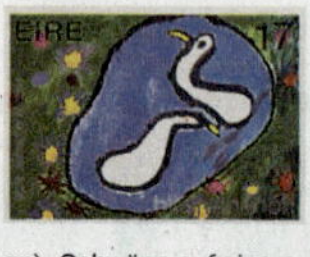

gl) „Eine glückliche Blume"

gm) „Ich und mein Springseil"

gn) „Schwäne auf einem See"

401 10 (P) mehrfarbig .... gl 0,50 0,50
402 11 (P) mehrfarbig .... gm 0,50 0,70
403 17 (P) mehrfarbig .... gn 1,— 0,80
Satzpreis (3 W.) 2,— 2,—
FDC 3,—

Auflagen: MiNr. 401 = 3.000.000, MiNr. 402 = 1.500.000, MiNr. 403 = 1.000.000 Stück

Gültig bis 31.12.2002

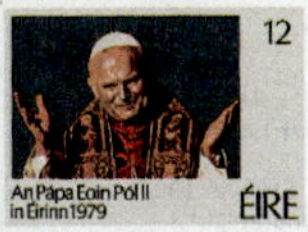

1979, 29. Sept. Papstbesuch in Irland. Odr.; gez. K 15:14¼.

go) Papst Johannes Paul II. (1920–2005, reg. ab 1978)

404 12 (P) mehrfarbig . . . . go 0,70 0,60
FDC 1,50

Auflage: 10.000.000 Stück

Gültig bis 31.12.2002

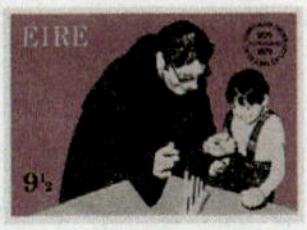

1979, 4. Okt. 100 Jahre Hospitalorden des hl. Johannes von Gott in Irland. Odr.; gez. K 15:14¼.

gp) Krankenpfleger mit Kind

405 9½ (P) graulilarosa/schwarz . . . . gp 0,50 0,50

Grünlicher Hintergrund ist Farbveränderung durch Lichteinfluss.

FDC siehe nach MiNr. 407.

Auflage: 3.000.000 Stück

Gültig bis Ende 1989

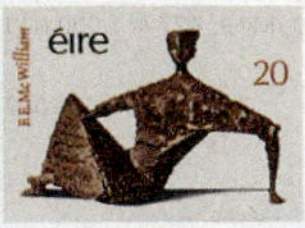

1979, 4. Okt. Zeitgenössische Kunst (XI). Odr.; gez. K 15:14¼.

gr) Liegende Figur (1963); Skulptur von Frederick McWilliam (1909–1992), Bildhauer

406 20 (P) mehrfarbig . . . . gr 1,50 1,50

FDC siehe nach MiNr. 407.

Auflage: 2.000.000 Stück

Gültig bis 31.12.2002

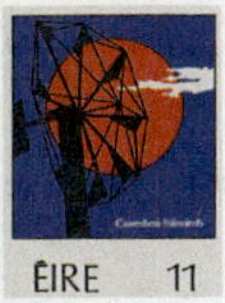

1979, 4. Okt. Internationaler Energiesparmonat Oktober 1979. RaTdr.; gez. K 14¾:15.

gs) Sonne, Windrad

407 11 (P) mehrfarbig . . . . gs 0,50 0,50
FDC (MiNr. 405–407) 3,50

Auflage: 1.000.000 Stück

Gültig bis 31.12.2002

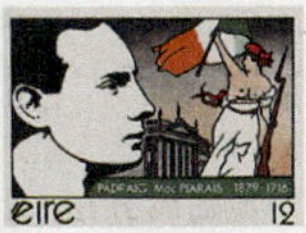

1979, 10. Nov. 100. Geburtstag von Patrick Pearse. RaTdr.; gez. K 15:14¾.

gt) Patrick Pearse (1879–1916), Lehrer, Schriftsteller und Unabhängigkeitskämpfer

408 12 (P) mehrfarbig . . . . gt 0,60 0,50
FDC 1,30

Auflage: 10.000.000 Stück

Gültig bis 31.12.2002

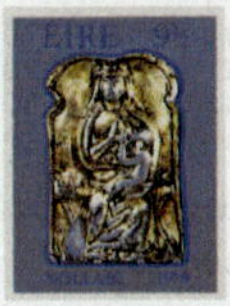

1979, 15. Nov. Weihnachten. RaTdr.; gez. K 14¾:15.

gu) Madonna mit Kind; Bronzetafel des Reliquienschreins „Domnach Airgid"

409 9½ (P) mehrfarbig . . . . gu 0,50 0,50
410 20 (P) mehrfarbig . . . . gu 0,70 0,70
Satzpreis (2 W.) 1,20 1,20
FDC 2,20

MiNr. 409–410 sind wasserempfindlich.

Auflagen: MiNr. 409 = 10.000.000, MiNr. 410 = 2.000.000 Stück

MiNr. 409 gültig bis Ende 1989, MiNr. 410 gültig bis 31.12.2002

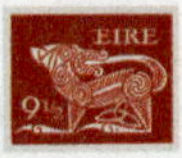

1979, 3. Dez. Freimarke: Frühe Irische Kunst. RaTdr.; gez. K 15.

ce I) Hund, Dekorteil einer altirischen Brosche (7. Jh.)

411 9½ (P) hellrot . . . . ce I 0,50 0,50
FDC 1,70

Gültig bis Ende 1989

In gleichen bzw. ähnlichen Zeichnungen siehe Übersicht nach Jahrgangswerttabelle.

1979, 6. Dez. Europa: Geschichte des Post- und Fernmeldewesens. Odr.; gez. K 14¾:14¼.

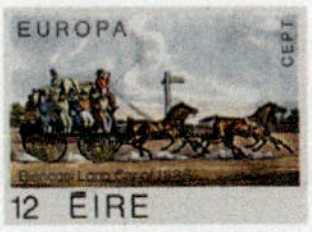

gv) Bianconi-Reisekutsche (1836)

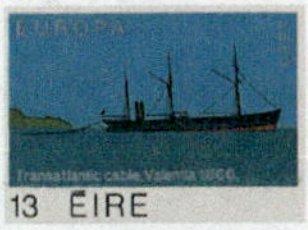

gw) Kabelleger „William Cory" (Verlegung des Transatlantik-Telegraphenkabels, 1866)

412 12 (P) mehrfarbig . . . . gv 1,— 1,—
413 13 (P) mehrfarbig . . . . gw 2,— 2,—
Satzpreis (2 W.) 3,— 3,—
FDC 3,50

Auflagen: MiNr. 412 = 3.000.000, MiNr. 413 = 2.000.000 Stück

Gültig bis 31.12.2002

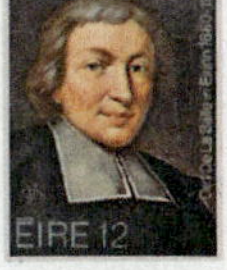

1980, 19. März. 100 Jahre Christliche Schulbrüder in Irland. Odr.; gez. K 14¼:15.

gx) Jean Baptiste de La Salle (1651–1719), Gründer der Gemeinschaft der Christlichen Schulbrüder

414 12 (P) mehrfarbig . . . . gx 0,50 0,50
FDC 1,30

Auflage: 2.000.000 Stück

Gültig bis 31.12.2002

1980, 26. März. Freimarken: Frühe Irische Kunst. RaTdr.; gez. K 15.

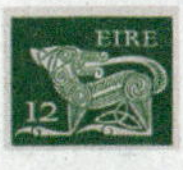

ce I) Hund, Dekorteil einer altirischen Brosche (7. Jh.)

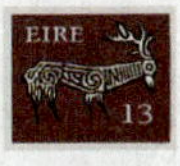

cf I) Hirsch, Dekor einer Schale (8. Jh.)

415	12 (P)	dunkelgelblichgrün	ce I	0,50	0,30
416	13 (P)	rotbraun/dunkelrotbraun	cf I	0,70	1,20
			Satzpreis (2 W.)	1,20	1,50
			FDC		2,20

Gültig bis 31.12.2002

In gleichen bzw. ähnlichen Zeichnungen siehe Übersicht nach Jahrgangswerttabelle.

1980, 7. Mai. Europa: Bedeutende Persönlichkeiten. Odr.; gez. K 14¼:14¾.

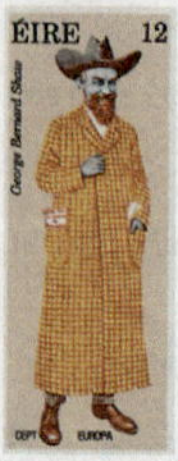

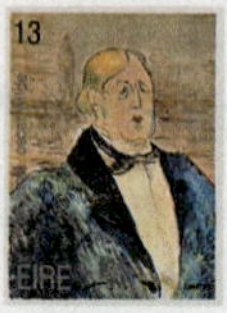

gy) George Bernard Shaw (1856–1950), Schriftsteller; Poster von Alick Ritchie (1868–1938)

gz) Oscar Wilde (1854–1900), Schriftsteller; Gemälde von Henri de Toulouse-Lautrec (1864–1901)

417	12 (P) mehrfarbig	gy	1,—	0,50
418	13 (P) mehrfarbig	gz	2,—	1,50
		Satzpreis (2 W.)	3,—	2,—
		FDC		2,50

Auflagen: MiNr. 417 = 4.000.000, MiNr. 418 = 3.000.000 Stück

Gültig bis 31.12.2002

1980, 10. Juli. Freimarken: Frühe Irische Kunst. RaTdr.; gez. K 15.

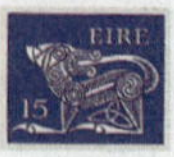

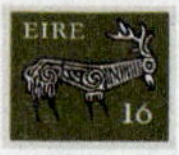

ce I) Hund, Dekorteil einer altirischen Brosche (7. Jh.)

cf I) Hirsch, Dekor einer Schale (8. Jh.)

419	15 (P) lebhaftviolettultramarin	ce I	0,70	0,30
420	16 (P) grünoliv/schwarz	cf I	1,—	1,70
		Satzpreis (2 W.)	1,70	2,—
		FDC		2,50

Gültig bis 31.12.2002

In gleichen bzw. ähnlichen Zeichnungen siehe Übersicht nach Jahrgangswerttabelle.

1980, 30. Juli. Jagdbare Wildtiere. Odr.; gez. K 14¼:15.

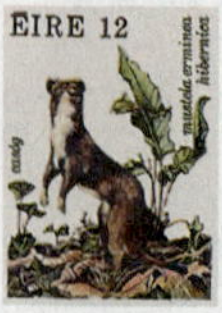

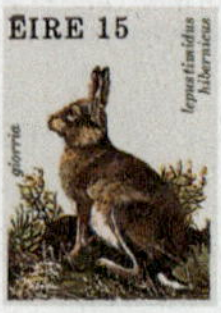

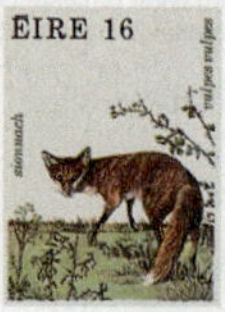

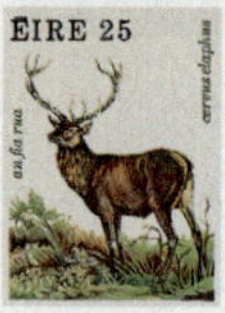

ha) Hermelin (Mustela erminea hibernica)

hb) Irischer Schneehase (Lepus timidus hibernicus)

hc) Rotfuchs (Vulpes vulpes)

hd) Rothirsch (Cervus elaphus)

421	12 (P) mehrfarbig	ha	0,50	0,50
422	15 (P) mehrfarbig	hb	0,50	0,50
423	16 (P) mehrfarbig	hc	0,50	1,—
424	25 (P) mehrfarbig	hd	1,—	1,—
		Satzpreis (4 W.)	2,50	3,—
		FDC		3,50

Blockausgabe mit MiNr. 421–424

Block 3 (73×97 mm)	he	4,—	5,—
	FDC		6,—

Aufdrucke „STAMPA '80 ...“ oder „DUBLIN STAMP SHOW 1992“ auf dem Blockrand sind privaten Ursprungs, aber von der Post genehmigt.

Auflagen: MiNr. 421 = 3.000.000, MiNr. 422 = 5.000.000, MiNr. 423 = 4.000.000, MiNr. 424 = 2.000.000 Stück, Bl. 3 = 300.000 Blocks

Gültig bis 31.12.2002

1980, 25. Sept. Irische Folklore. Odr.; gez. K 14¼:15.

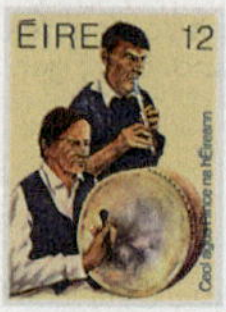

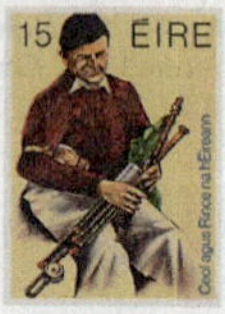

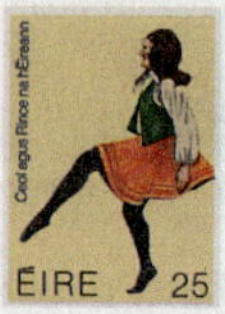

hf) Flöten- und Bodhránspieler

hg) Musiker mit „Uilleann Pipes“

hh) Volkstänzerin

425	12 P mehrfarbig	hf	0,50	0,50
426	15 P mehrfarbig	hg	0,50	0,50
427	25 P mehrfarbig	hh	1,—	1,—
		Satzpreis (3 W.)	2,—	2,—
		FDC		3,—

Auflagen: MiNr. 425 = 5.000.000, MiNr. 426 = 4.000.000, MiNr. 427 = 1.000.000 Stück

Gültig bis 31.12.2002

1980, 23. Okt. 100. Geburtstag von Sean O'Casey. Odr.; gez. K 14¼:14¾.

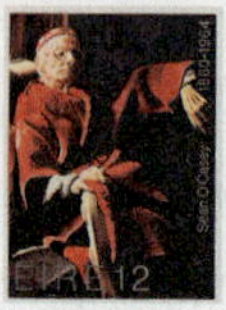

hi) Sean O'Casey (1880–1964), Bühnenschriftsteller

428	12 (P) mehrfarbig	hi	0,50	0,40
		FDC		1,—

Auflage: 3.000.000 Stück

Gültig bis 31.12.2002

1980, 23. Okt. Zeitgenössische Kunst (XII). Odr.; gez. K 14¼:14¾.

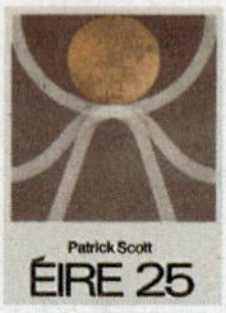

hk) Goldgemälde Nr. 57; von Patrick Scott (1921–2014), Maler und Architekt

429	25 (P) mehrfarbig	hk	1,—	1,—
		FDC		1,70

Auflage: 3.000.000 Stück

Gültig bis 31.12.2002

1980, 4. Dez. Weihnachten: Kinderzeichnung. RaTdr.; gez. K 14¾:15.

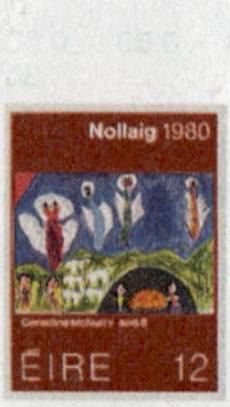

hl) Die Geburt Christi; von Geraldine McNulty (8 J.)

430	12 (P) mehrfarbig	hl	0,50	0,50
431	15 (P) mehrfarbig	hl	0,50	0,50

432 25 (P) mehrfarbig . . . . . hl 1,— 1,—
Satzpreis (3 W.) 2,— 2,—
FDC 3,—

Auflagen: MiNr. 430–431 je 10.000.000, MiNr. 432 = 2.000.000 Stück

Gültig bis 31.12.2002

1981, 12. März. Wissenschaft und Technik. Odr.; gez. K 14¼:15.

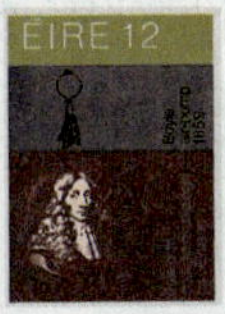

hm) Robert Boyle (1627–1691), Physiker; Luftpumpe (1659)

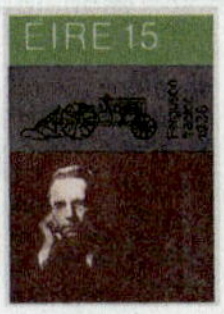

hn) Harry Ferguson (1884–1960), Ingenieur; Traktor (1936)

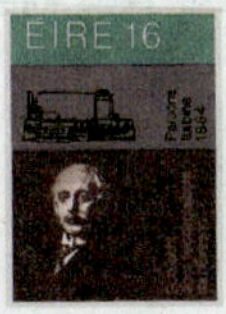

ho) Charles Parsons (1854–1931), Ingenieur; Turbine (1884)

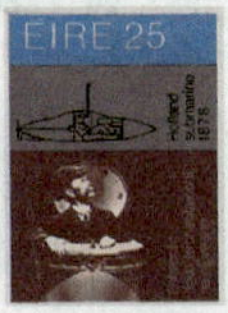

hp) John Holland (1841–1914), Erfinder; U-Boot (1878)

433 12 (P) mehrfarbig . . . . . hm 0,50 0,50
434 15 (P) mehrfarbig . . . . . hn 0,50 0,50
435 16 (P) mehrfarbig . . . . . ho 0,50 1,—
436 25 (P) mehrfarbig . . . . . hp 1,20 1,50
Satzpreis (4 W.) 2,60 3,50
FDC 4,—

Auflagen: MiNr. 433 = 3.000.000, MiNr. 434 = 4.000.000, MiNr. 435–436 je 1.000.000 Stück

Gültig bis 31.12.2002

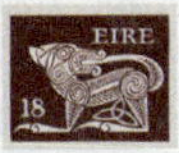

1981, 27. April. Freimarken: Frühe Irische Kunst. Odr.; gez. K 14¼:15.

ce l) Hund, Dekorteil einer altirischen Brosche (7. Jh.)

437 18 (P) braunlila . . . . . ce l 0,80 0,60
438 19 (P) graublau . . . . . ce l 1,— 0,90
Satzpreis (2 W.) 1,80 1,50
FDC 2,80

Gültig bis 31.12.2002

In gleichen bzw. ähnlichen Zeichnungen siehe Übersicht nach Jahrgangswerttabelle.

1981, 4. Mai. Europa: Folklore. Odr.; gez. K 14¼:15.

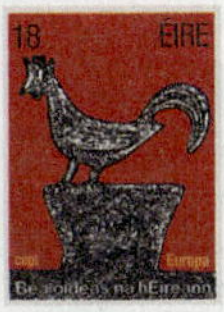

hr) „Legende vom Hahn und Topf"; Grabplatte (1841) in Thempleathea

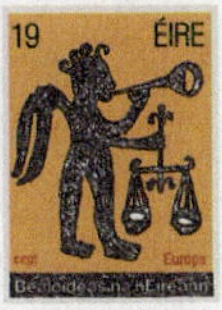

hs) „Engel mit Waagschalen des Jüngsten Gerichts"; Grabplatte (1827) in Thempleathea

439 18 (P) mehrfarbig . . . . . hr 1,— 0,50
440 19 (P) mehrfarbig . . . . . hs 2,— 1,50
Satzpreis (2 W.) 3,— 2,—
FDC 2,50

Auflagen: MiNr. 439 = 4.000.000, MiNr. 440 = 1.500.000 Stück

Gültig bis 31.12.2002

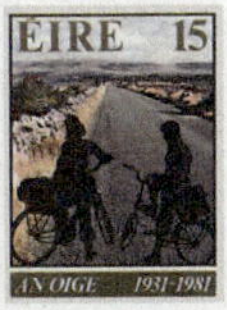

1981, 24. Juni. 50 Jahre Irischer Jugendherbergsverband „An Óige". Odr.; gez. K 14¼:15, Querformate ~.

ht) Radfahren

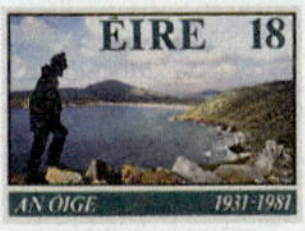

hu) Bergwandern

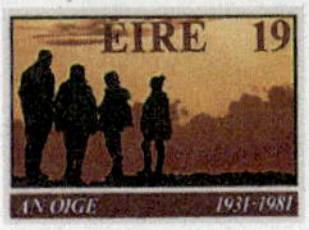

hv) Bergsteigen

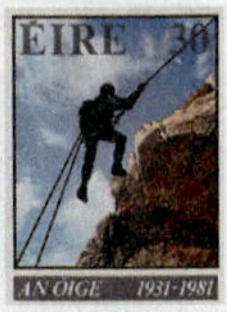

hw) Klettern

441 15 (P) mehrfarbig . . . . . ht 0,50 0,50
442 18 (P) mehrfarbig . . . . . hu 0,50 0,50
443 19 (P) mehrfarbig . . . . . hv 0,70 1,20
444 30 (P) mehrfarbig . . . . . hw 1,30 1,80
Satzpreis (4 W.) 3,— 4,—
FDC 4,50

MiNr. 441 und 444 sind wasserempfindlich.

Auflagen: MiNr. 441 und 444 je 2.000.000, MiNr. 442 = 3.000.000, MiNr. 443 = 1.000.000 Stück

Gültig bis 31.12.2002

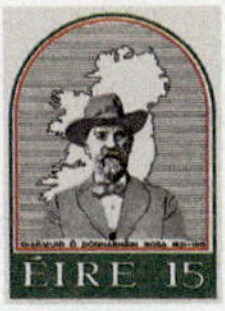

1981, 31. Aug. 150. Geburtstag von Jeremiah O'Donovan Rossa. Odr.; gez. K 14¼:15.

hx) Jeremiah O'Donovan Rossa (1831–1915), Politiker

445 15 (P) mehrfarbig . . . . . hx 0,50 0,50

FDC siehe nach MiNr. 446.

Auflage: 2.000.000 Stück

Gültig bis 31.12.2002

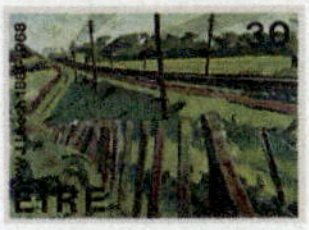

1981, 31. Aug. Zeitgenössische Kunst (XIII). Odr.; gez. K 15:14¼.

hy) Bahndamm; Gemälde von William John Leech (1881–1968), Maler

446 30 (P) mehrfarbig . . . . . hy 1,— 1,50
FDC (MiNr. 445–446) 2,50

Auflage: 1.000.000 Stück

Gültig bis 31.12.2002

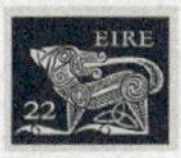

1981, 1. Sept. Freimarke: Frühe Irische Kunst. Odr.; gez. K 14¼:15.

ce l) Hund, Dekorteil einer altirischen Brosche (7. Jh.)

447 22 (P) grünlichblau . . . . . ce l 1,20 0,80
FDC 3,50

Gültig bis 31.12.2002

In gleichen bzw. ähnlichen Zeichnungen siehe Übersicht nach Jahrgangswerttabelle.

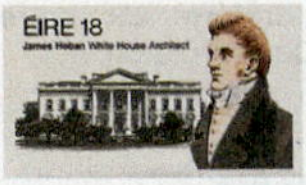

1981, 29. Sept. 150. Todestag von James Hoban. Odr.; gez. K 15:14¼.

hz) James Hoban (1762–1831), Architekt; Weißes Haus, Washington

448 18 (P) mehrfarbig . . . . . hz 1,— 0,70
FDC 1,50

Auflage: 4.000.000 Stück

Gültig bis 31.12.2002

Parallelausgabe mit Vereinigte Staaten von Amerika MiNr. 1509–1510

1981, 23. Okt. Irische Pferde. Odr. (10×10); gez. K 15:14¼.

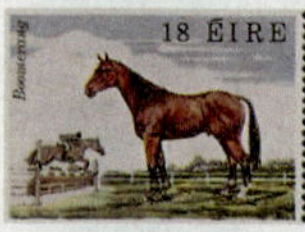

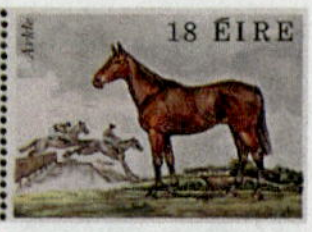

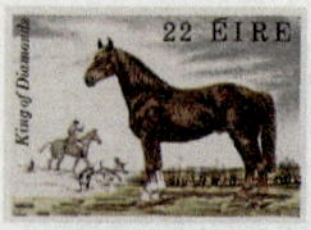

ia) Springpferd „Boomerang"
ib) Vollblut-Hindemisrennpferd „Arkle"
ic) Zugpferd „King of Diamonds"

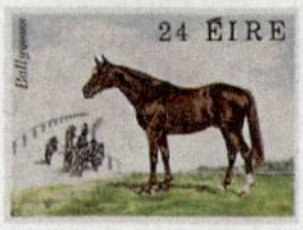

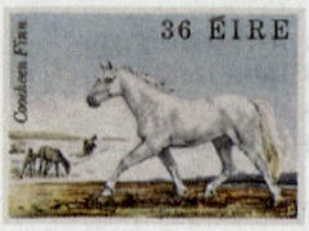

id) Vollblut-Flachrennpferd „Ballymoss" ie) Connemara-Pony „Coosheen Finn"

449	18 (P) mehrfarbig	ia	1,—	1,—
450	18 (P) mehrfarbig	ib	1,—	1,—
451	22 (P) mehrfarbig	ic	1,20	1,20
452	24 (P) mehrfarbig	id	1,30	1,80
453	36 (P) mehrfarbig	ie	1,50	2,20
		Satzpreis (5 W.)	6,—	7,—
		Paar + 3 Marken	7,—	8,—
		FDC		9,—

MiNr. 449–450 wurden schachbrettartig zusammenhängend gedruckt.

Auflage: 2.000.000 Sätze

Gültig bis 31.12.2002

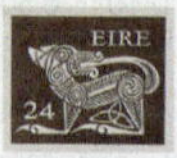

1981, 29. Okt. Freimarke: Frühe Irische Kunst. Odr.; gez. K 14¼:15.

ce l) Hund, Dekorteil einer altirischen Brosche (7. Jh.)

454	24 (P) dunkelgraubraun	ce l	1,70	2,—
		FDC		3,—

Gültig bis 31.12.2002

In gleichen bzw. ähnlichen Zeichnungen siehe Übersicht nach Jahrgangswerttabelle.

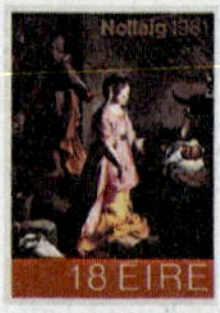

1981, 19. Nov. Weihnachten. Odr.; gez. K 14¼:15.

if) Geburt Christi; Gemälde von Federico Barocci (1535–1612)

455	18 (P) mehrfarbig	if	0,50	0,50
456	22 (P) mehrfarbig	if	0,50	0,50
457	36 (P) mehrfarbig	if	1,50	1,50
		Satzpreis (3 W.)	2,50	2,50
		FDC		3,20

MiNr. 456 ist sehr wasserempfindlich.

Auflagen: MiNr. 455–456 je 8.000.000, MiNr. 457 = 2.000.000 Stück

Gültig bis 31.12.2002

1981, 10. Dez. 100 Jahre Gesetze zur Bodenreform, 250 Jahre Royal Dublin Society. Odr.; gez. K 14¼:15, Querformat ∼.

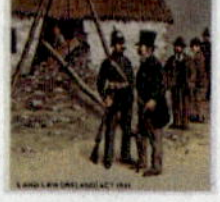

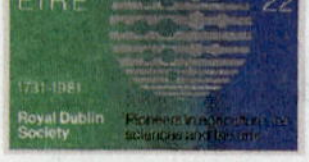

ig) Vertreibung eines Pächters ih) Symbolische Darstellung

458	18 (P) mehrfarbig	ig	0,50	0,50
459	22 (P) mehrfarbig	ih	0,70	0,70
		Satzpreis (2 W.)	1,20	1,20
		FDC		2,20

Auflage: 2.000.000 Sätze

Gültig bis 31.12.2002

1982, 26. Febr. 50 Jahre Killarney-Nationalpark. Odr.; gez. K 15:14¼.

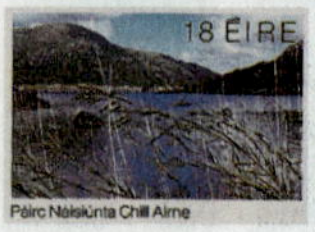

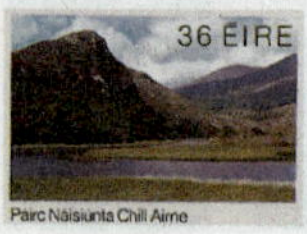

ii) Upper Lake ik) Eagle's Nest

460	18 (P) mehrfarbig	ii	0,50	0,50
461	36 (P) mehrfarbig	ik	1,50	2,—
		Satzpreis (2 W.)	2,—	2,50
		FDC		3,—

Auflagen: MiNr. 460 = 3.000.000, MiNr. 461 = 1.000.000 Stück

Gültig bis 31.12.2002

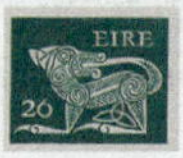

1982, 1. April. Freimarken: Frühe Irische Kunst. Odr.; gez. K 14¼:15.

ce l) Hund, Dekorteil einer altirischen Brosche (7. Jh.)

462	26 (P) blaugrün	ce l	1,20	0,80
463	29 (P) lebhaftviolett	ce l	1,60	2,20
		Satzpreis (2 W.)	2,80	3,—
		FDC		4,—

MiNr. 463 ist wasserempfindlich.

Gültig bis 31.12.2002

In gleichen bzw. ähnlichen Zeichnungen siehe Übersicht nach Jahrgangswerttabelle.

1982, 2. April. 800. Geburtstag des hl. Franz von Assisi (1182–1226), Ordensgründer; 300. Jahrestag der Ordination von Makemie. Odr.; gez. K 14¼:15, Querformat ∼.

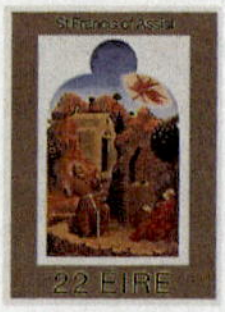

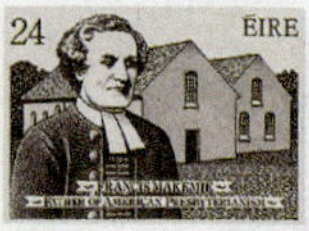

ii) Stigmatisation des hl. Franz von Assisi; Gemälde von Sassetta (1392–1450)

im) Francis Makemie (1657/58–1708), Begründer des amerikanischen Presbyterianismus; Presbyterianerkirche von Ramelton

464	22 (P) mehrfarbig	il	0,70	0,70
465	24 (P) dunkelolivbraun	im	1,—	1,—
		Satzpreis (2 W.)	1,70	1,70
		FDC		3,—

Auflagen: MiNr. 464 = 3.000.000, MiNr. 465 = 1.000.000 Stück

Gültig bis 31.12.2002

1982, 4. Mai. Europa: Historische Ereignisse. Odr.; gez. K 14¼:15, Querformat ~.

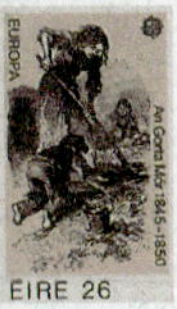
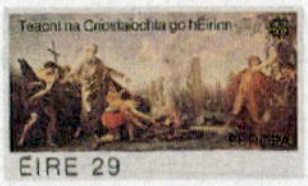

in) Die große Hungersnot (1845–1850): Familie bei Kartoffelernte

io) Einführung des Christentums in Irland (5. Jh.): Hl. Patrick bereitet Osterfeuer vor (Fresko)

466	26 (P)	weißorangegelb/dunkellilabraun	in	2,—	1,50
467	29 (P)	mehrfarbig	io	4,50	4,—
		Satzpreis (2 W.)		6,50	5,50
		FDC			8,—

Auflagen: MiNr. 466 = 2.000.000, MiNr. 467 = 1.000.000 Stück

Gültig bis 31.12.2002

1982, 16. Juni. Irische Schriftsteller und Musiker. Odr.; gez. K 14¼:15.

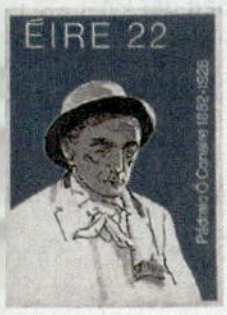
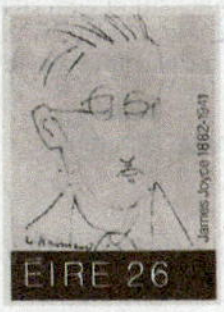
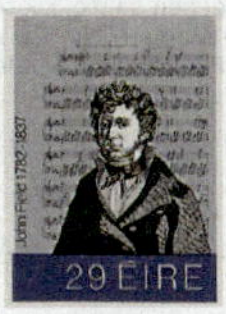
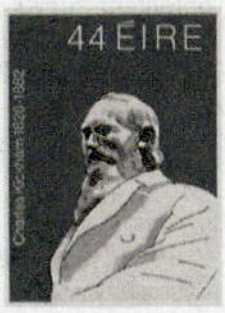

ip) Pádraic Ó Conaire (1882–1928), Schriftsteller und Erzähler

ir) James Joyce (1882–1941), Dichter und Schriftsteller

is) John Field (1782–1837), Pianist und Komponist

it) Charles Kickham (1828–1882), Autor und Journalist

468	22 (P)	graublau/schwarz	ip	0,70	0,70
469	26 (P)	schwarzbraun/schwarz	ir	0,70	0,70
470	29 (P)	lebhaftultramarin/schwarz	is	1,40	1,40
471	44 (P)	schwarzoliv/schwarz	it	2,20	2,20
		Satzpreis (4 W.)		5,—	5,—
		FDC			6,50

Auflagen: MiNr. 468–469 je 2.000.000, MiNr. 470–471 je 1.000.000 Stück

Gültig bis 31.12.2002

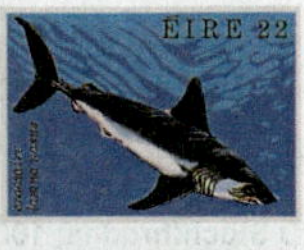

1982, 29. Juli. Meerestiere. Odr.; gez. K 15:14¼.

iu) Atlantischer Heringshai (Lamna nasus)

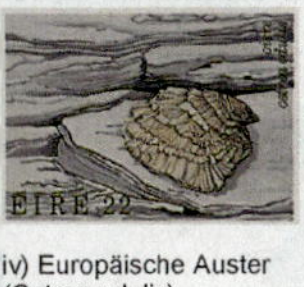
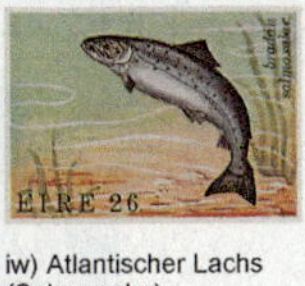
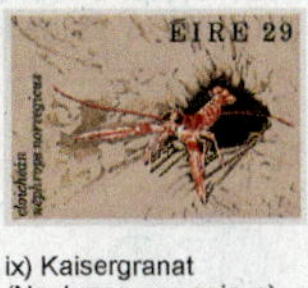

iv) Europäische Auster (Ostrea edulis)

iw) Atlantischer Lachs (Salmo salar)

ix) Kaisergranat (Nephrops norvegicus)

472	22 (P)	mehrfarbig	iu	1,—	1,20
473	22 (P)	mehrfarbig	iv	1,—	1,20
474	26 (P)	mehrfarbig	iw	1,20	0,80
475	29 (P)	mehrfarbig	ix	1,80	1,80
		Satzpreis (4 W.)		5,—	5,—
		FDC			6,50

Auflagen: MiNr. 472–473 und 475 je 1.000.000, MiNr. 474 = 3.000.000 Stück

Gültig bis 31.12.2002

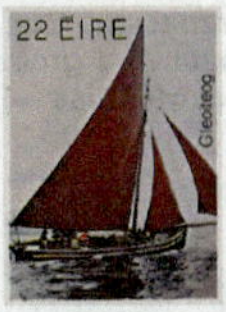

1982, 21. Sept. Irische Boote. Odr.; gez. K 14¼:15, Querformate ~.

iy) Galway-Huker „St. Patrick“

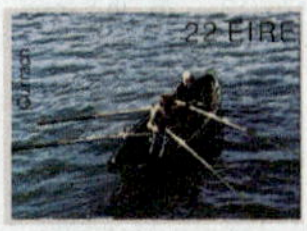
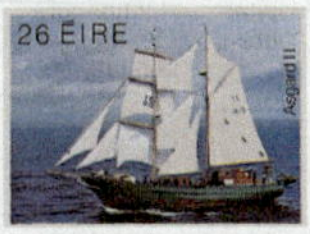
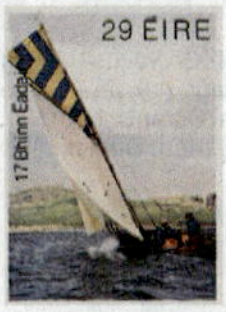

iz) Curach

ka) Segelschulschiff „Asgard II“

kb) Segelboot „Howh“

476	22 (P)	mehrfarbig	iy	1,—	1,20
477	22 (P)	mehrfarbig	iz	1,—	1,20
478	26 (P)	mehrfarbig	ka	1,—	0,80
479	29 (P)	mehrfarbig	kb	2,—	2,—
		Satzpreis (4 W.)		5,—	5,—
		FDC			7,—

Auflagen: MiNr. 476–477 und 479 je 1.000.000, MiNr. 478 = 2.500.000 Stück

Gültig bis 31.12.2002

1982, 14. Okt. 200 Jahre Grattan-Parlament; 100. Geburtstag von Éamon de Valera. Odr.; gez. K 15:14¼, Hochformat ~.

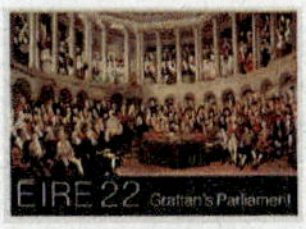
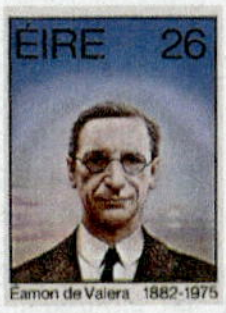

kc) Das Irische Unterhaus; Gemälde von Francis Wheatley (1747–1801)

kd) Éamon de Valera (1882–1975), Staatspräsident

480	22 (P)	mehrfarbig	kc	0,70	0,70
481	26 (P)	mehrfarbig	kd	1,—	1,—
		Satzpreis (2 W.)		1,70	1,70
		FDC			2,—

Auflagen: MiNr. 480 = 1.000.000, MiNr. 481 = 2.000.000 Stück

Gültig bis 31.12.2002

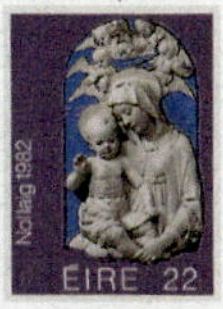

1982, 11. Nov. Weihnachten. Odr.; gez. K 14¼:15.

ke) Madonna mit Kind; Skulptur von Andrea della Robbia (1435–1525)

482	22 (P)	mehrfarbig	ke	0,70	0,70
483	26 (P)	mehrfarbig	ke	1,30	1,—
		Satzpreis (2 W.)		2,—	1,70
		FDC			2,20

Auflage: 8.000.000 Sätze

Gültig bis 31.12.2002

1982, 15. Dez./1990, 3. Mai. Freimarken: Irische Architektur. Odr.; A = vierseitig gez. K 14¼:15 (kleine Hochformate und große Querformate ∼), D = dreiseitig gez. K 14¼:15 (Hochformate ∼), F = vierseitig gez. K 13, G = dreiseitig gez. K 13.

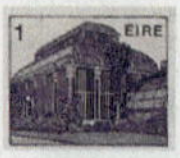

kf) Gewächshaus (19. Jh.) im Botanischen Garten, Dublin

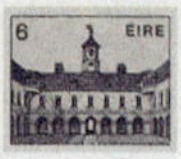

kg) Dr.-Steevens-Hospital (1733), Dublin

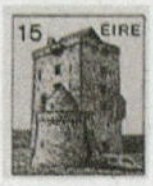

kh) Burg Aughnanure (16. Jh.), Oughterard

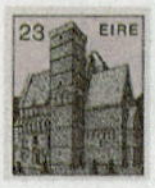

ki) Cormac-Kapelle (12. Jh.), Rock of Cashel

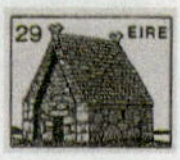

kk) Oratorium (6. Jh.), Insel St. MacDara

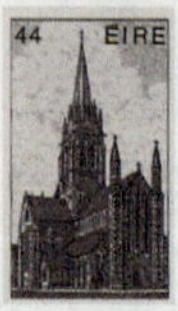

kl) Kathedrale von Killarney (19. Jh.)

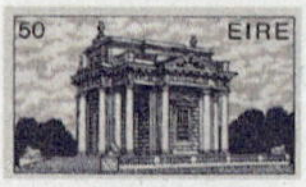

km) Casino in Marino (18. Jh.), Dublin

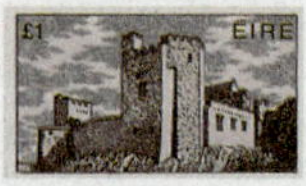

kn) Burg von Cahir (12. Jh.)

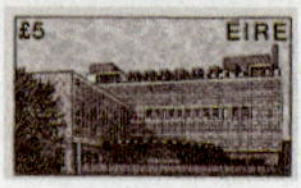

ko) Busbahnhof (1953), Dublin

484	A		1 (P)	dunkelblau (6.7.1983)	kf	0,30	0,30
485			2 (P)	dunkelgrünoliv	kf		
	A			vierseitig gez. (6.7.1983)		0,30	0,30
	Dl			dreiseitig gez. (▭) (27.6.1985)		0,30	0,30
	Do			dreiseitig gez. (▭) (27.6.1985)		0,30	0,30
	Dr			dreiseitig gez. (▭) (27.6.1985)		0,30	0,30
	Du			dreiseitig gez. (▭) (27.6.1985)		0,30	0,30
486	A		3 (P)	schwarz (6.7.1983)	kf	0,30	0,30
487			4 (P)	schwarzlila	kf		
	A			vierseitig gez. K 14¼:15 (16.3.1983)		0,30	0,30
	Do			dreiseitig gez. K 14¼:15 (▭)			
		I		ohne rückseitigen Aufdruck (15.8.1983)		0,30	0,30
		II		mit rückseitigem Aufdr. (9.7.1984)		0,30	0,30
	Du			dreiseitig gez. K 14¼:15 (▭)			
		I		ohne rückseitigen Aufdr. (8.9.1986)		0,30	0,30
		II		mit rückseitigem Aufdr. (9.7.1984)		0,30	0,30
	F			vierseitig gez. K 13 (3.5.1990)		3,—	3,—
	G			dreiseitig gez. K 13 (▭) (3.5.1990)		4,—	4,—
488	A		5 (P)	dunkelolivbraun (6.7.1983)	kf	0,30	0,30
489	A		6 (P)	dunkelblau (16.3.1983)	kg	0,30	0,30
490	A		7 (P)	dunkelgrünoliv (16.3.1983)	kg	0,30	0,30
491	A		10 (P)	schwarz (6.7.1983)	kg	0,30	0,30
492	A		12 (P)	schwarzlila (6.7.1983)	kg	0,40	0,40
493	A		15 (P)	dunkelgrünoliv (6.7.1983)	kh	0,60	0,50
494	A		20 (P)	schwarzlila (16.3.1983)	kh	0,70	0,50
495			22 (P)	dunkelblau	kh		
	A			vierseitig gez. (15.12.1982)		0,70	0,40
	Dl			dreiseitig gez. (▭)			
		I		ohne rückseitigen Aufdr. (15.8.1983)		0,70	0,70
		II		mit rückseitigem Aufdr. (9.7.1984)		0,70	0,70
	Do			dreiseitig gez. (▭) (27.6.1985)		0,70	0,70
	Dr			dreiseitig gez. (▭) (27.6.1985)		0,70	0,70
	Du			dreiseitig gez. (▭) (27.6.1985)		0,70	0,70
496	A		23 (P)	dunkelgrünoliv (16.3.1983)	ki	1,—	1,20
497			26 (P)	schwarz	ki		
	A			vierseitig gez. (15.12.1982)		0,80	0,50
	Dl			dreiseitig gez. K 15:14¼) (▭) (27.6.1985)		0,80	0,80
	Do			dreiseitig gez. K 15:14¼ (▭) (27.6.1985)		0,80	0,80
	Dr			dreiseitig gez. K 15:14¼ (▭)			
		I		ohne rückseitigen Aufdr. (27.6.1985)		0,80	0,80
		II		mit rückseitigem Aufdr. (9.7.1984)		1,20	1,20
	Du			dreis. gez. K 15:14¼ (▭) (27.6.1985)		0,80	0,80
	G			dreiseitig gez. K 13 (▭) (3.5.1990)		4,—	5,—
498	A		29 (P)	dunkelgrünoliv (15.12.1982)	kk	1,—	1,20
499			30 (P)	schwarz	kk		
	A			vierseitig gez. K 14¼:15 (16.3.1983)		1,—	0,80
	F			vierseitig gez. K 13 (3.5.1990)		4,—	5,—
	G			dreiseitig gez. K 13 (▭) (3.5.1990)		3,50	3,50
500	A		44 (P)	schwarz/grau (15.12.1982)	kl	1,70	1,30
501	A		50 (P)	dunkelblau/grau (16.3.1983)	km	1,70	1,30
502	A		1 £	dunkelolivbraun/grau (15.12.1982)	kn	8,—	5,50
503	A		5 £	schwarzlila/grau (15.12.1982)	ko	12,—	12,—
				Satzpreis A (20 W.)		32,—	28,—
				FDC (15.12.1982)			30,—
				FDC (16.3.1983)			6,—
				FDC (6.7.1983)			3,—
				FDC (15.8.1983)			1,20
				FDC (10.7.1984)			2,—
				FDC (27.6.1985)			4,—
				Paar 485 Dl/Dr oder 485 Do/Du		0,40	0,40
				Paar 487 Do II/Du II		0,40	0,40
				Paar 495 Dl I/Dr oder 495 Do/Du		1,60	1,60
				Paar 497 Dl/Dr I oder 497 Do/Du		1,60	1,60

Die Marken mit rückseitigem olivgrünem Aufdruck „Booklet Stamp“ (MiNr. 487 Do II/Du II, MiNr. 495 Dl II und 497 Dr II) stammen aus MH 7, die übrigen teilgezähnten Werte Dl, Dr, Do und Du aus MH 6 und MH 8–11. Die Marken in Zähnungen F und G haben bei gleichem Bildformat ein etwas größeres Markenformat; sie stammen aus MH 14.

Von MiNr. 484–503 sind Papier- und Gummierungsunterschiede bekannt, die von Spezialisten gesammelt werden und teilweise erhebliche Preisaufschläge erzielen.

(Fälschung) MiNr. 502 gez. L 11–12 (grob) ist selten; MiNr. 502 gez. L 15:14¾ auf dünnem getöntem Papier dagegen häufig. Diese Fälschung zum Schaden der Post trat so häufig auf, dass die Marke MiNr. 502 A Ende 1984 vom Verkauf zurückgezogen wurde. Die meisten Fälschungen wurden fiskalisch verwendet. ✶✶ 30,— ⊙ 50,— ✉ 70,—.

Aufdruck „FAI/1986“ auf MiNr. 485 ist privaten Ursprungs.

Gültig bis 31.12.2002

In gleichen Zeichnungen wie MiNr. 496–502: MiNr. 571–574, 591–593, 657

1983, 23. Febr. 200 Jahre Dubliner Handelskammer; 200 Jahre Bank von Irland. Odr.; gez. K 14¼:15, Querformat ∼.

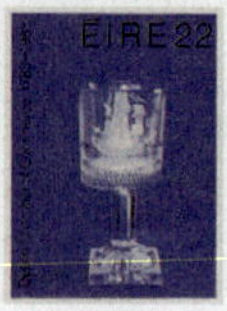

kp) Ouzel-Galley-Pokal

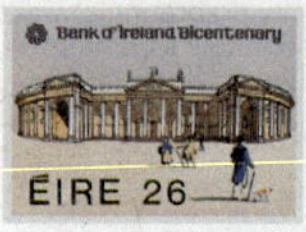

kr) Gebäude der Bank von Irland

504	22 (P)	lebhaftvioletttultramarin/schwarz	kp	0,70	0,70
505	26 (P)	mehrfarbig	kr	0,70	0,70
		Satzpreis (2 W.)		1,40	1,40
		FDC			2,20

Auflage: 2.000.000 Sätze

Gültig bis 31.12.2002

1983, 7. April. 100. Geburtstag von Pádraig Ó Siochfhradha; 100 Jahre Boys' Brigade. Odr.; gez. K 14¼:15.

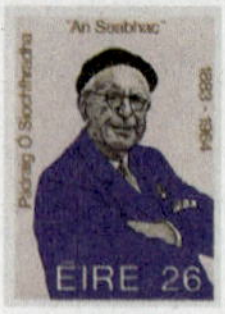

ks) Pádraig Ó Siochfhradha (1883–1964), Schriftsteller

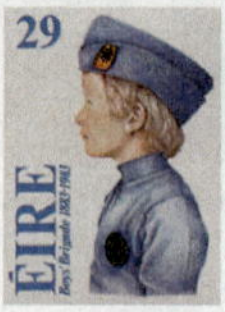

kt) Junge in Uniform der Boys' Brigade

506	26 (P)	mehrfarbig	ks	0,70	0,70
507	29 (P)	mehrfarbig	kt	1,30	1,80
		Satzpreis (2 W.)		2,—	2,50
		FDC			3,—

Auflagen: 1.000.000 Sätze

Gültig bis 31.12.2002

1983, 4. Mai. Europa: Große Werke des menschlichen Geistes. Odr.; gez. K 15:14¼.

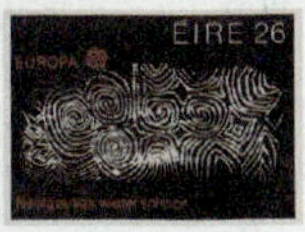

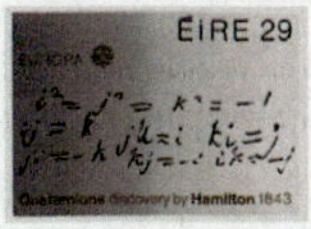

ku) Zeichnung neolithischer Muster aus der Grabanlage in Newgrange (3000 v. Chr.)

kv) Formeln für die Multiplikation von Quaternionen von William Rowan Hamilton (1805–1865)

508	26 (P)	schwarzgrau/gold	ku	2,—	3,—
509	29 (P)	mehrfarbig	kv	5,50	9,—
		Satzpreis (2 W.)		7,—	12,—
		FDC			14,—

MiNr. 508 ist wasserempfindlich.

Auflagen: MiNr. 508 = 2.000.000, MiNr. 509 = 1.000.000 Stück

Gültig bis 31.12.2002

1983, 23. Juni. Irische Hunde. Odr.; gez. K 15:14¼.

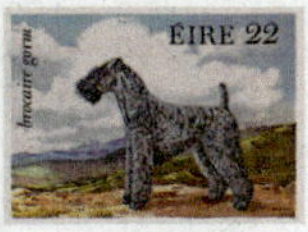

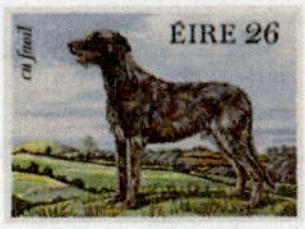

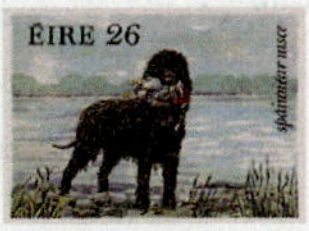

kw) Kerry-Blue-Terrier

kx) Irischer Wolfshund

ky) Irischer Wasserspaniel

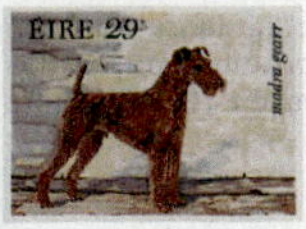

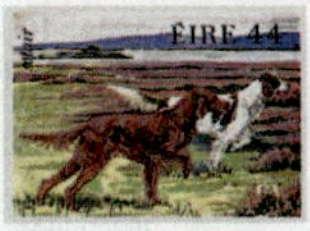

kz) Irischer Terrier

la) Irischer Setter

510	22 (P)	mehrfarbig	kw	0,70	0,70
511	26 (P)	mehrfarbig	kx	1,—	1,—
512	26 (P)	mehrfarbig	ky	1,—	1,—
513	29 (P)	mehrfarbig	kz	1,60	1,60
514	44 (P)	mehrfarbig	la	2,20	2,20
		Satzpreis (5 W.)		6,50	6,50
		FDC			7,50

Blockausgabe mit MiNr. 510–514

Block 4 (142×81 mm)		lb	7,50	8,—
		FDC		10,—

	★★
Block 4 DD Doppeldruck der Farbe Schwarz	*1500,—*

Aufdruck „STAMPA '83 ..." auf dem Blockrand ist privaten Ursprungs, aber von der Post genehmigt.

Auflagen: MiNr. 510 = 2.000.000, MiNr. 511–512 je 1.000.000, MiNr. 513–514 je 500.000 Stück, Bl. 4 = 500.000 Blocks

Gültig bis 31.12.2002

1983, 11. Aug. Bedeutende Persönlichkeiten und Institutionen: Irischer Tierschutzverein (ISPCA); 100. Geburtstag von Seán Mac Diarmada; 50 Jahre Industrial Credit Company (ICC); 150. Jahrestag der Gründung der Vereinigung des hl. Vinzenz von Paul, Paris; Andrew Jackson, 7. Präsident der Vereinigten Staaten von Amerika. Odr.; gez. K 15:14¼, Hochformate ~.

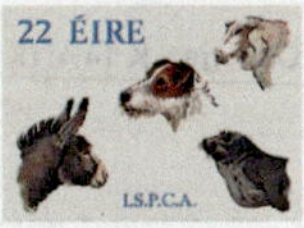

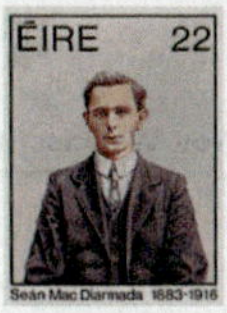

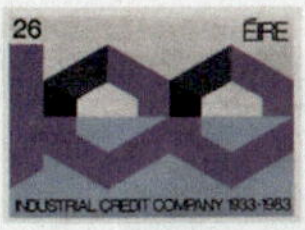

lc) Schaf, Hund, Esel, Robbe

ld) Sean Mac Diarmada (1883–1916), Patriot; Gemälde von Robert Ballagh (*1943)

le) Abstrakte Zeichnung von Bill Murphy

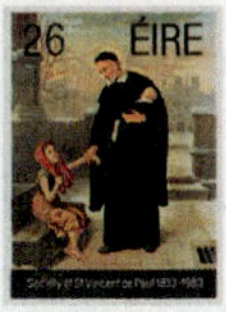

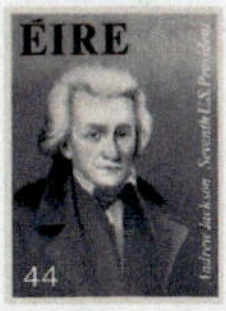

lf) Hl. Vinzenz von Paul (1581–1660), Begründer der Caritas

lg) Andrew Jackson (1767–1845); Gemälde von Robert Ballagh (*1943)

				★★	⊙
515	22 (P)	mehrfarbig	lc	1,—	1,20
516	22 (P)	mehrfarbig	ld	1,—	1,—
517	26 (P)	mehrfarbig	le	1,—	0,80
518	26 (P)	mehrfarbig	lf	1,—	0,80
519	44 (P)	dunkelgraublau/schwarz	lg	2,—	2,40
		Satzpreis (5 W.)		6,—	6,—
		FDC			7,50

Auflagen: MiNr. 515–518 je 1.000.000, MiNr. 519 = 500.000 Stück

Gültig bis 31.12.2002

1983, 15. Sept. Weltkommunikationsjahr. Odr.; gez. K 14¼:15.

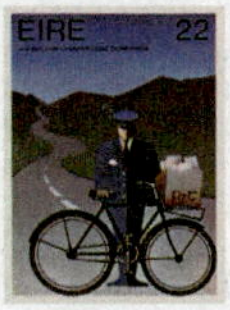

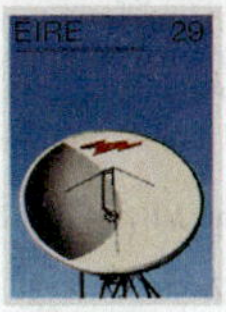

lh) Postbote mit Fahrrad

li) Parabolantenne

520	22 (P)	mehrfarbig	lh	1,—	1,—
521	29 (P)	mehrfarbig	li	2,—	2,—
		Satzpreis (2 W.)		3,—	3,—
		FDC			3,50

Auflagen: MiNr. 520 = 1.000.000, MiNr. 521 = 500.000 Stück

Gültig bis 31.12.2002

In ähnlicher Zeichnung wie MiNr. 520: MiNr. 2447 (selbstklebend)

1983, 13. Okt. Irisches Kunsthandwerk. Odr.; gez. K 14¼:15.

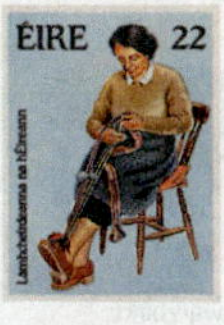

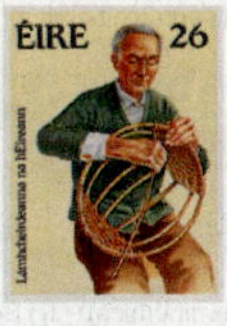

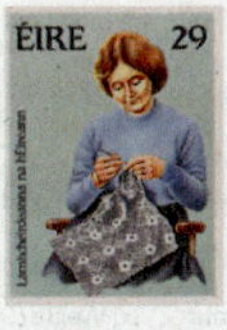

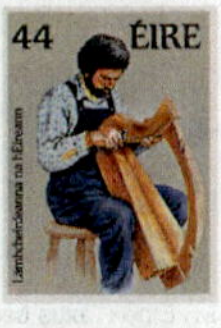

lk) Weben

ll) Korbflechten

lm) Irische Häkelarbeit

ln) Harfenbau

522	22 (P)	mehrfarbig	lk	0,70	0,70
523	26 (P)	mehrfarbig	ll	1,—	0,80

524 29 (P) mehrfarbig . . . . lm 1,50 1,80
525 44 (P) mehrfarbig . . . . ln 2,— 2,—
Satzpreis (4 W.) 5,— 5,—
FDC 6,50

Auflagen: MiNr. 522–523 je 1.000.000, MiNr. 524–525 je 500.000 Stück

Gültig bis 31.12.2002

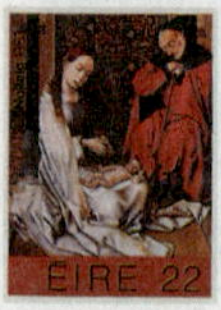

1983, 30. Nov. Weihnachten. Odr.; gez. K 14¼:15.

lo) Heilige Familie; Gemälde von Rogier van der Weyden (1399–1464), flämischer Maler

526 22 (P) mehrfarbig . . . . lo 1,— 1,—
527 26 (P) mehrfarbig . . . . lo 1,20 1,20
Satzpreis (2 W.) 2,20 2,20
FDC 2,60

Auflage: 4.000.000 Sätze

Gültig bis 31.12.2002

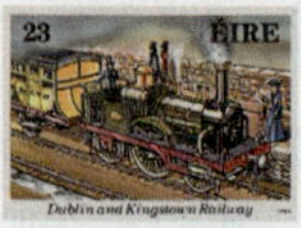

1984, 30. Jan. 150 Jahre irische Eisenbahnen. Odr.; gez. K 15:14¼.

lp) Lokomotive „Princess" (1841), Dublin and Kingston Railway

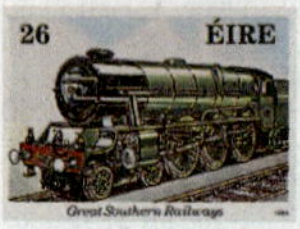

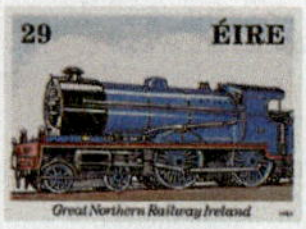

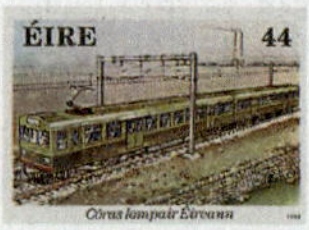

lr) Lokomotive „Macha" (1939), Great Southern Railways

ls) Lokomotive „Kestrel" (1932), Great Northern Railway Ireland

lt) Link-Hoffmann-Busch-Triebwagen, Córas Iompair Éireann

528 23 (P) mehrfarbig . . . . lp 1,— 1,—
529 26 (P) mehrfarbig . . . . lr 0,80 0,80
530 29 (P) mehrfarbig . . . . ls 1,50 1,50
531 44 (P) mehrfarbig . . . . lt 2,20 2,20
Satzpreis (4 W.) 5,50 5,50
FDC 6,—

Blockausgabe mit MiNr. 528–531

Block 5 (130×77 mm) . . . . lu 6,50 7,50
FDC 9,—

Aufdruck „Stampa 84 ..." auf dem Blockrand ist privaten Ursprungs, aber von der Post genehmigt.

Auflagen: MiNr. 528 und 530–531 je 500.000, MiNr. 529 = 2.000.000 Stück, Bl. 5 = 300.000 Blocks

Gültig bis 31.12.2002

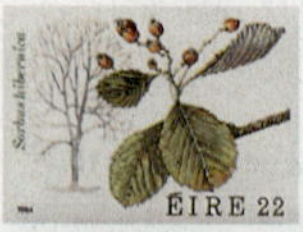

1984, 1. März. Irische Flora: Bäume. Odr.; gez. K 15:14¼.

lv) Mehlbeere (Sorbus hibernica)

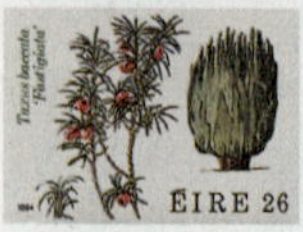

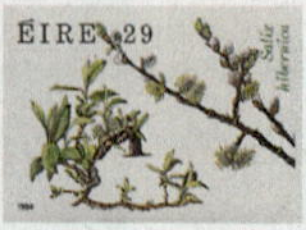

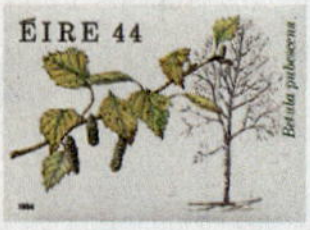

lw) Eibe (Taxus baccata ‚Fastigiata')

lx) Weide (Salix hibernica)

ly) Schwarzbirke (Betula pubescens)

532 22 (P) mehrfarbig . . . . lv 0,70 0,70
533 26 (P) mehrfarbig . . . . lw 0,80 0,80
534 29 (P) mehrfarbig . . . . lx 1,50 1,50
535 44 (P) mehrfarbig . . . . ly 2,— 2,—
Satzpreis (4 W.) 5,— 5,—
FDC 6,50

MiNr. 532–535 mit violettem Handstempel „SPECIMEN" sind Mache.

Auflagen: MiNr. 532–533 je 2.000.000, MiNr. 534–535 je 500.000 Stück

Gültig bis 31.12.2002

1984, 12. April. Medizinische Institutionen in Irland: 150 Jahre St.-Vincent-Hospital, Dublin; 200 Jahre Royal College of Surgeons in Ireland, Dublin. Odr.; gez. K 15:14.

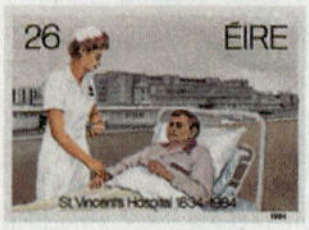

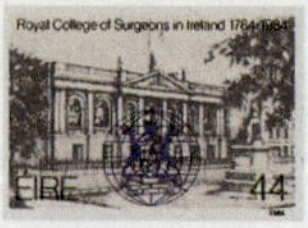

lz) Krankenschwester, Patient, Krankenhauskomplex

ma) Gebäude der Ärzteschule, Wappen

536 26 (P) mehrfarbig . . . . lz 0,80 0,80
537 44 (P) mehrfarbig . . . . ma 1,70 1,70
Satzpreis (2 W.) 2,50 2,50
FDC 3,—

Auflagen: MiNr. 536 = 1.000.000, MiNr. 537 = 500.000 Stück

Gültig bis 31.12.2002

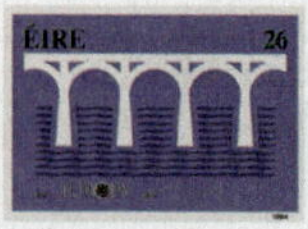

1984, 10. Mai. Europa: 25 Jahre Europäische Konferenz der Verwaltungen für das Post-und Fernmeldewesen (CEPT). Odr.; gez. K 15:14.

mb) Brücke

538 26 (P) kobalt/schwarz . . . . mb 2,— 3,—
539 29 (P) smaragdgrün/schwarz . . . . mb 7,— 12,—
Satzpreis (2 W.) 9,— 15,—

FDC siehe nach MiNr. 540.

Auflagen: MiNr. 538 = 1.500.000, MiNr. 539 = 500.000 Stück

Gültig bis 31.12.2002

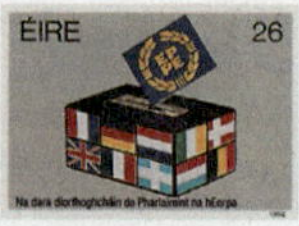

1984, 10. Mai. Zweite Direktwahlen zum Europäischen Parlament. Odr.; gez. K 15:14.

mc) Wahlume, Landesflaggen, Emblem

540 26 (P) mehrfarbig . . . . mc 1,— 1,—
FDC (MiNr. 538–540) 17,—

Auflage: 1.000.000 Stück

Gültig bis 31.12.2002

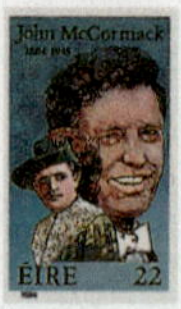

1984, 6. Juni. 100. Geburtstag von John McCormack. Odr.; gez. K 14:15.

md) John McCormack (1884–1945), Sänger

541 22 (P) mehrfarbig . . . . md 1,50 1,50
FDC 1,70

Auflage: 1.500.000 Stück

Gültig bis 31.12.2002

Parallelausgabe mit Vereinigte Staaten von Amerika MiNr. 1699

1984, 21. Juni. Irische Goldmedaillen bei Olympischen Sommerspielen. Odr.; gez. K 15:14¼.

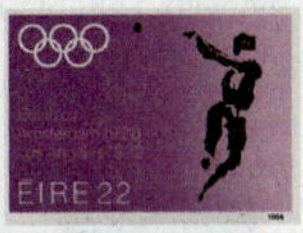

me) Hammerwerfen, Amsterdam 1928 und Los Angeles 1932

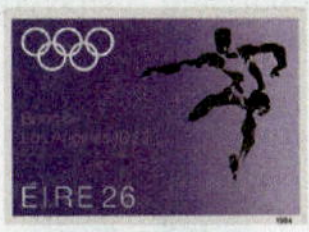

mf) 400-m-Hürden, Los Angeles 1932

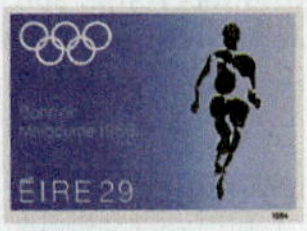

mg) 1500-m-Lauf, Melbourne 1956

542	22 (P) mehrfarbig	me	0,50	0,50
543	26 (P) mehrfarbig	mf	0,80	0,80
544	29 (P) mehrfarbig	mg	1,70	1,70
	Satzpreis (3 W.)		3,—	3,—
	FDC			3,60

MiNr. 542 ist sehr wasserempfindlich.

Auflage: 1.000.000 Sätze

Gültig bis 31.12.2002

1984, 23. Aug. 100 Jahre Gälischer Sportverband (GAA). Odr.; gez. K 15:14¼, Hochformat ~.

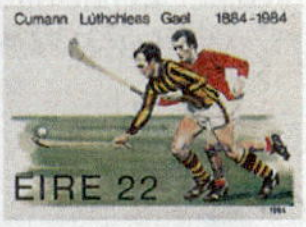

mh) Hurling

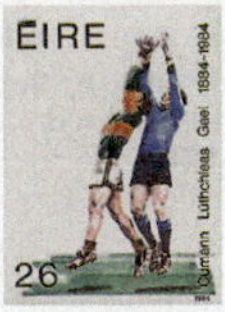

mi) Gaelic Football

545	22 (P) mehrfarbig	mh	0,70	0,70
546	26 (P) mehrfarbig	mi	1,—	1,—
	Satzpreis (2 W.)		1,70	1,70
	FDC			2,20

Auflage: 1.500.000 Sätze

Gültig bis 31.12.2002

1984, 18. Sept. 500 Jahre Stadt Galway; 1500. Geburtstag des hl. Brendan. Odr.; gez. K 14:14¾, Querformat ~.

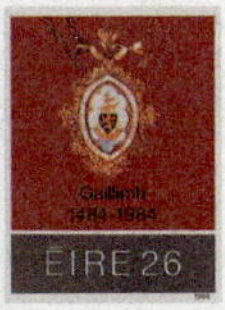

mk) Amtskette des Bürgermeisters mit Stadtwappen

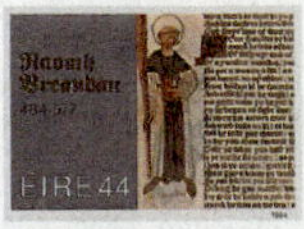

ml) Hl. Brendan (ca. 484–580), Miniatur aus einer altenglischen Handschrift (15. Jh.)

547	26 (P) mehrfarbig	mk	0,70	0,70
548	44 (P) mehrfarbig	ml	1,70	1,70
	Satzpreis (2 W.)		2,40	2,40
	FDC			3,20

MiNr. 548 ist wasserempfindlich.

Auflage: 1.000.000 Sätze

Gültig bis 31.12.2002

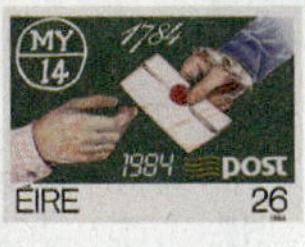

1984, 19. Okt. 200 Jahre Irische Post. Odr.; gez. K 14¾:14.

mm) Symbolische Darstellung der Kontinuität des Postdienstes von 1784–1984

549	26 (P) mehrfarbig	mm	1,—	1,—
	FDC			1,20

Auflage: 2.500.000 Stück

Gültig bis 31.12.2002

1984, 26. Nov. Weihnachten. Odr.; gez. K 14¾:15, Hochformate ~.

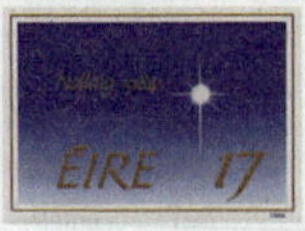

mn) Stern von Bethlehem (stilis.)

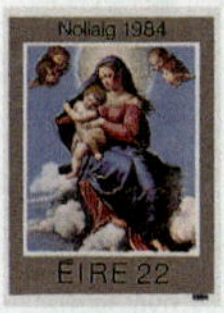

mo) Jungfrau mit Kind; Gemälde von Sassoferrato, eigentlich Giovanni Battista Salvi (1605–1685)

550	17 (P) gold/violettblau	mn	0,70	0,70
551	22 (P) mehrfarbig	mo	0,80	0,80
552	26 (P) mehrfarbig	mo	1,—	1,—
	Satzpreis (3 W.)		2,50	2,50
	FDC			3,—

MiNr. 550 konnte als ermäßigtes Drucksachenporto für Weihnachtsgrüße verwendet werden.

MiNr. 552 ist wasserempfindlich.

Auflagen: MiNr. 550 = 9.000.000, MiNr. 551 = 2.000.000, MiNr. 552 = 4.000.000 Stück

Gültig bis 31.12.2002

1985, 31. Jan. Valentinstag. Odr.; gez. K 14¾:14, Hochformat ~.

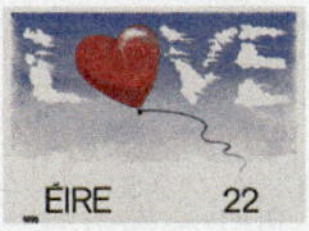

mp) Wolken und Luftballon bilden Wort

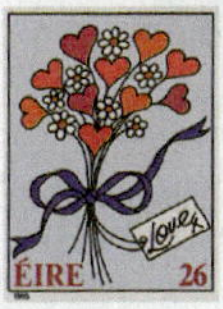

mr) Blumenstrauß mit Herzen

553	22 (P) mehrfarbig	mp	0,70	0,70
554	26 (P) mehrfarbig	mr	1,—	1,—
	Satzpreis (2 W.)		1,70	1,70
	FDC			2,50

Auflage: 4.000.000 Sätze

Gültig bis 31.12.2002

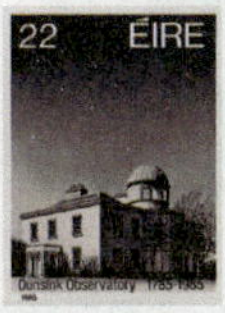

1985, 14. März. Jahrestage und Ereignisse: 200 Jahre Dunsink-Observatorium; 800 Jahre Stadt Cork; 200 Jahre Akademie von Irland; 200. Jahrestag der ersten Ballonfahrt in Irland. Odr.; gez. K 14:14¾, Querformat ~.

ms) Dunsink-Observatorium, Dublin

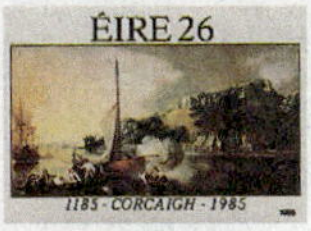

mt) Tivoli von Cork; Gemälde von Nathaniel Grogan (1740–1807)

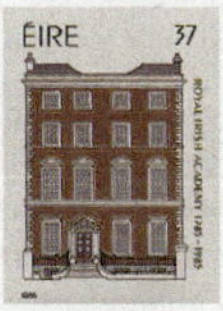

mu) Gebäude der Akademie, Dublin

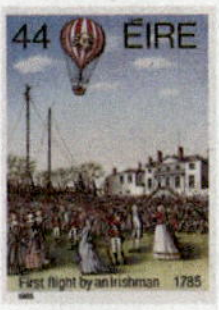

mv) Ballonfahrt von Richard Crosbie (1785)

555	22 (P) mehrfarbig	ms	0,70	0,70
556	26 (P) mehrfarbig	mt	0,70	0,70
557	37 (P) mehrfarbig	mu	1,70	2,—
558	44 (P) mehrfarbig	mv	2,—	2,60
	Satzpreis (4 W.)		5,—	6,—
	FDC			7,—

Auflagen: MiNr. 555 = 2.000.000, MiNr. 556 = 4.000.000, MiNr. 557–558 je 1.000.000 Stück

Gültig bis 31.12.2002

1985, 11. April. Schmetterlinge. Odr.; gez. K 14:14¾.

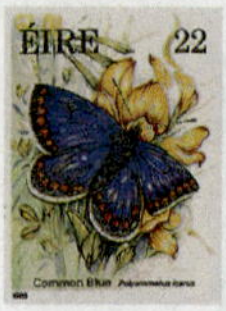

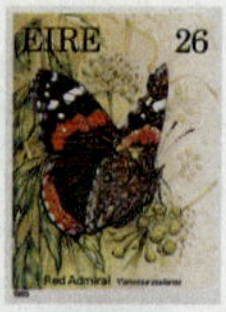

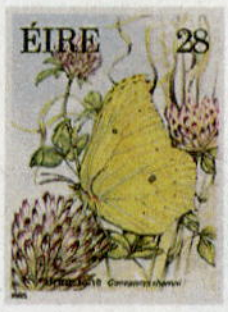

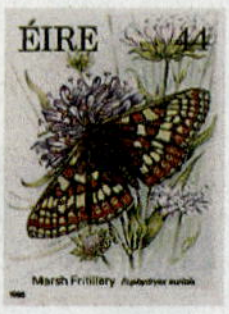

mw) Bläuling (Polyommatus icarus) mx) Admiral (Vanessa atalanta) my) Zitronenfalter (Gonepteryx rhamni) mz) Fleckenfalter (Euphydryas aurinia)

559	22 (P) mehrfarbig	mw	1,20	1,—
560	26 (P) mehrfarbig	mx	1,50	1,20
561	28 (P) mehrfarbig	my	1,80	2,40
562	44 (P) mehrfarbig	mz	2,50	3,—
	Satzpreis (4 W.)		7,—	7,50
	FDC			8,50

Auflagen: MiNr. 559–560 je 2.000.000, MiNr. 561–562 je 1.000.000 Stück

Gültig bis 31.12.2002

1985, 16. Mai. Europa: Europäisches Jahr der Musik. Odr.; gez. K 13¾:14.

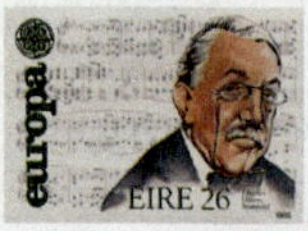

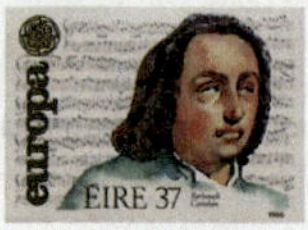

na) Charles Villiers Stanford (1852–1924), Komponist nb) Turlough Carolan (1670–1738), Komponist

563	26 (P) mehrfarbig	na	1,50	2,—
564	37 (P) mehrfarbig	nb	8,—	11,—
	Satzpreis (2 W.)		9,50	13,—
	FDC			15,—

Auflagen: MiNr. 563 = 2.000.000, MiNr. 564 = 500.000 Stück

Gültig bis 31.12.2002

1985, 16. Mai. Europäisches Jahr der Musik. Odr.; gez. K 14:14¾.

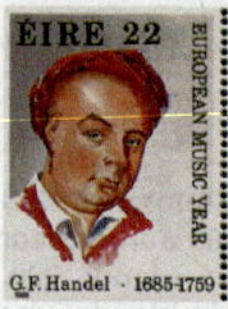

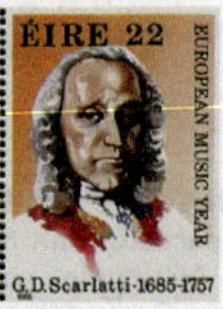

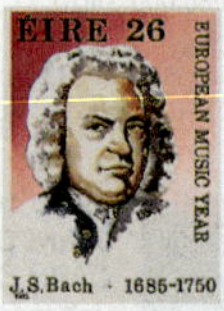

nc) Georg Friedrich Händel (1685–1759), deutscher Komponist
nd) Domenico Scarlatti (1685–1757), italienischer Komponist
ne) Johann Sebastian Bach (1685–1750), deutscher Komponist

565	22 (P) mehrfarbig	nc	1,20	1,20
566	22 (P) mehrfarbig	nd	1,20	1,20
567	26 (P) mehrfarbig	ne	1,20	1,20
	Satzpreis (3 W.)		3,50	3,50
	Paar + Marke		4,—	4,—
	FDC			5,—

MiNr. 565–566 wurden schachbrettartig zusammenhängend gedruckt.

Auflagen: MiNr. 565–566 je 1.000.000, MiNr. 567 = 2.000.000 Stück

Gültig bis 31.12.2002

1985, 20. Juni. 25. Jahrestag des ersten Einsatzes irischer Soldaten bei den UNO-Friedenstruppen; 100. Geburtstag von Thomas Ashe; 300. Geburtstag von George Berkeley. Odr.; gez. K 14¾:14, Hochformate ~.

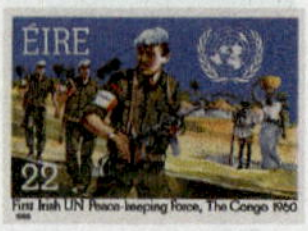

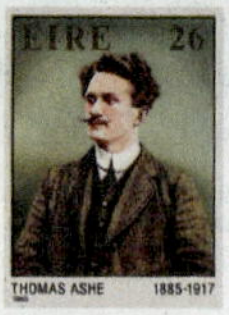

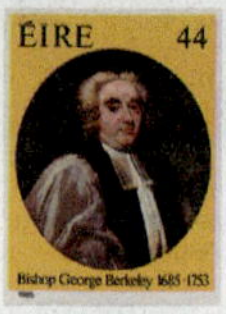

nf) Soldaten der UNO-Truppen im Kongo (1960) ng) Thomas Ashe (1885–1917), Freiheitskämpfer nh) George Berkeley (1685–1753), Philosoph

568	22 (P) mehrfarbig	nf	0,80	0,80
569	26 (P) mehrfarbig	ng	1,10	1,10
570	44 (P) mehrfarbig	nh	2,20	2,20
	Satzpreis (3 W.)		4,—	3,50
	FDC			4,50

Auflagen: MiNr. 568–569 je 1.500.000, MiNr. 570 = 500.000 Stück

Gültig bis 31.12.2002

1985, 27. Juni/1986, 8. Sept. Freimarken: Irische Architektur. Odr.; A = vierseitig, D = dreiseitig gez. K 15:14¼ (MiNr. 571) bzw. ~ (MiNr. 572–574).

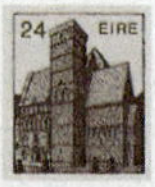

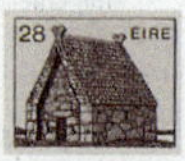

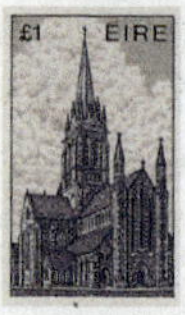

ki) Cormac-Kapelle (12. Jh.), Rock of Cashel kk) Oratorium (6. Jh.), Insel St. Mac Dara kl) Kathedrale von Killarney (19. Jh.)

571		24 (P) olivbraun	ki		
	A	vierseitig gez. (27.6.1985)		0,70	0,30
	D	dreiseitig gez. (⌑) (8.9.1986)		0,90	0,90
572		28 (P) schwarzlila	kk		
	A	vierseitig gez. (27.6.1985)		0,80	0,30
	D	dreiseitig gez. (⌑) (8.9.1986)		1,—	1,—
573	A	37 (P) dunkelblau (27.6.1985)	kk	1,20	1,60
574	A	1 £ dunkelblau/grau (27.6.1985)	kl	3,30	1,80
		Satzpreis A (4 W.)		6,—	4,—
		FDC			7,50

Dreiseitig gezähnte Werte stammen aus Markenheftchen MH 10 und 11.

Gültig bis 31.12.2002

In gleichen Zeichnungen: MiNr. 496–500, 591–592
Weitere Werte: MiNr. 484–495, 501–503, 593, 657

1985, 1. Aug. Internationales Jahr der Jugend. Odr.; gez. K 14¾:14, Hochformat ~.

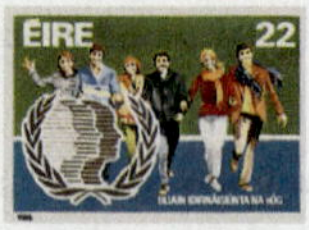

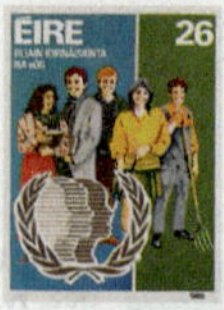

ni) Jugendliche, Emblem nk) Jugendliche, Emblem

575	22 (P) mehrfarbig	ni	0,70	0,70
576	26 (P) mehrfarbig	nk	1,—	1,—
	Satzpreis (2 W.)		1,70	1,70
	FDC			2,20

Auflage: 2.000.000 Sätze

Gültig bis 31.12.2002

1985, 3. Okt. Industrielle Neuerungen. Odr.; gez. K 14¾:14.

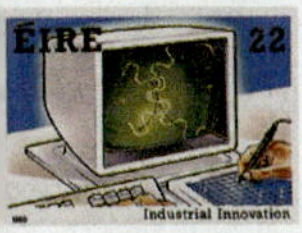

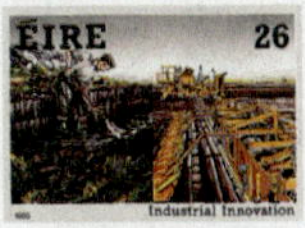

nl) Computer-Bildschirm mit Tastatur und graphischem Eingabegerät

nm) Manuelles und maschinelles Torfstechen

577	22 (P) mehrfarbig	nl	1,—	1,—
578	26 (P) mehrfarbig	nm	1,50	1,50
		Satzpreis (2 W.)	2,50	2,50

FDC siehe nach MiNr. 579

Auflage: 2.000.000 Sätze

Gültig bis 31.12.2002

Farbschwankungen, die vor allem bei Freimarken-Ausgaben häufig vorkommen, sind Druckabweichungen, die nicht gesondert katalogisiert werden können.

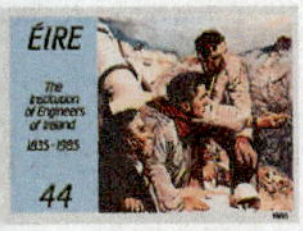

1985, 3. Okt. 150 Jahre Berufsverband der Ingenieure. Odr.; gez. K 14¾:14.

nn) The Key Man; Gemälde von Seán Keating (1889–1977)

579	44 (P) mehrfarbig	nn	2,—	2,—
		FDC (MiNr. 577–579)		5,—

Auflage: 750.000 Stück

Gültig bis 31.12.2002

1985, 26. Nov. Weihnachten (I): Gemälde aus der Nationalgalerie, Dublin. Odr.; gez. K 14:14¾, Querformat ~.

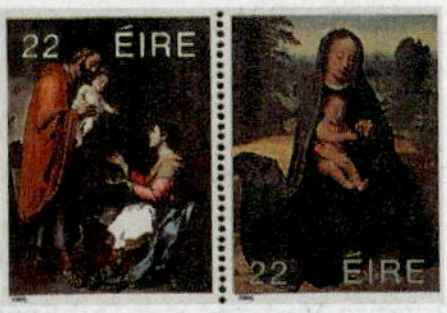

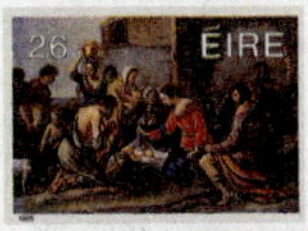

no) Die Heilige Familie; von Bartolomé Esteban Murillo (1618–1682), spanischer Maler
np) Maria mit Kind; von Adrian van Ijsenbrandt (1510–1551), flämischer Maler

nr) Anbetung der Hirten; von Louis Le Nain (1593–1648), französischer Maler

580	22 (P) mehrfarbig	no	0,60	0,60
581	22 (P) mehrfarbig	np	0,60	0,60
582	26 (P) mehrfarbig	nr	0,80	0,80
		Satzpreis (3 W.)	2,—	2,—
		Paar + Marke	2,50	2,50
		FDC		3,50

MiNr. 580–581 wurden schachbrettartig zusammenhängend gedruckt.

Auflagen: MiNr. 580–581 je 2.000.000, MiNr. 582 = 4.000.000 Stück

Gültig bis 31.12.2002

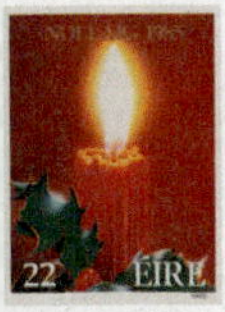

1985, 26. Nov. Weihnachten (II). Odr.; gez. K 14:14¾.

ns) Weihnachtskerze

583	22 (P) mehrfarbig	ns	1,—	1,—
		FDC		1,20

MiNr. 583 wurde im Bogen zu 16 Marken gedruckt. Der Bogen wurde zum ermäßigten Preis von 3 £ verkauft.

Auflage: 24.000.000 Stück

Gültig bis 31.12.2002

1986, 30. Jan. Valentinstag. Odr.; gez. K 14:14¾.

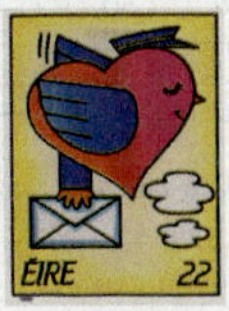

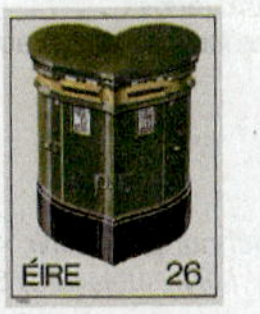

nt) Herz als Brieftaube

nu) Herzförmiger Briefkasten

584	22 (P) mehrfarbig	nt	1,—	1,—
585	26 (P) mehrfarbig	nu	1,20	1,20
		Satzpreis (2 W.)	2,20	2,20
		FDC		2,60

Auflage: 3.000.000 Sätze

Gültig bis 31.12.2002

1986, 20. März. Irische Flora: Farne. Odr.; gez. K 14¼:15.

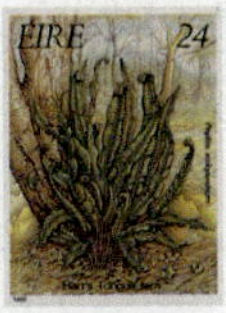

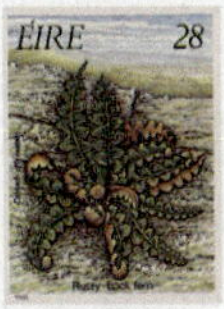

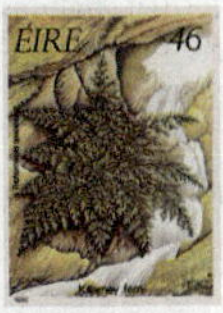

nv) Hirschzunge (Phyllitis scolopendrium)

nw) Schuppenfarn (Ceterach officinarum)

nx) Killarney-Farn (Trichomanes speciosum)

586	24 (P) mehrfarbig	nv	0,70	1,—
587	28 (P) mehrfarbig	nw	1,—	1,—
588	46 (P) mehrfarbig	nx	1,80	3,—
		Satzpreis (3 W.)	3,50	5,—
		FDC		5,50

Auflagen: MiNr. 586–587 je 2.000.000, MiNr. 588 = 500.000 Stück

Gültig bis 31.12.2002

1986, 1. Mai. Europa: Natur- und Umweltschutz. Odr.; gez. K 14:14¾, Querformat ~.

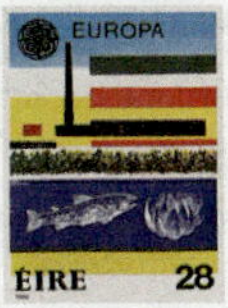

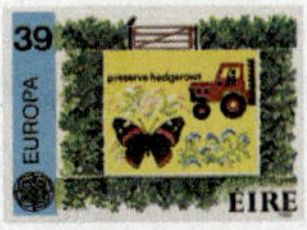

ny) Verschmutzung des Meeres durch Industrieabwässer

nz) Erhaltung der Hecken als Biotop für Vögel und Insekten

589	28 (P) mehrfarbig	ny	2,—	3,—
590	39 (P) mehrfarbig	nz	10,—	9,—
		Satzpreis (2 W.)	12,—	12,—
		FDC		15,—

Auflagen: MiNr. 589 = 2.000.000, MiNr. 590 = 500.000 Stück

Gültig bis 31.12.2002

1986, 1. Mai. Freimarken: Irische Architektur. Odr.; MiNr. 591 gez. K 14¼:15, MiNr. 592–593 ~.

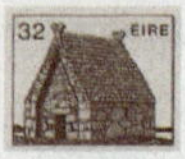
kk) Oratorium (6. Jh.), Insel St. Mac Dara

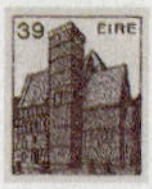
ki) Cormac-Kapelle (12. Jh.), Rock of Cashel

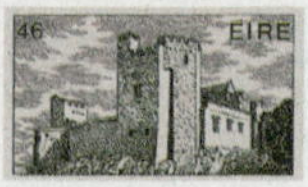
kn) Burg von Cahir (15./16. Jh.)

591	32 (P) olivbraun	kk	1,—	0,70
592	39 (P) schwarzlila	ki	1,50	2,—
593	46 (P) dunkelgrünoliv/grau	kn	1,70	3,—
	Satzpreis (3 W.)		4,20	5,50
	FDC			6,—

Gültig bis 31.12.2002

In gleichen Zeichnungen: MiNr. 496–499, 502, 571–573
Weitere Werte: MiNr. 484–495, 500–501, 503, 574, 657

1986, 27. Mai. 50 Jahre irische Fluggesellschaft „Aer Lingus". Odr.; gez. K 15:14.

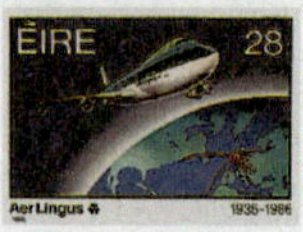
oa) Flugzeug Boeing 747 „Jumbo Jet", Erdkugel

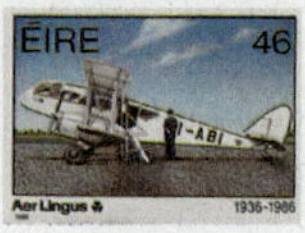
ob) Erstes Linienflugzeug „Iolar" (1936)

594	28 (P) mehrfarbig	oa	1,—	1,—
595	46 (P) mehrfarbig	ob	2,20	2,20
	Satzpreis (2 W.)		3,20	3,20
	FDC			4,—

Auflage: 1.000.000 Sätze

Gültig bis 31.12.2002

1986, 27. Mai. Wasserwege in Irland. Odr.; gez. K 15:14, Hochformat ~.

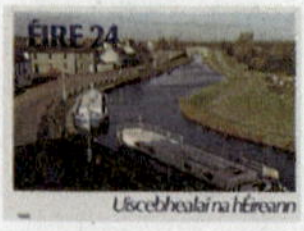
oc) Grand Canal bei Robertstown

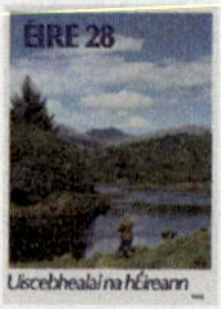
od) See in der Grafschaft Mayo

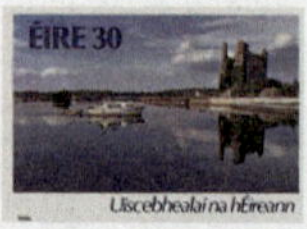
oe) Shannon mit Dromineer Castle

596	24 (P) mehrfarbig	oc	0,70	0,70
597	28 (P) mehrfarbig	od	1,—	1,—
598	30 (P) mehrfarbig	oe	1,30	1,80
	Satzpreis (3 W.)		3,—	3,50
	FDC			4,—

Auflagen: MiNr. 596–597 je 1.000.000, MiNr. 598 = 500.000 Stück

Gültig bis 31.12.2002

1986, 10. Juli. 150 Jahre Britische und Irische Dampfschifffahrtsgesellschaft. Odr.; gez. K 15:14.

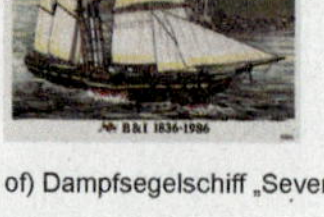
of) Dampfsegelschiff „Severn" (19. Jh.)

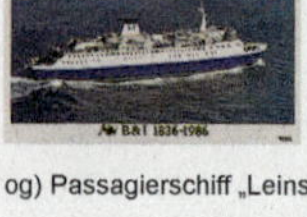
og) Passagierschiff „Leinster" (20. Jh.)

599	24 (P) mehrfarbig	of	0,70	0,7
600	28 (P) mehrfarbig	og	1,—	1,–
	Satzpreis (2 W.)		1,70	1,7
	FDC			2,–

Auflage: 1.500.000 Sätze

Gültig bis 31.12.200

1986, 10. Juli. 200 Jahre Irische Leuchtturmbehörde. Odr.; gez K 14:15.

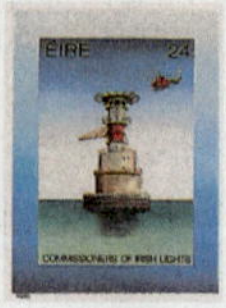
oh) Leuchtturm von Kish

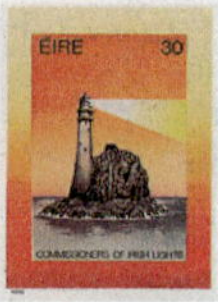
oi) Leuchtturm von Fastnet

601	24 (P) mehrfarbig	oh	0,70	0,7
602	30 (P) mehrfarbig	oi	1,20	1,8
	Satzpreis (2 W.)		2,—	2,5
	FDC			3,–

Auflagen: MiNr. 601 = 2.000.000, MiNr. 602 = 500.000 Stück

Gültig bis 31.12.200

1986, 21. Aug. Internationales Jahr des Friedens. Odr.; gez. K 14:15, Querformat ~.

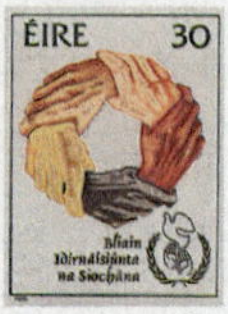
ok) Hände, Emblem

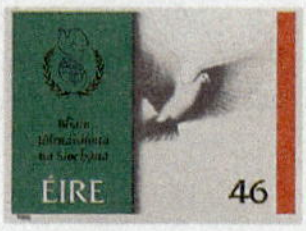
ol) Friedenstaube, Emblem

603	30 (P) mehrfarbig	ok	1,—	1,5
604	46 (P) mehrfarbig	ol	2,—	2,–
	Satzpreis (2 W.)		3,—	3,5

FDC siehe nach MiNr. 607.

Auflage: 1.000.000 Sätze

Gültig bis 31.12.200

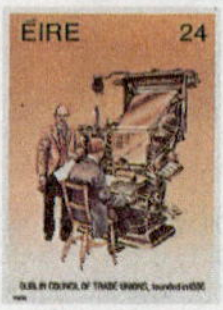

1986, 21. Aug. 100 Jahre Verband der Dubline Gewerkschaften. Odr.; gez. K 14:15.

om) Joseph Patrick Nannetti (1851–1915), Politiker und erster Präsident des Gewerkschaftsverbandes; Setzer an Linotypemaschine

605	24 (P) mehrfarbig	om	0,80	0,8

FDC siehe nach MiNr. 607.

Auflage: 1.000.000 Stück

Gültig bis 31.12.200

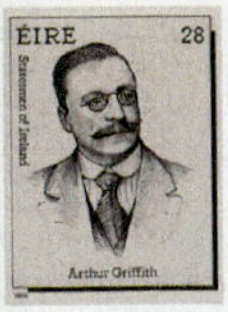

1986, 21. Aug. Irische Staatsmänner (I). Odr.; gez. K 14:15.

on) Arthur Griffith (1871–1922), 1. Ministerpräsident

606 28 (P) schwarz . . . . . on 0,90 0,90

FDC siehe nach MiNr. 607.

Auflage: 1.000.000 Stück

Gültig bis 31.12.2002

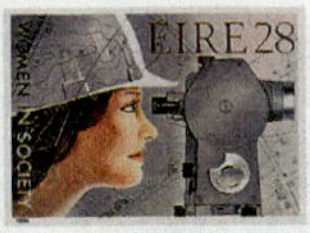

1986, 21. Aug. Frauen in der Gesellschaft. Odr.; gez. K 15:14.

oo) Geodätin, Theodolit, topografische Karte

607 28 (P) mehrfarbig . . . . . oo 0,90 0,90
FDC (MiNr. 603–607) 6,50

Auflage: 1.000.000 Stück

Gültig bis 31.12.2002

1986, 2. Okt. 200. Geburtstag von William Mulready und Charles Bianconi. Odr.; gez. K 15:14, Hochformat ~.

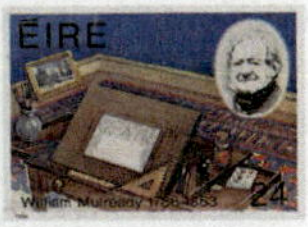

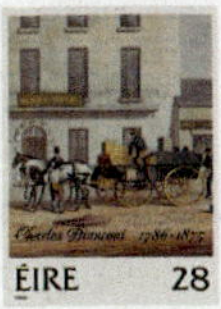

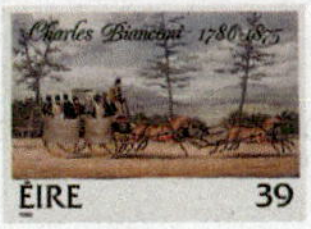

op) William Mulready (1786–1863), englischer Maler; Atelier

or) Postwagen

os) Postkutsche

or–os) Postwagen von Charles Bianconi (1786–1875), Transportunternehmer

608 24 (P) mehrfarbig . . . . . op 0,70 0,70
609 28 (P) mehrfarbig . . . . . or 1,— 1,—
610 39 (P) mehrfarbig . . . . . os 1,80 1,80
Satzpreis (3 W.) 3,50 3,50
FDC 4,—

Auflagen: MiNr. 608 = 1.000.000, MiNr. 609 = 2.000.000, MiNr. 610 = 500.000 Stück

Gültig bis 31.12.2002

1986, 20. Nov. Weihnachten. Odr.; gez. K 15:14, Hochformat ~.

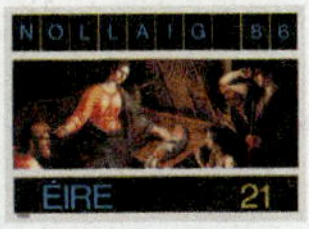

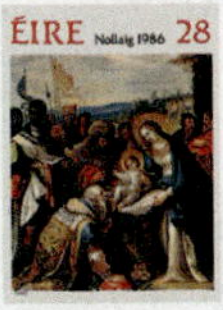

ot) Anbetung der Hirten; Gemälde von Francesco Pascucci (1748–nach 1803), spanisch-italienischer Maler

ou) Anbetung der Hl. Drei Könige; Gemälde von Frans Francken III. (1607–1677), flämischer Maler

611 21 (P) mehrfarbig . . . . . ot 1,— 1,—
612 28 (P) mehrfarbig . . . . . ou 1,— 1,—
Satzpreis (2 W.) 2,— 2,—
FDC 2,20

★★
611 U ungezähnt . . . . . 2200,—

MiNr. 611 wurde im Bogen zu 12 Marken gedruckt. Der Bogen wurde zum ermäßigten Preis von 2.40 £ verkauft.

Auflagen: MiNr. 611 = 12.000.000, MiNr. 612 = 4.000.000 Stück

Gültig bis 31.12.2002

1987, 27. Jan. Valentinstag. Odr.; gez. K 14¾:14, Hochformat ~.

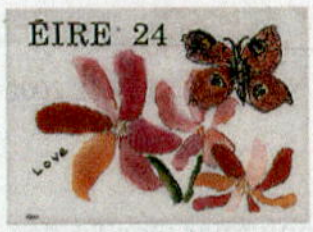

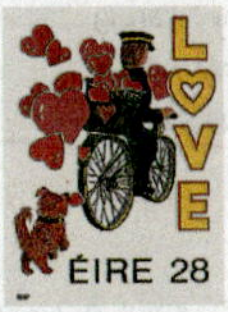

ov) Blumen und Schmetterling; Zeichnung von Tara Collins (7 J.)

ow) Radfahrender Postbote und Hund; Zeichnung von Brigid Teehan

★★ ⊙
613 24 (P) mehrfarbig . . . . . ov 0,80 0,80
614 28 (P) mehrfarbig . . . . . ow 0,80 0,80
Satzpreis (2 W.) 1,60 1,60
FDC 2,20

Auflage: 3.000.000 Sätze

Gültig bis 31.12.2002

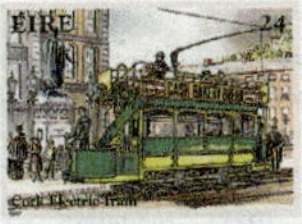

1987, 4. März. Irisches Verkehrswesen (I): Historische Straßenbahnen. Odr.; gez. K 15:14.

ox) Elektrische Straßenbahn, Cork

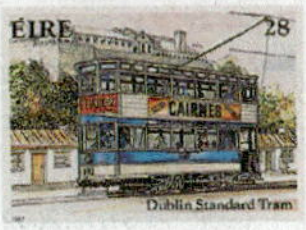

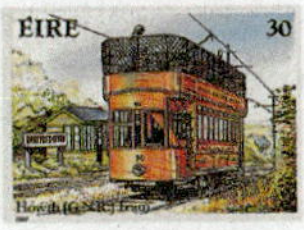

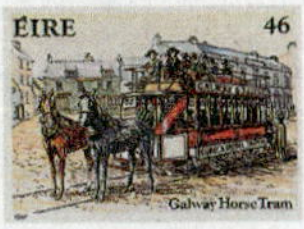

oy) Standard-Straßenbahn, Dublin

oz) Elektrische Straßenbahn, Howth

pa) Pferde-Straßenbahn, Galway

615 24 (P) mehrfarbig . . . . . ox 0,70 0,70
616 28 (P) mehrfarbig . . . . . oy 1,— 1,—
617 30 (P) mehrfarbig . . . . . oz 1,10 1,10
618 46 (P) mehrfarbig . . . . . pa 1,70 1,70
Satzpreis (4 W.) 4,50 4,50
FDC 5,—

Blockausgabe mit MiNr. 615–618

Block 6 (131×84 mm) . . . . . pb 6,— 6,—
FDC 8,—

Aufdrucke „HAFNIA 87..." und „Stampa '87" auf dem Blockrand sind privaten Ursprungs, aber von der Post genehmigt.

Auflagen: MiNr. 615–616 je 2.000.000, MiNr. 617 = 500.000, MiNr. 618 = 1.000.000 Stück

Gültig bis 31.12.2002

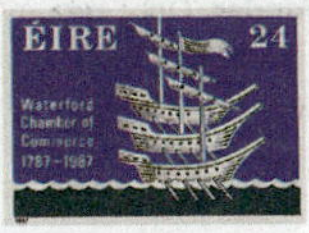

1987, 9. April. 200 Jahre Handelskammer von Waterford. Odr.; gez. K 15:14.

pc) Mittelstück des Wappens der Handelskammer

619 24 (P) mehrfarbig . . . . . pc 0,80 0,80

FDC siehe nach MiNr. 622.

Auflage: 2.000.000 Stück

Gültig bis 31.12.2002

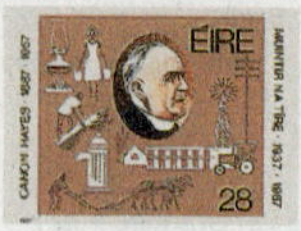

1987, 9. April. 100. Geburtstag von John Hayes; 50 Jahre Kultur- und Sozialwerk zur Förderung der ländlichen Gebiete „Muintir na Tíre“. Odr.; gez. K 15:14.

pd) Kanonikus John Hayes (1887–1957), Gründer; Tätigkeitsbereiche von „Muintir na Tíre“

620 28 (P) mehrfarbig .... pd 1,— 1,—

FDC siehe nach MiNr. 622.

Auflage: 2.000.000 Stück

Gültig bis 31.12.2002

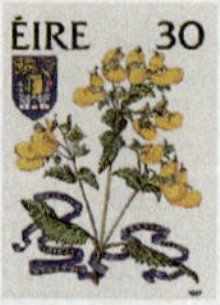

1987, 9. April. 300 Jahre Botanischer Garten des Trinity College, Dublin. Odr.; gez. K 14:15.

pe) Pantoffelblume (Calceolaria burbidgei), Wappen des Trinity College

621 30 (P) mehrfarbig .... pe 1,20 1,50

FDC siehe nach MiNr. 622.

Auflage: 500.000 Stück

Gültig bis 31.12.2002

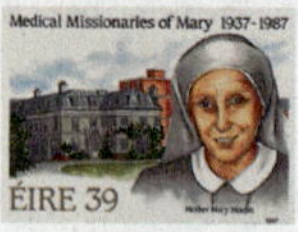

1987, 9. April. 50 Jahre Schwesternorden der hl. Maria für Mission und Krankenpflege. Odr.; gez. K 15:14.

pf) Marie Helene Martin (1892–1975), Gründerin; Lehrkrankenhaus, Drogheda

622 39 (P) mehrfarbig .... pf 1,70 2,—
FDC (MiNr. 619–622) 6,—

Auflage: 500.000 Stück

Gültig bis 31.12.2002

1987, 14. Mai. Europa: Moderne Architektur. Odr.; gez. K 15:14.

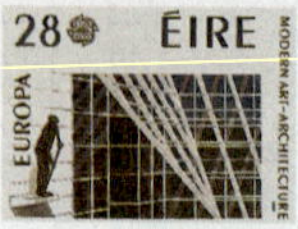

pg) Verwaltungsgebäude von „Bord na Móna“, Dublin; Skulptur „Der Torfstecher“ von John Behan (*1938), Bildhauer

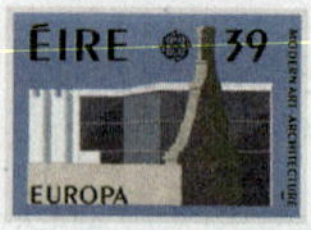

ph) Marienkirche, Cong; Ruinen des ehemaligen Klosters

623 28 (P) mehrfarbig .... pg 2,— 3,—
624 39 (P) mehrfarbig .... ph 8,— 10,—
Satzpreis (2 W.) 10,— 13,—
FDC 15,—

Auflagen: MiNr. 623 = 2.000.000, MiNr. 624 = 500.000 Stück

Gültig bis 31.12.2002

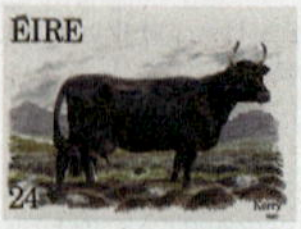

1987, 2. Juli. Irische Rinder. Odr.; gez. K 15:14.

pi) Kerry-Kuh

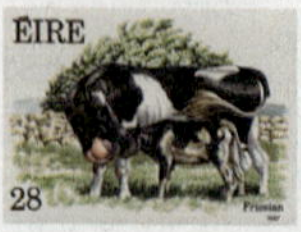

pk) Friesenkuh mit Kalb

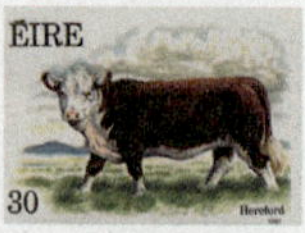

pl) Hereford-Jungochse

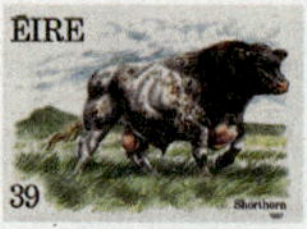

pm) Kurzhornstier

625 24 (P) mehrfarbig .... pi 1,— 1,—
626 28 (P) mehrfarbig .... pk 1,— 1,—
627 30 (P) mehrfarbig .... pl 1,50 2,—
628 39 (P) mehrfarbig .... pm 2,— 2,50
Satzpreis (4 W.) 5,50 6,50
FDC 7,—

Auflagen: MiNr. 625–626 je 2.000.000, MiNr. 627 = 500.000, MiNr. 628 = 1.000.000 Stück

Gültig bis 31.12.2002

1987, 27. Aug. Festivals in Irland. Odr.; gez. K 14:15, Querformate ~.

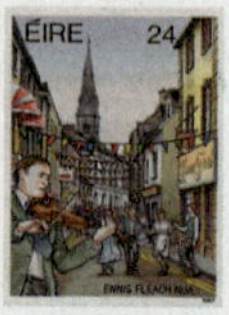

pn) Fleadh Nua, Ennis

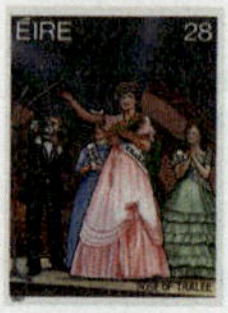

po) Rose von Tralee

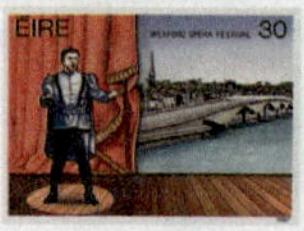

pp) Opernfestspiele, Wexford

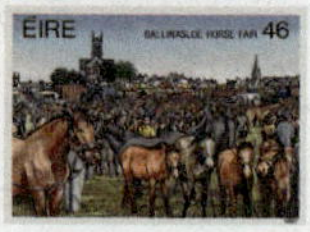

pr) Pferdemarkt, Ballinasloe

629 24 (P) mehrfarbig .... pn 0,80 0,80
630 28 (P) mehrfarbig .... po 1,— 1,—
631 30 (P) mehrfarbig .... pp 1,10 1,10
632 46 (P) mehrfarbig .... pr 1,70 1,70
Satzpreis (4 W.) 4,60 4,60
FDC 5,50

Auflagen: MiNr. 629–630 je 2.000.000, MiNr. 631 = 500.000, MiNr. 632 = 1.000.000 Stück

Gültig bis 31.12.2002

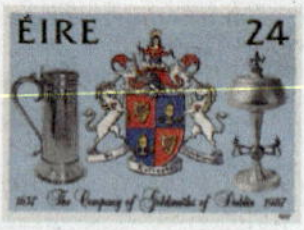

1987, 1. Okt. 350 Jahre Zunft der Goldschmiede von Dublin. Odr.; gez. K 15:14.

ps) Weinpokal (1637), Zunftwappen, Jubiläumspokal (1987)

633 24 (P) mehrfarbig .... ps 0,80 0,80

★★
633 F Farbe Gelb fehlend .... *3500,—*

FDC siehe nach MiNr. 636.

Auflage: 1.000.000 Stück

Gültig bis 31.12.2002

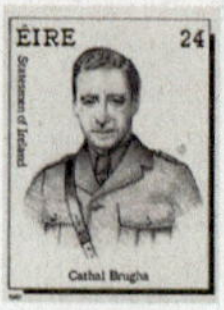

1987, 1. Okt. Irische Staatsmänner (II). Odr.; gez. K 14:15.

pt) Cathal Brugha (1874–1922), Politiker

★★ ⊙
634 24 (P) mehrfarbig .... pt 0,80 0,80

FDC siehe nach MiNr. 636.

Auflage: 1.000.000 Stück

Gültig bis 31.12.2002

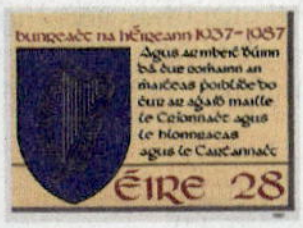

1987, 1. Okt. 50 Jahre Verfassung. Odr.; gez. K 15:14.

pu) Landeswappen, Inschrift aus der Verfassung

635	28 (P) mehrfarbig	pu	1,—	0,80

FDC siehe nach MiNr. 636.

Auflage: 2.000.000 Stück

Gültig bis 31.12.2002

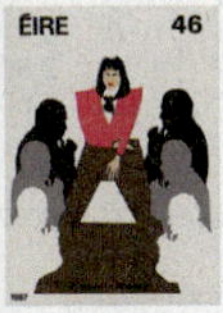

1987, 1. Okt. Frauen in der Gesellschaft (II). Odr.; gez. K 14:15.

pv) Frau als Vorsitzende einer Geschäftssitzung

636	46 (P) mehrfarbig	pv	2,—	2,—
		FDC (MiNr. 633–636)		5,—

Auflage: 1.000.000 Stück

Gültig bis 31.12.2002

1987, 17. Nov. Weihnachten. Odr.; MiNr. 637 (3×5), MiNr. 638–639 (10×5); gez. K 15:14, Hochformate ~.

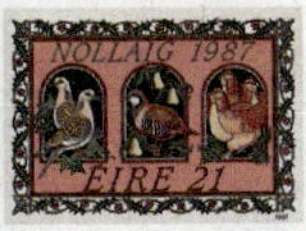

pw) Vögel; Illustrationen zum Weihnachtslied „The Twelve Days of Christmas“

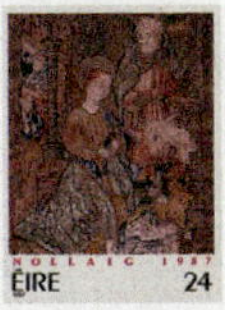

px) Die Geburt Christi; Stickerei auf Messgewand aus Waterford (15. Jh.)

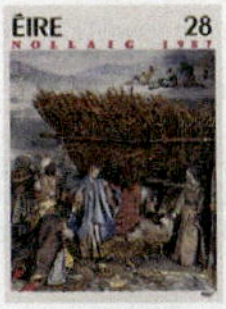

py) Neapolitanische Weihnachtskrippe (um 1750) mit Figuren (um 1850)

637	21 (P) mehrfarbig	pw	0,70	0,70
638	24 (P) mehrfarbig	px	0,70	0,70
639	28 (P) mehrfarbig	py	0,80	0,80
		Satzpreis (3 W.)	2,20	2,20
		FDC		3,—
		637 Zf	2,—	2,—

		★★
637 F	Farbe Gold fehlend	*1500,—*

MiNr. 637 wurde im Bogen zu 14 Marken und 1 Zierfeld (Feld 8) gedruckt. Der Bogen wurde zum ermäßigten Preis von 2.90 £ verkauft.

Auflage: MiNr. 637 = 14.000.000, MiNr. 638–639 je 4.000.000 Stück

Gültig bis 31.12.2002

1988, 27. Jan. Valentinstag. Odr.; gez. K 14¾:14, Hochformat ~.

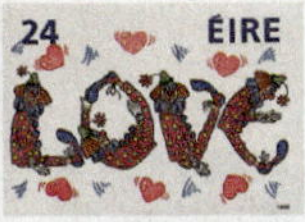

pz) Clowns bilden das Wort „LOVE“, Herzen

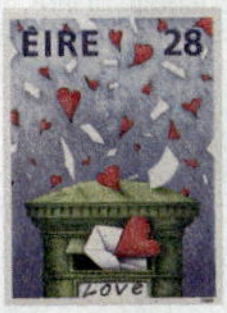

ra) Briefkasten, Brief, Herzen

			★★	⊙
640	24 (P) mehrfarbig	pz	0,80	0,80
641	28 (P) mehrfarbig	ra	1,—	1,—
		Satzpreis (2 W.)	1,80	1,80
		FDC		2,20

Auflage: 2.000.000 Sätze

Gültig bis 31.12.2002

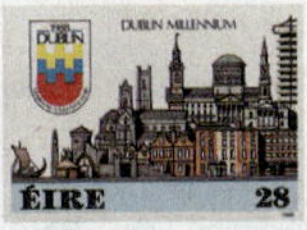

1988, 1. März. 1000 Jahre Dublin. Odr., Bogen (5×10) und Markenheftchen (1×2 + 1×2); gez. K 15:14.

rb) Gebäude aus verschiedenen Stilepochen der Dubliner Geschichte, Jubiläumsemblem

642	28 (P) mehrfarbig	rb	1,—	1,—
		FDC		1,30
		Heftchenblatt	5,—	5,—
		Markenheftchen	10,—	

		★★
642 U	ungezähnt	—,—

MiNr. 642 wurde auch im Markenheftchen mit 2 Heftchenblättern zu je 4 Marken ausgegeben. Es gibt fünf verschiedene Heftchendeckel.

Aufdruck „Stampa '88“ auf dem Rand des Heftchenblattes ist privaten Ursprungs, aber von der Post genehmigt.

Auflage: 4.000.000 Stück

Gültig bis 31.12.2002

1988, 1. März. 200 Jahre Kolonisation von Australien. Odr.; gez. K 15:14.

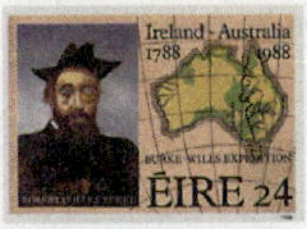

rc) Robert O'Hara Burke (1821–1861), Australienforscher; Landkarte mit Route der Burke-Wills-Expedition

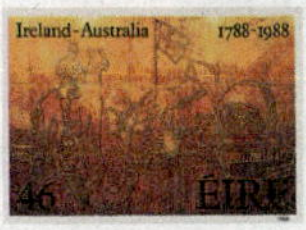

rd) Angriff auf das Fort Eureka; Wandgemälde (Detail) von Sidney Robert Nolan (1917–1992), australischer Maler

			★★	⊙
643	24 (P) mehrfarbig	rc	0,90	0,90
644	46 (P) mehrfarbig	rd	2,—	2,—
		Satzpreis (2 W.)	2,80	2,80
		FDC		3,—

Auflagen: MiNr. 643 = 1.000.000, MiNr. 644 = 300.000 Stück

Gültig bis 31.12.2002

1988, 7. April. Olympische Sommerspiele, Seoul. Odr. (3×4); gez. K 15:14.

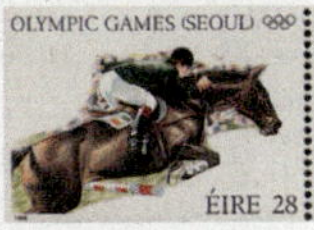

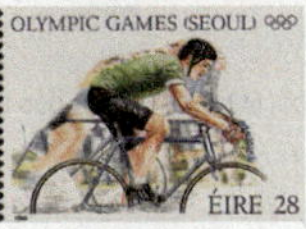

re) Springreiten
rf) Radrennfahren

645	28 (P) mehrfarbig	re	1,50	1,50
646	28 (P) mehrfarbig	rf	1,50	1,50
		Satzpreis (2 W.)	3,—	3,—
		Paar	3,20	3,20
		FDC		3,60
		Kleinbogen	17,—	17,—

MiNr. 645–646 wurden schachbrettartig zusammenhängend im Kleinbogen zu 10 Marken und 2 Zierfeldern (Feld 5 und 8) gedruckt

Auflage: 1.000.000 Sätze

Gültig bis 31.12.2002

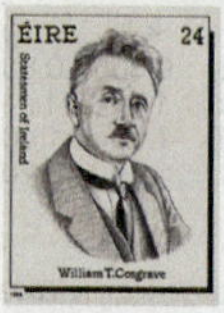

1988, 7. April. Irische Staatsmänner (III). Odr.; gez. K 14:15.

rg) William Thomas Cosgrave (1880–1965), Ministerpräsident

647 24 (P) schwarz . . . . rg 0,80 0,80

FDC siehe nach MiNr. 649.

Auflage: 1.000.000 Stück

Gültig bis 31.12.2002

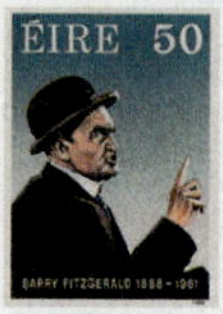

1988, 7. April. 100. Geburtstag von Barry Fitzgerald. Odr.; gez. K 14:15.

rh) Barry Fitzgerald (1888–1961), Schauspieler

648 50 (P) mehrfarbig . . . . rh 1,80 1,80

FDC siehe nach MiNr. 649.

Auflage: 500.000 Stück

Gültig bis 31.12.2002

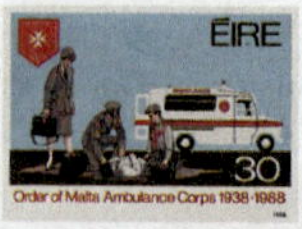

1988, 7. April. 50 Jahre Malteser-Hilfsdienst. Odr.; gez. K 15:14.

ri) Sanitäter bergen Verletzten, Rettungswagen, Emblem

649 30 (P) mehrfarbig . . . . ri 1,40 1,80
FDC (MiNr. 647–649) 4,50

Auflage: 300.000 Stück

Gültig bis 31.12.2002

1988, 12. Mai. Europa: Transport- und Kommunikationsmittel. Odr.; gez. K 15:14.

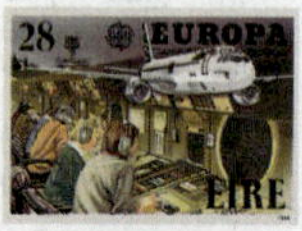

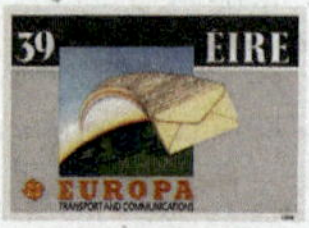

rk) Fluglotsen im Kontrollturm, Flugzeug Airbus A 320

rl) Erdkugel, Briefe

650 28 (P) mehrfarbig . . . . rk 1,50 1,—
651 39 (P) mehrfarbig . . . . rl 5,50 7,—
Satzpreis (2 W.) 7,— 8,—
FDC 10,—

Auflagen: MiNr. 650 = 2.000.000, MiNr. 651 = 300.000 Stück

Gültig bis 31.12.2002

1988, 12. Mai. 150. Jahrestag der ersten Atlantiküberquerung durch ein Dampfschiff; 50. Jahrestag der ersten Atlantiküberquerung in Ost-West-Richtung durch ein Flugboot. Odr.; gez. K 15:14.

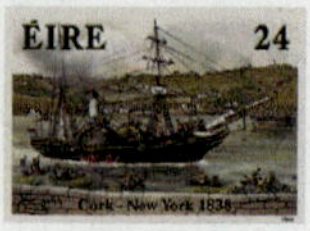

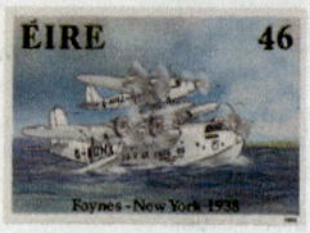

rm) Raddampfer „Sirius" bei Cork (1838)

rn) Flugboote Short S. 20 Mercury und Short S. 21 Maia im Hafen von Foynes (1938)

652 24 (P) mehrfarbig . . . . rm 0,80 0,80
653 46 (P) mehrfarbig . . . . rn 1,70 2,—
Satzpreis (2 W.) 2,50 2,80
FDC 3,50

Auflagen: MiNr. 652 = 1.000.000, MiNr. 653 = 300.000 Stück

Gültig bis 31.12.2002

1988, 21. Juni. Gefährdete Pflanzen. Odr.; gez. K 14:15.

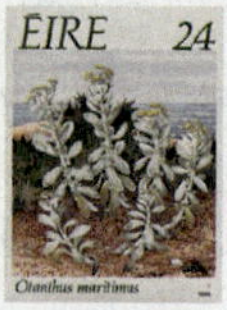

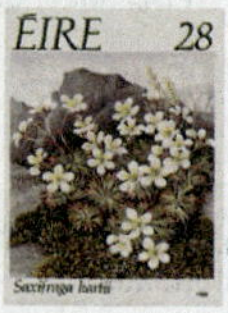

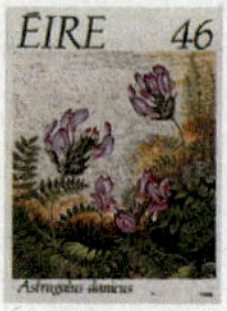

ro) Schneeweiße Strandfilzblume (Achillea maritima)

rp) Steinbrech (Saxifraga hartii)

rr) Dänischer Tragant (Astragalus danicus)

654 24 (P) mehrfarbig . . . . ro 0,80 0,90
655 28 (P) mehrfarbig . . . . rp 1,— 1,10
656 46 (P) mehrfarbig . . . . rr 1,80 2,50
Satzpreis (3 W.) 3,50 4,50
FDC 5,—

Auflagen: MiNr. 654–655 je 2.000.000, MiNr. 656 = 300.000 Stück

Gültig bis 31.12.2002

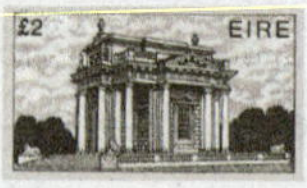

1988, 26. Juli. Freimarke: Irische Architektur. Odr.; gez. K 15:14¼.

km) Casino in Marino (18. Jh.), Dublin

657 2 £ grauoliv/grau . . . . km 7,— 9,50
FDC 10,—

Gültig bis 31.12.2002

In gleicher Zeichnung: MiNr. 501
Weitere Werte: MiNr. 484–500, 502–503, 571–574, 591–593

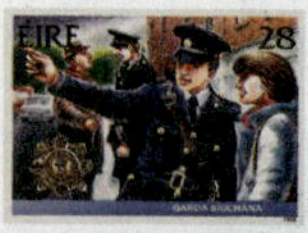

1988, 23. Aug. Einheiten der irischen Sicherheitskräfte. Odr. (4×5); gez. K 15:14.

rs) Polizei

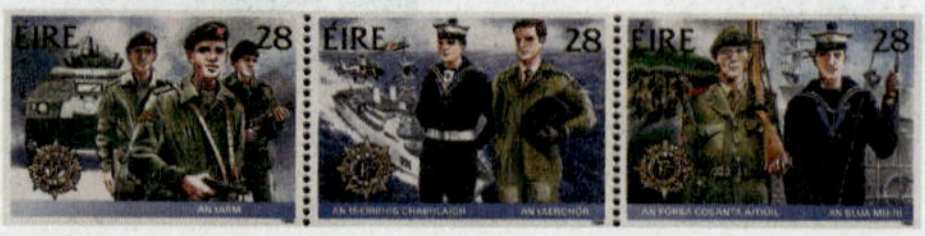

rt) Heer
ru) Marine und Luftwaffe
rv) Reserveeinheiten des Heeres und der Marine

658 28 (P) mehrfarbig . . . . rs 1,50 1,50
659 28 (P) mehrfarbig . . . . rt 1,50 1,50

660 28 (P) mehrfarbig ru 1,50 1,50
661 28 (P) mehrfarbig rv 1,50 1,50
Satzpreis (4 W.) 6,— 6,—
FDC 8,—
Viererstreifen 7,— 9,—

Markenfolge im Zd-Bogen: 658-659-660-661, 659-660-661-658, 660-661-658-659, 661-658-659-660, 658-659-660-661

Auflage: 4.000.000 Sätze

Gültig bis 31.12.2002

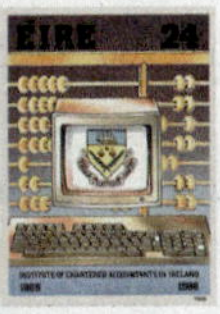

1988, 6. Okt. 100 Jahre Vereinigung der vereidigten Steuerberater. Odr.; gez. K 14:15.

rw) Abakus, Computer-Terminal

662 24 (P) mehrfarbig rw 1,20 1,20

FDC siehe nach MiNr. 663.

Auflage: 1.000.000 Stück

Gültig bis 31.12.2002

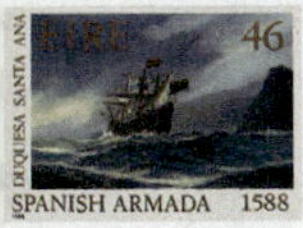

1988, 6. Okt. 400. Jahrestag des Untergangs der spanischen Armada. Odr.; gez. K 15:14.

rx) Segelschiff „Duquesa Santa Ana“ vor der Küste von Donegal (Gemälde)

663 46 (P) mehrfarbig rx 1,80 2,—
FDC (MiNr. 662–663) 3,50

Auflage: 500.000 Stück

Gültig bis 31.12.2002

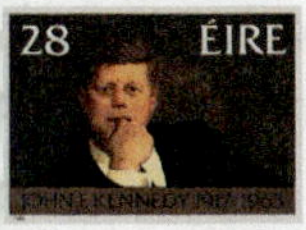

1988, 24. Nov. 25. Todestag von John F. Kennedy. Odr.; gez. K 15:14.

ry) John F. Kennedy (1917–1963), 35. Präsident der Vereinigten Staaten von Amerika

664 28 (P) mehrfarbig ry 1,— 1,—
FDC 1,50

Auflage: 1.000.000 Stück

Gültig bis 31.12.2002

1988, 24. Nov. Weihnachten. Odr.; MiNr. 665 (5×3), MiNr. 666–668 (10×5); gez. K 14:15.

rz) St.-Kevin-Kirche, Glendalough

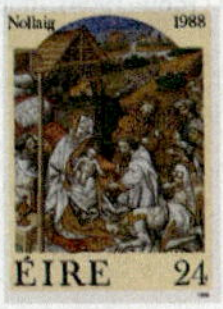
sa) Anbetung der Heiligen Drei Könige

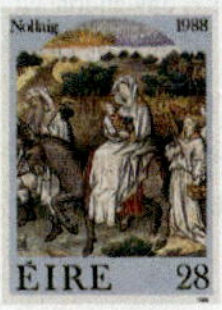
sb) Die Flucht nach Ägypten

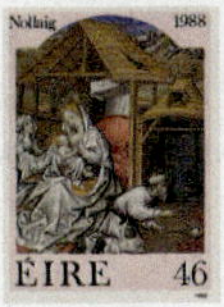
sc) Die Heilige Familie

sa–sc) Illustrationen aus einem französischen Stundenbuch (15. Jh.)

665 21 (P) mehrfarbig rz 0,70 0,70
666 24 (P) mehrfarbig sa 0,70 0,70
667 28 (P) mehrfarbig sb 1,— 1,—
668 46 (P) mehrfarbig sc 1,60 1,60
Satzpreis (4 W.) 4,— 4,—
FDC 4,20
665 Zf 1,70 1,70

MiNr. 665 wurde im Bogen zu 14 Marken und 1 Zierfeld (Feld 8) gedruckt. Der Bogen wurde zum ermäßigten Preis von 2.90 £ verkauft.

Auflagen: MiNr. 665 = 14.000.000, MiNr. 666–667 je 4.000.000, MiNr. 668 = 500.000 Stück

Gültig bis 31.12.2002

1989, 24. Jan. Valentinstag. Odr.; gez. K 15:14, Hochformat ~.

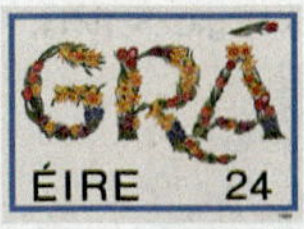
sd) Frühlingsblumen bilden gälisches Wort „GRÁ“

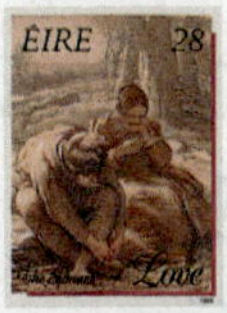
se) Das Sonett; Gemälde von William Mulready (1786–1863)

669 24 (P) mehrfarbig sd 1,40 0,80
670 28 (P) mehrfarbig se 1,60 1,—
Satzpreis (2 W.) 3,— 1,80
FDC 2,20

Auflage: 3.000.000 Sätze

Gültig bis 31.12.2002

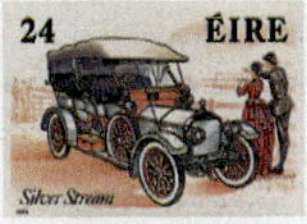

1989, 11. April. Irisches Verkehrswesen (II): Historische Automobile. Odr.; A = vierseitig, D = dreiseitig, E = zweiseitig gez. K 15:14.

sf) Silver Stream

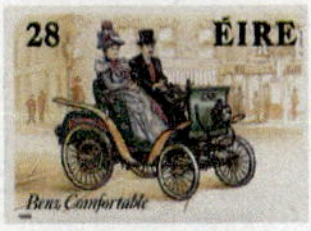
sg) Benz Comfortable

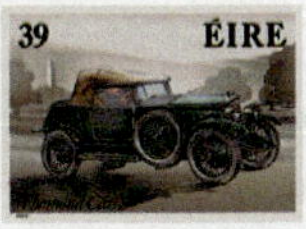
sh) Thomond

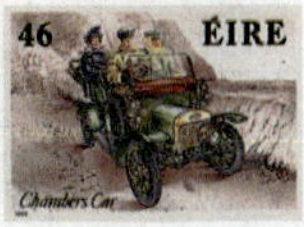
si) Chambers

671 24 (P) mehrfarbig sf
A vierseitig gez. 0,80 0,70
D dreiseitig gez. 1,10 1,10
E zweiseitig gez. 1,70 1,70
672 28 (P) mehrfarbig sg
A vierseitig gez. 0,90 0,80
D dreiseitig gez. 1,70 1,70
E zweiseitig gez. 1,10 1,10
673 39 (P) mehrfarbig sh
A vierseitig gez. 1,50 1,40
D dreiseitig gez. 2,60 2,60
674 46 (P) mehrfarbig si
A vierseitig gez. 1,80 1,60
E zweiseitig gez. 2,60 2,60
Satzpreis A (4 W.) 5,— 4,50
FDC 5,50

Teilgezähnte Marken stammen aus MH 12.

Auflagen: MiNr. 671 A–672 A je 1.000.000, MiNr. 673 A–674 A je 500.000 Stück

Gültig bis 31.12.2002

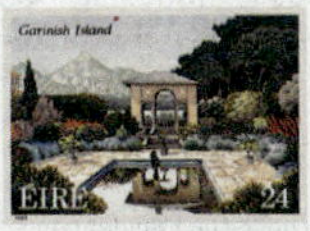

1989, 11. April. Parks und Gärten. Odr.; gez. K 15:14.

sk) Ziergarten auf Garinish Island

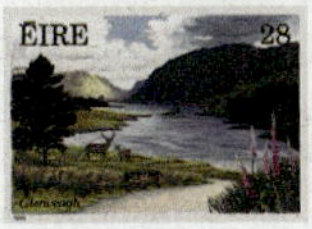
sl) Glenveagh-Nationalpark

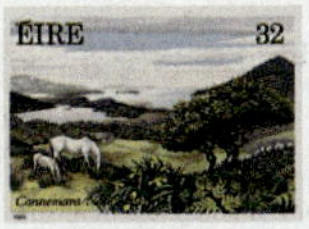
sm) Connemara-Nationalpark

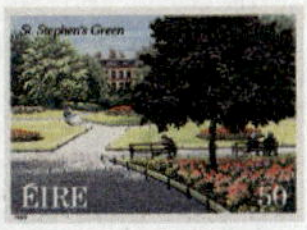
sn) St. Stephen's Green, Dublin

675 24 (P) mehrfarbig . . . . sk 0,70 0,70
676 28 (P) mehrfarbig . . . . sl 0,80 0,80
677 32 (P) mehrfarbig . . . . sm 1,10 1,10
678 50 (P) mehrfarbig . . . . sn 2,— 2,—
Satzpreis (4 W.) 4,50 4,50
FDC 5,—

Auflagen: MiNr. 675–676 je 1.000.000, MiNr. 677–678 je 500.000 Stück

Gültig bis 31.12.2002

1989, 11. Mai. Europa: Kinderspiele. Odr. (2×5); gez. K 15:14.

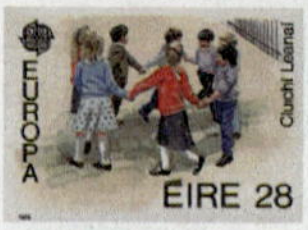

so) Ringelreihen

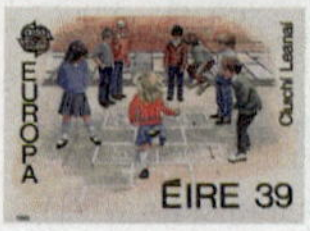

sp) Himmel und Hölle

679 28 (P) mehrfarbig . . . . so 0,80 1,—
680 39 (P) mehrfarbig . . . . sp 1,80 2,—
Satzpreis (2 W.) 2,50 3,—
FDC 4,—
Kleinbogensatz 25,— 30,—

Auflagen: MiNr. 679 = 1.000.000, MiNr. 680 = 500.000 Stück

Gültig bis 31.12.2002

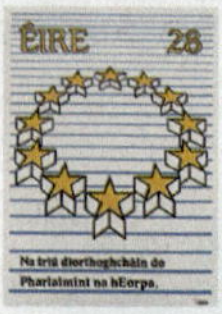

1989, 11. Mai. Dritte Direktwahlen zum Europäischen Parlament. Odr.; gez. K 14:15.

sr) Zwölf kreisförmig angeordnete Sterne

681 28 (P) mehrfarbig . . . . sr 1,— 1,—

FDC siehe nach MiNr. 682.

Auflage: 1.000.000 Stück

Gültig bis 31.12.2002

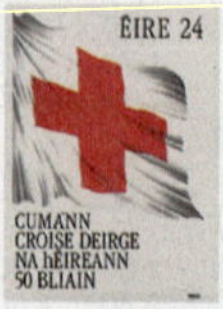

1989, 11. Mai. 50 Jahre Irisches Rotes Kreuz. Odr.; gez. K 14:15.

ss) Flagge mit rotem Kreuz

682 24 (P) schwarz/lebhaftrot . . . . ss 0,80 0,80
FDC (MiNr. 681–682) 2,20

Auflage: 1.000.000 Stück

Gültig bis 31.12.2002

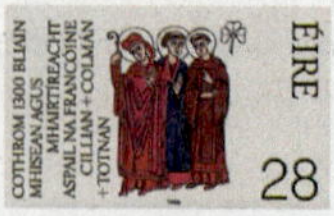

1989, 15. Juni. 1300. Todestag der Frankenapostel Kilian, Kolonat und Totnan. Odr., Bogen (5×5 + 5×5) und Markenheftchen (2×2); gez. K 13½.

st) Die Heiligen Kilian, Kolonat und Totnan († 689), iro-schottische Wandermönche

683 28 (P) mehrfarbig . . . . st 1,20 1,20
FDC 1,50
Heftchenblatt 5,— 5,—
Markenheftchen 25,—

MiNr. 683 wurde auch im Markenheftchen mit 4 Heftchenblättern (jeweils verschiedene Randgestaltung) zu je 4 Marken ausgegeben. Die Heftchenblätter wurden von der Post auch lose abgegeben. Es gibt fünf verschiedene Heftchendeckel (1 ohne Aufdruck sowie 4 mit unterschiedlichen Aufdrucken).

Auflage: 3.000.000 Stück

Gültig bis 31.12.200

Parallelausgabe mit BR Deutschland MiNr. 1424

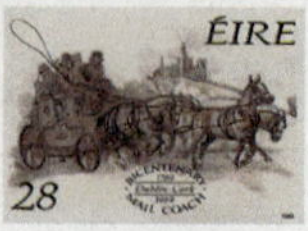

1989, 27. Juli. 200 Jahre Postkutschen in Irland. Odr.; gez. K 15:14.

su) Postkutsche bei Cashel (19. Jh.)

684 28 (P) mehrfarbig . . . . su 1,50 1,50
FDC 2,—

Auflage: 1.000.000 Stück

Gültig bis 31.12.2002

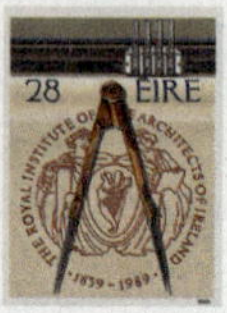

1989, 27. Juli. 150 Jahre Königlich Irisches Architekturinstitut (RIAI). Odr.; gez. K 14:15.

sv) Stechzirkel (19. Jh.), RIAI-Wappen

685 28 (P) mehrfarbig . . . . sv 1,— 1,—

FDC siehe nach MiNr. 688.

Auflage: 2.000.000 Stück

Gültig bis 31.12.2002

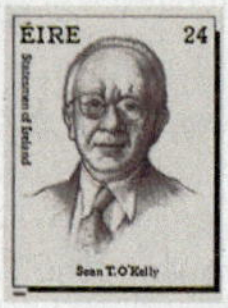

1989, 27. Juli. Irische Staatsmänner (IV). Odr.; gez. K 14:15.

sw) Seán Thomás O'Kelly (1882–1966), Staatspräsident

686 24 (P) schwarz/grau . . . . sw 0,80 0,80

FDC siehe nach MiNr. 688.

Auflage: 2.000.000 Stück

Gültig bis 31.12.2002

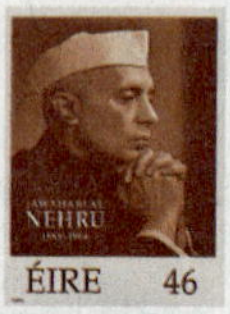

1989, 27. Juli. 100. Geburtstag von Jawaharlal Nehru. Odr.; gez. K 14:15.

sx) Jawaharlal Nehru (1889–1964), indischer Politiker und Premierminister

687 46 (P) mehrfarbig . . . . sx 1,80 1,80

FDC siehe nach MiNr. 688.

Auflage: 500.000 Stück

Gültig bis 31.12.2002

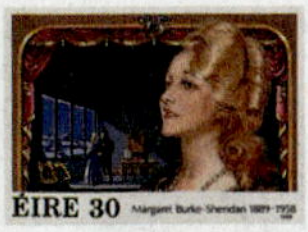

1989, 27. Juli. 100. Geburtstag von Margaret Burke-Sheridan. Odr.; gez. K 15:14.

sy) Margaret Burke-Sheridan (1889–1958), Sängerin; Szene aus der Oper „La Bohème"

688	30 (P) mehrfarbig	sy	1,20	1,20
		FDC (MiNr. 685–688)		5,—

Auflage: 500.000 Stück

Gültig bis 31.12.2002

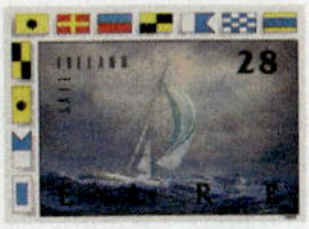

1989, 31. Aug. Teilnahme einer irischen Jacht bei der Whitbread-Segelregatta 1989/90. Odr.; gez. K 15:14.

sz) Segeljacht „Sail Ireland" am Kap Hoorn, Gemälde von Des Fallon; Signalflaggen

689	28 (P) mehrfarbig	sz	1,—	1,—
		FDC		1,50

Auflage: 2.000.000 Stück

Gültig bis 31.12.2002

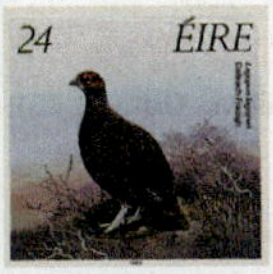

1989, 5. Okt. Jagdbare Vögel. Odr.; gez. K 13¼.

ta) Moorschneehuhn (Lagopus lagopus)

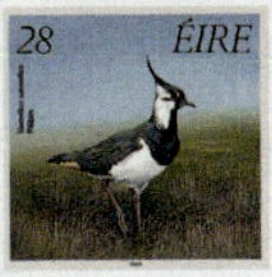

tb) Kiebitz (Vanellus vanellus)

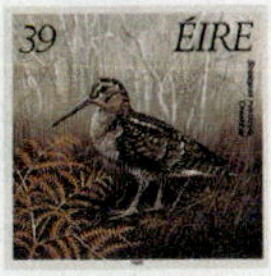

tc) Waldschnepfe (Scolopax rusticola)

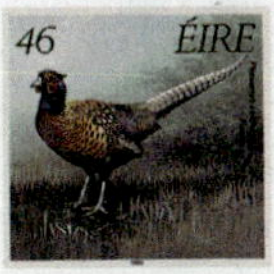

td) Jagdfasan (Phasianus colchicus)

690	24 (P) mehrfarbig	ta	0,80	0,80
691	28 (P) mehrfarbig	tb	1,—	1,—
692	39 (P) mehrfarbig	tc	1,50	2,—
693	46 (P) mehrfarbig	td	1,70	2,20
		Satzpreis (4 W.)	5,—	6,—
		FDC		6,50

Blockausgabe mit MiNr. 690–693

Block 7	(128×92 mm)	te	7,—	8,—
		FDC		8,50

Aufdruck „STAMPA, 1989..." auf dem Blockrand ist privaten Ursprungs, aber von der Post genehmigt.

Auflagen: MiNr. 690–691 je 2.000.000, MiNr. 692–693 je 500.000 Stück, Bl. 7 = 200.000 Blocks

Gültig bis 31.12.2002

1989, 14. Nov. Weihnachten. Odr.; MiNr. 694 (5×3), MiNr. 695–697 (10×5); gez. K 14:15.

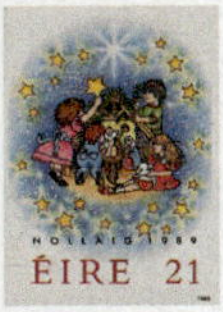

tf) Kinder bauen eine Krippe auf

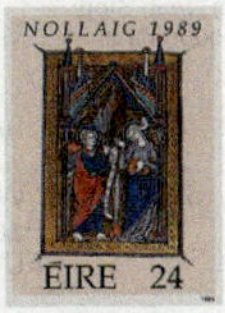

tg) Mariä Verkündigung

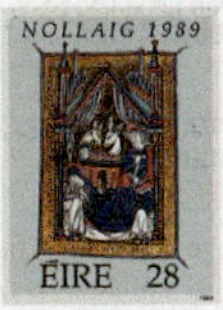

th) Christi Geburt

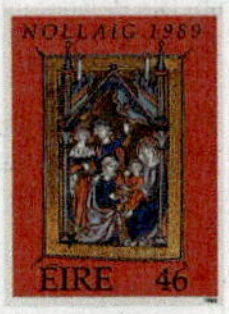

ti) Anbetung der Heiligen Drei Könige

tg–ti) Miniaturen aus einem flämischen Psalter (13. Jh.)

694	21 (P) mehrfarbig	tf	0,60	0,60
695	24 (P) mehrfarbig	tg	0,70	0,70
696	28 (P) mehrfarbig	th	0,80	0,80
697	46 (P) mehrfarbig	ti	1,50	1,50
		Satzpreis (4 W.)	3,60	3,60
		FDC		4,—
		694 Zf	3,—	3,—

MiNr. 694 wurde im Bogen zu 14 Marken und 1 Zierfeld (Feld 8) gedruckt. Der Bogen wurde zum ermäßigten Preis von 2.90 £ verkauft.

Auflagen: MiNr. 694 = 14.000.000, MiNr. 695–696 je 4.000.000, MiNr. 697 = 500.000 Stück

Gültig bis 31.12.2002

1990, 9. Jan. Vorsitz Irlands im Ministerrat der Europäischen Gemeinschaft (EG); Europäisches Jahr des Tourismus. Odr.; gez. K 15:14.

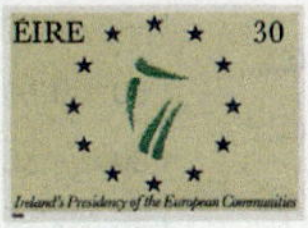

tk) Emblem der irischen Präsidentschaft in der EG

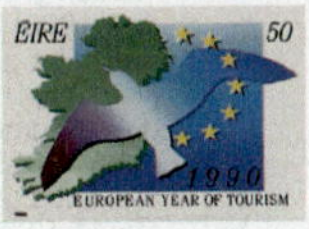

tl) Emblem des Europäischen Tourismusjahres, Landkarte Irlands

698	30 (P) mehrfarbig	tk	0,80	0,80
699	50 (P) mehrfarbig	tl	1,70	1,70
		Satzpreis (2 W.)	2,50	2,50
		FDC		3,—

Auflagen: MiNr. 698 = 3.000.000, MiNr. 699 = 500.000 Stück

Gültig bis 31.12.2002

1990, 30. Jan. Valentinstag. Odr.; gez. K 14:15.

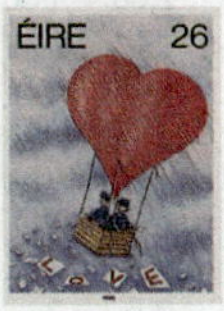

tm) Postboten in herzförmigem Ballon

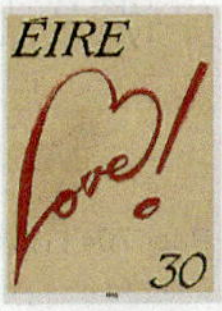

tn) Schriftzug „Love!"

700	26 (P) mehrfarbig	tm	0,80	0,80
701	30 (P) mehrfarbig	tn	0,80	0,80
		Satzpreis (2 W.)	1,60	1,60
		FDC		2,50

Auflage: 2.000.000 Sätze

Gültig bis 31.12.2002

1990, 8. März/1995, 16. Nov. Freimarken: Irische Kunstschätze. I = Odr., bei MiNr. 707 in zwei Typen, II = RaTdr.; A = vierseitig, D = dreiseitig, E = zweiseitig gez. K 15:14¼ (kleine Querformate ~), F = vierseitig, G = dreiseitig gez. K 13, H = dreiseitig, J = zweiseitig gez. K 13¼:12¾.

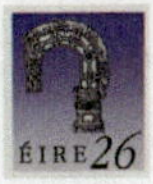

to) Bischofsstab von Lismore (um 1100)

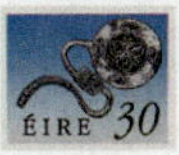

tp) Emaillierte Brosche (5.–6. Jh.)

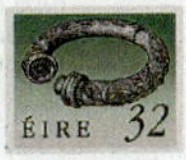

tr) Halsschmuck aus dem Fund von Broighter (1. Jh. v. Chr.)

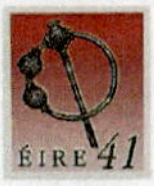

ts) Silberbrosche in Distelform (9. Jh.)

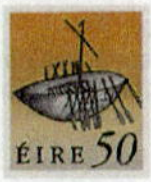

tt) Goldenes Boot aus dem Fund von Broighter (1. Jh. v. Chr.)

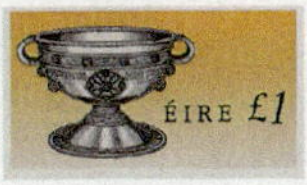

tu) Silberner Kelch aus dem Fund von Ardagh (8. Jh.)

702 I		26 (P)	blauviolett/schwarz	to		
	A		vierseitig gez. K 15:14¼ (8.3.1990)		0,70	0,30
	E		zweiseitig gez. K 15:14¼ (□) (15.11.1990)		1,—	1,—
	F		vierseitig gez. K 13 (3.5.1990)		4,—	4,—
	G		dreiseitig gez. K 13 (□) (3.5.1990)		4,—	4,—
703 I		30 (P)	cyanblau/schwarz	tp		
	A		vierseitig gez. K 14¼:15 (8.3.1990)		0,80	0,30
	D		dreiseitig gez. K 14¼:15 (□) (15.11.1990)		1,20	1,20
	E		zweiseitig gez. K 14¼:15 (□) (15.11.1990)		2,—	2,—
	F		vierseitig gez. K 13 (3.5.1990)		4,—	4,—
	G		dreiseitig gez. K 13 (□) (3.5.1990)		5,—	5,—
704		32 (P)	mehrfarbig	tr		
I			Odr.			
	A		vierseitig gez. K 14¼:15 (8.3.1990)		1,—	0,50
	Dr		dreiseitig gez. K 14¼:15 (□) (17.10.1991)		1,50	1,50
	Do		dreiseitig gez. K 14¼:15 (□) (16.11.1995)		1,50	1,50
	Du		dreiseitig gez. K 14¼:15 (□) (16.11.1995)		1,50	1,50
	Ho		dreiseitig gez. K 13¼:12¾ (□) (24.9.1993)		1,50	1,50
	Hu		dreiseitig gez. K 13¼:12¾ (□) (24.9.1993)		1,50	1,50
	Jo		zweiseitig gez. K 13¼:12¾ (□) (2.3.1994)		1,50	1,50
	Ju		zweiseitig gez. K 13¼:12¾ (□) (2.3.1994)		1,50	1,50
II			RaTdr. (14.5.1991)			
	D		dreiseitig gez. K 14¼:15 (□)		1,50	1,50
	E		zweiseitig gez. K 14¼:15 (□)		1,50	1,50
705 I	A	41 (P)	zinnober/schwarz (8.3.1990)	ts	1,10	0,90
706 I	A	50 (P)	gelb/schwarz (8.3.1990)	tt	1,30	1,—
707 I	A	1 £	gelb/schwarz	tu		
	I		Type I (8.3.1990)		2,60	1,50
	II		Type II (16.11.1995)		4,—	4,—
			Satzpreis I A (6 W.)		7,50	4,50
			FDC I A			8,—
			Paar 703 I D/E		3,—	3,—
			Paar 704 I Do/Du		3,—	3,—
			Paar 704 I Ho/Hu		3,—	3,—
			Paar 704 I Ho/Jo oder 704 I Hu/Ju		3,—	3,—
			Paar 704 I Jo/Ju		3,—	3,—
			Paar 704 II D/E		3,—	3,—

MiNr. 702 I E, 703 I D und 703 I E stammen aus MH 16; MiNr. 704 I D stammt aus MH 19 und MH 31; MiNr. 704 I H und 704 I J stammen aus MH 22 und 25; MiNr. 704 II D und 704 II E stammen aus MH 18.

Gültig bis 31.12.2002

In gleichen Zeichnungen wie MiNr. 702 und 705–706: MiNr. 750, 753–754, 797

In gleicher Zeichnung wie MiNr. 704, jedoch größerem Format: MiNr. 775

Weitere Werte: MiNr. 723–728, 741–743, 751–752, 796

Typenunterschied bei MiNr. 707, 728 und 743:

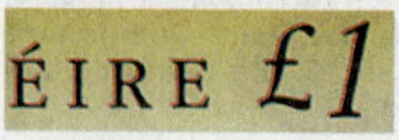

Type I
langer Fußstrich beim £-Zeichen, grob gerasterte Farbfläche

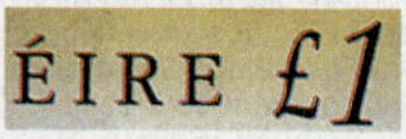

Type II
kurzer Fußstrich beim £-Zeichen, fein gerasterte Farbfläche

1990, 22. März. Grußmarken. Odr.; A = vierseitig, D = dreiseitig gez. K 14:15.

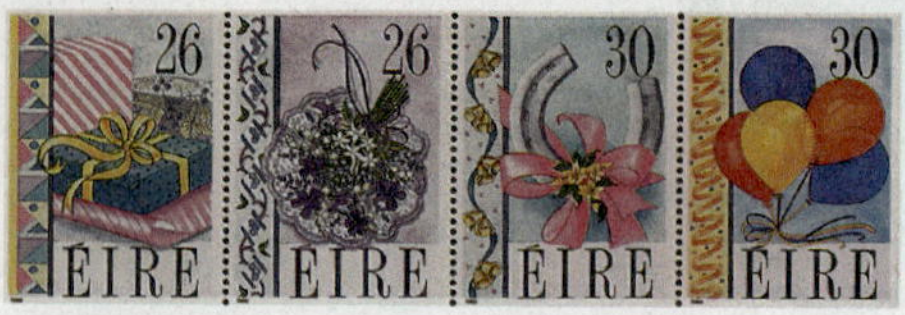

tv) Geschenkpakete
tw) Biedermeierstrauß
tx) Hufeisen mit Schleife
ty) Luftballons

708		26 (P)	mehrfarbig	tv		
	A		vierseitig gez. K 14:15		2,—	2,—
	D		dreiseitig gez. K 14:15 (□)		2,—	2,—
709	A	26 (P)	mehrfarbig	tw	2,—	2,—
710	A	30 (P)	mehrfarbig	tx	2,—	2,—
711		30 (P)	mehrfarbig	ty		
	A		vierseitig gez. K 14:15		2,—	2,—
	D		dreiseitig gez. K 14:15 (□)		2,—	2,—
			Satzpreis A (4 W.)		8,—	8,—
			FDC (1 H-Bl.)			9,—

MiNr. 708–711 stammen aus MH 13.

Gültig bis 31.12.2002

1990, 5. April. Fußball-Weltmeisterschaft, Italien. Odr. (3×3); gez. K 14:15.

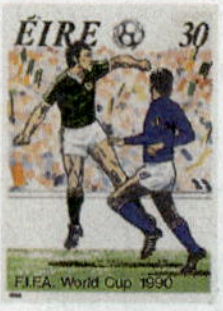

tz) Kopfballszene

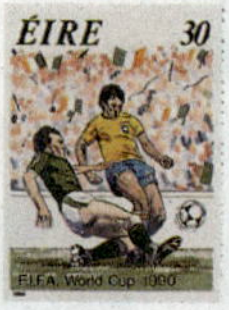

ua) Zweikampfszene

712	30 (P)	mehrfarbig	tz	1,50	1,50
713	30 (P)	mehrfarbig	ua	1,50	1,50
		Satzpreis (2 W.)		3,—	3,—
		Paar		3,50	3,50
		FDC			3,60
		Kleinbogen		16,—	16,—

MiNr. 712–713 wurden schachbrettartig zusammenhängend im Kleinbogen zu je 4 Marken und 1 Zierfeld (Feld 5) gedruckt.

Auflage: 1.000.000 Sätze

Gültig bis 31.12.2002

1990, 5. April. 300. Jahrestag der Belagerung von Limerick und der Schlacht am Boyne. Odr. (5×5 + 5×5); gez. K 13½:15.

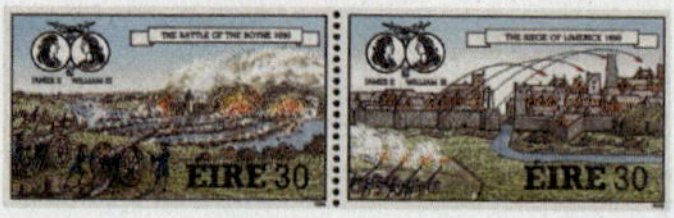

ub) Die Belagerung von Limerick; Stich von Dean Story
uc) Die Schlacht am Boyne; Stich von Theodor Maas

714	30 (P)	mehrfarbig	ub	1,—	1,—
715	30 (P)	mehrfarbig	uc	1,—	1,—
		Satzpreis (2 W.)		2,—	2,—
		Paar		2,20	2,50
		FDC			3,—

MiNr. 714–715 wurden schachbrettartig zusammenhängend gedruckt.

Auflage: 1.000.000 Sätze

Gültig bis 31.12.2002

1990, 3. Mai. Europa: Postalische Einrichtungen. Odr. (4×3); gez. K 14:15.

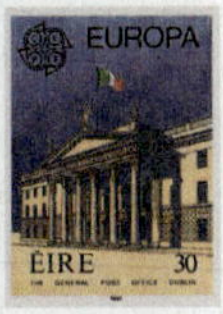

ud) Hauptpostamt, Dublin

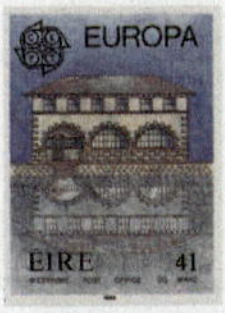

ue) Postamt, Westport

716	30 (P)	mehrfarbig	ud	1,20	1,—
717	41 (P)	mehrfarbig	ue	1,80	2,—
			Satzpreis (2 W.)	3,—	3,—
			FDC		4,—
			Kleinbogensatz	30,—	35,—

MiNr. 716–717 wurden jeweils in Kleinbogen zu 10 Marken mit 2 verschiedenen Zierfeldern (Feld 6 und 7) gedruckt.

Auflagen: MiNr. 716 = 2.000.000, MiNr. 717 = 750.000 Stück

Gültig bis 31.12.2002

1990, 3. Mai. 150 Jahre Briefmarken. Odr.; A = vierseitig, D = dreiseitig gez. K 15:14.

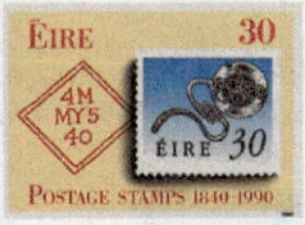

uf) Stempel von 1840, Marke Irland MiNr. 703

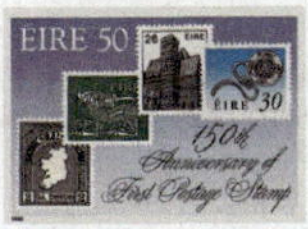

ug) Marken Irland MiNr. 43, 215, 497 und 703

718		30 (P)	mehrfarbig	uf		
	A		vierseitig gez.		1,—	0,80
	D		dreiseitig gez. (⊠)		2,—	2,50
719		50 (P)	mehrfarbig	ug		
	A		vierseitig gez.		2,—	1,70
	D		dreiseitig gez. (⊠)		2,50	3,50
			Satzpreis A (2 W.)		3,—	2,50
			Satzpreis D (2 W.)		4,50	6,—
			FDC A			3,—

MiNr. 718 D–719 D stammen aus MH 14.

Auflage: MiNr. 718 A = 2.000.000, MiNr. 719 A = 500.000 Stück

Gültig bis 31.12.2002

1990, 21. Juni. Irische Missionare. Odr.; gez. K 15:14.

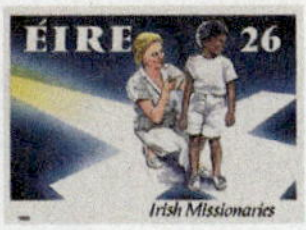

uh) Missionarin impft Kind

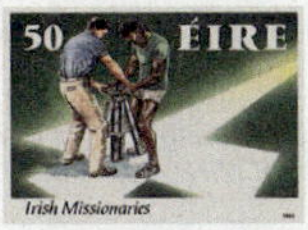

ui) Missionar mit Einheimischem bei der Arbeit an einer Wasserpumpe

720	26 (P)	mehrfarbig	uh	0,70	0,70
721	50 (P)	mehrfarbig	ui	1,80	2,50
			Satzpreis (2 W.)	2,50	3,—
			FDC		3,50

Auflagen: MiNr. 720 = 2.000.000, MiNr. 721 = 500.000 Stück

Gültig bis 31.12.2002

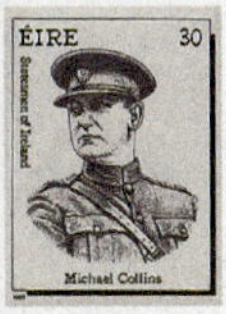

1990, 21. Juni. Irische Staatsmänner (V). Odr.; gez. K 14:15.

uk) Michael Collins (1890–1922), Unabhängigkeitskämpfer

722	30 (P)	schwarz/grau	uk	3,50	1,50
			FDC		2,—

Auflage: 2.000.000 Stück

Gültig bis 31.12.2002

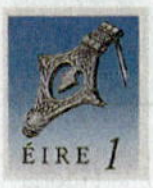

1990, 26. Juli/1995, 16. Nov. Freimarken: Irische Kunstschätze. I = Odr., bei MiNr. 728 in zwei Typen, II = RaTdr.; A = vierseitig gez. K 15:14¼ (MiNr. 726 A ~), D = dreiseitig gez. K 15:14¼, H = dreiseitig, J = zweiseitig gez. K 12¾:13¼.

ul) Silberne Drachenbrosche (11. Jh.)

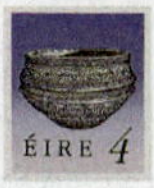

um) Dunamase-Essgefäß (um 1800 v. Chr.)

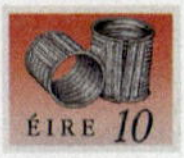

un) Derrinboy-Armspangen (1200–1000 v. Chr.)

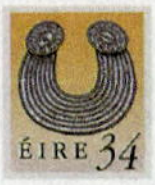

uo) Gleninshe-en-Halsgeschmeide (700 v. Chr.)

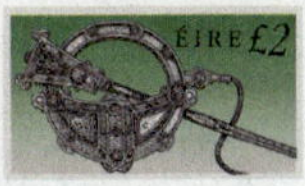

up) Tara-Fibel (7. Jh.)

723 I	**A**	1 (P)	cyanblau/schwarz (26.7.1990)	ul	0,30	0,30
724 I		2 (P)	zinnober/schwarz	ul		
	A		vierseitig gez. K 15:14¼ (26.7.1990)		0,50	0,50
	Dl		dreiseitig gez. K 15:14¼ (⊠) (15.11.1990)		0,50	0,50
	Du		dreiseitig gez. K 15:14¼ (⊠) (17.10.1991)		0,50	0,50
725		4 (P)	hellblauviolett/schwarz	um		
	I		Odr.			
	A		vierseitig gez. K 15:14¼ (26.7.1990)		0,30	0,30
	Dl		dreiseitig gez. K 15:14¼ (⊠) (15.11.1990)		0,50	0,50
	Dr		dreiseitig gez. K 15:14¼ (⊠) (15.11.1990)		0,50	0,50
	Du		dreiseitig gez. K 15:14¼ (⊠) (17.10.1991)		0,50	0,50
	H		dreiseitig gez. K 12¾:13¼ (⊠) (2.3.1994)		0,50	0,50
	J		zweiseitig gez. K 12¾:13¼ (⊠) (24.9.1993)		0,50	0,50
	II		RaTdr. (14.5.1991)			
	Dl		dreiseitig gez. K 15:14¼ (⊠)		0,50	0,50
	Dr		dreiseitig gez. K 15:14¼ (⊠)		0,50	0,50
726 I	**A**	10 (P)	zinnober/schwarz (26.7.1990)	un	0,30	0,30
727 I	**A**	34 (P)	gelb/schwarz (26.7.1990)	uo	1,10	0,60
728 I	**A**	2 £	gelblichgrün/schwarz	up		
		I	Type I (26.7.1990)		5,50	4,—
		II	Type II (16.11.1995)		10,—	8,—
			Satzpreis I A (6 W.)		7,50	5,40
			FDC I A			7,50
			Paar 725 I Dl/Dr		1,—	1,—

Typenunterschied bei MiNr. 728 siehe nach MiNr. 707.

MiNr. 725 I A wurde auch im Markenheftchen (MH 19) ausgegeben; MiNr. 724 I D und 725 I D stammen aus MH 19, MH 31 oder MH 36; MiNr. 725 I H stammt aus MH 25; MiNr. 725 I J stammt aus MH 22; MiNr. 725 II D stammt aus MH 18.

Gültig bis 31.12.2002

In gleicher Zeichnung wie MiNr. 725 und 727: MiNr. 741, 751, 796
Weitere Werte: MiNr. 702–707, 742–743, 750, 752–754, 775, 797

1990, 30. Aug. Irische Gartenblumen. Odr., Bogen (10×5) und Markenheftchen (4×1); A = vierseitig, D = dreiseitig, E = zweiseitig gez. K 14:15.

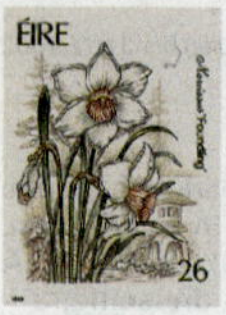

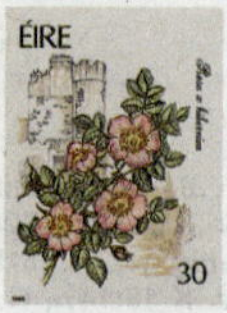

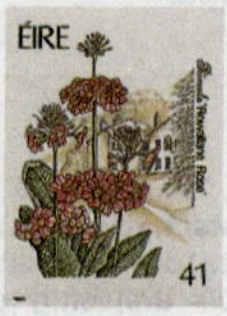

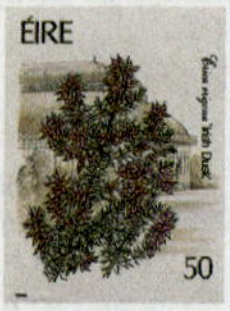

ur) Narzisse „Foundling" us) Rosa × hibernica, Malahide Castle ut) Primel „Rowallane Rose" uu) Erica ergena „Irish Dusk"

729		26 (P) mehrfarbig	ur		
	A	vierseitig gez.		0,80	0,70
	D	dreiseitig gez. (▯)		1,—	1,—
730		30 (P) mehrfarbig	us		
	A	vierseitig gez.		1,—	0,80
	D	dreiseitig gez. (▯)		1,10	1,10
	E	zweiseitig gez. (▯)		2,—	2,—
731		41 (P) mehrfarbig	ut		
	A	vierseitig gez.		1,20	1,80
	D	dreiseitig gez. (▯)		3,—	3,—
732		50 (P) mehrfarbig	uu		
	A	vierseitig gez.		2,—	2,50
	E	zweiseitig gez. (▯)		3,—	3,—
		Satzpreis A (4 W.)		5,—	5,50
		FDC			6,—

Teilgezähnte Marken stammen aus MH 15.

Auflagen: MiNr. 729 A–730 A je 2.000.000, MiNr. 731 A–732 A je 500.000 Stück

Gültig bis 31.12.2002

1990, 27. Sept. Irisches Theater. Odr. (4×5 + 4×5); gez. K 13¾.

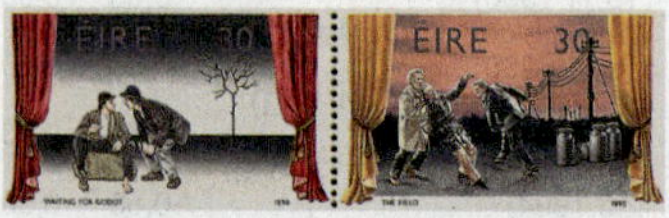

uv) Warten auf Godot; von Samuel Beckett (1906–1989)
uw) Das Feld; von John B. Keane (1928–2002)

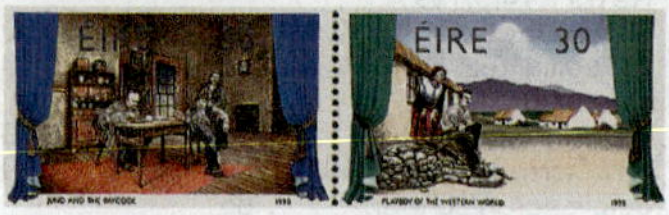

ux) Juno und der Pfau; von Sean O'Casey (1880–1964)
uy) Der Held der westlichen Welt; von John Millington Synge (1871–1909)

733	30 (P) mehrfarbig	uv	1,80	1,80
734	30 (P) mehrfarbig	uw	1,80	1,80
735	30 (P) mehrfarbig	ux	1,80	1,80
736	30 (P) mehrfarbig	uy	1,80	1,80
	Satzpreis (4 W.)		7,—	7,—
	Viererstreifen bzw. -block		8,—	8,—
	FDC			10,—

MiNr. 733–736 wurden zusammenhängend gedruckt.

Auflage: 750.000 Sätze

Gültig bis 31.12.2002

1990, 15. Nov. Weihnachten. Odr.; MiNr. 737 (4×3), MiNr. 738–740 (10×5); gez. K 14:15.

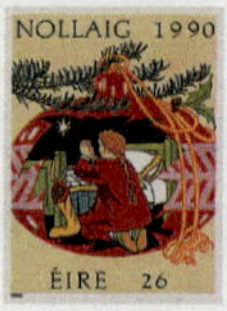

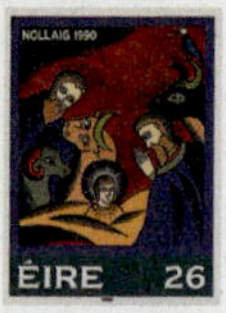

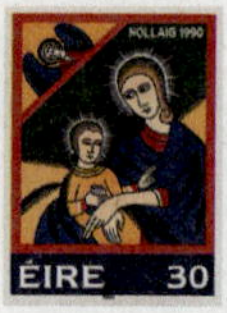

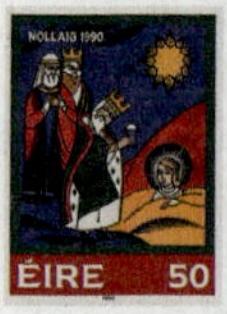

uz) Betendes Kind in Christbaumkugel va) Die Anbetung der Hirten vb) Maria und Kind vc) Die Anbetung der Heiligen Drei Könige

va–vc) Zeichnungen im Stil früher koptischer Kunst

737	26 (P) mehrfarbig	uz	0,70	0,70
738	26 (P) mehrfarbig	va	0,70	0,70
739	30 (P) mehrfarbig	vb	1,10	1,10
740	50 (P) mehrfarbig	vc	2,50	2,50
	Satzpreis (4 W.)		5,—	5,—
	FDC			6,—

Der Bogen von MiNr. 737 wurde zum ermäßigten Preis von 2.86 £ verkauft.

Auflagen: MiNr. 737 = 12.000.000, MiNr. 738–739 je 5.000.000, MiNr. 740 = 500.000 Stück

Gültig bis 31.12.2002

1991, 29. Jan./1995, 16. Nov. Freimarken: Irische Kunstschätze. Odr., bei MiNr. 742–743 in zwei Typen; MiNr. 741 gez. K 15:14¼, MiNr. 742–743 ~.

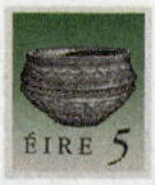

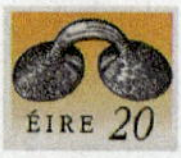

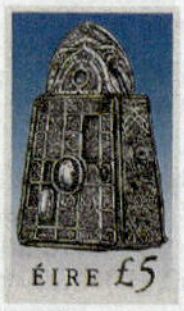

um) Dunamase-Essgefäß (um 1800 v. Chr.) ve) Goldener Kleiderverschluss (um 700 v. Chr.) vf) St.-Patricks-Glockenschrein (um 1100)

741		5 (P) dunkelgelblichgrün/schwarz (29.1.1991)	um	0,30	0,30
742		20 (P) lebhaftorangegelb/schwarz	ve		
	I	Type I (29.1.1991)		0,30	0,30
	II	Type II (16.11.1995)		0,50	0,50
743		5 £ lebhaftcyanblau/schwarz	vf		
	I	Type I (29.1.1991)		14,—	12,—
	II	Type II (16.11.1995)		20,—	24,—
		Satzpreis I (3 W.)		14,—	12,—
		FDC I			15,—

Typenunterschied bei MiNr. 743 siehe nach MiNr. 707.

Gültig bis 31.12.2002

In gleicher Zeichnung wie MiNr. 741: MiNr. 725
Weitere Werte: MiNr. 702–707, 723–724, 726–728, 750–754, 775, 796–797

Typenunterschied bei MiNr. 742, 750 und 754:

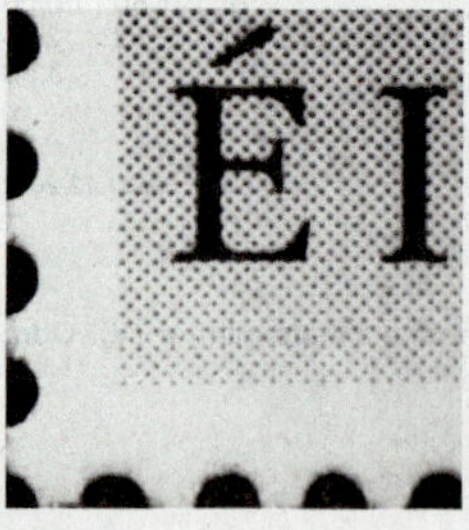

Type I:
Farbflächen-Unterkante deutlich, grober Raster

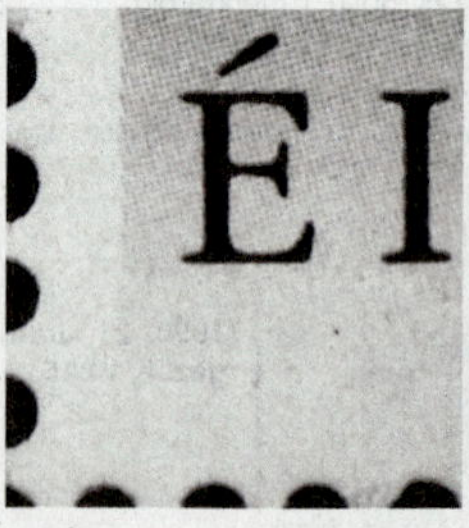

Type II:
Farbflächen-Unterkante undeutlich, feiner Raster

1991, 29. Jan. Valentinstag. Odr.; gez. K 14:15.

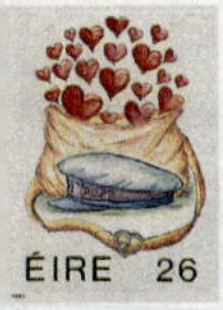

vg) Postsack mit Herzen, Dienstmütze

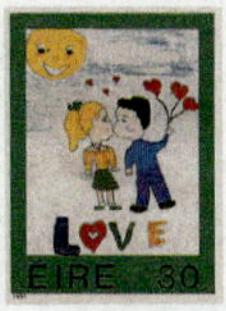

vh) Mädchen und Junge mit Blumen

744	26 (P) mehrfarbig	vg	0,80	0,80
745	30 (P) mehrfarbig	vh	0,80	0,80
	Satzpreis (2 W.)		1,60	1,60
	FDC			2,—

Auflage: 1.000.000 Sätze

Gültig bis 31.12.2002

1991, 5. März. Irisches Verkehrswesen (III): Historische Fahrräder. Odr.; gez. K 14:15.

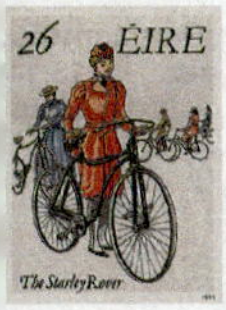

vi) Starley Rover (1886)

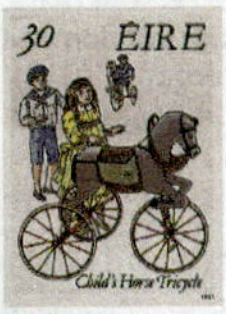

vk) Pferdchen-Dreirad (1875)

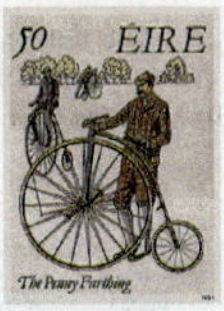

vl) Hochrad (1871)

746	26 (P) mehrfarbig	vi	0,80	0,80
747	30 (P) mehrfarbig	vk	0,90	0,90
748	50 (P) mehrfarbig	vl	1,80	1,80
	Satzpreis (3 W.)		3,50	3,50
	FDC			4,—

Blockausgabe mit MiNr. 746–748

Block 8	(113×72 mm)	vm	4,—	4,50
	FDC			6,—

Verschiedene Aufdrucke, wie z. B. „COLLECTOREX '91" oder „STAMPA '91", auf dem Blockrand sind privaten Ursprungs, aber von der Post genehmigt.

Auflagen: MiNr. 746–747 je 1.000.000, MiNr. 748 = 500.000 Stück, Bl. 8 = 150.000 Blocks

Gültig bis 31.12.2002

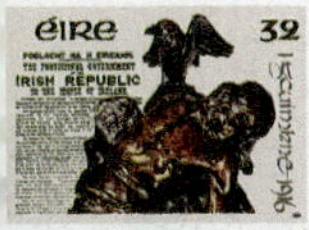

1991, 3. April. 75. Jahrestag des Aufstandes von 1916. Odr.; gez. K 15:14.

vn) Der Krieger Chuchulainn, Statue von Oliver Sheppard (1865–1941); Proklamation von 1916

749	32 (P) mehrfarbig	vn	1,—	1,—
	FDC			1,30

Auflage: 3.000.000 Stück

Gültig bis 31.12.2002

1991, 3. April/1995, 16. Nov. Freimarken: Irische Kunstschätze. I = Odr., bei MiNr. 750 und 754 in zwei Typen, II = RaTdr.; A = vierseitig, D = dreiseitig, E = zweiseitig gez. K 15:14¼.

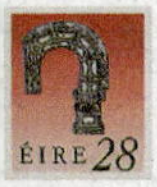

to) Bischofsstab von Lismore (um 1100)

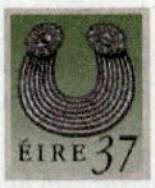

uo) Gleninsheen-Halsgeschmeide (700 v. Chr.)

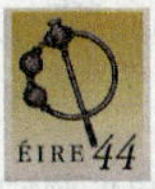

ts) Silberbrosche in Distelform (9. Jh.)

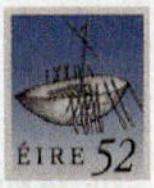

tt) Goldenes Boot aus dem Fund von Broighter (1. Jh. v. Chr.)

750		28 (P) zinnober/schwarz	to		
	I	Odr.			
	AI	vierseitig gez. K 15:14¼, Type I (3.4.1991)		0,80	0,60
	AII	vierseitig gez. K 15:14¼, Type II (16.11.1995)		1,50	1,50
	D	dreiseitig gez. K 15:14¼ (⌑) (17.10.1991)		2,—	2,—
	II E	RaTdr., zweiseitig gez. K 15:14¼ (⌑) (14.5.1991)		1,50	1,50
751	I A	37 (P) gelblichgrün/schwarz (3.4.1991)	uo	1,10	1,—
752	I A	38 (P) hellblauviolett/schwarz (3.4.1991)	uo	1,10	1,—
753	I A	44 (P) gelb/schwarz (3.4.1991)	ts	1,30	1,20
754	I A	52 (P) cyanblau/schwarz	tt		
	I	Type I (3.4.1991)		1,50	1,30
	II	Type II (16.11.1995)		2,50	1,80
		Satzpreis I A I (5 W.)		5,50	5,—
		FDC I A I			6,—

FDC mit MiNr. 707 I A II, 728 I A II, 742 II, 743 II, 750 I A II und 754 I A II ... 25,—

Typenunterschied bei MiNr. 750 und 752 siehe nach MiNr. 743.

MiNr. 750 I A I wurde auch, MiNr. 750 D nur im Markenheftchen (MH 19) ausgegeben; MiNr. 750 II E stammt aus MH 18.

Gültig bis 31.12.2002

In gleichen Zeichnungen: MiNr. 702, 705–706, 727, 796–797
Weitere Werte: MiNr. 703–704, 707, 723–726, 728, 741–743, 775

1991, 11. April. Dublin – Kulturhauptstadt Europas 1991; 50 Jahre Dublin Grand Opera Society: 800 Jahre St.-Patrick's-Cathedral; 200 Jahre Custom House. Odr.; gez. K 15:14.

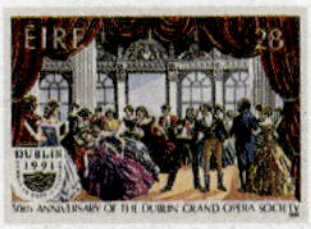

vo) Szene aus „La Traviata"

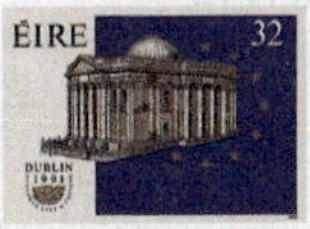

vp) Rathaus, Dublin; EG-Emblem

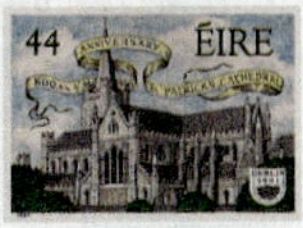

vr) St.-Patrick-Kathedrale, Dublin

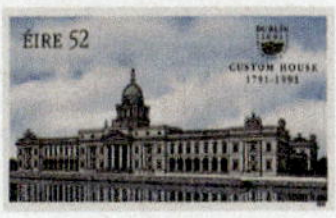

vs) Zollamt, Dublin

755	28 (P) mehrfarbig	vo	1,10	1,10
756	32 (P) mehrfarbig	vp	1,20	1,20
757	44 (P) mehrfarbig	vr	1,60	1,60
758	52 (P) mehrfarbig	vs	1,60	1,60
	Satzpreis (4 W.)		5,50	5,50
	FDC			6,—

MiNr. 755–758 wurden auch im MH 17 ausgegeben.

MiNr. 755 U–757 U stammen aus H-Blatt 25 U.

Auflagen: MiNr. 755 = 1.000.000, MiNr. 756 = 3.000.000, MiNr. 757–758 je 500.000 Stück

Gültig bis 31.12.2002

1991, 14. Mai. Europa: Europäische Weltraumfahrt. Odr. (2×5); gez. K 15:14.

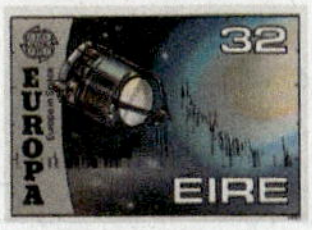

vt) Raumsonde „Giotto", Diagramm der Ionenintensität des Halleyschen Kometen

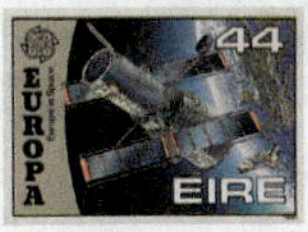

vu) Weltraumteleskop „Hubble", Space Shuttle

759	32 (P) mehrfarbig	vt	1,20	1,—
760	44 (P) mehrfarbig	vu	2,80	3,50
	Satzpreis (2 W.)		4,—	4,50
	FDC			5,—
	Kleinbogensatz (2 Klb.)		40,—	45,—

Auflagen: MiNr. 759 = 1.000.000, MiNr. 760 = 750.000 Stück

Gültig bis 31.12.2002

1991, 14. Mai. 300. Jahrestag der Belagerung von Athlone und des Friedens von Limerick. Odr.; gez. K 15:14.

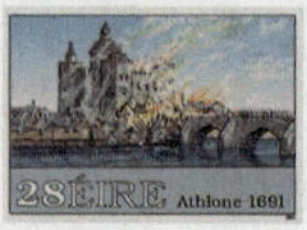

vv) Belagerung von Athlone (1691)

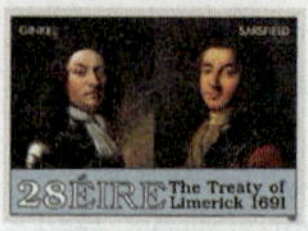

vw) Vertrag von Limerick (1691): Godart van Ginkel (1630–1703), General; Patrick Sarsfield (um 1660–1693), Offizier

761	28 (P) mehrfarbig	vv	1,—	1,—
762	28 (P) mehrfarbig	vw	1,—	1,—
	Satzpreis (2 W.)		2,—	2,—
	Paar		2,20	2,20
	FDC			3,—

MiNr. 761–762 wurden schachbrettartig zusammenhängend gedruckt.

Auflage: 2.000.000 Sätze

Gültig bis 31.12.2002

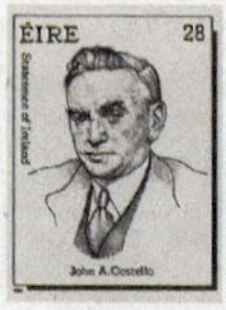

1991, 2. Juli. Irische Staatsmänner (VI). Odr.; gez. K 14:15.

vx) John Aloysius Costello (1891–1976), Ministerpräsident

763	28 (P) schwarz	vx	1,—	1,—

FDC siehe nach MiNr. 765.

Auflage: 1.000.000 Stück

Gültig bis 31.12.2002

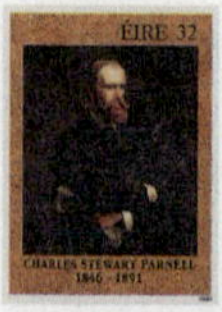

1991, 2. Juli. 100. Todestag von Charles Parnell. Odr.; gez. K 14:15.

vy) Charles Parnell (1846–1891), Politiker; Gemälde von Sydney Prior Hall (1842–1922)

764	32 (P) mehrfarbig	vy	1,20	1,20

FDC siehe nach MiNr. 765.

Auflage: 1.000.000 Stück

Gültig bis 31.12.2002

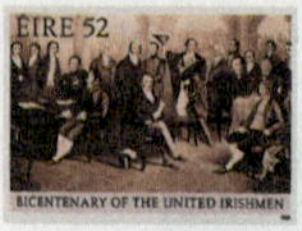

1991, 2. Juli. 200 Jahre „Society of United Irishmen". Odr.; gez. K 15:14.

vz) Versammlung der „United Irishmen"; Gemälde (19. Jh.)

765	52 (P) mehrfarbig	vz	2,—	2,—
	FDC (MiNr. 763–765)			5,—

Auflage: 500.000 Stück

Gültig bis 31.12.2002

1991, 3. Sept. Irische Schafe. Odr.; gez. K 14:15, Querformat ~.

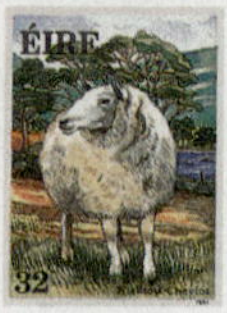

wa) Wicklow-Bergschaf

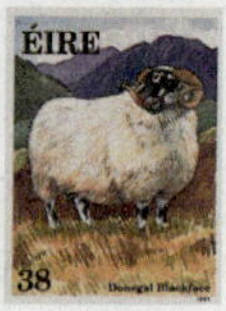

wb) Donegal-Schwarznasenschaf

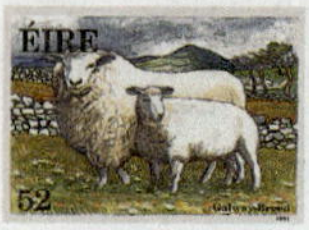

wc) Galway-Schaf

766	32 (P) mehrfarbig	wa	1,20	0,80
767	38 (P) mehrfarbig	wb	1,60	2,20
768	52 (P) mehrfarbig	wc	2,20	3,—
	Satzpreis (3 W.)		5,—	6,—
	FDC			7,—

Auflagen: MiNr. 766–767 je 1.000.000, MiNr. 768 = 500.000 Stück

Gültig bis 31.12.2002

1991, 3. Sept. Golf: Golfturnier um den Walker Cup, Portmarnock; 100 Jahre Irischer Golfverband (GUI). Odr.; gez. K 15:14, Hochforamt ~.

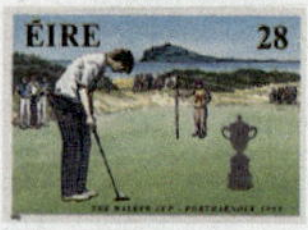

wd) Golfspieler auf dem 15. Grün

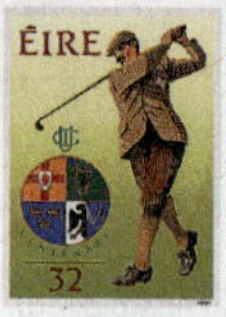

we) Golfspieler (19. Jh.), GUI-Emblem

769	28 (P) mehrfarbig	wd	0,80	0,80
770	32 (P) mehrfarbig	we	1,—	1,—
	Satzpreis (2 W.)		1,80	1,80
	FDC			2,20

Auflagen: MiNr. 769 = 1.000.000, MiNr. 770 = 2.000.000 Stück

Gültig bis 31.12.2002

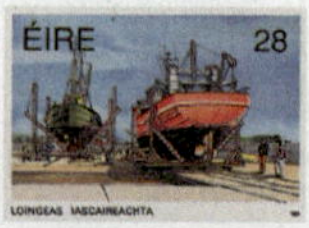

1991, 17. Okt. Fischfang. Odr., Bogen (5×10) und Markenheftchen; A = vierseitig, D = dreiseitig gez. K 15:14.

wf) Schiffswerft

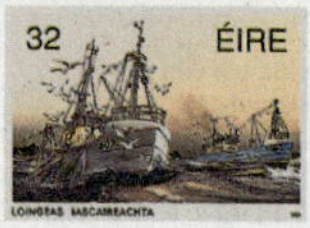

wg) Küstentrawler

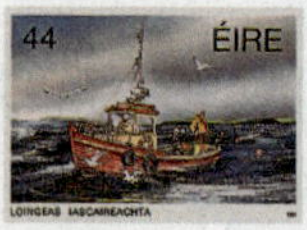

wh) Motorkutter

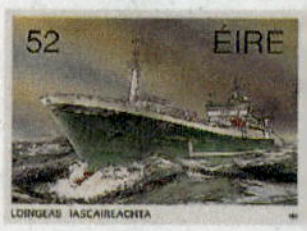

wi) Fang- und Verarbeitungsschiff „Veronica"

771	A	28 (P) mehrfarbig	wf	1,—	1,—
772		32 (P) mehrfarbig	wg		
	A	vierseitig gez.		1,—	1,—
	D	dreiseitig gez. (⌧)		2,—	3,—
773	A	44 (P) mehrfarbig	wh	1,30	1,30
774		52 (P) mehrfarbig	wi		
	A	vierseitig gez.		1,70	1,70
	D	dreiseitig gez. (⌧)		3,—	4,—
		Satzpreis A (4 W.)		5,—	5,—
		FDC			5,50

MiNr. 771–774 wurden auch im Markenheftchen (MH 19) ausgegeben.

Auflagen: MiNr. 771 A = 2.000.000, MiNr. 772 A = 1.000.000, MiNr. 773 A–774 A je 500.000 Stück

Gültig bis 31.12.2002

1991, 31. Okt./1995. Freimarke: Irische Kunstschätze. Odr.; x = normales Papier, y = Papier ph.; selbstklebend; A = gestanzt 11¼, C = gestanzt 9½:9.

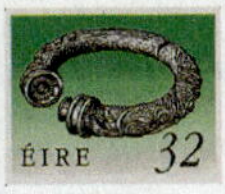

tr I) Holzschmuck aus dem Fund von Broighter (1. Jh. v. Chr.)

775	32 (P) dunkelgelbgrün/schwarz . . . tr I			
I	Type I			
A	gest. 11¼			
x	normales Papier (1992)		3,—	0,70
y	Papier ph. (31.10.1991)		1,40	0,70
II C x	Type II, gest. 9½:9 (8.6.1995) . .		1,80	1,—
		FDC I A y		3,—
		FDC II C x		6,—

MiNr. 775 lässt sich anhand der Wertziffern in 2 Typen unterscheiden. Type II weist außerdem ein gröberes Raster auf.

MiNr. 775 wurde von der Post nur in Dreierstreifen bzw. kompletten Rollen abgegeben.

Gültig bis 31.12.2002

In gleicher Zeichnung, jedoch kleinerem Format: MiNr. 704
Weitere Werte: MiNr. 702–703, 705–707, 723–728, 741–743, 750–754, 796–797

1991, 14. Nov. Weihnachten. Odr.; MiNr. 776 (5 × 3), MiNr. 777–779 (10 × 5); gez. K 14:15.

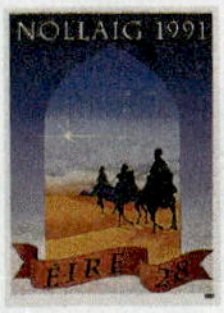

wk) Die Heiligen Drei Könige folgen dem Stern

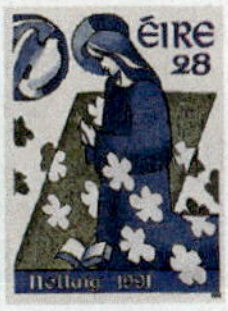

wl) Mariä Verkündigung

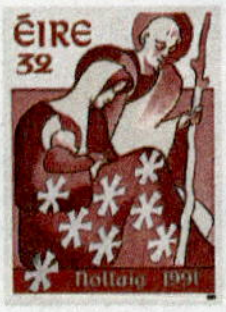

wm) Christi Geburt

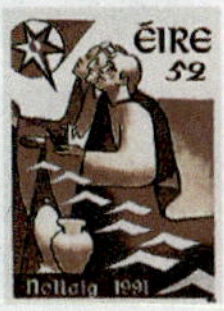

wn) Anbetung der Heiligen Drei Könige

776	28 (P) mehrfarbig	wk	0,80	0,80
777	28 (P) mehrfarbig	wl	0,80	0,80
778	32 (P) mehrfarbig	wm	1,—	1,—
779	52 (P) mehrfarbig	wn	2,—	2,—
	Satzpreis (4 W.)		4,50	4,50
	FDC			5,—
	776 Zf		1,50	1,50

MiNr. 776 wurde im Bogen zu 13 Marken und 2 verschiedenen Zierfeldern (Feld 3 und 8) gedruckt. Der Bogen wurde zum ermäßigten Preis von 3.36 £ verkauft.

Auflagen: MiNr. 776 = 14.300.000, MiNr. 777 = 2.000.000, MiNr. 778 = 1.000.000, MiNr. 779 = 500.000 Stück

Gültig bis 31.12.2002

1992, 28. Jan. Valentinstag. Odr.; gez. K 15:14, Hochformat ~.

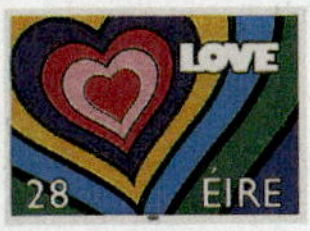

wo) Bunte Herzen

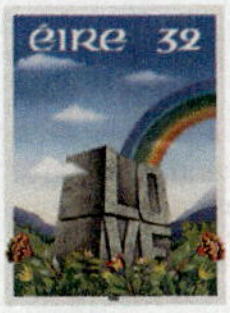

wp) Wort „LOVE" als Denkmal, Regenbogen

780	28 (P) mehrfarbig	wo	0,80	0,80
781	32 (P) mehrfarbig	wp	1,—	1,—
	Satzpreis (2 W.)		1,80	1,80
	FDC			2,20

Auflage: 2.000.000 Sätze

Gültig bis 31.12.2002

1992, 25. Febr. Olympische Sommerspiele, Barcelona. Odr.; gez. K 15:14.

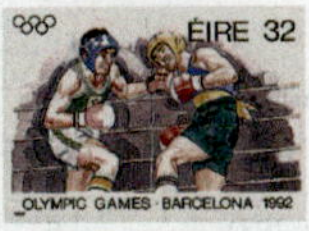

wr) Boxen

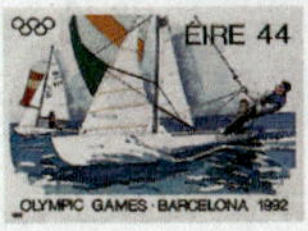

ws) Segeln

782	32 (P) mehrfarbig	wr	1,—	1,—
783	44 (P) mehrfarbig	ws	1,50	1,50
	Satzpreis (2 W.)		2,50	2,50
	FDC			3,—

Blockausgabe mit 2 × MiNr. 782–783

Block 9	(129 × 85 mm)	wt	6,—	6,50
		FDC		7,50

Auflagen: MiNr. 782 = 2.000.000, MiNr. 783 = 1.000.000 Stück, Bl. 9 = 150.000 Blocks

Gültig bis 31.12.2002

1992, 22. Mai. Blockausgabe: Internationale Briefmarkenausstellung WORLD COLUMBIAN STAMP EXPO '92, Chicago. Bl. 9 mit I = Bdr.-, II = Odr.-Aufdruck auf dem Blockrand.

Block 9 I	(129 × 85 mm) Bdr.-Aufdruck	(Bl. 9)	*55,—*	*60,—*
Block 9 II	(129 × 85 mm) Odr.-Aufdruck	(Bl. 9)	*250,—*	*320,—*

Bl. 9 I/II wurden nur auf dem Ausstellungspostamt der irischen Post und von der Versandstelle verkauft. Bl. 9 II stammt von einer Nachauflage auf dickerem, stärker gestrichenen Papier.

Gültig bis 31.12.2002

1992, 25. Febr. Gesund leben. Odr.; gez. K 14:15.

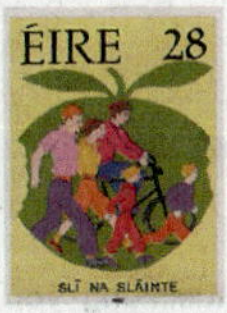

wu) Familie beim Wandern, Radfahrer, Apfel

784	28 (P) mehrfarbig	wu	0,80	0,80
		FDC		1,20

Auflage: 1.000.000 Stück

Gültig bis 31.12.2002

1992, 2. April. Geschichte der Seefahrt. Odr.; gez. K 15:14, Hochformat ~.

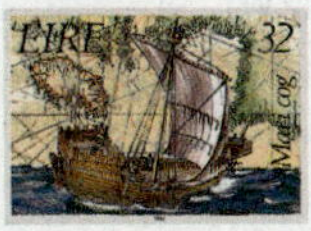

wv) Kogge „Mari" (13.–14. Jh.)

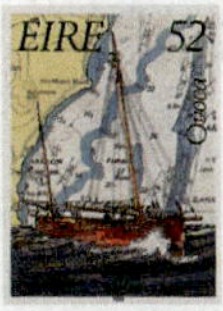

ww) Schleppnetzfischer „Ovoca" (1970)

785	32 (P) mehrfarbig	wv	0,80	0,80
786	52 (P) mehrfarbig	ww	1,70	2,20
	Satzpreis (2 W.)		2,50	3,—

FDC siehe nach MiNr. 787.

Auflagen: MiNr. 785 = 1.000.000, MiNr. 786 = 500.000 Stück

Gültig bis 31.12.2002

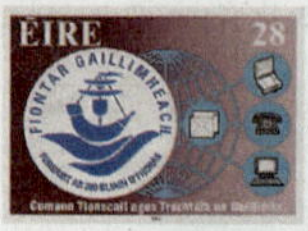

1992, 2. April. 200 Jahre Industrie- und Handelskammer Galway. Odr.; gez. K 15:14.

wx) Emblem der Kammer, Weltkugel, Symbole aus Industrie und Handel

787	28 (P) mehrfarbig	wx	1,—	1,—
	FDC (MiNr. 785–787)			5,—

Auflage: 1.500.000 Stück

Gültig bis 31.12.2002

1992, 2. April. Grußmarken. Odr., Markenheftchen (4×1); A = vierseitig, D = dreiseitig gez. K 14:15.

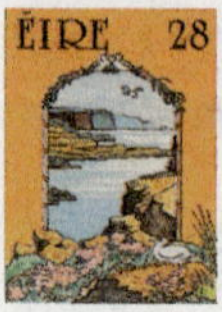
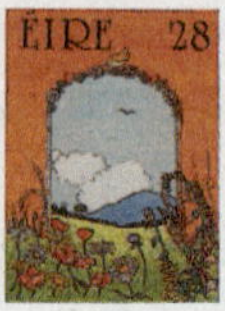
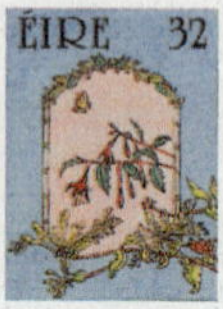
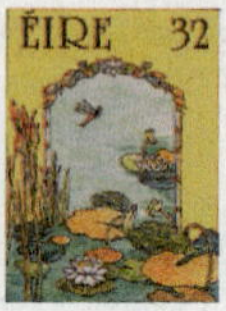

wy) Küstenlandschaft; wz) Gebirgslandschaft; xa) Blühende Zweige; xb) Wasserpflanzen

788	**A**	28 (P) mehrfarbig	wy	1,50	1,50
789		28 (P) mehrfarbig	wz		
	A	vierseitig gez.		1,50	1,50
	D	dreiseitig gez. (⌑)		1,50	1,50
790	**A**	32 (P) mehrfarbig	xa	1,70	1,70
791		32 (P) mehrfarbig	xb		
	A	vierseitig gez.		1,70	1,70
	D	dreiseitig gez. (⌑)		1,70	1,70
		Satzpreis A (4 W.)		6,—	6,—
		FDC (1 H-Bl.)			7,—

MiNr. 788–791 stammen aus MH 20.

Gültig bis 31.12.2002

1992, 14. Mai. Europa: 500. Jahrestag der Entdeckung von Amerika. Odr. (2×5); gez. K 15:14.

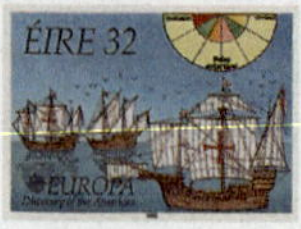

xc) Karracke „Santa Maria", Karavellen „Niña" und „Pinta"

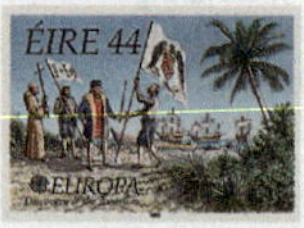

xd) Die Kolumbusflotte landet in Amerika

792	32 (P) mehrfarbig	xc	1,20	1,—
793	44 (P) mehrfarbig	xd	2,80	2,—
	Satzpreis (2 W.)		4,—	3,—
	FDC			3,50
	Kleinbogensatz		40,—	45,—

Auflagen: MiNr. 792 = 1.000.000, MiNr. 793 = 750.000 Stück

Gültig bis 31.12.2002

1992, 14. Mai. Irischer Einfluss in Amerika. Odr.; gez. K 13½:13¾.

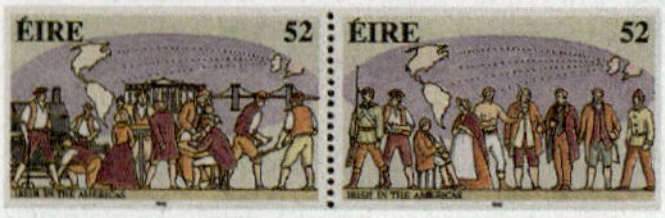

xe–xf) Iren verschiedener Berufsgruppen in Amerika

794	52 (P) mehrfarbig	xe	1,70	1,70
795	52 (P) mehrfarbig	xf	1,70	1,70
	Satzpreis (2 W.)		3,40	3,40
	Paar		4,—	4,—
	FDC			4,50

MiNr. 794–795 wurden schachbrettartig zusammenhängend gedruckt.

Auflage: 500.000 Sätze

Gültig bis 31.12.2002

1992, 14. Mai. Freimarken: Irische Kunstschätze. Odr.; gez. K 15:14¼.

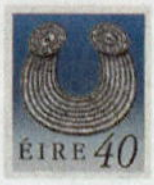

uo) Gleninsheen-Halsgeschmeide (700 v. Chr.)

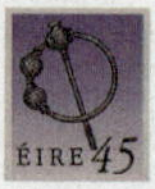

ts) Silberbrosche in Distelform (9. Jh.)

796	40 (P) mehrfarbig	uo	1,20	1,50
797	45 (P) mehrfarbig	ts	1,30	1,50
	Satzpreis (2 W.)		2,50	3,—
	FDC			3,50

Gültig bis 31.12.2002

In gleichen Zeichnungen: MiNr. 705, 727, 751–753
Weitere Werte: MiNr. 702–704, 706–707, 723–726, 728, 741–743, 750, 754, 775

1992, 9. Juli. Weltweiter Naturschutz: Baummarder. Odr.; gez. K 15:14.

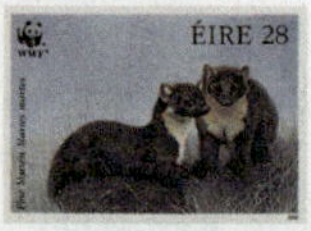

xg

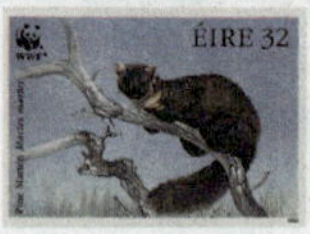

xh

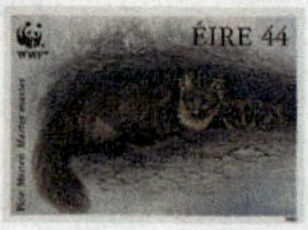

xi

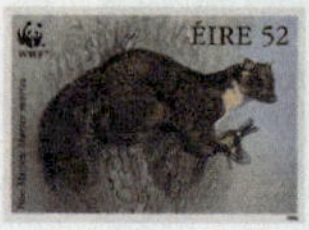

xk

xg–xk) Baummarder (Martes martes)

798	28 (P) mehrfarbig	xg	1,—	0,70
799	32 (P) mehrfarbig	xh	1,30	1,—
800	44 (P) mehrfarbig	xi	2,20	1,80
801	52 (P) mehrfarbig	xk	2,50	2,—
	Satzpreis (4 W.)		7,—	5,50
	FDC			6,—

Auflagen: MiNr. 798–799 je 2.000.000, MiNr. 800–801 je 750.000 Stück

Gültig bis 31.12.2002

1992, 2. Sept. 400 Jahre Trinity College, Dublin. Odr.; gez. K 13½.

xl) Bibliothek

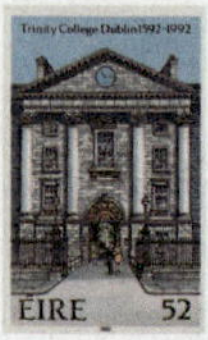

xm) Haupteingang

802	32 (P) mehrfarbig	xl	1,—	1,—
803	52 (P) mehrfarbig	xm	1,50	1,50
	Satzpreis (2 W.)		2,50	2,50
	FDC			3,—

Auflagen: MiNr. 802 = 2.000.000, MiNr. 803 = 500.000 Stück

Gültig bis 31.12.2002

1992, 2. Sept. Ansichten von Dublin. Odr.; gez. K 15:14.

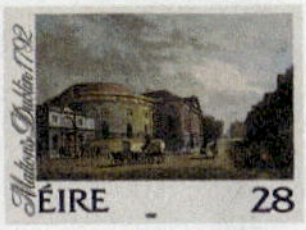

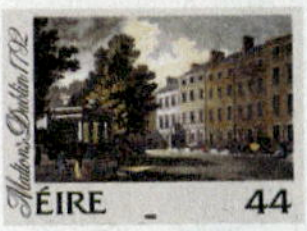

xn) Rotunda und New Rooms xo) Charlemont House

xn–xo) Lithographien von James Malton (1764–1803)

804 28 (P) mehrfarbig	xn	1,—	1,—
805 44 (P) mehrfarbig	xo	1,50	1,50
Satzpreis (2 W.)		2,50	2,50
FDC			3,—

Auflagen: MiNr. 804 = 2.000.000, MiNr. 805 = 500.000 Stück

Gültig bis 31.12.2002

1992, 15. Okt. Ernährung und Landwirtschaft. Odr. (1×5 Zd + 1×5 Zd); gez. K 14:15.

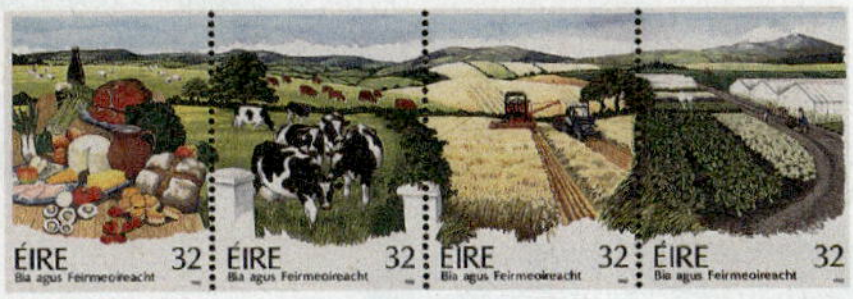

xp) Landwirtschaftliche Produkte
xr) Weidende Kühe
xs) Getreideernte
xt) Gemüseanbau

806 32 (P) mehrfarbig	xp	1,20	1,20
807 32 (P) mehrfarbig	xr	1,20	1,20
808 32 (P) mehrfarbig	xs	1,20	1,20
809 32 (P) mehrfarbig	xt	1,20	1,20
Satzpreis (4 W.)		4,80	4,80
Viererstreifen		6,—	6,—
FDC			6,50

Auflage: 500.000 Sätze

Gültig bis 31.12.2002

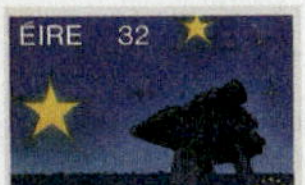

1992, 15. Okt. Europäischer Binnenmarkt. Odr., Bogen (5×10) und Markenheftchen; gez. K 15:14.

xu) Megalithischer Dolmen, Europa-Emblem

810 32 (P) mehrfarbig	xu	1,—	1,—
FDC			1,30
Heftchenblatt mit 3 × MiNr. 810		3,50	3,50
Heftchenblatt mit 4 × MiNr. 810		4,50	4,50
Markenheftchen		17,—	

MiNr. 810 wurde auch im Markenheftchen zu 15 Marken ausgegeben; die Heftchenblätter wurden von der Versandstelle auch lose abgegeben. Es gibt 3 verschiedene Heftchenblätter mit je 4 Marken und eines mit 3 Marken.

Auflage: 1.000.000 Stück

Gültig bis 31.12.2002

1992, 19. Nov. Weihnachten. Odr.; MiNr. 811 (5×3), MiNr. 812–814 (10×5); gez. K 14:15.

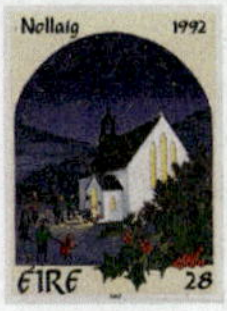

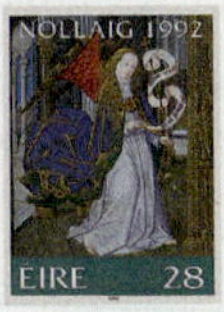

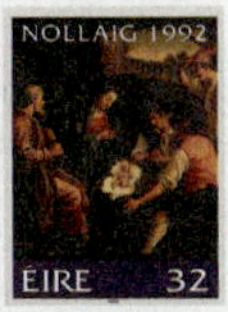

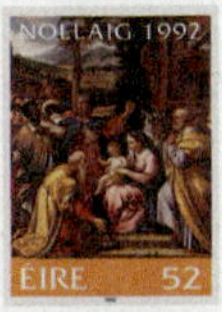

xv) Menschen auf dem Weg zur Christmette, ländliche Kirche

xw) Mariä Verkündigung; Gemälde aus einer mittelalterlichen Handschrift

xx) Anbetung der Hirten; Gemälde von Jacopo da Empoli (um 1551–1640), italienischer Maler

xy) Anbetung der Hl. Drei Könige; Gemälde von Hans Rottenhammer (1564–1625), deutscher Maler

811 28 (P) mehrfarbig	xv	1,—	1,—
812 28 (P) mehrfarbig	xw	1,—	1,—
813 32 (P) mehrfarbig	xx	1,—	1,—
814 52 (P) mehrfarbig	xy	1,50	1,50
Satzpreis (4 W.)		4,50	4,50
FDC			5,—
811 Zf		1,20	1,20

MiNr. 811 wurde im Bogen zu 13 Marken und 2 verschiedenen Zierfeldern (Feld 3 und 8) gedruckt. Der Bogen wurde zum ermäßigten Preis von 3.36 £ verkauft.

Gültig bis 31.12.2002

1993, 26. Jan. Valentinstag. Odr.; gez. K 14:15, Querformat ~.

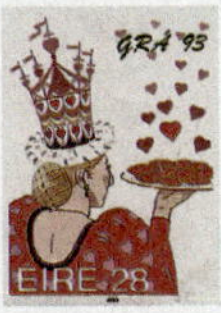

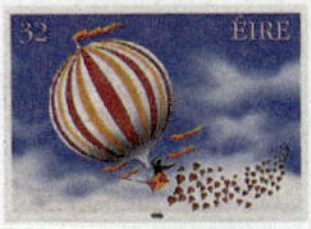

xz) Königin der Herzen ya) Freiballon, Herzen

815 28 (P) mehrfarbig	xz	1,—	0,70
816 32 (P) mehrfarbig	ya	1,50	0,80
Satzpreis (2 W.)		2,50	1,50
FDC			2,—

Auflage: 1.500.000 Sätze

Gültig bis 31.12.2002

1993, 4. März. Gemälde irischer Impressionisten. Odr., Bogen (5×5) und Markenheftchen; gez. K 13¼.

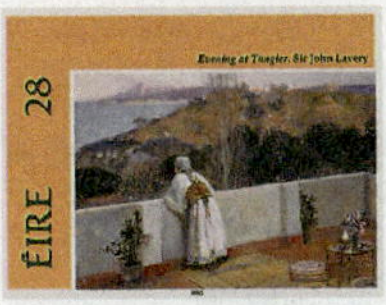

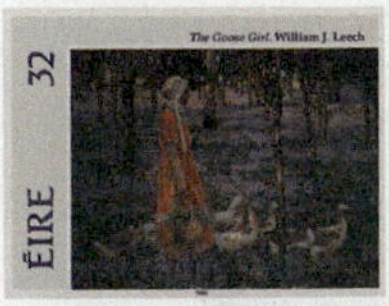

yb) Abend in Tanger; von John Lavery (1856–1941)

yc) Das Gänsemädchen; von William John Leech (1881–1968)

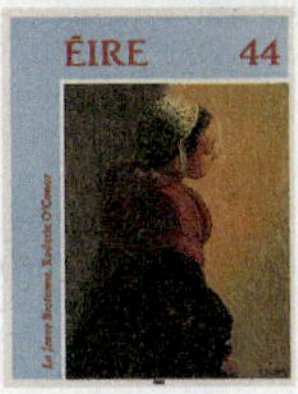

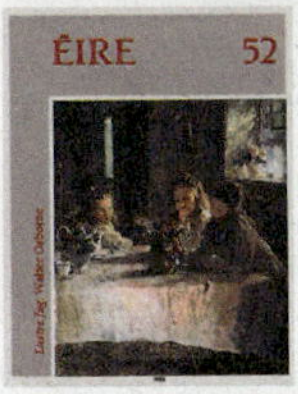

yd) Die junge Bretonin; von Roderic O'Conor (1860–1940)

ye) Glänzender Krug; von Walter Osborne (1859–1903)

817 28 (P) mehrfarbig	yb	1,20	1,20
818 32 (P) mehrfarbig	yc	1,40	1,50
819 44 (P) mehrfarbig	yd	1,70	1,80

820 52 (P) mehrfarbig . . . . . ye 1,80 2,—
Satzpreis (4 W.) 6,— 6,50
FDC 7,50

MiNr. 817–820 wurden auch im Markenheftchen (MH 21) ausgegeben.

Auflagen: MiNr. 817–818 je 1.000.000, MiNr. 819–820 je 500.000 Stück

Gültig bis 31.12.2002

1993, 20. April. Orchideen. Odr.; gez. K 14:14¾.

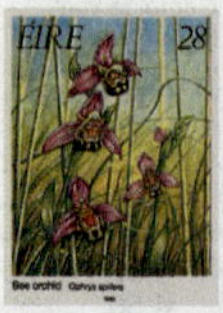

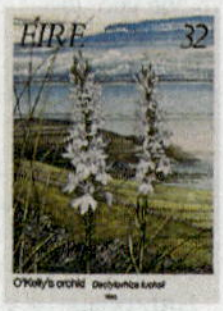

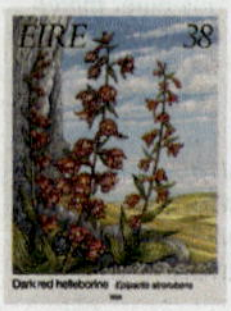

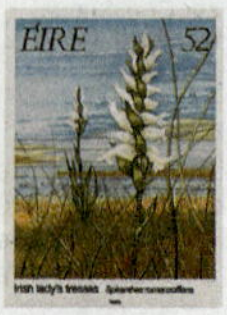

yf) Bienenragwurz (Ophrys apifera) yg) O'Kelly-Orchidee (Dactylorhiza fuchsii) yh) Dunkelrote Sumpfwurz (Epipactis atrorubens) yi) Irish Lady's Tresses (Spiranthes romanzoffiana)

821 28 (P) mehrfarbig . . . . . yf 1,— 0,90
822 32 (P) mehrfarbig . . . . . yg 1,— 1,10
823 38 (P) mehrfarbig . . . . . yh 1,50 1,20
824 52 (P) mehrfarbig . . . . . yi 2,— 1,80
Satzpreis (4 W.) 5,50 5,—
FDC 5,50

Blockausgabe mit MiNr. 821–824

Block 10 I (130×71 mm) (20. April) . . . . . yk 7,— 7,—
Block 10 II (130×91 mm) (1. Okt.) . . . . . yk I 18,— 18,—
FDC I 8,50

Bl. 10 II weist auf dem größeren oberen Blockrand den Zudruck des Emblems der Internationalen Briefmarkenausstellung BANGKOK '93 sowie der Staatsflaggen von Thailand und Irland auf.
Der Block wurde nur auf dem Ausstellungspostamt der irischen Post und von der Versandstelle verkauft.

Aufdruck „STAMPA '93" auf dem Blockrand von Bl. 10 I ist privaten Ursprungs, aber von der Post genehmigt.

Auflagen: MiNr. 821–822 je 1.000.000, MiNr. 823–824 je 500.000 Stück, Bl. 10 I = 120.000 Blocks

Gültig bis 31.12.2002

1993, 18. Mai. Europa: Zeitgenössische Kunst. Odr. (4×3); gez. K 13¼.

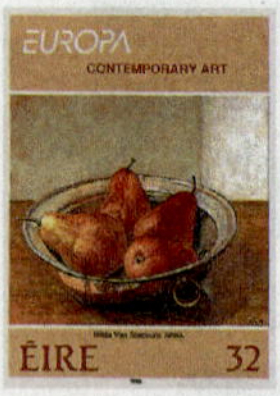

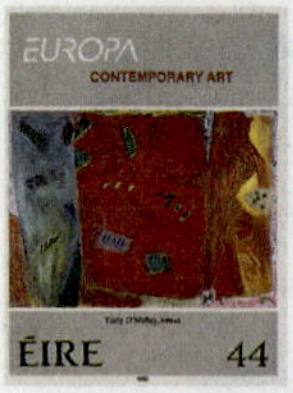

yl) Birnen in einer Kupferschale; Gemälde von Hilda Van Stockum (1908–2006) ym) Arrieta Orzola; Gemälde von Tony O'Malley (1913–2003)

825 32 (P) mehrfarbig . . . . . yl 1,20 1,20
826 44 (P) mehrfarbig . . . . . ym 1,80 1,80
Satzpreis (2 W.) 3,— 3,—
FDC 3,50
Kleinbogensatz (2 Klb.) 30,— 30,—

MiNr. 825–826 wurden jeweils im Kleinbogen zu 10 Marken und 2 Zierfeldern (Feld 1 und 4) gedruckt.

Auflagen: MiNr. 825 = 1.000.000, MiNr. 826 = 700.000 Stück

Gültig bis 31.12.2002

1993, 8. Juli. 100 Jahre Gälische Liga. Odr.; gez. K 14¾:14¼, Hochformat ~.

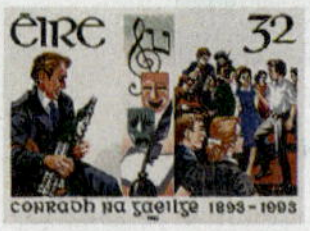

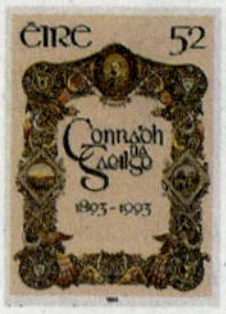

yn) Darstellungen und Symbole der Aktivitäten der Gälischen Liga yo) Douglas Hyde (1860–1949), Kulturpolitiker, Schriftsteller und Sprachforscher, Mitbegründer; Titelseite einer Handschrift

827 32 (P) mehrfarbig . . . . . yn 1,— 1,—
828 52 (P) mehrfarbig . . . . . yo 1,50 1,50
Satzpreis (2 W.) 2,50 2,50
FDC 3,—

Auflagen: MiNr. 827 = 1.000.000, MiNr. 828 = 500.000 Stück

Gültig bis 31.12.2002

1993, 8. Juli. 100 Jahre Amateur-Schwimmverband. Odr. (2×10 Zd); gez. K 14¾:14.

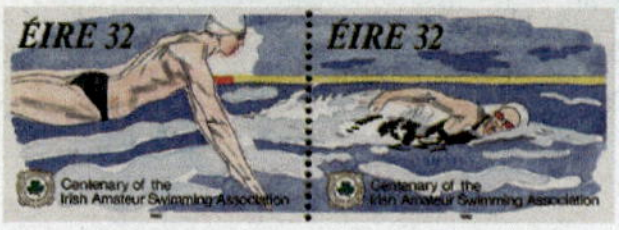

yp) Schwimmer beim Startsprung yr) Schwimmerin

829 32 (P) mehrfarbig . . . . . yp 1,— 1,—
830 32 (P) mehrfarbig . . . . . yr 1,— 1,—
Satzpreis (2 W.) 2,— 2,—
Paar 2,20 2,20
FDC 2,60

Auflage: 500.000 Sätze

Gültig bis 31.12.2002

1993, 2. Sept. 250 Jahre Königliches Hospital, Donnybrook. Odr.; gez. K 14¾:14¼.

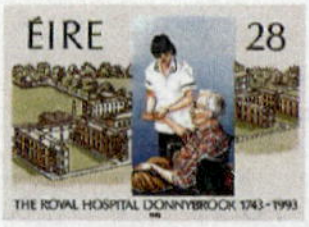

ys) Hospitalsgebäude, Krankenpflegerin betreut alten Mann im Rollstuhl

831 28 (P) mehrfarbig . . . . . ys 1,— 0,80

FDC siehe nach MiNr. 834.

Auflage: 1.000.000 Stück

Gültig bis 31.12.2002

1993, 2. Sept. 200 Jahre St.-Patrick-College, Carlow. Odr.; gez. K 14¼:14¾.

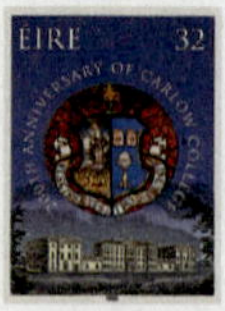

yt) College-Wappen, Gebäude

832 32 (P) mehrfarbig . . . . . yt 1,20 1,—

FDC siehe nach MiNr. 834.

Auflage: 1.000.000 Stück

Gültig bis 31.12.2002

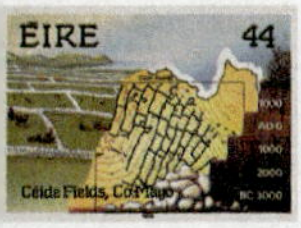

1993, 2. Sept. Céide-Fields. Odr.; gez. K 14¾:14¼.

yu) Jungsteinzeitliches Feldersystem, Céide-Fields; Torfabstich

833 44 (P) mehrfarbig . . . . . yu 1,50 1,30

FDC siehe nach MiNr. 834.

Auflage: 500.000 Stück

Gültig bis 31.12.2002

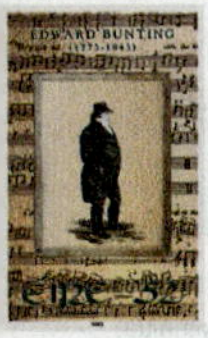

1993, 2. Sept. 150. Todestag von Edward Bunting. Odr.; gez. K 13½.

yv) Edward Bunting (1773–1843), Organist und Sammler alter irischer Volksmusik; Notenblatt

834 52 (P) mehrfarbig . . . . . yv 2,— 1,70
FDC (MiNr. 831–834) 5,—

Auflage: 500.000 Stück

Gültig bis 31.12.2002

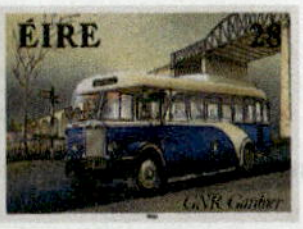

1993, 12. Okt. Irisches Verkehrswesen (IV): Historische Omnibusse. Odr.; A = vierseitig, D = dreiseitig, E = zweiseitig gez. K 14¾:14.

yw) Gardner-Omnibus (1937–1951); Viadukt von Drogheda

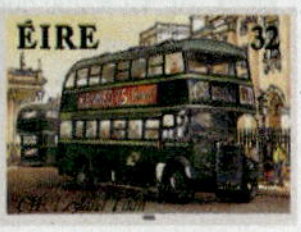

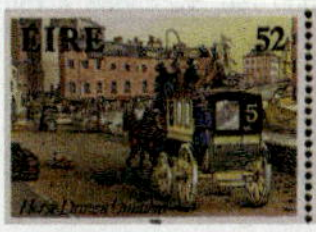

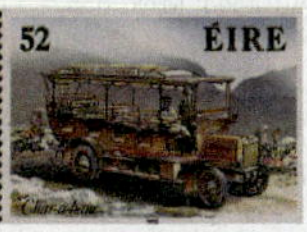

yx) Leyland-Titan-Doppeldecker (1931); College Green, Dublin

yy) Pferdeomnibus (1840–1870); Old-Baal's-Brücke, Limerick
yz) Ausflugsomnibus (1919); Lady's View, Killarney

835 28 (P) mehrfarbig . . . . . yw
A vierseitig gez. 0,80 0,80
D dreiseitig gez. (⌑) 0,80 0,80
E zweiseitig gez. (⌑) 1,10 1,10
836 32 (P) mehrfarbig . . . . . yx
A vierseitig gez. . . . . . 1,— 1,—
D dreiseitig gez. (⌑) 1,20 1,20
E zweiseitig gez. (⌑) 1,20 1,20
837 52 (P) mehrfarbig . . . . . yy
A vierseitig gez. 1,60 1,60
E zweiseitig gez. (⌑) 1,60 1,60
838 52 (P) mehrfarbig . . . . . yz
A vierseitig gez. 1,60 1,60
D dreiseitig gez. (⌑) 1,60 1,60
Satzpreis A (4 W.) 5,— 5,—
2 Marken + Paar A 5,50 6,50
FDC 6,—

MiNr. 837 A–838 A wurden waagerecht zusammenhängend gedruckt.

Teilgezähnte Marken stammen aus MH 23.

Auflagen: MiNr. 835 A–836 A je 1.000.000, MiNr. 837 A–838 A je 500.000 Stück

Gültig bis 31.12.2002

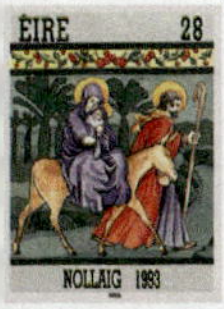

1993, 16. Nov. Weihnachten. Odr.; MiNr. (5×3), MiNr. 840–842 (5×10); gez. K 14¼:14¾, Querformate ~.

za) Flucht nach Ägypten

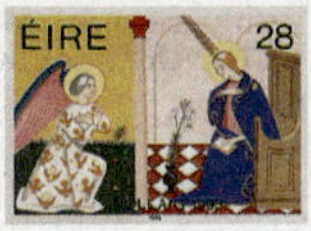

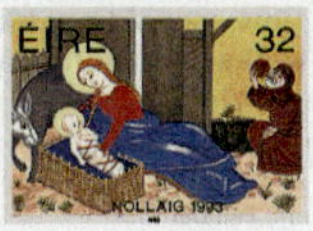

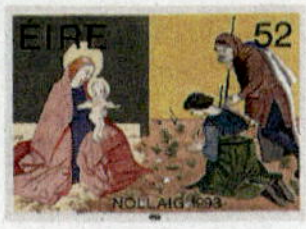

zb) Mariä Verkündigung zc) Heilige Familie zd) Anbetung der Hirten

839 28 (P) mehrfarbig . . . . . za 1,— 0,80
840 28 (P) mehrfarbig . . . . . zb 1,— 0,80
841 32 (P) mehrfarbig . . . . . zc 1,— 0,90
842 52 (P) mehrfarbig . . . . . zd 2,— 1,50
Satzpreis (4 W.) 5,— 4,—
FDC 4,50
839 Zf 1,10 1,10

MiNr. 839 wurde im Bogen zu 13 Marken und 2 verschiedenen Zierfeldern (Feld 3 und 8) gedruckt. Der Bogen wurde zum ermäßigten Preis von 3.35 £ verkauft.

Gültig bis 31.12.2002

1994, 27. Jan. Valentinstag. Odr.; gez. K 14¾:14¼, Hochformat ~.

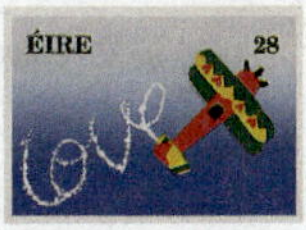

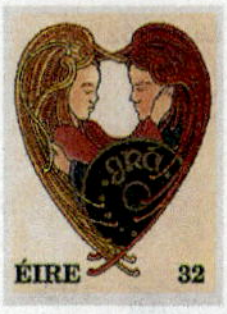

ze) Flugzeug schreibt „Love" an den Himmel

zf) Liebespaar in Herzform

843 28 (P) mehrfarbig . . . . . ze 1,— 0,70
844 32 (P) mehrfarbig . . . . . zf 2,— 0,80
Satzpreis (2 W.) 3,— 1,50
FDC 2,—

Auflage: 1.500.000 Sätze

Gültig bis 31.12.2002

1994, 27. Jan. Grußmarken. Odr., Markenheftchen (4×1); A = vierseitig, D = dreiseitig gez. K 14:14¾.

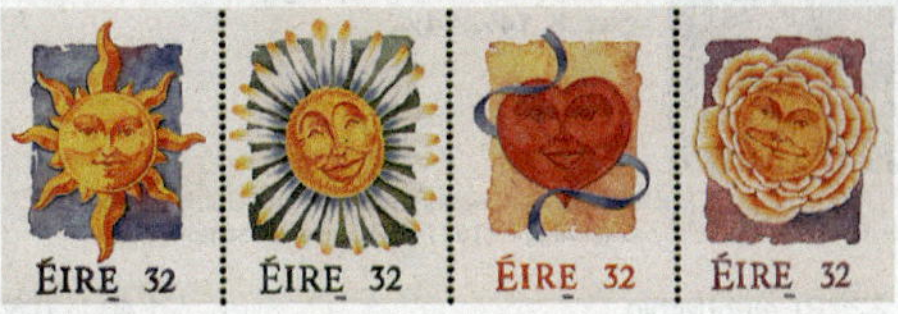

zg) Sonnensymbol
zh) Margeritenblüte
zi) Lachendes Herz
zk) Rose mit lachender Sonne

845 A 32 (P) mehrfarbig . . . . . zg 1,30 1,30
846 32 (P) mehrfarbig . . . . . zh
A vierseitig gez. 1,30 1,30
D dreiseitig gez. (⌑) 1,30 1,30
847 A 32 (P) mehrfarbig . . . . . zi 1,30 1,30
848 32 (P) mehrfarbig . . . . . zk
A vierseitig gez. 1,30 1,30
D dreiseitig gez. (⌑) 1,30 1,30
Satzpreis A (4 W.) 5,— 5,—
FDC (1 H-Bl.) 5,50

Blockausgabe mit MiNr. 845 A, 846 A und 847 D (18. Febr.)

847 D 32 (P) mfg., dreiseitig gez. (⌑) . . . . zi 2,20 2,20
Block 11 (137×74 mm) . . . . . zl 6,— 6,—
FDC *20,—*

Bl. 11 wurde – neben dem normalen Verkauf – von der Post an Kunden der Versandstelle verschenkt.

MiNr. 845 A–848 A, 846 D und 848 D stammen aus MH 24.

Gültig bis 31.12.2002

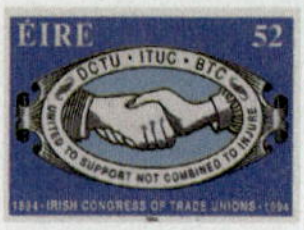

1994, 2. März. 100 Jahre Irischer Gewerkschaftskongress (ICTU). Odr.; gez. K 14¾:14¼.

zm) Händedruck

849 52 (P) mehrfarbig . . . . zm 2,— 1,50

FDC siehe nach MiNr. 852.

Auflage: 500.000 Stück

Gültig bis 31.12.2002

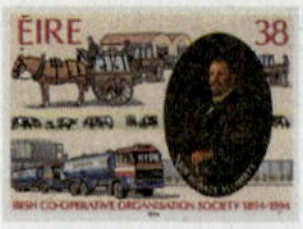

1994, 2. März. 100 Jahre Irischer Dachverband der Genossenschaften (ICOS). Odr.; gez. K 14¾:14¼.

zn) Horace Plunkett (1854–1932), Politiker und Gründer der ICOS; Milchtransport 1894 und 1994

850 38 (P) mehrfarbig . . . . zn 1,80 1,—

FDC siehe nach MiNr. 852.

Auflage: 500.000 Stück

Gültig bis 31.12.2002

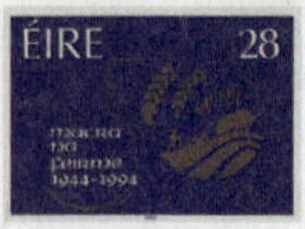

1994, 2. März. 50 Jahre ländliche Vereinigung für junge Erwachsene „Macra na Feirme“. Odr.; gez. K 14¾:14¼.

zo) Emblem

851 28 (P) mehrfarbig . . . . zo 1,20 0,70

FDC siehe nach MiNr. 852.

Auflage: 1.000.000 Stück

Gültig bis 31.12.2002

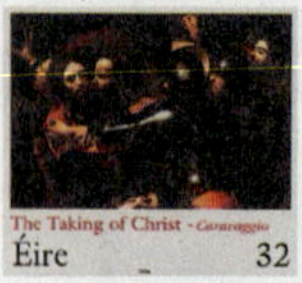

1994, 2. März. Caravaggio-Gemälde. Odr.; gez. K 14¾:14¼.

zp) Die Gefangennahme Christi; Gemälde von Caravaggio (1571–1610); italienischer Maler

852 32 (P) mehrfarbig . . . . zp 1,40 0,80
FDC (MiNr. 849–852) 4,50

Auflage: 1.000.000 Stück

Gültig bis 31.12.2002

1994, 27. April. 75 Jahre Dáil Éireann (Irisches Parlament); vierte Direktwahlen zum Europäischen Parlament. Odr.; A = vierseitig, D = dreiseitig, E = zweiseitig gez. K 14¾:14.

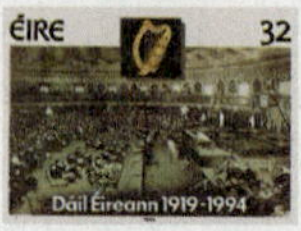

zr) Erste Sitzung des Dáil Éireann (1919)

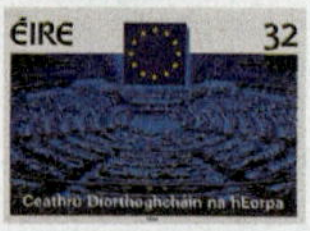

zs) Sitzung des Europäischen Parlaments

853 32 (P) mehrfarbig . . . . zr
A vierseitig gez. 1,50 0,80
Do dreiseitig gez. (⧈) 1,50 0,90
Dr dreiseitig gez. (⧈) 1,50 0,90
E zweiseitig gez. (⧈) 1,50 0,90

854 32 P mehrfarbig . . . . zs
A vierseitig gez. 1,50 0,9(
D dreiseitig gez. (⧈) 1,50 1,–
E zweiseitig gez. (⧈) 1,50 1,–
Satzpreis A (2 W.) 3,— 1,7(
FDC 2,2

MiNr. 854 A wurde auch, teilgezähnte Marken wurden nur im Markenheftche (MH 26) ausgegeben.

Auflage: 1.000.000 Sätze

Gültig bis 31.12.200

1994, 18. April. Europa: Entdeckungen und Erfindungen. Odr (2×5); gez. K 14¾:14¼.

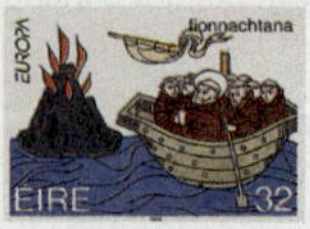

zt) Entdeckung Islands

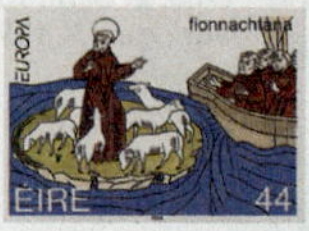

zu) Entdeckung der Färöer

zt–zu) Seereisen des hl. Brendan (6. Jh.), irischer Mönch (Holzschnitte)

855 32 (P) mehrfarbig . . . . zt 1,20 1,2(
856 44 (P) mehrfarbig . . . . zu 1,80 1,8(
Satzpreis (2 W.) 3,— 3,–
FDC 3,5(
Kleinbogensatz (2 Klb.) 30,— 30,–

Blockausgabe mit MiNr. 855–856

Block 12 (81×76 mm) . . . . zv 3,50 4,5(
FDC 5,–

Aufdruck „Stampa '94...“ auf dem Blockrand ist privaten Ursprungs, aber von de Post genehmigt.

Auflagen: MiNr. 855 = 1.000.000, MiNr. 856 = 750.000 Stück, Bl. 12 = 200.00(Blocks

Gültig bis 31.12.200

Parallelausgabe mit Dänemark - Färöer MiNr. 260–261/Bl. 7 und Island MiNr. 800–801/Bl. 15

1994, 31. Mai. Fußball-Weltmeisterschaft, USA. Odr. (3×3); gez K 14:14¾.

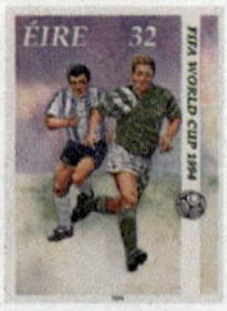

zw) Spielszene Irland – Argentinien

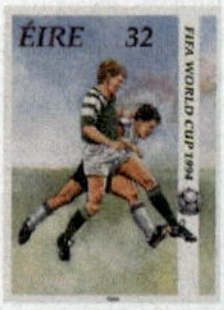

zx) Spielszene Irland – Deutschland

857 32 (P) mehrfarbig . . . . zw 1,20 1,2(
858 32 (P) mehrfarbig . . . . zx 1,20 1,2(
Satzpreis (2 W.) 2,40 2,4(
Paar 2,50 2,5(
FDC 3,–
Kleinbogen 11,— 11,–

MiNr. 857–858 wurden schachbrettartig zusammenhängend im Kleinbogen zu je 4 Marken und 1 Zierfeld (Feld 5) gedruckt.

Auflage: 1.000.000 Sätze

Gültig bis 31.12.200

1994, 31. Mai. 100 Jahre Irischer Damenhockey-Verband; Damenhockey-Weltcup, Dublin. Odr.; gez. K 13¼.

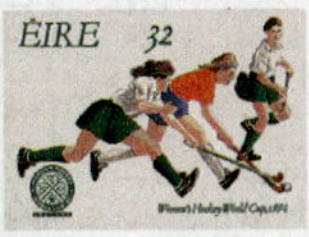
zy) Spielszene (1994)

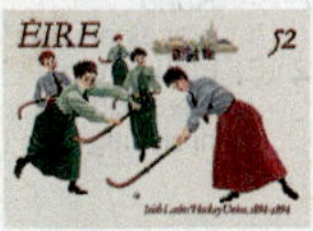
zz) Spielszene (1894)

859	32 (P) mehrfarbig	zy	1,—	1,—
860	52 (P) mehrfarbig	zz	2,—	1,50
	Satzpreis (2 W.)		3,—	2,50
	FDC			3,—

Auflagen: MiNr. 859 = 1.500.000, MiNr. 860 = 500.000 Stück

Gültig bis 31.12.2002

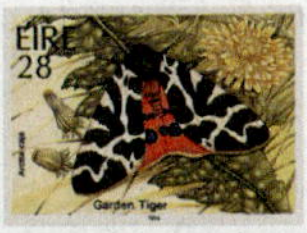

1994, 12. Juli. Nachtfalter. Odr.; gez. K 14¾:14.

aaa) Brauner Bär (Arctia caja)

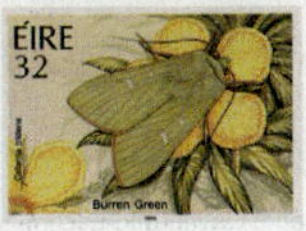
aab) Grüneule (Calamia tridens)

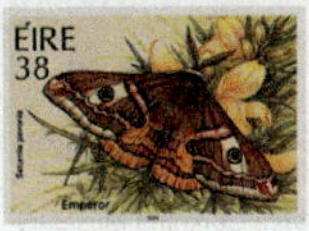
aac) Kleines Nachtpfauenauge (Saturnia pavonia)

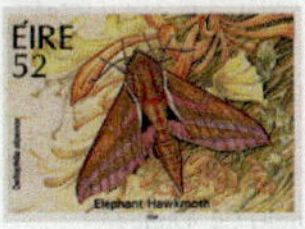
aad) Mittlerer Weinschwärmer (Deilephila elpenor)

861	28 (P) mehrfarbig	aaa	1,—	0,80
862	32 (P) mehrfarbig	aab	1,20	1,—
863	38 (P) mehrfarbig	aac	1,50	1,10
864	52 (P) mehrfarbig	aad	1,80	1,60
	Satzpreis (4 W.)		5,50	4,50
	FDC			5,—

Blockausgabe mit MiNr. 861–864

Block 13	(120×71 mm)	aae	5,50	6,50
	FDC			7,50

Aufdruck „Stampa '94..." auf dem Blockrand ist privaten Ursprungs, aber von der Post genehmigt.

Auflagen: MiNr. 861–862 je 1.000.000, MiNr. 863–864 je 500.000 Stück, Bl. 13 = 120.000 Blocks

Gültig bis 31.12.2002

1994, 16. Aug. Blockausgabe: Internationale Briefmarkenausstellung PHILAKOREA '94, Seoul. Bl. 13 mit Odr.-Aufdruck auf dem Blockrand.

Block 13 I	(120×71 mm)	(Bl. 13)	9,—	9,—

Bl. 13 I wurde nur am Ausstellungsstand der irischen Post und von der Versandstelle verkauft.

Bl. 13 I ungezähnt in etwas abweichenden Farben und um 1 mm größerem Format ist vermutlich ein Probedruck.

Gültig bis 31.12.2002

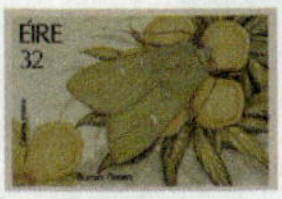

1994, 12. Juli. Nachtfalter. Odr., Rolle (100); selbstklebend; gestanzt 11¾.

aab I) Grüneule (Calamia tridens)

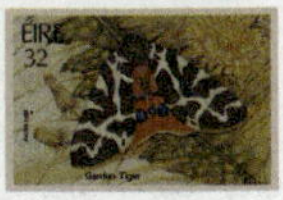
aaa I) Brauner Bär (Arctia caja)

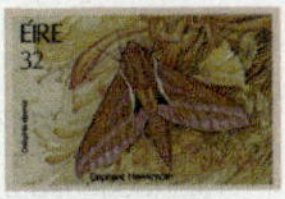
aad I) Mittlerer Weinschwärmer (Deilephila elpenor)

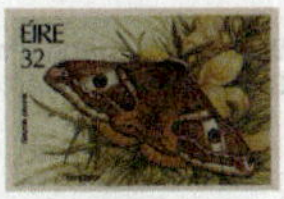
aac I) Kleines Nachtpfauenauge (Saturnia pavonia)

865	32 (P) mehrfarbig	aab I	1,80	1,50
866	32 (P) mehrfarbig	aaa I	1,80	1,50
867	32 (P) mehrfarbig	aad I	1,80	1,50
868	32 (P) mehrfarbig	aac I	1,80	1,50
	Satzpreis (4 W.)		7,20	6,—
	FDC			7,—
	Viererstreifen		7,50	6,—

MiNr. 865–868 wurden zusammen in der Rolle gedruckt.

Auflage: 2.080.000 Sätze

Gültig bis 31.12.2002

1994, 6. Sept. Irischer Einfluss in Großbritannien. Odr.; gez. K 14:13¾.

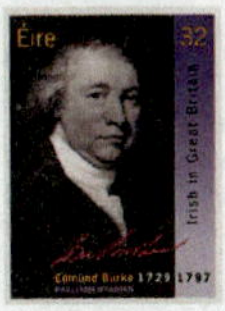
aaf) Edmund Burke (1729–1797), Politiker und Publizist

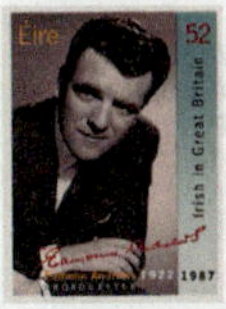
aag) Eamonn Andrews (1922–1987), Rundfunkmoderator

869	32 (P) mehrfarbig	aaf	1,—	1,—
870	52 (P) mehrfarbig	aag	1,50	1,50
	Satzpreis (2 W.)		2,50	2,50
	FDC			3,—

Auflagen: MiNr. 869 = 1.500.000, MiNr. 870 = 500.000 Stück

Gültig bis 31.12.2002

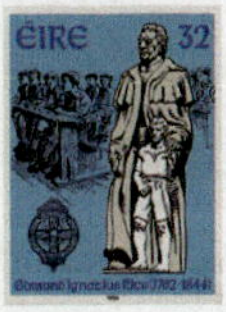

1994, 6. Sept. 150. Todestag von Edmund Ignatius Rice. Odr.; gez. K 14:14¾.

aah) Edmund Ignatius Rice (1762–1844), Pädagoge und Ordensgründer (Statue in Callan); Schulklasse

871	32 (P) mehrfarbig	aah	1,40	1,—

FDC siehe nach MiNr. 873.

Auflage: 1.000.000 Stück

Gültig bis 31.12.2002

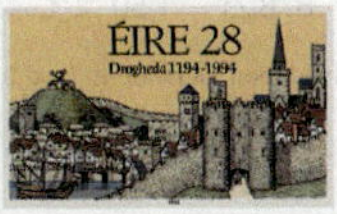

1994, 6. Sept. 800 Jahre Drogheda. Odr.; gez. K 13½:13¾.

aai) Mittelalterliche Stadtansicht von Drogheda

872	28 (P) mehrfarbig	aai	1,20	0,80

FDC siehe nach MiNr. 873.

Auflage: 1.000.000 Stück

Gültig bis 31.12.2002

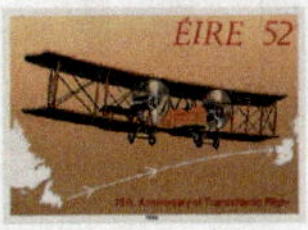

1994, 6. Sept. 75. Jahrestag des ersten Transatlantikfluges. Odr.; gez. K 14¾:14.

aak) Flugzeug Vickers Vimy, Landkarte

873	52 (P) mehrfarbig	aak	2,50	1,50
	FDC (MiNr. 871–873)			4,—

Auflage: 500.000 Stück

Gültig bis 31.12.2002

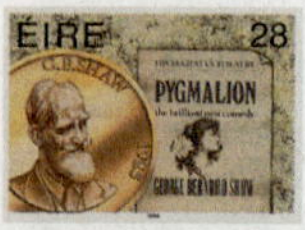

1994, 18. Okt. Nobelpreisträger. Odr.; gez. K 14¾:14.

aal) George Bernard Shaw (1856–1950), Schriftsteller, Nobelpreis 1925

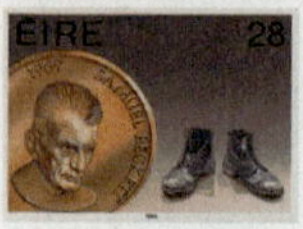

aam) Samuel Beckett (1906–1989), Schriftsteller, Nobelpreis 1969

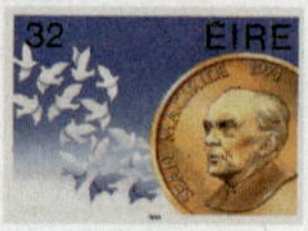

aan) Sean McBride (1904–1988), Politiker, Friedensnobelpreis 1974

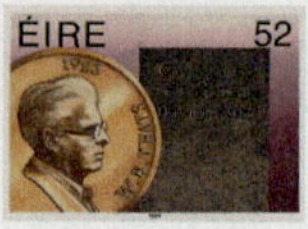

aao) William Butler Yeats (1865–1939), Lyriker und Dramatiker, Nobelpreis 1923

874	28 (P) mehrfarbig	aal	0,80	0,80
875	28 (P) mehrfarbig	aam	0,80	0,80
876	32 (P) mehrfarbig	aan	1,—	1,—
877	52 (P) mehrfarbig	aao	1,60	1,60
	Satzpreis (4 W.)		4,20	4,20
	Paar + 2 Marken		4,20	4,20
	FDC			4,60

MiNr. 874–875 wurden schachbrettartig zusammenhängend gedruckt.

MiNr. 874–877 wurden auch im Markenheftchen (MH 27) ausgegeben.

Auflagen: MiNr. 874–875 und 877 je 500.000, MiNr. 876 = 1.000.000 Stück

Gültig bis 31.12.2002

1994, 17. Nov. Weihnachten. Odr.; MiNr. 878 (5×3), MiNr. 879–881 (10×5); gez. K 14¼:14¾.

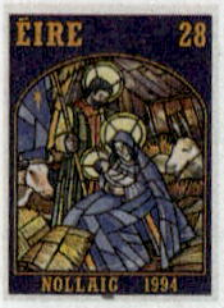

aap) Christi Geburt; Buntglasfenster von Pamela Leonhard (*1940)

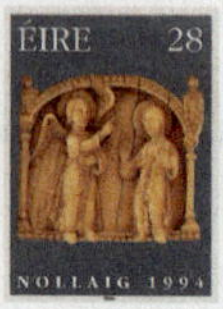

aar) Mariä Verkündigung; Elfenbeinschmuckplatte (Detail, 11. Jh.)

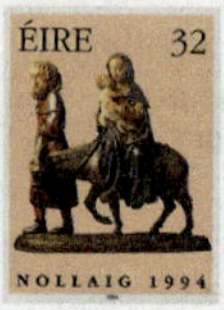

aas) Flucht nach Ägypten; Holzplastik (15. Jh.)

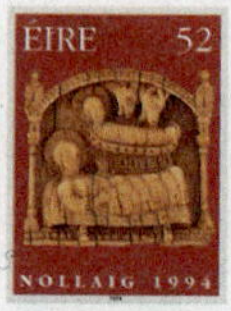

aat) Christi Geburt; Elfenbeinschmuckplatte (Detail, 11. Jh.)

878	28 (P) mehrfarbig	aap	1,—	0,80
879	28 (P) mehrfarbig	aar	1,—	0,80
880	32 (P) mehrfarbig	aas	1,50	1,—
881	52 (P) mehrfarbig	aat	1,50	1,60
	Satzpreis (4 W.)		5,—	4,20
	FDC			4,60
	878 Zf		1,50	1,—

MiNr. 878 wurde im Bogen zu 13 Marken und 2 verschiedenen Zierfeldern (Feld 3 und 8) gedruckt. Der Bogen wurde zum ermäßigten Preis von 3.36 £ verkauft.

Gültig bis 31.12.2002

1995, 24. Jan. Grußmarken. Odr.; A = vierseitig, D = dreiseitig gez. K 14:14¾.

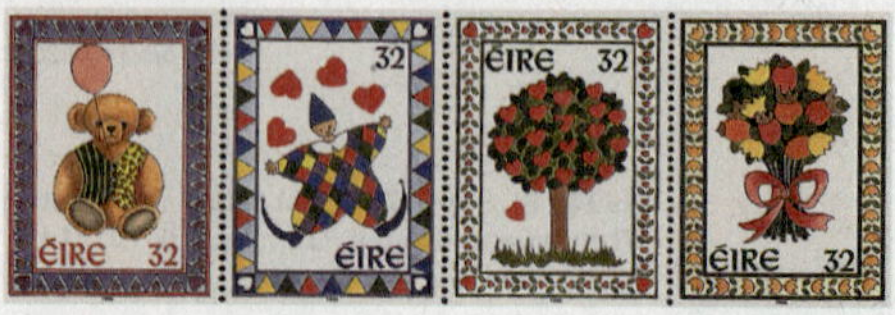

aau) Teddybär mit Luftballon
aav) Harlekin jongliert mit Herzen
aaw) Baum mit Herzen als Früchte
aax) Blumenstrauß

882	**A**	32 (P) mehrfarbig	aau	1,50	1,—
883		32 (P) mehrfarbig	aav		
	A	vierseitig gez.		1,50	1,—
	D	dreiseitig gez. (⌧)		1,50	1,—
884	**A**	32 (P) mehrfarbig	aaw		
	I	einzelnes Herz mit schwarzem Rand		1,50	1,—
	II	einzelnes Herz ohne Rand		1,50	1,—
885		32 (P) mehrfarbig	aax		
	A	vierseitig gez.		1,50	1,—
	D	dreiseitig gez. (⌧)		1,50	1,—
		Satzpreis A (4 W.)		6,—	4,—
		FDC (1 H-Bl.)			4,50

Blockausgabe mit MiNr. 883 A, 884 A II und 885 D

Block 14	(137×74 mm)	aay	5,—	5,—
	FDC			7,50

MiNr. 882 A, 883 A, 883 D, 884 A II, 885 A und 885 D stammen aus MH 28. MiNr. 884 A I wurde im Bogen zu 50 Marken gedruckt.

Gültig bis 31.12.2002

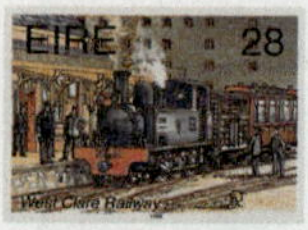

1995, 28. Febr. Irisches Verkehrswesen (V): Schmalspurbahnen. Odr.; gez. K 14¾:14.

aaz) West-Clare-Eisenbahn

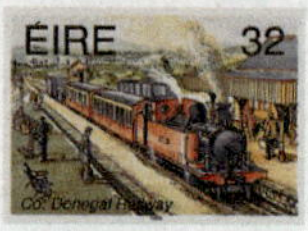

aba) Co.-Donegal-Eisenbahn

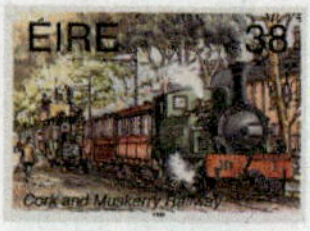

abb) Cork-and-Muskerry-Eisenbahn

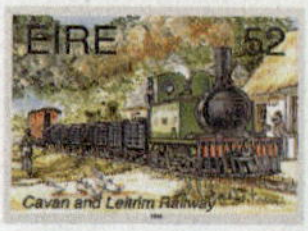

abc) Cavan-and-Leitrim-Eisenbahn

886	28 (P) mehrfarbig	aaz	1,—	0,80
887	32 (P) mehrfarbig	aba	1,50	1,—
888	38 (P) mehrfarbig	abb	1,50	1,10
889	52 (P) mehrfarbig	abc	2,—	1,50
	Satzpreis (4 W.)		6,—	4,50
	FDC			5,—

Blockausgabe mit MiNr. 886–889

Block 15	(128×83 mm)	abd	7,—	7,—
	FDC			8,—

Auflagen: MiNr. 886–887 je 1.000.000, MiNr. 888–889 je 500.000 Stück, Bl. 15 = 170.000 Blocks

Gültig bis 31.12.2002

1995, 1. Sept. Blockausgabe: Internationale Briefmarkenausstellung SINGAPORE ’95. Wie Block 15, jedoch mit zusätzlichem Ausstellungsemblem am oberen Blockrand. Odr.; gez. Ks 14¾:14.

Block 15 I	mit MiNr. 886–889 (128×83 mm)	abe	10,—	10,—

Bl. 15 I wurde nur am Ausstellungsstand der Irischen Post und von der Versandstelle verkauft.

Gültig bis 31.12.2002

1995, 6. April. Europa: Frieden und Freiheit. Odr. (2×5); gez. K 14¾:14.

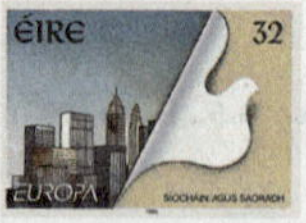

abf) Gebäude einer modernen Großstadt, Friedenstaube

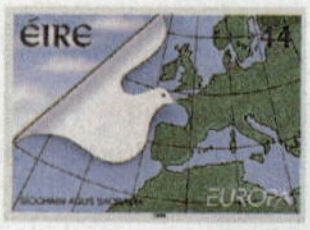

abg) Friedenstaube, Landkarte von Europa

890	32 (P) mehrfarbig	abf	1,20	1,20
891	44 (P) mehrfarbig	abg	1,80	1,80
	Satzpreis (2 W.)		3,—	3,—
	FDC			3,50
	Kleinbogensatz (2 Klb.)		30,—	30,—

Auflagen: MiNr. 890 = 1.000.000, MiNr. 891 = 750.000 Stück

Gültig bis 31.12.2002

1995, 6. April. Europa: Frieden und Freiheit. Odr., Rolle (100); selbstklebend; gestanzt 11¾.

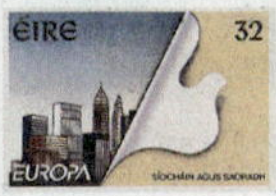

abf I) Gebäude einer modernen Großstadt, Friedenstaube

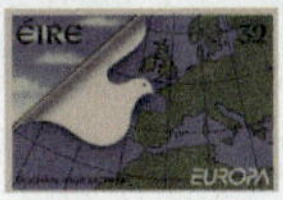

abg) Friedenstaube, Landkarte von Europa

892 32 (P) mehrfarbig	abf I	1,80	1,80
893 32 (P) mehrfarbig	abg I	1,80	1,80
	Satzpreis (2 W.)	3,60	3,60
	FDC		4,—
	FDC (MiNr. 890–893)		6,50
	Paar	4,—	4,—

MiNr. 892–893 wurden zusammen in der Rolle gedruckt.

Gültig bis 31.12.2002

1995, 6. April. Rugby-Weltmeisterschaft. Odr.; gez. K 13¾:14.

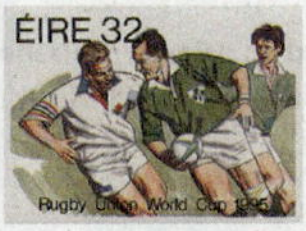

abh) Spielszene Irland – England

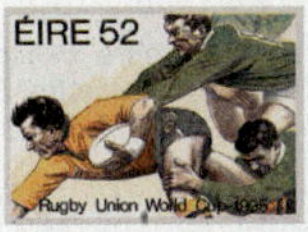

abi) Spielszene Irland – Australien

894 32 (P) mehrfarbig	abh	1,—	0,80
895 52 (P) mehrfarbig	abi	2,—	1,40
	Satzpreis (2 W.)	3,—	2,20
	FDC		2,60

Blockausgabe

896 1 £ mehrfarbig	abh	3,50	3,50
Block 16 (108×76 mm)	abk	4,—	5,—
	FDC		5,50

Auflagen: MiNr. 894 = 1.500.000, MiNr. 895 = 500.000 Stück

Gültig bis 31.12.2002

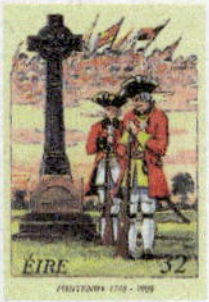

1995, 15. Mai. 250. Jahrestag der Schlacht von Fontenoy. RaTdr.; Papier ph.; gez. K 11½.

abl) Irische Soldaten, keltisches Kreuz auf dem Schlachtfeld von Fontenoy

897 32 (P) mehrfarbig	abl	1,—	1,—
	FDC		1,50

Auflage: 2.001.000 Stück

Gültig bis 31.12.2002

Parallelausgabe mit Belgien MiNr. 2652

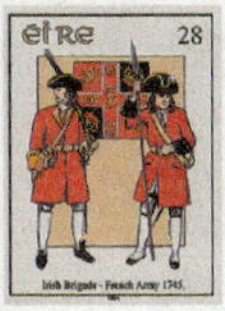

1995, 15. Mai. Historische Militäruniformen. Odr.; A = vierseitig, D = dreiseitig gez. K 14:14¾.

abm) Irish Brigade, Frankreich (1745)

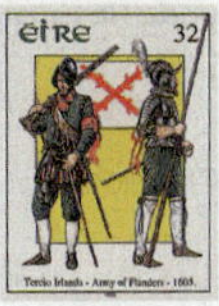

abn) Tercio Irlanda, spanische Niederlande (1605)

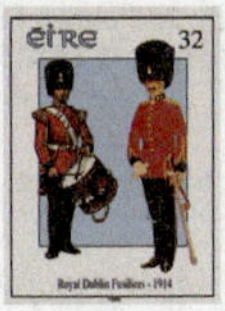

abo) Royal Dublin Fusiliers (1914)

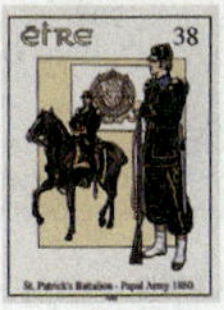

abp) St. Patrick's Battalion, Kirchenstaat (1860)

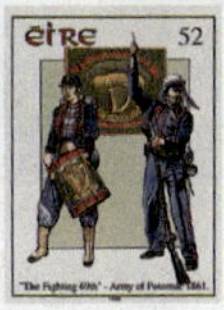

abr) „The Fighting 69th", Potomac-Armee, USA (1861)

898 28 (P) mehrfarbig	abm		
A vierseitig gez.		1,—	0,80
D dreiseitig gez. (⌑)		2,—	1,30
899 32 (P) mehrfarbig	abn		
A vierseitig gez.		1,—	0,90
D dreiseitig gez. (⌑)		1,50	1,50
900 A 32 (P) mehrfarbig	abo	1,—	0,90
901 A 38 (P) mehrfarbig	abp	1,50	1,20
902 52 (P) mehrfarbig	abr		
A vierseitig gez.		2,50	1,40
D dreiseitig gez. (⌑)		3,—	2,50
	Satzpreis A (5 W.)	7,—	5,—
	FDC		6,—

MiNr. 898–899 und 901–902 wurden auch im Markenheftchen (MH 29) ausgegeben.

Gültig bis 31.12.2002

1995, 8. Juni. 100 Jahre Radio. Odr. (4×5 + 4×5); gez. K 13½.

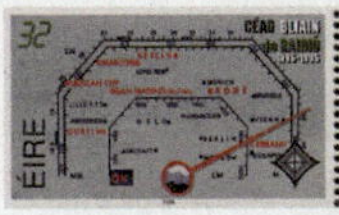

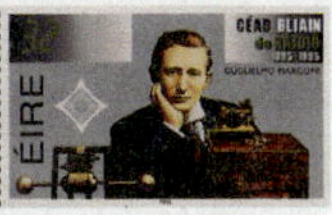

abs) Skala eines Radiogerätes
abt) Guglielmo Marconi (1874–1937), italienischer Ingenieur und Physiker, Nobelpreis 1909

903 32 (P) mehrfarbig	abs	10,—	10,—
904 32 (P) mehrfarbig	abt	10,—	10,—
	Satzpreis (2 W.)	20,—	20,—
	Paar	24,—	24,—
	FDC		25,—

MiNr. 903–904 wurden schachbrettartig zusammenhängend gedruckt.

Auflage: 2.000.000 Sätze

Gültig bis 31.12.2002

Parallelausgabe mit Deutschland MiNr. 1803, Italien MiNr. 2392–2393, San Marino MiNr. 1615–1616 und Vatikanstadt MiNr. 1143–1144

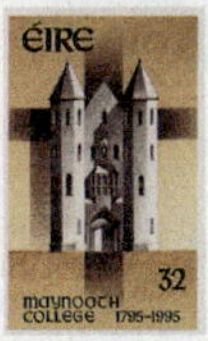

1995, 27. Juli. 200 Jahre St.-Patrick-College, Maynooth. Odr.; gez. K 14¼:14½.

abu) Fassade des Collegegebäudes, Kreuz

905 32 (P) mehrfarbig	abu	1,20	1,—

FDC siehe nach MiNr. 908.

Auflage: 1.000.000 Stück

Gültig bis 31.12.2002

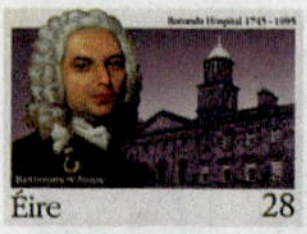

1995, 27. Juli. 250 Jahre Rotunda-Hospital, Dublin. Odr.; gez. K 14¾:14.

abv) Bartholomew Mosse (1712–1759), Chirurg und Geburtshelfer, Gründer des Hospitals

906	28 (P) mehrfarbig	abv	0,90	0,90

FDC siehe nach MiNr. 908.

Auflage: 1.000.000 Stück

Gültig bis 31.12.2002

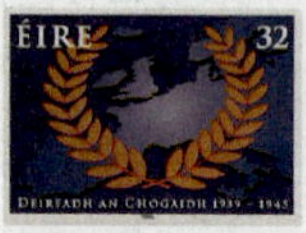

1995, 27. Juli. 50. Jahrestag der Beendigung des Zweiten Weltkrieges. Odr.; gez. K 14¾:14.

abw) Siegerkranz, Landkarte Europas

907	32 (P) mehrfarbig	abw	1,20	1,—

FDC siehe nach MiNr. 908.

Auflage: 1.000.000 Stück

Gültig bis 31.12.2002

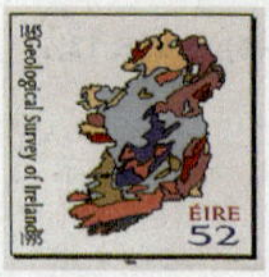

1995, 27. Juli. 150 Jahre geologische Erfassung Irlands. Odr.; gez. K 13¼.

abx) Geologische Karte Irlands

908	52 (P) mehrfarbig	abx	2,—	1,60
	FDC (MiNr. 905–908)			5,—

Auflage: 500.000 Stück

Gültig bis 31.12.2002

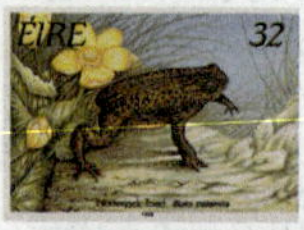

1995, 1. Sept. Reptilien und Amphibien. Odr. (1×4 Zd); gez. K 14¾:14.

aby) Kreuzkröte (Bufo calamita)

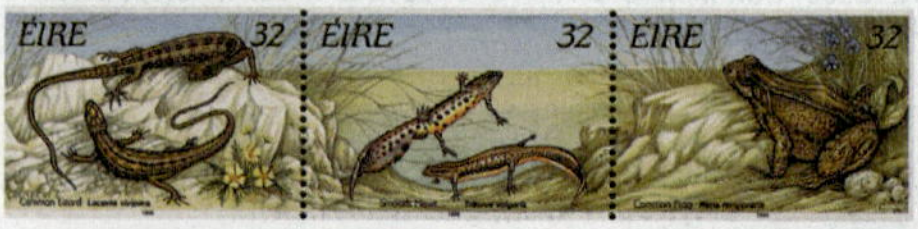

abz) Bergeidechse (Lacerta vivipara)
aca) Teichmolch (Triturus vulgaris)
acb) Grasfrosch (Rana temporaria)

909	32 (P) mehrfarbig	aby	1,20	1,20
910	32 (P) mehrfarbig	abz	1,20	1,20
911	32 (P) mehrfarbig	aca	1,20	1,20
912	32 (P) mehrfarbig	acb	1,20	1,20
	Satzpreis (4 W.)		4,50	4,50
	Viererstreifen		5,—	5,—
	FDC			5,50

MiNr. 909–912 wurden waagerecht zusammenhängend gedruckt.

Auflage: 800.000 Sätze

Gültig bis 31.12.2002

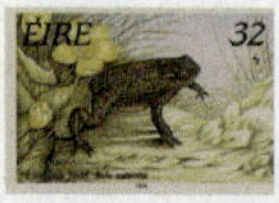

1995, 1. Sept. Reptilien und Amphibien. Odr., Rolle (100); selbstklebend; gestanzt 9½.

aby I) Kreuzkröte (Bufo calamita)

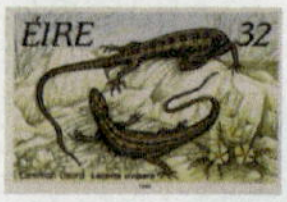

abz I) Bergeidechse (Lacerta vivipara)

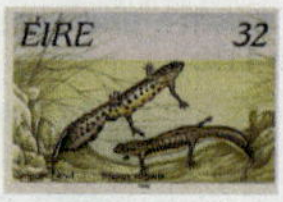

aca I) Teichmolch (Triturus vulgaris)

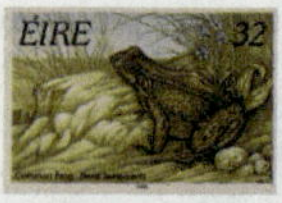

acb I) Grasfrosch (Rana temporaria)

913	32 (P) mehrfarbig	aby I	1,50	1,30
914	32 (P) mehrfarbig	abz I	1,50	1,30
915	32 (P) mehrfarbig	aca I	1,50	1,30
916	32 (P) mehrfarbig	acb I	1,50	1,30
	Satzpreis (4 W.)		6,—	5,—
	FDC			5,50
	Viererstreifen		6,—	

MiNr. 912–916 wurden zusammen in der Rolle gedruckt.

Auflage: 520.000 Sätze

Gültig bis 31.12.2002

1995, 9. Okt. 200 Jahre Botanische Gärten in Irland: Seltene Pflanzen. Odr.; A = vierseitig, D = dreiseitig, E = zweiseitig gez. K 14¼:14¾.

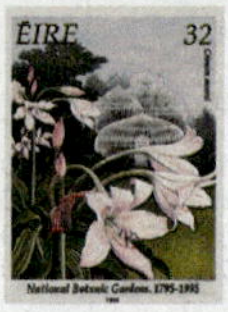

acc) Busch-Hakenlilie (Crinum moorei)

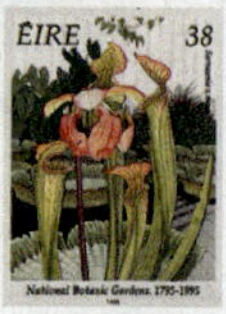

acd) Sarracenia × moorei

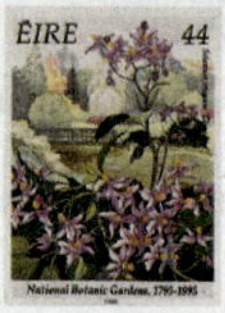

ace) Solanum crispum „Glasnevin“

917		32 (P) mehrfarbig	acc		
	A	vierseitig gez.		1,—	1,—
	Do	dreiseitig gez. (□)		1,—	1,—
	Du	dreiseitig gez. (□)		1,—	1,—
	E	zweiseitig gez. (□)		1,—	1,—
918		38 (P) mehrfarbig	acd		
	A	vierseitig gez.		1,20	1,—
	D	dreiseitig gez. (□)		1,—	1,—
	E	zweiseitig gez. (□)		1,—	1,—
919		44 (P) mehrfarbig	ace		
	A	vierseitig gez.		1,30	1,—
	D	dreiseitig gez. (□)		1,—	1,—
	E	zweiseitig gez. (□)		1,—	1,—
		Satzpreis A (3 W.)		3,50	3,—
		FDC			3,50

Teilgezähnte Marken stammen aus MH 30.

Auflagen: MiNr. 917 A = 1.000.000, MiNr. 918 A–919 A je 500.000 Stück

Gültig bis 31.12.2002

1995, 19. Okt. 50 Jahre Vereinte Nationen (UNO). Odr. (2×5); gez. K 13¼:13½.

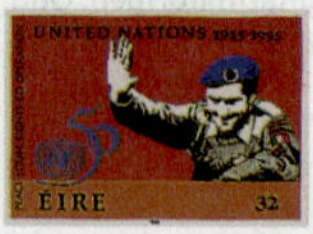

acf) UNO-Soldat, Jubiläumsemblem

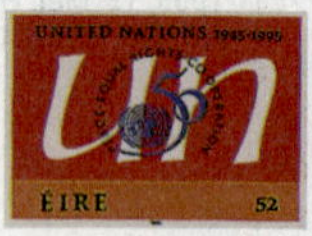

acg) Inschrift, Jubiläumsemblem

920	32 (P) mehrfarbig	acf	1,—	1,—
921	52 (P) mehrfarbig	acg	1,50	1,50
	Satzpreis (2 W.)		2,50	2,50
	FDC			3,—
	Kleinbogensatz (2 Klb.)		25,—	25,—

Auflagen: MiNr. 920 = 1.250.000, MiNr. 921 = 750.000 Stück

Gültig bis 31.12.2002

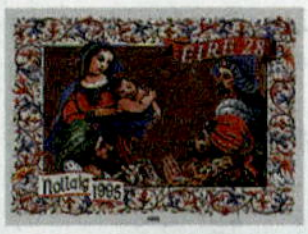

1995, 16. Nov. Weihnachten. Odr.; MiNr. 922 (3×5), MiNr. 923–925 (5×10); gez. K 14¾;14¼.

ach) Anbetung der Heiligen Drei Könige

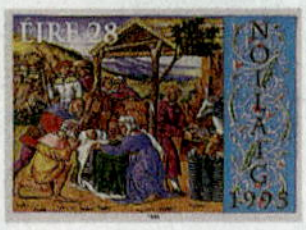
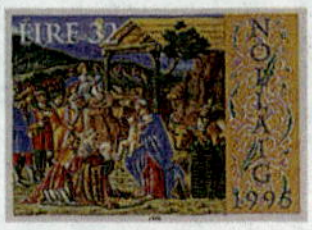
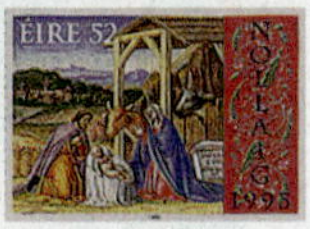

aci) Anbetung der Hirten ack) Anbetung der Heiligen Drei Könige acl) Christi Geburt

aci–acl) Miniaturen aus illuminiertem Evangelium von Benedetto Bardone (um 1455–1530)

922	28 (P)	mehrfarbig	ach	0,80	0,80
923	28 (P)	mehrfarbig	aci	0,80	0,80
924	32 (P)	mehrfarbig	ack	0,90	0,90
925	52 (P)	mehrfarbig	acl	1,50	1,50
		Satzpreis (4 W.)		4,—	4,—
		FDC			4,50
		922 Zf		1,—	1,—

MiNr. 922 wurde im Bogen zu 13 Marken und 2 verschiedenen Zierfeldern (Feld 5 und 8) gedruckt. Der Bogen wurde zum ermäßigten Preis von 3.36 £ verkauft.

Gültig bis 31.12.2002

1996, 23. Jan. Grußmarken. Odr.; A = vierseitig, D = dreiseitig gez. K 14:14¾.

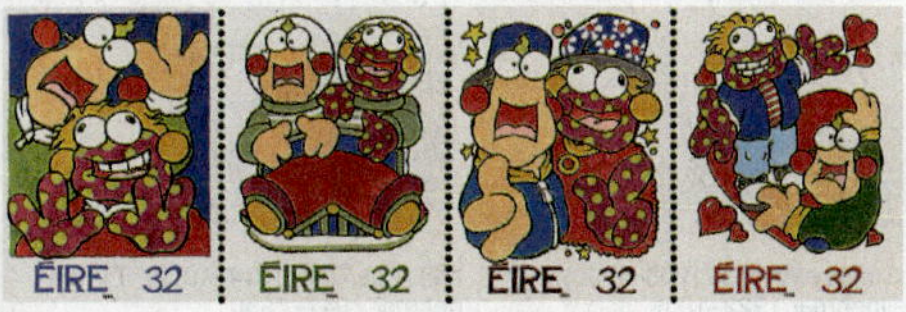

acm–acp) Zig und Zag vom Planeten Zog; Figuren aus einer Fernsehserie

926	**A**	32 (P)	mehrfarbig	acm	2,—	1,50
927		32 (P)	mehrfarbig	acn		
	A		vierseitig gez.		1,50	1,50
	D		dreiseitig gez. (⌑)		1,50	1,50
928	**A**	32 (P)	mehrfarbig	aco	1,50	1,50
929		32 (P)	mehrfarbig	acp		
	A		vierseitig gez.		1,50	1,50
	D		dreiseitig gez. (⌑)		2,—	1,50
			Satzpreis A (4 W.)		7,—	6,—
			FDC (1 H-Bl.)			7,—

Blockausgabe mit MiNr. 927 A, 928 A und 929 D

Block 17 (130×74 mm)		acr	6,—	5,50
	FDC			6,50

MiNr. 926 A–929 A, 927 D und 929 D stammen aus MH 32, MiNr. 929 A wurde auch im Bogen zu 50 Marken gedruckt.

Gültig bis 31.12.2002

1996, 1. Febr. Olympische und Paralympische Sommerspiele, Atlanta. Odr.; MiNr. 930 (10×5), MiNr. 931–933 (3×3); gez. K 14¼:14¾.

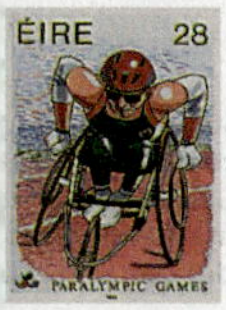
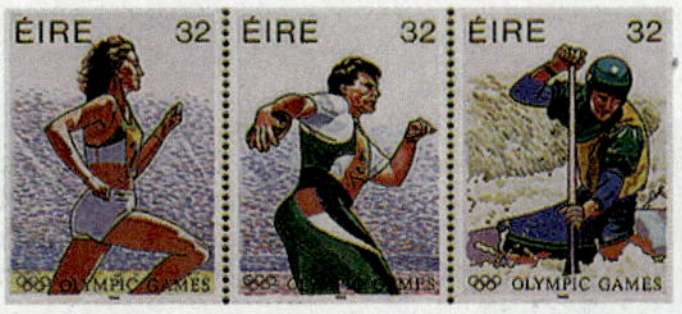

acs) Rollstuhlfahren act) Laufen acu) Diskuswerfen acv) Wildwasserkanu

930	28 (P)	mehrfarbig	acs	1,—	1,—
931	32 (P)	mehrfarbig	act	1,50	1,—
932	32 (P)	mehrfarbig	acu	1,50	1,—
933	32 (P)	mehrfarbig	acv	1,50	1,—
		Satzpreis (4 W.)		5,50	4,—
		Marke + Dreierstreifen		5,50	6,—
		FDC			5,—
		Kleinbogen		13,—	13,—

Markenfolge im Kleinbogen: 931-932-933, 932-933-931, 933-931-932

Gültig bis 31.12.2002

1996, 12. März. Pferderennen. Odr.; A = vierseitig, D = dreiseitig gez. K 14¾:14.

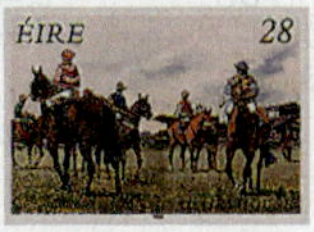
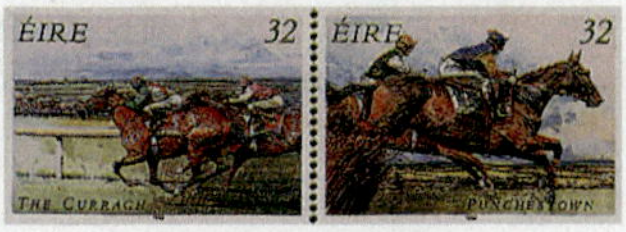

acw) Fairyhouse acx) The Curragh acy) Punchestown

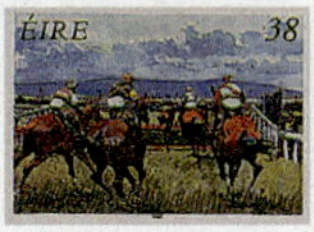
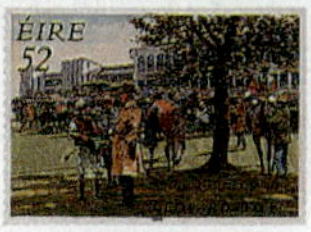

acz) Galway ada) Leopardstown

934		28 (P)	mehrfarbig	acw		
	A		vierseitig gez.		0,80	0,80
	D		dreiseitig gez. (⌑)		1,—	1,—
935		32 (P)	mehrfarbig	acx		
	A		vierseitig gez.		0,80	0,80
	D		dreiseitig gez. (⌑)		1,—	1,—
936		32 (P)	mehrfarbig	acy		
	A		vierseitig gez.		0,80	0,80
	D		dreiseitig gez. (⌑)		1,—	1,—
937	**A**	38 (P)	mehrfarbig	acz	1,10	1,10
938		52 (P)	mehrfarbig	ada		
	A		vierseitig gez.		1,50	1,50
	D		dreiseitig gez. (⌑)		2,—	2,—
			Satzpreis A (5 W.)		5,—	5,—
			3 Marken + Paar		5,50	6,—
			FDC			6,50

MiNr. 935 A–936 A wurden schachbrettartig zusammenhängend gedruckt.

MiNr. 934 A–938 A wurden auch, MiNr. 934 D–938 D ausschließlich im Markenheftchen (MH 33) ausgegeben. MiNr. 935 A–936 A stammen auch aus Bl. 18; siehe nach MiNr. 945.

Auflagen: MiNr. 934 A = 1.000.000, MiNr. 935 A–936 A je 750.000, MiNr. 937 A bis 938 A je 500.000 Stück

Gültig bis 31.12.2002

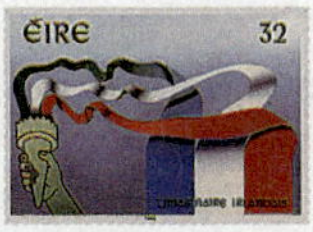

1996, 12. März. Irisches Kulturfestival „Imaginäres Irland" in Frankreich. Odr.; gez. K 14¾:14.

adb) Symbolische Darstellung

939	32 (P)	mehrfarbig	adb	1,—	1,—
		FDC			1,50

Auflage: 1.000.000 Stück

Gültig bis 31.12.2002

Parallelausgabe mit Frankreich MiNr. 3133

1996, 2. April. Europa: Berühmte Frauen. Odr. (2×5); gez. K 14¾:14¼.

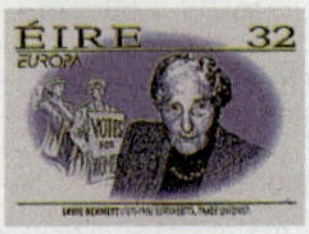

adc) Louie Bennett (1870–1956), Gewerkschafterin und Frauenrechtlerin

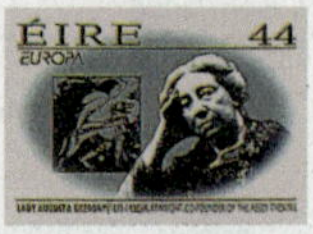

add) Isabella Augusta Gregory (1852–1932), Dramatikerin; Mitbegründerin des Abbey Theatre, Dublin

940	32 (P) dunkelviolett	adc	1,—	1,—
941	44 (P) dunkelgrün	add	1,50	1,50
		Satzpreis (2 W.)	2,50	2,50
		FDC		3,—
		Kleinbogensatz (2 Klb.)	26,—	26,—

Auflagen: MiNr. 940 = 1.000.000, MiNr. 941 = 750.000 Stück

Gültig bis 31.12.2002

1996, 2. April. Europa: Berühmte Frauen. Odr., Rolle (100); selbstklebend; gestanzt 11¾.

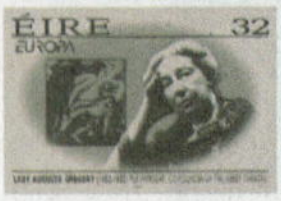

add I) Isabella Augusta Gregory (1852–1932), Dramatikerin; Mitbegründerin des Abbey Theatre, Dublin

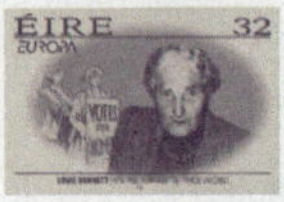

adc I) Louie Bennett (1870–1956), Gewerkschafterin und Frauenrechtlerin

942	32 (P) dunkelgrün	add I	2,—	2,—
943	32 (P) dunkelviolett	adc I	2,—	2,—
		Satzpreis (2 W.)	4,—	4,—
		FDC		4,50
		Paar	4,—	4,—
		FDC (MiNr. 940–943)		6,—

MiNr. 942–943 wurden zusammen in der Rolle gedruckt.

Gültig bis 31.12.2002

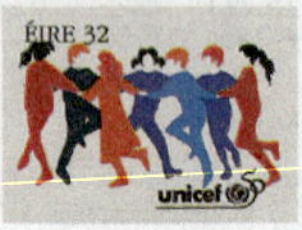

1996, 2. April. 50 Jahre Kinderhilfswerk der Vereinten Nationen (UNICEF). Odr.; gez. K 13¾:14.

ade) Kinder tanzen Ringelreihen

944	32 (P) mehrfarbig	ade	1,—	1,—

FDC siehe nach MiNr. 945.

Auflage: 1.000.000 Stück

Gültig bis 31.12.2002

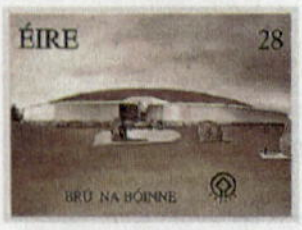

1996, 2. April. UNESCO-Welterbe. Odr.; gez. K 13¾:14.

adf) Ausgrabungsstätten „Boyne Valley Monuments“

945	28 (P) mehrfarbig	adf	1,—	1,—
		FDC (MiNr. 944–945)		2,50

Auflage: 1.000.000 Stück

Gültig bis 31.12.2002

1996, 18. Mai. Blockausgabe: Internationale Briefmarkenausstellung CHINA ’96, Peking. Odr.; gez. Ks 14¾:14.

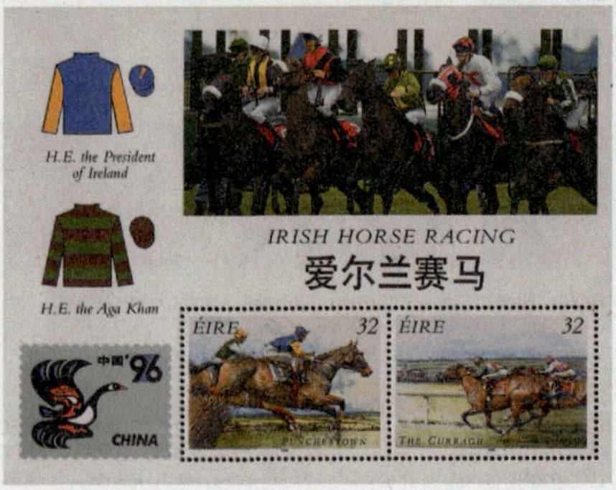

adg

acy acx

acx) The Curragh
acy) Punchestown

Block 18	mit MiNr. 935 A–936 A (120×95 mm)	adg	12,—	12,—
		FDC		15,—

Gültig bis 31.12.2002

1996, 30. Mai. Erfolgreiche irische Teilnehmer an Tourist-Trophy-Motorradrennen, Isle of Man. Odr.; gez. K 14.

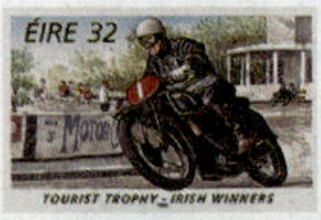

adh) Stanley Woods (1903–1993), TT-Teilnehmer 1922–1939

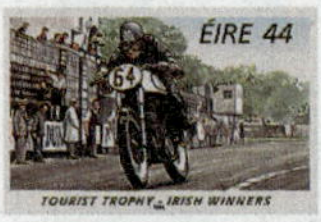

adi) Artie Bell (1914–1972), TT-Teilnehmer 1947–1950

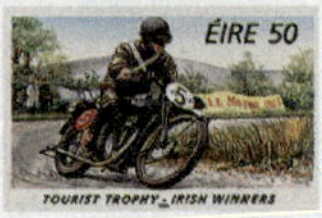

adk) Alec Bennett (1897–1973), kanadischer TT-Teilnehmer 1921–1932

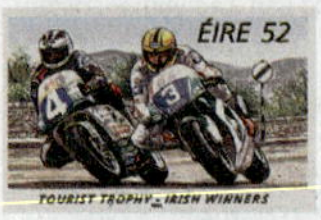

adl) Robert Dunlop (1960–2008), TT-Teilnehmer 1983–1991; Joey Dunlop (1952–2000), TT-Teilnehmer 1976–1996

946	32 (P) mehrfarbig	adh	0,80	0,80
947	44 (P) mehrfarbig	adi	1,—	1,—
948	50 (P) mehrfarbig	adk	1,30	1,30
949	52 (P) mehrfarbig	adl	1,40	1,40
		Satzpreis (4 W.)	4,50	4,50
		FDC		5,—

Blockausgabe

950	50 (P) mehrfarbig	adl	2,50	2,50
Block 19	(100×70 mm)	adm	3,—	3,—
		FDC		5,—

Aufdruck „25th irish national stamp exhibition...“ auf dem Blockrand ist privaten Ursprungs, aber von der Post genehmigt.

Auflagen: MiNr. 946 = 1.000.000, MiNr. 947–949 je 500.000 Stück

Gültig bis 31.12.2002

Parallelausgabe mit Isle of Man MiNr. 679–683/Bl. 26

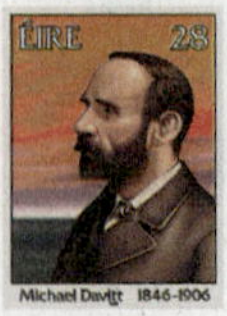

1996, 4. Juli. Jahrestage: 150. Geburtstag von Michael Davitt, Vorsitz Irlands im Rat der Europäischen Union, 100. Geburtstag von Thomas McLaughlin, 50 Jahre nationale Torf-Gesellschaft „Bord na Móna“. Odr.; gez. K 13¼.

adn) Michael Davitt (1846–1906), Politiker

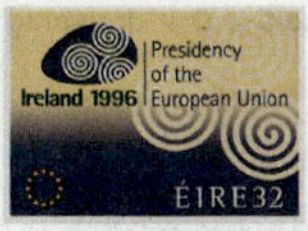

ado) Symbolische Darstellung, Sterne der Europafahne

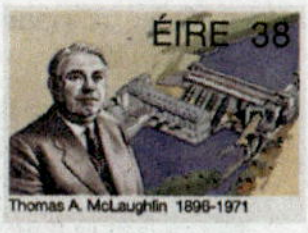

adp) Thomas McLaughlin (1896–1971), Physiker und Kraftwerksingenieur; Ardnacrusha-Wasserkraftwerk

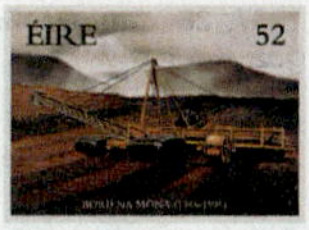

adr) Torfabbaumaschine

951	28 (P)	mehrfarbig	adn	0,70	0,70
952	32 (P)	mehrfarbig	ado	1,20	1,20
953	38 (P)	mehrfarbig	adp	1,—	1,—
954	52 (P)	mehrfarbig	adr	1,60	1,60
			Satzpreis (4 W.)	4,50	4,50
			FDC		5,—

Auflagen: MiNr. 951–952 je 1.000.000, MiNr. 953–954 je 500.000 Stück

Gültig bis 31.12.2002

1996, 18. Juli. 50 Jahre Irische Marine. Odr.; A = vierseitig, D = dreiseitig, E = zweiseitig gez. K 14¾:14, Hochformat ~.

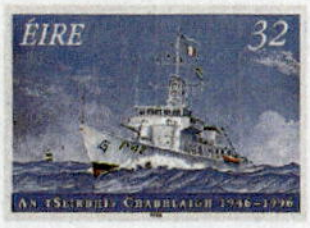

ads) Küstenschutzboot „Ciara"

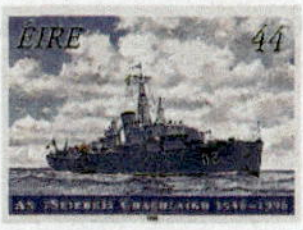

adt) Korvette „Cliona"

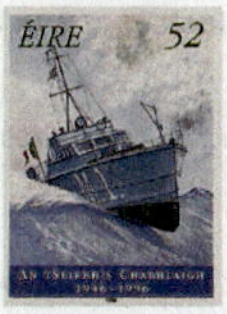

adu) Torpedoschnellboot

955		32 (P)	mehrfarbig	ads		
	A		vierseitig gez.		1,—	0,80
	Dr		dreiseitig gez. (□)		1,—	1,—
	Du		dreiseitig gez. (□)		1,—	1,—
	Eo		zweiseitig gez. (□)		1,—	1,—
	Eu		zweiseitig gez. (□)		1,—	1,—
956		44 (P)	mehrfarbig	adt		
	A		vierseitig gez.		1,20	1,—
	D		dreiseitig gez. (□)		1,20	1,20
957		52 (P)	mehrfarbig	adu		
	A		vierseitig gez.		1,80	1,20
	E		zweiseitig gez. (□)		1,80	1,80
			Satzpreis A (3 W.)		4,—	3,—
			FDC			3,60

Teilgezähnte Marken stammen aus MH 34.

Auflagen: MiNr. 955 A = 1.000.000, MiNr. 956 A–957 A je 500.000 Stück

Gültig bis 31.12.2002

1996, 3. Sept. Behinderte Menschen in der Gesellschaft. Odr. (10×5); gez. K 14:14¾.

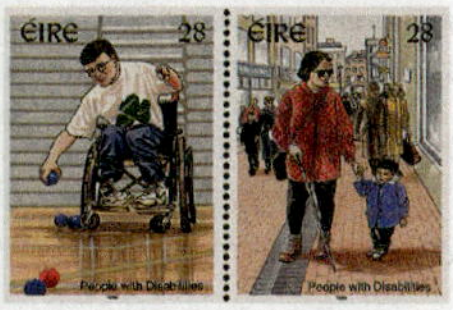

adv) Mann im Rollstuhl spielt Hallen-Boccia
adw) Blinde Frau geht mit ihrem Kind zum Einkaufen

958	28 (P)	mehrfarbig	adv	1,—	1,—
959	28 (P)	mehrfarbig	adw	1,—	1,—
			Satzpreis (2 W.)	2,—	2,—
			Paar	2,—	2,—
			FDC		2,50

MiNr. 958–959 wurden schachbrettartig zusammenhängend gedruckt.

Gültig bis 31.12.2002

1996, 24. Sept. Entenvögel. Odr.; gez. K 14¾:14¼.

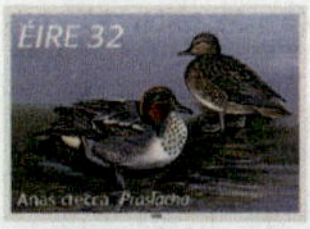

adx) Krickente (Anas crecca)

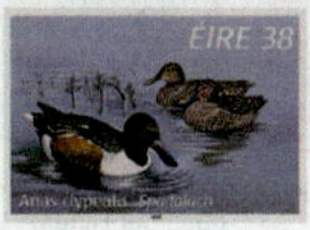

ady) Löffelente (Anas clypeata)

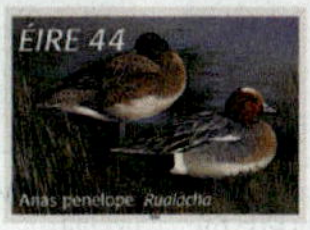

adz) Pfeifente (Anas penelope)

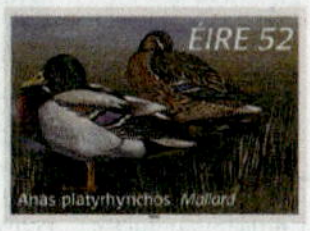

aea) Stockente (Anas platyrhynchos)

960	32 (P)	mehrfarbig	adx	1,—	1,—
961	38 (P)	mehrfarbig	ady	1,—	1,—
962	44 (P)	mehrfarbig	adz	1,—	1,—
963	52 (P)	mehrfarbig	aea	1,50	1,50
			Satzpreis (4 W.)	4,50	4,50
			FDC		5,—

Blockausgabe

964	32 (P)	mehrfarbig	adx I	1,50	1,50
965	38 (P)	mehrfarbig	ady I	1,50	1,50
966	44 (P)	mehrfarbig	adz I	1,50	1,50
967	52 (P)	mehrfarbig	aea I	1,50	1,50
Block 20		(127×85 mm)	aeb	6,—	6,—
			FDC		7,50

Die Bogenmarken haben im Gegensatz zu den Blockmarken einen weißen Rand sowie die Jahreszahl 1996 am Unterrand.

Auflagen: MiNr. 960 = 1.000.000, MiNr. 961–963 je 500.000 Stück

Gültig bis 31.12.2002

1996, 17. Okt. 100 Jahre Kino in Irland. Odr. (4×4); gez. K 13½.

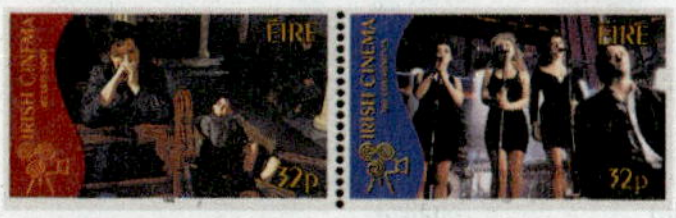

aed) „Mein linker Fuß" (1989); von Jim Sheridan
aee) „Die Commitments" (1990); von Alan Parker

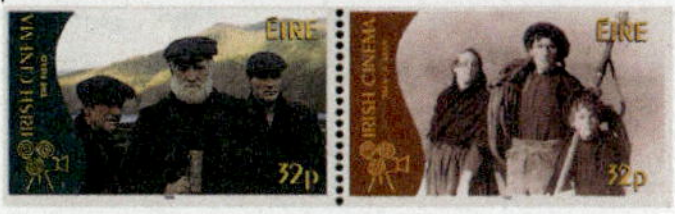

aef) „Das Feld" (1990); von Jim Sheridan;
aec) „Man of Aran" (1934); von Robert O'Flaherty

968	32 (P)	mehrfarbig	aed	1,—	1,—
969	32 (P)	mehrfarbig	aee	1,—	1,—
970	32 (P)	mehrfarbig	aef	1,—	1,—
971	32 (P)	mehrfarbig	aec	1,—	1,—
			Satzpreis (4 W.)	4,—	4,—
			Viererstreifen	4,50	4,50
			FDC		5,—

Markenfolge im Zd-Bogen: 968-969-970-971, 969-970-971-968, 970-971-968-969, 971-968-969-970

Auflage: 800.000 Sätze

Gültig bis 31.12.2002

1996, 19. Nov. Weihnachten. Odr.; MiNr. 972 (5×3), MiNr. 973 bis 975 (10×5); gez. K 14¼:14¾.

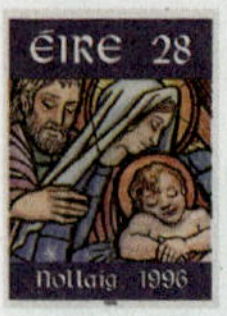

aeg) Die Heilige Familie (Buntglasfenster)

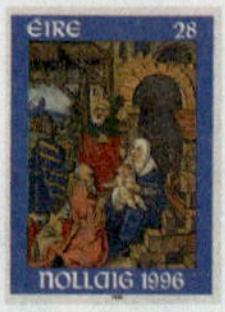

aeh) Anbetung der Heiligen Drei Könige

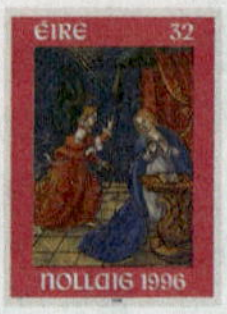

aei) Mariä Verkündigung

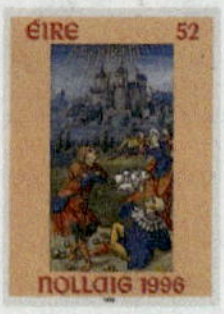

aek) Verkündigung der Hirten

aeh–aek) Miniaturen aus einem französischen Stundenbuch (1526)

972	28 (P) mehrfarbig	aeg	0,70	0,70
973	28 (P) mehrfarbig	aeh	0,70	0,70
974	32 (P) mehrfarbig	aei	0,80	0,80
975	52 (P) mehrfarbig	aek	1,80	1,30
		Satzpreis (4 W.)	4,—	3,50
		FDC		4,—

Der Bogen von MiNr. 972 wurde zum ermäßigten Preis von 3.92 £ verkauft.

Auflagen: MiNr. 972 = 18.000.000, MiNr. 973 = 4.000.000, MiNr. 974 = 5.000.000, MiNr. 975 = 1.000.000 Stück

Gültig bis 31.12.2002

1997, 16. Jan./1999, 30. Juni. Freimarken: Einheimische Vögel. Odr.; MiNr. 977 in zwei Typen: I = Markenhöhe 27 mm, II = Markenhöhe 24 mm; x = normales Papier, y = Papier ph.; A = vierseitig gez. K 15:14¼ (kleine Hochformate ~), C = vierseitig gez. K 14:13¾, D = dreiseitig gez. K 15:14¼.

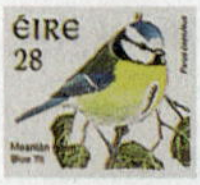

ael) Blaumeise (Parus caeruleus)

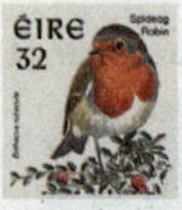

aem) Rotkehlchen (Erithacus rubecula)

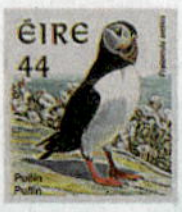

aen) Papageitaucher (Fratercula arctica)

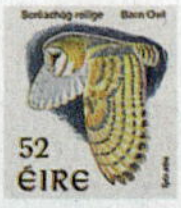

aeo) Schleiereule (Tyto alba)

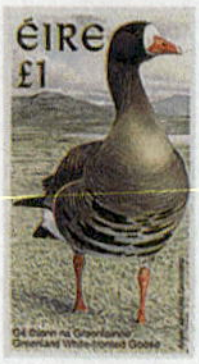

aep) Grönland-Blässgans (Anser albifrons flavirostris)

976 x A	28 (P) mehrfarbig (16.1.1997)	ael	1,—	1,—
977	32 (P) mehrfarbig (16.1.1997)			
I	größeres Format	aem		
x A	normales Papier, vierseitig gez. K 14¼:15 (16.1.1997)		1,—	1,—
y	Papier ph.			
A	vierseitig gez. K 14¼:15 (MH) (30.6.1999)		1,—	1,—
C	vierseitig gez. K 14:13¾ (17.11.1998)		1,50	1,—
II	kleineres Format	aem I		
x	normales Papier (MH) (6.3.1997)			
Dl	dreiseitig gez. K 15:14¼ (⌧)		1,50	1,50
Dr	dreiseitig gez. K 15:14¼ (⌧)		1,50	1,50
978 x A	44 (P) mehrfarbig (16.1.1997)	aen	1,50	1,50
979 x A	52 (P) mehrfarbig (16.1.1997)	aeo	1,50	1,50
980 x A	1 £ mehrfarbig (16.1.1997)	aep	3,—	3,—
		Satzpreis A (5 W.)	8,—	6,50
		FDC		7,—
	Markenheftchen mit 5 × MiNr. 977 I y A		6,50	

977 I x A F	Farbe Magenta fehlend	—,—	*500,—*

MiNr. 977 II x Dl/Dr stammen aus MH 36.

Gültig bis 31.12.2002

Weitere Werte siehe Übersicht nach Jahrgangswerttabelle.

1997, 28. Jan. Grußmarken. Odr.; A = vierseitig, D = dreiseitig gez. K 14:14¾.

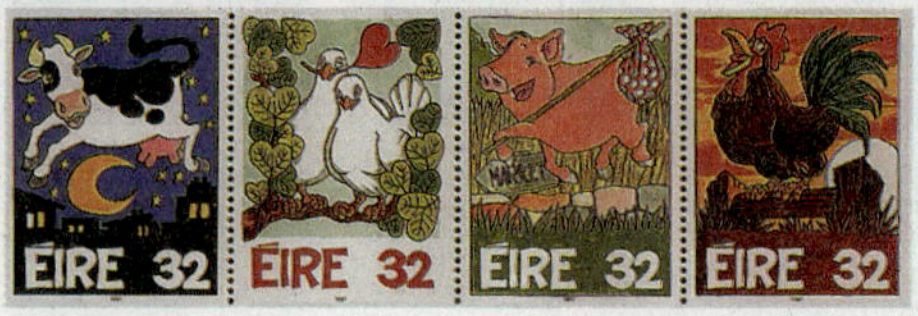

aer) Kuh
aes) Tauben
aet) Schwein
aeu) Hahn

981	32 (P) mehrfarbig	aer		
A	vierseitig gez.		1,50	1,—
D	dreiseitig gez. (⌧)		1,20	1,20
982 A	32 (P) mehrfarbig	aes	1,—	1,—
983 A	32 (P) mehrfarbig	aet	1,—	1,—
984	32 (P) mehrfarbig	aeu		
A	vierseitig gez.		1,—	1,—
D	dreiseitig gez. (⌧)		1,80	1,20
		Satzpreis A (4 W.)	4,50	4,—
		FDC (1 H-Bl.)		5,—

Blockausgabe mit MiNr. 981 A, 983 A und 984 D

Block 21 (124×74 mm)	aev	4,—	4,50
	FDC		4,50

MiNr. 981 A–984 A, 981 D und 984 D stammen aus MH 35, MiNr. 982 A wurde auch im Bogen zu 50 Marken gedruckt.

Gültig bis 31.12.2002

1997, 18. Febr. 75 Jahre Republik Irland (I). Odr. (4×5 + 4×5) und (12); gez. K 14¾:14.

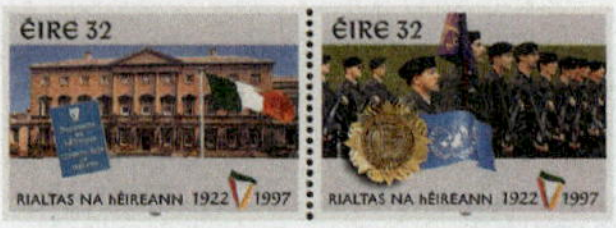

aew) Parlamentsgebäude, Verfassung, Staatsflagge
aex) Streitkräfte, Abzeichen, UNO-Flagge

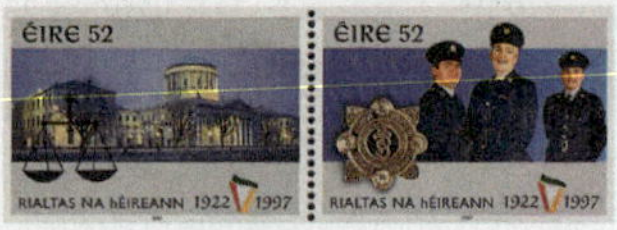

aey) Gerichtshof, Waage der Gerechtigkeit
aez) Polizisten, Polizeiabzeichen

985	32 (P) mehrfarbig	aew	0,80	0,80
986	32 (P) mehrfarbig	aex	0,80	0,80
987	52 (P) mehrfarbig	aey	1,30	1,30
988	52 (P) mehrfarbig	aez	1,30	1,30
		Satzpreis (4 W.)	4,20	4,20
		2 Paare	4,50	4,50
		FDC		5,—

Nominalgleiche Marken wurden schachbrettartig zusammenhängend gedruckt.

MiNr. 985–986 stammen auch aus einem Zd-Bogen mit MiNr. 996–997, 1023 und 1034–1040; siehe nach MiNr. 1040.

Auflagen: MiNr. 985–986 je 1.500.000, MiNr. 987–988 je 750.000 Stück

Gültig bis 31.12.2002

In gleichen Zeichnungen wie MiNr. 987–988: MiNr. 1035–1036

1997, 6. März. Meeressäugetiere. Odr.; gez. K 14¼:14¾, Querformate ~.

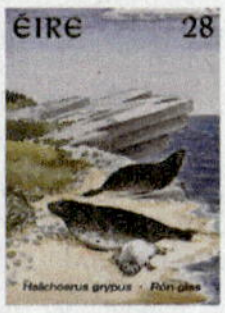
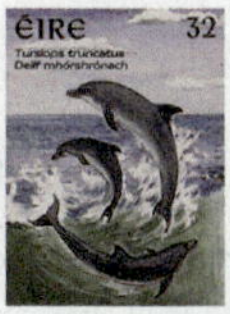
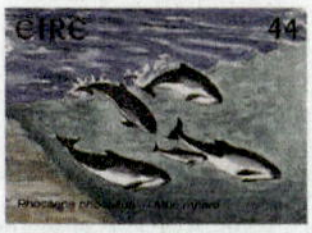

afa) Kegelrobbe (Halichoerus grypus) afb) Großer Tümmler (Tursiops truncatus) afc) Schweinswal (Phocaena phocaena)

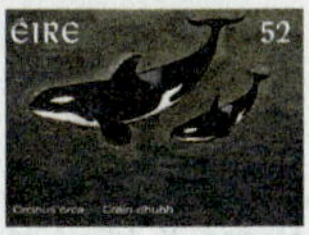

afd) Schwertwal (Orcinus orca)

989 28 (P) mehrfarbig	afa	0,70	0,70
990 32 (P) mehrfarbig	afb	0,80	0,80
991 44 (P) mehrfarbig	afc	1,10	1,10
992 52 (P) mehrfarbig	afd	1,40	1,40
Satzpreis (4 W.)		4,—	4,—
FDC			4,60

Blockausgabe mit MiNr. 989–992

Block 22 (150×68 mm)	afe	6,—	6,—
FDC			5,50

Auflagen: MiNr. 989–990 je 1.000.000, MiNr. 991–992 je 500.000 Stück, Bl. 22 = 100.000 Blocks

Gültig bis 31.12.2002

1997, 6. März/1. April. Freimarken: Einheimische Vögel. Odr. in Rollen in zwei Typen; selbstklebend; A = gestanzt 9:9½, C = gestanzt 11¼.

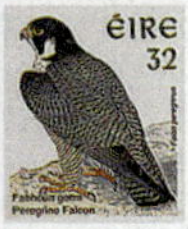
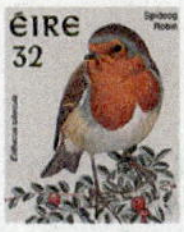

aff II) Wanderfalke (Falco peregrinus) aem II) Rotkehlchen (Erithacus rubecula)

993 32 (P) mehrfarbig	aff II		
I A Type I, gestanzt 9:9½ (6. März)		1,30	1,30
II C Type II, gestanzt 11¼ (1. April)		5,—	2,—
994 32 (P) mehrfarbig	aem II		
I A Type I, gestanzt 9:9½ (6. März)		1,30	1,30
II C Type II, gestanzt 11¼ (1. April)		5,—	2,—
Satzpreis I (2 W.)		2,50	2,50
FDC I			3,—

Type II unterscheidet sich von Type I außer in der Stanzung auch noch in der Zeichnung (größerer Abbildungsmaßstab der Vögel, Zeichnung bis in die Stanzung gehend).

Gültig bis 31.12.2002

Weitere Werte siehe Übersicht nach Jahrgangswerttabelle.

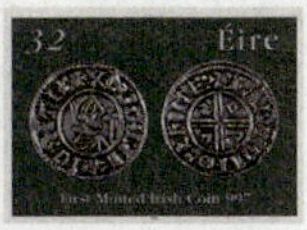

1997, 3. April. 1000 Jahre irische Münzen. Odr.; gez. K 14¾:14.

afg) Silber-Penny (997)

995 32 (P) mehrfarbig	afg	1,—	1,—
FDC			1,50

Auflage: 1.000.000 Stück

Gültig bis 31.12.2002

1997, 3. April. 75 Jahre Republik Irland (II). Odr. (4×5 + 4×5) und (12); gez. K 14¾:14.

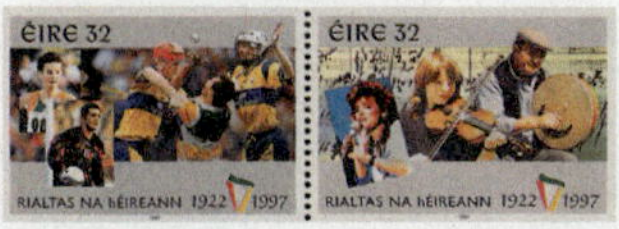

afh) Sport
afi) Kultur

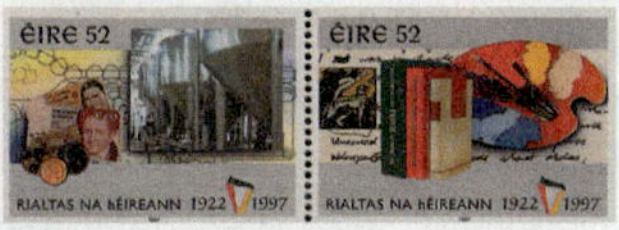

afk) Handel
afl) Kunst

996 32 (P) mehrfarbig	afh	1,—	0,80
997 32 (P) mehrfarbig	afi	1,—	0,80
998 52 (P) mehrfarbig	afk	1,50	1,30
999 52 (P) mehrfarbig	afl	1,50	1,30
Satzpreis (4 W.)		5,—	4,20
2 Paare		6,—	6,—
FDC			7,—

Nominalgleiche Marken wurden schachbrettartig zusammenhängend gedruckt.

MiNr. 996–997 stammen auch aus einem Zd-Bogen mit MiNr. 985–986, 1023 und 1034–1040; siehe nach MiNr. 1040.

Auflagen: MiNr. 996–997 je 1.500.000, MiNr. 998–999 je 750.000 Stück

Gültig bis 31.12.2002

In gleichen Zeichnungen wie MiNr. 998–999: MiNr. 1037–1038

1997, 14. Mai. Europa: Sagen und Legenden. Odr. (2×5); gez. K 13¾:14¼.

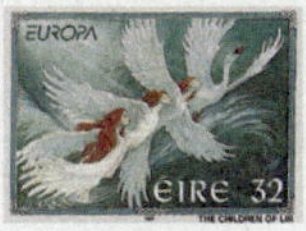
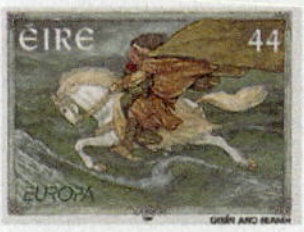

afm) Die Kinder von Lir (Normannische Sage) afn) Oisín und Niamh (Gälische Sage)

1000 32 (P) mehrfarbig	afm	1,20	1,—
1001 44 (P) mehrfarbig	afn	1,80	1,50
Satzpreis (2 W.)		3,—	2,50
FDC			3,—
Kleinbogensatz (2 Klb.)		30,—	30,—

MiNr. 1000–1001 wurden jeweils im Kleinbogen zu 10 Marken gedruckt.

Die Kleinbogen gibt es in zwei Größen: 153×179 mm und 142×158 mm.

Gültig bis 31.12.2002

1997, 14. Mai. Europa: Sagen und Legenden. Odr., Rolle (100); selbstklebend; gestanzt 9¼.

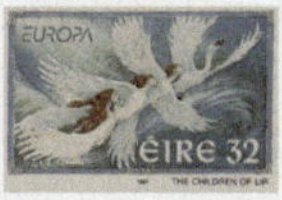
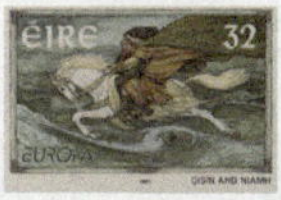

afm I) Die Kinder von Lir (Normannische Sage) afn I) Oisín und Niamh (Gälische Sage)

1002 32 (P) mehrfarbig	afm I	2,—	2,—
1003 32 (P) mehrfarbig	afn I	2,—	2,—
Satzpreis (2 W.)		4,—	4,—
FDC			5,50
Paar		4,—	4,—
FDC (MiNr. 1000–1003)			4,50

MiNr. 1002–1003 wurden zusammen in der Rolle gedruckt.

Gültig bis 31.12.2002

1997, 14. Mai. 150. Jahrestag der Großen Hungersnot in Irland. Odr.; gez. K 14¾:14.

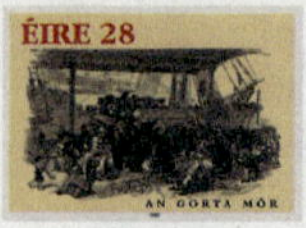

afo) Emigranten warten auf das Einschiffen

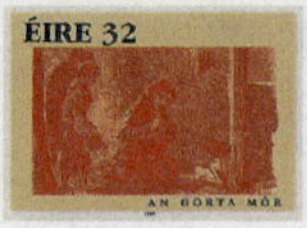

afp) Familie bei sterbendem Kind

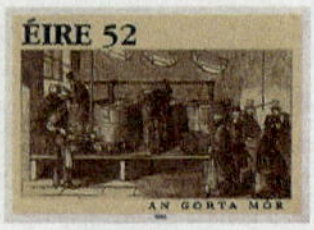

afr) Suppenküche der Quäker

afo–afr) Zeitgenössische Stiche aus den „London Illustrated News“

1004	28 (P) mehrfarbig	afo	0,70	0,70
1005	32 (P) mehrfarbig	afp	0,80	0,80
1006	52 (P) mehrfarbig	afr	1,50	1,50
	Satzpreis (3 W.)		3,—	3,—
	FDC			3,50

Gültig bis 31.12.2002

1997, 29. Mai. Blockausgabe: Internationale Briefmarkenausstellung PACIFIC '97, San Francisco – Einheimische Vögel. Odr.; gez. Ks 14¼:14.

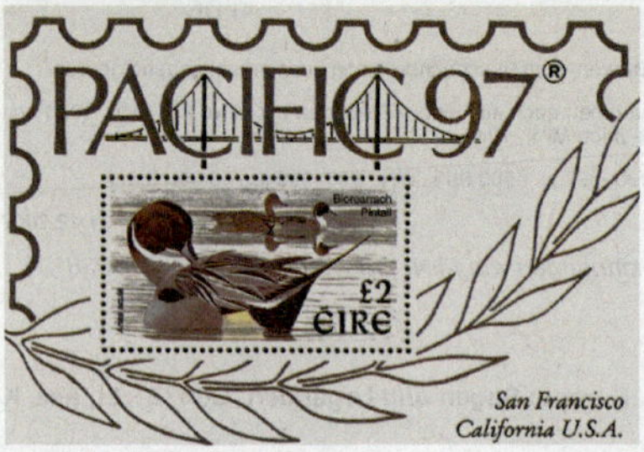

aft

afs) Spießente (Anas acuta)

1007	2 £ mehrfarbig	afs	7,50	7,50
Block 23	(100×70 mm)	aft	9,—	10,—
	FDC			12,—

Gültig bis 31.12.2002

Weitere Werte siehe Übersicht nach Jahrgangswerttabelle.

1997, 1. Juli. Leuchttürme. Odr.; A = gez. K 14¾:14, Hochformate ~, C = gez. K 14¾.

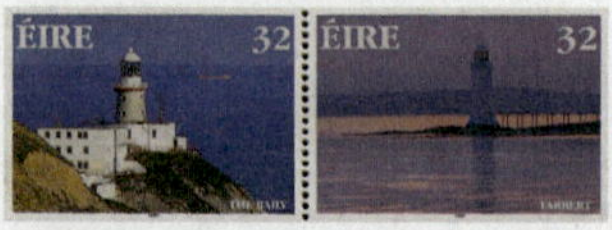

afu) The Baily (erb. 1814)
afv) Tarbert (erb. 1831/32)

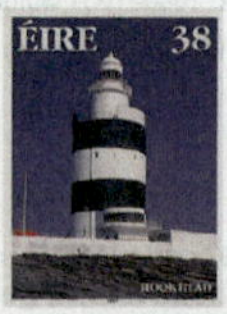

afw) Hook Head (teilweise aus dem 12. Jh)

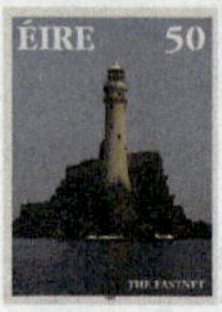

afx) Fastnet (erb. 1897)

1008		32 (P) mehrfarbig	afu		
	A	gez. K 14¾:14		1,—	0,80
	C	gez. K 14¾		0,80	0,80
1009		32 (P) mehrfarbig	afv		
	A	gez. K 14¾:14		1,—	0,80
	C	gez. K 14¾		0,80	0,80
1010		38 (P) mehrfarbig	afw		
	A	gez. K 14:14¾		1,50	1,—
	C	gez. K 14¾		1,—	1,—
1011		50 (P) mehrfarbig	afx		
	A	gez. K 14:14¾		2,—	1,40
	C	gez. K 14¾		1,40	1,40
		Satzpreis A (4 W.)		5,50	6,—
		Paar + 2 Marken		6,—	6,—
		FDC			6,—

MiNr. 1008 A–1009 A wurden schachbrettartig zusammenhängend gedruckt.

MiNr. 1008 A–1009 A wurden auch, MiNr. 1008 C–1011 C wurden nur im Markenheftchen (MH 37) ausgegeben.

Gültig bis 31.12.2002

1997, 1. Juli. Jahrestage: 100. Geburtstag von Kate O'Brien, 1400. Todestag des hl. Columban d. Ä., 150. Todestag von Daniel O'Connell, 250. Jahrestag des ersten Besuchs von John Wesley in Irland. Odr.; MiNr. 1012 und 1015 gez. K 14¼:13¾, MiNr. 1013 gez. K 14¼:14¾, MiNr. 1014 gez. K 14¼:14½.

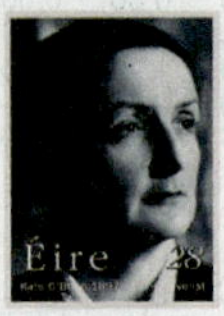

afy) Kate O'Brien (1897–1974), Schriftstellerin

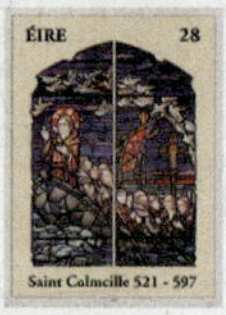

afz) Hl. Columban d. Ä. (um 520–597), Abt, Apostel Schottlands (Buntglasfenster)

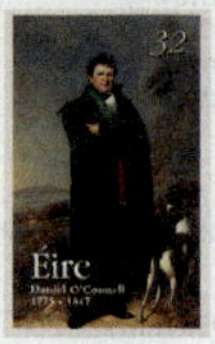

aga) Daniel O'Connell (1775–1847), Politiker

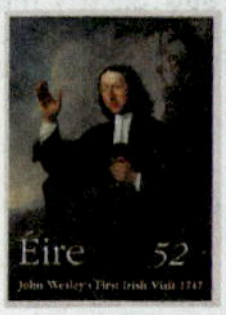

agb) John Wesley (1703–1791), englischer Theologe und Geistlicher

1012	28 (P) mehrfarbig	afy	0,70	0,70
1013	28 (P) mehrfarbig	afz	0,70	0,70
1014	32 (P) mehrfarbig	aga	0,80	0,80
1015	52 (P) mehrfarbig	agb	1,40	1,40
	Satzpreis (4 W.)		3,60	3,60
	FDC			4,20

Gültig bis 31.12.2002

1997, 27. Aug./6. Dez. Freimarken: Einheimische Vögel. Odr.; MiNr. 1018 in zwei Typen: I = Markenhöhe 27 mm, II = Markenhöhe 24 mm; A = vierseitig gez. K 14¼:15, Großformat ~, D = dreiseitig gez. K 15:14¼.

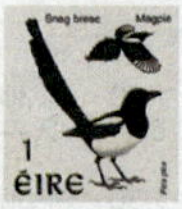

agc) Elster (Pica pica)

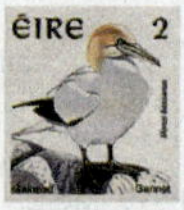

agd) Basstölpel (Morus bassanus)

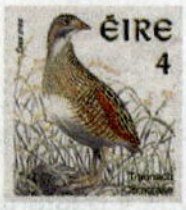

age) Wachtelkönig (Crex crex)

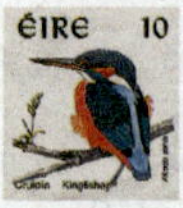

agf) Eisvogel (Alcedo atthis)

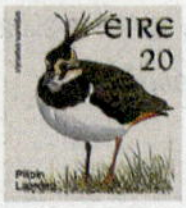

agg) Kiebitz (Vanellus vanellus)

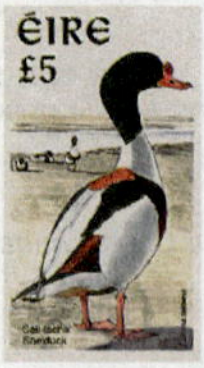

agh) Brandgans (Tadorna tadorna)

1016	**A**	1 (P) mehrfarbig (27. Aug.)	agc	0,30	0,30
1017	**A**	2 (P) mehrfarbig (27. Aug.)	agd	0,30	0,30

1018 4 (P) mehrfarbig
I A größeres Format, vierseitig gez. K 14¼:15 (27. Aug.) . . . . age 0,30 0,30
II D kleineres Format, dreiseitig gez. K 15:14¼ (⌧) (6. Dez.) . . . . age I 3,50 3,50
1019 A 10 (P) mehrfarbig (27. Aug.) . . . . agf 0,30 0,30
1020 A 20 (P) mehrfarbig (27. Aug.) . . . . agg 0,80 0,80
1021 A 5 £ mehrfarbig (27. Aug.) . . . . agh 18,— 13,—
Satzpreis A (6 W.) 20,— 15,—
FDC A 15,—

MiNr. 1018 II D stammt aus MH 38.

Gültig bis 31.12.2002

Weitere Werte siehe Übersicht nach Jahrgangswerttabelle.

1997, 27. Aug. 75 Jahre Republik Irland (III). Odr., Bogen (B) (5×10) und Zd-Bogen (Zd-B) (12); gez. K 14¾:14.

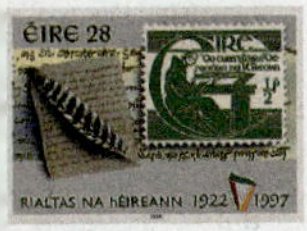

agi) Marke MiNr. 93, Seite aus den Annalen der Vier Meister, Feder

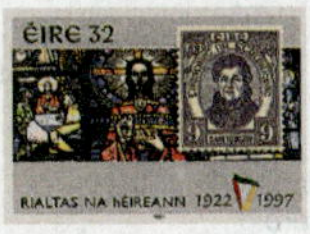

agk) Marke MiNr. 54, Buntglasfenster

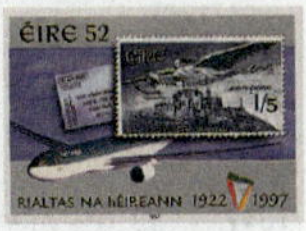

agl) Marke MiNr. 169, Passagierflugzeug der Aer Lingus, Luftpostbrief

1022 28 (P) mehrfarbig (B) . . . . agi 1,— 1,—
1023 32 (P) mehrfarbig (B) (Zd-B) . . . . agk 1,— 1,—
1024 52 (P) mehrfarbig (B) . . . . agl 1,50 1,50
Satzpreis (3 W.) 3,50 3,50
FDC 4,—

MiNr. 1023 stammt auch aus einem Zd-Bogen mit MiNr. 985–986, 996–997 und 1034–1040; siehe nach MiNr. 1040.

Gültig bis 31.12.2002

In gleichen Zeichnungen wie MiNr. 1022 und 1024: MiNr. 1039–1040

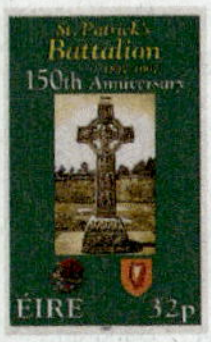

1997, 12. Sept. 150. Jahrestag der Gründung der irischen Fremdenlegion „St. Patrick's Battalion" in Mexiko. Odr.; gez. K 13½.

agm) Irisch-keltisches Hochkreuz, genannt „Cross of the Scriptures", Clonmacnoise (10. Jh.)

1025 32 (P) mehrfarbig . . . . agm 1,— 0,80
FDC 1,30

Gültig bis 31.12.2002

Parallelausgabe mit Mexiko MiNr. 2652

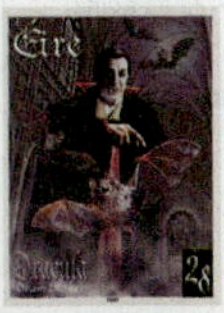

1997, 1. Okt. 100 Jahre Romanfigur Graf Dracula. Odr.; I = weißer Markenrand; A = gez. K 14¼:14¾, Querformate ~.

agn) Dracula verwandelt sich in eine Fledermaus

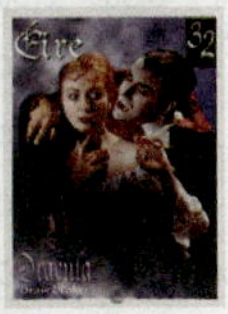

ago) Frau fällt Dracula zum Opfer

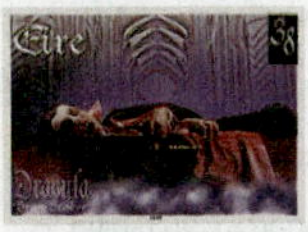

agp) Dracula erhebt sich aus seinem Sarg

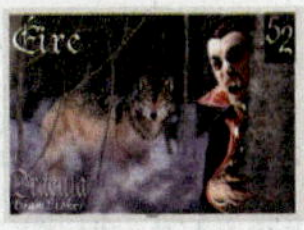

agr) Dracula und Wolf

1026 I A 28 (P) mehrfarbig . . . . agn 0,70 0,70
1027 I A 32 (P) mehrfarbig . . . . ago 0,80 0,80
1028 I A 38 (P) mehrfarbig . . . . agp 1,— 1,—
1029 I A 52 (P) mehrfarbig . . . . agr 1,50 1,50
Satzpreis (4 W.) 4,— 4,—
FDC 4,50

Blockausgabe; II = farbiger Markenrand; A = gez. Ks 14¼:14¾, C = gez. Ks 14¾

1027 II A 32 (P) mehrfarbig . . . . ago 0,80 0,80
Block 24 (75×56 mm) . . . . ags 2,— 2,—
FDC 3,—

1026 II C 28 (P) mehrfarbig . . . . agn 0,70 0,70
1027 II C 32 (P) mehrfarbig . . . . ago 0,80 0,80
1028 II C 38 (P) mehrfarbig . . . . agp 1,— 1,—
1029 II C 52 (P) mehrfarbig . . . . agr 1,50 1,50
Block 25 (150×90 mm) . . . . agt 5,— 6,—
FDC 7,—

Bl. 24 wurde sowohl von der Firma „Mars" als Werbegeschenk abgegeben als auch von der Versandstelle verkauft.

Gültig bis 31.12.2002

1997, 18. Nov. Weihnachten. Odr. (10×5); gez. K 14¼:14¾.

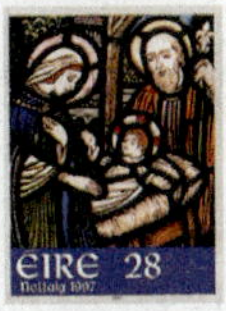

agu

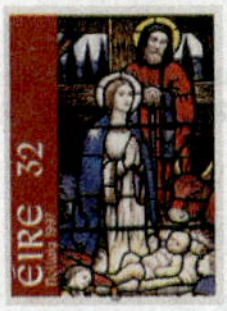

agv

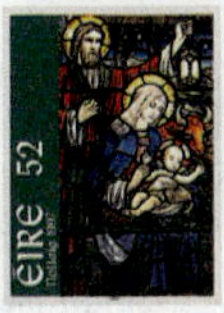

agw

agu–agw) Christi Geburt; Glasfenster (20. Jh.)

1030 28 (P) mehrfarbig . . . . agu 1,— 1,—
1031 32 (P) mehrfarbig . . . . agv 1,20 1,—
1032 52 (P) mehrfarbig . . . . agw 1,80 1,50
Satzpreis (3 W.) 4,— 3,50
FDC 4,—

Gültig bis 31.12.2002

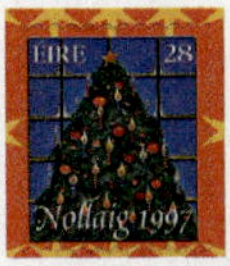

1997, 18. Nov. Weihnachten. Odr., Markenheftchen (2×10); selbstklebend; gestanzt 9:9½.

agx) Weihnachtsbaum

1033 28 (P) mehrfarbig . . . . agx 1,— 1,—
FDC 1,50
FDC (MiNr. 1030–1033) 4,50
Markenheftchen 20,— 20,—

Gültig bis 31.12.2002

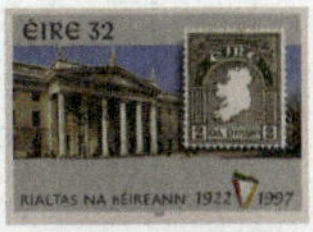

1997, 6. Dez. 75 Jahre Republik Irland (IV). Odr., Bogen (B) (5×10) und Zd-Bogen (12); gez. K 14¾:14.

agy) Marke MiNr. 43; Hauptpostamt, Dublin

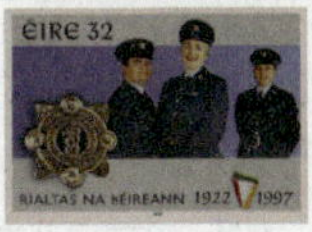

aez) Polizisten, Dienstmarke

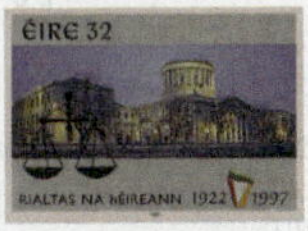

aey) Gebäude der Vier Gerichte, Dublin; Waage

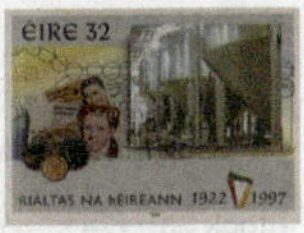

afk) Banknoten und Münzen in Irischen Pfund, Industriekessel

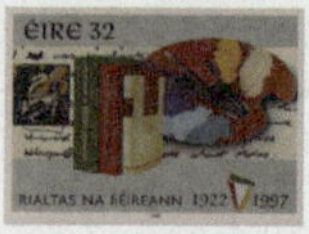

afl) Illumination, Bücher, Maler-Palette

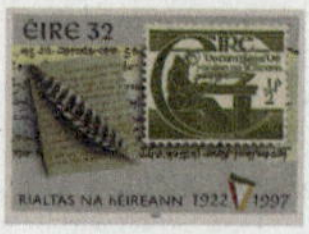

agi) Marke MiNr. 93, Seite aus den Annalen der Vier Meister, Feder

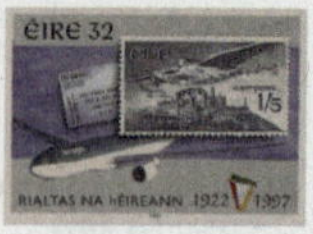

agl) Marke MiNr. 169, Passagierflugzeug der Aer Lingus, Luftpostbrief

1034	32 (P) mehrfarbig (B) (Zd-B)	agy	1,—	1,—
1035	32 (P) mehrfarbig (Zd-B)	aez	1,—	1,—
1036	32 (P) mehrfarbig (Zd-B)	aey	1,—	1,—
1037	32 (P) mehrfarbig (Zd-B)	afk	1,—	1,—
1038	32 (P) mehrfarbig (Zd-B)	afl	1,—	1,—
1039	32 (P) mehrfarbig (Zd-B)	agi	1,—	1,—
1040	32 (P) mehrfarbig (Zd-B)	agl	1,—	1,—
	Satzpreis (7 W.)		7,—	7,—
	FDC (MiNr. 1034)			2,—
	Zd-Bogen		15,—	15,—

MiNr. 1034 wurde auch, MiNr. 1035–1040 wurden nur mit MiNr. 985–986, 996–997 und 1023 zusammenhängend im Bogen gedruckt.

Gültig bis 31.12.2002

In gleichen Zeichnungen wie MiNr. 1035–1040: MiNr. 987–988, 998–999, 1022, 1024

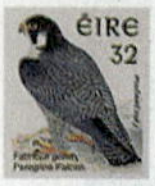

1997, 6. Dez. Freimarke: Einheimische Vögel (kleines Format). Odr.; dreiseitig gez. K 15:14¼.

aff I) Wanderfalke (Falco peregrinus)

1041		32 (P) mehrfarbig	aff I		
	Dl	links geschnitten (⌧)		1,50	0,80
	Dr	rechts geschnitten (⌧)		1,50	0,80
		FDC			1,30

MiNr. 1041 stammt aus MH 38.

Gültig bis 31.12.2002

Weitere Werte siehe Übersicht nach Jahrgangswerttabelle.

1998, 26. Jan. Grußmarken. Odr., Bogen (B) (5×10) und Markenheftchen (MH) (4×1); A = vierseitig, D = dreiseitig gez. K 14:14¾.

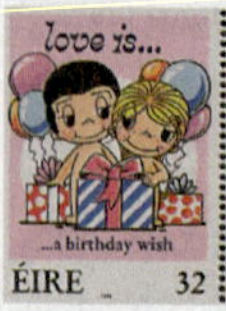

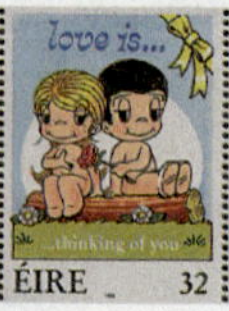

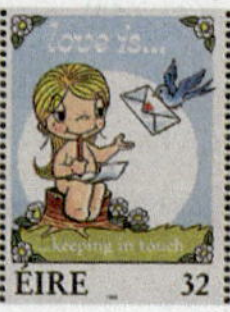

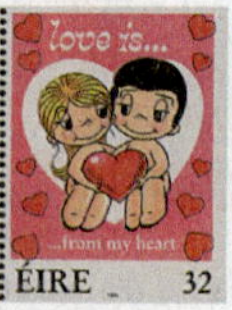

agz) Geschenk
aha) Blume
ahb) Brief
ahc) Herz

agz–ahc) Figuren der Cartoon-Serie „Liebe ist..." von Kim Casali (1941–1977)

1042	**A**	32 (P) mehrfarbig (MH)	agz	1,—	0,90
1043		32 (P) mehrfarbig (MH)	aha		
	A	vierseitig gez.		1,—	0,90
	D	dreiseitig gez. (⌧)		1,—	0,90
1044	**A**	32 (P) mehrfarbig (MH)	ahb	1,—	0,90
1045		32 (P) mehrfarbig	ahc		
	A	vierseitig gez. (B) (MH)		1,—	0,90
	D	dreiseitig gez. (⌧) (MH)		1,—	0,90
		Satzpreis A (4 W.)		4,—	3,50
		FDC (1 H-Bl.)			4,—

Blockausgabe mit MiNr. 1042 A, 1043 D und 1044 A

Block 26	(124×74 mm)	ahd	3,—	3,—
	FDC			4,—

MiNr. 1042–1045 stammen aus MH 39.

Gültig bis 31.12.2002

In gleichen Zeichnungen: MiNr. 1072–1075

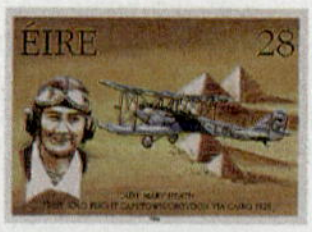

1998, 24. Febr. Pioniere der irischen Luftfahrt. Odr., Bogen (B) (5×10) und Markenheftchen (MH); A = vierseitig, D = dreiseitig gez. K 14¾:14.

ahe) Mary Heath (1896–1939); Doppeldecker Avro Avian 111 über Ägypten (1928)

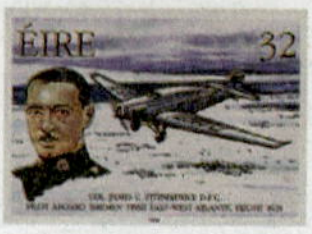

ahf) James Fitzmaurice (1898–1965); Flugzeug Junkers W33 „Bremen" über dem Atlantik (1928)

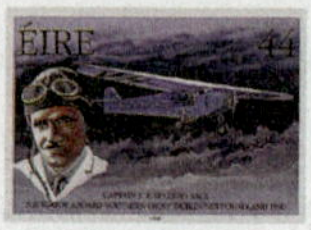

ahg) Paddy Saul (1895–1968); Flugzeug Fokker F-7 „Southern Cross" über Neufundland (1930)

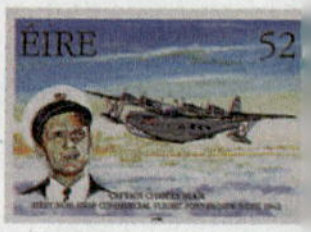

ahh) Charles F. Blair Jr. (1909–1978); Flugboot Sikorsky V-s 44 über dem Atlantik (1942)

1046	**A**	28 (P) mehrfarbig (B) (MH)	ahe	1,30	1,30
1047		32 (P) mehrfarbig	ahf		
	A	vierseitig gez. (B) (MH)		1,30	1,30
	D	dreiseitig gez. (⌧) (MH)		2,—	2,—
1048	**A**	44 (P) mehrfarbig (B) (MH)	ahg	2,—	2,—
1049		52 (P) mehrfarbig	ahh		
	A	vierseitig gez. (B) (MH)		2,—	2,—
	D	dreiseitig gez. (⌧) (MH)		2,50	2,50
		Satzpreis A (4 W.)		6,50	6,50
		FDC			7,50

MiNr. 1046–1049 stammen auch aus MH 40.

Gültig bis 31.12.2002

1998, 2. April/2001, 1. Juni. Freimarken: Einheimische Vögel. Odr., Bogen (B) (MiNr. 1050–1055 10×10, MiNr. 1056 5×10), Zusammendruckbogen (Zd-B) (5×3) und Markenheftchen (MH); x = normales Papier, y = Papier ph.; verschieden gez.

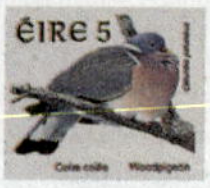

ahi) Ringeltaube (Columba palumbus)

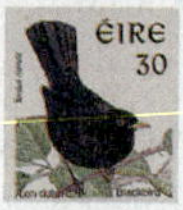

ahk) Amsel (Turdus merula)

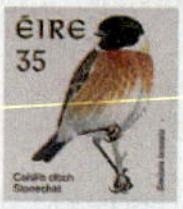

ahl) Schwarzkehlchen (Saxicola torquata)

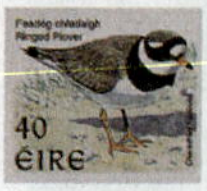

ahm) Sandregenpfeifer (Charadrius hiaticula)

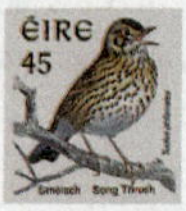

ahn) Singdrossel (Turdus philomelos)

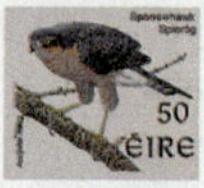

aho) Sperber (Accipiter nisus)

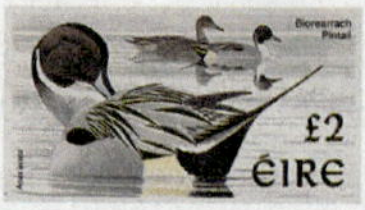

afs I) Spießente (Anas acuta)

I = Markenformat 27×24 mm (bzw. 54×24 mm bei MiNr. 1056), Hochformate ~

x = normales Papier

1050 I x A	5 (P) mehrfarbig, vierseitig gez. K 15:14¼ (B)	ahi	0,30	0,30
1051 I x	30 (P) mehrfarbig	ahk		
A	vierseitig gez. K 14¼:15 (B)		0,70	0,70
Fo	dreiseitig gez. K 14¼:15 (⌧) (MH) (4.9.1998)		0,70	0,70
Fu	dreiseitig gez. K 14¼:15 (⌧) (MH) (4.9.1998)		0,70	0,70
1052 I x A	35 (P) mehrfarbig, vierseitig gez. K 14¼:15 (B)	ahl	0,80	0,80
1053 I x A	40 (P) mehrfarbig, vierseitig gez. K 15:14¼ (B)	ahm	1,—	1,—
1054 I x A	45 (P) mehrfarbig, vierseitig gez. K 14¼:15 (B)	ahn	1,20	1,10
1055 I x A	50 (P) mehrfarbig, vierseitig gez. K 15:14¼ (B)	aho	1,50	1,20

1056 I x A	2 £	mehrfarbig, vierseitig gez. K 14¼:15 (B)	afs I	5,50	5,—
		Satzpreis I x A (7 W.)		11,—	10,—
		FDC I x A			11,—

y = Papier ph.

1051 I y	30 (P)	mehrfarbig	ahk		
A		vierseitig gez. K 14¼:15 (B) (6.12.1999) (Zd-B) (16.2.1999)		1,50	0,70
C		vierseitig gez. K 14:13¾ (B) (17.11.1998)		1,—	0,70
Fo		dreiseitig gez. K 14¼:15 (⌑) (MH) (25.1.1999)		0,70	0,70
Fu		dreiseitig gez. K 14¼:15 (⌑) (MH) (25.1.1999)		0,70	0,70
Go		dreiseitig gez. K 11:13¼ (⌑) (MH) (25.4. 2001)		0,70	0,70
Gu		dreiseitig gez. K 11:13¼ (⌑) (MH) (25.4. 2001)		0,70	0,70
1052 I y	35 (P)	mehrfarbig (B)	ahl		
A		vierseitig gez. K 14¼:15 (1.12.2000)		1,50	0,90
C		vierseitig gez. K 14:13¾ (17.11.1998)		1,30	0,90
1053 I y	40 (P)	mehrfarbig (B)	ahm		
A		vierseitig gez. K 14¼:15 (1.6.2001)		2,50	1,—
C		vierseitig gez. K 14:13¾ (17.11.1998)		1,80	1,—
1054 I y	45 (P)	mehrfarbig	ahn		
A		vierseitig gez. K 14¼:15 (MH) (18.5.1999)		3,—	1,10
C		vierseitig gez. K 14:13¾ (B) (17.11.1998)		2,20	1,10
1055 I y	50 (P)	mehrfarbig (B)	aho		
A		vierseitig gez. K 14¼:15 (1.6.2001)		3,50	1,30
C		vierseitig gez. K 14:13¾ (17.11.1998)		2,50	1,30
		Satzpreis I y (5 W.)		8,50	5,—
		Markenheftchen mit 4 × MiNr. 1054 I y A		12,—	6,—

II x = Markenformat 24×20,5 mm, Hochformat ~, normales Papier

1050 II x D	5 (P)	mehrfarbig, dreiseitig gez. K 14¼:15 (⌑) (MH) (2.4.1998)	ahi I	0,30	0,30
1051 II x D	30 (P)	mehrfarbig, dreiseitig gez. K 15:14¼ (⌑) (MH) (2.4.1998)	ahk I	0,50	0,50
		Satzpreis II x (2 W.)		0,80	0,80

MiNr. 1051 I x F, 1051 I y F und 1051 I y G stammen aus MH 44. MiNr. 1051 I y A stammt aus Zusammendruckbogen mit MiNr. 1100 I y A und 1120–1132. Am 6.12.1999 ist MiNr. 1051 I y A auch im gewöhnlichen Bogen erschienen. MiNr. 1054 I y A stammt aus Markenheftchen ohne Zusammendrucke.

MiNr. 1050 II x D stammt aus MH 41 und 46, MiNr. 1051 II x D stammt aus MH 41.

Gültig bis 31.12.2002

Weitere Werte siehe Übersicht nach Jahrgangswerttabelle.

1998, 2. April/2000, 1. Okt. Freimarken: Einheimische Vögel. Odr. in zwei Typen, Rollen; selbstklebend; x = normales Papier, y = Papier ph.; A = gestanzt 9:9½, C = gestanzt 11¼, F = gestanzt 9.

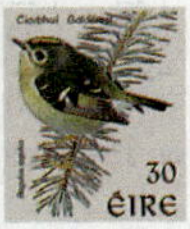

ahp II) Wintergoldhähnchen (Regulus regulus)

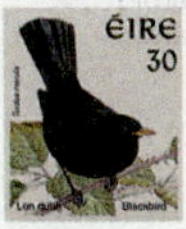

ahk II) Amsel (Turdus merula)

1057	30 (P)	mehrfarbig	ahp II		
I		Type I			
x A		normales Papier, gest. 9:9½ (2.4.1998)		1,50	1,50
y		Papier ph.			
A		gestanzt 9:9½ (1999)		1,50	1,50
F		gestanzt 9 (1.10.2000)		10,—	2,—
II		Type II			
x C		normales Papier, gest. 11¼ (Mai 1998)		2,—	1,50
y C		Papier ph., gest. 11¼ (17.11.1998)		1,50	1,50
1058	30 (P)	mehrfarbig	ahk II		
I		Type I			
x A		normales Papier, gest. 9:9½ (2.4.1998)		1,50	1,50
y		Papier ph.			
A		gestanzt 9:9½ (1999)		1,50	1,50
F		gestanzt 9 (1.10.2000)		10,—	2,—
II		Type II			
x C		normales Papier, gest. 11¼ (Mai 1998)		2,—	1,50
y C		Papier ph., gest. 11¼ (17.11.1998)		1,50	1,50
		Satzpreis I x (2 W.)		3,—	3,—
		FDC I x			3,50

Type II unterscheidet sich von Type I außer in der Stanzung auch noch in der Zeichnung (etwas fettere Schriften).

Gültig bis 31.12.2002

Weitere Werte siehe Übersicht nach Jahrgangswerttabelle.

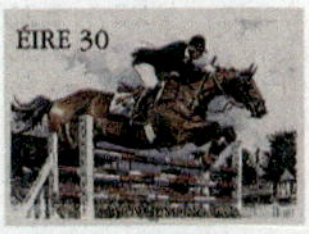

1998, 2. April. Pferdesport. Odr. (5×10, Hochformat ~); gez. K 14¾:14, Hochformate ~.

ahr) Springreiten

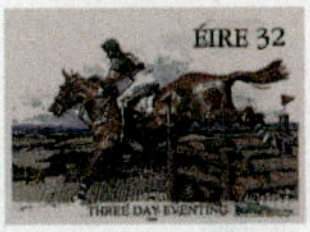

ahs) Vielseitigkeitsprüfung

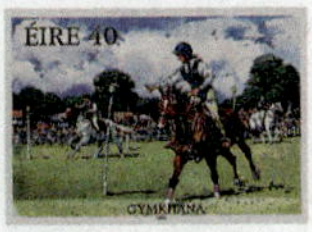

aht) Geschicklichkeitsprüfung für Kinder

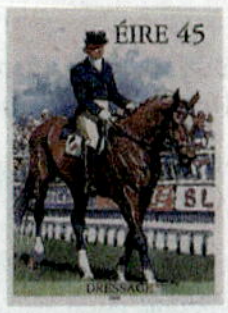

ahu) Dressur

1059	30 (P)	mehrfarbig	ahr	1,—	1,—
1060	32 (P)	mehrfarbig	ahs	1,—	1,—
1061	40 (P)	mehrfarbig	aht	1,—	1,—
1062	45 (P)	mehrfarbig	ahu	1,50	1,50
		Satzpreis (4 W.)		4,50	4,50
		FDC			5,—

Blockausgabe mit MiNr. 1059–1062

Block 27 (127×85 mm)	ahv	5,—	6,—
	FDC		6,50

Gültig bis 31.12.2002

1998, 6. Mai. 200. Jahrestag des Aufstandes von 1798. Odr.; MiNr. 1063–1065 (1×4 Zd), MiNr. 1066–1067 (2×3 Zd); gez. K 14¾:14.

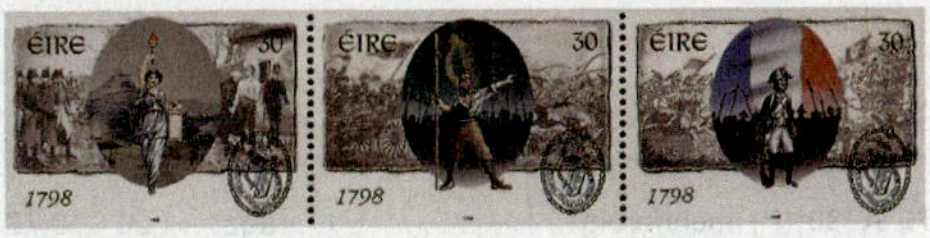

ahw) Allegorie der Freiheit
ahx) Aufständischer
ahy) Französischer Soldat

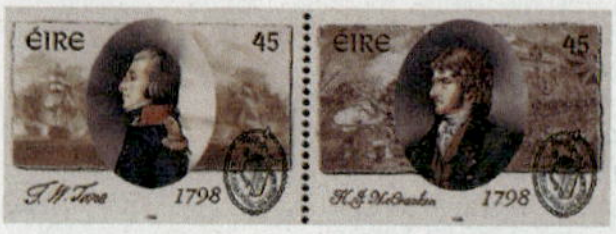

ahz) Theobald Wolfe Tone (1763–1798), Führer des Aufstandes
aia) Henry Joy McCracken (1767–1798), Führer der Erhebung in Ulster

1063	30 (P) mehrfarbig	ahw	1,—	0,70
1064	30 (P) mehrfarbig	ahx	1,—	0,70
1065	30 (P) mehrfarbig	ahy	1,—	0,70
1066	45 (P) mehrfarbig	ahz	1,50	1,10
1067	45 (P) mehrfarbig	aia	1,50	1,10
	Satzpreis (5 W.)		6,—	4,20
	Dreierstreifen und Paar		6,50	7,—
	FDC			7,—

Nominalgleiche Marken wurden waagerecht zusammenhängend gedruckt.

Gültig bis 31.12.2002

1998, 6. Mai. Europa: Nationale Feste und Feiertage. Odr. (2×5); gez. K 14¾:14.

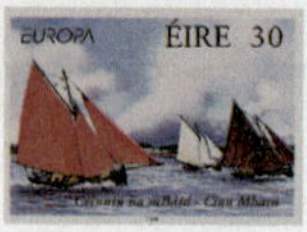

aib) Crinniú na mBáid, Kinvara

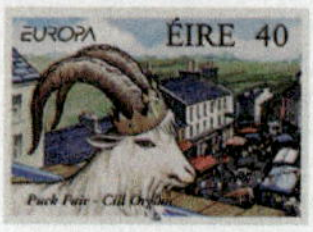

aic) Puck Fair, Killorglin

1068	30 (P) mehrfarbig	aib	1,—	1,—
1069	40 (P) mehrfarbig	aic	1,20	1,20
	Satzpreis (2 W.)		2,20	2,20
	FDC			3,—
	Kleinbogensatz (2 Klb.)		24,—	24,—

Gültig bis 31.12.2002

1998, 6. Mai. Europa: Nationale Feste und Feiertage. Odr., Rolle (100); selbstklebend; gestanzt 9¼.

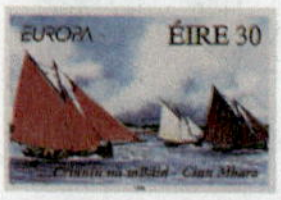

aib I) Crinniú na mBáid, Kinvara

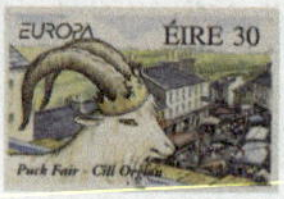

aic I) Puck Fair, Killorglin

1070	30 (P) mehrfarbig	aib I	2,—	2,—
1071	30 (P) mehrfarbig	aic I	2,—	2,—
	Satzpreis (2 W.)		4,—	4,—
	FDC			5,—
	Paar		4,—	4,—

MiNr. 1070–1071 wurden zusammen in der Rolle gedruckt.

Gültig bis 31.12.2002

1998, 6. Mai. Grußmarken. Odr., Markenheftchen (4×1); A = vierseitig, D = dreiseitig gez. K 14:14¾.

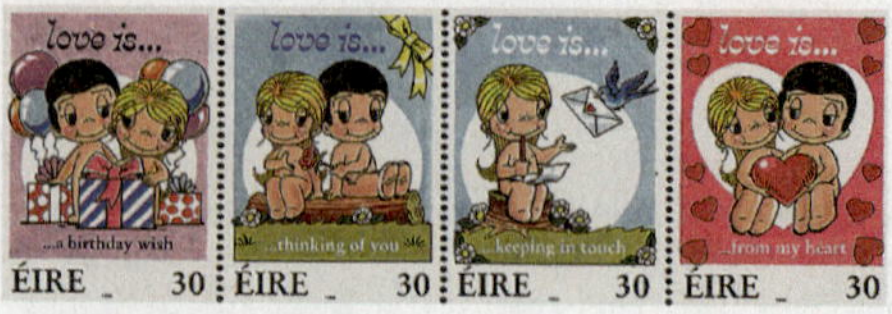

agz) Geschenk
aha) Blume
ahb) Brief
ahc) Herz

agz–ahc) Figuren der Cartoon-Serie „Liebe ist..." von Kim Casali (1941–1977)

1072	A	30 (P) mehrfarbig	agz	1,20	0,70
1073		30 (P) mehrfarbig	aha		
	A	vierseitig gez.		1,20	0,70
	D	dreiseitig gez. (⌑)		1,20	0,70
1074	A	30 (P) mehrfarbig	ahb	1,20	0,70
1075		30 (P) mehrfarbig	ahc		
	A	vierseitig gez.		1,20	0,70
	D	dreiseitig gez. (⌑)		1,20	0,70
		Satzpreis A (4 W.)		4,50	2,80
		FDC (1 H-Bl.)			3,60

MiNr. 1072–1075 stammen aus MH 42.

Gültig bis 31.12.2002

In gleichen Zeichnungen: MiNr. 1042–1045

1998, 2. Juni. Tour de France. Odr. (1×4 Zd); gez. K 14¾:14.

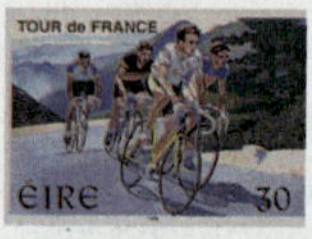

aid

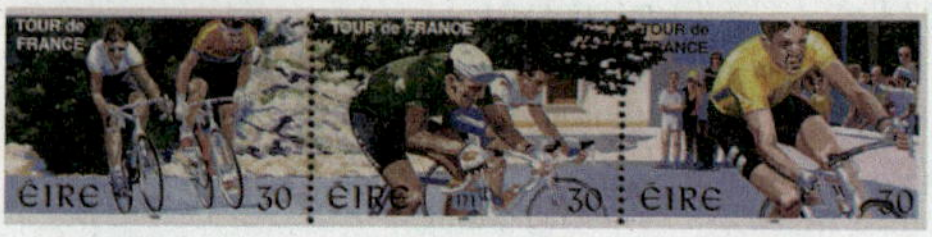

aie, aif, aig

aid–aig) Radrennfahrer während einer Bergetappe

1076	30 (P) mehrfarbig	aid	0,90	0,90
1077	30 (P) mehrfarbig	aie	0,90	0,90
1078	30 (P) mehrfarbig	aif	0,90	0,90
1079	30 (P) mehrfarbig	aig	0,90	0,90
	Satzpreis (4 W.)		3,50	3,50
	Viererstreifen		4,—	4,—
	FDC			4,50

MiNr. 1076–1079 wurden waagerecht zusammenhängend gedruckt.

Gültig bis 31.12.2002

1998, 2. Juni. Demokratie: 100 Jahre Grafschafts- und Distriktsräte, 25 Jahre Mitgliedschaft in der Europäischen Union, 100 Jahre Frauenwahlrecht bei Grafschafts- und Distriktswahlen, 50. Jahrestag des Gesetzesbeschlusses zur Schaffung der Republik Irland. Odr. (5×10); gez. K 14¾:14.

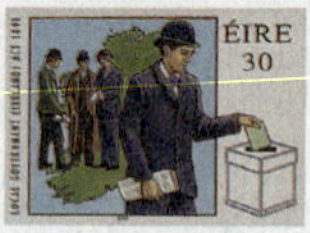

aih) Wähler, Landkarte Irlands

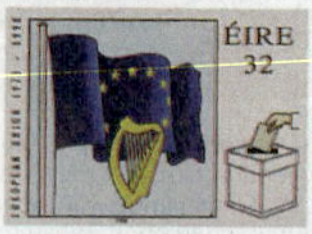

aii) Europaflagge, Staatswappen, Wahlurne

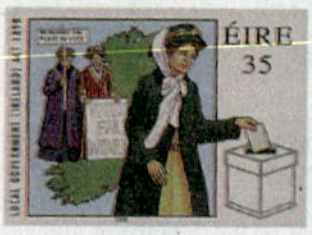

aik) Wählerinnen, Landkarte Irlands

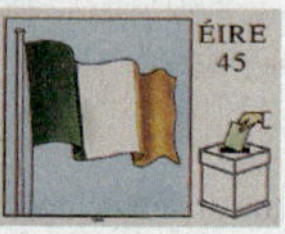

ail) Staasflagge, Wahlurne

1080	30 (P) mehrfarbig	aih	0,70	0,70
1081	32 (P) mehrfarbig	aii	1,—	1,—
1082	35 (P) mehrfarbig	aik	1,—	1,—
1083	45 (P) mehrfarbig	ail	1,30	1,30
	Satzpreis (4 W.)		4,—	4,—
	FDC			4,50

Gültig bis 31.12.2002

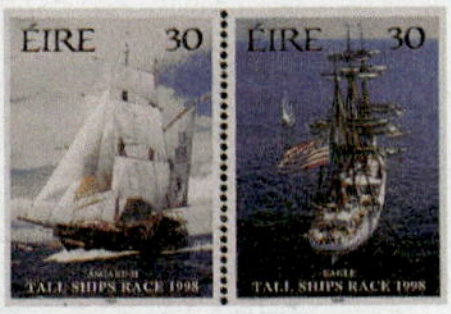

1998, 20. Juli. Hochseeregatta für Großsegler, Dublin. Odr., Bogen MiNr. 1084–1085 (5×5 + 5×5), MiNr. 1086–1087 (5×10) und Markenheftchen (3×1); A = gez. K 14:14¾, Querformate ∼, C = gez. K 14¾.

aim) „Asgard II" (Irland)
ain) „Eagle" (USA)

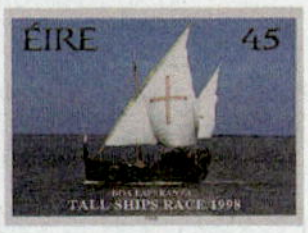

aio) „Boa Esperanza" (Spanien)

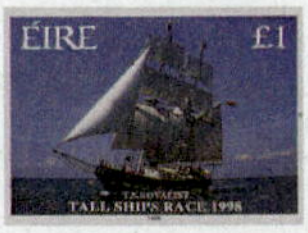

aip) „Royalist" (Großbritannien)

1084	30 (P)	mehrfarbig	aim		
A		gez. K 14:14¾		1,—	0,70
C		gez. K 14¾		1,—	1,—
1085	30 (P)	mehrfarbig	ain		
A		gez. K 14:14¾		1,—	0,70
C		gez. K 14¾		1,—	1,—
1086	45 (P)	mehrfarbig	aio		
A		gez. K 14¾:14		1,—	1,10
C		gez. K 14¾		1,50	1,50
1087	1 £	mehrfarbig	aip		
A		gez. K 14¾:14		3,—	2,50
C		gez. K 14¾		3,—	3,—
		Satzpreis A (4 W.)		6,—	5,—
		Paar + 2 Marken A		6,50	5,—
		FDC			5,50

MiNr. 1084 A–1085 A wurden schachbrettartig zusammenhängend gedruckt.

MiNr. 1084 C–1087 C stammen aus MH 43.

Gültig bis 31.12.2002

In gleicher Zeichnung wie MiNr. 1086: MiNr. 1099 (Bl. 28)

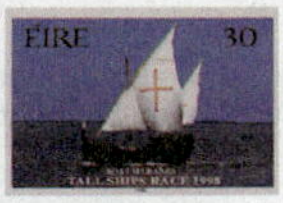

1998, 20. Juli. Hochseeregatta für Großsegler, Dublin. Odr., Rolle (100); selbstklebend; gestanzt 9¼.

aio I) „Boa Esperanza" (Spanien)

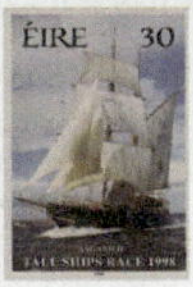

aim I) „Asgard II" (Irland)

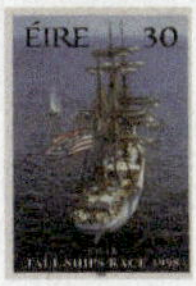

ain I) „Eagle" (USA)

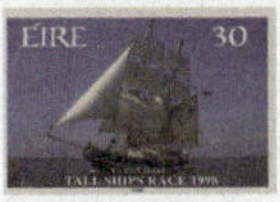

aip I) „Royalist" (Großbritannien)

1088	30 (P)	mehrfarbig	aio I	1,60	0,90
1089	30 (P)	mehrfarbig	aim I	1,60	0,90
1090	30 (P)	mehrfarbig	ain I	1,60	0,90
1091	30 (P)	mehrfarbig	aip I	1,60	0,90
		Satzpreis (4 W.)		6,40	3,50
		FDC			4,—
		Viererstreifen		6,40	3,50

MiNr. 1088–1091 wurden zusammen in der Rolle gedruckt.

Gültig bis 31.12.2002

1998, 3. Sept. Briefkästen. Odr. (1×3 Zd); gez. K 14¾:14.

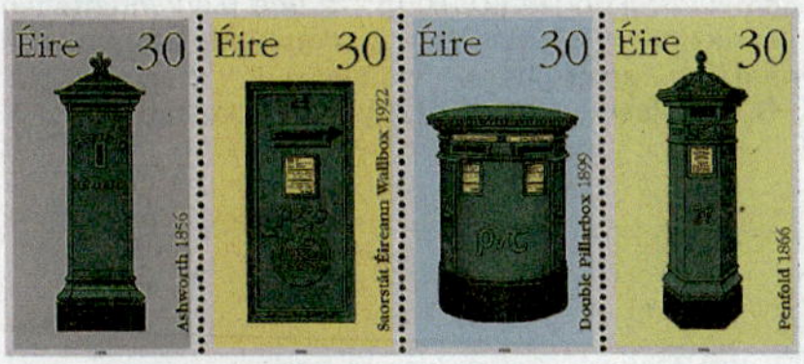

air) Ashworth-Briefkasten (1856)
ais) Saorstát-Éireann-Wandkasten (1922)
ait) Doppelschlitz-Briefkasten (1899)
aiu) Penfold-Briefkasten (1866)

1092	30 (P)	mehrfarbig	air	1,—	1,—
1093	30 (P)	mehrfarbig	ais	1,—	1,—
1094	30 (P)	mehrfarbig	ait	1,—	1,—
1095	30 (P)	mehrfarbig	aiu	1,—	1,—
		Satzpreis (4 W.)		4,—	4,—
		Viererstreifen		5,—	5,—
		FDC			6,—

Gültig bis 31.12.2002

1998, 3. Sept. Jahrestage: 100 Jahre Mary Immaculate College, Limerick; 200 Jahre Newtown School, Waterford; 50. Jahrestag der Allgemeinen Erklärung der Menschenrechte. Odr. (5×10, Hochformat ∼); gez. K 14¾:14, Hochformat ∼.

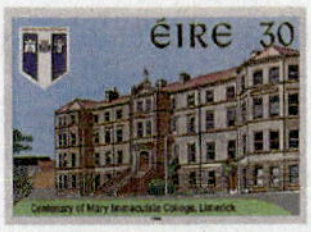

aiv) College-Gebäude, Wappen

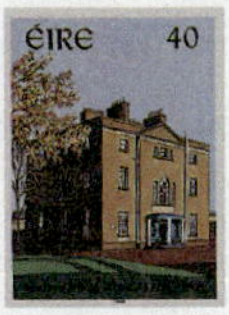

aiw) Schulgebäude

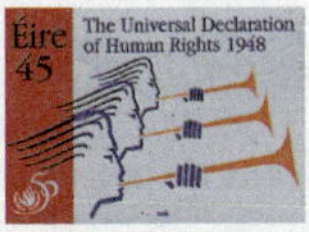

aix) Stilisierte Posaunenbläser

1096	30 (P)	mehrfarbig	aiv	0,80	0,80
1097	40 (P)	mehrfarbig	aiw	1,—	1,—
1098	45 (P)	mehrfarbig	aix	1,70	1,70
		Satzpreis (3 W.)		3,50	3,50
		FDC			4,—

Gültig bis 31.12.2002

1998, 4. Sept. Blockausgabe: Internationale Briefmarkenausstellung PORTUGAL '98, Lissabon: Hochseeregatta für Großsegler, Dublin. Odr.; gez. K 14¾:14.

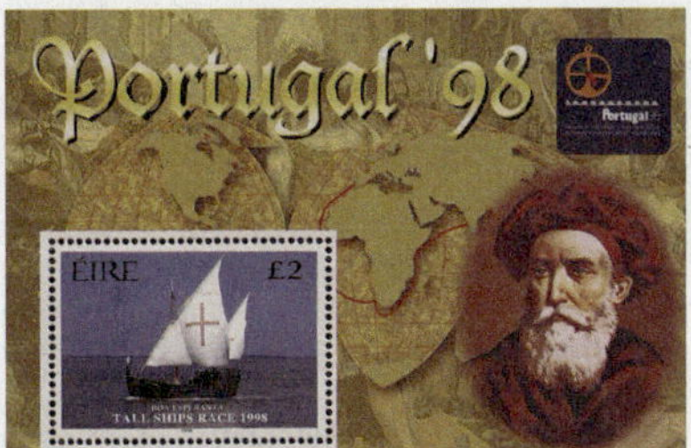

aiy

aio) „Boa Esperanza" (Spanien)

1099	2 £	mehrfarbig	aio	6,—	6,—
Block 28		(100×70 mm)	aiy	7,—	8,—
		FDC			8,50

Gültig bis 31.12.2002

In gleicher Zeichnung wie MiNr. 1099: MiNr. 1086

1998, 4. Sept./2001, 25. April. Freimarke: Einheimische Vögel. Odr., Zusammendruckbogen (Zd-B) (5×3) und Markenheftchen (MH); I = Markenhöhe 27 mm, II = Markenhöhe 24 mm; x = Papier normal, y = Papier ph.; A = vierseitig, F = dreiseitig gez. K 14¼:15, G = dreiseitig gez. K 11:13¼, D = dreiseitig gez. K 15:14¼.

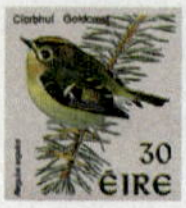

ahp) Wintergoldhähnchen (Regulus regulus)

1100		30 (P) mehrfarbig			
	I	größeres Format	ahp		
	x	normales Papier (MH) (4.9.1998)			
	Fo	dreiseitig gez. K 14¼:15 (□)		0,70	0,70
	Fu	dreiseitig gez. K 14¼:15 (□)		0,70	0,70
	y	Papier ph.			
	A	vierseitig gez. K 14¼:15 (Zd.-B) (16.2.1999)		1,50	0,70
	Fo	dreiseitig gez. K 14¼:15 (□) (MH) (25.1.1999)		0,70	0,70
	Fu	dreiseitig gez. K 14¼:15 (□) (MH) (25.1.1999)		0,70	0,70
	Go	dreiseitig gez. K 11:13¼ (□) (MH) (25.4.2001)		0,70	0,70
	Gu	dreiseitig gez. K 11:13¼ (□) (MH) (25.4.2001)		0,70	0,70
	II y D	kleineres Format, Papier ph., dreiseitig gez. K 15:14¼ (□) (MH) (16.2.1999)	ahp I	0,70	0,70
			FDC I		1,20

MiNr. 1100 I x F, 1100 I y F und 1100 I y G stammen aus MH 44, MiNr. 1100 II y D aus MH 46.

MiNr. 1100 I y A stammt aus Zusammendruckbogen mit MiNr. 1051 I y A und 1120–1132.

Gültig bis 31.12.2002

Weitere Werte siehe Übersicht nach Jahrgangswerttabelle.

1998, 8. Okt. Gefährdete Tiere. Odr.; MiNr. 1101–1102 (1×10 Zd + 1×10 Zd), MiNr. 1103–1104 (10×5); gez. K 13¾:14¼, Hochformate ~.

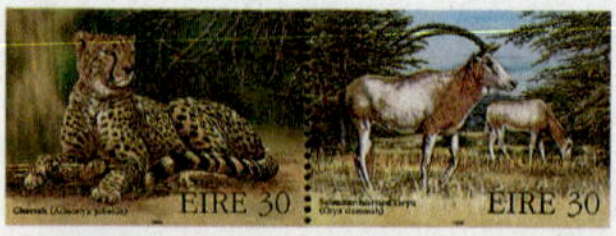

aiz) Gepard (Acinonyx jubatus)
aka) Säbelantilope (Oryx dammah)

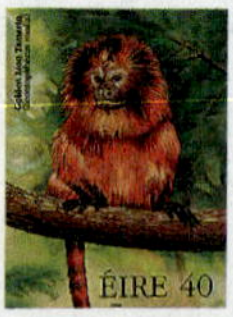

akb) Goldgelbes Löwenäffchen (Leontopithecus rosalia)

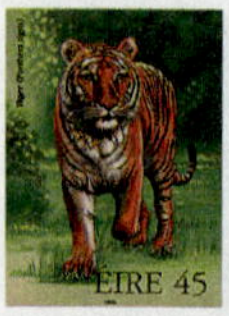

akc) Tiger (Panthera tigris)

1101	30 (P) mehrfarbig	aiz	0,80	0,70
1102	30 (P) mehrfarbig	aka	0,80	0,70
1103	40 (P) mehrfarbig	akb	1,30	1,—
1104	45 (P) mehrfarbig	akc	1,60	1,10
		Satzpreis (4 W.)	4,50	3,50
		Paar + 2 Marken	4,50	3,50
		FDC		4,50

Blockausgabe, gez. Ks 14¾

1105	30 (P) mehrfarbig	aiz I	1,—	1,—
1106	30 (P) mehrfarbig	aka I	1,—	1,—
1107	40 (P) mehrfarbig	akb I	1,—	1,—
1108	45 (P) mehrfarbig	akc I	1,50	1,50
Block 29 I	Format 150×90 mm	akd	5,50	6,—
Block 29 II	Format 150×105 mm	akd I	10,—	12,—
		FDC I		7,—

Block 29 II F Fehlender Zudruck am Oberrand .... *3000,— 3000,—*

Die Blockmarken haben im Gegensatz zu den Bogenmarken einen weißen Rand.

Bl. 29 II weist auf dem größeren oberen Blockrand den Zudruck einer Textzeile mit dem Emblem der Nationalen Briefmarkenausstellung STAMPA '98, Dublin, auf. Der Block wurde nur auf dem Ausstellungspostamt der irischen Post und von der Versandstelle verkauft.

Gültig bis 31.12.2002

1998, 17. Nov. Weihnachten. Odr. (10×5); gez. K 14¼:14¾.

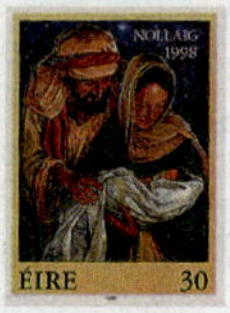

ake) Die Heilige Familie

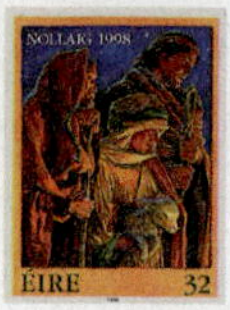

akf) Anbetung der Hirten

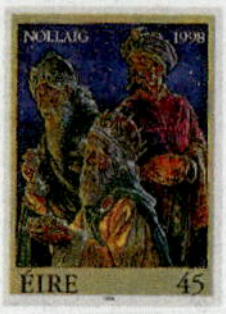

akg) Anbetung der Heiligen Drei Könige

1109	30 (P) mehrfarbig	ake	1,—	1,—
1110	32 (P) mehrfarbig	akf	1,—	1,—
1111	45 (P) mehrfarbig	akg	1,—	1,—
		Satzpreis (3 W.)	3,—	3,—
		FDC		3,50

Gültig bis 31.12.2002

1998, 17. Nov. Weihnachten. Odr., Markenheftchen (MH) (2×10); Papier ph.; selbstklebend; gestanzt 11:11¼.

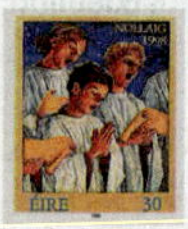

akh) Weihnachtschor

1112	30 (P) mehrfarbig	akh	1,—	1,—
		FDC		1,50
		FDC (MiNr. 1109–1112)		5,—
		Markenheftchen	20,—	20,—

MiNr. 1112 wurde im Markenheftchen zu 20 Marken zum Preis von 5.40 £ ausgegeben.

Gültig bis 31.12.2002

1999, 26. Jan. Grußmarken: Haustiere. Odr., Bogen (B) (5×10) und Markenheftchen (MH) (4×1); Papier ph.; A = vierseitig, D = dreiseitig gez. K 14:14¾.

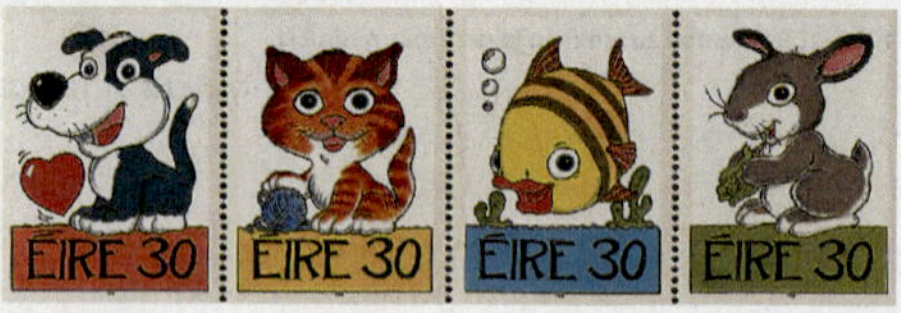

aki) Hund
akk) Katze
akl) Fisch
akm) Kaninchen

1113		30 (P) mehrfarbig	aki		
	A	vierseitig gez. (B) (MH)		1,—	1,—
	D	dreiseitig gez. (□) (MH)		1,—	1,—
1114	A	30 (P) mehrfarbig (MH)	akk	1,—	1,—
1115	A	30 (P) mehrfarbig (MH)	akl	1,—	1,—

1116 30 (P) mehrfarbig . . . . akm
A vierseitig gez. (MH) . . . . 1,— 1,—
D dreiseitig gez. (⌑) (MH) . . . . 1,— 1,—
Satzpreis A (4 W.) 4,— 4,—
FDC 5,—

Blockausgabe mit MiNr. 1114 A, 1115 A und 1116 D

Block 30 (124×74 mm) . . . . akn 3,— 4,—
FDC 4,50

MiNr. 1113–1116 stammen aus MH 45.

Gültig bis 31.12.2002

1999, 16. Febr. Irische Schauspieler. Odr. (4×4); Papier ph.; gez. K 14:14¾.

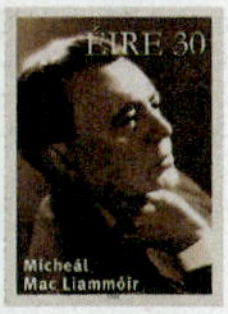

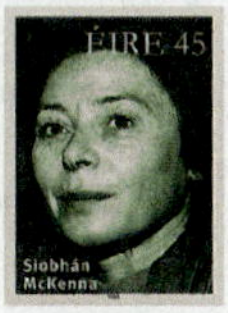

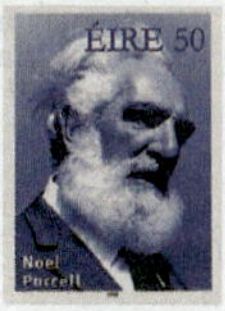

ako) Micheál Mac Liammóir (1899–1978)
akp) Siobhan McKenna (1923–1986)
akr) Noel Purcell (1900–1985)

1117 30 (P) mehrfarbig . . . . ako 1,— 0,80
1118 45 (P) mehrfarbig . . . . akp 1,30 1,10
1119 50 (P) mehrfarbig . . . . akr 1,70 1,30
Satzpreis (3 W.) 4,— 3,20
FDC 3,60

Gültig bis 31.12.2002

1999, 16. Febr. Freimarken: Einheimische Vögel. Odr. (5×3); Papier ph.; gez. K 14¼:15.

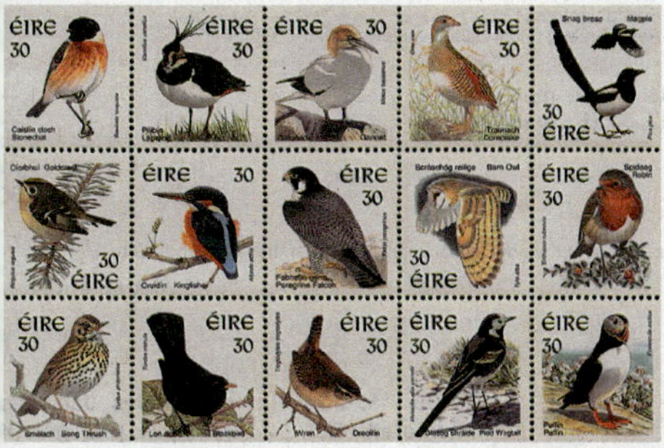

ahl) Schwarzkehlchen (Saxicola torquata)
agg) Kiebitz (Vanellus vanellus)
agd) Basstölpel (Morus bassanus)
age) Wachtelkönig (Crex crex)
agc) Elster (Pica pica)

ahp) Wintergoldhähnchen (Regulus regulus)
agf) Eisvogel (Alcedo atthis)
aff I) Wanderfalke (Falco peregrinus)
aeo) Schleiereule (Tyto alba)
aem) Rotkehlchen (Erithacus rubecula)

ahn) Singdrossel (Turdus philomelos)
ahk) Amsel (Turdus merula)
aks) Zaunkönig (Troglodytes troglodytes)
akt) Trauerbachstelze (Motacilla alba yarrellii)
aen) Papageitaucher (Fratercula arctica)

1120 30 (P) mehrfarbig . . . . ahl 0,70 0,70
1121 30 (P) mehrfarbig . . . . agg 0,70 0,70
1122 30 (P) mehrfarbig . . . . agd 0,70 0,70
1123 30 (P) mehrfarbig . . . . age 0,70 0,70
1124 30 (P) mehrfarbig . . . . agc 0,70 0,70
1125 30 (P) mehrfarbig . . . . agf 0,70 0,70
1126 30 (P) mehrfarbig . . . . aff I 0,70 0,70
1127 30 (P) mehrfarbig . . . . aeo 0,70 0,70
1128 30 (P) mehrfarbig . . . . aem 0,70 0,70
1129 30 (P) mehrfarbig . . . . ahn 0,70 0,70
1130 30 (P) mehrfarbig . . . . aks 0,70 0,70
1131 30 (P) mehrfarbig . . . . akt 0,70 0,70
1132 30 (P) mehrfarbig . . . . aen 0,70 0,70
Satzpreis (13 W.) 9,— 9,—
Zd-Bogen 15,— 15,—
FDC 16,—

MiNr. 1120–1132 wurden zusammenhängend mit MiNr. 1051 I y A und 1100 I y A im Zd-Bogen gedruckt.

Gültig bis 31.12.2002

Weitere Werte siehe Übersicht nach Jahrgangswerttabelle.

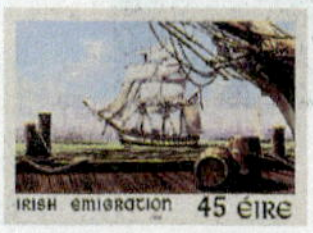

1999, 26. Febr. Irische Auswanderung in die Vereinigten Staaten von Amerika. Odr. (4×4); Papier ph.; gez. K 14¾:14.

aku) Auswandererschiff im 19. Jh.

1133 45 (P) mehrfarbig . . . . aku 1,30 1,30
FDC 1,80

Gültig bis 31.12.2002

Parallelausgabe mit Vereinigte Staaten von Amerika MiNr. 3092

1999, 19. März. Geschichte der Seefahrt. Odr. (10×5, Querformate ∼); y = Papier ph; gez. K 14:14¾, Querformate ∼.

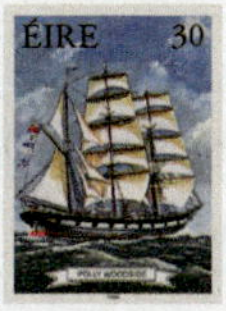

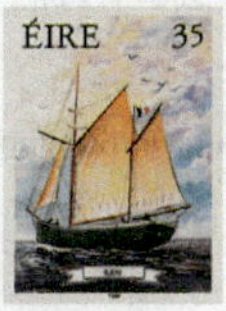

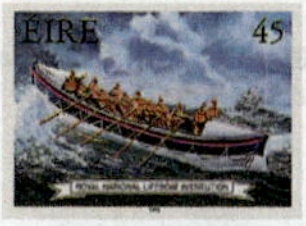

akv) Bark „Polly Woodside“ (1885)
akw) Gaffelschoner „Ilen“
akx) Rettungsboot der britischen Lebensrettungsgesellschaft

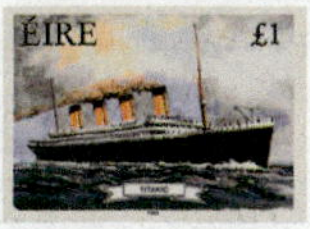

aky) Passagierschiff „Titanic“ (1912)

1134 y 30 (P) mehrfarbig . . . . akv 1,— 0,70
1135 y 35 (P) mehrfarbig . . . . akw 1,20 0,80
1136 y 45 (P) mehrfarbig . . . . akx 1,40 1,10
1137 y 1 £ mehrfarbig . . . . aky 3,— 2,50
Satzpreis (4 W.) 6,50 5,—
FDC 5,50

Blockausgabe mit 2 × MiNr. 1137 x, x = normales Papier

1137 x 1 £ mehrfarbig . . . . aky 2,50 2,50
Block 31 (150×90 mm) . . . . akz 7,— 7,50
FDC 8,—

Aufdruck „STAMPA 99“ auf dem Blockrand ist privaten Ursprungs, aber von der Post genehmigt.

Gültig bis 31.12.2002

1999, 19. März. Blockausgabe: Internationale Briefmarkenausstellung AUSTRALIA '99, Melbourne. Bl. 31 mit goldenem Bdr.-Aufdruck auf dem Blockrand.

Block 31 I (150×90 mm) . . . . (Bl. 31) 10,— 12,—
FDC 15,—

Bl. 31 I wurde nur vom Ausstellungspostamt der Irischen Post und von der Versandstelle verkauft.

Gültig bis 31.12.2002

1999, 19. März. Blockausgabe: Internationale Briefmarkenausstellung AUSTRALIA ’99, Melbourne. Odr.; gez. Ks 14:14¼.

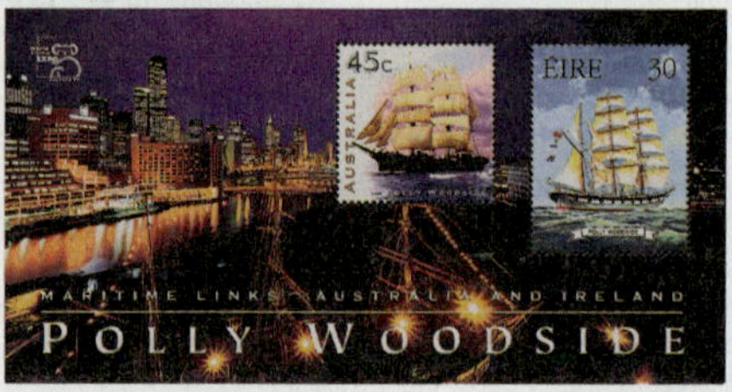

ala

akv I) Bark „Polly Woodside“ (1885)

1138	30 (C) mehrfarbig	akv I	1,50	1,50
Block 32	(138×72 mm)	ala	2,50	3,—
		FDC		4,—

Postpreis: 52 P

Bl 32 ist identisch mit Australien Bl. 29. Er enthält zusätzlich zu MiNr. 1138 auch die australische Marke MiNr. 1794 I C und ist sowohl in Irland als auch in Australien mit dem entsprechenden Nominalwert frankaturgültig. Es wird jeweils nur die Marke des betreffenden Landes abgestempelt. ⨀- und FDC-Preise gelten nur für in Irland gestempelte Stücke, postalisch gelaufene Blocks bzw. Einzelmarken sind erheblich teurer.

Gültig bis 31.12.2002

Parallelausgabe mit Australien MiNr. 1794/Bl. 29

1999, 29. April. Europa: Natur- und Nationalparks. Odr. (2×5); gez. K 14¾:14.

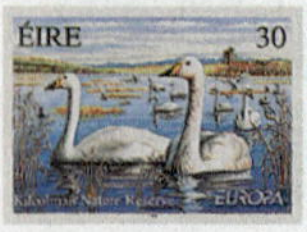

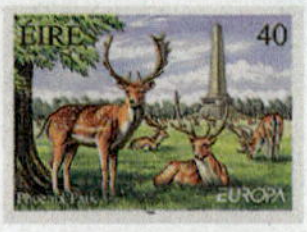

alb) Naturreservat Kilcolman, Buttevant   alc) Phoenix-Park, Wellington

1139 30 (P) mehrfarbig	alb	1,—	0,80
1140 40 (P) mehrfarbig	alc	1,40	1,20
	Satzpreis (2 W.)	2,40	2,—
	FDC		2,50
	Kleinbogensatz (2 Klb.)	24,—	20,—

Gültig bis 31.12.2002

1999, 29. April. Europa: Natur- und Nationalparks. Odr., Rolle (100); selbstklebend; gestanzt 9¼.

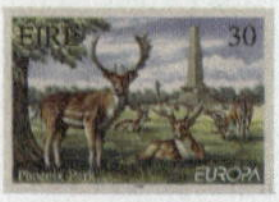

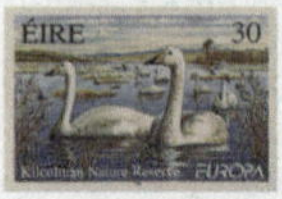

alc I) Phoenix-Park, Wellington   alb I) Naturreservat Kilcolman, Buttevant

1141 30 (P) mehrfarbig	alc I	1,50	1,50
1142 30 (P) mehrfarbig	alb I	1,50	1,50
	Satzpreis (2 W.)	3,—	3,—
	FDC		3,50
	Paar	3,—	3,—

MiNr. 1141–1142 wurden zusammen in der Rolle gedruckt.

Gültig bis 31.12.2002

1999, 29. April. Jahrestage und Ereignisse: Einführung des Euro als Recheneinheit im Zahlungsverkehr, 100. Geburtstag von Sean Lemass, 50 Jahre Europarat. Odr. (5×10, Hochformate ~); gez. K 14¾:14, Hochformate ~.

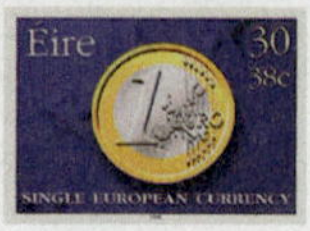

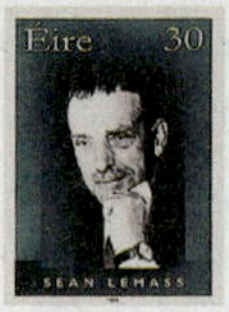

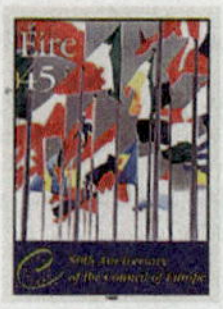

ald) 1-Euro-Münze   ale) Sean Lemass (1899–1971), Politiker   alf) Flaggen der Mitglieder des Europarates

1143 30 (P) / 38 C mehrfarbig	ald	1,—	1,—
1144 30 (P) mehrfarbig	ale	0,70	0,70
1145 45 (P) mehrfarbig	alf	1,30	1,30
	Satzpreis (3 W.)	3,—	3,—
	FDC		3,50

MiNr. 1144–1145 gültig bis 31.12.2002

Marken mit Doppelwährung £/€ sind weiterhin frankaturgültig.

1999, 15. Juni. 125 Jahre Weltpostverein (UPU). Odr., (4×4); Papier ph.; gez. K 14¾:14.

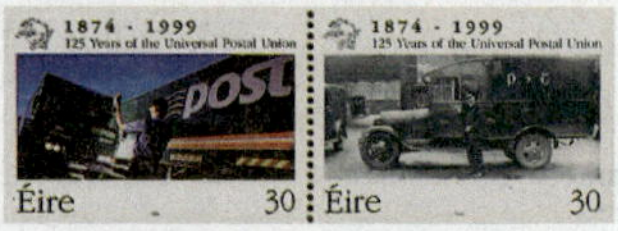

alg) Postfahrzeuge (1999)
alh) Postfahrzeug und Postbediensteter (1920)

1146 30 (P) mehrfarbig	alg	1,—	1,—
1147 30 (P) mehrfarbig	alh	1,—	1,—
	Satzpreis (2 W.)	2,—	2,—
	Paar	2,—	2,—
	FDC		2,50

MiNr. 1146–1147 wurden schachbrettartig zusammenhängend gedruckt.

Gültig bis 31.12.2002

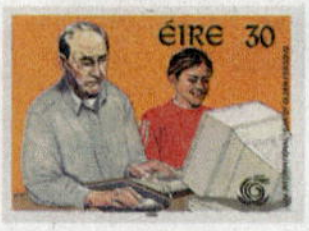

1999, 15. Juni. Internationales Jahr der Senioren. Odr. (4×4); Papier ph.; gez. K 14¾:14.

ali) Älterer Mann mit Kind am Computer

1148 30 (P) mehrfarbig	ali	1,—	1,—
	FDC		1,50

Gültig bis 31.12.2002

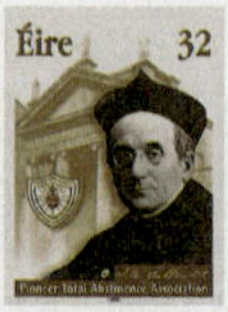

1999, 15. Juni. 100 Jahre Bund für totale Abstinenz. Odr. (4×4); Papier ph.; gez. K 14:14¾.

alk) Pater James Cullen (1841–1921), Gründer des Bundes für totale Abstinenz; St.-Franz-Xaver-Kirche, Dublin

1149 32 (P) mehrfarbig	alk	1,—	1,—
	FDC		1,50

Gültig bis 31.12.2002

1999, 17. Aug. Mannschaft des Jahrtausends im Gaelic Football. Odr., Zd-Bogen (15); Papier ph.; gez. Ks 14¾:14.

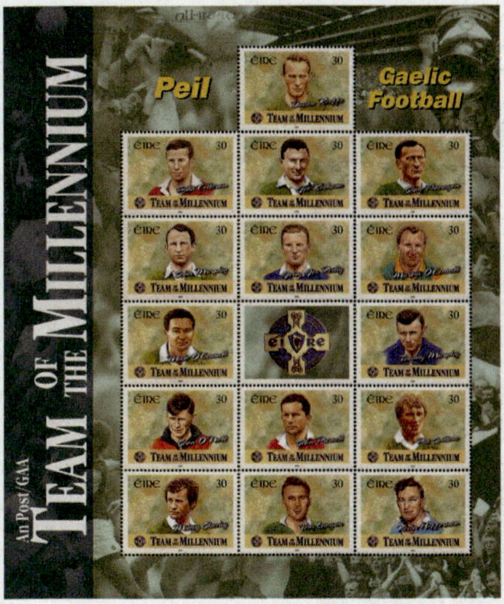

	all	
alm	aln	alo
alp	alr	als
alt	Zierfeld	alu
alv	alw	alx
aly	alz	ama

all) Dan O'Keeffe (1907–1967)
alm) Enda Colleran (1942–2004)
aln) Joe Keohane (1918–1988)
alo) Seán Flanagan (1922–1993)
alp) Seán Murphy (*1953)
alr) John Joe O'Reilly (1918–1952)
als) Martin O'Connell (*1963)
alt) Mick O'Connell (*1937)
alu) Tommy Murphy (1920–1985)
alv) Seán O'Neill (*1938)
alw) Seán Purcell (1928–2005)
alx) Pat Spillane (*1955)
aly) Mikey Sheehy (*1954)
alz) Tommy Langan (1921–1974)
ama) Kevin Heffernan (1929–2013)

1150	30 (P) mehrfarbig	all	0,80	0,80
1151	30 (P) mehrfarbig	alm	0,80	0,80
1152	30 (P) mehrfarbig	aln	0,80	0,80
1153	30 (P) mehrfarbig	alo	0,80	0,80
1154	30 (P) mehrfarbig	alp	0,80	0,80
1155	30 (P) mehrfarbig	alr	0,80	0,80
1156	30 (P) mehrfarbig	als	0,80	0,80
1157	30 (P) mehrfarbig	alt	0,80	0,80
1158	30 (P) mehrfarbig	alu	0,80	0,80
1159	30 (P) mehrfarbig	alv	0,80	0,80
1160	30 (P) mehrfarbig	alw	0,80	0,80
1161	30 (P) mehrfarbig	alx	0,80	0,80
1162	30 (P) mehrfarbig	aly	0,80	0,80
1163	30 (P) mehrfarbig	alz	0,80	0,80
1164	30 (P) mehrfarbig	ama	0,80	0,80
		Satzpreis (15 W.)	12,—	12,—
		Zd-Bogen	16,—	14,—
		FDC		15,—

MiNr. 1150–1164 wurden mit 1 Zierfeld zusammenhängend im Bogen gedruckt.

Nicht gezähnte Zd-Bogen wurden zum Preis von 30 £ verkauft, waren aber nicht frankaturgültig.

Auflage: 200 000 Sätze

Gültig bis 31.12.2002

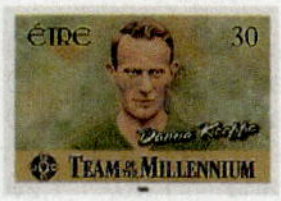

1999, 17. Aug. Mannschaft des Jahrtausends im Gaelic Football. Odr., Markenheftchen; Papier ph.; selbstklebend; gestanzt 11:11¼.

all I) Dan O'Keeffe (1907–1967)

1165	30 (P) mehrfarbig	all I	4,—	4,—
1166	30 (P) mehrfarbig	alm I	2,—	2,—
1167	30 (P) mehrfarbig	aln I	4,—	4,—
1168	30 (P) mehrfarbig	alo I	2,—	2,—
1169	30 (P) mehrfarbig	alp I	4,—	4,—
1170	30 (P) mehrfarbig	alr I	1,—	1,—
1171	30 (P) mehrfarbig	als I	1,50	1,50
1172	30 (P) mehrfarbig	alt I	4,—	4,—
1173	30 (P) mehrfarbig	alu I	2,—	2,—
1174	30 (P) mehrfarbig	alv I	1,—	1,—
1175	30 (P) mehrfarbig	alw I	2,—	2,—
1176	30 (P) mehrfarbig	alx I	2,—	2,—
1177	30 (P) mehrfarbig	aly I	2,—	2,—
1178	30 (P) mehrfarbig	alz I	2,—	2,—
1179	30 (P) mehrfarbig	ama I	1,50	1,50
		Satzpreis (15 W.)	35,—	35,—
		FDC		
		4 Markenheftchen	45,—	45,—

MiNr. 1165–1179 wurden zusammen in 4 Markenheftchen zu je 8 Marken in unterschiedlicher Zusammensetzung gedruckt.

Nicht gestanzte Zd-Bogen wurden zum Preis von 30 £ verkauft, waren aber nicht frankaturgültig.

Gültig bis 31.12.2002

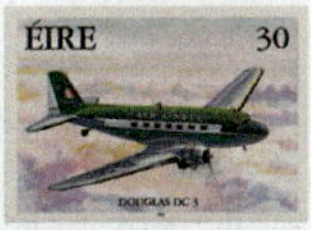

1999, 9. Sept. Zivilluftfahrt in Irland: Passagierflugzeuge. Odr., Bogen (4×4) und Markenheftchen; Papier ph.; gez. K 14¾:14.

amb) Douglas DC-3 (1964)

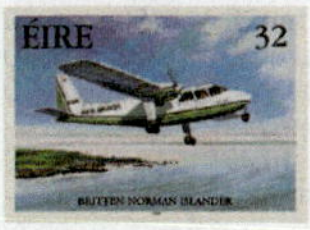

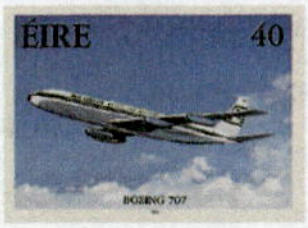

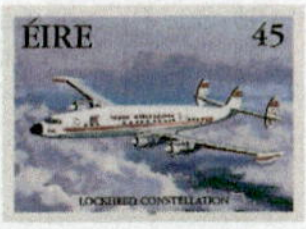

amc) Britten Norman BN-2 Islander (1970)
amd) Boeing 707 (1958)
ame) Lockheed L-1049G Super Constellation (1960)

1180	30 (P) mehrfarbig	amb	1,20	1,—
1181	32 (P) mehrfarbig	amc	1,20	1,—
1182	40 (P) mehrfarbig	amd	1,20	1,—
1183	45 (P) mehrfarbig	ame	1,20	1,—
		Satzpreis (4 W.)	4,80	4,—
		FDC		4,50

MiNr. 1180–1183 stammen auch aus MH 47.

Gültig bis 31.12.2002

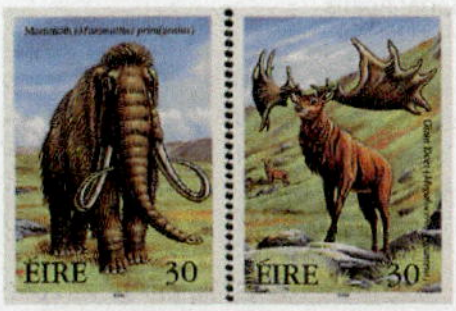

1999, 11. Okt. In Irland ausgestorbene Tiere. Odr., Bogen (4×4); Papier ph.; gez. K 14¼:14¾, Querformate ∼.

amf) Mammut (Mammuthus primigenius)
amg) Europäischer Riesenhirsch (Megaloceros giganteus)

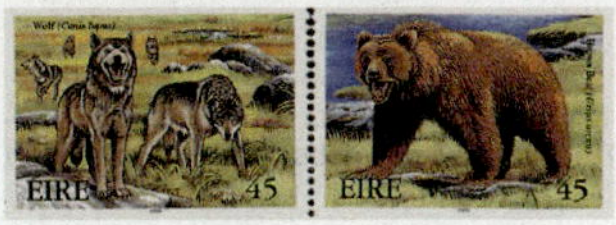

amh) Wolf (Canis lupus)
ami) Braunbär (Ursus arctos)

1184	30 (P) mehrfarbig	amf	1,—	1,—
1185	30 (P) mehrfarbig	amg	1,—	1,—
1186	45 (P) mehrfarbig	amh	1,30	1,30
1187	45 (P) mehrfarbig	ami	1,30	1,30
		Satzpreis (4 W.)	4,60	4,60
		2 Paare	5,50	5,—
		FDC		5,—

Blockausgabe, normales Papier, gez. K 14¾

1188	30 (P) mehrfarbig	amf I	1,—	1,—
1189	30 (P) mehrfarbig	amg I	1,—	1,—
1190	45 (P) mehrfarbig	ami I	1,30	1,30
1191	45 (P) mehrfarbig	amh I	1,30	1,30
Block 33	(150×68 mm)	amk	5,50	6,—
		FDC		7,—

Nominalgleiche Marken wurden schachbrettartig zusammenhängend gedruckt.

Die Bogenmarken haben im Gegensatz zu den Blockmarken einen weißen Rand.

Gültig bis 31.12.2002

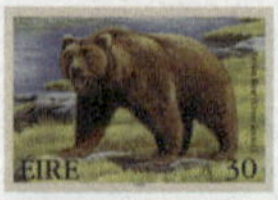

1999, 11. Okt. In Irland ausgestorbene Tiere. Odr., Rolle (100); Papier ph.; selbstklebend; gestanzt 9¼.

ami II) Braunbär (Ursus arctos)

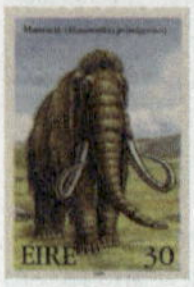

amf II) Mammut (Mammuthus primigenius)

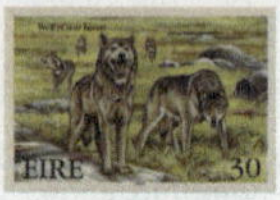

amh II) Wolf (Canis lupus)

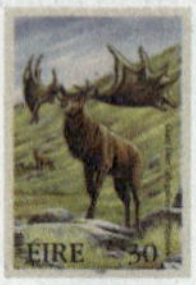

amg II) Europäischer Riesenhirsch (Megaloceros giganteus)

1192	30 (P) mehrfarbig	ami II	1,50	1,50
1193	30 (P) mehrfarbig	amf II	1,50	1,50
1194	30 (P) mehrfarbig	amh II	1,50	1,50
1195	30 (P) mehrfarbig	amg II	1,50	1,50
		Satzpreis (4 W.)	6,—	6,—
		FDC		7,50
		Viererstreifen	6,—	6,—

MiNr. 1192–1195 wurden zusammen in der Rolle gedruckt.

Gültig bis 31.12.2002

1999, 4. Nov. Weihnachten. Odr. (5×10); Papier ph.; gez. K 14¾:14.

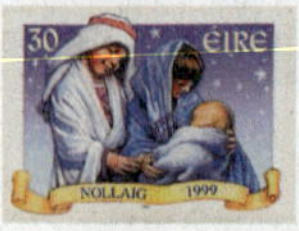

aml) Die Heilige Familie

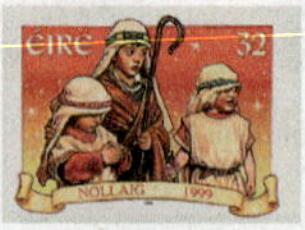

amm) Die Hirten

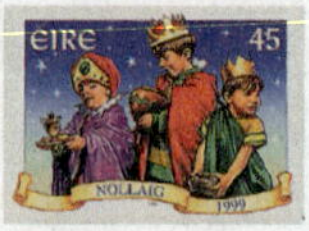

amn) Die Heiligen Drei Könige

aml–amn) Kinder bei der Aufführung des Krippenspiels

1196	30 (P) mehrfarbig	aml	1,40	1,—
1197	32 (P) mehrfarbig	amm	1,40	1,—
1198	45 (P) mehrfarbig	amn	1,40	1,—
		Satzpreis (3 W.)	4,—	3,—
		FDC		3,50

Gültig bis 31.12.2002

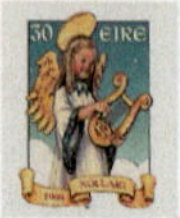

1999, 4. Nov. Weihnachten. Odr., Markenheftchen (2×10); Papier ph.; selbstklebend; gestanzt 11:11¼.

amo) Kind als musizierender Engel

1199	30 (P) mehrfarbig	amo	1,—	1,—
		FDC		1,50
		FDC (MiNr. 1196–1199)		5,—
		Markenheftchen	20,—	20,—

MiNr. 1199 wurde im Markenheftchen zu 20 Marken zum Preis von 5.40 £ ausgegeben.

Gültig bis 31.12.2002

1999, 31. Dez. Jahrtausendwende (I): Persönlichkeiten des 20. Jahrhunderts. Odr., Zd-Bogen (2 Zd); Papier ph.; gez. K 14:14¾.

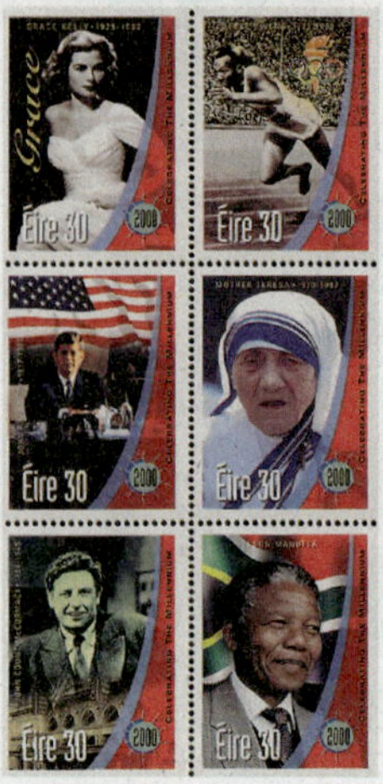

amp) Grace Kelly (1929–1982), amerikanische Filmschauspielerin, Fürstin von Monaco
amr) Jesse Owens (1913–1980), amerikanischer Leichtathlet
ams) John F. Kennedy (1917–1963), 35. Präsident der USA
amt) Mutter Teresa (1910–1997), indische katholische Ordensgründerin albanischer Herkunft, Friedensnobelpreis 1979
amu) John McCormack (1884–1945) irischer Sänger
amv) Nelson Mandela (1918–2013), südafrikanischer Politiker und Staatspräsident, Friedensnobelpreis 1993

1200	30 (P) mehrfarbig	amp	1,20	1,20
1201	30 (P) mehrfarbig	amr	1,20	1,20
1202	30 (P) mehrfarbig	ams	1,20	1,20
1203	30 (P) mehrfarbig	amt	1,20	1,20
1204	30 (P) mehrfarbig	amu	1,20	1,20
1205	30 (P) mehrfarbig	amv	1,20	1,20
		Satzpreis (6 W.)	7,—	7,—
		Sechserblock	8,—	8,—
		Zd-Bogen	16,—	16,—
		FDC		18,—

MiNr. 1200–1205 wurden in senkrechter Sechserblockanordnung zusammenhängend im Bogen zu 12 Marken gedruckt.

Auflage: 200.000 Sätze

Gültig bis 31.12.2002

2000, 1. Jan. Jahrtausendwende (II): Historische Ereignisse in Irland. Odr., Zd-Bogen (2 Zd); Papier ph.; gez. K 14¾:14.

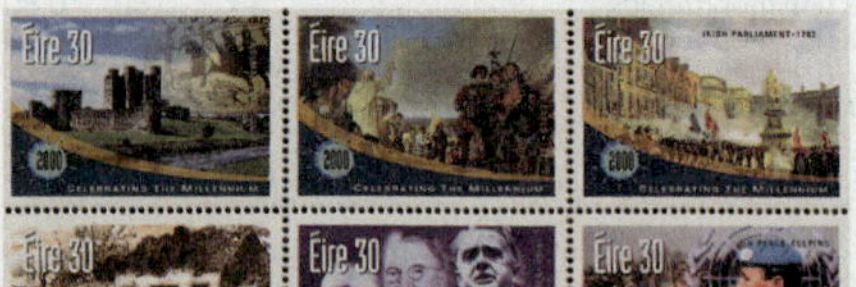

amw) Eroberung Irlands durch die Normannen (1169), Trim Castle
amx) Flucht der Landbesitzer (1607)
amy) Unabhängiges Parlament (1782)
amz) Gründung der Irish Land League (1879)
ana) Unabhängigkeit (1922)
anb) Unterstützung der UNO-Friedenstruppen

1206	30 (P) mehrfarbig	amw	1,20	1,20
1207	30 (P) mehrfarbig	amx	1,20	1,20
1208	30 (P) mehrfarbig	amy	1,20	1,20
1209	30 (P) mehrfarbig	amz	1,20	1,20
1210	30 (P) mehrfarbig	ana	1,20	1,20

1211 30 (P) mehrfarbig .... anb 1,20 1,20
Satzpreis (6 W.) 7,— 7,—
Sechserblock 8,50 8,50
Zd-Bogen 18,— 18,—
FDC 20,—

MiNr. 1206–1211 wurden sowohl in waagerechter als auch in senkrechter Sechserblockanordnung zusammenhängend im Bogen zu 12 Marken gedruckt; Preise gleich.

Auflage: 200.000 Sätze

Gültig bis 31.12.2002

2000, 26. Jan. Grußmarken: Chinesisches Jahr des Drachen – Fabelwesen. Odr., Bogen (B) (4×4) und Markenheftchen (MH); Papier ph.; A = vierseitig, D = dreiseitig gez. K 14:14¾.

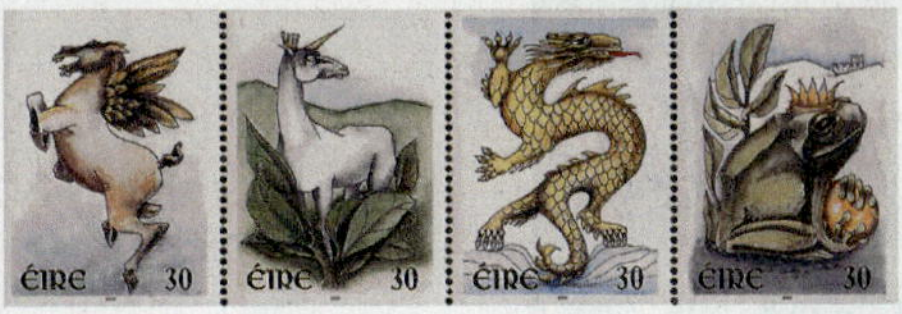

anc) Pegasus
and) Einhorn
ane) Drache
anf) Froschkönig

1212 A 30 (P) mehrfarbig (MH) .... anc 0,80 0,80
1213 A 30 (P) mehrfarbig (MH) .... and 0,80 0,80
1214 A 30 (P) mehrfarbig (MH) .... ane 0,80 0,80
1215 30 (P) mehrfarbig .... anf
A vierseitig gez. (B) 0,80 0,80
D dreiseitig gez. (⌑) (MH) 0,80 0,80
Satzpreis A (4 W.) 3,— 3,—
FDC 3,50

Blockausgabe mit MiNr. 1212 A, 1213 A und 1214 D

1214 D 30 (P) mehrfarbig (⌑) .... ane 1,20 1,20
Block 34 (124×74 mm) .... ang 3,— 3,—
FDC 4,—

MiNr. 1212–1215 stammen aus MH 48.

Auflagen: MiNr. 1215 A = 1.000.000 Stück, Bl. 34 = 75.000 Bocks

Gültig bis 31.12.2002

2000, 29. Febr. Jahrtausendwende (III): Entdeckungen. Odr., Zd-Bogen (2 Zd); Papier ph.; gez. K 14:14¾.

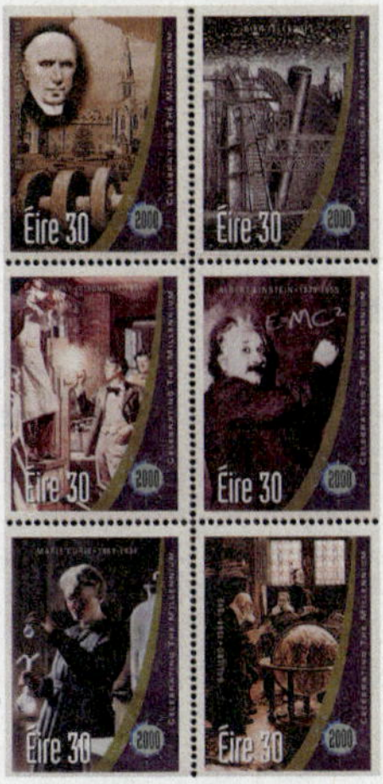

anh) Pater Nicholas Callan (1799–1864); irischer Pionier der Elektrotechnik
ani) Birr-Teleskop
ank) Thomas Alva Edison (1847–1931), amerikanischer Erfinder
anl) Albert Einstein (1879–1955), deutsch-amerikanischer Physiker
anm) Marie Curie (1867–1934), französische Chemikerin und Physikerin polnischer Herkunft, Nobelpreis 1903 und 1911
ann) Galileo Galilei (1564–1642), italienischer Mathematiker, Physiker und Astronom

1216 30 (P) mehrfarbig .... anh 1,— 1,—
1217 30 (P) mehrfarbig .... ani 1,— 1,—
1218 30 (P) mehrfarbig .... ank 1,— 1,—
1219 30 (P) mehrfarbig .... anl 1,— 1,—
1220 30 (P) mehrfarbig .... anm 1,— 1,—
1221 30 (P) mehrfarbig .... ann 1,— 1,—
Satzpreis (6 W.) 6,— 6,—
Sechserblock 6,50 6,50
Zd-Bogen 14,— 14,—
FDC 15,—

MiNr. 1216–1221 wurden in senkrechter Sechserblockanordnung zusammenhängend im Bogen zu 12 Marken gedruckt.

Auflage: 200.000 Sätze

Gültig bis 31.12.2002

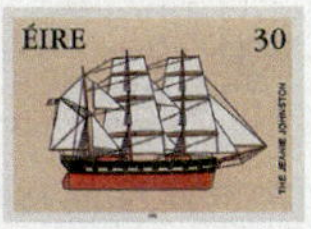

2000, 9. März. Auswandererschiff „Jeanie Johnston". Odr. (4×4); Papier ph.; gez. K 14¾:14.

ano) Bark „Jeanie Johnston" (1847)

1222 30 (P) mehrfarbig .... ano 0,80 0,80
FDC 1,50

Auflage: 500.000 Stück

Gültig bis 31.12.2002

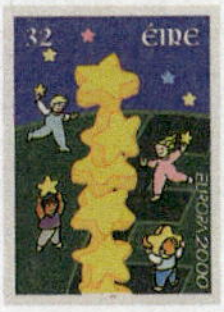

2000, 9. Mai. Europa. Odr. (3 + 3 + 4); Papier ph.; gez. K 14:14¾.

anp) Kinder bauen Sternenturm

1223 32 (P) mehrfarbig .... anp 2,— 2,—
FDC 2,50
Kleinbogen 20,— 20,—

Auflage: 1.500.000 Stück

Gültig bis 31.12.2002

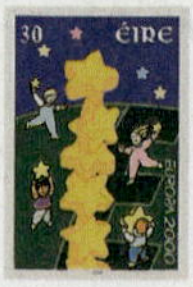

2000, 9. Mai. Europa. Odr., Rolle (100) und Folienstreifen (1×2); Papier ph.; selbstklebend; gestanzt 9½:9¼.

anp I) Kinder bauen Sternenturm

1224	30 (P) mehrfarbig	anp I	3,50	2,50
		FDC		3,—
		Folienstreifen	7,—	5,—
		FDC (MiNr. 1223–1224)		4,—

Auflage: 6.000.000 Stück

Gültig bis 31.12.2002

2000, 22. Mai. 100. Todestag von Oscar Wilde. Odr. (2×2 Zd); Papier ph.; gez. K 14:14¾.

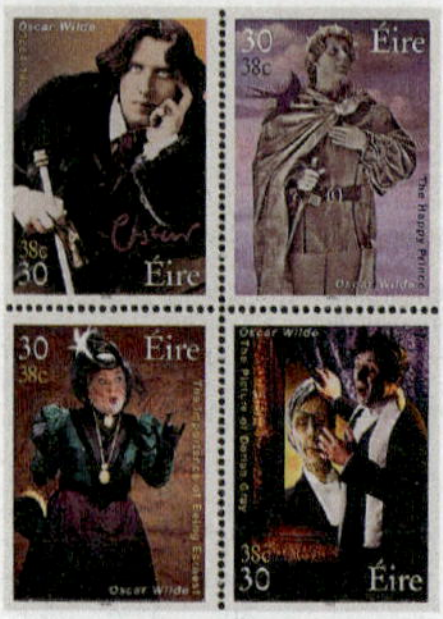

anr) Oscar Wilde (1854–1900), Schriftsteller
ans) Szene aus „Der glückliche Prinz“
ant) Szene aus „Ernst sein!“
anu) Szene aus „Das Bildnis des Dorian Gray“

1225	30 (P) / 38 C mehrfarbig	anr	1,—	1,—
1226	30 (P) / 38 C mehrfarbig	ans	1,—	1,—
1227	30 (P) / 38 C mehrfarbig	ant	1,—	1,—
1228	30 (P) / 38 C mehrfarbig	anu	1,—	1,—
		Satzpreis (4 W.)	4,—	4,—
		Viererblock	5,—	5,—
		FDC		5,50

Blockausgabe, normales Papier

1229	2 £ mehrfarbig	anr I	5,—	5,—
Block 35	(150×90 mm)	anv	6,—	7,—
		FDC		8,—

MiNr. 1229 gültig bis 31.12.2002

2000, 22. Mai. Blockausgabe: Internationale Briefmarkenausstellung THE STAMP SHOW 2000, London. Neuauflage von Bl. 35 mit zusätzlichem Ausstellungsemblem am oberen Blockrand. Odr.; gez. Ks 14:14¾.

Block 35 I	(150×90 mm)	anv I	8,—	8,—
		FDC		10,—

Bl. 35 I wurde nur am Ausstellungsstand der Irischen Post und von der Versandstelle verkauft.

Gültig bis 31.12.2002

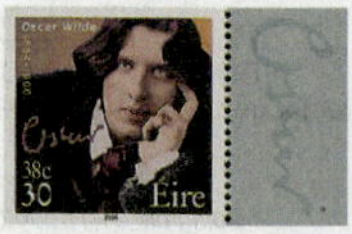

2000, 22. Mai. 100. Todestag von Oscar Wilde (II). Odr. (4×5 Zd); Papier ph.; gez. K 14½:14.

anw) Oscar Wilde (1854–1900), Schriftsteller
Zierfeld

1230	30 (P) / 38 C mehrfarbig	anw	2,50	2,50
		1230 Zf	3,—	3,—
		FDC		3,50

MiNr. 1230 wurde im Bogen zu 20 Marken und 20 personalisierbaren Zierfeldern gedruckt und wurde nur am Ausstellungsstand der Irischen Post (Internationale Briefmarkenausstellung THE STAMP SHOW 2000, London) und von der Versandstelle verkauft. Verkaufspreis für kompletten Bogen: 10 £.

2000, 16. Juni. Jahrtausendwende (IV): Kunst. Odr., Zd-Bogen (2 Zd); Papier ph.; gez. K 14:14¾.

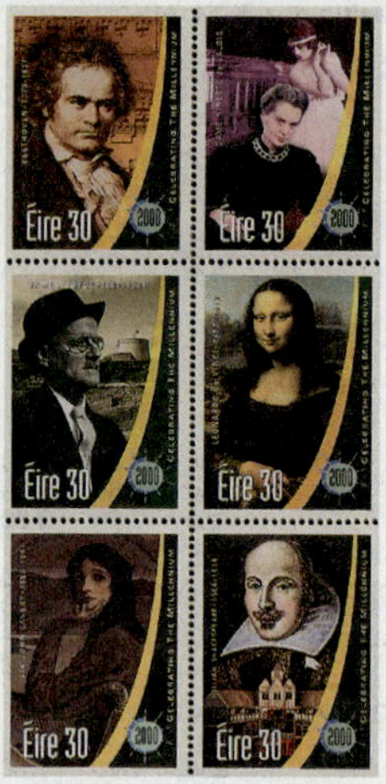

anx) Ludwig van Beethoven (1770–1827), deutscher Komponist
any) Dame Ninette de Valois (1898–2001), britische Tänzerin und Choreographin irischer Herkunft
anz) James Joyce (1882–1941), irischer Schriftsteller
aoa) Mona Lisa; Gemälde von Leonardo da Vinci (1452–1519), italienischer Maler, Bildhauer, Architekt und Ingenieur
aob) Sitzende Frau; Gemälde von John Lavery (1856–1941), irischer Porträtmaler
aoc) William Shakespeare (1564–1616), englischer Dramatiker, Schauspieler und Dichter

1231	30 (P) mehrfarbig	anx	1,—	1,—
1232	30 (P) mehrfarbig	any	1,—	1,—
1233	30 (P) mehrfarbig	anz	1,—	1,—
1234	30 (P) mehrfarbig	aoa	1,—	1,—
1235	30 (P) mehrfarbig	aob	1,—	1,—
1236	30 (P) mehrfarbig	aoc	1,—	1,—
		Satzpreis (6 W.)	6,—	6,—
		Sechserblock	6,50	6,50
		Zd-Bogen	15,—	15,—
		FDC		16,—

MiNr. 1231–1236 wurden in senkrechter Sechserblockanordnung zusammenhängend im Bogen zu 12 Marken gedruckt.

Auflage: 200.000 Sätze

Gültig bis 31.12.2002

2000, 7. Juli. Olympische Sommerspiele, Sydney. Odr. (4×4); Papier ph.; gez. K 13¼.

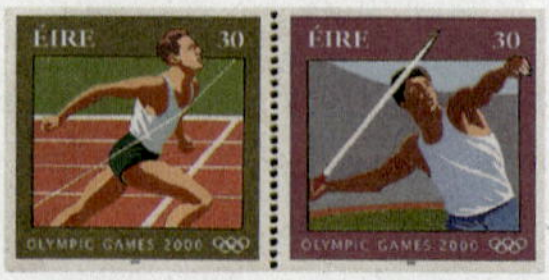

aod) Laufen
aoe) Speerwerfen

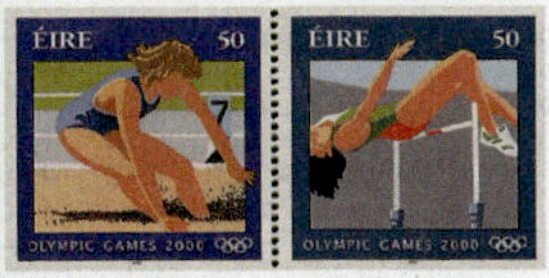

aof) Weitsprung
aog) Hochsprung

1237	30 (P)	mehrfarbig	aod	0,80	0,80
1238	30 (P)	mehrfarbig	aoe	0,80	0,80
1239	50 (P)	mehrfarbig	aof	1,30	1,30
1240	50 (P)	mehrfarbig	aog	1,30	1,30
			Satzpreis (4 W.)	4,20	4,20
			2 Paare	4,50	5,—
			FDC		5,—

Nominalgleiche Marken wurden schachbrettartig zusammenhängend gedruckt.

Auflagen: MiNr. 1237–1238 je 1.000.000, MiNr. 1239–1240 je 500.000 Stück

Gültig bis 31.12.2002

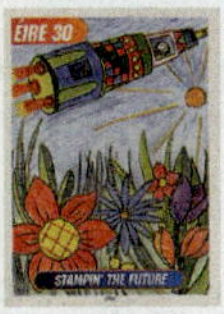

2000, 7. Juli. Internationaler Malwettbewerb für Kinder „Zukunft auf Briefmarken". Odr. (4×4); Papier ph.; gez. K 14:14¾, Querformate ∼.

aoh) Zeichnung von Marguerite Nyhan

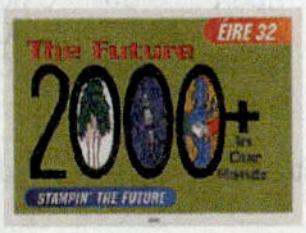

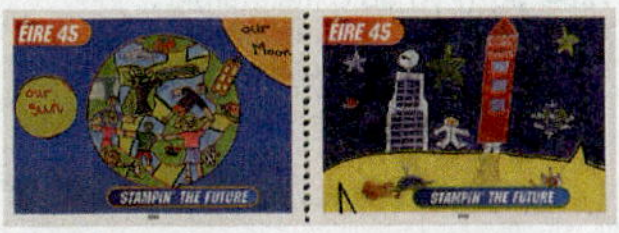

aoi) Zeichnung von Kyle Staunton

aok) Zeichnung von Jennifer Branagan
aol) Zeichnung von Diarmuid O'Ceochain

1241	30 (P)	mehrfarbig	aoh	0,80	0,90
1242	32 (P)	mehrfarbig	aoi	0,80	1,—
1243	45 (P)	mehrfarbig	aok	1,20	1,30
1244	45 (P)	mehrfarbig	aol	1,20	1,30
			Satzpreis (4 W.)	4,—	4,50
			2 Marken + Paar	4,—	4,50
			FDC		4,50

MiNr. 1243–1244 wurden schachbrettartig zusammenhängend gedruckt.

Auflagen: MiNr. 1241 = 1.000.000, MiNr. 1242–1244 je 500.000 Stück

Gültig bis 31.12.2002

2000, 2. Aug. Mannschaft des Jahrtausends im Hurling. Odr., Zd-Bogen (15); Papier ph.; gez. K 14¾:14.

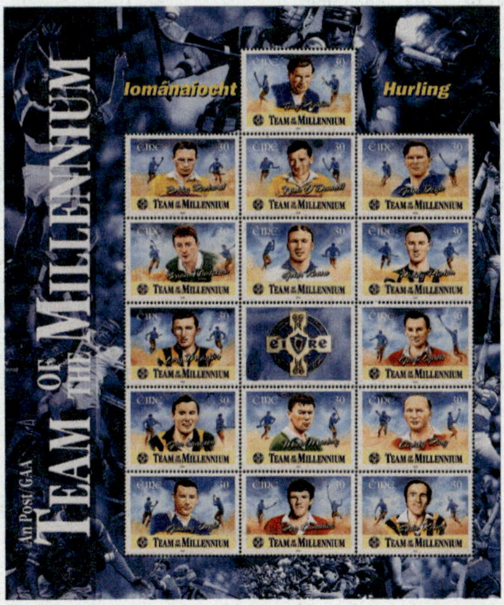

	aom	
aon	aoo	aop
aor	aos	aot
aou	Zierfeld	aov
aow	aox	aoy
aoz	apa	apb

aom) Tony Reddin (1919–2015)
aon) Bobby Rackard (1927–1996)
aoo) Nick O'Donnell (1925–1988)
aop) John Doyle (1930–2010)
aor) Brian Whelahan (*1971)
aos) John Keane (1917–1975)
aot) Paddy Phelan (1910–1971)
aou) Lory Meagher (1899–1973)
aov) Jack Lynch (1917–1999)
aow) Jim Langton (1918–1987)
aox) Mick Mackey (1912–1982)
aoy) Christy Ring (1920–1979)
aoz) Jimmy Doyle (1939–2015)
apa) Ray Cummins (*1948)
apb) Eddie Keher (*1941)

1245	30 (P) / 38 C	mehrfarbig	aom	1,—	1,—
1246	30 (P) / 38 C	mehrfarbig	aon	1,—	1,—
1247	30 (P) / 38 C	mehrfarbig	aoo	1,—	1,—
1248	30 (P) / 38 C	mehrfarbig	aop	1,—	1,—
1249	30 (P) / 38 C	mehrfarbig	aor	1,—	1,—
1250	30 (P) / 38 C	mehrfarbig	aos	1,—	1,—
1251	30 (P) / 38 C	mehrfarbig	aot	1,—	1,—
1252	30 (P) / 38 C	mehrfarbig	aou	1,—	1,—
1253	30 (P) / 38 C	mehrfarbig	aov	1,—	1,—
1254	30 (P) / 38 C	mehrfarbig	aow	1,—	1,—
1255	30 (P) / 38 C	mehrfarbig	aox	1,—	1,—
1256	30 (P) / 38 C	mehrfarbig	aoy	1,—	1,—
1257	30 (P) / 38 C	mehrfarbig	aoz	1,—	1,—
1258	30 (P) / 38 C	mehrfarbig	apa	1,—	1,—
1259	30 (P) / 38 C	mehrfarbig	apb	1,—	1,—
			Satzpreis (15 W.)	15,—	15,—
			Zd-Bogen	16,—	16,—
			FDC		17,—

MiNr. 1245–1259 wurden mit 1 Zierfeld zusammenhängend im Bogen gedruckt.

Nicht gezähnte Zd-Bogen wurden zum Preis von 30 £ verkauft, waren aber nicht frankaturgültig.

Auflage: 200.000 Sätze

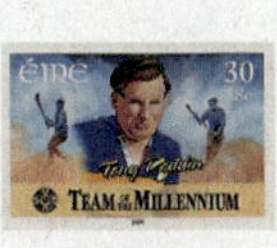

2000, 2. Aug. Mannschaft des Jahrtausends im Hurling. Odr., Markenheftchen; Papier ph.; selbstklebend; gestanzt 11:11¼.

aom I) Tony Reddin (1919–2015)

1260	30 (P) / 38 C	mehrfarbig	aom I	1,50	1,50
1261	30 (P) / 38 C	mehrfarbig	aon I	1,—	1,—

1262	30 (P) / 38 C mehrfarbig	aoo I	1,—	1,—
1263	30 (P) / 38 C mehrfarbig	aop I	1,—	1,—
1264	30 (P) / 38 C mehrfarbig	aor I	2,—	2,—
1265	30 (P) / 38 C mehrfarbig	aos I	2,—	2,—
1266	30 (P) / 38 C mehrfarbig	aot I	4,—	4,—
1267	30 (P) / 38 C mehrfarbig	aou I	2,—	2,—
1268	30 (P) / 38 C mehrfarbig	aov I	1,—	1,—
1269	30 (P) / 38 C mehrfarbig	aow I	4,—	4,—
1270	30 (P) / 38 C mehrfarbig	aox I	1,—	1,—
1271	30 (P) / 38 C mehrfarbig	aoy I	1,—	1,—
1272	30 (P) / 38 C mehrfarbig	aoz I	1,50	1,50
1273	30 (P) / 38 C mehrfarbig	apa I	1,50	1,50
1274	30 (P) / 38 C mehrfarbig	apb I	1,50	1,50
		Satzpreis (15 W.)	26,—	26,—
		FDC		—,—
		5 Markenheftchen	*55,—*	

MiNr. 1260–1274 wurden zusammen in 5 Markenheftchen zu je 10 Marken in unterschiedlicher Zusammensetzung gedruckt.

Auflagen: MiNr. 1260 und 1272 je 81.000, MiNr. 1261–1262 je 125.000, MiNr. 1263 = 108.000, MiNr. 1264–1265 je 90.000, MiNr. 1266 und 1269 je 50.000, MiNr. 1267 und 1274 je 75.000, MiNr. 1268 und 1273 je 96.000, MiNr. 1270 = 120.000, MiNr. 1271 = 128.000 Stück

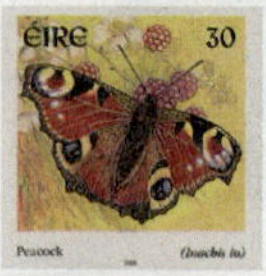

2000, 6. Sept. Einheimische Schmetterlinge. Odr. (4×4); I = mit Jahreszahl 2000; Papier ph.; gez. K 13¼:12¾.

apc) Tagpfauenauge (Aglais io)

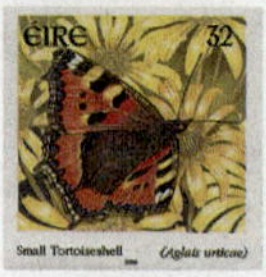

apd) Kleiner Fuchs (Aglais urticae)

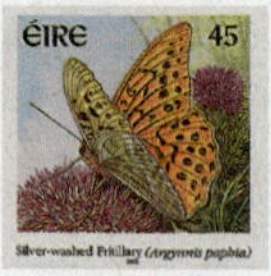

ape) Kaisermantel (Argynnis paphia)

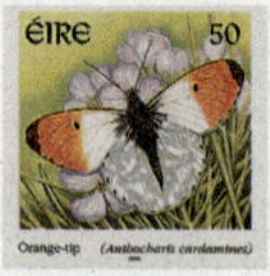

apf) Aurorafalter (Anthocharis cardamines)

1275	**I**	30 (P) mehrfarbig	apc	1,—	1,—
1276	**I**	32 (P) mehrfarbig	apd	1,—	1,—
1277	**I**	45 (P) mehrfarbig	ape	1,50	1,50
1278	**I**	50 (P) mehrfarbig	apf	2,—	2,—
			Satzpreis (4 W.)	5,50	5,50
			FDC		6,—

Blockausgabe, II = ohne Jahreszahl

1275	**II**	30 (P) mehrfarbig	apc	1,—	1,—
1276	**II**	32 (P) mehrfarbig	apd	1,—	1,—
1277	**II**	45 (P) mehrfarbig	ape	1,50	1,50
1278	**II**	50 (P) mehrfarbig	apf	2,—	2,—
Block 36		(150×90 mm)	apg	5,50	6,50
			FDC		7,—

Auflagen: MiNr. 1275 I = 1.000.000, MiNr. 1276 I–1278 I je 500.000 Stück

Gültig bis 31.12.2002

2000, 9. Okt. Militärluftfahrt in Irland. Odr., Bogen (2×4 Zd) und Markenheftchen (2×2 und 3×1); Papier ph.; gez. K 14¾:14.

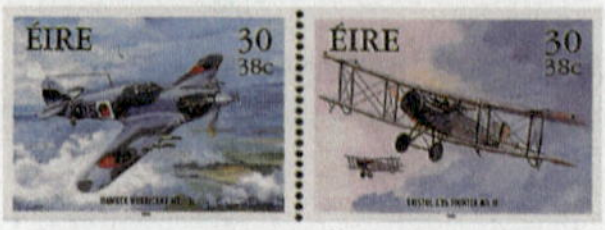

aph) Hawker Hurricane Mk.IIc
api) Bristol F.2B Fighter Mk.II

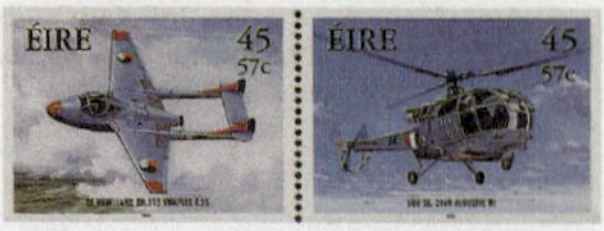

apk) De Havilland D.H.115 Vampire T.55
apl) Hubschrauber Aerospatiale SA 316 B

1279	30 (P) / 38 C mehrfarbig	aph	1,—	1,—
1280	30 (P) / 38 C mehrfarbig	api	1,—	1,—
1281	45 (P) / 57 C mehrfarbig	apk	1,20	1,20
1282	45 (P) / 57 C mehrfarbig	apl	1,20	1,20
		Satzpreis (4 W.)	4,40	4,40
		2 Paare	4,50	4,50
		FDC		5,—

Nominalgleiche Marken wurden im Bogen schachbrettartig zusammenhängend gedruckt.

MiNr. 1279–1282 wurden auch zusammenhängend im Markenheftchen (MH 49) ausgegeben.

Auflagen: MiNr. 1279–1280 je 1.500.000, MiNr. 1281–1282 je 750.000 Stück

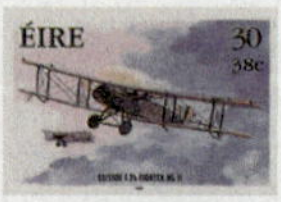

2000, 9. Okt. Militärluftfahrt in Irland. Odr., Rolle (100) und Folienstreifen (4×1); Papier ph.; selbstklebend; gestanzt 9:8½.

api I) Bristol F.2B Fighter Mk.II

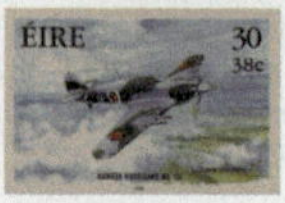

aph I) Hawker Hurricane Mk.IIc

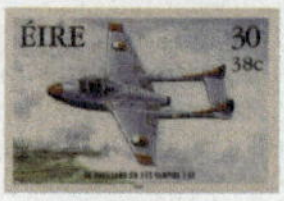

apk I) De Havilland D.H.115 Vampire T.55

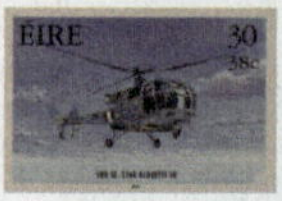

apl I) Hubschrauber Aerospatiale SA 316 B

1283	30 (P) / 38 C mehrfarbig	api I	0,80	0,80
1284	30 (P) / 38 C mehrfarbig	aph I	0,80	0,80
1285	30 (P) / 38 C mehrfarbig	apk I	0,80	0,80
1286	30 (P) / 38 C mehrfarbig	apl I	0,80	0,80
		Satzpreis (4 W.)	3,—	3,—
		FDC		4,—
		Folienstreifen	3,50	3,50

MiNr. 1283–1286 wurden zusammen in der Rolle gedruckt.

2000, 14. Nov. Weihnachten. Odr. (4×4); Papier ph.; gez. K 14¾:14.

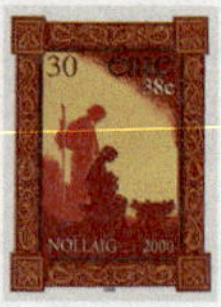

apm) Christi Geburt

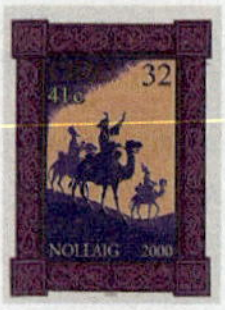

apn) Die Hl. Drei Könige folgen dem Stern

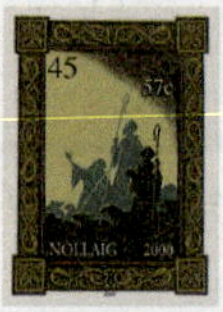

apo) Die Hirten auf dem Feld erblicken den Stern

1287	30 (P) / 38 C mehrfarbig	apm	1,—	1,—
1288	32 (P) / 41 C mehrfarbig	apn	1,—	1,—
1289	45 (P) / 57 C mehrfarbig	apo	1,—	1,—
		Satzpreis (3 W.)	3,—	3,—

FDC siehe nach MiNr. 1290.

☐ ohne Phosphoraufdruck = Probedruck

Auflagen: MiNr. 1287 = 5.000.000, MiNr. 1288–1289 je 1.000.000 Stück

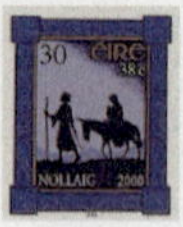

2000, 14. Nov. Weihnachten. Odr., Markenheftchen (2×12); Papier ph.; selbstklebend; gestanzt 11:11¼.

app) Die Flucht nach Ägypten

1290	30 (P) / 38 C mehrfarbig	app	1,—	1,—
		Markenheftchen	20,—	20,—
		FDC (MiNr. 1287–1290)		4,50

Das Markenheftchen wurde zum ermäßigten Preis von 6.60 £ verkauft.

☐ ohne Phosphoraufdruck = Probedruck

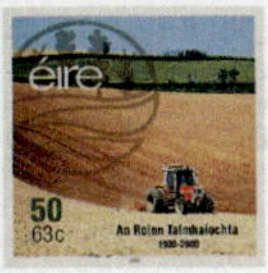

2000, 14. Nov. 100 Jahre Landwirtschaftsministerium. Odr. (4×4); Papier ph.; gez. K 13½.

apr) Pflügender Bauer

1291 50 (P) / 63 C mehrfarbig . . . . apr 1,50 1,50
FDC 2,—

☐ ohne Phosphoraufdruck = Probedruck

Auflage: 500.000 Stück

2000, 31. Dez. Jahrtausendwende (V): Weltereignisse. Odr., Zd-Bogen (2 Zd); Papier ph.; gez. K 14¾:14.

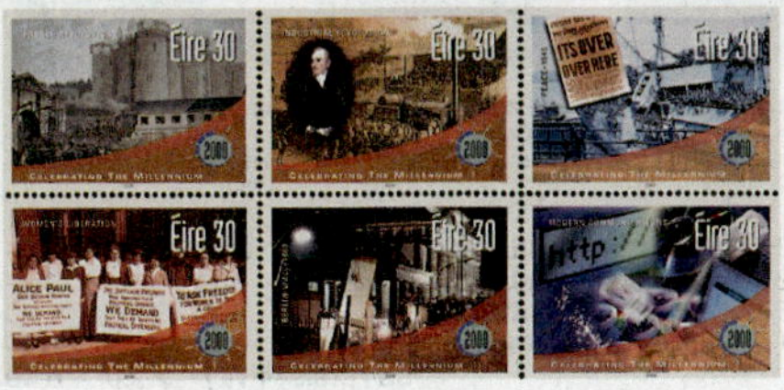

aps) Französische Revolution (1789)
apt) Industrielle Revolution
apu) Beendigung des Zweiten Weltkrieges (1945)
apv) Frauenrechtsbewegung
apw) Fall der Berliner Mauer (1989)
apx) Moderne Kommunikation

1292 30 (P) mehrfarbig . . . . aps 1,— 1,—
1293 30 (P) mehrfarbig . . . . apt 1,— 1,—
1294 30 (P) mehrfarbig . . . . apu 1,— 1,—
1295 30 (P) mehrfarbig . . . . apv 1,— 1,—
1296 30 (P) mehrfarbig . . . . apw 1,— 1,—
1297 30 (P) mehrfarbig . . . . apx 1,— 1,—
Satzpreis (6 W.) 6,— 6,—
Sechserblock 6,50 6,50
Zd-Bogen 15,— 15,—
FDC 16,—

MiNr. 1292–1297 wurden sowohl in waagerechter als auch in senkrechter Sechserblockanordnung zusammenhängend im Bogen zu 12 Marken gedruckt; Preise gleich.

Auflage: 200.000 Sätze

Gültig bis 31.12.2002

2001, 1. Jan. Jahrtausendwende (VI): Epochale Reisen. Odr., Zd-Bogen (2 Zd); Papier ph.; gez. K 14¾:14.

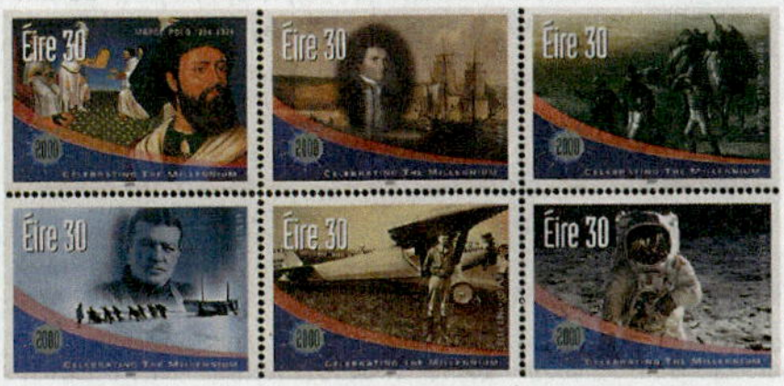

apy) Asienreisen des Marco Polo (1254–1324), venezianischer Kaufmann
apz) Entdeckung Australiens durch James Cook (1728–1779), britischer Seefahrer
ara) Australienexpedition von Robert Burke (1821–1861) und William Wills (1834–1861), britische Forscher
arb) Antarktisexpedition von Ernest Shackleton (1874–1922), britischer Südpolarforscher
arc) Atlantiküberquerung durch Charles Lindbergh (1902–1974), amerikanischer Flieger; Ryan NYP „Spirit of St. Louis"
ard) Erste bemannte Mondlandung (1969)

1298 30 (P) mehrfarbig . . . . apy 1,— 1,—
1299 30 (P) mehrfarbig . . . . apz 1,— 1,—
1300 30 (P) mehrfarbig . . . . ara 1,— 1,—
1301 30 (P) mehrfarbig . . . . arb 1,— 1,—
1302 30 (P) mehrfarbig . . . . arc 1,— 1,—
1303 30 (P) mehrfarbig . . . . ard 1,— 1,—
Satzpreis (6 W.) 6,— 6,—
Sechserblock 6,50 6,50
Zd-Bogen 15,— 15,—
FDC 16,—

MiNr. 1298–1303 wurden sowohl in waagerechter als auch in senkrechter Sechserblockanordnung zusammenhängend im Bogen zu 12 Marken gedruckt; Preise gleich.

Auflage: 200.000 Sätze

Gültig bis 31.12.2002

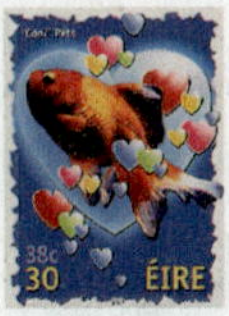

2001, 24. Jan. Grußmarken: Chinesisches Neujahr – Jahr der Schlange. Odr. (4×4); Papier ph.; gez. K 14:14¾.

are) Fisch, Herzen

1304 30 (P) / 38 C mehrfarbig . . . . are 1,— 1,—
FDC 1,50

Blockausgabe

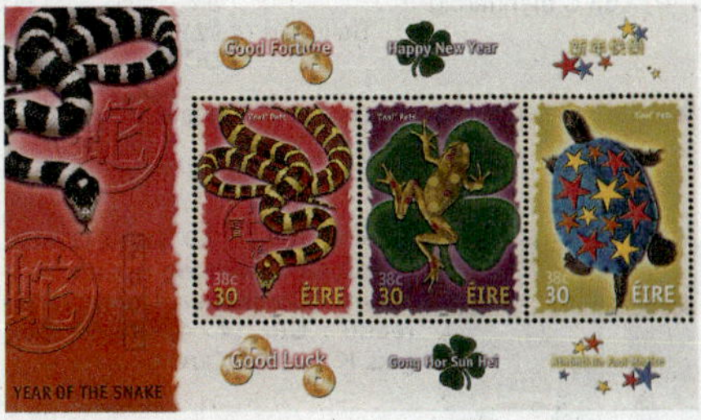

ari

arf) Schlange, chinesisches Zeichen
arg) Laubfrosch, vierblättriger Klee
arh) Schildkröte, Sterne

1305 30 (P) / 38 C mehrfarbig . . . . arf 1,50 1,50
1306 30 (P) / 38 C mehrfarbig . . . . arg 1,50 1,50
1307 30 (P) / 38 C mehrfarbig . . . . arh 1,50 1,50
Block 37 (125×74 mm) . . . . ari 5,— 5,—
FDC 5,50

Auflagen: MiNr. 1304 = 750.000 Stück, Bl. 37 = 60.000 Blocks

Ab MiNr. 1304 sind alle Ausgaben unbeschränkt frankaturgültig, außerdem alle Marken mit Doppelwährung £/€.

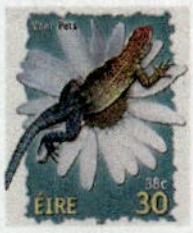

2001, 24. Jan. Grußmarken: Chinesisches Jahr der Schlange. Odr., Markenheftchen; Papier ph.; selbstklebend; gestanzt 12.

ark) Eidechse, Margerite

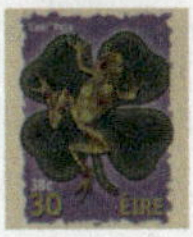

arg I) Laubfrosch, vierblättriger Klee

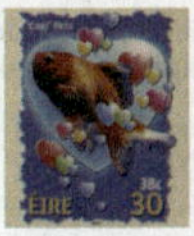

are I) Fisch, Herzen

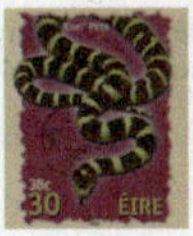

arf I) Schlange, chinesisches Zeichen

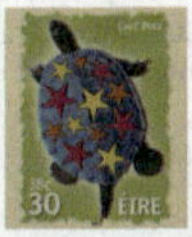

arh I) Schildkröte, Sterne

1308 30 (P) / 38 C mehrfarbig . . . . ark 1,20 1,—
1309 30 (P) / 38 C mehrfarbig . . . . arg I 1,20 1,—
1310 30 (P) / 38 C mehrfarbig . . . . are I 1,20 1,—
1311 30 (P) / 38 C mehrfarbig . . . . arf I 1,20 1,—

1312	30 (P) / 38 C mehrfarbig	arh I	1,20	1,—
	Satzpreis (5 W.)		6,—	5,—
	FDC			5,50
	Markenheftchen		12,—	10,—

MiNr. 1308–1312 wurden zusammen im Markenheftchen zu je 2 Marken gedruckt.

Auflage: 200.000 Sätze

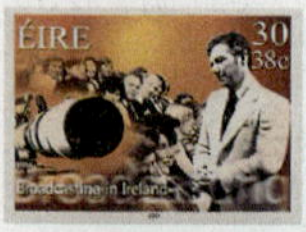

2001, 27. Febr. 75 Jahre Rundfunk in Irland. Odr. (4×4); Papier ph.; gez. K 14¾:14.

arl) Moderator und Publikum im Fernsehstudio, Kamera

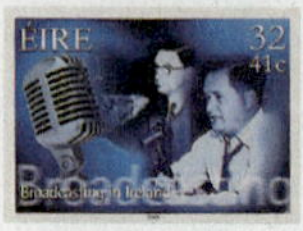

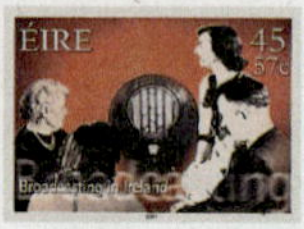

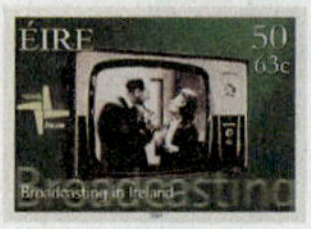

arm) Radiosprecher im Studio, Mikrophon

arn) Familie um Rundfunkempfänger

aro) Schwarzweiß-Fernsehgerät

1313	30 (P) / 38 C mehrfarbig	arl	0,70	0,70
1314	32 (P) / 41 C mehrfarbig	arm	0,80	0,80
1315	45 (P) / 57 C mehrfarbig	arn	1,50	1,10
1316	50 (P) / 63 C mehrfarbig	aro	2,—	1,60
	Satzpreis (4 W.)		5,—	4,20
	FDC			5,—

Auflagen: MiNr. 1313 = 1.000.000, MiNr. 1314–1316 je 500.000 Stück

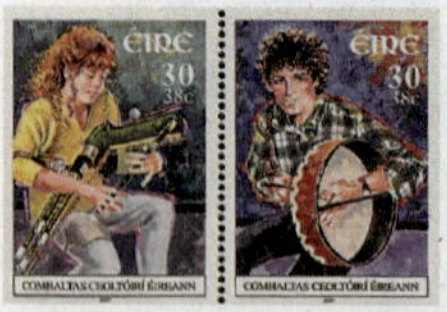

2001, 14. März. 50 Jahre Gesellschaft zur Erhaltung der irischen Musik „Comhaltas Ceoltóiri Éireann". Odr. (4×4); Papier ph.; gez. K 14:14¾, Querformate ∼.

arp) Dudelsack
arr) Trommel

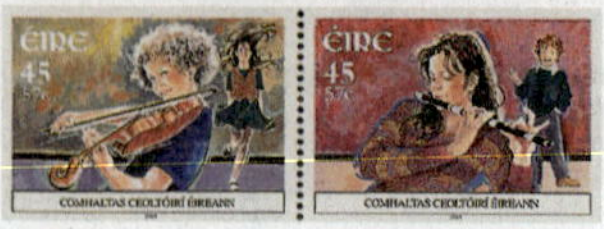

ars) Geige
art) Querflöte

arp–art) Jugendliche mit Volksmusikinstrumenten; Gemälde von Anne Farrall

1317	30 (P) / 38 C mehrfarbig	arp	1,—	1,—
1318	30 (P) / 38 C mehrfarbig	arr	1,—	1,—
1319	45 (P) / 57 C mehrfarbig	ars	1,50	1,50
1320	45 (P) / 57 C mehrfarbig	art	1,50	1,50
	Satzpreis (4 W.)		5,—	5,—
	2 Paare		5,—	6,—
	FDC			5,50

Nominalgleiche Marken wurden schachbrettartig zusammenhängend gedruckt.

Auflagen: MiNr. 1317–1318 je 1.000.000, MiNr. 1319–1320 je 500.000 Stück

2001, 14. März. 300 Jahre Marsh-Bibliothek, Dublin; 450 Jahre Buchdruck in Irland. Odr. (4×4); Papier ph.; gez. K 14:14¾.

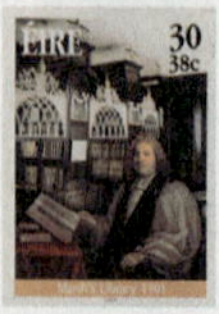

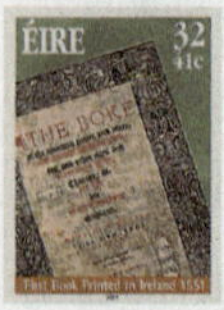

aru) Narcissus Marsh (1638–1713), Bischof und Gründer der Bibliothek; Innenansicht

arv) Titel des ersten Buches „The Boke of the Common Prayer" (1551)

1321	30 (P) / 38 C mehrfarbig	aru	1,—	1,—
1322	32 (P) / 41 C mehrfarbig	arv	1,—	1,—
	Satzpreis (2 W.)		2,—	2,—
	FDC			2,50

Auflage: 500.000 Sätze

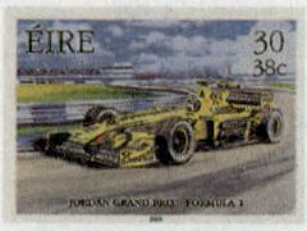

2001, 26. April. Irischer Motorsport. Odr. (4×4); Papier ph.; gez. K 13¾:14¼.

arw) Damon Hill im Jordan Grand Prix (Großer Preis von Belgien, 1998)

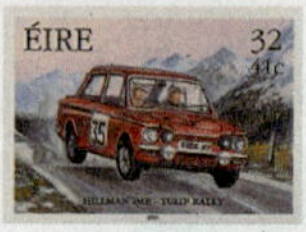

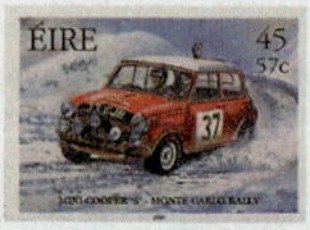

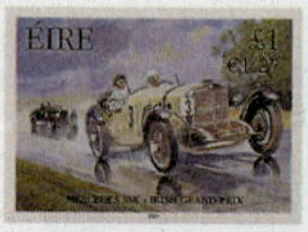

arx) Rosemary Smith im Hillman Imp (Tulpen-Rallye, 1965)

ary) Paddy Hopkirk im Mini Cooper S (Rallye Monte Carlo, 1964)

arz) Rudolph Caracciola im Mercedes SSK (Großer Preis von Irland, 1930)

1323	30 (P) / 38 C mehrfarbig	arw	1,—	1,—
1324	32 (P) / 41 C mehrfarbig	arx	1,—	1,—
1325	45 (P) / 57 C mehrfarbig	ary	1,50	1,50
1326	1 £ / 1.27 € mehrfarbig	arz	3,—	3,—
	Satzpreis (4 W.)		6,50	6,50
	FDC			7,50

Blockausgabe, normales Papier

1327	2 £ / 2.54 € mehrfarbig	arw	6,—	6,—
Block 38	(150×90 mm)	asa	6,50	6,50
	FDC			7,50

Aufdruck „Stampa 2001..." auf dem Blockrand ist privaten Ursprungs, aber von der Post genehmigt.

Auflagen: MiNr. 1323 = 1.000.000, MiNr. 1324–1326 je 500.000 Stück, Bl. 38 = 75.000 Blocks

2001, 9. Juni. Blockausgabe: Internationale Briefmarkenausstellung BELGICA '01, Brüssel. Neuauflage von Bl. 38 mit zusätzlichem Ausstellungsemblem am unteren Blockrand. Odr.; gez. Ks 14:14¾.

Block 38 I	(150×90 mm)	asa I	8,—	9,—
	FDC			10,—

Bl. 38 I wurde nur am Ausstellungsstand der Irischen Post und von der Versandstelle verkauft.

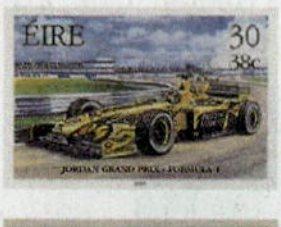

2001, 26. April. Irischer Motorsport. Odr., Markenheftchen (5×2); Papier ph.; selbstklebend; gestanzt 12:11½.

arw I) Damon Hill im Jordan Grand Prix (Großer Preis von Belgien, 1998)

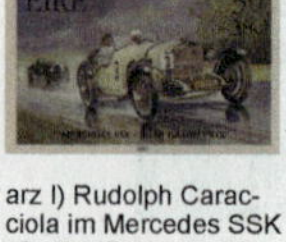

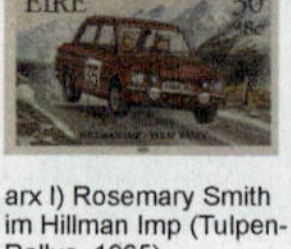

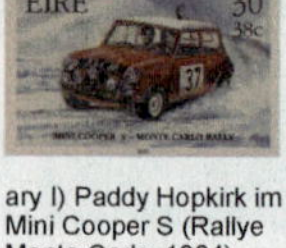

arz I) Rudolph Caracciola im Mercedes SSK (Großer Preis von Irland, 1930)

arx I) Rosemary Smith im Hillman Imp (Tulpen-Rallye, 1965)

ary I) Paddy Hopkirk im Mini Cooper S (Rallye Monte Carlo, 1964)

1328	30 (P) / 38 C mehrfarbig	arw I	1,50	1,50
1329	30 (P) / 38 C mehrfarbig	arz I	2,—	1,50
1330	30 (P) / 38 C mehrfarbig	arx I	2,—	1,50
1331	30 (P) / 38 C mehrfarbig	ary I	2,—	1,50
	Satzpreis (4 W.)		7,50	6,—
	FDC			7,—
	Viererstreifen		7,50	6,—
	Markenheftchen		18,—	16,—

MiNr. 1328–1331 wurden zusammen im Markenheftchen mit 4 × MiNr. 1328 und 2 × MiNr. 1329–1331 gedruckt.

Auflage: 40.000 Markenheftchen

2001, 3. Mai. Irisches Erbe in Australien. Odr. (2×5); Papier ph.; gez. K 14¾:14.

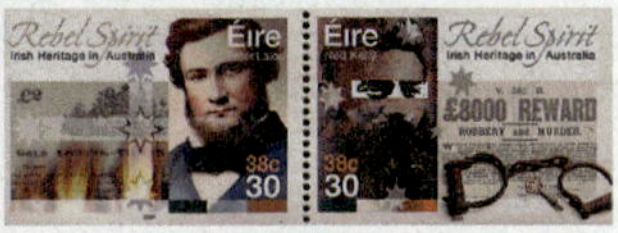

asb) Peter Lalor (1827–1889); Goldschürferlizenz
asc) Ned Kelly (1855–1880), australischer Volksheld; Fahndungsplakat, Handschellen

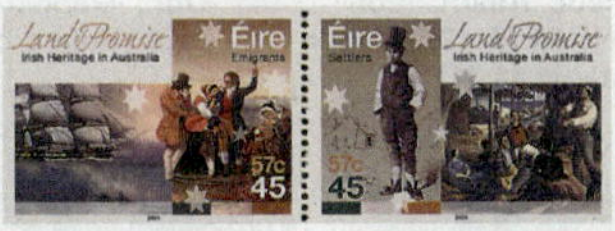

asd) Emigranten, Auswandererschiff
ase) Siedler, Feierlichkeit

1332	30 (P) / 38 C mehrfarbig	asb	1,—	1,—
1333	30 (P) / 38 C mehrfarbig	asc	1,—	1,—
1334	45 (P) / 57 C mehrfarbig	asd	1,50	1,50
1335	45 (P) / 57 C mehrfarbig	ase	1,50	1,50
		Satzpreis (4 W.)	5,—	5,—
		2 Paare	5,—	5,50
		FDC		5,50
		Kleinbogensatz (2 Klb.)	25,—	25,—

Blockausgabe, normales Papier

1336	1 £ / 1.27 € mehrfarbig	asc	3,—	3,—
Block 39	(150×90 mm)	asf	4,—	3,50
		FDC		4,—

Nominalgleiche Marken wurden schachbrettartig zusammenhängend gedruckt.

Auflagen: MiNr. 1332–1333 je 1.000.000, MiNr. 1334–1335 je 500.000 Stück, Bl. 39 = 100.000 Blocks

2001, 16. Mai. Europa: Lebensspender Wasser. Odr. (2×5); Papier ph.; gez. K 14¾:14.

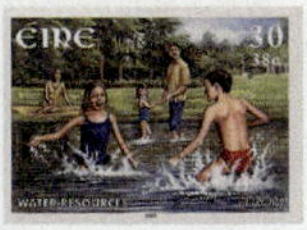

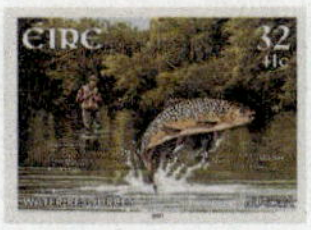

asg) Familie mit Kindern am Badeweiher ash) Angler beim Forellenfischen

1337	30 (P) / 38 C mehrfarbig	asg	1,—	1,—
1338	32 (P) / 41 C mehrfarbig	ash	1,—	1,—
		Satzpreis (2 W.)	2,—	2,—
		FDC		2,50
		Kleinbogensatz (2 Klb.)	20,—	20,—

Auflagen: MiNr. 1337 = 1.000.000, MiNr. 1338 = 500.000 Stück

2001, 16. Mai. Europa: Lebensspender Wasser. Odr., Rolle (100) und Folienstreifen (2×1); Papier ph.; selbstklebend; gestanzt 9:9¼.

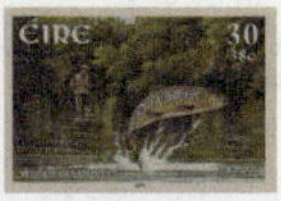

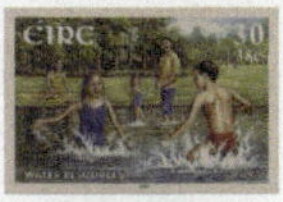

ash I) Angler beim Forellenfischen asg I) Familie mit Kindern am Badeweiher

1339	30 (P) / 38 C mehrfarbig	ash I	2,—	2,—
1340	30 (P) / 38 C mehrfarbig	asg I	2,—	2,—
		Satzpreis (2 W.)	4,—	4,—
		FDC		5,—
		Folienstreifen	4,—	4,—

MiNr. 1339–1340 wurden zusammen in der Rolle gedruckt.

Auflage: 6.000.000 Sätze

2001, 11. Juni. Freimarken: Einheimische Vögel. Odr.; Papier ph.; MiNr. 1341–1345 (10×10) gez. K 14¼:15, MiNr. 1346 (10×5) gez. K 15:14¼.

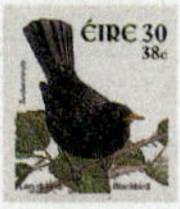

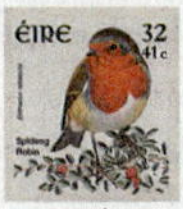

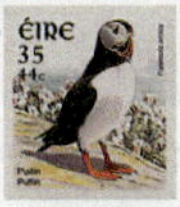

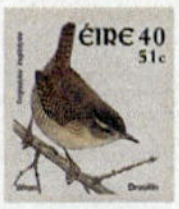

ahk III) Amsel (Turdus merula)
aem III) Rotkehlchen (Erithacus rubecula)
aen III) Papageitaucher (Fratercula arctica)
aks III) Zaunkönig (Troglodytes troglodytes)

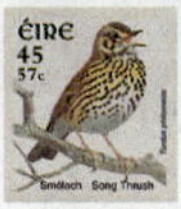

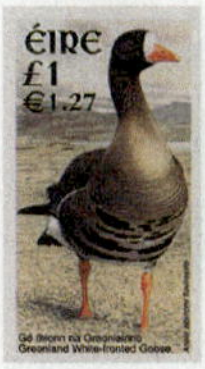

ahn III) Singdrossel (Turdus philomelos)
aep III) Grönland-Blässgans (Anser albifrons flavirostris)

1341	30 (P) / 38 C mehrfarbig	ahk III	0,90	0,80
1342	32 (P) / 41 C mehrfarbig	aem III	1,—	0,90
1343	35 (P) / 44 C mehrfarbig	aen III	1,20	0,90
1344	40 (P) / 51 C mehrfarbig	aks III	1,40	1,10
1345	45 (P) / 57 C mehrfarbig	ahn III	1,70	1,20
1346	1 £ / 1.27 € mehrfarbig	aep III	3,80	2,60
		Satzpreis (6 W.)	10,—	7,50
		FDC		8,20

Weitere Werte siehe Übersicht nach Jahrgangswerttabelle.

2001, 10. Juli. 400. Jahrestag der Schlacht von Kinsale. Odr. (4×4); Papier ph.; gez. K 13¼.

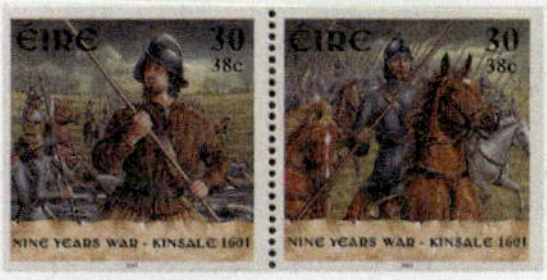

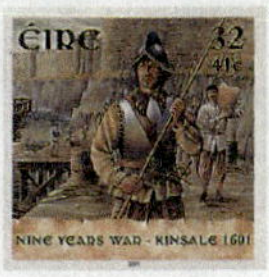

asi) Spanische Soldaten
ask) Irische Soldaten
asl) Soldat im Hafen von Kinsale

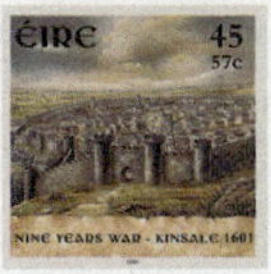

asm) Stadtansicht von Kinsale (1601)

1347	30 (P) / 38 C mehrfarbig	asi	0,90	0,90
1348	30 (P) / 38 C mehrfarbig	ask	0,90	0,90
1349	32 (P) / 41 C mehrfarbig	asl	1,—	1,—
1350	45 (P) / 57 C mehrfarbig	asm	1,20	1,20
		Satzpreis (4 W.)	4,—	4,—
		Paar + 2 Marken	4,50	4,—
		FDC		4,50

MiNr. 1347–1348 wurden schachbrettartig zusammenhängend gedruckt.

Auflagen: MiNr. 1347–1348 je 1.000.000, MiNr. 1349–1350 je 500.000 Stück

2001, 20. Aug. Freimarken: Einheimische Vögel. Odr., Rolle (100) und Folienstreifen (1×2); Papier ph.; selbstklebend; gestanzt 11:11¼.

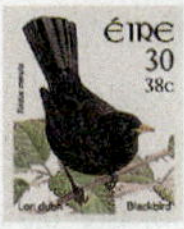

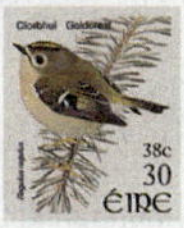

ahk III) Amsel (Turdus merula)
ahp III) Wintergoldhähnchen (Regulus regulus)

1351 30 (P) / 38 C mehrfarbig .... ahk III 2,80 1,50
1352 30 (P) / 38 C mehrfarbig .... ahp III 2,80 1,50
Satzpreis (2 W.) 5,50 3,—
FDC 4,—
Folienstreifen 6,— 4,—

MiNr. 1351–1352 wurden zusammen in der Rolle gedruckt.

Weitere Werte siehe Übersicht nach Jahrgangswerttabelle.

2001, 5. Sept. Segelboote. Odr. (4×4); Papier ph.; gez. K 14:14¾.

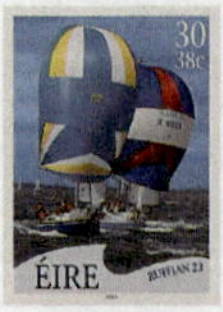
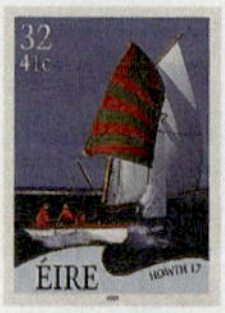
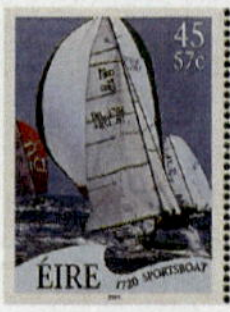
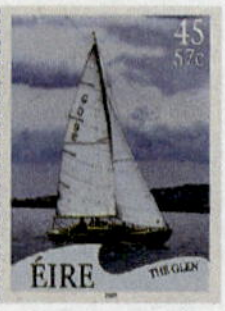

asn) Ruffian 23 aso) Howth 17 asp) 1720 Sportsboat asr) The Glen

1353 30 (P) / 38 C mehrfarbig .... asn 0,80 0,80
1354 32 (P) / 41 C mehrfarbig .... aso 0,90 0,90
1355 45 (P) / 57 C mehrfarbig .... asp 1,40 1,20
1356 45 (P) / 57 C mehrfarbig .... asr 1,40 1,20
Satzpreis (4 W.) 4,50 4,—
2 Marken + Paar 5,— 5,—
FDC 5,50

MiNr. 1355–1356 wurden schachbrettartig zusammenhängend gedruckt.

Auflagen: MiNr. 1353 = 1.000.000, MiNr. 1354 = 500.000, MiNr. 1355–1356 je 750.000 Stück

2001, 5. Sept. Segelboote. Odr., Rolle (100) und Folienstreifen (1×4); Papier ph.; selbstklebend; gestanzt 9.

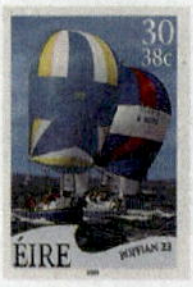
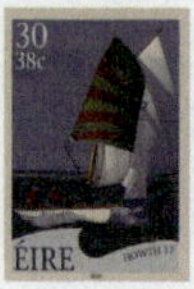
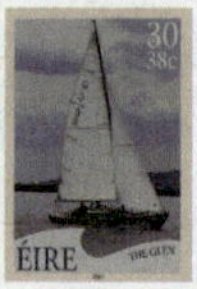
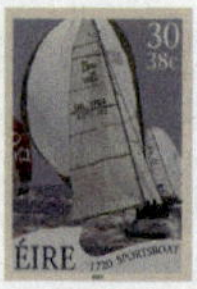

asn I) Ruffian 23 aso I) Howth 17 asr I) The Glen asp I) 1720 Sportsboat

1357 30 (P) / 38 C mehrfarbig .... asn I 1,— 0,80
1358 30 (P) / 38 C mehrfarbig .... aso I 1,— 0,80
1359 30 (P) / 38 C mehrfarbig .... asr I 1,— 0,80
1360 30 (P) / 38 C mehrfarbig .... asp I 1,— 0,80
Satzpreis (4 W.) 4,— 3,20
FDC 4,—
Folienstreifen 5,— 5,—

MiNr. 1357–1360 wurden zusammen in der Rolle gedruckt.

Auflage: 1.560.000 Sätze

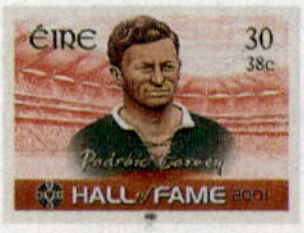

2001, 5. Sept. Hurling- und Gaelic-Football-Spieler aus der Ruhmeshalle der Gaelic Athletic Association (GAA). Odr. (1×4 Zd); Papier ph.; gez. K 14¾:14.

ass) Pádraig Carney (1928–2019)

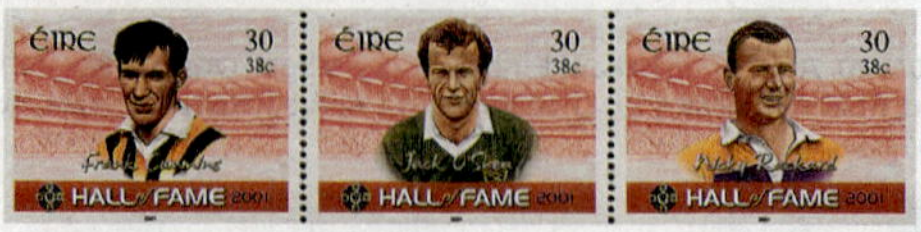

ast) Frank Cummins (*1947)
asu) Jack O'Shea (*1957)
asv) Nicky Rackard (1922–1976)

1361 30 (P) / 38 C mehrfarbig .... ass 0,90 0,90
1362 30 (P) / 38 C mehrfarbig .... ast 0,90 0,90
1363 30 (P) / 38 C mehrfarbig .... asu 0,90 0,90
1364 30 (P) / 38 C mehrfarbig .... asv 0,90 0,90
Satzpreis (4 W.) 3,50 3,50
Viererstreifen 4,— 4,—
FDC 4,50

MiNr. 1361–1364 wurden waagerecht zusammenhängend gedruckt.

Auflage: 250.000 Sätze

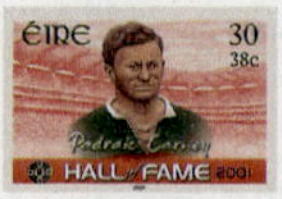

2001, 5. Sept. Hurling- und Gaelic-Football-Spieler aus der Ruhmeshalle der Gaelic Athletic Association (GAA). Odr., Markenheftchen (5×2); Papier ph.; selbstklebend; gestanzt 11:11¼.

ass I) Pádraig Carney (1928–2019)

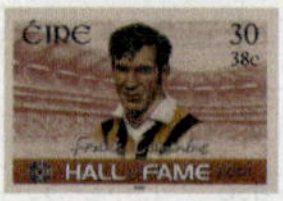
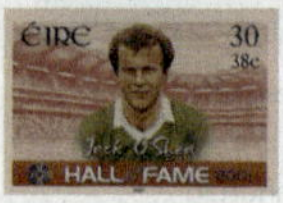
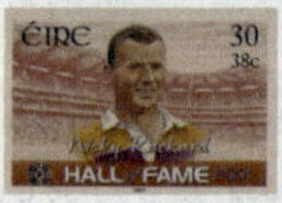

ast I) Frank Cummins (*1947) asu I) Jack O'Shea (*1957) asv I) Nicky Rackard (1922–1976)

1365 30 (P) / 38 C mehrfarbig .... ass I 2,— 2,50
1366 30 (P) / 38 C mehrfarbig .... ast I 1,50 1,50
1367 30 (P) / 38 C mehrfarbig .... asu I 1,50 1,50
1368 30 (P) / 38 C mehrfarbig .... asv I 2,— 2,50
Satzpreis (4 W.) 7,— 8,—
FDC 9,—
Viererstreifen 7,— 8,—
Markenheftchen 20,— 22,—

MiNr. 1365–1368 wurden zusammen im Markenheftchen zu 10 Marken (2 × MiNr. 1365 und 1368, 3 × MiNr. 1366–1367) ausgegeben.

Auflage: 400.000 Sätze

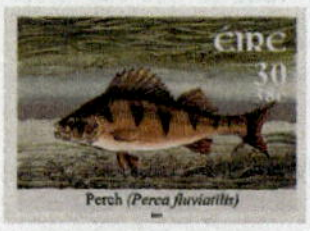

2001, 9. Okt. Süßwasserfische. Odr., Bogen MiNr. 1369 und 1372 (4×4), MiNr. 1370–1371 (2×4 Zd) und Markenheftchen (2×2); Papier ph.; gez. K 14¾:14.

asw) Flussbarsch (Perca fluviatilis)

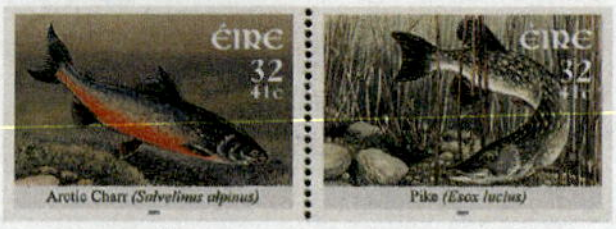
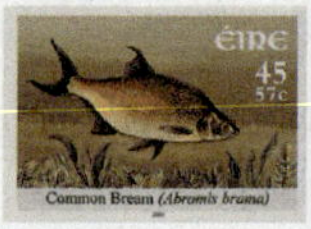

asx) Wandersaibling (Salvelinus alpinus) asy) Hecht (Esox lucius) asz) Brachse (Abramis brama)

1369 30 (P) / 38 C mehrfarbig .... asw 1,— 1,—
1370 32 (P) / 41 C mehrfarbig .... asx 1,— 1,—
1371 32 (P) / 41 C mehrfarbig .... asy 1,— 1,—
1372 45 (P) / 57 C mehrfarbig .... asz 1,50 1,50
Satzpreis (4 W.) 4,50 4,50
2 Marken + Paar 5,— 5,—
FDC 5,50

MiNr. 1369–1372 wurden auch im Markenheftchen (MH 50) ausgegeben.

Auflagen: MiNr. 1369 = 1.000.000, MiNr. 1370–1372 je 500.000 Stück

2001, 9. Okt. Freimarken: Einheimische Vögel. Odr., Markenheftchen (2×5); Papier ph.; selbstklebend; gestanzt 11¼.

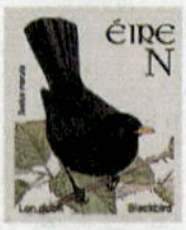
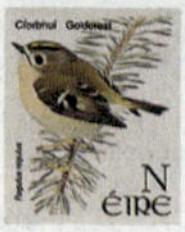
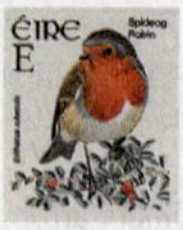
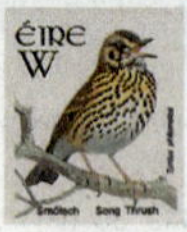

ahk IV) Amsel (Turdus merula) ahp IV) Wintergoldhähnchen (Regulus regulus) aem IV) Rotkehlchen (Erithacus rubecula) ahn IV) Singdrossel (Turdus philomelos)

1373 N mehrfarbig .... ahk IV 2,20 0,80
1374 N mehrfarbig .... ahp IV 2,20 0,80
1375 E mehrfarbig .... aem IV 3,— 0,90

1376	W mehrfarbig	ahn IV	3,80	1,50
		Satzpreis (4 W.)	11,—	4,—
		FDC		4,50
	Markenheftchen mit 5 × MiNr. 1373–1374		22,—	
	Markenheftchen mit 10 × MiNr. 1375		30,—	
	Markenheftchen mit 10 × MiNr. 1376		38,—	

MiNr. 1373–1374 gelten für Standardbriefe innerhalb Irlands und des Vereinigten Königreiches, MiNr. 1375 innerhalb Europas und MiNr. 1376 weltweit (Nominalen zur Zeit der Ausgabe: 30, 32 und 45 P).

MiNr. 1373–1374 wurden zusammen, MiNr. 1375–1376 jeweils einzeln im Markenheftchen zu 10 Marken ausgegeben.

Weitere Werte siehe Übersicht nach Jahrgangswerttabelle.

2001, 5. Nov. Weihnachten. Odr. (4×4); Papier ph.; gez. K 14¾:14.

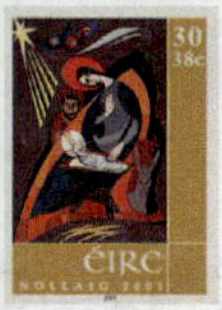

ata) Christi Geburt

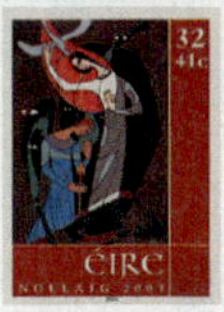

atb) Mariä Verkündigung

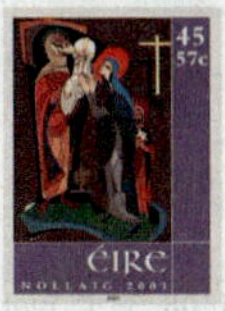

atc) Darstellung Christi im Tempel

1377	30 (P) / 38 C mehrfarbig	ata	1,—	1,—
1378	32 (P) / 41 C mehrfarbig	atb	1,—	1,—
1379	45 (P) / 57 C mehrfarbig	atc	1,50	1,50
		Satzpreis (3 W.)	3,50	3,50

FDC siehe nach MiNr. 1380.

Auflagen: MiNr. 1377 = 5.000.000, MiNr. 1378–1379 je 1.000.000 Stück

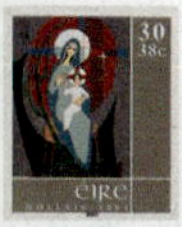

2001, 5. Nov. Weihnachten. Odr., Markenheftchen (MH) (2×12); Papier ph.; selbstklebend; gestanzt 11:11¼.

atd) Hl. Maria mit Kind

1380	30 (P) / 38 C mehrfarbig	atd	1,—	1,—
		Markenheftchen	24,—	
		FDC (MiNr. 1287–1290)		4,50

Das Markenheftchen wurde zum ermäßigten Preis von 6.60 £ / 8.38 € verkauft.

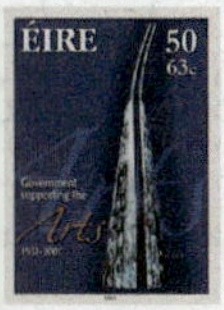

2001, 5. Nov. 50 Jahre staatliche Kunstförderung. Odr. (4×4); Papier ph.; gez. K 14¼:14¾.

ate) Out of Bounds; Skulptur von Eilís O'Connell (*1953)

1381	50 (P) / 63 C mehrfarbig	ate	1,50	1,50
		FDC		2,50

Auflage: 500.000 Stück

Neue Währung ab 1. Januar 2002:
1 Euro (€) = 100 Cent (C)
(0.787564 Irische Pfund = 1 Euro)

2002, 1. Jan./6. Aug. Freimarken: Einheimische Vögel. Odr., Bogen MiNr. 1382–1394 (10×10), MiNr. 1395–1398 (5×10, Hochformate ~) und Markenheftchen (MH) (5×2); MiNr. 1389–1394 Papier ph.; A = vierseitig, D = dreiseitig gez. K 14¼:15, MiNr. 1384, 1386, 1392, 1393, 1396 und 1398 ~.

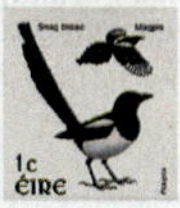

agc) Elster (Pica pica)

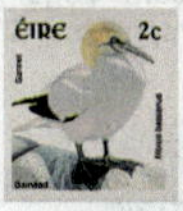

agd) Basstölpel (Morus bassanus)

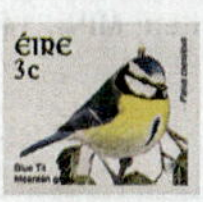

ael) Blaumeise (Parus caeruleus)

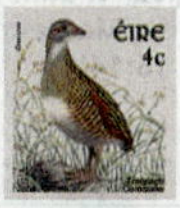

age) Wachtelkönig (Crex crex)

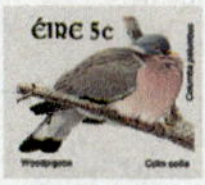

ahi) Ringeltaube (Columba palumbus)

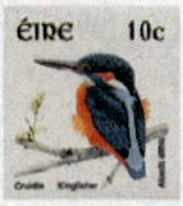

agf) Eisvogel (Alcedo atthis)

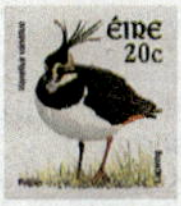

agg) Kiebitz (Vanellus vanellus)

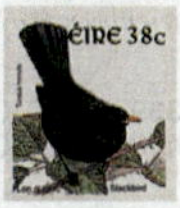

ahk) Amsel (Turdus merula)

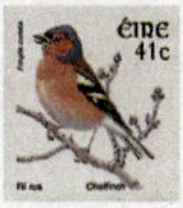

atf) Buchfink (Fringilla coelebs)

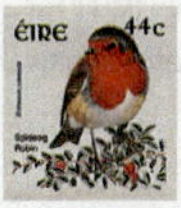

aem) Rotkehlchen (Erithacus rubecula)

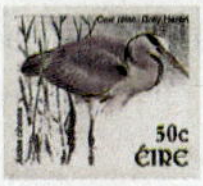

atg) Graureiher (Ardea cinerea)

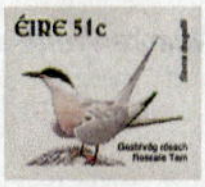

ath) Rosenseeschwalbe (Sterna dougallii)

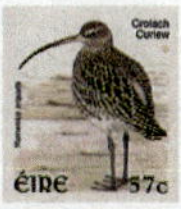

ati) Großer Brachvogel (Numenius arquata)

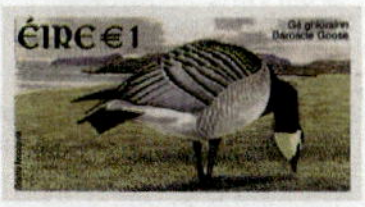

atk) Weißwangengans (Branta leucopsis)

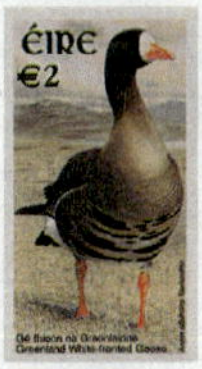

aep) Grönland-Blässgans (Anser albifrons flavirostris)

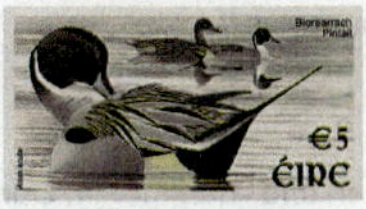

afs) Spießente (Anas acuta)

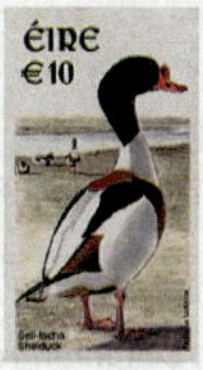

agh) Brandgans (Tadorna tadoma)

1382	**A**	1 C	mehrfarbig (1. Jan.)	agc	0,30	0,30
1383	**A**	2 C	mehrfarbig (1. Jan.)	agd	0,30	0,30
1384	**A**	3 C	mehrfarbig (1. Jan.)	ael	0,30	0,30
1385	**A**	4 C	mehrfarbig (1. Jan.)	age	0,30	0,30
1386	**A**	5 C	mehrfarbig (1. Jan.)	ahi	0,30	0,30
1387	**A**	10 C	mehrfarbig (1. Jan.)	agf	0,30	0,30
1388	**A**	20 C	mehrfarbig (1. Jan.)	agg	0,30	0,30
1389	**A**	38 C	mehrfarbig (1. Jan.)	ahk	0,40	0,40
1390		41 C	mehrfarbig	atf		
	A		vierseitig gez. (1. Jan.)		0,60	0,60
	Do		oben geschnitten (MH) (6. Aug.)		0,90	0,90
1391	**A**	44 C	mehrfarbig (1. Jan.)	aem	0,80	0,80
1392	**A**	50 C	mehrfarbig (1. Jan.)	atg	0,90	0,90
1393	**A**	51 C	mehrfarbig (1. Jan.)	ath	1,—	1,—
1394	**A**	57 C	mehrfarbig (1. Jan.)	ati	1,20	1,20
1395	**A**	1 €	mehrfarbig (1. Jan.)	atk	2,—	2,—
1396	**A**	2 €	mehrfarbig (1. Jan.)	aep	5,—	4,—
1397	**A**	5 €	mehrfarbig (1. Jan.)	afs	12,—	10,—
1398	**A**	10 €	mehrfarbig (1. Jan.)	agh	24,—	22,—
				Satzpreis A (17 W.)	50,—	45,—
				3 FDC		48,—

MiNr. 1390 Do wurde mit MiNr. 1452 Du zusammenhängend im Markenheftchen (MH 52) gedruckt.

Weitere Werte siehe Übersicht nach Jahrgangswerttabelle.

2002, 1. Jan. Freimarken: Einheimische Vögel (kleines Format). Odr., Markenheftchen; MiNr. 1400 Papier ph.; D = dreiseitig gez. K 15:14¼.

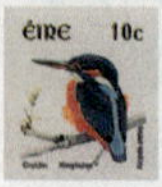

agf I) Eisvogel (Alcedo atthis)

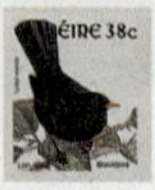

ahk I) Amsel (Turdus merula)

1399 Dl	10 C	mehrfarbig (⌧)	agf I	4,—	4,—
1400	38 C	mehrfarbig	ahk I		
Dl		links geschnitten (⌧)		1,—	1,—
Dr		rechts geschnitten (⌧)		1,—	1,—
			Satzpreis (2 W.)	5,—	5,—

MiNr. 1399–1400 stammen aus Markenheftchen (MH 51).

Weitere Werte siehe Übersicht nach Jahrgangswerttabelle.

2002, 1. Jan. Freimarken: Einheimische Vögel. Odr., Rolle (100) und Folienstreifen (1×2); Papier ph.; selbstklebend; gestanzt 11:11¼.

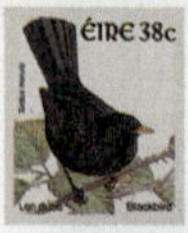

ahk II) Amsel (Turdus merula)

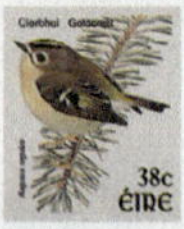

ahp II) Wintergoldhähnchen (Regulus regulus)

1401	38 C	mehrfarbig	ahk II	1,—	1,—
1402	38 C	mehrfarbig	ahp II	1,—	1,—
			Satzpreis (2 W.)	2,—	2,—
			FDC		2,50
			Folienstreifen	2,—	2,—

MiNr. 1401–1402 wurden zusammen in der Rolle gedruckt.

Weitere Werte siehe Übersicht nach Jahrgangswerttabelle.

2002, 1. Jan. Einführung der Euro-Münzen und -Banknoten. Odr. (4×4); Papier ph.; gez. K 14¾:14¼.

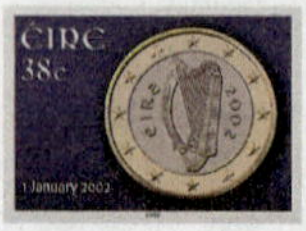

atl) 1-Euro-Münze (2002)

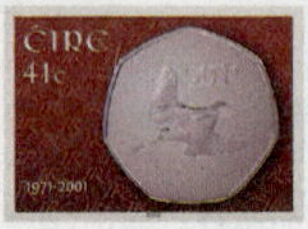

atm) 50-Pence-Münze (1971–2001)

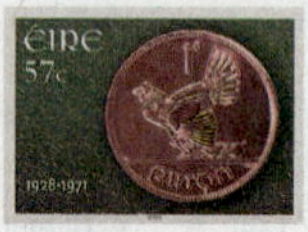

atn) 1-Pingin-Münze (1928–1971)

1403	38 C	mehrfarbig	atl	1,—	1,—
1404	41 C	mehrfarbig	atm	1,30	1,30
1405	57 C	mehrfarbig	atn	1,70	1,70
			Satzpreis (3 W.)	4,—	4,—
			FDC		4,50

2002, 24. Jan. Grußmarken: Klassisches Kinderspielzeug. Odr. (4×4); Papier ph.; gez. K 14¼:14¾.

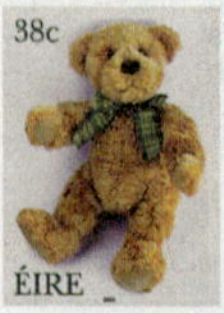

ato) Teddybär

1406	38 C	mehrfarbig	ato	1,—	1,—
			FDC		2,—

Blockausgabe, vier- bzw. dreiseitig gez. K 14¼:14¾

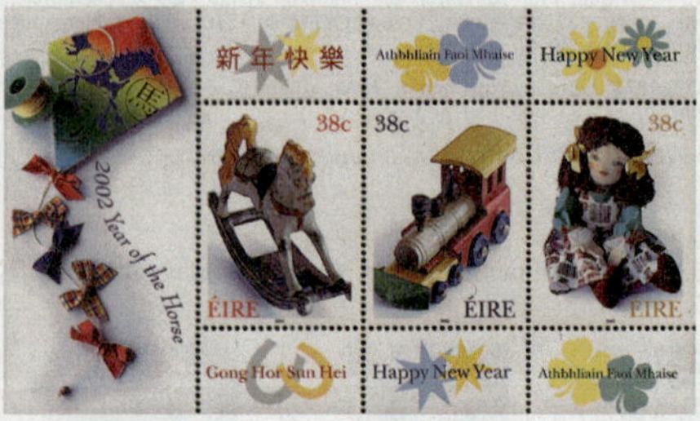

att

atp) Schaukelpferd
atr) Holzlokomotive
ats) Stoffpuppe

1407	38 C	mehrfarbig (⌧)	atp	1,—	1,—
1408	38 C	mehrfarbig (⌧)	atr	1,—	1,—
1409	38 C	mehrfarbig (⌧)	ats	1,—	1,—
Block 40		(124×74 mm)	att	3,50	3,50
			FDC		4,—

Auflagen: MiNr. 1406 = 750.000 Stück, Bl. 40 = 60.000 Blocks

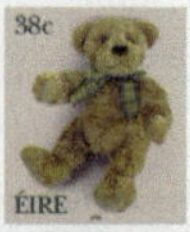

2002, 24. Jan. Grußmarken: Klassisches Kinderspielzeug. Odr., Markenheftchen (2×5); Papier ph.; selbstklebend; gestanzt 11:11¼.

ato I) Teddybär

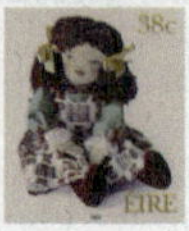

ats I) Stoffpuppe

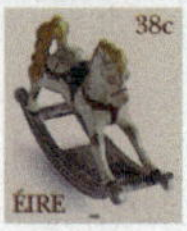

atp I) Schaukelpferd

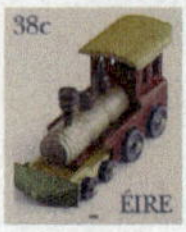

atr I) Holzlokomotive

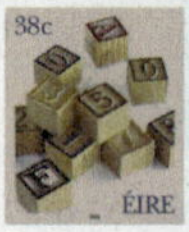

atu) Buchstabenwürfel

1410	38 C	mehrfarbig	ato I	1,—	1,—
1411	38 C	mehrfarbig	ats I	1,—	1,—
1412	38 C	mehrfarbig	atp I	1,—	1,—
1413	38 C	mehrfarbig	atr I	1,—	1,—
1414	38 C	mehrfarbig	atu	1,—	1,—
			Satzpreis (5 W.)	5,—	5,—
			FDC		5,50
			Fünferstreifen	5,—	5,—
			Markenheftchen	11,—	11,—

MiNr. 1410–1414 wurden zusammen im Markenheftchen zu je 2 Marken gedruckt

Auflage: 200.000 Sätze

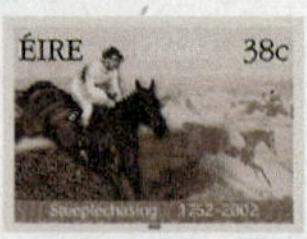

2002, 12. März. 250. Jahrestag des ersten Steeplechase in Irland: Rennpferde. Odr. (1×4 Zd); Papier ph.; gez. K 14¾:14¼.

atv) Arkle

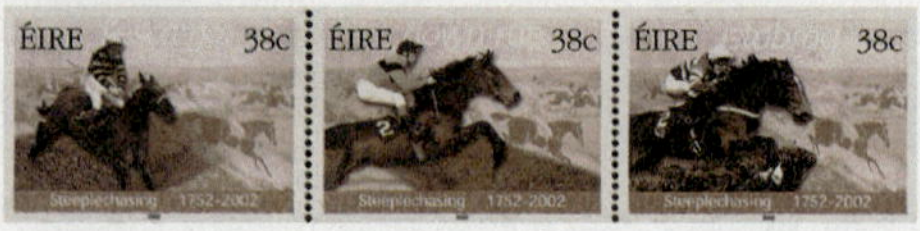

atw) L'Escargot
atx) Dawn Run
aty) Istabraq

1415	38 C	mehrfarbig	atv	1,—	1,—
1416	38 C	mehrfarbig	atw	1,—	1,—
1417	38 C	mehrfarbig	atx	1,—	1,—

1418	38 C mehrfarbig	aty	1,—	1,—
		Satzpreis (4 W.)	4,—	4,—
		Viererstreifen	4,50	4,50
		FDC		5,—

MiNr. 1415–1418 wurden waagerecht zusammenhängend gedruckt.

Auflage: 1.500.000 Sätze

2002, 12. März. Pfadfinder. Odr. (4×4); Papier ph.; gez. K 14¾:14¼.

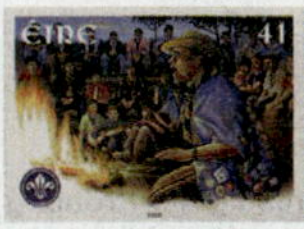 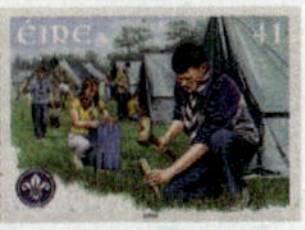

atz) Lagerfeueridylle
aua) Zeltlager

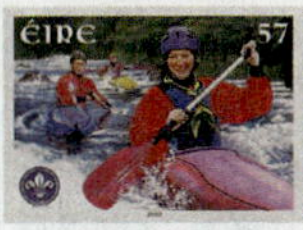 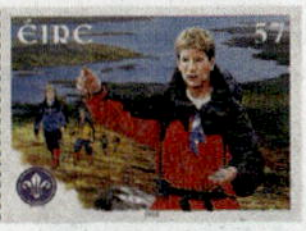

aub) Kajakfahrt
auc) Wanderung

1419	41 C mehrfarbig	atz	1,—	1,—
1420	41 C mehrfarbig	aua	1,—	1,—
1421	57 C mehrfarbig	aub	1,20	1,20
1422	57 C mehrfarbig	auc	1,20	1,20
		Satzpreis (4 W.)	4,40	4,40
		2 Paare	4,50	4,50
		FDC		5,—

Nominalgleiche Marken wurden schachbrettartig zusammenhängend gedruckt.

Auflage: 1.000.000 Sätze

2002, 2. April/17. Okt. Freimarken: Einheimische Vögel. I = Odr., II = RaTdr., Markenheftchen (MH) (2×5), Rolle (R) (100) und Folienstreifen (FSt.) (1×2); Papier ph.; selbstklebend; gestanzt 11:11¼.

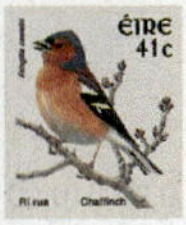 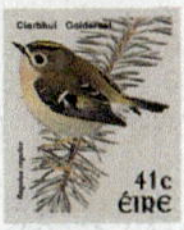 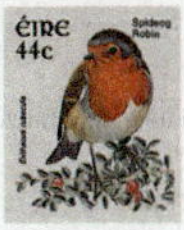 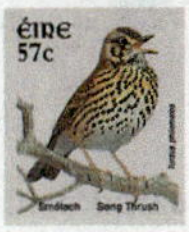

atf II) Buchfink (Fringilla coelebs)
ahp II) Wintergoldhähnchen (Regulus regulus)
aem II) Rotkehlchen (Erithacus rubecula)
ahn II) Singdrossel (Turdus philomelos)

1423		41 C mehrfarbig	atf II		
	I	Odr. (MH) (R) (FSt.)		0,90	0,90
	II	RaTdr. (R) (FSt.) (17. Okt.)		1,—	1,—
1424		41 C mehrfarbig	ahp II		
	I	Odr. (MH) (R) (FSt.)		0,90	0,90
	II	RaTdr. (R) (FSt.) (17. Okt.)		1,—	1,—
1425	I	44 C mehrfarbig (MH)	aem II	1,—	1,—
1426	I	57 C mehrfarbig (MH)	ahn II	1,20	1,20
			Satzpreis (4 W.)	4,—	4,—
			FDC I		4,50
			FDC II		2,70
			3 Markenheftchen	35,—	35,—
			Folienstreifen	2,—	2,—

MiNr. 1423 I–1424 I wurden zusammen, MiNr. 1425 I–1426 I jeweils einzeln im Markenheftchen zu 10 Marken ausgegeben. MiNr. 1423–1424 wurden auch zusammen in der Rolle gedruckt.

Weitere Werte siehe Übersicht nach Jahrgangswerttabelle.

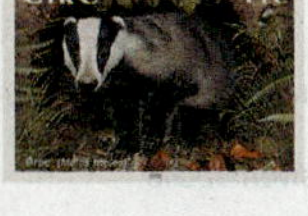

2002, 23. April. Einheimische Säugetiere. Odr. (4×4); Papier ph.; gez. K 14¾:14¼, Hochformate ~.

aud) Dachs (Meles meles)

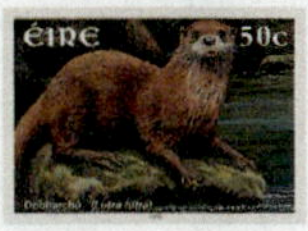 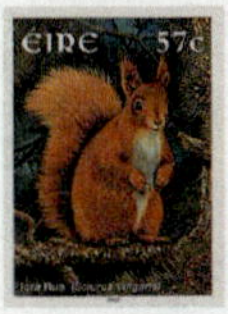 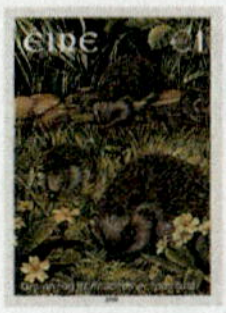

aue) Fischotter (Lutra lutra)
auf) Eichhörnchen (Sciurus vulgaris)
aug) Braunbrustigel (Erinaceus europaeus)

1427	41 C mehrfarbig	aud	1,—	1,—
1428	50 C mehrfarbig	aue	1,50	1,40
1429	57 C mehrfarbig	auf	1,80	1,60
1430	1 € mehrfarbig	aug	2,20	2,—
		Satzpreis (4 W.)	6,50	6,—
		FDC		6,50

Blockausgabe

1431 5 € mehrfarbig	aue I	10,—	10,—
Block 41 (150×68 mm)	auh	13,—	12,—
	FDC		14,—

Aufdruck „STAMPA 2002..." auf dem Blockrand ist privaten Ursprungs, aber von der Post genehmigt.

Auflagen: MiNr. 1427–1430 = 350.000 Sätze, Bl. 41 = 60.000 Blocks

2002, 14. Mai. Europa: Zirkus. Odr. (2×5); Papier ph.; gez. K 14¾:14.

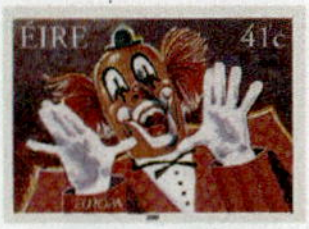 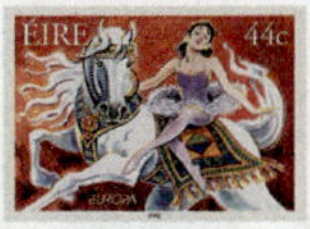

aui) Clown
auk) Kunstreiterin

1432	41 C mehrfarbig	aui	1,20	1,20
1433	44 C mehrfarbig	auk	1,30	1,30
		Satzpreis (2 W.)	2,50	2,50
		FDC		3,—
		Kleinbogensatz (2 Klb.)	25,—	25,—

Auflagen: MiNr. 1432 = 1.000.000, MiNr. 1433 = 500.000 Stück

2002, 14. Mai. Europa: Zirkus. Odr., Rolle (100) und Folienstreifen (2); Papier ph.; selbstklebend; gestanzt 8¾.

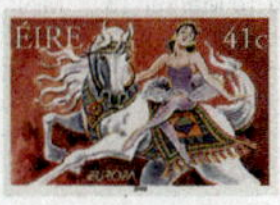 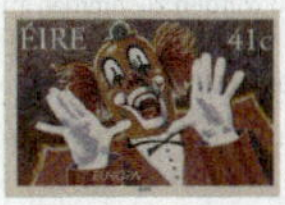

auk I) Kunstreiterin
aui I) Clown

1434	41 C mehrfarbig	auk I	1,50	1,50
1435	41 C mehrfarbig	aui I	1,50	1,50
		Satzpreis (2 W.)	3,—	3,—
		FDC		3,50
		Folienstreifen	3,—	3,—

MiNr. 1434–1435 wurden zusammen in der Rolle gedruckt.

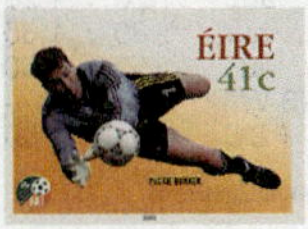

2002, 14. Mai. Irische Fußballspieler. Odr. (4×1 + 2×3 + 2×3); Papier ph.; gez. K 14¾:14¼, Hochformate ~.

aul) Packie Bonner (*1960), Torwart

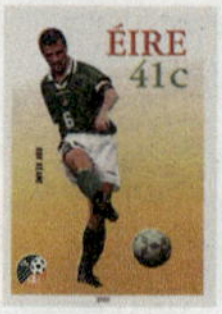

aum) Roy Keane (*1971), Mittelfeldspieler

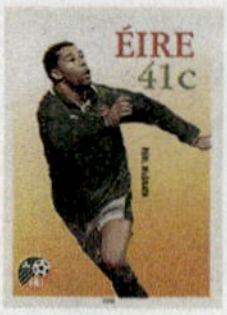

aun) Paul McGrath (*1959), Verteidiger

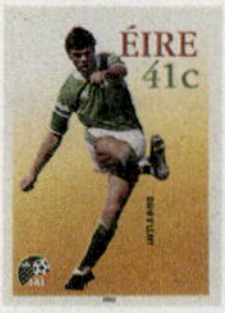

auo) David O'Leary (*1958), Verteidiger

1436	41 C	mehrfarbig	aul	1,—	1,—
1437	41 C	mehrfarbig	aum	1,—	1,—
1438	41 C	mehrfarbig	aun	1,—	1,—
1439	41 C	mehrfarbig	auo	1,—	1,—
			Satzpreis (4 W.)	4,—	4,—
			FDC		4,50
			Dreierstreifen	3,—	3,—
			Zd-Bogen	20,—	20,—

Der Schalterbogen besteht aus einem waagerechtem Viererstreifen der MiNr. 1436 und aus vier senkrechten Dreierstreifen der MiNr. 1437–1439.

Aufdruck „STAMPA 2002..." auf dem Bogenrand ist privaten Ursprungs, aber von der Post genehmigt.

Auflage: 300.000 Sätze

2002, 14. Mai. Irische Fußballspieler. Odr., Markenheftchen (2×5); Papier ph.; selbstklebend; gestanzt 11½:11¾, Querformat ~.

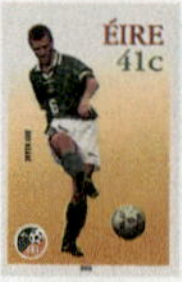

aum I) Roy Keane (*1971), Mittelfeldspieler

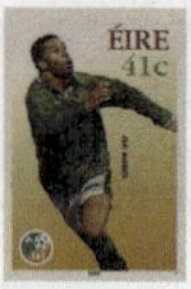

aun I) Paul McGrath (*1959), Verteidiger

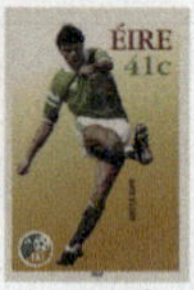

auo I) David O'Leary (*1958), Verteidiger

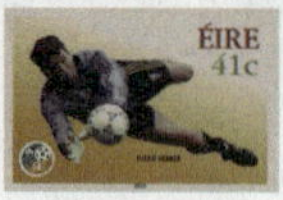

aul I) Packie Bonner (*1960), Torwart

1440	41 C	mehrfarbig	aum I	1,30	1,30
1441	41 C	mehrfarbig	aun I	1,30	1,30
1442	41 C	mehrfarbig	auo I	2,—	1,30
1443	41 C	mehrfarbig	aul I	2,—	1,30
			Satzpreis (4 W.)	6,50	5,—
			FDC		5,50
			Markenheftchen	16,—	

MiNr. 1440–1443 wurden zusammen im Markenheftchen zu 10 Marken (3 × MiNr. 1440–1441 und 2 × MiNr. 1442–1443) ausgegeben.

Auflage: 1.200.000 Markenheftchen

2002, 17. Juni. Freimarken: Einheimische Vögel. Odr. (10×10); Papier ph.; gez. K 15:14¼.

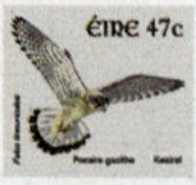

aup) Turmfalke (Falco tinnunculus)

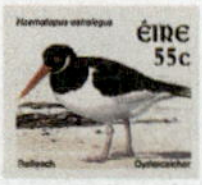

aur) Austernfischer (Haematopus ostralegus)

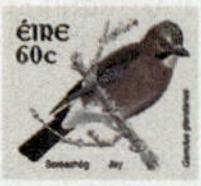

aus) Eichelhäher (Garrulus glandarius)

1444	47 C	mehrfarbig	aup	1,20	1,20
1445	55 C	mehrfarbig	aur	1,30	1,30
1446	60 C	mehrfarbig	aus	1,50	1,50
			Satzpreis (3 W.)	4,—	4,—
			FDC		4,50

Weitere Werte siehe Übersicht nach Jahrgangswerttabelle.

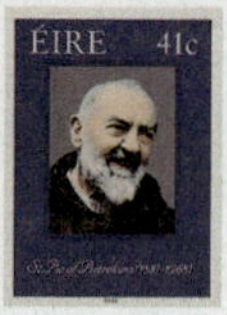

2002, 17. Juni. Heiligsprechung von Pater Pio. RaTdr. (4×4); gez. K 14:14¾.

aut) Pio von Pietrelcina (1887–1968), italienischer Kapuzinermönch

1447	41 C	mehrfarbig	aut	1,—	1,—
			FDC		2,—

Auflage: 500.000 Stück

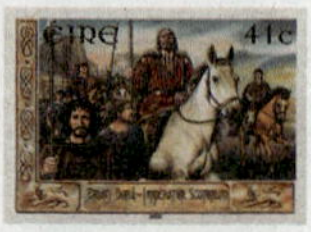

2002, 9. Juli. 1000. Jahrestag der Krönung von Brian Ború zum ersten Hochkönig von Irland. Odr. (4×4); gez. K 14¾:14.

auu) Brian führt seine Truppen in die Schlacht

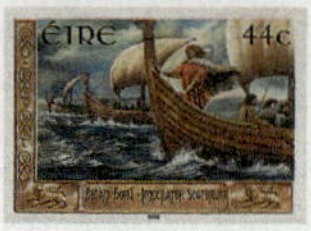

auv) Brian als Flottenkommandeur

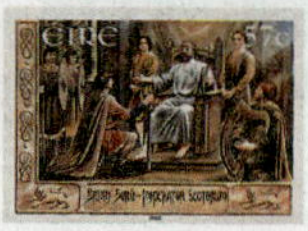

auw) Die Uí Néill erkennen Brian als Hochkönig an

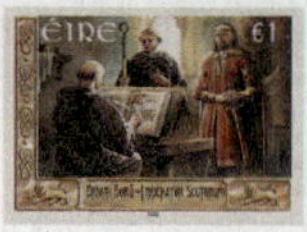

aux) Brian bestimmt Armagh zum Oberhaupt der Irischen Kirche

1448	41 C	mehrfarbig	auu	1,—	1,—
1449	44 C	mehrfarbig	auv	1,—	1,—
1450	57 C	mehrfarbig	auw	1,50	1,20
1451	1 €	mehrfarbig	aux	3,—	2,—
			Satzpreis (4 W.)	6,50	5,—
			FDC		6,—

Auflagen: MiNr. 1448 = 500.000, MiNr. 1449–1451 je 350.000 Stück

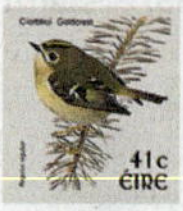

2002, 6. Aug. Freimarke: Einheimische Vögel. Odr., Markenheftchen (5×2); D = dreiseitig gez. K 14¼:15.

ahp) Wintergoldhähnchen (Regulus regulus)

1452 Du	41 C	mehrfarbig (⌑)	ahp	0,90	0,90
		FDC (Paar mit MiNr. 1390 Do)			3,—

MiNr. 1452 Du wurde mit MiNr. 1390 Do zusammenhängend im Markenheftchen (MH 52) gedruckt.

Weitere Werte siehe Übersicht nach Jahrgangswerttabelle.

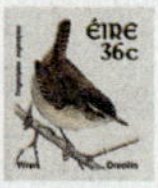

2002, 6. Aug. Freimarken: Einheimische Vögel (kleines Format). Odr., Markenheftchen; MiNr. 1454 Papier ph.; D = dreiseitig gez. K 15:14¼.

aks I) Zaunkönig (Troglodytes troglodytes)

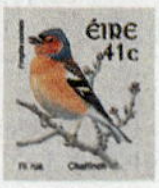

atf I) Buchfink (Fringilla coelebs)

1453 Dl	36 C	mehrfarbig (⌑)	aks I	4,—	4,—
1454	41 C	mehrfarbig	atf I		
Dl		links geschnitten (⌑)		1,—	1,—
Dr		rechts geschnitten (⌑)		1,—	1,—
		Satzpreis (2 W.)		5,—	5,—
		FDC			6,—

MiNr. 1453–1454 wurden zusammenhängend im Markenheftchen (MH 53) gedruckt.

Weitere Werte siehe Übersicht nach Jahrgangswerttabelle.

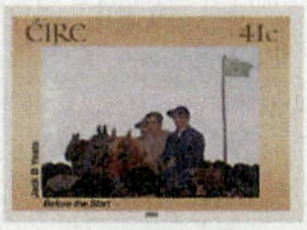

2002, 29. Aug. Gemälde aus der irischen Nationalgalerie. Odr., Bogen (1×4 Zd) und Markenheftchen (2×2); Papier ph.; gez. K 14¾:14.

auy) Vor dem Start; von Jack Butler Yeats (1871–1957), irischer Maler

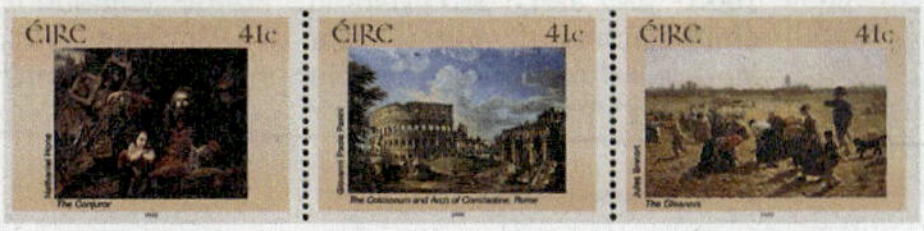

auz) Der Zauberer; von Nathaniel Hone d. Ä. (1718–1784), britischer Maler
ava) Kolosseum und Konstantinbogen, Rom; von Giovanni Paolo Pannini (1691–1765), italienischer Maler und Architekt
avb) Die Ährenleser; von Jules Breton (1827–1906), französischer Maler

1455	41 C mehrfarbig	auy	1,—	1,—
1456	41 C mehrfarbig	auz	1,—	1,—
1457	41 C mehrfarbig	ava	1,—	1,—
1458	41 C mehrfarbig	avb	1,—	1,—
	Satzpreis (4 W.)		4,—	4,—
	Viererstreifen		4,50	4,50
	FDC			5,—
	Markenheftchen		16,—	

MiNr. 1455–1458 wurden waagerecht zusammenhängend gedruckt.

MiNr. 1455–1458 wurden auch zusammen im Markenheftchen zu je 4 Marken ausgegeben.

Auflage: 375.000 Sätze

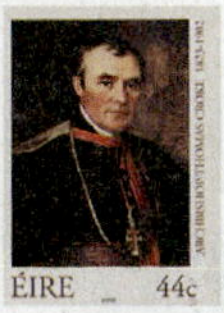

2002, 17. Sept. 100. Todestag von Thomas Croke. Odr. (4×4); Papier ph.; gez. K 14:14¾.

avc) Thomas Croke (1824–1902), Erzbischof von Cashel

1459	44 C mehrfarbig	avc	1,—	1,—
	FDC			2,—

Auflage: 350.000 Stück

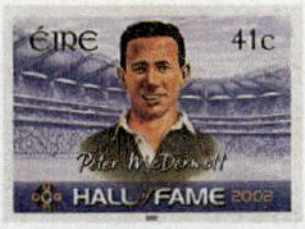

2002, 17. Sept. Hurling- und Gaelic-Football-Spieler aus der Ruhmeshalle der Gaelic Athletic Association (GAA). Odr. (1×4 Zd); Papier ph.; gez. K 14¾:14.

avd) Peter McDermott (1918–2011)

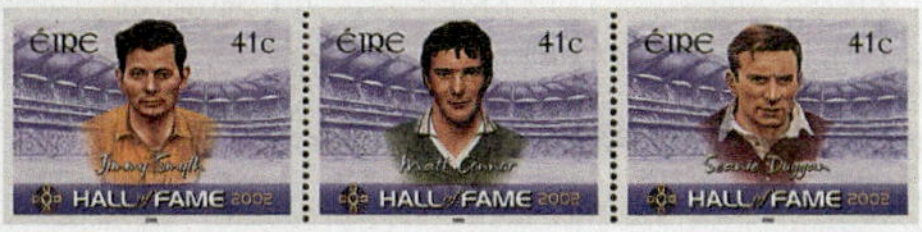

ave) Jimmy Smyth (*1949)
avf) Matt Connor (*1960)
avg) Seánie Duggan (1922–2013)

1460	41 C mehrfarbig	avd	1,—	1,—
1461	41 C mehrfarbig	ave	1,—	1,—
1462	41 C mehrfarbig	avf	1,—	1,—
1463	41 C mehrfarbig	avg	1,—	1,—
	Satzpreis (4 W.)		4,—	4,—
	Viererstreifen		4,50	4,50
	FDC			5,—

MiNr. 1460–1463 wurden waagerecht zusammenhängend gedruckt.

Auflage: 250.000 Sätze

2002, 17. Okt. Rock-Legenden. Odr. (4×4); Papier ph.; gez. K 13¼:12¾.

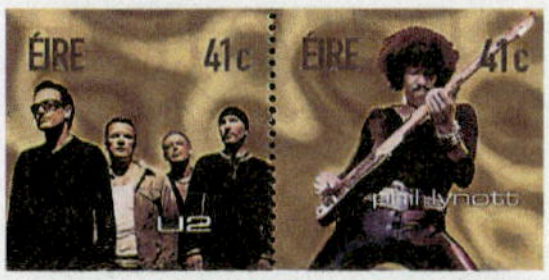

avh) Gruppe „U2" (seit 1976)
avi) Phil Lynott (1949–1986)

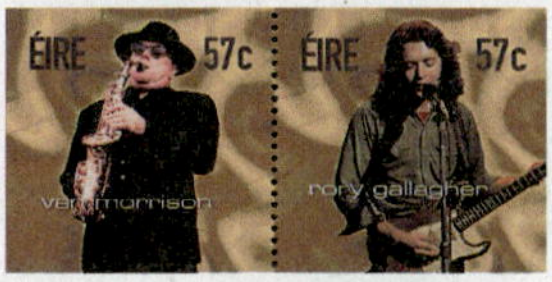

avk) Van Morrison (*1945)
avl) Rory Gallagher (1948–1995)

1464	41 C mehrfarbig	avh	1,—	1,—
1465	41 C mehrfarbig	avi	1,—	1,—
1466	57 C mehrfarbig	avk	1,20	1,20
1467	57 C mehrfarbig	avl	1,20	1,20
	Satzpreis (4 W.)		4,40	4,40
	2 Paare		4,50	4,50
	FDC			5,—

Blockausgabe, gez. Ks 12¾:13¼

1468	2 € mehrfarbig	avh	8,—	8,—
Block 42	(150×90 mm)	avm	9,—	9,—
	FDC			10,—
1469	2 € mehrfarbig	avi	6,—	6,—
Block 43	(150×90 mm)	avn	7,50	7,50
	FDC			9,—
1470	2 € mehrfarbig	avk	6,—	6,—
Block 44	(150×90 mm)	avo	7,50	7,50
	FDC			9,—
1471	2 € mehrfarbig	avl	6,—	6,—
Block 45	(150×90 mm)	avp	7,50	7,50
	FDC			9,—

Nominalgleiche Marken wurden schachbrettartig zusammenhängend gedruckt

Aufdruck „STAMPA 2002..." auf dem Blockrand von Bl. 42, Aufdruck „STAMPA 2003..." auf dem Blockrand von Bl. 43 sowie Aufdruck „STAMPA ... 2004" auf dem Blockrand von Bl. 44 sind privaten Ursprungs, aber von der Post genehmigt.

Auflagen: MiNr. 1464–1465 je 1.000.000, MiNr. 1466–1467 je 750.000 Stück, Bl. 42–45 je 50.000 Blocks

2002, 7. Nov. Weihnachten. Odr. (4×4); Papier ph.; gez. K 14:14¾.

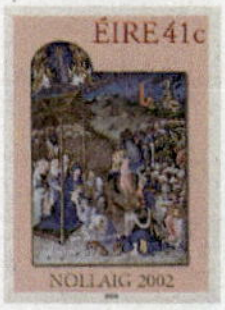

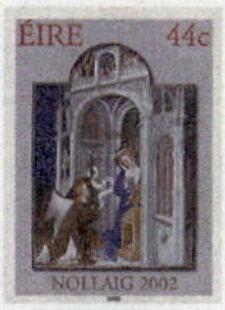

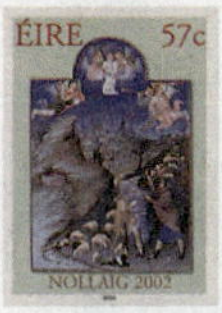

avr) Anbetung der Könige avs) Mariä Verkündigung avt) Die Hirten erblicken den Stern

avr–avt) Miniaturen aus dem Stundenbuch des Herzogs von Berry (15. Jh.)

1472	41 C mehrfarbig	avr	1,—	1,—
1473	44 C mehrfarbig	avs	1,—	1,—
1474	57 C mehrfarbig	avt	1,50	1,50
	Satzpreis (3 W.)		3,50	3,50

FDC siehe nach MiNr. 1475.

Auflagen: MiNr. 1472 = 4.000.000, MiNr. 1473–1474 je 1.000.000 Stück

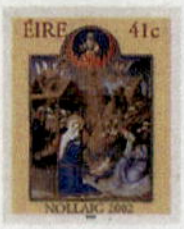

2002, 7. Nov. Weihnachten. Odr., Markenheftchen (2×12); Papier ph.; selbstklebend; gestanzt 11:11¼.

avu) Anbetung der Könige

1475 41 C mehrfarbig .... avu 1,— 1,—
Markenheftchen 24,— 24,—
FDC (MiNr. 1472–1475) 5,—

Das Markenheftchen wurde zum ermäßigten Preis von 9.43 € verkauft.

2003, 6. Jan. Freimarken: Einheimische Vögel. Odr. (10×10); Papier ph.; gez. K 15:14¼.

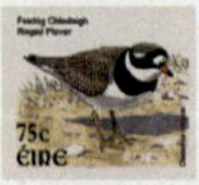

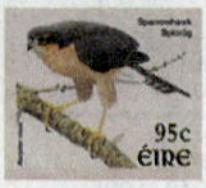

ahm) Sandregenpfeifer (Charadrius hiaticula)

aho) Sperber (Accipiter nisus)

1476 75 C mehrfarbig .... ahm 2,50 2,—
1477 95 C mehrfarbig .... aho 3,— 2,50
Satzpreis (2 W.) 5,50 4,50
FDC 5,—

Weitere Werte siehe Übersicht nach Jahrgangswerttabelle.

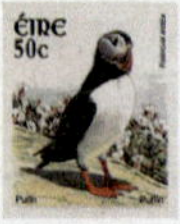

2003, 6. Jan. Freimarke: Einheimische Vögel. Odr., Markenheftchen (2×5); Papier ph.; selbstklebend; gestanzt 11:11¼.

aen II) Papageitaucher (Fratercula arctica)

1478 50 C mehrfarbig .... aen II 1,60 1,20
FDC 2,—
Markenheftchen 16,— 12,—

Weitere Werte siehe Übersicht nach Jahrgangswerttabelle.

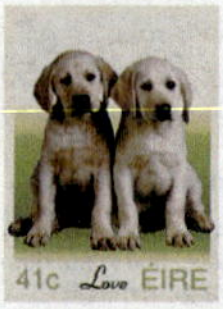

2003, 28. Jan. Grußmarken: Junge Haustiere; chinesisches Neujahr – Jahr des Schafes. Odr. (4×4); Papier ph.; gez. K 14¼:14¾.

avv) Hundewelpen

1479 41 C mehrfarbig .... avv 1,60 1,—
FDC 2,—

Blockausgabe, vier- bzw. dreiseitig gez. K 14¼:14¾

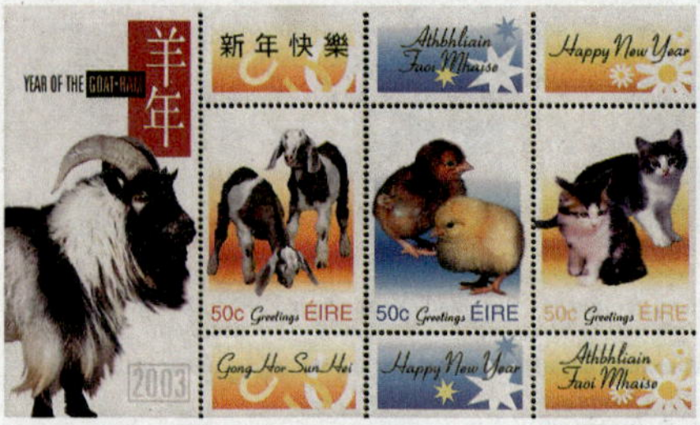

avz

aww) Ziegenkitze
avx) Hühnerküken
avy) Kätzchen

1480 50 C mehrfarbig (⌧) .... avw 2,— 1,30
1481 50 C mehrfarbig (⌧) .... avx 2,— 1,30
1482 50 C mehrfarbig (⌧) .... avy 2,— 1,30

Block 46 (124×74 mm) .... avz 6,50 4,50
FDC 4,50

Auflagen: MiNr. 1479 = 600.000 Stück, Bl. 46 = 45.000 Blocks

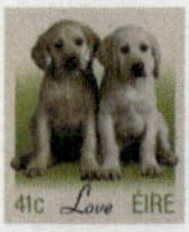

2003, 28. Jan. Grußmarken: Junge Haustiere; chinesisches Neujahr – Jahr des Schafes. Odr.; Markenheftchen (2×5); Papier ph.; selbstklebend; gestanzt 11:11¼.

avv I) Hundewelpen

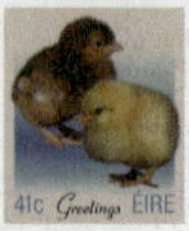

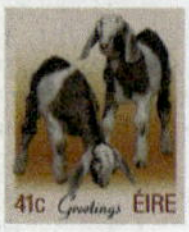

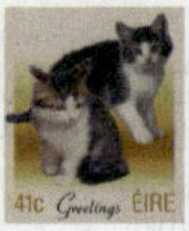

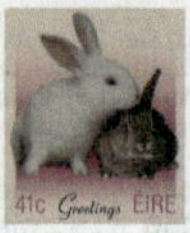

avx I) Hühnerküken

avw I) Ziegenkitze

avy I) Kätzchen

awa) Kaninchen

1483 41 C mehrfarbig .... avv I 1,10 0,90
1484 41 C mehrfarbig .... avx I 1,10 0,90
1485 41 C mehrfarbig .... avw I 1,10 0,90
1486 41 C mehrfarbig .... avy I 1,10 0,90
1487 41 C mehrfarbig .... awa 1,10 0,90
Satzpreis (5 W.) 5,50 4,50
FDC 5,—
Fünferstreifen 6,— 5,—
Markenheftchen 15,— 15,—

MiNr. 1483–1487 wurden zusammen im Markenheftchen zu je 2 Marken gedruckt.

Auflage: 90.000 Sätze

2003, 28. Febr. Nationalfeiertag „St.-Patricks-Tag". Odr., Bogen (4×4) und Markenheftchen; Papier ph.; gez. K 14:14¾.

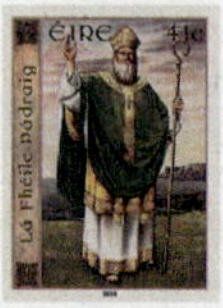

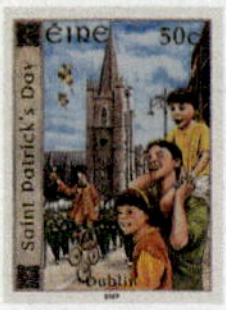

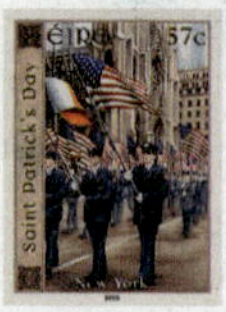

awb) Hl. Patrick (um 385–461), Missionar, Apostel Irlands

awc) Festumzug, Dublin

awd) Festumzug, New York

1488 41 C mehrfarbig .... awb 1,— 1,—
1489 50 C mehrfarbig .... awc 1,20 1,20
1490 57 C mehrfarbig .... awd 1,30 1,30
Satzpreis (3 W.) 3,50 3,50
FDC 4,50

MiNr. 1488–1490 wurden auch zusammenhängend im Markenheftchen (MH 54) ausgegeben.

Auflagen: MiNr. 1488 = 650.000, MiNr. 1489–1490 je 350.000 Stück

2003, 28. Febr. Nationalfeiertag „St.-Patricks-Tag". Odr., Markenheftchen (2×5); Papier ph.; selbstklebend; gestanzt 11¼:11.

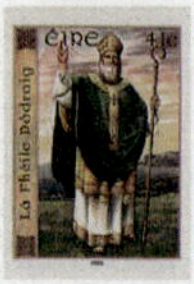

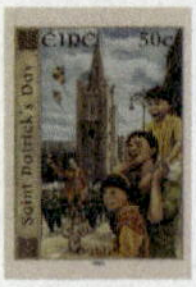

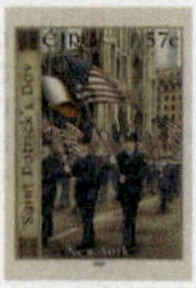

awb I) Hl. Patrick (um 385–461), Missionar, Apostel Irlands

awc I) Festumzug, Dublin

awd I) Festumzug, New York

1491 41 C mehrfarbig .... awb I 1,30 1,30
1492 50 C mehrfarbig .... awc I 1,60 1,60
1493 57 C mehrfarbig .... awd I 1,70 1,70
Satzpreis (3 W.) 4,50 4,50
FDC 5,50
3 Markenheftchen 45,— 45,—

Auflage: je 100.000 Markenheftchen

2003, 1. April. Einheimische Käfer. Odr. (4×4); Papier ph.; gez. K 13¾:14¼.

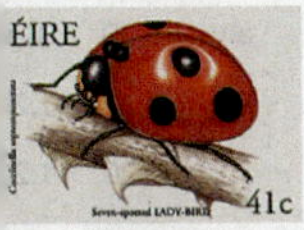

awe) Siebenpunkt-Marienkäfer (Coccinella septempunctata)

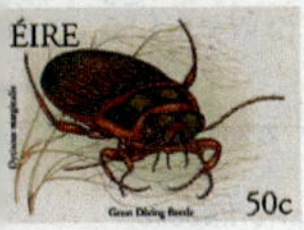

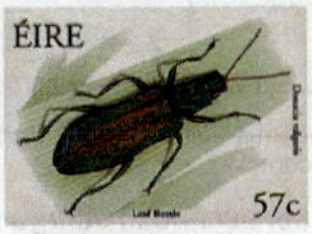

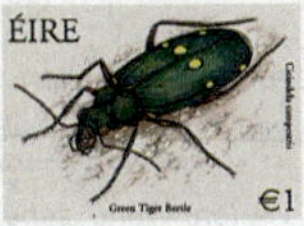

awf) Gelbrandkäfer (Dytiscus marginalis)

awg) Schilfkäfer (Donacia vulgaris)

awh) Feld-Sandlaufkäfer (Cicindela campestris)

1494	41 C	mehrfarbig	awe	1,—	1,—
1495	50 C	mehrfarbig	awf	1,30	1,30
1496	57 C	mehrfarbig	awg	1,70	1,50
1497	1 €	mehrfarbig	awh	3,—	2,50
			Satzpreis (4 W.)	7,—	6,—
			FDC		7,—

Blockausgabe

1498	2 €	mehrfarbig	awe	6,—	6,—
Block 47		(150×68 mm)	awi	6,50	6,50
			FDC		7,50

Aufdruck „STAMPA 2003..." auf dem Blockrand von Bl. 47 ist privaten Ursprungs, aber von der Post genehmigt.

Auflagen: MiNr. 1494 = 300.000, MiNr. 1495–1496 je 200.000, MiNr. 1497 = 100.000 Stück, Bl. 47 = 50.000 Blocks

2003, 9. Mai. Europa: Plakatkunst. Odr. (3 + 3 + 4); Papier ph.; gez. K 14:15.

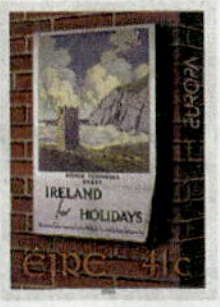

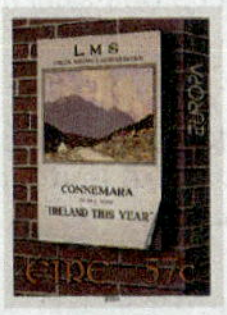

awk) Peninsula (Ireland for Holidays) awl) Connemara (Ireland this year)

awk–awl) Plakate von Paul Henry (1876–1958), Maler, für die London, Midland and Scottish Railway Company

1499	41 C	mehrfarbig	awk	1,—	0,80
1500	57 C	mehrfarbig	awl	1,50	1,20
			Satzpreis (2 W.)	2,50	2,—
			FDC		3,—
			Kleinbogensatz (2 Klb.)	25,—	20,—

Auflagen: MiNr. 1499 = 460.000, MiNr. 1500 = 360.000 Stück

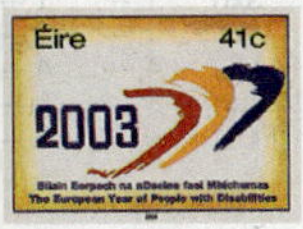

2003, 9. Mai. Europäisches Jahr der Behinderten. Odr. (4×4); Papier ph.; gez. K 14¾:14¼.

awm) Emblem

1501	41 C	mehrfarbig	awm	1,50	1,—
			FDC		2,—

Auflage: 200.000 Stück

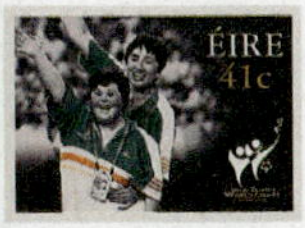

2003, 20. Mai. Special Olympics (Sportspiele der geistig Behinderten), Dublin. Odr. (4×4); Papier ph.; gez. K 13¾:14¼.

awn) Siegerehrung

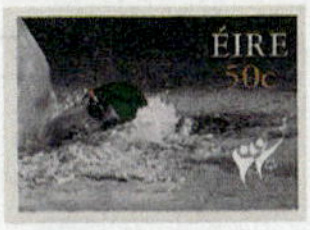

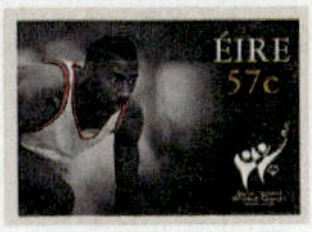

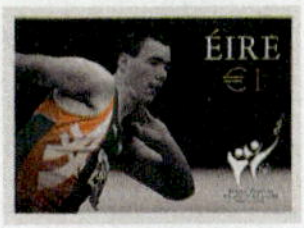

awo) Schwimmen awp) Laufen awr) Kugelstoßen

1502	41 C	mehrfarbig	awn	1,20	0,80
1503	50 C	mehrfarbig	awo	1,40	1,—
1504	57 C	mehrfarbig	awp	1,60	1,20
1505	1 €	mehrfarbig	awr	2,80	2,—
			Satzpreis (4 W.)	7,—	5,—
			FDC		6,—

Auflagen: MiNr. 1502 = 620.000, MiNr. 1503–1504 je 200.000, MiNr. 1505 = 100.000 Stück

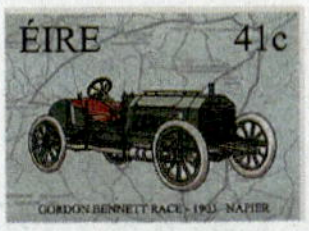

2003, 30. Juni. 100 Jahre Autorennen um den Gordon-Bennett-Pokal. Odr. (1×4 Zd); Papier ph.; gez. K 14¼.

aws) Napier (1903)

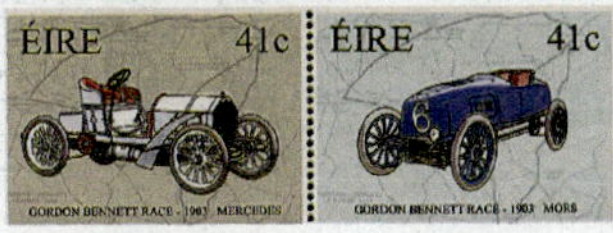

awt) Mercedes (1903)
awu) Mors (1903)
awv) Winton (1903)

1506	41 C	mehrfarbig	aws	0,90	0,90
1507	41 C	mehrfarbig	awt	0,90	0,90
1508	41 C	mehrfarbig	awu	0,90	0,90
1509	41 C	mehrfarbig	awv	0,90	0,90
			Satzpreis (4 W.)	3,50	3,50
			Viererstreifen	4,—	4,—
			FDC		5,50

MiNr. 1506–1509 wurden waagerecht zusammenhängend gedruckt.

Auflage: 700.000 Sätze

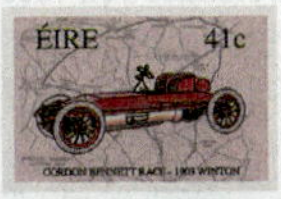

2003, 30. Juni. 100 Jahre Autorennen um den Gordon-Bennett-Pokal. Odr., Rolle (100) und Folienstreifen (4×1); Papier ph.; selbstklebend; gestanzt 11:11¼.

awv I) Winton (1903)

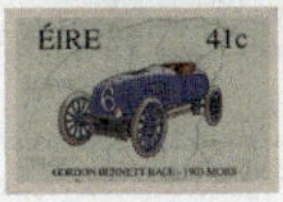

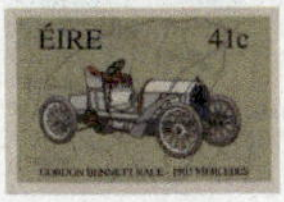

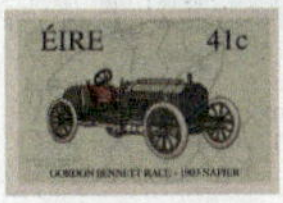

awu I) Mors (1903) awt I) Mercedes (1903) aws I) Napier (1903)

1510	41 C	mehrfarbig	awv I	1,20	0,90
1511	41 C	mehrfarbig	awu I	1,20	0,90
1512	41 C	mehrfarbig	awt I	1,20	0,90
1513	41 C	mehrfarbig	aws I	1,20	0,90
			Satzpreis (4 W.)	4,80	3,50
			FDC		5,50
			Folienstreifen	5,50	5,—

MiNr. 1510–1513 wurden zusammen in der Rolle gedruckt.
Nicht gestanzte Marken entstammen gestohlener Makulatur.

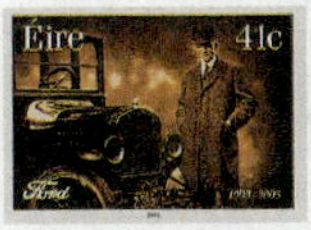

2003, 30. Juni. 100 Jahre Ford-Automobile. Odr. (4×4); Papier ph.; gez. K 14¼.

aww) Henry Ford (1863–1947), amerikanischer Industrieller; Ford Modell T (1908)

1514 41 C mehrfarbig .... aww 1,50 1,—
FDC 2,50

Auflage: 228.000 Stück

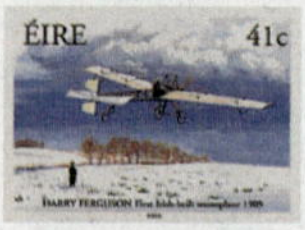

2003, 29. Juli. 100. Jahrestag des ersten Motorfluges der Brüder Wright. Odr. (4×4); Papier ph.; gez. K 14¼.

awx) Ferguson Monoplane No. 1 (1909)

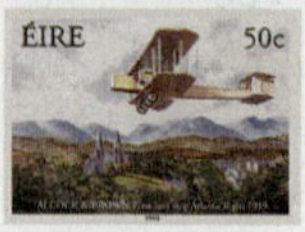

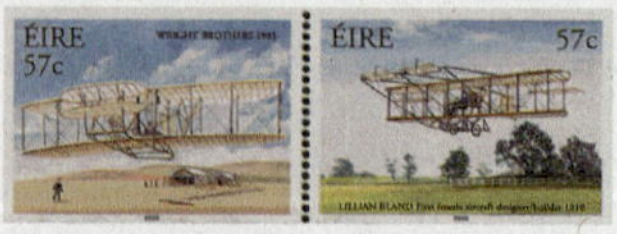

awy) Vickers F.B. 27 Vimy, erste Non-Stop-Atlantiküberquerung durch Alcock und Brown (1919)

awz) Wright-Doppeldecker „Flyer I" (1903)
axa) Bland Mayfly, erstes von einer Frau, Lillian Bland, gebautes Flugzeug (1910)

1515 41 C mehrfarbig .... awx 1,— 1,—
1516 50 C mehrfarbig .... awy 1,20 1,20
1517 57 C mehrfarbig .... awz 1,40 1,40
1518 57 C mehrfarbig .... axa 1,40 1,40
Satzpreis (4 W.) 5,— 5,—
2 Marken + Paar 5,50 5,—
FDC 6,—

Blockausgabe

1519 5 € mehrfarbig .... awz 10,— 10,—
Block 48 (150×90 mm) .... axb 14,— 12,—
FDC 13,—

MiNr. 1517–1518 wurden schachbrettartig zusammenhängend gedruckt.

Aufdruck „STAMPA 2003..." auf dem Blockrand von Bl. 48 ist privaten Ursprungs, aber von der Post genehmigt.

Auflagen: MiNr. 1515 und 1517–1518 je 400.000, MiNr. 1516 = 300.000 Stück, Bl. 48 = 50.000 Blocks

2003, 29. Juli. 200. Jahrestag des irischen Aufstandes von 1803. Odr. (4×4); Papier ph.; gez. K 14¾:14¼.

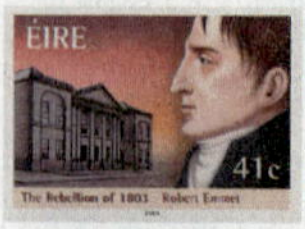

axc) Robert Emmet (1778–1803), Politiker

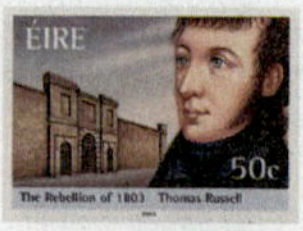

axd) Thomas Russell (1767–1803), Politiker

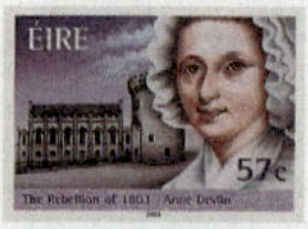

axe) Anne Devlin (1780–1851), Bedienstete von Robert Emmet

1520 41 C mehrfarbig .... axc 1,— 1,—
1521 50 C mehrfarbig .... axd 1,20 1,20
1522 57 C mehrfarbig .... axe 1,30 1,30
Satzpreis (3 W.) 3,50 3,50
FDC 4,50

Auflagen: MiNr. 1520 = 400.000, MiNr. 1521–1522 je 300.000 Stück

2003, 25. Aug./30. Sept. Freimarken: Einheimische Vögel. Odr., Bogen (B) (10×10) und Markenheftchen (MH); MiNr. 1524 Papier ph.; A = vierseitig, D = dreiseitig gez. K 14¼:15.

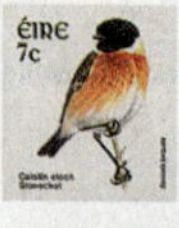

ahl) Schwarzkehlchen (Saxicola torquata)

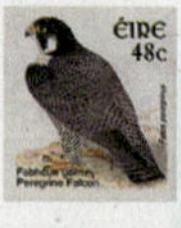

aff) Wanderfalke (Falco peregrinus)

1523 A 7 C mehrfarbig (B) (25. Aug.) ..... ahl 0,30 0,3
1524 48 C mehrfarbig .... aff
A vierseitig gez. (B) (25. Aug.) 1,20 1,2
Do oben geschnitten (⌑) (MH) (30. Sept.) 1,20 1,2
Du unten geschnitten (⌑) (MH) (30. Sept.) 1,20 1,2
Satzpreis A (2 W.) 1,50 1,5

FDC A siehe nach MiNr. 1526, FDC D nach MiNr. 1542.

MiNr. 1524 Do/Du wurde mit MiNr. 1542 Do/Du zusammenhängend ir Markenheftchen (MH 56) gedruckt.

Weitere Werte siehe Übersicht nach Jahrgangswerttabelle.

2003, 25. Aug. Freimarken: Einheimische Vögel. Odr., Markenheftchen (2×5), Rolle (100) und Folienstreifen (1×2); Papie ph.; selbstklebend; gestanzt 11:11¼.

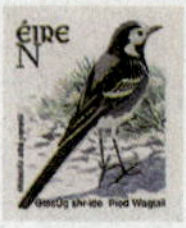

akt IV) Trauerbachstelze (Motacilla alba yarrellii)

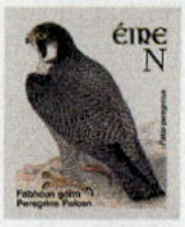

aff IV) Wanderfalke (Falco peregrinus)

1525 N mehrfarbig .... akt IV 3,— 2,—
1526 N mehrfarbig .... aff IV 3,— 2,—
Satzpreis (2 W.) 6,— 4,—
FDC (MiNr. 1523–1526) 5,5
Markenheftchen 30,—
Folienstreifen 6,—

Nominale zur Zeit der Ausgabe: je 48 C.

MiNr. 1525–1526 wurden zusammen im Markenheftchen zu 10 Marken und in de Rolle ausgegeben.

Weitere Werte siehe Übersicht nach Jahrgangswerttabelle.

2003, 9. Sept. 150 Jahre irische Nationalgalerie: Gemälde (II) Odr., Bogen (1×4 Zd) und Markenheftchen (4×1); Papier ph.; gez. K 14¾:14¼.

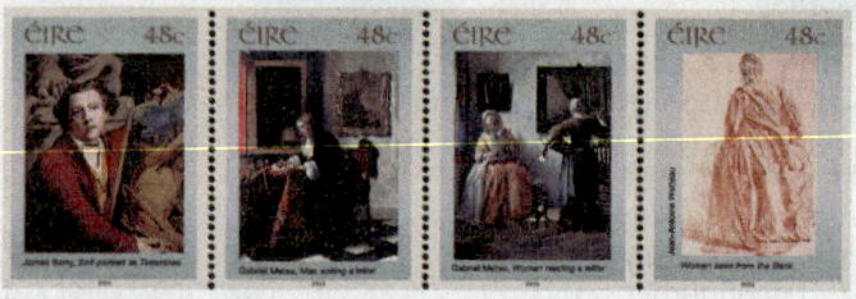

axf) Selbstporträt als Timanthes; von James Barry (1741–1806), britischer Maler
axg) Mann, einen Brief schreibend; von Gabriel Metsu (1629–1667), niederländischer Maler
axh) Frau, einen Brief lesend; von Gabriel Metsu
axi) Frau, von hinten betrachtet; von Antoine Watteau (1684–1721), französischer Maler und Zeichner

1527 48 C mehrfarbig .... axf 1,— 1,—
1528 48 C mehrfarbig .... axg 1,— 1,—
1529 48 C mehrfarbig .... axh 1,— 1,—
1530 48 C mehrfarbig .... axi 1,— 1,—
Satzpreis (4 W.) 4,— 4,—
Viererstreifen 5,— 5,—
FDC 6,—

MiNr. 1527–1530 wurden auch im Markenheftchen (MH 55) ausgegeben.

Auflage: 600.000 Sätze

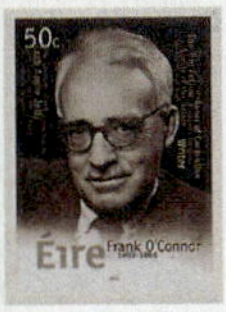

2003, 16. Sept. 100. Geburtstag von Frank O'Connor. Odr. (4×4); Papier ph.; gez. K 14¼.

axk) Frank O'Connor (1903–1966), Schriftsteller

1531	50 C mehrfarbig	axk	1,30	1,—
		FDC		2,50

Auflage: 230.000 Stück

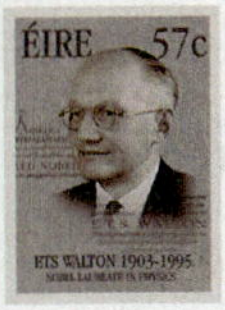

2003, 16. Sept. 100. Geburtstag von Ernest Walton. Odr. (4×4); Papier ph.; gez. K 14¼.

axl) Ernest Walton (1903–1995), Physiker, Nobelpreis 1951

1532	57 C mehrfarbig	axl	1,40	1,20
		FDC		2,70

Auflage: 230.000 Stück

2003, 30. Sept. Irische Marineoffiziere. Odr. (4×4); Papier ph.; gez. K 14¼.

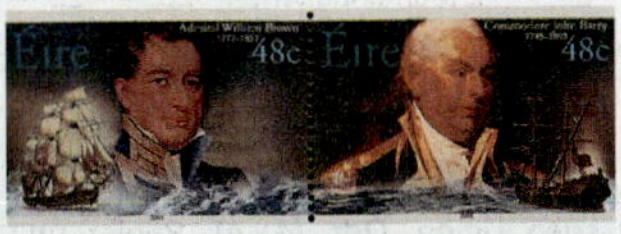

axm) William Brown (1777–1857), Admiral
axn) John Barry (1745–1803), Commodore

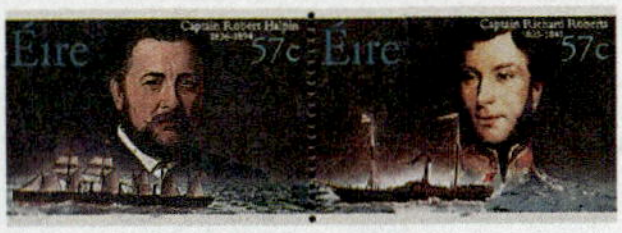

axo) Robert Halpin (1836–1894), Kapitän
axp) Richard Roberts (1803–1841), Kapitän

1533	48 C mehrfarbig	axm	1,—	1,—
1534	48 C mehrfarbig	axn	1,—	1,—
1535	57 C mehrfarbig	axo	1,50	1,20
1536	57 C mehrfarbig	axp	1,50	1,20
		Satzpreis (4 W.)	5,—	4,40
		2 Paare	6,—	4,50
		FDC		6,—

Blockausgabe

1537	5 € mehrfarbig	axn	13,—	10,—
Block 49	(150×90 mm)	axr	15,—	10,—
		FDC		12,—

Nominalgleiche Marken wurden schachbrettartig zusammenhängend gedruckt.

Aufdruck „STAMPA 2004..." auf dem Blockrand von Bl. 49 ist privaten Ursprungs, aber von der Post genehmigt.

Auflagen: MiNr. 1533–1534 je 500.000, MiNr. 1535–1536 je 300.000 Stück, Bl. 49 = 50.000 Blocks

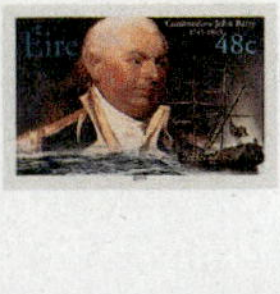

2003, 30. Sept. Irische Marineoffiziere. Odr., Rolle (100) und Folienstreifen (4×1); Papier ph.; selbstklebend; gestanzt 11:11¼.

axn I) John Barry (1745–1803), Commodore

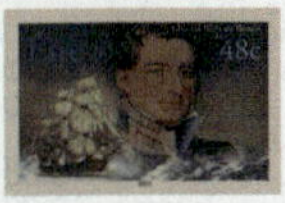

axm I) William Brown (1777–1857), Admiral

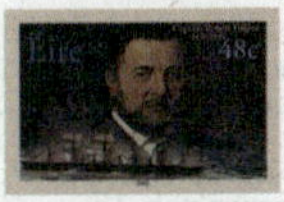

axo I) Robert Halpin (1836–1894), Kapitän

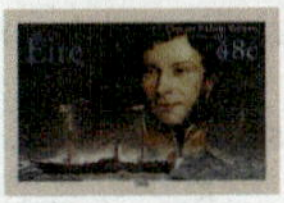

axp I) Richard Roberts (1803–1841), Kapitän

1538	48 C mehrfarbig	axn I	1,—	1,—
1539	48 C mehrfarbig	axm I	1,—	1,—
1540	48 C mehrfarbig	axo I	1,—	1,—
1541	48 C mehrfarbig	axp I	1,—	1,—
		Satzpreis (4 W.)	4,—	4,—
		FDC		5,50
		Folienstreifen	5,—	4,50

MiNr. 1538–1541 wurden zusammen in der Rolle gedruckt.

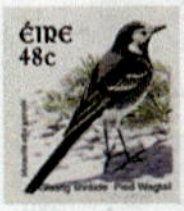

2003, 30. Sept. Freimarke: Einheimische Vögel. Odr., Markenheftchen (5×2); Papier ph.; D = dreiseitig gez. K 14¼:15.

akt) Trauerbachstelze (Motacilla alba yarrellii)

1542		48 C mehrfarbig	akt		
	Do	oben geschnitten (⊡)		1,—	1,—
	Du	unten geschnitten (⊡)		1,—	1,—
		FDC (Paar mit MiNr. 1524 D und 1542 D)			3,—

MiNr. 1542 Do/Du wurde mit MiNr. 1524 Do/Du zusammenhängend im Markenheftchen (MH 56) gedruckt.

Weitere Werte siehe Übersicht nach Jahrgangswerttabelle.

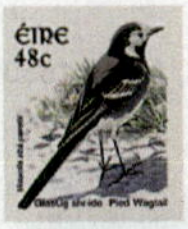

2003, 30. Sept./2004, 12. Mai. Freimarken: Einheimische Vögel. I = Odr., II = RaTdr., Markenheftchen (MH) (2×5), Rolle (R) und Folienstreifen (FSt.) (1×2); Papier ph.; selbstklebend; gestanzt 11:11¼.

akt II) Trauerbachstelze (Motacilla alba yarrellii)

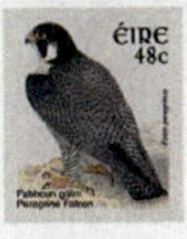

aff II) Wanderfalke (Falco peregrinus)

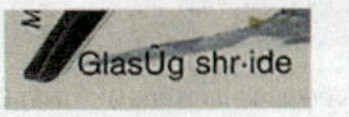

Type I von MiNr. 1543 I: Inschrift „GlasÚg shr·ide"

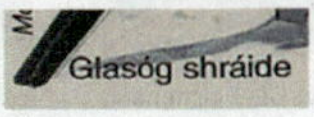

Type II von MiNr. 1543 I: Inschrift „Glasóg shráide"

1543		48 C mehrfarbig	akt II		
	I.I	Odr., Type I (MH) (R) (FSt.) (30.9.2003)		1,—	1,—
	I.II	Odr., Type II (MH) (2004)		3,—	3,—
	II	RaTdr. (R) (FSt.) (12.5.2004)		2,50	2,50
1544		48 C mehrfarbig	aff II		
	I	Odr. (MH) (R) (FSt.) (30.9.2003)		1,—	1,—
	II	RaTdr. (R) (FSt.) (12.5.2004)		2,—	2,—
		Satzpreis I (2 W.)		2,—	2,—
		FDC I			4,—
		Markenheftchen mit MiNr. 1543 I.I		15,—	15,—
		Markenheftchen mit MiNr. 1543 I.II		25,—	25,—
		Folienstreifen I		2,—	2,—

MiNr. 1543–1544 wurden zusammen im Markenheftchen zu 10 Marken und in der Rolle ausgegeben.

Die Schreibweise des irischen Vogelnamens weist bei MiNr. 1543 I.I Fehler auf. MiNr. 1543 I.II und 1543 II tragen die korrekte Bezeichnung.

Weitere Werte siehe Übersicht nach Jahrgangswerttabelle.

2003, 30. Sept. Freimarken: Einheimische Vögel (kleines Format). Odr., Markenheftchen (2×3); MiNr. 1546 Papier ph.; D = dreiseitig gez. K 15:14¼.

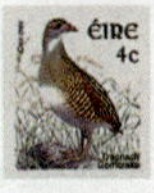

age I) Wachtelkönig (Crex crex)

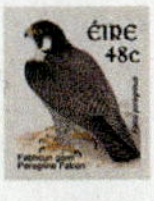

aff I) Wanderfalke (Falco peregrinus)

1545 4 C mehrfarbig .... age I
Dl links geschnitten (⌑) 0,30 0,30
Dr rechts geschnitten (⌑) 0,30 0,30
1546 48 C mehrfarbig .... aff I
Dl links geschnitten (⌑) .... 1,— 0,80
Dr rechts geschnitten (⌑) .... 1,— 0,80
Satzpreis (2 W.) 1,30 1,10
FDC 3,—

MiNr. 1545–1546 wurden zusammenhängend im Markenheftchen (MH 57) gedruckt.

Weitere Werte siehe Übersicht nach Jahrgangswerttabelle.

2003, 16. Okt. 25 Jahre Pontifikat von Papst Johannes Paul II. Odr. (4×4); Papier ph.; gez. K 14¼:14¾.

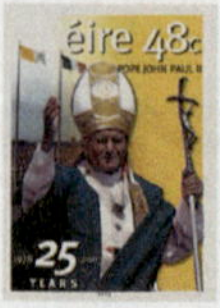

axs

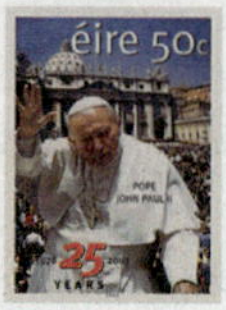

axt

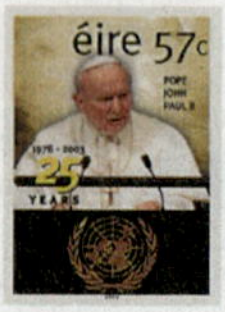

axu

axs–axu) Papst Johannes Paul II. (1920–2005, reg. ab 1978)

1547 48 C mehrfarbig .... axs 1,50 1,—
1548 50 C mehrfarbig .... axt 1,50 1,—
1549 57 C mehrfarbig .... axu 1,50 1,20
Satzpreis (3 W.) 4,50 3,20
FDC 5,50

MiNr. 1547–1549 gibt es ☐ auf sehr dickem Kartonpapier in einem Bilderrahmen.

Auflagen: MiNr. 1547 = 600.000, MiNr. 1548–1549 je 300.000 Stück

2003, 10. Nov. Weihnachten. Odr. (4×4); Papier ph.; MiNr. 1550 gez. K 13½:13¼, MiNr. 1551–1552 gez. K 14¾:14¼.

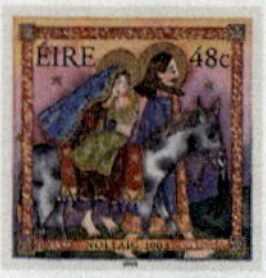

axv) Die Flucht nach Ägypten

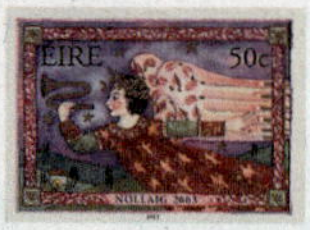

axw) Verkündigungsengel

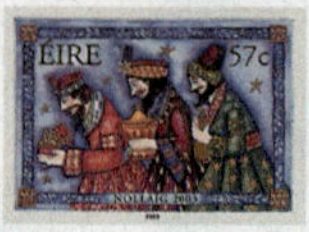

axx) Die Heiligen Drei Könige

axv–axx) Gemälde von Olwyn Whelan

1550 48 C mehrfarbig .... axv 1,40 1,—
1551 50 C mehrfarbig .... axw 1,60 1,20
1552 57 C mehrfarbig .... axx 2,— 1,30
Satzpreis (3 W.) 5,— 3,50

FDC siehe nach MiNr. 1553.

Auflagen: MiNr. 1550 = 4.000.000, MiNr. 1551–1552 je 1.000.000 Stück

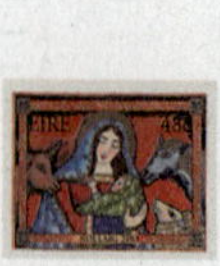

2003, 10. Nov. Weihnachten. Odr., Markenheftchen (12×2); Papier ph.; selbstklebend; gestanzt 11¼:11.

axy) Hl. Maria mit Kind; Gemälde von Olwyn Whelan

1553 48 C mehrfarbig .... axy 1,20 1,—
Markenheftchen 30,— 25,—
FDC (MiNr. 1550–1553) 6,—

Das Markenheftchen wurde zum ermäßigten Preis von 11.04 € verkauft.

2004, 5. Jan. Freimarken: Einheimische Vögel. Odr. (10×10); Papier ph.; gez. K 14¼:15.

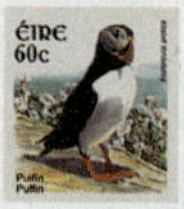

aen) Papageitaucher (Fratercula arctica)

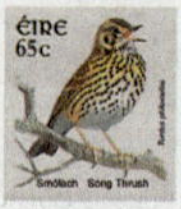

ahn) Singdrossel (Turdus philomelos)

1554 60 C mehrfarbig .... aen 1,20 1,20
1555 65 C mehrfarbig .... ahn 1,30 1,30
Satzpreis (2 W.) 2,50 2,50
FDC 4,—

Weitere Werte siehe Übersicht nach Jahrgangswerttabelle.

2004, 5. Jan. Freimarken: Einheimische Vögel. Odr., Markenheftchen (2×5); Papier ph.; selbstklebend; gestanzt 11:11¼.

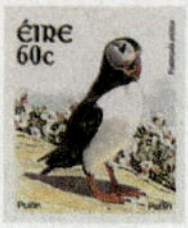

aen II) Papageitaucher (Fratercula arctica)

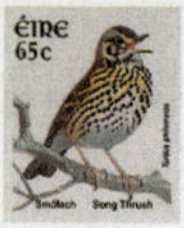

ahn II) Singdrossel (Turdus philomelos)

1556 60 C mehrfarbig .... aen II 1,20 1,20
1557 65 C mehrfarbig .... ahn II 1,30 1,30
Satzpreis (2 W.) 2,50 2,50
FDC 4,—
2 Markenheftchen 25,— 25,—

Weitere Werte siehe Übersicht nach Jahrgangswerttabelle.

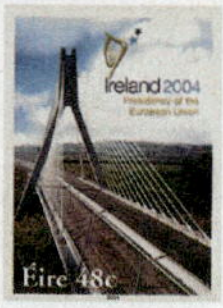

2004, 15. Jan. Vorsitz Irlands im Rat der Europäischen Union. Odr. (4×4); Papier ph.; gez. K 14:15.

axz) Boyne-Brücke bei Drogheda

1558 48 C mehrfarbig .... axz 1,20 1,20
FDC 2,50

Auflage: 500.000 Stück

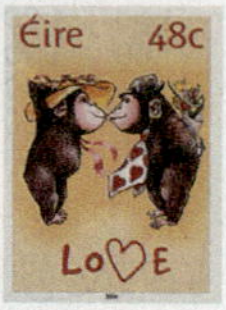

2004, 30. Jan. Grußmarken: Jungtiere; chinesisches Neujahr: Jahr des Affen. Odr. (4×4); Papier ph.; gez. K 14¼:14¾.

aya) Schimpansen

1559 48 C mehrfarbig .... aya 1,20 1,—
FDC 2,50

Blockausgabe, vier- bzw. dreiseitig gez. K 14¼:14¾

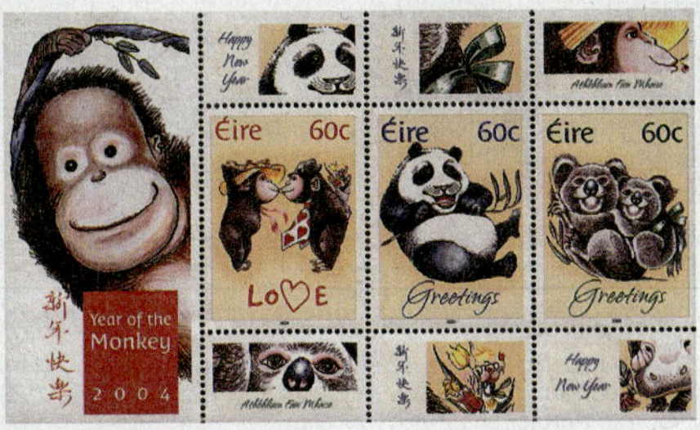

ayd

aya) Schimpansen
ayb) Riesenpanda
ayc) Koalas

1560 60 C mehrfarbig (⊡) .... aya 1,50 1,20
1561 60 C mehrfarbig (⊡) .... ayb 1,50 1,20
1562 60 C mehrfarbig (⊡) .... ayc 1,50 1,20
Block 50 (124×74 mm) .... ayd 5,— 3,60
FDC 5,—

Auflagen: MiNr. 1559 = 320.000 Stück, Bl. 50 = 35.000 Blocks

2004, 30. Jan. Grußmarken: Jungtiere; chinesisches Neujahr: Jahr des Affen. Odr., Markenheftchen (2×5); Papier ph.; selbstklebend; gestanzt 11:11¼.

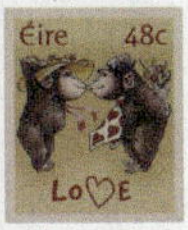

aya I) Schimpansen

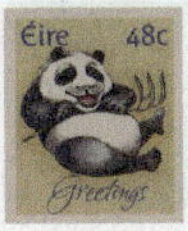

ayb I) Riesenpanda

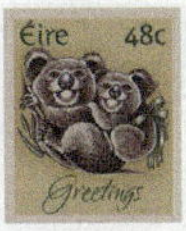

ayc I) Koalas

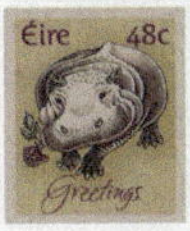

aye) Flusspferd

1563 48 C mehrfarbig .... aya I 1,30 1,30
1564 48 C mehrfarbig .... ayb I 1,30 1,30
1565 48 C mehrfarbig .... ayc I 2,— 1,30
1566 48 C mehrfarbig .... aye 2,— 1,30
Satzpreis (4 W.) 6,50 5,—
FDC 6,—
Viererblock 6,50 5,—
Markenheftchen 16,— 13,—

MiNr. 1563–1566 wurden zusammen im Markenheftchen zu 10 Marken (3 × MiNr. 1563–1564 und 2 × MiNr. 1565–1566) gedruckt.

Auflage: 100.000 Markenheftchen

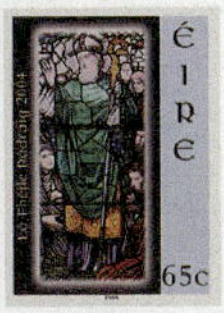

2004, 27. Febr. Nationalfeiertag „St.-Patricks-Tag". Odr. (4×4); Papier ph.; gez. K 14:14¾.

ayf) Hl. Patrick (um 385–461), Missionar, Apostel Irlands

1567 65 C mehrfarbig .... ayf 1,50 1,30
FDC 2,80

Auflage: 330.000 Stück

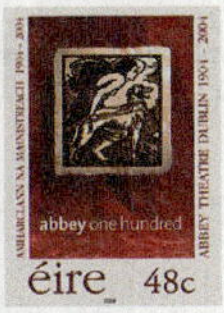

2004, 27. Febr. 100 Jahre Abbey-Theater, Dublin. Odr. (4×4); Papier ph.; gez. K 14:14¾.

ayg) Emblem des Abbey-Theaters

1568 48 C mehrfarbig .... ayg 1,20 1,—
FDC 2,50

Auflage: 330.000 Stück

2004, 19. März. 90. Jahrestag des Beginns der Expedition in das Weddellmeer von Ernest Shackleton (1874–1922), britischer Südpolarforscher. Odr., Bogen (B) (2×4 Zd) und Markenheftchen (MH) (2×2); Papier ph.; A = vierseitig, D = dreiseitig gez. K 13¼.

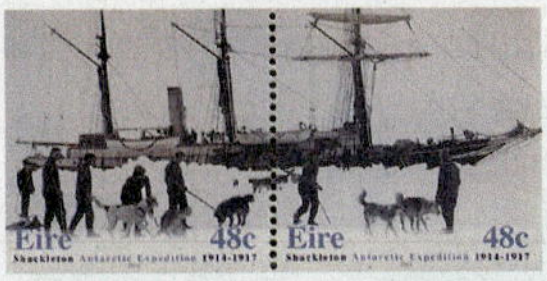

ayh–ayi) Expeditionsschiff „Endurance" sitzt im Packeis fest

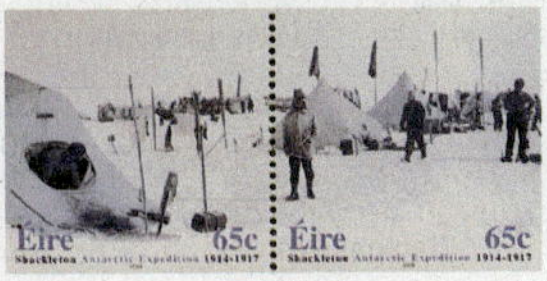

ayk–ayl) Zeltlager

1569 48 C mehrfarbig .... ayh
A vierseitig gez. (B) (MH) .... 1,20 1,—
D dreiseitig gez. (⊡) (MH) .... 1,— 1,—
1570 48 C mehrfarbig .... ayi
A vierseitig gez. (B) (MH) .... 1,20 1,—
D dreiseitig gez. (⊡) (MH) .... 1,— 1,—
1571 65 C mehrfarbig .... ayk
A vierseitig gez. (B) (MH) 1,60 1,30
D dreiseitig gez. (⊡) (MH) 1,30 1,30
1572 65 C mehrfarbig .... ayl
A vierseitig gez.(B) (MH) 1,60 1,30
D dreiseitig gez. (⊡) (MH) 1,30 1,30
Satzpreis A (4 W.) 5,50 4,60
2 Paare A 6,— 4,60
FDC A 6,—

Blockausgabe; normales Papier; drei- bzw. zweiseitig gez. K 13¼

1573 1 € mehrfarbig (⊡) .... ayk 2,— 2,—
1574 1 € mehrfarbig (⊡) .... ayl 2,— 2,—
Block 51 (150×90 mm) .... aym 5,50 4,—
FDC 5,50

Nominalgleiche Marken wurden waagerecht zusammenhängend gedruckt.

MiNr. 1569 A/D–1572 A/D wurden zusammenhängend im Markenheftchen (MH 58) ausgegeben.

Aufdruck „STAMPA ... 2004" auf dem Blockrand von Bl. 51 ist privaten Ursprungs, aber von der Post genehmigt.

Auflagen: MiNr. 1569 A–1570 A je 500.000, MiNr. 1571 A–1572 A je 410.000 Stück, Bl. 51 = 35.000 Blocks

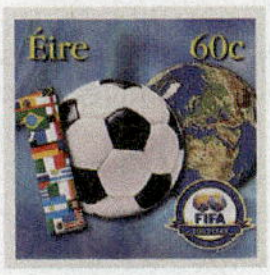

2004, 31. März. 100 Jahre Internationaler Fußballverband (FIFA). Odr. (4×4); Papier ph.; gez. K 13¼:13.

ayn) Fußball, Weltkugel, Flaggen, FIFA-Emblem

1575 60 C mehrfarbig .... ayn 1,50 1,20
FDC 2,70

Auflage: 330.000 Stück

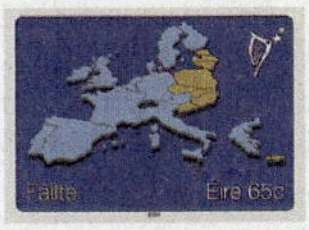

2004, 1. Mai. Erweiterung der Europäischen Union (EU). Odr. (4×4); Papier ph.; gez. K 14¾:14¼.

ayo) Landkarte Europas

1576 65 C mehrfarbig .... ayo 1,60 1,60
FDC 2,80

Auflage: 330.000 Stück

2004, 11. Mai. Einheimische Enten. Odr. (4×4); Papier ph.; gez. K 13¾:14¼.

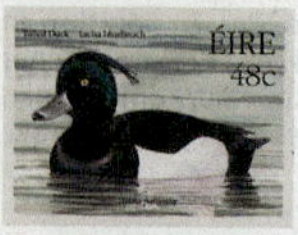

ayp) Reiherente (Aythya fuligula)

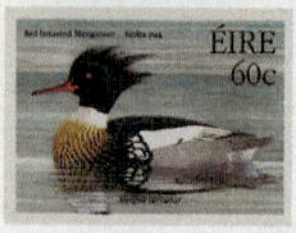

ayr) Mittelsäger (Mergus serrator)

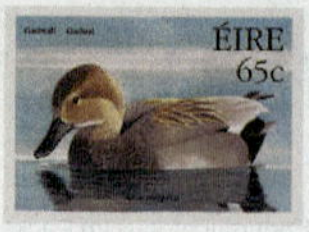

ays) Schnatterente (Anas strepera)

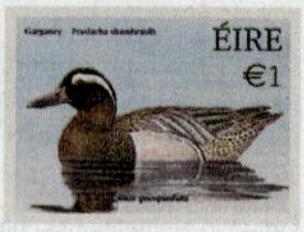

ayt) Knäkente (Anas querquedula)

1577	48 C	mehrfarbig	ayp	1,50	1,—
1578	60 C	mehrfarbig	ayr	1,50	1,20
1579	65 C	mehrfarbig	ays	1,50	1,30
1580	1 €	mehrfarbig	ayt	3,—	2,—
			Satzpreis (4 W.)	7,50	5,50
			FDC		7,—

Blockausgabe mit MiNr. 1577–1580

Block 52	(150×90 mm)	ayu	8,50	6,—
		FDC		7,—

Aufdruck „STAMPA ... 2004“ auf dem Blockrand von Bl. 52 ist privaten Ursprungs, aber von der Post genehmigt.

Auflagen: MiNr. 1577 = 500.000, MiNr. 1578–1580 je 360.000 Stück, Bl. 52 = 35.000 Blocks

2004, 11. Mai. Europa: Ferien. Odr. (2 + 4 + 4); Papier ph.; gez. K 14:13¾.

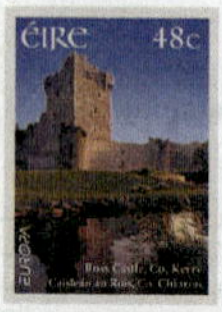

ayv) Burg auf der Halbinsel Ross, Killarney

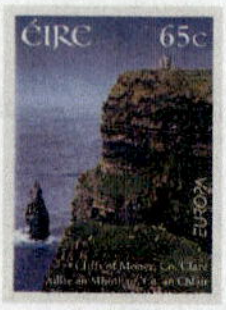

ayw) Klippen von Moher, Clare

1581	48 C	mehrfarbig	ayv	1,20	1,—
1582	65 C	mehrfarbig	ayw	1,80	1,50
			Satzpreis (2 W.)	3,—	2,50
			FDC		4,—
			Kleinbogensatz (2 Klb.)	30,—	25,—

Auflagen: MiNr. 1581 = 510.000, MiNr. 1582 = 400.000 Stück

2004, 15. Mai. 10. Jahrestag der Ausrufung des ersten Internationalen Jahres der Familie. Odr. (4×4); Papier ph.; gez. K 13½:13.

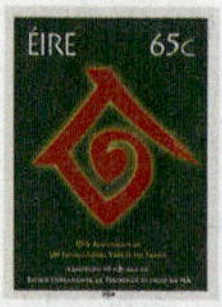

ayx) Emblem

1583	65 C	mehrfarbig	ayx	1,80	1,50
			FDC		3,—

Auflage: 330.000 Stück

2004, 19. Mai. 50 Jahre Texaco-Kunstwettbewerb für Kinder (2005). Odr. (4×4); Papier ph.; gez. K 14¼:14¾, Querformat ~.

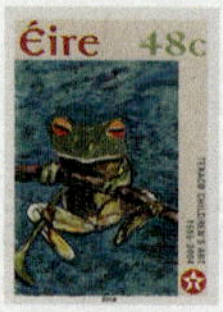

ayy) Laubfrosch; von Daire Lee (11 J.)

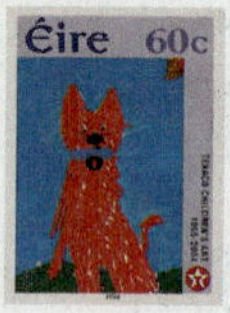

ayz) Marmeladenkatze; von Cian Colman (7 J.)

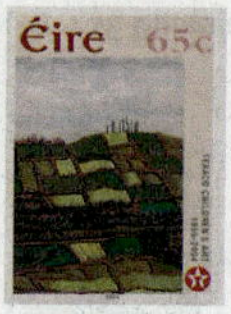

aza) Ralleshin Dipditch; von Daire O'Rourke (13 J.)

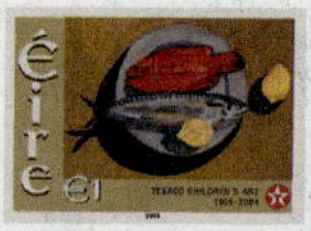

azb) Fisch auf einem Teller; von Ailish Fitzpatrick (13 J.)

1584	48 C	mehrfarbig	ayy	1,—	1,—
1585	60 C	mehrfarbig	ayz	1,50	1,20
1586	65 C	mehrfarbig	aza	2,—	1,30
1587	1 €	mehrfarbig	azb	3,50	2,—
			Satzpreis (4 W.)	8,—	5,50
			FDC		7,—

Auflagen: MiNr. 1584 = 500.000, MiNr. 1585–1587 je 330.000 Stück

2004, 16. Juni. 100. „Bloomsday“. Odr. (6×2); Papier ph.; gez. K 13½:13¼.

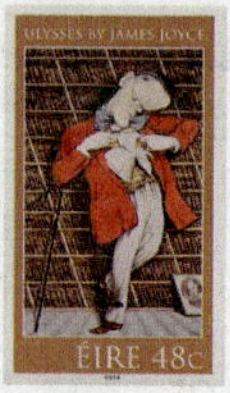

azc) Karikatur von Tullio Pericoli (*1936)

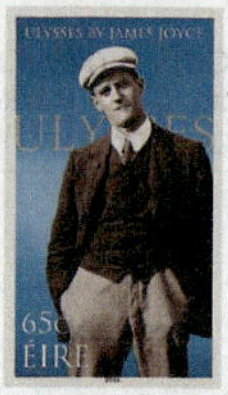

azd) Photographie von Constantine Curran (1880–1972)

azc–azd) James Joyce (1882–1941), Schriftsteller und Verfasser des Romans „Ulysses“, der einen Tag im Leben des „Leopold Bloom“ beschreibt

1588	48 C	mehrfarbig	azc	1,50	1,—
1589	65 C	mehrfarbig	azd	2,70	1,50
			Satzpreis (2 W.)	4,20	2,50
			FDC		4,—

Auflagen: MiNr. 1588 = 396.000, MiNr. 1589 = 330.000 Stück

2004, 26. Juni. Irisches Kollegium in Paris. Odr. (4×4); Papier ph.; gez. K 14:14¾.

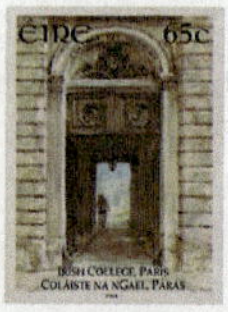

aze) Portal des Kollegiums; gegr. 1578 von John Lee of Waterford

1590	65 C	mehrfarbig	aze	2,40	1,50
			FDC		3,—

Auflage: 330.000 Stück

2004, 30. Juni. Inbetriebnahme des LUAS-Straßenbahnsystems in Dublin. Odr. (4×4); Papier ph.; gez. K 13½:13¼.

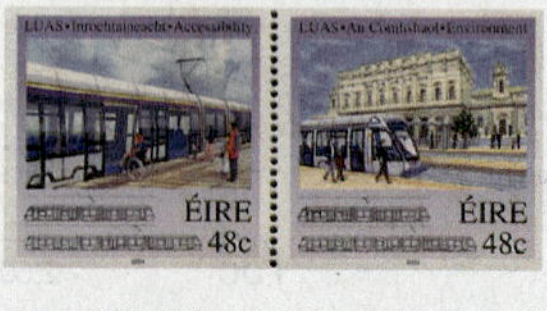

azf–azg) Niederflur-Straßenbahntriebzug an Haltestelle

1591 48 C mehrfarbig ...... azf 1,80 1,20
1592 48 C mehrfarbig ...... azg 1,80 1,20
Satzpreis (2 W.) 3,60 2,40
Paar 4,— 2,50
FDC 4,—

MiNr. 1591–1592 wurden schachbrettartig zusammenhängend gedruckt.

Auflage: 500.000 Sätze

2004, 22. Juli. Olympische Sommerspiele, Athen. Odr. (4×4); Papier ph.; gez. K 14¼.

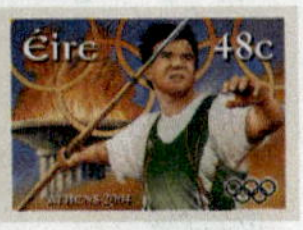

azh) Speerwerfen

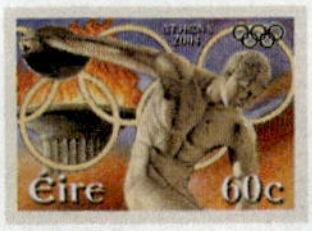

azi) Diskobol des Myron

1593 48 C mehrfarbig ...... azh 1,50 1,—
1594 60 C mehrfarbig ...... azi 2,70 1,20
Satzpreis (2 W.) 4,20 2,20
FDC 3,60

Auflagen: MiNr. 1593 = 480.000, MiNr. 1594 = 330.000 Stück

2004, 22. Juli. 100 Jahre Camogie-Sport in Irland. Odr. (4×4); Papier ph.; gez. K 14¾:14¼.

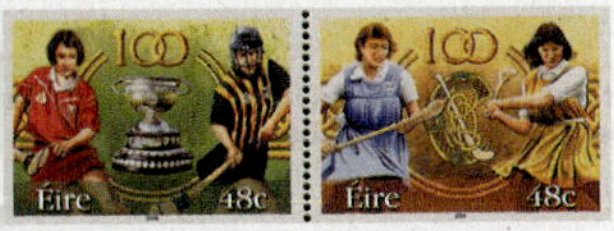

azk) Camogie-Spielerinnen (2004), Pokal
azl) Camogie-Spielerinnen (1904), Verbandsemblem

1595 48 C mehrfarbig ...... azk 1,50 1,20
1596 48 C mehrfarbig ...... azl 1,50 1,20
Satzpreis (2 W.) 3,— 2,40
Paar 3,50 2,50
FDC 4,—

MiNr. 1595–1596 wurden schachbrettartig zusammenhängend gedruckt.

Auflage: 410.000 Sätze

2004, 9. Sept. Freimarken: Wildblumen. Odr., Bogen (B) MiNr. 1597–1599 und 1601–1602 (10×10), MiNr. 1603–1604 (10×5, Querformat ~) und Markenheftchen (MH); MiNr. 1599–1602 Papier ph.; A = vierseitig, D = dreiseitig gez. K 14¼:15, MiNr. 1603 ~.

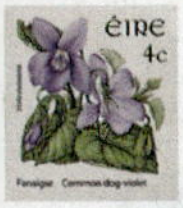

azm) Hainveilchen (Viola riviniana)

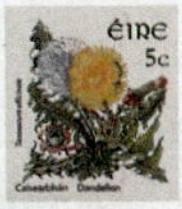

azn) Löwenzahn (Taraxacum officinale)

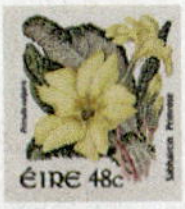

azo) Kissenprimel (Primula vulgaris)

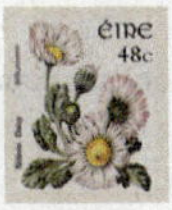

azp) Gänseblümchen (Bellis perennis)

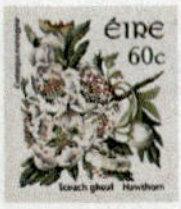

azr) Eingriffliger Weißdorn (Crataegus monogyna)

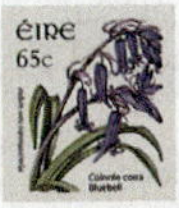

azs) Echtes Hasenglöckchen (Hyacinthoides non-scripta)

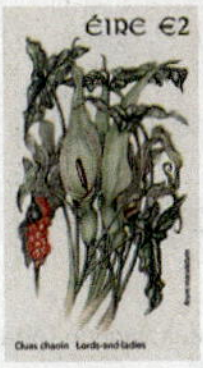

azt) Gemeiner Aronstab (Arum maculatum)

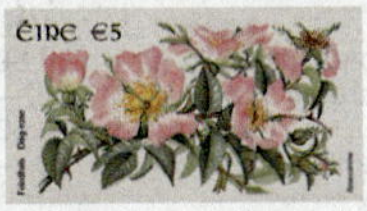

azu) Hundsrose (Rosa canina)

1597 A 4 C mehrfarbig (B) ...... azm 0,30 0,30
1598 A 5 C mehrfarbig (B) ...... azn 0,30 0,30
1599 48 C mehrfarbig ...... azo
A vierseitig gez. (B) ...... 1,— 1,—
Do oben geschnitten (MH) ...... 1,— 1,—
Du unten geschnitten (MH) ...... 1,— 1,—
1600 48 C mehrfarbig (MH) ...... azp
Do oben geschnitten ...... 1,— 1,—
Du unten geschnitten ...... 1,— 1,—
1601 A 60 C mehrfarbig (B) ...... azr 1,20 1,—
1602 A 65 C mehrfarbig (B) ...... azs 1,20 1,—
1603 A 2 € mehrfarbig (B) ...... azt 5,— 3,50
1604 A 5 € mehrfarbig (B) ...... azu 12,— 8,—
Satzpreis (8 W.) 22,— 16,—
2 FDC 21,—

MiNr. 1599 D–1600 D wurden zusammenhängend im Markenheftchen (MH 59) ausgegeben.

Weitere Werte siehe Übersicht nach Jahrgangswerttabelle.

2004, 9. Sept./2007. Freimarken: Wildblumen. Odr., Markenheftchen (MH) (2×5), Rolle (R) und Folienstreifen (FSt.) (1×2); selbstklebend.

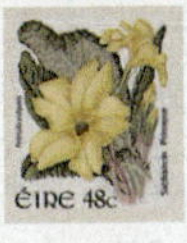

azo I) Kissenprimel (Primula vulgaris)

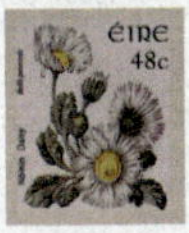

azp I) Gänseblümchen (Bellis perennis)

A = wellenförmig gestanzt 11, y = Papier ph. (MH) (R) (FSt.) (9.9.2004)

1605 A y 48 C mehrfarbig ...... azo I 1,20 1,—
1606 A y 48 C mehrfarbig ...... azp I 1,20 1,—
Satzpreis Ay (2 W.) 2,40 2,—
FDC Ay 4,—
Markenheftchen Ay 13,— 13,—
Folienstreifen Ay 2,50 2,50

C = zähnungsähnlich gestanzt 13:13⅓, y = normales Papier (MH) (2007)

1605 C x 48 C mehrfarbig ...... azo I *900,—* —,—
1606 C x 48 C mehrfarbig ...... azp I *900,—* —,—
Satzpreis Cx (2 W.) *1800,—* —,—
Markenheftchen Cx —,—

MiNr. 1605–1606 wurden jeweils zusammen im Markenheftchen zu 10 Marken, in der Rolle bzw. im Folienstreifen ausgegeben.

Weitere Werte siehe Übersicht nach Jahrgangswerttabelle.

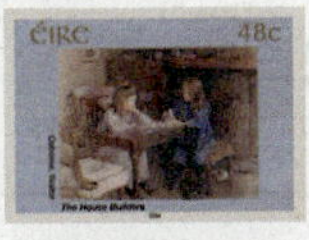

2004, 16. Sept. 150 Jahre irische Nationalgalerie: Gemälde (III). Odr., Bogen (1×4 Zd) und Markenheftchen (2×2); Papier ph.; gez. K 14¾:14¼.

azv) Die Kartenhausbauer; von Walter Frederick Osborne (1859–1903), britischer Maler

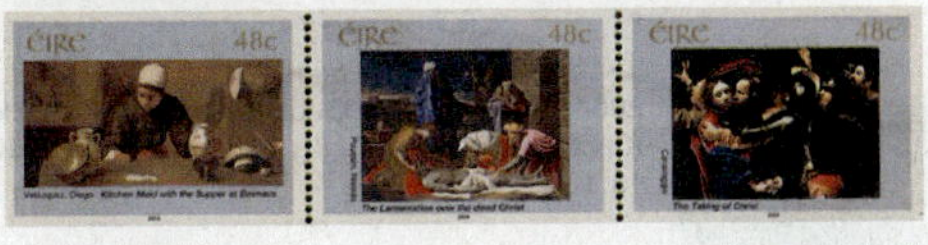

azw) Küchenmagd mit Emmaus-Gemälde; von Diego Velázquez (1599–1660), spanischer Maler
azx) Beweinung Christi; von Nicolas Poussin (1594–1665), französischer Maler
azy) Festnahme Christi; von Caravaggio, eigentlich Michelangelo Merisi (1571–1610), italienischer Maler

1607 48 C mehrfarbig ...... azv 1,50 1,20
1608 48 C mehrfarbig ...... azw 1,50 1,20
1609 48 C mehrfarbig ...... azx 1,50 1,20

1610	48 C mehrfarbig	azy	1,50	1,20
		Satzpreis (4 W.)	6,—	4,80
		Viererstreifen	7,—	5,—
		FDC		6,50
		Markenheftchen	24,—	20,—

MiNr. 1607–1610 wurden waagerecht zusammenhängend gedruckt.

MiNr. 1607–1610 wurden auch im Markenheftchen zu je 4 Marken ausgegeben.

Auflage: 570.000 Sätze

2004, 1. Okt. Irische Literatur-Nobelpreisträger. Komb. StTdr. und Odr., Bogen (B) (2×2 Zd) und Markenheftchen (MH) (2×2); Papier ph.; A = vierseitig, D = dreiseitig gez. K 12½:13½.

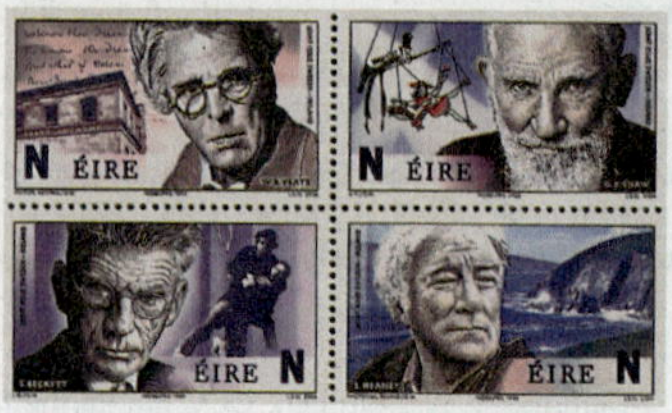

azz) William Butler Yeats (1865–1939), Lyriker und Dramatiker, Nobelpreis 1923
baa) George Bernard Shaw (1856–1950), Schriftsteller, Nobelpreis 1925
bab) Samuel Beckett (1906–1989), Schriftsteller, Nobelpreis 1969
bac) Seamus Heaney (1939–2013), Schriftsteller, Nobelpreis 1995

1611	N	mehrfarbig	azz		
	A	vierseitig gez. (B)		2,50	1,20
	D	dreiseitig gez. (MH)		2,50	1,20
1612	N	mehrfarbig	baa		
	A	vierseitig gez. (B)		2,50	1,20
	D	dreiseitig gez. (MH)		2,50	1,20
1613	N	mehrfarbig	bab		
	A	vierseitig gez. (B)		2,50	1,20
	D	dreiseitig gez. (MH)		2,50	1,20
1614	N	mehrfarbig	bac		
	A	vierseitig gez. (B)		2,50	1,20
	D	dreiseitig gez. (MH)		2,50	1,20
			Satzpreis (4 W.)	10,—	4,80
			Viererblock	10,—	5,—
			FDC		6,50

Nominale zur Zeit der Ausgabe: je 48 C

MiNr. 1611 D–1614 D wurden zusammenhängend im Markenheftchen (MH 60) ausgegeben.

Das gemeinsame irisch-schwedische Gedenkblatt enthält einen Schwarzdruck von MiNr. 1611–1614.

Parallelausgabe mit Schweden MiNr. 2422–2425

Irische Nominalkodierungen

N = Inlandspost Irland und Nordirland

ab 5.1.2004: 48 C; ab 1.3.2007: 55 C; ab 2.4.2013: 60 C; ab 21.7.2014: 68 C; ab 1.7.2015: 70 C; ab 21.7.2016: 72 C; ab 13.4.2017: 1 €; ab 27.5.2021: 1.10 €; ab 1.3.2022: 1.25 €; ab 1.2.2023: 1.35 €; ab 1.2.2024: 1.40 €; ab 27.2.2025: 1.65 €

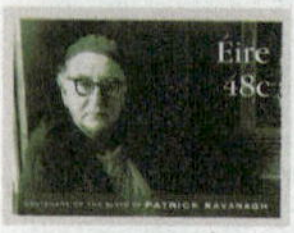

2004, 21. Okt. 100. Geburtstag von Patrick Kavanagh. Odr. (4×4); Papier ph.; gez. K 13:13¼.

bad) Patrick Kavanagh (1904–1967), Dichter

1615	48 C mehrfarbig	bad	1,80	1,—
		FDC		2,50

Auflage: 330.000 Stück

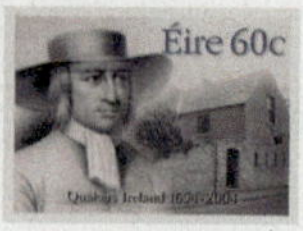

2004, 21. Okt. 300 Jahre Quäker in Irland. Odr. (4×4); Papier ph.; gez. K 13:13¼.

bae) George Fox (1624–1691), englischer Laienprediger, Begründer der Quäker

1616	60 C mehrfarbig	bae	2,40	1,20
		FDC		2,70

Auflage: 330.000 Stück

2004, 10. Nov. Weihnachten. Odr. (4×4); Papier ph.; gez. K 14¼:14¾.

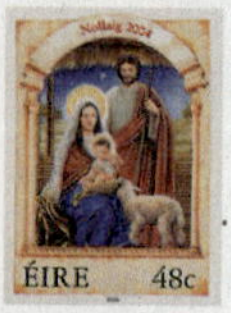

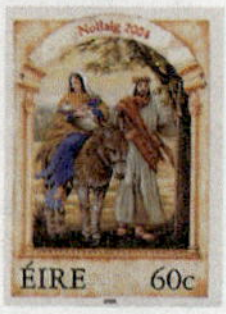

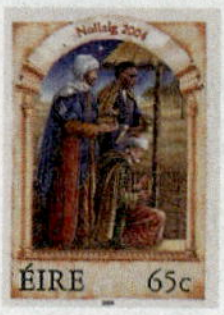

baf) Die Heilige Familie
bag) Die Flucht nach Ägypten
bah) Anbetung der Heiligen Drei Könige

1617	48 C mehrfarbig	baf	1,50	1,—
1618	60 C mehrfarbig	bag	2,—	1,20
1619	65 C mehrfarbig	bah	3,—	1,30
		Satzpreis (3 W.)	6,50	3,50

FDC siehe nach MiNr. 1620.

Auflagen: MiNr. 1617 = 3.000.000, MiNr. 1618–1619 je 1.000.000 Stück

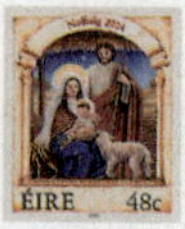

2004, 10. Nov. Weihnachten. Odr., Markenheftchen (2×12); Papier ph.; selbstklebend; gestanzt 11¼.

bai) Die Heilige Familie

1620	48 C mehrfarbig	bai	1,20	1,—
		Markenheftchen	30,—	25,—
		FDC (MiNr. 1617–1620)		6,—

Das Markenheftchen wurde zum ermäßigten Preis von 11.04 € verkauft.

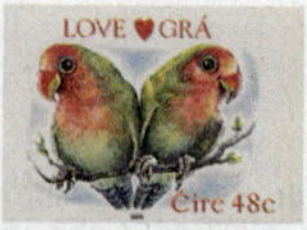

2005, 28. Jan. Grußmarken: Vögel; chinesisches Neujahr – Jahr des Hahnes. Odr. (4×4); Papier ph.; gez. K 14¾:14¼.

bak) Rosenköpfchen (Agapornis roseicollis)

1621	48 C mehrfarbig	bak	1,20	1,—
		FDC		2,50

Blockausgabe

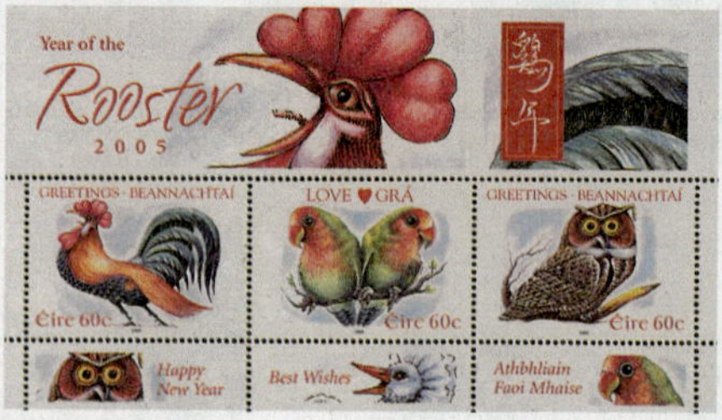

ban

bal) Hahn
bak) Rosenköpfchen (Agapornis roseicollis)
bam) Eule

1622	60 C mehrfarbig	bal	1,50	1,20
1623	60 C mehrfarbig	bak	1,50	1,20

1624	60 C mehrfarbig	bam	1,50	1,20
Block 53	(130×74 mm)	ban	5,—	3,60
		FDC		5,—

Auflagen: MiNr. 1621 = 330.000 Stück, Bl. 53 = 35.000 Blocks

2005, 28. Jan. Grußmarken: Vögel; chinesisches Neujahr – Jahr des Hahnes. Odr., Markenheftchen (5×2); Papier ph.; selbstklebend; gestanzt 11:11¼.

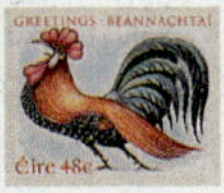

bal I) Hahn

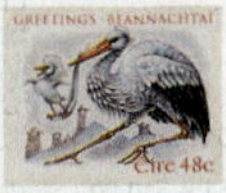

bao) Weißstorch (Ciconia ciconia)

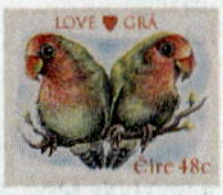

bak I) Rosenköpfchen (Agapornis roseicollis)

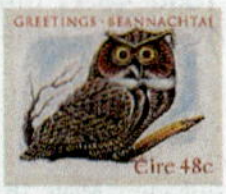

bam I) Eule

1625	48 C mehrfarbig	bal I	1,—	1,—
1626	48 C mehrfarbig	bao	1,50	1,—
1627	48 C mehrfarbig	bak I	1,—	1,—
1628	48 C mehrfarbig	bam I	1,50	1,—
		Satzpreis (4 W.)	5,—	4,—
		FDC		5,50
		Viererblock	5,—	4,—
		Markenheftchen	12,—	10,—

MiNr. 1625–1628 wurden zusammen im Markenheftchen zu 10 Marken (3 × MiNr. 1625 und 1627 sowie 2 × MiNr. 1626 und 1628) gedruckt.

Auflage: 30.000 Markenheftchen

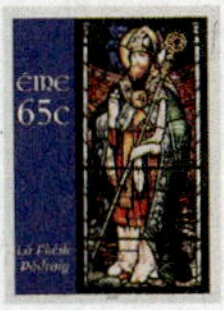

2005, 17. Febr. Nationalfeiertag „St.-Patricks-Tag". Odr. (4×4); Papier ph.; gez. K 14¼:14¾.

bap) Hl. Patrick (um 385–461), Missionar, Apostel Irlands

1629	65 C mehrfarbig	bap	1,50	1,30
		FDC		2,80

2005, 24. Febr. Gemälde irischer Künstlerinnen. Odr. (4×4); Papier ph.; gez. K 14¾:14¼, Hochformate ~.

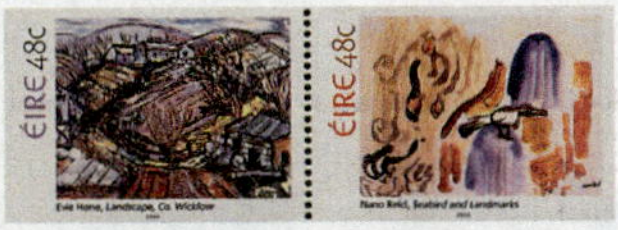

bar) Landschaft; von Evie Hone (1894–1955)
bas) Seevogel und Sehenswürdigkeit; von Nano Reid (1900–1981)

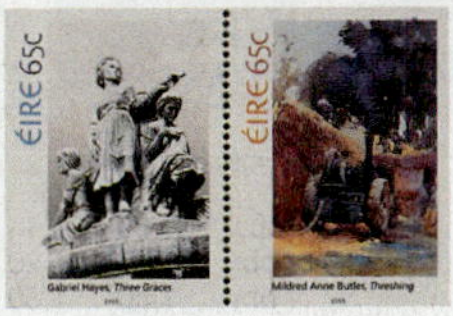

bat) Drei Grazien; von Gabriel Hayes (1909–1978)
bau) Dreschen; von Mildred Anne Butler (1858–1941)

1630	48 C mehrfarbig	bar	1,10	1,—
1631	48 C mehrfarbig	bas	1,10	1,—
1632	65 C mehrfarbig	bat	1,40	1,30
1633	65 C mehrfarbig	bau	1,40	1,30
		Satzpreis (4 W.)	5,—	4,50
		2 Paare	5,50	4,50
		FDC		6,—

Nominalgleiche Marken wurden schachbrettartig zusammenhängend gedruckt.

Auflagen: MiNr. 1630–1631 je 410.000, MiNr. 1632–1633 je 360.000 Stück

2005, 7. März. Cork – Kulturhauptstadt Europas 2005. Odr. (2×4 Zd); Papier ph.; gez. K 13¼:13½.

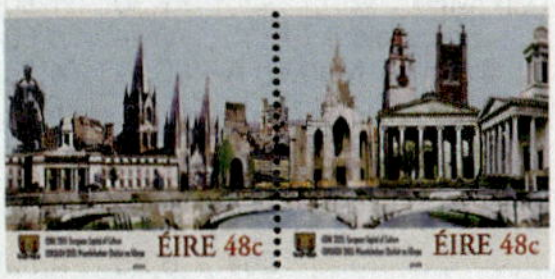

bav–baw) Sehenswürdigkeiten von Cork

1634	48 C mehrfarbig	bav	1,—	1,—
1635	48 C mehrfarbig	baw	1,—	1,—
		Satzpreis (2 W.)	2,—	2,—
		Paar	2,50	2,50
		FDC		3,50

Auflage: 410.000 Sätze

2005, 14. März. Internationales Jahr der Physik: 200. Geburtstag von William Rowan Hamilton, 60 Jahre UNESCO, 50. Todestag von Albert Einstein. Odr. (4×4); Papier ph.; gez. K 13¼.

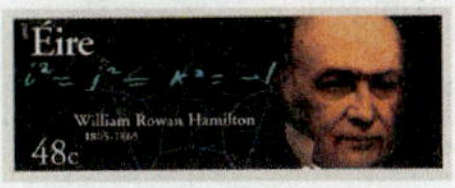

bax) William Rowan Hamilton (1805–1865), Mathematiker und Physiker

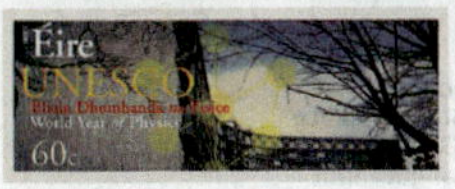

bay) UNESCO-Gebäude, Paris

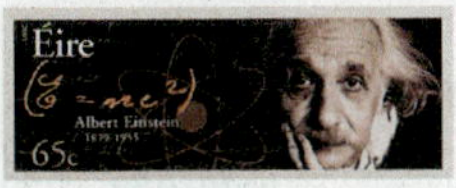

baz) Albert Einstein (1879–1955), deutscher Physiker, Nobelpreis 1921; Formel der allgemeinen Relativitätstheorie

1636	48 C mehrfarbig	bax	1,20	1,—
1637	60 C mehrfarbig	bay	1,50	1,20
1638	65 C mehrfarbig	baz	1,80	1,30
		Satzpreis (3 W.)	4,50	3,50
		FDC		5,—

Auflagen: MiNr. 1636 = 330.000, MiNr. 1637–1638 je 280.000 Stück

2005, 5. April. 150 Jahre Eisenbahnlinie Dublin–Belfast. Odr. Bogen (B) (4×4) und Markenheftchen (MH) (2×2); Papier ph.; A = vierseitig, D = dreiseitig gez. K 14¾:14¼.

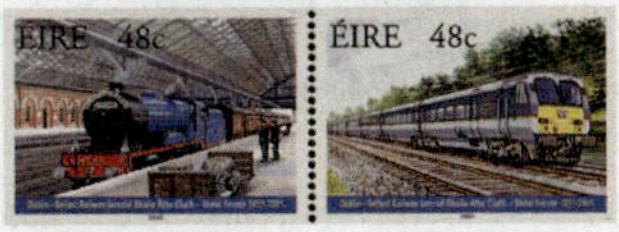

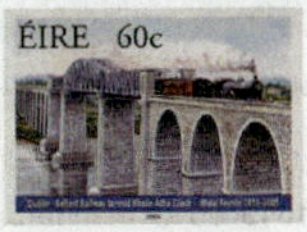

bba) Dampfeisenbahn im Connolly-Bahnhof, Dublin
bbb) Schnellzug Enterprise auf freier Strecke

bbc) Dampfeisenbahn auf Boyne-Brücke bei Drogheda

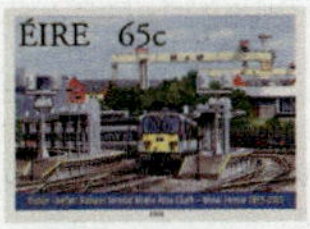

bbd) Schnellzug Enterprise verlässt Bahnhof von Belfast

1639	48 C mehrfarbig		bba		
	A	vierseitig gez. (B) (MH)		1,30	1,—
	D	dreiseitig gez. (⌑) (MH)		1,—	1,—
1640	48 C mehrfarbig		bbb		
	A	vierseitig gez. (B) (MH)		1,30	1,—
	D	dreiseitig gez. (⌑) (MH)		1,—	1,—
1641	60 C mehrfarbig		bbc		
	A	vierseitig gez. (B) (MH)		1,60	1,20
	D	dreiseitig gez. (⌑) (MH)		1,20	1,20

1642 65 C mehrfarbig . . . . bbd
A vierseitig gez. (B) (MH) 1,80 1,30
D dreiseitig gez. (⌑) (MH) 1,30 1,30
Satzpreis A (4 W.) 6,— 4,50
Paar + 2 Marken A 6,— 4,50
FDC 6,—
Markenheftchen 20,— 20,—

Blockausgabe mit MiNr. 1639–1642

Block 54 (150×90 mm) . . . . bbe 6,50 4,50
FDC 6,—

MiNr. 1639 A–1640 A wurden im Bogen schachbrettartig zusammenhängend gedruckt.

MiNr. 1639–1642 wurden auch im Markenheftchen ausgegeben.

Auflagen: MiNr. 1639–1640 je 410.000, MiNr. 1641–1642 je 280.000 Stück, Bl. 54 = 35.000 Blocks

2005, 12. April. Freimarken: Wildblumen. Odr.; MiNr. 1643–1646 (10×10), MiNr. 1647 (5×10); gez. K 14¼:15.

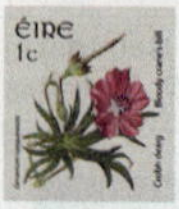
bbf) Blutroter Storchschnabel (Geranium sanguineum)

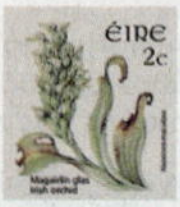
bbg) Gefleckte Waldwurz (Neotinea maculata)

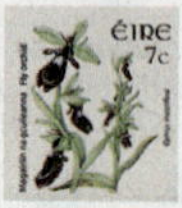
bbh) Fliegen-Ragwurz (Ophrys insectifera)

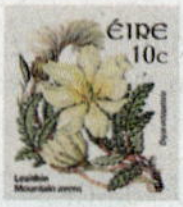
bbi) Silberwurz (Dryas octopetala)

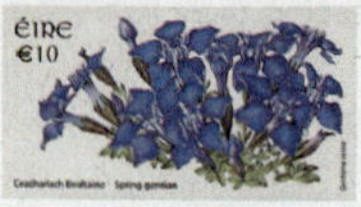
bbk) Frühlingsenzian (Gentiana verna)

1643 1 C mehrfarbig . . . . bbf 0,30 0,30
1644 2 C mehrfarbig . . . . bbg 0,30 0,30
1645 7 C mehrfarbig . . . . bbh 0,30 0,30
1646 10 C mehrfarbig . . . . bbi 0,30 0,30
1647 10 € mehrfarbig . . . . bbk 23,— 9,—
Satzpreis (5 W.) 24,— 10,—
FDC 20,—

Weitere Werte siehe Übersicht nach Jahrgangswerttabelle.

2005, 22. April. Schutz der Biosphären: Nationalparks in Irland und Kanada. Odr. (4×4); Papier ph.; gez. K 14¾:14¼.

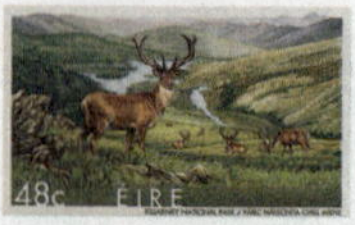
bbl) Killarney-Nationalpark, Kerry

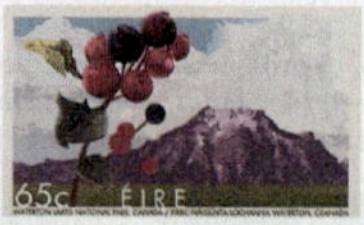
bbm) Nationalpark Waterton Lakes, Alberta

1648 48 C mehrfarbig . . . . bbl 1,30 1,—
1649 65 C mehrfarbig . . . . bbm 1,70 1,30
Satzpreis (2 W.) 3,— 2,30
FDC (Irland MiNr. 1648–1649 und Kanada MiNr. 2274–2275) 5,50

Blockausgabe mit MiNr. 1648–1649

Block 55 (150×90 mm) . . . . bbn 5,50 4,—
FDC 5,—

Auflagen: MiNr. 1648 = 360.000, MiNr. 1649 = 310.000 Stück, Bl. 55 = 35.000 Blocks

Parallelausgabe mit Kanada MiNr. 2274–2275/Bl. 75

2005, 9. Mai. Europa: Gastronomie. Odr. (2×5); Papier ph.; gez. K 14¼:14.

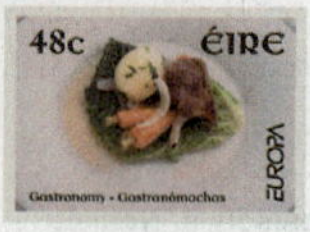
bbo) Zutaten für Irish Stew

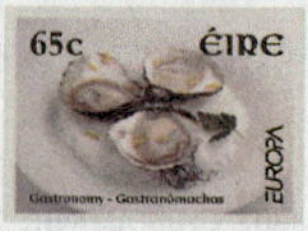
bbp) Austern auf Eisbett

1650 48 C mehrfarbig . . . . bbo 1,20 1,—
1651 65 C mehrfarbig . . . . bbp 1,80 1,50
Satzpreis (2 W.) 3,— 2,50
FDC 4,—
Kleinbogensatz (2 Klb.) 30,— 25,—

Auflagen: MiNr. 1650 = 360.000, MiNr. 1651 = 310.000 Stück

2005, 24. Mai. Weltweiter Naturschutz: Schmetterlinge. Odr. (4×4); Papier ph.; gez. K 13½.

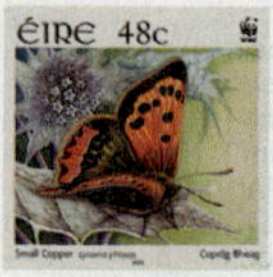
bbr) Kleiner Feuerfalter (Lycaena phlaeas)

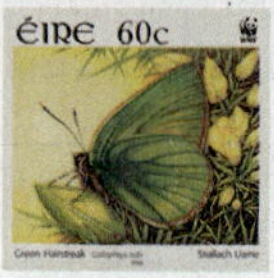
bbs) Brombeerzipfelfalter (Callophrys rubi)

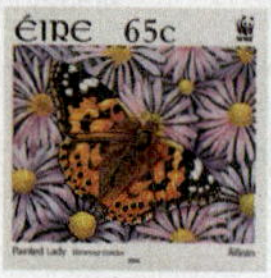
bbt) Distelfalter (Vanessa cardui)

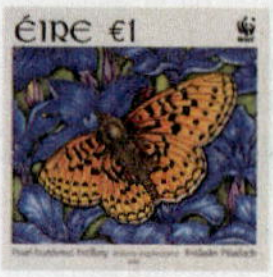
bbu) Silberfleck-Perlmutterfalter (Boloria euphrosyne)

1652 48 C mehrfarbig . . . . bbr 1,— 1,—
1653 60 C mehrfarbig . . . . bbs 1,50 1,20
1654 65 C mehrfarbig . . . . bbt 1,50 1,30
1655 1 € mehrfarbig . . . . bbu 3,— 2,—
Satzpreis (4 W.) 7,— 5,50
FDC 7,—

Blockausgabe

1656 5 € mehrfarbig . . . . bbt 12,— 10,—
Block 56 (150×66 mm) . . . . bbv 13,— 10,—
FDC 11,50

Auflagen: MiNr. 1652 = 360.000, MiNr. 1653–1655 je 310.000 Stück, Bl. 56 = 35.000 Blocks

2005, 4. Juli. Cutty-Sark-Großseglerregatta. Odr. (4×4); Papier ph.; gez. K 13½.

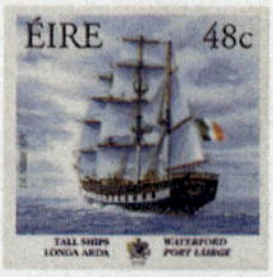
bbw) „Dunbrody" (1845)

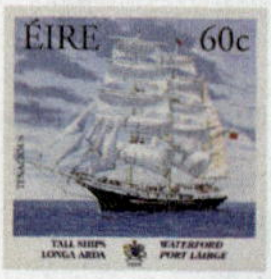
bbx) „Tenacious" (2000)

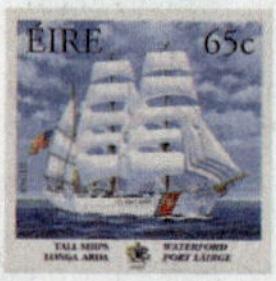
bby) „Eagle" (1936)

1657 48 C mehrfarbig . . . . bbw 1,50 1,—
1658 60 C mehrfarbig . . . . bbx 1,50 1,20
1659 65 C mehrfarbig . . . . bby 1,50 1,30
Satzpreis (3 W.) 4,50 3,50
FDC 5,—

Auflagen: MiNr. 1657 = 330.000, MiNr. 1658–1659 je 280.000 Stück

2005, 27. Juli. Rundtürme. Odr. (1×3 Zd); Papier ph.; gez. K 13¼.

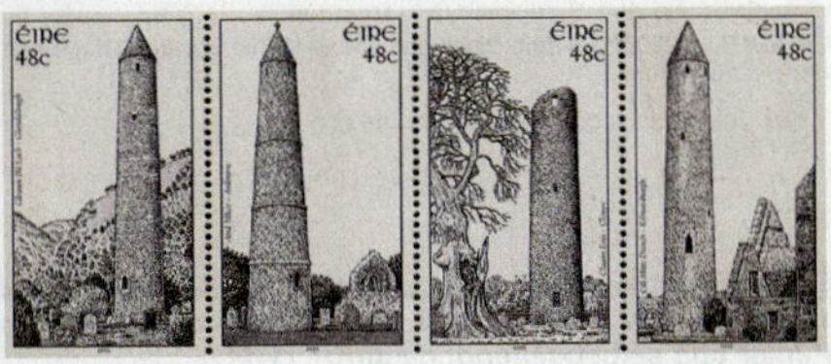

bbz) Glendalough
bca) Ardmore
bcb) Clones
bcc) Kilmacduagh

1660	48 C	schwarz	bbz	1,—	1,—
1661	48 C	schwarz	bca	1,—	1,—
1662	48 C	schwarz	bcb	1,—	1,—
1663	48 C	schwarz	bcc	1,—	1,—
			Satzpreis (4 W.)	4,—	4,—
			Viererstreifen	5,—	5,—
			FDC		6,50

Auflage: 570.000 Sätze

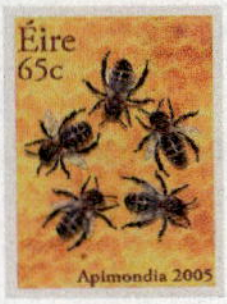

2005, 19. Aug. Internationaler Kongress für Bienenzucht APIMONDIA '05, Dublin. Odr. (4×4); Papier ph.; gez. K 13¼:13.

bcd) Honigbiene (Apis mellifera)

1664	65 C	mehrfarbig	bcd	1,50	1,30
			FDC		2,80

Auflage: 280.000 Stück

2005, 27. Sept. Golfturnier um den Ryder Cup, Straffan (2006) (I): Irische Golfspieler. Odr., Bogen (B) (4×4) und Markenheftchen (MH); Papier ph.; A = vierseitig, D = dreiseitig, E = zweiseitig gez. K 14¾:14¼.

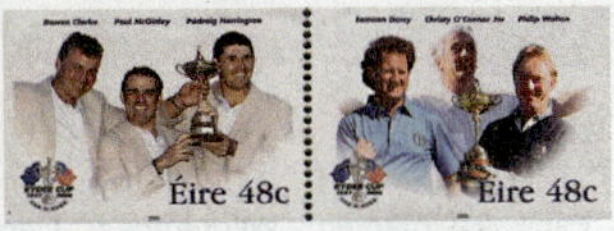

bce) Darren Clarke (*1968), Paul McGinley (*1966), Pádraig Harrington (*1971)
bcf) Eamonn Darcy (*1952), Christy O'Connor Jr. (1948–2016), Philip Walton (*1962)

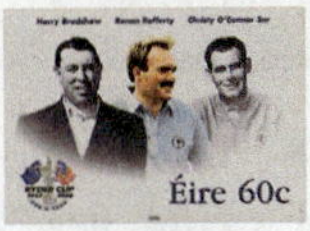

bcg) Harry Bradshow (1913–1990), Ronan Rafferty (*1964), Christy O'Connor Sen. (1924–2016)

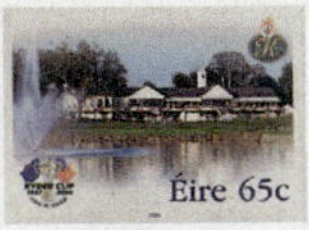

bch) Klubhaus des K Club, Straffan

1665	48 C	mehrfarbig	bce		
	A	vierseitig gez. (B) (MH)		1,40	1,—
	Do	oben geschnitten (⊡) (MH)		1,—	1,—
	Dr	rechts geschnitten (⊡) (MH)		1,—	1,—
	E	oben und rechts geschnitten (⊡) (MH)		1,—	1,—
1666	48 C	mehrfarbig	bcf		
	A	vierseitig gez. (B) (MH)		1,40	1,—
	Do	oben geschnitten (⊡) (MH)		1,—	1,—
	Dr	rechts geschnitten (⊡) (MH)		1,—	1,—
	E	oben und rechts geschnitten (⊡) (MH)		1,—	1,—
1667	60 C	mehrfarbig	bcg		
	A	vierseitig gez. (B) (MH)		1,60	1,20
	Do	oben geschnitten (⊡) (MH)		1,20	1,20
	Dr	rechts geschnitten (⊡) (MH)		1,20	1,20
	E	oben und rechts geschnitten (⊡) (MH)		1,20	1,20
1668	65 C	mehrfarbig	bch		
	A	vierseitig gez. (B) (MH)		1,60	1,30
	Do	oben geschnitten (⊡) (MH)		1,30	1,30
	Dr	rechts geschnitten (⊡) (MH)		1,30	1,30
	E	oben und rechts geschnitten (⊡) (MH)		1,30	1,30
			Satzpreis A (4 W.)	6,—	4,50
			Paar + 2 Marken A	6,—	4,50
			FDC A		6,—
			Markenheftchen	24,—	20,—

MiNr. 1665 A–1666 A wurden im Bogen schachbrettartig zusammenhängend gedruckt.

MiNr. 1665–1668 wurden (auch) im Markenheftchen (2×2) zu je 4 Marken ausgegeben. MiNr. 1665 A–1668 A wurden zusätzlich noch im Markenheftchen (MH 61) ausgegeben.

Auflagen: MiNr. 1665 A–1666 A je 410.000, MiNr. 1667 A–1668 A je 280.000 Stück

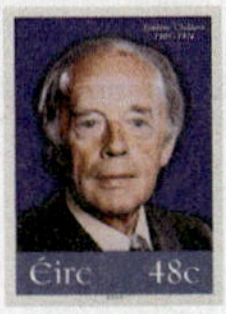

2005, 10. Okt. 100. Geburtstag von Erskine Childers. Odr. (4×4); Papier ph.; gez. K 14¼:14¾.

bci) Erskine Childers (1905–1974), Politiker

1669	48 C	mehrfarbig	bci	1,20	1,—
			FDC		2,50

Auflage: 330.000 Stück

2005, 27. Sept. 50 Jahre Mitgliedschaft Irlands bei den Vereinten Nationen (UNO). Odr. (4×4); Papier ph.; gez. K 14¾:14.

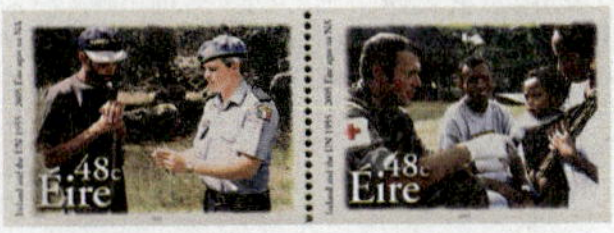

bck) Soldat der UNO-Friedenstruppen unterweist Schweinehirten
bcl) Sanitäter versorgt Kleinkind in Ost-Tmor

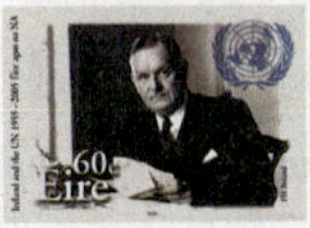

bcm) Frederick Boland (1904–1985), Politiker und UNO-Botschafter

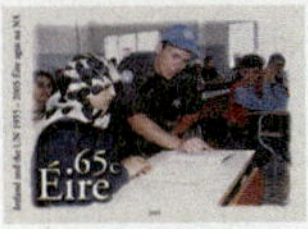

bcn) Soldat der UNO-Friedenstruppen erteilt Unterricht in Libanon

1670	48 C	mehrfarbig	bck	1,20	1,20
1671	48 C	mehrfarbig	bcl	1,20	1,20
1672	60 C	mehrfarbig	bcm	1,60	1,60
1673	65 C	mehrfarbig	bcn	2,—	2,—
			Satzpreis (4 W.)	6,—	6,—
			Paar + 2 Marken	6,50	6,—
			FDC		7,—

MiNr. 1670–1671 wurden schachbrettartig zusammenhängend gedruckt.

Auflagen: MiNr. 1670–1671 je 410.000, MiNr. 1672–1673 je 280.000 Stück

2005, 10. Nov. Weihnachten. Odr. (4×4); Papier ph.; gez. K 14¼:14¾.

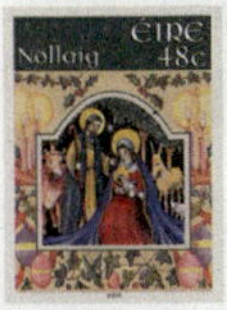

bco) Die Heilige Familie

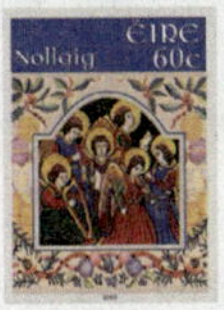

bcp) Musizierende Engel

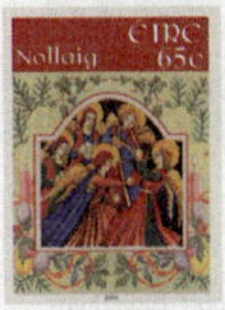

bcr) Musizierende Engel

1674	48 C	mehrfarbig	bco	1,—	1,—
1675	60 C	mehrfarbig	bcp	1,50	1,20

1676 65 C mehrfarbig .... bcr 1,50 1,30
Satzpreis (3 W.) 4,— 3,50

FDC siehe nach MiNr. 1677.

Auflagen: MiNr. 1674 = 2.300.000, MiNr. 1675–1676 je 1.000.000 Stück

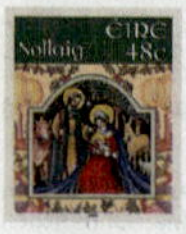

2005, 10. Nov. Weihnachten. Odr., Markenheftchen (2×13); Papier ph.; selbstklebend; gestanzt 11:11¼.

bcs) Die Heilige Familie

1677 48 C mehrfarbig .... bcs 1,20 1,—
Markenheftchen 32,— 26,—
FDC (MiNr. 1674–1677) 6,—

Das Markenheftchen wurde zum ermäßigten Preis von 12 € verkauft.

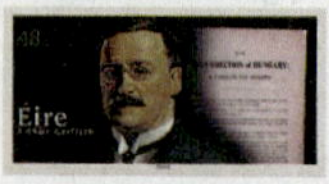

2005, 10. Nov. 100 Jahre Leitlinien einer unabhängigen Politik von Arthur Griffith. Odr. (4×4); Papier ph.; gez. K 14¼:14¾.

bct) Arthur Griffith (1872–1922), Politiker, Mitbegründer der Sinn Féin

1678 48 C mehrfarbig .... bct 1,20 1,—
FDC 2,50

Auflage: 330.000 Stück

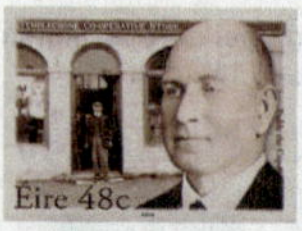

2006, 16. Jan. 100 Jahre Landwirtschaftliche Vereinigung COPE (Co-op). Odr. (4×4); Papier ph.; gez. K 14¾:14¼.

bcu) Patrick Gallagher (1871–1966), Gründer der Handelskette Co-op; erstes Geschäftsgebäude in Templecrone

1679 48 C mehrfarbig .... bcu 1,— 1,—
FDC 2,50

Auflage: 330.000 Stück

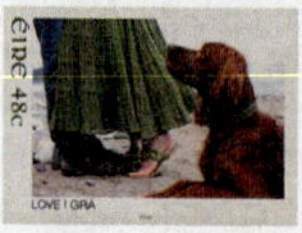

2006, 16. Jan. Grußmarken: Hunde; chinesisches Neujahr – Jahr des Hundes. Markenformat 41×35 mm. Odr. (4×4); Papier ph.; gez. K 14¾:14¼.

bcv) Hund zu Füßen eines Liebespaares

1680 48 C mehrfarbig .... bcv 1,— 1,—
FDC 2,50

Blockausgabe

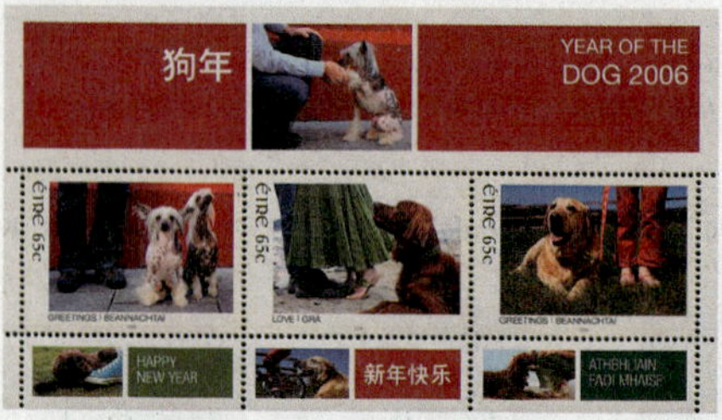

bcy

bcw bcv bcx

bcw) 2 Hunde, Mann
bcv) Hund zu Füßen eines Liebespaares
bcx) Hund, Mädchen

1681 65 C mehrfarbig .... bcw 1,50 1,30
1682 65 C mehrfarbig .... bcv 1,50 1,30
1683 65 C mehrfarbig .... bcx 1,50 1,30

Block 57 (130×79 mm) .... bcy 5,— 4,—
FDC 5,—

Aufdruck „STAMPA ... 2006“ auf dem Blockrand von Bl. 57 ist privaten Ursprungs, aber von der Post genehmigt.

Auflagen: MiNr. 1680 = 330.000 Stück, Bl. 57 = 35.000 Blocks

2006, 16. Jan. Grußmarken: Hunde; chinesisches Neujahr – Jahr des Hundes. Markenformat 30×25 mm. Odr., Markenheftchen (5×2); Papier ph.; selbstklebend; gestanzt 11:11¼.

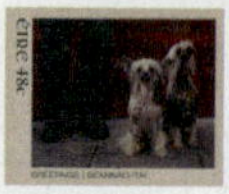
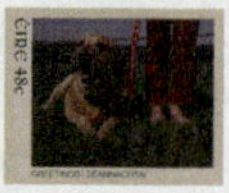
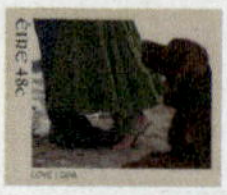
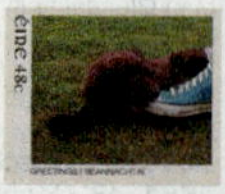

bcw I) 2 Hunde, Mann — bcx I) Hund, Mädchen — bcv I) Hund zu Füßen eines Liebespaares — bcz) Hund nagt an Turnschuh

1684 48 C mehrfarbig .... bcw I 1,30 1,—
1685 48 C mehrfarbig .... bcx I 1,30 1,—
1686 48 C mehrfarbig .... bcv I 1,30 1,—
1687 48 C mehrfarbig .... bcz 1,30 1,—
Satzpreis (4 W.) 5,— 4,—
FDC 5,50
Viererblock 5,— 4,—
Markenheftchen 12,— 10,—

MiNr. 1684–1687 stammen aus Markenheftchen (3 × MiNr. 1884 und 1686 sowie 2 × MiNr. 1685 und 1687 außerdem 10 Zieretiketten).

Auflage: 100.000 Markenheftchen

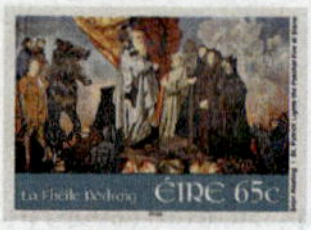

2006, 16. Febr. Nationalfeiertag „St.-Patricks-Tag“. Odr. (4×4); Papier ph.; gez. K 14¾:14¼.

bda) Der heilige Patrick entzündet das Osterfeuer in Slane; Gemälde von Seán Keating (1889–1977)

1688 65 C mehrfarbig .... bda 1,50 1,30
FDC 2,80

Auflage: 330.000 Stück

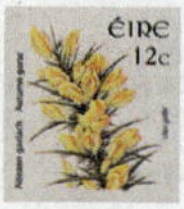

2006, 20. Febr. Freimarken: Wildblumen. Odr. (10×10, Großformat 10×5); Papier ph.; gez. K 14¼:15, Großformat ~.

bdb) Stechginster (Ulex gallii)

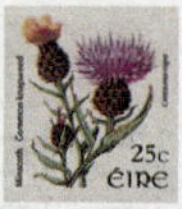
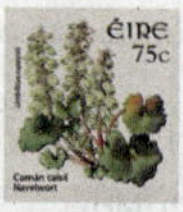
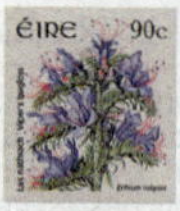
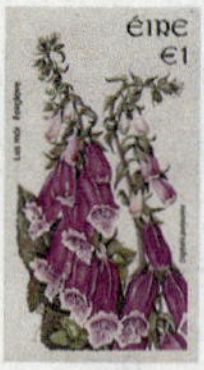

bdc) Schwarze Flockenblume (Centaurea nigra) — bdd) Felsen-Nabelkraut (Umbilicus rupestris) — bde) Gemeiner Natternkopf (Echium vulgare) — bdf) Roter Fingerhut (Digitalis purpurea)

1689 12 C mehrfarbig .... bdb 0,30 0,30
1690 25 C mehrfarbig .... bdc 0,50 0,50
1691 75 C mehrfarbig .... bdd 1,70 1,40
1692 90 C mehrfarbig .... bde 2,— 1,80
1693 1 € mehrfarbig .... bdf 2,50 1,50
Satzpreis (5 W.) 7,— 5,50
FDC 7,50

Weitere Werte siehe Übersicht nach Jahrgangswerttabelle.

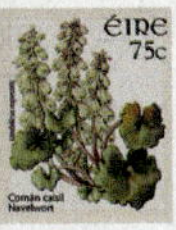

2006, 20. Febr. Freimarke: Wildblumen. Odr., Markenheftchen (2×1 + 2×4); Papier ph.; selbstklebend; gestanzt 11:11¼.

bdd I) Felsen-Nabelkraut (Umbilicus rupestris)

1694 75 C mehrfarbig .... bdd I 1,70 1,50
FDC 3,—
Markenheftchen 17,— 15,—

Weitere Werte siehe Übersicht nach Jahrgangswerttabelle.

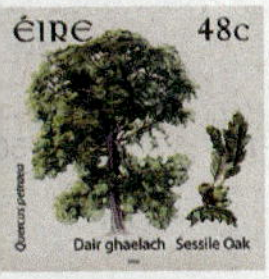

2006, 7. März. Fauna und Flora: Bäume. Odr. (4×4); Papier ph.; gez. K 13½.

bdg) Trauben-Eiche (Quercus petraea)

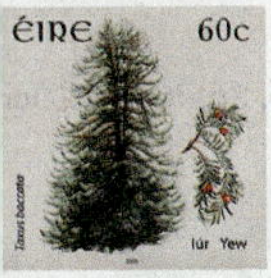

bdh) Eibe (Taxus baccata)

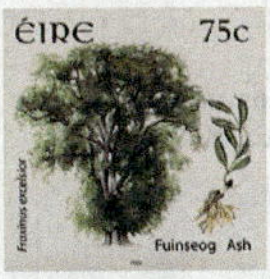

bdi) Gemeine Esche (Fraxinus excelsior)

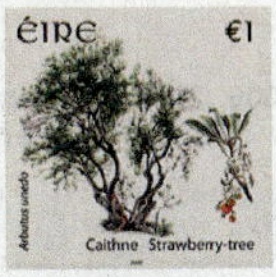

bdk) Westlicher Erdbeerbaum (Arbutus unedo)

1695 48 C mehrfarbig .... bdg 1,— 1,—
1696 60 C mehrfarbig .... bdh 1,20 1,20
1697 75 C mehrfarbig .... bdi 1,80 1,60
1698 1 € mehrfarbig .... bdk 2,50 2,20
Satzpreis (4 W.) 6,50 6,—
FDC 7,—

Blockausgabe mit MiNr. 1695–1698

Block 58 (150×90 mm) .... bdl 6,50 6,—
FDC 7,—

Aufdruck „STAMPA ... 2006" auf dem Blockrand von Bl. 58 ist privaten Ursprungs, aber von der Post genehmigt.

Auflagen: MiNr. 1695 = 330.000, MiNr. 1696 und 1698 je 240.000, MiNr. 1697 = 280.000, Bl. 58 = 35.000 Stück

2006, 27. Mai. Blockausgabe: Internationale Briefmarkenausstellung Washington 2006. Neuauflage von Bl. 58 mit Ausstellungsemblem auf dem Blockrand.

Block 58 I (150×90 mm) .... bdl I 7,50 7,—
Postpreis: 3 €

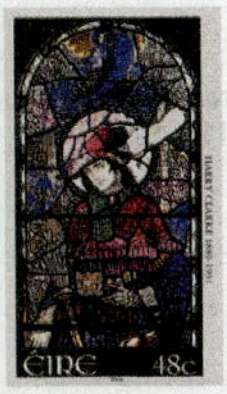

2006, 21. März. 75. Todestag von Harry Clarke. Odr. (4×3); Papier ph.; gez. K 13½:13¼.

bdm) St. Hubert; Glasfenster in der Kirche von Carnalway, Kildare, von Harry Clarke (1889–1931), Graphiker und Designer

1699 48 C mehrfarbig .... bdm 1,— 1,—
FDC 2,50

Auflage: 330.000 Stück

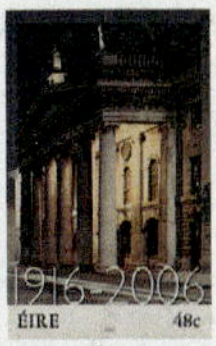

2006, 12. April. 90. Jahrestag des Osteraufstandes gegen die britische Herrschaft. Odr. (4×3); Papier ph.; gez. K 13¾:13½.

bdn) Hauptpostamt, Dublin

1700 48 C mehrfarbig .... bdn 1,— 1,—
FDC 2,50

Auflage: 402.000 Stück

2006, 9. Mai. Europa: Integration. Odr.; MiNr. 1701 (5×2), MiNr. 1702 (5×1 + 5×1); Papier ph.; gez. K 14¼.

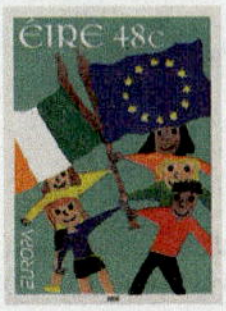

bdo) Kinder mit National- und Europaflagge; Zeichnung von Katie McMillan, Schülerin

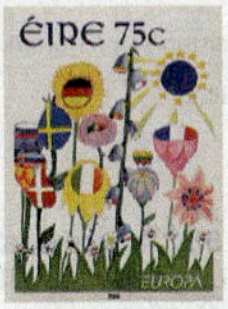

bdp) Blumen mit Flaggen europäischer Staaten; Zeichnung von Sarah Naughter

1701 48 C mehrfarbig .... bdo 1,50 1,20
1702 75 C mehrfarbig .... bdp 2,50 1,80
Satzpreis (2 W.) 4,— 3,—
FDC 4,—
Kleinbogensatz (2 Klb.) 40,— 30,—

Aufdruck „STAMPA 2006..." auf dem Kleinbogenrand ist privaten Ursprungs, aber von der Post genehmigt.

Auflagen: MiNr. 1701 = 330.000, MiNr. 1702 = 280.000 Stück

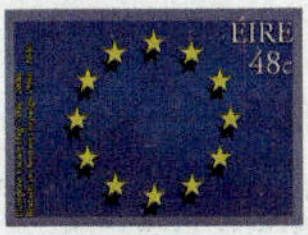

2006, 9. Mai. 20 Jahre Flagge der Europäischen Union. Odr. (4×4); Papier ph.; gez. K 14¼.

bdr) Europaflagge

1703 48 C mehrfarbig .... bdr 1,40 1,20
FDC 2,50

Auflage: 402.000 Stück

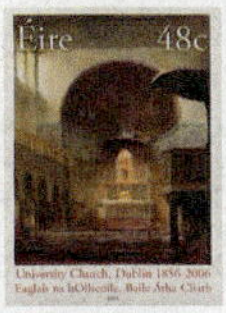

2006, 25. Mai. 150 Jahre Universitätskirche St. Stephen's Green, Dublin. Odr. (4×4); Papier ph.; gez. K 14¼:14¾.

bds) Kirchenschiff

1704 48 C mehrfarbig .... bds 1,— 1,—
FDC 2,50

Auflage: 330.000 Stück

2006, 6. Juni. Keltologen. Odr. (4×4); Papier ph.; gez. K 14¼:14¾.

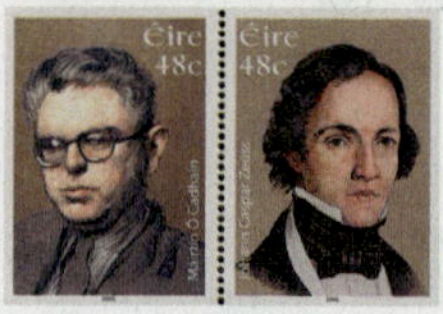

bdt) Máirtín Ó Cadhain (1906–1970), Schriftsteller und Keltologe
bdu) Johann Kaspar Zeuss (1806–1856), bayrischer Keltologe

1705	48 C mehrfarbig	bdt	1,—	1,—
1706	48 C mehrfarbig	bdu	1,—	1,—
		Satzpreis (2 W.)	2,—	2,—
		Paar	2,—	2,—
		FDC		3,50

MiNr. 1705–1706 wurden schachbrettartig zusammenhängend gedruckt.

Auflage: 330.000 Sätze

2006, 6. Juni. 50 Jahre Amt zur Förderung des Gälischen; 10 Jahre Fernsehsender „Teilifise Gaeilge" (TG4). Odr. (4×4); Papier ph.; gez. K 13½.

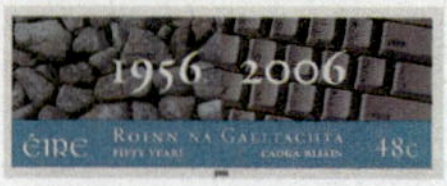

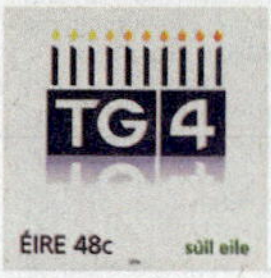

bdv) Lesesteinmauer, Computertastatur
bdw) Senderemblem, 10 Kerzen

1707	48 C mehrfarbig	bdv	1,—	1,—
1708	48 C mehrfarbig	bdw	1,—	1,—
		Satzpreis (2 W.)	2,—	2,—
		FDC		3,50

Auflage: 330.000 Sätze

2006, 20. Juni. 100 Jahre Fährverbindung zwischen Rosslare und Fishguard. Odr. (4×4); y = Papier ph.; gez. K 14¾:14¼.

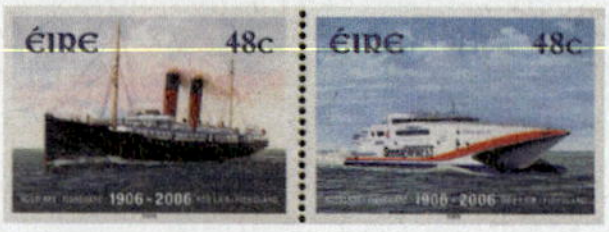

bdx) Fährschiff „St. Patrick"
bdy) Schnellfähre „Stena Lynx III"

1709 y	48 C mehrfarbig	bdx	1,—	1,—
1710 y	48 C mehrfarbig	bdy	1,—	1,—
		Satzpreis (2 W.)	2,—	2,—
		Paar	2,—	2,—
		FDC		3,50

Blockausgabe, x = normales Papier

1709 x	48 C mehrfarbig	bdx	1,30	1,—
1710 x	48 C mehrfarbig	bdy	1,30	1,—
Block 59	(150×90 mm)	bdz	3,—	2,50
		FDC		3,50

MiNr. 1709 y–1710 y wurden schachbrettartig zusammenhängend gedruckt.

Auflagen: MiNr. 1709 y–1710 y = 330.000 Sätze, Bl. 59 = 35.000 Blocks

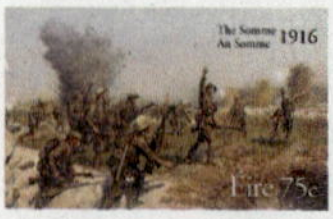

2006, 26. Juni. 90. Jahrestag der Schlacht an der Somme. Odr. (3×4); Papier ph.; gez. K 13½.

bea) Infanteristen der 36. Ulster-Division beim Sturmlauf; Gemälde von James Prinsep Beadle (1863–1946)

1711	75 C mehrfarbig	bea	2,—	1,5
		FDC		3,—

Auflage: 330.000 Stück

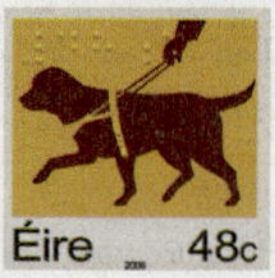

2006, 7. Juli. 30 Jahre Ausbildungsstätte für Blindenhunde. Komb. Odr. und Pdr. (4×4); Papier ph.; gez. K 13½:12¾.

beb) Blindenhund

1712	48 C mehrfarbig	beb	1,—	1,—
		FDC		2,50

Auflage: 330.000 Stück

2006, 25. Juli. Golfturnier um den Ryder Cup, Straffan (II). Odr. (1×4 Zd); Papier ph.; gez. K 14:14¾.

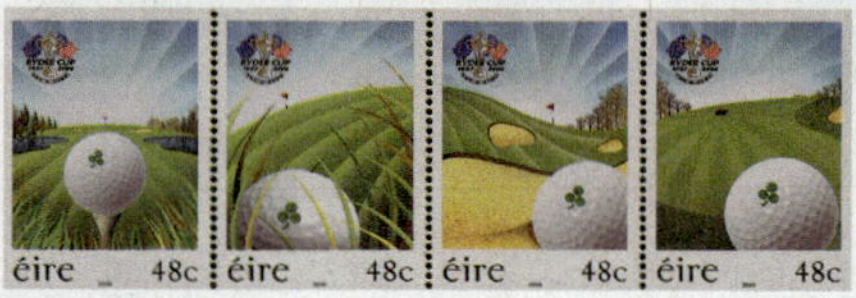

bec) Ball am Abschlag
bed) Ball im Semi-Rough
bee) Ball im Bunker
bef) Ball im Vorgrün

1713	48 C mehrfarbig	bec	1,—	1,—
1714	48 C mehrfarbig	bed	1,—	1,—
1715	48 C mehrfarbig	bee	1,—	1,—
1716	48 C mehrfarbig	bef	1,—	1,—
		Satzpreis (4 W.)	4,—	4,—
		Viererstreifen	5,—	4,—
		FDC		5,50

Blockausgabe mit MiNr. 1713–1716

Block 60	(150×90 mm)	beg	5,50	4,—
		FDC		5,50

MiNr. 1713–1716 wurden auch im Markenheftchen (MH 61) ausgegeben.

Aufdruck „STAMPA ... 2007" auf dem Blockrand von Bl. 60 ist privaten Ursprungs aber von der Post genehmigt.

Auflagen: MiNr. 1713–1716 = 750.000 Sätze, Bl. 60 = 40.000 Blocks

2006, 25. Juli. Golfturnier um den Ryder Cup, Straffan (III). Odr. Rolle (100); Papier ph.; selbstklebend; gestanzt 11.

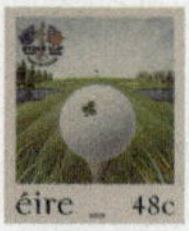

bec I) Ball am Abschlag

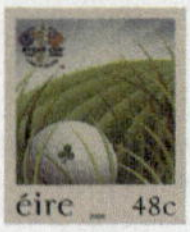

bed I) Ball im Semi-Rough

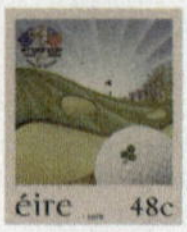

bee I) Ball im Bunker

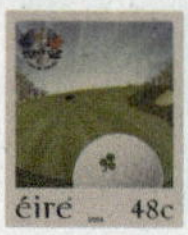

bef I) Ball im Vorgrün

1717	48 C mehrfarbig	bec I	1,30	1,—
1718	48 C mehrfarbig	bed I	1,30	1,—
1719	48 C mehrfarbig	bee I	1,30	1,—
1720	48 C mehrfarbig	bef I	1,30	1,—
		Satzpreis (4 W.)	5,—	4,—
		FDC		5,50
		Viererstreifen	5,50	4,50

MiNr. 1717–1720 wurden zusammen in der Rolle gedruckt.

Auflage: 35.000 Sätze

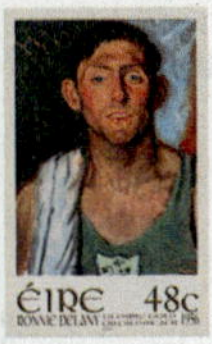

2006, 16. Aug. 50. Jahrestag des Gewinns der Goldmedaille im 1500-m-Lauf bei den Olympischen Sommerspielen 1956 in Melbourne. Odr. (4×4); Papier ph.; gez. K 13½.

beh) Ron Delany (*1935), Leichtathlet

1721	48 C mehrfarbig	beh	1,—	1,—
		FDC		2,50

Auflage: 330.000 Stück

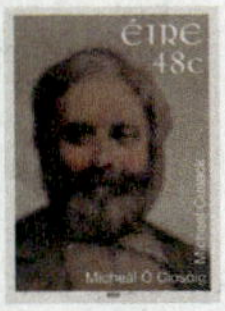

2006, 23. Aug. 100. Todestag von Michael Cusack. Odr. (4×4); Papier ph.; gez. K 14:14¾.

bei) Michael Cusack (1847–1906), Lehrer, Gründer der Gaelic Athletic Association (GAA)

1722	48 C mehrfarbig	bei	1,—	1,—
		FDC		2,50

Auflage: 330.000 Stück

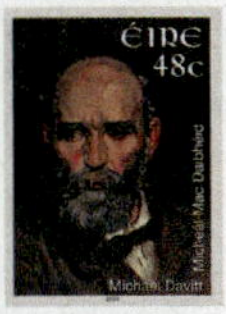

2006, 5. Sept. 100. Todestag von Michael Davitt. Odr. (4×4); Papier ph.; gez. K 14:14¾.

bek) Michael Davitt (Mícheál Mac Dáibhéid) (1846–1906), Politiker, Gründer der Irish National Land League

1723	48 C mehrfarbig	bek	1,—	1,—
		FDC		2,50

Auflage: 330.000 Stück

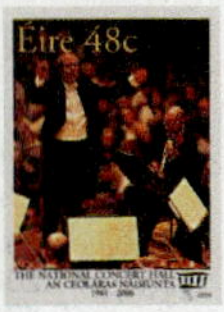

2006, 8. Sept. 25 Jahre National Concert Hall, Dublin. Odr. (4×4); Papier ph.; gez. K 14:14¾.

bel) Konzertveranstaltung

1724	48 C mehrfarbig	bel	1,—	1,—
		FDC		2,50

Auflage: 330.000 Stück

2006, 14. Sept. Blockausgabe: Golfturnier um den Ryder Cup, Straffan (IV). Odr. mit geriffeltem Kunststoffüberzug; selbstklebend; Papier ph.; gestanzt 9¼.

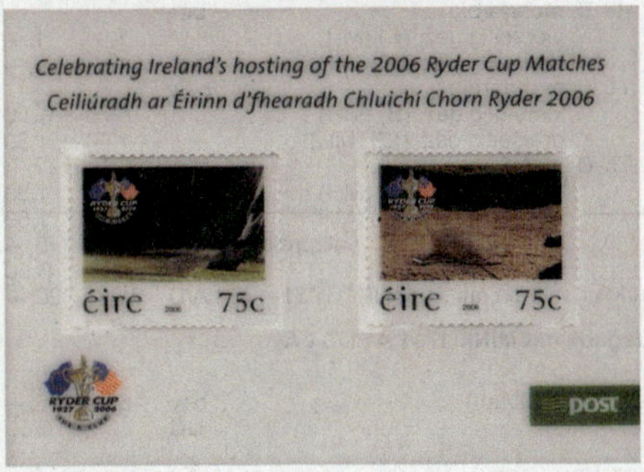

beo

bem) Abschlag
ben) Ball im Bunker

1725	75 C mehrfarbig	bem	2,—	2,—
1726	75 C mehrfarbig	ben	2,—	2,—
Block 61	(140×102 mm)	beo	5,—	4,50
		FDC		5,—

Bl. 61 wurde auch in MH 61 eingelegt.

MiNr. 1725–1726 mit zeitgerechter, lesbarer postalischer Entwertung verdienen Preisaufschläge.

Auflage: 500.000 Blocks

2006, 20. Okt. Wasserwege in Irland. Odr., Bogen (3×4) und Markenheftchen (2×2); gez. K 13½.

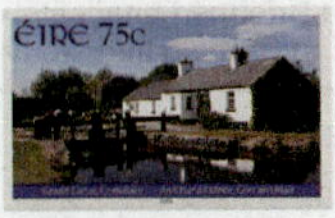

bep) Grand Canal

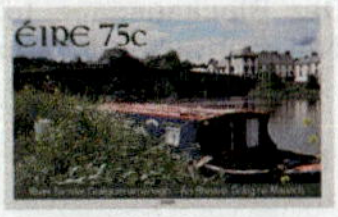

ber) Barrow

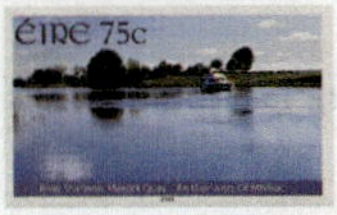

bes) Shannon

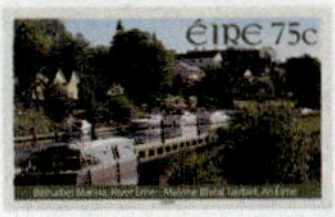

bet) Erne

1727	75 C mehrfarbig	bep	1,70	1,50
1728	75 C mehrfarbig	ber	1,70	1,50
1729	75 C mehrfarbig	bes	1,70	1,50
1730	75 C mehrfarbig	bet	1,70	1,50
		Satzpreis (4 W.)	6,80	6,—
		FDC		7,50
	Markenheftchen mit 4 × MiNr. 1727–1730		28,—	25,—

Auflage: 561.600 Sätze

2006, 7. Nov. Irische Musikgruppen (I). Odr., Bogen (B) (3×4) und Markenheftchen (MH) (2×2); A = vierseitig, D = dreiseitig gez. K 13½.

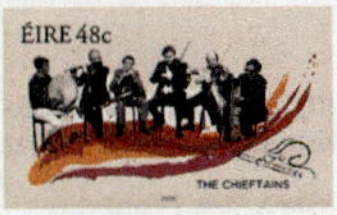

beu) The Chieftains

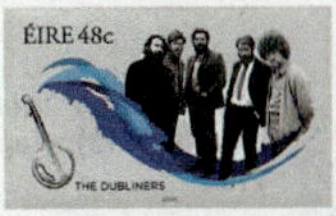

bev) The Dubliners

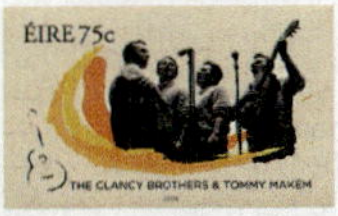

bew) The Clancy Brothers & Tommy Makem

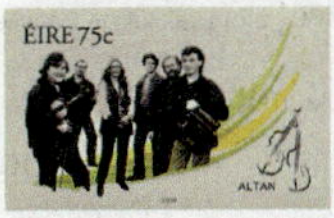

bex) Altan

1731 48 C mehrfarbig .... beu
A vierseitig gez. (B) (MH) .... 1,— 1,—
D dreiseitig gez. (□) (MH) .... 1,— 1,—
1732 48 C mehrfarbig .... bev
A vierseitig gez. (B) (MH) .... 1,— 1,—
D dreiseitig gez. (□) (MH) .... 1,— 1,—
1733 75 C mehrfarbig .... bew
A vierseitig gez. (B) (MH) 1,70 1,50
D dreiseitig gez. (□) (MH) 1,70 1,50
1734 75 C mehrfarbig .... bex
A vierseitig gez. (B) (MH) 1,70 1,50
D dreiseitig gez. (□) (MH) 1,70 1,50
Satzpreis A (4 W.) 5,40 5,—
FDC A 6,50
Markenheftchen mit 2 × MiNr. 1731–1734 A/D 24,— 20,—

Blockausgabe mit MiNr. 1731 A–1734 A

Block 62 (150×90 mm) .... bey 6,— 5,—
FDC 6,50

Aufdruck „STAMPA ... 2007" auf dem Blockrand von Bl. 62 ist privaten Ursprungs, aber von der Post genehmigt.

Auflagen: MiNr. 1731 A–1732 A je 200.400, MiNr. 1733 A–1734 A je 176.400 Stück, Bl. 62 = 35.000 Blocks

2006, 16. Nov. Blockausgabe: Internationale Briefmarkenausstellung BELGICA 2006, Brüssel. Bl. 62 mit Ausstellungsemblem auf dem Blockrand.

Block 62 I (150×90 mm) .... bez 7,50 6,—

Postpreis: 3 €

2006, 1. Dez. Blockausgabe: Internationale Briefmarkenausstellung MONACO-PHIL 2006, Monaco. Bl. 62 mit Ausstellungsemblem auf dem Blockrand.

Block 62 II (150×90 mm) .... bfa 7,50 6,—

Postpreis: 3 €

2006, 9. Nov. Weihnachten (I). Odr. (4×4); Papier ph.; gez. K 14¼:14¾.

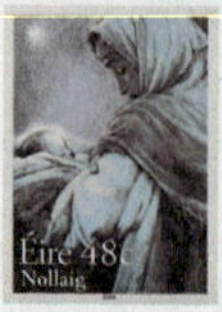

bfb) Hl. Maria mit Kind

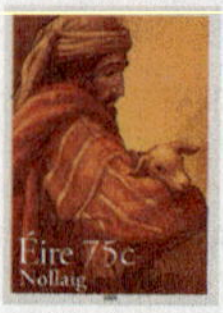

bfc) Hirte mit Lamm

1735 48 C mehrfarbig .... bfb 1,— 1,—
1736 75 C mehrfarbig .... bfc 1,80 1,50
Satzpreis (2 W.) 2,80 2,50

FDC siehe nach MiNr. 1737.

Auflagen: MiNr. 1735 = 2.144.000, MiNr. 1736 = 1.900.000 Stück

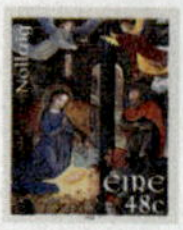

2006, 9. Nov. Weihnachten (II). Odr., Markenheftchen (2×13); Papier ph.; selbstklebend; gestanzt 11¼.

bfd) Die Heilige Familie

1737 48 C mehrfarbig .... bfd 1,— 1,—
Markenheftchen 25,— 25,—
FDC (MiNr. 1735–1737) 5,—

Das Markenheftchen wurde zum ermäßigten Preis von 12 € verkauft.

Auflage: 30.290.000 Stück

2007, 24. Jan. 400 Jahre höhere Schule der Irischen Franziskaner, Löwen (Belgien); 350. Todestag von Luke Wadding. Odr. (4×4); Papier ph.; gez. K 14¼:14¾.

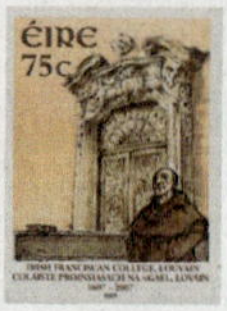

bfe) Portal des Schulgebäudes, Franziskanermönch

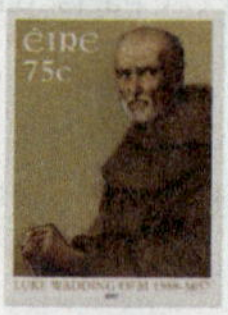

bff) Luke Wadding (1588–1657), Franziskanermönch und Historiker

1738 75 C mehrfarbig .... bfe 1,70 1,50
1739 75 C mehrfarbig .... bff 1,70 1,50
Satzpreis (2 W.) 3,40 3,—
2 FDC 7,—

Auflage: 280.000 Sätze

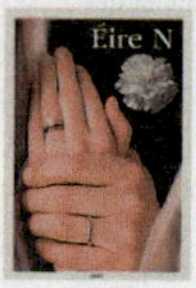

2007, 24. Jan. Hochzeitsgrußmarke. Odr., Markenheftchen (2×5); Papier ph.; selbstklebend; gestanzt 11½.

bfg) Hände eines Brautpaares

1740 N mehrfarbig .... bfg 2,50 1,20
FDC 2,40
Markenheftchen 25,— 12,—

Nominale zur Zeit der Ausgabe: je 0.48 €

Auflage: 250.000 Stück

In gleicher Zeichnung: MiNr. 1785

2007, 24. Jan. Grußmarken. Odr., Markenheftchen (2×10); Papier ph.; selbstklebend; gestanzt 11½.

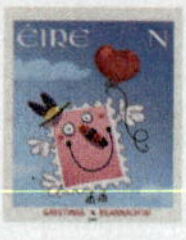

bfh) Briefmarke mit Herzluftballon

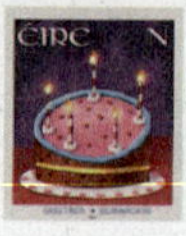

bfi) Geburtstagstorte

1741 N mehrfarbig .... bfh 2,50 1,20
1742 N mehrfarbig .... bfi 2,50 1,20
Satzpreis (2 W.) 5,— 2,40
FDC 5,—
Paar 5,— 2,40
Markenheftchen 25,— 12,—

Nominale zur Zeit der Ausgabe: je 0.48 €

MiNr. 1741–1742 wurden zusammen im Markenheftchen zu je 5 Marken und mit 10 verschiedenen Zierfeldern ausgegeben.

Auflage: 250.000 Sätze

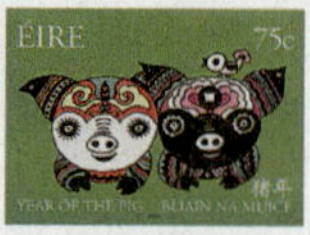

2007, 9. Febr. Chinesisches Neujahr: Jahr des Schweines. Odr. (4×4); Papier ph.; gez. K 14¾:14¼.

bfk) Schweine

1743 75 C mehrfarbig/grün .... bfk 1,80 1,50
FDC 3,50

Blockausgabe mit MiNr. 1743–1744

1744 75 C mehrfarbig/rot .... bfk 3,— 3,—
Block 63 (130×74 mm) .... bfl 5,50 4,50
FDC 6,50

Postpreis: 2.25 €

Die zusätzliche Farbangabe bezieht sich auf den Markenhintergrund.

Aufdruck „STAMPA ... 2007" auf dem Blockrand von Bl. 63 ist privaten Ursprungs, aber von der Post genehmigt.

Auflagen: MiNr. 1743 = 280.000 Stück, Bl. 63 = 40.000 Blocks

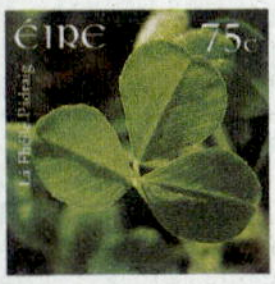

2007, 9. Febr. Nationalfeiertag „St.-Patricks-Tag". Odr. (4×4); Papier ph.; gez. K 13¼.

bfm) Kleeblätter (Trifolium sp.)

1745	75 C mehrfarbig	bfm	1,80	1,50
		FDC		3,50

Auflage: 280.000 Stück

2007, 23. Febr. 400. Jahrestag der Flucht der Grafen und des Endes der gälischen Aristokratie. Odr. (2×4 Zd); Papier ph.; gez. K 14:14¾.

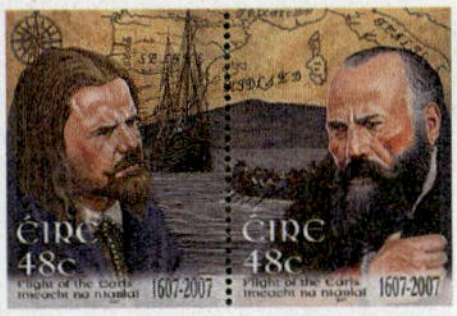

bfn) Hugh O'Neill (um 1540–1616), Graf von Tyrone
bfo) Rory O'Donnell (1575–1608), Graf von Tyrconnell

1746	48 C mehrfarbig	bfn	1,10	1,—
1747	48 C mehrfarbig	bfo	1,10	1,—
		Satzpreis (2 W.)	2,20	2,—
		Paar	2,50	2,—
		FDC		4,—

Blockausgabe mit MiNr. 1746–1747

Block 64	(150×90 mm)	bfp	3,—	2,—
		FDC		4,—

Aufdruck „STAMPA ... 2007" auf dem Blockrand von Bl. 64 ist privaten Ursprungs, aber von der Post genehmigt.

Auflagen: MiNr. 1746–1747 = 410.000 Sätze, Bl. 64 = 35.000 Blocks

2007, 1. März/20. April. Freimarken: Wildblumen. Odr., Bogen (B) (10×10) und Markenheftchen (MH) (5×2); Papier ph.; A = vierseitig, D = dreiseitig gez. K 14¼:15.

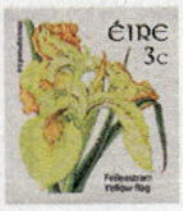

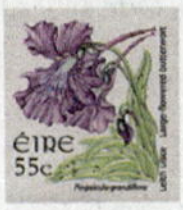

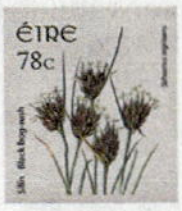

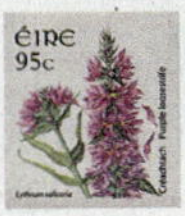

bfr) Gelbe Schwertlilie (Iris pseudacorus)
bfs) Großblütiges Fettblatt (Pinguicula grandiflora)
bft) Schwärzliches Kopfried (Schoenus nigricans)
bfu) Blutweiderich (Lythrum salicaria)

1748 A	3 C	mehrfarbig (B) (1. März)	bfr	0,30	0,30
1749	55 C	mehrfarbig	bfs		
A		vierseitig gez. (B) (1. März)		1,10	1,10
Do		dreiseitig gez. (⊐) (MH) (20. April)		1,10	1,10
Du		dreiseitig gez. (⊐) (MH) (20. April)		1,10	1,10
1750 A	78 C	mehrfarbig (B) (1. März)	bft	1,40	1,40
1751 A	95 C	mehrfarbig (B) (1. März)	bfu	1,80	1,80
		Satzpreis A (4 W.)		4,60	4,60
		Markenheftchen		14,—	14,—

FDC siehe nach MiNr. 1753.

Weitere Werte siehe Übersicht nach Jahrgangswerttabelle.

2007, 1. März. Freimarken: Wildblumen. Odr., Markenheftchen (1×5 Zd), Rolle (100) und Folienstreifen (2); Papier ph.; selbstklebend; gestanzt 11¼.

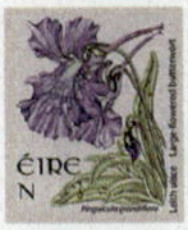

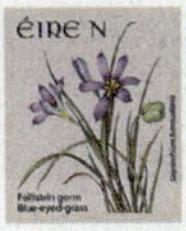

bfs I) Großblütiges Fettblatt (Pinguicula grandiflora)
bfv) Schmalblättriges Blauaugengras (Sisyrinchium bermudianum)

1752	N mehrfarbig	bfs I	2,50	1,20
1753	N mehrfarbig	bfv	2,50	1,20
		Satzpreis (2 W.)	5,—	2,40
		Markenheftchen	25,—	12,—
		Folienstreifen	5,—	2,50
	FDC (MiNr. 1748 A–1751 A und 1752–1753)			9,—

Nominale zur Zeit der Ausgabe: je 55 C

MiNr. 1752–1753 wurden zusammen im Markenheftchen und in der Rolle ausgegeben.

Weitere Werte siehe Übersicht nach Jahrgangswerttabelle.

2007, 9. März. Schlösser in Irland. Odr. (2×2 Zd); Papier ph.; gez. K 14¾:14.

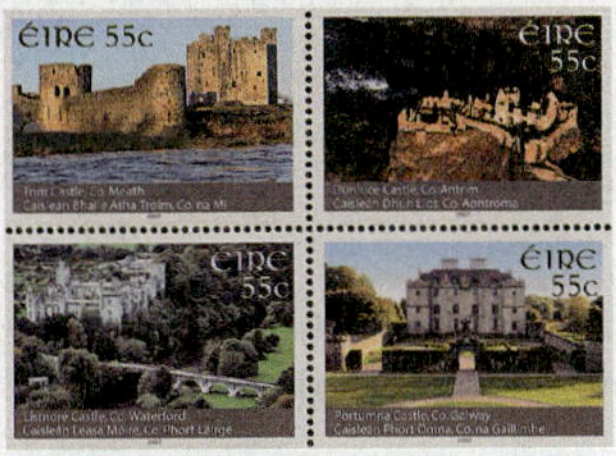

bfw) Trim Castle, Meath
bfx) Dunluce Castle, Antrim
bfy) Lismore Castle, Waterford
bfz) Portumna Castle, Galway

1754	55 C mehrfarbig	bfw	1,30	1,—
1755	55 C mehrfarbig	bfx	1,30	1,—
1756	55 C mehrfarbig	bfy	1,30	1,—
1757	55 C mehrfarbig	bfz	1,30	1,—
		Satzpreis (4 W.)	5,—	4,—
		Viererblock oder -streifen	5,50	4,50
		FDC		6,50

Blockausgabe mit MiNr. 1754–1757

Block 65	(150×90 mm)	bga	6,—	4,50
		FDC		6,50

Auflagen: MiNr. 1754–1757 = 570.000 Sätze, Bl. 65 = 35.000 Blocks

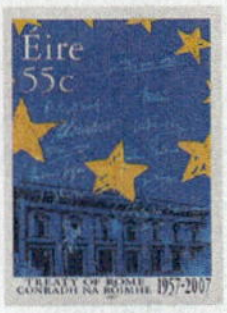

2007, 28. März. 50 Jahre Römische Verträge. Odr. (4×4); Papier ph.; gez. K 14¼:14¾.

bgb) Europaflagge (Detail); Unterschriften; Palazzo dei Conservatori, Rom (Ort der Unterzeichnung)

1758	55 C mehrfarbig	bgb	1,50	1,50
		FDC		3,20

Auflage: 330.000 Stück

2007, 20. April. Die Planeten (I). Odr., Bogen (B) (2×4 Zd) und Markenheftchen (MH) (2×1 + 2×1); Papier ph.; A = vierseitig, D = dreiseitig gez. K 13¼.

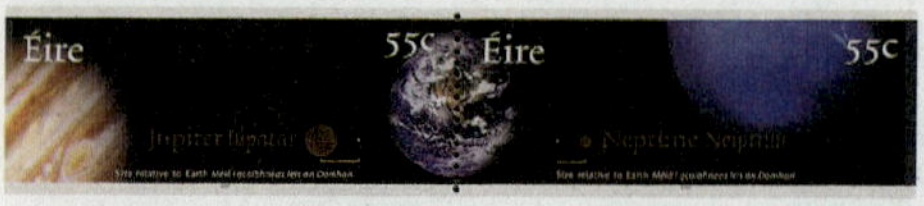

bgc) Jupiter
bgd) Neptun

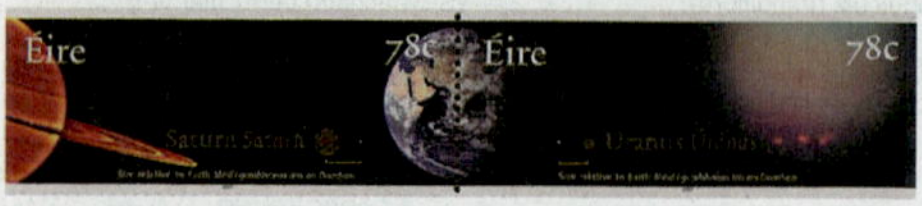

bge) Saturn
bgf) Uranus

1759	A	55 C	mehrfarbig (B) (MH)	bgc	1,20	1,10
1760		55 C	mehrfarbig	bgd		
	A		vierseitig gez. (B)		1,20	1,10
	D		dreiseitig gez. (□) (MH)		1,20	1,10
1761	A	78 C	mehrfarbig (B) (MH)	bge	1,80	1,60
1762		78 C	mehrfarbig	bgf		
	A		vierseitig gez. (B)		1,80	1,60
	D		dreiseitig gez. (□) (MH)		1,80	1,60
			Satzpreis A (4 W.)		6,—	5,40
			2 Paare A		6,50	5,50
			FDC A			7,50

Blockausgabe mit MiNr. 1759 A–1762 A

Block 66 (150×90 mm)	bgg	6,50	6,—
FDC			8,—

Nominalgleiche Marken wurden waagerecht zusammenhängend gedruckt.

MiNr. 1759–1762 wurden auch zusammenhängend im Markenheftchen (MH 62) ausgegeben.

Auflagen: MiNr. 1759–1760 je 410.000, MiNr. 1761–1762 je 360.000 Stück in Bogen, Bl. 66 = 35.000 Blocks

2007, 20. April. Freimarken: Wildblumen. Odr., Markenheftchen (MH) (2×1 + 2×4) und Rolle (R); Papier ph.; selbstklebend; A = gestanzt 11¼, C = gestanzt 12¾.

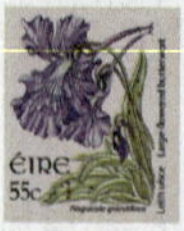

bfs I) Großblütiges Fettblatt (Pinguicula grandiflora)

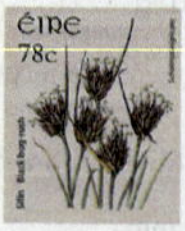

bft I) Schwärzliches Kopfried (Schoenus nigricans)

1763		55 C	mehrfarbig	bfs I		
	A		gest. 11¼ (MH)		1,30	1,10
	C		gest. 12¾ (R)		1,30	1,10
1764	A	78 C	mehrfarbig (MH)	bft I		
	I		Type I		1,90	1,60
	II		Type II (Feld 8, Teilauflage)		*15,—*	*15,—*
			Satzpreis BA (2 W.)		3,20	2,70
			FDC			4,80
			2 Markenheftchen		32,—	

1763 U	ungezähnt	—,—	500,—

MiNr. 1764 I trägt die Inschrift „Black bog-rush", MiNr. 1764 II „black Bog-rush".

Weitere Werte siehe Übersicht nach Jahrgangswerttabelle.

2007, 20. April. Freimarken: Wildblumen (kleines Format). Odr., Markenheftchen; MiNr. 1767 Papier ph.; dreiseitig gez. K 14¼:15.

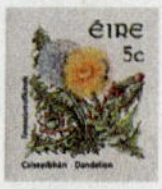

azn I) Löwenzahn (Taraxacum officinale)

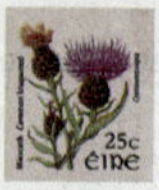

bdc I) Schwarze Flockenblume (Centaurea nigra)

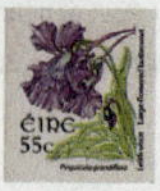

bfs II) Großblütiges Fettblatt (Pinguicula grandiflora)

1765		5 C	mehrfarbig	azn I		
	Dl		links geschnitten (□)		0,30	0,30
	Dr		rechts geschnitten (□)		0,30	0,30
1766	Dr	25 C	mehrfarbig (□)	bdc I	4,—	4,—
1767		55 C	mehrfarbig	bfs II		
	Dl		links geschnitten (□)		1,—	1,—
	Dr		rechts geschnitten (□)		1,50	1,50
			Satzpreis (3 W.)		5,—	5,—
			FDC			5,50

MiNr. 1765–1767 stammen aus MH 63.

Weitere Werte siehe Übersicht nach Jahrgangswerttabelle.

2007, 9. Mai. Europa: Pfadfinder. Odr. (2×5); Papier ph.; gez. K 14¼:14.

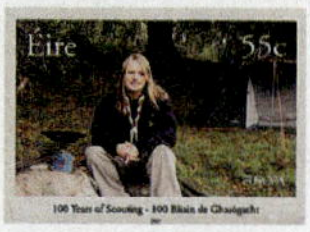

bgh) Pfadfinderin

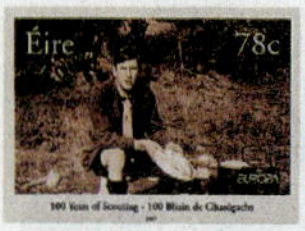

bgi) Pfadfinder

1768	55 C	mehrfarbig	bgh	1,50	1,20
1769	78 C	mehrfarbig	bgi	2,—	1,80
		Satzpreis (2 W.)		3,50	3,—
		FDC			5,—
		Kleinbogensatz (2 Klb.)		35,—	30,—

Auflagen: MiNr. 1768 = 330.000, MiNr. 1769 = 280.000 Stück

2007, 5. Juni. Heiligsprechung von Pater Karel vom heiligen Andreas. Odr. (4×4); Papier ph.; gez. K 13¼.

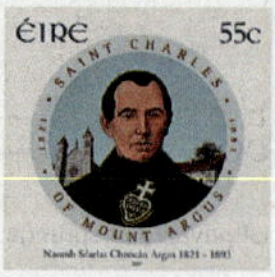

bgk) Karel vom heiligen Andreas, eigentlich Johan Andreas Houben (1821–1893), niederländischer Priester

1770	55 C	mehrfarbig	bgk	1,30	1,10
		FDC			3,20

Auflage: 330.000 Stück

2007, 13. Juni. 50 Jahre Hochschule für Verwaltung (IPA). Odr. (4×4); Papier ph.; gez. K 13¼.

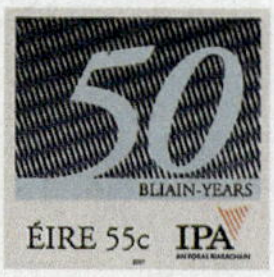

bgl) Zahl „50", IPA-Emblem

1771	55 C	mehrfarbig	bgl	1,30	1,10
		FDC			3,20

Auflage: 330.000 Stück

2007, 19. Juni. Musiker der nationalen Rundfunk- und Fernsehgesellschaft (RTE). Odr., Bogen (B) (1×4 Zd) und Markenheftchen (MH); Papier ph.; A = vierseitig, D = dreiseitig, E = zweiseitig gez. K 13¼.

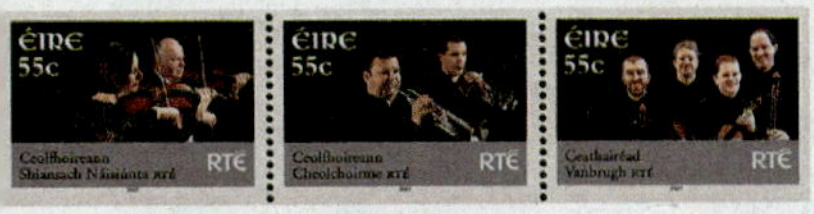

bgm) Nationales Symphonieorchester
bgn) RTE-Konzertorchester
bgo) Vanbrugh-Quartett

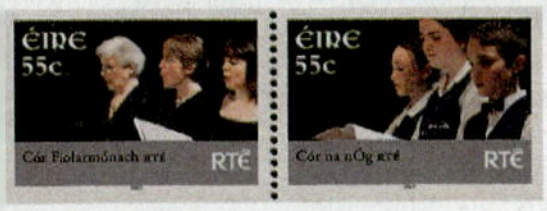

bgp) Philharmonischer Chor
bgr) Jugendchor

1772		55 C mehrfarbig	bgm		
	A	vierseitig gez. (B) (MH)		1,30	1,10
	D	dreiseitig gez. (⊏⊐) (MH)		1,30	1,10
1773		55 C mehrfarbig	bgn		
	A	vierseitig gez. (B) (MH)		1,30	1,10
	D	dreiseitig gez. (⊏⊐) (MH)		1,30	1,10
1774		55 C mehrfarbig	bgo		
	A	vierseitig gez. (B)		1,30	1,10
	D	dreiseitig gez. (⊏⊐) (MH)		1,30	1,10
	E	zweiseitig gez. (⊏⊐) (MH)		1,30	1,10
1775		55 C mehrfarbig	bgp		
	A	vierseitig gez. (B) (MH)		1,30	1,10
	D	dreiseitig gez. (⊏⊐) (MH)		1,30	1,10
	E	zweiseitig gez. (⊏⊐) (MH)		1,30	1,10
1776		55 C mehrfarbig	bgr		
	A	vierseitig gez. (B)		1,30	1,10
	D	dreiseitig gez. (⊏⊐) (MH)		1,30	1,10
			Satzpreis A (5 W.)	6,50	5,50
			Fünferstreifen A	6,50	5,50
			FDC A		7,50

MiNr. 1772–1776 wurden im Bogen waagerecht zusammenhängend gedruckt.

MiNr. 1772–1776 wurden auch zusammenhängend im Markenheftchen (MH 64) ausgegeben.

Auflage: 650.000 Sätze (im Bogen)

2007, 19. Juni. Musiker der nationalen Rundfunk- und Fernsehgesellschaft (RTE). Odr., Markenheftchen (1×2 Zd); Papier ph.; selbstklebend; gestanzt 11:11¼.

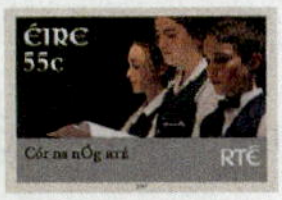

bgr) Jugendchor

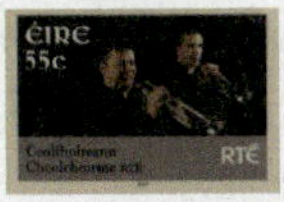

bgn) RTE-Konzertorchester

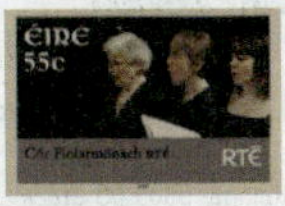

bgp) Philharmonischer Chor

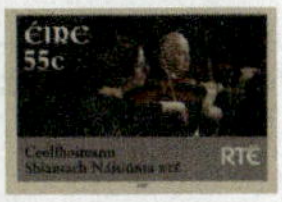

bgm) Nationales Symphonieorchester

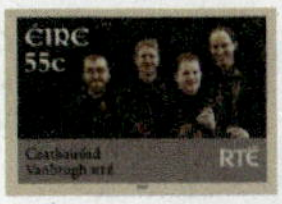

bgo) Vanbrugh-Quartett

1777	55 C mehrfarbig	bgr	1,30	1,10
1778	55 C mehrfarbig	bgn	1,30	1,10
1779	55 C mehrfarbig	bgp	1,30	1,10
1780	55 C mehrfarbig	bgm	1,30	1,10
1781	55 C mehrfarbig	bgo	1,30	1,10
		Satzpreis (5 W.)	6,50	5,50
		Fünferstreifen	6,50	5,50
		FDC		7,50

MiNr. 1777–1781 wurden waagerecht zusammenhängend gedruckt.

Auflage: 650.000 Sätze

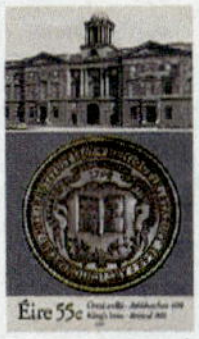

2007, 10. Juli. 400 Jahre Gesellschaft zur Ausbildung von Anwälten „Society of King's Inns". Odr. (4×4); Papier ph.; gez. K 13¼.

bgs) Fassade des King's Inn, Dublin; Siegel der Gesellschaft

1782	55 C mehrfarbig	bgs	1,30	1,10
		FDC		3,20

Auflage: 330.000 Stück

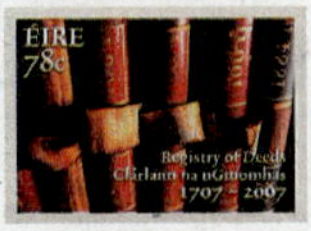

2007, 10. Juli. 300 Jahre Grundbuchamt. Odr. (4×4); Papier ph.; gez. K 14¾:14¼.

bgt) Grundbücher

1783	78 C mehrfarbig	bgt	1,80	1,60
		FDC		3,60

Auflage: 280.000 Stück

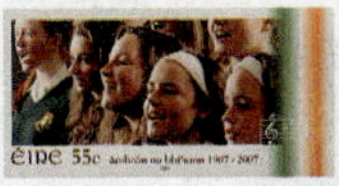

2007, 17. Juli. 100 Jahre Nationalhymne. Odr. (4×4); Papier ph.; gez. K 13½.

bgu) Jugendchor, Notenzeile

1784	55 C mehrfarbig	bgu	1,30	1,10
		FDC		3,20

Auflage: 330.000 Stück

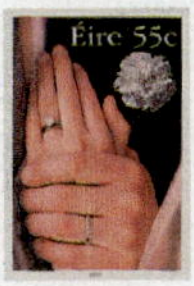

2007, 25. Juli. Hochzeitsgrußmarke. Odr., Markenheftchen (2×5); Papier ph.; selbstklebend; gestanzt 11½.

bfg) Hände eines Brautpaares

1785	55 C mehrfarbig	bfg	1,30	1,10
		FDC		3,20
		Markenheftchen	14,—	

Auflage: 800.000 Stück

In gleicher Zeichnung: MiNr. 1740

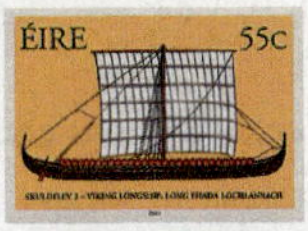

2007, 7. Aug. Historisches Erbe: Abschluss der Rekonstruktion eines Wikingerschiffs. Odr. (4×4); Papier ph.; gez. K 14¾:14¼.

bgv) Wikinger-Langschiff „Skuldelev 2"

1786	55 C mehrfarbig	bgv	1,30	1,10
		FDC		3,20

Blockausgabe

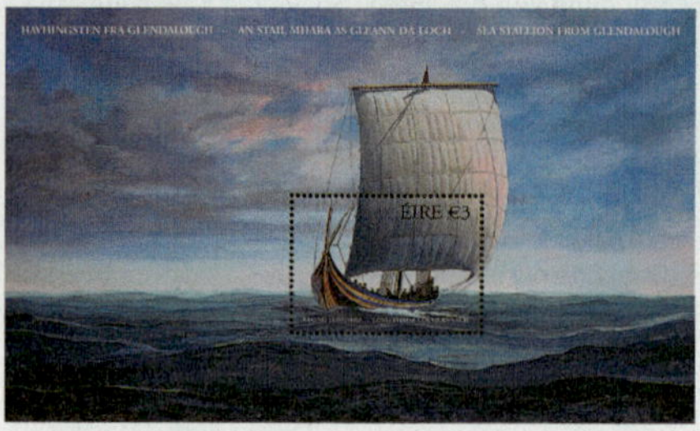

bgx

bgw) „Skuldelev 2“ auf See

1787	3 € mehrfarbig	bgw	6,—	6,—
Block 67	(150×90 mm)	bgx	7,50	6,—
		FDC		8,—

Aufdruck „STAMPA ... 2008“ auf dem Blockrand von Bl. 67 ist privaten Ursprungs, aber von der Post genehmigt.

Auflagen: MiNr. 1786 = 330.000 Stück, Bl. 67 = 35.000 Blocks

2007, 20. Aug. Rugby-Weltmeisterschaft, Frankreich. Odr. (4×3); Papier ph.; gez. K 13¼.

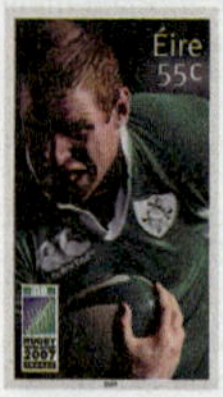

bgy) Spieler mit Ball

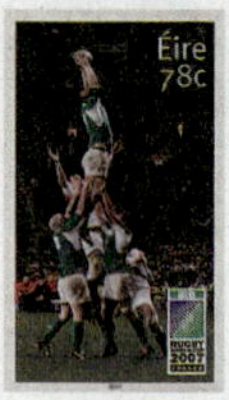

bgz) Fangen eines Einwurfes

1788	55 C mehrfarbig	bgy	1,30	1,10
1789	78 C mehrfarbig	bgz	1,90	1,60
	Satzpreis (2 W.)		3,20	2,70
		FDC		4,80

Blockausgabe

Block 68	mit MiNr. 1788 (150×90 mm)	bha	1,50	1,20
		FDC		2,50
Block 69	mit MiNr. 1789 (150×90 mm)	bhb	2,—	1,80
		FDC		3,—

Aufdruck „STAMPA ... 2008“ auf dem Blockrand von Bl. 69 ist privaten Ursprungs, aber von der Post genehmigt.

Auflagen: MiNr. 1788 = 330.000, MiNr. 1789 = 280.000 Stück, Bl. 68–69 je 35.000 Blocks

2007, 6. Sept. Keltische Katzen. Odr. (2×4 Zd); Papier ph.; gez. K 14:14¾.

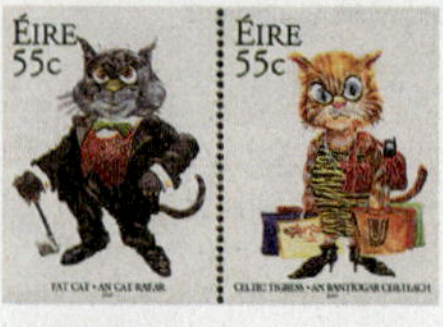

bhc) Fat Cat
bhd) Celtic Tigress

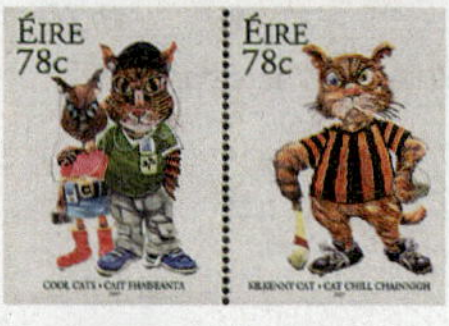

bhe) Cool Cats
bhf) Kilkenny Cat

bhc–bhk) Karikaturen von Martyn Turner (*1948), politischer Cartoonist und Autor

1790	55 C mehrfarbig	bhc	1,20	1,20
1791	55 C mehrfarbig	bhd	1,20	1,20
1792	78 C mehrfarbig	bhe	1,80	1,80
1793	78 C mehrfarbig	bhf	1,80	1,80
	Satzpreis (4 W.)		6,—	6,—
	2 Paare		6,50	6,—
		FDC		8,—

Blockausgabe, gez. Ks 13¼

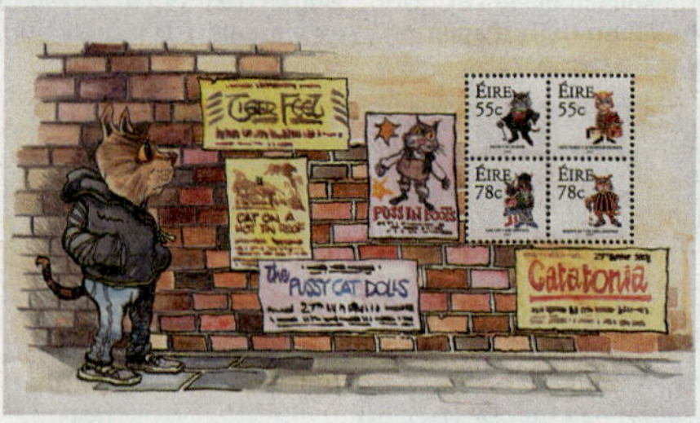

bhl

bhg) Fat Cat
bhh) Celtic Tigress
bhi) Cool Cats
bhk) Kilkenny Cat

1794	55 C mehrfarbig	bhg	1,50	1,5(
1795	55 C mehrfarbig	bhh	1,50	1,5(
1796	78 C mehrfarbig	bhi	2,—	2,–
1797	78 C mehrfarbig	bhk	2,—	2,–
Block 70	(150×90 mm)	bhl	8,—	8,–
		FDC		9,–

Aufdruck „STAMPA ... 2008“ auf dem Blockrand von Bl. 70 ist privaten Ursprungs aber von der Post genehmigt.

Auflagen: MiNr. 1790–1791 je 410.000, MiNr. 1792–1793 je 360.000 Stück, Bl. 7(= 35.000 Blocks

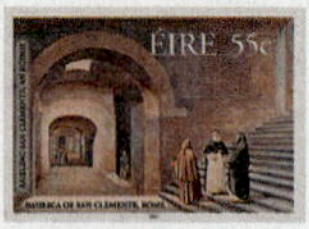

2007, 12. Sept. 150. Jahrestag der Entdeckung der Vorgängerbauten der Basilika San Clemente di Laterano, Rom, durch Joseph Mullooly. Odr. (4×4); Papier ph. gez. K 13½.

bhm) Joseph Mullooly (1812–1880), Dominikanermönch und Archäologe, im Narthex der Basilika (Gemälde, 19. Jh.)

1798	55 C mehrfarbig	bhm	1,30	1,1(
		FDC		3,2(

Auflage: 330.000 Stück

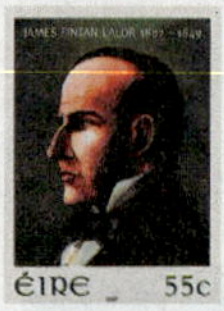

2007, 18. Sept. 200. Geburtstag von James Fintan Lalor. Odr. (4×4); Papier ph.; gez. K 14:14¾.

bhn) James Fintan Lalor (1807–1849), Journalist und Autor

1799	55 C mehrfarbig	bhn	1,30	1,1(
		FDC		3,2(

Auflage: 330.000 Stück

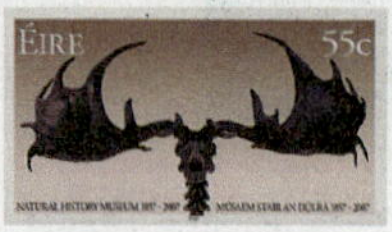

2007, 25. Okt. 150 Jahre Naturhistorisches Museum, Dublin. Odr. (3×4); Papier ph.; gez. K 13¼.

bho) Schädel eines Riesenelchs

1800	55 C mehrfarbig	bho	1,30	1,1(
		FDC		3,2(

Auflage: 330.000 Stück

2007, 8. Nov. Weihnachten (I). Odr. (4×4); Papier ph.; gez. K 14¾:14¼.

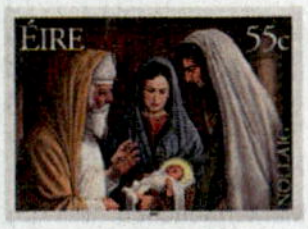

bhp) Simeon segnet die Hl. Familie im Tempel

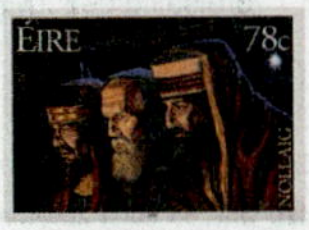

bhr) Anbetung der Heiligen Drei Könige

1801 55 C mehrfarbig . . . . bhp 1,30 1,10
1802 78 C mehrfarbig . . . . bhr 1,90 1,60
Satzpreis (2 W.) 3,20 2,70

FDC siehe nach MiNr. 1803.

Auflagen: MiNr. 1801 = 1.900.000, MiNr. 1802 = 1.500.000 Stück

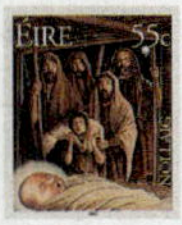

2007, 8. Nov. Weihnachten (II). Odr., Markenheftchen (2×13); Papier ph.; selbstklebend; gestanzt 11¼.

bhs) Anbetung der Hirten

1803 55 C mehrfarbig . . . . bhs 1,30 1,10
Markenheftchen 34,— 30,—
FDC (MiNr. 1801–1803) 6,—

Das Markenheftchen wurde zum ermäßigten Preis von 13.75 € verkauft.

Auflage: 30.290.000 Stück

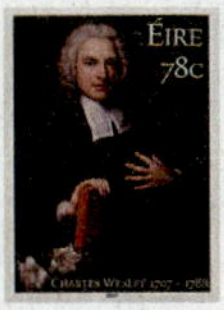

2007, 15. Nov. 300. Geburtstag von Charles Wesley. Odr. (4×4); Papier ph.; gez. K 14:14¾.

bht) Charles Wesley (1707–1788), anglikanischer Priester, Mitbegründer der methodistischen Bewegung

1804 78 C mehrfarbig . . . . bht 1,80 1,60
FDC 3,60

Auflage: 280.000 Stück

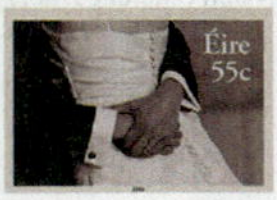

2008, 16. Jan. Grußmarke. Odr., Markenheftchen (5×2); Papier ph.; selbstklebend; gestanzt 11½.

bhu) Brautpaar bei Umarmung

1805 55 C mehrfarbig . . . . bhu 1,10 1,10
FDC 3,20
Markenheftchen 11,— 11,—

Auflage: 1.000.000 Stück

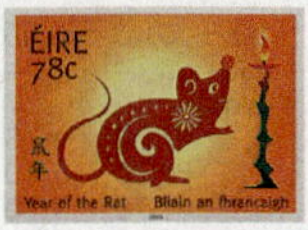

2008, 23. Jan. Chinesisches Neujahr: Jahr der Ratte. Odr. (4×4); Papier ph.; gez. K 14¾:14¼.

bhv) Ratte, Kerze

1806 78 C mehrfarbig . . . . bhv 1,60 1,60
FDC 3,60

Blockausgabe mit 3 × MiNr. 1806

Block 71 (130×74 mm) . . . . bhw 5,50 5,—
FDC 7,—

Aufdruck „STAMPA ... 2008“ auf dem Blockrand von Bl. 71 ist privaten Ursprungs, aber von der Post genehmigt.

Auflage: MiNr. 1806 = 260.000 Stück

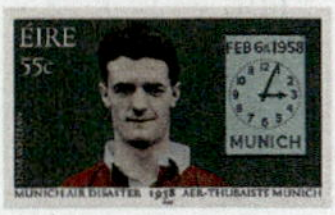

2008, 4. Febr. 50. Jahrestag des Flugzeugabsturzes in München. Odr. (3×4); Papier ph.; gez. K 13½.

bhx) Liam Whelan (1935–1958), Fußballspieler; Gedenkuhr von Old Trafford

1807 55 C mehrfarbig . . . . bhx 1,10 1,10
FDC 3,20

Auflage: 300.000 Stück

2008, 11. Febr. Grußmarken. Odr., Markenheftchen (2×5); Papier ph.; selbstklebend; gestanzt 11.

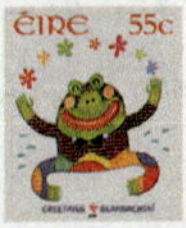

bhy) Frosch

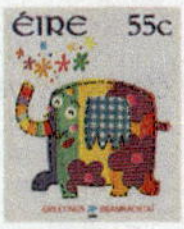

bhz) Elefant

1808 55 C mehrfarbig . . . . bhy 1,10 1,10
1809 55 C mehrfarbig . . . . bhz 1,10 1,10
Satzpreis (2 W.) 2,20 2,20
FDC 4,20
Paar 2,20 2,20
Markenheftchen 11,— 11,—

MiNr. 1808–1809 wurden zusammen im Markenheftchen zu je 5 Marken ausgegeben.

Auflage: 500.000 Sätze

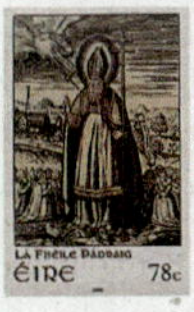

2008, 11. Febr. Nationalfeiertag „St.-Patricks-Tag“. Odr. (4×3); Papier ph.; gez. K 13¼.

bia) Hl. Patrick (um 385–461), Missionar, Apostel Irlands

1810 78 C mehrfarbig . . . . bia 1,60 1,60
FDC 3,60

Auflage: 255.000 Stück

2008, 3. März. Freimarken: Wildblumen. Odr., Bogen (B) (10×10) und Markenheftchen (MH) (5×2); Papier ph.; A = vierseitig, D = dreiseitig gez. K 14¼:15.

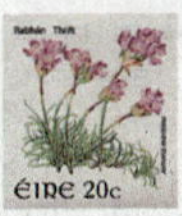

bib) Strand-Grasnelke (Armeria maritima)

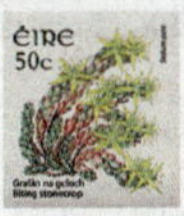

bic) Scharfer Mauerpfeffer (Sedum acre)

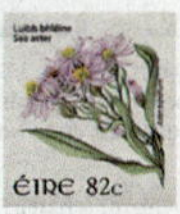

bid) Strandaster (Aster tripolium)

1811 A 20 C mehrfarbig (B) .... bib 0,40 0,40
1812 A 50 C mehrfarbig (B) .... bic 1,— 1,—
1813 82 C mehrfarbig .... bid
A vierseitig gez. (B) 1,70 1,70
Do dreiseitig gez. (⌑) (MH) 1,70 1,70
Du dreiseitig gez. (⌑) (MH) 1,70 1,70
Satzpreis (3 W.) 3,— 3,—
FDC 4,—
Markenheftchen 17,— 17,—

Weitere Werte siehe Übersicht nach Jahrgangswerttabelle.

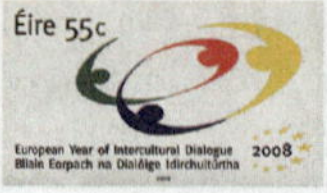

2008, 7. März. Europäisches Jahr des interkulturellen Dialogs. Odr. (4×4); Papier ph.; gez. K 13¼.

bie) Symbolik

1814 55 C mehrfarbig .... bie 1,30 1,30
FDC 3,—

Auflage: 310.000 Stück

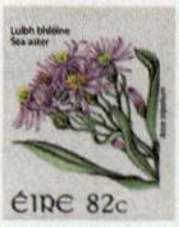

2008, 18. März. Freimarke: Wildblumen. Odr., Markenheftchen (2×1 + 2×4); Papier ph.; selbstklebend; gestanzt 11¼.

bid I) Strandaster (Aster tripolium)

1815 82 C mehrfarbig .... bid I 1,60 1,60
FDC 4,80
Markenheftchen 27,— 27,—

Weitere Werte siehe Übersicht nach Jahrgangswerttabelle.

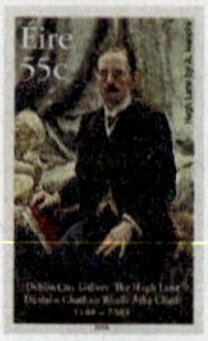

2008, 28. März. 100 Jahre städtische Kunstgalerie von Dublin. Odr. (4×3); Papier ph.; gez. K 13½.

bif) Hugh Lane (1875–1915), Kunstsammler und -händler, Gründer der Kunstgalerie; Gemälde von Antonio Mancini (1852–1930), italienischer Maler

1816 55 C mehrfarbig .... bif 1,10 1,10
FDC 3,20

Auflage: 300.000 Stück

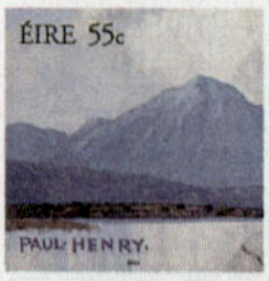

2008, 17. April. 50. Todestag von Paul Henry. Odr., Bogen (B) (1×4 Zd), und Markenheftchen (MH) (4×1); Papier ph.; A = vierseitig, D = dreiseitig gez. K 13¼.

big

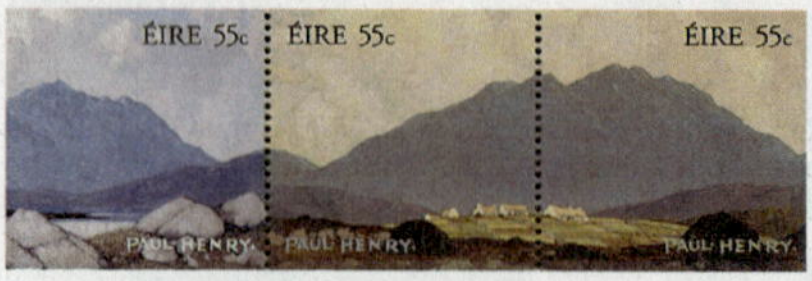

bih, bii, bik

big–bih) Landschaft im Westen Irlands
bii–bik) Dorf in der Region Connemara
big–bik) Gemälde von Paul Henry (1876–1958)

1817 A 55 C mehrfarbig (B) (MH) .... big 1,10 1,10
1818 A 55 C mehrfarbig (B) (MH) .... bih 1,10 1,10
1819 A 55 C mehrfarbig (B) (MH) .... bii 1,10 1,10
1820 55 C mehrfarbig .... bik
A vierseitig gez. (B) 1,10 1,10
D dreiseitig gez. (MH) 1,10 1,10
Satzpreis A (4 W.) 4,40 4,40
Viererstreifen A 5,— 4,40
FDC 6,50

MiNr. 1817–1820 wurden im Bogen waagerecht zusammenhängend gedruckt.

MiNr. 1817–1820 wurden auch zusammenhängend im Markenheftchen (MH 65) ausgegeben.

Auflage: 490.000 Sätze

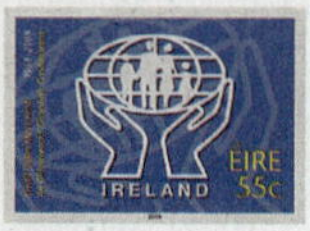

2008, 23. April. 50 Jahre Genossenschaftsbank. Odr. (4×4); Papier ph.; gez. K 14¾:14.

bil) Emblem

1821 55 C mehrfarbig .... bil 1,10 1,10
FDC 3,20

Auflage: 310.000 Stück

2008, 28. April. Internationales Jahr des Planeten Erde. Odr., Folienstreifen (1×2) und Markenheftchen (2×5); Papier ph.; selbstklebend; gestanzt 13.

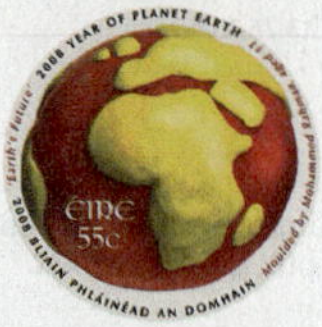

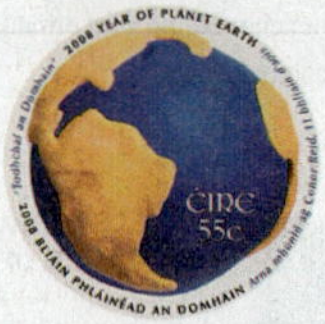

bim) von Mohammed Rahman (11 J.) bin) von Conor Reid (11 J.)

bim–bin) Die Zukunft der Erde; aus Knetmasse modellierte Erdkugeln

1822 55 C mehrfarbig .... bim 1,10 1,10
1823 55 C mehrfarbig .... bin 1,10 1,10
Satzpreis (2 W.) 2,20 2,20
FDC 4,20
Folienstreifen 2,20 2,20
Markenheftchen 14,— 14,—

MiNr. 1822–1823 wurden zusammen im Markenheftchen zu je 5 Marken ausgegeben.

Aufdruck „STAMPA ... 2009" auf dem Markenheftchen ist privaten Ursprungs, aber von der Post genehmigt.

Auflage: 222.000 Sätze

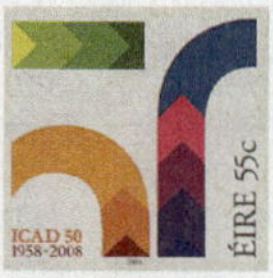

2008, 23. Mai. 50 Jahre Institut für kreative Werbung und Design. Odr. (4×4); Papier ph.; gez. K 13¼.

bio) Emblem

1824 55 C mehrfarbig .... bio 1,10 1,10
FDC 3,20

Auflage: 310.000 Stück

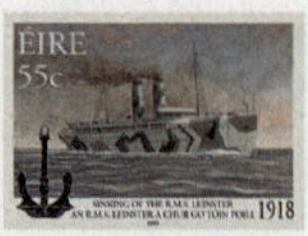

2008, 30. Mai. 90. Jahrestag des Untergangs der „Leinster". Odr. (4×4); Papier ph.; gez. K 14¾:14.

bip) Dampfschiff „Leinster" wird vom deutschen Unterseeboot UB-123 torpediert (1918)

1825 55 C mehrfarbig .... bip 1,10 1,10
FDC 3,20

Auflage: 310.000 Stück

2008, 9. Juni. Europa: Der Brief. Odr. (5×2); Papier ph.; gez. K 14:14¾.

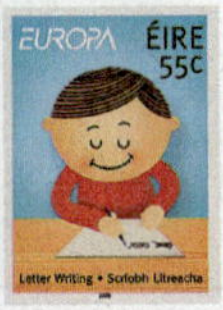
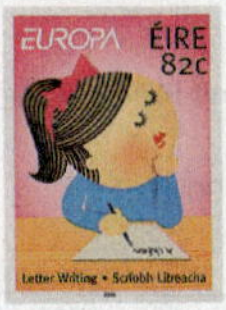

bir) Junge schreibt Brief
bis) Mädchen schreibt Brief

1826 55 C mehrfarbig . . . . . . bir 1,50 1,50
1827 82 C mehrfarbig . . . . . . bis 2,— 2,—
Satzpreis (2 W.) 3,50 3,50
FDC 4,80
Kleinbogensatz (2 Klb.) 35,— 35,—

Auflagen: MiNr. 1826 = 340.000, MiNr. 1827 = 290.000 Stück

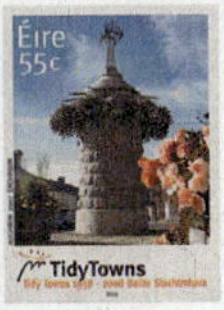

2008, 19. Juni. 50 Jahre Wettbewerb „Saubere Stadt". Odr. (4×4); Papier ph.; gez. K 14:14¾.

bit) Geschmückte Säule

1828 55 C mehrfarbig . . . . . . bit 1,10 1,10
FDC 3,20

Auflage: 310.000 Stück

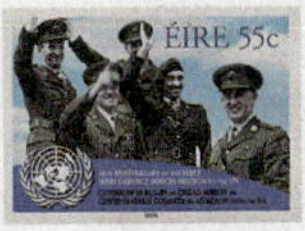

2008, 26. Juni. 50 Jahre Einsatz irischer Soldaten bei den UN-Friedenstruppen. Odr. (4×4); Papier ph.; gez. K 14¾:14.

biu) Winkende Soldaten

1829 55 C mehrfarbig . . . . . . biu 1,10 1,10
FDC 3,20

Auflage: 310.000 Stück

2008, 8. Juli. Irische Filme. Odr., Bogen (4×3) und Markenheftchen (1 + 1 + 1 + 1); Papier ph.; gez. K 14¾:14.

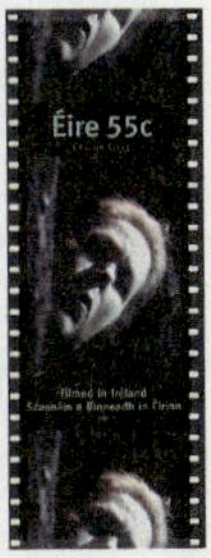
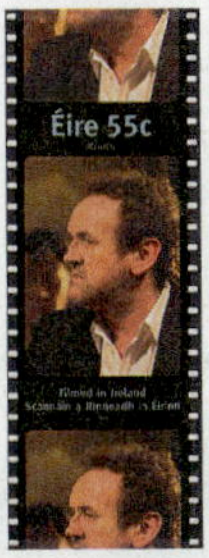
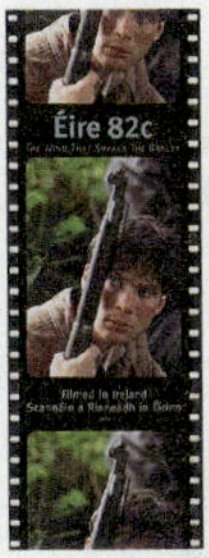
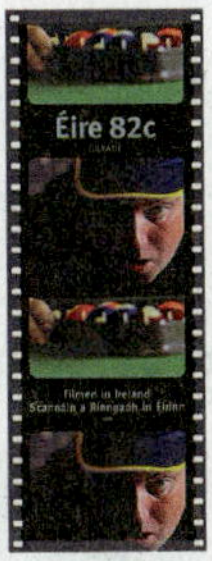

biv) „Cré na Cille" (2007) von Robert Quinn
biw) Colm Meaney in „Kings" (2007) von Tom Collins
bix) Cillian Murphy in „The Wind That Shakes the Barley" (2006) von Ken Loach
biy) „Garage" (2007) von Leonard Abrahamson

1830 55 C mehrfarbig . . . . . . biv 1,20 1,10
1831 55 C mehrfarbig . . . . . . biw 1,20 1,10
1832 82 C mehrfarbig . . . . . . bix 1,80 1,70
1833 82 C mehrfarbig . . . . . . biy 1,80 1,70
Satzpreis (4 W.) 6,— 5,50
FDC 7,50
Markenheftchen 26,— 24,—

Blockausgabe mit MiNr. 1830–1833

Block 72 (150×90 mm) . . . . . . biz 6,50 5,50
FDC 7,50

MiNr. 1830–1833 wurden auch zusammen im Markenheftchen zu je 4 Marken ausgegeben (Verkaufspreis 12 €).

Auflagen: MiNr. 1830–1831 je 370.000, MiNr. 1832–1833 je 320.000 Stück, Bl. 72 = 25.000 Blocks

2008, 15. Juli. Olympische Sommerspiele, Peking. Odr. (4×4); Papier ph.; gez. K 14¾:14.

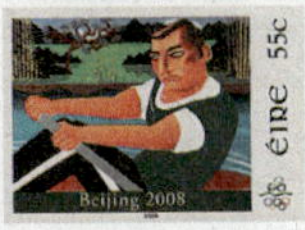
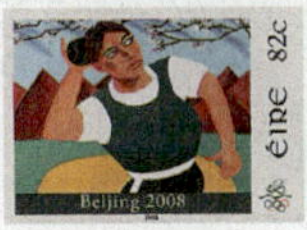

bka) Rudern
bkb) Kugelstoßen

1834 55 C mehrfarbig . . . . . . bka 1,10 1,10
1835 82 C mehrfarbig . . . . . . bkb 1,70 1,70
Satzpreis (2 W.) 2,80 2,80
FDC 4,80

Blockausgabe, MiNr. 1834–1835 mit Odr.-Aufdruck „Olympex 2008"

1836 55 C mehrfarbig . . . . . . (1834) 1,20 1,10
1837 82 C mehrfarbig . . . . . . (1835) 1,80 1,70
Block 73 (150×90 mm) . . . . . . bkc 3,50 2,80
FDC 4,80

Auflagen: MiNr. 1834 = 325.000, MiNr. 1835 = 275.000 Stück

2008, 1. Aug. Pilze. Odr. (4×4); Papier ph.; gez. K 14:14¾.

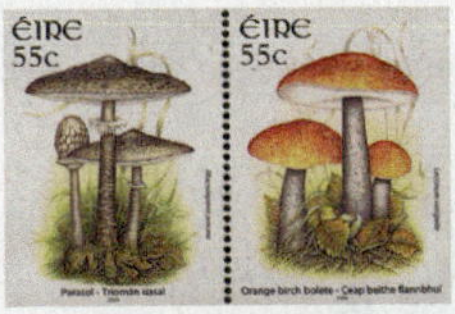
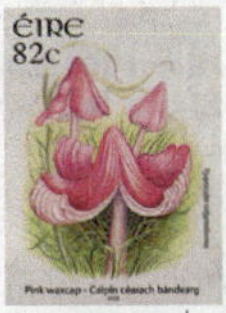

bkd) Parasol (Macrolepiota procera)
bke) Heiderotkappe (Leccinum versipelle)
bkf) Rosenroter Saftling (Hygrocybe calyptriformis)

1838 55 C mehrfarbig . . . . . . bkd 1,10 1,10
1839 55 C mehrfarbig . . . . . . bke 1,10 1,10
1840 82 C mehrfarbig . . . . . . bkf 1,60 1,60
Satzpreis (3 W.) 3,80 3,80
Paar + 1 Marke 3,80 3,80
FDC 5,80

Blockausgabe

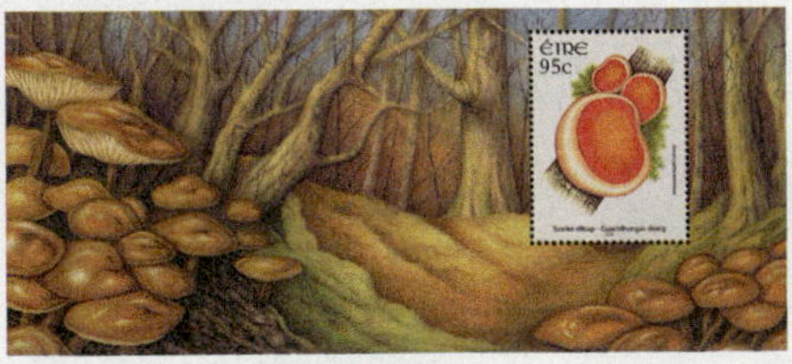

bkh

bkg) Zinnoberroter Kelchbecherling (Sarcoscypha austriaca)

1841 95 C mehrfarbig . . . . . . bkg 2,— 2,—
Block 74 (150×67 mm) . . . . . . bkh 2,— 2,—
FDC 4,—

MiNr. 1838–1839 wurden schachbrettartig zusammenhängend gedruckt.

Aufdruck „STAMPA ... 2009" auf dem Blockrand von Bl. 74 ist privaten Ursprungs, aber von der Post genehmigt.

Auflagen: MiNr. 1838–1839 je 374.000, MiNr. 1840 = 260.000 Stück, Bl. 74 = 25.000 Blocks

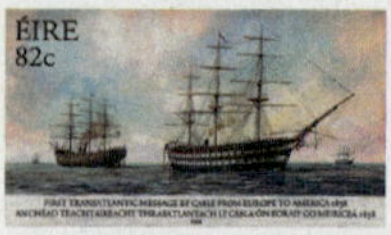

2008, 15. Aug. 150 Jahre Fernmeldeverbindung zwischen Europa und Amerika. Odr. (3×4); Papier ph.; gez. K 13¼.

bki) Schiffe HMS „Agamemnon“ und USS „Niagara“ verlegen Transatlantikkabel (1858)

1842	82 C mehrfarbig	bki	1,70	1,70
		FDC		3,80

Auflage: 252.000 Stück

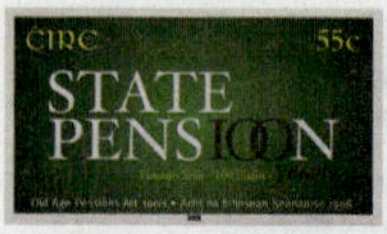

2008, 19. Sept. 100 Jahre staatliche Renten. Odr. (3×4); Papier ph.; gez. K 13¼.

bkk) Inschrift

1843	55 C mehrfarbig	bkk	1,10	1,10
		FDC		3,20

Auflage: 294.000 Stück

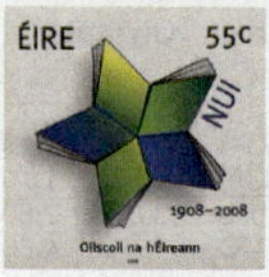

2008, 19. Sept. 100 Jahre Nationale Universität von Irland (NUI). Odr. (3×4); Papier ph.; gez. K 13¼.

bkl) Stern

1844	55 C mehrfarbig	bkl	1,10	1,10
		FDC		3,20

Auflage: 294.000 Stück

2008, 25. Sept. 100 Jahre St.-Enda-Schule, Dublin. Odr. (4×4); Papier ph.; gez. K 14¾:14.

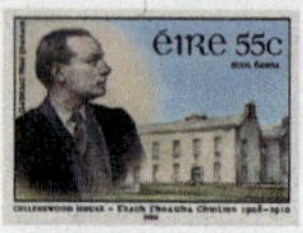

bkm) Collenswood House (Sitz der Schule 1908–1910)

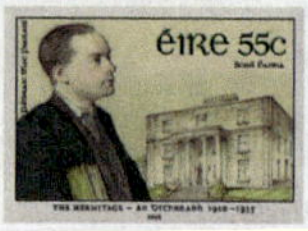

bkn) Rathfarnham (Sitz der Schule 1910–1935)

bkm–bkn) Patrick Pearse (Pádraig Mac Piarais) (1879–1916), Lehrer und Schriftsteller, Gründer der gälischsprachigen St.-Enda-Schule

1845	55 C mehrfarbig	bkm	1,10	1,10
1846	55 C mehrfarbig	bkn	1,10	1,10
		Satzpreis (2 W.)	2,20	2,20
		FDC		4,20

Auflage: 360.000 Sätze

2008, 10. Okt. Irische Musikgruppen (II). Odr. (3×4); Papier ph.; gez. K 14¾:14.

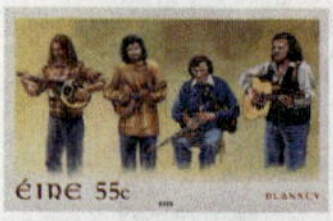

bko) Planxty

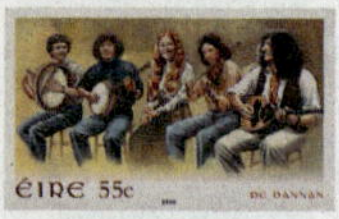

bkp) De Dannan

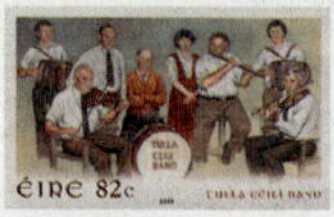

bkr) Tulla Céili Band

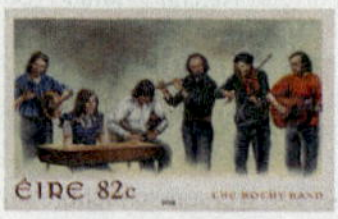

bks) The Bothy Band

1847	55 C mehrfarbig	bko	1,20	1,10
1848	55 C mehrfarbig	bkp	1,20	1,10
1849	82 C mehrfarbig	bkr	1,80	1,70
1850	82 C mehrfarbig	bks	1,80	1,70
		Satzpreis (4 W.)	6,—	5,50
		FDC		7,50

Blockausgabe mit MiNr. 1847–1850

Block 75	(150×90 mm)	bkt	6,50	5,50
		FDC		7,50

Aufdruck „STAMPA ... 2009“ auf dem Blockrand von Bl. 75 ist privaten Ursprungs, aber von der Post genehmigt.

Auflagen: MiNr. 1847–1848 je 360.000, MiNr. 1849–1850 je 288.000 Stück, Bl. 75 = 25.000 Blocks

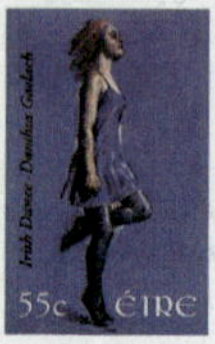

2008, 7. Nov. Traditionelle Tänze. Odr. (4×3); Papier ph.; gez. K 13¾:13½.

bku) Irischer Steptanz

1851	55 C mehrfarbig	bku	1,10	1,10
		FDC		3,—

Blockausgabe mit MiNr. 1851–1852

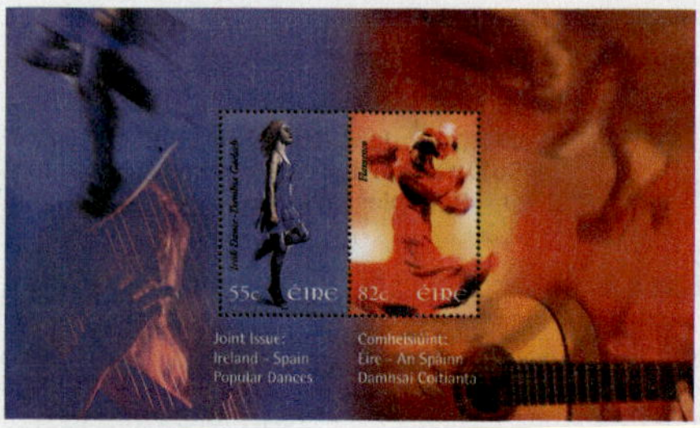

bkw

bku) Irischer Steptanz
bkv) Flamenco

1852	82 C mehrfarbig	bkv	1,70	1,70
Block 76	(150×90 mm)	bkw	2,80	2,80
		FDC		4,80

Aufdruck „STAMPA ... 2013“ auf dem Blockrand von Bl. 76 ist privaten Ursprungs, aber von der Post genehmigt.

Auflagen: MiNr. 1851 = 294.000 Stück, Bl. 76 = 50.000 Blocks

Parallelausgabe mit Spanien MiNr. 4371–4372/Bl. 178

2008, 7. Nov. Weihnachten (I). Odr. (4×4); Papier ph.; gez. K 14¾:14¼.

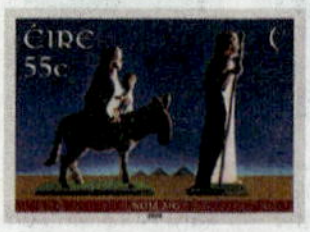

bkx) Flucht nach Ägypten

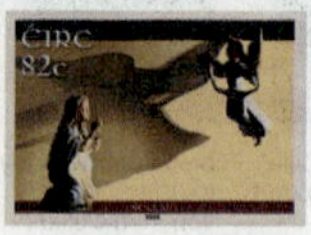

bky) Mariä Verkündigung

1853	55 C mehrfarbig	bkx	1,10	1,10
1854	82 C mehrfarbig	bky	1,70	1,70
		Satzpreis (2 W.)	2,80	2,80

FDC siehe nach MiNr. 1855.

Auflagen: MiNr. 1853 = 1.900.000, MiNr. 1854 = 1.500.000 Stück

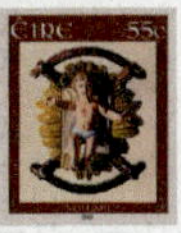

2008, 7. Nov. Weihnachten (II). Odr., Markenheftchen (2×13); Papier ph.; selbstklebend; gestanzt 11¼.

bkz) Christkind in der Krippe

1855 55 C mehrfarbig	bkz	1,10	1,10
	Markenheftchen	28,—	28,—
	FDC (MiNr. 1853–1855)		6,—

Das Markenheftchen wurde zum ermäßigten Preis von 13.75 € verkauft.

Auflage: 30.290.000 Stück

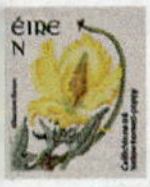

2008, 5. Dez. Freimarke: Wildblumen. Odr., Markenheftchen (5×2); Papier ph.; selbstklebend; gestanzt 14.

bla) Gelber Hornmohn (Glaucium flavum)

1856 N mehrfarbig	bla	2,50	1,20
	FDC		2,—
	Markenheftchen	25,—	12,—

Nominale zur Zeit der Ausgabe: 0.55 €

Weitere Werte siehe Übersicht nach Jahrgangswerttabelle.

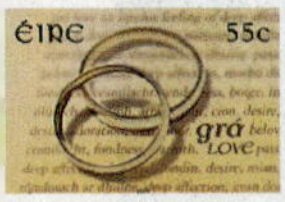

2009, 23. Jan. Hochzeitsgrußmarke. Odr., Folienstreifen (1×2) und Markenheftchen (5×2); Papier ph.; selbstklebend; gestanzt 13¼.

blb) Eheringe

1857 55 C mehrfarbig	blb	1,10	1,10
	FDC		3,20
	Folienstreifen	2,20	2,20
	Markenheftchen	11,—	11,—

Auflage: 1.520.000 Stück, davon 20.000 im Folienstreifen

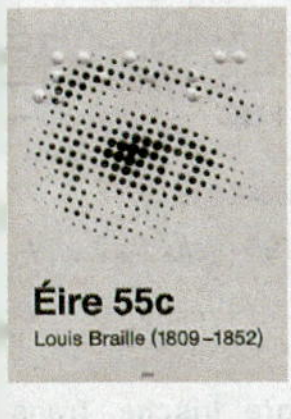

2009, 23. Jan. 100. Geburtstag von Louis Braille. Komb. Odr. und Pdr. (4×3); Papier ph.; gez. K 14¼.

blc) Auge; Blindenschrift von Louis Braille (1809–1852), französischer Blindenlehrer

1858 55 C schwarz	blc	1,10	1,10
	FDC		3,20

Auflage: 252.000 Stück

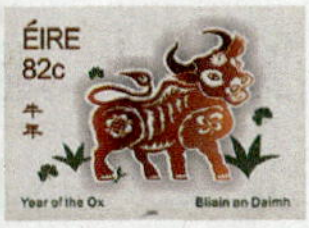

2009, 23. Jan. Chinesisches Neujahr: Jahr des Ochsen. Odr. (4×4); Papier ph.; gez. K 14¾:14¼.

bld) Rind

1859 82 C mehrfarbig	bld	1,70	1,70
	FDC		3,70

Blockausgabe mit 3 × MiNr. 1859

Block 77 (130×74 mm)	ble	5,50	5,—
	FDC		7,—

Aufdruck „STAMPA ... 2009" auf dem Blockrand von Bl. 77 ist privaten Ursprungs, aber von der Post genehmigt.

Auflage: MiNr. 1859 = 260.000 Stück

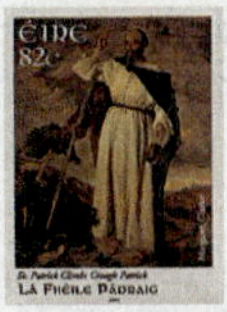

2009, 19. Febr. Nationalfeiertag „St.-Patricks-Tag". Odr. (4×4); Papier ph.; gez. K 14¼:14¾.

blf) Hl. Patrick (um 385–461), Missionar, Apostel Irlands

1860 82 C schwarz	blf	1,70	1,70
	FDC		3,70

Auflage: 244.000 Stück

2009, 6. März. Grußmarken. Odr., Markenheftchen (2×10); Papier ph.; selbstklebend; gestanzt 11.

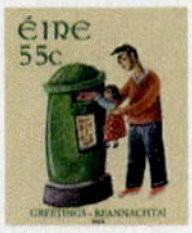

blg) Mann und Mädchen werfen Umschlag in einen Briefkasten

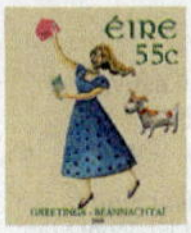

blh) Frau mit Briefumschlag und Glückwunschkarte, Hund

1861 55 C mehrfarbig	blg	1,10	1,10
1862 55 C mehrfarbig	blh	1,10	1,10
	Satzpreis (2 W.)	2,20	2,20
	FDC		4,20
	Markenheftchen	11,—	11,—

MiNr. 1861–1862 wurden zusammen im Markenheftchen zu je 5 Marken und 10 verschiedenen Zierfeldern ausgegeben.

Auflage: 500.000 Sätze

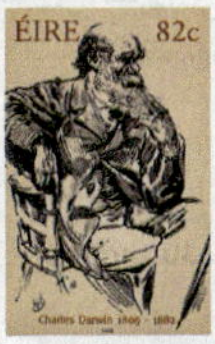

2009, 20. März. 200. Geburtstag von Charles Darwin. Odr. (4×3); Papier ph.; gez. K 13¾.

bli) Charles Darwin (1809–1882), britischer Naturforscher; Zeichnung von Harry Furniss (1854–1925)

1863 82 C schwarz	bli	1,70	1,70
	FDC		3,70

Auflage: 244.000 Stück

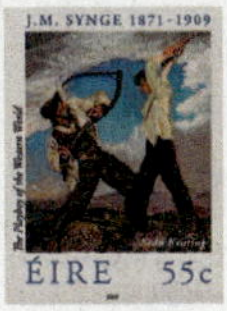

2009, 24. März. 100. Todestag von John Millington Synge (1871–1909), Dramatiker. Odr. (4×4); Papier ph.; gez. K 14¼:14¾.

blk) Illustration von Sean Keating zu Synges Stück „Der Held der westlichen Welt"

1864 55 C mehrfarbig	blk	1,10	1,10
	FDC		3,20

Auflage: 294.000 Stück

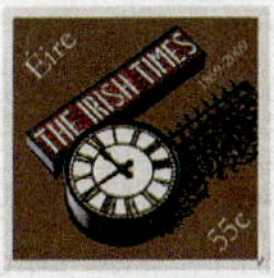

2009, 27. März. 150 Jahre Zeitung „The Irish Times". Odr. (4×4); Papier ph.; gez. K 13½.

bll) Türschild mit Uhr am Zeitungsgebäude, Dublin

1865	55 C	mehrfarbig	bll	1,10	1,10
			FDC		3,20

Auflage: 316.000 Stück

2009, 3. April. 25 Jahre AN-Post (I). Format 20×24 mm; Odr., Markenheftchen (5×2); Papier ph.; selbstklebend; gestanzt 14.

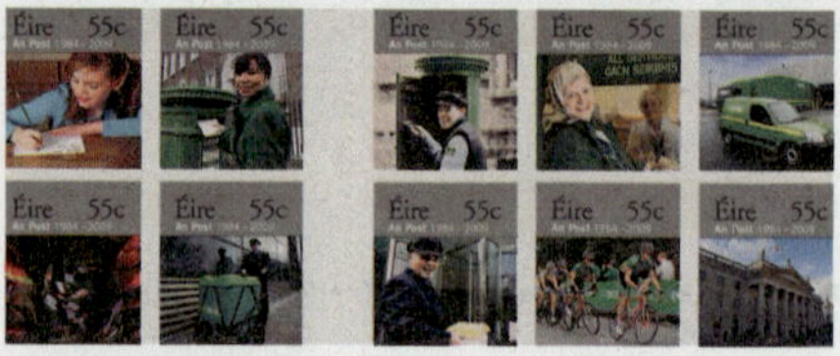

blm) Briefschreiberin
bln) Frau wirft Brief ein
blo) Postbote leert Briefkasten
blp) Frau an Postschalter
blr) Postfahrzeuge

bls) Automatische Briefsortierung
blt) Postbedienstete mit Rollcontainer
blu) Postzustellung
blv) Sponsoring einer Radrennmannschaft
blw) Hauptpostamt, Dublin

1866	55 C	mehrfarbig	blm	1,10	1,10
1867	55 C	mehrfarbig	bln	1,10	1,10
1868	55 C	mehrfarbig	blo	1,10	1,10
1869	55 C	mehrfarbig	blp	1,10	1,10
1870	55 C	mehrfarbig	blr	1,10	1,10
1871	55 C	mehrfarbig	bls	1,10	1,10
1872	55 C	mehrfarbig	blt	1,10	1,10
1873	55 C	mehrfarbig	blu	1,10	1,10
1874	55 C	mehrfarbig	blv	1,10	1,10
1875	55 C	mehrfarbig	blw	1,10	1,10
			Satzpreis (10 W.)	11,—	11,—
			FDC		13,—
			Markenheftchen	12,—	12,—

MiNr. 1866–1875 wurden zusammen im Markenheftchen ausgegeben.

Auflage: 12.500.000 Sätze

2009, 3. April. 25 Jahre AN-Post (II). Format 25×30 mm; Odr., Rollen; Papier ph.; selbstklebend; gestanzt 11:11½.

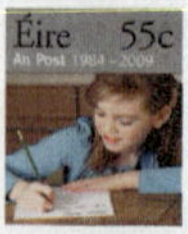

blm I) Briefschreiberin

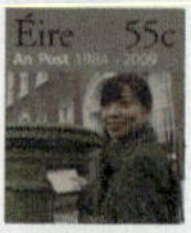

bln I) Frau wirft Brief ein

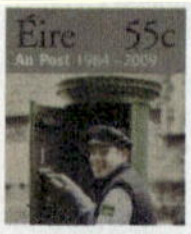

blo I) Postbote leert Briefkasten

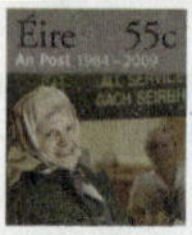

blp I) Frau an Postschalter

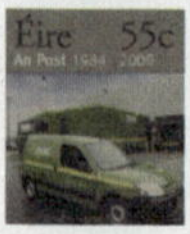

blr I) Postfahrzeuge

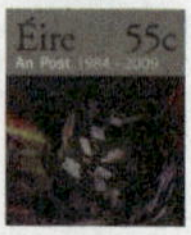

bls I) Automatische Briefsortierung

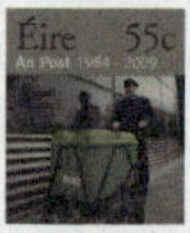

blt I) Postbedienstete mit Rollcontainer

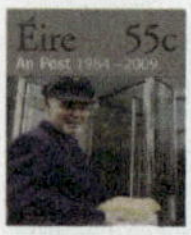

blu I) Postzustellung

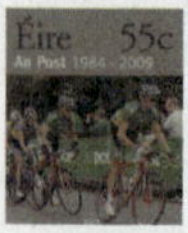

blv I) Sponsoring einer Radrennmannschaft

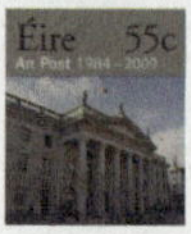

blw I) Hauptpostamt, Dublin

1876	55 C	mehrfarbig	blm I	1,10	1,10
1877	55 C	mehrfarbig	bln I	1,10	1,10
1878	55 C	mehrfarbig	blo I	1,10	1,10
1879	55 C	mehrfarbig	blp I	1,10	1,10
1880	55 C	mehrfarbig	blr I	1,10	1,10
1881	55 C	mehrfarbig	bls I	1,10	1,10
1882	55 C	mehrfarbig	blt I	1,10	1,10
1883	55 C	mehrfarbig	blu I	1,10	1,10
1884	55 C	mehrfarbig	blv I	1,10	1,10
1885	55 C	mehrfarbig	blw I	1,10	1,10
			Satzpreis (10 W.)	11,—	11,—
			FDC		13,—
			2 Fünferstreifen	11,—	11,—

MiNr. 1876–1880 und 1881–1885 wurden jeweils zusammen in der Rolle gedruckt.

Auflage: 60.000.000 Sätze

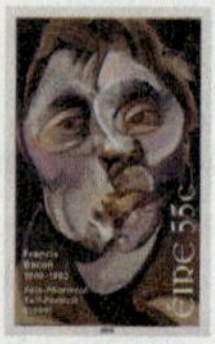

2009, 24. April. 100. Geburtstag von Francis Bacon. Odr. (4×3); Papier ph.; gez. K 13¾:13½.

blx) Selbstporträt 1969; Gemälde von Francis Bacon (1909–1992), Maler

1886	55 C	mehrfarbig	blx	1,10	1,10
			FDC		3,20

Blockausgabe

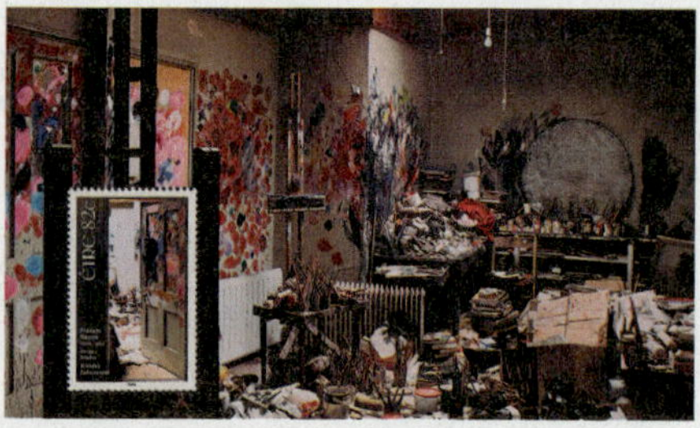

blz

bly) Bacons Atelier in London

1887	82 C mehrfarbig	bly	3,—	3,—
Block 78	(150×90 mm)	blz	3,50	4,—
		FDC		5,—

Auflagen: MiNr. 1886 = 294.000 Stück, Bl. 78 = 20.000 Blocks

In ähnlicher Zeichnung wie MiNr. 1886: MiNr. 2496 (selbstklebend)

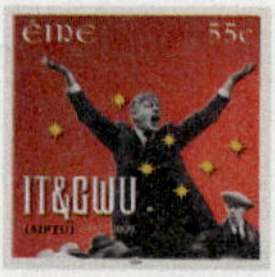

2009, 30. April. 100 Jahre Irische Transport- und Allgemeine Arbeitergewerkschaft (ITGWU). Odr. (4×4); Papier ph.; gez. K 13½.

bma) James Larkin (1874–1947), sozialistischer Aktivist und Gründer der ITGWU

1888	55 C	mehrfarbig	bma	1,10	1,10
			FDC		3,20

Auflage: 316.000 Stück

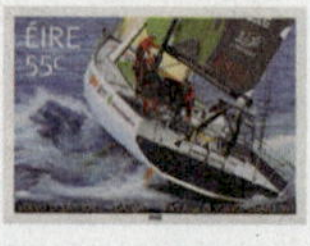

2009, 8. Mai. Galway – Etappenziel der Segelregatta „Volvo Ocean Race". Odr. (4×4); Papier ph.; gez. K 15:14¼.

bmb) Irische Jacht „Green Dragon Team"

1889	55 C	mehrfarbig	bmb	1,10	1,10
			FDC		3,20

Blockausgabe

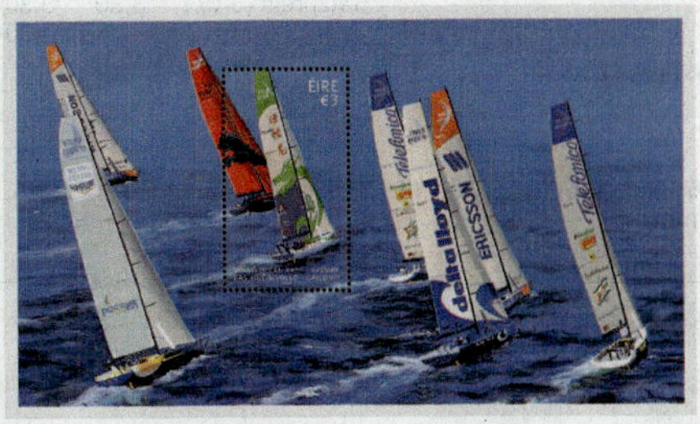

bmd

bmc) Segeljachten

1890	3 € mehrfarbig	bmc	6,—	6,—
Block 79	(150×90 mm)	bmd	6,—	6,—
		FDC		8,—

Aufdruck „STAMPA ... 2009“ auf dem Blockrand von Bl. 79 ist privaten Ursprungs, aber von der Post genehmigt.

Auflagen: MiNr. 1889 = 316.000 Stück, Bl. 79 = 20.000 Blocks

2009, 15. Mai. Europa: Astronomie. Odr. (2×5); Papier ph.; gez. K 13¼.

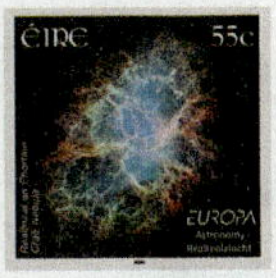

bme) Krebsnebel

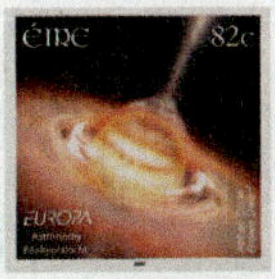

bmf) Brauner Zwerg

1891 55 C mehrfarbig	bme	1,30	1,30
1892 82 C mehrfarbig	bmf	1,90	1,90
	Satzpreis (2 W.)	3,20	3,20
	FDC		4,80
	Kleinbogensatz (2 Klb.)	32,—	32,—

Auflagen: MiNr. 1891 = 294.000, MiNr. 1892 = 260.000 Stück

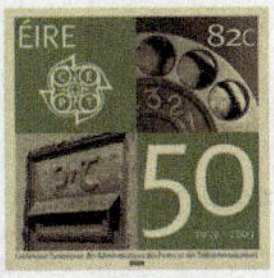

2009, 15. Mai. 50 Jahre Europäische Konferenz der Verwaltungen für Post und Telekommunikation (CEPT). Odr. (4×4); Papier ph.; gez. K 13½.

bmg) Telefonwählscheibe, Briefkastenschlitz

1893 82 C mehrfarbig	bmg	1,80	1,80
	FDC		3,80

Auflage: 260.000 Stück

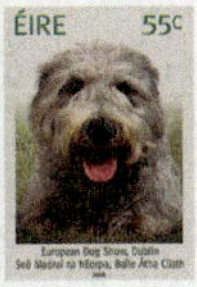

2009, 21. Mai. Europäische Hundeausstellung, Dublin. Odr., Folienstreifen (1×2) und Markenheftchen (5×2); Papier ph.; selbstklebend; gestanzt 13.

bmh) Irish Terrier „Abberann Conan“

1894 55 C mehrfarbig	bmh	1,10	1,10
	FDC		3,20
	Folienstreifen	2,20	2,20
	Markenheftchen	11,—	11,—

Auflage: 540.000 Stück, davon 40.000 im Folienstreifen

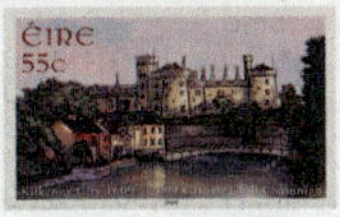

2009, 16. Juni. 400 Jahre Stadtrechte für Kilkenny. Odr. (3×4); Papier ph.; gez. K 13½.

bmi) Schloss von Kilkenny (12. Jh.)

1895 55 C mehrfarbig	bmi	1,10	1,10
	FDC		3,20

Auflage: 294.000 Stück

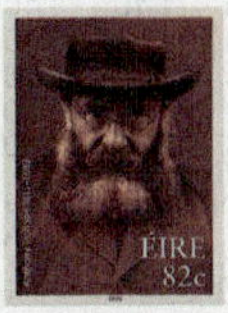

2009, 26. Juni. Anthony Trollope. Odr. (4×4); Papier ph.; gez. K 14¼:15.

bmk) Anthony Trollope (1815–1882), Postbeamter und Schriftsteller

1896 82 C mehrfarbig	bmk	1,70	1,70
	FDC		3,80

Auflage: 260.000 Stück

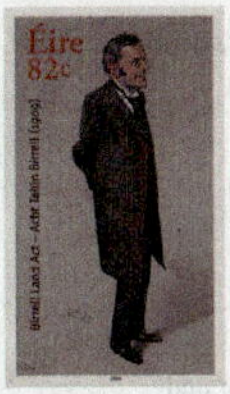

2009, 15. Juli. 100. Jahrestag der Landreform „Birrell Land Act“. Odr. (4×3); Papier ph.; gez. K 13¼.

bml) Augustine Birrell (1850–1933), englischer Schriftsteller und Politiker

1897 82 C mehrfarbig	bml	1,70	1,70
	FDC		3,80

Auflage: 201.000 Stück

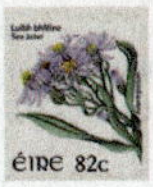

2009, 7. Aug. Freimarke: Wildblumen (kleines Format 20×24 mm). Odr., Markenheftchen (5×2); Papier ph., selbstklebend; gestanzt 14.

bid II) Strandaster (Aster tripolium)

1898 82 C mehrfarbig	bid II	1,70	1,70
	FDC		3,20
	Markenheftchen	17,—	17,—

Weitere Werte siehe Übersicht nach Jahrgangswerttabelle.

2009, 14. Aug. Komponisten der klassischen Musik. Odr., Bogen (B) (2×4 Zd), und Markenheftchen (MH) (2×2); Papier ph.; A = vierseitig, D = dreiseitig gez. K 13¼.

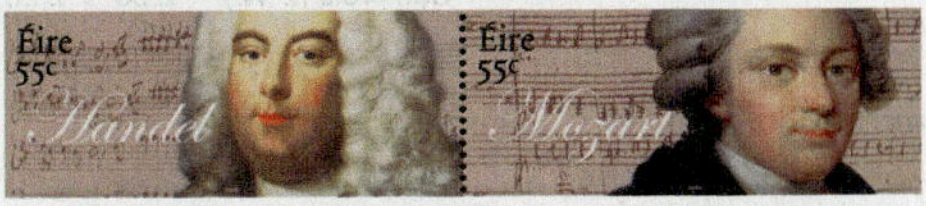

bmm) Georg Friedrich Händel (1685–1759), deutsch-englischer Komponist
bmn) Wolfgang Amadeus Mozart (1756–1791), österreichischer Komponist

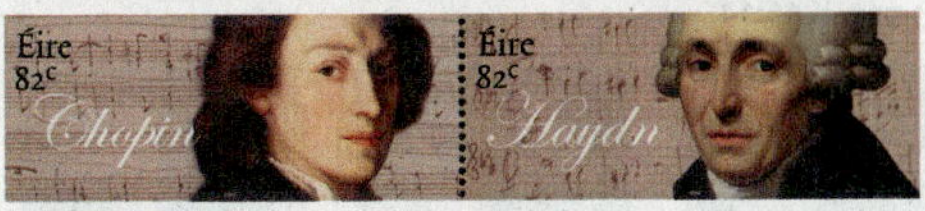

bmo) Fryderyk Chopin (1810–1849), polnischer Komponist und Pianist
bmp) Joseph Haydn (1732–1809), österreichischer Komponist

1899	55 C mehrfarbig	bmm		
A	vierseitig gez. (B)		1,10	1,10
Dr	dreiseitig gez. (⊏⊐) (MH)		1,10	1,10
1900 A	55 C mehrfarbig (B) (MH)	bmn	1,10	1,10

1901		82 C	mehrfarbig	bmo		
	A		vierseitig gez. (B)		1,70	1,70
	Dr		dreiseitig gez. (⌑) (MH)		1,70	1,70
1902	**A**	82 C	mehrfarbig (B) (MH)	bmp	1,70	1,70
			Satzpreis A (4 W.)		5,50	5,50
			2 Paare A		5,50	5,50
			FDC			7,50

Blockausgabe mit MiNr. 1899 Do, 1900 E, 1901 A und 1902 DI, E = zweiseitig gez. K 13¼

1899	**Do**	55 C	mehrfarbig (⌑)	bmn	1,10	1,10
1900	**E**	55 C	mehrfarbig (⌑)	bmm	1,10	1,10
1902	**DI**	82 C	mehrfarbig (⌑)	bmp	1,70	1,70
Block 80			(150×90 mm)	bmr	6,—	5,50
			FDC			7,50

Nominalgleiche Marken wurden im Bogen waagerecht zusammenhängend gedruckt.

MiNr. 1899–1902 wurden auch zusammenhängend im Markenheftchen (MH 66) ausgegeben.

Aufdruck „STAMPA ... 2010“ auf dem Blockrand von Bl. 80 ist privaten Ursprungs, aber von der Post genehmigt.

Auflagen: MiNr. 1899 A–1900 A je 334.000, MiNr. 1901 A–1902 A je 300.000 Stück

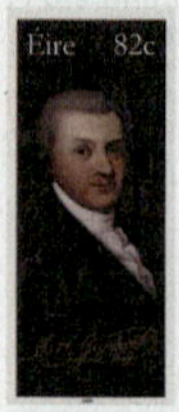

2009, 28. Aug. 250 Jahre Brauerei Guinness. Odr. (4×3); Papier ph.; gez. K 14:15.

bms) Arthur Guinness (1725–1803), Bierbrauer und Firmengründer

1903	82 C	mehrfarbig	bms	1,70	1,70
		FDC			3,80

Auflage: 225.000 Stück

2009, 4. Sept. 400. Jahrestag der Besiedelung unbewohnter Gebiete in Ulster durch Engländer und Schotten. Odr. (2×4 Zd); Papier ph.; gez. K 15:14.

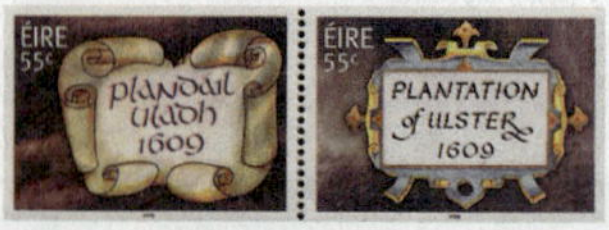

bmt) Schild mit gälischer Inschrift
bmu) Schild mit englischer Inschrift

1904	55 C	mehrfarbig	bmt	1,10	1,10
1905	55 C	mehrfarbig	bmu	1,10	1,10
		Satzpreis (2 W.)		2,20	2,20
		Paar		2,20	2,20
		FDC			3,80

Auflage: 334.000 Sätze

2009, 18. Sept. Zeitgenössische Dramatiker. Odr. (4×4); Papier ph.; gez. K 15:14.

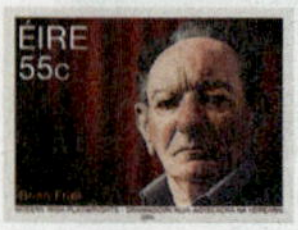

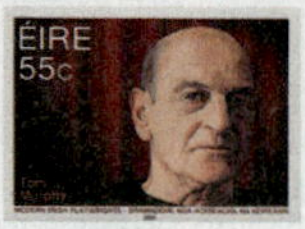

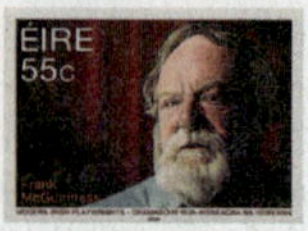

bmv) Brian Friel (1929–2015)
bmw) Tom Murphy (1935–2018)
bmx) Frank McGuinness (*1953)

1906	55 C	mehrfarbig	bmv	1,10	1,10
1907	55 C	mehrfarbig	bmw	1,10	1,10
1908	55 C	mehrfarbig	bmx	1,10	1,10
		Satzpreis (3 W.)		3,30	3,30
		FDC			4,30

Auflage: 334.000 Sätze

2009, 16. Okt. Libellen. Odr. (4×4); Papier ph.; gez. K 14:15, Querformat ∼.

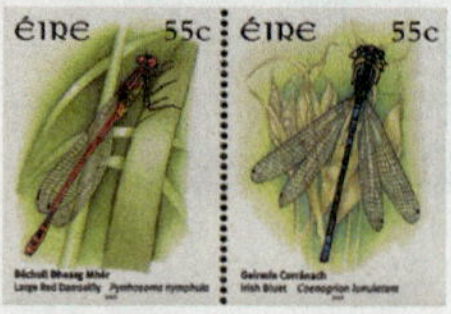

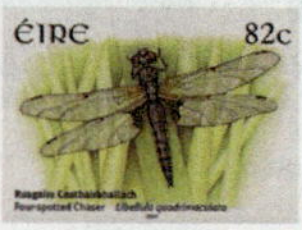

bmy) Frühe Adonisjungfer (Pyrrhosoma nymphula)
bmz) Mond-Azurjungfer (Coenagrion lunulatum)
bna) Vierfleck (Libellula quadrimaculata)

1909	55 C	mehrfarbig	bmy	1,10	1,10
1910	55 C	mehrfarbig	bmz	1,10	1,10
1911	82 C	mehrfarbig	bna	1,80	1,60
		Satzpreis (3 W.)		4,50	3,80
		Paar + Marke		4,50	3,80
		FDC			5,80

Blockausgabe, gez. Ks 13:13¼

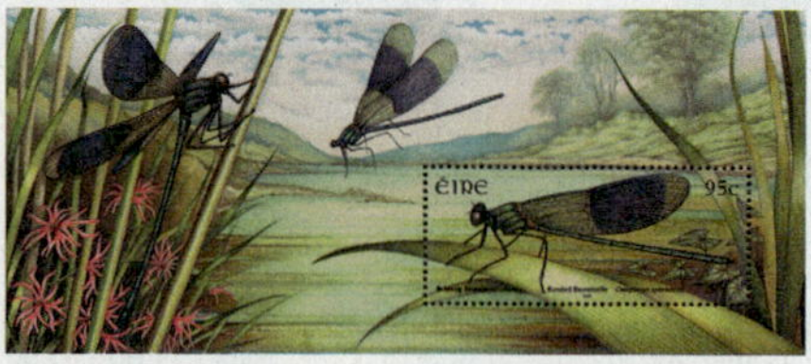

bnc

bnb) Gebänderte Prachtlibelle (Calopteryx splendens)

1912	95 C	mehrfarbig	bnb	2,—	2,—
Block 81		(150×65 mm)	bnc	2,50	2,—
		FDC			4,—

MiNr. 1909–1910 wurden schachbrettartig zusammenhängend gedruckt.

Aufdruck „STAMPA ... 2010“ auf dem Blockrand von Bl. 81 ist privaten Ursprungs, aber von der Post genehmigt.

Auflagen: MiNr. 1909–1910 je 334.000, MiNr. 1911 = 260.000 Stück, Bl. 81 = 20.000 Blocks

2009, 6. Nov. Weihnachten (I). Odr. (4×4); Papier ph.; gez. K 15:14.

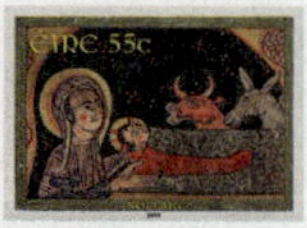

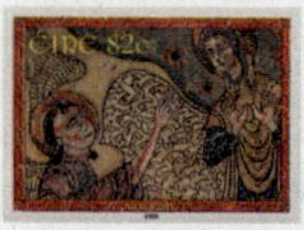

bnd) Christi Geburt
bne) Mariä Verkündigung

bnd–bne) Miniaturen aus dem Liederbuch des Gamaghiel-Klosters, Khizan

1913	55 C	mehrfarbig	bnd	1,10	1,10
1914	82 C	mehrfarbig	bne	1,70	1,70
		Satzpreis (2 W.)		2,80	2,80

FDC siehe nach MiNr. 1915.

Auflagen: MiNr. 1913 = 2.000.000, MiNr. 1914 = 1.800.000 Stück

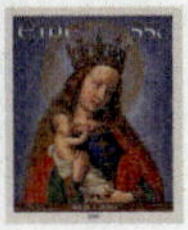

2009, 6. Nov. Weihnachten (II). Odr., Markenheftchen (2×13); Papier ph.; selbstklebend; gestanzt 11¼.

bnf) Hl. Maria mit Kind; Gemälde von Simon Bening (um 1483–1561), flämischer Maler

1915	55 C mehrfarbig	bnf	1,10	1,10
		Markenheftchen	28,—	28,—
		FDC (MiNr. 1913–1915)		6,—

Das Markenheftchen wurde zum ermäßigten Preis von 13.75 € verkauft.

Auflage: 30.290.000 Stück

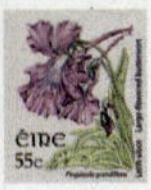

2009, 6. Nov. Freimarke: Wildblumen (kleines Format 20×24 mm). Odr., Markenheftchen (5×2); Papier ph., selbstklebend; gestanzt 14.

bfs II) Großblütiges Fettblatt (Pinguicula grandiflora)

1916	55 C mehrfarbig	bfs II	1,10	1,10
		FDC		3,—
		Markenheftchen	11,—	11,—

Weitere Werte siehe Übersicht nach Jahrgangswerttabelle.

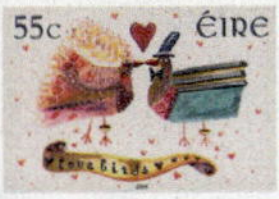

2010, 21. Jan. Hochzeitsgrußmarke. Odr., Folienstreifen (2×1) und Markenheftchen (5×2); Papier ph.; selbstklebend; gestanzt 13¼.

bng) Vogelpaar

1917	55 C mehrfarbig	bng	1,10	1,10
		FDC		3,20
		Folienstreifen	2,20	2,20
		Markenheftchen	11,—	11,—

Auflage: 1.520.000 Stück, davon 20.000 im Folienstreifen

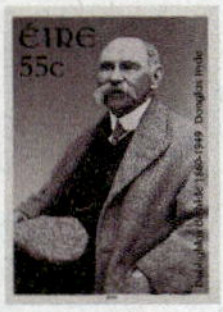

2010, 21. Jan. 150. Geburtstag von Douglas Hyde. Odr. (4×4); Papier ph.; gez. K 14¼:15.

bnh) Douglas Hyde (1860–1949), Dichter und Staatspräsident

1918	55 C mehrfarbig	bnh	1,10	1,10
		FDC		3,20

Auflage: 294.000 Stück

2010, 28. Jan. Grußmarken. Odr., Folienstreifen (1×2) und Markenheftchen (5×2); Papier ph.; selbstklebend; gestanzt 13½:12¾.

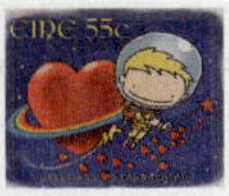

bni) Astronaut, Herz

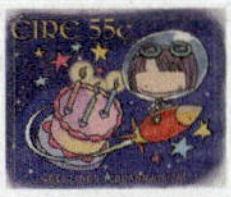

bnk) Astronautin, Torte

1919	55 C mehrfarbig	bni	1,10	1,10
1920	55 C mehrfarbig	bnk	1,10	1,10
		Satzpreis (2 W.)	2,20	2,20
		FDC		4,20
		Folienstreifen	2,20	2,20
		Markenheftchen	11,—	11,—

MiNr. 1919–1920 wurden zusammen im Markenheftchen zu je 5 Marken ausgegeben.

Auflage: 520.000 Sätze, davon 20.000 im Folienstreifen

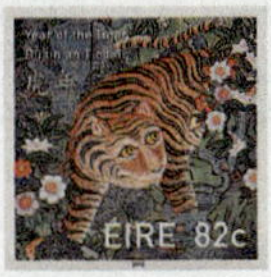

2010, 11. Febr. Chinesisches Neujahr: Jahr des Tigers. Odr. (4×4); Papier ph.; gez. K 13¼.

bnl) Tiger

1921	82 C mehrfarbig	bnl	1,70	1,70
		FDC		3,70

Blockausgabe mit 3 × MiNr. 1921

Block 82 (150×90 mm)	bnm	5,—	5,—
	FDC		7,—

Auflage: MiNr. 1921 = 260.000 Stück

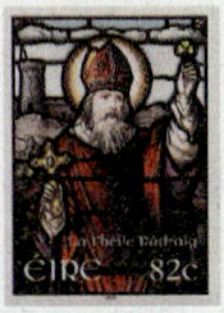

2010, 18. Febr. Nationalfeiertag „St.-Patricks-Tag“. Odr. (4×4); Papier ph.; gez. K 14¼:14¾.

bnn) Hl. Patrick (um 385–461), Missionar, Apostel Irlands; Glasfenster in der St.-Patricks-Kathedrale, Armagh

1922	82 C schwarz	bnn	1,70	1,70
		FDC		3,70

Auflage: 244.000 Stück

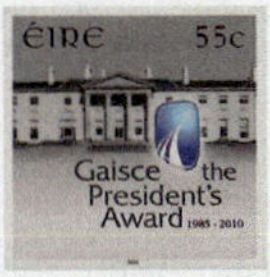

2010, 11. März. 25 Jahre Auszeichnung für Jugendliche durch den Staatspräsidenten „Gaisce“. Odr. (4×4); Papier ph.; gez. K 13¼.

bno) Amtssitz des Präsidenten Áras an Uachtaráin, Dublin; Gaisce-Emblem

1923	55 C schwarz	bno	1,10	1,10
		FDC		3,20

Auflage: 294.000 Stück

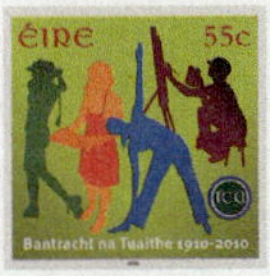

2010, 25. März. 100 Jahre Irische Landfrauenvereinigung (ICA). Odr. (4×4); Papier ph.; gez. K 13¼.

bnp) Frauen bei verschiedenen Freizeitaktivitäten

1924	55 C mehrfarbig	bnp	1,10	1,10
		FDC		3,20

Auflage: 294.000 Stück

2010, 8. April. Keltische Kreuze. Odr. (1×3 Zd); Papier ph.; gez. K 13.

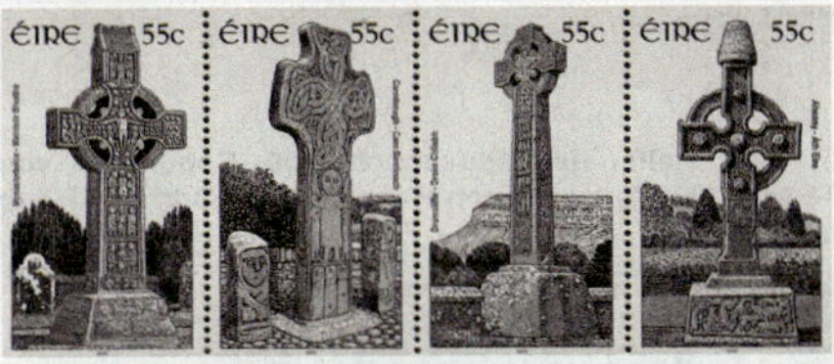

bnr) Monasterboice-Kreuz, Louth
bns) Carndonagh-Kreuz, Donegal
bnt) Drumcliffe-Kreuz, Sligo
bnu) Ahenny-Kreuz, Tipperary

1925	55 C schwarz	bnr	1,10	1,10
1926	55 C schwarz	bns	1,10	1,10
1927	55 C schwarz	bnt	1,10	1,10

1928	55 C schwarz	bnu	1,10	1,10
		Satzpreis (4 W.)	4,40	4,40
		Viererstreifen	4,40	4,40
		FDC		6,50

Auflage: 492.000 Sätze

2010, 6. Mai. Europa: Kinderbücher. Odr. (5×2); Papier ph.; gez. K 13¼.

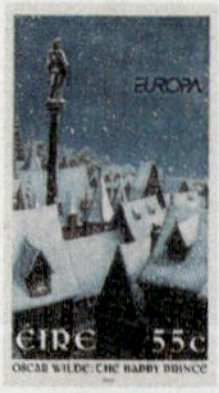

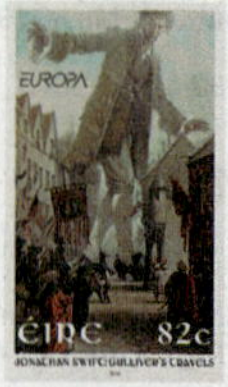

bnv) Illustration zu „Der glückliche Prinz"; Märchen von Oscar Wilde (1854–1900), Schriftsteller

bnw) Illustration zu „Gullivers Reisen"; Roman von Jonathan Swift (1667–1745), Schriftsteller und Satiriker

1929	55 C mehrfarbig	bnv	1,20	1,20
1930	82 C mehrfarbig	bnw	2,—	2,—
		Satzpreis (2 W.)	3,20	3,20
		FDC		4,80
		Kleinbogensatz (2 Klb.)	32,—	32,—

Auflagen: MiNr. 1929 = 294.000, MiNr. 1930 = 260.000 Stück

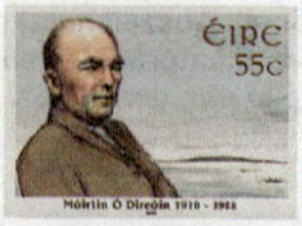

2010, 27. Mai. 100. Geburtstag von Máirtín Ó Direáin. Odr. (4×4); Papier ph.; gez. K 15:14.

bnx) Máirtín Ó Direáin (1910–1988), Dichter

1931	55 C mehrfarbig	bnx	1,10	1,10
		FDC		3,20

Auflage: 294.000 Stück

2010, 27. Mai. 150. Geburtstag von Roderic O'Conor. Odr. (4×3); Papier ph.; gez. K 13.

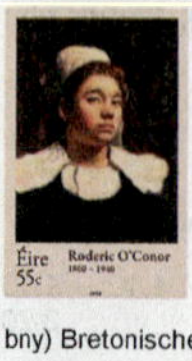

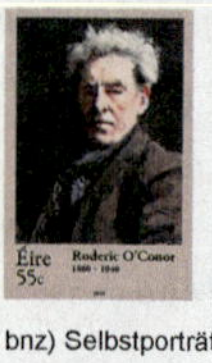

bny) Bretonisches Mädchen

bnz) Selbstporträt

bny–bnz) Gemälde von Roderic O'Conor (1860–1940)

1932	55 C mehrfarbig	bny	1,10	1,10
1933	55 C mehrfarbig	bnz	1,10	1,10
		Satzpreis (2 W.)	2,20	2,20
		FDC		4,20

Auflage: 336.000 Sätze

2010, 17. Juni. Helfer der Menschheit: 100. Geburtstag von Mutter Teresa, 100. Todestag von Henri Dunant. Odr. (2×3 Zd); Papier ph.; gez. K 13¼.

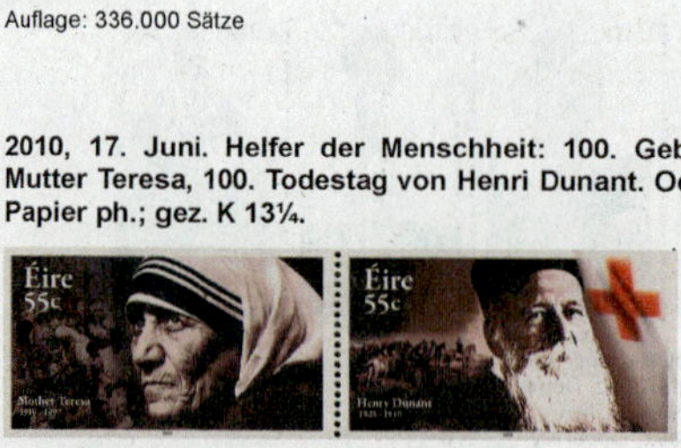

boa) Mutter Teresa, eigentlich Agnes Gonxha Bojaxhiu (1910–1997), indische katholische Ordensgründerin, Friedensnobelpreis 1979

bob) Henri Dunant (1828–1910), schweizerischer Philanthrop und Mitbegründer des Roten Kreuzes, Friedensnobelpreis 1901

1934	55 C mehrfarbig	boa	1,10	1,10
1935	55 C mehrfarbig	bob	1,10	1,10
		Satzpreis (2 W.)	2,20	2,20
		Paar	2,20	2,20
		FDC		4,20

Auflage: 336.000 Sätze

2010, 15. Juli. Irische Modedesigner. Komb. Odr. und Pdr., Bogen (B) (1×4 Zd) und Markenheftchen (MH) (3×1); Papier ph.; A = vierseitig, D = dreiseitig gez. K 13¼.

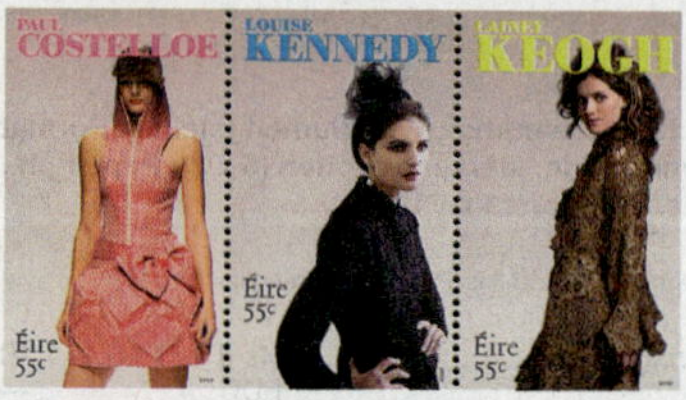

boc) Kleid von Paul Costelloe (*1945)
bod) Kleid von Louise Kennedy (*1960)
boe) Kleid von Lainey Keogh (*1957)

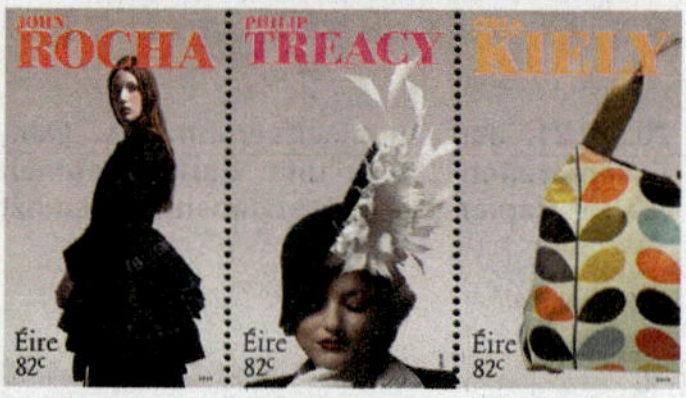

bof) Kleid von John Rocha (*1953)
bog) Hut von Philip Treacy (*1967)
boh) Tasche von Orla Kiely (*1963)

1936	55 C mehrfarbig	boc		
A	vierseitig gez. (B) (MH)		1,10	1,10
D	dreiseitig gez. (⌧) (MH)		1,10	1,10
1937	55 C mehrfarbig	bod		
A	vierseitig gez. (B) (MH)		1,10	1,10
D	dreiseitig gez. (⌧) (MH)		1,10	1,10
1938	55 C mehrfarbig	boe		
A	vierseitig gez. (B) (MH)		1,10	1,10
D	dreiseitig gez. (⌧) (MH)		1,10	1,10
1939	82 C mehrfarbig	bof		
A	vierseitig gez. (B) (MH)		1,70	1,70
D	dreiseitig gez. (⌧) (MH)		1,70	1,70
1940	82 C mehrfarbig	bog		
A	vierseitig gez. (B) (MH)		1,70	1,70
D	dreiseitig gez. (⌧) (MH)		1,70	1,70
1941	82 C mehrfarbig	boh		
A	vierseitig gez. (B) (MH)		1,70	1,70
D	dreiseitig gez. (⌧) (MH)		1,70	1,70
		Satzpreis A (6 W.)	8,40	8,40
		2 Dreierstreifen A	8,40	8,40
		2 FDC A		12,50
		Markenheftchen	28,—	28,—

Nominalgleiche Marken wurden im Bogen waagerecht zusammenhängend gedruckt. MiNr. 1936–1941 wurden auch zusammen im Markenheftchen zu 2 × MiNr. 1936 A–1941 A und 1 × MiNr. 1936 D–1941 D ausgegeben.

Auflagen: MiNr. 1936–1938 je 414.000, MiNr. 1939–1941 je 348.000 Stück in Bogen

2010, 29. Juli. Greifvögel. Odr. (4×4); Papier ph.; gez. K 13¼.

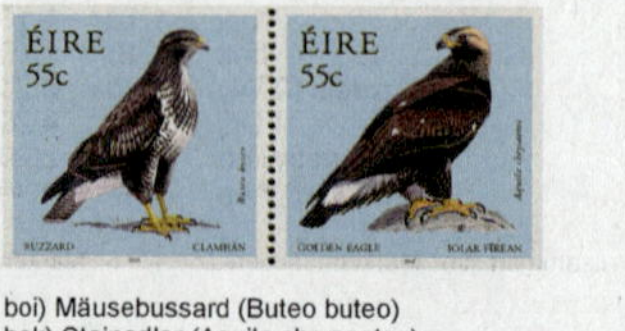

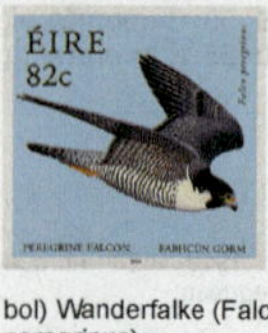

boi) Mäusebussard (Buteo buteo)
bok) Steinadler (Aquila chrysaetos)

bol) Wanderfalke (Falco peregrinus)

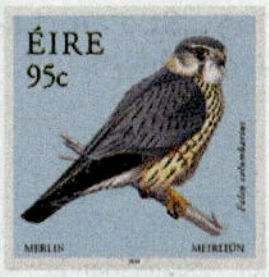

bom) Merlin (Falco columbarius)

1942 55 C mehrfarbig .... boi 1,10 1,10
1943 55 C mehrfarbig .... bok 1,10 1,10
1944 82 C mehrfarbig .... bol 1,70 1,70
1945 95 C mehrfarbig .... bom 1,90 1,90
Satzpreis (4 W.) 5,80 5,80
Paar + 2 Marken 5,80 5,80
FDC 7,80

Blockausgabe mit MiNr. 1942–1945

Block 83 (150×90 mm) .... bon 5,80 5,80
FDC 7,80

MiNr. 1942–1943 wurden schachbrettartig zusammenhängend gedruckt.

Aufdruck „STAMPA ... 2010“ auf dem Blockrand von Bl. 83 ist privaten Ursprungs, aber von der Post genehmigt.

Auflagen: MiNr. 1942–1943 je 374.000, MiNr. 1944–1945 je 210.000 Stück

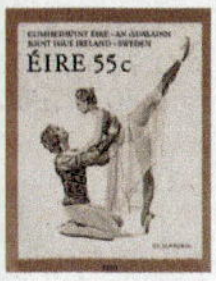

2010, 26. Aug. 5. Todestag von Czeslaw Slania. Komb. StTdr. und Odr. (4×4); Papier ph.; gez. K 12½.

boo) Szene aus dem Ballett „Romeo und Julia“ (Markenmotiv Schweden MiNr. 925); Stich von Czeslaw Slania (1921–2005), polnischer Briefmarkenstecher

1946 55 C mehrfarbig .... boo 1,10 1,10
FDC 3,20

Auflage: 294.000 Stück

Parallelausgabe mit Schweden MiNr. 2781

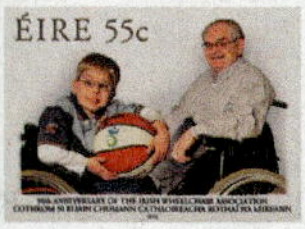

2010, 8. Sept. 50 Jahre Irische Rollstuhl-Gesellschaft (IWA). Odr. (4×4); Papier ph.; gez. K 15:14.

bop) Shane Barker (*2003) mit Basketball; Oliver Murphy, Gründungsmitglied der IWA

1947 55 C mehrfarbig .... bop 1,10 1,10
FDC 3,20

Auflage: 294.000 Stück

2010, 23. Sept. Legendäre Showbands. Odr., Bogen (B) (4×4) und Markenheftchen (MH) (2×2); Papier ph.; A = vierseitig, D = dreiseitig gez. K 13½.

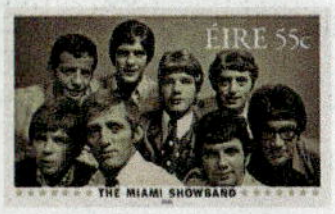

bor) The Miami Showband

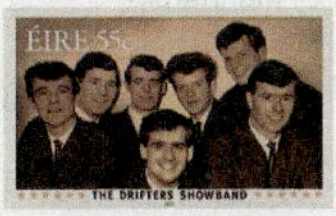

bos) The Drifters Showband

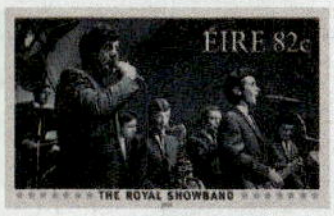

bot) The Royal Showband

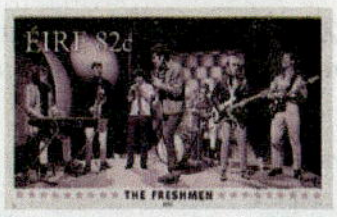

bou) The Freshmen

1948 A 55 C mehrfarbig (B) (MH) .... bor 1,10 1,10
1949 55 C mehrfarbig .... bos
A vierseitig gez. (B) (MH) 1,10 1,10
D dreiseitig gez. (⌑) (MH) 1,10 1,10
1950 A 82 C mehrfarbig (B) (MH) .... bot 1,70 1,70
1951 82 C mehrfarbig .... bou
A vierseitig gez. (B) (MH) 1,70 1,70
D dreiseitig gez. (⌑) (MH) 1,70 1,70
Satzpreis A (4 W.) 5,60 5,60
FDC A 7,50

Blockausgabe mit MiNr. 1948 A–1951 A

Block 84 (150×90 mm) .... bov 5,60 5,60
FDC 7,50

MiNr. 1948–1951 wurden auch zusammenhängend im Markenheftchen (MH 67) ausgegeben.

Aufdruck „STAMPA ... 2011“ auf dem Blockrand von Bl. 84 ist privaten Ursprungs, aber von der Post genehmigt.

Auflagen: MiNr. 1948–1949 je 180.000, MiNr. 1950–1951 je 160.000 Stück in Bogen

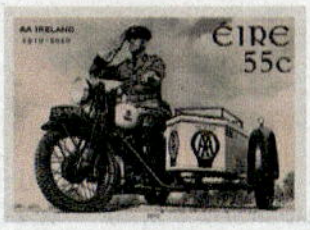

2010, 14. Okt. 100 Jahre Automobilverband von Irland (AA). Odr. (4×4); Papier ph.; gez. K 15:14.

bow) Mitglied der AA-Motorradpatrouille

1952 55 C mehrfarbig .... bow 1,10 1,10
FDC 3,20

Auflage: 294.000 Stück

2010, 28. Okt. Chilenische Unabhängigkeitskämpfer irischer Herkunft. Odr. (2×3 Zd); Papier ph.; gez. K 13¼.

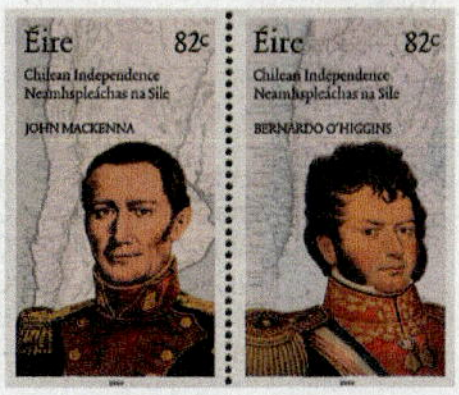

box) John Mackenna (1771–1814), General und führender Politiker der Unabhängigkeitsbewegung Chiles
boy) Bernardo O'Higgins Riquelme (1778–1842), Offizier und führender Politiker der Unabhängigkeitsbewegung Chiles

1953 82 C mehrfarbig .... box 1,70 1,70
1954 82 C mehrfarbig .... boy 1,70 1,70
Satzpreis (2 W.) 3,40 3,40
Paar 3,40 3,40
FDC 5,40

Auflage: 298.000 Sätze

Parallelausgabe mit Chile MiNr. 2415–2416

2010, 4. Nov. Weihnachten (I). Odr. (4×4); Papier ph.; gez. K 15:14.

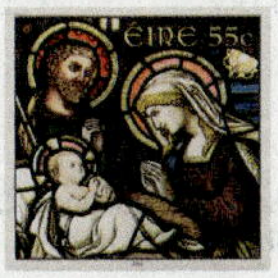

boz) Geburt Christi; Glasfenster aus der St.-Brigid-Kirche, Dangan

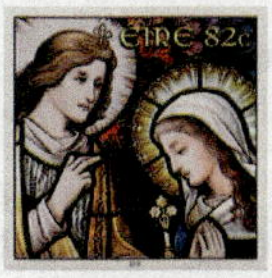

bpa) Mariä Verkündigung; Glasfenster aus der Marienkirche, Aughrim

1955 55 C mehrfarbig .... boz 1,10 1,10
1956 82 C mehrfarbig .... bpa 1,70 1,70
Satzpreis (2 W.) 2,80 2,80

FDC siehe nach MiNr. 1957.

Auflagen: MiNr. 1955 = 2.000.000, MiNr. 1956 = 1.800.000 Stück

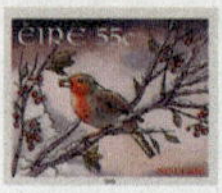

2010, 4. Nov. Weihnachten (II). Odr., Markenheftchen (13×2); Papier ph.; selbstklebend; gestanzt 11¼.

bpb) Rotkehlchen (Erithacus rubecula)

1957 55 C mehrfarbig .... bpb 1,10 1,10
Markenheftchen 28,— 28,—
FDC mit MiNr. 1955–1957 und ATM 21 So–22 So 8,60

Das Markenheftchen wurde zum ermäßigten Preis von 13.75 € verkauft.

Auflage: 30.290.000 Stück

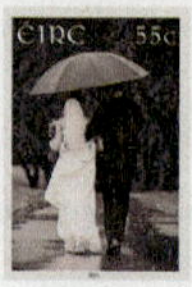

2011, 20. Jan. Hochzeitsgrußmarke. Odr., Folienstreifen (2×1) und Markenheftchen (2×5); Papier ph.; selbstklebend; gestanzt 11¼.

bpc) Brautpaar mit Schirm

1958 55 C mehrfarbig .... bpc 1,10 1,10
FDC 3,20
Folienstreifen 2,20 2,20
Markenheftchen 11,— 11,—

Auflage: 1.540.000 Stück, davon 40.000 im Folienstreifen

2011, 27. Jan. Grußmarken. Odr., Folienstreifen (1×2) und Markenheftchen (10×2); Papier ph.; selbstklebend; gestanzt 11¼.

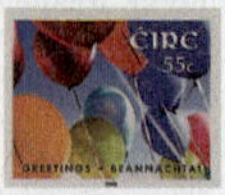

bpd) Luftballons

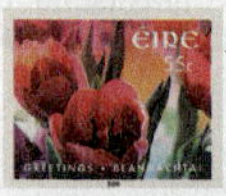

bpe) Tulpen

1959 55 C mehrfarbig .... bpd 1,10 1,10
1960 55 C mehrfarbig .... bpe 1,10 1,10
Satzpreis (2 W.) 2,20 2,20
FDC 4,20
Folienstreifen 2,20 2,20
Markenheftchen 11,— 11,—

MiNr. 1959–1960 wurden zusammen im Markenheftchen zu je 5 Marken und 10 Zierfeldern ausgegeben

Aufdruck „STAMPA ... 2011“ auf dem Markenheftchen ist privaten Ursprungs, aber von der Post genehmigt.

Auflage: 250.000 Sätze, davon 20.000 im Folienstreifen

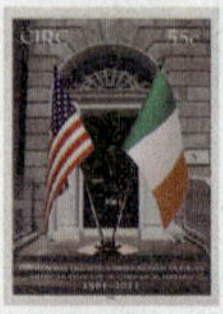

2011, 3. Febr. 50 Jahre Amerikanische Handelskammer in Irland. Odr. (4×4); Papier ph.; gez. K 14:15.

bpf) Eingang des Handelskammergebäudes, Dublin

1961 55 C mehrfarbig .... bpf 1,10 1,10
FDC 3,20

Auflage: 224.000 Stück

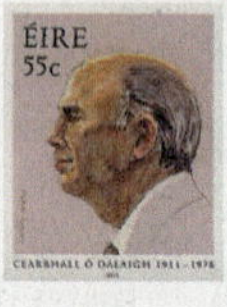

2011, 10. Febr. 100. Geburtstag von Cearbhall Ó Dálaigh. Odr. (4×4); Papier ph.; gez. K 13½.

bpg) Cearbhall Ó Dálaigh (1911–1978), Staatspräsident

1962 55 C mehrfarbig .... bpg 1,10 1,10
FDC 3,20

Auflage: 224.000 Stück

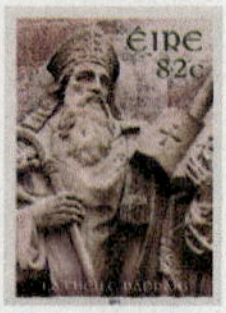

2011, 17. Febr. Nationalfeiertag „St.-Patricks-Tag“. Odr. (4×4); Papier ph.; gez. K 14:15.

bph) Hl. Patrick (um 385–461), Missionar, Apostel Irlands; Statue in der Kapelle des St. Patrick's College, Maynooth

1963 82 C mehrfarbig .... bph 1,70 1,70
FDC 3,70

Auflage: 188.000 Stück

2011, 3. März. Rechte der Frau. Odr. (4×4); Papier ph.; gez. K 13½.

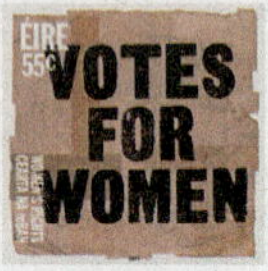

bpi) Wahlrecht

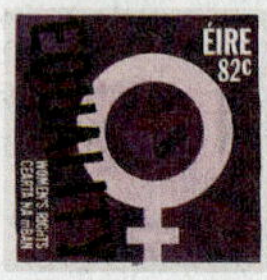

bpk) Recht auf Gleichstellung

1964 55 C mehrfarbig .... bpi 1,10 1,10
1965 82 C mehrfarbig .... bpk 1,70 1,70
Satzpreis (2 W.) 2,80 2,80

Auflagen: MiNr. 1964 = 224.000, MiNr. 1965 = 188.000 Stück

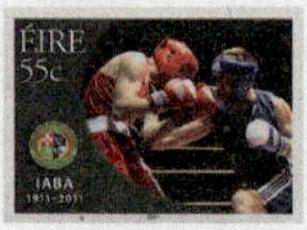

2011, 14. April. 100 Jahre Irischer Amateurboxverband (IABA). Odr. (4×4); Papier ph.; gez. K 15:14.

bpl) Boxszene

1966 55 C mehrfarbig .... bpl 1,10 1,10
FDC 3,20

Auflage: 224.000 Stück

2011, 5. Mai. Europa: Der Wald. Odr. (2×5); Papier ph.; gez. K 14¾:14.

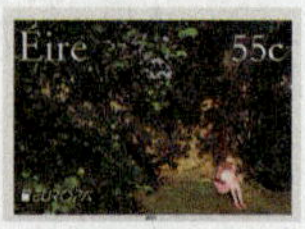

bpm) Rast im Wald

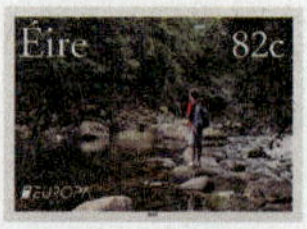

bpn) Wanderer an Flussufer

1967 55 C mehrfarbig .... bpm 1,20 1,20
1968 82 C mehrfarbig .... bpn 1,80 1,80
Satzpreis (2 W.) 3,— 3,—
FDC 4,80
Kleinbogensatz (2 Klb.) 30,— 30,—

Auflagen: MiNr. 1967 = 224.000, MiNr. 1968 = 188.000 Stück

2011, 12. Mai. Irisches Jahr des Kunsthandwerks. Odr. Markenheftchen; Papier ph.; gez. K 13¼.

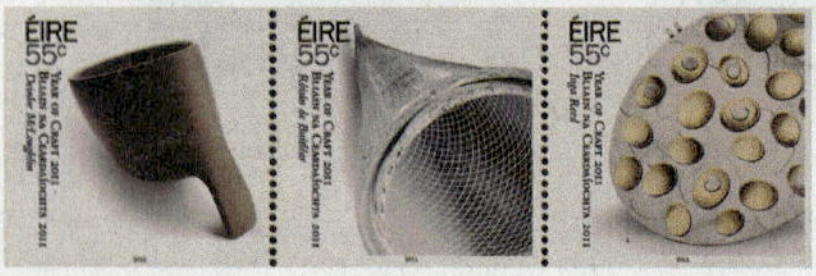

bpo) Keramikschöpfkelle von Deirdre McLoughlin (*1949)
bpp) Glaskunstwerk von Róisín de Buitléar (*1963)
bpr) Schmuckstück von Inga Reed

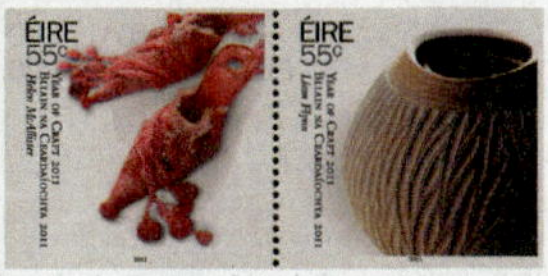

bps) Stoffschuhe von Helen McAllister
bpt) Holzvase von Liam Flynn (1969–2017)

1969	55 C mehrfarbig	bpo	1,10	1,10
1970	55 C mehrfarbig	bpp	1,10	1,10
1971	55 C mehrfarbig	bpr	1,10	1,10
1972	55 C mehrfarbig	bps	1,10	1,10
1973	55 C mehrfarbig	bpt	1,10	1,10
	Satzpreis (5 W.)		5,50	5,50
	FDC			7,50
	Prestige-Markenheftchen		20,—	20,—

MiNr. 1969–1973 wurden sowohl zusammenhängend im Markenheftchen (MH 68) als auch im Prestige-Markenheftchen zu je 3 Marken gedruckt (Postpreis des Prestige-Markenheftchens: 9 €).

2011, 6. Juni. Nationalparks. Odr., Bogen (B) (1×4 Zd) und Markenheftchen (MH) (3×1); Papier ph.; A = vierseitig, D = dreiseitig gez. K 15:14.

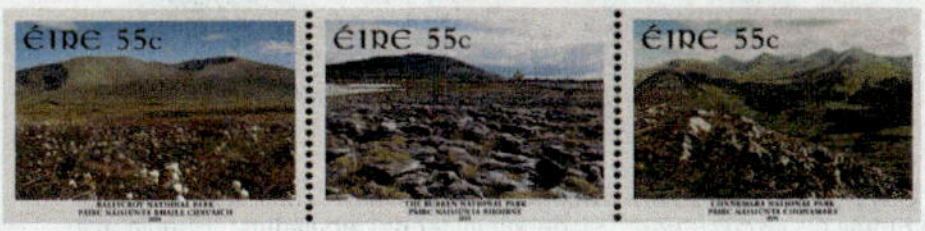

bpu) Ballycroy
bpv) The Burren
bpw) Connemara

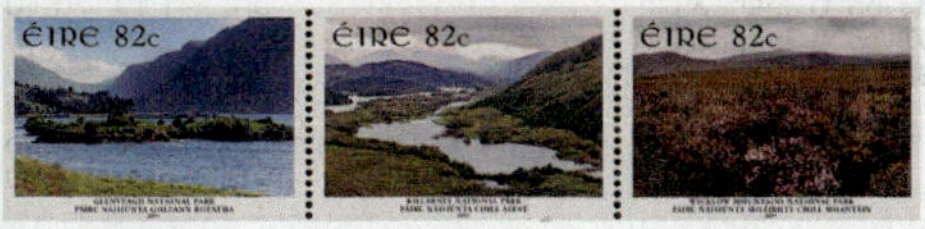

bpx) Glenveagh
bpy) Killarney
bpz) Wicklow Mountains

1974		55 C mehrfarbig	bpu		
	A	vierseitig gez. (B) (MH)		1,10	1,10
	D	dreiseitig gez. (▯) (MH)		1,10	1,10
1975		55 C mehrfarbig	bpv		
	A	vierseitig gez. (B) (MH)		1,10	1,10
	D	dreiseitig gez. (▯) (MH)		1,10	1,10
1976		55 C mehrfarbig	bpw		
	A	vierseitig gez. (B) (MH)		1,10	1,10
	D	dreiseitig gez. (▯) (MH)		1,10	1,10
1977		82 C mehrfarbig	bpx		
	A	vierseitig gez. (B) (MH)		1,70	1,70
	D	dreiseitig gez. (▯) (MH)		1,70	1,70
1978		82 C mehrfarbig	bpy		
	A	vierseitig gez. (B) (MH)		1,70	1,70
	D	dreiseitig gez. (▯) (MH)		1,70	1,70
1979		82 C mehrfarbig	bpz		
	A	vierseitig gez. (B) (MH)		1,70	1,70
	D	dreiseitig gez. (▯) (MH)		1,70	1,70
		Satzpreis A (6 W.)		8,40	8,40
		2 Dreierstreifen A		8,40	8,40
		FDC A			10,50
		Markenheftchen		26,—	26,—

Blockausgabe

Block 85	mit MiNr. 1974 A–1976 A (150×90 mm)	bra	3,30	3,30
	FDC			5,30
Block 86	mit MiNr. 1977 A–1979 A (150×90 mm)	brb	5,—	5,—
	FDC			7,—

Nominalgleiche Marken wurden im Bogen waagerecht zusammenhängend gedruckt.

MiNr. 1974–1979 wurden auch im Markenheftchen (2 × MiNr. 1974 A–1979 A und 1 × MiNr. 1974 D–1979 D) ausgegeben (Postpreis des Heftchens: 13 €).

Aufdruck „STAMPA ... 2011" auf dem Blockrand von Bl. 86 ist privaten Ursprungs, aber von der Post genehmigt.

Auflagen: MiNr. 1974–1976 je 224.000, MiNr. 1977–1979 je 188.000 Stück

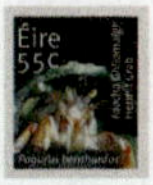

2011, 22. Juni. Freimarke: Tiere. Odr., Markenheftchen (5×2); Papier ph.; selbstklebend; gestanzt 14.

brc) Landeinsiedlerkrebs (Coenobita clypeatus)

1980	55 C mehrfarbig	brc	1,10	1,10
	FDC			3,—
	Markenheftchen		11,—	11,—

MiNr. 1980 weist einen groben, regelmäßigen Druckraster auf, MiNr. 2014 einen feinen, stochastischen Druckraster.

In ähnlicher Zeichnung: MiNr. 2014
Weitere Werte: MiNr. 1992–1993, 2015, 2043–2046, 2097–2100, 2136–2139

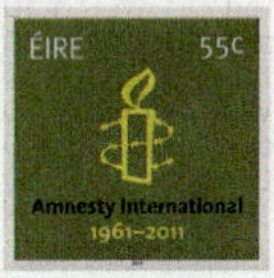

2011, 30. Juni. 50 Jahre Amnesty International. Odr. (4×4); Papier ph.; gez. K 13¼.

brd) Kerze mit Stacheldraht

1981	55 C mehrfarbig	brd	1,10	1,10
	FDC			3,20

Auflage: 224.000 Stück

2011, 5. Aug. Technologie für erneuerbare Energie. Odr., Folienstreifen (5×1), Markenheftchen (5×2) und Prestige-Markenheftchen (1×3); Papier ph.; selbstklebend; gestanzt 11¼.

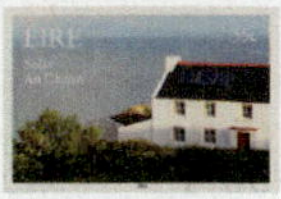

bre) Wohnhaus mit Solaranlage

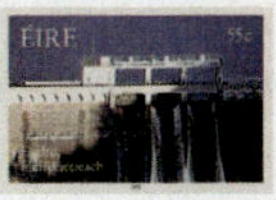

brf) Wasserkraftwerk

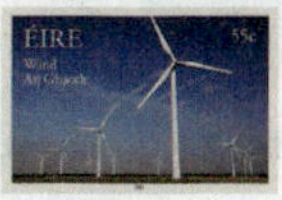

brg) Windenergieanlage

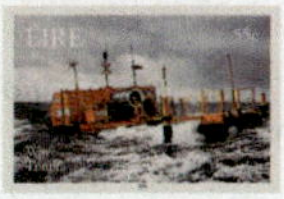

brh) Wellenkraftwerk

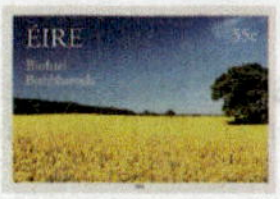

bri) Rapsfeld für Biomasseanlagen

1982	55 C mehrfarbig	bre	1,10	1,10
1983	55 C mehrfarbig	brf	1,10	1,10
1984	55 C mehrfarbig	brg	1,10	1,10
1985	55 C mehrfarbig	brh	1,10	1,10
1986	55 C mehrfarbig	bri	1,10	1,10
	Satzpreis (5 W.)		5,50	5,50
	FDC			7,50
	Folienstreifen		5,50	5,50
	Markenheftchen		12,—	12,—
	Prestige-Markenheftchen		20,—	20,—

MiNr. 1982–1986 wurden zusammen im Folienstreifen zu 5 Marken, im Markenheftchen zu 10 (je 2) Marken und im Prestige-Markenheftchen zu 15 (je 3) Marken (Verkaufspreis: 9 €) ausgegeben.

Aufdruck „STAMPA ... 2012" auf dem Markenheftchen ist privaten Ursprungs, aber von der Post genehmigt.

Auflage: 100.000 Sätze

2011, 1. Sept. Irische Pferde. Odr. (2×2 Zd); Papier ph.; gez. K 13½.

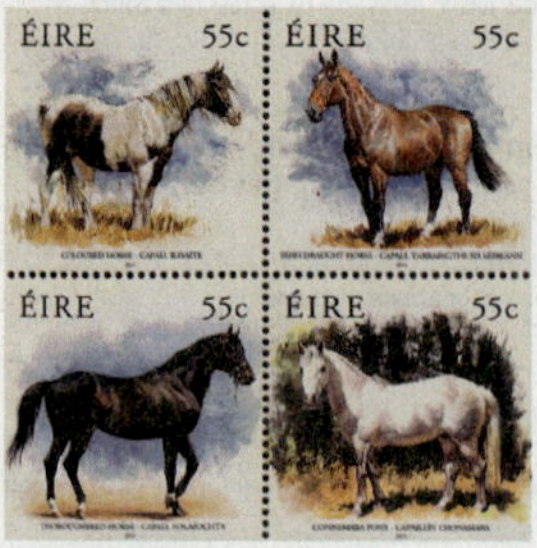

brk) Coloured Horse
brl) Irish Draught Horse
brm) Thoroughbred Horse
brn) Connemara Pony

1987	55 C mehrfarbig	brk	1,10	1,10
1988	55 C mehrfarbig	brl	1,10	1,10
1989	55 C mehrfarbig	brm	1,10	1,10
1990	55 C mehrfarbig	brn	1,10	1,10
		Satzpreis (4 W.)	4,40	4,40
		Viererblock	4,40	4,40
		FDC		6,50

Blockausgabe mit MiNr. 1987–1990

Block 87	(150×90 mm)	bro	4,40	4,40
		FDC		6,50

Auflage: 384.000 Sätze

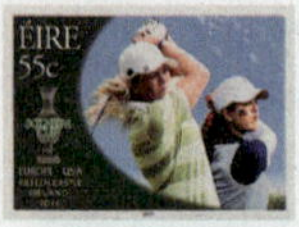

2011, 15. Sept. Golfturnier um den Solheim Cup zwischen Europa und den USA. Odr. (4×4); Papier ph.; gez. K 15:14.

brp) Golferinnen

1991	55 C mehrfarbig	brp	1,10	1,10
		FDC		3,20

Auflage: 224.000 Stück

2011, 29. Sept. Freimarken: Tiere. Odr., Rolle (100) und Folienstreifen (1×2); Papier ph.; selbstklebend; gestanzt 11¼.

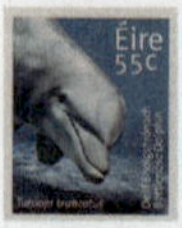

brr) Großer Tümmler (Tursiops truncatus)

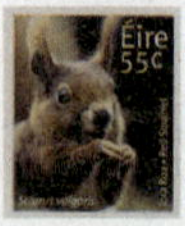

brs) Eurasisches Eichhörnchen (Sciurus vulgaris)

1992	55 C mehrfarbig	brr	1,10	1,10
1993	55 C mehrfarbig	brs	1,10	1,10
		Satzpreis (2 W.)	2,20	2,20
		FDC		4,20
		Folienstreifen	2,20	2,20

MiNr. 1992–1993 wurden zusammen sowohl in der Rolle als auch im Folienstreifen gedruckt.

Weitere Werte: MiNr. 1980, 2014–2015, 2043–2046, 2097–2100, 2136–2139

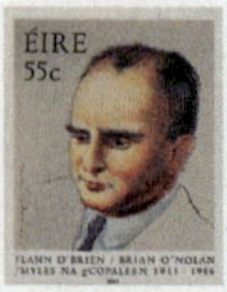

2011, 6. Okt. 100. Geburtstag von Flann O'Brien. Odr. (4×4); Papier ph.; gez. K 13¾.

brt) Flann O'Brien, eigentlich Brian O'Nolan (1911–1966), Schriftsteller

1994	55 C mehrfarbig	brt	1,10	1,10
		FDC		3,20

Auflage: 224.000 Stück

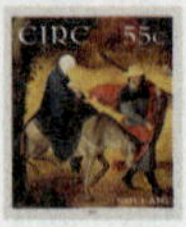

2011, 10. Nov. Weihnachten. Odr., Markenheftchen (2×13) und Folienblatt (2×1); Papier ph.; selbstklebend; gestanzt 11¼.

bru) Flucht nach Ägypten; Gemälde von Jan de Beer (um 1475–1528), flämischer Maler

1995	55 C mehrfarbig	bru	1,10	1,10
		Markenheftchen	28,—	28,—
		Folienblatt	2,20	2,20
		FDC mit MiNr. 1995 und ATM 31 So–32 So		6,—

Das Markenheftchen wurde zum ermäßigten Preis von 13.75 € verkauft.

Auflage: 30.290.000 Stück

2011, 24. Nov. 50 Jahre staatlicher Fernsehsender RTÉ. Odr. (1×4 Zd); Papier ph.; gez. K 15:14.

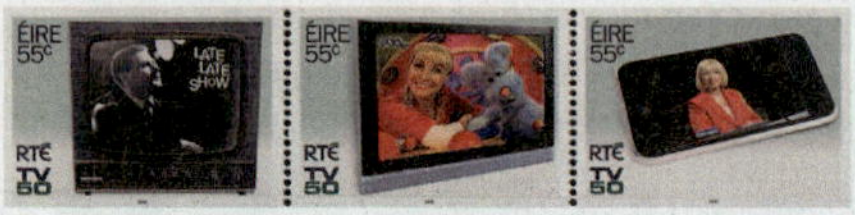

brv) Gay Byrne (1934–2019), Moderator der Talkshow „The Late Late Show"
brw) Emma O'Driscoll (*1982), Moderatorin der Kindersendung „Hubble" mit Plüschhase Ógie
brx) Anne Doyle (*1952), Nachrichtensprecherin

1996	55 C mehrfarbig	brv	1,10	1,10
1997	55 C mehrfarbig	brw	1,10	1,10
1998	55 C mehrfarbig	brx	1,10	1,10
		Satzpreis (3 W.)	3,30	3,30
		Dreierstreifen	3,30	3,30
		FDC		5,30

Auflage: 336.000 Sätze

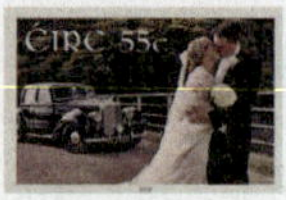

2012, 19. Jan. Hochzeitsgrußmarke. Odr., Folienstreifen (1×2) und Markenheftchen (5×2); Papier ph.; selbstklebend; gestanzt 13¼.

bry) Brautpaar, Hochzeitsauto

1999	55 C mehrfarbig	bry	1,10	1,10
		FDC		3,20
		Folienstreifen	2,20	2,20
		Markenheftchen	11,—	11,—

Auflage: 1.540.000 Stück, davon 40.000 im Folienstreifen

2012, 26. Jan. Grußmarken. Odr., Folienstreifen (2×1) und Markenheftchen (2×10); Papier ph.; selbstklebend; gestanzt 11¼.

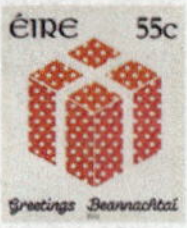

brz) Geschenkpaket

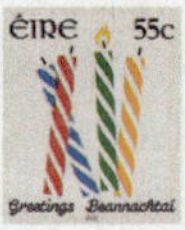

bsa) Kerzen

2000	55 C mehrfarbig	brz	1,10	1,10
2001	55 C mehrfarbig	bsa	1,10	1,10
		Satzpreis (2 W.)	2,20	2,20
		FDC		4,20
		Folienstreifen	2,20	2,20
		Markenheftchen	11,—	11,—

MiNr. 2000–2001 wurden zusammen im Markenheftchen zu je 5 Marken und 10 Zierfeldern ausgegeben

Auflage: 145.000 Sätze, davon 20.000 im Folienstreifen

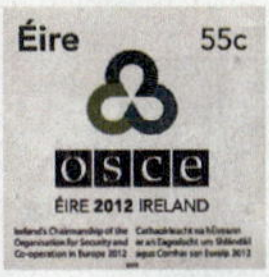

2012, 2. Febr. Vorsitz Irlands in der Organisation für Sicherheit und Zusammenarbeit in Europa (OSZE). Odr. (4×4); Papier ph.; gez. K 13¼.

bsb) Emblem

2002	55 C	mehrfarbig	bsb	1,20	1,20
			FDC		3,20

Auflage: 184.000 Stück

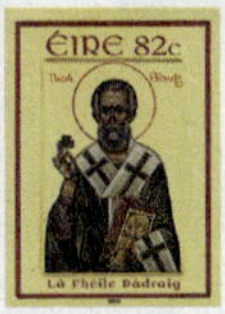

2012, 9. Febr. Nationalfeiertag „St.-Patricks-Tag". Odr. (4×4); Papier ph.; gez. K 14:15.

bsc) Hl. Patrick (um 385–461), Missionar, Apostel Irlands; Ikone von Ekaterina Platoshechkina, russische Malerin

2003	82 C	mehrfarbig	bsc	1,70	1,70
			FDC		3,70

Auflage: 188.000 Stück

2012, 22. März. Zeitgenössische Kunst: Ausdruckstanz. Odr., Markenheftchen (8); Papier ph.; selbstklebend; gestanzt 13¼.

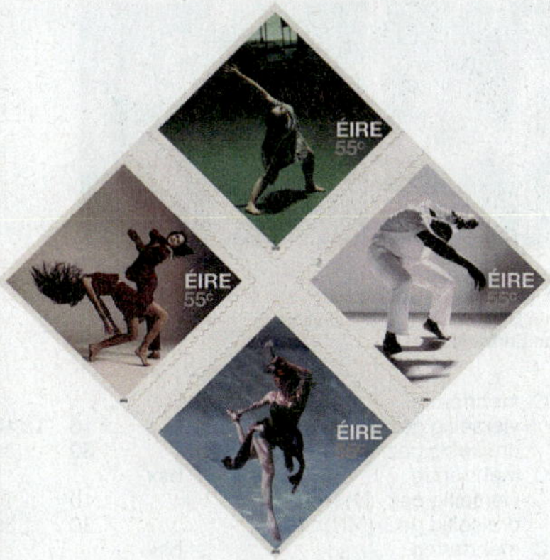

bsd
bse, bsf
bsg

bsd–bsg) Tanzszenen

2004	55 C	mehrfarbig	bsd	1,10	1,10
2005	55 C	mehrfarbig	bse	1,10	1,10
2006	55 C	mehrfarbig	bsf	1,10	1,10
2007	55 C	mehrfarbig	bsg	1,10	1,10
			Satzpreis (4 W.)	4,40	4,40
			FDC		6,40
			Markenheftchen	8,80	8,80

MiNr. 2004–2007 wurden zusammen im Markenheftchen zu je 2 Marken ausgegeben.

Auflage: 25.000 Sätze

2012, 12. April. 100. Jahrestag des Untergangs der „Titanic". Odr., Bogen (B) (2×4 Zd) und Markenheftchen (MH) (2×2); Papier ph.; A = vierseitig, D = dreiseitig gez. K 13¼.

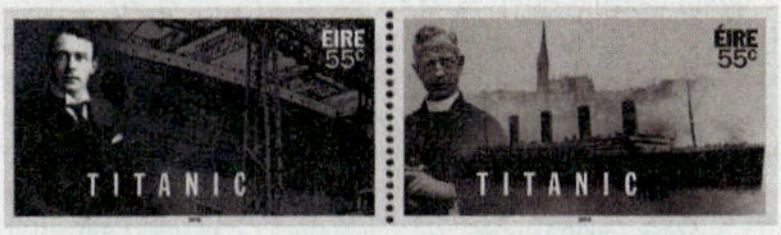

bsh) Thomas Andrews (1873–1912), Schiffsarchitekt; „Titanic" im Bau
bsi) Pater Francis Browne (1880–1960), Photograph

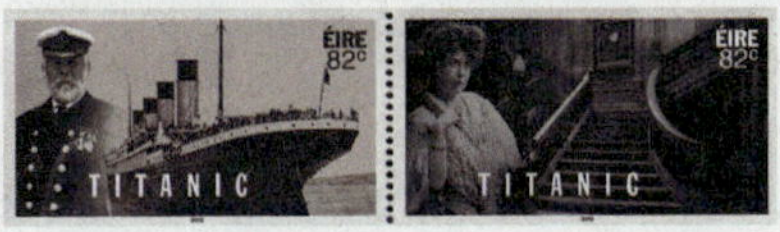

bsk) Edward John Smith (1850–1912), Kapitän; „Titanic" auf See
bsl) „Unsinkable" Molly Brown (1867–1932), amerikanische Frauenrechtlerin

2008	**A**	55 C	mehrfarbig (B) (MH)	bsh	1,10	1,10
2009		55 C	mehrfarbig	bsi		
	A		vierseitig gez. (B)		1,10	1,10
	D		dreiseitig gez. (⌘) (MH)		1,20	1,20
2010	**A**	82 C	mehrfarbig (B) (MH)	bsk	1,70	1,70
2011		82 C	mehrfarbig	bsl		
	A		vierseitig gez. (B)		1,70	1,70
	D		dreiseitig gez. (⌘) (MH)		1,80	1,80
				Satzpreis A (4 W.)	5,60	5,60
				2 Paare A	5,60	5,60
				FDC A		7,50

Nominalgleiche Marken wurden im Bogen waagerecht zusammenhängend gedruckt.

MiNr. 2008–2011 wurden auch zusammenhängend im Markenheftchen (MH 69) ausgegeben.

Auflagen: MiNr. 2008 A–2009 A je 300.000, MiNr. 2010 A–2011 A je 248.000 Stück

2012, 19. April. 100. Todestag von Bram Stoker. Odr. (2×4 Zd); Papier ph.; gez. K 14:14½.

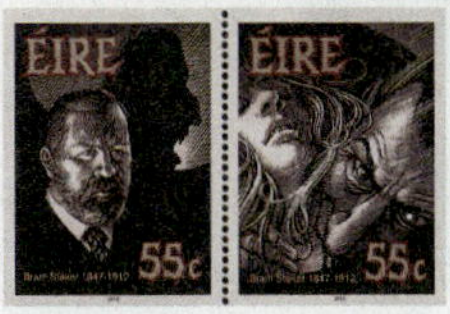

bsm) Abraham „Bram" Stoker (1847–1912), Schriftsteller
bsn) Romanfigur Dracula beisst Opfer

2012	55 C	mehrfarbig	bsm	1,10	1,10
2013	55 C	mehrfarbig	bsn	1,10	1,10
			Satzpreis (2 W.)	2,20	2,20
			Paar	2,20	2,20
			FDC		4,20

Blockausgabe mit MiNr. 2012–2013

Block 88	(150×90 mm)	bso	2,20	2,20
		FDC		4,20

Aufdruck „STAMPA ... 2012" auf dem Blockrand von Bl. 88 ist privaten Ursprungs, aber von der Post genehmigt.

Auflagen: MiNr. 2012–2013 = 224.000 Sätze, Bl. 88 = 20.000 Blocks

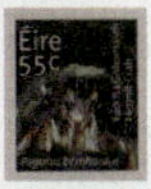

2012, 1. Mai/Okt. Freimarken: Tiere. Odr., Markenheftchen (5×2); Papier ph.; selbstklebend; A = zähnungsähnlich, C = wellenförmig gestanzt 14:14¼.

brc) Landeinsiedlerkrebs (Coenobita clypeatus)

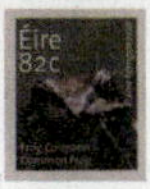

btf) Grasfrosch (Rana temporaria)

2014 A	55 C	mehrfarbig (1. Mai)	brc	1,10	1,10
2015	82 C	mehrfarbig	btf		
A		zähnungsähnlich gest. (1. Mai)		1,70	1,70
C		wellenförmig gest. (Okt.)		1,70	1,70
		Satzpreis (2 W.)		2,80	2,80
		FDC			—,—
		Markenheftchen mit MiNr. 2014 A		12,—	12,—
		Markenheftchen mit MiNr. 2015 A		18,—	18,—
		Markenheftchen mit MiNr. 2015 C		18,—	18,—

MiNr. 2014 A–2015 A weisen einen feinen, stochastischen Druckraster auf, MiNr. 1980 und 2015 C einen groben, regelmäßigen Druckraster.

In gleicher Zeichnung wie MiNr. 2014: MiNr. 1980
Weitere Werte: MiNr. 1992–1993, 2043–2046, 2097–2100, 2136–2139

2012, 3. Mai. Europa: Besuche. Odr. (2×5); Papier ph.; gez. K 13¼.

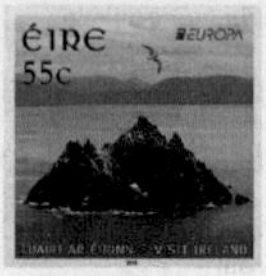

bso) Little Skellig, Insel vor der Küste der Grafschaft Kerry

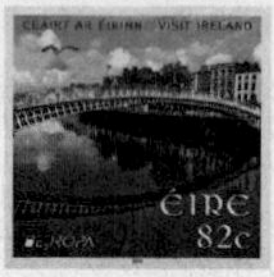

bsp) Ha'penny Bridge, Fußgängerbrücke (erbaut 1816) über die Liffey, Dublin

2016	55 C	mehrfarbig	bso	1,30	1,30
2017	82 C	mehrfarbig	bsp	1,90	1,90
		Satzpreis (2 W.)		3,20	3,20
		FDC			4,80
		Kleinbogensatz (2 Klb.)		32,—	32,—

Auflagen: MiNr. 2016 = 184.000, MiNr. 2017 = 148.000 Stück

2012, 7. Juni. 50. Internationaler Eucharistischer Kongress, Dublin. Odr. (4×3); Papier ph.; gez. K 14:15.

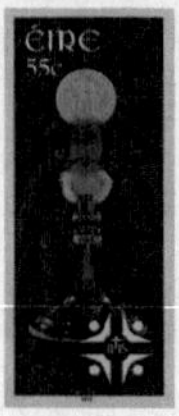

bsr) Kelch, Hostie

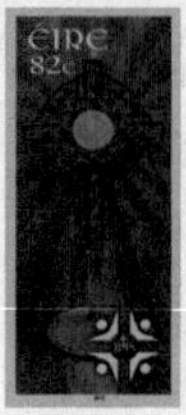

bss) Monstranz

2018	55 C	mehrfarbig	bsr	1,10	1,10
2019	82 C	mehrfarbig	bss	1,70	1,70
		Satzpreis (2 W.)		2,80	2,80
		FDC			4,80

Auflagen: MiNr. 2018 = 240.000, MiNr. 2019 = 180.000 Stück

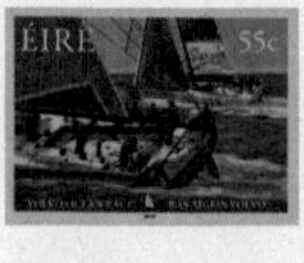

2012, 14. Juni. Galway – Etappenziel der Segelregatta „Volvo Ocean Race". Odr. (4×4); Papier ph.; gez. K 15:14¼.

bst) Französiche Jacht „Groupama 4"

2020	55 C	mehrfarbig	bst	1,10	1,10
		FDC			3,20

Blockausgabe

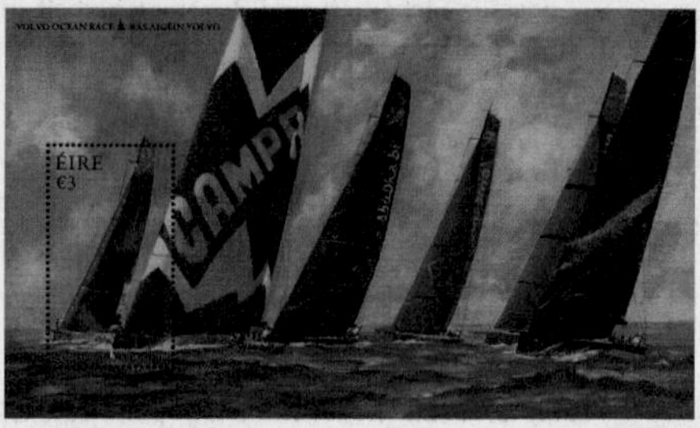

bsv

bsu) Segeljachten

2021	3 €	mehrfarbig	bsu	6,—	6,—
Block 89		(150×90 mm)	bsv	6,—	6,—
		FDC			8,—

Aufdruck „STAMPA ... 2012" auf dem Blockrand von Bl. 89 ist privaten Ursprungs, aber von der Post genehmigt.

Auflagen: MiNr. 2020 = 184.000 Stück, Bl. 89 = 20.000 Blocks

2012, 28. Juni. 150 Jahre Feuerwehr in Dublin. Odr., Bogen (B) (1×4 Zd) und Markenheftchen (MH) (4×1); Papier ph.; A = vierseitig, D = dreiseitig gez. K 13¼.

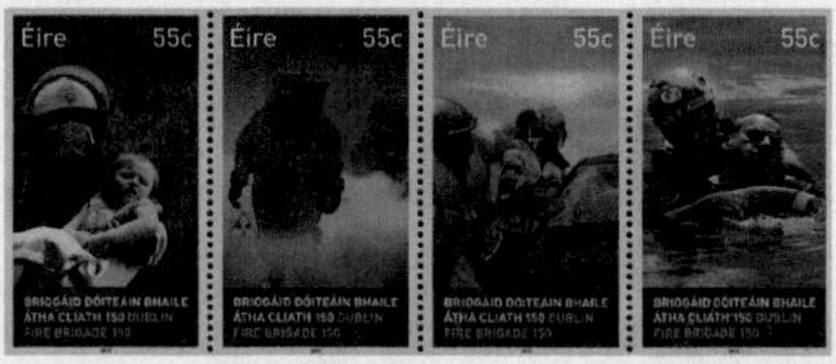

bsw) Bergung von Brandopfern
bsx) Chemische Brandbekämpfung
bsy) Bergung von Unfallopfern im Straßenverkehr
bsz) Rettung von Ertrinkenden

2022	55 C	mehrfarbig	bsw		
A		vierseitig gez. (B) (MH)		1,10	1,10
D		dreiseitig gez. (MH)		1,30	1,30
2023	55 C	mehrfarbig	bsx		
A		vierseitig gez. (B) (MH)		1,10	1,10
D		dreiseitig gez. (MH)		1,30	1,30
2024	55 C	mehrfarbig	bsy		
A		vierseitig gez. (B) (MH)		1,10	1,10
D		dreiseitig gez. (MH)		1,30	1,30
2025	55 C	mehrfarbig	bsz		
A		vierseitig gez. (B) (MH)		1,10	1,10
D		dreiseitig gez. (MH)		1,30	1,30
		Satzpreis A (4 W.)		4,40	4,40
		Viererstreifen A		4,40	4,40
		FDC A			6,50
		Markenheftchen		22,—	22,—

MiNr. 2022–2025 wurden auch im Markenheftchen (3 × MiNr. 2022 A–2025 A und 1 × MiNr. 2022 D–2025 D) ausgegeben (Postpreis des Heftchens: 10 €).

Auflage: 324.000 Sätze im Bogen

2012, 5. Juli. Gesamteuropäische Wissenschaftskonferenz „Euroscience Open Forum (ESOF)", Dublin; 350. Jahrestag der Veröffentlichung des Boyleschen Gasgesetzes. Odr. (2×4 Zd); Papier ph.; gez. K 13¼:13½.

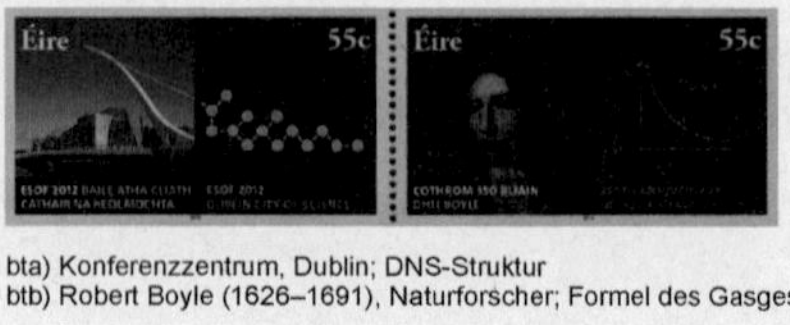

bta) Konferenzzentrum, Dublin; DNS-Struktur
btb) Robert Boyle (1626–1691), Naturforscher; Formel des Gasgesetzes

2026	55 C	mehrfarbig	bta	1,10	1,10
2027	55 C	mehrfarbig	btb	1,10	1,10
			Satzpreis (2 W.)	2,20	2,20
			Paar	2,20	2,20
			FDC		4,20

Blockausgabe mit MiNr. 2026–2027

Block 90	(150×90 mm)	btc	2,20	2,20
		FDC		4,20

Aufdruck „STAMPA ... 2012“ auf dem Blockrand von Bl. 90 ist privaten Ursprungs, aber von der Post genehmigt.

Auflagen: MiNr. 2026–2027 = 224.000 Sätze, Bl. 90 = 20.000 Blocks

2012, 19. Juli. Olympische Sommerspiele, London. Odr. (4×4); Papier ph.; gez. K 14:15.

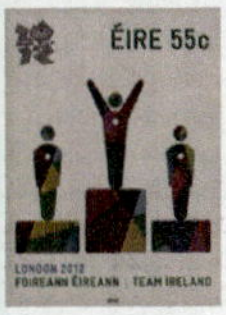

btd) Siegerehrung

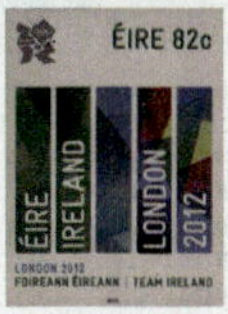

bte) Symbolik

2028	55 C	mehrfarbig	btd	1,10	1,10
2029	82 C	mehrfarbig	bte	1,70	1,70
			Satzpreis (2 W.)	2,80	2,80
			FDC		4,80

Auflagen: MiNr. 2028 = 174.000, MiNr. 2029 = 138.000 Stück

2012, 13. Sept. Sagen und Legenden. Odr. (2×4 Zd); Papier ph.; gez. K 15:14.

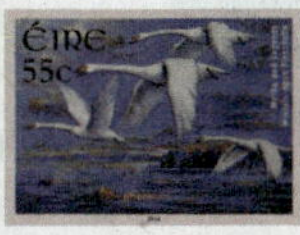

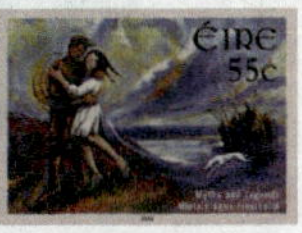

btg) „Children of Lir“
bth) „Deirdre of the Sorrows“

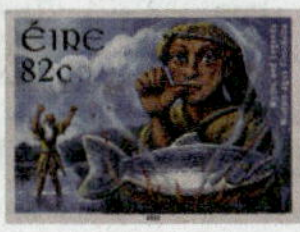

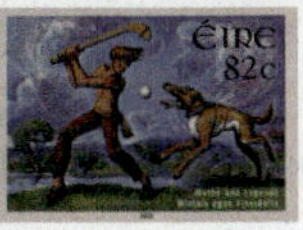

bti) „Fionn Mac Cumhaill“
btk) „Cú Chulainn“

2030	55 C	mehrfarbig	btg	1,10	1,10
2031	55 C	mehrfarbig	bth	1,10	1,10
2032	82 C	mehrfarbig	bti	1,70	1,70
2033	82 C	mehrfarbig	btk	1,70	1,70
			Satzpreis (4 W.)	5,50	5,50
			2 Paare	5,50	5,50
			FDC		7,50

Nominalgleiche Marken wurden waagerecht zusammenhängend gedruckt.

Auflagen: MiNr. 2030–2031 je 224.000, MiNr. 2032–2033 je 188.000 Stück

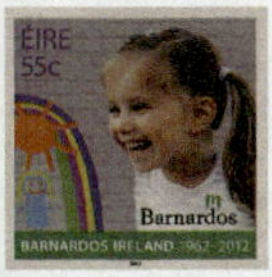

2012, 11. Okt. 50 Jahre Kinderhilfsorganisation „Barnardos Ireland“. Odr. (4×4); Papier ph.; gez. K 13½.

btl) Mädchen, Kinderzeichnung

2034	55 C	mehrfarbig	btl	1,10	1,10
			FDC		3,20

Auflage: 174.000 Stück

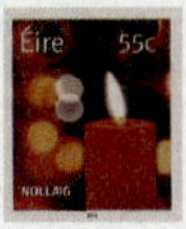

2012, 8. Nov. Weihnachten. Odr., Markenheftchen (2×13) und Folienstreifen (2×1); Papier ph.; selbstklebend; gestanzt 11¼.

btm) Weihnachtskerze

2035	55 C	mehrfarbig	btm	1,10	1,10
			Markenheftchen	28,—	28,—
			Folienstreifen	2,20	2,20
			FDC mit MiNr. 2035 und ATM 41 So–42 So		6,—

Das Markenheftchen wurde zum ermäßigten Preis von 13.75 € verkauft.

Auflage: 23.440.000 Stück, davon 40.000 im Folienstreifen

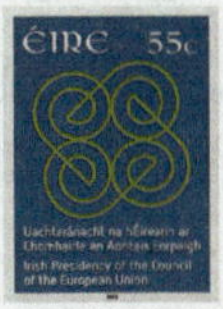

2013, 17. Jan. Vorsitz Irlands im Rat der Europäischen Union. Odr. (4×4); Papier ph.; gez. K 14¼:14¾.

btn) Emblem

2036	55 C	mehrfarbig	btn	1,20	1,20
			FDC		3,20

Auflage: 136.000 Stück

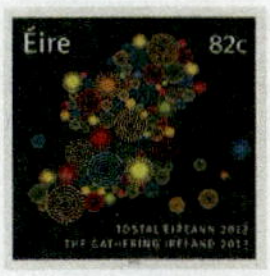

2013, 24. Jan. Tourismuskampagne „The Gathering“. Odr. (4×4); Papier ph.; gez. K 13½.

bto) Umrisskarte Irlands (Werbeplakat)

2037	82 C	mehrfarbig	bto	1,70	1,70
			FDC		3,70

Auflage: 148.000 Stück

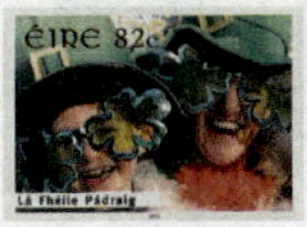

2013, 7. Febr. Nationalfeiertag „St.-Patricks-Tag“. Odr. (4×4); Papier ph.; gez. K 14¾:14¼.

btp) Lucia Reynolds und Kathy Hardiman bei der St.-Patricks-Parade (2012)

2038	82 C	mehrfarbig	btp	1,70	1,70
			FDC		3,70

Auflage: 148.000 Stück

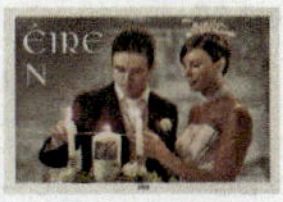

2013, 14. Febr. Hochzeitsgrußmarke. Odr., Folienstreifen (2×1) und Markenheftchen (5×2); Papier ph.; selbstklebend; gestanzt 13¼.

btr) Brautpaar beim Anzünden der Hochzeitskerze

2039	N	mehrfarbig	btr	2,50	1,20
			FDC		3,20
			Folienstreifen	5,—	2,40
			Markenheftchen	25,—	12,—

Nominale zur Zeit der Ausgabe: 55 C

Auflage: 1.540.000 Stück, davon 40.000 im Folienstreifen

2013, 7. März. Grußmarken. Odr., Folienstreifen (2×1) und Markenheftchen (2×10); Papier ph.; selbstklebend; gestanzt 13.

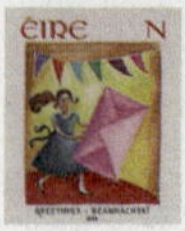

bts) Mädchen mit Brief

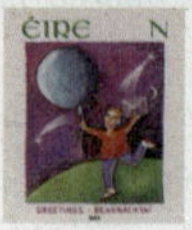

btt) Junge mit Brief und Luftballon

2040	N mehrfarbig	bts	2,50	1,20
2041	N mehrfarbig	btt	2,50	1,20
		Satzpreis (2 W.)	5,—	2,40
		FDC		4,20
		Folienstreifen	5,—	2,40
		Markenheftchen	25,—	12,—

Nominale zur Zeit der Ausgabe: je 55 C

MiNr. 2040–2041 wurden zusammen im Markenheftchen zu je 5 Marken und 10 Zierfeldern ausgegeben.

Aufdruck „STAMPA ... 2013“ auf dem Markenheftchen ist privaten Ursprungs, aber von der Post genehmigt.

Auflage: 270.000 Sätze, davon 20.000 im Folienstreifen

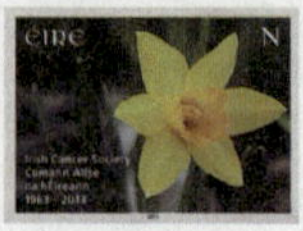

2013, 21. März. 50. Jahre Irische Krebsgesellschaft. Odr. (4×4); Papier ph.; gez. K 15:14.

btu) Trompetennarzisse (Narcissus pseudonarcissus)

2042	N mehrfarbig	btu	2,50	1,20
		FDC		3,20

Nominale zur Zeit der Ausgabe: 55 C

Auflage: 136.000 Stück

2013, 2. April. Freimarken: Tiere. Odr.; Papier ph.; selbstklebend.

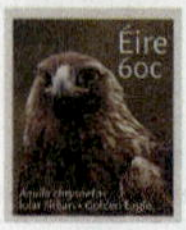

btv) Steinadler (Aquila chrysaetos)

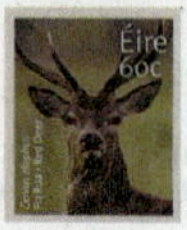

btw) Weißlippenhirsch (Cervus albirostris)

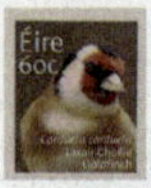

btx) Stieglitz (Carduelis carduelis)

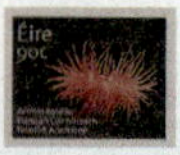

bty) Purpurseerose (Actinia equina)

Rolle (100), gestanzt 11:11¼

2043	60 C mehrfarbig	btv	1,20	1,20
2044	60 C mehrfarbig	btw	1,20	1,20
		Satzpreis (2 W.)	2,40	2,40
		FDC		4,50
		Paar	2,50	2,50

Markenheftchen (5×2, Querformat ~), gestanzt 14

2045	60 C mehrfarbig	btx	1,20	1,20
2046	90 C mehrfarbig	bty	1,80	1,80
		Satzpreis (2 W.)	3,—	3,—
		FDC		5,—
		Markenheftchen mit MiNr. 2045	12,—	12,—
		Markenheftchen mit MiNr. 2046	18,—	18,—

MiNr. 2043–2044 wurden zusammen in der Rolle gedruckt.

Weitere Werte: MiNr. 1980, 1992–1993, 2014–2015, 2097–2100, 2136–2139

2013, 25. April. Zeitgenössische bildende Kunst (I). Odr. Markenheftchen (4×1); Papier ph.; gez. K 14¼.

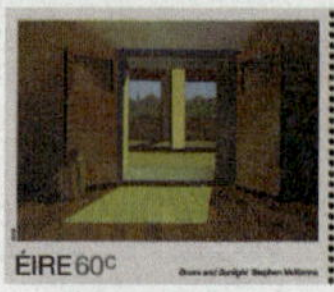

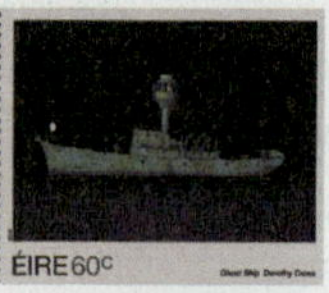

btz) Doors and Sunlight; von Stephen McKenna (1939–2017)
bua) Ghost Ship; von Dorothy Cross (*1956)

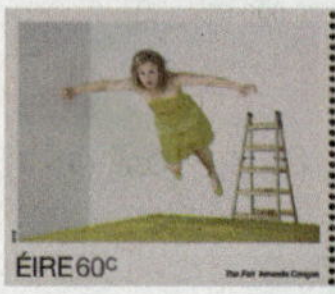

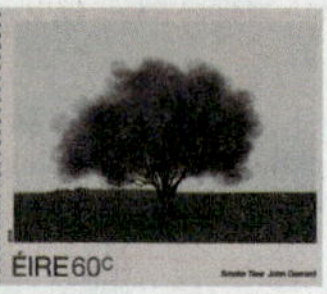

bub) The Fall; von Amanda Coogan (*1971)
buc) Smoke Tree; von John Gerrard (*1974)

2047	60 C mehrfarbig	btz	1,20	1,20
2048	60 C mehrfarbig	bua	1,20	1,20
2049	60 C mehrfarbig	bub	1,20	1,20
2050	60 C mehrfarbig	buc	1,20	1,20
		Satzpreis (4 W.)	4,80	4,80
		FDC		6,80

MiNr. 2047–2050 wurden zusammenhängend im Markenheftchen (MH 70) ausgegeben.

Auflage: 100.000 Sätze

2013, 2. Mai. Europa: Postfahrzeuge. Odr. (2×5); Papier ph.; gez. K 15:14.

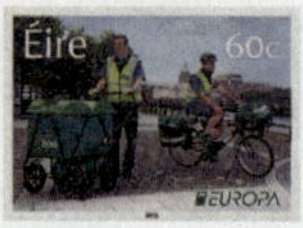

bud) Briefträger mit Postkarre und Fahrrad

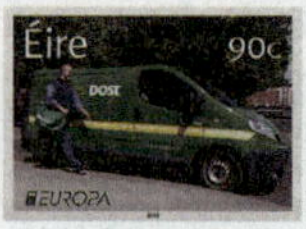

bue) Zusteller mit Kleintransporter

2051	60 C mehrfarbig	bud	1,50	1,50
2052	90 C mehrfarbig	bue	2,—	2,—
		Satzpreis (2 W.)	3,50	3,50
		FDC		5,—
		Kleinbogensatz (2 Klb.)	35,—	35,—

Auflagen: MiNr. 2051 = 136.000, MiNr. 2052 = 116.000 Stück

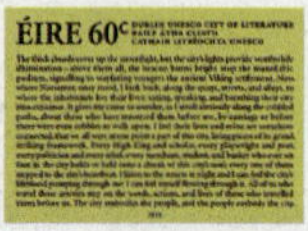

2013, 16. Mai. Dublin – UNESCO-Stadt der Weltliteratur. Odr. (4×4); Papier ph.; gez. K 15:14.

buf) Textauszug einer Erzählung über Dublin von Eoin Moore (*1968), Regisseur

2053	60 C mehrfarbig	buf	1,20	1,20
		FDC		3,20

Auflage: 136.000 Stück

2013, 6. Juni. 50. Jahrestag des Staatsbesuches von John F. Kennedy. Odr. (4×4); Papier ph.; gez. K 15:14.

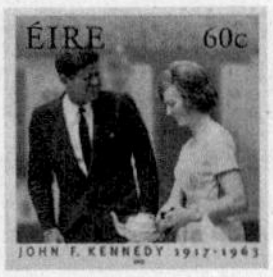

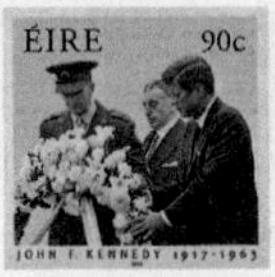

bug) mit seiner irischen Cousine Mary Anne Ryan

buh) mit Kommandant PJ Daly und Premierminister Seán Lemass bei Kranzniederlegung

bug–buh) John F. Kennedy (1917–1963), 35. Präsident der USA

2054	60 C mehrfarbig	bug	1,20	1,20
2055	90 C mehrfarbig	buh	1,80	1,80
		Satzpreis (2 W.)	3,—	3,—
		FDC		5,—

Auflagen: MiNr. 2054 = 136.000, MiNr. 2055 = 116.000 Stück

2013, 17. Juli. 200 Jahre Hafen von Cork. Odr. (4×4); Papier ph.; gez. K 15:14.

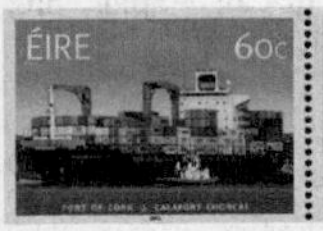

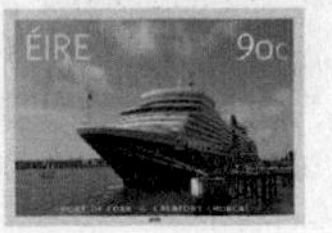

bui) Containerschiff
buk) Segeljacht „Cork“ (2010)

bul) Kreuzfahrtschiff „Queen Elizabeth“

2056	60 C mehrfarbig	bui	1,20	1,20
2057	60 C mehrfarbig	buk	1,20	1,20
2058	90 C mehrfarbig	bul	1,80	1,80
		Paar + Marke	4,20	4,20
		FDC		6,20

Blockausgabe mit MiNr. 2056–2058

Block 91	(150×90 mm)	bum	4,20	4,20
		FDC		6,20

MiNr. 2056–2057 wurden schachbrettartig zusammenhängend gedruckt.

Aufdruck „STAMPA ... 2013“ auf dem Blockrand von Bl. 91 ist privaten Ursprungs, aber von der Post genehmigt.

Auflagen: MiNr. 2056–2057 je 176.000, MiNr. 2058 = 116.000 Stück, Bl. 91 = 20.000 Blocks

2013, 22. Aug. 100. Jahrestag der siebenmonatigen Arbeiteraussperrung in Dublin. Odr., Bogen (1×5 Zd) und Markenheftchen (1×3); Papier ph.; gez. K 13.

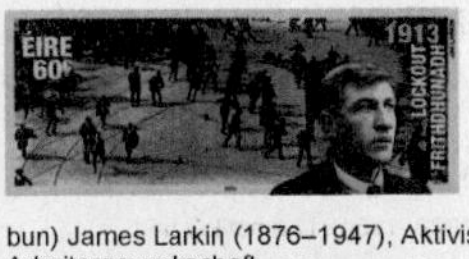

bun) James Larkin (1876–1947), Aktivist und Führer der irischen Transport- und Arbeitergewerkschaft

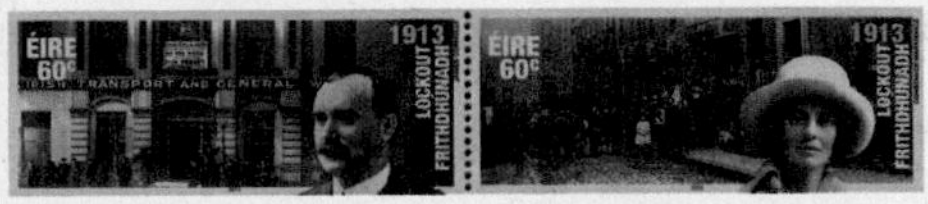

buo) James Connolly (1868–1916), Gewerkschafter und Revolutionär
bup) Gräfin Constance Markiewicz (1868–1927), Nationalistin

2059	60 C mehrfarbig	bun	1,20	1,20
2060	60 C mehrfarbig	buo	1,20	1,20
2061	60 C mehrfarbig	bup	1,20	1,20
		Satzpreis (3 W.)	3,60	3,60
		Dreierstreifen	3,60	3,60
		FDC		5,60

MiNr. 2059–2061 wurden im Bogen waagerecht zusammenhängend gedruckt.

MiNr. 2059–2061 wurden auch zusammenhängend im Markenheftchen (MH 71) ausgegeben.

Auflage: 216.000 Sätze

2013, 12. Sept. Irische Streitkräfte. Odr., Bogen (B) (2×2 Zd) und Markenheftchen (MH) (2×2); A = vierseitig, D = dreiseitig gez. K 13¼.

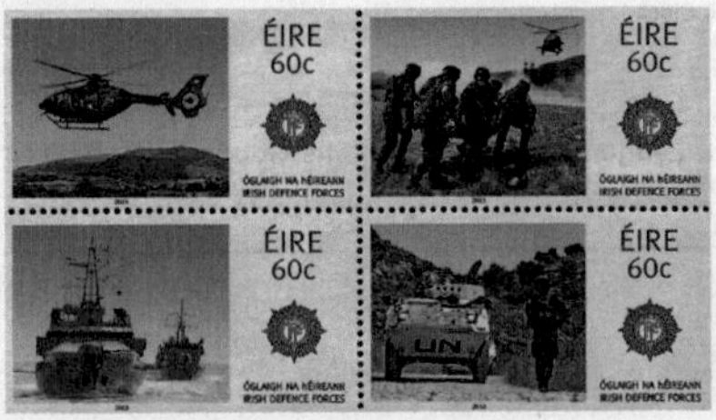

bur) Hubschrauber Air Corps AF 135/9
bus) Soldaten tragen einen Verletzten zum Hubschrauber
but) Patrouillenboot LÉ Orla (P41)
buu) UN-Panzer, Soldat

2062	60 C mehrfarbig	bur		
A	vierseitig gez. (B) (MH)		1,20	1,20
D	dreiseitig gez. (⊡) (MH)		1,20	1,20
2063	60 C mehrfarbig	bus		
A	vierseitig gez. (B) (MH)		1,20	1,20
D	dreiseitig gez. (⊡) (MH)		1,20	1,20
2064	60 C mehrfarbig	but		
A	vierseitig gez. (B) (MH)		1,20	1,20
D	dreiseitig gez. (⊡) (MH)		1,20	1,20
2065	60 C mehrfarbig	buu		
A	vierseitig gez. (B) (MH)		1,20	1,20
D	dreiseitig gez. (⊡) (MH)		1,20	1,20
		Satzpreis A (4 W.)	5,—	5,—
		FDC A		6,80
		Viererblock A	5,—	5,—
		Markenheftchen	20,—	20,—

MiNr. 2062 A–2065 A wurden im Bogen in Viererblockanordnung zusammenhängend gedruckt.

MiNr. 2062–2065 wurden auch im Markenheftchen (2 × MiNr. 2062 A–2065 A und 2 × MiNr. 2062 D–2065 D) ausgegeben.

Auflage: 256.000 Sätze im Bogen

2013, 26. Sept. Irland – Eine Integrationsgesellschaft. Odr. (2×4 Zd); Papier ph.; gez. K 15:14.

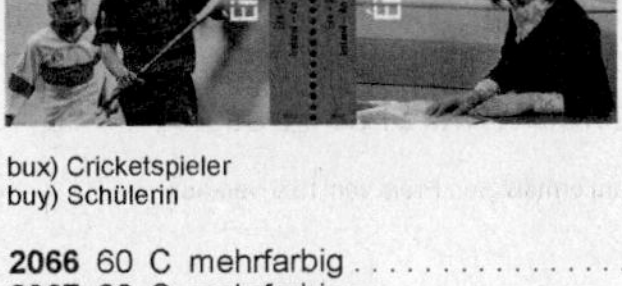

buv) Polizistin
buw) U-Bahn-Fahrer

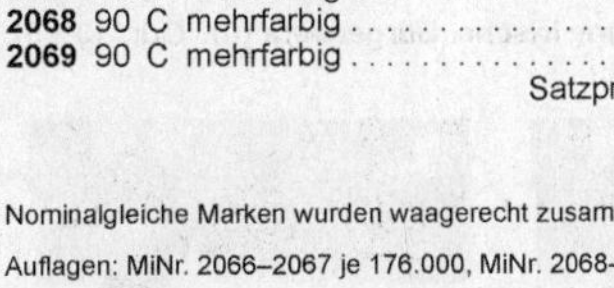

bux) Cricketspieler
buy) Schülerin

2066	60 C mehrfarbig	buv	1,20	1,20
2067	60 C mehrfarbig	buw	1,20	1,20
2068	90 C mehrfarbig	bux	1,80	1,80
2069	90 C mehrfarbig	buy	1,80	1,80
		Satzpreis (4 W.)	6,—	6,—
		2 Paare	6,—	6,—
		FDC		8,—

Nominalgleiche Marken wurden waagerecht zusammenhängend gedruckt.

Auflagen: MiNr. 2066–2067 je 176.000, MiNr. 2068–2069 je 156.000 Stück

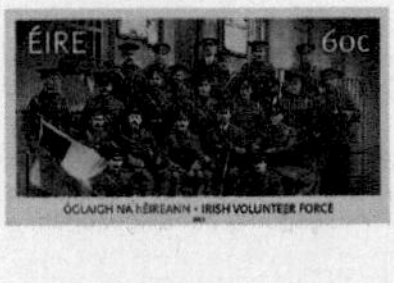

2013, 3. Okt. 100. Jahrestag der Gründung der Irish Volunteer Force. Odr. (4×4); Papier ph.; gez. K 13¼.

buz) Unabhängigkeitskämpfer aus Waterford

2070 60 C mehrfarbig . . . . buz 1,20 1,20
FDC 3,20

Auflage: 136.000 Stück

2013, 17. Okt. Zeitgenössische öffentliche Gebäude. Odr. (2×4 Zd); Papier ph.; gez. K 15:14.

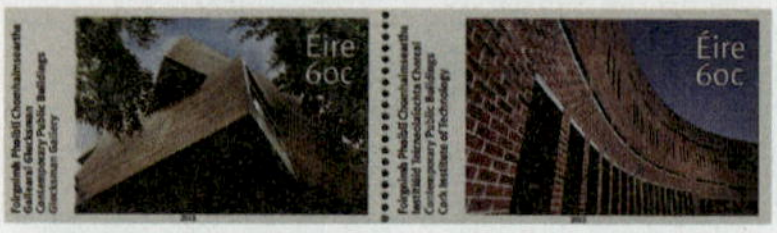

bva) Lewis Glucksman Gallery, Cork
bvb) Cork Institute of Technology (CIT), Cork

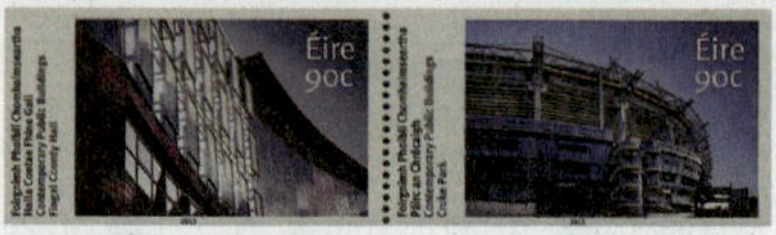

bvc) Fingal County Hall, Dublin
bvd) Croke Park Stadium, Dublin

2071 60 C mehrfarbig . . . . bva 1,20 1,20
2072 60 C mehrfarbig . . . . bvb 1,20 1,20
2073 90 C mehrfarbig . . . . bvc 1,80 1,80
2074 90 C mehrfarbig . . . . bvd 1,80 1,80
Satzpreis (4 W.) 6,— 6,—
2 Paare 6,— 6,—
FDC 8,—

Blockausgabe mit MiNr. 2071–2074

Block 92 (150×90 mm) . . . . bve 6,— 6,—
FDC 8,—

Nominalgleiche Marken wurden jeweils waagerecht zusammenhängend gedruckt.

Aufdruck „STAMPA ... 2014" auf dem Blockrand von Bl. 92 ist privaten Ursprungs, aber von der Post genehmigt.

Auflagen: MiNr. 2071–2072 je 176.000, MiNr. 2073–2074 je 156.000 Stück

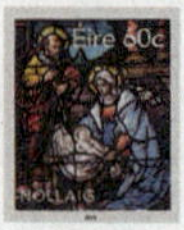

2013, 7. Nov. Weihnachten. Odr., Markenheftchen (2×13) und Folienstreifen (2×1); Papier ph.; selbstklebend; gestanzt 11¼.

bvf) Christi Geburt (Glasfenster)

2075 60 C mehrfarbig . . . . bvf 1,20 1,20
Markenheftchen 30,— 30,—
Folienstreifen 2,40 2,40
FDC mit MiNr. 2075 und ATM 51 So–52 So 6,—

Das Markenheftchen wurde zum ermäßigten Preis von 15 € verkauft.

2014, 23. Jan. 100 Jahre Irische Bürgerwehr (I). Odr. (3×5); Papier ph.; gez. K 13¼.

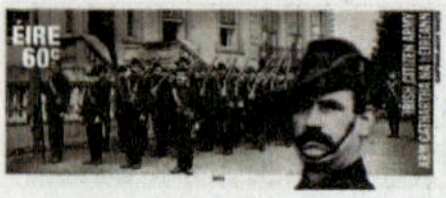

bvg) Vincent Poole (1881–1955), Mitglied der Irischen Bürgerwehr

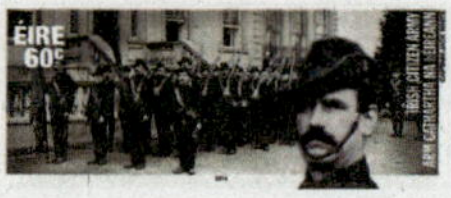

bvg) Vincent Poole (1881–1955), Mitglied der Irischen Bürgerwehr

A 2075 60 C mehrfarbig . . . . bvg *1000,—* —,—
FDC —,—

MiNr. A 2075 sollte eigentlich Jack White (1879–1946), Gewerkschafter und Mitbegründer der Irischen Bürgerwehr, zeigen. Wegen Zweifeln an der Identität der abgebildeten Person wurde MiNr. A 2075 noch am Ausgabetag zurückgezogen.

2014, 30. Jan. Grußmarken. Odr., Folienstreifen (1×2) und Markenheftchen (5×2); Papier ph.; selbstklebend; gestanzt 13.

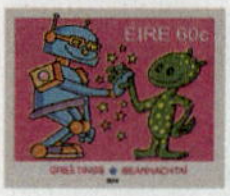

bvh) Robotermann begrüßt Alien

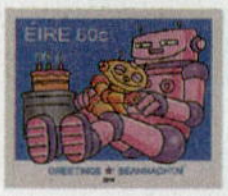

bvi) Roboterfrau mit Kind, Geburtstagstorte

2076 60 C mehrfarbig . . . . bvh 1,40 1,40
2077 60 C mehrfarbig . . . . bvi 1,40 1,40
Satzpreis (2 W.) 2,80 2,80
FDC 5,—
Folienstreifen 2,80 2,80
Markenheftchen 14,— 14,—

MiNr. 2076–2077 wurden auch zusammen im Markenheftchen zu je 5 Marken und 10 Zierfeldern ausgegeben

Auflage: 265.000 Sätze, davon 15.000 im Folienstreifen

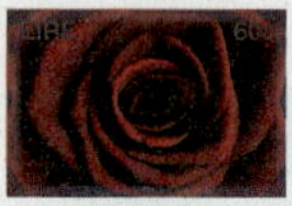

2014, 13. Febr. Hochzeits- und Valentinstagsgrußmarke. Odr., Folienstreifen (2×1) und Markenheftchen (5×2); Papier ph.; selbstklebend; gestanzt 13.

bvk) Rote Rose

2078 60 C mehrfarbig . . . . bvk 1,40 1,40
FDC 3,70
Folienstreifen 2,80 2,80
Markenheftchen 14,— 14,—

Auflage: 1.215.000 Stück, davon 15.000 im Folienstreifen

In ähnlicher Zeichnung: MiNr. 2096

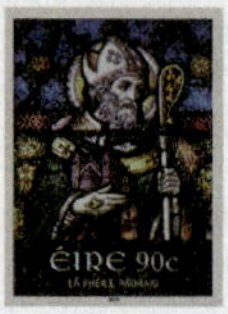

2014, 20. Febr. Nationalfeiertag „St.-Patricks-Tag". Odr. (4×4); Papier ph.; gez. K 14:15.

bvl) Hl. Patrick (um 385–461), Missionar, Apostel Irlands; Statue in der Kapelle des St. Patrick's College, Maynooth

2079 90 C mehrfarbig . . . . bvl 2,— 2,—
FDC 4,50

Auflage: 116.000 Stück

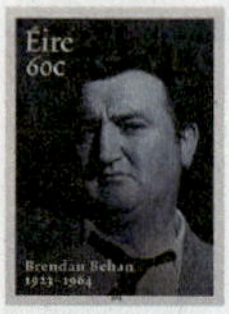

2014, 20. März. 50. Todestag von Brendan Behan. Odr. (4×4); Papier ph.; gez. K 14:15.

bvn) Brendan Behan (1923–1964), Dramatiker und Schriftsteller

2080 60 C mehrfarbig . . . . bvn 1,40 1,40
FDC 3,70

Auflage: 136.000 Stück

2014, 27. März. Zeitgenössische bildende Kunst (II). Odr., Markenheftchen (4×1); Papier ph.; gez. K 14¼.

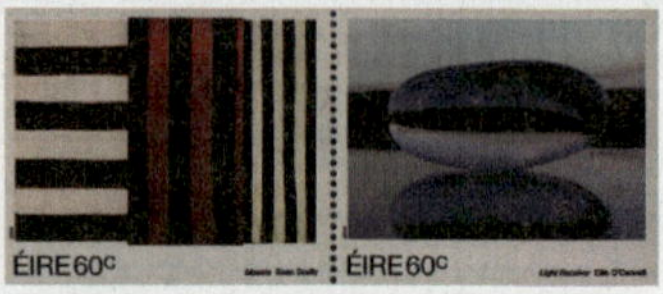

bvo) Maesta; von Sean Scully (*1945)
bvp) Light Receiver; von Eilis O'Connell (*1953)

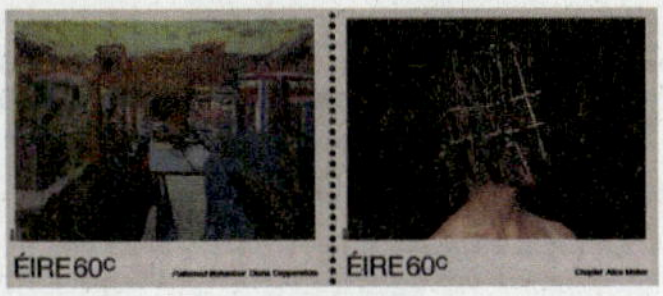

bvr) Patterned Behaviour; von Diana Copperwhite (*1969)
bvs) Chaplet; von Alice Maher (*1956)

2081	60 C mehrfarbig	bvo	1,40	1,40
2082	60 C mehrfarbig	bvp	1,40	1,40
2083	60 C mehrfarbig	bvr	1,40	1,40
2084	60 C mehrfarbig	bvs	1,40	1,40
		Satzpreis (4 W.)	5,60	5,60
		FDC		7,80

MiNr. 2081–2084 wurden zusammenhängend im Markenheftchen (MH 72) ausgegeben.

Auflage: 140.000 Sätze

In ähnlicher Zeichnung wie MiNr. 2084: MiNr. 2445 (selbstklebend)

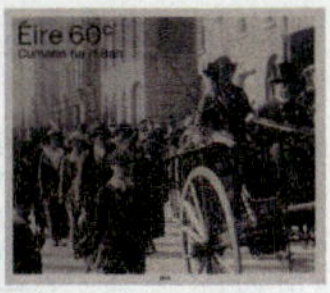

2014, 3. April. 100. Jahrestag der Gründung der Frauenorganistaion „Cumann na mBan“, Dublin. Odr. (4×4); Papier ph.; gez. K 14¼.

bvt) Frauengruppe

2085	60 C mehrfarbig	bvt	1,40	1,40
		FDC		3,70

Auflage: 136.000 Stück

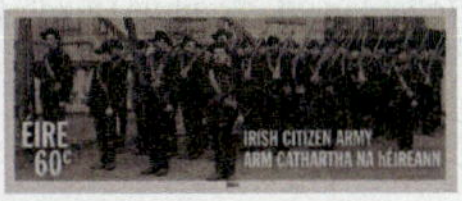

2014, 17. April. 100 Jahre Irische Bürgerwehr (II). Odr. (3×5); Papier ph.; gez. K 13¼.

bvu) Bürgerwehr vor Croyden House, Dublin

2086	60 C mehrfarbig	bvu	1,40	1,40
		FDC		3,70

Auflage: 136.000 Stück

2014, 24. April. Kulturelles Erbe der Wikinger. Odr. (2×4 Zd); Papier ph.; gez. K 13.

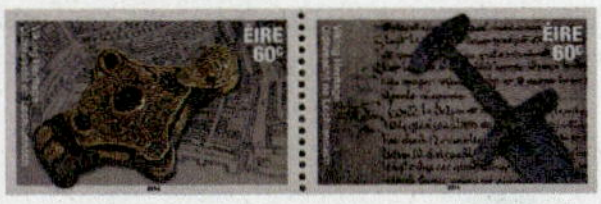

bvv) Waterford-Kite-Brosche (12. Jh.)
bvw) Schwertgriff, Schriftstück

2087	60 C mehrfarbig	bvv	1,40	1,40
2088	60 C mehrfarbig	bvw	1,40	1,40
		Satzpreis (2 W.)	2,80	2,80
		Paar	2,80	2,80
		FDC		5,—

Auflage: 176.000 Sätze

2014, 8. Mai. Europa: Volksmusikinstrumente. Odr. (2×5); Papier ph.; gez. K 13½.

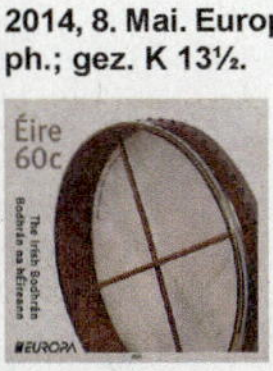

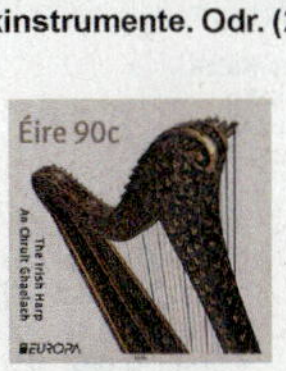

bvx) Bodhrán (irische Rahmentrommel) bvy) Keltische Harfe

2089	60 C mehrfarbig	bvx	1,50	1,50
2090	90 C mehrfarbig	bvy	2,—	2,—
		Satzpreis (2 W.)	3,50	3,50
		FDC		5,80
		Kleinbogensatz (2 Klb.)	35,—	35,—

Auflagen: MiNr. 2089 = 136.000, MiNr. 2090 = 116.000 Stück

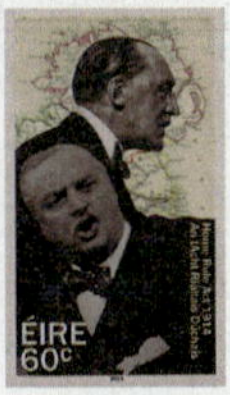

2014, 22. Mai. 100. Jahrestag der Verabschiedung des „Home Rule Act“. Odr. (4×4); Papier ph.; gez. K 13¼.

bvz) Edward Carson (1854–1935) und John Redmond (1856–1918), Politiker; Landkarte

2091	60 C mehrfarbig	bvz	1,40	1,40
		FDC		3,70

Auflage: 136.000 Stück

2014, 22. Mai. Gartenfestival „Bloom 2014“, Dublin. Odr. (2×4 Zd); Papier ph.; gez. K 13¼.

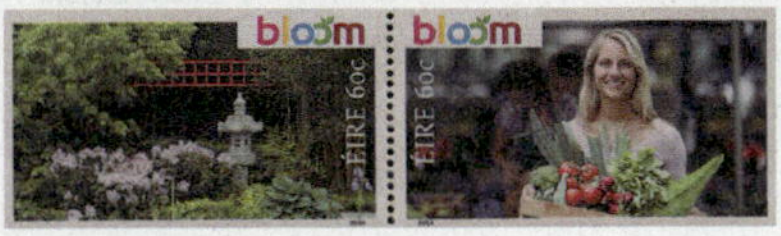

bwa) Japanischer Garten
bwb) Frau mit frischem Gemüse

2092	60 C mehrfarbig	bwa	1,40	1,40
2093	60 C mehrfarbig	bwb	1,40	1,40
		Satzpreis (2 W.)	2,80	2,80
		Paar	2,80	2,80
		FDC		5,—

Blockausgabe mit MiNr. 2092–2093

Block 93	(150×90 mm)	bwc	2,80	2,80
		FDC		5,—

Aufdruck „STAMPA ... 2014“ auf dem Blockrand von Bl. 93 ist privaten Ursprungs, aber von der Post genehmigt.

Auflagen: MiNr. 2092–2093 = 176.000 Sätze, Bl. 93 = 20.000 Blocks

2014, 12. Juni. Weltblumenausstellung „World Flower Show 2014“, Dublin. Odr. (2×4 Zd); Papier ph.; gez. K 13¼.

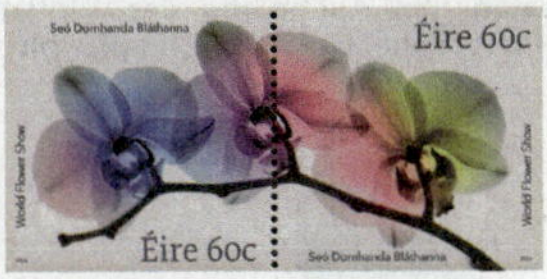

bwd–bwe) Orchidee der Gattung Phalaenopsis (Röntgenaufnahme)

2094	60 C mehrfarbig	bwd	1,40	1,40
2095	60 C mehrfarbig	bwe	1,40	1,40
		Satzpreis (2 W.)	2,80	2,80
		Paar	2,80	2,80
		FDC		5,—

Blockausgabe mit MiNr. 2094–2095

Block 94	(150×90 mm)	bwf	2,80	2,80
		FDC		5,—

Aufdruck „STAMPA ... 2014“ auf dem Blockrand von Bl. 94 ist privaten Ursprungs, aber von der Post genehmigt.

Auflagen: MiNr. 2094–2095 = 176.000 Sätze, Bl. 94 = 20.000 Blocks

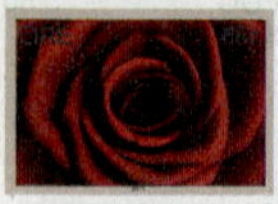

2014, 21. Juli. Hochzeits- und Valentinstagsgrußmarke. Odr., Markenheftchen (5×2); Papier ph.; selbstklebend; gestanzt 13½:13¼.

bvk I) Rote Rose

2096	68 C mehrfarbig	bvk I	1,50	1,50
		FDC		3,80
		Markenheftchen	15,—	15,—

Auflage: 849.000 Stück, davon 9.000 im Folienstreifen

In ähnlicher Zeichnung: MiNr. 2078

2014, 21. Juli/2015, Febr. Freimarken: Tiere. Odr.; Papier ph.; selbstklebend.

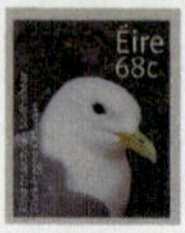

bwg) Dreizehenmöwe (Rissa tridactyla)

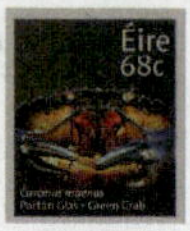

bwh) Gemeine Strandkrabbe (Carcinus maenas)

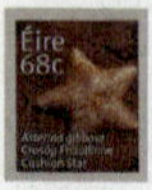

bwi) Fünfeck-Seestern (Asterina gibbosa)

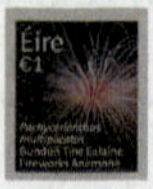

bwk) Feuerwerks-Anemone (Pachycerianthus multiplicatus)

Rolle (100), gestanzt 11:11¼ (21.7.2014)

2097	68 C mehrfarbig	bwg	1,50	1,50
2098	68 C mehrfarbig	bwh	1,50	1,50
	Satzpreis (2 W.)		3,—	3,—
	FDC			5,60
	Paar		3,—	3,—

Markenheftchen (5×2); A = wellenförmig, C = zickzackförmig gestanzt 14

2099	68 C mehrfarbig	bwi		
A	wellenförmig gest. (21.7.2014)		1,50	1,50
C	zickzackförmig gest. (Febr. 2015)		1,50	1,50
2100 A	1 € mehrfarbig (21.7.2014)	bwk	2,30	2,30
	Satzpreis A (2 W.)		3,80	3,80
	FDC A			6,—
	Markenheftchen mit MiNr. 2099 A		15,—	15,—
	Markenheftchen mit MiNr. 2099 C		15,—	15,—
	Markenheftchen mit MiNr. 2100 A		23,—	23,—

MiNr. 2097–2098 wurden zusammen in der Rolle gedruckt.

Die Stanzung an den Markenecken von MiNr. 2099 A ist abgerundet, bei MiNr. 2099 C spitz.

Weitere Werte: MiNr. 1980, 1992–1993, 2014–2015, 2043–2046, 2136–2139

2014, 24. Juli. 100. Jahrestag des Ausbruchs des Ersten Weltkrieges: Militärische Werbeplakate. Odr. (4×4); Papier ph.; gez. K 13¼.

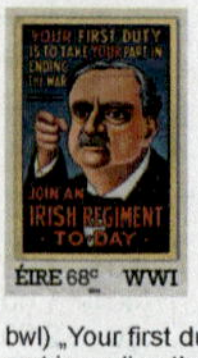

bwl) „Your first duty is to take your part in ending the war"; John Edward Redmond (1856–1918), Politiker

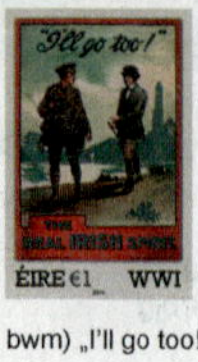

bwm) „I'll go too!" The Real Irish Spirit

2101	68 C mehrfarbig	bwl	1,50	1,50
2102	1 € mehrfarbig	bwm	2,30	2,30
	Satzpreis (2 W.)		3,80	3,80
	FDC			6,—

Auflagen: MiNr. 2101 = 136.000, MiNr. 2102 = 116.000 Stück

2014, 7. Aug. Das irische Strafvollzugswesen. Odr. (2×2 Zd); Papier ph.; gez. K 13¼:13½.

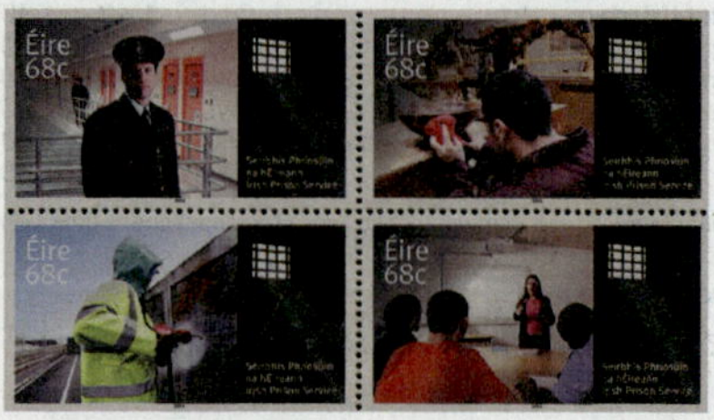

bwn) Wärter, Gefängnisflur
bwo) Gefängnisinsasse poliert eine Schale
bwp) Verurteilter entfernt Graffiti
bwr) Unterricht für Häftlinge

2103	68 C mehrfarbig	bwn	1,50	1,50
2104	68 C mehrfarbig	bwo	1,50	1,50
2105	68 C mehrfarbig	bwp	1,50	1,50
2106	68 C mehrfarbig	bwr	1,50	1,50
	Satzpreis (4 W.)		6,—	6,—
	Viererblock		6,—	6,—
	FDC			8,—

Auflagen: 256.000 Sätze

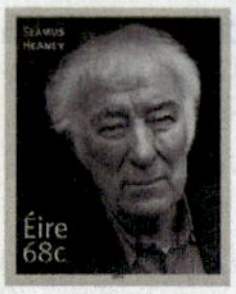

2014, 28. Aug. 1. Todestag von Seamus Heaney. Odr. (4×4); Papier ph.; gez. K 13¾.

bws) Seamus Heaney (1939–2013), Dichter und Schriftsteller, Nobelpreis 1995

2107	68 C mehrfarbig	bws	1,50	1,50
	FDC			3,80

Auflage: 136.000 Stück

2014, 4. Sept. Lieblingshaustiere: Katzen. Odr., Bogen (B) (2×2 Zd) und Markenheftchen (MH) (4×1); A = vierseitig, D = dreiseitig gez. K 13¼.

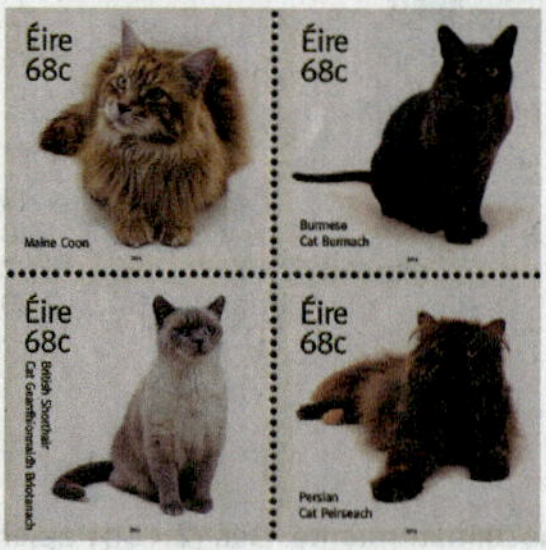

bwt) Maine-Coon-Katze
bwu) Burma-Katze
bwv) Britisch Kurzhaar
bww) Perserkatze

2108	68 C mehrfarbig	bwt		
A	vierseitig gez. (B) (MH)		1,50	1,50
D	dreiseitig gez. (⌶) (MH)		1,70	1,70
2109	68 C mehrfarbig	bwu		
A	vierseitig gez. (B) (MH)		1,50	1,50
D	dreiseitig gez. (⌶) (MH)		1,70	1,70

2110	68 C mehrfarbig	bwv		
A	vierseitig gez. (B) (MH)		1,50	1,50
D	dreiseitig gez. (⌑) (MH)		1,70	1,70
2111	68 C mehrfarbig	bww		
A	vierseitig gez. (B) (MH)		1,50	1,50
D	dreiseitig gez. (⌑) (MH)		1,70	1,70
		Satzpreis A (4 W.)	6,—	6,—
		FDC A		8,50
		Viererblock A	6,—	6,—
		Markenheftchen	28,—	28,—

MiNr. 2108 A–2111 A wurden im Bogen in Viererblockanordnung zusammenhängend gedruckt.

MiNr. 2108–2111 wurden auch im Markenheftchen (3 × MiNr. 2108 A–2111 A und 1 × MiNr. 2108 D–2111 D) ausgegeben. Postpreis: 12 €

Auflage: 256.000 Sätze im Bogen

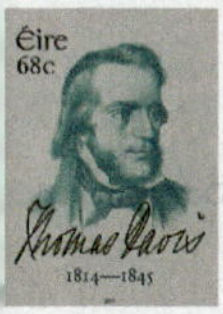

2014, 9. Okt. 200. Geburtstag von Thomas Davis. Odr. (4×4); gez. K 14:15.

bwx) Thomas Davis (1814–1845), Dichter und Schriftsteller

2112 68 C schwarz/blaugrün	bwx	1,50	1,50
	FDC		4,—

Auflage: 136.000 Stück

2014, 16. Okt. Computerspiele. Odr. (2×2 Zd); gez. K 13¾.

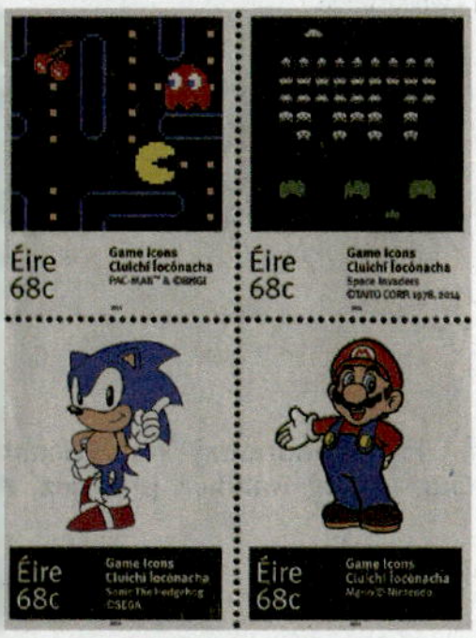

bwy) Pac-Man (1980)
bwz) Space Invaders (1978)
bxa) Figur Sonic (1991)
bxb) Figur Super Mario (1983)

2113 68 C mehrfarbig	bwy	1,50	1,50
2114 68 C mehrfarbig	bwz	1,50	1,50
2115 68 C mehrfarbig	bxa	1,50	1,50
2116 68 C mehrfarbig	bxb	1,50	1,50
	Satzpreis (4 W.)	6,—	6,—
	Viererblock	6,—	6,—
	FDC		8,50

Auflagen: 256.000 Sätze

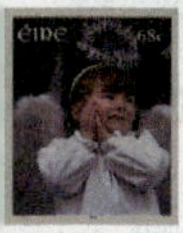

2014, 6. Nov. Weihnachten. Odr., Markenheftchen (2×13) und Folienstreifen (2×1); Papier ph.; selbstklebend; gestanzt 11¼.

bxc) Paris Curtis (3 J.), als Engel verkleidet

2117 68 C mehrfarbig	bxc	1,50	1,50
	Markenheftchen	39,—	39,—
	Folienstreifen	3,—	3,—
	FDC mit MiNr. 2117 und ATM 61 So–62 So		8,—

Das Markenheftchen wurde zum ermäßigten Preis von 17 € verkauft.

Auflage: 28.800.000 Stück

2015, 7. Jan. Wissenschaftsgalerie des Trinity College, Dublin; Wissenschaftswettbewerb für Schüler, Dublin. Odr. (2×4 Zd); gez. K 14:14¾.

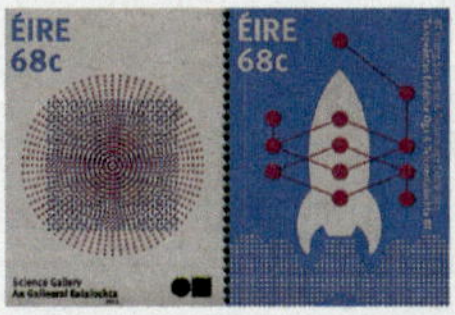

bxd–bxe) Embleme der Veranstaltungen

2118 68 C mehrfarbig	bxd	1,50	1,50
2119 68 C mehrfarbig	bxe	1,50	1,50
	Satzpreis (2 W.)	3,—	3,—
	Paar	3,—	3,—
	FDC		5,20

Auflage: 176.000 Sätze

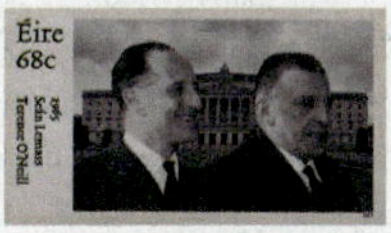

2015, 22. Jan. 50. Jahrestag des Treffens von Seán Lemass und Terence O'Neill. Odr. (4×4); Rahmen ph.; gez. K 13¼.

bxf) Terence O'Neill (1914–1990), Premierminister Nordirlands; Seán Lemass (1899–1971), irischer Politiker und Premierminister

2120 68 C schwarz	bxf	1,50	1,50
	FDC		4,—

Auflage: 136.000 Stück

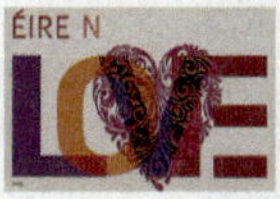

2015, 12. Febr. Hochzeits- und Valentinstagsgrußmarke. Odr., Folienstreifen (2×1) und Markenheftchen (5×2); Rahmen ph.; selbstklebend; gestanzt 9:10½.

bxg) Schriftzug „Love", Herz

2121 N mehrfarbig	bxg	2,50	2,—
	FDC		3,—
	Folienstreifen	5,—	4,—
	Markenheftchen	25,—	20,—

Nominale zur Zeit der Ausgabe: 68 C

Auflage: 1.230.000 Stück, davon 30.000 im Folienstreifen

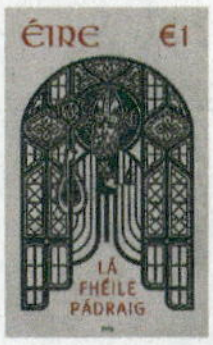

2015, 26. Febr. Nationalfeiertag „St.-Patricks-Tag". Odr. (4×4); Rahmen ph.; gez. K 13½:13¼.

bxh) Hl. Patrick (um 385–461), Missionar, Apostel Irlands; Kirchenfenster

2122 1 € rotorange/schwärzlich-gelbsmaragdgrün	bxh	2,30	2,30
	FDC		4,60

Auflage: 116.000 Stück

2015, 19. März. Irische Animationsindustrie. Odr., Bogen (2×2 Zd) und Markenheftchen (4); Rahmen ph.; gez. K 13¼:12¾.

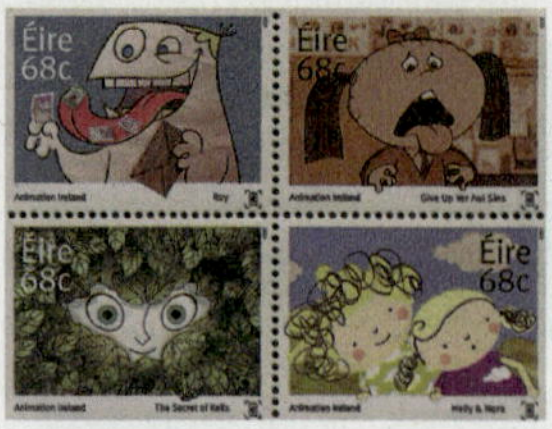

bxi) „Roy“ von Jam Media
bxk) „Give Up Yer Aul Sins“ von Brown Bag Films
bxl) „The Secret of Kells“ von Cartoon Saloon
bxm) „Nelly & Nora“ von Geronimo Productions

bxi–bxm) Zeichentrickfilmfiguren

2123	68 C mehrfarbig	bxi	1,50	1,50
2124	68 C mehrfarbig	bxk	1,50	1,50
2125	68 C mehrfarbig	bxl	1,50	1,50
2126	68 C mehrfarbig	bxm	1,50	1,50
		Satzpreis (4 W.)	6,—	6,—
		FDC		8,—
		Viererblock	6,—	6,—

MiNr. 2123–2126 wurden im Bogen in Viererblockanordnung, getrennt durch Zwischenstege, zusammenhängend gedruckt.

MiNr. 2123–2126 wurden auch im Markenheftchen (MH 73) ausgegeben (Postpreis: 12 €).

Auflagen: 256.000 Sätze im Bogen

2015, 23. April. Der Erste Weltkrieg: 100. Jahrestag der Schlacht von Gallipoli. Odr. (4×4); Rahmen ph.; gez. K 13:13¼.

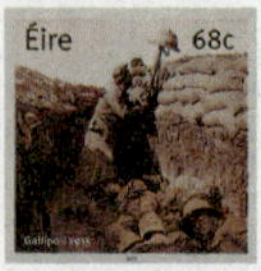

bxn) Irische Soldaten im Schützengraben

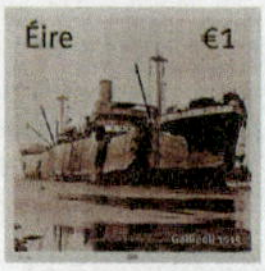

bxo) Landungsschiff SS „River Clyde“

2127	68 C mehrfarbig	bxn	1,50	1,50
2128	1 € mehrfarbig	bxo	2,30	2,30
		Satzpreis (2 W.)	3,80	3,80
		FDC		6,—

Auflagen: MiNr. 2127 = 136.000, MiNr. 2128 = 116.000 Stück

2015, 7. Mai. 100. Jahrestag der Versenkung der „Lusitania“. Odr. (4×4); Rahmen ph.; gez. K 14¼:14.

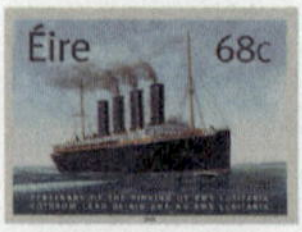

bxp) Auf ruhiger See

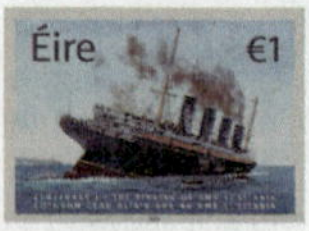

bxr) Versenkung

bxp–bxr) Passagierschiff „Lusitania“ (1907)

2129	68 C mehrfarbig	bxp	1,50	1,50
2130	1 € mehrfarbig	bxr	2,30	2,30
		Satzpreis (2 W.)	3,80	3,80
		FDC		6,—

Blockausgabe mit MiNr. 2129–2130

Block 95	(150×90 mm)	bxs	3,80	3,80
		FDC		6,—

Aufdruck „STAMPA ... 2015“ auf dem Blockrand von Bl. 95 ist privaten Ursprungs, aber von der Post genehmigt.

Auflagen: MiNr. 2129 = 136.000, MiNr. 2130 = 116.000 Stück

2015, 14. Mai. Europa: Historisches Spielzeug. Odr. (5×2); Rahmen ph.; gez. K 14¼:14.

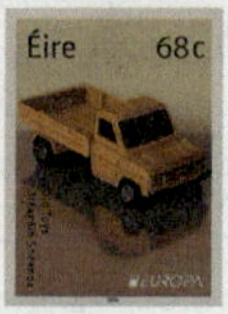

bxt) Lastwagen

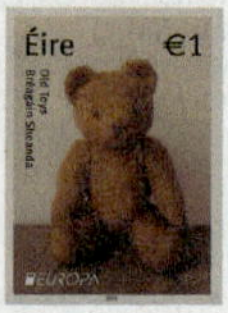

bxu) Teddybär

2131	68 C mehrfarbig	bxt	1,50	1,50
2132	1 € mehrfarbig	bxu	2,30	2,30
		Satzpreis (2 W.)	3,80	3,80
		FDC		6,—
		Kleinbogensatz (2 Klb.)	38,—	38,—

Auflagen: MiNr. 2131 = 136.000, MiNr. 2132 = 116.000 Stück

2015, 4. Juni. 50 Jahre Bergrettung in Irland. Odr. (2×4 Zd); Rahmen ph.; gez. K 14:14¼.

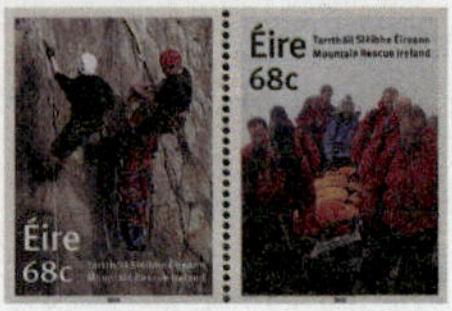

bxv) Retter bergen einen Verletzten an Steilwand
bxw) Retter mit einem Verletzten in der Gebirgstrage

2133	68 C mehrfarbig	bxv	1,60	1,60
2134	68 C mehrfarbig	bxw	1,60	1,60
		Satzpreis (2 W.)	3,20	3,20
		Paar	3,20	3,20
		FDC		5,50

Auflage: 176.000 Sätze

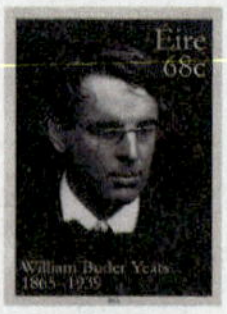

2015, 11. Juni. 150. Geburtstag von William Butler Yeats. Odr. (4×4); Rahmen ph.; gez. K 14:14¼.

bxx) William Butler Yeats (1865–1939), Schriftsteller und Dichter

2135	68 C schwarz	bxx	1,60	1,60
		FDC		3,90

Auflage: 136.000 Stück

2015, 1. Juli. Freimarken: Tiere. Odr.; Rahmen ph.; selbstklebend.

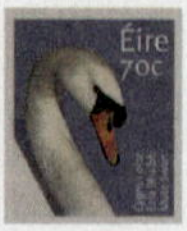

bxy) Höckerschwan (Cygnus olor)

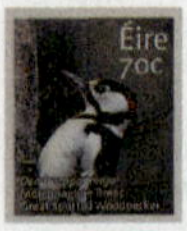

bxz) Buntspecht (Dendrocopos major)

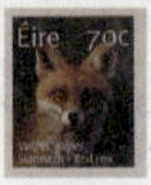

bya) Rotfuchs (Vulpes vulpes)

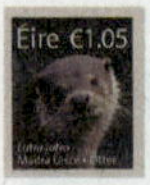

byb) Eurasischer Fischotter (Lutra lutra)

Rolle (100), gestanzt 11:11¼

2136	70 C mehrfarbig	bxy	1,60	1,60
2137	70 C mehrfarbig	bxz	1,60	1,60
		Satzpreis (2 W.)	3,20	3,20
		Paar	3,20	3,20

Markenheftchen, MiNr. 2138 = (5×2), MiNr. 2139 = (2×5), gestanzt 13¾:14

2138	70 C	mehrfarbig	bya	1,60	1,60
2139	1.05 €	mehrfarbig	byb	2,40	2,40
		Satzpreis (2 W.)		4,—	4,—
		Markenheftchen mit MiNr. 2138		16,—	16,—
		Markenheftchen mit MiNr. 2139		24,—	24,—

MiNr. 2136–2137 wurden zusammen in der Rolle gedruckt.

Weitere Werte: MiNr. 1980, 1992–1993, 2014–2015, 2043–2046, 2097–2100

2015, 16. Juli. Einheimische Nahrungsmittel. Odr. (2×4 Zd); Rahmen ph.; gez. K 13¼:13½.

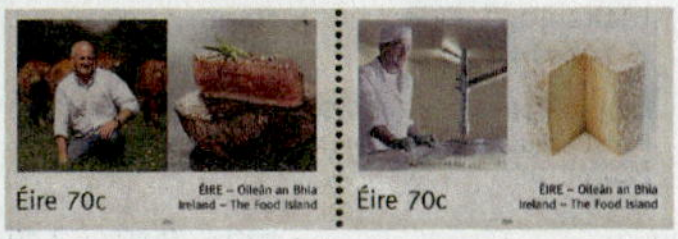

byc) Viehzüchter mit Rindern auf der Weide, Filetsteaks
byd) Käsemacher bei der Herstellung, Käselaib

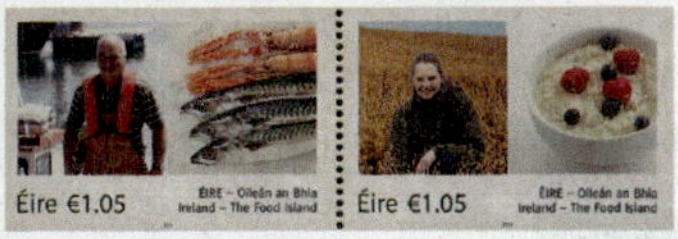

bye) Fischer, Kaisergranate, Makrelen
byf) Ackerbäuerin auf dem Haferfeld, Haferbrei mit Himbeeren und Heidelbeeren

2140	70 C	mehrfarbig	byc	1,60	1,60
2141	70 C	mehrfarbig	byd	1,60	1,60
2142	1.05 €	mehrfarbig	bye	2,40	2,40
2143	1.05 €	mehrfarbig	byf	2,40	2,40
		Satzpreis (4 W.)		6,—	6,—
		FDC			10,50
		2 Paare		6,—	6,—

Blockausgabe mit MiNr. 2140–2143

Block 96 (148×90 mm)		byg	6,—	6,—
	FDC			10,50

Aufdruck „STAMPA ... 2015" auf dem Blockrand von Bl. 96 ist privaten Ursprungs, aber von der Post genehmigt.

Auflagen: MiNr. 2140–2141 = 176.000, MiNr. 2142–2143 = 156.000 Sätze

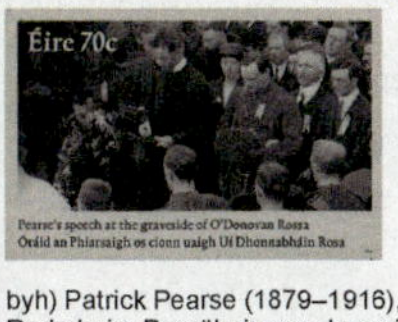

2015, 30. Juli. 100. Jahrestag der historischen Rede von Patrick Pearse. Odr. (4×4); Rahmen ph.; gez. K 13¼.

byh) Patrick Pearse (1879–1916), Lehrer, Schriftsteller und politischer Aktivist, hält Rede beim Begräbnis von Jeremiah O'Donovan Rossa (1831–1915), Agitator und Mitglied von Fenian und der Irischen Republikanischen Bruderschaft (1.8.1915)

2144	70 C	schwarz	byh	1,60	1,60
		FDC			3,90

Auflage: 136.000 Stück

2015, 13. Aug. Eileen Gray. Odr., Bogen (2×2 Zd) und Markenheftchen (2×2); Rahmen ph.; gez. K 13¼.

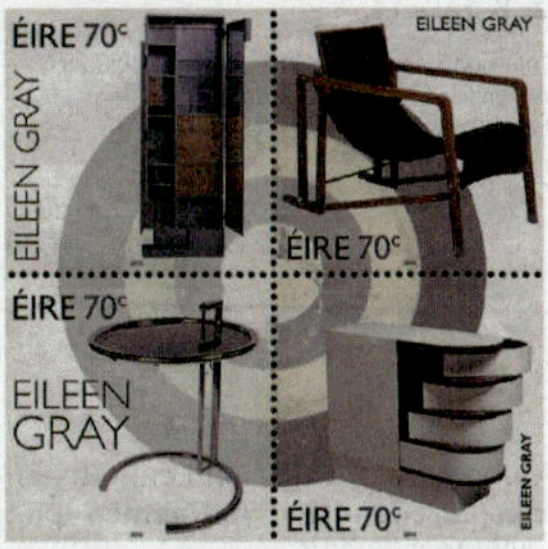

byi) Schminktisch
byk) „Transat-Sessel"
byl) „Adjustable Table E.1027"
bym) Kommode mit ausziehbaren Schubladen

byi–bym) Möbel von Eileen Green (1878–1976), Innenarchitektin und Designerin

2145	70 C	mehrfarbig	byi	1,60	1,60
2146	70 C	mehrfarbig	byk	1,60	1,60
2147	70 C	mehrfarbig	byl	1,60	1,60
2148	70 C	mehrfarbig	bym	1,60	1,60
		Satzpreis (4 W.)		6,40	6,40
		FDC			6,50
		Viererblock		6,50	6,50

MiNr. 2145–2148 wurden im Bogen in Viererblockanordnung zusammenhängend gedruckt.

MiNr. 2145–2148 wurden auch im Markenheftchen (MH 74) ausgegeben (Postpreis: 12 €).

Auflagen: 1.024.000 Sätze im Bogen

2015, 10. Sept. Die fünf Sinne. (4×4); Rahmen ph.; MiNr. 2149 und 2153 Odr., MiNr. 2150 Odr. mit Folienüberzug, MiNr. 2152 komb. Odr. und Rdr. mit Lacküberzug; gez. K 13½; MiNr. 2151 Thermodruck auf Klarsichtfolie, selbstklebend, gestanzt 8¾.

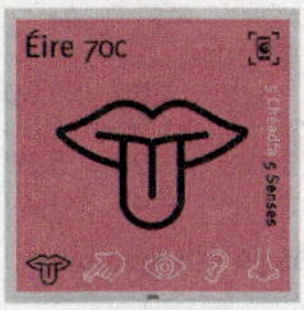

byn) Schmecken (Mund)

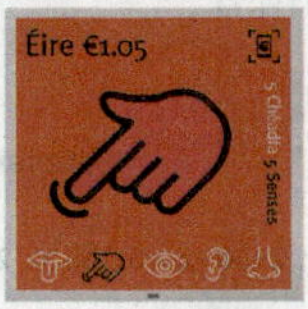

byo) Fühlen (Hand)

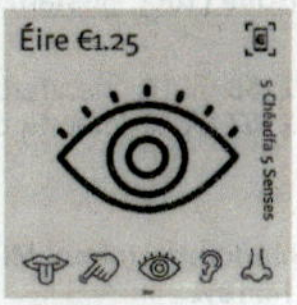

byp) Sehen (Auge)

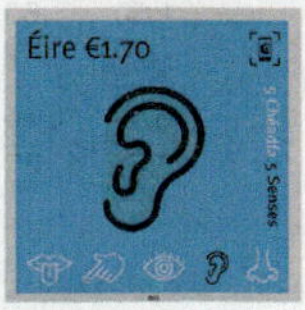

byr) Hören (Ohr)

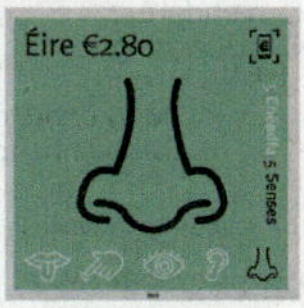

bys) Riechen (Nase)

2149	70 C	hellkarmin/schwarz	byn	1,60	1,60
2150	1.05 €	orange/schwarz	byo	2,40	2,40
2151	1.25 €	schwarz	byp	2,90	2,90
2152	1.70 €	hellcyanblau/schwarz	byr	3,90	3,90
2153	2.80 €	hellgelbsmaragdgrün/schwarz	bys	6,40	6,40
		Satzpreis (5 W.)		17,—	17,—
		FDC			19,—

Die Gummierung von MiNr. 2149 enthält Erdbeeraroma.

MiNr. 2150 reagiert auf Reibung mit Farbveränderung.

MiNr. 2153 riecht nach Pfefferminze.

Auflagen: MiNr. 2149 = 176.000, MiNr. 2150 = 116.000, MiNr. 2151–2152 je 96.000, MiNr. 2153 = 80.000 Stück

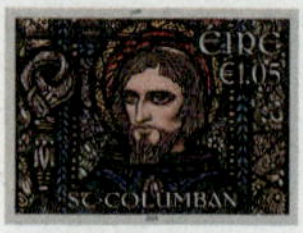

2015, 22. Okt. 1400. Todestag des hl. Columban von Luxeuil. Odr. (4×4); Rahmen ph.; gez. K 14¼:14.

byt) Hl. Columban von Luxeuil (540–615), Wandermönch und Missionar; Detail eines Buntglasfensters aus der Abtei St. Georgenberg, Roscrea

2154 1.05 € mehrfarbig . . . . byt 2,40 2,40
FDC 4,80

Auflage: 116.000 Stück

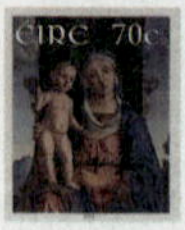

2015, 5. Nov. Weihnachten. Odr., Markenheftchen (2×13) und Folienstreifen (2×1); Rahmen ph.; selbstklebend; gestanzt 11:11¼.

byu) Madonna mit Kind; von Marco Palmezzano (1456–1539), italienischer Maler und Architekt

2155 70 C mehrfarbig . . . . byu 1,60 1,60
Markenheftchen 40,— 40,—
Folienstreifen 3,20 3,20
FDC mit MiNr. 2155 und ATM 63 So–64 So 8,—

Das Markenheftchen wurde zum ermäßigten Preis von 17.50 € verkauft.

Auflage: 19.524.000 Stück

2016, 21. Jan. Freimarken: 100. Jahrestag des Osteraufstandes. Odr.; Rahmen ph.; selbstklebend.

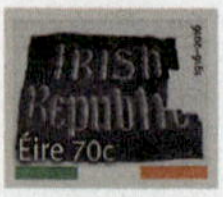

byv) Fahne der Irischen Republik

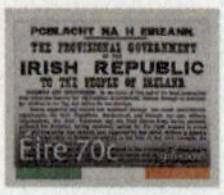

byw) Oster-Proklamation

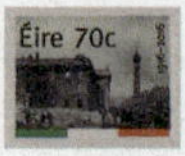

byx) Hauptpostamt in der Sackville Street, Dublin

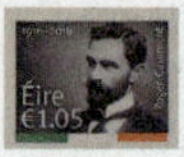

byy) Roger Casement (1864–1916), britischer Diplomat und irischer Nationalist

Rolle (100), gestanzt 11¼:11

2156 70 C mehrfarbig . . . . byv 1,60 1,60
2157 70 C mehrfarbig . . . . byw 1,60 1,60
Satzpreis (2 W.) 3,20 3,20
Paar 3,20 3,20

Markenheftchen, MiNr. 2158 (2×5), MiNr. 2159 (5×2), gestanzt 14:13¾

2158 70 C mehrfarbig . . . . byx 1,60 1,60
2159 1.05 € mehrfarbig . . . . byy 2,40 2,40
Satzpreis (2 W.) 4,— 4,—
Markenheftchen mit MiNr. 2158 16,— 16,—
Markenheftchen mit MiNr. 2159 24,— 24,—

MiNr. 2156–2157 wurden zusammen in der Rolle gedruckt.

In ähnlichen Zeichnungen: MiNr. 2170, 2175, 2179, 2182 (nassklebend)
Weitere Werte: MiNr. 2187–2190

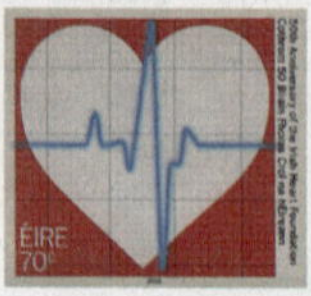

2016, 28. Jan. 50 Jahre Irische Herzstiftung. Odr. (4×4); Rahmen ph.; gez. K 13¼:13½.

byz) Herz, Elektrokardiogramm

2160 70 C mehrfarbig . . . . byz 1,60 1,60
FDC 4,—

Auflage: 122.000 Stück

2016, 11. Febr. Hochzeits- und Valentinstagsgrußmarke. Odr., Folienstreifen (2×1) und Markenheftchen (5×2); Rahmen ph.; Farbe fl.; selbstklebend; gestanzt 9:10½.

bza) Herzenkette

2161 N mehrfarbig . . . . bza 2,50 1,60
FDC 4,—
Folienstreifen 5,— 3,20
Markenheftchen 25,— 16,—

Nominale zur Zeit der Ausgabe: 70 C

Auflage: 1.200.000 Stück, davon 30.000 im Folienstreifen

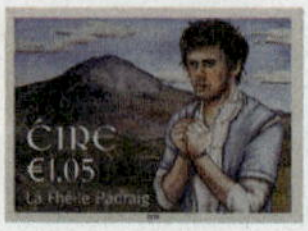

2016, 25. Febr. Nationalfeiertag „St.-Patricks-Tag". Odr. (4×4); Rahmen ph.; gez. K 14¼:14.

bzb) Hl. Patrick (um 385–461), Missionar, Apostel Irlands, als Hirte in der Knechtschaft; Berg Slemish (437 m)

2162 1.05 € mehrfarbig . . . . bzb 2,40 2,40
FDC 4,50

Auflage: 94.000 Stück

2016, 10. März. Lieblingshaustiere: Hunde. Odr. (2×2 Zd); Rahmen ph.; gez. K 14:14¼.

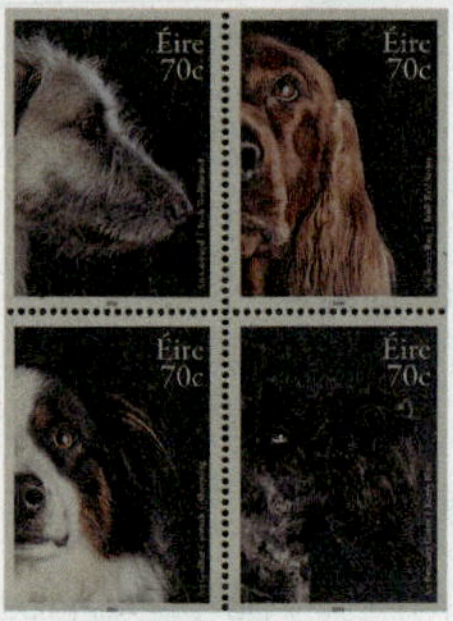

bzc) Irischer Wolfshund
bzd) Irish Red Setter
bze) Border Collie
bzf) Kerry Blue Terrier

2163 70 C mehrfarbig . . . . bzc 1,60 1,60
2164 70 C mehrfarbig . . . . bzd 1,60 1,60
2165 70 C mehrfarbig . . . . bze 1,60 1,60
2166 70 C mehrfarbig . . . . bzf 1,60 1,60
Satzpreis (4 W.) 6,40 6,40
FDC 8,50
Viererblock 6,50 6,50

Blockausgabe mit MiNr. 2163–2166

Block 97 (150×90 mm) . . . . bzg 6,50 6,50
FDC 8,50

Aufdruck „STAMPA 2016" auf dem Blockrand von Bl. 97 ist privaten Ursprungs, aber von der Post genehmigt.

Auflage: MiNr. 2163–2166 = 208.000 Sätze

2016, 24. März. 100. Jahrestag des Osteraufstandes. Odr. (4×4); Rahmen ph.; gez. K 13½.

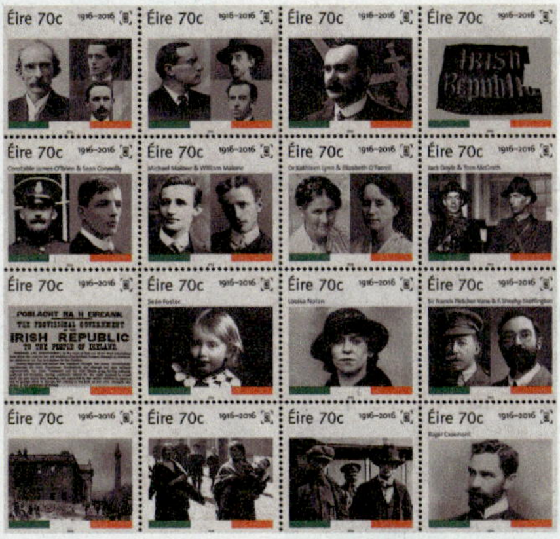

bzh) Thomas James Clarke (1857–1916), Revolutionär; Seán Mac Diarmada (1883–1916), Politiker; Éamonn Ceannt (1881–1916), Freiheitskämpfer
bzi) Patrick Henry Pearse (1879–1916), Lehrer und Schriftsteller; Joseph Mary Plunkett (1887–1916), Dichter und Journalist; Thomas MacDonagh (1878–1916), Dichter und Dramatiker
bzk) James Connolly (1868–1916), Gewerkschafter und Sozialist; Starry-Plough-Flagge
bzl) Fahne der Irischen Republik

bzm) Constable James O'Brien (1868–1916), Sean Connolly (1883–1916)
bzn) Michael (1888–1916) und William Malone (1859–1915)
bzo) Kathleen Lynn (1874–1955), Chefärztin während des Aufstandes; Elizabeth O'Farrell (1884–1957), Krankenschwester
bzp) Irish Volunteers Jack Doyle und Tom McGrath im Hauptpostamt (1916)

bzr) Oster-Proklamation
bzs) Sean Francis Foster (1914–1916), ziviles Opfer, starb bei Schießerei
bzt) Louisa Nolan, half selbstlos verwundeten Kämpfern
bzu) Francis Fletcher-Vane (1861–1934), britischer Offizier; Francis Sheehy-Skeffington (1878–1916), Pazifist und Schriftsteller

bzv) Hauptpostamt in der Sackville Street, Dublin
bzw) Kinder sammeln Brennholz
bzx) Gefangene aus Richmond-Kasernen
bzy) Roger Casement (1864–1916), Diplomat und irischer Nationalist

2167	0.70 €	mehrfarbig	bzh	1,60	1,60
2168	0.70 €	mehrfarbig	bzi	1,60	1,60
2169	0.70 €	mehrfarbig	bzk	1,60	1,60
2170	0.70 €	mehrfarbig	bzl	1,60	1,60
2171	0.70 €	mehrfarbig	bzm	1,60	1,60
2172	0.70 €	mehrfarbig	bzn	1,60	1,60
2173	0.70 €	mehrfarbig	bzo	1,60	1,60
2174	0.70 €	mehrfarbig	bzp	1,60	1,60
2175	0.70 €	mehrfarbig	bzr	1,60	1,60
2176	0.70 €	mehrfarbig	bzs	1,60	1,60
2177	0.70 €	mehrfarbig	bzt	1,60	1,60
2178	0.70 €	mehrfarbig	bzu	1,60	1,60
2179	0.70 €	mehrfarbig	bzv	1,60	1,60
2180	0.70 €	mehrfarbig	bzw	1,60	1,60
2181	0.70 €	mehrfarbig	bzx	1,60	1,60
2182	0.70 €	mehrfarbig	bzy	1,60	1,60
			Satzpreis (16 W.)	25,50	25,50
			Zd-Bogen	26,—	26,—

Blockausgabe (14. April)

Block 98	mit MiNr. 2167–2170 (150×90 mm)	bzz	8,50	8,50
Block 99	mit MiNr. 2171–2174 (150×90 mm)	caa	8,50	8,50
Block 100	mit MiNr. 2175–2178 (150×90 mm)	cab	8,50	8,50
Block 101	mit MiNr. 2179–2182 (150×90 mm)	cac	8,50	8,50
	Gesamtpreis (4 Bl.)		34,—	34,—

Bl. 98–101 stammen aus einer Verkaufspackung (Postpreis: 15 €).

Aufdrucke „STAMPA 2016" auf dem Blockrand von Bl. 98 und 101 sowie „STAMPA 2017" auf dem Blockrand von Bl. 100 sind privaten Ursprungs, aber von der Post genehmigt.

In ähnlichen Zeichnungen wie MiNr. 2170–2175, 2179 und 2182 (nassklebend) und MiNr. 2156–2159, 2187–2190 (selbstklebend)

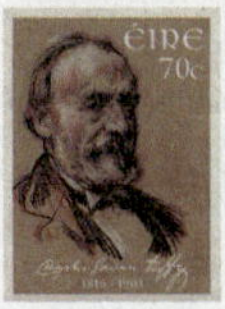

2016, 7. April. 200. Geburtstag von Charles Gavan Duffy. Odr. (4×4); Rahmen ph.; gez. K 14:14¼.

cad) Charles Gavan Duffy (1816–1903), irischer Nationalist und australischer Kolonialpolitiker

2183	70 C	mehrfarbig	cad	1,60	1,60
			FDC		4,—

Auflage: 122.000 Stück

2016, 12. Mai. Europa: Umweltbewusst leben. Odr. (2×5); Rahmen ph.; gez. K 13¼:13½.

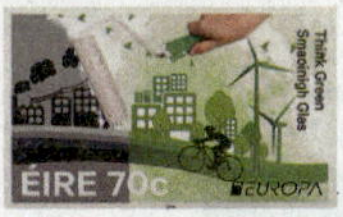

cae) Von Grau zu Grün; Graphik von Doxia Sergidou (Zypern)

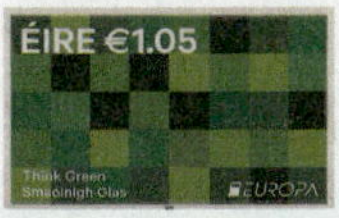

caf) „Forty shades of green"; Graphik von Red Dog Design (Irland)

2184	70 C	mehrfarbig	cae	1,60	1,60
2185	1.05 €	mehrfarbig	caf	2,40	2,40
			Satzpreis (2 W.)	4,—	4,—
			FDC		6,50
			Kleinbogensatz (2 Klb.)	40,—	40,—

Auflagen: MiNr. 2184 = 122.000, MiNr. 2185 = 94.000 Stück

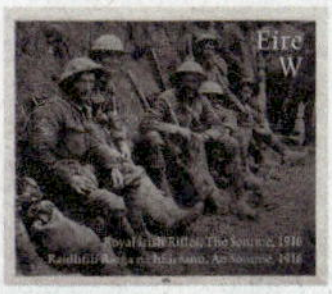

2016, 23. Juni. 100. Jahrestag der Schlacht an der Somme. Odr. (4×4); Rahmen ph.; gez. K 13½.

cag) Soldaten der Royal Irish Rifles im Schützengraben (1916)

2186	W	schwarz	cag	4,—	2,40
			FDC		3,40

Nominale zur Zeit der Ausgabe: 1.05 €

Auflage: 122.000 Stück

Irische Nominalkodierungen

W = Internationale Briefpost, Standardbrief

ab 1.7.2015: 1.05 €; ab 21.7.2016: 1.10 €; ab 13.4.2017: 1.35 €; ab 4.4.2018: 1.50 €; ab 25.2.2019: 1.70 €; ab 27.5.2021: 2 €; ab 1.3.2022: 2.20 €; ab 27.2.2025: 2.65 €

2016, 21. Juli. Freimarken: 100. Jahrestag des Osteraufstandes. Odr.; Rahmen ph.; selbstklebend.

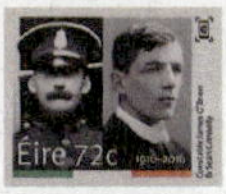

cah

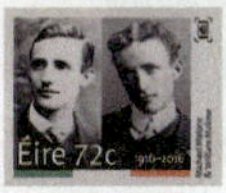

cai

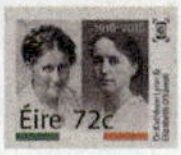

cak

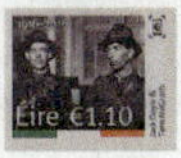

cal

cah) Constable James O'Brien (1868–1916), Sean Connolly (1883–1916)
cai) Michael (1888–1916) und William Malone (1859–1915)
cak) Kathleen Lynn (1874–1955), Chefärztin während des Aufstandes; Elizabeth O'Farrell (1884–1957), Krankenschwester
cal) Irish Volunteers Jack Doyle und Tom McGrath im Hauptpostamt (1916)

Rolle (100), gestanzt 11¼:11

2187	72 C	mehrfarbig	cah	1,70	1,70
2188	72 C	mehrfarbig	cai	1,70	1,70
			Satzpreis (2 W.)	3,40	3,40
			Paar	3,40	

Markenheftchen, MiNr. 2189 (2×5), MiNr. 2190 (5×2), gestanzt 14:13¾

2189	72 C	mehrfarbig	cak	1,70	1,70
2190	1.10 €	mehrfarbig	cal	2,50	2,50
			Satzpreis (2 W.)	4,20	4,20
			Markenheftchen mit MiNr. 2189	17,—	17,—
			Markenheftchen mit MiNr. 2190	25,—	25,—

MiNr. 2187–2188 wurden zusammen in der Rolle gedruckt.

In ähnlichen Zeichnungen: MiNr. 2171–2174 (nassklebend)
Weitere Werte: MiNr. 2156–2159

2016, 28. Juli. Küstenstraße „Wild Atlantic Way". Odr., Bogen (2×4 Zd) und Markenheftchen (2×2); gez. K 13¼:13½.

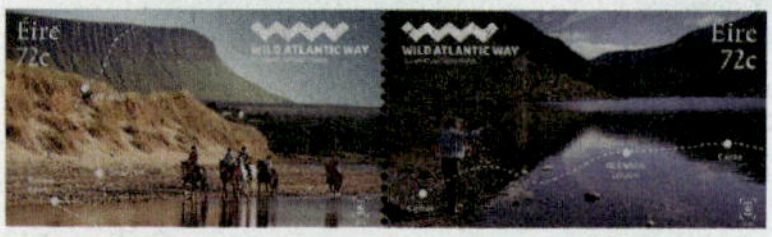

cam) Reiten an der Küste bei Grange, Grafschaft Sligo
can) Fliegenfischen am See Glenbeg Lough, Grafschaft Cork

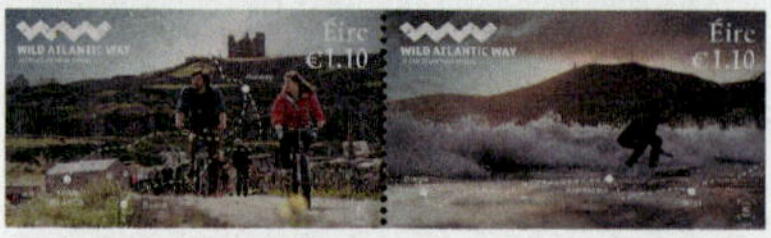

cao) Radfahren auf den Aran-Inseln, Grafschaft Galway
cap) Surfen am Inch-Strand, Grafschaft Kerry

2191	72 C	mehrfarbig	cam	1,70	1,70
2192	72 C	mehrfarbig	can	1,70	1,70
2193	1.10 €	mehrfarbig	cao	2,50	2,50
2194	1.10 €	mehrfarbig	cap	2,50	2,50
			Satzpreis (4 W.)	8,50	8,50
			2 Paare	8,50	8,50
			FDC		10,50
			Markenheftchen	35,—	35,—

MiNr. 2191–2194 wurden auch im Markenheftchen (vier Heftchenblätter mit jeweils einem sortenreinen Viererblock) ausgegeben. Postpreis: 15 €

Auflagen: MiNr. 2191–2192 je 156.000, MiNr. 2193–2194 je 128.000 Stück im Bogen

In ähnlichen Zeichnungen wie MiNr. 2191 und 2194: MiNr. 2304, 2308 (selbstklebend)

2016, 18. Aug. Irische Schaufenster. Odr. (2×4 Zd); Rahmen ph.; gez. K 12:12½.

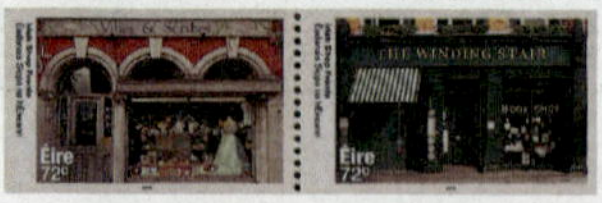

car) Kunst- und Hobbyladen „Vibes & Scribes", Cork
cas) Buchladen „The Winding Staire", Dublin

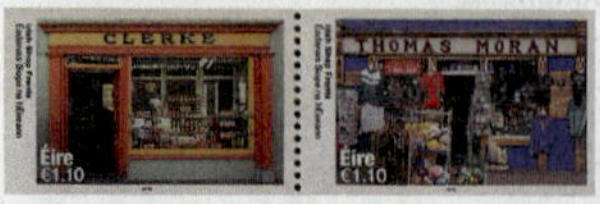

cat) Lebensmittelladen „Clerke", Skibbereen
cau) Souvenirgeschäft „Thomas Moran", Westport

2195	72 C	mehrfarbig	car	1,70	1,70
2196	72 C	mehrfarbig	cas	1,70	1,70
2197	1.10 €	mehrfarbig	cat	2,50	2,50
2198	1.10 €	mehrfarbig	cau	2,50	2,50
			Satzpreis (4 W.)	8,50	8,50
			2 Paare	8,50	8,50
			FDC		10,50

Auflagen: MiNr. 2195–2196 je 148.000, MiNr. 2197–2198 je 120.000 Stück

2016, 15. Sept. Radfahren in Irland. Odr. (2×2 Zd); Rahmen ph.; gez. K 13¼.

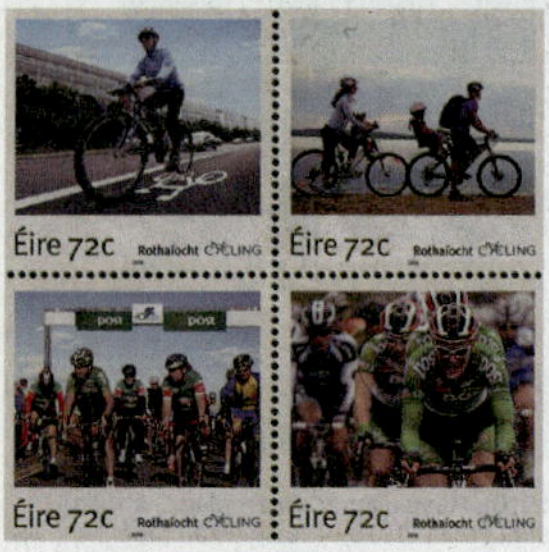

cav) Sicherheit durch Fahrradwege
caw) Freizeit mit Familie
cax) Wohltätigkeitsveranstaltungen
cay) Hochleistungswettbewerbe

2199	72 C	mehrfarbig	cav	1,70	1,70
2200	72 C	mehrfarbig	caw	1,70	1,70
2201	72 C	mehrfarbig	cax	1,70	1,70
2202	72 C	mehrfarbig	cay	1,70	1,70
			Satzpreis (4 W.)	6,80	6,80
			Viererblock	7,—	7,—
			FDC		9,—

Blockausgabe mit MiNr. 2199–2202

Block 102	(150×90 mm)	caz	7,—	7,—
		FDC		9,—

Auflagen: MiNr. 2199–2202 = 208.000 Sätze, Bl. 102 = 20.000 Blocks

2016, 6. Okt. Leuchttürme: 150 Jahre Commissioners of Irish Lights (2017). Odr., Bogen (2×2 Zd) und Markenheftchen (4); Rahmen ph.; gez. K 13¼:13½.

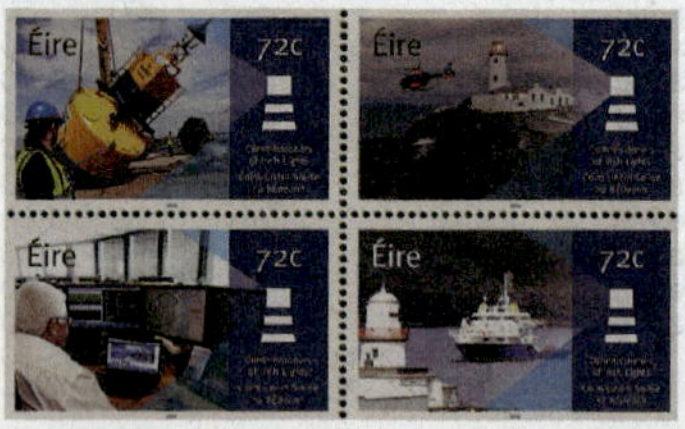

cba) Bojen im Tonnenhof
cbb) Hubschrauber beim Leuchtturm „Fanad Head"
cbc) Navigationszentrum im CIL-Hauptquartier, Dún Laoghaire
cbd) Mehrzweckschiff „ILV Granuaile"

2203	72 C	mehrfarbig	cba	1,70	1,70
2204	72 C	mehrfarbig	cbb	1,70	1,70
2205	72 C	mehrfarbig	cbc	1,70	1,70
2206	72 C	mehrfarbig	cbd	1,70	1,70
			Satzpreis (4 W.)	6,80	6,80
			Viererblock	7,—	7,—
			FDC		9,—

MiNr. 2203–2206 wurden im Bogen in Viererblockanordnung zusammenhängend gedruckt.

MiNr. 2203–2206 wurden auch im Markenheftchen (MH 75) ausgegeben (Postpreis: 13 €).

Auflagen: 208.000 Sätze

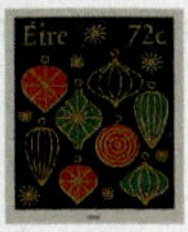

2016, 3. Nov. Weihnachten. Odr., Markenheftchen (2×13) und Folienstreifen (2×1); Rahmen ph.; selbstklebend; gestanzt 11:11¼.

cbe) Christbaumkugeln

2207	72 C mehrfarbig	cbe	1,70	1,70
	Markenheftchen		42,—	42,—
	Folienstreifen		3,40	3,40
	FDC mit MiNr. 2207 und ATM 81 So–82 So			8,—

Das Markenheftchen wurde zum ermäßigten Preis von 18 € verkauft.

Auflage: 19.510.000 Stück

2017, 12. Jan. Freimarken: Geschichte Irlands in 100 Objekten. Odr.; Rahmen ph.; selbstklebend.

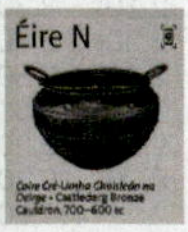

cbf) Bronzekessel, Castlederg (ca. 700–600 v. Chr.)

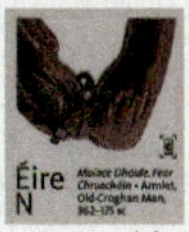

cbg) Old-Croghan-Mann mit Lederband (ca. 362–175 v. Chr.)

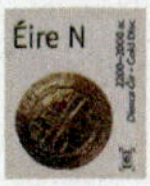

cbh) Goldscheibe (ca. 2200–2000 v. Chr.)

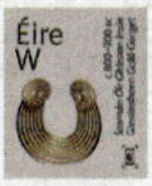

cbi) Gleninsheen Goldcollar (ca. 800–700 v. Chr.)

Rolle (100); gestanzt 11¼:11

2208	N mehrfarbig	cbf	2,50	1,70
2209	N mehrfarbig	cbg	2,50	1,70
	Satzpreis (2 W.)		5,—	3,40
	Paar		5,—	3,40

Markenheftchen; MiNr. 2210 (5×2), MiNr. 2211 (2×5); gest. 14

2210	N mehrfarbig	cbh	2,50	1,70
2211	W mehrfarbig	cbi	4,—	2,50
	Satzpreis (2 W.)		6,50	4,20
	Markenheftchen mit MiNr. 2210		25,—	17,—
	Markenheftchen mit MiNr. 2211		40,—	25,—

MiNr. 2208–2209 wurden zusammen in der Rolle gedruckt.

Nominalen zur Zeit der Ausgabe: N = 0.72 €, W = 1.10 €

Weitere Werte: MiNr. 2250–2253, 2294–2297, A 2401–D 2401

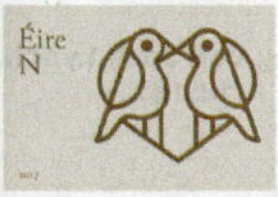

2017, 2. Febr. Hochzeits- und Valentinstagsgrußmarke. Odr., Folienstreifen (2×1) und Markenheftchen (5×2); Rahmen ph.; selbstklebend; gestanzt 9:10½.

cbk) Turtelnde Tauben

2212	N goldfarben	cbk	2,50	1,70
	FDC			4,—
	Folienstreifen		5,—	3,40
	Markenheftchen		25,—	17,—

Nominale zur Zeit der Ausgabe: 72 C

Auflage: 1.030.000 Stück, davon 30.000 im Folienstreifen

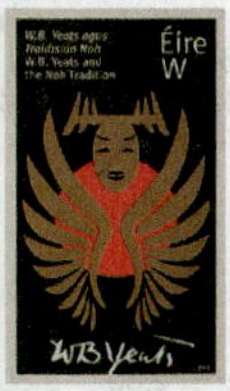

2017, 9. Febr. 100. Jahrestag der Uraufführung des Theaterstückes „At the Hawk's Well" von William Butler Yeats. Odr. (4×4); Rahmen ph.; gez. K 13¼.

cbl) Falken-Frau; Spielcharakter von William Butler Yeats (1865–1939), Schriftsteller, Nobelpreis 1923

2213	W mehrfarbig	cbl	4,—	2,50
	FDC			4,80

Blockausgabe mit 2 × MiNr. 2214, Papier ph.

2214	W mehrfarbig	cbl I	4,—	2,50
Block 103	(150×68 mm)	cbm	8,—	5,—
	FDC			7,50

Nominale zur Zeit der Ausgabe: je 1.10 €

MiNr. 2213 hat einen weißen, MiNr. 2214 einen schwarzen Markenrand.

Auflagen: MiNr. 2213 = 94.000 Stück, Bl. 103 = 25.000 Blocks

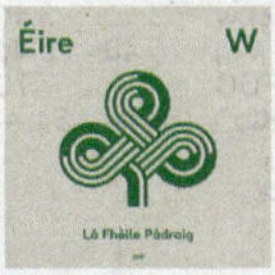

2017, 23. Febr. Nationalfeiertag „St.-Patricks-Tag". Odr. (4×4); Rahmen ph.; gez. K 13¼.

cbn) Kleeblatt als keltischer Knoten

2215	W gelbsmaragdgrün	cbn	4,—	2,50
	FDC			4,80

Nominale zur Zeit der Ausgabe: 1.10 €

Auflage: 102.000 Stück

2017, 16. März. Emojis. Odr. (2×4 Zd); Rahmen ph.; gez. K 13¼.

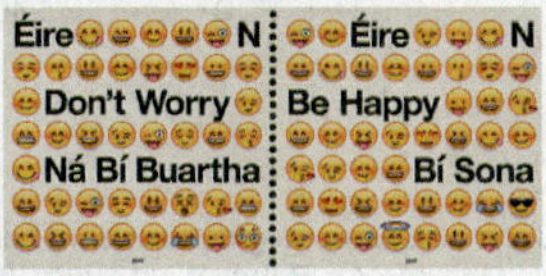

cbo) Don't worry
cbp) Be happy

cbo–cbp) Positive Emotionszeichen

2216	N mehrfarbig	cbo	2,50	1,70
2217	N mehrfarbig	cbp	2,50	1,70
	Satzpreis (2 W.)		5,—	3,40
	Paar		5,—	3,40
	FDC			5,60

Nominale zur Zeit der Ausgabe: je 72 C

Die Farbe Gelb ist fluoreszierend.

Auflage: 148.000 Sätze

2017, 20. April. Historische Königssitze. Odr. (2×2 Zd); Rahmen ph.; gez. K 13¼.

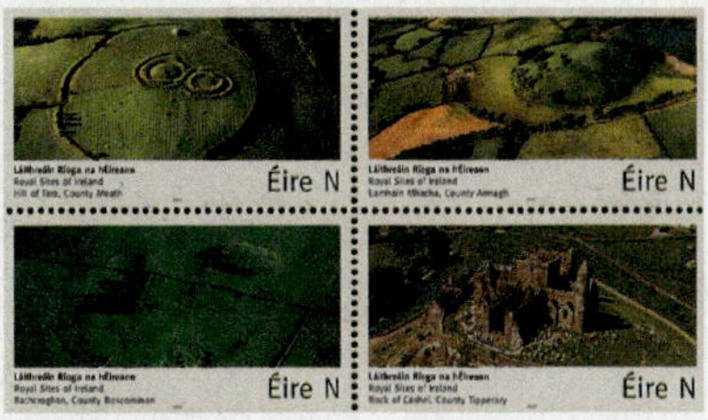

cbr) Hügel von Tara
cbs) Königssitz Emain Macha
cbt) Rathcroghan
cbu) Festung Rock of Cashel

2218	N mehrfarbig	cbr	2,50	2,30
2219	N mehrfarbig	cbs	2,50	2,30
2220	N mehrfarbig	cbt	2,50	2,30
2221	N mehrfarbig	cbu	2,50	2,30
	Satzpreis (4 W.)		10,—	9,20
	Viererblock		10,—	9,20
	FDC			11,50

Nominale zur Zeit der Ausgabe: je 1 €

Auflagen: 208.000 Sätze

In ähnlicher Zeichnung wie MiNr. 2222: MiNr. 2305 (selbstklebend)

2017, 4. Mai. Europa: Burgen und Schlösser. Odr. (2×5); Rahmen ph.; gez. K 13¼:13½.

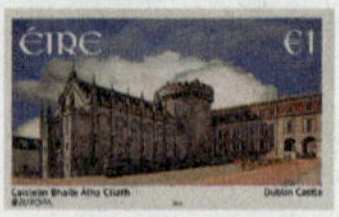

cbv) Dublin Castle

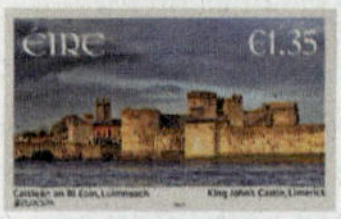

cbw) King John's Castle, Limerick

2222	1 € mehrfarbig	cbv	2,30	2,30
2223	1.35 € mehrfarbig	cbw	3,10	3,10
		Satzpreis (2 W.)	5,40	5,40
		FDC		7,70
		Kleinbogensatz (2 Klb.)	54,—	54,—

Auflagen: MiNr. 2222 = 122.000, MiNr. 2223 = 94.000 Stück

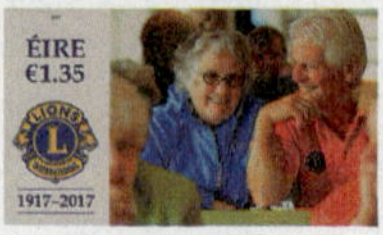

2017, 1. Juni. 100 Jahre Lions International. Odr. (4×4); gez. K 13¼.

cbx) Mitglieder eines irischen Lions Clubs

2224	1.35 € mehrfarbig	cbx	3,10	3,10
		FDC		5,40

Auflage: 94.000 Stück

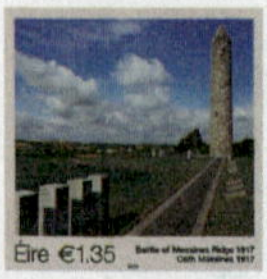

2017, 8. Juni. 100. Jahrestag der Schlacht bei Messines. Odr. (4×4); Rahmen ph.; gez. K 13¼.

cby) Rundturm im Irischen Friedenspark, Messines (Belgien)

2225	1.35 € mehrfarbig	cby	3,10	3,10
		FDC		5,40

Auflage: 94.000 Stück

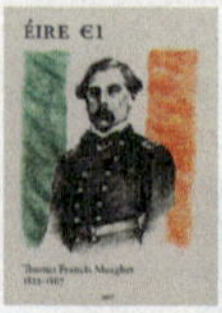

2017, 29. Juni. 150. Todestag von Thomas Francis Meagher. Odr. (4×4); Rahmen ph.; gez. K 14:14¼.

cbz) Thomas Francis Meagher (1823–1867), amerikanischer Politiker und irischer Freiheitskämpfer

2226	1 € mehrfarbig	cbz	2,30	2,30
		FDC		4,60

Auflage: 122.000 Stück

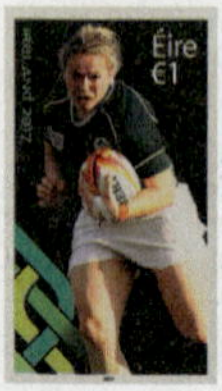

2017, 13. Juli. Rugby-Union-Weltmeisterschaft der Frauen, Irland. Odr. (4×4); Rahmen ph.; gez. K 13¼.

cca) Niamh Briggs (*1984), Kapitänin der Frauennationalmannschaft, auf dem Spielfeld

2227	1 € mehrfarbig	cca	2,30	2,30
		FDC		4,60

Auflage: 122.000 Stück

2017, 20. Juli. Bahnhöfe in Irland. Odr. (2×2 Zd); Papier ph.; gez. K 13¼.

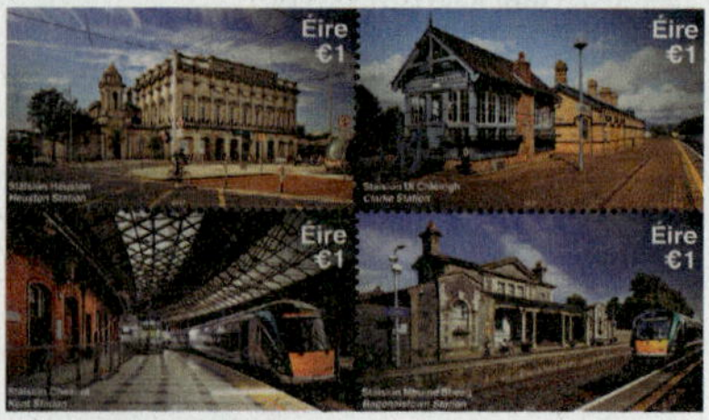

ccb) Bahnhof Heuston, Dublin
ccc) Bahnhof Clarke, Dundalk
ccd) Bahnhof Kent, Cork
cce) Bahnhof Muine Bheag

2228	1 € mehrfarbig	ccb	2,30	2,30
2229	1 € mehrfarbig	ccc	2,30	2,30
2230	1 € mehrfarbig	ccd	2,30	2,30
2231	1 € mehrfarbig	cce	2,30	2,30
		Satzpreis (4 W.)	9,20	9,20
		Viererblock	9,20	9,20
		FDC		11,50

Blockausgabe mit MiNr. 2228–2231

Block 104	(150×90 mm)	ccf	9,50	9,50
		FDC		11,50

Auflagen: MiNr. 2228–2231 = 208.000 Sätze, Bl. 104 = 15.000 Blocks

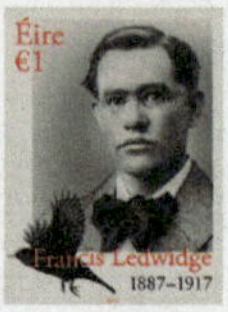

2017, 27. Juli. 100. Todestag von Francis Ledwidge. Odr. (4×4); Rahmen ph.; gez. K 14:14¼.

ccg) Francis Ledwidge (1887–1917), Dichter; Amsel (Turdus merula)

2232	1 € lebhaftrot/schwarz	ccg	2,30	2,30
		FDC		4,60

Auflage: 122.000 Stück

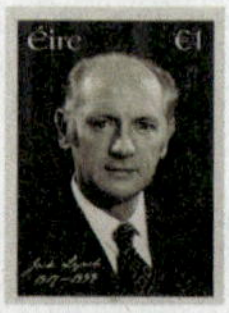

2017, 10. Aug. 100. Geburtstag von Jack Lynch. Odr. (4×4); Rahmen ph.; gez. K 14:14¼.

cch) Jack Lynch (1917–1999), Politiker

2233	1 € mehrfarbig	cch	2,30	2,30
		FDC		4,60

Auflage: 122.000 Stück

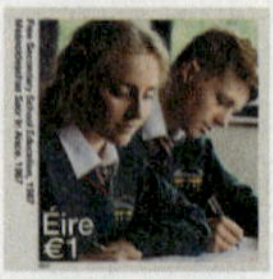

2017, 7. Sept. 50 Jahre freie Sekundarschulbildung in Irland. Odr. (4×4); Rahmen ph.; gez. K 13¼.

cci) Schüler im Unterricht

2234	1 € mehrfarbig	cci	2,30	2,30
		FDC		4,60

Auflage: 122.000 Stück

2017, 14. Sept. Nationale Ackerpflug-Meisterschaft, Tullamore. Odr. (2×4 Zd); Rahmen ph.; gez. K 13¼.

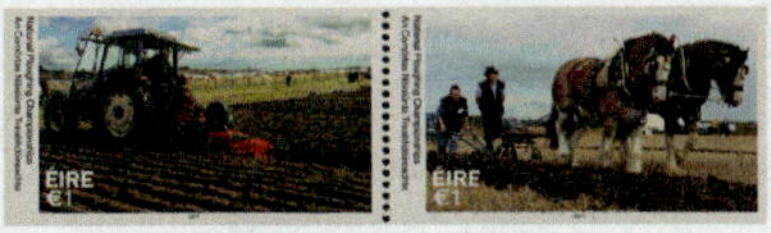

cck) Traktor „New Holland“ mit Kverneland-Pflug
ccl) Pferdegespann mit manuellem Pflug

2235	1 € mehrfarbig	cck	2,30	2,30
2236	1 € mehrfarbig	ccl	2,30	2,30
		Satzpreis (2 W.)	4,60	4,60
		Paar	4,60	4,60
		FDC		6,90

Blockausgabe mit MiNr. 2235–2236

Block 105	(150×90 mm)	ccm	4,60	4,60
		FDC		7,—

Auflagen: MiNr. 2235–2236 = 148.000 Sätze, Bl. 105 = 15.000 Blocks

2017, 21. Sept. Urbane Straßenkunst (I). Odr., Bogen (1×4 Zd) und Markenheftchen (4); Papier ph.; gez. K 14:14¼.

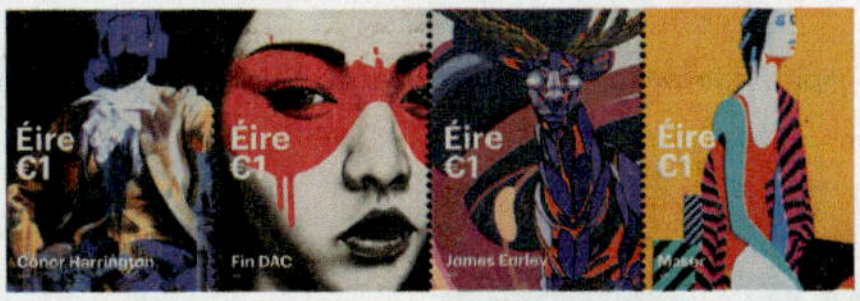

ccn) Totes Fleisch; Wandgemälde von Conor Harrington (*1980), in der Baggot Street, Dublin
cco) Die glorreichen Sieben (Detail); Wandgemälde von Fin DAC, eigentlich Finbarr Notte (*1967), im Point Village, Dublin
ccp) Irischer Hirsch; Wandgemälde von James Earley (*1981), in der Francis Street, Dublin
ccr) Sitzende Frau; Wandgemälde von Maser, eigentlich Al Hester (*1981), in Limerick

2237	1 € mehrfarbig	ccn	2,30	2,30
2238	1 € mehrfarbig	cco	2,30	2,30
2239	1 € mehrfarbig	ccp	2,30	2,30
2240	1 € mehrfarbig	ccr	2,30	2,30
		Satzpreis (4 W.)	9,20	9,20
		FDC		11,50
		Viererstreifen	9,20	9,20

MiNr. 2237–2240 wurden auch im Markenheftchen (MH 76) ausgegeben (Postpreis des Heftchens: 16 €).

Auflage: 208.000 Sätze im Bogen

In ähnlichen Zeichnungen wie MiNr. 2237–2239: MiNr. 2306, 2497, 2565 (selbstklebend)

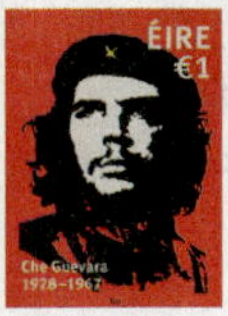

2017, 5. Okt. 50. Todestag von Che Guevara. Odr. (4×4); Papier ph.; gez. K 14:14¼.

ccs) Ernesto Guevara, genannt Che Guevara (1928–1967), argentinisch-kubanischer Revolutionär, Guerillaführer, Arzt und Autor

2241	1 € mehrfarbig	ccs	*4,50*	2,30
		FDC		*30,—*

MiNr. 2241 wurde in 2 Auflagen gedruckt, die sich aber nicht unterscheiden.

Auflage: 216.000 Stück

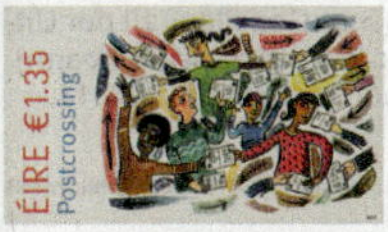

2017, 5. Okt. Postkartennetzwerk „Postcrossing“. Odr. (4×4); Rahmen ph.; gez. K 13¼.

cct) Menschen verschiedener Ethnien tauschen Postkarten

2242	1.35 € mehrfarbig	cct	3,10	3,10
		FDC		5,40

Auflage: 94.000 Stück

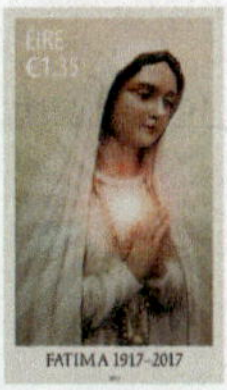

2017, 12. Okt. 100. Jahrestag der Marienerscheinung von Fátima. Odr. (4×4); Rahmen ph.; gez. K 13¼.

ccu) Marienstatue von Fátima

2243	1.35 € mehrfarbig	ccu	3,10	3,10
		FDC		5,40

Auflage: 94.000 Stück

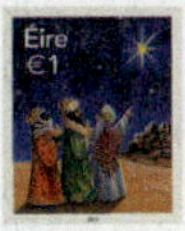

2017, 2. Nov. Weihnachten. Odr., Markenheftchen (2×13) und Folienstreifen (2×1); Rahmen ph.; selbstklebend; gestanzt 11:11¼.

ccv) Heilige Drei Könige folgen dem Stern von Bethlehem

2244	1 € mehrfarbig	ccv	2,30	2,30
		Markenheftchen	60,—	60,—
		Folienstreifen	4,60	4,60
		FDC mit MiNr. 2244 und ATM 91 So–92 So		10,—

Das Markenheftchen wurde zum ermäßigten Preis von 25 € verkauft.

Auflage: 18.224.000 Stück

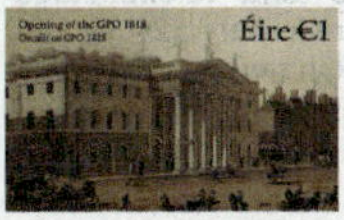

2018, 11. Jan. 200. Jahrestag der Eröffnung des Hauptpostamtes in Dublin. Odr. (4×4); Rahmen ph.; gez. K 13½.

ccw) General Post Office; Stich von Robert Havell (1769–1832)

2245	1 € mehrfarbig	ccw	2,30	2,30
		FDC		4,60

Auflage: 122.000 Stück

2018, 18. Jan. 50. Todestag von Alfred Chester Beatty. Odr., Bogen (1×4 Zd); Papier ph.; gez. K 13½.

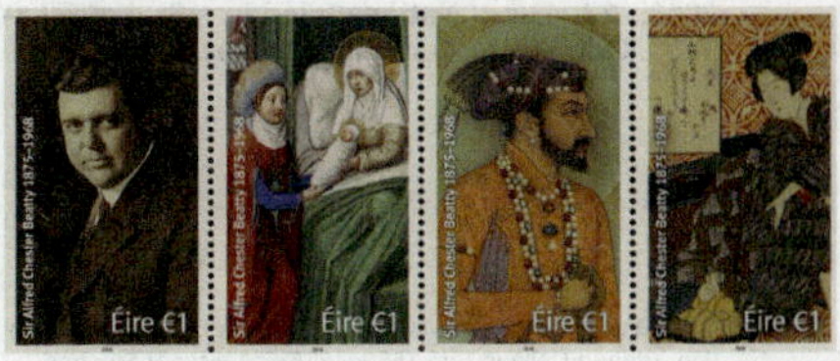

ccx) Alfred Chester Beatty (1875–1968), amerikanischer Bergbauingenieur und Sammler
ccy) Geburt der Jungfrau (Detail); Gemälde von Simon Bening (um 1483–1561)
ccz) Shah Jahan; Gemälde von Bichitr (tätig 1610–1660), indischer Miniaturenmaler
cda) Allusions to the Seven Lucky Gods: Daikoku; Gemälde von Yashima Gakutei (um 1786–1868), japanischer Künstler

ccy–cda) Werke aus der Kunstsammlung von Alfred Chester Beatty

2246	1 € mehrfarbig	ccx	2,30	2,30
2247	1 € mehrfarbig	ccy	2,30	2,30
2248	1 € mehrfarbig	ccz	2,30	2,30
2249	1 € mehrfarbig	cda	2,30	2,30
		Satzpreis (4 W.)	9,20	9,20
		FDC		11,50
		Viererstreifen	9,20	9,20

Blockausgabe mit MiNr. 2246–2249

Block 106 (150×90 mm) .... cdb 9,20 9,20
FDC 11,50

Auflagen: MiNr. 2246–2249 = 208.000 Sätze, Bl. 106 = 15.000 Blocks

In ähnlicher Zeichnung wie MiNr. 2248: MiNr. 2310 (selbstklebend)

2018, 25. Jan. Freimarken: Geschichte Irlands in 100 Objekten. Odr.; Rahmen ph.; selbstklebend.

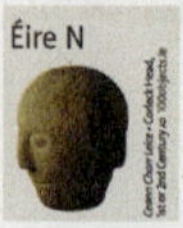

cdc) Kopf von Corleck (1.–2. Jh.)

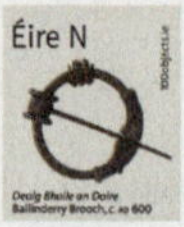

cdd) Fibel von Ballinderry (um 600)

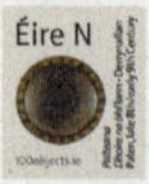

cde) Hostienschale von Derrynaflan (8.–9. Jh.)

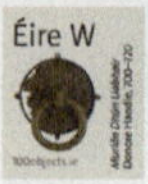

cdf) Kirchentürgriff (700–720), Donore

Rolle (100); gestanzt 11¼

2250 N mehrfarbig .... cdc 2,50 2,30
2251 N mehrfarbig .... cdd 2,50 2,30
Satzpreis (2 W.) 5,— 4,60
Paar 5,— 4,60

Markenheftchen; MiNr. 2252 (5×2), MiNr. 2253 (2×5); gest. 14

2252 N mehrfarbig .... cde 2,50 2,30
2253 W mehrfarbig .... cdf 4,— 3,50
Satzpreis (2 W.) 6,50 5,80
Markenheftchen mit MiNr. 2252 25,— 23,—
Markenheftchen mit MiNr. 2253 40,— 35,—

MiNr. 2250–2251 wurden zusammen in der Rolle gedruckt.

Nominalen zur Zeit der Ausgabe: N = 1 €, W = 1.50 €

Weitere Werte: MiNr. 2208–2211, 2294–2297, A 2401–D 2401

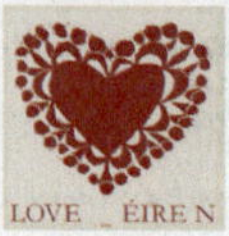

2018, 8. Febr. Hochzeits- und Valentinstagsgrußmarke. Odr., Folienstreifen (2×1) und Markenheftchen (5×2); Rahmen ph.; selbstklebend; gestanzt 13.

cdg) Herz

2254 N rosarot .... cdg 2,50 2,30
FDC 4,60
Folienstreifen 5,— 4,60
Markenheftchen 25,— 23,—

Nominale zur Zeit der Ausgabe: 1 €

Auflage: 85.000 Stück, davon 10.000 im Folienstreifen

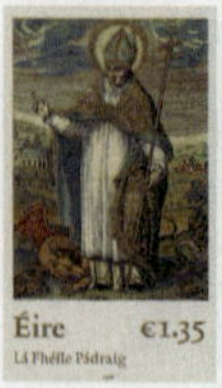

2018, 22. Febr. Nationalfeiertag „St.-Patricks-Tag". Odr. (4×4); Rahmen ph.; gez. K 13¼.

cdh) Hl. Patrick (um 385–461); Detail eines kolorierten Stichs von Adriaen Collaert (um 1560–1618), flämischer Stecher

2255 1.35 € mehrfarbig .... cdh 3,10 3,10
FDC 5,40

Auflage: 94.000 Stück

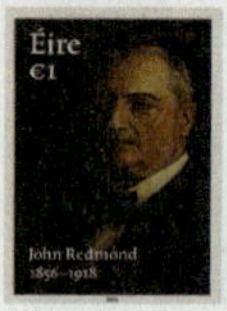

2018, 1. März. 100. Todestag von John Redmond. Odr. (4×4); Rahmen ph.; gez. K 14¼.

cdi) John Redmond (1856–1918), Politiker; Gemälde von John Lavery (1856–1941)

2256 1 € mehrfarbig .... cdi 2,30 2,30
FDC 4,60

Auflage: 122.000 Stück

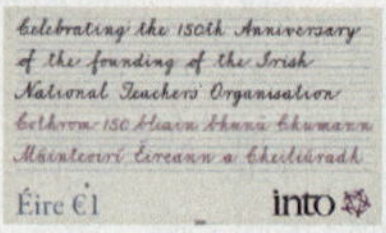

2018, 22. März. 150 Jahre Irischer Lehrerverband (INTO). Odr. (4×4); Rahmen ph.; gez. K 13½.

cdk) Schreibschrift und Emblem der Irish National Teachers' Organisation (INTO)

2257 1 € mehrfarbig .... cdk 2,30 2,30
FDC 4,60

Auflage: 122.000 Stück

2018, 5. April. Internationale Staatsmänner. Odr. (2×4 Zd); gez. K 13¼.

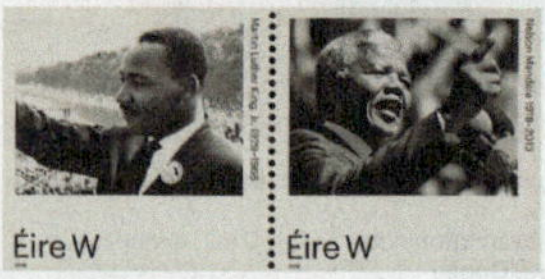

cdl) Martin Luther King, Jr. (1929–1968), amerikanischer Pastor und Bürgerrechtler, Friedensnobelpreis 1964
cdm) Nelson Mandela (1918–2013), südafrikanischer Aktivist und Politiker, Friedensnobelpreis 1993

2258 W mehrfarbig .... cdl 4,— 3,50
2259 W mehrfarbig .... cdm 4,— 3,50
Satzpreis (2 W.) 8,— 7,—
Paar 8,— 7,—
FDC 9,20

Nominale zur Zeit der Ausgabe: je 1.50 €

Auflagen: 120.000 Sätze

2018, 3. Mai. Europa: Brücken. Odr. (2×5); Rahmen ph.; gez. K 13½.

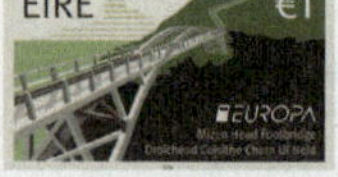

cdn) Fußgängerbrücke zur Mizen-Halbinsel

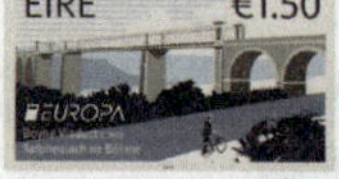

cdo) Boyne Viaduct, Drogheda

2260 1 € mehrfarbig .... cdn 2,30 2,30
2261 1.50 € mehrfarbig .... cdo 3,50 3,50
Satzpreis (2 W.) 5,80 5,80
FDC 8,—
Kleinbogensatz (2 Klb.) 58,— 58,—

Auflagen: MiNr. 2260 = 122.000, MiNr. 2261 = 94.000 Stück

In ähnlicher Zeichnung wie MiNr. 2261: MiNr. 2309 (selbstklebend)

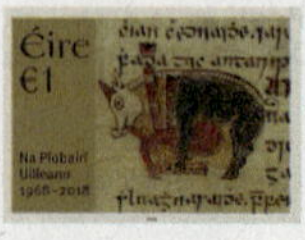

2018, 24. Mai. 50 Jahre Gesellschaft der Uillean-Pipes-Spieler (Na Píobairí Uilleann). Odr. (4×4); Rahmen ph.; gez. K 14¼:14.

cdp) Initiale „M" in Form eines Uillean-Pipes-spielenden Schweins (ca. 16. Jh.)

2262	1 € mehrfarbig	cdp	2,30	2,30
		FDC		4,60

Auflage: 122.000 Stück

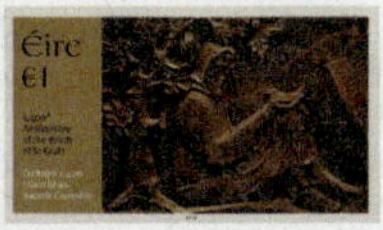

2018, 31. Mai. 1400. Todestag des hl. Kevin. Odr. (4×4); Rahmen ph.; gez. K 13½.

cdr) St. Kevin and the Blackbird; Schnitzerei von Imogen Stuart (1927–2024), Bildhauerin

2263	1 € mehrfarbig	cdr	2,30	2,30
		FDC		4,60

Auflage: 122.000 Stück

2018, 12. Juli. Fauna und Flora: Einheimische Bienen. Odr., Bogen (4×1 Zd); Papier ph.; gez. K 13¼.

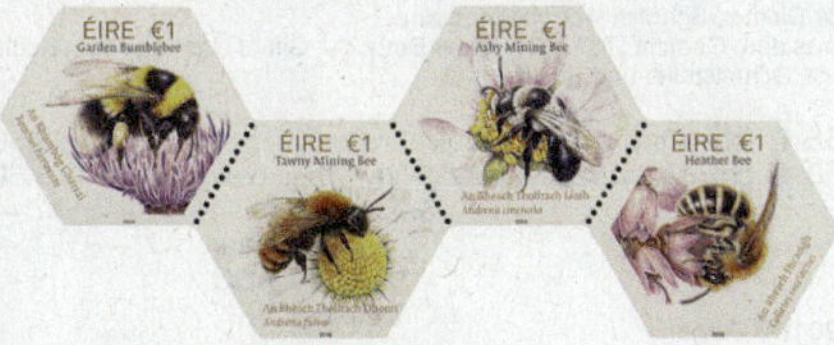

cds) Gartenhummel (Bombus hortorum)
cdt) Rotpelzige Sandbiene (Andrena fulva)
cdu) Graue Sandbiene (Andrena cineraria)
cdv) Seidenbiene (Colletes succinctus)

2264	1 € mehrfarbig	cds	2,30	2,30
2265	1 € mehrfarbig	cdt	2,30	2,30
2266	1 € mehrfarbig	cdu	2,30	2,30
2267	1 € mehrfarbig	cdv	2,30	2,30
		Satzpreis (4 W.)	9,20	9,20
		FDC		11,50
		Viererstreifen	9,20	9,20

Blockausgabe mit MiNr. 2264–2267

Block 107	(150×90 mm)	cdw	9,20	9,20
		FDC		11,50

Auflagen: MiNr. 2264–2267 = 208.000 Sätze, Bl. 107 = 15.000 Blocks

In ähnlicher Zeichnung wie MiNr. 2265: MiNr. 2307 (selbstklebend)

2018, 26. Juli. 9. Weltfamilientag, Dublin. Odr. (4×4); Rahmen ph.; gez. K 13¼:13½.

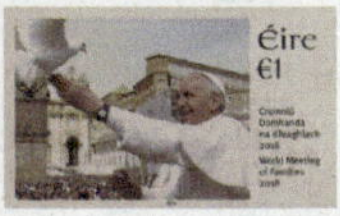

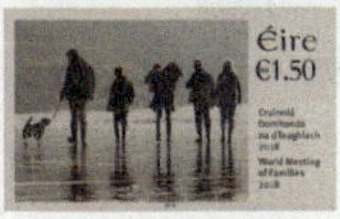

cdx) Papst Franziskus (1936–2025, reg. ab 2013), weiße Taube

cdy) Familie mit Hund bei Strandspaziergang

2268	1 € mehrfarbig	cdx	2,30	2,30
2269	1.50 € mehrfarbig	cdy	3,50	3,50
		Satzpreis (2 W.)	5,80	5,80
		FDC		8,—

Blockausgabe mit MiNr. 2268–2269

Block 108	(150×90 mm)	cdz	5,80	5,80

Auflagen: MiNr. 2268 = 122.000 Stück, MiNr. 2269 = 94.000 Stück

2018, 2. Aug. Royal Dublin Society. Odr. (2×2 Zd); Rahmen ph.; gez. K 13¼.

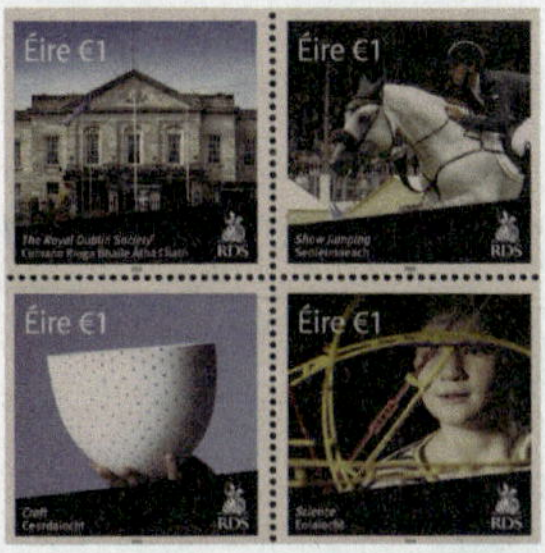

cea) Eingang der Royal Dublin Society
ceb) Springreiten
cec) Keramikschale
ced) Kind vor wissenschaftlichem Modell

2270	1 € mehrfarbig	cea	2,30	2,30
2271	1 € mehrfarbig	ceb	2,30	2,30
2272	1 € mehrfarbig	cec	2,30	2,30
2273	1 € mehrfarbig	ced	2,30	2,30
		Satzpreis (4 W.)	9,—	9,—
		Viererblock	9,—	9,—
		FDC		11,50

Auflage: 208.000 Sätze

2018, 6. Sept. Irische wissenschaftliche Entdeckungen. Odr. (2×2 Zd); Rahmen ph.; gez. K 13¼.

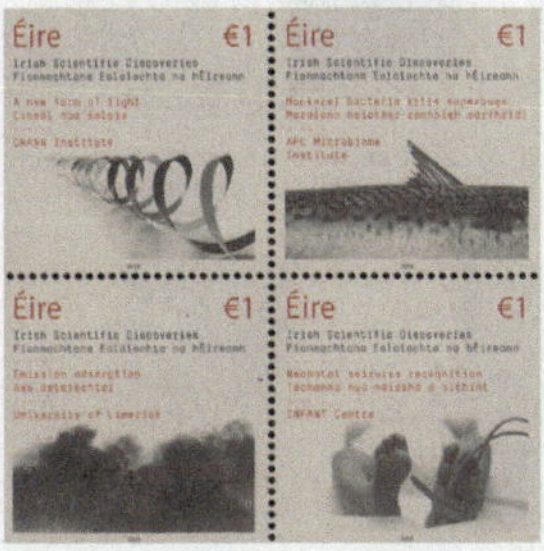

cee) Helix: Entdeckung einer Lichtwelle zur Verbesserung von Glasfaserkabeln
cef) Makrele: Entdeckung eines Proteins zur Bekämpfung von Bakterien
ceg) Gas: Schadstoffreduzierung
ceh) Kinderfüße: Geräte zur Gesundheitsüberwachung von Kleinkindem

2274	1 € lebhaftrotorange/dunkelgrau	cee	2,30	2,30
2275	1 € lebhaftrotorange/dunkelgrau	cef	2,30	2,30
2276	1 € lebhaftrotorange/dunkelgrau	ceg	2,30	2,30
2277	1 € lebhaftrotorange/dunkelgrau	ceh	2,30	2,30
		Satzpreis (4 W.)	9,—	9,—
		Viererblock	9,—	9,—
		FDC		11,50

MiNr. 2274–2277 wurden auch im Markenheftchen (MH 77) ausgegeben (Postpreis des Heftchens: 13 €).

Auflage: 208.000 Sätze

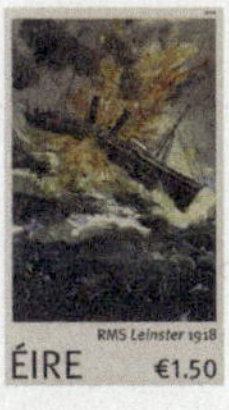

2018, 10. Okt. 100. Jahrestag der Versenkung des Passagierschiffes „Leinster". Odr. (4×4); Rahmen ph.; gez. K 13¼.

cei) Passagierschiff „Leinster" wird vom deutschen Unterseeboot UB-123 torpediert (1918)

2278 1.50 € mehrfarbig .... cei 3,50 3,50
FDC 5,80

Auflage: 94.000 Stück

In ähnlicher Zeichnung: MiNr. 2311 (selbstklebend)

2018, 18. Okt. 100 Jahre Frauenwahlrecht in Irland. Odr. (2×4 Zd); Rahmen ph.; gez. K 13¼.

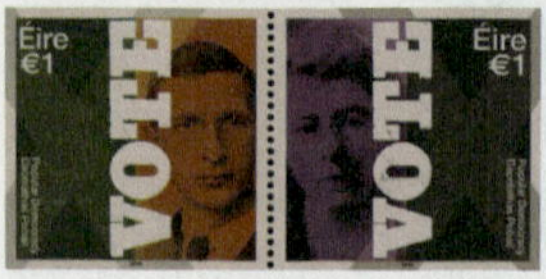

cek) Éamon de Valera (1882–1975), Politiker
cel) Hanna Sheey-Skeffington (1877–1946), Frauenrechtlerin

2279 1 € mehrfarbig .... cek 2,30 2,30
2280 1 € mehrfarbig .... cel 2,30 2,30
Satzpreis (2 W.) 4,60 4,60
Paar 4,60 4,60
FDC 7,—

Auflage: 148.000 Sätze

2018, 1. Nov. Weihnachten (I). Odr., Markenheftchen mit MiNr. 2281–2285 (2×3) und Markenheftchen mit MiNr. 2281–2287 (2×11); Rahmen ph.; selbstklebend; gestanzt 13:12¾.

cem) Sternenhimmel

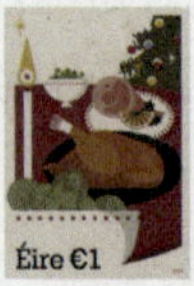

cen) Weihnachtsessen

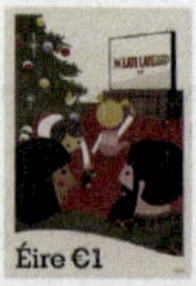

ceo) Familie an Weihnachten

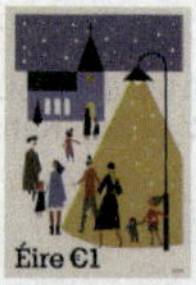

cep) Menschen, Straßenlaterne, Kirche

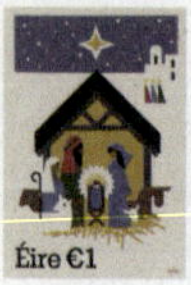

cer) Heilige Familie, Heilige Drei Könige

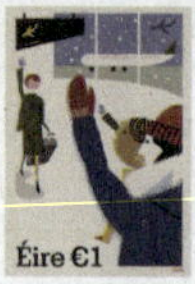

ces) Menschen begrüßen sich am Flughafen

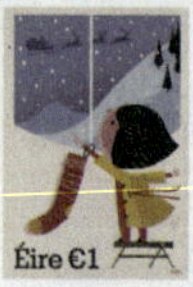

cet) Mädchen wartet auf den Weihnachtsmann

2281 50 C mehrfarbig .... cem 1,20 1,20
2282 1 € mehrfarbig .... cen 2,30 2,30
2283 1 € mehrfarbig .... ceo 2,30 2,30
2284 1 € mehrfarbig .... cep 2,30 2,30
2285 1 € mehrfarbig .... cer 2,30 2,30
2286 1 € mehrfarbig .... ces 2,30 2,30
2287 1 € mehrfarbig .... cet 2,30 2,30
Satzpreis (7 W.) 15,— 15,—
FDC 17,—
Markenheftchen mit MiNr. 2281–2285 11,50 11,50
Markenheftchen mit MiNr. 2281–2287 44,— 44,—

Das Markenheftchen (2×3) enthält 2 × MiNr. 2281 sowie jeweils 1 × MiNr. 2282–2285. Das Markenheftchen (2×11) enthält 4 × MiNr. 2281, 3 × MiNr. 2282–2283, 4 × MiNr. 2284–2285 sowie 2 × MiNr. 2286–2287.

Auflagen: MiNr. 2281 = 5.440.000, MiNr. 2282–2287 je 2.980.000 Stück

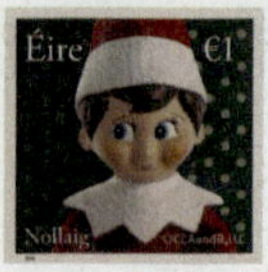

2018, 1. Nov. Weihnachten (II): „Elf on the Shelf". Odr. (2×3); Rahmen ph.; selbstklebend; Sicherheitsstanzung 13¼.

ceu) Weihnachtself

2288 1 € mehrfarbig .... ceu 3,80 3,80

MiNr. 2288 stammt aus einer Verkaufspackung, die den Kleinbogen mit 6 Marken sowie 6 Postkarten enthält. Postpreis der Verkaufspackung: 9.95 €

Auflage: 150.000 Stück

2018, 8. Nov. 100. Jahrestag der Beendigung des Ersten Weltkrieges. Odr. mit Lacküberzug (2×4 Zd); gez. K 13¼.

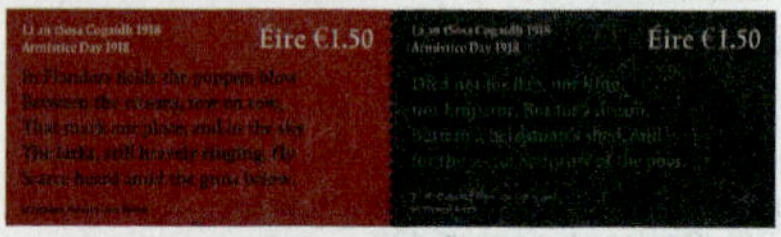

cev) Zitat aus dem Gedicht „In Flanders Fields" von John McCrae (1872–1918), kanadischer Dichter, Schriftsteller und Mediziner
cew) Zitat aus dem Gedicht „To My Daughter Betty, the Gift of God" von Tom Kettle (1880–1916), Schriftsteller und Politiker

2289 1.50 € lebhaftrot/schwärzlichlilabraun .. cev 3,50 3,50
2290 1.50 € grünschwarz/smaragdgrün ..... cew 3,50 3,50
Satzpreis (2 W.) 7,— 7,—
Paar 7,— 7,—
FDC 9,—

Auflage: 120.000 Sätze

2019, 17. Jan. 100. Jahrestag der ersten Sitzung des Unterhauses des irischen Parlamentes (Dáil Éireann) (I). Odr. (2×4 Zd); Rahmen ph.; gez. K 13¼.

cex) Erste Sitzung des Dáil Éireann (Gemälde)
cey) Graphische Darstellung des elektronischen Wahlsystems

2291 N mehrfarbig .... cex 2,50 2,30
2292 N mehrfarbig .... cey 2,50 2,30
Satzpreis (2 W.) 5,— 4,60
Paar 5,— 4,60
FDC 7,—

Nominale zur Zeit der Ausgabe: je 1 €

Auflage: 148.000 Sätze

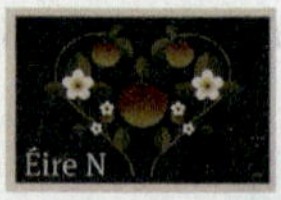

2019, 24. Jan. Hochzeits- und Valentinstagsgrußmarke. Odr., Markenheftchen (5×2); Rahmen ph.; selbstklebend; gestanzt 9:10¾.

cez) Äpfel und Blüten formen Herz

2293 N mehrfarbig .... cez 2,50 2,30
FDC 4,60
Markenheftchen 25,— 23,—

Nominale zur Zeit der Ausgabe: 1 €

Auflage: 500.000 Stück

2019, 31. Jan. Freimarken: Geschichte Irlands in 100 Objekten. Odr.; Rahmen ph.; selbstklebend.

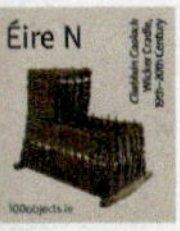

cfa) Wiege aus Korbgeflecht (19./20. Jh.)

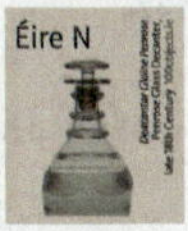

cfb) Glaskaraffe (18. Jh.)

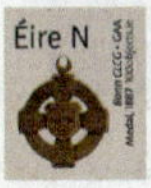

cfc) Medaille (1887)

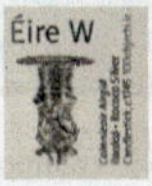

cfd) Silberner Kerzenhalter (ca. 1745)

Rolle (100); gest. 14¼

2294	N mehrfarbig	cfa	2,50	2,30
2295	N mehrfarbig	cfb	2,50	2,30
		Satzpreis (2 W.)	5,—	4,60
		Paar	5,—	4,60

Markenheftchen; MiNr. 2296 (5×2), MiNr. 2297 (2×5); gest. 14

2296	N mehrfarbig	cfc	2,50	2,30
2297	W mehrfarbig	cfd	4,—	3,50
		Satzpreis (2 W.)	6,50	5,80
		Markenheftchen mit MiNr. 2296	25,—	23,—
		Markenheftchen mit MiNr. 2297	40,—	35,—

Nominalen zur Zeit der Ausgabe: N = 1 €, W = 1.50 €

Nachauflage von MiNr. 2296 wurde Ende 2019 auf Papier mit optischem Aufheller gedruckt.

Weitere Werte: MiNr. 2208–2211, 2250–2253, A 2401–D 2401

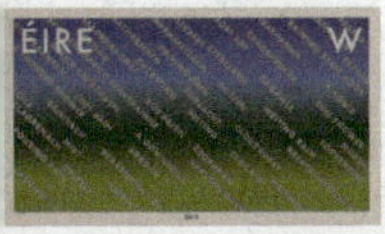

2019, 21. Febr. Typisches Wetter in Irland. Odr. (4×4); Rahmen ph.; gez. K 13½.

cfe) Inschrift; stilisierte Darstellung von irischer Landschaft und Regen

2298	W mehrfarbig	cfe	4,—	3,50
		FDC		5,80

Nominale zur Zeit der Ausgabe: 1.50 €

Auflage: 94.000 Stück

In ähnlicher Zeichnung: MiNr. 2439 (selbstklebend)

2019, 3. März. Irische Küstenwache. Odr. (4×2 Zd); gez. K 14¼:14.

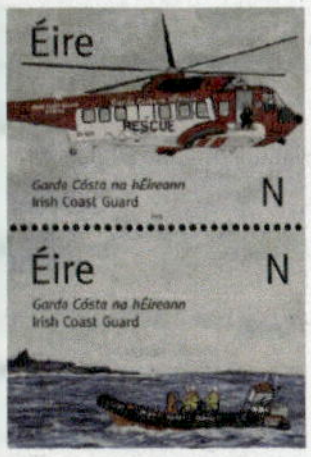

cff) Rettungshubschrauber
cfg) Rettungsboot
cff–cfg) Zeichnungen von Caitríona Lucas (1975–2016), Freiwillige der Küstenwache

2299	N mehrfarbig	cff	2,50	2,30
2300	N mehrfarbig	cfg	2,50	2,30
		Satzpreis (2 W.)	5,—	4,60
		Paar	5,—	4,60
		FDC		7,—

Nominalen zur Zeit der Ausgabe: je 1 €

Auflage: 148.000 Sätze

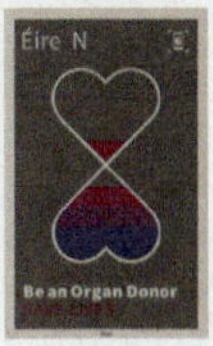

2019, 21. März. Organspende. Odr. (4×4); Rahmen ph.; gez. K 13½:13¼.

cfh) Herzen formen Sanduhr

2301	N mehrfarbig	cfh	2,50	2,30
		FDC		4,60

Nominale zur Zeit der Ausgabe: 1 €

Auflage: 122.000 Stück

2019, 11. April. Europa: Einheimische Vögel. Odr. (4×2); gez. K 13¼.

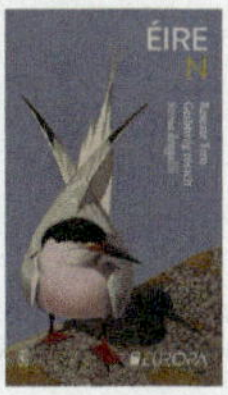

cfi) Rosenseeschwalbe (Sterna dougallii)

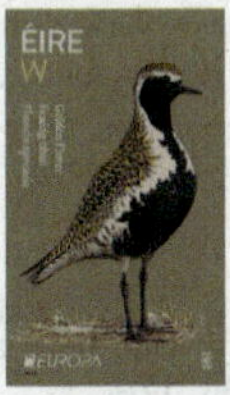

cfk) Goldregenpfeifer (Pluvialis apricaria)

2302	N mehrfarbig	cfi	2,50	2,30
2303	W mehrfarbig	cfk	4,—	3,90
		Satzpreis (2 W.)	6,50	6,20
		FDC		8,50
		Kleinbogensatz (2 Klb.)	52,—	50,—

Blockausgabe mit MiNr. 2302–2303

Block 109	(150×90 mm)	cfl	6,50	6,20

Nominalen zur Zeit der Ausgabe: N = 1 €, W = 1.70 €

Auflagen: MiNr. 2302 = 122.000, MiNr. 2303 = 94.000 Stück, Bl. 109 = 15.000 Blocks

In ähnlichen Zeichnungen: MiNr. 2435, 2440 (selbstklebend)

2019, 15. April. Freimarken; Europa: Brücken (2018). Odr., Markenheftchen (4×1); Rahmen ph.; selbstklebend; gestanzt 9:10½ (Hochformate ∼).

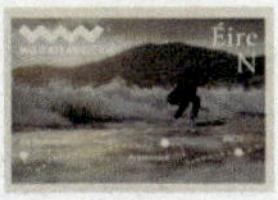

cfm) Surfen am Inch-Strand, Grafschaft Kerry

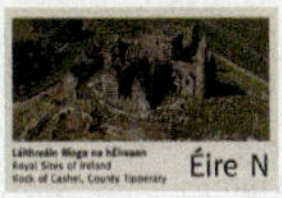

cfn) Festung Rock of Cashel

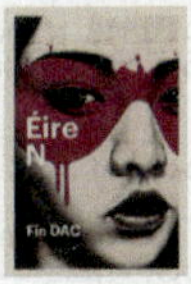

cfo) Die glorreichen Sieben (Detail); Wandgemälde von Fin DAC, eigentlich Finbarr Notte (*1967), im Point Village, Dublin

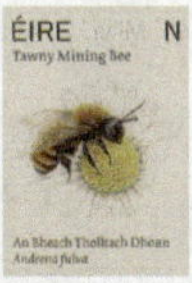

cfp) Rotpelzige Sandbiene (Andrena fulva)

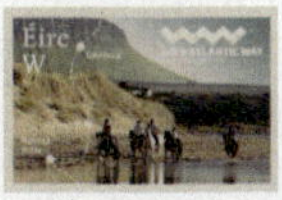

cfr) Reiten an der Küste bei Grange, Grafschaft Sligo

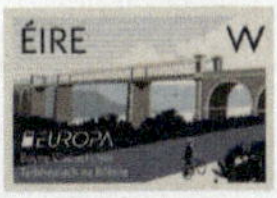

cfs) Boyne Viaduct, Drogheda

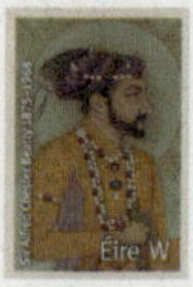

cft) Shah Jahan; Gemälde von Bichitr (tätig 1610–1660), indischer Miniaturenmaler

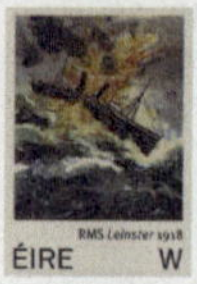

cfu) Passagierschiff „Leinster“ wird vom deutschen Unterseeboot UB-123 torpediert (1918)

2304	N mehrfarbig	cfm	2,50	2,30
2305	N mehrfarbig	cfn	2,50	2,30
2306	N mehrfarbig	cfo	2,50	2,30
2307	N mehrfarbig	cfp	2,50	2,30
2308	W mehrfarbig	cfr	4,—	3,90
2309	W mehrfarbig	cfs	4,—	3,90
2310	W mehrfarbig	cft	4,—	3,90
2311	W mehrfarbig	cfu	4,—	3,90
	Satzpreis (8 W.)		26,—	25,—
	Markenheftchen mit MiNr. 2304–2307		10,—	9,50
	Markenheftchen mit MiNr. 2308–2311		16,—	15,50

Nominalen zur Zeit der Ausgabe: N = 1 €, W = 1.70 €

MiNr. 2309 trägt die Inschrift „EUROPA“.

In ähnlichen Zeichnungen: MiNr. 2191, 2194, 2221, 2238, 2248, 2261, 2265, 2278 (nassklebend)

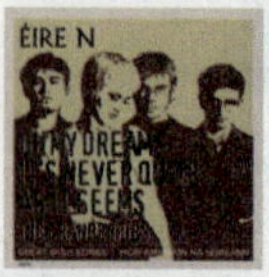

2019, 9. Mai. Bekannte irische Lieder. Komb. Odr. und Hfdr. (4×4); Rahmen ph.; gez. K 13¼.

cfv) „Dreams“ von The Cranberries

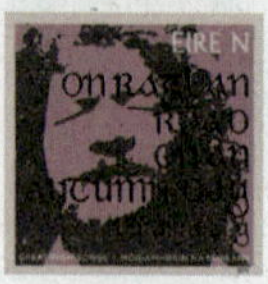

cfw) „On Raglan Road“ von Luke Kelly

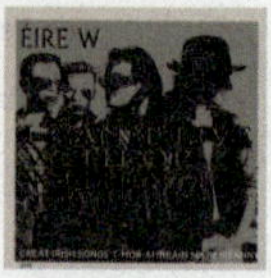

cfx) „With or Without You“ von U2

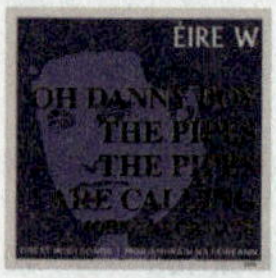

cfy) „Danny Boy“ von John McCormack

2312	N mehrfarbig	cfv	2,50	2,30
2313	N mehrfarbig	cfw	2,50	2,30
2314	W mehrfarbig	cfx	4,—	3,90
2315	W mehrfarbig	cfy	4,—	3,90
	Satzpreis (4 W.)		13,—	12,50
	FDC			15,—

Blockausgabe

2316	N mehrfarbig	cfv I	2,50	2,30
Block 110	(48×48 mm)	cfz	2,50	2,30
2317	N mehrfarbig	cfw I	2,50	2,30
Block 111	(48×48 mm)	cga	2,50	2,30
2318	W mehrfarbig	cfx I	4,—	3,90
Block 112	(48×48 mm)	cgb	4,—	3,90
2319	W mehrfarbig	cfy I	4,—	3,90
Block 113	(48×48 mm)	cgc	4,—	3,90

MiNr. 2312–2315 haben einen weißen phosphoreszierenden Rahmen, bei MiNr. 2316–2319 geht das Markenbild bis zur Zähnung.

Nominalen zur Zeit der Ausgabe: N = 1 €, W = 1.70 €

Auflagen: MiNr. 2312 = 150.000 Stück, MiNr. 2313 = 94.000 Stück, MiNr. 2314 = 250.000 Stück, MiNr. 2315 = 94.000 Stück

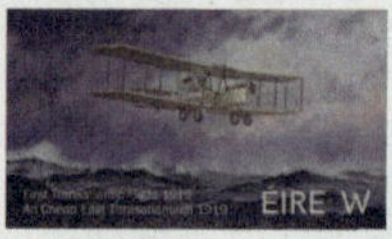

2019, 13. Juni. 100. Jahrestag des ersten Transatlantikfluges. Odr. (4×4) gez. K 13¼.

cgd) Verkehrsflugzeug „Vickers Vimy“

2320	W mehrfarbig	cgd	4,—	3,90
	FDC			6,20

Nominale zur Zeit der Ausgabe: 1.70 €

Auflage: 94.000 Stück

In ähnlicher Zeichnung: MiNr. 2434 (selbstklebend)

2019, 4. Juli. Weltraumforschung. Odr. (2×2 Zd); gez. K 13¼.

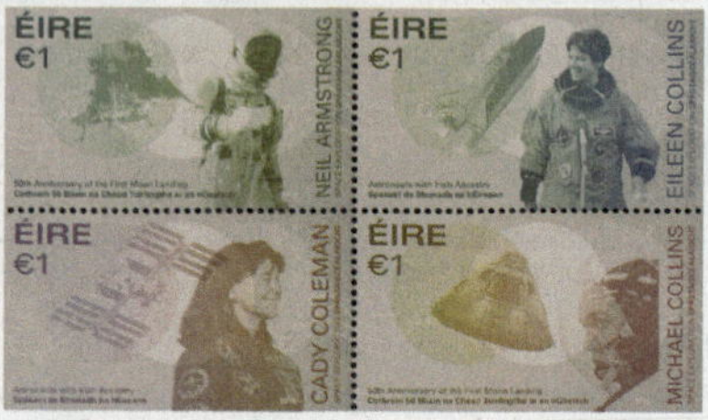

cge) Neil Armstrong (1930–2012), amerikanischer Astronaut
cgf) Eileen Collins (*1956), amerikanische Astronautin
cgg) Catherine Coleman (*1960), amerikanische Astronautin
cgh) Michael Collins (1930–2021), amerikanischer Astronaut

2321	1 € mehrfarbig	cge	2,30	2,30
2322	1 € mehrfarbig	cgf	2,30	2,30
2323	1 € mehrfarbig	cgg	2,30	2,30
2324	1 € mehrfarbig	cgh	2,30	2,30
	Satzpreis (4 W.)		9,20	9,20
	Viererblock		9,20	9,20
	FDC			11,50

Blockausgabe mit MiNr. 2321–2324

Block 114	(150×90 mm)	cgi	9,20	9,20

MiNr. 2321 und 2324 tragen die fehlerhafte Inschrift „Gaelach“ statt richtig „Gealach“ für „Mond“.

Auflagen: MiNr. 2321–2324 = 208.000 Sätze, Bl. 114 = 15.000 Stück

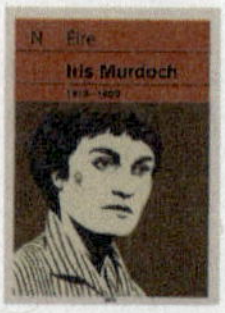

2019, 11. Juli. 100. Geburtstag von Iris Murdoch. Odr. (4×4); gez. K 14:14¼.

cgk) Iris Murdoch (1919–1999), Schriftstellerin und Philosophin

2325	N mehrfarbig	cgk	2,50	2,30
	FDC			4,60

Nominale zur Zeit der Ausgabe: 1 €

Auflage: 122.000 Stück

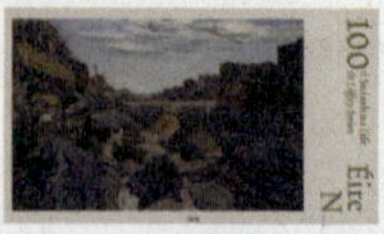

2019, 1. Aug. 100. Schwimmwettbewerb „Liffey Swim“. Odr. (4×4); Rahmen ph.; gez. K 13¼.

cgl) The Liffey Swim; Gemälde von Jack Butler Yeats (1871–1957), Maler und Schriftsteller

2326	N mehrfarbig	cgl	2,50	2,30
	FDC			4,60

Nominale zur Zeit der Ausgabe: 1 €

Auflage: 122.000 Stück

2019, 8. Aug. 100. Todestag von Andrew Carnegie (1835–1919), schottisch-amerikanischer Industrieller und Philanthrop. Odr. (2×2 Zd); gez. K 13¼.

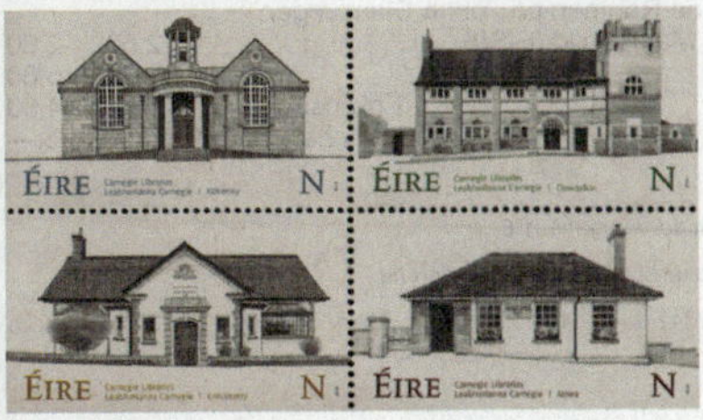

cgm) Kilkenny
cgn) Clondalkin
cgo) Enniskerry
cgp) Athea
cgm–cgp) Carnegie-Bibliotheken in...

2327	N mehrfarbig	cgm	2,50	2,30
2328	N mehrfarbig	cgn	2,50	2,30
2329	N mehrfarbig	cgo	2,50	2,30
2330	N mehrfarbig	cgp	2,50	2,30
		Satzpreis (4 W.)	10,—	9,20
		FDC		11,50
		Viererblock	10,—	9,20

Nominale zur Zeit der Ausgabe: je 1 €

Auflage: 208.000 Sätze

In ähnlichen Zeichnungen wie MiNr. 2327–2328: MiNr. 2436, 2441 (selbstklebend)

2019, 29. Aug. Rugby in Irland. Odr. (2×4 Zd); A = gez. K 13.

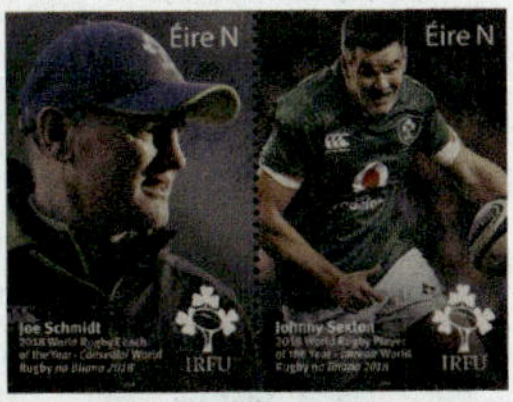

cgr) Joe Schmidt (*1965), Trainer der irischen Rugby-Union-Nationalmannschaft
cgs) Jonathan Sexton (*1985), Spieler der irischen Rugby-Union-Nationalmannschaft

cgr–cgs) Emblem der Irish Rugby Football Union

2331 A	N mehrfarbig	cgr	2,50	2,30
2332 A	N mehrfarbig	cgs	2,50	2,30
		Satzpreis (2 W.)	5,—	4,60
		Paar	5,—	4,60
		FDC		7,—

Blockausgabe, C = gez. K 13¼

2331 C	N mehrfarbig	cgr	2,50	2,30
2332 C	N mehrfarbig	cgs	2,50	2,30
Block 115	(130×83 mm)	cgt	5,—	4,60
		FDC		7,—

Nominale zur Zeit der Ausgabe: je 1 €

Auflagen: MiNr. 2331–2332 = 148.000 Sätze, Bl. 115 = 15.000 Stück

2019, 5. Sept. Kulturfestival „Culture Night". Odr. (2×2 Zd); Rahmen ph.; gez. K 13.

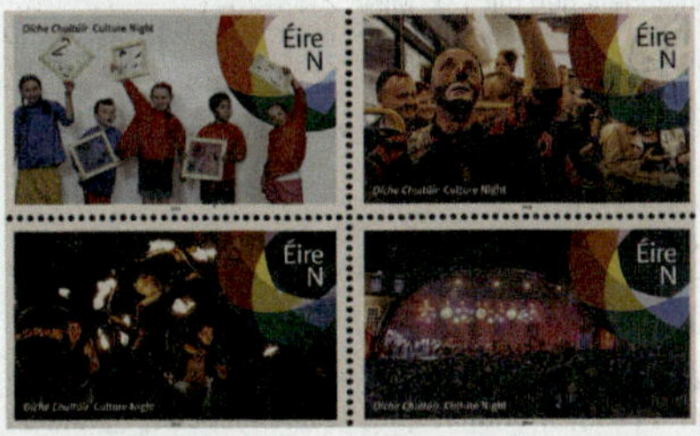

cgu) Kinder mit Herbarbelegen
cgv) Clown in Bus
cgw) Artisten
cgx) Open-Air-Konzert

2333	N mehrfarbig	cgu	2,50	2,30
2334	N mehrfarbig	cgv	2,50	2,30
2335	N mehrfarbig	cgw	2,50	2,30
2336	N mehrfarbig	cgx	2,50	2,30
		Satzpreis (4 W.)	10,—	9,20
		Viererblock	10,—	9,20
		FDC		11,50

Nominale zur Zeit der Ausgabe: je 1 €

Auflage: 208.000 Sätze

In ähnlichen Zeichnungen wie MiNr. 2333–2334: MiNr. 2438, 2443 (selbstklebend)

2019, 3. Okt. 50 Jahre Band „Thin Lizzy". Odr. mit Lacküberzug (2×4 Zd); Rahmen ph.; gez. K 13¼.

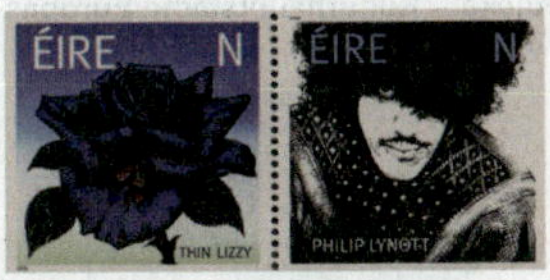

cgy) Plattencover von „Black Rose – A Rock Legend" (1879)
cgz) Phil Lynott (1949–1986), Gründer der Band, Rockbassist, Sänger und Songwriter

2337	N mehrfarbig	cgy	2,50	2,30
2338	N mehrfarbig	cgz	2,50	2,30
		Satzpreis	5,—	4,60
		Paar	5,—	4,60
		FDC		7,—

Blockausgabe mit MiNr. 2237–2238

Block 116	(150×90 mm)	cha	5,—	4,60
		FDC		7,—

Nominale zur Zeit der Ausgabe: je 1 €

Auflagen: MiNr. 2337–2338 = 148.000 Sätze, Bl. 116 = 15.000 Blocks

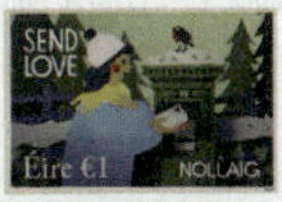

2019, 17. Okt. Weihnachten (I). Odr., Markenheftchen (5 und 10×2); Rahmen ph.; selbstklebend; gestanzt 11:10¾.

chb) Frau gibt Weihnachtspost auf

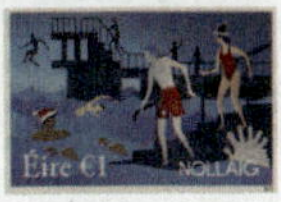

chc) Weihnachtsschwimmen

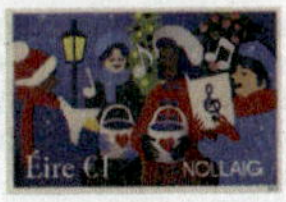

chd) Weihnachtssänger

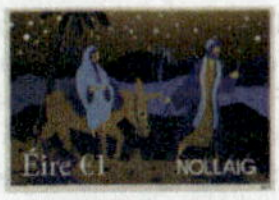

che) Maria und Josef auf dem Weg nach Bethlehem

2339	1 € mehrfarbig	chb	2,30	2,30
2340	1 € mehrfarbig	chc	2,30	2,30
2341	1 € mehrfarbig	chd	2,30	2,30

2342 1 € mehrfarbig . . . . che 2,30 2,30
Satzpreis (4 W.) 9,20 9,20
Markenheftchen mit 1 × MiNr. 2339–2341
und 2 × MiNr. 2342 11,50 11,50
Markenheftchen mit 5 × MiNr. 2339–2342 44,— 44,—

Das Markenheftchen mit 5 × MiNr. 2339–2342 wurde zum ermäßigten Preis von 19 € verkauft.

FDC siehe nach MiNr. 2344.

Auflagen: 19.250.000 Sätze

2019, 17. Okt. Weihnachten (II). Odr., Markenheftchen (5) und Folienstreifen (1×2); Rahmen ph.; selbstklebend; gestanzt 11:10¾.

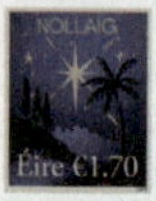

chf) Weihnachtsstern, Inschrift „NOLLAIG"

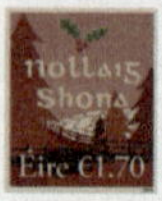

chg) Stechpalmenzweig, Inschrift „nollaig shona"

2343 1.70 € mehrfarbig . . . . chf 3,90 3,90
2344 1.70 € mehrfarbig . . . . chg 3,90 3,90
Satzpreis (2 W.) 7,80 7,80
Markenheftchen mit 2×MiNr. 2343
und 3×MiNr. 2344 20,— 20,—
Folienstreifen 7,80 7,80
FDC mit MiNr. 2339–2344 19,—

Auflage: 1.508.000 Sätze, davon 8.000 in Folienstreifen

2020, 23. Jan. Galway und Rijeka – Kulturhauptstädte Europas 2020. Odr. (4×4); gez. K 13¼:13¾.

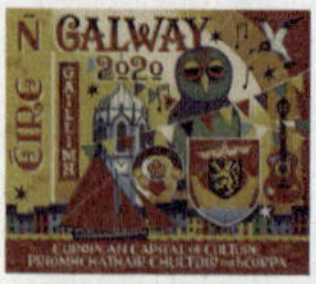

chh) Uhrturm der Universität, Noten, Eule, Möwe, Segelschiff, Claddagh-Ring, Wappen von Galway, Gitarre, Hafen

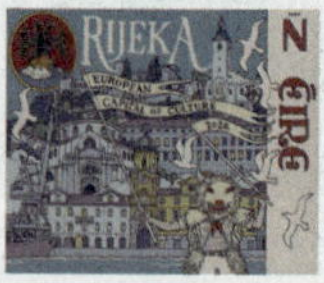

chi) Wappen von Rijeka, Kastell von Trsat, Basilika Unserer Lieben Frau von Trsat, Möwen, Dom Sankt Vitus, Stadtturm, Schiff, Hafenkran, Glöckner aus Kastav

2345 N mehrfarbig . . . . chh 2,50 2,30
2346 N mehrfarbig . . . . chi 2,50 2,30
Satzpreis (2 W.) 5,— 4,60
FDC 8,—

Blockausgabe mit MiNr. 2345

Block 117 (153×90 mm) . . . . chk 2,50 2,30
FDC 5,80

Nominale zur Zeit der Ausgabe: je 1 €

Auflagen: MiNr. 2345 = 150.000, MiNr. 2346 = 94.000 Stück, Bl. 117 = 20.000 Blocks

Parallelausgabe mit Kroatien MiNr. 1439–1440

2020, 30. Jan. Hochzeits- und Valentinstagsgrußmarke. Odr. mit Hologrammfolie; Markenheftchen (MH) (5 + 5) und Folienstreifen (F-St.) (2×1), selbstklebend, gestanzt 10¼:11; I = mit Rahmen ph., mit Stanzungen im Markenbild; II = ohne Rahmen ph., ohne Stanzungen im Markenbild.

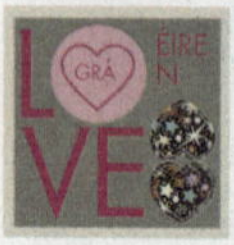

chl) Wort „LOVE", Herzen

2347 N silberfarben/neonrosa . . . . chl
I Rahmen ph., mit Stanzungen im Markenbild (MH) 2,50 2,30
II ohne Rahmen ph., ohne Stanzungen im Markenbild (F-St.) 2,50 2,30
FDC 5,80
Folienstreifen II 5,— 4,60
Markenheftchen I 25,— 23,—

Nominale zur Zeit der Ausgabe: 1 €

Die Farbe neonrosa ist teilweise fluoreszierend.

Auflage: MiNr. 2347 I = 2.400.000 Stück, MiNr. 2347 II = 24.000 Stück im Folienstreifen

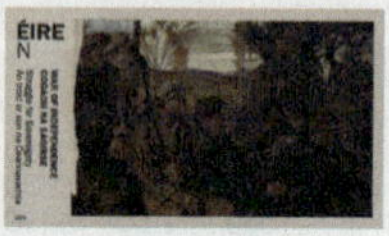

2020, 20. Febr. Irischer Unabhängigkeitskrieg (I): Kampf um Souveränität. Odr. (4×4); Rahmen ph.; gez. K 13¼:13¾.

chm) Men of the South; Gemälde von Seán Keating (1889–1977), Maler

2348 N mehrfarbig . . . . chm 2,50 2,30
FDC 5,50

Nominale zur Zeit der Ausgabe: 1 €

Auflage: 296.000 Stück

2020, 27. Febr. Iren im Ausland. Odr.; MiNr. 2349–2351 (4×1 Zd), MiNr. 2352–2353 (3×2 Zd); Rahmen ph.; gez. K 13¼:13¾.

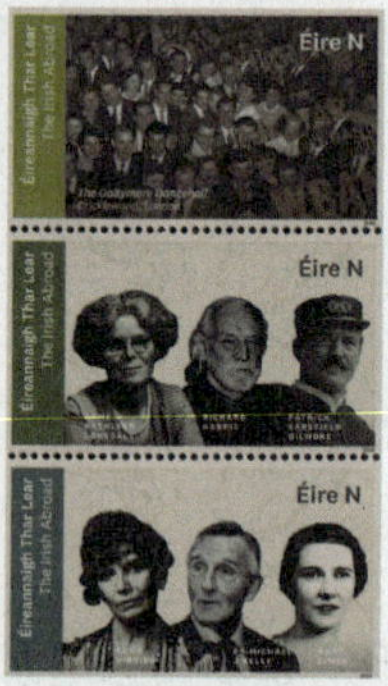

chn) Irische junge Auswanderer in Galtymore-Tanzhalle, London
cho) Kathleen Lonsdale (1903–1971), Kristallographin; Richard Harris (1930–2002), Schauspieler und Sänger; Patrick Gilmore (1829–1892), Militärkapellmeister und Komponist
chp) Edna O'Brien (1930–2024), Schriftstellerin; Michael J. Kelly (1929–2021), katholischer Priester; Mary Elmes (1908–2002), humanitäre Helferin

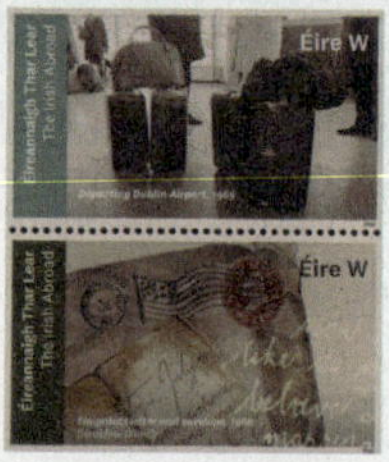

chr) Koffer der Auswanderer am Flughafen Dublin
chs) Brief und Umschlag der Auswanderer; Gemälde von Geraldine O'Reilly (*1956), Künstlerin und Grafikerin

2349 N mehrfarbig . . . . chn 2,50 2,30
2350 N mehrfarbig . . . . cho 2,50 2,30
2351 N mehrfarbig . . . . chp 2,50 2,30
2352 W mehrfarbig . . . . chr 4,— 3,90
2353 W mehrfarbig . . . . chs 4,— 3,90
Satzpreis (5 W.) 15,50 14,70
Dreierstreifen + Paar 15,50 14,70
FDC 18,—

Nominalen zur Zeit der Ausgabe: N = 1 €, W = 1.70 €

Nominalgleiche Marken wurden senkrecht zusammenhängend gedruckt.

Auflagen: MiNr. 2349–2351 je 178.000, MiNr. 2352–2353 je 120.000 Stück

In ähnlichen Zeichnungen wie MiNr. 2349 und 2353: MiNr. 2437, 2442 (selbstklebend)

2020, 5. März. Pionierinnen unter den irischen Frauen. Odr. (1×3 Zd); Papier ph.; gez. K 13¼.

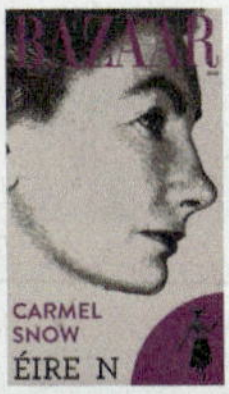

cht) Carmel Snow (1887–1961), Chefredakteurin des amerikanischen Modemagazins „Harper's Bazaar" 1934–1958

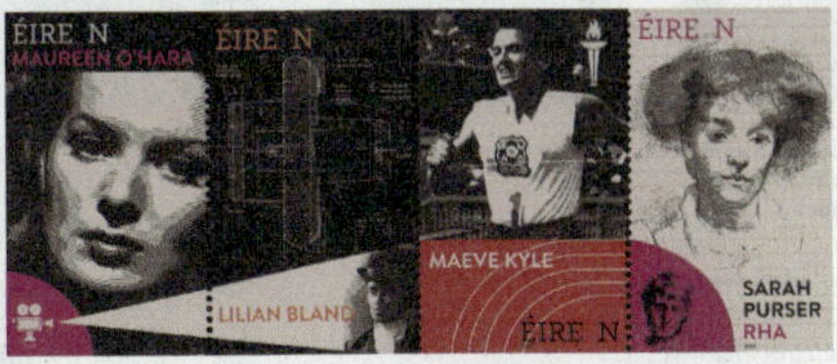

chu) Maureen O'Hara (1920–2015), irisch-amerikanische Filmschauspielerin und Sängerin
chv) Lillian Bland (1878–1971), Journalistin und Pionierin des Fliegens; Konstruktionszeichnung des Flugzeugs „Bland Mayfly"
chw) Maeve Kyle (*1928), irisch-britische Sprinterin und Mittelstreckenläuferin
chx) Sarah Purser (1848–1943), Malerin und Glaskünstlerin

2354	N schwarz/lebhaftlila	cht	2,50	2,30
2355	N schwarz/lebhaftrotlila	chu	2,50	2,30
2356	N schwarz/hellneonorange	chv	2,50	2,30
2357	N schwarz/lebhaftzinnoberrot	chw	2,50	2,30
2358	N schwarz/lebhaftrotlila	chx	2,50	2,30
	Satzpreis (5 W.)		12,50	11,50
	Fünferstreifen		12,50	11,50
	FDC			15,—

Nominale zur Zeit der Ausgabe: 1 €

MiNr. 2354–2358 wurden waagerecht zusammenhängend gedruckt.

Auflage: 238.000 Sätze

2020, 9. April. 100. Geburtstag von Liam Cosgrave. Odr. (4×4); Rahmen ph.; gez. K 13¾:13¼.

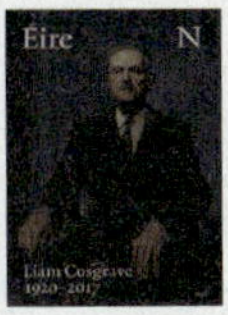

chy) Liam Cosgrave (1920–2017), Politiker

2359	N mehrfarbig	chy	2,50	2,30
	FDC			5,80

Nominale zur Zeit der Ausgabe: 1 €

Auflage: 122.000 Stück

2020, 16. Juli. Europa: Historische Postrouten. Odr. (3×3); gez. K 13¼:14.

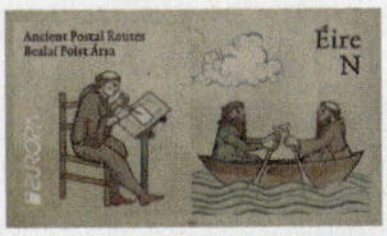

chz) Mönch schreibt Brief und transportiert ihn über das Meer

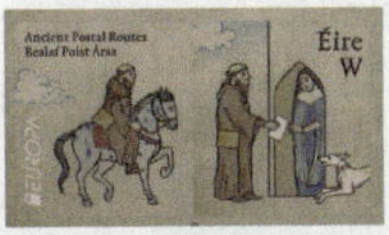

cia) Mönch reitet mit Brief und überbringt ihn der Priorin

2360	N mehrfarbig	chz	2,50	2,30
2361	W mehrfarbig	cia	4,—	3,90
	Satzpreis (2 W.)		6,50	6,20
	FDC			9,50
	Kleinbogensatz (2 Klb.)		58,—	56,—

Nominalen zur Zeit der Ausgabe: N = 1 €, W = 1.70 €

Auflagen: MiNr. 2360 = 108.000, MiNr. 2361 = 83.000 Stück

2020, 27. Aug. 25 Jahre Fernsehserie „Father Ted" (I). Odr., Markenheftchen (5×1); Rahmen ph.; selbstklebend; gestanzt 11½.

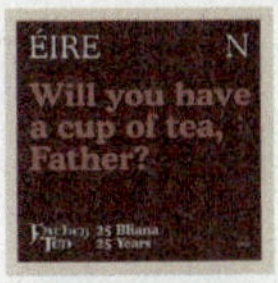

cib) „Will you have a cup of tea, Father?"

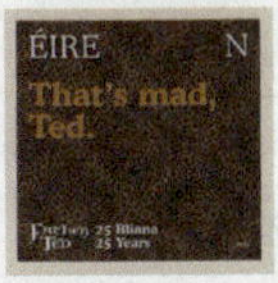

cic) „That's mad, Ted."

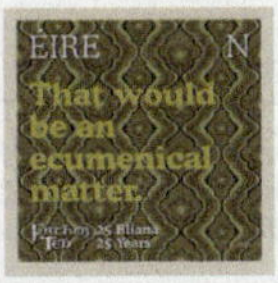

cid) „That would be an ecumenical matter."

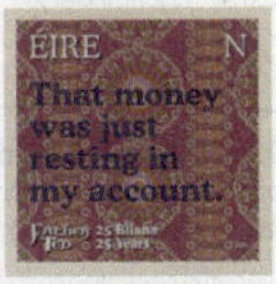

cie) „That money was just resting in my account."

cib–cie) Geflügelte Worte aus „Father Ted"

2362	N mehrfarbig	cib	2,50	2,30
2363	N mehrfarbig	cic	2,50	2,30
2364	N mehrfarbig	cid	2,50	2,30
2365	N mehrfarbig	cie	2,50	2,30
2366	W mehrfarbig	cie	4,—	3,80
	Satzpreis (5 W.)		14,—	13,—
	Markenheftchen		14,—	13,—

Nominalen zur Zeit der Ausgabe: N = 1 €, W = 1.70 €

Auflage: 150.000 Sätze

In gleichen Zeichnungen: MiNr. 2367–2370 (nassklebend)

2020, 27. Aug. Blockausgabe: 25 Jahre Fernsehserie „Father Ted" (II). Odr.; Rahmen ph.; gez. K 13¼.

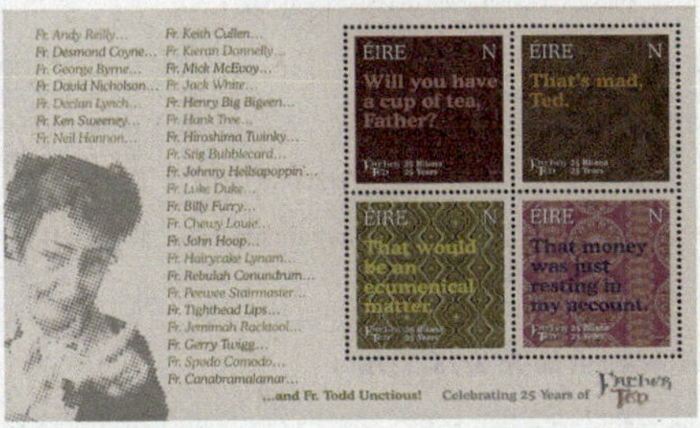

cif

cib) „Will you have a cup of tea, Father?"
cic) „That's not mad, Ted."
cid) „That would be an ecumenical matter."
cie) „That money was just resting in my account."
cib–cie) Geflügelte Worte aus „Father Ted"

2367	N mehrfarbig	cib	2,50	2,30
2368	N mehrfarbig	cic	2,50	2,30
2369	N mehrfarbig	cid	2,50	2,30
2370	N mehrfarbig	cie	2,50	2,30
Block 118	(150×90 mm)	cif	10,—	9,20
	FDC			12,50

Nominale zur Zeit der Auflage: je 1 €

Auflage: 40.000 Blocks

In gleichen Zeichnungen: MiNr. 2362–2366 (selbstklebend)

2020, 24. Sept. Irischer Unabhängigkeitskrieg (II): Zivilgesellschaft. Odr. (2×4 Zd); gez. K 13¼:14.

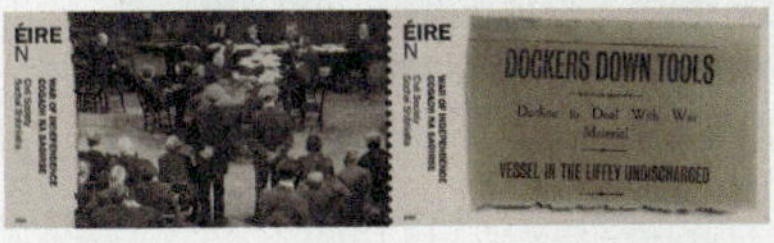

cig) IRA-Gericht in der Westport Town Hall (1920)
cih) Schlagzeile des Freeman's Journal zum Streik der Hafenarbeiter (1920)

2371	N mehrfarbig	cig	2,50	2,30
2372	N mehrfarbig	cih	2,50	2,30
	Satzpreis (2 W.)		5,—	4,60
	Paar		5,—	4,60
	FDC			8,—

Nominale zur Zeit der Ausgabe: je 1 €

Auflage: 122.000 Sätze

2020, 15. Okt. Rockband „U2" (I). MiNr. 2373 und 2376 komb. Odr. und Hfdr., MiNr. 2374–2375 Odr. mit Lacküberzug; Markenheftchen (4); selbstklebend; gestanzt K 13¼.

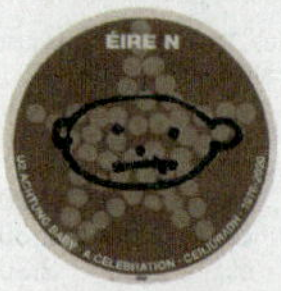

cii) „Achtung Baby" (1991)

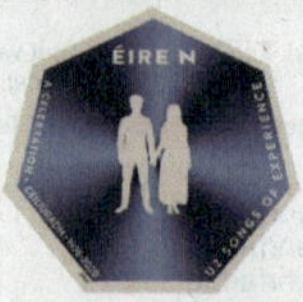

cik) „Songs of Experience" (2017)

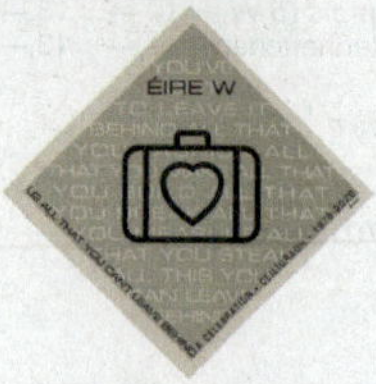

cil) „All That You Can't Leave Behind" (2000)

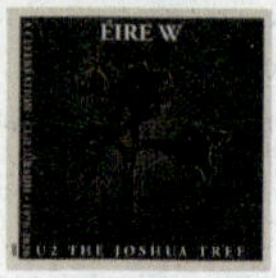

cim) „The Joshua Tree" (1987)

cii–cim) Piktogramme von Musikalben der Rockband „U2"

2373	N mehrfarbig	cii	2,50	2,30
2374	N mehrfarbig	cik	2,50	2,30
2375	W mehrfarbig	cil	4,—	3,90
2376	W mehrfarbig	cim	4,—	3,90
	Satzpreis (4 W.)		13,—	12,40
	FDC			16,—
	Markenheftchen		13,—	12,40

Blockausgabe mit MiNr. 2373–2376

Block 119	(150×90 mm)	cin	13,—	12,50

Nominalen zur Zeit der Ausgabe: N = 1 €, W = 1.70 €

Auflagen: MiNr. 2373–2376 = 1.000.000 Sätze, Bl. 119 = 60.000 Blocks

2020, 15. Okt. Blockausgabe: Rockband „U2" (II). Odr.; Rahmen ph.; gez. Ks 13¼:13¾.

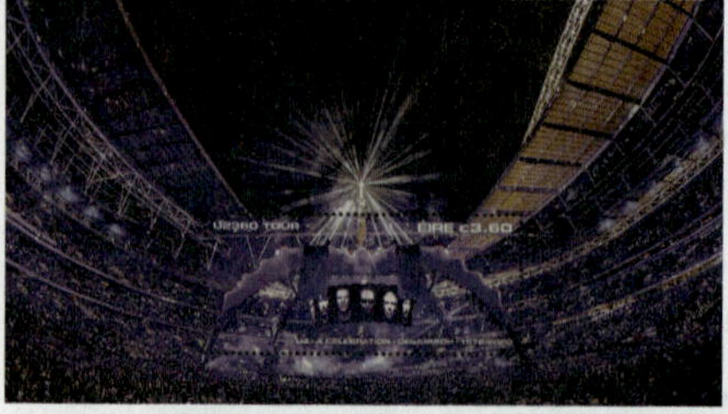

cip

cio) Konzert im Wembley Stadium, London (2009)

2377	3.60 € mehrfarbig	cio	8,30	8,30
Block 120	(150×90 mm)	cip	8,30	8,30
	FDC			11,50

Auflage: 60.000 Blocks

2020, 5. Nov. Weihnachten. Odr., Markenheftchen (2×2 + 8×2 und 5) und Folienstreifen (1×2); Rahmen ph.; selbstklebend; gestanzt 11¼:10¾.

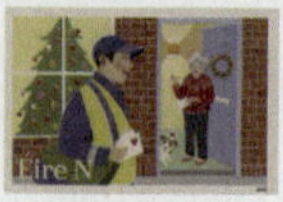

cir) Postbote bringt Weihnachtspost

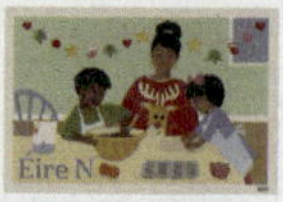

cis) Familie backt Plätzchen

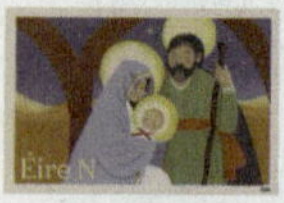

cit) Heilige Familie

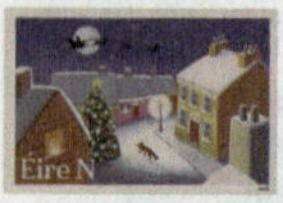

ciu) Weihnachtsmann fliegt über nächtliche Stadt, Fuchs

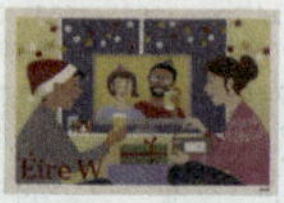

civ) Weihnachtsfeier im Videochat

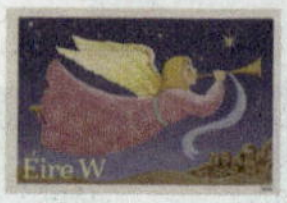

ciw) Tubaengel

2378	N mehrfarbig	cir	2,50	2,30
2379	N mehrfarbig	cis	2,50	2,30
2380	N mehrfarbig	cit	2,50	2,30
2381	N mehrfarbig	ciu	2,50	2,30
2382	W mehrfarbig	civ	4,—	3,90
2383	W mehrfarbig	ciw	4,—	3,90
	Satzpreis (6 W.)		18,—	17,—
	FDC			20,—
	20er-Markenheftchen N		50,—	44,—
	5er-Markenheftchen N		12,50	11,50
	5er-Markenheftchen W		20,—	20,—
	Folienstreifen W		8,—	7,80

Das 20er-Markenheftchen enthält 4 × MiNr. 2378–2379 und 2381 sowie 8 × MiNr. 2380. Das 5er-Markenheftchen N enthält 3 × MiNr. 2379 und 2 × MiNr. 2380. Das 5er-Markenheftchen W enthält 3 × MiNr. 2382 und 2 × MiNr. 2383. MiNr. 2382–2383 wurden auch im Folienstreifen verkauft

Nominalen zur Zeit der Ausgabe: N = 1 €, W = 1.70 €

Auflagen: 20er-Markenheftchen = 1.800.000 Stück, 5er-Markenheftchen N = 1.000.000 Stück, 5er-Markenheftchen W = 450.000 Stück

2021, 7. Jan. 150. Jahrestag der Trennung von Staat und Kirche in Irland. Odr. (4×4); Rahmen ph.; selbstklebend; gestanzt 13¼.

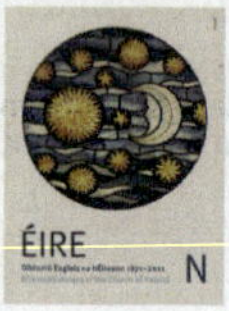

cix) Sonne, Mond und Sterne; Detail eines Buntglasfensters der Saint Fin Barre's Kathedrale in Cork von William Burges (1827–1881), englischer Architekt und Designer, und Horatio Walter Lonsdale (1846–1919), englischer Maler

2384	N mehrfarbig	cix	2,50	2,30
	FDC			5,80

Nominale zur Zeit der Ausgabe: 1 €

Auflage: 122.000 Stück

2021, 21. Jan. Blockausgabe: 100. Geburtstag von Patrick Scott. Komb. Odr. und Kfdr.; Rahmen ph.; gez. Ks 13¼:13¾.

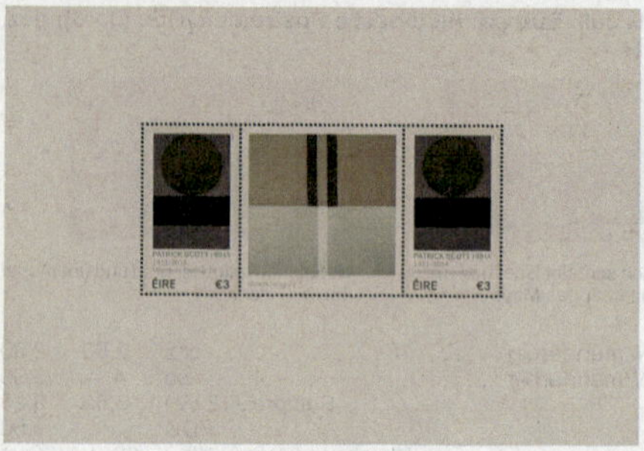

ciz

ciy Zierfeld ciy

ciy) Meditation Painting 28; Gemälde von Patrick Scott (1921–2014), Maler und Architekt

2385	3 € mehrfarbig	ciy	8,—	8,—
Block 121	mit 2 × MiNr. 2385 (204×142 mm)	ciz	16,—	16,—

Auflage: 30.000 Blocks

In ähnlicher Zeichnung wie MiNr. 2385: MiNr. 2495 (selbstklebend)

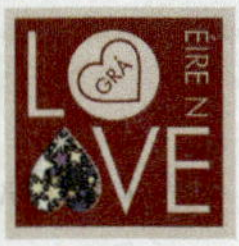

2021, 28. Jan. Hochzeits- und Valentinstagsgrußmarke. Odr. mit Hologrammfolie; Markenheftchen (10) und Folienstreifen (2×1); Rahmen ph.; selbstklebend; gestanzt 11.

cka) Wort „LOVE", Herzen

2386	N rot/silberfarben	cka	2,50	2,30
		FDC		5,80
		Folienstreifen	5,—	4,60
		Markenheftchen	25,—	23,—

Nominale zur Zeit der Ausgabe: 1 €

Auflage: 5.006.000 Stück, davon 6.000 im Folienstreifen

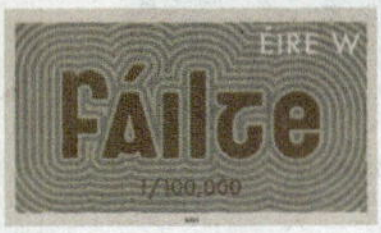

2021, 18. Febr. Grüße aus Irland. Odr. (4×4); Rahmen ph.; selbstklebend; gestanzt 13½.

ckb) Gälisches Wort „Fáilte" (= Willkommen), Zahl „1/100,000"

2387	W mehrfarbig	ckb	4,—	3,90
		FDC		7,50

Nominale zur Zeit der Auflage: 1.70 €

Auflage: 300.000 Stück

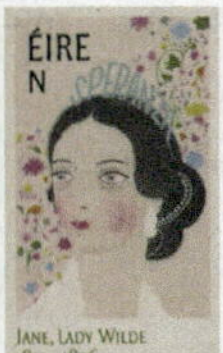

2021, 4. März. 200. Geburtstag von Jane Wilde. Komb. Odr. und Hfdr. (4×4); Rahmen ph.; selbstklebend; gestanzt 13¼.

ckc) Jane Wilde (1821–1896), Schriftstellerin und Mutter von Oscar Wilde

2388	N mehrfarbig	ckc	2,50	2,30
		FDC		5,80

Nominale zur Zeit der Ausgabe: 1 €

Auflage: 122.000 Stück

2021, 25. März. Für Menschen und den Planeten. Odr. (4×4); Rahmen ph.; selbstklebend; gestanzt 13½.

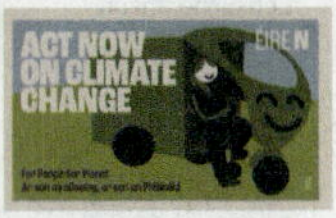

ckd) Elektrisches Postfahrzeug, Postbotin

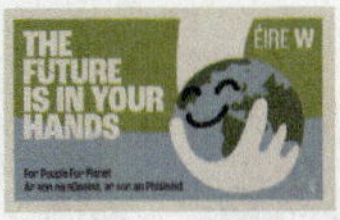

cke) Hand hält lächelnde Erde

2389	N mehrfarbig	ckd	2,50	2,30
2390	W mehrfarbig	cke	4,—	3,90
		Satzpreis (2 W.)	6,50	6,20
		FDC		9,50

Nominalen zur Zeit der Ausgabe: N = 1 €, W = 1.70 €

Auflagen: MiNr. 2389 = 500.000 Stück, MiNr. 2390 = 300.000 Stück

2021, 15. April. Irische Entdecker in der Antarktis. Odr. (2×4 Zd); Rahmen ph.; selbstklebend; gestanzt 13¼.

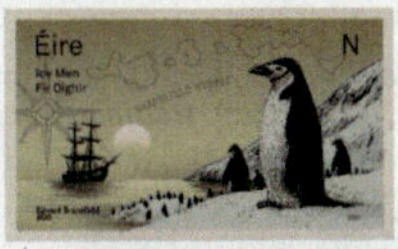

ckf) Zügelpinguin (Pygoscelis antarctica), Schiff „Williams", Umrisskarte der Bransfield Strait

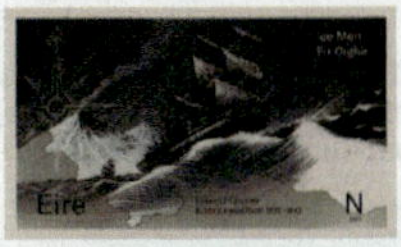

ckg) Schiffe HMS „Terror" und HMS „Erebus", Umriss der Küstenlinie

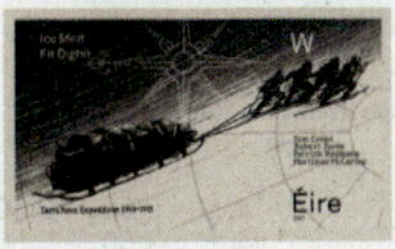

ckh) Männer ziehen Schlitten

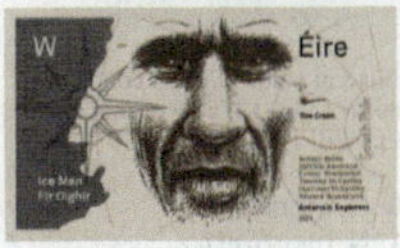

cki) Thomas Crean (1877–1938), Polarforscher

ckf–cki) Windrose

2391	N mehrfarbig	ckf	2,50	2,30
2392	N mehrfarbig	ckg	2,50	2,30
2393	W mehrfarbig	ckh	4,—	3,90
2394	W mehrfarbig	cki	4,—	3,90
		Satzpreis (4 W.)	13,—	12,40
		2 Paare	13,—	12,40
		FDC		16,—

Nominalen zur Zeit der Ausgabe: N = 1 €, W = 1.70 €

Nominalgleiche Marken wurden waagerecht zusammenhängend gedruckt.

Auflage: 148.000 Sätze

2021, 6. Mai. Europa: Gefährdete Wildtiere. Odr. (4×4); Rahmen ph.; selbstklebend; gestanzt 13¼.

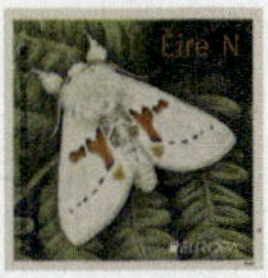

ckk) Weißer Zahnspinner (Leucodonta bicoloria)

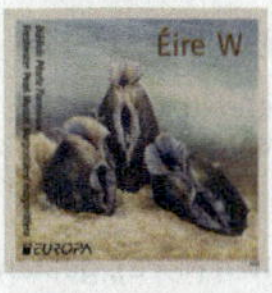

ckl) Flussperlmuschel (Margaritifera margaritifera)

2395	N mehrfarbig	ckk	2,50	2,30
2396	W mehrfarbig	ckl	4,—	3,90
		Satzpreis (2 W.)	6,50	6,20
		FDC		9,50

Nominalen zur Zeit der Ausgabe: N = 1 €, W = 1.70 €

2021, 10. Juni. LGBT-Pride. Odr., Markenheftchen (5); Rahmen ph.; selbstklebend; gestanzt 11½:11.

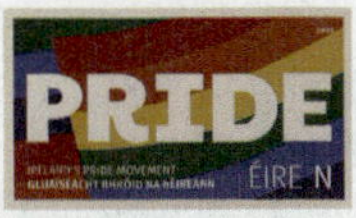

ckm) Englisch

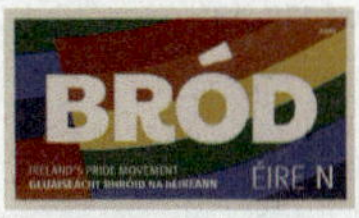

ckn) Gälisch

ckm–ckn) Regenbogenflagge, Inschrift „Stolz" in ...

2397	N mehrfarbig	ckm	2,50	2,50
2398	N mehrfarbig	ckn	2,50	2,50
2399	W mehrfarbig	ckm	4,60	4,60
		Satzpreis (3 W.)	9,60	9,60
		FDC		12,50
		Markenheftchen	15,—	15,—

Nominalen zur Zeit der Ausgabe: N = 1.10 €, W = 2 €

Das Markenheftchen enthält 2 × MiNr. 2397–2398 und 1 × MiNr. 2399.

Auflage: 50.000 Markenheftchen

2021, 11. Juli. 100. Jahrestag des Waffenstillstandes im Irischen Unabhängigkeitskrieg. Odr. (2×4 Zd); Rahmen ph.; selbstklebend; gestanzt 13½:13¼.

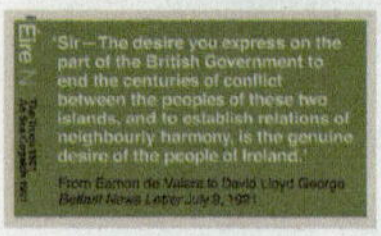

cko) Auszug eines Briefes von Éamon de Valera (1882–1975), Politiker (Belfast News Letter, 1921)

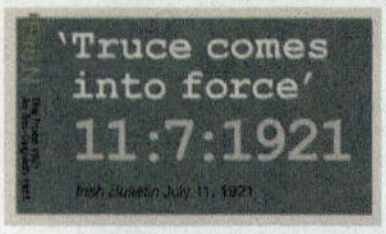

ckp) Schlagzeile des Irish Bulletin am Tag des Waffenstillstandes (1921)

2400	N mehrfarbig	cko	2,50	2,50
2401	N mehrfarbig	ckp	2,50	2,50
		Satzpreis (2 W.)	5,—	5,—
		FDC		8,50
		Paar	5,—	5,—

Nominale zur Zeit der Ausgabe: 1.10 €

MiNr. 2400–2401 wurden waagerecht zusammenhängend gedruckt.

Auflage: 148.000 Sätze

2021, 14. Juli. Freimarken: Geschichte Irlands in 100 Objekten. Odr.; Rahmen ph.; selbstklebend.

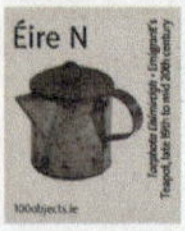

A ckp) Teekessel eines Emigranten (20. Jh.)

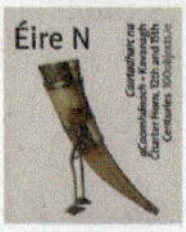

B ckp) Kavanagh-Trinkhorn (12. und 15 Jh.)

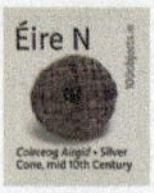

C ckp) Silberkegel (10. Jh.)

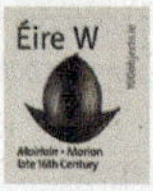

D ckp) Morion-Helm (16. Jh.)

Rolle (100), gestanzt 11¼

A 2401	N mehrfarbig	A ckp	2,50	2,50
B 2401	N mehrfarbig	B ckp	2,50	2,50
		Satzpreis (2 W.)	5,—	5,—
		Paar	5,—	5,—

Markenheftchen (5×2), gestanzt 11¾:11½

C 2401	N mehrfarbig	C ckp	2,50	2,50
D 2401	W mehrfarbig	D ckp	4,60	4,60
		Satzpreis (2 W.)	7,—	7,—
	Markenheftchen mit 10 × MiNr. C 2401		25,—	25,—
	Markenheftchen mit 10 × MiNr. D 2401		46,—	46,—

Nominalen zur Zeit der Ausgabe: N = 1.10 €, W = 2 €

Das W-Markenheftchen enthält außerdem 10 Priority-Luftpost-Anhängsel.

Weitere Werte: MiNr. 2208–2211, 2250–2253, 2294–2297

2021, 15. Juli. Irische Liedermacher beim Glastonbury Festival. Odr., Markenheftchen (2×2); Rahmen ph.; selbstklebend; gestanzt 13¼:13½.

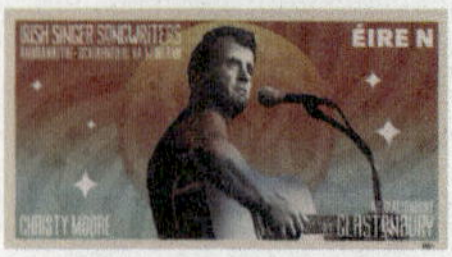

ckr) Christy Moore (*1945)

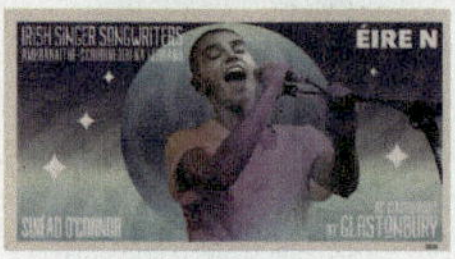

cks) Sinéad O'Connor (*1966)

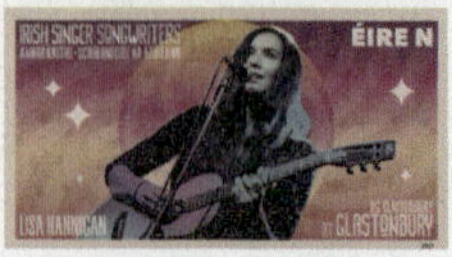

ckt) Lisa Hannigan (*1981)

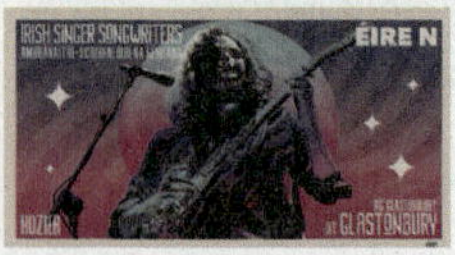

cku) Hozier, eigentlich Andrew John Hozier-Byrne (*1990)

2402	N mehrfarbig	ckr	2,50	2,50
2403	N mehrfarbig	cks	2,50	2,50
2404	N mehrfarbig	ckt	2,50	2,50
2405	N mehrfarbig	cku	2,50	2,50
		Satzpreis (4 W.)	10,—	10,—
		FDC		13,50
		Markenheftchen	10,—	10,—

Nominale zur Zeit der Ausgabe: je 1.10 €

Auflage: 300.000 Markenheftchen

2021, 7. Okt. 150 Jahre Gaiety Theatre, Dublin. Odr. (2×2 Zd); selbstklebend; gestanzt 13¼.

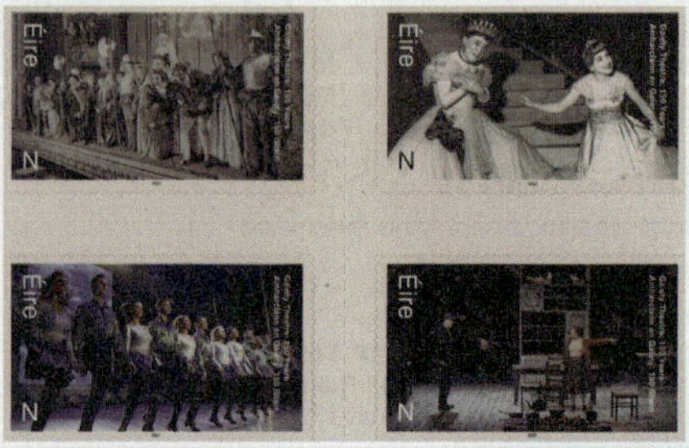

ckv) Schlussverbeugung beim Theaterstück „Abdication" (1958)
ckw) Jimmy O'Dea (1899–1965), Schauspieler und Komiker, und Maureen Potter (1925–2004), Sängerin und Schauspielerin (1957)
ckx) Riverdance (2017)
cky) „Sive" (2018); Theaterstück von John B. Keane (1928–2002), Dramatiker und Schriftsteller

2406	N schwarz	ckv	2,50	2,50
2407	N schwarz	ckw	2,50	2,50
2408	N mehrfarbig	ckx	2,50	2,50
2409	N mehrfarbig	cky	2,50	2,50
		Satzpreis (4 W.)	10,—	10,—
		FDC		13,50
		Viererblock	10,—	10,—

Nominale zur Zeit der Ausgabe: je 1.10 €

MiNr. 2406–2409 wurden in Viererblockanordnung zusammenhängend gedruckt.

Auflage: 208.000 Sätze

2021, 4. Nov. Weihnachten. Odr., Markenheftchen (2×2 + 8×2 und 5) und Folienstreifen (1×2); Rahmen ph.; selbstklebend; gestanzt 11¼:10¾.

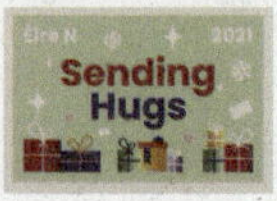

ckz) Umarmungen verschicken: Geschenke

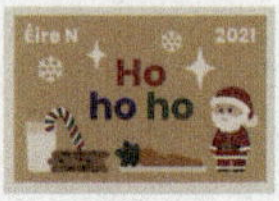

cla) Ho-ho-ho: Weihnachtsmann, Milchglas mit Zuckerstange und Keksen, Karotte

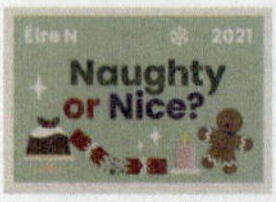

clb) Ungezogen oder artig: Englischer Weihnachtspudding, Tischfeuerwerk, Kerze, Lebkuchenmann

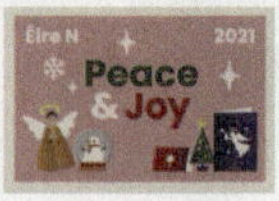

clc) Friede und Freude: Weihnachtsengel, Schneekugel, Weihnachtskarten, Christbaum

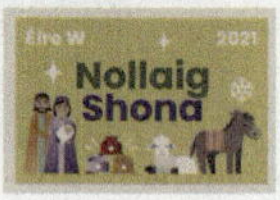

cld) Frohe Weihnachten: Heilige Familie, Geschenke, Lamm, Esel

cle) Liebe: Liebespaar unter Mistelzweig

2410	N mehrfarbig	ckz	2,50	2,50
2411	N mehrfarbig	cla	2,50	2,50
2412	N mehrfarbig	clb	2,50	2,50
2413	N mehrfarbig	clc	2,50	2,50
2414	W mehrfarbig	cld	4,60	4,60

2415	W mehrfarbig	cle	4,60	4,60
		Satzpreis (6 W.)	19,—	19,—
		FDC		20,—
		20er-Markenheftchen N	50,—	50,—
		5er-Markenheftchen N	12,50	12,50
		5er-Markenheftchen W	23,—	23,—
		Folienstreifen W	9,—	9,—

Das 20er-Markenheftchen N enthält 5 × MiNr. 2410–2413. Das 5er-Markenheftchen N enthält 3 × MiNr. 2413 und 2 × MiNr. 2411. Das 5er-Markenheftchen W enthält 3 × MiNr. 2414 und 2 × MiNr. 2415. MiNr. 2414–2415 wurden auch im Folienstreifen verkauft.

Nominalen zur Zeit der Ausgabe: N = 1.10 €, W = 2 €

Auflagen: 20er-Markenheftchen N = 1.100.000, 5er-Markenheftchen N = 900.000, 5er-Markenheftchen W = 500.000, Folienstreifen W = 6.000 Stück

2021, 2. Dez. 100 Jahre Anglo-Irischer Vertrag. Odr. (2×4 Zd); Rahmen ph.; selbstklebend; gestanzt 13½.

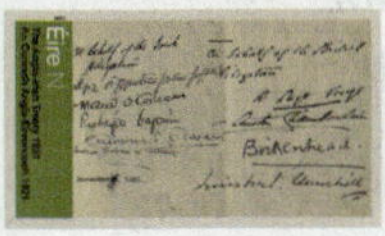
clf) Unterschriften der Vertragspartner

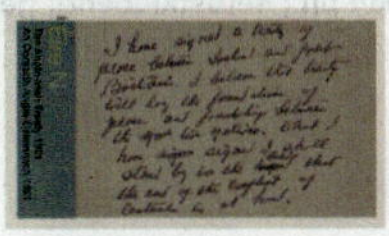
clg) Absichtserklärung von Arthur Griffith (1872–1922), Politiker

2416	N mehrfarbig	clf	2,50	2,50
2417	N mehrfarbig	clg	2,50	2,50
		Satzpreis (2 W.)	5,—	5,—
		FDC		8,50
		Paar	5,—	5,—

Nominale zur Zeit der Ausgabe: je 1.10 €

MiNr. 2416–2417 wurden waagerecht zusammenhängend gedruckt.

Auflage: 148.000 Sätze.

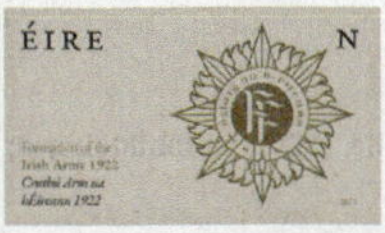

2022, 13. Jan. Jahrestage und Ereignisse: 100 Jahre Irische Armee; 100. Jahrestag der Übergabe des Dublin Castle; 100 Jahre Polizeikräfte. Komb. Odr. und RaTdr. (3×5); Rahmen ph.; gez. K 13½:14.

clh) Emblem der Irischen Streitkräfte

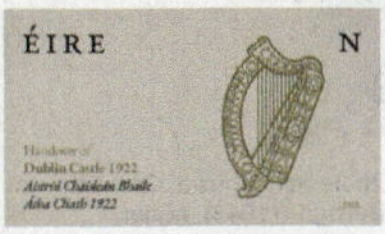

cli) Irische Harfe (Emblem Irlands)

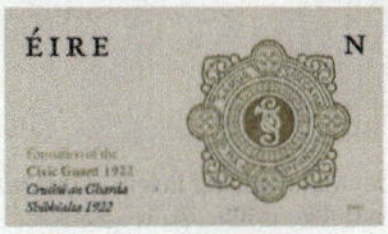

clk) Emblem der Garda Síochána (Polizeikräfte)

2418	N schwarz/goldmetallisch	clh	2,50	2,50
2419	N schwarz/goldmetallisch	cli	2,50	2,50
2420	N schwarz/goldmetallisch	clk	2,50	2,50
		Satzpreis (3 W.)	7,50	7,50
		FDC		11,—

Blockausgabe mit MiNr. 2418–2420 (17. Febr.)

Block 122	(177×150 mm)	cll	15,50	15,50

Nominalen zur Zeit der Ausgabe: je 1.10 €

Bl. 122 stammt aus einer Verkaufspackung (Postpreis: 10 €), die außerdem einen Dreierstreifen von MiNr. 2418–2420 mit drei zusätzlichen Zierfeldern enthält. Die Marken tragen einen gedruckten Sonderstempel 17-02-2022.

Auflagen: MiNr. 2418–2420 = 82.500 Sätze, Bl. 122 = 11.000 Blocks

2022, 27. Jan. 100. Jahrestag der Veröffentlichung des Romans „Ulysses" von James Joyce (1882–1941), Schriftsteller. Odr. (4×4); Rahmen ph.; gez. K 13½:14.

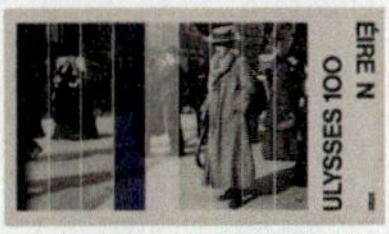

clm

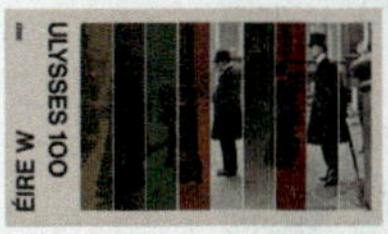

cln

clm–cln) Passanten um 1904

2421	N mehrfarbig	clm	2,50	2,50
2422	W mehrfarbig	cln	4,60	4,60
		Satzpreis (2 W.)	7,—	7,—
		FDC		10,50

Nominalen zur Zeit der Auflage: N = 1.10 €, W = 2 €

Auflagen: MiNr. 2421 = 122.000, MiNr. 2422 = 94.000 Stück

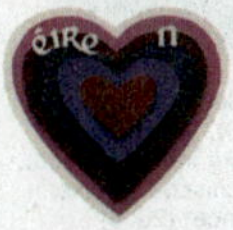

2022, 3. Febr. Hochzeits- und Valentinstagsgrußmarke. Odr., Markenheftchen (10); Rahmen ph.; selbstklebend, herzförmig gestanzt 10.

clo) Herz

2423	n mehrfarbig	clo	2,50	2,50
		FDC		6,—
		Markenheftchen	25,—	25,—

Nominale zur Zeit der Auflage: 1.10 €

Auflage: 506.000 Stück, davon 500.000 im Markenheftchen

2022, 3. März. Irische Sportlerinnen. Odr., Markenheftchen (2×2 + 2×1); Rahmen ph.; selbstklebend; gestanzt 12¼:11.

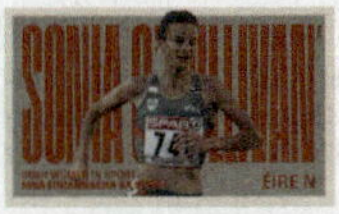

clp) Sonia O'Sullivan (*1969), Langstreckenläuferin

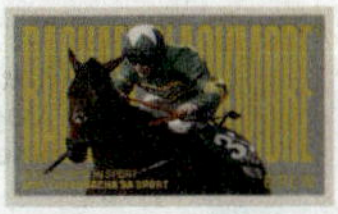
clr) Rachael Blackmore (*1989), Jockey

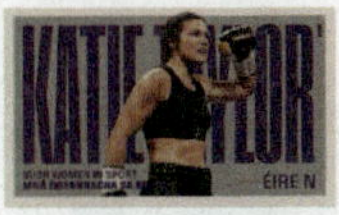

cls) Katie Taylor (*1986), Profiboxerin

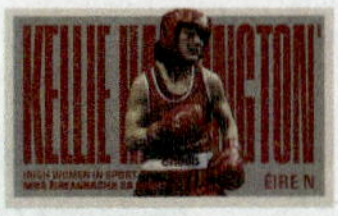

clt) Kellie Harrington (*1989), Boxerin

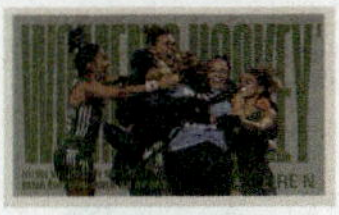
clu) Hockeynationalmannschaft der Damen

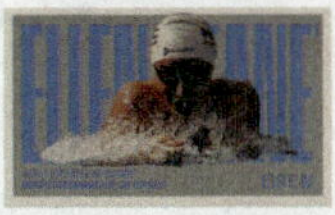
clv) Ellen Keane (*1995), paralympische Schwimmerin

2424	N mehrfarbig	clp	2,90	2,90
2425	N mehrfarbig	clr	2,90	2,90
2426	N mehrfarbig	cls	2,90	2,90
2427	N mehrfarbig	clt	2,90	2,90
2428	N mehrfarbig	clu	2,90	2,90
2429	N mehrfarbig	clv	2,90	2,90
		Satzpreis (6 W.)	17,40	17,40
		FDC		21,—
		Markenheftchen	17,50	17,50

Nominale zur Zeit der Ausgabe: je 1.25 €

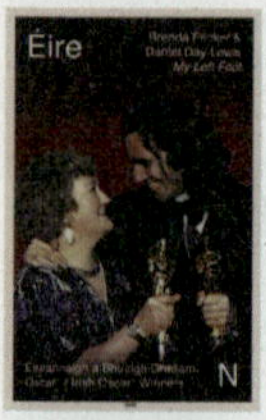

2022, 24. März. Irische Oscar-Preisträger. Odr., Markenheftchen (4×1); Rahmen ph.; selbstklebend; gestanzt 10¾:11.

clw) Brenda Fricker (*1945), Schauspielerin, und Daniel Day-Lewis (*1957), Schauspieler, für „My Left Foot“ (1989)

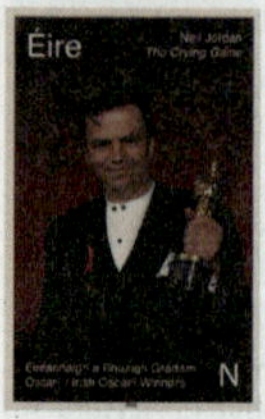

clx) Neil Jordan (*1950), Drehbuchautor, für „The Crying Game“ (1992)

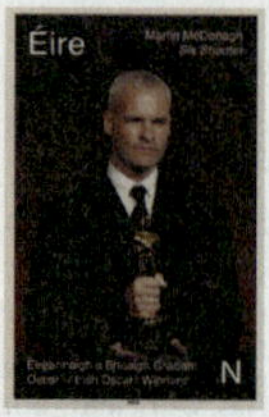

cly) Martin McDonagh (*1970), Produzent, für „Six Shooter“ (2004)

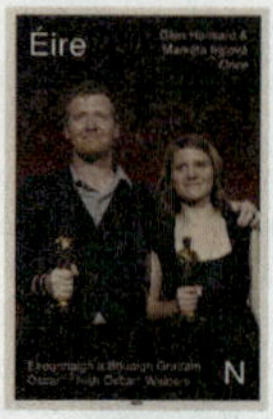

clz) Glen Hansard (*1970), Musiker, und Markéta Irglová (*1988), tschechische Musikerin, für „Once“ (2006)

2430	N mehrfarbig	clw	2,90	2,90
2431	N mehrfarbig	clx	2,90	2,90
2432	N mehrfarbig	cly	2,90	2,90
2433	N mehrfarbig	clz	2,90	2,90
	Satzpreis (4 W.)		11,50	11,50
	FDC			15,—
	Markenheftchen		11,50	11,50

Nominale zur Zeit der Ausgabe: je 1.25 €

Auflage: 150.000 Markenheftchen

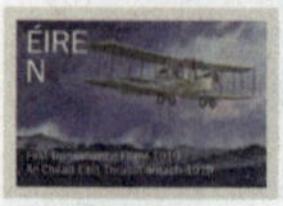

2022, 31. März. Freimarken; Europa: Einheimische Vögel (2019). Odr., Markenheftchen (5); Rahmen ph.; selbstklebend; gestanzt 11½.

cgd I) Verkehrsflugzeug „Vickery Vimy“

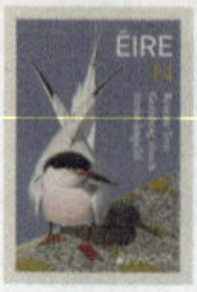

cft I) Rosenseeschwalbe (Sterna dougalii)

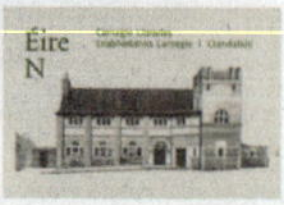

cgn I) Carnegie-Bibliothek, Clondalkin

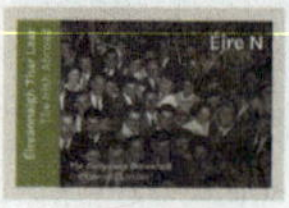

chn I) Irische junge Auswanderer in Galtymore-Tanzhalle, London

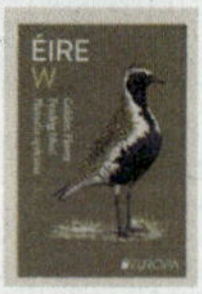

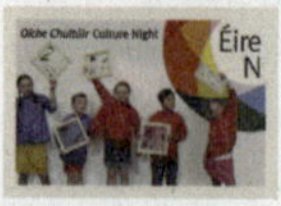

cgu I) Kinder mit Herbarbelegen

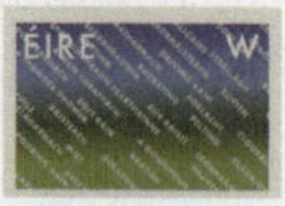

cfe I) Inschrift, stilisierte Darstellung von irischer Landschaft und Regen

cfk I) Goldregenpfeiffer (Pluvialis apricaria)

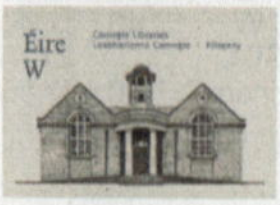

cgm I) Carnegie-Bibliothek, Kilkenny

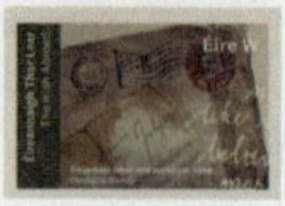

chs I) Brief und Umschlag der Auswanderer; Gemälde von Geraldine O'Reilly (*1956), Künstlerin und Grafikerin

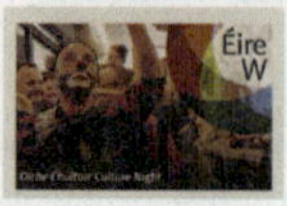

cgv I) Clown im Bus

2434	N mehrfarbig	cgd I	2,90	2,90
2435	N mehrfarbig	cfi I	2,90	2,90
2436	N mehrfarbig	cgn I	2,90	2,90
2437	N mehrfarbig	chn I	2,90	2,90
2438	N mehrfarbig	cgu I	2,90	2,90
2439	W mehrfarbig	cfe I	5,10	5,10
2440	W mehrfarbig	cfk I	5,10	5,10
2441	W mehrfarbig	cgm I	5,10	5,10
2442	W mehrfarbig	chs I	5,10	5,10
2443	W mehrfarbig	cgv I	5,10	5,10
	Satzpreis (10 W.)		40,—	40,—
	Markenheftchen mit MiNr. 2434–2438		14,50	14,50
	Markenheftchen mit MiNr. 2439–2443		25,50	25,50

Nominalen zur Zeit der Ausgabe: N = 1.25 €, W = 2.20 €

MiNr. 2435 und 2440 tragen die Inschrift „EUROPA“.

In ähnlichen Zeichnungen: MiNr. 2298, 2302–2303, 2320, 2327–2328, 2333–2334, 2349, 2353 (nassklebend)

2022, 31. März. Freimarken. Odr., Markenheftchen (5×2); Rahmen ph.; selbstklebend; gestanzt 11½.

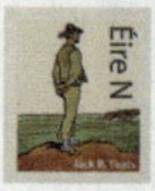

cma) Der Mann auf der Insel; Gemälde von Jack Butler Yeats (1871–1957), Maler

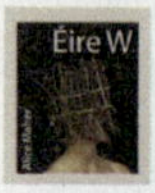

cmb) Chaplet; von Alice Maher (*1956), Künstlerin

2444	N mehrfarbig	cma	2,90	2,90
2445	W mehrfarbig	cmb	5,10	5,10
	Satzpreis (2 W.)		8,—	8,—
	Markenheftchen mit 10 × MiNr. 2444		29,—	29,—
	Markenheftchen mit 10 × MiNr. 2445		51,—	51,—

Nominalen zur Zeit der Ausgabe: N = 1.25 €, W = 2.20 €

MiNr. 2444 unterscheidet sich von MiNr. 2446 durch Größe (20×25 mm), Inschrift „Jack B. Yeats“, Fehlen eines farbigen Rahmens und vorhandenen phosphoreszierendem Rahmen.

In ähnlichen Zeichnungen: MiNr. 269, 2084 (nassklebend), 2446 (selbstklebend)

2022, 31. März. Freimarken. Odr., Rolle (100); selbstklebend; gestanzt 11¼.

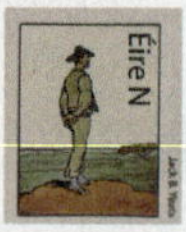

cma I) Der Mann auf der Insel; Gemälde von Jack Butler Yeats (1871–1957), Maler

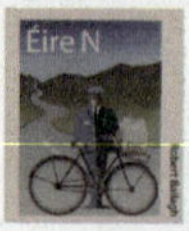

lh I) Postbote mit Fahrrad; Gemälde von Robert Ballagh (*1943), Maler

2446	N mehrfarbig	cma I	2,90	2,90
2447	N mehrfarbig	lh I	2,90	2,90
	Satzpreis (2 W.)		5,80	5,80
	Folienstreifen		5,80	5,80

Nominale zur Zeit der Ausgabe: je 1.25 €

MiNr. 2446 unterscheidet sich von MiNr. 2444 durch Größe (25×30 mm), Inschrift „Jack B. Yeats“, schwarzen Rahmen und nicht vorhandenen phosphoreszierendem Rahmen.

MiNr. 2446–2447 wurden zusammen in der Rolle gedruckt.

In ähnlichen Zeichnungen: MiNr. 269, 520 (nassklebend), 2444 (selbstklebend)

2022, 28. April. Irisches Frühstück. Odr. (2×4 Zd); Rahmen ph.; gez. K 13½.

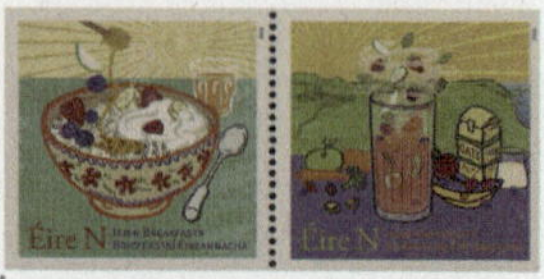

cmc) Schale Müsli mit Obst, Joghurt und Honig; Glas Orangensaft
cmd) Smoothie aus Obst, Gemüse, Haferflocken und Milch

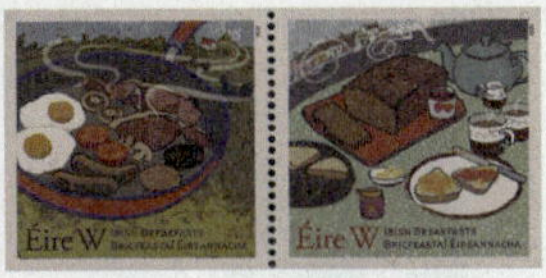

cme) Englisches Frühstück in der Pfanne mit Spiegeleiern, Tomaten, Pilzen, Würstchen und Speck
cmf) Tee, Marmeladen- und Honigbrot

2448	N	mehrfarbig	cmc	2,90	2,90
2449	N	mehrfarbig	cmd	2,90	2,90
2450	W	mehrfarbig	cme	5,10	5,10
2451	W	mehrfarbig	cmf	5,10	5,10
			Satzpreis (4 W.)	16,—	16,—
			FDC		19,50
			2 Paare	16,—	16,—

Nominalen zur Zeit der Ausgabe: N = 1.25 €, W = 2.20 €

Nominalgleiche Marken wurden waagerecht zusammenhängend gedruckt.

Auflagen: MiNr. 2448–2449 je 148.000, MiNr. 2450–2451 je 120.000 Stück

2022, 26. Mai. „Coláistí Samhraidh“-Sommersprachschulen für Irisch. Odr. (2×4 Zd); gez. K 13½.

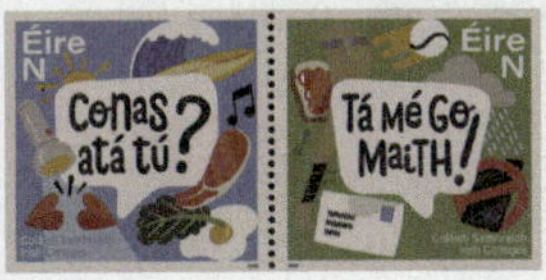

cmg) Sprechblase „Conas atá tú?“ (= Wie geht's?); Surfbrett mit Welle, Sonne, Taschenlampe, sprechende Lippen, irisches Frühstück
cmh) Sprechblase „Tá mé go Maith!“ (= Mir geht es gut!); Hurlingstock und Ball, Marmeladenbrot, Regenwolke, Brief, Handyverbotssymbol

2452	N	mehrfarbig	cmg	2,90	2,90
2453	N	mehrfarbig	cmh	2,90	2,90
			Satzpreis (2 W.)	5,80	5,80
			Paar	5,80	5,80
			FDC		9,20

Nominale zur Zeit der Ausgabe: je 1.25 €

Auflage: 148.000 Sätze

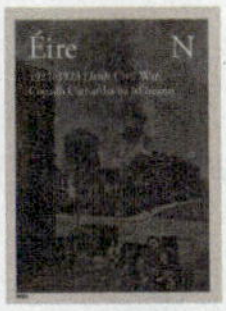

2022, 23. Juni. 100. Jahrestag des Beginns des Irischen Bürgerkrieges. Odr. (4×4); Rahmen ph.; gez. K 14:13½.

cmi) Beginn der Kampfhandlungen; Gemälde von Mick O'Dea (*1958), Maler

2454	N	mehrfarbig	cmi	2,90	2,90
			FDC		6,20

Nominale zur Zeit der Ausgabe: 1.25 €

Auflage: 122.000 Stück

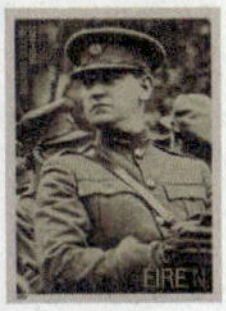

2022, 18. Aug. 100. Todestag von Michael Collins. Odr. (4×4); Rahmen ph.; gez. K 14:13½.

cmk) Michael Collins (1890–1922), Unabhängigkeitskämpfer

2455	N	mehrfarbig	cmk	2,90	2,90
			FDC		6,20

Nominale zur Zeit der Ausgabe: 1.25 €

Auflage: 122.000 Stück

2022, 1. Sept. Urbane Straßenkunst (II). Odr., Markenheftchen (4×1); Rahmen ph.; selbstklebend; gestanzt 11½.

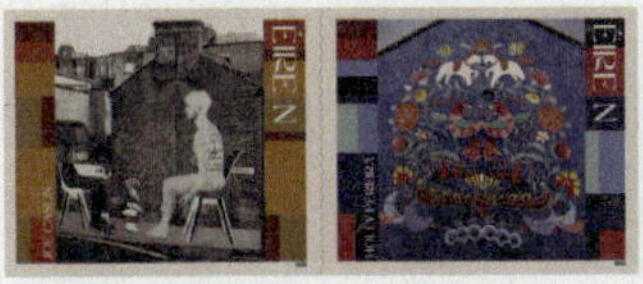

cml) Therapie; Wandgemälde in der Montague Lane, Dublin, von Joe Caslin, Künstler
cmm) The Norman Way; Wandgemälde in New Ross von Holly Pereira (*1981)

cmn) Cormac; Wandgemälde in Waterford von Aches (*1992)
cmo) Jack Charlton; Wandgemälde in Waterford von Caoilfhionn Hanton und Niall O'Lochlainn

2456	N	mehrfarbig	cml	2,90	2,90
2457	N	mehrfarbig	cmm	2,90	2,90
2458	N	mehrfarbig	cmn	2,90	2,90
2459	N	mehrfarbig	cmo	2,90	2,90
			Satzpreis (4 W.)	11,50	11,50
			FDC		15,—
			Markenheftchen	11,50	11,50

Nominale zur Zeit der Ausgabe: je 1.25 €

Auflage: 50.000 Sätze

2022, 8. Sept. Europa: Geschichten und Mythen. Odr. (4×4); Rahmen ph.; gez. K 14:13½.

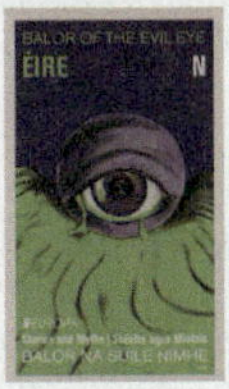

cmp) Balor vom bösen Auge, Held der keltischen Mythologie

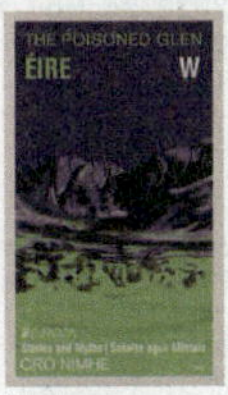

cmr) Der vergiftete Glen, Dunlewey, mythologischer Sterbeort von Balor

2460	N	mehrfarbig	cmp	2,90	2,90
2461	W	mehrfarbig	cmr	5,10	5,10
			Satzpreis (2 W.)	8,—	8,—
			FDC		12,—

Nominalen zur Zeit der Ausgabe: N = 1.25 €, W = 2.20 €

Auflagen: MiNr. 2460 = 122.000, MiNr. 2461 = 94.000 Stück

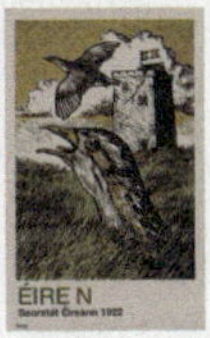

2022, 13. Okt. 100. Jahrestag der Gründung des Irischen Freistaates (Saorstát Éireann). Odr. (4×4); Rahmen ph.; gez. K 14:13½.

cms) Wachtelkönige (Crex crex), mittelalterlicher Wohnturm

2462	N	mehrfarbig	cms	2,90	2,90
			FDC		6,20

Nominale zur Zeit der Ausgabe: 1.25 €

Auflage: 208.000 Stück

2022, 3. Nov. Weihnachten. Odr., Markenheftchen (20 und 5) und Folienstreifen (2×1); Rahmen ph.; selbstklebend; gestanzt 11.

cmt) Weihnachtsbaum

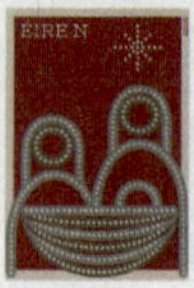

cmu) Heilige Familie

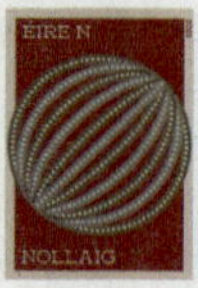

cmv) Weihnachtsbaumkugel

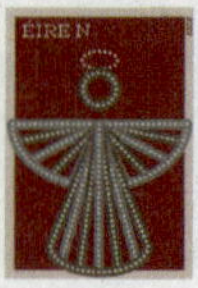

cmw) Engel

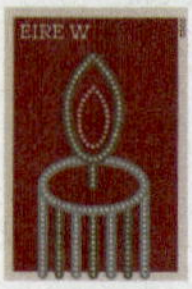

cmx) Kerze

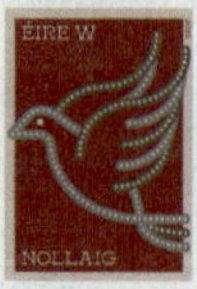

cmy) Friedenstaube

2463	N mehrfarbig	cmt	2,90	2,90
2464	N mehrfarbig	cmu	2,90	2,90
2465	N mehrfarbig	cmv	2,90	2,90
2466	N mehrfarbig	cmw	2,90	2,90
2467	W mehrfarbig	cmx	5,10	5,10
2468	W mehrfarbig	cmy	5,10	5,10
	Satzpreis (6 W.)		21,80	21,80
	20er-Markenheftchen N		58,—	58,—
	5er-Markenheftchen N		14,50	14,50
	5er-Markenheftchen W		25,50	25,50
	Folienstreifen W		10,20	10,20

Nominalen zur Zeit der Ausgabe: N = 1.25 €, W = 2.20 €

Das 20er-Markenheftchen N enthält 5 × MiNr. 2463–2466. Das 5er-Markenheftchen N enthält 3 × MiNr. 2463 und 2 × MiNr. 2466. Das 5er-Markenheftchen W enthält 3 × MiNr. 2467 und 2 × MiNr. 2468. MiNr. 2467–2468 wurden auch im Folienstreifen verkauft.

Auflagen: 20er-Markenheftchen N = 2.000.000, 5er-Markenheftchen N = 900.000, 5er-Markenheftchen W = 500.000, Folienstreifen W = 5.000 Stück

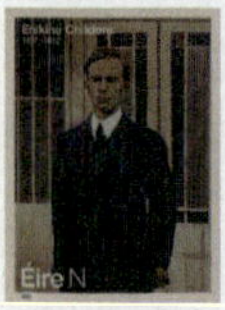

2022, 24. Nov. 100. Todestag von Robert Erskine Childers. Odr. (4×4); Rahmen ph.; gez. K 14:13½.

cmz) Robert Erskine Childers (1870–1922), Schriftsteller, Politiker und Freiheitskämpfer

2469	N mehrfarbig	cmz	2,90	2,90
	FDC			6,20

Nominale zur Zeit der Ausgabe: 1.25 €

Auflage: 122.000 Stück

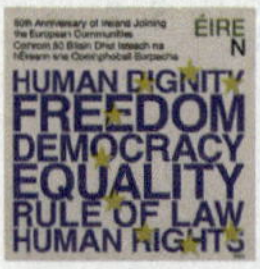

2023, 5. Jan. 50. Jahrestag des Beitritts Irlands zur Europäische Gemeinschaft. Odr. (4×4); Rahmen ph.; gez. K 14:13¾.

cna) Werte der EU; EU-Sterne

2470	N mehrfarbig	cna	2,90	2,90
	FDC			6,20

Nominale zur Zeit der Ausgabe: 1.25 €

Auflage: 122.000 Stück

2023, 23. Febr. Book of Kells. Odr. (4×4); Rahmen ph.; gez. K 13¾.

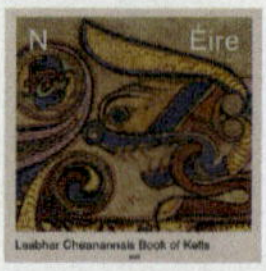

cnb) Folio 114v

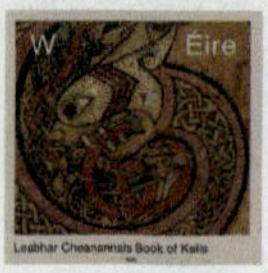

cnc) Folio 124r

cnb–cnc) Löwenköpfe; Miniaturen aus dem Book of Kells (9. Jh.)

2471	N mehrfarbig	cnb	3,10	3,10
2472	W mehrfarbig	cnc	5,10	5,10
	Satzpreis (2 W.)		8,20	8,20
	FDC			11,50

Nominalen zur Zeit der Ausgabe: N = 1.35 €, W = 2.20 €

Auflagen: MiNr. 2471 = 144.000, 2472 = 94.000 Stück

2023, 2. März. Frauen im öffentlichen Leben. Odr. (1×4 Zd); gez. K 14:13½.

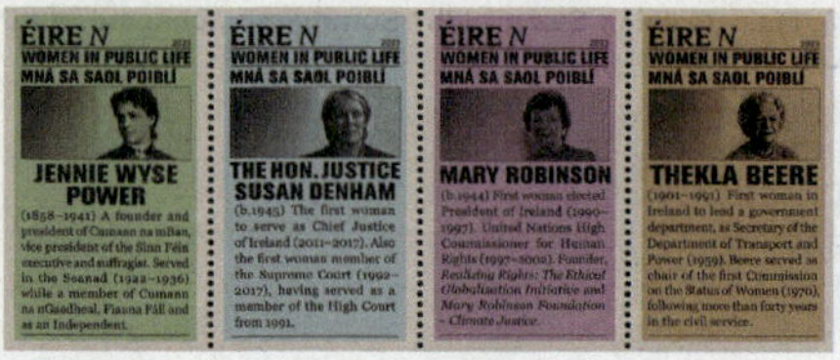

cnd) Jennie Wyse Power (1858–1941), Politikerin und Frauenrechtlerin
cne) Susan Mary Denham (*1945), Richterin
cnf) Mary Robinson (*1944), Politikerin und UN-Hochkommissarin für Menschenrechte
cng) Thekla Beere (1902–1991), Politikerin

2473	N mehrfarbig	cnd	3,10	3,10
2474	N mehrfarbig	cne	3,10	3,10
2475	N mehrfarbig	cnf	3,10	3,10
2476	N mehrfarbig	cng	3,10	3,10
	Satzpreis (4 W.)		12,40	12,40
	FDC			16,—
	Viererstreifen		12,50	12,50

Nominale zur Zeit der Ausgabe: je 1.35 €

Auflage: 208.000 Sätze

2023, 21. März. Theaterstücke der „Dublin-Trilogie". Odr. (1×3 Zd); Rahmen ph.; selbstklebend; gestanzt 13½.

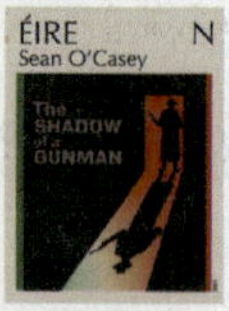

cnh) Der Schatten eines Rebellen (1923)

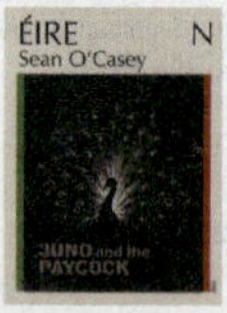

cni) Juno und der Pfau (1924)

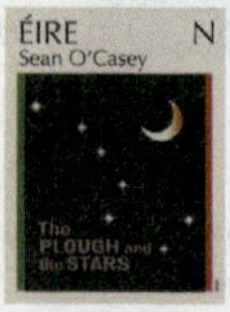

cnk) Der Pflug und die Sterne (1926)

cnh–cnk) Illustrationen zu Theaterstücken der „Dublin-Trilogie"; von Sean O'Casey (1880–1964), Dramatiker und politischer Aktivist

2477	N mehrfarbig	cnh	3,10	3,10
2478	N mehrfarbig	cni	3,10	3,10
2479	N mehrfarbig	cnk	3,10	3,10
	Satzpreis (3 W.)		9,30	9,30
	FDC			12,50
	Dreierstreifen		9,30	9,30
	Folienblatt		28,—	28,—

Nominale zur Zeit der Ausgabe: je 1.35 €

MiNr. 2477–2479 wurden waagerecht zusammenhängend gedruckt.

Auflage: 128.000 Sätze

2023, 30. März. Irische Country-Musik. Odr., Markenheftchen (1×5); Rahmen ph.; selbstklebend; gestanzt 13½.

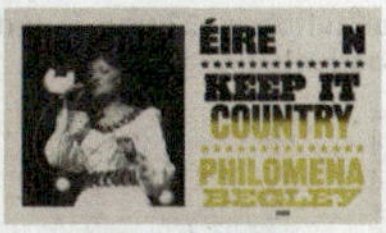

cnl) Philomena Begley (*1942), Sängerin

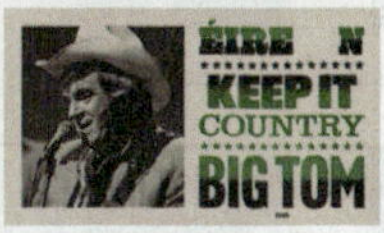

cnm) Big Tom, eigentlich Tom McBride (1936–2018), Sänger, Gitarrist und Saxophonist

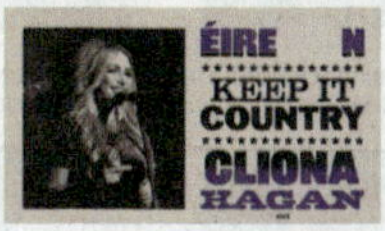

cnn) Cliona Hagan (*1989), Sängerin

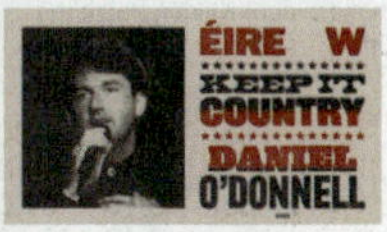

cno) Daniel O'Donnell (*1961), Sänger und Fernsehmoderator

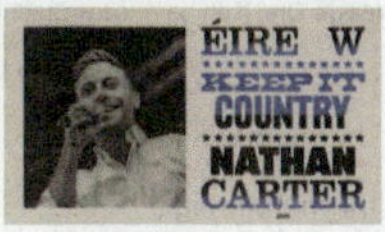

cnp) Nathan Carter, (*1990), Sänger

2480	N mehrfarbig	cnl	3,10	3,10
2481	N mehrfarbig	cnm	3,10	3,10
2482	N mehrfarbig	cnn	3,10	3,10
2483	W mehrfarbig	cno	5,10	5,10
2484	W mehrfarbig	cnp	5,10	5,10
		Satzpreis (5 W.)	19,50	19,50
		FDC		23,—
		Markenheftchen	19,50	19,50

Nominalen zur Zeit der Ausgabe: N = 1.35 €, W = 2.20 €

Auflage: 50.000 Markenheftchen

2023, 20. April. 200 Jahre Königlich-Irische Akademie der Künste (RHA). Odr. (1×4 Zd); Rahmen ph.; selbstklebend; gestanzt 13½.

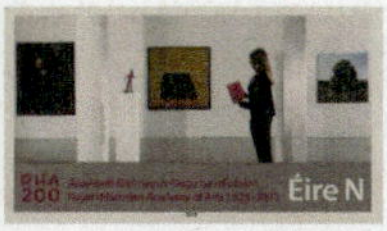

cnr) Besucherin betrachtet Exponate

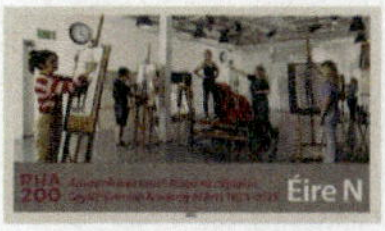

cns) Akademie mit Schülern

2485	N mehrfarbig	cnr	3,10	3,10
2486	N mehrfarbig	cns	3,10	3,10
		Satzpreis (2 W.)	6,20	6,20
		FDC		9,50
		Paar	6,20	6,20
		Folienblatt	25,—	25,—

Nominale zur Zeit der Ausgabe: je 1.35 €

MiNr. 2485–2486 wurden waagerecht zusammenhängend gedruckt.

Auflage: 92.000 Sätze

2023, 27. April. 100. Geburtstag von Patrick Hillery. Odr. (2×4); Rahmen ph.; selbstklebend; gestanzt 13½.

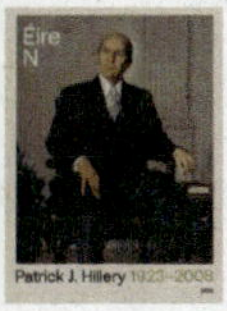

cnt) Patrick Hillery (1923–2008), Politiker

2487	N mehrfarbig	cnt	3,10	3,10
		FDC		6,50
		Folienblatt	25,—	25,—

Nominale zur Zeit der Ausgabe: 1.35 €

Auflage: 72.000 Stück

2023, 4. Mai. Modedesignwettbewerb „Junk Kouture". Odr., Markenheftchen (4×1); Rahmen ph.; selbstklebend; gestanzt 10:11.

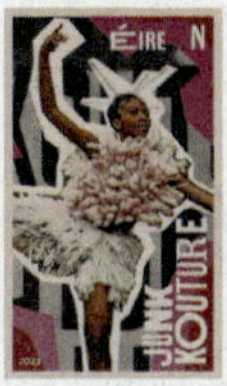

cnu) It's All About The Package; von Londiwe Ndlovu

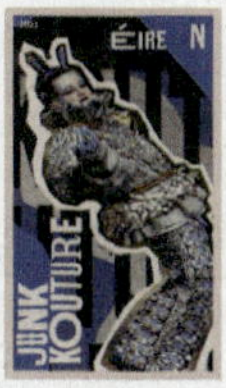

cnv) The New Different; von Georgie Barry, Leona Purcell and Ally Griffin

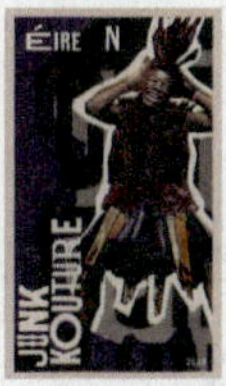

cnw) Steam Punk; von Angel Agheria, Sam Walsh and Edward Mullaly

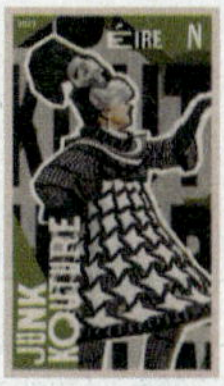

cnx) Iconoclastic Fantastic; von Alicia Rostermundt

2488	N mehrfarbig	cnu	3,10	3,10
2489	N mehrfarbig	cnv	3,10	3,10
2490	N mehrfarbig	cnw	3,10	3,10
2491	N mehrfarbig	cnx	3,10	3,10
		Satzpreis (4 W.)	12,40	12,40
		FDC		16,—
		Markenheftchen	12,50	12,50

Nominale zur Zeit der Ausgabe: je 1.35 €

Auflage: 50.000 Markenheftchen

2023, 9. Mai. Europa: Frieden – das höchste Gut der Menschheit. Odr. (2×4); Rahmen ph.; selbstklebend; gestanzt 13½.

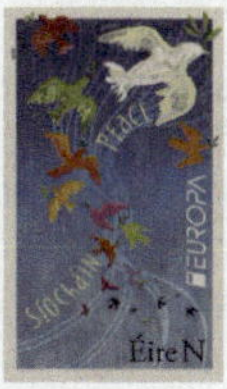

cny) Bunte Friedenstauben

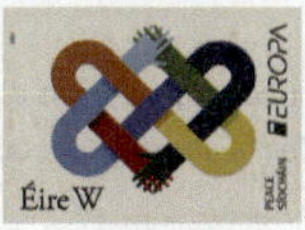

cnz) Herzförmig verknotete Arme mit verschränkten Händen

2492	N mehrfarbig	cny	3,10	3,10
2493	W mehrfarbig	cnz	5,10	5,10
		Satzpreis (2 W.)	8,20	8,20
		FDC		11,60
		2 Folienblätter	65,—	65,—

Nominalen zur Zeit der Ausgabe: N = 1.35 €, W = 2.20 €

Auflagen: MiNr. 2492 = 72.000, MiNr. 2493 = 56.000 Stück

2023, 7. Sept. 100. Jahrestag der Aufnahme des Irischen Freistaats in den Völkerbund. Odr. (2×2); Rahmen ph.; selbstklebend; gestanzt 13½.

coa) Farben der Mitgliedsstaaten

2494	N mehrfarbig	coa	3,10	3,10
		FDC		6,50
		Folienblatt	12,50	12,50

Nominale zur Zeit der Ausgabe: 1.35 €

Auflage: 72.000 Stück

2023, 14. Sept. Freimarken: Kunst auf Briefmarken. Odr., Markenheftchen (5×2); Rahmen ph.; selbstklebend; gestanzt 11½.

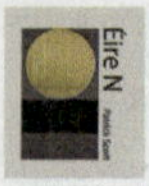

cob) Meditation Painting 28; Gemälde von Patrick Scott (1921–2014), Maler und Architekt

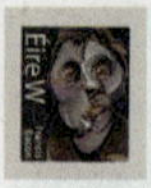

coc) Selbstporträt 1969; Gemälde von Francis Bacon (1909–1992), Maler

2495	N mehrfarbig	cob	3,10	23,10
2496	W mehrfarbig	coc	5,10	5,10
	Satzpreis (2 W.)		8,20	8,20
	Markenheftchen mit 10 × MiNr. 2495		31,—	31,—
	Markenheftchen mit 10 × MiNr. 2496		51,—	51,—

Nominalen zur Zeit der Ausgabe: N = 1.35 €, W = 2.20 €

In ähnlichen Zeichnungen: MiNr. 1886, 2385 (nassklebend)

2023, 14. Sept. Freimarken: Kunst auf Briefmarken. Odr., Rolle (100); selbstklebend; gestanzt 11¼.

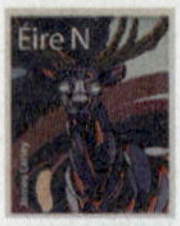

cod) Irischer Hirsch; Wandgemälde von James Earley (*1981), in der Francis Street, Dublin

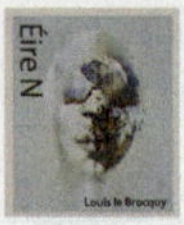

coe) Menschenkopf; Gemälde von Louis le Brocquy (1916–2012), Maler

2497	N mehrfarbig	cod	3,10	3,10
2498	N mehrfarbig	coe	3,10	3,10
	Satzpreis (2 W.)		6,20	6,20
	Folienstreifen		6,20	6,20

Nominale zur Zeit der Ausgabe: je 1.35 €

In ähnlichen Zeichnungen: MiNr. 363, 2239 (nassklebend)

2023, 21. Sept. Krebsbekämpfung – Forschung und Nachsorge. Odr. (1×4 Zd); Rahmen ph.; selbstklebend; gestanzt 13½.

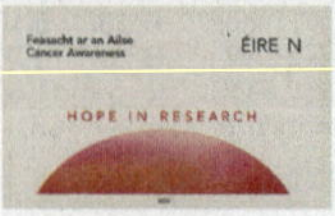

cof) Halbkreis, Inschrift „Hoffnung durch Forschung“

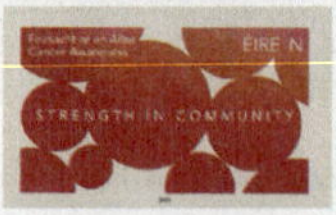

cog) Mehrere Kreise, Inschrift „Stärke durch Gemeinschaft“

2499	N mehrfarbig	cof	3,10	3,10
2500	N mehrfarbig	cog	3,10	3,10
	Satzpreis (2 W.)		6,20	6,20
	FDC			9,50
	Paar		6,20	6,20
	Folienblatt		25,—	25,—

Nominale zur Zeit der Ausgabe: je 1.35 €

MiNr. 2499–2500 wurden waagerecht zusammenhängend gedruckt.

Auflage: 92.000 Sätze

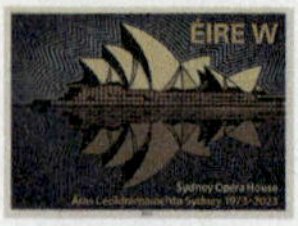

2023, 19. Okt. 50. Jahrestag der Eröffnung des Opernhauses Sydney. Odr. (2×1); Rahmen ph.; selbstklebend; gestanzt 13½.

coh) Opernhaus Sydney

2501	W mehrfarbig	coh	5,10	5,10
	FDC			8,50
	Folienblatt		10,20	10,20

Nominale zur Zeit der Ausgabe: 2.20 €

Auflage: 56.000 Stück

2023, 2. Nov. Weihnachten. Odr., Markenheftchen (22 und 5) und Folienstreifen (1×2); Rahmen ph.; selbstklebend; gestanzt 11.

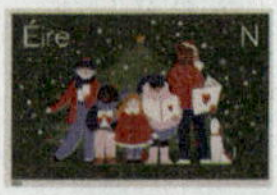

coi) Weihnachtslied-Sänger vor Weihnachtsbaum

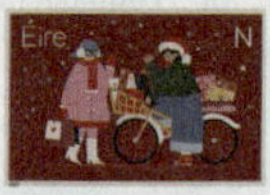

cok) Geschenklieferung per Fahrrad

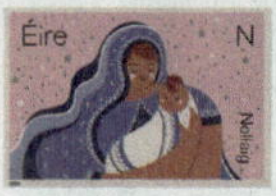

col) Madonna mit Kind

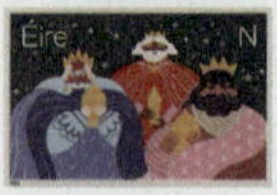

com) Heilige Drei Könige

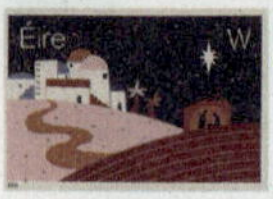

con) Stadt Bethlehem mit Heiliger Familie im Stall, Stern von Bethlehem

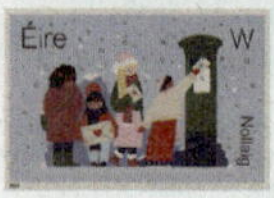

coo) Kinder platzieren Briefe in Briefkasten

2502	N mehrfarbig	coi	3,10	3,10
2503	N mehrfarbig	cok	3,10	3,10
2504	N mehrfarbig	col	3,10	3,10
2505	N mehrfarbig	com	3,10	3,10
2506	W mehrfarbig	con	5,10	5,10
2507	W mehrfarbig	coo	5,10	5,10
	Satzpreis (6 W.)		22,60	22,60
	FDC			26,—
	22er-Markenheftchen N		68,—	68,—
	5er-Markenheftchen N		15,50	15,50
	5er-Markenheftchen W		25,50	25,50
	Folienstreifen W		10,20	10,20

Nominalen zur Zeit der Ausgabe: N = 1.35 €, W = 2.20 €

Das 22er-Markenheftchen N enthält 7 × MiNr. 2502, 6 × MiNr. 2503, 5 × MiNr. 2504 und 4 × MiNr. 2505. Das 5er-Markenheftchen N enthält 2 × MiNr. 2502 und je 1× MiNr. 2503–2505. Das 5er-Markenheftchen W enthält 2 × MiNr. 2506 und 3 × MiNr. 2507. MiNr. 2506–2507 wurden auch im Folienstreifen verkauft.

Auflagen: 22er-Markenheftchen N = 800.000, 5er-Markenheftchen N = 350.000, 5er-Markenheftchen W = 375.000, Folienstreifen W = 5.000 Stück

2023, 9. Nov. 200. Todestag von James Gandon. Odr. (4×1 Zd); Rahmen ph.; selbstklebend; gestanzt 13½.

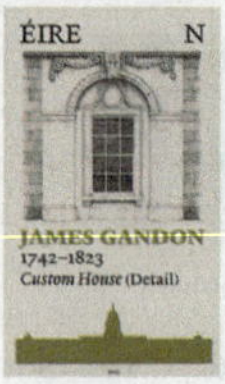

cop) Eingang des Zollgebäudes, Dublin (1791)

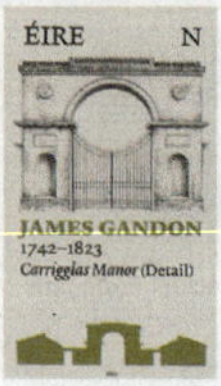

cor) Hauptportal des Herrenhauses Carrigglas, Longford (1837)

cop–cor) Detailzeichnungen von Bauwerken von James Gandon (1742–1823), Architekt und Kupferstecher

2508	N mehrfarbig	cop	3,10	3,10
2509	N mehrfarbig	cor	3,10	3,10
	Satzpreis (2 W.)		6,20	6,20
	FDC			9,70
	Paar		6,20	6,20
	Folienblatt		25,—	25,—

Nominale zur Zeit der Ausgabe: je 1.35 €

MiNr. 2508–2509 wurden senkrecht zusammenhängend gedruckt.

Auflage: 92.000 Sätze

2024, 25. Jan. Imbolg. Komb. Odr. und Hfdr. (2×2); Rahmen ph.; selbstklebend; gestanzt 13½.

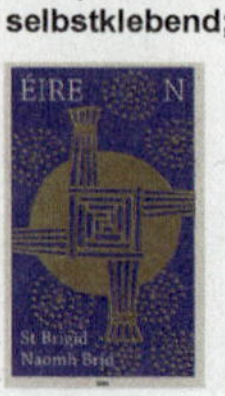

cos) Brigid-Kreuz

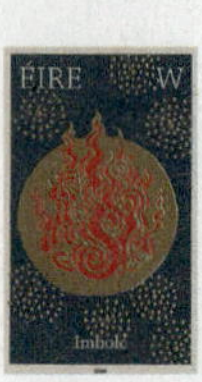

cot) Flamme

2510	N mehrfarbig	cos	3,10	3,10
2511	W mehrfarbig	cot	5,10	5,10
		Satzpreis (2 W.)	8,20	8,20
		FDC		11,50
		2 Folienblätter	33,—	33,—

Nominalen zur Zeit der Ausgabe: N = 1.35 €, W = 2.20 €

Auflagen: MiNr. 2510 = 72.000, MiNr. 2511 = 56.000 Stück

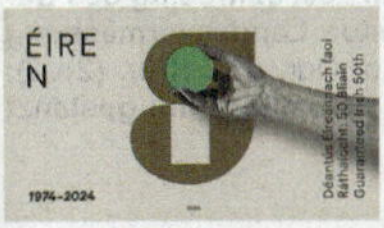

2024, 8. Febr. 50 Jahre Gemeinnützige Organisation „Garantiert irisch". Odr. (2×4); Rahmen ph.; selbstklebend; gestanzt 13½.

cou) Buchstaben „g" und „i", Hand hält i-Punkt

2512	N mehrfarbig	cou	3,20	3,20
		FDC		6,70
		Folienblatt	25,50	25,50

Nominale zur Zeit der Ausgabe: 1.40 €

Auflage: 72.000 Stück

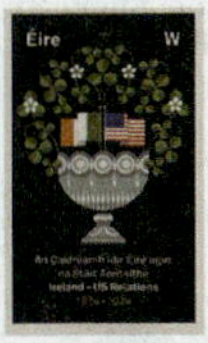

2024, 22. Febr. 100 Jahre diplomatische Beziehungen mit den Vereinigten Staaten von Amerika. Odr. (2×2); Rahmen ph.; selbstklebend; gestanzt 13½.

cov) Blumentopf mit Klee, irischer und amerikanischer Flagge

2513	W mehrfarbig	cov	5,10	5,10
		FDC		8,50
		Folienblatt	20,50	20,50

Nominale zur Zeit der Ausgabe: 2.20 €

Auflage: 56.000 Stück

2024, 29. Febr. 200 Jahre Seenotrettungsorganisation „Royal National Lifeboat Institution" (RNLI). Odr.; MiNr. 2515 (2×4), MiNr. 2516 (2×2); Rahmen ph.; selbstklebend; gestanzt 13½.

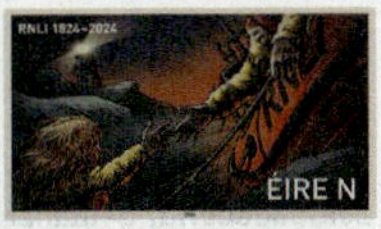

cow) Griff nach ertrinkender Person

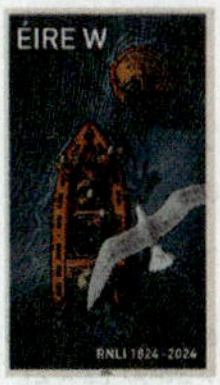

cox) Rettungsboot, Möwe

2514	N mehrfarbig	cow	3,20	3,20
2515	W mehrfarbig	cox	5,10	5,10
		Satzpreis (2 W.)	8,30	8,30
		FDC		11,50
		2 Folienblätter	46,—	46,—

Nominalen zur Zeit der Ausgabe: N = 1.40 €, W = 2.20 €

Auflagen: MiNr. 2514 = 72.000, MiNr. 2515 = 56.000 Stück

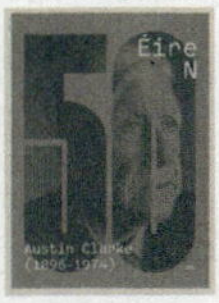

2024, 14. März. 50. Todestag von Austin Clarke. Odr. (2×4); Rahmen ph.; selbstklebend; gestanzt 13½.

coy) Austin Clarke (1896–1974), Dramatiker und Schriftsteller

2516	N mehrfarbig	coy	3,20	3,20
		FDC		6,70
		Folienblatt	25,50	25,50

Nominale zur Zeit der Ausgabe: 1.40 €

Auflage: 72.000 Stück

2024, 11. April. 100 Jahre Gewaltenteilung zwischen Legislative und Judikative. Odr. (1×4 Zd); Rahmen ph.; selbstklebend; gestanzt 13½.

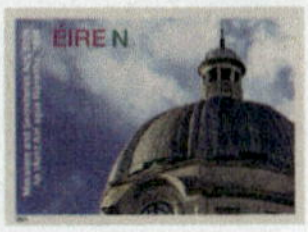

coz) Kuppel der Government Buildings, Dublin

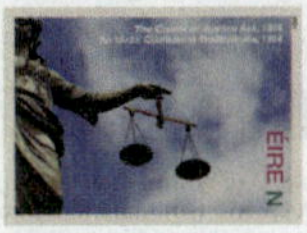

cpa) Justitia; Statue von John van Nost dem Jüngeren (1713–1780), Bildhauer, im Dublin Castle

2517	N mehrfarbig	coz	3,20	3,20
2518	N mehrfarbig	cpa	3,20	3,20
		Satzpreis (2 W.)	6,40	6,40
		FDC		10,—
		Paar	6,40	6,40
		Folienblatt	25,50	25,50

Nominale zur Zeit der Ausgabe: je 1.40 €

MiNr. 2517–2518 wurden waagerecht zusammenhängend gedruckt.

Auflage: 92.000 Sätze

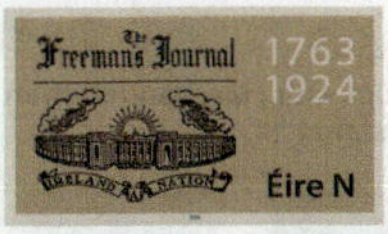

2024, 25. April. 100. Jahrestag der Einstellung der Zeitschrift „Freeman's Journal". Odr. (2×4); Rahmen ph.; selbstklebend; gestanzt 13½.

cpb) Titelkopf des Freeman's Journal

2519	N mehrfarbig	cpb	3,20	3,20
		FDC		6,70
		Folienblatt	25,50	25,50

Nominale zur Zeit der Ausgabe: 1.40 €

Auflage: 72.000 Stück

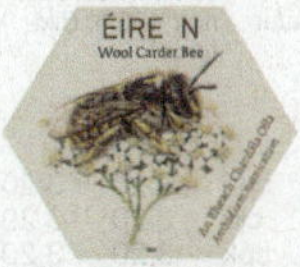

2024, 16. Mai. Einheimische Bienen. Odr. (1×3 Zd); Rahmen ph.; selbstklebend; hexagonal gestanzt 14.

cpc) Große Wollbiene (Anthidium manicatum)

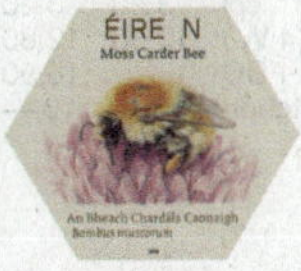

cpd) Mooshummel (Bombus muscorum)

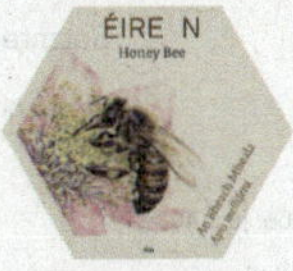

cpe) Westliche Honigbiene (Apis mellifera)

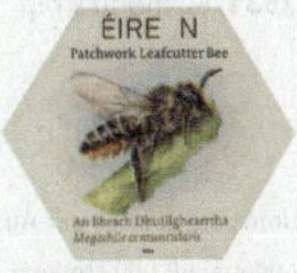

cpf) Kleine Gartenblattschneiderbiene (Megachile centuncularis)

2520	N mehrfarbig	cpc	3,20	3,20
2521	N mehrfarbig	cpd	3,20	3,20
2522	N mehrfarbig	cpe	3,20	3,20
2523	N mehrfarbig	cpf	3,20	3,20
		Satzpreis (4 W.)	12,80	12,80
		FDC		16,50
		Viererstreifen	13,—	13,—

Nominale zur Zeit der Ausgabe: je 1.40 €

MiNr. 2520–2523 wurden waagerecht zusammenhängend gedruckt.

Auflage: 165.000 Sätze

In gleichen Zeichnungen: MiNr. 2524–2527 (nassklebend)

2024, 16. Mai. Blockausgabe: Einheimische Bienen. Odr.; Rahmen ph.; hexagonal gez. Ks 14.

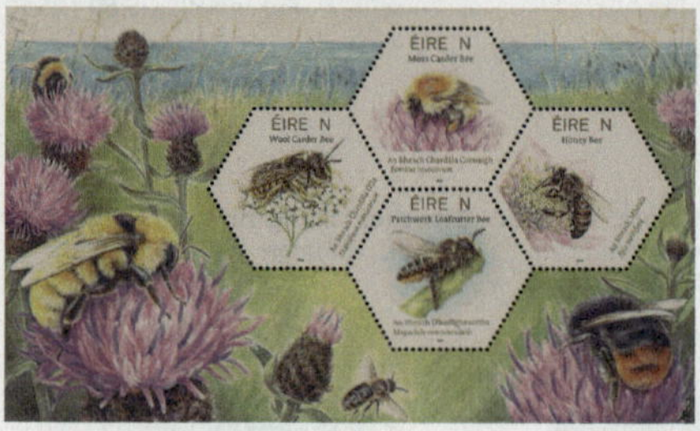

cpg

cpd) Mooshummel (Bombus muscorum)
cpc) Große Wollbiene (Anthidium manicatum)
cpe) Westliche Honigbiene (Apis mellifera)
cpf) Kleine Gartenblattschneiderbiene (Megachile centuncularis)

2524	N mehrfarbig	cpd	3,20	3,20
2525	N mehrfarbig	cpc	3,20	3,20
2526	N mehrfarbig	cpe	3,20	3,20
2527	N mehrfarbig	cpf	3,20	3,20
Block 123	(150×90 mm)	cpg	13,—	13,—
		FDC		16,50

Nominale zur Zeit der Ausgabe: je 1.40 €

Auflage: 15.000 Blocks

In gleichen Zeichnungen: MiNr. 2520–2523 (selbstklebend)

2024, 30. Mai. Kunst im öffentlichen Raum. Odr., Markenheftchen (2×2); Rahmen ph.; selbstklebend; gestanzt 11.

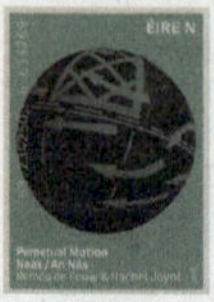

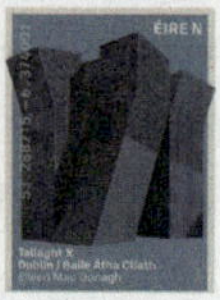

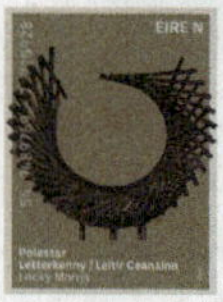

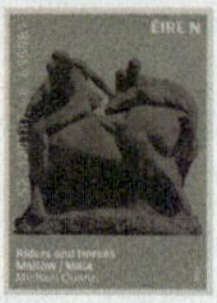

cph) Perpetual Motion (1995), Naas; Skulptur von Remco de Fouw (*1962) und Rachel Joynt (*1966), Bildhauer

cpi) Tallaght X (2008), Dublin; Skulptur von Eileen MacDonagh (*1956), Bildhauerin

cpk) Pole Star (2006), Letterkenny; Skulptur von Locky Morris (*1960), Bildhauer

cpl) Riders and Horses (1995), Mallow; Skulptur von Michael Quane (*1962), Bildhauer

2528	N mehrfarbig	cph	3,20	3,20
2529	N mehrfarbig	cpi	3,20	3,20
2530	N mehrfarbig	cpk	3,20	3,20
2531	N mehrfarbig	cpl	3,20	3,20
		Satzpreis (4 W.)	12,80	12,80
		FDC		16,50
		Markenheftchen	13,—	13,—

Nominale zur Zeit der Ausgabe: je 1.40 €

Auflage: 50.000 Markenheftchen

2024, 6. Juni. Europa: Unterwasserfauna und -flora. Odr.; MiNr. 2532 (2×4), MiNr. 2533 (2×2); Rahmen ph.; selbstklebend; gestanzt 13½.

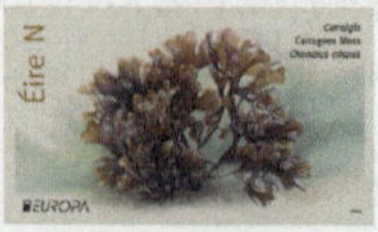

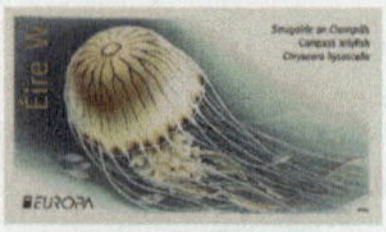

cpm) Knorpeltang (Chondrus crispus)

cpn) Kompassqualle (Chrysaora hysoscella)

2532	N mehrfarbig	cpm	3,20	3,20
2533	W mehrfarbig	cpn	5,10	5,10
		Satzpreis (2 W.)	8,30	8,30
		FDC		11,70
		2 Folienblätter	46,—	46,—

Nominalen zur Zeit der Ausgabe: N = 1.40 €, W = 2.20 €

Auflagen: MiNr. 2532 = 72.000, MiNr. 2533 = 56.000 Stück

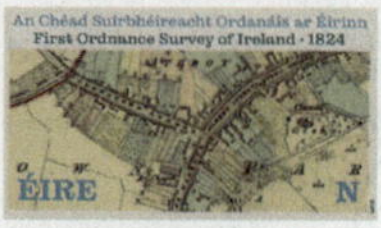

2024, 20. Juni. 200. Jahrestag des Beginns der ersten Landesvermessung Irlands. Komb. Odr. und Hfdr. (2×2); Rahmen ph.; selbstklebend; gestanzt 13½.

cpo) Kartenausschnitt mit Ortschaft Athboy (1836)

2534	N mehrfarbig	cpo	3,20	3,20
		FDC		6,70
		Folienblatt	13,—	13,—

Nominale zur Zeit der Ausgabe: 1.40 €

Auflage: 72.000 Stück

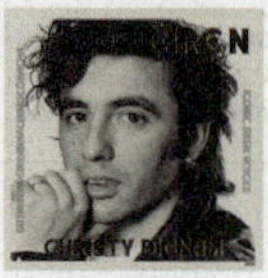

2024, 12. Sept. Ikonische irische Stimmen. Komb. Odr. und Hfdr. (2×2); Rahmen ph.; selbstklebend; gestanzt 13½.

cpp) Christy Dignam (1960–2023), Sänger der Rockband „Aslan"

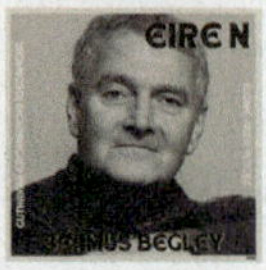

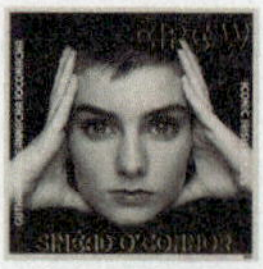

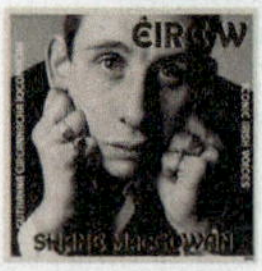

cpr) Séamus Begley (1949–2023), Akkordeonspieler und traditioneller Musiker

cps) Sinéad O'Connor (1966–2023), Sängerin, Songschreiberin und Aktivistin

cpt) Shane MacGowan (1957–2023), Songwriter und Sänger der Band „The Pogues"

2535	N mehrfarbig	cpp	3,20	3,20
2536	N mehrfarbig	cpr	3,20	3,20
2537	W mehrfarbig	cps	5,10	5,10
2538	W mehrfarbig	cpt	5,10	5,10
		Satzpreis (4 W.)	16,50	16,50
		FDC		20,—
		4 Folienblätter	66,—	66,—

Nominalen zur Zeit der Ausgabe: N = 1.40 €, W = 2.20 €

Auflage: 56.000 Sätze

2024, 26. Sept. Stellen Sie sich Irland vor (I). Odr.; MiNr. 2539 (2×4), MiNr. 2540 (2×2); Rahmen ph.; selbstklebend; gestanzt 13½.

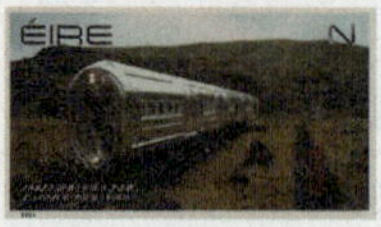

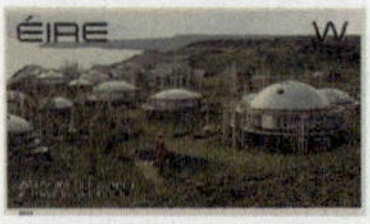

cpu) Gebäude in Zugform

cpv) Mehrere runde Gebäude

cpu–cpv) KI-generierte Bilder futuristischer Gebäude in der irischen Landschaft; Frau in rotem Mantel

2539	N mehrfarbig	cpu	3,20	3,20
2540	W mehrfarbig	cpv	5,10	5,10
		Satzpreis (2 W.)	8,30	8,30
		FDC		11,50
		2 Folienblätter	46,—	46,—

Nominalen zur Zeit der Ausgabe: N = 1.40 €, W = 2.20 €

Auflagen: MiNr. 2539 = 72.000, MiNr. 2540 = 56.000 Stück

In ähnlicher Zeichnung (mit zusätzlichem QR-Code): MiNr. 2541–2542

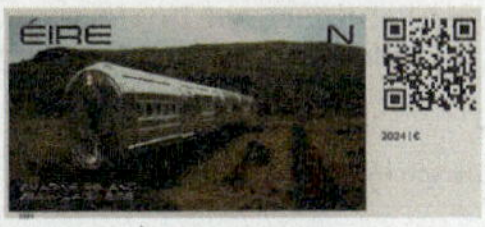

cpu I) Gebäude in Zugform

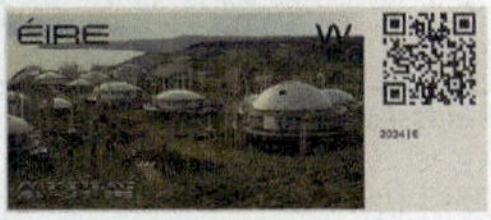

cpv I) Mehrere runde Gebäude

2024, 26. Sept. Kryptomarken: Stellen Sie sich Irland vor (II). Odr., Einzelmarke in Markenheftchen; Rahmen ph.; selbstklebend; gestanzt 13½.

cpu I–cpv I) KI-generierte Bilder futuristischer Gebäude in der irischen Landschaft; Frau in rotem Mantel

2541	N mehrfarbig	cpu I	21,—	21,—
2542	W mehrfarbig	cpv I	21,—	21,—
	Satzpreis (2 W.)		42,—	42,—
	2 Markenheftchen		42,—	42,—

Nominalen zur Zeit der Ausgabe: N = 1.40 €, W = 2.20 €

Postpreis: je 9 €

Auflagen: MiNr. 2541 = 7.000, MiNr. 2542 = 3.000 Stück

In ähnlicher Zeichnung (ohne zusätzlichen QR-Code): MiNr. 2539–2540

2024, 3. Okt. Bewusstsein für psychische Gesundheit. Odr. (1×4 Zd); Rahmen ph.; selbstklebend; gestanzt 13½.

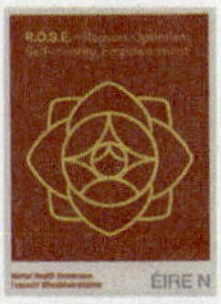

cpw) Rose

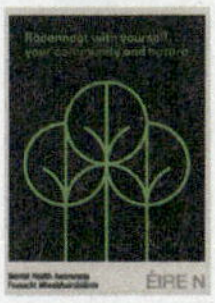

cpx) Bäume

2543	N mehrfarbig	cpw	3,20	3,20
2544	N mehrfarbig	cpx	3,20	3,20
	Satzpreis (2 W.)		6,40	6,40
	FDC			10,—
	Paar		6,50	6,50
	Folienblatt		26,—	26,—

Nominale zur Zeit der Ausgabe: je 1.40 €

MiNr. 2543–2544 wurden waagerecht zusammenhängend gedruckt.

Auflage: 92.000 Sätze

2024, 31. Okt. Weihnachten. Komb. Odr. und Hfdr., Markenheftchen (17 und 5) und Folienstreifen (1×2); Rahmen ph.; selbstklebend; gestanzt 11.

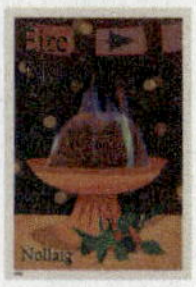

cpy) Flambierter Weihnachtspudding

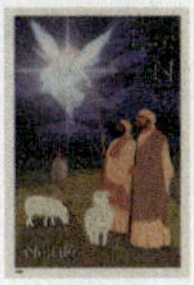

cpz) Verkündigung der Hirten

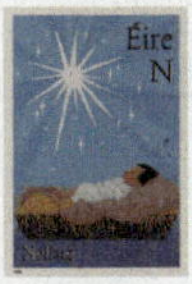

cra) Jesuskind, Stern

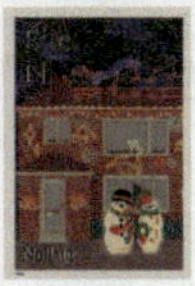

crb) Weihnachtlich geschmücktes Haus

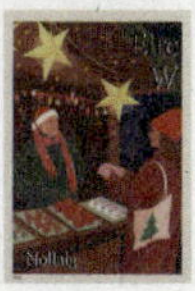

crc) Keksverkauf auf Weihnachtsmarkt

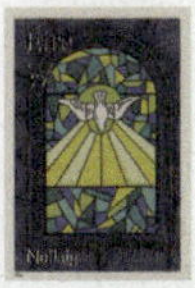

crd) Buntglasfenster mit Taube

2545	N mehrfarbig	cpy	3,20	3,20
2546	N mehrfarbig	cpz	3,20	3,20
2547	N mehrfarbig	cra	3,20	3,20
2548	N mehrfarbig	crb	3,20	3,20
2549	W mehrfarbig	crc	5,10	5,10
2550	W mehrfarbig	crd	5,10	5,10
	Satzpreis (6 W.)		23,—	23,—
	FDC			26,—
	17er-Markenheftchen N		46,—	46,—
	5er-Markenheftchen W		25,—	25,—
	Folienstreifen W		10,—	10,—

Nominalen zur Zeit der Ausgabe: N = 1.40 €, W = 2.20 €

Das 17er-Markenheftchen N enthält 5 × MiNr. 2545 und 4 × MiNr. 2546–2548 (Postpreis: 19.99 €). Das 5er-Markenheftchen W enthält 3 × MiNr. 2549 und 2 × MiNr. 2550. MiNr. 2549–2550 wurden auch im Folienstreifen verkauft.

Auflagen: 17er-Markenheftchen N = 1.200.000, 5er-Markenheftchen W = 400.000, Folienstreifen W = 5.000 Stück

2025, 13. Febr. 150 Jahre Irish Rugby Football Union (IRFU). Odr.; MiNr. 2551 (2×4), MiNr. 2552 (2×2); Rahmen ph.; selbstklebend; gestanzt 13½.

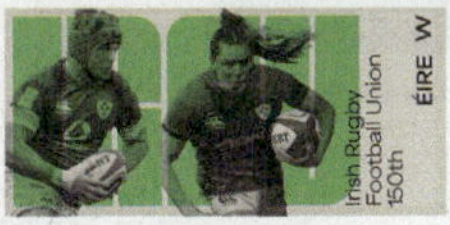

cre) Herren- und Damenrugby

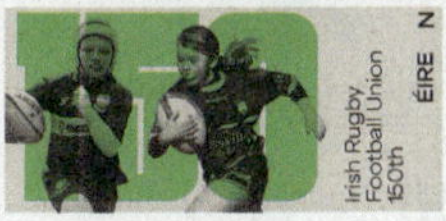

crf) Kinder beim Rugby

2551	N schwarz/neongrün	cre	3,20	3,20
2552	W schwarz/neongrün	crf	5,10	5,10
	Satzpreis (2 W.)		8,30	8,30
	FDC			11,50
	2 Folienblätter		46,—	46,—

Nominalen zur Zeit der Ausgabe: N = 1.40 €, W = 2.20 €

Auflagen: MiNr. 2551 = 72.000, MiNr. 2552 = 56.000 Stück

2025, 20. Febr. Nationalfeiertag „St.-Patricks-Tag“. Odr. (2×2); Rahmen ph.; selbstklebend; gestanzt 13½.

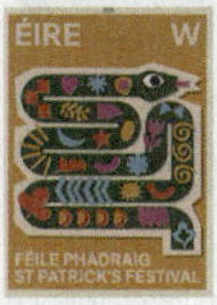

crg) orangenem Grund

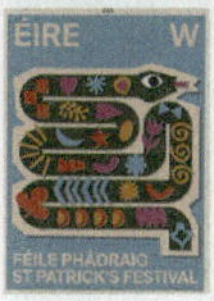

crh) blauem Grund

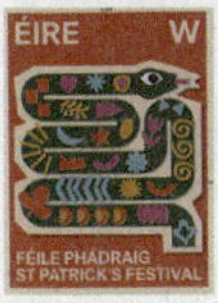

cri) rotem Grund

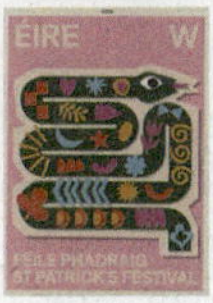

crk) rosa Grund

crg–crk) Bunte Schlangen auf ...

2553	W mehrfarbig	crg	5,10	5,10
2554	W mehrfarbig	crh	5,10	5,10
2555	W mehrfarbig	cri	5,10	5,10
2556	W mehrfarbig	crk	5,10	5,10
	Satzpreis (4 W.)		20,40	20,40
	FDC			28,—
	Folienblatt		20,50	20,50

Nominale zur Zeit der Ausgabe: je 2.20 €

Auflage: 83.000 Sätze

2025, 6. März. Frauen im MINT-Bereich. Odr. (1×4 Zd); Rahmen ph.; selbstklebend; gestanzt 13½.

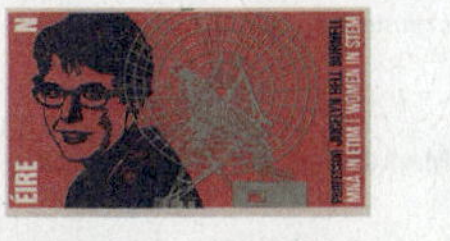

crl) Jocelyn Bell Burnell (*1943), Radioastronomin; Radioteleskop

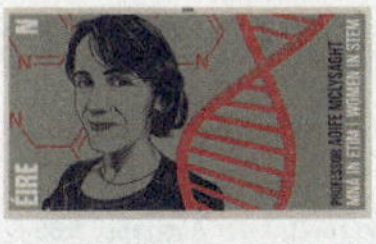

crm) Aoife McLysaght, Genetikerin; DNA-Doppelhelix

2557	N mehrfarbig	crl	3,80	3,80
2558	N mehrfarbig	crm	3,80	3,80
		Satzpreis (2 W.)	7,60	7,60
		FDC		11,—
		Paar	7,60	7,60
		Folienblatt	30,—	30,—

Nominale zur Zeit der Ausgabe: je 1.65 €

MiNr. 2557–2558 wurden waagerecht zusammenhängend gedruckt.

Auflage: 92.000 Sätze

2025, 8. Mai. Europa: Archäologische Entdeckungen. Odr.; MiNr. 2559 (2×4), MiNr. 2560 (2×2); Rahmen ph.; selbstklebend; gestanzt 13½.

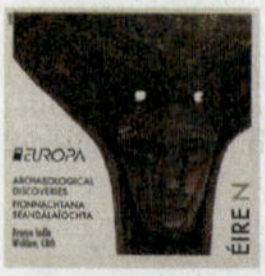

crn) Bronze-Schöpflöffel mit Gesicht (8. Jh.)

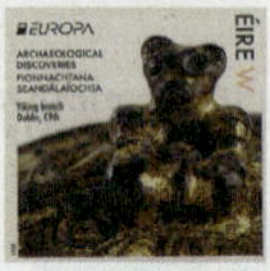

cro) Wikinger-Fibel (9. Jh.)

2559	N mehrfarbig	crn	3,80	3,80
2560	W mehrfarbig	cro	6,20	6,20
		Satzpreis (2 W.)	10,—	10,—
		FDC		13,30
		2 Folienblätter	55,—	55,—

Nominalen zur Zeit der Ausgabe: N = 1.65 €, W = 2.65 €

Auflagen: MiNr. 2559 = 72.000, MiNr. 2560 = 56.000 Stück

2025, 5. Juni. Zeitgenössische Kunst. Odr., Markenheftchen (4×1); Rahmen ph.; selbstklebend; gestanzt 10¼:10¾.

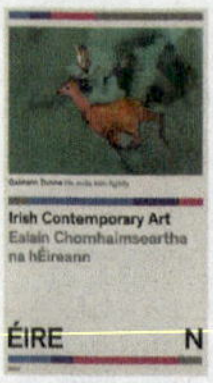

crp) He Rode Him Lightly (2017); Gemälde von Gabhann Dunne (*1975), Maler

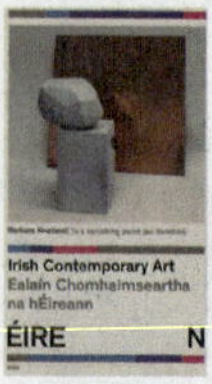

crr) To a Vanishing Point (2014); Skulptur von Barbara Knežević

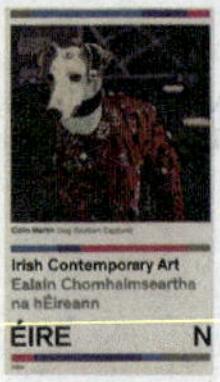

crs) Hund (2018); Motion Capture von Colin Martin (*1973)

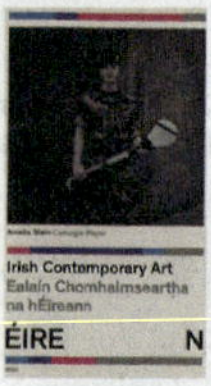

crt) Camogie-Spielerin (2019); Photographie von Amelia Stein (*1958)

2561	N mehrfarbig	crp	3,80	3,80
2562	N mehrfarbig	crr	3,80	3,80
2563	N mehrfarbig	crs	3,80	3,80
2564	N mehrfarbig	crt	3,80	3,80
		Satzpreis (4 W.)	15,—	15,—
		FDC		18,50
		Markenheftchen	15,—	15,—

Nominale zur Zeit der Ausgabe: je 1.65 €

Auflage: 50.000 Markenheftchen

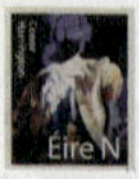

2025, 19. Juni. Freimarke: Kunst auf Briefmarken. Odr., Markenheftchen (5×2); Rahmen ph.; selbstklebend; gestanzt 11½.

cru) Totes Fleisch; Wandgemälde von Conor Harrington (*1980), Maler und Graffiti-Künstler, in der Baggot Street, Dublin

2565	N mehrfarbig	cru	3,80	3,80
		Markenheftchen	38,—	38,—

Nominale zur Zeit der Ausgabe: 1.65 €

In ähnlicher Zeichnung: MiNr. 2237 (nassklebend)

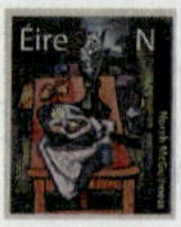

2025, 19. Juni. Freimarke: Kunst auf Briefmarken. Odr., Rolle (100); Streifen ph.; selbstklebend; gestanzt 11¼.

crv) Küchentisch; Gemälde von Norah McGuinness (1901–1980), Malerin

2566	N mehrfarbig	crv	3,80	3,80

Nominale zur Zeit der Ausgabe: 1.65 €

In ähnlicher Zeichnung: MiNr. 306 (nassklebend)

2025, 24. Juli. 50 Jahre Druid Theatre Company, Galway. Odr.; MiNr. 2568 (2×4), MiNr. 2569 (2×2); Rahmen ph.; selbstklebend; gestanzt 13½.

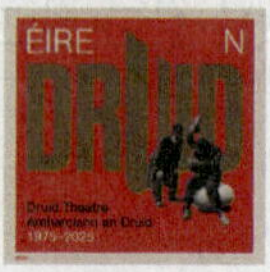

crw) „Warten auf Godot“ (2018)

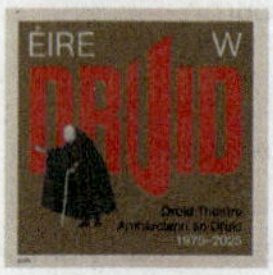

crx) „DruidGregory“ (2020)

2567	N mehrfarbig	crw	3,80	3,80
2568	W mehrfarbig	crx	6,20	6,20
		Satzpreis (2 W.)	10,—	10,—
		FDC		13,—
		2 Folienblätter	55,—	55,—

Nominalen zur Zeit der Ausgabe: N = 1.65 €, W = 2.65 €

Auflagen: MiNr. 2567 = 72.000, MiNr. 2568 = 56.000 Stück

Ab MiNr. 1304 sind alle Ausgaben unbeschränkt frankaturgültig, außerdem alle Marken mit Doppelwährung £/€.

Neuheiten

Jahrgangswerttabelle

Die Aufstellung folgt der numerischen Reihenfolge der Katalogisierung ohne Rücksicht auf die Chronologie eventueller Ergänzungswerte.

Grundsätzlich ist nur die jeweils billigste Sorte pro Marke bzw. Ausgabe angegeben, sofern nichts anderes vermerkt.

Zusammendrucke aus Bogen, Marken mit Zierfeldern usw. sind dann berücksichtigt, wenn sie als normale Ausgabeform anzusehen sind. Einzelmarken aus Blocks und Marken mit der Preisnotierung „—,—" sind nicht berücksichtigt.

Im neuen MICHEL-Redaktionssystem fließen Einzelwerte anstelle von Satzpreisen in die Berechnung ein. Zusätzlich werden alle Blockvarianten berücksichtigt. Dadurch können sich Änderungen zu früheren Jahrgangswertberechnungen ergeben.

Jahr	MiNr.	✱✱	⊙
1945	96–97	10,—	6,70
1946	98–99	7,50	3,50
1948	100–105	36,—	22,50
1949	106–110	19,—	10,50
1950	111–113	32,—	20,60
1952	114–115	8,—	4,50
1953	116–119	89,50	53,70
1954	120–125	49,50	25,50
1956	126–127	14,—	10,50
1957	128–135	99,—	78,50
1958	136–141	51,—	27,50
1959	142–143	23,—	12,50
1960	144–147	12,50	23,—
1961	148–152	13,50	16,50
1962	153–156	9,10	8,50
1963	157–162	9,70	14,—
1964	163–168	19,50	16,50
1965	169–177	24,90	28,90
1966	178–191	16,10	18,90
1967	192–201	8,—	9,40
1968	202–227	56,90	36,80
1969	228–236	8,80	12,20
1970	237–249	17,20	21,10
1971	250–273	26,10	18,30
1972	274–286, Bl. 1	22,20	26,—
1973	287–297	12,50	12,10
1974	298–312	23,20	16,80
1975	313–335	27,70	23,90
1976	336–355, Bl. 2	25,30	25,90
1977	356–373	19,80	21,—
1978	374–392	16,40	17,60
1979	393–413	16,90	17,80
1980	414–432, Bl. 3	18,40	19,40
1981	433–459	25,60	27,40
1982	460–503	63,70	59,30
1983	504–527, Bl. 4	41,30	47,10
1984	528–552, Bl. 5	41,60	48,60
1985	553–583	46,20	49,20
1986	584–612	42,80	47,40
1987	613–639, Bl. 6	43,70	48,10
1988	640–668	46,80	52,10
1989	669–697, Bl. 7	41,10	41,80
1990	698–740	61,80	55,80
1991	741–779, Bl. 8	64,—	62,60
1992	780–814, Bl. 9	358,20	432,20
1993	815–842, Bl. 10	62,30	59,30
1994	843–881, Bl. 11–13	79,50	71,—
1995	882–925, Bl. 14–16	101,20	94,40
1996	926–975, Bl. 17–20	81,—	77,—
1997	976–1041, Bl. 21–25	114,60	109,20
1998	1042–1112, Bl. 26–29	113,10	107,80
1999	1113–1205, Bl. 30–33	140,20	140,—
2000	1206–1297, Bl. 34–36	131,50	133,—
2001	1298–1381, Bl. 37–39	133,90	118,60
2002	1382–1475, Bl. 40–45	185,30	176,10
2003	1476–1553, Bl. 46–49	138,90	115,20
2004	1554–1620, Bl. 50–52	133,40	94,10
2005	1621–1678, Bl. 53–56	119,—	89,30
2006	1679–1737, Bl. 57–62	124,—	107,50
2007	1738–1804, Bl. 63–70	133,—	111,10
2008	1805–1856, Bl. 71–76	88,20	82,90
2009	1857–1916, Bl. 77–81	94,60	93,40
2010	1917–1957, Bl. 82–84	64,10	64,10
2011	1958–1998, Bl. 85–87	61,60	61,60
2012	1999–2035, Bl. 88–90	55,90	55,90
2013	2036–2075, Bl. 91–92	65,50	60,30
2014	2076–2117, Bl. 93–94	1069,50	69,50
2015	2118–2155, Bl. 95–96	85,70	85,20
2016	2156–2207, Bl. 97–102	142,50	140,—
2017	2208–2244, Bl. 103–105	118,20	102,90
2018	2245–2290, Bl. 106–108	118,90	116,60
2019	2291–2344, Bl. 109–116	170,70	161,20
2020	2345–2383, Bl. 117–120	115,30	108,50
2021	2384–2417, Bl. 121	124,40	122,50
2022	2418–2469, Bl. 122	182,70	182,70
2023	2470–2509	139,80	159,80
2024	2510–2550, Bl. 123	184,—	184,—
Gesamtsumme		**6392,50**	**5107,40**

Blockaufstellung

Block 1 siehe nach MiNr. 286
Block 2 siehe nach MiNr. 343
Block 3 siehe nach MiNr. 424
Block 4 siehe nach MiNr. 514
Block 5 siehe nach MiNr. 531
Block 6 siehe nach MiNr. 618
Block 7 siehe nach MiNr. 693
Block 8 siehe nach MiNr. 748
Block 9 siehe nach MiNr. 783
Block 10 siehe nach MiNr. 824
Block 11 siehe nach MiNr. 847
Block 12 siehe nach MiNr. 856
Block 13 siehe nach MiNr. 864
Block 14 siehe nach MiNr. 885
Block 15 siehe nach MiNr. 889
Block 16 siehe nach MiNr. 896
Block 17 siehe nach MiNr. 929
Block 18 siehe nach MiNr. 945
Block 19 siehe nach MiNr. 950
Block 20 siehe nach MiNr. 967
Block 21 siehe nach MiNr. 984
Block 22 siehe nach MiNr. 992
Block 23 siehe nach MiNr. 1007
Block 24 siehe nach MiNr. 1027
Block 25 siehe nach MiNr. 1029
Block 26 siehe nach MiNr. 1045
Block 27 siehe nach MiNr. 1062
Block 28 siehe nach MiNr. 1099
Block 29 siehe nach MiNr. 1108
Block 30 siehe nach MiNr. 1116
Block 31 siehe nach MiNr. 1137
Block 32 siehe nach MiNr. 1138
Block 33 siehe nach MiNr. 1191
Block 34 siehe nach MiNr. 1214
Block 35 siehe nach MiNr. 1229
Block 36 siehe nach MiNr. 1278
Block 37 siehe nach MiNr. 1307
Block 38 siehe nach MiNr. 1327
Block 39 siehe nach MiNr. 1336
Block 40 siehe nach MiNr. 1414
Block 41 siehe nach MiNr. 1431
Block 42 siehe nach MiNr. 1468
Block 43 siehe nach MiNr. 1469
Block 44 siehe nach MiNr. 1470
Block 45 siehe nach MiNr. 1471
Block 46 siehe nach MiNr. 1482
Block 47 siehe nach MiNr. 1498
Block 48 siehe nach MiNr. 1519
Block 49 siehe nach MiNr. 1537
Block 50 siehe nach MiNr. 1562
Block 51 siehe nach MiNr. 1574
Block 52 siehe nach MiNr. 1580
Block 53 siehe nach MiNr. 1624
Block 54 siehe nach MiNr. 1642
Block 55 siehe nach MiNr. 1649
Block 56 siehe nach MiNr. 1656
Block 57 siehe nach MiNr. 1683
Block 58 siehe nach MiNr. 1698
Block 59 siehe nach MiNr. 1710
Block 60 siehe nach MiNr. 1716
Block 61 siehe nach MiNr. 1726
Block 62 siehe nach MiNr. 1734
Block 63 siehe nach MiNr. 1744
Block 64 siehe nach MiNr. 1747
Block 65 siehe nach MiNr. 1757
Block 66 siehe nach MiNr. 1762
Block 67 siehe nach MiNr. 1787
Block 68 siehe nach MiNr. 1789
Block 69 siehe nach MiNr. 1789
Block 70 siehe nach MiNr. 1797
Block 71 siehe nach MiNr. 1806
Block 72 siehe nach MiNr. 1833
Block 73 siehe nach MiNr. 1837
Block 74 siehe nach MiNr. 1841
Block 75 siehe nach MiNr. 1850
Block 76 siehe nach MiNr. 1852
Block 77 siehe nach MiNr. 1859
Block 78 siehe nach MiNr. 1887
Block 79 siehe nach MiNr. 1890
Block 80 siehe nach MiNr. 1902
Block 81 siehe nach MiNr. 1912
Block 82 siehe nach MiNr. 1921
Block 83 siehe nach MiNr. 1945
Block 84 siehe nach MiNr. 1951
Block 85 siehe nach MiNr. 1979
Block 86 siehe nach MiNr. 1979
Block 87 siehe nach MiNr. 1990
Block 88 siehe nach MiNr. 2013
Block 89 siehe nach MiNr. 2021
Block 90 siehe nach MiNr. 2027
Block 91 siehe nach MiNr. 2058
Block 92 siehe nach MiNr. 2074
Block 93 siehe nach MiNr. 2093
Block 94 siehe nach MiNr. 2095
Block 95 siehe nach MiNr. 2130
Block 96 siehe nach MiNr. 2143
Block 97 siehe nach MiNr. 2166
Block 98 siehe nach MiNr. 2183
Block 99 siehe nach MiNr. 2183
Block 100 siehe nach MiNr. 2183
Block 101 siehe nach MiNr. 2183
Block 102 siehe nach MiNr. 2202
Block 103 siehe nach MiNr. 2214
Block 104 siehe nach MiNr. 2231
Block 105 siehe nach MiNr. 2236
Block 106 siehe nach MiNr. 2249
Block 107 siehe nach MiNr. 2267
Block 108 siehe nach MiNr. 2269
Block 109 siehe nach MiNr. 2303
Block 110 siehe nach MiNr. 2316
Block 111 siehe nach MiNr. 2317
Block 112 siehe nach MiNr. 2318
Block 113 siehe nach MiNr. 2319
Block 114 siehe nach MiNr. 2324
Block 115 siehe nach MiNr. 2332
Block 116 siehe nach MiNr. 2338
Block 117 siehe nach MiNr. 2346
Block 118 siehe nach MiNr. 2370
Block 119 siehe nach MiNr. 2376
Block 120 siehe nach MiNr. 2377
Block 121 siehe nach MiNr. 2385
Block 122 siehe nach MiNr. 2420
Block 123 siehe nach MiNr. 2527

Übersichtstabellen

Freimarken „Frühe Irische Kunst“

Werte	Farbe	Zeichnung	MiNr.
£-Sc-Währung			
½ Pg	braunorange	ce	210
1 Pg	gelbgrünoliv	ce	211
2 Pg	ocker	ce	212
3 Pg	kobalt	ce	213
4 Pg	lilakarmin	ce	214
5 Pg	dunkelblaugrün	ce	215
6 Pg	dunkelolivbraun	ce	216
7 Pg	grünlichgelb/hellbraun	cf	217
8 Pg	ziegelrot/schwarz	cf	218
9 Pg	dunkeloliv/schwarz	cf	219
10 Pg	hellblauviolett/dunkelblau	cf	220
1 Sc	lilabraun/dunkelbraun	cf	221
1'9 Sc'Pg	grünblau/schwarz	cf	222
2'6 Sc'Pg	mehrfarbig	cg	223
5 Sc	mehrfarbig	cg	224
10 Sc	mehrfarbig	ch	225
£-Währung			
½ (P)	grünoliv	ce I	250
1 (P)	blau	ce I	251
1½ (P)	lilakarmin	ce I	252
2 (P)	schwarzgrün	ce I	253
2½ (P)	schwarzbraun	ce I	254
3 (P)	mittelorange	ce I	255
3½ (P)	rotorange	ce I	256
4 (P)	hellblauviolett	ce I	257
5 (P)	gelboliv/braun	cf I	258
5 (P)	gelboliv	ce I	298
6 (P)	blaugrau/braun	cf I	259
6 (P)	schwarzblaugrau	ce I	317
7 (P)	dunkeloliv/schwarzblau	cf I	299
7 (P)	dunkeloliv	ce I	318
7½ (P)	grauviolett/braun	cf I	260
8 (P)	orangebraun/dunkelbraun	cf I	319
8 (P)	dunkelorangebraun	ce I	346
9 (P)	dunkelgrünblau/schwarz	cf I	261
9 (P)	dunkelgraugrün	ce I	347
9½ (P)	hellrot	ce I	411
10 (P)	mehrfarbig	cg I	262
10 (P)	hellblauviolett/schwarz	cf I	348
10 (P)	violett	ce I	358
11 (P)	rotkarmin/schwarz	cf I	349
12 (P)	mehrfarbig	cg I	300
12 (P)	grün/schwarz	cf I	359
12 (P)	dunkelgelblichgrün	ce I	415
13 (P)	rotbraun/dunkelrotbraun	cf I	416
15 (P)	mehrfarbig	cg I	320
15 (P)	lebhaftviolettultramarin	ce I	419
16 (P)	grünoliv/schwarz	cf I	420
17 (P)	mehrfarbig	cg I	360
18 (P)	braunlila	ce I	437
19 (P)	graublau	ce I	438
20 (P)	mehrfarbig	cg I	263
22 (P)	grünlichblau	ce I	447
24 (P)	dunkelgraubraun	ce I	454
26 (P)	blaugrün	ce I	462
29 (P)	lebhaftviolett	ce I	463
50 (P)	mehrfarbig	ch I	264
1 £	mehrfarbig	ch I	321

Freimarken „Einheimische Vögel“

Werte	lateinischer Name	Zeichnung	MiNr.
£-Währung			
1 (P)	Pica pica	age	1016
2 (P)	Morus bassanus	agd	1017
4 (P)	Crex crex	age/age I	1018
5 (P)	Columbua palumbus	ahi/ahi I	1050
10 (P)	Alcedo atthis	agf	1019
20 (P)	Vanellus vanellus	agg	1020
28 (P)	Parus coeruleus	ael	976
30 (P)	Turdus merula	ahk/ahk I	1051
30 (P)	Regulus regulus (skl.)	ahp II	1057
30 (P)	Turdus merula (skl.)	ahk II	1058
30 (P)	Regulus regulus	ahp/ahp I	1100
30 (P)	Saxiola turquata	ahl	1120
30 (P)	Vanellus vanellus	agg	1121
30 (P)	Morus bassanus	agd	1122
30 (P)	Crex crex	age	1123
30 (P)	Pica pica	agc	1124
30 (P)	Alcedo atthis	agf	1125
30 (P)	Falco peregrinus	aff I	1126
30 (P)	Tyto alba	aeo	1127
30 (P)	Erithacus rubecula	aem	1128
30 (P)	Turdus philomelos	ahn	1129
30 (P)	Troglodytes troglodytes	aks	1130
30 (P)	Motacilla alba yarrellii	akt	1131
30 (P)	Fratercula arctica	aen	1132
32 (P)	Erithacus rubecula	aem/aem I	977
32 (P)	Falco peregrinus (skl.)	aff II	993
32 (P)	Erithacus rubecula (skl.)	aem II	994
32 (P)	Falco peregrinus	aff I	1041
35 (P)	Saxicola torquata	ahl	1052
40 (P)	Charadrius hiaticula	ahm	1053
44 (P)	Fratercula arctica	aen	978
45 (P)	Turdus philomelos	ahn	1054
50 (P)	Accipiter nisus	aho	1055
52 (P)	Tyto alba	aeo	979
1 £	Anser albifrons flavirostris	aep	980
2 £	Anas acuta	afs	1007, Bl. 23
2 £	Anas acuta	afs I	1056
5 £	Tadorna tadorna	agh	1021
£/€-Doppelwährung bzw. ohne Wertangabe			
30 (P)/38 C	Turdus merula	ahk III	1341
30 (P)/38 C	Turdus merula (skl.)	ahk III	1351
30 (P)/38 C	Regulus regulus (skl.)	ahp III	1352
32 (P)/41 C	Erithacus rubecula	aem III	1342
35 (P)/44 C	Fratercula arctica	aen III	1343
40 (P)/51 C	Troglodytes troglodytes	aks III	1344
45 (P)/57 C	Turdus philomelos	ahm III	1345
1 £/1.27 €	Anser albifrons flavirostris	aep III	1346
N	Turdus merula (skl.)	ahk IV	1373
N	Regulus regulus (skl.)	ahp IV	1374
N	Motacilla alba yarrellii (skl.)	akt IV	1525
N	Falco peregrinus (skl.)	aff IV	1526
E	Erithacus rubecula (skl.)	aem IV	1375
W	Turdus philomelos(skl.)	ahn IV	1376

Die Bezeichnung „—,—“ innerhalb der Preisspalten bedeutet: „Diese Marke gibt es, eine Notierung ist jedoch nicht möglich, weil Bewertungsunterlagen fehlen.“ Dies bedeutet aber nicht zwangsläufig, dass die Marke sehr teuer ist.

Ist weder „—,—“ noch ein Preis eingesetzt, gibt es diese Marke nicht bzw. wurde sie noch nicht vorgelegt.

Freimarken „Einheimische Vögel“

Werte	lateinischer Name	Zeichnung	MiNr.
€-Währung			
1 C	Pica pica	agc	1382
2 C	Morus bassanus	agd	1383
3 C	Parus coeruleus	ael	1384
4 C	Crex crex	age	1385
4 C	Crex crex	age I	1545
5 C	Columb palumbus	ahi	1386
7 C	Saxicola torquata	ahl	1523
10 C	Alcedo atthis	agf	1387
10 C	Alcedo atthis	agf I	1399
20 C	Vanellus vanellus	agg	1388
38 C	Turdus merula	ahk	1389
38 C	Turdus merula	ahk I	1400
38 C	Turdus merula (skl.)	ahk II	1401
38 C	Regulus regulus (skl.)	ahp II	1402
41 C	Fringilla coelebs	atf	1390
41 C	Fringilla coelebs (skl.)	atf II	1423
41 C	Regulus regulus	ahp	1452
41 C	Regulus regulus (skl.)	ahp II	1424
44 C	Erithacus rubecula	aem	1391
44 C	Erithacus rubecula (skl.)	aem II	1425
47 C	Falco tinnunculus	aup	1444
48 C	Falco peregrinus	aff	1524
48 C	Motacilla alba yarrellii	akt	1542
48 C	Motacilla alba yarrellii (skl.)	akt II	1543
48 C	Falco peregrinus (skl.)	aff II	1544
48 C	Falco peregrinus	aff I	1546
50 C	Ardea cinerea	atg	1392
50 C	Fratercula arctica	aen II	1478
51 C	Sterna dougallii	ath	1393
55 C	Haematopus ostralegus	aur	1445
57 C	Numenius arquata	ati	1394
57 C	Turdus philomelos (skl.)	ahn II	1426
60 C	Gamulus glandarius	aus	1446
60 C	Fratercula arctica	aen	1554
60 C	Fratercula arctica (skl.)	aen II	1556
65 C	Turdus philomelos	ahn	1555
65 C	Turdus philomelos (skl.)	ahn II	1557
75 C	Charadrius hiaticula	ahm	1476
95 C	Accipiter nisus	aho	1477
1 €	Branta leucopsis	atk	1395
2 €	Anser albifrons flavirostis	aep	1396
5 €	Anas acuta	afs	1397
10 €	Tadorna tadorna	agh	1398

Freimarken „Wildblumen“

Werte	lateinischer Name	Zeichnung	MiNr.
€-Währung			
1 C	Geranium sanguineum	bbf	1643
2 C	Neotinea maculata	bbg	1644
3 C	Iris pseudacorus	bfr	1748
4 C	Viola riviniana	azm	1597
5 C	Taraxacum officinale	azn	1598
5 C	Taraxacum officinale	azn I	1765
7 C	Ophrys insectifera	bbh	1645
10 C	Dryas octopetala	bbi	1646
12 C	Ulex gallii	bdb	1689
20 C	Armeria maritima	bib	1811
25 C	Centaurea nigra	bdc	1690
25 C	Centaurea nigra	bdc I	1766
48 C	Primula vulgaris	azo	1599
48 C	Bellis perennis	azp	1600
48 C	Primula vulgaris (skl.)	azo I	1605
48 C	Bellis perennis (skl.)	azp I	1606
50 C	Sedum acre	bic	1812
55 C	Pinguicula grandiflora	bfs	1749
55 C	Pinguicula grandiflora (skl.)	bfs I	1763
55 C	Pinguicula grandiflora	bfs II	1767
55 C	Pinguicula grandiflora (skl.)	bfs II	1916
60 C	Crataegus monogyna	azr	1601
65 C	Hyacinthoides non-scripta	azs	1602
75 C	Umbilicus rupestris	bdd	1691
75 C	Umbilicus rupestris (skl.)	bdd I	1694
78 C	Schoenus nigricans	bft	1750
78 C	Schoenus nigricans (skl.)	bft I	1764
82 C	Aster tripolium	bid	1813
82 C	Aster tripolium (skl.)	bid I	1815
82 C	Aster tripolium (skl.)	bid II	1898
90 C	Echium vulgare	bde	1692
95 C	Lythrum salicaria	bfu	1751
1 €	Digitalis purpurea	bdf	1693
2 €	Arum maculatum	azt	1603
5 €	Rosa canina	azu	1604
10 €	Gentiana verna	bbk	1647
N	Pinguicula grandiflora (skl.)	bfs I	1752
N	Sisyrinchium bermudianum (skl.)	bfv	1753
N	Glaucium mavum (skl.)	bla	1856

Automatenmarken

> Im MICHEL-Europa werden in aller Regel nur die billigste Sorte einer Automatenmarkenausgabe sowie wesentliche Unterschiede des Vordruckpapiers berücksichtigt. Eine ausführliche Katalogisierung nach Unterarten wie Automatennummern, Typen, Papiersorten, Fehlverwendungen und anderen Unterschieden ist im MICHEL-Automatenmarken-Spezial zu finden.

Allgemeine Bewertung: 10 P Nominale = 0,30 €, ab 1.1.2002: 1 € Nominale = 2.20 €, soweit nicht bereits ein höherer Wert angegeben ist.

1990, 8. Okt. Freimarke mit Automatennummern-Eindruck. Automat Frama. Typendruck über Farbband; ☐.

a

			★★	⊙	FDC
1	1 (P) – 9999 (P) (in Stufen von 1 P) rotlila	a	1,50	2,—	6,—

Laufzeit: 8.10.1990–31.5.1991

Gültig bis 31.12.2002

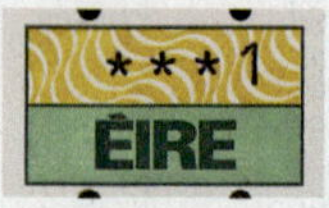

1990, 8. Okt. Freimarke. Bdr.; Automat Klüssendorf. Typendruck über Farbband; ☐ mit je 2 Transportlöchern am Ober- und Unterrand.

b) Wellenlinien

2	1 (P) – 9999 (P) (in Stufen von 1 P) schwarz; Unterdruck: mehrfarbig	b	1,50	4,—	5,—

Laufzeit: 8.10.1990–31.5.1991

Gültig bis 31.12.2002

1990, 8. Okt. Freimarke. Bdr.; Automat Amiel. Selbstklebendes Papier; Nadeldruck; ☐.

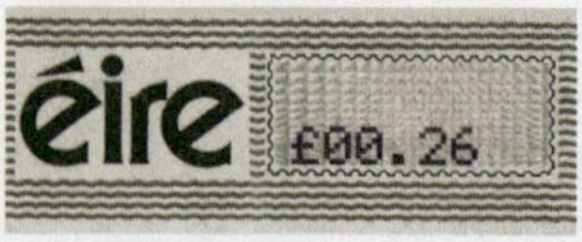

c) Wellenlinien

3	0.01 £ – 99.99 £ (in Stufen von 0.01 £) schwarz; Unterdruck: graugrün/dunkelgelblichgrün	c	3,—	5,—	6,—

Laufzeit: 8.10.1990–31.1.1991

Gültig bis 31.12.2002

1992, 6. April. Freimarke: Tara-Brosche, mit Automatennummer 001–010. RaTdr.; Automat Frama. Typendruck über Farbband; ☐.

d) Tara-Brosche

4	1 (P) – 9999 (P) (in Stufen von 1 P) rotlila; Unterdruck: hellchromgelb/grau	d	1,50	1,50	4,—

Laufzeit: 6.4.1992–Ende 2001

Gültig bis 31.12.2002

2008, 21. Juli. Wasserwege. Odr., Rollen; Papier ph.; selbstklebend; Thermodruck; gestanzt 11.

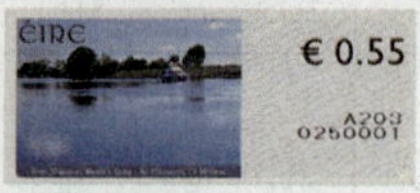

e) Fluss Shannon

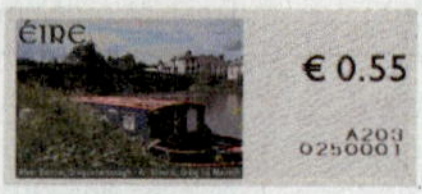

f) Fluss Barrow

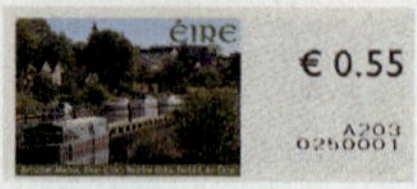

g) Fluss Erne

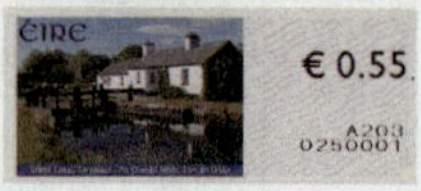

h) Schleuse am Grand Canal

5	0.55 € schwarz; Unterdruck: mfg.	e	1,50	1,50	4,—
6	0.55 € schwarz; Unterdruck: mfg.	f	1,50	1,50	4,—
7	0.55 € schwarz; Unterdruck: mfg.	g	1,50	1,50	4,—
8	0.55 € schwarz; Unterdruck: mfg.	h	1,50	1,50	4,—

Die Versandstelle liefert nur Marken mit dem Nennwert 0.55 € und der Automatennummer A203 025001. Zwei in Dublin in Betrieb genommene Ortsgeräte wurden kurzfristig wegen technischer Probleme wieder abgebaut.

MiNr. 5–8 existieren in zwei Auflagen: 1. Auflage mit Phosphorrahmen, 2. Auflage mit 3 senkrechten Phosphorstreifen.

Laufzeit: ab 21.7.2008

2010, 20. Mai. Wildblumen. Odr., Rollen; Papier ph.; selbstklebend; Thermodruck; gestanzt 11.

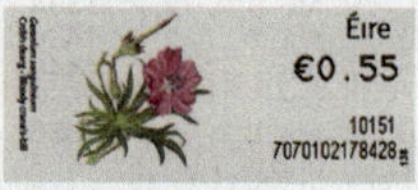

i) Blutroter Storchschnabel (Geranium sanguineum)

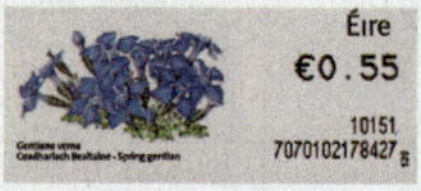

k) Frühlingsenzian (Gentiana verna)

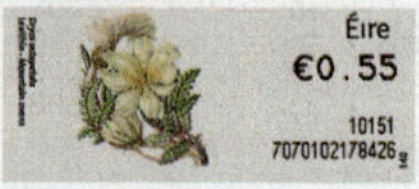

l) Silberwurz (Dryas octopetala)

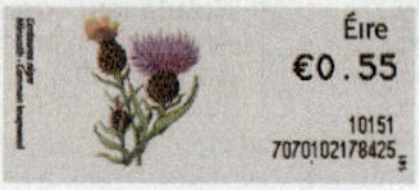

m) Schwarze Flockenblume (Centaurea nigra)

9	0.01 € – 99.99 € (in Stufen von 0.01 €) schwarz; Unterdruck: mehrfarbig	i	2,50	2,50	15,—
10	0.01 € – 99.99 € (in Stufen von 0.01 €) schwarz; Unterdruck: mehrfarbig	k	2,50	2,50	15,—
11	0.01 € – 99.99 € (in Stufen von 0.01 €) schwarz; Unterdruck: mehrfarbig	l	2,50	2,50	15,—
12	0.01 € – 99.99 € (in Stufen von 0.01 €) schwarz; Unterdruck: mehrfarbig	m	2,50	2,50	15,—
	FDC (20.5.2010) (4 W.)				50,—
	FDC (22.7.2010) (4 W.)				12,—

MiNr. 9–12 waren zunächst nur während einer Testperiode von 2 Wochen erhältlich. Der reguläre Verkauf begann am 22.7.2010.

Laufzeit: 20.5.–2.6.2010 und ab 22.7.2010

2010, 8. Sept. Tiere (I). Odr., Rollen; Papier ph.; selbstklebend; Thermodruck; gestanzt 11.

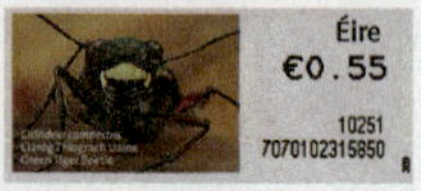

n) Feld-Sandlaufkäfer (Cicindela campestris)

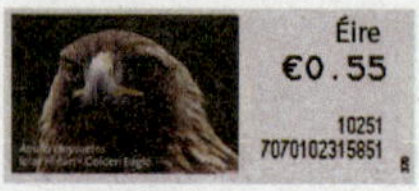

o) Steinadler (Aquila chrysaetos)

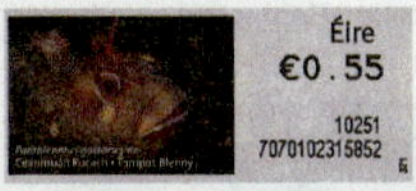

p) Gestreifter Schleimfisch (Parablennius gattorugine)

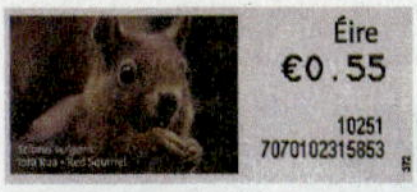

r) Eichhörnchen (Sciurus vulgaris)

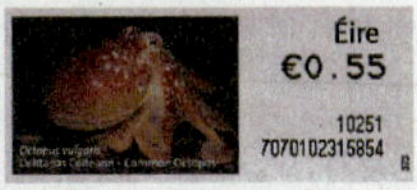

s) Gemeiner Oktopus (Octopus vulgaris)

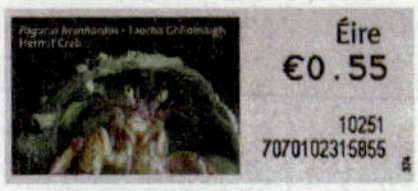

t) Einsiedlerkrebs (Pagurus bernhardus)

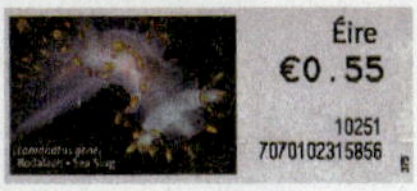

u) Lomanotus genei (Nacktkiemerschnecke)

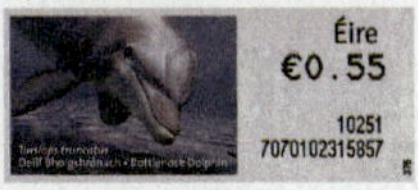

v) Großer Tümmler (Tursiops truncatus)

13 0.01 € – 99.99 € (in Stufen von 0.01 €) schwarz; Unterdruck: mehrfarbig ...... n 1,50 1,50 7,—

14 0.01 € – 99.99 € (in Stufen von 0.01 €) schwarz; Unterdruck: mehrfarbig ...... o 1,50 1,50 7,—

15 0.01 € – 99.99 € (in Stufen von 0.01 €) schwarz; Unterdruck: mehrfarbig ...... p 1,50 1,50 7,—

16 0.01 € – 99.99 € (in Stufen von 0.01 €) schwarz; Unterdruck: mehrfarbig ...... r 1,50 1,50 7,—

17 0.01 € – 99.99 € (in Stufen von 0.01 €) schwarz; Unterdruck: mehrfarbig ...... s 1,50 1,50 7,—

18 0.01 € – 99.99 € (in Stufen von 0.01 €) schwarz; Unterdruck: mehrfarbig ...... t 1,50 1,50 7,—

19 0.01 € – 99.99 € (in Stufen von 0.01 €) schwarz; Unterdruck: mehrfarbig ...... u 1,50 1,50 7,—

20 0.01 € – 99.99 € (in Stufen von 0.01 €) schwarz; Unterdruck: mehrfarbig ...... v 1,50 1,50 7,—

Laufzeit: ab 8.9.2010

2010, 4. Nov. Weihnachten. Odr., Rolle; Papier ph.; selbstklebend; Thermodruck; gestanzt 11.

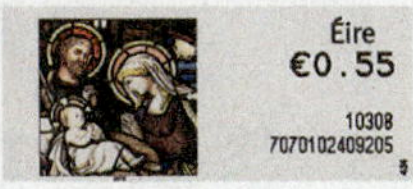

w) Geburt Christi

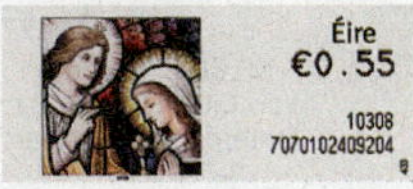

x) Mariä Verkündigung

21 0.01 € – 99.99 € (in Stufen von 0.01 €) schwarz; Unterdruck: mehrfarbig ...... w 2,50 2,50 8,—

22 0.01 € – 99.99 € (in Stufen von 0.01 €) schwarz; Unterdruck: mehrfarbig ...... x 2,50 2,50 8,—

Laufzeit: ab 4.11.2010

2011, 21. Juli. Tiere (II). Odr., Rollen; Papier ph.; selbstklebend; Thermodruck; gestanzt 11.

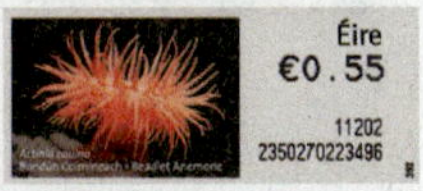

y) Purpurseerose (Actinia equina)

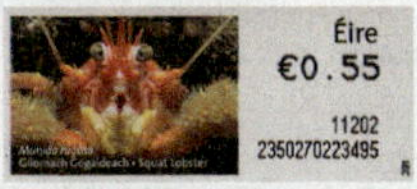

z) Springkrebs (Munida rugosa)

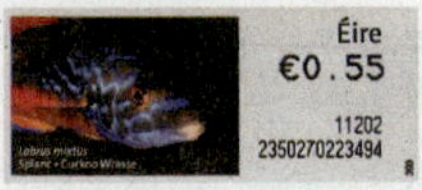

aa) Kuckuckslippfisch (Labrus mixtus)

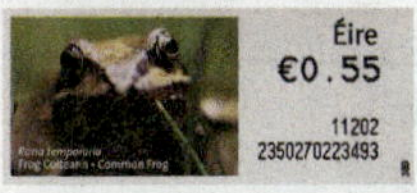

ab) Grasfrosch (Rana temporaria)

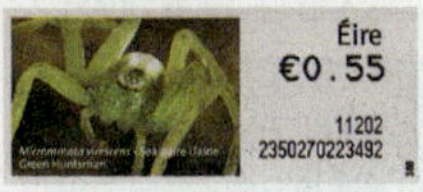

ac) Grüne Huschspinne (Micrommata virescens)

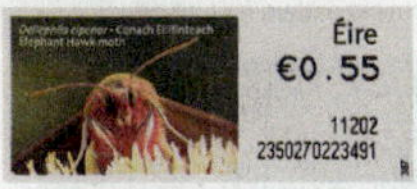

ad) Mittlerer Weinschwärmer (Deilephila elpenor)

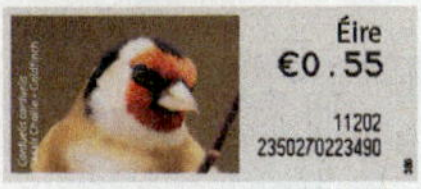

ae) Stieglitz (Carduelis carduelis)

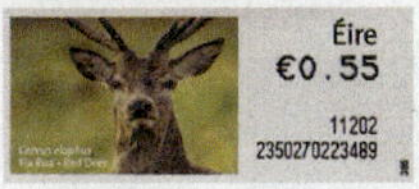

af) Rothirsch (Cervus elaphus)

23 0.01 € – 99.99 € (in Stufen von 0.01 €) schwarz; Unterdruck: mehrfarbig ...... y 1,50 1,50 7,—

24 0.01 € – 99.99 € (in Stufen von 0.01 €) schwarz; Unterdruck: mehrfarbig ...... z 1,50 1,50 7,—

25 0.01 € – 99.99 € (in Stufen von 0.01 €) schwarz; Unterdruck: mehrfarbig ..... aa 1,50 1,50 7,—

26 0.01 € – 99.99 € (in Stufen von 0.01 €) schwarz; Unterdruck: mehrfarbig ..... ab 1,50 1,50 7,—

27 0.01 € – 99.99 € (in Stufen von 0.01 €) schwarz; Unterdruck: mehrfarbig ..... ac 1,50 1,50 7,—

28 0.01 € – 99.99 € (in Stufen von 0.01 €) schwarz; Unterdruck: mehrfarbig ..... ad 1,50 1,50 7,—

29 0.01 € – 99.99 € (in Stufen von 0.01 €) schwarz; Unterdruck: mehrfarbig ..... ae 1,50 1,50 7,—

30 0.01 € – 99.99 € (in Stufen von 0.01 €) schwarz; Unterdruck: mehrfarbig ..... af 1,50 1,50 7,—

Laufzeit: ab 21.7.2011

2011, 10. Nov. Weihnachten. Odr., Rolle; Papier ph.; selbstklebend; Thermodruck; gestanzt 11.

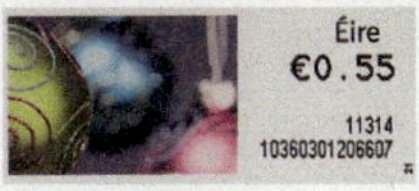

ag) Christbaumkugeln

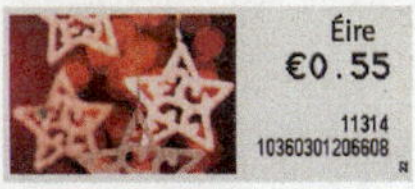

ah) Christbaumsterne

31 0.01 € – 99.99 € (in Stufen von 0.01 €) schwarz; Unterdruck: mehrfarbig ..... ag 2,50 2,50 8,—

32 0.01 € – 99.99 € (in Stufen von 0.01 €) schwarz; Unterdruck: mehrfarbig ..... ah 2,50 2,50 8,—

Laufzeit: ab 10.11.2011

2012, 9. Aug. Tiere (III). Odr., Rollen; Papier ph.; selbstklebend; Thermodruck; gestanzt 11.

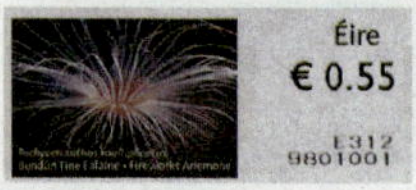

ai) Feuerwerks-Anemone (Pachycerianthus multiplicatus)

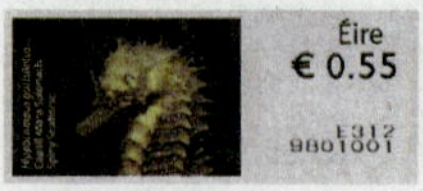

ak) Langschnauziges Seepferdchen (Hippocampus guttulatus)

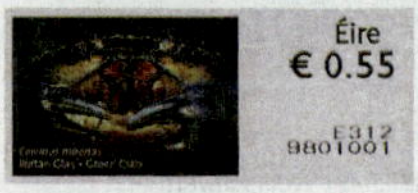

al) Gemeine Strandkrabbe (Carcinus maenas)

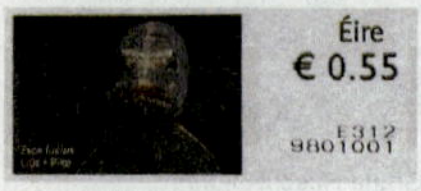

am) Hecht (Esox lucius)

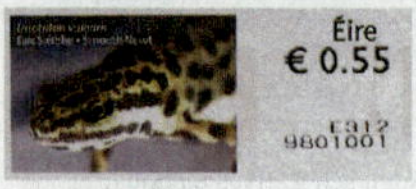

an) Teichmolch (Lissotriton vulgaris)

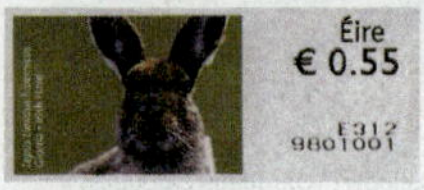

ao) Schneehase (Lepus timidus)

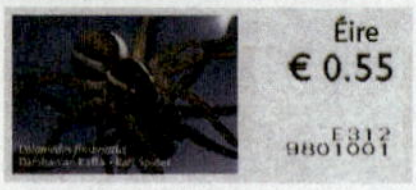

ap) Gerandete Jagdspinne (Dolomedes fimbriatus)

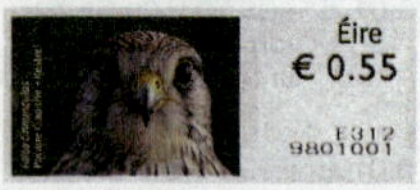

ar) Turmfalke (Falco tinnunculus)

33 0.01 € – 99.99 € (in Stufen von 0.01 €) schwarz; Unterdruck: mehrfarbig ...... ai 1,50 1,50 7,—

34 0.01 € – 99.99 € (in Stufen von 0.01 €) schwarz; Unterdruck: mehrfarbig ..... ak 1,50 1,50 7,—

35 0.01 € – 99.99 € (in Stufen von 0.01 €) schwarz; Unterdruck: mehrfarbig ..... al 1,50 1,50 7,—

36 0.01 € – 99.99 € (in Stufen von 0.01 €) schwarz; Unterdruck: mehrfarbig ..... am 1,50 1,50 7,—

37 0.01 € – 99.99 € (in Stufen von 0.01 €) schwarz; Unterdruck: mehrfarbig ..... an 1,50 1,50 7,—

38 0.01 € – 99.99 € (in Stufen von 0.01 €) schwarz; Unterdruck: mehrfarbig ..... ao 1,50 1,50 7,—

39 0.01 € – 99.99 € (in Stufen von 0.01 €) schwarz; Unterdruck: mehrfarbig ..... ap 1,50 1,50 7,—

40 0.01 € – 99.99 € (in Stufen von 0.01 €) schwarz; Unterdruck: mehrfarbig ..... ar 1,50 1,50 7,—

Laufzeit: ab 9.8.2012

2012, 8. Nov. Weihnachten. Odr., Rolle; Papier ph.; selbstklebend; Thermodruck; gestanzt 11.

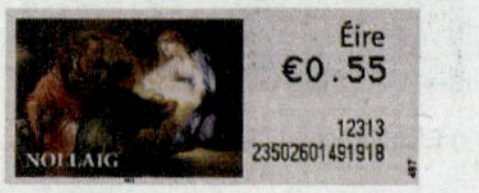

as) Verkündigung der Hirten; Gemälde von Girolamo Troppa (1637–1710), italienischer Maler

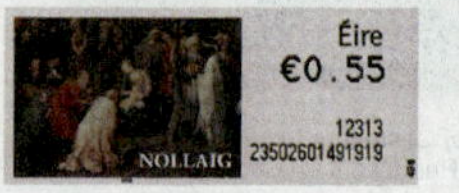

at) Anbetung der Könige; Gemälde von Jan Bruegel d. Ältere (1568–1625), flämischer Maler

41 0.01 € – 99.99 € (in Stufen von 0.01 €) schwarz; Unterdruck: mehrfarbig ..... as 2,50 2,50 8,—

42 0.01 € – 99.99 € (in Stufen von 0.01 €) schwarz; Unterdruck: mehrfarbig ..... at 2,50 2,50 8,—

Laufzeit: ab 8.11.2012

2013, 1. Aug. Tiere (IV). Odr., Rollen; Papier ph.; selbstklebend; Thermodruck; gestanzt 11.

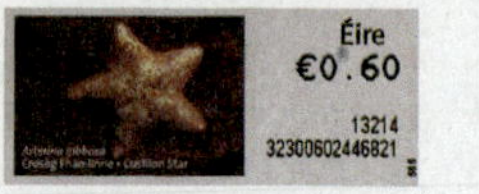

au) Fünfeck-Seestern (Asterina gibbosa)

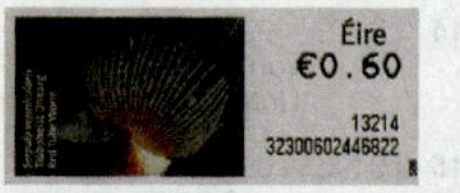

av) Bunter Kalkröhrenwurm (Serpula vermicularis)

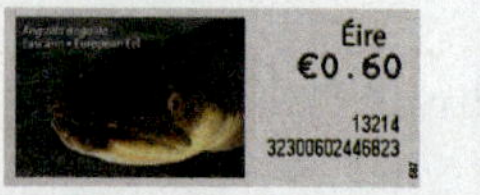

aw) Europäischer Aal (Anguilla anguilla)

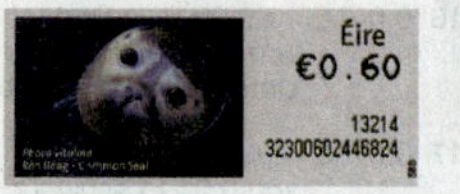

ax) Gemeiner Seehund (Phoca vitulina)

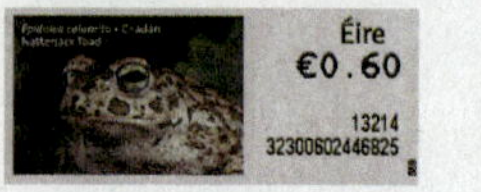

ay) Kreuzkröte (Epidalea calamita)

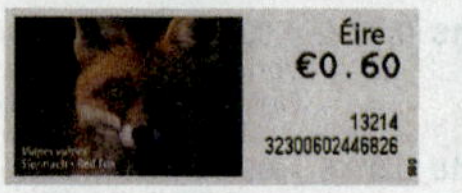

az) Rotfuchs (Vulpes vulpes)

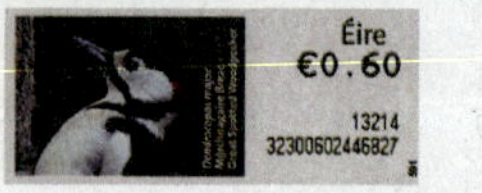

ba) Buntspecht (Dendrocopos major)

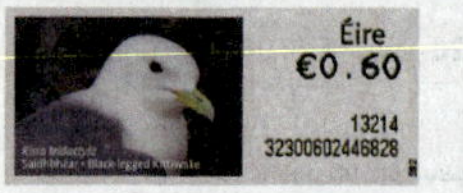

bb) Dreizehenmöwe (Rissa tridactyla)

43 0.01 € – 99.99 € (in Stufen von 0.01 €) schwarz; Unterdruck: mehrfarbig ..... au 1,50 1,50 7,—

44 0.01 € – 99.99 € (in Stufen von 0.01 €) schwarz; Unterdruck: mehrfarbig ..... av 1,50 1,50 7,—

45 0.01 € – 99.99 € (in Stufen von 0.01 €) schwarz; Unterdruck: mehrfarbig ..... aw 1,50 1,50 7,—

46 0.01 € – 99.99 € (in Stufen von 0.01 €) schwarz; Unterdruck: mehrfarbig ..... ax 1,50 1,50 7,—

47 0.01 € – 99.99 € (in Stufen von 0.01 €) schwarz; Unterdruck: mehrfarbig ..... ay 1,50 1,50 7,—

48 0.01 € – 99.99 € (in Stufen von 0.01 €) schwarz; Unterdruck: mehrfarbig ..... az 1,50 1,50 7,—

49 0.01 € – 99.99 € (in Stufen von 0.01 €) schwarz; Unterdruck: mehrfarbig ..... ba 1,50 1,50 7,—

50 0.01 € – 99.99 € (in Stufen von 0.01 €) schwarz; Unterdruck: mehrfarbig ..... bb 1,50 1,50 7,—

Laufzeit: ab 1.8.2013

2013, 7. Nov. Weihnachten. Odr., Rolle; Papier ph.; selbstklebend; Thermodruck; gestanzt 11.

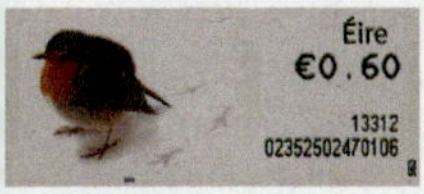

bc) Rotkehlchen (Erithacus rubecula)

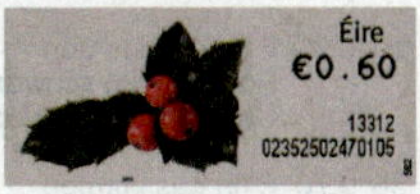

bd) Stechpalme (Ilex aquifolium)

51 0.01 € – 99.99 € (in Stufen von 0.01 €) schwarz; Unterdruck: mehrfarbig ..... bc 1,50 1,50 4,—

52 0.01 € – 99.99 € (in Stufen von 0.01 €) schwarz; Unterdruck: mehrfarbig ..... bd 1,50 1,50 4,—

Laufzeit: ab 7.11.2013

2014, 31. Juli. Tiere (V). Odr., Rollen; Papier ph.; selbstklebend; Thermodruck; gestanzt 11.

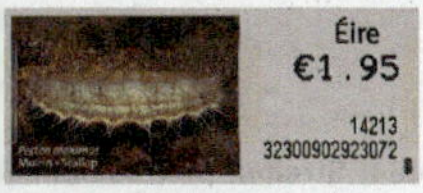

be) Große Pilgermuschel (Pecten maximus)

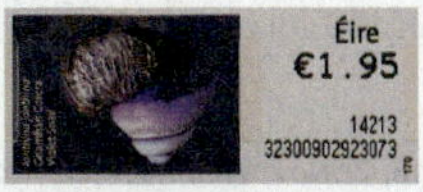

bf) Veilchenschnecke (Janthina janthina)

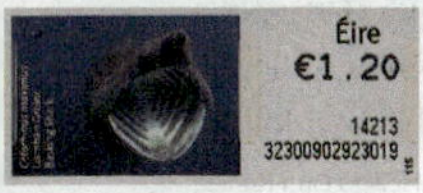

bg) Riesenhai (Cetorhinus maximus)

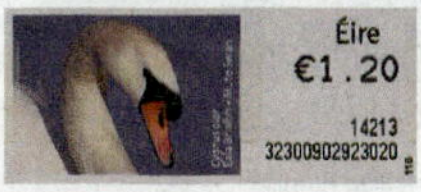

bh) Höckerschwan (Cygnus olor)

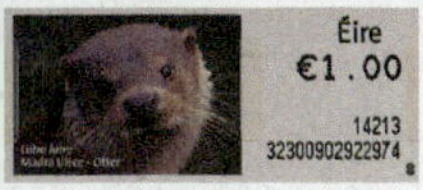

bi) Eurasischer Fischotter (Lutra lutra)

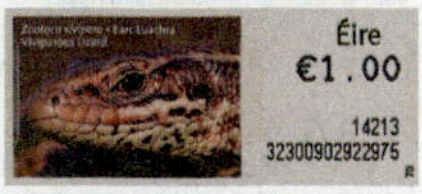

bk) Waldeidechse (Zootoca vivipara)

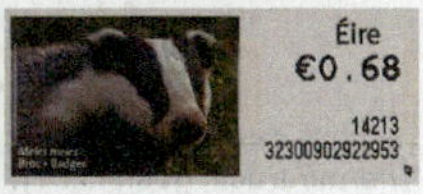

bl) Dachs (Meles meles)

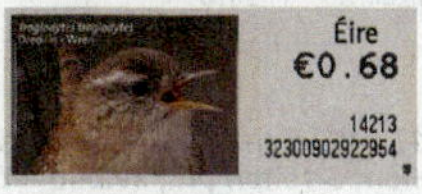

bm) Zaunkönig (Troglodytes troglodytes)

53 0.01 € – 99.99 € (in Stufen von 0.01 €) schwarz; Unterdruck: mehrfarbig ..... be 1,60 1,60 7,—

54 0.01 € – 99.99 € (in Stufen von 0.01 €) schwarz; Unterdruck: mehrfarbig ..... bf 1,60 1,60 7,—

55 0.01 € – 99.99 € (in Stufen von 0.01 €) schwarz; Unterdruck: mehrfarbig ..... bg 1,60 1,60 7,—

56 0.01 € – 99.99 € (in Stufen von 0.01 €) schwarz; Unterdruck: mehrfarbig ..... bh 1,60 1,60 7,—

57 0.01 € – 99.99 € (in Stufen von 0.01 €) schwarz; Unterdruck: mehrfarbig ..... bi 1,60 1,60 7,—

58 0.01 € – 99.99 € (in Stufen von 0.01 €) schwarz; Unterdruck: mehrfarbig ..... bk 1,60 1,60 7,—

59 0.01 € – 99.99 € (in Stufen von 0.01 €) schwarz; Unterdruck: mehrfarbig ..... bl 1,60 1,60 7,—

60 0.01 € – 99.99 € (in Stufen von 0.01 €) schwarz; Unterdruck: mehrfarbig .... bm 1,60 1,60 7,—

Laufzeit: ab 31.7.2014

2014, 6. Nov. Weihnachten: Glasfenster. Odr., Rolle; Papier ph.; selbstklebend; Thermodruck; gestanzt 11.

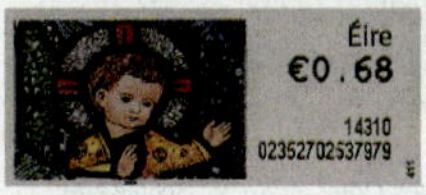

bn) Christkind

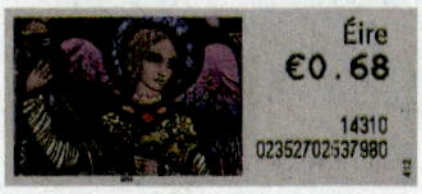

bo) Musizierender Engel

61 0.01 € – 99.99 € (in Stufen von 0.01 €) schwarz; Unterdruck: mehrfarbig ..... bn 1,50 1,50 4,—

62 0.01 € – 99.99 € (in Stufen von 0.01 €) schwarz; Unterdruck: mehrfarbig ..... bo 1,50 1,50 4,—

Laufzeit: ab 6.11.2014

2015, 5. Nov. Weihnachten. Odr., Rolle; Streifen ph.; selbstklebend; Thermodruck; gestanzt 11.

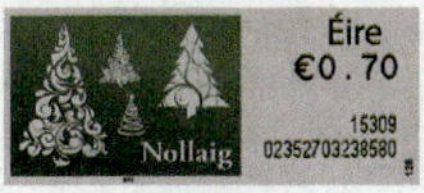

bp) Weihnachtsbäume

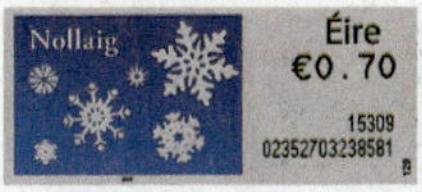

br) Schneeflocken

63 ab 0.70 € (in bestimmten Portostufen) schwarz; Unterdruck: mehrfarbig ..... bp 1,50 1,50 4,—

64 ab 0.70 € (in bestimmten Portostufen) schwarz; Unterdruck: mehrfarbig ..... br 1,50 1,50 4,—

Laufzeit: ab 5.11.2015

2016, 21. Jan. 100. Jahrestag des Osteraufstandes. Odr., Rolle; Streifen ph.; selbstklebend; Thermodruck; gestanzt 11.

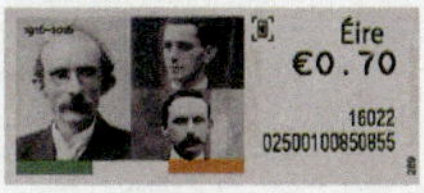

bs) Thomas James Clarke (1857–1916), Revolutionär; Seán Mac Diarmada (1883–1916), Politiker; Éamonn Ceannt (1881–1916), Freiheitskämpfer

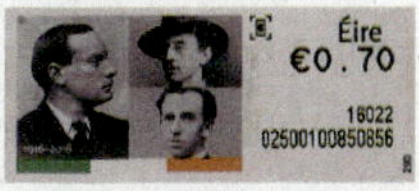

bt) Patrick Henry Pearse (1879–1916), Lehrer und Schriftsteller; Joseph Mary Plunkett (1887–1916), Dichter und Journalist; Thomas MacDonagh (1878–1916), Dichter und Dramatiker

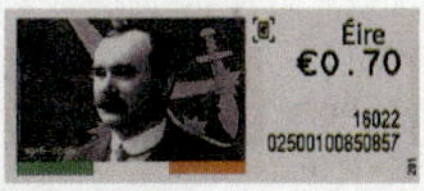

bu) James Connolly (1868–1916), Gewerkschafter und Sozialist; Starry-Plough-Flagge

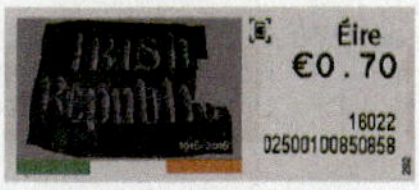

bv) Fahne der Irischen Republik

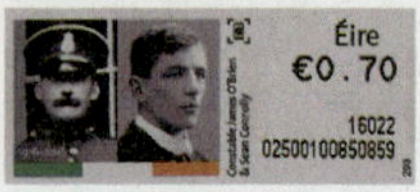

bw) Constable James O'Brien (1868–1916), Sean Connolly (1883–1916)

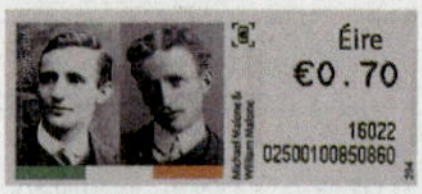

bx) Michael (1888–1916) und William Malone (1859–1915)

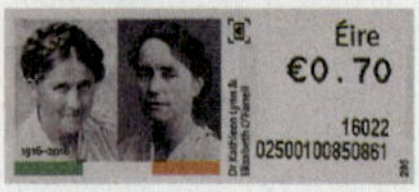

by) Kathleen Lynn (1874–1955), Chefärztin während des Aufstandes; Elizabeth O'Farrell (1884–1957), Krankenschwester

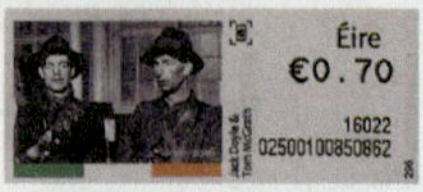

bz) Irish Volunteers Jack Doyle und Tom McGrath im Hauptpostamt (1916)

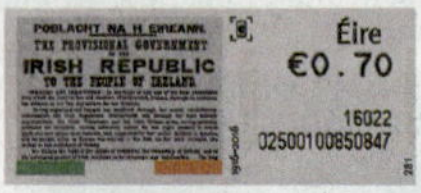

ca) Oster-Proklamation

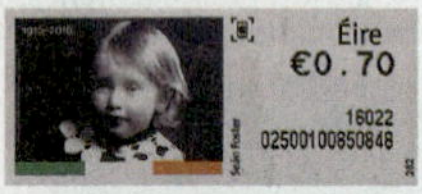

cb) Sean Francis Foster (1914–1916), ziviles Opfer, starb bei Schießerei

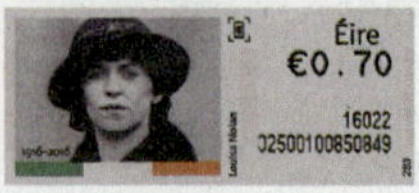

cc) Louisa Nolan, half selbstlos verwundeten Kämpfern

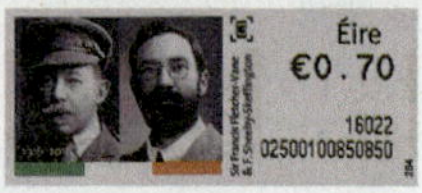

cd) Francis Fletcher-Vane (1861–1934), britischer Offizier; Francis Sheehy-Skeffington (1878–1916), Pazifist und Schriftsteller

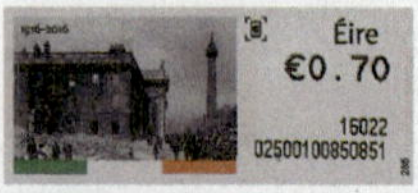

ce) Hauptpostamt in der Sackville Street, Dublin

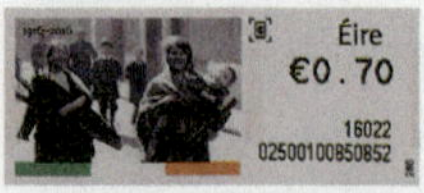

cf) Kinder sammeln Brennholz

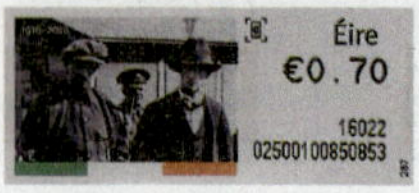

cg) Gefangene aus Richmond-Kasernen

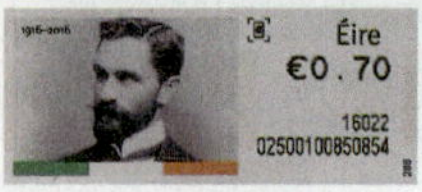

ch) Roger Casement (1864–1916), Diplomat und irischer Nationalist

65 ab 0.70 € (in bestimmten Portostufen) schwarz; Unterdruck: mehrfarbig .... bs 1,60 1,60 7,—

66 ab 0.70 € (in bestimmten Portostufen) schwarz; Unterdruck: mehrfarbig .... bt 1,60 1,60 7,—

67 ab 0.70 € (in bestimmten Portostufen) schwarz; Unterdruck: mehrfarbig .... bu 1,60 1,60 7,—

68 ab 0.70 € (in bestimmten Portostufen) schwarz; Unterdruck: mehrfarbig .... bv 1,60 1,60 7,—

69 ab 0.70 € (in bestimmten Portostufen) schwarz; Unterdruck: mehrfarbig .... bw 1,60 1,60 7,—

70 ab 0.70 € (in bestimmten Portostufen) schwarz; Unterdruck: mehrfarbig .... bx 1,60 1,60 7,—

71 ab 0.70 € (in bestimmten Portostufen) schwarz; Unterdruck: mehrfarbig .... by 1,60 1,60 7,—

72 ab 0.70 € (in bestimmten Portostufen) schwarz; Unterdruck: mehrfarbig .... bz 1,60 1,60 7,—

73 ab 0.70 € (in bestimmten Portostufen) schwarz; Unterdruck: mehrfarbig .... ca 1,60 1,60 7,—

74 ab 0.70 € (in bestimmten Portostufen) schwarz; Unterdruck: mehrfarbig .... cb 1,60 1,60 7,—

75 ab 0.70 € (in bestimmten Portostufen) schwarz; Unterdruck: mehrfarbig .... cc 1,60 1,60 7,—

76 ab 0.70 € (in bestimmten Portostufen) schwarz; Unterdruck: mehrfarbig .... cd 1,60 1,60 7,—

77 ab 0.70 € (in bestimmten Portostufen) schwarz; Unterdruck: mehrfarbig .... ce 1,60 1,60 7,—

78 ab 0.70 € (in bestimmten Portostufen) schwarz; Unterdruck: mehrfarbig .... cf 1,60 1,60 7,—

79 ab 0.70 € (in bestimmten Portostufen) schwarz; Unterdruck: mehrfarbig .... cg 1,60 1,60 7,—

80 ab 0.70 € (in bestimmten Portostufen) schwarz; Unterdruck: mehrfarbig .... ch 1,60 1,60 7,—

Laufzeit: ab 21.1.2016

2016, 3. Nov. Weihnachten. Odr., Rolle; Streifen ph.; selbstklebend; Thermodruck; gestanzt 11.

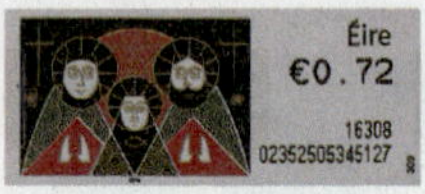

ci) Heilige Familie

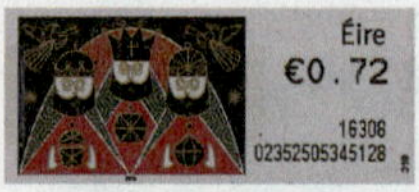

ck) Heilige Drei Könige

81 ab 0.72 € (in bestimmten Portostufen) schwarz; Unterdruck: mehrfarbig ..... ci 1,60 1,60 7,—

82 ab 0.72 € (in bestimmten Portostufen) schwarz; Unterdruck: mehrfarbig .... ck 1,60 1,60 7,—

Laufzeit: ab 3.11.2016

2017, 12. Jan. Geschichte Irlands in 100 Objekten (I). Odr., Rollen; Streifen ph.; selbstklebend; Thermodruck; gestanzt 11.

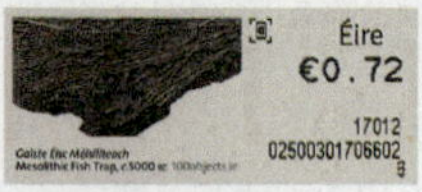

cl) Mesolithische Fischfalle (ca. 5000 v. Chr.)

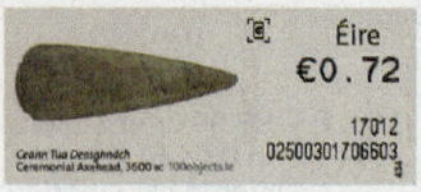

cm) Zeremonialaxt (ca. 3600 v. Chr.)

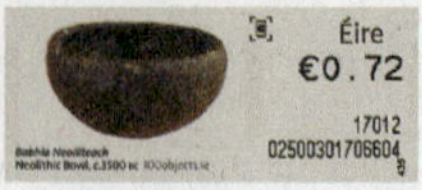

cn) Neolithische Schüssel (ca. 3500 v. Chr.)

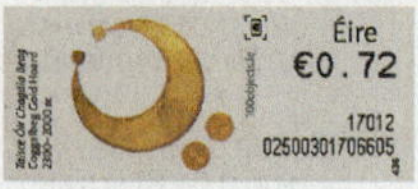

co) Goldene Lunula mit Scheiben (ca. 2300–2000 v. Chr.)

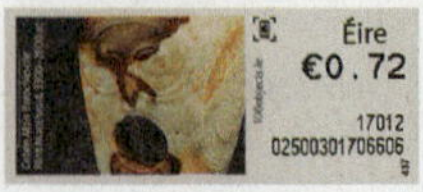

cp) Keulenkopf aus Feuerstein (ca. 3300–2800 v. Chr.)

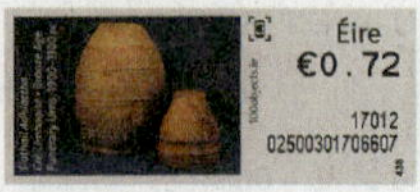

cr) Bronzezeitliche Bestattungsurne (ca. 1900–1300 v. Chr.)

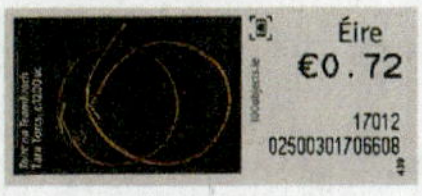

cs) Goldene Wendelringe, Tara (ca. 1200 v. Chr.)

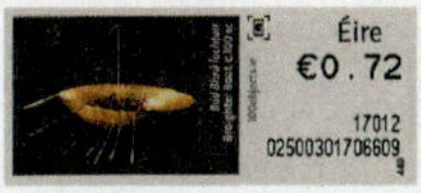

ct) Goldenes Boot aus dem Broighter Hort (ca. 100 v. Chr.)

83 ab 0.72 € (in bestimmten Portostufen) schwarz; Unterdruck: mehrfarbig . . . . . cl 1,60 1,60 7,—

84 ab 0.72 € (in bestimmten Portostufen) schwarz; Unterdruck: mehrfarbig . . . cm 1,60 1,60 7,—

85 ab 0.72 € (in bestimmten Portostufen) schwarz; Unterdruck: mehrfarbig . . . . cn 1,60 1,60 7,—

86 ab 0.72 € (in bestimmten Portostufen) schwarz; Unterdruck: mehrfarbig . . . . co 1,60 1,60 7,—

87 ab 0.72 € (in bestimmten Portostufen) schwarz; Unterdruck: mehrfarbig . . . . cp 1,60 1,60 7,—

88 ab 0.72 € (in bestimmten Portostufen) schwarz; Unterdruck: mehrfarbig . . . . cr 1,60 1,60 7,—

89 ab 0.72 € (in bestimmten Portostufen) schwarz; Unterdruck: mehrfarbig . . . . cs 1,60 1,60 7,—

90 ab 0.72 € (in bestimmten Portostufen) schwarz; Unterdruck: mehrfarbig . . . . ct 1,60 1,60 7,—
Folienstreifen (8 W.) 13,—

Laufzeit: ab 12.1.2017

2017, 2. Nov. Weihnachten. Odr., Rolle; Streifen ph.; selbstklebend; Thermodruck; gestanzt 11.

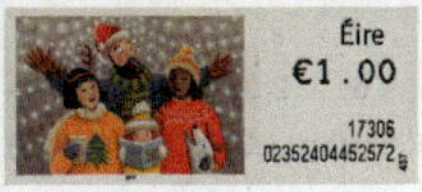

cu) Sternsinger mit Hund

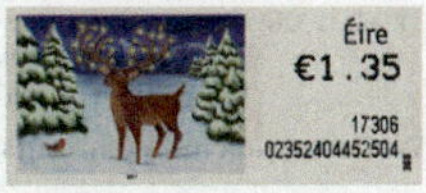

cv) Rentier mit Weihnachtslichtern im Geweih, Rotkehlchen

91 ab 1.00 € (in bestimmten Portostufen) schwarz; Unterdruck: mehrfarbig . . . . cu 2,20 2,20 7,50

92 ab 1.00 € (in bestimmten Portostufen) schwarz; Unterdruck: mehrfarbig . . . . cv 2,20 2,20 7,50

Laufzeit: ab 2.11.2017

2018, 25. Jan. Geschichte Irlands in 100 Objekten (II). Odr., Rollen; Streifen ph.; selbstklebend; Thermodruck; gestanzt 11¼.

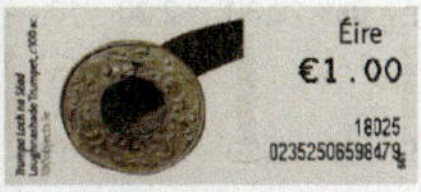

cw) Loughnashade-Trompete (ca. 100 v. Chr.)

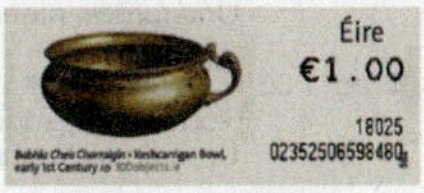

cx) Schale von Keshcarrigan (ca. 1. Jh. n. Chr.)

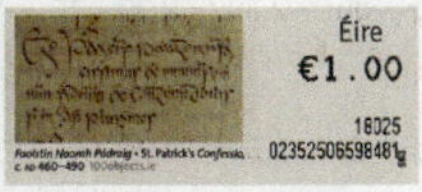

cy) Bekenntnis des hl. Patrick (461–493 n. Chr.)

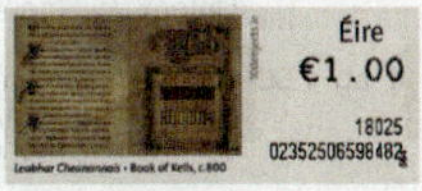

cz) Book of Kells (8.–9. Jh. n. Chr.)

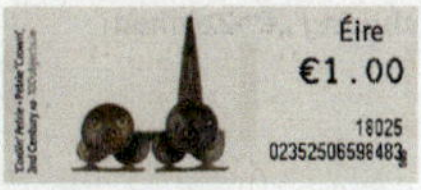

da) Petrie-Krone (ca. 100 v. Chr.–200 n. Chr.)

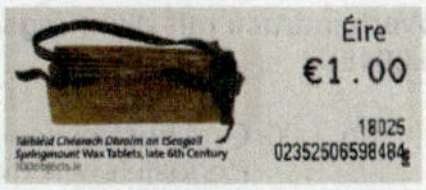

db) Springmount-Wachstafeln (ca. 6. Jh. n. Chr.)

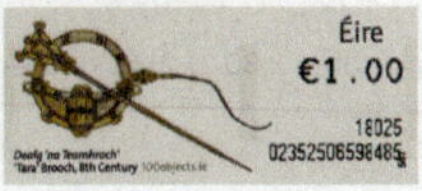

dc) Tara-Brosche (ca. 8. Jh. n. Chr.)

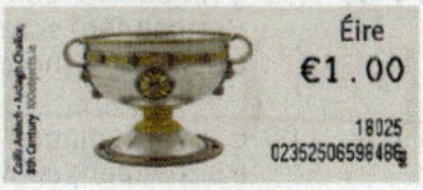

dd) Kelch von Ardagh (ca. 8. Jh. n. Chr.)

93 ab 1.00 € (in bestimmten Portostufen) schwarz; Unterdruck: mehrfarbig . . . . cw 2,30 2,30 10,—

94 ab 1.00 € (in bestimmten Portostufen) schwarz; Unterdruck: mehrfarbig . . . . cx 2,30 2,30 10,—

95 ab 1.00 € (in bestimmten Portostufen) schwarz; Unterdruck: mehrfarbig . . . . cy 2,30 2,30 10,—

96 ab 1.00 € (in bestimmten Portostufen) schwarz; Unterdruck: mehrfarbig . . . . cz 2,30 2,30 10,—

97 ab 1.00 € (in bestimmten Portostufen) schwarz; Unterdruck: mehrfarbig . . . . da 2,30 2,30 10,—

98 ab 1.00 € (in bestimmten Portostufen) schwarz; Unterdruck: mehrfarbig . . . db 2,30 2,30 10,—

99 ab 1.00 € (in bestimmten Portostufen) schwarz; Unterdruck: mehrfarbig . . . dc 2,30 2,30 10,—

100 ab 1.00 € (in bestimmten Portostufen) schwarz; Unterdruck: mehrfarbig . . . dd 2,30 2,30 10,—

Laufzeit: ab 25.1.2018

2018, 2. Aug./2019. Freimarken; Europa: Brücken. Odr., Rollen; Streifen ph.; selbstklebend; Thermodruck; gestanzt 11.

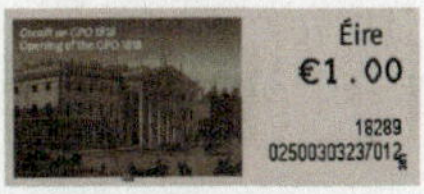

de) General Post Office; Stich von Robert Havell (1769–1832)

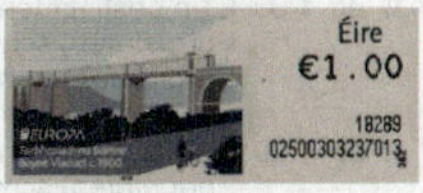

df) Boyne Viaduct, Drogheda

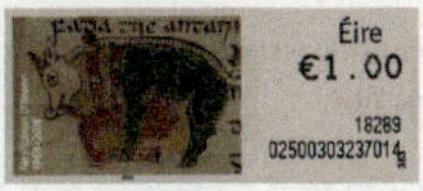

dg) Initiale „M" in Form eines Uillean-Pipes-spielenden Schweins (ca. 16. Jh.)

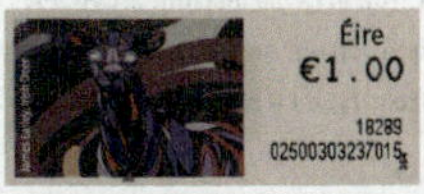

dh) Irischer Hirsch; Wandgemälde von James Earley (*1981), in der Francis Street, Dublin

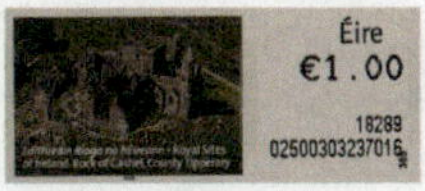

di) Festung Rock of Cashel

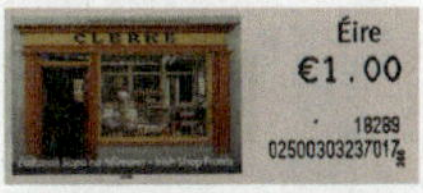

dk) Lebensmittelladen „Clerke", Skibbereen

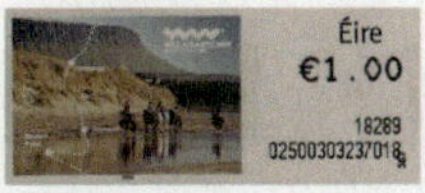

dl) Reiten an der Küste bei Grange, Grafschaft Sligo

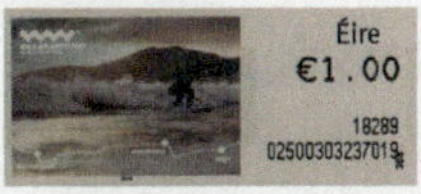

dm) Surfen am Inch-Strand, Grafschaft Kerry

I = Werteindruck mit Währungsbezeichnung „€"-Zeichen (2.8.2018)

101 I ab 1.00 € (in bestimmten Portostufen) schwarz; Unterdruck: mehrfarbig . de 2,30 2,30 10,—

102 I ab 1.00 € (in bestimmten Portostufen) schwarz; Unterdruck: mehrfarbig .. df 2,30 2,30 10,—

103 I ab 1.00 € (in bestimmten Portostufen) schwarz; Unterdruck: mehrfarbig . dg 2,30 2,30 10,—

104 I ab 1.00 € (in bestimmten Portostufen) schwarz; Unterdruck: mehrfarbig . dh 2,30 2,30 10,—

105 I ab 1.00 € (in bestimmten Portostufen) schwarz; Unterdruck: mehrfarbig .. di 2,30 2,30 10,—

106 I ab 1.00 € (in bestimmten Portostufen) schwarz; Unterdruck: mehrfarbig .. dk 2,30 2,30 10,—

107 I ab 1.00 € (in bestimmten Portostufen) schwarz; Unterdruck: mehrfarbig .. dl 2,30 2,30 10,—

108 I ab 1.00 € (in bestimmten Portostufen) schwarz; Unterdruck: mehrfarbig . dm 2,30 2,30 10,—

II = Werteindruck mit Währungsbezeichnung „EUR" (Ende 2019)

101 II ab 1.00 € (in bestimmten Portostufen) schwarz; Unterdruck: mehrfarbig . de 2,30 2,30 10,—

102 II ab 1.00 € (in bestimmten Portostufen) schwarz; Unterdruck: mehrfarbig . df 2,30 2,30 10,—

103 II ab 1.00 € (in bestimmten Portostufen) schwarz; Unterdruck: mehrfarbig . dg 2,30 2,30 10,—

104 II ab 1.00 € (in bestimmten Portostufen) schwarz; Unterdruck: mehrfarbig . dh 2,30 2,30 10,—

105 II ab 1.00 € (in bestimmten Portostufen) schwarz; Unterdruck: mehrfarbig .. di 2,30 2,30 10,—

107 II ab 1.00 € (in bestimmten Portostufen) schwarz; Unterdruck: mehrfarbig .. dl 2,30 2,30 10,—

MiNr. 102 trägt die Inschrift „EUROPA".

Weitere von der An Post ausgewählte Ergänzungswerte sind erhältlich (ab 0.10 €).

Laufzeit: Type I = ab 2.8.2018, Type II = ab Ende 2019

2019, 31. Jan. Geschichte Irlands in 100 Objekten (III). Odr.; Rollen; Streifen ph.; selbstklebend; Thermodruck; gestanzt 11.

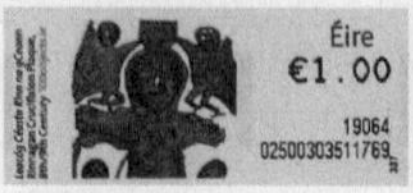

dn) Rinnagan-Kreuzigungstafel (8.–9. Jh. n. Chr.)

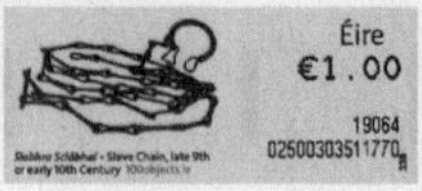

do) Sklavenfessel (9.–10. Jh. n. Chr.)

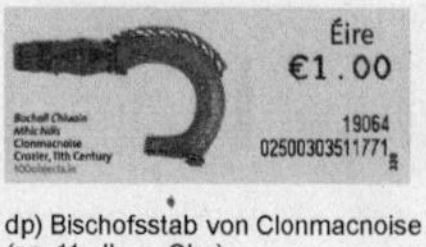

dp) Bischofsstab von Clonmacnoise (ca. 11. Jh. n. Chr.)

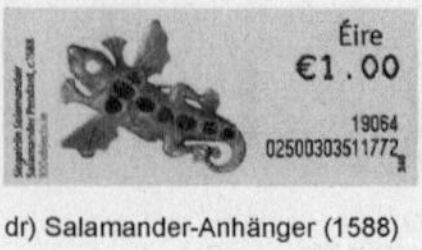

dr) Salamander-Anhänger (1588)

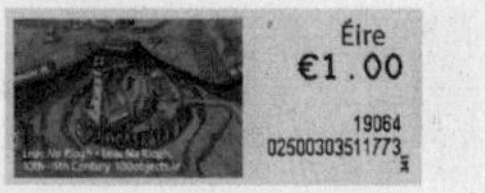

ds) Leac Na Ríogh (10.–15. Jh. n. Chr.)

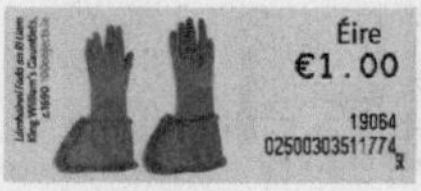

dt) Handschuhe von Wilhelm III. (1650–1702), König von England, Schottland und Irland (ca. 1690)

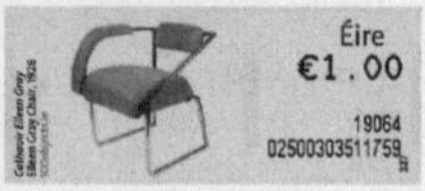

du) Eileen Gray Sessel (1926)

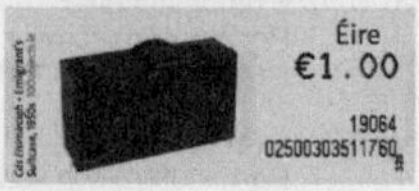

dv) Koffer von Auswanderern (ca. 1950)

I = Werteindruck mit Währungsbezeichnung „€"-Zeichen (31.1.2019)

109 I ab 1.00 € (in bestimmten Portostufen) schwarz; Unterdruck: mehrfarbig . dn 2,30 2,30 10,—

110 I ab 1.00 € (in bestimmten Portostufen) schwarz; Unterdruck: mehrfarbig .. do 2,30 2,30 10,—

111 I ab 1.00 € (in bestimmten Portostufen) schwarz; Unterdruck: mehrfarbig .. dp 2,30 2,30 10,—

112 I ab 1.00 € (in bestimmten Portostufen) schwarz; Unterdruck: mehrfarbig .. dr 2,30 2,30 10,—

113 I ab 1.00 € (in bestimmten Portostufen) schwarz; Unterdruck: mehrfarbig .. ds 2,30 2,30 10,—

114 I ab 1.00 € (in bestimmten Portostufen) schwarz; Unterdruck: mehrfarbig . dt 2,30 2,30 10,—

115 I ab 1.00 € (in bestimmten Portostufen) schwarz; Unterdruck: mehrfarbig . du 2,30 2,30 10,—

116 I ab 1.00 € (in bestimmten Portostufen) schwarz; Unterdruck: mehrfarbig .. dv 2,30 2,30 10,—

II = Werteindruck mit Währungsbezeichnung „EUR" (Ende 2019)

109 II ab 1.00 € (in bestimmten Portostufen) schwarz; Unterdruck: mehrfarbig . dn 2,30 2,30 10,—

110 II ab 1.00 € (in bestimmten Portostufen) schwarz; Unterdruck: mehrfarbig . do 2,30 2,30 10,—

111 II ab 1.00 € (in bestimmten Portostufen) schwarz; Unterdruck: mehrfarbig . dp 2,30 2,30 10,—

112 II ab 1.00 € (in bestimmten Portostufen) schwarz; Unterdruck: mehrfarbig . dr 2,30 2,30 10,—

113 II ab 1.00 € (in bestimmten Portostufen) schwarz; Unterdruck: mehrfarbig . ds 2,30 2,30 10,—

114 II ab 1.00 € (in bestimmten Portostufen) schwarz; Unterdruck: mehrfarbig .. dt 2,30 2,30 10,—

115 II ab 1.00 € (in bestimmten Portostufen) schwarz; Unterdruck: mehrfarbig . du 2,30 2,30 10,—

116 II ab 1.00 € (in bestimmten Portostufen) schwarz; Unterdruck: mehrfarbig . dv 2,30 2,30 10,—

Weitere von der An Post ausgewählte Ergänzungswerte sind erhältlich (ab 0.10 €).

Laufzeit: Type I = ab 31.1.2019, Type II = ab Ende 2019

2019, 31. Jan. 100. Jahrestag der ersten Sitzung des Unterhauses des irischen Parlamentes (Dáil Éireann). Odr., Rollen; Streifen ph.; selbstklebend; Thermodruck; gestanzt 11.

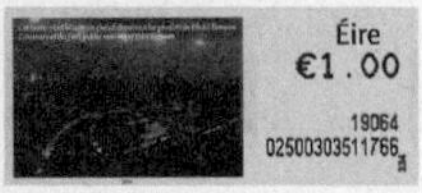

dw) Erste Sitzung des Dáil Éireann (Gemälde)

I = Werteindruck mit Währungsbezeichnung „€"-Zeichen (31.1.2019)

117 I ab 1.00 € (in bestimmten Portostufen) schwarz; Unterdruck: mehrfarbig . dw 2,30 2,30 10,—

II = Werteindruck mit Währungsbezeichnung „EUR" (Ende 2019)

117 II ab 1.00 € (in bestimmten Portostufen) schwarz; Unterdruck: mehrfarbig . dw 2,30 2,30 10,—

Die Automatenmarke MiNr. 117 I wurde zusammen mit den Automatenmarken MiNr. 101 I–105 I sowie 107 I–116 I ausgegeben, MiNr. 117 II zusammen mit den Automatenmarken MiNr. 101 II–105 II, sowie 107 II–116 II und 118 II in Streifen zu 16 Marken.

Weitere von der An Post ausgewählte Ergänzungswerte sind erhältlich (ab 0.10 €).

Laufzeit: Type I = ab 31.1.2019, Type II = ab Ende 2019

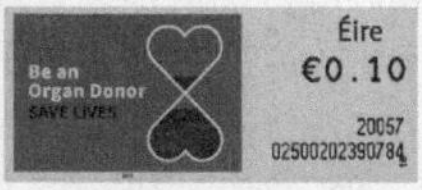

2019, 2. Mai. Organspende. Odr., Rollen; Streifen ph.; selbstklebend; Thermodruck; gestanzt 11.

dx) Herzen formen Sanduhr

I = Werteindruck mit Währungsbezeichnung „€"-Zeichen (2.5.2019)

118 I ab 1.00 € (in bestimmten Portostufen) schwarz; Unterdruck: mehrfarbig . . dx 2,30 2,30 10,—

II = Werteindruck mit Währungsbezeichnung „EUR" (Ende 2019)

118 II ab 1.00 € (in bestimmten Portostufen) schwarz; Unterdruck: mehrfarbig . dx 2,30 2,30 10,—

Die Automatenmarke MiNr. 118 I wurde zusammen mit den Automatenmarken MiNr. 101 I–105 I sowie 107 I–116 I ausgegeben, MiNr. 118 II zusammen mit den Automatenmarken MiNr. 101 II–105 II, sowie 107 II–117 II in Streifen zu 16 Marken.

Weitere von der An Post ausgewählte Ergänzungswerte sind erhältlich (ab 0.10 €).

Laufzeit: Type I = ab 2.5.2019, Type II = ab Ende 2019

2020, 23. Juli. Geschichte Irlands in 100 Objekten (IV). Odr.; Rollen; Streifen ph.; selbstklebend; Thermodruck; gestanzt 11.

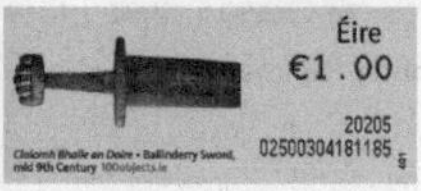

dy) Schwert von Ballinderry (9. Jh. n. Chr.)

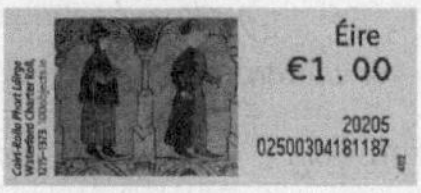

dz) Waterford Charter Roll (1215–1373)

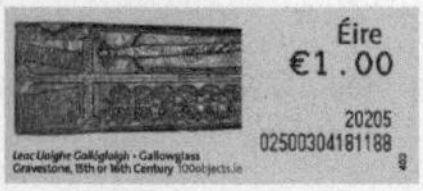

ea) Gallowglass-Grabstein (15. oder 16. Jh. n. Chr.)

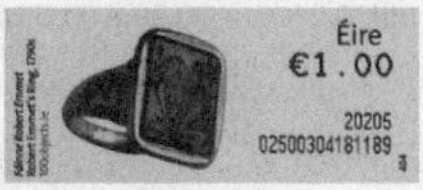

eb) Robert Emmets Ring (ca. 1790)

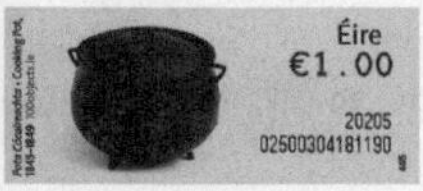

ec) Eiserner Kochtopf (19. Jh. n. Chr.)

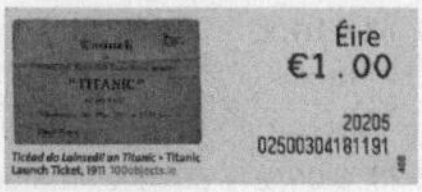

ed) Fahrkarte für die Jungfernfahrt der Titanic (1911)

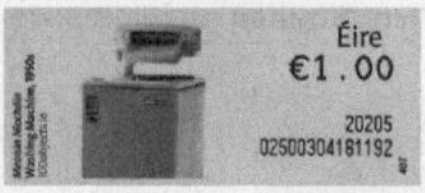

ee) Waschmaschine (1950er)

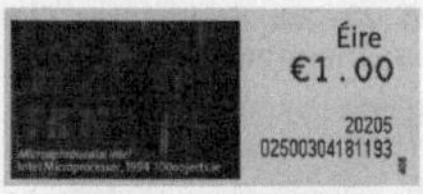

ef) Intel Mikroprozessor (1994)

I = Werteindruck mit Währungsbezeichnung „€"-Zeichen (23.7.2022)

119 I ab 1.00 € (in bestimmten Portostufen) schwarz; Unterdruck: mehrfarbig . . dy 2,30 2,30 10,—

120 I ab 1.00 € (in bestimmten Portostufen) schwarz; Unterdruck: mehrfarbig . . dz 2,30 2,30 10,—

121 I ab 1.00 € (in bestimmten Portostufen) schwarz; Unterdruck: mehrfarbig . ea 2,30 2,30 10,—

122 I ab 1.00 € (in bestimmten Portostufen) schwarz; Unterdruck: mehrfarbig . eb 2,30 2,30 10,—

123 I ab 1.00 € (in bestimmten Portostufen) schwarz; Unterdruck: mehrfarbig . . ec 2,30 2,30 10,—

124 I ab 1.00 € (in bestimmten Portostufen) schwarz; Unterdruck: mehrfarbig . ed 2,30 2,30 10,—

125 I ab 1.00 € (in bestimmten Portostufen) schwarz; Unterdruck: mehrfarbig . ee 2,30 2,30 10,—

126 I ab 1.00 € (in bestimmten Portostufen) schwarz; Unterdruck: mehrfarbig . . . . ef 2,30 2,30 10,—

II = Werteindruck mit Währungsbezeichnung „EURO" (Ende 2022)

119 II ab 1.00 € (in bestimmten Portostufen) schwarz; Unterdruck: mehrfarbig . dy 2,30 2,30 10,—

120 II ab 1.00 € (in bestimmten Portostufen) schwarz; Unterdruck: mehrfarbig . dz 2,30 2,30 10,—

121 II ab 1.00 € (in bestimmten Portostufen) schwarz; Unterdruck: mehrfarbig . ea 2,30 2,30 10,—

122 II ab 1.00 € (in bestimmten Portostufen) schwarz; Unterdruck: mehrfarbig . eb 2,30 2,30 10,—

123 II ab 1.00 € (in bestimmten Portostufen) schwarz; Unterdruck: mehrfarbig . ec 2,30 2,30 10,—

124 II ab 1.00 € (in bestimmten Portostufen) schwarz; Unterdruck: mehrfarbig . ed 2,30 2,30 10,—

125 II ab 1.00 € (in bestimmten Portostufen) schwarz; Unterdruck: mehrfarbig . ee 2,30 2,30 10,—

126 II ab 1.00 € (in bestimmten Portostufen) schwarz; Unterdruck: mehrfarbig . ef 2,30 2,30 10,—

Weitere von der An Post ausgewählte Ergänzungswerte sind erhältlich (ab 0.10 €).

Laufzeit: Type I = ab 23.7.2020, Type II = ab Ende 2022

2020, 23. Juli. Freimarken. Odr.; Rollen; Streifen ph.; selbstklebend; Thermodruck; gestanzt 11.

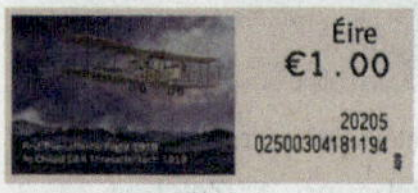

eg) Erster Transatlantikflug (1919): Verkehrsflugzeug „Vicker's Vimy"

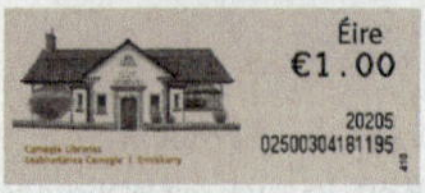

eh) Carnegie-Bibliothek, Enniskerry

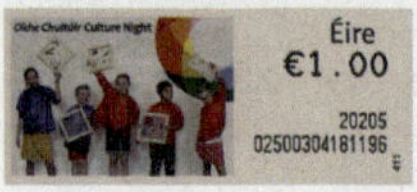

ei) Kulturfestival „Culture Night": Kinder mit Herbarbelegen

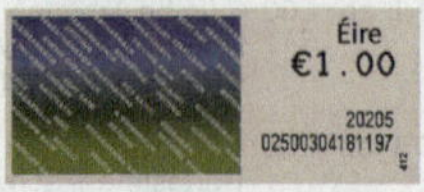

ek) Inschrift, stilisierte Darstellung von irischer Landschaft und Regen

127 ab 1.00 € (in bestimmten Portostufen) schwarz; Unterdruck: mehrfarbig . . . eg 2,30 2,30 10,—

128 ab 1.00 € (in bestimmten Portostufen) schwarz; Unterdruck: mehrfarbig . . . eh 2,30 2,30 10,—

129 ab 1.00 € (in bestimmten Portostufen) schwarz; Unterdruck: mehrfarbig . . . ei 2,30 2,30 10,—

130 ab 1.00 € (in bestimmten Portostufen) schwarz; Unterdruck: mehrfarbig . . . ek 2,30 2,30 10,—

Weitere von der An Post ausgewählte Ergänzungswerte sind erhältlich (ab 0.10 €).

2022, 31. März. Kunst auf Briefmarken (I). Odr.; Rollen; Streifen ph.; selbstklebend; Thermodruck; gestanzt 11.

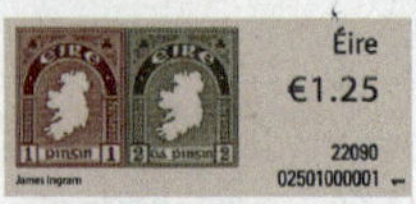

el) Marken MiNr. 41 und 43

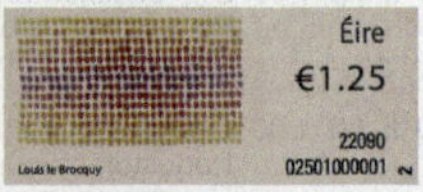

em) Symbolik

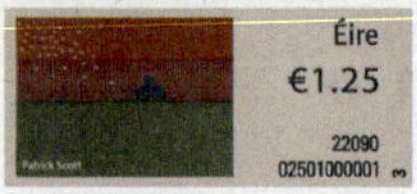

en) Feld mit Traktor, Möwen

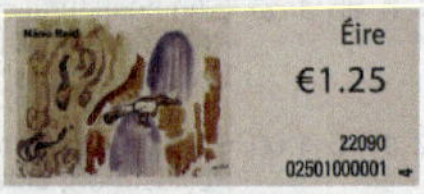

eo) Seevogel und Sehenswürdigkeit; Gemälde von Nano Reid (1900–1981), Maler

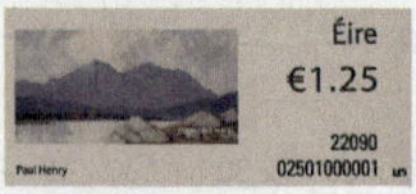

ep) Landschaft im Westen Irlands (ca. 1932–35); Gemälde von Paul Henry (1876–1958), Maler

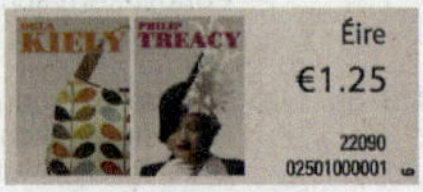

er) Tasche von Orla Kiely (*1963), Modedesignerin; Hut von Philip Treacy (*1967), Modedesigner

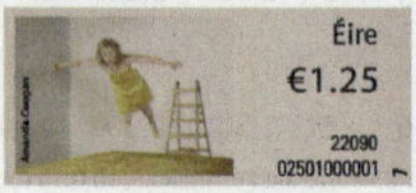

es) The Fall (2009); Live-Performance von Amanda Coogan (*1971)

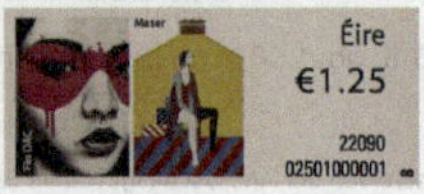

et) Die glorreichen Sieben (Detail); Wandgemälde von Fin DAC, eigentlich Finbarr Notte, im Point Village, Dublin; Sitzende Frau; Wandgemälde von Maser, eigentlich Al Hester (*1981), in Limerick

I = Werteindruck „€"-Zeichen dünn, mit Rahmen (31.3.2022)

131 I 0.01 € – 99.99 € (in Stufen von 0.01 €) schwarz; Unterdruck: mehrfarbig . . . . . el 2,90 2,90 15,—

132 I 0.01 € – 99.99 € (in Stufen von 0.01 €) schwarz; Unterdruck: mehrfarbig . . . . em 2,90 2,90 15,—

133 I 0.01 € – 99.99 € (in Stufen von 0.01 €) schwarz; Unterdruck: mehrfarbig . . . . . en 2,90 2,90 15,—

134 I 0.01 € – 99.99 € (in Stufen von 0.01 €) schwarz; Unterdruck: mehrfarbig eo 2,90 2,90 15,—

135 I 0.01 € – 99.99 € (in Stufen von 0.01 €) schwarz; Unterdruck: mehrfarbig . . . . ep 2,90 2,90 15,—

136 I 0.01 € – 99.99 € (in Stufen von 0.01 €) schwarz; Unterdruck: mehrfarbig . . . . . er 2,90 2,90 15,—

137 I 0.01 € – 99.99 € (in Stufen von 0.01 €) schwarz; Unterdruck: mehrfarbig . . . . . es 2,90 2,90 15,—

138 I 0.01 € – 99.99 € (in Stufen von 0.01 €) schwarz; Unterdruck: mehrfarbig . . . . . et 2,90 2,90 15,—

II = Werteindruck „€"-Zeichen dünn, ohne Rahmen (7.6.2022)

131 II 0.01 € – 99.99 € (in Stufen von 0.01 €) schwarz; Unterdruck: mehrfarbig . . . . . el 2,90 2,90 15,—

132 II 0.01 € – 99.99 € (in Stufen von 0.01 €) schwarz; Unterdruck: mehrfarbig em 2,90 2,90 15,—

133 II 0.01 € – 99.99 € (in Stufen von 0.01 €) schwarz; Unterdruck: mehrfarbig . . . . . en 2,90 2,90 15,—

134 II 0.01 € – 99.99 € (in Stufen von 0.01 €) schwarz; Unterdruck: mehrfarbig . . . . eo 2,90 2,90 15,—

135 II 0.01 € – 99.99 € (in Stufen von 0.01 €) schwarz; Unterdruck: mehrfarbig . . . . ep 2,90 2,90 15,—

136 II 0.01 € – 99.99 € (in Stufen von 0.01 €) schwarz; Unterdruck: mehrfarbig . . . . . er 2,90 2,90 15,—

137 II 0.01 € – 99.99 € (in Stufen von 0.01 €) schwarz; Unterdruck: mehrfarbig . . . . es 2,90 2,90 15,—

138 II 0.01 € – 99.99 € (in Stufen von 0.01 €) schwarz; Unterdruck: mehrfarbig . . . . . et 2,90 2,90 15,—

III = Werteindruck „€"-Zeichen fett, ohne Rahmen

131 III 0.01 € – 99.99 € (in Stufen von 0.01 €) schwarz; Unterdruck: mehrfarbig . . . . el 2,90 2,90 15,—

132 III 0.01 € – 99.99 € (in Stufen von 0.01 €) schwarz; Unterdruck: mehrfarbig . em 2,90 2,90 15,—

133 III 0.01 € – 99.99 € (in Stufen von 0.01 €) schwarz; Unterdruck: mehrfarbig . en 2,90 2,90 15,—

134 III 0.01 € – 99.99 € (in Stufen von 0.01 €) schwarz; Unterdruck: mehrfarbig . eo 2,90 2,90 15,—

135 III 0.01 € – 99.99 € (in Stufen von 0.01 €) schwarz; Unterdruck: mehrfarbig . ep 2,90 2,90 15,—

136 III 0.01 € – 99.99 € (in Stufen von 0.01 €) schwarz; Unterdruck: mehrfarbig . . . . er 2,90 2,90 15,—

137 III 0.01 € – 99.99 € (in Stufen von 0.01 €) schwarz; Unterdruck: mehrfarbig . . . . es 2,90 2,90 15,—

138 III 0.01 € – 99.99 € (in Stufen von 0.01 €) schwarz; Unterdruck: mehrfarbig . . . . et 2,90 2,90 15,—

IV = Werteindruck „EUR“

131 IV 0.01 € – 99.99 € (in Stufen von 0.01 €) schwarz; Unterdruck: mehrfarbig . . . . el 2,90 2,90 15,—

132 IV 0.01 € – 99.99 € (in Stufen von 0.01 €) schwarz; Unterdruck: mehrfarbig . em 2,90 2,90 15,—

133 IV 0.01 € – 99.99 € (in Stufen von 0.01 €) schwarz; Unterdruck: mehrfarbig . en 2,90 2,90 15,—

134 IV 0.01 € – 99.99 € (in Stufen von 0.01 €) schwarz; Unterdruck: mehrfarbig eo 2,90 2,90 15,—

135 IV 0.01 € – 99.99 € (in Stufen von 0.01 €) schwarz; Unterdruck: mehrfarbig . ep 2,90 2,90 15,—

136 IV 0.01 € – 99.99 € (in Stufen von 0.01 €) schwarz; Unterdruck: mehrfarbig . . . . er 2,90 2,90 15,—

137 IV 0.01 € – 99.99 € (in Stufen von 0.01 €) schwarz; Unterdruck: mehrfarbig . es 2,90 2,90 15,—

138 IV 0.01 € – 99.99 € (in Stufen von 0.01 €) schwarz; Unterdruck: mehrfarbig . . . . et 2,90 2,90 15,—

V = Werteindruck „EURO“

131 V 0.01 € – 99.99 € (in Stufen von 0.01 €) schwarz; Unterdruck: mehrfarbig . . . . el 2,90 2,90 15,—

132 V 0.01 € – 99.99 € (in Stufen von 0.01 €) schwarz; Unterdruck: mehrfarbig . em 2,90 2,90 15,—

133 V 0.01 € – 99.99 € (in Stufen von 0.01 €) schwarz; Unterdruck: mehrfarbig . . . . en 2,90 2,90 15,—

134 V 0.01 € – 99.99 € (in Stufen von 0.01 €) schwarz; Unterdruck: mehrfarbig . . . . eo 2,90 2,90 15,—

135 V 0.01 € – 99.99 € (in Stufen von 0.01 €) schwarz; Unterdruck: mehrfarbig . . . . ep 2,90 2,90 15,—

136 V 0.01 € – 99.99 € (in Stufen von 0.01 €) schwarz; Unterdruck: mehrfarbig . . . . er 2,90 2,90 15,—

137 V 0.01 € – 99.99 € (in Stufen von 0.01 €) schwarz; Unterdruck: mehrfarbig . . . . es 2,90 2,90 15,—

138 V 0.01 € – 99.99 € (in Stufen von 0.01 €) schwarz; Unterdruck: mehrfarbig . . . . . et 2,90 2,90 15,—

Laufzeit: Type I = ab 31.3.2022, Type II = ab 7.6.2022

2023, 14. Sept./2024, 17. März. Kunst auf Briefmarken (II). Odr.; Rollen; Streifen ph.; selbstklebend; Thermodruck; gestanzt 11.

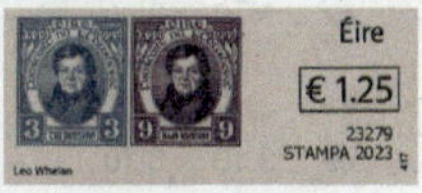

eu) Marken MiNr. 53–54

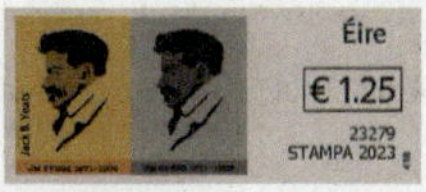

ev) John Millington Synge (1871–1909), Dichter; Gemälde von Jack Butler Yeats (1871–1957)

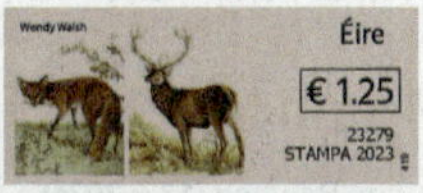

ew) Rotfuchs (Vulpes vulpes) und Rothirsch (Cervus elaphus)

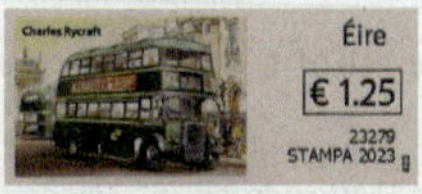

ex) Leyland-Titan-Doppeldecker (1931); College Green, Dublin

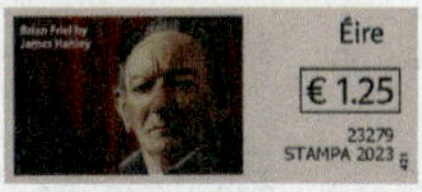

ey) Brian Friel (1929–2015), Dramatiker

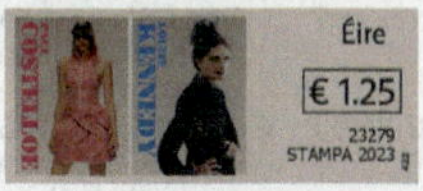

ez) Kleider von Paul Costelloe (*1945) und Louise Kennedy (*1960)

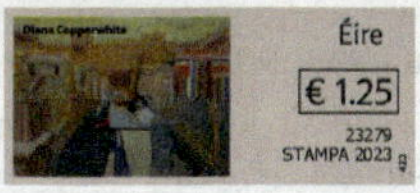

fa) Patterned Behaviour; Gemälde von Diana Copperwhite (*1969)

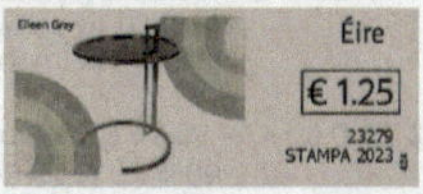

fb) Adjustable Table E.1027; Möbelstück von Eileen Green (1878–1976), Innenarchitektin und Designerin

I = Werteindruck „€“-Zeichen dünn, mit Rahmen (6.10.2023)

139 I 0.01 € – 99.99 € (in Stufen von 0.01 €) schwarz; Unterdruck: mehrfarbig . . . . . eu 3,10 3,10 15,—

140 I 0.01 € – 99.99 € (in Stufen von 0.01 €) schwarz; Unterdruck: mehrfarbig . . . . . ev 3,10 3,10 15,—

141 I 0.01 € – 99.99 € (in Stufen von 0.01 €) schwarz; Unterdruck: mehrfarbig . . . . ew 3,10 3,10 15,—

142 I 0.01 € – 99.99 € (in Stufen von 0.01 €) schwarz; Unterdruck: mehrfarbig . . . . . ex 3,10 3,10 15,—

143 I 0.01 € – 99.99 € (in Stufen von 0.01 €) schwarz; Unterdruck: mehrfarbig ey 3,10 3,10 15,—

144 I 0.01 € – 99.99 € (in Stufen von 0.01 €) schwarz; Unterdruck: mehrfarbig ez 3,10 3,10 15,—

145 I 0.01 € – 99.99 € (in Stufen von 0.01 €) schwarz; Unterdruck: mehrfarbig fa 3,10 3,10 15,—

146 I 0.01 € – 99.99 € (in Stufen von 0.01 €) schwarz; Unterdruck: mehrfarbig fb 3,10 3,10 15,—

II = Werteindruck „€“-Zeichen dünn, ohne Rahmen (14.9.2023)

139 II 0.01 € – 99.99 € (in Stufen von 0.01 €) schwarz; Unterdruck: mehrfarbig eu 3,10 3,10 15,—

140 II 0.01 € – 99.99 € (in Stufen von 0.01 €) schwarz; Unterdruck: mehrfarbig . . . . ev 3,10 3,10 15,—

141 II 0.01 € – 99.99 € (in Stufen von 0.01 €) schwarz; Unterdruck: mehrfarbig . . . . ew 3,10 3,10 15,—

143 II 0.01 € – 99.99 € (in Stufen von 0.01 €) schwarz; Unterdruck: mehrfarbig .... ex 3,10 3,10 15,—

144 II 0.01 € – 99.99 € (in Stufen von 0.01 €) schwarz; Unterdruck: mehrfarbig .... ez 3,10 3,10 15,—

145 II 0.01 € – 99.99 € (in Stufen von 0.01 €) schwarz; Unterdruck: mehrfarbig ..... fa 3,10 3,10 15,—

146 II 0.01 € – 99.99 € (in Stufen von 0.01 €) schwarz; Unterdruck: mehrfarbig ..... fb 3,10 3,10 15,—

III = Werteindruck „€“-Zeichen fett, ohne Rahmen (17.2.2024)

139 III 0.01 € – 99.99 € (in Stufen von 0.01 €) schwarz; Unterdruck: mehrfarbig . eu 3,10 3,10 15,—

140 III 0.01 € – 99.99 € (in Stufen von 0.01 €) schwarz; Unterdruck: mehrfarbig .... ev 3,10 3,10 15,—

141 III 0.01 € – 99.99 € (in Stufen von 0.01 €) schwarz; Unterdruck: mehrfarbig . ew 3,10 3,10 15,—

142 III 0.01 € – 99.99 € (in Stufen von 0.01 €) schwarz; Unterdruck: mehrfarbig .... ex 3,10 3,10 15,—

143 III 0.01 € – 99.99 € (in Stufen von 0.01 €) schwarz; Unterdruck: mehrfarbig .... ey 3,10 3,10 15,—

144 III 0.01 € – 99.99 € (in Stufen von 0.01 €) schwarz; Unterdruck: mehrfarbig .... ez 3,10 3,10 15,—

145 III 0.01 € – 99.99 € (in Stufen von 0.01 €) schwarz; Unterdruck: mehrfarbig .... fa 3,10 3,10 15,—

146 III 0.01 € – 99.99 € (in Stufen von 0.01 €) schwarz; Unterdruck: mehrfarbig .... fb 3,10 3,10 15,—

IV = Werteindruck „EURO“ fett, ohne Rahmen (2025)

139 IV 0.01 € – 99.99 € (in Stufen von 0.01 €) schwarz; Unterdruck: mehrfarbig . eu 3,10 3,10 15,—

140 IV 0.01 € – 99.99 € (in Stufen von 0.01 €) schwarz; Unterdruck: mehrfarbig . ev 3,10 3,10 15,—

141 IV 0.01 € – 99.99 € (in Stufen von 0.01 €) schwarz; Unterdruck: mehrfarbig . ew 3,10 3,10 15,—

142 IV 0.01 € – 99.99 € (in Stufen von 0.01 €) schwarz; Unterdruck: mehrfarbig . ex 3,10 3,10 15,—

143 IV 0.01 € – 99.99 € (in Stufen von 0.01 €) schwarz; Unterdruck: mehrfarbig . ey 3,10 3,10 15,—

144 IV 0.01 € – 99.99 € (in Stufen von 0.01 €) schwarz; Unterdruck: mehrfarbig . ez 3,10 3,10 15,—

145 IV 0.01 € – 99.99 € (in Stufen von 0.01 €) schwarz; Unterdruck: mehrfarbig .... fa 3,10 3,10 15,—

146 IV 0.01 € – 99.99 € (in Stufen von 0.01 €) schwarz; Unterdruck: mehrfarbig .... fb 3,10 3,10 15,—

Laufzeit: Type I = ab 6.10.2023, Type II = ab 14.9.2023, Type III = ab 17.2.2024, Type IV ab 2025

2025, 19. Juni. Kunst auf Briefmarken (III). Odr.; Rollen; Streifen ph.; selbstklebend; Thermodruck; gestanzt 11.

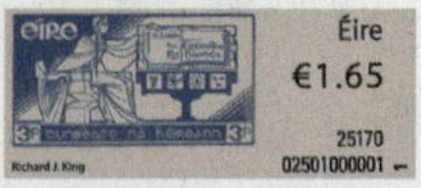

fc) Marke MiNr. 66; von Richard King (1907–1974), Glaskünstler und Illustrator

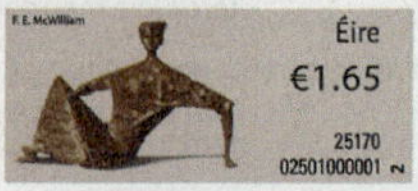

fd) Liegende Figur (1963); Skulptur von Frederick McWilliam (1909–1992), Bildhauer (Motiv von MiNr. 406)

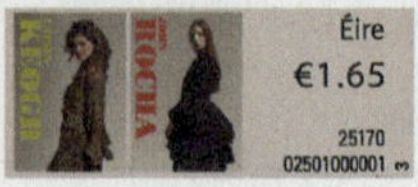

fe) Kleider von Lainey Keogh (*1957) und John Rocha (*1953) (Motive von MiNr. 1938–1939)

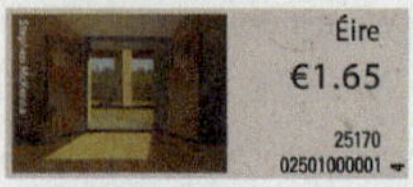

ff) Doors and Sunlight; von Stephen McKenna (1939–2017) (Motiv von MiNr. 2047)

I = Werteindruck „€“-Zeichen dünn

147 I 0.01 € – 99.99 € (in Stufen von 0.01 €) schwarz; Unterdruck: mehrfarbig ..... fc 3,10 3,10 15,—

148 I 0.01 € – 99.99 € (in Stufen von 0.01 €) schwarz; Unterdruck: mehrfarbig ..... fd 3,10 3,10 15,—

149 I 0.01 € – 99.99 € (in Stufen von 0.01 €) schwarz; Unterdruck: mehrfarbig ..... fe 3,10 3,10 15,—

150 I 0.01 € – 99.99 € (in Stufen von 0.01 €) schwarz; Unterdruck: mehrfarbig .... ff 3,10 3,10 15,—

II = Werteindruck „€“-Zeichen fett

147 II 0.01 € – 99.99 € (in Stufen von 0.01 €) schwarz; Unterdruck: mehrfarbig ..... fc 3,10 3,10 15,—

148 II 0.01 € – 99.99 € (in Stufen von 0.01 €) schwarz; Unterdruck: mehrfarbig ..... fd 3,10 3,10 15,—

149 II 0.01 € – 99.99 € (in Stufen von 0.01 €) schwarz; Unterdruck: mehrfarbig ..... fe 3,10 3,10 15,—

150 II 0.01 € – 99.99 € (in Stufen von 0.01 €) schwarz; Unterdruck: mehrfarbig ..... ff 3,10 3,10 15,—

Laufzeit: ab 19.6.2025

Neuheiten

Sonderdrucke

Bei diesen Ausgaben handelt es sich um frankaturgültige Briefmarken, die in nur einem Druckgang (daher immer mit fester Wertstufe) hergestellt wurden und nicht aus Automaten stammen. Sie werden nur von der Versandstelle abgegeben. Die Katalognummern der Sonderdrucke richten sich nach den jeweils bildgleichen Automatenmarken.

2010, 22. Juli. Wildblumen. Ldr., Rollen; Papier ph.; selbstklebend; □.

			✶✶	⊙
9 So	0.55 € mehrfarbig	i	1,10	1,10
10 So	0.55 € mehrfarbig	k	1,10	1,10
11 So	0.55 € mehrfarbig	l	1,10	1,10
12 So	0.55 € mehrfarbig	m	1,10	1,10
		Satzpreis (4 W.)	4,40	4,40
		Viererstreifen	4,40	
		FDC		6,—

2010, 8. Sept. Tiere (I). Ldr., Rollen; Papier ph.; selbstklebend; □.

13 So	0.55 € mehrfarbig	n	1,10	1,10
14 So	0.55 € mehrfarbig	o	1,10	1,10
15 So	0.55 € mehrfarbig	p	1,10	1,10
16 So	0.55 € mehrfarbig	r	1,10	1,10
17 So	0.55 € mehrfarbig	s	1,10	1,10
18 So	0.55 € mehrfarbig	t	1,10	1,10
19 So	0.55 € mehrfarbig	u	1,10	1,10
20 So	0.55 € mehrfarbig	v	1,10	1,10
		Satzpreis (8 W.)	8,80	8,80
		2 Viererstreifen	8,80	

2010, 4. Nov. Weihnachten. Odr., Rolle; Papier ph.; selbstklebend; gestanzt 11.

21 So	0.55 € mehrfarbig	w	1,10	1,10
22 So	0.82 € mehrfarbig	x	1,70	1,70
		Satzpreis (2 W.)	2,80	2,80

2011, 21. Juli. Tiere (II). Ldr., Rollen; Papier ph.; selbstklebend; □.

23 So	0.55 € mehrfarbig	y	1,10	1,10
24 So	0.55 € mehrfarbig	z	1,10	1,10
25 So	0.55 € mehrfarbig	aa	1,10	1,10
26 So	0.55 € mehrfarbig	ab	1,10	1,10
27 So	0.55 € mehrfarbig	ac	1,10	1,10
28 So	0.55 € mehrfarbig	ad	1,10	1,10
29 So	0.55 € mehrfarbig	ae	1,10	1,10
30 So	0.55 € mehrfarbig	af	1,10	1,10
		Satzpreis (8 W.)	8,80	8,80
		2 Viererstreifen	8,80	

2011, 10. Nov. Weihnachten. Odr., Rolle; Papier ph.; selbstklebend; gestanzt 11.

31 So	0.55 € mehrfarbig	ag	1,10	1,10
32 So	0.82 € mehrfarbig	ah	1,70	1,70
		Satzpreis (2 W.)	2,80	2,80

2012, 9. Aug. Tiere (III). Ldr., Rollen; Papier ph.; selbstklebend; □.

33 So	0.60 € mehrfarbig	ai	1,10	1,10
34 So	0.60 € mehrfarbig	ak	1,10	1,10
35 So	0.60 € mehrfarbig	al	1,10	1,10
36 So	0.60 € mehrfarbig	am	1,10	1,10
37 So	0.60 € mehrfarbig	an	1,10	1,10
38 So	0.60 € mehrfarbig	ao	1,10	1,10
39 So	0.60 € mehrfarbig	ap	1,10	1,10
40 So	0.60 € mehrfarbig	ar	1,10	1,10
		Satzpreis (8 W.)	8,80	8,80
		2 Viererstreifen	8,80	

2013, 2. April. Tiere (III). Odr. (5×5); Papier ph.; selbstklebend; gestanzt 11.

A 34 So	0.10 € mehrfarbig	ak	*10,—*	*10,—*
A 38 So	0.05 € mehrfarbig	ao	*15,—*	*15,—*
A 40 So	1.00 € mehrfarbig	ar	*30,—*	*30,—*
		Satzpreis (3 W.)	55,—	55,—

2012, 8. Nov. Weihnachten. Odr., Rolle; Papier ph.; selbstklebend; gestanzt 11.

41 So	0.55 € mehrfarbig	as	1,10	1,10
42 So	0.82 € mehrfarbig	at	1,70	1,70
		Satzpreis (2 W.)	2,80	2,80

2013, 1. Aug. Tiere (IV). Ldr., Rollen; Papier ph.; selbstklebend; gestanzt 11.

43 So	0.60 € mehrfarbig	au	1,20	1,20
44 So	0.60 € mehrfarbig	av	1,20	1,20
45 So	0.60 € mehrfarbig	aw	1,20	1,20
46 So	0.60 € mehrfarbig	ax	1,20	1,20
47 So	0.60 € mehrfarbig	ay	1,20	1,20
48 So	0.60 € mehrfarbig	az	1,20	1,20
49 So	0.60 € mehrfarbig	ba	1,20	1,20
50 So	0.60 € mehrfarbig	bb	1,20	1,20
		Satzpreis (8 W.)	9,50	9,50
		2 Viererstreifen	9,50	

2013, 7. Nov. Weihnachten. Odr., Rolle; Papier ph.; selbstklebend; gestanzt 11.

51 So	0.60 € mehrfarbig	bc	1,20	1,20
52 So	0.90 € mehrfarbig	bd	1,80	1,80
		Satzpreis (2 W.)	3,—	3,—

2014, 31. Juli. Tiere (V). Ldr., Rollen; Papier ph.; selbstklebend; gestanzt 11.

53 So	0.68 € mehrfarbig	be	1,50	1,50
54 So	0.68 € mehrfarbig	bf	1,50	1,50
55 So	0.68 € mehrfarbig	bg	1,50	1,50
56 So	0.68 € mehrfarbig	bh	1,50	1,50
57 So	0.68 € mehrfarbig	bi	1,50	1,50
58 So	0.68 € mehrfarbig	bk	1,50	1,50
59 So	0.68 € mehrfarbig	bl	1,50	1,50
60 So	0.68 € mehrfarbig	bm	1,50	1,50
		Satzpreis (8 W.)	12,—	12,—
		2 Viererstreifen	12,—	

2014, 6. Nov. Weihnachten. Odr., Rolle; Papier ph.; selbstklebend; gestanzt 11.

61 So	0.68 € mehrfarbig	bn	1,60	1,60
62 So	1.00 € mehrfarbig	bo	2,30	2,30
		Satzpreis (2 W.)	3,80	3,80

2015, 5. Nov. Weihnachten. Odr., Rolle; Streifen ph.; selbstklebend; gestanzt 11.

63 So	0.70 € mehrfarbig	bp	1,60	1,60
64 So	1.05 € mehrfarbig	br	2,40	2,40
		Satzpreis (2 W.)	4,—	4,—

FDC siehe nach MiNr. 2155

Auflage: 15.000 Sätze

2016, 21. Jan. 100. Jahrestag des Osteraufstandes. Ldr., Rolle; Streifen ph.; selbstklebend; gestanzt 11.

65 So	0.70 € mehrfarbig	bs	1,60	1,60
66 So	0.70 € mehrfarbig	bt	1,60	1,60
67 So	0.70 € mehrfarbig	bu	1,60	1,60
68 So	0.70 € mehrfarbig	bv	1,60	1,60
69 So	0.70 € mehrfarbig	bw	1,60	1,60
70 So	0.70 € mehrfarbig	bx	1,60	1,60
71 So	0.70 € mehrfarbig	by	1,60	1,60
72 So	0.70 € mehrfarbig	bz	1,60	1,60
73 So	0.70 € mehrfarbig	ca	1,60	1,60
74 So	0.70 € mehrfarbig	cb	1,60	1,60
75 So	0.70 € mehrfarbig	cc	1,60	1,60
76 So	0.70 € mehrfarbig	cd	1,60	1,60
77 So	0.70 € mehrfarbig	ce	1,60	1,60
78 So	0.70 € mehrfarbig	cf	1,60	1,60
79 So	0.70 € mehrfarbig	cg	1,60	1,60
80 So	0.70 € mehrfarbig	ch	1,60	1,60
		Satzpreis (16 W.)	26,—	26,—
		4 Viererstreifen	26,—	26,—
		4 FDC		35,—

Auflage: 15.000 Sätze

2016, 3. Nov. Weihnachten. Odr., Rolle; Streifen ph.; selbstklebend; gestanzt 11.

81 So	0.72 € mehrfarbig	ci	1,70	1,70
82 So	1.10 € mehrfarbig	ck	2,50	2,50
		Satzpreis (2 W.)	4,20	4,20

Auflage: 15.000 Sätze

FDC siehe nach MiNr. 2207.

2017, 12. Jan. Geschichte Irlands in 100 Objekten. Odr., Rollen; Streifen ph.; selbstklebend; gestanzt 11.

83 So	0.72 € mehrfarbig	cl	1,70	1,70
84 So	0.72 € mehrfarbig	cm	1,70	1,70
85 So	0.72 € mehrfarbig	cn	1,70	1,70
86 So	0.72 € mehrfarbig	co	1,70	1,70
87 So	0.72 € mehrfarbig	cp	1,70	1,70
88 So	0.72 € mehrfarbig	cr	1,70	1,70
89 So	0.72 € mehrfarbig	cs	1,70	1,70
90 So	0.72 € mehrfarbig	ct	1,70	1,70
		Satzpreis (8 W.)	13,60	13,60
		Achterstreifen	13,60	13,60
		2 FDC		18,—

2017, 2. Nov. Weihnachten. Odr., Rolle; Streifen ph.; selbstklebend; gestanzt 11.

91 So	1 € mehrfarbig	cu	2,30	2,30
92 So	1.35 € mehrfarbig	cv	3,10	3,10
		Satzpreis (2 W.)	5,40	5,40

FDC siehe nach MiNr. 2244.

Auflage: 15.000 Sätze

2018, 25. Jan. Geschichte Irlands in 100 Objekten (II). Odr., Rollen; Streifen ph.; selbstklebend; gestanzt 11.

93 So	1.00 € mehrfarbig	cw	2,30	2,30
94 So	1.00 € mehrfarbig	cx	2,30	2,30
95 So	1.00 € mehrfarbig	cy	2,30	2,30
96 So	1.00 € mehrfarbig	cz	2,30	2,30
97 So	1.00 € mehrfarbig	da	2,30	2,30
98 So	1.00 € mehrfarbig	db	2,30	2,30
99 So	1.00 € mehrfarbig	dc	2,30	2,30
100 So	1.00 € mehrfarbig	dd	2,30	2,30
		Satzpreis (8 W.)	18,—	18,—
		Achterstreifen	18,—	18,—
		2 FDC		23,—

2018, 2. Aug. Freimarken; Europa: Brücken. Odr., Rollen; Streifen ph.; selbstklebend; gestanzt 11.

101 So	1.00 € mehrfarbig	de	2,30	2,30
102 So	1.00 € mehrfarbig	df	2,30	2,30
103 So	1.00 € mehrfarbig	dg	2,30	2,30
104 So	1.00 € mehrfarbig	dh	2,30	2,30
105 So	1.00 € mehrfarbig	di	2,30	2,30
106 So	1.00 € mehrfarbig	dk	2,30	2,30
107 So	1.00 € mehrfarbig	dl	2,30	2,30
108 So	1.00 € mehrfarbig	dm	2,30	2,30
		Satzpreis (8 W.)	18,—	18,—
		2 Viererstreifen	18,—	18,—

MiNr. 102 So trägt die Inschrift „EUROPA".

2019, 31. Jan. Geschichte Irlands in 100 Objekten (III). Odr., Rollen; Streifen ph.; selbstklebend; gestanzt 11.

109 So	1.00 € mehrfarbig	dn	2,30	2,30
110 So	1.00 € mehrfarbig	do	2,30	2,30
111 So	1.00 € mehrfarbig	dp	2,30	2,30
112 So	1.00 € mehrfarbig	dr	2,30	2,30
113 So	1.00 € mehrfarbig	ds	2,30	2,30
114 So	1.00 € mehrfarbig	dt	2,30	2,30
115 So	1.00 € mehrfarbig	du	2,30	2,30
116 So	1.00 € mehrfarbig	dv	2,30	2,30
		Satzpreis (8 W.)	18,—	18,—
		2 Viererstreifen	18,—	18,—

2019, 2. Mai. 100. Jahrestag der ersten Sitzung des Unterhauses des irischen Parlamentes (Dáil Éireann); Organspende. Odr., Rolle; Streifen ph.; selbstklebend; gestanzt 11.

117 So	1.00 € mehrfarbig	dw	2,30	2,30
118 So	1.00 € mehrfarbig	dx	2,30	2,30
		Satzpreis (2 W.)	4,60	4,60

Auflage: 15.000 Sätze

2020, 23. Juli. Geschichte Irlands in 100 Objekten (IV). Odr., Rollen; Streifen ph.; selbstklebend; gestanzt 11.

119 So	1.00 € mehrfarbig	dy	2,30	2,30
120 So	1.00 € mehrfarbig	dz	2,30	2,30
121 So	1.00 € mehrfarbig	ea	2,30	2,30
122 So	1.00 € mehrfarbig	eb	2,30	2,30
123 So	1.00 € mehrfarbig	ec	2,30	2,30
124 So	1.00 € mehrfarbig	ed	2,30	2,30
125 So	1.00 € mehrfarbig	ee	2,30	2,30
126 So	1.00 € mehrfarbig	ef	2,30	2,30
		Satzpreis (8 W.)	18,—	18,—
		2 FDC		25,—
		2 Viererstreifen	18,—	18,—

2020, 23. Juli. Freimarken. Odr., Rollen; Streifen ph.; selbstklebend; gestanzt 11.

127 So	1.00 € mehrfarbig	eg	2,30	2,30
128 So	1.00 € mehrfarbig	eh	2,30	2,30
129 So	1.00 € mehrfarbig	ei	2,30	2,30
130 So	1.00 € mehrfarbig	ek	2,30	2,30
		Satzpreis (4 W.)	9,20	9,20
		Viererstreifen	9,20	9,20

2022, 31. März. Kunst auf Briefmarken (I). Odr., Rollen; Streifen ph.; selbstklebend; gestanzt 11.

131 So	1.25 € mehrfarbig	el	2,90	2,90
132 So	1.25 € mehrfarbig	em	2,90	2,90
133 So	1.25 € mehrfarbig	en	2,90	2,90
134 So	1.25 € mehrfarbig	eo	2,90	2,90
135 So	1.25 € mehrfarbig	ep	2,90	2,90
136 So	1.25 € mehrfarbig	er	2,90	2,90
137 So	1.25 € mehrfarbig	es	2,90	2,90
138 So	1.25 € mehrfarbig	et	2,90	2,90
		Satzpreis (8 W.)	23,20	23,20
		Achterstreifen	23,20	23,20

MiNr. 138 So mit Zudruck „STAMPA" ist privaten Ursprungs, aber von der Post genehmigt.

2023, 14. Sept. Kunst auf Briefmarken (II). Odr.; Rollen; Streifen ph.; selbstklebend; Thermodruck; gestanzt 11.

139 So	1.35 € schwarz; Unterdruck: mfg.	eu	3,10	3,10
140 So	1.35 € schwarz; Unterdruck: mfg.	ev	3,10	3,10
142 So	1.35 € schwarz; Unterdruck: mfg.	ex	3,10	3,10
141 So	1.35 € schwarz; Unterdruck: mfg.	ew	3,10	3,10
143 So	1.35 € schwarz; Unterdruck: mfg.	ey	3,10	3,10
144 So	1.35 € schwarz; Unterdruck: mfg.	ez	3,10	3,10
145 So	1.35 € schwarz; Unterdruck: mfg.	fa	3,10	3,10
146 So	1.35 € schwarz; Unterdruck: mfg.	fb	3,10	3,10
		Satzpreis (8 W.)	24,80	24,80
		Achterstreifen	24,80	24,80

2023, 14. Sept. Kunst auf Briefmarken (III). Odr.; Rollen; Streifen ph.; selbstklebend; Thermodruck; gestanzt 11.

147 So	1.65 € schwarz; Unterdruck: mehrfarbig	fc	3,10	3,10
148 So	1.65 € schwarz; Unterdruck: mehrfarbig	fd	3,10	3,10
149 So	1.65 € schwarz; Unterdruck: mehrfarbig	fe	3,10	3,10
150 So	1.65 € schwarz; Unterdruck: mehrfarbig	ff	3,10	3,10
		Satzpreis (4 W.)	24,80	24,80
		Viererstreifen	24,80	24,80

Verzeichnis der Markenheftchen

MH-MiNr.	Bezeichnung	Ausgabe-Datum	Nominale/Postpreis	Enthält H-Blatt	Preis
A 1	Schwert des Lichts	1931	2/-	A 1-A 4	3000,—
A 2	Schwert des Lichts	1940	2/-	A 1-A 2, A 4-A 5	*9000,—*
A 3	Schwert des Lichts	1940	2/-	A 5-A 8	*9000,—*
A 4	Provinzwappen	1. 12. 1966	5/-	A 9 (2x)	60,—
1	Irische Kunst	11. 3. 1974	50 P.	1, 2, 3	25,—
2	Irische Kunst	11. 3. 1974	50 P.	4 (2x)	30,—
3	Irische Kunst	27. 1. 1975	40 P.	1, 4, 5	6,—
4	Irische Kunst	27. 1. 1975	70 P.	4, 5 (je 2x)	12,—
5	Irische Kunst	21. 3. 1977	50 P.	1, 5, 6	32,—
6	Irische Architektur	15. 8. 1983	1 £	7	6,—
7	Irische Architektur	9. 7. 1984	2.26£/2 £	8	15,—
8	Irische Architektur	27. 6. 1985	1 £	9	9,—
9	Irische Architektur	27. 6. 1985	2 £	10	10,—
10	Irische Architektur	8. 9. 1986	2 £	11	9,—
11	Irische Architektur	24. 11. 1988	2 £	12	11,—
12	Automobile	11. 4. 1989	2.41 £	13, 14	15,—
13	Grußmarken	22. 3. 1990	2.24 £/ 1.98 £	15, 16	17,—
14	150 Jahre Briefmarken	3. 5. 1990	6 £	17–20	50,—
15	Gartenblumen	30. 8. 1990	2.59 £	21, 22	18,—
16	Irische Kunstschätze	15. 11. 1990	1 £	23	7,50
17	Dublin-Kulturstadt Europas	11. 4. 1991	2.60 £	24, 25	10,—
18	Irische Kunstschätze	14. 5. 1991	1 £	26	6,—
19	Fischfang, Irische Kunstschätze	17. 10. 1991	5 £	27–30	25,—
20	Grußmarken	2. 4. 1992	2.24 £	31, 32	13,—
21	Impressionisten	4. 3. 1993	4.68 £	33–36	20,—
22	Irische Kunstschätze	24. 9. 1993	1 £	37	10,—
23	Omnibusse	12. 10. 1993	2.84 £	38, 39	11,—
24	Grußmarken	27. 1. 1994	2.56 £	40, 41	11,—
25	Irische Kunstschätze	2. 3. 1994	1 £	42	10,—
26	Irisches Parlament, Europäisches Parlament	27. 4. 1994	1.92 £	43, 44	10,—
27	Nobelpreisträger	18. 10. 1994	4.84 £	45–48	17,—
28	Grußmarken	24. 1. 1995	2.56 £	49, 50	10,—
29	Uniformen	15. 5. 1995	4.80 £	51–54	16,—
30	Botanische Gärten	9. 10. 1995	2.60 £	55, 56	10,—
31	Irische Kunstschätze	16. 11. 1995	1 £	57	10,—
32	Grußmarken	23. 1. 1996	2.56 £	58, 59	13,—
33	Pferderennen	13. 3. 1996	4.92 £	60–63	20,—
34	Irische Marine	18. 7. 1996	2.24 £	64, 65	10,—
35	Grußmarken	28. 1. 1997	2.56 £	66, 67	10,—
36	Vögel, Irische Kunstschätze	6. 3. 1997	1 £	68	9,—
37	Leuchttürme	1. 7. 1997	4.64 £	69–72	18,—
38	Vögel	6. 12. 1997	1 £	73	15,—
39	Grußmarken	26. 1. 1998	2.56 £	74, 75	11,—
40	Pioniere der Luftfahrt	24. 2. 1998	5.20 £	76–79	18,—
41	Vögel	2. 4. 1998	1 £	80	7,—
42	Grußmarken	6. 5. 1998	2.40 £	81, 82	10,—
43	Hochseeregatta	20. 7. 1998	2.65 £	83, 84	10,—
44 xF	Vögel	4. 9. 1998	3 £	85 xF	11,—
44 yF	Vögel	25. 1. 1999	3 £	85 yF	11,—
44 yG	Vögel	25. 4. 2001	3 £	85 yG	25,—
45	Grußmarken	26. 1. 1999	2.40 £	86, 87	10,—
46	Vögel	16. 2. 1999	1 £	88	7,—
47	Zivilluftfahrt	9. 9. 1999	4.91 £	89–92	20,—
48	Grußmarken	26. 1. 2000	3 £	93 (2), 94	11,—
49	Militärluftfahrt	9. 10. 2000	5.55 £	95–98	17,—
50	Süßwasserfische	9. 10. 2001	5.82 £/ 7.39 €	99–102	20,—
51	Vögel	1. 1. 2002	2 €	103	10,—

MH-MiNr.	Bezeichnung	Ausgabe-Datum	Nominale/Postpreis	Enthält H-Blatt	Preis
52	Vögel	6. 8. 2002	4.10 €	104	20,—
53	Vögel	6. 8. 2002	2 €	105	12,—
54	St.-Patricks- Tag	28. 2. 2003	7.40 €/ 8 €	106–109	20,—
55	Irische Nationalgalerie	9. 9. 2003	7.68 €/ 8 €	110, 111, 112 (2)	20,—
56	Vögel	30. 9. 2003	4.80 €	113	13,—
57	Vögel	30. 9. 2003	2 €	114	10,—
58	Shackleton-Expedition	19. 3. 2004	9.04 €/ 8 €	115–118	40,—
59	Wildblumen	9. 9. 2004	4.80 €	119	11,—
60	Literatur-Nobelpreisträger	1. 10. 2004	1.92 €	120	10,—
61	Ryder Cup, Straffan	14. 9. 2006	11.68 €	121–124	26,—
62	Die Planeten (I)	20. 4. 2007	10.64 €/ 12 €	125–128	30,—
63	Wildblumen	20. 4. 2007	2 €	129	10,—
64	RTW-Musiker	19. 6. 2007	10 €/ 11.50 €	130–133	28,—
65	Paul Henry	17. 4. 2008	8.80 €/ 9 €	134	18,—
66	Komponisten	14. 8. 2009	10.96 €/ 12 €	135–138	24,—
67	Showbands	23. 9. 2010	10.96 €/ 12 €	139–142	24,—
68	Kunsthandwerk	12. 5. 2011	2.75 €	143	5,50
69	Titanic	12. 4. 2012	10.96 €/ 12 €	144–147	26,—
70	Kunst (I)	25. 4. 2013	2.40 €	148	6,—
71	Aussperrung	22. 8. 2013	9 €/ 10 €	149–153	20,—
72	Kunst (II)	27. 3. 2014	2.40 €	154	5,60
73	Animationsindustrie	19. 3. 2015	10.88 €/ 12 €	155–158	28,—
74	Eileen Gray	13. 8. 2015	11.20 €/ 12 €	159–162	28,—
75	Leuchttürme	6. 10. 2016	11.52 €/ 13 €	163–166	32,—
76	Straßenkunst	21. 9. 2017	16 €	167–170	37,—

MH 18 gibt es mit 2 verschiedenen Heftchendeckeln.

MH 61 enthält zusätzlich Block 61, lose in Folientasche eingelegt.

Verzeichnis der Heftchenblätter

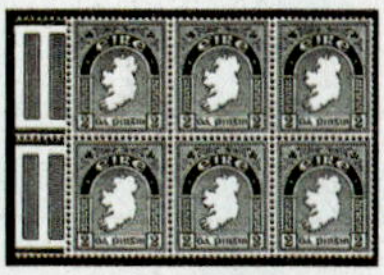

		★★	⊙
H-Blatt	**A 1 X** mit MiNr. 43 AX (6×)	300,—	320,—
H-Blatt	**A 1 Z** mit MiNr. 43 AZ (6×)	400,—	400,—

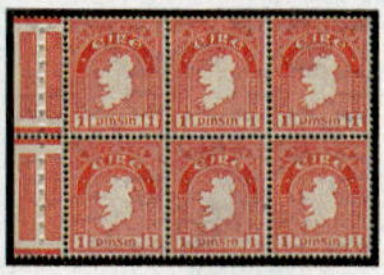

H-Blatt	**A 2 X** mit MiNr. 41 AX (6×)	300,—	320,—
H-Blatt	**A 2 Z** mit MiNr. 41 AZ (6×)	400,—	400,—

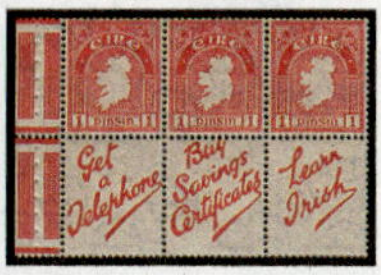

H-Blatt	**A 3 X** mit MiNr. 41 AX (3×)	900,—	900,—
H-Blatt	**A 3 Z** mit MiNr. 41 AZ (3×)	1000,—	1000,—
H-Blatt	**A 5 X** mit MiNr. 72 AX (3×)	—,—	—,—
H-Blatt	**A 5 Z** mit MiNr. 72 AZ (3×)	—,—	—,—

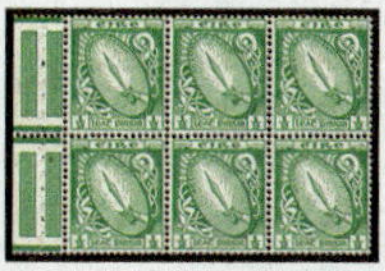

H-Blatt	**A 4 X** mit MiNr. 40 AX (6×)	350,—	420,—
H-Blatt	**A 4 Z** mit MiNr. 40 AZ (6×)	450,—	450,—
H-Blatt	**A 6 X** mit MiNr. 74 AX (6×)	12,—	12,—
H-Blatt	**A 6 Z** mit MiNr. 74 AZ (6×)	20,—	20,—
H-Blatt	**A 7 X** mit MiNr. 72 AX (6×)	6,—	6,—
H-Blatt	**A 7 Z** mit MiNr. 72 AZ (6×)	20,—	20,—
H-Blatt	**A 8 X** mit MiNr. 71 AX (6×)	320,—	—,—
H-Blatt	**A 8 Z** mit MiNr. 71 AZ (6×)	750,—	—,—
H-Blatt	**A 9 X** mit MiNr. 77 AX (6×)	30,—	—,—
H-Blatt	**A 9 Z** mit MiNr. 77 AZ (6×)	30,—	—,—
H-Blatt	**A 10 X** mit MiNr. 78 D II/II (6×)	30,—	—,—
H-Blatt	**A 10 Z** mit MiNr. 78 D II/II (6×)	30,—	—,—

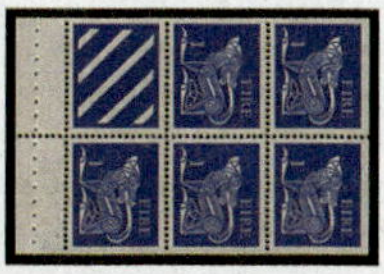

H-Blatt 1 mit MiNr. 251 XD (3×), 251 XE (2×) .. 2,— 4,—

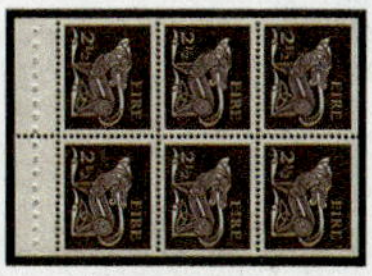

H-Blatt 2 mit MiNr. 254 XD (4×), 254 XE (2×) .. 16,— 25,—

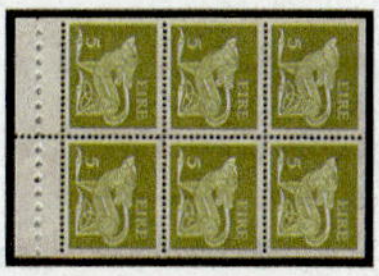

H-Blatt 3 mit MiNr. 298 XD (4×), 298 XE (2×) ... 6,— 10,—

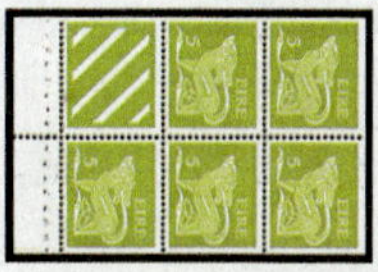

H-Blatt 4 mit MiNr. 298 XD (3×), 298 XE (2×) .... 5,— 4,—

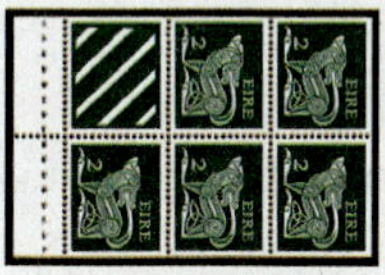

H-Blatt 5 mit MiNr. 253 XD (3×), 253 XE (2×) .... 2,— 3,—

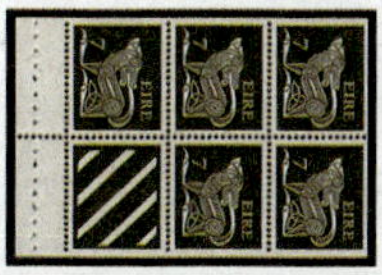

H-Blatt 6 mit MiNr. 318 D (3×), 318 E (2×) ...... 25,— 25,—

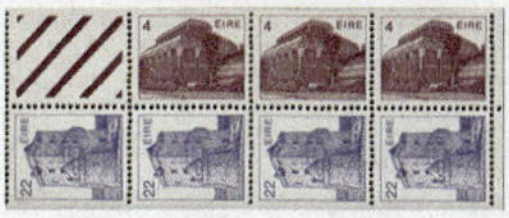

★★ =⊙

H-Blatt 7 mit MiNr. 487 DI, 495 DI 4,50

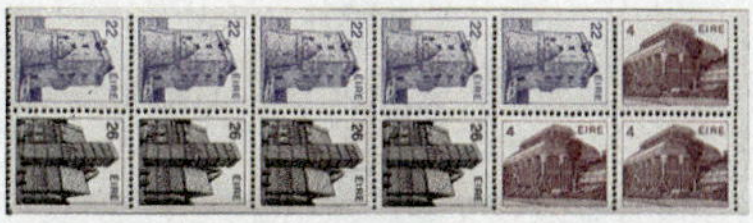

H-Blatt 8 mit MiNr. 487 DII, 495 DII, 497 DII .... 14,—

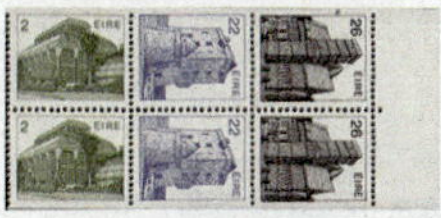

H-Blatt 9 mit MiNr. 485 D, 495 DI, 497 DI .... 8,—

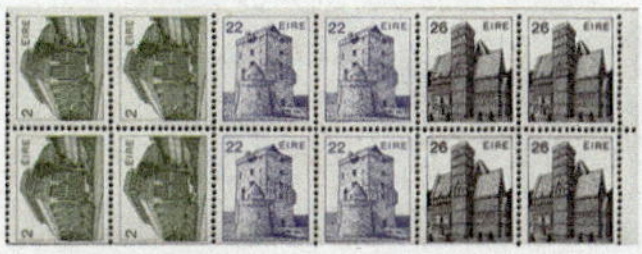

H-Blatt 10 mit MiNr. 485 D, 495 D, 497 D 9,50

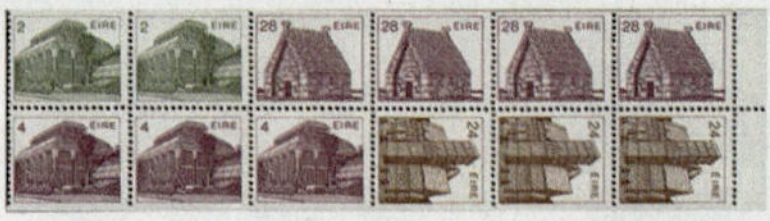

H-Blatt 11 mit MiNr. 485 D, 487 Dl, 571 D, 572 D 8,50

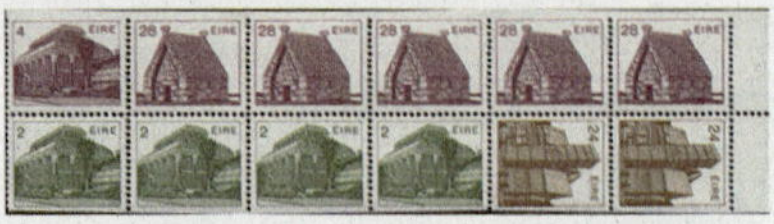

H-Blatt 12 mit MiNr. 485 D, 487 Dl, 571 D, 572 D .... 10,—

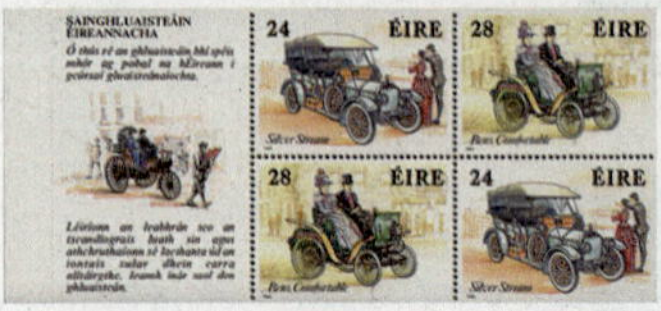

H-Blatt 13 mit MiNr. 671 D, 671 E, 672 D, 672 E .... 6,—

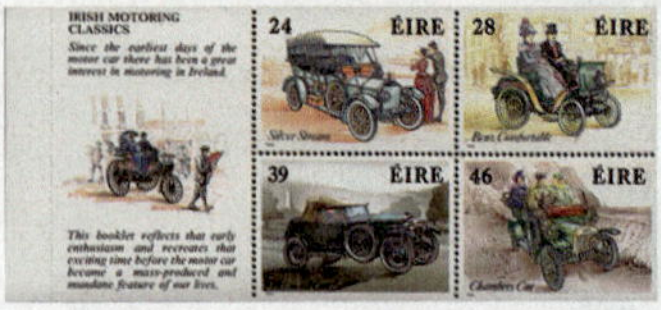

H-Blatt 14 mit MiNr. 671 D, 672 E, 673 D, 674 E .... 8,—

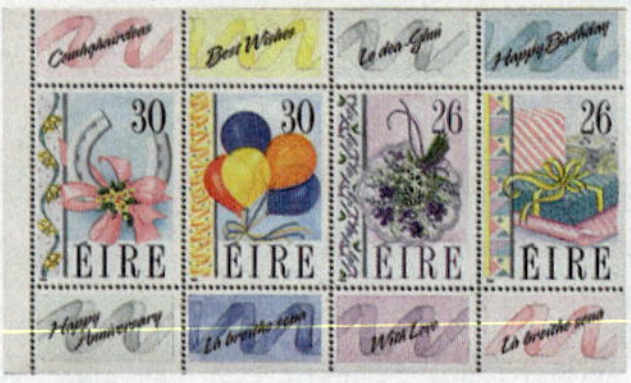

H-Blatt 15 mit MiNr. 708–711 .... 8,—

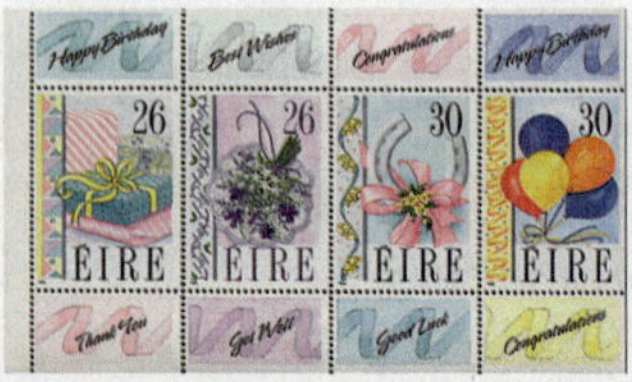

H-Blatt 16 mit MiNr. 708–711 .... 8,—

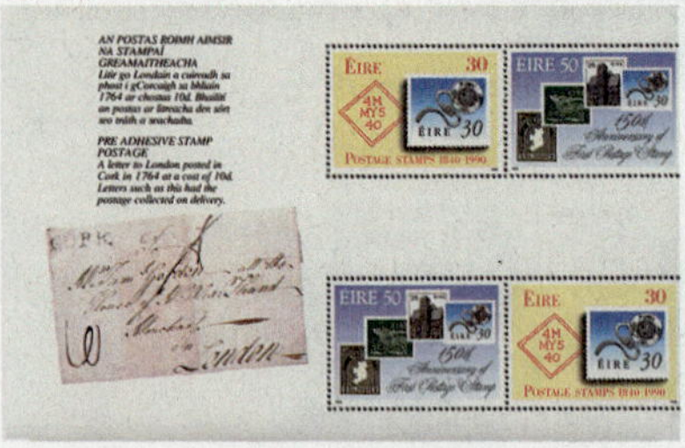

H-Blatt 17 mit MiNr. 718 A, 718 D, 719 A, 719 D 6,50

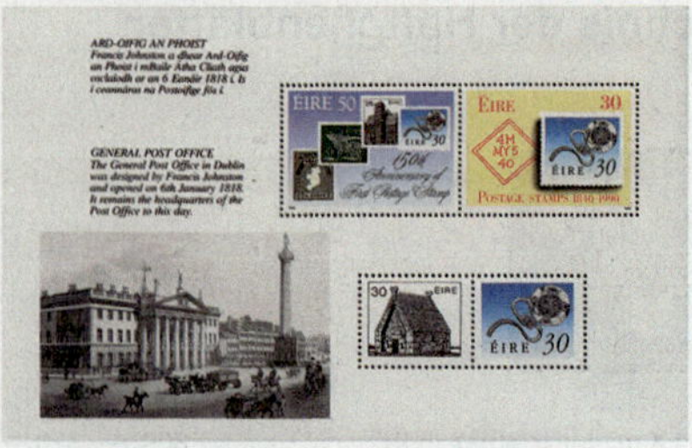

H-Blatt 18 mit MiNr. 499 F, 703 I F, 718 A, 719 A 8,50

H-Blatt 18 wurde auch als Einzelblatt („Ausstellungsblock") mit Zudruck „From London 1990 to New Zealand 1990" ausgegeben, ★★ 15,—.

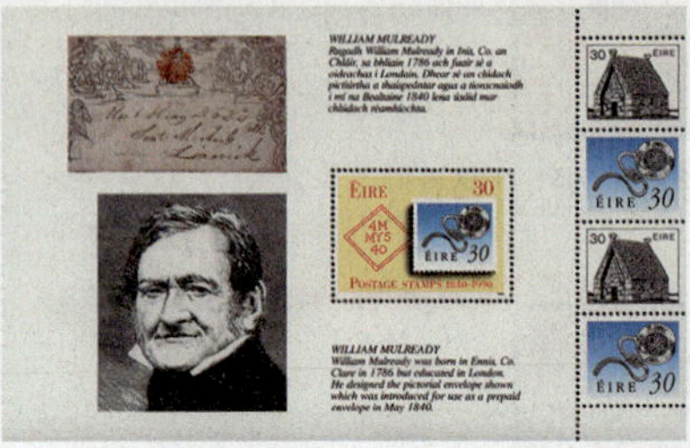

H-Blatt 19 mit Nr. 499 G (2×), 703 G (2×), 718 A .... 13,—

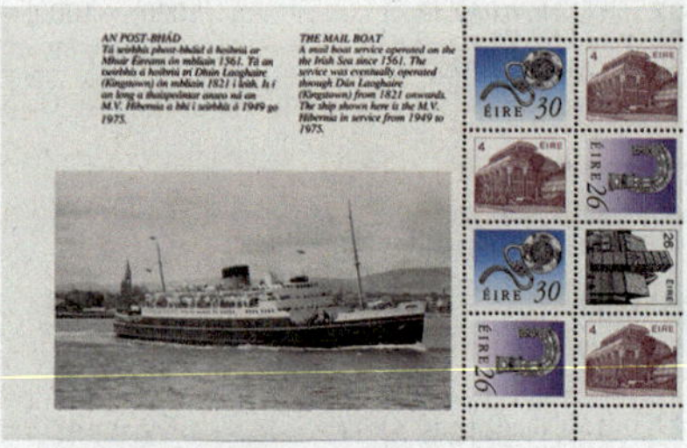

H-Blatt 20 mit MiNr. 487 F, 487 G (2×), 497 G, 702 I F, 702 I G, 703 I F (2×) .... 22,—

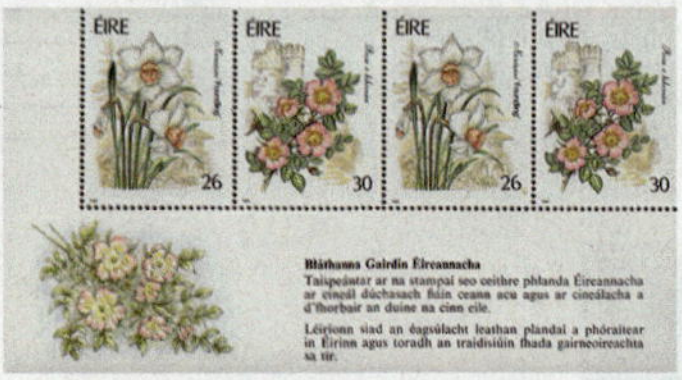

H-Blatt 21 mit MiNr. 729 D (2×), 730 D, 730 E 5,50

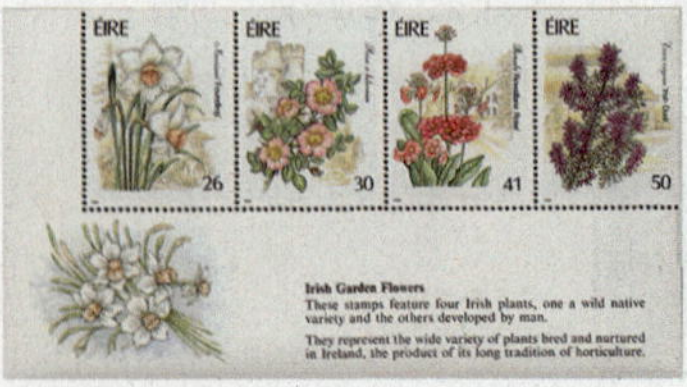

H-Blatt 22 mit MiNr. 729 D, 730 D, 731 D, 732 E 8,50

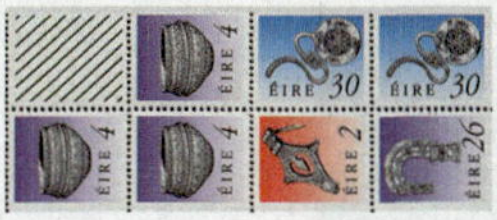

H-Blatt 23 mit MiNr. 702 I E, 703 I D, 703 I E, 724 I D, 725 I D (3×) 7,50

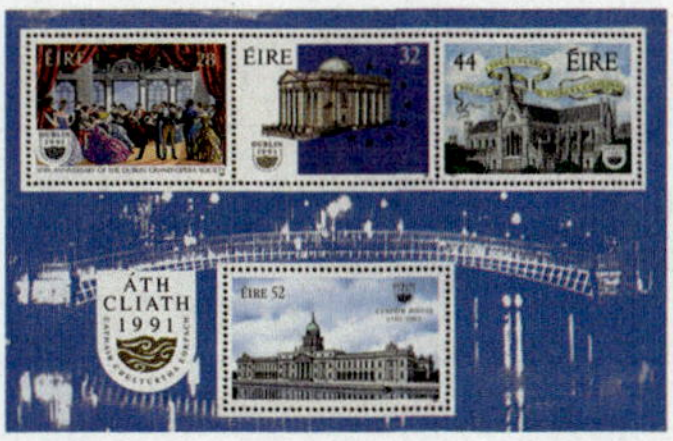

H-Blatt 24 mit MiNr. 755–758 5,60

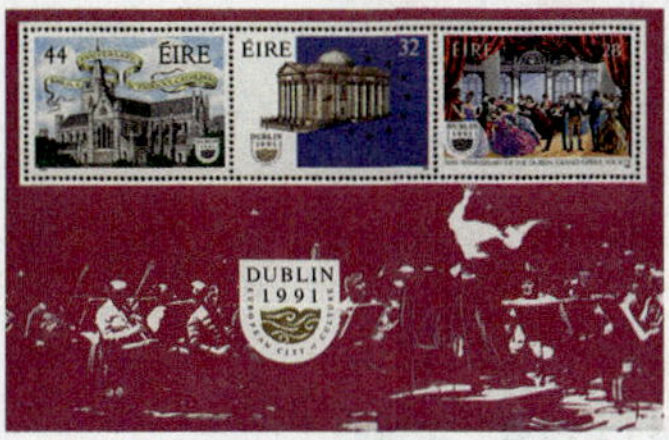

H-Blatt 25 mit MiNr. 755–757 .... 4,—

H-Blatt 25 U mit MiNr. 755 U–757 U .... *6000,—*

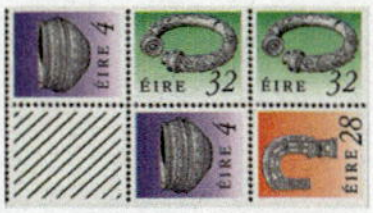

H-Blatt 26 mit MiNr. 704 II D, 704 II E, 725 II D (2×), 750 II E .... 6,—

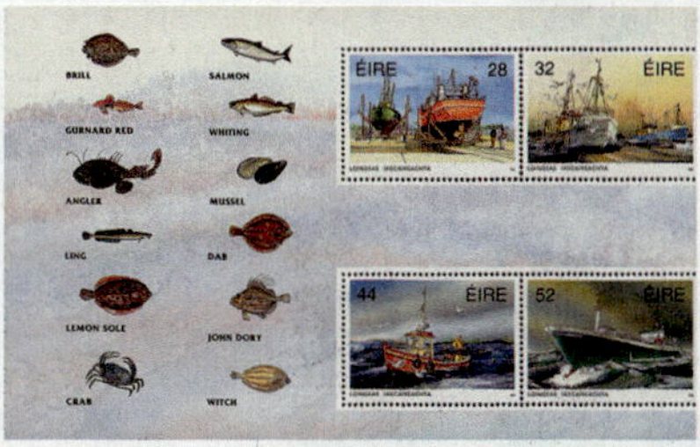

H-Blatt 27 mit MiNr. 771 A, 772 D, 773 A, 774 D .... 8,—

H-B 27 wurde auch als Einzelblatt mit zusätzlicher Inschrift „PHILANIPPON '91" ausgegeben, ★★ 40,—.

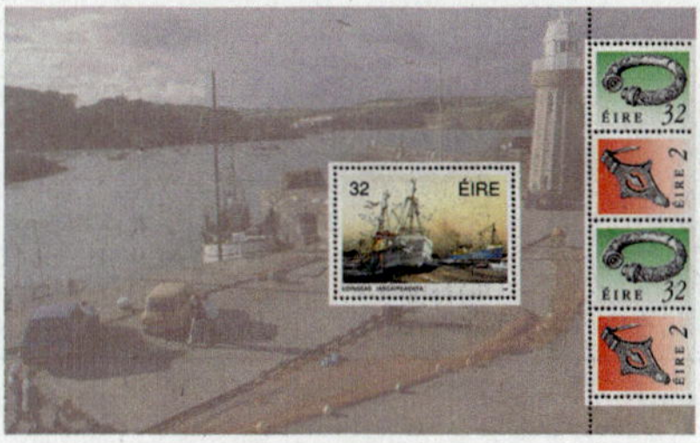

H-Blatt 28 mit MiNr. 704 I D, 724 I D, 772 A 5,50

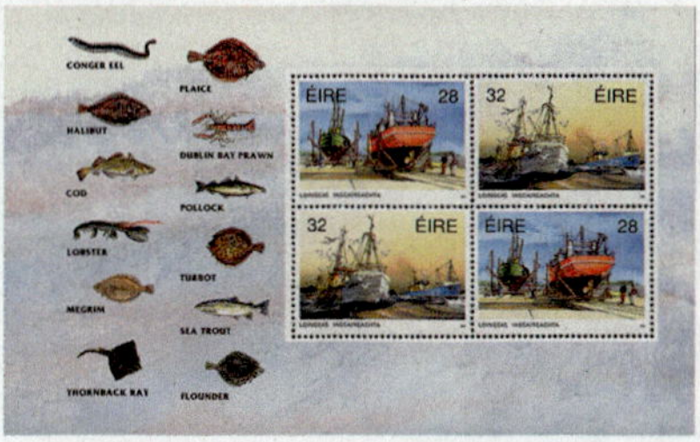

H-Blatt 29 mit MiNr. 771 A, 772 A .... 4,—

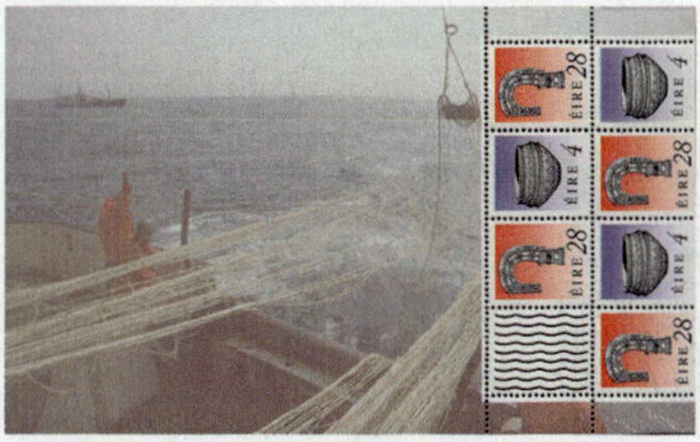

H-Blatt 30 mit MiNr. 725 I A, 725 I D, 750 I A (2×), 750 I D (2×) .... 10,—

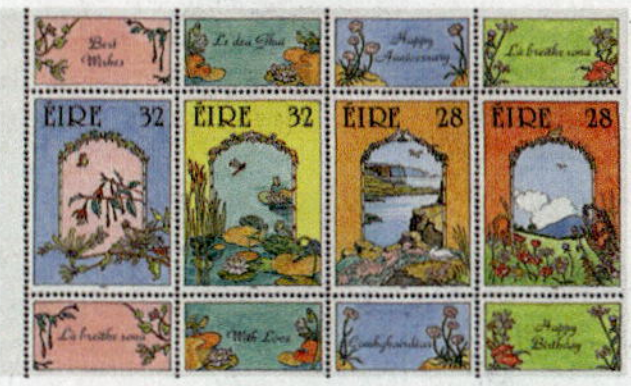

H-Blatt 31 mit MiNr. 788–791 6,50

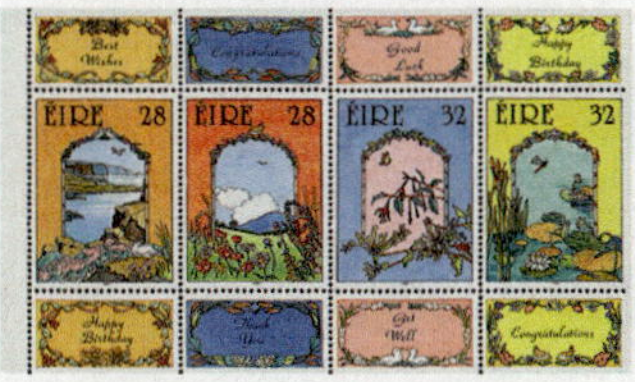

H-Blatt 32 mit MiNr. 788–791 6,50

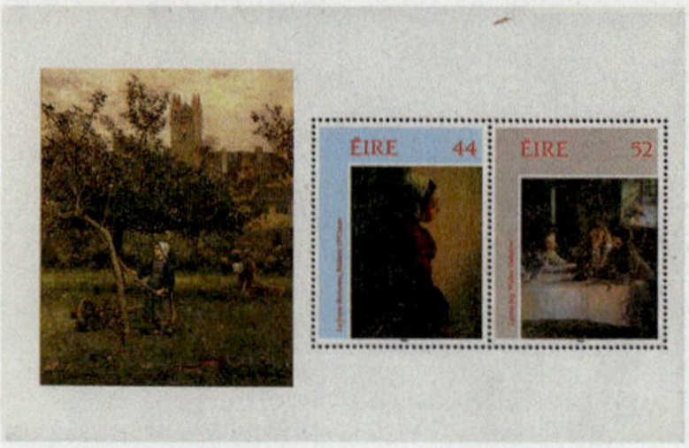

H-Blatt 33 mit MiNr. 819–820 3,50

Randbeschriftung „STAMPA '93“ ist privaten Ursprungs, aber von der Post genehmigt.

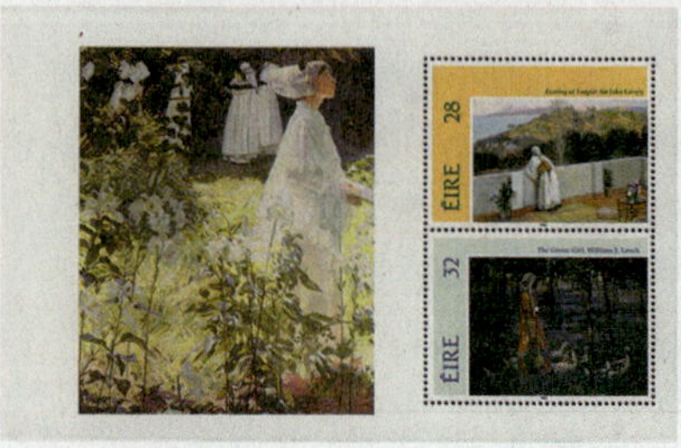

H-Blatt 34 mit MiNr. 817–818 2,60

Randbeschriftung „STAMPA '93“ ist privaten Ursprungs, aber von der Post genehmigt.

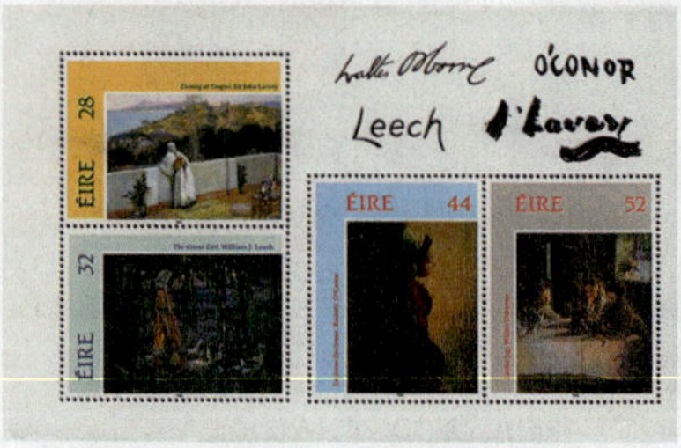

H-Blatt 35 mit MiNr. 817–820 6,50

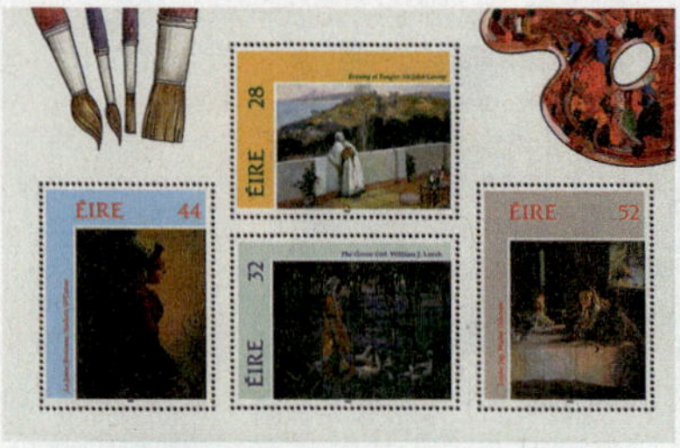

H-Blatt 36 mit MiNr. 817–820 6,50

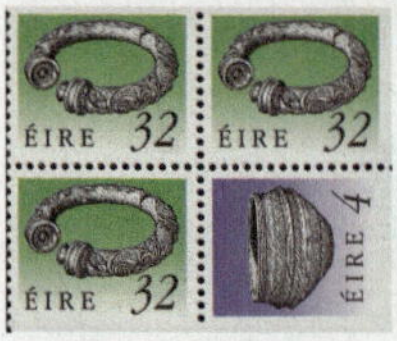

H-Blatt 37 mit MiNr. 704 I H, 704 I J (2×), 725 I J . . . . 9,—

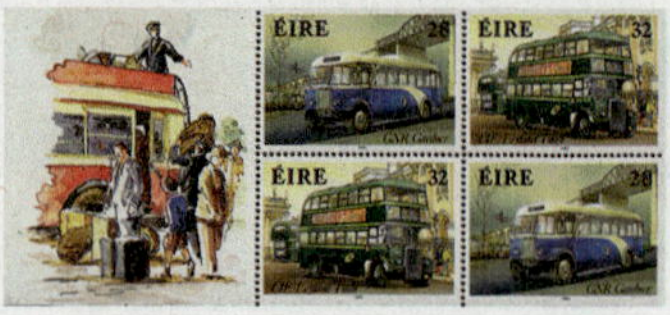

H-Blatt 38 mit MiNr. 835 D, 835 E, 836 D, 836 E 4,50

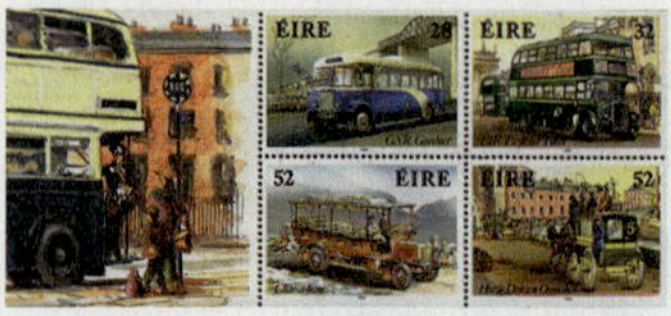

H-Blatt 39 mit MiNr. 835 D, 836 E, 837 E, 838 D 5,50

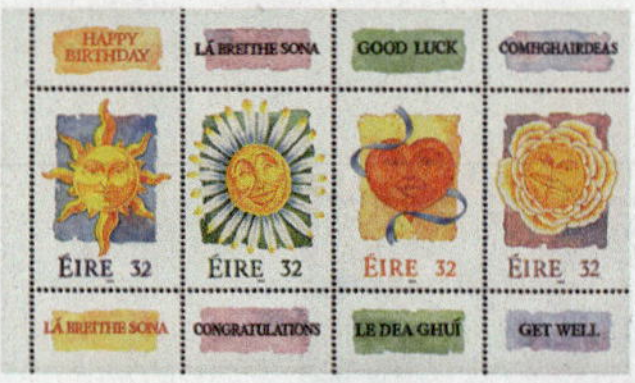

H-Blatt 40 mit MiNr. 845–848 5,50

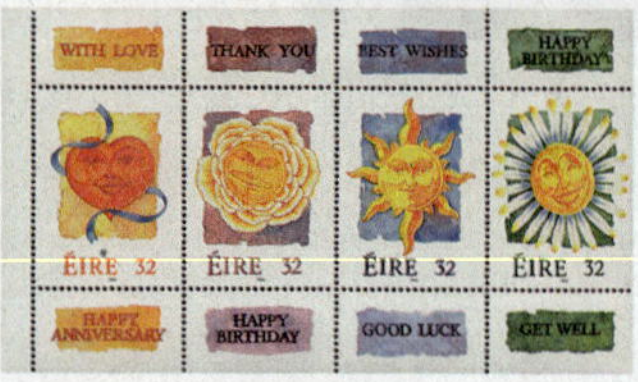

H-Blatt 41 mit MiNr. 845–848 5,50

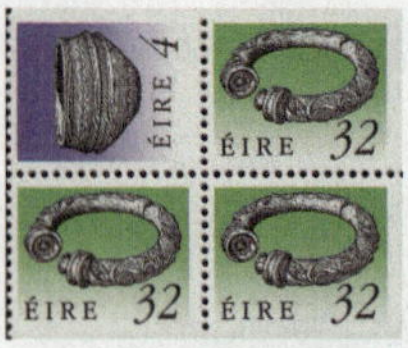

H-Blatt 42 mit MiNr. 704 I H, 704 I J (2×), 725 I H . . . . . . 8,—

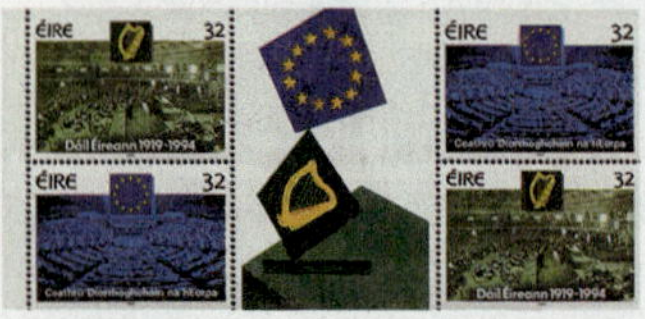

H-Blatt 43 mit MiNr. 853 D, 853 E, 854 D, 854 E . . . . 4,—

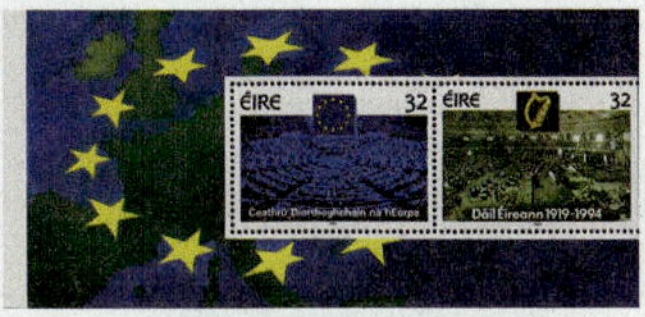

H-Blatt 44 mit MiNr. 853 D, 854 A 1,80

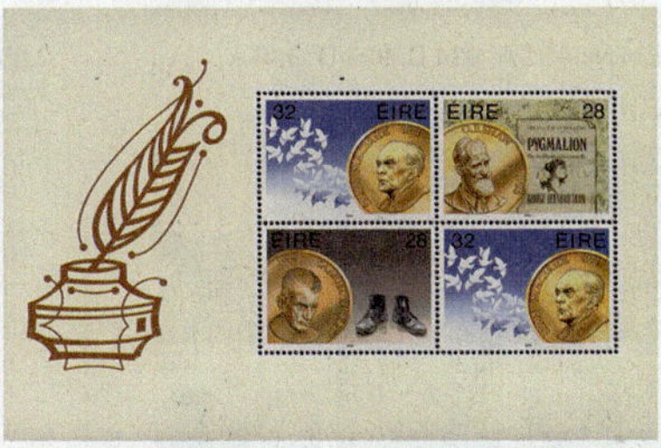

H-Blatt 45 mit MiNr. 874–876 3,60

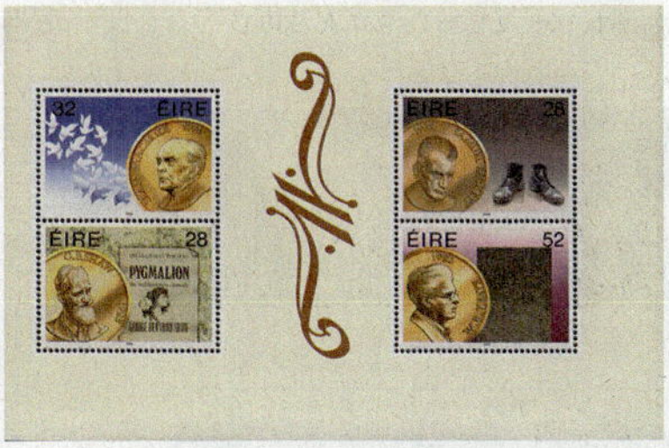

H-Blatt 46 mit MiNr. 874–877 4,20

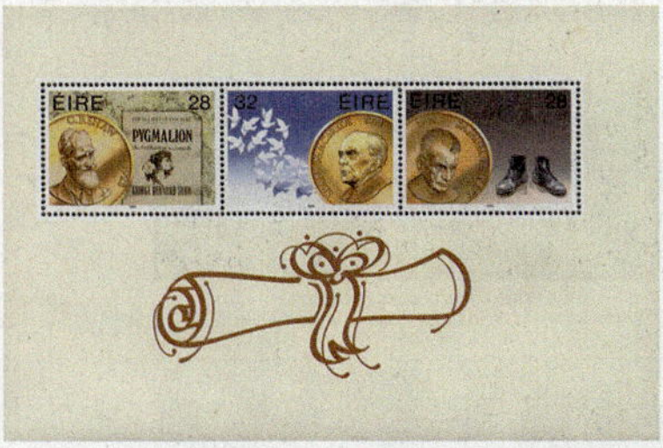

H-Blatt 47 mit MiNr. 874–876 2,60

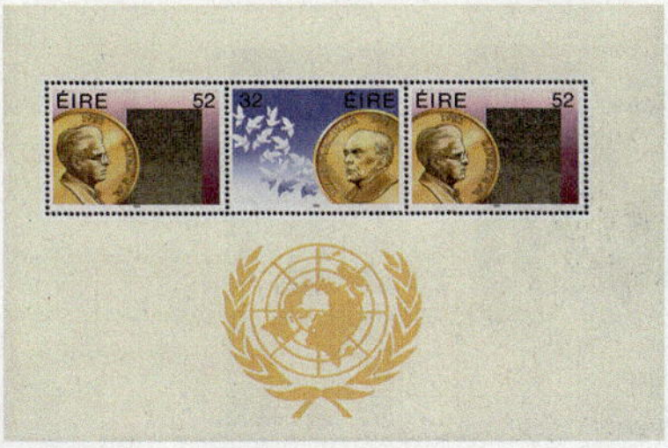

H-Blatt 48 mit MiNr. 876–877 4,20

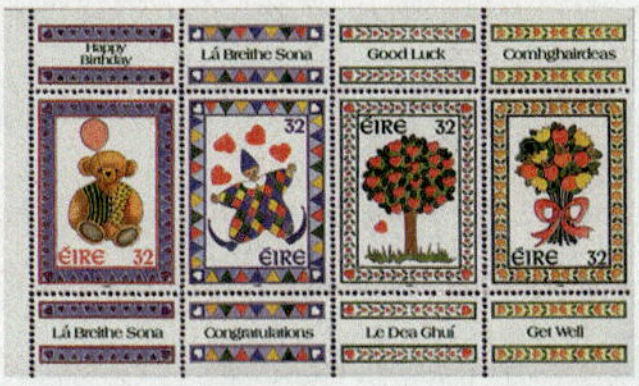

H-Blatt 49 mit MiNr. 882–885 .... 4,—

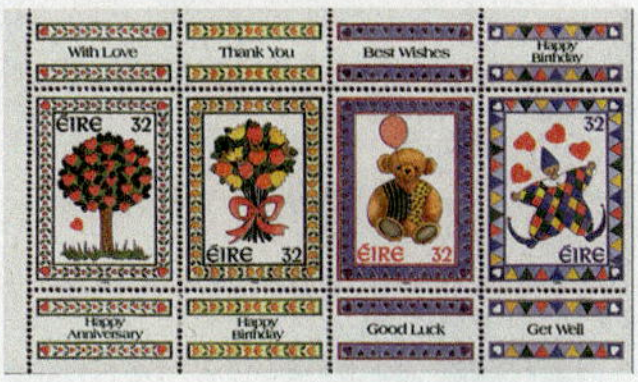

H-Blatt 50 mit MiNr. 882–885 .... 4,—

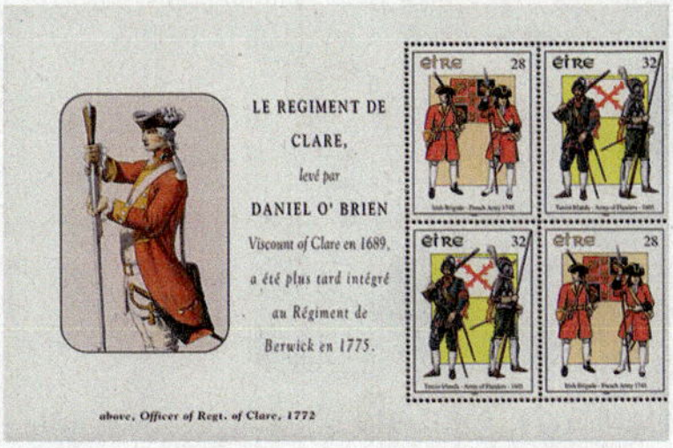

H-Blatt 51 mit MiNr. 898 A, 898 D, 899 A, 899 D 4,50

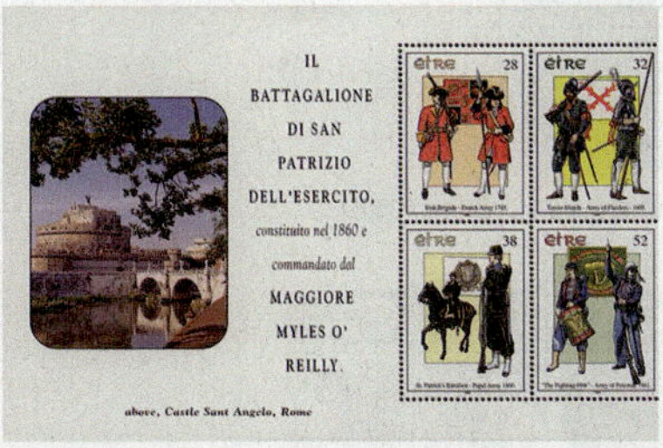

H-Blatt 52 mit MiNr. 898 A, 899 D, 901 A, 902 D 5,50

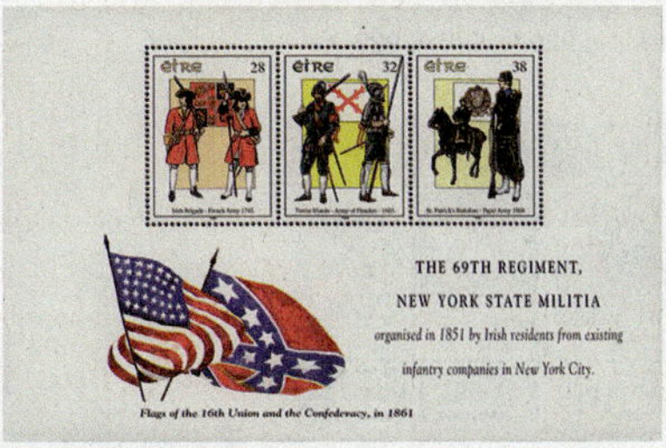

H-Blatt 53 mit MiNr. 898 A, 899 A, 901 A 2,80

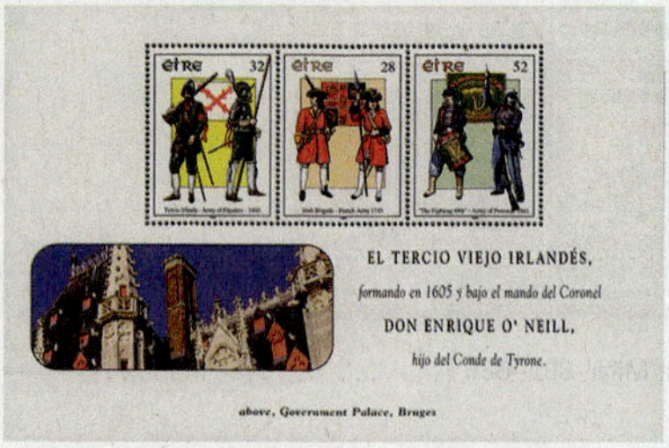

H-Blatt 54 mit MiNr. 898 A, 899 A, 902 A 3,20

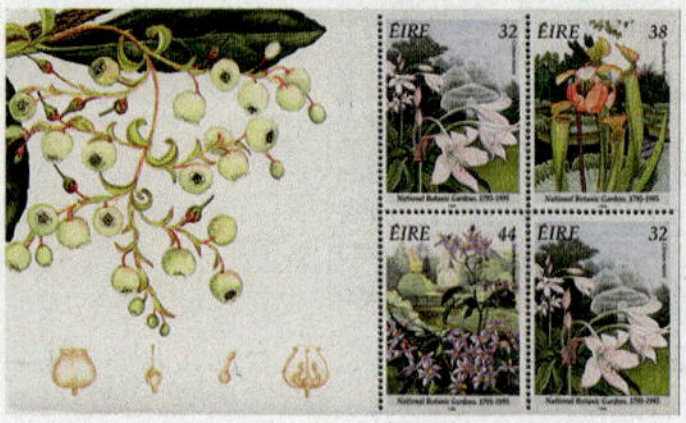

H-Blatt 55 mit MiNr. 917 D, 917 E, 918 E, 919 D . . . . 4,—

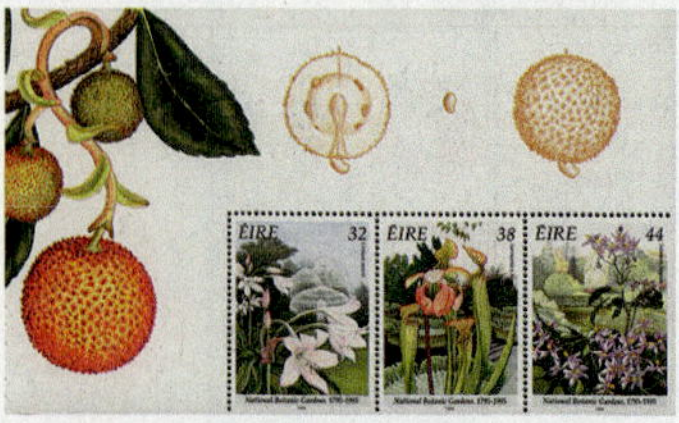

H-Blatt 56 mit MiNr. 917 D, 918 D, 919 E . . . . 3,—

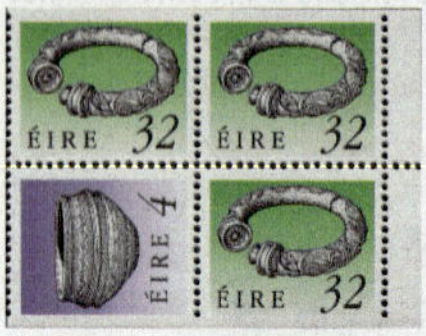

H-Blatt 57 mit MiNr. 704 I D (3×), 725 I D . . . . 8,—

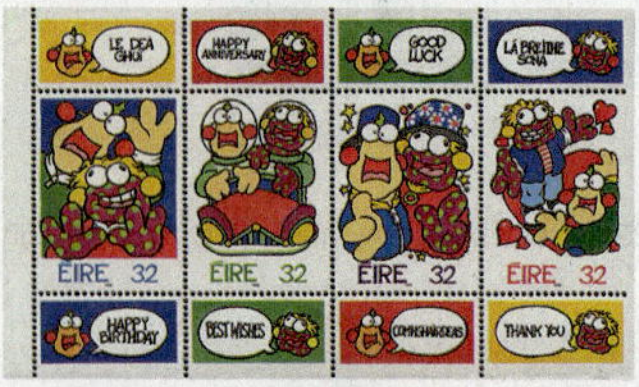

H-Blatt 58 mit MiNr. 926 A–928 A, 929 D . . . . 9,—

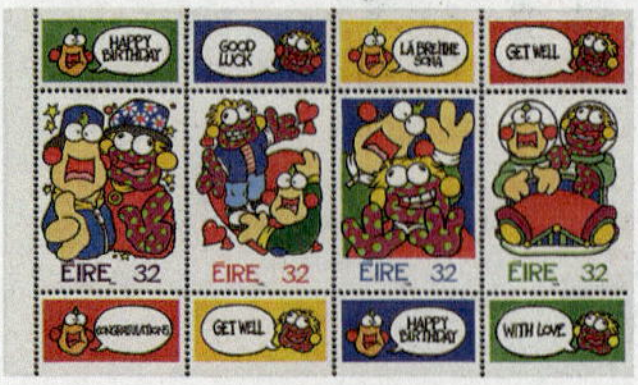

H-Blatt 59 mit MiNr. 928 A, 929 A, 926 A, 927 D . . . . 9,—

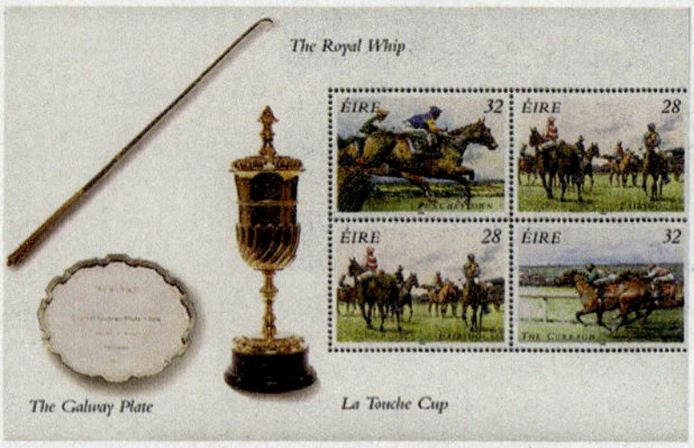

H-Blatt 60 mit MiNr. 934 A, 934 D, 935 D, 936 A 3,80

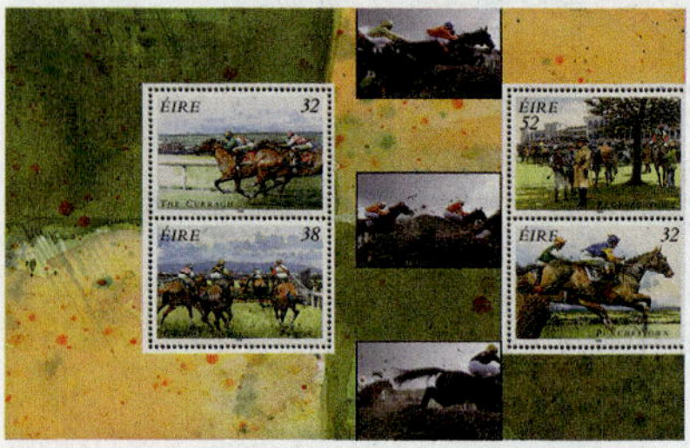

H-Blatt 61 mit MiNr. 935 A, 936 D, 937 A, 938 D . . . . 5,—

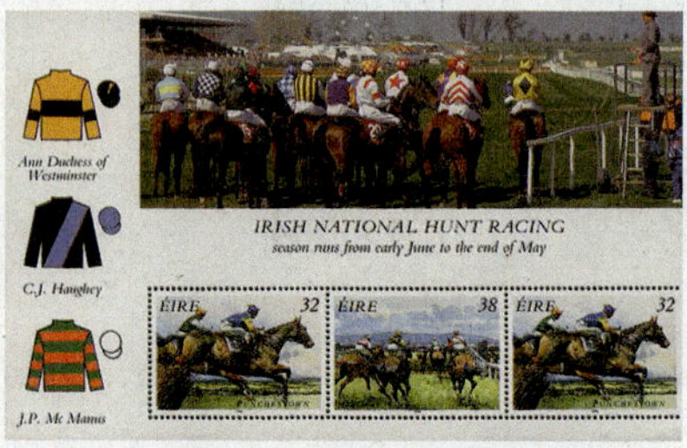

H-Blatt 62 mit MiNr. 936 A, 936 D, 937 A . . . . 3,—

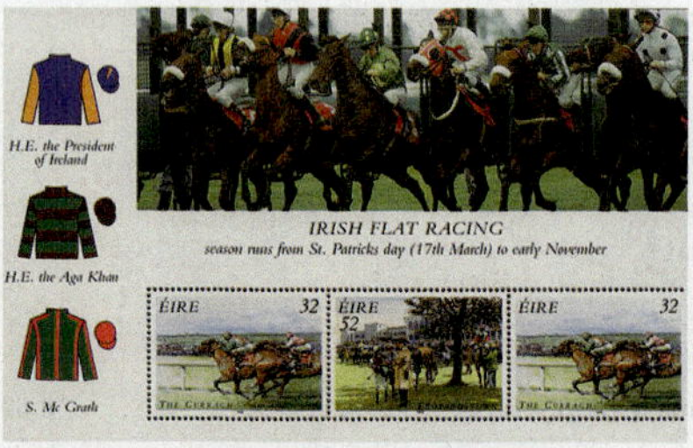

H-Blatt 63 mit MiNr. 935 A, 935 D, 938 A 3,50

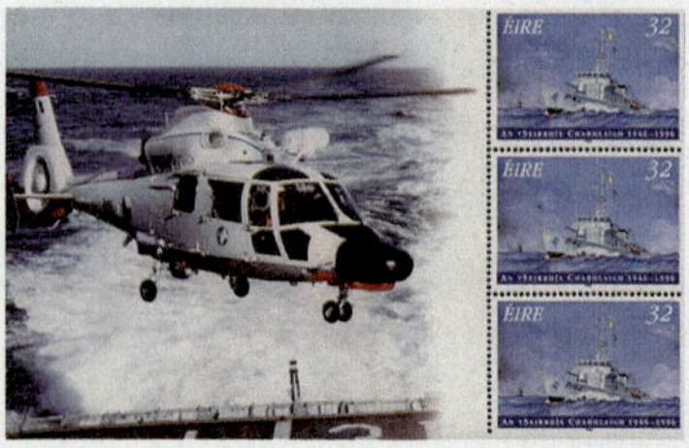

H-Blatt 64 mit MiNr. 955 D, 955 E (2×) . . . . 3,—

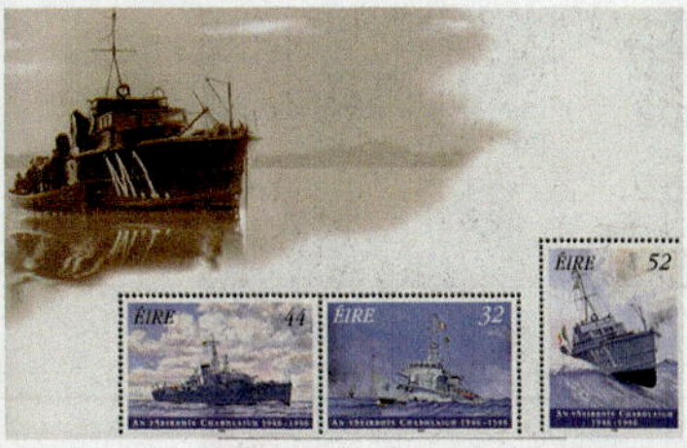

H-Blatt 65 mit MiNr. 955 D, 956 D, 957 E . . . . 4,—

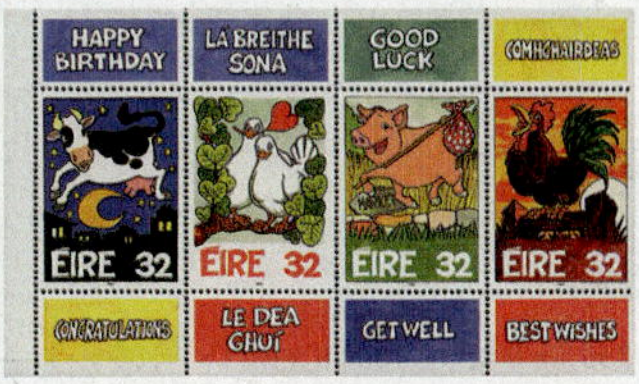

H-Blatt 66 mit MiNr. 981 A–983 A, 984 D 4,50

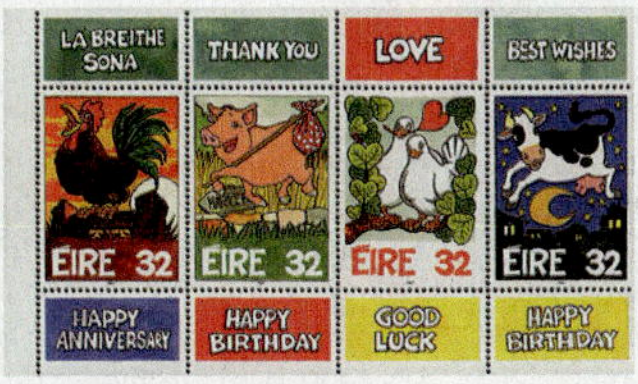

H-Blatt 67 mit MiNr. 984 A, 983 A, 982 A, 981 D 4,50

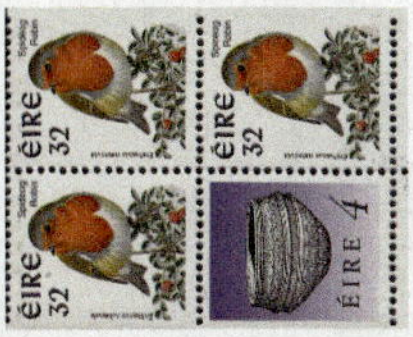

H-Blatt 68 mit MiNr. 725 I D, 977 II D (3×) 5,50

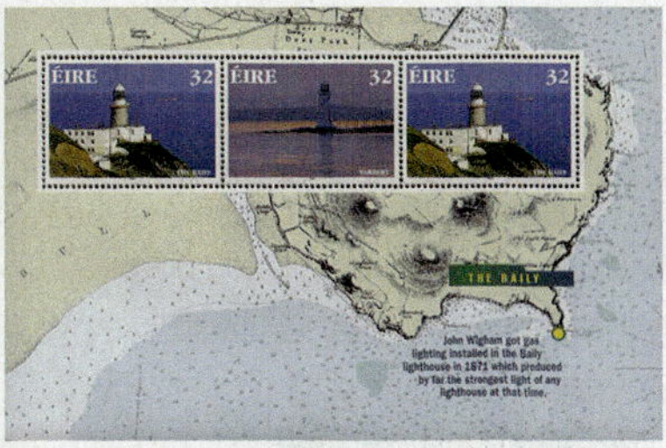

H-Blatt 69 mit MiNr. 1008 A (2×), 1009 A 2,50

Randbeschriftung „STAMPA '97" ist privaten Ursprungs, aber von der Post genehmigt.

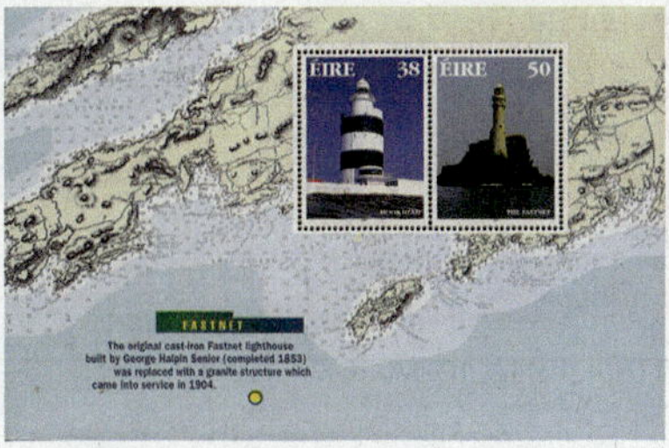

H-Blatt 70 mit MiNr. 1010 C, 1011 C 2,50

Randbeschriftung „STAMPA '97" ist privaten Ursprungs, aber von der Post genehmigt.

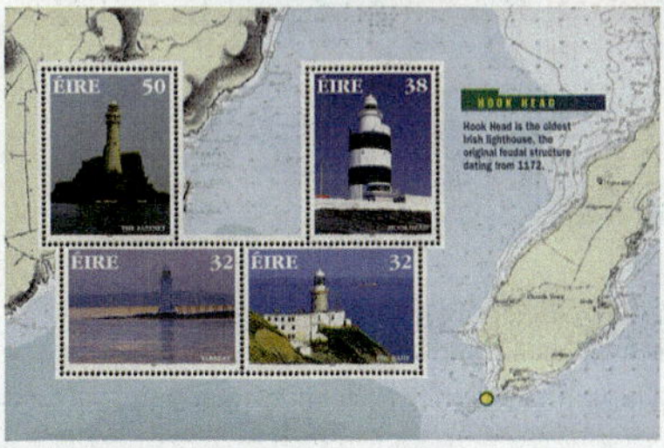

H-Blatt 71 mit MiNr. 1008 C–1011 C 4,20

Randbeschriftung „STAMPA '97" ist privaten Ursprungs, aber von der Post genehmigt.

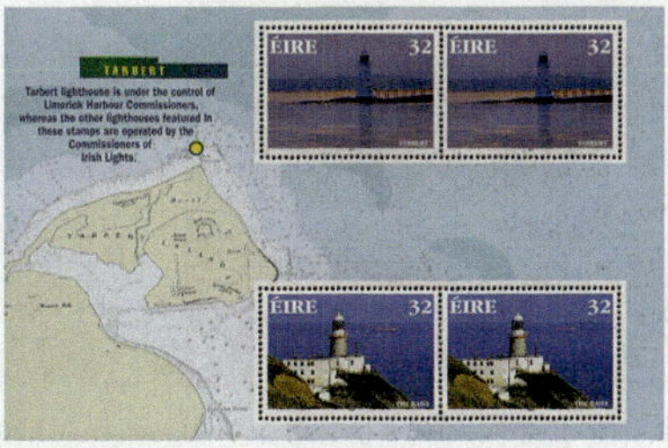

H-Blatt 72 mit MiNr. 1008 A, 1009 A (je 2×) 3,50

Randbeschriftung „STAMPA '97" ist privaten Ursprungs, aber von der Post genehmigt.

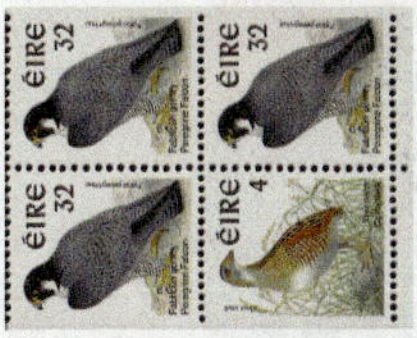

H-Blatt 73 mit MiNr. 1018 II D, 1041 (3×) . . . . 12,—

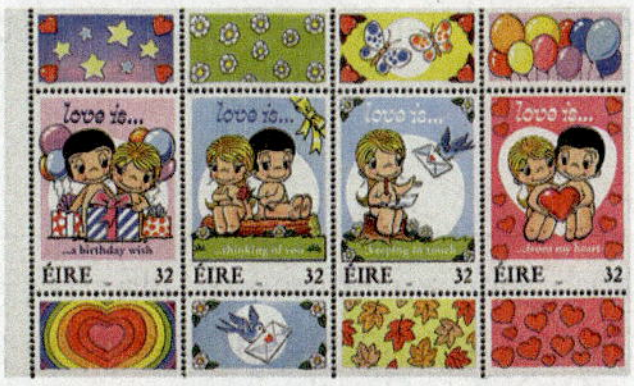

H-Blatt 74 mit MiNr. 1042 A–1044 A, 1045 D . . . . 4,—

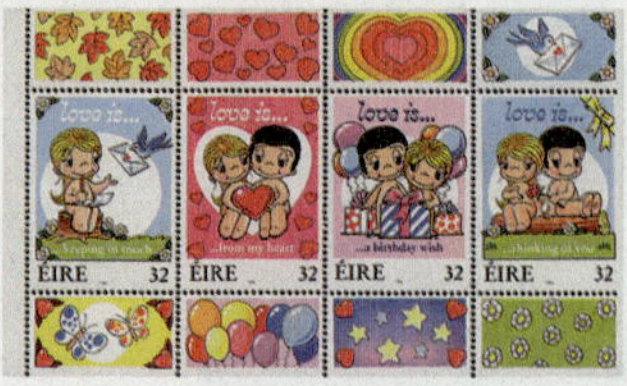

H-Blatt 75 mit MiNr. 1044 A, 1045 A, 1042 A, 1043 D . . . . . 4,—

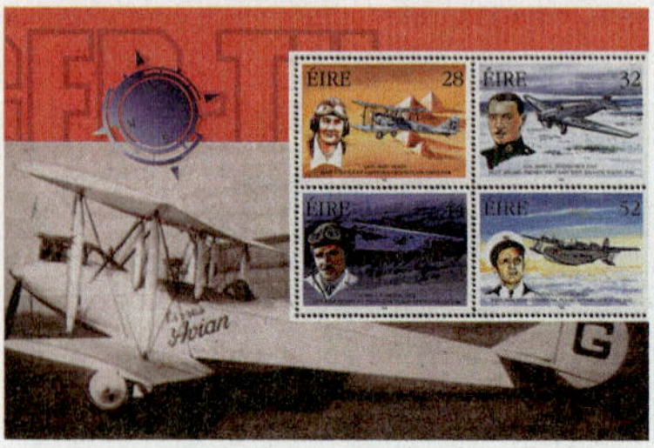

H-Blatt 76 mit MiNr. 1046 A, 1047 D, 1048 A, 1049 D . . . . 4,—

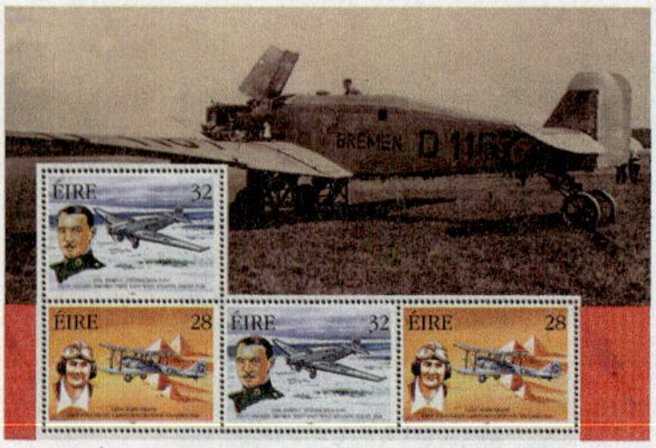

H-Blatt 77 mit MiNr. 1046 A, 1047 A (je 2×) 3,20

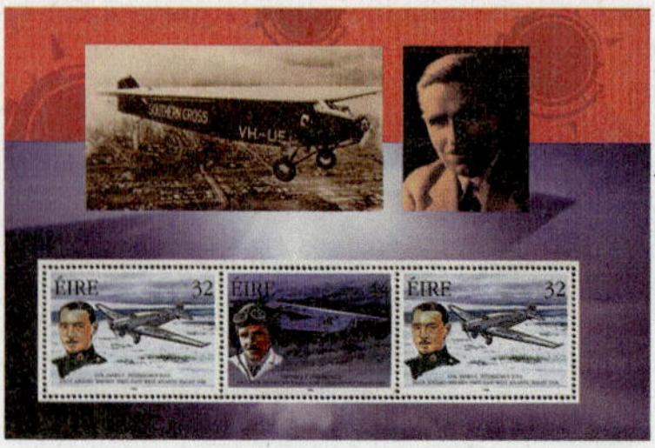

H-Blatt 78 mit MiNr. 1047 A (2×), 1048 A 2,80

Neuheitenmeldungen zu diesem Nachschlagewerk finden Sie in der monatlich erscheinenden MICHEL-Rundschau.

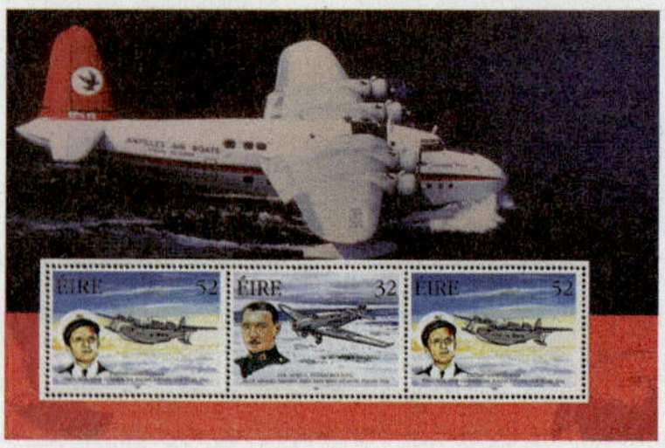

H-Blatt 79 mit MiNr. 1047 A, 1049 A (2×) 3,60

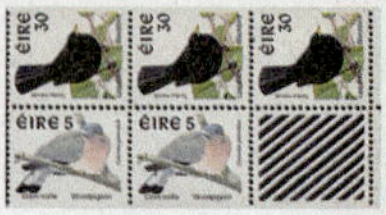

H-Blatt 80 mit MiNr. 1050 II x D (2×), 1051 II x D (3×) . . . 7,—

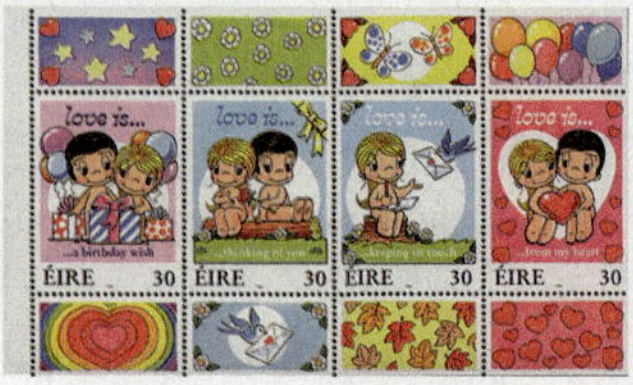

H-Blatt 81 mit MiNr. 1072 A–1074 A, 1075 D . . . . 3,—

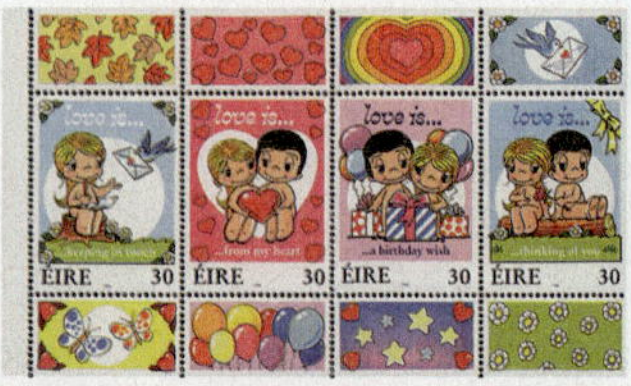

H-Blatt 82 mit MiNr. 1074 A, 1075 A, 1072 A, 1073 D . . . . . 3,—

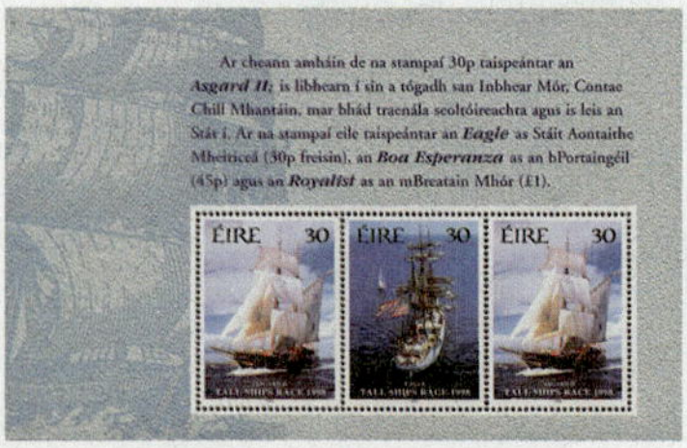

H-Blatt 83 mit MiNr. 1084 C (2×), 1085 C . . . . 3,—

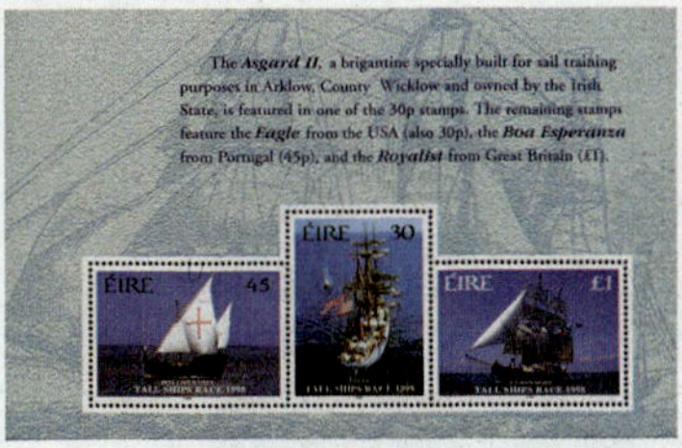

H-Blatt 84 mit MiNr. 1085 C–1087 C 5,50

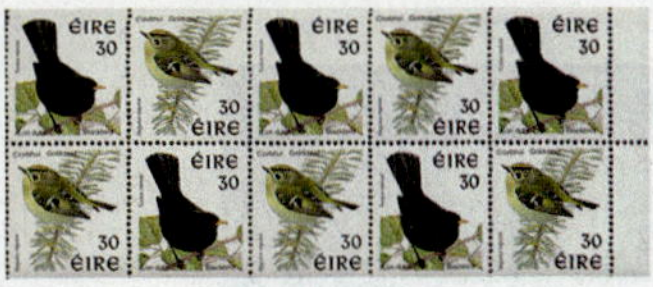

H-Blatt 85 xF mit MiNr. 1051 I xF, 1100 I xF (je 5×) . . . . . 10,—
H-Blatt 85 yF mit MiNr. 1051 I yF, 1100 I yF (je 5×) . . . . . 10,—
H-Blatt 85 yG mit MiNr. 1051 I yG, 1100 I yG (je 5×) . . . . 22,—

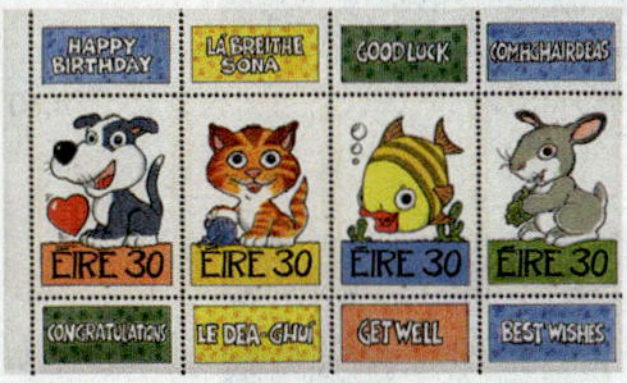

H-Blatt 86 mit MiNr. 1113 A–1115 A, 1116 D . . . . 4,—

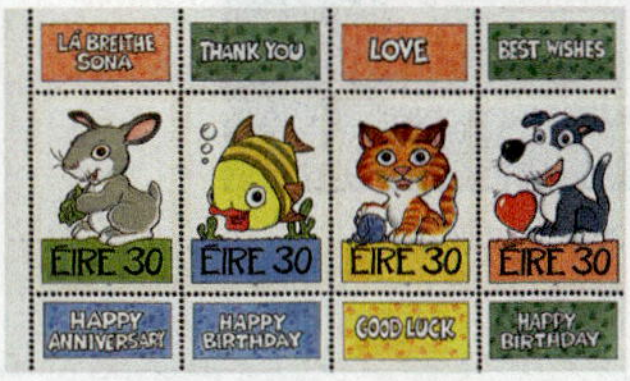

H-Blatt 87 mit MiNr. 1116 A, 1115 A, 1114 A, 1113 D . . . . . 4,—

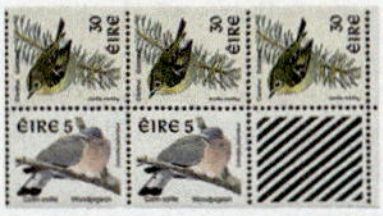

H-Blatt 88 mit MiNr. 1050 II Dx (2×), 1100 II Dy (3×) . . . . 6,—

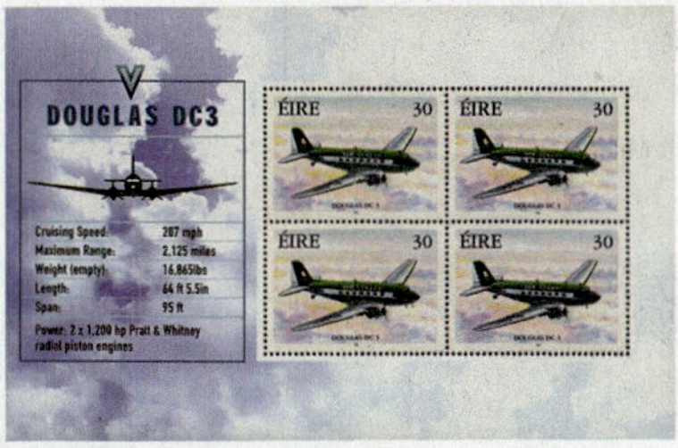

H-Blatt 89 mit MiNr. 1180 (4×) . . . . 5,—

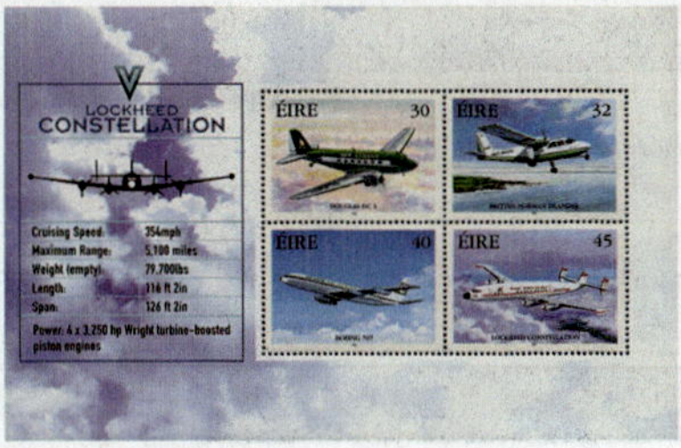

H-Blatt 90 mit MiNr. 1180–1183 . . . . 5,—

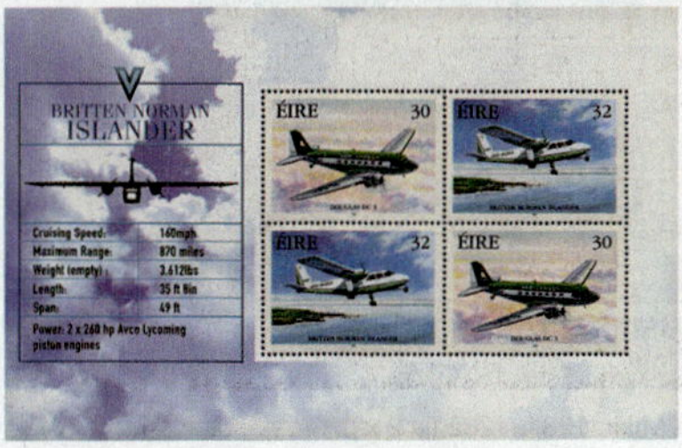

H-Blatt 91 mit MiNr. 1180–1181 (je 2×) . . . . 5,—

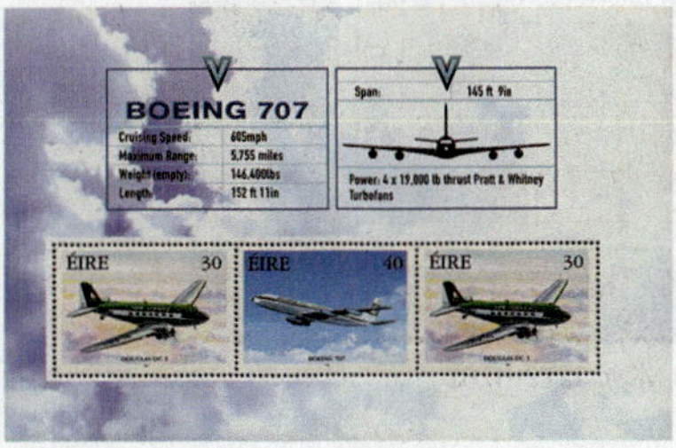

H-Blatt 92 mit MiNr. 1180 (2×), 1182 . . . . 4,—

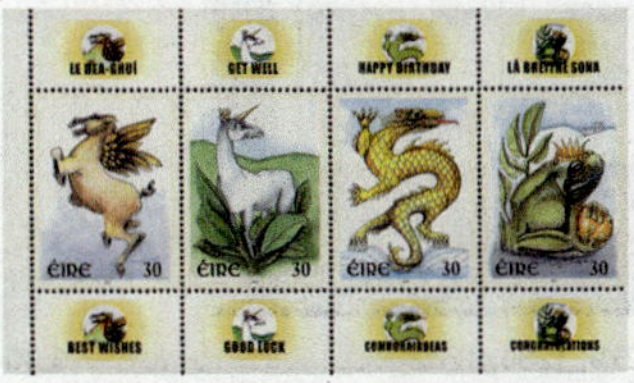

H-Blatt 93 mit MiNr. 1212 A–1214 A, 1215 D 3,50

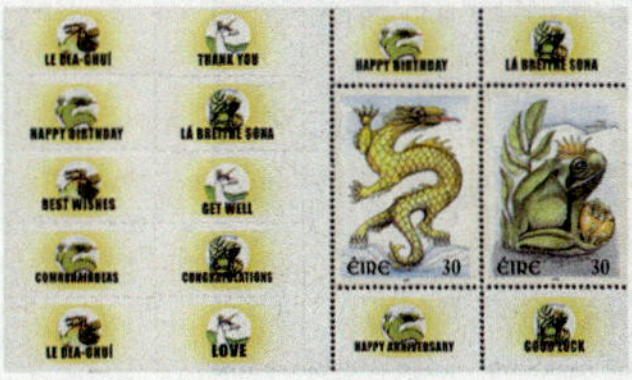

H-Blatt 94 mit MiNr. 1214 A, 1215 D . . . . 2,—

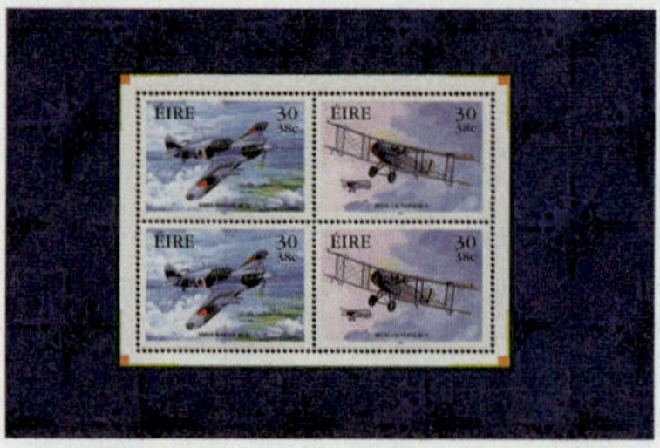

H-Blatt 95 mit MiNr. 1279–1280 (je 2×) .... 4,—

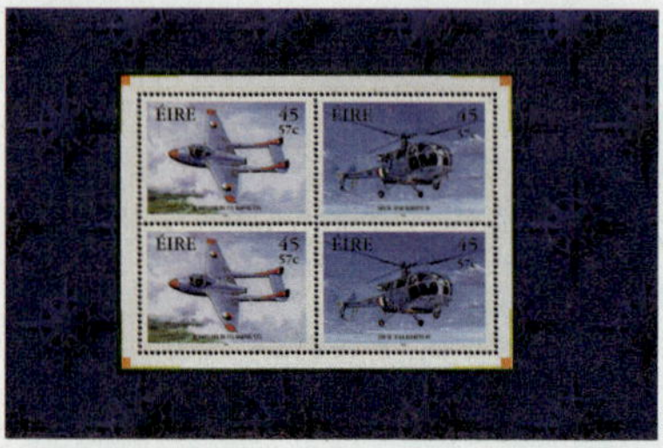

H-Blatt 96 mit MiNr. 1281–1282 (je 2×) 5,20

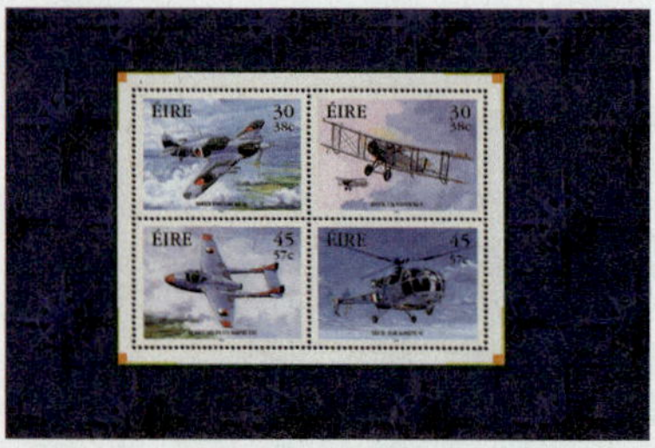

H-Blatt 97 mit MiNr. 1279–1282 .... 4,—

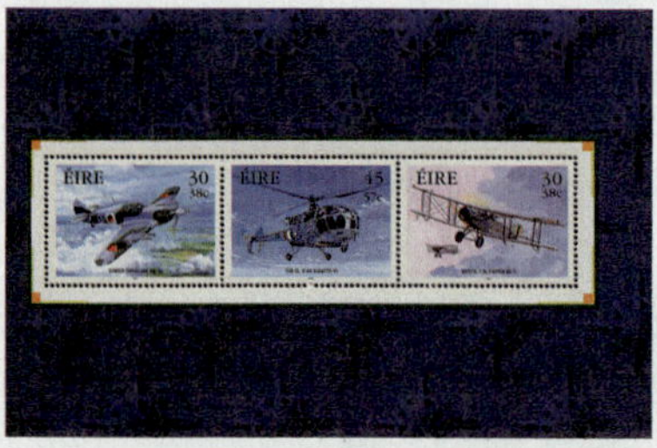

H-Blatt 98 mit MiNr. 1279, 1280, 1282 3,30

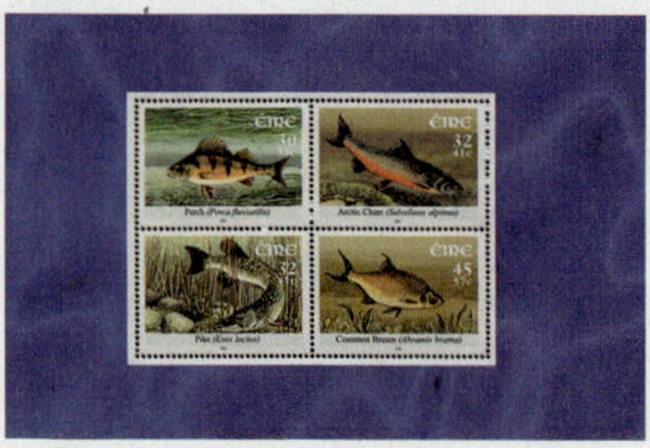

H-Blatt 99 mit MiNr. 1369–1372 4,50

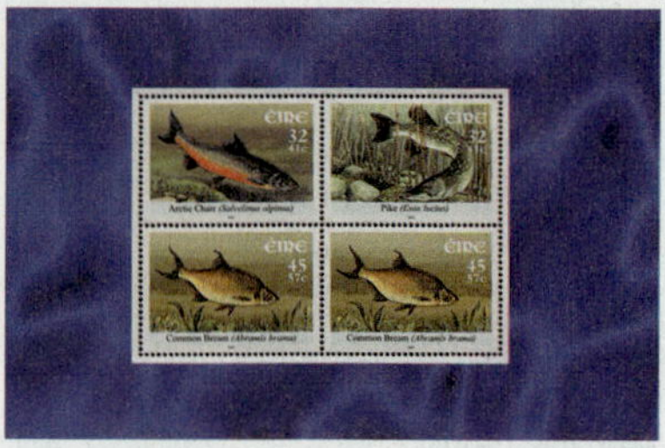

H-Blatt 100 mit MiNr. 1370–1371, 1372 (2×) .... 5,—

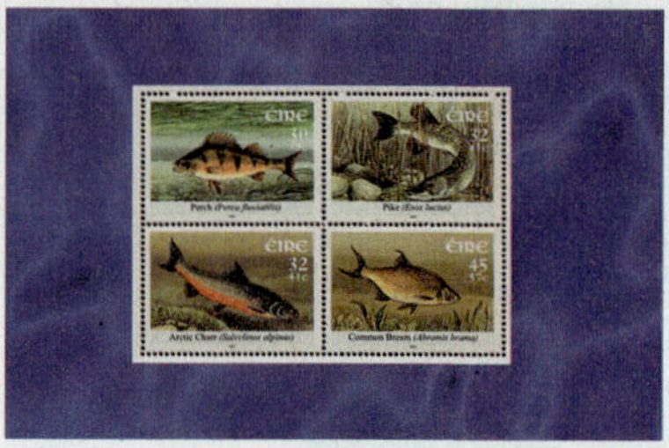

H-Blatt 101 mit MiNr. 1369–1372 4,50

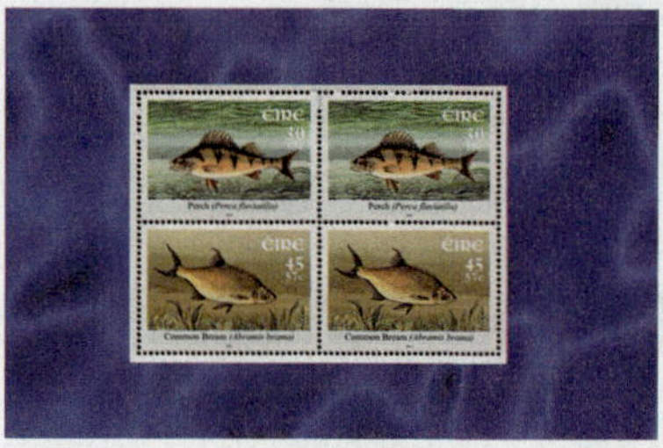

H-Blatt 102 mit MiNr. 1369, 1372 (je 2×) .... 5,—

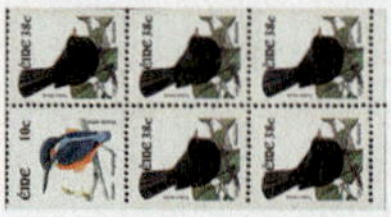

H-Blatt 103 mit MiNr. 1399, 1400 (5×) .... 10,—

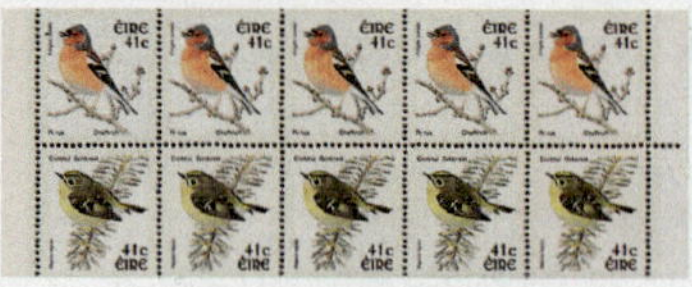

H-Blatt 104 mit MiNr. 1390 Do, 1452 Du (je 5×) .... 9,—

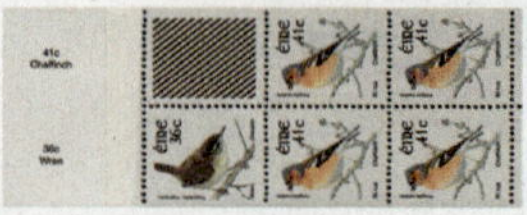

H-Blatt 105 mit MiNr. 1453, 1454 (5×) .... 10,—

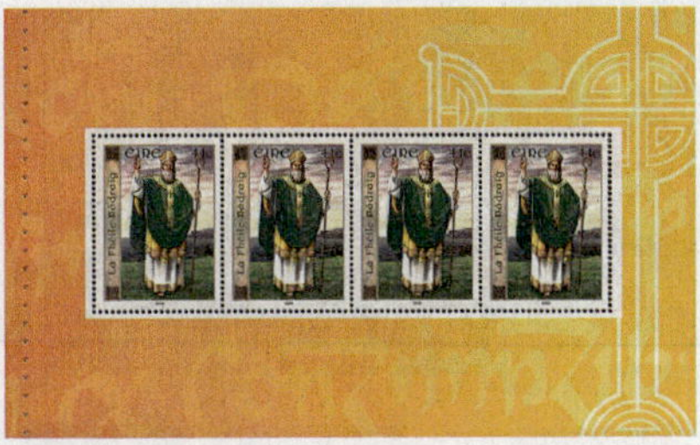

H-Blatt 106 mit MiNr. 1488 (4×) .... 4,—

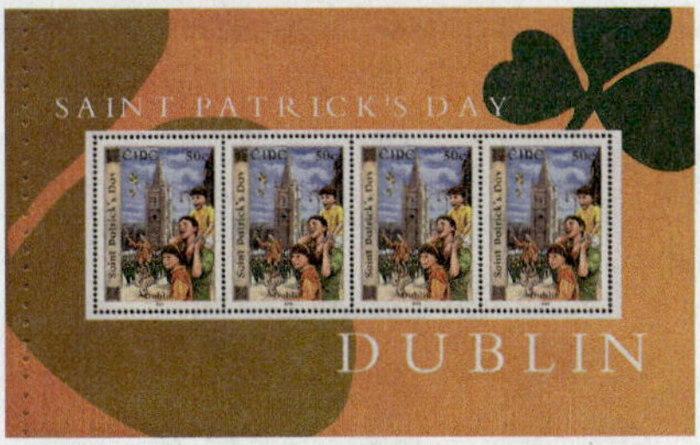

H-Blatt 107 mit MiNr. 1489 (4×) .... 5,—

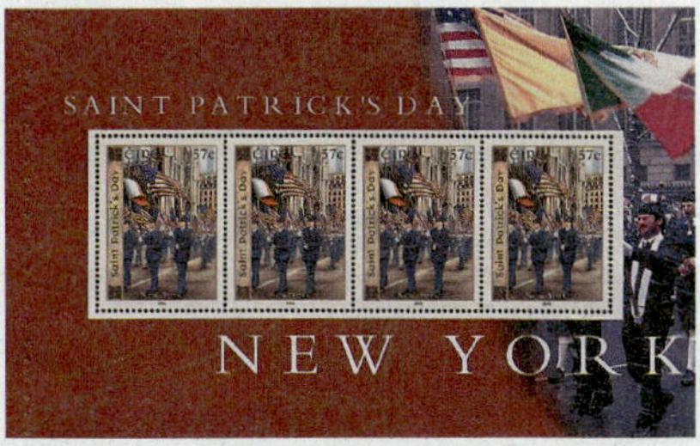

H-Blatt 108 mit MiNr. 1490 (4×) 5,50

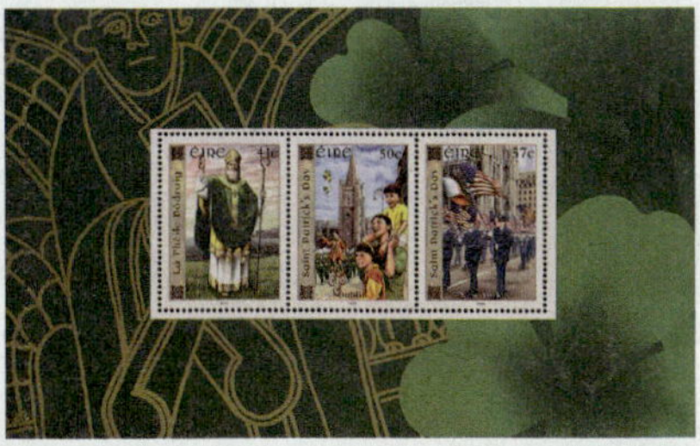

H-Blatt 109 mit MiNr. 1488–1490 3,50

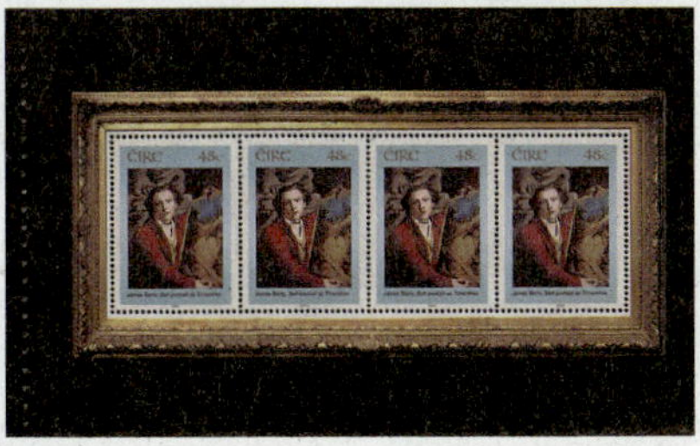

H-Blatt 110 mit MiNr. 1527 (4×) 4,50

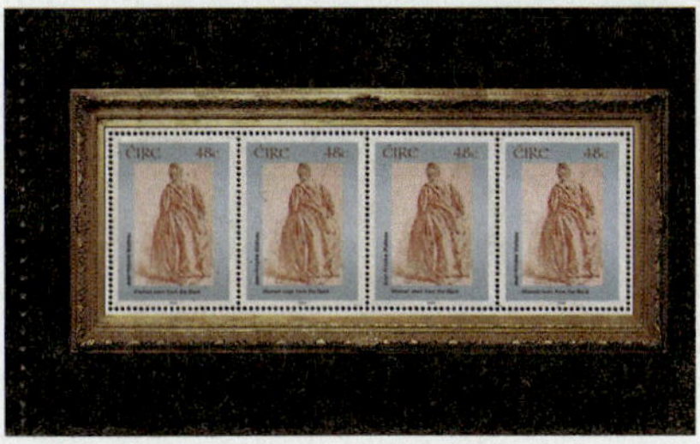

H-Blatt 111 mit MiNr. 1530 (4×) 4,50

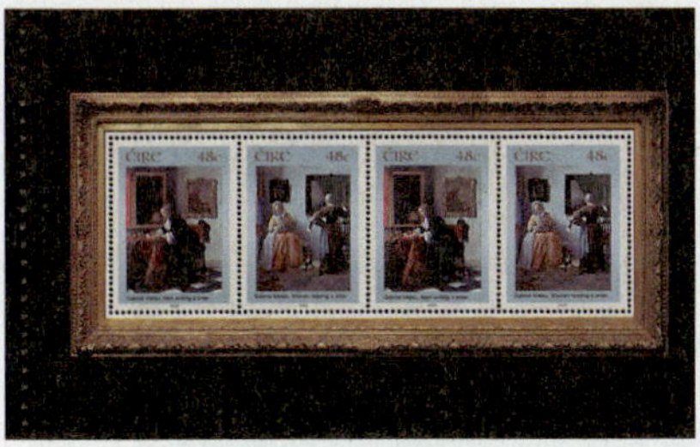

H-Blatt 112 mit MiNr. 1528–1529 (4×) 4,50

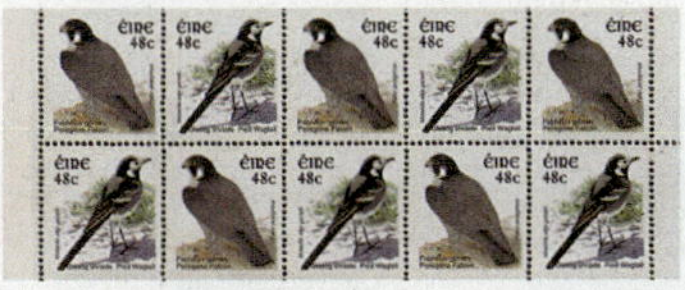

H-Blatt 113 mit MiNr. 1524 D, 1542 D (je 5×) .... 12,—

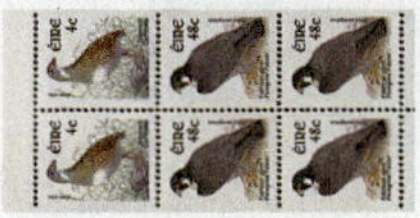

H-Blatt 114 mit MiNr. 1545 D (2×), 1546 D (4×) .... 5,—

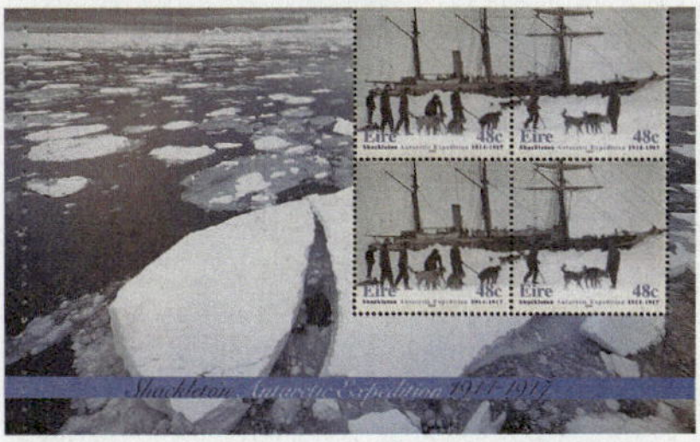

H-Blatt 115 mit MiNr. 1569–1570 (je 2×) .... 4,—

Bitte teilen Sie uns von Ihnen festgestellte Fehler mit, damit wir sie berichtigen können.

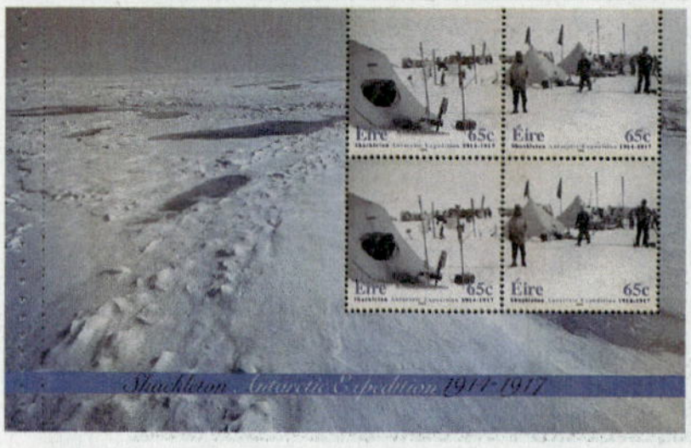

H-Blatt 116 mit MiNr. 1571–1572 (je 2×) . . . . 4,—

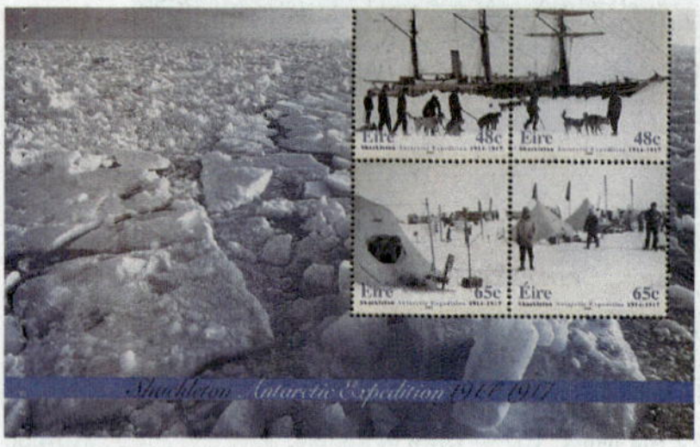

H-Blatt 117 mit MiNr. 1569–1572 4,60

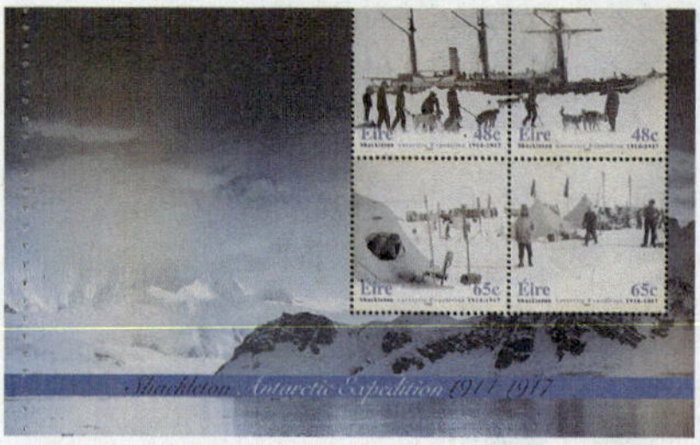

H-Blatt 118 mit MiNr. 1569–1572 4,60

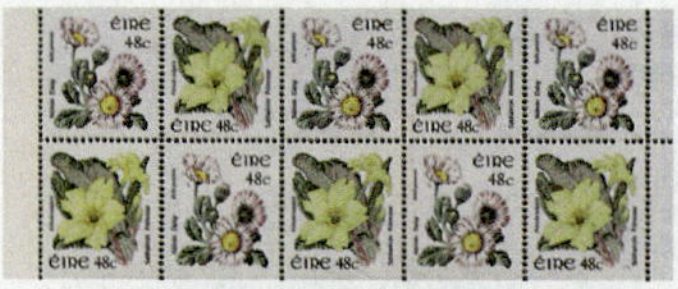

H-Blatt 119 mit MiNr. 1599 D–1600 D (je 5×) . . . . 10,—

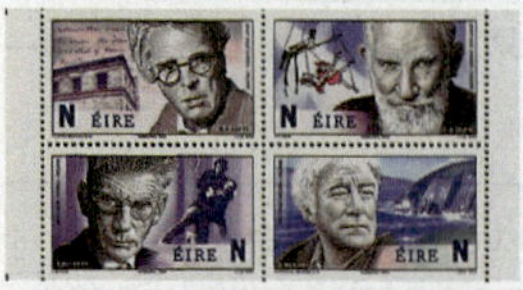

H-Blatt 120 mit MiNr. 1611 D–1614 D . . . . 10,—

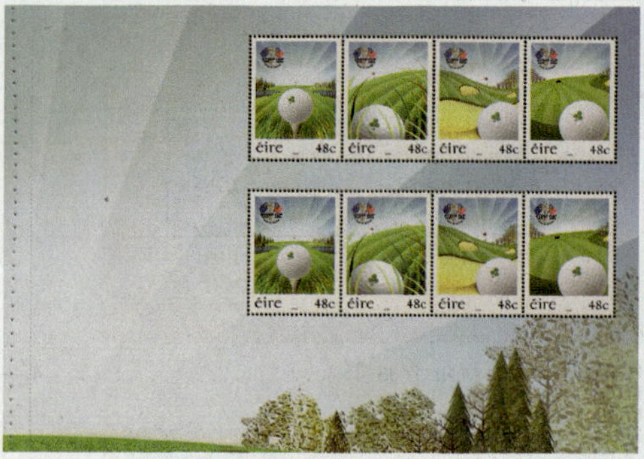

H-Blatt 121 mit MiNr. 1713–1716 (je 2×) . . . . 8,—

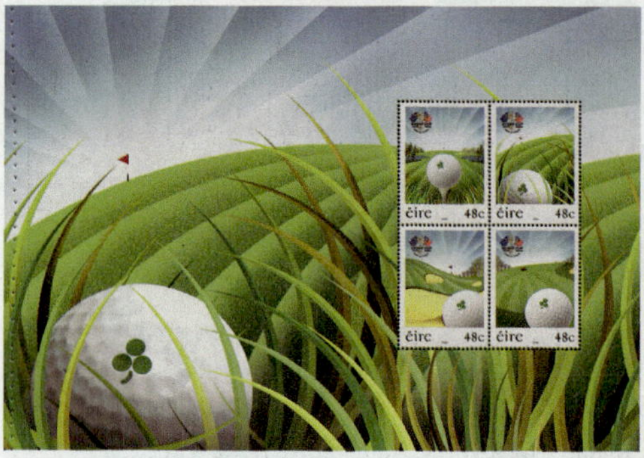

H-Blatt 122 mit MiNr. 1713–1716 . . . . 4,—

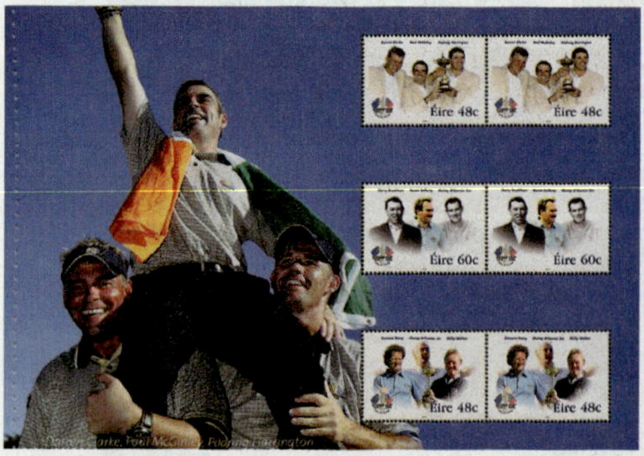

H-Blatt 123 mit MiNr. 1665 A–1667 A (je 2×) 6,40

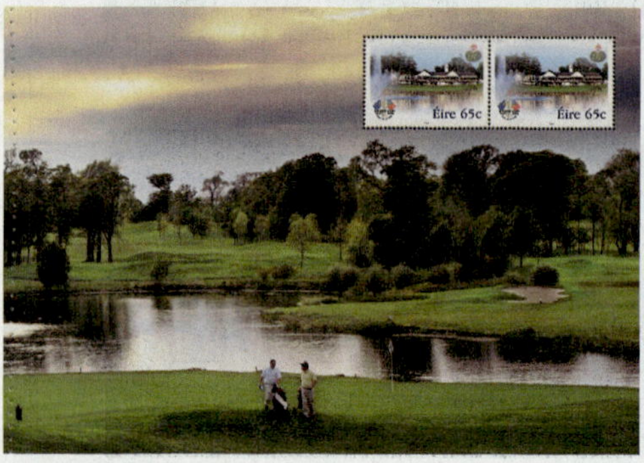

H-Blatt 124 mit MiNr. 1668 A (2×) 2,60

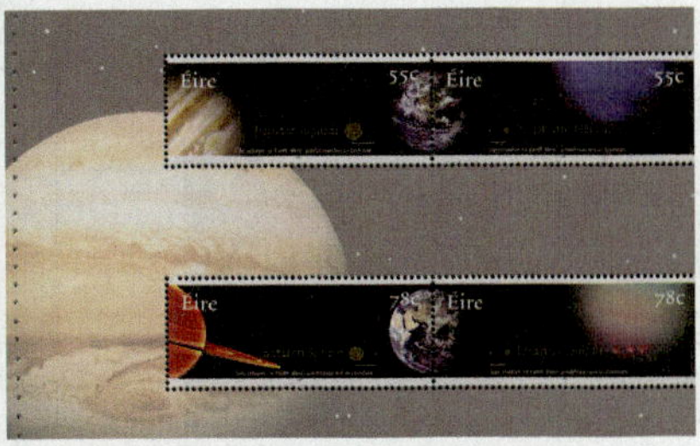

H-Blatt 125 mit MiNr. 1759–1762 (Jupiter) . . . . 6,—
H-Blatt 126 mit MiNr. 1759–1762 (Sternhaufen) . . . . 6,—
H-Blatt 127 mit MiNr. 1759–1762 (Saturn) . . . . 6,—
H-Blatt 128 mit MiNr. 1759–1762 (Sonne) . . . . 6,—

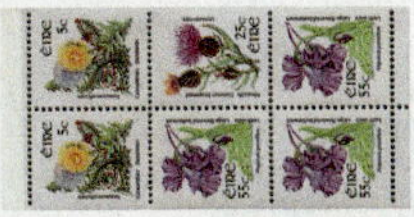

H-Blatt 129 mit MiNr. 1765 (2×), 1766, 1767 (3×) 4,50

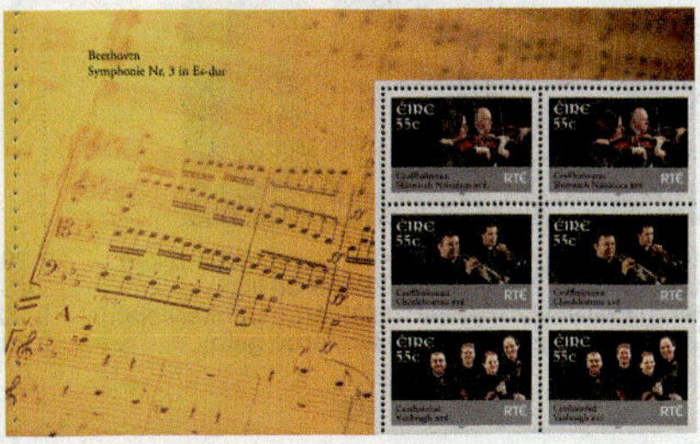

H-Blatt 130 mit MiNr. 1772–1774 (je 2×) (Beethoven) . . . 8,—
H-Blatt 131 mit MiNr. 1772–1774 (je 2×) (Haydn) . . . . 8,—

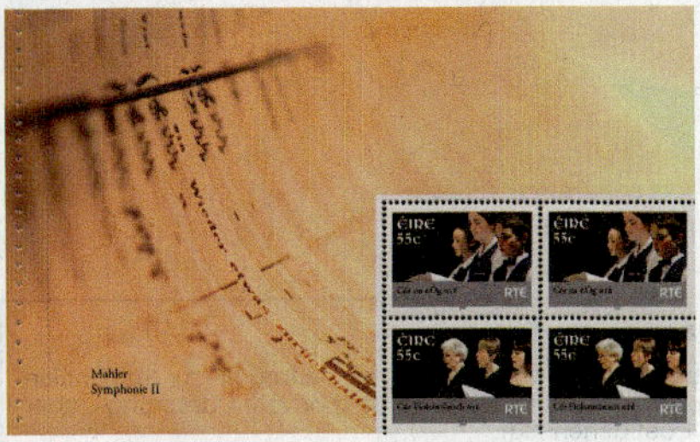

H-Blatt 132 mit MiNr. 1775–1776 (je 2×) (Mahler) . . . . . . 5,—
H-Blatt 133 mit MiNr. 1775–1776 (je 2×)
(An Chuaichín Bhinn) . . . . 5,—

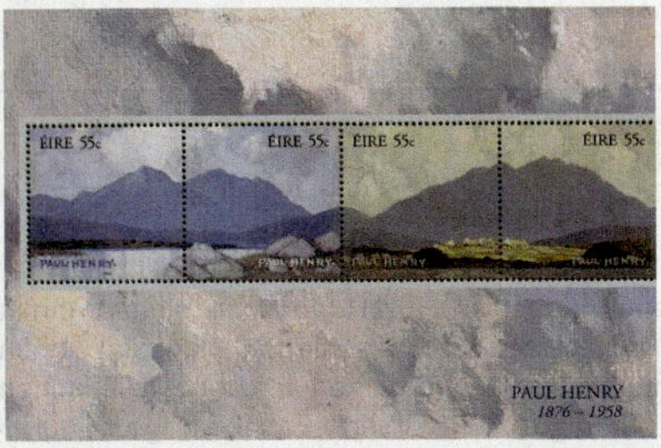

H-Blatt 134 mit MiNr. 1817–1820 . . . . 5,—

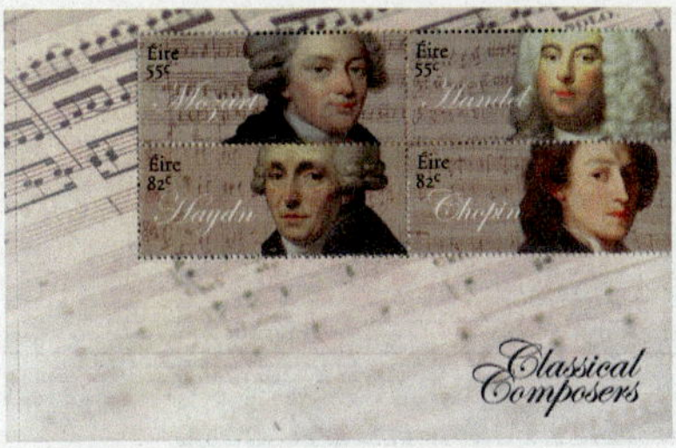

H-Blatt 135 mit MiNr. 1899–1902 (Messe v. Mozart) . . . . . . 6,—
H-Blatt 136 mit MiNr. 1899–1902 (Allegro v. Händel) . . . . . 6,—
H-Blatt 137 mit MiNr. 1899–1902 (Messe v. Haydn) . . . . . . 6,—
H-Blatt 138 mit MiNr. 1899–1902 (Nocturno v. Chopin) . . . 6,—

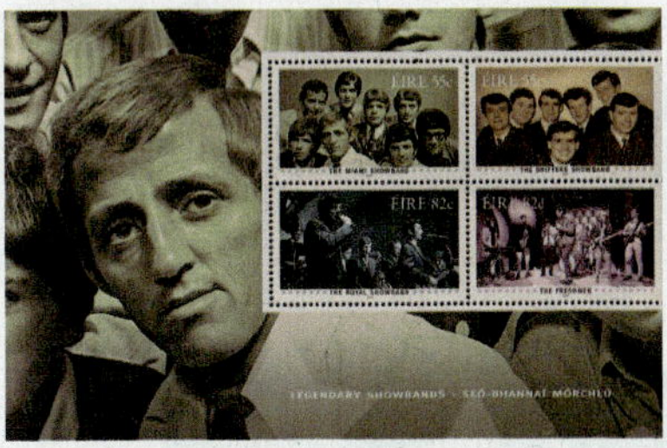

H-Blatt 139 mit MiNr. 1948–1951 (The Miami Showband) . 6,—
H-Blatt 140 mit MiNr. 1948–1951 (The Drifters Showband) 6,—
H-Blatt 141 mit MiNr. 1948–1951 (The Royal Showband) . 6,—
H-Blatt 142 mit MiNr. 1948–1951 (The Freshmen) . . . . 6,—

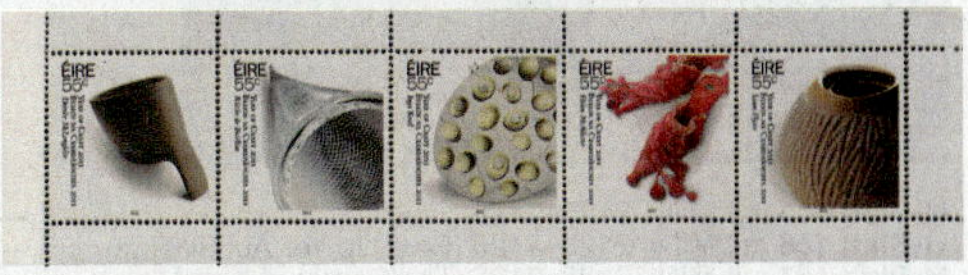

H-Blatt 143 mit MiNr. 1969–1973 5,50

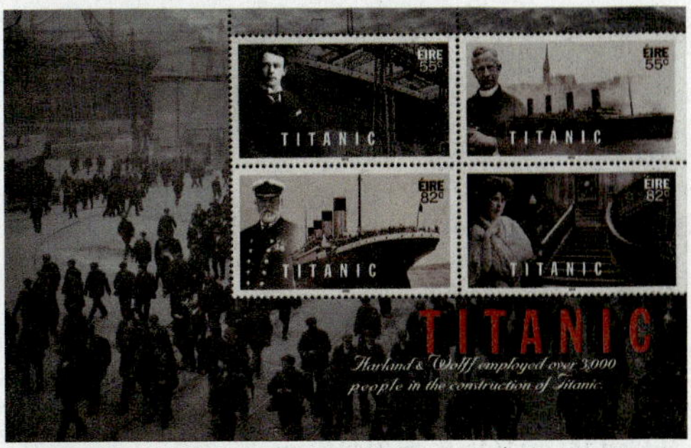

H-Blatt 144 mit MiNr. 2008–2011 (Werftarbeiter) . . . . 6,—
H-Blatt 145 mit MiNr. 2008–2011 (Stapellauf) . . . . 6,—
H-Blatt 146 mit MiNr. 2008–2011 (Schiffsdeck) . . . . 6,—
H-Blatt 147 mit MiNr. 2008–2011 (Titanic) . . . . 6,—

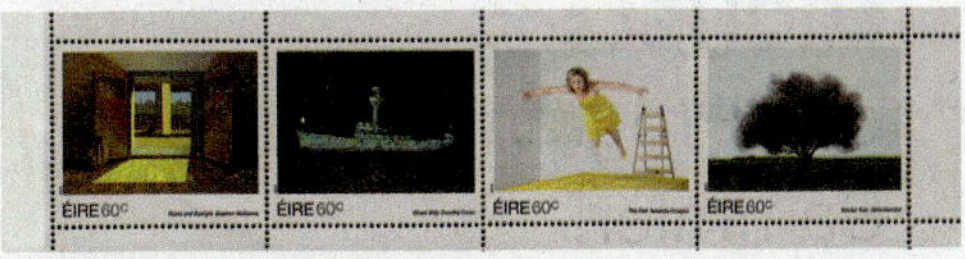

H-Blatt 148 mit MiNr. 2047–2050 4,80

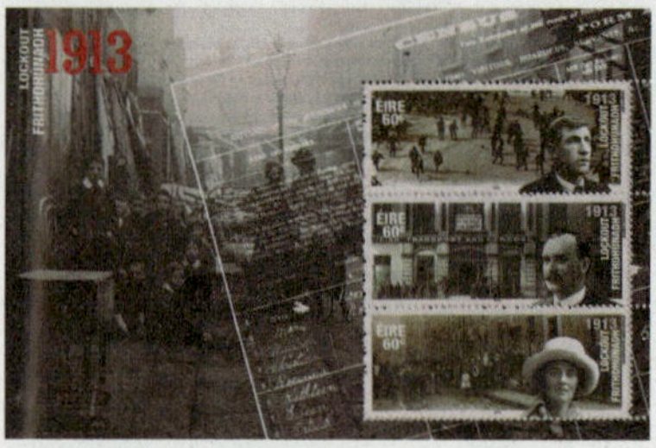

H-Blatt 149 mit 3 × MiNr. 2059 .... 4,—
H-Blatt 150 mit MiNr. 2059–2061 (Straßenkinder) .... 4,—
H-Blatt 151 mit 3 × MiNr. 2060 .... 4,—
H-Blatt 152 mit MiNr. 2059–2061 (Plakat) .... 4,—
H-Blatt 153 mit 3 × MiNr. 2061 .... 4,—

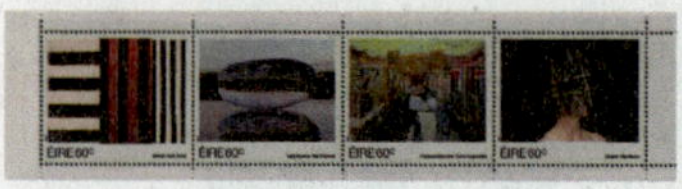

H-Blatt 154 mit MiNr. 2081–2084 5,60

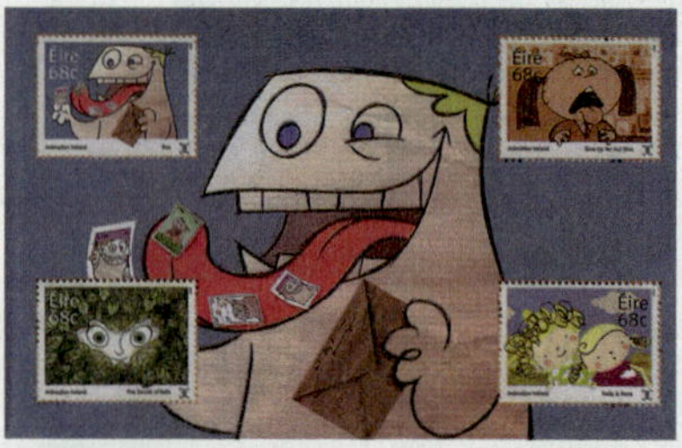

H-Blatt 155 mit MiNr. 2123–2126 (Roy) .... 7,—
H-Blatt 156 mit MiNr. 2123–2126 (Give Up Yer Aul Sins) .. 7,—
H-Blatt 157 mit MiNr. 2123–2126 (The Secret of Kells) ... 7,—
H-Blatt 158 mit MiNr. 2123–2126 (Nelly & Nora) .... 7,—

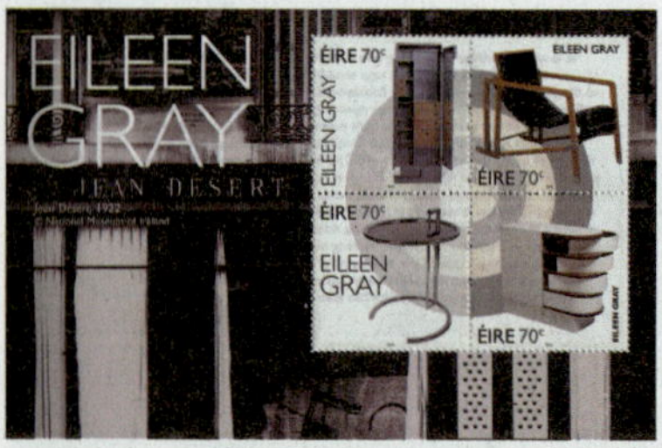

H-Blatt 159 mit MiNr. 2145–2148 (Jean Désert) .... 7,—
H-Blatt 160 mit MiNr. 2145–2148 (E-I027) .... 7,—
H-Blatt 161 mit MiNr. 2145–2148 (Garten) .... 7,—
H-Blatt 162 mit MiNr. 2145–2148 (Kunstwerk) .... 7,—

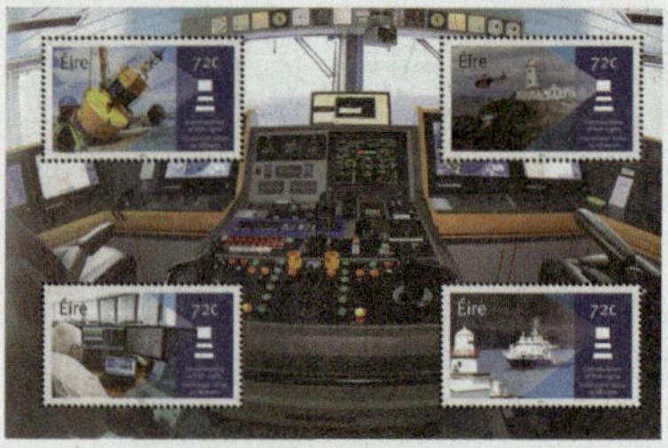

H-Blatt 163 mit MiNr. 2203–2206
(Brücke des Schiffes von „Granuaile") 7,50
H-Blatt 164 MiNr. 2203–2206 (Leuchtturm „Rockabill") .. 7,50
H-Blatt 165 mit MiNr. 2203–2206
(Leuchtturm „Fastnet Rock") 7,50
H-Blatt 166 MiNr. 2203–2206
(Mehrzweckschiff „ILV Granuaile") 7,50

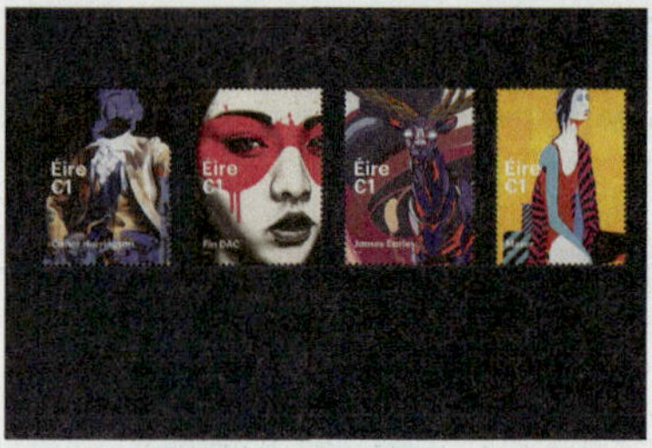

H-Blatt 167 mit MiNr. 2237–2240 (Blattfarbe marineblau) . 9,20
H-Blatt 168 mit MiNr. 2237–2240 (Blattfarbe lila) 9,20
H-Blatt 169 mit MiNr. 2237–2240 (Blattfarbe dunkelviolett) 9,20
H-Blatt 170 mit MiNr. 2237–2240 (Blattfarbe gelb) 9,20

STAMPA

Markenheftchen und H-Blätter mit Aufdruck zur nationalen Briefmarkenausstellung STAMPA sind privaten Ursprungs, aber von der Post genehmigt.

Portomarken

Übergangsperiode: Portomarken von Großbritannien mit irischen Abstempelungen vom 17.2.1922 bis 31.5.1925: ⊙ ab 35,—.

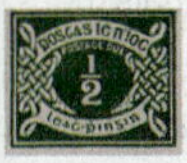

1925, 20. Febr. Ziffern. Bdr.; Wz. 1; gez. 14:15.

Pa

Nr.	Wert	Farbe	Type	★★	⊙
1	½ Pg	gelbgrün (1925)	Pa	120,—	38,—
2	1 Pg	rot (20.2.1925)	Pa	45,—	10,—
3	2 Pg	blaugrün (20.2.1925)	Pa	120,—	12,—
4	6 Pg	dunkelbraunkarmin (20.2.1925)	Pa	40,—	10,—
		Satzpreis (4 W.) ✱ 100,—		325,—	70,—

2 W	Wz. kopfstehend und seitenverkehrt	250,—	140,—
2 Z	Wz. kopfstehend		
3 Yl	Wz. linksliegend	160,—	30,—
3 Yr	Wz. rechtsliegend	260,—	80,—
3 Z	Wz. kopfstehend	350,—	50,—
2 I	kopfstehendes „Q" statt „O" in „POSTAGE" (Feld 55)	120,—	30,—

MiNr. 1–4 kommen meist schlecht zentriert vor. Gut zentrierte Marken verdienen bis 50% Aufschlag.

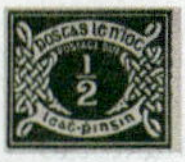

1940/1969, 10. Febr. Ziffern. Bdr.; Wz. 2; gez. 14:15.

Pa

Nr.	Wert	Farbe	Type	★★	⊙
5	½ Pg	gelbgrün (1942)	Pa	40,—	25,—
6	1 Pg	rot (1941)	Pa	1,50	1,—
7	1½ Pg	rosa (1953)	Pa	4,—	7,50
8	2 Pg	blaugrün (1940)	Pa	1,50	1,—
9	3 Pg	blau (10.11.1952)	Pa	2,20	1,70
10	5 Pg	blauviolett (3.3.1943)	Pa	5,—	6,—
11	6 Pg	dunkelbraunkarmin (21.3.1960)	Pa	10,—	2,60
12	8 Pg	rotorange (30.10.1962)	Pa	10,—	9,—
13	10 Pg	dunkellila (27.1.1965)	Pa	10,—	7,50
14	1 Sc	maigrün (10.2.1969)	Pa	35,—	15,—
		Satzpreis (10 W.)		120,—	75,—

7 Z	Wz. kopfstehend	12,—	17,—
8 Z	Wz. kopfstehend	1000,—	170,—
9 Z	Wz. kopfstehend	10,—	4,—
10 Z	Wz. kopfstehend	15,—	6,50
11 Yl	Wz. linksliegend	25,—	9,—
11 Yr	Wz. rechtsliegend	4,—	2,60
12 Z	Wz. kopfstehend	20,—	15,—
14 Yl	Wz. linksliegend	110,—	30,—
6 I	kopfstehendes „Q" statt „O" in „POSTAGE" (Feld 55)	25,—	15,—

MiNr. 5–14 kommen meist schlecht zentriert vor. Gut zentrierte Marken verdienen bis 50% Aufschlag.

MiNr. 1–14 gültig bis 31.12.1971

Neue Dezimalwährung: 1 £ = 100 New Pence (P)

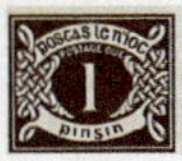

1971, 15. Febr. Ziffern, Dezimalwährung. Bdr.; Wz. 2; gez. K 14:15.

Pa

Nr.	Wert	Farbe	Type	★★	⊙
15	1 P	schwarzbraun	Pa		
X		Wz. 2 stehend		0,70	1,20
Y		Wz. 2 liegend		1,70	2,60
Z		Wz. 2 kopfstehend		2,20	3,—
16	1½ P	smaragdgrün	Pa	0,50	0,70
17	3 P	grauoliv, olivgrau	Pa		
X		Wz. 2 stehend		1,50	2,20
Z		Wz. 2 kopfstehend		2,20	3,—
18	4 P	orange	Pa	2,—	3,—
19	5 P	grünlichblau	Pa		
X		Wz. 2 stehend		2,—	2,60
Z		Wz. 2 kopfstehend		2,—	3,—
20	7 P	chromgelb	Pa		
X		Wz. 2 stehend		1,—	1,50
Z		Wz. 2 kopfstehend		1,50	2,20
21	8 P	karminrot	Pa	0,80	1,50
		Satzpreis (7 W.)		8,50	12,—

15 I	kopfstehendes „Q" statt „O" in „POSTAGE" (Feld 55)	3,60	5,—

MiNr. 15–21 kommen meist schlecht zentriert vor. Gut zentrierte Marken verdienen bis 50% Aufschlag.

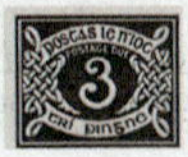

1978, 20. März. Ziffern. Bdr.; oWz.; Papier fl.; gez. K 14:15.

Pa

Nr.	Wert	Farbe	Type	★★	⊙
22	3 P	dunkelolivgrau	Pa	3,50	4,—
23	4 P	orange	Pa	9,—	12,—
24	5 P	cyanblau	Pa	2,50	6,—
		Satzpreis (3 W.)		15,—	22,—

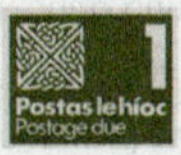

1980, 11. Juni. Ziffern und Ornament. RaTdr.; gez. K 15.

Pb

Nr.	Wert	Farbe	Type	★★	⊙
25	1 (P)	olivgrün	Pb	0,50	0,70
26	2 (P)	blau	Pb	0,50	0,70
27	4 (P)	schwarzblaugrün	Pb	0,50	0,70
28	6 (P)	hellorange	Pb	0,50	1,—
29	8 (P)	blauviolett	Pb	0,50	1,—
30	18 (P)	dunkelbläulichgrün	Pb	1,50	1,50
31	24 (P)	gelblichgrün	Pb	1,50	1,50
		Satzpreis (7 W.)		5,50	7,—

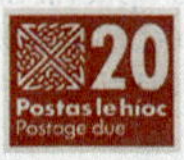

1985, 22. Aug. Ziffern und Ornament. RaTdr.; gez. K 15.

Pb

Nr.	Wert	Farbe	Type	★★	⊙
32	20 (P)	schwarzorangerot	Pb	1,—	2,—
33	30 (P)	schwarzviolettultramarin	Pb	1,50	4,—
34	50 (P)	magentarot	Pb	2,50	2,—
		Satzpreis (3 W.)		5,—	8,—

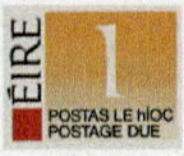

1988, 6. Okt. Ziffern. Odr.; gez. K 14:15.

Pc

Nr.	Wert	Farbe	Type	★★	⊙
35	1 (P)	mehrfarbig	Pc	0,30	0,30
36	2 (P)	mehrfarbig	Pc	0,30	0,30
37	3 (P)	mehrfarbig	Pc	0,30	0,80
38	4 (P)	mehrfarbig	Pc	0,30	0,80
39	5 (P)	mehrfarbig	Pc	0,50	1,—
40	17 (P)	mehrfarbig	Pc	0,70	1,20
41	20 (P)	mehrfarbig	Pc	0,80	1,40
42	24 (P)	mehrfarbig	Pc	1,20	1,60
43	30 (P)	mehrfarbig	Pc	1,20	2,—
44	50 (P)	mehrfarbig	Pc	2,20	3,80
45	1 £	mehrfarbig	Pc	2,20	3,80
		Satzpreis (11 W.)		10,—	17,—

Gefälligkeits-✉ einschließlich FDC ausschließlich mit Portomarken ohne Nachporto- oder Taxstempel entsprechen nicht den Postvorschriften.

Fälschungsschutz und Echtheitsprüfung

Mit Täuschungsabsicht angefertigte falsche oder verfälschte philatelistische Objekte werden unter dem Begriff „Fälschungen“ zusammengefasst. Neben Fälschungen als Kriegsmaßnahme und Fälschungen zum Schaden der Post sind dies Teil- oder Ganzfälschungen zum Schaden der Sammler und Händler, z.B. entfernte Zähnung und angesetzte Zähne, chemische Farbveränderungen, Nachgummierungen, Falschaufdrucke und -stempel oder Komplettfälschungen von Postwertzeichen und Ganzstücken.

Betroffen sind in erster Linie Raritäten und gehobene Standardware, doch auch preiswertere Objekte sind nicht ungefährdet. Wie schützt man sich am effektivsten davor, Fälschungen zu erwerben?

1. **Informationen** sammeln. Im MICHEL verweist das Zeichen FALSCH auf die Existenz von Fälschungen zum Schaden der Sammler und das Zeichen PFä auf Fälschungen zum Schaden der Post bzw. Kriegs- und Propagandafälschungen.
2. Briefmarken nur in **seriösen Fachgeschäften** kaufen
3. Bei fälschungsgefährdeten Stücken nur **geprüfte Ware** kaufen. Im MICHEL finden sich neben den Zeichen FALSCH und PFä vielfach Hinweise auf Marken, deren Preisnotierungen nur für geprüfte Stücke gelten. In diesen Fällen ist eine Echtheitsprüfung dringend zu empfehlen.

Die Prüfung der Echtheit und Unverfälschtheit sowie des Erhaltungszustandes eines philatelistischen Objektes erfolgt durch philatelistische Experten, die entweder frei prüfen oder in nationalen und internationalen Prüforganisationen zusammengeschlossen sind.

Zum Schutz der Sammler legt der Schwaneberger Verlag großen Wert auf Kompetenz, Zuverlässigkeit und Neutralität zuarbeitender philatelistischer Experten. Dabei spielt unter anderem eine hohe Marktdurchdringung, die Belastbarkeit von Prüfergebnissen und ein ausreichend vorhandenes, umfangreiches Belegmaterial in Vergleichssammlungen eine Rolle.

Zur Orientierung der Sammler sind auf den folgenden Seiten die Prüfordnung, die Prüfgebiete und die Kontaktdaten der im Bund Philatelistischer Prüfer e.V. (BPP) zusammengeschlossenen Experten abgedruckt. Für einen ersten Überblick über den Ablauf einer BPP-Prüfung empfiehlt sich besonders die Lektüre folgender Abschnitte der Prüfordnung: Punkte 3.1. und 3.2. zu den Aufgaben und Pflichten des Prüfers, Punkt 5 zu der Erstellung von Kurzbefunden, Befunden und Attesten, Punkte 6 und 7 zur Signierung echter und Kennzeichnung gefälschter Stücke, Punkt 10 zur Vergütung einer Prüfung.

Der Schwaneberger Verlag beachtet auch Referenzen anderer Prüfverbände, soweit sie den oben genannten Kriterien entsprechen.

SCHWANEBERGER VERLAG GMBH

Prüfordnung des Bundes Philatelistischer Prüfer e.V.

Die Prüfordnung gilt in der jeweils für den Tag der Beauftragung gültigen Fassung. Der abgedruckte Text (Stand 22.8.2025) kann sich nach Redaktionsschluss dieses Kataloges zum Teil geändert haben. Die zum Prüfungszeitpunkt aktuelle und rechtlich verbindliche Fassung der Prüfordnung ist unter www.bpp.de oder www.bpp.eu einzusehen.

1. Allgemeines

Die Mitglieder des Bundes Philatelistischer Prüfer e.V. („Prüfer") stehen als philatelistische Experten in ihren jeweiligen Spezialgebieten zur Vornahme von philatelistischen Prüfungen zur Verfügung. Ihre Tätigkeit dient der Feststellung der Echtheit und Erhaltung von Briefmarken, Abstempelungen oder anderen philatelistischen Belegen sowie der Erkennung von Fälschungen und Manipulationen an solchen Prüfgegenständen. Die Prüfer des BPP orientieren sich bei allen Prüfungen und Gutachten an den philatelistischen Begriffsbestimmungen, die in der jeweils aktuellen Fassung im Internet unter www.bpp.eu oder www.bpp.de veröffentlicht sind.

2. Rechtsnatur der Geschäftsbeziehungen

2.1. Die rechtlichen Beziehungen zwischen dem Prüfer und seinem Auftraggeber richten sich nach dieser Prüfordnung. Ergänzend zu dieser Prüfordnung finden die Vorschriften des Bürgerlichen Gesetzbuches über die entgeltliche Geschäftsbesorgung (§ 675 BGB) und das Recht des Werkvertrages (§ 631 ff. BGB) Anwendung, soweit nicht aus der Natur des Prüfauftrages die Anwendung einzelner Vorschriften auszuschließen ist.

2.2. Der Auftraggeber bestätigt vor Zustandekommen des ersten Prüfvertrages schriftlich sein Einverständnis mit der Geltung der Prüfordnung und der für einige Gebiete bestehenden Sonderregelungen. Diese Sonderregelungen können bei den jeweiligen Prüfern angefordert werden. Die erstmalige Einverständniserklärung hat sich darauf zu erstrecken, dass die Prüfordnung bis auf schriftlichen Widerruf auch für alle zukünftigen Prüfverträge zwischen dem Prüfer und dem Auftraggeber gilt. Wird die Erklärung ganz oder teilweise verweigert, so hat der Prüfer den Prüfauftrag abzulehnen.

3. Aufgaben und Pflichten des Prüfers

3.1. Aufgabe des Prüfers ist die Erstellung eines Gutachtens durch Signierung, Kurzbefund, Befund oder Attest. Ergebnis der Begutachtung kann auch die Feststellung des Prüfers sein, dass ein Prüfurteil für den Prüfgegenstand im Ganzen oder in Teilen nicht mit hinreichender Sicherheit abgegeben werden kann. Das Gutachten ist unparteiisch und nach bestem Wissen und Gewissen zu erstellen. Der Prüfer darf – ggf. auch abweichend von einer vom Auftraggeber gewünschten Form der Bestätigung des Prüfergebnisses – eigenverantwortlich entscheiden, ob die Prüfung durch Signierung, Kurzbefund, Befund oder Attest abgeschlossen wird. Lehnt der Auftraggeber die eigenverantwortliche Entscheidung des Prüfers über die Form der Bestätigung des Prüfergebnisses ausdrücklich ab, so ist der Prüfer berechtigt, die Annahme des Auftrages zu verweigern oder von einem bereits angenommenen Auftrag aus wichtigem Grund zurückzutreten. Ein bestimmtes vom Auftraggeber gewünschtes Prüfergebnis wird nicht geschuldet.

3.2. Der Prüfer kann den Prüfauftrag nach Überprüfung des Auftragsinhaltes und -umfanges ohne Angabe von Gründen ganz oder teilweise ablehnen. In diesem Fall ist er verpflichtet, die Ablehnung dem Auftraggeber unverzüglich mitzuteilen. Auf Verlangen des Auftraggebers ist der Prüfer ferner verpflichtet, dem Vorstand des Bundes Philatelistischer Prüfer e.V. die Gründe für die Ablehnung des Prüfauftrages mitzuteilen.

3.3. Kann der Prüfer den Prüfauftrag nicht innerhalb von zwei Monaten (bei Typ-Prüfungen nicht innerhalb von drei Monaten) nach Zugang des Prüfauftrages inhaltlich überprüfen und ausführen, soll der Prüfer dem Auftraggeber einen Zwischenbescheid mit der Angabe der ungefähren Erledigungszeit erteilen. Dieser Zwischenbescheid erfolgt ohne Überprüfung des Auftragsinhaltes und stellt keine Auftragsannahme dar.
Der Prüfauftrag soll innerhalb von vier Monaten (bei Typ-Prüfungen innerhalb von sechs Monaten) angenommen und erledigt oder abgelehnt werden, wenn nichts anderes vereinbart ist oder wird. Verzugsbegründende Mahnungen des Auftraggebers müssen schriftlich erfolgen.

3.4. Der Prüfer erstellt sein Gutachten persönlich. Soweit es notwendig und zweckmäßig ist und die Eigenverantwortung des Prüfers erhalten bleibt, kann sich der Prüfer bei der Prüfung der Hilfe sachverständiger Dritter bedienen.

4. Umfang der Prüfung

4.1. Prüfgegenstände sind Postwertzeichen und Entstehungs-, Herstellungs- und Verwendungsbelege sowie Kriegs- und Propagandamarken und -fälschungen. Andere Vorlagen dürfen nicht signiert oder attestiert werden.

4.2. Die Prüfung erstreckt sich auf die Echtheit des Prüfgegenstandes in allen Teilen (z. B. Trennungsarten, Gummi, Aufdruck, Entwertung) und auf dessen Erhaltung/Qualität (etwaige Mängel, Reparaturen, Verschönerungen und sonstige Veränderungen). Die Tätigkeit des Prüfers kann die Einordnung des Prüfgegenstandes nach Druckart, Type, Wasserzeichen, Trennungsart, Farbe, Lochung und Papier gegen besondere Berechnung gemäß Ziffer 10.4. einschließen, soweit diese in den für das Prüfgebiet maßgeblichen Katalogen aufgeführt sind. Die Farbbezeichnung eines Prüfgegenstandes im Katalog kann mehrere Farbtönungsunterschiede enthalten. Solche entstehen in der Regel durch abweichende Mischungen der Druckfarbe. Sie können außerdem durch chemische oder physikalische Einflüsse entstanden sein (z.B. sog. Farbschwankungen durch unterschiedliche Sättigung einer Druckfarbe, die hellere oder dunklere Farbeindrücke hervorrufen). In Übergangs- und Grenzbereichen von Farbbezeichnungen können Prüfgegenstände nicht eindeutig einer Farbbezeichnung zuzuordnen sein. Auch unterliegt die Zuordnung eines Prüfgegenstandes zu einer bestimmten Farbbezeichnung im Katalog immer subjektiven Einschätzungen. Der Prüfer wird in der Regel die Bestimmung der Farbe visuell vornehmen. Die Anwendung aufwendiger oder besonders kostenintensiver Verfahren, wie z.B. Spektralanalyse, Spektralphotometrie, Fluoreszenzmikroskopie, chemische Methoden, ist zum Zweck der Farbzuordnung nicht geschuldet.

4.3. Weitergehende Feststellungen, wie Plattenfehler, nicht katalogisierte Unterarten und Abarten, Feldmerkmale, sowie Bewertungen sind nicht Aufgabe des Prüfers. Soweit er sie übernehmen will, ist er berechtigt, hierfür nach vorheriger Vereinbarung einen Zuschlag zur Prüfvergütung zu erheben.

4.4. Der Prüfer ist berechtigt, die zur Erreichung des Prüfzweckes notwendigen und üblichen Untersuchungen vorzunehmen, insbesondere lose Marken in kaltes oder warmes Wasser bzw. unempfindliche Stücke in ein Benzinbad zu legen. Bei Ganz- oder Briefstücken ist der Prüfer zur Ablösung der Marken nicht verpflichtet.

5. Attest, Kurzbefund und Befund

5.1. Ein Attest, Befund oder Kurzbefund – jeweils mit farbiger Abbildung des Prüfgegenstandes – kann dem Auftraggeber gegen gesonderte Berechnung erstellt werden (Ziffer 10.5.). Bei deren Ausstellung wird der Prüfgegenstand nur dann signiert, wenn dies zu seiner Identifizierung notwendig ist. Die Abbildungen sind zum Schutz vor Manipulationen durch ein Prägesiegel gesichert. Attest, Befund und Kurzbefund werden in der Regel in deutscher, auf besonderen Wunsch des Auftraggebers mit Zustimmung des Prüfers auch in englischer Sprache verfasst. Auf Wunsch des Auftraggebers darf der Prüfer zusätzlich auch eine anderssprachige Übersetzung liefern. Für Prüfgebiete, die zu den Sammelgebieten Deutschland, Österreich, Schweiz und Liechtenstein mit ihren sämtlichen Nebengebieten gehören, ist immer eine deutschsprachige Version zu erstellen und nur die deutschsprachige Fassung maßgeblich im Rechtsverkehr. Für alle übrigen Prüfgebiete kann dies auch eine englischsprachige Fassung sein. Der Prüfer ist in jedem Fall berechtigt, für die Anfertigung des Attestes, Befundes oder Kurzbefundes in englischer Sprache oder eine Übersetzung derselben in eine andere Sprache eine angemessene Vergütung zu verlangen.

5.2. Attest und Befund enthalten eine Bestätigung der Echtheit sowie die erforderliche Beschreibung des Prüfgegenstandes und seiner Erhaltung/Qualität. Ein Befund wird in der Regel ab einem MICHEL-Katalogwert von € 250,— und ein Attest ab einem MICHEL-Katalogwert von € 500,— ausgestellt.

5.3. Der Kurzbefund stellt entsprechend Ziffer 5.2. in standardisierter Form den Prüfgegenstand dar. Er wird in der Regel ab einem MICHEL-Katalogwert von € 150,— ausgestellt. Der Auftraggeber kann den Prüfer bei echten Prüfgegenständen beauftragen, auch wenn der MICHEL-Katalogwert unter € 150,— liegt, einen Kurzbefund gegen gesonderte Berechnung (Ziffer 10.5) auszustellen und von einer Signierung abzusehen.

5.4. Marken mit Aufdruck „Specimen“, Probedrucke, Essais und Vergleichbares erhalten ein Attest, einen Befund oder Kurzbefund. (Die frühere Praxis, diese Prüfgegenstände in der Mitte des Unterrandes zu signieren, entfällt.)

5.5. Der Prüfer ist berechtigt, mit dem Prüfauftrag zusammen vorgelegte, frühere Atteste, Befunde oder Kurzbefunde mit einem Hinweis auf die Vornahme seiner Prüfung zu versehen, wenn diese unzutreffend sind.

6. Signierung echter Prüfgegenstände

6.1. Für echt befundene Prüfgegenstände können durch rückseitige Anbringung des Prüfzeichens (Signum des Prüfers) in der in Ziffer 6.5. erläuterten Stellung gekennzeichnet (signiert) werden. Das Prüfzeichen enthält den Namen des Prüfers und den Zusatz „BPP“.

6.2. Bei Einheiten von Briefmarken kann der Prüfer im Falle der Signierung auf jeder Briefmarke sein Prüfzeichen anbringen. Zusammendrucke werden über die Marken bzw. über Marken und Leerfelder, Reklamefelder, Diagonalkreuze usw. signiert. Zusätzlich wird die linke Marke (bei waagerechten Zusammendrucken) bzw. die untere Marke (bei senkrechten Zusammendrucken) wie in Abb. 1A und 1B sowie 2A und 2B (Ziffer 6.5.) signiert mit der Maßgabe, dass die Stellung des Prüfzeichens zur Grundlinie die Qualität des gesamten Zusammendrucks zum Ausdruck bringen muss.

6.3. Aufgeklebte Marken (Briefstücke) werden auf der Rückseite des Papiers, auf welchem sie aufgeklebt sind, signiert.

6.4. Ganzstücke werden in der Regel nicht signiert, sondern nach Ziffer 5 behandelt, es sei denn, sie sind geringwertig. Nicht postalisch beförderte sowie nicht portogerecht frankierte Ganzstücke können auch wie Briefstücke signiert werden. Der Prüfer ist berechtigt, das Ganzstück zur Anbringung des Prüfzeichens zu öffnen.

6.5. Die Prüfzeichen werden grundsätzlich wie folgt mit schwarzer dokumentenechter Farbe gesetzt:

Abbildungen 1 A und B

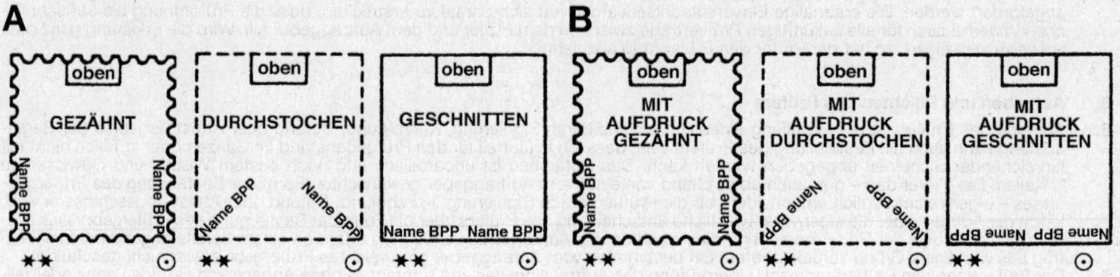

Abbildungen 2 A und B

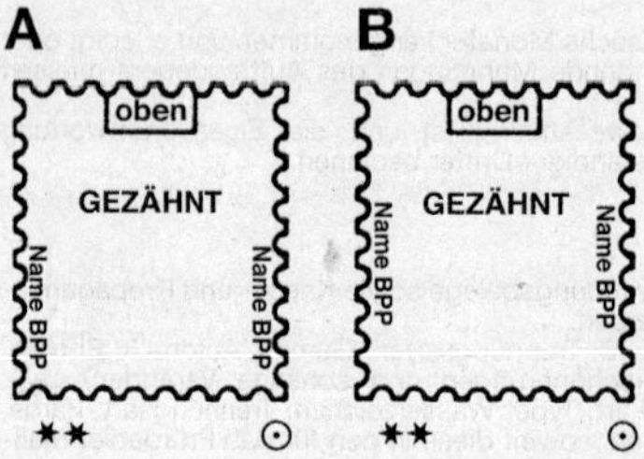

Ungezähnt gebliebene Marken werden wie geschnittene Marken signiert.

Beschädigte, reparierte oder verschönte Prüfgegenstände und ungebrauchte Marken ohne oder mit verändertem Gummi erhalten das Prüfzeichen, je nach Grad des Mangels, höhergesetzt (Abbildung 2 A). Stark beschädigte oder reparierte Prüfgegenstände werden bis zur Markenmitte erhöht signiert (Abbildung 2 B).

Prüfgegenstände ab einem Michelwert von 500 € oder einem Marktwert ab 150 €, den der Prüfer nach billigem Ermessen schätzt, werden in keinem Fall, insbesondere auch nicht bei Qualitätsbeeinträchtigungen, signiert. Solche Prüfgegenstände erhalten einen Kurzbefund, Befund oder ein Attest. Der Prüfer nimmt eine Signierung solcher Prüfgegenstände – auch auf Verlangen des Auftraggebers – nicht vor.

6.6. Geringwertige Prüfstücke erhalten in der Regel kein Prüfzeichen. Ein Prüfzeichen wird keinesfalls angebracht, wenn das geringwertige Prüfstück mit höherwertigen Marken verwechselt werden kann. Solche Prüfstücke können durch Typen-Stempel ohne namentliches Signum des Prüfers klassifiziert werden.

6.7. Prüfgegenstände mit zeitgerechten Abstempelungen zu philatelistischen Zwecken werden wie sonstige echt gestempelte Prüfgegenstände behandelt.

6.8. Amtliche Neudrucke oder Nachdrucke erhalten rückseitig das Signum „Neudruck“ bzw. „Nachdruck“ und das Prüfzeichen in der Mitte des Unterrandes. Private Neudrucke oder Nachdrucke werden nicht signiert. Auf unerlaubte Art oder in betrügerischer Absicht von echten oder nachgemachten Druckformen hergestellte Erzeugnisse sind wie Fälschungen zu behandeln.

6.9. Für das Prüfgebiet „Deutsche Inflation“ besteht aus historischen Gründen folgende Sonderregelung in der Signierungspraxis: Die Signierung in allen Teilen echter gebrauchter Prüfgegenstände erfolgt zusätzlich durch den Rundstempel „Echt – INFLA-Berlin“ oder den Quadratstempel „Echt – im Block geprüft – INFLA-Berlin“ zur Bestätigung der echten und zeitgerechten Entwertung.

7. Kennzeichnung falscher Prüfgegenstände, Prüfungen ohne eindeutiges Ergebnis

7.1. Falsche und verfälschte Prüfgegenstände erhalten den Stempel „falsch“ und das dazu quergestellte Prüfzeichen, und zwar Marken in der Mitte der Rückseite und Briefstücke sowie Ganzstücke zusätzlich vorderseitig neben der Marke bzw. dem Wertstempel oder Stempel.

7.2. Echte, aber falsch entwertete Prüfgegenstände (Stempelfälschungen und Stempelverfälschungen) erhalten den Vermerk „Stempel falsch“ und das dazu quergestellte Prüfzeichen, und zwar Marken in der Mitte der Rückseite und Briefstücke sowie Ganzstücke zusätzlich vorderseitig neben der Marke bzw. dem Wertstempel oder Stempel. Falsch gummierte Marken erhalten rückseitig in der Markenmitte den Vermerk „Gummi falsch“ und das dazu quergestellte Prüfzeichen.

7.3. Fälschungen zum Schaden der Post, Spionagefälschungen und ähnliche zur Freimachung von Postsendungen bestimmte Erzeugnisse erhalten kein Prüfzeichen, sondern werden gemäß Ziffer 5 behandelt.

7.4. Der Prüfer ist zur gut sichtbaren und untilgbaren Kennzeichnung von Fälschungen berechtigt und verpflichtet. Auch vorhandene unzutreffende Atteste, Befunde oder Kurzbefunde werden entsprechend gekennzeichnet. Ausnahmen hiervon sind nur im Rahmen vom BPP veröffentlichter Sonderprüfungen zulässig.
Der Auftraggeber erklärt sich hiermit ausdrücklich einverstanden.

7.5. Kann der Prüfer auch unter Anwendung aller ihm zumutbarer Prüfmethoden und bei Berücksichtigung des für sein Prüfgebiet maßgeblichen Standes der philatelistischen Forschung nicht mit Sicherheit die Echtheit des Prüfgegenstandes oder das Vorliegen einer Fälschung bestätigen, so kann er den Prüfgegenstand mit dem Bemerken, dass ein eindeutiges Prüfergebnis nicht feststellbar sei, ohne jede Kennzeichnung zurückgeben.

8. Abwicklung des Prüfauftrages, Pflichten des Auftraggebers

8.1. Die Prüfgegenstände sind geordnet in sauberem, lose gestempelte Briefmarken in papier- und falzfreiem Zustand, mit einer Aufstellung bzw. Kopie der eingelieferten Prüfgegenstände vorzulegen. Prüfsendungen mit einem Marktwert von über 500 Euro sind vor der Absendung dem Prüfer telefonisch oder durch E-Mail an die der Homepage des BPP hinterlegte E-Mail-Adresse anzukündigen.

8.2. Der Auftraggeber ist verpflichtet, den Prüfer auf alle ihm bekannten Umstände aufmerksam zu machen, die zu einer Fehlbeurteilung führen können. Insbesondere sind dem Prüfer bereits bekannte Prüfungsurteile, Ergebnisse von Vorprüfungen, Fehler, Reparaturen, Nachzähnungen oder Nachgummierungen an dem Prüfgegenstand bei der Vorlage mitzuteilen und bereits vorhandene Befunde und/oder Atteste vorzulegen. Der Auftraggeber ist weiterhin verpflichtet, den Prüfer zu informieren, wenn ihm von dem Prüfgegenstand weitere gleiche Exemplare aus einer zerteilten oder noch ungeteilten Einheit, wie z. B. einem Briefmarkenbogen oder -teilbogen, vorliegen. Infolge der schuldhaften Verletzung der dem Auftraggeber gegenüber dem Prüfer obliegenden Verpflichtungen ist der Auftraggeber gegenüber dem Prüfer zum Ersatz des sich daraus ergebenden Schadens verpflichtet. Darüber hinaus ist der Auftraggeber verpflichtet, den Prüfer unverzüglich auf etwaige Fehler oder Mängel des Gutachtens hinzuweisen, um ihm die Möglichkeit einer etwaigen Berichtigung des Gutachtens zu geben.

8.3. Die Gefahr für die Versendung des Prüfgegenstandes an den und vom Prüfer trägt der Auftraggeber. Hierbei hat der Auftraggeber eine Versandform zu wählen, die den Zugang der Prüfsendung gegen Unterschriftsleistung des Prüfers oder seines Empfangsbevollmächtigten sicherstellt. Eine Versandform hingegen, bei der der Postdienstleister durch seinen Auslieferungsboten den Einwurf in einen Briefkasten oder die Übergabe an den Prüfer bescheinigt, erbringt den Zugangsnachweis oder -anschein nicht, auch wenn ein entsprechender Auslieferungsbeleg beim Postdienstleister abrufbar ist (keine Beweislastumkehr). Es bleibt dem Auftraggeber überlassen, seinerseits für eine sichere Zustellung Sorge zu tragen und/oder eine Versicherung der Prüfsendung auf dem Hin- und Rückweg vorzunehmen.

9. Haftung des Prüfers und Haftungsumfang

9.1. Der Prüfer haftet nach Maßgabe dieser Prüfordnung und der gesetzlichen Bestimmungen für eine zum Zeitpunkt der Prüfung fachgerechte, dem Stand der philatelistischen Kenntnisse und Erfahrungen entsprechende Prüfung.

9.2. Der Prüfer haftet bezüglich der Feststellung der seiner Prüfung zugrunde liegenden Tatsachen und des jeweiligen Standes der philatelistischen Kenntnisse dem Auftraggeber auch für einfache Fahrlässigkeit.
Die Einordnung eines Prüfgegenstandes zu einer bestimmten Farbbezeichnung im Katalog wird der Prüfer nach bestem Wissen und Gewissen vornehmen. Eine Haftung des Prüfers begründet die Einordnung in Übergangs- und Grenzbereichen von Farbbezeichnungen (vgl. Ziffer 4.2 der Prüfordnung) nicht, zumal diese subjektven Kriterien unterliegt.
Für die Verletzung unwesentlicher Vertragspflichten haftet der Prüfer im Falle einfacher Fahrlässigkeit nicht. Die vorstehende Haftungsbegrenzung gilt für Ansprüche aus jeglichem Rechtsgrund, die vom Auftraggeber oder auf der Grundlage des Prüfauftrages von Dritten gegenüber dem Prüfer geltend gemacht werden.
Hat der Auftraggeber oder Dritte einen Schaden und haftet der Prüfer dem Auftraggeber oder Dritten für einfache Fahrlässigkeit, so beschränkt sich seine Haftung auf den Wert des Prüfgegenstandes zum Zeitpunkt der Prüfung, wenn dieser fälschlicherweise als falsch oder schlecht erhalten beurteilt wurde. Wurde der Prüfgegenstand fälschlicherweise als echt oder gut erhalten beurteilt, beschränkt sich die Haftung des Prüfers auf den Wert, den eine dem Prüfgegenstand entsprechende echte oder gut erhaltene Prüfvorlage im Zeitpunkt der Prüfung hatte. Entgangener Gewinn, auch nach Durchführung der Prüfung eingetretene Wertsteigerungen werden nicht ersetzt. Liegen die Voraussetzungen des § 310 Abs. 1 BGB vor, so gilt die vorstehende Haftungsbegrenzung auch bei grob fahrlässigem Verhalten des Prüfers oder seiner Erfüllungsgehilfen.
Soweit in einem solchen Fall der Prüfer gegenüber einem Dritten haftet, entfällt diese Haftung gegenüber demjenigen Dritten, dem gegenüber in der Veräußerungskette zwischen Auftraggeber und Drittem bzw. zwischen Dritten untereinander die Gewährleistung ausgeschlossen oder beschränkt wurde, es sei denn, er hätte sich die Gewährleistungsansprüche abtreten lassen.
Für eine vorgenommene zutreffende Signierung ohne Zustimmung des Auftraggebers haftet der Prüfer nicht. Eine versehentlich in der Stellung des Prüfzeichens unzutreffende Signierung führt nicht zu einer Haftung des Prüfers. In diesem Fall wird der Prüfer kostenlos einen Kurzbefund, einen Befund oder ein Attest erstellen, in dem die unzutreffende Signierung richtig gestellt wird.

9.3. Die in Ziffer 9.2 aufgeführten Haftungsbeschränkungen gelten nicht bei dem Prüfer zurechenbaren Verletzungen des Lebens, Körpers oder der Gesundheit des Auftraggebers.

9.4. Soweit der Prüfer gegenüber Dritten aus dem Prüfvertrag haftet, reichen die gegen ihn gerichteten Ansprüche nicht weiter als die dem Auftraggeber selbst zustehenden Ansprüche. Auch für den Dritten gelten die in der Prüfordnung festgelegten Haftungsbeschränkungen.

9.5 Kommt der Prüfer nach Abschluss der Prüfung zu der Erkenntnis, dass das zunächst festgestellte Ergebnis seiner Prüfung unzutreffend ist, ist der Auftraggeber verpflichtet, dem Prüfer durch Vorlage des Prüfgegenstandes bzw. Attestes, Befundes oder Kurzbefundes am Sitz des Prüfers eine Korrektur zu ermöglichen. Das gleiche gilt im Falle der Geltendmachung eines Schadensersatzanspruches. Diese Verpflichtung entfällt, wenn der Auftraggeber weder Eigentümer noch Besitzer des Prüfgegenstandes ist. Das ursprüngliche Prüfergebnis muss erkennbar bleiben.

9.6. Eine Haftung des Bundes Philatelistischer Prüfer e.V. für seine als Prüfer tätigen Mitglieder ist ausgeschlossen.

9.7. Sind die Voraussetzungen für die Leistung von Schadensersatz durch den Prüfer gegeben, dann kann der Prüfer nach seiner Wahl entweder ein gleichwertiges Ersatzstück liefern oder den entstandenen Schaden in bar ersetzen.

9.8. Der Auftraggeber ist verpflichtet, alles zu tun, um den Eintritt und die Höhe des Schadens zu mindern (§ 254 BGB). Für den Fall seiner Inanspruchnahme durch Dritte hat der Auftraggeber dem Prüfer unverzüglich Anzeige zu machen.

10. Anspruch des Prüfers auf Vergütung

10.1. Der Prüfer berechnet für seine Tätigkeit, auch Neu- oder Nachprüfung, eine Vergütung.

10.2. Die Vergütung beträgt, wenn nichts anderes vereinbart ist, bis zu 4% vom jeweiligen MICHEL-Katalogwert oder, wenn ein solcher nicht feststellbar ist, bis zu 10% vom Handelswert, den der Prüfer nach billigem Ermessen schätzen darf. In einem solchen Fall können die Parteien die Prüfvergütung auch auf Grundlage einer individuellen Absprache vor Abschluss der Prüftätigkeit einvernehmlich festlegen.
Die Mindestvergütung beträgt für jede Prüfsendung € 30,–. Die Mindestvergütung für jede einzelne vorgelegte Marke beträgt € 4,–, für jedes Briefstück oder Ganzstück € 5,–, auch wenn keine Signatur angebracht wird.
Bei Briefstücken oder Ganzstücken mit mehr als drei verschiedenen Marken kann für die Typisierung eine zusätzliche Vergütung von € 1,– pro Marke berechnet werden.

10.3. Die Vergütung für als falsch oder verfälscht zu kennzeichnende Prüfgegenstände beträgt jeweils bezogen auf einen echten, gleichartigen Prüfgegenstand entweder bis zu 1% des MICHEL-Katalogwertes gemäß Ziffer 10.2. oder, wenn ein solcher nicht feststellbar ist, bis zu 2,5% des Handelswertes, den der Prüfer nach billigem Ermessen schätzen darf. Die Höhe der Mindestvergütung für jede Prüfsendung und jeden einzelnen Prüfgegenstand gemäß Ziffer 10.2 bleibt unverändert.
Ist die Feststellung eines eindeutigen Prüfergebnisses für einen Prüfgegenstand nicht möglich, darf nur die Mindestvergütung gemäß Ziffer 10.2 in Anrechnung gebracht werden, es sei denn, der Prüfer macht höheren Aufwand geltend.

10.4. Für besonders zeitintensive und schwierige Prüfungen kann der Prüfer einen vorher schriftlich zu vereinbarenden Aufschlag verlangen. Dies gilt auch für das Einordnen von Prüfgegenständen nach Druckart, Type, Wasserzeichen, Trennungsart, Farbe, Lochung und Papier.

10.5. Die zusätzliche Vergütung für die Ausstellung eines Attestes beträgt € 20,–, für einen Befund € 10,–, für einen Kurzbefund in Großformat € 8,– und für einen Kurzbefund in Kleinformat € 5,–.
Die zusätzliche Vergütung entfällt bei einzelnen Prüfgegenständen, für die die abgerechnete Prüfvergütung ohne die Vergütung für die Ausstellung des Attestes über 150 Euro (ohne Mehrwertsteuer) beträgt.

10.6. Die Vergütung wird mit Zugang der Prüfrechnung beim Auftraggeber fällig. Sie kann durch Nachnahme erhoben werden.

10.7. Neben der Vergütung berechnet der Prüfer seine Versand-, Versicherungs- und Verpackungskosten sowie gegebenenfalls, soweit er der Steuerpflicht unterliegt, die gesetzliche Mehrwertsteuer.

10.8. Der Prüfer kann eine Vorauszahlung in Höhe der zu erwartenden Vergütung einschließlich Versandkosten verlangen. Soweit nicht Vorauszahlung der Vergütung erfolgt oder diese nicht durch Nachnahme erhoben wird, kann der Prüfer die Prüfgegenstände bis zur Zahlung seiner Rechnung zurückbehalten.

10.9. Gegen Ansprüche des Prüfers auf Zahlung der Vergütung kann der Auftraggeber nur aufrechnen, wenn seine geltend gemachte Gegenforderung unbestritten oder rechtskräftig festgestellt ist.

11. Verjährung

Ansprüche des Auftraggebers wegen mangelhafter Vertragserfüllung sowie Schadensersatzansprüche gegen den Prüfer, gleich aus welchem Rechtsgrund, verjähren im Falle einfacher Fahrlässigkeit des Prüfers oder seiner Erfüllungsgehilfen spätestens nach einem Jahr, sofern sich aus den gesetzlichen Bestimmungen nicht eine kürzere Verjährungsfrist ergibt. Der Verjährungsbeginn richtet sich nach den gesetzlichen Vorschriften.
Die vorstehende Begrenzung der Verjährungsfrist gilt nicht im Falle von dem Prüfer zurechenbaren Verletzungen des Lebens, Körpers oder der Gesundheit des Auftraggebers.

12. Erfüllungsort und Gerichtsstand

12.1. Hat der Auftraggeber keinen allgemeinen Gerichtsstand im Inland oder verlegt er seinen Wohnsitz oder gewöhnlichen Aufenthaltsort aus dem Inland oder ist sein Wohnsitz oder gewöhnlicher Aufenthaltsort zum Zeitpunkt der Klageerhebung nicht bekannt, so ist der Wohnsitz des Prüfers ausschließlicher Gerichtsstand.
Hat der Prüfer keinen allgemeinen Gerichtsstand im Inland oder verlegt er seinen Wohnsitz oder gewöhnlichen Aufenthaltsort aus dem Inland oder ist ein solcher nicht bekannt, so ist der Sitz des Bundes Philatelistischer Prüfer e.V. ausschließlicher Gerichtsstand.

12.2. Ist der Auftraggeber Kaufmann, juristische Person des öffentlichen Rechts oder öffentlich rechtliches Sondervermögen, so ist der Wohnsitz des Prüfers ausschließlicher Gerichtsstand, sofern dieser zum Zeitpunkt der Klageerhebung in der Bundesrepublik Deutschland besteht.

12.3. Vorbehaltlich der Ziffern 12.1 und 12.2 ist der Erfüllungsort für alle Beteiligten der Wohnsitz des Prüfers.

12.4. Auf die Rechtsbeziehungen zwischen dem Prüfer und seinem Auftraggeber findet das Recht der Bundesrepublik Deutschland Anwendung.

13. Ergänzungen der Prüfordnung

Für einzelne Prüfgebiete bestehen aufgrund historischer Gegebenheiten und Besonderheiten des Prüfgebietes Sonderregeln, welche die Prüfordnung ergänzen. Auch diese sind entsprechend Ziffer 2.2 der Prüfordnung anzuerkennen.
Sämtliche Sonderregeln sind in jeweils gültiger Form im Internet (www.bpp.eu oder www.bpp.de) veröffentlicht und können vom jeweiligen Prüfer angefordert werden.

14. Schlussbestimmungen

Sollten einzelne Bestimmungen dieser Prüfordnung unwirksam sein oder werden, so wird hierdurch die Wirksamkeit der übrigen Bestimmungen nicht berührt.

Diese Prüfordnung tritt mit ihrer Veröffentlichung im Internet (www.bpp.eu oder www.bpp.de) zum 01. Juli 2003 in Kraft.
Änderungen wurden am 1.5.2004, 30.4.2005, 29.4.2006, 21.4.2007, 2.5.2009, 29.5.2010, 21.5.2011, 5.5.2012, 20.4.2013, 17.5.2014, 30.4.2016, 29.4.2017, 30.4.2022 und 27.4.2024 beschlossen. Letztere treten zum 1.7.2024 in Kraft. Die vorhergehenden Änderungen sind bereits jeweils zum 1.7. der betreffenden Jahre 2004 bis 2009, 2012 bis 2014 und 2017 bzw. zum 1.8. der Jahre 2010 und 2011 in Kraft getreten.

Prüferliste des Bundes Philatelistischer Prüfer e.V.

(Stand 22.8.2025)

Prüfgebiete

(In der Regel inkl. Ganzsachen, Barfrankaturen und Notentwertungen)

Europa

Weltraumpost: Hopferwieser

Estland: Löbbering
Färöer: Møller
Finnland (mit Aunus, Karelien, Nordingermanland): Schwenson
Gibraltar: Hamilton-Bowen
Grönland: Møller
Großbritannien:
MiNr. 1–101 (ohne Dienst): Louis
Irland: Hamilton-Bowen
Island: Møller
Jugoslawien:
MiNr. 1–450, Porto MiNr. 1–73: Huzanic
Kroatien:
sogen. NDH Kroatien 1941–45: Huzanic
Lokalausgabe Banja Luka: Huzanic
Liechtenstein:
ab 1912 inkl. Mitläufer, ohne Flug- und Zeppelinpost: Hoffner
Litauen:
1918–1940: Huylmans
Lokalausgaben 1919/1920: Huylmans
Luxemburg:
Böttger (ohne Dienstmarken und Vorausentwertungen), Nosbaum
Malta: Hamilton-Bowen
Österreich:
1850–67: Goller
ab MiNr. 44 (ohne Lokalausgaben und Nebengebiete): Soecknick
ab MiNr. 660: Glavanovitz
Bosnien und Herzegowina: Goller, Soecknick
DDSG: Goller
Levante und Kreta: Goller
Lombardei und Venetien: Goller

Polen:
Port Gdansk: Gruber
Polnische Besetzung von Warwiszki: Huylmans
Portugal:
1853–1960, Azoren 1868–1930, Madeira 1868–1930: Ehrig
Russland:
1857–1875 (MiNr. 1–28): Citerne
Zemstvo Gadiach 1884–1917: Citerne
Schweden:
1855–1900: Obermüller Wilén
Schweiz:
Kantonalmarken und MiNr. 1–4: Neumann
ab MiNr. 95: Hoffner (Luftpostbelege nur auf Anfrage)
Dienstmarken 1938–1959 (MiNr. 28–74): Hoffner
Industrielle Kriegswirtschaft: Hoffner
Internationale Organisationen: Hoffner
Spanien mit Kolonien: Baschwitz
Tschechoslowakei: Darmietzel
1. Republik 1918–1938 (MiNr. 1–405, ohne Portomarken und Nebengebiete): Ch. Neumann
Türkei:
ab 1901 (ab MiNr. 86): Unger
Vatikanstadt: Lummer
Westukraine: Huylmans

Anschriften der Prüfer im BPP (Stand 22.8.2025)

Jeweils aktuellster Stand der Prüferliste: www.bpp.de und www.bpp.eu

Geschäftsstelle: Gunnar Gruber, Fritz-Reichle-Ring 4, 78315 Radolfzell, Tel. (0 77 32) 5 24 12, Fax (0 77 32) 92 97 41
E-Mail: gruber@bpp.de. Anfragen nach Möglichkeit bitte per E-Mail.

Die angegebenen Vorwahlnummern gelten von Deutschland aus.

Die mit unterstrichenem Nachnamen aufgeführten Prüfer sind auch als öffentlich bestellte und vereidigte Sachverständige tätig.

Bärsch, Jürgen, Buschungstr. 76, 65205 Wiesbaden,
Tel. (06 11) 4 04 66 6, E-Mail: juergen.baersch@allianz.de

Barth, Norbert, Echter Str. 20, 41844 Wegberg,
Tel. (0 24 34) 2 46 64, E-Mail: nori.barth@t-online.de

Baschwitz, German, Avda. Alfonso XIII, 111 Semisotano,
28016 Madrid, SPANIEN,
Tel. (00 34) 65 68 10 74, Fax (00 34 91) 3 64 50 18,
E-Mail: german@basch.e.telefonica.net

Bauer, Josef, Clemensstr. 50, 80803 München,
Tel. (0 89) 1 29 21 03, E-Mail: Josef.g.bauer@t-online.de

Berger, Stefan, Wehrgasse 4, 07749 Jena,
Tel. (0 36 41) 2 22 72 79, E-Mail: s.c.berger@gmail.com

Bernhard, Leon Alexander, Korvettenweg 43, 26723 Emden,
Tel. 01 59 06 10 79 03, E-Mail: bernhard@bpp.de

Bock, Matthias, Schlangenkoppel 18, 22117 Hamburg,
Tel. (0 40) 27 86 66 86, E-Mail: mbock@cimw.de

Böheim, Julius, Fließhornstr. 8, 78465 Konstanz,
Tel. (0 75 33) 57 96, Fax (0 75 33) 45 84,
E-Mail: dr.boeheim@gmx.de

Böttger, Lars, 10, rue de Grundhof, 6315 Beaufort, LUXEMBURG,
Tel. (0 03 52) 67 71, E-Mail: lars.boettger@bdph.de

Brekenfeld, Carsten, Kadettenweg 74, 12205 Berlin,
Tel. (0 30) 8 84 30 80, Fax (0 30) 88 43 08 15,
E-Mail: CBrekenfeld@t-online.de

Brett, Marcell, Burgerstr. 22, 39288 Burg OT Detershagen,
Tel. (0 39 21) 4 59 99 05, E-Mail: marcellbrett@gmx.de

Citerne, Maxime J., Borngasse 3, 61462 Königstein,
Tel. 01 76 64 91 81 36, E-Mail: maxime@wahnam.fr

Darmietzel, Peter, Obere Leite 16, 97453 Marktsteinach,
Tel. (0 97 27) 17 66, E-Mail: peter@darmietzel.de

Ehrig, Michael, Kurt-Schumacher-Str. 51, 15827 Blankenfelde-Mahlow, Tel. (0 33 79) 37 16 94, Fax (0 33 79) 37 16 96,
E-Mail: m.ehrig@gmx.de

Eichhorn, Florian, Adolfsallee 17, 65185 Wiesbaden,
Tel. (06 11) 37 26 05, Fax (06 11) 30 62 68,
E-Mail: minatobay@yahoo.de

El Majdoub, Faycal, Weihbergstr. 32, 52382 Niederzier,
Tel. 01 79 7 09 11 13, E-Mail: elmajdoub@bpp.de

Estelmann, Oliver, Klarastr. 26, 16540 Hohen Neuendorf,
Tel. (0 33 03) 40 97 93, E-Mail: helgola@gmx.net

Fleiner, Udo, Emma-Herwegh-Str. 22, 79114 Freiburg,
Tel. (07 61) 61 05 05 50, E-Mail: udo.fleiner@t-online.de

Fullgraf, Heinrich, Im Wirrwinkel 35, 23879 Mölln,
Tel. (0 45 42) 36 06, E-Mail: Heinrich.Fullgraf@t-online.de

Gärtner, Sebastian, Auguste-Lazar-Str. 5, 01217 Dresden,
Tel. (03 51) 56 37 71 89, E-Mail: gaertner@bpp.de

Geigle, Christian E., Almrauschstr. 5, 82031 Grünwald,
Tel. (0 89) 69 39 51 81, Fax (0 89) 69 39 51 82,
E-Mail: chrgeigle@yahoo.com

Glavanovitz, Werner, Vorgartenstr. 63/38, 1200 Wien,
ÖSTERREICH,
Tel. (00 43) 66 42 54 83 70,
E-Mail: werner.glavanovitz@chello.at

Gleich, Alexander, Lessingstr. 2, 69493 Hirschberg,
Tel. (0 62 01) 87 36 51, E-Mail: alexandergleich@gmx.de

Goller, Arnold, 9640 Kötschach 283, ÖSTERREICH,
Tel. (00 43) 66 49 11 01 74, E-Mail: info@arnoldgoller.com

Gruber, Gunnar, Fritz-Reichle-Ring 4, 78315 Radolfzell,
Tel. (0 77 32) 5 24 12, Fax (0 77 32) 92 97 41,
E-Mail: gruber@bpp.de

Hamilton-Bowen, Roy, Postfach 11 24, 63083 Rodgau,
Eisenbahnstr. 8, 63110 Rodgau, Tel. (0 61 06) 30 23,
Fax (0 61 06) 30 24, E-Mail: roy.hb@online.de

Harder, Philipp, Saluferstr. 11, 7000 Chur, SCHWEIZ,
Tel. (0041 81) 3 53 60 61, E-Mail: philipp.harder@t-online.de

Haslau, Michael, Parkstr. 11, 13086 Berlin,
Tel. (0 30) 92 40 89 58, E-Mail: michael-haslau@t-online.de

Haveman, B. Walter, Saarstr. 17, 73431 Aalen,
Tel. (0 73 61) 3 71 07, E-Mail: haveman@gmx.de

Heinrich, Thomas, Eschenweg 66, 71364 Winnenden,
Tel. und Fax (0 71 95) 17 88 85,
E-Mail: heinrich.winnenden@gmx.de

Heitmann, Claus, Dachauer Str. 111, 80335 München,
Tel. (0 89) 54 35 67 74, E-Mail: claus.heitmann@t-online.de

Hoffner, Johannes, Hintermatt 9, 4417 Ziefen, SCHWEIZ,
Tel. (0041 61) 9 31 14 52, E-Mail: johanneshoffner@bluewin.ch

Hopferwieser, Walter Michael, Akazienweg 7, 7537 Neuberg im Burgenland, ÖSTERREICH,
Tel. (0043 6 64) 5 02 29 98, Fax (0043 6 62) 8 22 04 65,
E-Mail: walterhopferwieser@gmail.com

Huylmans, Tobias, Spiegelbergstr. 33, 55283 Nierstein,
Tel. (0 61 33) 9 24 67 48 , Fax (0 61 33) 9 24 67 49
E-Mail: huylmans@bpp.de

Huzanic, Mario, Schwandenrain 6b,
8910 Affoltern am Albis, SCHWEIZ,
Tel. (0041 79) 5 02 86 85, E-Mail: mario.huzanic@madebynet.ch

Irtenkauf, Klaus, Ekkehardstr. 3, 88046 Friedrichshafen,
Tel. (0 75 41) 3 52 86, E-Mail: k.irtenkauf@kabelbw.de

Jäschke-Lantelme, Michael, Ahlener Weg 13 c, 12207 Berlin
Tel. (0 30) 75 51 90 16, Fax (0 30) 75 51 90 18,
E-Mail: info@jaeschke-lantelme.com

Jasch, Michael, Ritterfelddamm 121, 14089 Berlin,
Tel. (0 30) 2 13 41 15, Fax (0 30) 2 13 46 23,
E-Mail: DrJasch@t-online.de

Kalb, Klaus, Germanenstr. 73, 58509 Lüdenscheid,
Tel. (0 23 51) 2 44 74, E-Mail: kaelbchens@t-online.de

Klinkhammer, Marc, Hirschstr. 12, 71254 Ditzingen,
Tel. (0 71 56) 96 69 22, E-Mail: marcinstruktion@t-online.de

König, Heiko, Haselnussweg 11, 06849 Dessau,
Tel. (03 40) 87 01 90 90, Fax (03 40) 87 01 90 91,
E-Mail: info@hettinger-auktionen.de

Kramp, Hans-Ludwig, Am Anger 7 A, 19217 Wendorf bei Rieps,
Tel. (03 88 73) 3 34 24, E-Mail: hans-ludwig.kramp@t-online.de

Kramp, Leif, Eickedorfer Vorweide 48, 28879 Grasberg,
Tel. 0 17 24 27 46 44, E-Mail: drkramp@bpp.de

Krug, Hansmichael, Postfach 94 01 03, 60459 Frankfurt/Main,
Burgfriedenstr. 42, 60489 Frankfurt/Main,
Tel. (0 69) 78 80 09 83, Fax (0 69) 78 80 09 82,
E-Mail: hansmichael.krug@gmx.de

Kunz, Jens, Am Hellenberg 15, 54579 Üxheim,
Tel. (0 26 96) 12 73, E-Mail: jk.online@gmx.de

Löbbering, Thomas, Rudolf-Dietz-Str. 9, 56379 Holzappel,
Tel. (0 64 39) 65 01, Fax (0 64 39) 92 97 23
E-Mail: thomas_loebbering@hotmail.com

Louis, Karl-Albert, c/o Fa. Heinrich Köhler, Wilhelmstr. 48,
65183 Wiesbaden, Tel. (06 11) 3 93 81,
E-Mail: karl.louis@t-online.de

Lummer, Maximilian, Narzissenstr. 31, 82110 Germering,
Tel. (0 89) 80 07 17 20, E-Mail: ML@Phila-lummer.de

Mathies, Jörg, Merkatorweg 31 b, 22119 Hamburg,
Tel. 01 57 88 85 69 80, E-Mail: mathies@bpp.de

Mehlmann, Volker, Norfer Str. 18, 41539 Dormagen, Tel. (0 21 33) 21 41 99,E-Mail: volker.mehlmann@web.de

Møller, Carl Aage, Röschkamp 11, 23774 Heiligenhafen, Tel. (0172) 1 71 20 33, E-Mail: camoller@icloud.com

Mozek, Christian, Bahnhofstr. 8, 26382 Wilhelmshaven, Tel. (0 44 21) 7 55 19 70, E-Mail: mozek@bpp.de

Neumann, Christian, Kurze Straße 6, 79618 Rheinfelden, Tel. (0 76 23) 6 26 21, E-Mail: kcneumann@gmx.de

Neumann, Till, Postfach 10 29 40, 28029 Bremen, Osterdeich 32, 28203 Bremen, Tel. (04 21) 7 94 02 60, Fax (04 21) 7 94 02 61, E-Mail: tn@klassische-philatelie.de

Nosbaum, Oliver, 135, rue de Bettembourg, 5811 Fentange, LUXEMBURG, Tel. (0 03 52) 49 12 10, E-Mail: o_nosbaum@hotmail.com

Obermüller Wilén, Helena, Observationsvägen 20, 14138 Huddinge, SCHWEDEN, Tel. (0046 8) 6 41 09 11, Fax (0046 8) 6 43 22 38, E-Mail: obermuller.wilen.helena@telia.com

Petry, Claus, Wilstedter Weg 35b, 22851 Norderstedt, Tel. (0 40) 5 37 22 42, E-Mail: clauspetry@web.de

Pfeiffer, Detlef, Marksuhler Ring 9, 71126 Gäufelden-Öschelbronn, Tel. (0 70 32) 95 42 21, Fax (0 70 32) 91 90 77, E-Mail: pfeiffer-detlef@t-online.de

Provinsky, Peter, Gardeschützenweg 127, 12203 Berlin, Tel. (0 30) 8 43 90 30, E-Mail: P.Provinsky@t-online.de

Rolle, Andreas, c/o Firma Schlegel, Kurfürstendamm 200, 10719 Berlin, Tel. 0171 7 00 33 63, E-Mail: rolle@bpp.de

Ruscher, Karsten, Marzahner Promenade 32, 12679 Berlin, Tel. (030) 70 07 98 39, E-Mail: k.ruscher@web.de

Scheibert, Roman, c/o ROSCH COMPUTER GMBH, Ostring 13, 65205 Wiesbaden, Tel. 01 60 - 8 81 00 03, E-Mail: scheibert@rosch-computer.de

Schlegel, Andreas, Kurfürstendamm 200, 10719 Berlin, Tel. (0 30) 88 55 09 35, Fax (0 30) 88 55 09 37, E-Mail: info@briefmarken-schlegel.de

Schlegel, Hans-Dieter, Berkaer Str. 44, 14199 Berlin, Tel. (0 30) 8 81 34 18, Fax (0 30) 88 55 09 75, E-Mail: hd@schlegel-philatelie.de

Schulz, Dirk, Wasserkunststr. 28, 39124 Magdeburg, Tel. (03 91) 25 54 81 06, Fax (03 91) 25 54 81 20, E-Mail: post@wehama.de

Schweizer, Michael, Moltkestr. 19/1, 73257 Köngen, Tel. (0 70 24) 98 98 10, E-Mail: MichaelSchweizer@t-online.de

Schwenson, Cyril, Lindenstr. 13, 29549 Bad Bevensen, Tel. (0 58 21) 4 11 19, E-Mail: c.schwenson@t-online.de

Sem, Peter, Kellerstr. 3, 96163 Gundelsheim, Tel. (09 51) 4 26 20, Fax (09 51) 4 30 48, E-Mail: peter@peter-sem.de

Soecknick, Rüdiger, Sebastianplatz 4/3/25, 1030 Wien, ÖSTERREICH, Tel. (00 43 1) 2 08 35 46, E-Mail: ruediger.soecknick@chello.at

Stegmüller, Franz, Traunreuter Str. 38, 81549 München, Tel. (0 89) 68 09 37 90, Fax (0 89) 68 09 37 91, E-Mail: franz.stegmueller@t-online.de

Steuer, Ronald F., Löwengasse 38/14, 1030 Wien, ÖSTERREICH, Tel. und Fax (0043 1) 9 69 90 14, E-Mail: ronald.steuer@chello.at

Unger, Arthur, Rodauer Str. 64, 1230 Wien, ÖSTERREICH, Tel. (00 43 1) 9 04 89 13, E-Mail: ab.unger@drei.at

Vaatz, Arnold, Grenzstraße 2, 01156 Dresden, Tel. (03 51) 4 53 94 22, Fax (03 51) 4 53 94 21, E-Mail: vaatz@bpp.de

Wagner, Günter, Grüner Weg 10, 98527 Suhl, Tel. (0 36 81) 41 65 00, E-Mail: assahun@web.de

Wasels, Heinrich, Rauhut Kruschel GmbH, Werdener Weg 44, 45470 Mülheim an der Ruhr, Tel. (00 44 77 71) 51 27 34, E-Mail: hwasels@yahoo.co.uk

Wehner, Andreas, Göttengrün 8, 07926 Gefell, Tel. (03 66 49) 79 00 53, E-Mail: awehner@web.de

Weinbuch, Dieter, Rothenburger Str. 4, 90613 Großhabersdorf, Tel. (0 91 05) 9 93 19 23, Fax (0 91 05) 9 93 19 22, E-Mail: dieter.weinbuch@t-online.de

Wiegand, Manfred, Max-Born-Ring 31, 37077 Göttingen, Tel. (05 51) 37 90 98, Fax (05 51) 3 07 01 91, E-Mail: wiegand.manfred@web.de

Wilderbeek, Hans, Boomschillerij 4, 5582 GV Waalre, NIEDERLANDE; c/o MEP Europe GmbH, Willstätterstraße 30, 40549 Düsseldorf, Tel. (00 31) 6 23 30 55 98, E-Mail: wilderbeek@gmail.com

Zhang, Wenyi, Bayerische Str. 10, 10707 Berlin, Tel. 01 72 7 02 58 31, E-Mail: wenyizhang1992@gmail.com

Zill, Alexander, Waldluststr. 54, 85540 Haar, Tel. (0 89) 46 98 51, E-Mail: zill.alexander@web.de

Zirath, Walter, Giselaweg 7, 22335 Hamburg, Tel. (0 40) 50 64 49, Fax (0 40) 50 63 87, E-Mail: BriefmarkenZirath@web.de

Anschriften der öffentlich bestellten und vereidigten Sachverständigen im BPP (Stand 22.8.2025)

Die mit unterstrichenem Nachnamen aufgeführten öffentlich bestellten und vereidigten Sachverständigen sind auch als BPP-Prüfer tätig.

12207 Berlin

Jäschke-Lantelme, Michael, Ahlener Weg 13 c, 12207 Berlin, Tel. (0 30) 75 51 90 16, Fax (0 30) 75 51 90 18, E-Mail: info@jaeschke-lantelme.com

22459 Hamburg

Buhr, Carl, Gandersheimer Weg 2, 22459 Hamburg, Tel. (0 40) 5 51 14 84, Fax (0 40) 5 55 33 87, E-Mail: carl.buhr@gmx.de

50735 Köln

Binder, Gerhard, Niehler Str. 336, 50735 Köln, Tel. (02 21) 25 91 25 31, E-Mail: infla@gmx.net (keine Sachverständigentätigkeit bis März 2025)

63110 Rodgau

Hamilton-Bowen, Roy, Eisenbahnstr. 8, 63110 Rodgau, Tel. (0 61 06) 30 23, Fax (0 61 06) 30 24, E-Mail: roy.hb@online.de

65375 Oestrich-Winkel

Rott, Klaus Peter, Schwarzgasse 4, 65375 Oestrich-Winkel, Tel. und Fax (0 67 23) 17 53, E-Mail: klaus-rott@gmx.de

71254 Ditzingen

Fuchs, Wilfried, Boelckestr. 15, 71254 Ditzingen, Tel. (07 11) 29 09 68, E-Mail: rauss-fuchs@t-online.de

96163 Gundelsheim

Sem, Peter, Kellerstr. 3, 96163 Gundelsheim, Tel. (09 51) 4 26 20, Fax (09 51) 4 30 48, E-Mail: peter@peter-sem.de

Inhalts- und Stichwortverzeichnis

L

M

T

U

V

W

Y

Z

Notizen

Händlerverzeichnis

Händler	Ladengeschäft	Versandgeschäft	Auktionen	Benelux	Frankreich	Griechenland	Großbritannien/Irland	Italien	Jugoslawien u. Nachfolgest.	Österreich	Russland/Sowjetunion	Schweiz/Liechtenstein	Skandinavien/Baltikum	Spanien/Portugal	Türkei	UNO	weitere Informationen
01127 Dresden, Dresdner Briefmarken-Auktion, Oschatzer Str. 32, Tel. 0351/8 48 93 67 **info@dresdner-briefmarkenauktion.de** **www.dresdner-briefmarkenauktion.de**			●														
10719 Berlin, Briefmarkenfachgeschäft, Andreas Schlegel GmbH, Kurfürstendamm 200, Tel. 030/88 55 09 35 **info@briefmarken-schlegel.de** **www.briefmarken-schlegel.de**	●	●	●														
21502 Geesthacht, Leuchtturm Gruppe GmbH & Co. KG, Am Spakenberg 45, Tel. 04152/801-200 **info@leuchtturm.com** **www.leuchtturm.com**		●															**For the collector in you**
22967 Tremsbüttel, Ralf Krenz, Wiesengrund 1, Tel. 04531/12 70 14 **buero@stamp.de** **www.bribest.de**		●		●	●	●	●	●	●	●	●	●	●	●	●	●	**www.bribest.de**
23611 Sereetz, Lutz Grözinger, Sereetzer Tannen 24, Tel. 0451/39 19 10 **lutz.groezinger@web.de** **www.briefmarken-groezinger.de**		●		●	●		●	●		●	●	●	●			●	**Ankauf Briefmarken Preisliste gratis Belege Website**
24214 Lindhöft, Nordphila E.K., Eichenweg 2, Tel. 04346/36 69 00 **info@nordphila.de** **www.nordphila.de**		●	●														**Über 10 000 Artikel im Online-Shop www.stamps123.com**
28307 Bremen, Holger Tietz, Osterholzer Dorfstr. 77A, Tel. 0421/45 60 00 **info@briefmarken-tietz.de** **www.briefmarken-tietz.de**		●		●	●	●	●	●	●	●	●	●	●	●	●	●	**Preislisten gratis Motive + Übersee Deutschland**
31135 Hildesheim, Veuskens, Auktions- und Handelshaus, Max-Planck-Str. 10, Tel. 05121/99 90 09-0 **info@veuskens.de** **www.veuskens.de**		●	●	●	●	●	●	●	●	●	●	●	●	●	●	●	**Großes Webshop-Angebot zu Festpreisen. 4 Auktionen jährlich**
37130 Gleichen, Dr. Rohde + Kornatz GbR, Am Bahnhof 7, Tel. 05508/9 79 79 87 **info@briefmarken-muenzen-shop.de** **www.briefmarken-muenzen-shop.de**	●	●		●	●	●	●	●	●	●	●	●	●	●	●	●	**Ankauf Briefmarken Münzen, Schätzung Gratis-Preislisten**
41564 Kaarst, Aix-Phila-Shop, Friedensstr. 10, Tel. 02131/3 68 71 30 **jopke@aol.com** **www.aixphilashop.de**	●	●	●	●	●				●	●	●	●				●	
42489 Wülfrath, Briefmarkenversand Dirk Wingen, Magdeburger Str. 14, Tel. 02058/7 15 42 **dirk.wingen@t-online.de** **www.wingen-briefmarken.de**		●		●	●	●	●	●	●	●	●	●	●	●	●	●	**Fehllisten-Bearbeitung auch von Übersee, nur ****
45481 Mülheim a. d. Ruhr, Peter Briefs, Solinger Str. 12, Tel. 0208/89 86 13 **philapeter@aol.com** **www.briefs-briefmarken.de**		●		●	●	●	●	●	●	●	●	●	●	●	●	●	**Ankauf von Sammlungen und Nachlässen**
47799 Krefeld, Thomas von Loeper, Albrechtplatz 16, Tel. 02151/4 46 15 66 Postfach 102337, 47723 Krefeld **thvl@gmx.de**		●		●	●	●	●			●			●	●			**ATM-Automatenmarken der ganzen Welt. Preislisten, Fehllisten, Neuheiten-Abos**
47906 Kempen, Philahandel GmbH, Vorster Str. 9, Tel. 02152/5 30 85 **info@philahandel.de** **www.philahandel.de**	●	●								●			●			●	**Erledigung Ihrer Fehlliste, Spezial: UNO**
50354 Hürth, Laribum Leusch & Schulz GbR, Bachstr. 56–58, Tel. 02233/9 79 95 50 **info@laribum.de**	●	●		●	●	●	●	●	●	●	●	●	●	●	●		**www.laribum.de**

Händlerverzeichnis

Händler	Ladengeschäft	Versandgeschäft	Auktionen	Benelux	Frankreich	Griechenland	Großbritannien/Irland	Italien	Jugoslawien u. Nachfolgest.	Österreich	Russland/Sowjetunion	Schweiz/Liechtenstein	Skandinavien/Baltikum	Spanien/Portugal	Türkei	UNO	weitere Informationen
50733 Köln, Briefmarken Jürgen Scheele, Neusser Str. 328, Tel. 0221/5 50 27 12 **j_scheele@gmx.de**	●	●		●	●	●	●	●	●	●		●	●	●	●	●	**ebay-Name: torrry**
50937 Köln, Frank Böhm, Berrenrather Str. 482, Tel. 0221/46 13 22 **boehmkoeln@t-online.de** **www.boehm-philatelie.de**		●		●	●	●	●	●		●		●	●	●			**Großes Angebot an Sammlungen+Posten Katalog auf Anfrage**
53111 Bonn, Bfm. Jansen, Sven Klauke, Friedrichstr. 38 (im UG des City-Foto-Centers), Tel. 0228/63 89 10 **info@briefmarkenjansen.de** **www.briefmarkenjansen.de**	●	●		●	●	●	●	●	●	●	●	●	●	●	●	●	**Über 120.000 Artikel im Onlineshop www.briefmarken jansen.de**
54587 Lissendorf, Bfm. Andreas Vetter, Am Dümpelbach 23, Tel. 06597/38 10 **kontakt@briefmarken-vetter.de** **www.briefmarken-vetter.de**		●		●	●			●		●		●		●		●	**Bis zu 17% Rabatt Preislisten Sonderaktionen**
55026 Mainz, Phileurope GmbH & Co, Postfach 3645, Tel. 06131/23 73 41 **info@phileurope.com**		●													●		**Türkei / T-Zypern Agenturen Fehllistenbearbeitung**
60311 Frankfurt/Main, BBA-Therese Weiser Nachf. Battonnstr. 23, Tel. 069/67 51 48 **kontakt@stampmaster.de** **www.auktionshaus-weiser.de**			●	●	●	●	●	●	●	●	●	●	●	●	●	●	**Int. Auktionshaus Komp. Beratung und Nachlassverwertung**
63110 Rodgau, Rodgau Philatelie, Inh. R. Hamilton-Bowen, Eisenbahnstr. 8, Tel. 06106/30 23 **roy.hb@online.de** **www.hibernian-news.eu**	●	●					●										**Schwerpunkt: Irland, Malta, Gibraltar**
63128 Dietzenbach, Versandhandel Björn Maschinsky, Breslauer Str. 11, Tel. 06074/7 28 86 85 **maschinkskybmv@aol.de**		●															**Abarten, Plattenfehler, MH. ZD, MHB, RM, Hbl.**
63739 Aschaffenburg, Briefmarken – Münzen Thomas Fischer, Treibgasse 9, Tel. 06021/2 64 77 **thofifee@web.de**	●	●		●	●	●	●	●		●	●	●	●	●	●	●	**Preisliste Skandinavien**
67547 Worms, Philatelistisches Büro Burkhard Magin, Am Römischen Kaiser 24, Tel. 06241/98 72 61 0 **info@philatelie-magin.de** **www.philatelie-magin.de**	●			●	●	●	●	●	●	●	●	●	●	●	●	●	**Briefe-Spezialist**
70469 Stuttgart (Feuerb.), Bfm. Lindner KG, Grazer Str. 16, Tel. 0711/8 10 60 81 **auktion@briefmarken-lindner.de** **www.briefmarken-lindner.de**		●	●														**Nachlässe, Sammlungsauflösungen, Ankauf, Beratung, Zubehör**
72622 Nürtingen, KOBRA – Rudi Schlattner GmbH, Siemensstr. 4, Tel. 07022/6 12 12 **info@kobra.de** **www.kobra.de**		●															**Hersteller von Sammlerzubehör**
74321 Bietigheim-Bissingen, Auktionshaus Gärtner GmbH & Co KG, Steinbeisstr. 6–8 Tel. 07142/78 94 00 **info@auktionen-gaertner.de** **www.auktionen-gaertner.de**		●	●	●	●			●		●		●		●	●	●	
78224 Singen, Axel Lenz, Thurgauer Str. 1, Tel. 07731/6 49 82 **info@briefmarken.com** **www.briefmarken.com**	●		●							●		●					**2 x jährlich internationale Auktionen Briefmarken und Münzen weltweit**
78564 Wehingen, Winfried Fiebig, Rubäckerstr. 2, Tel. 07426/75 84 **wfiebig@gmx.net**		●								●		●					

Händlerverzeichnis

Händler	Ladengeschäft	Versandgeschäft	Auktionen	Benelux	Frankreich	Griechenland	Großbritannien/Irland	Italien	Jugoslawien u. Nachfolgest.	Österreich	Russland/Sowjetunion	Schweiz/Liechtenstein	Skandinavien/Baltikum	Spanien/Portugal	Türkei	UNO	weitere Informationen
79098 Freiburg, Thomas Groß, Auf der Zinnen 4, Tel. 0761/3 73 73 info@briefmarken-thomas-gross.de www.briefmarken-thomas-gross.de	●	●		●	●	●	●	●	●	●		●	●	●		●	Jugoslawien, Russland/Sowjetunion und Türkei nur Zeitraum bis ca. 1920/1970
79639 Grenzach, Stade Auktionen ek., Markgrafenstr. 5, Tel. 07624/9 89 58 70 info@stade-auktionen.de www.stade-auktionen.de			●														Ansichtskarten und Philatelie-Ankauf und Versteigerung
80339 München, Adolf Sedlmeier, Alter Messeplatz 10, Tel. 089/5 02 27 42 Briefmarkenfachgeschäft Ankauf, Verkauf, Beratung	●	●		●	●	●	●	●	●	●	●	●	●	●	●	●	Von fast allen Ländern auch Briefe und Ganzsachen auf Lager
89275 Elchingen, Ralf Schumann, Hauptstr. 41, Tel. 07308/4 24 52 briefmarkenschumann@t-online.de www.briefmarken-schumann.de		●		●	●	●	●	●	●	●	●	●	●	●	●	●	Neu: Onlineshop
90702 Fürth, Briefmarken-Weichardt, Postfach 1247, Tel. 0911/9 73 35 73 Fax 0911/9 73 35 74		●		●	●	●	●	●	●	●	●	●	●	●	●	●	Reinhard Stenzel vereid. Sachverst., tel. Terminvereinb.
91126 Schwabach, FünfsternVersand GmbH, Postfach 1528, Tel. 0911/96 26 98 48 briefmarken-huebl@t-online.de		●															Ankauf Sammlungen Ankauf Frankaturware.
94249 Bodenmais, Jürgen Geier, Silberbergstraße 25, Tel. 09924/9 05 87 90 info@briefmarkenwelt-geier.de www.briefmarkenwelt-geier.de		●		●	●	●	●	●	●	●	●	●	●	●	●	●	Lagerhaltung ganze Welt, Privatpost, Onlineshop, Abo
A-1030 Wien, Active Intermedia – Steyrer Geusaugasse 33, Tel. 0043-17/15 80 00, 0043-66/41 01 88 88, office@active-intermedia.at www.ank.at		●								●		●				●	Austria Nettokatalog
A-1090 Wien, Adolf Kosel Inh. Gabriele Sander e.U., Hebragasse 7, Tel. 0043-14/06 43 03 info@kosel.com www.kosel.com	●	●		●	●	●	●	●	●	●	●	●	●	●	●	●	Neuheiten-Service Spezialist für FDC, Österreich ab 1945
A-8044 Weinitzen, Manfred Bürscher, www.buerscher.com, Tel. 0043-316/81 63 28 office@buerscher.com www.buerscher.com		●								●		●					Österreich Spezial, Online-Shop, Preislisten auf Wunsch
CH-6003 Luzern, ATM Seitz AG, Murbacherstr. 37, Tel. 0041-41/2 10 28 25 22atms@atms.ch www.atms.ch		●		●	●	●	●			●		●	●	●	●		ATM weltweit, aktuelle Liste auf www.atms.ch
CH-9500 Wil, Peter Rapp, Toggenburgerstr. 139, Tel. 0041-71/9 23 77 44 info@rapp-auktionen.ch www.rapp-auktionen.ch			●									●					Auktionshaus Peter Rapp AG
F-57604 Forbach Cedex France, Martins Philatelie, BP. 10222 martins@martins.fr www.martins.fr		●			●												Frankreich und die dt.-fr. Philatelie auf www.martins.fr
TR-34420 Beyoglu-Istanbul, Arikan Kamer, Inh. Arman Arikan, Galip dede Cad. No. 43, Tel. 0090-212/2 44 09 36 arman_arikan@hotmail.com www.kamerstamps.com	●	●													●		Türkisch-Zypern